Lexikon | *obras de referência*

Deonísio da Silva

De onde vêm as palavras
origens e curiosidades da língua portuguesa

17ª edição revista e atualizada

© 2014, by Deonísio da Silva

Direitos de edição da obra em língua portuguesa adquiridos pela Lexikon Editora Digital Ltda. Todos os direitos reservados. Nenhuma parte desta obra pode ser apropriada e estocada em sistema de banco de dados ou processo similar, em qualquer forma ou meio, seja eletrônico, de fotocópia, gravação etc., sem a permissão do detentor do copirraite.

Lexikon Editora Digital Ltda.
Rua da Assembleia, 92 - 3º andar – Centro
20011-000 Rio de Janeiro – RJ – Brasil
Tel.: (21) 2526-6800 – Fax: (21) 2526-6824
www.lexikon.com.br – sac@lexikon.com.br

Veja também www.aulete.com.br – seu dicionário na internet

DIRETOR EDITORIAL
Carlos Augusto Lacerda

EDIÇÃO
Shahira Mahmud

PRODUÇÃO EDITORIAL
Sonia Hey

ASSISTENTE DE PRODUÇÃO
Fernanda Carvalho
Rafael Santos

PROJETO GRÁFICO E DIAGRAMAÇÃO
Ars Lettera

CAPA
Luis Saguar

CONSULTORIA DE ARTE
Arlinda Volpato

DESENVOLVIMENTO EDITORIAL
Oficina das Palavras - Ad Benevolum Lectorem

CIP-BRASIL. CATALOGAÇÃO NA FONTE
SINDICATO NACIONAL DOS EDITORES DE LIVROS, RJ

S579d
17. ed.

    Silva, Deonísio da, 1948-
      De onde vêm as palavras : origens e curiosidades da língua portuguesa / Deonísio da Silva. - 17. ed. - Rio de Janeiro : Lexikon, 2014.
    504 p. ; 28 cm.

    ISBN 978-85-8300-004-4

    1. Língua portuguesa - Etimologia. I. Título.

CDD: 469.2
CDU: 811.134.3'373.6

Dedico este livro

A Manuela, Promotora de Justiça em SP, minha filha e de Soila (poeta, professora da Ufscar, Doutora em Linguística pela Unicamp), por motivos inconfessáveis, como sempre, mas não porque não queira ou não saiba confessá-los. E a Rodrigo, advogado em São Paulo: nós três, filhos da USP.

A Michele (revisora e tradutora), a quem tanto atormentei com os acréscimos e novidades desta reedição, em nosso convívio diário.

A Arlinda Volpato (artista plástica que inspirou esta capa), e aos amigos Wilson Volpato, Evilásio Volpato, José de Souza Patrício e Jaime Sprícigo: nos redescobrimos e voltamos com a atenção mútua de nossos tempos nos seminários de São Ludgero e Tubarão (SC).

A Lígia Siciliano Novazzi e Pedro Paulo de Sena Madureira, meus queridos amigos e editores nas catorze primeiras edições deste livro; a Luiz Vasconcelos, editor das seguintes; e a Carlos Augusto Lacerda, que toca o barco daqui para a frente.

A Salésio Herdt, reitor da Unisul; a Ricardo Paoleschi, do Instituto Premier.

A João Uchôa Cavalcanti Netto, fundador da Universidade Estácio de Sá, *in memoriam*, pela paixão que tinha pelas palavras e por criar instituições que as valorizavam.

A palavra viva está na boca do povo e, nem todas, nas páginas dos dicionários. Mas, se o povo não recorda sua origem, o dicionário, tão cheio de palavras, não tem espaço para, além de defini-las, contar a história de todas elas. De onde elas vieram? O que queriam dizer na sua origem? O que passaram a significar no português do Brasil, depois das várias escalas em outras línguas?

Apresentação

Deonísio da Silva vem mantendo em todas as estações de sua idade a curiosidade de menino, mais do que do botânico e jardineiro das palavras. Suas colunas na mídia (revistas *Caras*, *Época* etc., jornais como *Jornal do Brasil*, *Primeira Página* etc.) têm sido amostras fascinantes do que depois reuniu em livros como este *De onde vêm as palavras* e *A vida íntima das palavras*.

Nesta 17ª edição, revista e ampliada, o leitor encontrará centenas de novos verbetes, pesquisados com vagar por um escritor, Doutor em Letras pela USP e professor universitário, primeiro na Universidade de Ijuí, depois na Ufscar e na Universidade Estácio de Sá, que sabe combinar os saberes do botânico das línguas pelas quais se interessa aos cuidados do jardineiro das palavras na sua amada língua portuguesa.

Muitas foram as palavras que herdaram os nomes daqueles que inventaram ou ensejaram o que elas significam, como é o caso de algarismo, abreugrafia, crasso, boicote, filipeta, larápio, nicotina, zepelim. Outras resumem expressões, como ave-maria, meu Deus do céu, Nossa Senhora, Santa Maria (sem que Pinta e Niña sejam também invocadas!), jurar de pés juntos, oxalá, zás-trás etc.

Outras jazem ocultas nas encruzilhadas de ínvios caminhos: quem dirá que tragédia e bode têm o mesmo étimo? Que tchau veio de schiavo (escravo) ou que torcida e torcedores tenham a ver com as vestes elegantes das moças no Maracanã? A parra latina era uma ave que usava o bico para escalar o tronco das árvores. Forneceu o étimo de parreira: as vides usam seus galhinhos retorcidos para subirem nos palanques e darem cachos de uva. O cursor acompanhava a pé a carruagem de seu senhor; hoje é um sinal que marca no computador o exato lugar onde digitamos a palavra escolhida. Escolher, por sua vez, tem o mesmo étimo de colher, ler e votar. Os candidatos vestiam-se de branco para mostrar que eram puros, éticos, sem mácula. Mas, hoje, "ai, meu Deus, minha Nossa Senhora"! Foi necessária uma lei que servisse de detergente, que os obrigasse a serem limpos, a terem uma ficha limpa!

Antes de virar detestado ou desejado palavrão, certa palavra, hoje disfarçada na expressão "caraca", teve a candura e a simplicidade de um palanque onde eram fixados os pés e os ramos das videiras, vindo depois a designar a cesta da gávea nos navios, um lugar de sofrimento e privações, a ponto de se tornar o destino de inimigos ou desafetos, sem que os fixemos no palanque das videiras ou os mandemos para a casa do mastro! E quanta arrogância masculina ao designar o membro viril com a fortaleza perene do antigo mastro! Para as mulheres, a roupa bacana já nada tem a ver com bacanal... Até monjas castas e cardeais da mais alta hierarquia pontifícia podem vestir-se com roupas bacanas!

Ah, quão traiçoeira pode ser a língua portuguesa! O humorista Barão de Itararé divertiu-se e nos divertiu com seus achados. "Bota é uma coisa que se calça, e calça é uma coisa que se bota." "Cleptomaníaco é o ladrão rico. Gatuno é o cleptomaníaco pobre."

O autor deste livro disse certa vez que Millôr Fernandes resumiu magistralmente as dificuldades da grafia do português quando dera o exemplo de "ontem", escrito outrora "hontem", com agá; e "oje", que aparece em textos antigos sem agá. Mas "hoje", escrevemos "hoje", com agá, e "ontem", sem agá. O humorista escreveu-lhe para dizer que a emenda ficara até mais divertida, mas que ele escrevera: "Ontem, ontem tinha agá, hoje não tem. Hoje ontem tinha agá e hoje, como ontem, também tem."

Na feliz expressão de Jorge Luís Borges, eis o que é a etimologia: "Os implacáveis detratores da etimologia argumentam que a origem das palavras não ensina o que elas agora significam; os defensores podem replicar que ensina, sempre, o que elas agora não significam. Ensina, *verbi gratia*, que os pontífices não são construtores de pontes; que as miniaturas não estão pintadas com mínio; que a matéria do cristal não é gelo; que o leopardo não é um mestiço de pantera e de leão; que um candidato pode não ter sido cândido; que os sarcófagos não são o contrário dos vegetarianos; que os aligatores não são lagartos; que as rubricas não são vermelhas como o rubor; que o descobridor da América não foi Américo Vespúcio e que os germanófilos não são devotos da Alemanha."

No princípio era a palavra, que tudo criou, a partir do *fiat lux* divino, depois simples marca de fósforo. No meio e no fim, também será! Isto é o que nos assegura Deonísio da Silva, que, como todos nós, carrega na identificação a primeira coisa que não escolheu: o próprio nome!

Sem papas na língua, licencioso e irreverente com as palavras, sempre dando um jeito de temperá-las com uma pitada de verve, mostra que o deus pagão que serviu de étimo para seu nome moldou-lhe o destino: vê nelas alegria, sensualidade e significados ocultos, às vezes trágicos, afinal trabalho veio de *tripalium*, um instrumento de tortura! *Arbeit macht Frei*, estava inscrito nos campos de concentração alemães da Segunda Guerra Mundial! Sim, o trabalho liberta! Mas não ali ou em lugares como aqueles!

ABACATE do náuatle *awakalt*, que o espanhol denominou *aguacate*, de onde chegou ao português. O abacate, fruta de grande caroço, cuja polpa, muito saborosa, é constituída de 20 a 25% de óleo, é também utilizado na fabricação de perfumes. A árvore que dá esses frutos, a *Persea americana*, oriunda do México e da América Central e hoje espalhada pelo mundo, recebeu no Brasil um nome mais simples e coerente com sua função essencial: abacateiro. Suas folhas têm poder diurético. Conforme os transeuntes, o abacateiro costuma alvejá-los com seus frutos, demonstrando certa maldade comum à natureza, ainda incompreendida pela ciência.

ABACAXI do tupi *ibacati*, pela composição *ibá*, fruto, e *cati*, cheirar muito. Apesar de ser fruto saboroso, logo virou metáfora de coisa difícil. Deixar o abacaxi nas mãos de alguém é passar-lhe tarefa incômoda. Incumbi-lo de descascá-lo é pior ainda.

ÁBACO do grego *ábaks, ábakos* e do latim *abacu*. Instrumento destinado a operações matemáticas e algébricas elementares, originalmente mesa onde os antigos escreviam ou faziam anotações geométricas, e jogadores e matemáticos davam seus lances ou faziam contas e cálculos. A origem remota é o hebraico *ábáq*, poeira, porque a prancheta era coberta de poeira ou areia fina onde se desenhavam os números com o dedo. De mesa que funcionava como quadro, veio a denominar vários instrumentos de cálculo, alguns ainda usados no Oriente.

ABADÁ do iorubá *agbada*, vestido largo e comprido, chegando ao tornozelo, aberto dos lados, com bordados no pescoço e no peito, usado por homens. Uma variante do abadá, uma blusa ou bata, larga e solta, é usada por foliões em blocos carnavalescos para se reconhecerem como grupo.

ABADE do hebraico *ab*, pelo siríaco *abba*, o grego *abbâ* e o latim *abbate*, todos com o significado de pai. O latim eclesiástico recorreu a essa etimologia para designar o superior de mosteiro independente que, com funções paternais, está subordinado diretamente ao papa e não aos bispos locais. Nos conventos femininos, cumprindo o papel de mãe, mas às vezes parecendo avó, por ser em geral muito mais velha do que monjas e noviças, o cargo semelhante é designado abadessa, do latim *abbatissa*. Também o peixe badejo tem sua denominação radicada no espanhol *abadejo*, abadinho, porque sua cobertura de escamas lembra a veste do abade.

ABAFAR variação de *albafar*, do árabe *albakhar*, incenso, nome de um perfume antigo, extraído da raiz da junça. Os mouros trouxeram o vocábulo para a língua portuguesa, onde se transformou em verbo, com os significados de sufocar, asfixiar e correlatos. É uma das palavras mais invocadas para designar o ato de impedir a divulgação de alguma notícia que resulte em escândalo. Na gíria, abafar tem o sentido de ocultar, esconder, furtar, roubar.

ABAIXO-ASSINADO literalmente significa assinar abaixo, palavras vindas do latim vulgar *bassu*, baixo, e *assignare*, assinar. Designa documento assinado por vários cidadãos com o fim de reivindicar direitos daquelas entidades em que eles foram transformados: contribuintes, clientes, mutuários. A partir dos anos 1960 tornaram-se muito frequentes no Brasil os abaixo-assinados de protesto ou de solidariedade.

ABALROAR do espanhol *abarloar*, de *barloa*, caibro, por sua vez vindo do catalão, onde significa oblíquo. Daí o significado de bater pesadamente e de lado, mas originalmente designou o ato de atracar, amarrar o navio ao cais ou a qualquer outro ponto de terra. Mas desde a invenção do automóvel, também carros abalroam-se uns contra os outros.

ABANAR do latim *evannare*, sacudir de um lado para outro, agitar. No século XIX, as casas-grandes tidas por cultas determinavam que, à hora das refeições, alguns escravos, vestidos de branco e vermelho, postados ao lado das mesas, sacudissem varas em cujas extremidades estavam amarrados pedaços de jornais, para espantar as moscas. Essa era uma das funções da imprensa numa sociedade ágrafa.

ABANDONO de abandonar, do francês *abandonner*, afrouxar as rédeas do cavalo, deixar que animal ou pessoa siga por conta própria, sem que sejam dirigidos. Provavelmente as origens remotas chegaram mescladas ao francês, pois o latim *bannum* designava proclamação verbal do suserano ao tomar posse. E o frâncico tinha *bannjan*, banir, e *bandjan*, assinalar. Mesclando sentidos das três palavras, *a ban donner* pode ter sido antiga expressão francesa que resumia o ato de exilar alguém. São tipificados vários tipos de abandono em nossas leis: de cônjuge, de filhos menores de 18 anos, de idosos, de inválidos e de animais. Também o abandono de posto ou de função é punido. Até o abandono intelectual aparece disfarçado em antônimos no artigo 229 de nossa Constituição: "os pais têm o dever de assistir, criar e educar os filhos menores", cabendo aos filhos maiores "ajudar e amparar os pais na velhice, carência ou enfermidade".

ABASTECIMENTO do grego *bastázo*, levantar e levar um fardo, pelo latim vulgar *bastare*, levar, bastar, ser suficiente, cujo étimo está presente também em basto, abastado, desbastar, reabastecer. Abastecimento formou-se de abastecer, pelo método clássico, com prefixo a- e sufixo -mento, como se vê em cancelamento, faturamento, estacionamento, favorecimento, vazamento e tantas outras palavras com igual terminação. As concentrações urbanas resultaram em grandes problemas de abastecimento, principalmente de água, que a Roma imperial resolveu com os seus célebres aquedutos, cisternas e termas. No Rio antigo, em inícios do século passado, tornaram-se famosos por dobrar o abastecimento da água da cidade em apenas seis dias o prefeito André Gustavo Paulo de Frontin e Raimundo Teixeira Belfort Roxo, Inspetor Geral de Obras. O município de Belfort Roxo, na Baixada Fluminense, homenageia o inspetor, que resolveu sério problema de abastecimento causado por forte estiagem.

ABDICAR do latim *abdicare*, recusar, deixar, cujo étimo está também em *dicere* e *dicare*, dizer, radicadas na raiz *deik-/dik*, presentes ainda no osco e no úmbrio, línguas que precederam o latim na Itália. Ainda há diversas monarquias no mundo, regime em que a sucessão só se dá por morte do soberano, sucedido por gente da própria família. Entretanto, o Vaticano é governado por monarquia *sui generis*, na qual o sucessor é eleito por maioria de votos no colégio de cardeais, pouco mais de uma centena. Em 13 de março de 2013, eles elegeram, pela primeira vez na História, um papa latino-americano, o argentino Jorge Mario Bergoglio, que tomou o nome de Francisco. A jornalista italiana Giovanna Chirri deu um furo mundial, ao anunciar que o Papa Bento XVI avisara aos cardeais que iria abdicar no dia 28 de fevereiro de 2013, às 20h. Outros jornalistas estavam no recinto quando o Papa falou, mas ela era a única ali presente que sabia latim. "Publiquei a notícia e comecei a chorar", disse ela.

ABECÊ da junção das três primeiras letras do alfabeto, tal como são pronunciadas. No século XIII, designava marca que os escrivães utilizavam para autenticar cópias de documentos. Em operações comerciais a prazo, a original, marcada com a letra "A", ficava com o notário, e as outras duas eram divididas entre o comprador e o vendedor. As três eram impressas em pergaminho ou folha de papel. A partir do século XV, ganhou novo significado, ao designar a escolaridade mínima, ainda que se entendesse que quem soubesse o abecê sabia também as quatro operações: somar, diminuir, dividir e multiplicar. Com o tempo, veio a designar também as primeiras noções de um ofício, arte, técnica, doutrina. Portugal teve até reis analfabetos, que sabiam as quatro operações, mas desconheciam o abecê. Um deles, Dom Dinis, o Lavrador, fundou a Universidade de Coimbra, em 1308. Na primeira metade do século XVI, chegou à língua portuguesa a cartilha, primeiro livro escolar, do espanhol *cartilla*, também sinônimo do abecê. No Brasil, abecê veio a designar também poema de cunho popular, cujos versos celebravam a vida de santos, personagens famosos e até mesmo cangaceiros e bandidos, cujos feitos heroicos eram apregoados em estrofes iniciadas pelas letras do abecê, respeitando-se sua sequência, de que é exemplo letra de *Roque Santeiro*, peça de teatro de Dias Gomes, transposta também para a televisão: "E no abecê do Santeiro/ o que diz o A, o que diz o A?/ O A diz adeus à matriz./ O que diz o B, o que diz o B?" Depois de informar que o B indica "batalha de morte", os versos chegam ao que diz o C: "coitado do povo infeliz." Com a industrialização de cidades próximas a São Paulo, abecê passou a designar a região dos municípios de Santo André, São Bernardo do Campo e São Caetano, aos quais foi acrescentado mais tarde o de Diadema, mudando-se a designação para abecedê, já existente no século XVI como sinônimo de abecê. Já abecedário, do latim *abecedariu*, designa conjunto de todas as letras que compõem o alfabeto. Foi formado a partir das três primeiras.

ABELHUDO de abelha, do latim vulgar *apicula*, abelhinha. No latim clássico é *apes*, mas havia preferência pelas formas derivadas na linguagem coloquial, o mesmo ocorrendo nas línguas românicas, onde o diminutivo consolidou-se como base para o grau normal. E por isso *apicula* tornou-se abelha, gerando novo diminutivo, abelhinha. O abelhudo tem o hábito de meter o nariz onde não foi chamado, assemelhando-se à abelha que busca pólen para fabricar mel, com a diferença de que ele busca é fofoca para seu fel.

ABENÇOAR de bênção, do latim *benedictione*, bênção, designando o ato de invocar graças e favorecimentos superiores. No português arcaico era benção. Houve recuo do acento tônico. Um tradicional pedido de bênção que católicos alemães punham à entrada das casas (*Christus Mansionem Benedicat*, Cristo abençoe a casa) resultou nas iniciais que deram nome aos reis magos que aparecem no presépio. As iniciais C, M e B correspondem a Gaspar – em alemão, *Caspar* –, *Melquior* e *Baltazar*. Os restos mortais dos três estão, desde 1164, na famosa catedral de Colônia, na Alemanha, ao lado do altar principal. Ninguém sabe de quem são aqueles ossos, vindos de Milão, mas eles compõem uma das mais sólidas lendas cristãs consagradas pelo povo. Na capoeira, prática desportiva aceita hoje, mas reprimida até começo do século XIX, abençoar é aplicar violento golpe no peito do adversário, atingindo-o com a sola do pé.

ABERRAÇÃO do latim *aberratione*, declinação de *aberratio*, de *aberrare*, verbo formado de *ab*, preposição que indica afastamento, e do verbo *errare*, errar, vagar, perder-se. Chegou ao português pelo francês *aberration*, talvez com influência do inglês *aberration*. Designa diversos desvios da normalidade, nem sempre no sentido pejorativo.

ABERTURA do latim tardio *apertura*, começo. O étimo de abrir, do latim *aperire*, está presente em abril: o mês tem este nome porque no Hemisfério Norte nesta época a natureza começa a verdejar e florescer. A abertura é momento decisivo em produções artísticas, sejam filmes, músicas, peças de teatro, contos, poemas, romances etc. Dante Alighieri abre deste modo *A Comédia*, conhecida por todos como *A Divina Comédia*, depois que assim a qualificou o escritor e professor italiano Giovanni Boccaccio: "*Nel mezzo del cammin di nostra vita/ Mi ritrovai per uma selva oscura/ Chè la diritta via era smarrita*" (No meio do caminho de nossa vida/ Me encontrei numa selva escura/ Que a verdadeira estrada estava perdida).

ABIGEATO do latim *abigeatus*, abigeato, do verbo *abigere*, abigear, furto de gado, especialmente de rebanhos bovinos e equinos. O sentido primitivo de *abigere* é levar diante de si, que é o que ocorre com o roubo das reses, tangidas pelo ladrão, que as separou do rebanho.

ABISMO do latim vulgar *abyssimus*, vindo do latim clássico *abyssus*, do grego *ábyssos*, sem fundo. Quando, em vaticínio sinistro, o dirigente de um país ou empresa classifica a situação como "a um passo do abismo", ainda não chegamos ao pior, que vem quando o inadvertido sucessor celebra "um gigantesco passo à frente". Precipício, profundeza, despenhadeiro e também momentos difíceis em vários sentidos são classificados como abismos.

ABITA do francês *bitte*, peça náutica onde é enrolada a corda da âncora. O francês a trouxe do escandinavo *biti*, como até os *vikings* a chamavam. Ainda no francês, *bitte* virou *bitter*, isto é, soltar toda a corda, até que a âncora chegasse ao fundo. Os marinheiros tomavam uma bebida amarga, muito apreciada por eles, caindo numa *biture*, bebedeira, que no francês antigo se escrevia *boiture*, derivado de *boîte*, caixa, lata, frasco, redução do latim *bibita*, bebida. Assim, o francês *bitter* mesclou-se ao inglês *bitter*, bebida digestiva, alcoólica, feita com ervas e raízes amargas, estimulante do apetite e também um bom digestivo. Foi em tal contexto que a expressão "até o fim" mudou para "até o mais amargo fim", trocando também de significado, passando a designar algo que demora a terminar e não é agradável.

ABOBRINHA do latim hispânico *apopores*, abóbora. A forma sincopada, isto é, cortada (em grego *sygkopé* tem o sentido de cortar), é abobra, de que se formou este diminutivo. Nos velhos tempos da inflação, hoje tratada como assombração, abobrinha indicava também a nota de mil cruzeiros, cuja cor lembrava a da cucurbitácea. A abóbora, o milho e o feijão constituíam a base da alimentação de incas, astecas e maias antes da chegada de Cristóvão Colombo. Dizer abobrinhas tem o sentido de conversa fiada, feita para bovinos cochilarem. No Nordeste, abóbora é jerimum.

ABOIAR de boi, do latim *bos*, genitivo *bovis*. Designa o ato de os vaqueiros cantarem à frente do gado com o fim de acalmar e conduzir as reses. Vários escritores trataram dos sentimentos do boi, de quem só não se aproveita o berro. A monótona canção, entoada pelos condutores, expressa a saudade de homens e bois, as duas entidades afastadas do lar e da querência, rumo a certas separações inevitáveis. Euclides da Cunha discerniu um complicado espaço de negociação causado pelas ligações afetivas entre homem e boi: "Vai dali mesmo contando as peças destinadas à feira; considera, aqui, um velho boi que ele conhece há dez anos e nunca levou à feira, mercê de uma amizade antiga." Esse canto dos vaqueiros, que já foi comparado a canção de ninar o gado, mereceu outros lamentos, como esses versos da dupla sertaneja Pedro Bento e Zé da Estrada: "Cada jamanta que eu vejo carregada,/ transportando uma boiada,/ me aperta o coração./ E quando olho minha tralha pendurada/ de tristeza dou risada/ pra não chorar de paixão." Como a boiada passasse periodicamente pela casa de meninos da porteira, em Ouro Fino e em outras localidades, a menstruação das meninas recebeu a denominação de boi, que é sinônimo de paquete, neste caso, este último inspirado no *packet boat*, o barco inglês que trazia a correspondência da Europa para o Brasil e que vinha uma vez por mês. No caso de estar de boi, pode ter havido influência também do boi bravo, que serviu de metáfora nordestina para a síndrome pré-menstrual, modernamente conhecida por TPM, iniciais de tensão pré-menstrual.

ABOLIÇÃO do latim *abolitione*, ação de abolir. *Abolere*, abolir, tinha o sentido primitivo de destruir algo, impedindo que fosse levado a sacrifício ou que crescesse, opondo-se a *adolere*, fazer crescer, arder no fogo dos altares, de onde, aliás, formou-se adolescente. A diferença é dada pelas duas preposições latinas, *ab* e *ad*, indicadoras da posição das ações referidas, como se pode verificar em abolir e adorar. No primeiro caso, há separação; no segundo, união. A abolição mais célebre da História do Brasil é a da escravidão, decorrente da Lei Áurea, assim chamada porque foi assinada em 13 de maio de 1888 pela princesa Isabel, filha do imperador Dom Pedro II e da imperatriz Teresa Cristina, com sua caneta de ouro. De ascendência negra e portuguesa, Machado de Assis, com sua habitual ironia, escreveu: "Emancipado o preto, resta emancipar o branco."

ABOLICIONISTA adaptação do inglês *abolitionist*, partidário do movimento que defendia a abolição da escravatura. *Abolitionist* chegou à língua inglesa em fins do século XVIII e *abolitionism* em 1808. Frei Domingos Vieira registra abolicionista e abolicionismo no *Grande diccionario portuguez ou Thesouro da lingua portugueza* (5 vols.), publicados entre 1871 e 1874, na cidade do Porto. Abolição, do latim *abolitione*, declinação de *abolitio*, já estava no português em 1649 e foi acolhida no *Dicionário da língua portuguesa*, da Academia das Ciências de Lisboa, publicado em 1793. Castro Alves, o poeta dos escravos, apoiou as lutas abolicionistas com os inflamados versos de "Vozes d'África" e "O navio negreiro".

ABONAR provavelmente variação de *aboar*, registrar como bom, do latim *bonus*, bom, e *bona*, boa. Tornar uma coisa boa foi originalmente *aboar*, processo comum na formação de palavras, em que o adjetivo boa recebeu os afixos a-, no início, e -ar, no final. O prefixo a- e o sufixo -ar são utilizados para designar, por exemplo, como boa uma falta ao trabalho, desde que justificada. Quer dizer, a falta seria em si uma coisa ruim, transformada em boa nas circunstâncias em que ocorreu: doença, morte, viagem etc. Quando um trabalhador diz "tal dia não irei ao trabalho, vou abonar", o significado é entretanto sequestrado, pois quem pode abonar é a autoridade. Aos poucos, porém, quem se encarregou de abonar as próprias faltas foi estranhamente o interessado. Abono é da mesma família e por ter recebido também a influência do francês *borne*, marco, limite. Por exemplo: além dos rendimentos ou salários habituais, o trabalhador recebe um abono, representado por quantia adicional que não integra o salário para efeitos de reajustes futuros, mas integra para descontos.

ABORÍGINE do latim *aboriginis* (plural *aborigines*), aborígine, palavra com que os romanos designaram o povo primitivo que habitava o Lácio e a Itália, governado por reis lendários: Fauno, Latino e Saturno. Passou a indicar os primeiros habitantes de um país. No Brasil recém-descoberto, aborígine foi sinônimo de indígena, mas o vocábulo não pegou entre nós. Dado que nossos descobridores pensaram ou fizeram de conta que tinham chegado à Índia, nossos aborígines foram denominados índios. A variante aborígene é menos utilizada. Já a expressão *ab origine*, desde a origem, equivale a *ab initio*, desde o início.

ABORTO do latim *abortus*, pela formação *ab*, antes, a partir de, e *ortus*, nascido. O primeiro registro da palavra aborto na língua portuguesa dá-se em 1594, em texto de Pedro de Mariz. Abortífero aparece em 1532, em livro de João de Barros. Apesar de aplicado em muitos sentidos metafóricos, aborto designa preferencialmente a interrupção da gravidez.

ABRACADABRA de origem controversa. Provavelmente dos criptogramas gregos *abrakádabra*, e *abraxas* (pedra preciosa usada como talismã), que entre os gnósticos helênicos simbolizava o curso do Sol durante 365 dias, tendo ainda o significado de "que Deus proteja". No latim tardio já foi grafado *abracadabra*. O sentido simbólico e cabalístico nasceu das iniciais das palavras hebraicas *Ab* (Pai), *Ben* (filho), *Ruach Acadsch* (Espírito Santo). Sua representação gráfica tem forma triangular quando escrita em 11 linhas: a primeira com a letra A, a segunda com AB, a terceira com ABR e assim por diante até chegar à última, ABRACADABRA. Os sírios atribuíam-lhe poderes especiais na cura de certas doenças. No segundo século da era cristã já aparecia em poemas latinos que registravam seus poderes mágicos contra a dor de dente, as febres e outras doenças, desde que a disposição das letras estivesse inscrita em medalha pendurada ao pescoço.

ABRAÇO de a- + braço, do latim vulgar *bracciu*, que no latim clássico é *bracchium*. Assim como o beijo, sinal de amor, mas que às vezes indica traição, como no clássico "beijo de Judas", também o abraço, que indica amizade, pode designar o seu contrário, ainda que, no caso do português brasileiro, a sabedoria popular tenha recorrido, não a um apóstolo desleal, mas um comedor de formigas para designar a falsidade, na expressão "abraço de tamanduá". O animal deita-se de barriga para cima, abre os braços e, surpreendendo o transeunte, abraça-o até matá-lo. Às vezes, para evitar o abraço de tamanduá, a pessoa precisa ter estômago de avestruz, ave cujo sistema digestivo é dotado de poderosos sucos gástricos, capazes de digerir até pedras. Mas quem dá abraço de tamanduá não é verdadeiro amigo, é amigo da onça.

ABREUGRAFIA palavra formada do antropônimo Abreu e do grego *graph*, raiz de *grápho*, escrever. Método muito importante no diagnóstico da tuberculose e outras doenças pulmonares, consistindo no registro fotográfico, em máquina específica, da imagem obtida por meio de radioscopia. É invenção do médico paulista Manuel de Abreu.

ABRIL do latim vulgar *aprilius*, radicado em *aprilis*, em conformidade com nomes de seis dos dez meses do antigo ano romano, presididos por deuses ou deusas: Jano (janeiro), Febre (fevereiro), Marte (março), Vênus (abril), Maia (maio), Juno (junho). Abril tem efemérides marcantes: O poeta John Milton, já pobre – porque neto de avô católico que deserdara o pai ao descobrir seu protestantismo – e cego, após anos como presidiário por motivos políticos, vendeu o *copyright* de sua obra-prima, *O paraíso perdido*, por 10 libras, no dia 27, em 1667; Joaquim José da Silva Xavier, Tiradentes, é enforcado e esquartejado no Rio de Janeiro, no dia 21, em 1792; o Brasil é descoberto no dia 22, em 1500. Quanto a 1º. de abril ser o dia da mentira, o folclore, de origem francesa, remonta ao ano de 1564. O ano-novo era comemorado no dia 25 de março, e a festa durava uma semana, terminando em 1º. de abril. Quando o rei Carlos IX adotou o calendário gregoriano (assim chamado em homenagem a quem o instituiu, o papa Gregório XIII), o ano passou a começar no dia 1º. de janeiro, no que foi imitado por vários países, que até então tinham outros calendários. Porém alguns franceses não gostaram da mudança e continuaram a comemorar o ano-novo na antiga data, o que foi motivo de chacota. Muitos gozadores passaram a enviar aos franceses apegados ao calendário anterior convites para festas inexistentes e presentes estranhos no dia 1º. de abril, a fim de ridicularizá-los. Daí nasceu e se difundiu pelo mundo o costume de pregar peças nessa data. Célebres mentiras já foram contadas na data, inclusive na imprensa, como a de que a minúscula república russa de Djortostão doara 6 m2 de seu território a uma república vizinha para arrebatar do Vaticano o título de menor Estado autônomo do mundo. O escritor Bernardo Guimarães era contumaz pregador de mentiras de abril. E certa vez chamou o médico para atender o filho que havia tomado veneno. O doutor pensou tratar-se de mais uma mentira, e o moço morreu. O autor de *O seminarista* e *A escrava Isaura* caiu numa depressão da qual nunca mais se recuperou.

ABROLHOS da expressão latina *aperi oculos*, abre os olhos, que teria sido proferida em português pelos comandantes da esquadra de Cabral nas costas da Bahia, chamando a atenção dos colegas para os rochedos à flor d'água. A região de Abrolhos, no litoral sul daquele Estado, é a área escolhida para reprodução e cria da baleia jubarte. Abrolhos também são as pedras que podem causar sérios danos aos navios, e designa as plantas rasteiras e espinhosas, daí seu sentido conotativo, indicando sofrimentos, desgostos e dificuldades.

ABSINTO do grego *apsínthion*, intragável pelo latim *absinthium*, pelo francês *absinthe*, absinto, erva medicinal amarga e aromática, de procedência europeia, de propriedades tóxicas. No Brasil é mais conhecido pelo nome de losna, sendo utilizado na fabricação de perfumes e bebidas. Em sentido conotativo, indica também pesar, mágoa, tristeza. À semelhança de outras bebidas e licores, nasceu de experimentos feitos por monges em conventos. Esta é a razão de muitos deles terem nomes de frades ou ilustrações que lembram cenas da vida religiosa. Em 1792, um médico francês, depois de provar uma receita caseira com absinto, criou um elixir em que misturava à droga poções de anis, hissopo, melissa, coentro, acrescidos também de outras ervas. A nova receita foi um sucesso e passou a ser produzida em larga escala. O absinto não é um licor, é um destilado, e a cor verde advém da mistura das ervas. Sua taxa alcoólica é das mais altas entre as bebidas, chegando a 72%. Escritores e artistas famosos o tomavam para melhorar a inspiração. Seus efeitos danosos sobre o organismo levaram as autoridades a proibir a bebida no século XIX, mas hoje sua venda é legal.

ABSOLVER do latim *absolvere*, desatar, separar, desligar, absolver. Ganhou os sentidos de despedir, perdoar e libertar. No latim eclesiástico perdurou o sentido de despedir, pois só pode ir embora quem, depois de confessar os pecados, é perdoado. Jesus, instado a julgar uma mulher adúltera, cuja pena era o apedrejamento, pede que atire a primeira pedra quem não tiver pecado. Jesus está sentado. Levantando-se, pergunta: "Mulher, onde estão? Ninguém te condenou?" Ela diz: "Ninguém, Senhor." Jesus a despacha: "Nem eu te condeno. Vai em paz e não tornes a pecar."

ABSTENÇÃO do latim *abstentione*, abstenção. Designa ato de abster-se, deixar de fazer alguma coisa. Seu sentido original é manter-se à distância, que em latim é *abstentia*. Abstenção, abstinência e ausência têm, pois, raízes etimológicas comuns. Enquanto a primeira designa ato de abster-se de votar ou de emitir opinião, a segunda indica situação em que o indivíduo deixou de beber, comer ou praticar atos de prazer, e a terceira, o não comparecimento.

ABSTINÊNCIA do latim *abstinentia*, privação. Designa ato em que se deixa de fazer alguma coisa, mas principalmente em prejuízo dos sentidos. No pós-Carnaval, período denominado Quaresma, as autoridades católicas recomendam que seus fiéis se abstenham do consumo de carne, substituindo-a por peixe na Quarta-Feira de Cinzas e na Sexta-Feira Santa. Daí o grande consumo de bacalhau e frutos do mar nesses dias. Os vegetarianos chegam a pensar que venceram, enfim, a grande batalha contra os carnívoros. Mas a abstinência de carne animal busca apenas reforçar a luta contra a luxúria, isto é, os pecados sexuais.

ABSURDO do latim *absurdus*, *ab*, afastamento, e *surdus*, que não pode ouvir. Passou a designar coisa contrária à razão e ao bom senso. Sua etimologia guarda singular curiosidade. Uma coisa é absurda porque se torna desagradável ao ouvido, em dissonância. Veio daí a designação de absurdo também para o louco e, frequentemente, para rotular uma condenação geral aos discordantes, que proferem juízos desagradáveis, sem contar que certos absurdos de uma época são perfeitamente aceitos em outra. É famosa a frase atribuída a Santo Agostinho, mas na verdade dita e escrita por Quinto Septímio Florente, Tertuliano, "*credo quia absurdum*" (creio porque é absurdo), reiterando que ciência e fé nem sempre combinam.

ABUNDÂNCIA do latim *abundantia*, grande quantidade, fartura. Entre os romanos, havia também uma divindade com este nome. Apesar de não contar com templos ou altares, era representada pela figura de uma bela mulher, tendo na cabeça uma coroa de flores. Na mão direita trazia um corno em forma de vaso cheio de flores e frutas.

ABUSIVO do latim *abusivu*, abusivo, em que houve abuso, isto é, mau uso. Este adjetivo tem sido empregado com frequência para qualificar ações exorbitantes, como no caso daquelas greves que o judiciário considera ilegais. Com a mesma assiduidade, o sistema bancário tem sido acusado de aplicar juros abusivos, mas que ainda não foram oficialmente considerados ilegais, ainda que a Constituição em vigor, de 1988, prescreva a taxa máxima de 12% ao ano.

ABUSO do latim *abusus*, abuso, mal uso, pela formação *ab*, *a*, mais *usus*, uso, significando tirar o uso correto, desviá-lo, corrompê-lo. Numa entrevista coletiva, Jânio Quadros, então governador de São Paulo, defendeu o rigor de sua administração, depois de reconhecer que era "um governo que não poderia escapar dos excessos", por representar e incorporar "a cólera popular", acrescida de "traços de violência que a caracterizam e a tornam por isso mesmo temida", pois é "a correção, última e invencível dos abusos de qualquer natureza". É o que lemos no livro de J. Pereira, *Bilhetinhos de Jânio* (São Paulo, Editora Musa, obra esgotada, só encontrável em bibliotecas, sebos ou em mãos de colecionadores). A Lei 4898, de 9 de dezembro de 1965, enquadra os casos de abuso de autoridade, sujeitando o infrator a sanções administrativas como: advertência, repreensão, suspensão do cargo até 180 dias, destituição de função, culminando com demissão. Tem 29 artigos e foi assinada pela então presidente Humberto de Alencar Castello Branco.

ACACHAPANTE do espanhol *gazapo*, formou-se em português caçapo, espécie de coelho. Quando esse pequeno animal quer esconder-se dos que o perseguem, põe o corpo de encontro ao chão. Acaçapante veio de acaçapar, presente no português do século XVII. Pronunciado, porém, acachapar, de onde veio acachapante, chegou ao português no século XIX. O adjetivo acaçapante, ou acachapante, é sinônimo de indiscutível, irrefutável, que torna a réplica impossível. Por metáfora, o vencido fica na posição do coelho perseguido.

ACACIANO do nome de um personagem de Eça de Queirós, o Conselheiro Acácio, de *O primo Basílio*, marcado por banalidades solenes, de falas ridículas e pomposas, que pronuncia obviedades como se fossem grandes novidades. O romancista português, consciente ou inconscientemente, deu este nome em atenção ao significado da palavra, que vem do grego *Ákakos*, pelo latim *Acacius*, ingênuo, simples, sem malícia, pela composição *kakós*, mau, ruim, antecedido do *a*, que indica negação. Já o feminino, acácia, não é nome de pessoa, mas designação comum a árvores e arbustos, de que há muitas espécies, como a acácia-verdadeira, a acácia-falsa, a acácia-bastarda, a acácia-argentina, a acácia-do-egito, a acácia-do-nilo, a acácia-do-méxico, a acácia-da-austrália, a acácia-dojapão, a acácia-dos-alemães, a acácia-negra etc. Quando, em 8 dezembro de 1891, foi inaugurada a avenida Paulista, então exclusivamente residencial, outros dois nomes foram propostos: Prado de São Paulo e avenida das Acácias. Prevaleceu a opinião do idealizador do projeto, o engenheiro-agrônomo, nascido no Uruguai, Joaquim Eugênio de Lima: "Será Paulista, em homenagem aos paulistas." Nos finais da década de 1920, o nome foi mudado para avenida Carlos de Campos, mas não pegou pela reação do povo, que preferiu o antigo nome.

ACADEMIA do latim *academia*, por sua vez derivado do grego *akademeia*. As primeiras escolas da civilização ocidental foram ao ar livre. O jardim onde Platão ensinava filosofia, em Atenas, chamava-se *Akademos*, herói grego ao redor de cuja estátua mestre e alunos perambulavam.

ACALANTO de acalantar, de origem controversa, provavelmente do latim *calente*, declinação de *calens*, quente, que em espanhol deu *caliente*, quente, vivo, ardente. Designa o ato de fazer com que a criança adormeça ao som de cantigas, nos braços da mãe, no colo ou no berço. O poeta gaúcho Jenário de Fátima Rodrigues deu o título de *Acalanto* a um soneto em que imagina Nossa Senhora fazendo o menino Jesus dormir: "Sonhei um sonho, e neste sonho havia/ Um algo assim de arrolo e acalanto./ Um algo assim de êxtase de encanto/…Era um enlevamento que eu sentia./ Só que em meu sonho eu não conseguia/ Saber de onde vinha aquele canto/ Por mais que procurasse, no entanto/ A voz que o cantava se escondia./ Foi no acordar então que dei por mim/ Quando se sonha alguma coisa assim/ É a mão de Deus que em nós se faz sentir/ E ficou claro o que eu não entendia/ A voz que ouvi era a voz de Maria/ Cantarolando para Jesus dormir..."

AÇÃO do latim *actione*, ação, do verbo *agere*, fazer, mesma raiz de ato, do latim *actum*, feito, cujo plural é *acta*, ata, coisas feitas, obras. Em dicionários de Direito, os verbetes sobre ação ocupam várias páginas, tal a complexidade de suas acepções, identificadas geralmente por adjetivos que lhe seguem (acessória, administrativa, anulatória, cautelar, coletiva, civil, executiva, regressiva, penal, exibitória, rescisória, pública, condenatória, criminal, conexa, contratual ou de despejo, de alimentos, de resgate, de usucapião), sendo a mais comum a faculdade de recorrer ao poder jurisdicional do Estado para fazer valer presumível direito, reclamando à justiça o reconhecimento, a declaração, a atribuição ou efetivação de um direito, ou a punição de um infrator das leis. Em economia, a expressão ação ao portador designa título representativo de capital de sociedade anônima. É ao portador porque pode ser transferido por simples tradição, presumindo-se que o detentor seja o dono daquela quantia. É palavra de grande importância no cinema, compondo o trio "luz, câmera, ação". Em economia, o capital social de determinada empresa é organizado em ações, que podem ser negociadas nas bolsas de valores. Dividem-se em ações ao portador, nominais, endossáveis, ordinárias, preferenciais etc.

ACAREAR ao contrário do que dizem alguns pesquisadores imaginosos, não procede de cárie, colocar as cáries frente a frente, mas de cara, do grego *kára*, pelo latim *kara*, cabeça, rosto. Antecedida de a- e seguida do sufixo -ear, frequente na formação de verbos, cara é o étimo deste verbo que designa o confronto, o ato de pôr frente a frente as testemunhas cujos depoimentos são conflitantes.

ACASO do latim *a casu*, expressão formada de *a* (preposição) e *casum* (particípio de *cadere*, cair), juntadas numa palavra só em português. É do mesmo étimo de ocaso, onde o Sol cai. Leonard Mlodinov, físico americano, é autor do livro *O andar do bêbado: como o acaso determina nossas vidas*. Nele, narra o caso de um espanhol que declarou a razão de ter ganhado a polpuda loteria espanhola: "Comprei um bilhete com final 48, porque sonhei com o número sete por sete noites consecutivas. Sete vezes sete é 48. Ganhei." Se fosse bom em tabuada, teria perdido.

ACATAR do latim *accaptare*, comprar. Chegou ao espanhol já com o sentido de olhar, acompanhado de uma variante: prezar. Alguns etimologistas viram aí uma relação peculiar, uma vez que somente se compra uma coisa que seja apreciada. Seu uso mais frequente é o de aceitar alguma recomendação ou situação, de que são exemplos decisões do Judiciário.

ACELGA do árabe *assilka*, nome dado à erva *beta vulgaris*, também conhecida como *sicula* entre os latinos. É um tipo de verdura frequente nos cardápios, de folhas grandes e macias, próprias à mastigação. O português adotou o vocábulo em razão da influência da culinária moura nos sete séculos em que os árabes estiveram na Península Ibérica.

ACENDRADO de acendrar, do espanhol *acendrar*, provavelmente derivado do latim vulgar *accinerare*, limpar com cinzas, isto é, deixar puro como ficam o ouro e outros metais preciosos depois de submetidos ao fogo, do qual restam cinzas, cujo étimo latino é *cineris*, caso genitivo de *cinis*. Acendrado é isento de impurezas por efeito deste processo. O escritor e cartunista Ziraldo Alves Pinto tem fascínio por essa palavra, que cita com reiterada frequência em suas palestras e neste depoimento: "Nos meus cadernos de desenho, que eu abria com meus poemas épicos, meus heróis da pátria, caprichadamente desenhados a bico de pena, custaram a dar lugar aos meus heróis dos gibis. Estes, embora me fascinassem, não fizeram, todavia, arrefecer meu acendrado amor pelo Brasil. Era tão acendrado esse amor que essa palavra nunca me saiu da cabeça: acendrado! Só me livrei dela no dia em que descobri, por dedução de quem escondeu um pouco de latim no ginásio, que a palavra tinha o prefixo de negação a- no seu começo e o sufixo de qualidade -ado no final e que, no meio, tinha cender, que, em francês, é cinza (deve ser mais ou menos cinza também em latim), portanto, acendrado quer dizer: o que nunca vira cinzas."

ACENTO do latim *accentus*, tom de voz, modo de pronunciar uma palavra, levantando, abaixando, afinando ou engrossando a voz numa determinada sílaba ou palavra. Pode ter havido influência do francês *accent*, acento, entonação, sotaque. O italiano *accento*, com o mesmo sentido, aparece nos versos da ária famosa *La donna è móbile*, de Rigoletto, de Giuseppe Verdi, uma de suas três óperas mais populares. As outras duas são *La Traviata* e *Il Trovatore*. O duque de Mântua proclama nos versos uma suposta inconstância feminina: "*La donna è mobile/ qual piuma al vento/ muta d'accento/ e di pensiero/ Sempre un'amabile/ leggiadro viso/ in pianto e in riso.*" (A mulher é volúvel/ qual pluma ao vento/ muda o tom de voz/ e o pensamento/ Sempre uma amável/ graciosa face/ no choro e no riso). Verdi era de família muito pobre, mas ainda na infância recebeu a proteção de um abastado compatriota que viria a tornar-se seu sogro.

ACEROLA provavelmente do árabe *azzaarora*, acerola, fruta conhecida pelos antigos romanos como *nespira*, nêspera, espécie de ameixa, divulgada pelo latim eclesiástico como *nespila*, por influência do grego *méspilon*, nêspera. A acerola chegou ao Brasil graças aos imigrantes japoneses, que a cultivaram primeiramente na região amazônica. É anônimo o introdutor da acerola entre nós, ao contrário do mamão papaia, trazido do Havaí pelo japonês Nobory Oya, que, como muitas outras pessoas, recebeu as sementes das mãos do monge budista Akihiro Shirakihara. A contribuição japonesa ao português do Brasil ainda não foi devidamente registrada, embora esteja presente em muitos lugares, como nos cardápios, por exemplo, onde encontramos *onigiri*, bolinho de arroz; *ozôni*, a primeira refeição do ano, ligada à abundância e à fertilidade, feita com *motigome*; já o *toshikoshi soba* é saboreado à meia-noite do último dia do ano, com pedidos de vida longa, crescimento e felicidade.

ACERVO do latim *acervu*, originalmente montão, *cabedal*, passando depois a designar o conjunto de livros de uma biblioteca ou das obras de um museu. A ideia de amontoado, porém, está presente numa passagem do livro *Memórias do cárcere*, de Graciliano Ramos, comentando o tratamento dispensado aos prisioneiros políticos: "Formávamos juntos um acervo de trastes, valíamos tanto como as bagagens trazidas lá de baixo e as mercadorias a que nos misturávamos."

ACESSAR neologismo formado a partir de acesso, do latim *accessu*, ingresso. Tornou-se vocábulo frequente com os avanços da informática, indicando o ato de entrar num programa de computador, mas seu significado é mais abrangente.

ACETILSALICÍLICO vocábulo vindo do latim *acidu*, ácido, e *salis*, sal, e do grego *hyle*, madeira. Esta palavrinha está presente nos milhões de comprimidos analgésicos consumidos diariamente em todo o mundo. Quando tomamos uma simples aspirina, os químicos sabem que ingerimos um remédio que para eles tem outro nome, cuja fórmula cabalística lembra as ciências ocultas, conhecido como $C_9H_8O_4$. Já o professor e crítico literário português Fidelino de Figueiredo, que viveu 15 anos no Brasil, em vez de tais analgésicos, recomendava outro tratamento: "Não há dor que não receba da grande Música certo lenitivo."

ACHAQUE do árabe *ax-xaka*, mal-estar, indisposição, palavra abonada por Machado de Assis no romance *Memorial de Aires*, narrado por um sexagenário que faz o balanço de sua existência: "Há dez dias não escrevo nada. Não é doença ou achaque de qualquer espécie, nem preguiça." Achacar também veio do árabe *xaka*, queixa. Com a presença dos árabes na Espanha por sete séculos, deste étimo formou-se o hispano-árabe *atxakka*, aborrecer, incomodar e também extorquir, do latim *extorquere*, torcer, obter algo por meio de violência física ou ameaça, fazendo extorsão, do latim *extorsione*, que no português recebeu também o significado de pagamento, tributo ou imposto indevidos. Assim, o guarda de trânsito que achaca o motorista não está sofrendo de achaque nenhum, a não ser a sem-vergonhice, a corrupção. Isto é, ele deixou, não de ter saúde, mas de ser íntegro, inteiro, foi rompido e corrompido.

ACHINCALHE derivado de achincalhar, verbo formado a partir de chinquilho, do espanhol *cinquillo*, jogo de cartas entre cinco pessoas, marcado por debouches e vulgarizações. Virou sinônimo de apupo, vaia, e com tal sentido aparece em *Vila Nova de Málaga*, romance do escritor paulista Ariosto Augusto de Oliveira: "E, assim, entre chufas, chistes, chalaças e achincalhes, construiria uma reputação de sardônico e gozador, fazendo a crônica mundana de príncipes e europeus ricos que dominam a imaginação de brasileiros remediados que sonham viver em Nova Iorque, Paris e Roma."

ACIDENTE do latim *accidente*, declinação de *accidens*, particípio de *accidere*, cair, chegar, acontecer. A linguagem coloquial, aliás, guarda a conotação antiga na expressão "tal feriado caiu em tal dia da semana". Mas ainda na Roma antiga, *accidens* já tinha o significado de acontecimento desagradável, desgraça imprevista, que não pôde ser adivinhada pelos áugures. O sinônimo desastre, designando trombada no trânsito, remonta a tais origens. O acidente de trânsito seria infortúnio resultante de desvio imprevisto na rota dos astros, do provençal antigo *desastre* e do francês *désastre*, contra os astros.

ACIRRAR de acerar e aceirar, dar têmpera de aço. A origem remota é o latim tardio *aciarium*, designando o gume, a ponta da espada, do latim clássico *acies*, espada, e também a fila de soldados. A *prima acies* designava a primeira linha de combatentes. A *dextra acies* era o flanco direito. *Acie discernere* é decidir pelas armas. Foi este o sentido original que serviu de base para que acirrar tivesse no português o sentido de exacerbar, aguçar, fazer crescer, como neste exemplo: "A empresa X acirrou a disputa ao aumentar a oferta em alguns bilhões de reais."

AÇODAMENTO de açodar, provavelmente de origem onomatopaica, com influências do castelhano *açomar*, incitar ou atiçar o cão. Ainda no século XVI, Frei João de Ceita escrevia num dos Sermões: "a mesma natureza açoda e acelera mortes repentinas...". E Jerônimo Cardoso, em seu *Dicionário*, o primeiro da língua portuguesa, assim explicava a pressa: "condiçom dos porcos teem os homens que comem açodadamente." Acusado de açodamento por interditar a pista do aeroporto de Congonhas, dias antes da tragédia que matou 199 pessoas, Márcio Schusterschitz, procurador de Justiça, declarou: "Açodamento é liberar uma pista sem que se saiba qual sua relação com o acidente." Como que prevendo a tragédia, ele assinou, em colaboração com a também procuradora Fernanda Teixeira Taubemblatt, dia 24 de janeiro de 2007, o pedido de interdição da pista principal, em que declararam: "Considerando, ainda, a inexistência das áreas de escape no aeroporto, a possibilidade de que uma dessas aeronaves deslize para fora do aeroporto, atingindo uma das avenidas que o circundam, é realmente palpável." Em entrevista ao *New York Times*, ele resumiu numa frase muito bonita sua linha de ação para fechar o aeroporto: "é melhor escolher a vida ao dinheiro." Como se vê, os açodados eram outros: aqueles que inverteram a frase e, entre a vida e o dinheiro, escolheram o dinheiro, sacrificando com sua ganância centenas de vidas.

AÇOITAR de açoite ou açoute, do árabe *as-sawt*, designando ato de castigar animais, familiares, escravos, trabalhadores e prisioneiros, utilizando paus, varas, azorragues, chicotes e outros instrumentos de castigo, como fizeram os soldados romanos, que usaram flagelos para açoitar Jesus, o que foi explorado em imagens dramáticas e estarrecedoras pelo cineasta Mel Gibson no filme *A Paixão de Cristo*, lançado na Semana Santa de 2004. Foi baseado nos relatos da freira Anna Katharina Emmerick, mística e vidente alemã. Costureira de ofício, ela teve estranhas visões desde a infância e relatava aos pais passagens bíblicas que jamais lera ou ouvira. Adulta, passou a sofrer de estranhos ataques, provavelmente epilépticos, ainda antes de entrar para a clausura. E aos 28 anos era alimentada como criança, sugando o seio de ama levada ao convento especialmente para isso. Embora controverso, o filme foi muito bem recebido por autoridades religiosas, católicas ou protestantes, e alguns pastores chegaram a comprar cerca de 20 mil ingressos de uma vez só, para distribuir aos fiéis.

AÇOITE do árabe *as-saut*, chicote, flagelo. No Brasil, o açoite é uma tira de couro presa à ponta de uma vara de madeira ou de couro trançado que lhe serve de cabo. É instrumento muito utilizado para surrar bois, cavalos e outros animais de carga ou tração. Entretanto, sua face mais cruel manifestou-se contra seres humanos, servindo para castigar escravos ou transgressores.

ACOLÁ do latim *eccu illac*, eis lá. Este advérbio é usado para indicar um lugar longe da pessoa que fala e daquela com quem se fala, segundo nos ensina o *Dicionário Aurélio*. Vejamos como o utiliza o escritor português Camilo Castelo Branco em *Agulha no palheiro*: "Ali dois velhos; além duas irmãs, uma viúva, outra divorciada; acolá duas criancinhas."

ACOPLAR do francês *acouppler*, juntar, acoplar, unir. Os padres jesuítas serviram-se de preciosas artimanhas para integrar-se à cultura indígena com o fim de alterar seus usos e costumes, e uma delas consistiu em acoplar nomes de santos a localidades cujas denominações são de origem tupi-guarani. Com o tempo, transformados em cidades, esses lugares passaram a ser mais conhecidos pelos nomes que lhes foram acoplados, de que é exemplo São Paulo de Piratininga. Outras vezes, as denominações indígenas resistiram, como em Copacabana e Curitiba, em que o nome de Nossa Senhora foi desacoplado.

ACÓRDÃO da forma verbal *acordam*, extraída de sentença baseada em que terceiros "acordam", terceira pessoa do plural do presente do indicativo do verbo acordar. Designa decisão final proferida por tribunal superior, que acaba por servir de paradigma para solucionar casos parecidos.

ACORDAR do latim *accordare*, concordar. Deu extensão de significado para designar também o ato de despertar. O *Dicionário Antonio de Moraes Silva*, de 1877, já diferenciava que acordar é deixar de dormir naturalmente e que despertar é interromper o sono. Os antigos romanos dividiam o sono em quatro partes: vigília, guarda, atalaia e posto. Nas línguas neolatinas predomina o étimo latino *deexpergitare*, despertar, ficar esperto, atento, e nas anglo-saxônias o indo-europeu *weg*, vigor, presente no inglês *wake up*. Os primeiros despertadores da humanidade foram os elementos da natureza, como o Sol, as trovoadas, as tempestades etc. E, por falar em tempestades, também os familiares. Depois, vindos do Egito no século VI e instalados no alto das torres ou em campanários das igrejas, passaram a ser os sinos, junto aos quais, a partir do século XVI, foram instalados também grandes relógios.

ACORDO do italiano *acordo*, instrumento musical da família das violas graves. Tem de 12 a 15 cordas e foi muito popular na Itália, nos séculos XVII e XVIII. Mas como sinônimo de concordância mútua, obtida pela negociação, é provável que derive das formas latinas *accordare*, acordar, e *concordare*, concordar, pôr-se de acordo com alguma coisa. É vocábulo dos mais referidos atualmente, dado que o Brasil passa por momentos de negociações decisivas entre os vários segmentos da sociedade, muitos deles defendendo interesses opostos, donde a dificuldade de vários dos acordos propostos. Ainda assim, célebres acordos de cavalheiros, em que se dispensa a palavra escrita, foram substituídos por artigos que passaram a integrar a Constituição.

ACRÔNIMO dos compostos gregos *akro*, alto, cume, extremidade, e *nymos*, nome, palavra. Este segundo composto está presente em sinônimo e antônimo, designando palavras de significados semelhantes e os seus contrários, respectivamente. O primeiro composto está presente em acrópole, o ponto mais alto das antigas cidades gregas, onde eram construídos os templos e os palácios. E em acrofobia, medo de altura. Acrônimo designa palavra formada pela inicial ou por mais de uma letra dos segmentos sucessivos da locução, como em Nasa, Benelux (Bélgica, Nederland – Países Baixos – e Luxemburgo), ONU (Organização das Nações Unidas) e Sudam (Superintendência do Desenvolvimento da Amazônia).

ACTEÃO do grego *Aktaion*, nome de um caçador mitológico que se aproximou demais das águas onde Ártemis – que se chamava Diana, em Roma – tomava banho com suas ninfas. Em vez de retirar-se imediatamente, como lhe ensinara seu professor, o centauro Quíron, pois aquela cena era proibida a olhares humanos, ele ficou observando a nudez das deusas, sem pagar ingresso algum. Furiosa e vingativa, Ártemis transformou o atrevido em veado, que a seguir foi devorado pelos cães que estava comandando. Não se sabe se a deusa teria tido outro procedimento caso tivesse recebido um cachê, mas as beldades seguintes, que foram vistas nuas, não transformaram ninguém em veado. Ao contrário, devem ter até convertido alguns.

ACUAR provavelmente do latim vulgar *acculare*, pelo francês *aculer*, acuar, encolher o corpo próximo ao chão, pressionar, pôr alguém em situação embaraçosa. É de domínio conexo ao verbo encurralar, mas este formado a partir do latim *currale*, curral, significando que o perseguido ficou sem saída, como no caso do famoso filme *Encurralado*, de Steven Spielberg, lançado pela televisão nos EUA, em 1971, sob o título de *Duel*, duelo, com Dennis Weaver no papel de David Mann, que, dirigindo seu pequeno carro vermelho pelas rodovias da Califórnia, é acuado e perseguido por um enorme caminhão de cor escura.

ACUMULADA de acumulado, do latim *accumulatus*, particípio de *accumulare*, acrescentar, amontoar. Tornou-se substantivo feminino no português, designando no turfe o "sistema de aposta que consiste em acumular, num mesmo jogo, cavalos de vários páreos e no qual o capital empatado se vai multiplicando, caso os animais escolhidos vençam em cada um deles", como define corretamente o *Dicionário Houaiss*. Das apostas em corridas de cavalos, migrou para a loteria. Já a palavra quinhão, do latim *quinione*, declinação de *quinio*, reunião de cinco, mudou de significado, designando não mais a quinta parte de alguma coisa, mas a quantia que cabe a cada um na divisão de um todo.

ACUPUNTURA do latim *acus*, agulha e *punctura*, picada. Forma de medicina muito praticada na China antiga e retomada no Ocidente nas últimas décadas. No Brasil, entretanto, este tipo de tratamento nem sempre tem sido feito por profissionais. Seu método básico consiste em restabelecer o equilíbrio entre forças que regulam funções orgânicas. O princípio teórico é o de que essas forças estão distribuídas de forma oposta, denominadas *yin* e *yang*. Efeitos analgésicos e anestésicos já foram comprovados na acupuntura, que é uma prática reconhecida pelo Conselho Federal de Medicina.

ACUSAÇÃO do latim *accusatio*, acusação, ação de acusar, do latim *accusare*, verbo reduzido da expressão *ad causam provocare*, dar causa à demanda, provocá-la, isto é, propriamente *pro vocare*, chamar para, desafiar.

ACUSAR do latim *accusare*, acusar, censurar, repreender, dar *causa*, motivo, a alguma coisa. Pode ter havido influência do grego *kaûsis*, queimar, étimo que está presente também em cauterizar. *Kauter*, em grego, era o queimador, e *kautérion* o ferro quente utilizado pelo profissional. O ônus da prova é do acusador, mas tem havido inversão, a ponto de ouvirmos e lermos que "Fulano deve provar sua inocência". No *Digesto*, lê-se que "é obrigação de quem acusa provar, não de quem nega", porque "esta é a natureza das coisas".

ADAPTAR do latim *adaptare*, tornar apto, adaptar. Significando também acomodar, tem o sentido de transpor texto literário para outros meios de expressão, como o teatro, o cinema e a televisão. O roteirista Walter George Durst, que adaptou magistralmente para a TV os romances *Jorge, um brasileiro*, de Oswaldo França Júnior, e *Gabriela cravo e canela*, de Jorge Amado, definiu deste modo o seu ofício: "Adaptar é trair por amor."

ADEGA do grego *apotheké*, passando pelo latim *apotheca*, significando depósito, chegamos à adega, casa para guardar vinho, azeite, aguardente e outros líquidos. Do mesmo radical grego, formou-se bodega, que é um misto de taberna e pequeno armazém, estabelecimento comercial ainda encontrável no interior do Brasil.

ADENDO do latim *addendum*, do verbo *addere*, juntar, acrescentar. Usa-se também o plural adenda, assim escrito por proceder igualmente do latim *addenda*, plural do neutro *addendum*.

ADEREÇO do latim *addirectiare*, tornar *directus*, direito, com o significado de arrumar, formou-se este vocábulo para designar enfeites, joias e outros ornamentos do corpo, uns outrora exclusivamente femininos e agora também masculinos, como pulseiras e brincos. No Carnaval, plumas e paetês são acrescentados aos adereços costumeiros.

ADEUS da preposição a + deus, do latim *deus*, deus, ser supremo, que para os antigos romanos não era apenas um, como impôs o cristianismo, a religião monoteísta tornada oficial no império a partir do século IV. Eram muitos. A expressão veio a resumir o que desejamos a quem parte, que Deus o proteja, que ele vá com Deus, embora grafado no diminutivo por integrar palavra composta. Mas tomou também o sentido de abandono: adeus às armas, adeus aos livros, adeus aos irmãos, adeus à família etc. Não raro aparece sem preposição alguma: adeus emprego, adeus juventude etc.

ADIANTAMENTO de adiantar, verbo formado a partir de diante, do latim *inante*, antecedido da preposição de. Quando são contratados os trabalhos de profissionais liberais, de escritores ou de artistas, é comum que o contratante faça um adiantamento dos honorários ou direitos autorais, pois, especialmente no caso dos escritores, o trabalho já foi feito: eles escreveram o livro a ser contratado. A palavra inglesa *fee*, do inglês arcaico *feo*, gado, é usada internacionalmente para designar essas quantias. O adiantamento tem esses vínculos com o gado porque em tempos antigos, ainda antes da invenção da moeda, o patrimônio de uma pessoa era medido pelas cabeças de gado que ela possuía. Esta é também a origem de capital, de cabeça, do latim vulgar *capitia*; de pecúnia e de pecuniário, palavras ligadas ao latim *pecus*, gado.

ADIAR da construção a- + dia + -ar, marcar para outro dia. No Direito, o adiamento dá-se quando os atos processuais não são concluídos até às 20h, exceto se adiar resulte em prejuízo da diligência ou provoque grave dano.

ADIDO do latim *additus*, de *addere*, acrescentar, juntar. A figura do servidor público denominado adido, civil ou militar, acrescentado a missão diplomática para exercício de funções especializadas, de natureza militar, econômica, cultural etc., surgiu no século XIX, mas a palavra está na língua desde 1253 na famosa *Leges et Consuetudines* (Documentos Legislativos e de Jurisprudência), uma das três divisões que Alexandre Herculano fez nos documentos recolhidos em *Portugaliae Monumenta Histórica* (Monumentos Históricos de Portugal). As outras duas são *Scriptores* (Documentos Narrativos) e *Diplomata et Chartae* (Diplomas e Cartas).

ADITAR do latim *addere*, que tem *additum* como uma de suas formas verbais, formou-se este verbo que significa acrescentar. Numa de suas famosas réplicas, atacado de modéstia, o grande jurisconsulto brasileiro, o baiano Rui Barbosa, assim se expressou: "Meu papel, subalterno e pouco menos que anônimo, limitado a corrigir, suprimir e aditar em obra alheia, não seria susceptível de comparação nenhuma com o do professor." O professor em questão era ninguém menos que outro famoso jurista, o cearense Clóvis Bevilácqua, redator do *Código Civil Brasileiro* e um dos fundadores da Academia Brasileira de Letras.

ADIVINHAR do latim *divinu*, divino, já reduzido de *homo divinu*, homem divino, criatura a quem os deuses concederam o dom de prever o futuro, estabeleceu-se adivinho, palavra que ser viu de base à formação deste verbo. Os adivinhos romanos perscrutavam o futuro de vários modos, um dos quais incluía a pesquisa do anúncio dos eventos nas vísceras de animais especialmente sacrificados para este fim. Podem ocorrer, entretanto, adivinhações mais prosaicas, como a história que nos conta o filme *Adivinhe quem vem para jantar*, em que uma jovem americana traz de surpresa para jantar na casa dos pais seu namorado negro. O filme discutiu o racismo com muita delicadeza e humor, e foi o último trabalho do ator Spencer Tracy.

ADMOESTAR do latim vulgar *admonestare*, repreender, étimo presente também em outras línguas neolatinas: o italiano *ammonestare*, o francês *amonester*, o espanhol *admonester*. Educadores admoestam com delicadeza, sem insultar, mas as próprias metáforas da língua indicam que a agressão verbal substitui a física, cada vez mais rara, por causa do rigor das leis, de que são exemplos essas expressões: "mijar diante do adversário", ter medo; "mijar para trás", descumprir o combinado, faltar com a palavra; "mijar fora do penico", ter comportamento inadequado, sair da linha; "mijar na cabeça de alguém", humilhar; "levar uma mijada do patrão", ser admoestado.

ADOÇÃO do latim *adoptione*, adoção, pela formação *ad* (por) *optione* (opção). No Direito, desde os tempos da Roma antiga, instrumento jurídico pelo qual o filho alheio ingressava na família como se fosse irmão dos legítimos. Poderia ser considerado descendente ainda quando o *pater famílias* (pai de família) estava vivo ou depois que este morria, na leitura do testamento. Os romanos não adotavam apenas filhos, mas famílias inteiras, incluindo pai, mãe, avós, todos dali por diante considerados descendentes do adotante. O Direito romano, tendo nascido em contexto de muitas práticas sacerdotais, usava muito a mão nos ritos, dando a ideia de que se punha a mão sobre algo. Na adoção, semelhando bênção, a criança recebia um afago. O próprio casamento podia ser feito *cum manu* ou *sine manu*. No primeiro caso, a mulher era considerada uma nova filha que ingressava na família do marido. No segundo, continuava ligada à família original.

ADOIDADO de doido, provavelmente do inglês *dold*, pronunciado "dolt", com o significado de insensato, pateta. Como advérbio surgiu para indicar quantidade e intensidade, como se vê em *Os bares morrem numa quarta-feira*, do célebre cronista mineiro, durante algum tempo diretor da divisão de obras raras da Biblioteca Nacional, Paulo Mendes Campos: "Em 1945 parti para o Rio a fim de conhecer Pablo Neruda, que a gente lia adoidado."

ADOLESCÊNCIA do latim *adolescentia*, palavra ligada ao étimo do verbo *alere*, alimentar, crescer. O mesmo étimo está presente na palavra *alumnus*, aluno. Na Idade Média, a adolescência ia dos 14 aos 28 anos. Na cultura judaica, a adolescência termina aos 12 anos para a menina e aos 13 para o menino. No Brasil, o Estatuto da Criança e do Adolescente fixa a adolescência entre os 12 e os 18 anos incompletos. Para a Organização Mundial da Saúde vai dos 10 aos 20.

ADOLESCENTE do latim *adolescens, adolescentis*, designando o que cresce, aumenta, queima. O vocábulo radica-se em *adolens*, ardente. Adolenda era o nome de uma deusa romana, a quem eram queimadas plantas ou vítimas em sacrifício. O fogo ia crescendo rapidamente pela presença do óleo (*ad oleum*) derramado sobre o altar, exalando odores agradáveis. Lembre-se de que em diversas culturas as divindades não são vegetarianas, prezam a carne assada e têm olfato apurado, apreciando os bons cheiros. Parte das oferendas era consumida durante a adoração. Adorar tem sua raiz em *ad orem* (em direção à boca). Já a própria palavra perfume vem do latim *perfumum*, através da fumaça, oriunda da queima de folhas secas, madeiras e vítimas oferecidas em sacrifícios. Tais origens mesclaram-se na denominação de adolescência para o período de crescimento desordenado do ser humano, compreendido entre os 12 e os 20 anos, quando ocorrem transformações físicas, anatômicas, fisiológicas e psíquicas. É também a época em que mais se beija na vida e em que mais se torra o dinheiro dos pais.

ADORAÇÃO do latim *adorationis*, genitivo de *adoratio*, ato de adorar, adoração. A formação desta palavra remonta ao latim *oris*, boca, e à preposição *ad*, junto, em direção a. O gesto significa, pois, levar algo à boca. Em seus primórdios, o ato de adoração consistia em levar a mão à boca e, com o braço estendido, jogar um beijo à divindade. Além desse gesto, havia ainda a prosternação e a genuflexão, porém os cristãos cultivaram mais este último.

ADORAR do latim *adorare*, adorar, beijar, reverenciar, etimologicamente levar à boca, pela formação *ad* (para) e *orem*, declinação de *os*, boca. *O Evangelho de São Mateus* diz, no capítulo 2, versículos 1 e 2: "Nascido Jesus em Belém da Judeia, no tempo do rei Herodes, chegaram a Jerusalém uns magos vindos do Oriente, que perguntaram: onde está o rei dos judeus que acaba de nascer? Pois vimos sua estrela no Oriente e viemos adorá-lo." O narrador distinguiu a aldeia de outra de mesmo nome, na Galileia, outra província. O rei de que fala é Herodes I, falecido em 4 a.C., o que faz com que se defina o nascimento de Jesus entre os anos 4 e 6 a.C., pois é ele o monarca que manda matar os meninos com menos de dois anos para se livrar de Jesus. Pesquisadores católicos afirmam que o tremendo infanticídio resultou no assassinato de trinta ou quarenta crianças. O rei tinha experiência em execuções. Além de muitos inimigos, matou também amigos e familiares, entre os quais a própria mulher e três filhos. Os magos, representados como reis nos presépios, não eram reis e não eram três, como se vê pelo texto. Sob os nomes igualmente fictícios de Baltazar, Gaspar e Melquior, receberam também ao longo da História feições que lembram as três etnias básicas da humanidade. Avisado em sonho, por um anjo, da futura matança, José, o pai adotivo de Jesus, foge com o menino e Maria, sua mãe, para o Egito, de onde, morto Herodes, a Sagrada Família volta e vem morar em Nazaré, ao norte da Palestina. É ali que Jesus começará sua pregação, às vezes feita à beira do mar da Galileia, mencionado onze vezes em Mateus e sete vezes em Marcos. É provável, porém, que se tratasse do lago de Genesaré, pois o hebraico *yam* designa tanto um lago de água doce como o mar, de água salgada. Jesus é morto sob Herodes Ântipas, filho daquele que ordenou a matança dos inocentes. Foi este quem atendeu à bailarina Salomé, dando-lhe a cabeça de João Batista, contemporâneo e primo de Jesus.

ADORMECER do latim *adormiscere*, adormecer, também origem remota de dormir, dormitório, dorminhoco etc. São recomendadas 8 horas diárias de sono para o homem, o que equivale a passar dormindo um terço da existência, mesma quantidade de sono utilizada pelo porco. O bicho-preguiça dorme 20 horas por dia. O leão e o gato também dormem bastante: cerca de 15 horas. O cachorro dorme 10, o morcego 19, o rato 13 e o golfinho 10. Entre os que dormem menos, a campeã é a baleia, com apenas 1 hora de sono por dia, seguida pela girafa, que dorme 2; o cavalo dorme 3 horas, quase sempre em pé. O boi dorme 4 horas, mas prefere dormir deitado. As moscas nunca dormem no único dia de sua existência. Já o albatroz dorme voando, sustentado pelo vento.

ADORNAR do latim *adornare*, adornar, preparar, enfeitar. Formou-se a partir de *ordo*, ordem. Adornar significava, pois, originalmente, pôr em ordem. Talvez as primeiras formas de ornamento estejam ligadas aos modos de pentear os cabelos desalinhados após o sono. No Ocidente, durante muitos séculos, os adornos limitaram-se aos cuidados com o rosto. Assim surgiram os vários tipos de penteados e cortes de cabelos, as cores usadas para realçar a boca, os olhos e a face. Posteriormente, a cosmética evoluiu para tratamento das sobrancelhas e foi descendo para cuidar também do pescoço, das axilas, de onde foram removidos os pelos, no caso das mulheres. Também o rosto dos homens mereceu tratos na barba, ou para raspá-la completamente, ou para dar-lhe desenho simétrico, dispondo-a em duas partes principais, o bigode e a barba propriamente dita. Há sinais de que foram utilizadas substâncias cosméticas há 40 mil anos, semelhantes às tintas que nossos índios ainda hoje usam para enfeitar o corpo. Atualmente, além de adornos sobrepostos à pele, como as tatuagens, requisita-se também o cirurgião plástico. Sua atuação resulta em maquilagem radical, seja acrescentando ou retirando pequenas porções por meio de lipoaspirações e correções não apenas faciais, mas em todo o corpo, como no caso dos implantes de seios.

ADREDE da expressão do gótico *at reth*, depois *at red*, pelo espanhol *adrede*, de caso pensado, de propósito. Está entre os advérbios de largo uso na linguagem jurídica, ao lado de tempestivamente – a tempo, oportunamente –, e de seu contrário, intempestivamente – fora de hora e fora de propósito, e em meio a abundantes palavras formadas com os prefixos supra- e infra-: supracitado, suprassumo, infra-assinado, infraescrito, infraconstitucional. Adrede vem abonado no *Dicionário Aurélio*, não por um jurista, mas pelo engenheiro e escritor Euclides da Cunha, em *À margem da História*: "Embaixo, adrede construída, desde a véspera, vê-se uma jangada de quatro paus boiantes, rijamente travejados. Aguarda o viajante macabro. Condu-lo prestes, para lá, arrastando-o em descida, pelo viés dos barrancos avergoados de enxurros."

AD REFERENDUM expressão latina muito citada em português, significa literalmente que o ato deve ser submetido à aprovação em outra instância, que poderá acatar ou não a decisão, sendo muito mais comum que a acate. No latim, formou-se a partir de *ad* (a, para) e *referendum* (referendo), do verbo *referre*, trazer de novo. Os primeiros *ad referenda* (em latim, o plural de *referendum* é *referenda*) foram dirigidos aos deuses romanos nos templos e mais tarde ao Senado. Hoje é ato corriqueiro nas instituições: tem o fim de agilizar as decisões. Convocados para votar sim ou não à lei que disciplinava o uso das armas de fogo, em outubro de 2005, os eleitores brasileiros tiveram o direito de referendar daí a expressão de referendo àquela votação – a lei proposta. O *ad referendum* foi, portanto, negado.

ADULADOR do latim *adulator*, cortesão de baixa categoria, vinculado a adular, do latim *adulare*, adular, festejar. Designou originalmente o costume dos animais, especialmente os cães, de trocar afagos quando se encontram ou reencontram. No Brasil o sinônimo popular é puxa-saco. Originalmente, o puxa-saco era o servidor subalterno, com pouca ou nenhuma qualificação, incumbido de carregar um saco com os pertences do patrão. Cansado, ele literalmente puxava o saco, arrastando-o pelos caminhos. Por metáfora, passou a designar o funcionário que se desmancha em lisonjas ao chefe, com o fim de obter favores que compensem sua incompetência. A expressão puxa-saco veio a consolidar-se, entretanto, já nos tempos republicanos, como evidencia a marchinha *O cordão dos puxa-sacos*, gravada em 10 de setembro de 1945, na RCA Victor, pelos *Anjos do Inferno*. Tornou-se sucesso no carnaval de 1946, o primeiro depois da derrubada do longo reinado (1930-1945) de Getúlio Vargas. Os versos fazem clara alusão aos políticos: "Vossa Excelência/ Vossa Eminência/ Quanta reverência/ Nos cordões eleitorais/ Mas se o doutor cai do galho e vai ao chão/ A turma toda evolui de opinião/ E o cordão dos puxa-sacos cada vez aumenta mais." Puxa-saco recebeu o sinônimo de chaleira porque um subserviente funcionário do senador Pinheiro Machado, segundo nos informa Antenor Nascentes, queimou-se no bico da chaleira, ao servir chimarrão ao patrão, que trouxera o hábito do Rio Grande do Sul para o Rio de Janeiro. O senador, grande líder político, morava no alto do Morro da Graça, nas Laranjeiras, no Rio de Janeiro. Sua casa era frequentada por dezenas de políticos, juízes, empresários, candidatos a cargos públicos etc. Uma vez recebidos, cada um se apressava em servir-lhe o chimarrão. Para satirizar os puxa-sacos, o maestro Costa Júnior (Juca Storoni) fez a animada polca *No bico da chaleira*, sucesso do carnaval de 1909: "Iaiá me deixe subir nessa ladeira/ eu sou do grupo que pega na chaleira..."

ADULTÉRIO do latim *adulterium*, falsificação, mistura. No substrato etimológico está presente *alter*, outro. Diz-se de ligação carnal ilegítima de pessoas de sexo diferente, sendo uma delas ou ambas casadas. O romance do século XIX consagrou o adultério feminino como tema preferencial e são famosas suas heroínas infiéis, como Ana Karenina (de romance homônimo), de Leon Tolstói; Madame Bovary (de romance homônimo), de Gustave Flaubert; Luísa de *O primo Basílio*, de Eça de Queirós; e Capitu de *Dom Casmurro*, de Machado de Assis, entre outras. Com o avanço da ciência, surgiu a expressão adultério casto, caracterizado quando a mulher recebe, em inseminação artificial, sêmen que não é do marido, sem que ele tenha consentido.

ADVENTO do latim *adventu*, declinação de *adventus*, chegada, vinda. Denomina a primeira divisão do ano litúrgico, marcado pelo período de cultos específicos e não pelo calendário civil. Assim, o advento designa o período que antecede o Natal e conclama as pessoas a se prepararem para a grande festa.

ADVERSÁRIO do latim *adversarium*, adversário, rival, concorrente, inimigo. A raiz remota é o verbo arcaico *vertere*, voltar, virar, desviar, ações ligadas à agricultura primordial, como a ação do arado virar e revolver a terra para o semeador lançar a semente.

ADVOCACIA GERAL DA UNIÃO advocacia, do latim *advocatia*; geral, do latim *generale*; e união, do latim *unione*. Em tal designação, porém, a União é a República, que criou esta instituição para representá-la judicial e extrajudicialmente, atuando também como consultora e assessora jurídica do Executivo.

ADVOGADO do latim *advocatu*, profissional que, tendo cursado Direito, está legalmente habilitado a prestar assistência jurídica a seus clientes, defendendo-lhes os interesses, atuando também como consultor ou procurador em juízo. São Ivo, padroeiro dos advogados, estudou Direito na Universidade de Paris e notabilizou-se por defender os pobres, que não podiam pagar por um excelente profissional como ele. Sua festa é comemorada a 19 de maio. O sentido original da palavra, que entrou para o português ainda no século XIII, é dado pela etimologia: *ad* (a, para) e *vocare* (chamar). Os primeiros advogados foram defensores chamados a cuidar de interesses de pequenas comunidades religiosas, conventos e abadias.

AEROMOÇA da junção de *aero*, antepositivo de aéreo, e *moça*, feminino de moço, palavra que pode ter vindo do basco *motz*, que originalmente significou sem chifres, rapado, mas que veio a designar a pessoa ainda imberbe, não sem chifres, mas sem barba. Temos na língua esta designação poética e delicada para a comissária de bordo que, entretanto, no inglês continua sendo *steward*, que designava antes apenas atendente de clubes e depois passou a ser aplicada às aeromoças. Originalmente é ainda mais rude a designação, pois chamava-se *steward* o guardador de porcos, que servia a quem tinha como maior tesouro o chiqueiro. *Sty* é chiqueiro em inglês e *ward* é vigia, guarda. Originalmente *steward* foi escrito *stigweard*. Na Idade Média, o guardador de porcos ou de outros rebanhos tornou-se muito poderoso: ele alugava as terras e cobrava os devidos rendimentos. Com tanta influência, tornou-se com o correr do tempo juiz, arbitrando conflitos. No século XVIII, na Inglaterra, *stewart* era um lorde, funcionário de vastos poderes, recebido pessoalmente pelo rei.

AERONAVE de aero-, prefixo de origem greco-latina que indica o ar, e do latim *nave*, declinação de *navis*, navio, embarcação, com influência do francês *aéronef*, designando o avião, nome mais popular desse meio de transporte. As aeronaves que hoje cruzam os céus em todo o mundo são verdadeiras confederações de países, tantas são as etnias e nacionalidades ali representadas. No avião francês que desapareceu no oceano Atlântico na noite de 31 de maio de 2009, viajavam 73 franceses, 58 brasileiros e 97 de outras nacionalidades.

AEROPORTO ao contrário do que informam vários dicionários, a palavra não procede do francês *aéroport*. Foi Alberto Santos Dumont quem criou este e outros neologismos da aviação. Para tanto, serviu-se preferencialmente das possibilidades do português, acrescidas de contribuições do grego, do latim e do francês. Na França já existia o *Aéro Club de Paris*, instituído depois que os franceses viram o inventor brasileiro navegando pelos céus parisienses em balões e outros artefatos que ele construiu até chegar ao 14-Bis (assim chamado porque o modelo de número 14 foi refeito com sucesso) e ao *Démoiselle* (donzela, mocinha), os primeiros aparelhos "mais pesados que o ar", nos quais fez os voos que lhe deram o título de pai da aviação. O francês *aéroport* surgiu simultaneamente, já que o célebre brasileiro fez suas invenções em Paris, financiado por capital paternal. Ao fazer-lhe as doações, o pai, fazendeiro abastado de Minas Gerais, recomendou-lhe a mecânica. O filho, que lia mais Júlio Verne do que Marcel Proust, seus contemporâneos, seguiu por inusitados caminhos os conselhos do pai: usou a mecânica para voar. O município em que nasceu, Palmira, em Minas Gerais, mudou de nome para Santos Dumont. O primeiro voo documentado do inventor brasileiro deu-se nos arredores de Paris, dia 23 de outubro de 1906, ao cair da tarde, pouco antes das 17 horas.

Seu papel na minissérie *Um só coração*, que teve como figura central Yolanda Penteado, de quem foi amigo e admirador, foi vivido pelo ator Cássio Scapin. O autor de *Em busca do tempo perdido* não alude aos prováveis encontros que os dois tiveram.

AEROVELHA de aeromoça, da junção de *aero*, antepositivo de aéreo, e moça, feminino de moço, do basco *motz*, originalmente designando o boi sem chifres, depois aplicado ao rapaz ainda sem barbas. Designa aeromoça aposentada ou com idade excessivamente superior ao padrão, já que a maioria das comissárias de bordo receberam tal qualificação por serem jovens. Aerovelha, apesar do ranço machista, é palavra já assimilada pelas próprias funcionárias aposentadas, que se autodenominam assim, como é o caso da gaúcha Antonieta Maria Rauber, que abandonou a carreira de professora de Letras para tornar-se aeromoça, e da goiana Maria de Bastos Oliveira, a primeira aeromoça do mundo a aposentar-se segundo as leis trabalhistas, aos 42 anos, depois de 18 anos de trabalho. Sobre gracinhas e cantadas recebidas, ela disse: "Uma mulher consegue levar uma conversa para onde quiser."

AFAGAR do árabe *khallak*, alisar. O sentido primitivo nasceu dos trabalhos em marcenaria, quando a madeira tosca era, mais que falquejada, polida, passando depois a gesto amorável, que significa acariciar.

AFÉLIO do latim *aphelium*, palavra criada pelo astrólogo, astrônomo e matemático Johannes Kepler. Ele criou a palavra a partir do prefixo grego *apó-*, distante, e *helium*, relativo a *Helius*, que os romanos adaptaram do grego *Hélios*, Sol, para designar o astro em latim. No afélio, a Terra viaja com menos velocidade ao redor do Sol. Ao contrário da maioria dos astrônomos que lhe seguiram, Kepler tentava conciliar argumentos religiosos com pressupostos científicos, e denominava seus estudos como "física celeste". Em sua época, a astrologia e a astronomia não estavam separadas como hoje, e como não estiveram também na Babilônia nem no antigo Egito, onde surgiram. Foi muito influenciado pelas ideias de Aristóteles, que considerava perfeita a órbita dos astros nos céus e, em assim sendo, tal órbita só podia ser o círculo. Ainda assim, Kepler provou que elas eram elípticas, mas pagou caro por isso: foi exilado por autoridades católicas, que o perseguiram. Ele era protestante.

AFÉRESE do grego *aphaíreses* e do latim *aphaerese*, supressão. Em nossa língua, é comum o corte de fonemas ou de sílabas no início de um vocábulo. O poeta dos escravos, o baiano Castro Alves, começa as quatro primeiras estrofes de um de seus poemas mais célebres, "O navio negreiro", sempre com uma aférese: "Stamos em pleno mar." O vocábulo é usado também em medicina, como sinônimo de extração.

AFETAR do latim *affectare*, simular, fingir, tendo também o sentido de atingir. No primeiro caso, há um exemplo no romance *O mulato*, de Aluísio Azevedo, onde encontramos um comerciante que "afetava delicadezas de um alfaiate de Lisboa".

AFETO do latim *affectu*, afeto, sentimento. Tem também o significado de paixão, de que a doença é vizinha etimológica. Aparece num dos versos do *Hino à Bandeira*: "Recebe o afeto que se encerra em nosso peito juvenil." O jornalista e escritor brasileiro Franz Paulo da Mata Heilborn, mais conhecido como Paulo Francis, publicou um livro de memórias com o título de *O afeto que se encerra*.

AFFAIRE palavra francesa que, ao contrário de outras, como *abat-jour*, que os dicionários já registram como abajur, ainda não foi aportuguesada. No século XII, quando surgiu no francês, era masculino, pela junção do prefixo *à-* ao verbo *faire*, fazer, dobrando a letra "efe". Designando negócio, transação, fez curiosa troca de gênero e passou a feminino no século XVI. No Brasil, voltou ao masculino. Seu significado mais próximo, entretanto, não é negócio, mas caso, problema, questão, de que é exemplo o *affaire Bové*, quando o francês José Bové, a grande estrela do Fórum Social Mundial, realizado em fins de janeiro de 2001, em Porto Alegre, foi aplaudido de pé por mais de 4 mil pessoas presentes ao evento, teve sua expulsão decretada pelo governo brasileiro e negada pela Justiça. O pomo de discórdia foi que o líder agrário francês juntou-se ao brasileiro João Pedro Stédile, comandante do MST, Movimento dos Sem-Terra, na destruição de dois hectares de plantação de soja transgênica pertencentes à multinacional *Monsanto*, situados no município de Não Me Toque, no Rio Grande do Sul. Bové, líder da segunda maior organização camponesa da França, ganhou fama internacional instantânea depois de destruir uma lanchonete *McDonald's*, em Paris. No Brasil, foi elogiado. Na França, condenado.

AFOGAMENTO de afogar, do latim vulgar *affocare*, do latim clássico *offocare*, obstruir a *fauces*, garganta. É uma das maiores causas de morte em todos os tempos. O próprio Deus escolheu o método quando quis acabar com a humanidade, salvando apenas Noé e sua família, num total de oito pessoas, incluindo o patriarca, quando fez todo mundo perecer no dilúvio. A ira divina decorreu do contexto violento, perverso e corrupto que afetara toda a população. Demonstrando preferência pelo meio, o Senhor voltou a afogar o faraó e seu exército que perseguiam os hebreus que deixavam o Egito. Outros métodos de castigos divinos aplicados em pena de morte foram o sal, o fogo e as pragas. A mulher de Lot foi transformada em estátua de sal (*Gênesis*, 19); os 250 seguidores de Core foram queimados (*Números*, 16); 14.700 israelitas morreram de pragas ordenadas por Moisés e Arão, depois de reclamarem da execução dos anteriores (*Números*, 16). E temos ainda o caso de Sodoma e Gomorra, cidades destruídas por chuvas de fogo e de enxofre, também por causa de perversões sexuais generalizadas e desrespeito às ordens divinas. Jeová era mesmo durão.

AFOGAR do latim *affogare*, apagar o fogo por abafamento. Mudou para *offocare*, mantendo o significado que depois evoluiu para asfixia pela água. São muitas as cenas de afogamento em todas as literaturas. Uma delas está presente no romance *Dom Casmurro*, de Machado de Assis, quando Capitu, a esposa de Bentinho, chora a morte de Escobar, seu amante, afogado nas águas atlânticas do Rio de Janeiro, cidade que deveria ser muito mais bela na segunda metade do século XIX, quando presidiu ao célebre e polêmico triângulo amoroso.

AFORISMO do grego *aphorismós*, do verbo *aphorízo*, separar, pelo latim *aphorismus*, aforismo sentença, provérbio. De um texto longo, em prosa ou poesia, separa-se uma ou mais frases, para resumir ensinamentos ali contidos. Benjamin Franklin editou em 1733 e 1758, uma célebre coleção de aforismos, que publicou no seu *Poor Richard's Almanack*, entre os quais se destacam: "O tolo tem o coração na boca; o sábio, no coração"; "Três podem manter um segredo, caso dois morram"; "Por que a mulher do cego se pinta?"; "Trata bem um cretino e ele te trairá; escorraça-o e ele te respeitará"; "Nada seca mais rápido do que uma lágrima"; "O primeiro erro na vida pública é entrar nela"; "Ninguém ensina melhor do que a formiga e ela não diz nada"; "Deitar cedo e depois madrugar". Quase todos gostavam do que ali vinha escrito, mas ele teve também seus desafetos ilustres, entre os quais o poeta John Keats ("as máximas são mesquinhas") e o romancista Mark Twain ("ele prostitui seus talentos para infligir aforismos que tornam os meninos infelizes"). Porém o mais inconformado com os ensinamentos de Franklin foi o romancista D. H. Lawrence ("essas máximas foram para mim como que espinhos em carne jovem, não vou ser um pequeno autômato virtuoso"). O autor de *O amante de lady Chatterley* reprovou especialmente duas máximas de Franklin: "a honestidade é a melhor política" e "não conte com o ovo antes de a galinha botar". As duas, porém, não são do autor ou de qualquer outro contemporâneo seu. A primeira aparece em *Dom Quixote*, de Cervantes, e a segunda está numa das fábulas de Esopo.

AFOXÉ do iorubá *afòshé*, festa. O iorubá é a língua do povo africano de mesmo nome, que se distingue por sólidas instituições políticas e notável aptidão comercial. No folclore brasileiro designa cortejo carnavalesco de negros que cantam canções de candomblé em nagô ou iorubá. Sua variante é afoxé e é assim grafada por Jorge Amado em *Dona Flor e seus dois maridos*, romance que a crítica espinafrou e o povo leu e viu transposto no cinema e na televisão: "Espiou o afoxé tão anunciado nos jornais, a maior beleza do carnaval baiano."

AFRESCO do italiano *affresco*, reduzido da expressão *dipingere a fresco*, pintar quadros em paredes ou tetos cuja superfície está com o revestimento ainda fresco, úmido, não secou – seja cal, gesso, cimento etc. –, de tal forma que a tinta penetre ali, misturando-se à massa. A técnica de pintar afrescos, ainda que com outra denominação, já era conhecida dos antigos gregos e romanos, pois textos antigos a referem nas pinturas da Acrópole, na Grécia, e ela foi comprovada nas paredes das cidades de Pompeia e Herculano, destruídas pelo Vesúvio. Entre os mais famosos afrescos, temos os de Giotto di Bondone, na capela de Scrovegni, em Pádua, retratando cenas simples e naturais, mas tocantes, da vida Jesus e da Virgem Maria; de Michelangelo di Lodovico Buonarroti Simoni, no teto da Capela Sistina, e de Rafael Sanzio.

AFRICÂNER do holandês *Afrikaander*, incluindo *Afrikaan*, africano, e *der*, de *Hollander*, designando língua falada na África do Sul e em parte da Namíbia, originada do holandês do século XVII. No clássico *A enxada e a lança*, do escritor e diplomata Alberto da Costa e Silva, especialista em assuntos africanos, lemos: "A esse quadro há que acrescentar: o malgaxe, língua malaio-polinésia, trazida pelos indonésios que ocuparam, faz muitos séculos, Madagascar; o africâner, aparentado ao neerlandês, desenvolvido pelos colonos brancos da África do Sul; e o português." A seleção da África do Sul, quando treinada pelo brasileiro Carlos Alberto Parreira, cuja língua materna é a portuguesa, recebia instruções em inglês. Ao lado do africâner e do inglês, são oficiais também o sessoto e o setsuana.

ÁGAPE do grego *agapé*, amor, que passou ao latim como *agape*, designando refeição que os primitivos cristãos faziam em comum. Indica também os almoços e jantares de confraternização feitos por motivos culturais, políticos, comerciais, religiosos. Ágape é o nome de uma das três santas que eram irmãs e foram martirizadas nos primeiros séculos.

AGÊNCIA do latim *agentia*, do mesmo étimo de *agere*, fazer. Designa capacidade de agir, executar um trabalho ou diligência, qualificando também estabelecimento que, mediante retribuição, presta serviços e consultorias. Nos últimos tempos tem aparecido com reiterada frequência um tipo específico de agência, que se notabiliza por dar nota de risco para as finanças em vários países. Essas agências rebaixaram até mesmo a economia dos EUA, porto seguro para as aplicações, mas o presidente Barack Obama revidou: "Não importa o que uma agência pode dizer, nós sempre fomos e sempre seremos uma nação AAA. Apesar de todas as crises que passamos, temos as melhores universidades, as melhores empresas, e os mais inventivos empreendedores."

AGENTE do latim *agente*, declinação de *agens*, aquele que faz, do verbo *agere*, agir, fazer. Um dos mais conhecidos agentes é o "agente laranja", depois reduzido para "laranja" apenas, assim chamado porque oculta os verdadeiros agentes de alguma coisa. A denominação provém da cor laranja dos tambores de um herbicida desfolhante, de uso militar. Na Guerra do Vietnã, a fumaça amarela desse tóxico era indício de que atrás dela viriam tropas e bombas mortíferas. Entre outros tantos, como o agente da passiva e o agente funerário, temos também a figura simpática do agente literário ou artístico, que intermedeia contratos de trabalho das empresas com escritores e artistas. Mas o agente, nesses casos, faz mais do que isso: cuida também de agenciar as extensões desses ofícios, de que é exemplo o aproveitamento comercial do prestígio dos artistas. Por exemplo: uma das primeiras vozes a apregoar no rádio a excelência do Toddy era de Norma Aparecida Almeida Pinto Guimarães d'Áurea Bengell, mais conhecida como Norma Bengell, atriz, cantora, cineasta e compositora. Na década seguinte, Norma, no esplendor dos 26 anos, fazendo a prostituta Marli em *O pagador de promessas*, de Anselmo Duarte, brilhava no prestigioso Festival de Cannes, na França, de onde o filme voltou com a Palma de Ouro, em 1962. Naquele mesmo ano, a atriz foi também a primeira a fazer nu frontal no cinema brasileiro, em *Os cafajestes*, de Ruy Guerra. O filme teve tal força que dali por diante, quando se pensava em cafajeste, lembrava-se do ator Jece Valadão, que com ela contracenava. O agente tornou-se importante na comercialização, não apenas da voz, mas de outros dotes artísticos, como a nudez, fazendo contratos para as atrizes ou as ditas "celebridades" posarem nuas para ensaios fotográficos, ainda que algumas revistas já apresentem nus também atores e outras personalidades conhecidas do grande público.

ÁGIO do italiano *aggio*, derivado da composição latina *ad iungere*, juntar. Apesar de ser utilizado como sobrepreço, que compensaria defasagem, o sentido mais comum é a cobrança de juro excessivo, donde o vocábulo agiota. Os juros eram tão baixos nas sociedades antigas que um dos sinônimos de agiota era onzenário, isto é, aquele que cobrava juros de 11% ao ano!

AGITO de agitar, do latim *agitare*, agitar, levar adiante, excitar, fazer muitas vezes. É do mesmo étimo de agitação e designa evento festivo e muito animado, na linguagem dos jovens das classes médias. O *Aurélio* o registra como gíria e sinônimo de ouriço, exemplificando este último assim: "A festa de ontem foi um grande ouriço." Nas revoluções e movimentos sociais, agito é substituído por agitação. Em muitos livros de História, a palavra agitação é usada sem cuidados, como no caso do México, quando se designa por agitação a Revolução de 1910, que durou dez anos e fez um milhão de vítimas num país de 15 milhões de habitantes. Os agitos festivos, ao contrário, apenas excepcionalmente terminam com mortos e feridos. Em Ubatuba (SP), há um jornal chamado *Agito* há mais de 25 anos.

AGOSTO do latim *Augustus*, o nome mais conhecido do imperador Caio Júlio César Otaviano Augusto. O nome do mês foi uma das muitas homenagens que recebeu este célebre governante romano, adorado como um deus, a ponto de marcar o tempo em que viveu como o "século de Augusto". Um de seus ministros, Mecenas, praticou o mecenato *avant la lettre*, tornando-se sinônimo de protetor das artes e das letras. Foi com seu apoio que surgiram as obras de autores como Horácio, Virgílio, Protágoras, Tito Lívio e Ovídio, entre outros. Antes do calendário juliano, agosto era denominado *sextilis*, pois era o sexto mês.

AGOURO do latim *augurium*, agouro, presságio, adivinhação. Na Roma antiga, as predições eram feitas por sacerdotes que para isso auscultavam o canto e o voo das aves. Atualmente, ninguém exerce o dom da profecia destripando frangos, mas na antiga Roma isso era feito com muita solenidade quando as sondagens do canto e do voo dos pássaros não eram suficientes. Ao criticar possíveis excessos de comissões parlamentares de inquérito, o ex-presidente Fernando Henrique Cardoso lamentou que o país estivesse sempre mostrando as tripas nos parlamentos. No caso, porém, as investigações buscavam o passado, não o futuro.

AGRADECER do latim *gratu*, grato, formou-se agradar, de que agradecer é incoativo (verbo que começa em outro). O agradecimento não é tão frequente nas relações humanas, a ponto de o dito popular ter invertido a proposição, perguntando: "Não te fiz nenhum favor, por que estás me perseguindo?" Jesus curou dez leprosos e apenas um voltou para agradecer, resultando em taxa de retorno de 10%. Quando o alvo da gratidão não é Deus, porém, a taxa cai ainda mais. Com base nesse desconcerto, foi instituído o Dia de Ação de Graças, celebrado a 25 de novembro. Ação de Graças vem do latim *gratias agere*, expressar agradecimentos. Nos finais de ano são comuns cerimônias de Ação de Graças, que incluem missas, visando manifestar gratidão a Deus pelos benefícios concedidos durante o ano que está terminando.

ÁGRAFO do grego *graphein*, escrever. O *a* inicial significa negação. Ágrafo é aquele que não sabe escrever. No Brasil, há duas espécies de ágrafos: os que não sabem escrever porque jamais foram à escola e aqueles que nunca mais leram ou escreveram depois de terem deixado a escola. O poeta Mário Quintana chamou estes últimos de "analfabetos autodidatas", pois deixaram de ler e escrever por conta própria.

AGREDIR do latim *aggredere*, tendo também o sentido de atacar, assaltar. Está presente o étimo "grad", do latim *gradus*, passo, estágio, etapa, pois as primeiras agressões não foram verbais: a pessoa se aproximava a passos lentos ou rápidos para atacar o desafeto. Se fossem rápidos, aos saltos, era assalto. Esse verbo ganhou muitos outros significados, passando do denotativo para o conotativo, como nos exemplos: uma paisagem que agride os olhos; um perfume que agride o olfato; um prato que agride o paladar; uma música que agride o ouvido.

AGRICULTURA do latim *agricultura*, arte de cultivar os campos, lavoura. A cultura, em seu sentido mais amplo e complexo, sempre incluiu o trabalho na terra, as queimadas, o uso de ferramentas primitivas, como a enxada e o arado. A humanidade começou a tirar da terra o seu sustento na Mesopotâmia, banhada por dois rios – Tigre e Eufrates – que fizeram das terras daquela região as mais férteis do mundo. A agricultura de qualquer país exportador, como é o caso do Brasil, está mecanizada. Enxada e arado foram aposentados por tempo de serviço e máquinas modernas fazem quase tudo o que eles faziam, em muito menos tempo.

AGROBOYS do grego *agros*, campo, e do inglês *boys*, meninos, formou-se este vocábulo que designa uma elite agrária emergente, composta de filhos de proprietários rurais bem estabelecidos que trocaram a pecuária e a cultura do café e do algodão por extensas plantações de cana-de-açúcar – melhor seria chamar "cana-de-álcool" – e grandes laranjais. A porção inglesa do vocábulo deve-se à língua mais usada nos mercados de exportação, o latim do império norte-americano. Cada vez que um americano bate o queixo de frio por causa de grandes geadas que vitimam seus laranjais, o *agroboy* abre seu sorriso exportador e convida sua *agrogirl* para comemorar os lucros.

AGROCARBURANTE de agro, alteração do prefixo *agri-*, declinação do latim *ager*, terreno cultivado, presente em agrícola, agricultor, agricultura; e *carburante*, de carburar, do francês *carburer*, depois influenciado pelo inglês *carburize*, "misturar os vapores do combustível com o ar, para uso em motor de explosão", como define o *Dicionário Houaiss*. Agrocarburante ainda não está nos dicionários, embora apareça com frequência na mídia quando o assunto são os biocombustíveis produzidos a partir da cana-de-açúcar, como o álcool e o etanol, ou o biodiesel da mamona. O jornal *O Estado de São Paulo* (29 abr 2008, p.B8), em texto de Lu Aiko Otta, traduzindo carta enviada ao Itamaraty por Jean Ziegler, relator da ONU para o Direito à Alimentação, registra agrocarburante quando o suíço fixa a diferença entre o Brasil e os EUA na produção de biocombustíveis: "O que me parece contrário ao direito do homem à alimentação é queimar em grandes quantidades e transformar em agrocarburantes os alimentos, como fazem os Estados Unidos." A crise da alimentação no mundo – em poucos meses, muita gente voltou a passar fome, de fins 2007 a começos de 2008 – deve-se à guinada radical de transformar alimentos em combustíveis. Famílias ricas destinam apenas 12% de sua renda à alimentação, mas entre as mais pobres este índice pode chegar a 85%, quando não a 100%. O preço do milho, cereal aproveitado pelos EUA para produzir etanol, subiu 57% num ano; o arroz, 74%; a soja, 87%; o trigo, 130%, de acordo com o citado relator, que se tornou famoso em passado recente por denunciar seu próprio país como envolvido na lavagem internacional de dinheiro, em *A Suíça lava mais branco*, um de seus livros mais conhecidos. Os outros são *Uma Suíça acima de qualquer suspeita* e *A Suíça, o ouro e os mortos*.

ÁGUA do latim *aqua*, água. A água aparece logo nos versículos iniciais da *Bíblia*. Depois de ter criado o Céu e a Terra, "o Espírito de Deus pairava sobre as águas". Desde então, H_2O, sua fórmula, conhecida popularmente por água, indispensável à vida, está presente em numerosas expressões. Assim, um planejamento que não cumprir seus objetivos, fará água ou irá por água abaixo. Políticos que combinam ignorância e prepotência nas previsões feitas no começo de cada ano, calam-se quando se aproxima o *réveillon*, ao darem com os burros (seus assessores?) n'água. "Desta água não beberei" indica recusa; "gato escaldado tem medo de água fria" revela experiência ou trauma. "Fazer tempestade em copo d'água é exagerar. "Águas passadas não movem moinhos" indica oportunidades perdidas. Já "água mole em pedra dura tanto bate até que fura" é provérbio de origem latina: indica persistência. E defender alguma ideia "até debaixo d'água" pode revelar que o inconsciente armazenou prática de tortura. Ficar com água na boca é desejar muito alguma coisa, pois salivamos diante de algo apetitoso. Mudar radicalmente de ideia é "mudar da água para o vinho". "Pescar em águas turvas é tirar proveito de situações confusas. "Tirar água de pedra", em que às vezes o leite substitui a água na expressão, é tarefa considerada quase impossível, a menos que haja um milagre, como no caso de Moisés, que bateu com o cajado na rocha, fazendo-a verter água.

ÁGUA-FORTE junção de água e forte, do latim *aqua* e *forte*, declinação de *fortis*. Designa gravura em que se faz o ácido corroer as partes que devem aparecer em branco na estampa. Dá título a um belo poema de Olga Savary que fala do mar: "Não sei muita coisa do mar mas acho/ que ele é um cavalo posto a pique/ galopando submerso ou emergindo às vezes/ com as crinas coroadas de guizos."

ÁGUA-VIVA junção de água e viva, do latim *aqua* e *viva*, celenterado marinho de corpo mole, gelatinoso e transparente. Quem roçar o corpo numa água-viva terá a pele queimada por suas células urticantes. Em Portugal, água-viva é *alforreca*. O escritor português José Cardoso Pires registra a variante na delicada história de amor "Uma simples flor nos teus cabelos claros", do livro *Jogos de azar*: "Uma vaga mais forte desfez-se ao correr da praia, cobriu na areia os sinais das aves marinhas, arrastou alforrecas abandonadas pela maré."

AGUILHOAR de aguilhão, do latim *aculeus*, ferrão, cujo étimo está presente também em agulha e em acupuntura, designando ação de dar ferroadas, picar, furar, também animar e incomodar. O poeta Guerra Junqueiro, nascido em Freixo de Espada à Cinta, em Trás-os-Montes, Portugal, poeta muito popular em sua época, cujos versos ajudaram a criar o ambiente revolucionário favorável à proclamação da República em 1910, usa o verbo nestes versos: "Eu que tenho no olhar o incoercível dente/ que aguilhoa da carne os sonhos bestiais,/ e tenho as trações nervosas da serpente/ com que Jeová tentou nossos primeiros pais/ (…) Ao ver teu olhar, o teu olhar sombrio/ ó canalha gentil, ó pálido vadio,/ eu, que desprezo o amor, amo-te, Dom João!" Deve ter faltado a alguma aula de Teologia dos jesuítas, com os quais estudara, pois quem tentou Adão e Eva não foi Jeová, e sim Satanás.

AIDS a mais grave das doenças contagiosas do século XX foi descoberta em 1981. O agente etiológico da AIDS – que nos EUA é pronunciada "eids" e na Inglaterra, "aids" é o vírus HIV. Os dois nomes são siglas. O primeiro significa "síndrome da imunodeficiência adquirida", em inglês, *acquired immune deficiency syndrome*. O segundo, "vírus da imunodeficiência humana", em inglês, *human immune deficiency virus*. A Organização Mundial de Saúde (OMS) adotou o nome oficial do HIV, substituindo o HTLV III, dado pelos norte-americanos, e o LAV, descoberto pelos franceses. Nos primeiros combates, 75% dos soropositivos morriam dois anos depois do surgimento dos sintomas, mas 10% ultrapassavam os três anos de vida após o diagnóstico. Depois, com o avanço das pesquisas, esses índices melhoraram muito. Na França, em Portugal e nos países de língua espanhola, a sigla é SIDA.

AI-JESUS de ai, interjeição de origem onomatopaica, designando dor, queixa, mas também alegria, e do hebraico tardio *Iexu*, com a variante *Iexua*, forma abreviada de *Iehoxua*, Javé ajuda na salvação. No grego foi escrito *Ieosous*, tornado *Jesus* no latim, conservando a mesma grafia no português. Ai-jesus designa o queridinho, o muito amado, o xodó, o predileto. A expressão caiu em desuso, mas está no *Hino do Flamengo*: "Consagrado no gramado/ Sempre amado/ Mais cotado nos Fla-Flus/ É o ai-jesus." Outro verso diz: "Ele vibra, ele é fibra, muita libra já pesou." O peso dos barcos do Clube de Regatas Flamengo era medido em libras.

AINDA provavelmente do latim *ab inde* ou *ad inde*, ainda. Mas a origem deste vocábulo ainda não foi fixada com segurança. Não são estranhas em nossa língua a junção de partículas e o acréscimo de afixos à raiz dos vocábulos para formação de novas palavras. Presente em muitas locuções, vai modificando seu sentido, tal como aparece neste trecho do escritor romântico Joaquim Manuel de Macedo, autor do clássico *A Moreninha* e um dos primeiros romancistas brasileiros: "Um estudante é poeta, ainda que não faça versos."

AIO de origem controversa. Provavelmente de *aio*, variante encontrada na poesia latina com o significado de sim. Aio seria aquele que diz sempre sim. O gótico tinha *hagja*, guarda. Chegou ao espanhol como *ayo*, com escala no vasconço *ayoa*, guardião. É possível que as formas latinas *avia*, avó, e *adiuvare*, ajudar, tenham influenciado sua formação por causa de intensos intercâmbios entre a Península Ibérica e o Mediterrâneo ainda na primeira metade do segundo milênio, de que é indício o italiano *aiuto*, auxílio, socorro. Já o latim *avia*, avó, vincula-se ao trabalho de guardiã de netos que a avó exerceu e ainda exerce em nossa cultura. Aios e aias consolidaram mais tarde a função de preceptores de crianças nobres, sem deixar o papel de camareiros e damas de companhia. Na verdade, avós eram também advogados, enfermeiros, médicos e professores dos pequenos bem antes de existirem tais profissões, papéis que desempenham ainda hoje em muitas famílias, não raro defendendo as crianças dos próprios pais, seja por excesso de ternura, seja por terem mais experiência na educação da criançada. Depois de uma colocação geral e intensa das mães no mercado de trabalho, muitos avós ficam mais tempo no chamado recesso do lar, dedicando sua aposentadoria a criar também os filhos de seus filhos.

AIRBAG do inglês *airbag*, literalmente bolsa de ar. É um dispositivo embutido no painel de alguns automóveis, acionado automaticamente em colisões com o fim de proteger os passageiros. Consiste numa bolsa que se enche de ar em frações de segundo. Como o disparo é muito forte, às vezes a estranha proteção equivale ao passageiro receber um direto no queixo, sem direito a revide.

AJANTARADO de jantar, do latim vulgar *jantare*, do latim clássico *jentare*, fazer o desjejum, que hoje é tomar o café da manhã, pois o jantar foi originalmente o almoço, depois pequeno almoço, como o chamam os portugueses. Nas famílias de classe média, o jantar tornou-se pequeno jantar, sopa ou lanche leve. Ajantarado designa mescla de almoço e jantar, realizado aos domingos e feriados na casa de pais, sogros ou avós, dependendo da perspectiva de quem dele participa, sem os horários fixos dos dias úteis. Começa por volta de 13h ou 14h e se estende até o fim da tarde ou começo da noite.

AJUDAR do latim *adjutare*, ajudar. A solidariedade que se manifesta na ajuda espontânea a quem precisa foi sistematizada e está presente em vários ideários, civis e religiosos. Em 1824, uma sociedade criada para instrumento de defesa da classe média diante do governo adotou por lema a moral de uma das fábulas de Jean de la Fontaine alterando-a de "ajuda-te que o céu te ajudará" para "Deus ajuda a quem se ajuda". Surgiram depois outras expressões semelhantes, como "Deus ajuda a quem trabalha" ou "Deus ajuda a quem cedo madruga", esta um evidente pleonasmo, já que madrugar significa acordar cedo. Há autores que atribuem a Deus o conselho de acordar cedo, mas a *Bíblia* não registra a recomendação. Provavelmente a citação foi confundida com a advertência do filósofo, físico, político, jornalista e autor de inventos como a lâmpada elétrica e o para-raios, o norte-americano Benjamin Franklin: "Deus ajuda aqueles que se ajudam." Há um provérbio hebraico de significado semelhante: *Im eyn ani li mi li* (Se eu não lutar por mim, quem o fará?).

ALABASTRO do grego *alábastros*, pelo latim *alabaster*, espécie de pedra calcária branca e translúcida, e também o vaso para perfume feito desse material. Os seios de Inês de Castro, "aquela que depois de morta foi rainha" e que está na origem da expressão desoladora "agora Inês é morta", são descritos por Luís Vaz de Camões como se fossem de alabastro: "Tais contra Inês os brutos matadores,/ No colo de alabastro, que sustinha/ As obras com que Amor matou de amores/ Aquele que depois a fez Rainha,/ As espadas banhando e as brancas flores,/ Que ela dos olhos seus regadas tinha,/ Se encarniçavam, fervidos e irosos,/ No futuro castigo não cuidosos." Ela era mãe de quatro filhos bastardos do filho do rei Dom Afonso IV.

ALAGAR de lago, do latim *lacus*, étimo presente neste verbo, antecedido do prefixo a- e do sufixo -ar, indicando que faz das cidades vastas cisternas a céu aberto, como se fossem reservatórios ou represas. São de canção de Tom Jobim estes versos: "São as águas de março fechando o verão/ É a promessa de vida no teu coração." Mas, exageradas, vindo em janeiro ou fevereiro, elas costumam trazer muita preocupação pelo que podem causar em cidades que, não podendo alegar surpresas, jamais se preparam convenientemente para recebê-las em tão grande quantidade.

ALAGOSO do latim *lacuna*, que passou a *lacona*, significando lagoa, formaram-se no português laguna, lagoa e alagoa. O sufixo aí acrescentado, -oso, indica território cheio de lagoas ou alagoas. O vocábulo aparece nesta acepção no seguinte trecho de *Sombras n'água*, livro do engenheiro, militar e historiador brasileiro Alberto do Rego Rangel: "Nos mistérios com que se acotovelam os raros habitantes da terra alagosa e ignota, a credulidade fazia-se lhes doentiamente exagerada." O famoso escritor brasileiro Graciliano Ramos, glória do estado de Alagoas, num momento de irritação com as oligarquias locais, disse que ali seria o lugar ideal para o Brasil fazer um golfo.

ALALÁ provavelmente variação de olalá, formado de olá, interjeição. Alalá é palavra nascida nas redações dos jornais para destacar o aspecto sensacional do que pode vir a ser notícia. É possível também que haja influência da cultura árabe, por alongamento da pronúncia de Alá, o deus dos muçulmanos. Outra variação, ainda não registrada pelos dicionários, apesar de já passados mais de sessenta anos de seu nascimento, é alalaô, inicialmente grafada *Allah-lá-ô*, dando título à célebre marchinha do Carnaval de 1940: "Allah-lá-ô/ ô, ô, ô, ô, ô, ô/ mas que calor!/ ô, ô, ô, ô, ô/ atravessando o deserto do Saara/ o sol estava quente/ e queimou a nossa cara." A marchinha termina dizendo que na viagem houve necessidade de pedir a Alá: "Mande água pra Ioiô/ mande água pra Iaiá, Allah, meu bom Allah!" Os autores foram Haroldo Lobo e Antônio Gabriel Nássara.

ALAMBIQUE do árabe *alanbiq*, caldeira, tendo vindo do grego *ámbix*, onde tinha o significado de vaso de beira erguida. O alambique é um aparelho de destilação, muito utilizado no Brasil na fabricação da bebida número um do país, a cachaça. O alambique e a cana-de-açúcar, que têm o álcool e a cachaça como derivados importantes, foram trazidos pelos portugueses no século XVII. A destilação já era conhecida dos alquimistas, mas foram os árabes os responsáveis por sua introdução na Europa no século XII, primeiramente na Itália, de onde se espalhou por diversos países nos dois séculos seguintes.

ALARME do italiano *alle arme*, às armas, depois apostrofado para all'arme. Grito dos sentinelas que, com essa interjeição militar, anunciavam a aproximação do inimigo. O alarme mais usual hoje é um dispositivo para prevenir roubo de acessórios e, principalmente, dos veículos, que começou a ser vendido nos EUA em 1970 e dali ganhou o mundo. O primeiro registro de roubo de automóveis foi feito em 1896. Contudo, uma barulheira infernal tomou conta das cidades, pois os alarmes costumam disparar por qualquer coisinha.

ALARVE do árabe *al Harab*, o povo árabe. A palavra está no português desde o século XIV, designando o beduíno. Por preconceito tornou-se sinônimo de grosseiro, ignorante, tolo, estúpido e em algumas regiões de Portugal, como o Alentejo (região que fica além do rio Tejo), designa também o sujeito vaidoso. O vocábulo, substantivo e adjetivo de dois gêneros, por influências da quantidade de alimentos consumida às refeições pelos beduínos, veio a designar também o comilão, a quem Brillat-Savarin classificou de delinquente da mesa: "os que têm indigestões ou se embriagam não sabem comer nem beber: são os delinquentes da mesa."

ALAÚDE do árabe *al-Haud*, achas de lenha, pedaços de aloés, queimados como incenso. Passou a designar instrumento de cordas dedilhadas, igualmente de origem árabe, com larga difusão na Europa no período que vai da Idade Média ao Barroco. Aparece no famoso verso de Mário Raul de Moraes de Andrade: "Sou um tupi tangendo um alaúde." E também em *A última temporada*, de Pedro Gonzaga: "Quase não há garotas sentimentais/ e por isso o mundo está perdido/ por isso o mundo só poderá ser salvo/ quando armados de alaúde/ voltar à Provença/ um novo exército de trovadores." Como pano de fundo destes versos, o poeta imagina um tempo idílico, quando rapazes andavam de aldeia em aldeia cantando ou recitando versos ao som dos alaúdes e de outros instrumentos musicais que levavam consigo, lamentando perdas amorosas ou louvando as qualidades de moças casadouras, ditas também casadoiras.

ALAVANCA do grego *phálangos*, declinação de *phálanx*, pelo latim clássico *phalanga* e daí ao latim vulgar *palanca*, de onde passou ao espanhol *palanca*, do mesmo étimo do português palanque. Alavanca designa barra de ferro ou de madeira, bem rígida, que se emprega para mover ou levantar objetos pesados. Também a peça ou o mecanismo que move engrenagens tem este nome. Assim, temos alavanca de câmbio ou alavanca de mudança de marchas, por meio da qual o motorista troca as marchas do carro, em geral de seis: cinco para a frente e uma para a ré. É célebre a frase do matemático e inventor grego Arquimedes, definindo a alavanca: "Deem-me um ponto de apoio e eu moverei o mundo."

ALBATROZ do inglês *albatross* pelo francês *albatros*, com influência do espanhol *alcatraz*, pelicano. A origem remota é o árabe *al-gattás*, mergulhador. Designa a maior ave voadora do mundo, cujas asas chegam a medir 3,5 m de uma ponta à outra. Tal distância é denominada envergadura. Castro Alves a ela se refere em "O navio negreiro": "Albatroz! Albatroz! Águia do oceano,/ Tu que dormes das nuvens por entre as gazas:/ Sacode as penas, Leviatã do espaço!/ Albatroz! Albatroz! Dá-me essas asas!"

ALCAGUETE do árabe *al-qawwâd*, espião, dedo-duro. O escritor Ledo Ivo, que ocupava a cadeira número 10 da Academia Brasileira de Letras, e foi autor de vários livros em prosa e verso, garante em *A morte do Brasil*: "Distingo pelo andar o alcaguete ou o maconheiro." O mais famoso alcaguete do Brasil foi Joaquim Silvério dos Reis, o grande vilão da Inconfidência Mineira, movimento revolucionário que resultou na morte do poeta Cláudio Manuel da Costa, provavelmente em decorrência de maus-tratos sofridos na prisão, e de Joaquim José da Silva Xavier, o *Tiradentes*, executado na forca, tendo sido depois esquartejado. Outro inconfidente, o poeta Tomás Antonio Gonzaga, foi degredado para a África, onde, traindo as exageradas juras de amor eterno à namorada mineira, casou-se com outra Marília.

ALCANCE de alcançar, do latim vulgar *incalciare*, pegar no *calx*, calcanhar, influenciado pelo espanhol *alcanzar*. Alcance teve inicialmente o sentido de chegar perto, a ponto de atingir com coices, mas surgiram outros significados, como o de pôr as mãos sobre, abranger. Aparece na expressão "rede de alcance mundial", tradução adaptada do inglês *world wide web*, mais conhecida pela sigla www.

ALCATRA do árabe *al-quatra*, pedaço. No Brasil, é a bunda do boi ou da vaca, pois designa a carne da rês que fica onde termina o fio do lombo. No Rio Grande do Sul, estado em que a pecuária foi sempre uma das principais atividades econômicas, a expressão "bater a alcatra na terra ingrata" significa morrer. O viajante francês Auguste de Saint Hilaire desconcertou-se, em sua viagem ao Rio Grande do Sul, em 1817, ao ver o desperdício de carne nos campos do Brasil meridional. Com efeito, a rês era abatida para churrasco, dela se retirava apenas a carne mais nobre e o resto era abandonado às aves de rapina e animais carnívoros. Havia um inédito sistema de proteção aos urubus, que tinham, mais do que cesta básica, abundância de carnes à disposição.

ALCATRÃO do árabe *alkatran*, alcatrão. Designa uma das misturas mais nocivas do cigarro, obtida na destilação de substâncias orgânicas como a madeira e o carvão. Para os vegetarianos, a alcatra faz mal, o mesmo ocorrendo com o alcatrão para os não fumantes. Para boa parte da humanidade, uma alcatra antes e um alcatrão depois integram prazeres irrecusáveis, comprovados pelo faturamento de churrascarias e de empresas que se dedicam à satisfação do vício de fumar, praticado por milhões de pessoas que demonstram força de vontade comovente, fumando muitos cigarros todos os dias, com uma persistência admirável.

ALCOBAÇA de origem controversa, provavelmente da junção de Alcoa e Baça, rios que banham a cidade portuguesa que tem este nome, localizada no distrito de Leiria. Alcoa veio do árabe *al-qoâ*, força, vigor, impetuosidade, e Baça veio do árabe *basTâ*, pelo espanhol *Baza*, conjunto de cartas que recolhe o vencedor do jogo, no baralho. No português, alcobaça designa lenço grande de algodão, geralmente vermelho, muito usado em Portugal. Em seu livro de estreia, *Alguma poesia*, de Carlos Drummond de Andrade, há um bonito poema, "Papai Noel às avessas", em que o poeta lembra a cor do lenço do bom velhinho: "Os meninos dormiam sonhando outros natais muito mais lindos/ mas os sapatos deles estavam cheinhos de brinquedos/ soldados mulheres elefantes navios/ e um presidente de república de celuloide./ Papai Noel agachou-se e recolheu aquilo tudo/ no interminável lenço vermelho de alcobaça." Era o livro de estreia, mas já seria possível ver que surgia ali o grande poeta brasileiro do século XX e um dos maiores que o Brasil já teve. Drummond só não ganhou o Prêmio Nobel porque escrevia em português. E não entrou para a Academia porque não se candidatou. Poderia contudo ser derrotado, como o foi, três vezes, o poeta gaúcho Mario Quintana, que, despejado, por falta de pagamento, do apartamento onde morou de 1968 a 1984, no *Hotel Majestic*, em Porto Alegre, foi acolhido pelo jogador da seleção brasileira, o catarinense Paulo Roberto Falcão, que lhe cedeu um dos quartos de seu hotel para ele morar.

ALCOÓLATRA de álcool, do espanhol *alcohol*, por sua vez radicado no árabe *al-kuhul*, e do radical grego *latreía*, adoração. Viciado em bebidas alcoólicas. No Brasil, as mais populares são a cachaça e a cerveja. O Ministério da Saúde, à semelhança do que faz com o fumo, conclama as pessoas à moderação no consumo, porque o álcool e o tabaco estão na origem de muitos de nossos males, incluindo desordens familiares e sociais no primeiro caso, e o câncer, no segundo. Os próprios fabricantes ostentam, por obrigação legal, advertências nas embalagens dos produtos. Desafetos das ditas recomendações alegam, entretanto, que famosos célebres muito fizeram pela humanidade, como o Prêmio Nobel de Literatura em 1953, Winston Churchill. O charuto não o impediu de ser um dos maiores líderes na Segunda Guerra Mundial. Sem contar que Adolf Hitler não fumava e estava sóbrio quando decidiu praticar toda sorte de loucuras contra a humanidade.

ALCORÃO do árabe *al-qur'an*, a leitura, isto é, a melhor leitura que se pode fazer. Segundo os muçulmanos, o *Alcorão*, cuja variante é *Corão*, foi ditado pelo anjo Gabriel ao profeta Maomé, entre os anos de 612 e 632, em Meca e em Medina. À semelhança da *Bíblia*, é dividido em capítulos, chamados suratas, e versículos. É utilizado como compêndio de costumes e normas nas sociedades em que o sacerdotal se mistura com o político, como no islamismo.

ALCOVA do espanhol *alcoba*, radicado no árabe *al-qúbba*, cúpula. No espanhol, como no português, passou a designar pequeno quarto de dormir, junto a uma sala ou a outro quarto maior. Terá contribuído para tal denominação o teto arredondado dos recintos e a tenda dos acampamentos, que também recebeu no árabe a designação de *alcoba*. No Brasil consolidou-se o significado de quarto de dormir sem abertura para o exterior, utilizado tanto para que os pais ali pudessem melhor controlar a vida das filhas casadoiras quanto para encontros amorosos ilícitos, derivando daí alcoviteira, pessoa que leva outros à alcova. O jornalista Augusto Nunes, entretanto, utilizou o vocábulo para designar o aposento de um dos maiores bandidos brasileiros, conhecido como Fernandinho Beira-Mar: "Tecnicamente, Beira-Mar tivera confiscado o direito de ir e vir. Mas movimentar-se para quê, se ali mantinha o escritório de negócios, o restaurante, a alcova e a sala do trono? Valendo-se de celulares ou de ordens dadas de viva voz, seguiu comandando a mais poderosa e temível quadrilha do Rio de Janeiro. Ordenou sequestros, atentados, execuções; fez o que quis. Quase sempre com o sorriso do psicopata feliz. Se lhe batia a fome, mandava o carcereiro buscar uma pizza na esquina. O bando de Beira-Mar só tem barrigudos, singularidade muito brasileira. (No resto do mundo, há prisioneiros fortes ou musculosos. Mas não há barrigudos). Se lhe vinha a vontade de organizar banquetes, examinava os cardápios dos melhores restaurantes do Rio e escolhia os pratos da hora. Os próprios policiais buscavam a comida e a bebida. Buscavam também mulheres, se o apetite a atender era o sexual. Bangu-1 foi palco de orgias que poucos filmes pornográficos já mostraram. Reformado pelo governo do Rio de Janeiro, a pretexto de aperfeiçoar o esquema de segurança, Bangu-1 só teve melhorado o aspecto do lar dos bandidos. Quando alguém ousou modificar os ritos do lugar, Beira-Mar mandou mostrar quem mandava no Rio. Acabou na cadeia de Presidente Bernardes." Inocentes mocinhas do século XIX não tinham no lar nada que se parecesse com a liberdade de prisioneiros de alta periculosidade. Era a casa dos pais que por vezes semelhava presídio de segurança máxima, como se vê nesse trecho do escritor português Antero de Figueiredo: "A cavalgada subira silenciosa, achegada aos muros, a postar-se à entrada das casas onde Maria Teles dormia em recâmaras de fortes portas." Recâmara é alcova.

ALDRAVA do árabe *ad-dabba*, tranca, ferrolho, pequena peça de metal afixada do lado de fora da porta. O visitante bate a aldrava para chamar quem está dentro de casa. É comum a grafia alternativa, aldraba. Também as pequenas trancas para manter as janelas abertas são chamadas aldravas. Recebe tal denominação também a tranqueta com que se fecha a cana do leme, peça que hoje é encontrável apenas em pequenas embarcações.

ALEGRE do espanhol *alegre*, alegre, contente. No italiano é *allegro* e denomina também movimento musical. A alegria do Carnaval tem um tom diferente da alegria das festas natalinas e de fim de ano. Nessa época, a alegria é mais interior, fruto de recolhimento religioso ou da consciência de que nossa vida tem uma dimensão transcendental. Porém, apesar de ser a maior nação católica do mundo, a alegria mais evidente, que contagia a quase todos, ocorre no Carnaval.

ALEGRIA do latim *laetitia* (pronuncia-se "letícia"), fertilidade, alegria, aplicando-se originalmente à satisfação pela boa colheita na agricultura e por cordeiros, bezerros e potros nascidos vivos e saudáveis. Vieram daí significados correlatos, como prazer, beleza, abundância, vigor, e expressões como *laetitia efferre*, pular de alegria, pois povos antigos, dedicados à lavoura e à pecuária, literalmente dançavam, cantavam, bebiam, se abraçavam e se beijavam para celebrar os bons frutos, vindos da terra ou dos animais. Em latim, o verbo *laetare* designa tanto alegrar como preparar a terra para o plantio. O mesmo étimo está presente no nome de Marisa Letícia, filha de João Casa e Regina Rocco Casa, mais conhecida como Marisa Letícia Lula da Silva, esposa do ex-presidente da República, Luís Inácio Lula da Silva, a quem desposou já viúva do primeiro marido e mãe de um filho. Em 2003, recebeu do rei Haraldo V e da rainha Sonja, da Noruega, que visitavam o Brasil, a Grã-Cruz da Ordem do Mérito Real. *Alegria, alegria* dá título a uma das mais conhecidas canções de Caetano Veloso, cujos versos dizem: "O sol nas bancas de revista/ Me enche de alegria e preguiça/ Quem lê tanta notícia?/ Eu vou.../ Por entre fotos e nomes/ Os olhos cheios de cores/ O peito cheio de amores vãos/ Eu vou."

ALEIJADO do particípio do verbo aleijar, por sua vez formado de aleijão, do latim *laesione*, lesão, deformidade, mutilação, defeito físico. O "a" inicial foi aglutinado na boca do povo por audição imperfeita, quando lesão era pronunciada "leijão". Dizia-se, até o século XVI, "fulano tem uma leijão", radicando-se aí a origem da passagem do feminino para o masculino. O aleijado, hoje entendido como deficiente físico, foi preconceituosamente dado como incapaz para o trabalho, mas o maior nome do barroco brasileiro é justamente o Aleijadinho, apelido do famoso escultor e arquiteto Antonio Francisco Lisboa. Recebeu a alcunha de Aleijadinho porque foi vítima de uma doença que deformara suas mãos, e então atou nelas cinzel e martelo para esculpir púlpitos, altares e estátuas. Entre suas obras mais impressionantes estão os 12 profetas do *Santuário de Nosso Senhor Bom Jesus de Matosinhos*, em Congonhas, Minas Gerais.

ALELUIA do hebraico *alleluiah*, cujo significado é na verdade uma recomendação: "Louvai com alegria a Jeová." A expressão foi adotada pela liturgia cristã, que a extraiu de textos bíblicos, especialmente dos salmos. O sábado da Semana Santa é chamado de Sábado de Aleluia, de muitas alegrias para os fiéis, por ser o dia em que os cristãos começam a comemorar a ressurreição de Jesus, ocorrida na madrugada de sábado para domingo, segundo os evangelistas.

ALEMÃO latim *alamanu*, alemão, passando pelo espanhol *alemán*, relativo à Alemanha. Suas origens mais remotas radicam-se no germânico e no gótico *alamans*, todos os homens. Durante a Primeira Guerra Mundial, os franceses, quando se referiam aos alemães, utilizavam a palavra *boche*, que passou ao português conservando o significado. Boche é apócope de *alboche*. Com efeito, houve supressão da sílaba inicial.

ALERTA da expressão italiana *all'erta*, para o alto. *Erta* procede de *ergere*, erguer. O grito nasceu nas planícies: o sentinela avisava que o perigo vinha do alto, das montanhas ao redor da vila. Também sentinela veio do italiano *sentinella*, calcado em *sentinelare*, sentir o perigo, radicado no latim vulgar *sentinare*, com o significado de pressentir.

ALEÚTE de origem obscura, provavelmente do inglês *aleut*, adjetivo gentílico para designar o habitante ou nativo das ilhas Aleutas, situadas no Noroeste da América do Norte, e de certas partes do estado do Alasca. Esses povos falam duas línguas aleútes, aparentadas com o esquimó. A palavra pode ter chegado ali depois de trazida para o russo de algum dialeto da Ásia. Do russo chegou ao inglês, disseminando-se do latim do império norte-americano para diversas outras línguas, inclusive para o português. Há poucas palavras do aleúte na língua portuguesa. Uma delas é parca.

ALFA do hebraico *alef*, pelo grego *álpha* e pelo latim *alpha*, designando a primeira letra do alfabeto. Primitivamente seu hieróglifo correspondente representava um boi, figuração que o nosso "a" maiúsculo ainda mantém. Em sentido conotativo indica início, começo, princípio. Opõe-se a ômega, a última letra do alfabeto grego.

ALFÂNDEGA do árabe, pela junção de *al*, artigo, com *funduk*, armazém, hospedaria. Provavelmente o vocábulo chegou ao árabe vindo do grego *pandochos*, de significado semelhante. Instalados na Península Ibérica por mais de sete séculos, os mouros moldaram várias das palavras do espanhol e do português, principalmente os vinculadas à atividade comercial. Alfândega passou a denominar a repartição pública por onde entram e saem as mercadorias, sobre as quais incidem os impostos pagos por todos os cidadãos. Afinal, todos são iguais perante a lei. Exceto os que integravam a comitiva da seleção de futebol tetracampeã do mundo. Com ajuda dos dirigentes, os jogadores transformaram os fiscais da Receita Federal em zagueiros a serem driblados. Derrubaram até o beque central, no caso o chefe que se recusou a ser cúmplice da maracutaia. E, além da taça de tetracampeões, trouxeram dos Estados Unidos uma muamba adicional que incluía geladeiras, televisões, computadores, vídeos e diversos outros itens sobre os quais os simples mortais pagam os impostos devidos. Em 2002, os pentacampeões não repetiram a bandalheira.

ALFARRÁBIO de *Alpharabus*, nome latino do grande filósofo árabe Abu Nasr Mohammad Ibn al-Farakh al-Farabi, assim chamado por ter nascido numa aldeia próxima a Farab, no Turquistão, em território hoje pertencente ao Irã. Filho de general de origem persa, fez seus primeiros estudos em Farab e em Bukhara, transferindo-se depois para Bagdá, no atual Iraque. Ali aprendeu diversas línguas, especializando-se nos escritos de Aristóteles. Sua vasta obra, que inclui medicina, matemática, filosofia e música, passou a ser invocada como conjunto de livros a serem consultados diante de qualquer dúvida, não apenas de questões filosóficas, e a frequência com que todos citavam *Alpharabus* ou *Al-Farabi* acabou transformando o seu nome em sinônimo de livro velho. Há vários sebos denominados alfarrábios. Os alfarrábios são muito antigos e parecem eternos, mas o homem que lhes deu nome morreu em Damasco, aos oitenta anos, no século X.

ALFENIM do persa *pãnid*, passando pelo árabe *alfãnidh*, de onde chegou ao português como *alfenide*, depois anasalado para alfenim, sua forma atual, designando massa de açúcar muito branca. Passou, em sentido conotativo, a indicar uma pessoa delicada, melindrosa, de sensibilidade exagerada.

ALFERES do árabe *al-faris*, cavaleiro, ginete. Tornou-se patente militar porque veio a designar o oficial que carregava a bandeira na infantaria e o estandarte na cavalaria, cumprindo funções de tenente. Como as sociedades criadas no Mundo Novo por Espanha e Portugal eram bastante militarizadas nos primeiros séculos – a Venezuela ainda é –, alferes tornou-se também posto político. Tiradentes ingressou na carreira militar já nesse cargo, pois era descendente de portugueses cristãos. Nesta função, combateu o banditismo na serra da Mantiqueira por conhecer bem os caminhos do sertão, entre Minas Gerais e o Rio de Janeiro.

ALGA do latim *alga*, alga, sargaço. Algas são plantas que ocupam o último lugar na série dos vegetais e vivem na superfície ou no fundo de águas salgadas ou doces, sendo responsáveis pela produção de quase metade do oxigênio do planeta. Foram as algas marinhas que deram origem à vida na Terra. Hoje, formam um exército silencioso de combate à poluição dos oceanos. São também utilizadas na alimentação, estando presentes em sorvetes e iogurtes. A culinária japonesa usa principalmente três espécies de algas: *nori*, *wakame* e *kombu*. A beleza feminina deve muito às algas, essenciais na fabricação de diversos cosméticos.

ALGARISMO do árabe *alkharizm*. A álgebra com que se introduziu, na Europa, o cálculo com algarismos de origem hindu e árabe era de autoria do matemático Abu Jafar Mohamed Ibn Musa Kharizm. Kharizm era sua cidade natal. Ainda hoje são chamados de algarismos arábicos.

ALGEMAS do árabe *aljãmi'à*, pulseiras. Passou a designar os instrumentos policiais com que são atados os presos pela semelhança que têm com as pulseiras para enfeite. No caso, trata-se de adereço sinistro, pois seu fim não é embelezar quem é conduzido como prisioneiro, mas impossibilitar-lhe reação. Integra também o arsenal de práticas sadomasoquistas. Juízes, promotores e advogados têm manifestado sua discordância em tratar de presos algemados dentro do fórum por entenderem que contraria o art. 50, inciso XLIX da Constituição: "É segurado aos presos o respeito à integridade física e moral." Tem havido exagero no uso de algemas por parte da autoridade policial, que as justificam pela periculosidade do prisioneiro. No mais das vezes, porém, as algemas funcionam como os mais habituais adereços do arsenal de humilhações impostas às vezes a simples suspeitos.

ALGOZ do árabe *algozz*, vindo do turco *Gozz*, nome de uma tribo que fornecia aos almôades do Marrocos e da Espanha mão de obra especializada em execuções. Em Portugal e no Brasil pré-republicanos, como a sinistra mão de obra especializada fosse difícil de encontrar, recrutavam-se prisioneiros que tinham a pena ou parte dela comutada em troca do serviço, que podia ser a morte da vítima ou a aplicação de castigos corporais, como açoites, afogamentos, tortura e diversos outros flagelos. A palavra algoz entrou para o português no século XIV. José Pedro Machado abona o verbete com a *Crônica de D. Pedro I*, de Fernão Lopes: "chamando-lhe traidor, se perjurou, algoz e carniceiro de homens…" A frase é dirigida ao rei português Dom Pedro I, o célebre amante de Inês de Castro, "aquela que depois de morta foi rainha", executada por algoz a serviço do sogro.

ALHO do latim *alliu*, que em italiano deu *agliu*, veio o nosso alho, que é remédio, condimento e item indispensável nas superstições e exorcismos. Por motivos obviamente diferentes, é recomendado tanto por nutricionistas na alimentação como por supersticiosos no bolso e nas dependências da casa para afastar o mau-olhado. É uma das substâncias mais temidas pelo demônio e pelos vampiros.

ALHURES é mais provável que tenha vindo do provençal *alhurs*, em outro lugar, ainda que haja hipóteses de outras origens. No próprio provençal existem as variantes *alhors* e *aliors*. Estar alhures é estar em outra parte, ou, como simplificou a gíria, estar em outra, não estar nem aí.

ALIANÇA do francês *alliance*, aliança, acordo, tendo também o significado de anel de noivado ou de casamento. A origem remota do vocábulo é o latim *ligare*, ligar. O presidente norte-americano John Kennedy criou um programa de ajuda à América Latina denominado *Aliança para o Progresso*, ou *Alianza para el Progreso*, em espanhol. O nome surgiu-lhe do título de um jornal do Texas que ele viu num ônibus. Um de seus assessores sugeriu-lhe que o programa deveria chamar-se *Alianza para el Desarollo*, mas o presidente, de origem irlandesa, tinha dificuldade de pronunciar *desarollo*, que em português significa desenvolvimento, e preferiu progresso, equivalente ao inglês *progress*.

ALIÁS do latim *alias*, aliás, de outro modo. Houve deslocamento do acento tônico. Em geral, é utilizado na conversação para alterar o significado da frase anteriormente proferida, visando no mais das vezes corrigir um engano. Apesar de pequena, esta partícula tem merecido estudos relevantes, de que é exemplo um livro inteiramente dedicado ao tema, de autoria da professora universitária e pesquisadora Soeli Maria Schreiber da Silva, *Argumentação e polifonia na linguagem*.

ALICATE do árabe *al-liqat*, tenazes. Segundo o *Aurélio*, "ferramenta própria para segurar, prender ou cortar certos objetos, composta de duas barras de ferro ou de aço que se cruzam, presas por um eixo sobre o qual se movem, e terminando em pontas chatas ou recurvadas". As extremidades das hastes podem ser lisas ou serrilhadas. Nos banquetes maçônicos, alicate designa também o garfo. Provavelmente os primeiros alicates foram de madeira e serviram para manipular brasas e tições em fogos do chão, quando a humanidade passava do cru para o assado e o cozido. Foram encontrados indícios de ferramentas semelhantes ao alicate de cerca de 3000 a.C. Um alicate utilizado numa das viagens à Lua foi vendido por 33 mil dólares.

ALICIAR do latim vulgar *alliciare*, que no latim clássico é *allicere*, como o usa Cícero em *allicere judicem*, aliciar o juiz, com o significado de trazê-lo para o lado do advogado. Aliciar tem também o sentido positivo de persuadir com argumentos, ganhando o interlocutor para uma boa causa, mas aparece quase sempre com o sentido pejorativo, como em aliciar menores para o crime. *O aliciador* é o romance de estreia do advogado italiano Donato Carrisi, baseado no caso Luigi Chiatti, condenado pelo assassinato de duas crianças na década de 1990, na Itália. O assassino, filho de mãe solteira, mudou de nome aos sete anos, quando foi adotado, abandonando o nome de batismo: Antonio Rossi. O título da edição brasileira foi adaptado, pois *Il suggeritore*, título original italiano, designa o profissional de teatro que faz o ponto.

ALIGÁTOR do inglês *alligator*, réptil semelhante ao crocodilo. De acordo com etimólogos ingleses, procede do espanhol *el lagarto*, como o chamaram originalmente os espanhóis. O aligátor tem o focinho mais curto e mais largo que o dos crocodilos e jacarés. Vivem no Sul dos Estados Unidos, onde o clima é temperado. Os mais conhecidos, que chegam a medir 5,5 m, habitam o rio. São conhecidas as lágrimas de crocodilos, que choram com as presas na boca, pela compressão inaudita de glândulas lacrimais, o que levou apressados e incautos observadores a acharem que o animal lamentava a sorte das vítimas. Apesar de algumas semelhanças com outros do gênero crocodiliano, como o próprio crocodilo, o jacaré e o caimão, o aligátor foi o único a servir de metáfora, pelas dimensões e formato da boca, para designar o fã incontido de jazz, gênero musical profano, vocal ou instrumental, criação de negros norte-americanos, que ganhou o mundo inteiro depois da Primeira Guerra Mundial.

ALIMENTAR do latim *alimentare*, alimentar, verbo que tem ligação com *alere*, fazer crescer. A mesma raiz está presente em aluno, do latim *alumnus*, que designava, entre os antigos romanos, o menino que era alimentado, sendo ou não filho legítimo dos donos da casa em cuja porta batia em busca de comida ou onde morava. Pero Vaz de Caminha, na famosa *Carta* que escreveu ao rei de Portugal, logo após a descoberta do Brasil, referiu-se à capacidade da nova terra para produzir alimentos: "Em tal maneira é graciosa que, querendo-a aproveitar, dar-se-á nela tudo; por causa das águas que tem!" A terra era ainda pouco aproveitada pelos índios, que, para alimentar "cada casa", onde "se recolhiam trinta ou quarenta pessoas", diz Caminha, "lhes deram de comer dos alimentos que tinham, a saber muito inhame, e outras sementes que na terra dá". Os índios comiam também animais, alguns deles depois proibidos de serem devorados, de acordo com a catequese recebida dos padres, especialmente dos jesuítas. As limitações impostas, de qualquer modo, não eram tantas quanto as encontradas na *Bíblia*, que cita, entre outros alimentos abomináveis, o gavião, a andorinha, a gaivota, o lagarto, a toupeira, o rato, a rã, a tartaruga, o camaleão, o porco e a lebre. Como se vê, questões culturais influenciam a composição das mesas dos povos. Interessante também é notar como, ao longo da história, certos alimentos mudam de *status*. As ostras, por exemplo, que hoje frequentam mesas sofisticadas, foram coisa de pobre no passado, tal como registrado pelo escritor inglês Charles Dickens em *As aventuras do Sr. Pickwick*, de 1836: "Quanto mais pobre é um lugar, maior parece ser a demanda por ostras; um homem sai correndo de casa para comer ostras por puro desespero."

ALIMENTO do latim *alimentum*, alimento, comida, de *alere*, aumentar, fazer crescer, étimo que está presente também na palavra *alumnus*, aluno, criança atendida, alimentada e educada pela mulher, pelos filhos, parentes ou empregados do *pater familiae*, o chefe da família romana. Também recebeu esta designação a pensão dada aos pais já velhos, o sustento de quem não poderia mais obtê-lo à própria custa, tratados como crianças, segundo a conhecida expressão que alude às duas pontas da vida. Mas até reis já passaram fome na vida. Na *Crônica de D. João I*, Fernão Lopes relata que, após a célebre batalha de Aljubarrota, em agosto de 1385, o rei português, derrotado e faminto, chegou a Santarém, onde pediu que lhe torrassem uma sopa para comer. Sopa, no português antigo, não era o alimento que hoje conhecemos. Designava o pão molhado num caldo de carne e verduras. A expressão "sopa no mel" denotando excelência remonta a esse tipo de alimento. Já umedecido em líquido repleto de nutrientes, o tal pedaço de pão recebia ainda um bocado de mel. Os famintos, uma vez satisfeitos com a iguaria, criaram a expressão de que nada era melhor que "sopa no mel". O escritor Carlos Eduardo Novaes satirizou a exigência dos EUA, que insistiram em levar a própria comida para as Olimpíadas de Pequim, dito e escrito *Beijing*, em mandarim, em 2008, como sempre tinham feito, em crônica publicada no *Jornal do Brasil*: "Os americanos adoram comida chinesa. Nos filmes e seriados, os personagens estão sempre atrás de *chopsuey* e jamais pedem comida vietnamita ou tailandesa. Ao que tudo indica, porém, os americanos só gostam de comida chinesa feita nos Estados Unidos (talvez por causa do *ketchup*). Tanto que o Comitê Olímpico já encomendou 12 toneladas de carne bovina para distribuir entre seus atletas em Pequim." E acrescentou: "os dirigentes suspeitam que a carne chinesa seja tão pirata quanto os outros produtos que eles espalham pelo mundo. A carne dita bovina, na verdade, teria 50% de gambá e 40% de guaxinim."

ALINHADO do latim *linea*, linha. Os afixos que foram acrescentados no começo e no fim do vocábulo original indicam quem está na linha ou a segue. Até o final da década de 1980, quando o mundo estava dividido em dois grandes blocos, o dos Estados Unidos e o da União Soviética, alguns países formaram um terceiro, o dos não alinhados.

ALINHAMENTO de linha, do latim *linea*, tendo também o sentido de corda, cordão, cordel. O vocábulo, naturalmente, pode designar linha imaginária, como a do Equador, que divide a Terra em duas metades, Norte e Sul. Alinhamento, formado com os acréscimos do prefixo a- e sufixo -mento indica ação de pôr-se em fileira, em ordem, de modo a alcançar algum tipo de unidade. Mas o poeta gaúcho Fabrício Carpinejar dá outro sentido à palavra, nesses versos de seu livro *Biografia de uma árvore* (Editora Escrituras): "Enlouqueço de ternura,/ indeciso entre o furor e o fulgor./ Desperto amarrado em alguma estrela,/ servindo de referência/ para o alinhamento das esferas."

ALÍQUOTA do latim *aliquota*, declinado de *aliquot*, originalmente indeclinável, alguns. No direito tributário, o percentual calculado sobre o valor das transações, das rendas auferidas ou de outros tributos. As alíquotas podem ser reduzidas, mas ainda que cheguem a zero, não se pode confundi-las com isenção. Esta deve ser conferida por lei. Por enquanto, as alíquotas só têm aumentado.

ALITCHE do italiano *alice*, anchova. A anchova, que se escreve também enchova, fez uma longa viagem por terra, mar e ar até chegar aos restaurantes brasileiros. A viagem terminou em pizza. Nos cardápios, entretanto, as mudanças e escalas não terminaram. Os dicionários de língua portuguesa ainda não registram *alitche*, forma que encontra amparo em outras palavras procedentes do italiano, como tchau, de *ciao*, grafia já abonada por vários dicionaristas e lexicógrafos. O lexicógrafo – do grego *léksikós*, relativo a palavras, e *graphikós*, que diz respeito à forma escrita da palavra falada – é o profissional encarregado de, entre outros ofícios, escrever dicionários. A pizza de *alitche* é também escrita *alici*, plural de *alice*, no italiano. Com o fim de disciplinar o uso de estrangeirismos, evitando abusos como *pizza delivery* e outras bobagens, o deputado Aldo Rebelo apresentou um projeto de lei na Câmara. O professor e lexicógrafo Clóvis Gregorim, com doutorado pela USP, ex-professor da Universidade Federal de São Carlos, autor de dicionários de inglês-português, já acolheu a forma *alitche*. Os cardápios brasileiros precisam respeitar a língua portuguesa. Não há justificativa para tamanha diversidade na grafia dos pratos procedentes da culinária estrangeira.

ALMA do latim *anima*. A alma está vinculada à imortalidade, à identidade e à consciência, tendo implicações morais, religiosas e metafísicas. Sua existência é dada como eterna. Quem morre é o corpo, seu cavalo de batalha, que às vezes a bota pela boca, quando muito ofegante por causa do galope que ela lhe impõe. *Cessat corpus, incipit anima* (cessa o corpo, começa a alma), ensinaram os latinos, dando conta de sua eternidade, nem sempre pacífica. Às vezes, as almas voltam penadas e ficam vagando extraviadas por este mundo, banidas do Outro Mundo, depois de entregues a Deus – que, entretanto, deve ter recusado o recebimento, pois diversas delas, de acordo com fundas crenças populares, não pagam todas as penas do lado de lá, voltando para resgatar certos males. Parece que alguns só podem ser remidos onde foram praticados.

ALMANAQUE do árabe *almanakh*, designando primitivamente o lugar onde os nômades mandam ajoelhar os camelos. Enquanto homens e animais descansavam, os primeiros tratavam de trocar notícias, informações, em geral sobre o tempo, os caminhos, as safras, feitos de personagens famosos ou apenas curiosidades. Os almanaques têm mantido a estrutura original daquelas antigas narrativas, como se pode constatar no *Almanach Perdurável*, do século XIV, e no *Almanach Perpetuum*, organizado em Leiria, Portugal, pelo astrônomo e historiador judeu Abraham Ben Samuel Zacuto. Sua obra foi consultada por célebres navegadores, entre os quais Cristóvão Colombo e Vasco da Gama.

ALMÔNDEGA do árabe *al-bundqá*, bolinha. Na culinária designa bolinho de carne moída, com ovos, miolo de pão e temperos diversos, cozido em molho espesso. No francês, o nome é outro: *boulette de viande*, bolinho de carne. E no italiano é *polpetta*, diminutivo de *polpa*, carne. No sentido metafórico, aparece na *Divina comédia*, *Inferno*, Canto XXVII, de Dante Alighieri, quando o estrategista militar italiano e depois padre franciscano Guido de Montefeltro diz que quando era apenas "bola de carne e osso", isto é, quando era vivo, dera mau conselho ao papa Bonifácio VIII: "Prometa a eles anistia. Depois, quando obedecerem, volte atrás e não cumpra a promessa! Se assim fizeres, triunfarás!" Ele conta também que, ao morrer, São Francisco de Assis veio buscar sua alma, mas o Demônio argumentou que quem dá conselho fraudulento deve ir para o Inferno, onde, aliás, ele está quando fala com Dante.

ALÔ do inglês *hello*, saudação consagrada com o uso do telefone, tendo vindo do alto-alemão *holla*, interjeição usada para chamar cães e cavalos, ou do francês *hola*, pare. Ao contrário do que parece, as primeiras telefonistas norte-americanas não atendiam ao telefone com um *hello*, mas com a saudação náutica *ahoy*. No Brasil, se usa alô ao telefone. Em Portugal, quem atende pergunta: *"Está lá?* É claro que está, senão não teria ligado. Nos países de fala espanhola é comum outra palavra: *oigo*, ouço. No México se diz *bueno*, bom. Na Grécia, se diz *embros*, entre. No Japão, a forma preferida é *moshimoshi*, desculpe, desculpe. Mas, de todas essas funções fáticas, uma das mais curiosas é a das nações africanas que falam o suaíli, que atendem ao telefone com a expressão *jambo*, que significa "não há problema".

ALÔNIMO de alo- e -ônimo, dos compostos gregos *allos*, outro, e *ónoma*, nome, significando 'outro nome', semelhante a pseudônimo, palavra igualmente vinda do grego *pseudónomos* que, conquanto fortemente pejorativo, pois em grego *pseudés* é mentiroso, falso, enganador, se tornou recurso lícito, adotado por vários escritores e artistas, de que é exemplo o pensador católico Alceu de Amoroso Lima, que se identificava com o pseudônimo de Tristão de Ataíde. Vários atores e atrizes receberam outros nomes de batismo. Quatro conhecidos atores brasileiros – Paulo Gracindo, Lima Duarte, Fernanda Montenegro e Tônia Carrero – têm outros nomes nas respectivas certidões de nascimento. Eles foram registrados com os nomes de Pelópidas Guimarães Brandão Gracindo, Aryclenes Venâncio Duarte, Arlete Montenegro e Maria Antonieta Portocarrero Thedim. Já os alônimos ou pseudônimos de Demi Moore e de Elton John são respectivamente Demétria Gene Guynes e Reginald Kenneth Dwigth. Algumas personalidades omitem um dos nomes. Brigitte Bardot excluiu o segundo nome, AnneMarie. Hillary Clinton, por ter adotado o nome do marido, Bill Clinton, excluiu um dos prenomes, Diane, e o sobrenome de seu pai, Rodham. O nome completo de seu marido, ex-presidente dos EUA, é William Jefferson Blyte III. Ela adotou o apelido do marido como sobrenome. A ministra Marta Suplicy, cujo nome de solteira é Marta Teresa Smith de Vasconcelos, continuou com o sobrenome do ex-marido, o senador Eduardo Matarazzo Suplicy, mesmo depois de ter casado com Luís Favre, pseudônimo de Felipe Belisário Wermus.

ALOPECIA do grego *alopekía*, alopecia, designando a queda de cabelos, sobrancelhas, barbas ou qualquer outro pelo do corpo. Para os gregos, quem perdesse pelos ou cabelos ficaria parecido com a *alópex*, raposa, animal astuto, mas muito sujeito à perda dos pelos. Uma pequena alopecia foi durante muito tempo imposta pela Igreja aos clérigos, consistindo em retirar parte do couro cabeludo no alto da cabeça, formando a tonsura. A palavra veio da agropecuária, pois o latim *tonsura* designava o ato de tosquiar as ovelhas e de ceifar o trigo, deixando peladas a ovelha e a roça. Veio de *tonsus*, particípio de *tondere*, cortar, ceifar, tosquiar. A *tonsura* é imposta pelo bispo ao seminarista quando este dá o primeiro passo para tornar-se clérigo. Contudo os alopécicos, vulgarmente chamados carecas, eram dispensados de ir ao barbeiro providenciar o pequeno círculo sem cabelos no alto da cabeça, na parte de trás, indicando submissão, serviços à comunidade, semelhantes aos frutos da terra e à lã das ovelhas no plano espiritual. Os carecas, sem fins religiosos, usam solidéus, boinas ou bonés para atenuar os rigores do frio na alopecia involuntária. Proclama uma crendice famosa marchinha, de Arlindo Marques Júnior e Roberto Roberti, gravada na Columbia pelos Anjos do Inferno, nesses divertidos versos de *É dos carecas que elas gostam mais*: "Nós, os carecas/ com as mulheres,/ Somos maiorais/ Pois na hora do aperto/ É dos carecas/ Que elas gostam mais/ Não precisa ter vergonha/ Pode tirar o seu chapéu/ Pra que cabelo?/ Pra que, seu Queirós?/ Se agora a coisa está pra nós."

ALPINISTA de Alpes, provavelmente da expressão latina *albus* (branco) *altus* (alto), montanhas escarpadas da Europa. Os primeiros montanhistas praticaram alpinismo naquela cordilheira. O alpinista chamou-se assim porque os primeiros montes escalados localizavam-se naquela cordilheira. Hoje designa atividades semelhantes, de esporte ou lazer, em montanhas e edifícios. Apesar de ser mais cômodo tomar o elevador panorâmico, os alpinistas urbanos preferem ir ao topo dos prédios pela parte de fora, sem utilizá-lo. Assim, seu destemor pode ser apreciado pelos transeuntes. Esporte ou lazer, a primeira pergunta dos formulários de seguros de vida é se a pessoa pratica paraquedismo ou alpinismo.

ALQUIMIA do árabe *alkimiya*, pedra filosofal, arte de decompor a química. De *kimi*, negro, vocábulo que indicava o Egito. Ocultar, em árabe, é *kama*. De modo que o termo já nasceu ocultista, no século III d.C., quando surgiu. Anos atrás o cantor Jorge Benjor, então Jorge Ben apenas, anunciou: "Os alquimistas estão chegando, estão chegando os alquimistas", como num presságio cheio de metáforas. Algum tempo depois, Paulo Coelho aproveitou o mote, escreveu alguns livros sobre temas ocultistas e entrou para a lista dos *best-sellers*. São também insondáveis os motivos que levaram os leitores a preferi-lo.

ALTINHO de alto, do latim *altus*, alto, elevado, forte, nutridor. É do mesmo étimo de *alere*, aumentar, e de *alumnus*, aquele que é alimentado e recebe também instrução, significado que predominou na língua portuguesa para aluno. O sufixo -inho, agregado a alto, com a exclusão da vogal final, formou palavra que está entrando para a língua portuguesa em processo semelhante a frescobol e futevôlei. Designa sucedâneo do frescobol, surgido recentemente nas praias do Rio de Janeiro. É jogo disputado por homens e mulheres, e tem várias técnicas, entre as quais o tirinho, o arroz com feijão, o melzinho e o bambalalão.

ALTO-MAR do latim *altus* e *mare*, o primeiro com significado de alto, mas também de grande, e o segundo com o de mar, porção de água salgada nas proximidades da terra habitada, em oposição a *oceanus*, oceano, do grego *Okeanós*, um dos 12 titãs, filho de Urano e Gaia, responsável por 71% da área da Terra. O mar tem sentido mais restrito – e são muitos os mares, como o Mediterrâneo, o mar do Norte, o mar Negro etc. – e o oceano é frequentemente dividido nas seguintes grandes unidades: o Atlântico, o Pacífico, o Índico, o Glacial Ártico e o Glacial Antártico. A expressão alto-mar designa qualquer ponto afastado da costa de onde não se avista mais terra e também o limite que está além das águas territoriais de qualquer país, sendo ali livre a navegação.

ALTURA do latim tardio *altura*, derivado de *altum*, do verbo *alere*, crescer, aumentar, nutrir, sustentar, educar, a mesma raiz de *alumnus*, criança a quem se dá o leite do peito e a educação. A dimensão de altura, em oposição à da profundidade, é aplicada em sentidos denotativos – a altura de um monte, de uma pessoa, de um edifício e também em sentido conotativo, onde é ainda mais frequente, em geral por meio de palavras assemelhadas radicadas em *alt*, de que é exemplo Alteza, título honorífico de elevação moral, surgido no português do século XII e aplicado, a partir do século XV, a reis, ficando depois exclusivo para príncipes. De resto, em sentido figurado ou conotativo, o Bem foi posto no alto, e o Mal nas profundezas.

ALUGUEL de origem controversa, talvez do árabe *al-kire*, influenciado pelo latim *locare*, pôr num lugar, deu origem a alocar, alugar e aluguel, também grafado aluguer, tal como aparece num clássico da literatura brasileira, *Os Corumbas*, do escritor sergipano Amando Fontes, o primeiro dos regionalistas nordestinos a ocupar-se da vida urbana: "estou comprando fiado na bodega. E pra inteirar o aluguer da casa, tive de tomar emprestado ali à Do Carmo." A outra hipótese é ter vindo do árabe *al-kira*, inicialmente aluguel de cavalgaduras e de coisas móveis, mudando de sentido ao ser aplicado ao arrendamento de terrenos, prédios e residências.

ALUNO do latim *alumnu*, declinação de *alumnus*, primitivamente designando criança dada para criar; aluno, pupilo, discípulo. Com o nascimento das escolas, passou a indicar quem lá era entregue para ser educado. *Alumnus* era mais aplicado à criança de peito, ao escravo nascido na casa e à criança recolhida nas ruas, tornada cativa pelos que a alimentavam e educavam. Na escola romana, o aluno era designado *discipulus*, radicado no verbo *discere*, aprender, em oposição a *docere*, ensinar, conduzir, de onde derivaram no português *discente* e *docente*, o primeiro aplicado aos alunos, o segundo aos professores. Na escola média predominou professor ou professora, reservando-se mestre e doutor para os cursos superiores. Tal denominação tem raízes cristãs. Os professores das primeiras escolas, nascidas como extensão das sacristias, professavam, isto é, declaravam publicamente, os três famosos votos: pobreza, obediência e castidade. O primeiro parece ter-se consolidado como estigma da profissão nas últimas décadas, revelando o descaso de sucessivos governantes. A escolaridade foi sempre optativa, tornando-se obrigatória apenas a partir de 1819, na Prússia, e, desde a Constituição de 1934, também no Brasil. Mas foi a Constituição de 1937 que declarou: "O ensino primário é obrigatório e gratuito." Até chegar ao curso superior, o aluno faz, porém, um percurso longo e difícil, coroado com o vestibular: onze anos de estudo, sendo oito no primeiro grau e três no segundo.

ALVARÁ do árabe *albar'at*, quitação, tendo também o significado de licença oficial para exercício de alguma atividade. Foi com este último sentido que se consolidou em nossa língua. A empresa ostenta o alvará, mostrando que pagou todos os impostos devidos para estabelecer-se. O preso, cumprida a pena, recebe alvará de soltura. Em 12 de outubro de 1808, Dom João VI baixava alvará criando o Banco do Brasil. Poucos meses depois de sua chegada, fugindo das tropas francesas que tinham invadido Portugal, o príncipe regente abolira outro alvará, de 1785, que proibia a instalação de indústrias no Brasil. Foi pelo trabalho pioneiro desse rei que a Biblioteca Nacional, cuja sede fica no Rio de Janeiro, está entre as oito mais preciosas do mundo. Dom João VI partiu de Portugal como príncipe regente, em 1807, e era rei havia cinco anos quando para lá voltou, em 1821, já que a rainha dona Maria I morrera ainda em 1816, aos 82 anos, e apresentara sinais de demência ainda em 1792, aos 58 anos. O exagero da sentença contra Joaquim José da Silva Xavier, o *Tiradentes*, enforcado e esquartejado no Rio de Janeiro, a 21 de abril de 1792, aos 46 anos, pode ter explicação na insanidade real. E assim o patrono da nação brasileira ficou sendo um enforcado.

AM abreviatura de amplitude modulada. Amplitude vem do latim *amplitudine*. Na identificação das emissoras de rádio, a sigla AM designa um tipo de sinal que resulta da superposição de dois outros, cujas frequências são muito diferentes, propagando-se para lugares distantes.

AMA de origem controversa, ama pode ter vindo do hebraico *(a) êm*, mãe, do aramaico *amã*, serva, ou do latim *amma*, mulher que substitui a *mater*, mãe, nos cuidados de alimentação e educação dos filhos, atuando também como dona de casa. Na formação brasileira, segundo nos dá a entender Gilberto Freyre, a escrava cumpriu muitas vezes o papel de mãe substituta, a ama-de-leite, vindo daí a maciez da língua portuguesa falada no Brasil. A escrava precisou aprender, juntamente com as crianças, por cujos cuidados era responsável, um idioma que desconhecia, modificando os sons guturais da língua dos senhores.

AMAMENTAR do latim *mamma*, mama, seio, peito e, por extensão, ama de leite. Na formação desta palavra ocorreu o processo normal com o prefixo a- e com o sufixo -ar, indicando proximidade (do seio) e ação junto a ele (sugar). Não são apenas os bebês que se beneficiam da amamentação, indispensável por motivos físicos, psicológicos e sociais, pois o gesto resulta em alimentação, apoio e integração à família. Também as mães se beneficiam da amamentação. Segundo pesquisa feita na Universidade de Harvard, as mães que tomam medicamentos para evitar a lactação aumentam o risco de desenvolver o diabetes do tipo dois. O mesmo estudo, publicado no *Jornal da Associação Médica Americana*, assegura que o ato de amamentar evita o mesmo tipo de diabetes, livrando a mãe de contrair a doença pelo menos até 15 anos depois da última amamentação. A equipe de Harvard examinou os casos de 157 mil mulheres. "Nós já sabíamos há algum tempo que o aleitamento materno é bom para os bebês. Este estudo mostra que ele também é bom para as mães", disse Alison Stuebe, o docente que chefiou a pesquisa. "Baseado nessas conclusões, temos mais uma razão para estimular as mães a amamentar os filhos", acrescentou. Uma mãe em período de amamentação gasta em média 500 calorias por dia – o equivalente a uma corrida de cerca de 8 km – para produzir leite. E a Organização Mundial da Saúde (OMS) recomenda que as mães utilizem exclusivamente o leite materno para alimentar os filhos até os seis meses e o complementem depois desta idade com outros alimentos até que os bebês cheguem a dois anos.

AMANTE do latim *amante*, declinação de *amans*, aquele ou aquela que ama. Em geral, trata-se de amor ilícito ou herético. A família patriarcal brasileira teve sempre na figura da amante um de seus pilares. Gilberto Freyre registra o caso de um rapaz que, para excitar-se diante da noiva branca, nas primeiras noites de núpcias, precisou cheirar a blusa úmida de suor da escrava negra, sua amante. Amantes estão presente em todas as literaturas. Machado de Assis escreveu em um dos *Contos fluminenses*: "Quando você tiver uma mulher amada e amante ao pé de si, será um homem feliz e completo." É da escritora e psicanalista Betty Milan o romance *O amante brasileiro*, cuja estrutura narrativa apoia-se em mensagens eletrônicas entre a brasileira Clara e o francês Sébastien, que escreve assim: "Já é quase meia-noite/ o que eu ouço é o silêncio e você está aqui/ os teus olhos amendoados me acariciam/ foram feitos para isso,/ a tua boca é uma pimenta doce/ a tua nudez ilumina o quarto/ que vontade de sentir os teus dedos nos meus cabelos/ ser de novo quem você quiser." O romance poderia ter o subtítulo de versículos amorosos, tal a concisão da autora e o empenho em alterar a estrutura tradicional da prosa romanesca, aproximando-se de linguagem que lembra o tom bíblico do *Cântico dos Cânticos*.

AMARELINHA do francês antigo *marelle*, escrito também *marrelle* e *mérelle*, todas com o significado de pedra, mas que veio a designar a conhecida brincadeira infantil, da qual há registros ainda na Antiguidade clássica, em que se pula num pé só no interior de quadrados riscados no chão, menos o quadrado onde caiu a pedra do jogo. A designação nada tem a ver com a cor amarela. Como as crianças parecem mancas ao saltarem sobre os quadrados, em Portugal o nome do jogo é pé-coxinho.

AMARELO do baixo-latim *amarellus*, de *amarus*, amargo, tal como falado na Espanha ao tempo da ocupação romana na Península Ibérica, provavelmente pela aparência dos que sofriam de icterícia ou doença que os enfraquecia ou enfeava, cor que Luís Vaz de Camões usa para tornar ainda mais horrível o gigante Adamastor: "Não acabava, quando uma figura/ Se nos mostra no ar, robusta e válida,/ De disforme e grandíssima estatura,/ O rosto carregado, a barba esquálida,/ Os olhos encovados, e a postura/ Medonha e má, e a cor terrena e pálida,/ Cheios de terra e crespos os cabelos,/ A boca negra, os dentes amarelos." Todavia o amarelo está na palavra composta verde-amarelo, substantivo e adjetivo, a cor nacional do Brasil.

AMARRAR do holandês *marren*, atar, ligar, pelo francês *amarrer*, que com igual significado era *marer* no francês antigo. No século XIII, os gauleses já tinham também *amarre*, amarra, cabo, apoio. O étimo presta-se a muitos outros significados. Os presentes de fim de ano vêm amarrados, num sentido positivo, mas um sujeito de cara amarrada, ainda que não esteja preso a nada, parece descontente, como se tivesse perdido a liberdade ou desejasse outros laços. Pode ter significados positivos, como em amarrar-se a alguém, no sentido de casar, noivar, estabelecer laços estáveis ou simplesmente apaixonar-se. Retardar um processo é amarrar as coisas, mas concluir tratativas ou projetos é amarrar as decisões de forma a que sejam cumpridas. A ideia inicial, porém, veio das lides náuticas, amarrar a embarcação, passando depois a sinônimo de atar, na pecuária – amarrar animais – e de resto na vida cotidiana. Como é usual usar cordas para isso, Giovanni Boccaccio, não sem ironia, escrevendo em época de fomes periódicas, descreveu uma terra maravilhosa, onde as montanhas eram de queijo parmesão e a fartura era tanta que era costume em Bengodi – o nome do lugar, onde ele situa a oitava das cem histórias do *Decamerão* – amarrar cachorro com linguiça.

AMÁSIA do latim *amasia*, namorada, amada, concubina. Com tal sentido aparece no livro do escritor português José Régio, *História de mulheres*: "Alguns até conservaram uma espécie de velha amásia oficial, que chegara a conquistar a quase honorabilidade duma segunda esposa."

AMÁVEL do latim *amabile*, declinação de *amabilis*, amável, digno de amor, agradável, que demonstra delicadeza e simpatia em falas, gestos, comportamentos. Aparece nestes versos do "Soneto XVIII", de William Shakespeare: "Como hei de comparar-te a um dia de verão?/ És mais equilibrado, és muito mais amável:/ Em maio os vendavais ternos botões fustigam,/ Em brevíssimo tempo o verão nos consome."

AMAZONAS do grego *amázon*, do latim *amazon*, lendárias mulheres guerreiras da Capadócia, que queimavam, cortavam ou comprimiam o seio direito para mais facilmente manejarem o arco. Em grego, seio é *mazós* e o "a" inicial indica supressão. Designa também o maior estado brasileiro e o maior rio de nosso país, que também é o mais caudaloso do mundo e o maior em extensão, com 7.025 km. Até pouco tempo, era considerado o segundo mais extenso, logo depois do Nilo. Mas estudiosos descobriram que a nascente do Amazonas fica alguns quilômetros mais adiante do que se pensava, o que é suficiente para fazê-lo superar o rio egípcio.

AMBICIOSO do latim *ambitiosus*, do mesmo étimo de *ambulare*, caminhar, e *ambire*, andar em volta, rodear, com o fim de arrebatar bens que deseja, designando também o candidato que já na Roma antiga assediava o eleitor em busca de votos. As narrativas do folclore brasileiro buscam punição simbólica para os ambiciosos, já que na vida real eles costumam se dar muito bem. Uma dessas narrativas começou em Portugal, no Minho, e continuou no Brasil. Um rapaz de família pobre, mas de pais ambiciosos, vem para cá e aqui enriquece. Voltando à terra natal para visitar os pais, encontra-os já bem velhos. Não se dá a conhecer e pede pousada, com o fim de fazer uma surpresa no dia seguinte. Assim que dorme, tem sua mala revistada. Está cheia de dinheiro. O casal mata e enterra o rapaz sem saber que é seu filho. Alguns dias depois descobrem que o assassinado era o filho que um dia partiu. A mãe enlouquece e o pai se entrega à justiça. O filósofo e teólogo alemão Ferdinand Gregorovius encontrou a narrativa original desse tema em histórias medievais. A versão mais conhecida dá conta de que o filho tem uma irmã, a quem revela a identidade e é ela quem, notando o sumiço do recém-chegado, revela aos pais que o rapaz é seu irmão.

AMBIENTALISTA de ambiental + -ista, radicado em ambiente, do latim *ambiente*. No latim, a formação desta palavra remete a *ambi*, de ambos os lados, ao redor, e *ente*, particípio presente do verbo *esse*, ser, para designar o sistema de mútuas cooperações que preside à natureza. Os ambientalistas são aqueles que zelam para que certo equilíbrio natural seja mantido, impedindo devastações nas matas, poluição das águas, destruição da fauna e da flora etc. Eles e todos os seres humanos do planeta comemoram o arquivamento do projeto do deputado federal Moacyr Micheletto, que propunha reduzir a área protegida de desmatamento na Amazônia, de 80 para 50%. Caso a lei proposta pelo deputado estivesse em vigor ao tempo das imigrações europeias que enriqueceram as etnias brasileiras, seus descendentes não teriam encontrado terra para dela tirar o sustento, nem madeira para erguer suas casas.

AMBIENTE do latim *ambiente*, ambiente, palavra formada a partir de *ambire*, rodear, envolver. Os dicionários dizem que o ambiente, quase sempre designado por meio ambiente, é a natureza que nos envolve, incluindo o ar que respiramos e tudo o que nos cerca. O ambiente é físico, social, familiar. O físico inclui o ar, o solo, o clima. Entre os grandes problemas da humanidade hoje estão os descuidos com o meio ambiente, sobretudo com o lixo urbano, o mau cheiro que infesta as cidades, a derrubada das florestas e o aquecimento global. Foi-se o tempo que a água lavava tudo – "a água lava, lava, lava, lava tudo/ só não lava a língua dessa gente", diz antiga canção. Hoje muitas águas, de rios, de mares, de lagoas estão sujas, poluídas. E lavar com elas é sujar ainda mais. Marina Silva deixou o Ministério do Meio Ambiente, inconformada com pressões de magnatas do agronegócio que, se não forem contidos, plantarão soja até nos Andes, segundo a verve de seu substituto no cargo, o ex-guerrilheiro Carlos Minc. No Brasil não falta água doce, mas dá trabalho trazê-la para o consumo, pois as grandes reservas estão debaixo da terra e não nos rios, como é o caso do Aquífero Guarani, reserva subterrânea de 1,19 milhão de quilômetros quadrados, situado no subsolo do Mato Grosso, Mato Grosso do Sul, Goiás, Minas Gerais, São Paulo, Paraná, Santa Catarina e Rio Grande do Sul, estendendo-se ainda pelo Uruguai, Paraguai e Argentina. O Aquífero Guarani tem suas águas protegidas por uma camada de rocha basáltica. Ele pode fornecer 43 trilhões de metros cúbicos de água por ano, o suficiente para abastecer de forma sustentável uma população de 500 milhões de habitantes, segundo informa a 34ª edição do *Almanaque Abril* (2008). Mas há quem pense que cachaça é água, segundo letra de marchinha carnavalesca do ano de 1953: "Você pensa que cachaça é água/ Cachaça não é água não/ Cachaça vem do alambique/ E água vem do ribeirão./ Pode me faltar tudo na vida/ Arroz, feijão e pão/ Pode me faltar manteiga/ E tudo mais não faz falta não/ Pode me faltar o amor/ Disto até acho graça/ Só não quero que me falte/ A danada da cachaça." A autoria desse tremendo sucesso é atribuída a quatro pessoas: Mirabeau Pinheiro, Lúcio de Castro, Heber Lobato e Marinósio Filho.

AMBIGUIDADE do latim *ambiguitas*, que conduz a dois lados. Às vezes, mais do que dois, como neste caso, em que, de acordo com a pontuação, o sentido muda radicalmente. As vírgulas devem ser postas de acordo com os interesses dos herdeiros de um milionário que tinha sérias dificuldades com vírgulas e pontos, e deixou o seguinte bilhete: "deixo a minha fortuna para o meu irmão não para o meu sobrinho jamais para o meu advogado nada para os pobres." O texto deve ser pontuado de quatro maneiras diferentes, para atender aos interesses do irmão (1), do sobrinho (2), do advogado (3) e do defensor dos pobres (4). O irmão pontuaria assim: "deixo a minha fortuna para o meu irmão, não para o meu sobrinho, jamais para o meu advogado, nada para os pobres".

AMBULÂNCIA do francês *ambulance*, com a origem mais remota no latim *ambulante*, caminhante. Designa carro provido de medicamentos de urgência, macas e camas, com o fim de transportar doentes para hospitais, mas provido de recursos capazes de assegurar assistência médica no trajeto.

AMEAÇA do latim vulgar *minacia*, ameaça, prenúncio de acontecimento desagradável, promessa de castigo. O francês *ménace* e o italiano *minaccia* estão mais próximos da antiga origem. Já o espanhol *amenaza* lembra a forma portuguesa. Às vezes é empregado em sentido irônico, como quando dizemos que um escritor medíocre nos ameaça com um novo livro.

AMEIXA do latim *damascina*, isto é, de Damasco, capital da Síria, uma das cidades mais antigas do mundo. Para chegar à grafia atual em nossa língua, fez uma escala no latim vulgar, onde era conhecida como *amexina*.

AMÉLIA de nome de mulher passou a adjetivo para qualificá-la desde o samba *Ai, que saudades da Amélia*, letra de Mário Lago e música de Ataulfo Alves, gravado pela primeira vez em 1942. O samba caiu na boca do povo e Amélia entrou para a língua portuguesa como sinônimo de esposa submissa, ocupada apenas nos trabalhos domésticos, sofrendo toda sorte de privações por amor ao marido, sem reclamar de nada. A verdadeira Amélia era empregada da cantora Aracy de Almeida. A atriz Luma de Oliveira, porém, construiu a imagem de uma Amélia feliz, mas todos sabem que é puro charme. A Amélia do samba tinha marido pobre, eis a diferença.

AMÊNDOA do grego *amygdale* pelo latim *amygdala*, amêndoa, fruto da amendoeira que, por metáfora, passou a designar as bolinhas de tecido linfoide situadas à entrada da garganta. Tecido semelhante, representado por pequena massa carnosa pendente do palato, em forma de bago de uva, é denominada úvula, do latim *úvula*, uvinha, sendo conhecida também por campainha. Nossa boca está repleta de metáforas, pois o palato é conhecido como céu da boca.

AMENDOIM do tupi *mandu'wi*, que foi registrado também como *mãdu'bi*, de onde passou ao português *mendubi* e *mendubim*. Por influência de amêndoa, consolidou-se em amendoim. Designa leguminosa cujos frutos, que jazem junto às suas raízes subterrâneas, são aproveitados em bocados muito apreciados por todos, sobretudo por crianças, como o pé de moleque.

AMENIDADE do latim *amoenitate*, declinação de *amoenitas*, delícia, encanto, amenidade. Assim como nós hoje chamamos a pessoa querida de meu bem, meu amor, os latinos expressavam este mesmo sentimento dizendo *mea amoenitas*, meu amor, indicando que a companhia era agradável. Um uso muito comum do vocábulo refere o bom clima, nem muito frio, nem muito quente, como ocorre no Brasil, onde raramente temos temperaturas pouco amenas. É verdade que às vezes as secas do Nordeste e os invernos do Sul abrem exceções nessas nossas conhecidas amenidades climáticas.

AMERICANO de América, prenome do navegador italiano Américo Vespucci, aportuguesado para Vespúcio, que em seus escritos deixou claro que Cristóvão Colombo se enganara (assim como Pedro Álvares Cabral), ao imaginar que tinha chegado às Índias. Foi o cartógrafo alemão Martin Waldesemüller quem divulgou em mapas o nome América para o continente recém-descoberto, ao creditar o feito glorioso a Américo Vespucci, que era parente de Simonetta Vespúcio, linda mulher que servira de modelo a Botticelli para o quadro *O nascimento de Vênus*. Américo participou de várias expedições, em algumas delas acompanhado de Alonso de Hojeda e Gonçalo Coelho. E foi ele quem escreveu as cartas que permitiram a Lorenzo de Médici saber de tudo em detalhes. Logo tudo era publicado, ou quase tudo, graças ao invento de Johannes Gutenberg. O latim era a língua oficial dos cientistas, e Martin Waldesemüller indicou nos mapas a nova terra como *Americi Terra vel America* (Terra de Américo ou América). Seria o primeiro continente com nome masculino, mas a expressão latina *vel America* ofereceu a opção para o feminino, seguindo a denominação dos outros: Europa, Ásia, África, Oceania. Quando o alemão percebeu o engano, já era tarde. O novo continente era referido por todos como América. Americano é também o sócio, jogador ou torcedor de clubes chamados América Futebol Clube. Os mais conhecidos estão no Rio de Janeiro e em Minas Gerais.

AMERÍNDIO de *amerindian*, contração de *american indian*, índio americano, expressão sugerida pelo Prêmio Nobel Charles Scott Sherrington ao etnólogo americano John Wesley Powell para distinguir o índio americano do índio asiático. No Brasil, os primeiros habitantes também foram chamados índios, depois enaltecidos como heróis nas figuras de Arariboia e Felipe Camarão. O indianismo celebrou o passado indígena e seus mitos. Nos Estados Unidos, os índios foram enaltecidos na figura de Pocahontas, filha do chefe da tribo *powhatan*. Durante muito tempo seu nome foi erroneamente traduzido para "rio claro entre duas colinas", mas o significado é "filha caprichosa". Mataoka, "pequena pena de neve", era seu outro nome.

AMETISTA do grego *améthystos*, que no latim foi grafada *amethystu*, ambos os vocábulos designando uma variedade roxa do *quartzo*, a pedra semipreciosa que no português recebeu o nome de ametista. Os gregos acreditavam que essa pedra os ajudava a curar as bebedeiras, tão frequentes entre eles, inclusive sob desculpas religiosas, dado que criaram Dioniso, espécie de ministro do vinho, filho de Zeus e de Sêmela, representado pela figura de um bode ou de um touro, sempre acompanhado de sátiros e bacantes. Os supostos poderes desembriagadores da pobre ametista mostraram-se, porém, ineficientes face ao desbunde divino e geral das festas dionisíacas. Sem contar a luxúria que ali imperava, mostrando alegre convívio entre personagens que têm cara de quem já fez de tudo na vida e está a fim de fazer muito mais.

AMIGO do latim *amicu*, amigo, confidente, querido, favorável. O primeiro registro da palavra amigo em português foi feito pelo rei e poeta dom Dinis, o Lavrador, fundador da primeira universidade portuguesa, em poema do século XIII: "Ay! Flores, ay! Flores do verde Pyno,/ se sabedes novas do meu amigo. Está numa das *Cantigas de amigo* e expressa o lamento da mulher que, longe do amado, pergunta às flores do pinho pelo ausente, então denominado amigo, sentido que depois não mais se aplicou a relações amorosas, restringindo-se a sentimentos que excluíam a sexualidade. Essas cantigas, ao lado das *Cantigas de amor*, são os mais antigos documentos a expressar o amor em português. Eram escritas num estilo bem próximo à fala popular do galego-português, ao contrário das *Cantigas de escárnio* e das *Cantigas de maldizer*, elaboradas no português de cortes, palácios e igrejas. A escritora paulistana Betty Milan recuperou o conceito, em prosa, no livro *O amante brasileiro* (Editora A Girafa), em que a mulher e o homem trocam mensagens amorosas por meio de *e-mails*.

AMIZADE COLORIDA do latim vulgar *amicitate*, e do italiano *colorita*. O conceito de amizade e seus domínios conexos, à semelhança da palavra amigo, indicava originalmente proximidade física e geográfica. Com a descoberta de meios de transporte que tantos avanços trouxeram à civilização, não apenas os inimigos foram se afastando, mas também os amigos. Thomas Jefferson, um dos fundadores dos Estados Unidos, escreveu que o cavalo já foi um erro. As navegações, primeiramente pelos rios, depois pela costa marítima e pelo mar aberto, separaram amigos por longas temporadas e às vezes para sempre. As pequenas cidades conservaram os laços de amizade das antigas vilas em que todos se conheciam, mas as metrópoles os destruíram, confinando os amigos a grupos restritos, quase sempre mediados pelas profissões exercidas pelos integrantes, semelhando tribos. Ainda assim, nos anos 1970 surgiu esta expressão, designando relacionamento íntimo e amoroso entre os amigos, que não excluía o sexo. Um de seus primeiros registros foi feito pela escritora Julieta Drummond de Andrade em *O valor da vida*: "Fomos jantar no Sheraton e ele começou a insistir para a gente passar a noite juntos lá mesmo, esse negócio de amizade colorida." Com a conquista espacial, bem mais rapidamente do que talvez possamos supor, nossos amigos poderão ficar ainda mais longe, sem se fixarem num ponto determinado, mas em órbita, acomodados em estações espaciais, hoje ainda uma exclusividade de cosmonautas.

AMOLAR do espanhol *amolar*, afiar, tornar cortante, amparado originalmente no latim *mola*, rebolo, pedra de afiar instrumentos cortantes. O sentido de aborrecer proveio do costume dos amoladores oferecerem seus serviços de porta em porta, gritando pelas ruas, às vezes acordando os maldormidos muito cedo, o que era motivo de chateação. No Rio de Janeiro, notabilizou-se no caceteamento da população pelo anúncio de tais serviços um italiano cujo nome ainda não foi resgatado. Mas seu costume foi registrado por Luiz A. P. Victoria em *Dicionário da origem e da vida das palavras*, publicado originalmente em 1958, pela Livraria Império.

AMONÍACO do grego *ammôniakon* pelo latim *ammoniacum* e pelo francês *ammoniac*, designando um tipo de gás incolor, de cheiro muito forte, encontrado originalmente na Líbia, "o país de Amon", perto do templo consagrado a Júpiter Amom. O mais conhecido é o sal amoníaco, mas na química passou de adjetivo a substantivo. Também no francês ele foi substantivado para *ammoniaque*. Seu primeiro registro em português aparece em *Luz da Medicina*, de Francisco Morato Roma: "se queremos evacuar do bofe ou do peito, misturamos sal amoníaco". Originalmente deus egípcio, fazia tanto segredo de sua identidade que nem os outros deuses, seus colegas, conheciam seu verdadeiro nome. Era representado como leão, macaco, carneiro e homem com cabeça de sapo ou de serpente. É só dar uma cheiradinha no sal amoníaco para ver como também o rosto humano sofre transformações assemelhadas. Patrono da cidade de Tebas, era representado como homem.

AMOR do latim *amore*, declinação de amor, *amoris*. Provavelmente o amor é invenção de poetas gregos e latinos, uma vez que em tempos imemoriais a humanidade dava mais importância ao *cio*, tendo dificuldades de expressar os sentimentos que o acompanhavam. Eterno tema de escritores e artistas, o amor recebeu tratamentos complexos na literatura. Machado de Assis faz com que o personagem *Brás Cubas* assim se refira à sua amante, a espanhola Marcela, de vida desvairada: "Marcela amou-me durante quinze meses e onze contos de réis." Para afastar o filho da espertalhona, o pai envia o rebento para a Universidade de Coimbra. O vestibular era mais agradável no século XIX, ainda que por meios forjados. O primeiro registro da palavra aparece ainda no português medieval, em 1275. Mas o sentimento é descrito como amizade, já que a paixão tinha formas de expressão ainda tímidas nas cantigas de amor, em oposição à ousadia da literatura árabe, que comparava a mulher amada com vários tipos de animais, como a gazela, a corça, a potranca, e pássaros como a pomba e a rolinha. Pouco a pouco o amor passou a frequentar outras expressões, como "amor à primeira vista" e "amor platônico" (que se refere ao filósofo grego Platão). Também para o amor há normas, e por isso o direito, que deu as bases para os contratos de casamento, estabeleceu regras que os cônjuges devem observar.

AMORA do grego *móron* e do latim *moru*, formou-se este vocábulo que designa uma frutinha saborosa, em forma de cereja, ambas glorificadas em *Os Lusíadas*, na estrofe 58 do canto décimo, como dons "sem ter necessidade de cultura,/ que sem ela se dão muito melhores:/ as cerejas purpúreas na pintura,/ as amoras, que o nome têm de amores." O grande poeta fez belos versos sobre a frutinha e seu sabor.

AMORZINHO diminutivo de amor, vindo do latim *amore*. É forma carinhosa de tratamento entre pessoas que se amam, estando presente em variações de numerosas expressões onde a palavra foi originalmente utilizada no diminutivo, como em "fazer um amorzinho". Interessante observar que em espanhol as traduções para amorzinho incluem, além de *amorcito*, o coração e o sangue, como em *corazón* e *sangre*. Já o alemão parece preferir outros valores, dadas as traduções utilizadas, como *mein Schatz*, meu tesouro, e *Englein*, anjinho.

AMPUTAR do latim *amputare*, amputar, cortar, separar, eliminar, pela formação *am*(bi), em volta, e *putare*, cortar. O primeiro sentido que teve na língua foi o de podar, tendo existido o ofício de amputador, empregado encarregado de podar plantas e flores em jardins e pomares. Quando a cirurgia deixou de ser praticada por barbeiros, que foram os primeiros médicos, amputar veio a designar intervenção cirúrgica. Como se sabe, ao entrar numa barbearia em tempos antigos, o freguês não solicitava apenas barba, cabelo e bigode, mas também sanguessugas ou cortes de navalha para livrar-se do sangue ruim. Por desconhecer anatomia, o barbeiro às vezes cortava errado e o paciente vinha a falecer de hemorragia.

ANÃ de anão, do grego *nánnos*, pelo latim *nanus*, indivíduo de pequeno tamanho. Embora seja mais comum no masculino, presente no folclore, em lendas e em contos infantojuvenis, de que é exemplo o clássico *Branca de Neve e os sete anões*, o feminino anã está presente na designação de um tipo de estrela de tamanho descomunal, que pode ser branca ou vermelha. Segundo os astrônomos, as anãs brancas são estrelas até dez vezes maiores do que o Sol, que se tornam cinza depois de consumir o combustível, em fusão nuclear. O Sol se tornará uma estrela anã daqui a bilhões de anos, mas já há gente preocupada com isso. As estrelas vermelhas, bem diferentes daquelas que simbolizam o comunismo e o socialismo, são de massa menor. O céu também tem seu ecossistema, mas ainda é difícil saber quem comeu quem no passado, sendo certo, porém, que as estrelas, astros que têm luz própria, são frequentemente confundidas com meteoritos, que adquirem luz ao entrar na atmosfera da Terra, transformando-se em bolas de fogo. Na Terra, às vezes, os pesquisadores têm sorte: três cientistas alemães descobriram o fóssil de um pequeno tubarão, já extinto, que vivera há 300 milhões de anos. No abdome do animal havia dois anfíbios e no estômago de um dos engolidos, os ossos de um peixe. Não mataram três coelhos com uma cajadada só, mataram quatro!

ANACARDO do grego *anákardos*, designando certa árvore da Índia, cujos frutos são semelhantes ao nosso caju. O vocábulo foi formado de *aná*, parecença, e *kardía*, coração. Com a evolução dos transplantes de órgãos e da engenharia genética, quem sabe daqui a algum tempo os cirurgiões façam bater no peito da pessoa um caju. Os vegetarianos certamente ficariam contentes. Na verdade, já andamos com diversas frutas pelo corpo. Em tempos de crise econômica no Brasil elas duram séculos –, já não são poucos os brasileiros que andam com frutos em seus aconchegos, tendo presença garantida nessas recônditas regiões o pepino. É provável que no Nordeste seja também nome de pessoa, pois até a França, país chique, teve reis chamados pepinos. Um deles é caso para antologias, já que a cucurbitácea descendia de uma ferramenta: Pepino, o Breve, filho de Carlos Martelo. E o grande imperador Carlos Magno era filho de Pepino, neto de Martelo. Pelo jeito, o enxerto entre cucurbitáceas e ferramentas dá certo. Já ferramenta com ferramenta, como foice e martelo, nem sempre termina bem.

ANALFABETISMO de analfabeto, do grego *analphábetos*, passando pelo latim *analphabetu*, mais o sufixo -ismo, tão comum em termos pejorativos. A palavra foi formada pelo prefixo de negação juntado a alfa e beta, as duas primeiras letras do alfabeto grego, para designar o estado de quem não sabia ler, nem escrever, já que não passava das duas primeiras etapas. A taxa de analfabetismo, um dos principais indicadores de desenvolvimento, passou de 20,1% em 1991 para 14,7%, em 1997. O analfabetismo está intimamente ligado à pobreza. Por isso, a Organização das Nações Unidas para a Educação, a Ciência e a Cultura (UNESCO) recomenda a média de 12 anos de estudo por habitante para que seja superada a linha de pobreza. No Brasil, esta média é seis, 50% do prescrito. Modernamente, as taxas de analfabetismo de um país são utilizadas, à semelhança de outros indicadores, como o PIB (Produto Interno Bruto) e a renda per capita, para avaliar-se o grau de desenvolvimento. O Brasil já possuiu uma das maiores reservas analfabéticas do mundo. O Mobral (Movimento Brasileiro pela Alfabetização), criado nos anos 1970, logrou um feito inédito: criado para erradicar o analfabetismo, conseguiu aumentá-lo. Antes da Constituição de 1988, que assegurou o direito de voto aos analfabetos, eles eram votados – como sempre foram, aliás – mas não podiam ser eleitores. Depois, conforme o artigo 14, parágrafo 4o, os analfabetos não podiam ser eleitos. No período de 1994 a 2002, graças aos programas de erradicação do analfabetismo, as taxas de alfabetização aumentaram muito. Alguns municípios já podem orgulhar-se de não terem um único analfabeto em todo o seu território.

ANALOGIA do latim *analogia*, analogia, ponto de semelhança entre coisas diferentes. Às vezes lembra a metáfora, como nessa passagem do *Tratado da natureza humana*, do filósofo escocês David Humes: "O que a velhice é para a vida, a noite é para o dia. Por isso dizemos que a noite é a velhice do dia e a velhice é a noite da vida."

ANÃO do grego *nános*, que passou ao latim como *nanu*, formou-se, em português, anão, para designar o indivíduo que apresenta nanismo, que segundo definição do *Aulete* é a anomalia caracterizada por pouco desenvolvimento ou interrupção prematura do crescimento de um indivíduo, geralmente devido a problemas hormonais'. Os anões foram os primeiros personagens a atuar num longa-metragem de desenho animado, ao lado de uma princesa, a *Branca de Neve*, no clássico de Walt Disney, *Branca de Neve e os sete anões*, em 1937. O título original não tinha anão no meio. Era apenas *Snow White* (Branca de Neve).

ANARQUISMO do grego *anarchía*, negação ou falta de autoridade, formaram-se anarquia e anarquismo. Várias têm sido as tentativas de estabelecer uma sociedade anarquista, isto é, regulada pelos próprios indivíduos em grupos livremente formados, sem as forças coercitivas que constituem o Estado. Originalmente concebido como movimento de defesa das liberdades individuais, o anarquismo encontrou expressão também no socialismo, tal como foi formulado pelo filho de aristocrata russo e grande proprietário de terras, Mikhail Bakunin. As teorias anarquistas não têm sido bem entendidas no Brasil: até o ex-presidente da Fiesp, Mário Amato, já foi chamado de *Bakunin*, que é, hoje, também nome de vodca.

ANÁSTROFE do grego *anastrophe*, deslocamento, inversão, isto é, *ana* (inversão) e *strophe* (estrofe), parte do hino que o coro cantava enquanto fazia a evolução no palco, da esquerda para a direita. *Strépho*, em grego, significa girar, evoluir. Também a raiz de volta está na palavra evoluir. O *Hino Nacional* começa com uma anástrofe. Como inverte a ordem usual, cria dificuldade de entendimento: "Ouviram do Ipiranga as margens plácidas/ De um povo heroico o brado retumbante,/ E o sol da liberdade, em raios fúlgidos,/ Brilhou no céu da Pátria nesse instante." A estrofe, em ordem direta, sem anástrofe, ficaria assim: "As margens plácidas do Ipiranga ouviram o brado retumbante de um povo heroico, e o sol da liberdade brilhou em raios fúlgidos no céu da pátria nesse instante." Não faz muito tempo que os jornais passaram a evitar anástrofe nas manchetes. Uma consulta em seus arquivos comprova isso.

ANATOMIA do latim *anatomia*, por sua vez radicado no grego *anatomía*, designando a ciência que trata da forma e da estrutura dos seres organizados. O prefixo an- indica negação. O grego *tomos*, o latim *tomus* e o português tomo indicam pedaço, parte, divisão, como se pode verificar em coleções de livros. A anatomia examina o conjunto e para tanto disseca os corpos. O famoso pintor e gravador holandês Rembrandt, num de seus quadros mais famosos, *Lição de Anatomia*, mostra a autópsia de um cadáver, fazendo não apenas expressão artística reveladora do desempenho de um dos maiores mestres da pintura, mas também documentando a prática científica essencial aos avanços da medicina no século XVII. A humanidade estava aos poucos se livrando das pesadas restrições das autoridades religiosas que consideravam o corpo o templo do Espírito Santo e por isso concebiam como sacrilégio a tarefa da dissecação, entretanto já praticada por árabes e chineses, entre outros. "Comigo a anatomia enlouqueceu: sou todo coração." Utilizando como inspiração esses versos do célebre poeta que cantou o triunfo da Revolução de Outubro de 1917 na Rússia, Vladimir Maiakóvski, o médico e poeta gaúcho Jaime Vaz Brasil diz em *Livro dos amores*, obra agraciada com o Prêmio Açorianos de Literatura, um dos mais importantes do Brasil meridional: "Amor de morder montanhas/ de publicar os sigilos/ de saltar de paraquedas/ e não pensar em abri-lo/ amor em formas e faces/ nu, decantado ou exposto/ há que segui-lo em tempo/ de ainda espremer-lhe o gosto/ cada amor, a si pretende/ mais real e verdadeiro/ diverso não sendo múltiplo/ e último, sendo o primeiro."

ANCILÓSTOMO do grego *agkúlos*, curvo, e *tómos*, pedaço, formou-se este vocábulo para designar conhecido parasita que infesta animais domésticos e também o homem, como advertiu Monteiro Lobato em seu famoso *Almanaque do Jeca Tatu*. O dito verme tem dentes e, penetrando por via cutânea, passa a roer a mucosa dos intestinos, para dali retirar sangue como um vampirinho. Quem o descobriu foi o cientista alemão Artur Looss em suas pesquisas sobre a fauna parasitária do Egito.

ÂNCORA do latim *ancora*, vindo do grego *agkyra*, âncora, proteção. Originalmente instrumento pesado, em forma de flecha, preso à ponta de uma corda ou corrente, com a utilidade de manter a embarcação fundeada. Nas últimas décadas passou a denominar no telejornalismo o apresentador que serve de apoio e referência aos diversos noticiosos, tendo também, por isso, a função de dar unidade às matérias veiculadas. Quase não há âncoras em nossos telejornais, contudo quem mais se aproxima do perfil é o jornalista Boris Casoy.

ANDARILHO de andar, do latim *ambulare*, andar, caminhar, passear, provavelmente reduzido para *amlare*, que deu *andare* em italiano, *andar* em espanhol e em português, *aller* em francês, *anar* em catalão. O sufixo -ilho aparece também em outras palavras, como maltrapilho, afogadilho, sapatilho e outras. Abandonado pelo dono, o andarilho tornava-se maltrapilho, pois as roupas se gastavam e ele não podia substituí-las por novas. Contudo, andarilho designou primeiramente o lacaio, servo que seguia a pé atrás do senhor, que ia a cavalo ou em carroça ou carruagem. Veio a designar o peregrino, aquele que parte rumo a algum santuário, como é o caso dos que percorrem o Caminho de Santiago, percurso de 800 km entre a França e a Espanha, em Compostela, onde está o túmulo de Tiago, o Maior, um dos 12 apóstolos. Alguns, contudo, escolhem fazer o trajeto de automóvel, a cavalo, de avião ou de trem, partindo de Madri ou de Lisboa. Quando o dia de Santiago, 25 de julho, cai num domingo, a Igreja declara-o Ano Santo, o que ocorreu em 2010.

ANDRÓGINO do grego *andrós*, homem, no sentido de macho, e *gyné*, mulher, fêmea. Em diversas filosofias, teogonias e teologias antigas, deuses e homens foram concebidos andróginos, pois a junção de masculino e feminino num só ente ou corpo era indicativo de perfeição. A etimologia vincula *andrós* a quem fecunda e *gyné* a quem é fecundado, sendo tal designação anterior às habituais macho e fêmea, homem e mulher. Tratando-se de suposições, foram notáveis e às vezes risíveis as teorias engendradas. Uma das mais divertidas, verdadeira página de ficção, encontra-se no *Banquete*, de Platão, onde originalmente está radicada a ideia de terceiro sexo, que tanto sucesso fez a partir dos anos 1960 do século XX, a década que mudou tudo. Diz o filósofo grego pela boca de Aristófanes: "A princípio havia três espécies de sexo e não duas, como agora: o masculino e o feminino e, além desses, um terceiro, composto pelos outros dois, que veio a extinguir-se. Era a espécie andrógina, que desapareceu e hoje não existe mais." As descrições que faz a seguir parecem dignas, não de um livro de filosofia, mas do *Livro dos seres imaginários*, de Jorge Luis Borges: "Cada homem, no seu todo, era de forma arredondada, tinha dorso e flancos arredondados, quatro mãos, outras tantas pernas, duas faces exatamente iguais sobre um pescoço redondo e, nestes, duas faces opostas, uma só cabeça, quatro orelhas, dois órgãos sexuais e todo o resto na mesma proporção. Quando corria, fazia como os saltimbancos que dão voltas no ar. Lançando as pernas para cima e apoiando-se nos membros, em número de oito, rodava rapidamente sobre si mesmo." Nas suas divagações, o filósofo explica os motivos de tais características para os três sexos: "O masculino tinha origem no Sol, o feminino na Terra e a espécie mista provinha da Lua." Escrevendo assim, quem parecia estar no mundo da Lua era o filósofo. Reunidos os deuses, que já tinham destruído os Titãs a golpes de raios, deliberam sobre que providências tomar face à ousadia dos tais seres, que de tão atrevidos estavam subindo aos céus para guerrear com eles. Depois de muitas discussões, Zeus resolveu partir os seres em metades iguais, para enfraquecê-los. Cada metade, porém, passou a buscar a outra metade. E, quando se encontravam, agarravam-se uma à outra até uma delas morrer. A sobrevivente – estava instaurado o processo da viuvez humana – saía em busca de outra metade com quem se abraçar. Conclui Platão: "Desse modo a raça ia se extinguindo." Para evitar seu desaparecimento, Zeus, misericordioso como todo criador, tomou outra providência: "Transpôs os órgãos sexuais para a frente, pois antes disso estavam atrás e os homens geravam, não uns nos outros, mas sobre a terra, como as cigarras." E assim Platão descreve o surgimento do macho e da fêmea, separados, na raça humana: "Zeus colocou esses órgãos à frente e fez com que os homens procriassem uns nos outros, isto é, o macho e a fêmea."

ANDROIDE do grego *andrós*, homem, e *eîdos* (pronuncia-se "ói-dos"), aspecto, figura que parece homem, mas não é, já que os gregos tinham o cuidado de separar essência e aparência. A palavra androide está na língua portuguesa desde o século XIX, mas ficou meio adormecida até que surgiu a ficção científica. Foi quando os tradutores de Isaac Asimov acordaram o vocábulo, pois o escritor criou vários personagens androides, que aparecem, entre outros livros, em *Os robôs do amanhecer*. Todavia a obra que mais popularizou a figura do androide foi o filme *Blade Runner: O caçador de androides*, baseado num livro de Philip K. Dick, dirigido por Ridley Scott e estrelado por Harrison Ford, tido como charmoso pelo público feminino, mas já com prazo de validade vencido.

ANEDOTA do grego *anékdota*, substantivo neutro, plural de *anékdotos*, inédito, que não tinha sido ainda publicado, sendo sinônimo de inédito. *Ékdotos* é o que deveria ser publicado. Há dois prefixos na palavra grega. O prefixo *an-* indica negação. E o prefixo *ek-* tem o sentido de para fora, tendo sido escrito *ex-* em latim. *Dotos*, grego, é forma do verbo *didomi*, oferecer. Publicar é, pois, botar para fora, tirar de dentro, oferecer ao público. *Ecdótica*, por exemplo, é a ciência que tem por objetivo descobrir as origens de um texto para fixar uma edição definitiva. Modernamente, anedota é sinônimo de piada, mas está presente em outras línguas, com a mesma etimologia, de que é exemplo o adjetivo *anecdotal*, em inglês, como relato de experiência que, conquanto de conhecimento de alguns, ainda não foi comprovado, como no caso de algumas drogas e tratamentos de saúde em fase de acompanhamento. Também no português o sentido de anedota era de relato apenas, mas a partir do século XIX ganhou o significado de narração jocosa, divertida, cujo fim era gracejar com o que se contava, não apenas contar. Para tanto, se baseada em relato histórico, a anedota recebia acréscimos imaginosos. Os primeiros dicionários a acolher a versão humorística da anedota foram o *Grande dicionário português ou Tesouro da língua portuguesa* (Porto, Ernesto Chardron e Bartholomeu H. de Moraes, 1871-1874), de Frei Domingos Vieira, e o *Novo dicionário da língua portuguesa* (Lisboa, Editora Tavares Cardoso & Irmão, 1899), de Cândido de Figueiredo. Frei Domingos foi obrigado a registrar também o vocábulo "bunda" e o definiu como "nádegas de gente alcatreira, vale dizer, nadeguda". Teve coragem de escrever "bunda", mas não "bunduda". O verbete quase virou anedota.

ANEL do latim *annellu*, que une, aperta, circunda. O anel é símbolo de poder ao longo do tempo, ainda mais quando incrustado de pedra preciosa ou marcado por brasão. No épico *O Senhor dos Anéis*, ficção científica de J.R.R. Tolkien, a primeira parte, *Sociedade do Anel*, transposta para as telas, narra o início da batalha travada pelo Bem contra o Mal com o fim de destruir o anel dotado de poderes malignos, criado por Sauron, rei de Mordor, na Terra Média. O objetivo de Sauron é dominar todos os povos do universo. Sauron, que não é humano, acaba derrotado por um rei humano, mas o anel fica perdido durante longos anos até ser encontrado por um *hobbit* que, ao completar 111 anos, dá o anel de presente a um jovem do mesmo povo chamado Frodo. Este assume a responsabilidade de destruí-lo e assim evitar sua volta para as mãos do satânico Sauron. Frodo une-se então a elfos, anões e seres humanos, fundando a *Sociedade do Anel*, cujo objetivo é chegar ao vale onde o anel foi concebido porque somente lá o insólito anel pode ser completamente aniquilado. A gênese da grandiosa obra de Tolkien começou em 1936 com a publicação de *O Hobbit*, conto infantojuvenil que teve grande aceitação popular e abriu caminho para a obra-prima que consagraria o autor. Em 1997, em pesquisa realizada pela *BBC*, *O Senhor dos Anéis* foi escolhido o livro do século.

ANFITRIÃO do grego *Amphytryon*, nome de um mítico chefe guerreiro de Tebas, de quem Zeus toma a forma para engravidar a esposa, enquanto Hermes – Mercúrio, em Roma – torna-se idêntico ao escravo Sósia, montando guarda à porta, pois o marido está viajando. Mas foi do francês *amphitryon*, palavra dicionarizada em 1752, quase um século depois da peça *Amphitryon*, de Jean-Baptiste Poquelin, mais conhecido pelo pseudônimo de Molière, que ela veio para outras línguas. Antes do célebre dramaturgo, porém, outros autores deram a peças suas o mesmo título, como é o caso de Plauto em *Amphytrio*, e Luís de Camões em *Anfatriões*, escrito também *Enfatriões*, mas sem que as palavras entrassem para a língua designando o dono da casa que recebe convivas ou aquele que paga as despesas de banquetes ou refeições. A escala no francês foi decisiva para dar a anfitrião e a sósia os significados que hoje têm. Antes de designar o gesto tão nobre e generoso, indicou originalmente, então, o marido da adúltera.

ANGIOPLASTIA do grego *aggeîon*, vaso capilar, e do latim *plastes*, modelador. Foi a penúltima cirurgia a que se submeteu Antonio Carlos Brasileiro de Almeida Jobim, o mais famoso dos músicos nacionais, mais conhecido por Tom Jobim, também célebre por suas frases antológicas, como a de que era melhor morrer em português. "Como é que a gente vai dizer para um médico, em inglês, que está com uma dor no peito que responde na cacunda?", argumentava, como sempre espirituoso. A origem e a formação deste vocábulo indicam que uma angioplastia consiste numa cirurgia plástica nos vasos do aparelho circulatório.

ANGLICISMO do francês *anglicisme*, pelo inglês *anglicism*, palavra ou expressão de uma língua empregada em outra, como se fez no futebol durante muitas décadas no Brasil: *goal*, *goalkeeper*, *corner*, *foul*, *back*, *center forward* e *scratch*, depois substituídos por gol, goleiro, escanteio, falta, beque, centroavante e escrete. O Brasil celebrou em 2012 os cinquenta anos da conquista do bicampeonato mundial, realizado no Chile, com um time que ficou na memória dos brasileiros para sempre, repetindo, com poucas variações, o de 1958: Gilmar, Djalma Santos, Mauro (no lugar de Bellini), Zózimo e Nílton Santos; Zito e Didi; Garrincha, Vavá, Amarildo (no lugar de Pelé) e Zagalo. Nos áudios e nos teipes daquela Copa é possível comprovar o uso generalizado de anglicismos.

ÂNGULO do latim *angulus*, canto, ponta, do mesmo étimo de angústia, cujo significado é apertar, comprimir. Os algarismos de um a nove foram designados pelo número de ângulos de cada um deles. Atualmente nós os escrevemos com formas arredondadas, mas originalmente *um* tinha um ângulo; *dois*, dois ângulos; e assim por diante. Quem os grafou assim, substituindo o modo romano, foi o árabe Abu Jafar Mohamed Ibn Musa el-Kharizm, isto é, natural de Kharizm. Mil designa também grande quantidade e imprecisa: mil coisas, mil e uma noites, mil e uma utilidades, nada a ver com um ou dois a mais do que 999.

ANHANGUERA do tupi *anhan'guera*, diabo velho ou espírito do diabo. Em tupi, diabo é *Anhangá*. As deidades indígenas foram descritas por tradutores cristãos – em geral, padres jesuítas –, havendo contaminação ainda na fonte. Com efeito, Anhangá, dado como equivalente a Satanás, ao Diabo ou a outro nome que tenha o Coiso, não corresponde a ele em quase nada. Anhanguera significa diabo velho, mas não com o sentido de mais antigo habitante do inferno, Lúcifer, derrotado no primeiro cisma que houve no céu, quando foi lançado aos abismos pelas forças de São Miguel Arcanjo. Falecem-lhe também poderes adicionais por, sendo diabo e velho ao mesmo tempo, ser mais ardiloso em razão de um saber de experiências feito. Não, o Anhanguera indígena é um diabo velho exatamente porque, estando na velhice, não detém mais os antigos poderes, tendo diminuído a prática de malefícios, não por súbita conversão ao bem, mas por diminuição das forças. Pode queimar um copo de água ardente, mas não um rio inteiro. O que poucos sabem é que o Brasil teve um Anhanguera Júnior, filho de Bartolomeu Bueno da Silva, célebre bandeirante paulista que iniciou a exploração de Goiás no século XVII, levada adiante no século seguinte por filho e neto. O filho do segundo Anhanguera, como era chamado o pai, tinha o mesmo nome do avô. E foi igualmente bandeirante, tendo enfrentado os índios caiapós. Há um pequeno município que homenageia os três. É Anhanguera, que tem apenas 869 habitantes e fica na microrregião de Catalão, município goiano com pouco mais de 50 mil habitantes. Foi, porém, o filho, e não o neto do primeiro Anhanguera, um dos principais responsáveis pela lenda da *Serra dos Martírios*, segundo a qual deveriam embrenhar-se mata adentro até encontrar os sinais das chagas de Cristo num rochedo, ao pé do qual encontrariam esmeraldas, ouro e prata. A lenda inspirou o filme *No coração dos deuses*, longa-metragem de Geraldo Moraes, que homenageia o escritor Paulo Setúbal e transpôs para as telas a cena antológica narrada pelo romancista. Nela, outro famoso bandeirante, Fernão Dias Paes Leme condena o próprio filho à morte. O diretor contou no roteiro com as pesquisas de Paulo Bertran e Manoel Rodrigues Ferreira, estudiosos da redescoberta da Serra dos Martírios. Na primeira viagem, quando acompanhou o pai, o segundo Anhanguera tinha apenas 12 anos. Aquela, sim, foi uma aventura para o então adolescente!

ANIMAL do latim *animal*, que tem anima, alma, vida, ser vivo, em oposição ao ser inanimado, como as pedras ou os mortos ou os vegetais. Apesar de também o homem ser um animal, posto que racional, somos diferentes de uma alface, ainda que alguns de nós nem sempre demonstremos cabalmente esta diferença fatal. Utilizado em sentido pejorativo, ultimamente a gíria redimiu o vocábulo, dotando-o de significado positivo, como no caso da insólita qualificação dirigida como elogio a jogadores de futebol –Fulano é um animal. Edmundo, que já fez parte da seleção brasileira, personificou o epíteto durante anos. Menos polêmicos são os animais de estimação. Perdem-se em tempos imemoriais as origens da presença dos animais no quotidiano doméstico. Apesar de a civilização caracterizar-se por afastamento da vida na selva e migração para vilas e cidades, diversos animais foram atraídos para a companhia do homem, especialmente cachorros e gatos. Cavalos, porcos, cabras, ovelhas e peixes são alguns dos animais de nosso convívio, ainda que o touro venha para o horóscopo sem a vaca, e os peixes só predigam seus oráculos coletivamente. Os animais estão presentes também na denominação dos automóveis, de que são exemplos corcel, jaguar e puma. Entretanto, suas vozes são outras, bem diferentes dos sons emitidos por aqueles que, vivendo em campos ou florestas, relincham ou rugem. Há um animal que está nos motores. É o burrinho, pequena peça do cilindro-mestre. Originalmente a peça era muito maior e estava nas embarcações, onde era utilizada para retirar água de certos compartimentos. Aproveitada no funcionamento dos freios dos automóveis, passou para o diminutivo. No inglês, é *donkey pump*. Ao fazerem a tradução, os mecânicos acabaram por criar um único vocábulo, o popular burrinho, que, entretanto, não zurra, mas trabalha em silêncio.

ANISTIA do grego *amnéstia*, esquecimento, de *amnéstos*, esquecido, radicado no verbo *mnáomai*, lembrar, pensar, antecedido da partícula "a", que indica negação. No latim, passou de proparoxítona a paroxítona, deslocando o acento para a penúltima sílaba, mas no francês, como é usual naquela língua, é oxítona, tendo o acento, embora não gráfico, na última sílaba: *amnistie*. O português de Portugal conservou o "m" e os lusos escrevem *amnistia*. No português do Brasil foi simplificado para anistia. Desde os tempos antigos, mas principalmente a partir do século XVI, designa perdão coletivo concedido pelo soberano a súditos autores de delitos, sobretudo políticos. Mas a anistia é, há algum tempo, considerada perdão mútuo, ficando implícito que os punidos, depois de anistiados, podem ter sido execrados injustamente e, para a paz social, também seus algozes deveriam ser beneficiários.

ANIVERSARIANTE de aniversariar, e este de aniversário, do latim *anniversarius*, palavra formada de *annus*, ano, e *versum*, do verbo *vertere*, voltar, vir de novo, virar, este último um verbo presente no ato de virar as folhas dos calendários, mês a mês, semana após semana, ou dia a dia. O étimo de *annus* está presente em palavras aparentemente sem nenhuma relação com a passagem do tempo, de que é exemplo anel, mas preserva a noção de que o ano é uma volta completa da Terra em redor do Sol, como o anel dá a volta ao redor do dedo. O mesmo étimo aparece em outros marcos da passagem do tempo, como anuênio, biênio, triênio, quinquênio, decênio.

ANJO do grego *ággelos*, mensageiro, com escala no latim, *angelus*. Os anjos estão em moda. Já foram até capa de uma grande revista norte-americana. Quase 70% dos americanos confessaram acreditar em anjos. A partir do século IV, os anjos tornaram-se tão importantes para a Igreja que os teólogos fizeram sua classificação e distribuição hierárquica. Eram nove as categorias: anjos, arcanjos, querubins, serafins, potestades, tronos, virtudes, domínios e principados. Exemplo de anjo que deu recado sinistro foi aquele que levou o mandado de expulsão de Adão e Eva do paraíso. Anjo bonzinho anunciou à Virgem Maria que ela seria a mãe de Jesus. Semelhou primeiro boto cor-de-rosa da história, depois frequente no Brasil, quando a gravidez das virgens do Norte passou a ser atribuída ao lendário peixe. Os anjos mais famosos, incluindo aqueles aceitos pela ortodoxia da Igreja e os apócrifos, são sete: Uriel, Rafael, Raguel, Miguel, Sariel, Gabriel e Remiel.

ANO do latim *annu*, denominação que os romanos davam ao tempo que a Terra leva para dar uma volta em torno do Sol. Nosso calendário ainda é o gregoriano, instituído em 1582 pelo papa Gregório XIII. Diz-se que há muita correria em fim de ano, para concluir trabalhos e preparar as devidas comemorações. São, porém, metáforas, já que correm de verdade apenas aqueles que disputam a corrida de São Silvestre, assim chamada por ser este o santo do dia em que é realizada, 31 de dezembro. Um dos primeiros santos não mártires, São Silvestre foi papa de 314 até 335, ano de seu falecimento. Marcamos o tempo pela era cristã, tomando o ano do nascimento de Jesus Cristo como referência. Um ano tem 365 dias, e o dia, 24 horas em todo o mundo e em todo o Brasil, mas não começa à mesma hora para todos. No Brasil, há três fusos horários. Quando a *Voz do Brasil* anuncia "em Brasília, 19h", no Acre e na parte ocidental da Amazônia são apenas 17h. E a expressão hora H foi emprestada da forma de identificar operações militares. Os momentos dos preparativos são marcados como H-. Os que acontecem depois como H+. A hora H identifica o início da operação.

ANÔNIMO do baixo-latim *anonymus*, do qual não se sabe o nome, não que não o tenha. Há pessoas que buscam, quase desesperadamente, o anonimato. Outros, com igual desespero, querem de todos os modos sair do anonimato. Tornou-se ironia o dito indicador da decadência: "Fulano está despertando para o anonimato." A palavra veio originalmente do grego *anônumos*, inominado, sem nome. Na passagem do grego para o latim houve perda de uma sutil diferenciação, uma vez que em Atenas designava aquele que não recebera nome ou que tivesse denominação que não se devesse pronunciar, como nos tabus. Tal conceito permaneceu na denominação do Demônio, chamado Coiso ou outro sinônimo que evite a evocação do nome, cuja simples menção invocaria desgraça. No português, anônimo consolidou-se como desconhecido, aquele cujo nome e demais qualificações são ignorados. Na mitologia greco-romana evitava-se pronunciar o nome das três Fúrias – Aleto, Tisífone e Megera, entidades loucas que vingam crimes e delitos. Fama era também uma deusa latina. Mensageira de Júpiter, era dotada de cem bocas e cem ouvidos, e tinha muitos olhos espalhados sobre suas longas asas. Ser famoso num lugar não significa ser famoso em outro. E às vezes a fama exige antes o atestado de óbito. Tornar-se famoso é o jogo da vida no século XXI. A celebridade, hoje, para muita gente, é tão necessária quanto a respiração. Atingir a fama, não importa como. Descobrir a fórmula, abrir a brecha, imprimir o rosto na mente das pessoas, não ser anônimo de jeito nenhum. Mas a celebridade exagerada, se não diversifica muito as estratégias para sua obtenção, varia sem cessar os modos de matar. Uma das mulheres mais desejadas e mais famosas do século XX, Marilyn Monroe, cujo falecimento ocorreu em 5 de agosto de 1962, morreu triste, sozinha e abandonada, depois de ingerir uma dose exagerada de soníferos. Sua morte, que chocou o mundo inteiro, até hoje é controversa. Era amante do homem mais poderoso do mundo, o presidente John Fitzgerald Kennedy, assassinado 15 meses e 17 dias depois. Também a morte do famoso estadista até hoje é polêmica. Em suma, os célebres não morrem como os anônimos. Evidentemente há celebridades consolidadas sem que movessem um dedo para tal, mas cuja memória a humanidade conserva como agradecimento ou exemplo, sejam cientistas, artistas ou ex-anônimos que em momentos decisivos destacaram-se em ações altruístas. Incluem-se também aquelas personalidades que em vida se sobressaíram por seus feitos nos respectivos campos de atuação. Não querem e nem buscam a fama, mas ela lhes vêm naturalmente. Para quem as inveja não há outro caminho senão conviver com o ressentimento, mas este é um tributo que pagam sem que lhes seja exigido. E de todo modo o invejoso não destrói o outro, destrói a si mesmo.

ANO-NOVO da junção de ano e novo, palavras vindas do latim *annu*, ano, e *novu*, novo, formou-se esta expressão para designar o novo ano que começa, marcado por festas deflagradas no primeiro instante depois do último minuto da 24ª hora do dia 31 de dezembro do ano anterior. Assim como o ano é uma abstração, que reúne as seis horas que superam os 365 dias a cada quatro anos, fazendo um ano bissexto, esse horário também se tornou uma abstração para os estados em que se adota o horário de verão.

ANOREXIA do grego *anorexia*, anorexia, perda de apetite. Em grego *órexis* significa desejo. O prefixo an- indica negação. Em tempos e espaços específicos, preponderou ora a magreza, ora a gordura como critério de beleza. Na pintura clássica antiga não são raras as obras que apresentam lindas mulheres em cujos corpos dominam soberbas a gordura e a celulite. No Dia Internacional da Mulher, comemorado dia 8 de março, são reiterados os direitos femininos, entre os quais o de escolher a forma de seu corpo, evitando a ditadura das dietas.

ANTA do árabe *lamta*, pelo espanhol *ante*, designando mamífero da América do Sul que pode atingir até 2 m de comprimento e 1 m de altura. Tem quatro dedos na mão e três no pé, e o nariz prolonga-se numa tromba. Sua gestação dura 14 meses. Antigamente era sinônimo de pessoa sagaz, esperta, mas a gíria consolidou o vocábulo como sinônimo de tolo. A anta é conhecida também como tapir e foi precursora da engenharia brasileira. Várias de nossas estradas seguiram o traçado de seus caminhos. Aparece no livro *Minhas mulheres e meus homens*, em diálogo que o escritor Mario Prata travou com o filho, Antonio: "Fiz uma besteira qualquer e ele, com sete anos: – Pai, você é uma anta! Fiquei olhando praquele pirralho. – Ah, é? E filho de anta, o que é? Pensou dois segundos e respondeu: – 'Antonio'!"

ANTÃO variante popular de então, do latim *tum*, vocábulo que aparece associado a *hic*, este ou isto, *et*, e. Pode ter havido influência do latim vulgar *intunc*, no momento. "Antão, meu patrão velho, o que é que eu tenho?", pergunta um personagem do escritor paulista Valdomiro Silveira num dos contos de *Os caboclos*, livro publicado em 1920, espelhando a fala da gente simples do interior de São Paulo. Ele era natural de Cachoeira Paulista. Já Santo Antão, cuja festa é celebrada a 17 de janeiro, natural do Egito, viveu em extrema solidão, retirando-se para uma caverna no monte Kolzim, nos arredores do mar Vermelho. Apesar de ter vivido em estado de penúria dolorosa durante longas décadas, Santo Antão foi longevo, tendo ultrapassado os cem anos. Passou a vida rezando, estudando e fazendo trabalhos manuais. Quando procurado, revelava aos interlocutores uma profunda compreensão da psicologia humana, aliada a uma capacidade de expressão rica em palavras e expressões muito significativas.

ANTÁRTICA do latim *antarticu*, vindo do grego *antarktikós*, isto é, oposto ao *arktikós*, que em grego significa *ursa*. O Polo Sul foi assim designado porque dali não seria possível avistar a constelação de estrelas denominada Ursa Maior. O Brasil é um dos países que exploram aquela região do globo.

ANTE do latim *ante*, antes, diante de, na presença. Este prefixo latino está presente em várias palavras de nossa língua. No corpo temos o antebraço, entre o cotovelo e o punho. Nos recintos, a antecâmara é uma sala que fica antes da sala principal. Nos navios, a antecâmara é o lugar onde estão os camarotes dos oficiais superiores. O antecedente é aquilo que se diz, se faz, existe ou aparece antes. O antecessor precede o sucessor. Antecipar é fazer com que algo ocorra antes do previsto, de antemão. Antenupcial equivale a pré-nupcial. Anteontem alude a um dia que está a dois dias de hoje, no passado. Antepassados são aqueles que viveram antes de nós, como avós, bisavós, trisavós e tetravós. O anteprojeto é um esboço do projeto. A antevéspera precede a véspera. É preciso não confundir ante- com anti-, prefixo de origem grega que significa 'em oposição, contra, de encontro', como em antiácido, antiaéreo, antibiótico, antipatia, antirreligioso, antirrepublicano, antirrugas, antitussígeno, antivírus.

ANTEPASTO do latim *ante*, antes, e *pastu*, pasto, comida, designando as iguarias que são servidas antes do prato principal, acompanhado mais tarde também de sobremesa, cafezinho, licor, conhaque. A sobremesa é conhecida internacionalmente pela palavra francesa *dessert*, cuja etimologia lembra que, ao contrário do antepasto, é servida depois. Em francês, desservir significa tirar a mesa depois das refeições.

ANTIBIÓTICO do prefixo anti-, do grego *antí*, contra, e biótico, relativo à vida, do grego *bios*, vida. Este adjetivo surgiu por influência da palavra francesa *antibiotique*. Designando remédios para combater germes patogênicos, o conceito de antibiótico foi criado pelo cientista naturalizado americano Selman Abraham Waksman, em 1941, ainda que os antigos chineses tenham utilizado a coalhada de soja já para este fim, por volta do ano 500 a.C., para tratar de furúnculos e infecções. Também pães embolorados e teias de aranha foram utilizados como antibióticos para cuidar de ferimentos, principalmente em tempos de guerra. Entretanto a penicilina, o primeiro antibiótico moderno, foi inventado por acaso, por Alexander Fleming, em 1928. Foi utilizada pela primeira vez na Inglaterra, em 1940, para erradicar grave infecção sanguínea de um policial.

ANTÍFEN do grego *antí*, contra, e *hyfen*, junto, designando sinal conhecido popularmente como jogo da velha. É muito usado em revisão para separar palavras ou trechos que por engano estão justapostos ou colados uns nos outros. Está presente em teclados de computadores e telefones, cumprindo várias funções, mas ninguém conhece a tecla por antífen, e sim por jogo da velha, do qual foram encontrados desenhos de tabuleiros em inscrições egípcias que datam de 1400 a.C. Em ruínas do século X a.C., no Sri Lanka, e num navio dos *vikings* do ano 900, também havia indícios de que o jogo da velha era praticado. Passou a ser denominado jogo da velha por ser praticado por inglesas idosas e míopes, que não conseguiam mais bordar ou costurar.

ANTÍFONA do grego medieval *antiphona*, aproveitado no latim *antiphona*, designando literalmente a quem responde: *anti phona*. Designa verso curto ou versículo, recitado ou cantado pelo celebrante, antes e depois de um salmo, que é respondido alternadamente pelo coro ou pelos fiéis. A Inglaterra foi um dos países que adotou a estrutura latina e grega da antífona, substituindo, porém, os versos por letras em inglês. Foi uma antífona a primeira obra do célebre compositor brasileiro, o padre José Maurício Nunes Garcia. Intitula-se *Tota pulchra es Maria* (Tu és inteiramente bonita, Maria), homenageando Nossa Senhora. Desde cedo foi menino dado à música, improvisando composições com viola e cravo, além de cantar em coro de igrejas e dar aulas particulares para ajudar no sustento da família, muito pobre. Depois de uma intensa preparação, em que o estudo do latim teve lugar privilegiado, tornou-se padre aos 25 anos. Era bom também na pregação em palavras, tendo elaborado sermões como *Das Dores*, *Da Penitência* e *Dos Inocentes*. A vinda da Família Real para o Brasil, em 1808, mudou a sua vida. O padre-músico passou a ser a principal figura da recém-criada Capela Real, tendo aperfeiçoado sua arte pela colaboração de corpos qualificados de canto e música, trazidos pelo príncipe regente. O príncipe e o padre perdem as respectivas mães na mesma data. Padre José Maurício, muito abatido, pede para dizer a missa daquele dia em casa. E assim compõe sua Missa de Réquiem. Quando João Maria José Francisco Xavier de Paula Luís António Domingos Rafael Bragança nome mais comprido do que a longa viagem que fez, fugindo dos franceses –, mais conhecido como Dom João VI, volta a Portugal, a Capela Real é duramente atingida pela crise da falta de verbas. Quando o rei morre, cassam-lhe a pensão, afinal restituída por Dom Pedro I, que atendeu ao pedido do sacerdote, já em graves dificuldades financeiras. O padre é autor também de modinhas profanas, de que são exemplos *Beijo a mão que me condena*; *Marília, se não me amas, não me digas a verdade* e *No momento da partida, meu coração te entreguei*.

ANTIGÊNIO do grego *genos*, formação, acrescido do prefixo anti-, indicador de movimento contrário, formou-se esta palavra que designa a substância introduzida no organismo com o fim de provocar a formação de anticorpos. No Brasil tem sido mais aceita a variante antígeno, a ponto de o *Dicionário Aurélio* somente registrar esta última. Talvez para evitar a confusão com uma suposta entidade que atuaria contra o gênio, que designa o indivíduo de extraordinária capacidade intelectual.

ANTÍLOPE do grego *anthólops*, animal fabuloso, pelo latim *antalopus*, designando gênero de ruminantes do Velho Mundo, da família dos bovídeos, abundantes na África e na Ásia. Na grafia portuguesa prevaleceu o moderno francês *antilope* e não o francês antigo *antelop* ou o inglês *antelope*. Esse animal tem chifres ocos e escavados, formas elegantes, ligeireza de movimentos e longas pernas, que lhe permitem desenvolver grande velocidade ao fugir de predadores. A descoberta recente de como se acasalam identificou curiosa exceção no mundo animal. O biólogo Jakob Bro-Joergensen, da Universidade de Jyväskylä, na Finlândia, descobriu que entre certos antílopes africanos são as fêmeas que assediam os machos, copulando com vários deles em sequência, transgredindo uma lei de mercado presente no mundo animal, onde o óvulo é raro e o esperma abundante. Assim, a fêmea zela para que seu único óvulo seja fecundado pelo macho mais forte, que em algumas espécies precisa antes enfrentar poderosos rivais antes de acasalar-se. Entre os antílopes examinados, acontece justamente o contrário: fêmeas disputando o mesmo macho e às vezes interrompendo o coito das outras para arrebatar o companheiro assediado. No mundo humano, este comportamento é também encontrável, mas realizado por motivos conscientes, como é o caso das marias-chuteiras, e não instintivo. Alguns tênis levam o nome de espécies de antílopes, como é o caso de *reebok*, alteração do holandês sul-africano *reed-buck*, originalmente o primeiro tênis com travas, especial para o atletismo, inventado em 1895 pelo corredor inglês Joseph William Foster. Seus filhos e netos substituíram a marca *Foster*, sobrenome do pai e do avô, respectivamente, por *Reebok*, inspirados na conhecida velocidade dos antílopes que, embora chifrudos, fogem dos predadores em longas corridas, capazes de cansar rapidamente seus perseguidores, especialmente o leopardo, que também é rápido, mas cansa logo, embora seja mocho, isto é, não seja chifrudo.

ANTONOMÁSIA do latim *antonomasia*, substituição de nome próprio por perífrase ou nome comum. Assim, um homem apaixonado é um romeu e um ditador brutal é um nero. Na mesma acepção, o famoso jurisconsulto, escritor e político baiano Rui Barbosa é a águia de Haia. Nessa cidade holandesa, sede da Corte de Justiça Internacional, teve destacada participação como orador, na segunda Conferência de Paz, em 1907. Águia de Haia é, porém, uma tautologia. Em holandês, *Haia* já significa águia, *den Haag*.

ANTROPÓFAGO do latim *anthropophagus*, radicado originalmente no grego *anthropophágos*, nas duas línguas designando a pessoa que come carne humana, por meio dos compostos gregos *anthropos*, homem, e *phagein*, comer. O primeiro a registrar a palavra em nossa língua foi o matemático e astrônomo português Pedro Nunes em *Tratado da esfera*, em 1537. Ao descrever uma enseada, escreveu: "Habitam ao derredor dela os bárbaros antropófagos." A variante canibal, entretanto, já tinha sido registrada no espanhol *caníbal* (1492), alteração de *caríbal*, derivado de caribe, audaz, atrevido, vocábulo indígena presente em línguas e dialetos das Antilhas e que serviu para os caraíbas. O francês *cannibale* acabou influenciando o deslocamento da sílaba tônica no português. Assim, em vez de "caníbal", ficamos com canibal. A antropofagia foi praticada por várias tribos indígenas do Brasil, o que levou o jornalista e escritor baiano Antônio Torres a conceber o romance *Meu querido canibal*, em que o personagem indígena Cunhambebe declara gostar muito de carne branca, europeia. O primeiro caso de antropofagia na era da internet tornou-se conhecido com a prisão de Armin Meiwes, em Kessel, na Alemanha, acusado de ter comido o engenheiro berlinense Bernd Juergen Brandes. Os dois homens conheceram-se pela internet, onde Meiwes anunciou que estava procurando "um homem pronto a deixar-se comer". Recebeu inúmeras propostas de homens e mulheres que aceitaram que o antropófago os matasse para comer em alegre conciliábulo. Mas o Ministério Público alemão, ao tomar conhecimento do crime, acusou-o de "homicídio por satisfação de pulsões sexuais", exigindo prisão perpétua. A defesa alegou que houve cumplicidade da vítima e por isso a questão era de "morte assistida", crime cuja pena máxima é de cinco anos. Os tupinambás não tinham Código Penal. Os alemães têm, mas em nenhum dos artigos está previsto o canibalismo. Tão bem alimentados, talvez precisem de um programa Canibalismo Zero.

ANTROPOLOGIA palavra formada do grego *anthropos*, homem, e *logos*, estudo, designando ramo das ciências humanas que se ocupa em descrever o ser humano. Dá atenção às suas especificidades biológicas e socioculturais, detendo-se principalmente nas diferenças e variações presentes nas várias formações sociais. Nas últimas décadas, a antropologia socorreu-se de disciplinas de domínio conexo, como a arqueologia, a etnologia e a linguística, estudando costumes, crenças, comportamentos e formas de organização das sociedades examinadas. Os maiores antropólogos estão radicados nos EUA e na Europa, especialmente na França e na Grã-Bretanha.

ANUÊNIO neologismo desjeitoso e arrevesado, criado por legisladores para designar o período de um ano, inspirados em analogia incorreta com biênio (dois anos), quinquênio (cinco anos) e decênio (dez anos). Se assim fosse, o correto seria "uniênio", processo que está presente também em quadriênio (quatro anos), sexênio (seis anos), setênio (sete anos) e novênio (nove anos). Para o período de oito anos não há a denominação assemelhada, mas seria octênio.

ANUIDADE do francês *annuité*, anuidade, por sua vez formado a partir do latim *annuu*, anual, para designar quantia que, a princípio, era paga uma vez por ano, fosse para constituir um determinado capital, ou para amortizar uma dívida. Dado o avanço das dificuldades econômicas pelo mundo afora, das quais a inflação é caso emblemático, a anuidade logo foi dividida em mensalidades, com o fim de, por meio de parcelas, facilitar os pagamentos contratados. A anuidade que mais aflige as famílias brasileiras é a escolar, já que as escolas privadas, para conduzir os alunos a esse arco do triunfo que é o vestibular, exigem antes elevar o valor das diversas anuidades, parceladas em mensalidades. Transposto o vestibular, caso os rebentos não consigam entrar para a universidade pública, recomeçam outras anuidades ainda mais pesadas.

ANUNCIAÇÃO do latim *annuntiatione*, declinação de *annuntiatio*, anúncio, mensagem, notícia. Designa festa litúrgica da Igreja, comemorada dia 25 de março, celebrando o diálogo entre o anjo Gabriel e a Virgem Maria, então noiva de São José: "Conceberás e darás à luz um filho, ao qual darás o nome de Jesus." Anúncios de gravidez foram feitos por anjos às mães de Isaac, Sansão e Samuel, três célebres figuras do Antigo Testamento. A data de 25 de março foi fixada para que decorressem exatos nove meses até o Natal.

ANUNCIANTE do latim *annuntiante*, aquele que anuncia, que dá uma notícia. A famosa passagem em que o anjo Gabriel anuncia a concepção de Jesus a Maria foi um anúncio primordial, que contou com patrocínio. Afinal, o anunciante fez uma longa viagem, do céu à terra, para levar a mensagem à destinatária. Hoje, na linguagem corrente da publicidade, anunciante é a empresa que paga pelas propagandas inseridas nos meios de comunicação social, como o rádio, a televisão, jornais e revistas.

ANÚNCIO do latim *annuntium*, anúncio, sinal feito com a cabeça, manifestando vontade, desejo, ordem. Passou, depois da invenção da imprensa, a designar a oferta de produtos e serviços impressos no verso das notícias. Sem anúncios, revistas e jornais seriam muito caros para os leitores. Foram gastos 3,7 bilhões de reais em anúncios publicitários nos seis primeiros meses de 1998. E eles foram assim repartidos: 21,66% (800,2 milhões) foram investidos em jornais e 8,01% (295,9 milhões), em revistas, de acordo com auditorias especializadas. O resto foi para o rádio e a televisão, principalmente para esta última.

ANZOL do latim vulgar *hamiciolus*, diminutivo de *hamus*, gancho, designando também a proteção do cabo da espada. É o instrumento mais simples dos pescadores e um dos mais antigos. Presta-se à luta individual travada entre o homem e o peixe, ao contrário da rede, que leva o homem a pescar por atacado. Como os primeiros discípulos fossem homens que vivessem do mar, Jesus prometeu transformá-los em "pescadores de homens". E assim, palavras extraídas do ato de pescar prestaram-se a curiosas metáforas e símbolos, ao lado da inspiração buscada na incipiente agropecuária palestina. Tais ofícios levaram Jesus a referir-se a pescadores, semeadores, redes, redis e rebanhos em seus sermões. E houve o milagre da multiplicação dos peixes, angariados sem rede nem anzol.

ÃO terminação comum no português, constituindo-se no principal xibolete de nossa língua, o "ão" é a cédula de identidade de nosso idioma. O poeta Mário Quintana, percebendo os atrapalhos do Papa João Paulo II, que, apesar de dominar várias línguas, tinha dificuldade de pronunciar o ditongo "ão", escreveu ao Papa: "Sendo Vossa Santidade um poliglota notável, vejo que não consegue pronunciar o famoso ão da língua portuguesa. E tomo a liberdade de esclarecê-lo sobre esta pronúncia. Considere o ão como dois monossílabos, ã mais o, e tente pronunciá-los cada vez mais rapidamente. Assim obterá o nosso ão. Esperando sua bênção, respeitosamente. Mário Quintana."

AORTA da redução de artéria aorta, do grego *aortés*, pelo latim *aorta*, e *artería*, no grego, e *arteria*, no latim, vasos sanguíneos que cumprem função importante na irrigação sanguínea, conduzindo o sangue em caminhos que vão dos ventrículos do coração a todas as partes do corpo. As vias que levam o sangue de volta ao coração são denominadas veias. Veia, do latim *venia*, do mesmo étimo do verbo vir, substituiu no latim o grego *phléps*, que designa o mesmo fenômeno. Por analogias semelhantes, as ruas urbanas são chamadas artérias.

APAGÃO do espanhol platense *apagón*, adaptação do neologismo *blackout*, blecaute, cujo significado está no verbo *to black out*, escurecer. Dá-se blecaute quando a interrupção de energia elétrica deixa às escuras um bairro, cidade ou região, mas o termo é o mesmo para designar a interrupção durante o dia, pois não é apenas a falta de luz que prejudica, mas a falta de eletricidade, que faz funcionar tudo, dos eletrodomésticos à indústria. No espanhol como no português, a raiz é o latim *pacare*, pacificar, mas também com o sentido de submeter, extinguir, indicando domínio por imobilização do inimigo ou da coisa adversa, no caso o fogo que se alastra pelo pago, por ação do vento. *Apagón* e apagão formaram-se com o prefixo a- e o sufixo -ão (em espanhol, -ón), acrescidos à raiz, com o significado original de impedir a propagação, palavra que tem a mesma raiz, mas com prefixo pro- significando o contrário de extinguir ou apagar. Entrou para o português em 1988, quando houve os primeiros colapsos no fornecimento de energia elétrica. E voltou com força em 2006, designando, por comparação, a interrupção de voos pela greve dos controladores do tráfego aéreo, somada a outros problemas, como a falta de pessoal e aparelhos obsoletos. O apagão teve efeitos devastadores também sobre as autoridades, que apagaram, deixando de administrar em momentos decisivos e cochilando durante audiências. Ninguém foi mais prejudicado que os passageiros, que apagaram nos aeroportos, dormindo como podiam, vencidos pelo cansaço por tão longas esperas.

APANHADOR de apanhar, do espanhol *apañar*, colher, tomar, pegar, provavelmente derivado de *paño*, pano, do latim *pannus*, objeto de uso pessoal, podendo ser o vestuário. A expressão "indivíduo bem-apanhado" pode ter surgido de tal vinculação, designando homem de boa aparência, bem-vestido. Apanhador indica também o trabalhador que na colheita tem a função de apanhar os frutos da terra, vez que apanhar tem o significado de colher. Em inglês é *catcher*, aplicado não apenas a quem faz a colheita, mas também àquele que no beisebol pega as bolas lançadas pelo *batter*, o batedor. *O apanhador no campo de centeio* é a obra-prima do escritor judeu-americano J. D. Salinger. O ponto de vista é dado por um narrador adolescente inconformado com o mundo convencional e hipócrita dos adultos, com o qual colide. Lançado em 1951, o livro teve grande influência sobre a juventude do pós-guerra. Entretanto, o autor tornara-se conhecido antes, ao publicar histórias curtas na imprensa, durante a Segunda Guerra Mundial. Os contos que publicou em jornais e revistas foram depois reunidos no livro *Nine Stories* (Nove histórias) que contribuiu para que mais leitores dessem atenção a *The Catcher in the Rye*, título original do livro. Salinger estudou nas universidades de Nova York e Columbia, mas à semelhança de muitos outros escritores, para total dedicação ao ofício, abandonou os estudos. No Brasil, famosos escritores fizeram o mesmo, como foi o caso de Castro Alves e Álvares de Azevedo. Ambos estudaram no célebre curso de Direito, no Largo São Francisco, em São Paulo, sem entretanto se formarem. Não é, porém, incompatível o curso superior, especialmente o de Direito, com o ofício do romancista, contista ou poeta. Três dos maiores escritores brasileiros em atividade, Lygia Fagundes Telles, Rubem Fonseca e Dalton Trevisan, concluíram o curso de Direito, exerceram a profissão e não interromperam, nem a ficção, nem o Direito. Lygia fez seu curso em São Paulo, no mesmo largo São Francisco. Rubem Fonseca, no Rio de Janeiro. E Dalton Trevisan, em Curitiba. Os três souberam fazer do Direito, na teoria e na prática, contextos onde muitas vezes lastrearam os temas e problemas de seus romances e contos.

APARECIDA de aparecido, particípio de aparecer, do latim *apparescere*, ser visto. É um dos nomes femininos mais comuns entre nós, por influência de *Nossa Senhora Aparecida*, declarada padroeira do Brasil pelo papa Pio XI, em 1930. Representada como rainha, veste um longo manto azul e traz na cabeça uma coroa de ouro cravejada de diamantes, presente da princesa Isabel.

APARELHO do latim *appariculu*, aparelho, instrumento. Quase todas as novas tecnologias de uso caseiro foram a princípio denominadas aparelhos disso e daquilo. Assim, tivemos aparelho de barbear, aparelho de som, aparelho de fotografia ou máquina fotográfica e assim por diante. Depois, evoluíram para nomes mais simples, identificados às vezes até mesmo pela marca do produto apenas, como é o caso da lâmina de barbear os rostos dos homens e raspar as pernas das mulheres, a popularíssima gilete. Durante os anos 1960 e 1970, aparelhos eram também os locais que abrigavam os que combatiam a ditadura militar pela luta armada.

APARIÇÃO Do latim *apparitione*, declinação de *apparitio*, palavra ligada ao verbo *parere*, aparecer. É do mesmo étimo do nome próprio Aparício. São célebres as aparições de Nossa Senhora, fenômenos ocorridos em Lourdes, na França; em Fátima, em Portugal; em Aparecida do Norte, no Brasil. Foi erguido um santuário no local onde Nossa Senhora apareceu diversas vezes à camponesa Bernadete Soubirous e suas amigas a partir do dia 11 de fevereiro de 1858. Mas não foi fácil consolidar a crença de que as coisas ali havidas eram sobrenaturais. A gruta foi fechada e depois reaberta por Carlos Luís Napoleão Bonaparte, Napoleão III, por insistência de sua esposa, a imperatriz Eugénie de Montijo. As várias construções ao redor da gruta espalham-se por 51 hectares e ali são faladas seis línguas: holandês, alemão, francês, inglês, espanhol e italiano. Em 1943, Jennifer Jones recebeu o Oscar de Melhor Atriz no papel da menina no filme *A canção de Bernadete*. Linda Darnell fez Nossa Senhora e não levou prêmio algum.

APATIA do grego *apátheia*, pelo latim *apathia*, apatia, pela composição a(n)-, prefixo de negação, e *páthes*, sofrimento, dor, aflição. Apatia, para filósofos céticos e estoicos, tinha valor positivo: a alma chegava a um estado tal que não a atingiam a dor e o sofrimento. Passou depois a designar indiferença diante de qualquer assunto, o que é pouco tolerado. A apatia em religião é danosa, segundo artigo da professora de letras, da UFSC, Silvana de Gaspari, comentando as relações entre teologia e literatura no *best-seller* de Dan Brown, *O Código da Vinci*, cujo sucesso instantâneo teve uma arrancada fulminante com a doação de dez mil cópias, antes do lançamento, a livreiros e jornalistas. Foram, então, encomendados previamente 250 mil exemplares. O artigo da professora concebe a obra do jornalista inglês "como literatura e, como tal, entretenimento, e não como um livro recheado de verdades históricas e teológicas que procura desconstruir o cristianismo". Sobre o viés religioso declarou o autor: "controvérsia e diálogo são saudáveis para a religião como um todo. A religião tem apenas um inimigo – a apatia – e o debate passional é um antídoto soberbo." Principalmente, ou talvez exclusivamente, para as vendas de seu livro, pois o debate passional sobre temas religiosos tem levado a várias guerras ao longo da história.

APELAÇÃO do latim *appelatione*, de *appelatio*, do verbo *appelare*, chamar. Na fala coloquial, tem o sentido de rebaixar a conversação e designa expediente utilizado para explorar a boa-fé e obter alguma vantagem do interlocutor. No direito, é o meio idôneo a ensejar o reexame da decisão, dentro do mesmo processo em que foi proferida, antes da formação da coisa julgada. Ato processual que põe termo, julgando ou não o mérito, ao processo de conhecimento de primeira instância. Traduz a lei aplicável a cada caso concreto.

APELIDO de apelidar, do latim *appelitare*, apelidar, radicado em *appellare*, chamar, de antiga raiz indo-europeia *pel*, agitar, sacudir, provavelmente porque, nas origens, chamar a atenção de alguém implicou tocar nele antes ou concomitantemente à pronúncia do nome pelo qual era conhecido. O apelido às vezes é tão forte que o nome verdadeiro, constante dos documentos, passa a ser ignorado a vida inteira, chegando a substituí-lo, como é o caso de célebres personagens históricos, como Lênin, apelido de Vladimir Ilich Ulyanov, que teve, além deste apelido ou pseudônimo, outros 150 cognomes. O mesmo ocorreu com Stálin, apelido de Joseph Vissarionovich Djugashvili. O célebre galã dos anos 1920, Rodolfo Valentino, ganhou fama com a redução do seu: Rodolpho Alfonso Rafaelo Pierre Filibert Guglielmi do Valentina d'Antonguolla.

APENDICITE do latim *appendice*, o que está pendurado, anexado, e do étimo grego *ite*, designando inflamação. Uma intervenção cirúrgica rotineira consiste em extrair o apêndice quando inflamado. É difícil morrer de apendicite, mas o famoso ilusionista húngaro Harry Houdini morreu disso: aceitou uma aposta com estudantes e deixou que eles batessem em sua barriga com muita força para testar sua famosa resistência. Os golpes romperam o apêndice, ele prosseguiu com os espetáculos durante vários dias, apesar de muita dor, e morreu de apendicite.

APERCEBER de perceber, antecedido de *a*, processo comum na formação de palavras no português, ensejando sinônimo com leves variações de significado, como utilizado por Luís de Camões, em *Os Lusíadas*, em que o verbo aperceber revela vários outros sentidos: "no céu tanta tormenta e tanto dano/ tantas vezes a morte apercebida" (vista, divisada); "quando o Gama com os seus determinara/ de vir por terra e água apercebidos" (armados). Também Jacinto Freire, em *D. João de Castro*, diz: "apercebeu-se logo para fazer e esperar a guerra." Mas Luís Augusto Rebelo da Silva, em *Vida de Cristo*, usa aperceber como sinônimo de notar: "os soldados romanos que não se tinham apercebido da ressurreição de Jesus, sentindo o terremoto ao pé de si e vendo o anjo, caíram no chão trespassados de terror." "Os verbos aperceber, perceber, desperceber e desaperceber e seus derivados são sinônimos, salvo se expungirem os documentos e tradições da língua e lhe mudarem a sua natureza", diz Heráclito Graça em *Fatos da Linguagem* (Rio, Academia Brasileira de Letras), notável estudioso da língua portuguesa, cujas colunas, publicadas originalmente no *Correio da Manhã*, foram reunidas neste livro.

APERITIVO do latim *aperitivu*, aperitivo. Inicialmente designava remédios que liberavam os poros, desobstruíam as vias respiratórias, abriam o apetite. Passou a designar os costumeiros tragos de bebidas alcoólicas em botequins, casas, bares e restaurantes, acompanhados ou não de pequenas porções de comida, já que, entre as excelsas funções desses goles, também está a de forrar o estômago, preparando-o para as refeições. Os ébrios costumam justificar seus frequentes aperitivos com razões médicas. O bebum estaria, assim, não entregue ao vício, mas zelando por sua saúde.

APERREIO do espanhol *perro*, cachorro, designando estado em que a pessoa se sente oprimida como um cachorro. Mas também aí entram algumas singularidades. Não se está referindo a cadelinha da controvertida *socialite* carioca Vera Loyola ou outro cão que receba bons tratos. Como a expressão nasceu no interior de estados nordestinos em que a carência afeta homens e animais, o cão aludido no vocábulo está mais para o cão sem plumas, presente em memorável poema de João Cabral de Melo Neto, acrescido do conceito de ser cachorro, isto é, sentir aperreio, tal como expressou outro poeta, Augusto dos Anjos: "Ser cachorro! Ganir incompreendidos/ Verbos! Querer dizer-nos que não finge,/ E a palavra embrulhar-se na laringe,/ Escapando-se apenas em latidos!" A *Bíblia* diz no Eclesiastes que "mais vale um cão vivo do que um leão morto". O escritor norte-americano Mark Twain foi ainda mais cínico, quando escreveu: "Se você recolher um cachorro que morre de fome e o tornar próspero, ele não o morderá. E aí está a diferença principal entre um cão e um homem." Entre os filósofos cínicos mais conhecidos, que faziam acompanhar-se de cães pelas ruas gregas, estão Antístenes de Atenas e Diógenes de Sinope. Eles marcavam sua visão de mundo pela oposição aos valores sociais e culturais então vigentes, convictos de que não é possível conciliar leis e convenções estabelecidas com a vida natural autêntica e virtuosa. Tarde da noite, meio bêbado, perdido em Paris, nos arredores da célebre Sorbonne, um cearense começa a desafiar meio mundo, certo de que não está sendo entendido por ninguém. Eis que aparece à janela de um apartamento uma pessoa muito compreensiva, que lhe pergunta em tom de consolo: "O que foi, meu bichinho, por que tanto aperreio?" O incidente é narrado entre docentes que lá fizeram sua pós-graduação com o fim de ilustrar a ideia de que o cearense foi, entre os nordestinos, aquele que mais migrou e emigrou.

APERTAR do latim *appectorare*, encostar bem no peito, *pectus* em latim. A palavra surgiu ainda no século XIII, quando mães apertavam os filhos contra o peito, fugindo de alguma invasão: Portugal tornou-se independente e consolidou-se como nação travando várias guerras, muitas delas em seu próprio território. Braços e pescoços também foram apertados ao longo da história da língua portuguesa, tanto por amor quanto por ódio. No segundo caso estão os apertos em quem pensava diferente dos poderosos epocais, dados pela Inquisição e o Santo Ofício, a primeira atuando a serviço do Estado, o segundo a serviço da Igreja. O resultado era o mesmo: apertavam o pescoço do condenado até a morte, em suplício denominado "submeter ao garrote vil", antes de jogá-lo na fogueira.

APITO provavelmente do castelhano *pito*, designando, por motivos onomatopaicos, o mesmo instrumento de sopro, muito tocado por guardas de trânsito e em estações ferroviárias, mas sobretudo por juízes de futebol para fazer cumprir as regras nos campos. Os primeiros juízes não usavam apitos, exercendo seu ofício aos gritos, mas a partir de 1874 o apito tornou-se instrumento obrigatório na liturgia futebolística e em muitos outros esportes.

APLIQUE derivação regressiva de aplicar, do latim *applicare*, aplicar, sobrepor, encostar. Designa comumente mechas ou feixes de cabelos anexados aos próprios, artifício utilizado pelos cabeleireiros para embelezar suas clientes. Nas produções artísticas os apliques podem incluir outros pelos, como sobrancelhas, barbas e bigodes. Um dos primeiros a utilizar aplique foi Jacó que, a conselho de sua mãe, Raquel, cobriu os braços com um pedaço de couro de cabrito para enganar seu pai, Isaac, e assim obter a bênção da primogenitura, que pertencia por direito ao irmão, Esaú, que tinha braços peludos.

APÓCRIFO do grego *apókryphos*, secreto, escondido, passando pelo latim eclesiástico, *apocryphus*, sem autenticidade. Designou inicialmente os textos cristãos não incluídos no cânone. Entre os apócrifos mais célebres estão os *Evangelhos* de Nicodemos, Gamaliel, Bartolomeu e Tomé, além de trechos excluídos do *Evangelho* de Mateus, entre os quais o relato de duas parteiras, Zelomi e Salomé, que, procuradas por José, não puderam ingressar na gruta onde estava Maria por causa do excesso de luz à entrada. Quando enfim puderam ver Maria, encontraram-na já com o Menino Jesus nos braços. Aplica-se também a textos sem autoria responsável, mas seu significado dominante é outro: diz-se de livro sagrado que não é reconhecido por autoridade religiosa, sendo sua leitura proibida em sinagogas e igrejas. Às vezes, os apócrifos sobre determinado tema são em número maior do que os canônicos, como é o caso dos *Evangelhos*: canônicos são apenas quatro – Lucas, Mateus, Marcos, João – dos 315 *Evangelhos* que existiram nos primeiros séculos. Todos os outros são apócrifos, como é o caso do *Evangelho de Felipe* e do *Evangelho de Judas*.

APOFÂNTICO do grego *Apophantikós*, do verbo *apophaíno*, pôr às claras. É um adjetivo utilizado pelo filósofo, cinetista e educador Aristóteles para qualificar um enunciado, que poderá ser considerado verdadeiro ou falso, dependendo se descreve corretamente ou não o mundo real. O astrofísico americano Carl Sagan, no livro *O mundo assombrado pelos demônios*, dá um exemplo interessante: "Os humanos, como outros primatas, são um bando gregário. Somos mamíferos, e o cuidado dos pais com o filho é essencial para a continuação das linhas hereditárias. Os pais sorriem para a criança, a criança retribui o sorriso, e com isso se forja ou se fortalece um laço." E prossegue: "Os bebês que há 1 milhão de anos eram incapazes de reconhecer um rosto retribuíam menos sorrisos, eram menos inclinados a conquistar o coração dos pais e tinham menos chance de sobreviver."

APOFONIA do francês *apophonie*, aponia, separação ou mudança do som, palavra criada por Michel Bréal para traduzir o alemão *Ablaut*, separação de som, em que *ab* indica separação, e *Laut*, som, em voz alta, presente nas expressões alemãs *laut werden*, tornar público, e *lauter sprechen*, falar mais alto. Bréal foi um linguista francês que inventou também a palavra polissemia para designar a multiplicação de significado das palavras e fundou a Semântica na França. No Brasil, um dos melhores conhecedores de sua obra é o professor, linguista e escritor Eduardo Guimarães, da Unicamp. A polissemia está presente em numerosas palavras da vida cotidiana, de que é exemplo "lima", que pode indicar fruta; terceira pessoa do presente do indicativo do verbo limar; ferramenta de aço, cheia de estrias, para polir raspar ou alisar objetos duros, como madeira; capital do Peru. A apofonia designa cientificamente uma prática popular na alteração das palavras, pois elas são formadas e ditas de modos diversos, de que são exemplos os verbos latinos *infringere*, arremessar contra, quebrar, de que é exemplo infringir uma norma, isto é, violar, e *infrangere*, cuja raiz está presente em infrator, aquele que infringe uma norma. Note-se que ele não "infrange". Houve troca de vogal de "a" por "i".

APOIADOR de apoiar, do latim vulgar *appodiare*, pelo italiano *appoggiare*. Teve e tem o sentido de sustentar, ajudar. No latim, formou-se de *podium*, pedestal, muro largo que cercava a arena do anfiteatro, em cima do qual estavam colocados os assentos das autoridades. Também a sacada, a varanda de uma casa, o mirante e a colina podiam ter tal denominação. Para o latim, a palavra veio do grego *pódion*, pé de vaso, diminutivo de *podós*, pé. No futebol, o apoiador é conhecido também por volante, cuja origem é o nome de um jogador argentino que cumpria muito bem esta função no Flamengo, onde jogou entre 1938 e 1943. Ele se chamava Carlos Martin Volante e nasceu em 1910 ou 1911.

APOIAR do italiano *appoggiare*, apoiar, sustentar, radicado no latim *appodiare*, pôr coisa ou pessoa no *podium*, pódio, utilizando a pedra como base. Apoiar, primeiramente no sentido denotativo e depois no conotativo, passou a metáfora. Foi com uma canção que o casal John Winston Lennon e Yoko Ono apoiaram a professora universitária Angela Yvonne Davis, aluna brilhante da Brandeis University of Massachusetts, onde se graduou em Filosofia, obtendo a nota máxima, acrescida de uma dignificante expressão latina no certificado desses alunos: *summa cum lauda*. Deixou os EUA para aprimorar os estudos na França e depois na Alemanha, mas voltou à pátria em 1970, foi presa pelo FBI e permaneceu no cárcere por cerca de quatro meses. Alguns versos cantados por John e Yoko diziam: "*Angela, they put you in prison,/ Angela, they shot down your man./ Angela, you're one of the millions,/ Of political prisoners in the world.*" (Angela, eles te puseram na prisão,/ Angela, eles mataram teu homem,/ Angela, você é uma entre milhões,/ De prisioneiros políticos no mundo.) Em 1980, Angela Davis concorreu a vice-presidente dos EUA. Na conhecida canção de protesto, outros versos anteviam as mudanças depois ocorridas: "*Angela, can you hear the world is turning,/ Angela, the world watches you./ Angela, you soon will be returning,/ To your sisters and your brothers of the world.*" (Angela, você pode ouvir o mundo mudando,/ Angela, o mundo está de olho em você,/ Angela, em breve você retornará para suas irmãs e seus irmãos do mundo).

APOIO de apoiar, do italiano *appoggiare*, com origem remota no étimo latino *podium*, estrado, pódio, com o fim de sustentar um peso, seja de pessoa, de estátua ou de outro objeto. No português atual, esta palavra vem sendo substituída gradativamente por suporte, mas que pouco tem a ver com o verbo que lhe está na origem, suportar, que este tem o sentido de aguentar, sofrer, resistir.

APOLOGIA do latim *apologia*, defesa, louvor, elogio. A palavra foi muito utilizada nos embates travados entre os que lutavam pelas privatizações de empresas estatais e os que faziam a apologia do Estado-empresário.

APOPTOSE do grego *apoptosis*, pela formação *apó*, afastamento, separação, e *ptósis*, queda. Designa a morte celular programada, um dos sistemas de organização dos seres vivos. Os organismos vivos estão em permanente renovação de suas células. Se elas não morrerem, a sobrevivência é impossível. Um adulto tem uma constituição celular que pouco ou quase nada tem a ver com a que tinha quando bebê. A renovação constante garante o vigor da vida. Isso vale também para a Terra.

APOSENTADO quem se recolheu aos aposentos ou quartos de sua casa. Significou primitivamente aquele que recebia hospedagem, passando depois a designar o trabalhador dispensado do serviço. A ideia passada é de que o aposentado vai descansar. Mas não foi somente a semântica que mudou e, especialmente no Brasil, aposentadoria indica, no mais das vezes, apenas o início de um novo trabalho, que complemente o salário, insuficiente para o descanso merecido.

APOSENTAR do latim *pausare*, impor ou fazer uma pausa, cessar o que está em andamento. No português arcaico escrevia-se apousentar. O sentido original no latim era ficar em casa ou entrar nos aposentos alheios, isto é, hospedar-se na casa de terceiros. Ganhou também o sentido de deixar de lado alguma coisa (aposentou os sapatos, os suspensórios etc.). No Brasil, a aposentadoria compulsória dá-se aos setenta anos, um limite muito questionado atualmente, pois os brasileiros estão mais longevos e em média vivem vinte anos a mais do que viviam quando este marco foi imposto. Nas reservas para idosos nos estacionamentos de automóveis, o símbolo – um idoso corcunda, apoiado numa bengala – contradiz o estado de saúde e o bem-estar dos lépidos ocupantes.

APOSTA do latim *appositu*, posto sobre, adjunto, formou-se *aposto*, de onde derivou o feminino, com o significado de desafio. A aposta tem caráter adivinhatório e lúdico. Aposta-se sobre o resultado de um jogo e quem não adivinha deve pagar por seu erro. É o caso das apostas das diversas loterias, hoje em poder dos governos estaduais e do federal. Há, porém, um formidável movimento de apostas na contravenção, cujo caso mais significativo é o do jogo do bicho. O jogo, ao lado do álcool e do fumo, compõe um trio indesejável na pessoa, a ponto de a bondade de um ser humano ser sumariamente referida em três verbos: não bebe, não fuma e não joga. Certa duquesa pensava diferente. Dizia detestar a bebida, o fumo, o jogo e o casamento porque abominava prazeres inocentes.

APÓSTATA do grego *apostatés*, que se afasta, pelo latim *apostata*, com igual significado. Passou, porém, a ser vocábulo utilizado especialmente para designar aquele que abandona a fé religiosa, embora seja aplicado também a quem troca de partido ou se desliga de uma instituição. Obrigado pelo rei inglês Henrique VIII a passar para a igreja anglicana, tornando-se assim apóstata por ordem real, o humanista Tomás Morus recusou-se a obedecer ao monarca e por isso foi decapitado. O rei tinha especial predileção por este tipo de castigo e, por ter perdido a cabeça, mandou decapitar muitas pessoas inocentes, entre as quais duas de suas seis esposas.

APOSTILA do latim *post illa*, cuja expressão completa no latim escolástico é *post illa verba auctoris*, significando "depois daquelas palavras do autor". As apostilas são, hoje, uma das dez pragas do sistema escolar, ao lado das cópias em xerox de capítulos de livros. Em vez de ler as bibliografias pertinentes, os alunos são levados a ler apenas resumos, esquemas, sinopses, não raro com erros graves, até mesmo de transcrição. Inverteu-se, pois, a função primordial da apostila. De anotações feitas depois das aulas, passou a substituir as próprias palavras do professor, sendo distribuídas no começo dos cursos, antes ainda da primeira aula.

APOTEOSE do grego *apothéosis* pelo latim *apotheosis*, apoteose, deificação, pela formação grega *apo*, separado, derivado de, e *théos*, deus, divindade, étimo que está presente em teologia (estudo de deus), ateísmo (sem deus, pois o "a" inicial indica negação) e monoteísmo (um deus apenas) em oposição a politeísmo (muitos deuses). No latim, *apotheosis* designava o ato final de endeusar o imperador após sua morte, em cerimônia de grande pompa. Caio Júlio César foi o primeiro a receber honras de apoteose. No português, veio a designar a última cena de um espetáculo, de que é exemplo o que ocorre no fim do desfile de uma Escola de Samba na Praça da Apoteose, projetada pelo arquiteto Oscar Niemeyer no Sambódromo, no Rio de Janeiro, que disse de sua arquitetura, referencial em todo o mundo: "Não é o ângulo reto que me atrai, nem a linha reta, dura, inflexível, criada pelo homem. O que me atrai é a curva livre e sensual, a curva que encontro nas montanhas do meu país, no curso sinuoso dos seus rios, nas ondas do mar, no corpo da mulher preferida. De curvas é feito todo o universo, o universo curvo de Einstein."

APRESENTADOR de presente, do latim *praesente*, declinação *praesens*, presente, antônimo de *absens*, ausente. Designa profissional de rádio e de televisão encarregado de conduzir as atrações do programa, introduzindo os participantes. Alguns dos mais célebres apresentadores da televisão brasileira vieram do rádio, como Senor Abravanel (Sílvio Santos é seu pseudônimo) e Aberlardo Barbosa de Medeiros (seu apelido, pelo qual era mais conhecido, era Chacrinha). Já Hebe Maria Monteiro de Camargo Ravagnani, mais conhecida como Hebe Camargo, que apresentou mais de mil programas, iniciou a vida artística formando com a irmã, Stella Camargo Reis, a dupla caipira *Rosalinda e Florisbela*. Estreou como apresentadora de televisão em 1955, com o programa *O mundo é das mulheres*.

APUPAR do latim *upupare*, soltar gritos como a upupa, poupa, uma ave. Passou a sinônimo de vaiar porque o alarido da multidão, xingando alguém, semelha ao dessas aves.

APURAÇÃO palavra formada pelo prefixo a-, o radical pur e o sufixo -ação, significando o que se faz para que algo emerja puro, uma vez extraídos os elementos estranhos. Nas votações, apuram-se os votos, um trabalho que vai muito além de quantificá-los, posto que há diversos outros cuidados que os mesários tomam com o fim de garantir a pureza dos resultados. Eleições viciadas, portanto impuras, como foram as de 1930, resultaram na Revolução de 1930, que levou Getúlio Vargas à Presidência da República, onde permaneceu até ser deposto, a 29 de outubro de 1945, não sendo, porém, cassado. Candidatou-se, então, ao Senado e à Câmara e, segundo eleições muito bem apuradas, foi eleito com 17% do eleitorado. É como se, no Brasil de hoje, o ex-presidente Fernando Collor de Mello fosse eleito senador ou deputado com cerca de 17 milhões de votos.

APURAR de puro, do latim *purus*, significando 'purificar, livrar da impureza'. É o que deve ser feito com rumores e fofocas que podem ou não virar notícia, daí ser verbo essencial para jornalismo. Comentando um dos jornais mais respeitados do mundo, o francês *Le Monde*, fundado em 1944 e que introduziu o caderno literário intitulado *Le Monde des Livres*, em 1967, o jornalista, doutor em literatura e professor Felipe Pena diz no livro *Jornalismo literário* (Editora Contexto) que o célebre periódico é forte na tarefa de apurar as notícias, destacando-se também pela qualidade do estilo na linguagem: "O jornal é influente e tem credibilidade. Nas palavras de Pierre Bourdieu, alia *news* (notícia) e *views* (pontos de vista), proporcionando análises contextualizadas a partir de informações bem apuradas." O autor elaborou também uma nova teoria para apurar a vida alheia: a biografia sem fim, que desenvolveu em seu doutorado na PUC do Rio de Janeiro, entre 1999 e 2002. Ele a exemplificou nos livros *Seu Adolpho: Uma biografia em fractais de Adolpho Bloch, fundador da Tv e Revista Manchete* (Editora Usina de Letras) e *1.000 perguntas: Jornalismo* (Editora Rio).

AQUECIMENTO de aquecer, do latim vulgar *adcaslescere*, variante de *calescere*, esquentar. O tema do aquecimento global frequenta todas as mídias, sendo o carbono o grande vilão do meio ambiente. Contra ele são travadas lutas homéricas. E por causa delas surgiu o protocolo de Kyoto. Elaborado em 1995, mas adotado apenas em 2005, para fixar medidas de controle do aquecimento global, determinava que, a contar de 1990, até 2012, as nações industrializadas deveriam reduzir em 5% a emissão de carbono. EUA, Canadá, Rússia e Japão, os maiores poluidores do mundo, não ratificaram esse protocolo. Em 2010, o volume de carbono lançado no ar atingiu 33 bilhões de toneladas, agravando o aquecimento global.

AQUEDUTO do latim *aquaeductu*, aqueduto, literalmente condutor de água. Denomina sistema de suprimento de água nas grandes cidades antigas, caracterizado por sua expressão arquitetônica, marcada por arcadas superpostas. Ainda hoje pode ser contemplada a grandeza do que foram outrora, como na cidade de Roma. Alguns eram subterrâneos e revelam um tempo em que os administradores públicos não se importavam em fazer obras invisíveis, mas que beneficiavam a sociedade. Dois dos maiores aquedutos romanos receberam nome de mulher: o Ápia e o Márcia.

AQUIESCÊNCIA do latim *acquiescentia*, aquiescência, consentimento. É curiosa a origem deste vocábulo, uma vez que se formou a partir do verbo latino *acquiescere*, repousar. A aquiescência significou, pois, originalmente, ato de não fazer nada, omitir-se, evoluindo para o sentido de concordar, anuir.

ARAÇÁ do tupi *ara'sá*, a fruta do araçazeiro, um arbusto. É também designação de cor para o gado bovino, em geral aplicado a bezerros cujo pelo é amarelo com manchas pretas, por analogia com a aparência da fruta quando madura.

ARAME do latim *aeramen*, fio elaborado de liga de metais, em geral bronze, cobre, zinco. Uma variante, alambre, do espanhol *alambre*, está presente em alambrado, isto é, terreno cercado com arame. Este, assim como o cobre, foi gíria de dinheiro. Usa-se arame liso nas cercas, especialmente para conter o gado, mas também arame farpado, que se tornou tristemente famoso nas guerras e nos campos de concentração para confinar ou deter soldados ou civis. É vendido em rolos de diferentes tamanhos, fixado com quatro cabos distintos em palanques, paus ou em pequenas vigas de concreto fincados no solo. Ele veio substituir em fazendas e casas a cerca-viva e a taipa, muito utilizadas até o século XX, menos nos EUA, na Argentina, no Uruguai e no Rio Grande do Sul, onde os animais eram contidos por hábeis cavaleiros. O arame farpado – em inglês, *barbed wire* – foi inventado em Illinois, nos EUA, pelo ex-seminarista e ex-professor Joseph Farwell Glidden, quando voltou para a fazenda do pai, depois de uma tragédia familiar: seus dois filhos morreram durante uma epidemia, e a esposa e o terceiro, então nascituro, morreram durante os trabalhos de parto. Casou de novo e com o invento tornou-se um dos homens mais ricos do mundo.

ARANHA do latim *aranea*, radicado no grego *aráchne*, designando inseto que secreta espécie de baba com a qual tece sua morada, ao mesmo tempo casa e armadilha para flagrar as vítimas, em geral moscas, seu alimento principal. Às vezes, a vítima é a pessoa humana. A aranha-marrom, por exemplo, que habita as cavernas do Parque Estadual e Turístico do Alto Ribeira, ao sul de São Paulo, mede apenas 2 cm, mas tem pernas longas e finas. Evita a luz, é rápida na picada e inocula veneno poderoso, capaz de causar a morte. Recentemente foram registrados óbitos no Paraná e em São Paulo por picadas deste tipo de aranha. Já existe, porém, o soro antiaracnídico específico, fabricado no famoso Instituto Butantã, em São Paulo, segundo informação da revista *Pesquisa* (nº 95, janeiro de 2004), da Fundação de Amparo à Pesquisa do Estado de São Paulo (Fapesp), a fundação que apoia e financia projetos de pesquisas em diversas áreas.

ARAPONGA do tupi, por meio da combinação *üira*, ave e *pona*, sonante. É menor que o pombo e caracteriza-se por sua voz metálica. É estranho que um pássaro cujo canto é especialmente estridente e fácil de ser percebido tenha servido de metáfora para designar os espiões nacionais, cuja atividade deveria ser silenciosa e oculta e caracterizar-se, não por falar, muito menos com estridência, mas por ouvir.

ARAPUCA do tupi *ara'puka*, armadilha. A arapuca é feita de pauzinhos, em forma piramidal, de modo que os maiores fiquem na base e os menores no topo. Serve para apanhar pequenos pássaros. É grafada também como urupuca, cujo significado em tupi é "cesto que faz barulho ao cair". A literatura brasileira está cheia de referências a meninos que utilizaram essas armadilhas para caçar, de que é exemplo esta passagem de Afonso Arinos em *Histórias e paisagens*: "Quando pego algum nhambu na urupuca ele nem chega a sofrer." De fato, no mais das vezes, os meninos que armam arapucas não o fazem para matar os passarinhos, mas para brincar com eles, protegê-los em gaiolas, onde vão cantar alegremente. O ponto de vista das aves, porém, é certamente diferente, tendo outro motivo o seu canto. Afinal, elas perdem seu bem mais precioso, a liberdade.

ARAR do latim *arare*, arar, virar leivas de terra com o arado para depois semear. Leiva é o torrão erguido para fazer o sulco. Misturado ao sentido de navegar, aparece nos versos de Luís de Camões, inscritos em monumento erguido à beira do rio Tejo, em Lisboa, de onde partiram os navegantes que descobriram o Brasil: "Na quarta parte nova os campos ara/ e se mais mundo houvera, lá chegara." O corpo do poeta está ao lado do de Vasco da Gama à entrada do célebre Mosteiro dos Jerônimos. O comandante da armada do descobrimento, Pedro Álvares de Gouveia – que passou à História com o sobrenome do pai, ao qual não fazia jus por não ser o primogênito –, não mereceu as mesmas honras póstumas. O rei teria ficado irritado com o naufrágio da maioria das embarcações.

ARARA do tupi *a'rara*, arara, designando ave multicolorida, de cauda longa e bico forte, semelhante ao papagaio. Talvez a estridência de sua voz, sobretudo quando contrariada, tenha servido à criação da expressão ficar uma arara, significando que a pessoa ficou muito irritada. Há também algumas araras elétricas, encontráveis, não em florestas, mas em shows de televisão. É de se reconhecer o brutal esforço que fazem para nos convencer de que são cantoras.

ARARUTA do aruaque *aru-aru*, cujo significado é farinha de farinha, denominada fécula pelos cultos. É obtida do rizoma das sementes vermelho-claras da erva de mesmo nome. Outros tubérculos dispõem também de substâncias farináceas parecidas. Ainda está obscura a origem da araruta? Os leitores saibam, então, que o povo indígena chamado de aruaque, que quer dizer 'comedor de farinha', é um importante grupo linguístico das Américas que está presente nos Estados Unidos, no Paraguai, no Peru e no Brasil. Sua língua é conhecida por poucos, como acontecem com as manifestações culturais das minorias étnicas. Alguns pesquisadores chegaram a afirmar que araruta teria vindo do inglês *arrowroot*, raiz de flecha, mas depois se soube que esse equívoco era devido ao costume indígena de tratar com a farinha deste tubérculo as feridas causadas por flechas envenenadas. Ficou mais claro?

ARAUCÁRIA de *Arauco*, designando região do Chile onde este tipo de árvore era abundante. Lá viviam os índios araucanos, que falavam o mapuche. A araucária, encontrada na América do Sul e na Austrália, é mais conhecida no Brasil como pinheiro. Seu fruto é o pinhão que, cozido, é item culinário em festas populares. Árvores que se erguem a até 50m do solo, com galhos em forma de serpentes, nos dão sombra, alimentação e madeira, mas o poeta Augusto dos Anjos viu nelas um convite à reflexão: "Araucárias, traçando arcos de ogivas/ bracejamentos de álamos selvagens/ como um convite para estranhas viagens/ tornam todas as almas pensativas./ Há uma força vencida neste mundo/ todo o organismo florestal profundo/ é dor viva, trancada num disfarce." Nem as araucárias foram poupadas da melancolia de nosso grande poeta. Até parece que estava adivinhando a devastação que se seguiria.

ARBITRAGEM do francês *arbitrage*, ação de arbitrar, por influência do francês na diplomacia, mas com raízes no latim *arbitrare*, observar, examinar, julgar, verbo ligado a *arbitre*, testemunha, e *arbitrium*, testemunho. No futebol, a arbitragem é ainda tarefa preferencialmente masculina. Mas a FIFA vem se adaptando aos novos tempos com rapidez, pela presença da mulher no futebol, não mais como torcedora, mãe, mulher ou irmã do atleta apenas, mas também como jogadora em campo. O bandeirinha agora pode ser a bandeirinha, e o árbitro, a árbitra. Na Copa do Mundo de 2011, realizada na Alemanha, o futebol feminino contou com duas árbitras sul-americanas, entre as 16 convocadas: Etela Alvarez, da Argentina, e Silvia Reys, do Peru. A África foi representada por Therese Neguel, de Camarões. Não houve árbitras brasileiras.

ÁRBITRO do latim *arbitrum*, declinação de *arbiter*, testemunha, pessoa escolhida pelas partes em conflito para dizer qual delas e em que medidas tinha razão, de onde veio o sentido de julgar que tal ação acarretava, pelo verbo *arbitrare*, arbitrar. Com a popularização do futebol, a partir de fins do século XIX, na Inglaterra e a seguir no Brasil, o árbitro, também denominado juiz, logo tornou-se alvo de apaixonadas polêmicas, ainda que suas decisões sejam irrecorríveis. Mesmo erros notórios não alteram, *a posteriori*, os resultados das partidas. Com a introdução de dois árbitros auxiliares, também denominados juízes de linha, o povo, que é quem faz a língua, passou a denominá-los pela ferramenta de trabalho, uma pequena bandeira que devem levantar para ajudar o árbitro a marcar faltas, bolas para fora e principalmente impedimentos. E o trio de arbitragem vem sendo designado há décadas com a seguinte composição: um juiz e dois bandeirinhas. Com o avanço das mulheres sobre profissões e ofícios até então de exclusiva ocupação masculina, também o futebol foi invadido pela bonita presença de mulheres de calção, camiseta, meias e chuteiras, dentro do campo. E fora dele por bandeirinhas, ainda que algumas já tenham atuado também como árbitras. Quando a torcida discorda do árbitro, as ofensas acabam por atingir preferencialmente a mãe do homem, também chamada de genitora por vários comentaristas esportivos. Suas vestes negras contribuem para dar à figura do juiz uma aura mesclada de solenidade e mau agouro.

ARCA do latim *arca*, arca, armário, caixão, lugar para guardar algo. Há duas arcas emblemáticas na cultura do Ocidente: a da aliança e a de Noé. Na primeira, feita de madeira e revestida de couro, foram guardadas as duas tábuas dos dez mandamentos, protegidas por dois querubins de ouro, um masculino e outro feminino, ambos de pé. As tábuas eram de pedra e tinham a segunda versão dos mandamentos. As primeiras, Moisés, enfurecido, quebrou-as ao descer do monte Sinai e ver que o povo estava adorando os ídolos. Sempre que Israel era fiel a Deus, os querubins se abraçavam com o fim de simbolizar o amor entre o Senhor e o povo escolhido, assim como a fecundidade nascida de uma sadia união sexual humana. Os visitantes do templo podiam contemplá-los, pois a cortina do tabernáculo era afastada nessas ocasiões. Assim, os peregrinos podiam contemplar o sinal amoroso do casal de anjos entrelaçados. Quando, porém, Israel desobedecia, os querubins viravam as costas e assim eram vistos pelos peregrinos. O querubim é um anjo com cara de adolescente, de acordo com a etimologia do vocábulo hebraico. Um deles está guardando a entrada do Paraíso desde que Adão e Eva foram expulsos, para impedir que voltem. Quando os babilônios, depois de levarem a arca da aliança, acharam melhor devolvê-la aos legítimos proprietários porque para eles, ao contrário do que ocorria com povo que haviam dominado, a arca trazia doença e morte, os bois do carro que a transportou na devolução chegaram cantando. A outra arca, a de Noé, foi construída segundo planejamento e planta ditados por Deus para impedir que a humanidade inteira perecesse no dilúvio. Aliás, Deus jamais escreve. Dita apenas. Foram salvos Noé, sua mulher, seus três filhos e noras, que se acomodaram no andar mais alto, pois a arca tinha três pavimentos: no do meio estavam os animais e no de baixo o lixo produzido durante os quarenta dias que durou a viagem. No lado de fora, agarrado, salvou-se também o gigante Og, rei de Bashan. Benjamim de Tudela, religioso espanhol do século XII, registrou em diário de viagens que empreendeu pela Terra Santa, Bagdá, Pérsia e Egito, que a célebre embarcação ancorara no monte Ararat, atual Armênia, e que estava lá ainda no começo do segundo milênio. Ele ouviu também muitas outras histórias e lendas nas comunidades cristãs que visitou, tendo afirmado que na Palestina encontrara o crânio de um gigante. Era tão grande que servia de banheira onde até três pessoas podiam banhar-se ao mesmo tempo. Naturalmente, com todo o recato. O religioso afirmou também ter visto a coluna de sal em que Deus transformou a mulher de Lot, punida deste modo por ter sido curiosa e, desobedecendo ao Senhor, ter olhado para trás quando deixavam Sodoma e Gomorra para escapar do bombardeio destrutivo perpetrado pela força aérea celeste, que reduziu tudo a pó sem usar nenhum aparelho, despejando bombas que viajaram por conta própria até os alvos.

ARCAICO do latim tardio *archaicus*, antiquado, obsoleto. Veio do grego *archaikós*, que tinha primitivamente um significado diferente, ligado a *archâios*, de *arché*, princípio. Hoje, o termo serve mais para designar coisas sem préstimo, fora de época, sem referir nenhuma coerência às origens.

ARCO-ÍRIS de arco, do latim *arco*, e de *Íris*, deusa mensageira que tinha o mesmo nome da membrana que cobre a pupila, também chamada menina dos olhos porque *pupila* em latim é menina. Já o étimo remoto de arco está presente no grego *árkeo*, eu protejo, pois quem protege como que se dobra ou se inclina sobre o protegido. Designa um "composto de faixas coloridas, que aparece no céu em consequência da dispersão da luz solar em gotículas de chuva", segundo o *Aulete*. É conhecido também por arco-celeste, arco da aliança, arco da chuva, arco de deus e arco-da-velha. O Grupo Arco-Íris e o Instituto Arco-Íris, que combatem a homofobia, organizaram em novembro de 2012, no Rio de Janeiro, na orla de Copacabana, um evento com mais de 1 milhão de pessoas. Celebraram a diversidade de orientação sexual com muita festa, mas lembraram também que no ano de 2011 homófobos assassinaram 266 homossexuais. E muitos desses criminosos continuaram impunes, talvez repetindo os crimes.

ARDER do latim *ardere*, arder, inflamar, estar aceso. Nos primórdios foi confundido com *arere*, estar seco, pronto para ser queimado. "Ardo de desejos na tarde que arde", escreveu Manuel Bandeira em *Estrela da vida inteira*. Arder está também nestes criativos versos de Péricles Prade, um dos maiores poetas catarinenses, no livro *A faca giratória*: "Vejo-me bem maior após a tarde,/ Se ainda sou a chama que arde./ Olho-me à noite no tempo presente,/ Se voltar não posso ao ninho ausente./ Tranço-me em fios de aranha casta,/ Se a luxúria agora me desgasta."

ÁREA do latim *area*, área, que em português deu também eira. As dimensões de um campo de futebol são delimitadas por regras oficiais flexíveis. Em partidas internacionais, como é o caso daquelas travadas na Copa do Mundo, o comprimento não pode ultrapassar os 110 m, nem ser inferior a 100 m. Quanto à largura, não pode exceder a 75 m, nem ser inferior a 64 m. Mas certamente não haverá trio de arbitragem tão rigoroso a ponto de entrar em campo com trena para aferir tais medidas. Dentro, marcadas com listras brancas, estarão delimitadas a grande e a pequena área.

ARENA do latim *arena*, areia. A área central dos antigos circos romanos, onde eram travados os combates entre os gladiadores ou entre eles e as feras, tinha seu chão coberto de areia. Os circos deixaram de exibir aqueles cruéis espetáculos, mas mantiveram espaços semelhante para exibições de artistas, conservando a mesma denominação. Chama-se também arena o espaço onde atuam tipos especiais de artistas, como os touros e os toureiros, o que resulta em sangue na arena, quase sempre dos animais. Os melhores toureiros do mundo são espanhóis e é na Espanha que as touradas alcançam desempenhos mais expressivos, o que é garantido pela parceria de qualidade entre os homens e os animais. Um touro medroso não pode fazer brilhar um toureiro. Arena foi também a sigla do partido político criado pelo golpe de 1964, a Aliança Renovadora Nacional, que foi proclamado por um de seus presidentes como o maior partido político do Ocidente. Um evidente exagero. Muitos eram os partidos políticos que contavam com milhões de filiados e eleitores a mais do que aquela arena.

ARENGA do espanhol *arenga*, conversa prolixa, de onde passou ao português, conservando o significado. Sua origem mais remota é o gótico *harigrings*, reunião de exército, pela composição de *harjis*, exército, e *hrings*, círculo, reunião. Inicialmente o vocábulo aplicou-se apenas aos discursos pronunciados em tais reuniões.

ARGENTINA de argentino, do latim *argentinus*, de prata, que parece prata, com base em *argentarius*, que remete a *Argenteus*, deus do dinheiro, aludindo a *argentum*, prata. Argentino entra primeiro na língua portuguesa no ano de 1067, significando brilhante como a prata. Argentina entra para nossa língua em 1656, designando um pequeno peixe de apenas 25 mm, abundante nos meses de novembro e dezembro no estreito de Messina, no Mediterrâneo, de escamas brilhantes como a prata, utilizadas na fabricação de pérolas falsas. A ideia de prata para indicar a região que séculos depois se constituiria no país conhecido como Argentina aparece já em 1526, quando o navegador italiano Sebastião Caboto denominou rio da Prata o que era tido por mar, ao ver os indígenas locais adornados com muita prata. Dez anos antes, porém, Juan Díaz de Solis, espanhol nascido em Portugal, e outros conquistadores já tinham estado ali, tendo sido devorados por índios antropófagos. O porto de Buenos Aires, originalmente *Nuestra Señora Santa Maria de los Buenos Vientos* ou *del Buen Aire*, foi fundado em 1536. Mas em 1776, já com o nome consolidado de Buenos Aires, a cidade torna-se capital do vice-reinado do rio da Prata. Em 1810, o vice-rei é derrubado, e a independência é proclamada em 1816. A partir do século XIX, rioplatense passa a ser substituído nas referências por argentino, designação reforçada pela Confederação Argentina. O país é *sui generis* sob muitos aspectos, de que são exemplos sua extensão territorial – é o segundo maior da América do Sul, perdendo apenas para o Brasil – e o surgimento do primeiro partido político de classe média, a União Cívica Radical (UCR), em 1891, que chegou à presidência da República em 1916, de onde saiu por golpe militar, depois de marcada atuação por reformas sociais. A UCR voltaria ao poder mais três vezes, em 1958 e em 1963, sendo afastada por novos golpes militares. Oitenta e cinco por cento dos argentinos descendem de europeus. Apesar de muitas semelhanças, Brasil e Argentina distanciam-se em vários aspectos. A maior rivalidade entre as duas nações irmãs dá-se no futebol. Corre na internet uma lenda urbana que a exemplifica: Maradona foi eleito o melhor jogador do mundo e um dos maiores da Argentina.

ÁRIA do italiano *ária*, ária, radicado no latim *aeris*, ar, atmosfera. Designa movimento, cantado em uma só voz, de ópera, cantata ou oratório. Canção, melodia, cantiga são sinônimos. Vários escritores aludem às árias ou as integram às obras literárias, como é o caso de Marcel Proust. Ele se refere, já nos primeiros volumes de *Em busca do tempo perdido*, a duas: "Ó Deus de nossos pais", da ópera *A Judia*, de Jacques Halévy; e "Israel, rompe os teus grilhões", da ópera *Sansão e Dalila*, de Camille Saint Saëns. Nas lojas, vendem-se CDs com árias selecionadas, verdadeiras preciosidades musicais.

ÁRIES do latim *aries*, carneiro. Designa a primeira constelação do zodíaco em virtude de ser sede do ponto vernal do hemisfério norte quando do primeiro mapeamento do céu noturno, feito há mais de 4 mil anos. Por força da precessão dos equinócios, este ponto está atualmente na constelação de Peixes. A tradição que nos leva a dizer que o Sol nasce e se põe, mesmo depois de a Física ter demonstrado que é a Terra que se move ao redor dele, manteve Áries como a primeira constelação e o primeiro signo, cobrindo o período de 21 de março a 19 de abril, e abrindo as portas do outono.

ARLEQUIM do italiano *arlecchino*, arlequim, palhaço. Veio da comédia italiana para o Carnaval, constituindo-se numa das fantasias mais populares. Amante da Colombina, veste-se com roupas coloridas. É também personagem do auto popular bumba meu boi. Designa ainda indivíduo sem convicções, que muda de opinião a todo instante. O arlequim, nos primórdios da comédia, aparecia nos intervalos para divertir o público entre um ato e outro, mas depois foi incorporado como personagem.

ARMAÇÃO de armar, do latim *armare*, mais o sufixo *-ação*. Ato de organizar. No futebol, os dois jogadores de meio de campo estão encarregados da armação do jogo, abastecendo o ataque e ajudando a defesa. Ultimamente o vocábulo, cuja origem remota imbrica-se nas lides militares, tem sido utilizado como sinônimo de cilada, sobretudo em política.

ARMADILHA do espanhol *armadilla*, laço, alçapão, aplicado notadamente por caçadores com o fim de pegar aves e animais em ciladas. Pode consistir de cordas ou caixas, cujas tampas se fecham tão logo a caça entra em busca de alimento, adrede preparadas com o objetivo de enganá-la. No caso dos pássaros, a armadilha mais comum é a arapuca. Também é utilizada uma gaiola em cujo interior está a ave já presa anteriormente e que, por meio do canto, chama aves e pássaros livres para perto dela. O alpiste serve de engodo que os leva ao alçapão. Os caçadores nem sempre matam os animais que querem pegar. Às vezes preparam-lhes alimentos em meio a laços ou à entrada de caixas, previamente preparadas. Os pobres bichos caem direitinho. O vocábulo significa também enganos de outros tipos, aplicados a seres humanos, e integra o cabedal de certas astúcias da conversação.

ARMADURA do latim *armatura*, armadura, vestidura de antigos guerreiros, visando proteger sobretudo a cabeça, com o elmo, e o peito, com uma couraça. No filme *Batman eternamente*, o famoso homem-morcego usa uma armadura de vinil colada ao peito e uma máscara de orelhas pontiagudas que lembram a couraça e o elmo dos guerreiros medievais. Sua vestimenta antiga contrasta com os ares futuristas da cidade onde vive e combate os vilões.

ARMAGEDÃO do hebraico *har Meguido*, monte Meguido, na Galileia, pelo grego *Armageddon*, escrito também *Harmagedon*, antiga cidade da Palestina, onde, segundo a *Bíblia*, vai acontecer a batalha final do exército do Bem contra o do Mal, o fim do mundo. Um dos maiores intérpretes do Brasil profundo, o compositor, ator, cantor e apresentador de televisão Rolando Boldrin em *A moda do fim do mundo*, espanta a tristeza dos últimos dias com esses versos bem-humorados: "cumpadi, em Brasília, espaiaram/ um boato muito chato/ que o mundo vai se acabar." Passa a convidar o compadre a guardar um galo, um touro, um casal de gatos e outro de cachorros, um jegue e uma comadre. Todos os guardados têm uma finalidade: "um macho prás galinha", "o bicho que sabe fazer bezerro", "o bicho que faz miau", "a jega ter um jegue" e "evitar que a raça morra", a dos cachorros. A comadre é "prá dispois do fim do mundo a gente ter/ um pecadinho prá confessar pro padre".

ARMARINHO diminutivo de armário, do latim *armarium*, designando originalmente o móvel onde eram guardadas as armas. Com o passar do tempo, ali passaram a ser guardados também pequenos objetos. As primeiras lojas de miudezas ganharam acepção de armarinho porque houve época em que os artigos eram vendidos nas ruas e havia necessidade de acomodá-los em pequenos armários portáteis. O vocábulo aparece no seguinte trecho de *Relíquias da Casa Velha*, de Machado de Assis, ainda que o mestre tenha cometido expressão bruta, condenada pela gramática como disfemismo: "Com algum esforço, entrou de caixeiro para um armarinho."

ARMÁRIO do latim *armarium*, armário, cofre, guarda-louças. Os talheres, como facas, colheres, garfos e conchas eram guardados em gaveta da mesa onde eram servidas as refeições. Armário, entretanto, consolidou-se designando móvel de madeira, com prateleiras e gavetas. Tem este nome porque o que ali primeiramente se guardou foram armas e armaduras. O latim denominava *armarium* também o caixão de defunto, o ataúde, esta uma palavra vinda do árabe *at-tabut*. Por causa da largura e altura, armário passou a designar o homem corpulento, o brutamontes. Já a expressão "sair do armário" indica assumir estado conhecido de ninguém ou de poucos, como a homossexualidade, o apoio a algum partido ou candidato etc.

ARQUIDIOCESE de diocese, do latim *diocesis*, antecedido do prefixo arqui-, do grego *arkhê*, fundamento, ponto de partida. A lenta mudança vivida pelo cristianismo, que passa de seita a religião oficial, processada entre os séculos IV e VIII, pode ser rastreada nas palavras. *Dioecesis* vira *diocesis* e passa a divisão eclesiástica. Seu titular foi denominado *episcopus*, epíscopo, obispo, como ainda é escrito em espanhol, e finalmente bispo. Papa será o *pontifex maximus*, pontífice máximo, título até então exclusivo do imperador. Na Igreja, o bispo tem exclusividade para administrar dois dos sete sacramentos: a crisma, confirmação do batismo, e a ordem, que torna um seminarista sacerdote. Em regiões metropolitanas, como é o caso do Rio e de São Paulo, há uma distinção entre os bispos, subordinados ao arcebispo, por isso titular de uma arquidiocese.

ARQUIVO do grego *archeîon*, que passou ao latim como *archium* e *archivum*, com o significado de palácio, sede de governo, tribunal e, posteriormente, de local destinado à guarda de documentos importantes. A gíria brasileira criou a expressão "arquivo vivo" para identificar pessoas detentoras de segredos importantes. É uma oposição a "arquivo morto", onde são guardados documentos cuja consulta não é mais necessária no dia a dia das instituições. Às vezes, é preciso exumar os arquivos mortos, sejam eles papéis ou pessoas.

ARRABALDE do árabe *ar-rabad*, bairro, equivalente ao latim *suburbium*, subúrbio. Era "ár-rabad", mas ao chegar a Portugal, onde os árabes ficaram por sete séculos, a pronúncia mudou para "ar-rabád", sem substituir *suburbium*, herdado da civilização romana. Tornou-se arrabalde por influência de "balde", que, com o sentido de embalde, debalde, veio do árabe *batil*, vazio, inútil. Outras línguas preferem o étimo grego *periphéreia*, periferia, que a língua portuguesa também usa, de que são exemplos as alusões a regiões muito pobres nas cercanias das cidades e aos países ainda insuficientemente desenvolvidos em relação aos líderes das economias referenciais do mundo contemporâneo. Assim, o Brasil é periférico na perspectiva dos Estados Unidos, mas é referencial para muitos países da América Latina.

ARRAIAL do português antigo *reial*, real, tenda do rei, depois estendido a todo o acampamento onde, sobretudo nas campanhas militares, ficavam as comitivas reais. Passou depois a denominar povoados temporários. Um dos mais célebres arraiais brasileiros é o de Canudos, às margens do rio Vaza-Barris, no nordeste baiano, onde no final do século XIX explodiu o maior conflito messiânico, sob a liderança de Antonio Conselheiro, cuja luta foi registrada pelo escritor Euclides da Cunha em sua obra mais famosa, *Os sertões*.

ARRASTÃO de arrasto, que se formou de rastro, pela variante rasto, com o prefixo a- e o sufixo -ão. A origem remota é o latim *rasum*, particípio de *radere*, rapar, raspar, com influência de *rastrum*, espécie de enxada com dentes, usada na pecuária e na lavoura, também conhecida como restelo e ancinho, este vindo do latim *uncinus*, já que *uncus* é grampo em latim. Utilizado para juntar feno ou palha e também no preparo da terra para o plantio, por metáfora veio a designar rede que apanha peixes de todos os tamanhos. Na capoeira, designa o golpe aplicado em partes vulneráveis do adversário, semelhando o pontapé. Com este nome há também meia longa feminina, por dupla metáfora: semelha a rede para pescar e o fetiche que pesca, isto é, seduz o homem. Mas na mídia a palavra é mais frequente, de uns tempos para cá, para designar ato de assaltantes que agem em grupo, atacando diversas pessoas e roubando tudo o que elas têm consigo. Inclusive roupas, às vezes.

ARREBITE provavelmente do árabe *rabāt*, laço, atadura. Outros querem que tenha vindo do francês *rivet*, que tem significado semelhante. A partir dos anos 1970 passou a designar também projétil de arma de fogo e estimulante que os caminhoneiros tomam para permanecerem acordados ao volante.

ARREBOL do latim *rubore*, rubor, vermelhidão, formou-se por dissimilação esta palavra para designar o estado do céu quando, em dias claros, o Sol nasce ou se põe. Tem-se prestado a numerosas metáforas poéticas, nem sempre de bom gosto.

ARREGO de arreglo, do espanhol *arreglo*, que tem também o verbo *arreglar*, fazer acordo, acerto, ajuste mútuo. Provavelmente *arreglo* veio do espanhol dos países hispano-americanos e entrou para a língua portuguesa pelas fronteiras do Rio Grande do Sul, estado em que o significado preferencial de arreglo é um tipo de ajuste que soa a rendição ou ao menos a concessões inesperadas. No Rio de Janeiro, porém, *arreglo* tornou-se arrego e indica desistência e mudança de comportamento por medo, irritação, impaciência ou disposição de obter vantagens diante de iminente derrota. Na gíria do tráfico é o acerto que alguns policiais fazem: eles sabem onde estão os pontos de venda de tóxicos, mas, devidamente subornados, evitam passar ali por perto.

ARREMATAR de étimo presente nos verbos latinos *mactare*, honrar, engrandecer, prover, e *mattare*, golpear, matar, que mesclaram os sentidos, já que no altar de sacrifícios o sacerdote golpeava o animal para oferecê-lo em honra da divindade, nos cultos da Roma antiga. O prefixo a- levou a dobrar o erre de rematar. Com este sentido migrou para os leilões, onde os bens oferecidos são arrematados por quem faz a melhor oferta.

ARREMEDAR do latim vulgar *reimitare*, imitar de novo, isto é, imitar várias vezes. E imitar significa reproduzir a imagem, que vem de *imago*, imagem, semelhante, em latim. Patrícia Galvão, mais conhecida como Pagú, apelido que ganhou do amigo e poeta Raul Bopp, que pensou que ela se chamasse Patrícia Goulart, fez versos em que põe uma gata a arremedar: "A minha gata é safada e corriqueira.../ arremeda 'picassol',/ trepa na trave do galinheiro e preguiçosamente escancara a boca e as pernas./ A minha gata é vampira.../ Mimo de um italiano velho e apaixonado,/ General de brigada,/ Dois metros de altura,/Pelado e sentimental./ Atavismo, o luxo da minha gata é o rabo, / ela pensa que é serpente..."

ARREPENDER do latim *repoenitere*, sofrer por erros cometidos. É verbo muito presente em textos bíblicos que pregam o arrependimento dos pecados. Dificilmente é conjugado no intransitivo. A personagem-símbolo do arrependimento é santa Maria Madalena, habitada por sete demônios, uma verdadeira corporação. Pecadora contumaz, foi reabilitada com a seguinte justificativa evangélica: "Muito lhe foi perdoado porque muito amou." Morreu em Éfeso, onde era vizinha de Nossa Senhora e de São João. A Igreja comemora sua festa a 22 de julho. Após a morte do Mestre, foi a primeira pessoa a esperar a ressurreição e para isso plantou-se à beira do sepulcro. Coube-lhe contar a novidade para os discípulos que, morrendo de medo, estavam escondidos no cenáculo. Madalena designa também uma espécie de bolinho, mas neste caso veio do francês *madeleine*, marca registrada semelhante à nossa bolacha Maria. O arrependimento é frequente em todas as culturas, mas na civilização ocidental o sentimento prende-se aos textos sagrados e a suas figuras emblemáticas, como Maria Madalena, Pedro e Judas. A primeira arrepende-se de seus pecados e se torna seguidora e amiga de Jesus. O segundo negou três vezes que conhecesse o Mestre na noite de quinta-feira santa e, arrependido, chorou amargamente. O terceiro, porém, não teve um final feliz ao arrepender-se, pois o remorso levou-o a enforcar-se, depois de devolver os trinta siclos de prata, equivalentes a trinta dinheiros romanos, mais ou menos o preço de um escravo. Na tradução grega dos *Evangelhos*, o epíteto prodótes, traidor, aparece sempre que Judas é citado. Os *Evangelhos* dizem que ele morreu na forca, mas os Atos dos Apóstolos dão outro final: tendo-se quebrado o galho em que se dependurou, caiu sobre o terreno pedregoso, adquirido com o dinheiro da traição. Na queda, sua barriga abriu-se e muito sangue foi ali derramado. Por isso, aquela terra foi denominada *Acéldama*, que em hebraico significa campo de sangue, depois transformado em cemitério de peregrinos.

ARREPIAR do latim *horripilare*, ficar com pelos e cabelos eriçados de puro horror ou susto. Ultimamente, a linguagem coloquial vem consagrando um significado positivo: causar grande emoção. A torcida fica arrepiada depois de uma grande jogada de um de nossos craques da seleção, infelizmente cada vez mais raras. O arrepio tem sido muito mais uma obra de nossa defesa. Daí, sim, é puro susto. Como aqueles dois gols sofridos em nossa derrota para a Bolívia, durante as eliminatórias para a Copa de 1994, logo vingados na goleada de 6 x 0, no segundo jogo. Horror maior que o das guerras, entretanto, não existe. Por isso, é antológica a cena em que, envolto em sombras misteriosas, Marlon Brando comenta uma das muitas atrocidades guerreiras em *Apocalypse Now*, de Francis Ford Coppola: "O horror, o horror!", diz o genial ator com uma voz mais cavernosa que o rugido do leão da Metro.

ARREPIO de arrepiar, variante popular da forma erudita *horripilar*, do latim *horripilare*, sentir horror, medo, estado em que os pelos ficam eriçados, mas com mudança de significado para forte emoção. Os franceses usam *frisson* para designar o mesmo estado de ânimo, neologismo de largo uso no Brasil e proveniente do latim *frictio*, fricção, com influências do caso acusativo *frictionem*, derivado de *frictus*, do verbo *frigere*, tremer de frio. Mas, no caso, o arrepio, como sinônimo de *frisson*, não é motivado pelo frio, e sim por emoção e entusiasmo extraordinários.

ARROBA do árabe *ar-ruba'a*, medida de peso, correspondente a 32 arráteis. Um arrátel tinha 459 gramas, o que dava um total de 14 quilos e 688 gramas. A arroba foi, porém, arredondada para 15 quilos. Depois dizem que a matemática é uma ciência exata e que os números não mentem jamais. As cartas é que não mentem. Nesse arredondamento, lá se foram 312 gramas. Hoje a arroba é a medida mais usada no comércio da carne *in natura*, isto é, quando ainda não é bife e está incrustada sob o couro dos bois destinados ao abate, eufemismo para designar a razão de terem vindo a este mundo onde está o homem, motivo de bonito verso de Geraldo Vandré, em sua célebre canção, *Disparada*: "Porque gado a gente marca, tange, ferra, engorda e mata." Por isso, frequentemente ouvimos e lemos que o boi gordo está a não sei quantos reais a arroba. Alguns são abatidos antes de marcados, tangidos ou ferrados, mas nunca antes de engordados. Na linguagem da internet, a abreviatura @ (arroba), feita por copistas medievais para *ad*, foi retomada, em 1971, pelo engenheiro norte-americano Ray Tomlinson, criador do e-mail (endereço eletrônico). O arroba em inglês significa *at*, que indica o lugar onde se está, ou seja, o nome do site em que fica a caixa postal.

ARROZ do árabe *ar-ruzz*, provavelmente com influências do étimo *ari*, do malaio, com o sentido de limpar, separar, que serviu para designar o arroz limpo, isto é, descascado. No grego, arroz é *óryza*, e no latim, *oryza*, de onde chegou a outras línguas, inclusive às neolatinas. Há mais de dois milênios, na antiga China, era costume jogar arroz sobre os noivos nas festas de casamento: o cereal simbolizava a fartura. Denominamos arroz integral o grão do qual é retirada apenas a casca bruta e mantidos a película e o gérmen, onde estão as fibras, as vitaminas e os minerais. O poeta Carlos Drummond de Andrade fez em *Declaração de amor* uma "Receita para não engordar sem necessidade de ingerir arroz integral e chá de jasmim": "Pratique o amor integral/ uma vez por dia/ desde a aurora matinal/ até a hora em que o mocho espia./ Não perca um minuto só/ neste regime sensacional./ Pois a vida a vida é um sonho e, se tudo é pó,/ que seja pó de amor integral."

ARTE do latim *arte*, declinação de *ars*, arte. Os latinos utilizavam o vocábulo para designar mais do que as produções artísticas usualmente denominadas sob este termo. Assim, até o aprendizado da língua era uma arte e os estudantes de latim habituaram-se a estudar a gramática e a literatura da língua em livros comumente denominados *ars latina*. No português, entre muitas acepções, fazer arte é símbolo de traquinagem infantil. Mas essencialmente o vocábulo serve para designar a capacidade criadora de pessoas que conseguem expressar sentimentos, emoções e ideias por meio de objetos como pinturas, músicas, danças etc. A Bienal da Arte, que é realizada em São Paulo, dá bem uma mostra da evolução da arte no mundo em que vivemos, como se pode notar pelos objetos artísticos ali em exibição, alguns deles, mais do que insólitos e desconcertantes, de entendimento quase impossível.

ARTIGO do latim *articulu*, originariamente objeto de negócio, item. Depois passou a designar partes constitutivas de um contrato comercial. Daí veio a integrar os grandes contratos sociais que são as constituições, com seus artigos e parágrafos.

ARTIMANHA do catalão *artimaña*, amparado originalmente no latim *arte magna*, grande arte, que para os antigos romanos era a de escrever. Passou depois a designar procedimento ardiloso, modo de enganar os outros, provavelmente porque quem sabia escrever, sobretudo escrivães, que se utilizavam de embustes em escrituras e documentos públicos, ludibriando gente simples, analfabeta, que assinava com o polegar, pondo impressão digital em papéis cujo teor lhes era lido de um modo, mas que na verdade significavam outra coisa. É desconcertante que o analfabeto tivesse que ser submetido a esse escárnio adicional do mundo dos letrados. O jornalista Elio Gaspari vem revelando muitas artimanhas da ditadura militar nos três volumes de *As ilusões armadas*, um dos quais, *A ditadura derrotada*, prova por a mais b que o presidente Ernesto Geisel, ao contrário do que se pensava, dizia uma coisa e fazia outra, ou escondia o que dizia para seus asseclas, dizendo outras coisas para o público externo, já que aprovava execuções de desafetos do regime pós-64. A artimanha do jornalista é outra: domina como poucos a arte de escrever. Pois escrever não demanda apenas técnica. São necessárias diversas artes e artimanhas, uma das quais é pesquisar bastante, ler muito. É este tipo de artimanha, na verdade arte magna, que faz dele um dos mais respeitados colunistas brasileiros, principalmente pelo modo original empregado no exame de nossos costumes políticos. Está fazendo a barba, o cabelo e o bigode da ditadura. E ainda não revelou tudo o que sabe.

ARUBÉ do tupi *aru'bé*, arubé, massa de farinha de mandioca, com sal, alho e pimenta, que serve de tempero para alimentos. É um dos poucos condimentos legados pela incipiente cozinha indígena.

ÁRVORE do latim *arbore*, árvore. Ao contrário do arbusto, cujos ramos nascem do caule quase ao rés do chão, a árvore estende seus ramos depois de seu tronco erguer-se bem acima do solo, dando sombra, o que tem servido a preciosas metáforas dando conta de que a árvore é nossa amiga, principalmente num país tropical, onde a sombra, mormente se acompanhada de água fresca, é tão necessária. A expressão "árvore genealógica" serve para designar as origens de uma família.

ÁRVORE DE NATAL do latim *arbore*, e *natale*. O presépio não estava por perto das árvores de natal nos primeiros séculos. A figura mais popular do Natal cristão, depois do Menino Jesus, era São Nicolau, canonizado originalmente pela Igreja Ortodoxa Russa. Rezam as lendas e o folclore que dele se ocuparam que era pessoa muito bondosa e que gostava de dar presentes às crianças. Certa vez, teria posto moedas de ouro dentro das meias que três moças de vida difícil tinham estendido perto da lareira para secar. Com isso, salvou-as da prostituição.

ASCENDER do latim *ascendere*, subir. Daí veio ascensão. A origem remota é a raiz indo-europeia *sk*, saltar, presente em escândalo, *escandir*, descer, *ascenso*, ascensor, ascensorista. Ascender tem o sentido de subir, ser elevado, como acontece nas promoções. A Ascensão do Senhor é uma festa católica que comemora a subida de Jesus ao céu, realizada quarenta dias depois de ter ressuscitado e andado de novo com os discípulos, aludindo assim aos quarenta anos que Deus acompanhou, em forma de nuvem, o povo de Israel quando este atravessava o deserto, guiado por Moisés, que morre antes de entrar na Terra Prometida, e depois por Josué, o sucessor do grande líder.

ASCENSÃO do latim *ascensione*, ascensão, subida, ato de ascender, do latim *ascendere*. O étimo está presente em muitas outras palavras, como ascensor, elevador, ascensorista, ascendência e descendência, designando respectivamente os antepassados e os filhos. Tem ainda o sentido de subir, por metáfora, como na frase "o príncipe ascendeu ao trono". Indica ainda festa que comemora a subida de Jesus ao Céu, quarenta dias depois da Páscoa. Ascensão e assunção designam acontecimentos semelhantes, mas na primeira a subida dá-se por conta própria e na segunda a elevação depende de outros. A Igreja ensina que Jesus subiu sozinho ao Céu, mas Maria foi levada por anjos.

ASFIXIA do grego *asphyxia*, falta de pulso. Os asfixiados, que podem até morrer por falta de respiração, como é o caso dos afogados, estão presentes em numerosos quadros, romances, filmes etc. Mas os sentidos metafóricos são também de largo uso em todos os discursos. A polícia militar de Minas Gerais chamou de Operação Asfixia as providências tomadas nas fronteiras do Rio de Janeiro, com o fim de impedir que bandidos e traficantes cariocas, fugindo de operações semelhantes em seu lugar de origem, obtivessem refúgio no estado vizinho.

ASPECTO do latim *adspectus*, aproximação do objeto que se olha, pelo francês *aspect*, aspecto, forma de ver alguma coisa, de que são exemplos: "as frutas estão com bom aspecto", indicando que boa aparência pode significar qualidade; "tinha aspecto de cansado", revelando que o cansaço pode manifestar-se externamente; "este é apenas um dos aspectos do problema", neste caso como sinônimo de ângulo pelo qual algo pode ser considerado.

ASPERGIR do latim *aspergere*, respingar, borrifar. No português existe também a forma asperger, com o mesmo significado. Na liturgia cristã, o celebrante, utilizando o hissope ou um ramo molhado, asperge o altar e os fiéis com água benta, invocando proteção divina para eles. Quando se trata de conjugá-lo na primeira pessoa do presente do indicativo, a forma preferida é a da variante, asperjo, em vez de aspirjo.

ÁSPIDE do latim *aspide*, áspide, cobra venenosíssima. Segundo relatos históricos misturados a lendas, Cleópatra VII, rainha do Egito, cometeu suicídio deixando-se picar por uma dessas serpentes, que levou para seus aposentos escondida numa cesta de figos. A mesma cobra teria matado também duas de suas criadas mais fiéis, mas é pouco provável que isso seja verdade, uma vez que o veneno teria se esgotado antes, a não ser que a rainha tivesse levado três serpentes. Mas como poderia tê-las escondido numa cesta de figos, se cada uma mede mais de dois metros? Além disso, a rainha ordenou à víbora que lhe mordesse o seio. E como ninguém ousava contrariá-la, fossem serpentes africanas ou imperadores romanos, o peçonhento réptil obedeceu. Essas cobras não têm canal lacrimal e, por isso, ao contrário dos crocodilos, não choram por suas vítimas.

ASPIRADOR de aspirar, do latim *aspirare*, designando objeto que suga ar, pó, água etc. O primeiro aspirador de pó era tão grande que mais parecia um tornado. Puxado por cavalos, fazia um barulhão. Seu inventor não quis comercializá-lo e ia à casa das freguesas fazer o serviço de limpeza. Os dois primeiros foram adquiridos em 1902 pelo rei Eduardo VII, filho da rainha Vitória, impressionado com a rapidez com que foram limpos os tapetes onde estavam os tronos. Mas ainda não eram portáteis, condição que ganharam depois de montados sobre rodas. O modelo atual nasceu da invenção do zelador de uma loja de Ohio, nos Estados Unidos, que o construiu utilizando um cabo de vassoura, uma lata e uma fronha fornecidas por sua mulher. Um fabricante local de selas, cujos negócios tinham entrado em decadência com a chegada do automóvel, que substituía o cavalo, comprou a invenção do zelador e passou a comercializar o modelo, em 1908. O primeiro foi vendido por 70 dólares.

ASPONE da redução de "assessor de porra nenhuma", expressão criada por Ronald Russel Wallace de Chevalier, mais conhecido como Roniquito, lendário boêmio da vida carioca entre as décadas de 1960 e 1980, de acordo com a biografia que dele fez sua irmã, a jornalista e atriz Scarlet Moon, que leva o título de *Dr. Roni e Mr. Quito*. A expressão, reduzida a um acróstico, assim abreviada entrou para a língua portuguesa na década de 1970, quando proliferavam assessores de todo tipo.

ASSADO de assar, do latim *assare*, preparar o prato ao fogo, tostando-o ao calor. Foi uma das primeiras formas de culinária, fossem os peixes ou caças os pratos. Eça de Queirós, em *Notas contemporâneas*, explicou como era preparada a tainha na Grécia e Roma antigas: "Tomai essa tainha. Escamai e esvaziai. Preparai uma massa bem batida, com queijo (que hoje pode ser parmesão), azeite, gema de ovo, salsa e ervas fragrantes, e recheai com ela a vossa tainha. Untai-a então de azeite e salpicai-a de sal. Em seguida assai-a num lume forte. Logo depois de bem assada e alourada, umedecei-a com vinagre superfino. Servi e louvai Netuno, deus dos peixes."

ASSALTANTE de assaltar, do latim vulgar *assaltare*, pular em cima. É substantivo e adjetivo de dois gêneros, embora haja mais homens do que mulheres praticando assaltos. Mas nem por isso se pensa em mudar para "assaltanta", forma inexistente, ao contrário de presidenta, que, menos usual, está acolhida nos dicionários. Uma das mais famosas assaltantes brasileiras foi Djanir Suzano, a Lili Carabina, tema de um livro de Aguinaldo Silva e figura solar de um filme estrelado por Betty Faria. Nas décadas de 1970 e 1980 participou de vários assaltos a bancos, usando uma peruca loura e roupas justas para distrair os seguranças. Fugiu da prisão seis vezes, sempre pela porta da frente.

ASSALTO do latim *ad*, *a*, *saltus*, salto, formando inicialmente *adsaltus*, assalto, indicando que, num assalto, o agressor salta sobre o agredido. Mas provavelmente fez escala no italiano *assalto*, no século XIII, chegando ao português na primeira metade do século XVI. Cenas de assalto estão presentes em vários romances, teatro e filmes. Um dos mais famosos no Brasil é *O assalto ao trem pagador*, dirigido por Roberto Farias e produzido pela Herbert Richers. O filme, baseado em fatos reais, ganhou vários prêmios no Brasil, tendo sido premiado também no Senegal, em Portugal e na Itália.

ASSASSINO do árabe *ashohashin*, bebedor de haxixe. Foi Marco Polo quem trouxe o vocábulo para a Europa nos finais do século XIII, designando membro de seita muçulmana integrada por bandoleiros fanáticos e religiosos, que cometiam diversas atrocidades a mando de um chefe feudal sírio, conhecido como o Velho da Montanha. O significado de guardião de tesouros e de segredos advém de que os produtos dos saques praticados contra os viajantes ficavam sob a guarda dos mesmos tomadores de haxixe que, depois de fumar, inalar ou beber a substância, contavam coisas das quais somente eles teriam tomado conhecimento em suas alucinações. O último chefe dos assassinos foi aprisionado pelos mongóis e por eles executado durante o domínio do temível Gengis Khan.

ASSAZ do provençal *assatz*, muito, por sua vez vindo do latim *ad satis*, com saciedade, bastante. Derivou do verbo latino *satiare*, saciar, que resultou em outras formações vocabulares em nossa língua, como insaciável e saciedade. Machado de Assis utiliza esta palavra em trecho de seu romance *Quincas Borba*: "O cruzeiro que a linda Sofia não quis citar está assaz alto para não discernir os risos e as lágrimas dos homens."

ASSÉDIO de origem controversa, provavelmente do latim *absedius*, radicado em *sedes*, assento, lugar, ou do latim *obsidium*, cerco, cilada, consolidado no latim vulgar *adsedium*, usado em vez de *obsidium*, do verbo *obsidere*, pôr-se à frente, cercar, não se afastar da pessoa, inclusive para conquistá-la amorosamente, como fazem, entre outras, a maria-gasolina, a maria-chuteira, a maria-apostila e a maria-lattes, que assediam, respectivamente, o dono de automóvel luxuoso, o jogador de futebol e os professores. Apostila, do latim *post illa*, depois daqueles (ensinamentos do professor), dá nome a caderno de exercícios, onde elas repetem os convites indecorosos feitos aos mestres nas redes sociais. Lattes vem da Plataforma Lattes, do CNPQ, acervo de currículos de professores que homenageia o físico paranaense César Manuseto Giulio Lattes. Essas marias, às vezes mais malvestidas do que as marias-mijonas, são tão atrevidas que deixariam sem graça até mesmo a maria vai com as outras e a maria sem-vergonha. Maria vai com as outras designa pessoa sem vontade própria, cujo nome se deve à mãe de Dom João VI, a rainha Maria I, a Louca, que não podia mais sair de casa por vontade própria, sozinha, e ia sempre com outras marias, que a amparavam, guiavam e cuidavam, pois tinha enlouquecido.

ASSEMBLEIA do francês *assemblée*, reunião, de *assembler*, juntar. Reunião de pessoas por motivos políticos, religiosos, trabalhistas etc. Assim, diz-se assembleia legislativa, religiosa, popular etc. Às vezes, tais reuniões decidem pela decapitação de alguém, caso da Assembleia Popular que votou a execução do rei Luís XVI, na Revolução Francesa.

ASSENTO do latim *sedentare*, evolução de *sedere*, sentar, formou-se este vocábulo para designar o lugar em que se senta. Polissêmico, isto é, com muitos significados, pode indicar o banco do carro, onde o passageiro, por razões de segurança, é preso a um cinto, e também o lugar onde as autoridades sentam-se para decidir sobre nossas vidas. Sem contar que tão logo nascemos, sem que ainda pudéssemos sentar, tivemos nossos nomes assentados em livros próprios, cujos registros tornam possível nosso primeiro documento de identificação, a certidão de nascimento, primeiro tijolinho na torre de papel em que se transformará a nossa vida.

ASSINANTE do latim *assignantis*, genitivo de *assignans*, aquele que assina, aceita, distribui, reparte. Na segunda metade do século XIX, veio a substituir *subscriptor*, que designava os contribuintes de alguma publicação, especialmente livros. Os assinantes entram para uma lista por vontade própria, jamais coagidos. Quando muito, persuadidos da conveniência de assinarem revista ou jornal, em vez de adquirirem nas bancas, o que os leva a mais comodidade. Mas há uma lista que ninguém quer assinar. E quem ali está foi posto contra a vontade. É a lista negra. A expressão nasceu em 1670, 11 anos depois que 58 juízes depuseram e condenaram à morte o rei inglês Charles I. Charles II, que tinha apenas 19 anos quando o pai foi executado, subiu ao trono aos trinta anos. Solicitou aos auxiliares uma lista com os nomes de todos os que tinham condenado seu pai. Diante do poder ameaçador do rei, o elenco passou a ser citado como lista negra. Oito tinham morrido. Dos 50 sobreviventes, 13 foram condenados à morte e 25 à prisão perpétua. Os 12 remanescentes viveram em fuga o resto de seus dias, na clandestinidade. Paradoxalmente, em seu reinado já estavam em vigor direitos individuais que depois seriam consagrados no *habeas corpus*, expressão latina que significa "que tenhas o corpo", cuja origem remota é a Magna Carta inglesa de 1215, mas que, embora tenha vigorado durante a Idade Média, é datado oficialmente de 1679. As duas palavras – *habeas* (tenhas) e *corpus* (corpo) – foram tiradas da seguinte ordem dada ao carcereiro pelo juiz, em latim: "*Praecipimus vobis quod corpus X, in custodia vestra detentum, ut dicitur, una cum causa captionis et detentionis suae, quocumque nomine idem X, censeatur in eadem, habeas coram nobis apud Westminster, ad subjiciendum et recipiendum ea quae curia nostra de eo ordinari contingit in hac parte*" ("Nós vos ordenamos que a pessoa X, detida sob vossos cuidados, seja-nos apresentada em Westminster, juntamente com a causa de sua captura e detenção, seja ela qual for, a fim de se sujeitar e receber de nós tudo que julgarmos cabível ordenar a respeito da questão"). A assinatura do magistrado impedia que o réu fosse mantido preso. E depois passou a ser também preventivo o *habeas corpus*. Recentemente o Brasil foi salvo a tempo pelo Supremo Tribunal Federal (STF) de memorável vergonha internacional. Advogados, ameaçados de prisão por deputados, precisaram recorrer ao STF para defenderem acusados em Comissão Parlamentar de Inquérito (CPI). Os ameaçados, sem o recurso da pleonástica "urgência urgentíssima" da Câmara e do Senado, tiveram que solicitar *habeas corpus* manuscrito, pois não havia meios sequer de digitar e imprimir. Entre os impetrantes, estava o advogado paulista Roberto Podval. O STF garantiu o direito que advogados têm de defender os acusados que os contratam. A assinatura do juiz, como em outras raras ocasiões, aquele dia valeu a liberdade de exercer a profissão, já que ninguém é obrigado a pedir *habeas corpus* para trabalhar. Confusões semelhantes afligem jornalistas que espelham na imprensa os males do mundo e com eles são identificados.

ASSISTIR do latim *adsistere*, assistir, estar presente. É tradição da língua culta dizer de um filme que se viu "fulano assistiu ao filme tal". Mas a tendência do português do Brasil é a consolidação deste verbo como transitivo direto. Assim, os brasileiros expressam o mesmo significado dizendo "fulano assistiu o filme tal". Estão caindo certas diferenças como aquelas que davam conta das peculiaridades dos gestos do médico assistindo um doente, do padre assistindo um moribundo e da galera assistindo a um alegre Fla-Flu. O médico, o padre e a galera assistem o doente, o moribundo e o jogo. O que define as ações é o contexto.

ASSOCIAÇÃO de associar e ação, do latim *associare* e *actione*. As democracias caracterizam-se por múltiplas associações para defender ideias, projetos ou seus associados, pura e simplesmente. No verão, aumentam os casos de lesões vertebrais por mergulhos, que às vezes resultam em sérios acidentes. Na Itália, onde as campanhas de prevenção são de responsabilidade dos próprios portadores de deficiência, a entidade deles lançou uma frase bem-humorada: "A única associação que não o quer como membro."

ASSOMBRADO de assombrar, de sombra, do latim *umbra*, com o significado de sem sol, mas também triste, assustado. E ainda admirado, como nestes versos do *Hino da Maçonaria*, cujo autor foi Dom Pedro I: "Da luz que se difunde, sagrada filosofia/ surgiu no mundo assombrado a pura maçonaria."

ASSOMBRO de sombra, do latim *umbra*, sombra. O assombro leva a admirações, maravilhas, mas também a sustos. O poeta Affonso Romano de Sant'Anna tem um poema intitulado "Assombro": "Às vezes, pequenos grandes terremotos/ ocorrem do lado esquerdo do meu peito./ Fora, não se dão conta os desatentos./ Entre a aorta e a omoplata rolam/ alquebrados sentimentos./ Entre as vértebras e as costelas/ há vários esmagamentos./ Os mais íntimos/ já me viram remexendo escombros./ Em mim há algo imóvel e soterrado/ em permanente assombro." A mídia abomina os desatentos e nos põe em permanente assombro. Nem sempre foi assim. A Espanha demorou quase um semestre para saber do assombro do Novo Mundo, e os portugueses uns dois meses para saberem do descobrimento do Brasil. Mas no dia 21 de julho de 1969 o mundo inteiro levou apenas 1,3 segundo para saber que Neil Armstrong tinha chegado à lua. À meia-noite do dia 31 de dezembro, as más notícias do ano velho cedem o lugar às desassombradas saudações do ano-novo, que vem cheio de esperanças, como um bebê. Agora, boas ou más, as notícias chegam em tempo real.

ASSUNÇÃO do latim *assumptione*, arrebatamento, tomada, elevação. Ao contrário da festa da Ascensão, em que a Igreja celebra a subida de Jesus aos céus, que cai sempre numa quinta-feira, por ocorrer quarenta dias após o domingo de Páscoa, a da Assunção de Maria tem data fixa: 15 de agosto. Remonta ao século VII a ideia de que a Virgem Maria foi levada ao céu, mas foi o papa Pio XII quem a definiu como dogma a 1º de novembro de 1950. O *Dicionário Houaiss* informa que foi em 1959, mas nesse ano o controverso pontífice, chamado também o papa de Hitler, por ter ajudado os nazistas no extermínio de judeus, já tinha morrido. *Dogma* é palavra que veio do grego e significa opinião, princípio, o que parece bom e deve ser ensinado, aceito. A Igreja não se baseou nas lendas medievais que contavam como os apóstolos teriam um dia encontrado vazio o túmulo de Maria, nem naquelas que relatavam o maravilhamento deles ao presenciarem a elevação da Mãe de Deus ao céu, embora a iconografia cristã esteja repleta dessas imagens, de que são exemplos certas obras renascentistas sacras e os santinhos. Para proclamar o dogma, o caminho foi outro e buscou completar a operação intelectual que decretara ter ela concebido sem a parceria do homem, um dogma ainda mais antigo. Dom João VI, inclusive, fundou ordem militar para defender e cultivar a crença da Imaculada Conceição. Sendo mulher especialíssima, a Virgem teria o corpo preservado da corrupção que afeta toda a humanidade. Há uma congregação religiosa denominada assuncionista, fundada na França, no século XIX, cujos padres se destacam na atuação escolar e na imprensa, publicando os periódicos *La Bonne Presse* (a boa imprensa) e *Les Echos d'Orient* (notícias do Oriente). Encarregados de aproximar Roma das igrejas orientais, fundaram casas na Rússia no começo do século XIX e atuaram também na África e na América do Sul, dado o caráter multinacional do catolicismo. O tema da assunção está presente também na denominação da capital do Paraguai, cuja origem é um forte ali construído em 15 de agosto de 1536. Em 1541, quando Buenos Aires foi praticamente desocupada por causa dos ataques de índios Pampa, levas inteiras de argentinos estabeleceram-se em Asunción, linda cidade, não apenas por belezas naturais, mas pelos monumentos. As reformas urbanas efetuadas durante os governos dos dois López, o pai e o filho, inspiraram-se na Renascença italiana. O *Panteão dos Heróis* é réplica dos *Inválidos de Paris*. E entre seus destaques arquitetônicos está o *Hotel Guarani*, projetado por Oscar Niemeyer Soares Filho, que tem com Ayrton Senna da Silva um ponto em comum: identificar-se pelo sobrenome da mãe e não do pai, como é usual. A assunção não é recomendada para quem tem medo de altura, seja em sentido denotativo, seja em conotativo, pois a assunção a cargos públicos, por exemplo, tem causado dissabores horrendos a várias personalidades.

ASSUSTAR de susto, que procede da onomatopaica espanhola *ist* para designar o ruído da respiração da pessoa surpreendida e espantada por alguma coisa. Assustar pode indicar pavor, terror, mas também diversão, de que são exemplo as brincadeiras da noite das bruxas, uma efeméride conhecida por *halloween*, palavra registrada em nossos dicionários, mas sem aportuguesamento, que designa festa realizada todos os anos no dia 31 de outubro, quando as pessoas, fantasiadas de bruxas, feiticeiros, vampiros ou outros monstros, assustam-se umas às outras. *Halloween* é redução de *All Hallow's E'en*, festa de origem celta, celebrada na noite de 31 de outubro, véspera do primeiro dia do ano no calendário daquele antigo povo, que começava no dia primeiro de novembro. Elfos, fantasmas, bichos-papões e, principalmente, bruxas faziam o último voo do ano.

ASTERISCO do grego *asterískos*, pequena estrela, pelo latim *asteriscus*. Em manuscritos antigos, os copistas desenhavam uma estrelinha para indicar que ali falta uma letra, sílaba ou pequeno trecho, em decorrência do estado precário do original, que impedia a clareza. Não se sabe qual terá sido a inspiração de quem o inventou, mas a mancha na córnea também é denominada asterisco. Com o tempo os asteriscos passaram a ter outras funções, como a de acrescentar algo, ao pé da página, ao que foi escrito no corpo do texto, postos em renque ou em triângulo, quase enfeitando certas passagens.

ASTIGMATISMO do grego *stigma*, ponto, acrescido dos afixos a-, prefixo de negação, e -ismo, sufixo que indica estado, situação. Designa defeito interno do olho, que faz com que um ponto luminoso tenha por imagem uma mancha elíptica ou irregular, tornando a visão confusa. Uma pessoa portadora dessa imperfeição ocular, ao contemplar uma noite estrelada, verá no céu um esplendor de sóis noturnos, dado que as estrelas serão vistas como grandes esferas luminosas.

ASTRAL do latim *astrale*, relativo aos astros. Segundo os ensinamentos teosóficos da mística norte-americana Helena Petrovna Blavatsky, há um plano intermediário entre o físico e o espiritual e, dominado por influências dos astros, que nos leva a ter maior ou menor entusiasmo, modulando nossa vida. E em *Flores astrais*, do cantor Ney de Sousa Pereira, mais conhecido como Ney Matogrosso, por ser natural de Bela Vista, no Mato Grosso, encontramos estes lindos versos: "Todas as cores e outras mais/ procriam flores astrais." O cantor começou sua carreira artística trabalhando como iluminador, o que pode explicar a função quase mágica da luz em seus shows.

ASTRO do grego *ástron*, pelo latim *astrum*, astro, constelação de estrelas, presente em palavras como astronomia e astrologia. Como o fulgor dos astros celestes foi associado ao brilho do talento, astro passou a designar o indivíduo que se destaca em algum ofício, sobretudo de natureza artística ou esportiva. *O Astro*, novela exibida entre 1977 e 1978, foi escrita por Janete Clair, pseudônimo de Jenete Stocco Emmer Dias Gomes. O título tem a ver com a ascensão econômica e social do vidente Herculano Quintanilha, braço direito do industrial libanês Salomão Hayala, cujo filho, Márcio, em atitude franciscana, põe-se nu diante do pai, recusando a riqueza que lhe cabe.

ASTROLÁBIO do grego *astrolábion*, pelo latim *astrolabium*, astrolábio, instrumento inventado pelo astrônomo e matemático grego Hiparco para medir a altura de determinados astros. Muito útil ao genovês Cristóvão Colombo para descobrir a América, permitia determinar a latitude em que estavam as caravelas pela altura de algumas estrelas acima do horizonte, antes ou depois da passagem meridiana, dependendo do prisma utilizado. O astrônomo francês André Danjon aumentou-lhe a precisão. Há quinhentos anos, João Faras, o médico e astrônomo que integrava a comitiva de Pedro Álvares Cabral, utilizou este instrumento para determinar o lugar em que estavam: "Senhor, ontem, segunda-feira, que foram 27 de abril, descemos em terra, eu e o piloto do capitão-mor e o piloto de Sancho de Tovar, tomamos a altura do sol ao meio-dia e achamos 56 graus, e a sombra era setentrional, pelo que, segundo as regras do astrolábio, julgamos estar afastados da equinocial por 17 graus, e ter por conseguinte a altura do polo antártico em 17 graus."

ATA do latim *acta*, plural de *actum*, ato, feito. No latim, seu sentido original era o de coisas feitas, mas em nossa língua passou a indicar o registro escrito de reuniões, sessões, convenções, simpósios, congressos etc., além de denominar outras ações em que se tornou indispensável registrar obrigações contraídas pelas partes, como em operações de compra e venda. Herdeiro da burocracia ibérica que tudo registrava, para o bem ou para o mal, o Brasil encheu-se de atas desde os primeiros tempos. Mas tais relatos não procedem da ateira, o outro nome da fruta-do-conde. Além do registro em papel e da fruta, ata designa também o gênero de formigas a que pertence a saúva, inseto de nome chique: *himenóptero*. Dada a Torre de Papel em que vivemos, é difícil calcular se há mais atas do que saúvas em nossa vida. Ao contrário das traças, as formigas não gostam de atas.

ATABAQUE do persa *tablak*, diminutivo de tabal, tambor. O *Dicionário Aurélio* dá outra procedência: o árabe *al T-Tabaq*, o prato. O atabaque, de origem africana, é um tamborim de um couro apenas, muito usado em cerimônias guerreiras e religiosas. No Brasil está presente nos cultos afro-brasileiros e em numerosas passagens de nossa literatura, principalmente em obras de autores nordestinos.

ATACANTE de atacar, do italiano *attacare*, atacante designa no futebol o jogador que atua na linha de frente. Os quatro atacantes da seleção brasileira campeã do mundo em 1958, tal como em Os Três Mosqueteiros, recebiam ajuda de mais um, não explicitado no esquema 4-2-4 do técnico Vicente Feola. O fato, porém, foi lembrado até em canção caipira da dupla Zilo e Zalo: "Garrincha, Didi, Vavá/ Na linha são os primeiros/ Com Zagallo e Pelé, atacantes pioneiros." As Copas de 1998 e de 2002 redimiram os atacantes, relegados a segundo plano nas duas anteriores em que prevaleceram os defensores.

ATALAIA do árabe *at-talaia*, plural de *talaia*, lugar alto, de onde se exerce vigilância; sentinela; sobreaviso. Aparece neste trecho de *Contrastes e confrontos*, de Euclides da Cunha: "Adensaram-se em batalhões as patrulhas errantes e dispersas dos pedestres; e avançaram ao acaso pelas matas em busca dos adversários invisíveis. Os garimpeiros remontavam às serras: espalhavam-se em atalaias; grupavam-se em guerrilhas diminutas; e por vezes os graves intendentes confessavam aos conselhos de ultramar a vitória de uma emboscada de salteadores."

ATAÚDE do árabe *at-tabut*, caixão, arca, depois se consolidando para designar o caixão de defunto, caixa grande, com tampa, onde o morto é colocado para ser enterrado. Ele deveria encerrar o morto ali até que tudo tivesse terminado sob a terra ou, de acordo com diversas crenças religiosas, até que os mortos ressuscitem. Em passado historicamente recente, apenas os ricos eram enterrados em ataúdes, pois os pobres não podiam pagar por eles e eram envoltos num pano chamado mortalha e sepultados em vala comum, às vezes bastante rasa.

ATÉ de origem controversa, funcionando ora como preposição – "ela trabalhou até muito tarde, ontem" – ora como advérbio. Veio provavelmente do árabe *háttà*, documentado também no espanhol *hasta*, às vezes escrito também *hadta*, *adta* ou *ata*. A perda do "s" ocorre também em outras palavras do espanhol. Mesclou-se ao latim *intra*, dentro, durante. João Guimarães Rosa registrou a variante inté em *No Urubuquaquá, no Pinhém*: "Viver é ver as bobagens que inté o dia de ontem a gente fez..." Como advérbio aparece no verso célebre "você pode até dizer que eu estou por fora", de *Como nossos pais*, cantado, entre outros, por Antônio Carlos Gomes Belchior Fontenelle Fernandes, nome completo do cantor Belchior.

ATELIÊ do latim *astula*, pedaço de madeira ou pedra, passando pelo francês *atelier*, redução de *tas d'éclats de bois*, monte de pedaços de madeira. Em suas origens, no século XIV, a palavra designava lugar bagunçado. Por isso, o recinto onde trabalhavam os artistas era conhecido também como *chantier*, canteiro de obras, depósito. Ao contemplar uma obra de arte, nem sempre temos a ideia de como foi produzida. A bagunça não está restrita ao ateliê também corações e mentes parecem entrar em ebulição. A mexicana Frida Kahlo, uma das artistas mais originais do século XX, teve paralisia infantil, ficando com a perna direita atrofiada. Aos 18 anos, sofreu grave acidente automobilístico, tornou-se estéril e passou muito tempo imobilizada.

Talvez isso explique a abundância e a complexidade de dores expressas em seus quadros. Sofrendo de embolia pulmonar, expôs-se à chuva e morreu aos 47 anos. Registrou as duas últimas esperanças em seu diário: "Alegremente espero a saída, e espero nunca mais voltar." Suas cinzas voltaram para o ateliê em que tanto trabalhou. Há suspeita de que tenha se suicidado.

ATENDENTE de atender, do latim *attendere*, dar *attentione*, declinação de *attentio*, atenção. Designa profissional que recebe e provê o que o cliente busca, seja presencialmente, por telefone ou pela internet. Nos bares, o atendente por detrás do balcão é o *bartender*, palavra formada de *bar*, bar, e *tender*, aquele que atende aos fregueses. A etimologia remota é o latim *barra*, pois o bar assemelha-se neste particular aos tribunais e a outros lugares que mantêm separados o atendente de quem é atendido, mediante barras, em geral de madeira, e o latim *tendere*, estender, também com o sentido de apresentar, oferecer. O *bartender* diferencia-se dos garçons porque, ao contrário deles, não atende os clientes nas mesas, fica atrás do balcão, aviando ou inventando receitas de drinques ou coquetéis.

ATENEU do latim *Atheneu*, por sua vez vindo do grego *Athénaion*, ambos designando o lugar público – o templo da deusa Athenas – onde os literatos liam suas obras. Há um clássico da literatura brasileira, cujas ações têm lugar num internato masculino, na segunda metade do século XIX, intitulado *O Ateneu*, da autoria do romancista Raul Pompeia. Nele, é impiedosamente caricaturado o diretor da escola, Aristarco. O autor suicidou-se com um tiro no dia de Natal. Quando sua mãe foi socorrê-lo, pediu-lhe que atendesse primeiro a irmã que, chorando muito, precisava mais dos cuidados maternos.

ATENTADO do francês *attentat*, ligado a *attenter*, atentar, vindo do latim *attentare*, atacar, pôr a mão sobre alguém. Designa tentativa ou execução de ato criminoso, infração legal, violação ou outras formas de ofensa, como nas expressões "atentado ao pudor" e "atentado ao bom gosto". Atentado está no português desde o século XV.

ATEU do grego *átheos*, e do latim *atheu*, sem Deus. Aquele que não acredita em deuses, negando sua existência. Convém diferenciá-lo do agnóstico, do grego *agnostikós*, aquele que se priva do conhecimento. Para os agnósticos não se trata de privar-se da existência de Deus ou de deuses, mas de não achar relevante a questão da crença ou dar-se por incapaz de resolvê-la. Os ateus, entretanto, argumentam que não existe deus nenhum. Deus, porém, está em toda parte, e não falta sequer em muitas das expressões de nossa língua: "se Deus quiser", "se Deus me ajudar", "vai com Deus", "fica com Deus".

ATIÇAR do latim *attitiare*, atiçar, avivar, instigar. Com o sentido de juntar tições para aumentar o fogo, aparece em *Vidas secas*, de Graciliano Ramos: "Abaixou-se, atiçou o fogo, apanhou uma brasa com a colher." Já Lygia Fagundes Telles confere-lhe o sentido de estimular em *O jardim selvagem*: "Não atice a coitada com essas ilusões, quando mais ela se instruir, mais infeliz será." O juízo é de uma personagem, não da autora, que é defensora ardorosa da educação pública.

ATLAS do grego *Átlas*, nome de um Titã, personagem mitológico, que se revoltou contra os deuses, ficando ao lado dos gigantes na luta pelo poder. Zeus o condenou a sustentar sobre os ombros a abóboda celeste. Passou a figurar, no latim como no português, os mapas e cartas geográficas. Em muitas ilustrações, Atlas aparece carregando, não o céu, mas a Terra, o que é uma incoerência. Onde ele está apoiando os pés? Os imaginosos gregos pelo menos acreditavam ser a Terra o centro do universo. O primeiro mapa que levou o nome de atlas foi o de Gerhard Kremer Mercator, matemático e geógrafo flamengo que inventou um sistema de projeções ainda hoje utilizado nos mapas, em que as longitudes são representadas por paralelas equidistantes e as latitudes por paralelas perpendiculares ao meridiano.

ATLÉTICO do latim *athleticus*, atlético, relativo aos atletas, do grego *athletikós*, isto é, aquele que luta, que combate. O esporte é metáfora da guerra, é a guerra feita por meios pacíficos, donde seu caráter de elemento de união e solidariedade entre as nações, mediante competições baseadas em regras claras, iguais para todos e de todos conhecidas. Mas antes do triunfo mundial de atleta como sinônimo de esportista, atlético era aplicado a outros tipos de lutadores. Nos tempos monárquicos, atlético era quem lutava contra o Império e almejava a República. Os clubes com o adjetivo atlético na designação, como *Atlético Paranaense* e *Atlético Mineiro*, receberam tal denominação quando o futebol ainda não era ali o esporte dominante, assim como, por privilegiarem originalmente o remo, conhecidos clubes trazem na denominação a palavra "regatas", caso do de maior torcida, o Clube de Regatas Flamengo, nascido Grupo de Regatas do Flamengo. Na primeira competição, houve naufrágio do barco do Flamengo, que foi rebocado pelo do Botafogo. Em 23 de novembro de 1896, a cor mudou das originais azul e ouro, para preto e vermelho, nascendo o rubro-negro. O motivo: as camisas antigas, importadas da Inglaterra, desbotavam com muita facilidade na água.

ATMOSFERA do grego *atmós*, vapor, e *sphaíra*, esfera. Seu uso mais comum é para denominar a camada de ar que envolve a Terra. Mas é também muito referido em seus sentidos conotativos como sinônimo de contexto em que se realizam certos eventos, como no caso da recriação de usos e costumes de uma determinada época nas produções artísticas. Assim, na telenovela *Sangue do meu sangue*, exibida pelo SBT, a atriz Bia Seidl viveu o papel de uma abolicionista na trama que recriou a atmosfera cultural e política do Brasil na segunda metade do século XIX.

ATO do latim *actus*, ato, feito, medida, radicado em *agere*, fazer. *Age quod agis* (faze o que fazes), reza célebre provérbio latino, recomendando que o que é feito deve ser realizado com toda a concentração para que a empreitada tenha êxito. Para o bem ou para o mal, o ato de mais interferência na vida é o político, pois afeta a vida de todos, interferindo na organização da sociedade. Por isso, um dos atos mais nefandos de toda a História do Brasil intitulou-se Ato Institucional Número 5, mais conhecido pela sigla AI-5. Foi baixado na noite de 13 de dezembro de 1968, deixando o Brasil às cegas. Fechava o Congresso, suprimia direitos, aposentava juízes, institucionalizava e assumia como legais todas as repressões. A censura impedia a publicação do que quisesse. Entre as proibições ensejadas pelo AI-5 estavam até mesmo a *Declaração Universal dos Direitos Humanos* e a *Declaração de Independência* dos... Estados Unidos! Por sutis complexidades semiológicas, dia 13 é também o dia do cego, do marinheiro e de quem faz lápides. Ou, como recomendam os *Evangelhos*: "Quem tem olhos para ver, veja!"

À TOA do inglês *tow*, corda para rebocar uma embarcação. O navio está à toa quando é puxado por outro e naturalmente quem decide o rumo a ir é o piloto daquele que puxa, não daquele que é puxado. A expressão veio a designar andar sem destino, despreocupado e também gesto inútil e ainda indivíduo sem qualificação, pessoa à toa. Em *A banda*, Chico Buarque de Hollanda aproveita a expressão nestes versos: "Estava à toa na vida/ O meu amor me chamou/ Pra ver a banda passar/ Cantando coisas de amor."

ATOCHAR do árabe *aut-taucha*, esparto, passando pelo espanhol *atochar*, fazer entrar com esforço, empurrar. No português passou a designar ação de forçar para que o recipiente venha a receber mais do que deve ou pode. Às vezes, o recipiente é a vítima de algum chato. O esparto ou atocha é uma planta medicinal cujas folhas eram utilizadas no fabrico de esteiras, cordas, cestas. Primitivamente significava encher de esparto alguma coisa, apertando. E atochador era apenas aquele que levava o esparto ou atocha a seus pontos de consumo.

ATÔNITO do latim *attonitu*, espantado pelo barulho do trovão. Seu sentido evoluiu para designar estado de admiração e assombro, tal como ocorre nesta passagem do livro de Rachel de Queiroz, *A donzela e a moura torta*: "O goiano olhava atônito aquele xadrez de divisas, e perguntava: – tanta cerca, guardando o quê?"

ATOR do latim *actor*, ator, o que faz as vezes de outra pessoa, que representa, do verbo *agere*, fazer. Designa aquele que desempenha um papel em peças teatrais, filmes, telenovelas etc. E ainda aquele que sabe fingir, representar, fazer de conta, designando, por isso, também o farsante. O francês *acteur* foi formado de *action*, ação, e *acteur*, ator, mediante confusão com o latim *auctor*, autor, que se misturou com *actor*, aquele que se mexe, que não fica quieto, que fala muito, o que por extensão resultou em *orateur*, orador.

ATRABILIÁRIO do latim *atra bilis*, bílis negra. Em latim, *atramentum* indica tinta ou líquido de cor preta. Os antigos supunham que nas pessoas melancólicas e mal-humoradas o baço substituía o fígado, segregando não a bílis esverdeada, amarga e viscosa, que ajuda na digestão, mas uma bílis preta, causa de irritação, morbidez e hipocondria. Passou a designar o indivíduo melancólico ou irascível.

ATRAIR do latim *attrahere*, puxar, trazer para si, desdobrando-se em muitos outros significados, que vão da economia ao amor, aludindo à necessidade de atrair capitais para investimentos e aos poderes de sedução de certos ícones de nosso tempo como as lingeries e os cosméticos. O filme *Atração fatal* conta a história de um amor eventual nascido do fascínio de um homem casado por uma loura, rival de sua esposa, morena, que resulta em sérios problemas para ele e sua família. À semelhança do filme, que assustou casais do mundo inteiro, a crise mexicana produziu o "efeito tequila", assustando os investidores estrangeiros no Brasil e na Argentina. O cinema já tinha consagrado, em tom de blague, a máxima de que os homens preferem as louras, mas casam com as morenas.

ATRÁS do latim *ad*, para, e *trans*, além, designando o lado oposto à face, nas pessoas, e ao focinho, nos animais, de onde migrou para indicar também o que aconteceu antes. Está presente em diversos contextos, de que são exemplos: *esse modelo de carro tem o motor atrás, esse outro apresenta o motor na frente*; *tempos atrás não se falava nisso*. O verso de Raul Seixas "eu nasci há dez mil anos atrás" duplica e reforça a indicação de que o acontecimento se deu no passado, com "há" e "atrás". Na frase "ele voltou atrás e mudou de opinião", a ideia de recuo está igualmente duplicada: voltar já indica ir para trás. Com o sentido de lugar e movimento, aparece nesses versos de Caetano Veloso: "Atrás do trio elétrico/ Só não vai quem já morreu/ Quem já botou pra rachar/ Aprendeu que é do outro lado/ Do lado de lá do lado/ Que é lá do lado de lá."

ATRASO de atrasar, verbo formado a partir do advérbio atrás, formado do latim *ad*, para, e *trans*, além, para lá de. O atraso é marca de falta de civilidade e educação, sem contar que serve para identificar nações em desenvolvimento, eufemismo criado para designar sociedades atrasadas e subdesenvolvidas. Há uma expressão curiosa, reveladora de nosso atraso no trato com os semelhantes. É chá de cadeira. Ao contrário da tradição anglo-saxônica, ibéricos, hispano-americanos e brasileiros desprezavam a pontualidade. Quem deveria chegar antes eram os súditos, não a nobreza e a fidalguia, que se consideravam superiores aos demais mortais e procuravam chegar com atraso para marcar o privilégio de poder fazer isso, enquanto os demais deveriam cumprir o horário previsto. Nas audiências, enquanto não eram recebidas, as pessoas eram acomodadas em cadeiras e os empregados lhes serviam chá para amenizar a espera. O chá e não o café dominou amplamente salões e residências, de que é exemplo o resquício na denominação do Viaduto do Chá, em São Paulo. Passou a designar espera demorada. O insólito é que, no Brasil atual, quem impõe atraso em geral são autoridades que, pagas pelos contribuintes, os desrespeitam quando marcam audiência e os fazem esperar, tomando chá de cadeira, só que quase sempre sem o chá, sem cafezinho, sem água.

ÁTRIO do latim *atrium*, entrada das residências romanas. No latim vulgar virou *adro*. Era este o recinto onde ardia o fogo sagrado dos altares onde estavam os Lares, divindades protetoras da casa. Suas características foram preservadas nos templos. Os romanos de mais poder aquisitivo moravam em *domus*, origem da palavra domicílio, ou acomodações semelhantes aos apartamentos de hoje, situadas numa *insula*, prédio de cerca de 20 m de altura, com janelas e balcões.

ATRIZ do latim *actrice*, aquela que faz. Desde os primórdios do teatro, na antiga Grécia, a arte de representar foi concebida como ação, sentido que conservou no cinema e no vídeo. Também os romanos a entenderam deste modo. Tão consolidada ficou tal concepção que, atualmente, os próprios atores, quando referem seu desempenho em alguma peça, usam o verbo fazer: "estou fazendo tal ou qual personagem." Atriz é também sinônimo de mulher fingida.

ATUAR do latim medieval *actuare*, atuar, representar, fazer algo, praticar a coisa feita, o *actus*, ato. No teatro, ganhou o sentido de desempenhar o papel do personagem, fazendo-se passar por ele, fossem deuses, reis ou plebeus, de acordo com o talento dos atores. O primeiro ator a ter mais do que os habituais 15 minutos de fama foi Thespis, reconhecido como o melhor na primeira competição dramática, ocorrida em 543 a.C., em concurso presidido por juiz ateniense Peisitratos. Sua fama perdura mais de 2.500 anos depois. Tudo o que se refere a teatro começou em verdade na Grécia antiga: o teatro, o palco, as máscaras, as vestes, os atores, as atrizes, os dramaturgos etc. Trazido para Roma, o teatro entrou em declínio com a decadência do Império Romano, mas floresceu no Japão, na Índia, na China. No século XV, a arte de atuar consolidou-se na França, na Itália, na Espanha e principalmente na Inglaterra, onde surgiram os primeiros atores profissionais.

ATURDIR do espanhol *aturdir*, por sua vez baseado em *tordo*, nome de pássaro na Espanha, vindo do latim *turdu*, espécie de peixe. No folclore espanhol, diz-se que o tordo cai desfalecido ao chão, em dias de muito calor. Os romanos já diziam que o tordo ao nadar dava a impressão de estar descoordenado, confuso, perturbado. "O escravo devia, forçosamente, ingerir, todos os dias, doses de aguardente, para esquecer, aturdir-se, esquecer", escreve o folclorista Luís da Câmara Cascudo em *Prelúdio da cachaça*. Os espanhóis têm o provérbio "*tener cabeza de tordo*". E tordilho é a cor do cavalo cujos pelos lembram a aparência do tordo.

AUDÁCIA do latim *audacia*, audácia, atrevimento. A etimologia latina remota alude a ato de mostrar o rosto, empinar o nariz, enfrentar o inimigo, ainda que o adversário seja insolente e petulante. Foi o que fez a juíza mineira, radicada no Rio de Janeiro, Denise Frossard, em 1993, ao mandar para a cadeia a cúpula do jogo do bicho. No julgamento, antes de ouvir a sentença, os hierarcas da contravenção apresentavam-se sorridentes e bem-humorados, afinal nenhum juiz tivera ainda o peito de determinar a prisão deles, imagine uma juíza! Pois Madame Frossard surpreendeu a todos, fazendo o dever de casa de quem julga. Sua sentença, baseada na lei e no que estava comprovado nos autos, mandava os culpados para a cadeia, pois a pena era a perda da liberdade, no Brasil aplicada sem nenhuma vacilação a pobres e fracos, mas quase incapaz de alcançar ricos ou poderosos. A juíza ganhou fama instantânea no Brasil e no exterior.

AUDIÇÃO do latim *auditione*, declinação de *auditio*. Nos dois exemplos, o "t" é pronunciado em latim como o "ç" em português. Designa o sentido que permite captar os sons pelo ouvido e levá-los ao cérebro através do nervo auditivo, onde são recebidos, analisados e entendidos. O ouvido do homem é de uma pobreza franciscana quando comparado ao dos cães, que têm audição privilegiada. Eles ouvem sons quatro vezes mais distantes e inaudíveis ao ouvido humano, seja em alta, seja em baixa frequência. Trovões, rojões, alarmes, buzinas e vuvuzelas deixam os cães doidos de dor, desesperados. É por isso que procuram refugiar-se durante festas, aniversários, celebrações. Enlouquecidos, podem até matar-se. Nasceu daí a expressão "matar cachorro a grito", uma situação improvável, mas tecnicamente possível.

AUDIÊNCIA do latim *auditentia*. É palavra ligada ao verbo *audire*, ouvir. A origem remota é o substantivo latino *aus*, de onde veio *auricula*, o diminutivo latino que resultou no português orelha. A raiz *audi* está presente em auditar, ouvir tudo em detalhes, e em auditor, aquele que é encarregado de fazer isso. Indica também procedimento judiciário muito comum, que consiste em ato de o juiz ouvir as partes em conflito para que, diante dele, exponham suas razões oralmente, ele as possa ouvir e tais entendimentos sejam acrescidos aos autos, que são escritos.

AUGÚRIO do latim *augurium*, augúrio, presságio, adivinhação. Desde os tempos de Rômulo, na velha Roma, havia gente encarregada de prever se os acontecimentos vindouros trariam boas ou más notícias. Essas pessoas, inicialmente em número de três, depois quatro e finalmente nove, formavam um colegiado e eram chamadas de áugures. Eles começaram seu ofício observando o canto e o voo dos pássaros. Paulatinamente foram aumentando esses indicadores. Assim, passaram a ser critérios de adivinhação das coisas futuras também o modo como as aves se alimentavam, o tráfego dos corpos celestes, o trovão, o raio, os ventos. Entre as aves, as mais observadas eram a águia, o corvo, a gralha, o abutre e o milhafre. Os áugures mais qualificados encarregavam-se de examinar os presságios que envolviam cerimônias religiosas e negócios de Estado. A sabedoria adivinhatória estava contida em 12 artigos, relacionados com os 12 signos do zodíaco. Comandantes militares levavam áugures com as tropas, para que previssem as condições das batalhas. Os áugures consultavam frangos levados em gaiolas. Na Primeira Guerra Púnica, observando que os frangos não queriam alimentar-se, nem sair das gaiolas, desaconselharam a batalha naval contra a frota cartaginesa. "Se não querem comer, que bebam", disse o comandante. E mandou jogar as aves ao mar. Os romanos foram fragorosamente derrotados, fortalecendo, assim, ainda mais o prestígio dos áugures. Outras formas de adivinhação, herdadas dos etruscos, consistiam em examinar as entranhas de aves e animais.

AUGUSTO do latim *augustus*, augusto, reverente, elevado, majestoso, do verbo *augere*, crescer, aumentar. Quem mais encarnou as excelências da denominação foi o imperador romano Augusto, a quem a rainha Cleópatra inutilmente tentou seduzir, depois de ter envolvido com sua sensualidade outros dois imperadores romanos. Ele deu nome ao oitavo mês, agosto, porque no latim vulgar Augustus foi pronunciado *Agustu* e *Agostu*, chegando ao português como Agosto, preservando-se, entretanto, a forma Augusto para o nome de pessoas, em razão da prevalência do cuidado do escrivão em registrar o nome corretamente, distinguindo-o do mês e acolhendo a homenagem ao antigo soberano.

AULA do grego *aulé*, palácio, corte, e do latim *aula*, corte, sala de palácio. Passou a designar o ato de ensinar porque as primeiras escolas funcionavam em prédios anexos aos palácios, residências oficiais de autoridades civis ou religiosas. O termo áulico tem a mesma origem. A duração de uma aula em nossos circuitos escolares varia de quarenta a cinquenta minutos. No ensino superior, uma aula semanal de cinquenta minutos equivale a um crédito semestral. Estudando meio período, o aluno pode cursar em média vinte créditos por semestre. Um bom curso tem pelo menos duzentos créditos, o equivalente a 3 mil horas/aula, distribuídos por quatro ou cinco anos.

AULETE do *Dicionário Aulete*, substantivo masculino que designa o dicionário Caldas Aulete, que deve seu nome a Francisco Júlio Caldas Aulete, que deu início ao *Dicionário contemporâneo da língua portuguesa*, hoje o mais rapidamente atualizado por dispor de uma versão denominada *Aulete Digital*, acessível na internet mediante cadastramento e senha de usuários. Caldas Aulete morreu solteiro, aos 52 anos, e foi muito criticado pelo escritor Antero Tarquínio de Quental em bom senso e bom gosto. Já ocorre o mesmo com *Aurélio*, nome pelo qual se consolidou, de autoria do alagoano Aurélio Buarque de Holanda Ferreira, da Academia Brasileira de Letras, casado com a também lexicógrafa Marina Baird Ferreira, a quem desposou em 1945 e com quem viveu até morrer.

AUMENTO do latim *augmentu*, em domínio conexo com o verbo *augere*, também ligado a *Auge*, sacerdotisa de Minerva. Significa elevar, glorificar, enriquecer. Não é raro, porém, os aumentos envergonharem a muitos, como no caso dos salários de diversas categorias de trabalhadores.

ÁUREA do latim *aureo*, feito de ouro, dourado. Temos uma Lei Áurea, a que aboliu a escravidão negra no Brasil, assinada com caneta de ouro a 13 de maio de 1888 pela princesa Isabel. O poeta latino Horácio cunhou a expressão *aurea mediocritas*, mediocridade áurea, para designar as conveniências de se viver num ponto médio, longe da riqueza exagerada e da pobreza insuportável.

AURIVERDE dos étimos do latim *auri*, da cor de *aurum*, ouro, dourado, e *virides*, verde. Mas na designação da cor predominou amarelo, do baixo-latim hispânico *amarellus*, diminutivo de *amarus*, amargo, por influência do aspecto pálido de quem sofria de icterícia, do grego *ikteros*, verdelhão, pois aos gregos o doente parecia esverdeado, não amarelado. As cores amarelo, do ouro, e verde, de nossas matas, serviram de inspiração aos hinos pátrios para exaltar as belezas do Brasil, mas Castro Alves, o poeta dos escravos, em "O navio negreiro", depois de saudar a bandeira nacional – "Auriverde pendão de minha terra,/ Que a brisa do Brasil beija e balança" – exclamou: "Antes te houvessem roto na batalha,/ Que servires a um povo de mortalha!"

AUSCULTAR do latim *auscultare*, auscultar, ouvir com atenção. Esta palavra latina, cujo significado literal é dar ouvidos, forneceu o étimo para o verbo escutar, pois sua pronúncia mudou de *auscultare* para *auscultar*, *ascutar* e finalmente escutar. Entretanto consolidou-se na Medicina a forma clássica auscultar. Assim, o médico ausculta o coração e os pulmões do cliente com o estetoscópio, instrumento que o ajuda a escutar os ruídos internos do organismo. O verbo pode ser empregado no sentido metafórico, com o sentido de sondar, procurar saber.

AUSENTE do latim *absente*, afastado, distante, ausente. No Brasil meridional, em estradas que cortam as serras, são frequentes pequenas grutas e capelas construídas para homenagear os ausentes. A memória popular reverencia deste modo aqueles que, tendo ajudado a construir os caminhos, não podem mais percorrê-los, porque morreram ou tiveram que mudar-se para longe dali.

AUSTRAL do latim *australe*, austral, relativo ao sul. Coerentemente, designa também um vento quente, procedente do sul do mar Mediterrâneo. Pode ter havido influência do grego *austerós* e do latim *austro*, declinação de *auster*, seco, que desseca.

AUSTRALIANO de Austrália (palavra formada a partir do latim *Auster*), cuja denominação significa 'o que está ao sul'. Auster era o nome de um vento do Mediterrâneo que tudo secava e que vinha do sul, tendo gerado também a palavra austeridade e metáforas como enxugar o orçamento, governar com austeridade. Quer dizer, no fundo, políticos, banqueiros e economistas, sem saber, utilizam a linguagem das lavadeiras. Foram os ingleses que informaram aos habitantes do país que eles moravam num lugar chamado Austrália, conhecido pelos aborígines por outros nomes em suas quase três centenas de línguas e dialetos. Como se sabe, o ponto de vista é crucial nas definições. Mais tarde descobriram também que se tivessem afogado todos os visitantes, teriam poupado de muitos sofrimentos os povos que ali habitavam. Com efeito, em 1788 o Reino Unido não encontrou outra finalidade para a Austrália senão transformá-la em presídio para criminosos ingleses, correspondentes aos degredados portugueses que vieram parar no Brasil por motivos semelhantes. Nas Olimpíadas de 2000, realizadas em Sidney, coerente com o remorso que devasta as mentes esclarecidas dos tempos modernos, a tocha foi acesa pela atleta aborígine Cathy Freeman. O remorso tem fundamento. Quando o canguru foi descoberto, os aborígines eram 700 mil. Além das guerras de extermínio, tribos inteiras foram forçadas a migrar para abrir espaço para atividades econômicas como a mineração e pastagem. A Austrália ocupa o segundo lugar no Índice de Desenvolvimento Humano (IDH), mas a estatística é controversa, uma vez que os aborígines, que vivem nas regiões mais pobres, não têm acesso aos mesmos benefícios de que desfruta a população branca.

AUTÊNTICO do grego *authentikós*, autêntico, principal, primordial. Em grego, *authéntés* designava o senhor absoluto. O vocábulo passou ao latim *authenticu*, designando o que tem autoridade, válido, aprovado. Não é aplicado apenas a pessoas, mas também a documentos, que precisam ter sua validade reconhecida por meio de autenticação, principalmente em cartórios. Autêntico está na língua portuguesa desde 1344, mas era grafado "outentigo" ainda no século XIII. O filósofo alemão Martin Heidegger descreve a existência autêntica como aquela que assume plenamente sua inarredável condição mortal, aceitando em decorrência a angústia que só poderia ser dissimulada pela banalidade cotidiana.

AUTISMO do francês *autisme*, autismo, do grego *autós*, por si mesmo. Designa estado mental marcado por alheamento do mundo exterior e intensa concentração em si mesmo, com dificuldades de comunicar-se com os outros. Quem criou a palavra para designar este tipo de esquizofrenia foi o psiquiatra suíço Eugene Bleuler, em 1911. Em 1943, os médicos austríacos Leo Kanner e Hans Asperger, sem se conhecerem, pesquisaram a doença e usaram a mesma palavra para qualificá-la. *O nome dela é Sabine*, que recebeu o prestigioso prêmio da crítica internacional do Festival de Cinema de Cannes, em 2007, é um documentário sobre o autismo. A diretora é a atriz francesa Sandrine Bonnaire, que filmou a irmã autista, Sabine Bonnaire.

AUTOAJUDA de *auto*, do grego *autós*, por si mesmo, e de ajuda, redução de ajudar, do latim *adjutare*. Designa forma de tratamento psicológico, mas sobretudo estratégia mercadológica de vender produtos por meio dos quais as pessoas possam ajudar a si mesmas. A avalanche editorial de livros sobre o tema começou com *Autoajuda*, livro publicado em 1859 pelo britânico Samuel Smiles, que trabalhara de aprendiz com um médico. "Deus ajuda aqueles que ajudam a si mesmos", frase de Benjamin Franklin, extraída do *Almanaque do pobre Ricardo* (*Poor Richard's Almanac*), serviu de inspiração para o autor compor seu livro, cuja primeira frase é: "O Céu ajuda aqueles que ajudam a si mesmos." A principal crítica que se faz aos livros de autoajuda é que oferecem respostas por demais simplórias para questões complexas.

AUTODIDATA do grego *autodídaktos*, o que ensina a si mesmo e aprende sem auxílio de professores. Muitos foram os que aprenderam diversas profissões sem frequentar a escola. São João Batista de La Salle, cuja festa é comemorada a 7 de abril, era muito rico e investiu sua fortuna pessoal na educação dos jovens, montando os primeiros cursos profissionalizantes para professores. O rei inglês Jorge II convidou-o a educar também os filhos da nobreza.

AUTÓDROMO do grego *autós*, por si mesmo, e *drómos*, lugar de corridas, pistas. Formou-se por analogia com hipódromo, sendo os cavalos substituídos por automóveis. Este é também o caso de sambódromo. Os dois autódromos brasileiros que sediaram corridas do Campeonato Mundial de Fórmula 1 são os de Jacarepaguá, no Rio de Janeiro, e Interlagos, em São Paulo. O Grande Prêmio do Brasil, que era disputado ora num, ora noutro, tem como recordista de vitórias o piloto francês Alain Prost.

AUTÓGRAFO do grego *autógraphos*, passando pelo latim *autographu*, escrito pela própria pessoa. Em 2600 a.C. já era costume dos escribas autografarem seus nomes em placas cuneiformes de argila. Também foram encontrados autógrafos em papiro. O autógrafo enriquece o exemplar de um livro. O conhecido empresário paulista e um dos maiores bibliófilos brasileiros José Mindlin tem preciosas coleções de livros autografados, até mesmo do maior escritor brasileiro de todos os tempos, Machado de Assis. Um dos maiores poetas brasileiros, Carlos Drummond de Andrade, pagou a primeira edição de seu livro de estreia, *Alguma poesia*, em 1930. Um exemplar deste livro, autografado, hoje cobre os custos de uma edição inteira. Por isso, ir às sessões de autógrafos pode ter uma motivação adicional: no futuro o autógrafo poderá valer uma fortuna.

AUTOMAÇÃO do inglês *automation*, automação, palavra formada para denominar um sistema automático que dispensa a intervenção humana no controle do funcionamento de certos mecanismos. Com a crescente informatização do processo industrial, muitos trabalhos humanos foram substituídos pelas máquinas. Os pessimistas viram nisso uma ameaça ao emprego e à valorização social do trabalho, mas a experiência está mostrando que novas máquinas criam outros tipos de emprego, levando não a uma substituição da mão de obra pela automação, mas a uma diversificação na qualificação dos trabalhadores. O próprio Karl Marx viu na automação a possibilidade de os indivíduos dedicarem mais tempo ao desenvolvimento artístico e científico, por meio da redução da jornada de trabalho.

AUTOMOBILISMO do francês *automobilisme*, automobilismo, de *automobile*, automóvel, carro, que se move por si mesmo, com seu próprio motor, sem força externa. Os antigos carros e bondes eram puxados por bois, cavalos ou burros. Em italiano, vindo igualmente do francês, existem *automobile* e *automolisme*. Em português, os nomes dos carros são masculinos, e femininos os das fábricas que os produzem. Em espanhol é masculino: o carro da Ferrari é "el Ferrari". No alemão, automóvel é masculino também: diz-se "der Golf", "der Porsche" etc. "Der" é o artigo masculino em alemão. Em francês e em italiano, automóvel é feminino. Mas no português brasileiro, o coloquial está predominando e alguns carros estão mudando de gênero, por influência do italiano e do francês. Diz-se um Gol, um Corsa, um Astra, um Vectra, um Honda, mas "uma" Ferrari. Comentando o assunto, escreveu o jornalista Roberto Amaral Sharp, mais conhecido como Bob Sharp: "O que será que levou muitos, por gerações, a alternar o gênero dos carros, ora masculino, ora feminino? Há uma lenda urbana que diz que carro é masculino, sendo o Ferrari exceção à regra: 'a' Ferrari."

AUTOMÓVEL de auto, por si mesmo, e móvel, que se move, influenciado pelo francês *automobile*. Inventado por franceses e alemães, daí a presença de tantas palavras francesas nos veículos automotores, o primeiro a locomover-se por conta própria, por motor de combustão, era pouco mais do que uma pequena carruagem motorizada. Tornou-se conhecido como Benz Patent-Motorwagen. Foi inventado por Karl Friedrich Benz e tinha apenas três rodas. Em 1886 foram vendidas 25 unidades. O tanque tinha capacidade para 1,5 litro, e a autonomia não chegava a 16 km. No ano seguinte, o freio – tiras de couro comprimidas sobre as rodas dianteiras – foi transferido para as rodas traseiras. Fazia 16 km por hora e era mais lento do que um cavalo.

AUTÓPSIA do grego *autopsia*, olhar para si mesmo. Trata-se de neologismo criado pelos primeiros legistas, que entendiam ser a autópsia uma forma de observar a si mesmo de dentro de um cadáver. A forma necropsia, utilizada a princípio como variante, não se popularizou. No livro *Autópsia do medo*, o jornalista Percival de Souza documenta antigo rumor dando conta do namoro entre o famigerado delegado Fleury e a jornalista Eleonora Rodrigues Pereira. Num dos bilhetes que trocou com ela, em 17 de julho de 1978, diz o torturador: "estou com muitas saudades de você e de tudo o que costuma fazer comigo. Acho que o que eu quero você já sabe." A loucura de ambos pode ser vista também nos desenhos incluídos no bilhete em que aparece uma figura dizendo à outra: "desde que conheço você tenho sentido coisas que nunca senti antes." Entre suas vítimas mais ilustres, muitas das quais morreram sob suas ordens, estão o deputado federal e depois guerrilheiro Carlos Marighella e o frade dominicano frei Tito de Alencar Lima, que jamais se livrou do fantasma do delegado que o torturou, tendo se suicidado na França, onde vivia exilado.

AUTOR do latim *auctor*, escritor de obra literária, artística ou científica. O costume de creditar a autoria e remunerar os que escrevem livros e textos esparsos é historicamente recente. Foi a partir do século XV que essa prática se consolidou. Antes, eram muitas as obras anônimas, o que, no caso das censuras, funcionava como proteção aos criadores.

AUTORIA de autor, do latim *auctor*, o que produz, gera, faz nascer, aumenta, mais o sufixo -ia, comum na formação de palavras derivadas. Nem sempre é fácil identificar e fixar com precisão a autoria, seja de crimes, seja de livros. No caso desses últimos, o que vale é o original, o manuscrito, mas nem sempre eles existem. Da obra de William Shakespeare restaram apenas versões. Assim, em *Otelo* temos os adjetivos "indiano" e "judeu" aparecendo em textos francamente racistas, como demonstra o escritor e jornalista canadense Stephen Marche em *How Shakespeare Changed Everything* (Como Shakespeare mudou tudo), ainda inédito em português.

AVALANCHA do francês *avalanche*, avalancha, grafada também avalanche, caracterizada por gigantescas massas de neve, gelo, lama, rocha e, no caso dos vulcões, lavas, que descem das montanhas, de efeitos devastadores. Provavelmente, as maiores do mundo são aquelas que ocorrem no Himalaia, mas raramente são observadas. Algumas avalanchas chegam a atingir a velocidade de um carro de Fórmula 1.

AVALIAR de valia, de valer, do latim *valere*, ser forte, ter força, ter saúde, cujo étimo está presente na saudação latina *vale!*, equivalente ao nosso "passe bem" ou "como vai?", formas de cumprimento. Na Roma antiga era equivalente à gíria de hoje "valeu!", que indica aprovação. Também o verbo validar tem o mesmo étimo latino. O MEC avalia periodicamente os cursos, de que é exemplo o Sistema Nacional de Avaliação do Ensino Superior (Sinaes). E o Exame Nacional de Desempenho (Enade) dedica-se a avaliar o ensino superior. Em 2011, foram avaliadas 2.176 instituições de ensino superior, das quais 683 obtiveram notas insatisfatórias, abaixo de três, numa escala de um a cinco.

AVAREZA do latim *avaritia*, avareza, derivado de *avere*, ter demais, desejar ter demais. É um dos sete pecados capitais. Na verdade, predominou na classificação a magia do número sete, mas listas anteriores e posteriores à consolidação do número de pecados capitais traziam seis pecados e mesmo quando concordavam no número, discordavam na identificação. A lista tal como a conhecemos foi fixada pelo papa Gregório Magno, mas os grandes responsáveis por inseri-la na liderança de todos os pecados foram os escolásticos, preocupados com as relações entre a fé e a razão, especialmente Santo Anselmo, Santo Tomás de Aquino e o filósofo inglês Guilherme de Occam. Foram chamados capitais porque encabeçam todos os outros. Grandes escritores trataram da avareza, personificando suas devastações nas pessoas. Os três avarentos mais famosos da literatura são Shylock, de *O mercador de Veneza*, de William Shakespeare; Harpagon, de *O avarento*, de Jean-Baptiste Poquelin Molière; e Ebenezer Scrooge, de *Um conto de Natal*, de Charles Dickens. O empréstimo que Shylock faz a um rapaz que quer desposar uma rica herdeira é avalizado por um rico mercador de Veneza, mas tem ainda uma cláusula cruel: se não for pago no prazo, o credor poderá cortar uma libra de carne, não do devedor, mas do avalista. Por isso, na língua inglesa Shylock é sinônimo de avarento e uma libra de carne é expressão que denota pagamento feito com grandes sofrimentos. Harpagon empresta dinheiro a juros de 26% ao ano. No Brasil, os bancos já fizeram de Harpagon um filantropo. Muitas empresas e pessoas físicas gostariam de encontrar juros tão baratos como esses, pois os juros de cheque especial ultrapassam os 10% ao mês. Scrooge, dono de uma casa comercial que trata de hipotecas, duplicatas e faz operações na Bolsa, diz: "Não tenho tempo a perder com a miséria alheia; quem não tiver o que comer, nem fogo para se aquecer, pode se recolher a um asilo. Os que não querem ir e preferem a morte, fazem um grande benefício à sociedade, morrendo." A lista completa dos pecados capitais é a seguinte: avareza, gula, inveja, ira, luxúria, orgulho e preguiça. Elaborada na Idade Média, a relação pegou de tal forma que ainda hoje é brandida contra os pecadores.

AVATAR do sânscrito *avatara*, descida (do Céu à Terra), reencarnação. As grandes religiões têm certos padrões, começando pela região da Terra em que se surgiram. Judaísmo, cristianismo, budismo e islamismo, as quatro maiores, têm seus respectivos berços no Oriente. No budismo, avatar indica a crença segundo a qual um ser divino desce ao mundo, materializando-se, como é o caso de Krishna e Rama, avatares do deus Vixnu. Em outras religiões, esses avatares podem assumir forma de homem ou de animal, assemelhando-se nesse particular a certas deidades da Grécia antiga. No caso dos judeus, a crença é no Messias, aceito como já vindo pelos cristãos, na pessoa de Jesus Cristo. No caso do islamismo, não há um avatar específico, dada a simplicidade dessa religião, baseada em apenas seis crenças: em Alá, como deus único; nos anjos; nos *Livros Sagrados*, o principal dos quais é o *Alcorão*; nos profetas enviados à humanidade, dos quais o último e o mais importante foi Maomé; no Destino, pois tudo está escrito e Deus já sabe de antemão o que vai acontecer a cada pessoa; no Juízo Final. *Avatar* é o título do filme de maior bilheteria de todos os tempos. Na primeira quinzena de exibição, em dezembro de 2009, já tinha arrecadado quase o dobro do que custara a produção, e no alvorecer de 2010 já tinha faturado mais de 1 bilhão de dólares. É dirigido por James Cameron e estrelado, entre outros, por Sam Worthington, Zoë Saldaña, Sigourney Weaver e Stephen Lang.

AVE como saudação, procede do latim *ave*, redução do antigo *avete*, imperativo do verbo *avere*, saudar. Designando animal vertebrado que põe ovos e tem os membros anteriores modificados em asas e o corpo coberto de penas, procede do latim *ave*, declinação de *aves*, classe dividida em oito ordens: palmípedes, rapaces, galináceos, pombos, pernaltas, trepadores, pássaros e corredores. Pássaro é uma das ordens das aves, mas não é ave. É uma definição complexa. Por exemplo, o pombo tem ordem própria, e o peru, o papagaio e o pica-pau não são pássaros. O peru é ave, os outros dois são trepadores.

AVENÇA do latim *advenientia*, do mesmo radical de advir, do latim *advenire*, chegar. É o mesmo étimo de advento, como a Igreja designa o período de quatro semanas que antecedem o Natal. Nas regulações da vida coletiva, avença está na língua portuguesa desde o século XIII, designando acordo entre litigantes, com fixação de quantia que contribuintes e autoridades estimavam como tributos totais, à semelhança de um imposto único.

AVENIDA do francês *avenue*, chegada, do verbo *avenir*, vir, chegar, cuja origem comum para as línguas neolatinas é o latim *advenire*, vir, chegar. Passou a designar a via pública das cidades, ampla, mais larga do que as ruas, geralmente arborizada, ao longo da qual estão os principais prédios e as residências luxuosas. A avenida Paulista, em São Paulo, é bom exemplo. Ali ainda estão várias das antigas residências dos chamados barões do café. Em *Morte e vida severina*, o poeta João Cabral de Melo Neto alude a endereços do Recife nestes versos: "Siris apanhados no lamaçal/ que já no avesso da rua Imperial./ Mangas compradas nos quintais ricos/ do Espinheiro e dos Aflitos./ Goiamuns dados pela gente pobre/ da Avenida Sul e da Avenida Norte." O livro, levado ao teatro com músicas de Chico Buarque de Holanda, narra em versos as peripécias do retirante Severino, que deixa o sertão pernambucano em busca do litoral, na esperança de uma vida melhor. Entre as passagens, ele se apresenta ao leitor e diz a que vai, e encontra dois homens (irmãos das almas) que carregam um defunto numa rede.

AVENTUREIRISMO de aventura, do latim *adventura*, coisas futuras, trazidas pelo *ventus*, vento. Designa atos arriscados, perigosos, derivados de novidades sobre as quais não se tem controle algum. A aventura aplica-se também às ligações amorosas heréticas ou ilegítimas, fora de padrões como o namoro e o casamento. O ex-presidente Fernando Henrique Cardoso, querendo dizer aventureirismo, reduziu o vocábulo para aventurismo, classificando as propostas inconsequentes de poderosos grupos formados repentinamente para auferir lucros nas privatizações do sistema de telecomunicações. O neologismo, captado em grampo telefônico, ganhou registro escrito na imprensa.

AVESTRUZ do grego *strouthíon*, palavra que resume a expressão *strouthokámelos*, pássaro-camelo, pelo espanhol *avestruz*, cuja variante é *abestruz*. O étimo prevaleceu em outras línguas neolatinas. Avestruz é *autruce*, no francês, e *struzzo*, no italiano. E mesmo no inglês *ostrich* e no alemão *Strauss*. É a maior ave do mundo, originária da Arábia e da África, com asas rudimentares e dois dedos em cada pé. É onívora, isto é, come de tudo, e diz-se que come também pedra, daí a expressão "estômago de avestruz". Em face do perigo, diz-se também que a ave enterra a cabeça na areia. É que, ao procurar alimento, mergulha o bico no chão, dando a impressão de que se esconde. Deu avestruz no primeiro sorteio do jogo do bicho, realizado no dia 3 de julho de 1892.

AVIAÇÃO do francês *aviation*, palavra criada pelo escritor francês Gabriel de La Landelle e pelo jornalista, fotógrafo e caricaturista francês Félix Nadar, pseudônimo de Gaspard-Félix Tournachon, a partir do latim *avis*, ave, pássaro. As mesmas bases latina e francesa serviram a Clément Ader para forjar a palavra *avion*, que usou para denominar um de seus inventos. Nadar foi o primeiro a tirar fotografias aéreas, ao sobrevoar Paris num balão de ar quente, em 1858. Foi criador e primeiro editor da *Revue Comique* (Revista cômica) e do *Petit Journal Pour Rire* (Pequeno jornal para rir). A nova palavra apareceu impressa pela primeira vez em julho de 1863. O balão que ele construiu, de 6.000 m3, foi chamado de *Le Giant* (O Gigante), e inspirou o escritor Júlio Verne a escrever *Cinco semanas em balão*. Os dois fundaram uma sociedade de apoio a inventores de meios de locomoção aérea mais pesados que o ar, de que o jornalista foi presidente, e o escritor, secretário. Nadar também cedeu seu estúdio a um grupo de pintores combatidos e rejeitados pela mídia da época, sem sequer imaginar o quanto eles renovariam a pintura, entre os quais Monet, Renoir e Cézanne. Foi ele quem fotografou o barco alado de Jean-Marie Le Bris, um dos pioneiros da aviação e personagem do romance *Les Grandes amours*, de Gabriel de La Landelle.

AVIÃO do francês *avion*, avião. Apesar de o brasileiro Alberto Santos Dumont ter inventado o avião em 1906 e de suicidar-se ao ver seu invento servindo de arma de guerra para matar os próprios brasileiros na Revolução Constitucionalista de 1932, um marechal francês, professor titular de estratégia na Escola Superior de Guerra da França, ensinava aos alunos, em 1911: "O avião é um invento interessante, mas não vejo nele qualquer utilidade militar."

AVÔ do latim *avus*, antepassado, de que se formaram no latim vulgar *aviolus*, avozinho, e *aviola*, avozinha, onde o espanhol radicou *abuelo* e *abuela*. O diminutivo já se consolidava como forma de tratamento carinhoso, mas o português manteve a origem no grau normal, enriquecendo-se com variantes como vovô, em que reduplica a sílaba final, e vô, em que é suprimido o "a" inicial. O médico e escritor Pedro Bloch recolheu, porém, comovente definição feita por uma criança em seu consultório: "Avô é pai com açúcar." Os avós são homenageados em 26 de julho, dia dedicado a São Joaquim e a Santa Ana desde o século II, quando a Igreja passou a aceitar a versão de um dos *Evangelhos* apócrifos, o de Tiago Maior, decapitado no ano 44 de nossa era, de que esses eram os nomes dos avós de Jesus. A versão foi aceita porque o apóstolo, ao lado de São Pedro e São João, tinha certa precedência entre os 12.

AXÉ do iorubá *axé*, energia, força, poder vital que seres e coisas têm. O iorubá, grafado também ioruba, é língua presente na África Ocidental, falada principalmente no Sudão, Nigéria, Benin e Togo. O axé é também a energia sagrada dos orixás, indicando ainda os objetos utilizados em rituais do candomblé, guardados no *peji*, o altar deles. Tornou-se saudação brasileira a partir dos costumes afro-brasileiros que têm seu centro de difusão formal e informal na Bahia.

AZAR do árabe vulgar *az-zahr*, passando pelo francês *hasard*, designando sorte e ao mesmo tempo má fortuna. No Brasil, predominou o segundo significado. Os franceses basearam-se no árabe culto *Hazart*, suposto nome de um castelo da Palestina onde teria sido inventado o jogo de dados. É frequente que escritores tenham azares ao jogo da vida, dos quais não se pode descartar o de ter nascimento em terra de ditadores e analfabetos, às vezes geminados. Nenhum, porém, teve azar semelhante ao de Ésquilo, vítima de lendário desastre de trânsito ocorrido no céu, ou pelo menos acima de sua cabeça. Uma águia levava nas garras uma tartaruga. O famoso dramaturgo grego evitava o perímetro urbano e passeava pelos campos, querendo com isso impedir a realização de um oráculo que um dia lhe dissera que ele morreria quando uma casa lhe caísse na cabeça. Não adiantou. A ave de rapina (insígnia e símbolo de várias nações, entre as quais os Estados Unidos), deixou cair o quelônio sobre sua cabeça, matando-o. Não foi a primeira, nem a última vez que o poder executou um intelectual. Porém, quando o faz, raramente é ação acidental, embora seja a desculpa mais esfarrapada para as execuções, como nos tempos de ditadores como Augusto Pinochet, processado judicialmente por tortura, assassinato, terrorismo e genocídio, crimes praticados quando governou o Chile (1973-1990). Ele tentou em vão alegar imunidades de senador vitalício. O consolo para os que amam a justiça não é propriamente que um dia é da caça, outro do caçador, mas que são necessárias severas punições para que esses atos não se repitam. Afinal, águia e tartaruga estiveram envolvidas acidentalmente nessa única ocasião e assim mesmo para atender a um oráculo.

AZARADO de azar, do árabe vulgar *az-zahr*, pelo francês *hasard*, designando aquele que é infeliz, vitimado por má sorte, má fortuna, que causa infelicidade também aos outros, recebendo ainda a variante pé-frio, por influência de antigo costume nos velórios caseiros de se tocar ou mesmo beijar os pés do morto. Mas o étimo árabe é curioso, pois *az-zahr* é plural de *zahr*, flor, como ensina o professor João Baptista M. Vargens em *Léxico português de origem árabe: subsídios para os estudos de filologia* (Rio Bonito-RJ, Editora Almádena, 2007), originalmente tese de doutoramento do autor, defendida na Universidade de Lisboa. A palavra tomou vários significados em português, prevalecendo o de falta de sorte porque cartas e dados de jogo eram enfeitados com flores. Mas, em reviravolta repleta de sutis complexidades, azarar veio a designar, não apenas o ato de causar desgraça, mas também o de namorar, o que pode levar por motivos inconscientes ao costume de oferecer flores às amadas.

AZARAR de azar, do árabe vulgar *az-zahr*, pelo francês *hasard*, sorte, mas também falta dela. No árabe culto é *Hazart*, nome de um castelo, na Palestina, onde teria sido inventado o jogo de dados. Passou a sinônimo de paquera, mas é complicada a origem que lhe dão alguns pesquisadores, vinculando a palavra a asa, o que justifica o significado de azarar como 'arrastar a asa para alguém'. É pouco provável, sendo mais coerente o conceito de que se põe a azarar a pessoa que sai a namorar quem aparecer, ao azar. A dubiedade de sorte e azar está presente em sentidos conotativos de outros vocábulos de domínio conexo, de que é exemplo o verbo paquerar, indicando originalmente ato de caçar a paca. A mulher como presa do homem para o ato amoroso está presente no imaginário erótico desde tempos imemoriais. O que pode ter havido é que com a emancipação feminina também as mulheres tomaram a iniciativa de paquerar e azarar, passando de presas a caçadoras. E azarar passou da gíria à língua culta com o significado de flertar sem um alvo previamente definido, que acaba afinal sendo decidido de acordo com as circunstâncias.

AZEITE do árabe *az-zayt*, óleo extraído de certas plantas, frutas ou gorduras de animais. A etimologia é semelhante para azeitona, sinônimo de oliva, o fruto da oliveira. De largo uso doméstico e industrial, o azeite serviu de combustível nos albores da iluminação pública na cidade de São Paulo, serviço inaugurado a 27 de setembro de 1842, e também se presta a outras metáforas. Se um projeto vai bem, diz-se que está bem azeitado, aludindo-se a máquinas lubrificadas a contento. Mas quando aplicado a pessoas, o significado é outro, indicando mau humor, como nesta passagem de Ariano Suassuna em *A pena e a lei:* "Eu hoje amanheci azeitado. Não quero nem que olhem para mim." O escritor paraibano continua com a pena azeitada. Em 2002 recebeu o Prêmio Jorge Amado, o maior do Brasil, concedido pelo governo da Bahia. O júri entendeu que foi ele o escritor que mais influenciou a sociedade brasileira no ano anterior. Entre suas obras, duas são absolutas referências nas letras nacionais: *Auto da Compadecida* e *Romance d´a Pedra do Reino e o príncipe do sangue do vai e volta*. Suassuna tem-se distinguido ainda por intensa presença em jornais, revistas e sobretudo na televisão, meio escolhido por ele para dar verdadeiras aulas a multidões, como no passado fez com o rádio o médico, antropólogo e homem de comunicações Roquette Pinto. Devemos a ele não apenas uma boa interpretação do Brasil, nascida das observações feitas quando integrou a *Missão Rondon* entre os anos de 1907 e 1908, mas também a profissionalização de vários esportes, por ter deflagrado, a partir da década de 1930, uma intensa parceria entre o desporto e o rádio, inaugurando transmissões esportivas. Conquistando o público, o rádio serviu à divulgação de preceitos higiênicos, aulas de educação popular, divulgação de bens culturais e, naturalmente, também propaganda política.

AZEITONA do árabe *az-zaitúna*, azeitona, o fruto da oliveira, com o qual se faz o azeite, ingrediente indispensável na culinária desde a Antiguidade. Seu cultivo deve ter começado depois que o homem, impossibilitado de viver apenas da coleta de frutos, passou a cultivar a terra e a preparar os alimentos com a ajuda do fogo, passando, no dizer dos antropólogos, "do cru ao cozido", passo decisivo rumo à civilização. Os *Evangelhos* informam que Jesus passou as últimas horas antes de ser preso, na Quinta-Feira Santa, num horto de oliveiras, ainda hoje existente, nos arredores de Jerusalém.

AZENHA do árabe *as-saniya*, roda de irrigação, moinho d'água, sinônimo de atafona, igualmente do árabe *at-tahhuna*, mas esta movida pela força de animais, sejam bois, cavalos ou burros. Desde a Idade Média, os moinhos tornaram-se presença constante nos arredores das vilas e burgos, pois era necessário produzir cada vez mais farinha para fazer pão e macarrão para tanta gente. E o moinho veio para o provérbio "águas passadas não movem moinhos". Sem contar que o alucinado herói de *Dom Quixote*, de Miguel de Cervantes Saavedra, empreende luta contra moinhos de vento. A palavra moinho tem outra origem, porém. É uma variante da pronúncia do latim *molinum*, redução de *saxum molinum*, pedra especial com que era feita a mó. Esta procede da raiz indo-europeia *mel*, tornar mole, moer, cujo étimo está no verbo latino *molere*, moer, triturar o grão sob a mó.

AZEVINHO de origem controversa, provavelmente do latim clássico *oxymysine*, como se lê no *Livro XXXVII*, volume IV, de *Naturalis Historia* (*História Natural*), de Plínio, o Velho, advogado que desempenhou importantes cargos públicos em Roma. Era almirante e comandava uma frota nas proximidades de Pompeia, quando, ajudando as vítimas da explosão do Vesúvio, ali morreu com aqueles que queria salvar. A variante do latim clássico é *aquifolium*, pronunciada *acifolium* no latim vulgar. Designa arbusto da família das aquifoliáceas, nativo da Europa, com flores brancas e drupas vermelhas globulares. Cultivado pela madeira e pelas propriedades medicinais da casca, raízes, folhas e frutos, é usado também como ornamento nas decorações de Natal, costume herdado dos pagãos. No solstício do inverno, eles enfeitavam as casas com ramos de azevinho, em cujos poderes mágicos acreditavam. Nos festejos de então, Baco ou Dioniso, deus do vinho e dos prazeres, aparece coroado com ramos de videira ou de azevinho, planta que a divindade deu de presente à Inglaterra, quando por ali passou, segundo antiga lenda pagã. A bebida e os ramos atravessaram os séculos e hoje integram as festas natalinas.

AZUCRINAR provavelmente de Azucrim, entidade diabólica de provável origem asiática que tem prazer em fazer mal aos humanos. Pode ter havido mescla com azucrinol, inseto que mede de 2 mm a 2,5 mm, de olhos vermelhos, uma das pragas da lavoura, conhecido também por outras denominações. Os azucrinóis vivem aglomerados na copa das árvores, de onde se atiram sobre as pessoas, picando-as. Azucrinar significa importunar, embaraçar, atrapalhar. Muitos *paparazzi* azucrinam celebridades, em busca de fotos indiscretas.

AZUL de origem controversa, provavelmente vem de *lazurd*, palavra do árabe vulgar para designar esta cor, que no árabe culto é *lazaward*. Variantes da língua árabe foram faladas na Península Ibérica durante os sete séculos em que os mouros permaneceram na Espanha e em Portugal, entre os séculos VIII e XV. O provençal *azur*, o francês *azur*, o espanhol *azul* e o italiano *azzurro* apresentam as mesmas semelhanças, mas pode ter havido influência do latim medieval *azurium*. No latim, a referência da cor é o céu, *caelum*, e, como toda cor, presta-se a vários simbolismos. No inglês *blue* (azul) é indicativo de melancolia, como atestam os *blues* musicais, neste caso provavelmente radicados na expressão *blue devils* (demônios azuis), já que a cor designa tanto o céu, no alto, quanto o mar, nas profundezas, onde vivem os monstros, associados à depressão.

B

BABACA redução de babaquara, do tupi *mbaebé*, nada, e *cuaá*, saber, e *-ara*, sufixo que indica agente, significando aquele que não sabe nada, o bobo. Por preconceito urbano contra a gente do interior, passou a sinônimo de caipira, tido por tolo. Depois é que pesquisadores universitários descobriram que o caipira é, ao contrário, muito esperto. A descoberta, porém, não impediu que continuasse a proliferação de babacas até mesmo em áreas universitárias, chamadas de *campi*, plural de *campus*, campo. Tal denominação decorre do fato de as primeiras universidades terem se expandido em barracas situadas além dos prédios onde originalmente estava instalada a administração. Também pode ter relação com o latim *balbu*, gago, de onde surgiu bobo, sendo boboca e babaca algumas de suas derivações. Significa tolo porque foi assim que os bobos das cortes ficaram conhecidos, já que entre as graças que faziam para divertir os nobres estava a de fazer-se de gago.

BABALAÔ do iorubá *babulá*, aquele que prevê. Assim é chamado o sacerdote de Ifá, deus da adivinhação nos cultos de religiões afro-brasileiras. O antropólogo e folclorista alagoano Artur Ramos, nascido em Manguaba e falecido em Paris, autor de 458 trabalhos e diretor do Departamento de Ciências Sociais da Unesco, escreveu em *O negro brasileiro*: "Os sacerdotes iorubanos chamam-se babalaôs ou ababaloalôs, como ouvi em nossos dias, na Bahia."

BABEL do topônimo hebraico *Babel*, confusão de línguas. Daí originou-se babilônia: cidade grande, sem planejamento. A famosa Torre de Babel aparece na *Bíblia*. Os filhos dos homens começaram a erguer, em Babel, uma torre cuja altura chegasse até o céu, com o fim de servir-lhes de monumento para não se dispersarem sobre a face da terra. Deus disse estas palavras muito sintomáticas: "São todos um só povo e falam uma só língua, e esta é a primeira empresa que realizam; doravante não lhes será difícil fazer tudo o que lhes vier à mente. Desçamos e confundamos ali sua língua, de sorte que não se entendam um ao outro." Em nosso país, a burocracia inventou a "torre de papel", onde também ninguém se entende. E já tivemos um ministro da desburocratização, que, evidentemente, baixou algumas portarias, atos, decretos, normas etc.

BABUCHA do árabe *babuja*, sandália de couro ou de pano, sem salto, aberta no calcanhar. É um dos itens da indumentária oriental, que veio para o Brasil acompanhando as variações da moda quando essa temperou as influências europeias e americanas, inspirando-se em usos e costumes daquela parte do mundo.

BACALHAU é de origem controversa o nome deste peixe, cuja carne salgada e seca é utilizada na culinária de todo o mundo. Provavelmente chegou ao português depois de escalas no dialeto basco *bakaillao*, dito também *makaillao* e *makaillo*. Foi importante transição entre o cru e o cozido na culinária primitiva, pois não corria o risco como outros víveres, que estragavam sem sal. Foram os bascos os primeiros comerciantes desse peixe, ainda no primeiro milênio. Os *vikings* também comiam bacalhau, mas em cubos, depois das peças serem secas sobre rochas ou navios. Os portugueses, maiores consumidores de bacalhau no mundo, trouxeram o peixe para sua culinária no final do século XV, coincidindo com o início das grandes navegações. Em 1508, o rei Dom Manuel, grande apreciador da iguaria, baixou um imposto sobre a pesca do bacalhau, com o fim de obter recursos que financiassem as expedições da pesca estatal dessa merluza, àquela altura representando já 10% da comida portuguesa. Apenas no século XIX as empresas particulares foram autorizadas a também pescar bacalhau. A Inglaterra travou duas guerras pelo bacalhau: uma contra a Alemanha e outra contra a Espanha, ambas no século XVI. José Luís Gomes de Sá Júnior criou o prato que leva seu nome, bacalhau à Gomes de Sá, em 1914. Mas o vocábulo teria recebido influências do italiano *baccalà*, peixe seco, e do gascão *cabilhau*, por aproveitamento do latim *caput*, cabeça. Então, alatinou-se em *cabellauwus*, documentado em 1163 em Flandres, já com influências do holandês *kabeljauw*. Peixe estenotermo, ele precisa de águas frias para viver, o que o leva a um intenso périplo por mares quase gelados, como as águas que banham a Islândia, a Noruega e a Terra Nova. Apesar de cada fêmea por cerca de seis milhões de ovos, apenas 1% sobrevive, atingindo 1,5 m de comprimento e chegando a pesar 50 kg. A expectativa de vida do bacalhau é de vinte anos.

BACAMARTE de origem controversa, do francês *braquemart*, alteração *bragamas*, alteração do italiano *bergamasca*, dança e música de baile originárias da cidade de Bergamo, na Itália. São obscuras as razões que levaram a palavra a designar certo tipo de espada, faca ou cutelo, depois migrando mais uma vez para indicar arma de fogo, mas pode ter havido mistura com o holandês *breecmes*, trinchante, ligado ao verbo *braecken*, partir, e ao alemão *brechen*, quebrar. Até o século XVIII, bacamarte era em português a espada de lâmina grossa, mas então passa a designar preferencialmente arma de fogo, a cravina curta, de boca larga. Isto foi possível pela perda do "r", pois, no século XVI, "*bracamarte*" era espada curta e larga. No Brasil do século XIX, bacamarte ganhou novo significado e "definia o cavalo de má qualidade, normalmente derrotado nas provas", segundo nos informa o pesquisador do CNPq e professor da UFRJ, Victor Andrade de Melo, em seu *Dicionário do esporte no Brasil: Do século XIX ao início do século XX*. Curiosamente, craque, aplicado ao cavalo vencedor, passou para o futebol, indicando o jogador excepcional, mas bacamarte, seu antônimo, não. Ao jogador ruim de bola foram aplicadas outras desqualificações, duas das quais muito conhecidas: cabeça de bagre e perna de pau.

BACANA de origem controversa, sendo plausível que sua procedência mais antiga esteja nas formas latinas *Baccha*, designando a *bacante*, mulher que celebrava os mistérios do deus Baco, na antiga Roma, dançando e se embriagando nas bacanais, festas a ele dedicadas. Baco é o nome latino do deus grego Dioniso. Recebeu tal designação porque a divindade trazida da Grécia para Roma depois da conquista presidia ao sexo e ao vinho. E o galho ou ramo da videira em latim é *bacchos*. O significado de bacana pode ter sido influenciado pelo italiano *baccano*, indicando balbúrdia, algazarra e também o mercado de peixe. Nas lenaionas, festas celebradas na Grécia nos meses de janeiro e fevereiro, Dioniso era representado por um adolescente cuja máscara estava enfeitada de ramos. Eurípides, um dos mais famosos autores das tragédias gregas, classifica Dioniso em *As*

BACANTES como *polygethés*, alegre, cujo projeto divino é "rir e acalmar nossas inquietações". Os sinônimos de bacano – alegre, divertido, bom, excelente – resultam em indícios de que bacana, variante feminina que se consolidou, tenha designado originalmente quem participava do bacanal. Pode ter havido ainda influência do lunfardo *bácan*, bacana, esperto, legal, luxuoso, simpático, constituindo-se na gíria portenha como palavra-ônibus, carregadora de vários significados.

BACHAREL de origem controversa, provavelmente do latim vulgar *baccalaris*, variante do latim medieval *baccalarius*, pelo francês *bachaler*, designando o jovem herdeiro de terras ou possessões, que ainda não é cavaleiro e o noviço de ordem religiosa, ambos estudantes. Há indícios de que na formação da palavra tenha entrado o latim *bacca lauri*, baga de louro. Pode ainda ter havido relação entre a palavra beca, do judeu-espanhol *beca*, pensão, pagamento do estudante, com origem no hebraico *bécah*, moeda utilizada em Israel. Na formatura, recebendo a beca, laureado com o diploma, estava pronto o *baccalaris*, o bacharel. Embora sem comprovação, é preciso atentar para a possível influência de títulos da nobreza territorial sobre as denominações universitárias, de que são exemplos *campus*, propriedade rural cedida para instalar ali prédios universitários, e *magnificus*, título dado ao reitor, então proprietário das terras onde foram instalados os ditos prédios. Nessa linha, bacharel seria apenas o aluno que se forma nesses *campi*, em qualquer curso, mas como predominava o Direito, bacharel vinculou-se mais a este.

BAÇO do latim *bacius*, turvo. O órgão do corpo humano, situado à esquerda da cavidade abdominal, é assim chamado por causa do aspecto arroxeado que lhe é próprio. Pesa 200 g no adulto normal, é recoberto pelas costelas e tem função linfoide, purificando o organismo. Sua função é destruir os glóbulos vermelhos inúteis. A pele do sapo é também baça e enrugada como certas etimologias.

BADALAR de badalo, do baixo-latim *battuaculu*, badalo, derivado de *battuere*, bater. Battus era o nome do pastor que denunciou Mercúrio e foi por este transformado em pedra. Na origem do verbo latino, *battuere* tinha também o significado de ato sexual. Posteriormente, badalo passou a designar a peça de metal, de extremidade grossa, em forma de bola, pendurada no interior do sino. O sino, posto no alto das torres ou em campanários construídos junto às igrejas, foi o primeiro meio de comunicação social. Badalar passou a ter o significado de promover, proclamar.

BADAMECO do latim *vade mecum*, vai comigo. Antigamente designava pequena pasta onde os estudantes carregavam livros e papéis, passando depois a designar livros fáceis de transportar, espécies de manuais de determinada disciplina. Houve também variação neste vocábulo, tanto na fala como na escrita, tendo sua grafia alterada para *vade-mécum*. Deixou de nomear pastas para fixar-se apenas na denominação de livros.

BADEJO do espanhol *abadejo*, diminutivo de *abad*, abade. A figura do peixe em questão lembra um abade vestido com seu hábito característico. Outro exemplo de denominação semelhante é o peixe-frade. Já o primeiro bispo do Brasil, o português Pero Fernandes Sardinha, foi devorado pelos índios caetés, em Alagoas, no ano de 1556, após um naufrágio, quando viajava a Portugal para queixar-se diretamente ao rei dos métodos utilizados pelo padre Manuel da Nóbrega no trato com os índios. Mesmo desconhecendo a língua portuguesa, aqueles antropófagos viram em Sardinha um acepipe saboroso. Com o nome que tinha...

BADERNA do latim *baderna*, que no francês deu *baderne* e no italiano *baderna*, todos os vocábulos com o significado de desordem, bagunça. Pode ter vindo do inglês *bad*, mau, e *yam*, fio, numa das campanhas romanas pela Grã-Bretanha. Os europeus que aqui viveram longos anos, tendo reprovado a bagunça brasileira, marca de muitos de nossos usos e costumes, principalmente na economia, ao voltarem para as antigas pátrias lembram-se, saudosos, "de nossa bagunça", que sempre exerceu um charme insólito sobre sua proverbial organização. Pode ter havido influência das brigas de rua travadas no Rio de Janeiro, na segunda metade do século XIX, pelos fãs da bailarina Marietta Baderna, sobre quem o escritor brasileiro Moacir Werneck de Castro criou uma lenda, depois levada a sério pelo ex-deputado comunista e estudioso de literatura, o italiano Silverio Corvisieri, que publicou um livro sobre a conterrânea prefaciado por Luciana Stegagno Picchio, cuja especialidade é a literatura brasileira.

BADULAQUE do hebraico *badel*, dividir, formou-se este vocábulo que, nos começos da língua, designou guisado de fressuras – ou vísceras – de carneiros ou de carne cortada em pedaços muito pequenos, aos quais eram misturadas porções de toucinho e temperos, como azeite e cebola. Foi alimentação muito consumida nos conventos medievais. Devia ser prato importante, já que alguns nobres doavam badulaques a ordens religiosas, às quais faziam doação até das caldeiras em que eram preparados. Hoje designa também bijuterias.

BAFÔMETRO junção de bafo e metro, designando aparelho que detecta a presença de álcool no organismo. A embriaguez ocorre quando a concentração de álcool situa-se entre 1,5 e 2 gramas por litro de sangue. Um dos métodos utilizados na perícia é o de Martini, apesar de que são ingeridas bebidas de outras marcas. O bafômetro, por ser muito prático e requerer pouca habilidade, é usado com êxito pelos policiais rodoviários, com o fim de impedir que os bêbados atentem contra sua vida e a dos outros, servindo-se dos veículos como armas. Foi inventado pelo professor doutor Aymar Batista Prado, do Departamento de Toxicologia e Farmacologia da Faculdade de Farmácia da USP, *campus* de Ribeirão Preto. Uma concentração de 8 decigramas de álcool por litro de sangue, segundo o Conselho Nacional de Trânsito, constitui prova de que o motorista está dirigindo embriagado.

BAGAGEM do francês *bagage*, conjunto de objetos pessoais que um viajante leva. O termo tem sido utilizado também para denominar a cultura e a experiência de um profissional. O ex-técnico da seleção brasileira, Zagallo, voltou dos EUA com o quarto título mundial na bagagem. Ele é o único jogador em toda a história do futebol mundial que foi campeão e bicampeão atuando dentro das quatro linhas, e tricampeão e tetracampeão atuando como técnico e coordenador. Mas levou algumas sovas memoráveis. Técnico da seleção em 1974, aprontou vexames inesquecíveis com um time que tinha algumas das maiores estrelas do futebol mundial. Já Telê Santana, técnico dos canarinhos em 1982 e 1986, voltou sem nenhum título na bagagem, mas com a fama de jogar bonito. Vicente Feola, o primeiro técnico a nos dar um campeonato mundial, em 1958, fez feio em 1966, conseguindo extraviar-se ainda nas quartas de final com um time que tinha Pelé, Tostão e Garrincha. Cláudio Coutinho, em 1978, voltou invicto da Argentina e proclamou o Brasil campeão moral daquela Copa. Não apareceu, porém, ninguém para entregar-lhe o título que a si mesmo conferiu e ele morreu incompreendido e afogado numa sessão de pesca submarina, esporte pelo qual era também aficionado. Aimoré Moreira foi nosso técnico na campanha gloriosa do Chile, em 1962, quando nos tornamos bicampeões. Ali era difícil alguém nos ganhar, embora a Espanha tenha nos pregado o maior susto quando já tínhamos perdido Pelé no primeiro jogo, contra a então Tchecoslováquia. Mas daí brilhou solitária a estrela de Garrincha, a alegria do povo. E em nossa bagagem veio o segundo título, o famoso drible da cachorrinha e a certeza de que, como dizia Nelson Rodrigues, tínhamos deixado de ser vira-latas.

BAGUNÇA de origem controversa, provavelmente veio do espanhol arcaico *bagoo*, *báculo*, por sua vez vindo do antigo irlandês *bacc*, pau com gancho de madeira. Nas desordens de rua, eram frequentes as brigas em que os populares agiam armados com báculos, pedaços de pau e porras, pequenas claves, armas complementares do exército romano, donde se originou porrada, daí a expressão sinônima de bagunça, quebra-pau. No vasconço perduram ainda várias palavras em que houve troca do "b" inicial por "m", como em *makol*, designando pau com gancho de madeira, possivelmente em forma de bengala, para facilitar o manuseio como arma. Sua origem pode também ser radicada em bago, acrescido do sufixo -unça, por analogia com jagunço. No *Dicionário Caldas Aulete*, com este sentido, o verbete aparece abonado por Aires da Mata Machado em *Escrever certo*. O vocábulo consolidou-se na língua portuguesa a partir da gíria, como sinônimo de confusão, desordem, baderna. Designa também máquina para remover aterro.

BAIANA de baía, do latim *baia*, étimo que aparece também no latim vulgar *baiare*, arredondar. É provável que tenha vinculação com a forma germânica *baga*, curva, em forma de arco. No português, baía veio a designar recôncavo onde os navios pudessem aportar. Quem consolidou o nome do atual estado como Bahia foi Américo Vespúcio, mas com o nome completo de Bahia de Todos os Santos, por ter sido descoberta, em 1501, no dia 1º de novembro. O *Acordo Ortográfico de 1943* manteve Bahia, mas determinou que os compostos derivados do nome perdessem o "h". Por isso, baiano e baiana são escritos assim. Porém, nem todos os baianos e baianas famosos nasceram na Bahia. Carmen Miranda, cujo nome completo é Maria do Carmo Miranda da Cunha, nasceu em Portugal, na freguesia de Marco de Canavezes, Província da Beira-Alta. Vendia gravatas, mas como gostava de cantar no trabalho, perdeu o emprego: seus colegas paravam para ouvi-la. Por ser muito baixinha, 1,53 m, usava sapatos de saltos enormes. O radialista César Ladeira passou a chamá-la carinhosamente de "a pequena notável", expressão agregada a seu nome para sempre. Ela cantava a música *O que é que a baiana tem?* e estava na plateia um empresário americano que a levou para a Broadway. As marcas de suas mãos e pés, além do autógrafo, estão na célebre calçada da fama, nos EUA.

BAIÃO variação de baiano, por sua vez derivado de Bahia, do baixo-latim *baiae*, designando águas termais e estâncias de recreio. O baião é gênero musical que influenciou até mesmo os Beatles, de que é exemplo a canção *She Loves You* (Ela te ama). Estava presente no cangaço, mas o baião mais célebre só foi difundido no ambiente urbano depois do sucesso de *Acorda, Maria Bonita*, logo transformada em marchinha, no Carnaval de 1956. Os primeiros versos convocam a mulher a trabalhar logo cedo: "Acorda, Maria Bonita/ levanta vai fazer o café/ que o dia já vem raiando/ e a polícia já está de pé." Não se sabe o nome verdadeiro da mulher de Lampião. Sabe-se apenas que abandonou o marido, um sapateiro, para seguir o cangaceiro, por quem se apaixonou e ao lado de quem morreu lutando, em 1938. A marcha tem um tom de lamento de quem não pode evitar uma despedida: "Se eu soubesse que chorando/ empato a tua viagem/ meus olhos eram dois rios/ que não te davam passagem." Havia música e poesia nas guerras da caatinga. A famosa atriz italiana Silvana Mangano canta o *Baião de Ana* no filme *Arroz Amargo*, seu primeiro grande sucesso, em 1949.

BAILAR do baixo-latim *ballare*, por sua vez radicado no grego *pállein*, ambos significando dançar, tremer, vacilar. Em nossos primeiros carnavais, bailava-se nas ruas, durante o entrudo. Mas este foi ficando violento. Em vez de água limpa, os foliões passaram a atirar água suja, farinha, talco, limões, laranjas, ovos. Em 1854, surgiu uma lei determinando que o entrudo não poderia ser molhado ou úmido, mas seco. E a gente fina e nobre pôde voltar a bailar nas ruas, com a arraia-miúda, média e graúda. Um ano depois, houve o primeiro desfile carnavalesco, patrocinado pelas Sumidades Carnavalescas, entidade fundada por escritores e intelectuais. Dom Pedro II, convidado pelos foliões, assistiu a esse primeiro desfile, inaugurando a presença de autoridades de todos os campos naquela que se transformaria na maior festa popular do mundo. Não se podia mais sujar ninguém nas ruas, nem atirar frutas e ovos nas autoridades. E o príncipe, deposto do camarote e do trono, dançou de verdade em 1889. Antes, porém, foi a um último baile, o da Ilha Fiscal.

BAILARINA do italiano *ballerina*, feminino de *ballerino*, designando quem pratica profissionalmente o ofício de *ballare*, bailar, dançar, do latim tardio *ballare*, mover-se de acordo com o ritmo de certa música. No italiano, *ballerina* designa também a sapatilha. Cecília Meireles, que teve, entre outras filhas, a atriz Maria Fernanda Meireles Correia Dias, que fez Mãe Inácia no filme *O Quinze*, e a Rainha Maria I, a Louca, em *Carlota Joaquina, Princesa do Brazil*, tem um lindo poema intitulado "Bailarina", que começa assim: "Esta menina/ Tão pequenina/ Quer ser bailarina./ Não conhece nem dó nem ré/ Mas sabe ficar na ponta do pé." E conclui graciosamente com esse toque sutil de humor: "Mas depois esquece todas as danças/ E também quer dormir como as outras crianças." Nos Açores, de onde eram seus pais, a poeta dá nome a uma escola básica na Freguesia de Fajã de Cima, Concelho de Ponta Delgada.

BAINHA do latim *vagina*, estojo, bainha para a espada. Houve troca do "v" inicial por "b", o que aconteceu também em outras palavras. Até o alvorecer do século XVIII, vagina era sinônimo de estojo, casulo e invólucro. Quando houve a troca da consoante inicial, vagina fixou-se nos domínios da anatomia feminina. Algumas expressões conservaram as alusões à sexualidade, de que é exemplo a espada para designar o Don Juan, tal como ocorre no livro de Rubem Fonseca, *A Confraria dos Espadas*.

BAIONETA do francês *baionette*, baioneta. É uma pequena espada, de um só gume, adaptada à boca do fuzil ou do mosquetão. Foi inventada em 1639. Acabado o estoque de balas e pólvora, contrabandistas franceses, em luta contra os espanhóis, amarraram facas e pequenas espadas às bocas das armas de fogo e venceram seus inimigos. A luta deu-se perto da cidade de Baiona. No ano seguinte, os armeiros daquela cidade começaram a fabricar o novo engenho em grande escala, consolidando a denominação.

BAIRRO do árabe *barr*, exterior. Na Península Ibérica, onde os árabes estiveram durante cerca de sete séculos, o vocábulo começou a ser usado para designar subúrbios de uma cidade, passando depois a denominar divisões urbanas internas e até mesmo administrativas. Muitos bairros são tão famosos que sem eles grandes cidades perderiam muito de seu brilho. Praticamente toda cidade tem um bairro preferido por algum estamento social, como artistas e intelectuais, empresários, profissionais liberais, tendo marcas próprias por causa de ilustres habitantes.

BAIUCA do espanhol *bayuca*, baiuca, taberna, bodega, botequim. Na baiuca são vendidas comidas e bebidas vulgares. Também os frequentadores procuram adequar-se à vulgaridade do recinto, seja nos pedidos que fazem, seja no comportamento. Em Portugal, baiuca é *estaminé*, tendo provindo do francês *estaminet*, onde designa o café em que se pode fumar, mas não se aplica somente a bares e armazéns, estendendo-se também a escritórios e consultórios.

BAIXARIA de baixar, que veio do latim vulgar *bassiare*, com o significado de descer, abaixar. O termo foi usado em matéria de capa da revista *Veja*, por conta dos escândalos que infestaram a corte britânica, envolvendo amores adúlteros do príncipe Charles.

BAIXELA do castelhano *vaixella* ou do francês *vaisselle*, ambos radicados no latim *vascella*, plural de *vascellum*, vasinho, designando o conjunto de utensílios necessários ao serviço de mesa, em especial os de metais nobres. Nas festas de boas entradas, especialmente no *réveillon* ou Ano-Novo, as baixelas são descidas para as comemorações.

BAJULAR do latim *bajulare*, levar nas costas ou nos braços. Com o tempo, trocou de sentido. Originalmente designava o modo como a bajula transportava a criança da qual estava encarregada de cuidar. *Bajula* no latim ibérico foi feminino de *bajulus*, que resultou em *baiula* no espanhol, mesmo porque o "j" tem som de "i" no latim. *Baiula* designava a ama, a babá. Como embalasse a criança, sacudindo-a enquanto entoava canções infantis para acalmá-la, seu ofício influenciou a formação do verbo bailar, do latim tardio *ballare*, por sua vez radicado no grego *pállein*, saltar, pular. Não fosse assim, o verbo seria balar, sem o ditongo, que é como chamamos as vogais pronunciadas numa só sílaba. O verbo mudou de significado passando a indicar ações de tratar outro como criança, a cujos caprichos os adultos da família, como pais, avós, irmãos, parentes e empregados precisavam submeter-se a fim de tornar possível o convívio em momentos de impasse em sua educação, de que são exemplos os esforços para fazer com que a criança se alimente, como o clássico fazer aviãozinho com a colher, gesto certamente nascido depois de 1906, quando foi inventado o avião. Agradar o rebento com o fim de levá-lo a tomar um remédio seria outro exemplo de bajulação. Foi este o caminho que levou a palavra a consolidar o significado de submeter-se indevida ou exageradamente a caprichos injustificáveis de adultos.

BALA do francês *balle*, que no italiano é *palla*, mas que no antigo alto-alemão era *balla*, sempre com o significado de projétil disparado por arma de fogo. A bala dundum deve sua denominação ao campo de tiro localizado em Dum-Dum, nos arredores de Calcutá, na Índia, onde os ingleses a experimentaram pela primeira vez, depois que foi proibido o uso de balas explosivas em armas de pequeno porte. Este tipo de bala possui uma ogiva em forma de cruz. Depois de disparada, isso faz com que diversos estilhaços se espalhem ao redor do alvo, sobretudo quando penetra o corpo humano.

BALADA do provençal *ballade*, palavra presente também no francês, designando desde o século XIII canção de três oitavas ou três décimas, narrando temas fantásticos ou simplesmente melancólicos. Foi originalmente canção acompanhada de música para *ballar*, dançar. Estruturado geralmente em três estrofes, com ofertório e refrão, foi muito popular por narrar a vida de personagens lendários ou históricos. Hoje designa canção sentimental, em ritmo lento, interpretada por cantores de música popular, acompanhada por conjuntos de instrumentos modernos, como guitarra, teclado etc. No italiano tornou-se *ballàta* e, no inglês, *ballade* ou *ballad*. Em todas essas línguas, como no português, está presente o étimo do verbo bailar, dançar.

BALAIO provavelmente do latim medieval *balagiu*, restos de trigo recolhidos em cesta para este fim, que passou a ser chamada de balaio. Em linguagem jornalística, o vocábulo designa seção em que são agrupadas pequenas notícias. Foi também o apelido de um dos três chefes da balaiada, rebelião popular ocorrida no Maranhão, Ceará e Piauí, entre 1838 e 1841. Luís Alves de Lima e Silva venceu os rebeldes, sendo promovido a general e recebendo o título de Barão de Caxias. Mais tarde foi também marquês e duque. E venceu também a Guerra do Paraguai, mas – oh, mistérios da História – deixou que Solano López escapasse: os dois seriam maçons e teria havido solidariedade além e acima de "bandeiras que separam quintais".

BALANCÊ do verbo francês *balancer*, balançar, que no português, grafado como se pronuncia, resultou em substantivo para designar um passo de quadrilha em que o corpo todo é balançado sem que os pés saiam do lugar. O balancê é habilidade característica de danças afro-brasileiras, o que não impede que louras e morenas façam ótimos balancês no Brasil.

BALANÇO do italiano *bilancio*, termo de escritura contábil que designa em itens sumários a situação patrimonial, econômica e financeira de uma empresa. É realizado anualmente e constitui-se em documento oficial que indica o encerramento de um determinado período, chamado de exercício. Seu valor legal é aferido pelas assinaturas dos sócios ou diretores, acompanhadas daquela do contador. As transações econômicas entre as nações constituem em seu conjunto o balanço de pagamentos e englobam quatro contas básicas: balança comercial, de serviços, transferências unilaterais e movimento de capitais. O resultado final será medido pelo déficit ou superávit. No primeiro caso, as entradas de capitais representam menos que as saídas; no segundo, as entradas superam as saídas.

BALBUCIAR do latim *balbutiare* (pronuncia-se "balbuciare"), balbuciar, gaguejar, falar hesitando e sem articulação. Os romanos denominavam *balbus*, de que se formou bárbaro, alusão a todo povo que não falasse latim. Curiosamente, não houve troca do "l" pelo "r" em balbúrdia, indicando desordem, confusão. Sem entender o que diziam aqueles falantes de outras línguas, comparavam sua linguagem à dos bebês. Os povos bárbaros, porém, mostraram-se muito violentos quando invadiram o Império Romano e o vocábulo ganhou outra conotação.

BALCANIZAR verbo formado a partir de Bálcãs, do turco *balkan*, montanhas. Significa partir em pedaços territórios ou nações politicamente autônomas, transformando-as em unidades menores, como ocorreu recentemente na Península Balcânica, palco de conflitos derivados de diversidades étnicas, religiosas e linguísticas. Sérvios, croatas, montenegrinos, macedônios, eslovenos, búlgaros, gregos, albaneses e romenos professam o catolicismo, o cristianismo ortodoxo e o islamismo, expressando-se em dois alfabetos, o cirílico e o latino. Com tantas diferenças, tem sido sempre difícil a convivência entre as várias facções uma vez que alguns tiranos quiseram impor-se pela força das armas.

BALDEAÇÃO de baldear, verbo presente na língua portuguesa desde o século XVI, ainda que baldeação somente tenha sido registrada a partir do século XVIII. O étimo comum é balde, do latim *battilum*, balde, vasilha, que se mesclou a *vatilla*, plural de *vatillum*, e deu vasilha. Baldeação passou a designar originalmente o ato de transferir com o uso de baldes as mercadorias de uma embarcação a outra ou a outro meio de transporte. Depois foi aplicado também à transferência de passageiros, de um navio a outro, de um trem a outro, de um ônibus a outro etc. Nas longas viagens de trem pode ter influenciado a denominação o ato de retirar os passageiros, lavar o vagão e trazê-los de volta ao recinto ou encaminhá-los a outro vagão ou a outro trem. Algumas baldeações se tornaram famosas no Brasil, como a de Cacequi (RS). Quando o trem vinha de Santana de Livramento ou de Bagé, a baldeação consistia em que a maioria ou quase todos os passageiros deixassem o trem com as respectivas bagagens e embarcassem em outros trens, tomando o destino de Porto Alegre ou Santa Maria. Os trens de passageiros pararam em 2/2/1996, mas as marcas do movimento e o número de desvios no seu pátio permanecem como testemunhas daquele que foi um dos mais importantes pátios ferroviários do Brasil.

BALÉ do francês *ballet*, depois do italiano *balleto*, derivado de *ballo*, dança. O balé é arte em que são combinadas a dança, a música e também a expressão por meio de gestos. No candomblé e na umbanda, designa o lugar onde as almas fazem baldeação para o outro mundo, depois de terem deixado este.

BALEIA do grego *phálaina*, pelo latim *ballaena*, baleia. É o maior animal do mundo. Substituindo os dentes, tem mais de seiscentas barbatanas apenas no maxilar superior de sua bocarra. Tem olhos pequenos, situados na comissura dos lábios, e o nariz está localizado no vértice da cabeça. Diz a história que para não cumprir a missão que Deus lhe confiara em Nínive, cidade de quase um milhão de habitantes, o profeta Jonas tomou um navio para ficar longe do Senhor. Mas Javé era mesmo durão e mandou uma tempestade que quase afundou a embarcação. Os marinheiros estranharam a tranquilidade de Jonas, que dormia no porão. Tiraram a sorte para ver quem era culpado e o profeta foi lançado ao mar. Depois de ficar três dias no ventre de uma baleia, foi devolvido à praia e só então obedeceu a Deus. Ao contrário de Sodoma e Gomorra, Nínive não foi castigada. Jonas abominou a anistia divina e reclamou, mas não foi atendido. No Brasil, a mais célebre baleia é uma sofrida cachorrinha, personagem do romance *Vidas secas*, de Graciliano Ramos.

BÁLSAMO do hebraico *besem*, passando pelo grego *bálsamon* e pelo latim *balsamu*. É extraído de plantas aromáticas, que o derramam espontaneamente ou por corte apropriado, tal como as seringueiras. Seu uso foi muito frequente antigamente em cerimônias, principalmente religiosas. Os egípcios e os judeus embalsamavam seus mortos. Sua alusão é frequente nos *Evangelhos*, como no episódio em que passa bálsamo nos pés de Jesus. Em sentido metafórico, é muito usado como alívio para os sofrimentos amorosos e consolo para os que padecem. O sentido conotativo veio do fato de o bálsamo ser uma das primeiras pomadas do mundo, usado em ferimentos cotidianos e de guerra. A medicina quase já não o utiliza. Há substâncias mais apropriadas hoje. E para os males do coração, a terapêutica aconselhada tem sido outra: um novo amor.

BALUARTE do antigo provençal *baloart*, fortaleza inexpugnável. A História mostra, entretanto, que quase todas as forças tidas por inexpugnáveis ou invencíveis podem ser derrotadas. O mesmo está acontecendo com muitos dos que se autoproclamaram baluartes disso e daquilo.

BALZAQUIANA do nome Honoré de Balzac, escritor francês, que forneceu o étimo para este vocábulo, sobretudo a partir de um de seus noventa romances, intitulado *A mulher de trinta anos*, no qual delineou o perfil de uma figura feminina que soube caracterizar num misto de sedução e madureza. Entre os dois mil personagens que criou, a balzaquiana consagrou-se como um tipo todo peculiar, vivendo numa sociedade dominada pelo poder do dinheiro e entregue a paixões sempre mais complexas. A balzaquiana de hoje, caso não tenha elegância de comportamento, é logo vinculada à perua. E sua faixa etária foi bastante ampliada.

BAMBAMBÃ do quimbundo *mbambambamba*, exímio, mestre. Nas tribos africanas, o chefe, *mbamba-mbamba*, batia com o cetro sobre outra peça de madeira para, com o barulho, chamar atenção e impor respeito à sua fala, já que, dadas as crenças vigentes em sociedades primitivas, sabia mais quem estava em contato com os deuses e outras entidades sobrenaturais. O bambambã chegou ao Brasil por influência africana: os negros chamavam seus chefes brancos, que mandavam neles, de bambambãs. E ainda no navio, em vez de apenas bater na madeira os paus que tinham em mãos, batiam também sobre os escravos, fazendo-os estalarem no lombo dos cativos, como descreve muito bem o poeta Castro Alves em "O navio negreiro": "E ri-se a orquestra irônica, estridente.../ E da ronda fantástica a serpente/ Faz doudas espirais.../ Se o velho arqueja, se no chão resvala,/ Ouvem-se gritos... o chicote estala/ E voam mais e mais..."

BANALIDADE de banal, do francês *banal*, mais o sufixo -idade, comum em palavras derivadas de outras, mas com influência do francês *banalité*. Originalmente designou pagamento feito pelos servos ao senhor feudal para usarem seus animais e ferramentas nas atividades agropecuárias. O imposto era pequeno e isso fez com que adquirisse o sentido de coisa trivial, sem muita importância. O étimo remoto é o franco *ban*, proclamação, presente também no inglês *banner*, peça publicitária em forma de bandeira, de plástico, tecido, papel ou eletrônica, exposta em espaços públicos e também nas telas dos computadores, principalmente pela internet.

BANANA do árabe *banana*, dedo. Talvez o vocábulo tenha se mesclado à palavra de som semelhante, presente no galibi, língua ameríndia da família caribe, falada no Norte do Amapá. A banana aparece classificada nas ciências como angiosperma, subdivisão do reino vegetal que inclui plantas que dão flores e cujas sementes estão encerradas no pericarpo. *Karpós* designa fruto, em grego. O pericarpo designa tudo o que, no fruto, está ao redor da semente, o seu perímetro. Angiosperma é a semente encapsulada, o que fica evidente na formação da própria palavra: *angio*, vaso; *sperma*, semente. A angina, por exemplo, uma cardiopatia, doença do coração, indica aperto, sufoco. Dar uma banana não significa presentear alguém com a fruta. É expressão visual, que consiste em apontar o cotovelo para o interlocutor, a título de deboche ou escárnio. A frase é comum no Brasil, em Portugal, Espanha, França e Itália, com o mesmo significado de vingança, ofensa ou desabafo. Mas a banana na expressão é ingrediente do português falado no Brasil, já que as outras línguas não ilustram o gesto com frutas. Madame Pompadour encomendou um quadro ao pintor francês Joseph-Marie Vien intitulado *La Marchand d'Amours* em que um dos amores aparece dando uma banana. Já a expressão "a preço de banana" remonta a um tempo em que a banana dispensava poucos cuidados e integrava aquelas frutas já existentes no Brasil antes do descobrimento, não sendo nem necessário plantá-la para que frutificasse. Como se sabe, Pero Vaz de Caminha, autor da famosa Carta, cunhou expressões famosas, uma das quais aludia às excelências da nova terra: "Em se plantando, tudo dá." O minucioso escrivão tinha, porém, um estilo menos sintético e emitiu o mesmo juízo em outras palavras: "Querendo-a aproveitar, dar-se-á nela tudo." A frase, porém, permaneceu na memória popular, não com o contorno original dado por Caminha, mas na forma que a tradição consagrou. Ainda que reconhecida como atividade para a qual tudo lhe era favorável – terra, irrigação, clima, vegetação etc. –, a agricultura foi ali evitada pela primeira vez. Havia outros interesses. O próprio Caminha termina sua Carta pedindo emprego público ao genro, eximindo-o de trabalhar a terra, ofício considerado indigno de nobres no século XVI. Apesar de sua importância, também foi adiada a publicação da certidão de nascimento do Brasil, que só apareceu em 1817. Nela são postas em relevo as belezas naturais e a inocência dos índios, cuja evangelização ele indicou como a tarefa principal de um rei cristão. Acusados de indolentes e incapazes para o trabalho, os índios ficaram plantando bananeiras, em vez de cultivá-las comercialmente, que é como se denomina a brincadeira que consiste em firmar as mãos no chão e elevar o corpo, de modo a que os pés semelhem a árvore da banana. Tal metáfora inspirou-se no formato do pé dessa erva de grande porte, cujo nome latino é *Musa paradisiaca* (musa do paraíso), mas que entre sua parentalha conta com a banana-anã, a banana-caturra, a banana-d'água, a banana-nanica e outras. A banana petiça, que tem esse nome por ser baixinha, é a mais cultivada em todo o mundo, por ser tão profícua quanto as de maior porte, porém mais resistente aos climas frios. A banana esteve presente na condenação do primeiro herege brasileiro, Pedro de Rates Henequim, que não pôde dar uma banana para a Inquisição. Para esse teólogo herético, Deus tinha criado o paraíso terrestre, o famoso Éden, no Brasil. Convicto dessa certeza, passou a elaborar suas teses e desdobrá-las em complexas afirmações. O fruto proibido tinha sido a banana. Nem figos nem maçãs, como quiseram os renascentistas. Havia uma banana na História da Salvação. Para cometer o primeiro pecado, Eva não descascou o abacaxi, mas a banana. Outras expressões, como embananando e bananosa, significando confusão, podem estar ligadas aos primórdios da comercialização da banana, que era vendida em dúzias, cachos e quilos. Misturando tais medidas, surgia a inevitável confusão. Em sentido conotativo indica pessoa lerda, frouxa, sem iniciativa. O Demônio, que tem todos os defeitos, possui também o da avareza, e em vez de oferecer maçã à segunda mulher – a primeira, como sabemos, foi Lilith, a Lua Negra – ofereceu-lhe banana, muito mais barata já naquele tempo. A expulsão do Éden saiu a preço de banana para o príncipe das trevas, que fez um bom negócio e até hoje está comprando almas a preço de banana. É verdade que por algumas ele paga um pouco mais, como no caso do lendário Mefistófeles, depois personagem central do famoso romance *Fausto*, do autor alemão Johann Wolfgang Goethe, que vendeu sua alma ao Demônio por um alto preço, numa operação mercantil que envolveu um contrato complexo. A dialética, porém, nos ensina que do mal pode nascer o bem. Deste negócio com o Demônio resultaram lendas memoráveis, grandes romances, sendo *Fausto* o melhor de todos, no qual foram baseadas óperas de músicos famosos como Berlioz e Gounod.

BANCADA do germânico *banki*, assento. Passou ao latim vulgar como *banco*. No caso de bancada, temos uma reunião de bancos ou assentos, que em latim culto eram chamados de *sedilia*. Nos parlamentos, a bancada designa os deputados de um determinado partido ou alguma facção interna. No antigo MDB, que depois se transformou no atual PMDB, destacavam-se duas bancadas: a dos autênticos e a dos moderados.

BANCARROTA do italiano *bancarrotta*, *banco* (banca), *rotta* (quebrado). No italiano, é feminino. Designa falência, quebra, insolvência, decadência, ruína, incapacidade de cumprir compromissos comerciais. As primeiras trocas de moedas foram feitas num banco da praça, daí o nome, onde os comerciantes procediam às trocas. Quase sempre abrigado sob uma tenda, a banca passou a receber depósitos e a emprestar o dinheiro enquanto não era sacado. O banco quebrava, no sentido metafórico, quando não podia restituir as quantias postas à sua guarda. O verbo quebrar indicando insucesso comercial advém do que faziam credores enfurecidos que literalmente quebravam o banco e matavam seu proprietário.

BANCO do italiano *banco*, banco, assento e também casa de crédito. Sua origem remota é o germânico *banki*, significando apenas o móvel, sem encosto, onde podem sentar-se várias pessoas, ao contrário da cadeira, que é individual. As casas de crédito receberam este nome porque em cidades de grande comércio exterior, como Veneza, na Itália, os cambistas estendiam moedas sobre bancos de madeira na praça de São Marcos e ali faziam as trocas, sempre com a ajuda de balanças, pois as moedas de ouro, prata ou cobre, às vezes procedentes de países distantes, apresentavam variações de peso, dado que algumas delas chegavam com as bordas gastas ou quebradas.

BANDA do gótico *bandwa*, sinal. As bandas são originárias do ambiente castrense, militar, onde, pela reunião de vários instrumentos utilizados no adestramento e nos campos de batalha, elas foram formadas. Hoje são a feição mais alegre dos desfiles militares e escolares, sobretudo na execução de hinos, como no caso de outras solenidades, como as esportivas. Na Semana da Pátria o número preferido pelas bandas foi o *Hino da Independência do Brasil*, cuja letra é da lavra do jornalista, político e escritor Evaristo Ferreira da Veiga e Barros, que tinha apenas 23 anos quando a compôs. A música é de autoria de ninguém menos que o próprio Dom Pedro I, que a compôs aos 24 anos. Os primeiros versos dizem: "Já podeis da pátria, ó filho,/ ver contente a mãe gentil/ já raiou a liberdade/ no horizonte do Brasil."

BANDARRA de bando, do latim *bandum*, do gótico *bandwa*, sinal, pano, que identifica um grupo. Passou a designar o vidente, mas também o vadio, o malandro. No primeiro caso, por influência dos versos proféticos de Gonçalo Anes Bandarra, sapateiro e trovador português. Foi perseguido pela Inquisição, mas recebeu uma pena leve, que, naqueles anos, significava escapar da fogueira. Suas poesias não foram publicadas inicialmente em Portugal, mas em Paris e em Nantes, na França e, mais tarde, em Barcelona, na Espanha, depois de inéditas quase um século. Fernando Pessoa, outro português que morreria quase inédito também – apenas *Mensagem* tinha sido publicado – fez dele tema para o seguinte poema: "Sonhava, anônimo e disperso,/ O Império por Deus mesmo visto,/ Confuso como o Universo/ E plebeu como Jesus Cristo./ Não foi nem santo nem herói,/ Mas Deus sagrou com Seu sinal/ Este, cujo coração foi/ Não português, mas Portugal." André Luiz Oliveira musicou, entre outros poemas de *Mensagem*, também este, cantado por Moraes Moreira.

BANDEIRA o gótico *bandwa*, sinal, transformou-se em *bandaria* no latim, de onde veio ao português com a forma atual. Prestando-se a muitos significados, as bandeiras mais famosas entre nós são a do Brasil, retangular como é de praxe entre as nações, as dos desbravadores que entre fins do século XVI e começos do XVIII exploraram o interior do país, as que disciplinam tarifas nos táxis e as de escolas de samba, alegremente carregadas por graciosas porta-bandeiras, personagens das mais importantes e muito observadas no Carnaval. Temos também a expressão dar bandeira, indicando a revelação de gesto ou intenção que deveriam permanecer ocultos.

BANDEIRANTE de bandeira, formado a partir de banda, do provençal *banda*, lado, com origem no gótico *bandwa*, estandarte. Os bandeirantes paulistas tiveram função decisiva nos limites do Brasil e na interiorização do processo de colonização. Um dos mais famosos dá nome a rodovia em São Paulo, a Anhanguera, apelido do bandeirante Bartolomeu Bueno da Silva. Adentrando pelos sertões de Goiás, encontrou ouro, mas julgou a descoberta sem importância. Procurava mercadoria que valia muito mais: a mão de obra abundante e gratuita, o índio, objetivo principal de suas expedições ao interior. Para intimidá-los, deitou fogo num pouco de álcool e disse que tinha poderes para fazer o mesmo com os rios. Foi aí que os índios deram-lhe o codinome que para eles era uma ironia. Ele era diabo velho porque podia queimar um pouco d'água, mas não todas as águas, conforme ameaçava. E nas comemorações dos quinhentos anos do descobrimento do Brasil, fotos de índios ajoelhados diante de brancos poderosos, na Bahia, implorando que não tocassem fogo nem nas águas nem neles, foram estampadas em todo o mundo, revelando a famosa cordialidade brasileira. Dia 14 de novembro é dia do bandeirante. Ironia de datas: no dia seguinte, celebramos a proclamação da República.

BANDEIRINHA do latim *bandaria*, vindo de radical germânico que originou banda. Mas em futebol são assim chamados há muito tempo os auxiliares do árbitro, que atuam nas laterais do campo, empunhando bandeirinhas – daí o nome. O futebol utiliza dois juízes nesta função de ajudar o juiz, mas a regra XV, de 1938, alude a quatro.

BANDEJA provavelmente do castelhano *bandeja*, formado a partir do latim *pandicula*, diminutivo vulgar de *pandus*, inclinado, que se curva. Em latim, *pandus asellus* designa burrinho que inclina a cabeça, oferecendo-se ao buçal, peça do arreio que serve para sujeitá-lo. Utensílio de mesa, está presente também em representações de santas, como é o caso de Santa Águeda, martirizada virgem na Sicília, que traz os seios numa bandeja. Por serem confundidos com sinos, tornou-se padroeira dos sineiros. Outros viram ali pães e instituíram o costume de se benzer pães na igreja em seu dia, 5 de fevereiro.

BANDOLIM este instrumento musical veio do italiano *mandolino*, alaúde com quatro cordas duplas em uníssono e de afinação igual à do violino. O vocábulo foi acrescido ao nome do célebre compositor e bandolinista carioca, Jacó do *Bandolim*, autor e intérprete de choros memoráveis.

BANGUELA da variante de *Benguela*, cidade portuária de Angola, polo exportador de escravos. Os portugueses, que batizavam os negros nos porões dos navios, para que não desembarcassem pagãos, manifestavam seu insólito catolicismo também nos topônimos. Assim, o nome completo daquela cidade é São Filipe de Benguela. Além dos negros locais, eram arrestados outros, das redondezas, de diversas etnias, muitos dos quais limavam os oito dentes incisivos ou simplesmente os extraíam. E banguela passou a denominar a pessoa sem os dentes da frente. Já para designar o rodar do caminhão desengatado, em ponto morto, o que ocorre é metáfora, pois a peça mecânica que permite tal tipo de rodagem, quando afastada, semelha dentadura arredondada. Roberto Carlos, em *O caminhoneiro*, canta versos em que aparece a palavra: "Todo dia quando eu pego a estrada/ Quase sempre é madrugada/ E meu amor aumenta mais/ Porque eu penso nela no caminho/ Imagino seu carinho/ E todo o bem que ela me faz/ A saudade então aperta o peito/ Ligo o rádio e dou um jeito/ De espantar a solidão/ Se é de dia eu ando mais veloz/ E à noite todos os faróis/ Iluminando a escuridão/ Eu sei/ Tô correndo ao encontro dela/ Coração 'tá disparado/ Mas eu ando com cuidado/ Não me arrisco na banguela."

BANHEIRA de banho, do latim *balneum*, banho, ligado ao verbo *balneare*, banhar. A banheira foi originalmente pouco mais do que uma grande bacia, que era levada de um lado para outro da casa, mas depois foi fixada num dos compartimentos, o quarto de banho, designado apenas por banheiro, mas onde estão instalados a pia e o vaso sanitário, além do chuveiro, que tem este nome porque a água, ao cair, semelha a chuva. Muito antes de 1960, quando o cineasta Alfred Hitchcock lançou o filme *Psicose*, com sua famosa cena de assassinato no chuveiro, outras mortes tinham ocorrido no banheiro, como a de Agamenon, que ao voltar da Guerra de Troia foi morto a machadadas pela esposa, e a de Marat, esfaqueado por Charlotte, uma camponesa do interior da França que veio a Paris apenas para matá-lo, em plena Revolução Francesa. Foi também numa banheira que as filhas de Pélias, rei da Tessália, orientadas pela feiticeira Medeia – ela lhes garantiu que assim ele rejuvenesceria –, mataram o pai, mergulhando-o num caldeirão de ervas. Banheira, no futebol, designa o impedimento: os dois vocábulos substituíram o inglês *off-side*, que ocorre quando a bola, lançada de trás, encontra o atacante no campo adversário sem nenhum jogador do outro time pela frente, exceto o goleiro. De origem controversa, o gol de banheira pode ter este nome porque o autor não poderia estar ali e, sim, na banheira, já fora do jogo.

BANHISTA do latim vulgar *baneu*, que em latim culto era *balneu*, devido à procedência do grego *balneîon*, os três com o significado de imersão para fins higiênicos, terapêuticos, lúdicos e de lazer. As cidades litorâneas brasileiras oferecem, em todos os dias de verão, o espetáculo bem tropical de corpos à vista, tomando não apenas banho na água, mas também banhos de sol. O marinheiro que gritou "terra à vista" quando o Brasil foi descoberto, viu também corpos à vista tão logo as caravelas se aproximaram da praia.

BANHO do latim *baneum*, banho, sala de banho, origem de banheiro e balneário. A expressão "vá tomar banho", ofensiva, pode estar vinculada à concepção de que a higiene tem muito a ver com a virtude, assim como a sujeira com o pecado. Sujo é um dos nomes do Diabo. Não somente pecados, mas também crimes e erros são qualificados como sujeiras. A frase, dita em desabafo ou em reprimenda, inscreve-se na tradição geral que considerava o banho como a condição prévia ao recebimento de algum favor, insígnia, distinção. Foi considerado tão importante lavar-se que o rei inglês Henrique IV criou a Ordem do Banho. E no Rio de Janeiro, na segunda metade do século XIX, nos arredores da famosa rua do Ouvidor, a Casa de Banhos Pharoux convidava num anúncio: "Venha tomar banho na Pharoux, que é do que o senhor precisa."

BANHO DE LOJA de banho, do latim *balneu*, vindo do grego *balneîon*, e de loja, do francês *loge*, inicialmente designando cabana na floresta, mais tarde habitação na cidade, posteriormente parte da residência de comerciantes e finalmente estabelecimento comercial. *Loger*, em francês, significa morar. Banho de loja designa cuidados com a aparência, não apenas no vestir, mas também no comportamento, a chamada etiqueta. Dar um banho de loja em alguém é prepará-lo para um convívio social em que os dois quesitos são importantes.

BANHO-MARIA a junção de banho, do latim vulgar *baneu*, e Maria, do latim *Maria*, por sua vez vindo do hebraico, língua que não dispõe de vogais, *M-R-Y-M*. O nome vai com inicial minúscula na expressão porque não identifica pessoa. Designa processo de esquentar ou cozinhar lentamente qualquer substância. Em recipiente com água quente mergulha-se outro, contendo o que se quer aquecer, cozer, derreter ou evaporar. Alguns ministros e secretários podem testemunhar o processo, alternativa da fritura pura e simples. Recebeu tal designação porque a alquimista Maria, irmã de Moisés, foi a primeira a usá-lo. Na culinária e na alquimia, não na política.

BANQUETE do francês *banquet*, banquete, tendo originado do italiano *banquetto*, banquinho. As origens remotas da denominação devem-se ao costume de arranjar enormes bancos de madeira ao redor de uma mesa improvisada, com o fim de acomodar convidados em grande número para refeições comemorativas. É também título de um célebre livro de Platão. Nada mais natural que à mesa os convivas se pusessem a trocar ideias, vez que a civilização fez das refeições excelentes oportunidades de conversa, daí a expressão "almoço de trabalho", em que se procura mesclar o prazer da boa mesa com os bons negócios. Ficará provavelmente mais fácil de engolir alguns sapos, uma vez que a bebida poderá ajudar na descida do batráquio rumo ao estômago. Ninguém precisa engolir nada em seco num banquete.

BAQUE do árabe *waq'a*, baque, golpe, queda, revés, contratempo, desastre. "Não querer andar, dando baques comigo no chão", como anotou a professora Maria Alexandra Tavares Carbonell Pico, aparece em *Crônica* na qual são escritos todos os feitos notáveis que se passaram na conquista da Guiné, de Gomes Eanes de Azurara. "Com ou sem recessão, os EUA sentirão o baque", anunciou certa vez em manchete o jornal *Valor Econômico*, apoiado em despachos do *The Economist*, semanário britânico especializado em economia, fundado em 1843 por representantes da indústria têxtil de Manchester, para defender o livre-comércio, a exportação e a importação, lutando para que a interferência do governo seja mínima. Em 2007, a publicação atingiu 1,2 milhão de exemplares. Em inglês, baque é *thud*, *fall*, *collision*, *collapse*.

BARAFUNDA de origem obscura, mas provavelmente do quimbundo *mbala*, aldeia, associado ao nome de uma delas, em Angola, chamada Funda, de acordo com Nei Lopes em *Dicionário banto do Brasil* (edição da Prefeitura Municipal do Rio de Janeiro). *Mbala* virou bara no português e, composto com o topônimo da localidade, resultou em barafunda. Passou a sinônimo de balbúrdia porque em Funda, dos tempos coloniais ao século XIX, havia um intenso e confuso comércio por ser a aldeia ponto de passagem de funantes, que traziam seus produtos em comboios e canoas. Funantes eram negociantes angolanos que se caracterizavam por enganar o fisco português. Enquanto tal origem é comprovada, o mesmo não ocorre com a aldeia de Alijó, hoje município português com 14.009 habitantes. O nome é atribuído a uma narrativa cristã. Jesus, andando em terras portuguesas na companhia do personagem bíblico Jó, respondeu-lhe quando este lhe perguntou onde era a terra da boa gente: "Ali, Jó." Ora, vários séculos separam Jesus de Jó; nenhum dos dois esteve em Portugal; não poderiam falar português, pois a língua ainda não existia: o advérbio ali, do latim *illic*, surgiu na língua portuguesa 1.200 anos depois de Jesus.

BARALHO de origem controversa, provavelmente de baralhar, por sua vez de baralha, do latim *varalia*, varas ou talos de plantas entrelaçados, sem ordenação alguma, indicando confusão. O baralho pode ter sido inventado por chineses, egípcios, hindus ou árabes, já que todos creditam a si mesmos a criação desse tipo de jogo. Os soldados das Cruzadas trouxeram o baralho para a Europa, entre os séculos XI e XIII, chamando-o *naib*, palavra do hebraico para designar a feitiçaria, que se tornou *naipe* no catalão antigo e naipe no português.

BARANGA provavelmente do quicongo *mbalanga*, hérnia umbilical. A língua quicongo foi trazida para o Brasil pelos escravos. A pessoa com hérnia umbilical ficava com aparência de desleixada, uma vez que os panos mal cobriam a barriga. Quando mudou de *mbalanga* para baranga, passou a designar mulher feia, descuidada, maltratada. Como adjetivo de dois gêneros veio a significar pessoa ou coisa de má qualidade, de pouco ou nenhum valor. No STF, atuando na Ação Penal 470, nome jurídico do mensalão, o advogado Paulo Sérgio de Abreu e Silva pensou inicialmente em caracterizar como baranga sua cliente, Geiza Dias, uma das rés do mensalão, ex-gerente financeira de uma das empresas de Marcos Valério, também réu do mesmo processo. Optou, porém, por identificá-la como funcionária mequetrefe.

BARÃO do frâncico *baro,* guerreiro e homem livre. O frâncico era a língua germânica ocidental dos francos, do grupo dos idiomas do alto-alemão, dos quais há muitos vestígios no francês, de onde passaram ao português. Passou depois a designar senhor feudal de grande autonomia, latifundiário subordinado diretamente ao rei e a outro senhor feudal. Tornou-se título de nobreza, abaixo de visconde, conde, marquês, duque e arquiduque. Nos versos iniciais de *Os Lusíadas*, "as armas e os barões assinalados", barões, plural de barão, é vocábulo já associado a varões, homens de grande poder, pois é frequente a troca do "b" inicial por "v" no português de Portugal. Modernamente aplicou-se a homens que se distinguiram na economia, como os barões do café, da indústria e outras pessoas muito ricas. O título aparece também no feminino baronesa denominando avenidas e ruas Brasil afora. O latim *baro* designava o imbecil.

BARATA do latim *blatta*, adaptação do grego *blapto*, estragar. Na acepção mais comum, designa inseto ortóptero, isto é, de asas retas, e onívoro, que come de tudo. Tem o corpo achatado e oval. Foi apelido de conhecido automóvel que tinha a aparência de uma barata. "Entregue às baratas" é expressão que designa abandono. Tem sangue de barata a pessoa excessivamente calma nos conflitos, parecendo não ter sangue nas veias, por analogia com o sangue da barata, que não é vermelho, é uma gosma esbranquiçada e fria, chamada hemolinfa.

BARATO do árabe *bátil*, barato, ou derivado do latim *prattare*, negociar. Este vocábulo está muito em voga no Brasil, especialmente nos dias de hoje, quando a economia se reorganiza diante da luta contra a inflação. À procura de valorizar sua moeda, os brasileiros caçam o barato em todos os supermercados e lojas, pesquisando e pechinchando. A gíria consagrou a expressão "o maior barato" para designar um estado de euforia, alegria incontida ou até mesmo o êxtase.

BARBA-AZUL do nome do personagem de um conto de Charles Perrault. O autor pertence a uma família burguesa de muitas posses e vários membros seguiram carreira no Judiciário. Estudante talentoso e aplicado, dedicou-se com afinco à literatura no famoso Colégio de Beauvais, em Paris. Mais tarde seguiu a carreira de advogado, à semelhança de muitos parentes. Alto funcionário, protegido por maiorais do governo, publicou um poema controverso, "O século de Luís, o Grande", em 1687. Em seus escritos, critica o poder e afirma que o progresso somente é possível graças às artes e às ciências, reiterando a importância do "século de Luís" sobre o "século de Augusto". Mas é com *Histórias ou contos do tempo passado*, também publicado com o título de *Contos da Mãe Gansa*, que alcança o maior êxito, tornando-se famoso ainda em vida e inaugurando o gênero literário de contos de fadas, já conhecidos desde tempos imemoriais, mas ainda não escritos. Barba-Azul tinha casado com seis mulheres e todas tinham morrido misteriosamente. A sétima esposa, mais curiosa do que as anteriores, entra no recinto cuja entrada era proibida a todos, especialmente a ela. Ali descobre que as seis mulheres anteriores tinham sido assassinadas. Infelizmente, não tomou as devidas cautelas e a chave suja de sangue denunciou a transgressão. Como todo conto de fadas busca um final feliz, seus irmãos impedem que tenha o mesmo destino das anteriores, mas apenas na hora "H". Os cunhados de Barba-Azul salvaram a irmã. A barba, do latim *barba*, designa os pelos que com a chegada da puberdade vão crescendo no rosto do homem. Tornou-se emblema de poder em muitos países, sobretudo o bigode. Está presente em numerosos provérbios, de que são exemplos "a barba não faz o filósofo" (traduzido literalmente do latim "*barba non facit philosophum*") e "pôr as barbas de molho" (traduzido, com adaptação, do espanhol "*quando las barbas de tu vecino veas pelar, echa las tuyas a remojar*"). Este provérbio já existia em grego e chegou a muitas outras línguas, com a diferença de que, na antiga Grécia, barba era substituída por "casa", o que perdurou nas versões do alemão, do inglês e do italiano. Quanto à barba como símbolo de poder, o provérbio francês é o mais sintético: "*du coté de la barbe est la toute-puissance*" ("na barba, o poder absoluto"). Aparece em diálogo da peça *Escola de Mulheres*, no terceiro ato, de Jean-Baptiste Poquelin Molière, em que se diz que a mulher depende do homem por não ter barbas. Mas, sendo assim, estava livre disso a rainha Carlota Joaquina de Bourbon, esposa de Dom João VI, que tinha mais barbas do que o marido.

BARBADA do latim barba, *barba*, com o sufixo -ada. Uma barbada foi primeiramente metáfora exclusiva do turfe. Seria o cavalo que, por reconhecida superioridade sobre os demais competidores, jamais perderia para eles. Barbada designa o lábio inferior do cavalo. O cavalo vencedor como que faria beicinho para os derrotados. É regionalismo vindo do Brasil meridional. Consideradas as dimensões da boca do animal, não é beicinho, é um baita de um beiço, tchê! Passou a designar vitória fácil ou tarefa simples de ser executada.

BARBANTE do espanhol *Brabante*, nome de lugar, antigo ducado belga e holandês, onde se fabricava certo tipo de linho.

BARBEADOR de barba, do latim *barba*, originalmente não apenas aplicada ao homem, mas também aos animais, de que é exemplo o bode, e à lanugem das plantas. O sufixo -ear serviu à formação de barbear, de onde saíram barbeado, o particípio, e barbeador, aquele que depilava os suínos abatidos. Quem fazia a barba dos homens era e é ele mesmo, ou o barbeiro, na barbearia, com água morna e sabão, depois cremes. Com a invenção do barbeador elétrico é que passaram a raspar a barba a seco. O primeiro aparelho foi inventado pelo americano Jacob Schick, em 1928, comercializado a partir de 1931 e aperfeiçoado por Alexandre Horowitz.

BARBEIRO de barba, do latim *barba*, mais o sufixo *-eiro*. O barbeiro é um dos profissionais mais antigos, tendo exercido também a medicina desde os tempos medievais, por estar autorizado a fazer sangrias. Já o inseto transmissor, identificado pelo médico e sanitarista Carlos Chagas como *Trypanosoma cruzi*, em homenagem ao amigo Osvaldo Cruz, é chamado barbeiro porque suas picadas deixam manchas vermelhas semelhantes a cortes de navalha ou gilete. Já o mau motorista tem esse nome porque, ao fazer as sangrias, muitos barbeiros punham em risco a vida dos clientes.

BARBITÚRICO da redução de ácido barbitúrico, do francês *acide barbiturique*, tradução do alemão *Barbituresäure*, nome dado pelo químico Johann Friedrich Wilhelm Adolf von Bayer, que isolou pela primeira vez este ácido, em 1863, sintetizado a partir da ureia. Há ensaios que dão como origem para a designação o radical grego *bárbitos*, instrumento musical semelhante à lira, em referência à forma dos cristais da substância. *Säure*, em alemão, é ácido. Utilizado em medicina como sedativo, hipnótico e antiespasmódico, o barbitúrico integra o arsenal de tóxicos. Mas há uma outra hipótese, já registrada em artigo de Nilton Bezerra do Vale, José Delfino e Flávio Bezerra do Vale, na *Revista Brasileira de Anestesiologia* (ano 2005, 55:2: p. 224 a 229): o cientista, ao sintetizar o ácido, chamou-lhe barbitúrico para homenagear Santa Bárbara ou uma garçonete da taberna que costumava frequentar, que o atendia muito bem e se chamava Bárbara. A beleza da moça e a cerveja que ela lhe servia tinham sobre ele efeito semelhante ao da substância descoberta.

BARCA do latim *barca*, barca, embarcação. Provavelmente suas origens remotas sejam o grego *báris*, barca, e o egípcio *vá-rá*, barca de Rá, o deus do sol. No Brasil, onde a civilização foi preferencialmente costeira durante muitos séculos, as barcas sempre estiveram na ordem do dia, movidas primeiramente por força humana. As primeiras barcas a vapor que faziam o trecho Rio-Niterói começaram a operar a 14 de outubro de 1835. A passagem custava 100 réis. Os escravos pagavam 80.

BARCAROLA do italiano *barcarola*, barcarola, canção romântica entoada pelos gondoleiros de Veneza. O ritmo semelha o dos remos batendo na água dos canais. E seus versos fazem referência a mares, lagos, rios. Designa ainda peça vocal ou instrumental, de andamento moderado, em ritmo ternário, que lembra o balouçar de uma barca sobre as águas. Velhas cantigas trovadorescas, de influência italiana, também eram denominadas barcarolas e nelas predominavam assuntos marítimos.

BARCO masculino de barca, do latim vulgar *barica*, depois *barca*, palavra vinda originalmente do grego *baridos*, caso genitivo de *baris*, barca persa ou egípcia, que designou antigo navio à vela, com três mastros. O barco tem sido usado desde há milênios, em enseadas, baías e rios, para transporte de mercadorias e de passageiros. Foi sempre tocado a vento ou a remo, até que em 1807 o americano Robert Fulton, aproveitando a invenção do motor a vapor, do escocês James Watt, adaptou-o para mover embarcações. Em 1887, enganando os passageiros, que temiam os perigos de um motor à explosão, os alemães Gottlieb Daimler e Wilhelm Maybach, inventores do automóvel, conduziram uma embarcação de 4,5 m de comprimento pelo rio Neckar, com o motor escondido numa proteção de cerâmica, perto de Stuttgart. A mentira deu certo. E em 1903, outro alemão, Rudolph Diesel, introduziu nas embarcações motor movido a óleo que passou a levar seu nome.

BARDO do latim *bardus*, bardo, poeta, como assim foram designados os trovadores celtas e gauleses descobertos pelos romanos. Inteligentes, esses cantores populares se faziam de desentendidos diante de ordens recebidas dos dominadores, e *bardus* passou ao latim também com o significado de estúpido, originalmente aquele que se admira por qualquer coisa ou não entende o que ouve e vê. Já com o sentido de grande poeta aparece nos versos que Almeida Garrett dedicou a Camões: "Levato além das passadouras eras/ do bardo misterioso o eterno canto."

BARGANHAR do italiano *bargagnare*, vender com fraude, trocar. Seu sentido evoluiu para designar atos de negociação política que implicam concessões mútuas. O ex-presidente Fernando Henrique Cardoso, professor universitário, sociólogo e membro da Academia Brasileira de Letras, usava o verbo com a maior candura, proclamando a necessidade de se fazer barganhas com o Congresso.

BARISTA do italiano *barista*, de bar, do inglês *bar*, barra, balcão diante do qual as pessoas, de pé ou sentadas em bancos altos, consumiam bebidas e petiscos. Passou depois a designar o recinto, já com mesas também. Barista consolidou-se como equivalente italiano ao inglês *bartender* desde que o café expresso, surgido na Itália, ganhou o Brasil há poucas décadas. Por isso as diversas modalidades de café servido nesses locais têm nomes italianos. *Caffè espresso* já foi aportuguesado para café expresso, mas permanecem outras denominações, como *cappuccino* (café curto, com leite e chocolate), *mocaccino* (com calda de chocolate), *machiatto* (leite vaporizado com café expresso), *caffè freddo* (café gelado) e *caffè correto* (café com um pouco de grapa, aguardente tipicamente italiana), entre outros. Já o *irish coffee* é denominação inglesa para café com uísque. No Brasil, têm grande aceitação o café carioca (café expresso com mais água) e o pingado (café com leite). No livro *Em frente!*, de Howard Schultz com Joanne Gordon, é contada uma pequena história sobre a paixão de Schultz pelo café, reiterada ao presenciar a delicadeza, a atenção e o cuidado com que um barista italiano o atende: "Certa manhã, em Milão, eu estava caminhando do meu hotel a uma feira comercial quando deparei com um pequeno café. '*Buon giorno!*', um senhor me cumprimentou, como se eu fosse um antigo cliente." E acrescenta: "Todas as pessoas naquele minúsculo café pareciam se conhecer e senti que estava testemunhando um ritual diário." O livro, no qual os baristas são personagens reverenciados, vai muito além de uma narrativa sobre a arte de fazer um bom café, constituindo-se em apologia de sempre se fazer bem o que se faz. Ou, como diziam os antigos romanos, *age quod agis* (faça bem o que você faz).

BARMAN do inglês, literalmente homem do bar. É o nome que damos ao atendente dos bares, que supervisiona os serviços e garante as boas misturas das doses servidas. De correntes dos movimentos de emancipação feminina têm surgido também as *barwomen*, frequentemente encontradas nos locais onde são feitos os aperitivos e as *happy hours*.

BARNABÉ nome de pessoa. Mas no Brasil, depois de um samba de Haroldo Barbosa e Antonio de Almeida, gravado em 1947, que fazia referência a um modesto funcionário público com este nome, passou a designar o conjunto da categoria. Sempre que se fala em enxugar a máquina dos governos, muitos barnabés sentem-se ameaçados de perder seus empregos. E o trabalho? Ora, para muitos deles, trabalho é uma coisa e emprego, outra, as duas sem afinidades.

BARÔMETRO da influência do francês *baromètre* e do inglês *barometer*, palavras radicadas nos compostos gregos *báros*, gravidade, e *métron*, medida, designando instrumento destinado a medir a pressão atmosférica, a altitude e prováveis mudanças de tempo. Foi inventado pelo físico e matemático italiano Evangelista Torricelli. Órfão de pai muito cedo, foi educado por um tio que era monge e o enviou a Roma para aprender ciências com outro monge, o beneditino Benedetto Castelli. Ele morreu de febre tifoide aos 39 anos, depois de ter trabalhado por três meses com Galileu Galilei.

BARRACO alteração do espanhol *barraca*, palavra trazida pelos fenícios para as Ilhas Baleares, na costa da Espanha. Provavelmente o "r" foi dobrado na Península Ibérica – no português, temos barraca e barraco – por influência de barro, elemento utilizado na construção de habitações toscas, com o *adobe*, palavra de origem árabe que significa tijolo cru. A argila, misturada à palha, tornava as paredes mais resistentes, melhorando a sustentação. Os fenícios trouxeram a palavra e o modo de construção da Mesopotâmia, atual Iraque, onde tinha o nome de *parakku*, numa língua da Acádia. Os sírios empregavam a variante *parakka*. Na catalão e no espanhol, virou barraca, ainda no século XIII. E este "b" inicial, que substituiu o "p", manteve-se no francês *baraque*, no inglês *barrack*, no alemão *Baracke*. Quanto ao gênero, no português o feminino barraca pode designar abrigo muito chique, e o masculino barraco, não. Armar um barraco passou a designar, por preconceito, modo pouco elegante de resolver conflitos, onde a falta de educação e de cultura levaria a gritos, empurrões ou até rudezas mais graves.

BARREADO de barro, palavra que veio de *barrum*, de origem pré-romana, significando argila, barro. Designa prato especialmente elaborado para o Carnaval por caboclos do litoral paranaense, mas desde há algum tempo consumido o ano inteiro. Foram colonos açorianos que trouxeram o prato no século XVIII, quando se estabeleceram nos municípios de Paranaguá, Morretes, Guaratuba, Guaraqueçaba e Antonina, segundo informa o jornalista Dias Lopes. O barreado foi inicialmente consumido no entrudo, como se chamaram originalmente os primeiros folguedos que deram origem ao Carnaval, quando os foliões, com alguma rudeza, jogavam água, vinagre, groselha, vinho, cal, farinha ou poeira sobre os transeuntes, dando origem a sérios conflitos, o que levou o entrudo a ser oficialmente proibido. Cozido inicialmente em panelas de cobre, hoje é feito em panelas de barro. A origem do nome, entretanto, nada tem a ver com barro. É que, para que os ingredientes não secassem sem que se pusesse água adicional, que conspurcaria o sabor, punha-se um pirão de farinha e água na fresta entre a tampa e a panela. Os caboclos diziam que o prato era barreado, pois o pirão fazia as vezes do barro nas rústicas construções praieiras. Ao contrário das cozinhas de Portugal e da Itália, que fazem pratos especiais para o Carnaval, o Brasil não faz. A culinária do Paraná é a única exceção, pois o barreado surgiu para revigorar as energias perdidas na folia. Feito à base de carne e toucinho temperados com alho, pimenta-do-reino, cominho, sal e pimenta vermelha, leva cerca de nove horas no fogo. É servido com farinha de mandioca e banana. Alguns intelectuais paranaenses sustentam que quando os portugueses chegaram ali, já existia o barreado e que as origens do prato, ainda misteriosas, são mais antigas.

BARRIL provavelmente do baixo-latim *barriclu*, derivado do latim culto *barrica*, barrica, tonel. Recipiente para armazenar água em casa ou nas viagens marítimas, ao lado de ânforas, foi também medida de vinho e de outras bebidas, e hoje é mais conhecido mundialmente para designar medida no comércio internacional do petróleo. O barril original tinha quarenta galões, mas como os primeiros fossem de madeira, os atacadistas acrescentavam dois galões para compensar a perda com a evaporação, levando a um total de 159 litros. Segundo nos informa o jornalista Roldão Simas, o barril de petróleo tem a abreviatura bbl porque no início da década de 1860, quando começou a produção de petróleo nos EUA, não havia vasilhame padronizado para o novo combustível. Seus derivados eram então comercializados em barris de formas e tamanhos de todo o tipo (barris de cerveja, barris de peixes, barris de melado, barris de aguarrás etc.). O segundo "b" da abreviatura deve-se à cor azul dos barris fabricados pela *Standard Oil*, especialmente para o transporte de derivados de petróleo. Um barril azul (*blue barrel*, em inglês) era garantia de que o vendedor armazenara ali 42 galões. Não havia marmelada no petróleo.

BARRIR do latim *barrire*, barrir. Designa a voz do elefante. É um verbo que não se conjuga na primeira pessoa do presente do indicativo e em nenhuma do presente do subjuntivo. Também o grito de guerra dos antigos povos germânicos pareceu aos romanos o barrido do elefante ou de sua fêmea, a aliá, também chamada de elefanta. Há apenas três espécies de elefante hoje no mundo, duas na África e uma na Ásia. Antiga canção popular já avisou que "um elefante incomoda muita gente, dois elefantes incomodam muito mais". Ainda mais se for um elefante branco.

BARROCO provavelmente de Broakti, cidade da Índia onde eram produzidas pérolas muito irregulares. Na complexa prosódia lusitana, passou a soar como Baroquia, depois o "r" foi duplicado e barroca transformou-se em barroco e assim foi grafado. Pode ter havido cruzamento com o italiano *barocco*, que designava também uma figura de silogismo que os renascentistas aplicavam às formulações absurdas. Consolidou-se, porém, como designação de estilo artístico, particularmente na pintura, escultura, arquitetura e torêutica, com origem na Itália, tendo depois se espalhado pela Europa e América nos séculos XVI e XVII. No estilo barroco predominam linhas curvas e abundância de ornamentação. Na literatura barroca, há profusão de figuras de linguagem. O barroco brasileiro mereceu recente exposição em Paris, patrocinada pelo governo francês.

O poeta, ensaísta e professor Affonso Romano de Sant'Anna realizou densas, profundas e sagazes pesquisas sobre o tema, reunindo-as num livro deslumbrante, intitulado *Barroco, alma do Brasil*. E o ex-presidente Jânio Quadros, cuja linguagem era marcada por frases enfeitadas de ornamentos insólitos, tinha seu domicílio paulistano na rua Estilo Barroco.

BASE do grego *básis*, planta do pé, pelo latim base, fundamento, apoio. Desde que os primeiros socialistas defenderam a ideia de que a estrutura da sociedade está apoiada na economia, principalmente na produção e no comércio, o termo tem sido utilizado como metáfora para explicar os fundamentos da ordem política e jurídica da sociedade. A própria Igreja católica adotou o termo na denominação "comunidades eclesiais de base", como são chamadas as associações por ela fomentadas, tanto no campo como na cidade, com o fim de organizar os mais pobres em busca de maior consciência social.

BASÍLICA do grego *basiliké*, de basileu, rei, chegando ao latim já como *basilicam*, no caso acusativo, de onde veio para o português, mantendo o significado de templo suntuoso. A Basílica de São Pedro, no Vaticano, em Roma, é a maior do mundo, com 23 mil metros quadrados, tendo cerca de 120 metros de altura interna. Sua construção foi iniciada em 1506 e concluída em 1614. Na América Latina, a maior é a de Nossa Senhora Aparecida, em Aparecida, interior de São Paulo, capaz de abrigar 30 mil pessoas nos seus 18 mil metros quadrados. A praça ao redor tem capacidade para 300 mil pessoas e quase 7 hectares de extensão.

BASTAR do latim vulgar *bastare*, bastar, ser suficiente, por sua vez vindo do germânico *bastazo*, sustentar. Gilberto Gil canta um verso onde aparece este verbo: "Um dia vivi a ilusão de que ser homem bastaria." E o poeta Raul de Leoni é autor desses outros, aparecidos em *Luz mediterrânea*: "Basta saberes que és feliz, e então/ já o será na verdade muito menos." Chico Buarque foi mais contido: "Para mim, basta um dia." E conhecido provérbio anuncia que "Para meio entendedor, meia palavra basta".

BASTARDO do grego *bassara*, meretriz, passando pelo francês *bâtard*, com o sentido de filho ilegítimo, como no português. Mas já foi nome de moeda, cunhada na Índia, por Afonso de Albuquerque, de tradicional família de conquistadores portugueses. Este vice-rei teve um filho bastardo, que tomou o nome do próprio pai, por ordem do rei Dom Manuel I, o Venturoso.

BASTIDORES do antigo francês *bastir*, vindo do germânico *bastjan*, cerzir, pespontar. O significado mais corrente é a armação do cenário. Quando se alude a alguma coisa feita nos bastidores, o que se quer é revelar outros acontecimentos, diferentes dos que estão em cena.

BASTILHA do francês *bastille*, bastilha, fortaleza. Foi este o sentido primitivo na França. Passou a designar a cidadela militar situada na atual praça da Bastilha, em Paris, transformada depois em prisão estatal. Ali estiveram vários prisioneiros ilustres, entre os quais os escritores Voltaire e Marquês de Sade. Durante a Revolução Francesa, o povo invadiu a Bastilha, libertando os encarcerados, no dia 14 de julho de 1789. A cidadela foi destruída no ano seguinte. A partir de 1880, o dia de sua tomada foi transformado na maior data nacional. E, para os franceses, bastilha passou a significar também poder arbitrário.

BATATA do taino *batata*, batata. O taino era a língua de um antigo povo das Antilhas que deu origem a um dialeto ainda hoje falado no Haiti. Do taino, passou ao castelhano *batata*. No Brasil, as batatas mais populares são a batata-doce e a batata-inglesa. Mais conhecida como batatinha, esta última integra pratos muito apreciados, em que são servidas em fatias fritas. A linguagem de restaurantes e lanchonetes consagrou expressão que processou elipse de fatias, designando o alimento como fritas apenas. A batata compõe também item de mira, tal como a expressão "acertar na batata", provavelmente nascida em jogos em que a batata serve de bola. De uso mundial na alimentação, este tubérculo também tem-se prestado a muitas expressões, tanto coloquiais ("às tais horas, na batata!", para assegurar pontualidade), quanto literárias ("ao vencedor, as batatas", o célebre dito machadiano). Não se tem conhecimento de uma variação mais nobre, do tipo: ao vencedor, as alcaparras.

BATENTE de bater, do latim tardio *battere*. No clássico é *battuere*, tendo também o sentido de lutar e manter relações com mulheres. Batente com significado de trabalho diário veio das lides comerciais, já que é sinônimo de aldrava e designa também o pedaço de madeira que guarnece a extremidade interior de uma meia-porta, para tapar a linha de junção com a outra meia-porta, aplicando-se também ao lugar onde a maré bate e se quebra, além, naturalmente, de indicar o apoio em que a porta bate ao ser aberta. Usando eufemismo para referir-se a um vagabundo, diz um personagem do romance *Café na cama*, de Marcos Rey: "Ele nunca pegou no batente."

BATE-PAPO expressão formada a partir de bater, derivado do latim *battere*, e papar, *pappare*. Designa conversa informal, despretensiosa, em geral entre amigos. Mas Nelson Rodrigues, comentando com sua verve habitual os bate-papos que eram realizados no Teatro de Arena, na década de 1960, em São Paulo, escreveu: "Qualquer bate-papo, lá, chama-se 'laboratório'; outro bate-papo é 'seminário'. E em cada metro quadrado há um autor."

BATER do latim vulgar *battere*, significando surrar, mas aplicando-se também a bater a massa do pão; bater a porta na cara de alguém, para impedir a entrada; bater à porta de alguém para solicitar alguma coisa; bater a falta, bater o pênalti; bater no rochedo, como as ondas; bater em Brasília, isto é, ir lá para pleitear algo; bater recorde; bater em retirada; bater na casa dos cem anos, isto é, chegar ao centenário, como o fez Oscar Niemeyer; bater asas, isto é, partir; bater cabeça, variante para quebrá-la de tanto preocupar-se; bater o santo, isto é, entender-se com alguém cujo gênio é semelhante ao nosso; e, em não sendo, dizer "meu santo não bate com o dele"; bater a carteira, ou seja, roubar alguém; bater a cidade toda, isto é, procurar por todos os lugares, centro e bairros. A expressão "bateu, levou" está presente em *Mil dias de solidão: Collor bateu e levou*, de Cláudio Humberto Rosa, jornalista e ex-porta-voz da presidência da República.

BATERIA do francês *batterie*, bateria, que pode significar, em linguagem militar, certo conjunto de peças de artilharia, mas também os acumuladores de energia na forma de pilhas eletroquímicas. Os satélites artificiais, que tornaram possível a aldeia global com as transmissões de rádio e televisão, são movidos a baterias solares, que captam energia do chamado astro rei, armazenando-a em pequenas pilhas de silício. Tudo indica que este vai ser o rei mais explorado do próximo milênio depois da casa real britânica. Naturalmente se ainda existir, pois há muitos cidadãos pensando seriamente em abolir a instituição que nada produz, segundo eles, a não ser escândalos.

BATINA do latim eclesiástico *abbatina*, veste do abade, do grego *abbâ*, pelo latim *abbatis*, palavra tomada do hebraico *abba*, pai. Abade veio a designar o superior do convento e o mais alto cargo eclesiástico, abaixo apenas do Papa. Cardeais e bispos não têm nenhuma jurisdição sobre os abades. A batina, usada pelo papa, por cardeais, bispos, padres e seminaristas, tem 33 botões na frente e cinco nas mangas, representando a idade de Jesus e as cinco chagas que recebeu na cruz. A veste pode ser branca, cinza, roxa, preta ou vermelha. O colarinho branco, obrigatório, significa a pureza. O Concílio Vaticano II tornou seu uso optativo nas lides civis, mas indispensável nos atos litúrgicos.

BATISMO do grego *baptismo*, mergulho. É sacramento da Igreja, indicando a entrada na comunidade. Por isso, significa também algum outro começo importante: o soldado em seu primeiro combate enfrenta o batismo de fogo. O nome Baptista tem a mesma raiz.

BATIZADO de batizar, do grego *batizo*, mergulhar, pelo latim eclesiástico *baptizare*, imergir. A festa do batizado torna público o nome da criança. Ariano Suassuna recorda episódio em que um sujeito quis dar nome de Raposa à filha recém-nascida e ouviu o padre negar o batizado porque se recusava a dar nome de bicho à menina. O pároco ficou sem resposta diante do contra-argumento do pai da criança: "Mas quantos papas se chamaram Leão? Por que Leão pode e Raposa não?"

BATUCAR provavelmente do guarani *apatacá* ou *apatucá*, bater amiudadamente, vinculado a batuque, dados ambos como palavras de origem africana, quando o mais provável é que tenham sido levados pelos portugueses do Brasil para a África, uma vez que aparecem apenas em territórios de possessões lusitanas. Outros argumentam que veio do ronga, variante do tsonga, língua falada na antiga Lourenço Marques, nome em homenagem ao primeiro navegador português a fazer profundo reconhecimento de Maputo, capital de Moçambique. Os habitantes locais, depois dos portugueses, passaram a pronunciar *bachtuque*. Como no caso de mandioca, mandi e mandubé, palavras que foram do tupi para o português, dali migrando para diversos dialetos africanos, é possível que com batuque tenha acontecido o mesmo. No Largo do Machado, no Rio de Janeiro, assim chamado porque antigamente havia ali um açougue, com o desenho de um machado à entrada, há uma casa noturna chamada *Batuque das Meninas*. Batuques diversos e explosões ruidosas integram as festas de fim de ano, como os foguetes e os rojões que saúdam a chegada do Ano-Novo.

BATUQUE de origem controversa, este vocábulo pode ter sido formado a partir do verbo bater, podendo também ter vindo da forma dialetal africana *batchuque*, que significa tanto tambor como baile. Se a origem remonta à presença portuguesa na África, o sufixo é incomum. Designa dança afro-brasileira acompanhada de instrumentos de percussão.

BAÚ do português antigo *baul*, que no francês antigo era *bahur* e também *baiul*, *bahut* no atual, designando arca, peça de madeira para guardar pertences. Como nos baús eram guardados também segredos, surgiu a expressão "não ser baú", isto é, não ser obrigado a manter confidências. Aparece no título do livro *O baú do Raul* (Ediouro, 221 páginas). O livro está cheio de preciosidades, como a cópia do manuscrito da canção *Tente outra vez*: "Veja!/ Não diga que a canção está perdida!/ Tenha fé em Deus,/ Tenha fé em você,/ Tenha fé na vida/ – Tente outra vez!!/ Olhe!/ Levante essa montanha de derrotas/ Olhe embaixo e vê se você nota/ Como tudo começou!/ Ainda existe luz lá no horizonte/ Ainda canta/ Ainda borbulha aquela fonte!/ – Nada se acabou."

BAURU do tupi-guarani *yabá-urú*, cesto de frutas. Dá nome a município do interior de São Paulo, com cerca de 300 mil habitantes, que na fruticultura uma de suas bases econômicas. Designa também, desde 1939, um tipo de sanduíche inventado por Casemiro Pinto Neto, natural de Bauru, então aluno da Faculdade de Direito da USP, no Largo São Francisco. O lanche espalhou-se pelo Brasil. A receita original, que foi adaptada às diversas regiões, era a seguinte: pão francês, rosbife frio e malpassado, tomate, pepino, queijo e orégano.

BAZAR do persa *bazar*, loja ou rua de lojas. O vocábulo chegou à Europa no século XVII, trazido pelos viajantes, mas sua difusão deveu-se mais às *Mil e uma noites*, cujas histórias encantaram os europeus, posto que as traduções não fossem tão fiéis ao original. Outros acreditam que foi da Índia para Portugal e o Brasil, dado que no século XVI o persa era a língua oficial das cortes indianas, onde predominavam reis muçulmanos. Autoridades portuguesas celebravam tratados nessa língua com aqueles poderosos, de modo que tal influência é comprovada. Quase todas as cidades brasileiras dispõem de bazares, cujos proprietários são em geral de ascendência árabe.

BAZÓFIA do italiano *bazzoffia*, gabolice. Quando alguém se jacta de uma coisa que não fez ou não pode fazer, está cometendo bazófia. Falando de maus estudantes de medicina, o escritor português Camilo Castelo Branco assim expressou-se: "Cheios de bazófia, o doente que lhes caísse nas unhas era defunto." Ou como o dito folclórico sobre a semelhança dos erros de médicos e agrônomos pouco diligentes: a ambos a terra encobre. Um pouco mais tarde cobrirá também a seus autores. A bazófia sempre será, no mínimo, uma tolice. Para muitos, o tempo não é apenas o grande problema de nossa existência, mas também a última esperança.

BEATIFICAR do latim *beatificare*, beatificar, conduzir à beatitude, à bem-aventurança, à felicidade perpétua. Apesar de predominar o sentido religioso, o conceito remonta a Aristóteles, designando plena satisfação, que só pode ser obtida pelo sábio. Foi Santo Tomás de Aquino   diz-se Santo e não São, para que seja evitada a expressão, "santo, mas", que "São Tomás daria   quem fez a síntese entre filosofia e teologia, com o fim de conciliar os ensinamentos religiosos com o saber hegemônico no período. No caso dos processos de canonização – canonizar é pôr no cânone da Igreja, a beatificação é a penúltima etapa, como ocorreu no caso do primeiro santo brasileiro, Antônio de Sant'Anna Galvão, mais conhecido como Frei Galvão, nascido em Guaratinguetá e falecido em São Paulo, na véspera da noite de Natal do ano em que o Brasil proclamou sua independência política. O santo é filho de portugueses. Sua mãe, Isabel Leite de Barros, era bisneta do bandeirante Fernando Dias Paes. Dia 9 de novembro de 1766, ao dedicar-se à Maria, como "filho e escravo perpétuo", assinou a declaração molhando a pena no próprio sangue. Seu primeiro milagre documentado foi atender uma mulher que a ele recorreu pedindo socorro em seu trabalho de parto. Seu marido comprovou que o frade não saíra do Rio de Janeiro, mas Frei Galvão respondeu: "Como se deu, não sei; mas a verdade é que naquela noite lá estive." E o parto chegou a um final feliz. A bilocação do santo – estar em dois lugares ao mesmo tempo   é referida em outros milagres.

BEATO do latim *beatus*, feliz, venturoso, rico, opulento. Nos tempos cristãos passou a designar o homem feliz, não por bens terrenos, mas por viver de acordo com outros valores essenciais da existência, seguindo os preceitos evangélicos. Na língua portuguesa, logo bifurcou-se em dois significados: beato como bem-aventurado, e beato como homem excessivamente devoto, cujos sinônimos, neste segundo caso, são papa-hóstia, papa-missas, papa-santos. No primeiro sentido tornou-se degrau decisivo no processo de canonização. Antes de ser declarado santo ou santa, o candidato ou a candidata é beatificado, como aconteceu dia 1o de maio de 2011, em cerimônia solene, na Praça de São Pedro, em Roma, quando foi declarado beato o papa João Paulo II, nome adotado pelo cardeal polonês Karol Jósef Wojtyla.

BÊBADO do latim *bibitum*. Aquele que, por excesso de vinho ou de qualquer outra bebida alcoólica, não está em seu juízo perfeito. Os mais indelicados podem chamar o vivente de um rude "pau-d'água". Porém, nos tempos atuais, os eufemistas de modos politicamente corretos passaram a utilizar a expressão "privado de sobriedade".

BEBÊ do francês *bébé*, bebê, criança. Em Portugal, diz-se bebé. Em espanhol, *bebé* é sinônimo de criança, mas só quando ainda na fase de amamentação. Em inglês, é *baby*, designação que vale também para a namorada. Um bebê enrolado em panos é figura frequente nas comparações do Ano-Novo.

BEBER do latim *bibere*, beber, que tem como significado semelhante o verbo *potare*. A raiz latina de *potare* deu-nos ainda potável, como se diz da água que pode ser bebida. No sentido metafórico, beber significa ler, aprender, como aparece neste texto de António Macedo: "Vieira foi beber a sua crença apocalíptica e patriótica, além de em Bandarra (condenado a abjurar, em 1545, pelo Santo Ofício), nas profecias que eram atribuídas a S. Frei Gil de Santarém, cujo lendário pacto com o Diabo haveria de inspirar mais tarde a lenda do doutor alemão Fausto." E o poeta Ivan Junqueira deu sentido muito especial ao verbo no poema "Esse punhado de ossos": "Esse punhado de ossos que, na areia,/ alveja e estala à luz do sol a pino/ moveu-se outrora, esguio e bailarino, como se move o sangue numa veia./ Moveu-se em vão, talvez, porque o destino/ lhe foi hostil e, astuto, em sua teia/ bebeu-lhe o vinho e devorou-lhe à ceia/o que havia de raro e de mais fino."

BEBIDA de beber, do latim *bibere*. Designa qualquer líquido para beber: leite, água, chá, café, refrigerante etc. Quem se entrega à bebida, porém, não é a nenhuma dessas que se entrega. E o aviso, "Se beber, não dirija", traz implícita a proibição de bebida alcoólica. No dia 8 de maio de 1886, nos EUA, foi vendida como xarope a primeira garrafa de uma bebida que ia tomar conta do mundo. Nascia a Coca-Cola, que ostenta no rótulo até hoje a caligrafia estilizada do contador da empresa. Seu fabricante assegurava que aquele xarope "curava todos os males do corpo e da alma por apenas cinco centavos (de dólar)". Foi um fracasso. Ele vendeu a fórmula por uma bagatela. Alterado o gosto e anunciado convenientemente, ganhou o mundo.

BECA do judeu-espanhol *beca*, pensão, pagamento do estudante, com origem no hebraico *bécah*, pensão, remuneração de estudante. *Bécah*, no hebraico, é a medida correspondente à metade de 1 siclo, *siclus* em latim, antiga moeda dos hebreus que valia 6 gramas de prata e deu também na moeda israelense de hoje, *shekel*. Na formatura, ao receber a beca e laureado com o diploma, estava pronto o *baccalaris*, o bacharel. Pode ter havido influência dos italianos *beca*, bolsa de estudos, e *bicco*, ponta, por força dos bicos do chapéu de formatura e das pontas do traje do formando. Antigos jesuítas denominam *beca* um copo de vinho dado a noviços convalescentes. No quicongo *mbéka*, derivado de *békama*, designa saia de tecido preto, machetada, que negras baianas envergavam em dias de festa. O quimbundo tem *dibeka*, veste que de tão longa cobre os pés e é arrastada pelo chão enquanto a mulher caminha, segundo nos informa Nei Lopes no *Dicionário banto do Brasil* (Rio de Janeiro, edição da Secretaria Municipal de Cultura).

BECHAMEL do francês *béchamel*, bechamel, designando molho feito de leite, manteiga, farinha, fatias de presunto e gordura de vitela, temperado com legumes e especiarias. O nome foi dado por seu criador, o marquês de Nointel, Louis de Béchamel, dito também *Béchameil* e *Béchamelle*. Ou talvez por um de seus empregados, para homenagear o patrão. O célebre cozinheiro francês Paul Bocuse, autor de frases emblemáticas sobre a culinária, disse que "todo cozinheiro que se preze deve saber fazer bechamel, ainda que nunca o utilize". Mas a paternidade francesa é contestada pelos italianos. Eles asseguram que o molho já estava em pratos de seu país no século XIV com o nome de *besciamella* e a variante *basciamella*. Ainda que não saibam explicar a origem da palavra, levantam a hipótese de a homenagem ter sido forjada a partir da semelhança ortográfica e fonética da palavra italiana com o sobrenome do francês, que afinal prevaleceu nos guias culinários de todo o mundo. J.A. Dias Lopes, que assina a coluna semanal no caderno *Paladar*, do jornal *O Estado de São Paulo*, informa que "Antonin Carême, o maior *chef* de todos os tempos, redefinidor dos velhos padrões da cozinha francesa, considerava-o excelso". A esse cozinheiro é atribuída também a frase "o bechamel, para o cozinheiro, é como a tinta para o escritor", metáfora nascida quando os escritores usavam pena e inteiro.

BECO de origem controversa. Provavelmente do latim *viculus*, aldeia pequena, lugarejo, diminutivo de *vicus*, bairro, quinta, herdade. Na Roma antiga havia o *Vicus Longus*, Rua Longa. É polêmica a origem do vocábulo porque pode ter derivado do latim *via*, estrada, rua, caminho, para formas populares na passagem do latim vulgar, na Península Ibérica, para o castelhano, o espanhol e o português, resultando em formas como *viecco*, *veco* e finalmente beco, designando rua sem saída, com a variante bico.

BEDUÍNO do árabe *badawiyun*, pronunciado vulgarmente como *bedewin*, significando 'do deserto'. A forma arcaica é *beduim*. Deserto em árabe é *badw*. A presença de passas, tâmaras e outras frutas do deserto na ceia de Natal tem origem no fato de os eventos que deram origem ao cristianismo terem surgido na desértica Palestina, então dominada pelos romanos. Deve-se ainda à indisponibilidade de frutas frescas no inverno europeu, naturalmente antes da invenção do refrigerador, quando a celebração do Natal ganhou a Europa, a partir do século IV, depois que o cristianismo tornou-se a religião oficial do Império Romano.

BEGÔNIA do francês *bégonia*, designando gênero de plantas de belas folhagens e flores muito coloridas, das quais são conhecidas mais de mil espécies. Embora o chá de begônia seja utilizado para combater a febre, a planta é cultivada como ornamento. Seu nome resulta de homenagem botânica prestada a Michel de Bégon, intendente francês que atuava em São Domingos quando a atual República Dominicana era colônia da França. Os franceses ficaram na ilha de 1697 até a independência, em 1821. A República Dominicana e o Haiti dividem a segunda maior ilha do Caribe, antigamente chamada *Hispaniola*, uma das primeiras escalas de Cristóvão Colombo em sua viagem para descobrir a América. A primeira em tamanho é Cuba. Quase não há tempo de a população contemplar as begônias nas primeiras duas ilhas, onde os indicadores de pobreza são alarmantes. Cuba também é muito pobre, mas os modelos de educação e saúde implantados pela Revolução Cubana elevaram os padrões de vida de seus habitantes, o que não ocorre nas outras duas.

BEIJA-MÃO de beijar e mão, do latim *basiare* e *manus*. Designa cerimônia em que o poderoso tem sua mão beijada pelo povo, em sinal de obediência e respeito. Foi uma das principais formas de transmissão de doenças infectocontagiosas no passado, não porque bispos e altezas estivessem de mãos sujas de propósito, mas porque seus anéis iam recebendo saliva de todos, numa mistura perigosa. O povo brasileiro soube carnavalizar e canibalizar o costume, apresentando-o hoje como deboche, mas o beija-mão foi espetáculo rotineiro e concorrido no Brasil colonial e imperial. Na Biblioteca Nacional, no Rio de Janeiro, há um quadro de autoria anônima retratando o barroquismo deste espetáculo de tantas elipses e curvas, mormente da plebe que se inclinava diante do poderoso epocal para oscular seus augustos dedos.

BEIJO do latim *basium*, beijo. Outras línguas neolatinas, como o italiano e o espanhol, grafam *baccio* e *beso*, respectivamente. E uma curiosidade japonesa marca este vocábulo, uma vez que os nipônicos referem-se ao beijo como *kissu*, do inglês *kiss*. Diz-se que foi com a chegada dos filmes americanos ao Japão que o vocábulo foi criado. É célebre a passagem dos *Evangelhos* em que Judas Iscariotes usa o beijo como sinal de identificação para trair Jesus Cristo por 30 dinheiros: "Aquele a quem eu der um beijo na face, é ele; prendei-o." O poeta parnasiano Olavo Bilac, apesar de ter inventado o livro didático, compôs belíssimas poesias em que celebra o amor arrebatado e sensual. Foi eleito em vida o príncipe dos poetas brasileiros e são seus estes versos: "Quero um beijo sem fim,/ Que dure a vida inteira e aplaque o meu desejo!,/ Ferve-me o sangue, acalma-o com teu beijo,/ Beija-me assim!/ O ouvido fecha ao rumor/ Do mundo, e beija-me, querida!/ Vive só para mim, só para a minha vida,/ Só para o meu amor!" Outros foram mais prosaicos ao falar de beijos, como Ramón Gómez de la Serna: "Às vezes o beijo não passa de um chiclete partilhado."

BEIJOCAR de beijar, do latim *basiare*, que no italiano resultou em *bacciare* e no francês *embrasser*. Não é à toa que esta última é a língua do amor, já que beijar requer abraçar. *Pour embrasser, serrer dans ses bras* (para beijar, apertar nos braços), ensinam os manuais franceses. A maioria prefere aprender na prática. Nem sempre em lugares sancionados pelas normas vigentes. E às vezes a companhia é eventual, como aparece em *Os Maias*, de Eça de Queirós: "Que escrúpulo pode ter uma mulher em beijocar um terceiro entre os lençóis conjugais, se o mundo chama isso sentimentalmente um romance...?"

BEIJO DE MOÇA de beiju, do tupi *mbe'yu*, bolo de farinha de mandioca, e moça, de moço, do basco *motz*, raspado, sem chifres. Passou a designar o jovem ainda sem barba, resultando moço em português, com o feminino moça. Beijo de moça designa doce de ovos, cuja composição muda de região para região, incluindo amendoim, coco, castanha e açúcar. O açúcar é ingrediente sempre presente nos doces brasileiros. Outros nomes de doces onde entra a palavra beijo já não se devem ao tupi, mas à influência de palavra já existente na língua, beijo, vindo do latim *basium*, variante de *osculum*, de que são exemplos beijo de sinhá, beijo de freira, beijo de frade etc. Ou apenas beijo e beijinho, que também dão nomes a doces, à semelhança de bem-casado e de brigadeiro. Este último, sem ovos, faz alusão ao brigadeiro Eduardo Gomes e foi criado por mulheres, devotadas fãs de sua candidatura à presidência da República, mas ainda assim ele foi derrotado.

BELA do latim *bella*, bela, bonita, formosa. O latim tem os três gêneros para esta palavra – masculino, feminino e neutro –, mas primitivamente o adjetivo se referia apenas à qualidade de mulheres e crianças, a não ser que se quisesse aplicá-lo aos homens em sentido irônico. O poeta Olavo Bilac, autor de nosso *Hino à Bandeira*, utilizou o adjetivo nestes versos de um de seus mais famosos poemas, intitulado *Tarde*: "Rouba-lhe a idade, pérfida e assassina,/ Mais do que a vida, o orgulho de ser bela."

BELADONA do italiano *belladona*, literalmente "mulher bonita". É o nome de uma planta de folhas grandes e pequenos bagos, que tem propriedades medicinais, mas que também é usada como ornamentação. É indicada para fins diuréticos e diaforéticos e está presente no rol de remédios homeopáticos. Seu uso pode ser perigoso, já que um de seus componentes é a atropina, um alcaloide.

BELDROEGA do latim *portulaca*, nome de uma erva encontrada em lugares úmidos, de folhas comestíveis, que os árabes pronunciavam *burdlaga*. Passou a designar também o indivíduo tolo, numa tendência da língua a utilizar nomes de vegetais para caracterizar de forma pejorativa certas pessoas dadas como inúteis. O beldroega seria ainda pior do que um banana.

BELENZADA de Belém, localidade nos arredores de Lisboa. Formou-se este vocábulo para designar a tentativa de golpe de Estado, engendrada no próprio palácio, a 4 de novembro de 1836. A Belenzada foi repelida pela guarda nacional, com apoio popular. Entre os que resistiram estava o grande político Manuel da Silva Passos. Belém está situada à beira do Tejo e foi de lá que partiram os navegadores dos séculos XV e XVI para os grandes descobrimentos. Por isso o rei Dom Manuel I, o Venturoso, mandou construir ali o mosteiro dos Jerônimos e a torre de São Vicente, mais conhecida como Torre de Belém, dois dos mais belos conjuntos arquitetônicos do século que abriu as portas do Novo Mundo.

BELICOSO do latim *bellicosus*, designando aquele que se destaca na *bellum*, guerra. *Bellum* já é aliteração de *duellum*, combate de dois. Com o tempo ganhou outro sentido, aplicado não a quem luta nos campos de batalha, mas a quem defende a guerra como solução para os conflitos, a guerra ou a violência, às vezes apenas verbal e ainda assim mantendo o significado de combate. Os romanos consolidaram o provérbio *si vis pacem, para bellum* (se queres a paz, prepara a guerra). Tanto em latim como em português a máxima tem sido citada ao longo de séculos como se fosse da lavra de clássicos, entre os quais Cícero e Flávio Vegécio Renato. Mas os dois escreveram coisas diferentes sobre o mote. É do primeiro a sentença *Qua re si pace frui volumus, bellum gerendum est* (se quisermos desfrutar a paz, seja feita a guerra). E o segundo, num latim sem a complexidade do conterrâneo de império, porém com mais síntese, escreveu: *Qui desiderat pacem, praeparet bellum* (quem deseja a paz, prepare a guerra). George W. Bush, ex-presidente dos EUA, belicoso como o pai, no orçamento de 2003 que enviou ao congresso norte-americano propôs elevação de gastos bélicos que totalizavam aumento de 38 bilhões de dólares, além de quantia semelhante para segurança interna, fazendo com que sua peça orçamentária regredisse aos gastos militares da década de 1980. Isso representava gastos 700% maiores em guerra do que em educação. A presença militar de um império em tantos lugares do mundo é indicador de sucesso paradoxal, porque se de um lado atesta a supremacia da *pax* americana, nos moldes da *pax* romana, de outro enfraquece o poder a longo prazo, como ocorreu na Roma nos tempos antigos e na URSS recentemente. Ainda mais que nas guerras travadas atualmente não são exauridos apenas recursos financeiros e humanos, mas também ambientais, pelas devastações que ocorrem em termos planetários, afetando toda a humanidade.

BELISCAR do latim vulgar *velliscare*, formado a partir de *vellicare*, significando apertar a pele com as pontas dos dedos ou com as unhas. Em *Memórias de um sargento de milícias*, de Manuel Antônio de Almeida, um dos escritores mais populares do século XIX, beliscões e pisadelas dão início a uma história de amor. Beliscar tem também o sentido de comer pouco.

BELLE ÉPOQUE da junção francesa de *belle*, bela, e *époque*, época, veio para o português e para diversas outras línguas como neologismo, sem alterar a pronúncia e a grafia francesa. Designa período situado entre 1871, com o fim da guerra franco-prussiana, e 1914, com a eclosão da Primeira Guerra Mundial. A bela época não durou nem meio século, mas foi um período riquíssimo em invenções tecnológicas que tornaram a vida cotidiana bem menos difícil, como a bicicleta, o automóvel, o avião, o telégrafo, o telefone. Informam os historiadores que a vida na Europa era eufórica, leve e despreocupada, predominando a alegria de viver. *As flores do mal*, a maior obra de Charles Baudelaire, tinha rendido ao autor uma condenação por obscenidade, mas a *belle époque* o resgatou depois de morto, como fez também com Honoré de Balzac. Paul Verlaine, Arthur Rimbaud e Anatole France também engrandeceram a *belle époque* e foram seus contemporâneos. Este último morreu no ano da tragédia do *Titanic*, em 1912, que para outros foi a verdadeira referência do fim da *belle époque*, publicou *Les dieux ont soif* (Os deuses têm sede).

BELO do latim *bellu*, belo, bonito. Em "A assembleia das mulheres", peça de Aristófanes, depois de proposta uma sociedade utópica, em que não haverá pobres nem ricos e todas as mulheres manteriam relações com os homens que quisessem, um personagem diz: "Não será permitido às mulheres dormir com os homens belos e grandes antes de terem concedido os seus favores aos feios e aos pequenos." A moção foi recusada já naquela oportunidade.

BELVEDERE do italiano *bel(lo)*, belo, bonito, e *vedere*, ver, designando terraço, construção alta ou outro lugar elevado de onde se tenha vista panorâmica da região. Tem como variantes belveder e belver. A famosa Torre Eiffel, na França, que deve seu nome ao engenheiro francês Gustave Eiffel, que a construiu para celebrar o centenário da Revolução Francesa, em 1889, é um belvedere visitado por milhões de pessoas todos os anos. Do alto de seus 320 m, alcançado por elevadores, vê-se Paris inteira e uma parte dos arredores. O contrato da cessão do terreno foi por apenas vinte anos, mas evidentemente foi prorrogado. Já se pensou em derrubá-la. Os argumentos para mantê-la de pé foram os seguintes: é um símbolo de Paris e nela estão instaladas antenas de rádio, telefonia e televisão.

BELZEBU do hebraico *ba alzebub*, divindade dos filisteus, considerada como da alta hierarquia do mal. Ele é o príncipe das trevas, que aparece com frequência nos *Evangelhos*, desafiando Jesus, ao lado de outras potestades semelhantes, como Satanás.

BEM do latim *bene*. No português, pode ser (a) substantivo: meu bem, uma pessoa querida; minha casa, um item do patrimônio; (b) adjetivo: "gente bem", entendendo-se do bem, como diz o maior escritor de língua portuguesa no século XVII, o padre Antônio Vieira, e como dizemos hoje em ele é de ou do bem; (c) advérbio: ela canta bem, ele joga bem, eles leem e escrevem bem. Na celebérrima canção de Natal *Noite Feliz*, bem é substantivo: "Pobrezinho nasceu em Belém,/ Eis na lapa Jesus nosso bem." Neste caso, tem o significado de patrimônio e pessoa querida. Os versos foram compostos pelo padre austríaco Joseph Franz Mohr e a música por Franz Chave Gruber. A estreia deu-se na Missa do Galo, em 24 de dezembro de 1818, na Paróquia de São Nicolau, em Oberndorf, no Distrito de Rottweil, na Áustria. O título original em alemão é *Stille Nacht* (Noite Silenciosa). O amigo fez a música para violão e flauta. O inglês manteve a ideia de silêncio, *Silent Night*; o francês a de doçura, *Douce Nuit*; e o português a felicidade, *Noite Feliz*. Já foi traduzida para 45 línguas.

BEM-AVENTURANÇA da raiz latina *ventura*, fortuna, sorte, destino. Foram anexados os prefixos bem-, a- e o sufixo -ança. Os maiores exemplos de bem-aventurança foram dados no Evangelho de Mateus, ainda que em número menor também no de Lucas. A tradição sempre aludiu a oito exemplos de bem-aventurados: os pobres de espírito, os aflitos, os mansos, os que têm fome e sede de justiça, os misericordiosos, os limpos de coração, os pacíficos e os perseguidos por causa da justiça.

BEM-ESTAR do latim, do advérbio *bene*, e do verbo *stare*, estar, formou-se no português este substantivo para designar estado de deleite proporcionado pela satisfação de todas as necessidades básicas, seja no plano físico e psíquico, seja no social. Ilustres economistas previram estado de bem-estar social para as nações neste terceiro milênio, mas vimos aumentar as discrepâncias que levam poucos a ficarem no bem-bom – um dos sinônimos de bem-estar à custa da maioria que está aquém dos padrões mínimos de dignidade humana, ou abaixo da linha de pobreza, de acordo com o dialeto desjeitoso muito praticado pelos tecnocratas nacionais, o economês. Entre eles e os poetas, acusados de viverem no mundo da lua, melhor ficar com os versos, entre outros motivos porque nenhum de seus ditos pode piorar a situação dos chamados nichos, com a vantagem de refinar nossa sensibilidade. Assim, atentemos para a revelação de autor nas letras gaúchas, o poeta Fabrício Carpinejar, que assim define o bem-estar em seu livro *Terceira sede*: "Meu bem-estar/ é estar de bem com toda a gente/ e isso é impossível./ Nem em minha família fui unânime."

BEM-ME-QUER da reunião de três palavras, de classes gramaticais diferentes, formando uma terceira, de outra classe: bem, advérbio; me, pronome; quer, verbo. As três juntas formam este substantivo que designa uma erva de flores amarelas. É assim chamada porque, em brincadeiras infantojuvenis, as pétalas vão sendo retiradas uma a uma, sempre com a expressão "bem-me-quer" alternada com outra, "malmequer", uma flor semelhante. Se a última pétala a ficar no caule coincidir com o dito "bem-me-quer", a simpatia indica que a pessoa lembrada na brincadeira gosta de quem está falando; se calhar de ser "malmequer", é porque não gosta. As duas expressões abrem os exemplos de uso de hífen no livro *Só palavras compostas: Manual de consulta e autoaprendizagem*, de Maria Tereza de Queiroz Piacentini, que continua com este exemplo: "Recém-chegados anteontem, os mal-afamados fora da lei contra-atacam a sangue-frio. Palavras compostas são um problema para quem almeja uma ortografia correta."

BEM-QUERER de bem, do latim *bene*, e querer, do latim *quaerere*, procurar, cujo verbo, entretanto, estende-se a muitos outros significados. O mesmo étimo está presente em querida, querência, -requerer, requerimento, requisito etc. Bem-querer, com variantes na grafia, aparece nestes versos de Djavan, embora sem a variante benquerer, autorizada igualmente pelo *Vocabulário Ortográfico da Língua Portuguesa*: "Meu bem-querer/ é segredo, é sagrado/ está sacramentado/ em meu coração/ meu bem-querer/ tem um quê de pecado acariciado pela emoção/ meu bem-querer/ meu encanto, estou sofrendo tanto/ amor, e o que é o sofrer/ para mim que estou/ jurado pra morrer de amor."

BENCHMARKING este vocábulo inglês está entrando para a língua sem modificação. É quase um eufemismo para espionagem industrial, pois consiste em estudar em profundidade produtos do concorrente para comparar seus referenciais de qualidade.

BENEDITO do latim *benedictus*, bendito, benedito. Entre outras acepções, designa um passarinho, que, além de benedito, atende também pelo nome de pica-pau-do-mato-virgem. Ele tem asas e cauda negras; a barriga, o peito e a nuca são vermelhos; a fronte e a garganta, amarelas. Há também o benedito-de-testa-amarela, o bereré, e o rididico. Na conhecida expressão "Será o Benedito?", a referência não é o passarinho, nem o santo com o mesmo nome, mas o famoso político Benedito Valadares. A frase surgiu em 1933. O presidente Getúlio Vargas, que chegara ao poder liderando a Revolução de 1930, adotara poderes ditatoriais e nomeava interventores nos Estados. Em Minas Gerais, chefes políticos temiam que a escolha recaísse sobre quem não desejavam, o que acabou acontecendo ao final do murmúrio que se tornaria célebre: "Mas será o Benedito?" Foi. E desde então a frase virou sinônimo de espanto e perplexidade face a acontecimentos indesejáveis que acabam por ser realizados.

BENESSE do latim *bene*, bem, e *esse*, estar, ser. As primeiras benesses foram presentes, dádivas, oferendas a divindades em altares, que poderiam ser de duas espécies: alimentos ou animais oferecidos em sacrifícios. Os deuses, ainda que não sejam vampiros, parecem gostar de sangue desde tempos muito antigos. As benesses originais compensavam pecados cometidos pela comunidade, representada pelos sacerdotes que as lideravam.

BENFAZEJO de benfazer, do latim *bene*, bem, e *facere*, fazer. É adjetivo que qualifica o que é bom, útil, generoso. Aparece em *Solar das almas*, divertida peça de teatro de Wander Lourenço de Oliveira: "Deixa-me ficar em tua benfazeja companhia, ao menos por esta trágica noite de velório ilustre."

BENGALA de Bengala, nome de uma região da Índia, onde era encontrada a cana-de-bengala, madeira especial para fabricação deste apoio chique, de uso aristocrático. Com nossa tendência de abreviar as coisas, o objeto passou a chamar-se apenas bengala. Aprimorada, a bengala ganhou cor branca e dispositivo eletrônico para ajudar os cegos a andar pelas ruas e, em outra modalidade, ocultou arma em seu interior, como no caso das bengalas que escondiam uma espada ou um punhal.

BENIGNO do latim *benignus*, cujo sentido literal é de *bonus genus*, bom gênio, adjetivo usado para caracterizar a pessoa de boa índole, de convívio agradável. Seu antônimo, Maligno (com inicial maiúscula), é um dos muitos nomes do Demônio. Aparece em medicina para caracterizar tumor ou doença que não são fatais, que pouco afetam a qualidade de vida do paciente, cujos desfechos, ao contrário dos malignos, poderão ser favoráveis. Benigno e Benigna são também nomes de pessoas. Há várias santas chamadas Benigna e 18 santos com o nome de Benigno. Um deles viveu no século IV e foi martirizado em Todi, na Itália. É comemorado no dia 13 de fevereiro.

BENJOIM do árabe *luban jawi*, incenso javanês, passando pelo latim *benzuinum*, benzeno, tendo servido de base à forma benzina. O benjoim é o benzeno impuro, comercializado como solvente industrial. Designa também fração de destilação de petróleo, cujo ponto de ebulição é inferior a 85 graus, constituída por hexano e heptano.

BENTO do latim *benedictus*, isto é, *bene*, bem, e *dictus*, dito, do qual só se fala bem, palavra vinda da liturgia católica. Bento é contração, que quer dizer encurtamento, de benedito. O cardeal Joseph Ratzinger, papa Bento XVI, ao ser eleito, escolheu um nome que o filiasse à linhagem pontifícia de Bento XV, interrompendo assim a série inaugurada por João Paulo I e prosseguida por João Paulo II. Nessas escolhas, há complexos sinais a serem lidos por especialistas, pois, ao contrário do nome civil, que é imposto, o nome religioso é de livre escolha do eleito. A mídia brasileira traduziu *Benedictus XVI* por Benedito XVI, por influência do latim *benedictus* e do italiano *benedetto*, as duas línguas oficiais do Estado do Vaticano, mas dali a poucas horas mudava para o nome pelo qual o papa se tornaria conhecido.

BEÓCIO do grego *boiótios*, pelo latim *boeotiu*, habitante da Beócia, província da Grécia antiga. Originalmente, Boiotia, o nome daquela região, significava "o país dos combatentes". Seus moradores, por usarem mais a força física que as faculdades mentais, tinham fama de pouca inteligência. Por isso, beócio tornou-se sinônimo de ignorante, boçal, simplório, ingênuo. O poeta latino Horácio foi um dos primeiros a registrar a má fama daquele povo, ao escrever, repetindo os gregos, que os beócios eram curtos de inteligência. E assim o vocábulo entrou para a língua portuguesa como sinônimo de simplório. Antigos franceses engrossaram o preconceito ao confundirem *béotien*, beócio, com *boce* (atualmente *bosse*), bócio, que virou sinônimo de *crétin*, cretino, povo que habitava região dos Alpes. Cretino passou a equivalente de ignorante porque entre tais habitantes havia muitos com bócio, uma hipertrofia da glândula tireoide, conhecida cientificamente como tireomegalia e popularmente como papo. Em agosto de 1955, o famoso humorista gaúcho

Aparício Torelly, o Barão de Itararé, registrou em seu *Almanhaque*: "Este mês, em dia que não conseguimos confirmar, no ano 453 a.C., verificou-se terrível encontro entre os aguerridos exércitos da Beócia e de Creta. Segundo relatam as crônicas, venceram os cretinos, que até agora se encontram no governo."

BEQUE do inglês *back*, beque, designando os zagueiros que atuam mais recuados. Pouco a pouco, porém, o vocábulo foi sendo substituído por lateral. Alguns dos mais célebres jogadores a atuarem recuados foram Djalma Santos, Bellini, Mauro e Carlos Alberto, os três últimos capitães da seleção brasileira. Djalma Santos jogou apenas a partida final, mas ainda assim foi eleito o melhor beque da Copa de 1958. Foi nossa melhor seleção em todos os tempos. Segundo simulação feita pela revista *Playboy*, o time de 1958 venceria o de 1962 e o de 1970.

BERÇO do latim popular *bertium*, que passou ao francês antigo como *bers*, cujo diminutivo é *berceau*. Primeira cama do ser humano, o berço tem-se prestado a várias metáforas ao correr da história, no mais das vezes indicando não apenas o lugar de nascimento das pessoas, mas também a origem de acontecimentos relevantes. Outros pesquisadores, porém, afirmam que o vocábulo teve o sentido inicial de cesta, citando a forma *bersa*, que no baixo-latim significava grade de vime. Pode ter havido mistura dos dois significados, pois os primeiros berços foram feitos de vime. O famoso líder do povo hebreu, Moisés, foi abandonado pela mãe no rio Nilo, dentro de seu próprio berço, uma cesta de vime, para assim ser poupado da execução, pois o faraó ordenara a morte de todos os meninos judeus. Mas uma princesa o recolheu das águas, salvando-o. Seu nome em hebraico, *Moshe*, significa salvo das águas. O menino foi, assim, salvo duas vezes. Primeiro pela mãe e depois por uma princesa.

BERLINDA da cidade de Berlim, onde circularam essas primeiras carruagens que se destacaram por seu conforto e beleza. Dada a elegância desses meios de transporte, pode ter havido juntamento de Berlim com linda. Estar na berlinda é ser objeto de observação pública, para sorte ou desgraça de quem é observado. Os parlamentares da Itália e do Brasil, em suas investigações sobre corrupção, colocaram muita gente na berlinda.

BERMUDA da expressão inglesa *Bermudas*, shorts, calças curtas de Bermudas. Designou originalmente calções até os joelhos, feitos de calças velhas, usados pelos novos habitantes do arquipélago de Bermudas, composto de 150 ilhas, vinte delas ainda inabitadas, a primeira colônia do império britânico. Quem primeiro ali chegou, entretanto, foi o espanhol Juan Bermúdez, então com 27 anos, em 1522. É, hoje, um dos territórios mais povoados do mundo, com mais de mil habitantes por quilômetro quadrado. Em agosto de 1840, o arquipélago ganhou fama pelo desaparecimento de toda a tripulação do barco francês Rosalie, encontrado com toda a carga intacta, as velas içadas, canários morrendo de fome, algumas aves domésticas e um gato. Desde então tornou-se tristemente famoso o Triângulo das Bermudas, território que forma essa figura geométrica com o sul da Flórida e o meridiano 40. Ali já desapareceram inúmeros barcos, navios e aviões, dos quais nunca mais foram encontrados nem os menores vestígios. O primeiro a desaparecer foi seu descobridor, mas dele não se sabe o ano em que morreu.

BESTA do latim tardio *besta*, vindo do latim culto *bestia*, ambos designando animal quadrúpede capaz de transportar cargas que os ombros humanos não podiam ou não queriam carregar. Logo passou a ser usado em sentido conotativo para ofender os ignaros, à semelhança de um de seus sinônimos, burro. É também marca de um dos carros utilitários mais vendidos no Brasil, mas neste caso sua etimologia é outra, tendo derivado de *best*, o superlativo de *gut*, bom, em alemão.

BESTEIRA de besta, do latim tardio *besta*, e o sufixo -eira, que ao ser agregado faz com que seja excluído o "a". No latim culto é *bestia*. A palavra está em nossa língua desde o século XIII com o significado de ato ou expressão própria a animais irracionais e por isso inadmissível no homem. Os políticos lideram a produção de besteiras no Brasil, talvez porque o que muitos deles dizem e escrevem repercute na vida dos cidadãos, ao passo que a besteira de bares e ruas é em geral inofensiva. E quanto menor o município, parece maior a besteira. O jornalista Sérgio Porto, conhecido como Stanislaw Ponte Preta, organizou uma série de livros intitulados *Febeapá (Festival de Besteiras que Assola o País)*, em que registrou algumas das maiores bobagens nacionais, várias delas muito divertidas, de que são exemplos as que seguem. Um vereador de Mafra (SC) apresentou projeto de lei para que os palitos de fósforos tivessem duas cabeças. A ecologia não era ainda moda na década de 1960, mas o edil queria reduzir em 50% os pauzinhos e assim diminuir a derrubada de árvores. Em Recife (PE) houve tempo em que o toque de buzina nas zonas de silêncio resultava em multa de 200 cruzeiros, cobrada pelo próprio guarda que flagrava o infrator. Mas houve inédito acerto na cobrança de uma delas. Como só tivesse uma nota de mil cruzeiros e o guarda não tivesse troco, o infrator foi autorizado a dar mais quatro buzinadas. Um delegado de Mato Grosso levantou insólita hipótese sobre um pavoroso crime. Como encontrasse um cadáver retalhado em quatro pedaços, os membros separados do corpo, dentro de um saco de aniagem amarrado a pesada pedra no fundo de um rio, escreveu em seu relatório: "Parece afastada a hipótese de suicídio." O famoso jornalista e humorista foi autor também de célebres aforismos, como este: "O homem de duas caras geralmente usa a pior." O jornalista e cronista Márcio Cotrim relembra algumas das célebres tiradas de Stanislaw Ponte Preta em *Uma iraniana no calçadão*, um de seus treze livros já publicados.

BESTIALIZADO de besta, do latim *besta*, animal feroz, palavra depois aplicada também a animais domésticos ou domesticados. Ficar bestializado é adotar comportamento animal, em geral reduzido a um tipo de besta, o burro. Aristides Lobo utilizou a palavra para relatar a indiferença do povo diante da República recém-nascida: "Por ora, a cor do governo é puramente militar e deverá ser assim. O fato foi deles, deles só porque a colaboração do elemento civil foi quase nula. O povo assistiu àquilo tudo bestializado, atônito, surpreso, sem conhecer o que significava. Muitos acreditaram seriamente estar vendo uma parada!"

BETTING do inglês *betting*, aposta. No turfe é a modalidade de apostas que oferece a possibilidade de maiores ganhos. O apostador deve acertar o primeiro e o segundo colocados, na ordem exata, em diversos páreos da programação. O *betting* não tem certas facilidades do bolo e, por isso, quando ninguém acerta, o prêmio fica acumulado, como na sena. No Brasil já houve *bettings* deste tipo que distribuíram cerca de 500 mil reais.

BI do latim *bis*, dois, duas vezes, este prefixo está presente em palavras como bienal – evento realizado a cada dois anos; bicampeão – duas vezes campeão; bigamia – novo casamento, sem que o anterior tenha sido desfeito. Às vezes, o prefixo é o mesmo, mas o significado muda muito, como em bimensal – duas vezes por mês e bimestral, a cada dois meses. Os aviões podem ser bimotores e a usina hidrelétrica de Itaipu é binacional, pois é obra conjunta de duas nações, do Brasil e do Paraguai. O bipartidarismo pressupõe que apenas dois partidos dominem a política. Bípede é o animal que tem dois pés, como o homem. A bipolaridade apresenta dois polos opostos e o conceito é aplicado também em psicologia para designar comportamento que muda subitamente: a pessoa parece ter uma personalidade de manhã, outra à tarde.

BIBLIOTECA do grego *biblion*, o livro, e *theké*, caixa. Das caixas, onde ficavam deitados, os livros logo migraram para as estantes, onde mudaram de posição, ficando em pé. Em compensação, estão cada vez mais raros os que leem e escrevem de pé, como Voltaire.

BIBOCA do tupi-guarani *yby-oca*, buraco na terra. Inicialmente significou casebre feito de barro e madeira, muito comum em regiões ermas e afastadas dos centros urbanos. Passou depois a indicar os cafundós do Brasil, lugares de difícil acesso, onde moram poucas pessoas.

BICHARIA de bicha, do latim *bestia*, mais -aria, sufixo comum em formações semelhantes, como em velharia. Designa reunião de bichos e tal agrupamento é conhecido também como bicharada.

Dá título à primeira faixa de *Os Saltimbancos*, fábula musical adaptada por Chico Buarque de Hollanda e inspirada no conto "Os músicos de Bremen", dos Irmãos Grimm, como se tornaram conhecidos os pesquisadores alemães de contos de fada e fábulas, Jacob Ludwig Grimm e Wilhelm Karl Grimm. Alguns dos versos dizem que "o animal é tão bacana/ mas também não é nenhum banana" e que "era uma vez (e é ainda) certo país (e é ainda)/ onde os animais eram tratados como bestas (são ainda, são ainda)" e que lá "tinha um barão (tem ainda) espertalhão (tem ainda)/ nunca trabalhava e então achava a vida linda/ (e acha ainda, e acha ainda)".

BICHO do latim vulgar *bestiu*. Designa animal selvagem ou doméstico, mas é aplicado com muitos outros significados, a saber: colega ("e aí, bicho?"); entidade mítica ("quieto, menino, senão o bicho te pega"); dificuldade ("o bicho vai pegar"); pessoa feia ("havia cada bicho naquela festa!"). Mata-bicho é gole de cachaça ou de café, tomado em jejum, e ser o bicho é ser ótimo, de boa qualidade. Ver que bicho dá (aguardar o resultado de alguma coisa) faz alusão ao jogo do bicho, que, nos primórdios, consistia num bilhete, com o desenho de um animal impresso, com o qual o visitante do Jardim Zoológico, no Rio de Janeiro do século XIX, concorria a um prêmio. Em sorteio realizado às 17h, ganhava vinte vezes o valor da entrada quem tivesse o bilhete cujo bicho coincidisse com o retrato do animal, escondido dentro de uma caixa fechada, posta à entrada, no alto. Temos também o bicho-do-pé, inseto que tem o nome de *Tunga penetrans*, tunga penetrante. Penetra e come, ou come e penetra, conforme o ponto de vista. Os índios chamavam-no assim porque em tupi-guarani *tunga* quer dizer "o que come". A fêmea do bicho-do-pé, depois de fecundada, penetra na pele do porco ou do homem, onde sua barriga, inchada por estar cheia de ovos, espalha filhos nas redondezas, fazendo do pé do homem, mais que casa, aldeia, povoação, cidade dos bichos-do--pé. Apesar de originário da América do Sul, o bicho-do-pé foi parar também na África, onde ainda hoje é encontrado.

BICHO-PAPÃO de bicho, do latim vulgar *bestium* ou *bestia*, besta, bicho, e papão, do étimo *pap*, de papar, do latim *pappare*, comer, com acréscimo de -ão, indicando que o bicho é grande. Designa monstro imaginário que alude implicitamente à antropofagia, pois é um animal que come carne humana.

BICICLETA do francês *bicyclette*, a partir dos étimos *kýklos* e *cyclus*, respectivamente do grego e do latim, com o prefixo latino bi-, duas vezes, indicando veículo de duas rodas pequenas, como foi concebido originalmente. Em processo semelhante formaram-se *cycliste*, *tricycle*, *motocyclette*, *motocycliste* etc., logo adaptados para o português ciclista, triciclo, motocicleta, motociclista. O veículo já era bem conhecido no Brasil quando, aperfeiçoando jogada de Petronilho de Brito, também da seleção brasileira, o jogador Leônidas da Silva, o Diamante Negro, denominou bicicleta a jogada em que, no ar e de costas, chuta a bola para trás, em direção ao gol, por cima da própria cabeça. Melhor jogador da Copa de 1938, o gol de bicicleta que ele fez foi anulado pelo juiz, que desconhecia a jogada, apreciada pelos brasileiros desde 1932. O artista e inventor italiano Leonardo Da Vinci foi quem primeiro imaginou o veículo e seu desenho deve ter sido a inspiração do pintor anônimo que o representou no vitral da igreja de uma paróquia inglesa, em 1580. Em 1817, o inventor alemão Karl von Dreis tornou útil um brinquedo francês semelhante à atual bicicleta. O ferreiro escocês Kirkpatrick Macmillan acrescentou pedais à roda dianteira, então muito maior que a traseira, levando seu invento para os EUA. O francês Ernest Michaux, fabricante de carruagens, colocou mais uma roda traseira. Em 1862, a prefeitura de Paris criou pistas especiais para bicicletas e veículos semelhantes, para evitar as constantes colisões com charretes. O francês Pierre Lallement, fabricante de carrinhos de bebê, aperfeiçoou o invento de Dreis e o patenteou em 1863. As primeiras bicicletas chegaram ao Brasil em fins do século XIX, em Curitiba.

BICO do latim *beccus*, para designar preferencialmente a região das maxilas das aves, coberta de invólucro córneo. Mas hoje o verbete é um dos mais extensos nos dicionários. Pode ser a ponta do candeeiro, o bico da chuteira, um trabalho adicional ao emprego principal, o bico da torneira etc. Todo pássaro é ave, nem todas as aves são pássaros, mas todos têm bico. Designando rua sem saída ou estreita e curta, escreve-se beco e tem outra origem: o latim vulgar *vieca*, diminutivo de *via*, caminho. Há misteriosas influências no significado de bico como segundo emprego ou ganho adicional de pouca monta, obtido após o expediente. No jogo de truco, algumas cartas, de menor valor, são chamadas bicos. No páli, idioma indo-ariano que se tornou língua religiosa na Birmânia, *bhiku* designa o monge budista que pede esmolas. O siamês *pikku* também tem este significado. No inglês, bico, no sentido de trabalho feito depois do expediente, é chamado *moonlight*, luar, mas em geral aponta para trabalho clandestino ou ilícito.

BIENAL do latim *biennalis*, de dois em dois anos. A denominação preferida para eventos culturais, literários e artísticos, realizados com essa periodicidade. Em São Paulo, temos duas grandes bienais: a Bienal Internacional do Livro, onde os leitores encontram livros de escritores brasileiros e de muitos outros do mundo inteiro, e a Bienal Internacional da Arte.

BIGA do latim *biga*, carroça de duas rodas. As corridas de bigas eram a Fórmula 1 dos circos romanos e estão retratadas no filme *Ben-Hur*, de 1959, superprodução de 211 minutos, que obteve 11 Oscars, entre os quais o de melhor filme. O papel-título, depois de recusado por três célebres atores, coube a Charlton Heston. O filme foi dirigido pelo cineasta norte-americano William Wyler.

BIGODE de origem controversa, provavelmente do diminutivo do latim *biga*, carroça de duas rodas; ou de juramento no germânico antigo, *biGot* (por Deus); ou ainda do mesmo juramento, dito no inglês antigo *biGod*, quando já perdera qualquer vinculação com os pelos da barba sobre o lábio superior, sob o nariz. O francês antigo *bigot*, devoto, era termo de injúria dirigida aos normandos no século XII, e também apelido. O prefixo *bi* pode não ser preposição e ser na verdade indicador de duas partes unidas, como aparece no francês *bigorne*, do latim *bicornus*, com dois cornos, que deu bigorna no português. Já bigorrilho, designando o retângulo luminoso dos táxis no Rio de Janeiro, tem outra origem: o apelido Bigorro, que deu bigorrilha e bigorrilho, pessoa de pouca importância ou maltratada, contrastando com motoristas profissionais, uniformizados. O nome ficou, mas os costumes mudaram: os taxistas se vestem melhor do que esses que ensejaram o apelido.

BIGUÁ do tupi-guarani *mbi-guá*, biguá, significando literalmente pé redondo. Os índios denominaram deste modo a ave de pés arredondados, pescoço longo e bico recurvado, que se alimenta de peixes. Os biguás comoveram o Brasil e o mundo no desastre ecológico provocado pelo vazamento de 1,3 milhão de litros de óleo na Baía da Guanabara, ao aparecerem diante das câmeras de olhos esbugalhados, com as asas pesadas de óleo, agonizando. A propósito, José Sarney, escritor e ex-presidente da República, autor de *Norte das águas* e *O dono do mar*, escreveu: "Os biguás estão gritando por nós, que estamos matando as águas, e as aves marinhas, que vivem delas, lançam ao infinito a sua dor eterna." Quem estava matando as águas e tudo o que nelas habita, no caso, era a Petrobras, responsável pela operação do duto rompido. A população local tentou salvar as aves, lavando-as em tanques improvisados, mostrando que a baía tem donos zelosos. Numa atitude rara em tais casos, o então presidente da Petrobras, Henri Philippe Reichstul, pediu desculpas publicamente e deflagrou iniciativas para consertar o estrago, fornecendo mais de 2 mil cestas básicas a pescadores que perderam sua fonte de alimentação, o mar, e colocando 2.200 homens para limpar as praias. A notória excelência da empresa foi duramente afetada pelo desastre, que ocorreu em janeiro de 2000.

BILHÃO do francês *billon*, bilhão, antiga moeda de cobre, de valor irrisório, destinada preferencialmente a trocos. Em Portugal, no Brasil, na França e nas Américas passou a designar uma quantia equivalente a mil milhões. Na Inglaterra e na Alemanha, indica um milhão de milhões. Não é tão popular como o milhão para designar quantias formidáveis e indeterminadas, como neste verso do cantor Roberto Carlos: "Eu quero ter um milhão de amigos."

BILHAR do francês *billard*, originalmente lasca de madeira, pau ou porrete, utilizado na caça e em forma de cajado pelo caminhante para defender-se de animais ferozes ou cães. No final do século XIV passou a denominar também pequenas toras de madeira que estão na origem do jogo, que consistia em empurrá-las com um porrete de um lado para outro, no chão. Evoluindo, o bilhar veio a ser praticado sobre superfícies lisas, alcançando a mesa recoberta de feltro verde onde as bolas, movidas pelos tacos, deslizam silenciosamente, mesmo quando tocadas com força. O bilhar prestou-se à metáfora presente na expressão "tirar o corpo fora", nascida do francês *reprendre ses billes*, significando literalmente retirar as bolas, esquivá-las da batida do taco, ganhando o significado de evitar responsabilidades. Também a sinuca, que é uma variedade do bilhar, jogada com oito bolas sobre uma mesa de seis caçapas, ensejou o surgimento de expressões como "sinuca de bico", "estar pela bola sete" e outras. O número deve-se às sete bolas com valores crescentes agregados à cor de cada uma, começando pela de cor vermelha e terminando pela de cor preta, origem de outra expressão, " bola preta", indicando recusa. As outras bolas têm as cores amarela, ou branca, verde, marrom, azul e rosa. A sinuca de bico ocorre quando a bola jogadeira, de cor branca, para à beira da caçapa, encostada a um dos bicos, deixando oculta a reta que a uniria à bola da vez, semelhando eclipse que pode ser total ou parcial. Só sai da sinuca de bico o jogador exímio, capaz de manipular o taco de modo inventivo ao extremo. É a situação mais difícil do jogo e veio a consolidar-se como sinônimo de problema de resolução quase impossível. Também o futebol oferece expressões equivalentes, como "dar bola", " bater bola", "pisar na bola" e "fazer o meio de campo", entre outras.

BILHETE do francês *billet*, bilhete, do feminino *billete*, bolinha, radicado no latim *bulla*, esfera, bola, porque era redonda a marca posta em mensagens, funcionando como selo de autenticação. A origem de bula é semelhante porque as indicações vinham escritas em documento que acompanhava o frasco e tinha um selo de chumbo pendente. Os papas utilizaram bulas para governar, autenticando-as com um duplo selo: no verso efígies de São Pedro e de São Paulo, no anverso a efígie do papa que a escrevera e a despachara para todo o mundo católico. Já o presidente Jânio Quadros utilizou bilhetes para governar, primeiramente o município de São Paulo, de que foi prefeito duas vezes, o estado de São Paulo, de que foi governador, e o Brasil, quando foi presidente por oito meses. Como alguns destinatários não levassem a sério os bilhetinhos, o então governador de São Paulo despachou mais um, onde dizia: "Essas papeletas não são brincadeira! Os servidores as cumprem à risca, ou puno todos, sem qualquer exceção, um a um."

BILOCAÇÃO do latim *bis*, duas vezes, *locus*, lugar, de que se derivou *locatione*, locação. Designa fenômeno incompreensível para as leis da física, dando conta de que algumas pessoas estiveram em dois lugares ao mesmo tempo. Os historiadores latinos Tácito, nos Anais, e Suetônio, em *Os doze Césares*, aludem a pessoas que teriam estado em dois lugares ao mesmo tempo. Entre os casos mais conhecidos relatados na historiografia cristã estão os de Santo Antônio de Lisboa – de Pádua, na Itália e Santo Afonso Maria de Ligório. O primeiro pregou em Lisboa e em Pádua simultaneamente. O segundo, fundador da Ordem dos Redentoristas, deixou o corpo dormindo e foi confortar o Papa Clemente XIV, que tinha abolido a Ordem dos Jesuítas, em seu leito de morte.

BILTRE do francês *bélitre*, *blitre*, esfarrapado, mendigo. Nossos avós ainda usavam esta palavra como desabafo e ofensa. Desenhos do cartunista Jaguar, na fase áurea de *O Pasquim*, nos anos 1970, criticando anacronismos diversos, apresentavam personagens xingando-se de biltres.

BIMBALHAR do francês *brimbaler*, oscilar, fazer bamboleio, vindo daí o significado de repique dos sinos. A origem remota é o latim *ballare*, dançar. É Natal, bimbalham os sinos" tornou-se lugar-comum, capaz de levar à demissão jornalistas que não sabem escrever de outro modo, mas o cronista pernambucano Antonio Maria brincou com as duas frases famosas, como segue, em crônica publicada em 14 de dezembro de 1956: "Desconfiai dos feitos que são repetidamente comemorados com jantares e missas de ação de graças! É esta uma simples canção de fim de ano. Escrevia, confessando-me e comprometendo-me em cada uma das minhas pequenas descobertas. Se não atingi, rondei mais das vezes a insolente verdade dos homens e das coisas. Em vez disso, escreveria uma crônica de Natal... Mas, em tudo o que eu dissesse do Nascimento de Cristo e fraternidade humana, correria o erro constante de repetir: 'Natal, Natal, bimbalham os sinos...'." Já o poeta Olavo Bilac utiliza o verbo bimbalhar no poema "Os sinos", de 1919: "Cantai, sinos! Daqui por onde o horror se arrasta,/ Campas de rebeliões, bronzes de apoteoses,/ Badalai, bimbalhai, tocai à esfera vasta!/ Levai os nossos ais rolando em vossas vozes!/ Em repiques de febre, em dobres afinados,/ Em rebates de angústia, ó carrilhões, dos cimos/ Tangei! Torres da fé, vibrai os nossos brados!/ Dizei, sinos da terra, em clamores supremos,/ Toda a nossa tortura aos astros de onde vimos,/ Toda a nossa esperança aos astros aonde iremos!" O poeta, que nascera a 16 dezembro, foi eleito príncipe dos poetas brasileiros pela revista *Fon-fon*, em 1913, morreu a 28 de dezembro de 1918, com apenas 53 anos.

BINA de B identifica A, sigla criada pelo brasileiro Nélio José Nicolai para o dispositivo eletrônico inventado por ele em 1977 para identificar chamadas telefônicas. De tanto insistir para que o Departamento Jurídico da empresa telefônica onde então trabalhava providenciasse a patente do seu engenho, foi demitido do emprego. Passou então a lutar sozinho pelo reconhecimento, no Judiciário. O resultado da sentença saiu apenas em 2012, quando o prazo da patente, vinte anos, já tinha vencido. Ainda assim, ficou estabelecido que ele iria receber 25% do que faturaram no período as operadoras que usaram seu invento nos telefones, à base de R$ 10 reais por mês de cada assinante. O Brasil tem 256 milhões de celulares, o que dá um faturamento de R$ 2,56 bilhões mensais.

BINACIONAL do prefixo bi-, do latim *bis*, repetição, e de nacional, do francês *national*, nacional, formou-se este vocábulo para designar empreendimento em que estão envolvidas duas nações, como é o caso da usina hidrelétrica de Itaipu, no rio Paraná, construída em parceria entre Brasil e Paraguai, e da Copa do Mundo de Futebol de 2002, que pela primeira vez foi sediada por dois países, Japão e Coreia do Sul.

BINGO do inglês *bingo*, provavelmente pela formação *binge*, farra, e *bout*, luta, turno, vez, jogo em que são utilizadas cartelas e pedras, onde aparecem números e letras para as combinações. Foi proibido no Brasil durante vários anos, até que o Congresso Nacional aprovou sua regulamentação, por meio da lei 8.762/93, proposta pelo ex-jogador Zico, quando secretário de Esportes no governo Collor. Várias entidades, até mesmo religiosas, e clubes esportivos, principalmente de futebol, têm utilizado o bingo para arrecadar fundos, sorteando carros e eletrodomésticos. Com a informática, o bingo modernizou-se e tornou-se eletrônico, podendo os apostadores acompanhar os resultados pela televisão. O presidente Lula, face às denúncias que envolveram o assessor parlamentar Waldomiro Diniz, que durante vários anos trabalhara sob as ordens do então ministro José Dirceu, voltou a proibir o bingo em todo o país, baixando medida provisória. Flagrado em gravações de vídeo, o assessor foi demitido quando era subchefe de Assuntos Parlamentares da Presidência da República, em fevereiro de 2004. Diante dos protestos dos funcionários desempregados e dos donos dos estabelecimentos, o Congresso Nacional mais uma vez votou a favor do bingo e derrubou o veto presidencial. Contudo, a prática voltou a ser proibida.

BINÔMINO do latim *binominis*, que tem dois nomes, pela formação *bi*, dois, e *nominis*, genitivo de *nomen*, nome. Designa quem ou que tem dois nomes, sendo conhecido por um deles ou pelos dois, dependendo das circunstâncias. A cidade russa de São Petersburgo, fundada pelo czar Pedro, o Grande, mudou para Petrogrado, em 1914, para Leningrado, em 1924, e para São Petersburgo, em 1991. É mais conhecida por dois nomes:

Leningrado e São Petersburgo. Pequim tornou-se Beijim. Saigon virou Ho Chi Minh. Intelectuais catarinenses ainda insistem em nomear Florianópolis com o antigo nome de Ilha do Desterro. Às vezes o novo nome se consolida e o primeiro é esquecido, como é o caso do estado de Rondônia, que, quando território federal, era conhecido como Guaporé.

BIOCO do português arcaico *veoco*, véu oco, palavras radicadas no latim *velum*, véu, e *occa*, rastrilho, instrumento para afofar a terra, preparando-a para o plantio. Bioco designa mantilha de cor escura para envolver o rosto feminino. Foi muito usado no Brasil até os finais do século passado. Parecido com o *xador*, traje feminino usado em alguns países muçulmanos, o bioco deixava apenas os olhos à mostra, ocultando a boca, o nariz e o queixo. Pescoço e colo já estavam cobertos pelos vestidos, e as orelhas, pelos cabelos. Quer dizer, da mulher propriamente dita, tal como hoje a conhecemos, só se viam o bioco e as outras roupas. E nas extremidades, os cabelos e os sapatos.

BIOCOMBUSTÍVEL de bio, do prefixo grego *bíos*-, vida, e combustível, do francês *combustible*, radicado no latim *combustum*, do verbo *combuere*, queimar. Engenheiros brasileiros criaram um novo tipo de combustível, adicionando óleo de sementes oleaginosas ao óleo diesel. Quem descobriu que as sementes oleaginosas, de mamona e de girassol, poderiam ser aproveitadas no processo, foi o professor Expedito Parente, na década de 1970. Ele foi pioneiro nas pesquisas para aproveitamento de óleos vegetais como combustível.

BIOGRAFIA do grego *bios*, vida, e *graph*, radical de *grapho*, escrever, e sufixo -ia. Escrever a vida de uma pessoa. É um gênero de livro de muita aceitação no mundo inteiro, principalmente quando feito sem a anuência do biografado. Neste caso, os autores costumam destacar a falta de autorização como chamariz para o livro. O mais comum é fazer como o jornalista e ex-secretário de Estado da Cultura de São Paulo, Fernando Morais, que em seu livro *Chatô, o Rei do Brasil*, limita-se a contar a vida do célebre jornalista e político brasileiro Assis Chateaubriand, deixando para os leitores a tarefa de julgar os atos do biografado.

BIOLÓGICA de biologia, mais o sufixo correspondente, como na expressão "árvore genealógica", designando os ancestrais. A palavra biologia, formada pelos elementos de origem grega *bio*-, vida, e *-logia*, estudo, tratado, apareceu primeiro em sua versão alemã, *Biologie*, e foi adaptada a todas as línguas europeias. A língua portuguesa é madrasta com a mãe biológica, que ainda não registra em seus dicionários, nem com hífen nem sem hífen. Mas as mães biológicas existem!

BIOLUMINESCÊNCIA de bio, do grego *bíos*, vida, e luminescência, de luminescer, do latim *lumine*, luz, designando fenômenos como a luz do vaga-lume, que produz claridade pela reação decorrente de um fermento misturado a outras substâncias químicas. O vaga-lume foi assim denominado porque um padre, que era também lexicógrafo, achou que o nome original, caga-lume (que acende na parte posterior do abdome, o que inspirou o povo a chamá-lo também cagafogo) era obsceno. O propósito natural do pisca-pisca do inseto é aproximar macho e fêmea para a procriação, realizada à noite, em meia-luz, em sistema de iluminação portátil, que lembra boate particular onde somente entra o casal portador das luzes. A luz, embora não seja psicodélica, é amarelo-esverdeada.

BIOTA do grego *biotés*, do mesmo étimo de *bios*, vida, pelo francês *biota* ou talvez pelo inglês *biota*, designando o conjunto de seres vivos de um ecossistema de determinada região, incluindo fauna, flora, bactérias, fungos, abrangendo toda forma de vida em terra, mar e ar, inclusive em águas profundas de oceanos, mares, rios e também a biosfera. No francês a palavra apareceu em 1892 e no inglês em 1901. Seu primeiro registro em nossa língua deu-se em 1982. É frequente a presença do prefixo grego bio- em palavras portuguesas que de algum modo referem a vida: biologia, biografia, biodiversidade e muitas outras, algumas de entrada recente na língua, como é o caso de biota, cujo sinônimo é bioma. A Fundação de Amparo à Pesquisa do Estado de São Paulo (FAPESP) tem um programa denominado Biota, reunindo esforços da comunidade científica paulista, muitos deles deflagrados pela Convenção sobre a Diversidade Biológica, assinada durante a ECO-92 e ratificada pelo Congresso em 1994. Substituindo biota por bioma, o colunista Ancelmo Gois usou a palavra em sua tradicional coluna em *O Globo* (18/11/2008): "Lula assina hoje o decreto Mata Atlântica, que regulamenta o uso e a proteção ambiental daquele bioma."

BIPOLAR de bi, do latim, *bis*, duas vezes, e polar, de polo, do grego *pólos*, pelo latim *polus*. Designa o que tem dois polos, aparece em dois polos ou que tem características completamente opostas. Dá nome também a transtorno psíquico de pessoa que muda abruptamente de humor, parecendo outra, como se tivesse duas personalidades, alternadas no convívio com os outros.

BIRRA do espanhol e leonês *birria*, radicado no latim vulgar *verrea*, de *verres*, porco antes de ser capado, cachaço, reprodutor. Tornou-se sinônimo de teimosia, obstinação, por analogia com as características do animal, mais difícil de ser conduzido na vara de porcos capados. Uma vez imobilizado, passa a grunhir estridentemente, comportamento ao qual foi comparado o das crianças que choram ao recusar cumprir ordens familiares.

BIS do latim *bis*, provavelmente formado a partir de *duis*, de *duo*, duos, indicando dois, dupla, duas vezes, repetição. No português, à semelhança do latim, tem significado autônomo como advérbio, mas é muito utilizado como prefixo na formação de palavras como bisneto, bisavô, biscoito etc. Às vezes, perde o "s", como em bimensal e bienal, este último variante de bisanual, havendo, porém, diferença no significado: bimensal é evento realizado duas vezes por mês, mas bienal e bisanual indica ocorrência de dois em dois anos, dando-se o mesmo com bimestral. Entre as desejadas repetições, excluídas as de parentesco, está a repetição das sobremesas e dos números artísticos. Charles Higman, biógrafo de Maria Magdalena von Losch, a Marlene Dietrich, conta que certa vez, ao apresentar-se em Moscou, a célebre atriz e cantora alemã recebeu tantos pedidos de bis que aquele foi um dos mais longos da História: 45 minutos de bis diante de uma plateia de 1.350 pessoas. Comovida, ela declarou aos russos: "Devo dizer-lhes que os amo há muito tempo. A razão por que os amo é que vocês não têm nenhuma emoção morna. Ou são muito tristes ou muito felizes. Sinto-me orgulhosa de poder dizer que eu mesma tenho alma russa." Na mesma ocasião, ao saber que o escritor Konstantin Guiorguievitch Paustovski, autor de novelas poéticas e de biografias de artistas, estava na plateia para ouvi-la, não sabendo russo, ajoelhou-se diante dele. E o escritor começou a chorar, compondo com a cantora um dueto de artistas que abandonavam as palavras para declararem sentimentos sinceros e profundos sem elas, ainda que dos dois fosse a palavra a principal ferramenta de trabalho e meio de expressão artística. Ela, cantora e atriz. Ele, escritor. O episódio está relatado em *Lágrimas na chuva: Uma aventura na URSS*, do escritor gaúcho Sergio Faraco, livro em que relata sua insólita e trágica passagem pelo paraíso socialista entre 1963 e 1965, quando viveu na própria carne algo semelhante aos papéis vividos pelo ator francês Yves Montand nos filmes de Costa-Gavras. Convidado pelo Partido Comunista da URSS a passar uma temporada de estudos em Moscou, o escritor brasileiro, conhecido por seus amigos como um homem íntegro e que não faz concessão ideológica alguma, principalmente quando se trata de seu ofício literário, depois de vários conflitos com chefetes políticos ligados aos partidos comunistas da URSS e do Brasil, foi confinado numa clínica, sob pesados medicamentos, tudo com o fim de reeducá-lo, procedimento, aliás, que antecedeu o método descrito no recente e premiado filme brasileiro *Bicho de Sete Cabeças*. Os nomes dos que o perseguiram perderam-se nos cemitérios burocráticos do regime que ruiu depois de 74 anos de existência, dissolvendo-se em fins de 1991 e dando lugar à Comunidade dos Estados Independentes.

BISÃO do latim *bisonte*, declinação de *bison*, boi selvagem. O advogado Marcio Thomaz Bastos, como a maioria dos cultos, preferiu a forma bisonte para definir o conflito público entre dois senadores da República que ocupam lugar de destaque no cenário nacional: "Os dois estão pagando o preço desta guerra de bisontes." Referiu-se a Antonio Carlos Magalhães e Jader

Barbalho. O primeiro foi sucedido na presidência do Congresso pelo segundo, depois de acusações mútuas de corrupção. Embora os dicionários, no afã de modernizar a complexa grafia de nossa língua, recomendem bisão, dando bisonte como variante, é justamente o contrário o que acontece no uso. O animal é chamado assim por ser originário da Bistônia, região da Trácia, onde os romanos o descobriram. Integra o gênero de mamíferos ruminantes, bovídeos, de cor parda com tons acinzentados. O pescoço, a cabeça e a elevação da parte anterior do dorso são cobertos de longos pelos. Terá contribuído para a comparação que lhes fez o célebre advogado o fato de ambos os senadores, além de se destacarem por grandezas políticas, serem também corpulentos.

BISAVÔ de avô, do latim *avus*, com a anteposição do prefixo bis-, repetição, significando que bisavô é avô duas vezes. Em trisavô, o processo é semelhante, mudando apenas o prefixo, de bis- para tri-, que no latim designa o primeiro elemento de vários compostos, como em *triangulus*, triângulo, que tem três ângulos. Os antigos romanos tinham um complexo sistema de parentesco em que *avus* e *avunculus* eram mais abrangentes, designando também tios maternos e paternos. Para os bisavós, havia as formas *proavus*, bisavô, e *proavia*, bisavó. Em latim, avó é *avia*. No português, os pais de nossos bisavós são denominados trisavós, tetravós ou tataravós.

BISCOITO do latim *biscoctus*, *bis* (duas vezes) *coctus* (cozido), pelo francês antigo *bescuit*, depois *biscuit*. Ao contrário do que possa parecer, não é o coito praticado duas vezes, como defendem gaiatos e irresponsáveis etimólogos. Mestre Antenor Nascentes nos ensina que o nome se deve ao costume dos antigos: "Cozia-se duas vezes para perder a água e poder durar muito tempo."

BISNAGA do latim *pastinaca*, designando planta cultivada nas hortas do Mediterrâneo, semelhante à cenoura. Passou depois a indicar também peixe venenoso que semelhava a forma dos talos dessa planta e mais tarde também objetos de forma cilíndrica. Os moçárabes – cristãos que viviam sob domínio muçulmano na Península Ibérica – pronunciavam "bisnaqa" e "bisnaga", vindo a consolidar-se esta última. O pão comprido, fino e arredondado também recebeu tal denominação, por semelhança com o talo curto e quase cilíndrico da planta. Bisnaga com o tempo estendeu-se para indicar dentifrícios, tubos de creme, vaselina, remédio etc.

BISONHO do italiano *bisogno*, eu preciso. Espanhóis em viagem pela Itália, não sabendo a língua, limitavam-se a dizer *bisogno* isso e aquilo para pedir alimentos. Do espanhol, o vocábulo veio para Portugal, onde chegou já com o significado de inábil, tosco, como se vê neste trecho do escritor português Joaquim Pedro de Oliveira Martins em seu livro *História de Portugal II*: "O recrutamento do reino produzira apenas 9.000 soldados bisonhos, bando de gente miserável e perdida." Locutores esportivos costumam usar o vocábulo para definir lance errado no futebol.

BISPO do grego *epískopos*, originalmente vigia, guardião, e mais tarde designando o magistrado que, na Grécia antiga, era responsável pela aplicação da justiça na *dioíkesis*, uma divisão administrativa. Os romanos trouxeram os dois vocábulos para o latim, adaptando-os para *episcopus*, inspetor, intendente, e *dioecesis*, departamento político maior que o *municipium*, município, e menor que a província, província, região conquistada. Em latim, *provincere* é um dos sinônimos de *vincere*, vencer. Ao tornar-se religião tolerada pelo império romano sob Constantino, em 313, e declarada oficial por Teodósio I, o cristianismo, até então uma heresia combatida e repleta de mártires, adota o arcabouço político e administrativo do império, assimilando suas instituições. Na Idade Média existiu o bispo portátil, sem ligação com diocese alguma, sempre à disposição do Papa para missões especiais. Já o bispo dos doidos era assim chamado o menino mais novo do coro que por 24 horas mandava no clero.

BISSEXTO do latim *bissextus* ou *bis sextus*, sexto repetido, porque era contado duas vezes o sexto dia de fevereiro antes das calendas de março. Em latim, a alteração foi resumida assim *bis sextus dies ante calendas Martii*, repetir o sexto dia antes das calendas de março. *Martii* é declinação de *Mars*, Marte, deus da guerra, da economia, do pastoreio e das messes, a quem a sacerdotisa Reia Sílvia, obrigada à castidade perpétua, atribuiu a paternidade de seus filhos gêmeos, Rômulo e Remo, que, em 751 a.C., fundaram Roma. O objetivo é adequar o calendário vigente ao tempo que a Terra demora para fazer a translação (em torno do Sol), em média 365 dias e meio. As calendas designavam na antiga Roma o primeiro dia de cada mês, dia de pagar as contas. A mudança já fora feita no ano 238 a.C., em Alexandria, no Egito, pelo faraó Ptolomeu III, que decretou o acréscimo de um dia ao ano a cada quatriênio com o fim de adequar o calendário ao ano solar. Até então o ano civil tinha apenas 365 dias, mas o ano solar sempre teve aproximadamente 365 dias e seis horas. Como o dia tem 24 horas, acrescentando-se um quarto a cada período de quatro anos, a nova contagem evitava a diferença de seis horas que no calendário afetava a agricultura, principal atividade econômica da Antiguidade. Em Roma, o ano bissexto foi introduzido por Júlio César, que trouxe de Alexandria o astrônomo Sosígenes para alterar o calendário, que passou a denominar-se juliano, em homenagem ao imperador. Como os cálculos não eram exatos, no século XVI já tinha sido acumulado um acréscimo indevido de dez dias, que foram suprimidos por novo ajuste no calendário, determinado em 1582 pelo papa Gregório XIII. O *Dicionário Houaiss* explica que 29 de fevereiro é "acrescentado à contagem do ano solar (365 dias), em intervalos regulares de quatro anos (exceto nos de número múltiplo de 100 que não seja também múltiplo de 400)" e que esta é "uma forma de corrigir a discrepância entre o calendário convencional e o tempo de translação da Terra em torno do Sol". Ainda assim, a cada período de 10 mil anos haverá uma diferença de três dias. No dia da adoção do calendário, 4 de outubro, morreu Teresa d'Ávila, enterrada no dia seguinte, 15, uma vez que o Papa suprimiu naquele ano os dias de 5 a 14 de outubro (dez dias). O novo calendário fixava o dia 1º de janeiro para início do ano. Até então o ano começava a 25 de março. E continuou assim na Inglaterra e outros países, que não eram católicos, até 1752. Mitos, superstições e tradições sempre marcaram os anos bissextos. O rei português Dom Afonso X, o Sábio, assessorado por insignes matemáticos do seu tempo, definiu a duração do ano em 365 dias, 5 horas, 49 minutos e 2 segundos, um cálculo bem próximo daquele registrado pela Enciclopédia Britânica, que fixa o ano solar em "365 dias, 5 horas, 48 minutos e 46 segundos". Para memorizar os dias do ano, o povo criou estes versos: "Trinta dias tem novembro/ Abril, junho e setembro/ Fevereiro vinte e oito tem,/ Se for bissexto mais um lhe deem./ E os outros que sete são/ Trinta e um todos terão." E ao contar os meses do ano nas mãos, marca os meses de 31 dias nos ossos da raiz dos dedos. E nos intervalos deles, fevereiro e os de trinta dias.

BISSEXUAL do latim *bis*, duas vezes, e sexual, de sexo, do latim *sexus*. Na língua portuguesa, bissexual consolidou-se não apenas como indicador de dois sexos na mesma pessoa ou animal, mas como caracterizador de prática sexual daquele ou daquela que mantém relações sexuais com parceiros de sexo oposto ou de seu próprio sexo, sem discriminação. Na Antiguidade clássica, os gregos, ainda que defensores da bissexualidade, pois muitos deles amavam suas esposas sem abandonar os mocinhos com os quais tinham casos, temperavam tais costumes com disciplinas baseadas no pudor e na vergonha. Não viviam na maior esbórnia. Também na antiga Roma os deuses pagãos não eram castos e refletiam a vivência daquela época. Contudo, as bacanais, honradas com o patrocínio de Baco, eram festas pudicas se comparadas com o que acontece hoje no Carnaval, na maior nação católica do mundo, o Brasil. O *Dicionário Aurélio* induz a engano semântico ao remeter o verbete a hermafrodito, que recomenda no lugar de hermafrodita.

BISTRÔ do francês *bristot*, restaurante pequeno. A chegada ao francês é de origem controversa. Uma das hipóteses é o étimo russo *bistrô*, depressa, advérbio que teria sido frequentemente pronunciado pelos cossacos das tropas russas que ocuparam Paris em 1814, depois de memoráveis batalhas travadas contra os exércitos de Napoleão. Esses militares eram homens rústicos que, sendo soldados, tinham pouco dinheiro e preferiam os restaurantes pequenos, por serem mais baratos. Seus proprietários adotaram, então, o advérbio e colocavam às portas uma tabuleta anunciando: *bistrot*. A oficialidade comia, naturalmente, em restaurantes mais refinados.

BIT-BANG do inglês, abreviação de *binary digit*, dígito binário, e *bang*, onomatopeia de estrondo. Os dois vocábulos já têm grafia em nossa língua: bite e bangue. O bite designa a menor quantidade de informação que pode ser armazenada por processos informatizados. Este neologismo surgiu para designar a extraordinária evolução ocorrida na rede mundial de computadores, conhecida como internet, que integra milhões de pessoas em mais de cem países, trocando mensagens, pesquisando, lendo excertos de livros, jornais e revistas, namorando e fazendo sexo seguro, já que eventuais vírus, neste caso, atingem apenas os computadores, jamais os usuários.

BITRIBUTAÇÃO de tributação, do latim *tributu*, radical presente também em tribuna, tribunal, tribuno, atribuir e distribuir, entre outras. No caso, com acréscimo de bi e ação (do latim *bis*, duas vezes, e *actione*, ação). Com a elevada carga de impostos que pesa sobre os brasileiros, é frequente a queixa de que tem havido bitributação, que consiste em aplicar o mesmo imposto duas vezes sobre o mesmo produto. Diversos tributaristas afirmam que em sua voracidade, ainda que não explicitamente, o Estado brasileiro tem feito incidir vários impostos sobre o mesmo produto ou sobre o mesmo contribuinte. Não há registro de bitributação na língua portuguesa antes da segunda metade do século passado, sinal de que não era praticada, a menos que o fosse com outro nome. Os antigos juízes das três tribos primitivas da antiga Roma sentavam-se num estrado – *tribunal*, em latim – e distribuíam as despesas entre elas. Mais tarde surgiram os tribunos que, aos gritos, diante dos juízes, defendiam os interesses do povo. Tal função foi elitizada com os aperfeiçoamentos do senado romano. E a principal qualidade do tribuno passou a ser o desempenho retórico que tinha no lugar que lhe era destinado para falar, a tribuna. Com o surgimento da imprensa, vários jornais adotaram o nome de tribuna em sua designação, com o fim de deixar claro que defendiam interesses do povo e não de grupos hegemônicos. O principal problema na tributação não é a coleta, é a aplicação. Com denúncias de tanta corrupção, os contribuintes brasileiros têm razão de desconfiar de que, além de excessivos, os tributos são desviados do bem público para o bolso de alguns poucos.

BLEFAR do inglês *bluff*, fingir, radicado no alemão *bluffen*, enganar no jogo de cartas. Passou a designar não apenas o engano em qualquer jogo, sobretudo no pôquer, mas também ocultar uma situação, com o fim de tirar proveito do outro. O jornalista Walter Isaacson conta que Henry Kissinger devolveu diversas vezes um relatório que havia solicitado, sempre com uma pergunta: "É o melhor que você pode fazer?" Na última vez, a pessoa a quem encomendara o trabalho, irritada, respondeu: "Diabos, é, sim, o melhor que eu posso fazer." E Kissinger, com toda a calma: "Ótimo, acho que desta vez vou ler." Foi um blefe em outro tipo de jogo, o das instituições.

BLESO do grego *blaisós*, de pés virados para fora, gago, que passou ao latim como *blaesu*, indicando não apenas o gago, mas também aquele que confunde as letras, trocando as consoantes fortes pelas fracas, sendo igualmente nome de homem. O jornalista e escritor Carlos Menezes, um dos responsáveis pela página de livros de *O Globo*, é autor de um livro intitulado *Elesbão, o Bleso*, cujo conto-título, originalmente publicado em *Irmão Fulgêncio e outras histórias*, é escrito num português marcado por termos arcaicos, começando assim: Elesbão era conhecido na cidade por três particularidades: era bleso, sofria de ofíases e criava um gimnuro."

BLINDAGEM do francês *blindage*, proteção contra o inimigo, blindagem, radicado no verbo *blinder*, ocultar, sinônimo de *aveugler*, verbo formado na época merovíngia (cerca de 500-750), a partir da expressão latina *ab-oculis*, sem olhos. Houve influência do verbo alemão *blenden*, cegar, e do substantivo *Blinden*, instalação militar, que esconde e protege seus ocupantes, predecessora do *Bunker*, abrigo antiaéreo. É termo de artilharia. No francês, o primeiro veículo blindado foi um navio. No português, a designação migrou do campo militar ao civil, submetido a contextos de guerra nas metrópoles. Cidadãos mais abastados blindam seus automóveis, tornando-os semelhantes a veículos militares. Mudou também o perfil dos motoristas, transformados em seguranças ou por eles acompanhados em carros de escolta. No sentido metafórico, o vocábulo vem sendo aplicado a proteções diversas, que incluem ministros, prefeitos, governadores, chefes de Estado e seus assessores qualificados.

BLINDAR do alemão *blenden*, cegar, ofuscar, pelo francês *blinder*, revestir com aço, metal ou outro material resistente o que se quer proteger. O significado original era esconder. O alemão *Blinde*, cego, designou originalmente instalação militar que ocultava seus ocupantes. As primeiras blindagens foram de capim, ramos e folhas de árvores, para que o inimigo não visse os soldados e armas ali escondidos. Depois passaram a ser de pedra, de ferro, de aço, mudando de significado: o inimigo agora via, e o propósito não era esconder-se dele, mas defender-se. O primeiro veículo blindado foi um navio. Foi blindado com couro e recebeu depois o nome de encouraçado, mesmo que depois os encouraçados fossem de puro aço e hoje sejam encouraçados por mísseis. Atualmente até carros de passeio são blindados pelo mesmo motivo: resistir aos inimigos, a suas poderosas armas. A blindagem não se deu apenas nos carros. Antes, um cavaleiro medieval também estava blindado, embora a palavra ainda não existisse. Entre os merovíngios, usava-se outra palavra: *aveugler*. O étimo está presente também no inglês *blind*, cego. Blindar aparece também em textos jurídicos com o sentido de proteger o cliente com recursos ou artifícios legais.

BLITZ redução de *Blitzkrieg*, palavras alemãs juntadas que significam guerra-relâmpago, ou seja, *Krieg*, guerra, e *Blitz*, relâmpago. O vocábulo passou a ser usado na Segunda Guerra Mundial para caracterizar o avanço fulminante de tropas alemãs nas invasões havidas durante aquele conflito. Já estão incorporadas ao português, constando do *Dicionário Aurélio*, em dois verbetes: *blitz* e *blitzkrieg*, o primeiro dos quais utilizado para designar as rápidas batidas que a polícia costuma dar, quase sempre de surpresa.

BLOCO do francês *bloc*, tomado do holandês *bloc* (no holandês atual é *blok*), designando pedaço de madeira ou de outro material pesado, empilhado para formar barreira, conter, imobilizar. Passou depois a designar parte de um conjunto posta em destaque, como em bloco de notícias, bloco parlamentar etc. Também unidades reunidas podem formar um bloco, como é o caso do bloco de folhas de papel. Nas escolas de samba, bloco designa algo semelhante, tendo também o sentido de ala nos desfiles, surgidos com as primeiras escolas de samba, elas mesmas apenas blocos. Assim, a Portela chamou-se nas origens bloco Vai Como Pode, fundado em 1923.

BLOGUEIRO de blogue, do inglês *web*, rede e *log*, arquivo, registro, entrada, mais o sufixo -eiro, que indica ofício, como em carpinteiro, ferreiro, marceneiro etc. Blogueiro é quem mantém um blogue na internet, conjunto de textos e imagens que dispensa editores ou redação, sendo de responsabilidade da pessoa que lhe dá o nome ou assina. Há vários blogueiros na internet. Eles se especializaram em segmentos específicos da mídia, de que são exemplos os blogues de Ricardo Noblat e Cristina Lôbo (política); Alysson Muotri, o brasileiro que estuda células-tronco nos EUA; Betty Milan, escritora e psicanalista; Cassio Barbosa, astrônomo; e do escritor e jornalista Luciano Trigo, intitulado *máquina de escrever*, sobre autores e livros. Reinaldo Azevedo tem seu blogue, sobre política, na revista *Veja*. Os professores Cláudio Moreno e Sérgio Nogueira mantêm blogues especializados em gramática da língua portuguesa. No século XVI, os navegadores buscaram novos mundos, viajando por mares nunca dantes navegados; no século XX, por céus desconhecidos, no espaço sideral, muito além da atmosfera da Terra; no século XXI, as viagens são feitas pela blogosfera, outro neologismo inevitável.

BOAS FESTAS da junção de boas e festas, plurais vindos dos singulares latinos *bona*, boa, e *festa*, festa. A expressão designa as comemorações de encerramento do ano velho e abertura do ano novo, que começam no Natal e terminam no Dia de

Reis, 6 de janeiro. A forma mais usual tem sido a de saudar amigos, conhecidos ou clientes por meio de cartões, originalmente utilizados para este fim pela primeira vez em 1843. Com o advento da internet, eles passaram a ser também eletrônicos, havendo sítios especializados que oferecem cartões animados e interativos. Práticas comerciais exageradas corromperam o espírito cristão dessas festividades, mas ainda pairam sobre toda a humanidade nessas datas os desejos de paz, reiterados pelos meios de comunicação social. Uma das principais fontes desses votos é a mensagem evangélica extraída de um versículo bíblico que diz: "Glória a Deus nas alturas e paz na terra aos homens de boa vontade."

BOATO do latim *boatu*, grito, alvoroço. Passou a designar notícia falsa, anônima, sem fonte assumida. Entretanto, quando o boato chega aos ouvidos de um jornalista, é de praxe a pesquisa, que pode confirmar ou negar os rumores. Durante a ditadura militar, quando havia censura à imprensa, notícias verdadeiras foram atribuídas a boatos.

BOAZUDA de boa, do latim *bona*, mais sufixo -uda, com o z funcionando como elemento de ligação. Designa a mulher fisicamente atraente, de formas bem definidas. Com este sentido aparece no livro da cantora Elza Soares, *Minha vida com Mané*, no qual narra pequenas histórias ocorridas no tempo em que foi casada com o maior ponta-direita de todos os tempos, o fabuloso Garrincha: "Ouvi gracejos que até me comoveram: 'Mané está com tudo'; 'Como ela é boazuda'; 'Foi este o remédio que o doutor me receitou'."

BOBÓ do fongbê *bovô*, saboroso prato africano, feito com feijão mulatinho e azeite de dendê, servido com inhame ou aipim. Na culinária brasileira é muito apreciado o bobó de camarão, feito com camarão e creme de aipim refogados, leite de coco e azeite de dendê.

BOCA DE LOBO de boca, do latim, *bucca*, e lobo, *lupus*. O latim culto preferia *os*, *oris*, para designar a boca, de onde derivaram palavras como orador, adorar, oral etc. Mas o latim vulgar preferiu *bucca*. E nas línguas dele derivadas a palavra boca aparece como metáfora em várias acepções, como boca de rio, boca da serra, boca da noite e boca de fumo. Boca de lobo designando grade de ferro de bueiro, entretanto, inclui-se naquelas acepções que tomam animais como termos fora de contexto para comparação. Provavelmente a procedência de boca de lobo para designar o bueiro tenha vindo da navegação, pois indica uma forma de peça para encaixe ou de apoio nos mastros dos navios. Os ferros lembraram os dentes do lobo. A humanidade quase exterminou os lobos. No Brasil, há heroicos pesquisadores fazendo de tudo para preservar o lobo-guará, mas o animal esteve sempre muito presente no imaginário popular, tanto em metáforas adultas ("O homem é o lobo do homem"), como nos contos de fadas. Outro exemplo é a grua, originalmente a fêmea do grou. Designa aparelho para levantar grandes pesos, máquina de locomotivas, guindaste para diversos usos, incluindo instrumento para filmar, munido de assento para o câmera. Sofrendo a falta de educação das pessoas que jogam lixo nas ruas, o descaso do poder público, as enchentes e o excessivo asfaltamento do chão, as bocas de lobo não dão conta de escoar a água nos bueiros. Nem dentes de lobo conseguem deglutir tanto lixo misturado às águas pluviais. A planta boca-de-lobo é escrita com hifens.

BOCA DE SIRI de boca, do latim *bucca*, e de siri, do tupi *si'ri*, correr para trás. No conto "Em boca fechada bem-te-vi não faz ninho", de José Cândido de Carvalho, é retratado momento decisivo na vida de um político: "Campos de Melo passou todos os anos de sua vereança sem dar uma palavra. Era o boca de siri da câmara municipal de Cuité. Até que, uma tarde, ergueu o busto, como quem ia falar. O presidente da Mesa, mais do que depressa, disse: — Tem a palavra o nobre vereador. Então, em meio do grande silêncio, o grande mudo falou. — Peço licença para fechar a janela, pois estou constipado."

BOÇAL do latim vulgar *bucceu*, ignorante, rude, grosseiro, derivado de *bucca*, boca, bochecha. Era assim designado o escravo recém-chegado da África e que não conhecia ainda a língua portuguesa, que aprenderia sem ninguém lhe ensinar. A origem deste vocábulo é, porém, muito controvertida. Até 1850, ano em que foi oficialmente proibido pela Lei Eusébio de Queiroz o tráfico de navios negreiros, era sinônimo de negro-novo.

BÓCIO do latim *botium*, papo. O aumento exagerado sob o pescoço não é decorrente do alegre costume de bater um papo. Deve-se à hiperplasia da glândula tireoide. "Levar no papo", "levar um papo", "estar no papo", "de papo para o ar", "papo furado" são algumas das muitas expressões em que se alude a conversa e não a doença.

BODA do latim *vota*, plural de *votum*, voto, promessa. Ao contrário de outras línguas neolatinas, como o francês e o italiano, que conservaram a tradição dos romanos de dar às práticas rituais e profanas do casamento o nome de núpcias, o português e o espanhol preferiram denominá-las bodas, tendo em vista os votos feitos pelos noivos. A palavra boda resulta de variação do latim *vota*, plural de *votum*, promessa. Tal semântica persiste em sinônimos da palavra noivo e noiva, indicando prometidos, de que é exemplo o título do famoso romance do romancista italiano Alessandro Manzoni, *Os noivos*. Os rituais profanos, realizados antes de o casamento ser transformado em sacramento pela Igreja, eram simples endossos comunitários que atestavam em tais cerimônias que o *nubilis*, vale dizer o jovem ou a jovem casadoiros tinham idade para viverem juntos, em *conubium*, casamento, em latim. O beijo na boca, juntando os lábios, as línguas e as salivas, nasceu de práticas que substituíram o ato violento de misturar gotas de sangue resultantes de cortes nos braços dos noivos, o que muitas vezes significava infecções que podiam levar à morte. As bodas podem ser de madeira (cinco anos de casados), de estanho (dez), de cristal (15 anos), de porcelana (20), de prata (25), de pérola (30), de coral (35), de esmeralda (40), de rubi (45), de ouro (50), de diamante (60), de platina (65), de brilhante (75 anos de casados).

BODE de origem incerta, provavelmente de palavra pré-romana, de alguma língua sem escrita, já que os romanos denominavam o gênero por *capra*, cabra, derivando daí o adjetivo *caprinus*, caprino, para tudo o que se refere à cabra, incluindo o marido dela. O bode presta-se a várias expressões e metáforas da língua portuguesa. Uma delas consiste em utilizar o animal para resolver um conflito, pondo-se um bode fedorento no recinto. A seguir negocia-se, não o conflito, mas o agravante: a presença do cabrão ali. Retirado o bode, recomeçam-se os entendimentos.

BODY-BOARDING do inglês *body-boarding*, esporte semelhante ao surfe. Nele, porém, a pessoa se mantém deitada sobre a prancha, cujo formato é menos alongado. Os brasileiros sempre se deram bem nesse tipo de esporte aquático, tanto na modalidade masculina quanto na feminina. Um dos maiores campeões mundiais é o brasileiro Guilherme Tâmega.

BOÊMIO do francês *bohémien*, que gosta da noite, dos bares, despreocupado, alegre. Os franceses passaram a comparar escritores e artistas parisienses aos *bohémiens*, ciganos oriundos da Boêmia, região da República Tcheca. A vida mundana dos intelectuais boêmios está descrita no livro do escritor francês Henri Murger, *Cenas da vida boêmia*. A modernidade investiu duramente contra a boêmia por força de uma ocupação geral e intensa dos intelectuais em trabalhos que exigem muita disciplina, cumprimento de prazos, horários, tarefas. Mas o desemprego, marca das sociedades industriais em todo o mundo, está levando a um reavivamento da boêmia. Em razão disso, a alegria antiga já não é mais a mesma e à beira de copos e rostos, em vez de chistes imaginosos e frases antológicas, o que mais se ouve são confidências com os travos da luta pela sobrevivência.

BOFETADA de bofe, nome vulgar do pulmão. Do árabe *boff* (pulmão) e *baffa* (soprar). O vocábulo provavelmente deve-se ao som que tem um tapa na cara. Veja-se que em inglês *blow* significa sopro e bofetada. Por sua vez, bofe, por ínvios caminhos, tomou, nas sexualidades heréticas, um outro significado. Além de ser o nome popular do pulmão, do grego *pneúmon*, derivado de *pneúo*, soprar, também designa popularmente a pessoa muito feia, a meretriz desqualificada em atrativos e também homem na linguagem dos homossexuais masculinos.

BOI do latim *bove*, declinação de *bos*, boi. Na pecuária, embora não se ponha em questão a sexualidade do boi, ele é sinônimo de vaca, apesar de designar originalmente o touro castrado. O boi ainda está presente em várias expressões, de que são exemplos "boi de piranha" animal que os boiadeiros sacrificam para as piranhas, que, entretidas em devorá-lo, deixam a boiada atravessar o rio – e "estar de boi", designando, sobretudo no Nordeste, o estado da mulher que está menstruada. Já outra expressão, "botar o carro diante dos bois", remonta aos antigos gregos, que diziam "*hysteron proteron*", e aos antigos romanos, que usavam a equivalente "*currus bovem trahit praepostere*". Na língua inglesa, existe expressão semelhante, aplicada a certas confusões religiosas, mas nascida do trabalho em minas de carvão, de metal etc.: "*many religious folk set te plow before the oxen*" (várias religiões populares põem o carro diante dos bois). Na Galícia, há uma parecida: "*Ara quem tem bois, e quem não os tem ara antes ou depois.*" Do boi só não se aproveitava o berro. Mas agora nem isso se perde, já que integra a sonoplastia de cinemas e telenovelas. Sua carne está nos cardápios. Seu couro, em sapatos, bolsas e cintos. Seus ossos, em rações para outros animais. Seus chifres, em pentes. E quem enlouqueceu, por ter comido ração animal, foi a vaca, não ele. O boi prefere o pasto. Sua imagem está presente em famosa canção de ninar: "Boi, boi, boi/ boi da cara preta/ pega esta criança/ que tem medo de careta." Puxando carros ou arando a terra, quando transportado para comércio, move-se por seus próprios meios, tangido por tropeiros.

BOICOTE do antropônimo inglês *Boycott*. Charles Cunningham Boycott administrava as propriedades do conde de Erne, na Irlanda, quando se recusou a seguir a recomendação do nacionalista e estadista irlandês Charles Stewart Parnell, interessado na promoção dos sem-terra irlandeses. O segundo Charles queria que os camponeses não mais trabalhassem para os proprietários ingleses até que fosse modificada a Liga Agrária, promulgada pelo Parlamento Britânico. O primeiro Charles foi, então, alvo de represálias silenciosas: ninguém lhe dirigia mais a palavra, o comércio lhe fechava as portas, suas cartas eram interceptadas e ninguém aceitava trabalhar sob suas ordens. Pressionado, Boycott voltou à Inglaterra e trocou de lado, integrando-se à luta dos irlandeses. A estratégia usada contra ele recebeu seu nome e boicote passou a significar represália. Parnell, acusado de adultério e de ter sido o autor intelectual de algumas mortes, casou-se com a mulher com quem pecava, Katherine O'Shea, mas negou ter alguma coisa a ver com as mortes. Seu acusador, o jornalista Richard Pigott, reconheceu que havia forjado a denúncia e suicidou-se em Madri.

BOIUNA do tupi *mboy'uma*, cobra preta, formado de *mboia*, cobra, e *una*, preto. Mito hídrico de origem ameríndia, seus outros nomes são cobra-d'água, cobra-grande, cobra-maria, mãe do rio, senhora das águas e Cobra Norato. O mito dá conta de um rapaz chamado Honorato que, encantado, transforma-se em cobra e vai habitar o fundo dos rios do Pará, mas à noite vira gente outra vez. Inspirou a obra-prima do advogado, diplomata e poeta gaúcho Raul Bopp, *Cobra Norato*. O narrador estrangula a Cobra Norato, mete-se na pele dela e, depois de tirar um sono, sai em busca da filha da rainha Luzia, com quem quer casar-se. E assim vai nos brindando com uma poética descrição da natureza amazônica, com destaques para bichos que são também personagens.

BOLA do latim *bulla*, bola. Recebe carinhosos epítetos, mas, ao lado do juiz, é o ente que mais sofre nos jogos – uma verdadeira Geni. Sua circunferência deve ser de, no mínimo, 68 centímetros, e no máximo, 71. O peso mínimo de uma bola, também segundo as regras de futebol, deve ser de, no mínimo, 396 gramas e, no máximo, 453. Mas é evidente que essas são disposições consensuais. Nunca se viu um juiz pedindo uma balança para pesá-la, antes de começar uma partida. O tricampeão mundial, Rivelino, queixava-se, nos seus tempos de Corinthians, de que passava sempre bolas redondinhas e só recebia de volta tijolos. Couro, pelota, menina e gorduchinha são alguns de seus sinônimos mais frequentes. A propósito de como deve proceder o craque, o locutor Osmar Santos criou expressão intraduzível: "Ripa na chulipa e pimba na gorduchinha." Todos entendem o recado, mas será difícil arrumar a frase com outras palavras.

BOLACHA de bolo e sufixo -acha, designando originalmente um tipo de pão, denominado *nauticus panis*, que abastecia a despensa dos navios. Originalmente bolo formou-se a partir de bola, do latim *bulla*, por causa da forma arredondada. O latim contava também com *bolus*, lucro, proveito, tendo vindo do grego *bôlos*, gleba, torrão. Com o sentido de bofetada, aparece neste trecho de *Lisboa Galante*, de José Valentim Fialho de Almeida: "A minha vida ainda se endireitava a tempo, se eu tenho ferrado uma bolacha nas ventas de Alzira."

BOLETIM do italiano *bolletino*, publicação periódica. Tomou também o sentido de registro de ocorrências policiais e por isso é conhecido pela sigla BO, boletim de ocorrência. Há ainda o boletim meteorológico, indicando as tendências do tempo, e o boletim escolar, este último informando sobre as tempestades havidas com o estudante no processo ensino-aprendizagem. Com exceção dos informes sobre o clima, os outros boletins envolvem laços familiares de várias ramificações.

BOLHA do latim *bulla*, bolha, palavra ligada ao verbo *bullire*, ferver, que também tem o significado de bulir, no sentido de mexer com os outros, agitando-os com palavras e gestos. Lemos em *Uma blusa no cais*, de Reginaldo Guimarães: "O ancião aparecia possesso, gaguejando, sem saber o que falar. Já sabíamos por quê – os meninos da rua haviam bulido com ele." Ou, como neste provérbio: "Quem com muitas pedras bole, uma na cabeça lhe cai." Os economistas denominam bolha também um crescimento sem fundamentos confiáveis, como ocorreu com os financiamentos imobiliários nos EUA, cuja bolha explodiu recentemente, tendo levado os bancos centrais de vários países a tomar providências em face do pior. No sentido mais corriqueiro, fazem bolhas também os sapatos apertados.

BOLO de origem controversa. Pode ter vindo do latim *bulla*, bola, por causa da forma circular. Ou do grego *bôlos*, gleba, pedaço de terra, que chegou ao latim como *bolus*. Além de designar também uma guloseima, o bolo serve para caracterizar confusão e também as apostas coletivas em jogos de azar. Na loto e na loteria esportiva são frequentes os bolos, também chamados de bolões. E no turfe o bolo pode ser de 8 ou 7 pontos, a critério do jóquei-clube que patrocina as corridas.

BOLSA do grego *byrsa*, passando pelo latim *bursa*, ambos os vocábulos significando bolsa. Sua polissemia estende-se a vários domínios. Há inclusive o masculino bolso, derivado de bolsa. É medida corrente no comércio de produtos que podem ser ensacados, como cereais e minerais. Assim, temos bolsa de trigo, de milho, de feijão, de sal, de carvão. Os estudantes prestam mais atenção a outras bolsas, as de estudo. E os economistas estão de olho nas bolsas de valores, cujas quedas bruscas podem mudar a economia, como ocorreu em 1929 com o famoso *crash*, quebra, da Bolsa de Nova York. Economistas são pródigos em explicações prolixas sobre os motivos de as bolsas caírem, mas quem frequenta os filósofos, dos livros ou das ruas, pode saber o motivo verdadeiro e lacônico: as bolsas caem porque sobem, já que tudo o que sobe um dia desce. Ainda mais nos cassinos em que elas se transformaram. E quando descem afetam até mesmo a profissão mais antiga do mundo, exercida por mulheres de bolsinhas a tiracolo.

BOLSO de bolsa, do latim *bursa*, radicado no grego *byrsa*. Com o sentido de saquinho de pano costurado junto às vestes ou avulso, já aparece na primeira metade do século XV. É usual que os bolsos sirvam para que neles carreguemos carteira, documentos, pequenos objetos, mas a escritora Virginia Woolf serviu-se dos bolsos de sua capa para suicidar-se por afogamento. No dia 28 de março de 1941, em plena Segunda Guerra Mundial, escreveu um bilhete amoroso ao marido – "Não creio que duas pessoas tenham podido ser mais felizes do que o fomos nós e vestiu uma capa de bolsos grandes. Era sua quarta e última tentativa de suicídio. Numa das vezes, atirou-se no mesmo rio, mas sem as pedras nos bolsos e voltou para casa toda encharcada. Uma das maiores escritoras inglesas, ela estreou, aos 23 anos, com o romance *The Voyage Out* (A viagem para fora). Depressiva, era tratada com um barbitúrico chamado Veronal. Os médicos diagnosticavam "melancolia hipocondríaca" e "sintomas gastrintestinais". Ela costumava desconcertar seus interlocutores com uma pergunta insólita: "Quais são os argumentos contra o suicídio?" Quase todos, atônitos, lhe davam muitos, mas não foram suficientes. Em seus romances, as tramas e intrigas têm pouca ou nenhuma importância. O que se vê é sua esplêndida capacidade de captar as sensações e expressá-las literariamente.

BOMBACHA do espanhol *bombacha*, bombacha. Calça larga em toda a perna, mas estreita no tornozelo, onde é presa por botões. É item indispensável do vestuário regional gaúcho. Os dicionários dão preferência à variante bombachas.

BOMBÁSTICO ao contrário do que pode parecer, bombástico não vem de bomba, mas do grego *bombyx*, passando pelo latim *bombyx mori*, nome científico do bicho-da-seda. O vocábulo serviu de origem ao italiano *bombicina* e ao francês *bombasine*, designando um tecido de seda e algodão, que serve de enchimento a roupas, fazendo-as parecer infladas. Frase bombástica, por analogia, é vazia de conteúdo. O famoso alquimista e médico do alvorecer da Idade Moderna, o suíço Paracelso, chamava-se Theophrastus Bombastus von Hohenheim e evitou ser conhecido por seu verdadeiro nome já que não ignorava a conotação pejorativa de Bombastus.

BOMBEIRO de bomba, do grego *bómbos*, pelo latim *bombus*, designando barulho, fraco ou forte, desde o zumbido das abelhas até o do trovão, mais o sufixo -eiro, frequente na designação de profissões. Em inglês é *fireman* (homem do fogo) ou *fire fighter* (combatente do fogo), mas em nossa língua a designação desse profissional está ligada à ferramenta utilizada pelo soldado que vinha combater o fogo, uma bomba hidráulica para obter a água.

BOM-BOCADO junção de bom, do latim *bonu*, e bocado, formado a partir de boca, do latim *bucca*. Designa doce muito saboroso, feito de açúcar, gemas de ovos, leite de coco ou amêndoas, encontrável em confeitarias e padarias. O Barão do Rio Branco apreciava muito o bom-bocado. Talvez tivesse havido osmose entre o paladar e a persuasão docemente diplomática que utilizou na delimitação das fronteiras do Brasil.

BOMBOM do francês *bonbon*, guloseima. Nome genérico com o qual denominamos balas, chocolates, doces. É frequente o francesismo *bombonnière* para designar as pequenas lojas especializadas na venda desses produtos.

BOMBORDO do holandês *bakboord*, lado de trás, isto é, lado esquerdo da embarcação, já que as cabines dos navios holandeses eram construídas no lado direito e por isso o lado esquerdo estava às costas do piloto. O francês adaptou a designação para *bâbord*, de onde chegou ao português como bombordo, em oposição a estibordo, que já foi conhecido também por babos, babordo e cisbordo. A perspectiva de lado direito ou esquerdo dos navios é obtida olhando-se da popa para a proa, isto, da ré, parte de trás, para a vante, parte da frente.

BONANÇA do grego *malakía*, moleza, calmaria, passando pelo latim *malatia*, com significados semelhantes. Mas como se imaginou erroneamente que haveria o elemento *malus*, mau, na constituição do vocábulo, formou-se no latim vulgar *bonacia*, como antônimo, que passou ao português como bonança, indicando tempo bom e situação de tranquilidade. O povo português, tão afeito às lides marítimas, criou conhecido provérbio em que aparece esta palavra: "Depois da tempestade, vem a bonança."

BONDE do inglês *bond*, variação de *band*, fita, laço, tendo também o significado de algema. Ganhou o sentido de vínculo no seguinte percurso na língua inglesa: originalmente designou ação de levar amarrado o devedor, por algemas nos pulsos ou grilhões nas pernas, à presença do credor para acertar seus débitos. A variante *band* aparece na palavra *husband*, marido, esposo, em que *hus* deriva de house, casa. Marido é, antes de mais nada, no inglês, aquele que cuida da economia da casa, está a ela ligado por *band*, laço, obrigação, vínculo ou, para os pessimistas, algema, de que o anel é metáfora. Nesse caminho, *bond* passou a significar obrigação, título, garantia. No Brasil, a partir de 1868, veio a designar o veículo, ainda puxado por tração animal, da *Botanical Garden Rail Road Company*, empresa norte-americana. Para facilitar o troco, o passageiro recebia um título em forma de bilhete – *bond* – em que estava estampada a figura do veículo. E o veículo passou a ser designado por nome inglês, depois aportuguesado para bonde. A denominação mesclou-se a outro tipo de *bond*, título negociável, referente ao empréstimo nacional de juros pagáveis em ouro, realizado em agosto de 1868 pelo Visconde de Itaboraí, ministro da Fazenda do Império do Brasil. Teve grande repercussão a entrega desses *bonds*, como eram denominadas as cautelas das apólices desse empréstimo, que ocorreu na mesma época em que os bondes entraram em funcionamento. Os bondes puxados por cavalos ou burros duraram até 1892, quando foram substituídos por bondes elétricos, já em operação nos EUA desde 1884. A primeira viagem deu-se no dia 8 de outubro, na então sinuosa linha da Praia do Flamengo. Segundo nos informa C.J. Dunlop em *Rio Antigo*, I, p. 124, a cidade parou para assistir à inauguração do primeiro bonde elétrico da América do Sul, lotado das mais altas autoridades, inclusive o presidente da República, além de representantes da imprensa e da fina flor da sociedade carioca: "Partiu este bonde, sob os aplausos do povo, pouco depois das 13 horas, da curva do antigo Teatro Lírico, subiu a rampa da rua Senador Dantas, deslizou suavemente pela rua do Passeio, Cais da Lapa, praias do Russel e do Flamengo e, 12 minutos depois, entrava na usina termoelétrica da rua Dois de Dezembro." Visconde de Itaboraí era o título nobiliárquico de Joaquim José Rodrigues Torres, político, financista, um dos fundadores do Banco do Brasil. A primeira linha de bondes puxados a burros em São Paulo surgiu em 1872, ligando a rua do Carmo à Estação da Luz. Os bondes elétricos foram introduzidos apenas em 1900 e iam do largo São Bento à Barra Funda, onde morava Antônio da Silva Prado, prefeito de São Paulo por longos 13 anos. Mais tarde faziam ponto final na praça que recebeu o nome do alcaide que remodelou inteiramente a cidade. Em 1956 havia 499 bondes operando em São Paulo, número que foi diminuindo até que, em 1968, foi extinta a última linha regular, que ligava Santo Amaro à Vila Mariana.

BONÉ do latim *abonnis*, tira de pano sobre a cabeça, pelo francês *bonnet*, gorro, barrete. Veio a designar espécie de chapéu sem abas ao redor de todo o cocoruto, apenas na frente, para proteger os olhos. Tornou-se parte do uniforme de muitos trabalhadores e há várias décadas é utilizado como instrumento de divulgação de empresas e entidades, de que é exemplo o boné do *Movimento dos Trabalhadores Rurais Sem-terra* (MST). O primeiro sem-terra não usava boné. Foi o rei inglês João Sem Terra, irmão de Ricardo Coração de Leão e filho de Henrique II, que não lhe deixou terra alguma, daí o apelido. O monarca acabou por ensejar a primeira Constituição do mundo, a Carta Magna, exigida pela nobreza britânica em 1215. Botar o boné no marido é traí-lo. Pedir o boné é demitir-se. Segundo nos informa o cartunista e cronista catarinense Dante Mendonça no livro *Serra abaixo serra acima* (Bernúncia Editora), a cidade de Apucarana (PR) é a capital nacional do boné, título que lhe foi conferido em 2009 pela Assembleia Legislativa. E acrescenta: "Agora, procura-se um deputado para achar um prefeito disposto a receber o título de Capital do Chapéu na Mão." Ele informa também que o primeiro edifício de Camboriú, Capital dos Aposentados do Paraná, chamou-se Londrina: "De faro fino, os vendedores de imóveis percorriam o Norte e o Sudoeste do Paraná no encalço de fazendeiros endinheirados para lhes vender lotes no paraíso à beira-mar."

BONECA de origem controversa, provavelmente de *bonnica*, uma forma dialetal antiga para boazinha, do latim *bona*, boa, bonita. Pode ter havido influência do espanhol *muñeca*, boneca, sentido conotativo de munheca, punho, em espanhol *muñeca*. Foram assim denominadas as bonecas de pano, fixadas nos pulsos para representações destinadas não somente a crianças, mas também a adultos. A palavra que se consolidou para essas peças foi fantoche, do francês *fantoche*, por sua vez radicado no italiano *fantoccio*, diminutivo de *fante*, soldado da infantaria. No Brasil, boneca tem a variante chucha, figura simples, de madeira e pano, denominação derivada de pano embebido em água doce que tinha a função de substituir o dedo, que as crianças têm o costume de chupar na infância. Antenor Nascentes diz que o verbo chuchar, de onde veio chucha, procede da forma onomatopaica *chuc*, que designa o ruído que faz a boca no ato de sugar. O recurso de movimentar fantoches para prender a atenção dos auditórios remonta ao clérigo europeu que dele se utilizou na conversão de índios, de que são exemplos as imagens de santos e santas, ocas, esculpidas em madeira, com braços móveis, movimentados por padres durante os cultos, quando literalmente entravam dentro delas para falar aos índios, no período em que vigorou a famosa República Guarani, nos séculos XVII e XVIII, em territórios hoje pertencentes ao Brasil, Paraguai, Uruguai e Argentina. Uma das mais famosas bonecas do mundo é a Barbie, criada pela norte-americana Ruth Handler, décima e última filha de imigrantes poloneses. Sua sensual boneca, de cintura fina e seios grandes, cujo nome foi inspirado no apelido da filha Barbara, tornou-se sucesso mundial e vendeu mais de um bilhão de exemplares desde que foi inventada, em 1959.

BONGÔ do bulu *bongo*, criança, pelo espanhol falado em Cuba *bongó*, designando instrumento de percussão originário da África, constituído de dois tambores ligados, de afinações diferentes e tocados diretamente com as mãos. Bulu é um dos dialetos do grupo de línguas bantas. Nei Lopes em *Dicionário banto do Brasil* transcreve comentários de linguistas que registraram as variações bongugu, bongu e bongó. Bongó parece ser adaptação de pronúncia no Brasil. O italiano registra *bongo* como tambor e *bongos* para bongô, por causa dos dois tambores no mesmo instrumento. É provável que pelo pequeno tamanho do instrumento, crianças africanas foram as primeiras a brincar com ele, daí ter havido esta curiosa mescla: bongo designando a criança e por extensão o seu brinquedo.

BONIFRATE do latim *boni frates*, bons irmãos. Passou a sinônimo de fantoche, originalmente figura de pano utilizada em teatro para cumprir funções de personagens humanos. Como os fantoches não têm vida própria, sendo dirigidos por mãos hábeis que fazem deles o que bem querem, criou-se a metáfora de designar bonifrate ou fantoche a pessoa que cumpre papéis de outrem, principalmente na política. Houve época em que os bonifrates ou fantoches cresceram em importância no teatro, chegando a substituir os próprios atores, tal como se depreende deste trecho de Antonio José Saraiva e Oscar Lopes, em *História da literatura portuguesa*: "A decadência do teatro espanhol e o custo proibitivo da ópera italiana para uma parte do público dos antigos pátios fomentou ainda um outro tipo novo de espetáculos: o teatro de bonecos articulados ou bonifrates."

BONINA do espanhol *bonina*. O nome dessa flor do campo, conhecida no Brasil também como mãe-de-família, pode ter vindo do persa *babuna*, camomila. Aliás, mães adoram fazer chá de camomila para os filhos, mas certamente não fariam chá de bonina. Aparece num lindo trecho de *Os Lusíadas*, quando Camões descreve e narra a morte de Inês de Castro: "Assim como a bonina, que cortada/ antes do tempo foi, cândida e bela,/ sendo das mãos lascivas maltratada/ da menina que a trouxe na capela/ o cheiro traz perdido e a cor murchada:/ tal está morta, a pálida donzela,/ secas do rosto as rosas e perdida/ a branca e viva cor, com a doce vida."

BONITINHA diminutivo de bonita, feminino de bonito, por sua vez diminutivo irregular de bom, do latim *bonus*, bom, corajoso, nobre, rico. Nelson Rodrigues escreveu *Bonitinha, mas ordinária*, famosa peça, transposta para o cinema, com a atriz Lucélia Santos no papel-título. E o médico e escritor francês Louis-Ferdinand Céline recomendou aos homens que desistissem de seduzir uma mulher dizendo-lhe que é bonitinha: "Deve-se dizer: você é a única no mundo. É o mínimo que elas toleram."

BONITO de bom, no diminutivo. Na Antiguidade clássica, beleza e verdade, o bom e o belo, eram concebidos como tendo muito em comum. A beleza interior de uma pessoa seria visível em seus olhos, por exemplo, espelhos de sua alma. A modernidade tem cultivado o contrário nas produções intelectuais e artísticas, principalmente em filmes e romances, com gente belíssima cometendo todo tipo de crueldades.

BÔNUS do latim *bonus*, bom, com as variantes *bona*, feminino, e *bonum*, neutro. O adjetivo qualifica o substantivo (*bonus amicus*, bom amigo; *bonum sentimentum*, bom sentimento; *bona fides*, boa-fé). Nos finais do século XVIII, o inglês, já então com muitas palavras latinas, adotou *bonus* como substantivo para designar vantagem ou prêmio de empresas aos acionistas. Em português, bônus e bonificação. Estava na antiga BTN, Bônus do Tesouro Nacional, criada em 1989 e extinta em 1991 – título de dívida pública que atualizava débitos fiscais e contratos privados. Em 1964, o governo dera outro nome para título de igual função, Obrigação Reajustável do Tesouro Nacional, renomeada sem o adjetivo "reajustável" em 1986, quando, sob o Plano Cruzado, se acreditara na estabilidade econômica, sem a inflação galopante que inflacionara também a língua portuguesa com excesso de adjetivos na economia.

BOOKMAKER vocábulo de origem inglesa que entrou para o português sem adaptação na grafia, à semelhança de outros da mesma procedência. Indica o banqueiro ou casa de apostas. Como não poderia deixar de ser, os ingleses, que apostam tudo, têm a maior empresa de *bookmakers* do mundo, com cerca de duas mil casas ou sucursais, que movimentam bilhões de libras esterlinas todos os anos. Nos jogos de futebol, a seleção brasileira é sempre a preferida entre eles, ainda quando disputa com o próprio *English team*.

BOQUINHA de boca, do latim *bucca*, forma popular equivalente ao latim culto *os*, cujo genitivo, *oris*, é raiz de vocábulos como oral, oralidade, oralmente. É provável, porém, que no sentido de emprego, gorjeta ou função de poucas responsabilidades e boa remuneração venha de mamola, do espanhol *mamola*, por sua vez radicado no árabe *m'amula*, designando carícia fingida, acompanhada de adulação, às vezes paradoxalmente feita em forma de deboche gentil, que tem o fim de tirar proveito da adulação. Da Espanha passou à região de Trás-os-Montes, em Portugal, de onde chegou ao Brasil. A boquinha integra o arsenal de gratificações republicanas, quase sempre representadas por ofícios dispensáveis, entretanto inofensivos, menos aos cofres públicos. A cada troca de poder, chovem candidatos às mamolas e boquinhas em todos os setores.

BORBOLETA de *purpureta*, da cor de púrpura. Teria havido redução de *musca* (mosca) *purpureta*. A borboleta não lembra um inseto tão pequeno, mas entre os que defendem esta hipótese está Joaquim Osório Duque Estrada, que foi professor do Colégio Pedro II e membro da Academia Brasileira de Letras. Sua obra mais conhecida é a letra de nosso *Hino Nacional*. A modelo Adriane Galisteu, em parceria com o conhecido jornalista Nirlando Beirão, escreveu a história de seu namoro com o piloto Ayrton Senna num livro intitulado *Caminho das borboletas*, que alude a um sítio com este nome, situado em Campinas, no interior de São Paulo. O coletivo de borboleta é panapaná, designação do tupi-guarani para esse inseto lepidóptero, que significa pluma alegre. Inseto veio do latim *insectum*, cortado, segmentado.

BORDÃO do latim *burdonis*, genitivo de *burdo*, mulo, filhote macho, produto híbrido de jumento com égua ou de jumenta com cavalo, que por isso não procria, seja macho (burro) ou fêmea (mula). São animais de pequeno porte, muito resistentes no transporte de pessoas ou cargas. Foi por metáfora que passou a designar cajado e também a frase de apoio na fala e na escrita, brandida repetidamente para convencer o interlocutor de determinada ideia. "Somente as crianças e os loucos dizem a verdade. Por isso, às primeiras se educa; aos segundos, interna-se..." é exemplo de bordão que surge frequentemente nas conversas sobre política. Em conferência sobre o papel da imprensa, o político e orador baiano Rui Barbosa citou como bordão: "A imprensa é a vista da Nação." Era o ano de 1920, jornal vendia pouco e livro ainda menos, mas ambos exerciam muita influência sobre o pensamento brasileiro. Por coincidência, naquele ano os autores nacionais ultrapassavam pela primeira vez a venda dos franceses, que depois seriam substituídos por livros em inglês. Transformou-se também em sinônimo de *báculo*, de cajado, de vara, de esteio, de arrimo, antecessores da bengala, assim chamada porque os cajados que passaram a ter este nome eram feitos de cana de bengala, também chamada cana-da-índia. Aluísio Azevedo, em *Casa de pensão*, refere o uso, no capítulo quinto: "A mulher assustava-se: o marido não lhe parecia o mesmo homem. Estava acabado; crescera-lhe o ventre, o nariz tomara uma vermelhidão gordurosa, o cabelo encanecera totalmente, a cabeça despira-se, a pele do rosto fizera-se opaca e suja. Comprazia-se agora ir à noite pelas igrejas, embrulhado na sua sobrecasaca russa, apoiando-se à vontade em sapatos rasos. Ajoelhava-se a um canto da nave, em cima das pedras, e aí permanecia longamente, a ouvir os sons lamentosos do órgão, com o rosto descansado sobre as mãos que se cruzavam no castão da bengala. Às vezes chorava." No francês, *bourdon* veio a designar também o ruído que faz uma determinada espécie de abelhas e depois a corda que tem o som mais grave entre as dedilhadas. E foi provavelmente da repetição de algum estribilho de música que bordão adquiriu o significado de recurso de divulgação e de propaganda.

BOREAL do latim *boreale*, boreal, do norte, relativo ao monte Bóreas, ao norte da antiga Macedônia. Na mitologia grega, Bóreas raptou Orícia, filha de Erecteu. A aurora boreal é fenômeno noturno de muita beleza e esplendor, que ocorre nas proximidades do Polo Norte, marcado por raias e arcos de luz, às vezes confundidos com discos voadores, levando algumas pessoas a se prepararem para serem raptadas, o que, segundo alguns ufólogos, já aconteceu. Para tais pessoas é mais importante voltar do que ir, do contrário não há ninguém para contar a história de sua viagem.

BORLA do latim *burra*, lã grosseira, pelo diminutivo *burrula*, floco de lã. É a designação erudita do barrete de doutores e magistrados, especialmente adornado para cerimônias importantes e sessões solenes de conselhos universitários quando atribuem títulos de doutor *honoris causa*, expressão latina indicando que o agraciado é motivo de honra para a universidade que o distingue. O pompom também é conhecido por borla. Como a pronúncia é parecida com burla, *borla* teve no latim também o sentido de bagatela, coisa de pouco valor. José Manuel Durão Barroso, reeleito presidente da Comissão Europeia, que congrega 27 países, que no conjunto faturam cerca de 15 trilhões de dólares, recebeu da Universidade Estácio de Sá o título de doutor *honoris causa*, em julho de 2010. Português, ele é filho de brasileiros e recebeu a homenagem em Copacabana, o mesmo bairro onde seu pai nasceu.

BORRACHA do espanhol *borracha*, odre para vinho. Na Amazônia, em áreas em que atuavam hispano-americanos, eram feitos odres com o látex, substância leitosa extraída da seringueira, assim chamada porque o produto foi primeiramente usado na fabricação de seringas, ensejando que o trabalhador fosse conhecido como seringueiro. A palavra borracha tornou-se, então, variante de *cautchu*, de *káutxuk*, pelo francês *caoutchouc*, vindo de uma língua indígena falada no Peru. Na língua portuguesa, as duas influências convivem harmoniosamente. O borracheiro, para consertar pneus gastos, faz recauchutagem, aplicando nova camada de borracha. E borracho designa também o bêbado, primeiramente bêbado de vinho e depois de muitas outras bebidas. Já a borracha para apagar, vendida em pequenas peças ou acoplada na parte superior do lápis, chama-se *rubber* em inglês, de *rub*, esfregar. Esfregar é também o verbo para apagar as manchas das roupas. Já a vulcanização, processo industrial que junta à borracha outros elementos para tornar os pneus mais resistentes, deve este nome a Vulcano, deus do fogo, presente também na origem do vulcão, pois acreditava-se que este deus trabalhasse nas entranhas da Terra. A borracha recebeu muitos usos, que não beneficiaram apenas os motoristas, mas também os pedestres, de que é exemplo o tênis, originalmente um calçado para jogar croqué, do francês *croquet*, estendido depois a outros esportes, como o tênis, esporte que prevaleceu na denominação do novo calçado.

BORRACHUDA do latim *burru*, ruço, formou-se em português e em espanhol *borro*, denominando o carneiro até dois anos de idade. Com o couro do animal, os espanhóis faziam a borracha, vasilha para o vinho. Por isso o bêbado é chamado de borracho. Pode ter havido influência do inca e do catalão *morratxa*, redoma. Tendo sido utilizado na fabricação dos odres, o látex recebeu o nome popular de borracha. Com o acréscimo dos sufixos -udo e -uda, o radical deste vocábulo originou outros significados, passando a denominar um tipo especial de mosquito, o borrachudo, o cheque sem fundos e, mais recentemente, a camisinha, que os adolescentes preferem chamar de borrachuda, tal como registra com frequência a psicóloga e jornalista Rosely Sayão.

BORREGO de borro, masculino de borra, do latim *burra*, tecido grosseiro de lã. Significa filhote com menos de 2 anos do gado *ovelhum*, ovelhas e carneiros. Borrego, no Rio Grande do Sul, é chamado também de anho, do latim *agnus*, cordeiro, animal que é um dos símbolos de Jesus na liturgia católica, tal como na oração da Missa: "Cordeiro de Deus, que tirais os pecados do mundo, tende piedade de nós." Antes do Concílio Vaticano II, iniciado pelo papa João XXIII e interrompido por João Paulo II, celebrante, coroinhas e fiéis rezavam em latim, ainda que apenas o padre o entendesse: "*Agnus Dei qui tollit peccata mundi, miserere nobis.*" A tradição cristã tomou o cordeiro como símbolo de Jesus porque Ele, à semelhança do animalzinho, que morre em silêncio, também sofreu a tortura que o levou à morte na cruz sem se queixar dos algozes. Ao contrário, perdoou-os: "Eles não sabem o que fazem."

BORZEGUIM do holandês antigo *broseken*, sapatinho, diminutivo de *brosen*, sapato, hoje *rijglaars*, pelo francês antigo *brouzequin*, depois *brodequin*, por influência de *broder*, bordar, designando calçado enfeitado, próprio de atores, tanto que, em francês, *chasseur le brodequin* é expressão equivalente a representar comédias. No espanhol tornou-se *borceguí*, borzeguim, calçado de feitios diversos, cobrindo o pé e parte da perna. Há registros de que era usado desde os tempos dos assírios, passando pela Antiguidade clássica e pela Idade Média. Semelhava uma sandália e de acordo com a classe social do indivíduo que o calçava poderia ser bordado ou enfeitado de pedras preciosas.

BOSQUE do latim *boscus*, pequena floresta. Para a floresta propriamente, era mais utilizado o vocábulo silva. Antes dos templos, foram os bosques os primeiros lugares onde os deuses eram venerados. Mesmo após a construção dos templos, foram preservados bosques a seu redor. Ali, destacavam-se algumas árvores de especial predileção dos fiéis, como o carvalho, o loureiro, a oliveira, a figueira, o álamo, o pinheiro, o choupo e o mirto. Há uma conhecida valsa de um dos músicos da família Strauss, o austríaco Johann Strauss II, a mais longa que ele compôs, com 11 minutos e sete segundos, intitulada *Contos dos Bosques de Viena*.

BOSSA do francês *bosse*, inchaço, protuberância. Entre nós, seu sentido mais usado é o de estilo, tanto no trato pessoal, como no vestuário e na idiossincrasia na execução de um determinado ofício. No final dos anos 1950 do século XX, um movimento musical que valorizou as letras das músicas, começando pelo samba, e redefiniu sua melodia, ritmo e harmonia, sem desprezar a tradição, mas aperfeiçoando-a, foi chamado de Bossa Nova. Tom Jobim foi um de seus principais representantes.

BOTA-FOGO de botar, do francês antigo *boter*, tocar, empurrar, hoje *bouter* e do latim *focus*, chama sempre acesa em casa, em homenagem aos deuses protetores das residências, Lares e Penates. Bota-fogo designou originalmente pau ou bastão com mecha para ignição das peças de artilharia e de fogos de artifício, e o encarregado de fazer isso. O bairro e o time do Rio de Janeiro com este nome devem-no ao colonizador da enseada, o armador português João Pereira de Souza Botafogo, hábil artilheiro que, encantado com o poderio do navio São João Batista, chamado popularmente Botafogo, acrescentou a palavra a seu nome.

BOTÂNICA do grego *botaniké*, ciência que estuda ervas e plantas. Em 1807, a Família Real portuguesa, chefiada por Dom João VI, deixou Portugal, fugindo das tropas de Napoleão. Ao chegar ao

Brasil, já em 1808 – foi um dos corridões mais célebres da História –, entre tantas fundações importantes, como a Biblioteca Nacional, foi criado também o Jardim Botânico, ainda hoje uma das belezas mais admiráveis do Rio de Janeiro. O primeiro botânico do mundo foi o grego Teofrasto, que descreveu 550 espécies de plantas naquele que foi também o primeiro livro sobre o assunto.

BOTÃO do francês antigo *boton*, hoje grafado *bouton*, broto da planta. Passou depois a designar a pequena peça posta nas roupas para fechá-las. No francês derivou do verbo *boter*, brotar. Mas no português perdeu essa conotação, já que a grafia do verbo é diferente, apresentando um "r" a mais e ninguém jamais pronunciou "brotão" em vez de botão.

BOTEQUIM de botiquim, antigo diminutivo de botica, quando esta palavra era sinônimo de bodega, casa comercial onde se vendia de tudo e que ainda existe no interior. Também é provável que seja diminutivo de boteco, pela forma botequinho, de que botequim seria variante. Outros acham que boteco é regressivo de botequim. De todo modo, as boticas começaram vendendo remédios e passaram a negociar secos e molhados. Quando se transformaram em botequins, ali não podiam faltar aperitivos, com destaque para o mais brasileiro deles, a cachaça.

BOTIJA do espanhol *botija*, tonel, odre, alteração do latim *butticula*, tonelzinho. Tonel em latim é *buttis*. A expressão nasceu entre os produtores de vinho, cachaça etc. Os empregados apareciam bêbados, mas não se podia comprovar o deslize no trabalho, exceto quando eles eram pegos com a boca na botija, isto é, bebendo diretamente na torneirinha do tonel, por onde volta o líquido que ali entrou, fazendo a viagem de volta, tornando ou retornando, mesmo étimo de *tournée*. Ser pego com a boca na botija tem equivalência em outras expressões como ser pego com a mão na massa ou com as calças na mão. Para o mesmo significado, há no inglês *be caught red-handed*, isto é, "ser pego com a mão vermelha", significando que foi flagrado praticando um crime sangrento.

BOTO do latim *buttis*, barrica, odre de vinho, por metáfora aplicado ao golfinho fluvial de focinho longo, peculiar do Amazonas, provavelmente ligado ao português arcaico *bota*, vasilha de couro para beber vinho. Às vezes, a bota era feita de borracha, daí ter ensejado a denominação de borracho para bêbado. Em *Jovem eternidade: poesia reunida II* (Editora Novo Século), o poeta Carlos Nejar, da Academia Brasileira de Letras, diz: "Quantos botos-meses e parvas tartarugas, retardadas de mente, se arroiam no rochedo? O mar andando, aríete de raios-lobios-lavos."

BOTOCAR de botoque, do gascão *bartoc*, buraco nos tonéis de vinho ou pedaço de madeira para tapá-los, rolha. O gascão é um dialeto falado na Gascônia, região sudoeste da França; do francês *gascon*, alteração do latim *vasco*; ou *wasco*, no latim vulgar, por influência germânica. A palavra "vasco" não foi alterada apenas pela troca dessas consoantes, de "v" para "g" ou "w", mas também para "b", como em basco. Os romanos registraram "*vasco*" porque a pronúncia "*eusko*", palavra com que os habitantes denominavam o lugar, lhes soou assim. Botoque designa também uma peça arredondada de madeira, pedra, osso ou concha, que os índios sul-americanos, especialmente os botocudos, usam como enfeite, introduzindo-a em furos feitos no lábio inferior ou nos lóbulos das orelhas. Entretanto, depois que a bactéria que causa o botulismo passou a ser aplicada na correção ou eliminação das rugas, com fins estéticos, o inglês *botox*, nome comercial da toxina por ela produzida, ensejou outro significado para botoque, resultando no verbo botocar. A origem remota de botox é o latim *botullus*, tripa, de que se formou *botellus*, tripinha.

BOTOCUDO do espanhol *bitoque*, tampa para fechar a boca dos tonéis. Os primeiros colonizadores ibéricos admiraram-se ao ver que certos índios furavam o lábio para colocar enfeite em forma de disco ou botão. Houve influência do português bodoque e do gascão *bartoque* na denominação da nova tribo descoberta, pertencente a falantes do grupo linguístico jê. O sufixo -udo indica aumentativo. Os índios botocudos, hoje extintos por força das guerras de extermínio de que foram vítimas, habitavam terras situadas nos atuais Estados do Espírito Santo, Minas Gerais e Santa Catarina, especialmente às margens dos rios Itajaí, Canoas, Pelotas e Iguaçu.

BOVARISMO do francês *bovarysme*, palavra surgida em famoso comentário que o filósofo francês Jules Gaultier fez ao romance de Gustave Flaubert, *Madame Bovary*. São bovaristas as pessoas que emprestam a si mesmas uma personalidade fictícia, vivendo fora da realidade, acima de suas posses e de suas condições, como procedeu Emma Bovary, a trágica heroína do romance.

BRAÇO do grego *brakhíon* pelo latim clássico *brachium* e daí ao latim vulgar *braccium*, de onde chegou ao português braço. Pronúncia e escrita mantiveram semelhanças nas diversas línguas neolatinas. O feminino braça, indicando medida, veio igualmente do latim *brachia*, plural de *bracchium*. Com os braços estendidos horizontalmente, braça é a distância da ponta do dedo médio da mão direita à do esquerdo: mais ou menos 2,2 m.

BRADO de bradar, do latim *blaterare*, gritar, que no latim vulgar se tornou *deblaterare* e no português blatar, com a variante bradar, tendo havido metátese, isto é, troca de fonemas no interior do vocábulo: blatar para bradar. Aparece na última estrofe do *Hino à Proclamação da República*, letra de Medeiros e Albuquerque, antes da última vez em que o estribilho é cantado: "Do Ipiranga é preciso que o brado/ Seja um grito soberbo de fé!/ O Brasil já surgiu libertado,/ Sobre as púrpuras régias de pé." Na estrofe anterior, num ufanismo que falsifica a História, proclama: "Nós nem cremos que escravos outrora/ Tenha havido em tão nobre país…/ Hoje o rubro lampejo da autora/ Acha irmãos, não tiranos hostis./ Somos todos iguais! Ao futuro/ Saberemos, unidos, levar/ Nosso augusto estandarte que, puro,/ Brilha, avante, da Pátria no altar!"

BRANCO do germânico *blank*, luzente. Em espanhol, *blanco*. É frequente a transformação do encontro "bl" em "br". O branco é a cor preferida nas festas de fim de ano, uma vez que seu significado é de paz, pureza, bem-estar. Perde-se nas brumas de tempos imemoriais as primeiras vinculações do branco a valores hoje correntes na civilização. Nos cultos aos deuses celestiais da Antiguidade, as vítimas eram animais brancos, enquanto às potestades inferiores eram oferecidos animais pretos. Quase todas as referências ao branco são positivas. A pomba que representa o Espírito Santo, o vestido da noiva, as vestes de quem está no céu. O filósofo Pitágoras recomendava que os cantores de hinos sacros se vestissem de branco. Mas na China o branco é a cor do luto. E o cavalo branco dos sonhos é pressentimento de morte.

BRAQUIÚRO dos compostos gregos *braqui* (curto) e *uro* (cauda), designando aquele ou aquilo que tem cauda curta, como os decápodes, como são chamados os animais que têm dez pés, entre os quais estão os siris e os caranguejos. Neles o abdome é reduzido e está encoberto pelo tórax, a carapaça é larga e fundida, e as primeiras patas são parecidas com pinças, que servem para pegar os alimentos.

BRASIL do francês *brésil*, alteração do italiano *verzino*, que foi como os italianos designaram originalmente a madeira encontrável na costa brasileira, que os portugueses chamaram de pau-brasil. O futebol é um dos principais responsáveis por nosso patriotismo. Em nenhuma outra situação certos símbolos nacionais, como a bandeira e o hino, são tão aclamados como em disputas esportivas internacionais. Verdade é que a paixão do torcedor deixa escapar certos detalhes. As bandeiras brasileiras vendidas na Copa de 1994 continuaram com as 21 estrelas tradicionais, em vez das 27 regulamentares. Mas quando vencemos, o nome de nosso país é pronunciado com gosto, sem contar que, como já proclamaram poetas e trovadores populares, o nosso hino é de fato bonito.

BRASILIENSE de Brasil, mas a partir do nome de nosso país em latim, *Brasilia*, que aportuguesado, com acento no i, veio a designar a atual capital do Brasil. Brasiliense e braziliense foram usados como alternativas a brasileiro, nosso adjetivo pátrio. O sufixo -eiro indicou originalmente o comerciante de pau-brasil e não nossa nacionalidade. Assim, o primeiro jornal foi o *Correio Braziliense* e o atual *Hino da Indepedência* chamou-se inicialmente *Hino Constitucional Braziliense*.

BRASILIZAR neologismo criado a partir do nome de nosso país pelo editor da revista *The New Republic*, Michael Lind, em seu livro *A próxima nação americana*, para identificar semelhanças entre as desigualdades sociais dos EUA e do Brasil, baseando-se no fato de que temos a distribuição de renda mais desigual do mundo.

BRASUCA de brasa, do latim tardio *brasa*, étimo presente em pau-brasil, árvore que os índios conheciam por imbirapitá, imbirapitanga e variantes, palavras formadas do tupi *imbira*, madeira, e *pitanga*, vermelho. Recebeu o nome científico de *Caesalpinia echinata Lam.*, homenagem do biólogo francês Jean Baptiste Lamarck ao médico, filósofo, naturalista e botânico italiano Andrea Caesalpino. O nome da madeira está na origem de Brasil e de brasileiro. Brazuca e não brasuca é o nome da bola da Copa de 2014. Predominou a grafia do inglês *Brazil* e *brazilian*.

BRAVATA do italiano *bravata*, de bravo, radicado no latim *brabus*, que no português resultou em bravo e brabo. Bravata passou a sinônimo de valentia indevida.

BRECA provavelmente do inglês *to break*, quebrar, interromper, designando freada de carro, quebra de acordo, intervalo de programação. A origem remota é a raiz indo-europeia *bhreg*, quebrar. Breca e urucubaca estão presentes em marchinhas. Dudu era o apelido do presidente Hermes da Fonseca. Em 1913, aos 58 anos, desposou a cartunista brasileira Nair de Tefé, então com 27, que só retomaria a carreira aos 73 anos. Cantado na melodia de *Marcha, Soldado, Cabeça de Papel*, foi sucesso no Carnaval e fracasso na política: "Dudu quando casou/ Quase que levou a breca/ Por causa da urucubaca/ Que ele tinha na careca."

BRECHA do antigo alto-alemão *brecha*, fratura, do verbo *brechen*, quebrar, tendo também o sentido de romper, incluindo o de romper amizades e também o de vomitar, pelo francês *breche*, fenda. Passou a designar rachadura, não apenas no sentido denotativo, de que é exemplo a greta numa rocha ou num edifício, mas também a lacuna num texto legal, ensejando interpretação diversa daquela que quis o legislador. A origem remota é a raiz indo-europeia *bhreg*, base de *brake*, na língua germânica dos francos, alterada para *breke*, no holandês medieval, com o mesmo significado. Manteve-se no inglês *break*, quebrar, do qual originaram-se também *breakfast*, primeira refeição do dia ou café da manhã, e *broken*, quebrado, no sentido de falido, insolvente. No português e no espanhol os primeiros registros de brecha designam pequena abertura nas muralhas, equivalente ao postigo das casas, do latim *posticum*, formado a partir de *post*, depois, na parte posterior, e *ostium*, porta. A palavra brecha aparece em sentido metafórico no livro *A situação da classe trabalhadora na Inglaterra*, do teórico alemão, colaborador de Karl Marx, filósofo e economista judeu-alemão, Friedrich Engels: "Outro fator que exerceu importante influência sobre o caráter dos trabalhadores ingleses foi a imigração irlandesa. É certo que ela degradou os trabalhadores ingleses, privando-os dos benefícios da civilização e agravando sua situação, mas por outra parte contribuiu para abrir uma brecha entre os trabalhadores e a burguesia, acelerando a aproximação da crise."

BRECHÓ do nome Belchior, corruptela de Melquior, também escrito Merquior, de que é exemplo o nome do polêmico escritor, diplomata e membro da Academia Brasileira de Letras, José Guilherme Alves Merquior, precocemente falecido aos cinquenta anos. A origem remota do nome é o hebraico *Melk Ur*, que significa rei da luz. Um dos reis magos, que a tradição cristã fixou em três, por causa dos três presentes que levaram ao Menino Jesus, chamava-se Melquior. Os outros dois chamavam-se Gaspar e Baltasar. Gaspar vem do persa *Kansbar*, senhor dos tesouros. E Baltasar, de dois nomes do assírio-babilônico *Beltsha'zar* e *Belshar-azur*, juntados num só na versão grega da Bíblia, significando aquele que é amigo do rei e que o protege.

Mas por que o nome veio a designar também o local de compra e venda de objetos usados? Machado de Assis registra ainda belchior em vez de brechó no conto "Ideias do canário", em que um personagem conversa com um canário: "Indignado, retorqui-lhe que, se eu desse crédito, o mundo era tudo; até já fora uma loja de belchior." E o passarinho indaga, concluindo o conto: "De belchior? Trilou ele às bandeiras despregadas. Mas há mesmo lojas de belchior?" Havia. Depois o nome foi mudado para brechó. É provável que o primeiro proprietário de um *brechó avant la lettre* tenha sido um comerciante chamado Belchior, tal como aconteceu ao sobrenome francês Gary, dos empresários da limpeza urbana do Rio de Janeiro, ainda nos tempos imperiais, Aleixo Gary e Luciano Gary, o que levou à designação de lixeiro para gari.

BREGA provavelmente do português antigo, bregado, pão endurecido, já inadequado ao consumo, formou-se este vocábulo para designar aquilo que é anacrônico, fora de moda, cujo antônimo é chique. Outros dão origem do vocábulo um certo bar do Rio de Janeiro, chamado Nóbrega, frequentado por *hippies* tardios, que entrou em decadência, perdendo até as duas primeiras letras do nome. Uma novela da Rede Globo chamou-se *Brega e Chique*.

BREJEIRO de brejo, palavra provavelmente radicada em *bragwair* e *brag-welt*, com as quais os címbrios designavam plantas aquáticas. Os címbrios vinham da Germânia para invadir a Gália, mas foram impedidos pelo exército romano nos Alpes. Brejeiro veio a designar o habitante do Brejo, em Portugal, e por extensão o indivíduo divertido, bem-humorado. Mas tem também o sentido de patife, vagabundo, tratante.

BREVE do latim *breve*, rápido, tendo também o sentido de pequeno. A brevidade da vida foi tema recorrente nas obras de nossos escritores românticos. E brevidade é também um tipo de bolinho de polvilho, feito com ovos e açúcar. Dura pouco porque, muito gostoso, come-se dele grandes quantias rapidamente. Breve é tomado igualmente como sinônimo de escapulário, como aparece na expressão "breve contra a luxúria", para designar a mulher feia. A propósito da brevidade da vida, o poeta Manuel Bandeira interpelou o crítico Agrippino Grieco: "Você anda dizendo por aí que quer que eu morra." E ele respondeu: "Eu, não. Apenas digo que o Casimiro de Abreu disse que ia morrer breve, e morreu logo. E você há cinquenta anos diz que vai morrer e não cumpre com a palavra. Está enganando o público. Mas eu não quero que você morra, e se faço alusões à sua pessoa é porque você é célebre. O raio só atinge as montanhas e as casas altas e não desce às casas de cupim." E o poeta, contente com o elogio: "Se é assim, pode continuar a falar."

BREVIDADE do latim *brevitate*, declinação de *brevitas*, designando o que é breve, tem duração curta, é fugaz. Há um bolinho de polvilho com este nome, feito com ovos e açúcar. Segundo Antenor Nascentes, o nome se deve à rapidez com que é assado no forno. *A brevidade da vida*, de Sêneca, é um texto clássico muito conhecido, que expõe belas lições sobre o que fazer com a vida, aproveitando o aqui e o agora, deixando de lado a preocupação com o caráter efêmero da existência. Ele começa seu texto se dirigindo a um *praefectus annonae*, funcionário público responsável pelo abastecimento de cereais em Roma. Contrariando filósofos inconformados que alguns animais vivem mais do que o homem, diz: "A vida humana é suficiente para quem dela sabe dispor de modo adequado." Nero, seu aluno, determinou que seu professor se suicidasse.

BRIFAR do inglês *briefing*, resumo, do verbo *to brief*, resumir, mas que ganhou o sentido de instruções resumidas para fins militares, informação essencial e depois consolidou-se como informe oficial à imprensa. Brifar é dar instrução resumida, geralmente antes de alguma ação, com o fim de preparar pessoa ou grupo para um determinado modo de agir. Como, além de fazer um *briefing*, faz-se também o *debriefing*, relato sumário de como se deu a ação, está surgindo o neologismo debrifar. O dicionário *Aulete* já registra brifar. *Aurélio*, *Houaiss* e *Michaelis* ainda não.

BRIGA provavelmente do baixo-latim *briga*, combate, radicado no gótico *brikan*, romper. No português designou inicialmente o combate, a luta corporal, passando depois a sinônimo de discordar, divergir, disputar, pleitear. As brigas de namorados duram quase sempre menos do que as dos políticos, mas há algumas que parecem eternas, como as de cão e gato. Por isso, há algum substrato etimológico profundo quando, em briga de namorados, a gata chama o namorado de cachorro. Outras vezes é a pecuária que, entre tapas e beijos, entra em cena, revelando alguns adereços até então ocultos, como indicam os xingamentos corno, vaca e quejandos. De quejando (do latim *quid genitu*, da mesma qualidade), porém, ninguém ainda foi chamado. Mas quando namorados brigam, há pelo menos três pontos de vista em questão: o do namorado, o da namorada e o correto.

BRIGADEIRO do francês *brigadier*, comandante de brigada. Brigada procede do italiano *brigata*, pelo francês *brigade*, com o acréscimo do sufixo -eiro, comum a ofícios. Briga também veio do italiano *briga*, com o significado de problema difícil. Antes de haver o recurso ao braço armado e às tropas regulares, chamadas brigadas, como ocorre ainda no Rio Grande do Sul, onde a Polícia Militar é denominada Brigada Militar, a briga era apenas uma discussão acalorada. Houve complexas alterações nas designações de patentes militares, tendo algumas variações ocorrido de acordo com certas especificidades das Armas. No Brasil, é posto dos mais altos na hierarquia da Aeronáutica. E o doce de chocolate e leite, que tem a mesma denominação, deve-se a homenagem ao brigadeiro Eduardo Gomes, duas vezes candidato à presidência da República e duas vezes derrotado. Uma senhora mineira teria feito o bocado e oferecido ao brigadeiro. Celibatário charmoso e elegante, o político teria elogiado o sabor. A doceira, então, talvez por interesse de agradá-lo ou vender mais, passou a utilizar o endosso militar para divulgar o doce paisano. Uma outra versão vincula a denominação da guloseima à certa mutilação que o militar teria sofrido no episódio conhecido como *Os Dezoito do Forte*, em 1922, quando perdera os testículos. Como o doce, sem ovos, foi inventado nos anos seguintes à Segunda Guerra Mundial, época de escassez de muitos produtos no Brasil, a imaginação popular é que teria criado a denominação. Ambas as versões foram registradas por Márcio Bueno, em seu livro *A origem curiosa das palavras*, que indicou como fonte a coluna de Fritz Utzeri, publicada no *Jornal do Brasil*, em 13 de março de 2002.

BRIGUE do inglês *brig*, barco. Foi um tipo de navio muito usado no comércio de escravos. O poeta Castro Alves referiu essa modalidade de barco em versos líricos como estes: "Abrindo as velas ao quente arfar das virações marinhas/ Veleiro brigue corre à flor dos mares/ Como roçam na vaga as andorinhas." Mas depois vituperou o brigue imundo na maioria dos versos de seus célebres poemas abolicionistas, como "O navio negreiro" e "Vozes d'África", por ser a embarcação preferida pelos traficantes para trazer escravos para o Brasil.

BRILHAR do espanhol *brillar*, por sua vez vindo do italiano *brillare*, sempre com o significado de luzir, resplandecer. É difícil imaginar um mundo antigo, onde o único brilho noturno era o das estrelas e o da Lua, inapelavelmente desfigurados depois da invenção da luz elétrica. Em 1902, o cientista inglês William Thompson, já meio de porre, num jantar, em Nova York, declarou: "O brilho desta cidade é visto pelos habitantes de Marte que de lá mandam sinais à Terra." O surpreendente foi que os sóbrios acreditaram e passaram a repeti-lo.

BRINCAR de brinco, do latim *vinculum*, vínculo, tudo o que serve para atar, formou-se este verbo. Quando brincamos com alguém, estabelecemos uma ligação de caráter lúdico e portanto agradável. O famoso escritor francês Honoré de Balzac reprovou que os superiores brincassem com os subalternos: "A brincadeira é um jogo, o jogo supõe a igualdade."

BRINDE de origem controversa, podendo ter vindo do italiano *brindisi* ou do francês *brinde*, em ambas as línguas redução do dito alemão, proferido no ato de beber, *ich bringe dir's* (eu te ofereço isso), seguido de desejos de saúde ou apenas da exclamação "*Santé*" em francês; "*Salute*", em italiano; "*Cheers*", em inglês; "*Prost*", em alemão. No francês antigo era escrito *bringue*, já presente desde 1611 no *Dicionário das línguas francesa e inglesa*, de Randle Cotgrave, que assim o explicou: "*a drinking to*" (beber para alguém). Quanto aos desejos de saúde, a saudação nasceu do conceito que as bebidas tiveram na origem, vinculadas a um dom dos deuses, depois transformadas em remédios, de que são exemplos os licores, tidos como abridores do apetite e digestivos, além de alguns deles serem apresentados como elixir de longa vida. As ordens religiosas estão presentes na memória dos brindes, a começar pelo *champagne*, bebida inventada em 1668 pelo monge beneditino Dom Pérignon, abade de Hautvillers. Ele observou que na safra daquele ano o vinho das uvas da região de Champagne, 145 km a noroeste de Paris, apresentava uma fermentação irregular, que fazia estourar as garrafas. Enquanto os ignorantes vinhateiros atribuíam aquela desordem ao Demônio, o religioso criou uma técnica para controlar tal fermentação e inventou o champanhe, utilizando arame para prender as rolhas de cortiça às garrafas.

BRINQUEDO é controvertida a origem deste vocábulo. Uns querem que tenha vindo de brinco, do latim *vinculu*, preso a, junto, o que é pouco provável. O alemão *blinken*, brilhar, e o germânico *springan*, pular, são outras hipóteses. Indiferentes à etimologia, o que as crianças esperam ver ao redor dos pinheirinhos são os brinquedos que pediram ao Papai Noel.

BRIOCHE do francês *brioche*, bolo de massa fermentada, com manteiga e ovos. Durante a Revolução Francesa, a rainha Maria Antonieta, muito impopular por ser inimiga de reformas econômicas, políticas e sociais indispensáveis, aconselhou o povo, que se queixava da falta de pão, a comer brioches, um alimento mais refinado. Pagou caro a ironia, pois foi executada depois que os queixosos, não conseguindo as reformas pretendidas, fizeram uma revolução que mudou a França e o mundo.

BROCARDO do latim *brocardu*, alteração do nome latino do bispo de Worms, na Alemanha, Georg Burckard, também conhecido como Georg Spalatin, por ser originário de Spalt, na Alemanha. Era costume dos humanistas identificarem-se pelo nome da cidade onde nasciam. Foi o primeiro a escrever brocardos no atacado, reunindo em vinte volumes um vasto repertório de regras eclesiásticas, muitas delas resumidas em frases. Desde então, brocardo passou a sinônimo de sentença, máxima, axioma, provérbio. O poeta neoparnasiano Hermes Fontes comentou nos versos *Ciclo da Perfeição* um dos mais célebres brocardos: "Tens uma árvore e um livro: falta um filho/ clama a exigência do brocardo." E depois dele tornou-se voz corrente dizer que a vida do homem pode ser resumida a três projetos: ter um filho, escrever um livro e plantar uma árvore. Exceto para os censores, que seria fazer um aborto, proibir um livro e derrubar uma árvore.

BRONZE do italiano *bronzo*, bronze, liga metálica de cobre e estanho. A descoberta do bronze revolucionou a história do homem sobre a terra. Ossos e pedras deixaram de ser as armas e as ferramentas preferidas. Com o bronze, o homem passou a fabricar novas armas e ferramentas poderosas, além de um dos instrumentos mais significativos para a humanidade, o sino, cujos dobres ainda hoje nos emocionam.

BROTAR do gótico *brutôn* ou *briutan*, pelo provençal *brotar*, gerar, germinar, desabrochar, nascer, medrar, jorrar. Assim, diz-se que as flores brotam dos galhos, as plantas brotam do chão, o petróleo brota do solo etc. E broto, com o "o" fechado, para diferenciar-se de "eu broto", por designar protuberância das plantas, passou a sinônimo de adolescente em idade de namorar. *Broto legal* foi música de muito sucesso, de Sérgio Murilo e Célia Benelli Campello, mais conhecida como Cely Campelo, com versos assim: "Puxei o broto pra cá, virei o broto pra lá,/ A turma toda gritou rock'n rol e o rock continuou."

BROTO derivado de brotar, do espanhol *brotar*, baseado no gótico *brot*, que serviu ao antigo alto-alemão para formar *brozzen*, produzir rebentos, tal como ocorre com as plantas, constituído de folhas, pequenos galhos ou flores, produzidos por arbustos e árvores. Veio daí sua metáfora para designar os filhos, como rebentos que brotam dos pais. Entretanto, na linguagem coloquial brasileira, depois sancionada pela forma culta, broto designa há mais de meio século a adolescente. Neste sentido aparece em *100 crônicas escolhidas*, de Rachel de Queiroz: "Exibem-se nesta hora os brotos mais sensacionais das adjacências." A famosa romancista cearense, que estreou antes dos vinte anos, referiu-se às mocinhas, hoje mais conhecidas por gatinhas, uma vez que a metáfora migrou do reino vegetal para o animal. Talvez o inconsciente tenha contribuído para a transformação. Enquanto a mulher estava mais reclusa, broto indicava que florescia fora de casa. Quando a liberação dos costumes coincidiu com a maior presença feminina no mercado de trabalho, o elogio buscou trazê-la de volta ao ambiente doméstico, onde gatos e gatas são mais bem tratados do que nas ruas. Sem contar que a passagem de broto para gata acompanhou a gigantesca migração do campo para a cidade.

BRUSCAMENTE de brusco, de origem pré-romana, mas consolidado no latim tardio *bruscum*, escuro, rude, áspero, significando também inesperado, repentino, súbito, e o sufixo -mente, comum na formação de advérbios. Como adjetivo, um vinho pode ser brusco, de sabor áspero; o céu brusco é um céu nublado, com nuvens escuras. Também certa excrescência do bordo do navio é denominada *bruscum* em latim. Já cidade de Brusque (SC), que faz em outubro a Fenarreco, Festa Nacional do Marreco, quando é muito consumido o marreco com repolho roxo, prato herdado da culinária alemã, deve sua denominação a Francisco Carlos de Araújo Brusque, que governou a cidade e foi presidente da então província de Santa Catarina. O advérbio aparece neste trecho do romance *Jornada com Rupert*, do escritor catarinense Salim Miguel: "Rupert relutou, forçou, queria entrar. Irredutível, Ilze bruscamente fechou a janela. As mãos de Rupert se soltaram e ele escorregou pelo tronco da árvore, parou alguns minutos, meio deitado, não teve coragem de subir outra vez e insistir." No parágrafo anterior, Rupert aparece embriagado, semelhando quem exagerou no chope servido com marreco em Brusque ou na Oktoberfest, na vizinha Blumenau.

BRUXARIA de bruxa, do feminino de bruxo, do latim *bruxu*, gafanhoto sem asas, designando ainda na Idade Média o Demônio e também o herege, acusado de ter pactos com o Maligno. A origem remota é pré-romana. É sinônimo de feitiçaria, presente também no sincretismo religioso afro-brasileiro, sob o nome de mandinga, palavra oriunda da expressão *mayanga mandinga*, proferida pelos mandingos, povo do Norte da África. Era gritada por pessoas enraivecidas, praguejando umas contra as outras enquanto sacudiam pacotilhos presos ao pescoço, em forma de escapulários, com ameaças de feitiços, bruxarias, invocando forças malignas.

BRUXO do latim tardio *bruxu*, designando gafanhoto sem asas. Mais tarde o vocábulo passou a ser aplicado também ao herege e ao Demônio, pois a imaginação medieval atribuía poderes mágicos a Satanás e seus assecas. Nem sempre, porém, é sinônimo de pessoa ou entidade ruim. Machado de Assis recebeu a alcunha de *O bruxo do Cosme Velho*, em alusão a seus poderes de demiurgo literário e ao bairro em que morou. No caso da bruxa, a tradição brasileira diz que é a sétima filha do casal que não foi batizada pela irmã mais velha. À noite, disfarçada de coruja ou de morcega, vem chupar o sangue das crianças. Entre os séculos XV e XVII, milhares de mulheres, tidas como bruxas, foram jogadas às fogueiras na Europa, sobretudo na Inglaterra, na França e na Alemanha. Em sua maioria eram artistas, intelectuais, pesquisadoras e hereges, reunidas sob este nome.

BRUXULEAR do espanhol *brujulear*, bruxulear, nada tendo a ver com bruxa, pois provavelmente a origem remota é o latim vulgar *perustulare*, abrasar, queimar. No latim clássico é *perurare*, usado também em sentido metafórico, designando arder de amor ou de paixão. Embora aparentemente sem relação, os étimos latinos citados estão na origem do francês *bruler*, queimar; no italiano *brusciare*, tostar. Outros parentescos seriam o germânico *brunst*, queimado; o alemão *Brunst*, cio; e o latim *bustum*, fogueira, que teria recebido o "r" por influência de expedições romanas à Germânia. O étimo está ainda presente em carburador, onde é queimado o combustível, semelhando, por metáfora, o latim *bustum*, onde eram queimados os cadáveres, em funerais. O significado mais comum de bruxulear é tremeluzir, oscilar fracamente, arder com intermitência, ameaçando apagar a qualquer momento. Maurício Medeiros, escritor, professor e político brasileiro, que foi catedrático da Faculdade de Medicina do Rio de Janeiro, usou o verbo neste trecho de *Homens notáveis*, livro atualmente encontrado apenas em bibliotecas ou em sebos: "São lamparinas de azeite, que bruxuleiam uma luz morta." E em *À beira do cais*, do escritor brasileiro contemporâneo Nilto Maciel, lê-se: "A lua bruxuleava nas ondas. Alfonso não parava de fumar, e a luz do cigarro às vezes semelhava outra lua. Figuras de contornos vagos surgiam e desapareciam nas águas."

BUDISMO derivado de *Buda*, cujo nome completo é Siddharta Gautama, fundador de um sistema filosófico e religioso que dá especial relevo à ética e à procura do conhecimento pela meditação e pela prática do bem, com vistas a alcançar estado de paz absoluta, o nirvana, que em sânscrito significa extinção da centelha vital, onde acaba qualquer sofrimento. Passam de um bilhão os adeptos do budismo hoje no mundo. Se a globalização continuar nesse ritmo, a doutrina poderá encontrar campo fértil entre os desempregados, pois só lhes restará meditar para chegar ao nirvana. Há, porém, etapas anteriores, em que o trabalho, mesmo cheio de sofrimentos, é uma necessidade.

BÚFALO do grego *boubalos*, de *boûs*, boi, vaca, bovino, pelo latim *bubalus*, mudado para *bufalus* no latim vulgar, designação comum ao boi selvagem originário da Índia, mas aplicado também a animais semelhantes que vivem na África e até aos bisões norte-americanos. Domesticados, os búfalos passaram a substituir cavalos e bois. E sua carne é muito apreciada. Já o leite de búfala, semelhante ao da vaca, é usado também para fazer muçarela, iguaria que integra as entradas dos pratos e os petiscos. Reza a lenda que Buda convocou todos os animais para uma reunião, mas apenas 12 compareceram. Em agradecimento, Siddharta Gautama, nome pela qual era conhecido antes da "iluminação", transformou os 12 em signos do zodíaco, do grego *zodiakós*, círculo de animais.

BUFÃO do italiano *buffone*, bufão, palhaço. Os loucos eram vestidos de bufões na Idade Média, usando camisolões e barretes com guizos. Assim, poderiam ser distinguidos ao primeiro olhar e seus gracejos não poderiam ser considerados ofensivos. Nos contos de fadas, a figura do bufão transformou-se: suas astúcias revelam sabedoria. E o bobo da corte caracteriza-se por poder dizer, brincando, certas verdades ao rei. Representado por um andarilho esfarrapado, acompanhado de um cãozinho, o bufão está na carta "zero" do tarô, significando inexperiência, busca de sabedoria.

BUFTALMIA do grego *boús*, boi, e *ophthalmia*, inflamação do olho. No glaucoma congênito, o aspecto do globo ocular distendido leva o olho humano a parecer-se com o do boi ou do búfalo. Ou de suas consortes…

BUFUNFA provavelmente do francês *bouffant*, bufante, um tipo de papel. É vocábulo formado na gíria, mas que depois se fixou na linguagem coloquial e atualmente é de uso franco na língua escrita, sempre com o significado de dinheiro, tal como aparece neste trecho da cronista Barbara Gancia: "Depois de perder toda a bufunfa, se viu sem poder mais andar de concorde, ir a Londres só para um vernissage ou vestir alta-costura."

BUG do inglês *bug*, traça, inseto, tornou-se neologismo de largo uso, designando defeito em programa de computador. O primeiro *bug* aconteceu em 1947, no computador Mark II, então um trambolho de 5 m de comprimento, com menos potência que um simples *notebook* de hoje, quando um inseto meteu-se nos circuitos. O bichinho pode ser visto num museu dos EUA. O *bug* do milênio, previsto para 1/1/2000, fez tremer muita gente, não ocorreu, mas afetou, sem gravidade, 11 centrais nucleares.

BUGIGANGA do espanhol *bojiganga*, denominando modesta companhia de farsantes que antigamente se apresentava em pequenos povoados da Espanha do século XVI. Veio do latim *vessica*, bexiga, porque os atores utilizavam bexigas de bois e de porcos como balões. O caminho percorrido foi *bejiga, bejiganga, bojiganga*. Não valiam quase nada as tais bexigas, sobretudo depois de estouradas, daí o sinônimo que a palavra adquiriu para coisa sem importância, quinquilharia.

BUGRE do latim medieval *bulgarus*, búlgaro, herético, sodomita, pelo francês *bougre*, com iguais significados, mas aplicados aos índios brasileiros, tidos como semelhantes aos membros búlgaros da Igreja Greco-Ortodoxa, então vistos com desconfiança pelos católicos. Passou a ter também o significado de arredio, desconfiado, inculto, por morar na selva, longe da civilização. O *Hino do Guarani* de Campinas diz em seus versos: "Avante, avante, meu bugre/ Que nós vibramos por ti/ Na vitória ou na derrota/ Hoje e sempre, Guarani."

BUJÃO do francês *bouchon*, bucha, tampão, do antigo francês *bouche*, boca, presente na expressão *Faire la petite bouche*, fazer-se de rogado, popularmente conhecida no Brasil como "fazer beicinho", nascida da observação das caras e bocas que fazem as crianças ao recusar alguma coisa. A parte foi entretanto tomada pelo todo, e bujão, a tampa do botijão, especialmente o de gás de cozinha, aumentativo de botija, do castelhano *botija*, botija, jarra, radicado no latim vulgar *butticula*, tonelzinho, diminutivo de *buttis*, tonel, odre, substituiu no português do cotidiano, como já ocorrera no latim, a designação clássica. E bujão, de variante ou reserva de botijão, tornou-se palavra titular para designar o recipiente, em geral de metal, para entrega do gás em domicílio.

BULA do latim *bulla*, bola. Mas passou a ter também o significado de bolha, pela forma da água ou de outro líquido ao cair, como os pingos da chuva. Designando documento pontifício, remonta aos antigos selos, que tinham a forma de bolhas ou bolas nos lacres, feitos com tinta vermelha. E em alguns casos, com sangue. Portanto, não é apenas nas letras que há "uma gota de sangue em cada poema", como escreveu Mário de Andrade. Tal denominação passou depois também aos medicamentos. As primeiras bulas eram marcas feitas com anel para autenticar documentos oficiais e tinham a aparência de bolhas. Foi o rei francês Luís II, o Gago, que entre 877 e 879 denominou bula o selo real. Afinal, semelhava uma esfera ou bola. Nos remédios, a bula ganhou este nome porque antigamente a embalagem mais comum dos medicamentos era uma garrafinha. Pendurada num cordão vinha a bula que tinha o fim de atestar que não era uma garrafada, era um remédio oficial. A garrafinha passou a ser denominada frasco. A substância, que era líquida, passou a ser oferecida em comprimidos. A linguagem das bulas dos remédios deixou de defender os fracos e oprimidos. Hoje, só defende os frascos e comprimidos, como já ironizou antiga peça publicitária. A Associação Nacional de Vigilância Sanitária (Anvisa) – parece nome de cartão de crédito – tomou a iniciativa de modificar as regras para a redação das bulas. Que os laboratórios chamem profissionais que saibam escrever. Do contrário, como entender linguagem tão rebuscada? A bula de uma simples vitamina de uso frequente, adquirida sem nenhuma restrição, apresenta grandes dificuldades de entendimento para frases como estas: "o ácido ascórbico inativa os radicais livres, que podem destruir as membranas celulares através da peroxidação lipídica."

BULE de origem controversa, talvez do malaio *bule*, bule, recipiente bojudo originalmente destinado ao chá e depois utilizado para café, leite, chocolate e outros líquidos, feito de porcelana da Índia, de gargalo estreito. Outra hipótese é o sânscrito *buli*, mas a origem designa, em linguagem chula, a vulva e o ânus. O jogo de roda bule-bule tem origem em bulir, do latim *bullire*, ferver, agitar, mexer. Uma criança volta-se para a vizinha da direita e, agitando as mãos, pergunta-lhe: "Quer comprar um bule-bule?" A outra deve responder: "Que bule-bule?" E ouve: "Aquele que bole, bole." A seguir, imitando os gestos da outra, dirige-se à seguinte, fazendo a mesma pergunta. E assim por diante, até que todas gesticulem. Finda a rodada, a primeira recomeça.

BÚLGARO de búlgaro, do latim *bulgarus*, latinizado a partir de *Bulgar*, nome da capital de antiga região situada perto da Turquia e da Romênia, na Mésia menor, às margens do rio Volga. Pode ter tido influência do turco *bulghamak*, misturar, ou *bulga-mak*, revolver, pelo fato de os soldados fineses, que conquistaram a Mésia no século VII, haverem-se mesclado com os eslavos. O latim *bulgarus* passou a sinônimo de herético porque os antigos búlgaros, membros da Igreja greco-ortodoxa, foram adversários temíveis dos cruzados. A presidenta Dilma Vana Rousseff, mineira, é filha do búlgaro Pedro Rousseff, que, já viúvo, emigrando para o Brasil, aqui casou-se com Dilma Jane Silva. No romance *O púcaro búlgaro*, obra referencial da literatura brasileira, do mineiro Walter Campos de Carvalho, um personagem decide fazer uma expedição para verificar se a Bulgária existe. Os futuros expedicionários são estranhos. Um deles, por ter morado muito tempo ao lado da Torre de Pisa, tornou-se inclinado também. Ivo, aquele que viu a uva, de acordo com a cartilha que alfabetizou tantas gerações, acha-se descendente do sábio hindu que inventou o zero, e vive reivindicando os direitos autorais da cifra. Enquanto os outros ficam discutindo se a Bulgária existe ou não, um deles saqueia a geladeira do dono da casa e transa com a mulher dele. A expedição é sempre prorrogada até transformar-se apenas numa partida de pôquer.

BULIR do latim *bullire*, mexer, agitar. Aparece conjugado nestes versos de *Fado português*: "O Fado nasceu um dia,/ Quando o vento mal bulia/ E o céu o mar prolongava,/ Na amurada dum veleiro,/ No peito dum marinheiro/ Que, estando triste, cantava,/ Que, estando triste, cantava."

BUM do inglês *boom*, explosão, lançamento. De vocábulo onomatopaico, isto é, que imita a coisa significada, passou a designar o ato de desamarrar barcos ou levantar âncoras, aplicando-se mais tarde a súbitas atividades comerciais. Com este sentido foi utilizado pela crítica de moda Regina Guerreiro, comentando o desempenho das modelos na edição do desfile *Morumbi Fashion* em que 23 grifes famosas lançaram suas coleções de primavera e verão para o ano de 2001: É o *boom* do bumbum! A moda brasileira é a mais *sexy* do mundo. Às vezes, até exagera e o *fashion show* vira *strip-tease*." Em quatro frases, utilizou cinco palavras da língua inglesa. Mas é brasileira e falava português!

BUMBA MEU BOI de bumba, do conguês *bumba*, bater, seguido do pronome possessivo meu, do latim *meu*, e de boi, do latim *bove*, declinação de *bovis*. Designa o reisado em algumas regiões do Brasil, produto cultural de tríplice miscigenação: indígena, negra e portuguesa. Surgiu no século XVIII, no Piauí, com a introdução da pecuária, mas espalhou-se por muitos outros estados, adotando nomes diferentes. É um bailado popular, organizado em cortejo, com personagens humanos e mitológicos. Há centenas de grupos de bumba meu boi em todo o Brasil, que é um dos mais recentes bens reconhecidos pelo Patrimônio Histórico e Artístico Nacional como Patrimônio Cultural do Brasil.

BUMERANGUE do inglês *boomerang*, bumerangue. Veio de *womurrang*, vocábulo de um dialeto australiano designando uma arma de arremesso, encurvada, feita de madeira e que volta a um lugar próximo de onde foi lançada. Seu significado indica que as ações tomadas cumprem objetivos contrários aos que eram propostos, como no caso do movimento em favor de maiores cuidados na linguagem para que fossem evitados endossos de preconceitos, conhecido sob a rubrica geral de "politicamente correto". Nos EUA, onde este movimento teve início, já começa a ser questionada a sua validade pois, entre outros problemas, dificulta o humor.

BUNDÕES de bundão, do quimbundo *mbunda*, nádegas, quadris, adaptado sem o "m" inicial para designar a região glútea, de que bumbum tornou-se sinônimo para evitar uma palavra que, sendo chula em Portugal, no português do Brasil não o é. Bundões veio para os dicionários, assim mesmo no plural, para designar grupo de garimpeiros, jagunços e criminosos do sertão baiano que, filiados a uma facção política, cometiam as maiores violências. O singular bundão, usado para insultar, já não mais se refere ao escravo trazido de Angola que aqui se rebelou, mas ao indivíduo preguiçoso, malemolente, sem iniciativa, no qual não se pode confiar.

BUQUÊ do antigo germânico *bosk*, bosque, madeira, lenha, provavelmente designando também galhos, que poderiam ser floridos, pelo francês *bouquet*, ramalhete de flores. Designa reunião de coisas que formam um conjunto e também aroma, como no caso dos vinhos. Já o buquê que a noiva joga de costas para o alto em direção às convidadas solteiras, indicando que aquela que o apanhar é a próxima a casar-se, tem origem na Grécia e na Roma antigas, e não tinha apenas ramos e flores, mas também ervas e temperos. Algumas vezes os buquês eram de alho, para espantar os maus espíritos. As flores do buquê têm significados individualizados: o lírio representa a pureza; a rosa vermelha, o amor; a violeta, a modéstia. As flores de laranjeira simbolizam a fertilidade e a alegria de casar-se.

BURGO do germânico *burgs*, pequena cidade, pelo latim *burgu*, lugar fortificado. Na Idade Média passou a designar vilas, castelos e mosteiros, protegidos por muralhas. Várias dessas localidades transformaram-se depois em pequenas cidades. O vocábulo serviu à formação de burguesia, denominando a nova classe social, nascida do desenvolvimento econômico que começa a ocorrer em fins da Idade Média. Os habitantes dos burgos transformam-se em burgueses e pouco a pouco vão se infiltrando entre a nobreza, derrotando-a na Revolução Francesa. Ao consolidar-se como classe hegemônica, entretanto, subdivide-se em grande, média e pequena burguesia, nos moldes de uma sociedade piramidal, em que os donos dos meios de produção estão na ponta, e os trabalhadores, na base e nos estamentos intermediários. Em *Tempo dos Flamengos*, José Antônio Gonsalves de Mello utiliza o vocábulo para caracterizar o Recife do século XVII, ao tempo das invasões holandesas: Burgo triste e abandonado, que os nobres deveriam atravessar pisando em ponta de pé, receando os alagados e os mangues."

BURLAR derivado de burla, do latim *burrica*, derivado de burra, arca para guardar tesouros, dinheiro. Guardar tem também o sentido de esconder, proteger. Veio daí o significado de engano. No espanhol, *burla* e seus derivados são aplicados a quem engana por motivos amorosos, de que é exemplo famoso o personagem *Don Juan*, o burlador de Sevilha.

BURLESCO do italiano *burlesco*, radicado em *burla*, engano, de origem controversa. Depois de consolidar-se na literatura e no teatro, o gênero burlesco tornou-se preferido dos leitores na imprensa, em periódicos como *O Mequetrefe*, *América Illustrada*, *Revista Ilustrada* e *Semana Illustrada*, esta fundada pelo alemão Henrique Fleiuss, hoje nome de rua no bairro da Tijuca, no Rio de Janeiro. Autor do primeiro cartaz feito e publicado no Brasil, ele ministrava cursos de xilogravura, com duração de três anos. Sua contribuição é muito original por radicar-se no expressionismo alemão, enquanto seus colegas estavam influenciados por escolas italianas e francesas.

BUROCRACIA do francês *bureaucratie*, palavra criada por Jean-Claude Marie Vincent, Seigneur de Gournay, no século XVIII, a partir do francês *bureau*, escrivaninha, local de trabalho, e do grego *kratía*, poder. *Bureau* veio do latim popular *bura*, do latim culto *burra*, lã grosseira, a mesma origem de *burel*, hábito de frade. Provavelmente esse tipo de pano, estendido sobre a mesa, levou os franceses a denominarem *bureau* a escrivaninha. No século XVIII, a burocracia agilizava a coisa pública, pela organização hierárquica mínima indispensável. No século seguinte, num ritmo que jamais parou, tornou excessivos os controles, complicando tudo, provavelmente a fim de "vender" facilidades, abrindo mais espaço para a corrupção e o empreguismo.

BURRINHO de burro, do latim *burricus*, cavalo pequeno. Uma das funções do diminutivo na língua portuguesa é o tratamento carinhoso: mãezinha, filhinho, menininha etc. O burrinho não está presente apenas no presépio. A Sagrada Família precisou fugir e é clássica a cena em que aparecem os três atravessando o deserto que então separava o Egito da Judeia: São José, já velho para a época, vai a pé, puxando o burrinho, no qual segue montada Maria, então pouco mais do que uma adolescente, com o filho nos braços. Eles fogem do rei Herodes I, o Grande, que ordenou a célebre matança de cerca de quarenta crianças com menos de dois anos de idade, por sentir-se ameaçado na sucessão, já que os magos lhe haviam dito que nascera o rei dos judeus. O historiador Flávio Josefo, nas *Antiguidades judaicas*, informa que houve um eclipse da Lua pouco antes da morte do tirano. Estudos modernos confirmam que tal eclipse ocorreu em 12 ou 13 de março do ano 3 a.C. O escritor português Adolfo Correia da Rocha, mais conhecido pelo pseudônimo de Miguel Torga, nos versos de *História Antiga* diz: "Mas, por acaso ou milagre, aconteceu/Que, num burrinho pela areia fora,/Fugiu/ Daquelas mãos de sangue um pequenito/ Que o vivo sol da vida acarinhou;/E bastou/ Esse palmo de sonho/ Para encher este mundo de alegria;/Para crescer, ser Deus;/ E meter no inferno o tal das tranças,/Só porque ele não gostava de crianças."

BURRO do latim *burricus*, cavalo pequeno. No latim, burro é *asinus*, asno, no sinônimo de burro. Em sentido conotativo, burro designa o estúpido, carente de inteligência. É uma das principais ofensas a técnicos de futebol quando desaprovados pela torcida. Mas é, antes de tudo, uma ofensa ao animal, como reconheceram vários escritores que o tomaram como personagem. O burro mereceu elogiosa referência do escritor João Gilberto Rodrigues da Cunha em seu romance *Caçadas de vida e de morte*: "Burro é inteligente. Aprende ligeiro, sabe que seu dono é o patrão, que vai levá-lo para boa água e bom pasto, se cumprir a obrigação. Mas é igual gente, tem manhas, gosta ou desgosta das pessoas e coisas, e mostra isso no comportamento: com cavaleiro estranho ou antipático, ele empaca, dá rabichada, endurece o queixo e, se leva esporadas, sai riçando a perna do coitado em lasca de aroeira ou fio de arame farpado." O cavalo não é tão inteligente. O cavalo é burro, no sentido que os torcedores empregam a palavra quando xingam os técnicos.

BURSITE de bursa, do latim *bursa*, bolsa, receptáculo feito de couro para guardar bens e também moedas, tendo vindo daí a designação que veio a cunhar o mercado de ações, a famosa Bolsa, instituição financeira de grande importância nas economias modernas. Originalmente as bolsas eram feitas de couro, que em grego é *bursa*. Não é infiel à etimologia a pronúncia caipira de "borsa" para bolsa. O ex-ministro da Fazenda Antônio Pallocci Filho, ex-prefeito de Ribeirão Preto, ouviu muitos *agroboys* e *agrogirls*, dois neologismos surgidos durante sua meteórica carreira política para designar o rico *country Brazil*, a chamada Califórnia brasileira, como é conhecida tal região paulista, referirem-se à Bolsa de Valores de São Paulo, a Bovespa, como Borsa apenas. O dialeto caipira põe "r" no lugar do "l" em muitos vocábulos. A Bolsa refletiu as nefastas ameaças de que o Brasil quebraria com a eleição do presidente Luiz Inácio Lula da Silva e que o dólar iria às alturas. Acalmada essa Bolsa, o presidente foi atormentado, ainda na posse, por outra bolsa, que conservou o "r" original, mas, acrescida do sufixo grego *-ite*, indica inflamação, a bursite. Em resumo, saiu a "bolsite" que jamais existiu e retornou a bursite, antiga companheira do presidente.

BUSCA de buscar, de origem controversa, provavelmente do pré-românico bosco ou do latim vulgar *boscum*, que o teria trazido do germânico *bosk*, mata, floresta, bosque. O verbo teria o sentido primitivo de ajuntar lenha para o fogo doméstico. Com o significado de procura, aparece como instrumento de pesquisa na internet. Luís Vaz de Camões dá sentido de procurar ao verbo nestes versos: "Busque Amor novas artes, novo engenho/ para matar-me, e novas esquivanças,/ que não pode tirar-me as esperanças,/ que mal me tirará o que eu não tenho./ Olhai de que esperanças me mantenho!/ Vede que perigosas seguranças!/ que não temo contrastes nem mudanças,/ andando em bravo mar, perdido o lenho." O poeta buscou o amor e a felicidade a vida inteira, mas morreu só e abandonado, num desgosto que não buscou, mas o previu nos versos seguintes do mesmo poema: "Mas, enquanto não pode haver desgosto/ onde esperança falta, lá me esconde/ amor um mal, que mata e não se vê, que dias há que na alma me tem posto/ um não sei quê, que nasce não sei onde,/ vem não sei como e dói não sei porquê."

BUSCAPÉ de buscar, de origem controversa, provavelmente radicado no pré-românico *bosco*, escrito *buskum* no latim vulgar, com o significado de bosque, pelo espanhol *buscar*, juntar lenha, e de pé, do latim *pede*, declinação de *pes*, pé. O buscapé é artefato de fogo de artifício, que enquanto queima vai girando e serpenteando pelo chão, dando a impressão de que procura os pés de quem corre fugindo dele. É conhecido também pela expressão bicha de rabear.

BUSÍLIS tudo indica que esse vocábulo tenha vindo de um engano cometido por um estudante de latim, que, ao traduzir a frase latina *"in diebus illis"* (naqueles dias), teria separado o vocábulo *diebus* em *die e bus*, depois não teria conseguido explicar o resto que lhe seguia, *illis*. Como traduzira *in die* como índias (*indiae*), encontrou grande dificuldade em prosseguir, empacando no *bus illis*. Outros creditam o mesmo erro a um clérigo que, lendo o breviário, encontrou ao final da última linha de uma página *in die* e no começo da seguinte a continuação *bus illis*. Busílis virou, então, em português, sinônimo de grande dificuldade. "Aí é que está o busílis da questão" tornou-se frase frequente entre nós.

BUSTIÊ do francês *bustier*, corpete sem alças, semelhando o sutiã, alteração de *buste*, busto. A origem remota é o latim *bustum*, crematório, particípio do verbo *burare*, queimar, porque nos lugares onde eram realizados os funerais eram afixadas estátuas que representavam o morto ou a morta apenas da cintura para cima. Veio daí o italiano busto, que depois passou a denominar os seios da mulher. O francês *poitrine*, derivado de *pectorina*, do latim vulgar falado na Gália, está radicado em *pectoris*, isto é, do peito, pois está no caso genitivo de *pectus*, peito. O bustiê, que chega à moda na segunda metade do século XX, vindo da França, retoma antigo vestuário de gregas e romanas que, há 2.000 a.C., usavam tiras de couro ou de pano para sustentar os seios, deixando-os livres sob a túnica. Apenas as ginastas amarravam panos também ao redor dos seios, para protegê-los.

BUZINA do latim *bucina*, buzina, trombeta. É item dos veículos motorizados, que aumenta a poluição sonora, pois raramente é acionada para advertências indispensáveis. Houve, porém, uma buzina muito apreciada no Brasil, usada por José Abelardo Barbosa, o Chacrinha, para afugentar calouros medíocres na televisão.

BUZUZU provável variante de *buzugo*, do quicongo *bonzunga*, pessoa velha, caduca. Passou a funcionar no português, embora os dicionários ainda não o registrem, como sinônimo de algaravia, barulho, confusão, comentários ruidosos, feitos em voz alta, provindo da elevação da voz por parte de velhos quicongos, tidos por doidos, por reclamarem cuidados e providências dos mais novos, sãos, sendo a diferença entre saudável e doido no mais das vezes uma questão de perspectiva. O quicongo pertence a um grupo de línguas bantas faladas em Angola, entre as quais são identificados também o maiombe, o cacongo, o cabinda, o mussorongo, o muxicongo, o mumbombo, o quicongo, o sosso e o mussuco, responsáveis por complexas visões de mundo espelhadas nas falas desses povos ainda distantes da alfabetização forçada em língua portuguesa, o idioma oficial do país. O fracasso dos programas de alfabetização é retumbante, estando a taxa de analfabetismo em 58,3%. Não há com as riquezas jacentes nessas línguas cuidados semelhantes àqueles tomados com a extração de diamantes, chamados também diamantes de sangue, porque financiam a guerra civil que já dura quarenta anos. Os angolanos vivem em média apenas 46 anos, mortandade precoce compensada pela fecundidade de suas mulheres. Enquanto em Portugal, a nação que fez de Angola um celeiro de escravos que abasteceu sobretudo o Brasil, a taxa de fecundidade é 1,45, em Angola é 7,2 filhos por mulher. Entre outras decorrências de tais índices, avulta o crescimento populacional que fala, cada vez em maior número, línguas e dialetos que, conquanto sem escrita, enriquecem a cultura do país. Nivaldo Lariú, em seu *Dicionário de baianês*, registra buzu como sinônimo de ônibus, gíria local na Bahia, equivalente a busão em São Paulo, Sul e Sudeste, não registrando buzuzu. Outra hipótese é que buzuzu pode ter nascido de variante da expressão onomatopaica que exprime a linguagem das abelhas.

BYE-BYE pronunciamos "baibai" este neologismo vindo do inglês *bye*, redução de *good-bye*, até logo, já de largo uso no Brasil. As saudações informais utilizam a economia vocabular como regra básica, reduzindo sempre mais as palavras, ao contrário do que ocorre na variante formal, cheia de Vossas Excelências. Outros exemplos podem ser percebidos ao longo do tempo, como na transformação de Vossa Excelência em Vossência, você, ocê e cê. Se continuar assim, no próximo milênio este pronome será dito e grafado apenas como ê. A palavra inglesa *bye* já é uma redução de uma forma antiga: *God be with you*, tradução da forma latina *Dominus vobiscum*, Deus esteja convosco, alterado para Deus esteja com você.

C

CABAÇA de origem pré-romana, a palavra consolidou-se no latim como *calappacu*, *calappacia* e *capparacione*, designando animais, plantas e frutas dotados de casca dura. A aliteração de uma dessas três palavras veio a designar o casco da tartaruga como carapaça. Como sinônimo de porongo, é o fruto da cabaceira, vocábulo usado também no masculino, cabaceiro. Com a mesma grafia, procedendo do quimbundo *kabasa*, designa a criança gêmea que nasce em segundo lugar. É curioso o conceito, porque a cabaça como objeto caseiro consiste de um porongo partido em duas metades. No masculino, designa também o hímen. Também temos as seguintes definições no *Dicionário Aurélio*: "fruto da cabaceira" e "vaso feito desse fruto seco, despojado do miolo". Com efeito, em linguagem jurídica, o ato sexual completo é designado pela expressão latina *introductio penis intra vas*, em que a vagina é designada pela mesma palavra do latim que indica o vaso, dando ideia de recipiente. Nei Lopes, no *Dicionário banto do Brasil*, lembra que o quimbundo *kabasu* designa a virgindade.

CABALA do hebraico rabínico *qabballah*, cabala, conjunto de ensinamentos filosóficos e religiosos cultivados na tradição judaica, segundo os quais há uma ordem oculta dirigindo o mundo, cuja decifração pode ser obtida com a leitura da *Bíblia*, já que suas letras e números teriam um simbolismo próprio. A partir de 1670, teria designado também um ministério inglês, que pesquisas demonstram ser um falso acrônimo, porque as iniciais dos sobrenomes dos ministros – Clifford, Aschley, Buckingham, Arlington, Landerdale – formavam esta palavra. Talvez tenhamos preguiça de falar proparoxítonas, mas cabala é pronunciada "cábala" em espanhol e em italiano.

CABARÉ do francês *cabaret*, casa de diversões, que originalmente oferecia bebida, comida e espetáculos artísticos, principalmente música e variedades. Tornou-se o lugar preferido de sátiros e descambou para casa de prostituição, que em filmes e telenovelas é representada como lugar de festa e alegria, omitindo, por norma, os dramas que levaram as mulheres a serem ali agenciadas por cafetinas. O *Dicionário Houaiss* dá o ano de 1936 como seu primeiro registro escrito em português, na revista *Fon-Fon*, o que pode ser tema de controvérsia. O vocábulo teria chegado ao francês vindo do árabe *khâmarât*, já com o sentido de misto de botequim, que vende bebida e comida, e casa de espetáculos. A palavra aparece no título do romance do jornalista Moacir Japiassu, *A santa do cabaré*, que, de acordo com a irreverência e a verve habituais dos textos do autor, entretém e diverte o leitor com uma história bem escrita, capaz de ser lida e entendida por qualquer pessoa ou, segundo a apresentação do crítico Fábio Lucas, "por qualquer mortal alfabetizado".

CABARETEIRO do francês *cabaretier*, de cabaré, igualmente do francês *cabaret*, bar, botequim, depois casa de espetáculos onde os clientes podem beber, comer, dançar, ouvir música e divertir-se. Com o acréscimo da prestação de serviços sexuais, tornou-se parecido com o bordel. Cabareteiro passou a designar o dono ou o empregado do cabaré, mas especialmente aquele que anuncia as atrações. A palavra aparece neste trecho de *Amigos e inimigos do Brasil*, do crítico literário Agrippino Grieco: "Cidadãos internacionais, que vacilam entre o pirata levantino e o cabareteiro de Budapeste."

CABEÇADA de cabeça, do latim vulgar *capitia* (pronunciado *capícia*), e sufixo -ada. Mas *capitia* no latim designava tanto a cabeça como o plural de *capitium*, capuz ou parte do manto que cobria a cabeça. Dar cabeçada é errar, fazer mau negócio, dizer asneiras. No futebol, os jogadores, entretanto, costumam dar cabeçadas na bola, sejam defensores, caso de zagueiros e laterais, para evitar jogadas de perigo dos adversários, sejam atacantes, para fazer gols. O alvo de uma cabeçada não pode, porém, ser o adversário, ainda mais quando o golpe é dado com o propósito de machucar o oponente. Foi o que fez o melhor jogador da Copa de 2006, Zinedine Zidane, que desferiu uma cabeçada no zagueiro italiano Marco Materazzi, depois de ouvir insultos e provocações, na partida final, dia 9 de julho, em Berlim. A Itália sagrou-se tetracampeã mundial, mas nenhum jogador italiano mereceu elogio parecido com o que recebeu Zidane do presidente francês Jacques Chirac: "Você é um virtuose, um gênio do futebol mundial, um homem de compromisso, de coração e convicção, por isso a França o admira e respeita, no momento mais intenso, talvez o mais duro de sua carreira."

CABEÇA DE BAGRE da junção de cabeça, do latim vulgar *capitia*, plural de *capitium*, capuz, que passou, por metonímia, a designar a cabeça, e bagre, de origem obscura, provavelmente do grego *phágros*, pelo latim *pagrus*, designando um peixe que no árabe hispânico era conhecido por *bâgar* e no castelhano por *bagra*. O tamanho diminuto de seu cérebro, incrustado na enorme cabeça, desproporcional ao resto do corpo, serviu de metáfora para que o povo identificasse o imbecil como cabeça de bagre, sem hífen, depois do Acordo Ortográfico. A expressão é usada no futebol para designar o mau jogador, sem inteligência.

CABELO do latim *capillus*, cabelo. Mas no latim designava o conjunto de pelos na cabeça ou ao redor dela, em homens e animais, de que é exemplo a coma, sinônimo de cabeleira. No latim era variante para barba. À semelhança da barba, também o cabelo tem-se prestado a várias metáforas. A expressão "fazer barba, cabelo e bigode" indica, entre outros significados, vencer no futebol, no mesmo dia, nas três categorias: os juvenis, os reservas e os titulares. Cabelos compridos em cabeças masculinas já eram símbolo de liberdade entre antigos povos germânicos. Os cabeludos eram livres. Os escravos eram obrigados a aparar os cabelos rente ao couro cabeludo. Talvez esta seja a origem remota da expressão "ficar descabelado", para indicar aflição ou desespero. Em uma barbearia do Brasil meridional foi visto um anúncio assustador pela ambiguidade: "Corto cabelo e pinto." Na verdade, o barbeiro teve a intenção de usar o verbo pintar na primeira pessoa do presente do indicativo, e não o substantivo, que em linguagem chula é um dos sinônimos mais populares do pênis. Diz-se que os cabelos continuam a crescer nos cadáveres. São pelos cobertos de símbolos, entre os quais está a força vital. É conhecido o episódio de Sansão, herói bíblico cujo poder estava nos cabelos. Seduzido e enganado por Dalila, teve sua cabeleira cortada depois de tomar um porre de vinho e adormecer, sendo então capturado pelos inimigos. Mesmo assim teve forças para derrubar o templo onde festejavam sua derrota. Os cabelos se prestam, ainda, a metáforas, servindo para situações assustadoras (de arrepiar os cabelos) ou sofrimentos (de deixar os cabelos brancos).

CABRA do latim *capra*, bode, cabra, aplicando-se também ao mau cheiro dos sovacos. Está presente em expressão nordestina de larga difusão: cabra-macho, isto é, o bode, para dirimir qualquer ambiguidade, pois cabra pode ser também a fêmea. São conhecidos estes versos do cancioneiro popular do Nordeste: "Há quatro coisas no mundo/ Que alegram um cabra-macho:/ Dinheiro e moça bonita,/ Cavalo estradeiro baixo,/ Clavinote e cartucheira/ P'ra quem anda no cangaço." O cavalo estradeiro, isto é, próprio para longas viagens, é baixo, fácil de montar e mais resistente naquelas regiões inóspitas; compõe meio de transporte mais rápido do que o jegue, ganhando em velocidade o que perde em resistência. Clavinote designa carabina pequena. Cartucheira, também conhecida como patrona e canana, é artefato de couro, levado a tiracolo, para guardar os cartuchos. A leitura de tais significados não pode prender-se à letra fria da palavra. Há que interpretá-los adequadamente. Assim, o cabra da peste não traz a peste ou a ela se assemelha. Ao contrário, é o indivíduo valente, destemido, digno de admiração por outros motivos que vão além do braço armado. Um bom profissional de qualquer área pode ser um cabra da peste. O clima, a fome, o analfabetismo, a cachaça e o sadismo das forças policiais a serviço do coronelismo político nutriram o contexto que exaltou o rígido código de honra sertanejo, que cultiva a bravura e, paradoxalmente, a servidão, pois o camponês torna-se braço armado na defesa do patrão.

CABRA DA PESTE do latim *capra*, cabra, e *peste*, declinação de *pestis*, peste. A expressão tem pouco a ver com o significado original destas palavras. Passou a designar o indivíduo valente, leal, corajoso, temido por sua valentia. Estes significados formaram-se porque, no Nordeste, cabra é sinônimo de homem. Quando o sujeito contraía uma doença contagiosa ou uma peste, todos se afastavam com medo, não dele, mas da doença que o acometia.

CABRITO do latim tardio *capritu*, cabrito. O animal está presente em numerosas histórias, no folclore e em outras narrativas, incluindo a célebre passagem bíblica em que Jacó, aconselhado por sua mãe, Rebeca, mata um cabrito e veste-se com seu couro para se parecer com o irmão ausente, Esaú, que era peludo, e assim receber a bênção do pai, Isaac. Quando alguém ímprobo é designado para um cargo público, diz-se que é como nomear o cabrito para cuidar do gramado. No latim, formou-se de *capra*, cabra, sua mãe, sendo *capritus* um diminutivo.

CAÇADOR do particípio de caçar, do latim vulgar *captiare* (pronuncia-se "capciare") – no latim culto é *captar* –, seguido do sufixo -or, indicativo de ofício, como em cantor, jogador, professor etc., designando quem se dedica à caça de animais e pássaros. Dá nome a município catarinense que detém o recorde de temperatura mínima no Brasil: 14 graus abaixo de zero em 1975. A denominação procede do Rio Caçador, assim chamado pela abundância de caça nas margens. No brasão do município, simbolizando a fauna, há oito perdizes. E aparece no título do livro da escritora americana Carson Mccullers, *O coração é um caçador solitário*, marcado por referências do inconsciente, concebidas à luz de Sigmund Freud, fundador da psicanálise, austríaco nascido em território hoje pertencente à República Tcheca. Já o caçador propriamente dito, sobretudo de passarinhos, é alvo preferencial do Ibama em todo o Brasil, de que é exemplo a pena aplicada ao senhor que, dois dias depois do Natal de 2005, pegava passarinhos silvestres em Taboão da Serra (SP), como sempre fizeram seus ancestrais e vizinhos. Em julho de 2009, ele procurou os serviços do Departamento Jurídico do Centro Acadêmico XI de Agosto, da Faculdade de Direito da USP, em São Paulo, que presta assistência judiciária gratuita. Tinha sido condenado, mas ninguém o procurou para aplicar-lhe a pena de prestar serviços à comunidade durante seis meses. Desconhecendo que houvesse também pena pecuniária, foi surpreendido com a intimação de pagar R$ 13.844,80 por ter apreendido as aves. Paradoxalmente, pune-se com mais rigor um caçador de passarinhos do que assassinos confessos ou ladrões do dinheiro público.

CACAU do espanhol *cacao*. A origem remota é o *nauatle kakáwa*. O *nauatle*, língua indígena do México, da grande família uto-asteca, era das mais importantes da América pré-colombiana e ainda hoje é falada por quase um milhão de pessoas. É da semente do cacau que se faz o chocolate. Cacau tem também o sentido de dinheiro: "aquele sujeito é cheio do cacau". O chocolate tornou-se tão presente na alimentação de crianças e adolescentes que algumas marcas passaram a designar o próprio produto, de que são exemplos *Toddy* e *Nescau*. O nome do primeiro foi inspirado numa bebida escocesa feita de uísque, gema de ovo, mel e creme de leite. O do segundo surgiu da junção de *nes*, primeira sílaba de Nestlé, e *cao*, a última de cacao (antiga grafia de cacau), resultando em Nescáo. Muitas pessoas, porém, liam "nescão". Na década de 1950, aproveitando a reforma ortográfica, a empresa mudou para o nome atual.

CACHAÇA do espanhol *cachaza*, espuma grossa formada na primeira fervura do caldo da cana-de-açúcar. Passou a designar também a aguardente, bebida feita por destilação no Brasil desde o século XVI. Denominada inicialmente aguardente da terra, por oposição à de Portugal, foi proibida, mas o veto resultou em sua disseminação pelo interior, já que era fabricada nos engenhos de cana-de-açúcar de pequenos produtores. Nos primeiros séculos serviu de moeda à compra de escravos na África. Durante as lutas da independência, no século XIX, tornou-se um símbolo da nacionalidade e hoje é a bebida número um do Brasil. Em sentido conotativo, indica vício, mania, paixão, tal como na expressão "escrever é a minha cachaça".

CACHÊ do francês *cachet*, lacre, marca, mas também tem o sentido de estilo, originalidade. Passou a significar o pagamento a atores de teatro, cinema, televisão etc. e a qualquer pessoa cujo trabalho resulte em espetáculo público. O sentido etimológico primitivo prende-se a ocultar. Assim, cachê é uma remuneração para a pessoa mostrar publicamente o que traz oculto, que às vezes é seu próprio corpo, como no caso das mulheres que recebem cachê para posarem nuas. Passou a designar a quantia paga a um artista, exatamente para recompensar sua originalidade, difícil de ser avaliada segundo critérios normais de trabalho, em geral medidos por tempo. Embora no Brasil o vocábulo seja sempre empregado no sentido de remuneração, na língua de onde veio, entretanto, permanecem outras significações. O escritor francês Émile Zola, comentando um casal, distingue o talento da esposa com esta frase: "O marido não é propriamente uma besta, mas a mulher, ela tem um cachê, como nós, artistas, dizemos."

CACHO provavelmente veio do latim *capulum*, punhado, mancheia, quantidade que se pode abranger com a mão, designando também coisas reunidas, como cacho de uva, cacho de cabelo, em que alguns componentes ficam escondidos, aparecendo apenas os de fora. Frei Joaquim de Santa Rosa de Viterbo, no seu conhecido *Elucidario*, registra a palavra cachado, derivada de cacho, com o sentido de encoberto, neste trecho de Damião de Góis: "Andão nus da cintura para cima, e para baixo cachados com pannos de seda."

CACHORRO do latim *cattulus*, filhote de cão, por influência do espanhol *cachorro*, filhote de outros animais mamíferos, como o leão e o tigre. No português coloquial, virou sinônimo de quantidade, rivalizando com burro: "pra cachorro", "pra burro". A expressão surgiu quando a presença desses bichos era abundante em todos os lugares, inclusive nas cidades. Também à semelhança do burro, o cachorro é invocado para insultar o próximo, o que em geral ofende o animal, não a pessoa, pois o cachorro é fiel, o mesmo acontecendo com o burro, que é um animal inteligente. O habilidoso cavalo também é invocado para designar o jogador bruto, a pessoa estúpida, por considerar-se apenas o coice que o cavalo dispara quando se sente ameaçado.

CACIFE provavelmente variação de cacifo, do árabe *qafiz*, medida de cereais que depois passou a designar cofre, riqueza. Veio a indicar, em certos jogos de aposta, a quantia mínima, previamente estipulada, que cada participante deve depositar. Por metáfora, indica qualidade ou atributo pessoal que habilita ou capacita alguém para fazer alguma coisa. O jornalista Maurício

Dias utilizou o vocábulo em matéria da revista *Carta Capital* sobre a crise que atingia o então presidente do Senado, José Ribamar Ferreira de Araújo Costa Sarney, mais conhecido por José Sarney, ligada às eleições presidenciais de 2010: "Acuado pelas denúncias, resta ao PMDB agarrar-se ao cacife de Lula." E acrescentou: "Por sinal, tivesse a imortalidade que a Academia Brasileira de Letras promete, mas não concede, Machado de Assis teria de tomar o 'Chá das 5' na companhia de Sarney. Um tanto constrangido, é claro."

CACO do grego *kakós*, de má qualidade, disforme, irregular, ruim. Com o tempo passou a designar pedaço de alguma coisa. No grego antigo já indicava incapacidade, trazendo também a ideia de doença, destino, morte. O defunto é aquele que acabou de se transformar num caco perfeito. Que nos sirva de consolo saber que nossos ancestrais helênicos, quando estavam doentes, cansados ou apenas desanimados, se sentiam também uns cacos, à semelhança do que ocorre conosco hoje em dia em situações adversas. Alguns filósofos pré-socráticos, quase todos poetas, exprimiram com sensibilidade refinada o sentimento de se sentir um caco no mundo. O próprio Homero, o maior poeta grego de todos os tempos, às vezes se sentiu um caco, ou utilizou a palavra para desqualificar o berço de outras gentes, e muito antes de seu nome ser associado a porres, surras ou fracassos memoráveis. Caco era também o nome do filho de Vulcano, de tamanho descomunal, que roubou de Hércules quatro juntas de bois, conduzindo-as de ré para seu antro com o fim de despistar a má ação. O gado roubado, porém, mugiu dentro da caverna, permitindo a Hércules descobrir o ladrão e puni-lo.

CAÇOAR provavelmente do português arcaico *cançoar*, formado de canção, do latim *cantione*, declinação de *cantio*. Comportamentos que fossem objeto de cantos e risos resultavam em motivos de deboche. Pode ter sido esta a evolução do significado. A falta de instrução, quase sempre confundida com ignorância, tem sido tradicionalmente razão para fazer pouco do outro, caçoar dele.

CACOETE do grego *kakóethes*, doença, mau hábito, pelo latim *cacoethe*. Designa tique que se manifesta pela contração involuntária e repetida dos músculos do corpo. Em sentido figurado, indica mania, sestro, palavra, frase ou expressão embutidos com frequência na conversação. Ajeitar o colarinho amiúde, sacudir a cabeça e piscar desordenadamente os olhos são formas de cacoetes, também denominados tiques. O cacoete pode ser sintoma de psicastenia, palavra de origem grega que significa fraqueza mental. Designa também mania de adicionar palavra ou expressão desnecessária em frases ou saudações. Resenhistas incorrem em cacoetes ao recomendarem que seus leitores "confiram" um espetáculo. O significado de conferir é bem outro; conferem-se contas. Apresentadores de telejornais acham que é mais elegante desejar "ótima noite" em vez do tradicional "boa noite", que é um cumprimento cuja forma fixa está consolidada há séculos e não pode ser submetida a flexões. Esses cacoetes equivalem a piscares involuntários de olhos e a agressões à arte de falar direito.

CACÓFATO do latim *cacophaton*, cacófato, som desagradável, indevido ou obsceno, proveniente da junção da última sílaba de uma palavra com a primeira da que lhe segue. Formou-se do grego *kakós*, feio, mau, estrangeiro, e *phaton*, neutro. Aparece no português como *cacofeton*, no capítulo 6 da *Arte de trovar*, no C.B.N., sigla de Cancioneiro da Biblioteca Nacional, publicado e comentado por José Pedro Machado e Elza Paxeco Machado, sua esposa, em edição de oito volumes, publicados em Lisboa entre 1949 e 1964. Colegas invejosos obrigaram a professora, primeira doutora em Letras da Universidade de Lisboa, a deixar a docência, o que levou o marido a também abandonar a cátedra. O famoso dicionarista faleceu no dia 26 de julho de 2005, quando se preparava para sair de casa e comprar o jornal, como sempre fazia. O *Hino Nacional* tem horrível cacófato logo nos primeiros versos: "Ouviram do Ipiranga as margens plácidas,/ de um povo heroico o brado retumbante." "Heroico o brado" soa herói cobrado. A música foi composta em 1822 por Francisco Manuel da Silva, mas a letra definitiva somente surgiu em 1909, por Joaquim Osório Duque Estrada. Antes, sob o nome de *Hino do Império, Hino 7 de Abril, Hino da Proclamação da República*, tivera letras de vários autores. O presidente Epitácio da Silva Pessoa o oficializou como *Hino Nacional* em 6 de setembro de 1922. A primeira gravação foi feita no dia 4 de janeiro de 1901, na Alemanha, pela Banda Municipal Militar de Londres.

CACOFONIA do grego *kakophonía*, som desagradável, com influência do francês *cacophonie*. Cacófato, do latim *cacophaton*, tem significado semelhante. No cacófato, o som, além de desagradável, às vezes é também obsceno, pela junção da última sílaba de uma palavra com a primeira da que lhe segue, como na frase sobre o belo canto de uma ave: "ela trina maviosamente". Soa "latrina". No grego, cacofonia formou-se de *kakós*, feio, mau, estrangeiro, e *phonía*, fonia, som. O *Hino Nacional* tem horrível cacófato, logo nos primeiros versos: "Heroico o brado" soa "herói cobrado".

CACUNDA do quimbundo *kakunda*, costas curvas. O termo popularizou-se na linguagem coloquial brasileira devido à presença dos meninos escravos que se misturavam aos meninos brancos nas brincadeiras infantis. Provavelmente imitando cavaleiros e cavalos, uns carregavam outros nas costas. Para que um pudesse montar sobre o outro, era necessário que este último abaixasse as costas. E foi consolidada a expressão do quimbundo, sobrepondo-se ao português, isto é, uma brincadeira da infância trouxe nova palavra para a língua portuguesa. Evidentemente, os maiores levavam outras coisas na cacunda, incluindo cargas e maus-tratos. Frequentemente é utilizada a variável corcunda, mas os que assim procedem laboram em erro, que qualquer criança sabe evitar. Quando brincam de uma levar a outra na cacunda, nenhuma delas precisa ser corcunda para fazer isso. Sem contar que o célebre romance de Victor Hugo *O corcunda de Notre Dame* não poderia ser adaptado para *A cacunda de Notre Dame* sem mudar radicalmente de significado.

CADASTE do latim *catasta*, cadaste, peça semelhante à roda de proa, que dá fecho ao esqueleto da embarcação. Designou um tipo de leme, inventado no século XIII, que possibilitou que naus, galeões e caravelas navegassem contra o vento. Representou tecnologia de grande utilidade nas viagens marítimas. Numa delas, Pedro Álvares Cabral descobriu o Brasil, em 1500, mas dois anos antes, também em abril, Vasco da Gama chegava à Índia, feito memorável, celebrado por Luís de Camões em *Os Lusíadas*. Depois de tantos perigos em mar aberto, a volta à pátria é celebrada com muita emoção: "Assim foram cortando o mar sereno,/ Com vento sempre manso e nunca irado,/ Até que houveram vista do terreno/ Em que nasceram, sempre desejado./Entraram pela foz do Tejo ameno,/ E à sua pátria e Rei temido e amado/ O prémio e glória dão por que mandou,/ E com títulos novos se ilustrou." Sem o cadaste, não teriam ido e muito menos voltado.

CADASTRO do grego bizantino *katástichon*, livro de registros comerciais, como relação de impostos, notícias econômicas e listas afins. Passando pelo latim *catastru* e pelo provençal *cadastre*. Designa a ficha de um cliente ou empresa em estabelecimentos comerciais, instituições financeiras e órgãos de registro de dados. O provençal *cadastre*, do baixo-latim *catastrum*, provável alteração de *catasta*, era o estrado em que os escravos eram postos à venda.

CADÁVER do latim *cadaver*, corpo morto. Seria acrônimo da expressão *caro data vermibus* (carne dada aos vermes), mas tal ilação talvez não passe, como tantas outras, de conclusão descuidada e espirituosa. É provável que venha do latim *cadere*, cair.

CADEIA do latim *cadena*, corrente. Passou a significar lugar de reclusão porque transmite a ideia de prender alguém a algum lugar. Também pode significar um tipo de ligação aparentemente menos perigosa: cadeia de rádio e televisão.

CADEIRA do grego *káthedra* e do latim *cathedra*, ambos os vocábulos significando lugar de assento. Evoluiu depois para outros significados. O mais provável, porém, é que derive do latim *cadere*, cair, de onde surgiu também *cadivus*, aquele que cai sem que ninguém o empurre, designando também o epiléptico.

O lugar onde estava a cadeira mais importante da hierarquia eclesiástica virou catedral. A cadeira de onde falava o mestre transformou-se em cátedra. Para os assentos dos demais ficou bastando a cadeira. Ainda assim, as metáforas se desdobraram em muitas outras direções. Fala-se em cadeiras de um determinado partido nas assembleias e câmaras parlamentares, assim como em cadeira cativa em lugar privilegiado. E temos também um dos maiores horrores deste início de milênio, que é a cadeira elétrica, instrumento para execução de condenados ainda hoje existente nos EUA.

CADELA do latim *catella*, cachorrinha, filhote do cão. No português, o diminutivo latino passou a designar a cachorra, sem indicação de tamanho ou idade. Na linguagem vulgar, é metáfora para mulher de maus costumes, em geral a prostituta. Mas Nelson Rodrigues deu o nome de Cadelão a um de seus personagens de *Bonitinha, mas ordinária*, texto para teatro levado ao cinema com a atriz Lucélia Santos no papel da moça bonitinha e ordinária do título, com direção de Braz Chediak.

CADERNETA o étimo desta palavra é o mesmo de caderno, que veio do latim *quaternus*, quatro a quatro. Isso porque os livros antigos eram formados de cadernos de quatro folhas. A caderneta de poupança guarda a ideia de pequeno caderno onde eram feitos os lançamentos de créditos e saques, antes do advento da eletrônica.

CADERNO do latim *quaternus*, assim chamado porque originalmente era uma folha dobrada em quatro partes. Ele substituiu o rolo de papiro e a lousa portátil, depois que a grande lousa tornou-se recurso didático quase exclusivo do professor.

CADETE do gascão *capdet*, chefe, denominação dialetal de *capdel* e este do latim *capitellum*, cabecinha. Originalmente designou o irmão que nasce depois do primogênito. Dentre os mosqueteiros do rei francês, celebrizados em tantas narrativas ditas de capa e espada, estavam muitos cadetes, isto é, filhos caçulas sem direito à herança que procuravam ganhar dinheiro e ter alguma aventura em Paris ou nos lugares para os quais eram deslocados para combate. Tinham recursos apenas para comprar mosquete, espada e uniforme para integrar a Guarda Francesa. Faziam estágio de dois ou três anos até se tornarem mosqueteiros. Hoje designa soldado que aspira à carreira militar nas Forças Armadas.

CAFÉ COM LEITE de café, do árabe *kahwa*, vinho, pronunciado *kahwé* pelos turcos. O nome pode ter vindo também da região de Kaffa, na Abissínia, onde a planta foi primeiramente cultivada. Foram mercadores de Veneza que trouxeram o café da Turquia para a Europa, na segunda metade do século XVI. Tornou-se produto de grande importância na economia brasileira a partir do século XIX. Leite veio do latim *lacte*, pelo francês *lait*. Café com leite, além de denominar a saborosa bebida que tanto deve à pecuária, designa política de alternância de poder no governo federal, fruto de acordo político feito pelos estados de São Paulo, em cuja economia o café tinha influência capital, sobretudo por causa das exportações, e Minas Gerais, estado que produzia muito café, mas também muito leite. O acordo durou três décadas e foi rompido pela Revolução de 1930.

CAFETÃO do lunfardo *cáften*, gigolô, rufião, aquele que vive de rendimentos de meretrizes. O lunfardo é uma forma dialetal do espanhol falado nos arredores de Buenos Aires. Pode estar aí a origem de cafajeste, vocábulo de significado semelhante. No filme *Os cafajestes*, a atriz Norma Bengell aparece nua em famosa sequência. O nu frontal era uma ousadia para a época. O filme estreou em 1962. O cafajeste que a fotografava queria fazer chantagem com as fotos eróticas. Cafajeste, no Brasil contemporâneo, designa o homem que trata a mulher como objeto. Originalmente, o termo tinha outra conotação. Veio de Coimbra para Olinda, trazido por estudantes de Direito. Designava penetras de festas universitárias das quais participavam sem serem estudantes. Nos anos 1950, o termo tornou-se popular pela criação do *Clube dos Cafajestes*, no Rio de Janeiro, cujo primeiro presidente foi o milionário e industrial paulista Baby Pignatari.

CAFETINA feminino de cafetão, do lunfardo *cáften*, indivíduo que vive da prostituição de suas protegidas. Aparece no título do livro do jornalista e cartunista catarinense Dante Mendonça, *Maria Batalhão – Memórias póstumas de uma cafetina*. A personagem solar do romance chama-se Maria, emigra da Ucrânia e na chegada ao Brasil é enviada a Prudentópolis, município onde era e ainda é grande a influência ucraniana em usos e costumes. Lá trabalha alguns anos na roça e muda-se para Curitiba, onde exerce seu ofício, primeiro como empregada de prostíbulo e depois como proprietária, estabelecendo-se na frente de um quartel. O escritor dá a ela uma aura de grande ternura. Maria é um branco e imaculado lírio nos lodaçais que frequenta, mas aos poucos aprende as artimanhas dos que a cercam.

CÁFILA do árabe *káfila*, companhia de viagem. Passou a designar o coletivo de camelo por ser este o animal-símbolo dos povos árabes, usado no transporte de pessoas e de mercadorias. Entretanto, indica, em sentido pejorativo, bando, súcia, tal como aparece neste trecho do contista e crítico português José Valentim Fialho de Almeida: "Vejam a cáfila dos vates sem miolo e sem cultura, sonâmbulos e pálidos."

CAFONA do italiano *cafone*, cafona, pessoa mal-educada, grosseira, de gostos vulgares, como são em geral os novos-ricos, cujo status econômico não corresponde ao cultural. Sua origem provável é Cafo, nome de um centurião romano, cuja companhia era evitada por causa de seus hábitos rudes. Na década de 1970, a TV Globo produziu uma telenovela chamada *O Cafona*. Com texto de Bráulio Pedroso, foi a primeira a fazer uma advertência que se tornaria proverbial: "Qualquer semelhança com pessoas vivas ou mortas ou com fatos reais terá sido mera coincidência", já que integrantes da alta sociedade carioca se sentiram retratados nas tramas. Foi levada ao ar, em preto e branco, de março a outubro de 1971, às 22h. E foi também a primeira telenovela a ter músicas compostas especialmente para a trilha sonora, que ensejou dois discos, *O cafona* e *O cafona internacional*, outra prática que se consolidaria no gênero.

CAFUNÉ do quimbundo *kifunate*, entorse, torcedura. Designou originalmente o ato de tomar a cabeça de alguém e torcê-la. Tomou depois o significado de coçar o couro cabeludo de alguém com delicadeza. No Brasil dos primeiros séculos, era muito comum a infestação de piolhos nos cabelos, o que demandava cuidado para catá-los, e cafuné passou a significar carinho.

CÁGADO do latim *cacitu*, um quelônio, semelhante à tartaruga. O cágado vive em lagoas rasas e pântanos, alimentando-se de vermes e moluscos, mas costuma servir-se também de salada de capim às refeições. O bichinho vem à baila sempre que se fala em abolir os acentos em nossa língua, como na proposta de reforma ortográfica, já aprovada pelo Senado. Como se vê, há alguns acentos indispensáveis, sem os quais qualquer mudança na ortografia pode resultar em coisa a ser evitada. Os caminhos percorridos pelo vocábulo foram lentos como os passos do animal. De *cacitu*, passou a *cacdu*, daí a *cáguedo*, fixando-se na forma atual.

CAIAQUE do groenlandês *kaiak*, barco. É semelhante à canoa e em algumas regiões do Brasil utiliza-se uma variante caíque – que por sua vez veio do turco *kajyk* e significa o mesmo tipo de embarcação. Caiaque, ou caíque, é usado como meio de transporte de pessoas e mercadorias, mas também com fins esportivos e recreativos.

CAIFÁS do nome de José Caifás, sumo pontífice no ano 18 da era cristã, sucedido por Pôncio Pilatos. Foi no palácio de Caifás que se reuniram os príncipes dos sacerdotes e os anciães do povo com um único ponto em pauta: o que fazer com Jesus. A versão de que teriam sido os judeus, liderados por seus maiorais, os responsáveis pela condenação de um inocente à morte na Cruz, o suplício preferido dos dominadores romanos, que se consolidou no obscurantismo medieval e atravessou os séculos, só recentemente foi rebatida por estudiosos leigos a partir de um argumento singelo: o sinédrio não se reunia à noite. E nem os judeus tinham poderes de condenar outro judeu à morte porque ameaçasse o império romano. Quase dois milênios depois daqueles eventos que inspiraram a primeira Quaresma, surgiu no Brasil a Ordem dos Caifases, cujo objetivo era a luta pela abolição. A designação nasceu de certo remorso de cristãos brancos, que baseavam seu incentivo à fuga dos escravos das fazendas na suposição mítica de que estariam purgando o pecado de darem aos negros tratamento semelhante ao dispensado a Jesus pelos dominadores. Na confusão de tal conceito, os senhores de escravos equivaleriam aos antigos romanos. Os caifases atuaram em São Paulo sob a liderança de um rico advogado chamado Bento de Sousa Castro, membro da Irmandade de Nossa Senhora dos Remédios. A Ordem chegou a ter um jornal, *A redenção*, fundado em 2 de janeiro de 1887. Seus membros providenciavam esconderijos aos escravos fugidos, abrigando-os em propriedades dos irmãos caifases, acusados de criminosos pelos fazendeiros com o argumento de que tais atos subversivos seriam provocadores do caos econômico e social.

CAIMÃO do taino *kaimán*, pelo espanhol *caimán*, designando répteis que incluem três espécies de jacarés: jacaré-de-papo-amarelo, jacaré-de-lunetas e jacaretinga. Designa um arquipélago da América Central, composto de três ilhas, conhecidas como Ilhas Caimã, descoberto sem querer por Cristóvão Colombo, em 1503, devido a um forte vento quando ia do Panamá para a Espanhola, cujo território atual representa o Haiti e São Domingos. O célebre navegador genovês denominou Las Tortugas (Tartarugas), por ter encontrado ali grande quantidade de tartarugas. Ganharam o nome de Caimã porque os aruaques (comedores de farinha), seus primitivos habitantes, chamavam assim crocodilos, jacarés e iguanas, estes últimos muito abundantes ali. Os primeiros colonizadores foram dois desertores britânicos, que, vindos da Jamaica, ali chegaram em 1655. Em 1788, dez dos 58 navios de uma frota britânica naufragaram nas proximidades das Ilhas Caimã e foram resgatados pelos habitantes locais. Desde então, por ato agradecido do rei inglês George III, os ilhéus foram dispensados de pagar impostos, benefício de que gozam até hoje. Em 1962, quando a Jamaica se tornou independente da Grã-Bretanha, as Ilhas Caimã, por opção, escolheram permanecer como colônia, segundo nos informa o jornalista e engenheiro eletrônico argentino Edgardo Otero, autor de *A origem dos nomes dos países* (Editora Panda).

CÂIMBRA do gótico *kramp*, gancho. As câimbras mais comuns devem-se a deficiências circulatórias ou fadiga intensa. A contração brusca da musculatura resulta em dor. Basta ver a expressão de sofrimento de jogadores de futebol quando afetados por câimbras. É como se um gancho lhes estivesse apertando as pernas.

CAIPIRINHA de caipira, variação de caipora, do tupi *kaa´pora*, de *kaa*, mato, e *pora*, habitante. Vítima de preconceitos seculares, caipira designa o morador do interior do Brasil, dono ou empregado em atividades agropecuárias, tido como de pouca instrução e de hábitos bárbaros, rudes. Afastado do consumo, sua bebida preferida era a cachaça, que tomava pura ou com limão, à qual mais tarde foi acrescentado mel ou açúcar. Nascia a famosa bebida, e o diminutivo deve-se aos hábitos morigerados do caipira, que a toma em copos pequenos. Cachaça é remédio para tudo desde o período medieval, pois os medicamentos feitos de raízes, sementes, frutos ou folhas raramente a dispensaram. Conservando a denominação de caipirinha, a bebida passou a ser oferecida em copos maiores, pois foram aumentadas as fatias de limão a serem maceradas. O segundo mandamento do decálogo dos que preparam caipirinha diz: "A missão do *barman* é alegrar, não embriagar."

CAIS do francês *quai*, redução de *quayage*, radicado no gaulês *caio*, designando acostamento, natural ou artificial, de terra ou pedra, à beira de rio, lago ou mar, cujo fim é conter as águas e permitir que atraquem barcos e navios. Embora inusual, designa também plataforma de embarque e desembarque nas estações de trens e metrôs; com esses dois significados, o latim tem a palavra *caiagium*. Em *Ode marítima*, disse o poeta Fernando Pessoa, por meio de seu heterônimo Álvaro de Campos: "Ah, todo cais é uma saudade de pedra!/ E quando o navio larga do cais/ E se repara de repente que se abriu um espaço/ Entre o cais e o navio,/ Vem-me, não sei por quê, uma angústia recente,/ Uma névoa de sentimentos de tristeza/ Que brilha ao sol das minhas angústias relvadas/ Como a primeira janela onde a madrugada bate,/ E me envolve como uma recordação duma outra pessoa/ Que fosse misteriosamente minha."

CAIXA DE MÚSICA do latim *capsa* e *musica*, respectivamente, designando dispositivo ao qual se dá corda para ouvir determinada música. Ainda existente no mercado, antecedeu a *juke-box*, do inglês *juke*, dança, e *box*, caixa, máquina acionada por moeda ou ficha, com toca-discos ou leitor de cedês: o usuário escolhe a faixa com a música desejada. Recebeu este nome porque quando surgiu rodava músicas arrebatadoras, baseadas num ritmo de dança executada de modo animado, quase aos saltos.

CAIXA DOIS da junção de dois, do latim *duo*, pronunciado originalmente "dous" em português, e depois dois, fenômeno ocorrido também em cousa e coisa, lousa e loisa, e caixa, do latim *capsa*, caixa, arca, recipiente para guardar frutas, papéis, dinheiro ou todos os dons, como no mito *A caixa de Pandora*, onde estavam guardados todos os males para que não se espalhassem pelo mundo. Zeus enviou a virgem Pandora com caixinha e tudo à Terra. A mulher, que não era deusa, nem semideusa, mas sintética, pois criada artificialmente na célebre oficina de Vulcano, cupincha-mor do líder divino, ofereceu o regalo primeiramente a *Prometeu*, cujo significado é prudente, que a recusou e saiu em disparada, temendo a estonteante tentação. Se demorasse mais, achou que sucumbiria. Mas o segundo a quem procurou, Epimeteu, irmão do primeiro, a aceitou. *Epimeteu*, em grego, significa imprevidente, desmemoriado, aquele que lembra depois, e assim esqueceu que o irmão o advertira para que não aceitasse presentes do chefão dos deuses. Pandora, em grego, significa todos os dons. As deusas do Olimpo, Minerva, Vênus e Persuasão, ensinaram à criatura, a Eva grega, todos os encantos do sexo feminino. E Mercúrio ainda acrescentou-lhe a arte da palavra insinuante. Nenhum dos deuses, porém, deu-lhe o dom da sabedoria, temerosos de que tomasse iniciativas que contrariassem os fins para os quais tinha sido criada. Foi o primeiro caixa dois. O *Aurélio* define caixa dois como "controle de recursos desviados da escrituração legal, com o objetivo de sonegá-los à tributação fiscal"e manda conferir "economia invisível e contabilidade paralela". A expressão caixa dois foi assim explicada pelo jornalista Elio Gaspari: "Caixa dois é crime tributário. Centenas de milhares de brasileiros vivem na informalidade, azucrinados por fiscais achacadores e meganhas corruptos, porque vendem melancias, prestam pequenos serviços ou oferecem badulaques nas ruas. Esses trabalhadores não pagam impostos, mas gastam o seu ganho em Pindorama. São o caixa dois da senzala. Nada tem a ver com as contas da casa-grande e dos grão-marqueteiros de contas caribenhas. Numa só campanha, esses espertalhões superfaturam e sonegam mais impostos do que todos os camelôs do Rio de Janeiro, de São Paulo e de Salvador num ano."

CAIXA-PREGOS de caixa, do latim *capsa*, recipiente redondo no qual os romanos guardavam livros, então em forma de rolos, cujo étimo está presente também em cápsula; e prego, de pregar, do latim vulgar *pliccare*, com a pronúncia mudada para *precare*, depois precar e por fim pregar, alteração do latim culto *applicare*, aplicar, juntar. Passou a denominar lugar afastado, ermo, de difícil acesso, por influência da localidade denominada Cacha-Prego, no interior do município de Vera Cruz (BA), na Ilha de Itaparica. Nas praias do lugarejo formavam-se antigas piscinas rasas que ficavam cheias de peixes-pregos, que os pescadores pegavam com as mãos, sem necessidade de anzol ou rede. Pegar é sinônimo de catar, cuja variante dialetal nas redondezas é cachar.

CAIXA-PRETA da expressão inglesa *black* (preta) *box* (caixa), caixa-preta, gíria da *Força Aérea Britânica*, passou à aviação mundial para designar o dispositivo indestrutível que registra conversas dos pilotos e dados técnicos do voo. É peça-chave para esclarecer a causa dos acidentes aéreos. É de cor vermelha alaranjada; preta indica que não se conhece o que ali está, sem abri-la. No sentido figurado, indica fraudes encobertas por esquema conhecido apenas por aqueles que o manipulam com fins ilícitos.

CAIXEIRO-VIAJANTE de caixa, do latim *capsa*, acrescido do sufixo -eiro, comum para designar ofícios (marceneiro, ferreiro, carpinteiro etc.), e viajante, de viajar, vinculado a viagem, do provençal *viatge*. Designa profissional de importância decisiva para a expansão do comércio. Primeiramente no lombo de cavalos e burros, depois em trens e barcos, e por fim em veículos da empresa à qual servia ou em carro próprio, o caixeiro-viajante levou os produtos a lugares distantes das praças onde o comércio estava sediado.

CAJADO do grego *chaiós*, báculo, vara, cajado. Quem carrega um cajado tem algum tipo de poder. Assim, seja o pastor que conduz o rebanho, seja o rei com o cetro nas mãos, ambos estão munidos de uma espécie de porrete. Também o grande líder do povo hebreu, Moisés, tinha o seu cajado, com o qual separou as águas do Mar Vermelho e fez brotar água da rocha.

CALAFRIO do espanhol *calofrío*, junção de *calo*, quente, e *frio*, frio. As raízes de ambos os vocábulos vieram do latim: *cal*, de *calere*, esquentar, e *frio*, de *frigidu*, frio. Um calafrio seria uma situação paradoxal em que temperaturas altas e baixas ocorreriam simultaneamente. Nos calafrios, uma sensação de frio pode preceder um estado febril. Em sentido conotativo, o contexto inclui medo e angústia.

CALAR provavelmente do grego *kháláo*, pelo latim vulgar *callare*, baixar a voz, afrouxar a corda de um arco, baixar as velas, interromper a navegação. Com o tempo, passou a ser usado também para designar o voo rasante de pássaros, o ato de baixar as redes. Os sentidos conexos espalharam-se nos domínios de palavras vizinhas, como na calada da noite, quando as vozes foram silenciadas. E na sequência passou a indicar a mudez, escolhida ou imposta. Calar significa também, no sentido militar, ajustar a baioneta na ponta do fuzil, quando o soldado se prepara para o combate. Há uma bonita concepção de calar no poema "Silêncio amoroso II", de Affonso Romano de Sant'Anna: "Preciso do teu silêncio cúmplice/ sobre minhas falhas./ Não fale./ Um sopro, a menor vogal/ pode me desamparar./ E se eu abrir a boca/ minha alma vai rachar./ O silêncio, aprendo,/ pode construir./ É um modo/ denso/tenso – de coexistir./ Calar, às vezes,/ é fina forma de amar." Antes, em "Silêncio amoroso I", o poeta já proclamara o valor de calar, mas sem citar o verbo, fixando-se no silêncio com estes versos: "Deixa que eu te ame em silêncio/ Não pergunte, não se explique, deixe / que nossas línguas se toquem, e as bocas/ e a pele/ falem seus líquidos desejos./ Deixa que eu te ame sem palavras/ a não ser aquelas que na lembrança ficarão/ pulsando para sempre/ como se o amor e a vida/ fossem um discurso/ de impronunciáveis emoções."

CALÇA do latim vulgar *calcea*, derivado de *calceus*, calçado, sapato. Esta palavra fez longa viagem até chegar à língua portuguesa, na qual aportou com um significado diferente daquele que tinha no latim. Tudo começou com a invasão da Germânia pelos romanos. Os soldados de César não usavam calças. Usavam um vestuário semelhante à minissaia. Tampouco usavam meias, já que uma das vantagens que tinham sobre outros exércitos consistia na leveza de roupas e calçados. As sandálias facilitavam os longos deslocamentos. Ao chegarem, porém, às regiões europeias distantes do Mediterrâneo, marcadas por clima frio, perceberam que seus adversários tinham pés e pernas protegidos por vestuário que, à falta de denominação precisa no latim clássico, denominaram *calcea*, feminino de *calceus*, sapato, palavra mais à mão na língua que falavam, o latim vulgar, latim de soldados, não o do comandante. César, além de gênio militar, era autor de estilo irrepreensível, como se pode notar na obra *De bello gallico (A guerra gaulesa)*. Aquele vestuário denominado *calcea* chegou ao português como calça, já designando o vestuário que cobria o corpo dos pés à cintura. E passou para o plural porque cobria duas pernas. No século XVI, este plural passou a ser aplicado com uma distinção: a parte que cobria a barriga e as coxas manteve a designação de calça, singular, com a variante calças, plural. A parte que cobria as pernas e o pé passou a denominar-se meia-calça. E veio mais uma mudança: essa parte da calça passou a ser conhecida apenas por meia, com a elipse de calça, a ponto de a língua portuguesa ter consolidado meia e calça, cada qual designando tipos de vestuário diferentes. E sobreveio nova alteração. Quando as mulheres passaram a usar meias que cobriam também a calcinha numa peça única, o uso ensejou nova designação: meia-calça. A palavra é curiosa, pois a meia-calça não é uma calça pela metade, nem meia que cumpra função de calça, pois cobre também o pé, coisa que nenhuma calça faz.

CALÇÃO de calça, com o sufixo -ão, do latim vulgar *calcea*, de *calceus*, calçado. Os antigos germanos usavam meias-calças para proteger-se do frio. Os romanos as desconheciam e aprenderam a usá-las com eles. Primeiro, para cobrir os pés; depois, elas foram subindo até chegarem à cintura. Como cartão, que não é aumentativo de carta, o calção foi inicialmente uma calça de pernas curtas, que ia da cintura à virilha, depois até ao meio da coxa e por fim até ao joelho. O étimo latino *calceus* está presente no italiano *calcio*, que designa o futebol. Na maioria dos outros países que o praticam, o étimo é inglês.

CALÇAS CURTAS de calça, do latim vulgar *calcea*, derivado de *calceus*, calçado, sapato, e de curta, do latim *curta*, diminuída. Os antigos romanos não usavam nem meias nem calças e passaram a abrigar-se do frio depois de aprenderem com os germanos a usar essas peças de vestuário. A *calcea*, inicialmente meia apenas, cobrindo os pés e as pernas, passou a cobrir o corpo do soldado dos pés à cintura, isto é, a meia é a mãe da calça. Também a meia-calça evoluiu em tal contexto e hoje veste a mulher dos pés até acima da cintura. Os adultos consagraram o uso de calças compridas, tendo sido aplicada a expressão "me pegou de calças curtas" àquele que está desprevenido, sem experiência, como se usasse ainda calças curtas, à semelhança dos meninos. Outra expressão envolve as calças: "pego com as calças abaixadas". Esta última veio do inglês "caught with your pants down". Nasceu do seguinte contexto: já no banheiro, com as calças abaixadas, a pessoa precisa interromper a operação porque foi chamada em outro lugar.

CALCINHA do latim *calcea*, calça. Como peça íntima do vestuário da mulher, o vocábulo é mais usado no plural. É item historicamente recente no guarda-roupa feminino. As dançarinas do cabaré francês Moulin Rouge passaram a usá-las no fim do século XIX para evitar que os pelos púbicos se tornassem públicos durante o famoso bailado. Naquela época, mulheres honestas não usavam calcinhas. De fralda desjeitosa, nascida para atender aos censores de espetáculos, neste século elas se tornaram indumentária obrigatória para todas as mulheres, a ponto de sua ausência ser motivo de desconcerto e perplexidade.

CALCULAR do latim *calculare*, calcular, de *calculus*, pedrinha. O verbo ganhou o sentido de contar porque era com pedrinhas que as crianças romanas aprendiam a fazer contas. Mas cálculo designando pedra pode ser comprovado, por exemplo, em cálculo renal ou pedra no rim. Calculista é alguém especializado em fazer cálculos, não pedras, tendo também o sentido pejorativo de interesseiro. Um calculista da Rússia antiga foi executado por Ivan, o Terrível, por ter calculado direitinho quantos tijolos seriam necessários à construção de um edifício cujas medidas eram previamente conhecidas. Quando o prédio ficou pronto, o czar, achando que se tratava de perigoso feiticeiro, mandou queimar o competente matemático. Também o francês François Viète, fundador da álgebra moderna, foi acusado de ter artes com o Demônio por ter decifrado o código secreto de 600 símbolos diferentes, periodicamente mudados, que os áulicos do rei espanhol Felipe II utilizavam em correspondências confidenciais.

CÁLCULO do latim *calculus*, pedrinha, cálculo, designando originalmente pequena pedra de calcário utilizada para votar e contar, passando por pedra na bexiga ou nos rins (cálculo renal) até chegar aos complexos cálculo diferencial e integral, entre outros, parte fundamental da matemática. Aos poucos, para contar e medir, o homem passou a utilizar o próprio corpo: o dedo, a mão, o pé, o braço. É provável que os números que hoje conhecemos, de um a nove, designassem originalmente dedos. Um, *unus* em latim, era *oin* no indo-europeu e designava um dedo; dois veio de *dwi*, dois dedos. E assim por diante. Restos de tais étimos permanecem nas denominações dos números, não apenas nas línguas neolatinas, mas no inglês, no alemão, no russo etc. Um, dois, três em russo são designados por *adin*, *dva*, *tri*; no francês, *un*, *deux*, *trois*; no inglês, *one*, *two*, *three*; no alemão, *ein*, *zwei*, *drei*. A calculose é uma doença.

CALDEIRINHA de caldeira, do latim *caldaria*, designando primeiramente os banhos quentes, as termas, e mais tarde as estufas e o vasilhame apropriado. Caldeirinha passou a designar a miniatura de uma caldeira, feita em forma de vaso, que integra os utensílios usados pelo padre nas celebrações religiosas. A caldeirinha está, pois, sempre acompanhada da cruz, daí a expressão "entre a cruz e a caldeirinha" para indicar dilema de difícil resolução. Sua origem pode estar associada tanto à Inquisição portuguesa como ao ato litúrgico de encomendação do morto. No primeiro caso, o incréu ficava entre a cruz e a caldeira, porque, caso não se convertesse ao catolicismo ou não abjurasse do que tinha dito ou escrito, ou não renunciasse ao modo de vida que vinha levando quando pego pela repressão, ficava exposto ao castigo de ser enfiado em caldeira de óleo ou água fervente, suplício que integrava o arsenal de tortura da Inquisição. A outra hipótese é que, à hora de encomendar o defunto, uma cruz estava ao pé dele e o padre vinha à cabeceira com a caldeirinha, como era chamada pequena vasilha com a água benta. O sujeito ficava realmente entre a cruz e a caldeirinha.

CALDO do latim *caldus*, quente, da mesma raiz de calor, quente, este formado a partir do espanhol *caliente*, radicado no latim *calens*, do verbo *calere*. Em sentido figurado, apela-se para a variante cálido, para qualificar algo apaixonado ou amoroso. De adjetivo, caldo passou a indicar aquilo que deveria estar quente às refeições, tornando-se substantivo para designar o alimento feito de água em que foram cozidos carne ou peixe. Foi como alimento administrado a doentes que teve seu primeiro registro na língua portuguesa, feito pelo rei poeta, Afonso X, o Sábio, em *Cantigas de Santa Maria*: "Comer não podia, nem beber nenhuma coisa senão caldo." Houve um caldo preto pavoroso, de sabor insuportável, na cidade-estado Esparta, que se opunha à refinada Atenas. O escritor francês Jacques Anatole François Thibault, conhecido como Anatole France, creditou a famosa coragem dos soldados espartanos ao caldo: morriam em combate para não terem de voltar e engolir a horrorosa gororoba.

CALENDÁRIO do latim *calendarium*, do mesmo étimo de *calendae*, do mesmo étimo de *calare*, convocar. *Calendarius* era o que se realizava no dia primeiro de cada mês, dia de pagamento das contas, as *calendae*. Um escravo anunciava nesse dia os acontecimentos fastos (felizes) e nefastos (infelizes) do período. Os gregos não tinham *calendas*. Sabedor disso, Suetônio criou a expressão "pagar nas calendas gregas", isto é, nunca. No primeiro calendário da antiga Roma, o ano começava em março e tinha dez meses, como se vê pelos étimos presentes no nome dos meses *september* (setembro, de sétimo), *october* (outubro, oitavo), *november* (novembro, nono) e *december* (dezembro, décimo). Com a introdução de *januarius* (janeiro) e *februarius* (fevereiro), passou a ter 12. O primeiro mês do ano homenageava *Janus*, deus de duas faces, uma normal, outra na nuca, olhando ao mesmo tempo para o passado e para o futuro. O segundo mês homenageava a sogra de Reia Sílvia, *Februa*, que presidia às festas de purificação. Quando o ano era de dez meses, o quinto mês, *quintilis*, mudou para *julius*, julho, e *sextilis*, sexto, tornou-se *augustus*, agosto, para homenagear Júlio César e Otávio Augusto. As divisões do calendário baseiam-se, desde as mais antigas culturas, nos movimentos da Terra e da Lua. O ano é o tempo que a Terra demora para dar uma volta ao redor do Sol. O mês, o tempo que a Lua leva para dar volta ao redor da Terra. A semana equivale a cada uma das quatro fases da Lua: minguante, crescente, nova e cheia. O dia equivale ao período que nosso planeta leva para dar uma volta sobre seu próprio eixo. É célebre o poema de Frei Antônio das Chagas sobre o tempo: "Deus pede estrita conta do meu tempo e eu vou do meu tempo dar-lhe conta,/ mas como dar, sem tempo, tanta conta,/ eu que gastei, sem conta, tanto tempo?/ Para ter minha conta feita a tempo,/ o tempo me foi dado e não fiz conta/ não quis, sobrando tempo, fazer conta,/ hoje quero acertar conta e não há tempo./ Ó vós que tendes tempo sem ter conta,/ não gasteis vosso tempo em passatempo./ Cuidai, enquanto é tempo, de vossa conta,/ pois aqueles que sem conta gastam o tempo,/ quando o tempo chegar de prestar contas,/ chorarão, como eu, o não ter tempo."

CALENDAS da expressão latina *ad calendas graecas*, para as calendas gregas, em que "calendas" aparece escrita também *kalendas*". *Calendae*, que no provérbio aparece no acusativo por causa da preposição *ad*, designava em latim o primeiro dia de cada mês, data em que os antigos romanos faziam seus pagamentos. A expressão ganhou o mundo, em várias línguas, como equivalente ao "dia de são nunca" (mas este chega no Dia de Todos os Santos, primeiro de novembro) e "quando as galinhas criarem dentes", porque calendário grego não tinha *calendas*. Além das *calendae*, o primeiro dia de cada mês, os romanos tinham os *ides* e as *nones*. Os *ides* (idos) designavam a metade do mês. Era chamada *nones* a fase quarto crescente da Lua, que ocorre no oitavo dia depois do primeiro da Lua nova, que os romanos consideram "dia sem Lua".

CALHAMAÇO da troca de cânhamo, acrescida do sufixo -aço, indicador de tamanho, com elipse do *o* final. Terá contribuído com a permuta o fato de ser o cânhamo planta herbácea da mesma família da maconha, a célebre *cannabis sativa*, amplamente cultivada em muitas partes do mundo. As folhas são finamente recortadas em segmentos lineares. Suas flores são unissexuais e têm pelos granulosos que, nas femininas, segregam uma resina. Seu caule possui fibras industrialmente importantes, conhecidas como cânhamo. Também sua resina tem propriedades estupefacientes. O calhamaço parece ser a forma final dos inquéritos no Brasil, onde toda torre de papel transforma-se em Torre de Babel em que ninguém mais se entende.

CALIGRAFIA composto grego formado de *kallós*, bonito, formoso, e *graphein*, escrever. Literalmente, escrita bonita, mas virou sinônimo de escrita manual. A caligrafia de algumas pessoas tem sido examinada em profundidade não para apreciar-lhes a formosura, mas para verificar sua autenticidade, como é o caso dos chamados exames grafotécnicos, aplicados sobre a letra dos suspeitos de falsificação de documentos. Um escritor português lembrou que quem usa a pena dos falsários contra os outros usará também o punhal ou o bacamarte. E também dossiês e bombas, atualmente.

CALIPÍGIA do grego *kallipygos*, aquele ou aquela que tem bunda bonita. A célebre Vênus de Milo, por exemplo, é calipígia, ainda que seus atributos físicos mais evidentes sejam o rosto, os seios, as pernas, o ventre e o que restou dos braços, já que a estátua foi feita para ser contemplada de frente. No Brasil, as mulheres mais bonitas são calipígias, pois em país tão tropical, com os corpos sempre à vista em nossos compridos verões e primaveras, o bumbum tem sido a parte mais contemplada, constituindo-se em famosa preferência nacional. País tropical, em termos. Quem passar um único inverno no sul do Brasil encontrará todos cobertos de lã, inclusive as calipígias.

CALMA do grego *kaûma*, queimadura, calor, que chegou ao latim com apenas duas mudanças: *cauma*. Dali foi ao italiano: *calma*, forma que conservou no português. Na parte quente do dia, cessando o trabalho, reinava a tranquilidade. Em alto-mar, quando não havia ventos, ocorria o mesmo. Veio daí o vocábulo calmaria, terror dos navegantes, porque sem vento eles ficavam imobilizados em alto-mar. Pedro Álvares Cabral, para evitar as calmarias, desviou-se demais do caminho das Índias, chegando às costas do Brasil. É pouco provável que isso tenha ocorrido, apesar de livros escolares assim ensinarem o descobrimento de nosso país. Não são muito confiáveis certos manuais de História que os estudantes são obrigados a ler: alguns deles ensinam que calmaria é sinônimo de tempestade.

CALOPSITA do latim *calopsittacus*, papagaio bonito, palavra vinda dos compostos gregos *kállos*, beleza, e *psittakós*, papagaio. Designa pequena ave australiana, hoje espalhada por todo o mundo como animal de estimação. O jornalista Zózimo Barroso do Amaral deu a seguinte nota, no dia 24 de outubro de 1980, na coluna social que mantinha no *Jornal do Brasil*: "Informa-se que calopsita é um pequeno pássaro, de cor cinza, que exibe uma espécie de crista no alto da cabeça. A sra. Fernanda Colagrossi, cuja calopsita de estimação fugiu pela janela, está prometendo uma outra calopsita a quem achar a sua." Há também calopsitas de outras cores: brancas, amarelas e azuladas. Descritas pela primeira vez em 1792, esses pássaros longevos – podem durar 25 anos – chegaram aos EUA e à Europa em 1949, e ao Brasil em 1970.

CALOR do latim *calore*, calor. Apesar de se referir à temperatura, é utilizado em sentido conotativo, como na conhecida expressão calor humano. Em 1955, inspirado no neorrealismo italiano, o cineasta brasileiro Nelson Pereira dos Santos dirigiu o filme *Rio 40 graus*, abrindo alas para o Cinema Novo.

CALOTE do francês *culotte* ou do próprio português *calo*. De todo modo, significa a mesma coisa: não pagar uma dívida. Se a expressão veio do francês é porque, no dominó, *culotte* designa as pedras que os parceiros não puderem colocar em jogo. O mais provável é que tenha vindo de *calo*, fatia de queijo ou de melão que o vendedor ofertava nas feiras ao comprador, para que este experimentasse o sabor. Se um aproveitador, zombando do vendedor, comia e não pagava, dava o calote.

CALOURO do grego *kalógeros*, monge grego da ordem de São Basílio ou estudante. Antigamente, os estudantes, como os monges, viviam em congregações. Atualmente, calouro é aquele que passou no vestibular.

CAMA do latim *cama*, por sua vez vindo do grego *chamaí*, ambos os vocábulos se referindo ao ato de estar por terra, no chão. Indicando primitivamente o lugar onde homens e animais dormiam, com as conquistas da civilização passou a designar a cama, o leito, isto é, o móvel onde passamos dormindo uma terça parte de nossa vida – os preguiçosos, um pouco mais. Também as doenças nos levam para a cama. Porém, das razões que nos levam a deitar, a mais importante é o amor, este "fogo que arde sem se ver, ferida que dói e não se sente", segundo Luís Vaz de Camões, que ainda perguntou: "Mas como causar pode seu favor/ nos corações humanos amizade/ se tão contrário a si é o mesmo amor?."

CAMADA de cama, do latim *cama*, leito baixo e estreito, depois adaptado como neologismo na Península Ibérica, no português como no espanhol, para designar o móvel onde descansamos, dormimos, fazemos dormir, somos tratados de enfermidades etc. Camada social é termo muito usado para definir os limites entre uma classe social e outra, ou ainda no interior de um mesmo segmento. Em geral, essas pesquisas baseiam-se em indicadores de posse de bens ou de consumo, mas tais critérios são controversos. O jornalista e escritor Janer Cristaldo exemplifica, lembrando um antigo professor: "Economizava todos os seus salários para assistir a óperas na Europa. Quando estimulado a falar sobre óperas, se iluminava. Conhecia todas as salas mais reputadas do continente e digredia com sumo prazer sobre cada diva, cada regente, cada encenação. A que classe social pertence o Padre, que vivia em um cubículo em Porto Alegre, mas conhecia quase todas as salas de ópera da Europa?"

CÂMARA do latim *camara*, que o trouxe do grego *kamára*, ambos os vocábulos com o significado de abóbada. Serve igualmente para designar recintos especiais e certos tipos de serviço: Câmara dos Vereadores, dos Deputados, Câmara Alta, Câmara dos Lordes, Câmara dos Comuns, Câmara de Comércio etc. Designa também as partes do olho situadas entre a córnea e a íris – câmara anterior – e entre a íris e o cristalino câmara posterior. Por isso, os inventos para captação de imagens paradas ou em movimento são chamados de câmara fotográfica e cinematográfica, respectivamente, com a variação, já comum, de câmera. No Carnaval, as câmaras ou câmeras mais ativas e às quais se presta mais atenção são as dos fotógrafos e dos cinegrafistas que cobrem os desfiles das escolas de samba.

CAMAREIRA de camareiro, do latim *camerarius*, camareiro, fidalgo designado para cuidar da manutenção dos aposentos de reis e rainhas, ajudando-os nos cuidados pessoais, como vestuário, banho etc. Desde o início esta função foi exercida também por mulheres, naturalmente, estendendo-se para designar atendentes em hotéis, hospedarias, navios, trens, ônibus etc. Encarregados de arrumar quartos, apartamentos, camarotes e cabines, camareiros e camareiras tornaram-se indispensáveis até mesmo nos conventos, como coadjutores de abades e abadessas. Há camareiros e camareiras até na Santa Sé, encarregados dos serviços pessoais do Papa e dos cardeais.

CAMARILHA do espanhol *camarilla*, elite da câmara de Castela, que constituía um seleto grupo de conselheiros do rei. Esses palacianos viviam o tempo todo nas proximidades da corte, influindo nos negócios do Estado. Cuidando, entretanto, muito mais de seus interesses pessoais, quase sempre escusos, do que dos benefícios públicos pelos quais, por obrigação e ofício, deveriam zelar, acabaram por conferir ao vocábulo um sentido pejorativo. Hoje, camarilha é uma quadrilha elegante. No Brasil, há algum tempo, pessoas são indiciadas por formação de quadrilha, ainda que não por formação de camarilha.

CAMARIM do italiano *camerino*, parte oculta do teatro onde os atores se vestem e fazem a maquiagem antes de entrar no palco. Designa também espécie de apartamento nos navios, com localização privilegiada. Os camarins dos ídolos da música dos grandes grupos têm despertado a curiosidade do público, ávido por detalhes que ajudem a explicar esse ou aquele comportamento da figura que admira.

CAMBADA de origem controversa, provavelmente de referência pejorativa a vagabundos, comparando-os aos índios *camba*, que habitavam a periferia de Corumbá, no Mato Grosso do Sul, e aos olhos dos colonizadores não queriam trabalhar. No quimbundo, *kamba* é camarada e designa também o chefe de terreiro. Aqueles que estão com ele eram denominados difusamente de cambada. *Camba* designa ainda um dialeto africano falado pelos quicuios (Kikuyu), o grupo mais populoso do Quênia. Cambada é também o conjunto de vários objetos amarrados ou enfiados em alguma corda, barbante ou fio.

CAMBALACHO provavelmente do português antigo *cambal*, proteção de tábuas ou panos colocada ao redor da mó, no engenho, para impedir que a farinha se espalhe. Passou, por metáfora, a designar fraude, trapaça, tramoia, conluio, reveladores da intenção de prejudicar aquele com quem se negocia, enganando-o para obter vantagem à sua custa. A origem remota é o verbo do latim tardio *cambiare*, trocar, permutar. O latim pode ter aproveitado a raiz céltica *kamb*, curvo, torto, ideia que está presente em cambar, cambalear, isto é, vacilar ao andar, trocar as pernas, não caminhar em linha reta. A palavra voltou com toda força nos anos 1980 por causa da novela *Cambalacho*, de Sílvio de Abreu, exibida entre 10 de março e 4 de outubro de 1986. Carlos Gardel tem um tango famoso com o título de *Cambalache*: "Que el mundo fue y será una porquería/ ya lo sé.../ (¡En el quinientos seis/ y en el dos mil también!) . E adiante diz que o cambalacho é a marca de seu tempo: ¡Siglo veinte, cambalache,/ problemático y febril!.../ El que no llora no mama,/ Y el que no afana es um gil."

CAMBALHOTA provavelmente da raiz céltica *kamb*, expressando a ideia de curvo, que serviu de base aos verbos cambar e cambalear, de que há vestígios na formação desta palavra, registrada pelo *Dicionário Morais* em 1789 para designar salto acrobático ou brincadeira infantil, consistindo em pôr a cabeça no chão e fazer o corpo girar, de modo a que as costas toquem o solo e voltem à posição anterior. Como era divertimento de crianças, as quais às vezes eram trazidas do entretenimento, sob repreensão dos mais velhos, para o trabalho com os adultos, é provável que o quimbundo *camba*, amigo, e os índios *Kamba*, grupo que habita a periferia de Corumbá, dados como inúteis pelos brancos, por serem pouco afeitos ao trabalho, tenham contribuído para a formação do significado primeiro de cambalhota, que, sendo brincadeira, nega o trabalho. O processo não é novo. No grego, o estrangeiro, o gago e o aleijado estavam reunidos na palavra *kakós*, ruim, mau, imprestável, origem remota de caco. Homero, muito cansado, sentiu-se um caco muito antes de nós. Mas não foi virar cambalhota para espairecer. Nós também não vamos, mas talvez devêssemos, como as crianças e aqueles índios que negam ao trabalho o absolutismo que ele tem em nossas vidas.

CÂMBIO das formas latinas *cambiare*, trocar, e *cambium*, troca. No comércio internacional, são operações pelas quais são feitas permutas entre as diversas moedas. O normal é que as nações mais ricas tenham moedas mais fortes, mas o Brasil de hoje viveu uma situação paradoxal. Nossa moeda oficial, o real, já valeu mais do que o dólar. Apenas uma moeda, a libra esterlina, esteve com sua cotação acima da nossa. As trocas de moedas podem ser feitas no câmbio oficial ou no paralelo. Derivado do mesmo vocábulo temos cambista, designando aquele que chega antes aos estádios, compra os ingressos pelo preço normal e tosquia descaradamente os torcedores. Quanto ao câmbio das moedas, a tendência na América Latina é igualar as moedas nacionais ao dólar, o dinheiro universal, como tentam sempre Argentina e Brasil, em geral com pouco sucesso.

CAMELO o árabe *jamal* transformou-se no grego em *kamélos* e no latim em *camellu*, de onde veio para o português. Animal indispensável aos povos do deserto, capaz de ficar oito dias sem beber água, graças a seu reservatório natural, e que tem duas corcovas. Um dos sambas-enredo da escola carioca Imperatriz Leopoldinense para o Carnaval levou o seguinte título: "Mais vale um jegue que me carregue, que um camelo que me derrube... lá no Ceará." Seus autores são Eduardo Medrado, João Estevam e Waltinho Honorato. No jogo do bicho corresponde ao grupo 8, com as dezenas 29, 30, 31 e 32. O verbo camelar alude a esse animal forte, de muitas serventias e trabalhador. Quando uma pessoa trabalha muito, mais do que as outras que a rodeiam numa determinada seção ou ofício, diz-se que está camelando.

CAMELÔ provavelmente de *camelot*, palavra originária da Normandia, derivada do francês *chamelot*, designando tecido de pele de camelo, *chameau* em francês. Vendedores das ruas anunciavam aos berros o tecido, que nem sempre era de pele de camelo, mas de cabra, enganando o público. Há registros de *camelot* na língua francesa em 1248. E em 1539 temos o verbo *cameloter*, vender quinquilharias, objetos ordinários, proceder sem polidez. Em 1596 encontra-se o registro da gíria *coesmelot*, diminutivo de *coesme*, designando o vendedor sem estabelecimento, o ambulante que escolhe determinado lugar na rua para oferecer suas mercadorias. Em 1751 aparece *camelote*, mercadoria grosseira, de acabamento insuficiente. Terá havido influência do árabe *khamlat*, designando o tecido rústico, apregoado aos gritos nas antigas feiras livres, e do espanhol *camello*, que, além de indicar o animal, aplicava-se também ao traficante de drogas.

CAMERLENGO do germânico *kamerline*, inspetor de Câmara, pelo italiano *camerlingo*, camerlengo. Apenas dois cardeais têm o título de camerlengos na Igreja. Um deles preside o Sacro Colégio e administra os bens da instituição. O outro exerce a presidência da Câmara Apostólica e assume o poder máximo da Igreja entre a morte de um papa e a eleição do seguinte.

CAMILA de cama, do latim tardio *cama*, leito baixo e estreito. No latim clássico, a cama era o *lectus*, leito, depois acrescido do sinônimo *thalamus*, tálamo, do grego *thalamos*, quarto de dormir, no interior da casa. Por analogia, tálamo veio a designar também a massa cinzenta, localizada na região central do cérebro, sobre os pedúnculos cerebrais e que limita o ventrículo médio, formando o pavimento dos ventrículos laterais. O sufixo -ilha juntou-se ao étimo "cam" para formar o diminutivo camilha, variante de camila, cama pequena ou improvisada em acampamentos e no ambiente castrense. Designa também móvel semelhante ao canapé, com encosto, que serve para descanso, especialmente para fazer a sesta, e é sinônimo de espreguiçadeira. Também dá nome a um tipo de mesa octogonal, com braseiro sob ela. E ainda à toalha que cobre essa mesa até o chão para, no inverno, manter aquecidos pés e pernas dos convivas. É também nome de mulher, de que são exemplos as atrizes Camila Pitanga e Câmila Morgado. No inglês e no francês é *Camille*.

CAMISA do latim *camisia*, camisa. É provável que as primeiras vestes da humanidade tenham sido apenas couros de feras abatidas. Mas, ao chegar o latim, o vocábulo, de origem céltica, já significava vestimenta feita de linho, tal como aparecem em autores como São Jerônimo: *"Solent militantes habere lineas quas camisias vocan"* (os combatentes têm linhos que chamam de camisas). Em trecho de Festo: *"vestimentum lineum quod camisia dicitur"* (vestimenta de linho que dizem ser camisa). Integrando uniforme para jogar futebol, as primeiras camisas foram usadas em 17 de fevereiro de 1527, na praça Santa Cruz, em Florença, quando cada time contava com 27 jogadores. A numeração que hoje conhecemos, de 1 a 11 para os titulares e de 12 a 23 para os reservas, é invenção inglesa. Pelé dotou a camisa 10 de mística peculiar, o mesmo ocorreu com a camisa 7, de Garrincha. A seleção brasileira, com Pelé e Garrincha em campo, nunca foi derrotada. Antes da Copa de 2002, a Argentina se propôs a eliminar a camisa 10, consagrando-a ao craque Maradona. A opinião pública, porém, vetou o privilégio.

CAMISA DE FORÇA de camisa, do latim tardio *camisia*, veste larga, assim chamada porque originalmente foi usada para dormir na *cama*, cama, leito baixo; e de força, do latim *fortia* (pronuncia-se *fórcia*), de *fortis*, forte. Mais tarde, a veste de dormir passou a ser chamada camisola, e camisa consolidou-se como veste para ser usada durante o dia. A camisa de força é um colete de lona, com mangas fechadas com cordas nas pontas para manter atados nas costas os braços dos loucos agitados, com o fim de imobilizá-los. Atualmente, eles são sedados quando em acessos de fúria, e esse tipo de veste é pouco usado. Comentando o perfil do Coronel Moreira César, que chefiou a expedição a Canudos, o jornalista, engenheiro e escritor Euclides da Cunha assim se expressou em *Os sertões*: "Cabe à sociedade, nessa ocasião, dar-lhe a camisa de força ou a púrpura. Porque o princípio geral da relatividade abrange as mesmas paixões coletivas. Se um grande homem pode impor-se a um grande povo pela influência deslumbradora do gênio, os degenerados perigosos fascinam com igual valor as multidões tacanhas."

CAMISINHA de camisa, do latim *camisia*. Este diminutivo, com o significado específico de preservativo, deriva de camisa de vênus, expressão que designa o envoltório de borracha fina com que se cobre o pênis, com dupla finalidade: impedir a gravidez e proteger das chamadas doenças sexualmente transmissíveis. O nome original deve-se à Vênus, a deusa romana do amor, da beleza e dos prazeres, também nome do planeta mais brilhante do sistema solar.

CAMPANHA do latim *campania*, planície. O radical da palavra é *campus*, campo, superfície plana, livre de quebradas, embora no Rio Grande do Sul a região de campanha apresente ondulações no terreno, conhecidas como coxilhas. Campanha ganhou o sentido de luta, inclusive contra a ignorância, como deve ocorrer no *campus* universitário. A provável origem de tal significado talvez se deva a que os soldados romanos faziam exercícios militares no *campus Martius*, onde estava a estátua de Marte, deus da guerra. Até o alemão manteve tal significado em *Kampf*, luta, palavra com ligações latinas. Também campeão e campeonato têm origens em *campus*, assim como campear, que tem o significado de andar, procurar, alardear. Campanha tomou o sentido de ação militar porque as batalhas davam-se preferencialmente no campo, em zonas de planície.

CAMPEÃO provavelmente do italiano *campione*, vindo do lombardo *kamphio*, designando o paladino que luta em defesa de outro. Paladino veio do latim *palatinus* e designou originalmente o oficial do palácio, o cavaleiro. Pode ter havido influência também do francês *champion*, por sua vez radicado no francês antigo *campiun*, por proximidade do baixo-latim *campionis*, genitivo de *campio*, derivado do latim culto *campus*, campo. Outra mescla vocabular associada à palavra é o alemão *Kampf*, luta. Todos os significados apontam para o vencedor de uma luta travada em campo de batalha, sentido que conservou no esporte. No caso do futebol, o campeão nem sempre é o melhor time, porque é esporte em que a lógica é transgredida. O Brasil perdeu para o pequeno Uruguai, sem nenhuma torcida, jogando em casa, no Maracanã, a Copa do Mundo de 1950, diante de cerca de 200 mil torcedores, até hoje o maior trauma nacional, tendo rendido livros e filmes. E ganhou sua primeira Copa do Mundo na

Suécia, desconcertando o mundo com o que apresentou. Eis o que disse de Manoel Francisco dos Santos, Garrincha, o russo que o marcou num jogo decisivo: "Sua figura era grotesca. As pernas aleijadas, como se fossem duas foices, voltavam-se para o mesmo lado. Para ser figurante de um circo, nada faltava. Seu repertório, engraçado, constituía-se de um único drible. Nunca vi coisa igual. Ele nos lesou, o tempo todo, com seu futebol de mentiras. Naquele dia considerei até a hipótese de não voltar a Moscou." Foi realmente um circo, não apenas aquele jogo, mas todos os outros em que Garrincha atuou, mas o palhaço nunca foi ele, foram seus marcadores. E o Brasil jamais perdeu para ninguém quando Garrincha e Pelé jogaram juntos. Eles consagraram respectivamente as camisas 7 e 10, embora Garrincha tenha jogado na seleção brasileira inicialmente com a 11, depois glorificada por Romário. Já na Copa de 2002, na Coreia e no Japão, nenhuma camisa brasileira alcançou a glória das outras, cabendo os maiores créditos ao time todo, que recebeu a alcunha de Família Scolari, em função do técnico Luís Felipe Scolari, contratado como técnico a primeira vez pelo ex-presidente Fernando Collor de Mello para dirigir o CSA de Alagoas.

CAMPECHE provavelmente do maia, língua ainda hoje falada no México, pela composição *kam*, serpente, e *pech*, carrapato, designando lugar de serpentes e carrapatos. Outros pesquisadores radicam a palavra na alteração *kim*, picadora, qualificando o carrapato com tal característica. Dá nome a uma região no México e também designa localidade nos arredores de Florianópolis, muito frequentada por turistas. Nos arredores do morro do Campeche, foi construído um aeroporto, onde faziam escala os aviões postais que serviam o Sul. Antoine de Saint Exupéry desceu várias vezes nesse aeroporto, o único do estado na época, registrando estas escalas no livro *Voo noturno* (Prix Femina, em 1931), prefaciado por André Gide. O autor de *O pequeno príncipe* conviveu com os nativos, sendo famosa a amizade com um pescador analfabeto, Manoel Rafael Inácio, registrada no livro *Zé Perry e o Deca*, de autoria de seu filho, Getúlio Manoel Inácio, habitante de uma travessa da avenida Pequeno Príncipe, no Campeche. Era poética a aterrissagem, guiada pelos lampiões dos moradores.

CAMPEONATO de campeão, do latim medieval *campione*, e sufixo -ato. Houve influências do espanhol antigo *campeón*, campeão. O Brasil participou de os todos campeonatos mundiais de futebol, denominados Taças e mais tarde Copas do Mundo. Apesar de a tradição popular ter consagrado os vocábulos tricampeão e tetracampeão para denominar as nossas seleções que venceram em 1970 e 1994, trata-se de incorreção, já que para isso o Brasil deveria ter sido campeão três e quatro vezes consecutivas, respectivamente.

CAMPO do latim *campu*, campo. Nas copas mundiais, as medidas recomendadas para o campo de futebol são de 105 m de comprimento por 68 m de largura. Em outras partidas internacionais, há uma medida mínima – 90 x 45 m – e outra máxima: 120 x 90 m.

CANALHA do italiano *canaglia*, da raça dos cães, radicado em *cane*, cão, mais sufixo depreciativo, designando o que é infame, vil, abjeto. O conjunto é também denominado canalhada, cáfila, cambada, corja, malta, quadrilha, récova, récua, súcia, entre outras. Aparece no título da peça, que esteve em cartaz no Rio de Janeiro, *Meus prezados canalhas*, de João Uchoa Cavalcanti Netto, com Roberto Frota no elenco como ator convidado, dirigido por Sebastião Lemos. Foi originalmente montada em 1993 e contava no elenco com Chico Tenreiro, Débora Duarte, Ângela Vieira, Edwin Luisi e Othon Bastos, entre outros, dirigidos por Gracindo Júnior. Na trama, um banqueiro é sequestrado por grupo subversivo e levado a julgamento clandestino, sendo sequestrados também os membros do júri para que declarem se ele é inocente ou culpado. Na peça, os espectadores fazem as vezes do júri. Nas primeiras sessões o banqueiro tem sido condenado por pequena margem.

CANCÃ da expressão latina *quamquam*, conquanto que, todavia, contudo, pelo modo como era pronunciada no francês *cancan*, invocada com frequência no falatório universitário, conforme registrada ainda no século XVI como *quamquam de collège*, *quamquam* de faculdade, com o significado de muito barulho por nada. Veio a denominar a dança alegre, ruidosa e atrevida, surgida nos cabarés franceses por volta de 1830, marcada por chutes no ar, dados pelas dançarinas enquanto erguiam e sacudiam as saias. Para a dança não ser proibida, por atentado ao pudor, foi preciso inventar a calcinha, que, como o sutiã, são invenções da *belle époque*.

CÂNCER do latim *cancer*, por sua vez vindo do grego *karkinos*, caranguejo. O célebre médico grego Cláudio Galeno, que fez importantes descobertas sobre anatomia humana, ao descrever os tumores da mama, aludiu à distribuição das veias na região afetada, cujo desenho lembra as patas do caranguejo. Designa também o quarto signo do zodíaco.

CANDELABRO do latim *candelabrum*, palavra ligada a *candela*, candeia, e a *candere*, arder, iluminar. O mesmo étimo está presente em candeeiro, candelária e candidato, dando ideia de clareza, iluminação, brancura. Candelária, por exemplo, designa festa religiosa da Purificação da Virgem Maria, em 2 de fevereiro, durante a qual os participantes carregam velas, candeias e círios, às vezes em procissões que iluminam os caminhos por onde passa a multidão. Candelabro é um castiçal ou luminária com vários braços, na ponta de cada um dos quais há uma vela ou lâmpada. Enfeita ambientes públicos ou privados, sejam altares, mesas, paredes etc. O primeiro registro aparece nos escritos do Padre Antônio Vieira. Diz ele no *Sermão da Sexagésima*: "O candelabro, por exemplo, provia iluminação dentro do tabernáculo, já que não havia incidência de luz externa em seu interior. Isso significa que a compreensão das coisas de Deus não vem pela iluminação intelectual ou racional, mas pela iluminação dada pelo Espírito de Deus e nada mais."

CANDIDATO do latim *candidatus*, vestido de branco. Na Roma antiga, aqueles que postulavam cargos vestiam-se de branco para vincular suas figuras à ideia de pureza e honradez que a cor branca sempre teve. Nas democracias, marcadas por escolhas periódicas de representantes do povo, os candidatos passaram a vestir-se de muitas outras cores, mas permaneceu a etimologia do vocábulo. Entretanto, dado o que aprontam vários deles, inclusive depois de eleitos, a pureza foi sacrificada em nome de pragmatismos diversos, que incluem alianças dos supostamente puros com os comprovadamente corruptos.

CANDOMBLÉ do quimbundo *candombe* e do ioruba *ilé*, casa. Designa religião afro-brasileira em que são cultuados grandes deuses cheios de mistérios. Contatos culturais com índios e brancos modificaram essa religião, de forte presença mágica. Nos cultos de candomblé são praticados cantos, danças e oferendas, incluindo rituais de possessão.

CANDURA de cândido, do latim *candidus*, inocente, sem mancha, branco ou vestido de branco. Com sufixo -ura acrescido ao étimo cand-, o mesmo de candidato e candor, veio a constituir-se em símbolo de pureza, de coisas claras. Está presente também em candeia e candelabro, que, acesos, iluminam a escuridão, tornam claro o que é escuro ou obscuro.

CANECO masculino de caneca, deriva de *cano*, posto que em tempos mais antigos essas palavras nomeavam apenas os recipientes de formas cilíndricas. Frei Joaquim do Amor Divino, o Frei Caneca, figura histórica brasileira, enforcado durante a Confederação do Equador (século XIX), deve seu nome à profissão do pai, que, latoeiro, fazia canecas. O caneco mais célebre no Brasil é a taça dos pentacampeões, arrebatada nos campos da Ásia em 2002.

CANELA do baixo-latim *canella*, pelo italiano *cannella*, idioma em que foi feito um dos primeiros registros da especiaria vinda do Oriente e que chegava à Europa pelo porto de Gênova. Mas a palavra já estava na língua italiana desde o século XII. Além do tempero, designa também a árvore e a modalidade da morenice, de que é exemplo a referência à cangaceira Sérgia Ribeiro da Silva, mais conhecida por Dadá, descrita como "morena cor de canela". Tinha apenas 15 anos quando se tornou a segunda mulher a entrar para o cangaço, acompanhando Corisco, que já a namorava há três anos. Era proibida a presença da mulher entre os cangaceiros, mas Virgulino Ferreira da Silva, o Lampião, quebrou a norma ao levar Maria Gomes de Oliveira, a Maria Bonita, para o bando, em 1930. As mulheres do cangaço não pegavam em armas até que em 25 de maio de 1940, vendo o companheiro Corisco morrer, Dadá tornou-se a única exceção. Teve o pé direito amputado, por força de ferimento em combate, enfrentou diversas cirurgias e morreu aos 79 anos, em 1994. Outra personagem famosa, da mesma cor, é de ficção e foi criada por Jorge Amado. Trata-se de *Gabriela, cravo e canela*, que dá título ao famoso romance do escritor baiano, já retratado no cinema e na televisão, além de traduzido para várias línguas.

CANELEIRA do latim *canella*, osso da perna, mais o sufixo correspondente -eira. Antes, a caneleira, proteção para a perna, era opção de alguns jogadores, mas, com o advento da aids, tornou-se peça obrigatória na indumentária dos jogadores, pois existe a possibilidade, ainda que remota, de transmissão do vírus pelo sangue dos ferimentos, muito frequentes naquela região do corpo.

CANGURU do inglês *kangooroo*, atualmente grafado *kangaroo*. A formação desta palavra é a história de uma incompreensão. Os primeiros navegantes ingleses que desembarcaram na Austrália jamais tinham visto um canguru. Indagaram aos nativos que bicho era aquele, que carregava os filhos na bolsa e dava saltos gigantescos por ter as pernas traseiras maiores e mais robustas do que as dianteiras. Perguntaram em inglês de marinheiros, naturalmente, gaguejando de admiração diante do fenômeno jamais visto: *"What's that, what big animal, oh, yeah, my God!"* (o que é aquilo, que animal enorme, oh, nossa, meu Deus!). Um dos aborígines, sem entender nada do que ouvia, respondeu numa das 250 línguas faladas então na Austrália: *canguru*, que significa "não te entendo". Eram sons mais ou menos incompreensíveis, mas o naturalista Joseph Banks, que acompanhava a expedição de James Cook, então com pouco mais de vinte anos, escreveu o nome do bicho em seu caderno de anotações: "*kangooroo*". Banks estudou a fauna marsupial da Austrália, sem saber que no futuro, no Brasil, o governo aperfeiçoaria o invento da mãe natureza e transformaria também os cidadãos em cangurus, distribuindo-lhes bolsa-escola, bolsa-trabalho, bolsa-alimentação, bolsas disso e daquilo. Mas Banks escrevia em 1770. Dali em diante aquele animal passou a ser conhecido como *kangooroo* em inglês, *kanguroo* em francês, *canguro* em italiano e *canguru* em português. Depois os ingleses mudaram para *kangaroo*.

CANHA do espanhol *caña*, designando a cana-de-açúcar e, por extensão, a cachaça. A palavra veio dos pampas argentino e uruguaio e dali para o do Rio Grande do Sul, espalhando-se depois para todo o Brasil. Há um ditado popular que diz Mais triste do que velório sem cachaça . E são dos compositores e cantores gaúchos César Oliveira e Rogério Melo estes versos de "O velório do Juca Torto": "Se agora me encontro aqui, é pra te dizer por inteiro,/ Pode ir-te embora, parceiro, que a viúva eu cuido pra ti." Antes introduzem o tema assim: "Tomei um trago de canha meio sem jeito,/ É que tenho este defeito de gostar de coisa triste,/ E quem resiste a um velório com cachaça/ Com rapadura, bolacha e umas 'veia' pra dizer um chiste."

CANÍCULA do latim *canícula*, cachorrinha. Designa dias de muito calor e também o período mais quente do ano no hemisfério Norte. Deriva do nome da estrela Canícula, também conhecida por Sírio, que, quando em conjunção com o Sol, marca período de muito calor. No Egito antigo, Sírio, do nome latino Sirius, presidia às cheias do rio Nilo. Os antigos gregos acreditavam que os "dias de cão", os mais quentes do ano, enlouqueciam os cães.

CANIVETE do francês antigo *canivet*, canivete, peça constituída de uma ou mais lâminas. O canivete suíço é o modelo mais sofisticado. Os primeiros tinham seis lâminas. Hoje, porém, além de lâminas de diversos tamanhos, vêm aparelhados com caneta, lupa, saca-rolhas, alicate, torquês e diversas outras ferramentas minúsculas. Usado pela primeira vez pelo exército suíço, acompanhou astronautas ao espaço sideral. O invento foi patenteado por Carl Elsener, em 12 de junho de 1897.

CANJA do malaiala *kanji*, arroz com água. No português designa caldo de carne de galinha com arroz. Pelas facilidades da receita culinária, o significado estendeu-se para indicar coisa fácil de fazer. Também é designada canja a apresentação gratuita feita pelo músico, a pedido do público, de um ou mais números de seu repertório, quando presente em algum evento. Tornou-se ainda sinônimo da expressão do inglês *jam*, abreviação de *jazz after midnight*.

CANJIQUINHA de canjica, de origem controversa. Pode ter vindo do português canja, que por sua vez procede do malaio *kanji*, arroz com água; do ameríndio *acanijic*; ou ainda do quimbundo *kandjika* ou do quicongo *kanjika*, papa de milho grosso cozido. A canjica é um doce típico da culinária brasileira. É consumido o ano inteiro, mas a demanda é maior nas festas juninas. O *Dicionário Aurélio* a define assim: "Papa de consistência cremosa feita com milho verde ralado, a que se acrescenta açúcar, leite de vaca ou de coco, e polvilha com canela." Já a canjiquinha mineira, feita igualmente de milho, é salgada e seus ingredientes incluem sal, cebola, alho e pimenta. O jornalista e escritor Jeferson Ribeiro de Andrade, um dos intelectuais que mais lutaram contra a censura na ditadura militar pós-64, em *Nunca seremos felizes*, aberto com a frase "o futuro é um amanhã que nunca chega", diz do acepipe: "A canjiquinha com costelinha é um dos pratos mais típicos das nossas Minas Gerais inteira. É apropriada para uma ocasião como esta, já que nem precisamos ter um acompanhamento, como o arroz. Faço com duzentos gramas de canjiquinha e um quilo de costelinha. Uso uma colher de gordura, uma de alho, uma de urucum."

CANO do grego *kánna*, pelo latim *canna*, junco, tubo, flauta, mas também cajado e caniço, este do latim *cannitius*. Passou a denominar objetos em forma cilíndrica, desde o cano da bota ou de outro calçado similar até o cano da arma ou da tubulação. A expressão "entrar pelo cano", indicando dificuldades, alude ao cano de esgoto. Entrar pelo cano é, por engano ou fracasso na empreitada, terminar o caminho ali. Nelson Rodrigues aperfeiçoou o ditado popular e adjetivou de deslumbrante o cano, como ironia.

CÂNONE do grego *kánon*, que no latim foi grafado *canon*, tendo o significado de regra geral, catálogo. Assim, foram chamados de canônicos os livros da *Bíblia*, cuja redação é atribuída, por israelitas, católicos e protestantes, a inspirações divinas, contrapondo-se aos apócrifos, isto é, aqueles que não foram incluídos no cânone. Para serem canonizadas, certas personalidades católicas são postumamente submetidas a ritos e processos específicos que têm, entre outros, o objetivo de comprovar os milagres que operaram. O professor universitário e crítico norte-americano Harold Bloom publicou um livro intitulado *O cânone ocidental*, aplicando critério semelhante à literatura do Ocidente. No caso, os milagres são as obras que escreveram. Apenas Carlos Drummond de Andrade representa o Brasil na lista. Bloom desconhece nossas letras. Do contrário, haveria expulsões em seu cânone ou substituições de nulidades por outros grandes brasileiros, tão talentosos quanto Drummond. Exemplos? Guimarães Rosa, Érico Veríssimo, Graciliano Ramos.

CANONIZAÇÃO de canonizar, do grego *kanonízein*, pelo latim *canonizare*, todos com o significado de inscrever, de acordo com o latim *canon*, cânone, regra geral, catálogo, ou com o grego *kanôn*, haste de junco, régua de construção, modelo. Diz-se que tal ou qual autor pertence ao cânone literário. E há cânones em todas as áreas de saber, mas os processos de canonização mais antigos dizem respeito àqueles da Igreja, com o fim de incluir novos nomes entre os santos. Talvez a primeira santa nascida no Brasil venha a ser Albertina Boeing Berkenbrock, assassinada por um empregado da família, resistindo a estupro, na vila de São Luiz, município de Imaruí (SC), em 15 de junho de 1931.

CANONIZAR com o acréscimo de sufixo -izar, tão comum para indicar ações, passou a ter um significado específico: inscrever os nomes dos agraciados na lista dos santos. Como se sabe, o Brasil, o maior país católico do mundo, só passou a ter uma santa em 2002, a madre de origem italiana Santa Paulina. O primeiro santo do mundo foi o bom ladrão, Dimas, um dos dois crucificados ao lado de Jesus, a quem o redentor prometeu pouco antes de morrer: "Hoje mesmo estarás comigo no paraíso." O céu, portanto, pode ter sido inaugurado por um ladrão. Deve ter havido erro de tradução, pois Jesus não subiu naquela sexta-feira. Desceu antes aos infernos, como rezam os textos sagrados, e ressuscitou no dia seguinte, Sábado de Aleluia, chegando ao céu várias semanas depois, na Festa da Ascensão.

CANOPO do grego *kánobos*, denominando série de quatro vasos, encimados por cabeças de homens e de bichos, nos quais os antigos egípcios depositavam as vísceras do morto, retiradas para que fosse possível a mumificação. Eram depois sepultadas junto dos cadáveres embalsamados. Designa também uma estrela da constelação de Argos, situada a 160 anos-luz do Sol.

CANSAR do latim *campsare*, andar à volta, dobrar. Com o tempo passou a sinônimo de fatigar e tornou-se mais comum na conversação, o mesmo ocorrendo com labor, substituído por trabalho. T. S. Eliot escreveu: "Os jovens cansam quando acabam o trabalho – os velhos quando o começam."

CANTADA provavelmente do italiano *cantata*, composição poética para ser cantada. Isso explica o refinamento quase florentino das primeiras cantadas amorosas, que raramente dispensavam a escrita. O analfabeto, ou o desprovido de imaginação para escrever, tinha o recurso do verso, acompanhado de música, tal como aparece nas serenatas executadas sob a janela onde dormia a amada. O costume de fazer propostas amorosas cantando remonta aos trovadores medievais. Raramente iam sozinhos. Os amigos acompanhavam os cantantes e com eles aprendiam a dar melhores cantadas, certos de que havia palavras mágicas a proferir em tais ocasiões para amolecer o coração das mulheres. O mercantilismo dos descobrimentos modificou tais hábitos sentimentais, substituindo a poesia dos trovadores por pedras, perfumes, unguentos e óleos trazidos do Oriente. E o amor tornou-se mais técnico do que artístico. Paradoxalmente houve avanços consideráveis, já que as tabernas de onde saíam os cantantes eram ambientes imundos. A moça, asseada e bem cuidada em seu quarto, estava a uma distância segura que a impedia de sentir o mau cheiro que seu pretendente exalava.

CANTO do latim *cantu*, canto, derivado de *cantare*, cantar, frequentativo de *canere*, que tinha também o significado de narrar, anunciar e predizer. O canto pode ser, desde os tempos mais remotos, não apenas expressão de alegria, mas também de cólera, à semelhança do moderno *rap* – acrônimo do inglês *rhythm and poetry*, ritmo e poesia. O *rap* é um dos melhores espelhos das origens do canto, nascido para celebrar boas colheitas ou lamentar fracassos agrícolas, reivindicando mais atenção das divindades que protegiam vinhas e plantações. Só que como o contexto social é bem diverso, as celebrações, denúncias e lamentos do *rap* traduzem-se em músicas populares, de origem negra, com ritmo e melodia pouco elaborados, praticados por excluídos da sociedade industrial, que habitam periferias urbanas em geral identificadas por nomes femininos, de que é exemplo o Jardim Ângela, em São Paulo. Também os rapistas incluem-se entre os protegidos por outra mulher, Santa Cecília, padroeira dos músicos, cuja festa se comemora a 22 de novembro. Dá nome a conhecido bairro de São Paulo, situado nas imediações de Higienópolis e Barra Funda.

CANTOCHÃO do latim *cantu* e *planu*, canto plano, formou-se esta palavra para designar um tipo de canto religioso, de ritmo monódico, sem altos e baixos, daí o nome. É chamado também de canto gregoriano por ter sido o papa Gregório I, o Grande, a sistematizá-lo nos finais do século VI. De tempos em tempos, o cantochão reboa para além dos muros de conventos e abadias. Em 1994, esteve na parada de sucessos, na Espanha, um *CD* de cantos gregorianos gravados pelos monges da abadia de Santo Domingo de Silos.

CANTOR do latim *cantor*, aquele que pratica o *cantum*, canto, do verbo *canere*, cantar. É uma das palavras mais antigas da língua portuguesa e seu primeiro registro deu-se em 1265. O cantor passou a ser conhecido também como cantador. No século XIII, dispensava o palco, apresentando-se em ruas e tabernas. Seu repertório mudava de acordo com o local. Nas ruas, proclamação de feitos heroicos de grandes personagens, que ele popularizava com suas cantigas ou canções. No Brasil, durante séculos os cantores não tiveram outro meio de divulgação de sua arte que não fossem eles mesmos, em ofício assim definido pelo cantor e compositor Milton Nascimento: "Com a roupa encharcada e alma repleta de chão, /Todo artista tem de ir aonde o povo está,/ Se foi assim, assim será/ Cantando me desfaço e não me canso de viver,/ Nem de cantar," Mas com o advento do rádio, ganharam projeção as cantoras do rádio, que disseminaram sensualidades difusas: "Nós somos as cantoras do rádio/ levamos a vida a cantar,/ de noite embalamos teu sono,/ de manhã nós vamos te acordar." Já as cantoras da televisão passaram a apregoar o desejo abertamente, sem nenhum eufemismo ou vergonha, de que são exemplos esses versos de Rita Lee: "me aqueça,/ me vira de ponta-cabeça,/ me faz de gato e sapato/ me deixa de quatro no ato,/ me enche de amor, de amor." Na norma culta da língua portuguesa, se é "aqueça", então deveria ser "vire", "faça", "deixe", "encha". É que "você" é forma de tratamento de terceira pessoa, mas funciona como se fosse de segunda. Rita Lee alcançou a beleza da rima pretendida: "aqueça" com "cabeça". A norma gramatical, como em tantas outras vezes, cedeu à poesia, recolhida das ruas e divulgada no rádio e na televisão, que hoje tem hegemonia nesse processo.

CANTORA do latim *cantore*, declinação de *cantor*, cantor, formou-se o feminino quando a mulher igualou-se ao homem, profissionalizando-se na arte de cantar. As cantigas de amor ou de amigo foram escritas e cantadas por homens, no alvorecer da língua portuguesa. Foram necessários séculos para que a mulher conquistasse o direito de compor e de cantar. No século XX, apesar de as mulheres terem dado decisiva contribuição aos revolucionários de 1930 e de 1935, eles se esqueceram delas. Basta ver que, mesmo décadas depois de conquistado o direito de votar, precisaram realizar novas lutas para conseguir também o direito de serem votadas. Hoje, no mundo, são muitas as mulheres vereadoras, deputadas estaduais, deputadas federais, senadoras, governadoras e presidentas. Sinal dos tempos, nos EUA, onde a mulher e o negro têm sido historicamente discriminados, um negro e uma mulher despontaram como favoritos às eleições presidenciais de 2008: os então senadores Barack Obama e Hillary Clinton ocuparam, a partir de janeiro de 2009, os cargos de Presidente e Secretária de Estado, respectivamente. Longe se vai a lamentação de Os Beatles: *"woman is the nigger of the world"* (a mulher é o negro do universo). No Brasil, tem sido a televisão a principal força na divulgação de que a mulher é muito mais do que esposa e mãe, destacando-se também na política e em diversas profissões, de que são exemplos as telenovelas, mas foi o rádio que mais contribuiu para consolidar os novos conceitos, a partir da década de 1930, quando a mulher conquistou o direito de votar, na Revolução Constitucionalista de 1932. Como o Carnaval, o maior espetáculo da Terra, é a festa mais popular do mundo, foi natural que coubesse a uma marchinha o pioneirismo de tal iniciativa. Assim, em 1936, nascia a música que Carmen Miranda e sua irmã Aurora Miranda tornariam famosa: "Nós somos as cantoras do rádio,/ levamos a vida a cantar,/ de noite embalamos teu sono,/ de manhã nós vamos te acordar." Proclamando uma bonita filosofia de vida: "Canto para te ver mais contente,/ pois a ventura dos outros,/ é a alegria da gente." E terminavam convocando todos a cantar também: "Canto e sou feliz assim,/ agora peço que cantes,/ um pouquinho para mim." O título original tinha sido *Cantores do rádio*. Depois de perder todo o dinheiro no Cassino da Urca, os compositores Lamartino Babo, João de Barro e Alberto Ribeiro tomaram um ônibus e, sem dinheiro para a passagem, combinaram que nas imediações da Central do Brasil explicariam o problema ao motorista. Acomodados no fundo do veículo, criaram a marchinha e começaram a cantá-la. O motorista não só perdoou as passagens como ajudou nos vocais. A música integra o filme *Quando o Carnaval chegar*, de Cacá Diegues, estrelado por cantores como Chico Buarque, Maria Bethânia e Nara Leão. As frenéticas gravaram a mesma marchinha em ritmo de discoteca.

CANUDO do moçárabe *cannut*, dito e escrito também *gannût*, provavelmente do latim vulgar *cannutus*, canudo, junco, derivado da palavra *canna*, igualmente latina. Passou a designar o diploma porque antigamente o documento escolar era guardado dentro de um pedaço de bambu ou taquara. Ainda hoje é entregue nas solenidades de formatura um canudo de papelão, mas ali não está o diploma, entregue ao formando mais tarde. No diminutivo, é um pequeno tubo cilíndrico, de papel, de plástico ou de outro material, usado para sugar do copo bebidas, como os sumérios faziam há milhares de anos com a cerveja, evitando a ingestão dos subprodutos do processo de fermentação. No plural, designa a mais cruel das guerras civis vividas pelo Brasil, concluída num massacre de civis no dia 6 de outubro de 1897, depois de 11 meses de luta em que tropas do exército brasileiro foram derrotadas diversas vezes, segundo relato do engenheiro, jornalista e escritor Euclides da Cunha, em *Os sertões*, originalmente reportagem publicada no jornal *O Estado de São Paulo*. Foram mobilizados 12.000 soldados de 17 estados, mas os gaúchos somente participaram da quarta e última expedição, surpreendendo a todos com as bombachas e a degola de prisioneiros.

CANYONING do inglês *canyon*, penhasco. Este vocábulo entrou para nossa língua designando lazer ou esporte que consiste em descer por precipícios e cachoeiras por meio de cordas. Apesar do nome inglês, começou a ser praticado na década passada, na França, Áustria e Espanha, por espeleólogos que procuravam novas cavernas. O *canyoning* chegou ao Brasil no começo da década de 1990.

CÃO do latim *cane*, declinação de *canis*, cão. Os cães estão na ordem do dia devido à ferocidade de algumas espécies, obtidas por cruzamentos genéticos com o fim de aperfeiçoar-lhes determinadas características agressivas. Não existe preservativo para os cães. Para exterminar-lhes a descendência, em vários países algumas espécies estão sendo eliminadas por castração. O cão sempre combinou a imagem de proteção e ameaça ao homem a um só tempo. Como no caso do chicote, muda a perspectiva quando se tem o cabo à mão. Daí vem a expressão *cave canem* (cuidado com o cão), encontrável até mesmo nas ruínas de Pompeia. Mas contra a ferocidade do vulcão Vesúvio, os cães nada puderam fazer, a não ser morrer com seus donos. São Roque socorreu a população do norte da Itália durante uma das famosas pestes medievais, mas quando ele próprio caiu doente, foi atendido por um cachorro. Por isso, sua efígie mostra-o ao lado do melhor amigo do homem.

CAPA do latim tardio *cappa*, agasalho, veste, designando também outras coisas, de que é exemplo a capa das revistas. Feitas de papel mais espesso do que as folhas internas, sua função é a de protegê-las, que combinou com a de destacar as matérias jornalísticas. A revista *Veja*, cujo primeiro número circulou em setembro de 1968, trazia na capa a foice e o martelo, símbolos do comunismo, em preto, com fundo vermelho, destacando "o grande duelo no mundo comunista". Em março de 2007, ao chegar ao exemplar 2.000, feito raro entre periódicos semelhantes, a *Veja* relacionou as personalidades às quais mais deu capas. O ex-presidente Lula, que estreou no número 551, quando era sindicalista, foi quem mais apareceu: 37 vezes. Foi seguido por Fernando Collor de Mello, 24 vezes; João Figueiredo, 22; Fernando Henrique Cardoso, 18; Ernesto Geisel, 16; José Sarney, 15; Tancredo Neves, 12; Emílio Médici, 10. A revista relacionou também os dez temas mais frequentes nas capas: a política foi tema 577 vezes, a economia, 278, e o cenário internacional, 243. O esporte aparece em sétimo lugar, com 79 capas, e em último a religião, com 47.

CAPACETE do catalão *cabasset*, armadura em forma de ovo, especialmente concebida para proteger a cabeça do guerreiro em combate. Quem mais utiliza o capacete hoje em dia são os motoqueiros, na guerra do trânsito. Alguns capacetes são dotados de uma resistência extraordinária, como é o caso dos que protegem os pilotos de Fórmula 1. Ainda assim, insuficientes para evitar a morte, como ocorreu ao tricampeão mundial, o brasileiro Ayrton Senna, na última corrida que disputou, na Itália, em 1994.

CAPANGA do quimbundo *kappanga*, sovaco, designando pequena bolsa utilizada junto ao corpo para levar e proteger bens de valor. A partir de 1970 passou a designar carteira que os homens carregavam nas mãos, fora dos bolsos ou presas à cintura. Por analogia designa também guarda-costas para intimidar adversários.

CAPELA do latim *cappella*, pequena capa, diminutivo de *cappa*, capa. Passou a designar o oratório construído para venerar São Martinho no lugar em que ele deu metade de sua capa a um pobre que passava frio e, depois disso, qualquer igreja pequena. No latim medieval, *cappella* tornou-se sinônimo de pequena igreja ou ermida, do grego *éremos*, lugar deserto, solitário, onde vive o eremita. Capela tornou-se uma das divisões da paróquia, do grego *paroikhía*, sede estrangeira de uma *dioíkesis*, diocese, sede da administração eclesiástica onde estava o *episcopus*, bispo, a maior autoridade da Igreja, sendo o próprio Papa conhecido como o bispo de Roma.

CAPELO do latim medieval *capellus*, pelo italiano *cappelo*, barrete ou chapéu usado em solenidades de atribuição do título de Doutor nas universidades. A origem remota é o latim *cappa*, capuz. Uma antiga touca usada por freiras e viúvas também tinha esse nome. Mais do que as vestes, muito semelhantes às dos bispos, é o capelo que distingue o cardeal, modelo que inspirou os capelos universitários. O enfeite foi instituído para o cardinalato pelo Papa Inocêncio IV, em 1425. Em 1905, o Papa Pio XI baixou, por decreto, as regulações que perduram até hoje: preto e sem borlas, para os diáconos; preto, com duas borlas, para os presbíteros; verde, com seis borlas de cada lado, para os bispos, abades e prelados; verde, com dez borlas de cada lado, para arcebispos; preto, com 15 borlas vermelhas de cada lado, para patriarcas e primazes; vermelho, com trinta borlas vermelhas, dependuradas em dois cordões vermelhos que caem sobre os ombros, para cardeais.

CAPETA de origem controversa, este vocábulo vem provavelmente do diminutivo de capa, do latim tardio *cappa*. Como o Diabo aparece vestindo pequena capa na iconografia cristã, Capeta passou a ser mais um de seus muitos nomes, já que no Brasil é tradição evitar pronunciar seu nome verdadeiro. Teólogos e filósofos abandonaram o Diabo, dedicando-lhe apenas poucas linhas em meio a outros temas, mas artistas e escritores sempre deram atenção às suas representações populares, fazendo dele personagem principal de suas obras. De acordo com o escritor italiano Giovanni Papini, autor do clássico *O Diabo*, um dia também o inimigo número um de Deus será redimido, pois no fim dos tempos a misericórdia terá superado a justiça.

CAPITAL do latim *capitale*, vinculado a *capitia*, cabeça. Radica-se aí o sentido de principal, designando a principal cidade de um país ou de um estado, e também a pena máxima, como em pena capital, o outro nome da pena de morte, com referência à decapitação, no sentido literal como no metafórico. Assim, demitir, afastar ou livrar-se de alguém é cortar-lhe a cabeça. Na Idade Média, a Igreja organizou uma lista de sete pecados capitais, indicando que eram os principais, as sedes de outros pecados. São eles: a avareza, a gula, a inveja, a ira, a luxúria, o orgulho e a preguiça. Este último pecado capital deve sua denominação a São Jerônimo, que fez a primeira tradução da *Bíblia* para o latim, a célebre *Vulgata*. Ao traduzir *atsel* como *pigritia*, do hebraico para o latim, deixou implícito que o pecado da preguiça é também o da lentidão e do descanso exagerado. No hebraico, o antônimo de preguiça não é trabalho, mas poder, força, energia, como se deduz da palavra *atsâm*. No grego, o mesmo pecado foi traduzido como *deilia*, timidez, medo. E a variante *oknêros* tem o significado de mau, indisposto, devasso, medroso. Tudo para elevar os antônimos: trabalho, poder, energia, força.

CAPITÂNIA de capitão, do latim *capitanus*, passando pelo italiano *capitan* e o espanhol *capitán*, radicados remotamente no latim *caput*, cabeça. Designa a nau em que está o comandante da frota. *Nau capitânia*, do jornalista e escritor gaúcho Walter Galvani, conquistou o Prêmio Internacional Casa de las Américas em 2001. O romance, publicado pela editora Record, é biografia romanceada de Pedro Álvares Cabral e recebeu o seguinte veredicto do júri: "Tem inegáveis qualidades formais, ampla investigação que resgata pela primeira vez a figura humana do descobridor do Brasil." Houve seiscentos concorrentes, trezentos deles em literatura brasileira, confirmando nossa saúde literária. A Casa de las Américas, instituição sediada em Havana, distribui prêmios literários à América Latina desde sua fundação, em 1959. Desde 1980 os prêmios foram estendidos também a autores brasileiros. Autores ligados ao Brasil meridional venceram o certame três vezes. E, ao contrário de alguns premiados que venderam apenas a edição do prêmio, o Casa de las Américas propicia edição em língua espanhola de no mínimo dez mil exemplares. Assim, os três premiados do Sul já venderam mais de cem mil exemplares, conciliando sucesso de crítica e de público, algo que raramente se combina no Brasil.

CAPITÃO do italiano *capitano*, vindo de *caput*, cabeça em latim. Há famosíssimos capitães militares, porém os mais conhecidos no Brasil vieram do futebol. Tivemos Bellini, Mauro, Carlos Alberto Torres, Dunga e Cafu, capitães das seleções campeãs mundiais de futebol em 1958, 1962, 1970, 1994 e 2002. Fazia tanto tempo que o Brasil não ganhava Copa alguma que estavam mais avivados na memória os capitães América, Marvel, Marvel Júnior e Mar-Vell, das histórias em quadrinhos, todos de origem humilde.

CAPIVARA do tupi *ka'pii*, capim, e *gwara*, comedor, designando roedor que habita as margens de rios, lagoas e brejos. Mas um outro tipo de capivara passou a ser criado na linguagem policial para designar as fichas de indivíduos com prisão decretada permutadas entre delegacias, palavra formada da redução de captura e vara. Provavelmente a denominação tenha a ver com a abreviação informal de palavras correlatas em papéis timbrados das Delegacias de Vigilância e Capturas, acrescidas da vara do juiz que ordenou a prisão.

CAPOTAR do francês *capoter*, virar o carro, deixando-o de rodas para o lado ou para cima, e às vezes voltando à posição normal. Capotar tem sido um sinistro esporte de motoristas imprudentes pelas estradas, mas às vezes o mau estado de nossas rodovias faz com que também os cautelosos façam seus carros capotarem.

CAPRICHO do italiano *capriccio*, de *capra*, cabra. A cabra tem o andar caprichoso, irreverente, dando pulos aqui e ali. É também nome de uma revista feminina, destinada preferencialmente às leitoras adolescentes.

CAPSAICINA de uma derivação do latim científico *capsicum*, ligado a *capsa*, caixa, cofre, e *capsula*, caixinha, cofrinho, utilizado na nomenclatura botânica a partir do século XVIII, designando plantas cujas sementes estão em invólucros semelhantes a tais objetos, como é o caso da pimenta. No latim, a palavra tinha outras derivações e *capsarius* era o escravo encarregado de levar a caixinha com cadeado ou chave em que o seu senhor colocava moedas para levar consigo nas viagens. O uso mais comum de capsaicina, hoje em dia, é designar o ardor da pimenta a partir da quantidade de gotas de água necessárias para diluir a ardência do picante condimento, numa escala criada pelo químico americano Wilbur Lincoln Scoville. A medida vai de zero, caso da pimenta biquinho, a 16 milhões. As pimentas mais ardidas do mundo são mexicanas, jamaicanas e chilenas. As mais fortes demandam cerca de 200 mil a 1 milhão de gotas de água para diluir a capsaicina.

CAPUCINO do italiano *cappuccino*, bebida feita com café e leite, assim chamada porque lembraria a cor das vestes dos frades franciscanos, chamados capuchinhos devido ao capuz que trazem preso ao hábito. Quem inventou este tipo de café foi o frade franciscano Marco d'Aviano. Ao retirar-se de Viena, depois da batalha de 12 de outubro de 1683, o exército otomano deixou para trás muitas sacas de café, intragável por ser muito amargo. O frade acrescentou mel e leite, tornando-o bebida agradável, associando-o ao *croissant*, pão em forma de lua crescente, o símbolo islâmico, cuja fabricação foi autorizada pela Igreja porque foram os padeiros que, madrugando, denunciaram a entrada dos inimigos através das muralhas.

CÁQUI do inglês *khaki*, vindo do urdu ou do hindu *káki* ou *kháki*, designando a cor do pó. Mas o persa *khák*, que os franceses grafaram, já designava tecido resistente cuja cor vai do amarelo ao verde e ao cinza, empregado na confecção de uniformes militares. Foi durante a presença dos ingleses na Índia que a palavra veio para a Europa. Os nativos que falavam urdu denominavam *khaki*, roupa cheia de pó, o uniforme militar imposto pelos britânicos. Até a primeira metade do século XIX, somente na Índia vigia tal denominação, mas depois da guerra dos bôeres – como eram chamados os colonizadores holandeses da África do Sul – esse sentido espalhou-se também na Espanha, de onde chegou ao português. Já a fruta, cáqui, esta veio do japonês *kaki*. A veste foi sempre pronunciada cáqui, mas a fruta, embora os dicionários recomendem caqui, como era pronunciada originalmente em Macau, na China, em algumas regiões do Brasil a variante cáqui é também aceita.

CARA do latim *cara*, rosto; em grego, *kará*. Daí veio acareação – colocar cara a cara, procedimento jurídico. A cara aparece em várias expressões: cara de réu, cara de quem comeu e não gostou, cara de poucos amigos, cara amarrada e cara de tacho, sem contar os verbos que a acompanham em outras expressões como: encher a cara (ficar bêbado), fechar a cara (tornar-se carrancudo), livrar a cara, meter a cara, entrar com a cara e a coragem, quebrar a cara etc.

CARABINA do francês *carabin*, designando, no século XVI, soldado da cavalaria ligeira e depois arma usada por esse militar. É arma de cano curto, estriado por dentro. Foi apelido pelo qual ficou mais conhecido o jogador Valdemar dos Santos Figueira, autor de um dos mais belos gols, pelo Palmeiras, no Pacaembu, semelhando um tiro de carabina, segundo o comentarista Mário de Toledo Leite Moraes.

CARACU do tupi-guarani *kara'ku*, tutano, medula dos ossos dos animais, mais aplicado aos do boi. É indicativo de coragem, bravura, inteligência, como na expressão "aquele indivíduo tem tutano". Designa também uma raça de gado de pelo curto, colorido, cuja cor predominante é o ruivo. No Brasil é também marca de cerveja, provavelmente para aproveitar publicitariamente a metáfora de energia, presente no sentido conotativo do vocábulo.

CARADURA da junção de cara, do grego *kára*, cabeça, pelo latim *cara*, rosto, e dura, feminino de duro, do latim *durum*, duro, áspero, grosseiro. No sentido de inculto já aparece no latim antigo, de que é exemplo a expressão *durae choreae*, danças grosseiras, bailados rudes, movimentos toscos. No Rio Grande do Sul, a torcida que fica nas gerais é denominada coreia, revelando o elevado nível cultural dos locutores esportivos do estado com melhores indicadores escolares do Brasil. Um dos comentaristas esportivos mais famosos é Ruy Carlos Ostermann, ex-professor de filosofia na Universidade Federal do Rio Grande do Sul. Com efeito, a coreia vem do grego *choreía*, pelo latim *chorea*, designando dança acompanhada de cantos, semelhando os movimentos dos torcedores. Já o substantivo caradura, reservado aos jogadores violentos que reclamam das faltas marcadas pelo árbitro como se nada de irregular tivessem cometido, tem o significado de cara de pau, pessoa cínica, sem-vergonha, impudente. Castro Alves, em vez de caradura, utiliza o sinônimo impudente para qualificar a bandeira nacional que identificava os navios negreiros brasileiros: "Meu Deus, que bandeira é essa que impudente na gávea tripudia?"

CARAMANCHÃO provavelmente do espanhol *caramanchon*, caramanchão, designando espécie de dossel de ripas, canas ou estacas, revestido de trepadeiras e às vezes enfeitado de flores, construído nos jardins das casas nobres e utilizado para colóquios ao ar livre. No português do século XV, *manchão* tem o significado de jardim. E *cara*, entre outros sentidos, tem também o de *junto de*. Assim caramanchão indica construção junto ao jardim. Outra hipótese é de que o vocábulo tenha sido formado a partir das palavras espanholas *camara* e *ancha*, significando respectivamente, câmara e ampla. Neste caso teria havido aliteração de *camara* para *carama*, como aconteceu na formação de outros vocábulos.

CARAMELAR do latim medieval *cannamella*, cana-de-açúcar, variante de *calamellus*, diminutivo do latim clássico *calamus*, cana. O caramelo original é sinônimo de doce feito com cana-de-açúcar, como o clássico puxa-puxa, feito de melado levemente endurecido. Caramelar é, pois, dar forma de caramelo ou revestir de uma capa doce o fruto, de que são exemplos maçãs e bananas carameladas.

CARA-METADE de cara, do grego *kára*, cabeça, pelo latim tardio *cara*, parte anterior da cabeça, o rosto, e metade, do português arcaico *meiadade*, do latim *medietate*, declinação de *medietas*. Na sexualidade designa as afinidades amorosas do casal. O conceito apoia-se em texto clássico de Platão, que explica em *O banquete*, pela boca de Aristófanes: "A princípio havia três espécies de sexo: o masculino, o feminino e o andrógino, que veio a extinguir-se. Cada homem, no seu todo, era de forma arredondada, tinha dorso e flancos arredondados, quatro mãos, outras tantas pernas, duas faces exatamente iguais sobre um pescoço redondo e, nestes, duas faces opostas, uma só cabeça, quatro orelhas, dois órgãos sexuais e todo o resto na mesma proporção." Depois de muitas teorias, Zeus resolveu partir os seres em metades iguais, para enfraquecê-los. Cada metade, porém, passou a buscar a outra metade. E quando se encontravam, agarravam-se uma à outra até uma delas morrer. Conclui Platão: "Desse modo a raça ia se extinguindo." Para evitar seu desaparecimento, Zeus transpôs os órgãos sexuais para a frente. E assim Platão descreve o surgimento do macho e da fêmea, separados, na raça humana: "Zeus colocou esses órgãos à frente e fez com que os homens procriassem uns nos outros, isto é, o macho e a fêmea."

CARAMINGUÁ do guarani *karamengwa*, pela formação *karame*, redondo, e *gwa*, cesto. Tomou o significado de dinheiro porque os índios guardam seus pertences pessoais num balaio redondo, mas, antes de indicar recurso monetário, designava o mobiliário das casas pobres. Outros nomes para dinheiro, já recolhidos nos dicionários: algum, arame, bagaço, boró, cacau, capim, cascalho, changa, cobres, erva, gaita, grana, mufunfa, níquel, pataca, pila, tostão, tubos, tutu e vintém. Mas algumas designações são efêmeras por aludirem a figuras que, estampadas nas cédulas, talvez venham a perder a referência com a desvalorização da moeda, de que são exemplos: "arara" (efígie da ave na nota de dez reais), "mico" (um macaco na de vinte reais), "onça" (a onça-pintada na de cinquenta reais). Já não são mais referência o "barão" (Barão do Rio Branco, na nota de mil cruzeiros), "Tiradentes", "Santos Dumont", e "Cabral", entre outras.

CARAMURU do tupi *karamu'ru*, peixe de mar. Caramurus foram chamados os políticos que se opuseram à decretação da maioridade de Dom Pedro II, que tinha apenas três anos quando a independência do Brasil foi proclamada pelo pai dele, Dom Pedro I. *Caramuru* é também o título de um poema de Frei José de Santa Rita Durão, cujo tema é a história da Bahia. São personagens, além de Caramuru, os índios Gupeva, Sergipe, Jararaca, Moema e Paraguaçu. Repleto de descrições de caráter informativo, é um dos primeiros inventários de usos, costumes, crenças e temperamento dos índios brasileiros e da exuberante paisagem baiana. O poema só entra no assunto do Canto I, o naufrágio, depois de dedicatórias e loas, especialmente a Dom José I. Nas últimas estrofes do Canto X, o último, são exaltadas a liberdade dos índios e a sua conversão para a fé católica.

CARA-PINTADA do latim *cara* e *pinctare*, respectivamente rosto e pintar, cujo particípio é pintado. Justapostos, os dois vocábulos serviram para denominar as pessoas que pintam o rosto para expressar aprovação ou protesto. É prática usual dos índios em tempos de guerra. Em tempos de paz, os caras-pintadas surgiram pela primeira vez em ato pró-*impeachment* do então presidente Fernando Collor de Mello, que reuniu cerca de 15 mil pessoas em São Paulo. Diante daquela manifestação, o presidente conclamou o povo a vestir-se de verde e amarelo em seu apoio. Em protesto, as pessoas vestiram-se de preto e não colocaram panos quentes na questão, e sim panos pretos em sacadas e janelas. No futebol, os torcedores tornam-se caras-pintadas para manifestar suas preferências.

CARAPUÇA do latim tardio *cappa*, capa com capuz, e medieval *caputium*, escrito também *capucium*, porque assim pronunciado, com escala no espanhol antigo *caperuça*, depois *caperuza*. Por influência do latim bárbaro *caparo*, o castelhano antigo teve *caparaçón*. É provável que o português e o espanhol, língua na qual a palavra é conhecida desde o século XV, tenham influenciado o francês *carapace*, de fins do século XVII. O italiano antigo tinha *carapuzza*. Houve metátese das duas sílabas mediais. Ocorre metátese quando fonemas são transpostos, processo comum em nossa língua: *semper*, em latim, virou sempre em português; *merulu* tornou-se melro. Vestir ou enfiar a carapuça equivale a tomar para si uma crítica dirigida a outrem. Às vezes as carapuças são lançadas ao ar na esperança de que caiam e sirvam em certas cabeças. O historiador Evaldo Cabral de Mello organizou no livro *O carapuceiro* (Companhia das Letras) uma antologia dos textos publicados no jornal satírico de mesmo nome, dirigido pelo monge beneditino Miguel do Sacramento Lopes Gama, hoje nome de rua no Recife, cidade onde distribuía suas carapuças.

CARÁTER do grego *kharaktér*, sinal gravado, marca, traço particular do rosto, pelo latim *charactere*, declinação de *characater*. Passou a designar a têmpera ética e moral do indivíduo. Todavia, o escritor Mário de Andrade, na obra *Macunaíma*, personifica o brasileiro nesse personagem que dá nome ao livro, definindo-o como "*o herói sem nenhum caráter*". Por mais que sejam dadas outras interpretações, tem predominado o significado pior. Mas *Macunaíma* pode ter sido adaptação da lenda de Urariquera, de índios venezuelanos, recolhida pelo aventureiro alemão Teodor Koch Grünberg.

CARAVANÇARÁ do persa *karwaansarai*, palácio das caravanas, estalagem, pelo francês *caravansérail*, refúgio para caravanas, construído pelo governo ou por anônimos beneméritos à beira dos caminhos para servir de abrigo aos viajantes. Aparece num conto de Malba Tahan, pseudônimo de Júlio César de Melo e Sousa: "Encontrei num caravançará, perto de Damasco, um velho árabe de Hedjaz que me chamou de certo modo, a atenção. Falava agitado com os mercadores e peregrinos, gesticulando e praguejando sem cessar; mascava constantemente uma mistura de fumo e haxixe." Ele recebe de um feiticeiro, a quem salva da morte, um poderoso talismã que lhe dá acesso ao *Maktub*, o que está escrito no *Livro do destino*, numa gruta encantada. Começa a acrescentar males nas páginas da vida dos inimigos e se esquece de acrescentar boas coisas à própria vida. Termina na miséria. A lição final do conto é: "Alguns homens, preocupados em levar o mal a seus semelhantes, se esquecem do bem que podem trazer a si próprios."

CARAVELA diminutivo de *cáravo*, do latim *carabu*, embarcação de popa bem mais alta que a proa, de velas arredondadas, inventada por navegadores árabes, mas muito utilizada nos descobrimentos marítimos dos séculos XVI e XVII. As caravelas, menores do que os *cáravos*, eram navios de apenas 20 toneladas e mediam 30 metros de comprimento. Seus cascos delgados aumentavam-lhes a velocidade, permitindo-lhes também ancorar em pequenos portos. Cristóvão Colombo utilizou três para, aos 41 anos, descobrir a América: Santa Maria, Pinta e Niña. Na viagem do descobrimento, navegou 70 dias, de 3 de agosto a 12 de outubro de 1492. Depois da quarta viagem à América, o genovês voltou à Espanha, onde morreu não apenas pobre, mas miserável, sozinho, triste e abandonado por todos. Quem descobriu tantas terras não teve onde cair morto.

CARBONO do latim *carbone*, declinação de *carbo*, carvão, tição, brasa. Passou a designar o elemento atômico 6, capaz de formar extensas cadeias de átomos, com inúmeros compostos. Antigamente o primeiro contato das crianças com palavras em que esse étimo estava presente dava-se ao redor dos fogões onde a lenha virava brasa e depois carvão. Na escola conheciam o papel-carbono, primeiro modo de fazer cópias, antes da invenção das impressoras domésticas acopladas a um computador pessoal. Mais adiante, já adolescentes, eram apresentadas ao carbono 14, recurso utilizado em testes para datar a idade de um achado arqueológico.

CARCAÇA do francês *carcasse*, carcaça. É provável que sua origem remota sejam as palavras latinas *caro*, carne, e *capsus*, caixa, tórax, que designavam a ossada de animais abatidos nas caçadas, especialmente o esqueleto do peito, donde a expressão original *caro capsus*, caixa de carne. Passou depois a indicar também o casco do navio e as ferragens estruturais de veículos.

CARCARÁ do tupi *karaka'rá*, de *ka'rãi*, rasgar, arranhar. Por síncope, passou a ser pronunciada carcará. É uma ave pardo-escura, da família dos falconídeos, de dorso pardo com listras brancas e cauda branca com a ponta preta. A cantora Maria Bethânia gravou uma canção que fala do carcará, que "pega, mata e come".

CARDÁPIO do latim *charta*, papel, folha, e *dapes*, sacrifício, iguarias, refeição. Dapes era também o apelido do deus romano Júpiter. *Dapum*, genitivo de *dapes*, entrou na formação da expressão latina *charta dapum*, folha do sacrifício. Cardápio antes de designar a relação de pratos e bebidas oferecidos nos restaurantes, com os respectivos preços, indicava a ordem em que aconteceriam os atos das celebrações litúrgicas.

CARDEAL do latim *cardinale*, cardeal, importante. Veio da declinação de *cardo*, que significa gonzo, dobradiça. É uma peça de duas partes, uma das quais é presa à parte fixa e outra à que se quer mover, de que são exemplos os gonzos de portas e portões. Como os bispos do Sacro Colégio Pontifício, que entre tantas funções importantes no catolicismo têm a de eleger o papa, usam um solidéu vermelho, passou-se a chamar de cardeal também um pássaro que tem a cabeça vermelha. Quando, porém, foi encontrado outro pássaro semelhante, mas de cor amarela, a denominação popular já estava consolidada e a ave foi chamada de cardeal-amarelo.

CARESTIA do italiano *carestia*, em que aparece desde o século XIV, designando escassez, penúria, pobreza. Antenor Nascentes, porém, afirma que a origem mais remota é o baixo-latim *acharistia*, de *acharistus*, ingrato, triste, com influência de *carus*, caro, querido, mas também com o significado de pessoa ou coisa de alto preço ou valor. Com a influência crescente do jargão dos economistas, a partir dos anos pós-64, a carestia cedeu terreno a vocábulos preferidos pelos tecnocratas como custo de vida, poder aquisitivo e expressões assemelhadas, medidas por índices matemáticos. Até então, a carestia era mais sentida do que percebida em índices. O povo registrava a escassez e os altos preços sintetizando o diagnóstico da penúria numa palavra só, carestia. Os economistas espalharam a inflação também pela língua portuguesa, num processo sistêmico, que hoje dá mostras de que a infecção é generalizada, como se depreende do modo desjeitoso e hermético com que falam e escrevem.

CARGO de origem controversa, provavelmente do português antigo *cárrego*, do latim *carricus*, do verbo *carricare*, carregar, ligado a carga. Designa responsabilidade, compromisso, dever. Esta palavrinha é motivo de tropeço para muitos redatores. Quando apenas uma pessoa pode ocupar o cargo, o nome de quem o ocupa deve estar entre vírgulas. Exemplo: "A presidenta da República, Dilma Rousseff, tornou-se a primeira mulher a ocupar a presidência do Brasil." Outro: "O jogador David Beckham chegou acompanhado de sua mulher, Victoria Adams." Se tirarmos a vírgula, a mulher dele, ex-Spice Girl, banda dissolvida em 2008, não vai gostar, pois indicaria que o jogador tem mais de uma mulher. Outro: "João chegou acompanhado da filha, Maria." Neste caso, a vírgula indica que Maria é filha única. Sem a vírgula, ele é pai de outras filhas também, mas levou apenas uma delas, a que se chama Maria.

CARICATURA do italiano *caricatura*, caricatura, representação deformada de imagem ou ideia. Firmou-se como gênero nos séculos XVIII e XIX com a popularização da imprensa. O primeiro caricaturista brasileiro foi Manuel José de Araújo Porto Alegre, que estudara pintura com Jean Baptiste Debret, autor de gravuras sobre paisagens, usos e costumes de nosso país, reunidas em *Viagem pitoresca e histórica ao Brasil*.

CARIDADE do latim *caritate*, caridade, uma das três virtudes teologais. As outras duas são a fé e a esperança. Há numerosas instituições encarregadas de prestar assistência aos mais desamparados, e em tais trabalhos notabilizou-se Agnes Gonxha Bajaxhiu, mais conhecida como madre Teresa de Calcutá, que recebeu o Prêmio Nobel da Paz em 1979, fundadora de uma ordem religiosa que conta com mais de 4.500 freiras que atuam em 600 casas de caridade espalhadas em 111 países. No século II foram martirizadas três irmãs que se chamavam Caridade, Fé e Esperança.

CÁRIE do grego *karie*, apodrecimento. A cárie mais conhecida é aquela tratada pelos dentistas, caracterizada por necrose de dentes e ossos e causada pela atividade de micro-organismos produtores de ácidos e enzimas. Daí a recomendação de que o melhor meio de combater a cárie é escovação frequente e correta dos dentes. Mas há também a cárie dos cereais, que recebeu esta designação porque os grãos são corroídos de maneira semelhante à cárie dentária.

CARIL do tâmil *kari*, designando um pó indiano, composto de várias especiarias, especialmente açafrão, utilizado em temperos culinários. O *tâmil*, de origem sânscrita, é uma língua dravídica falada na Índia, na Malásia, na Indonésia, no Sri Lanka e em Cingapura. Foi de lá que os portugueses trouxeram o tempero e a palavra. Seu primeiro registro é de 1563. Em 1598, os ingleses adotaram a palavra, escrevendo-a *curry*. Com esta grafia ela voltou ao português como neologismo e é escrita em inglês na culinária e nos cardápios de nossos restaurantes. Assim, não se come prato algum ao caril, mas muitos ao molho *curry*. A propósito de molhos, vale o dito do famoso aristocrata e diplomata francês Charles-Maurice de Talleyrand Périgord: "Na Inglaterra, existem três molhos e 360 religiões, em contraste com a França, onde existem três religiões e 360 molhos." E 246 tipos de queijo, sendo difícil governar um país assim, segundo Charles de Gaulle.

CARIMBO do quimbundo *quirimbu*, significando marca. Ironia das sociedades burocráticas ocidentais, que tomaram o vocábulo de um povo ágrafo para atestar veracidade a suas papeladas.

CARINHO do espanhol *cariño*. Não é bem supérfluo, ao contrário do que às vezes apregoado. Tanto para homens como para animais, sobretudo entre os mamíferos, a falta de carinho pode levar à morte. Na civilização greco-romana, carinho é atributo mais feminino que masculino, pois os homens foram preparados para a guerra, na qual carinho não somente é dispensado, como tido por "coisa de mulher". Até hoje, no ambiente militar, para elevar o moral de um recruta ou chamá-lo às falas, mulher e, especialmente, mulherzinha, é ofensa. O escritor e político português António de Sousa de Macedo, que foi desembargador dos agravos da Casa da Suplicação, conselheiro da Fazenda e juiz das justificações do Reino, escreveu em *Eva e Ave*: "Se as mulheres faltassem, não só não nasceriam homens, mas nem nascidos poderiam viver, por falta de carinhos maternos."

CARIOCA do tupi *kari'oka*, pela composição *kara*, de *kara'iwa*, caraíba, homem branco, e *oka*, casa, casa de branco. A moradia do português, de pedra e cal, foi uma novidade para os índios. As primeiras construções que deram tal qualificação ao habitante do Rio de Janeiro foram erguidas na praia do Flamengo, em 1503, ao lado de um rio que nascia na Tijuca, mas que recebeu também o nome de Carioca. O Largo da Carioca tem este nome porque as águas do rio chegavam ali, no chafariz. Carioca passou a denominar o habitante do município do Rio de Janeiro, e fluminense o do estado. Carioca designa também um tipo de café expresso.

CARLOTINHA diminutivo de Carlota, nome próprio, por sua vez derivado do francês *Charlotte*, diminutivo de *Charles*, Carlos. Na gíria designa o órgão sexual feminino. Neste caso, pode ter sido influência dos amores ilícitos da esposa de Dom João VI, que se dava de presente a muitos plebeus. A rainha Carlota Joaquina morreu antes do desfecho da luta entre seus dois filhos, Dom Pedro I e Dom Miguel, pelo trono português. Mas ela apoiou Dom Miguel, que perdeu!

CARMA do sânscrito *karman*, carma, todas as ações do homem e suas consequências, de acordo com filosofias de vida ainda vigentes na Índia. O carma retoma a transmigração e as metempsicoses, que explicam a vida das pessoas e põem o desejo como força geradora do destino num encadeamento de fatos que se explicam por si mesmos. No carma, entretanto, é mais explicado o sofrimento. Como os cristãos dizem que cada um carrega a sua cruz, que parece sempre mais pesada do que a do vizinho, no hinduísmo cada um carrega o seu carma.

CARMELITA do latim *carmelites*, designando primitivamente o habitante do Carmelo, cadeia de montanhas na Porfíria, nos arredores de onde hoje está Haifa, em Israel. No século XII, por inspiração do exemplo do profeta Elias, eremita judeu que fazia prodígios com seu manto e era alimentado por corvos, foi fundada a Ordem dos Carmelitas. Com as invasões sarracenas, os monges fugiram e se espalharam pela Europa. Coube a João da Cruz e Teresa d'Ávila reformar essa organização religiosa na Espanha. Vivendo em conventos separados, adotaram novos costumes, em busca do que ela definiu como caminho da perfeição, a ser obtido numa vida de recolhimento. Em 1560, reunindo algumas colegas monjas em sua cela, Teresa fundava, então, uma dissidência. Inspirando-se no exemplo de São Pedro de Alcântara, deixou os Carmelitas da Antiga Observância, fundando novo convento em Ávila, dedicado a São José.

CARNAÚBA do tupi *karana'ïwa*, de *kara'na*, palmeira, e *ïwa*, planta, ou *uba*, lugar onde há muitas dessas palmeiras. Designa uma palmeira solitária de até 15 metros de altura, nativa do Nordeste do Brasil, de folhas palmadas e frutos carnosos, ovoides, conhecida também pelos nomes de carandá, carandaúba, carnaíba, carnaubeira, coqueiro-carandaí, pau-do-bebedouro. Os produtos mais importantes da carnaúba são a cera, obtida das folhas, e a madeira, muito utilizada em construções. O fruto, de polpa comestível, é usado em doces e farinha. A árvore dadivosa oferece ainda a amêndoa, da qual se extrai óleo, e raízes de propriedades medicinais, que, quando reduzidas a cinza, substituem o sal de cozinha. Nos tempos do bom ensino, os alunos eram apresentados à carnaúba ainda nos primeiros anos escolares, no famoso parágrafo de abertura do romance *Iracema*, de José de Alencar: "Verdes mares bravios de minha terra natal, onde canta a jandaia nas frondes da carnaúba. Verdes mares, que brilhais como líquida esmeralda aos raios do sol nascente, perlongando as alvas praias ensombradas de coqueiros. Serenai, verdes mares, e alisai docemente a vaga impetuosa, para que o barco aventureiro manso resvale à flor das águas. Onde vai como branca alcíone buscando rochedo pátrio nas solidões do oceano?" Ainda hoje este parágrafo está presente em provas de muitos concursos públicos.

CARNAVAL do italiano *carnevale*. Primitivamente designava a terça-feira gorda, a partir da qual a Igreja passava a suprimir o uso da carne. Outros estudiosos veem na expressão latina *carne, vale* (carne, adeus) o étimo mais coerente. Mas *carnelevamen*, também do latim (prazeres da carne), antes das tristezas e continências da Quaresma, também é uma explicação plausível. Antes de o Carnaval ser a festa que é, chamava-se *entrudo* (do latim *introitu*, entrada), porque aqueles três dias são a porta de entrada para a Quaresma. Era pouco mais do que o ato inocente de uns jogarem água nos outros. Bem que muitos estavam precisando de água, pois a higiene pessoal e caseira era deficitária no Brasil de nossos dois Pedros príncipes, que também participavam da folia.

CARNEIRO do latim *carne*, declinação de *caro*, carne, formou-se este vocábulo com o acréscimo do sufixo -eiro para designar um animal carnudo, que pode aparentar ter mais carne do que os outros por causa da lã que o cobre. Na festa do Divino Pai Eterno, realizada anualmente no último sábado de junho, no norte de Goiás, uma das atrações é um carro puxado por várias juntas de carneiros deslanados, integrando uma romaria de até dois dias de duração rumo à cidade de Trindade, acompanhada por muitos carros de bois.

CARO do latim *carus*, que custa muito, que tem preço alto. Tem também o sentido de querido, estimado. Com o primeiro sentido, o de custo exagerado, apareceu em reportagem de *O Globo* que comparou preços de produtos e serviços de referência internacional e comprovou que o corte de cabelo é mais caro no Rio de Janeiro do que em Londres; o *croissant* é mais caro no Rio de Janeiro do que em Paris; é mais caro subir ao Pão de Açúcar do que ao último andar da Torre Eiffel; a aula de ioga é mais cara no Rio de Janeiro do que em Hollywood; o aluguel de bicicletas é mais caro no Rio de Janeiro do que em Amsterdã. Christophe Lidy, *chef* do restaurante Garcia & Rodrigues, confessou que monta o cardápio e os preços da casa fazendo comparações: "É no cardápio do vizinho, aqui mesmo, que se confere quanto as pessoas estão dispostas a pagar." Jennifer Hermann, especialista em câmbio e professora da UFRJ, deu outra explicação: "Esses preços só sobrevivem porque existe demanda. Principalmente na zona sul, que concentra hoje um público muito particular, de alta renda. É a lei da oferta e da procura mesmo."

CAROÇO do grego *karúdion*, avelã, noz pequena, pelo latim *carudium*. A hipótese de a origem ser *cor*, coração, ou órgãos miúdos e arredondados do corpo humano ou integrantes das vísceras de animais, não foi comprovada. As neolatinas reforçam a hipótese da semelhança com a noz pequena. Em italiano, caroço é *nòcciolo*; em francês é *noyau*; em espanhol, *cuesco* ou *hueso*. Designa o núcleo onde está a semente de diversas frutas, entre as quais a ameixa e a manga. Entre as várias acepções, indica também coisa difícil, pessoa que incomoda e corrida de pouco valor nos táxis. Recentemente ganhou nova acepção, ao designar também a jogada imprecisa do altinho, contrária ao melzinho.

CARONTE celebérrimo barqueiro, figura da mitologia grega, encarregado de levar as almas dos mortos de uma à outra margem do Rio Estige. Caronte, porém, não trabalhava de graça. Os mortos deveriam pagar-lhe a travessia, do contrário ficariam vagando durante cem anos pela margem do rio. Quem se banhasse no Estige, que contornava sete vezes os infernos, ficaria invulnerável. Por isso, Tétis, mãe de Aquiles, mergulhou o menino naquelas águas, segurando-o pelo calcanhar, único lugar de seu corpo onde mais tarde pôde ser ferido. Por isso se diz, também, de algum ponto fraco de alguém, que é o seu calcanhar de Aquiles.

CARPINTEIRO do latim *carpentarium*, fabricante de *carpentum*, carruagem luxuosa, de duas rodas, coberta, destinada às damas romanas. Com o tempo, passou a denominar o operário que trabalha com madeira. São José, pai adotivo de Jesus, cuja festa é comemorada dia 19 de março, era carpinteiro. Migrante, saiu da Judeia e foi para o Egito. Voltou e, tendo novas perseguições, foi para Nazaré, onde o menino foi criado. Morreu bem antes do filho. Outros carpinteiros fizeram a cruz que se tornaria um dos maiores e mais duradouros símbolos do mundo.

CARRASCO em Lisboa havia um algoz que ficou célebre. Seu nome era Belchior Nunes *Carrasco*. Depois dele, o nome próprio passou a comum. No Brasil colonial e imperial, não havia a profissão de carrasco. Nas execuções era frequente indultar ou amenizar a reclusão de um presidiário que fosse recrutado para ser algoz. Na execução de Frei Caneca, condenado à forca, este tipo de algoz, provavelmente por falta de profissionalismo, não conseguiu enforcar o frade, depois de várias tentativas. Ajoelhou-se ao lado do condenado e, em prantos, pediu perdão ao reverendo. O frade, condenado a padecer a morte pela forca, foi então fuzilado por soldados profissionais. Na origem da palavra pode ter havido influência de *karr*, raiz pré-romana cujo significado é carvalho, madeira utilizada na construção de cadafalsos.

CARREATA de carro, do latim *carrus*, carro, semelhante à carroça. É de origem gaulesa, tanto que na França surgiram a *charrue* e a *charrette*, palavras formadas a partir de *carruca* e *carruga*, derivadas de *carrus*. A charrete, puxada por um cavalo, é velha conhecida dos brasileiros, mas demorou a dar entrada nos dicionários. Seu primeiro registro é de 1975, pelo *Aurélio*. Os romanos, como fazem os americanos com o inglês, acolhiam palavras de todas as línguas, em velocidade espantosa. Com os despojos dos vencidos, vinham centenas de palavras, logo incorporadas ao latim. Em Roma, o carro preferido era a biga, que tinha este nome por ser puxada por dois cavalos. Biga é redução de *bijuga*, formada a partir de *bijugus*, dois jugos, pois a parelha de cavalos era organizada de modo a garantir a perfeita sincronização das forças, como na junta de bois. Os romanos, entretanto, jamais comemoraram algum triunfo com uma "bigueata". A palavra carreata surgiu no Brasil com a ampla mobilização popular pelas mais diversas questões, após a derrubada da ditadura militar, em 1985. A palavra nasceu por analogia com passeata. Antes de 1964, protestos ou festejos eram feitos a pé, já que o automóvel não era tão popular como passou a ser. Houve célebres passeatas, como a dos 100 mil, objeto do livro do fotógrafo Evandro Teixeira, *1968 destinos 2008: Passeata dos 100 mil*. O livro nasceu de foto famosa, feita durante passeata realizada na Cinelândia, no Rio de Janeiro, dia 26 de junho de 1968. É um registro tão nítido que, quarenta anos depois, foi possível reconhecer os rostos de cem pessoas, que voltaram a ser fotografadas no mesmo lugar. Elas contam no livro o que aconteceu em suas vidas desde então. Os relatos ficam mais claros depois da leitura dos textos de personalidades como Augusto Nunes, Fernando Gabeira e Vladimir Palmeira, que estavam na passeata. Hoje se faz carreata por muitos motivos, mas principalmente para comemorar vitórias esportivas ou fazer campanhas políticas.

CARRO-CHEFE do latim *carrus*, carro, entretanto palavra de origem céltica, e chefe, do francês *chef*, designando o carro que abre ou puxa o desfile, de que é exemplo sua função nas escolas de samba, nos desfiles carnavalescos. Passou depois a designar programas prioritários, de empresas ou de governos, como aconteceu com o programa Fome Zero, carro-chefe do governo do ex-presidente Luiz Inácio Lula da Silva.

CARRO-FORTE as palavras latinas *carru* e *forte* formaram respectivamente carro e forte em português. Com o hífen, foram juntadas para designar um tipo especial de veículo, muito utilizado no transporte de valores. Tem sido item importante nas exigências de presos amotinados quando negociam com as forças policiais em casos de rebelião em prisões. Ainda que blindados, vários desses carros-fortes têm sido perfurados, em razão do poderio cada vez maior das armas utilizadas por assaltantes.

CARRUAGEM do catalão *carruatge*, com a variante *carriatge*, carro de quatro rodas, com suspensão de molas e de tração animal. Um de seus sinônimos, diligência, tornou-se muito conhecido, principalmente depois do filme *No tempo das diligências*, de John Ford, um clássico do faroeste, com John Wayne e John Carradine, entre outros. O veículo ganhou tal denominação porque autoridades usavam este tipo de transporte para suas diligências e averiguações. O título original é *Stagecoach*. *Coach*, presente na denominação, deu coche em português, a mesma grafia do francês. Em alemão virou *Kotsche*, atualmente *Kutsche*. Mas o tipo de veículo com tais características foi inventado na Hungria, na cidade de Kocs. Importado como *szeker Kocsi*, carruagem de Kocs, foi sofrendo adaptações nas diversas línguas e tornou-se conhecido em muitos países europeus depois do casamento do filho de Matthias Corvinus, rei da Hungria e da Boêmia, com uma duquesa de Milão. O brasão da família real era um corvo, *corvus* em latim. A palavra *coach* passou a denominar o treinador, em inglês, porque os primeiros profissionais que orientavam práticas esportivas individuais, o *personal trainer* de hoje, usavam este tipo de carro.

CARTA do grego *chártes*, papel. O francês e o italiano mantiveram a ligação com o latim *littera*, formando *lettre* e *lettera*, respectivamente. Mas o português recebeu carta branca, sem resquício de letra.

CARTA-BRANCA da expressão francesa *carte blanche*, carta branca, de origem militar. Designa autorização de plenos poderes conferida a alguém para executar em nome alheio o que bem quiser. Surgiu nos campos de batalha. Era uma folha branca entregue ao inimigo e assinada pelo comandante dos vencidos para que o vencedor estipulasse os termos da rendição incondicional. Quando a rendição era negociada, a folha vinha igualmente assinada, mas não em branco, e sim com as condições que o vencido fixava para baixar as armas.

CARTA MAGNA do latim *Magna Carta*, literalmente Grande Carta. Foi em 1215 que o rei inglês João Sem Terra outorgou a primeira, fazendo várias concessões aos barões rebelados por causa de seus planos de guerra contra os franceses. Passou a denominar as constituições. Nossa primeira Carta Magna data de 1824. A mais recente foi aprovada pela assembleia constituinte a 22 de setembro de 1988, por 454 votos, com 6 abstenções e 15 votos contra. Nossos constituintes não souberam manter a concisão do rei inglês e, por nossa delegação, escreveram uma *Carta* prolixa, que está sendo reformada desde a inauguração, enquanto a de João Sem Terra continua em vigor com o texto original.

CARTÃO do francês *carton* e do italiano *cartone*, mas com o sentido de papel espesso. Depois veio a designar qualquer papel, em geral retangular, como cartão de visita, cartão de embarque, cartão magnético etc. Os mais conhecidos hoje são o cartão de crédito, o cartão de débito e os cartões amarelo e vermelho, inventados em 1966 pelo árbitro de futebol inglês Ken Aston. Enquanto aguardava abrir o sinal de trânsito numa rua de Londres, ele pensava numa solução para o que acontecera no dia anterior: o juiz alemão Rudolf Kretlein não entendia o que diziam os jogadores argentinos e esses não entendiam o que ele dizia. Os cartões amarelo e vermelho começaram a ser usados na Copa do México, em 1970.

CARTEADO de cartear, verbo formado de carta, do grego *chártes* pelo latim *charta*, papel especial para documentos, correspondências, mapas etc. Carteado designa qualquer jogo no qual são usadas cartas de baralho, onde estão representados e homenageados quatro soberanos famosos: Davi, rei de copas; Carlos Magno, rei de espadas; Alexandre Magno, reis de paus, e Júlio César, rei de ouros.

CARTEIRO de carta, do latim *charta*, folha de papel, folha escrita, mais o sufixo -eiro. Mas o latim *charta* – dito *carta* – é adaptação do grego *khartés*, designando a folha de papel, feita antigamente da entrecasca do papiro, na qual eram escritos correspondências e documentos. Esta antiga origem está presente nas designações do francês *charte* e do espanhol *carta*, embora o francês use *lettre* como variante de *charte*, e o italiano use *carta* para documento e *lettera* para a carta propriamente dita, cuja origem é o latim *littera*, que serviu ao inglês *letter* e ao francês *lettre*. Mas para designar o carteiro, outras línguas recorreram a composições mais complexas. No dia 25 de janeiro é celebrado o Dia do Carteiro e dos Correios e Telégrafos.

CARTEL do italiano *cartello*, diminutivo de carta, com fim de desafiar alguém; e do provençal *cartel*, com significado semelhante. Hoje é mais utilizado para designar ações nefastas de grupos empresariais que combinam preços de produtos, repartindo entre si os mercados por área de atuação. Assim procedendo, eliminam um dos pilares do capitalismo, pois suprimem a livre concorrência. Este é um livro sobre palavras, por isso convém dar nome correto para ações econômicas desse tipo: crime organizado.

CARTOLA alteração de *quartola*, do latim *quartus*, quarto, quarta parte de alguma coisa. Quartola era a quarta parte do tonel. No tonel-padrão cabiam originalmente 957,6 litros, mas primeiramente os vinhateiros e depois os navegadores passaram a usar tonéis bem maiores. O chapéu masculino, de aba estreita e copa alta e cilíndrica, utilizado em solenidades, passou a ser assim designado por semelhar-se com a medida de líquidos. Depois de adotada por gente de hábitos refinados e de prestígio nas cortes, o povo, por deboche, passou a usar o mesmo tipo de chapéu nas diversões, especialmente nos circos. A ironia chegou aos dias de hoje, pois cartola designa também, de forma pejorativa, o dirigente de clubes esportivos, especialmente de futebol, que usa o cargo para ganhar prestígio, poder e dinheiro nas transações que envolvem os jogadores.

CARTUM do inglês *cartoon*, cartum, caricatura, quase sempre acompanhada de frases, envolvendo personagens que nos entretêm e divertem com seu mau ou bom humor, de que são exemplos as criações de Charles Schultz, como *Charlie Brown*, de calças curtas, sempre muito preocupado, e seu cão *Snoopy*, cuja imaginação o leva para lugares distantes. O cão, sempre mais popular do que o menino, é nome de muitos cachorros espalhados pelo mundo, num daqueles casos em que as criaturas são mais importantes do que o criador. O célebre cartunista criou também *Lucy*, uma menina de fala forte, que sabe de tudo, e *Linus*, seu irmão, acompanhado de seu inseparável cobertorzinho azul.

CARTUXA do latim *cartusia*, escrito *carthusia* a partir da Idade Média, designando ordem religiosa fundada por São Bruno, em 1084. De étimo controverso, é provável que se vincule ao latim *carcer*, lugar de onde partiam os carros, e também prisão, masmorra, calabouço. Os monges viviam reclusos. Cartuxa é feminino de cartuxo. Não confundir com cartucho, do italiano *cartoccio*, palavra derivada de carta, papel, designando invólucro, como cartucho de amendoim, de pólvora, de bala etc. Os frades cartuxos, como tantos de outras ordens, especializaram-se não apenas nas coisas de Deus, mas também na fabricação de bebidas, especialmente licores. Um deles leva o nome Cartuxa em francês: *Chartreuse*, que tampouco é cartucheira, e sim convento. O *Chartreuse* verde – há também o amarelo – é feito com 130 ervas maceradas, destiladas e envelhecidas. Chamado de elixir da vida eterna, sua receita está num manuscrito anônimo, entregue aos frades cartuxos franceses pelo Marechal d'Estrées. O farmacêutico do mosteiro, Jérome Malbec, a partir deste manuscrito, criou em 1737 um elixir, consumido inicialmente como remédio, mas que 27 anos depois se transformou num dos melhores licores do mundo. A fórmula é secreta e apenas dois monges a conhecem.

CASAMENTO do latim medieval *casamentu*, ato solene de união conjugal de duas pessoas, visando garantir a estrutura familiar. No Brasil, como em tantos países, o casamento é oficialmente monogâmico. Na Arábia Saudita, por exemplo, a poligamia é autorizada, e alguns árabes podem formar um harém. Nenhum deles, porém, superou até hoje o recorde do rei Salomão, homem justo e de grande sabedoria, que teve 700 esposas e 300 concubinas e ainda encontrou tempo para escrever três livros bíblicos: *Provérbios, Eclesiastes* e *Cântico dos cânticos*. Quando morreu, várias adolescentes aguardavam a vez de serem suas esposas ou concubinas. O lendário rei dos israelitas não teve um final feliz, porque em sua velhice, para agradar a algumas de suas consortes, praticou a idolatria, adorando os deuses de suas amadas. O casamento é putativo quando um dos cônjuges ou os dois foram enganados por causa de sua boa-fé, e neste caso deve ser anulado. É nuncupativo quando são dispensados os papéis e a cerimônia é feita apenas em voz alta com a presença de seis testemunhas, como, aliás, sempre foi feito antes da escrita. Em latim, *nuncupare* é falar em voz alta. De todo modo, ainda hoje, nos casamentos civis e religiosos, antes que o casal assine os papéis correspondentes, responde em voz alta se aceita um ao outro. Nas cerimônias de casamento é comum a execução da *Marcha nupcial*, de Felix Mendelssohn-Bartholdy, compositor alemão de ascendência judaica.

CASAMENTO-JAPONÊS palavra composta cujas raízes estão no latim *casa*, casa, e no japonês *nippon*, Sol nascente, pronunciado Japão, de que derivou japonês. Designa brincadeira de salão de que participam, em filas separadas, rapazes e moças com o fim de iniciarem namoro. O rapaz caminha em silêncio até onde está a moça que escolheu. Esta, se o aprova, oferece-lhe o braço. Do contrário, vira-lhe as costas e ele ruma então para a segunda colocada. A cantada é em silêncio. No Brasil, as moças casadoiras recorrem a Santo Antônio, cuja festa se comemora a 13 de junho, no dia seguinte ao dos namorados. No interior era tradição alguns casamentos serem feitos em delegacias de polícia. Embora o santo tenha tido carreira militar, tendo chegado a tenente-coronel, ele nada tem a ver com tais enlaces forçados. É que houve um episódio em que sua imagem foi dada como decisiva numa vitória sobre franceses luteranos que invadiram a Bahia em 1695. O santo foi incorporado às nossas milícias e depois promovido várias vezes. Espertos recebiam o soldo em seu lugar até que, já na República, em despacho hilário de um ministro da Fazenda, foram suspensos os pagamentos.

CASAR de *casa*, mais -ar. Às vezes o sufixo apenas não basta. Sentindo-se asfixiado pela presença do outro, um dos cônjuges ou os dois, alegando incompatibilidade para respirar um outro ar, que não é este sufixo, preferem a separação. Nas cerimônias de casamento, porém, prometem amar-se na tristeza e na alegria, na saúde e na doença. Ainda no século XIX, os romancistas brasileiros, espelhando a sociedade da época, mostravam que o casamento já não era mais o lugar exclusivo da felicidade amorosa, indicando que vigoravam outras formas de amor, como o concubinato, a mancebia ou o ajuntamento dos namorados pura e simplesmente. Ou o rolo, lide amorosa que existe no Brasil desde seu alvorecer.

CASPA de procedência controversa. Pode ser de origem pré-romana ou ter vindo do árabe *hasseba*. Designa escamação da pele da cabeça. Estar cheio de caspas, em Portugal, significa ter muitos problemas.

CASSAR do latim *cassare*, anular, destruir. O verbo está na língua portuguesa desde a segunda metade do século XIII. Não confundir com caçar, também do latim *captare*, captar, pegar, agarrar, vindo ao português com escala no latim vulgar *captiare*, caçar. Neste caso, o "t" tem som de "s" em latim, por isso deu *caçar* e não *catar*, este um verbo radicado em *captare*. Quando foi proposta a cassação de deputados corruptos, flagrados com a boca na botija ou com a mão na massa, recebendo contribuições mensais para votar a favor do governo, o deputado José Thomaz Nonô avisou: "A mim não interessa se era mensal, semanal, semestral ou episódico. O que importa é que o sujeito recebeu dinheiro para mudar seu voto, mudar de partido, apoiar o governo, e isso é motivo mais que suficiente para cassar."

CASTELHANO do espanhol *castellano*, natural ou habitante do reino de Castela, na Espanha. Designa também a língua falada e escrita naqueles domínios, tendo depois se espalhado por todo o território espanhol e nos vice-reinados da América do Sul, principalmente no Uruguai e na Argentina. Os reis católicos Fernando II e Isabel II, ele, rei de Aragão, ela, rainha de Castela, ao contraírem matrimônio, unificaram a Península Ibérica, expulsaram dali os mouros, apoiaram a Inquisição e financiaram a descoberta da América. Cunharam moeda de ouro que tinha o nome de *castellano*, castelhano. Um *castellano* valia na época 25 reales, reais. Ambos morreram muito jovens.

CASTELO do latim *castellu*, residência imponente e fortificada, destinada a ser residência da aristocracia e de autoridades políticas e eclesiásticas. Os papas há muito tempo desfrutam de um castelo como residência de verão, o de Gandolfo. Geólogos ingleses descobriram, em fins de 1994, que dois castelos da rainha Elizabeth II, o de Windsor e o de Balmoral, têm petróleo e ouro nos respectivos subsolos. Quem sabe aquela casa real agora possa explorar algo mais do que impostos para se manter? O escritor brasileiro Luiz Antonio de Assis Brasil publicou uma série de três romances com o título de *Um castelo no pampa*. O castelo do título existe ainda hoje e está situado no distrito de Pedras Altas, no município de Pinheiro Machado, no Rio Grande do Sul.

CASTRISMO de um dos sobrenomes do ex-presidente de Cuba, Fidel Castro Ruiz, líder dos revolucionários que tomaram o poder pelas armas em 1959 e nunca mais o deixaram. O castrismo é a teoria ou a aplicação dos métodos semelhantes aos que ele empregou no exercício do poder. Fidel formou-se em Direito pela Universidade de Havana, aos 24 anos, e encarregou-se da própria defesa quando foi preso, em 1953. Apesar de condenado a 15 anos de prisão, sua defesa resultou num livro célebre, *A história me absolverá*. Dois anos depois foi anistiado e quatro anos mais tarde chegava ao poder. Fidel Castro nasceu em 1926, dia 13 de agosto, uma sexta-feira.

CATACRESE do grego *katáchresis*, catacrese. Servimo-nos de catacreses todos os dias na linguagem coloquial, sem nos darmos conta disso, como nas expressões barriga da perna, boca do fogão, dente de alho, perna da mesa. Consiste na transferência de sentido de uma palavra à outra, em razão de significados semelhantes. Nem sempre percebemos que o sentido é figurado. Com efeito, como lembrou o Barão de Itararé, não "onibusamos", nem "avionamos", nem "trenzamos", preferindo sempre embarcar nos veículos, ainda que não sejam barcas, canoas ou navios.

CATACUMBA do grego *kata*, debaixo, e *kymbe*, escavação, que passou ao latim tardio como *catacumba*, de onde chegou ao português, designando galerias subterrâneas de Roma em cujas paredes eram enterrados os mortos e onde os adeptos do cristianismo se refugiaram das perseguições nos primeiros séculos. Calcula-se que ali foram enterrados cerca de dois milhões de cristãos. A partir do século V, uma vez consolidada a nova religião, as catacumbas deixaram de ser lugares de enterro e os corpos passaram a ser trasladados para igrejas, como a de São Praxedes, que recebeu as relíquias de 2.300 mártires. Vários desses santos chamam-se Vítor ou Félix, não porque fossem estes os seus nomes, mas porque nos locais onde foram originalmente sepultados estavam inscritas as palavras latinas *victor*, vencedor, e *felix*, feliz, para indicar que os defuntos ali postos eram vencedores e felizes porque tinham obtido a glória celeste por meio dos martírios sofridos.

CATALÃO do espanhol *catalán*, habitante ou o que se qualifica como da Catalunha, uma das províncias espanholas onde se fala o catalão. Barcelona, o time que se tornou campeão do mundo ao vencer o Santos em Tóquio, em 18 de dezembro de 2011, tem o mesmo nome da capital da Catalunha e até 2011, em vez de receber publicidade nas camisas, pagava para ostentar as letras UNICEF, iniciais inglesas de *Fundo das Nações Unidas para a Infância*. Todavia, a partir de 2011, o time catalão passou a ostentar também *Qatar Foundation*, Fundação Qatar, uma organização não governamental, entretanto mantida com verbas do governo do Qatar.

CATALISAR de catálise, do grego *katálysis*, dissolução, por influência do francês *catalyser*, com o acréscimo de -ar, partícula formadora de verbos a partir de substantivos, como analisar, de análise; psicanalisar, de psicanálise; telefonar, de telefone; e tantas outras. A palavra chegou ao grego com influências do indo-europeu *kat*, abaixo; e *lyein*, soltar, e *leu*, cortar, dividir. A palavra foi criada pelo cientista sueco Jöns Jacob Berzelius. Ele observou que em várias reações químicas havia um fator comum: algumas substâncias permaneciam inalteradas durante o processo em que tinham influência. Ele chamou tal força de catalítica. A teoria de Berzelius foi demonstrada pelo químico alemão Johann Wolfgang Döbereiner, ao acender hidrogênio por catálise com uma esponja de platina. O ácido sulfúrico oferece outro exemplo: ele é obtido pela catalisação de dois elementos que, em velocidade acelerada, obtêm a transformação do dióxido de enxofre em trióxido. A catalisação dá-se pela presença de platina quente ou de pentóxido de vanádio, que são os catalisadores da reação. O *Aurélio* informa que vanádio é o "elemento de número atômico 23, metálico, cinzento, duro, leve, usado em ligas especiais e como catalisador". É preciso acrescentar, porém, a poesia da invenção: Nils Gabriel Sefström, o sueco que o descobriu, aluno de Berzelius, estudava a fragilidade do aço quando percebeu o novo elemento. Deu-lhe o nome latino *vanadium*, para homenagear a deusa Vanadis, do panteão escandinavo. Em sentido figurado, dá-se catálise também quando um escritor escreve ouvindo música e esta funciona como incentivo à inspiração: neste caso, a música desempenha ação catalisadora. Beethoven continua o mesmo que foi antes, mas o escrito, não.

CATAPULTA do latim *catapulta*, que foi como os latinos grafaram o vocábulo grego *kapéltes*, denominação de um aparelho de guerra muito usado na Antiguidade para lançar pedras, às vezes de grande tamanho, contra fortificações inimigas. Designa também um engenho de porta-aviões com a função de ajudar na decolagem por meio de cargas explosivas, ar comprimido ou vapor.

CATARATA do latim *cataracta*, por sua vez vindo do grego *kataráktes*, que se atira para baixo, como na forma verbal *katarásso*, "eu me precipito". A palavra tem no grego também o sentido de fechar. Como a medicina da antiga Grécia atribuísse à queda do humor a conhecida moléstia dos olhos, catarata chegou até nós com os dois significados, designando doença oftalmológica e quedas d'água. Entre as mais famosas no mundo estão as do Rio Iguaçu, um dos maiores atrativos do turismo brasileiro. Correm o risco de ficar apenas nos cartões postais que as celebrizaram. Biólogos, geólogos, engenheiros florestais e técnicos de instituições ambientalistas ligadas à Universidade Federal do Paraná (UFPR) calculam que poderão desaparecer se persistirem os níveis de degradação atualmente observados.

CATÁSTROFE do latim *catastrophe*, por sua vez tirado do grego *katastrophé*, ambos com o significado de reviravolta. Entre os gregos designava o momento em que na tragédia clássica um acontecimento decisivo esclarecia as ações e restabelecia o equilíbrio. Foi também a primeira designação para terremoto. Depois o sentido generalizou-se para outras desgraças igualmente extraordinárias, de efeitos devastadores.

CATASTROFISMO derivação de catástrofe, vindo do grego *katastrophé*, e chegando ao latim como *catastrophe*, ambos designando o momento decisivo da tragédia clássica, em que as ações eram esclarecidas. Mas o uso mais frequente de catástrofe em português ficou sendo o de calamidade, desgraça. Daí ter sido um dos muitos neologismos criados pelo ex-presidente Fernando Henrique Cardoso. Catastrofismo, segundo o ex-presidente, indica uma situação adversa desejada por pessoas agourentas que torcem para dar tudo errado na economia e na vida nacionais.

CATA-VENTO do latim *captare*, buscar, pesquisar, pegar, e *ventus*, vento, movimento do ar. O vento foi sempre símbolo de inconstância. Cata-vento designa instrumento para determinar a velocidade do vento, aferida pelos ponteiros, e a direção, pela grimpa. Denomina-se também cata-vento o aparelho montado sobre torre metálica para utilizar a força do vento para puxar água de poços. No interior é ainda frequente a figura de um galo para indicar a direção do vento.

CATEDRAL da expressão francesa *église cathédrale*, igreja principal de uma diocese. No latim medieval, a cadeira em que se sentava alguma autoridade, do padre ao bispo, era *cathedra*, palavra vinda do grego *kathedra*, cátedra, onde se sentava o professor, daí catedrático para designá-lo, ainda hoje presente na língua portuguesa e em muitas universidades. O principal templo cristão é a catedral de São Pedro, em Roma, construída em 326, sob o reinado de Constantino I, o Grande, reconstruída a partir de 1506 por Donato D'Agnolo, mais conhecido como Bramante, continuada por Michelangelo Buanorroti e Carlos Maderno, e adornada de colunas externas por Giovanni Lorenzo Bernini. É também conhecida como basílica, do latim *basilica*, palavra radicada no grego *basilikés*, real, principal, do rei. Entre os antigos romanos, designava edifício público, coberto e retangular, com três naves separadas por colunas, abrigando os mercados e os tribunais. Era ali que se reuniam comerciantes, fregueses e outras pessoas que queriam conversar. Ainda antes da decadência do Império Romano, a Igreja apropriou-se desses locais e também dos edifícios, adaptando-os aos cultos cristãos. Na Idade Média, basílica já designava apenas igrejas e catedrais, e não mais os prédios civis. As maiores catedrais do mundo foram construídas nos primeiros séculos do segundo milênio, como as de Notre-Dame, de Chartres e de Reims, todas na França. Esta última é conhecida como a Catedral do Sorriso, a única do mundo onde São José aparece sorrindo ao lado do sacerdote Simeão, que está ladeado por Maria com Jesus no colo e a profetisa Ana. Outra catedral muito famosa é a de Colônia, na Alemanha, que começou a ser construída no século XIII, no mesmo lugar de um templo romano do século IV, e levou mais de seiscentos anos para ser concluída. Com duas torres de 157 m de altura, foi durante muitos anos o prédio mais alto do mundo.

CATEQUESE do grego *katéchesis* e do latim *catechese*, ambos com o significado de instrução disciplinada, que leva à inculcação de alguma doutrina. A catequese praticada pelos primeiros missionários no Brasil foi a única forma de instrução no século do descobrimento. Dois padres jesuítas destacaram-se nessa atividade: José de Anchieta e Manuel da Nóbrega. O poeta catarinense Lindolfo Bell deflagrou na década de 1960 importante movimento literário conhecido como Catequese Poética, visando persuadir pela poesia, declamada em saraus modernos.

CATILINÁRIA do nome do pretor, questor e governador da África, Lúcio Sérgio Catilina. No Senado romano, Marco Túlio Cícero proferiu as suas célebres catilinárias contra ele, e os seguidores foram condenados à morte e executados, o que gerou grande controvérsia, pois o Senado não tinha poderes para isso. Catilina morreu em combate, enfrentando os inimigos. Anos depois – quem com ferro fere, com ferro será ferido – Cícero também foi assassinado. Trechos das *Catilinárias* são ainda hoje citados com frequência em cursos de Direito, como este: "Oh tempos, oh costumes! O Senado tem conhecimento destes fatos, o cônsul tem-nos diante dos olhos; todavia, este homem continua vivo!"

CATIMBA de origem controversa. Provavelmente africana ou do tupi-guarani, onde *catimbau* é cachimbo. Catimbar é matar o tempo que deveria ser utilizado no jogo efetivo. O pior é quando o juiz também catimba, evitando aplicar-se com isenção em jogos decisivos.

CATORZE do latim *quattuordecim*, catorze. Por influências do latim, escreve-se também *quatorze* em português, mas os dicionários recomendam catorze, mais de acordo com a forma como pronunciamos este numeral. Contudo é de se notar que quatorze segue o padrão dos números que o antecedem e que o sucedem, que deixam implícito o étimo latino, de que são exemplos os vizinhos, treze, do latim *tredecim*, vale dizer três e dez, e quinze, igualmente do latim *quindecim*, cinco e dez, que apresentam a redução de *decem*, dez, em *decim*, para designar os numerais que vão de onze a dezenove.

CATRE do malaiala *kattil*, cama pequena que servia de apoio aos pés. Antigamente teria significado o trono dos reis de Malabar. Passou a ser pronunciado *catele*, depois *cátere*, e finalmente *catre*. João Ribeiro utiliza o vocábulo em *O crepúsculo dos deuses*: "Dali saiu, não para achar no rude catre o sono da hora que ainda restava à noite."

CAUÇÃO do latim *cautione*, declinação de *cautio*, caução, cuidado, cautela, da mesma raiz do verbo *cavere*, tomar cuidado, precaver-se. Provavelmente a raiz remota é o latim *cotis*, genitivo de *cos*, ponta de rochedo, designando também pedra de amolar, em ambos os casos as primitivas origens dos cuidados a tomar contra invasores e inimigos. Passou a designar garantia, penhor, depósito prévio em dinheiro ou outra modalidade definida em lei para garantir que determinada obrigação seja cumprida. Precaução, do latim *precautione*, antônimo de descuido, tem sentido semelhante, embora metafórico, consistindo em pensamento, palavra ou ato preventivos, visando evitar prejuízos ou malefícios.

CAUDILHO do espanhol *caudillo*, chefe militar, que depois passou também a chefe político. Vencedores dos conflitos em campos de batalha, os caudilhos tomavam depois também o poder político. Chefes militares, tendo arrebatado o poder Executivo, por vezes acumulando como ditadores o Legislativo e o Judiciário, foram designados caudilhos a partir do Brasil meridional, por influência dos países hispano-americanos, principalmente Argentina, Paraguai e Uruguai. A origem remota é o latim *caput*, cabeça, cujo diminutivo é *capitellum*, que no espanhol se tornou *cabecilla*, cabecinha. Os caudilhos foram varridos da cena política com a modernização, principalmente pelas novas conquistas tecnológicas que impossibilitaram antigas práticas de exercício do poder, de que são exemplos o rádio, os jornais e a televisão. O escritor Josué Guimarães espelhou a mudança no romance *Os tambores silenciosos*, que situa na alegórica Lagoa Branca, cujo caudilho local impede a entrada do jornal *Correio do Povo* no município e busca o controle da imprensa, fazendo com que haja retorno à galena, rádio primitivo, assim chamado por usar o cristal galena para captar apenas emissoras próximas. As renovadas tentações presentes da Lei da Mordaça, com que se busca hoje controlar a Imprensa e o Ministério Público, ora requentadas, têm antecedentes antigos e igualmente deploráveis. Não é possível que para podar previsíveis exageros aqui e ali tenha que se recorrer à censura mais uma vez.

CAVAQUINHO do diminutivo de *cavaco*, de acordo com vários dicionaristas. O tamanho do instrumento musical teria sugerido pequena lasca de madeira. Tal hipótese oferece a complicação de cavaco já significar fragmento de lenha, acha, o que resultaria em duplicação. É mais provável que tenha vindo de cavaca, do latim *cava*, escavação em pedra, madeira, terra. Cavaca já existia na língua portuguesa no século XIII. Consolidou-se no masculino, no século XIX. Muito antes de vir para o Brasil, era conhecido em Portugal também por outros nomes: braga, braguinha, machete. Ao lado da flauta e do violão, o cavaquinho integra o conjunto básico do choro, música de caráter sentimental, cujos tons plangentes e tristes foram decisivos para a denominação, utilizada também no diminutivo chorinho. A partir de 1880, modestos funcionários dos Correios e Telégrafos, da Alfândega e da Estrada de Ferro Central do Brasil reuniam-se nos subúrbios cariocas para cantar, acompanhados pelos três instrumentos. Ninguém mais do que o cantor e compositor Nelson Antônio da Silva encarnou tamanha dedicação ao instrumento. Por isso, era mais conhecido como Nelson Cavaquinho, cujo pai tocava tuba na banda da Polícia Militar do Rio de Janeiro. O apelido surgiu em 1928, numa vila operária da Gávea, onde se destacava nas rodas de choro dos empregados de uma fábrica de tecidos. Entre suas músicas estão *Quem chora sempre tem razão*, *Juízo final*, *Folhas secas* e *Entre a cruz e a espada*, seu primeiro samba.

CAVEIRÃO de caveira, do latim *calvária*, de *calvus*, calvo, desprovido de cabelos, designando a cabeça descarnada. Como a pequena elevação nos arredores de Jerusalém onde foi crucificado Jesus era um monte sem vegetação, era conhecido pelos judeus como Gólgota, crânio, significado que se ampliou depois dos graves eventos ali ocorridos. Na língua portuguesa, a palavra caveira ensejou duas expressões: "querer ver a caveira" e "fazer a caveira", nos dois casos indicando falas e ações que intrigam, denunciam, prejudicam alguém. Já associada a animais, tem significados diferentes: caveira de boi, afixada em cercas ou plantações, protege de mau-olhado; caveira de burro indica fraude ou má sorte. Já caveirão, palavra formada do aumentativo de caveira, surgiu para designar um carro blindado da Polícia Militar do Rio de Janeiro, utilizado especialmente nas incursões realizadas em favelas onde se homiziam bandidos muito bem armados. O carro tem localizador por satélite, câmeras externas que transmitem as imagens para um vídeo na cabine, onde os policiais acompanham o que se passa do lado de fora. Caveirão já está registrado no *Dicionário Aulete Digital*.

CAVERNA do latim *caverna*, caverna. No latim a palavra foi formada a partir de *cavus*, cavado, côncavo, e por isso designava não apenas as cavidades subterrâneas, mas também a abóbada celeste. No Vale do Ribeira, em São Paulo, no município de Iporanga, está a maior concentração de cavernas do mundo e por isso a região é constantemente visitada por espeleólogos, como são denominados os profissionais que pesquisam essas formações. Tal denominação tem origem grega: *speleos*, caverna, e *logos*, estudo. Iporanga significa, em tupi-guarani, rio bonito, pela formação *y*, rio, água, e *poranga*, bonito. Localizam-se nesse município as maiores cavernas do Brasil: a Casa de Pedra, cuja entrada mede 215 m de altura, e o Abismo do Juvenal, com 252 m de profundidade.

CAVIAR o nome desta finíssima iguaria, feita com ovas do esturjão, pode ter vindo do turco *khawyar*; do italiano *caviale* e daí para o francês *caviar*. Ou das formas gregas *kauiari* e *kabiárin*. A evolução semântica não lhe afetou o sabor. Comer caviar é apenas um aperitivo da riqueza.

CBF sigla de Confederação Brasileira de Futebol, sucedânea da antiga CBD, Confederação Brasileira de Desportos. É a entidade que administra nacionalmente o futebol, sobrepondo-se às federações estaduais. A sigla é encimada por cinco estrelas, alusivas ao fato de o Brasil ser pentacampeão mundial de futebol.

CÊ redução de você, por sua vez já redução de outros pronomes de tratamento como vossa mercê, vossemecê, vosmecê. No conto *A terceira margem do rio*, de Guimarães Rosa, ao ver o marido abandonar a família, sua mulher, como a querer livrar-se dele inteiramente, manda-o embora por partes, dizendo: "Cê vai, ocê fique, você nunca mais volte!"

CEBOLA *caepulla, cipolla, cebolla*, em latim, italiano e espanhol, nessa ordem, foi o caminho percorrido pelo vocábulo que designa esta planta, cujo bulbo, à semelhança do alho, é muito usado na alimentação. Servia também para nomear os antigos relógios de bolso que, quando muito grandes, eram chamados de cebolões. Esta liliácea tem-se prestado também a outras metáforas, como aquela que a compara aos holerites: ao abrir uma e outro, a pessoa pode ser atacada de forte emoção, capaz de levá-la às lágrimas.

CD do inglês, abreviatura de *compact disc*, disco compacto. A música é gravada em depressões num disco compacto e depois decifrada por meio de lentes especiais em aparelho apropriado, por um raio *laser* de baixa potência.

CEDEBÊ das iniciais de Certificado de Depósito Bancário, formou-se CDB, designando tipo específico de aplicação financeira oferecida pelos bancos, constituída de papéis que só podem ser resgatados em prazos anteriormente acordados com o cliente.

CÉDULA do latim *schedula*, folhinha de papel, diminutivo de *scheda*, folha de papiro. Foi o tamanho do papel utilizado que resultou na adoção do vocábulo. Assim chamamos o papel com os nomes dos candidatos nas eleições, mas o vocábulo serve como variação de carteira (de identidade), título (hipotecário, pignoratício, testamentário), aplicando-se também ao dinheiro, como sinônimo de nota. Entretanto, uma cédula preta não tem os mesmos eflúvios de uma nota preta.

CEGO do latim *caecus*, cego, privado da visão, tendo também, já na antiga Roma, o significado de louco, insano, como aparece na palavra obcecado, de domínio conexo, designando quem perdeu a razão sobre tema específico. Em tal caso, o indivíduo equilibrado pode tornar-se cego diante de determinados assuntos. A junção entre cego e louco aparece em verso conciso e preciso de *Folhas caídas*, mais curto do que o nome do grande poeta português João Batista da Silva Leitão de Almeida Garrett: "Loucura! Ai, cega loucura!" No livro *Autópsia do medo*, o jornalista Percival de Souza documenta antigo rumor dando conta do namoro entre o famigerado delegado Fleury e a jornalista Eleonora Rodrigues Pereira. Num dos bilhetes que trocou com ela, em 17 de julho de 1978, diz o torturador: "Estou com muitas saudades de você e de tudo o que costuma fazer comigo. Acho que o que eu quero você já sabe." A loucura de ambos pode ser vista também nos desenhos incluídos no bilhete em que aparece uma figura dizendo à outra: "Desde que conheço você tenho sentido coisas que nunca senti antes." Entre suas vítimas mais ilustres, muitas das quais morreram sob suas ordens, estão o deputado federal e depois guerrilheiro Carlos Marighella e o frade dominicano frei Tito de Alencar Lima, que jamais se livrou do fantasma do delegado que o torturou, tendo se suicidado na França, onde vivia exilado.

CEIA do latim *cena*, ceia, jantar. A ceia de Natal, a 24 de dezembro, além de festa religiosa, é motivo de confraternização familiar. Integra as comemorações natalinas, ao lado da árvore e do presépio. A árvore de Natal deriva de antigos costumes chineses, egípcios e hebreus, que consideravam o verde como símbolo de eternidade, baseando-se evidentemente nas renovações da natureza. Enfeitada de luzes e cores, tornou-se emblema dessa festa em quase todas as culturas. Quanto à ceia, o costume consolidou-se depois que foi instituída também a *Missa do Galo*. Como a maioria das pessoas comungava nessa missa, era preciso guardar jejum antes dela e por isso a ceia se realizava depois, já pela madrugada.

CEITA de Ceuta, cidade da África. Quando da famosa batalha que resultou em sua tomada, em 1415, o rei português Dom João I mandou cunhar moeda comemorativa. A cidade fora antigamente denominada Ceita. Um ceita valia dez réis e era este o tributo pago por quem não quisesse servir na África. Posteriormente o vocábulo evoluiu para ceitil.

CELEBRIDADE do latim *celebritate*, declinação de *celebritas*, multidão, grande número. Na antiga Roma designou originalmente as honras fúnebres e os cultos, ocasiões de afluência de grande público. Modernamente aplica-se a pessoas famosas por seus feitos, em geral artísticos e esportivos, quando são tratadas como ídolos por multidões de admiradores em todo o mundo. As primeiras grandes celebridades do cinema foram construídas por judeus europeus que fugiram para os EUA na primeira metade dos anos 1900. Muitos deles transformaram-se em competentes empresários culturais, consolidando o chamado *show business*. Mas nem todos gostam de ser célebres. O ator Harrison Ford, ainda um símbolo sexual, assim definiu a celebridade: É a pústula que acompanha o sucesso". Sem tal pústula, porém, seus filmes não renderiam a fortuna que rendem. E de onde ele tiraria os 150 milhões de dólares que reuniu para investir em 25 regiões de grande biodiversidade no mundo, algumas delas situadas no Brasil?

CELESTE do latim *caeleste*, relativo ao *caelum*, céu, morada dos deuses, designando também, por conotação, formas assemelhadas à abóbada celeste, como o céu da boca. Por extensão, passou a designar seres e coisas semelhantes aos deuses, sobrenaturais. Era também o nome da deusa púnica que os gregos chamavam Urânia. É nome de mulher em português e em espanhol, no qual também se usa o diminutivo *Celita*. Também a cor azul tem a designação de celeste. É por isso que a seleção uruguaia de futebol tem o epíteto de celeste olímpica. Na noite iluminada e fria do Natal, os pastores veem mais do que estrelas no céu: "De súbito, uniu-se ao anjo uma multidão dos exércitos celestes, que louvavam a Deus e diziam: glória a Deus nas alturas e paz na terra aos homens de boa vontade." Também o anúncio da gravidez da Virgem fora feito por um anjo. Anjo significa mensageiro, como indica o étimo grego *angelos*, em latim *angelus*.

CELEUMA do grego *kéleuma*, pelo latim *celeuma*, comando, ordem, grito. No grego designava o canto cadenciado do chefe dos remeiros para sincronizar o movimento dos remos. No latim conservou tal significado e agregou canto semelhante dos trabalhadores das vindimas. Das lides náuticas e da agricultura passou a designar qualquer tipo de vozerio, vindo depois a indicar discussão acalorada, constituindo-se em sinônimo de polêmica. Aparece em *Luís de Camões*, de Aquilino Ribeiro: "No meio do rebuliço, celeuma e insensatez geral, ninguém fazia caso do poeta." O cantor Djavan tem uma música com o título de *Celeuma*: "encrencado, acusado/ por uma falta que não condiz,/ eu prefiro morrer/ a dar ouvido a celeuma/ e lhe perder."

CELIDÔNIA do grego *chelidónion*, e do latim *chelidonia*, designando erva-andorinha, andorinha e pedra preciosa. Em textos latinos é referido um colírio feito com o suco dessa planta. Os romanos acreditavam que no ventre das andorinhas novas era encontrada uma pedra que tinha poderes terapêuticos. Em Portugal era crença antiga que a tal pedra serviria às andorinhas para abrirem os olhos dos filhotes nascituros ou restituir-lhes a visão quando alguém os cegasse nos ninhos, servindo também aos homens para tratamento de suas doenças oculares.

CELTA do latim *celta*, mais usado no plural *celtae*, os celtas, povo indo-germânico do centro-sul da Europa que se espalhou por territórios hoje conhecidos por Espanha, Portugal, Reino Unido etc. Eles falavam línguas como o gaélico, o britânico e o cúmbrico. Entre os celtas, tinham grande poder os druidas, intelectuais e conselheiros, que cultivavam a música e a poesia. Dividiam-se entre bardos (cantores e poetas) e ovates (médicos, magos e astrólogos). Alegavam conversar com os mortos e prever o futuro. Festividades modernas como o *Haloween* (Dia das Bruxas), Dia de Todos os Santos e Dia de Finados foram invenções dos druidas. O mais conhecido deles é o mago Merlin, personagem do lendário rei Artur. A formação de um druida durava 19 anos, ciclo definido pelo astrônomo grego Méton, autor do célebre ciclo lunissolar, quando os calendários solar (365 dias) e lunar (354) se conciliam.

CÉLULA-TRONCO de célula, do latim *cellula*, diminutivo de *cella*, aposento pequeno, de que são exemplos a cela de monges e monjas nos conventos e a dos presidiários. Na Biologia, designa a unidade estrutural básica dos seres vivos; e tronco, do latim *truncus*, parte principal de corpos e árvores. A célula-tronco é aquela que continua a dividir-se indefinidamente, gerando outras células, capacitando-se assim a gerar e reparar tecidos e órgãos. Uma das pesquisas mais avançadas neste campo é feita na Universidade Federal do Rio de Janeiro (UFRJ) por Regina Coeli Goldenberg. Seu trabalho tem uma novidade a mais: ela utiliza sangue menstrual. Cada vez mais percebemos que a cura está dentro de nós mesmos , afirmou ao jornal Extra, acrescentando: O transplante de medula óssea, por exemplo, já existe há quatro décadas. Sobre o sangue a ser utilizado, disse: Uma solução simples que estava debaixo do nosso nariz, mas que, talvez até por preconceito, não era considerada. Em futuro próximo, segundo a professora, as células-tronco serão injetadas em enfartados, pessoas com doença de Chagas ou que sofrem de cirrose." O plural de célula-tronco pode ser células-tronco ou células-troncos, as duas formas são corretas. Dado o tamanho dos cubículos onde vivem os condenados nos cárceres, cadeias e ergástulos brasileiros, deveriam chamar-se células e não celas. Nos templos pagãos, cela era o recinto onde estava guardada a imagem da divindade. Na informática, célula equivale a um *bit*, o que veio a influenciar a denominação do telefone móvel, no Brasil conhecido como telefone celular. A célula designa unidade microscópica estrutural e funcional dos seres vivos, constituída fundamentalmente de material genético, citoplasma e membrana plasmática , de acordo com a definição do *Dicionário Houaiss*. As células dos representantes dos cinco reinos de seres vivos apresentam estruturas características. Tronco veio do latim *truncus*, tronco, aplicado a tronco da árvore, do corpo humano, tendo também o sentido de mutilado, quebrado, donde o sinônimo truncado, do verbo truncar, "cortar ou retirar partes fundamentais", segundo o *Dicionário Aulete*. As células-tronco, também conhecidas como células-mãe ou células estaminais, têm capacidade de produzir células semelhantes às progenitoras, daí o sentido de *cellula-mater* ou célula-mãe. A polêmica que as envolve nasce de que as células-tronco dos embriões podem transformar-se em outras coisas. Embora esteja sendo enfatizado pela mídia que existe a grande vantagem de poderem se transformar em outros tecidos do corpo, a repartição dos embriões, mediante manipulações adicionais, pode resultar tanto em ossos, nervos, músculos, sangue etc., como também em novos seres, diferenciados, sem quaisquer vínculos na aplicação terapêutica no combate a doenças cardiovasculares, neurodegenerativas, diabetes, acidentes vasculares cerebrais, nefropatias etc. O principal objetivo das pesquisas com células-tronco é recuperar tecidos danificados por essas doenças e traumas. São encontradas células embrionárias em vários locais do corpo: no cordão umbilical, na medula óssea, no sangue, no fígado, na placenta e no líquido amniótico.

CENSO do latim *census*, levantamento, registro, estimativa. Na antiga Roma, o censo semelhava-se à Receita Federal e ao IBGE atuais. Por meio do censo, a cada lustro (período de cinco anos) os habitantes de determinada região declaravam ao censor quantas pessoas viviam no mesmo teto, quais os bens, os rendimentos e outras informações relevantes. Segundo o *Evangelho de Lucas*, um censo do Império Romano coincidiu com o primeiro Natal. Mesmo morando em Nazaré, José e Maria foram a Belém, cidade de seu ancestral Jessé, pai de Davi, para cumprir a ordem do imperador César Otaviano Augusto, que baixara um edital ordenando um recenseamento geral: "Naqueles dias, saiu um édito de César Augusto para descrever todo o mundo." As hospedarias da pequena vila estavam lotadas e por isso eles se abrigaram numa gruta, onde Maria deu à luz o menino Jesus.

CENSURA do latim *censura*, censura, condenação. Originalmente, a censura consistia em atividade do censor romano, encarregado de realizar o censo da população, policiando também seus usos e costumes. Consolidou-se, porém, em nossa língua como sinônimo de repreensão, proibição. São Paulo manifestou-se contra a censura numa de suas catorze epístolas: "Não extinguais o espírito, não desprezeis as profecias, mas examinai tudo, retendo o que é bom" (I Tess 5, 19-21).

CENTENÁRIO do latim *centenariu*, centenário, século, centúria, espaço de cem anos, subdividido em dez décadas ou vinte lustros. Em 1996 foi comemorado o centenário de nascimento do escritor Scott Fitzgerald, autor de quatro notáveis romances: *Este lado do paraíso*, *Belos e malditos*, *Suave é a noite* e *O grande Gatsby*. Este último ambienta-se na era do jazz, nos anos 1920, nos EUA, e narra a paixão de um ricaço por uma mulher casada. Foi transposto para o cinema com Robert Redford no papel-título.

CENTÚRIA do latim *centuria*, centena, designando também conjunto de cem cidadãos romanos ou cem membros das milícias romanas. Consolidou-se, porém, como sinônimo de século. *Centúrias* é o título da obra do visionário Nostradamus, a quem são atribuídas diversas profecias que deram certo. Ele morreu inédito, mas a partir do século XVII, depois de concretizadas duas de suas previsões – a decapitação de um rei inglês e o incêndio de Londres –, o autor tornou-se campeão de vendas em toda a Europa. Apesar de suas visões aterradoras, que ainda hoje inspiram intérpretes a ver na mais grave delas o fim do mundo num grande incêndio universal, Nostradamus era um gozador. Previu, porém, sua própria morte. Escreveu em francês arcaico, pleno de citações em grego e latim e, além disso, identificou personagens por meio de anagramas. Prevendo a expansão nazista, escreveu: "Um capitão da grande Germânia age como se quisesse levar ajuda ao Rei dos Reis. Recebe apoio das margens do Danúbio. Quantos rios de sangue fará correr com seu movimento."

CERCA do latim tardio *circare*, cercar, erguer cerca, muro ou sebe, formou-se por derivação este vocábulo, depois estendido a muitas metáforas. Em futebol, diz-se do jogador reserva que está na cerca, pronto para substituir o titular quando este não estiver apresentando bom desempenho ou por razões táticas de escolha do técnico.

CERCA-LOURENÇO de cercar, do latim *cercare*, fazer um *circum*, cerco, do grego *kirkós*, anel, ao redor de alguém ou de alguma coisa, e de Lourenço, nome de pessoa, do latim *Laurentius*, habitante de *Laurento*, localidade ligada a loureiro, a árvore de cujos galhos e folhas se fazia a coroa de louros para os vencedores na Roma antiga. Já o nome Lourenço tornou-se comum no português por causa do espanhol Lourenço, cujo martírio consistiu em queimá-lo vivo sobre uma grelha, posta em braseiro ardente, por ordem do imperador Valeriano. Há um bonito quadro do pintor renascentista italiano Ticiano, representando sua execução.

CERCA-VIVA do latim *circa*, cerca, ao redor, mais ou menos, e *viva*, viva, feminino de *vivus*, vivo. Até a invenção do arame, era muito utilizada para cercar propriedades, rivalizando com a taipa. Seu uso atual é mais de ornamentação. Com flores brancas, a cerca-viva, também conhecida como sansão-do-campo, tem espinhos em grande quantidade, como as roseiras. Os troncos são grossos e o fechamento é total: até pequenos animais têm dificuldade para passar ali e raramente conseguem fugir dos cercados. Indevassável desde o chão, tem o efeito de muro. A planta dura meio século, não é tóxica, resiste bem ao fogo e, mesmo depois de queimada, brota de novo, refazendo-se em menos de um ano. Funciona também como quebra-vento.

CÉREBRO do latim *cerebrum*, designando os miolos, o que está dentro da cabeça, o órgão que nos faz pensar, e desde o Renascimento, por metáfora, um centro de organização, pessoal ou institucional, e também o talento, a capacidade de memorizar e interpretar os dados sensoriais recebidos, utilizando-os para criar. Assim, diz-se de um jogador capaz de ver melhor o jogo e de criar jogadas para os companheiros, que é o cérebro da equipe. A mesma metáfora é utilizada para nomear a sede de computadores como cérebro de uma empresa, organização ou país.

CERTAME do latim *certamen*, certame, concurso. A variante *certâmen* está sendo usada cada vez menos. Os certames mais famosos no Brasil são políticos, esportivos ou de entretenimento, mas há outro que todos os anos causa verdadeiro alvoroço: é o vestibular.

CERTIDÃO do latim *certitudo*, certeza, pelo genitivo *certitudinis*. Designa desde o século XIV documento de fé pública, passado por escrivão ou tabelião, para comprovar determinado evento, sendo a mais comum a certidão de batismo, que durante vários séculos substituiu documento civil equivalente. O Estado desconhecia quantos súditos ou cidadãos havia no reino ou na República, mas a Igreja sabia exatamente o número de almas, porque nenhum pároco deixava de registrar nascimentos e óbitos. A primeira certidão de batismo no Brasil foi a de *Katherine du Brézil*, nome civil da índia *Paraguaçu*, mulher do português Diogo Álvares Correia, o *Caramuru*. É a primeira certidão de um brasileiro nato, do sexo feminino, uma balzaquiana *avant la lettre*, batizada no dia 30 de julho de 1528, depois de cerca de 18 anos de casamento, já que o naufrágio do português ocorrera em 1510 e naquele mesmo ano o cacique lhe deu a filha como esposa. A certidão foi feita em francês pelo vigário Lancelot Ruffier. Os compadres chamavam-se Guyon Jamyn e Françoise Le Gonien. A filha do casal, Madalena, primeira brasileira a ser alfabetizada, foi homenageada por meio de um selo que os Correios lançaram no ano de 2001.

CERÚLEO do latim *caeruleum*, da cor do céu. Os poetas preferem a forma *caeruleus*, variante de *caelestis*. *Caelum* é céu em latim, sendo aceitas também as formas *caelus* e *coelum*. Virgílio, na Eneida, a grande epopeia nacional de Roma, diz que o herói Eneias pede aos deuses que o sangue derramado nos ferimentos da guerra seja azul para que ele não seja devorado pelos leões. Os faraós já diziam ter sangue azul como as águas do rio Nilo, contrapondo-o ao vermelho do sangue dos súditos. Quando os navegadores europeus chegaram à China, depararam-se com a expressão "o sangue azul da espiritualidade", surgida no contexto da alquimia chinesa e mesclada a um termo taoísta. Assim como a pureza seria obtida num componente azul de processos químicos, também a alma se purificaria para alcançar o azul do céu. E eles a adaptaram às crenças cristãs. O russo tem a expressão *golubaia krov* (sangue azul).

CESARIANA do latim *caesarea*, de *caedare*, cortar. Vem do francês *césarienne*, derivado do latim *caesares* e *caesones* (de *caedere*, cortar), palavras com que os romanos chamavam as crianças que nasciam por meio desse tipo de intervenção cirúrgica, que substitui o parto natural. Júlio César, estadista e general romano, segundo Plínio, o Velho, também teria nascido por meio de cesariana, daí atribuir-se erroneamente outro tipo de origem a este vocábulo. Plínio, autor de cerca de 37 livros de sua famosa *História natural*, enciclopédia da ciência antiga, comandava a frota de Miseno, promontório italiano que era importante porto na Antiguidade, e foi enviado a Stábia, antiga cidade perto de Campânia, na Itália, para observar a erupção do Vesúvio e ajudar os habitantes de Herculano e Pompeia. As cidades sucumbiram ao vulcão, que matou também o cientista. O estudioso provavelmente enganou-se a respeito do nascimento de César, vez que nas cesáreas ou cesarianas antigas a mãe morria, salvando-se apenas a criança. E a mãe de César, Júlia, faleceu vários anos depois do assassinato do filho.

CESTA do grego *kisté*, pelo latim *cista*, designando utensílio de vime ou de palha trançados, provido ou não de alças, com tampa ou sem tampa, conforme o uso. Atualmente podem ser de plástico, de alumínio etc. Indispensável no basquete, seu fim ali é outro: retardar a passagem da bola para marcar os pontos. A cesta básica designa itens essenciais à subsistência de uma família de até quatro pessoas durante um mês, com produtos alimentares, de higiene, de limpeza etc. Entidades assistenciais também usam essa medida quando distribuem seus donativos. Existem ainda a Cesta de café da manhã e a Cesta de Natal. No grego, *kisté* era variante de *kánastron*, cesta de forma retangular, entretecida com ripas flexíveis, que deu canastra em português.

CÉUS! plural de céu, do latim *coelum*, exclamação de surpresa, susto ou dor, embora no último caso a opção seja algum palavrão. O célebre filósofo alemão Emmanuel Kant, em sua *História geral da natureza e teoria dos céus* – o título da obra já dava uma vaga ideia de sua modéstia investigativa –, escreveu que todos os planetas estão habitados por seres vivos tão mais inteligentes quanto mais afastados do Sol. Esqueceu-se, porém, de registrar que as inteligências são volúveis. O mesmo autor de *Crítica da razão pura* descambou para divagações sem nenhuma base científica.

CHÁ de forma dialetal do mandarim, a língua mais falada na China, *ch'a*, variante do chinês *tee*. *Ch'a* serviu às formas consolidadas no Japão e Indochina, representadas em ideogramas, e dali passadas a Portugal, Grécia e Rússia. Em outros países europeus predominou o holandês *thee*, por influência do malaio *teth*. Chá aparece grafado no português ainda na segunda metade do século XVI. A presença do chá é tão forte na cultura luso-brasileira que se encontra em expressões como "tomar um chá de cadeira", significando ter que esperar muito, ou "Fulano tem falta de chá", indicando alguém desprovido de boa educação. E o Viaduto do Chá, referência da paisagem urbana de São Paulo, é assim chamado porque havia grande plantação de chá-mate no local. *Durante aquele estranho chá* é título de um livro da escritora Lygia Fagundes Telles. Num tom cativante e memorioso, a romancista e contista, espécie de primeira-dama de nossas letras, recorda, em detalhes que se tornaram notáveis marcas de sua ficção, um célebre encontro com o escritor Mário de Andrade durante um chá que ambos partilharam na Confeitaria Vienense, na Rua Barão de Piratininga, em São Paulo. Quando o escritor lhe pergunta pelo namorado, eis o que aconteceu: "Desviei para o bule de chá o olhar confundido, esse assunto não, não hoje! Disfarçadamente limpei os farelos na toalha de linho e desatei a falar nos russos, não podia negar, gostava demais de Dostoiévski e de toda aquela raça. Tinha paixão também pelos nossos românticos. E paixão ainda (encarei-o) pelos seus contos e pela sua poesia, ô! Aquele poema da Serra-do-Rola-Moça, maravilha! E comecei a recitar, sabia o poema inteiro." Lygia tinha 20 anos; Mário, 52.

CHÁCARA do quíchua antigo *chakra*, pelo castelhano *chacra*, pequena propriedade agrícola perto de cidades, onde são cultivados legumes e verduras, e são criados em pequena escala vacas, porcos, galinhas etc. Em geral, é deixada aos cuidados de um caseiro, trabalhador que mora no lugar com a família e mantém a chácara em ordem para visitas esporádicas dos proprietários. Na fala, diz-se também chacra, mas esta palavra tem outro significado e, em vez de feminina, é masculina. Designa instância de energia distribuída ao longo do eixo vertical que perpassa o centro do corpo. Para a ioga, temos sete chacras. Para o budismo, quatro. Nas duas concepções, nossos chacras são ativados pela meditação, ássanas e mantras. *Ássana*, em sânscrito, quer dizer sentado, e *mantra* designa palavras e expressões que, de acordo com rituais específicos, deflagram e estabelecem um estado de contemplação. O diminutivo de chácara, dito chacrinha, por causa da pronúncia "chacra", redução de chácara, marcou para sempre o rádio e a televisão, desde que Abelardo Barbosa de Medeiros, mais conhecido como Chacrinha.

CHACINA do latim *siccina*, seca, elipse de *caro* (carne) *siccina* (seca), abate e esquartejamento de animais, principalmente de porco ou gado *vacum*. No português medieval, o porco, doméstico ou do mato, era chamado *chacim*. Passou depois a designar massacres de soldados e mais tarde também de civis. Uma das mais lendárias chacinas da História, entretanto, misturou-se com aspectos lendários. Foi a dos inocentes, as crianças executadas a mando do rei Herodes Antipas, enganado pelos magos, que lhe tinham prometido contar o lugar exato onde havia nascido Jesus, a cuja localidade, Belém, chegaram seguindo uma estrela. O tetrarca – governava quatro províncias – pedira-lhes ardilosamente que, depois de encontrarem o menino, anunciado como o rei dos judeus, voltassem a Jerusalém e lhe contassem para que ele fosse também adorá-lo. Descobrindo suas malévolas intenções, os magos tomaram outro caminho na volta. E o rei crudelíssimo, impedido de identificar o predestinado, mandou matar todas as crianças com menos de dois anos de idade, o que teria resultado na morte de 2.000 crianças, segundo cálculos de historiadores. Sobre o tema há um quadro muito bonito do pintor Daniele da Volterra, amigo de Michelangelo Buonarroti.

CHACOTA do castelhano *chacota*, palavra formada do ruído emitido por quem ri a bandeiras despregadas, designando originalmente antiga dança, alegre e agitada, acompanhada de versos satíricos e ditos burlescos. No português atual, é sinônimo de zombaria, deboche, troça, quando se faz pouco caso de alguém ou de alguma coisa, o que os mais jovens entendem como "tirar sarro", na verdade uma tarefa higiênica, pois sarro designa a borra de vinho que fica no fundo da garrafa, os resíduos de fumo e nicotina em piteiras e cachimbos, e a crosta formada ao redor dos dentes quando não são bem escovados. Exemplo de chacota é a que faz José Simão em suas colunas na *Folha de S. Paulo* e nas deliciosas intervenções na Rádio BandNews FM, com a participação dos jornalistas Ricardo Boechat e Luiz Megale, criticando declarações, comportamentos e ações, principalmente de homens públicos e das ditas celebridades.

CHACRETE de Abelardo Barbosa, o Chacrinha, célebre comediante da televisão brasileira. Assim começaram a ser chamadas as dançarinas que faziam a coreografia do programa.

CHACRINHA de chacra, acrescido do sufixo -inha, menos o "a" final, designando roda de amigos, colegas ou conhecidos que conversam de modo informal. A palavra que lhe deu origem, chacra, que depois se consolidaria na língua culta como chácara, do quíchua *chacra*, horta, quintal, veio a designar pequena propriedade nos arredores urbanos, cuidada por caseiro e familiares que ali residem, em geral para descanso dos donos em fins de semana e feriados. Ali são cultivadas hortaliças, flores etc., e mantidos animais, sobretudo de estimação. O animador de auditório Abelardo Barbosa ficou conhecido como Chacrinha depois de *O rei momo na Chacrinha*, programa que ele apresentava na *Rádio Clube de Niterói*, emissora que funcionava numa chácara, chegando ao auge na televisão com *Discoteca do Chacrinha* e *Cassino do Chacrinha*.

CHAMPANHE do francês *champagne*, elipse de *vin de Champagne*, vinho de Champagne. Elipse veio do grego *élleipsis*, pelo latim *ellipse*, e significa omissão. Como este tipo de vinho espumante surgiu na região denominada Champagne, na França, omite-se "vinho de" e diz-se apenas o nome do lugar para designar a bebida. A bebida tem este nome porque, em 1668, o monge beneditino Dom Pérignon, abade de Hautvillers, observou que o vinho das uvas da região de Champagne, 145 km a noroeste de Paris, depois de um inverno rigoroso, quando vem a primavera, apresenta uma fermentação secundária, com pequenas bolhas e gás, fazendo estourar as garrafas. Enquanto os ignorantes vinhateiros atribuíam aquela desordem ao Demônio, o religioso criou uma técnica para controlar tal fermentação e inventou o champanhe, utilizando arame para prender as rolhas de cortiça às garrafas. No Brasil, champanhe passou a ser pronunciado champanha, forma igualmente aceita pelos dicionários, mas na linguagem coloquial está passando de masculino a feminino. O gênero no português, excetuados os substantivos que correspondem a seres sexuados, é arbitrário, como observa o linguista, professor e escritor Cláudio Moreno em *Guia prático do português correto, volume 2* (Editora LPM): "Se compararmos os pares teste e tosse, dia e pia, pau e nau, lápis e cútis, nariz e cicatriz, talismã e avelã, podemos ver que nada existe nesses vocábulos que justifique sua diferença de gênero." Com efeito, dizemos o teste, a tosse, o dia, a pia, o pau, a nau, o lápis, a cútis, o nariz, a cicatriz, o talismã, a avelã.

CHANTAGISTA de chantag(em), acrescido do sufixo -ista. Chantagem vem do francês *chantage*, com origens mais remotas no latim *plantare*, plantar, colocar estacas. O chantagista coloca suas estacas, não em terra firme, mas em terreno movediço, trabalhando na clandestinidade. Raramente age sozinho. Seu ofício requer parcerias indispensáveis. Por isso, frequentemente forma quadrilhas. O melhor antídoto para o veneno que destila é o esclarecimento do que ele ameaça divulgar ou fazer. "Quem não deve não teme", diz o provérbio. Mas na prática a teoria que vale é a do prócer nazista Joseph Paul Goebbels: "Caluniai, caluniai; alguma coisa restará." Para ele restou matar toda a família e suicidar-se.

CHANTILI do francês *chantilly*, tipo especial de creme muito utilizado nas sobremesas e para misturar no café. O *chantilly*, neologismo que ainda conserva a grafia francesa, assemelha-se a uma nata fresca e batida, tendo, porém, maior consistência. É também um condimento erótico, afrodisíaco como a pimenta, mas de aplicação radicalmente diversa.

CHAPA provavelmente misturaram-se a origem incerta *klappa* e o francês *chape*. É vocábulo de muitos significados, como se pode verificar nas expressões chapa eleitoral, chapa de aço, chapa de carro etc. Na expressão "meu chapa", entretanto, sua origem é o inglês *my chap*, meu camarada, trazida ao Brasil nos tempos da Segunda Guerra Mundial pelos soldados que integravam as bases norte-americanas no Nordeste. Quem primeiramente adotou a expressão foram os taxistas. Do Nordeste espalhou-se por todo o Brasil.

CHAPÉU do latim *cappellus*, enfeite para a cabeça, diminutivo de *cappa*, casaco ou capa com capuz para proteger a cabeça, pelo francês antigo *chapel*, atualmente *chapeau*, designando chapéu de homem ou de mulher. Chapéus já foram itens indispensáveis da moda feminina, mas hoje, raros, são usados apenas em ocasiões especialíssimas. Também os chapéus masculinos, antes imprescindíveis, entraram em declínio na segunda metade do século XX. O chapéu tem cerca de 6 mil anos. Egípcios, babilônicos e gregos usavam faixas para amarrar o cabelo, depois transformadas em bandanas e fitas colocadas na base da copa, sobre as abas. Foi sempre símbolo de qualificação social, distinguindo soldados, marinheiros e sacerdotes, a ponto de escravos romanos serem proibidos de usá-lo. Libertos, usavam boné. O chapéu de Napoleão Bonaparte tem as abas dobradas para cima, como já era costume desde Luís XIV, o Grande. Feitos tradicionalmente de feltro, palha, pelo de animais como o coelho, a lebre, o castor e o carneiro, hoje são produzidos de plástico e de outros materiais que garantam a impermeabilização. Os EUA são o maior produtor de chapéus. No Brasil, sua fabricação está concentrada no Ceará, em São Paulo, no Rio Grande do Sul e em Santa Catarina. No século XIX, o governo britânico, que criou impostos para janelas e luvas, não deixou de arrecadar com chapéus. Janelas foram muradas e, depois, por burla, furadas, o que, ao lado da falsificação dos selos dos chapéus, podia resultar na condenação à morte. O último presidente a usar chapéu foi Juscelino Kubitschek. Os presidentes militares usaram quepe. Seus sucessores civis já não quiseram saber de chapéus.

CHARADA do francês *charade*, ligada ao provençal *charrado*, conversa para passar o tempo, donde algumas charadas publicadas na imprensa serem denominadas também passatempo. Malba Tahan, pseudônimo do brasileiro Júlio César de Mello e Souza, apresenta várias charadas em seus livros, como esta, extraída de *Matemática divertida e curiosa*: vários sábios reunidos no palácio de um califa pedem ao geômetra persa Beremiz Samir que escreva uma expressão igual a 100 na qual constem, sem repetição, nove algarismos. Ele responde com a seguinte: 1+2+3+4+5+6+7+8x9=100. E ainda lhes dá uma segunda opção: 91+5742/638=100. Em geral, charada designa um problema que pode ser resolvido mediante reflexão e criatividade. Matar a charada é encontrar solução para determinado problema.

CHARGE do francês *charge*, carga, tendo também o sentido de encargo, obrigação e acusação, como na expressão *témoin à charge* (testemunha de acusação). Ganhou, no francês como no português, com a mesma grafia nas duas línguas, o sentido de caricatura. O étimo remoto é o latim *carricare*, carregar, que aparece na expressão "carregar nos traços". A charge, cujos sinônimos são caricatura e cartum, este do inglês *cartoon*, consiste em aumentar, destacar ou deformar certos traços de pessoa, paisagem, fato etc.

CHARME do latim *carmen*, fórmula mágica cantada, com variantes, mas de étimos vizinhos aos de cantar e encantar, pelo francês *charme* e pelo inglês *charm*, designando encanto, com o qual consolidou-se. Há uma comuna francesa com o nome de *La Charme* – a variante é *Le Charme* – na região administrativa de

Franche-Comté, no Departamento de Jura. A outra curiosidade é que tem apenas 39 habitantes.

CHARQUE do espanhol platense *charque* ou *charqui*, carne salgada de gado vacum, seca ao sol. O aviltamento dos preços do charque foi uma das causas da Revolução Farroupilha, que eclodiu no Rio Grande do Sul entre 1835 e 1845. Nesse período, o estado esteve independente do então Império do Brasil.

CHARRUA do latim *carruca*, arado, do latim *carrus*, carro, carroça, pelo francês *charrue, charrua*, já designando, no gaulês antigo, instrumento para lavrar a terra, dotado de rodas. Veio daí charrete, veículo utilizado para transporte de gente fina e nobre, depois popularizado. Procede da mesma fonte o verbo francês *charrier*, transportar, pronunciado *carrier* na Normandia, que serviu de base ao inglês *carry*, remotamente, entretanto, radicados no latim *carricare*, pôr no *carrus*, levar, carregar, transportar. Também têm origem neste contexto o francês *carrose*, o italiano *carrozza* e o português carroça. Por outros motivos, mas igualmente calcado no latim *caricare*, carregar, surgiu caricatura: o desenho de uma personalidade num veículo de transporte, com alguns traços exagerados, para fazer rir. Escrito da mesma forma, mas com origem totalmente diversa, temos *charrua*, nome de uma tribo indígena que habitava o Rio Grande do Sul, Uruguai e parte da Argentina.

CHARUTO do inglês *cheroot*, por sua vez vindo do tâmil *curutu*, rolo de tabaco, designando as folhas secas preparadas para fumar, o nosso conhecido charuto. Os tâmeis, que vivem no sul da Índia e no Sri Lanka, têm hábitos refinados e falam a mais culta das línguas dravídicas. A palavra está no título de um romance de Rubem Fonseca: *E do meio do mundo prostituto só amores guardei ao meu charuto*.

CHAVE do latim *clave*, chave. O primeiro papa, São Pedro, é representado com a chave do céu nas mãos, muito mais importante que a chave do cofre, segundo os *Evangelhos*.

CHEDDAR do inglês *cheddar*, este neologismo ainda não foi aportuguesado. Designa um tipo de queijo, feito de leite de vaca, de consistência firme e cor amarelada. O nome homenageia a localidade de Cheddar, no Reino Unido, no condado de Somerset, onde ele foi fabricado pela primeira vez. Dos dez maiores queijos do mundo, oito são do tipo *cheddar*. O maior deles, fabricado no Canadá em 1995, tinha 26,1 toneladas, o que equivalia à quantidade de queijo consumida por 2.500 canadenses no período de um ano: 10,44 kg por pessoa. Há outras histórias muito curiosas sobre queijos. A rainha Vitória ganhou de presente de casamento um queijo de meia tonelada. Constrangida por não saber o que fazer com a estranha dádiva, sentiu-se aliviada quando seus produtores pediram o queijo emprestado para uma exposição. Mas quando tentaram devolvê-lo, a soberana recusou. Estava sujo e gasto. Plínio, o Velho, assim chamado para diferenciá-lo de seu sobrinho Plínio, o Moço, também historiador, registra que no território hoje pertencente à Toscana, na Itália, foi feito um queijo de 454 quilos, que recebeu o nome de Luni, em homenagem à localidade onde foi fabricado, com leite de vaca e de cabra. O português cheda, designando prancha do carro onde são afixados os fueiros, veio do latim *cleta*, adaptado do celta *cleta*.

CHEFE do francês *chef*, chefe, cabeça. Com origem remota no latim *caput*, cabeça. Já *chef* é galicismo que entrou para o português para indicar o cozinheiro-chefe de um restaurante. Também neste caso a origem é o latim *caput*, cabeça.

CHEGAR do latim vulgar *plicare*, dobrar, enrolar, radicado no latim clássico *applicare*, aproximar, tocar. Os romanos utilizavam o verbo *venire*, vir, em vez de chegar. Assim, quando chegou ao Ponto, na Ásia, e ali obteve rápida vitória sobre o rei local, Caio Júlio César não diz ao Senado "*apllicavi*" (cheguei), mas "*veni*" (vim). Foram as lides náuticas que levaram ao predomínio de *plicare* (dobrar) pelo ato de os marinheiros dobrarem ou enrolarem as velas quando os navios se aproximavam dos portos onde fundeariam por meio de âncoras, as pesadas peças lançadas ao fundo das águas para estacionar as embarcações. Há poucas décadas, o verbo chegar ganhou conotação de vitória ou expressão de orgulho, de que é exemplo a expressão "cheguei" para designar consecução de algum objetivo importante. A 22 de janeiro de 1808 fundeavam no porto de Salvador, na Bahia, as quatro embarcações mais importantes da poderosa frota que deixara Portugal a 29 de novembro de 1807 no episódio que ficou conhecido como a "vinda da Família Real", na verdade uma fuga da Corte Portuguesa, realizada às pressas, pois as tropas de Napoleão entrariam em Lisboa no dia 30 de novembro. Dispersada em alto-mar por forte temporal, a frota dividiu-se em duas. A outra parte, composta de outras quatro naus, dois brigues, três corvetas e vários navios mercantes, todos repletos de fidalgos e criados, tinha chegado ao Rio de Janeiro cinco dias antes, a 17 de janeiro. Dom João VI, o príncipe regente; Dona Maria I; o neto, Dom Pedro I, então com menos de dez anos, e toda a comitiva ficaram na Bahia por 34 dias e depois se juntaram ao resto dos fugitivos no Rio de Janeiro, aonde chegaram a 7 de março. Portugueses e brasileiros residentes no Rio de Janeiro tiveram que abandonar as próprias casas para cedê-las aos novos e ilustres habitantes. Teria nascido aí o gênero narrativo conhecido como "piada de português", inocente e divertida vingança dos nativos. Mas quem riu primeiro foi quem passou a morar nas casas dos piadistas. Estes riram por último, mas tiveram que esperar a Independência, em 1822.

CHEQUE do inglês *check*, cheque, do verbo *to check*, conferir, fiscalizar. Nos EUA e no inglês internacional é *check*, mas na Inglaterra é *cheque*, para designar, como em português, ordem de pagamento à vista, substituindo o dinheiro. Pode ser cruzado, visado, de viagem etc.

CHEQUE-PRÉ do inglês *check*, cheque, do verbo *to check*, fiscalizar. No Brasil, o cheque, ordem de pagamento à vista, que substitui o dinheiro, foi aos poucos sendo transformado em nota promissória, por acordo informal entre quem pagava e quem recebia, até chegar ao ponto em que os próprios bancos e estabelecimentos comerciais o institucionalizaram como cheque pré-datado, logo abreviado para cheque-pré. Houve deslocamento do prefixo da palavra seguinte, datado, que passou a ser sufixo da anterior, cheque. O Decreto Lei 2.848, de 7 de dezembro de 1940, em seu artigo 171, parágrafo 2º, inciso VI, qualifica como estelionato a emissão de cheque sem suficiente provisão de fundos. Foi mais uma daquelas célebres "leis que não pegaram".

CHIAR provavelmente da alteração de *pliar*, piar, à semelhança do que ocorre em chorar, do latim *plorare*. Designa vozes de pássaros – o gavião, a andorinha e o pardal chiam – e ruídos de insetos, como o grilo, além de indicar o som de dobradiças pouco lubrificadas e o canto do carro de bois, pela fricção da madeira do eixo. As pessoas também chiam e, quando o ruído não se deve a problemas pulmonares, tem o significado de reclamação. Em Lisboa havia a Rua do Chiado, hoje Garrett, cujo nome poderia estar ligado ao chiado dos carros de bois que ensejou o apelido de Chiado a um taberneiro que ali morava e também ao poeta e frade franciscano António Ribeiro (séc. XVI), que dá nome a um bairro da mesma Lisboa. Ele, muito popular, declamava seus versos nas ruas, atuando também como ventríloquo e grande improvisador. Acabou deixando o convento e entregou-se a uma vida desregrada. Suas obras de referência são *Autos de Gonçalo Chambo, Letreiros silenciosos* e *Cartas jocosas*. Chiador (MG) é um município com cerca de 3.000 habitantes, cuja estação ferroviária, a primeira em solo mineiro, foi fundada em 1869. O nome original era Santo Antônio do Chiador, por alusão ao ruído das águas do rio e da cachoeira próximos, que têm o mesmo nome. É comum que acidentes geográficos deem nome às cidades, como é o caso também de Chicago, que provém da língua falada pelos aborígines da localidade, a saber: *checagua*, cebola selvagem, mesclada a *chicagong*, junto da maritaca, antiga praia pantanosa e fétida.

CHIBATA são pelo menos três as origens prováveis deste vocábulo: o alemão *Zibbe*, cordeiro; o árabe *djoubb*, cabrito; ou o turco *chibuk*, varinha. Seus significados mais comuns entre nós são chicote e um golpe de capoeira, assim realizado: dada a rasteira, o capoeirista apoia-se no chão com uma das mãos, usando uma das pernas para atingir o adversário e mantendo a outra estendida no ar para impedir sua aproximação. No século passado, em 1910, tivemos a Revolta da Chibata, quando marinheiros rebelados contra a pena de aplicar chibatadas ameaçaram bombardear Copacabana. Seu líder, o marinheiro gaúcho João Cândido Felisberto, foi expulso da Marinha e morreu em 1969, no Rio de Janeiro, aos 89 anos.

CHICO do latim *ciccu*, coisa pequena. Em português é mais usado como apelido de Francisco. O personagem de Maurício de Sousa, um caipirinha aparentemente bobo, que sempre se sai bem ao brincar com garotos urbanos, tem o nome de Chico Bento e nasceu para as histórias em quadrinhos em 1963. Chico, um vocábulo polissêmico, designa também, em linguagem coloquial, a menstruação.

CHIFRUDO de chifre, do espanhol *chifle*, vasilha semelhante ao chifre do boi, que tem o fim de guardar líquidos, munições etc. O sentido migrou para as guampas do gado vacum, com mudança do encontro "fl" para "fr". Passou a designar o homem que consente com o adultério da esposa. Nas *Ordenações Filipinas*, marido e mulher eram punidos assim: "açoutados e degradados para o Brasil." O terceiro era degredado para a África, mesmo que o marido o perdoasse.

CHIMARRÃO do espanhol platense *cimarrón*, chimarrão, planta selvagem. O chimarrão, obtido pela infusão da erva-mate numa cuia e sorvido por meio de uma bomba em forma de canudo, com um ralo na extremidade inferior, é a bebida típica do Rio Grande do Sul e do Paraná. Há fotos de grandes personagens históricos brasileiros tomando chimarrão, como o gaúcho Osvaldo Aranha, que presidiu a assembleia da ONU que criou o Estado de Israel, em 1947.

CHINA do quíchua *tchina*, fêmea de animal, pelo hispano-americano china, designando no Brasil meridional também a india, a cabocla, a concubina e a meretriz. Denominando um dos maiores países do mundo, procede do grego *Sína*, pelo latim medieval *Sina* e pelo árabe *Sin*, formas de escrever o nome do imperador Ts'in, unificador do império no Sul. No Norte, a China era conhecida como Catai ou Cataio. Em russo, China ainda é Kitai. China é mistura de pronúncia de *Ts'sin* com *Sina*.

CHINCHORRO de chincha, do latim *cingulus*, cinta, faixa de pano ou couro, e também utensílio doméstico para apertar o queijo e espremer o soro. Designa ainda rede de arrasto utilizada na pescaria e o veículo ou animal que se desloca com lentidão. Aplica-se também ao indivíduo indolente, vagaroso, sem iniciativa. Na pecuária, a chincha tornou-se feminino e, em vez de espremer o soro, serviu para apertar a barriga do animal com o fim de fixar os arreios. Feito de barbante, o chinchorro se semelha a uma rede. Todavia designa ainda pequena embarcação. Na Carta do Descobrimento, Pero Vaz de Caminha diz: "E pescaram lá, andando alguns marinheiros com um chinchorro."

CHINELO do dialeto genovês *cianèlla*, derivado do italiano *pianèlla*. Mas sua origem remota vai até ao latim *planella*, de *planus*, plano. Designando o calçado macio, geralmente sem salto, o vocábulo é usado tanto no masculino como no feminino, chinela.

CHINOCA do espanhol *china*, coisa de pouca importância, quinquilharia. No espanhol platense, por influência do quíchua *tchina*, fêmea de animal, ganhou o significado de *concubina* que, no pampa gaúcho, geralmente é morena, descendente de índios. Seus significados não escondem certos preconceitos machistas vigentes nas zonas de fronteira do Brasil meridional, mas o vocábulo aparece em alusões amorosas à mulher. Não é exclusividade gaúcha arrulhar conotações deste tipo. No conto *Palavras de amor*, do livro *Os sedutores e a arte de amar*, de Guy de Maupassant, Sofia trata o namorado, René, de galo, e a si mesma de franguinha.

CHIP do inglês, literalmente, lasca de madeira. Item importante nos computadores, *chip* entrou para o português sem alteração na grafia, significando plaqueta de silício com transistores e diodos.

CHIQUE do francês *chic*, elegante, bem vestido. Mas há outras etimologias, como o alemão *Schick*, forma abreviada de *Geschick*, aptidão. Pode ter vindo também de *chicane*, chicana, significando fineza de chicana. Ou ainda do apelido de um moço pobre, discípulo do célebre pintor primitivo, o flamengo de origem holandesa Gérard David, que tem *O batismo de Cristo* como um de seus quadros mais famosos. Os trabalhos de Chic sempre agradavam ao pintor e depois que ele morreu o mestre dizia dos bons quadros de seus alunos: "É 'Chic'!".

CHIQUEIRO do árabe *shirkair*, curral de porcos. No Brasil designa o local em que os porcos são engordados após o desmame, com o fim de serem comercializados para o abate. Em linguagem conotativa indica lugar sujo, imundo. A suinocultura, porém, proporciona limpeza diária nos chiqueiros. Em Portugal, o vocábulo de procedência moura mesclou-se a *chico*, do dialeto português do Minho, que significa porco. É sinônimo de pocilga, do latim *porcilica*.

CHITA do sânscrito *chitra*, matizado, pelo neoárico *chhit*, pinta, designando pano estampado, de algodão, colorido. Como no período colonial os portugueses desconhecessem os processos de estamparia, importavam chita do Oriente, sobretudo da Índia. Em dias de festejos, os escravos trocavam as roupas de algodão branco por outras, de chita. A chita prevaleceu também nas roupas dos pobres, nas toalhas de mesa, em colchões e travesseiros. Na década de 1950, o Brasil inventou o chitão, chita estampada com desenhos grandes.

CHOCOLATE do nauatle *xocoatl*, bebida feita com milho fermentado. Porém é mais provável que tenha havido erro na hora da denominação, pois os antigos mexicanos, que falavam o nauatle, davam o nome de *cacauatl* a um composto de cacau e água semelhante ao nosso atual chocolate. Numa das instalações da 22ª Bienal Internacional de São Paulo, a artista inglesa Helen Chadwick utilizou 800 kg do produto na montagem de sua obra *Cacao*, apresentada antes em Londres, no Hyde Park, tendo deixado os ingleses perplexos. O chocolate, a 36,5 graus centígrados, a mesma temperatura no corpo humano, jorra de um objeto de 50 cm em forma de falo. Perguntaram a certa mocinha que contemplava a obra se nunca a tinha visto antes. Surpresa com a pergunta e demonstrando seus conhecimentos sobre – como direi? – o objeto, ela respondeu: "Juntando todos os que já vi, dariam a volta nesta sala, mas jorrando chocolate é o primeiro que vejo."

CHOFRE provavelmente do hebraico *shofar*, designando corneta de chifre de carneiro que os antigos hebreus utilizavam em seus rituais. Ainda hoje sem som, em forma de estampido, pode ser escutado nas sinagogas, especialmente no *Yom Kippur* (Dia do Perdão), no *Rosh Hashana* (Ano-Novo) e na proclamação do ano sabático. *Shofar* passou a ser pronunciado *chofre* e ganhou o sentido de som ou coisa que surge de repente. Pode ter havido influência da onomatopeia, quando a pronúncia imita o som natural da coisa significada, tal como ocorre nas palavras que seguem: murmúrio, sussurro, cicio, chiado, mugir, pum, reco-reco, tique-taque etc. O verbo chofrar, com o sentido de acertar de repente, com pancada, aparece em dois trechos do auto *Anfitriões*, de Camões: "Amava sem conhecimento/ quem lhe desse mil chofradas." E no mesmo auto, lemos: "Eu vos digo que as leio e que as sei chofrar." O verbo é utilizado também por Camilo Castelo Branco em *D. Luís de Portugal*: "Uma chalupa a baloiçar-se nas vagas que chofravam de encontro à fortaleza." O escritor paraense Inglês de Sousa registra o vocábulo nesta passagem de seu livro mais célebre, o romance *O missionário*: "Deixou escapar um grito que cortou de chofre o silêncio do dia."

CHOPE do francês *chope*, por sua vez vindo do alemão *Schoppen*, ambos indicando copo para beber cerveja, passando depois a designar a bebida fresca, tirada do barril à hora em que o freguês pede, contrariamente à outra, que vem engarrafada. Chope é também o nome de uma pequena árvore que dá um fruto redondo, vermelho-escuro.

CHORÃO do latim *plorare*, derramar lágrimas; formou-se, no português, conservando o antigo significado, chorar, de onde derivou-se chorão, para designar aquele que chora muito ou que pede muitas coisas. É também o nome popular do salgueiro, vindo de uma linda metáfora: pendendo do tronco, seus tênues galhos vergam ao peso de muitas folhinhas, sem contar o ruído do vento que também simula um choro. Já as mulheres choronas receberam do filósofo romano Catão, o Censor, a seguinte acusação: "Quando choram muito, é porque estão tentando enganar alguém." Chorar com moderação, porém, é até um charme, como não deixaram de mostrar nossas heroínas românticas. Hoje, até homens já podem chorar sem que pesem sobre eles antigas suspeitas sobre sua virilidade.

CHORO derivado de chorar, do latim *plorare*. Chorinho é um gênero musical, mas o chorinho mais ouvido pelas mães é o dos bebês, que os pimpolhos utilizam para obter os mais diversos benefícios, do carinho ao leite materno.

CHOUPANA do latim *ploppu*, contração de *populu*, povo, formou-se *choupo*, nome de uma árvore, provavelmente utilizada na construção de pequenas casas ou casebres, logo denominadas de choupana. A origem é controversa. Alguns etimologistas indicam choupana como casa coberta de colmo, do latim *colmu*, teto de palha.

CHUCHU do francês antilhano *chouchou*, chuchu, designando cucurbitácea de fruto verde, comestível, revestido de espinhos inofensivos. É também sinônimo de mulher bonita, atraente e sedutora, e nesse caso a origem está na lendária Lapa, bairro do Rio de Janeiro, onde vivia uma francesa de apelido *Chouchou*, dona da pensão Imperial. Pela habilidade profissional e elegância, combinadas em profissão que a sociedade carioca, ainda que contrariada, aceitava como mal necessário, *Chouchou* passou a designar a mulher bonita e virtuosa que frequentava ambientes insuspeitos. E o novo significado espalhou-se por todo o Brasil já sem os liames semânticos da origem, segundo nos informa Nestor de Holanda Cavalcanti Neto em *Memórias do Café Nice*. Em sentido de grande quantidade ou intensidade, aparece em *Histórias ordinárias*, de Herberto Sales: "O dinheiro pode sair, mas vai demorar pra chuchu." Neste caso, a metáfora nasceu da notória fertilidade da trepadeira herbácea, usualmente carregada de chuchus.

CHUÉ do árabe hispânico *xui*, pouco. No português passou a designar coisa sem importância, aplicando-se também ao indivíduo doente, como foi registrado pelo jornalista, ator e dramaturgo Plínio Marcos, em crônica publicada no *Diário da Noite*, em 1970: "O chofer percebeu que o Bolão estava chué e chamou o Pronto-Socorro". O autor dava especial atenção aos desvalidos sociais, como bêbados, marginais e prostitutas, transformando-os em personagens centrais de suas peças. Quem o descobriu foi a escritora Patrícia Galvão, a Pagu, quando ele trabalhava como palhaço num circo. Acolhido e orientado pela jornalista e romancista, veio para São Paulo, onde escreveu peças de grande sucesso, entre as quais *Dois perdidos numa noite suja* e *Navalha na carne*.

CHUFA derivado de *chufar*, do latim vulgar *sufilare*, baseado no latim clássico *sibilare*, assoviar, chiar, daí este último verbo ter o sentido de reclamar, já que em latim o verbo para designar a reação do ferro em brasa metido na água fria é sibilar, *sibilare*. Chufa virou sinônimo de apupo, vaia, dado o ruído característico, e com tal sentido aparece em *Vila Nova de Málaga*, romance do escritor paulista Ariosto Augusto de Oliveira: "E, assim, entre chufas, chistes, chalaças e achincalhes, construiria uma reputação de sardônico e gozador, fazendo a crônica mundana de príncipes e europeus ricos que dominam a imaginação de brasileiros remediados que sonham viver em Nova York, Paris e Roma."

CHULÉ de origem controversa, pode ter vindo do latim vulgar *sola*. A forma culta era *solea*. As duas modalidades designavam a planta do pé, de onde derivou sola para indicar a parte mais dura do calçado. Mas os legionários romanos já designavam também por sola o fedor exalado pelos pés devido à mistura do suor com o couro das sandálias nas longas marchas empreendidas em suas lides bélicas. Na Europa, o vocábulo misturou-se ao cigano *thuló*, *chuló* ou *chulí*, consolidando o sentido do que hoje entendemos por chulé, o mau cheiro dos pés devido à sujeira e ao suor. Certa forma dialetal africana também utilizaria a palavra chulé, mas tal procedência, mais controversa ainda, não pôde ser comprovada por causa da dificuldade de documentar a expressão de povos ágrafos, isto é, sem escrita.

CHULO do espanhol *chulo*, grosseiro, rude, talvez com influência do italiano *ciullo*, rapaz, redução de *fanciullo*, por sua vez vindo do latim *infans*, infante, menino. Passou a designar coisa feia pelos modos estabanados e pouco civilizados de certa juventude inculta, em geral acompanhados de palavrões e gestos obscenos.

CHURRASCARIA do espanhol platino *churrasco*, carne que foi queimada ou apenas chamuscada, de acordo com o gosto do freguês. O verbo espanhol *churrascar*, churrasquear, em português, é variação de socarrar, palavra que, procedente do latim *suggrundia*, desvão por onde sai a fumaça da cozinha das casas, chaminé, chegou à Península Ibérica na primeira metade do século XIII, conforme registros feitos por escrivães romanos já influenciados pela forma do latim vulgar *suggurundia*, vocábulo de origem pré-romana. No vasco antigo, também na Espanha, encontramos a forma dialetal *sukarr*(a), fogo, chamas, incêndio, brasas. Já restaurante procede do francês *restaurant*, denominação dos estabelecimentos abertos ao atendimento público por cozinheiros desempregados nos anos subsequentes à derrota da nobreza na Revolução Francesa de 1789. Segundo o dicionarista José Pedro Machado, o primeiro registro de restaurante na literatura de língua portuguesa ocorre no livro *O assassino de Macário*, capítulo III, p. 147, publicado em 1886, de Camilo Castelo Branco, na seguinte passagem: "Sim, eu também reflecti que jantar sozinha num restaurante... Repara-se, não é verdade?"

CHURRASCO de *sukkar*, da antiga forma dialetal do vasco, língua isolada no País Basco, na Espanha, designando chamas, incêndio, pelo espanhol platino *churrasco*. A entrada desta palavra para a língua portuguesa foi o Rio Grande do Sul, estado que espalhou churrascarias por todo o Brasil. Designa carne assada sobre grelha, prato que no começo foi muito simples, apenas com o sal de tempero. A modalidade mais conhecida é o espeto corrido, assim chamado porque os garçons percorrem as mesas com diversos tipos de carne em espetos, oferecendo-os ao freguês.

CHUSMA do latim *celeusma*, vindo do grego *kéleusma*, ambos designando originalmente a tripulação remadora de um navio. Seu sentido evoluiu para outros significados, designando também o canto de remadores e vindimadores e passando a identificar coletivos diversos, como neste trecho de *As amargas, não...*, do poeta e cronista gaúcho, membro da Academia Brasileira de Letras, Álvaro Moreyra: "Decerto, para quem já viveu bastante, há uma chusma de tristezas neste mundo."

CHUTE do inglês *shoot*, atirar. Passe da bola ao companheiro, no futebol, ou pontapé para que a pelota tome outro rumo. Por isso, chute pode ser também o expediente, muito usado entre vestibulandos, de o candidato tentar acertar as respostas aleatoriamente.

CHUTEIRA do inglês *shot*, tiro, vieram para o português chute e chuteira. Como se sabe, calçado de couro, com travas na sola, para impedir que o jogador escorregue. O grande Leônidas da Silva, o diamante negro, homenageado, aliás, na marca de um chocolate, tentou jogar descalço numa Copa do Mundo, mas foi impedido pelo juiz.

CHUVA do latim *pluvia*. A notória falta de chuva no Nordeste brasileiro resultou num dos piores flagelos mundiais, que é a seca, espelhada em grandes obras de nossa literatura, como o romance *Os pastores da noite*, de Jorge Amado, premiado na Itália, e o poema *Morte e vida Severina*, de João Cabral de Melo Neto, ambos da Academia Brasileira de Letras. Mas também seu excesso tem resultado em sérios prejuízos no sul do Brasil.

São Paulo, por ser a maior concentração de concreto e asfalto por metro quadrado na América Latina, não tem como absorver as águas que irrompem do céu. Por isso as chuvaradas inundam rapidamente toda a cidade. E nenhum Noé é avisado com antecedência para precaver-se.

CIBÉRIA o grego *kybernetiké*, a arte do piloto, passou a designar a ciência que estuda os sistemas de controle dos organismos vivos e das máquinas. O radical do vocábulo, *ciber*, tem servido para a criação de muitos neologismos como este, criado pelo professor da USP, Nicolau Sevcenko, para designar o ambiente geral de trabalho em sistemas informatizados. A cibéria está cheia de ciberpiratas, os famigerados *hackers*.

CIBERNÉTICA do inglês *cybernetics*, designando ciência que estuda os sistemas de controle de organismos vivos e de máquinas, em conceito introduzido em 1848 pelo matemático norte-americano Norbert Wiener. A palavra francesa *cybernetique*, indicando meios de governo, já existia, entretanto, um século antes, com significado mais próximo do grego *kubernetikós*, arte de pilotar, de governar um navio. Foi esta a razão etimológica para o vocábulo francês. À semelhança do contexto que deve ser observado pelo timoneiro num barco ou navio, também na política e na informática é indispensável a consideração de vários fatores simultâneos antes de tomar qualquer decisão.

CICERONE do italiano *cicerone*, radicado no nome do grande orador latino Marco Túlio Cícero, célebre por várias obras, entre as quais as *Catilinárias*, conjunto de discursos que pronunciou no senado contra o colega Lúcio Sérgio Catilina, a quem denunciou como conspirador, levando à execução de seus cúmplices. Político medíocre, mas não ladrão, jamais foi preso pela Polícia Federal, não apenas porque essa ainda não existia em Roma, mas porque o senador não roubou nada de ninguém, nem foi cassado. Mas vivia virando a casaca e morreu assassinado. Foi sua fama de bom orador que serviu para denominar os guias turísticos, sempre bem falantes. Modernas catilinárias estão resultando no Brasil na cassação de parlamentares por falta de decoro parlamentar, expressão que abriga desde corrupção até assassinatos. A diferença é que as atuais catilinárias são proferidas mais pela Imprensa do que pelo Congresso.

CICLONE do inglês *cyclone*, ciclone, derivado originalmente do grego *kiklos*, círculo. Um capitão da marinha inglesa criou o neologismo para denominar as perturbações atmosféricas que resultavam em violentas tempestades ocorridas no Mar da Arábia, que ele observou e estudou atentamente entre os anos de 1848 e 1855. Um tipo específico de ciclone é o tornado, que dá título a um dos filmes produzidos por Steven Spielberg, cineasta que se especializou em pregar os maiores sustos no público, cobrando bem caro para isso. Todos pagam para apavorar-se e saem do cinema alegremente, agora que sabem de antemão que o diretor irá assustá-los, tal como fez em seus filmes anteriores *Tubarão* e *O parque dos dinossauros*. O tornado produzido pelos efeitos especiais de George Lucas, o mesmo de *Guerra nas estrelas*, devastou o bolso do contribuinte americano em mais de 150 milhões de dólares apenas nas três primeiras semanas de exibição.

CIDADÃO de cidade, do latim *civitas*. Mas como é mais frequente que as palavras portuguesas procedentes do latim venham do caso genitivo, *civitatis*, ou do acusativo, *civitatem*, a terminação das neolatinas, caso do português, resultou nessas formas: cidadão, em português; *citoyen*, em francês. Cidadão entrou para o português no século XIII, mas ainda com o significado de quem morava em cidades e vilas. No sentido que hoje tem, como detentor de direitos políticos, procede do francês *citoyen*, utilizado pelo escritor francês Pierre Augustin Carons de Beaumarchais, autor de *O barbeiro de Sevilha*, *O casamento de Fígaro* e *Mãe culpada*, entre outros, críticas atrevidas e cheias de verve à sociedade francesa. Processado por um conselheiro de Paris, advogou pessoalmente em defesa de sua causa diante do Parlamento e fez um apelo à opinião pública: "Eu sou um cidadão, não sou nem banqueiro, nem abade, nem cortesão, nem favorito, nada daquilo que se chama uma potência; eu sou um cidadão, isto é, alguma coisa de novo, alguma coisa de imprevisto e de desconhecido na França; eu sou um cidadão, quer dizer, aquilo que já devíeis ser há duzentos anos e que sereis dentro de vinte talvez!" O discurso de Beaumarchais, feito nos primeiros dias de outubro de 1774, teve grande repercussão. A partir de então, o título de cidadão passou a designar todas as pessoas que não pertenciam à nobreza, vencida pela burguesia na Revolução Francesa de 1789.

CIFRÃO de cifra, do árabe *sifr*, vazio, pelo latim medieval *cifra*, zero, de onde se formou cifrão, sinal gráfico representado pelo algarismo zero, que aumenta significativamente a quantia designada em números quando colocado à direita, mas que não tem valor quando à esquerda – daí a expressão "zero à esquerda", pejorativa, aplicada a pessoas consideradas sem importância. O cifrão – escrito $ – tornou-se sinal para expressar as unidades monetárias de numerosos países, e no plural aparece neste trecho do premiado livro *Katmandu e outros contos*, de Anna Maria Martins, quando uma mulher, atingida pela morte do pai, enfrenta sérias dificuldades: "Via-se envolvida em dívidas. Cifrões saltavam-lhe ao redor, comprimindo o cerco. Procurava uma brecha e não encontrava por onde escapar."

CIFRAR de cifra, do árabe *sifr*, cifra, vazio, zero, pelo latim *cifra*, formou-se este verbo para designar ato de tornar presente, comparecer, revelar, pintar, reproduzir mediante símbolos. Naturalmente, cifrar é referir outra coisa, raramente tendo caráter denotativo apenas. Assim, o boi Ápis dos antigos egípcios era a representação cifrada de uma divindade. O Sol, chamado Ra, designava o deus máximo. Método semelhante é usado nas cartas enigmáticas publicadas ainda hoje em revistas e almanaques. O conceito varia também de acordo com a forma escolhida para cifrar. Os hieróglifos egípcios representavam a água com ondas em movimento, e nos ideogramas chineses em correnteza. Nos glifos astecas e maias ela está contida num recipiente e tem cor azul. Quando se trata de representar a serpente, sua língua é destacada nos pictogramas chineses, astecas e maias. Nos antigos Egito e México, a serpente é representada de perfil, e na China, de cima.

CIGANO do grego bizantino *atsínganoi*, escrito também *athínganos* e *athígganos*, significando intocável, pelo francês antigo *tsigane*, depois *cigain*. É assim denominado um povo nômade, que emigrou da Índia para a Europa, espalhando-se dali para muitas outras regiões do mundo, tendo também chegado ao Brasil. Seu código de ética difere de todas as outras culturas e etnias. Os ciganos ganham a vida fazendo artesanatos, especialmente peças úteis ao uso doméstico, como panelas, bacias, baldes, tachos etc. Vivem disso e de negociar cavalos. Cultivam também músicas características de seus usos e costumes. Chamam a si mesmos *manuche* e *rom*. Quico, calom, gitano e boêmio são outras designações pelas quais são conhecidos na cultura luso-brasileira.

CIGARRO do espanhol *cigarro*, cigarro. Quando não era ainda industrializada, a pequena porção de fumo picado envolta em palha de milho ou pedaço de papel se semelhava ao corpo da cigarra. Fumar era um hábito preponderantemente masculino até a estreia do filme *As neves do Kilimanjaro*, em 1952, baseado em romance homônimo de Ernest Hemingway. A atriz Ava Gardner aparecia fumando ao lado de Gregory Peck. Daquele ano em diante as mulheres, confundindo um vício masculino com a virtude a ser alcançada em suas lutas pela igualdade dos sexos, começaram a fumar. E hoje o câncer de pulmão, que liderava as causas de morte entre os homens, superou o câncer de colo do útero entre os obituários femininos. "A cobra vai fumar" foi o lema da Força Expedicionária Brasileira (FEB) na Segunda Guerra Mundial.

CINEMA do grego *kinematos*, caso genitivo de *kinema*, movimento, e grafia, de *grapho*, escrever, pelo francês *cinéma*, redução de *cinématographe*, palavra que entra para a língua francesa em 1895 (a palavra "cinema" entraria apenas em 1922), por obra do invento dos irmãos Auguste Lumière e Louis Lumière, responsáveis pela primeira exibição pública de uma imagem em movimento naquele ano, em Paris. Suas fitas mostravam acontecimentos comuns: operários saindo de uma fábrica em Lyon, ondas agitando-se no mar etc. Em 1896 inauguraram a primeira sala de projeções cinematográficas na Rússia. No dia 31 de julho de 1897, foi inaugurada no Rio de Janeiro, à rua do Ouvidor, número 141, a primeira sala de cinema do Brasil, entretanto destinada também a abrigar caça-níqueis, bonecos automáticos e bibelôs excêntricos, além de servir também a apostas no jogo do bicho. A sala, no dia seguinte à inauguração, foi visitada por 1.572 pessoas. Um tremendo sucesso para qualquer sessão de cinema, de qualquer filme, em qualquer época.

CINQUENTA do latim *quinquaginta*, cinquenta. Consolidou-se como cinquenta por influência de cinco, *cinque* em latim. E o trema, hoje abolido, exceto para nomes próprios estrangeiros e seus derivados, surgiu para unificar as diversas outras formas, já suprimidas, como *cinquaenta, cinquanta* e *cincoenta*. Na década de 1950, quando o médico, militar e político brasileiro Juscelino Kubitschek de Oliveira tornou-se, por voto direto, presidente da República, surgiu a expressão "50 anos em 5", logo repetida em todos os meios de comunicação como síntese do seu projeto de governo. Quem criou este bordão foi o escritor e editor carioca Augusto Frederico Schmidt, que escreveu muito do que hoje é atribuído ao célebre político mineiro, que não raro apenas lia os discursos que o outro escrevera. Schmidt escrevia e editava bem, cuidando mais da obra dos outros do que da sua. Foi ele quem lançou os primeiros livros de Jorge Amado, Graciliano Ramos e Gilberto Freyre. Tendo residido alguns anos em São Paulo, ali teve proveitosa convivência intelectual com Mário de Andrade e Oswald de Andrade. Empreendedor, fundou também uma rede de supermercados (Disco), empresas de seguro e de alimentação, sendo ainda um dos fundadores da PanAir, que em 1958 levou uma desacreditada seleção brasileira à Suécia e trouxe de volta os primeiros campeões mundiais de futebol, tendo revelado ao mundo gênios como Garrincha e Pelé.

CINTO do latim *cinctu*, cingido, de *cingere*, rodear, apertar, prender. Os cavaleiros medievais impunham às esposas o cinto de castidade, um trambolho de metal ou couro, que tinha o fim de impedir que elas, nas longas ausências dos maridos, mantivessem relações sexuais com outros homens. Outras espécies de cintos, sem a crueldade antiga, estão hoje presentes nas cinturas de mulheres e homens, por necessidade ou boniteza, mas nenhum deles foi tão comentado como o cinto de segurança, indispensável em passageiros de avião ou de automóvel. Ao contrário dos antigos cintos de castidade, que ainda hoje envergonham a humanidade, os cintos de segurança podem ser abertos com um leve toque na fivela, sem chave nenhuma.

CINZEL do francês antigo *cisel*, atualmente *ciseau*, com origem no latim vulgar *cisellu*, radicado em *caesorium*, cortado, de *caedere*, cortar, de onde veio também cesariana. Utilizado por escultores, recebeu o "n" intermediário por influência de pincel.

CIRANDA do árabe *çarand*, peneira grossa, crivo, designando também tabuleiro de madeira para secar rolhas de cortiça. No latim vulgar é *tarantara*. Ciranda, com sinônimos de sarandi e cirandinha, designa dança de roda infantil, trazida para o Brasil pelos portugueses. A origem remota é a alegria dos festejos pela boa colheita, tema examinado pelo filósofo húngaro Georg Lukács em seu vasto e complexo estudo de *Estética*, obra publicada em vários volumes, em espanhol, pelas *Ediciones Grijalbo*, de Barcelona, em que afirma: "Marx e Engels jamais negaram a relativa autonomia do desenvolvimento dos campos particulares da atividade humana." Como dança e cantiga infantil, a ciranda veio parar no folclore brasileiro: "Ciranda, cirandinha,/ Vamos todos cirandar./ Uma volta, meia volta,/ Volta e meia, vamos dar." Uma das estrofes mais bonitas é a segunda: "O anel que tu me deste/ Era vidro e se quebrou/ O amor que tu me tinhas/ Era pouco e se acabou." Igualmente bem-acabada é a estrofe final: "Por isso, Dona Maria,/ Entre dentro desta roda,/ Diga um verso bem bonito,/ Diga adeus e vá-se embora." *Ciranda de pedra* é também o primeiro romance de Lygia Fagundes Telles, lançado em 1954 e adaptado para a televisão em 1981 e em 2008.

CIRCADIANO do latim *circa diem*, cerca de um dia, período de 24 horas, designando também o processo rítmico que ocorre no organismo todos os dias mais ou menos à(s) mesma(s) hora(s), independentemente de fatores sincrônicos externos. É o hipotálamo, localizado na nuca, que regula esse ritmo, de acordo com a luminosidade captada por nossos olhos. Mudou muito esse processo desde a invenção das primeiras fogueiras, há cerca de 500 mil anos, e da descoberta dos óleos carburantes de vegetais e animais. Mas principalmente depois da invenção da luz elétrica, que o alterou mais no último século do que em toda a história do homem. Todavia, em meados do século XVII, várias cidades europeias, entre as quais Paris e Londres, implantaram redes de iluminação pública com lampiões a óleo. Até então os próprios moradores iluminavam a frente das casas com archotes, velas e lampiões.

CIRCULAÇÃO do latim *circulatione*, circular, andar de um lado para outro. Deriva de *circum*, em volta de. Também por isso o circo recebe tal denominação: as pessoas reuniam-se em volta de quem estivesse apresentando espetáculos, primitivamente jogos ou lutas. Nos afazeres da imprensa passou a designar a quantidade de exemplares que é impressa de um determinado jornal ou revista, com o fim de ser avaliado seu alcance.

CÍRCULO do latim *circulum*, círculo. No futebol, o grande círculo é aquele que fica no meio do campo, cujo traçado obriga todos os jogadores a ficarem a 9,15 metros da bola, menos os dois que dão início à partida. À entrada da grande área, há um semicírculo, chamado também de meia-lua. Faltas cometidas naquelas redondezas são perigosíssimas, ainda mais quando há excelentes cobradores como já tivemos em nosso passado glorioso, tais como Pepe, Didi, Rivelino, Zico e, claro, o próprio Pelé. E na Copa de 2002, Ronaldinho Gaúcho salvou-nos com uma falta cobrada, despachando os ingleses.

CIRCUNFLEXO do latim *circumflectum*, circunflexo, particípio passado de *circumfletere*, verbo formado de *circum*, ao redor, e *fletere*, dobrar, curvar, flexionar. O étimo está presente em flexível, flexibilizar, infletir, refletir etc. Designa o acento, modernamente conhecido como sinal diacrítico, que indica o timbre fechado, diferenciando-o do aberto, como em pode e pôde; por e pôr; forma e fôrma, de que são exemplos as seguintes frases "Fulano está em forma", "a fôrma do bolo", "é preciso pôr em prática algum ensinamento por meio de exercícios, como forma de manter a saúde", "ela não pôde vir ontem, mas pode vir hoje". A grafia fôrma (com circunflexo) deve ser usada apenas em casos de ambiguidade.

CIRCUNLÓQUIO do latim *circumloquium*, palavra latina derivada da forma verbal depoente *circumloqui*, usar de rodeios de linguagem, fazer voltas, perífrases, com o fim de ampliar o significado de que se quer dizer, ou então enrolar o interlocutor, quando a intenção não é esclarecer, é confundir. Quando a atriz Fernanda Montenegro foi indicada ao Oscar, lemos na imprensa que "a dama do teatro brasileiro" ganhava destaque internacional. Roma é constantemente referida como "a cidade eterna"; o Sol é o "astro rei"; Deus é "aquele que tudo pode".

CIRURGIA do grego *cheirourgía*, trabalho manual, pelo latim *chirugia*, remédio violento, cirurgia. Passou a designar ramo específico da medicina que trata das intervenções ou operações com o fim de extirpar, alterar ou substituir um órgão do corpo humano que esteja dando problemas. A cirurgia passou de amputações, extrações e implantes a substituições, como faz com os corações cansados. Ainda não se pode trocar de cabeça, mas já se mexeu em muita coisa em seu redor e interior, de que são exemplos as intervenções no cérebro para retirar aneurismas e as cirurgias estéticas que alteram nariz, orelhas e lábios, com o fim de corrigir a mãe-natureza, às vezes um tanto ingrata com nossa aparência. Nesse caso, começou sendo chamada de cirurgia plástica. Hoje é apenas plástica.

CISNE do francês antigo *cisne*, modo de escrever o latim popular *cicnu*. No latim clássico é *cycnu*, vindo do grego *kýknos*. Designa ave palmípede aquática, isto é, que tem os dedos dos pés ligados por membrana, formando uma palma, e que vive mais na água do que na terra. Os cisnes existem em quase todos os continentes e há sete espécies deles. Todos são grandes e brancos, mas alguns têm o pescoço preto. Designa uma constelação e, em Portugal, é gíria que indica o espião que fica de sentinela enquanto os outros meliantes praticam o roubo. Por metáfora, passou a designar o poeta. Também o ato final de uma existência é referido como o canto do cisne de algum profissional, segundo a crença popular, muito antiga, de que o cisne, antes de morrer, produz o mais belo de seus cantos. O poeta Alphonsus de Guimaraens, visitando Cruz e Sousa, cujas poesias muito admirava, cunhou a expressão "cisne negro", quando o visitou no Rio de Janeiro.

CITAÇÃO do latim *citatione*, declinação de *citatio*, ação de citar, chamamento, intimação. Na linguagem jurídica designa o ato mais importante do processo judicial, sem o que não pode prosseguir nenhuma ação, pois todas dependem desse requisito: de que sejam citadas as partes em conflito. A sentença será nula se não tiver sido feita adequadamente a citação. Seu primeiro registro escrito ocorre ainda na Idade Média, em 1322. Ao fazer a citação, a autoridade determina o prazo para que o citado atenda à intimação. Quando a citação é feita de modo incorreto, a metáfora para sua nulidade é um rito: diz-se tratar-se de citação circunduta.

CIÚME do latim *zelus*, de onde veio também *cio*. Indica excesso de zelo, rivalidade amorosa. O ciúme foi sempre um grande tema para as artes e letras. Na literatura brasileira, temos um verdadeiro tratado do ciúme no romance *Dom Casmurro*. Ali, Machado de Assis apresenta-nos um célebre triângulo amoroso, formado por Bentinho, o marido; Capitu, a esposa; e Escobar, o amante desta. Com o advento de certas modernidades neste início de milênio, outras figuras geométricas, como o trapézio, têm servido de cenário ao ciúme. Maridos ciumentos receberam prudente conselho no Eclesiástico 9,1: "Não tenhas ciúme da mulher de teus amplexos para que ela não use em teu prejuízo a malícia que aprender de ti."

CIVILIDADE do latim *civilitate*, declinação de *civilitas*, civilidade, série de gestos e formalidades observadas em sinal de respeito por aqueles com os quais convivemos. A partir das influências francesas na vida brasileira, a civilidade passou a ser mais conhecida como etiqueta, indicando a polidez e a cortesia que devem presidir aos tratamentos interpessoais. Nos tempos coloniais, o Brasil exagerava nos dois extremos: na escrita, uma polidez exagerada. Na vida cotidiana, comportamentos que hoje escandalizariam até os incultos. Eis um exemplo de saudação em carta de amor: "Minha mui querida santa do meu coração, deusa do meu amor desvelado, meu amor e meu tudo." E a despedida: "Um carmanchel de beijos de vosso fiel, submisso, reverente escravo até a morte, que há de ser teu por toda a eternidade." No dia a dia as instruções davam ideia do que se passava: "Não se deve roer as unhas com os dentes ou servir das mesmas como palito; se for possível, não se suspire ou arrote que se ouça." Incrível é a inserção de "se for possível" na recomendação.

CIVILIZAÇÃO do latim *civile*, civil, designando o cidadão, sem intermediações eclesiásticas ou militares, formou-se civilizar, ação de polir incultos com o fim de adaptá-los à vida em sociedade, quando são derrogados diversos artigos de uma suposta lei das selvas. Quase sempre se fez o contrário, de que são exemplos os numerosos extermínios de povos indígenas. O famoso médico brasileiro Noel Nutels, que integrou a expedição Roncador-Xingu, disse ao voltar: "É um erro pensar que o índio prefere a civilização. Para morar numa favela? Ele está feliz tal como é, adaptado à região em que vive."

CIZÂNIA do grego *zizánion*, pelo latim *zizania*, erva daninha às plantações, equivalente às formas latinas *lolium* e *jolium*, que deram joio em português. No grego, o sentido original designa a discórdia, a briga, a rixa, a desavença, a falta de harmonia, enfim. O francês *zizanie* traz embutidos os mesmos étimos gregos e latinos, assim como o espanhol *cizaña*. Este substantivo tornou-se de largo uso, sobretudo entre os mais jovens, depois que Albert Uderzo e René Goscinny, autores dos textos e quadrinhos de *Astérix*, deram o título de *Zizanie* ao 15º volume das divertidas, encantadoras e instrutivas histórias. César, para conquistar a aldeia gaulesa, semeia a discórdia por meio do personagem Tulius Detritus, especialista em estratagemas. A ideia é valorizar Astérix em detrimento de Abraracourcix. E a seguir convencer os gauleses de que o herói vendeu a poção mágica aos romanos. Astérix, Obélix e Panoramix fingem abandonar a aldeia, levando os romanos a acreditarem que a intriga deu certo. Na reviravolta, o impostor é desmascarado e mais uma vez os gauleses vencem os invasores.

CLARISSA do latim eclesiástico *clarissa*, pelo francês *clarisse*, radicados no nome de Chiara d'Offreducci, mais conhecida por Santa Clara, para designar a freira da ordem feminina equivalente à dos franciscanos. Como Francesco, a quem seguiu, também era de família rica, que ficou inconformada. Porém mais tarde também a irmã Inês, e a mãe, Beatriz, seguiram seus passos e foram morar com ela no mesmo convento. Os corpos dos dois fundadores estão conservados em Assis, cidade onde ambos nasceram, e são visitados por milhares de peregrinos todos os anos. Embora cadáveres incorruptos, não embalsamados, sejam mistério, nem todos foram declarados santos. Por curiosidade, também o cadáver de Fernando António Nogueira de Seabra Pessoa foi encontrado cinquenta anos depois com a mesma aparência de quando foi sepultado.

CLARO do latim *claru*, claro, nítido, reluzente, puro. Está presente em várias expressões, como "passar a noite em claro", significando insônia, em geral compulsória. Depois da televisão, os insones tiveram mais uma opção caseira, além da leitura e do rádio. E a padroeira da televisão é Santa Clara, cuja festa é comemorada a 11 de agosto, por ter visto projetada na parede de sua cela as imagens das exéquias de São Francisco de Assis. Era belíssima e muito rica. Aos 19 anos fugiu de casa para enclausurar-se num convento, comovida com a pregação e o exemplo do santo que tanto gostava dos passarinhos. Foi ao visitá-la, apenas um ano antes de morrer, que ele escreveu o famoso *Cântico do irmão Sol*.

CLÁUSULA do latim *clausula*, de *claudere*, fechar. Designa cada uma das condições em que é celebrado um contrato, testamento, documento, público ou privado. A ideia de fechar está presente em clausura, recinto dos conventos onde só entram os membros da comunidade religiosa. A cláusula veta a entrada de interpretações estranhas.

CLAVA do latim *clava*, porrete. A clava chegou ao *Hino Nacional* – música de Francisco Manuel da Silva e letra de Joaquim Osório Duque de Estrada – por força dos ideais da independência. Os intelectuais que elaboraram o projeto político da soberania do Brasil face a Portugal se esmeraram em cultivar o passado indígena: evitavam tomar o negro como referência de nacionalidade. Mas o autor da letra do *Hino Nacional* inseriu versos ufanistas de um poeta que tinha forte contribuição de sangue negro pelo lado materno e inclusive, por racismo dos prováveis futuros sogros, não pudera casar-se com a mulher que amava, por racismo. A clava indígena, insuficiente para derrotar o preconceito, aparece com vigor no *Hino Nacional*: "Mas se ergues da justiça a clava forte,/ Verás que um filho teu não foge à luta,/ Nem teme, quem te adora, a própria morte".

CLEAR vocábulo inglês – o latim do império – que, à semelhança de vários outros, está sendo usado em nossa língua sem nenhuma adaptação. Significa claro, cristalino. Serve para indicar diversas modalidades de produtos – cosméticos, bebidas, detergentes – que não são coloridos como os similares anteriores, mas transparentes, sugerindo uma pureza que provavelmente muitos deles não têm.

CLEMENTE do latim *clemente*, declinação de *clemens*, com o significado de bondoso, indulgente, sossegado, que perdoa, mas originalmente qualificava a subida que não era íngreme, tinha declive suave. Não é aplicado apenas a pessoas, mas também a animais e fenômenos, embora mais no antônimo, neste último caso, como em temperatura inclemente, isto é, extrema. Nome de homem, clemente cedeu o étimo também para Clementino e Clementina, nome de homem e de mulher, respectivamente, presentes em Vila Clementino, bairro de São Paulo, e no nome de uma das mais famosas cantoras brasileiras, Clementina de Jesus da Silva, fluminense de Carambita, bairro de Valença.

Foi empregada doméstica até os 62 anos, quando o compositor Hermínio Bello de Carvalho a descobriu.

CLEPSIDRA do latim *clepsydra*, vindo do grego *klepsydra*, designando os primeiros relógios, de água ou de areia, variantes dos relógios de sol, mais consoantes com a ideia poética, admiravelmente resumida no famoso dito de Heráclito: *"Não podes entrar duas vezes no mesmo rio."* Não apenas porque suas águas são outras, mas porque nós também mudamos. No grego o vocábulo foi formado a partir de *klépto*, roubar, e *hydor*, água, estando o primeiro composto presente em cleptomania, patologia que leva a pessoa a roubar sem necessidade. É raríssimo o reconhecimento da cleptomania entre os mais pobres. Em geral, a doença só é reconhecida entre abastados. Em classes sociais subalternas, é sempre furto, roubo e outras palavras que não têm a mesma elegância. A clepsidra nos lembra etimologicamente que o tempo é roubado indistintamente de ricos e pobres a cada grão de areia ou pingo d'água que escorre do antigo relógio. Entretanto, os médicos têm o poder de disciplinar o ritmo da caminhada inexorável em direção ao túmulo.

CLEPTOMANIA do grego *klépto* e *manía*, pelo latim *cleptare* e *mania*, em ambas as línguas com os respectivos significados de furtar, roubar ou dissimular por loucura, mania, sem que os autores do furto tenham necessidade de praticá-lo, ao contrário do que acontece quando o indivíduo, movido por necessidades terríveis de sobrevivência, ainda que contrariando seus princípios éticos e morais, furta, principalmente alimentos.

CLERO do grego bizantino *klêros*, sorte, lote atribuído a uma igreja, a um padre, por sorteio. No grego, designou originalmente pedrinhas ou pedaços de madeira postos num capacete ou num vaso com o fim de realizar escolhas aleatórias. Com este sentido, migrou para designar herança, terra, bens. E depois especificamente para o bem concedido ao padre. No latim virou *clerum*, clero no português. Para os padres, tornou-se variante para a batina, uma veste de nome inglês – *clergyman*, homem do clero. É composta de calça comprida, jaqueta, camisa escura e colarinho branco, quase sempre de plástico duro, identificando que o usuário é padre ou pastor. A variante é um adereço retangular, branco, com uma cruz preta. *Clergyman* ainda não teve adaptação no português.

CLIENTE do latim *cliente*, declinação de *cliens*, significando inicialmente vassalo, aquele que está sob a proteção de alguém. Passou depois a designar aquele que procura os serviços de profissionais especializados, como advogados e médicos. A clientela é formada por fregueses, também palavra de origem latina, como revelam as expressões *filiu gregis*, filho da grei ou rebanho, e *filiu ecclesiae*, filho da igreja. Tudo porque os primeiros comerciantes e também médicos e advogados estabeleceram-se nas cercanias das igrejas.

CLIMA do grego *klíma* e do latim *clima*, ambos com o significado de inclinação, o que resultou na designação do conjunto de condições meteorológicas. Posteriormente evoluiu para outros significados, indicando o contexto em que tais ou quais ações podem ou não ocorrer. Assim, diz-se que não há clima para determinada providência de governo. Significa também uma situação favorável à atividade amorosa, principalmente em expressões da linguagem coloquial, como "pintou o maior clima".

CLIMÁTICO de clima, do grego *klíma*, inclinação – no caso, inclinação da Terra em relação ao Sol. Tornou-se *clima* no latim, clima, região identificada por suas condições atmosféricas e pelas influências sobre a vida na Terra. Em dezembro de 2009, no frio de Copenhague, capital da Dinamarca, realizou-se a Conferência das Nações Unidas sobre as Mudanças Climáticas, a COP 15. O resultado foi um fracasso, porque nações poderosas, como os EUA, a China e a Índia, não foram convencidas do perigo que representa a emissão de gases industriais para o aquecimento global, que, se continuar aumentando, poderá levar ao desaparecimento de nações como as Ilhas Maldivas, segundo alertou seu presidente, Mohamed Nasheed. Talvez a conferência devesse ter sido realizada no meio do deserto do Saara, durante o dia, quando o calor pode beirar os 50 graus.

Daí talvez fosse mais fácil convencer os recalcitrantes de que o mundo está realmente esquentando.

CLÍNICO do latim *clinicu*, vindo do grego *kliniké*, técnica médica realizada no *kliné*, leito. Os primeiros médicos foram chamados de clínicos por terem elaborado métodos de tratamento que fugiam ao empirismo, buscando as causas efetivas das doenças e ministrando remédios cientificamente. Seus primeiros inimigos foram os charlatães ou curandeiros, que diziam curar todos os males por meio de imposição de mãos, invocações aos deuses epocais e procedimentos às vezes arriscados, que resultavam na morte de quem queriam salvar. Críticos radicais da medicina acusam os modernos cirurgiões de proceder da mesma maneira. Às vezes, certos descuidos médicos dão razão a tais críticas.

CLITÓRIS/ CLÍTORIS do latim científico *clitoris*, do grego *kleitorís*, pedra preciosa, cujo significado foi associado ao verbo *kleío*, fechar, passando a ter o sentido de fechadura, encerramento, porta. Designa pequeno órgão da anatomia feminina, alongado, erétil, situado na parte superior da vulva. Antes de chegar ao português, fez escala no francês *clitoris*, língua em que teve seu primeiro registro escrito com tal significado, em 1611, seguido do inglês *clitoris*, em 1615. No português, foi escrito pela primeira vez em 1789, em *História dos reinos vegetal, animal e mineral do Brasil, pertencente à Medicina*, de Francisco Antonio de Sampayo. Durante séculos, por excessiva cautela com vocábulos ligados à sexualidade, foram evitadas designações denotativas, a não ser que disfarçadas em textos de medicina, preferindo-se metáforas e eufemismos. Aliás, clitóris e vulva são metáforas, já que clitóris designava originalmente pedra preciosa, e vulva, pele de fruta com delicados pelos, como o pêssego.

CLONE do grego *klón*, broto. Designa membro de uma espécie originado de outro por multiplicação, em que foram dispensados o pai e a mãe, como aconteceu com Dolly, a ovelha criada pelo embriologista britânico Ian Wilmut. O que o escritor inglês Aldous Huxley previu em seu romance *Admirável mundo novo* começa a acontecer. Entre 2001 e 2002 fez muito sucesso pela TV Globo a novela *O Clone*, de autoria de Gloria Perez, que deu especial destaque na trama aos experimentos que visam clonar um ser humano.

CLÓVIS do modo errado de um locutor da então poderosa Rádio Nacional pronunciar o inglês *clown*, palhaço, anunciando o palhaço de rua, figura que no Carnaval carioca, vestindo um macacão colorido, desfila batendo no chão uma bola presa a um cordel. Dá nome a uma localidade no Novo México, nos EUA, que teve intensa ligação com o *rock*, e designa também uma rocha muito peculiar no planeta Marte. Como nome de pessoa, tornou-se comum depois de Clóvis I, o rei merovíngio cujas variantes são também Clodoveu e Clodovil. Ele uniu todos os povos bárbaros que integravam os francos. Converteu-se ao catolicismo e tornou-se grande aliado da alta hierarquia da Igreja na expansão do cristianismo na Europa.

COABITAR do latim *cohabitare*, habitar com alguém a mesma casa, morar junto, dividindo intimidades, como pretendem os noivos, antes ou depois do casamento. Significa também fazer com que ideias opostas sejam mutuamente toleradas, não apenas nas relações amorosas, mas também nos regimes em que autoridades de partidos políticos diferentes são obrigadas a dividir o poder e, mais especificamente, levar vida de casado, ainda que os parceiros não sejam oficialmente cônjuges. Desde o Concílio de Trento, a Igreja proíbe que os padres se casem, o que levou a uma debandada geral do sacerdócio, sobretudo depois do Concílio Vaticano II, realizado de 1962 a 1965. Convocado pelo papa João XXIII e concluído por Paulo VI, este concílio decepcionou aqueles que esperavam que o celibato fosse abolido e práticas contraceptivas como o aborto fossem autorizadas.

COALESCENTE do latim *coalescente*, declinação de *coalescens*, que se une intensamente, aderente, do mesmo étimo de adolescente, palavras ligadas ao verbo *alere*, crescer, que serviu também a aluna, aluno, aluninha, do latim *alumna, alumnus, alumnula*, sendo menos frequente *alumnor*, já com o sentido de educador. O francês teve *coalescence*, coalescência, e *coalition*, coalizão, ainda no século XVI, que só chegariam ao português no século XIX. Coalescente é ainda de uso raro na língua portuguesa, mas coalizão tem sido de uso frequente, designando acordo político no qual vários partidos se unem em momentos de crise, pondo o interesse da nação acima do dos partidos políticos, coisa rara de acontecer no Brasil. Aqui, algumas agremiações políticas se caracterizam por ações que visam a desestabilizar o partido que está no governo com o fim de substituí-lo.

COALHO do latim *coagulum*, coágulo. O modo como era pronunciado popularmente resultou em coalho, substância líquida coagulada utilizada no fabrico do queijo, um alimento muito antigo. Homero descreve Cíclope fabricando queijos: "Quando ele terminou, sentou-se e ordenhou suas ovelhas e cabras, tudo em seu devido tempo, e, em seguida, levou cada uma delas para junto de suas crias. Ele coalhou metade do leite e colocou-o de lado em peneiras de vime." E o presidente francês Charles de Gaulle, refletindo sobre a dificuldade de governar a França, disse: "Não se pode governar um país que tem 246 variedades de queijo."

COAUTOR do latim *cum*, com, e *auctor*, autor, cujo étimo remoto é *aug*, de *augere*, fazer crescer, aumentar. Diz-se de alguém que faz algo em parceria com outra pessoa, tanto no sentido pejorativo – coautor de um crime – quanto em sentido enaltecedor – coautor de livro ou artigo. Mas certamente ninguém poderia supor que o coautor de um artigo de Física fosse um gato. Em 1975, o professor J. H. Hetherington, da Universidade de Michigan, enviou à publicação dois trabalhos de pesquisa sobre Física de baixa energia. Na revisão, foi-lhe pedido que substituísse o pronome "nós" por "eu", já que o artigo é de autoria única. Para não ter que fazer as alterações em todo o artigo, o professor indicou como coautor o seu gato siamês, chamado Felis Domesticus Chester Willard. Abreviados para F.D.C., o nome do coautor apareceu nas páginas da respeitada *Physical Review Letters*. O estratagema foi descoberto quando um aluno visitou o professor e, informado de que ele não estava, perguntou por Willard e foi apresentado ao gato.

COBRAR do espanhol *recobrar*, com origem remota no latim *recuperare*, recuperar, adquirir outra vez. Pode ter havido influência da denominação do metal com que impostos e contas eram pagos, o cobre, do latim *cuprum*, grafia adotada pelos romanos para o grego *Kypros*, nome próprio da Ilha de Chipre, onde o metal era abundante. Na complexa coleta de impostos da Coroa, contas e impostos eram sujeitos a variações de uma localidade para outra. Assim, o rei Dom Manuel determinava tributos diferenciados para seus súditos, estipulados de acordo com a região onde vivessem. Para a aldeia de Pesqueira, por exemplo, o rei altera o imposto nestes termos: "Pelos dois pães, que segundo o Foral antigo se pagavam, se paguem agora quinze alqueires ou quatro réis por eles." Espertos, provavelmente os contribuintes haviam diminuído o tamanho dos pães. Um alqueire, derivado do verbo árabe *cála*, medir, equivalia em Lisboa a 13,8 litros de cereais, mas tal medida variava muito. Tais tributos eram alterados de acordo com as necessidades de caixa da Coroa, que nas crises procedia a derramas. Em documento de 1120, lê-se um registro de pagamento de jantar a um senhor: "*De anno em annum quando venerit noster Senior ad nostram villam, demus in sua Parada una Octava de cevada, et dous panes de tritico et unum denarium.*" Em tal dialeto latino, que depois resultaria no português, significava o seguinte: "De ano em ano, quando nosso Senhor vem à nossa vila, pagamos por sua parada uma oitava de cevada, dois pães de trigo e um dinheiro." Também o valor de tal dinheiro era vago, porque dinheiro designava moeda que poderia ser de prata ou de cobre, daí a presença das expressões real branco e real preto. Por isso Dom Manuel, sistematizando as cobranças da Coroa, fixou o dinheiro ou denário em um ceitil. Um real valia seis ceitis. Um soldo valia onze ceitis, donde se conclui que o soldo era muito baixo, representando apenas cerca de dois reais ou réis, o plural de real que finalmente se consolidou.

COBRIR do latim *cooperire*, cobrir, ocultar. Está presente no ditado "Não adianta cobrir um santo para descobrir outro". Provavelmente é simplificação de provérbio francês semelhante, com a eliminação dos nomes dos santos, tanto o coberto, como o descoberto: *découvrir Saint Pierre pour couvrir Saint Paul* (descobrir São Pedro para cobrir São Paulo). Os anglo-americanos, porém, mudaram o verbo para roubar e descanonizaram os personagens, indicando que de nada adianta *to rob Peter to pay Paul* (roubar de Pedro para pagar Paulo). Cobrir indica também a cópula de animais.

COCADA de coco, do nome da personagem infantil inventada para aterrorizar as crianças, também conhecida no Brasil por Cuca, mais o sufixo -ada, comum na formação de palavras, menos a vogal final de coco. Designa doce feito de coco ralado e açúcar ou calda de açúcar, cozido até adquirir consistência firme, cortado de variadas formas. E está presente na expressão "rei (ou rainha) da cocada preta", surgida depois da vinda da Família Real para o Brasil, em 1809. O rei tinha o privilégio de comer as primeiras cocadas pretas, as mais saborosas, e só depois os nobres podiam servir-se. O brasileiro, muito debochado, passou a usar a frase para vingar a arrogância de quem queria sobrepor-se aos outros, como se rei fosse.

COCAÍNA do quíchua *kuka*, arbusto cujas folhas e cascas estão repletas de alcaloides, sendo o principal deles a cocaína, cristalina e incolor. Sua fórmula química é $C_{17}H_{12}O_4N$. As intensas movimentações envolvendo negociações que levaram à intervenção do Exército nos aparelhos policiais foram motivadas pela violência entre quadrilhas rivais, ligadas ao comércio da cocaína, que é ilegal. Ironicamente estão morrendo meninos e jovens pobres encarregados de levar o tóxico aos consumidores, dado o alto preço do produto.

COÇAR do latim *coctiare*, coçar, roçar o corpo ou um objeto com os dedos, as unhas ou algum instrumento. A linguagem popular criou expressiva metáfora com este verbo: diz-se que alguém "não se coça" quando não toma a iniciativa de partilhar o pagamento da conta no bar. Se, neste caso, é vituperado quem não se coça, quando se trata de cuidar das urticárias em público, a restrição é para quem se coça.

COCHE do alemão *Kutsche*, com o significado de carruagem. No espanhol, com a mesma grafia, designa o automóvel. O húngaro tem *kocsi*.

COCO do nome da personagem infantil inventada para aterrorizar as crianças, também conhecida no Brasil por Cuca. Quando os navegadores portugueses chegaram a Malabar, na Índia, em fins do século XV, o fruto da palmeira pareceu-lhes semelhante aos fantasmas de pano, feitos em casa para assustar as crianças. E palmeira virou coqueiro.

CÓCORAS provavelmente de cocorocó, onomatopeia do canto da galinha em incubação, passando depois a designar também a posição em que fica para aquecer os ovos. Como, ao agachar-se sobre os calcanhares, a pessoa adota posição semelhante à da galinha quando está chocando, tal pose passou a ser conhecida pela mesma designação.

COCORICÓ de origem onomatopaica, designa o canto do galo. A palavra é onomatopaica quando busca reproduzir o som que designa. A ave e seu canto estão presentes na Missa do Galo, cuja origem remonta às celebrações ao deus Sol. Igrejas mais antigas têm um galo em seus campanários, como a da Irmandade Nossa Senhora da Glória do Outeiro, na Glória, e da Ordem Terceira São Francisco de Paula, no Largo de São Francisco.

CÓDIGO do grego *kódikos*, caso genitivo de *kódiks*, escrito, coleção de leis, mais tarde designando texto cifrado ou conjunto de sinais, de que é exemplo o código *Morse*. No Brasil, entre tantos outros códigos – civil, de processo penal etc. –, um dos mais conhecidos é o código de barras, sequência alfanumérica impressa nas embalagens, capaz de ser lida por dispositivo eletrônico de leitura óptica. Por benesses da informática, esses leitores dispensam alfabetização. A palavra código chegou até nós com escala em Bizâncio, por influência do poder do Império Romano do Oriente ao tempo de Justiniano I, o primeiro a compilar o Digesto, as Institutas e os Códigos, o que fez quando combatia vândalos e persas. Para bons administradores, nem a guerra é desculpa para descuidarem da cultura. O Digesto constitui-se da reunião de decisões de jurisconsultos romanos. As Institutas coligem leis presentes no primeiro Manual de Direito Romano, elaborado pelos jurisconsultos Triboniano, Teófilo e Doroteu.

COELHEIRA de coelho, do latim *cuniculus*, designando local destinado à criação de coelhos. Em Portugal, coelheira é também o conjunto de bancadas ou carteiras situadas ao fundo da sala de aula. Coelheira, vinda do espanhol *cuello*, pescoço, designa também a coleira fixada no peito do cavalo, que lhe permite triplicar sua força de tração. Os antigos romanos demoraram a descobrir isso e durante muito tempo atrelaram os cavalos como atrelavam os bois, pelo pescoço, sufocando-os. Por volta do ano 1000, estudando a anatomia dos animais, inventaram a coelheira. Também foi uma descoberta medieval prender parelhas de cavalos umas atrás das outras para multiplicar sua força. No Brasil, a variante mais usada para a coelheira é peitoral, embora esta palavra, vinda do latim *pectorale*, de *pectus*, peito, designe também parte do hábito de frades e monjas, que cobre o peito.

COELHO do pré-romano pelo latim *cuniculum*, mamífero que pratica um dos atos sexuais mais rápidos do reino animal, mantendo também uma velocidade espantosa na procriação. Cerca de trinta dias depois de concebido, um novo coelhinho vem ao mundo. Os primeiros colonizadores da Austrália e da Nova Zelândia soltaram alguns coelhos para praticar tiro ao alvo, sem suspeitar que estariam deflagrando o maior flagelo para as plantações. Eles se multiplicaram de tal modo que nunca mais foi possível matar todos e ainda hoje são o maior problema dos agricultores daquela parte do mundo. O coelho da Páscoa tem outros hábitos e aparece somente uma vez por ano, trazendo, em vez de filhotes, ovos de chocolate, recheados de bombons. O animal está ligado às festividades da Páscoa por costumes vindos da Europa do Norte, que podem ter substituído por coelhos os cordeiros imolados pelos judeus na fuga do Egito. Quem introduziu no Brasil o costume de celebrar a Páscoa com coelhos e ovos, pintados de várias cores, foram os primeiros imigrantes alemães.

COFRE do francês *coffre*, por sua vez vindo do grego *kóphinos*, designando caixa de madeira para guardar dinheiro, joias, documentos e outros objetos de valor. Mais tarde o cofre passou a ser feito de ferro, aço, concreto e, em vez de chave, passou a ter sistema de trancamento com segredo.

COIBIR do latim *cohibere*, formado a partir de *cohabere*, partilhar, controlar, ter por perto. Mais tarde predominou o sentido de censura. Por sua delicada atenção à natureza, principalmente a pássaros, flores e árvores, São Francisco de Assis, cuja festa é celebrada a 4 de outubro, canonizado apenas dois anos depois de morrer, foi declarado patrono dos ecologistas em 1979. Mas seus seguidores têm sido coibidos, perseguidos e censurados ao longo dos séculos. Ele fundou a ordem franciscana, que tem entre seus adeptos no Brasil o polêmico ex-frade catarinense Leonardo Boff, um dos formuladores da chamada Teologia da Libertação, punido pelo Vaticano por causa de suas ideias avançadas. Sua rixa religiosa com Roma durou anos, terminando com o clássico "*Roma locuta, causa finita*", expressão latina que significa "Roma falou, a questão terminou". Leonardo Boff é autor de frases como estas: "A tendência da vida é ser eterna, em distintos níveis de realização. Eu acho que a morte é uma invenção da vida para passar para outro nível, mais complexo, de mais radiação, mais comunicação." Ao lado de Frei Betto, homenageado em romance de autor brasileiro como o personagem Frei Nabor, Leonardo Boff destaca-se no panorama internacional como um dos membros mais progressistas do clero e nome de relevo nas formulações doutrinárias da Teologia da Libertação.

COISA-RUIM de cousa, do latim *causa*, motivo, razão, e ruim, do latim vugar *ruinu*, por influência de *ruina*, ruína, destruição. É o nome composto que reúne as entidades diabólicas mais conhecidas, entre as quais, Lúcifer, Satanás, Belzebu, Belfegor, Leviatã, Mamon e Asmodeus, os dois últimos muito citados pelo presidente Jânio da Silva Quadros, com o fim de atribuir ignorância aos jornalistas que desconheciam esses nomes do Diabo e exibir ao povo, nos comícios, a sua proclamada erudição e saber, que não se limitavam ao português correto, mas esquisito, de seus discursos e intervenções.

COITADO provavelmente da mistura de três origens: o latim *coitus*, união, encontro, ajuntamento, casamento, fecundação, cópula, que no latim vulgar misturou-se a *coactus*, particípio de *cogere*, juntar, raiz do espanhol *coger*, pegar, agarrar, que no espanhol platino indica também o ato sexual; o marata *koytã*, designando a maior faca da cozinha e também o facão de mato (o marata é língua indo-europeia do ramo indo-ariano, uma das línguas oficiais da Índia, falado no estado de Maharashtra, no sul); o português antigo *coitar*, vigente no século XIII, ainda nos albores da língua, derivado do latim *coctare*, picar, ferir, afligir, como se depreende dos versos do rei poeta Afonso X, o Sábio: "*En que semelhan as a boys de aferradas/ quando as moscas les veen coitar.*" São vários, não apenas os indícios, mas as evidências de que o ato sexual, em suas numerosas designações, tenha servido a metáforas de desgraças e aflições, atribuídas a quem recebe o falo, e indicativo de sucesso quando o praticante é o elemento ativo. O coito, que provavelmente serviu de contexto ao significado de coitado como sofredor pode ter sido forma de castigo imposta a prisioneiros em tempos de guerra, caracterizado pelo estupro como uma das ignomínias às quais foram sujeitos os vencidos desde priscas eras.

COLÁGENO de cola, do grego *kólla*, cola, gelatina, goma, *colla*, em latim, e o composto geno, do grego *génos*, origem. O colágeno é, pois, uma cola congênita, isto é, nasce com a pessoa. É a substância proteica das fibras que unem os tecidos da pele, da cartilagem, dos ossos e de outras conexões corporais. À medida que o colágeno decresce, por exemplo, a pele vai perdendo o seu frescor. Daí uma série de alimentos industrializados e drogas farmacêuticas anunciarem que têm o colágeno como um de seus ingredientes, pois vivemos um tempo em que a juventude é apresentada como fonte de alegria, e a velhice, de tristeza, fixando a aparência, e não a essência, como objetivo do viver. Evidenciando a origem greco-latina comum, o francês, língua neolatina, tem *collagène*, e o italiano, igualmente inspirado na herança da Grécia e da Roma antigas, utiliza duas formas: *collagene* e *collageno*.

COLCHÃO do espanhol *colcha*, coberta de cama, colcha, formou-se este aumentativo para designar o estofado sobre o qual dormimos. Houve troca de sentido quando mudou de grau, já que a colcha é a última coisa que se põe sobre o estrado da cama, e o colchão, a primeira. Os colchões, originariamente compostos de crina de cavalo, panos, lãs, receberam molas de arame na primeira metade do século XIX. A inovação resultou na mudança de material de que eram feitas as camas. Primitivamente de madeira, passaram a ser fabricadas em ferro. A partir do final do século passado, o colchão de molas, de superfície acolchoada, tornou-se mobília importante nas casas dos mais abastados. Os ortopedistas, porém, passaram a recomendar colchões firmes, alegando serem melhores para a coluna.

COLCHETES de colchete, do francês *crochet*, gancho, argola, pelo espanhol *corchete*, provavelmente mudando de "r" para "l" por hipercorreção. No plural veio a designar conhecido par de sinais de pontuação, usados para isolar ou omitir palavras ou frases que não fazem parte da citação, mas que podem esclarecer melhor o que se escreve. Semelhantes aos parênteses, não são, porém, arredondados como esses, mas retos. Cláudio Moreno, romancista, ensaísta e professor das aulas teletransmitidas de Língua Portuguesa na Universidade Estácio de Sá, dá o seguinte exemplo de uso de colchetes, citando o escritor, professor e filósofo espanhol Fernando Savater, em *Guia do português correto: nova ortografia*: "Três décadas atrás [...] eu ostentava ideias claras sobre o Vietnã (os dois), o peronismo, Lumumba, a Albânia, os bororós e a chegada do homem à Lua. Conflitos entre árabes e judeus em territórios bíblicos não encerravam para mim nenhum segredo [...]. Agora mal me atrevo a opinar sobre aquilo que vivo e sofro diretamente. Por isso tenho um pouco de inveja e muita desconfiança de meus colegas intelectuais europeus e suas certezas [...]."

COLEIRA do latim *collaria*, plural de *collarium*, golinha, coleira, assim chamada porque cobre o *collum*, pescoço. Aparece no poema *A musa em férias*, do atormentado poeta baiano Junqueira Freire, autor de *Inspirações do claustro e contradições poéticas*, versos cheios de dúvidas religiosas: "Era um cão ordinário, um pobre cão vadio/ que não tinha coleira e não pagava imposto." No Carnaval de 1998, porém, a modelo e atriz Luma de Oliveira, *Miss Playboy* Internacional em 1988 e Mulher da Década em 1990, provocou enorme polêmica ao desfilar com uma coleira, na qual estava escrito o nome do então marido, Eike. As mais revoltadas foram as feministas. A usuária surpreendeu-se: "Não entendi o porquê de tanta polêmica, imaginei que a sensação fosse o rabo de onça, que eu tinha feito com tanto esmero." Bem-humorada, Luma assumiu ser a Amélia moderna, assim definida por ela: "Ser Amélia é ser parceira do cara nos piores e melhores momentos. Significa que ela também trabalha, se diverte, é *sexy*. Não quero derrubar conquistas femininas, trabalho desde os 16 anos." A coleira era simples, mas dado o pescoço que envolvia, tornou-se um precioso fetiche.

CÓLERA do grego *choléra* e do latim *cholera*, bílis, para designar a ira que ataca o fígado, donde a expressão inimigo figadal. A doença propriamente dita, os latinos a denominavam *cholera morbus*. Em português, a enfermidade tomou o gênero masculino porque inicialmente aludia-se ao vibrião que a causava. Conhecido romance do Prêmio Nobel de Literatura de 1982, do colombiano Gabriel García Márquez, tem em português o título de *O amor nos tempos do cólera*, e foi traduzido por Antonio Callado.

COLETE do francês *collet*, assim chamado porque primitivamente significava qualquer peça de roupa junto ao colo. Passou a denominar item do vestuário, masculino ou feminino, sem mangas nem gola, abotoado ou amarrado à frente, que se usa sobre a camisa ou blusa e vai até a cintura. É também sinônimo de espartilho. O bolso, mais frequente no colete masculino, tem-se prestado à metáfora muito comum: "solução tirada do bolso do colete", por exemplo, significa facilidade exagerada para resolver um problema.

COLETIVA do feminino de coletivo, do latim *collectivus*, ajuntado, reunido. A raiz é a mesma do verbo colher, por sua vez radicado em ler, do latim *legere*, que significa reunir, colher. Na imprensa, a palavra "coletiva" descolou-se da expressão "entrevista coletiva", passando de adjetivo que qualificava a sessão de perguntas e respostas, a substantivo que a designa. Tal mudança foi registrada na década de 1980, quando a abreviação e a síntese passaram a dominar altaneiras os jornais, as revistas, o rádio e a televisão, às vezes até com certo exagero. A tese é que a modernização enxugou espaços e textos, obrigando todos os que escrevem e editam a indispensáveis resumos, pois aumentaram consideravelmente as opções do público. Até então, poucos veículos de comunicação faziam com que o leitor, o ouvinte e o telespectador fossem coagidos a ler, ouvir e ver o que lhes era apresentado, com poucas escolhas.

COLETIVO do latim *collectivus*, do particípio *collectum*, de *colligere*, reunir. Coletivo é uma categoria de substantivo que está no singular, mas dá ideia de plural. Pode ser geral, como em exército, ou partitivo, como em batalhão, que, conquanto agrupando muitos soldados, faz parte do exército. Alguns coletivos da língua portuguesa são de origem obscura, como piara (bando de animais pequenos), teoria (de anjos), fato (de cabras) e chafardel (rebanho de ovelhas). Outros sofreram deslocamentos, como batelada, que é um batel carregado. Batel veio do francês antigo *batel*, hoje *bateau*, designando a maior embarcação dentre as pequenas que serviam aos grandes, em geral naus, navios e galeões. Batelada passou a designar grandes quantidades. Outros coletivos revelam arraigados preconceitos, como chamar o povo de choldra, que originalmente designava bando de malfeitores, sendo sinônimo de corja. Alguns coletivos são conhecidos apenas de agricultores, como é o caso de *meda*, monte de cereais antes de serem debulhados, enfeixados ainda com as hastes.

COLHER do francês *cuillère*, palavra vinda do grego *kokhliárion* pelo latim *cochlearium*. A origem remota destas palavras é que a concha do caracol em grego é *kokhlías*, provavelmente porque foi usada como um dos primeiros utensílios para comer algo líquido. No francês, *cuillière* tem registro ainda no século XII, mas no português apenas no século XIV, pois a presença árabe em Portugal influenciou no ato de comer pegando os alimentos diretamente com as mãos, o que ainda permanece no caso do pão, especialmente. O garfo já estava na mesa portuguesa no século XIII e a faca chegara apenas no século XV, vinda provavelmente de um dialeto africano sudanês, onde *faka* e *ni-vaka* designavam objetos cortantes semelhantes ao talher, que depois se consolidaria com este nome, ainda que o latim vulgar *falcula*, foicinha, de *falx*, foice, possa ter influenciado.

COLIBRI do francês *colibri*, um dos nomes do beija-flor, conhecido também por cuitelinho, do latim *cultellus*, faca pequena, porque o bico do pássaro foi comparado a uma faquinha para abrir as flores. Colibri formou-se provavelmente de *colubri*, caso genitivo do latim *coluber*, cobra. Tem o mesmo étimo o provençal *colobro*, do latim vulgar *colobra*, cobra. No português, seu primeiro registro é de 1838, mas no francês deu-se em 1640 e foi atribuído a uma das línguas dos caraíbas, povos indígenas que habitavam e habitam o norte do rio Amazonas, a Colômbia, as Guianas e terras que vão do vale do rio Xingu ao rio Paranatinga. Não se sabe como os nativos das Antilhas denominavam o pássaro, mas aos colonos franceses ele pareceu semelhante às serpentes locais: suas cores brilhantes, o aspecto escamoso das penas, a agilidade, o silvo das asas batendo rapidamente e a língua partida em dois. Ainda hoje na Jamaica existe um tipo de colibri, o *Trochilus polytmus*, cujo macho, quando em voo, por ter a cauda comprida, dá a impressão de ser uma serpente voadora.

COLINA do latim tardio *collina*, de *collis*, morro, outeiro, pelo italiano *collina* e pelo espanhol *colina*, designando pequena elevação, de declive suave, com menos de 50 metros de altura. Roma é a cidade das sete colinas, uma das quais é o Vaticano, sede da menor nação do mundo, com apenas 44 hectares, ou 44.000 m2, onde vivem seus 800 habitantes. As outras são o Capitólio, o Janículo, o Aventino, o Célio, o Esquilino e o Pincio. Os papas moram ali há vários séculos, mas quando o imperador Constantino lhes cedeu as primeiras terras e os primeiros prédios, a morada deles foi a colina Célio, e o primeiro a ocupá-la foi o papa Milcíades. Vaticano é nome de origem etrusca, cujo étimo está também em vate, poeta, e em vaticínio, profecia. O deus Vagitanus abria a boca dos recém-nascidos para o primeiro vagido, o primeiro choro.

COLISÃO do latim *collisione*, colisão, choque, embate, palavra ligada a *laesione*, lesão, da mesma família de *laesiare*, ferir, aleijar, cuja variante é *laesare*, lesar, que deu também o francês *léser*, presente nas expressões *léser la majesté* e *lèse-majesté*, como tipificado no crime de lesa-majestade. Conquanto utilizada preferencialmente para designar acidente de trânsito, colisão indica também conflito, indecisão, contrariedade e luta entre partidos ou facções. O *Aurélio* a exemplifica como *colisão de pontos de vista*.

COLO do latim *collu*, pescoço, regaço. Esta palavra está presente em várias expressões indicadoras de proteção e carinho, dado que, no português, passou a denominar a área do corpo em que, por exemplo, a mãe apoia o bebê quando o tem nos braços. Foi no colo que todos ouvimos as primeiras cantigas de ninar e foi colo que pedimos quando nos sentimos desamparados em nossa infância profunda. Alguns marmanjos continuam solicitando colo até hoje, mas nem sempre são atendidos, embora a mulher, por sua condição, seja mais sensível a tais apelos.

COLOFÃO do grego *kolophón*, pelo latim *colophon*, conclusão, término, fim. Anotação final, posta na última página dos livros, que fornece informações sobre o impressor, o lugar e a data em que foi feita a sua impressão, e por vezes sobre certas características técnicas do papel, tipologia etc. Costume herdado dos manuscritos e incunábulos medievais para identificar texto, seu autor e onde tinha sido escrito e publicado.

COLOMBIANO de Colômbia, do latim *columba*, pomba, mas pelo nome do descobridor do continente – Cristóvão Colombo –, assim homenageado ao menos por um dos tantos territórios que descobriu. Para descobrir a América, o famoso navegador pediu financiamento aos reis católicos espanhóis Fernando e Isabel. Partiu do porto de Palos de Moguer no dia 3 de agosto de 1492. Após setenta dias de viagem chegou às Bahamas. Aportou em seguida em Cuba e em Hispaniola, atual Haiti. Voltou à Espanha no ano seguinte, já como vice-rei e governador-geral das terras descobertas, conforme o contrato com os monarcas. Fez mais três viagens, a última já destituído dos títulos que lhe haviam sido conferidos. Morreu esquecido, abandonado e pobre em Valladoli, na mesma Espanha. Outros dizem que morreu rico, pois escondia parte do ouro que trouxera da América. Entre outras controvérsias, alguns historiadores afirmam que ele era português e que ao morrer estava com 69 ou 70 anos, pois falsificara os documentos. De todo modo, o único continente do mundo que tem nome de pessoa não tem o nome de quem o descobriu. O responsável por isso foi o cartógrafo alemão Martin Waldseemüller, que, escrevendo em latim, chamou *Americi Terra vel America* (Terra de Américo ou América), atribuindo ao italiano Américo Vespúcio a descoberta. Prevaleceu América, para concordar em gênero com os outros. Todos os continentes têm nomes femininos: Europa, Ásia, Oceania, África.

COLOMBINA do italiano *colombina*, pombinha. Originalmente personagem da comédia de arte italiana, caracterizada como criada de quarto sedutora, volúvel e amante do Arlequim, tornou-se fantasia de Carnaval, constituída de veste de seda ou cetim brancos, saia curta branca e um bonezinho.

COLÔNIA do latim *colonia*, grupo de imigrantes que se estabelecem em terra estranha, tanto no próprio país como fora dele. Designa também o estado político de um país que depende de outro, como foi o caso do Brasil no período de 1500 a 1822, e dos EUA, que entre os séculos XVII e XVIII formaram um conjunto de 13 colônias dependentes do Reino Unido.

COLORAR do latim *colorare*, colorar, pôr cores, avivar, enfeitar. Embora seja mais utilizada a variante colorir, por influência do italiano *colorire*, colorir, dar cores, Fernando Antônio Nogueira Pessoa optou pela forma menos usual nestes versos: "Não sou quem descrevo. Eu sou a tela/ E oculta mão colora alguém em mim./ Pus a alma no nexo de perdê-la/ E o meu princípio floresceu em Fim."

COLOSSO do grego *kolossós*, pelo latim *colossus*, colosso, designando estátua em forma humana ou estatueta de madeira ou argila, indicando que o representado estava ausente do ritual. Depois, porém, da construção da estátua de Apolo, feita de bronze, erigida em Rodes, na Grécia antiga, em 292 a.C., passou a designar não apenas estátuas de grande porte, mas qualquer construção gigantesca. O historiador romano Plínio escreveu que o *Colosso de Rodes* tinha 70 cúbitos de altura, equivalente a 35 metros de altura.

COLUSÃO do latim *collusione*, colusão, da mesma família de conluio, do latim *colludium*, cujo verbo é *colludere*, pela formação *colludere*, jogar, zombar, fazer arranjo entre partes para prejudicar terceiros.

COMADRE do latim *comatrem*, mulher que pelo batismo de uma criança torna-se sua madrinha e passa a ser comadre dos pais dessa criança. Designa também uma pessoa fofoqueira, entre outros significados.

COMARCA do latim *cum*, com, e do latim tardio *marca*, marca, do germânico *marka*, limite. Designa circunscrição judiciária regional, sob a jurisdição de um ou mais juízes.

COMBATER do latim tardio *combattere*, combater, lutar contra, opor-se a, pelejar. Os revolucionários cubanos que se opunham à ditadura de Fulgencio Batista ainda hoje preferem ser chamados de combatentes. Embora não tivessem servido nos quartéis, usavam sempre trajes militares, tal como aparece em numerosos pôsteres espalhados pelo mundo inteiro o médico argentino Che Guevara, um dos líderes da Revolução Cubana e de guerrilhas ocorridas na América do Sul nos anos 1960.

COMBORÇO de origem controversa, este vocábulo pode ter vindo do espanhol *combruezo*, que, segundo a Academia Espanhola, teve origem remota nas palavras latinas *cum*, com, e *pellex*, enganador – sentido atribuído a prostituta. Em português, seu sentido é o de amante da esposa ou do esposo, ou de filho espúrio. Machado de Assis, num de seus últimos esforços estilísticos para dirimir as dúvidas que espalhou nos 144 capítulos anteriores sobre o adultério de Capitu, em *Dom Casmurro*, faz com que o marido, Bentinho, diga do filho que não é seu: "Era o próprio, o exato, o verdadeiro Escobar. Era o meu comborço; era o filho de seu pai."

COMBUSTÍVEL do latim *combustibile*, que queima, arde ou tem propriedades para tal. Os combustíveis mais utilizados atualmente são de origens fósseis ou físseis, de que são exemplos o petróleo, conseguido em prospecções de material fóssil, situados muitas vezes em grandes profundidades, em terra e no mar daí os altos custos de sua extração –, e a energia nuclear, obtida pela fissão do átomo.

COMEÇO de começar, do latim vulgar *cominitiare*, pela formação *com + initiare*, cuja primeira pessoa do presente do indicativo é *cominitio*, eu começo. No verbo, este "e" é aberto, mas no substantivo é fechado. É a segunda palavra do primeiro versículo do primeiro livro da *Bíblia*, o *Gênesis*, gênese em português, do verbo grego *gígnomai*, começar, tradução do hebraico *bereshit*. Em muitas traduções é usado o sinônimo princípio. "No começo (ou no princípio), criou Deus o céu e a terra." O narrador, usando linguagem literária, com "céu e terra" quis dizer tudo o que existe. E fixou a semana em sete dias, de acordo com o calendário lunar então vigente entre os hebreus, criando Deus à semelhança do homem, fazendo-o descansar no sétimo dia, depois de seis de trabalho intenso. A ciência comprovou que Adão, o primeiro homo sapiens, teve origem entre 100 mil e 200 mil anos atrás.

COMÉDIA do grego *komós*, banquete, chegando ao latim *comoedia*. A comédia era uma festa de Roma antiga, em honra de Baco, deus do vinho, durante as vindimas. Depois de beber bastante, grupos de pessoas, mais alegres que de costume, vinham para as ruas para se divertir e divertir os outros, dizendo e fazendo brincadeiras. A representação teatral dos comediantes foi a formalização artística desse costume.

COMEDOR de comer, do latim *comedere*. *Edere* em latim é comer, *comedere* é comer na companhia de alguém, pela formação *cum*, com *edere*, alimentar-se. Também o étimo de companhia e companheiro indica a pessoa com a qual se come o pão: *cum*, com, *panis*, pão. As duas refeições mais fortes do dia eram, para os antigos romanos, o almoço (*prandium*) e o jantar (*cena*). O étimo desta última palavra, ceia em português, é o mesmo de cenáculo (*cenaculum*), a sala de jantar, e procede da raiz indo-europeia *sker*, cortar, presente em *kerstna*, partilha. O que as pessoas comem é também indicativo de sua vida cultural. É do pintor holandês Vincent Willem Van Gogh o quadro *Os comedores de batata*. O alimento consumido é indicador de classe social. Em pesquisa recente, feita na França, descobriu-se que os burgueses comiam carne, peixe, queijo, legumes e frutas frescas. A chamada comida popular era composta de carne de porco, batata, massas, pão, margarina. E que os primeiros iam ao teatro e a concertos, visitavam museus, viajavam de avião, andavam em carros de luxo, jogavam tênis, liam o *Le Monde* e frequentavam leilões. Os comedores de batata, porco e massas tinham carros de pouca potência, não iam a museus, a teatros ou a leilões, pagavam eletrodomésticos em longas prestações e dos jornais só liam esportes e horóscopo.

COMENSAL do latim *commensale*, declinação de *commensalis*, comensal, aquele que come junto, que se senta à mesa com outro ou com outros. Os antigos romanos, quando recebiam convidados para banquetes, se esmeravam no seu atendimento. Os escravos que os serviam faziam muito mais do que fazem os garçons atuais. Especializados em 14 ocupações diferentes, entre eles destacavam-se: o *ostiarius*, porteiro, que verificava quem entrava e saía pelo *ostium*, entrada, portão; o *vocator*, recepcionista, que entregava os convites e depois recebia e encaminhava os comensais até os lugares que iriam ocupar à mesa; o *pregustator*, degustador prévio, que experimentava cada prato antes que fosse servido, afinal poderia estar envenenado; os *sandaligeruli*, que tiravam as sandálias dos convidados; os *nomenculatores*, responsáveis por explicar o que continha cada prato; e, por fim, os *adversitores*, que, munidos de archotes, acompanhavam os convivas de volta às suas casas.

COMER do latim culto *comedere*, pelo latim vulgar *comere*, ambos com o significado de alimentar-se na companhia de alguém. Os antigos romanos tinham outros verbos para o ato de comer: *prandere*, almoçar, o que faziam pela manhã; *cenare*, jantar, ao fim da tarde, cair da noite. Comer com muita gula era *vorare*, que resultou em devorar no português. Nas línguas neolatinas, caso do português, do francês e do italiano, ocorreram outras derivações, vindas de outros verbos latinos de significado semelhante, de que é exemplo *manducare*, mastigar, origem do francês *manger*, do italiano *mangiare* e do português manjar, este último significando tanto o ato de comer como a guloseima ou comida apetitosa.

COMERCIAL de comércio, do latim *commercium*, formado provavelmente a partir de com e *mercis*, caso genitivo de *merx*, mercadoria, aquilo que se compra e que se vende designando troca, a princípio praticada mediante escambo, palavra ligada ao latim medieval *cambiare*, trocar. O deus romano Mercúrio presidia ao comércio. Seu nome foi formado a partir das palavras *merx*, *mercis* e *curare*, cuidar, proteger. Diz-se de livro, ou filme, ou pintura etc., de sucesso e venda rápidos, que exigem pouco ou nenhum esforço intelectual do público. Designa ainda o anúncio, principalmente no rádio e na televisão, inserido nos intervalos entre um segmento e outro da programação. O escritor Manoel Bastos Tigre definiu assim tal peça publicitária no poema *Anunciando*: "O anúncio quando é bem feito/ criado com muito jeito,/ convence mãe, filho ou pai./ Se o anúncio disser com arte/ que vá a esta ou àquela parte,/ garanto que você vai." No pós-guerra, os redatores de comerciais e anúncios se atrapalhavam diante de temas tidos por polêmicos e delicados. Em edição da *Revista da semana*, no ano de 1949, a empresa que lançava um absorvente feminino que substituiria para sempre as toalhinhas higiênicas tomava excessivos cuidados com a linguagem e punha figuras de mãe e filha conversando sobre a menstruação, em frases repletas de eufemismos: "Que é que você tem, minha filha? Parece que está aborrecida com tudo!" E a filha: "Oh! mamãe! Por que não deixamos de usar essas antiquadas toalhinhas comuns? São tão desconfortáveis e inseguras. Todas as minhas colegas usam *Modess* e não têm aborrecimentos..." Para inspirar maior confiança, oferecia às eventuais consumidoras a possibilidade de entrar em contato, por correio, com Anita Galvão, identificada como "consultora feminina" da empresa.

COMÉRCIO do latim *commercium*, pela formação *com* e *mercis*, declinação de *merx*, mercadoria, designando troca, a princípio praticada mediante escambo, palavra cuja origem é o latim medieval *cambiare*, trocar. Óbvias dificuldades na permuta de bens levaram à invenção da moeda, um símbolo que se tornaria um dos mais importantes de todos, indicador das posses e da importância de quem tivesse moedas de valor em grande quantidade. O deus romano Mercúrio presidia ao comércio. Seu nome foi formado a partir das palavras *merx*, *mercis* e *curare*, cuidar, proteger.

COMETA do grego *kometes*, astro cabeludo. *Komes*, em grego, é cabeleira, resultando no português coma, sinônimo de crina, cabelo, juba. No português antigo era palavra feminina, mas depois mudou para masculino, para designar preferencialmente o corpo celeste que se move em torno do Sol, fazendo uma trajetória excêntrica, bem diferente da dos planetas, aparecendo no céu com uma cauda semelhante à cabeleira com milhões de quilômetros, o que torna possível vê-lo daqui da Terra. Foi o que aconteceu na Noite de Natal, entre 4 e 6 a.C., assim chamada porque, por conveniência religiosa, fixou-se a data como do nascimento de Jesus, marcada pela Estrela de Belém, que era um cometa. A expressão "passo como um cometa" deve-se à incrível velocidade desse tipo de astro que, assim como aparece, logo desaparece nas profundezas do céu. O cometa Halley leva 76 anos para voltar a dar as caras por aqui, mas o faz com uma regularidade precisa e espantosa.

COMIGO do latim *mecum*, com escala no português arcaico "com mego", depois dito e grafado na forma atual, comigo. No latim, a preposição está posposta ao pronome, mas no português, anteposta. O poeta português Francisco Sá de Miranda fez estes curiosos versos utilizando o pronome: "Comigo me desavim, vejo-me em grande perigo: não posso viver comigo, nem posso viver sem mim."

COMILONA feminino de comilão, do latim *comedone*, comedor, glutão, que come além do necessário à subsistência. O excesso de comida é um dos pecados capitais, a gula, que em latim significa *esôfago*. Em geral, o vocábulo aparece vinculado a dietas de emagrecimento, mas a escritora francesa Simone de Beauvoir, num dos dois volumes de *O segundo sexo*, dá outro significado ao vocábulo: "A mulher é vampira, comilona, beberrona, seu sexo se alimenta gulosamente do sexo macho." Seu marido era o famoso escritor e filósofo existencialista Jean-Paul Sartre, célebre também por sua feiura e por ter recusado o Prêmio Nobel em 1964.

COMITIVA do latim medieval *comitiva*, derivado de *comitis*, genitivo de *comes*, acompanhante, companheiro, pelo italiano comitiva, designando conjunto de pessoas que acompanham personagem importante, como ocorre modernamente com os chefes de estado em visitas ao exterior, que se fazem acompanhar de ministros, secretários, assessores e convidados especiais. A maior comitiva da História do Brasil foi a que acompanhou o rei Dom João VI em 1807, quando fugia das tropas de Napoleão Bonaparte, que tinham invadido Portugal. Ele e sua comitiva, integrada por cerca de 10 mil pessoas, chegaram ao Rio de Janeiro no dia 7 de março de 1808. A esquadra encantou a população de 50 mil habitantes, tão logo apontou no horizonte. Era composta de 21 navios, oito naus, três fragatas, dois brigues, uma escuna e uma charrua. O rei desembarcou de roupa nova, um tecido inglês, ostentando na mão direita uma bengala de castão de ouro. A rainha veio de vestido rodado, enfeitado por trepa-moleque de safiras.

COMMODITIES vocábulo inglês que entrou para nossa língua sem alteração. Significa mercadorias. No comércio internacional, designa bens em estado bruto, também chamados de produtos primários, como algodão, café, laranja, soja etc., cujos preços, por sua relevância, são determinados pelas cotações dos mercados de Londres, Nova York e Chicago, nos quais os negócios são acertados para entrega da mercadoria e pagamento em data futura.

COMPARAÇÃO do latim *comparatione*, ação de *comparare*, comparar, reunir o par ou os pares. Aparece no título do livro de Maurizio Ferrante, *O demônio das comparações*. Italiano de nascimento, vivendo no Brasil há várias décadas, o autor, Ph.D em Engenharia de Materiais, professor da Universidade Federal de São Carlos há mais de vinte anos, é considerado por diversos especialistas uma das mais gratas revelações da literatura brasileira nos últimos anos. Uma das explicações para o título pode ser esta passagem: "Tenho nostalgia das sombras, de nuances, da variedade das estações do ano, da introspecção que o inverno traz, da sutileza dos dias de outono. *El Demonio de las Comparaciones* se aninhou sobre meu ombro e não me deixará mais. Esse é o demônio que conquista suas presas entre aqueles que foram felizes, que são por ele obrigados a comparar eternamente o passado com o dolorido presente." Outra inspiração do contista foi a obra *Noli me Tangere* (Não me tocar), do escritor filipino José Rizal y Alonso, também médico e filósofo, executado por motivos políticos, em que usa a expressão o demônio das comparações justamente para comentar diferenças e semelhanças entre Europa e a sua pátria, as Filipinas, conjunto de 7.000 ilhas, 11 das quais representam 90% da área total do país. Único país de maioria católica na Ásia, a nação adotou o inglês e o filipino como línguas oficiais, mas ali são falados mais de mil dialetos, além do espanhol.

COMPARTILHAR de com, junto, e partilhar, de partilha, do latim *particula*, pequena parte, do latim *parte*, declinação de *pars*, parte. Designa o ato de repartir um bem entre vários beneficiários. Na internet, a rede mundial de computadores, conhecida também como *web*, teia, rede, em inglês, compartilhar é a regra. Um dos *sites*, lugares, em inglês, palavra que identifica os endereços na *web*, mais conhecidos para compartilhar filmes é o *Youtube*. Na gíria do inglês, *tube* é televisão. Portanto, *Youtube* é, literalmente, sua televisão. Ele foi criado pelo chinês Steve Chen e pelo norte-americano Chad Hurley em 2005, numa garagem de São Francisco, nos EUA. Nasceu da impossibilidade de transmitirem aos amigos, por *e-mail*, o correio eletrônico, vídeos que os dois tinham feito num jantar. Um ano depois o *site* foi vendido por 1,65 bilhão de dólares. Há muitos exemplos de compartilhamento na internet, entre os quais o *Yahoo*, sistema de buscas, fundado por outra dupla de chinês e norte-americano: Jerry Yang e David Filo. A palavra usada para denominar seu invento foi criada pelo escritor irlandês Jonathan Swift. Outra forma de compartilhar informações é a enciclopédia *Wikipedia*, vocábulo formado a partir do havaiano *wiki*, rápido, e *pedia* do grego *paideía*, educação das crianças, saber. A *Wikipedia* entrou na rede mundial em 2001, criada por Jimmy Wales e Larry Sanger, ambos norte-americanos. Infelizmente não é confiável, pois não tem editores. Qualquer um pode inserir dados e o controle é deficiente. Outro exemplo é o *Skype*, criado em 2003 pelo sueco Niklas Zennström e pelo dinamarquês Janus Friis, que permite aos internautas fazer ligações telefônicas de computador para computador, para telefones fixos ou celulares. A palavra *skype* parece ter surgido da expressão *sky peer-topeer*, céu ponto a ponto, um nome pensado inicialmente para a invenção, significando que todo o mundo poderia falar entre si, sem barreiras. Só que os autores acharam a expressão longa e reduziram-na para *skyper*. Como esse nome de domínio já existia, foi tirado o "r" final.

COMPENSAÇÃO do latim *compensatione*, compensação, ato de pesar várias coisas simultaneamente. O sistema bancário brasileiro tem suas câmaras de compensação de cheques centralizadas exclusivamente em agências do Banco do Brasil, realizando diariamente a liquidação de cheques depositados. Em tais operações, não entra dinheiro, já que créditos e débitos são transferidos entre os diversos bancos. Este procedimento bancário surgiu em Londres, em 1775, com o nome de *clearing house*.

COMPLEXIDADE de complexo, do latim *complexus*, complexo, que pode ser dobrado, cercado ou envolto muitas vezes, de vários modos, acrescido do sufixo -dade e a vogal de ligação "i". Da mesma raiz, amplexo significa abraço. E completo, com o mesmo radical, supõe a ideia de muitas coisas reunidas numa só. Complexidade apareceu apenas em 1836, depois que o *Dicionário Morais* registrou complexo em 1813. Substantivo e adjetivo, serviu para formar complexidade e, como substantivo, está em expressões como complexo de Édipo e complexo de inferioridade, estes dois conceitos desenvolvidos respectivamente pelos psicanalistas Sigmund Freud e Alfred Adler. O primeiro se referia à suposta inclinação erótica da criança pelo progenitor de sexo oposto, ao mesmo tempo amado, temido e odiado; o segundo, a sentimentos de inferioridade, em parte ou totalmente inconscientes. A palavra original, na teoria psicanalítica, foi o alemão Komplex.

COMPLEXO do latim *complexu*, constituído de muitos elementos ou partes. Este vocábulo compõe locuções de diversos significados, como é o caso, em psicologia, do complexo de Édipo. O escritor norte-americano Philip Roth, de ascendência judaica, é autor do livro *Complexo de Portnoy*, em que temas como o erotismo infantil e adolescente, a masturbação especialmente, são narrados sob a ótica de um humor negro.

COMPOSIÇÃO do latim *compositione*, declinação de *compositio*, composição. Em latim, este "t" tem som de "s" e por isso é escrito com "ç" em português, como é também o caso de "ação", *actione*; "exceção", *exceptione; portione*, "porção". O verbo que designa o ato de compor é *componere*, compor, pôr junto, organizar de modo a que o que é juntado tenha harmonia e sentido, na escrita como na música. As primeiras composições poéticas eram apenas cantadas ou recitadas de memória, mas, depois que o gênero se consolidou, tornaram-se patrimônio das primeiras manifestações literárias da Grécia antiga, na forma de odes sobre diversos temas, e foram conservadas por escrito. Assim, sabemos que Anacreonte fez odes ao amor, aos prazeres e ao vinho. Já Píndaro fez odes heroicas, exaltando os assuntos nobres e elevados. A poetisa Safo, considerada a décima musa por Platão, também fez odes, sobretudo ao amor e ao sexo, e por isso os monges copistas medievais destruíram sua obra, da qual restaram apenas fragmentos.

COMPUNGIR do latim *compungere*, ferir, ofender, picar em vários pontos, que no português adquiriu também o significado de arrepender-se. Neste sentido foi utilizado em *O próximo passo*, livro de autoria do ex-ministro Ciro Gomes e do professor de Direito da Universidade de Harvard, Roberto Mangabeira Unger: "O neoliberalismo compungido, misturado com o discurso mentiroso do 'tudo pelo social', virou moeda franca da política brasileira."

COMPUTADOR do latim *computare*, contar, calcular. O mais antigo computador eletrônico de que se tem notícia, o Colossus, inventado por Max H.A. Newman, era um trambolho de 1.500 válvulas e começou a operar em dezembro de 1943. Sua evolução foi rápida e hoje os computadores pessoais – os PCs – estão espalhados por todo o mundo, sendo a maior fabricante a IBM, sigla de *Internacional Business Machines*.

COMUNA de comunista, do francês *communiste*, de *commune*, comunidade, onde as coisas são em comum. No Brasil, depois do levante de 1935, denominado Intentona Comunista, comuna, redução de comunista, passou a ser utilizada como variante para designar o adepto do movimento político que tinha na sublevação das massas e na luta armada os dois modos clássicos de conquista do poder. Comuna, entretanto, desde a Idade Média designava território autônomo e, na França, é subdivisão territorial e município. A comuna mais célebre, contudo, foi a de Paris e surgiu de um levante popular vitorioso por dois meses, em 1871. Dirigida por trabalhadores, logo após a derrota da França para a Alemanha, contou com muitos gestos heroicos, mas foi destruída com crueldade inaudita. Historiadores calculam que, para a comuna ser debelada, foram executadas cerca de 30 mil pessoas.

COMUNISTA de origem controversa. Pode ter vindo do francês *communiste*, embora sua formação na língua portuguesa pudesse ter nascido do latim *communis*, pertencente a todos, em oposição a *proprius*, pertencente a um só. Veja-se por analogia o latim *proprietate*, declinação de *proprietas*, propriedade, palavra formada de *prope*, que em latim significa perto de, próximo a. O mais provável é que em nossa língua, assim como ocorreu também no espanhol, no francês, no italiano e no inglês, comunista tenha vindo do alemão *kommunist*, por influência da Revolução Russa de 1917. Apesar de ter sido deflagrada em novembro, a data foi depois adequada ao atual calendário. A referência maior de todos os comunistas do mundo por 74 anos foi a URSS, que desmoronou em dezembro de 1991, mas a *Bíblia* dos comunistas, *Das Kapital* (*O capital*) foi escrita pelo judeu-alemão Karl Marx, quando vivia exilado e sofrendo de hemorroidas na Inglaterra. A propriedade coletiva, entretanto, cerne do comunismo, já havia sido praticada pelos primeiros cristãos, segundo relato dos *Atos dos Apóstolos*. E nos séculos XVII e XVIII, durante aproximadamente 150 anos, vigeu a República Guarani, confederação de povos indígenas sob égide de padres jesuítas em que os meios de produção eram comuns e não havia a propriedade privada. Foram índios guaranis os primeiros comunistas *avant la lettre*, antes de existir a definição. O abade suíço Clovis Lugon, pesquisando em arquivos religiosos europeus, principalmente no Vaticano e na Companhia de Jesus, escreveu *A* *república comunista cristã dos índios guaranis*, em que defende a tese de que as ruínas missioneiras, ainda hoje existentes em territórios do Brasil, Paraguai, Argentina e Uruguai, pertenceram a uma sociedade comunista e cristã que durou 157 anos. O tema chegou também ao cinema, ao teatro e à televisão, de que é exemplo *A missão*, filme inglês, dirigido por Roland Joffé, lançado em 1986, com Robert de Niro e Jeremy Irons, que recebeu o Oscar de fotografia e a Palma de Ouro no Festival de Cannes. A trilha sonora é de Ennio Morricone. Quatro anos antes, estreara no Brasil o documentário *República Guarani*, dirigido por Sylvio Back. No teatro, a experiência comunista cristã dos índios guaranis chegou pelas mãos do dramaturgo César Vieira, autor de *O julgamento de Nicolau I, rei do Paraguai*, que conquistou o *Prêmio Casa de las Américas* em 1985, inspirado no panfleto que denunciava os jesuítas, cuja edição mais conhecida foi publicada no Chile em 1964, com prefácio de Sérgio Buarque de Holanda. O rei do título é o cacique guarani Nhenguiru, batizado Nicolau pelos jesuítas. Na televisão, está presente no especial *Sonho, enigma e tragédia das missões*, de Alfredo Fedrizzi. A parte brasileira das referidas missões está melhor conservada na pequena localidade de São Miguel, um dos Sete Povos das Missões – ao todo eram mais de quarenta –, no município de Santo Ângelo (RS).

COMUTAR do latim *commutare*, comutar, com o sentido de mudar, designando transferência ou troca, como ocorre na substituição de uma pena por outra, de que é exemplo este texto sobre o inconfidente Tomás Antônio Gonzaga: "Condenado ao degredo perpétuo na África, teve a pena comutada para 10 anos. Partiu para Moçambique em 1792 e exerceu o cargo de Juiz de Alfândega. Casou-se em 1793 com a filha de um rico negreiro, Alexandre Roberto Mascarenhas. No final de sua vida perdeu a razão. Deixou as obras literárias *Marília de Dirceu*, versos, e *Cartas chilenas*, crítica mordaz ao governo de Minas Gerais." A pena original foi mudada para outra, como os EUA fazem quando comutam a execução na cadeira elétrica para prisão perpétua. China, em primeiro lugar, e EUA, em segundo, são os países que mais aplicam pena de morte e menos a comutam para outras penas.

CONCEIÇÃO do latim *conceptione*, declinação de *conceptio* – em ambas, o "t" tem som "s" –, do mesmo étimo de *concipere*, conceber. A Virgem Maria é geralmente representada de véu, mas Nossa Senhora da Conceição, padroeira de Portugal desde os tempos de Dom João IV, aparece na iconografia cristã às vezes sem véu, substituído por uma coroa de rainha ou por um longo manto.

CONCEITO do latim *conceptus*, conteúdo, o que está contido, está dentro, como o feto no ventre de quem concebeu, o fruto na árvore, o sentimento no coração ou o juízo na cabeça. Conceito é palavra muito utilizada nas ciências humanas para designar definições ou categorias, provavelmente aproveitando significado vigente na linguagem coloquial por meio de expressões como "fulano tem bom conceito", valendo dizer que é tomado como boa pessoa por todos ou pela maioria, vez que como definiu Nelson Rodrigues: "Toda unanimidade é burra." Neste sentido, o conceito de que usufruiu o ex-presidente Fernando Henrique Cardoso, fosse como intelectual, fosse como estadista, era melhor no exterior do que no Brasil. O filósofo Michel Foucault, no livro *As palavras e as coisas*, alude a uma estranha classificação, extraída de um texto do escritor argentino Jorge Luís Borges, que disse ter tirado de "uma certa enciclopédia chinesa", segundo a qual, "os animais se dividem em: a) pertencentes ao imperador; b) embalsamados; c) domesticados; d) leitões; e) sereias; f) fabulosos; g) cães em liberdade; h) incluídos na presente classificação; i) que se agitam como loucos; j) desenhados com um pincel muito fino de pelo de camelo; m) que acabam de quebrar a bilha; n) que de longe parecem moscas". O famoso filósofo, também autor de *História da sexualidade* e *História da loucura*, conclui, pelo apólogo, que é impossível entender uma realidade como a que é apresentada: "O encanto exótico de um outro pensamento é o limite do nosso: a pura impossibilidade de pensar isto."

CONCELHO do latim *concilium*, reunião, assembleia. Ainda hoje designa divisão política e administrativa em Portugal. Ali eram feitos conciliábulos, conciliações e reconciliações, tal como hoje nos parlamentos. Nossa Senhora de Fátima tem este nome porque apareceu na vila de Fátima, no Concelho de Ourém, num lugarzinho muito pobre, conhecido como Cova de Iria. Ironicamente, Fátima veio do árabe *fatimah*, mulher que desmama a criança, mas já nome de pessoa quando uma princesa moura foi capturada pelo exército português por volta de 1158. Tendo casado com um conde de Ourém, as terras que ele lhe deu receberam o nome de Oriana e de Fátima.

CONCERTAÇÃO de concertar, do latim *concertare*, lutar, mais o sufixo -ação. Passou a ter o significado de harmonização porque está entre os objetivos da luta chegar a um concerto de interesses a ser acatado por todos. O caso mais típico de tais concertações são os pactos e tratados. O ex-ministro da justiça Tarso Genro, enquanto secretário do Desenvolvimento Econômico e Social, utilizou a palavra com insistência para indicar as tarefas essenciais do Conselho que presidiu, criado para elaborar propostas concretas ao Legislativo e ao Executivo, com vistas a obter acordos de ação.

CONCERTO do italiano *concerto*, composição musical para um instrumento, acompanhado de orquestra. Quando um pequeno grupo de instrumentos solistas opõe-se a todos os outros, temos o concerto grosso. O vocábulo dá também a ideia de entendimento através de meios diversos. Por isso, alguns etimologistas viram nesse espetáculo de orquestra uma forma de esforços dos vários músicos com o fim de obter um entendimento harmonioso.

CONCHAVO do latim *conclave*, designando qualquer das dependências da casa que se fecham com uma só chave, como o quarto, a alcova, a sala. Passou a denominar acordos porque estes são feitos em recintos fechados, ainda que depois sejam discutidos também em lugares públicos, como acontece com as combinações políticas.

CONCORDÂNCIA de concordar, do latim *concordare*, pôr os corações em sintonia (*cum corde*, com o coração). A palavra aparece neste trecho do volume II de *Os Maias*, de Eça de Queirós: "Ela acreditava candidamente que pudesse haver entre uma mulher e um homem uma amizade pura, imaterial, feita da concordância amável de dois espíritos delicados."

CONCORRER do latim *concurrere*, correr com alguém, concorrer, disputar. Quem mais concorre no Brasil, além dos desportistas, são as empreiteiras, apresentando suas propostas nas licitações. Mas em 1996 nosso país enfrentou uma concorrência internacional muito bonita e famosa. Foi o Oscar de melhor filme estrangeiro com *O quatrilho*, baseado no romance homônimo do escritor gaúcho José Clemente Pozenato, que tem no elenco Patrícia Pillar e foi dirigido por Fábio Barreto. A última vez que tínhamos disputado o celebérrimo Oscar fora em 1962, com *O pagador de promessas*, de Anselmo Duarte, que perdeu, mas ganhou a Palma de Ouro em outro festival, o de Cannes, na França.

CONCUBINA do latim *concubina*, concubina, aquela que se deita com um homem regularmente, ainda que com menos periodicidade do que a esposa. Em latim, *concubitu*, concúbito, é o ato de deitar-se com alguém, por motivos amorosos. O concubinato tem sido, ao longo da história, uma das formas mais expressivas das sexualidades heréticas ou tidas por ilegítimas. A Constituição de 1988 disciplinou as relações de concubinato, garantindo direitos até então inexistentes às amantes, amásias, casos e outras relações amorosas. Tornou-se rapidamente conhecida a expressão "união estável", que alguns entendem ser de 24 horas; outros, de meses; e outros, de anos.

CONCUSSÃO do latim *concussione*, declinação de *concussio*, de *concussum*, supino de *concutere*, abalar, agitar, bater. O supino é forma nominal do verbo latino, inexistente no português. Concussão designa choque violento causado por detonação de carga explosiva, também batida sobre o corpo em caso de agressão física. No sentido figurado, indica extorsão ou peculato cometido por funcionário público. Peculato tem este nome por derivar de pecúnia, do radical latino *pecu*, gado, forma de patrimônio nas sociedades agropecuárias.

CONDENAR do latim *condemnare*, pela formação *con+damnare*, impor dano, prejuízo, castigo. Afora os juízes honestos, que exaram sentenças absolutórias ou condenatórias isentas de passionalismos, porque baseadas no que está provado nos autos, a opinião pública costuma agir motivada não por desejos de justiça, mas de vingança. Ou ainda, quando manipulada por forças cuja dimensão e objetivos desconhece, por catarse que visa a purgar outros males, às vezes infligidos pelos próprios manipuladores. Antigo caso de condenação já decidida, mas que resultou em absolvição da acusada, é relatado no capítulo 8 do *Evangelho de São João*. Uma adúltera tinha sido flagrada com a boca na botija. Fariseus e escribas, de grande prestígio naquela sociedade em que autoridades sacerdotais gozavam de imenso poder político e judiciário, trouxeram-na a Jesus e disseram que, de acordo com a lei, ela deveria ser condenada à morte por apedrejamento. Jesus começou a escrever na areia. Foi a única vez, aliás, em que escreveu algo. Enquanto escrevia, dizis, diante de tanta insistência na condenação: "Aquele que estiver sem pecado atire a primeira pedra!" A começar pelos mais velhos, todos foram se retirando um por um. Ficando a sós com a acusada, deu-se o seguinte diálogo: "Mulher, ninguém te condenou?" "Ninguém, Senhor!" "Nem eu te condeno. Vai e não tornes a pecar." O episódio é citado para indicar a hipocrisia de quem acusa os outros sem se dar conta de que comete os mesmos erros que aponta no próximo. E com muito mais rigor, na próxima, porque, como cantam os Beatles, *"woman is the nigger of the world"* (a mulher é o negro do universo). O verbo condenar teria entrado para a língua portuguesa em 1266, de acordo com registros do português medieval. Nesse caso, resta pesquisar qual o verbo que religiosos usaram em Portugal nas pregações para narrar o episódio bíblico, vez que a primeira tradução da *Bíblia* para o português foi feita pelo pastor protestante João Ferreira de Almeida. É uma ironia adicional ao célebre e atávico catolicismo de Portugal ter sido um protestante o pioneiro na tradução do livro sagrado.

CONDOMÍNIO do latim *dominiu*, domínio, posse, acrescido do prefixo *com-*, formou-se esta palavra para designar propriedades administradas por mais de um dono. Depois evoluiu para indicar despesas comuns a todos os moradores de um determinado edifício ou conjunto de residências, rateadas entre cada um deles.

CONEXÃO do latim *conexione*, declinação de *conexio*, em que está presente o étimo de *nexus*, nexo, vinculação, ligação, união. As primeiras formas de conexão entre as pessoas, em distâncias inalcançáveis ao olho e à voz humana, foram fogueiras e tambores. O rádio, a televisão, o telefone, o computador e mais recentemente a internet e o celular, mudaram completamente esse contexto. Uma das mais recentes formas de conexão entre telefones celulares em redes sem fio, chamadas *wireless*, sem fio, em inglês, é a tecnologia *bluetooth*, cujo alcance pode chegar a 100 m.

CONFERÊNCIA do latim medieval *conferentia*, ato de conferir, do verbo *conferre*, conferir, que resultou na variante *conferire*, com igual significado. A raiz *fer* está presente também em auferir, deferir, indeferir, preferir. A entrada do vocábulo deu-se na primeira metade do século XVI para designar trabalho feito nas alfândegas e portos, no embarque e desembarque de mercadorias. Deu-se principalmente durante o ciclo das navegações, que incrementou o comércio internacional, tornando indispensável a relação precisa de itens transportados, a conferência da tripulação e dos passageiros. Sendo necessárias certas explicações do comandante à hora do embarque e desembarque, conferência veio a significar também a fala de autoridades, como o capitão e altos funcionários portuários. Foi dali que migrou para indicar exposição oral ou palestra sobre determinado tema. Algumas dessas peças oratórias tornaram-se célebres, como aquelas enunciadas por Rui Barbosa, de que é exemplo *A imprensa e o dever da verdade* (Editora Papagaio, 126 páginas), proferida em 1920 e depois transformada em livro, com direitos autorais doados ao Abrigo dos Filhos do Povo, entidade de assistência a crianças pobres de Salvador.

CONFIRMAR do latim *confirmare*, confirmar, demonstrar, afirmar de modo absoluto. Com esse sentido o verbo apareceu em várias manchetes de nossos jornais para assegurar ao público que houvera homicídio, seguido de suicídio, nos eventos trágicos ocorridos em Alagoas na manhã de 23 de junho de 1996, que resultaram nas mortes da comerciante Suzana Marcolino e do empresário PC Farias, personagem de ações decisivas nos eventos que levaram ao *impeachment* do então presidente Fernando Collor, em 29 de dezembro de 1992, apesar de ter renunciado momentos antes.

CONFISSÃO do latim *confessione*, declinação de *confessio*, confissão, testemunho, reconhecimento. A confissão demanda a presença de duas pessoas, no mínimo, ainda que às vezes o destinatário esteja oculto e impreciso, como nos diários, não raro escritos para o próprio autor ler, antes de qualquer outra pessoa. Na formação desta palavra pode ter havido influência de outras, nascidas de lides em terra e mar, como nas expressões *fessae naves* (navios ameaçados, por tempestades e vagas), *fessus caede* (cansado de matar), *fessus aetate* (cansado de viver). O confidente estaria cansado de ocultar e resolveria abrir-se para ser melhor entendido, ou seria forçado a isso, quando a revelação é obtida por pressões externas, das quais a tortura tornou-se a mais nauseabunda de todas. O filósofo francês Michel Foucault escreveu no volume I de *História da sexualidade: A vontade de saber*: "Tanto a ternura mais desarmada quanto os mais sangrentos poderes têm necessidade de confissões." Muito antes da fissão do átomo, que parecia impossível, foram fendidas as nossas almas, já que a literatura chegou ao inconsciente bem antes de Sigmund Freud. Mas para tanto foi necessário que a psique mordesse certas iscas.

CONFITENTE do latim *confitente*, declinação de *confitens*, aquele que confessa, do verbo *confiteri*, confessar, de étimo semelhante ao de confidente, do latim *confidente*, declinação de *confidens*, confidente, aquele que confia, de *confidere*, confiar algo a alguém. Quando a confiança é rompida, temos a inconfidência, a mais célebre das quais é a Inconfidência Mineira.

CONFLITO do latim *conflictu*, conflito, choque, luta, bater uma coisa em outra. Sua formação alude também ao particípio *conflectum*, do verbo *conflere*, chorar junto. Conflitos por demarcação de terras começam e terminam com choros em coro, divididos, como as terras, entre as partes em luta. Quando não há demarcações legais, vence o mais forte e os desfechos costumam ser trágicos. Nem sempre a ambição tem limites. Vejamos este exemplo: cabem duas nações do tamanho de Portugal dentro de Roraima e ainda sobra terra. Vivem em Portugal 10,74 milhões de pessoas. Em Roraima, 451.227, das quais 277.799 moram na capital, Boa Vista. Ainda assim, tem sido difícil garantir a demarcação das terras pertencentes aos índios macuxis e uapixanas. Segundos os fazendeiros locais, os índios querem 44,85% do território estadual para eles. Na verdade, as duas partes estão de olho em 1,7 milhão de hectares onde viceja o lavrado, pastagem natural da região, propícia à criação de gado leiteiro. Ninguém pode negar, entretanto, que os índios vivem ali há mais tempo. Índios? Este foi o primeiro erro da demarcação geográfica, linguística e cultural.

CONFRONTO de confrontar, verbo vindo do étimo latino *fronte*, declinação de *frons*, fronte, testa, rosto, cara, frente. Apesar de confronto e confrontar darem ideia de discordâncias, brigas, lutas, adversidades, essas palavras aparecem em outros contextos, como no caso das escrituras imobiliárias, quando se diz que o terreno tal confronta com a estrada de ferro, com a lagoa, com o rio. Não raro está ausente também a ideia de luta quando se confronta o texto de um autor com o de outro. Mas no geral prevalece na mídia o uso de confronto para designar choque: confronto de milícias, militantes ou milicianos de candidatos; confronto com a polícia. Em geral, quando há confronto nas ruas, há também lambança.

CONFUSÃO do latim *confusione*, mistura, ajuntamento desordenado. Uma das mais curiosas metáforas da língua portuguesa para confusão está no provérbio popular que soa como advertência do que não se deve fazer: "Misturar alhos com bugalhos." A origem da expressão pode estar na mistura indevida das próprias palavras. Bugalho veio do céltico *bullaca*, noz da galha dos carvalhos, que depois passou a designar também o globo ocular. Quem misturasse alhos com bugalhos estaria fazendo confusão entre olho, óleo e alho, os três vindos respectivamente do latim *oculum*, *oleum*, *allium*. Confundiria, então, bugalho, o globo ocular, com o próprio olho, o alho e o óleo. A sabedoria popular, marcada por síntese e rima peculiares, consagrou a expressão como símbolo de confusão. No português antigo, havia confusão na forma de escrever a própria palavra, como atestam as variantes documentadas: *cõfusam, cõfussom, confujon*.

CONFUSO do latim *confusus*, confuso, misturado, palavra formada a partir de *cum*, com, e *fundire*, fundir. A confusão mental extrema pode levar a atos criminosos, como o que praticou Wellington Menezes de Oliveira, autor do massacre que resultou na execução à queima-roupa de 12 adolescentes na *Escola Municipal Tasso da Silveira*, em Realengo, no Rio de Janeiro, em abril de 2011. Filho biológico de mulher esquizofrênica, ele sofria de esquizofrenia severa, doença mental que muito preocupava sua mãe adotiva, que lhe providenciou tratamento até deixá-lo órfão. Depois ninguém mais cuidou dele, nem ele pôde cuidar de si mesmo, perdendo-se num labirinto de confusões mentais que o levaram a misturar elementos religiosos para justificar o injustificável: a execução de inocentes para vingança dos maus-tratos recebidos na mesma escola que ele frequentara quando tinha a idade das vítimas.

CONGONHA do tupi-guarani *congõi*, o que se bebe, se engole. Assim os índios designavam a erva-mate, indicando "o que mantém o ser", já que, além de beberem a infusão, mascavam também suas folhas. Havia muitas congonhas no local onde hoje está o aeroporto de São Paulo, assim como no município de Congonhas, em Minas Gerais.

CONHAQUE do francês *cognac*, conhaque, aguardente de vinho. Recebeu tal denominação porque começou a ser fabricado na cidade de Cognac, região de Charente, na França, à semelhança de outra bebida, o champanhe ou champanha, cuja denominação deve-se à região de Champagne, onde começou a ser produzido esse vinho espumante, branco ou rosado. O consumo de marcas de qualidade é indicador de prestígio social entre os apreciadores de destilados. Os romanos que invadiram a antiga Gália, hoje França, fizeram permuta de bebidas que ia marcar a civilização, com destaques para conhaque, vinho, cerveja e licor.

CONHECER do latim *cognoscere*. O ato sexual é elevada forma de conhecimento desde os tempos bíblicos. Os versos do *Gênesis* – em nossas traduções são denominados versículos – utilizam o verbo conhecer como sinônimo de amor que não exclui o sexo: "E Adão conheceu Eva, e tiveram filhos." Mas no sentido de sabedoria e pesquisa, o conhecimento é indicado como portador da morte, de acordo com a recomendação divina: "Podeis comer de todas as árvores do jardim, menos da árvore do conhecimento do bem e do mal, porque no dia em que dela comerdes, morrereis." Paradoxalmente, o conhecimento traz a vida e a morte embutidas em porções semelhantes. A pesquisa científica resultou no avanço industrial e bélico que, se nos trouxe benefícios, deu-nos também as maiores tragédias, das quais as bombas de Hiroshima e Nagasaki, lançadas sobre o Japão na Segunda Guerra, são os maiores exemplos. Sem a fissão do átomo elas não teriam sido possíveis.

CONHECIMENTO de conhecer, mais sufixo *-mento*. Na formação do vocábulo, houve, naturalmente, elisão de "er", substituído por "i". São complexos os conceitos de conhecimento. Paracelso, um dos pais da medicina, escreveu: "Meus acusadores sustentam que eu não entrei no templo do conhecimento pela porta certa. Mas qual é a porta certa? Entrei pela porta da Natureza, pois foi a luz da Natureza, não a lâmpada do boticário, que iluminou meu caminho." O Dia do Médico é comemorado a 18 de outubro.

CONIVENTE do latim *connivens, conniventis*, conivente, do verbo *connivere*, piscar, fechar os olhos. Foi a partir daí que adquiriu o sentido de dissimular, fazer que não percebe as evidências, sobretudo quando cobertas de ilicitude. Aparece neste trecho de *Cristianismo e política: Teoria bíblica e prática histórica*, do bispo anglicano Robinson Cavalcanti: "A cristandade, no geral, foi conivente com o escravismo, justificando-o, legitimando-o. Se, na História, cristãos foram escravos, mais ainda o foram senhores de escravos. Teólogos chegaram a duvidar se os negros tinham alma ou não (como o haviam feito anteriormente a respeito das mulheres). Com a libertação dos escravos, o pecado social seguinte foi o racismo e a segregação, marcadamente em regiões ditas 'cristãs', como o sul dos Estados Unidos da América e a África do Sul."

CÔNJUGE do latim *conjuge*, declinação de *conjux*, cônjuge. É um substantivo masculino, sinônimo de marido e de mulher. O étimo está presente também em outras palavras que indicam ligação: conjugal, conjugar, conjunção. Um dos símbolos desta ligação é a aliança no dedo conhecido como vizinho, na mão esquerda, costume dos hindus, trazido para o Ocidente por gregos e romanos, que acreditavam erroneamente que por ele passava uma veia que ia diretamente ao coração.

CONJUNTO do latim *conjunctu*, junto, simultaneamente, designando reunião de partes que formam um todo organizado, presente em expressões como conjunto habitacional. Os presépios, que ficam expostos desde as vésperas do Natal até o Dia de Reis, formam conjuntos que celebram a Natividade, uma das maiores festas religiosas, de que é exemplo o célebre Presépio Napolitano. Suas peças reproduzem os personagens bíblicos, dando-lhes, porém, a cor local e traços fisionômicos do povo napolitano no século XVIII. São 1.620 peças, entre elas 390 figuras, cujo tamanho varia de 10 a 50 centímetros, que estão expostas no Museu da Arte Sacra, em São Paulo. Foi adquirido na Europa pelo famoso mecenas brasileiro Francisco Matarazzo Sobrinho.

CONQUISTADOR de conquistar, do latim vulgar *conquisitare*, do latim clássico *conquirere*, mas remotamente radicado em *quaerere*, procurar. Originalmente designou o chefe militar vitorioso que anexava territórios e ainda trazia os bens confiscados do vencido. Pitigrilli, pseudônimo do escritor e jornalista italiano Dino Segri, escreveu que quando trouxeram um pirata à presença de Alexandre para ser interrogado, este lhe perguntou: "Não te envergonhas do teu ofício?" Ouviu em resposta: "Sou pirata porque possuo apenas um navio. Se possuísse uma esquadra, seria um conquistador." Conquistador tem também o sentido de namorador.

CONSEGUIR do latim *consequere*, conseguir, com sentido de ir atrás, perseguir, obter. O étimo latino *sequi*, de *sequire*, seguir com os olhos, teve originalmente o sentido de perseguir o inimigo para conseguir suas posses, sendo necessário então segui-lo até o fim para sequestrá-lo e, depois de executá-lo, prosseguir a luta em outras frentes. Tais verbos, nascidos em campos de batalha, ligaram-se também ao germânico *wardon*, guardar, cuidar, vigiar, que deu o nosso guarda e o italiano *guardia*, o espanhol *guardia* e o francês *garde*, como em *ange guardien*, anjo da guarda, e *avant-garde*, vanguarda, e retaguarda, do italiano *retroguardia*, a primeira designando unidade avançada, e a segunda aquela que se precavê de ataques vindos de trás. Todos esses sentidos vinculam o ato de ver à vigilância.

CONSELHO do latim *consiliu*, declinação de *consilium*, conselho, advertência, parecer. Provavelmente porque os conselhos passaram a ser dados não mais apenas por uma pessoa só, mas por grupos, corporações, assembleias, o vocábulo passou a designar também os colegiados incumbidos de julgamentos, pareceres, admoestações, nos mais diversos campos da atividade humana, de que são exemplos os conselhos de guerra. No Brasil, a principal agência de fomento à pesquisa científica denomina-se Conselho Nacional de Desenvolvimento Científico e Tecnológico, mais conhecido pela sigla CNPq.

CONSENSO de com, do latim *cum*, e de senso, do latim *sensum*, sentido, do verbo *sentire*, sentir, perceber, designando opinião, conjunto de opiniões semelhantes, unidade de percepção ou uniformidade de pensamentos, sentimentos ou crenças sobre determinados temas, em que a maioria ou a totalidade de membros de uma coletividade declara concordar ou discordar sobre determinados assuntos. É um dos modos mais comuns de deliberar em assembleias e conselhos. Frequentemente na imprensa é invocado o consenso, assim visto pela poeta e professora Soeli Maria Schreiber da Silva no livro *Os sentidos do povo* (Editora Claraluz): "esse consenso é uma evidência e é parte do mito da informação e neutralidade, pré-construídos expostos no dizer do jornalista mediador, produzindo a administração da produção de sentidos."

CONSERVADOR do latim *conservatore*, declinação de *conservator*, conservador, aquele ou aquilo que conserva, isto é, que mantém as propriedades originais. A raiz é o verbo latino *servare*, preservar, guardar, cuidar, não tirar os olhos de cima, observar. Não confundir com *servire*, servir, ser escravo, ser servo, obedecer. Em política, conservador é aquele que se opõe às mudanças radicais e luta pela manutenção das coisas do jeito como elas estão. No Brasil Império, os dois grandes partidos políticos eram o Liberal e o Conservador. O governo mais conservador de que se tem notícia na História é o de Esparta, cuja sociedade era governada por um regime aristocrático, militarista e despótico. Seu grande legislador foi Licurgo. Houve um Licurgo, homônimo deste, também em Atenas. Amigo de Demóstenes, foi igualmente orador e político, e dirigiu as finanças. O Licurgo de Esparta restabeleceu os costumes e a moralidade pública, procurando dar estabilidade às leis. Os órgãos do governo conservador de Esparta eram: a realeza, exercida por dois reis, um cuidando da religião, outro, do comando militar; o senado, com 28 membros; e o tribunal de Éforos, com cinco magistrados encarregados de aplicar as leis.

CONSIDERAR do latim *considerare*, considerar, literalmente estar com a estrela, que em latim é *stella*, mas também *sidus*, astro, de onde se formou a palavra sideral, como na expressão espaço sideral, que é o espaço dos astros. Ganhou o sentido de pensar e refletir porque antes que os astros fossem consultados para a navegação eles o foram para predizer o futuro. Antigos magos diziam ter o poder de decifrar o que estava "escrito nas estrelas". Quando viram a estrela no Oriente, os três reis magos – que não eram reis nem três – procuraram segui-la para certificar-se do anúncio que o astro fazia. No caso, era o nascimento de Jesus. Considerar é o oposto de desejar, do latim *desiderare*, segundo nos ensina Ivonne Bordelois em *Etimologia das paixões* (Odisseia Editorial): "Desiderare, então, é sentir a falta de algo, buscar e não encontrar o destino nas estrelas." E ela acrescenta: "Aquele que deseja se afasta do destino serenamente fixado pelos astros, e na ausência do bem querido e perdido, esta distância redobra o seu desassossego e sua ansiedade."

CONSIGNAÇÃO do latim *consignatio*, formado de *actione*, ação, do verbo *consignare*, sendo *cum*, com, e *signum*, sinal. Diz-se, por exemplo, de desconto consignado em folha de pagamento. Literalmente, dívida com sinal dado no contrato em que o assalariado autorizou que tal quantia fosse subtraída de seus proventos. No comércio, a consignação é trato entre dois empresários pelo qual um deles, o consignador, envia mercadorias a outro, o consignatário, para que este, depois de efetuada a venda, do todo ou da parte, lhe preste contas. A relação é de confiança. Nas livrarias, esse tipo de venda resulta em distorções: tendo vendido em janeiro, por exemplo, os livros recebidos em consignação, alguns livreiros não repõem o estoque, pois antes teriam de pagar a primeira remessa e deixam para fazer isso no fim do ano. Perdem editores, autores e leitores; porém, sobretudo em tempos inflacionários, o procedimento é comum. Consignação é também um tipo de pagamento judicial que extingue a obrigação.

CONSISTÓRIO do latim *consistorium*. Originalmente designava o lugar onde o imperador se reunia com seus conselheiros. A partir do século IV, quando o cristianismo se torna a religião oficial do Império Romano, o papado consolida-se como instituição religiosa e secular das mais importantes, tendo influência política decisiva no mundo. O papa sagra reis, negocia tratados, empreende guerras. Com a decadência de Roma, muitos de seus símbolos e estruturas de funcionamento são absorvidos pela Igreja. O consistório, antes presidido pelo imperador, compõe-se de assembleia de cardeais presidida pelo papa.

CONSOLAÇÃO do latim *consolatione*, consolação, lenitivo. Designa conhecida rua da cidade de São Paulo, assim chamada em honra de Nossa Senhora da Consolação, que dava nome a uma igreja e um cemitério, mandado construir em 1854, depois que foi abolido o costume de os mortos serem enterrados nas igrejas, onde os mais bem postos em vida tinham as tumbas mais próximas do altar, segundo nos informa Antônio Rodrigues Porto em *História da cidade de São Paulo através de suas ruas*. Pode parecer óbvio que fossem conduzidos apenas os mortos para serem ali sepultados, mas o regulamento dos cemitérios previa em seu artigo 35: "Quando acontecer que na sala de observações volte à vida algum indivíduo levado ao cemitério como morto para ser enterrado, não sendo indigente, será obrigado a pagar ao administrador e coveiros a gratificação de cem mil réis." Além do susto de quase morrer, há multa ao voltar a si. Ali certa noite um estudante de direito do largo São Francisco deparou com um túmulo recente onde estava escrito apenas: "Judite, 20 anos." Era o de sua formosa namorada judia, a quem o pai obrigara a casar com um caixeiro, também judeu. Os judeus são enterrados nus. O moço desenterrou a amada e a beijou à luz da lua. Quando ainda se chamava Caminho de Pinheiros, a Consolação teve entre seus habitantes o famoso bandeirante Fernão Dias Paes Leme, que está enterrado no Mosteiro de São Bento, em São Paulo.

CONSÓRCIO do latim *consortiu*, associação, ligação. Pode designar também uma forma de união como o casamento. Nesse sentido, consorte é sinônimo de cônjuge. Porém, o vocábulo tem servido mais para indicar associações de empresas ou indivíduos, com o fim de realizar projetos econômicos ou adquirir bens. No Brasil, há consórcios de pessoas físicas para comprar quase de tudo, desde eletrodomésticos até residências, passando, naturalmente, por motos, automóveis e caminhões.

CONSPIRAÇÃO do latim *conspiratione*, declinação de *conspiratio* (nos dois casos o "t" tem som de "s"), conspiração, originalmente designando ação de respirar, soprar em conjunto, isto é, *com* + *spirare*, conspirar, soprar, exalar sopro ou odor, respirar, mas em ações que envolvam várias pessoas. Assim, instrumentos de sopro num conjunto deveriam ser soprados ao mesmo tempo por todos, que conspiravam juntos, como no caso das trombetas. Nasceu daí o sentido de concordar. Contudo, com o tempo, a palavra mudou de sentido e passou a designar acordo, porém secreto, com o sentido de conluio, trama, em que insubordinados e descontentes fazem entendimentos, mas para discordar. A professora Maria Tereza de Queiroz Piacentini, que fez a revisão da Constituição do Estado de Santa Catarina, o que lhe garantiu concisão, clareza, harmonia e originalidade no estilo, qualidades infelizmente raras em Constituições de outros estados, ensina: "De 'tramar, planejar ou concorrer para uma conspiração', o verbo conspirar passou a designar também 'concorrer para algum fim' ou, em outros termos, 'tender ao mesmo objetivo', enfim, 'contribuir'."

CONSPIRAR do latim *conspirare*, soprar em uníssono, inicialmente. Depois o vocábulo evoluiu para o sentido conotativo, significando, no mais das vezes, ações políticas que visam a alterações de poder, quando não a derrubada pura e simples de governos instituídos.

CONSULTAR do latim *consultare*, ato de pedir conselho ou parecer a alguém, em geral um profissional, como ocorre com as consultas médicas. É errada a regência reflexiva. Você não "se consulta com o médico", consulta o médico, muito embora, tanto na linguagem coloquial como na língua escrita, este tropeço seja frequente. É vocábulo de muitos outros significados. Em *A cartomante*, história de amor de final infeliz, Machado de Assis utiliza o verbo: "Rita, desconfiada e medrosa, correu à cartomante para consultá-la sobre a verdadeira causa do procedimento de Camilo."

CONSULTOR do latim *consultore*, consultor, aquele que dá e pede conselhos. Modernamente designa o profissional que emite pareceres acerca de assuntos de sua especialidade. Santa Catarina de Siena, cuja festa é celebrada a 29 de abril, era filha de um tintureiro e prestou consultorias a dois papas. Morreu analfabeta, mas a sabedoria do livro que ditou, *Diálogo*, foi uma das razões para ser declarada doutora da Igreja, em 1970, por Paulo VI, o papa que mais valorizou a mulher, cujo dia nacional é 30 de abril.

CONSULTÓRIO de consulta, e esta de consultar, do latim *consultare*, pedir conselho, reunir-se com alguém para, ouvindo e falando, saber o que fazer. Consultório consolidou-se para designar o local onde médicos e dentistas atendem seus clientes. Na antiga Roma, o trabalho do profissional de Medicina, sucessor do oráculo, *oraculum*, em latim, resposta de um deus a uma pergunta feita no templo, estava ligado a funções sacerdotais. O *templum* era um quadrado, a céu aberto, traçado no céu e no chão pelo sacerdote, do latim *sacerdos*, consagrando-o a algum deus.

CONSUMIR do latim *consumere*, destruir, aniquilar. Evoluiu para um significado que antes não tinha, que é o de gastar, posto que primitivamente designava a atividade de comer. Talvez por isso passou a aplicar-se, com seus derivados, às ações da população urbana, como massa consumidora de alimentos e outros produtos manufaturados. Nas democracias mais avançadas, o consumidor é tratado como um rei, que sempre tem razão. Nos países onde os direitos do cidadão ainda não estão plenamente reconhecidos pelos que vendem, o consumidor é visto quase sempre como um servo a quem se faz o favor de deixá-lo entrar em lojas e supermercados. No Brasil, há um serviço de proteção ao consumidor chamado Procon, que acolhe reclamações de compradores que se sentiram prejudicados no cotidiano dos pequenos negócios havidos no comércio varejista.

CONTÁBIL do latim *computabilis*, computável, que se pode contar, no sentido de calcular, mas a partir do século XV também com o significado de narrar. Do mesmo étimo é *putare*, limpar, purificar, que resultou em podar e em apurar, isto é, saber a verdade sobre uma conta ou um acontecimento. Por incrível que pareça, o étimo está também em *ambi putare*, cortar dos dois lados, cortar em volta, que resultou em amputar. Só assim para entendermos tantos cortes em orçamentos. Também são do mesmo étimo computar e computador.

CONTAGEM do latim *computare*, contar, formou-se contar, de onde, por derivação, temos conta e contagem, indicando o ato de contar, abrangendo diversos significados, indo do campo matemático ao narrativo. Contagem, porém, é vocábulo limitado ao ato de contar, de identificar operações matemáticas sequenciais, como no caso das contagens regressivas para lançamento de foguetes e contagens de tempo de serviço para aposentadorias. No primeiro caso, o foguete sobe ao espaço. No segundo, a pessoa recolhe-se a seus aposentos, tornando-se, por isso, um aposentado, ao contrário dos satélites levados pelos foguetes, que devem trabalhar muito no espaço sideral para que os aposentados possam ter entretenimento. A partir das Olimpíadas de Atlanta, o tempo passou a ser submetido a contagens multifracionadas para que os novos recordes fossem fixados com a precisão habitual.

CONTÁGIO do latim *contagium*, contágio, transmissão de estados emocionais, capacidade de influenciar, embora seu sentido mais usual seja pejorativo: transmissão de doenças por contato. Contágio tem raiz semelhante à de palavras como contato e contíguo, que significa vizinho. O verbo *tangere*, tocar, tem a mesma raiz. Muito antes de ser conceito médico ou psicológico, a ideia de contágio já estava presente na concepção mágica do mundo, ainda presente em formas populares de simpatias, adivinhações e feitiços, isto é, a de que é possível fazer o bem ou o mal ao semelhante utilizando como meio a sua roupa, pedaços de suas unhas, fios de cabelo etc. Na feitiçaria faz-se um boneco representando a pessoa que se quer ferir e a seguir o feiticeiro espeta o arranjo de trapos com uma agulha, convicto de que assim fere o representado. O pior é quando o feiticeiro ou outra autoridade com poderes de invocar o sobrenatural inventa de livrar o malefício contraído por estranho contágio mediante camaçada de pau no cliente *in natura*. Outro tipo de contágio, de natureza estética, é assim definido por Nelson Rodrigues: "Amigos, eu gosto muito de falar de mim mesmo. Sempre que conto uma experiência pessoal, sinto que nasce, entre mim e o leitor, toda uma identificação profunda. É como se, por meio de meu texto, tocássemos um imaterial aperto de mão."

CONTAMINAR do latim *contaminare*, contaminar, manchar, sujar, infectar por contato. O radical latino indica contato impuro. A contaminação é o principal dano da poluição presente em terra, mar e ar. Nos vazamentos de óleo de dutos e petroleiros, morrem primeiro os peixes que nadam mais perto da superfície, como tainhas, sardinhas e paratis. Ao descer, o óleo vai se misturando a outros resíduos e passa a matar peixes que vivem mais no fundo, como os bagres, sem, entretanto, atingir nenhum político graúdo responsável pela incúria, já que a espécie, conquanto tenha cabeça de bagre, vive bem acima do nível do mar. O funeral apenas começou, porque dali por diante morrem asfixiadas também as plantas aquáticas capazes de captar oxigênio do ar. Ao morrerem, matam de fome os crustáceos, já enfraquecidos pelo entupimento das brânquias e pelo aquecimento da camada de lama. E a área atingida transforma-se rapidamente de maternidade ecológica em cemitério marítimo. Não afetam, porém, os gabinetes com ar refrigerado, nem os restaurantes onde seus ocupantes almoçam e jantam.

CONTAR do latim *computare*, calcular, contar. A sucessão do tempo foi marcada de modos diferentes ao longo da História. No relógio, o ponteiro dos minutos surgiu apenas em 1680. Atualmente até segundos, divididos em décimos, centésimos e milésimos, são importantes, daí a predominância dos relógios digitais. Nada há a lembrar em tamanha rapidez.

CONTESTADO de contestar, do latim *contestare*, negar com testemunhas e provas. Mas este particípio é mais conhecido no Brasil por designar uma questão de limites geográficos que teve origens ainda em 1494 e somente foi resolvida em campanha militar já nos tempos republicanos, na década de 1910. A disputa, sangrenta, envolveu em sua fase final os estados do Paraná e Santa Catarina. Uma boa documentação sobre o tema já foi publicada três vezes, sob o título *Contestado, um resgate*. Quem viabilizou pela primeira vez a edição foi o governador de Santa Catarina no período 1983-1987. Na segunda, o senador pelo mesmo estado, entre 1991 e 1998. Na terceira, em 2000, foi o então governador de Santa Catarina. Nas três vezes, foi a mesma pessoa quem garantiu os recursos à publicação: Esperidião Amin, reeleito governador daquele estado. Houve graves questões de limites entre o Brasil e as nações vizinhas, porque o Tratado de Tordesilhas trazia uma imprecisão jurídica ao declarar que seriam portuguesas todas as terras localizadas a 370 léguas a oeste das ilhas do arquipélago de Cabo Verde, sem dizer qual das ilhas seria o ponto de referência, gerando grandes controvérsias. Vários limites foram contestados, mas o Contestado por excelência ficou sendo uma luta por demarcação de fronteiras no interior do Brasil, entre o Paraná e Santa Catarina.

CONTINUÍSTA de continuar, do latim *continuare*, ligada a *tener*, ter. Como adjetivo, qualifica o adepto do continuísmo, da permanência das coisas como estão. Como substantivo, designa profissional do cinema e da televisão encarregado de dar continuidade e coerência ao que é narrado, evitando gafes. No filme *007 contra Goldfinger*, James Bond coloca uma bomba para explodir vinte minutos depois. Seu relógio marca 0h11. Quando, enfim, ocorre a explosão, seu relógio está marcando 0h20. Passaram-se apenas nove minutos, conforme observado pelo pernambucano que vive desde os 11 anos em Curitiba, Cesar Kos, em *Falha nossa: as maiores gafes do cinema* (Editora Panda Books).

CONTO do latim *computus*, conta, enumeração. O étimo de *putare*, julgar, está presente nesta palavra e também em *computare*, contar, que ganhou o sentido de narrar pela enumeração de acontecimentos e detalhes numa história. O conto de fadas, que precedeu as narrativas literárias curtas, tem sua grande referência no dinamarquês Hans Christian Andersen, que escreveu 156 contos infantojuvenis. Sua influência é tão grande que o dia de seu nascimento, 2 de abril, é o Dia Internacional do Livro Infantil. Os contos mais conhecidos de Andersen são *O patinho feio*, *A pequena sereia* e *O soldadinho de chumbo*. Também os famosos Irmãos Grimm, Jacob Grimm e Wilhelm Grimm, alemães, recolheram e reescreveram diversas fábulas que podem ser lidas como contos infantojuvenis. Os mais conhecidos são *Branca de Neve*, *Cinderela*, *A Bela Adormecida* e *Rapunzel*.

CONTO DO VIGÁRIO de conto, da redução do latim *computus*, cômputo, cálculo, derivado de *computare*, contar, mas com o sentido de narrar, por enumerar os detalhes; e de vigário, do latim *vicarius*, que está no lugar de outro, que o substitui. Na hierarquia católica designou originalmente aquele que o capítulo da diocese nomeava para substituir o bispo ou o padre em caso de morte ou transferência. No Brasil, como os provisórios são quase sempre definitivos, veio a indicar o pároco titular de uma paróquia, que pode contar também com padres coadjutores, isto é, auxiliares. A locução conto do vigário designa trapaça, engano, embuste.

CONTRA do latim *contra*, contra, em oposição. A expressão "ser do contra" indica atitude de quem se opõe a qualquer ordem, por princípio. É o caso do célebre provérbio da língua espanhola: *Hay gobierno? Entonces soy contra*. (Há governo? Então sou contra.)

CONTRABANDISTA nos eufemismos dos politicamente corretos, contrabandista é pejorativo. Melhor chamar o sujeito de agente informal de fronteiras ou funcionário voluntário de alfândega privada.

CONTRABANDO do italiano *contrabbando*, contrabando, sem sinal, sem ordem. No italiano, formou-se de *contra*, contra, e do gótico *bandwô*, sinal, transcrito *bandum* no latim medieval, mesma origem de bandeira. Designa importação e exportação realizadas sem pagamento de impostos e taxas. No sentido metafórico, ideias importadas ou exportadas sem o reconhecimento da autoria e sem a citação adequada. No Brasil, o contrabando, que é crime, envolve sobretudo tóxicos e armas. Quando de outras mercadorias, pode ser tipificado como descaminho, e neste caso os produtos podem ser liberados mediante regularização dos tributos sonegados. A legislação deu passos decisivos para coibir o contrabando. Sebastião José de Carvalho, Marquês de Pombal, efetuou alterações substanciais no Livro V das *Ordenações Filipinas* para punir o contrabando, aperfeiçoando a avença. E assim o fez também o *Código Criminal do Império*, tratando das condutas lesivas ao Tesouro, no artigo 177. E um ano após a proclamação da República, nascia o primeiro *Código Penal* (1890), que assim tipificou o contrabando: "Importar ou exportar, gêneros ou mercadorias proibidas; evitar no todo ou em parte o pagamento dos direitos e impostos estabelecidos sobre a entrada, saída e consumo de mercadorias, e por qualquer modo iludir ou defraudar esse pagamento."

CONTRACULTURA de contra e de cultura, respectivamente do latim *contra* e *cultura*, o primeiro com significado de oposição, de fazer frente, e o outro indicando a ação de cuidar. Utilizada para designar o movimento de rebeldia cultural das décadas de 1960 e 1970, surgido nos EUA, mas que se alastrou pelo mundo, a palavra contracultura, quando pesquisada, leva a referências de célebres personalidades, como o escritor americano Kurt Vonnegut Jr., autor de livros clássicos como *Matadouro 5*, *Destinos piores que a morte* e *Um homem sem pátria*, marcados por sátira e humor negro. Autor também de livros de ficção científica, ele tinha horror a conflitos de qualquer tipo. Para escrever *Matadouro 5*, baseou-se em sua experiência como prisioneiro na Segunda Guerra Mundial.

CONTRAFÉ de fé, do latim *fide*, antecedido do prefixo *contra-*, que indica oposição, o outro lado. Veio daí o significado de cópia autêntica de citação judicial. Integra o mandado. A contrafé deverá ser entregue pelo oficial de justiça ao réu; ao oficial incumbe certificar no original do mandado se o réu recebeu ou recusou a contrafé.

CONTRATO do latim *contractus*, contrato, do latim culto *trahere*, pelo latim vulgar *tragere*, arrastar, do mesmo étimo de trazer. Por isso a primeira pessoa do singular do presente do indicativo é eu trago e não eu "trazo", como, com boa lógica, dizem as crianças, embora o português culto tenha mesclado as influências dos verbos do latim vulgar *tragere* e *tracere*, ambos com o mesmo significado de trazer. O contrato é assinado por duas partes que foram atraídas, trazidas ou arrastadas para os mesmos objetivos. Abstrato, substrato e distrato são do mesmo étimo. Na Idade Média vigia o *tractor*, funcionário que puxava, arrastava ou simplesmente trazia a *tractoria*, documento imperial que mandava abastecer as provas ou uma personalidade apenas durante expedições ou simples viagem. O contrato é um trato, do latim *tractum*, pedaço de couro, pano ou papel, em que dois se comprometem a fazer alguma coisa. Originalmente, cada um dos contratantes ficava com um dos pedaços em que era dividido. Assim os sucessores poderiam provar que houvera um trato, vale dizer um contrato, entre os falecidos.

CONTRAVENTOR do latim medieval *contraventore*, quem contravém, do latim *contravenire*, ir contra, pelo particípio do verbo, *contraventum*, designando o transgressor de leis. Um dos mais conhecidos contraventores (jogo do bicho) do Brasil moderno é Carlos Augusto Ramos, mais conhecido como Carlinhos Cachoeira. Preso pela Polícia Federal, em trabalho denominado com muita propriedade Operação Monte Carlo, por combater a jogatina, deixou em maus lençóis o então senador Demóstenes Torres, de Goiás. Em grampos telefônicos, ele aparece recebendo ordens do contraventor e fazendo relatórios de serviços anteriormente prestados.

CONTROLE do latim *contrarotulus*, o que está escrito no verso do rolo, do cilindro, pelo francês antigo *contrerole*, lista em duplicata, *contrôle* no francês moderno. Analisando os modelos de exercício de poder, dizem o dramaturgo e ex-editor da revista *Esquire*, Robert Green, e o produtor gráfico Joost Elffers: "Metade do seu controle de poder vem do que você não faz, do que você não se permite ser arrastado a fazer."

CONTROVÉRSIA do latim *controversia*, controvérsia, discussão. No latim a palavra foi formada do prefixo *contra-* e de *versum*, particípio de *vertere*, verter, girar, voltar, como voltam as palavras ao início, no gênero poético, para fazer um novo verso. Boas controvérsias presidem à discussão de escritos e ditos de personalidades, de que é exemplo o papel de personagens negros na obra do escritor e editor brasileiro José Bento Monteiro Lobato, paulista de Taubaté. Ele previu a eleição de um negro para a presidência dos EUA no longínquo ano de 2228. O livro chamou-se *O choque das raças*, título das primeiras edições. O romance foi originalmente publicado em folhetins, em 1926, no jornal carioca *A Manhã*. Monteiro Lobato escreveu o romance um pouco antes de mudar-se para Nova York. O escritor estava de olho no mercado editorial dos EUA, movido pelos "elementos escandalosos e polêmicos do livro", orçados num "escândalo literário de dois milhões de dólares para o autor". A profecia, com algumas variações, foi antecipada para 2008 com a eleição do senador Barack Obama para a presidência da nação mais poderosa do mundo. O narrador é Ayrton, funcionário da empresa paulista Pato & Cia. Ele sofre um acidente de carro e depois disso, com a ajuda da namorada Jane, filha do cientista Benson, passa a adivinhar o futuro. Usam para isso um aparelho chamado "porviroscópio". Na eleição do 88º presidente dos EUA, há três candidatos: um branco, Kerlog, que tenta a reeleição; uma feminista, Evelyn Astor; e o negro Jim Roy. É a divisão entre machistas e feministas que permite a eleição de um *tertius*, justamente o negro. Para ser escolhido candidato do Partido Democrata, Barack Obama derrotou Hillary Clinton, esposa do ex-presidente Bill Clinton.

CONTUBÉRNIO do latim *contubernium*, casamento entre escravos, instituído nos primórdios da República, em Roma, quando o escravo deixou de ser res, coisa, e passou a ter alguns direitos, entre os quais o de unir-se neste tipo de matrimônio específico, que consistia em licença para constituírem família sob o mesmo teto, e amigação ou mancebia reconhecidas pelo Estado, por oposição ao matrimônio, reservado a casais de melhor estirpe, em que marido e mulher eram denominados cônjuges. Em latim *taberna* é choupana, construção rústica, sentido que depois se consolidou para designar a casa do soldado romano e o estabelecimento onde eram vendidas bebidas e petiscos. Sendo frequentada por pessoas de má índole, que ali tramavam crimes, contubérnio passou a ter sentido pejorativo, somado ao preconceito contra os escravos. "Além de lhes ser molesto o contubérnio com idólatras, tinham suspeitas de que a pureza não fosse flor muito do seu canteiro", escreveu Aquilino Ribeiro, romancista português atento a um rico material linguístico, em *Portugueses das Sete Partidas*. E o romancista maranhense Henrique Maximiano Coelho Neto não deixa por menos, em *Rio Negro*: "Revoltava-se contra a raivação danada que a bestializava, vituperando, com ódio frenético, quantos apanhava em contubérnios ou conchavos concupiscentes."

CONTUNDIDO particípio de contundir, do latim *contundere*, ferir, pisar, machucar. Foi vocábulo muito usado por locutores e redatores de futebol mais antigos. Os de hoje, mais atualizados com a linguagem coloquial, preferem usar termos sinônimos: "machucado" é o mais usado em tal substituição.

CONVALESCER do latim *convalescere*, ação de passar de doente a saudável em processo habitualmente demorado. O verbo foi muito utilizado nas sucessivas reportagens que trataram da odisseia do antropólogo, romancista e político brasileiro Darcy Ribeiro, que fugiu da UTI (Unidade de Tratamento Intensivo) de um hospital carioca para convalescer em sua própria casa. Ainda convalescente, o senador chegou ao Congresso destilando seu costumeiro humor ao saudar o colega Esperidião Amin como um "pioneiro". É que ambos perderam todos os cabelos por motivo de doença.

CONVENÇÃO do latim *conventione*, declinação de *conventio*, convenção, ajuste, acordo. No latim, este "t" tem som de "s". O *Dicionário Aurélio* define como convenção "aquilo que só tem valor, sentido ou realidade mediante acordo recíproco ou explicação prévia. Tudo aquilo que é tacitamente aceito, por uso ou geral consentimento, como norma de proceder, de agir, no convívio social; costume". Fernando Pessoa, no poema "Chove. É dia de Natal", celebra esta convenção com uma pitada de ironia: "Pois apesar de ser esse/O Natal da convenção/ Quando o corpo me arrefece/ Tenho o frio e Natal não./Deixo sentir a quem quadra/E o Natal a quem o fez,/Pois se escrevo ainda outra quadra/Fico gelado dos pés.

CONVERSÃO do latim *conversione*, declinação de *conversio*, conversão, troca, mudança. Antes de designar operação comercial para permuta de moedas, o vocábulo foi aplicado a pecadores e hereges que passaram a fazer parte da Igreja, tornando-se às vezes luminares da doutrina que desprezavam ou combatiam, como é o caso de Santo Agostinho, cuja festa é comemorada a 28 de agosto, um dia depois da de sua mãe, Santa Mônica. O famoso bispo de Hipona, na África, atribuiu sua conversão às orações maternas: "Depois procurávamos juntos, na presença da verdade, como seria a vida dos santos, vida que nem olhos viram, nem ouvidos ouviram e que nunca no coração do homem penetrou."

CONVIVÊNCIA de conviver, do latim *convivere*, viver com alguém. A convivência, no lar ou na sociedade, pressupõe acordos e contratos. Célebres escritores trataram das dificuldades da convivência no lar, especialmente entre os cônjuges, como Dalton Trevisan com os contos de *A guerra conjugal*, transpostos para o cinema com o mesmo título, com direção de Joaquim Pedro de Andrade. Os desentendimentos entre pessoas que se amam levaram o poeta latino Virgílio a resumir o impasse nestes versos de sua obra *Remedia Amoris* (Os remédios do amor): "*nec sine te, nec tecum vivere possum*" (nem contigo, nem sem ti posso viver). Também Marcial escreveu coisa parecida: "*nec tecum possum vivere, nec sine te*" (não posso viver contigo, nem sem ti). Uma lenda encontrada nas narrativas do *Veda*, que em sânscrito tem o significado de conhecimento, dá conta de que Deus criou a mulher a pedido do homem, que se queixou de solidão, e a devolveu porque a companheira o importunava muito. Depois sentiu saudades e pediu ao Criador que a trouxesse para perto dele novamente. Voltou a devolvê-la tempos depois, sob o pretexto de que seu temperamento alegre e divertido contrastava com o dele, rude e austero. Por fim, depois de tantas devoluções, Deus se cansa de tanta hesitação e prescreve: "Agora chega, meu filho! Fica com ela, que sem ela não sabes viver. Procura entendê-la e perdoar-lhe os defeitos, para que os dois, na compreensão mútua, possam percorrer juntos, em perfeita harmonia e felicidade, o caminho da existência."

CONVOCAR do latim *convocare*, chamar para que venham juntos, convocar. Senadores e deputados são convocados para sessões extraordinárias, com o fim de fazer horas extras, proibidas a funcionários federais, que ainda assim as fazem para completar o serviço. Os parlamentares, entretanto, ainda não concluíram as reformas e por isso às vezes trabalham nas férias. Mas, bem remunerados, o que os tornará menos duros, mais robustos e muitos até mais gordinhos. Engordam de tanto reformarem. Não as estradas. Segundo pesquisa da Confederação Nacional do Transporte (CNT), 77,5% delas estão em estado deficiente e péssimo. Já foi pior. Esse índice já chegou a 92,3%. Isso faz com que no Brasil haja perda de 20% da safra e o transporte rodoviário seja 30% mais caro do que em países onde o governo cuida das estradas.

COPA do latim *cuppa*, tonel, cuba, taça. No futebol, popularizou-se o último vocábulo, que indica o famoso "caneco", posto em disputa de quatro em quatro anos, a partir de 1930, ano da realização da primeira Copa do Mundo, vencida pelo Uruguai. Em 1934, 1938 e 1982, a campeã foi a Itália. A Copa não foi realizada em 1942 e 1946 por causa da Segunda Guerra Mundial. Em 1950, o Uruguai tornou-se bicampeão, vencendo o Brasil naquela trágica final, no Maracanã, na época o maior estádio do mundo. Em 1954, foi a vez da Alemanha sagrar-se campeã, façanha que repetiu em 1974 e em 1990. Em 1958, 1962, 1970, 1994 e 2002, foi o Brasil quem ficou com o "caneco". Os ingleses, inventores do futebol, foram campeões apenas uma vez, em 1966. Em 1978 e 1986, os campeões foram os argentinos.

CÓPIA PIRATA de cópia, do latim *copia*, e pirata, do grego *peiratés*, pelo latim *pirata*, chegando ao italiano *pirata*, última escala da viagem da palavra até chegar ao português, conservando o modo de escrever do latim e do italiano. À semelhança de relâmpago e fantasma, pirata foi conservado como adjetivo à direita do substantivo, omitindo-se o hífen, como acontece também em sequestro relâmpago e funcionário fantasma. No livro *Uso do hífen* (Editora Manole, 285 páginas), acompanhado de um *CD-ROM* com sistema de busca, o que facilita a consulta rápida, o jornalista Eduardo Martins fixou com precisão as razões da consolidação das duplas de palavras sem hífen: "a grande dificuldade na divergência das fontes" e a necessidade que a imprensa teve, nos últimos vinte anos, de preencher a omissão dos dicionários. Tais fatores o levaram a reconhecer essas palavras "como adjetivos, com singular e plural, ligando-se ao substantivo que os precede sem hífen". Ele sabe do que fala: é autor também de outras obras referenciais de orientação para escrever corretamente, entre as quais o *Manual de redação e estilo de O Estado de São Paulo*.

COPIAR do latim medieval *copiare*, radicado nos étimos *cum* e *opis*, com meios, designando ato de multiplicar em abundância. *Copiosus* em latim quer dizer abundante, em grande quantidade, cujo étimo está presente também na expressão do português "chovia copiosamente", isto é, chovia muito. Copiar pode ser atividade legal, quando autorizada e amparada em lei, com a identificação do original. E pode ser ilegal, sendo caracterizada como plágio ou roubo. O principal documento que estipula como crime o plágio intelectual, científico ou artístico é a Lei 9.610.

COPLA do latim *copula*, união, laço, ligação, pelo espanhol *copla*, estrofe. O étimo está presente em acoplar, por exemplo, mas cópula tornou-se hegemônico para designar o ato sexual. Copla designa pequena composição poética, geralmente em quadras, escrita para ser cantada. Como as coplas eram em geral debochadas e satíricas, coplas, pela adoção da variante cobras, está presente em dizer cobras e lagartos de alguém, isto é, falar mal da pessoa em questão. Associada ao mal, desde o mito do Paraíso, a cobra, por metáfora, passou a designar o indivíduo nocivo, chamado de cobra venenosa, língua de cobra, etc. O lagarto, igualmente réptil, foi associado à obra por um processo conhecido como arredondamento binário. Assim, são ditos cobras e lagartos de alguém, e não apenas cobras. Outros exemplos de arredondamento são "a ferro e fogo", "são e salvo", "de ceca em Meca"; ceca, da expressão árabe *dar as-sekka*, casa da moeda, e Meca, na Arábia Saudita, capital mundial da religiosidade muçulmana, onde os fiéis têm que ir pelo menos uma vez na vida.

COPO do masculino de copa, do latim vulgar *cuppa*, taça, vaso. O português do Brasil, ao contrário do espanhol, fixa sutis diferenças entre copo, copa e vaso. Ninguém bebe um vaso ou uma copa de cerveja, bebe um ou muitos copos. O poeta parnasiano e professor Alberto de Oliveira, em *Vaso grego*, aproximou copo, taça e vaso nestes versos: "Esta de áureos relevos, trabalhada/ De divas mãos, brilhante copa, um dia,/ Já de aos deuses servir como cansada,/ Vinda do Olimpo, a um novo deus servia."

COPYRIGHT do inglês *copy*, cópia, e *right*, direito. Aparece por extenso ou abreviado nos créditos de direitos autorais em livros, revistas etc. É normal que escritores, jornalistas e outros profissionais da palavra sejam pagos para escrever. Mas o inglês John Cleland recebeu da censura de seu país uma pensão anual de cem libras esterlinas sob juramento de nunca mais escrever nada como *Fanny Hill or memoirs of a woman of pleasure*, clássico erótico do século XVIII, publicado no Brasil apenas em 1990. Em 2002, o então presidente Fernando Henrique Cardoso vetou projeto de lei que obrigava editoras e gravadoras a numerarem livros e CDs.

COQUETEL do inglês *cock-tail*, aperitivo. Literalmente significa rabo de galo. Sua etimologia é de origem controversa. Diz-se que por volta de 1793, em Nova Orleans, nos EUA, um vendedor de ovos francês servia em seu estabelecimento uma bebida que os clientes pediam pelo nome de sua profissão, em francês *coquetier*, mas que era pronunciado *cocktail*. Outra versão diz que um taberneiro inventou certa mistura de bebidas para celebrar a vitória de seu galo, de rabo grande, sobre o rival, dando-lhe o nome de *cock tail*, rabo de galo.

CORAGEM do francês *courage*, de *coeur*, coração, designando qualidade espiritual de quem tem ânimo firme para enfrentar perigos, arrostar dificuldades, praticar ações que põem em risco até a própria vida, dizer e escrever o que pensa, ainda que esses atos tenham consequências adversas para quem os pratica. Sobre a coragem, diz Antoine de Saint-Éxupéry, em *Terra dos homens*: "As tempestades, o nevoeiro, a neve são coisas que por vezes te atrapalharão. Nessa altura, pensa em todos os que as conheceram antes de ti, e diz simplesmente: o que os outros conseguiram também eu hei-de conseguir." Mohandas Karamchand Gandhi, que escrevia seu nome em hindi e em guzerate, mais conhecido como Mahatma – que em sânscrito significa Grande Alma, disse sobre coragem: "A coragem nunca foi questão de músculos. Ela é uma questão de coração. O músculo mais duro treme diante de um medo imaginário. Foi o coração que pôs o músculo a tremer." Também o teólogo, filósofo e Doutor da Igreja Aurelius Augustinus, mais conhecido como Santo Agostinho, tratou da coragem: "A esperança tem duas filhas lindas, a indignação e a coragem; a indignação nos ensina a não aceitar as coisas como estão; a coragem, a mudá-las."

CORCOVA de origem controversa, provavelmente alteração do latim hispânico *cucurvus*, encurvado. O masculino corcovo significa pinote, salto que o cavalo dá arqueando o lombo. Neste caso, o verbo é corcovear. *O cavalo saiu corcoveando*. As corcovas mais conhecidas são a do dromedário, que tem apenas uma, e as do camelo, duas. Lê-se em Millôr Fernandes, em *Conpozissões imfátis: lissões das coizas:* "A corcova do camelo também se chama bossa que eu acho que ele tem muita e que foi ele o inventor da bossa nova. O camelo trabalha oito dias sem beber ao contrário do meu tio que bebe oito dias sem trabalhar."

CORCOVADO de corcova, saliência, em geral nas costas, como no caso dos camelos, dos dromedários e dos corcundas, mas também em colinas e montanhas, de que é exemplo este trecho de *A cidade e as serras*, de Eça de Queirós: "O rio defronte descia, preguiçoso e como adormentado sob a calma já pesada de Maio, abraçando, sem um sussurro, uma larga ilhota de pedra que rebrilhava. Para além da serra crescia em corcovas doces, com uma funda prega onde se aninhava, bem junta e esquecida do mundo, uma vilazinha clara. O espaço imenso repousava num, imenso silêncio. Naquelas solidões de monte e penedia os pardais, revoando no telhado, pareciam aves consideráveis. E a massa rotunda e rubicunda do Pimentinha dominava, atulhava a região." Corcovado designa também um dos morros mais bonitos do Rio de Janeiro, em cujo topo está a estátua do Cristo Redentor, de 38 m de altura, presente em folhetos, cartazes, filmes etc. que pretendem mostrar as belezas do Brasil. Em 2007, em votação patrocinada pela ONU, o monumento foi eleito uma das Sete Maravilhas do Mundo Atual. O morro do Corcovado tem 710 m de altura e está localizado no Parque Nacional da Tijuca. No Rio de Janeiro não existe zona leste, e o Corcovado, situado na zona oeste, é um dos principais destaques da cidade, podendo ser observado de longas distâncias.

CORDEIRO do latim vulgar *chordariu*, cordeiro, provavelmente derivado de *chordu*, tardio em nascer. Uma hipótese mais aceita é que sua origem tenha sido cordo, manso, dada a índole pacífica do animal. Santa Inês, virgem cristã martirizada sob o reinado de Diocleciano, aparece nas imagens com um cordeiro nos braços. Jesus é frequentemente comparado com o animalzinho, como nesta invocação: "Cordeiro de Deus, que tirais os pecados do mundo, tende piedade de nós."

CORDEL provavelmente do provençal *cordel*, com influência do catalão *cordell*, barbante, cordinha. Designa um tipo de literatura, praticado sobretudo no Nordeste, cujos livretos, dependurados em barbantes nas praças e em outros lugares públicos, começaram a ser impressos em fins do século XIX. Várias histórias do cordel, porém, já estavam na memória popular desde os primeiros séculos e é possível que alguns dos enredos tenham sido trazidos por degredados da Coroa portuguesa que aqui os exilou. O cordel está cheio de personagens da realeza, reis ousados, príncipes destemidos, princesas muito bonitas, cavaleiros andantes, gente para quem a honra está em primeiro lugar. Destacam-se entre seus heróis o imperador Carlos Magno e os Doze Pares de França, vindos diretamente da Idade Média para o sertão e o agreste nordestinos, aparecendo também em outras regiões brasileiras, aos quais somaram-se Virgulino Ferreira da Silva, o Lampião, e o padre Cícero Romão Batista, ditos personagens revestidos de mistérios e sobrenaturalidade. O primeiro orgulhava-se de ter recebido o apelido num combate em que sua espingarda, de tanto disparar, alumiava como um lampião. Há algum tempo certos pesquisadores viram traços de homossexualismo no famoso líder do cangaço, fazendo-o parecer-se mais a uma lamparina ou candeia. E o segundo, o padre milagroso, depois de sonhos e visões, teve marcante atuação religiosa e política, constituindo-se num dos mais afamados líderes populares que o Brasil já teve e cuja influência cresceu depois de sua morte. Existem cerca de dois mil poetas de cordel em atividade no país, tratando praticamente de todos os temas. Já morreram diversos críticos e professores que anunciaram a morte iminente do cordel, mas o gênero continua muito vivo.

CORDIAL do latim *cordiale*, cordial, relativo ao coração. Hoje este adjetivo é mais de uso conotativo, como na expressão "cordiais saudações", posta no começo e no final das cartas, e na célebre definição do brasileiro, feita por Sérgio Buarque de Holanda, dando conta de que seríamos um povo cordial. Mas antigamente foi usada em sentido denotativo, como na ocasião em que o escritor português Almeida Garrett sentiu-se mal e foi levado a uma certa "farmácia das necessidades", onde lhe deram "cordiais" para reanimá-lo. No caso, não ficaram ao redor dele saudando-o, mas sim administrando-lhe remédios.

CORIFEU do latim *coryphaeu*, vindo do grego *koryphaios*, ambos significando o que está no alto. Muito utilizado na linguagem rebuscada de alguns jornalistas para designar pessoas bem postas no poder, que não se cansam de elogiar as autoridades mais vulneráveis a seus pleitos. Corifeu é um eufemismo culto e elegante para o nosso popular puxa-saco.

CORJA do malaiala *kórchchu*, conjunto de vinte coisas da mesma natureza. Passou ao português com o significado de multidão de pessoas desqualificadas, súcia, canalha. Foi o adjetivo mais brando que se ouviu no Congresso durante as discussões que antecederam a votação dos parlamentares que pôs fim ao monopólio para a exploração do petróleo.

CORNO do latim *cornus*, corno, casco, ponta, chifre, coisa dura, firme. Designava também as fases crescente e minguante da lua, quando esta toma o aspecto de um chifre. Originou-se aí a expressão "cornos da lua". Também o braço de um rio e certa vasilha para beber, feita com chifre de boi, são chamados cornos, de onde se originou a expressão "encher os cornos" para indicar embriaguez. Por causa de sua consistência, o corno serviu também para indicar o estúpido, o bobo, o ignorante, que teriam a cabeça tão dura como chifres. Já como sinônimo de marido traído, corno remonta a certas sutilezas da sociedade patriarcal. O marido era o chefe da família e não podia ser feito de bobo, muito menos pela mulher, que devia zelar por sua honra. Esta, quando ultrajada, deveria ser lavada com sangue, costume que ainda vigora entre aqueles que utilizam o sangue como detergente. A vingança do corno, um dos sustentáculos da moral burguesa, recebe impiedosa crítica no romance de Jorge Amado, *Gabriela, cravo e canela,* quando um marido traído é levado a julgamento por ter assassinado a mulher e seu amante. O amante dela, claro, porque os coronéis não podiam nem ouvir falar em glória *gay*. O adultério continua presente em metáforas que lembram agropecuária. Exemplo: quem trai pula a cerca. A mulher adúltera é vista como cadela, vaca, potranca etc., já que é frequente na linguagem coloquial a utilização de animais domésticos para ofender a mulher e selvagens para elogiá-la. Os sinônimos são aspa, guampa, chifre, galho, haste, chavelho, binga. O corno é utilizado na fabricação de berrantes, vasilhas (especialmente copos) e amuletos. Nas fazendas do interior do Brasil, especialmente no Nordeste, foi costume fixar par de cornos à entrada, nas porteiras, indicando prosperidade. Nasceu aí a expressão "quebrar os cornos", que une duas ofensas: bater no rosto do inimigo é uma delas; a outra é prejudicá-lo. Designando marido traído, está registrado no século XIV: em Lisboa, o rei Dom Fernando rouba Dona Leonor Teles do marido João Lourenço da Cunha, que foge para a Espanha. No século XVIII, à vista de muitos exageros ofensivos com palavras e gestos que atribuíam cornos a desafetos, o rei Dom José, de Portugal, estabelece punição a quem fixar cornos nas portas de casas onde morem pessoas casadas. As origens do corno, vinculado à sexualidade, são ainda mais antigas: no período neolítico, entre 7000 e 4000 a.C., há registros em pedra de que os chifres do touro eram símbolos de fertilidade e potência masculina.

CORONEL do latim *columna*, coluna, sustentáculo, de onde passou ao italiano *colonna*, cujo diminutivo, *colonnello*, passou a designar também o comandante de pequena tropa, ainda no século XV. Tal como aconteceu a outras designações da hierarquia militar, houve variações de significado, de que é exemplo marechal, que começou designando o posto mais baixo no comando da tropa e depois chegou ao cume. O italiano *colonnello*, ao passar ao espanhol e ao português, ensejou a dissimilação do "l" em "r", levando também à supressão de duas consoantes, dobradas na língua de origem, e do "o" final. O Brasil teve coronéis muito antes de contar com as Forças Armadas, tal como hoje as conhecemos, incluindo Exército, Marinha e Aeronáutica. Eram chamados coronéis os grandes latifundiários que tinham a seu serviço, no meio rural, trabalhadores braçais que em tempos de paz dedicavam-se às lides da agricultura e da pecuária, mas que eram armados e treinados, em geral por bandidos a serviço dos grandes proprietários, para enfrentar desafetos e litigantes, preferencialmente nas disputas por limites de terra. Foi quando surgiu a figura do jagunço, braço armado em tempo de guerra e força de trabalho em tempos de paz.

CORPO do latim *corpus*, corpo. A palavra chegou ao português no alvorecer do segundo milênio, já designando a estrutura física do organismo vivo e já coberta de um significado específico que a opunha à alma.

CORREIO do provençal *corrieu*, alteração provável de vocábulo do antigo francês *corlieu*, composto de *corir*, correr, e *lieu*, lugar. O correio brasileiro é uma das instituições mais confiáveis, segundo pesquisas periódicas de opinião, e sua agência mais antiga, inaugurada em 1877, localiza-se à rua Primeiro de Março, no centro do Rio de Janeiro, e ainda está em funcionamento.

CORRESPONDÊNCIA do latim *respondere*, responder, formaram-se vários vocábulos no português com o significado de dizer ou escrever alguma coisa em resposta a alguém. Há uma etiqueta para as cartas, que devem ser respondidas o mais rapidamente possível, dispensando-se a quem nos escreve o tratamento adequado. Com o advento da correspondência eletrônica, pela internet, a função epistolar alterou-se rapidamente, levando a deformações de seu objetivo primordial, a comunicação interpessoal. A correspondência oficial deve ser feita em língua culta e forma padronizada, de acordo com a Instrução Normativa número 4, de 6 de março de 1992, baixada pela Secretaria da Administração Federal. Entretanto, nas entrevistas, a língua portuguesa culta sofre ataques inusitados de autoridades que deveriam zelar por sua pureza. Nossa língua continua como o poeta Olavo Bilac a definiu: "inculta e bela".

CORRETOR do latim *correctore*, aquele que corrige. O vocábulo é usado para designar instrumentos de correções diversas, mas aparece nos noticiários com frequência designando o agente comercial que atua como intermediário em transações entre o vendedor e o comprador, em negócios imobiliários e também nas bolsas de valores.

CORRIDA do latim *currere*, andar em velocidade maior do que a marcha habitual. As disputas esportivas que envolvem o ato humano de correr estão incluídas sob o nome geral de atletismo e são classificadas segundo a distância percorrida e a duração, donde os incessantes recordes. Mas há também as corridas disputadas por animais, sendo a mais clássica a de cavalos. Diz-se que há muita correria em fim de ano, para concluir trabalhos e preparar as devidas comemorações. São, porém, metáforas, já que correm de verdade apenas aqueles que disputam a Corrida de São Silvestre, assim chamada por ser este o santo do dia em que é realizada, 31 de dezembro. Um dos primeiros santos não mártires, São Silvestre foi papa de 314 até 335, ano de seu falecimento.

CORROMPER do latim *corrumpere*, corromper, romper, destruir. Já a etimologia da palavra sugere cumplicidade, ato ilícito praticado em parceria. Cobrindo vários significados, indica desde a ferrugem que corrompe o ferro até o bandido que de dentro da cadeia, paradoxalmente, corrompe funcionários dos poderes encarregados de vigiá-lo. Na linguagem popular, é utilizada a expressão "comer bola" para designar a ação de coleta do beneficiário do corruptor. Provavelmente por indicar que o funcionário corrompido recebia bem mais do que precisava, os antigos romanos já tinham cunhado a expressão *bovem habet in lingua* (ter o boi na língua), designando o guloso, empanturrado com as benesses ilícitas. A bola, no caso, entrou pela forma com que vinha originariamente a corrupção, embrulhada de forma arredondada, parecendo bola ou disfarçada de bola. Também a boca cheia demais dá forma de bola ao rosto do guloso, em geral ainda mais arredondado do que já é o rosto por acúmulo de gordura.

CORRUPÇÃO do latim *corruptione*, apodrecimento, decomposição. Foi inicialmente aplicado ao fim que todos teremos após a morte. Ou quase todos, uma vez que estão excluídos desse triste fim, além de alguns santos da Igreja, os embalsamados e os cremados, sem contar aqueles bêbados homéricos, que tiveram suas carnes conservadas em vista da grande quantidade de álcool ingerida durante o breve intervalo que precede a mais longa das noites, conforme alusão que vários escritores fizeram à morte. O maior problema para eles é que na mais longa das noites não se encontrará um único bar aberto. O vocábulo designa também atos ilícitos, praticados sobretudo por políticos, os corrompidos, e empresários, os corruptores. É tradição brasileira a impunidade de uns e outros, com uma ou outra exceção.

CORRUPTO do latim *corruptus*, corrupto, podre, estragado, infectado, viciado. O étimo é o mesmo de corromper, do latim *corrumpere*, deixando implícito que é ação feita em companhia de alguém, o corruptor, do latim *corruptore*, e está presente também em interromper, do latim *interrumpere*, quebrar a continuidade, atrapalhar. Quando a palavra corrupto entrou para a língua portuguesa, no século XV, prevaleciam os significados e sentidos de podre, adulterado, alterado. Nos dias atuais, seja como adjetivo, seja como substantivo, corrupto passou a ser aplicado ao indivíduo que desvia verbas, que adultera contratos, falsifica documentos etc., assaltando o erário, naturalmente com a cumplicidade do corruptor, entretanto usualmente ausente das notícias e às vezes tratado como herói por denunciar aquele a quem ajudou a corromper. São designados corruptos também uns crustáceos decápodes – semelhantes a caranguejos, com cinco pares de patas. Têm essa designação porque são muitos, quase não aparecem e são difíceis de capturar. Quando encontrados, os pescadores os usam como iscas para pegar peixes maiores.

CORSELETE do francês *corselet*, antiga armadura para proteger o peito. Como ocorreu com outros termos do vestuário, este também teve origem militar, passando depois a designar item da moda feminina. É uma espécie de colete, não mais à prova de balas ou de outras investidas violentas, mas, ao contrário, marcado por delicadezas próprias da alta-costura.

CORTE (pronunciado com o "o" fechado) do latim *cohorte*, que evoluiu para *curte*, fazenda, residência rural de nobres, incluindo seus familiares e oficiais. Os antigos reis bárbaros e seus auxiliares diretos eram muito rudes e, por isso, havia pouca diferença entre os usos e costumes de poderosos latifundiários e dos próprios reis, rainhas, príncipes, princesas e seus acompanhantes. Suas moradias eram também muito semelhantes e o vocábulo passou a designar os dois locais. Mais tarde, passou a indicar apenas os palácios e o ambiente que os circundava, transformando-se corte em estado de privilégio que ia muito além de morar nas redondezas. Nos tempos monárquicos, eram chamadas cortes as reuniões de moradores com a nobreza e o clero para apresentar sugestões ao soberano. Foi com este sentido que migrou para o Judiciário. (Pronunciado com o "o" aberto, deriva do verbo cortar, do latim *curtare*, *cortare*, tornar *curtus*, curto).

CORTESÃ do italiano *cortigiana*, vocábulo surgido na primeira metade do século XVI, na Itália, para designar mulheres livres que frequentavam as cortes e se entregavam a senhores endinheirados ou poderosos que ali viviam ou ali passavam alguns dias. Foram antecedidas no mister ainda na Grécia antiga, onde, mais refinadas intelectualmente, eram denominadas hetairas, cuja forma o português adotou, mas deu preferência a heteras. Às vezes, precedendo o costume das atuais garotas de programa, fixavam o custo de uma noite de prazer em valores que poderiam chegar a 10 mil dracmas, como fez a cortesã Laíde quando cantou o filósofo Demóstenes. Este recusou, naturalmente em grego, pondo-se como vendedor e não como comprador: *"Uk onúmai miríon metaméleian"* (não vendo por preço tão alto o arrependimento). As garotas de programa dividiram a noite e o dia em horas e otimizaram a comercialização do corpo, fixando os preços de acordo com a modalidade do serviço, o tempo e o local em que atendem. Às vezes, a prostituição pode estar disfarçada, não mais em palácios, mas em casas de massagem. E essas massagistas especiais, que maculam a profissão das verdadeiras massagistas, substituíram as cortesãs, diversificando os seus rendimentos, ainda que mantendo o eufemismo de não dar ao ofício o nome que ele sempre teve como a profissão mais antiga do mundo, que não é a de massagista. A cortesã é, na etimologia, avó das garotas de programa, descendentes das lobas romanas que viviam nos lupanares. De alta qualificação, quanto mais descendem na hierarquia que lhes é própria, mais acachapantes tornam-se os epítetos, pois garota de programa e cortesã têm sido, em tempos e espaços diferentes, eufemismos para meretriz, lacraia, vagabunda etc., já que o ofício não evita vocábulos vulgares com maior número de sinônimos em nossa língua. Ainda que regiamente pagos em algumas modalidades, nem assim os ditos serviços sexuais evitam a essência da ocupação, que é prostituir-se.

CORTIÇA do latim *corticea*, substantivo vindo do adjetivo *corticeus*, feito de *cortex*, casca de árvore. Habitações populares, construídas dessas cascas, algumas delas simples costaneiras e restos de madeira de serrarias, chamaram-se cortiços. O cortiço foi o antecessor da favela, que tem este nome porque os soldados que lutaram na Guerra Civil de Canudos, na Bahia, ao voltarem para o Rio de Janeiro, foram morar em barracões construídos especialmente para eles no morro da Providência, que se tornou a primeira favela da cidade, porque o povo, por metonímia, passou a chamar aquelas moradias pelo mesmo nome do arbusto, a favela. Os soldados que foram morar ali, a maioria deles negros, tinham estado numa elevação repleta dos mesmos arbustos na caatinga baiana quando combatiam os adeptos de Antônio Conselheiro.

CORTIÇO de origem controversa, é provável que tenha vindo de cortiça, do latim *corticea*, denominando a casca de uma árvore chamada sobreiro. Como as colmeias eram feitas de cortiça, as habitações coletivas, por semelhança com elas, foram designadas cortiços. Outros querem que tenha vindo do espanhol *cortijo*, cortiço, já designando povoado. Os cortiços foram habitados primeiramente por ex-escravos, logo após a abolição. Com sua demolição, eles migraram para a periferia das cidades ou para os morros, como no caso do Rio de Janeiro, onde fundaram escolas de samba, como a Estação Primeira de Mangueira, fundada a 28 de abril de 1928.

CORUJA do latim *noctuae avis*, ave da noite. Houve elipse de *avis* e coruja passou a ser referida como *noctua* apenas. No espanhol, o vocábulo latino para noite, *nox*, declinado em *noctis, nocte, noctem*, resultou em *noche*, que serviu de base a *nochuza*, designando, no coloquial, a coruja, entretanto grafada *lechuza* no espanhol culto. Surgiu a variante curuja, alteração do baixo-latim *curusia*. E imbricada nessas modalidades formou-se a portuguesa coruja. Como adjetivo, designando mãe ou pai extremosos, nasceu da fábula *A águia e a coruja*, de Jean de la Fontaine, autor cujas histórias serviram ao longo dos séculos para tipificar comportamentos humanos transferidos a aves e a animais, aliados a recomendações de ordem moral, de que são exemplos "ajuda-te que o céu te ajudará", "Deus ajuda a quem trabalha", "Deus ajuda a quem cedo madruga" etc. O fabulista conta que no tempo em que as aves falavam, a coruja e a águia resolvem fazer um tratado de paz. A águia promete não mais devorar os filhos da coruja, mas pede uma descrição para identificá-los. Diz a mãe-coruja: "É fácil reconhecê-los. É só prestar atenção na beleza deles! São os filhotes mais encantadores, mais bonitos e mais elegantes entre os bichos de pena que existem na Terra!" Ora, os filhotes da coruja são muito feios. Tendo a águia devorado as corujinhas, a amorosa mãe vai reclamar e ouve como resposta que aqueles monstrengos não poderiam ser seus filhos, descritos antes como os mais belos da natureza.

COSTELA de costa, do latim *costa*, costa, lado, designando 12 pares de ossos com cartilagem, dos quais os sete superiores estão ligados ao osso esterno. Três pares são formados pelas costelas ditas falsas e os dois últimos por costelas ditas flutuantes. A costela aparece no primeiro livro da *Bíblia*, o Gênesis, no segundo capítulo. No original hebraico é dito que "o Eterno fez o homem adormecer profundamente e tirou-lhe uma costela para fazer uma mulher". Criada a companheira, Adão muda seu nome para *Ish*, esposo, e Eva para *Ishá*, esposa. Deus diz que se o casal obedecer ao Eterno, Ele os preservará dos males e aflições. Caso contrário, eles serão *Êsh* (fogo devorador) um para o outro. Na tradução para o latim, São Jerônimo seguiu o essencial: *"Immisit ergo Dominus Deus soporem in Adam. Cumque obdormisset, tulit unam de costis eius et replevit carnem pro ea; et aedificavit Dominus Deus costam, quam tulerat de Adam, in mulierem et adduxit eam ad Adam"* (Então o Senhor Deus mandou um sono profundo para Adão. Enquanto ele dormia, tirou-lhe uma costela, fechou de novo com carne o lugar e fez o Senhor Deus uma mulher da costela que tirou de Adão e a levou até Adão).

O cronista catarinense Sérgio da Costa Ramos inspirou-se no trecho bíblico para uma versão bem-humorada, que pode ser lida no livro *Costela de Adão* (Editora Letras Contemporâneas): "Não foi, portanto, Roger Vadim quem criou a mulher. Foi o dono do Paraíso. Ele hipnotizou o homem, adormeceu-o profundamente, e enquanto Adão dormia, tirou-lhe duas costelas. Estalou os dedos, ao final, para despertar o doador: – Que tal? – É isso aí, meu Velho! Essa criatura é realmente o osso dos meus ossos, a carne de minha carne!"

COSTURA do latim vulgar *consutura*, isto é, com sutura, emenda, formou-se este vocábulo para designar um dos mais antigos ofícios domésticos, inicialmente exclusivo das mulheres e depois estendido aos homens, os alfaiates, que o industrializaram. Também a alta-costura passou a ter o predomínio dos costureiros. O dedal, a agulha e a linha compuseram um trio que começou a ser substituído apenas em 1846, quando o americano Elias Howe inventou a máquina de costura, a primeira contribuição da Revolução Industrial aos serviços domésticos. Para demonstrar o valor de seu invento, competiu com cinco mulheres que costuravam à mão, vencendo-as facilmente.

COTELÊ do francês antigo *costelé*, espécie de veludo, que depois se consolidou como *côtelé*, vindo de *coton*, algodão. Macio como veludo, que em latim vulgar é *villutus*, de *villus*, pelo, seu étimo remoto, entretanto, é o árabe *qoton*. Em Portugal, os portugueses ouviam *al goton*, e incorporaram o artigo árabe "al" ao nome e virou algodão. Do mesmo modo, na Espanha virou *algodón*. O francês, assim como o inglês *cotton*, excluiu o artigo, naturalmente.

COTIDIANO do latim *quotidianum*, de cada dia. Daí a frase do Pai-Nosso, a única oração que Jesus ensinou aos apóstolos: *Panem nostrum quotidianum da nobis hodie*. Foi traduzida como: "O pão nosso de cada dia nos dai hoje." Jesus, porém, fez a oração originalmente em aramaico, língua em que pai e mãe são designados pela mesma palavra.

COTURNO do grego *kóthurnos*, pelo latim *coturnus*, calçado de solta alta, semelhante à do tamanco, cujos contornos, feitos também de tirinhas de couro, cobriam a perna até quase os joelhos. Era utilizado pelos atores trágicos, em oposição ao *soccus*, soco, borzeguim, de sola baixa, próprio dos atores cômicos. Na antiga Roma, este calçado, usado também por militares, era conhecido também como *caliga*, sandália. O sanguinário imperador Caius Caesar Augustus Germanicus, Calígula, tornou-se mais conhecido pelo apelido porque se vestia de soldado quando criança e desfilava uniformizado com a tropa, calçando *caligulae*, diminutivo de *caligae*, sandálias. A tradução de *caligula* pode ser também botinha.

COVA do latim vulgar *cova*, buraco. O vocábulo é usualmente associado às cerimônias da morte porque muito antes da existência dos túmulos, os defuntos eram simplesmente enterrados, donde a citação costumeira dos ritos cristãos. É só terminar o Carnaval e os padres já lembram, na Quarta-Feira de Cinzas, que o homem, quando morre, volta à terra de onde foi tirado. É a forma de atar as duas pontas da vida, dado que o primeiro homem foi feito com o pó da terra. Mesmo depois da invenção dos túmulos, muitas pessoas ainda os dispensam, preferindo a volta direta ao pó ou a cremação. Mas cova lembra também começos, já que são nessas aberturas na terra que se plantam flores e sementes de muitos vegetais essenciais à vida.

COXA do latim *coxa*, parte da perna que vai das virilhas ao joelho. Para alguns, a coxa não passa de um fêmur coberto de carnes, mas se a coxa é feminina e bonita, tudo muda. Célebres ou simples histórias de amor podem ter começado quando os pretendentes ali puseram os olhos. Os famosos 30 centímetros acima do joelho foram a grande descoberta da figurinista inglesa Mary Quant ao lançar o mais célebre de seus inventos, a minissaia, em 1967, um ano depois de ter recebido a Ordem do Império Britânico. Não fez nada nas coxas. Já tinha larga experiência comercial desde os 23 anos, quando abrira a boutique Bazaar, em Londres. "Fazer nas coxas", como indicação de serviço malfeito, originou-se na telha feita às pressas pelo escravo, na própria coxa, sem utilizar os instrumentos adequados da olaria ou da cerâmica. A expressão aparece em *Os romances da semana*, de Joaquim Manuel de Macedo: "Em menos de meia hora um deputado ou um senador escreve em cima da coxa uma emenda ou um artigo aditivo."

COZINHA do latim *cocina*, cozinha. Primeiramente designando o lugar da casa onde são preparados os alimentos, passou depois a indicar o conjunto de pratos de um determinado país, característicos de seus costumes culinários. A cozinha brasileira mais saborosa deve muito às contribuições africanas trazidas pelos escravos.

COZINHEIRO do latim *coccinare*, profissional que sabe cozinhar. A França, o país dos restaurantes e dos cozinheiros, elaborou ainda na Idade Média uma complexa hierarquia de cargos ao redor do forno e do fogão. Os franceses sempre levaram tão a sério o trabalho de preparar a comida que o chefe dos cozinheiros tinha um título militar, *officiel de bouche* (oficial da boca). Assim como os pés, protegidos por coturnos e sapatos especiais, também a cabeça era receptáculo para bonés, barretes e chapéus que discerniam as funções na cozinha. Os chapéus brancos, o maior dos quais ficava para o cozinheiro-chefe, passaram a ter alturas variáveis para identificar os postos. Aos auxiliares mais simples eram reservados apenas bonés para evitar que algum fio de cabelo caísse na comida.

CRAQUE do inglês *crack*, vocábulo utilizado originalmente no turfe para designar o melhor cavalo, *crack-horse*, que migrou para o futebol e tem servido para indicar aqueles jogadores, em geral goleadores, que se distinguem por seu desempenho, sempre acima da média. Os grandes craques do futebol brasileiro compõem uma das galerias mais famosas do mundo, começando por Leônidas nos anos 1930, passando por nomes como Garrincha, Didi, Vavá, Pelé e Amarildo, nos anos 1950 e 1960, quando o Brasil foi campeão (1958) e bicampeão (1962) mundial. Nos anos 1970, outros craques passaram a brilhar, trazendo o tricampeonato, como Jairzinho, Tostão, Gérson e Rivelino. Falcão, Sócrates e Zico compuseram uma constelação de craques nos anos 1980 que, por obra de pequenos detalhes, não trouxeram o tetra mais cedo. E nos anos 1990 foi a vez de nomes como Romário, Bebeto e Mauro Silva, entre outros, trazerem o tetracampeonato. Em 2002, enfim, os dois Ronaldos, Rivaldo e companhia foram responsáveis pela conquista do pentacampeonato.

CRASE do grego *krâsis*, mistura, temperamento. Pode se referir à constituição do caráter de uma pessoa ou ainda o equilíbrio de certos líquidos orgânicos. Porém o vocábulo é mais conhecido para designar a fusão habitual de duas vogais, como no título de um célebre romance do escritor francês, de ascendência judaica, Marcel Proust, *À sombra das raparigas em flor*, ou em frases mais prosaicas, como "Vamos à cidade". Nos dois casos foi posta a crase para que a vogal não fosse repetida. A crase é um dos mais temidos terrores de quem tem dúvidas de gramática.

CRAVO do francês *clavecin*, instrumental musical de um ou dois teclados, cujos sons são obtidos porque as teclas puxam cordas, fazendo-as vibrar. Sua origem remota é o latim *clavum*, cravo.

CREDÊNCIA do italiano *credenza*, confiança, crença. Não foram poucos os poderosos que no decorrer da História foram envenenados por subalternos, quase sempre a mando de seus rivais que queriam arrebatar-lhes das mãos o poder. Visando à proteção contra bebidas e comidas envenenadas, os governantes determinavam que as iguarias fossem antes degustadas por seus criados. Somente depois de certificados de que os servos não tinham morrido ou passado mal ao provarem a bebida e a comida destinadas a seus patrões é que eles as ingeriam. O ato de experimentar os alimentos passou a designar também o móvel em que se sentavam os criados para fazer a estranha refeição. Com significado semelhante, o francês tem *crédence*.

CREDIÁRIO do étimo latino de crédito, *credi-*, mais –*ário*, processo comum na formação de palavras, como berçário, ossário, lampadário. O latim *creditum*, creditado, confiado, emprestado, é também do mesmo étimo do verbo *credere*, acreditar, crer. O comerciante que vende fiado – palavra que veio de fiar, do latim vulgar *fidare*, confiar, que no latim culto era *fidere* – acredita no comprador e confia que ele, no futuro, pagará o que compra no presente. Assim procede também o banco que dá crédito ao cliente. O primeiro crediário, o crédito já organizado em sistema, foi lançado no Brasil em 1931 pela então já famosa A Exposição, uma loja muito conhecida no Rio de Janeiro, infelizmente destruída num incêndio ocorrido no dia 7 de julho de 1953, segundo pesquisa feita por Reinaldo Pimenta, autor de *A casa da mãe Joana 2* (Editora Campus). O crediário mais comum é proporcionado pelo cartão de crédito, inventado, sem querer, nos EUA, em 1950, por executivos que saíram para jantar e esqueceram de levar dinheiro ou cheques. Um deles assinou a nota de despesas. Depois, outro do grupo formalizou esse tipo de pagamento, credenciando o portador com um cartão, logo aceito naquele restaurante e em outros 26, que aderiram. Nascia ali, em Nova York, o cartão de crédito, que chegaria aqui apenas três anos depois.

CREDIBILIDADE do latim escolástico *credibilitate*, credibilidade, qualidade daquilo que pode ter crédito, em que se pode confiar. O latim escolástico, isto é, aquele praticado nas escolas, utilizava vários critérios para atestar a veracidade de alguém ou de alguma coisa. A autoridade era um dos mais importantes, daí a expressão *magister dixit* (o professor disse). Quando, depois da invenção da imprensa, além de dizer, a autoridade passou a escrever, as afirmações ganharam foro de verdade consolidada. Democratizada a palavra escrita com a invenção da imprensa, consolidou-se ela como quarto poder. Mas, à semelhança do que ocorre nos outros três, também na imprensa há exageros e desmandos, como mostra o jornalista Mário Sérgio Conti em seu livro *Notícias do Planalto*, no qual expõe várias tentações que rondam os chefes de redação, alguns dos quais assediados por propostas de corrupção vindas dos autores das imoralidades que denunciavam. Seus prepostos queriam ações que lembravam a nomeação de cabritos para cuidar dos gramados e a das raposas para administrar os galinheiros, sem contar a de Herodes para diretor de creches. Evidentemente a credibilidade viria abaixo.

CRENDICE do latim *credere*, crer, em formação irregular, constituiu-se este vocábulo que designa exageros de fé, frequentemente assemelhados a superstições, entre as quais está a de que o mês de agosto é agourento, esta última reforçada entre o povo brasileiro depois que o presidente Getúlio Vargas suicidou-se num 24 de agosto.

CREPE do francês *crêpe*, crepe, tecido fino, ondulado, semelhando pequenas rugas, feito em geral de seda ou de lã. Designa ainda tipo de fita adesiva e tira de pano preto aplicada à roupa como sinal de luto. É comum hoje em dia, sobretudo no meio rural, que parentes do morto ostentem durante vários meses esses símbolos indicadores de pesar pelo falecimento do ente querido. Vinculada a este último sentido, no Brasil meridional é muito utilizada a expressão "deu crepe", significando que algo não saiu como era esperado, resultando em fracasso.

CREPÚSCULO do latim *crespusculum*, luminosidade crescente ao alvorecer e decrescente ao anoitecer. Pode ter havido influência de *diluculum*, romper do dia. A origem remota é o adjetivo latino *creperus*, indefinido, incerto, duvidoso, étimo que veio a calhar para a imprecisão. Pela manhã, o crepúsculo ocorre quando já não é mais noite, mas ainda não amanheceu por completo. À noite, dá-se o inverso. Já não é mais dia, mas ainda não anoiteceu. O longa-metragem *Crepúsculo* teve continuação com quatro outros filmes sobre o tema: *Lua Nova, Eclipse* e *Amanhecer (partes 1 e 2)*.

CRESCENTE de crescer, do latim *crescere*. Está presente na denominação quarto crescente, uma das fases da lua, e também na expressão Crescente Fértil, criada pelo arqueólogo e historiador americano James Henry Breasted para designar a região do Oriente Médio que inclui Israel, Cisjordânia e Líbano e partes da Jordânia, da Síria, do Iraque, do Egito, do sudeste da Turquia e sudoeste do Irã. Irrigada pelo Jordão, pelos rios Eufrates, Tigre e Nilo, estende-se das planícies aluviais do Nilo, continua pela margem leste do Mediterrâneo, em torno do norte do deserto sírio e através da Península Arábica e da Mesopotâmia, até o Golfo Pérsico. Ali surgiram os assentamentos mais antigos, de que são exemplos as cidades de Jericó, em Israel; Damasco, na Síria, e Bagdá, no Iraque.

CRETINO do francês *crétin*, cretino, imbecil, idiota, formada a partir de *chrétien*, cristão, mas designando o falso devoto, posto sob a proteção da Igreja no cantão de Valais, na Suíça, por volta de 1720. No século II, na Roma antiga, os cristãos, inicialmente perseguidos por recusarem os deuses pagãos, chegando a ser martirizados por isso, sobretudo no reinado do imperador Domiciano, foram em seguida apenas desprezados como bobos. Os falsos devotos, tidos por cretinos, dezesseis séculos depois recebiam uma denominação que se radicava remotamente no conceito de que os cristãos eram idiotas. Eles só podiam exercer duas profissões, carpinteiro ou serrador, e "deviam usar uma pata de ganso presa a um tecido vermelho que se cosia às roupas, de modo que as outras pessoas pudessem evitá-los", segundo nos informa Orlando de Rudder, escritor e pesquisador francês, de etnia negra, Doutor em História da Idade Média, em *In vino veritas: dictionnaire commenté des expressions d'origine latine*, publicado também em Portugal com tradução de Tiago Marques, com o título mudado para *Cogito ergo sum*. *In vino veritas* quer dizer *No vinho, a verdade*, e *Cogito ergo sum*, expressão igualmente latina, significa *Penso, logo existo*, e foi usada pelo filósofo francês René Descartes em *Discurso do método*, obra escrita originalmente em francês e anos mais tarde traduzida para o latim. O trecho original era "*Puisque je doute, je pense; puisque je pense, j'existe*" (Já que eu duvido, eu penso; já que eu penso, eu existo), e, em outro momento, "*je pense, donc je suis*" (Eu penso, logo eu existo). Apesar de Descartes ter usado o vocábulo "logo" (*donc*), em raciocínio semelhante a famoso silogismo de Aristóteles, a ideia dele era anunciar a verdade primeira "eu existo", da qual surge todo o desejo pelo conhecimento. O romance de estreia de Orlando de Rudder é *La Nuit des Barabares*, depois do qual publicou dezenas de outros.

CRIAÇÃO do latim *creatione*, declinação de *creatio*, criação, ato de engendrar. A língua portuguesa começava a balbuciar nos lençóis do latim e já produzia *criazom*, antes que existissem o *ão* e o *til*. Por muito tempo, criar e seus cognatos mantiveram as formas arcaicas crear, creado, creatura etc. A criação do homem e do mundo tem merecido as mais diversas teorias ao longo dos séculos. Do misterioso começo se ocuparam sacerdotes, escribas, filósofos, cientistas, escritores e artistas. As hipóteses mais imaginosas não parecem ser da arte, mas da ciência, principalmente depois da teoria do grande estrondo, o bigue-bangue, do inglês *big bang*, teoria surgida na década de 1950, nos EUA, segundo a qual o universo nasceu de uma grande explosão oriunda de concentração de energia num ponto minúsculo. O tema do princípio resultou em produções artísticas exuberantes, sobretudo no Renascimento, destacando-se a obra de Michelangelo Buanorotti, *A criação do mundo*, genial afresco que há séculos encanta os visitantes na Capela Sistina, em Roma, com destaque para a criação do homem. O pintor não se furtou à nudez, apesar das restrições epocais vigentes, nascidas de um catolicismo que vituperava a sexualidade. Teogonias e teologias antigas conceberam a criação em cenários surrealistas *avant la lettre*. O filósofo Platão imaginou que o primeiro homem, assim como Zeus, seria andrógino, isto é, macho e fêmea simultaneamente, e que "antigamente os primeiros seres humanos tinham os órgãos sexuais implantados atrás e geravam, não uns nos outros, mas sobre a terra, como as cigarras". Platão, assim chamado por ter os ombros largos, poderia ser um arraso em filosofia, mas em genética era um atraso.

CRIANÇA do latim *creantia*, bebê, criança. Em português, apesar de designar menino ou menina, é substantivo feminino. Em alemão, criança é *Kind*, substantivo neutro, mas essa é língua curiosa quanto a gêneros, o que levou o americano Mark Twain a escrever: "Em alemão, moça não tem sexo, mas nabo tem."

CRIME do latim *crimen*, crime, delito. Karl Marx, em irônica passagem de *O Capital*, dá a entender que o crime minora o desemprego, mantendo ocupados, além dos criminosos, policiais, advogados, juízes, carcereiros, professores de direito, sem contar engenheiros e trabalhadores que constroem prisões. E crimes como a sonegação fiscal levam nossos legisladores a trabalharem mais para o fim de aperfeiçoar a grande rede onde querem pegar peixes mais graúdos. Mas na rede do fisco, quem mais cai é o pequeno.

CRIPTOGRAFIA do latim *cryptographia*, formado de *cript*(o), oculto, secreto, obscuro, ininteligível, e *grafia*, escrita. A origem remota, entretanto, são as palavras gregas *kryptós* e *graphía*. O imperador Caio Júlio César, ao escrever para amigos mais íntimos, já utilizava recursos que hoje são usuais na linguagem da internet, criptografando seu nome ao trocar cada letra por outra que estivesse três posições à frente no alfabeto. Assim, ainda hoje, qualquer código que utiliza como padrão uma distância fixa entre a letra correta e a letra cifrada tem o nome de código de César. Tais codificações podem ser decifradas rapidamente porque as 26 letras do alfabeto ensejam apenas 26 permutações possíveis de serem investigadas. O advento dos computadores permitiu que os códigos fossem muito mais complexos, mas ao mesmo tempo não impediu que fossem aperfeiçoados também os sistemas de decifração com igual velocidade. O mais famoso aparelho de criação de códigos foi inventado pelos alemães na Segunda Guerra Mundial. Foi a máquina Enigma, que misturava as letras por meio de três rotores e lâmpadas que indicavam apenas ao operador qual a letra que tinha sido impressa, que não era a que ele tinha digitado. Ao receber a mensagem, máquina semelhante indicava, por processo parecido, qual era a mensagem. Apesar de muito complexo, o sistema foi desvendado pelos aliados com a ajuda do computador Colossus, uma das primeiras máquinas a receber tal designação.

CRÍQUETE do inglês, *cricket*, críquete, designando também inseto da família dos gafanhotos. Pareceu a quem assim denominou o esporte que os jogadores seriam semelhantes a gafanhotos na grama. Muito popular na Inglaterra, o críquete é disputado por dois times de 11 jogadores, em gramado, com bastões, pequena bola de madeira e postezinhos. Esse esporte chegou ao Brasil no século XIX, compondo o modo de vida inglês, e foi logo aceito, o mesmo acontecendo com o turfe e com a briga de galos. Esta não escapou ao olhar crítico de Machado de Assis: "Enquanto não chegam outros usos da Inglaterra, vamos fazendo uso do galo e suas campanhas." Com a chegada do futebol, os "jogos atléticos ingleses", como eram denominadas quaisquer provas de atletismo, foram cedendo terreno e influência ao novo esporte, que se tornaria dominante algumas décadas depois. Não apenas o críquete, também o remo cedeu, mas deste último permanecem as marcas nos grandes clubes, como o Vasco, o Fluminense e o Flamengo, que mantêm a palavra "regatas" na denominação.

CRISE do grego *krisis*, do mesmo étimo do verbo *krino*, separar, depurar, como se faz com o ouro, do grego *krysós*, onde está presente a raiz do sânscrito *kri* ou *kir*, limpar, cujos indícios estão também em *crisol* e *acrisolar*. O *Dicionário etimológico* de Antenor Nascentes dá também os significados de momento decisivo, separação e julgamento. Há consenso entre diversos outros pesquisadores de que a crise leva à ruptura com o estado anterior. O novo rumo tomado pode ser de melhora ou piora, tanto em medicina como em sociologia, onde o vocábulo é muito usado. A julgar por nossos cientistas sociais e economistas, o Brasil está em crise desde o descobrimento. Ou, de acordo com os mais pernósticos, desde os tempos em que não podia contar com suas altas consultorias, planos e estudos. O cantor e compositor Tom Jobim advertiu os que não nos entendem com uma frase de grande sabedoria: "O Brasil não é para principiantes." A crise que mais nos afeta hoje é a econômica, desdobrada em várias outras.

CRISTAL do latim *crystallu*, por sua vez vindo do grego *kristalos*, cristal. Os antigos gregos supunham que o cristal de rocha, a primeira forma cristalina que conheceram, fosse gelo muito endurecido. Em grego, gelo é *kryós*. Posteriormente passou a designar todas as formas cristalinas. Há um filme denominado *O cristal mágico*, baseado em texto do romancista inglês J. R. Tolkien, autor da famosa obra *O Senhor dos Anéis*. Nesse filme, um menino, sobrevivente de um massacre que vitimou seu povo, é orientado por velhos sábios a unir os pedaços de um cristal mágico e assim restituir a liberdade a seus semelhantes.

CRISTIANISMO do hebraico *Maxiah*, do grego *Khristós*, *cristianismus* e *khristianismós*, derivados do nome de Cristo nas duas línguas: *Khristós*, em grego, e *Christus*, no latim. O primeiro documento em que Jesus aparece com o nome de Cristo é o capítulo II, versículo 2, do *Evangelho de São Lucas*. Esse evangelista, de família grega pagã, era um homem instruído e exercia a medicina em Antioquia, onde foi convertido por São Paulo. Ao escrever o seu *Evangelho*, traduziu o hebraico *Maxiah* por *Khristós*. *Maxiah*, ungido, aparece na fala de Simeão, "homem justo e piedoso", que esperava o Messias. No dia que José e Maria levam o Menino ao templo na tradicional cerimônia de purificação, que deveria ocorrer algum tempo após o nascimento, o ancião, respeitado por toda a comunidade, diz que poderia enfim morrer, porque seus olhos tinham visto aquele a quem tanto todos esperavam. Na referida cerimônia, os pais deveriam levar um cordeiro e uma pombinha, mas se fossem muito pobres poderiam levar apenas duas pombinhas. E foi o que fizeram. Simeão profetiza que o menino será "sinal de contradição" e que Maria sofrerá muito por causa dele. Na mesma ocasião, uma profetisa de nome Ana, de 84 anos, põe-se a louvar a Deus e dizer que aquele era o Cristo. Quando a nova seita ganha status de religião, seus adeptos passam a ser chamados cristãos, seguidores de Cristo. No século IV, vindo a ser a religião oficial do Império Romano, consolida para sempre a denominação e passará a ser referida, sobretudo pelos que a combatem, como cristianismo. A raiz do nome Cristo está presente em numerosas línguas, de que é exemplo o inglês *Christmas*, junção de *Christ*, Cristo, e *mass*, massa, povo. E o Natal, com a extensão do cristianismo por toda a Europa, passa a ser comemorado no dia 20 de maio, depois a 20 de abril, mais tarde em 28 de março, mudando ainda para 17 de novembro, até fixar-se em 25 de dezembro, para mesclar-se às festas pagãs que celebravam o solstício de inverno no hemisfério norte. A árvore de Natal, invenção de alemães, chega aos EUA e ao Brasil na primeira metade do século XIX, assim como os cartões de Natal, ideia de um inglês chamado Henry Cole. No primeiro ano em que eles apareceram, 1843, foram vendidos cerca de mil cartões. Hoje são vendidos bilhões, pois os cartões, além de festejarem o Natal, passaram também a celebrar a passagem do ano velho para o ano novo.

CRISTO do grego *Khristós*, ungido. Os autores do Novo Testamento utilizaram a palavra para traduzir o termo hebraico *Maxiah*, Messias. Este nome foi acrescido ao de Jesus para simbolizar o caráter messiânico de seu nascimento, comemorado no Natal. No concílio de Niceia, realizado no ano 325, quando foi fixada a forma do atual Credo da Igreja católica, foram utilizados os dois nomes – Jesus Cristo – para identificar a segunda pessoa da Santíssima Trindade.

CRISTOVENSE de Cristóvão, do grego *Christophoros*, portador de Cristo. Deu nome a um santo que trabalhava à beira de um rio transportando as pessoas sobre os ombros, de uma margem à outra. Muito popular na Itália, Espanha e em Portugal, tanto que dá nome ao descobridor da América, Cristóvão Colombo, é também o nome de famoso bairro do Rio de Janeiro, onde havia, desde os tempos coloniais, também uma igreja e um colégio com esse nome. Em fins do século XIX era fundado também o Clube de Regatas São Cristóvão, num barracão à beira do mar. Por ter uma existência mais lendária do que real, São Cristóvão foi retirado do calendário dos santos em 1969. Seu equivalente nos cultos afro-brasileiros é Xangô.

CRÍTICO do grego *kritikós*, pelo latim *criticus*, aquele que examina, estuda e avalia obras artísticas e literárias. Com o tempo, passou a designar também o ofício do comentarista nos mais diversos domínios da imprensa, a ponto de existir há décadas o também crítico de restaurantes, que avalia a qualidade do que servem. O movimento modernista de 1922 foi constituído por intelectuais e artistas que tiveram relações perigosas com os críticos, não apenas por apresentarem modos revolucionários de praticar a literatura e as outras artes, mas também por serem eles mesmos muito críticos com os que deles discordavam. Defendiam a antropofagia cultural, assim contextualizada no número um da *Revista de antropofagia* pelo escritor Antônio de Alcântara Machado, no artigo inicial, intitulado muito a propósito *Abre-alas*: "Nós éramos xipófagos. Quase chegamos a ser deródimos. Hoje somos antropófagos. E foi assim que chegamos à perfeição. A experiência moderna acabou despertando em cada conviva o apetite de meter o garfo no vizinho." E o poeta Manuel Bandeira, em *Convite aos antropófagos*, artigo escrito em forma de carta ao colega, propôs que um crítico musical do *Jornal do Brasil* fosse deglutido: "Verdade que a carne é dura. Mas pode-se entregar o pior pedaço ao empresário Felício Mastrangelo, que tem bons dentes, ar feroz e excelente estômago."

CRIVO do latim *cribrum*, crivo, peneira. Em latim *cribrare* tem o sentido de furar e peneirar. No português, peneira é mais frequente do que crivo. E é palavra de origem controversa. Pode ter vindo do latim *panaria*, plural de *panarium*, cesta de pão. Neste caso, sua origem mais remota é *panis*, pão. A hipótese que segue é mais provável e encontra amparo numa língua irmã do português, o espanhol, onde o étimo de *peñera* pode resultar da mistura de *vañera*, crivo, peneira – em latim, *vannare* tem o significado de separar, joeirar –, com *pellera* ou *pelleña*, peneira, derivadas do latim *pellis*, pele. No latim tardio havia a forma *pellinaria*, indicando objeto feito de pele. Corrobora essa interpretação o fato de que no levantamento de usos e costumes é possível rastrear que as primeiras peneiras foram feitas de pele, cheia de furos, de algum animal. Atribui-se ao filósofo Sócrates breve narrativa. Um rapaz o procurou dizendo que precisava confidenciar-lhe um segredo. Desconfiado diante do presumível fofoqueiro, o sábio grego perguntou: "O que você vai me contar já passou pelas três peneiras?" "Três peneiras?" "Sim. A primeira peneira é a verdade. O que você quer contar dos outros é um fato? Caso tenha ouvido contar, a coisa deve morrer por aí mesmo. Suponhamos então que seja verdade. Deve então passar pela segunda peneira: a bondade. O que você vai contar é coisa boa? Ajuda a construir ou destruir o caminho, a fama do próximo? Se o que você quer contar é verdade e é coisa boa, deverá passar ainda pela terceira peneira: necessidade. Convém contar? Resolve alguma coisa? Ajuda a comunidade? Pode melhorar o mundo?" E arremata Sócrates: "Se passar pelas três peneiras, conte! Todos serão beneficiados por seu relato. Caso contrário, esqueça e enterre tudo. Será uma fofoca a menos para envenenar o ambiente e levar discórdia aos outros. Devemos ser sempre a estação terminal de qualquer comentário infeliz."

CROCODILO do latim *crocodilu*, tendo vindo do grego *krokodeilos*. Os gregos grafaram o nome de acordo com antigo significado egípcio, segundo o qual o animal era conhecido como "verme das pedras", dado o seu costume de esquentar-se ao sol sobre pedras lisas, tal como nos informa o historiador grego Heródoto, tido como o pai da História. Um crocodilo tem de seis a oito metros de comprimento e sua cabeça é duas vezes mais comprida que larga. Suas patas achatadas e a enorme cauda espalmada tornam seu corpo muito próprio à natação, mas em terra todo este aparato de blindado leva-o a mover-se com dificuldade. Porém o verdadeiro terror que este animal inspira origina-se em sua bocarra, que conta com 38 dentes afiadíssimos em cima e outros 30 embaixo. Um crocodilo mata e deglute animais do porte de um boi ou de um búfalo, constituindo-se igualmente em grande perigo para o homem. No antigo Egito era animal sagrado. Como é ousado e traiçoeiro em seus ataques, passou a ser metáfora de pessoa pérfida e cruel, que chora lágrimas de crocodilo, dado que o animal chora enquanto come as presas abatidas, por força de pressão sobre glândulas próximas aos olhos.

CRÔNICO do latim *chronicu*, vindo do grego *chronikós*, relativo ao tempo, que permanece. É muito usado em medicina para caracterizar o estado de moléstias de cura difícil, em oposição às agudas, que surgem de repente. Nas recentes voltas às aulas, foram referidos os problemas crônicos da educação, como professores mal pagos, turmas com 40 alunos ou mais por sala, bibliotecas com acervos reduzidos e falta de laboratórios.

CRONOGRAMA do grego *chrónos*, tempo, e *gramma*, letra. Agrupadas, certas letras indicavam uma data, expressa em algarismos romanos. O vocábulo é, porém, mais utilizado para designar a representação gráfica das várias fases e prazos da execução de um trabalho. Dependendo do fluxo dos financiamentos, certas obras públicas grandiosas obedecem, não a cronogramas, mas a "cronogranas".

CRUELDADE do latim *crudelitate*, declinação de *crudelitas*, crueldade, desumanidade, por influência de *crudescere*, fazer correr sangue, ser violento. Exemplo de crueldade foi a que praticou Maria I, de Portugal, cognominada a rainha louca, que mandou enforcar *Tiradentes*, reverenciado como líder da Inconfidência Mineira e mártir de nossa independência. A soberana, além de mandar matar o prisioneiro político, determinou seu esquartejamento póstumo e exibição dos membros em vias públicas, previamente salgados para durar mais a execração.

CRUZ do latim *cruce*, declinação de *crux*. Originalmente do gênero masculino, designa instrumento de castigo, tortura e morte. Os romanos adotaram a crucificação como forma de executar o condenado ali fixado com três pregos: um para os dois pés, um para cada mão ou braço. O registro mais antigo desse tipo de sofrimento é a cruz onde foi crucificado Krishna, divindade hindu nascida de uma virgem, entre pastores, no campo, peregrinou por regiões rurais proferindo sermões, curando doentes e fazendo milagres semelhantes aos operados por Jesus, como a multiplicação dos peixes. Morreu crucificada entre dois ladrões, em 900 a.C., aos 33 anos, ressuscitou ao terceiro dia e avisou que voltaria à Terra. Também de Hesus, famoso deus da Bretanha, foi dito que morreu crucificado em 834 a.C., entre um elefante (simbolizando a grande quantidade de pecados dos homens) e um cordeiro (alusão à pureza da vítima). Em 725 a.C, na Índia, também o deus Bali foi crucificado para limpar os pecados do mundo. No México, em 587 a.C., Quetzalcóatl, venerado por astecas, toltecas e maias, depois de batizado, ungido com óleo e jejuar por quarenta dias, foi crucificado entre dois ladrões, mas ressuscitou e subiu aos céus. No Tibete, em 725 a.C, um deus chamado Indra também foi crucificado. Pregava que a castidade era o único modo de se tornar santo. Em 600 a.C., na Índia, Sakia teve destino semelhante: nasceu de uma virgem, foi tentado por Satanás, deixou quatro mandamentos (não matar, não roubar, não mentir, não trair o cônjuge) e morreu crucificado. As narrativas sobre essas divindades têm alguma semelhança com as dos Evangelhos.

CRUZADA de cruz, do latim *cruce*, declinação de *crux*, mais o sufixo -ada, denomina exercício e entretenimento que consiste em descobrir palavras cujo número exato de letras preencha os espaços. Mas o vocábulo é mais conhecido por designar oito expedições militares e religiosas, conduzidas por líderes clericais e autoridades da nobreza, na Idade Média, entre os anos de 1095 a 1270, combatendo os muçulmanos, com vistas a reconquistar Jerusalém e o túmulo de Cristo. O assalto a Jerusalém pelos cruzados resultou, no dia 15 de julho de 1099, em 40 mil mortos judeus e muçulmanos, que ali habitavam pacificamente. Em vez de lamentar o terrível morticínio, ele foi celebrado por diversos escritores, que compensaram a decepção dos chefes com exageros retóricos.

CRUZADISMO de cruzada e -ismo, palavra derivada originalmente de cruz, do latim *cruce*, declinação de *crux*, cruz. O cruzadismo designa lazer que consiste em formar palavras cruzando letras de modo a que todas as letras de uma palavra escrita na horizontal formem outra na vertical. Os cruzados medievais dedicaram-se a guerrear contra hereges e infiéis. Os modernos cruzadistas lutam com palavras cruzadas, fazendo variação do ofício celebrado por Carlos Drummond de Andrade nestes versos: "Lutar com palavras/ é a luta mais vã/ no entanto lutamos/ mal rompe a manhã." E já lutam há milhares de anos. Os romanos inventaram a coisa no século IV a.C. e alguns deles estavam fazendo palavras cruzadas quando o Vesúvio destruiu Pompeia, no ano 79. Esse passatempo ganhou regularidade, porém, depois que Arthur Wynne publicou pela primeira vez o atual formato, em 22 de dezembro de 1913, no jornal *The New York World*, inventando os quadradinhos para as letras.

CRUZEIRO de cruz, do latim *cruce*, declinação de *crux*. No genitivo é *crucis*, daí a expressão *via crucis*, caminho da cruz, que alude ao trecho que Jesus percorreu com a cruz às costas até o local da crucificação. Designou a moeda brasileira no período de 1º de novembro de 1942 a 12 de fevereiro de 1967, quando perdeu três zeros e foi substituído pelo cruzeiro novo. Voltou a vigorar de 15 de maio de 1970 a 27 de fevereiro de 1986, quando foi substituído pelo cruzado, nome de antiga moeda portuguesa, de ouro, assim chamada porque seu objetivo era financiar nova cruzada à Terra Santa, expedição de caráter militar e religioso. Em 16 de março de 1990, o cruzeiro renasceu, mas voltou a ser substituído a 1º de julho de 1994 pelo real. Designa também a constelação austral, característica do hemisfério sul, formada por cinco estrelas, quatro delas dispostas em cruz. E Cruzeiro é ainda clube de futebol de Belo Horizonte.

CUBA do latim *cupa*, vasilha, tina, para guardar vinho ou outros líquidos, designando também bacia ou pia. Brás Cubas, o célebre personagem de Machado de Assis, deve seu nome a um ancestral: "O fundador de minha família foi um certo Damião Cubas, que floresceu na primeira metade do século XVIII." Lê-se no capítulo III do romance de Machado: "Era tanoeiro de ofício, natural do Rio de Janeiro, onde teria morrido na penúria e na obscuridade, se somente exercesse a tanoaria. Mas não; fez-se lavrador, plantou, colheu, permutou o seu produto por boas e honradas patacas, até que morreu, deixando grosso cabedal a um filho, o licenciado Luís Cubas. Neste rapaz é que verdadeiramente começa a série de meus avós." O narrador prossegue com a habitual ironia machadiana: "Como este apelido lhe cheirasse excessivamente a tanoagem, alegava meu pai, bisneto de Damião, que o dito apelido fora dado a um cavaleiro, herói nas jornadas da África, em prêmio da façanha que praticou, arrebatando trezentas cubas aos mouros. Meu pai era homem de imaginação; escapou à tanoaria nas asas de um *calembour*." *Calembour*, em francês, é trocadilho. Cuba, segundo o *Dicionário Aurélio*, designa também o "recipiente que contém o elemento sensível duma agulha magnética (ímãs, flutuador, rosa dos ventos) e o líquido que envolve esse elemento, e que leva marcada internamente a linha de fé, indicadora da direção da proa da embarcação".

CUBATA do quimbundo *kubata*, casa, da expressão *ku bata*, em casa, designando choça, choupana coberta de folhas, muito comum na África lusófona. Designou também o quarto da casa-grande onde dormiam as mucamas domésticas. As outras escravas dormiam na senzala. Foi esta a origem das dependências de empregada quando começou a urbanização. Uma prostituta recebe ao narrador para prestar-lhe serviços sexuais numa cubata, em romance muito bem escrito, intitulado *O planalto e a estepe*, de Pepetela, pseudônimo do escritor angolano Artur Carlos Maurício Pestana dos Santos, cujos primeiros capítulos se passam em Angola nos tempos coloniais: "O João ficou fora da cubata, a dar pontapés nas árvores, furioso e impotente, o inútil dinheiro na mão. Esperou no entanto por mim. Demorei, porque quis mais." A menina dá estranha explicação para não receber o amigo do jovem cliente, que ali estava pela primeira vez: "Porque se um branco souber que me deitei com um negro, não vai querer se deitar mais comigo. E os brancos é que têm dinheiro."

CUCA do umbundo *kuka* ou do quimbundo *yakuka*, velha de aspecto assustador, entidade fantástica e ameaçadora, invocada para adormecer as crianças: "Dorme neném que a Cuca vem pegar, papai foi pra roça, mamãe foi trabalhar." Sem pai nem mãe por perto, os rebentos são aterrorizados com tais versos. Outras vezes, é invocado o "boi, boi, boi, boi da cara preta", que recebe insólito convite de quem tem o dever de proteger a criança: "pega essa menina que tem medo de careta!" O castigo paira no ar também nestes versos: "vem cá, Bidu, vem cá, Bidu", ao que Bidu responde: "não vou lá, não vou lá, tenho medo de apanhar." "Com tanto susto desde a infância, como queremos que o brasileiro tenha uma autoestima elevada? É quase impossível!", diz Luiz Marins, antropólogo e consultor de empresas, que conviveu com aborígines australianos da Ilha de Bathurst e já lecionou Antropologia em universidades do Brasil e do exterior.

CUIA do tupi *ku'ya*, cuia, o fruto da cuieira, uma árvore baixa cujos frutos servem de vasilha. A cuia onde se bebe o chimarrão, porém, é feita dos frutos, ocos e de casca grossa, do porongo, uma trepadeira da família das cucurbitáceas. É costume dos gaúchos enfeitá-la com adereços prateados. Na praça central da cidade de Passo Fundo, no Rio Grande do Sul, há uma grande cuia de concreto, onde já foram marcados encontros com escritores como Josué Guimarães e Mário Quintana, por ocasião das famosas Jornadas de Literatura, um dos maiores eventos literários do mundo em sua especialidade, que reúne bienalmente, desde 1981, cerca de cinco mil pessoas, mais parecendo um *show* de rock.

CUIDADOR de cuidar, do latim *cogitare*, pensar, preparar, prestar atenção, observar, menos "r", mais o sufixo -dor, indicando ofício, profissão, ocupação. Designa hoje preferencialmente pessoa que se dedica a proteger pessoas mais velhas, levando-as para passear, tomar ar fresco, visitar amigos etc. Não raro encarrega-se também de trocar as fraldas geriátricas. O aumento da longevidade levou as famílias a organizar-se para atender a avós e bisavós, principalmente quando a velhice traz dificuldades de atenção e locomoção. Não é a mesma coisa que cuidadoso, cujo feminino é cuidadosa. Assim, quando exercida por mulher, a encarregada de tais serviços é designada por cuidadora. Antes referida sempre como velhice, esta faixa etária passou a receber eufemismos, sendo os mais comuns "terceira idade", "quarta idade" e "melhor idade".

CULINÁRIA do latim *culinaria*, da *culina*, cozinha, provisão, mantimento. Pode ter havido influência do francês *culinaire*, vez que em nossa língua o vocábulo teve seu primeiro registro apenas em 1844, e na França *culinaire* aparece em 1546 numa das continuações do livro *Vida inestimável do grande Gargântua, pai de Pantagruel*, publicado originalmente em 1532, da autoria de François Rabelais. Frade beneditino, médico, professor de anatomia, tendo ainda exercido o cargo de vigário, o divertido escritor francês criou dois personagens que se tornaram emblemas de certos comportamentos, de que é exemplo Pantagruel, o comilão incontido de *Horríveis e espantosos feitos e proezas do mui célebre Pantagruel*, nome que resultou nos adjetivos pantagruélico e pantagruelista, e no substantivo pantagruelismo, designando a filosofia de vida daqueles que somente se preocupam em beber e comer bem. Também o sobrenome do autor resultou no adjetivo *rabelaisien*, sinônimo de mordaz, picante, satírico, libertino, devasso, licencioso. Naturalmente, a culinária muda muito de acordo com as nações e sua história. A caminho da Coreia, a seleção brasileira levou-nos a lembrar que a carne de cachorro integra alguns dos pratos típicos daquele país. Não é estranho se considerarmos que o escritor Monteiro Lobato apreciava comer bumbuns de formiga ou que um de nossos pratos mais típicos é o sarapatel, feito com tripas e miúdos cozidos de porco, que na hora de ser servido recebe o sangue do suíno. Sem contar o xinxim de galinha, temperado com salsa, cebola e alho ralados, misturados com azeite de dendê, camarões secos, amendoim e caju moídos. Diante de pratos como esses, um cachorro bem temperado pode não ser lá tão estranho.

CULPADO do latim *culpatu*, culpado, delinquente. O escritor George Orwell manifestou surpreendente juízo a respeito dos santos: "Os santos deveriam ser sempre considerados culpados, até prova em contrário." O comentário foi lembrado recentemente pelo economista do *Massachusetts Institute of Technology (MIT)*, Paul Krugman, muito conhecido no Brasil, em artigo publicado no jornal *The New York Times*, a propósito das novas ideias do famoso advogado Ralph Nader, que se notabilizou por defender os consumidores: "Radicais da moda pregavam a revolução; ele exigia carros mais seguros." E conclui: "A hostilidade de Nader em relação às corporações passa dos limites; ele é outro homem." Nader agora fustiga a globalização, dizendo que as grandes corporações vão arrasar as economias locais.

CULPOSO de culpa, do latim *culpa*, falta, delito, vício, defeito, crime, mal, dano, prejuízo, falha, imperfeição, negligência, descuido etc. Vindo do latim, tornou-se palavra de muitos significados. O étimo está presente ainda em desculpa, desculpar, culpar, exculpar, inculpar, indesculpável etc. Em linguagem jurídica, qualifica homicídio sem intenção de matar, ao contrário do homicídio doloso, resultado de crime intencional. O cardiologista Conrad Robert Murray foi condenado a quatro anos de prisão, acusado de ter prescrito altas doses de medicamentos que levaram à morte o cantor, compositor e dançarino Michael Jackson.

CULTO do latim *cultu*, culto, cultivado. Aplicou-se primeiramente à agricultura. Foi também nos campos que surgiram os primeiros cultos às divindades em agradecimento pelas boas colheitas. No primeiro dia do ano, fiéis de diversas religiões fazem seus pedidos às forças superiores. O costume de depositar flores no mar para que as águas levem as oferendas às divindades remonta a antigos cultos celtas, egípcios, romanos e africanos. E desde tempos imemoriais prevalece a cor branca nas vestes usadas nesse dia.

CUMPRIMENTO do português arcaico *comprimento*, de *comprir*, depois cumprir, do latim *complere*, completar, concluir uma conversa, por exemplo. Da mesma raiz é *salvare*, salvar, do latim tardio. Os antigos romanos utilizavam três tipos de saudações no cotidiano. Pela manhã, cumprimentavam-se com um "Salve, salve", em intenção de Salus, a deusa da saúde, que era filha de Aesculapius, Esculápio, deus da medicina, vindo do grego *Asklepiós*, Asclépio, citado na *Ilíada*, não como deus, mas como hábil médico. Esculápio era filho de Apolo e da deusa Coronis. À tarde, depois da hora sexta, o cumprimento mudava para "Ave, ave", dito até o fim da tarde e começo da noite. Da hora nona em diante, vinham as despedidas para o recolhimento, formalizadas com a última saudação do dia, que era "Vale, adeus". Depois da vitória de Constantino sobre Maxêncio, na célebre batalha em que ele disse aos soldados ter visto uma cruz no céu na qual estava escrito *"in hoc signo vinces"* (com este sinal vencerás), vários cultos e símbolos pagãos foram cristianizados, a começar pela própria cruz, já existente nos estandartes romanos, mas sem a figura do crucificado, pois a crucifixão era execução humilhante, não aplicada a cidadãos romanos. Das adaptações não escapou nem o Natal, que passou a ser comemorado a 25 de dezembro, dia do deus Sol Invicto, que ao lado da deusa Vitória, estava entre as divindades preferidas do imperador. Passou a render homenagens também a um deus fluvial, porque seu rival Maxêncio, cujo cadáver mandou decapitar, morrera afogado no rio Milve depois de cair do cavalo.

CUNEIFORME do latim *cuneus*, cunha, e forma, que tem forma de cunha, como é o caso da escrita utilizada na redação do código de Hamurabi, rei da Babilônia e criador do famoso império. O Código, gravado num monólito, foi descoberto em 1901 e está no *Museu do Louvre*, em Paris. Carlos Drummond de Andrade, em *Cadeira de balanço*, refere com verve um outro tipo de escrita cuneiforme, encontrada e ainda preservada no Ministério da Fazenda: "Considerando o formulário para declaração do imposto de renda algo assimilável aos caracteres cuneiformes, sempre me abstive religiosamente de preenchê-lo." Além do Código, o soberano babilônico escreveu 153 cartas, nas quais o rei ordena até providências triviais. Na primeira, ocupa-se de garantir emprego a um cozinheiro. Na última, ordena a um chefe de importante região que se junte a trabalhadores "para proceder à tosquia das ovelhas da província inferior".

CUNHADO do latim *cognatu*, cunhado, irmão de um cônjuge em relação ao outro. Em latim culto o nome era *levir*, daí a existência do levirato, designando antiga instituição matrimonial que obrigava o irmão do defunto a casar-se com a viúva, com o fim de impedir o desaparecimento do nome masculino naquela família. A *Bíblia* registrou a norma: "Seu cunhado a tomará e a receberá por mulher e exercerá com ela a obrigação de cunhado." Prevendo que a viúva pudesse ser desprezada pelo irmão do defunto, a mesma lei prescreveu que, caso isso acontecesse, a rejeitada deveria chamar os anciãos de Israel para, diante deles, tirar a sandália do cunhado e cuspir-lhe no rosto. Dali por diante aquela casa era conhecida como a casa do descalçado.

CUNHAR do latim *cuneare*, cunhar, colocar cunho, vale dizer, marca, de que é exemplo a produção da moeda. No caso, porém, do dinheiro, ele deixou de ser cunhado em ouro, prata e outros metais, passando a ser impresso em papel, ainda que respeitando o lastro em ouro, metodologia depois abandonada, quando outros critérios, ligados à produção, foram instituídos. Atualmente, o guardião da moeda é o Banco Central de cada país. O banqueiro alemão Mayer Smschel Rothschild escreveu: "Deem-me o controle do Banco Central de qualquer país e não me interessa quem venha a produzir o restante das leis...". Em 2005, a revista *Forbes* pôs seu nome em 7º lugar numa lista dos *Vinte homens de negócios*, alcunhando-o "pai fundador das finanças internacionais". Seu sobrenome de nascimento, Bauer, agricultor, em alemão, foi substituído por Rothchild, adaptação de *rot*, vermelho, e *Schild*, brasão, escudo, figura que identificava o logotipo do banco fundado por seu pai. O presidente americano Abraham Lincoln, assassinado num teatro, escreveu séria advertência sobre o poder do dinheiro: "Uma era de corrupção se instalará nos altos escalões e o poder do dinheiro imporá à força o seu reinado, contra o interesse do povo, até que a riqueza esteja concentrada em poucas mãos e a República destruída." A manipulação do dinheiro, não mais em papel, mas em senhas na internet, tem facilitado a vida das pessoas, mas alguns tropeços têm ocorrido.

CUPIDO do latim *Cupido*, nome romano de Eros, deus grego que simbolizava o desejo, representado por menino alado – os gregos eram chegados a um amor homossexual –, de olhos às vezes vendados, esticando a corda do arco para disparar a flecha que atingiria o coração do objeto do desejo. Cupido é filho de Vênus, a deusa do amor, que deu nome a um planeta. Aparece no título de famosa telenovela, *Estúpido cupido*, escrita por Mário Prata e levada ao ar pela primeira vez pela Rede Globo, que recuperou o antigo prestígio de músicas de Celly Campello, como *Estúpido cupido*, *Banho de lua* e *Biquíni de bolinha amarelinho tão pequenininho*. Esta última é adaptação do compositor brasileiro Hervê Cordovil de *Itsy Bitsy Teenie Weenie Yellow Polkadot Bikini*, canção americana de Lee Pockriss e Paulo J. Vance. Quem usava o tal biquíni, cuja cor e modelo logo tomaram conta das praias brasileiras, era a personagem Ana Maria, vivida pela atriz Heloísa Raso: "Ana Maria entrou na cabine/ E foi vestir um biquíni legal/ Mas era tão pequenino o biquíni/ Que Ana Maria até sentiu-se mal/ Ai, ai, ai, mas ficou sensacional."

CURAÇAO do nome do lugar, nas Antilhas, onde é produzido um licor com cascas de laranja-da-terra, cravo e canela. Os holandeses deram este nome à ilha por não conseguirem pronunciar Ilha da Curação, denominação originalmente dada por navegadores portugueses que ali deixaram vários doentes, atacados pelo escorbuto, que se curaram porque, ao desembarcarem, comeram folhas da vegetação. Foram salvos pelas vitaminas dos alimentos crus, que apenas muitos anos mais tarde seriam confirmadas, tal como aconteceu na Retirada da Laguna, na Guerra do Paraguai, quando soldados atacados pelo cólera foram salvos porque, faltando comida, ingeriram muitas laranjas quando voltavam do Paraguai para o Brasil, fustigados pelo fogo no capim, pelo cólera e pelo inimigo feroz.

CURIOSIDADE do latim *curiositate*, declinação de *curiositas*, do mesmo étimo de *curare*, cuidar, e *cura*, cuidado. Está presente em numerosas expressões, como em "a curiosidade matou o gato". A frase traz uma advertência sinistra e surgiu nos tempos medievais. Os supersticiosos achavam que os gatos eram animais demoníacos e deveriam ser caçados e mortos. Armadilhas eram preparadas com o fim de pegá-los. Curiosos, os bichanos iam bisbilhotar e morriam. Os ingleses têm outra explicação e dizem que na frase a palavra *cat*, que designa tanto o gato como a gata, se refere a mulher licenciosa ou maliciosa, cuja curiosidade lhe é prejudicial.

CURRAL do latim *currere*, correr, passando pelo espanhol *corro*, de significado semelhante: lugar para onde o gado é recolhido. A expressão "curral eleitoral" aplica-se ao conjunto de eleitores manipulados por políticos que sempre se elegem em determinados redutos, por eles controlados de forma rígida, à base de pequenos favores prestados aos eleitores, com recursos que podem ter sido obtidos por meios ilícitos.

CURSO do latim *cursus*, corrida, carreira – a pé, a cavalo, de carro, de navio. Veio a designar trajeto, viagem, voo, caminhada e duração. Neste último sentido, designa cada uma das divisões da formação escolar ou universitária. Curso indica também fluxo: curso de água, curso fluvial.

CURSOR do latim *cursore*, nome dado, na Antiguidade, ao escravo que acompanhava a pé a carruagem de seu senhor. Designava também o mensageiro do papa. Com a evolução industrial passou a denominar uma peça que corre ao lado de outra, como nas máquinas de escrever e de imprimir. Modernamente, o cursor é aquele pequeno sinal luminoso que acompanha as palavras escritas num computador, e indica o lugar onde o próximo caractere será digitado.

CURTIR de origem controversa, provavelmente radicado no latim vulgar *corretire*, curtir, desgastar, por sua vez ligado ao latim culto *retrire*, com a variante *reterere*, desgastar. É possível que esteja ligado também a *curtus*, curto, porque, ao serem curtidos – o couro, as frutas etc. – diminuem de tamanho. O verbo aparece nestes versos de *Poemeus*, de Ana Claudia Onishi: "Ancorar-me no presente./ Resgatar o meu amor./ Amor por mim/ Amor ao outro./ Curti-lo aos poucos/ Como vinho." De significado ambíguo, esclarecido apenas pelo contexto, este verbo pode designar momento de bem-estar, como em "aquela mãe curte muito os filhos", ou de mal-estar, ambos com hífen, como em "ele curtia a ressaca do Ano-Novo".

CURURU do tupi-guarani *cururu*, sapo. É a designação popular aplicada aos grandes sapos do gênero Bufo, em latim *bufo marinus*. Aparece nestes versos de conhecida canção infantil: "Sapo cururu/ da beira do rio/ quando o sapo grita, maninha/ é porque tem frio." Sabendo como poucos conciliar o erudito e o popular, o escritor Rubem Fonseca estrutura *Bufo & Spallanzani*, um de seus romances, em torno da figura de um sapo, submetido a perversas experiências.

CUSCO do quíchua *Qosqo* ou *Qusqu*, umbigo. Era o mais importante centro administrativo e cultural do império inca, no Peru. Fundada no século XI, a cidade com este nome e suas ruínas ainda hoje são visitadas por turistas do mundo inteiro. Sobre o Templo do Sol foi erguida uma igreja católica, já destruída duas vezes por terremotos: em 1650 e em 1950. As tragédias revelaram que os fundamentos eram o templo inca, porque este não ruiu. Com o sentido de cachorro, cusco provavelmente se deve a uma onomatopeia para chamar os cães: *cuz-co*! E assim a palavra designa um tipo de cachorro desqualificado, o vira-lata, denominado também guapeca, guapeva, guaipé, guaipeca e guaipeva.

CÚSPIDE do latim *cuspide*, declinação de *cuspis*, ponta de espada. Por analogia foi aplicado também em outros campos, designando, em odontologia, as extremidades dos dentes, pontudas para triturar os alimentos durante a mastigação. O ferrão das abelhas e o tridente de Netuno também são chamados de cúspides. O vocábulo tem uso corrente em geometria e astronomia, designando objetos cujos limites aparecem em forma de pontas.

CUSTEAR do latim *constare*, verbo de vários significados, sendo um deles o de ser posto à venda por determinado preço. Formou-se este vocábulo para designar os custos que tem certo empreendimento. Quando do descobrimento do Brasil, a Coroa portuguesa, não podendo custear sozinha a colonização da nova terra, dividiu-a em 15 capitanias hereditárias. Tais divisões administrativas originaram os Estados de hoje.

CZAR do russo *tsar*, que em polonês e francês foi grafado *czar*, de onde chegou ao português. Era o título que se dava ao imperador da Rússia pré-revolucionária e aos soberanos sérvios e búlgaros. Veio do latim Caesar, título dos imperadores romanos, falado com som inicial de "k". Em alguns monumentos, arqueólogos encontraram a grafia Kaesar, mostrando que provavelmente era assim pronunciada originalmente, isto é, com o "c" tendo som de "k".

D

DADO do árabe *dad* ou do persa *dada*, peça cúbica de osso ou de marfim, que traz inscritos números ou pontos de um a seis, distribuídos em cada uma das faces. Alguns de seus usos são os jogos de azar, servindo também para tirar a sorte, à semelhança do que se faz com búzios. Atualmente, o dado é feito de muitos outros materiais, sobretudo os derivados de petróleo, como o plástico.

DALAI-LAMA do mongol ou tibetano *dalai-lama*, em que *dalai* é oceano, e *lama*, aliteração de *blama*, é senhor, espírito. Designa o chefe religioso e político do lamaísmo, variação do budismo, tal como praticado no Tibete e na Mongólia, com rituais tântricos e xamanísticos. Figura referencial da hierarquia monástica, é chamado Sua Santidade, mesmo tratamento dispensado ao Papa pelos católicos. O atual dalai-lama, o 14º, reencarnado aos dois anos, é Lhamo Dhondup, nome civil de Tenzin Gyatso. Filho de camponeses de Taktser, vila do Nordeste tibetano, ele vive exilado na Índia desde 1959 e recebeu o Prêmio Nobel da Paz em 1989. Os dalai-lamas são tidos como manifestações de Avalokiteshvara ou Chenrezig, o Bodhisattva da Compaixão. Por temer sua liderança, em 2007 o governo de Pequim proibiu reencarnar em território chinês, veto que beira o surrealismo.

DALTONISMO do nome do químico e físico inglês John Dalton, que em 1798 identificou a anomalia visual da confusão de cores. Daí o antropônimo, como em geral ocorre com as descobertas científicas. Ele era portador desta deficiência, que é hereditária. O daltônico é indivíduo incapaz de distinguir as cores, sobretudo o verde e o vermelho. Os cientistas são modestos: benefícios ou desgraças, suas descobertas costumavam levar os nomes dos pesquisadores.

DANAIDA variação de *danaide*, a mesma grafia de seu nome latino, por sua vez vindo do grego *danaídós*, de Dânaos, figura mitológica cujas cinquenta filhas foram chamadas de danaidas, das quais 49 foram condenadas a encher de água um tonel sem fundo por terem assassinado os maridos na noite de núpcias. O *Dicionário Aurélio* informa que foram executadas todas as cinquenta mulheres, mas uma delas, Hipermestra, desobedeceu ao pai e não assassinou o consorte. Designa também uma espécie de borboleta e certa roda hidráulica que faz com que a água faça vários movimentos.

DANÇA do francês arcaico *dance*, escrito também *danse*, com influências do alemão *Tanz*, cuja origem remota é o sânscrito *tan*. Todas estas palavras têm étimos que aludem a alongar o corpo, esticar, aliviar a tensão. Pode ter havido no português influência do verbo latino *deantiare*, adiantar, avançar, ir à frente dos cortejos, que na antiga Roma contavam com uma bacante que ia à frente dos desfiles. Há registros rupestres atestando que as primeiras danças já ocorriam há mais de 14 mil anos. Um desses registros foi encontrado na caverna de Gabillou, na França, e mostra um homem num salto que lembra a dança. Está vestido a caráter, com pele de bisão. Outros desenhos paleolíticos e neolíticos mostram homens com máscaras de animais executando passos que podem ser expressões corporais de súplicas a alguma divindade reivindicando boa caça. O jornalista Newton Cunha, também agente cultural do SESC de São Paulo, dedica várias páginas ao verbete dança no *Dicionário Sesc: A linguagem da cultura* (Editora Perspectiva e Sesc São Paulo).

DANÇA DE SÃO VITO de dança, do francês *danse*, radicado originalmente no germânico *Dintjan* e no alemão *Tanz* sacudir-se, mexer-se de um lado para outro. São Vito, martirizado no reinado do imperador Diocleciano, jamais dançou. Mas seu nome passou a ser vinculado a uma doença nervosa, que lembra a epilepsia, porque desde o século XV era costume da juventude dançar freneticamente ao redor de sua estátua, pedindo saúde e prosperidade para o próximo ano. O costume resultou na invocação do santo para ajudar no combate às doenças nervosas. Festejado no dia 15 de junho, seu emblema é um galo ou cão. E suas relíquias foram levadas em 836 para a Vestfália, na Alemanha, onde foram enterradas na abadia de Corvey. Já o nome científico da patologia conhecida como dança de São Vito é coreia, do grego *choreía*, pelo latim *chorea*, designando dança acompanhada de cantos. Deu nome à doença porque o distúrbio encefálico caracteriza-se por movimentos musculares anormais e espontâneos, sem propósito, irregulares, rápidos e transitórios, que lembram uma dança.

DANTESCO do nome de Dante Alighieri, um dos maiores poetas de todos os tempos, autor de *A divina comédia*, em que foram descritos e narrados, com muita força dramática, os horrores do inferno, num dos cantos do poema. Dante nasceu em Florença, em 1265, e morreu em Ravena, aos 56 anos, uma idade avançada para a época, e logo virou adjetivo. Nomes de grandes escritores costumam ser utilizados como adjetivos.

DAR do latim *dare*, dar, oferecer, causar. É vocábulo de muitos outros significados, um dos quais designa consentir em ter relação sexual, num misto de generosidade, volúpia e obscenidade de expressão, por força da rede complexa de metáforas que a língua foi produzindo para evitar a descrição pura e simples do ato amoroso. É mais utilizado para indicar a participação da mulher no amor e não a do homem, já que há um inequívoco tom masculinizante nessa conotação específica. Dar pode ser um prazer, mas o célebre jurista Francisco Cavalcanti Pontes de Miranda escreveu estes versos, mostrando o valor de uma outra alegria, para ele a maior de todas: "Só o trabalho dá a verdadeira alegria, concreta, palpável."

DARDO do frâncico *darod*, lança pequena. O frâncico era a língua falada pelos francos, pertencente ao grupo do alto alemão, responsável pela presença de raízes germânicas no francês atual, em que dardo é *dard*, motivado pela pronúncia à francesa do vocábulo original *darod*. Dardo passou a designar também um pequeno pau com ponta de ferro. O arremesso de dardos é uma das modalidades dos Jogos Olímpicos.

DATA do latim *data*, dada, particípio passado do verbo *dare*, dar. Designa a indicação do ano, mês e dia em que teve ou terá lugar um fato. O ano de 2002, por exemplo, equivale ao de 7504 da Era Alexandrina, que começou a 29 de agosto do ano 5502 a.C. É também o ano 1380 da Hégira Maometana, iniciada em 16 de julho de 622.

DATILOSCOPIA do francês *dactyloscopie,* datiloscopia, exame das impressões digitais, palavra formada do grego *dáktylos,* dedo, que no latim se tornaria *digitus,* e *scopie,* de *skopéo,* olhar com atenção, examinar. Designa sistema de identificação baseada no exame das impressões digitais. A datiloscopia é uma das áreas da papiloscopia. Apesar de ser a mais conhecida e a mais usada, recorrem-se a outros tipos de impressões papiloscópicas, como a quiroscopia (identificação das impressões palmares), a podoscopia (identificação das impressões das plantas dos pés), a poroscopia (identificação dos poros) e a critascopia (identificação das cristas papilares). A datiloscopia foi inventada em fins do século XIX e ganhou abrangência mundial depois que a *Scotland Yard* adotou oficialmente o sistema. Quem a introduziu no Brasil foi o jornalista e escritor piauiense José Félix Alves Pacheco. O dia do datiloscopista é comemorado em 5 de fevereiro.

DAVÍDICO do latim *davidicus,* relativo a Davi, segundo rei de Israel. O primeiro foi Saul. Apesar de seus sucessos militares contra os filisteus, esses penduraram o corpo dele e de seu filho Jônatas no muro da cidade. Quando menino, Davi, tendo como arma apenas uma funda, enfrentou e venceu Golias, chefe guerreiro dos filisteus, com três metros de altura e mais bem armado. Feito rei de Israel, porém, Davi dotou o Estado de poderoso exército, conquistou Jerusalém, fazendo dela a capital do reino. Em círculos concêntricos, foi derrotando os vizinhos e ampliando consideravelmente as fronteiras. Personagem das mais complexas, era adúltero, genocida, traiçoeiro, cruel. Ainda assim, temente a Deus e capaz de arrepender-se duramente de seus pecados. Seu herdeiro, Salomão, era filho de um adultério com Betsabeia, mulher do general Urias, a quem ele colocou na frente de batalha para que morresse e não pudesse mais reclamar a esposa. Na cultura judaico-cristã, Deus abomina o pecado, não o pecador.

DEBACLE do francês *débâcle,* desastre, ruína, falência, colapso, sobretudo em sentido empresarial, financeiro ou militar. Sucessos e derrotas acompanham a vida de empresários, mas poucos passam pelos altos e baixos vividos por Louis Chevrolet e William Crapo Durant, fundadores da General Motors, assim chamada por reunir várias marcas de automotores. Ambos tornaram-se bilionários. Na década de 1930, porém, a fortuna deles, como a de muitos outros, foi dissipada, a ponto de em 1936 Durant ter apenas uma lanchonete, onde servia pessoalmente os fregueses e lavava pratos. Morreu pensando que tinha descoberto a cura da caspa e enriqueceria outra vez. O antigo sócio, também arruinado, terminou seus últimos dias como modesto empregado da poderosa corporação que fundara. Não se sabe se os dois tinham caspa.

DEBATE do inglês *debate,* debate, discussão. No debate são alegadas razões a favor e contra determinado tema. Mas antes de ser prática parlamentar e acadêmica, designou poema dialogado, de tom satírico e alegórico, muito em voga na Idade Média.

DEBUGAR do inglês *to debug,* significando retirar o inseto. Mas, no Brasil, o vocábulo entrou com o sentido corrente que já tinha entre usuários de informática nos EUA: corrigir erro de programa ou de projeto.

DEBUTANTE do francês *débutante,* debutante, estreante, designando preferencialmente a moça que completou 15 anos e estreia na vida social. Tal evento é celebrado como rito de passagem e os festejos incluem a dança. No turfe, debutante é o cavalo que participa de uma corrida pela primeira vez. Algumas debutantes lançam moda e ganham dinheiro com isso, como fez a norte-americana Mary Phelps Jacob, que em 1914 recebeu, em valores de hoje, cerca de 25 mil dólares pela patente do *soutien-gorge,* peça do vestuário feminino que inventou para substituir o espartilho, item indispensável da elegância feminina naqueles anos. Queixando-se à criada francesa, esta lhe sugeriu que amarrasse dois lenços para segurar os seios, ligando um pano ao outro com uma fita. Peças semelhantes eram usadas pela mulher na Grécia antiga, o *mastodeton* e o *apodesme* – em Roma era *strofium* –, e tinham a finalidade de embelezar a mulher ao manter erguidos os seios.

DÉCADA do grego *dekádos,* declinação de *dekás,* designando conjunto de dez. O latim manteve o étimo grego em *decada* e *decadem.* Mas o espaço de dez anos era designando no latim também por *decennium,* decênio. Permanece a curiosidade de que, apesar de virtualmente possível, biênio, triênio, quadriênio e quinquênio não são designados quando multiplicados por dez, a não ser muito raramente, como no caso de vintênio.

DECÁLOGO do grego *dekálogos,* série de dez; veio de *déka,* dez. O mais famoso dos decálogos são os *Dez Mandamentos* que, segundo a tradição judaica e cristã, foram entregues por Deus, sem usar intermediário algum, a Moisés, no Monte Sinai. Enquanto o grande líder subiu para receber aquela que seria "a Lei", seu povo, na planície, começou a adorar um bezerro de ouro. Diversos escritores fizeram humor a propósito do evento, sendo mais comum a brincadeira que supõe terem sido em maior número os mandamentos originais, mas Moisés, como bom judeu, fez uma pechincha, descendo com dez. Pechinchas com Deus não são impossíveis na *Bíblia.* Abraão negociou a destruição de Sodoma e Gomorra, usando como referencial o número de justos que ali habitariam. Começa com cinquenta, chega a dez, mas assim mesmo Jeová destrói as duas cidades. Ele era mesmo durão.

DECAPITAR do latim *decapitare,* tirar a *capita,* cabeça, cortá-la por cima, separando-a do corpo. A degola consiste em cortar apenas a garganta. No francês é *décapiter* e foi o modo de execução predileto da Revolução Francesa, quando muitos perderam a cabeça na guilhotina, inclusive o rei Luís XVI, executado a 21 de janeiro de 1793. A guilhotina leva este nome porque o médico francês Joseph Ignace Guilhotin defendeu seu uso como instrumento de execução da pena máxima para todos os condenados, nobres ou plebeus, tendo também sido submetido a esse tipo de morte. Daí alguns livros darem-no como autor do invento, na verdade obra de outro médico, também francês, chamado Louis. Na França, *louisette* é sinônimo de guilhotina. Quando engenho semelhante foi utilizado para cortar papel nas gráficas, recebeu o mesmo nome. São João Batista, o último profeta judeu, é o único santo a quem a Igreja dedica duas datas – o nascimento, a 24 de junho, e o martírio, a 29 de agosto. Ele perdeu a cabeça ao denunciar as aventuras amorosas de Herodes Antipas, cuja concubina era a princesa judia Herodíades, mãe da célebre dançarina Salomé, também princesa. Tornou-se célebre o diálogo da tiazinha hebreia com o sanguinário padrasto, depois de dançar para a corte. Disse ele, num rompante de mecenas sem limites: "Depois desta dança, podes me pedir o que quiseres." Acolhendo consultoria da mãe, transformada em agente da artista no ato, a moça replicou: "Eu quero a cabeça de João Batista." O tetrarca da Galileia e da Pereia não repudiou a mulher, como queria o santo, nem sua palavra. E a cabeça de João Batista, que estava no cárcere, foi servida numa bandeja. Herodes, que herdara a crueldade de seu pai, o da matança dos inocentes, aplainou a seu modo outro outeiro. A patuleia ficou horrorizada.

DECEDURA do latim *descendere,* descer, formou-se, com algumas supressões e a contribuição do sufixo -ura, frequente em nossa língua, esta antiga palavra para designar o parto. Por ocasião das decéduras, os maridos costumavam dar presentes às suas esposas, em geral vestidos, para manifestar a alegria de o casal ter mais um filho, num tempo em que a ocupação das pessoas era geral e intensa, em terra e mar. Umas, para lavrar os campos, cuidar do gado, plantar vinhas; outras, para iniciar novas decéduras, rumo às descobertas marítimas. Em 1344, um marido português assim determinou em documento: "Haja minha mulher uma taça de prata, que lhe prometi por decéduras." Pílulas anticoncepcionais, ligaduras de trompas e abortos, mais de seis séculos depois, transformaram a maternidade de bênção a ser comemorada em ameaça cujos perigos devem ser conjurados.

DECÊNIO do latim *decennium,* (dez) *decem* mais (ano) *annus,* período de dez anos. Um decênio equivale a dois lustros. Lustro, do latim *lustrum,* é sinônimo de quinquênio porque na antiga Roma os prédios públicos eram purificados de cinco em cinco anos. E nessas cerimônias os censores aproveitavam a aglomeração popular para fazer os censos. Mais tarde a palavra censor mudou de significado porque os sacerdotes e magistrados passaram a reprovar certos usos e costumes que registravam, aplicando punições. *Lustrum* veio de *lustrare*, percorrer o zodíaco repleto de astros brilhantes. Por isso, as celebrações eram associadas a limpeza e brilho. Decênio e lustro passaram depois a ser vinculados a outras comemorações. As efemérides preferem números redondos. Assim, num período de dez anos, não se festeja com tanta ênfase os outros anos. O quinquênio e o decênio revestem-se de solenidades, o que também remete aos astros, pois a origem remota de solenidade são as festas que celebravam o Sol, um deus pagão, realizadas, naturalmente, à luz do astro, com direito a clorofila e fotossíntese. E mudança de tom na cor da pele, para as partes descobertas, pois as vestes longas predominavam. Atualmente, elas predominam também na noite. E não por cuidados com o Sol, mas com a elegância.

DECEPÇÃO do latim *deceptione*, decepção. Sentimento de frustração. Pode acometer eleitores cujos candidatos, uma vez no poder, não cumpriram suas promessas. Ao contrário das políticas, as decepções amorosas às vezes resultam em boa literatura, como ocorreu a Mariana Alcoforado, a monja portuguesa que se apaixonou por um oficial do exército francês e lhe escreveu cinco cartas célebres, a última das quais deveria ser leitura obrigatória de namoradas. As outras quatro seu ex-amado lia nos salões parisienses para rir da ingenuidade amorosa da religiosa. Desiludida com o amante, nunca mais quis saber de outros homens, dedicando-se inteiramente ao esposo, Jesus Cristo, até morrer, aos 83 anos. Seu caso está indexado como "masoquismo psíquico" na medicina legal portuguesa.

DECLARAÇÃO do latim *declaratione*, declinação de *declaratio*, declaração, pronunciado com som de "s" no latim e grafado com cedilha no português, por imposição gramatical que baseou a grafia na língua de origem, adotando o cedilha sempre que o "t" tenha vindo com som de "s", ação de declarar, informar, por vezes publicamente, como é o caso dos manifestos. Célebre tornou-se a Declaração dos Direitos Humanos, da Assembleia Geral das Nações Unidas, tornada pública em texto subscrito a 10 de dezembro de 1948. Desde então a data marca o Dia Mundial dos Direitos Humanos. A Organização das Nações Unidas (ONU) passou a reconhecer que todos os homens são membros da família humana, ao proclamar seus direitos civis, políticos, econômicos, sociais e culturais. Era novidade oficial naqueles conturbados anos de pós-guerra, quando as feridas do racismo, especialmente do antissemitismo, eram ainda muito recentes. De seus trinta artigos, vários destacam as liberdades civis e o de número 26 garante instrução gratuita a todos em seus graus fundamentais, proclamando livre acesso à formação técnico-profissional e declarando que a instrução superior será baseada no mérito. Nossa independência política também foi conquistada a partir de uma declaração. Ainda que celebrada a 7 de setembro de 1822, foi declarada no dia 6 de agosto daquele ano, em manifesto de Dom Pedro I, dirigido aos governos e nações amigas. Afirmava textualmente: "O Brasil proclama à face do universo a sua independência política, e quer como reino irmão, e como nação grande e poderosa, conservar ilesos e firmes seus imprescindíveis direitos." Apesar de respeitar e acatar o pai, o rei Dom João VI, que para cá viera, em 1807, ainda como príncipe regente, em companhia da mãe, Dona Maria I, Dom Pedro I manifestou muitas vezes seu repúdio ao que chamava de "tirania portuguesa". Mas o Brasil gosta de cuspir em sua imagem, como um Narciso às avessas, na expressão de Nelson Rodrigues, e frequentemente parece esquecer os feitos notáveis do primeiro imperador do Brasil, preferindo lembrar que era irritado e ciclotímico, além de andar em má companhia pelas noites do Rio. Também essas declarações podem ser documentadas, mas se apequenam diante da figura de estadista do príncipe. Sua genealogia tinha laivos complicados. Sua avó casara com o tio e enlouqueceria ainda em 1792. Um dos sinais da loucura de Dona Maria I pode ter sido a demissão de Sebastião José de Carvalho, Marquês de Pombal, responsável por eficientes mudanças no governo português. Uma delas foi a transferência da capital do Brasil, de Salvador para o Rio de Janeiro. Mas perseguiu padres e isso dá azar. Morreu em desgraça, abandonado, pouco depois de ver seus antigos inimigos mandando no governo de Dona Maria I.

DECODIFICADOR da alteração da forma vulgar "descodificador", aparelho que decifra código de sinais. Código veio do latim *codice*, tronco de árvore, tabuinha para escrever. Passou depois a designar conjunto de coisas escritas, como leis. Um decodificador muito conhecido dos brasileiros está junto ao televisor, decifrando os sinais que chegam para as televisões a cabo. Noventa e três por cento dos brasileiros têm ao menos um televisor em casa e apenas 87,4% têm geladeira. Enquanto a geladeira é colocada na cozinha, na copa ou até mesmo num corredor ou desvão de escada, televisor e decodificador são postos em lugar de honra na sala. E a geladeira pode ser antiga, mas o aparelho de televisão, não. Em parte porque a geladeira dura mais e a televisão menos, o certo é que os brasileiros trocam muito de televisão e pouco de geladeira.

DECORO do latim *decorum*, decência, o que fica bem, o que é conveniente. Palavras correlatas indicam que os latinos consideravam o decoro no exercício de um cargo público como uma estética do comportamento. A etimologia do vocábulo leva a palavras como bonito, formoso, elegante, conveniente. A falta de decoro, que tem levado à punição de homens públicos, pelos mais diversos motivos, indo da falta de compostura no vestir-se, a assassinatos, fraudes e malversação do erário, é medida de acordo com os costumes vigentes.

DECOTE do latim *decotes*, gastos, utilizado para designar vestidos alargados pelo uso. À medida que as togas iam cedendo o corte ao redor do pescoço, foram, decerto, adquirindo contornos considerados mais bonitos, que logo viraram moda. Alguns etimologistas dão como origem do vocábulo uma alteração de decorte, que teria vindo de decortar, significando cortar ao redor ou por cima, passando a indicar o corte que põe a descoberto o pescoço, o peito e os ombros da mulher.

DECÚBITO do latim *decumbere*, jazer. Uma linguagem jornalística anacrônica, encontrável sobretudo na crônica policial, insiste na substituição de termos mais simples por vocábulos de uso mais raro. Assim, mãe é genitora, hospital é nosocômio, e a vítima de acidente ou morte é encontrada em decúbito, e não deitada. Se estava de bruços, escrevem que estava em decúbito ventral; se estava deitada de lado, dizem que foi encontrada em decúbito lateral. Alguns, mais excêntricos, encontrando a suposta vítima em pé, dizem que a encontraram em posição ortostática. Uma das razões desta prática é o fato de historicamente o analfabetismo ser a maior reserva brasileira e o domínio da escrita servir não para esclarecer o público, mas para ostentar saber e confundir os leitores, em nome de uma suposta precisão de linguagem.

DEDAL do latim *digitale*, do dedo. Designa um utensílio cilíndrico, peça importante nos acabamentos manuais das costuras, que serve de proteção aos dedos. Há dedo de dama nessas costuras políticas, dado que as mulheres estão aumentando sua participação política nos parlamentos.

DEDICATÓRIA do latim *dedicatione*, declinação de *dedicatio*, dedicação, formou-se este vocábulo que, aproveitando o mesmo radical, recebe outro sufixo. Com isso, o significado muda para consagração. Algumas dedicatórias em livros são famosas, como a de Machado de Assis em *Memórias póstumas de Brás Cubas*: "Ao verme frio que roer meu cadáver, dedico estas páginas." O escritor carioca João Antônio, autor, entre outros, do clássico *Malagueta, perus e bacanaço*, transposto para o cinema por Maurice Capovila, com o ator Lima Duarte num dos papéis principais, dedicou todos os livros que publicou a seu filho e ao escritor Lima Barreto.

DEDO do latim *digitu*, dedo, de onde derivaram várias palavras e expressões, entre as quais o verbo digitar, de largo uso depois da introdução dos microcomputadores em empresas e residências. Quem digita com dois dedos apenas, ainda assim parece "cheio de dedos", expressão que designa pessoa atrapalhada, como aparece em *Sapato florido*, de Mário Quintana: "O homem parou, cheio de dedos, para procurar os fósforos no bolso." Já dois dedos de prosa podem entreter-nos durante horas! É muito curiosa a denominação dos dedos das mãos em nossa língua.

Temos o mindinho, o vizinho, o pai de todos, o fura-bolo e o mata-piolho, variações populares para auricular, anular, médio – que tem este nome não por exprimir um meio-termo em seu tamanho, mas por estar exatamente no meio do conjunto –, indicador e polegar. Conhecido conto de fadas intitula-se *O Pequeno Polegar*. Mas – sutilezas do português – dedal não é o mesmo que digital. Dedal, substantivo, utensílio característico de quem costura, é posto no dedo para empurrar a agulha, protegendo-o, tornando-o semelhante ao casco dos animais que não têm dedos, como o cavalo. E digital é o adjetivo que mais aparece hoje na eletrônica. Quem inventou o sistema de identificação foi o croata Juan Vucetich, que emigrou para a Argentina aos 24 anos. A primeira condenação com base nas impressões digitais, ocorreu em 1891. A ré chamava-se Francisca Rojas de Caraballo e tinha degolado os dois filhos, Ponciano, seis anos, e Felisa, quatro anos. Simulou ter sido atacada por um compadre. Mas eram dela as impressões digitais encontradas na arma do crime, uma faca.

DEFASAGEM do francês *déphasage*, diferença. Este vocábulo passou a ser muito utilizado entre nós depois que uma elite universitária voltou da França, onde frequentara cursos de pós-graduação. Entre as principais contribuições que os pós-graduandos trouxeram destacam-se neologismos de origem francesa presentes em suas teses. Mas é no jargão econômico que este vocábulo mais aparece, referindo diferenças salariais, descompasso de preços e discrepâncias entre vários índices.

DEFENESTRAR do francês *défenestrer*, verbo formado a partir do latim *fenestra*, janela, significando tirar as janelas de um edifício e também jogar algo ou alguém pela janela. É uma espécie de eufemismo maldoso que se utiliza para indicar a demissão de um alto funcionário. Ainda que o ocupante do cargo ilustre saia pela porta, em geral a da frente, diz-se que foi defenestrado. O vocábulo começou a ser usado neste sentido em 1616. Defenestrar com o sentido de livrar-se de desafetos remonta ao dia 21 de maio de 1618, quando três membros católicos do conselho nacional da Boemia, em Praga, foram atirados da janela de um castelo por adversários protestantes, depois de ácidas discussões. O episódio deu origem à Guerra dos Trinta Anos, de cunho religioso e político, que se propagou por toda a Europa. Interrompida várias vezes, foi retomada pela Dinamarca, em 1625, pela Suécia, em 1630 e pela França, em 1635. E somente teve um fim com a assinatura dos Tratados de Vestfália, em 1648.

DEFENSOR do latim *defensor*, defensor, aquele que faz a defesa, defesa, que desvia, seja goleiro ou advogado. O mais conhecido na linguagem jurídica, é o defensor público, em cargo análogo ao do promotor, com a diferença de que, em vez de acusar, defende. Na Roma antiga as duas funções estiveram reunidas nos primórdios do Direito nas figuras dos defensores *civitatis*, defensores da cidade, órgão criado durante os reinados dos imperadores associados Valente e Valentiniano com o fim de defender os cidadãos da injustiça de poderosos. Foi o embrião do Ministério Público. A lei atual concebe no Brasil o defensor público como aquele que, pago pelo Estado, presta orientação jurídica e defesa, em todos os graus, aos pobres ou desprovidos de recursos.

DEFENSORIA de defensor, do latim *defensore*, declinação de *defensor*, defensor, protetor, em oposição a *offensor*, ofensor, acusador, papel que cabe à promotoria, do latim *promotor*, que leva adiante, que faz crer o que não é verdade. Promotoria está na língua portuguesa desde as *Ordenações Afonsinas*, cuja primeira edição é da Universidade de Coimbra, em 1446. Defensor, desde 1344; promotor, desde 1619. Paradoxalmente, as Repúblicas, magnânimas e justas nas leis que baixam, discriminam a defesa dos pobres, pois garantias fundamentais passam a depender de advogados regiamente pagos, ficando a aplicação da justiça limitada às posses dos réus. A Defensoria Pública foi criada para consertar a desigualdade. A primeira defensoria surgiu no Rio, em 5 de maio de 1897. É direito do cidadão pobre, previsto no art. 5° da Constituição da República, inciso LXXIV, obter do Estado assistência jurídica integral e gratuita. No caso de réus com posses, o juiz pode fixar honorários em favor de Centros de Estudos Jurídicos que trabalhem onde a Defensoria Pública, garantida pela Constituição de 1988, ainda não foi implantada. Uma coisa é a lei garantir, e outra, bem diferente, é democratizar a justiça, de modo a que todos possam recorrer ao Judiciário.

DEFICIÊNCIA do latim *deficientia*, falta, radicado em *deficere*, abandonar, ser desprovido de algo. Com a verdadeira avalanche de expressões ditas politicamente corretas, vindas dos EUA, criadas por grupos da sociedade civil que combatiam preconceitos diversos, embutidos na língua inglesa, houve adaptações no português do Brasil. Aleijado, por exemplo, passou a ser pejorativo, embora estivesse presente no nome pelo qual é mais conhecido o genial escultor e arquiteto brasileiro Antonio Francisco Lisboa, o Aleijadinho. A expressão portador de deficiência, embora pretendesse abranger todas as deficiências, restringiu-se a algumas. Ninguém diz que quem usa óculos é portador de deficiência visual, por exemplo.

DEFICIENTE do latim *deficiente*, declinação de *deficiens*, do mesmo étimo do verbo *deficere*, faltar, falhar. Com a predominância de expressões tidas por politicamente corretas, foram criados diversos eufemismos que mudaram aleijado, cego, surdo, mudo etc. para portador da deficiência: física, visual, mental etc. Joseph Ratzinger, comissário da polícia alemã ao tempo de Adolf Hitler, tinha 50 anos, e sua esposa, Maria Peintner, 43, quando se tornaram pais do menino que viria a ser o papa Bento XVI. Um sobrinho deles, por ser portador da síndrome de Down, foi executado pelos nazistas aos 14 anos, no genocídio de milhões de portadores de deficiências diversas, num projeto que tinha o objetivo de livrar toda a Alemanha de pessoas que, por diversos critérios, não tivessem raça pura ou sofressem de algum mal congênito.

DÉFICIT forma verbal latina do verbo *deficere*, faltar, falhar. É usada para indicar despesa maior do que a receita. Quando o governo gasta mais do que arrecada, tem déficit. Muitos economistas acham que o déficit das contas públicas e a sonegação de impostos são as maiores causas da inflação.

DEFLAGRAR do latim *deflagrare*, arder, incendiar. Ganhou o sentido de irromper, começar rápida e repentinamente, como as trovoadas, as enchentes, as queimadas e outras desgraças. Deflagrar é verbo que às vezes designa uma ação, mas dá início a outras. Foi o que aconteceu quando Gavrilov Princip matou o arquiduque da Áustria, Francisco Fernando de Habsburgo, e sua esposa, a duquesa de Hohenberg, Sofia Chotek, em Sarajevo, capital da atual Bósnia-Herzegóvina, em 28/6/1914, deflagrando a Primeira Guerra Mundial. De manhã o atentado deu errado. Um dos terroristas lançou a bomba às 10h10, tomou cianeto e se jogou no rio. À tarde, por puro acaso, quando o arquiduque ajudava a socorrer os feridos, deu certo.

DEFLORAR do latim *deflorare*, literalmente tirar a flor. Foi assim chamada desde tempos remotos a arte de tirar a virgindade feminina, antigamente ocorrida na noite de núpcias. Na Idade Média, a defloração era prerrogativa do senhor feudal no célebre costume, capitulado em lei, chamado *jus primae noctis* (direito da primeira noite). Mas deflorar é também sinônimo de violar, estuprar, mais coerente com a violência presente em tão antiga perversidade.

DEFUNTO do latim *defunctus*, acabado, pronto; forma verbal de *defungi*, cumprir, acabar. Foi a Igreja, sempre cerimoniosa com as exéquias, quem criou este eufemismo para o morto. Outras figuras de linguagem, irreverentes e mais populares, falam do morto como alguém que "bateu as botas", "esticou as canelas", "partiu desta para melhor" etc.

DEGOLAR do latim *decollare*, cortar o *collum*, pescoço, degolar. Outro verbo com o mesmo sentido é decapitar. Enquanto a decapitação esteve presente em numerosos atos de guerras e revoluções em todos os tempos e no mundo inteiro, a degola constituiu-se em prática constante em várias revoltas brasileiras, especialmente aquelas ocorridas no Brasil meridional, tendo sido aplicada a prisioneiros desarmados, execução agravada pela falta de julgamento.

DEGREDO de origem controversa, provavelmente de associação de degredo, do latim *decretus*, decreto, desterro, banimento, com a redução de degradar, alteração de degradar, verbo calcado também no latim *gradus*, passo, de acordo com o sentido que já tinha na linguagem militar, designando também lugar a que se chegou. O degredado, retirado das fileiras dos quartéis ou do convívio dos justos, recebia pena de exclusão, formalizada por decreto, daí a mescla dos dois sentidos. Esse tipo de pena era aplicado desde o século XIII, quando as vítimas eram confinadas em lugares ermos, ainda piores do que a prisão, mas, a partir do século XVI, as novas terras descobertas ensejaram exílio e desterro ainda mais distantes.

DEIXAR do latim *laxare*, soltar. Em italiano e em francês foi mantida a primeira consoante, tornando-se *lasciare* e *laisser*, respectivamente. Mas em espanhol transformou-se em *dejar*. Nas formas compostas, a variação arcaica foi mantida, como em desleixado, significando descuidado, sem disciplina, isto é, mais solto do que deveria.

DEKASSEGUI do japonês *dekasegi*, trabalhador temporário. Em japonês a palavra é formada de *deru*, sair, e *kasegu*, para trabalhar. Designa aquele que sai do lugar onde mora para trabalhar por temporadas em outra localidade ou em outro país. No Japão, desde a década de 1980, existe uma comunidade de dekasseguis. Foi formada por filhos de imigrantes japoneses que fizeram o caminho inverso ao dos pais e avós. Deixaram o Brasil, para onde os ascendentes tinham vindo para ganhar a vida, e voltaram à terra dos ancestrais para ganhá-la porque o Brasil tinha mudado para pior. Centenas deles já estão voltando, agora como trabalhadores qualificados, para trabalhar de novo no Brasil, especialmente na Petrobrás, na construção de navios e plataformas.

DELAÇÃO do latim *delatione*, ato de entregar. Passou depois a significar denúncia. Há célebres delatores na História do Brasil, como o militar Domingos Fernandes Calabar que, lutando a princípio ao lado dos portugueses contra os holandeses, passou depois para o outro lado e, graças ao conhecimento que tinha do terreno, mudou o rumo da guerra. Foi, porém, aprisionado e enforcado. Chico Buarque e Ruy Guerra dedicaram-lhe uma peça de teatro, proibida durante os anos 1970, cuja trilha sonora ainda hoje compõe a fortuna musical do famoso cantor e compositor.

DELEGADO do latim *delegatus*, enviado a cumprir missão, incumbido, encarregado de executar ordens. Apesar de ter-se consolidado como designação de autoridade policial, seu sentido é mais abrangente, pois deriva de *legatus*, que na antiga Roma designava comissário do senado encarregado de fiscalizar a administração das províncias. Daí o sinônimo de comissário de polícia para delegado. Mas existem os cargos de delegados de educação, de trabalho etc. Somente as delegacias policiais, porém, criam capivaras, como são denominadas as fichas de indivíduos com prisão decretada permutadas entre delegacias de polícia. Uma razão adicional para que assim sejam conhecidas é o timbre Delegacia de Vigilância e Capturas.

DELETAR do inglês *to delete*, apagar. Trata-se de neologismo que veio para ficar. O português já possuía um vocábulo de domínio conexo: deletério, com o significado de prejudicial, danoso. A origem remota é o latim *delere*, apagar, destruir, suprimir.

DELFIM do grego *delphînos*, declinação de *delphís*, pelo latim *delphinis*, declinação de *delphin*, designando o golfinho, a constelação do hemisfério Norte, o primogênito e, mais tarde, o título do primeiro filho do rei e herdeiro do trono na monarquia francesa, depois da cessão à coroa francesa do feudo Delfinado, cujos soberanos tinham esta denominação. No tempo do rei Luís XVI, a censura era recurso pedagógico na educação do príncipe herdeiro. Deveriam ser retirados dos livros escolhidos os trechos que pudessem ofender a delicadeza do futuro rei. Nasceu aí a expressão latina, muito utilizada em Direito, *ad usum Delphini* (para uso do Delfim), assim explicada numa crônica pelo escritor e jornalista Janer Cristaldo: "Aos jovens que chegaram tarde – ou não chegaram – às aulas de latim, explico. A expressão tem suas origens na França, onde vinha estampada na capa dos textos clássicos destinados à instrução do filho do rei Luís XIV, herdeiro do trono, dito o Grande Delfim. A coleção *ad usum Delphini* compreendia 64 volumes, censurados pelo duque de Montausier, sob a supervisão de Bossuet, um dos principais teóricos do absolutismo por direito divino."

DELIBERAR do latim *deliberare*, isto é, pesar os prós e os contras na *libra*, balança em latim, e depois decidir. Usualmente as deliberações são tomadas coletivamente, seja em reuniões ou assembleias. Ou então, ouvidas todas as partes, alguém, com o poder de decisão, delibera o que fazer. Mas seu sentido é também de meditar, de consultar a si mesmo.

DELICADEZA de delicado, do latim *delicatus*, com influência de delicia, do latim *delicia*, delícia, prazer, tendo presente o conceito de moleza. Daí as expressões antônimas de ser duro, não dar moleza ou não dar mole, esta última típica do falar das ruas do Rio de Janeiro no conhecido "deu mole". Embora a delicadeza tenha adquirido sentido positivo, sendo típica qualidade feminina, a palavra, por preconceito, já designou astúcias reprováveis, como prova a etimologia remota do vocábulo, ligado a *lectum*, particípio do verbo *lacere*, laçar, enredar, enrolar, seduzir, presente em *allicere*, aliciar, verbo da mesma família, que tem o sentido de corromper, mediante carícias ou presentes, como se vê em Cícero *allicere judicem*, aliciar o juiz, quer dizer, laçá-lo e trazer para o seu lado. Delicadeza é sinônimo de redobrados cuidados como em "tratar uma situação com delicadeza". Foi o que fez o cineasta Beto Brant em *Crime delicado*, lançado em 2005 e baseado no romance *Um crime tão delicado*, de Sérgio Sant'Anna. A trama consiste da paixão de Antonio por Inês, vividos por Marco Ricca e Lílian Taublib. Ele se apaixona movido pela originalidade da mulher, que não recalca o fato de não ter uma perna, situação que acaba por simbolizar outras deficiências dele.

DELÍRIO do latim *deliriu*, perturbação mental semelhante ao êxtase. Em seus começos foi considerado doença. Mas com a massificação das produções artísticas e lúdicas, o delírio deixou de ser individual para tornar-se coletivo. As massas têm ido ao delírio por motivos religiosos, esportivos e artísticos, tangidas por pastores, jogadores e ídolos, principalmente musicais. Mas houve antes alguns outros motivos para levá-las ao delírio, como a Revolução Russa de 1917 e a queda do Muro de Berlim, em 1989.

DELITO do latim *delictum*, culpa, falta, que veio de *delinquere*, delinquir, e este de *linquere*, abandonar. Plínio, o Jovem, administrador romano, usa o verbo para designar eclipse do Sol. Em textos antigos, nos albores do Direito, quando as normas tinham base religiosa, os delitos eram purgados com penas impostas por sacerdotes, que diziam cumprir ordens divinas. Na Antiguidade os poderosos, cônscios de delitos cometidos, tornaram autoaplicáveis algumas penas, como fez o pai de Salomão, o rei Davi. Apaixonado por Betsabeia, esposa de Urias, um de seus generais, mandou-o à frente da batalha com o fim de se livrar dele. Censurado pelo profeta Natã, puniu-se com jejum de sete dias. O delito é um fato que a lei declara passível de punição. Betsabeia foi a mãe de Salomão.

DEMAGOGIA do grego *demagogia*, governo ou predomínio do povo. Os demagogos gregos eram chefes de facções populares que tentavam fazer prevalecer os sentimentos da turba sobre as razões dos líderes democráticos. Por isso, o vocábulo passou a ser utilizado pejorativamente e com este significado foi utilizado pelo então presidente Fernando Henrique Cardoso para combater os críticos das reformas que não cansava de propor ao Congresso.

DEMANDAR do latim *demandare*, recomendar, confiar, entregar, mudando de significado para solicitar, quando sofreu então uma alteração vinda das lides no Judiciário, passando a designar a luta entre as partes conflitantes. Numa canção intitulada *O mineiro e o italiano*, a dupla Zilo e Zalo narra uma demanda difícil. O mineiro procura seu advogado e propõe subornar o juiz com uma leitoa. É desaconselhado com veemência. Ao fim do caso, o juiz profere sentença em que o mineiro ganha a causa. O mineiro explica assim sua vitória ao advogado: Peguei uma leitoa gorda, foi Deus do céu que me deu esse plano,/ Numa cidade vizinha para o juiz eu fui despachando,/ Só não mandei no meu nome/ Mandei no nome do italiano." Outrora muito populares, os cantores Zilo (Aníbio Pereira de Sousa, nascido em 1935) e Zalo (Belizário Pereira de Sousa, nascido em 1937) passaram toda a infância no sítio dos pais, em Santa Cruz do Rio Pardo, no interior de São Paulo. Foi a primeira dupla sertaneja a vender discos no exterior com a canção *Grande esperança*, cujos versos dizem: Dentro de um país rico e altaneiro,/ Morre brasileiro de fome e de frio./ Em nossas cidades ricas em imóveis,/ Milhões de automóveis já se produziu/ Enquanto o coitado do pobre operário,/ Vive apertado, ganhando salário,/ Que sobe depois que tudo subiu!"

DEMARCAR de marcar, do italiano *marcare*, por sua vez vindo do germânico *markjan*, através do lombardo *markan*, indicando ação de assinalar, pôr marca, estabelecer fronteiras. A maior demarcação de terras indígenas foi feita em 1991, no governo de Fernando Collor de Mello. Foram demarcadas setenta áreas, totalizando 110 mil quilômetros quadrados para 48 mil habitantes, mais de dois quilômetros quadrados para cada indígena. O humorista Millôr Fernandes, alegando ser tão brasileiro quanto os favorecidos, solicitou na época que lhe fosse demarcado pedaço equivalente na avenida Vieira Souto, no Rio.

DEMÊNCIA do latim *dementia*, loucura, cujo significado literal é sem mente. Por isso se diz que o louco perdeu o juízo. A demência começa com perda de memória, mas, salvo as lutas de boxe, as pancadas na cabeça, o consumo exagerado de álcool e doenças como o mal de Alzheimer, ela ocorre apenas em 10% das pessoas com mais de 65 anos, sendo, neste caso, irreversível. Quando a pessoa se torna demente por insuficiência de vitamina B12, é só tomar os suplementos adequados que tudo volta ao normal, a menos que o paciente esteja apaixonado, mas daí a loucura é benéfica. Quase todas as pessoas ditas normais têm alguma obsessão, às vezes por animais ou aves, como era o caso do incontido amor do escritor Lima Barreto por pombos. Na novela *O fim do mundo*, de Dias Gomes, o diretor do hospício, o ator Carlos Vereza, solta todos os loucos ali internados e é demitido pela prefeita, Vera Holtz, em razão de seu ato insano.

DEMISSÃO do latim *demissione*, declinação de *demissio*, ato de fazer cair, rebaixar, soltar, como aparece já nos textos de Plauto. Depois de submetido à fritura, no plano metafórico, de que é exemplo a expressão Fulano está frito , a vítima ou apenas o alvo de denúncias é em geral demitido.

DEMITIR do latim *demittere*, deixar cair, fazer descer, ir para a planície. Consolidou-se com o sentido de tirar cargo, função, trabalho, emprego. Com os sucessivos e dramáticos ajustes da economia brasileira nos últimos anos, demitir tem sido verbo de trágicas conotações, já que o desemprego, marca de sociedades avançadas, entre nós não tem compensação alguma. Quem perde seu trabalho acaba prejudicando não apenas a si mesmo, mas todos os seus dependentes. Há, porém, uma exceção: no futebol, treinadores ou técnicos demitidos acabam contratados por clubes rivais e não raro aplicam àqueles que os demitiram correções antológicas, vencendo-os no campeonato seguinte.

DEMIURGO do francês *démiurge*, vindo do latim *demiurgus* e este do grego *demiourgós*, pela formação *demio*, do povo, público, e *ourgós*, que produz. Para Platão era o artesão divino que, conhecedor de modelos eternos e perfeitos, organizou o caos. Seu sentido primitivo é, pois, o de construtor. Antigas seitas cristãs tinham outro conceito de demiurgo: intermediário de Deus, responsável pelo mal no mundo, que não poderia ser obra divina.

DEMÔNIO do latim *daemoniu*, tendo vindo do grego *daimónion*, ente sobrenatural, tido por gênio do bem ou do mal, mas que depois se fixou apenas no segundo sentido. Apesar de o demônio ser masculino, há uma exceção, a demônia Lilith, a primeira esposa de Adão. Depois de dar-lhe muitos filhos, Lilith, talvez por falta de opção – havia um único homem na face da terra –, juntou-se ao demônio Samael. Esta tradição judaica é comentada no famoso livro de Giovanni Papini, *O Diabo*: "Os antigos hebreus, talvez na esperança de fazer perdoar mais facilmente a Eva o seu pecado, contaram que antes dela Adão tivera uma outra esposa, Lilith." O demônio costuma estar em muitos lugares, mas às vezes resolve morar numa pessoa. É quando precisa ser exorcizado, pois é muito mandão e leva seus hospedeiros a praticar todo tipo de safadezas. O poder de expulsar demônios é muito valorizado.

DEMOSTÊNICO de Demóstenes, orador grego que, órfão aos sete anos, com os bens roubados por parentes, viu nascer nele a vocação de orador quando um dia, assistindo a um julgamento, presenciou um ateniense mudar um veredicto que parecia definitivo, utilizando apenas a palavra como arma e ferramenta de trabalho e sendo levado nos braços do povo, em triunfo. Demóstenes era gago e por isso fazia exercícios de dicção correndo contra o vento na praia, com a boca cheia de pedrinhas. Tornou-se o maior orador de Atenas. Depois de várias derrotas na política, suicidou-se com veneno no templo do deus Poseidon, cercado por inimigos sequiosos por matá-lo.

DENGOSO de dengo, do vocábulo onomatopaico espanhol *dengue*, acompanhado do sufixo -oso, indicador de abundância. O ex--técnico da seleção brasileira Vanderlei Luxemburgo utilizou a forma feminina deste adjetivo em inusitado poema que fez para caracterizar a cidade de Londrina, no interior do Paraná, onde foi disputado o torneio pré-olímpico. Conquanto tenham obtido o título de campeões e a classificação para os jogos olímpicos de Sidney, na Austrália, nossos jovens jogadores desapontaram os londrinenses nos primeiros jogos, foram vaiados e somente vieram a despertar simpatia depois das grandes vitórias impostas às seleções da Colômbia, Chile e Argentina.

DENOMINAR do latim *denominare*, formado da preposição *de* e do verbo *nominare*, nomear, com sentido diferente, pois nomear aplica-se mais a indicar oficialmente para um cargo e designar é dar nomes, seja a pessoas ou a lugares, para identificá-los. No Brasil, há nomes folclóricos, como Hímen: o irmão mais velho do nascituro era fã da personagem He-Man, o pai não soube dizer direito e o escrivão fez o resto do estrago, sem se dar conta de que referia um seriado infantil da televisão, como é também o caso de Valdisnei, cujo pai quis homenagear Walt Disney. Também têm denominações curiosas alguns municípios brasileiros, como Doutor Pedrinho (SC), nome do filho do governador da época, e Anta Gorda (RS), que foi mudado para o do então governador, mas não foi aceito pela população, que consolidou o nome do animal. *Brasil: almanaque de cultura popular* registra outros nomes curiosos de municípios, como Varre-sai (RJ) e Não Me Toque (RS).

DENTADURA de dentado, de dente, do latim *dens*, mas pela declinação dente, e o sufixo -ura, formador de substantivos derivados de outros. Designa no coloquial preferencialmente a postiça, invenção dos antigos etruscos, pois em escavações realizadas na Itália Central foram descobertos dentes artificiais de osso e marfim, com pontes de ouro, que datam do século VIII a.C. Não são muito claras as razões, entretanto, de os homens, por muitos séculos, não aprofundarem o conhecimento da técnica odontológica dos etruscos, sofrendo dores de dente e aceitando a aparência de velhos precoces por causa da falta de dentes que murchava as bocas. Por esse motivo, antes do século XVIII, quando foram fabricados os primeiros dentes artificiais de porcelana, altas figuras da nobreza, entre as quais rainhas e princesas, colocavam panos entre as gengivas e os lábios para levantá-los e melhorar a aparência quando lhes faltavam dentes. Mas a humanidade vinha aproveitando também os dentes dos mortos, tendo continuado a desenterrá-los na Europa, sobretudo nos campos de batalha de Waterloo, em 1815, e nos EUA, principalmente no teatro de operações da Guerra da Secessão, na segunda metade do século XIX. Dentaduras baratas, feitas de celuloide, especialmente para os pobres, foram abandonadas depois que uma delas pegou fogo enquanto seu usuário fumava. O fumo sempre fez mal aos dentes, mas até então se desconhecia que prejudicasse também os postiços.

DENTE do latim *dente*, declinação de *dens*, dente, vindo do grego *odontos*, declinação de *odús*. As duas origens estão presentes em nossa língua em palavras como dentista e odontologia. O vocábulo tem muitos significados e está presente em numerosas expressões, como em "olho por olho, dente por dente" e "armado até os dentes". Os dentes foram nossas primeiras armas. Já um problema onde se vislumbra dente de coelho indica que há algo oculto a requerer nossa cautela. A celebração da sagacidade e velocidade do coelho tem origem na África. Foram escravos que trouxeram tal metáfora para a América, ao lado da superstição do uso da pata do roedor como amuleto. Perdendo os dentes, o animal morre de fome. Guardando sua pata, o usuário busca o benefício de suas qualidades. Ao contrário do coelho, o homem, que tem 32 dentes, pode recorrer a implantes, obturá-los ou substituí-los por próteses. A importância da odontologia é lembrada formalmente a 25 de outubro, dia dedicado ao cirurgião-dentista.

DENTE DE COELHO do latim *dente, de* e *cuniculu*, respectivamente, nasceu esta expressão para designar problema de difícil solução ou entrave de remoção impossível, imagem nascida da observação do coelho, cujos dentes aparecem sempre fora da boca, impossíveis de não serem vistos. Identifica roubalheira, ação escusa. O dente aparece em numerosas outras expressões, como dente de leite, categoria do futebol em que atuam meninos, quase crianças; dente de siso ou do juízo, o último dos molares, que aparece entre 17 e 21 anos; dente por dente, que indica a vingança; mostrar os dentes, com o sentido de ameaçar; armado até os dentes, preparado para luta feroz; falar entre os dentes, isto é, resmungar, querendo dizer as coisas, mas sem que o outro as entenda claramente, apenas observa que o falante está reclamando de algo.

DENTIFRÍCIO no latim, *dentifricium*, esfregado no dente, era apenas remédio. No português, onde chegou em 1727, evoluiu de medicamento destinado a limpar os dentes infectados para constituir-se em pasta, creme ou líquido com o fim de prevenir cáries e zelar pela saúde da boca.

DENTISTA de dente, do latim *dente*, declinação de *dens*, dente. Tiradentes, o nome popular de Joaquim José da Silva Xavier, mártir e herói da Inconfidência, enforcado e esquartejado aos 46 anos, era dentista, mas esta palavra somente entraria na língua portuguesa no século seguinte. Como ele extraía dentes e tratava de enfermidades da boca, exercia ofício que cuidava das estomatites, inflamações internas da boca, assim denominadas porque boca, em grego, é *stomatos*, que passou ao francês como *stomate*. Mas o herói da Inconfidência mineira era conhecido sobretudo pelo cargo de alferes, do árabe *al-faris*, cavaleiro. Tiradentes era, pois, apelido depreciativo, pois o verdadeiro dentista era denominado cirurgião. Fugindo de referências populares, os cursos superiores preferiram recorrer ao grego e assim surgiu odontologia, ainda que, na prática, o profissional formado por este curso continue sendo chamado de dentista, que aparece no nome posto cirurgião-dentista para diferenciá-lo do médico. Já alferes denominava o cavaleiro mais destro, aquele que carregava o estandarte. O nome desta patente militar mudou entretanto para segundo-tenente. Nosso herói, oriundo de classe popular, ligou-se a autoridades e a membros da elite para deflagrar a insurreição que, combatendo a derrama de pesados impostos, pretendia tornar o Brasil independente a partir de Minas Gerais. De cada dez estudantes brasileiros que estavam na Universidade de Coimbra o Brasil ainda não tinha universidades nessa época oito eram mineiros. Os idealistas, inspirados nos ideais da Revolução Francesa e na Independência dos EUA, pretendiam, liderados por Tiradentes, criar a primeira universidade brasileira em São João del Rei, que seria a capital da nascente república. Ironicamente, vários de seus projetos foram implantados no Brasil com a vinda de Dom João VI, em 1808, apenas 16 anos depois da execução de Tiradentes. A rainha Dona Maria I, a Louca, foi particularmente cruel com apenas um dos condenados, justamente o pobre do grupo. Todos os outros foram condenados a degredo, exceto um dos intelectuais, Cláudio Manoel da Costa, que se suicidou no cárcere. O historiador Boris Fausto acha que a memória de Tiradentes perpetuou-se entre o povo pela solenidade de sua execução. A leitura de sentença durou 18 horas. A procissão que o levou da cadeia ao patíbulo, no Rio, foi acompanhada por uma multidão, ao som de fanfarras barulhentas e vivas à rainha, que era avó de Dom Pedro I e bisavó de Dom Pedro II. Foi por isso que nos tempos monárquicos os dois evitaram aludir a Tiradentes. Por remorso.

DENÚNCIA do latim *denunciatio*, advertência, ação de revelar ou proclamar coisa nova, mas adversa, em oposição a *novae*, novas, notícias, como em *denunciatio belli*, declaração de guerra. As famílias brasileiras beneficiárias de crimes ou contravenções nem sempre mantêm discrição e sigilo. Graças a eventuais rupturas em seu seio, a sociedade fica sabendo que são bem fundadas certas suspeitas que pesavam sobre poderosos clãs. As denúncias do irmão resultaram na derrubada do presidente Fernando Collor de Mello. As revelações do genro levaram Nicolau dos Santos Neto, ex-presidente do Tribunal Regional do Trabalho de São Paulo, à súbita mudança de status, passando de juiz a réu. E Nicea Pitta, ex-mulher do ex-prefeito de São Paulo, Celso Pitta, aperfeiçoando o exemplo de Elma Farias, esposa de Paulo César Farias, que defendera o marido, declarando ser o presidente o mandante de toda a corrupção, acusou mandado e mandante, revelando que o marido sabia de tudo, principalmente de que seu padrinho político, Paulo Maluf, estava por detrás das corrupções que infestavam a administração paulistana e a câmara de 55 vereadores, cujo esquema fora engendrado na gestão anterior. Sem as denúncias da ex-primeira dama, já haviam sido presos dois vereadores e 17 deles estavam sob investigação, integrando, não a câmara, mas uma camarilha. Entre os países democráticos, a Itália e o Brasil vêm se destacando na apuração das denúncias por meios legais, mas não deixa de ser sintoma de novos tempos o público acreditar mais nos denunciantes, por mais desqualificados que sejam socialmente, do que nos denunciados, por mais honoráveis que pareçam.

DENUNCIAR do latim *denuntiare*, do mesmo étimo de anunciar, designando em geral o ato de atribuir responsabilidade criminal a alguém. Às vezes, o crime é intelectual, como o plágio perpetrado pelo ex-presidente da Rússia, Vladimir Putin, que inseriu em sua dissertação de mestrado vários e longos trechos do livro *Strategic Planning and Policy*, de William R. King e David I. Cleland, professores da Universidade de Pittsburgh. Nos últimos anos, vários professores europeus, denunciados como criminosos por terem praticado plágio, tiveram seus títulos de doutor cassados, depois de confirmadas as denúncias de que suas teses não eram obras criadas por eles, mas frutos do trabalho de outros. Em 2011, a Universidade de Bayreuth cassou o título de doutor de Carlos-Teodoro Maria Nicolau João Jacó Francisco Felipe José Silvestre, Barão de Guttenberg, ministro da Defesa da Alemanha, por plágio em sua tese.

DEPENDÊNCIA do latim *dependentia*, dependência, sujeição. Diversificaram-se ultimamente os tipos de dependência, como aquela que vitima os que não podem viver sem o consumo habitual de cocaína. Recentemente surgiu outra modalidade: a dependência sexual. Já é doença reconhecida pela Organização Mundial da Saúde. Sua primeira vítima famosa foi o ator americano Michael Douglas, que internou-se numa clínica para viciados em sexo depois de atuar no filme *Instinto selvagem*, onde contracenou com Sharon Stone, cujo cruzar de pernas no mesmo filme fez coxos andarem e mortos ressuscitarem. São ainda muito poucos os que se queixaram da patologia. A castidade tem sido um remédio anterior à doença – caso inédito na medicina comum, em que a enfermidade precede a terapêutica.

DEPOIS do latim *post*, com significado semelhante ao que temos hoje. Parece o advérbio símbolo de nossa pátria, onde quase tudo é postergado. Menos os impostos, talvez.

DEPORTAR do latim *deportare*, levar para longe, para fora das portas da cidade. O vocábulo, além de sua óbvia ligação com porta, do latim *porta*, tem vínculos também com porto, do latim *portus*. Antes das lides náuticas, o porto era seco e já designava lugar de passagem, de entrada ou de saída. Deportar passou, então, de expulsar para fora das portas da cidade a expulsar para fora do país, levando o condenado ao porto, onde era embarcado para o degredo ou para outro país que o aceitasse, mediante consulta.

DEPÓSITO do latim *depositum*, posto no chão, adormecido, enterrado, morto. No trato com a moeda designa quantia posta em banco de onde pode depois ser sacada. Depósitos judiciais são quantias cujos valores, prazos e beneficiários são determinados pela Justiça, tal como pode ocorrer com a pensão alimentícia devida aos filhos sob guarda da ex-mulher, cujo descumprimento pode levar à prisão o negligente.

DEPRECAR do latim *deprecare*, suplicar, pedir com insistência. Certa vez o presidente Jânio Quadros utilizou "deprequei" num manifesto. Antes de sua notável carreira política, que o levou de vereador a presidente da República, Jânio Quadros tinha sido professor de português. Seus escritos e falas sempre foram marcados não apenas por palavras de uso raro, como por sintaxe peculiar, como nesse diálogo que teve com o então ministro da Educação, a propósito de certas reformas que determinara: "Presidente, permita-me dizer-lhe que discordo desta solução. A meu ver, é um mau ato. Fê-lo por quê? Fi-lo por algumas razões que me parecem relevantes. Primeiro, fi-lo porque estou convencido de que é a melhor solução. Segundo, fi-lo porque esta Nação tem pressa e não pode ficar a vida inteira esperando que os infindáveis debates cheguem um dia ao fim. Terceiro, fi-lo porque sou o presidente. Por fim, senhor ministro, fi-lo porque qui-lo."

DEPUTADO do latim *deputatu*, enviado a alguma missão. Em latim, *deputare* significou inicialmente podar, separar e, por fim, o sentido que hoje tem, de indivíduo que trata de interesses de outros. Deputados estaduais e federais devem, pois, defender os interesses daqueles que os elegem para as Assembleias, no primeiro caso, e para a Câmara, no segundo. Quando um deputado passa a defender seus próprios interesses ou os de seus eleitores, mas por meio escusos, pode ser punido até com a cassação do mandato.

DÉRBI do inglês *derby*, designando a mais importante e tradicional carreira do turfe inglês, disputada pela primeira vez no século XVIII. Foi também o nome original do primeiro clube de corridas de cavalo do Brasil, fundado no Rio de Janeiro, depois substituído por Jóquei Clube. Dérbi, que depois designou também os clássicos de futebol, tem este nome em homenagem a Edward Stanley, 12º conde de Derby, nome de um condado inglês.

DERIVA do francês *dérive*, desvio, deriva. Sua origem remota é o verbo latino *derivare*, derivar, afastar. Há uma teoria conhecida como deriva dos continentes, dando conta de que a Terra foi originalmente um bloco uno, cujas partes foram afastando-se e formaram os atuais continentes. Seu primeiro formulador foi o geofísico alemão Lothar Wegener, explorador da Groenlândia. A princípio, todos pensaram que ele tinha entrado na maior fria, mas sucessivas pesquisas demonstraram que sua teoria era quentíssima, apesar do local onde tinha sido formulada.

DERMATOLOGISTA do radical *dermato*, do grego *dermatos*, caso genitivo de derma, pele, e *logista*, do pospositivo *logía*, tratado, estudo, ciência, médico especializado em tratar da pele. O escritor Eduardo Almeida Reis, um dos mais criativos cronistas, em *Amor sincero custa caro* (Editora Garamond), dá versão bem-humorada da profissão: "Ninguém telefona para o dermatologista, de noite, por causa de uma perebinha; perebas e sua sinonímia bereva, bereba e pereva não matam, daí que o sujeito não é obrigado a assinar atestados de óbito."

DERRAMA de origem controversa, provavelmente do latim vulgar *disramare* e *diramare*, com influência do latim culto *desramare*, tirar os ramos, este vocábulo passou ao português antigo como *desramar*, consolidando a forma atual derramar, já com o significado de espalhar, difundir e outros sinônimos. É possível que tenha mesclado influência adicional, vinda do árabe *garama*, imposto. Alguns etimologistas procuram vincular ao verbo derramar, com significados próximos a espalhar e aspergir. Entretanto, é mais provável que o vocábulo indique modalidade de arrecadação estendida a todos os habitantes de uma determinada nação, região ou localidade. Derrama passou a designar um tributo da Coroa Portuguesa, cujo primeiro registro data de 1356, conforme o *Elucidário das palavras, termos e frases que em Portugal antigamente se usaram e que hoje se ignoram*, da autoria de frei Joaquim de Santa Rosa de Viterbo, cuja primeira edição é de 1798: "No ano de 1356, havendo a cidade do Porto prometido ao infante Dom Pedro 12$000 libras, tomou destas por derrama 11$908, prefazendo o concelho as 90 libras, que faltavam." Uma derrama específica foi o estopim da Inconfidência Mineira. O novo imposto seria cobrado em Minas Gerais pelo governador e capitão-geral do Brasil, o Visconde de Barbacena, que, ao saber da conjuração, suspendeu a derrama, determinando a prisão de todos os revolucionários, entre os quais estavam padres, poetas e diversos outros intelectuais. Não foi a primeira, nem a última vez que impostos excessivos resultaram em revoltas populares. A mais célebre derrama brasileira deu-se em finais do século XVIII e foi o estopim da Inconfidência Mineira. A violência das cruéis punições tem sido atribuída, em parte, à demência da rainha Maria I, a louca, mãe de Dom João VI. A derrama consistia em dois quintos, em vez do tradicional um quinto de impostos (20%), tendo alcançado, então, a marca de 40%, a pretexto de cobrança de impostos atrasados.

DERRUBAR do latim vulgar *disrrupare*, palavra formada a partir de *rupes*, rochedo, tendo o significado original de atirar no rochedo. Pode ter havido hipercorreção na pronúncia portuguesa inicial, quando nossa língua ainda estava presa ao latim, daí a frequente variante falada que a norma culta não aceita, "dirrubar". A autonomia do português foi um longo processo que, iniciado no primeiro século do segundo milênio, somente veio a consolidar-se definitivamente, na escrita, com Luís de Camões. Ainda assim, o grande poeta escreveu muitas poesias em espanhol. Quando o homem não voava, derrubá-lo tinha o significado de jogar ao chão. Mas depois que ele resolveu imitar os pássaros, derrubar ampliou o sentido, ganhando, na realidade, o que em sonhos e mitos já tinha, como no caso de Ícaro, derrubado porque, utilizando asas de cera, aproximou-se muito do Sol, contrariando as recomendações de seu pai, Dédalo, que fizera aquelas asas para ambos fugirem do labirinto de Creta.

DERVIXE do turco, *derwisch*, mendigo, pessoa pobre. É figura frequente nos livros do escritor carioca Malba Tahan, autor do clássico *O homem que calculava*, de 1938, livro que encantou muitas gerações de estudantes, pela maneira fascinante como trata a matemática.

DESABAR de origem controversa, provavelmente palavra formada com prefixo des- e sufixo -ar, juntados a aba, do latim *alapa*, tapa carinhoso que o senhor dava no escravo ao libertá-lo. Ou do espanhol *alabea*, vício que toma uma tábua ou outra peça de madeira, torcendo-se de modo que sua superfície seja deformada, neste caso derivando de *álabe*, ramo de oliveira estendido e curvado sobre a terra. Ou ainda do latim *labes*, ruína, queda, vício. É verbo presente nos comentários sobre terremotos, pois é quando edifícios, pontes e outras construções desabam, causando ruína, desgraça e morte.

DESACORÇOAR este verbete foi formado da palavra coração, a partir da qual construiu-se o verbo significando perda de ânimo, dada a anteposição da partícula des-, indicando negação. Desacorçoar é, pois, desanimar. Há também as variantes descorçoar e descoroçoar, ambas com o mesmo significado. Na visita que fez ao Brasil em 1997, o papa João Paulo II reconheceu estar desacorçoado e deu como causa estar 16 anos mais velho do que em 1981, quando visitou o Brasil pela primeira vez.

DESAFIAR do latim vulgar *fidare*, alteração de *fidere*, fiar, confiar, formou-se no português com o prefixo des- uma nova palavra, indicando o seu contrário. Primeiramente significou desconfiar, passando depois a designar o ato de propor combate, que resultou em lendários duelos. Migrou depois para a retórica, terreno em que todos podem desafiar a todos sem sofrer os perigos de uma briga com espadas ou armas de fogo, embora, às vezes, à falta de argumentos, alguns desafiantes tenham misturado as armas.

DESAFORAMENTO ação de mudar de foro, do latim *forum*, foro. O prefixo des- indica negação. Significa mudança de instância ou de procedimento judicial, como aconteceu no julgamento do líder do Movimento dos Sem-Terra (MST), José Rainha Júnior, transferido por razões de segurança da cidade de Pedro Canário para a de Vitória, ambas no Espírito Santo.

DESAFORO do latim *forum*, praça pública, lugar onde se tratavam assuntos de interesse público ou particular e ao redor do qual ficavam os templos e tribunais. Conflitos podiam ser resolvidos ali, antes ainda de serem formalizados os processos, mas quando o ato era muito violento, seu praticante ficava privado de foro, daí o *des*, que em português indica negação. O escritor gaúcho Sergio Faraco organizou o *Livro dos desaforos*, em que reúne poemas de célebres poetas que não levaram desaforos para casa. Antes os imortalizaram em poemas.

DESASSOREAR de assorear, palavra que traz o étimo latino *arena*, areia, escrito também *harena*, designando o que está sob a areia, significando, pois, encher de areia. O prefixo des- indica o seu contrário, isto é, a retirada da areia. Quando se fala em desassoreamento dos rios, o que se quer dizer é que serão limpos os seus leitos, em geral abarrotados, não apenas de areia, mas de muitas outras substâncias que impedem o livre curso das águas, produzindo enchentes e alagamentos.

DESASTRE do provençal antigo *desastre*, passando pelo francês *désastre*, desastre, cujo significado original é "contra os astros", dada a enorme influência da astrologia em tempos remotos. Os antigos pensavam que as grandes desgraças e calamidades decorriam de desordens entre os astros, impedidos momentaneamente de zelar pelas coisas terrenas. Os astros tinham a vantagem de não recolher impostos para tais proteções. Hoje, todos sabem que as autoridades responsáveis pelos mesmos cuidados são pagas com o dinheiro do contribuinte. Os primeiros acidentes com automóveis foram assim denominados por causa de tais vinculações. Uma curiosidade marca o primeiro deles no Brasil, envolvendo dois escritores: o poeta Olavo Bilac pediu emprestado o automóvel do célebre orador abolicionista José do Patrocínio e o destruiu numa batida antológica. O vocábulo também passou a indicar as grandes calamidades ecológicas causadas pelo homem. O desastre na baía da Guanabara ocorrido a 18 de janeiro de 2000 foi o segundo maior desde a fundação do Rio de Janeiro, em 1º de março de 1565, embora o primeiro em danos ambientais. Em 1975, exatos quatro séculos e dez anos depois de sua fundação, um petroleiro de bandeira grega derramou 5 milhões de litros de óleo. Mas como o desastre ocorreu à entrada da mesma baía, não atingiu os manguezais, verdadeiros santuários de peixes e aves tropicais.

DESAVENÇA de *avença*, antecedido do prefixo des-, que indica negação, vinda do latim *adveniencia*, aveniência no português culto, significando acordo entre litigantes, mas avença no português coloquial. As desavenças começam na família, de que são exemplos os desacordos conjugais celebrados nas queixas do compositor Herivelto Martins, depois de desfeito o casamento com a cantora Dalva de Oliveira. *Atiraste uma pedra* ("Atiraste uma pedra com as mãos que essa boca/ tantas vezes beijou), *Cabelos brancos* ("Não falem desta mulher perto de mim/ Respeitem ao menos meus cabelos brancos") e *Segredo* (Teu mal é comentar o passado/ Ninguém precisa saber o que houve entre nós dois/ O peixe é pro fundo das redes, segredo é pra quatro paredes) exemplificam as brigas do casal. A estrela, entretanto, queria paz, como em *Bandeira branca*: "Bandeira Branca, Amor,/ Não posso mais,/ Pela saudade,/ Que me invade,/ Eu peço paz."

DESBARATAR do espanhol antigo *desbaratar*, desfazer, destruir. Foi formado a partir de barato, que em linguagem comercial indica o produto de baixo preço. É provável que o sentido conotativo tenha se formado a partir de práticas de mercado, indicando liquidação. Posteriormente teria migrado para outras significações, consolidando-se como sinônimo de desfazimento. O vocábulo aparece com frequência na linguagem policial para classificar ações de agentes encarregados de vigilância, de que são exemplos os registros colhidos nos prontuários do Departamento de Ordem Política e Social (Dops). Nos anos 1930 e 1940, o inimigo externo era alemão, mas as investigações buscavam os quinta-colunas, como eram denominados os espiões. No período pós-1964, os alemães foram substituídos por soviéticos e seus aliados, de acordo com o figurino da Guerra Fria.

DESCALABRO do espanhol *descalabro*, desgraça, perda, ruína. Pode ter sido formada a partir de *calavera*, caveira, crânio, com base na expressão latina *calvariae locus*, lugar da caveira, tradução do aramaico *golgota*, designando colina nos arredores de Jerusalém onde Jesus foi crucificado, ao lado de Dimas e Gestas, os dois ladrões cuja execução deu-se no mesmo dia. Na Península Ibérica recebeu o significado de golpe na cabeça, onde qualquer ferimento pode ser muito prejudicial e até levar à morte. Originou-se aí o significado de ato extremamente danoso. O ex-presidente Fernando Henrique Cardoso utilizou a palavra para caracterizar o escândalo envolvendo a liberação de verbas para obras superfaturadas da Justiça do Trabalho, em São Paulo, cujas denúncias receberam explosivos ingredientes a partir das revelações feitas por Eduardo Jorge, seu ex-secretário-geral. Antes do presidente, outro famoso político brasileiro e líder revolucionário, João Neves da Fontoura, serviu-se da mesma palavra em suas memórias: "Os desacertos naturais à implantação do regime e os descalabros, evitáveis ou inevitáveis, cunharam por aqui a ideia de republicanizar a república."

DESCALÇA do latim *discalcea*, sem *calcea*, isto é, sem calçado, sem coturno, sem sapato, sem bota, sem sandália, e não sem calça, significado que *calcea* tomou pela nova indumentária do exército romano nas invasões da Europa do Norte, quando precisaram proteger as pernas com meias longas, chamadas *calceae*. O plural descalças mudou de significado em 1593, quando o papa Clemente VIII determinou que o nome da ordem religiosa fundada por Teresa d'Ávila e João da Cruz deveria ser mudado para Ordem das Carmelitas Descalças, com o fim de diferenciá-la daquela que lhe tinha dado origem.

DESCALÇO do latim vulgar *discalceus*, descalço, isto é, sem *calceus*, sapato em latim. Os calçados chiques na antiga Roma eram sandálias cujas tiras entrecruzavam-se perna acima. Soldados usavam coturnos, embora preferissem sandálias militares, mais apropriadas às longas marchas. A gente do povo andava descalça ou com sandálias que lembravam mais os atuais chinelos. *Shoes of the Fisherman*, romance de Morris West, foi transposto para o cinema em 1968 e teve Anthony Quinn no papel principal. No Brasil, o livro e o filme tiveram o título mudado para *As sandálias do pescador*. Premonitório, nele é eleito papa um cardeal do Leste, tal como aconteceria dez anos depois com a eleição de João Paulo II. As sandálias do título aludem ao calçado mais popular entre pescadores e pastores e ao fato de o papa ser considerado pescador e pastor de almas.

DESCAMINHO de caminho, do latim vulgar *camminus*, palavra de origem celta, antecedido de des-, prefixo de negação, Designa ato de sair do caminho correto, como nos desvios de produtos na alfândega, em sentido comercial; nas transgressões legais e morais; na má aplicação de recursos públicos. Na linguagem popular, quando aplicadas a pessoas que foram levadas por outros a praticar atos ilícitos, são mais usadas as variantes desviado e desencaminhado, de desviar e desencaminhar respectivamente.

DESCAMISADO de camisa, do latim *camisia*, roupa de dormir ou ficar na cama, mas que mudou de significado no português do Brasil, vindo a designar peça do vestuário masculino, usada sobre a camiseta, pequena camisa, ou diretamente sobre a pele, e que vai do pescoço às coxas. O prefixo des-, indicando negação, surgiu para designar o maltrapilho, aquele que se veste mal por lhe faltar tudo, inclusive a roupa. Os revolucionários espanhóis de 1820 receberam o epíteto de descamisados, dado pelos inimigos, naturalmente, para deboche. Em 1945, na Argentina, o vocábulo, escrito em espanhol exatamente como em português, passou a designar os seguidores do general Juan Domingo Perón. A palavra "descamisados" aparece neste texto do historiador gaúcho Voltaire Schilling, comentando os funerais de Evita Perón, esposa do ditador: "Para o povo do Prata foi como se tivessem perdido sua maior protetora, a mãe dos pobres, dos descamisados, enquanto que para os seus inimigos e do regime foi um alívio e um prenúncio do fim da ditadura. Três anos depois o seu corpo embalsamado seria removido pelos militares, desaparecendo por 16 anos, enterrado numa cova anônima na Itália."

DESCOBERTA feminino de descoberto, substantivo e também particípio de cobrir, do latim *cooperire*, cobrir, proteger, tendo também o sentido de ocultar, cuja negação foi feita com o prefixo des-. Para nós, brasileiros, a descoberta guarda nas origens um grande mistério. Se Cristóvão Colombo descobriu a América, que inclui o Brasil, como não lhe é creditado o descobrimento de nosso país? Colombo partiu do porto da aldeia de Palos, no sudoeste da Espanha, em agosto de 1492. Seu destino era Catai, na China, e Cipango, nome que o célebre viajante veneziano Marco Polo dera ao Japão. O navegador, ao chegar às Bahamas, pensou ter aportado no Japão. Antes de retornar à Europa, descobriu Cuba e Haiti. As descobertas de Colombo, graças ao Tratado de Tordesilhas, que definiu a posse do Brasil a Portugal, foi obra do papa Alexandre, ironicamente de nacionalidade espanhola, nascido Rodrigo Borja, sobrenome depois italianizado para Bórgia.

DESCOBRIR do latim *cooperire*, cobrir inteiramente, ocultar, formou-se cobrir em português. Antecedido do prefixo de negação des-, indica mostrar, dar a conhecer, destapar, destampar. Cinco séculos depois do descobrimento, a América continua sendo descoberta. Recentemente, pesquisadores localizaram no fundo do Lago Titicaca, entre a Bolívia e o Peru, as ruínas de uma antiga cidade, datada de mil anos antes da chegada dos espanhóis. Foram identificadas áreas de lavouras, estradas e templos. No mais, fomos ensinados que Cristóvão Colombo descobriu a América, mas sutis complexidades não são devidamente estudadas. Outros navegadores provavelmente chegaram à América muito antes, mas não registraram a viagem. Em 2002, Gavin Menzies, oficial aposentado da marinha britânica, lançou o livro *1421: The Year China Discovered América* (1421, o ano em que a China descobriu a América), no qual defende que o navegador chinês Zheng He esteve na América em 1421. Depois da morte de Zheng He, a dinastia Ming, inconformada com os altos custos das viagens, proibiu a exploração dos oceanos, sob pena de morte.

DESCOLAR do grego *kólla*, goma, que passou ao latim como *colla*, formaram-se no português cola e colar. O prefixo des- indica negação. Quando, sobretudo na gíria, diz-se que alguém descolou algum benefício, a metáfora indica que foi preciso desgrudar a concessão. Assim, quando o filho descola um dinheiro do pai, o verbo utilizado indica que as mãos paternas estavam untadas e não foi fácil sua migração para as mãos filiais. Já a cola em sala de aula, forma branda de corrupção estudantil, consiste em copiar do vizinho aquilo que o colador não estudou. De outro mirante, a cola é prova de solidariedade.

DESDITA de dita, com prefixo des-, indicando negação, que veio do latim *dicta*, coisas ditas, plural de *dictum*, dito. É esta a origem de dita ser sinônimo de sorte, depreendida do que era proferido nos oráculos. Dela formou-se também desdita, isto é, má sorte, infelicidade. Do neutro *dictum*, dito, gênero que o português não tem, formou-se ditoso, com o sentido de feliz. Luís Vaz de Camões usa o feminino ditosa para qualificar Portugal, assim descrito ao rei de Melinde, da Índia, no canto III de *Os Lusíadas*: "Esta é a ditosa pátria minha amada,/ À qual se o Céu me dá que eu sem perigo/ Torne, com esta empresa já acabada,/ Acabe-se esta luz ali comigo." O personagem que faz a narração é Vasco da Gama e ele faz ao rei um resumo da história de Portugal, em parte lendária, como a desdita de Inês de Castro, apaixonada pelo príncipe Dom Pedro I, O Cru, e decapitada por ordens do sogro ilegítimo, uma vez que seu amante era casado.

DESEMBARGADOR vocábulo derivado de embargar, do latim vulgar *imbarricare*, pôr barra, estorvar. Designa o cargo de juiz de tribunal de alçada ou de apelação, cujo ofício consiste justamente em desembaraçar processos, levando-os a uma solução. Nem sempre, porém, os embargos podem ser resolvidos por juízes, como os "Embargos de terceiro", no capítulo 113 do célebre romance de Machado de Assis, *Dom Casmurro*, em que o marido, ao voltar do teatro, surpreende a esposa infiel com o seu melhor amigo e este lhe diz que veio para tratar de uns embargos.

DESEMPENHO do baixo-latim *impegnare*, endividar-se, formaram-se empenho e desempenho. Este último, com o significado de performance, é muito utilizado nos esportes para avaliar a atuação de algum atleta.

DESENHAR do italiano *disegnare*, desenhar, traçar, planejar. Nasceu para denominar traços de artesãos e artistas, mas a partir do século XIX tornou-se atividade industrial. Também as tiras das histórias em quadrinhos foram industrializadas em escala mundial, refletindo as neuroses modernas e contemporâneas, às vezes figuradas em animais, como o cachorro Snoopy, que tem como confidente um pequeno pássaro amarelo chamado Woodstock, ambos, porém, vivenciando problemas humanos. Esses personagens de Charles Schultz nasceram em conversas no café da manhã com seu pai, um barbeiro de Minnesota. Suas tiras foram traduzidas para 21 idiomas e publicadas em 26 países.

DESENVOLVER de envolver, do latim *involvere*, envolver, antecedido do prefixo des-, indicador de negação, mas também de ação ou abundância, conforme o contexto: desnudar não é vestir; desfazer não é deixar de fazer (mas desmanchar, fazer outra coisa); desfaçatez é fazer mais do que é devido e não menos; desdar não é deixar de dar, mas retomar o que se deu; desimpedir não é deixar de impedir, mas tirar o obstáculo; desembargador é quem tira as trancas de um processo, tira as barras, pois embargar vem de *imbarricare*, pôr barra, tranca. Envolver enseja o des-en-volver: o segundo prefixo, en- (será "em", antes de "p" ou "b") indica "dentro"; o primeiro, des-, contraria este, significando tirar do invólucro, como em "descobrir" e "descascar". Em suma, o significado de desenvolver, desenvoltura, desenvolvimento e outras palavras assemelhadas é retirar algo que está impedindo a manifestação. O pleno desenvolvimento, em teologia, dá-se quando o corpo torna-se defunto, do latim *defunctus*, pronto, cumprido, e a alma pode ser devolvida ao Criador, deixando a casca ou o invólucro por aqui.

DESERDAR de herdar, do latim *hereditare*, tornar-se herdeiro, antecedido do prefixo des-, indicando negação. Há outros étimos comuns a este verbo, como *haerens*, particípio presente de *haerere*, estar ligado a alguém; e *haerentia*, herança, aqueles bens aos quais o herdeiro tem acesso depois da morte ou de outros impedimentos de quem os legou para ele. Deserdar é excluir alguém da relação dos herdeiros, é impedir que ele usufrua da herança. Com diferença de apenas uma letra, seu parônimo desertar tem outro étimo, o latim *desertus*, particípio de *deserere*, abandonar. O areal conhecido como deserto chama-se assim justamente por ser lugar abandonado.

DESERTO do latim *desertus*, particípio do verbo *deserere*, abandonar, significando, pois, lugar abandonado, sem vegetação, despovoado, vazio. Está presente nas histórias do professor Júlio César de Mello e Souza, publicadas como se o autor fosse árabe, tivesse nascido em Meca e morrido no deserto lutando por sua tribo e se chamasse Ali Eezid Izz-Edin Ibn Salim Hank Malba Tahan.

DESERTOR do latim *desertore*, desertor, traidor. No latim, antes de designar o soldado que abandonava o exército, indicava quem desfazia o namoro. Nem todos os desertores foram vilões. São João Maria Vianney, cuja festa é comemorada a 4 de agosto, desertou do exército napoleônico, então em marcha para invadir a Espanha, apenas porque não conseguia acertar o passo com o seu batalhão. Não percebeu a gravidade de seu gesto e depois teve que viver escondido. Ordenado padre, foi designado vigário de Ars, vilarejo com apenas 230 habitantes, no interior da França. Lá se transformou num dos maiores confessores da Igreja, tornando sua paróquia centro de peregrinação.

DESFAZER de des-, partícula de negação, e fazer, do latim *facere*. Este étimo está presente também em eficaz, fato, fatura, benefício, malefício etc. Os presépios, que celebram o nascimento de Jesus, começam a ser desfeitos depois do Dia de Reis, comemorado em 6 de janeiro. Mas o acontecimento foi narrado de modos distintos e aparentemente contraditórios, justamente por complexas sutilezas das traduções. Os manuscritos dos primeiros dois séculos foram quase todos perdidos e prevaleceram as versões do século IV. Os quatro evangelistas oficializados escreviam numa língua que não era a deles, o grego, e por isso estavam influenciados pelo hebraico, a língua dos ritos no templo, e pelo aramaico, a língua do cotidiano e aquela em que Jesus falou, e ganharam o mundo a partir de sua tradução para o latim, a célebre *Vulgata*, tradução assinada por São Jerônimo. Os evangelhos apócrifos desfizeram as narrativas originais e as compuseram de outros modos. São ainda muito lidos e têm servido a filmes e especiais de televisão, em geral baseados no livro *O código Da Vinci*, do escritor americano Dan Brown, que tentou desconstruir ou talvez destruir os evangelhos. Nessas narrativas, Jesus e Maria Madalena fogem de Jerusalém e vão para a França, onde constituem uma família e têm filhos judeus, nascidos franceses.

DESFILE do francês *file*, fileira, por sua vez formado a partir do latim *filum*, fio, encadeamento. O prefixo des- indica negação. Daí ter desfile originalmente o sentido de abandonar a fila e sair dançando pela rua. Sem ordem, porém, não pode existir fila nem desfile. E os desfiles, militares, estudantis ou carnavalescos, sofreram lenta evolução até apresentarem a beleza plástica que todos admiramos. Já o desfile de carros alegóricos no Carnaval foi ideia do escritor José de Alencar, fundador da Sociedade das Sumidades Carnavalescas, a primeira a desfilar, em 1855. Tais desfiles eram marcados por saborosas sátiras ao governo.

DESGOSTO de gosto, do latim *gustu*, antecedido de des-, indicador de negação. É a marca popular do mês de agosto, sintetizado no bordão popular "agosto, mês de desgosto". No Brasil, há sobejas razões para que agosto seja visto como anunciador de desgraças, algumas delas já consolidadas, ainda que tenhamos recebido tal herança da colonização portuguesa e de outras influências europeias. O fato que mais deve ter marcado este mês como agourento remonta à Batalha de Alcácer Quibir, na África, onde desapareceu para sempre o rei Dom Sebastião, levando Portugal, por não deixar herdeiros para a Coroa, a passar a domínio espanhol. Em agosto de 1955, o famoso humorista gaúcho Aparício Torelly registrou em seu *Almanhaque*: "Este mês, em dia que não conseguimos confirmar, no ano 453 a.C. verificou-se terrível encontro entre os aguerridos exércitos da Beócia e de Creta. Segundo relatam as crônicas, venceram os cretinos, que até agora se encontram no governo." Em 23 de agosto de 1572, em Paris, deu-se a chacina conhecida como Noite de São Bartolomeu, quando os católicos assassinaram milhares de protestantes. Os presidentes Getúlio Vargas e Juscelino Kubitschek morreram ambos tragicamente em agosto. O primeiro, por suicídio, com um tiro no peito, dia 24 de agosto de 1954. O segundo, em desastre de automóvel, dia 23 de agosto de 1976, em Resende (RJ). Como curiosidade, lembre-se que o Farol de Alexandria, uma das Sete Maravilhas do Mundo Antigo, já avariado, foi destruído completamente por um terremoto no dia 7 de agosto de 1303. E também que Fidel Castro juntou um duplo azar no dia de seu nascimento: 13 de agosto de 1926, sexta-feira.

DESGRAÇA de graça, do latim *gratia*, graça, dom, mercê, benefício, favor, antecedido de des-, prefixo de negação. Entretanto, desgraça não é sem graça do estado de sem-gracice, que denota timidez ou embaraço, mas, sim, antônimo de graça, com os sinônimos de azar ou tragédia, conforme o caso. Os americanos criaram para designar a desgraça a Lei de Murphy, indivíduo que ninguém sabe quem foi ou é, mas que sintetiza azares e desgraças em suas conhecidas leis, entre as quais destacam-se as seguintes: "Se alguma coisa pode dar errado, dará"; "Tudo irá mais longe do que você pensa que vai"; "Nada é tão simples quanto parece"; "Tudo que começa bem, acaba mal. Tudo que começa mal, acaba pior"; "No exame final, a prova será sobre matéria explicada na única aula que você perdeu, baseada no único livro que você não leu"; "Quando seu voo atrasa, a sua conexão sai no horário"; "As etapas de um projeto são sete: Aceitação sem crítica; Grande entusiasmo; Desilusão total; Confusão total; Busca dos culpados; Punição dos inocentes; Promoção dos não participantes"; "É impossível criar coisas à prova de erros – os idiotas são muito inventivos".

DESIDRATAÇÃO do grego *hidatos*, líquido, água, servindo depois para designar também o suor, com os acréscimos de afixos como des-, prefixo que indica negação, e o sufixo -ação, formou-se este vocábulo que designa a falta de ação do organismo para reidratar-se após a perda excessiva de líquidos, seja por calores excessivos, seja por doenças. A desidratação é uma das maiores ameaças ao ser humano nas épocas de calores descomunais, porque leva à perda de líquidos e sais indispensáveis à saúde. Houve influência do grego *hydra*, cobra-d'água, designando também a famosa Hidra de Lerna.

DESIGNAR do latim *designare*, pela junção de *de* e *signare*, pôr signo, sinal, marca. Consolidou-se como verbo que indica, nomeia, fixa e determina a palavra e o significado que tem. Designar é uma das funções primordiais da imprensa. Diretas Já e *Collorgate* são dois exemplos, mas a segunda é de matar porque incorpora a designação que repórteres dos EUA deram aos eventos que levaram à renúncia do presidente norte-americano Richard Nixon há mais de trinta anos, forçando a vinculação com *Watergate*, nome do prédio onde funcionava o comitê do candidato democrata George McGovern. E a imprensa brasileira continuou designando outras arapongagens políticas em que a palavra inglesa *gate* é embutida na denominação. Os leitores, sobretudo os mais jovens, sabem que a designação indica ato ilícito quando *gate* está associado ao nome de alguém, principalmente se o assunto é política.

DESINCOMPATIBILIZAR de compatível, do latim *compatibile*, acrescido dos prefixos des- e in-, que indicam negação, e do sufixo -ar, designando verbo. Esse estranho vocábulo tem o significado redundante de ação que visa impedir a possibilidade de coexistência harmoniosa. Nas eleições, até muito recentemente, compreendia o afastamento temporário do titular de algum cargo enquanto estivesse em campanha por reeleição.

DESINDEXAR com o prefixo des-, que indica negação, formou-se este verbo que designa o contrário de indexar. A ação é proposta por economistas sempre que a indexação não dá certo. Tão logo também a desindexação demore a mostrar resultados, volta-se à indexação anterior. As duas ações têm sido apresentadas como remédios definitivos para acabar com a inflação e outras deformações da economia nacional. É uma variante pobre da doutrina do eterno retorno, já defendida pelo célebre filósofo alemão Friedrich Nietzsche, mas aplicada por gente muito menos ajuizada do que ele.

DESINFLAÇÃO com o prefixo des-, de negação, o vocábulo indica o contrário de uma política monetária inflacionária. Inflação vem do latim, *inflatio*, *inflationis*, inchaço, indicando situação em que o dinheiro aumenta em volume, perdendo em valor. A maior parte dos países do Primeiro Mundo executa políticas desinflacionárias ou com pequenas taxas de inflação.

DESJEJUM do latim *jejunus*, designando o esfomeado, o magro, o seco, o fraco e também o ignorante, com o prefixo des-, para formar a negação, veio a designar a primeira refeição do dia, o brequefeste, adaptação do inglês *breakfast*, pela formação *break*, quebrar, e *fast*, rápido, mas cujo étimo tem também o sentido de observar abstinência, daí a expressão *fast day*, dia de jejum. Em Portugal, diz-se pequeno almoço. No Brasil, o cafezinho ou pequeno copo de cachaça tomados ainda antes do café da manhã é denominado mata-bicho, baseado na superstição de que os vermes são mortos com o pequeno gole da rubiácea ou da pinga. Com a dissolução ou transformação dos costumes nas grandes cidades, criou-se um lanche que ameniza o jejum de quem precisou sair de casa sem tempo de tomar a primeira refeição do dia. Esta merenda, por imitação e neologismo dispensável, inglesou o nome para *coffee break*. Merenda é do mesmo étimo de merecer. Fica estranho cobrar por ela. Já o *coffee break* tem seu preço incluído nos gastos de quem patrocina o evento.

DESLIZE de deslizar, verbo de procedência controversa, provavelmente do latim vulgar *lisius*, liso, ou então de origem onomatopaica, semelhando som que pessoa ou coisa fazem ao escorregar. É sinônimo de erro involuntário: a pessoa tem qualificações para não cometê-lo, mas, por influências diversas acaba perpetrando o engano. Há célebres deslizes, às vezes perpetrados por grandes estadistas que dizem ser Buenos Aires a capital do Brasil e erguem brindes à Bolívia quando nos visitam, esquecidos de que estão em Brasília e não em La Paz. O presidente George Bush, num de seus deslizes habituais, visitando a Austrália, chamou os australianos de austríacos. E em maio de 2007, ao saudar a rainha Elisabeth II, que visitava os EUA, disse que a soberana inglesa tinha visitado os EUA no século XVIII. O deslize toma frequentemente o significado de gafe.

DESMANTELAR do latim *mantele*, *mantel*, muralha que protegia as fortificações. Os afixos *des* e *ar* alteram o significado para ação de retirar tal abrigo. A consequência do afastamento dessa muralha era a destruição dos prédios que resguardava. Hoje o vocábulo é muito usado por políticos que prometem moralizar os serviços públicos, começando pelo desmantelamento de instituições e práticas que dizem combater.

DESODORANTE Embora alguns pesquisadores afirmem que provenha do inglês *deodorant*, fabricado nos EUA já na segunda metade do século XIX, que ali evoluiu também para a sua versão antitranspirante, é mais provável que para a língua portuguesa a palavra tenha vindo do francês *désodorant*, vez que os franceses distinguem-se desde muito como fabricantes de perfumes e cosméticos. Antigos sumérios, povo que viveu em terras hoje pertencentes ao Iraque, já usavam desodorante por volta de 5.000 a.C., recomendando que as pessoas lavassem bem o corpo e aplicassem óleos especiais sob as axilas. Assim procederam também os antigos egípcios, mas deram um passo importante na luta contra o cê-cê, pois seus cientistas, travestidos de sacerdotes, descobriram que a eliminação dos pelos ajudava nesse combate. Séculos mais tarde outros cientistas, já no Ocidente, assumidos, que dispensavam apoios religiosos para práticas de higiene, descobriram que os pelos oferecem incentivo à vida e proliferação de bactérias que ali se reproduzem, morrem e se decompõem em ambiente que lhes é muito favorável. Ainda assim, raspar os pelos sob o sovaco não é ainda prática universal. Porém, principalmente as mulheres, tendem a adotá-la cada vez mais.

DESOXIRRIBONUCLEICO do inglês *deoxyribonucleic*, desoxirribonucleico, mais conhecido como DNA, designando o ácido contendo a molécula que traz informação genética, constituída por duas cadeias polinucleotídicas onde são encontrados açúcar, fosfato e uma base nitrogenada. Exames de DNA têm livrado de mãos espúrias algumas fortunas que pretensos herdeiros reclamaram. Mas também têm levado ao cumprimento de responsabilidades advindas da paternidade. Como tudo o que envolve o sexo, a começar pela camisa de vênus dos antigos romanos, o assunto é polêmico.

DESPACHANTE de despachar, verbo vindo do francês antigo *despeechier*, passando pelo provençal *despachar*, de onde chegou ao português, conservando o sentido de desembaraçar. Inicialmente designava profissional encarregado de cuidar de papéis referentes ao comércio internacional e mais tarde funcionário que intermedeia negócios entre o cidadão e as repartições públicas, especialmente nos licenciamentos de veículos e obtenção de carteiras nacionais de habilitação.

DESPAUTÉRIO do francês *despautère*, radicado no sobrenome afrancesado do gramático de origem flamenga Jean Van Pauteren, famoso pela confusa gramática latina que elaborou, cheia de regras absurdas. Por isso, o nome do autor virou sinônimo de asneira grave. A gramática latina é de estrutura complexa, mas até mesmo as regras mais simples viraram um cipoal indevassável nos comentários do autor. Sua obra foi publicada também em latim, que o transformou em *Dispauterius*.

DESPERTADOR de despertar, do latim *deexpertigitare*, em domínio conexo com *expertu*, tendo havido troca de prefixo. O relógio despertador mecânico, inventado por Seth E. Thomas, em 1876, veio a ser substituído pelo rádio e pelo telefone, fixo ou celular. *Despertador* dá título ao livro de estreia de Layla Shpielman, revelação de autora e cronista brasileira, em que diz: "Eu tenho um gato, e como qualquer outro, ele é cheio de manias. Então, quando toca o despertador, o Milk vem correndo subindo pelas escadas (e eu sei quem é ele, porque ele carrega um guizo no pescoço) e sobe na minha cama pra ter certeza de que eu estou acordando e não vou perder a hora."

DESPIR do latim *expedire*, livrar-se de armadilhas, laços, desimpedir, formou-se este verbo que indica o ato de tirar a roupa, tornado uma arte na civilização ocidental, como o demonstram os numerosos espetáculos de *strip-tease*, em que modelos, atrizes ou simples moças de vida airada livram-se das roupas, peça por peça, dançando ou fazendo meneios de corpo ao som de música apropriada. Evidentemente a maioria da humanidade se despe ou veste em privado. Já nos espetáculos, tão logo a moça tira a última peça de roupa, a calcinha, some pelada do palco, indo vestir-se no camarim. Se agradou ao respeitável público, a trilha sonora recebe o reforço das palmas. Antigamente, a cachopa não podia ser mostrada. A calcinha era a penúltima peça, pois havia o tapa-sexo.

DESRATIZAÇÃO este vocábulo formou-se dos afixos des e ação, ladeando o radical *rat*, de rato, vindo do latim vulgar *rattu*, formado por onomatopeia, uma vez que no latim culto rato é *mus*, *muris*, de onde, aliás, originou-se morcego, que significa literalmente rato cego. A desratização, tarefa que sucede as enchentes, consiste na exterminação da rataria pelos próprios homens, uma vez que os gatos, seus tradicionais inimigos, já não dão conta do trabalho. Mas uma gata de 24 anos foi parar no Guiness, o livro de recordes, porque matou 28.899 ratos no curto período de sua vida. Nascida em 1963 e falecida em 1987, matava em média três ratos por dia. Os gatos não se multiplicam tão rapidamente como os ratos, mas alguns chegam a ter centenas de filhotes.

DESSAUDAR o prefixo des-, que indica negação, inverte o significado de saudar, do latim *salutare*, desejar saúde, saudar, cumprimentar. Dessaudar significa, pois, negar o cumprimento a alguém, desacatá-lo. Regras sociais específicas, frutos muito mais de usos e costumes do que de normas escritas, consagraram ao correr do tempo vários modos para os cumprimentos pessoais, que vão muito além de desejar o tradicional bom dia, boa tarde ou boa noite a quem encontramos, principalmente aos conhecidos. Dessaudar, ato coberto de indelicadezas em se tratando de conhecidos, é sinônimo de indiferença e desprezo, ainda que às vezes se mostre como mal menor na convivência compulsória com desafetos.

DESTERRO de desterrar, tirar alguém de sua terra, submetendo-o ao desterro, ao degredo ou ao confinamento. A Terra é a mais antiga das deusas, segundo Ovídio. Algumas localidades do Brasil e da África foram tão utilizadas para a remessa de indesejáveis dos poderosos, que algumas delas foram conhecidas com apodo característico, de que é exemplo Florianópolis, capital de Santa Catarina, cujo nome, até fins do século XIX, foi Ilha do Desterro. Por ocasião da Inconfidência, vários réus receberam a pena do degredo. O Brasil já era então um lugar preferencial para os degredados portugueses, mas, como os condenados vivessem em Minas Gerais, foram degredados para a África, como foi o caso de Tomás Antonio Gonzaga.

DESTRAMBELHAR de trambelho, do latim *trabeculum*, diminutivo de *trabs*, barrote, trave, suporte. Quando retirado ou movido sem cuidado o trambelho, o que ele suportava vinha abaixo, fosse barco ou casa em construção. O prefixo des-, indicando ação contrária, e o sufixo -ar, anexado para formar o verbo, com exclusão de "o", completaram o significado. E posteriormente o vocábulo passou a ser utilizado em sentido conotativo para designar ações heréticas, discrepantes da norma geral, surpreendentes ou reprováveis. Uma antologia dos destrambelhamentos famosos, das inconformidades célebres e das rebeldias inolvidáveis estaria repleta de gênios em todos os campos. O teólogo, filósofo e cientista Emanuel Swedenborg, que viveu no século que Louis Antoine Léon Saint-Just quis pôr no panteão, o XVIII, e cujas desconcertantes ilações são tão apreciadas, sobretudo na Inglaterra e nos EUA, e que teve na Argentina um admirador emblemático, o escritor Jorge Luís Borges, concluiu depois de muitas pesquisas e outras tantas revelações que o céu está proibido, não aos maus, mas aos bobos. E por quê? Porque a maior ofensa ao Criador de obras tão complexas como o universo e todos os mundos seria deixar de apreciar, por falta de entendimento, a beleza do Paraíso. Apenas por isso é proibida aos ignorantes a entrada no reino dos céus. Galileu Galilei desafiou o Papa, enfrentou iras e calúnias dos asseclas da Inquisição, mas é o pai da Física. Michelângelo Buonarroti fez mais do que isso: num momento de raiva incontida, discutindo arte e arquitetura com quem só queria saber de poder, esbofeteou o Sumo Pontífice. Jesus foi insolente com os todo-poderosos mercadores do templo de Jerusalém e, ainda que ferido, espancado e humilhado sob uma coroa de espinhos, encarou o procurador do império mais poderoso do mundo e recusou-se a responder o que era a verdade, acrescentando também que ele não tinha poder algum que não viesse do alto, o que, aliás, ficou demonstrado depois de sua crucificação e morte, quando Pilatos caiu em desgraça e se suicidou. César, bissexual convicto, punha um manto vermelho, montava seu cavalo branco e assim paramentado ia para a frente da batalha pedindo aos soldados veteranos que ferissem os jovens soldados de Pompeu no rosto, porque eles eram bonitinhos e isso os encheria de pavor, mais que o terror da própria luta. Além do mais, desobedeceu ao Senado e atravessou o Rubicão, proferindo a frase famosa: a sorte foi lançada. Dom Pedro I desobedece às cortes portuguesas, proclama a independência no Brasil e faz a guerra contra o irmão para obter o trono no reino. Sua neta, a princesa Isabel, desobedece a conselheiros e amigos do pai e abole a escravidão no Brasil. O marechal Deodoro da Fonseca é monarquista, mas proclama a República. Joaquim Nabuco foi duplamente corajoso naqueles anos, ao declarar-se abolicionista, sim, mas monarquista! Getúlio Vargas desafia e depõe o presidente Washington Luís, lidera a Revolução de 1930 e funda o Brasil moderno. Machado de Assis, que era mulato, pobre, órfão, epiléptico e gago, fere com sua ironia silenciosa o estilo untuoso dos mais aclamados beletristas nacionais, dá um pau crítico em ninguém menos do que Eça de Queirós e constitui-se na maior referência da literatura brasileira em todos os tempos. Manuel Francisco dos Santos, o Garrincha, e Edson Arantes do Nascimento, o Pelé, bicampeões mundiais em 1958 e 1962, também destrambelharam e, contrariando a quase todos, mostraram que o futebol é muito mais divertido e eficiente quando jogadores ousam discordar de técnicos que lhes querem roubar o talento. O primeiro tinha as pernas tortas e quase foi dado como incapaz para o futebol, e o segundo deslumbrou o mundo ainda na Copa de 1958, aos 17 anos. Na Copa de 2002, César Luís Menotti, o técnico que levou a Argentina a seu primeiro título mundial, lamentou que o Brasil tivesse abandonando a alegria dos destrambelhados e se voltasse para um futebol do tipo administrativo e burocrático, ainda que competitivo. Menotti citou os exemplos de Pelé e Garrincha, entre outros. Também houve amores e namoros destrambelhados. Entre os mais famosos estão os de Cleópatra VII, rainha do Egito, vivida no cinema por Elisabeth Taylor, atriz norte-americana de origem inglesa, célebre por seu talento precoce – estreou no cinema aos 10 anos – e por numerosos maridos num tempo em que os divórcios, ainda que socialmente aceitos, eram recursos extremos na resolução de conflitos matrimoniais.

DESTRINCHAR de destrinçar, do latim *strictiare*, apertar, antecedido do prefixo des-, de negação. Destrinchar é, pois, desapertar, afrouxar, separar em partes. No caso da leitura, tem o sentido de interpretar, mas paradoxalmente, para que possa haver entendimento, uma vez separadas as partes é preciso juntá-las outra vez. Destrinchar é sinônimo de resolver um problema e pode ter recebido influência de trinchar, do francês *trancher*, separar em pedaços, como se faz com alguns pratos, notadamente aves e pequenos animais servidos inteiros à mesa, sendo necessário, pois, separá-los em partes para que possam ser comidos. Ao lançar no Brasil o livro *Situações I*, do filósofo francês Jean-Paul Sartre, a editora Cosac Naify, distribuiu uma explicação em que usa muito apropriadamente o verbo destrinchar, como segue: "O conceito de 'forma', inclusive, é decisivo para a constituição dos ensaios de *Situações I*. Sartre procura a espinha dorsal de quase todos os textos analisados, tentando descobrir arquiteturas e destrinchar, às vezes como quem desmonta um relógio ou procura desenhar o circuito elétrico de uma casa, os procedimentos que sustentam essa e aquela maneira diferente de fazer ficção e poesia."

DESTRO do grego *desteros*, que se encontra à direita, pelo latim *dextru*, declinação de *dexter*, direito. Os antigos gregos já vinculavam a esta palavra o sentido de bom augúrio, metáfora que os romanos conservaram. Não se pode conceber que tenha havido conspiração contra os canhotos desde as mais remotas eras, mas ainda em suas origens o lado direito prestou-se a indicar o bem, em oposição ao mal, que estaria à esquerda. Ainda hoje, as empresas seguradoras registram como sinistros as ocorrências de desastres de carro ou de avião, naufrágios e incêndios. Já para os cristãos, não há dúvida de que a direita é melhor do que a esquerda, pois proclamam que o Filho tem grande poder justamente por estar sentado à direita do Pai, declaração celebrada no Credo: "*sedet ad dexteram Dei Patris*" (está sentado à direita de Deus Pai).

DESTROÇO de troço, coisa velha, tralha imprestável, com influência do espanhol *trozo*, pedaço, com raízes remotas no latim *destructiare*, destruir. Até recentemente os destroços limitavam-se à terra e ao mar, mas desde a conquista espacial, pululam no espaço sideral, ameaçando nossas cabeças. Uma das recentes ameaças foram os destroços da estação russa Mir, cujos pedaços poderiam ter caído em áreas habitadas nas proximidades do Japão e da Austrália, no Pacífico Sul. Os maiores fragmentos tinham o tamanho de um automóvel e viajavam do espaço para a terra à velocidade de 3,6 mil quilômetros por hora, cerca de quatro vezes a velocidade de um jato comercial. No entanto, os destroços caíram no sul do oceano Pacífico, dia 23 de março de 2001. A parcela da humanidade integrada à galáxia Gutenberg semelha ter um troço quando ouve, vê ou lê sobre o que se passa no céu do mundo, pois troço significa também mal-estar, amparado no provençal *tros*, peça de canhão e pelotão militar. A Mir foi lançada em 1986. Um de seus criadores, o físico Leonid Gorshkov, fez troça de nossos medos: "Restos de foguete e centenas de meteoritos caem todos os dias na Terra e nenhuma tragédia acontece."

DESUSO de desusar, de usar, do latim *usare*, usar, utilizar. Não são apenas roupas e ideias que entram em desuso: muitas palavras também caem em desuso. Até o século XV, carnagem equivalia a matança, carnificina, chacina. Gare foi substituída por estação, plataforma. Reclame deu lugar a comercial, da redução de publicidade comercial, anúncio comercial. Grimaça cedeu a careta, trejeito. Chefe de obra passou a obra-prima. Grande mundo era a alta sociedade, expressão paradoxal, pois a alta sociedade era e é composta de poucos, mas o grande tinha valor qualitativo e não quantitativo.

DESVARIO derivado de desvariar, contrário de variar, do latim *variare*, mudar, alternar. O desvario indica obsessão e por isso é indício de loucura, como aparece no célebre poema "Ismália", de Alphonsus de Guimaraens: "Quando Ismália enlouqueceu/ Pôs-se na torre a sonhar.../ Viu uma lua no céu/ Viu outra lua no mar/ E no desvario seu/ Na torre pôs-se a cantar/ Estava perto do céu/ Estava longe do mar." Ismália acaba se suicidando e o poeta conclui seu poema com estes versos: "Sua alma subiu ao céu/ Seu corpo desceu ao mar."

DESVIAR do latim *deviare*, provavelmente por meio da formação de *ex-viare* – tirar do caminho direito, desviar, tirar da via, isto é, do caminho, mudar a direção. Dá-se, por exemplo, em estradas e ruas, quando, por necessidade de reparo em seu leito, pedestres e automóveis devem seguir por uma variante. No sentido figurado, designa o ato de furtar, desviando o pagamento de seu destino e fazendo-o confluir para a conta do larápio. Ultimamente, a palavra que mais tem acompanhado o verbo é a verba. E não por matrimônio entre vocábulos, mas sim porque tem havido muitos desvios de dinheiro, que nem sempre chegam a seu destino correto, não por estar atravancado o seu caminho normal, e sim porque espertalhões encontraram caminhos melhores. Para eles, claro.

DESVIO de desviar, do latim *deviare*, desviar, deixar a via, caminho, estrada. Observam-se desvios nas rodovias, indicando opção temporária no trajeto, em virtude de recuperação do trecho do caminho principal; no entanto, ocorrem também em etimologia, com o sentido de afastamento do caminho correto para a pesquisa. O cearense José Lemos Monteiro reúne vários e divertidos exemplos em *Etimologias fantasiosas* (Fortaleza, Editora Henrique Galeno, 1979). O latido do cachorro é uma das mais curiosas. Dá conta de que Abel possuía um cachorro de estimação. Quando Abel foi assassinado pelo irmão, Caim, o animal saiu pelo mundo denunciando o matador: "Caim, Caim, Caim." Maltratados, cães latem algo que soa ao nome, mas este procede do hebraico *Qain*, sem nenhuma relação com cachorro. Também gente ilustre afastou-se do reto caminho, como é o caso do polígrafo latino Varrão, que ensina que a raposa – *vulpes*, em latim – é assim designada por alteração de *volpes*, *vol* e *pes*, a que, sendo muito rápida, voa com os pés, *quod volat pedibus*.

DETECTOR do latim *detectum*, forma verbal de *detegere*, antônimo de *tegere*, cobrir, vestir. *Detegere*, descobrir, tem também o significado de ocultar. *Detectum* passou a denominar inicialmente o templo sem teto, sem cobertura. Os ladrões entravam pelo teto das casas ou nele se escondiam, daí a formação da palavra a partir de *tectum*, teto, forro, cobertura. O detector de mentiras é um aparelho para detectar ou revelar falsidades pelo exame de alterações na pressão sanguínea, na intensidade dos batimentos do pulso ou dos movimentos respiratórios.

DETERIORAR do latim *deteriorare*, deteriorar, com o sentido de estragar, destruir, desgastar por atrito, como a mó faz com o grão de trigo no moinho. É verbo da mesma família de atritar, que veio do latim clássico *atterere* e do latim vulgar *tritare*, esfregar, moer. Trigo, do latim *triticum*, recebeu tal denominação porque o grão é triturado. Quando no sacramento da confissão, o padre pede ao confitente que faça seu ato de contrição, recomenda que faça com o seu coração o que o moinho faz com o trigo, para não deteriorar sua relação com Deus. Quando se diz que a falta de diálogo deteriorou o convívio, é este o contexto da língua: a relação foi esmagada, destruída, mas pode ser transformada em outra realidade, como ocorre depois da confissão e do perdão.

DETETIVE do inglês *to detect*, descobrir, pôr em evidência. Daí resultou, também no inglês, *detective*, detetive; profissional especializado em investigações criminais; agente policial, encarregado de esclarecer crimes, descobrindo os culpados. Pode ter vindo remotamente do latim *detectum*, isto é, descoberto, sem teto. O detetive seria aquele que encontra quem está escondido no teto. Antes dos modernos edifícios, era comum os ladrões entrarem pelos telhados das residências. Os modernos detetives estão trocando as ruas pelos escritórios, onde instrumentos como o telefone, o fax e o computador podem lhes fornecer mais pistas, indícios e rastros daqueles que produzem os grandes crimes, não tanto com armas, mas com um talão de cheques e cartões magnéticos. Eles podem atuar tanto no serviço público como em empresas privadas. Utilizando métodos cada vez mais científicos, o ofício de detectar vestígios e por meio deles esclarecer atos criminosos recebeu no Brasil a contribuição de docentes da Universidade Estadual de Campinas que, em 1985, integrando uma equipe internacional, identificaram a ossada do nazista e criminoso de guerra Josef Mengele, que morrera afogado na praia de Bertioga, depois de viver por muitos anos sob nome falso, em São Paulo. Na literatura, a primeira história em que a ação decisiva era detectar, tarefa do detetive Auguste Dupin, foi obra do precursor do gênero policial nas letras, o escritor norte-americano Edgar Allan Poe. A história, depois tornada um clássico, intitula-se *Os assassinos da rua Morgue*, e foi publicada quando ele tinha 32 anos.

DETONAR do latim *detonare*, roncar como o trovão, explodir. Está entrando para o português já estava na linguagem coloquial, sempre mais dinâmica, de onde foi recolhido para os dicionários – com o significado de mudar radicalmente uma situação, seja o rumo de uma conversa, festa ou trabalho.

DEVA do sânscrito *devas*, brilhante. Em religiões orientais, como o bramanismo e o zoroastrismo, designa as divindades intermediárias, situadas entre os deuses superiores e os homens, servindo como mediadores, à semelhança dos santos católicos, com a diferença de que esses últimos não têm divindade alguma. No zoroastrismo, os devas, que são deuses masculinos, atuam na atmosfera.

DEVAGAR de origem controversa, provavelmente da forma latina *vacare*, vagar, demorar-se, antecedida da preposição de. Para quem estranha no Brasil alguns objetivos deveriam ser cumpridos com maior velocidade, lembremos que há alguns indícios marcantes de que não temos pressa, de que é exemplo o famoso verso do *Hino Nacional* proclamando, com orgulho, que o Brasil está "deitado eternamente em berço esplêndido, ao som do mar e à luz do céu profundo". Por isso, talvez, esteja acordando tão devagar. Esta falta de pressa, porém, precedeu o nosso hino em quatro séculos. Com efeito, as 13 naus comandadas por Pedro Álvares Cabral partiram de Lisboa a 9 de março, segunda-feira, e chegaram ao Brasil dia 22 de abril, quarta-feira. Houve grande festa na partida, marcada para domingo, dia 8, mas o mau tempo impediu que zarpassem na data planejada. Foi a primeira demonstração que devagar se vai ao longe, mas a recomendação já estava presente numa das frases preferidas do imperador Augusto: "*Festina lente*", apressa-te devagar, que hoje é divisa da cidade de Sorocaba. Entretanto, na forma como se consolidou popularmente no Brasil, veio do italiano "*Piano, piano, se và lontano*", pronunciada também em sua forma dialetal: "*Pian, pian, se và lontan.*"

DEVASSA de *fassum*, particípio do verbo latino *fateor*, confessar. *Fassum* tem o significado de confessado. Antecedido da preposição de, sofreu depois junção e passou a indicar quem confessa suas torpezas. Com o tempo, como o plural do neutro *defassum* é *defassa*, ocorreu a mais recente alteração, a troca de "f" por "v", consolidando-se em devassa. Mudou, porém, o significado: de confissão espontânea passou a confissão forçada, frequentemente sob maus-tratos e tortura, como ocorreu aos inconfidentes por ocasião da devassa ordenada pela rainha Maria I, a Louca. Se a Inconfidência Mineira tivesse sido vitoriosa, a capital do Brasil seria São João del Rey. A devassa teve o propósito de desvendar o segredo, afinal revelado pelo traidor: proclamar a república.

DEVOÇÃO do latim *devotione*, devoção, afeto. O vocábulo teve originalmente vinculação religiosa, indicando sentimentos humanos em relação aos seres superiores ou deuses. Com o cristianismo, veio a indicar os cuidados especiais que o crente dedica a santos de sua predileção. Vocábulo de muitas metáforas, passou também a indicar a diligência em determinado assunto, além de ser expressão carinhosa de amor, presente em muitas letras de músicas populares.

DEVOLUTIVO de devoluto, do latim *devolutus*, que rola de cima, que faz cair. Com este sentido aparece nas *Ordenações afonsinas*, no século XV. Em Direito diz-se do efeito de um recurso, principalmente de apelação, que, embora não suspenda a execução da sentença, torna possível nova apreciação da matéria por tribunal superior.

DEVOLUTO do latim *devolutus*, desocupado, desabitado. Tomou este sentido porque originalmente o latim *devolutus* é particípio de *devolvere*, voltar, rolar de cima. Designa terras que ainda não foram incorporadas à propriedade privada e, portanto, pertencentes ao Estado. Às vezes no Brasil, mas preferencialmente em Portugal, a palavra cumpre as funções de abandonado, de que é exemplo esta manchete do jornal português *Diário de Notícias* (5 outubro 2009): "A queda da fachada do primeiro andar de um prédio perto do Mercado do Bolhão, no Porto, deu-se cerca das 22:45h. Segundo informações avançadas pelo repórter, o prédio estava devoluto há 30 anos e apenas tinha estabelecimentos comerciais a funcionar no seu rés-do-chão." São a mesma língua, mas em Portugal as variações são tantas que neste simples informe encontramos também rés-do-chão designando o térreo. E, em lugar do gerúndio "funcionando", lemos "a funcionar".

DEZEMBRO do latim *december*, décimo mês do ano no antigo calendário romano. Último mês do ano, dezembro tem a principal festa do Ocidente, o Natal, dia em que a gente acredita em tudo, até mesmo em Papai Noel. Deveria ser o dia escolhido por nossas autoridades para nos garantir que o Brasil vai sair da crise no próximo ano. Acreditar a gente não acredita, mas elas poderiam ter um pouco da simpatia do bom velhinho e, em vez de anunciar desgraças, poderiam consolar-nos com algumas esperanças. O médico e ex-ministro Adib Jatene lembrou que em medicina, ao contrário do que ocorre em economia, os remédios são testados antes em animais e severamente controlados em número reduzido de pessoas, para somente depois serem prescritos. Ainda assim, o erro médico é passível de grandes punições. Nem uma e nem outra coisa ocorrem aos que nos levam a fechar o ano em vermelho, único fato que nos recorda o Papai Noel.

DEZESSEIS de dez, do latim *decem*, e seis, do latim *sex*, formou-se este numeral, que em Portugal e nos países africanos lusófonos é pronunciado e escrito dezasseis. No Brasil, dezasseis é aceito apenas na escrita, sendo raramente utilizado na fala. Para as efemérides, diz-se decênio para dez anos e sexênio para seis anos, as duas marcas vindas igualmente do latim *decennium* e *sexennium*. Os romanos designavam *lustrum* o período de cinco anos, quando os censores, funcionários encarregados do censo e não de proibir, faziam cerimônias de purificação do povo. *Lustrum* veio de *lustrare*, percorrer o zodíaco repleto de astros brilhantes. Por isso, as celebrações eram associadas a limpeza e brilho.

DIABETES do grego *diabetes*, sifão, tubo recurvado, palavra derivada do verbo *diabaíno*, passar pelas pernas, atravessar, do grego *diá*, através, e *báino*, passar. Na Grécia antiga a doença foi assim denominada porque as pessoas por ela atacadas precisam urinar com muita frequência. Em Roma, já no latim tardio, virou *diabetes*, chegando ao francês *diabete*, registrado pela primeira vez em 1611, no *Dictionary of French and English Tongues* (Dicionário das línguas francesa e inglesa), do inglês Randle Cotgrave, que assim o definiu: "Uma contínua e exagerada eliminação de urina, acompanhada de sede excessiva." O francês já tinha registrado *diabétique*, diabético, no século XIV. O cordelista Manoel Monteiro diz em sua *Cartilha do diabético*: "Se de dois em dois minutos/ Precisa ir ao banheiro,/ Sentir as veias das pernas/ Ardendo como um braseiro,/ Se está se sentindo assim/ Não espere tempo ruim/ Consulte um médico ligeiro."

DIABO do grego *diabolos*, passando pelo latim *diabolu*, que desune, antônimo de simbolos, que une. É uma das designações do chefe dos demônios, que chegou ao latim e ao português por via eclesiástica. As representações populares, com o fim de deixá-lo ainda mais feio do que queriam que parecesse, pintam-lhe um corpo estranho, metade homem, metade cabra, com asas, braços, patas e a cauda bifurcada. O Diabo frequenta o imaginário brasileiro há séculos, mas entre os indígenas era designado por outros nomes e às vezes sem muito poder, como no caso de Anhanguera, de Anhangá, Diabo, entre os tupis, cujo significado é Diabo Velho, não mais eficiente por causa da experiência acumulada, mas sem os antigos poderes, perdidos com o fenecimento da juventude. Assim, quando o famoso bandeirante Bartolomeu Bueno da Silva tocou fogo num copo de álcool e prometeu fazer o mesmo com os rios, os índios, certos de que estava blefando, denominaram-no Anhanguera. O filho e o neto, que receberam o mesmo nome do pai, também foram bandeirantes, embora o neto tenha perdido o antigo apelido. O pai foi o principal responsável pela difusão da lenda da Serra dos Martírios, no sertão de Goiás, pródiga em ouro e pedras preciosas, que teria sido descoberta graças a um antigo manuscrito dos cavaleiros da Ordem de Cristo, em cujas rochas estariam inscritos os estigmas do Crucificado.

DIACHO variante de Diabo, do grego *diabolos*, o que desune, contrário ao *symbolos*, símbolo, o que une, no latim escritos respectivamente *diabolus* e *simbolus*. No coloquial brasileiro, evita-se dizer Diabo, por crer-se que, ao dizer o nome, invoca-se o proprietário. Surgiram, então, substitutos como diacho, coiso, coisa ruim etc. Mas há expressões como "com o diabo no corpo", "levado dos diabos" e "diabo a quatro". O papa Sisto V criou o cargo de *Advogado do Diabo*, em 1587, abolido por João Paulo II, em 1983.

DIÁCONO do grego *diákonos*, ajudante, mensageiro. Ganhou, porém, ainda na Grécia antiga, o significado específico de encarregado de serviços religiosos nos templos. Atualmente designa um certo tipo de clérigo – aquele que ajuda nas cerimônias e liturgias. O radical grego é *ken*, que serviu à formação de *kono*, guardando o sentido de trabalhar, caminhar junto a alguém. O prefixo *diá-* indica movimento. Daí o sentido de apressar os trabalhos, adiantar o serviço para o titular. O latim eclesiástico manteve *diaconus*, de onde derivaram *diaconatus*, o cargo, e *diaconissa*, denominando o ocupante feminino do ofício, que em português resultou em diácona e diaconisa, depois que as mulheres passaram a exercer funções eclesiásticas antes exclusivas dos homens. O Concílio Vaticano II atribuiu funções mais elevadas aos diáconos, que agora podem ser leigos, e eles hoje têm tarefas antes reservadas exclusivamente aos padres, como a distribuição das hóstias durante a comunhão. Porém, os católicos ainda não contam seus pecados a esses leigos. Quem pode ouvir confissões são padres e membros da hierarquia eclesiástica situados acima. Apesar de boas confidentes, as mulheres ainda não atendem confissões, não porque sejam mulheres, mas porque o sacramento é ainda interditado também aos diáconos. Não é, como propagam espíritos politicamente incorretos, porque a Igreja teme a fofoca e uma rede feminina de intrigas. As mulheres já deram provas de discrição em serviços da vida civil que requerem discrição absoluta, além de guardarem segredos amorosos, às vezes somente revelados depois da morte dos envolvidos. Escolas e universidades, apesar do berço religioso de muitas delas, não adotaram o cargo de diácono, muito embora palavras como professor (aquele que professa juramentos, estatutos e regimentos) invoquem argumentos religiosos.

DIAFORESE do grego *diaphóresis*, que em latim foi grafado *diaphorese*. Em ambas as línguas significa suor em profusão, tendo conservado este sentido no português. Para aumentar a transpiração, na ocorrência de certas doenças, os médicos antigos frequentemente receitavam diaforéticos, pois havia a crença geral de que o suor livrava o organismo de certas impurezas, o que não deixava de ser verdadeiro, ainda que um suadouro nem sempre fosse remédio para tudo, como os antigos nos faziam crer.

DIALÉTICA do grego *dialekticós*, pelo latim *dialecticu*, arte do diálogo, da argumentação. O termo é mais usado em filosofia para designar as contradições presentes, quer na natureza, quer na vida social. Ao longo da História, várias foram as concepções que a dialética recebeu, defendidas por filósofos de renome, sendo todas elas transformadas pelo marxismo, que deu unidade aos vários significados. Em resumo, a dialética apresenta três pressupostos fundamentais: tese, antítese e síntese. As teorias evolucionistas do século XIX tiveram enorme influência sobre a filosofia, de que é exemplo o estudo clássico do teórico socialista alemão Friedrich Engels intitulado *O papel do trabalho na transformação do macaco em homem*. Naturalmente, foi excluída deste benefício a macaca Chita, que tanto trabalhou ao lado de Tarzan.

DIALETO do grego *diálektos*, pelo latim *dialectu*, dialeto, variedade geográfica ou social de uma língua. São Paulo é estado que abriga muitos dialetos, formados pela contribuição das várias etnias e culturas, mas foi estigmatizada, em linguagem bem-humorada, a sua variante caipira, satirizada em marchinha gravada pelo conjunto Demônios da Garoa, em 1969: "Se voceis pensa/ que nóis fumos simbora/ nóis enganemos voceis/ fingimos que fumos e vortemos/ ói nóis aqui traveis!" Ao lado de Adoniran Barbosa, o conjunto celebrizou-se por imortalizar dialetos paulistas em muitas canções. É prosaico o conteúdo de *Ói Nóis Aqui Traveis*, mas encantou a todos a forma engraçada que os compositores encontraram de registrar certo modo de falar. "Nóis tava indo, tava quase lá/ e arresorvemo, vortemo pra cá/ agora, nóis vai ficar freguês/ ói nóis aqui traveis!" Foi tão importante a marchinha que deu nome também a um grupo de teatro.

DIÁLOGO do grego *diálogos*, que os romanos adaptaram para o latim *dialogu*. Aplica-se a várias situações: numa conversa, com o fim de buscar-se o entendimento; nos romances, filmes e peças de teatro, indicando as falas dos personagens. É também muito utilizado em política internacional. Ainda hoje fala-se com frequência em diálogo Norte-Sul e Leste-Oeste, e todos entendem que não se trata de situação surrealista, em que os pontos cardeais tenham resolvido conversar depois de manifestações meteorológicas, como ventos, tempestades, enchentes, tornados e furacões. A palavra polida deve ser a única arma do diálogo, mas de vez em quando algumas pessoas usam outros reforços, como gritos, gestos abruptos, socos, pontapés, empurrões e, quando tudo falha, facadas e tiros.

DICA redução de indicar, do latim *indicare*, indicar, revelar, expor, mostrar, resumir, ligado a *dicare*, dizer, divulgar, avisar. No latim, *indicare* aparece em *indicare lagrimis dolorem* (mostrar a dor pelas lágrimas), em que nada é dito em palavras. Já *dicare* torna indispensáveis as palavras, faladas ou escritas, como em *sententiam dicere*, dizer a sentença. Na língua portuguesa, dica entrou pela gíria, mas consolidou-se na língua culta como informação especial, nem de todos conhecida, que é útil saber e que está expressa de forma resumida, como em dicas para operar melhor o computador e o celular , dicas de viagem etc. A revista *Língua Portuguesa*, tornando-se indispensável a quem quer melhorar o português, fez interessante matéria sobre a arte de falar em público e deu a seguinte chamada de capa: "Como falar bem: 10 dicas de oratória para realizar boas apresentações em público, sem aquele frio na barriga nem garganta seca."

DICIONÁRIO do latim *dictionarium* ou *dictionarius*, dicionário, repertório de *dictio* (pronuncia-se dícsio porque este t tem som de s em latim). É por isso também que em português se escreve dicionário, com c equivalente ao som de s . O *dictionarium* da antiga Roma não era ainda de verbetes como os de hoje, mas, sim, de expressões, frases, daquilo que era dito e como era dito. O primeiro dicionário de que se tem registro é chinês, feito por Hou Chin, em 150 a.C. No alvorecer do século XVI surgiu o primeiro *dictionarium* de várias línguas, cuja língua-base era o latim, obra do humanista italiano Ambrogio Calepino.

DICIONARISTA de dicionário, do latim medieval *dictionarium*, repertório de ditos, palavras, frases, pelo francês *dictionnaire*, escrito assim a partir de 1539. No português, o primeiro registro de dicionário foi feito em Goa, na Índia, em 1563, no livro *Colóquios dos simples e drogas e cousas medicinais da Índia*, de Garcia de Orta. No Brasil, por viés machista, são lembrados mais os dicionaristas do que as dicionaristas, mas há mulheres que são lexicógrafas sinônimo de dicionaristas de mão-cheia, como é o caso de Marina Moerbeck Baird Ferreira, por décadas assistente do marido, Aurélio Buarque de Holanda Ferreira. Poliglota, seu nome aparece ao final de muitos filmes, cujos diálogos foram por ela traduzidos. É de sua autoria este bonito juízo sobre nossa língua: A língua portuguesa muda a todo instante. Muitas palavras surgem, outras caem em desuso, desaparecem. Mas palavras não morrem. Até perdem o uso, mas continuam guardadas. O dicionário faz com que elas existam."

DIESEL do sobrenome do inventor alemão Rudolf *Diesel*, nascido em Paris. Estudou em escolas industriais desde menino, concluindo seu curso superior na Universidade Técnica de Munique. Célebre no mundo inteiro, viu outros enriquecerem com seu invento e, falido, suicidou-se no dia 20 de setembro de 1913. Hoje, seu nome designa motores e combustíveis baseados em suas descobertas.

DIET classifica bebidas e alimentos livres de certas substâncias, como o açúcar, o grande vilão deste início de milênio, favorecendo, por conseguinte, a dieta, termo vindo do grego *diaita*, regra, que passou a significar preferencialmente regime alimentar.

DIFAMAR do latim *diffamare*, negar a fama, uma vez que o prefixo di- indica negação. A deusa romana Fama serviu de étimo à formação desta palavra, que até o século XIII significava no português tudo o que se dizia de alguém, fosse favorável ou desfavorável. Assim, tanto um santo como um bandido podiam ser igualmente famosos. Mas a partir do século XV, entra na língua o verbo difamar, passando a designar ações que têm o fim de contrapor as versões sobre a vida de algum personagem conhecido. Fama, divindade a quem gregos e romanos do período clássico ergueram templos, era para os latinos a mensageira de Júpiter. Tinha cem bocas, cem ouvidos e longas asas cobertas de olhos. Em época de campanhas eleitorais, surgem *ex abrupto* dossiês sobre os candidatos visando difamá-los, isto é, negar-lhes a fama que têm.

DIFÍCIL do latim *difficile*, difícil, custoso, que demora a ser obtido. Em entrevistas e depoimentos, ainda que guardando o sigilo dos confidentes, líderes religiosos organizaram um *ranking* das cinco coisas mais difíceis desta vida: pagar todas as contas, ter onde morar, ser rico e humilde ao mesmo tempo, não ser enganado pela propaganda e eleger políticos eficientes e honestos.

DIFUNDIR do latim *diffundere*, derramar, espalhar, tendo também o significado de alegrar, divertir. Os romanos, antes de darem ao verbo o significado que depois se consolidou, o de divulgar algo, já o utilizavam para se referirem a ramos de árvore estendidos, a cabelos soltos, a cavalos correndo nos prados. Na difusão e divulgação de produções culturais pelo mundo, a música e outros gêneros que podem dispensar palavras para sua compreensão saem ganhando de outros que, ao contrário desses, dependem de tradução, como é o caso da literatura. Ainda que as letras não sejam entendidas por todos os aficionados, melodia e ritmo dispensam traduções.

DIFUSÃO do latim *diffusione*, declinação de *diffusio*, do mesmo étimo de *fundere*, espalhar, e de *funda*, funda, laçada de couro ou de borracha para atirar pedras. Na mídia, depois do jornal, do rádio e da televisão, a difusão ganhou dimensões de multimídia. Uma das conquistas mais recentes é expressa no neologismo *podcast*, palavra forjada pelo escritor britânico Ben Hammersley a partir de *iPod – I*, eu, em inglês, e *pod*, acrônimo para *portable on demand*, portátil sob demanda, mas aqui com o sentido de *Eu desejo* – e *broadcast*, transmissão.

DIGESTO do latim *digestus*, digerido, de digerir, do latim *digerere*, dividir, ordenar, levar para diversas partes, como ocorre na digestão dos alimentos. Mas *Digesto* designa, por conotação, o conjunto de decisões tomadas por jurisconsultos romanos, compiladas e ordenadas metodicamente por ordem dos imperadores Augusto e Justiniano. O *Digesto* é uma das quatro partes em que se divide o *Corpus Juris Civilis* (Corpo de Direito Civil).

DIGITALINA do inglês *digitalin*, digitalina, cuja origem remota é o latim *digitalis*, digital, referente a dedo, designando substância extraída da planta dedaleira. Usada como tônico para o coração, a dose anormal pode levar à morte. Quando uma freira chamada Vicenza, camareira de João Paulo I há 18 anos, encontrou-o morto na cama, no amanhecer, a morte foi atribuída a um chá com digitalina, ingerido antes de dormir. A tese foi levantada pelo jornalista britânico David Yallop no livro *Em nome de Deus* e refutada pelo escritor John Cornwell, também britânico, no livro *O ladrão na noite*. O papa teria colidido com interesses do Banco Ambrosiano. O filme *O Poderoso Chefão, Parte III,* endossou a versão de assassinato do papa.

DIGNO do latim *dignus*, merecedor de alguma coisa. É adjetivo derivado da forma verbal *decet*, de *decere*, convir. Daí vêm também os significados para decente, de que é sinônimo, assim como os seus contrários, indecente, indigno.

DIGRESSÃO do latim *digretione*, em que tem o mesmo sentido que em português. Consiste em deixar o tema principal para fazer inserção de assunto irrelevante, na fala ou na escrita. Exímios contadores de casos e escritores de talento já deram provas, entretanto, de quão saborosa pode ser uma digressão.

DILAPIDAR do latim *dilapidare*, espalhar as pedras de um edifício. No sentido figurado, mais usado hoje, significa esbanjar bens e haveres, como usualmente se diz das ações de quem gerencia mal os cofres públicos.

DILIGÊNCIA do latim *diligentia*, cuidado, aplicação, presteza. Mas com o sentido de carruagem veio do francês *diligence*, designando, antes do trem e do automóvel, uma carruagem de molas, confortável, puxada por cavalos, que servia de transporte coletivo. A primeira diligência apareceu em Paris, em 1405. No século XVIII, as molas foram aperfeiçoadas, passando a ter a forma da letra "c" deitada, e no século XIX as diligências melhoraram ainda mais seu conforto com a introdução das molas elípticas, obra de um construtor de carruagens de Londres. A diligência mais famosa do mundo é a de *No tempo das diligências*, um dos melhores filmes de todos os tempos que, dirigido por John Ford, inspirou muitos outros faroestes.

DINAMITE do grego *dynamis*, força. Descoberta por Alfred Nobel, a dinamite é formada de areia e nitroglicerina e tem um descomunal poder de explosão. Um jogador do Vasco, que serviu a seleção brasileira na Copa de 1978, era chamado de Roberto Dinamite por causa da potência de seu chute. Eram dias gloriosos para o futebol, pois no mesmo time jogava Rivelino, que ganhara o apelido de "patada atômica" por motivos óbvios.

DINASTA do grego *dynástes*, pelo latim *dynasta*, dinasta, título antigo para príncipes reinantes, que passavam o poder aos sucessores, fundando dinastias. No Brasil, com a proclamação da República, foi interrompida a dinastia da casa de Bragança, à qual pertenciam Dom João VI, Dom Pedro I e Dom Pedro II. Nosso primeiro presidente, o marechal alagoano Manuel Deodoro da Fonseca, nem que quisesse poderia ser dinástico. Falecido aos 65 anos, não deixou filho algum. Já estava muito adoentado, em 1889, tanto que saiu de casa sem espada para proclamar a República, porque ia apertar-lhe a barriga, que doía muito. Dom Pedro I também proclamara a Independência com dor de barriga, mas a causa era outra: problemas com a alimentação em viagem. Os cinco presidentes que sucederam ao marechal, porém, tiveram muitos filhos, de oito a doze cada um, série interrompida por Nilo Peçanha, cujas três únicas filhas nasceram mortas.

DINASTIA do grego *dunastéia*, poder, domínio de uma oligarquia, pelo francês *dynastie*, com igual significado. Aparece no subtítulo do livro *Dona Veridiana, a trajetória de uma dinastia paulista* (Ed. A Girafa), de Luiz Felipe d'Ávila, história de uma senhora que muito influenciou São Paulo com um salão cultural onde recebia a elite paulistana e brasileira. Ela e seus filhos são nomes de ruas em São Paulo: Veridiana, Antonio Prado e Martinico Prado. Outro filho seu, o escritor Eduardo da Silva Prado, era tão amigo de Eça de Queirós, que sob o nome de Jacinto é protagonista de *A cidade e as serras*.

DINHEIRO do latim *denarius*, dinheiro, designando moeda de prata, também conhecida pelo nome latino *drachma*, como os romanos pronunciavam palavra grega *drakhmé*, unidade de peso e moeda em Atenas. Valia dez *asses*, mas chegou a valer 16 em certa época. O *asse* era de cobre e devia seu nome à cidade de Asséssia, na Dalmácia, região onde estão a Bósnia e a Croácia, na costa do mar Adriático. Já o *sestércio*, se fosse de prata, valia dois *asses* e meio. Na segunda metade do século XIII, portanto em período ainda de formação da língua portuguesa, filha do latim, a forma do latim culto *denarius* já era pronunciada na Península Ibérica *dinarius* e *dinariu*, de onde veio o espanhol *dinero*, anasalado no português dinheiro. O *denarius* veio a substituir o sal no *salarium*, quando os trabalhadores passaram a receber em moeda a remuneração por seu trabalho e não mais em sal, ainda que o pagamento tenha continuado com o mesmo nome: *salarium*, que deu salário em português. Jesus, muito bom em metáforas, referiu no *Evangelho de São Mateus*, no capítulo 10, o que se podia comprar com um *asse* ao tempo em que os judeus eram dominados pelos romanos, sendo um dos primeiros a proclamar que a esperança sempre deve vencer o medo: "Não se vendem dois passarinhos por um asse? No entanto, nenhum cai. Até os cabelos de vossa cabeça estão todos contados. Não temais, pois! Bem mais que os pássaros valeis vós."

DINOSSAURO do grego *deinós*, terrível, e *saúra*, lagarto. O filme de Spielberg, *Parque dos Dinossauros*, teve seu título adaptado, posto que sua tradução literal seria "Parque Jurássico", sem menção aos gigantescos répteis da Era Mezosoica e, sim, ao local e ao período de sua existência.

DIPLOMA do grego *díploma*, documento oficial expedido em duplicata. No latim conservou a mesma forma, daí vindo para o português. Originalmente era uma peça oficial gravada em placa dupla de bronze, formando um díptico, segundo ensina Antenor Nascentes. Foi no Renascimento que os eruditos passaram a usar o vocábulo para designar os atos mais solenes das autoridades. Atualmente são documentos que comprovam a obtenção de um título. É nesse sentido que recebem diplomas tanto os formandos de um curso superior como os eleitos para cargos políticos.

DIPLOMACIA do francês *diplomatie*, de diploma, do grego *díploma*, objeto duplo, papel dobrado, pelo latim *diploma*, permissão escrita, salvo-conduto, autorização. Designa ciência e arte das negociações, marcadas pela circunspeção, gravidade, delicadeza de modos, finura e ao mesmo tempo astúcia nas relações com os outros, sobretudo nos negócios e interesses com os estrangeiros. A sede da diplomacia brasileira é o Palácio das Relações Exteriores, conhecido, tanto o prédio como o ministério das Relações Exteriores, como Itamarati, escrito também Itamaraty, palavra formada dos compostos tupis *ita*, pedra, e *marati*, branca. Localizado em Brasília, é a construção com o maior vão sem colunas do mundo, 2.800 m². Projetado por Oscar Niemeyer, começou a ser edificado em 1960, mas as obras só foram concluídas dez anos depois. O Anexo II é chamado Bolo de Noiva.

DIPLOMATA do francês *diplomate*, diplomata, aquele que estuda diplomas, documentos. A origem remota é o grego *díploma*, papel dobrado em duas partes, já metáfora, pois originalmente designou vaso duplo, com dois recipientes, um para aquecer em banho-maria. O verbo grego para dobrar é *diplóo*. O célebre político e orador romano Cícero foi um dos primeiros a registrar a palavra latina diploma para indicar passaporte, salvo-conduto. Prevaleceu a forma do papel dobrado para instituir o significado. Napoleão Bonaparte expressou curioso conceito de diplomacia, anotado por Honoré de Balzac, que pretendia escrever um romance sobre o poder e a forma como o corso o conquistou: "Uma mulher da velha aristocracia entregará seu corpo a um plebeu e não lhe revelará os segredos da aristocracia; assim, os tipos elegantes são os únicos embaixadores capazes." Entre outros juízos sobre diplomacia, exarou também estes: "Os tratados se executam enquanto os interesses estão de acordo; impor condições muito duras é dispensar de cumpri-las; nas questões do mundo, não é a fé que salva, é a desconfiança; um congresso é uma convenção fingida entre os diplomatas, é a pena de Maquiavel unida ao sabre de Maomé."

DIQUE do neerlandês *dijk*, represa. Regiões situadas em territórios hoje pertencentes à Holanda e à Bélgica somente se tornaram habitáveis e agriculturáveis porque suas populações ergueram diques que represavam águas fluviais e marítimas. Várias destas localidades estão abaixo do nível do mar do Norte. As grandes chuvas de janeiro e fevereiro de 1995 ameaçaram romper os diques e houve um êxodo de cerca de 500 mil pessoas, que abandonaram suas casas temendo um dilúvio. Não apareceu nenhum Noé para salvá-los. Os serviços de meteorologia estão perdendo para os sonhos bíblicos há milhares de anos!

DIREITA de direito, do latim *directus*, direito, reto, que segue a lei, os bons costumes, faz tudo certo, ao contrário de *sinister*, que deu *sinistrum*, depois sinistro, desgraça, e esquerdo, do espanhol *izquierdo*, radicado na raiz basca *ezkerr*. Depois da Revolução Francesa, direita veio a designar os parlamentares que na assembleia se sentavam à direita do presidente e que defendiam posições mais conservadoras, por oposição à esquerda, aqueles que estavam do outro lado, mais avançados ideologicamente. Por uma dessas complexas sutilezas da língua, direita designa o que em geral é reprovado socialmente, e a esquerda aparece como seu contrário.

DIREITO do latim *directus*, direito, reto, certo. Entre inúmeros significados, designa o sistema de regras jurídicas observadas pelos povos civilizados, herdeiros do direito romano, institucionalizados na antiga Roma, entre os séculos VIII a.C. e VI d.C. Daí a presença de palavras e frases que os especialistas preferem citar em latim, a língua original em que foram escritos, com o fim de recuperar o sentido exato, indispensável na aplicação da justiça. Vírgulas podem resultar em condenação ou absolvição na letra fria da lei. Por isso, entre os direitos garantidos aos cidadãos está o de serem julgados antes de eventualmente condenados, conforme ratificado na Assembleia Geral das Nações Unidas, no dia 10 de dezembro de 1948, em documento de trinta artigos, intitulado *Declaração Universal dos Direitos Humanos*, dia desde então dedicado à celebração da conquista. Talvez porque sua aplicação demore tanto em muitos lugares, no Brasil é também o dia do palhaço.

DIRETOR do latim tardio *directore*, aquele que dirige, guia, conduz. A designação inclui lides econômicas, políticas, artísticas e religiosas, entre outras. É célebre a figura do diretor espiritual em internatos e conventos. No cinema, na televisão e na imprensa, os principais responsáveis pelo conjunto dos resultados são também chamados de diretores. Temos, então, diretores de redação, diretores de filmes e diretores de telenovelas. Num filme chamado *Carnaval Atlântida*, de 1952, o produtor, que quer fazer um épico sobre Helena de Troia, contrariando o resto da equipe que quer uma chanchada, chama-se Cecílio B. de Milho, parodiando o grande diretor de superproduções como *Os Dez Mandamentos* e *Ben-Hur*, Cecil Blount DeMille.

DISCO do grego *diskos*, que em latim foi grafado *discus*, ambos com o significado de peso de pedra ou de ferro, utilizado na Grécia e em Roma em exercícios físicos. Tornou-se vocábulo utilizado em muitas acepções, designando ferramentas, mobílias e numerosos objetos, como o *long-play* e seu antecessor, de 78 rotações por minuto, discos fonográficos responsáveis por boa parte de nossa memória musical. Porém, os mais famosos são os discos voadores, que trazem, em vez de música, extraterrestres, celebrados em filmes antológicos como *2001: Uma odisseia no espaço* e *2010: O ano em que faremos contato*, ambos baseados em livros de Arthur Clarke, que já publicou *3001: A odisseia final*. "Virar o disco" é expressão que significa mudar de assunto.

DISCÓRDIA do latim *discordia*, discórdia, desavença, luta. A deusa Discórdia, entre os romanos, era uma divindade do mal, filha da Noite. Foi expulsa do céu pelo todo-poderoso Júpiter porque aprontava as maiores dissensões entre os outros deuses. Era odiada, mas temida. Nas representações, é uma mulher com os olhos esbugalhados e inflamados, trazendo numa das mãos uma tocha ardente e na outra um punhal e uma víbora.

DISCOTECAR de disco, do grego *diskós*, prato e objeto redondo lançado em arremesso, pelo latim *discus*, disco, e *teca*, elemento de composição de palavras, do grego *theke*, caixa, presente em biblioteca, formaram-se discoteca e discotecar. O verbo designa ato de selecionar as músicas para uma festa, baile ou outro evento festivo. Aparece no insolente, divertido e bem escrito conto *O segredo ou como pensar positivo após um desastre aéreo*, no livro *Novos monstros: Histórias do mundo atual*, do criativo e respeitado roteirista, escritor e diretor de televisão Newton Cannito: "As luzes foram apagadas. Pelo microfone, Alberto nos convocou para ir até a pista. Nosso jovem presidente também era meio artista, hiperligado em música eletrônica, e iria discotecar para nós naquela noite. Lá do bar eu pude ver as menininas se levantando dos sofás e correndo animadas para dançar."

DISCRIMINAÇÃO do latim *discriminatione*, separação. Os romanos utilizavam este vocábulo no sentido de classificação, com vistas a um melhor discernimento das coisas. Mas o termo logo recebeu conotação pejorativa quando passou a designar certas discriminações reprováveis como as de natureza social, racial, sexual, nas quais o objetivo da segregação se dá justamente por falta de discernimento e com o fim claro de consolidar exclusões motivadas pela cor da pele, preferências sexuais ou poder aquisitivo.

DISENTERIA do grego *dysentería* pelo latim *dysenteria*, cujo sentido literal é intestino (*enteron*) difícil (*dys*). Designa doença com lesões inflamatórias no intestino e evacuação dolorosa, cujos agentes são micróbios ou protozoários. Pode ser bacilar ou amebiana e a causa mais frequente é a ingestão de água, leite e alimentos contaminados por moscas. Samuel Taylor Coleridge, para combater uma disenteria, tomou um pouco de ópio. Dormindo, sonhou com um belo poema, entretanto inacabado por ter sido interrompido por um homem da localidade inglesa de Porlock, fazendo surgir a expressão "homem de Porlock" para designar no inglês a pessoa inoportuna. O rei Henrique V, personagem solar da peça homônima de William Shakespeare, liderava soldados atacados por disenteria quando os conclamou, com um discurso inflamado, a vencer a doença e os franceses: "Nós, estes poucos; nós, um punhado de sortudos; nós, um bando de irmãos. Pois quem hoje derrama o seu sangue junto comigo, passa a ser meu irmão. Pode ser homem de condição humilde; o dia de hoje fará dele um nobre."

DISFARÇAR do latim vulgar *frictare*, roçar, esfregar, pelo catalão *disfressar*, apagar a *fressa*, que em catalão tem o sentido de rastro, pista. No Brasil, o ato de disfarçar está resumido na expressão "dar uma de joão sem braço". Nome muito popular, João está presente em numerosas palavras e expressões de nossa língua, de que são exemplos joão-ninguém (indivíduo sem importância), joão-de-barro (pássaro), joão-correia (árvore), joão-grande (ave) e joão-teimoso (boneco feito de tal maneira que sempre volta à posição original quando empurrado). Às vezes, aparece disfarçado, como em joanete (deformação crônica de dedos do pé). Como fossem agricultores pobres e descalços a apresentar tal problema nos pés, foram tomados como joões. A denominação aproveitou ainda um termo náutico, pois joanete designa um dos mastaréus da gávea nos navios. João sem braço provavelmente surgiu de comentários de homens anônimos que alegassem nada poder fazer, quando solicitados a trabalhar, disfarçando a preguiça, pois ao nobre era dado o direito de não trabalhar, de manter os braços livres para nada fazer, a não ser dar ordens para que outros fizessem todas as tarefas, estando os simples absolutamente impedidos de fazer a mesma coisa. Trabalhar a terra consolidou-se na herança cultural portuguesa como ignomínia, castigo imposto a quem não podia fazer mais nada, a não ser viver da lavoura. De outra parte, os condenados tinham os braços amarrados e nada podiam fazer para evitar o suplício, fosse a forca ou a decapitação. Há ainda mais uma hipótese que vincula a expressão às Santas Casas de Misericórdia, curiosa e criativa forma que o Estado português inventou para deixar de tratar da saúde, atribuindo tal obrigação a ordens religiosas e a organizações civis sem custos para o erário. Como Portugal formou-se a partir de sucessivas guerras travadas em seu próprio território, eram muitos os feridos e aleijados que, por sua condição, estavam impedidos de executar algum mister. Os primeiros temporariamente, e os outros para o resto de suas vidas, em muitos casos. Simular não ter um ou os dois braços constituiu-se em escusa para fugir ao trabalho e a outras obrigações. Não demorou e a expressão "dar uma de joão sem braço" migrou para o rico, sutil e complexo reino da metáfora, aplicando-se a diversas situações em que a pessoa se omite, alegando razão insustentável.

DISFUNÇÃO de função, do latim *functione*, declinação de *functio*, antecedida de dis-, prefixo de negação, designando função perdida de maneira anormal. Uma das mais comentadas disfunções hoje é a sexual, que atinge sobretudo pessoas maduras. Quando diz respeito ao homem, é denominada disfunção sexual erétil, adjetivo formado a partir de ereto, do latim *erectum*, erguido. A Medicina vem tratando o distúrbio, que ocorre na andropausa, período análogo à menopausa da mulher, com produtos químicos. Segundo ginecologistas e urologistas, 75% dos problemas têm origem orgânica e 25% se devem a fatores psíquicos. Especialistas não descartam, ainda, a influência de questões culturais, como a crença arraigada de que envelhecer inclui abandonar a atividade sexual.

DISPEPSIA do latim *dyspepsia*, vindo do grego *dyspepsía*, cuja pronúncia mantivemos no português. Designa a digestão difícil. É, por isso, vocábulo muito frequente em bulas de remédios.

Antigamente, quando ao sentido religioso do jejum eram acrescidas suas vantagens terapêuticas, a dispepsia era combatida pela supressão de alimentos. Mas hoje o pobre do estômago, ainda que em dificuldade, é obrigado a digerir os remédios indicados para o problema.

DISPUTA de disputar, do latim *disputare*, lutar para obter algo, seja a vitória numa argumentação ou na busca de um cargo. A ideia de competição está presente nas origens do vocábulo. Times disputam o campeonato de futebol, pilotos de automóveis disputam as primeiras colocações e candidatos disputam os votos que os conduzirão a seus postos.

DISSENSO do latim *dissensus*, dissentimento, discordância. Seu contrário é consenso, acordo. Em seu *Dicionário das batalhas brasileiras: Dos conflitos com indígenas às guerrilhas políticas urbanas e rurais*, Hernani Donato documenta exatamente o contrário do proclamado mito da cordialidade brasileira. Antes de completar 500 anos, o Brasil já travou mais de 2 mil batalhas em terra, mar e ar. "Deus é brasileiro", mas em *Grande sertão: Veredas*, de Guimarães Rosa, um jagunço letrado diz que, pelo menos no sertão, quando Deus vier, "que venha armado". Recentemente, o jornalista Elio Gaspari lembrou que pode haver dissenso no consenso, isto é, acordos políticos no atacado podem oferecer discrepâncias no varejo.

DISSIDENTE do latim *dissidente*, aquele que se senta à parte. É fácil entender por que razão passou a indicar o discordante. Nas assembleias e reuniões, aqueles que discordavam, sendo minorias, procuravam sentar-se distante das maiorias concordantes. Sábia precaução, dados costumes nem tão antigos assim: seria como um torcedor do Flamengo sentar-se entre a torcida do Vasco ou vice-versa.

DISSOLUTO do latim *dissolutus*, dissoluto, dissolvido, particípio do verbo *dissolvere*, dissolver, soltar, desfazer. O conceito de que a vida em sociedade requer a observância de normas rígidas, inclusive do ponto de vista sexual, levou à metáfora de que as pessoas libertinas viviam como que soltas, dissolvidas as normas, desfeitos os contratos sociais como o casamento, soltas as rédeas. E neste sentido aparece em *A dama da solidão* (Companhia das Letras), livro de estreia de Paula Parisot, revelação literária das mais promissoras, a julgar pelo domínio das técnicas narrativas, pela capacidade de encantar e de envolver o leitor e pela ousadia no trato de temas da sexualidade e do erotismo, sem jamais resvalar para o vulgar: "Eu era feliz, como eram felizes as cortesãs na antiguidade, mulheres belas, autônomas, muitas vezes influentes, que se vestiam com elegância, eram dignas e pagavam seus impostos. Quando nos chamam de dissolutas, cometem uma grande injúria. O dissoluto é um depravado, um desregrado. A nossa profissão exige disciplina e dedicação, é uma arte. Somos artistas do prazer e do entretenimento."

DISTÂNCIA do latim *distantia*, espaço entre duas pessoas ou dois pontos, lonjura. É comum a expressão "mantenha distância", escrita em para-choques de veículos pesados que trafegam pelas rodovias. O padre Antônio Vieira conta que dois irlandeses viajavam juntos quando um deles lamentou estarem a 20 milhas de distância de Londres, pois não conseguiriam chegar à cidade aquela noite. Ao que o outro replicou: "Toca a andar; 10 milhas para cada um fazem-se num abrir e fechar d'olhos."

DISTRAÍDO de distrair, do latim *distrahere*, puxar para diversos lados. É do mesmo étimo de trair, atrair, contrair. Como adjetivo, é abonado com os seguintes exemplos no *Houaiss*: "anda distraído na rua, ainda vai ser atropelado"; "o aluno é inteligente, mas é distraído e tira notas baixas". Cientistas têm fama de distraídos, como era o caso de Norbert Weiner, que concluiu o curso superior de matemática aos 14 anos e se doutorou em lógica aos 18. Sua esposa tinha que mandá-lo ao trabalho todos os dias porque ele esquecia e ficava trabalhando em casa. Certa vez, depois de avisá-lo dezenas de vezes que iam mudar-se de casa, no dia da mudança escreveu o novo endereço numa folha, mas ele usou o papel para resolver um problema de um aluno. Ao voltar para casa, viu-a vazia. Pediu socorro a uma menina que se aproximava: "Perdoe-me, senhorita, mas eu vivia nesta casa, os ladrões levaram tudo e..." E ouviu em resposta: "Não te preocupes, papai, mamãe mandou buscar-te."

DISTRIBUIDOR de distribuir, do latim *distribuere*, repartir, benefícios, impostos ou tributos, entre divisões do povo romano, conhecidas como *tribus*, tribo. Distribuidor tem vários significados: peça de motores; funcionário de fórum ou de cartório, que distribui os processos; aquele que distribui livros, revistas e jornais, entre outras acepções.

DISTRIBUIR do latim *distribuere*, distribuir, vale dizer, fazer chegar às várias tribos. *Tribus* designava divisão do povo romano. E em latim *tribuere* tem o significado de atender à tribo. A raiz etimológica está presente em várias palavras como tribuno, juiz da tribo. Também o agente encarregado do tesouro era chamado *tribunus aerarii* (tribuno do erário) e alguns chefes militares recebiam a designação de *tribunus militaris*. A distribuição de papéis, revistas, jornais e documentos torna-se cada vez mais importante nas sociedades modernas. Por isso, é necessário cada vez mais zelar por sua correção para impedir o que aconteceu aos dados da Receita Federal com informações preciosas sobre os contribuintes – integrantes das diversas tribos ou parcelas sociais – que foram roubados e distribuídos criminosamente.

DISTRITO do latim *districtus*, particípio do verbo *distringere*, estender, abrir, ocupar. Os antigos romanos assim denominavam o território contíguo e dela dependente. Passou a designar, no caso do Brasil, acrescido do adjetivo federal, o território maior onde está sediada a capital. O Rio de Janeiro já foi Distrito Federal, mas hoje é em Brasília que ele tem sua circunscrição. É curioso o modo como o Rio de Janeiro recebeu tal denominação. Os portugueses gostavam de batizar com o santo do dia muitos acidentes geográficos que descobriam. No caso da antiga capital, a norma não se cumpriu. A denominação deu-se pelo fato de terem tomado a Baía da Guanabara por um imenso rio. Era o dia 2 de janeiro de 1502. Mais tarde antepuseram o nome de São Sebastião em agradecimento à ajuda do santo na expulsão dos franceses e em homenagem ao rei Dom Sebastião, de quem disse o poeta Fernando Pessoa: "Louco, sim, louco, porque quis grandeza/ Qual a Sorte não dá./ Não coube em mim minha certeza;/ Por isso onde o areal está/ Ficou meu ser que houve, não o que há./ Minha loucura, outros que me a tomem/ Com o que nela ia./ Sem loucura que é o homem/ Mais que a besta sadia,/ Cadáver adiado que procria?" O areal dos versos ficava nas proximidades de Alcácer Quibir, na África, onde o rei pereceu à frente de um exercito de 17 mil homens, metade dos quais foi morta e a outra metade, aprisionada. O rei desprezou as recomendações de experimentados comandantes para que não se afastasse muito da costa. Foi derrotado pelo rei de Marrocos, nascendo ali o sebastianismo, apoiado na lenda de que o monarca português não morrera, apenas se encantara. E voltará um dia.

DISTÚRBIO do latim medieval *disturbium*, perturbação da ordem, radicado em *turba*, turba, a multidão, raiz presente nos verbos perturbar, conturbar e demais. Distúrbios começaram a ocorrer em outubro de 2005 na França, onde até inícios de novembro jovens das periferias incendiaram cerca de 7 mil carros, em ações de protesto. A tecnologia ajudou os jovens a coordenar as ações por meio de mensagens na internet, blogues e torpedos em celulares.

DITA do latim *dicta*, coisas ditas, feminino plural de *dictum*, dito, particípio do verbo *dicere*, dizer. Ganhou o sentido de destino, sorte, donde ditoso, feliz, e também desdita, falta de sorte. Em *Os Lusíadas*, de Luiz Vaz de Camões, Portugal é assim definido: "Esta é a ditosa pátria minha amada,/ À qual se o Céu me dá que eu sem perigo/ Torne com esta empresa já acabada,/ Acabe-se esta luz aqui comigo."

DITADURA do latim *dictadura*, forma de governo em que todos os poderes são arrebatados por um único indivíduo ou grupo de indivíduos, ou ainda por uma determinada classe social. Assim, um dos pilares do comunismo era a ditadura do proletariado.

No Brasil pós-1964, vivemos uma ditadura militar, que começou com a deposição do presidente constitucional João Goulart, no dia 31 de março de 1964, e culminou com a saída do último presidente militar, João Figueiredo, no dia 15 de março de 1985.

DITO do latim *dictum*, dito, expressão, frase, sentença. Os ditos, chamados também, às vezes inadequadamente, provérbios, ditados, aforismos, resumem, não apenas a sabedoria popular, mas também os preconceitos. Sua consagração ou popularidade é reforçada por aqueles que os inventam ou repetem, depois de ouvir de gente anônima que os criou, de que são exemplos: "Não fumo, não bebo e não cheiro. Só minto um pouco", atribuído ao famoso músico Sebastião Rodrigues Maia, penúltimo filho de uma família de 19 irmãos, mais conhecido como Tim Maia. Este é atribuído a diversas personalidades que gostavam da bebida: "90% do meu salário eu gasto em bebidas. Os outros 10% são do garçom." É de Groucho Marx este outro: "Um juiz me casou. Eu devia ter pedido um júri." O casamento é tema frequente de ditos populares: "O casamento é uma gaiola: quem tá dentro, quer sair; quem tá fora, quer entrar." "Em briga de casal, há sempre três pontos de vista em questão: o da mulher, o do marido e o correto." "Não falo com minha esposa há quase um ano porque detesto interrompê-la." E esta definição de esposa, reveladora de preconceitos arraigados contra a mulher: "Esposa: pessoa amiga que está sempre ao seu lado para te ajudar a resolver os grandes problemas que você não teria se fosse solteiro." Pelo reverso, este dito poderia ser de criação feminina, se as mulheres fossem tão indelicadas com os homens, como muitos deles são com elas, principalmente em ditos, anedotas e piadas.

DIVA do italiano *diva*, diva, deusa. Assim são denominadas as notáveis cantoras de ópera. A mais célebre delas foi a soprano norte-americana de origem grega Maria Callas, cujo nome completo era Maria Cecília Sofia Ana Kalogeropoulos. Nasceu em Nova York, dia 2 de dezembro de 1923, e faleceu em Paris, a 16 de setembro de 1977. Sua obra, marcada por versatilidades líricas e dramáticas inconfundíveis, está disponível em vários registros, alguns dos quais já digitalizados. Tinha apenas 14 anos quando foi estudar no Conservatório de Atenas. Voltou aos EUA em 1945. A diva, que desconcertava a todos, sobretudo aos íntimos, por sua impetuosidade, deixou o Metropolitan e foi morar na Itália, onde foi aclamada com grande sucesso. Retornou aos EUA em 1954, estreando em Chicago, no dia de todos os santos. Muito aplaudida, repetiu o desempenho no famoso Metropolitan Opera, em Nova York, no ano seguinte. Senhora de incomparável atuação na ópera, aumentou sua popularidade por seu inegável carisma no desempenho de óperas de músicos famosos, como Bellini, Rossini, Donizetti e Cherubini. Além de trabalhar como atriz no filme *Medeia*, já à beira dos cinquenta anos, e gravar mais de vinte óperas completas, desempenhou quarenta diferentes papéis nas diversas atuações.

DIVÃ do turco *diwan*, sala do sultão, cheia de almofadas confortáveis e sofás sem braços. O persa tem *diouan*, registro de folhas escritas, lugar onde funcionários qualificados, sentados, recebiam relatórios e outros papéis. Designou, com o tempo, também o recinto onde as pessoas, bem acomodadas, conversavam. A palavra aduana procede da mesma raiz etimológica. A aduana era originalmente o lugar onde pessoas de várias nacionalidades conversavam enquanto desembaraçavam a bagagem e as mercadorias que transportavam. Quando os psiquiatras adotaram o sofá sem braços para receber os pacientes, divã já tinha fixado o sentido de sofá de uso específico daqueles profissionais.

DIVERSIDADE do latim *diversitate*, cujo étimo é *versum*, particípio de *vertere*, verter, mudar. Na língua, é impossível recusar a diversidade, soando a preconceito querer que todos falem da mesma maneira. No futebol as diversidades linguísticas têm sutis complexidades. Carlos Caetano Bledorn Verri, o Dunga, técnico da seleção brasileira de 2010, é gaúcho e jogou alguns anos na Itália. Todos os jogadores são brasileiros, mas a maioria deles mora e joga em outros países. Vanderlei Luxemburgo da Silva não sabia espanhol quando treinou o Real Madrid em portunhol. Luís Felipe Scolari, neto de imigrantes italianos, não falava inglês quando treinou o Chelsea, da Inglaterra. Fazia suas preleções e dava as orientações à beira do campo em "portinglês". O sueco Sven-Goran Eriksson foi técnico da Costa do Marfim, seleção adversária do Brasil na Copa de 2010, mas as línguas oficiais são o francês, o diula e o baulê. Teve também Joel Santana, com seu macarrônico inglês, no comando da seleção da África do Sul.

DÍVIDA do latim *debita*, devida, subentendendo-se quantia. Foi originalmente palavra paroxítona, tal como aparece nos testamentos dos reis portugueses dos primeiros séculos do milênio passado. Mas talvez por influência da pronúncia latina, tornou-se proparoxítona. Os EUA, a mais rica de todas as nações, são os maiores devedores do mundo. Só para o próprio povo americano, devem mais de cinco trilhões de dólares.

DIVINAÇÃO do latim *divinatione*, previsão. Em nossa língua consolidou-se como adivinhação, consistindo em prever, por meios sobrenaturais, o rumo dos acontecimentos e os desígnios mais secretos de deuses e pessoas. Quase todos os povos primitivos fizeram da arte da adivinhação um ofício coberto de respeitos. Egípcios, caldeus, hebreus, gregos e romanos a praticaram amiúde. Sinais espalhados pelo céu e pela terra eram utilizados nas previsões. Também o rosto e as mãos forneciam signos de interpretação. A etimologia do vocábulo confere ao ofício uma aura divina. O futuro pertenceria sempre aos deuses, mas os humanos, por meio desses artifícios, poderiam decifrar um pouco a sabedoria divina. Na *Bíblia*, as previsões são frequentemente baseadas em sonhos. O profeta Daniel, por exemplo, decifra os sonhos de Nabucodonosor, rei da Babilônia. Também José, filho de Jacó e Raquel, depois de ser vendido pelos irmãos aos egípcios, emerge com grande prestígio na corte do faraó, decifrando seus sonhos. Foram de algum modo os precursores da psicanálise freudiana, que tanta atenção dá aos sonhos.

DIVISA do francês *devise*, divisa, emblema, de *deviser*, partilhar, do latim vulgar *divisare*, distribuir em partes, alteração do latim clássico *dividere*, dividir. Passou a sinônimo de lema ou emblema depois que palavras ou sentenças foram incrustadas em brasões e bandeiras, servindo de legendas a símbolos ou figuras. Com o surgimento das repúblicas, as bandeiras receberam divisas que buscavam resumir a filosofia de vida. A do Brasil traz as palavras Ordem e Progresso. A divisa dos franceses tem, em vez de duas, três palavras: *Liberté, Égualité, Fraternité* (Liberdade, Igualdade, Fraternidade), aprovadas no dia 20 de maio de 1791 para aparecerem escritas numa plaqueta a ser posta ao lado do coração no uniforme do exército. Mas duas delas – *Égalité, Fraternité* – apareceram sem a companhia de *Liberté* nas moedas de cinco e de três soldos, em 1792, formando, em vez do clássico trinômio, um binômio.

DIVÓRCIO do latim *divortiu*, declinação de *divortium*, separação, bifurcação. Inicialmente aplicado a caminhos que se bifurcam e a rios cujas águas se dividem para correr por outros leitos, passou depois a designar juridicamente a dissolução dos vínculos matrimoniais. Outro leito, o chamado tálamo conjugal, popularmente conhecido por cama, a principal mobília de um casamento, também é redividido para novas parcerias.

DIVULGAÇÃO do latim *divulgatione*, declinação de *divulgatio*, ação de divulgar, isto é, dar ciência, ao *vulgus*, povo. Com o advento da imprensa, ganhou o sentido de informação, de assunto a ser conhecido por todos: data e lugar de vacina, por exemplo. Mas sobretudo o equivalente à notícia ou a informe. Entretanto vêm crescendo os debates sobre os limites do que pode ou não ser divulgado. O programador de computador e ex-*hacker* Julian Paul Assange, australiano de nascimento, mas com cidadania sueca, fundou o site *Wikileaks*, em 2006, revelando como divulgação e poder estão vinculados. Em 2009, ele ganhou prestigioso prêmio da *Anistia Internacional* por dar conhecimento ao mundo inteiro de documentos secretos sobre execuções extrajudiciais no Quênia. Divulgou também que resíduos altamente tóxicos eram jogados na África. Em 2010, depois de convênio celebrado com cinco grandes jornais – *El País*, *Der Spiegel*, *The Guardian*, *The New York Times* e pelo *Le Monde*, que lhe deu o título de *Homem do Ano*, em 2010 – passou a divulgar telegramas secretos da diplomacia americana. Foi quando passou a ser acusado de estupro.

DIVULGAR do latim *divulgare*, fazer com que também os vulgos fiquem sabendo o que já sabe a gente fina e culta. Com o tempo, o verbo tornou-se sinônimo de difundir, proclamar, anunciar, perdendo a antiga conotação, vez que a galáxia Gutenberg democratizou a informação, coisa, aliás, fácil de comprovar no rádio, na televisão, nas livrarias, na internet e principalmente nas bancas de jornais e revistas. Foi a cultura judaica a principal responsável pela escrita ter-se tornado a pedra angular das civilizações, a ponto de os judeus serem denominados o povo do livro, dada a importância dos escritos que, lidos, divulgados e comentados nas sinagogas, mantiveram sua unidade religiosa e cultural ao longo dos séculos. Quando este livro, a *Bíblia*, acrescentado de anexos cristãos como as *Epístolas*, os *Atos dos Apóstolos* e os *Evangelhos* (a Igreja só aceitou quatro deles), foi traduzido para o latim por São Jerônimo, recebeu o nome de *Vulgata*.

DIXE do espanhol *dije*, de onde veio ao português, designando uma tabuinha com o retrato de uma autoridade, civil ou religiosa, objeto de comentários; *dije* em espanhol significa disse. Os joalheiros souberam transformar o dixe num fetiche, aperfeiçoando sua forma e providenciando aconchego para a foto da pessoa amada. Ao contrário, porém, das medalhas, os dixes não são carregados ao pescoço, mas convenientemente postos sobre algum móvel. Entre as razões do gesto, provavelmente está a do peso da honraria. Mais prático depois da queda da nobreza, o comércio providenciou a substituição dos dixes por objetos de madeira onde podem ser colocadas as fotos de namorados ou namoradas.

DÍZIMO do latim *decimu*, a décima parte. Designou o imposto eclesiástico, depois tornado simbólico, que a Igreja cobrava de seus fiéis, consistindo da décima parte de seus rendimentos. Foi primeiramente costume exclusivo das sinagogas hebraicas, depois absorvido pelos cristãos. Até o século VI o dízimo era dado de livre vontade, mas uma encíclica extraída do sínodo de 567 exortou oficialmente o povo católico a pagar o dízimo. Antes desta taxa de 10%, vigoravam as oblações: cada um dava quanto queria ou podia. A partir do século IX, os dízimos, que eram pagos em frutos, animais e cereais, puderam ser satisfeitos em dinheiro, e no século XVI já havia uma tabela estipulando 20 reais por um pato; 7,5 reais por um frango; 25 reais por um leitão. Com a separação dos poderes civil e religioso, o dízimo voltou a ser dado de acordo com a vontade dos fiéis de cada freguesia.

DIZ QUE DIZ QUE do latim *dicere*, dizer, e *quid*, que. Na conjugação portuguesa, o verbo, seguido da conjunção e repetido, passou a designar a fofoca, porque os comentários sobre a vida alheia começam habitualmente pela expressão "diz que", modo sutil de disfarçar a autoria que, às vezes, é balão de ensaio jogado sobre o interlocutor com o fim de avaliar a receptividade da informação ou do boato.

DOADOR do latim *donatore*, doador, aquele que dá alguma coisa a alguém. É da mesma palavra latina a origem de donatário, indicando aquele que recebeu doação. Todos os dias doamos alguma coisa, a começar pelo pedágio social pago aos flanelinhas, como são chamados aqueles que se oferecem informalmente para cuidar dos automóveis. No caso, porém, trata-se de doação compulsória, quase um confisco, pois o doador fica sem alternativa, já que pode ser punido se não atender à solicitação. É diferente o procedimento do doador de sangue, cujo dia é comemorado a 25 de novembro. Ato absolutamente voluntário, é um dos mais belos da condição humana e já livrou da morte muita gente. Os meios de comunicação social têm contribuído para as campanhas de doação de sangue, salvando muitas vidas. Entretanto, nem todas as religiões aceitam a transfusão de sangue e neste caso o doador nada pode fazer diante da recusa a uma das maiores conquistas da medicina.

DOCENTE do latim *docente*, docente, aquele que ensina. Seu significado primitivo é ensinar a aprender, o que parece uma tautologia. Os primeiros docentes atuaram em adestramento militar, preparando os soldados para a guerra. Depois é que o vocábulo migrou para a sala de aula, antes, porém, passando por outras significações de domínio conexo, de onde vieram palavras como dócil e docilidade, designando quem aprende com facilidade e dando-lhe a respectiva qualidade. O *Dicionário Aurélio* dá como origem de docente o alemão *dozente*. De todo modo, também os alemães radicaram o vocábulo no latim.

DOCETA do grego *doktaí*, doceta, do verbo *dokéo*, parecer. Os docetas foram hereges medievais do primeiro século que defenderam, entre outras coisas, que Jesus não tinha um corpo. Docetas ilustres aparecem no romance de Umberto Eco, *O nome da rosa*. É provável que São João (séc. I) tenha pensado neles ao escrever o seu *Evangelho* e defender com ênfase "o Verbo se fez carne e habitou entre nós". Faz questão também de dar detalhes da crucificação. Existiram 315 *Evangelhos*, mas o Primeiro Concílio de Nicéia fixou apenas em quatro os *evangelhos* canônicos, isto é, impostos porque de acordo com as regras dogmáticas da Igreja, deveria ser grande a preocupação com os docetas, pois de São João foram incorporados também três epístolas e o *Apocalipse*. O evangelista, natural de Betsaida, onde se dedicava à pesca com o pai e o irmão, era o discípulo preferido de Jesus e foi confundido com Madalena na interpretação que o jornalista Dan Brown faz do quadro *A Última Ceia*, de Leonardo Da Vinci, no romance *O código Da Vinci*, já transposto para o cinema.

DODECAFÔNICO do grego *dódeka*, doze, e *phoné*, voz. É um tipo de música que se baseia numa linguagem atonal, caracterizada pelo uso sistemático de 12 sons. É sinônimo de música serial.

DÓ DE PEITO de *do*, sílaba inicial do latim *dominus*, senhor; *de*, indicando procedência; e *pectus*, peito. Designa nota extremamente aguda, proferida por alguns tenores. Dó, a primeira nota musical, recebeu inicialmente o nome de *ut*, para, advérbio latino. Foi o monge italiano Guido d'Arezzo, assim chamado por ser regente do coro da catedral de Arezzo, na Toscana, quem denominou todas as notas com as sílabas iniciais destes versos de um hino a São João: "*ut queant laxis/ Resonare fibris/ Mira gestorum/ Famuli tuorum/ Solvepolluti/ e Labiireatum,/ Sancte Ioannes*" (Para que teus servos, / possam ressoar claramente/ a maravilha dos teus feitos,/ limpe nossos lábios impuros, ó São João). As canções dos primeiros discos, antes da chegada do LP, eram feitas em dó de peito porque a gravação era mecânica e os cantores precisavam emitir todas as notas excessivamente agudas. Apenas em 1926 surgiria a gravação elétrica.

DOENÇA do latim *dolentia*, doença, moléstia, perturbação da saúde. Há vários anos, muitos cantores da música popular brasileira, entre os quais Gilberto Gil, proclamaram: "Moro num país tropical/ abençoado por Deus e bonito por natureza." Mas autores europeus, que depois tiveram suas pesquisas corrigidas, atribuíram ao clima tropical doenças como a malária, o beribéri e a febre amarela. Parecia óbvio aos brasileiros que, prescritos por médicos em consultórios e hospitais, os remédios para as doenças seriam encontrados nas farmácias. Porém, foram alertados para os remédios falsificados que levaram à morte diversas pessoas.

DOENTE do latim *dolente*, que sofre *dolor*, dor. Na antiga Roma foi chamado também *infirmus*, enfermo, isto é, fraco, sem firmeza, que não conseguia mais ficar em pé. Depois da consulta, atualmente um diagnóstico prévio, não mais uma bênção ou uma adivinhação para saber o que os doentes têm, poderão ser encaminhados a uma clínica, do grego *kliniké*, ali deitando-se em leitos, *klinikó*, diante dos quais os outros profissionais, com as devidas especialidades, poderão praticar cirurgia, do grego *kheirourgia*, trabalho com as mãos, pela formação *kheirós*, mão, e *érgon*, trabalho. Em grego, dente é *odontos*. Por isso o ofício do dentista é chamado também odontologia. E ele mesmo pode ser designado odontólogo.

DOGE do italiano *doge*, chefe, guia, título dos soberanos de cidades italianas na Idade Média – na verdade Estados autônomos, como Veneza e Gênova. Sua origem é a palavra latina *duce*, que conduz, o líder. Por isso, no século passado, o fundador do partido fascista, Benito Mussolini, que governou a Itália antes e durante a Segunda Guerra Mundial, intitulou-se *Il Duce*, almejando ser reconhecido como chefe do povo italiano. Seu trágico fim teve lugar na Piazzale Loreto, em Milão, a 29 de abril de 1945. A violência de populares sobre os corpos de Benito e da amante, Claretta Petacci, depois de fuzilados, deixou perplexos os comandantes militares. Os exageros foram explicados pela lembrança de que 15 italianos haviam sido executados pelos nazifascistas naquele mesmo lugar.

DOGUE do inglês *dog*, cachorro, alteração de *dogge* e *docga*, formas presentes no inglês antigo. No português brasileiro, dogue vinha sendo preferencialmente cão de guarda, como o buldogue e o dogue alemão, mas atualmente é sinônimo franco de cachorro. As designações desses animais domésticos têm origens curiosas. *Schnauzer*, em alemão, é aquele que rosna. O *boxer* foi criado e treinado para brigar, semelhando um pugilista no boxe. O francês *terrier* é redução de *chien terrier*, cachorro da terra. Em francês, *terrier* é toca, e ele começou a vida como exímio cavador. O são-bernardo tem este nome porque São Bernardo utilizava este tipo de cão para socorrer vítimas de tempestades e avalanches de neve nos Alpes Suíços.

DOIS do latim *duos*, variação de *duo*, dois. Foi acrescentado um "s", como feito em "*duo*", também na acepção do latim *ambo*, os dois ao mesmo tempo, que passou ao português como ambos. Apesar de soar esquisita, a expressão "ambos os dois é gramaticalmente correta e está abonada por gente culta e bem pensante, como pode ser comprovado nos exemplos a seguir: (a) em Alexandre Herculano: "o certo é que ambos os dois caminhavam juntos"; (b) em Rui Barbosa: "Ambas as formas são gramaticais? São-na ambas as duas"; (c) Machado de Assis: "e ambos os dois disseram: é uma mocetona"; (d) Camões; "de ambos os dois a fronte coroada". Outras línguas cometem o mesmo pleonasmo, de que são exemplos o francês ("*tous les deux*"), o inglês ("*both the two*"), o italiano ("*ambedue*"), o japonês ("*futari tomo*"), o húngaro ("*mindketto*") e o sérvio ("*oba doá*").

DÓLAR do inglês *dollar*, vindo do alemão *Thaler*, que no baixo alemão era grafado *Daler* e já designava uma moeda. Pode ter sua origem remota no latim *dolare*, verbo que indica o ato de lavrar ou cunhar madeira, pedra ou metal. Assim como a língua inglesa tornou-se o latim do império americano, o dólar transformou-se em moeda universal, ainda que não seja a de maior valor nominal, perdendo para a libra esterlina. Hoje é moeda oficial em mais de vinte países, entre os quais os EUA, o Canadá e a Austrália.

DOLÉ alteração de picolé, provavelmente do italiano *piccolo*, pequeno. É conhecido também como sorvete, palavra formada por confluências do italiano *sorbetto* e do francês *sorbet*, mas com origens remotas no turco *xerbet*, cruzado com o árabe *xarab*, denominações para bebidas ingeridas geladas. O dolé é sorvido da mesma forma que o imperador Nero o apreciava cerca de 50 a.C. O latim clássico já tinha o verbo *sorbere*, sorver, adaptado para *sorbire* no latim vulgar. Escravos recolhiam blocos de neve que eram cobertos com mel, nozes e frutas. Ainda que sem a designação picolé ou dolé, bem brasileiras, a iguaria, conhecida como sorvete, era uma delícia cara até o século XIX, restrita a cortes, palácios e mansões, mas em 1851 o norte-americano Jacob Fussell começou a produzir em grande quantidade sorvetes e picolés, que se espalharam pelo mundo inteiro, tornando-se muito populares. Entretanto, apesar de sorvete funcionar como sinônimo de picolé, não se pode pedir um *sundae* no palito, como é conhecido o tipo de sorvete assim chamado por alteração do inglês *Sunday*, domingo, porque quando surgiu era vendido apenas aos domingos. Pelo formato, afixada em pequeno poste, também recebe o nome de picolé a caixa de correio.

DOLO do grego *dólos*, pelo latim *dolus*, ato consciente, feito com o propósito de prejudicar alguém. Na Península Ibérica designava antigo punhal.

DOLOROSA do latim *dolor*, dor. É como chamamos a conta – ou agora, com mais empenho, a nota fiscal – em restaurantes e bares.

DOLOSO do latim *dolosus*, enganador, de *dolus*, dolo, engano, fraude, palavra vinda do grego *dólos*, ardil, logro. Um homicídio pode ser culposo, quando há apenas culpa do autor por ter causado o mal, ainda que sem intenção de matar, mas quando é caracterizado como doloso é porque o autor teve a intenção de matar.

DOM do latim *donum*, dom, dádiva. Utilizado para designar qualidade natural inata, em geral é considerado presente de Deus, como o dom da voz de Amália Rodrigues: "Foi Deus,/ quem me pôs no peito,/ um rosário de penas,/ que vou desfiando,/ e choro a cantar,/ e pôs estrelas no céu,/ fez o espaço sem fim,/ deu luto às andorinhas,/ Ai, deu-me esta voz a mim."

DOMAR do latim *domare*, trazer para casa, domesticar, amansar, subjugar, vencer. No caso de cavalos e muares, dobra-se a vontade deles por meio do domínio dos maxilares, de onde a expressão "quebrar o queixo", significando que o animal está apto à montaria ou a ser atrelado a carros, carroças, bigas, arados e outros meios de tração animal, onde será dirigido por rédeas em cujas pontas estará o freio posto dentro de sua boca. O escritor Elias Canetti, Prêmio Nobel em 1981, dá a entender em *Massa e poder* que a violência precedeu a ternura na espécie humana, daí a força que nós e muitos outros animais temos nos maxilares. Primeiro mordemos e depois beijamos. E no ser humano às vezes o beijo tem sido uma forma de fazer o inimigo morder a isca para que depois possa sofrer em nosso poder, ainda que tais gestos não sejam intencionais.

DOMICÍLIO do latim *domicilium*, residência fixa, habitual. Nela morava a família na antiga Roma, com um significado bem mais extenso do que é hoje, pois incluía o pai, a mãe, os filhos e os domésticos: escravos e servos. E periodicamente os hóspedes. Os antigos romanos já ofereciam hospedagem em suas próprias casas. Esse costume chegou a Portugal, de onde veio para o Brasil, como atesta a arquitetura das fazendas brasileiras, herdeiras da *domus*, a casa romana, com quartos destinados à hospedagem, entretanto sem comunicação com o interior das casas.

DOMINAR do latim *dominare*, mandar, ter poder ou autoridade. Seus sentidos figurados são diversos. O grande poeta português Fernando Pessoa escreveu que sua segunda adolescência foi dominada por poetas românticos ingleses, que para ele eram sombras dos dois maiores: John Milton e William Shakespeare. Mas dominar designa também o controle que temos sobre um automóvel quando o dirigimos.

DOMÍNIO do latim *dominium*, domínio, propriedade do *dominus*, senhor, dono da *domus*, casa, do grego *doma*, que era equivalente a *oikos*, casa. É também a origem de domar, sujeitar o animal, dar-lhe costumes domésticos, isto é, ligados à casa onde mora o dono. Domínio passou a designar na internet a propriedade eletrônica de alguém. E aparece logo depois da arroba do *e-mail*. O *e-mail* está ligado a um IP, de *Internet Protocol*, Protocolo da Internet. A troca de mensagens dá-se pelo nome que o usuário adota, em geral é a redução de seu prenome ou nome, seguido do sinal arroba (@), do domínio (por exemplo, Terra, UOL ou empresa com domínio próprio), ponto, *com*, redução de comercial, ponto, e o país. No Brasil, os domínios das instituições públicas são seguidos de ponto e *br* (identificação do Brasil). Em muitos países, o endereço, público ou privado, exclui o *com*.

DOMINÓ declinação do latim *dominus*, senhor, que, pronunciado à francesa, veio para o português com acento na última sílaba. Designa, além de um jogo, um traje com capuz, utilizado antigamente no Carnaval para ocultar identidades, tal como registra o poeta, cronista e professor de literatura Manuel Bandeira em *Estrela da vida inteira*: "Os nossos dominós eram negros, e negras eram as nossas máscaras." O jogo recebeu tal denominação porque suas 28 pedras são em geral de cor escura com até seis pontos brancos e teria sido inventado por dois monges. Tornou-se sucesso primeiramente entre os religiosos que, ao completarem as combinações requeridas, exclamavam: *Benedicamus Domino* (louvemos ao Senhor).

DONA do latim *domina*, a mulher casada, responsável pela *domus*, a casa, o domicílio. No português, é sinônimo de senhora. Na tradição brasileira, estabeleceu-se curiosa diferença de pronúncia para destacar a mulher nobre, fechando-se a vogal "o" em senhora.

DONAIRE do latim medieval *donarium*, donativo, dom, graça, pelo castelhano *donaire*, mas já com o sentido de dom natural. Foi por influência da palavra espanhola *aire*, ar, do latim *aer*, que passou de *donarium* a donaire, forma que se conservou em português. Quem tem donaire é pessoa elegante, que sabe dar o ar de sua graça de modos agradáveis, já que a raiz latina das palavras elegante e elegância tem o significado de saber escolher: a fala, os gestos, o modo de caminhar, as roupas, os sapatos, o tipo de corte no cabelo, o perfume. De dom natural, donaire passou a dom cultural, obtido de vários modos e que hoje inclui também cuidados com a dieta e com o nível intelectual.

DONZELA do latim vulgar *domnicilla*, moça da casa. É de origem controvertida. Em latim há algumas palavras correlatas indicando possível origem: *ancilla* significa serva, criada, e *domi*, declinação de *domus*, significa em casa; já *dominus* e *domina* significam respectivamente senhor e senhora. No catalão existe a forma *donzell*, senhorzinho. No português atual, donzela é moça virgem. Redomas de vidro ou de cristal que protegem os castiçais são também chamadas de donzelas. Portanto, as donzelas estão sempre protegendo alguma coisa: a luz, a casa, a honra. *A Morte e a Donzela*, filme de Roman Polanski, tem o mesmo título de uma canção do célebre compositor austríaco Franz Schubert.

DOPAR do inglês *to dope*, por sua vez vindo de *dope*, preparado de ópio, inicialmente usado na medicina. Veio do neerlandês *doop*, tempero, molho. Seu uso ilícito começou no turfe, como estimulante administrado aos cavalos de corrida para aumentar-lhes o rendimento, logo chegando também ao futebol e a outros esportes.

DORMENTE de dormir, do latim *dormire*, com influência de *dormiens*, que em latim significa dormindo. Com o mesmo étimo, temos no português dormitório e adormecer. Designa peça de madeira que, nas ferrovias, dá sustentação aos trilhos. Seus sinônimos são chulipa e sulipa, do inglês *sleeper*, de *sleep*, dormir.

DORMIÇÃO do latim tardio *dormitione*, dormição, o sono longo de Maria, depois do qual a mãe de Jesus foi levada ao céu por dois anjos e coroada pelo próprio filho, segundo antiga tradição e crença cristãs, depois consolidada na festa da Assunção de Nossa Senhora, celebrada desde o século V no dia 15 de agosto. O papa Pio XII definiu o acontecimento como dogma, em 1º de novembro de 1959. Ela vivia na casa de São João, seguindo recomendação recebida ao pé da cruz: "Quando Jesus viu sua mãe e perto dela o discípulo que ele amava, disse à mãe: 'Mulher, eis aí teu filho.' E ao discípulo: 'Filho, eis aí tua mãe.' E dessa hora em diante o discípulo a levou para sua casa." Com este significado específico para tal sono, o francês tem *dormition* e o italiano, *dormizione*. Com exceção do Aulete Digital, os outros dicionários brasileiros de língua portuguesa ainda não registram a palavra. O episódio é tema de um dos mais belos portais da famosa catedral de Notre-Dame de Paris.

DORMINHOCO do latim *dormire*, dormir. O vocábulo formou-se com acréscimo dos sufixos compostos *-inh* e *-oco*, para indicar a pessoa preguiçosa, que dorme demais. O verbo dormir tem curiosas acepções, como dormir no ponto, para indicar inércia; dormir com alguém, como sinônimo do ato sexual. Para descansar na eternidade é necessário obter antes o atestado de óbito.

DORMITAR do latim *dormitare*, dormir um sono leve e curtíssimo. Em português coloquial é mais usado cochilar, do quimbundo *koxila*, dormitar, cochilar. Num dos dialetos africanos falados em Angola, dançar é *kutchila*. A metáfora pode ter nascido do movimento que a pessoa faz com a cabeça quando cochila. O verbo ganhou também o sentido de distrair-se, errar. Rigoroso na leitura de poetas de seu tempo, Horácio admitiu que se até o grande Homero, um gênio, cometera erros primários, quanto mais os outros. E escreveu: "*Quandoque bonus dormitat Homerus*" (De vez em quando até o bom Homero cochila). Horácio, porém, usou "quandoque" no sentido de "pois que", já que o verso todo é "*indignor quandoque bonus Homero dormitat*" (*eu me indigno pois que o bom Homero cochila*).

DOSSIÊ do francês *dossier*. Série de documentos referentes a um indivíduo, assunto, processo etc. Ultimamente tem sido utilizado também como arma, sobretudo entre parlamentares e membros da administração pública.

DOTE do latim *dote*, declinação de dos, do verbo *dare*, dar. Dote designa o bem ou bens que a noiva ou o noivo traz para a vida em comum iniciada com o casamento. No casamento do Direito romano denominado *cum manu*, o dote era incorporado ao patrimônio do marido, ao passo que o *sine manu* continuava livre das mãos do marido, integrando a parafernália, palavra formada a partir de *para* (junto, com) e *pherne*, dote. Os bens parafernais eram o enxoval, palavra que entrou no português para designar roupas e objetos pessoais da noiva porque parafernália mudou de sentido. Enxoval veio do árabe *ax-xavar*, dote.

DOURADO do latim *deaurare*, enfeitar com ouro, dourar, formou-se esta palavra para designar o que é, ou parece ser coberto de ouro. Papéis dourados ou prateados são os mais comuns nos pacotes que envolvem os presentes que damos e recebemos nas festas de Natal e Ano-Novo. Nessas ocasiões, porém, não vale o conselho evangélico: "Pedi e recebereis." Dadas certas delicadezas da convivência, aperfeiçoadas nessa época, em geral os presentes são mútuos, isto é, quem os dá também os recebe, mas, claro, sem pedi-los.

DOUTOR do latim *doctor*, doutor, cujo ofício principal é *docere*, ensinar. Como título de profissional com curso superior foi primeiramente aplicado a teólogos (doutores na interpretação de textos bíblicos) e professores (doutores na matéria que ensinavam), e depois a advogados (doutores em leis) e médicos (doutores em saber e ensinar-nos como cuidar da saúde). Nos albores das universidades – a de Bolonha, na Itália, foi a primeira a ser fundada, na passagem do primeiro para o segundo milênio – não havia o título de doutor como hoje conhecemos na vida acadêmica. O primeiro título foi o de doutor em leis, conferido em Bolonha, e o segundo, doutor em teologia, em Paris, ambos conferidos pelas respectivas universidades no século XII. Somente no século XIX é que surgiu o doutor em medicina. Na linguagem coloquial, doutor é sinônimo de saber, mas curiosamente o técnico de futebol é chamado de professor e jamais de doutor. Doutor é o dirigente, o cartola.

DOXOLOGIA do grego *dóxa*, crença, opinião, e *logos*, estudo, aplicação. A doxologia é mais conhecida como liturgia religiosa. A primeira parte do fato de o vocábulo ter servido para vários compostos de muitos usos, sobretudo em economia. Fala-se, por exemplo, em plano heterodoxo, isto é, que mistura várias crenças, teorias e opiniões, para resolver problemas como o da inflação.

DRACMA do grego *drakhmê*, unidade de peso e moeda de prata das antigas cidades-estados gregas e de outras regiões do mundo helênico, pelo latim *drachma, dragma*, no latim medieval. Provém da expressão grega *drássesthai*, designando tudo o que se pode agarrar com uma das mãos, ligada ao verbo *dratto*, segurar. Referida com frequência nos Evangelhos, dracma aparece ao lado do latim *denarium*, origem da palavra dinheiro em português, e de sestércios, asses e tércios, moedas romanas. Em 2001, foi substituída pelo euro. Sobre o valor da dracma no século I, leia-se esta passagem do Evangelho de São Lucas 15, 8-9: "Qual a mulher que, tendo dez dracmas, se perder uma dracma, não acende a candeia, varre a casa, e busca com diligência até a achar? E achando-a, convoca as amigas e vizinhas, dizendo: Alegrai-vos comigo, porque já achei a dracma perdida."

DRACONIANO do francês *draconien*, a partir do nome do legislador ateniense Drácon, famoso pelo rigor das punições previstas em seu código. Entre outras providências, acabou com a solidariedade familiar, tornou obrigatório o recurso aos tribunais para dirimir conflitos entre clãs, manteve os privilégios e discriminações de nascimento e previu pena de morte para quase tudo, ao contrário de Sólon, que dotou os atenienses de uma Constituição democrática que instaurou a igualdade civil, aboliu privilégio e discriminações de berço, definiu direitos e deveres dos cidadãos, tendo também suprimido a escravidão por dívidas, ainda que tenha previsto a supressão de direitos civis e direitos políticos. Sua principal diferença com Drácon, no tocante às penas, foi que estabeleceu correspondência entre a gravidade do delito e a punição. Mas a democracia ateniense só se completaria com Clístenes e Péricles, de quem foi avô.

DRAGA do inglês *drag*, aparelho para remover entulhos do fundo de rios e mares, utilizado também como instrumento de pesquisa oceanográfica. Em inglês, *to drag* é arrastar. O governo de São Paulo está sempre tentando despoluir um rio outrora belíssimo, o Tietê, num trabalho que envolve grandes dragas que estão limpando seu leito.

DRAGÃO do grego *drákon*, pelo latim *dracone*, dragão, monstro fabuloso, representado desde tempos remotos por figuras com caudas de serpentes, garras e asas, semelhando-se, assim, a certos tipos de dinossauros. Os primeiros navegantes que intentaram atravessar o Atlântico, ao voltarem diziam que tinham encontrado monstros ainda mais horríveis em alto-mar. Pode-se imaginar que não estivessem mentindo deliberadamente, mas sim que estivessem influenciados pelo pavor de enfrentar tempestades no meio da noite, quando qualquer sombra, somada ao medo, desenha-se como perigoso monstro. Ainda hoje existem dragões na face da Terra, os dragões-de-komodo, encontrados no sudeste da Indonésia. Apesar de não serem muito grandes, conseguem dar fim a um búfalo, ao inocular veneno numa simples mordida. O búfalo tem uma lenta agonia, que pode durar dias, ao final da qual outros dragões juntam-se ao que mordeu e fazem o banquete. Certa vez a atriz Sharon Stone pediu ao namorado que o incauto entrasse numa jaula, nos EUA, onde havia um dragão-de-komodo. Ou porque homem algum pode recusar um pedido de namorada tão bonita e cativante, ou porque fosse ele bonzinho demais, o certo é que entrou, levou uma mordida leve e perdeu um dedo. Tendo em vista que a atriz já matou um toureiro com um estilete fino que lhe enfiou no pescoço, semelhando o que fazia com os touros, e teve um desempenho que representava ato ainda mais sinistro em outro filme famoso, *Instinto selvagem*, em que usava um picador de gelo, talvez fosse mais recomendável procurar outra jaula. Ou outra namorada. Desde que naturalmente não fosse um dragão, palavra que na gíria brasileira indica pessoa feia e, na língua culta, gente de má índole.

DRÍADA variação de *dríade*, do grego *dryádos*, passando pelo latim *dryade*, dríade, ninfa encarregada de proteger os bosques na mitologia greco-latina, sobretudo os de carvalho. *Drys*, em grego, é carvalho. Designa também uma das grandes divisões geográficas da flora brasileira, infelizmente sem nenhuma divindade para defendê-la da biopirataria, que tem levado a perdas enormes. No lugar de dríades, vigora a Lei 8.176, de 1991, que proíbe a retirada, sem autorização, de qualquer material genético, animal ou vegetal, que pertença às terras da União, onde estão as reservas indígenas. O dia mundial da Ecologia e do Meio Ambiente é comemorado a 5 de junho. Mas o desaparecimento de espécies a cada ano é tamanho que mais apropriado seria decretar um dia de lamentações por perdas já irreparáveis. Aparece nestes versos de Raimundo Correia: "Vejo-a, e cuido estar vendo uma dríada/ por entre os claros de uma selva basta/ aparecendo e desaparecendo."

DRIBLE do inglês *dribble*, engano, finta. Consiste em jogada de craque, que nenhum perna de pau ou cabeça de bagre deve tentar. O mais famoso driblador brasileiro de todos os tempos foi Mané Garrincha, o famosíssimo número 7, ponta-direita da seleção brasileira campeã do mundo, na Suécia, em 1958, e bicampeã, no Chile, em 1962, quando ele, que era a "alegria do povo", depois de driblar vários joões que era como ele chamava seus marcadores –, foi driblado por um cachorrinho, que ele tentou pegar no gramado.

DROGA do holandês *droog*, seco, redução de *droog vate*, tonel seco, embora o árabe já tivesse *drowa*, bala de trigo. Pode ter havido mescla das duas palavras. O *Dicionário Aulete*, simplificando a consulta, dá cinco acepções para droga: substância empregada em farmácia, tinturaria, laboratórios químicos, utilizada também em seres humanos ou animais, com o fim de tratar uma doença; alucinógeno, entorpecente ou excitante (maconha, cocaína etc.); coisa ruim, de má qualidade, de pouco valor. E ainda coisa que causa dependência, em sentido pejorativo ou positivo. A Islândia é o país em que mais pessoas morrem por consumo de drogas como a anfetamina, o *ecstasy*, a cocaína, a maconha, o ópio e a heroína. Estônia, El Salvador, Austrália, Cazaquistão, Irlanda, Canadá, Finlândia, Rússia e Ilhas Seycheles completam os dez primeiros. O Brasil é um dos países com menos mortes por uso de drogas, e os esportes cumprem importante função nessa estatística benfazeja.

DROMEDÁRIO do latim *dromedariu*, por sua vez vindo do grego *kamélos dromeda*, isto é, camelo que corre. Aliás, o mesmo radical grego serviu para formar as palavras autódromo, hipódromo e sambódromo, entre outras. Tem o pescoço mais curto que o do camelo e apenas uma corcova. Ainda assim são frequentes as confusões entre um e outro, sendo a mais célebre delas a estampa de conhecida marca de cigarro chamada Camel, que ostenta a figura de um dromedário no maço. Há uma lenda dando conta de que quando o engano foi percebido por seus criadores, o material publicitário já estava espalhado pelo mundo.

DRONE do inglês *drone*, zumbido, variante do inglês antigo *drane*, cujo étimo remonta ao grego antigo *thrênos*, lamento; ao gótico *drunjus*, som. No inglês, *drone* surgiu primeiramente na poesia. Hoje designa preferencialmente um tipo de avião não tripulado, de largo uso nas guerras pelos EUA em bombardeios no Afeganistão e no Iraque.

DROPES do inglês *drops*, plural de *drop*, gota, pingo. Há no português também a forma drope, mas é provável que, à semelhança de lápis, prevaleça dropes e não drope para os dois números. A caminho do português, pode ter havido influência do alemão *tropfen*, gotejar, sair aos poucos e talvez por isso em Portugal *drope* indique o mendigo, que pede e recebe pouco, pedacinhos de pão ou de qualquer outra coisa em forma de esmola, de que são exemplos as pequenas moedas. Dropes passou a designar também as pequenas notícias, publicadas em espaços exíguos na imprensa. Rita Lee e Roberto de Carvalho utilizam a forma americana *drops* em conhecida canção, intitulada *Flagra*: "No escurinho do cinema/ chupando drops de anis/ longe de qualquer problema/ perto de um final feliz."

DRUIDA do latim *druida*, quase sempre usado no plural *druidae*, druidas, adaptado do irlandês *drui*, feiticeiro, e do gaulês *chuvides*, muito sábio. Os étimos remotos remitem a *oak*, carvalho, e à raiz indo-europeia *wid*, saber. Em resumo, designava aquele que tinha o saber do carvalho, representando toda a floresta, por ser a árvore mais importante, tendo, pois, a sabedoria de todas as árvores. Antigo sacerdote de povos gauleses e bretões, entre os celtas os druidas eram sacerdotes e feiticeiros com grande influência política, atuando também como educadores, narradores, poetas, magos e juízes. No ano 2000, numa caverna de Aveston, na Inglaterra, foram encontrados 150 esqueletos de pessoas executadas com um golpe só no crânio, o que evidencia que não foram mortas em combate, mas provavelmente massacradas em rituais religiosos. Em *De bello Gallico* (*A guerra gaulesa*), Júlio César relata que os druidas faziam sacrifícios humanos aos deuses. A moderna arqueologia encontrou grãos de pólen de visco, planta sagrada dos druidas, nos intestinos do cadáver de um homem que morreu no ano 60 d.C., coincidindo com a nova ofensiva romana na Grã-Bretanha.

DRUPA do grego *drýpepa*, pela formação *drýs*, árvore, e *péptein*, amadurecer, designando fruta que amadurece nas árvores. Em latim virou *drupa*, aplicada a azeitona e em denominações da botânica para frutos carnosos, como o figo, o pêssego, a ameixa etc., tão comuns nas cestas de Natal. As bagas vermelhas do azevinho são drupas e estão presentes em narrativa cristã lendária. Por ocasião de tremendo infanticídio, São José escondeu o Menino Jesus entre azevinhos carregados de drupa, para que os soldados de Herodes I, o Grande, não o matassem. Atravessando milênios, vindo de celtas, gregos e romanos, o azevinho e as drupas aparecem hoje também no Brasil, nas portas das casas, na época de Natal. Tal como entre os antigos povos antes de Cristo, a intenção é celebrar a vida, os ritos de passagem, os começos e os recomeços.

DÚBIO do latim *dubius*, dúbio, vacilante. É provável que a origem remota seja a forma latina *duos*, dois, dado que dubiedade indica indecisão entre duas alternativas, pelo menos. Com tal sentido aparece nas *Obras seletas de Carlos de Laet*: "Ministro é vocábulo de significado dúbio: é o que serve e o que governa." Aparece em citações latinas, declinado em dúbio, em expressões correntes, de que são exemplos *in dubio pro reo* (em dúvida, em favor do réu), prescrevendo que, à falta de provas, o juiz deve decidir em favor do acusado; *in dubio contra fiscum* (na dúvida, contra o fisco), determinando que nas contendas entre o Estado e o contribuinte, não existindo certeza sobre o débito, a sentença será favorável ao contribuinte; *in dubio pro libertate* (na dúvida, em favor da liberdade), base do direito romano clássico com o fim de proteger o indivíduo; *in dubio pro misero* (na dúvida, em favor do mais fraco), lema dos conflitos na legislação do trabalho, para compensar juridicamente a inferioridade econômica do trabalhador.

DUBLAGEM do francês *doublage*, dublagem, juntar dois fios simples num tecido ou blindar uma embarcação, como que fazendo uma capa, tornando-a dupla. A origem remota é o latim vulgar *duplare*, dobrar, fazer dois ou parecer dois, tornando-se *duplus*, duplo. No francês, a palavra tem seu primeiro registro em 1411. Mudou de sentido depois da invenção do cinema, em fins do século XIX, passando a designar a gravação de falas e a inserção de músicas ou partes actuadas após as filmagens, para montagem da trilha sonora. Mas consolidou-se no português para designar a substituição das partes faladas ou cantadas de um filme ou de um programa de televisão, em que a língua original da produção é substituída pela portuguesa. O pioneiro da dublagem de filmes no Brasil foi Herbert Richers. Quem o introduziu na dublagem foi seu amigo Walt Disney, de quem dublou a maioria das produções.

DUBLÊ do francês *double*, duplo, duplicado. Pessoa que, por semelhança com outra, a substitui em trabalhos, como é o caso dos profissionais que fazem as vezes de atores em cenas perigosas ou em circunstâncias em que os titulares não podem ou não querem atuar.

DUCADO do latim *ducatus*, comando militar, de *dux, ducis*, aquele que vai à frente, o pastor, depois designando o comandante. A região dominada por tal comandante foi chamada ducado, derivado da forma de pronunciar a palavra latina: em vez de *dux*, duque, por influência do francês antigo *duc*. A palavra ducado já existia no primeiro milênio, mas sua incorporação à língua espanhola designando conjunto de terras pertencentes a um duque e depois também moeda, que chegou ao português, deu-se no século XIV. O ducado de ouro pesava 3,5 g e foi originalmente criado em Veneza pelo *doge*, sinônimo de duque, Giovanni Dandolo. Tinha num dos lados a imagem de São Marcos e no outro a de Jesus. Conquanto o ducado ainda fosse aceito na primeira metade do século XX, já fazia séculos que na Espanha ele tinha sido substituído por outras moedas, principalmente maravedis e escudos. Machado de Assis, comentando a abolição da escravatura em textos intitulados "7 de maio" e de "13 de maio", refere erro do poeta alemão Heinrich Heine que, em certos versos, diz ter um capitão de navio negreiro deixado trezentos negros no Rio de Janeiro, onde a casa Gonzalez Perreirro lhe pagara duzentos ducados por peça. Era tudo verdade, menos que negociássemos com tal moeda, sem contar que o nome do comprador era Gonçalves Pereira: "foi a rima ou a má pronúncia que o levou a isso. Também não temos ducados, mas aí foi o vendedor que trocou na sua língua o dinheiro do comprador." Foi alto o preço de cada escravo; o papa Leão X, que vendeu inumeráveis indulgências para a construção da Basílica de São Pedro, havia pago 147 ducados por um manuscrito de Tito Lívio.

DUCHAR do latim *duceam*, do verbo *ducere*, conduzir, pelo italiano *doccia* e o francês *douche*, veio ducha, banho de chuveiro em que o jato d'água é lançado com força sobre a pessoa, com fins higiênicos ou terapêuticos. O verbo duchar ainda é pouco usado, tanto na fala coloquial quanto na escrita, mas está presente nos dicionários desde que este tipo de banho se tornou usual no Brasil, a partir da década de 1970. Ducha, porém, chegou à língua portuguesa ainda no século XVIII, conforme registro feito pelo *Dicionário Morais*.

DUELO do latim antigo *dubellum*, guerra de dois, cuja forma consolidou-se em *duellum*, duelo, combate, luta. Durante muito tempo o duelo foi recurso para dirimir controvérsias, tendo resultado várias vezes na morte de um dos oponentes. Os escritores portugueses José Duarte Ramalho Ortigão e Antero de Quental duelaram por uma questão literária, usando espadas. Nenhum dos dois morreu no ato, mas o segundo suicidou-se alguns anos mais tarde. Era tão ruim de pontaria que precisou de dois tiros de revólver para dar cabo de si mesmo, um alvo fixo. Já o célebre escritor Aleksandr Púchkin, considerado o fundador da literatura russa moderna, faleceu em trágico duelo de arma de fogo, travado com um oficial do exército francês que namorava sua mulher.

DUENDE do espanhol *duende*, de *dueño*, subentendido *dueño de una casa*. Tal significado aparece registrado na Espanha ainda na primeira metade do século XIII, tendo depois evoluído para designar um espírito que se crê dono de uma casa, sentido que se consolidou em lendas europeias, onde sua figura tem sido representada como homem de baixa estatura, quase um anão, de orelhas pontiagudas. Tem comportamento buliçoso e é dado a travessuras noturnas, assustando os verdadeiros donos e habitantes da casa que tomou para sua morada. Na tradição portuguesa, é conhecido também como fradinho-da-mão-furada. Integra a milícia de diabos caseiros, daí o termo diabrura para designar atos infantis praticados pelas crianças que lembram as transgressões dos duendes, como derrubar objetos de valor, móveis e louças. Aos duendes passaram a ser atribuídos também ruídos tidos por inexplicáveis, como janelas e portas que batem sem que haja vento. No imaginário português, os duendes foram confundidos também com o espírito daqueles que morreram afogados nas viagens marítimas. Neste caso, suas travessuras têm o fim de anunciar que já não pertencem ao mundo dos vivos. Tanto o duende como o trasgo, seu sinônimo, são figuras que chegam ao português muito mais tarde, como observa o escritor Vitorino Nemésio, em *A mocidade de Herculano II*: "Não tínhamos duendes, nem trasgos; tínhamos poucas fadas e nenhum geniozinho da noite, errante nas névoas crepusculares."

DUNDUM de Dum Dum, localidade nas proximidades de Calcutá, na Índia. De 1783 a 1853, os britânicos mantiveram ali um quartel em cujo arsenal foi desenvolvido um tipo de projétil que explode no impacto, produzindo ferimentos muito graves com os estilhaços. O uso dessas balas foi proibido pela Convenção Internacional de Haia em 1899.

DUPLA do latim *duplu*, duas vezes. São famosas as duplas de cantores sertanejos, modalidade musical que evita os solos, ao contrário da música popular brasileira, a MPB, que os prefere. No turfe, é também um tipo de aposta em que o jogador deve acertar o primeiro e o segundo colocados. Na dupla exata, o número 1 deve chegar em primeiro, e o número 2, em segundo.

DUPLICIDADE do latim *duplicitate*, declinação de *duplicitas*, designando aquilo que é duplo, que oferece duas faces ou dupla personalidade, ligada à esquizofrenia, doença de personalidade múltipla. A banda *The Who* lançou em 1973 o seu sexto álbum, *Quadrophenia*, modificando o termo esquizofrenia, designando uma ópera musical com este nome. Nela, o protagonista sofre de personalidade quádrupla, cada uma delas associada a um integrante da banda. Há quatro músicas-tema: *Helpless Dancer, Doctor Jimmy, Bell Boy* e *Love Reign O'er Me*, que voltam na penúltima faixa do disco, em peça intitulada *The Rock*.

DUQUE do francês *duc*, radicado no latim *duce*, declinação de *dux*, condutor, guia, título de origem feudal. A origem remota é o grego *douka*, chefe, guia. No francês a palavra existe desde o século XII. No português, chegou um século depois. À semelhança de barão e outros títulos da nobreza, no Brasil é também nome de cachorro, talvez uma vingança republicana. Apenas dois homens e uma mulher, sem sangue real nas veias, receberam este título nobiliárquico. Os homens: Luís Alves de Lima e Silva, Duque de Caxias, em reconhecimento pelos serviços prestados na Guerra do Paraguai, e Augusto de Leuchetenberg, Duque de Santa Cruz. Nossa única duquesa sem sangue real foi Isabel Maria de Alcântara Brasileira, Duquesa de Goiás, filha ilegítima de Dom Pedro I com Domitila de Castro, Marquesa de Santos. Domitila teve 14 filhos. E além de amante do príncipe, dividia sua cama também com o conselheiro Chalaça, assim chamado por ser muito brincalhão e sarcástico. Provavelmente a palavra chalaça derive do espanhol *charla*, conversa. A bastarda de Goiás foi criada pela princesa Amélia de Leuchtenberg que a casou com Ernst Fischler von Treuberg, nobre bávaro que era Conde de Treuberg e Barão de Holzen.

DURAR do latim *durare*, ligado a *durus*, duro, rijo, mas, com o sentido de permanecer, vindo de *dudum*, outrora, um advérbio de tempo. Os governos democráticos duram o tempo fixado em lei. No Brasil, a presidência da República durava quatro anos e era proibida a reeleição. Mas, a partir de Ernesto Geisel, o mandato passou a ser de cinco anos. Depois voltou a quatro novamente. O jornalista Wilson Figueiredo, no artigo "O axioma do general e os méritos de cada um", informou que o general Golbery do Couto e Silva avisava que depois de subida a rampa, o novo presidente corre o risco de achar que chegou até ali pelos próprios méritos, pelos de mais ninguém!

DURÁZIO do latim *duracinu*, formado de *durus acinus*, duro bago. Diz-se das frutas cujas sementes ou caroços são consistentes, como é caso da uva, da cereja e do pêssego. Veja-se que, em espanhol, pêssego é *durazno*. Os romanos, ao encontrarem o pêssego na Pérsia, denominaram-no *duracinus persicum* e *malum persicum*, respectivamente bago duro da Pérsia e maçã da Pérsia.

DURINDANA do francês *durendal*, nome da espada de Roldão, um dos 12 pares de Carlos Magno, epíteto do rei dos francos e depois imperador do Ocidente. Carlos I foi uma figura lendária, entre cujos feitos estaria o de entrar em Roma para ser coroado pelo papa, passando em revista cerca de 2 mil crucificados, cujas cruzes foram fincadas nos dois lados do caminho a ser percorrido. Durindana, que provavelmente recebeu este nome por causa da dureza dos golpes do famoso herói cavalheiresco francês, passou a designar espada, punhal.

DURO do latim *duru*, duro, firme. No sentido de estar sem dinheiro, como na expressão "estou duro", pode ter vindo do espanhol *duro*, nome de uma antiga moeda espanhola, de prata. Quem estivesse sem um único *duro* estaria numa condição muito difícil. Por elipses da preposição "sem" e do numeral "um", consolidou-se a expressão "estar duro", isto é, estar sem dinheiro nenhum.

E

ÉBRIO do latim *ebrius*, bêbado. É provável que os latinos tenham criado o vocábulo a partir de *bria*, nome dado a um recipiente em forma de vaso, destinado a guardar o vinho. Por analogia, seu antônimo é sóbrio. Dada a popularidade da cachaça, a bebida mais vendida no Brasil, o sinônimo mais comum para ébrio é cachaceiro, mas há outros como bêbado ou bêbedo, biriteiro, bebum, beberrão, beberraz, temulento, xilado.

ECLIPSE do grego *ékleipsis*, desaparecimento, derivado do verbo *leípo*, abandonar, deixar para trás, pelo latim *eclipsis*. O mesmo étimo grego está presente em figuras de linguagem como a elipse, a silepse e a paralipse. Designa o ocultamento de um astro por outro e foi fundamental para comprovar a teoria da relatividade em 29 de maio de 1919 no céu noturno de Sobral, no Ceará, que já estava na História da Europa porque Napoleão Bonaparte travara a Batalha de Waterloo usando um chapéu de couro de três pontas que ganhara de um coronel nordestino: o seu, de feltro, estava molhado e ele não pôde usá-lo.

ÉCLOGA do grego *eklogé*, pelo latim *ecogla*. Aceita-se também a variante égloga. Poema pastoril, bucólico, em geral dialogado. O poeta inglês Louis MacNeice lamentou a decadência e os males da civilização urbana em "Écloga de Natal": "Os excessos açucarados de uma cultura diabética/ corrompem a essência da vida e da literatura."

ECO do grego *echó* e do latim *echo*, repercussão do som dando a ideia de repetição da fonte sonora, por causa da reflexão da onda acústica ao bater em um obstáculo. Em grego e latim, o vocábulo era feminino e designava a ninfa transformada em rochedo e condenada por Juno a repetir as últimas palavras de quem a interrogava. Mudou de gênero em português por causa da terminação. É também sobrenome, como no caso do famoso professor universitário, ensaísta e escritor italiano Umberto Eco, autor de três romances que foram *best-sellers* mundiais: *O nome da rosa*, *O pêndulo de Foucault* e *A ilha do dia anterior*.

ECOLOGIA do grego *oîkos*, casa, e *logos*, estudo, tratado. Designa a ciência que estuda as relações entre os seres vivos e o meio ou o ambiente em que vivem, e suas recíprocas influências. Inicialmente era um ramo da biologia, mas no decorrer das últimas décadas consolidou sua emancipação científica, ocupando-se também do impacto dos processos tecnológicos que alteram as condições da vida humana em permuta com os outros seres que habitam a mesma casa, a Terra. A América Latina em geral e o Brasil em particular tornaram-se vastos campos de pesquisa da biodiversidade, tal a exuberância e a diversificação de águas, plantas e outros seres vivos. Infelizmente, a destruição tem sido acelerada em ritmo superior ao dos estudos, por falta de sensibilidade dos governos para liberarem verbas de pesquisa. Um desastre ecológico é sempre mais bem notado, mas silenciosos crimes ecológicos são perpetrados em gabinetes todos os dias no exame de projetos ambientais. E esses danos também são quase sempre irreparáveis. No Brasil, além da devastação florestal e da poluição ambiental, vêm ocorrendo crimes tipificados como biopirataria, que consistem na saída ilegal de material genético ou de subprodutos de plantas ou animais para a fabricação de medicamentos e cosméticos no exterior, sem o registro de patentes.

ECOSSISTEMA do grego *oîkos*, casa. É como se denomina o sistema de relações mútuas existente entre as espécies animais e vegetais que habitam uma determinada região, além de fatores físicos e químicos do ambiente em que vivem, como clima, luminosidade, temperatura, umidade etc.

ECUMÊNICO do grego *oikoumenikós*, pelo latim *oecumenicus*. Indica a parte da Terra que é habitada, referindo-se por conseguinte a todos os povos. Conceito bastante utilizado pelos documentos da Igreja, principalmente em tempos de sucessão no papado, vez em que os papas podem ser divididos em dois grandes grupos: aqueles que fecham a Igreja em sua ortodoxia e os que a abrem às outras religiões. O Concílio Vaticano II, obra do papa João XXIII, continuada por Paulo VI, o papa que mais valorizou a mulher, foi ecumênico, abrindo diálogo entre o catolicismo e as outras crenças.

ÉDITO do latim *editu*, publicado, designando lei. Afinal, para que possa ser cumprida, deve ser do conhecimento de todos e por isso é publicada. Um dos mais famosos editos é o de Milão, baixado pelo imperador romano Constantino Magno, que deu liberdade de culto a seitas que contrariavam preceitos do mundo pagão. A mais beneficiada foi o cristianismo, que passou a ser tolerada e até se tornou religião oficial do império.

EDITOR do latim *editor*, editor, cujas raízes etimológicas estão vinculadas a *editio*, parto, de onde veio também *editus*, edito, nascido, saído. Os primeiros editores foram piedosos monges medievais que nos conventos copiaram obras fundamentais da Antiguidade. Atualmente, designa mais comumente o profissional responsável pela publicação de textos, principalmente de livros, revistas, jornais e outros periódicos. Com a modernização dos parques editoriais, diversas tarefas, antes concentradas nas mãos do editor, foram partilhadas com profissionais de áreas afins e subdivididas no interior das próprias empresas.

EDUCAÇÃO do latim *educatione* – pronuncia-se "educacione" – declinação de *educatio*. Isso é o que dizem os dicionários, pois os antigos romanos usavam o verbo *educare* para designar o ato de criar, amamentar, alimentar uma criança, dando-lhe também as primeiras lições. Mas no sentido que a palavra passou a ter na língua portuguesa desde o século XVIII, a origem é o inglês *education*, palavra criada por Thomas Elyot, a partir do latim *educare*. Foi ele também o primeiro a adaptar o grego *demokratía* para o inglês *democracy*, embora o francês *démocratie* já existisse um século antes.

EDUCANDO do latim *educandu*, educando, aquele que está sendo educado, caso de milhões de brasileiros que frequentam escolas. O Brasil ainda investe muito pouco em seus educandos. Como resultado dessa desatenção, até bem pouco tempo aplicávamos apenas 3,7 por cento de nosso PIB (Produto Interno Bruto) na educação, segundo a Unesco; ou 3,9 por cento, segundo a *Encyclopaedia Britannica*. Estamos atrás de mais de 80 nações, muitas delas do terceiro mundo, que alocam quantias superiores no mesmo item. Lembrando a necessidade de cuidar melhor da educação, o ex-senador João Calmon, famoso por sempre ter defendido maiores recursos para a área, frequentemente cita uma frase do estadista argentino Domingo Faustino Sarmiento: "O povo é soberano; eduquemos o soberano."

EDULCORANTE de edulcorar, do latim tardio *edulcorare*, adoçar. No latim o verbo foi formado a partir de *dulcor*, doçura. No latim clássico já existia *dulcorare*, tornar doce. Foi posto um "e à frente, o que confunde quem busca as origens desta palavra pela letra inicial "e", mas ela está em "d". O francês tem *édulcorer* e o italiano, *edulcorare*, ambos com significado semelhante ao do português. É comum ver a palavra edulcorante nas embalagens de produtos em que o açúcar ou outra substância adoçante foram utilizados na fabricação, designando-os como ingredientes.

EDULCORAR do latim tardio *edulcorare*, tornar doce, que em latim é *dulcis*, explicando a retomada do fonema (som) e do grafema (escrita) "ele" (l) no verbo, ainda que omitido em "doce". No francês *édulcorer* e no italiano *edulcorare*, línguas neolatinas, o fonema e o grafema ele já estavam, embora de outro modo, em *doux* e em *dolce*. Significa tornar doce pelo acréscimo de açúcar, mel, xarope ou outra substância equivalente, como, por exemplo, quando a mãe torna doce um remédio amargo para que o filho aceite tomá-lo. E, no sentido metafórico, suavizar o que se vai dizer, escrever ou fazer, mediante palavras e ações menos duras. Informações que poderiam ser mal recebidas pelos destinatários podem ser aceitas com resignação quando vêm edulcoradas por pessoas de confiança, pois edulcorar não tem o sentido de enganar, mas de ser delicado, respeitando o interlocutor.

EFEMÉRIDE do grego *ephemerís* pelo latim *ephemeris*, designando tábua astronômica para registrar a posição dos astros no céu. Neste mesmo caderno, os antigos gregos marcavam fatos importantes ocorridos naquele dia e compromissos como o de pagar as contas, que não podiam ficar para as calendas, origem da palavra calendário, porque, ao contrário dos romanos, eles não tinham calendas. Irônicos, os romanos diziam de um ato que nunca ia se realizar que tinha ficado para as calendas gregas, inexistentes. Uma boa efeméride de março é que no dia 6 nascia Michelangelo di Lodovico Buonarroti Simoni, um dos maiores gênios de todos os tempos, que deslumbrou o mundo para sempre com suas pinturas, afrescos, esculturas e obras de arquitetura. Contemporâneo de Leonardo da Vinci, artista, músico, pintor e cientista, com quem trabalhou vários anos em Florença, recebeu apoio de mecenas, principalmente do papa Júlio II, para fazer suas grandes obras.

EFEMÉRIDES de efeméride, do latim *ephemeridis*, genitivo de *ephemeris*, diário, memorial, registro do que passa. Originalmente veio do grego *ephemeris*, efêmero, designando inicialmente a tabela que previa a posição dos astros no firmamento. Passou depois a indicar também outros acontecimentos previsíveis e as obras que relatavam a vida de figuras ilustres. As efemérides de agosto no Brasil são quase todas assustadoras, tendo o mês criado fama de azarento. Em agosto de 1909 era assassinado pelo amante da mulher o escritor Euclides da Cunha, autor de *Os sertões*, cujo centenário de publicação ocorreu em 2002. Comentando a efeméride, o jornalista Geraldo Mayrink, em suplemento especial de *O Estado de S. Paulo*, lembrou que era um fraco o autor da frase "O sertanejo é antes de tudo um forte", não por sua estatura moral ou intelectual, mas por causa da tuberculose e de outras doenças que o devastaram. Funcionário público de escassas rendas, Euclides fez com sua obra uma das mais profundas interpretações do Brasil. De difícil leitura, sobretudo a primeira parte, *Os sertões* é, entretanto, uma travessia que vale a pena. O antropólogo, romancista e político brasileiro Darcy Ribeiro aconselhava que os leitores mais jejunos de leituras complexas evitassem a primeira parte, "A terra", fixando-se apenas em "O homem" e "A luta". Euclides da Cunha foi aluno de Benjamin Constant, um dos fundadores da República. Nos anos de formação, queria ser poeta. Fazendo versos, chegou à matemática. Um paradoxo. Mas não para ele. Engenheiro militar, viveu em várias cidades paulistas, como São José do Rio Pardo, onde escreveu *Os sertões*, Descalvado e São Carlos. Hoje, não são poucas as que insistem em atestar indícios da passagem dele por suas antiguidades. Vários intelectuais de grande reputação se ocuparam da obra solar de Euclides, entre os quais Walnice Nogueira Galvão (*No calor da hora: a Guerra de Canudos*) e Marco Antônio Villa (*Canudos: o campo em chamas*), sem contar o romance de Mário Vargas Llosa (*A guerra do fim do mundo*). E o filme *Guerra de Canudos*, de Sérgio Rezende, épico de 160 minutos, que custou 6 milhões de reais, é adaptação do livro famoso. O cineasta, porém, adotou outra visão: para ele, o protagonista e o grande tema de *Os sertões* é o povo, e não o conflito. E numa humildade rara em companheiros de ofício, resumiu assim a sua concepção: "Tudo aquilo é ainda um mistério." Também a televisão ocupou-se do trágico e talentoso autor. Na minissérie *Desejo*, Ana de Assis, a mulher do escritor, é interpretada por Vera Fischer, dividida entre o amor possessivo do marido (Tarcísio Meira) e o arrebatamento ensejado por uma das mais clássicas heresias da sexualidade, o adultério, que comete com o coronel, depois general, Dilermando de Assis (Guilherme Fontes). Seu duplo crime – matou Euclides e também o filho que, ao crescer, tentou vingar o pai – estarreceu a sociedade brasileira e ensanguentou nossas letras para sempre, corroborando a superstição nacional de que agosto é mês agourento. O crítico literário Sílvio Vasconcelos da Silveira Ramos, mais conhecido como Sílvio Romero, resumiu o lançamento de *Os sertões* nessas frases: "Euclides da Cunha deitou-se obscuro e acordou célebre." A guerra de Canudos, como a maioria dos conflitos sangrentos e violentos, começou com um boato. Em junho de 1896, Antônio Conselheiro comprou e pagou antecipadamente, em Juazeiro, a madeira para cobrir a nova igreja de Belo Monte. O negociante não fez a entrega. Começou a ser divulgado que Antônio Vicente Mendes Maciel, o Antônio Conselheiro, e seus jagunços iriam buscá-la. O juiz de Direito Arlindo Leoni enviou telegrama ao então governador da Bahia, Luís Viana, pedindo providências. Começava a guerra que tanto nos envergonhou, levando o Exército a executar moradores pobres que habitavam 5.200 casas, destruídas uma a uma. Conclui Euclides: "Canudos não se rendeu. Exemplo único em toda a História, resistiu até ao esgotamento completo." Seus últimos defensores: "Eram quatro apenas: um velho, dois homens feitos e uma criança, na frente dos quais rugiam raivosamente 5.000 soldados."

EFÍGIE do latim *effigie*, declinação de *effigies*, representação plástica que lembra ou representa a imagem de um personagem real ou simbólico, frequentemente baseado em seu retrato ou desenho, o que nem sempre é possível. Por exemplo: a efígie de Pedro Álvares Cabral, um fidalgo português barbudo, na antiga cédula de mil cruzeiros, precisou ser inventada, pois não havia representação alguma de como era seu rosto. A partir do século XX e mais tarde, na celebração dos 500 anos do descobrimento do Brasil, surgiram novas efígies, muito diferentes umas das outras, a ponto de não se saber se a pessoa é a mesma.

EGOLATRIA do latim *ego*, eu, e *latreía*, serviço ou culto a um deus. Rui Barbosa inventou esta palavra como variante de narcisismo. Era o ano de 1911 e ele tinha sido candidato à presidência da República, sendo derrotado por Hermes da Fonseca. Dois anos depois, o presidente casava com a caricaturista Nair de Tefé, 31 anos mais jovem do que ele. A chapa vencedora teve 403.867 votos contra 222.822 dados aos perdedores. Cem anos depois, o vencedor terá que angariar mais de 60 milhões de votos. Alfredo de Freitas Dias Gomes também criou palavras, transformando advérbios em substantivos, com seus "entretantos" e "finalmentes". E achando pouco "apenas", mudou para "apenasmente". As novas palavras apareceram na telenovela *O bem-amado*, cuja trama foi baseada num fato real: no interior do Espírito Santo, um candidato a prefeito tinha prometido um cemitério. Paulo Gracindo, cujo nome nos documentos era Pelópidas, fazia o divertidoególatra "dotô coroné prefeito", como o chamava Zeca Diabo, vivido por Aricleneś Venâncio Martins, mais conhecido como Lima Duarte. O prefeito inaugura com o próprio cadáver o cemitério que prometeu. Executado por ter sido autor da calúnia que levantou contra Zeca Diabo, que jamais matara ninguém, morre se engrandecendo: "Interesses antipatrióticos... Uma trama internacional... Uma superpotência... Materiais atômicos... Eles querem Sucupira! Querem dominar o mundo..."

ÉGUA do latim *equa*, égua, a fêmea do *equus*, cavalo, cuja variante, *caballus*, predominou na denominação do animal, consolidando-se, contudo, o adjetivo equino, agora sem trema, depois do Acordo Ortográfico. No turfe, a égua vencedora recebia um banho de champanhe. "Lavar a égua" tornou-se, pois, expressão indicativa de sorte, de boa coisa. O cavalo vencedor não era banhado com champanhe; era conduzido à cocheira sem esse privilégio, concedido apenas à fêmea.

EIRA do latim *area*, área, pedaço de terra. Passou a designar território nas proximidades das casas, em terra batida, plataforma lajeada ou cimentada, onde eram malhados cereais e legumes em um tempo em que a agricultura não era mecanizada. Casar com alguém sem eira, ou sem beira, ou, pior ainda, sem as duas, era para toda moça um sério problema, como nesta passagem de *São Miguel*, romance do catarinense Guido Wilmar Sassi: "Logo um balseiro, um coitado sem eira nem beira, a filha fora escolher. E tanto moço bom, de futuro, sobejando por ali."

EIXO do latim *axis*, vindo do grego *áxon*, designando, entre outros significados, uma linha imaginária que vai de um ponto geográfico a outro. A palavra eixo apareceu muito na Segunda Guerra Mundial para indicar a aliança entre a Alemanha, a Itália e o Japão, que constituiriam as forças do eixo contra as quais lutavam as nações aliadas, lideradas pela URSS, pelos EUA, pela Inglaterra e pela França. Como se sabe, aquele eixo foi vencido. No começo do governo de George Walker Bush, surgiu a expressão "eixo do mal", criação de seu conselheiro e autor de seus discursos, o jornalista Jeff Shesol, que já escrevera discursos também para o ex-presidente Bill Clinton. Nada de milagroso, já que intelectuais desse tipo semelham táxis que trabalham para qualquer passageiro, desde que naturalmente a corrida seja regiamente paga, vale dizer, os discursos que escrevem. Mas paira uma dúvida sobre o verdadeiro criador da expressão, que pode ter sido o escritor David Frum, o único judeu da equipe de conselheiros do presidente, de esmagadora maioria evangélica. Esta versão surgiu de mensagem eletrônica trocada pela esposa de Frum e captada pela revista *online Slate*. O eixo do mal foi originalmente constituído por Iraque e Irã, que seriam detentores de armas de destruição em massa. O Iraque, por razões óbvias: os EUA venderam tais armas para Saddam Hussein enfrentar o Irã. E este porque a Rússia está construindo usina nuclear para os iranianos, que já garantiram que é para fins pacíficos. Mais tarde a Coreia do Norte foi acrescentada como terceiro integrante do eixo do mal. Em matéria de terrores, Canudos espelhou de que é capaz um poder que não admite contestações, ainda que sejam obra de gente simples e iletrada, seguidora de um messiânico doido como o carismático e trágico líder sertanejo Antônio Conselheiro. O terrível comandante da quarta expedição não era russo, era brasileiro, mas não poupou os vencidos, como reconheceram o poeta Bombinho, falecido aos 81 anos e excluído até agora do cânone literário nacional, e o grande Euclides da Cunha.

ELÃ do francês *élan*, arrojo, impulso. No francês antigo designou uma espécie de veado. Foram os saltos do animal que ensejaram o sentido de entusiasmo.

ELAFEBÓLIAS do grego *elaphebólia*, pela composição de *élaphos*, veado, e *balló*, dardo. Eram assim chamadas as festas em honra de Diana, a deusa que atirava dardos sobre os veados.

ELDORADO do espanhol *el dorado*, o dourado, designando um suposto país da América do Sul, repleto de ouro. A origem remota é o latim *deauratus*, de ouro. Veio a designar lugar de riquezas extraordinárias, concebido pelos conquistadores espanhóis Francisco Orellana, Francisco Pizarro e Gonzalo Pizarro. Forçados a mostrar onde ficava o Eldorado, muitos índios foram torturados e mortos. E a única maneira que encontraram de escapar à sanha da sangrenta expedição foi situar o lugar cada vez mais dentro da selva. Essa busca desesperada foi uma das razões da decadência do império espanhol. No final do século XVII, dos 400 mil habitantes de Madri restavam apenas 150 mil. Os outros tinham partido em busca de ouro.

ELEFANTÍASE do grego *eléphantíasis*, pelo latim *elephantiasis*, elefantíase, doença crônica caracterizada por obstrução da circulação linfática e hipertrofia da pele e dos tecidos subcutâneos, que afeta de modo especial os membros inferiores e a genitália externa. O nome provém de *eléphantos*, genitivo do grego *eléphas*, marfim, que passou a designar o animal paquidérmico, o elefante.

ELEGÂNCIA do latim *elegantia*, distinção de modos, delicadeza de gestos. O vocábulo designa uma das atitudes mais buriladas na civilização, consistindo em pautar-se por boas maneiras na fala, no vestir-se e no relacionamento em sociedade. Foi virtude das mais apuradas na aristocracia, que a burguesia soube assimilar em grande parte. No romance *Vestígios do dia*, de Kazuo Ishiguro, protagonizado no cinema por Anthony Hopkins e Emma Thompson, a elegância não é privilégio da aristocracia, mas sobretudo de um criado.

ELEGER do latim *eligere*, escolher. No sistema político atual, os brasileiros escolhem os ocupantes de dois dos três poderes: Executivo, Legislativo e Judiciário. Vereadores e deputados estaduais representam os eleitores nos municípios e nos estados; deputados federais e senadores, na Câmara e no Senado. No Executivo, são eleitos prefeitos, governadores e o presidente da República. Apenas no Judiciário ninguém é eleito. Seus ocupantes chegam aos cargos por concurso público. O nepotismo (favorecer parentes com dinheiro público) e o peculato (desvio de dinheiro ou coisa pública em proveito particular) são aberrações que infelizmente aparecem nos três poderes. Senado, do latim *senatus*, e senador, do latim *senator*, indicavam instituição respeitável justamente por ser ocupada por anciãos honestos e com larga experiência de vida, já livres de atos atrevidos e por vezes irresponsáveis da juventude. Para candidatar-se ao Senado, simbolizando pureza, o *candidatus* (candidato) vestia toga branca, indicando que era uma pessoa sem mácula.

ELEIÇÃO do latim *electione*, escolha, eleição. No início de nossa história política, exigia-se do eleitor certa renda, mas não a instrução. Depois estendemos o voto a todos os maiores de 18 anos, ricos e pobres, desde que alfabetizados. Nossa atual Constituição, de 1988, conferiu o direito de voto a todos os brasileiros maiores de 16 anos, alfabetizados ou não. O voto é, além de direito, dever, já que é obrigatório dos 18 aos 70 anos. O Brasil ficou 33 anos sem que um presidente eleito por voto direto completasse seu mandato, desde Juscelino Kubitschek de Oliveira. Os seguintes ou não foram eleitos pelo povo ou saíram após renúncia ou cassação. O ex-presidente Fernando Henrique Cardoso não só terminou o mandato como o repetiu. Com tanto desemprego, vários são os governantes que tentam manter seus empregos em reeleições.

ELEMENTO do latim *elementu*, princípio, elemento, aquilo que é óbvio. As ciências físicas do mundo inteiro reconhecem a existência de 109 elementos. Mas no Brasil todos sabem que eles são 110, dado que a linguagem policial utiliza o vocábulo para designar o cidadão que se investiga, persegue ou prende. Quando um sujeito é chamado de elemento, é sinal de que está correndo perigo e o melhor seria contratar logo um advogado para, preliminarmente, obrigar as autoridades a abandonar esta estranha qualificação. Na Antiguidade, os elementos eram apenas quatro: terra, ar, água e fogo.

ELENCO do grego *élegkhos*, pelo latim *elenchus*, elenco, lista, catálogo, mas seu sentido original era o de índice de livro, marcando destaques de temas ou assuntos. Elenco aparece como sinônimo de equipe em esportes coletivos, de que é exemplo o futebol. De tempos em tempos se faz o elenco dos maiores jogadores de futebol de todos os tempos. O inglês Stanley Matthews, que jogou a última partida com cinquenta anos e cinco dias e atuou, desde os 17 anos, sem jamais receber nenhuma advertência nem ser expulso, escolheu o seu elenco dos 11 maiores jogadores de futebol de todos os tempos. No elenco do *Sir* – ele foi o primeiro jogador britânico a receber o título, traduzido por cavalheiro – estão os brasileiros Pelé e Garrincha, o português Eusébio, o argentino Maradona, o holandês Cruyff, o espanhol Di Stefano, o húngaro Puskas, dois ingleses (Tom Finney e Frank Swift) e dois irlandeses (George Best e Peter Doherty). Seu conterrâneo Richard Williams, jornalista, substituiu Garrincha por Jairzinho.

ELEPÊ das iniciais da expressão inglesa *long-play*, jogo ou entretenimento longo, designando o disco de 33 rotações por minuto, tornado popular a partir de 1950, por trazer gravadas várias músicas de ambos os lados, em substituição ao de 78 rotações, que trazia apenas duas. Também pode ser grafado apenas LP.

ELETRODOMÉSTICO da junção de eletro e doméstico, palavras vindas do latim *electrum* e *domesticum*. *Electrum* veio do grego *élektron*, designação do âmbar amarelo, cujo fenômeno elétrico já fora notado na Antiguidade. *Domesticum* foi formado a partir do latim *domus*, casa. Assim, eletrodoméstico constituiu-se em neologismo para designar aparelhos de uso caseiro movidos por energia elétrica, como o aspirador de pó, o ferro de passar, o *CD player*, o liquidificador, a batedeira e outros. Ao contrário de cachorros, gatos e outros animais de estimação, nossas companhias caseiras, os eletrodomésticos, pertencem à categoria dos seres inanimados, insensíveis diante de nossas eventuais dificuldades para torná-los auxiliares prestimosos. Entre todos os eletrodomésticos, a televisão é o que permanece ligado por mais tempo. De nada adianta você pedir a seu vizinho para variar um pouco, ligando mais os outros, para diversificar os barulhos.

ELFO do escandinavo antigo *alf*, gênio que simboliza os fenômenos atmosféricos na mitologia nórdica. Passou a designar figuras que aparecem nos pesadelos. Escritores ingleses grafaram *elf*, como fez o poeta Edmund Spenser, apoiando-se em narrativas heroicas e mitológicas ao escrever seu longo e alegórico poema "The Faerie Queen" (A maravilhosa rainha), imaginosa defesa do protestantismo e panegírico da rainha Elizabeth I, de quem recebeu pequena pensão, à falta de direitos autorais mais relevantes. Filha de Henrique VIII e Ana Bolena, decapitada sob acusação de traição e adultério, a primeira Elisabeth, ao contrário do pai que teve vários casamentos, morreu virgem, acabando com a dinastia dos Tudors. Autoritária e sanguinolenta, ela entendia de lutas pelo poder e decapitações. Usando tais métodos, restabeleceu o anglicanismo e mandou decapitar a rainha da Escócia, a católica Maria Stuart, caída em desgraça popular depois de casar-se com o assassino de seu segundo marido e provocar uma insurreição que a levou a abdicar do trono. Tronos manchados de sangue não são exclusividade inglesa, já que a luta pelo poder costuma ser violenta, com elfos ou sem eles. O erudito romancista e professor de letras J.R.R. Tolkien, provavelmente inspirado em suas leituras e pesquisas como docente de língua inglesa na Universidade de Leeds e de cultura anglo-saxônica em Oxford, criou elfos que rodeiam o poder em sua obra *O Senhor dos Anéis*, transposta para o cinema. No filme, a elfa Arwen, vivida pela atriz Liv Tyler, apaixona-se pelo humano Aragorn. Tolkien não lhe dá papel de destaque em sua narrativa, mas os roteiristas, tomando liberdades na adaptação, concederam-lhe importância exagerada, pondo-a no centro das decisões, a ponto de tornar-se personagem indispensável para o segundo filme.

ELIPSE do grego *élleipsis*, pelo latim *ellipse*, corte, omissão. Em geometria, é a interseção que faz com que o eixo do cone tenha um ângulo maior que o do vértice. O filólogo Antenor Nascentes ilustra deste modo o conceito: "Se o eixo menor ficasse igual ao maior, a curva seria uma circunferência." A elipse, em linguagem, é uma tática de narrar que busca omitir certas palavras para evitar redundâncias e repetições. O poeta e ensaísta Affonso Romano de Sant'Anna afirma em *Barroco: Do quadrado à elipse*: "Uma cultura como a brasileira, que se debate contra a racionalidade do quadrado e do círculo, encontra na curva e na elipse a sua forma natural e prazerosa de ser."

ELISABETANO do nome da rainha Elisabeth I, conhecida em Portugal como Isabel I, a rainha virgem, com o fim de se referir ao seu reinado, de extraordinárias realizações na prosa, na poesia, na arquitetura, na pesquisa, nas artes e em diversas outras áreas. Nos 45 anos em que reinou, de 1558 a 1603, brilharam William Shakespeare, Edmund Spenser, Christopher Marlowe, Francis Bacon e Francis Drake (o primeiro navegador inglês a dar a volta ao mundo), entre outros. A rainha tinha aguçada sensibilidade artística e deu grande atenção às manifestações culturais, mas foi ela também quem confinou sua prima Mary Queen of Scots e seus seguidores. Era filha do rei Henrique VIII e de sua segunda esposa Ana Bolena, assassinada pelo marido, sob a acusação de bruxaria e adultério com o irmão mais velho do rei, quando Elisabeth tinha apenas três anos. Numa fala ao Parlamento, disse: "Jamais haverá uma rainha sentada em meu trono com mais zelo por meu país e cuidado com os meus assuntos. Vocês podem ter tido e poderão ter de novo muitos príncipes mais poderosos e mais sábios neste trono, mas vocês jamais tiveram ou terão alguém mais cuidadoso e mais amado". Ao contrário da prodigalidade dos antecessores e sucessores na concessão de honrarias, ela distribuiu apenas oito títulos de nobreza: um de conde e sete de barão. Diminuiu também o número de conselheiros, de 39 para 19, e mais tarde para 14. O estado de Virgínia, nos EUA, tem este nome em sua homenagem. A atriz Judi Dench obteve o Oscar de melhor atriz no papel de Elisabeth no filme *Shakespeare apaixonado* e a BBC fez uma requintada série sobre a rainha, marcada pelo esmero na reconstituição histórica e pela veracidade dos diálogos.

ELISÃO do latim *elisione*, declinação de *elisio*, elisão, palavra ligada a lesão, de *lesione*, declinação de *lesio*, ferida, étimo presente com muita frequência na linguagem do futebol, cujos locutores usam o verbo lesionar, causar lesão, como equivalente de lesar, de que é exemplo notícia que comenta declarações do gaúcho de Ijuí (RS) Carlos Caetano Bledorn Verri, o Dunga: "Ele disse que é preciso encontrar novas opções para as posições graças a tantos problemas de jogadores lesionados. Afirmou que as várias lesões sofridas pelos convocados fizeram com que ele já pense numa terceira opção para cada posição."

ELITE do latim *electrum*, escolhido, passando pelo francês *élite*. Designa o grupamento mais distinto de uma determinada sociedade. Frequentemente, a elite é identificada por outras metáforas: nata – alusão, inconsciente talvez, ao poderio do passado pecuário; fina flor – referência à agricultura ou à jardinagem. Mas, como lembrou o poeta, às vezes as flores também florescem no brejo, por mais finas que sejam.

ELO do latim *annellu*, anel, argola. A corrente rebenta no elo mais fraco – eis uma frase que indica quem perde em certas situações de ajuste econômico. É clássica também a figura do chamado elo perdido, o espécime que deveria existir entre o macaco e o homem na cadeia evolutiva, de acordo com a teoria de Charles Darwin. Diz-se que houve conversa grave entre a mulher de um arcebispo inglês e sua amiga quando Darwin estava à beira de provar a evolução das espécies, dando conta de que o homem vinha do macaco: "Rezemos para que o cientista esteja errado; mas, se ele estiver certo, rezemos para que não seja divulgado o que acaba de descobrir." Ao contrário do que queriam as duas coroas britânicas, ele estava certo e tudo foi muito divulgado, embora ainda hoje os fundamentalistas achem que fomos criados de outro modo, confundindo verdades religiosas com verdades científicas – grave engano que tem levado a imensas tragédias.

ELOGIO do latim *elogiu*, epitáfio. Primitivamente os romanos usavam o vocábulo apenas para designar as expressões de apreço aos mortos, seguindo a tradição de que eles sempre são bons, tal como se pode verificar nos clássicos elogios fúnebres. Veio depois, porém, por semelhança fonética, a contribuição do grego *eulogia*, significando louvor, resultando na mistura de significados.

ELOQUÊNCIA do latim *eloquentia*, eloquência, arte de falar bem, seja para expor, convencer, comover, persuadir. Perdeu o trema com o Acordo Ortográfico. É palavra ligada ao grego *logos*, linguagem, proposição. Há uma história dando conta de que na Sicília, depois da deposição dos tiranos, os irmãos Gelon e Hieron, os agricultores, mediante júris públicos, conseguiram reaver as terras de onde tinham sido expulsos seus pais e avós, usando eloquência e oratória. Observa o jornalista Luiz Costa Pereira Junior: "Os historiadores a sabem farsa, mas a história sempre me pareceu uma delícia, por dar origem concreta (a disputa por propriedade) a algo que é da ordem da linguagem (a defesa de opiniões)." Nos processos públicos instaurados para recuperação da terra e recebimento de compensações por danos difusos, nasceu o júri popular. Em vez da força, os descendentes dos espoliados empregaram a palavra para convencer a plateia de que terra e bens lhes pertenciam.

EMA provavelmente da corruptela de *naHma*, palavra árabe que designa o avestruz. A ema é a maior ave das Américas, vive em bandos e, tal como o avestruz, tem um apetite voraz, comendo tudo o que encontra. O ninho da ema costuma ter cerca de quarenta ovos. Repentistas sertanejos anônimos produziram, a propósito, os seguintes versos. Cantou um: "Vou fazer-lhe uma pergunta,/ Seu cabeça de urupema,/ Quero que você me diga,/ Quantos ovos põe a ema." Ao que o outro retrucou: "Quantos ovos põe a ema?/ A ema nunca põe só:/ Põe a mãe e põe a filha,/ Põe a neta e põe a avó."

EMBAIXADA do italiano *ambasciata*, embaixada, cargo, que teria vindo do provençal *ambaissada*, por sua vez originário do franco *andbahtjan*. Dado, porém, o amplo domínio do Império Romano por toda a Europa, as formas latinas medievais *ambactia*, missão, e *ambactus*, emprego, influenciaram as línguas de diversos países que denominaram o ofício de seus mais altos funcionários no exterior. As embaixadas brasileiras têm abrigado vários escritores, como João Cabral de Melo Neto e Guimarães Rosa, ambos da Academia Brasileira de Letras.

EMBALSAMAR de bálsamo, do grego *bálsamon*, pelo latim *balsamum*. O bálsamo é um líquido de odor agradável que flui naturalmente de algumas plantas ou por corte intencional. A técnica de embalsamar os cadáveres surgiu no Egito antigo. Competentes cirurgiões retiravam o cérebro, os intestinos e demais órgãos internos, deixando o corpo oco. Miúdos e graúdos eram substituídos, então, por resinas e ervas aromáticas, como que coladas no interior do corpo mediante unção de perfumes diversos. Feito isso, costuravam o cadáver, mergulhando-o num tanque de salitre, como é mais conhecido o nitrato de potássio. Passados setenta dias, o corpo era tirado dali, lavado, enxugado e enrolado em algodão embebido em betume. Somente após todos esses cuidados dava-se o sepultamento, o que impedia a corrupção. Pelo menos depois de morto, nenhum faraó embalsamado tornou-se corrupto! Ramsés II, por exemplo, de cujo poder Moisés libertou o povo hebreu no Egito, foi encontrado nesse estado em 1881. A pele estava ressecada, mas isso não impediu que ele deixasse o Museu do Cairo, onde estava desde 1885, e fosse levado a Paris, em 1976, onde uma equipe de 110 cientistas, estudando as razões de a múmia começar a degradar-se depois de vários milênios, chegou à conclusão de que a causa era um cogumelo denominado *Daedela Biennis*, enfim destruído por irradiações de bomba de cobalto 60. O corpo de Ramsés foi encontrado ao lado de seus 150 familiares, no Vale dos Reis, conhecido sítio arqueológico do Egito.

EMBARCAR de barca, do grego *bâris*, pelo latim vulgar *barica*, a princípio designando embarcações egípcias e persas, mais tarde aplicada também a botes, canoas, pequenos navios, também no masculino barco, e outros meios de transporte fluvial ou marítimo. Embarcar é entrar em uma dessas embarcações. O verbo foi formado com a preposição "em". Generalizou-se depois para todos os tipos de embarque. Embarcamos, não apenas em barcas ou em meios de transporte a elas assemelhados, mas também em trens, automóveis e aviões. Para designar o ato de entrar neles e viajar, o verbo é para todos o mesmo: embarcar.

EMBATER de bater, do latim clássico *battuere*, mas que no latim vulgar era *battere*, bater. Tomou numerosos significados, entre os quais dar pancadas, golpear, com a mão ou com objetos, nem sempre em brigas e combates, palavra do mesmo étimo, mas também para lavar, tirar o pó (bater um tapete), para sovar o pão (bater a massa), para despertar a atenção dos que estão no interior da residência (bater à porta), acionando a aldrava ou golpeando a porta ou a janela. No sentido de castigar, a princípio fisicamente e depois com palavras, é que embater consolidou-se como verbo que designa o combate, por atos e palavras, nas lutas verbais, de que são exemplos os debates nas campanhas políticas. Persistiram, porém, outros significados. Nos primeiros séculos, embate, palavra derivada de bater, era dita e escrita também empate, que se tornou pouco usual, mas que foi recuperada no título de um livro de Márcio Souza, *O empate contra Chico Mendes*.

EMBOABA do tupi *mbu*, mão, e *aba*, pelo. Nos tempos coloniais, os descendentes dos bandeirantes paulistas deram a alcunha de emboabas, sobretudo nas regiões de mineração, aos forasteiros que entravam no sertão em busca de ouro e pedras preciosas. Outra versão dá conta de que a origem está no uso de perneiras ou botas compridas pelos bandeirantes. Neste caso teria vindo do tupi *mbuab*, pinto-calçudo, nome de uma ave que tem as pernas cobertas de plumas. No início do século XVIII, o Brasil teve a Guerra dos Emboabas, travada entre paulistas e mineiros, que resultou na descoberta de outras regiões de mineração, como Goiás e Mato Grosso.

EMBORA vocábulo formado pela contração das palavras que compunham a expressão "em boa hora", cujo equivalente no espanhol era *en hora buena*. A expressão oposta, também vigente no português arcaico, era *aramá*, em hora má. Tais palavras apareciam nas orações optativas em um tempo em que as influências dos astros eram dadas como ainda mais decisivas do que hoje nas colunas de horóscopo. Para começar algo importante, era fundamental escolher a boa hora, embora nem sempre os astros cumprissem os designios imaginados. Raimundo Correia, refinado poeta parnasiano, usou a expressão já com seu significado atual nestes versos: "Arrependem-se? Embora! O amor não finda!"

EMBRIAGADO particípio de embriagar, do latim *ebriacare*, provavelmente formado a partir de *ebriacus*, ébrio, que já aparece nas comédias de Plauto. Ficar embriagado não é crime, mas atos inconvenientes praticados em decorrência do excesso de consumo de bebidas alcoólicas têm punições previstas em leis. Dirigir embriagado, ainda que não ocorra prejuízo a outros, resulta em severas multas no trânsito.

EMBRIAGAR do português antigo *embriago*, acrescido do sufixo -ar, formador de verbos. A origem é o latim vulgar *embriacus*, nasalizado a partir do latim medieval *ebriacus*. No latim clássico é *ebrius*, ébrio, palavra formada a partir de *bria*, recipiente para o vinho. A música *Ébrio* (1946) é um clássico do cantor Antonio Filipe Vicente Celestino. Os versos iniciais dizem: "Tornei-me um ébrio e na bebida busco esquecer/ aquela ingrata que eu amava e que me abandonou/ Apedrejado pelas ruas vivo a sofrer/ Não tenho lar nem parentes, tudo terminou." O tom triste da canção não atrapalhou o filme de mesmo nome, por ele estrelado. Não há final feliz na história, pois o protagonista pede: "deixai os vermes pouco a pouco venham terminar este ébio triste e este triste coração". Ainda hoje muitos jovens apreciam seus versos, que descobrem na internet. Eis alguns dos mais louvados: "E hoje ao ver-me na miséria tudo vejo então/ O falso lar que amava e que a chorar deixei/ Cada parente, cada amigo era um ladrão/ Me abandonaram e roubaram o que eu amei." O álcool tem, porém, um lado nada folclórico ou poético no trânsito. "Um terço dos motoristas tem álcool no sangue nos finais de semana", declarou à *Folha de S. Paulo* (1/6/2008) o médico psiquiatra, professor e coordenador da Unidade de Pesquisa em Álcool e Drogas da Unifesp (Universidade Federal de São Paulo), Ronaldo Laranjeira. Ele e seu colega de docência Sérgio Duailibi fizeram pesquisa com cerca de 5.600 motoristas em São Paulo, Belo Horizonte, Vitória, Santos e Diadema. Revelaram que 30,3% deles tinham algum nível de álcool no sangue. "Um copo de cerveja já altera os reflexos", concluíram. Outro estudo, da Sociedade Brasileira de Ortopedia e Traumatologia, que ouviu mais de mil estudantes universitários do Rio de Janeiro e de São Paulo, chegou a resultado parecido: 36% deles voltam para casa dirigindo, mesmo depois de consumir bebidas alcoólicas. "O álcool é responsável por cerca de 60% dos acidentes de trânsito e aparece em 70% dos laudos das mortes violentas", diz o médico Milton Steinman, da Sociedade Brasileira de Atendimento Integrado ao Traumatizado e do pronto-socorro do Hospital das Clínicas.

EMBRIÃO do grego *embruon*, pelo francês *embryon*, designando o organismo em seus primórdios, em biologia como em botânica, mas aplicado também em sentido metafórico. A raiz grega é o verbo *bruein*, crescer. O ser humano pode ser chamado de embrião desde a divisão do zigoto até o nascimento, mas é comumente aplicado para indicar o estágio de crescimento alcançado entre o fim da segunda e o fim da oitava semanas, quando é concluída a morfogênese, assim denominada porque é nesse estágio que o feto adquire a forma que terá ao nascer. Em grego, *morphê* é forma, e *genía*, nascimento. O termo foi aplicado primeiramente ao reino animal, sobretudo a cordeiros, vez que surgiu em sociedades agropecuárias. No decorrer da História, placentas de complexas reflexões envolveram o embrião, começando pelas afirmações teológicas que, na Idade Média, ousaram fixar o momento em que a alma era infundida no feto em formação, levando a Santa Sé, mediante documentos dogmáticos, a determinar que já na concepção existe o homem, ainda que em estado embrionário. Não existindo ser humano sem alma – o desalmado serve apenas como metáfora –, decorreu de tal conclusão que não apenas o aborto, mas qualquer procedimento contraceptivo posterior a esse momento seria considerado homicídio, devendo ser punido. As sociedades modernas, porém, sacramentaram a contracepção como prática não apenas impune, mas tolerada e incentivada, com o fim de obter o controle populacional. De outra parte, com a consolidação dos direitos da mulher, foi-lhe assegurado também o direito de dispor do próprio corpo, sendo soberana para decidir se continua ou interrompe uma gestação. Paradoxalmente, foi nas sociedades mais desenvolvidas, onde a taxa de natalidade cai a níveis absurdos, que experimentos médicos levaram à fertilização artificial e à gravidez em sexagenárias arrependidas de não terem filhos quando os estágios naturais lhes eram favoráveis. É pioneiro nessas tentativas o embriólogo italiano Severino Antinori, o dr. Clone. Como a clonagem é proibida na Europa e nos EUA, ele apareceu na mídia proclamando que faria seus experimentos de vanguarda em clínica instalada num barco que, por navegar em águas internacionais, não poderia ser alvo da proibição. Atenta ao que vai pelo mundo, a roteirista Glória Perez tratou do tema na novela *O clone*, de 2001, ambientada no Brasil e no Marrocos. O ator Juca de Oliveira fez papel semelhante ao atribuído ao polêmico médico.

EMBROMAR do grego *broma*, cárie, úlcera, pelo espanhol *broma*, mingau de aveia, brincadeira e burla, entre outros, mas também um molusco que se agarra ao casco das embarcações, dificultando e atrasando a navegação. Foi por esse último significado em espanhol que embromar em português ganhou o significado de atrasar, protelar a execução de um trabalho, sem prejuízo de outros significados que lhe estão atrelados, de que são exemplos embuste, cilada, engano, tapeação, velhacaria. No português corrente, é mais frequente embromar com o sentido de prometer e não cumprir, levar muito tempo para decidir ou fazer alguma coisa, prometendo sempre que no futuro a tarefa será feita. E o futuro nunca chega.

EMBRULHAR do latim *involucrare*, pôr em *involucrum*, invólucro, pacote. Os vários sentidos que o vocábulo foi recebendo ao correr do tempo devem-se a semelhanças com raízes de outras palavras latinas, de que é exemplo *brolium*, bosque, capoeira, tendo vindo do grego *peribólion*, onde tinha o mesmo significado. Em italiano, *broglio* é tumulto, cabala. Assim, além de designar a ação de fazer pacotes, o verbo indica também a de enganar.

EMBRULHO de embrulhar, do latim vulgar *involucrare*, envolver, pôr em *involucrum*, invólucro, que no latim tem também o significado de véu, disfarce. Embora o verbo tenha também o significado de enganar no comércio ou nos negócios, seu sentido original, quando surgiu na língua portuguesa, no século XIII, era empacotar, envolver o produto em papel ou pano para ser transportado. Embrulho, porém, é registrado nos primeiros dicionários apenas dois séculos depois. Primeiro surgiu o verbo, depois o substantivo.

EMBURRADO do particípio de emburrar, tornar-se *burrus*, burro, redução de burrico, do latim *burricus*, inicialmente cavalo pequeno e depois o animal híbrido resultante do cruzamento do jumento com a égua ou do cavalo com a jumenta. O emburrado adquire subitamente as características de um burro teimoso, desobediente. Crianças inconformadas tornam-se emburradas pela recusa em seguir recomendações dos mais velhos, sejam pais, avós, professores etc. Curiosa é a origem remota de *burrus*, o grego *pyrrhós*, ruço, vermelho, aparência que a pessoa adquire depois de ter bebido ou comido em demasia.

EMENDA derivado de emendar, do latim *emendare*, radicado em *menta*, plural de *mentum*, defeito físico, depois aplicado a erro de escrita. A emenda pode sair pior do que o soneto, mas nas Constituições as emendas às vezes são mais importantes do que o texto em si, de que são exemplos as 27 emendas da Constituição dos EUA, das quais a nona protege direitos não enumerados na Carta Magna. O número 13, indicador de sorte para o supercampeão Mário Jorge Lobo Zagallo, está na emenda que aboliu a escravidão nos EUA. A Lei Seca, baixada pela 18ª, foi revogada pela 21ª. A de número 22 impede mais do que dois mandatos ao presidente; a 26ª prescreve 18 anos como a idade mínima para votar e a 27ª adia para a legislatura seguinte o aumento do salário dos deputados do país mais rico do mundo, que ganham menos do que os colegas brasileiros.

EMENDAR do latim *emendare*, emendar, rever, alterar. É o principal verbo conjugado no Congresso, objetivando alterar vários artigos da Constituição. Entre as modificações apresentadas, já foram aprovadas as emendas que quebraram o monopólio da exploração do petróleo e da comercialização do gás de cozinha, conhecido pela sigla GLP, gás liquefeito de petróleo.

EMIGRAR do latim *emigrare*, pela formação *e*, para fora, e *migrare*, mudar, radicado originalmente no indo-euroupeu *mei*, mudar, trocar. A raiz aparece em outras palavras de domínio conexo, como imigrar, *in*, para dentro, e "migrar", mudar. Está presente também em remigrar, pouco usado, que significa voltar para o lugar de onde saiu, e transmigração, com significado de exílio, desterro, cujo sinônimo em certa doutrina é metempsicose, crença segundo a qual quem emigra e imigra são as almas, que deixam corpos que animaram e podem reencarnar-se até mesmo em seres de outra espécie ou em vegetais. O brasileiro que muda para o exterior é emigrante para nós e imigrante para o país onde chega.

EMINÊNCIA do latim *eminentia*, designando originalmente elevação, saliência, relevo, pequeno morro, sendo depois aplicado a algo que se destacasse acima de determinada superfície, fosse a ponta de uma lança no corpo do guerreiro ferido ou a sacada de uma casa. O latim tem ainda o verbo *eminere*, com o significado de sobressair-se, destacar-se, surgir, aparecer. Em sentido conotativo, consolidou-se para indicar auxiliar de autoridades religiosas, civis e militares, ainda que eminência seja também o tratamento devido aos bispos. A eminência era figura intermediária decisiva entre o súdito e o soberano nos tempos monárquicos, tendo as repúblicas preservado a função. A mais famosa de todas as eminências foi o cardeal Richelieu. Junto dele atuava com grande desenvoltura, mas à sombra do chefe, imitando os procedimentos deste junto ao rei, o padre capuchinho mais conhecido pelos que o procuravam como Père Joseph. Foi ele a primeira eminência parda, *éminence gris*, no francês. O adjetivo qualifica funcionário ou membro externo ao quadro de assessores, que entretanto se faz ouvir pela eminência mais bem posta junto à autoridade a qual serve e que também manipula, por vezes, dada a sua intimidade com o poder.

EMIR do árabe *amír*, aquele que dá ordens, chefe, príncipe. É título de certos líderes de províncias muçulmanas. O vocábulo aparece no seguinte trecho de *O velho capitão*, do jornalista e compositor carnavalesco brasileiro David Nasser: "Não apenas os reis e os príncipes, os emires e os potentados, mas também os homens de recursos, enfrentam o problema da poligamia."

EMOÇÃO do francês *émotion*, ação de mover. Seu sentido conotativo é o de um estado afetivo em que ocorre alguma reação de natureza psicológica, agradável ou difícil de suportar. Assim, pode haver alegria ou tristeza nas emoções. Quando muito fortes, as emoções impedem a fala, de acordo com a expressão muito popular "deu um nó na garganta". Sem contar a gagueira eventual, o marejamento dos olhos, a dilatação das pupilas, o tremor das mãos e das pernas, enfim, uma série de sinais com que o corpo avisa que está sendo movido, como num terremoto. As emoções contagiam mais facilmente quando produzidas em aglomerações, como é o caso das disputas esportivas. A pessoa amada, ao ouvir uma declaração de amor, é movida em alguma direção. Emocionado, o ser humano tem proferido delicadezas extraordinárias no decorrer da História, mas são frequentes as ocasiões em que a emoção dispensa as palavras ou faz com que as pessoas não consigam sequer expressá-las. O escritor francês André Suarès, autor de textos impregnados de misticismo, escreveu: "Cada um tem as emoções que merece." Quando alguém precisa dizer que está emocionado, em geral é porque não está. Se estivesse, seu rosto mostraria sinais suficientes para que não precisasse reiterar o sentimento. Os emocionados autênticos choram, soluçam, tremem lábios e mãos, dilatam olhos e têm dificuldade de falar o que sentem.

EMPENAR do latim *pinna*, pena grossa das aves, tendo também o significado de concha e de objeto curvo que lembra a forma da asa dos pássaros, formou-se este verbo que significa enfeitar de penas, mas também entortar algo. Passou a significar o novo estado da madeira quando seca, ao perder sua forma primitiva, e nesse sentido aparece no livro *O homem que matou o diabo*, do famoso escritor português Aquilino Ribeiro: "as portas estão empenadas." Não significa que estão cobertas de penas, dado que o contexto acaba com qualquer ambiguidade.

EMPERIQUITAR de periquito, com prefixo em- e sufixo -ar. Indica ação de ornamentar-se de modo deselegante. Tal significado fez insólito caminho em nossa língua. Periquito é palavra de origem espanhola. Veio de *perico*, diminutivo de Pero, Pedro. Periquito tornou-se sinônimo de papagaio porque, à semelhança daquela ave, sua voz lembra a voz humana. A tradução literal seria pedrinho. Suas penas foram utilizadas em leques e serviram também para ornamentar os penteados. Assim, emperiquitar-se veio a designar o modo, em geral desjeitoso, como a mulher arrumava os cabelos na Península Ibérica, incrustando penas desse pássaro nos arranjos caseiros para enfeitar-se. Posteriormente, as penas foram utilizadas também em pulseiras, gargantilhas, brincos etc. E emperiquitar-se virou sinônimo de se arrumar para festas, como as de Natal e Ano-Novo.

EMPERTIGADO formado a partir do latim *pertica*, vara, empertigado é aquele que dá a impressão de ter engolido uma vara, tal o aprumo. No Congresso, onde os brasileiros de todos os cantos estão representados, é comum vermos parlamentares que se empertigam desjeitosamente para fazer seus discursos. Outros, como Pedro Simon, ex-governador do Rio Grande do Sul, discursam com uma teatralidade digna de histriões que estivessem se apresentando em antigo teatro romano, atuando em alguma fábula ou farsa daquele período histórico. Entretanto, com sua profusão de gestos, o senador gaúcho, um dos nossos mais destacados parlamentares, também ex-ministro, costuma ser crítico incômodo de desmandos do Executivo e já pediu e conseguiu a queda de auxiliares diretos de presidentes da República.

EMPINAR de origem incerta, mas é provável que tenha se formado a partir de pino, com os devidos afixos, o prefixo em- e o sufixo -ar, característicos na formação dos verbos da primeira conjugação. Pino, entre outros significados, indica o zênite do Sol, daí a expressão "sol a pino". Por tais razões, empinar significa levantar.

EMPLACAR de placa, do holandês *placken*, pelo francês *plaque*, chapa de madeira, metal ou outro material resistente. Emplacar tomou o sentido de obter êxito. Concluídos os ensaios, a peça é anunciada e entra em cartaz. Se o público aprovar, ela emplaca, isto é, seu sucesso é duradouro, o mesmo acontecendo com músicas, filmes, livros etc. A metáfora foi reforçada com o automóvel. Emplacar o carro significa tê-lo comprado novo ou renovado a licença. Abelardo Barbosa, o Chacrinha, usava o verbo no sentido de êxito em programa de rádio: "Uma emissora não emplacava se não tivesse em seu quadro pelo menos um dos grandes da época."

EMPLASTRO do grego *émplastron*, pelo latim *emplastrum*, emplastro, cera enxertada. Passou a designar preparação adesiva, de uso externo, feita de cera, de sabão, de resina, de bálsamo ou de borracha, em geral acompanhada de medicamentos, como é o caso do emplastro para aliviar dores musculares. Dado o incômodo que causa, por metáfora emplastro passou a indicar também pessoa chata ou inútil.

EMPREGAR do latim *implicare*, enlaçar, envolver. O mesmo verbo latino deu origem a implicar, que no português tem outro significado: o de provocar antipatia. O conceito de que empregado e patrão devem ter bom relacionamento é muito antigo, mas houve períodos em que a harmonia foi confundida com submissão. Em março de 1992, o *Wall Street Journal*, famoso periódico americano, defendeu em editorial que às vezes é necessário demitir os clientes, e não os empregados vítimas de suas reclamações.

EMPRESTAR do acréscimo do prefixo em- a prestar, do latim *praestare*, pôr à disposição, fornecer, garantir, verbo formado a partir do advérbio *praesto*, à mão, disponível, em presença. Tomou o significado de ceder o uso de alguma coisa a alguém – originalmente emprestar o cavalo, a vaca, outros animais, escravos, mantimentos, e, em algumas culturas, a própria mulher –, mas sua consolidação como verbo deu-se nos finais da Idade Média para designar o ato de ceder certa quantia em dinheiro a outro, que o devolveria com juros no prazo combinado. O escritor francês Victor Hugo ensejou a difusão do dito "*Qui donne aux pauvres, prête a Dieu*" (Quem dá aos pobres empresta a Deus) ao colocar a expressão como epígrafe da poesia *Pour les pauvres* (Pelos pobres), constante do livro *Feuilles d'automne* (Folhas de outono), adaptando o provérbio latino "*Foeneratur Domino qui miseretur pauperis*" (Empresta a Deus quem se compadece dos pobres), que foi como São Jerônimo e outros tradutores cristãos da *Bíblia* trouxeram do hebraico e do grego para o latim o provérbio bíblico. Emprestar a Deus é bom negócio. Segundo o *Evangelho de São Mateus*, receberá cem por um nesta vida e a imortalidade feliz na outra. Ainda que os pobres tenham mais dificuldades do que os ricos para pagar as contas, são mais honestos no pagamento de dívidas e obrigações, segundo pesquisas. Todavia, muito antes de qualquer pesquisa, o escritor João Guimarães Rosa tinha escrito no *Grande sertão: Veredas*, sua obra-prima: "pobre tem de ter um triste amor à honestidade." O pobre é honesto, entre outras razões, porque contra ele as leis que lhe são desfavoráveis sempre funcionam! As cadeias estão repletas de ladrões de galinha, e as ruas cheias de ladrões de milhões.

EMPRÉSTIMO composição latina de *in*, em, e *praestitu*, particípio passado do verbo *praestare*, emprestar. Os empréstimos de dinheiro, mediante juros, foram primitivamente reprovados pela Igreja, por menor que fosse a taxa utilizada para a remuneração do capital. As recentes pesquisas em história das mentalidades têm revelado que o purgatório pode ter sido criado para abrigar os banqueiros, uma vez que, ao providenciarem capital para as instituições religiosas, eles passaram a merecer um lugar intermediário entre o inferno e o paraíso. O Brasil pratica taxas pecaminosas de juros, ainda que a Constituição de 1988 tenha tabelado os juros em 12% ao ano. Como muitas das leis brasileiras, divididas entre aquelas que pegam e outras que não pegam de jeito nenhum, essa também não pegou.

EMULSÃO do latim *emulsu*, ordenado, com acréscimo do sufixo -ão, indicando aumentativo. Esta denominação fixou-se em razão do aspecto leitoso da maioria das emulsões.

ENALTECER do espanhol *enaltecer*, calcado no verbo latino *altere*, aumentar, fazer crescer, tendo também o significado de elogiar, prática, aliás, adotada também por vendedores ao exagerarem na qualidade das mercadorias que querem empurrar aos clientes.

ENCAFIFAR do quimbundo *kafife*, série de fracassos continuados, grafado cafife no português, de onde, com os afixos en- e -ar, formou-se este verbo com o significado de envergonhar, encabular, vexar, desgostar, fracassar.

ENCAMINHAR de caminho, do latim *cammini*, forma com que os romanos grafaram em latim a palavra de origem celta. O verbo está presente, em português ou em inglês, o latim da internet, nas caixas de correspondência dos computadores, indicando que a mensagem recebida pode ser encaminhada a outro destinatário com um simples clique no mause, aportuguesamento do inglês *mouse*. Esta facilidade de enviar e encaminhar a amigos e colegas mensagens alheias e impessoais levou a transgressões das boas normas da antiga cortesia.

ENCANZINAR corroborando as etimologias de domínio conexo para verbos que indicam comportamento de animal, encanzinar vem originalmente de cão, do latim *cane*, significando ter modos de cão, que late irritado, não para ajudar ou advertir, mas para incomodar. E na língua portuguesa formou-se o verbo com os devidos afixos, o prefixo en-, e o sufixo -ar, com o "z" e o "i" funcionando como elementos de ligação. Na formação da palavra, cão transformou-se em "canz", como em canzarrão, seu aumentativo.

ENCARNAÇÃO do latim *incarnatione*, ato de tornar semelhante, encarnação. No cristianismo, um dos principais mistérios da fé, consistindo na opção que Deus fez de tornar-se homem e viver entre nós por meio do Filho. Não podemos louvar o divino gosto, já que conhecia muito bem a espécie que criara. Foi muito maltratado, como se sabe, terminando numa cruz, entre dois ladrões. Já a reencarnação é baluarte do espiritismo, doutrina religiosa fundada pelo pensador francês Allan Kardec. Quem acredita que está reencarnado dificilmente admite ter sido pessoa anônima em outras vidas. Cleópatra VII, rainha do Egito celebrada em tantas produções artísticas, está entre as existências preferidas.

ENCÉFALO do grego *egképhalos*, que está dentro da cabeça. O vocábulo está na ordem do dia porque designa o órgão do corpo humano cuja interrupção de funcionamento serve de critério para que os médicos determinem se a pessoa morreu. Neste caso, os órgãos podem ser doados. É historicamente recente a morte encefálica. Antigamente, tão logo o coração parava de bater, a pessoa era dada por morta. Também os estados catalépticos, caracterizados por grande rigidez dos músculos, levaram no passado ao enterro de pessoas vivas.

ENCÍCLICA do latim *encyclica*, termo vindo do grego *egkyklios*. É o nome que se dá ao mais célebre dos documentos pontifícios que periodicamente o papa faz publicar, primeiramente em latim, depois em muitas outras línguas. Em 1840, o papa Bento XIV introduziu a expressão *littera encyclica*, carta circular, depois reduzida simplesmente para *encyclica*. O título das encíclicas é quase sempre tirado das duas primeiras palavras da abertura. *Populorum progressio* (O progresso dos povos) e *Gaudium et spes* (A alegria e a esperança), promulgadas por Paulo VI, tinham estes começos.

ENCICLOPÉDIA do grego *egkyklopaideia*, enciclopédia, formado a partir de *egkylos*, circular, e *paideia*, conhecimento. As primeiras enciclopédias foram organizadas na Antiguidade e na Idade Média, mas serve de modelo às atuais a que foi elaborada e publicada na segunda metade do século XVIII. Foi o *Dicionário racional das ciências, das artes e dos ofícios*, obra coletiva em que trabalharam 150 luminares da inteligência francesa, entre os quais os romancistas e filósofos franceses Denis Diderot e Voltaire, além do Barão de la Brède, de Montesquieu, um dos primeiros a separar os poderes Legislativo, Executivo e Judiciário, e do suíço Jean-Jacques Rousseau. Não bastassem todos os méritos que lhe eram próprios nos campos do saber, deu emprego a 1.000 operários durante 25 anos. O trabalho foi sustentado por livreiros e por cerca de 4.000 assinantes. A censura, manobrada pelo clero e pela nobreza, tentou interditá-la. O Supremo Tribunal de Justiça chegou a pronunciar sentença desfavorável ao prosseguimento de novos volumes, mas prevaleceu a negociação entre as partes e a pesquisa teve continuidade. As enciclopédias contemporâneas mais confiáveis são a *Britânica*, inglesa; a *Larousse*, francesa; a *Brockhaus*, alemã; a *Bolchaia*, russa; e a espanhola *Espasa*.

ENCOMENDA derivado do português antigo *comendar*, depois encomendar, com base no latim *commendare*, confiar tarefa a alguém. A encomenda pressupõe confiança entre as partes. No ato de escrever, com frequência é levantada a questão da validade de fazê-lo por encomenda – uma discussão estéril. Leopoldo Lugones, por encomenda do governo argentino, escreveu o famoso livro *O império jesuítico*. Para escrevê-lo, o escritor viveu um ano nos territórios argentino, brasileiro e paraguaio, onde a Companhia de Jesus, durante cerca de 150 anos, fundou e manteve uma sociedade comunista-cristã. E o pintor, escultor, arquiteto e poeta Michelangelo Buonarroti fez várias obras por encomenda, incluindo os afrescos da famosa Capela Sistina, em Roma. Nos dois casos não houve perda de qualidade, muito pelo contrário...

ENCRENCA de origem obscura, provavelmente do espanhol *enclenque*, com raízes no alto alemão *slink*, esquerdo, e ao latim vulgar *clináre*, inclinar. O lado equerdo designando dificuldades está presente também em sinistro, mau presságio, desastre. Ligou-se também à forma arcaica *encreo*, designando o herege, em geral o judeu, perseguido duramente pela inquisição. Ser *encreo*, atualmente grafado *incréu*, era meter-se em sérias dificuldades, daí o significado que a palavra tomou. O escritor e humorista Jô Soares descobriu outra explicação para a origem do vocábulo. Estaria numa frase pronunciada por prostitutas alemãs que atuavam na antiga zona do meretrício do Rio de Janeiro no começo deste século. *Ich habe ein kranke*, elas diziam, furtando-se a programas com homens que não as pagariam pelos serviços sexuais prestados. Em desjeitoso alemão, variante de *ich bin kranke* (eu estou doente), a frase significaria literalmente "eu tenho uma doença". Os clientes conformavam-se: meter-se com elas traria complicações, numa palavra, era encrenca na certa. Silveira Bueno, apoiado em Joam Coromines, dá outra explicação. Encrenca sucedeu *enclenca*, do espanhol *enclenque*, muito fraco, enfermo. Há indícios de que esta seja a hipótese mais provável, pois o occitano tem *clenc*, doente, e o provençal tem *cranc*, coxo, impotente, decrépito, e *encrancat*, aborrecido, com dor nas costas. Poderia ter havido cruzamento entre o genitivo do latim *cancer*, *cancri*, câncer, caranguejo, por causa do andar vacilante.

ENCRENCADO de encrencar, de encrenca, palavra de origem obscura, encrencado é aquele que se encrencou, que se tornou complicado, atrapalhado, difícil. Ou ainda enguiçado, desarranjado, encalhado.

ENCRESPAR de crespo, do latim *crispus*, enrolado, retorcido (inicialmente aplicado ao cabelo). Acrescido do prefixo en- e do sufixo -ar, formou o verbo que indica revoltar-se. A metáfora inspirou-se no cabelo cuja constituição original impede que seja alisado. Mas pode ter havido também a influência das lides marítimas que ensejaram a expressão "mar encrespado" para designar ondas revoltas. *Tiradentes*, por exemplo, encrespou-se contra os dominadores portugueses, especialmente contra o poder local que em Minas Gerais era exercido por Luís António Furtado de Castro do Rio de Mendonça e Faro, Visconde Barbacena.

ENCRIPTAR do inglês *encrypt*, codificar, critografar, encriptar. Os modernos internautas, encarapitados em computadores, encriptam sem parar. A palavra foi formada a partir das palavras gregas *krypte*, cripta, palavra assemelhada com o verbo *krypto*, esconder. Antes de chegar ao português, a cripta grega (*krypte*) fez escala na cripta latina (*crypta*). Quando a palavra gerou encriptar, por influência do latim do império, o inglês *encrypt* virou sinônimo de criptografar, escrever em caracteres de significados conhecidos de poucos, vale dizer, esconder o significado nas galerias, nas grotas ou nas grutas das palavras, pois *cripta*, em português, é caverna, gruta, grota, galeria subterrânea, servindo para designar também porões de igrejas ou catedrais, onde, por tradição, foram sepultadas célebres personalidades.

A linguagem encriptada pode permitir que o significado seja apenas imaginado, quando impossível de ser decifrado.

ENDECHA do espanhol *endecha*, conjunto de versos cantados em funeral. Transformou-se em sinônimo de elogio e louvação porque em velórios e enterros tais canções caracterizavam por apregoar as qualidades do morto ou da morta. A origem mais antiga de endecha é o particípio do verbo latino *indicere*, proclamar, dizer em alta voz. No latim vulgar, provavelmente a pronúncia de *indicta*, plural de *indictum*, passou por "indicha" e "endicha" até consolidar-se em endecha. Em "Endechas a Bárbara Escrava", Luís Vaz de Camões louvou uma bela escrava com estes versos: "Aquela cativa/ Que me tem cativo,/ Porque nela vivo/ Já não quer que viva./ Eu nunca vi rosa/ Em suaves molhos,/ Que pera meus olhos/ Fosse mais fermosa." Adiante, celebrando seu rosto e olhos, escreveu: "Rosto singular,/ Olhos sossegados,/ Pretos e cansados,/ Mas não de matar." E, contrariando certa hegemonia das louras, manifestou seu encanto pela negra: "Pretos os cabelos,/ Onde o povo vão/ Perde opinião/ Que os louros são belos." Na endecha segue apreciando e proclamando as qualidades da escrava por quem provavelmente se apaixonara: "Pretidão de Amor,/ Tão doce a figura,/ Que a neve lhe jura/ Que trocara a cor./ Leda mansidão,/ Que o siso acompanha;/ Bem parece estranha,/ Mas bárbara não." A visão da cativa deu a deixa para que o célebre vate exalasse tão bela endecha. Narrativas lendárias, míticas e literárias são pródigas em mostrar um final feliz, mas o maior poeta português, que sofreu como Jó, morreu de peste e infeliz. O final da vida do célebre personagem bíblico que encarna o sofrimento absoluto foi, porém, maravilhoso, pois todas as riquezas que possuía antes da enorme aflição que suportou foram multiplicadas: "Em toda a terra não se acharam mulheres tão formosas como as filhas de Jó; e seu pai lhes deu herança entre seus irmãos. Depois disto viveu Jó cento e quarenta anos, e viu seus filhos, e os filhos de seus filhos: até a quarta geração. Então morreu Jó, velho e cheio de dias." Para horror dos inimigos que acentuaram seu sofrimento nos dias de infortúnio, Jó teve um vidão!

ENDEREÇO de endereçar, do latim *indirectiare*, endireitar, enviar, palavra formada de *in* (em, para) + *directus*, direto, particípio de *dirigere*, dirigir, atirar, mandar, expedir. Até há poucas décadas, o endereço de correspondência era mais comumente identificado pela avenida ou rua em que morava o destinatário, seguido do número de sua residência ou local de trabalho, o andar, o bairro, a cidade, o estado, o país e o código de endereçamento postal, mais conhecido pela abreviatura de CEP. Mas, com o advento da internet, as cartas passaram a ser preferencialmente enviadas por meios eletrônicos. O *e-mail*, do inglês *electronic mail*, correio eletrônico, é o endereço dominante para a maioria das pessoas e instituições.

ENDÍVIA do latim tardio *endivia*, pelo espanhol *endibia*, endívia, escarola. No grego medieval era *entybi* e teria vindo do egípcio *tybi* que, por sua vez, a teria trazido do copta *tobi*, que significa janeiro, naquela língua, mês em que a planta era abundante. Muitas voltas deu a endívia, também denominada escarola, uma variedade de chicória, de folhas frisadas, que pode ser consumida crua, como ingrediente de *pizza* e em diversos pratos. Como se sabe, a endívia está presente no cardápio de corrupções que terminaram em uma *pizza* comemorativa.

ENDOSSAR do latim medieval *indorsare*, pela formação *in dorsum*, no dorso, nas costas. Mas antes fez escala no francês *endosser*, vestir, colocar nas costas, vergar, já presente nas *Viagens de Carlos Magno*, publicadas no século XII, mas ocorridas nas diversas campanhas militares realizadas pelo rei dos francos, coroado soberano do Sacro Império Romano-Germânico pelo papa Leão III. No sentido figurado e linguagem comercial, endossar, ato de avalizar, abonar, dar crédito a documento de terceiro, surgiu no francês no século XVII. Chegou ao português no século seguinte e foi registrado pela primeira vez no *Dicionário da língua portuguesa*, de Antonio de Morais Silva, publicado em Lisboa em 1789. Perseguido pela Inquisição, o dicionarista refugiou-se na Inglaterra e teve de abandonar os estudos jurídicos na Universidade de Coimbra. O endosso, como no cheque, é feito por assinatura do favorecido no verso do documento e está regido pelo Código Comercial.

ENÉSIMA de *n*, é usada para indicar, em matemática, a posição desse número numa sequência. Passou a designar na língua culta coloquial quantidade exagerada: "É a enésima vez que lhe digo isso."

ÊNFASE do grego *émphasis*, pelo latim *emphase*, aparição, realce. O verbo grego *phaíno* tem o significado de brilhar. O surgimento de uma estrela é indicado por *phásis*, do mesmo étimo. As formas da Lua no percurso que toma no céu ao fazer sua rotação ao redor da Terra são conhecidas como fases: nova, minguante, crescente, cheia. A fala e a escrita estão repletas de ênfases.

ENFEITE do espanhol *afeitar*, tomar a forma de, formou-se no português enfeitar, cuja redução deu enfeite, com o significado de ornamento e disfarce. Em sentido conotativo, o verbete é utilizado às vezes como símbolo de coisa vã, hipocrisia. Machado de Assis usa a expressão "enfeitar a mesa" como sinônimo de arrumá-la para a refeição. Os enfeites são objetos de concursos carnavalescos de acordo com diversos critérios.

ENFERMEIRA feminino de enfermeiro, do latim *infirmus*, contrário de *firmis*, firme, portanto fraco no sentido físico e moral, que equivale ao grego *bébaios*. Apesar de o ofício ter sido um dos primeiros a universalizar a participação da mulher, principalmente nas guerras, tanto homens quanto mulheres trabalham nos *fronts* em hospitais e propriamente enfermarias, cuidando de feridos ou de quem perdeu a saúde, para recuperá-los. O trato com questões decisivas tem levado enfermeiros ao ofício de escritores. Um dos grandes exemplos, a inglesa Agatha Christie, enfermeira do exército britânico, lançou seu primeiro livro policial em 1920. A narrativa girava em torno de um detetive belga chamado Hercule Poirot, tão pernóstico quanto competente, mas que não usava bordões, ao contrário da frase famosa "elementar, meu caro Watson", atribuída a outro célebre detetive, Sherlock Holmes, personagem criado pelo inglês Conan Doyle, que no entanto jamais disse o bordão. A célebre expressão com que se dirigia ao amigo, assim como a capa xadrez e o boné do detetive, são da lavra dos roteiristas que adaptaram os livros para o rádio e o cinema.

ENFERMO do latim *infirmus*, que não está firme, fraco, passando, por isso, a designar quem está doente. Outras palavras foram formadas a partir deste sentido, como enfermeira, enfermaria e enfermidade. Há um conto antológico do grande escritor russo Anton Tchekhov, autor de obras célebres como *Tio Vânia* e *O jardim das cerejeiras*, cujo título foi traduzido para o português como "A enfermaria número 6". Em outras versões, a palavra enfermaria foi substituída por pavilhão.

ENFITEUTA do latim *emphyteuta*, vindo do grego *emphyteútes*, ambos designando naquelas línguas o usuário de terras públicas, sentido que conservou no português. O enfiteuta tem o direito de explorar a terra e conservá-la em bom estado. A palavra frequentou as primeiras páginas dos jornais quando do massacre dos sem-terra que tinham invadido uma fazenda em Eldorado de Carajás, no Pará. O proprietário era enfiteuta e há 30 anos não pagava os laudêmios devidos. Contra ele nada foi feito em trinta anos, mas contra os sem-terra em poucos instantes muito foi feito, resultando numa chacina de trabalhadores que ganhou destaque na imprensa internacional.

ENGAJADO do verbo engajar, tomado do francês *engager*, empenhar, obrigar, contratar, inscrever, tendo também o sentido de inclinar. Expedições militares romanas encontraram o frâncico antigo *waddi*, penhor, caução, que foi latinizado para *wadium*, mantendo o significado. No sentido de escritor ou artista comprometido com ideias abraçadas também por credos políticos, o vocábulo aparece com frequência em resenhas, ensaios, entrevistas.

ENGALFINHAR provavelmente de *guelfo*, do italiano *guelfo*, denominando os ferrenhos seguidores da poderosa família alemã *Welf*, radicada na Itália, defensores do poder dos papas contra os gibelinos. *Gibelino* proveio do italiano *ghibelino*, adaptação de *Weiblingen*, a família alemã rival da primeira, também sediada no norte da Itália, que almejava submeter o papado ao império alemão. Pode ter havido uma forma primitiva, *enguelfinhar*, que evoluiu para a grafia atual engalfinhar. É estranho que os dicionaristas brasileiros tenham evitado grafar "guibelino", talvez por influência de onomásticos como Gilberto, Gertrudes e outros, em que o fonema "gui" foi transformado em "gi", quando a consoante inicial tinha nas línguas de origem, tanto na alemã como na italiana, o som de "gue". Outra hipótese é que engalfinhar tenha procedido do espanhol *gafa*, gancho, que ainda hoje designa as hastes dos óculos e os próprios óculos. Mas neste caso é difícil explicar a inserção do "l" e o sufixo -inhar em vez de -anchar, como em enganchar. Seria mais provável, se fosse este o caso, que se processasse "engafar" ou "engalfar". Outra hipótese que deve ser recusada é a que indica como vocábulo original o espanhol *gallo*, galo, tendo o sentido de valentão.

ENGANAR do latim vulgar *ingannare*, imitar cachorros, para assustar o inimigo, derivado de *gannire*, ganir, ladrar, proceder como o cão. Em origem remota pode ter havido mistura com *sanna*, zombaria, careta, e *sanno*, bobo, palhaço, truão, aquele que faz esgares. Nas primeiras guerras, no lugar das máquinas utilizavam-se animais, entre os quais o elefante, o boi e o gato. E mais tarde o cavalo e o cachorro. Imitar o cachorro era uma das estratégias de luta. Mas a guerra moderna aperfeiçoou os enganos. Em 1940 os americanos enganaram os alemães com a língua dos índios *navajos* e *mohawk*, entre outros. Quando Winston Churchill e Franklin Delano Roosevelt planejaram secretamente encontrar-se em *Casablanca*, uma fonte espanhola antecipou o encontro aos alemães em mensagem cifrada, mas *Casablanca*, no Marrocos, foi entendida como a Casa Branca, residência oficial do Executivo dos EUA, em Washington. O inimigo pode ainda morrer pela boca ao disfarçar-se. Fugitivos japoneses que tentavam enganar americanos alegando serem chineses, na Segunda Guerra Mundial, recebiam ordens de pronunciar a palavra *lalapaloosa*. Os práticos americanos sabiam que os japoneses que fossem falantes nativos do inglês trocavam o "l" pelo "r", pronunciando-a "raraparoosa". E com os chineses dava-se o contrário: eles trocavam o "r" pelo "l". Outro teste era o dedão do pé. As crianças japonesas usavam sandálias durante muitos anos e o resultado era um grande espaço entre o dedão e os outros dedos.

ENGANO de enganar, do latim *ingannare*, radicado em *gannire*, ladrar. Enganos estão escondidos detrás de falsos conceitos na própria língua, de que é exemplo a palavra índio. Devemos a Cabral e Colombo este grande engano, porque acharam que tivessem chegado às Índias quando descobriram respectivamente o Brasil e a América. Na língua inglesa, o exemplo mais comum é *silkworm*, minhoca de seda, que no português é bicho-da-seda. Também o vaga-lume, eufemismo escolhido para evitar-se o popular caga-lume, nome original do pirilampo, em inglês é *firefly*, mosca de fogo, mas ele não é mosca, é besouro; e se continuasse com o nome popular, certamente não designaria o lanterninha do cinema, como era chamado o funcionário que ajudava as pessoas a encontrar lugar depois de iniciado o filme. A iguana é chamada *horned toad* em inglês, sapo com chifre, mas não é sapo, é lagarto. O porquinho-da-índia é um roedor da América do Sul. Estrela cadente não é estrela, é meteoro. O banho turco é romano. O bambu não é árvore, é uma gramínea, espécie de grama. O urso panda não é urso: o animal é parente do guaxinim. O âmbar não é uma pedra, é uma resina fossilizada. Por fim, a caixa-preta dos aviões não é preta e não é uma só: são duas, de cor alaranjada; uma registra as conversas na cabine, a outra, os dados técnicos mais recentes do voo.

ENGASGAR do radical expressivo *gasg*, designando a garganta e domínios próximos ou similares, tendo servido à formação de goela, gasnar, gasganete, gasnete, gasnate. Ninguém menos do que o presidente dos EUA, George Bush, engasgou com um biscoito conhecido por lá como *pretzel*, espécie de bolacha em forma de rosca. *Pretzel* é palavra alemã, variação de *bretzel*, cuja origem remota é o latim medieval *bracellus*, *bracelet* em francês, bracelete em português. O biscoito salgado, tido por muito saboroso, afetou de tal modo a principal autoridade da maior potência econômica e militar do mundo que o presidente, sob os efeitos da interrupção do fluxo de oxigênio para o cérebro, desmaiou. Entre as providências tomadas pelos médicos e enfermeiros que cuidaram de sua augusta pessoa, esteve um curativo afixado no lado esquerdo do rosto. Imediatamente, o célebre museu de cera *Madame Tussaud*, em Londres, atualizou a figura do mandatário norte-americano, colocando um pacote de pretzel em sua mão direita e um curativo na face esquerda, abaixo do olho, na direção da orelha. O conhecido bom humor americano não demorou a manifestar-se. Como o vice-presidente Dick Cheney, depois dos atentados de 11 de setembro de 2001, vive protegido pelos seguranças em lugar secreto, o apresentador Jay Leno, da rede de televisão *NBC*, deflagrou a piada: "quando Bush desmaiou, correram para buscar Cheney, mas se deram conta de que ninguém mais se lembrava onde ele estava escondido." E David Letterman, da *CBS*, também não deixou por menos: "O pobre homem desmaiou por quatro segundos; por sorte foram os mesmos quatro segundos em que Cheney esteve consciente." Ao contrário do que ocorre no Brasil, ninguém pensou em recorrer à Lei de Segurança Nacional, cuja manutenção e aplicação vêm sendo defendidas por ninguém menos que o ex-guerrilheiro e ex-ministro da Justiça Aloysio Nunes Ferreira. O poder parece mudar mais as pessoas aqui do que lá.

ENGATAR palavra formada de en- + gat(o) + -ar. Veio, portanto, de gato, do latim *cattu*, declinação de *cattus*, gato, como os romanos passaram a denominar o felino depois da domesticação. O étimo da palavra está presente em outras palavras latinas: *catus* é agudo, pontudo, mas tem também o sentido de fino, penetrante, sutil, habilidoso. *Cattus* designava o gato, mas também o mantelete, uma arma de guerra do exército romano. *Catta* era gata, mas também uma ave noturna desconhecida. Engatar passou a designar o que fazem os gatos entre si, pois o povo diz que gatos e cachorros, no ato sexual, se engatam. Com o sentido de prender, é o que o gato faz com sua presa. Assim, por metáfora, engatar veio a significar prender. Sendo o gato caluniado na fala popular, em que aparece gatuno como sentido de ladrão, quando ele apenas confisca para comer, sem nada acumular, gato passou a designar também o roubo de água, de energia elétrica, de sinal de televisão a cabo, mediante ligações clandestinas, em que engatam o que não devem. A presença do gato ao lado do cachorro, como animal doméstico, ensejou o ditado "quem não tem cão caça com gato", provavelmente alteração, pela fala, de "quem não tem cão caça como gato". O *Diccionario da Lingua Portugueza*, de Antonio de Morais Silva, publicado em 1789, em Lisboa, e que traz o nome do autor apenas a partir da segunda edição, de 1813, já registra o sentido de engatar radicado em gato.

ENGENHO do latim *ingeniu*, talento. Significa também fábrica. Os engenhos mais conhecidos na tradição brasileira são os de cana-de-açúcar, precursores das modernas usinas de açúcar e, mais recentemente, de álcool, produto que sofreu considerável aumento de demanda depois das inovações mecânicas que tornaram os motores dos automóveis aptos a funcionar com este tipo de combustível, a partir da década de 1980. Como indicativo de inventividade artística, um de seus mais famosos registros está na segunda estrofe de *Os Lusíadas*, quando Camões declara o alcance pretendido e o modo escolhido para proclamar os feitos notáveis de grandes figuras portuguesas: "Cantando espalharei por toda parte, se a tanto me ajudar o engenho e arte."

ENGOLIR do latim *gula*, garganta, formou-se *ingulare*, pôr dentro da garganta, engolir. Nas campanhas políticas, vários adversários se dizem obrigados a engolir desafetos. Outros nem precisam dizer. O ar de suas graças nos diz isso e muito mais.

ENGUIÇAR do latim *iniquitiare*, travar, impedir, tendo também o significado de agourar, causar feitiço, quebranto, mau-olhado. Assim, tanto enguiça o carro por problemas mecânicos, como a vítima de mau-olhado, também chamado de olho gordo. *Enguiço* é o título do primeiro trabalho de Adriana Calcanhotto, cantora gaúcha mais conhecida depois que uma de suas canções foi incluída na trilha sonora da telenovela *Renascer*, em 1992.

ENGULHO de origem controversa, provavelmente do latim vulgar *strangulium*, ligado ao verbo *strangulare*, estrangular, sufocar, que influenciou o português antigo *estrangulho*, obstrução da garganta do cavalo. Veio a designar sensação de enjoo, náusea, mal-estar. E, por metáfora, passou a ser aplicado a pessoa a ser evitada, de fala e gestos desagradáveis, não apenas pelo que diz e faz, mas pelo modo como se comporta.

ENJEITADO de enjeitar, do latim *ejectare*, ejetar, tirar, jogar fora, desprezar, repelir, condenar. Provérbio corrente no Brasil dá conta de que "Quem não se enfeita por si se enjeita". Na Península Ibérica havia um aparelho, trazido para o Brasil, instalado à entrada de conventos e de outras instituições caridosas, destinado a recolher crianças abandonadas, em geral recém-nascidas. Consistia em uma peça giratória, de madeira, com uma parte voltada para a rua e outra para dentro do prédio onde estava instalada. Seu fim era recolher, sob o manto da noite, os filhos clandestinos de mães solteiras ou de esposas que tinham vivido amores proibidos que eventualmente resultavam em filhos indesejados. Monjas piedosas ou atendentes leigas recolhiam tais órfãos, providenciando sua adoção ou se encarregando de sua criação no próprio convento ou outra entidade. Machado de Assis alude ao costume no conto "Pai contra mãe". Candinho, caçador de escravos fugitivos, precisa desesperadamente encontrar um negro para devolver ao dono, receber o pagamento e assim evitar que o próprio filho seja posto na roda dos enjeitados. Já está levando o rebento para ser abandonado, quando encontra uma escrava que fugira. Ela está grávida. Ele a arrasta ao dono, recebe cem mil réis e salva o menino. A escrava, sob maus-tratos oriundos da caçada, aborta. O diálogo que precede a caçada é estarrecedor: "Não, tia Mônica!, bradou Candinho, recusando um conselho que me custa escrever, quanto mais ao pai ouvi-lo. Isso nunca! Foi na última semana do derradeiro mês que a tia Mônica deu ao casal o conselho de levar a criança que nascesse à Roda dos Enjeitados".

ENLATADO de lata, do latim *latta*, palavra de origem germânica, designando originalmente uma vara longa e depois o recipiente feito com esse material. O adjetivo tornou-se substantivo ao designar o comestível enlatado e também o filme, acomodado em latas de proteção. A lata de conserva de alimentos foi inventada na Inglaterra, em 1810. Os soldados abriam as latas a tiros de fuzil ou com a ponta da baioneta. Nas primeiras latas havia inscrição: "Corte-se com formão e martelo, ao redor da parte superior." Às vezes se feriam com isso ou desperdiçavam a comida. O abridor de latas somente foi inventado em 1858; e o de rodinha cortante, em 1870.

ENQUANTO do latim *in* e *quantus*, em e quanto, respectivamente, que foram juntados para formar enquanto. Palavra que está na língua portuguesa desde o século XIII, irrompeu nos últimos anos na mídia, sobretudo nas declarações de políticos, designando a função que ocupam. Em evidente exagero, enquanto e onde passaram a funcionar como coringas da língua portuguesa. Enquanto aparece onde não foi chamado e onde é sacado a toda hora no lugar das mais diversas partículas, chegando ao cúmulo de às vezes onde, que é advérbio de lugar, substituir quando, advérbio de tempo. Não se pode, ao ouvir ou ler coisas tão desjeitosas, exclamar como o poeta Vicente Augusto de Carvalho: "Que formosas cousas, quantas maravilhas/ em vos vendo sonho, em vos fitando vejo."

ENREDO do latim *rete*, rede, formaram-se enredar e enredo, segundo o conceito de que contar uma história é trabalho de urdidura em que se tecem muitos fios. Outras metáforas reforçam esta ideia, como a de se procurar o fio da meada de uma narrativa ou acontecimento. Ou a de um livro prender a atenção do leitor, o que sugere amarrá-lo ao que se quer contar, despertando seu interesse. Os carnavais popularizam canções em que se conta uma história, daí a noção de samba-enredo.

ENRICAR de rico, do gótico *reiks*, poderoso, terrível, violento. O prefixo en- e o sufixo -ar indicam ação feita para tornar-se rico, opulento, já sem os antigos sentidos de poder e violência, combatidos, mas nem sempre vencidos, depois que as sociedades se organizaram para extinguir os privilégios, proclamando que todos são iguais perante a lei. Nos países da periferia do capitalismo, poder e dinheiro têm interposto sérios entraves à igualdade entre os cidadãos. O enriquecimento rápido apresenta-se como caminho para a impunidade. Enricar aparece em diálogo do romance *Saraminda*, do ex-presidente da República José Sarney, a propósito do garimpo: "A pessoa enrica, fica no veio e nunca sai. Jamais está satisfeita. Quem ganha dinheiro não é quem tira o ouro, é quem compra."

ENROLAÇÃO do latim *rotulu*, cilindro, formaram-se, com os devidos afixos, vocábulos como rolo, enrolar, enrolação, esse último significando a ação de fazer rolo. Quando pretende nos enrolar, nosso interlocutor está de papo furado e quer nos levar na conversa. É só prestar atenção nos furinhos de sua papada e nas vagas de sua enxurrada de palavras. Apesar de neste caso termos entrado numa fria, mesmo sob tão baixa temperatura, esses papos de enrolação torram nossa paciência.

ENSANDECIDO de ensandecer, verbo formado pelo prefixo en-, o radical sandec, e o sufixo -ido. Ensandecer procede de sandeu, do espanhol *sandío*, louco, vindo da exclamação abreviada de "Santo Dios", "Santo Deus", proferida com piedade, súplica ou repulsa diante de transeuntes doidos, que vagavam pelas ruas na Península Ibérica, cujos territórios foram durante muitos séculos palco de guerras, lutas fratricidas, perseguições religiosas e gente abandonada à própria sorte, como poucos outros, sobretudo com a vigência da Inquisição e com o ciclo das navegações. Muitas vezes a loucura foi o destino de milhares de pessoas – viúvas, órfãos, como diz Fernando Pessoa em "Mar português": "Ó mar salgado, quanto do teu sal/ São lágrimas de Portugal!/ Por te cruzarmos, quantas mães choraram,/ Quantos filhos em vão rezaram!/ Quantas noivas ficaram por casar/ Para que fosses nosso, ó mar!" "Fanático ensandecido" aparece no artigo de Paulo Lopes *Ideologia marxista*, em *Seara Vermelha*, de Jorge Amado, no livro *Miradas literárias: leitura de textos brasileiros*, organizado por Enaura Quixabeira Rosa e Silva: "Nem mesmo ao beato Estevão, um fanático ensandecido, tal fato escapa. Na lógica de pensamento dessa personagem do romance, como o Manifesto Comunista preconiza, os trabalhadores rurais precisavam destruir o modo de produção capitalista, e não tinham nada a perder com isso." E no artigo "Fanáticos ensandecidos", de Alberto Dines: "A Opus Dei aproveitou para fazer onda contra o item que reforça o Estado laico e proíbe símbolos religiosos dentro – repito dentro – de prédios públicos. De repente, o que parecia um debate racional converteu-se em cruzada ensandecida e fanática."

ENSEJO derivado de ensejar, do latim *insidiare*, insidiar, ensejar. Seu significado primitivo era o ato de armar ciladas, mas com o tempo passou a designar oportunidade, ocasião propícia, a ponto de ter-se cristalizado nas expressões "aproveitar o ensejo" e "colher o ensejo", utilizadas no fechamento de correspondências oficiais.

ENSINAR do latim *insignare*, transmitir conhecimentos, ensinar. A igreja forneceu as sacristias para as primeiras escolas e por isso o trabalho do professor foi visto durante muitos séculos como sacerdócio, e não como profissão. E os mestres deveriam ser castos. O lugar por excelência para o ensino é a escola, que no Brasil compõe-se de ensino fundamental, ocupando a criança por oito anos; de ensino médio, que dura três anos; do curso superior, que se estende de três a cinco anos; e da pós-graduação, que inclui especialização, mestrado e doutorado, com duração variável, podendo ir de um a dez anos ou mais. Há ainda os cursos especiais, aqui e no exterior, como aqueles frequentados por turistas no Disney Institute, só para terem o gosto de ser alunos de personalidades como o ator cubano-americano Andy Garcia, que trabalhou em *O poderoso chefão 3*, e o cineasta Martin Scorsese, diretor de *A última tentação de Cristo*. A humanidade caminha na direção de uma educação permanente, em que a imprensa cumpre função importante, não mais exclusiva das escolas tradicionais. Em 1999, segundo o Ministério da Educação, no Brasil 54 milhões de alunos estavam aprendendo com 2 milhões de professores, incluídos o ensino infantil, fundamental, médio e superior. O ensino noturno é largamente utilizado pelos trabalhadores, que às vezes estudam à luz de velas ou lamparinas, já que 63 mil escolas estavam sem luz nos finais do século XX! O ex-ministro Paulo Renato Sousa declarou que este é um problema menor, já que são escolas com menos de 100 alunos. É o que dá nomear economistas para cuidar da educação. Pelo menos as contas ele poderia fazer direito. Afinal 63 mil escolas vezes 100 alunos indicam que há cerca de 6,3 milhões de alunos estudando no escuro.

ENTOAR do latim *intonare*, invocar em alta voz, imitando o trovão. Nas festas judaicas, eram entoados hinos, cantados em voz alta por toda a comunidade, liderada pela classe sacerdotal, que acumulava funções políticas. O rei Davi gostava de entoar seus salmos dançando, fazendo-se acompanhar de música, em geral sons de harpa. No tempo de Jesus, os cantos e hinos eram entoados em aramaico, a língua do povo, enquanto o hebraico era o idioma oficial do templo. Na Palestina de então, também o grego e o latim, eram entendidos por quase todos. O grego, por ser a língua do comércio, das artes, da ciência e da literatura. E o latim por ter sido imposto pelos dominadores romanos. Quando Jesus está sendo interrogado por Pilatos, por exemplo, é provável que as três línguas tenham sido utilizadas. O povo, que optou por soltar Barrabás, falou em aramaico e grego. E as autoridades judaicas, em grego, hebraico, aramaico e latim. O aramaico ainda hoje é falado em aldeias da Síria e da Palestina, sendo também um dos idiomas dos curdos. O aramaico e o hebraico mesclavam-se na denominação das roupas, de que são exemplos o *kethon*, túnica de couro para os pobres, e de seda para os ricos; o *simlah*, espécie de capa com capuz, que os pobres não tiravam nem para dormir, para se protegerem do frio; o *addereth*, manto que identificava as pessoas chiques, mas que hoje é comum na Palestina. Jesus vestia roupas de pobre, pois sua origem era humilde e, além do mais, desde a adolescência identificara a hipocrisia da classe dominante também nas roupas e nas casas. A casa onde morava em Nazaré, vilarejo com cerca de trinta famílias, tinha apenas uma porta e dois cômodos, um deles reservado para o gado. Os presépios que representam Jesus cercado por um boi e um jumento foram inspirados em *evangelhos* apócrifos, que relataram ter sido normal a sua convivência com animais domésticos desde a mais tenra idade. Dentro de casa, onde os habitantes entravam quase que exclusivamente para dormir e para fazer as refeições, cantavam hinos e salmos com trechos inscritos em paredes e batentes. Quase não havia móveis dentro de casa, mas uma arca, usada também como mesa, mas cujo fim era guardar mantimentos, era presença certa. Para comer, entretanto, todos sentavam-se ao chão, sobre tapetes de couro de animais. Potes, cântaros e panelas de barro completavam a mobília rudimentar. A iluminação das residências era satisfeita de dois modos: uma fogueira no terreiro ou mesmo dentro de casa e pequenos candeeiros de barro, cujo fogo era alimentado por óleo rançoso de oliva. Os cantos eram entoados à hora de acordar, de dormir e às refeições, em forma de rezas que agradeciam a Deus pelo alimento. Este era composto de peixe, leite, iogurte, queijo, suco de uva, ensopado de legumes e pão de trigo.

ENTRADA de entrar, do latim *intrare*, com influência de *intra*, dentro, designando entrada, começo, bilhete para cinema, teatro e outros espetáculos; lugar nos aparelhos domésticos por onde entra alguma coisa: a energia elétrica, o sinal da internet, o fio etc. É ainda o pagamento inicial de uma compra a prestações. E no cardápio a procedência é outra, é o francês *entrée*, pequena porção servida antes do prato principal, às vezes substituída por outra expressão, igualmente francesa: *hors d'oeuvre*, que significa fora do trabalho. Nos EUA, o prato principal é que se chama *the entrée*. A entrada é *starter* ou *starters*.

ENTRANHA do latim *interanea*, intestinos, vísceras, designando o que existe, mas deve permanecer oculto, não por configurar ato ilícito, mas porque é de sua natureza permanecer coberto, fazendo o organismo funcionar. A independência dos poderes é garantida em lei, não podendo haver maracutaia entre eles, muito menos em suas entranhas.

ENTREGAR do latim *integrare*, entregar, restituir, devolver, delatar, tendo também o significado de passar algo à posse de alguém, como fez a lendária santa dos primeiros séculos Maria Egipcíaca em versos de *Estrela da vida inteira*, de Manuel Bandeira: "Santa Maria Egipcíaca despiu/ o manto, e entregou ao barqueiro a santidade da sua nudez." Versões medievais espalharam pelo mundo cristão que a santa, prostituta em Alexandria antes de ter vindo a Jerusalém, comoveu-se com as palavras do padre que pregava do outro lado do Rio Jordão. Ao querer atravessar o rio para ouvi-lo e estando sem dinheiro, recebeu do barqueiro a proposta indecorosa de que a levaria à salvação desde que ela aceitasse antes perder-se com ele, nem que fosse a última vez. A santa concordou e depois se retirou para um eremitério, onde viveu em penitência o resto de seus dias. Na linguagem coloquial, entregar no sentido de deixar-se vencer está presente na expressão "entregar a rapadura", este último um vocábulo radicado em rapar, do germânico *hrapon*, arrebatar, tirar à força. É expressão nascida do ciclo da cana-de-açúcar. Para fazer a rapadura, raspa-se o melado do fundo do tacho. Entregá-la, porém, como sinônimo de derrota, pode ter vindo do fato de ser a rapadura, às vezes, o único alimento do nordestino pobre, vinculado à variante de outra expressão, "estranhar a capadura". Também esta última se bifurca em duas sinonímias: indica o estado do animal nos dias que seguem à castração e a estranheza que causava em antigos noviços a capa dura, uma veste grosseira e desconfortável que o abade distribuía para testar a paciência deles.

ENTRESSAFRA do árabe *safaria*, estação das colheitas, formou-se *safra*. A entressafra é período intermediário entre as colheitas normais. Os produtos obtidos nesta época do ano, por força de irrigações artificiais e outras técnicas agrícolas, chegam a ser comercializados com acréscimo de até mil por cento, devido à óbvia escassez.

ENTREVISTA de entre- + vista, sob influência do inglês *interview*, vocábulo adaptado para o português, indicando prática jornalística consagrada como meio de se revelar as ideias de uma personalidade sobre determinados temas. Designa também simples encontros para conversar, além de indicar um hábito quando está em jogo um emprego: o empregador ou seu preposto entrevista o interessado. Há uma entrevista, concedida pelo papa João Paulo II ao jornalista italiano Vittorio Messori, cujas perguntas e respostas compõem o livro *Cruzando o limiar da esperança*, que já vendeu milhões de exemplares em todo o mundo.

ENTREVISTAR de entrevista, palavra formada de entre-, do latim *inter*, e vista, feminino de *visto*, adaptação do latim *visum*, particípio passado do verbo *videre*, ver, acrescido do sufixo *-ar*, que tem o fim de formar verbos a partir de substantivos. Note-se que a língua portuguesa tem as formas visado, visto, observado. Desde o século XVII, designou originalmente peça de tecido colocada entre o forro e a peça transparente do vestuário, o que possibilitava entrever. Mas por influência do inglês *interview*, entrevista passou a designar encontro, colóquio, e mais tarde conversa entre uma pessoa e um ou mais jornalistas, com o fim de revelar aos leitores o pensamento do entrevistado acerca de determinados temas. A revista *Veja* mantém uma seção intitulada *Páginas amarelas*, dedicada a entrevistas. Predominaram ali temas políticos. Fernando Henrique Cardoso foi entrevistado dez vezes; José Sarney, seis; Luiz Inácio Lula da Silva, três. Foram impressos 1,4 bilhão de exemplares, média de 700.000 por edição.

ENVOLVER de envolver, do latim *involvere*, cobrir. A ideia de ação ou movimento já estava presente na raiz indo-europeia *wel-/welw*, rolar, rodar, encontrável também no grego *héliks*, hélice, mas cujos indícios foram dissolvidos no latim, antes que chegassem ao português, de que é exemplo *élytron*, estojo, bainha (de espada), indícios presentes no latim *involucrum*, invólucro, revestimento, pacote, casca da fruta, couraça de animais (tartaruga, cágado) e insetos (caramujo, lesma, besouro), conceito depois aplicado também ao corpo humano, por metáfora, como invólucro da alma.

ENXAIMEL provavelmente de origem árabe, enxaimel é termo de carpintaria que indica sistema de construção caracterizado por empregar vigas de madeira mais finas que os caibros. Foi muito utilizado pelos primeiros imigrantes alemães que começaram a chegar ao Rio Grande do Sul na primeira metade do século XIX. De todas as casas edificadas com a técnica do enxaimel, resta uma das construções originais, a Casa Presser, preservada no município de Novo Hamburgo (RS), testemunho arquitetônico das primeiras contribuições alemãs. Três outras presenças eram frequentes entre os novos gaúchos formados nas comunidades alemãs daquele período: a igreja, a escola e o jornal.

ENXERGAR de origem controversa, provavelmente de enxerga, do latim *serica*, veste de seda, utilizada para cobrir estofos em forma de almofadas ou colchões. Pode ter havido mistura com o árabe *sharraca*, carne sem gordura, que permite avaliar melhor a estrutura do animal, sem o atrapalho da gordura. No sentido de ver, aparece em *Encrenca*, inventivo romance do catarinense Manoel Carlos Karam: "Eu sabia que aquele era um momento para ter uma súbita perda de visão, alguma coisa como quanto mais eu abrisse os olhos menos enxergaria." Pois a encrenca não está apenas no romance, está também em palavras como enxergar e encrenca, cujas origens são controversas.

ENXOVAL do árabe *ash-shuwar*, também grafado *ax-xawár*, dote em dinheiro, joias, móveis, recebido pela noiva casadoira. Na pronúncia portuguesa, a partícula inicial mudou de "ax" ou "ash" para "en", dando ideia de embalagem, como em empacotar, mas grafado "en" e não "em", porque não está antes de "p" ou "b", e sim de "x". Poderia representar fenômeno de hipercorreção para evitar transformação de "al" final em "ar", mas aqui a etimologia sustentaria a correção de "enxovar". Consolidou-se, porém, a forma enxoval. Passou depois a designar as roupas de uso pessoal e aquelas divididas com o futuro marido, como lençóis, fronhas, toalhas etc. O mês preferido para os primeiros usos do enxoval era e ainda é maio, embora o mês de dezembro, com seus décimo terceiro e participações nos lucros, venha rapidamente ganhando a preferência dos nubentes devido às caras despesas do matrimônio.

ENXOVALHAR provavelmente de enxovia, do árabe *ax-xavia*, designando etnia de tribos do Marrocos. Enxovia foi associada a covais denominados *matmora*, masmorra, lugar escuro, utilizado como depósito de alimento, principalmente de trigo, mas que veio a ser usado também como prisão. Enxovalhar alguém era jogá-lo na enxovia, daí o sentido moderno de insultar. O verbo aparece em *Abismo*, livro de narrativas curtas do premiado escritor Whisner Fraga, uma das mais gratas revelações literárias: "aqueles tempos não eram para tanto, devíamos nos enxovalhar com os telúricos protocolos dos agrados, dos favores atrelados a inebriantes e levianas reverências."

ENXUGAR do latim *exsucare*, tirar o suco. Mas a ideia não é a de obter o líquido espremendo alguma coisa, como se faz com as laranjas. É a de reduzi-lo, pondo-o para fora, como revela o afixo *ex-*, que indica o exterior. Uma expressão muito lida e ouvida é a de que é necessário "enxugar a máquina do governo", que pelo jeito ainda anda muito molhada, posto que todos, há muitos anos, prometem enxugá-la e o que fazem é molhá-la um pouco mais. É provável que panos e toalhas não a enxuguem mais, sendo indispensável a ajuda de um secador.

ENXUTO do latim *exsuctu*, sem suco, seco, que não está molhado. Janeiro é mês de muitas chuvas no Brasil, entupimento de bueiros, alagamentos e desmoronamentos. Os mais pobres são os que mais sofrem, pois são os mais atingidos. É nesta época que se nota com maior clareza a falta que fazem as obras sociais. Quem libera as verbas públicas é nossa elite política. Na ganância por impostos, o governo parodia Camões: "Na quarta parte nova os campos ara/ e se mais mundo houvera, lá chegara." Tudo para enxugar o orçamento e alagar as ribanceiras. Nossos líderes políticos gostam de ser defendidos e abominam ser criticados. Antônio Conselheiro tinha comportamento diferente. Aconselhava seus seguidores de outra forma, segundo Euclides da Cunha no clássico *Os sertões*: "Proibiu aos fiéis que o defendessem."

EPACTA do latim *epactae*, epacta, subentendendo-se *dies epactae*, dias intercalares. Denominamos epacta o conjunto de dias que são acrescentados ao ano lunar para equipará-lo ao ano solar. O Sol, pelo qual a Terra é atraída, e a Lua, que sofre atração da Terra, sempre exerceram vários tipos de atração sobre a humanidade. Se um ilumina o dia, a outra ilumina a noite. E ambos têm-se prestado a muitas metáforas para explicar nosso comportamento. De alguém distraído, diz-se que está no mundo da lua; mas de alguém concentrado, não se diz que está no mundo do sol. Na mitologia grega, rica em narrativas fantasiosas, um dos nomes da Lua é Selene, filha de Hipérion e de Tea, irmã de Hélios, o Sol, e de Éos, a aurora. Era representada por uma moça bonita que percorria o céu numa carruagem de prata, puxada por dois cavalos brancos. Teve uma filha com Zeus e cinquenta filhos com um pastor. Entre os egípcios, a Lua estava personificada na deusa Ísis, irmã e esposa de Osíris. As grandes enchentes do Nilo eram lágrimas derramadas pela insólita viúva, que chorava a morte daquele que fora seu irmão e seu marido. Sem nenhum desrespeito, Ísis era também homenageada na figura de uma vaca, significando a fertilidade. A mitologia indígena, que desconhecia a epacta, dando pouca atenção a números, chamava a Lua de Jaci. À noite, Jaci tem a companhia de outros seres noturnos, como o saci-pererê, o boitatá, o urutau e o curupira, responsáveis por brincar, assustar ou apenas disciplinar os boêmios da floresta. Em linguagem científica, tudo perde a graça: a Lua, corpo celeste que nos está mais próximo, é reduzida a um satélite da Terra que a cada 27 dias e 32 horas dá uma volta a nosso redor para ver como estão as coisas. Segundo Norman Mailer, autor de *Um tiro na Lua*, ela foi morta no dia em que o primeiro homem, Neil Armstrong, lá pisou.

EPICENTRO do grego *epí*, em cima, muito perto, e centro, *kéntron*, aguilhão, ponto de uma lança ou do compasso, marcando um lugar que padroniza a distância dali a qualquer lugar da borda da circunferência, traçada pelo compasso, pelo latim *centrum*, centro. O grego *epíkentron* já designava o ponto da superfície terrestre atingido em primeiro lugar e com mais intensidade por ondas sísmicas durante um terremoto. É pouco frequente na mídia, quando noticia terremotos, a palavra hipocentro, que designa o ponto subterrâneo ou submarino em que se origina o tremor.

EPÍGRAFE do grego *epigraphé*, escrito em cima, inscrição. Uma das epígrafes mais famosas é formada pelas letras iniciais das palavras latinas *Iesus Nazarenus Rex Judaeorum* (Jesus Nazareno Rei dos Judeus), *INRI*. O governador romano achou indispensável explicar, com esta epígrafe posta no alto da cruz, e escrita em hebraico, em grego e em latim, o motivo da crucificação do célebre condenado. A sigla INRI aparece no alto dos crucifixos e foi adotada como um dos prenomes – o outro é Cristo – por Iuri Thais Kniss, Inri Cristo, catarinense de Indaial, filho adotivo do casal Wilhelm e Magdalena Theiss. O escrivão, prestando atenção apenas à pronúncia do sobrenome alemão, cometeu erro no registro, transformando Theiss em Thais. Frequentador assíduo de programas de televisão, o brasileiro, que se diz reencarnação de Jesus Cristo, foi expulso da Inglaterra e extraditado da França. Mora atualmente em Curitiba (PR), onde fundou, em 1982, a Suprema Ordem Universal da Santíssima Trindade (SOUST). Segundo o *site* www.inricristo.org.br, na capital do Paraná "viveu período mais longo e mais amargo da reprovação que seu PAI lhe anunciara. Desbravou o terreno da incredulidade pelas ruas e praças; impôs sua presença e sua mensagem ao frio povo curitibano, enfrentando a reprovação e a dureza dos corações humanos".

EPÍLOGO do grego *epílogos*, pelo latim *epilogus*, o que é juntado em cima (*epi*) do *logos*, tratado, escrito. No grego, o prefixo *epi-* está presente em epiderme, em cima da derme, pele; e também em epidemia, em cima do *demos*, povo, região, pois originalmente epidemia designava a estadia num lugar e mudou de significado para mostrar que é a doença que fica. Epílogo tomou o significado de conclusão, o que se põe por cima, por último, como faz Carlos Alberto Libânio Christo, Frei Betto, no romance *Entre todos os homens*, título mudado nas reedições para *Um homem chamado Jesus* (Editora Rocco), na parte em que explica o destino da dançarina que, ouvindo um mau conselho da mãe, pediu ao rei Herodes a cabeça de João Batista, apenas seis meses mais velho que Jesus: "Num dia de inverno, ao dançar sobre o leito congelado de um rio de Lugdunum, na Gália, o gelo partiu e Salomé morreu afogada." Frade e escritor, o autor tem mais de 50 livros publicados, alguns deles em várias línguas, e o epílogo de seu trabalho como assessor especial do presidente Lula deu-se por discordâncias profundas com o governo, que podem ser vistas em *Calendário do poder* e *A mosca azul*, livros que nasceram dessa experiência singular.

EPISTEMOLOGIA do grego *epistéme*, ciência, e *logos*, estudo, aplicação. Teoria das ciências que consiste numa crítica a seus princípios, hipóteses e resultados, esclarecendo seus fundamentos lógicos. É contrária à ortodoxia, baseada em crenças e opiniões sem fundamento científico. O ex-ministro e atual deputado federal Antonio Delfim Netto esmerava-se em doxologias sofisticadas quando no Executivo, e agora, no Parlamento, fustiga seus adversários com brilhantes epistemologias de sua especialidade – os temas econômicos.

EPITÁFIO do latim *epitaphiu*, vindo do grego *ephitáphion*, inscrição tumular, lápide. Designa também um gênero de poesia satírica feita sobre um vivo como se se tratasse de alguém cuja morte é desejada ou conveniente. Sardanápalo, lendário rei da Assíria e último descendente de Semíramis, a fabulosa rainha que mandou construir os célebres jardins suspensos da Babilônia, mandou inscrever em seu túmulo: "Aqui jaz Sardanápalo, que não recusou nada à sua sensualidade e viveu muito em pouco tempo. Caminhante, beba, coma e desfrute de tudo, porque o resto é nada." Quando conquistava a Ásia, Alexandre tomou-se de perplexidade ao ler tal epitáfio.

EPÍTETO do grego *ónoma epítheton*, nome acrescentado. O latim *epithetu* já fizera, como depois ocorreria no português, a ablação da primeira palavra. A expressão serve nas três línguas indicadas para qualificar ou desqualificar pessoas e coisas, como ocorre com os cognomes de pessoas célebres, de que é exemplo esta passagem de João Ribeiro em sua *História do Brasil*, referindo-se ao francês Villegagnon: "Os calvinistas, atraídos ao seio da sua tirania na América, puseram-lhe o infame epíteto de Caim, para significar que assassinou os seus irmãos." Os franceses queriam incrustar no Brasil o epíteto de França Antártica, projeto que fracassou diante da feroz resistência dos portugueses, que receberam, nessas lutas, importantes contribuições indígenas. Não, porém, a de Cunhambebe, personagem do romance de Antônio Torres, *Meu querido canibal*. O herói adorava os portugueses. Como *gourmet*, porém, o que inspirava terror em nossos descobridores.

ÉPOCA do francês *époque*, adaptado do grego *epokhé*, designando tanto a interrupção do tempo anterior como o início de um novo. Com o sentido de situar um acontecimento, é usada também a palavra tempo. As duas épocas, a que precedeu o nascimento de Jesus e a que se seguiu depois, não coincidem nas respectivas datações. A época A.D., iniciais do latim *Annus Domini* (Ano do Senhor), começa no ano 1 do nascimento dele, a 25 de dezembro, mas, por erro de calendário, ele teria nascido no ano 4 do reinado de Augusto. Foi Herodes quem o perseguiu na célebre matança dos inocentes. Entre os séculos II e IV, o Natal foi celebrado em diversas datas, sendo a preferencial o dia 6 de janeiro. Mas a partir daí foi fixado em 25 de dezembro para coincidir com os cultos ao deus *Sol Invictus* (Sol Invencível), divindade trazida da Pérsia, atual Irã, para o panteão de Roma.

EPÔNIMO do grego *epónymos*, pela formação *ep(i)*, em cima, e *ónoma*, nome. O português mesclou o latim *nomen*, nome, mas manteve o prefixo grego. Claudio Cezar Henriques, professor da Universidade Estácio de Sá, no livro *Léxico e semântica*, explica que "há epônimos sincrônicos, os que têm vínculos referenciais ainda muito nítidos com o antropônimo que lhes deu origem". Os exemplos são: Amélia, para mulher submissa; Camões, para um ovo sobre o bife etc. Amélia foi extraída do samba de Ataulfo Alves e Mário Lago: "Ai, meu Deus, que saudade da Amélia", que "Amélia não tinha a menor vaidade/ Amélia é que era mulher de verdade", apesar de que "Às vezes passava fome ao meu lado/ E achava bonito não ter o que comer". A efígie pela qual o poeta Luiz Vaz de Camões é mundialmente conhecido apresenta-o com um olho só, o outro ele teria perdido na famosa batalha de Ceuta, na África. O ovo sobre o bife lembra o célebre caolho. E prossegue: "E há epônimos diacrônicos, os que só podem ser assim identificados mediante uma informação histórica que contextualize sua criação a partir de um antropônimo." É também o caso de judas, para traidor; de gari, para lixeiro; de gilete, para lâmina etc.

EPOPEIA do grego *epopoiía*, poema sobre feitos heroicos, composto pelo *epopoiós*, poeta épico. Em grego, *épos* é palavra, verso, e *poiía* radica-se no verbo grego *poiêin*, fazer. O étimo está presente no francês *épopée*, no espanhol *epopeya* e no italiano *epopea*. Uma das epopeias mais influentes da literatura de língua inglesa é *Beowulf*, escrito no século VIII, de autoria desconhecida. Beowulf é o lendário herói que vai à corte do rei Hrothgar, da Dinamarca, para livrá-lo de Grendel, um demônio antropófago. Sem armas, usando apenas as mãos, ele derrota e mata Grendel num duelo. Depois disso, com muita frequência a mãe do monstro volta ao reino para vingar a morte do filho e continua matando muita gente. Beowulf segue seu rastro e chega à caverna submarina onde ela mora, matando-a também. Passa-se um longo período e o protagonista, agora velho e feito rei, comete outro ato heroico: mata o dragão que tinha sido acordado pelo servo que roubara uma taça de seu tesouro. Mas o soberano morre durante a luta e o poema termina com o funeral do herói. O poema influenciou muito a literatura inglesa e também os livros da série *Harry Potter*, de J.K. Rowling.

EQUADOR do latim medieval *aequatore*, equador, o que iguala. Por isso dá nome ao círculo imaginário cujo plano é perpendicular ao meridiano, dividindo a terra em duas metades: os hemisférios Norte e Sul. O país que tem este nome é atravessado por essa linha imaginária. Famosa canção de Chico Buarque, originalmente composta para a peça de teatro intitulada *Calabar*, proclama: "Não existe pecado do lado de baixo do Equador." Por certo se refere à luxúria, já que continua nestes outros versos: "Vamos fazer um pecado rasgado, suado, a todo vapor." Na época os militares, que não gostavam desses pecados sugeridos pelo cantor e preferiam o de azucrinar a vida de próximos e distantes, andaram proibindo suas músicas. Mas ele também avisara ao ditador de plantão: "Apesar de você,/ amanhã há de ser/ outro dia." O outro dia chegou, mas os presidentes que sucederam aos ditadores pós-64 insistem em baixar medidas provisórias. Já foram decretadas cerca de 5 mil. Mas o país que leva este nome por ser atravessado pela linha do Equador, em vez do amor, fez a guerra. E justamente com o Peru, com quem já guerreara em 1942 pelo mesmo motivo: disputa de uma faixa territorial ao longo da Cordilheira do Condor, que inclui uma localidade chamada Tiwinza. O Equador tem cerca de 12 milhões de habitantes.

EQUIDADE do latim *aequitate*, declinação de *aequitas*, equidade, do mesmo étimo de *aequalitate*, declinação de *aequalitas*, igualdade. No começo, a palavra foi aplicada à terraplenagem, designando o terreno tornado igual, livre de pequenas elevações ou buracos, passando depois a indicar o modo de tratar o semelhante, com justiça, respeitando e reconhecendo suas condições. Para além do direito e antes de sua aplicação, designa sentimento que se considera justo acerca das pessoas, principalmente quando em nosso convívio.

EQUINÓCIO do latim *aequinoctium* (pronuncia-se "equinócium"), noite igual, do mesmo étimo de equador, do latim *equator*, linha imaginária que separa a Terra em duas metades iguais. No caso de equinócio, pela formação *aequi*, prefixo que indica igualdade, e *noctium*, que se refere a *noctis*, caso genitivo de *nox*, noite. Designa o dia e a noite com duração igual. O Sol, visto da Terra, passando pelo Equador nesses dias inaugura, em 21 de março, o outono, e, em 21 de setembro, o verão. Exceto no Hemisfério Norte, onde começa a primavera em março, e o outono em setembro. Difere do solstício, que ocorre em 22 ou 23 de junho, no inverno, e em 22 e 23 de dezembro, no verão, no Hemisfério Sul, invertendo-se no Hemisfério Norte.

EQUIVALÊNCIA do latim *aequivalere*, ser igual em valor, peso ou força, resultou em português equivaler, da qual se formou equivalência, palavra muito utilizada atualmente para designar igualdade de tratamento em várias questões. Alude-se à equivalência salarial para trabalhos semelhantes e à reciprocidade entre as taxas de financiamento agrícola e os preços mínimos dos produtos, cuja discrepância foi objeto de impasse entre o governo e o Congresso.

EQUÍVOCO do latim *aequivocus*, confuso, ambíguo, que tem mais de um significado. No latim, o radical *voc*, presente em *vocus*, está na raiz de *vocare*, chamar, e *vox*, voz; já *qu* indica equivalência, igualdade. Equívoco, por conter esses dois ou mais sentidos, designa confusão, engano, ambiguidade. Está presente no título do livro de João Uchoa Cavalcanti Netto, *Contos bandidos: o equívoco* (Editora Rio, 166 páginas), capa e vinhetas de Millôr Fernandes. O equívoco começa na ilustração da capa: a figura do autor aparece atrás de grades, e também sugere que o único livre é o escritor – de fora da prisão contempla com olhar maroto os leitores. No capítulo 14, depois de comprovar diversos crimes num bordel disfarçado de hotel, um soldado é condenado a oitenta meses de prisão. Antes, manda fotografar o gerente ao lado de clientes, entre os quais um senador e um banqueiro. O soldado equivocou-se ao pensar que "todos são iguais perante a lei, artigo 150, parágrafo primeiro, constituição federal", sem atentar para o que lhe dissera o sargento: "Gente fina demais, soldado, hotel de luxo." Comentando o livro, escreveu Carlos Eduardo Novaes que o autor "combinou suas experiências passadas como escrivão da Vara Criminal e juiz de Direito com sua sensibilidade de 'fotógrafo literário' para retratar com absoluto domínio das palavras um tenebroso mural do mundo e do submundo do judiciário, da polícia, dos causídicos, dos presídios". E diz que "o juiz de Direito, no Ceará, que matou um vigilante, com um tiro na nuca, e foi aposentado com um salário de R$ 15 mil por mês, poderia fazer parte dos 32 contos que compõem *O equívoco*". O primeiro registro de equívoco em nossa língua deu-se em 1599, em ata de serviços diplomáticos portugueses.

ERA do latim *aera*, época. Designa longos períodos marcados por fatos importantes. Assim, o tempo geológico de nosso planeta é dividido em quatro eras. Na primeira, que dura quatro bilhões de anos, aparecem os primeiros e tênues sinais de vida. Na segunda, que dura 380 milhões de anos, surgem animais com organização celular, porém rudimentar. A terceira é marcada sobretudo pelos dinossauros e dura 150 milhões de anos. Na quarta e última, de 71 milhões de anos, surge o homem, cuja idade é avaliada hoje entre 500 mil e 2 milhões de anos. Atualmente marcamos o tempo pela era cristã, tomando o ano do nascimento de Jesus Cristo como referência.

ERÁRIO do latim *aerarium*, de bronze, designando um lugar no templo do deus Saturno, na antiga Roma, onde eram guardadas as leis gravadas em bronze e as insígnias militares. *Aes*, em latim, é bronze, cobre, latão. *Aerarium* tornou-se sinônimo de dinheiro, mas consolidou-se como conjunto de recursos públicos à disposição do Estado. Diz-se também tesouro, fazenda. No Brasil das últimas décadas, à medida em que foram rebaixadas as qualificações dos parlamentares, nasceram expressões estranhas à língua portuguesa, de que são exemplos "urgência urgentíssima" e "erário público": nas duas os adjetivos são dispensáveis porque pleonásticos, redundantes. Urgência indica pressa, e erário já significa dinheiro público.

ERGÁSTULO do latim *ergastulu*, prisão, vindo do grego *ergázoma*, trabalhar. Os primeiros campos de concentração surgiram há muito tempo e os antigos romanos denominavam de ergástulos essas prisões com trabalhos forçados. É sinônimo de calabouço, cárcere, masmorra. Na Segunda Guerra Mundial, o alto comando alemão propôs a Joseph Stalin a troca de prisioneiros. Apesar de seu próprio filho, Jacó, estar na lista dos alemães, Stalin recusou a proposta. Alguns historiadores dizem que ele não sabia da presença do filho nas negociações, que, de todo modo, morreu em um ergástulo alemão.

ERMO do grego *éremos*, deserto, pelo latim *eremus*, deserto, de onde veio o português eremita, monge solitário. Na fala perdeu o "e" interno e o "s" final, virando *ermu*, depois ermo. O português manteve os significados do grego e do latim. O poeta José Joaquim Cesário Verde, filho de lavradores portugueses, usou o adjetivo nestes versos de "Caprichos": "Mergulha-se em angústias lacrimosas/ Nos ermos dum castelo abandonado,/ E as próximas florestas tenebrosas/ Repercutem um choro amargurado./ Uníssemos, nós dois, as nossas covas,/ Ó doce castelã das minhas trovas!"

ERÓTICO do grego *erotikós*, pelo latim *eroticu*, designando o que se refere a Eros, o deus do amor. Eros no grego já é redução de *erasthai*, verbo que indica o desejo irreprimível dos sentidos. Na mitologia grega, Eros, deus dotado de extraordinária beleza, era inconstante nas suas afeições. Os romanos, quando o trouxeram da Grécia, mudaram-lhe o nome para Cupido. Foram escritores que lhe deram a figura de um menino louro semelhante a um anjo, armado de arco e flecha, simbolizando que o amor fere. Eros e Cupido são meninos para indicar a eterna meninice do amor e da paixão, que jamais envelhecem.

ERRADO do latim *erratus*, desviado do caminho. Aparece neste trecho do historiador Voltaire Schilling, comentando o ato que transformou um sérvio em herói: "Deu tudo errado. A bomba, esquivada do alvo, só causou estragos menores, a poção do veneno que ele ingerira estava vencida, e, para culminar, o lugar em que ele saltara na água era raso, sendo facilmente capturado pela multidão e entregue à polícia."

ERRO provavelmente de errar, do latim *errare*, perder-se, sair do caminho. Alguns erros ficaram famosos entre filósofos e cientistas. Até hoje, por exemplo, o metro que usamos é fruto de erro de cálculo dos astrônomos franceses Pierre-François André Méchain e Jean-Baptiste-Joseph Delambre. Encarregados de medir o meridiano da Terra, eles erraram o cálculo por quase irrisório 1 centímetro em 10 quilômetros. Erros etimológicos são mais abundantes do que os matemáticos. Joan Corominas diz, no *Dicionário etimológico da língua castelhana*, que cigarra veio de cigarro, "*quizá por comparación con el cuerpo cilíndrico y oscuro de este animal*". Animal? Mas não seria um inseto cantor? Procurar entre os indígenas da América que falavam quíchua e chamavam fumo de *zig* ou *cig*, daria mais trabalho. Mas foi dali que vieram o inglês *cigarete*, o francês *cigarette*, o alemão *zigarette*, o italiano *sigaretta*, palavras ligadas respectivamente a *cigar, zigar* e *sigaro*, as três designando charuto nas línguas citadas. E, sem que se saiba definir precisamente a autoria, diz-se que o inglês *news* (notícias, presente também em *newspaper*, jornal, notícias no papel), do grego *néos*, novo, pelo gótico *niujis*, teria vindo de antiga prática editorial: jornais ingleses mostravam as primeiras letras dos quatro pontos cardeais, *N.E.W.S.*, para indicar que recebiam notícias do mundo inteiro.

ERUDITA do latim *eruditus*, ensinado, instruído, que deixou de ser rude. Esta é a acepção de um tipo de música que demanda pesquisa, estudo, aplicação. O termo passou a ser utilizado para caracterizar determinadas composições que se opunham à rudeza das canções populares. Neste sentido, passou-se a usar erudita e clássica como sinônimos. Entretanto, entende-se por música clássica a série de obras compostas entre 1730 e 1827, ano da morte de Beethoven, o genial compositor alemão, nascido em 1770, que ficou surdo. Mesmo sofrendo dessa deficiência, ele criou composições de inúmeros recursos expressivos, entre as quais 9 sinfonias, 32 sonatas para piano, 17 quartetos, 5 concertos para piano e 1 para violino. A humanidade jamais pôde saber de que seria capaz um Beethoven com audição perfeita.

ERUDITO do latim *eruditus*, erudito, palavra formada de *ex rudis*, aquele que deixou de ser rude, aplicou-se aos estudos, tornou-se instruído. No Brasil, confunde-se o erudito, homem de saber, com falsos conhecedores de um assunto, levando ao significado de pernóstico, incapaz de, quando fala ou escreve, ser entendido. Designa também aquele que rejeita as contribuições populares da língua, como o gramático Antônio de Castro Lopes, que propôs substituir abajur por "lucivelo"; anúncio por "preconício"; cachecol por "castelete"; claque por "venaplauso"; turista por "ludâmbulo"; repórter por "alvissareiro", e futebol por "ludopédio". Rejeitando com veemência a proposta, Machado de Assis escreveu: "Nunca comi *croquettes*, por mais que me digam que são boas, só por causa do nome francês. Tenho comido e comerei *filet de boeuf*, é certo, mas com restrição mental de estar comendo lombo de vaca." De lá para cá, *filet de boeuf* tornou-se filé de bife e depois bife, apenas. Os gramáticos, como o sapateiro de Apeles, não podem ir além das sandálias. À semelhança dos sexólogos, podem orientar-nos, jamais nos substituir na hora de falarmos ou escrevermos.

ESBOÇO do italiano *sbozzo*, anotações iniciais de uma obra artística, em geral de pintura e arquitetura, mas também aplicadas a outras artes, como a literatura, a música e o cinema. Um dos filmes mais célebres do cineasta sueco Ingmar Bergman, *O sétimo selo*, foi originalmente o esboço de um roteiro, escrito para seus alunos de teatro, em 1955, sob o título de *Uma pintura na madeira*. Um dos alunos cantava bem, mas falava mal. O genial diretor aproveitou o talento do pupilo de um modo insólito, alterando os primeiros diálogos e dando-lhe o papel de um mudo. Nessa curiosa limitação daquele antigo ator amador começou a nascer o temperamento sombrio do personagem vivido por Max von Sydow, que joga xadrez com a morte numa das cenas mais antológicas daquele filme.

ESCADA do latim *scalata*, série de degraus, uma vez que em latim *scala* é graduação. A arquitetura moderna ofereceu variações para as escadas, que são muito importantes também como metáforas de ascensão social e política. Exemplo disso é a rampa do Palácio do Planalto, cuja subida é item importante na liturgia do cargo de presidente da República. Pela escada de Jacó, na *Bíblia*, sobem e descem anjos, sendo uma das mais longas do mundo, para cuja construção foram dispensados arquitetos e engenheiros, pois Jacó estava sonhando.

ESCAFANDRO do francês *scaphandre*, escafandro, vocábulo formado a partir do grego *skáphe*, barco. O escafandro é um tipo de veste impermeável provido de duto em que uma das extremidades está na superfície, permitindo ao mergulhador ficar longos períodos embaixo d'água, já que pode respirar com a ajuda do aparelho.

ESCALA do latim *scala*, graduação, passando depois a denominar também medida de proporção, usada principalmente em mapas. Indica ainda o pouso intermediário que os aviões fazem para abastecimento antes de chegarem ao destino final da viagem. Às vezes a escala é feita contra a vontade do piloto e dos passageiros, com consequências devastadoras, como no caso dos sequestros. Outras vezes é o próprio destino que é alterado, e passageiros e tripulantes desembarcam na eternidade, o que leva muita gente a ter um medo danado de avião, que, entretanto, é um dos meios de transporte mais seguros. Outros, mais radicais, acham que ninguém deveria viajar a não ser pelas próprias pernas, como o fundador do Partido Democrata e ex-presidente dos EUA, Thomas Jefferson, lembrou em sua frase famosa: "O cavalo já foi um erro."

ESCALAÇÃO vocábulo formado a partir de escala e ação, do latim *scala* e *actione*. No futebol designa o ato de indicar os jogadores titulares e reservas para uma partida, ou indicá-los para determinadas tarefas dentro do campo. Pai e filho já foram escalados para atuar pela seleção brasileira em Copas do Mundo. Domingos da Guia, em 1938, e Ademir da Guia, em 1974.

ESCALÃO o latim *scala* forneceu a etimologia de escala, cujo aumentativo foi primeiramente empregado em linguagem militar, designando agrupamentos em séries bem definidas. O primeiro escalão era o que estava mais perto do inimigo. Na linguagem política a continuação da guerra por outros meios –, o primeiro escalão é o que está mais próximo do mandatário geral, seguido de perto pelos contingentes do segundo e terceiro escalões. O segundo escalão no Brasil tem empregos muito disputados, envolvendo poderosas empresas estatais atuantes em setores decisivos da economia, como o petróleo, as estradas, as ferrovias e as infovias.

ESCANCARADA de escancarar, do italiano *sgangherar*, tirar os gonzos para, mais do que abrir, remover cancelas e porteiras, radicado em *ganghero*, gonzo, gancho pequeno, dobradiça. A palavra aparece em *A ditadura escancarada*, título de um dos livros mais vendidos recentemente no Brasil, de Elio Gaspari.

Integra um projeto maior, *As ilusões armadas* (título provavelmente inspirado em Balzac), de que já foi publicado também *A ditadura envergonhada*. Sempre conciso e objetivo, o conhecido jornalista inicia uma conversa clara com o leitor já nos títulos dos livros, defendendo a tese de que a ditadura que vitimou o Brasil a partir de 1964 começa com certo pudor de ferir regras constitucionais e outras garantias individuais, mas a partir de 1968 não tem pejo de exibir as violações que incluíram a tortura e a morte daqueles que eventualmente ousaram criticar os caminhos que o movimento armado tomou. Está cabendo a um jornalista, e não aos historiadores, um tom que lembra o melhor do estilo de quem narra o que pode ser documentado: contar o caso como o caso foi, dando às coisas o nome pelas quais são conhecidas. Elio evita eufemismos que tentaram redimir o golpe de 1964 sob mantos vocabulares que intentavam amenizar a violência inerente aos fatos de que se ocupou, alguns dos quais desfilaram por suas retinas de observador ainda nos verdes anos do ofício que viria a consagrá-lo. Assim, a "Revolução de 31 de Março", no dizer de seus executores ou entusiastas, é designada apenas pelo substantivo ditadura. E os adjetivos que a cercam são impiedosos, sendo escancarada bem mais cruel do que envergonhada, como de fato ela se tornaria.

ESCÂNDALO do grego *skándalon*, pedra que faz tropeçar. Passou ao latim como *scandalu* e conservou o mesmo significado na versão latina da *Bíblia*, tal como aparece no livro do profeta Isaías 8, 14. Os grandes escândalos de nosso tempo privilegiam a política e a sexualidade, sendo tanto maiores quanto maior é a fama dos envolvidos. A Inglaterra produz tais escândalos com frequência, às vezes na própria casa real, outras vezes entre os súditos, como ocorreu com os atores Hugh Grant e sua namorada Elisabeth Hurley, cujo amor ele trocou por alguns momentos com uma prostituta chamada Divine Brown. Enquanto ele cuidava em desvencilhar-se das acusações da polícia de Los Angeles, que o flagrara, as duas faziam sessões de fotos para revistas especializadas, ganhando milhares de dólares. Foi um escândalo que deu lucro para todos os envolvidos.

ESCANDALOSO do latim *scandalosus*, derivado de *scandalu*, radicado no grego *skándalos*. No português, escândalo alterou o significado que tinha nas duas línguas, em que designa pedra que faz tropeçar, tomando o significado de ação vergonhosa, reprovável. E escandaloso adquiriu o sentido de comportamento imoral, indecoroso, aplicando-se a gestos, falas e comportamentos que indicam mau exemplo, ainda que haja controvérsia, como ocorreu com os escândalos de Ana Jacinta de São José, mais conhecida como Dona Beja. Órfã de mãe aos 12 anos, foi criada por parentes na localidade onde hoje fica Araxá, em Minas Gerais. Adolescente de grande beleza e inteligência, atraiu a atenção de muitos homens que iam à região em busca de ouro e diamantes. Mas a joia mais rara era Beja, que aos 15 anos conheceu num baile o ouvidor, então cargo de grande importância na administração pública brasileira, Joaquim Inácio Vieira da Mota. Maior autoridade do local, mandou raptá-la para viver com ele. Beja acumulou grande riqueza. Entre suas economias, passou a contar com 10 litros de ouro em pó, 41 barras de ouro, uma sacola de joias e uma jarra repleta de diamantes. Quando o marido deixou Paracatu do Príncipe, indo para a corte, Beja não o acompanhou e preferiu voltar a viver em Araxá. A elite local, que a considerava escandalosa, recebeu farta munição para falar mal de Beja quando ela foi levada a julgamento, no dia 4 de dezembro de 1837, acusada de ter encomendado a morte do ex-amante. Absolvida, Beja conheceu nas comemorações da absolvição o garimpeiro Guimarães Bastos. Já com 37 anos, casou com ele, tendo vivido juntos por 25 anos. Quando ele faleceu, em 1875, Beja vendeu o garimpo e recolheu-se à casa da filha Joana, tendo falecido cinco anos depois, aos 80 anos. A atriz Maitê Proença fez o papel da protagonista numa telenovela de muito sucesso, *Dona Beja: A Dama de Araxá*, exibida pela TV Manchete em 1986.

ESCANTEIO de origem controversa, foi vocábulo criado para substituir o inglês *corner*, tiro de canto, determinado quando a bola sai pela linha de fundo depois que o último toque foi dado por jogador do time que se defende. É jogada perigosa, pois a bola, cruzada na área, pode encontrar um bom cabeceador para fazer o gol, sem contar que alguns jogadores celebrizaram-se em gols olímpicos, isto é, a bola passa pelo goleiro e entra no gol, chutada por quem cobrou o escanteio, sem tocar em mais ninguém.

ESCAPADA de escapar, do latim *excappare*, deixar a capa, sair de situação embaraçosa: a capa, do latim *cappa*, veste masculina usual, que à noite tinha, além das funções veste e abrigo, a de ocultar identidade em atos ilícitos, atrapalhava na hora da fuga. Este sentido literal foi aproveitado no figurado, como aparece neste texto de Voltaire Schilling ao apresentar o livro *Como fazer a guerra: Máximas e pensamentos de Napoleão de Honoré de Balzac*: "Nas suas contumazes escapadas dos credores, Honoré de Balzac, um eterno endividado perseguido por letras vencidas, conseguiu alugar, em 1828, uma pequena e modesta vila na saída de Paris. Recorreu a um nome falso para assinar o contrato. Era um ponto estratégico situado entre o Observatório e um convento, o que permitiria a ele, em caso de extrema necessidade, saltar o muro dos fundos e ganhar o campo para desaparecer. Nessa nova moradia, uma das tantas em que viveu, condenado àquela vida de cigano fujão, colocou sobre a caixa que guardava os seus arquivos um busto de Napoleão."

ESCAPULÁRIO do latim *scapularum*, caso genitivo de *scapulae*, espáduas. No baixo-latim medieval, consolidou-se *scapalarium* para designar peça religiosa composta de um pano marrom usado em forma de pala a princípio por religiosos da ordem dos carmelitas e mais tarde também por leigos. A imagem de Jesus estava estampada na frente, e a de Maria, atrás. Depois seu formato mudou e hoje é composto de um cordão fino em que estão dependuradas as imagens em miniaturas, acomodadas num invólucro de plástico. Segundo a crença, quem morrer com um escapulário ao pescoço não irá para o inferno e passará menos tempo no purgatório. O original foi trazido do céu pela própria Virgem Maria, no dia 16 de julho de 1251, segundo os relatos do frade carmelita Simão Stock. Ultimamente o escapulário voltou a ser popular no Brasil.

ESCARAVELHO do latim *scarafaiu*, variante de *scarabaeu*, inseto que é representado também em pedras preciosas ou semipreciosas utilizadas como adereço e enfeite. Ainda bem que ele, assim imobilizado com tanta nobreza, não faz o que faz na vida real. Seu nome popular é vira-bosta. Existe um conhecido conto de Edgar Allan Poe intitulado *O escaravelho de ouro*.

ESCARLATE do persa *saqirlat*, veste tingida de vermelho, cor extraída da cochinilha, abundante em Almería, palavra de étimo árabe que dá nome a uma região da Andaluzia, na Espanha atual, cuja cultura, usos e costumes guardam ainda grande influência da presença dos árabes. Ali, a cor vermelha aos poucos substituiu o azul das vestes muçulmanas bordadas com fios de ouro. *A letra escarlate* é filme baseado no romance homônimo do primeiro grande escritor americano, Nathaniel Hawthorne. Em 1666, nos EUA, uma mulher bonita, casada, representada por Demi Moore, e o reverendo local, interpretado por Gary Oldman, se apaixonam. Ela é obrigada a usar roupas bordadas com um enorme A, de adúltera. O desfecho do livro e do filme são diferentes.

ESCÁRNIO de origem controversa, provavelmente de escarnir, do germânico *skirnjan*, burlar, enganar, debochar, pelo latim vulgar *scarnire* ou *schernire*. As cantigas de escárnio e maldizer atestam que o significado satírico do vocábulo estava presente na língua já no século XIII. Cruz e Sousa tem um poema intitulado "Escárnio perfumado": "Quando no enleio/ De receber umas notícias tuas,/ Vou-me ao correio,/ Que é lá no fim da mais cruel das ruas,/ Vendo tão fartas,/ D'uma fartura que ninguém colige,/ As mãos dos outros, de jornais e cartas/ E as minhas, nuas – isso dói, me aflige.../ E em tom de mofa,/ Julgo que tudo me escarnece, apoda,/ Ri, me apostrofa,/ Pois fico só e cabisbaixo, inerme,/ A noite andar-me na cabeça, em roda,/ Mais humilhado que um mendigo, um verme..."

ESCAROLA do toscano *scariola*, que em espanhol resultou em *escarola*, em ambas as línguas indicando espécie de leguminosa. Especialmente nos países onde a culinária inclui a *pizza*, é um de seus ingredientes. Sua origem remota é a expressão latina tardia *lactuca escariola*, alface apetitosa.

ESCOL redução de escolha, por sua vez formada a partir de escolher, do latim *excolligere*, joeirar, dar preferência, escolher. Designa elite, grupo ou estamento de destacada posição social, cultural ou profissional.

ESCOLA do grego *scholé* e do latim *schola*, descanso ou o que se fazia à hora do descanso, que era estudar. Na Antiguidade, estudos e pesquisas eram ocupações de quem não era obrigado a trabalhar. A seguir, o vocábulo passou a designar os estabelecimentos públicos ou privados em que o ensino era ministrado de forma sistemática, como hoje. Indica também corrente de ideias e até mesmo lugares onde se aprendem os mais diversos ofícios. Entre tais estabelecimentos, os mais populares no Brasil são as escolas de samba. Diversos programas de governo, porém, prometem fazer da escola propriamente dita um local igualmente democrático e agradável, como os lugares onde se aprende a dança mais querida do país.

ESCOLARCA do grego *scholárches*, escolarca. Assim eram chamados os fundadores ou chefes de escolas na Grécia antiga. Foi termo que caiu em desuso. Não podemos imaginar que sejam assim designados os diversos empresários que, especialmente no Brasil das últimas décadas, resolveram investir no ensino privado.

ESCOLÁSTICA do latim *scholastica*, o que tem a ver com a *schola*, escola. O termo veio do grego *scholastiké*, tendo naquela língua o mesmo significado. Mas com o tempo passou a denominar o tipo de ciência cultivado em mosteiros e igrejas, caracterizado por um sistema filosófico marcado pelas relações entre a fé e a razão, cujos maiores representantes foram Santo Anselmo, Santo Tomás de Aquino e o filósofo inglês Guilherme de Occam. A escolástica viveu seus dias de glória desde os finais do primeiro milênio até o século XVII.

ESCOLHER de origem controversa, provavelmente do latim clássico *eligere*, modificado para *exeligere* no latim vulgar, com o conceito de movimento de fora, *ex*, com o fim de *legere*, juntar, reunir. É o mesmo étimo de ler, pois ler é reunir palavras, frases, parágrafos e capítulos, rumo a um sentido. O conceito de escolher mereceu do escritor, filósofo e teólogo espanhol Baltasar Gracián y Morales este belo trecho de *A arte da prudência*, que influenciou os filósofos Friedrich Nietzsche, alemão, e François-Marie Arouet, francês, conhecido pelo pseudônimo de Voltaire, e também o famoso psicanalista francês Jacques Marie Émile Lacan: "Saber escolher! Quase tudo na vida depende disso. São precisos bom gosto e julgamento agudo; inteligência e capacidade não bastam. Não existe perfeição sem discernimento e seleção. Estão envolvidos dois talentos: escolher e escolher o melhor. Muitos de inteligência fértil e arguta, julgamento rigoroso, instruídos e bem informados se perdem na hora de escolher. Sempre escolhem o pior, como se fizessem questão de errar. Saber escolher constitui uma das dádivas celestes."

ESCONDER do latim *abscondere*, da mesma raiz de conduzir, pela presença do étimo *condere*, reunir, pôr junto, mas com o significado de tirar do grupo, tirar da presença, pela partícula "abs", posta no início da palavra para formar os antônimos: deixar de revelar, manter em segredo, coisas ou sentimentos, não permitir que seja percebido, ocultar.

ESCOPO do grego *skoppós*, pelo latim *scopu*, ambos com o significado de mira, alvo. Evoluiu depois para intenção, objetivo. Foi também a raiz para o italiano formar *scoppieta* e *scoppieto*, escopeta, hoje grafado como *schioppetto*. A escopeta é uma espingarda leve, de cano curto, de repetição, muito usada como arma caseira. Já o escopo é arma de repetição daqueles que o brandam em textos que primam por um português desjeitoso, do tipo que usa nosocômio em vez de hospital.

ESCORA do neerlandês *schoor*, escora, pelo francês *escore* ou pelo espanhol *escora*, todos com o significado de esteio, amparo.

Escoras chegaram a ser postas em uma das pontes sobre o rio Tietê, em São Paulo, antes que desabasse.

ESCORBUTO de origem controversa, provavelmente do sueco *skörbjug* ou do normando antigo *skyr-bjugr*, tumor do leite coalhado. Navegadores escandinavos levavam provisões de leite coalhado para suas longas viagens marítimas. Mas talvez tenha se tornado preferencial a pronúncia do russo *skrobota*, já com influência do polonês. Em holandês é *scheurbuik*, ventre aberto. Todas estas variantes foram sintetizadas no latim medieval *scorbutus*, passando a designar o mal-estar geral, vindo da falta de vitamina C, que resultava em extrema fraqueza, hemorragias diversas, sangria das gengivas e mau hálito. Na Retirada da Laguna, durante a Guerra do Paraguai, já no século XIX, os soldados brasileiros, mortos de fome, não tendo o que comer, saciaram-se num laranjal. E sem querer abasteceram-se de vitamina C, combatendo o escorbuto e salvando as próprias vidas.

ESCORCHANTE do espanhol *escorchar*, tirar a pele ou o couro, formou-se escorchar, de que se formou escorchante. Tem sido utilizado para qualificar as taxas de juros vigentes hoje no Brasil. Numa economia que estabilizou a moeda, os consumidores estão pagando juros mensais 100% superiores às taxas anuais do sistema financeiro internacional. Antes, os que tomavam empréstimos bancários eram apenas tosquiados, mas agora são submetidos à ação descrita pelo vocábulo em sua origem espanhola.

ESCORE do inglês *score*, com o significado de resultado, contagem, número de pontos feitos num jogo – no caso do futebol, de gols. Em inglês, *core* é caroço. E *score* significa arranhar, marcar, cortar. Pode ter havido influência de *core* sobre *score*, uma vez que em várias modalidades de jogos, os pontos eram originalmente assinalados com caroços, bagos, contas.

ESCOTEIRO do inglês *boy* e *scout*, respectivamente menino e sentinela. Os primeiros escoteiros foram formados por Robert Stephenson Baden-Powell, general inglês que pretendia com seu movimento dotar meninos e meninas de um comportamento baseado em valores éticos. Segundo seus ensinamentos, todo escoteiro deveria fazer ao menos uma boa ação por dia.

ESCOVA do latim *scopa*, vassoura. Nossa escova de dentes, por exemplo, tem a forma de uma vassourinha. Em espanhol é *escoba*, o que nos leva a uma curiosidade: Escobar, cujo significado é fabricante de escovas, é o nome do personagem que trai seu melhor amigo, Bentinho, namorando Capitu, sua esposa, no famoso romance *Dom Casmurro*, de Machado de Assis. Ele escovou a esposa do amigo e até hoje, com exceção de poucas figuras, entre as quais este escritor e o companheiro de ofício, Dalton Trevisan, ainda acham que em vez de adultério comprovado, há ali certa ambiguidade, ideia compartilhada também pelo saudoso Otto Lara Resende...

ESCRACHAR do castelhano *escrachar*, revelar. Vocábulo formado na gíria policial. Escrachado era aquele que tinha retrato nas delegacias, passando depois a indicar indivíduo descuidado nos modos, no vestir ou no falar, desinteressado em ocultar o que quer que seja.

ESCRAVO veio do médio grego *sklábos*, eslavo, passando pelo latim medieval *sclavu*. Era comum os vencedores levarem os vencidos à escravidão, mas o termo escravo consolidou-se com tal denominação depois que o imperador Carlos Magno submeteu os povos eslavos, fazendo com que trabalhassem de graça. Na língua de tais etnias, estabelecidas no leste europeu, eslavo significa brilhante, ilustre. Até então, as palavras latinas para designar escravo eram *famulus*, *servus* e *mancipium*.

ESCRETE do inglês *scratch*, seleção, combinado. Durante muitos anos, quando a influência dos termos ingleses era muito mais acentuada, nossa seleção era chamada de escrete. Ainda hoje, o time formado por jornalistas da Rádio Bandeirantes se autodenomina o escrete do rádio.

ESCREVER do latim *scribere*, escrever, redigir, compor, tendo também o significado de celebrar. A composição em versos, como as atuais letras de músicas, tem sua origem remota nas sociedades ágrafas. Desconhecendo a escrita, os compositores criavam as rimas que, além de ornamentar seus versos, facilitavam a memorização. Escrever não escolhe idade: Álvares de Azevedo e Castro Alves, dois de nossos maiores poetas, produziram obras geniais ao redor dos vinte anos. Goethe escreveu as *Afinidades eletivas* já na terceira idade, aliás estação propícia à criatividade também na música: Verdi estava com 74 anos quando compôs *Otelo*. Na ciência não é diferente: Isaac Newton ainda trabalhava aos 85 anos.

ESCRITA de *scripta*, plural de *scriptum*, escrito, particípio de *scribere*, traçar caracteres, fazer letras, escrever. Os mais antigos sistemas de escrita basearam-se em pictogramas e ideogramas. É por isso que o étimo comum a escrever em diversas línguas guarda o sentido de desenhar, arranhar, cortar, rasgar. No espanhol, *arañar* significa tanto arranhar como juntar aos poucos, de que é exemplo a expressão *arañar dinero*, juntar dinheiro. Há indícios em nosso alfabeto do que alguns desses sinais representaram por sinédoque. Assim, a letra "a" em maiúscula guarda contornos do desenho de uma cabeça de boi, representando Ápis, o touro sagrado no qual teria encarnado o deus Osíris. A cabeça do ganso designava a ave. Duas pupilas lado a lado indicavam os olhos. Outro recurso das antigas escritas era a metonímia: o desenho do Sol para indicar o dia; da Lua em quarto-crescente para designar o mês. E assim por diante. Quando o Sol foi concebido como deus, o sinal passou a outro par de significante e significado. Outras vezes pictogramas e ideogramas apresentam sutis complexidades. No chinês antigo, a mulher é representada de joelhos, em atitude que indica submissão, prece ou trabalho, dependendo do contexto.

ESCRITOR do latim *scriptor*, aquele que escreve livros. Apesar de designar também os autores de obras científicas e filosóficas, passou a indicar preferencialmente ficcionistas e poetas, sobretudo no século XX. Assim, o físico alemão de origem judaica naturalizado americano Albert Einstein, Prêmio Nobel em 1921, é referido mais como cientista do que como escritor, apesar de haver publicado diversos livros.

ESCRITÓRIO do latim *scriptorium*, lugar para *scribere*, escrever, com o *stilus*, estilo, varinha pontuda, de madeira ou de ferro, para marcar as letras em couros ou tábuas enceradas. Com o aproveitamento do *papyrus*, papiro, arbusto do Egito de cuja casca eram feitas as velas dos navios, estofos e papel para escrever, *stilus*, a varinha pontuda, foi substituída por penas de aves, molhadas em substância usada para *tingere*, tingir, de onde veio *tincta*, tinta, e o recipiente onde é posto o líquido, o tinteiro. Os locais onde trabalham advogados, contadores, financistas, negociadores e demais profissionais que dependem do ato de escrever, documentar, são chamados escritórios. Desde a Antiguidade, o recinto faz parte das residências, dos conventos e dos palácios.

ESCROQUE do italiano *scrocco* ou *scroccone*, pelo francês *escroc*, aproveitador, caloteiro. Apesar de sentido idêntico, o vocábulo surgiu primeiramente no italiano, no século XVI. No francês, desde o século XVII, e no português, desde o século XX (seu primeiro registro apareceu na revista *Fon-Fon*, em 1914), tem servido para designar pessoa que subtrai o que é dos outros mediante fraudes.

ESCRÚPULO do latim *scrupulu*, que designa uma pedrinha usada para aferir diferenças mínimas de peso. Com o passar do tempo, veio a significar a honestidade do comerciante preocupado em não causar o mínimo prejuízo ao freguês. Um dos signatários do famigerado Ato Institucional número 5 (AI-5) proferiu, na oportunidade, uma frase que até hoje incomoda sua biografia política: "às favas os escrúpulos."

ESCUDO do latim *scutum*, arma de defesa presa à mão ou ao braço com o fim de proteger o corpo do guerreiro contra lanças, flechas e outros objetos cortantes. Deu nome à moeda de Portugal antes da troca pelo euro, no começo de 2002. Euro veio do grego *euros*, pelo latim *eurus*, designado vento do leste. Talvez tenha faltado atenção etimológica aos portugueses para trocarem o nome de sua moeda, de escudo, que os defendia, para euro, do qual, parece, eles agora têm que se defender.

ESCULHAMBAÇÃO do latim vulgar *ex*, fora de, e *coleone*, testículo, colhão (daí o fonema culhã, depois culham), acrescido de ação, do latim *actione*, formou-se esta palavra, chula na origem, mas aos poucos redimida pelo uso coloquial irrestrito, designando ato de rebaixamento, desordem e confusão. Segundo curiosa metáfora, um lar muito esculhambado vira "casa da mãe Joana", expressão injusta para a rainha cujo nome é aludido, vez que foi ela quem organizou os bordéis de Nápoles, fazendo-os lugares respeitosos que obedeciam a rígidos preceitos que os semelhavam às famílias.

ESCURA do latim *obscura*, escura. Seu significado foi reforçado depois na expressão "*obscura nocte*", noite escura. Houve troca de prefixo. Provavelmente, a palavra veio a ser pronunciada *scura* no latim vulgar. Aparece no título de um dos mais belos livros de contos da escritora paulista que está entre as personalidades que mais combateram a ditadura, especialmente a censura, Lygia Fagundes Telles: *A noite escura e mais eu*. Nas trevas que cobriram o Brasil depois da decretação do AI-5, tornaram-se emblema do regime as loucuras praticadas por Sérgio Paranhos Fleury, o famigerado delegado de polícia do temível Departamento de Ordem Política e Social (DOPS), em São Paulo, abominado por torturar presos políticos, muitos dos quais morreram em suas mãos ou sob suas ordens em um instrumento de suplício conhecido como pau de arara. Ao lado do ex-senador Romeu Tuma, então seu colega, que chefiava a área de informações, compunha a dupla de ouro da repressão paulistana e brasileira. Filho de médico legista, morto por infecção contraída no exame de cadáveres, Fleury, natural de Niterói, morreu em circunstâncias ainda não esclarecidas, quando navegava em seu iate nas águas de Ilhabela, no litoral paulista.

ESCURIDÃO do latim vulgar *obscuritudine*, de escuro, do latim *obscurus*. Foi tenebrosa companheira da humanidade por milênios. Na maioria dos países europeus a iluminação pública teve como principal argumento o combate aos criminosos, menos em Portugal, cujo senado, em 1689, não aprovou projeto de iluminar as ruas porque os bandidos enxergariam melhor as vítimas.

ESFEROGRÁFICA do grego *sphaîra*, esfera, e *graphikós*, gráfico, referente ao ato de escrever. Quem inventou esse tipo de caneta foi um judeu-húngaro chamado Laszló Biró, em 1938. Ele e seu irmão Georg (um químico) solicitaram patente da esferográfica na Hungria, na França e na Suíça, em 1938. Fugindo dos nazistas, Laszló e Georg receberam a patente em Paris. Na Iugoslávia, Laszló conheceu Agustín Pedro Justo, presidente da Argentina entre 1932 e 1938. Para lá emigraram e, recém-chegados ao país, com a ajuda de um amigo argentino chamado Juan Jorge Meyne, os irmãos Biró fundaram a companhia Biró y Meyne, em 1940. Essa segunda patente saiu em 1943. Em 1944, a patente foi vendida a um grupo industrial norte-americano por dois milhões de dólares, mas reservando a propriedade na Europa a Marcel Bich. Para facilitar a pronúncia do sobrenome, a caneta passou a ser comercializada sob a marca *Bic*, na Europa, em 1949; em 1959, nos EUA, e a seguir em muitos outros países.

ESGAR provavelmente do francês antigo *esgart*, escárnio, trejeito, deboche mímico. Pode ter derivado de *garder*, guardar, proteger, tendo também o sentido de abster-se, desconfiar. Um sorriso de esgar é um comentário feito com complexos movimentos dos lábios e da face com o fim de indicar réplica sem palavras a algum descontentamento. Os primeiros a estilizar tais manifestações do rosto, dando-lhes expressão popular, foram os truões e bobos da corte, que assim divertiam os soberanos. Entretanto, mesmo tais figuras, pagas por paços reais ou residências nobres para divertir plateias selecionadas, não deixavam de destilar alguma crítica indireta aos seus mecenas, provavelmente mudando a expressão facial de acordo com a posição que ocupavam diante dos soberanos. Tais bufões apresentavam-se nas entremezes, como eram denominadas as peças de um só ato, de caráter jocoso e burlesco, surgidas no começo do segundo milênio e que terminavam com um número cantado.

ESGRIMA de origem controversa. Provavelmente do provençal antigo *escrima*, vindo do germânico *skirmjan* e do alemão *schirmen*, proteger. Ou do italiano antigo *scrima*, arte de manejar a espada. E o francês deu-nos *escrime*, arte de combater com armas brancas, e *escrimie*, combate. Mas predominou finalmente a influência italiana na grafia do vocábulo, com exceção da troca de "c" por "g", no português. No plural, aparece no título de *Horizonte de esgrimas*, o livro do poeta e professor Mário Chamie, com os seguintes versos na capa: "O sangue de sua espada/ é sua palavra-poema./ Vamos poetizar a palavra/ com sua capa toureira:/ as vísceras da metáfora/ na sua espada vermelha."

ESGUELHA do grego *skolios*, oblíquo. Olhar de esguelha é dar uma espiada com o rabo do olho, isto é, a atenção principal está em outra direção, mas algo acontece ao lado demandando rápida observação. É preciso certa manha para olhar de esguelha, vez que, se é pessoa o alvo do olhar, esta não pode perceber que está sendo olhada.

ESMAGAR do latim vulgar *exmagare*, vinculado a *maculare*, machucar, magoar. Passou a ter o sentido de destruir, vencer, derrotar. Carlos Drummond de Andrade utiliza o verbo esmagar nos versos de *O elefante*: "Mas faminto de seres/ e situações patéticas,/ de encontros ao luar/ no mais profundo oceano,/ sob a raiz das árvores/ ou no seio das conchas,/ de luzes que não cegam/ e brilham através/ dos troncos mais espessos,/ esse passo que vai/ sem esmagar as plantas/no campo de batalha,/ à procura de sítios,/ segredos, episódios/ não contados em livro,/ de que apenas o vento,/ as folhas, a formiga/ reconhecem o talhe,/ mas que os homens ignoram,/ pois só ousam mostrar-se/ sob a paz das cortinas/ à pálpebra cerrada."

ESMERILAR do italiano *ismegliare*, polir, fazer brilhar com esmeril. No grego bizantino, uma variedade compacta de *coríndon*, que contém mistura de óxido de ferro utilizado para polimento de pedras preciosas e metais, era chamada de *smerí*, de onde passou ao catalão como esmeril, tendo conservado a mesma grafia no português. Quando um mau chofer estraga o carro, por negligência ao guiá-lo, diz-se que está esmerilando o automóvel.

ESMO de esmar, do latim *aestimare*, estimar, calcular, avaliar, orçar. Estimar ainda mantém o sentido de orçar, ao lado do mais comum, que é querer bem, apreciar. Mas apreciar é dar preço, examinar, julgar, tendo também o sentido de aprovar. O verbo esmar aparece neste trecho de *À margem da História*, de Euclides da Cunha, cujos livros estão repletos de palavras que já eram de uso raro quando ele os escreveu: "Ele vacila um momento no seu pedestal flutuante, fustigado a tiros, indeciso, como a esmar um rumo, durante alguns minutos, até se reaviar ao sentido geral da correnteza." E também em *A queda dum anjo*, de Camilo Castelo Branco: "Na Grécia, o arconte epônimo, a cargo de quem o Estado delegava as despesas das representações, esmava o dispêndio de cada uma em dois talentos", escreve ele, depois de dizer que a quantia era paga espontaneamente pelos ricos num tempo em que a *theorikon*, como os gregos denominavam a entrada, era equivalente a um vintém no tempo do escritor português. Com a ascensão de Péricles, foi instituída na Grécia uma espécie de bolsa-teatro: o teatro era de graça para os pobres. Já a expressão "a esmo" significa sem rumo definido, como em "Contos em verso", de Artur Azevedo: "E eu penso em tudo e em nada / Todas as vezes que passeio a esmo, / Por dar alívio à mente atribulada."

ESMOLA do grego *eleémosýne*, piedade, compaixão, pelo latim *eleemosyna*. A forma atual provavelmente deu-se assim: *elemosna*, depois *elmosna*, a seguir *esmonla* e por fim esmola. Com a mesma origem, deu *elemosina* em italiano e *limosna* em espanhol. Entre os católicos, especialmente na quaresma, tempo litúrgico que vai da Quarta-Feira de Cinzas até a Quinta-Feira Santa, são recomendados o jejum, a abstinência e a doação de esmolas e donativos aos mais necessitados. Mas os dicionários não explicam uma sutileza: os domingos estão excluídos deste número, pois Santo Ambrósio, que criou a denominação, achou que o domingo, já considerado o Dia do Senhor, não entrava na conta. A primeira referência oficial à quaresma foi feita no Concílio de Niceia, em 325, mas sua liturgia somente veio a consolidar-se no século VII.

ESOTÉRICO do grego *esoterikós*, peculiar aos de dentro, aos íntimos. O termo começou a ser usado para designar aqueles iniciados que o filósofo e matemático grego Pitágoras recebia em sua casa. Hoje designa certo tipo de ensinamento ligado ao ocultismo, que defende um conhecimento hermético, destinado a poucos. Entretanto, os círculos estão sendo ampliados consideravelmente e os livros esotéricos estão entre os mais vendidos no Brasil.

ESPADACHIM do italiano *spadaccino*, que designa os que lutam com a arma em forma de espada, própria das lutas de esgrima. Os esgrimistas italianos tiveram seu apogeu no século XVI. Mas antes de ser esporte, a luta com espadas foi a forma mais radical de resolver conflitos pessoais, quase sempre em duelos. Por isso, espadachim é também sinônimo de brigão.

ESPAGUETE do italiano *spaghetti*, barbantinhos, plural de *spaghetto*, diminutivo de *spago*, barbante, cordel, pela semelhança que a pasta toma ao ser beneficiada e pronta para ser jogada na panela. O plural veio a designar também um tipo de filme, o faroeste *spaghetti*, *western spaghetti*, cujo representante máximo foi o genial cineasta italiano Sérgio Leone. Eis alguns dos filmes que evidenciam seu talento: *Por um punhado de dólares*, de 1964, estrelado pelo então novato Clint Eastwood, inspirado em *Yojimbo* (guarda-costas, em japonês), de Akira Kurosawa; em 1969 foi a vez do grandioso *Era uma vez no Oeste*; em 1984, depois de prepará-lo durante 13 anos, lançou *Era uma vez na América*.

ESPANHOL de origem controversa, provavelmente do latim *hispaniolus*, diminutivo de *hispanus*, espanhol, designando o habitante da *Hispania*, Espanha, escrito também *Spania* no latim vulgar. O inglês manteve este étimo em *spanish*. O espanhol é a segunda língua mais falada no Brasil e seu estudo é obrigatório no ensino médio e optativo no ensino fundamental, nos termos da Lei 11.161, aprovada em 2005, que deu prazo de cinco anos para a implantação da medida. Mais de 500 milhões de pessoas falam espanhol, a terceira língua mais falada hoje no mundo, perdendo apenas para o mandarim e para o inglês. Há controvérsia se a língua portuguesa é a quinta ou a sexta, atrás do árabe e do híndi. Toda língua tem um escritor como sua figura solar. No espanhol é Miguel de Cervantes. No português é Luís de Camões. No inglês é William Shakespeare.

ESPANTAR do latim *expaentare*, formado de *expaventare*, assustar. Ganhou mais tarde o sentido de afastar para longe, e com tal significado este verbo aparece no famoso ditado popular "Quem canta, seus males espanta", tradução literal de passagem do capítulo XXII, primeira parte de *Dom Quixote*, de Miguel de Cervantes: "*Quien canta, sus males espanta.*"

ESPARTANO do latim *espartanu*, espartano, habitante de Esparta, na antiga Grécia, famosa pela rígida disciplina imposta a seus habitantes, todos eles submetidos a uma austeridade admirada até pelos inimigos. O gladiador Spártaco, personagem memorável de livros, peças e filmes, era de lá. Certamente sua pele não tinha a cor das primeiras produções cinematográficas, em que aparece quase cor-de-rosa. Para um guerreiro como ele, cor tão feminina pode levar os espectadores a conclusões precipitadas, ainda mais que o mancebo aparece sempre agarrado a outros homens.

ESPARTILHO de esparto, do grego *spárton*, pelo latim *spartum*, junco, haste em forma de cipó, utilizada nos primeiros corpetes usados por mulheres para comprimir a cintura e dar elegância ao tronco. Depois foram utilizadas barbatanas de baleia e/ou lâminas de aço na confecção de tais corseletes, chamados também de corpinhos. Entre os séculos XVII e XIX o espartilho tornou-se um acessório muito usado pelas mulheres com o fim de afinar a cintura e modelar os seios, comprimindo-os para cima. E em 1889 uma costureira francesa chamada Herminie Cadolle lançou em Paris, na Exposição Universal, uma peça feita de linho, com tiras apoiadas nos ombros, batizando-a de *bien-être*, bem-estar. Fazia seis anos que a norte-americana Marya Phelps Jacob tinha inventado o sutiã quando Ida Rosenthal criou um sistema de números baseando-se no tamanho do bojo. Entre as décadas de 1930 e 1940 surgiram estruturas de metal para aumentar os seios, elevando-os, e enchimentos para sutiãs pontudos, que semelhavam metralhar os passantes quando a mulher caminhava. Na década de 1960, feministas radicais queimam sutiãs em praças públicas, denunciando-os como símbolos da opressão masculina sobre o corpo da mulher. Mas sutiãs, espartilhos e outros artifícios para aumentar ou diminuir os seios, ao gosto da freguesa, incluindo cirurgias plásticas, surgem com todo o vigor na década de 1990.

ESPECIARIA do latim *specie*, espécie, mas que em medicina passou logo a ter o significado de substância. Os navegadores portugueses dos séculos XV e XVI atravessavam os oceanos em busca de especiarias: pimenta, noz-moscada, cravo, canela e, mais tarde, com o tráfico negreiro, também Gabrielas. E não necessariamente nesta ordem.

ESPECTRO do latim *espectrum*, visão, fantasma, de *specere*, olhar, ambas as palavras radicadas na raiz indo-europeia *spek*, presente também em espelho. Aparece em *O espectro que nos ronda*, de Muniz Sodré: "Um espectro ronda a sociedade e o Poder, não certamente o do comunismo – como anunciara Marx em seu célebre Manifesto, essa obra-prima de analítica social conjugada em jornalismo –, mas o espectro do 'ex-comunismo'. É como se os representantes ou as lideranças das velhas facções da esquerda tivessem chegado ao Poder para descobrir que não é exatamente o que pensavam ou então que, para exercê-lo, tivessem de esvaziar a identidade do que foram: agora são ex--militantes, ex-trotskistas, ex-socialistas etc. A identidade vazia é nada menos do que espectral."

ESPECULADOR do latim *speculator*, observador, espião. Como em latim *speculum* é vidro, espelho, a ideia passada é de alguém que observa alguma coisa por intermediação de objeto. Nesse sentido, em economia o vocábulo surgiu para indicar quem fica procurando os melhores preços para a venda de mercadorias, mas tendo já ultrapassado limites tidos por aceitáveis no comércio. O vocábulo é, pois, na maioria das vezes, pejorativo.

ESPELEOLOGIA do grego *spéleos*, caverna, e *lógos*, estudo. Os espeleólogos pesquisam as cavernas. Graças a eles, sabemos que a maior caverna do Brasil é a gruta Casa da Pedra, com uma entrada de 215 metros de altura, e a mais profunda é o abismo do Juvenal, com 252 metros, ambas no Vale do Ribeira, município de Iporanga (SP), com menos de 5.000 habitantes, dos quais cerca de mil moram na cidade. Ainda assim, nenhuma delas chega perto da maior do mundo, a Réseau Jean Bernard, na França, com 1.602 metros de profundidade. O Vale do Ribeira ficou famoso durante a luta armada travada pelo capitão de exército e líder guerrilheiro Carlos Lamarca, que naquele vale despistou poderosas forças policiais que estavam em seu encalço. As chamadas forças de segurança fizeram de tudo para esquecer o episódio. Como lembrou Napoleão, a vitória tem muitos pais, mas a derrota é órfã.

ESPERANÇA do latim *sperare*, esperar, aguardar bons acontecimentos, derivado do latim *spes*. Enquanto no latim o substantivo serviu de base ao verbo, no português deu-se o contrário: esperança deriva do verbo esperar. Etimologicamente, esperar é fazer alguma coisa. O poeta Olavo Bilac definiu a esperança como "divina mentira que deu aos homens o dom de suportar a vida". Dia 31 de dezembro foi celebrado o dia mundial da esperança. A palavra está presente numa das mais belas e tristes orações da Igreja, a *Salve-Rainha*, cujos versos que se referem à esperança foram cantados também por Madona: *Salve, Regina, Mater misericordiae, vita, dulcedo et spes nostra!* O equivalente em português é: "Salve, Rainha, Mãe de misericórdia, vida, doçura e esperança nossa." O provável autor desses versos é Santo Ambrósio. Nas festividades do ano novo, a esperança é celebrada no Brasil em meio a muitas superstições e misturada a cultos afro-brasileiros.

ESPERANTO do latim *sperare*, esperar, formou-se este vocábulo para designar uma língua artificial, criada pelo oftalmologista judeu-polonês Ludwik Lejzer Zamenhof. A nova língua, com pretensões de ser universal por consenso científico, foi assim denominada porque seu criador adotou o pseudônimo de Dr. Esperanto, que significa esperançoso. A cidade em que vivia Zamenhof era plurilíngue, com bairros de falantes poloneses, russos, alemães e judeus. Apesar de contar com milhões de defensores em todo o mundo, o esperanto "não pegou", como se diz no Brasil de muitas de nossas leis. Um exemplo de como o esperanto é simples é esta frase: "*Simpla, fleksebla, belsona, vere internacia en siaj elementoj, la lingvo Esperanto prezentas a la mondo civilizata la sole veran solvon de lingvo internacia*" (simples, flexível, melodiosa, verdadeiramente internacional em seus elementos, a língua esperanto apresenta ao mundo civilizado a única solução verdadeira de uma língua internacional).

ESPERAR do latim *sperare*, esperar, verbo formado a partir de *spes*, esperança. A esperança é a segunda das três virtudes teologais. A primeira é a fé e a última é a caridade, conforme doutrina cristã elaborada na Idade Média. Quando o Presidente Luiz Inácio Lula da Silva venceu as eleições de 2002, a reação do eleitorado foi sintetizada na frase "a esperança venceu o medo". O verbo esperar aparece como principal função da mulher em *A sexualidade feminina*, da psicanalista freudiana Maria Bonaparte: "o papel de tudo o que é feminino, do óvulo à bem-amada, é esperar. A vagina precisa esperar o advento do pênis, da mesma maneira passiva, latente e adormecida por que o óvulo aguarda o espermatozoide. Em verdade, o mito eternamente feminino da *Bela Adormecida* é nossa primeira reação biológica contada de novo." A jornalista Marcia Lobo, uma das fundadoras da revista *Nova*, fez um rol das sandices já proferidas sobre a condição feminina, entre as quais está esta, enfeixando-as no capítulo final de seu delicioso, pertinente e bem escrito livro *Uma história universal da fêmea* (Editora Religare).

ESPETO do germânico *spit*, ferro ou pau para assar carne ou peixe. Sua forma foi latinizada em *spittu*, passando ao italiano *spiedo*, e ao espanhol *espeto*. É proverbial o dito que diz: "casa de ferreiro, espeto de pau", quando se quer criticar a ausência de um saber onde ele seria natural.

ESPIÃO do italiano *spione*, espião, mas provavelmente influenciado pelo francês *spion*, ambos radicados em *spëho*, olhar com alguma intenção, tal como encontrado na língua dos antigos francos, que trouxeram o étimo do antigo germânico. A origem remota pode ter sido o latim *specere*, guardar, observar, cuidar. O gótico *spahía*, sentinela, deu *spia* no italiano, de onde veio ao português espia. Talvez espião tenha nascido para designar quem espia mais do que deve, intrometendo-se na vida dos outros, já que todos precisamos observar, até mesmo por delicadeza, a existência do outro. No plural, dá título ao romance *Os espiões*, de Luís Fernando Veríssimo, que tem abertura antológica: "Formei-me em Letras e na bebida busco esquecer. Mas só bebo nos fins de semana. De segunda a sexta trabalho numa editora, onde uma de minhas funções é examinar os originais que chegam pelo correio, entram pela janela, caem do teto ou são atirados na minha mesa pelo Marcito, dono da editora, com a frase 'vê se isso presta'. A enxurrada de autores querendo ser publicados começou depois que um livrinho nosso chamado *Astrologia e amor – um guia sideral para namorados* fez tanto sucesso que permitiu ao Marcito comprar duas motos novas para sua coleção."

ESPINAFRAR verbo formado a partir de espinafre, do persa *aspanakh*. O espinafre é hortaliça glabra, isto é, de superfície lisa, sem pelos, de alto valor nutritivo. Há controvérsias sobre os motivos que levaram o espinafre a ser usado na formação de um verbo que significa humilhar, ridicularizar, espezinhar. Houve tempos em que o espinafre era abundante e barato. Impor apenas espinafre como dieta alimentar era condenação em internatos e quartéis que não prejudicava a nutrição. É provável que tal costume, ou a comparação com espezinhar, tenha suscitado a metáfora. Pode-se espinafrar alguém por encarregar-nos de descascar o abacaxi a preço de banana.

ESPINAFRE do persa *aspanâh*, pelo árabe hipânico *isbinâkh*, designando planta originária da Ásia, cultivada em todo o mundo e integrante de numerosas dietas por seu alto valor nutritivo e sabor agradável. A espécie cultivada no Brasil, vinda de Portugal, tem folhas grossas e verde-escuras. Deu origem ao verbo espinafrar com o sentido de repreender e xingar, sendo tal sentido de origem controversa. Francisco da Silveira Bueno em seu *Grande dicionário etimológico prosódico da língua portuguesa* (8 volumes) informa que é "palavra de gíria onde entra a ideia de espinho, na forma espina, sendo obscura a segunda parte *frar*". Outra hipótese é que espinafre designa também a pessoa muito alta e magra, motivo de deboche entre colegas. Em épocas em que foi abundante e barato, o espinafre serviu como dieta de punição: por ser rico em vitaminas, o castigo era comer apenas espinafre. E até o século XVII foi palavra feminina.

ESPIONAGEM do francês *espionnage*, ato de espionar. Como verbo, *espionner*, aparece na língua francesa ainda no século XV. Como substantivo, espionagem é encontrado em passagem do filósofo Montesquieu. O vocábulo tornou-se muito popular no Brasil durante a Segunda Guerra Mundial, quando vários episódios de espionagem em favor dos alemães, semelhantes aos mostrados na minissérie *Aquarela do Brasil*, de 2000, ocorreram em nosso país. O tema foi objeto de estudos na USP, em pesquisas de Ana Maria Dietrich e Priscilla Ferreira Perazzo. Suas pesquisas mostram que os nazistas foram desbaratados depois de postos na ilegalidade, em 1937, mas continuaram atuando em associações civis e militares que lhes serviam de fachada. Calcula-se que o Partido Nazista tinha cerca de 5 mil filiados no Brasil nos anos 1930.

ESPIRITISMO do francês *spiritisme*, doutrina baseada na crença da sobrevivência da alma após a morte, na reencarnação e na comunicação entre vivos e mortos, feita por médiuns, sistematizada no *Livro dos espíritos*, de Allan Kardec, pseudônimo do professor francês Hippolyte Léon Denizard Rivail. Tais concepções existem há milhares de anos também em religiões orientais, como o budismo e o hinduísmo. O astrônomo francês Nicolas Camille Flammarion, irmão do fundador da famosa editora Flammarion, Ernest Flammarion, assegurou que "*o espiritismo não é uma religião, é uma ciência*".

ESPIRRAR do latim *exspirare*, expirar, soprar, tendo também o sentido de sair, escapar. O *Dicionário Aurélio* define o ato de espirrar, o espirro, como "expiração violenta e estrepitosa, resultante de comichão ou excitação da membrana pituitária; esternutação", mas acontece que a glândula pituitária mudou para hipófise em agosto de 1997, desde que foi fixada a *Nova Nomenclatura da Anatomia*. Segundo o professor e linguista Antônio Soares Amora, em seu *Minidicionário da língua portuguesa*, "o objetivo da nova terminologia anatômica é criar um vocabulário aceitável para os cientistas de todo o mundo. Livros, artigos, apostilas e bulas deverão ser alterados. A informação será usada nos cinco continentes, globalizando a anatomia". De todo modo, como diz Santo Agostinho, "um rosto irado não é latino nem grego", e quem sabe, sobretudo em períodos em que irrompem com mais força as gripes e os resfriados, como no inverno e nas mudanças súbitas de temperatura, continuarão a espirrar do mesmo modo, atendendo ou não à nova nomenclatura, sem sequer terem tempo de pensar se está comichando a membrana da pituitária ou da hipófise, pois o órgão designado continua sendo o mesmo. A letra "erre", dobrada no português para ter mais força, ainda que não em espirar, que continua com erre fraco, revela processo comum no português, como acontece em estrela, que vem do latim stella. Etimologistas imaginosos dão como origem de espirrar o verbo latino *aspergere*, aspergir, variante de *adspergere*, ambos com o sentido adicional de espalhar, borrifar, respingar.

ESPIRRO do latim *exspirare*, soprar para fora, formou-se no português expirar, que resultou na variante *espirrar*, designando expiração ruidosa, provocada por excitação da membrana pituitária. O espirro frequente é sintoma de resfriados ou gripes. A palavra aparece no esplêndido romance de Francisco J. C. Dantas, *Cartilha do silêncio*, pródigo em expressões muito bonitas: "O mal que lhe compete querer a ele não dura o espirro de um bode: sai no molho de palavras, tange da boca pra fora." Na linguagem coloquial, o verbo transformou-se em espirrar e deste modo foi acolhido na escrita. Mário Covas, o falecido governador de São Paulo, comentando a globalização, assim a definiu: "O cara dá um espirro no outro lado do mundo e você tem que gritar 'saúde' daqui."

ESPOLIADO do latim *spoliatus*, despojado, privado, aquele de quem foi retirado muito ou quase tudo. Na Roma antiga, a palavra foi inicialmente aplicada ao estado em que ficava o carneiro tosquiado ou o animal morto do qual se tirava o couro. Passou depois a qualificar o inimigo vencido, de quem se retirava tudo: armas, roupas, pertences etc. E nos discursos de denúncia social, espoliado veio a ser sinônimo de explorado, para caracterizar as perdas dos trabalhadores.

ESPÓLIO do latim *spolium*, espólio, designando originalmente lã, crina e couro de animal e depois os bens tomados ao inimigo, entendidos como despojos de guerra, ou tomados de mortos em combate, como no caso dos gladiadores, que eram despojados e espoliados no *spolarium*, palavra que, entretanto, não veio para o português, provavelmente por terem sido interrompidas as lutas. Veio esbulho, radicado em esbulhar, variante de espoliar. Espólio ligou-se aos cafés de Viena, pioneiros desse tipo de estabelecimento desde que, em 1683, poloneses e vienenses rechaçaram o exército islâmico liderado por Kara Mustafá. O comandante polonês Georg Kolschizky, que tinha o direito de escolher os espólios dos vencidos, antes de executado o grão-vizir vencido, causou surpresa em todos ao exigir, em vez de ouro, alguns sacos de uns grãos pretos. Temendo o gosto amargo, adoçou o primeiro café com mel, acrescentando um pouco de leite. E os cafés de Viena ficariam famosos para sempre por possibilitarem o estímulo para conversas e discussões.

ESPONJA do grego *spoggiá*, pelo latim *spongia*, esponja, animal marinho invertebrado, que tem o corpo dotado de um sistema de filtração do alimento, composto por poros, canais e câmaras. Seu esqueleto é feito de substância porosa e macia. E por isso foi usado durante séculos para reter água em atividades de limpeza e esfregar o corpo durante o banho. Foram seus sucedâneos a bucha e o esfregão vegetal, mas foi no animal esponja que Jesus tomou o último gole aqui na terra, vinagre misturado a fel, servido por um soldado romano. Há muitos séculos tal esponja integra o arsenal de relíquias cristãs.

ESPORA do gótico *spaura*, instrumento de metal, em forma semicircular, com uma roseta na parte externa, que serve para incitar o animal que se monta. É afixada no salto da bota ou calçado com uma tirinha que se afivela à esquerda do pé. Serve como substituto ou auxiliar do chicote. O galo, sobretudo o de briga, tem uma espécie de espora natural, o esporão, que recebe uma cobertura de metal afiada para as brigas nas rinhas.

ESPORTE do inglês *sport*, esporte, jogo, passatempo, brincadeira, tendo também os significados de escárnio e de zombaria. Antes do século XV, era escrito *disport* em inglês. O processo de exclusão das letras iniciais é chamado aférese, do grego *aphaíresis*, retirada. No caso, foram retiradas duas letras. O inglês trouxera a palavra do francês *disport*, variante de *deport*, do verbo *deporter*, variante de *disporter*, renunciar, saber lidar bem com as coisas ruins ou difíceis. Este sentido permanece na expressão "levar na esportiva" e no seu contrário "perder a esportiva". A raiz remota, porém, é o latim *deportare*, deportar, degradar, exilar, que omitia o sentido de recreação. Antigamente, as vítimas eram os exilados; hoje, são os torcedores do time derrotado. Por tais origens, durante muito tempo, desporto foi variante de esporte, neste caso por influência do francês *desport*. Apesar de o projeto da França Antártica não ter dado certo no Brasil, o francês, os franceses e a cultura francesa nos influenciaram muito até a Segunda Guerra Mundial, quando trocamos de influência, passando a aceitar os ingleses, os americanos, a sua cultura, e, principalmente, o inglês, que se tornou o latim do novo império, os EUA.

ESPOSA do latim *sponsa*, esposa. Seu sentido original é o de promessa e vincula-se a outros vocábulos de significados semelhantes que designam o que é feito por *sponte*, que em latim significa vontade. Antes da cerimônia do casamento, a mulher casadoura já era denominada esposa. Estava, pois, prometida ao homem com quem iria casar-se, nem sempre por vontade própria. Muitas vezes eram os pais quem a prometiam ao futuro marido. Com o tempo, o período de tal promessa foi dividido em noivado e casamento, e esposa passou a ser a denominação da noiva depois do casamento. Alguns pensadores cristãos foram duros com a mulher, entre os quais Santo Tomás de Aquino, São Paulo e Santo Agostinho. O primeiro declarou que a esposa é um ser fraco e defeituoso; o segundo recomendou que ela obedecesse sem pestanejar a seu marido; e o terceiro, tão delicado com a condição feminina em tantas passagens, escreveu no Sermão 322, verso 405, certamente um de seus piores momentos: "Homem, tu és o dono, a mulher é tua escrava, Deus quis assim."

ESPREITAR da mistura de duas palavras latinas, *spectare*, olhar, observar, e *explicitare*, revelar com detalhes, derivado de *explicare*, explicar. O verbo é muito praticado pelos *paparazzi*, plural de *paparazzo*, apresentados pelo cineasta Federico Fellini no filme *A doce vida* (1960). Ele se inspirou no fotógrafo italiano Tazio Secchiaroli, que surpreendia as celebridades, clicando-as nos momentos mais inesperados, como faziam os *paparazzi* com a personagem vivida por Anita Ekberg. Em 1898, o chanceler do Império Alemão, Otto Von Bismark, fotografado no leito de morte, declarou: "Nunca se sabe se alguém vai ser fotografado ou morto por tais indivíduos." Eric Salomon, fundador do fotojornalismo político moderno, fotografou ministros franceses e alemães dormindo, enquanto era discutido o pagamento da dívida alemã de guerra, em Haia, em 1930.

ESPRITADO da redução de espiritar em espritar, verbo formado a partir de espírito, do latim *spiritus*, sopro vital, espírito, a parte imaterial do ser humano, a alma. Em latim, *spirare* é soprar. Diz a *Bíblia*, em bela metáfora: "Deus criou o homem do pó da terra e lhe soprou nas narinas um hálito de vida, e fez do homem uma alma vivente." Predominavam em *spiritus* valores positivos, mas quando a palavra chega ao português, no século XIII, como espírito, já traz a tensão da luta entre o Bem e o Mal. É quando surge um dos principais apelidos do Demônio: espírito das trevas, em oposição ao espírito da luz, terceira coisa que Deus criou, depois do "céu e da terra", ao dizer "*fiat lux*" (faça-se a luz), acabando com a escuridão do caos. Um dos mais antigos dicionários de língua portuguesa, de Antônio de Morais Silva, já define espritado como "pessoa inquieta, que parece ter o espírito maligno", e da variante espiritado diz significar "inspirado" e "endemoinhado". Espírito de porco" é aquele que desarruma, complica a situação.

ESQUADRA do italiano *squadra*, esquadra, designando inicialmente conjunto de navios de guerra ou mercantes. Mais tarde, a esquadra pacífica passou a ser denominada frota, do francês *flotte*, e armada foi o vocábulo que passou a designar o coletivo de navios militares. A esquadra que descobriu o Brasil, misto de frota e armada, continha com três caravelas, além de nove naus e uma naveta, esta última somente para carregar mantimentos. Viajavam cerca de 1.800 homens, entre os quais alguns geógrafos, astrônomos e oito frades franciscanos, mas a maioria era composta de marinheiros e soldados.

ESQUELETO do grego *skeletós*, o que está seco, carcaça, conjunto de ossos, múmia, esqueleto, pois em grego *skéllein* significa secar. Em sentido conotativo, aplica-se à pessoa muito magra. E na política brasileira designa ação ilícita, que permanece escondida nos escaninhos e arquivos das repartições. Ainda na transição, a equipe que prepara a transmissão de poder na República deu indícios em várias declarações à imprensa de que há esqueletos nos armários do governo anterior. Para não esquecerem de que o fim de todos é a morte, monges católicos decoraram suas celas ao longo dos séculos com a cabeça de um esqueleto humano, com o fim de que a assustadora caveira servisse de calmante para eventuais vaidades e lembrasse que o fim de toda carne, por mais bela que fosse, principalmente na figura feminina, seria aquele fim inapelável. Por isso, não apenas o Crucificado, mas também uma caveira posta ao pé da cruz serviria para refrear as tentações. Jesus, aliás, foi crucificado no Gólgota, que em hebraico significa o lugar da caveira. Os novos quadros chegados ao poder no Palácio do Planalto e nos ministérios estão sujeitos não a encontrarem caveiras que inspirem vida piedosa, mas armários lotados de esqueletos que, apesar de grandes testemunhos de que ali não há mais vida, vêm se multiplicando nas gavetas, arquivos e escaninhos.

ESQUEMA do latim *schema*, por sua vez vindo do grego *schêma*, designando nas duas línguas relações e funções, sentido que conservou no português. Na Copa de 1962, o técnico Aimoré Moreira não pôde contar com Pelé, que se machucou no segundo jogo, mas manteve o esquema vencedor, lançando o garoto Amarildo em seu lugar. O "Possesso", como o chamava Nelson Rodrigues, não decepcionou e o Brasil foi bicampeão. Em 1970, o técnico era o ex-ponta-esquerda Zagallo, mas o esquema foi mudado para 4-3-3. Em 1994, dirigido por Carlos Alberto Parreira, o Brasil voltou a ser campeão mundial, mas com apenas dois atacantes, Romário e Bebeto, no esquema 4-4-2. Em 1998, Zagallo, à semelhança de outros técnicos de renome, reduziu o número de atacantes fixos, preocupando-se mais com a defesa, mas quando possível mandava avançar também os defensores. Depois de amargarmos duas derrotas, fomos vice-campeões. Qualquer outra seleção comemoraria o resultado, mas no Brasil o título de vice ou de lanterna resulta em funeral sem pompa. Nas denúncias de crimes contra o erário, sonegação de vultosos impostos e outros crimes, usou-se muito o vocábulo esquema para identificar os caminhos percorridos pelo dinheiro desviado, mostrando claramente de onde saiu, por onde passou e onde chegou, na longa viagem da conta bancária do contribuinte – este outro nome que tem o cidadão – a do larápio.

ESQUERDO do vasconço *ezker*, esquerdo, canhoto, provavelmente pela composição de *escu*, mão, e *oquer*, torto. O feminino, esquerda, é usado para identificação ideológica e política desde a Revolução Francesa, quando os membros mais radicais e contestadores da Assembleia sentavam-se à esquerda do presidente. No curso dos dois últimos séculos passou a designar os partidários do socialismo, em oposição à direita, defensora do *statu quo* e do capitalismo. Esta clássica oposição perdeu muito em semântica depois da queda do muro de Berlim, em 1989.

ESQUIFE do lombardo *skif*, que no italiano antigo foi grafado *schifo* e no catalão *esquif*, sempre com o significado de barco pequeno. Provavelmente pela forma, o caixão de defunto passou a ser chamado de esquife, também com o significado simbólico de embarcação, que todos haveremos de tomar um dia. Nessa última viagem, como ensina a mitologia, há uma baldeação, e por isso culturas antigas punham uma moeda na boca dos mortos para que eles pudessem pagar a continuação da viagem ao barqueiro Caronte. Pero Vaz de Caminha, autor da certidão de nascimento do Brasil, a famosa *Carta de Achamento*, mostra que o primeiro desembarque foi feito em esquifes: "Então lançamos fora os batéis e esquifes."

ESQUIMÓ do algonquino *askimowew*, ele a come crua, pelo francês *esquimau*, esquimó, que passou a designar os indígenas da América do Norte comedores de carne crua, vestidos com peles de animais para suportar o frio intenso e moradores de iglus.

ESQUIVO do frâncico *skiuhjan*, manter cuidado, respeito, distância, pelo francês antigo *schif*, esquivo, tímido, cauteloso. O frâncico foi a língua dominante da confederação dos antigos povos germânicos que conquistaram a Gália, situada em territórios que hoje compreendem partes da França, da Alemanha, da Holanda e da Bélgica. No português, esquivo e esquife, conquanto procedentes do mesmo étimo, consolidaram significados diferentes: esquivo é tímido; esquife é barco pequeno e também caixão de defunto. Mas no italiano, *schivo*, da mesma procedência, indica desgosto, nojo, cuidado, distância, aplicando-se também à quilha e à pequena embarcação. O sentido de féretro nasceu das lides náuticas quando mortos ilustres eram abandonados em pequenos barcos no oceano. Os cadáveres dos marinheiros eram entregues aos peixes, sem proteção nenhuma.

ESQUIZOFRENIA do grego *skhízo*, fender, separar, e *phrenós*, alma, espírito. Designa doença mental caracterizada por disfunção na associação de ideias, baixa afetividade e alheamento da realidade ou autismo. A esquizofrenia é atribuída a diversas causas, às quais foi acrescentada mais uma: alguns espectadores dos *shows* do famoso hipnotizador britânico Paul McKenna declararam em juízo que se tornaram esquizofrênicos depois de assistirem a alguns dos espetáculos em que foram hipnotizados. Um deles saiu dali convicto de que estava grávido, e outro, depois de dançar mais de duas horas, pensando ser o cantor inglês Mick Jagger, passou a ter fixação por uma novela da televisão. O caso mais grave e mais engraçado é de um inglês que se tornou vítima de complexo de castração, mas que afirmou estar vivendo muito bem sem pênis.

ESQUIZOFRÊNICO de esquizofrenia, do francês *schizophrénie* e do inglês *schizophrenia*, palavras radicadas nos étimos do verbo grego *skhízo*, separar, e do substantivo *phrenés*, mente. A esquizofrenia designa o conjunto de manifestações psicóticas e distúrbios mentais como delírios, alucinações e outras insanidades. O termo foi cunhado pelo psiquiatra suíço Eugen Bleurer, que deu o primeiro emprego de psiquiatra residente ao também suíço Carl Jung, fundador da psicologia analítica. Até então a doença era tida como demência precoce.

ESSA do latim vulgar *ersa*, particípio passado de *erigere*, erguer. A essa (estrado alto sobre o qual se coloca o caixão) era originalmente erguida no domicílio do morto na época em que os funerais eram caseiros, a morte tinha certa intimidade e as cerimônias fúnebres eram destinadas apenas a familiares e amigos de quem acabara de morrer, exceto no caso de figuras públicas. O defunto, vestindo sua melhor roupa e calçando sapatos lustrosos, ficava exposto à admiração dos convidados em posição solene, circunspecto, cheio de formalidades. Se defunta, maiores eram os cuidados, pois incluíam também cosméticos, caprichosos penteados e, naturalmente, unhas pintadas. Certamente Caronte não deixaria de apaixonar-se por uma alma assim. Neste caso, não precisaria levar nem a clássica moedinha sob a língua: o célebre barqueiro faria a travessia de graça.

ESTABILIDADE do latim *stabilitate*, equilíbrio. De acordo com os dicionários, é a propriedade geral dos sistemas elétricos, mecânicos e aerodinâmicos segundo a qual, após algum tipo de perturbação, voltam à normalidade. Designa também a segurança que tinham os servidores públicos até 1997 de não sofrerem demissão, depois de um determinado tempo de trabalho, a não ser por sentença judicial. Estabilidade é palavra das mais utilizadas todos os dias, desde a previsão do tempo até a variação dos preços.

ESTAÇÃO do latim *statione*, lugar de parada. Conquanto ainda mantenha também este significado, tal como se vê pelas denominações de estações rodoviárias, ferroviárias etc., a designação temporal ganhou preferência em detrimento das outras. As estações do ano são quatro: primavera, verão, outono e inverno. Durante a Revolução Francesa, criou-se um calendário que privilegiava as estações. O ano começava no outono, os meses iam do dia 20 ao dia 19. O primeiro mês, outubro, chamava-se vindimário, por causa das colheitas; seguiam-se o brumário, por causa da bruma, e o friário, porque fazia frio. O primeiro mês do inverno e quarto do ano era o nevoso, porque havia neve; o quinto era o chuvoso, porque chovia; e o sexto, o ventoso, devido aos ventos. A primavera tinha início no germinal, antigo abril, porque as plantas germinavam nessa época; maio passou a ser chamado floreal, porque os franceses consideravam-no o mais bonito de todos, cheio de flores – e de noivas, naturalmente; e o último mês da primavera era o pradarial, porque os campos ficavam verdejantes. No verão, o primeiro mês, julho, recebeu o nome de messedor, porque presidia à preparação das messes; agosto passou a chamar-se termidor, por causa do calor; e o último, setembro, frutidor, porque era chegado o tempo das frutas. Uma das mais célebres efemérides deste ano de denominação esquisita foi o golpe de 18 de Brumário, dado por Napoleão Bonaparte em 1799.

ESTADO do latim *status*, estado, condição, modo de estar, posição, situação, particípio do verbo *stare*, estar. O primeiro a definir *status* com o sentido político que estado adquiriu na língua portuguesa foi o célebre político e orador romano Cícero, que cunhou a expressão *status romanus*, estado romano. O francês *état* existia já no século XII, e o inglês *state*, grafado *estate* no começo, tem registro um século depois, em 1225. Entre os séculos XII e XVI, o vocábulo aparece no espanhol *estado*, no italiano *stato*, no alemão *Staat*, no holandês *staat*, e no dinamarquês e no sueco *statd*. No sentido de nação politicamente organizada, escreve-se sempre com inicial maiúscula. Houve, na Antiguidade, famosas cidades que funcionaram como Estados, como Atenas e Esparta, na Grécia. Marco Túlio Cícero, o inspirador do novo significado para a palavra, foi um intelectual de relevo e cuja oratória ainda hoje encanta pelos inúmeros recursos de argumentação. Mas era um político vaidoso e pusilânime, tendo trocado de lado diversas vezes, sempre de olho em conveniências pessoais, que às vezes se mesclaram a projetos coletivos, mas muito raramente. Morreu assassinado por ordem de Marco Antônio. O escritor Carlos Drummond de Andrade deu grande importância ao Estado na vida intelectual do Brasil: "O emprego do Estado concede com que viver, de ordinário sem folga, e essa é condição ideal para bom número de espíritos. Nossa figura máxima, aquela que podemos mostrar ao mundo, foi um diretor-geral de contabilidade do Ministério de Viação, Machado de Assis. Raul Pompeia, diretor de estatística do Diário Oficial e da Biblioteca Nacional; Olavo Bilac, inspetor escolar no Rio."

ESTAGIÁRIO de adaptação do francês *stagiaire*, estagiário, palavra registrada originalmente em 1823 pelo lexicógrafo francês Pierre-Claude-Victor Boiste, editor do *Dicionário universal da língua francesa*. No francês, derivou de *stage*, estágio, radicado no latim medieval *stagium*, permanência, ligado a *stare*, estar, ficar. Os estagiários trabalham em empresas e repartições, sob a orientação de experimentados profissionais, com o fim de exercitar aos poucos o saber adquirido nas universidades, aliando teoria e prática. Há empresas e entidades que se tornaram referências para estagiários em diversas áreas, como é o caso, no Direito, do Departamento Jurídico XI de Agosto, onde foi estagiário o ex-ministro do Supremo Tribunal Federal (STF), José Antonio Dias Toffoli.

ESTÁGIO do latim medieval *stagium*, fase, período preparatório, etapa do ciclo vital de plantas ou animais. No sentido jurídico, período no qual o funcionário público é submetido a exames com o fim de auferir sua aptidão para o ofício ao qual se candidatou. O francês *stage* (cujo primeiro registro é de 1630) veio a designar estada que um cônego deve fazer durante certo tempo num local de sua igreja antes de poder desfrutar das honras e da renda de sua prebenda. Mudou depois para *estage*, consolidando-se como *étage*, estada, demora, permanência, residência, morada. No começo do século XIX, o francês já tinha *stagiaire*, que no fim do mesmo século passará ao português como estagiário, designando estudante ou profissional que durante certo período presta serviços com o fim de adaptar-se a novas funções ou a aprender novas habilidades. Também as partes descartadas dos foguetes que levam para fora da atmosfera a nave espacial são chamadas estágios.

ESTALAR provavelmente do espanhol *estallar*, estalar, transformação de uma forma antiga, *astellar*, fazer astilhas, achas, dado que a lenha, ao ser queimada, produz ruídos semelhantes a estalos, bombas. Este verbo tem a variante coloquial estralar. Não apenas as revoluções estalam, mas também a lenha e os fogos de artifício, tal como neste trecho de Eça de Queirós, um dos maiores romancistas portugueses de todos os tempos: "O lume de lenha úmida estalava jovialmente (...) os fogos de artifício estalavam por todo o ar."

ESTAMPA do italiano *stampa*, figura impressa ou gravada, de onde veio estampilha, sinônimo de selo. A origem remota talvez seja a raiz indo-europeia **steb, stebh* ou *step*, presente no frâncico *stampôn*, pilar, sua última escala antes de chegar ao italiano *stampa*, já designando impressão. A ideia de que é necessária a força para estampar está no francês *stamper*, moer, esmagar, com o fim de obter marca sobre objeto metálico. Estampa pode designar também aparência, como na expressão "moça de fina estampa", equivalente a de "fino trato". *Fina estampa* deu título à telenovela de Aguinaldo Silva em que se destacava, entre outras personagens referenciais, uma vilã vivida pela atriz Cristiane Torloni, ao lado do casal protagonista Lília Cabral e Dalton Vigh.

ESTAMPIDO do espanhol *estampido*, ruído forte e seco, do occitânico antigo *estampida*, derivada de *estampir*, retumbar, verbo radicado no gótico *stampjan*, bater, pisar, malhar. Aparece no livro *Futuro presente: dezoito ficções sobre o futuro* (Editora Record), organizado por Nelson de Oliveira, num texto de Rinaldo de Fernandes, escritor nascido no Maranhão, grande revelação da literatura brasileira contemporânea com os livros *Rita no pomar, Contos cruéis* e *O perfume de Roberta*: "É no momento em que alcanço a calçada do bar, é neste exato momento que ouço o estampido, o seco estampido, o baque fundo de uma porta se fechando."

ESTÂNCIA do latim *stantia*, coisas que estão de pé, paradas. Indica lugar onde se fica por algum tempo e, neste sentido, é sinônimo de estação. Tem também o significado de estrofe, grupo de versos que apresentam sentido completo. No Brasil meridional, derivando do espanhol platino *estancia*, designa fazenda ou propriedade rural destinada à agricultura e à pecuária, onde são criadas ovelhas, mas sobretudo o gado vacum e cavalar. É também comum a denominação de estância hidromineral a estações onde é engarrafada a água mineral, que contam com hotéis destinados a descanso e terapia pela água. Os portugueses, não sem razão, acham que nós cometemos uma redundância ao qualificarmos esse tipo de água como mineral.

ESTANTE do latim *stante*, declinação de *stans*, do verbo *stare*, estar, ficar de pé, em oposição a *sedere*, sentar, depois *adsedentare*, no latim vulgar. No *scriptorium*, escritório, no latim clássico, ou na *bibliothéke*, biblioteca, no grego, os livros eram acomodados em móveis chamados estantes, onde os livros ficavam em pé, visível a lombada, do latim *lumbus*, costas, lombo, onde ainda hoje constam título da obra e nome do autor.

ESTARDALHAÇO pode ter vindo de estardalho, do dialeto português do Minho, significando mulher bulhenta, aquela que faz confusão, barulho, gritaria. O mundo decerto foi se complicando e muitas outras pessoas, não mais apenas as ditas mulheres barulhentas, passaram a fazer estardalhaço diante do que passaram a ouvir e ver.

ESTATELADO provavelmente do baixo-latim *statula*, de *statua*, estátua, formou-se estatelado para significar o estado de quem fica imobilizado, à semelhança de uma estátua. Mas pode ter vindo do espanhol *estartalado*, estendido. Alguns etimologistas consideram improvável que tenha vindo de estátua, uma vez que esta forma designa sempre figura de pessoa em pé e não estendida no chão. Ocorre, porém, que a significação de estatelado pode ter originalmente designado o estado de alguém que se vê imobilizado em virtude de forte emoção. O escritor Guimarães Rosa, descrevendo o estupor de uma personagem, diz que ela estava "estatelada de admiração".

ESTATÍSTICA do alemão *Statistik*, palavra criada pelo jurista alemão Gottfried Achenwall, baseando-se no latim *statistica*, estatais, neutro plural de *statisticum*, do mesmo étimo de *status*, status, pelo francês *statistique*, estatística. É parte das disciplinas que, segundo o *Aurélio*: "*investigam os processos de obtenção, organização e análise de dados sobre uma população ou sobre uma coleção de seres quaisquer, e os métodos de tirar conclusões e fazer ilações ou predições com base nesses dados*". Ainda que sem esta designação, a estatística existe há mais de cinco mil anos. Em 3000 a.C., eram feitos censos na Babilônia, na China, no Egito, em Roma. É do imperador Caio Júlio César Otaviano Augusto que os Evangelhos falam quando dizem que Jesus nasceu em Belém, e não em Nazaré, onde moravam seus pais, porque a família estava lá para cumprir com a ordem do primeiro imperador romano. Ele ordenara o censo com o fim de fixar mais impostos e reorganizar o alistamento militar. A referência de estatísticas em nosso país é o Instituto Brasileiro de Geografia e Estatística (IBGE), criado em 1936, que há várias décadas faz muito mais do que sugere seu nome e é a fonte mais confiável. O economista Nelson Senra em *De como dizer a verdade com estatísticas*, na revista *Inteligência* (2009, número 460), diz: "E não se tenha dúvida alguma, o fazer das estatísticas é função de Estado, e não vontade de governos; ela está ao lado da diplomacia, da polícia etc. Não é à toa que a matriz etimológica da estatística é a mesma de Estado."

ESTÁTUA do latim *statua*, de *statum*, supino de *stare*, estar de pé. Supino quer dizer inclinado e é forma nominal do verbo latino, inexistente em português, criada por gramáticos medievais por razões pouco claras. Assim, "foram pedir auxílio", escrevia-se *"fuerunt rogatum auxilium"*. E mãos abertas com as palmas voltadas para cima, como nas preces, era *supinae manus*. A estátua representa figura inteira de homem, mulher, criança, animal, divindade. O Cristo Redentor, no Rio, uma das mais famosas estátuas, é pedestre: Cristo está de pé e a pé. Mas há estátuas equestres, quando o personagem representado está a cavalo; estátua sedestre, quando está sentado; estátua jacente, quando está deitado; estátua curul, quando num carro. Há também estátuas alegóricas, como a famosa Estátua da Liberdade.

ESTÁVEL do latim *stabile*, fixo, duradouro, sólido. Foi o principal adjetivo que a economia brasileira buscou nas últimas décadas para a sua moeda, mas que somente veio a conseguir em duas oportunidades, por obra de dois vice-presidentes empossados: José Sarney (com a introdução do cruzado em 1986) e Itamar Franco (com o real em 1994). Pela primeira vez no Brasil foram instaladas máquinas da Coca-Cola que operam com cédula de 1 real, no sistema *self-service* (autoatendimento). A primeira das seis mil previstas para o ano de 1995 foi inaugurada pela ministra Dorothéa Werneck e o então presidente da Coca-Cola Indústrias Ltda, Álvaro Canal. Nenhum outro plano econômico tinha obtido tamanha confiança de nenhuma empresa.

ESTELA do latim *stella*, padrão, coluna, pedra quadrada em que os antigos faziam inscrições de feitos militares, de desempenhos em colheita, de nomes de mortos ilustres. Ali eram gravadas também as leis e as homenagens. O rei Hamurabi, fundador do primeiro império babilônico, mandou gravar o código de leis que leva seu nome numa estela de basalto, descoberta entre 1901 e 1902, destaque do Museu do Louvre, em Paris.

ESTEPE do inglês *step*, pequena distância, passo. O pneu sobressalente cumpriria a função de substituir o avariado num trecho curto do caminho, possibilitando ao motorista levar o veículo até um lugar adequado ao conserto. Ou ainda, também do inglês, de *spare tire*, pneu de reserva. Pode ter havido influência da pronúncia da segunda expressão sobre a primeira. Assim, *spare tire* teria soado estepe ou "esterpe". Esta última forma jamais foi abonada, consolidando-se estepe. E, em Portugal, o estepe ainda é pneu de socorro. O conserto não pode ser feito em borracharias, que não as há em além-mar com tal designação. Entretanto, depois de uma borracheira (bebedeira), o lusitano, se arrumar um borracho (gatinha), precisa ter cuidado para não trocar pernas, letras e sílabas. E, principalmente, haverá de evitar o volante, pois em tal estado nenhum borracheiro o socorrerá.

ESTERLINO do inglês *sterling*, esterlino, padrão da liga de ouro ou prata da moeda inglesa, a libra esterlina. Nos contos de *Os dublinenses*, de James Joyce, diz-se de um personagem: "Até que não é mau sujeito; devolveu-me o esterlino que eu lhe emprestei."

ESTETOSCÓPIO do grego *sthêtos*, peito, e *skop*, raiz de *skopéo*, olhar. É o nome que se dá ao instrumento com que os médicos auscultam o interior do corpo humano, sobretudo o coração e os pulmões das pessoas, e também a barriga das mulheres grávidas. Seu sentido não é literal, pois em vez de servir aos olhos, é aos ouvidos que ele presta o seu auxílio.

ESTEVÃO variedade de esteva, do latim hispânico *stipa*, de origem controversa. De acordo com o *Dicionário Aurélio*, designa planta da família das cistáceas (*Cistus ladaniferus*), arbusto de folhas e flores grandes e brancas, geralmente solitárias, e de fruto capsular tomentoso, isto é, cheio de pelos curtos e densos. Segrega resina aromática utilizada em farmácia por suas propriedades sedativas. Foi uma das palavras mais registradas nos últimos tempos, por outras razões. O primeiro senador a ser cassado e preso no Brasil chama-se Luiz Estêvão. Um de seus nomes lembra também o primeiro mártir da Igreja, Santo Estêvão, morto por apedrejamento que foi supervisionado por São Paulo, antes de sua conversão, naturalmente. Ao contrário do senador, porém, estava tudo certo com o santo.

ESTIAGEM de estiar, mais o sufixo -agem, comum na formação de palavras, como lavagem e contagem, vindas de lavar e contar. Note-se que a terminação -ar, própria dos verbos da primeira conjugação, cai fora para a entrada do sufixo. Estiagem é palavra ligada a estio, do latim *aestivus*, tempo de muito calor, sem chuvas, como ocorre em Natal (RN), a chamada "esquina do Ocidente", "noiva do Sol" e "cidade do Sol", com cerca de 300 dias de sol por ano. Visitada anualmente por dois milhões de turistas, Natal, por sua privilegiada localização geográfica, é considerada pelos EUA um dos quatro pontos estratégicos do mundo, ao lado de Suez, Bósforo e Gibraltrar, o que pode ser comprovado pelas bases americanas ali instaladas durante a Segunda Guerra Mundial, período que marca o salto desenvolvimentista que teve.

ESTIBORDO do holandês *stieboord*, lado onde está o *stier*, leme, timão, pelo francês *estribord*, hoje *tribord*, nas duas línguas designando o lado direito da embarcação. No português antigo já foi dito e escrito estribordo. A Marinha do Brasil adotou a variante boreste para evitar, nas manobras, a confusão com bombordo.

ESTIGMA do latim *stigma*, marca de ferro em brasa, feita em animais e escravos, indicando a propriedade. Deu origem ao latim medieval *stigmatizare*, estigmatizar, aplicar o estigma, que passou a ter também o sentido de censura, veto, reprovação. Como os estigmas resultassem de ferimentos, também as chagas de Cristo foram denominadas estigmas. No dia 16 de junho de 2002, coube ao papa João Paulo II fazer a canonização número 457 de seu pontificado, elevando à honra dos altares e à devoção de milhões de católicos o frei capuchinho Francesco Forgione, o Padre Pio, que desde os 31 anos tinha estigmas de cor avermelhada nas mãos e nos pés, semelhando as chagas do Crucificado. Os ferimentos, que eram espontâneos, nunca infeccionaram e nenhum remédio os fez desaparecer, a não ser depois de morto. Ele previu a eleição do atual papa, que o visitou em Giovanni Rotondo, perto de Benevento, onde vivia o já famoso Padre Pio. Em 1962, em carta ao religioso, o então bispo de Cracóvia, Karol Wojtyla, pediu a cura de sua amiga Wanda Poltawska, mãe de quatro filhos, que padecia de um tumor. Já velhinha, mas saudável, ela assistiu à canonização na Praça de São Pedro, que tem lugar para 35 mil pessoas sentadas, mas que recebeu cerca de 400 mil peregrinos. Os bilhetes de entrada chegaram a ser vendidos a 200 dólares no câmbio negro. Padre Pio deixou um patrimônio calculado em 100 milhões de dólares, além de um hospital que ele construiu e que é um dos melhores da Itália. Entretanto, os milagres que lhe foram atribuídos ainda em vida causaram muita polêmica e levaram-no a ser confinado numa cela, onde suas conversas eram gravadas. Em causas que parecem impossíveis de ser resolvidas, como a violência urbana, não havendo mais eficácia na queixa aos bispos, só nos resta recorrer a dons sobrenaturais e quem sabe seja o caso de solicitar ajuda de homem tão místico e piedoso, agora canonizado.

ESTILETE do francês *stylet*, estilete, lâmina fina, própria para intervenções cirúrgicas. Chegou ao francês procedente do grego *stylos*, com escala no latim *stilu*, denominando ponteiro de osso, ferro ou metal utilizado antigamente para corrigir a escrita primitiva em couro ou pedra, ocupando o lugar que depois seria da pena, do lápis e da caneta. O filósofo Demóstenes, tendo sido alcançado pelos inimigos quando fugia de Atenas, pediu para escrever uma última carta à família. Fingindo escrever, levou à boca o cabo envenenado do estilete e assim suicidou-se. Uma de suas melhores peças oratórias é a *Oração da Coroa*. E não era um elogio a nenhuma mulher madura.

ESTILHAÇO de estilha, do latim *assula*, lasca, pedaço, cavaco, pela variante do latim tardio *astula*, mudada para *astilla* em espanhol. O sufixo -aço é próprio de aumentativo. A origem remota talvez seja o latim *hasta*. Designa coisa que se parte em muitos fragmentos: "o para-brisa do carro despedaçou-se em muitos estilhaços depois da colisão". Aparece nestes versos de *Águas de março*, de Tom Jobim: "É um peixe, é um gesto, é uma prata brilhando/ É a luz da manhã, é o tijolo chegando/ É a lenha, é o dia, é o fim da picada/ É a garrafa de cana, o estilhaço na estrada."

ESTILO do latim *stilu*, termo vindo do grego *stylos*, ambos indicando instrumento para a escrita primitiva. Passou depois a designar as marcas próprias da escrita de um autor, assim como as características da obra de um pintor, escultor, dramaturgo ou cineasta. O romancista José de Alencar, o mais representativo de nossos prosadores românticos, orgulhava-se de não precisar assinar seus textos, cujo estilo indicava sua autoria.

ESTIMAR do latim *aestimare*, estimar, considerar, verbos que também têm o significado de calcular, avaliar. Considerar é estar com os astros, afastar-se, pois, das coisas terrenas e olhar para o alto. Quando temos consideração por alguma pessoa significa que admiramos nela certas qualidades. Neste caso, o significado é de estima, amizade. Quando um engenheiro estima a quantidade de cimento e aço que deve ser posta na coluna de um edifício, não está havendo estima entre ele e o concreto, ainda que abstrata. Aliás, às vezes nem com os futuros habitantes, já que várias construções têm vindo abaixo justamente por falta de dupla estima.

ESTÍMULO do latim *stimulus*, estímulo. No latim foi formado a partir da partícula *sti*, utilizada também em *stilus*, estilo, e em *stigma*, estigma, marca feita por golpe de ferrete. Originalmente *stimulus* designava apenas o aguilhão para fazer o burro trabalhar, como se depreende desdobrando a palavra em *sti* e *mulus*. Ganhou o sentido de incentivo. No Brasil, a arte brasileira tem recebido estímulos de vários mecenas, entre os quais Francisco Matarazzo Sobrinho, grande incentivador das artes plásticas, que fundou em 1946 o Museu de Arte Moderna de São Paulo e a Bienal de São Paulo, em 1951.

ESTOICO do latim *stoicu*, estoico, por sua vez vindo do grego *stoikós*, designando discípulo de Zenão de Cício. Os estoicos eram assim denominados porque o famoso filósofo ensinava diante de um pórtico, em grego *stoa*, pintado com cenas da guerra de Troia. Seu principal aforismo prescrevia que o homem deveria manter-se indiferente aos sofrimentos físicos e morais, e abster-se do prazer, porque a vida virtuosa estaria mais de acordo com a lei natural. Seus seguidores, como o escritor e imperador romano Marco Aurélio, reiteraram que é necessário ter paciência diante das dificuldades. Como adjetivo, é hoje utilizado para designar a pessoa que fica impassível diante dos sofrimentos.

ESTÓRIA do inglês *story*, história, narrativa. Na língua portuguesa não há razão para utilizar-se este vocábulo, ainda quando se queira diferenciá-lo de história. É uma frescura estilística, na qual incorre até mesmo gente célebre, como o escritor Guimarães Rosa, que utilizou a expressão num livro publicado em 1962, *Primeiras estórias*. Frutos da imaginação de escritores ou relatos de historiadores, não há fundamentos linguísticos para seguirmos o escritor. As primeiras histórias, imaginárias ou realmente ocorridas, foram escritas por assírios e gregos entre os séculos VII e V a.C., como *A guerra do Peloponeso*, a *Ilíada* e o *Gilgamesh*. Dessa última, o dramaturgo Antunes Filho fez deslumbrante adaptação para o teatro.

ESTRADA do italiano *strata*, derivado de *via strata*, via calçada, estrada. Os primeiros caminhos humanos confundiram-se com as trilhas abertas pelos bichos nas matas. Até hoje no Brasil é possível rastrear curiosa parceria entre as antas e os engenheiros, que seguiram seus passos nos traçados de muitas estradas. Modernizadas, as estradas passaram a chamar-se rodovias, de que é exemplo a Bandeirantes, ligando São Paulo a Campinas. Privatizada, para percorrê-la o motorista gasta mais em pedágio do que em combustível. Bill Gates acha que a estrada do futuro é a informática, onde quem cobra pedágio é ele.

ESTRAGÃO do francês *estragon*, com origem remota no árabe *al-tarhun*, escrito também *tarkhoun*. Quem identificou a planta no latim botânico preferiu escrever *tarchon*. O médico e agrônomo francês Jean Liebaut e Alcofribas Nasier, mais conhecido pelo pseudônimo de François Rabelais, frade, aventureiro e, sobretudo, escritor, autor de *Gargântua* e *Pantagruel*, escreviam *targon*. As folhas do estragão são utilizadas na culinária, constituindo-se em tempero picante, que dá à comida um sabor especial.

ESTRAGAR provavelmente de uma raiz indo-europeia *ster*, com o sentido de estender, dilatar. Ganhou o sentido de prejudicar, destruir, arruinar. Por incrível que pareça, é da mesma família de estratégia e estratagema, operações deflagradas pelo estratego, comandante do *stratós*, exército, frota, para derrotar o inimigo. Também a palavra estrada, do latim *strada*, é de domínio conexo. Estraga-se a vegetação, e pedras são assentadas no lugar em que estavam os arbustos para que o exército possa ali transitar com suas tropas e máquinas de guerra. Também a palavra estrato tem o mesmo étimo geral. As sociedades e até as línguas têm estratos, camadas semelhantes às do leito das estradas.

ESTRAMBÓTICO do latim *strabo*, por sua vez vindo do grego *strabón*, ambos com o significado de vesgo, o vocábulo tomou no português o significado de diferente, extravagante, excêntrico. Tal semântica pode ter-se formado a partir do italiano *strambotto*, composição métrica. Como em latim uma forma parecida, *strambu*, designava os coxos, é provável que este vocábulo tenha recebido contribuições dessas línguas em curiosa mistura, já que vesgos e mancos chamam a atenção por essas particularidades. Entretanto, há vários tipos de vesgos e mancos. Os *Evangelhos* narram a cura de vários coxos, nenhuma de vesgos.

ESTRANGEIRISMO de estrangeiro, mais o sufixo *-ismo*, do francês antigo *estranger*, atualmente grafado *étranger*, estrangeiro. Os estrangeirismos são palavras vindas de outras línguas para a nossa, sem a devida adaptação. Frequentemente há exageros, como no caso dos cardápios, que chamam frango de *poulet* e carneiro de *agneau*. Por causa da fama da culinária francesa, alguns restaurantes insistem em oferecer no cardápio *gigot d'agneau*, em vez do prosaico joelho de carneiro, aumentando os preços, como registrou o jornalista Walcyr Carrasco: "Quem tem coragem de pedir uma fortuna por um simples frango ou peixe? Já um *poulet* e um *poisson* valem muito mais!"

ESTRANGEIRO do francês antigo *estranger*, estrangeiro. Sejam quais forem nossas nacionalidades, quando viajamos para o exterior somos todos estrangeiros. A menos que estejamos voltando para casa. É também o título de um romance de Albert Camus, Prêmio Nobel em 1957, publicado originalmente em 1942. Começou, porém, a ser escrito em 1937, como se soube depois com a publicação de suas anotações. Aliás, Camus não improvisava nenhum livro. Ao contrário, ruminava temas, personagens e tramas muito tempo antes de levá-los ao papel, como se pôde depreender dos apontamentos que deixou, publicados em Paris na década de 1960. O estrangeiro é protagonizado por Meursault, que vive o drama de entender um mundo que lhe parece absurdo e incompreensível. Não era para menos. Quando Camus publicou o romance, a França era um dos países mais atingidos pelos horrores da Segunda Guerra Mundial. O Brasil tem sido paraíso e inferno para os estrangeiros, conforme os nichos imigratórios, desde os tempos do descobrimento. Dos imigrantes portugueses, os primeiros a chegar, passando por outras levas de imigração europeia e ondas de imigrações de árabes e japoneses, sem contar a imigração forçada de povos inteiros de diversas nações africanas, para quem a vinda para cá foi o maior dos pesadelos, pois resultou na perda da liberdade, o Brasil formou-se como uma das nações mais misturadas do mundo. E, recentemente, até a iniciativa privada que atua no crime decidiu instalar-se entre nós. Não apenas para usufruir aqui os benefícios cujo gozo estava proibido em seus países de origem, onde deveriam acertar as contas com a lei, como foi o caso do famoso ladrão Ronald Biggs, mas também para praticar atos terroristas, como ocorreram com os sequestros do empresário Abílio Diniz e do publicitário Washington Olivetto. O Brasil deve muito aos estrangeiros, incluindo empregos que o capital de outras nações criou aqui para os nacionais. Mas parece que está desregulado o propalado contexto dissuasório que impediria ações de facínoras estrangeiros na Terra de Santa Cruz. Estávamos acostumados a estrangeiros que nos traziam berços. De repente vieram outros carregando caixões para nos enterrar, como se pode concluir das realizações e ameaças brandidas por estrangeiros que adotaram o terror como negócio disfarçado de patriotismo serôdio.

ESTRANGULAR do latim *strangulare*, estrangular, apertar, sufocar. História, literatura e cinema popularizaram crimes praticados por estrangulamento. O insólito deste tipo de crime é que por vezes não há nenhum objeto entre a vítima e o algoz, que dispensa fios e cordas utilizando as próprias mãos diretamente sobre os pescoços dos pobres coitados. O escritor inglês Thomas de Quincey, num livro célebre, *O assassinato como uma das belas artes*, tece uma trama muito curiosa sobre o estrangulador e sua vítima.

ESTRANHO do latim *extraneus*, nascido fora, que não é da família, que vem de fora, atendido então pelo *hospes*, funcionário encarregado de receber o *extraneus* e o *hostis*, estrangeiro. No francês do século XII, evoluiu para *estrange*, depois *étranger*, estrangeiro. Quando estranhos e estrangeiros tornavam-se hóspedes, ainda que por breves dias, tornavam-se novos moradores da *maison*, casa, e como tal eram tratados, tradição presente também na cultura portuguesa, de receber bem o visitante.

ESTREITO do latim *strictu*, que tem pouca largura, estreito, apertado. Em geografia designa braço de mar que liga águas de dois mares ou de duas partes de um mesmo mar. No Brasil, o estreito mais profundo é o de Ilhabela, no litoral de São Paulo.

ESTRELA do latim *stella*, estrela, astro luminoso. Depois os americanos encheram os céus das telas cinematográficas de outras estrelas, como passaram a ser chamadas as atrizes bonitas que figuravam como personagens centrais dos filmes. Essas estrelas governaram o mundo da fantasia no período de 1910 a 1960, tendo encantado multidões com sua beleza e charme, e às vezes também com seu talento. Eram a grande atração dos filmes. Logo alguns homens bonitos, com cara de quem não gostava muito delas, tornaram-se estrelas também. Tendo entrado em decadência, o cinema substituiu uns e outros por monstros horrorosos, homens-moscas e mulheres-aranhas. Primeiro, Hollywood, a Roma do cinema, experimentou maquiar atores e atrizes muito feios, com o intuito de piorá-los ainda mais, mas depois exagerou de vez, passando a apresentar tubarões, crocodilos, dinossauros, terremotos e engenheiros incompetentes capazes dos maiores desastres.

ESTRELÍCIA do russo *strieletz*, atirador, membro de antigo corpo da guarda dos czares da Rússia. Há uma planta com este nome, cuja inflorescência se compara com a alabarda terminada em crescente usada por aqueles soldados, segundo o filólogo Antenor Nascentes.

ESTRIA do latim tardio *stria*, que no latim clássico era *striga*, ambos com o significado de sulco. As estrias são pequenos traços que se formam na pele, às vezes avermelhados e depois esbranquiçados, prejudicando a maciez e a beleza que lhe são próprias. A indústria de cosméticos não cessa de criar produtos que são apresentados como a solução para esse problema.

ESTRILAR de estrilo, do italiano *strillo*, grito irritado. Estrilar tem o significado de reclamar, vociferar, protestar, cricrilar. Aparece nestes versos de *Gosto, mas não é muito*, marchinha cantada no Carnaval de 1931: "Esse negócio de amor não convém/ gosto de você/ mas não é muito...muito/ fica firme, não estrila/ traz o retrato e a estampilha/ que eu vou ver/ o que posso fazer por você." O retrato e a estampilha comparecem para deboche da burocracia das repartições públicas dos anos de 1930, baseada em cobrança de selos e no clientelismo. O cidadão não podia reclamar, porque a concepção do servidor público era de que estava fazendo um favor, não prestando um serviço. A autoria é de Noel Rosa, Ismael da Silva e Francisco Alves. Parecia um amor complicado, pois a alternativa era terrível: "Seu amor é insensato/ me amofinou mesmo de fato/ não leve a mal/ eu prefiro a Lei Marcial."

ESTRO do latim *oestrus*, tendo ali chegado vindo do grego *oístros*, ambos os vocábulos com o significado de tavão. Picados pelo tavão, os bois ficavam enfurecidos. Não confundir, porém, com o aguilhão dos boiadeiros, vara longa com uma espécie de agulha na ponta, que serve para apressar os animais. O tavão é uma mosca que, ao picar uma rês pacata, transforma o animal no bicho mais furioso do mundo. Talvez seja o tavão o principal responsável pelos famosos estouros da boiada, celebrizados em dois textos antológicos, um de Euclides da Cunha e outro de Rui Barbosa. Estro passou a denominar talento poético em vista da exaltação dos primeiros vates. Por essa razão foi também criada a expressão de que determinado escritor foi mordido pela mosca azul da poesia. Quando a picada incide diretamente sobre a veia poética, o efeito é ainda mais eficiente. Alguns poderosos, como o imperador romano Augusto, souberam proteger os detentores de verdadeiros estros, dando-lhes condições de explorar melhor seu talento e, às vezes, obtendo deles não apenas louvores por justos feitos, mas também bajulações. O século de Augusto deu-nos o maior poeta latino de todos os tempos, Virgílio.

ESTROGÊNIO dos compostos gregos *oístros*, ardor, estímulo, pelo latim *oestrus*, e *gen*(o), que dá ideia de fertilidade, de nascimento, de produção. Estrogênio é, de acordo com os dicionários, "a designação genérica dos hormônios cuja ação está relacionada com o controle da ovulação e com o desenvolvimento de características femininas". Mas isto ainda diz pouco. Seu étimo diz muito mais. O *oístros* grego e o *oestrus* latino designavam o furor retórico dos profetas e dos poetas, que pareciam picados pelo tavão, como era chamada a mosca que produzia a loucura na rês e o estouro da boiada. Assim, estro é também a capacidade criadora artística. Na expressão "furor uterino", está presente a mescla de desejo, cio, paixão. Por antonomásia, a paixão aparece como furor, como cólera, nos primeiros versos da *Ilíada*, de Homero, obra cujas tramas se limitam a narrar cinquenta dias de uma guerra de dez anos, a guerra de Troia, *Ílion*, em grego, daí o título. A maioria das ações está ainda mais concentrada, fixando o relato nas duas últimas semanas. O começo é: "Canta, ó deusa, a cólera de Aquiles, o Pelida/ Mortífera!, que tantas dores trouxe aos Aqueus/ e tantas almas valentes de heróis lançou no Hades,/ ficando seus corpos como presa para cães e aves/ de rapina, enquanto/ se cumpria a vontade de Zeus." A poeta, ensaísta e doutora em Linguística Ivonne Bordelois, conhecida entre as pessoas de Letras, acaba de ter traduzido no Brasil um de seus livros, *Etimologia das paixões* (Odisseia Editorial), em que a origem de palavras ligadas ao amor e ao sexo é bem rastreada, esclarecendo conceitos fundamentais.

ESTROGONOFE de origem controversa, provavelmente do nome do general, diplomata, conde, financista e mecenas russo Paulo Stroganoff pelo inglês *stroganof*. O prato foi servido a primeira vez em Poltava, para celebrar a vitória sobre os exércitos de Carlos XII, em 1709. O cozinheiro inventou um prato que lembrasse o sabor da carne servida em pequenos pedaços nas campanhas militares, muito apreciada pelo general. Mas acrescentou creme azedo, obtendo aprovação entusiasmada. No final do século XIX, Thierry Coster, famoso cozinheiro francês, que trabalhara alguns anos na Rússia, juntou cogumelos franceses, mostarda alemã e páprica húngara, além de flambar a carne em conhaque e substituir o leite azedo por creme de leite fresco. Com o triunfo da Revolução Russa, em 1917, a aristocracia foi expulsa pelos bolcheviques e levou consigo o prato pelo mundo afora. Na França fez tanto sucesso que acabou até incluído, pelo conde Serge Alexandrovitch, no cardápio do famoso restaurante Maxim's, em Paris. O prato chegou ao Brasil pelas mãos de Sophie Stroganov, que emigrou durante a Segunda Guerra Mundial. Aqui o estrogonofe deixou de ser feito apenas de carne de gado e passou a ser elaborado também com camarão, frango ou presunto. Foram descendentes de Sophie que reconstruíram a mansão dos ancestrais em Novgorod, hoje um museu onde estão expostos, entre os pertences da família, a receita original e a história do prato famoso.

ESTUFA do italiano *stufa*, estufa, local aquecido, do verbo *stufare*, secar, cozer a fogo lento, radicado no grego *týphein*, queimar. Designa recinto fechado, com a temperatura elevada artificialmente, como nas saunas, úmidas ou secas, com o fim de provocar abundante transpiração. De largo uso também na agricultura, como nos recintos onde as folhas de fumo são secadas. O aumento dos gases atmosféricos ameaça derreter geleiras, o que elevaria o nível de alguns mares em sessenta centímetros, destruindo várias cidades, fenômeno previsto para ocorrer dentro de cinquenta anos e que aparece na mídia como efeito estufa, descrito pelo físico francês Joseph Fourier no trabalho *Theorie analytique de la chaleur (Teoria analítica do calor)*, publicado em 1822.

ESTÚPIDO do latim *stupidu*, admirado. Passou a significar tolo porque os muito bobos se espantam com tudo, dada sua falta de conhecimento.

ETA do fenício e do grego *eta*, passando pelo latim, em que também se grafa do mesmo modo, *eta* é a denominação para a sétima letra do alfabeto grego, que corresponde ao "e" em português. Como interjeição, exprime contentamento, surpresa ou espanto, tal como se lê no romance *Dona Flor e seus dois maridos*, de Jorge Amado, em que se diz de um personagem que profere muitas obscenidades, um certo Celestino: "Eta português de boca suja!"

ETANOL de etano, do inglês *ethane* e do francês *éthane*, com raiz remota no grego *hyles*, madeira, designando o álcool etílico. A presença da partícula *eth* vem das raízes gregas e latinas de éter, que em inglês é *ether* e em francês *éther*. No grego é *aithér* e no latim, *aether*. A ciência considera o éter "um hipotético fluido cósmico extremamente sutil, que enche os espaços, penetra os corpos e é considerado, pela teoria ondulatória, o agente de transmissão da luz, do calor, da eletricidade etc." E está presente "na classe de compostos orgânicos, relativamente inertes, tipificados pelo éter etílico e caracterizados por um átomo de oxigênio ligado a dois átomos de carbono, de ordinário contidos em radicais de hidrocarboneto". As pesquisas por novas fontes de energia fizeram do etanol um recurso precioso que poderá em futuro próximo amenizar a dependência do petróleo, pois é alternativa para combustíveis, de que são exemplos as pesquisas brasileiras que levaram ao aproveitamento do álcool, mesmo misturado à gasolina. O etanol esteve na pauta da visita que o presidente George Bush fez em março de 2007 ao Brasil.

ETC. do latim, sigla de *et cetera*, expressão equivalente a "e outras coisas". Os romanos também utilizavam uma expressão sinônima, *et reliquia* (e o que resta). Foram copiadores de manuscritos medievais que popularizaram a forma abreviada etc.

ETERNO do latim *aeternus*, eterno, forma contraída de *aeviternus*, sem começo nem fim, em que a primeira parte da palavra *aevus* opõe-se a *tempus*, tempo, que pode ser medido, tem começo e fim, ao passo que o eterno sempre existiu e jamais vai se acabar. J. W. Goethe, autor da expressão "o eterno feminino" fez uns versos muito expressivos sobre o tema do eterno, que citamos no original em homenagem aos milhões de brasileiros que sabem alemão, que vivem sobretudo no Brasil meridional: "*Kein Wesen kann zu nichts zerfallen!/ Das Ewige regt sich fort in allen,/ Am Sein erhalte dich beglückt!/ Das Sein is ewig , denn Gesetze/ Bewahren die lebendgen Schätze,/ Aus denen sich das All geschmückt.*" (Ser algum pode em nada desfazer-se!/ Em todos eles se agita sempre o Eterno./ Confia, alegre e feliz, sempre no Ser!/ Pr'a conservar vivos os tesouros,/ Dos quais o Universo se adornou). A tradução é do professor doutor Wolfgang Kayser.

ÉTICA do latim *ethica*, moral natural, uma das divisões da filosofia. Sua origem é o grego *ethikós*. O latim aproveitou o neutro plural *tà éthicá*, tratado de moral, derivado de *êthos*, modo de ser, caráter, costume. Mas quando os romanos dominaram a Grécia já tinham preceitos éticos, embora sob a denominação *mores*, normas de conduta, hábitos, costumes, impostos ao indivíduo pela comunidade desde que o homem organizou-se para viver em sociedade. Leandro Konder, filósofo, romancista e professor do Departamento de Educação da PUC (Rio), em *Virtudes*, livro de autoria coletiva organizado por Eliana Yunes e Maria Clara Lucchetti Bingermer, define ética como "pauta de conduta" em que "os indivíduos são levados a formular princípios que devem valer tanto para eles como para os outros", mas reconhece ser difícil formular projeto ético num tempo que "a sociedade gira cada vez mais em torno do mercado" e "as pessoas se sentem inseguras em relação aos valores universais, intrinsecamente qualitativos", porque "nem tudo na vida delas pode ser quantificado e traduzido em cifras" como faz o mercado. O humorista Millôr Fernandes, em *Millôr definitivo: a bíblia do caos*, destila com sua verve habitual o que pensa da ética na política: "O principal problema ético-político do país é que a oposição é incapaz de reconhecer a honestidade dos governantes e estes são incapazes de demonstrá-la" e que "ética política é o ato de jamais passar alguém pra trás sem antes consultar os companheiros de partido".

ETIMOLOGIA do grego *etymología*, pelo latim *etymologia*, estudo das palavras, de suas mudanças de significado. No grego, *etymos*, verdadeiro; *logos*, estudo, tratado. Cícero tentou consolidar o vocábulo *veriloquium*: "*quam Graeci etymologían appelant, id est verbum ex verbo veriloquium*" (o que os gregos chamam etimologia é a verdadeira origem da palavra). Há algumas décadas a etimologia foi abandonada nos circuitos escolares, por desnecessária, sendo poucos os que hoje a estudam, mas eis o que escreveu Jorge Luís Borges: "os implacáveis detratores da etimologia argumentam que a origem das palavras não ensina o que elas agora significam; os defensores podem replicar que ensina, sempre, o que elas agora não significam. Ensina, *verbi gratia*, que os pontífices não são construtores de pontes; que as miniaturas não estão pintadas com mínio; que a matéria do cristal não é o gelo; que o leopardo não é um mestiço de pantera e de leão; que um candidato pode não ter sido cândido; que os sarcófagos não são o contrário dos vegetarianos; que os aligatores não são lagartos; que as rubricas não são vermelhas como o rubor; que o descobridor da América não foi Américo Vespúcio e que os germanófilos não são devotos da Alemanha." *Etimologias* é o título de uma obra composta de 20 volumes, de autoria do arcebispo espanhol e fundador de várias escolas e cursos, Santo Isidoro de Sevilha, a quem o Vaticano quer nomear padroeiro da internet, por ter sido o criador da primeira base de dados no Ocidente. Foi declarado doutor da Igreja apenas em 1722, mas Dante Alighieri dera-lhe reconhecimento antes, na *Divina comédia*, pondo-o no verso 130 do *Paraíso*, talvez por afinidade, já que o célebre escritor italiano publicara também ensaios de linguagem com o título *Sobre a língua do povo*. Outros pesquisadores de etimologia, que não são santos, pagam seus pecados trafegando entre o purgatório e o inferno em busca da origem das palavras, principalmente no Brasil, onde a bibliografia é escassa.

ETNIA do grego *éthnos*, povo que tem o mesmo *éthos*, costume, incluindo língua, lugar onde mora, usos, hábitos etc. Algumas etnias têm no Brasil designação pejorativa. Uma delas é a que qualifica o "polaco". Para evitar isso, desde fins do século XIX "polaco" vem sendo substituído por "polonês". Mas "polaco" chegou antes à língua portuguesa. O primeiro registro escrito é de 1562. Era tão pejorativo no Brasil que prostitutas europeias, de qualquer etnia, mesmo as judias, eram chamadas "polacas". O preconceito tem a ver com o étimo do vocábulo, pois Polônia quer dizer rural, do campo, da roça, em oposição ao urbano, tal como referido pelo abade Teodósio, de Kiev, na Rússia.

ETOS do grego *éthos*, costumes e hábitos fundamentais, de indivíduos e instituições, para difusamente designar contextos culturais num que se move certa coletividade, guiada por crenças, valores, superstições, devidamente localizados em tempos e espaços específicos. Tomando o vocábulo do grego, a antropologia norte-americana utilizou-o para designar a reunião de traços psicossociais definidores de identidade cultural. A retórica clássica já reunia sob tal definição os costumes sociais de um povo.

EUCALIPTO do grego *eú*, bem, bom, *kalyptós*, coberto, do verbo *kalýptein*, ocultar, cobrir, pelo latim *eucalyptus*. Designa árvore originária da Austrália. É plantada em lugares onde as matas foram derrubadas há muito tempo, como forma de reflorestamento.

EUFEMISMO do grego *euphemismos*, pela formação *eu*, bom, belo, e *pheme*, dizer, designando atenuação de palavras que expressam ideias rudes, desagradáveis ou desonestas, substituídas por outras, de significado semelhante, porém mais suaves. Às vezes, o eufemismo não está no léxico apenas, mas também na sintaxe, como no caso das expressões "faltou com a verdade" e "desviou recursos", em vez de declarar logo que o sujeito mentiu e roubou. No caso, o eufemismo traveste as palavras com o fim de poupar a crítica à gente fina e nobre. Muitos eufemismos têm sido observados na imprensa, no Congresso e no Ministério Público a propósito dos frequentes assaltos ao erário, de que a construção do prédio do TRT em São Paulo tornou-se caso-síntese.

EUFONIA do grego *euphonía*, com escala no latim, de onde chegou ao português, perdendo o acento e o "ph". Consiste na combinação harmoniosa de sons e é o antônimo perfeito de cacofonia, segundo ensina o mestre Massaud Moisés, da USP.

EUGENIA do grego *eugenos*, boa raça, termo aplicado aos bem-nascidos, nobres, gentis, pelo latim *eugenia*, designando ciência que estuda as condições mais propícias ao melhoramento genético da espécie humana. Não raro o projeto descambou para monstruosidades, como no caso do nazismo. No livro *A guerra contra os fracos* (Ed. A Girafa), Edwin Black mostra em alentadas 860 páginas que cientistas dos EUA caíram na armadilha de uma espantosa limpeza racial. Um médico americano da Virgínia chegou a exclamar em 1934: "Os alemães estão nos vencendo em nosso próprio jogo." Ao comentar o livro na revista *Veja*, o jornalista Jerônimo Teixeira assinala muito apropriadamente: "Black calcula que 60.000 americanos foram esterilizados. Com essas realizações, não é de surpreender que os americanos trocassem figurinhas com seus colegas alemães. Nos anos que antecederam a II Guerra, o *Eugenical News*, órgão oficial da eugenia americana, estampava artigos elogiando as políticas raciais do nazismo."

EUNUCO do grego *eunoûkhos*, guardião da cama, guardião de mulheres, palavra formada a partir de *euné*, cama, leito, e o verbo *ékho*, levar, conduzir, guiar, tendo também os significados de prender, governar. Chegou ao português pelo latim *eunuchus*. Foi o eunuco chinês Cai Lun quem inventou o papel, no ano 105. Os eunucos estão presentes em narrativas árabes, servindo a odaliscas, confinadas no harém do sultão, que em geral tem quatro esposas, mas às vezes mais. Havia dois tipos de castração para os antigos eunucos: a *orquideotomia* e a *panectomia*. Na primeira, eram extirpados apenas os testículos, que em grego é *órchis*, o mesmo étimo de orquídea, planta ornamental de rara beleza, assim designada porque seus bulbos semelham testículos; na segunda, é extirpado o pênis. Já entre os antigos sumérios, por volta do século XXI a.C., havia o costume de tornar eunucos alguns criados domésticos que trabalhavam no interior das residências, com o fim de preservar a castidade das mulheres.

EURO do grego *Eûros*, pelo latim *Eurus*, nome do vento leste nas antigas Grécia e Roma, respectivamente. Designa também moeda aceita em todas as transações financeiras na União Europeia, desde 1º de janeiro de 1999. E, desde 1º de janeiro de 2002, substitui as antigas moedas dos países participantes, como o franco na França, a lira na Itália e a peseta na Espanha.

EUTANÁSIA do grego *euthanasía*, morte bonita, feliz, sem sofrimento, neologismo criado pelo filósofo inglês Francis Bacon. Ao contrário de um passamento doloroso, denominado distanásia pela medicina, a eutanásia designa o ato, defendido por alguns médicos, alguns dos quais já confessaram tê-lo praticado, de abreviar as dores de quem está morrendo de doença incurável. A eutanásia é ilegal e um novo documento pontifício acaba de reiterar, desta vez explicitamente, sua condenação a essa prática. Os que defendem a eutanásia usam, além do argumento de amenizar as dores de quem está morrendo, um outro muito forte, dando conta de que muitos dos expedientes médicos nesses casos buscam apenas tomar o dinheiro dos parentes do agonizante, prolongando inutilmente os seus sofrimentos.

EVANGELHO do grego *euaggélion*, boa notícia. Nos começos do cristianismo circulavam numerosos relatos sobre a vida e a pregação de Jesus, mas a Igreja acabou por escolher apenas quatro, três deles muito semelhantes e por isso chamados de sinóticos: os de Mateus, Marcos e Lucas. Mas João, que escreveu quase um século depois, apresenta uma mensagem capaz de ser mais bem compreendida em todo o mundo mediterrâneo, onde os pensadores gnósticos já eram dominantes e por isso está repleta de referências às oposições de luz e trevas, carne e espírito, tão caras àquela corrente filosófica. Para narrar o nascimento daquele menino que seria tão célebre, João faz uma metáfora intelectualizada: "E o verbo se fez carne e habitou entre nós."

EVANGÉLICO do latim *evangelicus*, evangélico, que diz respeito ao evangelho, do grego *euaggélion*, pela formação *eu*, boa, e *aggélion*, notícia, mensagem, do mesmo étimo de *ággelos*, ângelo, mensageiro. Como substantivo designa membro de igreja dissidente da católica. No Brasil, de 1980 a 2000, o segmento evangélico passou de 6,6% da população para 15,6%, em espantoso crescimento, totalizando 26.452.174 de crentes, como são chamados. Eles estão subdivididos em vários grupos, sendo o maior deles o pentecostal, com 77,86%. A socióloga e antropóloga Clara Mafra, professora e pesquisadora da UERJ, autora de *Os evangélicos* (Jorge Zahar Editor), escreveu na revista *Insigtht Inteligência* (junho de 2009): "a ruptura pentecostal responde à mensagem contraditória enviada pela própria metrópole aos habitantes de periferias e favelas."

EVANGELISTA do grego *evangelistés*, pelo latim eclesiástico *evangelista*, do mesmo étimo do grego *ággelos*, pelo latim *angelus*, mensageiro, anjo. Evangelistas foram aqueles que escreveram os Evangelhos. Evangelho quer dizer em grego boa-nova. Quando no ano 325, o imperador Constantino reuniu os bispos em Niceia, atual Iznik, na Turquia, houve um consenso de que dos mais de trezentos evangelhos seriam aceitos apenas quatro: Mateus, Marcos, Lucas e João. O terceiro evangelista era médico, foi contemporâneo dos primeiros apóstolos e morreu aos 84 anos. É padroeiro dos pintores, dos curandeiros e dos médicos. Sua festa é celebrada a 18 de outubro. Todos os outros evangelhos receberam a designação de apócrifos, com o significado de oculto, secreto. De vez em quando corre notícia informando o que os arqueólogos descobriram. Há poucos anos, surgiram o Evangelho de Judas e o Evangelho de Maria Madalena. E recentemente pesquisadores apresentaram um documento informando que Jesus tinha sido casado com ela, tese encampada também pelo famoso romance, já transposto para o cinema com grande bilheteria, *O Código Da Vinci*.

EVASIVA do latim *evasu*, que facilita a saída. O sufixo -iva serviu para que o vocábulo denominasse as fugas de um determinado assunto entre interlocutores, quando um deles responde com subterfúgios que têm o fim de desviar o rumo da conversa. É recurso muito utilizado por entrevistados em coletivas de imprensa, nem sempre feito com as sutilezas das boas desculpas.

EVENTO do latim *eventus*, derivado de *eventum*, supino de *evenire*, vir, acontecer. O supino é forma nominal do verbo em latim, cujos vestígios estão presentes no particípio passado, como na expressão tenho festejado muito". A palavra aparece no seguinte trecho do ensaio "O brasileiro não é triste", do escritor mineiro Eduardo Frieiro, autor de livros como *Torre de papel* e *O diabo na livraria do cônego e outros temas mineiros*: "A sexualidade é e sempre foi a causa de grandes e pequenos eventos da vida corrente. " Evento pode significar festa, como a de Nossa Senhora de Achiropita, realizada em São Paulo em agosto. Já o Natal é o principal evento do catolicismo. Celebra o nascimento de Jesus em Belém, na Judeia, a 9 km de Jerusalém.

EX do latim *ex*, partícula que significa fora de. A proliferação do prefixo *ex-* à frente da denominação de cargos que ocuparam notórios envolvidos em corrupção no Brasil dá certa garantia aos cidadãos de que não fazem mais o que são acusados de fazer, restando a indenização dos males que teriam praticado. Toda cautela é pouca, já que entre os dois ladrões crucificados no Gólgota morreu também o mais célebre dos inocentes, condenado não por roubo, mas por atentar contra o poder romano na Palestina, donde a frase que o governador mandou afixar à cruz: "Jesus nazareno, rei dos judeus". Daí a necessidade de garantir ampla defesa a todos os acusados, e não o "prende e solta" que tanto irrita o povo. Depois de deixarem os cargos, costumam valer-se dos títulos de ex-isso e ex-aquilo para dar credibilidade aos artigos que escrevem. Popularmente, o ex mais citado é o ex-marido.

EXAGERAR do latim *exaggerare*, amontoar, encher, entulhar, primeiramente terras em algum lugar, passando depois a ter o sentido conotativo de acumular riquezas. Quando os trabalhadores não tinham ainda obtido regras para os diversos ofícios, trabalhavam de sol a sol. À medida que os países se industrializaram, a jornada diária foi fixada em oito horas no máximo, obtendo-se mais tarde a semana de cinco dias. O exagero no trabalho, por vontade própria, ensejou no inglês o termo *workaholic*, neologismo criado em 1971 pelo norte-americano Wayne Oates, que o definiu como "necessidade incontrolável de trabalhar incessantemente". À semelhança de *alcoholic*, alcoólatra, aquele que pratica o vício da bebida, o *workaholic*, ainda sem equivalente no português, seria viciado em trabalho. E nem adiantaria filiar-se a alguma associação de trabalhadores anônimos! O inventor deste neologismo descobriu que era ele mesmo o primeiro caso conhecido da doença que denominara quando seu filho de cinco anos procurou agendar um encontro com o pai. Oates escreveu o livro *Confessions of a workaholic*, em 1972. O vocábulo inspirou o surgimento de outros semelhantes, como *bookholic*, em 1977, para indicar quem fosse viciado em leitura, e *hashaholic*, em 1973, para viciados em haxixe.

EXARAR do latim *exarare*, consignar por escrito, registrar, exarar. O romancista português Camilo Castelo Branco, um dos mestres da língua, autor de 262 livros, entre os quais a obra-prima *Amor de perdição*, utiliza o vocábulo neste trecho de *A filha do regicida*: "Estas circunstâncias certo é que não atenuavam o crime, nem convinha exará-lhas na sentença."

EXCLAMAÇÃO do latim *exclamatione*, declinação de *exclamatio*, ação de elevar a voz, gritar, fazer ruído para chamar a atenção. Em latim, chamar é *clamare*. O ponto de exclamação, surgido na escrita por volta do século XVI, para indicar dor, admiração ou alegria no final das frases, tem a forma atual devido à interjeição latina "io", que exprime tais significados. Na sequência, o "i", maiúsculo, passou a ser escrito em cima do "o", minúsculo. Com o tempo, este "o" transformou-se num ponto, que posto sob o "i" passou a indicar exclamação. Io era o nome de uma deusa, amante de Zeus, que a transformou em novilha para protegê-la dos ciúmes de Hera, sua esposa, que mandou um gigante de cem olhos vigiar a rival. O casal vivia um incesto, pois Hera, a rainha das deusas do Olimpo, era irmã de Zeus. Todos os anos, sem que houvesse ainda cirurgia plástica, Hera recuperava a virgindade perdida e começava tudo de novo, do ponto zero. Em Roma, Hera tornou-se Juno, que se casou com o irmão Júpiter. Io era tão apreciada por Galileu Galilei que o famoso físico e astrônomo italiano, ainda que muito perseguido pela Inquisição, homenageou a deusa quando descobriu o satélite de Júpiter. Io, com seus 3.640 km de diâmetro, dança alegremente pelo espaço em órbita de 422.000 km, e seu dia dura 1 dia, 18 horas e 27 minutos.

EXCLUSÃO do latim *exclusione*, declinação de *exclusio*, formada a partir da raiz *clu*, que indica fechamento, isolamento, destaque, como o verbo *cludere*, fechar, cercar, murar, de que formou, com o prefixo *in-*, incluir, e com o prefixo *ex-*, excluir. Toda hierarquia pressupõe exclusões, e a Igreja vacilou em excluir a mulher, mas quando os cargos foram criados, nenhum deles foi reservado às mulheres, que foram excluídas de todos, à semelhança dos leigos.

EXCOMUNHÃO do latim *excommunicare*, literalmente designando o ato de excluir da comunicação. Ganhou o sentido de expulsão de um membro da comunidade cristã, funcionando como punição por delito grave. Pode ser aplicada a clérigos e leigos, mas no caso dos primeiros o castigo reveste-se de mais contundência. Célebres personagens históricos foram excomungados, como o teólogo Martinho Lutero, o maior nome da Reforma, movimento ocorrido nas primeiras décadas da Idade Moderna. Ainda assim, ele somente foi excomungado depois de três anos de controvérsias, surgidas a partir da publicação de suas famosas 95 teses.

EXECUÇÃO do latim *exsecutione*, declinação de *esxecutio*, conclusão, execução, fim. Na linguagem cotidiana os dois significados mais frequentes são tocar (um instrumento musical, uma obra) e matar (policiais foram executados pelos bandidos nos recentes ataques a delegacias e em represália muitos dos assassinos foram executados pela força pública), mas na linguagem jurídica, entre outros significados, estão os seguintes: mover ação em processo judicial objetivando efetivação de sanções, civis ou criminais, determinadas por sentenças condenatórias e o ajuizamento de dívida líquida e certa representada por documentos públicos ou particulares. O Conselho Regional de Medicina de São Paulo identificou várias execuções entre os 132 mortos a bala, levados ao Instituto Médico Legal, depois da onda de violência que irrompeu em São Paulo em meados de maio de 2006, deflagrada pelo crime organizado. Neste contexto, execução designa tiro na nuca. A palavra exéquias, que no português só existe no plural, tem a mesma raiz.

EXECUTIVO do inglês *executive*, diretor ou alto funcionário de empresa. Veio do latim *exsecutu*, seguido até o fim. Os executivos tornaram-se os profissionais mais bem pagos do mundo, havendo toda uma cultura que surgiu em decorrência de seus hábitos peculiares, entre eles o de não terem tempo nem para o amor e chamarem companhia amorosa por telefone, sendo atendidos nos hotéis onde estão hospedados. Adotando um outro mirante, o filme *Adivinhe quem vem para roubar*, com Jane Fonda e George Segal, mostra um executivo que, ao ser despedido do emprego, transforma-se num assaltante para manter o estilo de vida que vinha levando.

EXEGESE do grego *ekségesis*, exposição de fatos históricos, interpretação, comentário, do mesmo étimo do verbo *ekségeomai*, conduzir devagar, passo a passo, prestando atenção aos detalhes, e assim explicar profundamente, interpretar, ligado também a *hegéomai*, marchar na frente. Foi o que fez com os textos fundamentais da Igreja o catarinense Genésio Darci Boff, mais conhecido como Leonardo Boff, frade franciscano que se tornou referência da Teologia da Libertação, ao propor a reconciliação da fé católica com a justiça. Depois de publicar *Igreja, carisma e poder*, em 1981, passou a ser perseguido pela hierarquia eclesiástica, que a ele se opôs duramente, servindo-lhe o mais amargo dos cafés: a punição em forma de uma atroz censura, ironicamente denominada de "silêncio obsequioso", levando-o à renúncia em 1992. Um de seus principais acusadores, entretanto seu professor e admirador das primeiras obras, foi o alemão Joseph Ratzinger, o papa Bento XVI, então arcebispo e cardeal de Munique, na Alemanha.

EXEMPLO do latim *exemplu*, declinação de *exemplum*, com étimo comum no verbo *eximere*, eximir, tendo também o significado de dispensar, isentar, retirar, pôr de lado, tendo como raiz remota o verbo *emere*, colher, pegar, recolher. O prefixo latino *ex-* indica exterioridade, para fora de. O sentido mais usual de exemplo é modelo, padrão. O vocábulo foi insistentemente repetido nos elogios póstumos ao então governador Mário Covas, principalmente no discurso feito por seu colega de partido e ex-presidente da República, Fernando Henrique Cardoso, dizendo que o defunto tinha trilhado bons caminhos, não estava só e semeara bons exemplos no trato com a coisa pública ao longo da vida.

EXÉRCITO do latim *exercitu*, exército, vocábulo formado a partir de *ex arceo*, fora da cidadela, designando quem a defende, quem a deixa para afugentar ameaças vindas de fora. A origem da palavra indica movimento para fora, faltando aos defensores do exército na segurança interna até mesmo razões etimológicas. Os integrantes do exército denominam-se soldados porque recebem o soldo, palavra radicada no latim *nummus solidus*, moeda inteira, não divisível. Com o tempo, houve elipse de *nummus*, que significa moeda, e *solidus* evoluiu para soldado, talvez com influência de *soldurii*, guardas e vassalos de chefes gauleses. O patrono do exército brasileiro é Luís Alves de Lima e Silva, o duque de Caxias, título que lhe foi conferido em 1962 durante o governo de João Goulart, deposto por golpe militar dois anos depois, em 1964. Dia 25 de agosto é dia do soldado.

EXILAR de exílio, do latim *exilium*, exílio, banimento, degredo. O verbo está presente na língua portuguesa desde o século XIII. O exílio é tema frequente em nossas letras, começando pela *Canção do exílio*, de Gonçalves Dias: "Minha terra tem palmeiras,/ Onde canta o Sabiá;/ As aves que aqui gorjeiam,/ Não gorjeiam como lá./ Nosso céu tem mais estrelas,/ Nossas várzeas têm mais flores,/ Nossos bosques têm mais vida,/ Nossa vida mais amores", alguns dos quais foram parar no *Hino Nacional*. Outro poeta, Murilo Mendes, brincou bem-humorado com as dificuldades de viver em terra estranha, ele que passou muitos anos na Itália: "A gente não pode dormir/ Com os oradores e os pernilongos./ Os sururus em família têm por testemunha a Gioconda./ Eu moro sufocado em terra estrangeira./ Nossas flores são mais bonitas/ Nossas frutas mais gostosas/ mas custam cem mil réis a dúzia./ Ai quem me dera chupar um carambola de verdade/ E ouvir um sabiá com certidão de idade!"

EXÍLIO do latim *exsilium*, salto para fora, desterro, exílio. O exílio é tema recorrente na vida brasileira. A própria imprensa nasceu no exílio. Seu patrono, Hipólito José da Costa Pereira Furtado de Mendonça, morreu em Londres, no bairro de Kensington, no dia 11 de setembro de 1823, aos 49 anos incompletos. Ele nascera na Colônia do Sacramento, hoje Uruguai. Segundo nos informa o grande cultivador de sua memória, o escritor e jornalista Alberto Dines, com a autoridade de quem está no batente da imprensa e da pesquisa desde o frescor dos vinte anos – estreou em 1952 –, ele grafava o nome de várias maneiras: Hipólito José da Costa, H. J. da Costa Pereira, Hipólito Joseph da Costa Pereira Furtado de Mendonça. Também o prenome sofria alterações: Hyppolito e Hippolyto. Seus contemporâneos escreviam geralmente Hypolito. Para os ingleses, ele era o Sr. da Costa. Para todos os brasileiros, mas sobretudo para jornalistas, colaboradores e leitores, ele é um dos principais responsáveis por sermos um povo livre. E com imprensa!

EX-LIBRIS do latim *ex libris*, dos livros, indicando propriedade. É expressão que passou ao português sem alteração de grafia ou de sentido, usualmente utilizada com o acréscimo de uma estampa de identificação ou as iniciais de pessoa ou empresa.

ÊXODO do latim *exodu*, saída. É o nome do segundo livro da *Bíblia*, que trata da saída dos judeus do Egito em busca de Canaã, a Terra Prometida, onde corria leite e mel. Para encontrá-la era necessário, porém, cruzar o deserto. A travessia durou 40 anos, e o grande líder, Moisés, não entrou na Terra Prometida, sendo substituído por Josué. É termo clássico para indicar as migrações rurais para as cidades, sendo também título do romance que tornou famoso o escritor judeu norte-americano Leon Uris, nascido em 1924, o mesmo autor de *Topázio*, transposto para o cinema por Alfred Hitchcock.

EXORCISMO nem sempre é bom ficar como o diabo gosta, e por isso a Igreja inventou o exorcismo, do grego *exorkismós*, conjurar, lançar fora o demônio. Foi um dos primeiros dons que o Senhor conferiu aos apóstolos: expulsar Satanás de algumas pessoas onde porventura habitasse.

EXÓTICO do latim *exoticus*, estrangeiro, estranho, extravagante, por sua vez do grego *eksotikós*, aquele ou aquilo que vem de fora; em grego *ekso* tem o sentido de fora. O português manteve a pronúncia latina, com acento na antepenúltima sílaba, ao contrário do francês *exotique*. Podem ser exóticos o vestuário, os costumes, as falas, os alimentos, como diz do café o economista e professor Carlos Lessa em *O Rio de todos os Brasis: uma reflexão em busca da autoestima* (Rio, Editora Record, 478 páginas): "a Corte de Luís XIV consumia a bebida como exótica. Há registro de alguns cafés públicos em Paris no início do século XVII. No século seguinte surge em Londres e Viena. A exemplo do chocolate e do mate, entre outros, ao café foram atribuídas propriedades excepcionais. O crescimento demográfico turco, por exemplo, foi creditado ao café. A bebida mereceu inclusive uma cantata composta por Bach". O café era planta exótica quando chegou ao Brasil em 1727, mas no século seguinte já era nosso principal produto de exportação.

EXPANSÃO do latim *expansione*, ato de expandir, desenvolver, abrir. Há uma teoria da expansão do universo, segundo a qual no início a matéria teria sido um ovo cósmico que depois explodiu, espalhando-se em todas as direções. Seu autor foi o padre e astrônomo belga Georges Lemaître. Quanto à expansão do Brasil, ela foi obra dos bandeirantes que triplicaram a área inicialmente delimitada pelo Tratado de Tordesilhas, assim chamado porque foi celebrado na localidade de mesmo nome, nas proximidades de Valladolid às margens do Rio Douro, na Espanha, em 1494.

EXPECTATIVA do latim *expectatu*, esperado, desejado. Na constituição deste vocábulo foi utilizado o sufixo *-iva*, comum em formações semelhantes. No geral designa atitude de esperança baseada em promessas, mas também em dados objetivos, de que é exemplo a expectativa de vida, um dos indicadores de saúde e bem-estar social, que no Brasil é de 62,1 anos para os homens e de 68,9 para as mulheres. Em alguns países europeus, os homens têm vida média acima de 70 anos e as mulheres, de 80. Lá está ficando cada vez mais difícil a medicina deixar alguém partir desta para melhor.

EXPEDIÇÃO do latim *expeditione*, expedição, designando grupo que sai em missão militar, científica ou cultural. Nosso país teve célebres expedições científicas, como a de J. B. von Spix e P. von Martius, que em três anos percorreu 10 mil quilômetros pelo interior do Brasil. É do segundo a primeira classificação sistemática dos índios brasileiros, registrada em sua famosa obra *Flora Brasiliensis*, em que descreve 22 mil variedades em 40 volumes, ilustrados por 3.811 gravuras.

EXPERTO do latim *expertus*, experto, experiente, de *expirire*, experimentar, mas também despertado, acordado, esperto. No latim medieval já estavam juntos os dois étimos: um designando aquele que tem inteligência, vista como capacidade de resolver problemas por estudo e experiência; outro indicando quem aproveita toda oportunidade que surge. No português atual, experto tem o significado de perito, aquele que tem expertise, do francês *expetirse*, habilidade, especialidade. *Expertise* foi utilizada por Michel Eyquem de Montaigne ainda no século XVI. E esperto nem sempre é sinônimo de inteligente ou atento. Pode ter também o significado de aproveitador excessivo de oportunidades, que um dia fracassa.

EXPLICAR do latim *explicare*, explicar, esclarecer, tirar as dúvidas. Foi formado a partir de *plicare*, dobrar, enroscar, antecedido do prefixo *ex-*, que indica movimento para fora. Quanto mais complexos, mais explicações demandam os textos, daí o valor inestimável na leitura de textos religiosos do exegeta, do grego *eksegetés*, guia, do verbo grego *eksegéomai*, conduzir. Os exegetas começaram seu ofício explicando oráculos, sonhos e presságios, passando depois a interpretar textos sagrados. Nas explicações bíblicas tem destaque neste ofício o judeu-português Isaac ben Judah ou Yitzchak ben Yehuda Abravanel, estadista, filósofo e financista. Foi tesoureiro do rei português Afonso V. Conquanto muito rico, herdou do pai o amor pelos pobres.

EXPLORADOR do latim *exploratore*, explorador, aquele que explora o trabalho dos outros ou que os engana por meio de artimanhas. Tem também o significado de quem viaja para fazer descobrimentos. Nem sempre são bem recebidos, seja na ida, seja no regresso. O famoso explorador norueguês Erik Nordenskjold, ao voltar de uma de suas célebres viagens ao Polo Sul, fazia uma conferência em Buenos Aires, num clube de pôquer. Lá pelas tantas, disse o navegador que os únicos sinais de vida que encontrara tinham sido duas focas e três pinguins. Um dos ouvintes não se conteve: *"Full de pinguins!"*

EXPLORAR do latim *explorare*, derramar lágrimas. Em latim, *plorare* significa chorar. Quando muito perquiridos, os investigados começavam a chorar. E por isso explorar passou a indicar tarefa de descobrir a verdade, penetrar por lugares desconhecidos. No caso, a alma das pessoas interrogadas. Com o tempo, o verbo foi aplicado também às viagens por regiões desconhecidas. Os antigos romanos já atribuíam ao vocábulo também o sentido de consultar deuses e deusas, com o fim de descobrir o que eles revelavam sobre as perguntas que lhes eram feitas.

EXPRESSÃO do latim *expressione*, declinação de *expressio*, de exprimir, do latim *exprimire*, apertar, pôr para fora mediante compressão. As expressões idiomáticas são formas de dizer e de escrever que não podem ser entendidas literalmente. *Abrir o coração* para alguém não é fazer uma cirurgia do órgão, é confidenciar algo íntimo; quando se *compra gato por lebre*, ser enganado, não se está no ramo da veterinária; *engolir sapo* não é digerir o batráquio, é aceitar fazer algo que nos contraria. É o caso também da expressão cerca-lourenço, que designou inicialmente os modos hesitantes utilizados pelos militares do governo federal durante o Estado Novo para prender o beato José Lourenço, devoto do "Padim Ciço", que liderava hordas pobres e revoltosas na Serra do Araripe, no Ceará. A indecisão era provocada pelo terror vindo do primeiro combate, quando foram mortos o comandante e mais 18 soldados por ele liderados no assalto à aldeia. O cerco acabou num massacre: mais de mil mortos, tal como já tinha acontecido em Canudos e no Contestado, algumas décadas antes.

EXPULSAR do latim *expulsare*, pôr para fora. O jogador Antonio Ubaldo Rattín, capitão da Argentina no jogo contra a Inglaterra, na Copa de 1966, foi expulso ainda no primeiro tempo, pela "expressão do olhar maldoso no rosto", segundo o registro da súmula. Ele revelou depois que foi hostilizado pelos torcedores, mas não pelo povo inglês, que queria ter vencido de acordo com as regras. No outro dia passeou e fez compras em Londres e ninguém lhe cobrou nada.

EXPURGAR do latim *expurgare*, limpar. Expurgos raciais foram muito praticados por regimes totalitários, que proclamavam a superioridade de uma raça sobre outra. A mais célebre e dramática de todas as formas de expurgo racial foi praticada pelo nazismo contra os judeus, levando ao genocídio conhecido como holocausto, que resultou no extermínio de cerca de seis milhões de judeus. Os regimes comunistas do Leste Europeu cometeram expurgos esporádicos contra dissidentes políticos e intelectuais. É também um termo muito utilizado em tempos de novos planos econômicos, significando a exclusão de determinados indicadores da economia.

ÊXTASE do grego *ékstasis* e do latim *extase*, mudança de estado, tendo também o significado de estar nu. Uma pessoa fica em êxtase quando o espírito sai do corpo para dar uma voltinha. Às vezes, demora a retornar, assustando os amigos daquele que partiu. Famosos místicos tiveram êxtases deslumbrantes, como é o caso de Santa Teresa de Ávila.

EXTINÇÃO do latim *exstinctione*, declinação de *exstinctio*, extinção, com o significado de aniquilamento, morte, desaparecimento. O sentido está presente nas notas de falecimento que aludem ao extinto para indicar quem morreu. Aliás, falecido e extinto já são eufemismos que evitam a crua realidade da morte. Apesar de a extinção do indivíduo integrar o processo da natureza, a extinção das espécies é séria preocupação de todos os que se interessam pelas diversas formas de vida. Os cientistas sistematizaram uma escala que vai de 1 a 7 graus para definir os riscos de extinção de uma espécie: extinto; extinto na natureza, mas existente em cativeiro; criticamente ameaçado, isto é, em risco imediato de extinção; em perigo, designando risco em futuro próximo; vulnerável, designando risco a médio prazo; quase ameaçado; dados insuficientes. Entre os seres humanos existem alguns idiomas em vias de extinção por contarem com apenas um falante, como é o caso das línguas macu, baré e umotina. Não há seres mais isolados do que esses três no mundo. Entre algumas espécies de aves canoras, entretanto, renova-se sem parar a araponga dos postes telefônicos, especializadas em grampos. Algumas delas, flagradas no ofício ilícito de bisbilhotar a vida alheia – que no Brasil só pode ser exercido excepcionalmente e assim mesmo com autorização judicial –, passaram a reproduzir-se também no cativeiro e parecem invulneráveis a qualquer ameaça ou risco, pois as bisbilhotagens continuam em franca expansão, ainda mais agora com as novas tecnologias da comunicação, de que o telefone celular tornou-se o emblema.

EXTINTO do latim *exstinctu*, que deixou de existir. Antigamente, usava-se o vocábulo para referir pessoas mortas ou vulcões cujas erupções haviam desaparecido há tanto tempo que eram dados por inativos. Nas pesquisas arqueológicas, fala-se muito em animais extintos, como os dinossauros. E com os discursos de modernização dos estadistas, passaram a ser extintos ministérios e autarquias jurássicas, pagas com o dinheiro público, mas sem finalidade social nenhuma, nos quais se encastelam castas de privilegiados que pouco trabalham e muito recebem, tendo feito fortunas à custa do erário. Uma curiosidade marca a nomenclatura de tais instituições, formadas por nomes como assistência social, bem-estar social, integração, apoio comunitário e outras camuflagens.

EXTORSÃO do latim medieval *extorsione*, ação de extorquir, de *extorquere*, tirar com violência, sob ameaça. "Preposto do usurário,/ extorquia dos pobres/ os juros para os ricos", escreveu o poeta piauiense, nascido em 1927, Hindemburgo Dobal Teixeira, no poema "O candidato", extraído de *A serra das confusões*. Ele é autor de vários livros de poemas e crônicas, entre os quais *Dia sem presságios*, *A cidade substituída* e *Ephemera*. A palavra extorsão entrou para a língua portuguesa na segunda metade do século XVI. Primeiramente designava ameaça feita a outrem para que fizesse ação ilícita, sentido que conservou até os dias de hoje. Ganhou também ao correr do tempo o significado de imposto excessivo, acrescido sob meios ilícitos. O escritor Rubem Fonseca teve um conto com o título de "A extorsão" transposto para o cinema.

EXTRADIÇÃO do francês *extradition*, a partir do latim *traditio*, ação de *tradere*, entregar, passar a outro, antecedido do prefixo *ex-*, para fora. É do mesmo étimo de trair, embora sem o sentido pejorativo que este consolidou. No francês, *extradition* aparece pela primeira vez num texto de Voltaire, como é mais conhecido o filósofo francês François-Marie Arouet. E o verbo *extrader*, extraditar, tem seu primeiro registro no *Traité franco-suisse*, de 1777. O inglês *extradition* surge na Inglaterra e nos EUA na primeira metade do século XIX, e no português as palavras extradição e extraditar passam a vigorar na segunda metade do século XIX, já com o sentido de entregar acusado ou criminoso a seu país de origem. Em fevereiro de 2011, uma corte britânica aprovou a extradição de Julian Paul Assange, fundador do *Wikileaks*. Tendo irritado a diplomacia do mundo inteiro, principalmente a dos EUA, por divulgar na internet despachos secretos, ele é acusado de crime sexual na Suécia. Pode ser manipulação americana com o fim de puni-lo pelas divulgações sobre crimes cometidos pelos EUA nas guerras do Afeganistão e do Iraque.

EXTRADITAR do latim *extraditare*, extraditar. Em latim formou-se a partir de *extradere*, calcado em *tradere*, entregar. Passou a ter o significado de entregar a governo estrangeiro um refugiado que não foi punido em seu país de origem. Em outubro de 1998, a pedido da Justiça espanhola, a polícia inglesa prendeu o general Augusto Pinochet para ser extraditado e responder por tortura, assassinato, terrorismo e genocídio, crimes praticados quando era ditador do Chile (1973-1990), depois de ter derrubado seu presidente constitucional Salvador Allende. O preso alegou imunidades, por ser senador vitalício, que jamais respeitou. Há um consenso hoje no mundo de que ditadores como ele cometeram crimes imprescritíveis contra a humanidade e por isso devem ser punidos supranacionalmente. De todo modo, fez-se com Pinochet o que ele jamais fez com suas vítimas: aplicaram-se as formalidades judiciárias. Ninguém propôs um "pinochetaço" em revide.

EXTRATERRESTRE vocábulo formado do latim *extra*, de fora, e *terrestre*, da terra, para designar o que não pertence ao planeta em que vivemos. Os mais conhecidos extraterrestres que alguns humanos já viram, encontraram e até amaram, não se sabendo, por enquanto, dos filhos de tais experiências amorosas, costumam visitar a Terra em naves muito velozes, algumas das quais se espatifam, como ocorreu em Ubatuba, no litoral de São Paulo, em setembro de 1957. Pedaços daquela nave, constituídos de magnésio em concentração jamais encontrada por aqui, foram resgatados por pescadores. Os extraterrestres também têm menores abandonados e um deles mereceu a atenção do cineasta Steven Spielberg no filme *ET, o extraterrestre*, uma das maiores bilheterias do cinema.

EXTRAVAGANTE do francês *extravagant*, extravagante, aquele ou aquelas cujos usos e costumes destoam do que é aceito pela sociedade em que vivem. A raiz remota é o latim *extravagante*, declinação de *extravagans*, extravagante, aquele que vaga por outros caminhos, a pessoa errante, que tem o costume de *extravagari*, perambular por variantes, evitando os caminhos ditos normais.

EXTREMA-UNÇÃO do latim *extrema*, fronteira, última, e *unctione*, declinação de *unctio*, unção, formou-se este vocábulo composto para designar um dos sete sacramentos da Igreja Católica, que consiste em ungir com um óleo próprio os moribundos à hora da partida para o outro mundo. A chegada do padre trazia má notícia para quem estava sofrendo e lutando contra a morte. Ainda assim, alguns sobreviviam à extrema-unção e se recuperavam. Por isso, a Igreja mudou o nome do sacramento, que passou a chamar-se unção dos enfermos. Foi providência oportuna que tirou um pouco da lugubridade do evento.

EXULTAR do latim *exsultare*, dar pulos de contentamento, indicando que quando a alegria é muita o corpo ajuda a expressá-la, não apenas com a mente, a boca, os olhos e as mãos, mas também com braços e pernas, o que deve ter sido a origem da dança. O rei Davi, o segundo rei hebreu, quando alegre, dançava para o Senhor. E Maria, ao receber a notícia de que está grávida, profere uma das mais belas orações da Igreja, o *Magnificat*, dizendo: "A minha alma engrandece ao Senhor, e exulta meu espírito em Deus, meu Salvador, porque olhou para a humildade de sua serva."

EX-VOTO composição latina que entrou para a língua portuguesa sem nenhuma adaptação na escrita ou na fala. Significa "do voto", em que o voto é sinônimo de promessa. Indica imagem, quadro, figura, ícone ou qualquer outro objeto que se coloca em recintos católicos em comemoração do atendimento de pedidos feitos a santos por ocasião de dificuldades do suplicante. No caso das eleições, ninguém precisa agradecer nada a nenhum candidato, já que está exercendo o sagrado direito de escolher governantes e representantes. E os eleitos, ao executarem o que prometeram fazer, não estarão concedendo graças ou favores, mas cumprindo obrigações assumidas. Se houvesse, porém, a figura do ex-voto na política, parlamentos, câmaras e palácios necessitariam de mais prédios anexos para neles os eleitores depositarem os símbolos de sua fúria. Felizmente, o voto – jamais o ex-voto – é arma suficiente para os indispensáveis consertos.

F

FÁBULA do latim *fabula*, conto, história, narração inventada, também significando palavra vã. As fábulas foram criadas por narradores anônimos, os escritores de um tempo anterior à escrita. Recolhidas da tradição oral, foram reunidas em obras cuja autoria foi creditada a esses pesquisadores, como é o caso dos contos do dinamarquês Hans Christian Andersen e do francês Charles Perrault. Evidentemente, ao escrever as fábulas, os autores lhes acrescentaram toques de estilo próprios. Assim, os contos de Andersen, além do tom gracioso das tramas, guardam certa melancolia, e os de Perrault, certo humor contido. Não é sem razão que as fábulas sempre se prestaram a entreter as crianças momentos antes de dormirem. Na mitologia romana, Fábula era uma divindade, filha de outros dois deuses, o Sono e a Noite, muito bem-vestida, tendo o rosto coberto por uma máscara.

FACA de origem controversa, este vocábulo designa um dos primeiros inventos do homem, seja como arma, seja como ferramenta de trabalho. Pode ter vindo do latim *falx*, que significava uma arma curva em forma de foice, que o português chama de *foicinha*, havendo até canivetes que semelham o mesmo formato: a lâmina curva. A faca, tal como a conhecemos, tinha mais a forma da ferramenta ou arma que os latinos chamavam de *culter*, cutelo, termo ainda hoje muito utilizado. Outros etimologistas dão como origem o vocábulo árabe *farkla* e o germânico *hack*.

FACÇÃO do latim *factione*, facção, maneira de fazer, poder de fazer. Passou a designar grupo separatista dentro de um mesmo conjunto, seja um partido político ou um bando sedicioso que acolha divergências devidamente agrupadas. As facções unem-se essencialmente ao resto dos aglomerados aos quais pertencem, mas têm divergências que as diferenciam no interior do grupo, de que são exemplos as várias facções do Partido dos Trabalhadores (PT), denominadas "campo majoritário" e "articulação", que apresentaram candidatos próprios à presidência da agremiação. O antigo MDB, de onde se originou o PMDB, tinha uma facção que se tornou famosa por suas dissidências: este grupo se autodenominava e era reconhecido como "grupo dos autênticos."

FACE do latim clássico *facies* pelo latim vulgar *facia*, consolidando-se em face, por influência do francês *face*, designando o rosto, delimitado pelos cabelos, as orelhas e o pescoço. Entendemos por face a testa, os olhos, o nariz, a boca, o queixo e as bochechas. Escreve Carl Sagan: "O mecanismo de reconhecimento de padrões em nossos cérebros é tão eficiente em descobrir uma face em meio a muitos outros pormenores que às vezes vemos faces onde não existe alguma. Reunimos pedaços desconectados de luz e sombra, e inconscientemente tentamos ver uma face." Nas aparições, como a de Nossa Senhora de Guadalupe, festejada a 12 de dezembro e agraciada com os títulos de padroeira do México, da América Latina e de imperatriz da América, pode ter ocorrido algo semelhante. Em 1531, São Juan Diego Cuauhtlatoatzin, um índio da tribo de Nahua, em Tepeyac, a noroeste da Cidade do México, teve uma visão que lhe pareceu ser a Virgem Maria.

FACÉCIA do latim *facetia*, facécia, gracejo, dito picante. No latim era mais usado o plural *facetiae, facécias*. No latim, estava ligada a *facere*, fazer. Sendo verbo de muitos significados, aparecia em muitas expressões, especialmente em algumas, com o sentido de criar. *Facere verba* (falar bastante), *facere foedus* (celebrar um tratado) e *facere medicinam* (exercer a medicina). Facécia resume a expressão "fazer graça com as palavras." Antes da popularização da imprensa, as facécias, tal como as anedotas, não eram publicadas, eram apenas ditas, como os provérbios, e iam passando pela tradição oral, assim como os contos de fada e demais contos populares, reunidos e publicados a partir da segunda metade do primeiro milênio.

FACEIRA de face, do latim *facies*, forma, aparência, aspecto, fisionomia, face, rosto, tendo também o significado de beleza. Por causa deste último significado, passou a designar a mulher que mostra nos gestos, modo de caminhar e de vestir, mas sobretudo no rosto, os motivos de estar alegre, tal como aparece neste trecho de *Novelas doidas*, de Viriato Correia, que se notabilizou por suas novelas históricas e livros infantojuvenis: "Uma velhota metida a faceira, que pintava os lábios com carmim." O velho carmim precedeu o moderno batom em centenas de anos. Era feito de matéria corante, extraída da cochonilha-do-carmim, um inseto da América Central, parecido com a cigarra. Eram necessários 150 mil deles para um quilograma de carmim. A beleza também tem suas contradições e a cosmética deve muito a insetos e animais repugnantes. Às vezes a faceira exala um perfume delicioso que pode ter sido feito de xixi de algum roedor.

FACHADA do italiano *facciata*, fachada, indicando a página de um livro ou qualquer das faces de um edifício, em geral a parte da frente. Passou a designar também o rosto das pessoas e, em sentido metafórico, aparência que encobre uma falsidade ou superfície sob a qual se esconde o que não pode ser revelado.

FACHO provavelmente da pronúncia portuguesa do latim vulgar *fasculum*, por sua vez radicado no caso genitivo do latim culto *facis*, de *fax*, archote, luzeiro, candeia, lanterna. Em batalhas noturnas era prudente abaixar o facho, diminuir-lhe a claridade com o fim de melhor ocultar-se do inimigo. Já levantar o facho indicava o contrário, mostrando que a ordem de ataque poderia ser cumprida. Nasceram expressões similares, como sossegar o facho, indicando moderação nas iniciativas. O guerreiro ou transeunte poderia também andar de facho apagado para economizar combustível embebido e de repente irromper de facho aceso à vista de súbita necessidade. Por metáfora com o fogo, aplicou-se em Portugal a mulheres namoradeiras, sobretudo aquelas que deveriam andar mais recatadas, de acordo com os costumes então vigentes, como era o caso de solteironas e viúvas, às quais era recomendada sossegar o facho ou diminuir a expressão pública de sua intensidade. O facho serviu ainda para assinalar o local dos duelos. O desafiante esperava o inimigo de facho aceso, indicando a disposição de realizar o combate. E o facho só era apagado por morte.

FACTÓTUM do latim *fac totum*, literalmente faz tudo. Designa indivíduo que se encarrega de todos os afazeres de outro ou aquele que se julga apto a resolver todos os negócios. Aparece neste trecho de *Linhas tortas*, de Graciliano Ramos: "Possuem um *factótum*, pau para toda obra, secretário geral e outras coisas mais."

FACULTATIVO do latim *facultatis*, genitivo de *facultas*, faculdade, capacidade de fazer alguma coisa. É sinônimo de permissivo, muito embora Flaubert ensinasse que não havia sinônimos, pois cada palavra quer dizer outra coisa, havendo sutis variações de significados. O ponto declarado facultativo nas repartições públicas é de um cinismo atroz: os funcionários podem escolher comparecer ou não ao trabalho nos dias em que está em vigor este tipo de permissividade. É claro que ninguém vai e o facultativo de ir torna-se obrigatório de não ir.

FADO do latim *fatum*, destino, predição, profecia, do mesmo étimo de falar, do latim *fabulare*, que traz implícito o ato de inventar. Ao consultar os oráculos, a pessoa perguntava o que seria de seu futuro. A resposta era dada por complexos sinais, como, por exemplo, a primeira coisa que ouvisse de alguém ao sair do templo. Mas fado é mais conhecido por designar canção típica de Portugal, frequentemente triste por lamentar infortúnios, executada ao som de guitarra portuguesa. A referência solar do fado português é a cantora Amália Rodrigues.

FÁETON do inglês *phaeton*, *faéton* ou *faetonte*. Designa uma pequena carruagem, de quatro rodas, sem nenhuma coberta, muito utilizada como transporte chique antes da invenção do automóvel e mesmo algumas décadas depois. Um dos maiores escritores portugueses, Eça de Queirós, utiliza o vocábulo em *Os Maias*: "Já o admirava no seu faéton, muitas vezes, e aos seus belos cavalos ingleses." O mais romântico de nossos prosadores do século XIX, Joaquim Manuel de Macedo, comentando certa cena comercial ocorrida na rua do Ouvidor, no Rio de Janeiro, preferiu sua variante: "*Mademoiselle* saltou do faetonte, entrou na loja e pediu para examinar a seda."

FAGOTE do italiano *fagotto*, fagote, instrumento de sopro, de palheta dupla e tubo cônico, utilizado em orquestras. Quem aperfeiçoou o fagote, a flauta transversal de três peças e o oboé barroco, desmembrando-os de vários instrumentos de sopro ainda sem designações fixas, foi Martin Hotteterre, pai de Jacques-Martins Hotteterre, também referência na música.

FAISÃO do grego *phasianós* pelo latim *phisanus*, que no provençal antigo virou *faisan*, designando ave que habitava as margens de Fásis, rio da Cólquida, na Grécia antiga, que desaguava no mar Negro ou Ponto Euxino, como era chamada a continuação do Mediterrâneo. A ave é conhecida por sua beleza e também por curiosa heresia nascida de banquete oferecido em Lille, na França, em 1454, pelo rei Felipe, o Bom, Duque de Borgonha, que era grão-mestre da Ordem do Tosão de Ouro, casado com Isabel, de Portugal. Os turcos tinham tomado Constantinopla no ano anterior e a comilança teve como pretexto uma reunião para organizar nova cruzada. O papa Pio II ficou esperando para abençoar a tal cruzada, mas parece que os comensais se fartaram tanto que se esqueceram das promessas feitas. Já era costume de cavaleiros medievais prestarem juramento diante de ave empalhada antes de destrinchar suas carnes, estando o pavão e o faisão entre as preferidas nesses rituais. Muitas aves foram sacrificadas no concorrido banquete, pois um faisão macho dá para apenas quatro pessoas, e a fêmea, para duas. Na ocasião foram entoados versos latinos que começavam com *Lamentatio Sanctae Matris Ecclesiae Constantinopolitanae* (Lamentação da Santa Madre Igreja de Constantinopla), cantada por homem que imitou voz feminina, certamente já influenciado pelos aperitivos. Outras quatro vozes responderam com um estribilho em francês. A promessa soou herética, pois o rei prometeu "a Deus, à Virgem Maria, às damas presentes e ao faisão" que combateria os infiéis e ficaria, como mandava o ritual, sem dormir com a mulher e sem comer em mesa com toalha até vencer o inimigo, nem que tivesse, para tanto, que duelar com o sultão.

FAÍSCA do alemão antigo *falaviska*, em cruzamento com o latim *favilla*, ambos significando fogo pequeno. Por isso, alguns pesquisadores viram neste vocábulo a origem de favela: vistas de longe, as luzes dos barracos eram foguinhos. Personagens de Rubem Fonseca bebem vinho português dessa marca em ocasiões especiais.

FAIXA do latim *fascia*, banda, tira. Com o mesmo sentido, o catalão tem *faxa*, e o provençal, *faissa*. Por isso, a etimologia não consegue fixar uma única origem para este vocábulo de muitos significados. As listas brancas transversais, postas geralmente nas esquinas, são chamadas de faixas de pedestre, já que naquele trecho delimitado ele pode atravessar a rua sem ser atropelado. Isto é, se os senhores do trânsito, assentados nos tronos de seus automóveis, permitirem ao pobre mortal obrar o glorioso feito de chegar ao outro lado. Faixa, no turfe, designa também o segundo, o terceiro e às vezes até o quarto cavalo inscritos sob o mesmo número num páreo. Faixa é ainda sinônimo de amigo.

FAJUTO de origem obscura, adjetivo que equivale a falso, tosco, falsificado, de má qualidade. Um caso curioso de diploma fajuto envolveu uma suposta universidade americana, a *Trinity Southern University*, que vendia diplomas pela internet. Em 2004, a Secretaria da Justiça da Pensilvânia acabou com a fraude. Os investigadores compraram por 299 dólares um diploma de administração de empresas em nome de Colby Nolan, um gato de seis anos, que foi matriculado como trabalhador de lanchonete. Depois da matrícula e do pagamento, foi-lhes informado que por mais 199 dólares o "aluno" fazia jus ao título de mestre e a um histórico escolar com média excelente. Os policiais apresentaram o formando vestido a caráter, sem faltar sequer o capelo. Foi o último aluno da universidade fajuta, que desapareceu da internet ou reapareceu com outro nome.

FALANGE do grego *phálagks* e do latim *phalanx*, *phalangis*, designava originalmente certo batalhão macedônico de infantaria. Os anatomistas utilizaram o vocábulo para designar as três partes de cada dedo. Já Falange Vermelha nomeia a tropa paramilitar de presidiários de alta periculosidade, que atuava no Rio de Janeiro na década de 1980.

FALAR do latim *fabulare*, conversar, contar fábulas, do latim *fabula*, cujo étimo comum é o verbo depoente *fari*, presente em infante, o que não fala ainda; em fama, aquilo que falam de alguém; e em infame, aquele de que quem se fala mal. O substrato geral é a raiz indo-europeia *werdh/wordh/wrdh*, derivadas da base *wer*, falar, que deu *word* no inglês, *woord* no holandês e *Wort*, no alemão. No inglês antigo, na saga de *Beowulf* (fins do primeiro milênio), *word* já aparece com o sentido de fala, expressão, dito. As origens grega e latina da maioria das palavras da língua portuguesa apresentam tais sinônimos, entretanto com sutis variações de significados, de que são exemplos escrever, do latim *scribere*, marcar com *stilus*, varinha pontuda para escrever na *lausa*, lousa, ardósia, ou na *tabula*, tabuinha, tabuleta, untada com cera, do grego *kerós*, pelo latim *cera*.

FALAR do latim *fabulare*, falar, dizer, narrar. Uma das crenças mais arraigadas no que se refere às diferenças de comportamento entre mulheres e homens é que elas falam mais do que eles. E quando calam, não é por não terem o que dizer, mas sim por terem muito a esconder, seja das rivais, seja dos homens. Como toda crença, está desprovida de caráter científico, mas são frequentes as situações em que parece haver evidência desta afirmativa.

FALASTRÃO de fala, de falar, do latim *fabulare*, que por influência de calar virou falar, mais *astrão* (junção dos sufixos -astra e -ão). Ao contrário do taciturno, do latim *taciturnus*, calado, silencioso, que é introvertido, o falastrão é excessivamente extrovertido e fala demais. Por isso, não raro comete indiscrições e mente. Um dos mais famosos falastrões de todos os tempos foi George DuPre. Baseado em seus depoimentos, Quentin Reynolds escreveu o livro *O homem que não falou*, publicado de forma resumida também na revista *Seleções*. Nele, DuPre dizia ter sido espião canadense entre as forças alemãs na Segunda Guerra Mundial, mas não respondia a perguntas que pediam detalhes de suas ações. Atribuía tais silêncios a supostas torturas pelas quais tinha passado nas mãos dos nazistas. Descoberta a fraude, depois de o livro ter vendido milhões de exemplares, foi acrescentada a palavra "ficção" na capa, e o livro continuou vendendo muito. Mas o editor confessou que o título deveria ser *O homem que falou demais*. Quem desmascarou tudo foi Doug Collins, que tinha sido prisioneiro dos alemães na batalha de Dunquerque.

FALCÃO provavelmente do latim tardio *falcone*, declinação de *falx*, foice, tendo posteriormente denominado também a ave de rapina. Há, porém, outros indícios etimológicos que vinculam sua origem ao germânico falco, que teria designado a ave com este nome por causa das formas recurvas de suas garras.

FALCATRUA de origem controversa, provavelmente do longobardo *falkan*, roubar, ligado ao antigo alto-alemão *falgan*, subtrair. Pode ter havido influência do latim *falcis*, genitivo de *falx*, foice. Já o francês *truand*, mendigo, designa também o ladrão, o rufião e o cáften, provavelmente com influência do gaulês *trugant*, infeliz. Jornalistas que ousam denunciar falcatruas praticadas por abastados, que podem pagar regiamente seus advogados com a riqueza derivada de atos ilícitos, costumam ser levados às barras dos tribunais, como é o caso de Juca Kfouri, notório desafeto de alguns cartolas, que deixaram de usar cartola há muito tempo, subsitutindo-a pelo chapéu de coco, depois abandonado também, de modo que hoje roubam de cabeça descoberta.

FALECIDO de falecer, do latim vulgar *fallescere*, falecer, faltar, que consolidou o sentido de morrer. Derivou de outro verbo, *fallere*, enganar, da mesma raiz de *fallacia*, falácia, engano, e de *fallax*, falaz, enganoso, que tem também o sentido de ilusório, como em *Contrastes e confrontos*, de Euclides da Cunha: "Será o eterno tactear entre as miragens de um processo falaz e duvidoso." A ideia de engano está presente também em outras línguas que produziram palavras a partir da mesma raiz latina, como no inglês *fall*, cachoeira, queda d'água. É como se águas fossem enganadas pelo leito do rio, que as conduz a um precipício. Também o pecado original, ao qual Santo Agostinho sempre se refere como a queda, é *The Fall*, em inglês. Note-se que está presente a ideia de falecer, pois, expulsos do Paraíso e caídos na Terra, Adão e Eva perderam a imortalidade: "no dia em que comerdes do fruto da árvore do conhecimento do Bem e do Mal, neste dia morrereis." O dia dos mortos, celebrado desde o século XIII no dia 2 de novembro, não teve um dia fixo por onze séculos! Como nem todos os mortos fossem conhecidos, a Igreja passou a dedicar um dia do ano a todos os mortos, a partir do século V, mas esse dia era qualquer dia, de livre escolha da comunidade. A tristeza, característica do dia dos mortos, no México cede lugar à alegria e a deboches da Morte. Caveiras de açúcar, pãezinhos, como pão do morto, em forma de gente, e enfeitado com tirinhas brancas que representam os ossos; frutas e doces, um conjunto de insólitas lembranças é colocado no altar dos mortos. Os visitantes levam também vasilhas com água, para o morto banhar-se depois de fazer a longa viagem do reino dos mortos ao reino dos vivos, a quem visita na noite de primeiro de novembro.

FALÊNCIA do latim *fallentia*, queda, ruína, derrocada. O mesmo étimo serviu ao inglês para o verbo *to fall*, cair, de onde se originou a locução *fall in love* – literalmente, cair de amor (apaixonar-se). Em tal sentido metafórico, a paixão seria uma suspensão da razão, da mesma forma que a falência implica suspensão dos pagamentos, perda de forças comerciais. A falência comercial ocorre quando, não podendo pagar seus débitos, o comerciante tem parte de seu patrimônio amealhada pelos credores, de acordo com o que é estipulado em procedimento judicial. Nem sempre os estudiosos da literatura brasileira tiveram com autores e livros o mesmo cuidado dos auditores de contabilidade. Um deles, por exemplo, incluiu *A falência*, romance da escritora Júlia Lopes de Almeida, entre nossas obras jurídicas mais relevantes.

FALHA do latim *fallia*, pelo francês *faille*, falta, engano, falha, encontrável também em *falescere*, falecer, faltar. Desde o português medieval, tendo inicialmente designado falta, espalhou-se em diversos significados, como falha no terreno, na madeira, no rosto, por ser prática antiga cortar orelhas e decepar narizes dos inimigos, que passavam a ter falhas no rosto. Em sentido figurado, como o rosto é indicativo de caráter – de onde vem a expressão "vergonha na cara" –, passou a designar também a falta moral e, no Direito, omissão, lacuna.

FALO do grego *phallós*, pelo latim *phallus*, falo, pênis. Na antiguidade greco-romana, sua imagem era carregada nos festivais aos deuses do sexo, do vinho e dos prazeres – Dionisio, na Grécia; Baco, em Roma. O falo é ainda destaque em várias culturas do Oriente, de que é exemplo a procissão em que o órgão é exaltado no *Festival do Falo de Aço* que se realiza anualmente no Japão, na cidade de Kawasaki, onde está um templo, cujos monges assim explicam o folclore deste deus local: "Um demônio com dentes afiados teria se escondido na vagina de uma jovem e castrado dois homens durante a noite de núpcias. Então, um ferreiro teria construído um falo de aço para quebrar os dentes do demônio." No livro *Falas femininas*, a professora e crítica literária Claudia Pastore percebe sutis diferenciações dos papéis masculino e feminino, ao comentar o poder dos símbolos fálicos em nossa cultura: "Ao homem é dado um papel o qual desempenha com eficácia nesta sociedade falocêntrica, a mulher titubeando ao desempenhar o seu, desencadeia ou reflete tal desequilíbrio no próprio homem."

FALÓPIO os condutos que ligam os ovários ao útero da mulher, num percurso de aproximadamente 5 cm, receberam o nome de "trompas de Falópio" porque sua descrição foi feita pelo anatomista italiano Gabriel Falópio. Quando o óvulo, já fertilizado, encalha nesses condutos, ocorre a gravidez tubária, forma problemática de gestação.

FALSÁRIO do latim *falsarius*, falsário, enganador. Um dos mais famosos falsários de dinheiro de todos os tempos é português. O caso está relatado no livro *The Man Who Stole Portugal* (*O homem que roubou Portugal*), de Murray T. Bloom. Parece romance, mas é documentário. Um português chamado Artur Virgílio Alves dos Reis (nascido em 8 de setembro de 1896) falsifica um diploma de engenheiro da *Politechnic School of Engineering* (Escola Politécnica de Engenharia), da Universidade de Oxford. A escola não existia! Um notário de Lisboa reconhece a validade do documento. De posse do falso diploma, nosso herói segue para Angola, em 1916, onde vai trabalhar como Superintendente de Engenharia no Departamento de Obras Públicas. Ali dedica-se a recuperar locomotivas emperradas. Em 1919, demite-se do emprego na África e recebeu das autoridades o seguinte elogio: "Alves Reis desempenhou-se das tarefas a seu cargo com grande zelo e competência, bem servindo à Colônia e do mesmo modo à República." Volta a Portugal em 1922, compra ações de uma companhia que opera em Angola, emitindo cheques que devem ser descontados em Nova York. Navios lentos lhe permitem utilizar recursos pagos sem juros por pelo menos uma semana, mas acaba emitindo US$ 40 mil em cheques sem fundos. Culmina falsificando, em 1925, dois milhões em moedas de 500 cruzados. Leva dez meses de vida nababesca. Preso, é condenado a 20 anos de prisão. Informa Fernanda Câncio, na edição de 26 de janeiro de 2008 do Diário de Notícias: "O crime de falsificação era punido com prisão até três anos, mas recuperaram uma lei que já não estava em vigor à data dos atos para o poderem condenar a 20 anos, o que era completamente inconstitucional. A coisa foi de tal ordem que o júri era constituído só por juízes, o que é a negação da ideia de júri." O economista Armindo Abreu tratou do caso no texto "As aventuras de Artur Virgílio e o dinheiro sem eira nem beira" (Revista *Inteligência*, ano X, n. 40, março de 2008, p. 26-54).

FALSIFICAR do latim *falsificare*, falsificar, tornar *falsum*, falso, enganar, que em latim é *ingannare*, verbo derivado de *gannire*, ganir, ladrar, rosnar, tendo também o sentido de cochichar e murmurar. Os falsários mais conhecidos da História adulteram documentos, joias e outros objetos de grande valor. Na literatura, um dos casos mais conhecidos é o de William Henry Ireland, filho de um tipógrafo de Londres. Precocemente culto e erudito, aos 19 anos revelou ao mundo a maior descoberta de suas pesquisas: originais de William Shakespeare, que disse ter encontrado num solar rural. O tesouro era constituído de cartas de amor do bardo à sua amante, uma variação de *Rei Lear*, um fragmento perdido de *Hamlet* e manuscritos completos e inéditos de duas peças, *Vortigem* e *Henrique II*. Entre as personalidades que reconheceram a genialidade da descoberta estava James Boswell, famoso advogado e homem de letras. *Vortigem* foi exibida uma única vez e muito vaiada pelo público. Ireland confessou que falsificou tudo, utilizando papéis velhos e uma tinta transparente, que dava a aparência de textos com cerca de dois séculos. Afinal o autor tinha morrido em 1616.

FAMA do latim *fama*, o que se fala de alguém e que resulta em perfil da pessoa cujos atos e falas são comentados, dando-lhe contornos que escapam à verdadeira essência de sua personalidade, com o triunfo das versões. A partícula latina está presente em outros vocábulos, de que são exemplos "infante", designando originalmente a criança que ainda não fala ou cuja fala deve ser desconsiderada; nefando, o que não pode ser dito, como o ato sexual que inclui a sodomia, caracterizando o pecado nefando; infância, idade em que ainda não se fala; fábula, história contada; infame, de quem se fala sempre mal, pois nada tem a favor de si mesmo; famigerado, que tem boa ou má fama, mas que em português é mais utilizado em sentido pejorativo; facundo, falante e fluente etc. Fama era também o nome de uma deusa a quem gregos e romanos do período clássico ergueram templos. Para os antigos romanos, ela era mensageira de Júpiter. Tinha cem bocas, cem ouvidos e longas asas cobertas de olhos. A fama e os famosos foram os primeiros a chegar à língua portuguesa, entre os séculos XIII e XIV. Nos séculos XVI e XVII chegaram os célebres e a celebridade. Somos uma língua neolatina, a última flor do Lácio. Sobre esta questão, aliás, há controvérsia, pois o português pode ter sido a segunda ou a terceira língua procedente do latim; de todo modo, a última, não. Menos para Olavo Bilac, que consolidou o erro. Um erro em bronze, é um erro eterno, como disse Mário Quintana. E em verso, também! A fama envolve tudo o que se diz de alguém, favorável ou desfavorável. No século XIII, quando a palavra entrou para o português, santos e bandidos podiam ser igualmente famosos. Mas a partir do século XV, entra na língua o verbo difamar, passando a designar ações que têm o fim de contrapor as versões sobre a vida de algum personagem conhecido. Em *Celebridade*, novela de Gilberto Braga, existiu uma revista chamada *Fama*. Uma das capas teve a empresária de sucesso Maria Clara, vivida pela atriz Malu Mader. No desdobramento das cenas levou ao ao assassinato do personagem Lineu, vivido por Hugo Carvana. No velório de Leonel de Moura Brizola, o ator, uma celebridade também fora da novela, foi assediado por vários populares que queriam saber quem o tinha matado. Deu-se coisa muito curiosa: ninguém queria saber o motivo da morte factual do defunto ali no caixão e, sim, da morte de mentirinha do personagem morto, vivido pelo vivo que rodeava outro morto, então recebendo as homenagens finais de sua longa existência. Enquanto isso, ao lado do caixão, políticos mortos-vivos, há tempo desalojados do poder pelo voto dos mesmos populares, buscavam preciosos minutos de fama, que para eles tudo vale para serem contemplados pelo público, vez que quem não é visto, não é lembrado, ainda que seja a desgraça do adversário ou do correligionário. O povo não é bobo: alguns olhares não disfarçavam a satisfação de se verem livres de um político bom de voto, que governou o Rio Grande do Sul, foi o deputado federal mais votado em toda a história pelo antigo Estado da Guanabara, governou o Rio de Janeiro por dois mandatos e cujos votos o presidente Lula teve que recorrer para chegar à presidência da República. A fama recebeu do escritor norte-americano John Updike cruel definição: "Ela é uma máscara que rói o teu rosto por dentro."

FAMÍLIA do latim *familia*, designando originalmente criados e escravos que viviam sob o mesmo teto, diferenciando-se da *gens*, conjunto de pessoas que tinham o mesmo ancestral. Mais tarde passou a designar a casa em sua totalidade, que incluía o pai, a mãe, os filhos, os escravos, as terras, os animais. Com a introdução do cristianismo em Roma, o pai, a mãe e o Estado arrebataram funções divinas. Como o latim tem casos e declinações, foi o acusativo *patrem*, de *pater*, que nos deu "padre", *pae* e finalmente "pai." Mãe, igualmente, veio de *mater*, mas pela declinação *matrem*. Já irmão veio de *frater germanus*, irmão legítimo, cujas partes constitutivas estão presentes em fraternidade, fraterno, fraternal, e de outra parte em irmão, irmandade, irmanar. Mas o vocábulo foi redimido e passou a designar a célula básica da sociedade, que teve sua expressão ideológica na civilização ocidental com o mito da Sagrada Família, composta de São José, Nossa Senhora e o Menino Jesus, consagrada em célebres textos e representações artísticas. O peso moral da estrutura pode ser visto em numerosos exemplos, como as dificuldades que os países de tradição cristã encontraram para aprovar formas jurídicas de desfazer uma família, ainda que para constituir outra, como no caso de desquitados e divorciados. Antigamente uma família somente era desfeita com a morte de um dos cônjuges, dado que o matrimônio era considerado indissolúvel, como, aliás, ainda é concebido na doutrina católica. No imaginário popular, porém, o principal atrapalho familiar é a pobre da sogra, vitimada com metáforas desairosas de todo tipo. Dada a carga de preconceitos contra a mulher, do sogro nada se diz.

FÂMULO do latim *famulus*, escravo, criado, aquele que pertence a uma família, de provável origem na raiz *osca fame*. Os *oscos* eram um povo primitivo que habitava a região italiana de Campânia. A raiz está presente também na palavra família, do latim *familia*, conjunto de escravos e moradores de um mesmo *domus*, casa, em que o chefe era o *dominus*, e a dona, a *domina*. Mas o fâmulo era mais criado do que escravo. O latim medieval *sclavus* veio do grego bizantino *sklábos*, denominação genérica de numeroso povo trazido para cativeiro, conhecido como *slavus*, eslavo. O criado tinha outra origem: como a palavra indica, tinha sido *creatus*, criado, naquela família onde todos moravam, origem remota de *domicilium*, local em que residiam, presente ainda hoje quando declaramos aos poderes do Estado que podemos residir onde queiramos, mas que nosso domicílio deve ser apenas um e é ali que seremos procurados para obrigações e impostos.

FANADO de fanar, do latim *fanare*, consagrar. Fanar passou a designar o ato da circuncisão por causa das orações proferidas durante o corte do prepúcio, ritual presente no judaísmo e no islamismo. Pero Vaz de Caminha registra com satisfação que os primeiros habitantes da Terra de Vera Cruz não eram circuncidados, afastando assim a suspeita de que os infiéis tivessem chegado primeiro: "Então atiraram-se de costas na alcatifa, a dormir, sem buscarem maneira de cobrirem suas vergonhas, as quais não eram fanadas." Esta observação é feita quando o cronista já está bem próximo dos dois índios que foram trazidos à nau capitânia, onde comeram, beberam e dormiram despreocupados diante dos descobridores, tamanha a sua inocência.

FANAR do latim *fanare*, consagrar, tendo também o sentido de oferecer em sacrifício nos templos, de onde lhe veio o significado adicional de cortar, amputar. A mesma raiz verbal está presente nas palavras profano, profanar. Aplica-se ainda ao que está murcho – vegetais fanados pelo sol. Pero Vaz de Caminha, na famosa *Carta a El Rei Dom Manuel*, anunciando o descobrimento do Brasil, encantado com a falta de vergonha dos índios, utiliza o particípio do verbo para dizer que os índios não eram circuncidados: "nenhum deles era fanado, mas todos assim como nós." Certamente não quis dizer que eram murchos, já que reconhecer tal estado não faz parte da tradição luso-brasileira. Registra ainda o viço e o frescor das índias, que já manifestavam cuidado com a cosmética: "uma daquelas moças era toda tingida de baixo a cima daquela tintura e certo era tão bem feita e tão redonda, e sua vergonha (que ela não tinha!) tão graciosa que a muitas mulheres de nossa terra, vendo-lhe tais feições envergonhara, por não terem as suas como ela."

FANÁTICO do latim *fanaticu*, de *fanum*, templo. Designava originalmente o que entrava no templo, em oposição a profano, que ficava à porta. Na antiga Roma, certos sacerdotes desfilavam pelas ruas vestidos de preto e armados de machados de duplo gume, dançando e se dilacerando. Modernamente o vocábulo passou a denominar aquele que tem excesso de fervor religioso, chegando a mutilar-se.

FANFARRA do francês *fanfare*, música alta, com ritmos bem marcados, tocada em desfiles e momentos festivos. Em francês, a palavra formou-se de provável origem onomatopaica. Serviu para designar o toque de clarins e trompas nas caçadas, o conjunto das melodias de caça e, mais tarde, banda de música que acompanhava cortejos civis e militares. Atualmente aplica-se à fanfarra dos desfiles, que é formada de instrumentos de sopro e de metal, aos quais são incorporados também saxofones e a bateria. Na ópera é o trecho executado por instrumento de metal.

FANFARRÃO do espanhol *fanfarrón*, festeiro, alegre, tocador de fanfarra. O percurso do vocábulo pode ter incluído também o francês *fanfare*, imitação onomatopaica do som da trombeta, e o árabe *farfar*, leviano. No português, ganhou o sentido de quem blasona valentia para esconder covardia.

FANIQUITO do árabe *annicd*, desfeito em pedaços. A pessoa que tem um faniquito parece que foi demolida. Mas o vocábulo é quase sempre usado em sentido pejorativo, para indicar um nervosismo sem motivo.

FANTASIA do latim *phantasia*, vindo do grego com grafia semelhante e com o significado de imaginação. Associada aos enfeites de Carnaval surgiu a expressão "rasgar a fantasia", indicando situação em que certos fingimentos não podem mais ser sustentados. É o caso de medidas impopulares tomadas por governos que não conseguiram cultivar o agrado do povo.

FANTASMA do grego *phántasma*, de onde migrou para o latim *phantasma*. Daí ao português foi um pulinho. Significa aparição, espectro, imagem vã, quimera. Surgiram também vários compostos do vocábulo, como caça fantasma, conta fantasma etc. Apesar de a conta ser aberta em nome de um fantasma, quem a movimenta está com o ectoplasma bem estruturado sobre uma pessoa física que, aliás, se apanhada, cumpre a pena em nome do ser fantástico, uma vez que o espírito é ainda mais difícil de ser capturado que o próprio mentor.

FANTOCHE do francês *fantoche*, boneco de teatro, em geral feito de pano, com as mãos de velcro e a cabeça de papel. Os fantoches funcionam como atores de mentirinha, movimentados por atores de verdade que lhes emprestam vozes e gestos. *Fantoches* foi o título do livro de estreia de Érico Veríssimo, cheio de histórias ingênuas e desarrumadas, não deixando ainda vislumbrar o genial romancista em que depois se transformaria. Autor de obras célebres, como as sagas de *O tempo e o vento*, várias delas traduzidas para diversas línguas e transpostas para o cinema e a televisão em adaptações memoráveis, como foi o caso de *Incidente em Antares*, que mostra um grupo de mortos insepultos deixando o cemitério para denunciar os poderosos locais.

FARÂNDOLA do alemão *fahrende*, os que passam. Deu nome a uma dança que se espalhou pela Europa a partir da Guerra dos Trinta Anos. Já com o nome de *farândula*, consolidou-se na Provença. Há uma célebre farândola na Arlesiana, do compositor francês Georges Bizet, que morreu aos 37 anos, mas antes fez, entre outras obras famosas, a célebre *Carmen*.

FARAÓ do egípcio *per-a'a*, casa grande, pelo grego *pharaón*, grande palácio. Diversas são as culturas que recomendam economia para dizer nomes importantes. Não tomar o nome de Deus em vão virou mandamento. Assim, também os egípcios evitavam designar o seu rei pelo nome e, em forma de metáfora, referiam-se ao lugar onde ele estava.

FARFALHAR do espanhol *farfallar* ou *farfullar*, fala disléxica, de fundo onomatopaico, designando ato que semelha à fala do gago. Em espanhol, gago é *farfalloso*. O barulho das folhas das árvores causado pelo vento, assim como o das vestes, principalmente quando longas, quando a pessoa caminha, foi comparado por vários escritores a uma linguagem desconexa que traria alguns significados metafóricos.

FARINGITE do grego *pharygx*, faringe, acrescido do sufixo -ite, inflamação. Os processos inflamatórios da faringe são mais comuns durante gripes e resfriados. Cidades como Curitiba e São Paulo, a terra da garoa, oferecem oscilações de temperatura e clima que favorecem faringites, laringites e demais afecções da garganta a quem não está acostumado a tais variações climáticas.

FARISEU do hebraico *pharush*, pelo grego *pharisaîos*, passando pelo latim *pharisaeu*, de onde chegou ao português, ainda que em nossa língua com o sentido modificado, já que é sinônimo de hipócrita. Originalmente designou partido e seita religiosa do povo judeu no regresso do cativeiro da Babilônia, composta de fervorosos seguidores da lei, cumprida com um exagero que os levava a apartar-se dos outros. Em aramaico, *pharisch* significa separado, distinto.

FARMACOPEIA do grego *pharmakopoiía*, fabricação de medicamentos, pela formação *phármacon* e *peía*, composição, étimo presente em epopeia, onomatopeia e prosopopeia, pelo francês *pharmacopée*, arte de fazer medicamentos. Fármaco designa preferencialmente a substância presente na droga e medicamento refere a droga pronta, produzida meticulosamente com as poções recomendadas. O étimo de medicamento está na palavra médico e as duas palavras aludem aos meios utilizados para curar o doente, pois desde tempos imemoriais a cura é tida como obra de deuses, daí a função sacerdotal dos clínicos, aqueles que se inclinam sobre o enfermo como intermediários de forças divinas, esforço somado ao recurso dos medicamentos.

FARNIENTE do italiano *far niente*, fazer nada. É um dos outros nomes do ócio, da preguiça. O italiano criou a expressão *dolce far niente* (doce fazer nada), indicando as benesses da ausência de trabalho, um dos pilares de todas as civilizações. De onde se pode concluir que sem um mínimo de preguiça, quem perde é a cultura. Quantas obras artísticas, literárias e científicas não foram concebidas no doce ofício de nada fazer!

FAROL do espanhol *farol*, construção em forma de torre, no topo da qual há uma luz especial que serve de guia aos navegantes. Passou depois a designar também as lanternas dos automóveis, servindo ainda de sinônimo a semáforo. A origem remota do vocábulo foi uma ilha rochosa denominada *Pharos*, situada nas proximidades do porto de Alexandria. Para prevenir os navegantes, foi erguida ali uma torre de 120 m de altura, em cuja extremidade havia uma fogueira permanentemente acesa, podendo ser vista a uma distância de 100 milhas. Sua construção foi concluída em 282 a.C. Uma das sete maravilhas da Antiguidade, durou intacta mais de 200 anos, tendo desaparecido completamente no dia 7 de agosto de 1303, durante um grande terremoto.

FARRA de origem controversa, provavelmente do lunfardo ou do espanhol ou do espanhol sul-americano *farra*, festa, algazarra. Mas uma outra hipótese: do latim *farreus*, antiga celebração do casamento entre os romanos, quando, já tarde da noite, era oferecido pão a Júpiter. Tendo começado como parte do enlace conjugal, o momento das dádivas ao principal deus latino descambou mais tarde para bebedeiras e comilanças, seguidas de verdadeiras orgias ao ar livre. Há normas também para a farra e por isso o Direito é invocado quando há exagero.

FARSA do latim *farsa*, particípio passado de *farcire*, rechear. Em seus primórdios foi uma pequena peça no final dos espetáculos teatrais, que misturava assuntos diversos. O espanhol tem *farsa* e o francês *farce*, com o mesmo sentido.

FARSANTE provavelmente o italiano farsante, *farsante*, ator ou atriz que trabalha em farsa teatral, representando atos burlescos ou ridículos. Designa também quem vive gracejando, que não leva nada a sério e que, por isso, não merece confiança. A farsa, surgida no século XIV, é pequena peça cômica popular, de curta duração e poucos personagens, marcada por situações ridículas. Em geral, o farsante, não apenas mente, mas também induz a alguma ou muitas mentiras ou ditos irresponsáveis. O palco é ocupado por farsantes quando é representada *A farsa de Inês Pereira*, de Gil Vicente, o primeiro grande dramaturgo português. Inês despreza a proposta de Pero Marques, filho de um camponês rico, homem tolo e ingênuo, e aceita se casar com Brás da Mata, um pilantra, que a faz sofrer muito depois de casada. Viúva, ela se envolve com um falso ermitão, que a conduz à gruta onde vive para encontros libidinosos. Daí o mote utilizado pelo autor: "Mais vale asno que me leve que cavalo que me derrube." No carnaval de 1995, a Imperatriz Leopoldinense apresentou enredo que alterava o mote para "Mais vale um jegue que me carregue que um camelo que me derrube lá no Ceará."

FASCÍCULO do latim *fasciculus*, pequeno feixe, punhado. Recebemos esta forma diminutiva que, na imprensa, designa obras publicadas em pequenas partes.

FASTIO do latim *fastidiu*, declinação de *fastidium*, falta de apetite, desgosto, aborrecimento, tédio. É o nome popular da anorexia, distúrbio que tira o gosto de comer, doença improvável num bom gurmê. Os dicionários da língua portuguesa preferem as formas francesas *gourmet* e *gourmand*. Significando o tédio dos marinheiros, aparece na seguinte passagem do Padre Antônio Vieira: "Também quis que se divertissem dos fastios do mar os seus navegantes."

FATALIDADE do latim *fatalitate*, declinação de *fatalitas*, necessidade do *fatum*, destino. As *fates* romanas, também designadas parcas, adaptadas das Moiras gregas, eram três: Nona, Décima e Morta, equivalentes às gregas Cloto, Láquesis e Átropos. Elas, hoje, na versão helênica, designam remédios prescritos pela homeopatia. Nona tecia o fio da vida; Décima determinava sua extensão e caminho a percorrer; Morta cortava esse fio. O termo fatalidade designando desgraça, tragédia ou simplesmente o fim abrupto de alguma coisa, nasceu de certas metáforas ligadas a essas deusas, cujas decisões eram irrecorríveis e nem mesmo Zeus, na Grécia, ou Júpiter, em Roma, podiam revê-las. Os antigos romanos adotavam o calendário solar para os anos e o lunar para os meses. Assim, a gravidez das mulheres não era de nove meses, mas de nove luas. Nona tecia o fio da vida no útero materno até a nona lua; Décima cortava o cordão umbilical, determinando o começo da vida terrena da pessoa, na décima lua, e Morta cuidava da outra ponta da vida, que poderia acabar a qualquer momento. Nasceu aí a significação de fatalidade.

FATURA do latim *factura*, palavra ligada a *facere*, fazer. Também utilizada como duplicata, sua origem remonta ao abecê, marca com que os escrivães autenticavam cópias de documentos, expressão surgida no século XIII. Em operações comerciais a prazo, a folha original, marcada com a letra A, ficava com o notário; as outras duas eram divididas entre o comprador e o vendedor. As três folhas das faturas eram impressas em papel ou pergaminho. O pergaminho, assim chamado porque a técnica foi aperfeiçoada no antigo reino de Pérgamo, nada mais era do que o couro do cabrito ou da ovelha tratado com alume, a pedra-ume, que o deixava pronto para ser utilizado na escrita ou na encadernação.

FAVELA é controvertida a origem deste vocábulo. Pode ter vindo do latim *favilla*, cinza quente, ou de *favu*, o conjunto de alvéolos de uma colmeia, que também se chama cortiço. Nos dois casos, alude-se, por metáfora, a conjuntos de habitações precárias. Quanto à origem, na clássica oposição entre o cru e o cozido, que segundo alguns teóricos definiu as civilizações, a cinza quente lembra o fogo feito no chão, com o fim de assar ou cozinhar. Os antecessores dos modernos fogões a gás ou elétricos, feitos de ferro, substituíram os fogões de pedra. Mas entre uns e outros dominou um tipo especial de fogão de correntes, afixadas num tripé ou no teto das cozinhas. Ganchos apropriados serviam para que panelas e chaleiras fossem ali dependuradas, embaixo das quais crepitava o fogo do chão, depois tornado brasa e cinza. Vistos de longe, pelas frestas dos barracos ou ao ar livre, onde também eram feitos, esses fogos teriam dado àquele amontoado de casas a aparência de uma colmeia. Outra explicação para o significado de habitação popular é dada por Antenor Nascentes e acolhida pelo *Dicionário Houaiss*: na campanha de Canudos, os soldados ficaram instalados no Morro da Favela, localidade daquela região assim chamada porque ali havia grande quantidade da planta que leva este nome (favela). Quando voltaram ao Rio de Janeiro, "pediram licença ao Ministério da Guerra para se estabelecerem com suas famílias no alto do Morro da Providência e passaram a chamá-lo Morro da Favela." E favela passou a designar moradia de gente pobre, construída em qualquer morro que circundasse o Rio de Janeiro. Mais tarde, a designação alcançou todo o país, havendo favelas de norte a Sul do Brasil.

FAVORECIMENTO de favor, do latim *favor*, presente no verbo favorecer, fazer favor. O processo de formação da palavra está presente em muitas outras, de que é exemplo esquecimento. Pode ter ocorrido processo semelhante, em que o sufixo -mento é agregado, o "i" funcionando como ligação que entra no lugar de "er": esquecer, esquecimento; favorecer, favorecimento. O favorecimento era tarefa exclusiva dos deuses. Na antiga Roma, marcada por deuses pagãos, isto é, rurais – em latim *paganus* designa tudo o que é do campo, de onde se formou *pagus*, pago, pequeno povoado, ainda presente no português do Brasil meridional – os favores eram feitos pelas divindades que protegiam os rebanhos e as plantações. Com o advento do cristianismo, os favores passaram a ser dados pelos papas a partir do século IV, quando a nova religião tornou-se a oficial do Império Romano, em forma de bênçãos, indulgências etc., mas na Idade Média os papas e outros eclesiásticos, para burlar o voto de pobreza feito diante de Deus, agraciavam seus sobrinhos com favores terrenos, pois não tinham filhos, por força do celibato compulsório, aos quais enriqueciam, dando dinheiro ou propriedades, fazendo coisas de Satanás. Foi esta a origem do nepotismo. *Nepos*, em latim, é sobrinho. De papas a prefeitos, muitos foram os que praticaram e praticam nepotismo, quem sabe dando razão ao dito do escritor austríaco Karl Kraus, em *Casos, ideias*: "*Der Teufel ist optimist, wenn er glaubt, das er die Menchen schleter machen kann.*" (O diabo é otimista, ele acredita que pode piorar as pessoas).

FAVORITA feminino de favorito, do italiano *favorito*, radicado no latim *favore*, declinação de *favor*, favor. Nas origens, este étimo liga-se ao verbo latino *favere*, alimentar, auxiliar, proteger. Com o tempo veio a designar a filha predileta do pai, a principal esposa do sultão ou a odalisca preferida do harém, mas na Europa, onde predominou oficialmente a monogamia e não a poligamia, favorita ganhou o sentido de amante predileta do rei, aquela que mais frequentava, não apenas a cama do monarca, mas também a de seus ministros mais influentes. Como trocasse seus favores amorosos na corte, favorita passou a ser mais conhecida como cortesã, palavra que passou do adjetivo feminino de cortesão ao substantivo feminino cortesã, sinônimo de meretriz, prostituta de luxo, ancestral da atual garota de programa ou acompanhante, palavras que também mudaram de significado. A garota é prostituta, o programa que faz tem a ver com sexo e, ao contrário do que informam os dicionários, acompanhante, neste caso, não é a "pessoa que faz companhia ou dá assistência a indivíduo doente, idoso, inválido etc.", como restringe o *Aurélio*, que ainda não acolheu o novo significado. Uma das mais célebres favoritas de reis foi Lola Montez, dançarina irlandesa que serviu a Ludwig I, rei da Baviera. Ameaçado pelo povo, o monarca livra-se da amante, mas, para consolar-se da perda, passa a construir castelos luxuosos. Por fim, pressionado por ministros, abdica. Depois dele, Ludwig II, seu neto, teve como favorito o músico Richard Wagner, falido como a dançarina. O monarca envia cartas apaixonadas ao músico, que é obrigado a refugiar-se na Suíça, como faria depois a dançarina. De saudade, o rei passa a construir belíssimos castelos. E por fim, pressionado pelos ministros, renunciou, como fez o avô. O certo é que esses amores tidos por ilegítimos resultaram em alguns dos mais belos castelos da Alemanha.

FAX do latim *fac simile*, literalmente uma ordem: "faze semelhante", reprodução exata de um escrito ou desenho. Designa também aparelho acoplado ao telefone capaz de transmitir documentos graficamente. O vocábulo veio do inglês e já foi incorporado aos nossos dicionários.

FAXINA do italiano *fascina*, feixe de lenha. Para ensejar a passagem do arado, puxado por bois ou cavalos, os faxineiros limpavam o terreno, nos tempos anteriores à mecanização sofisticada da agricultura, preparando-o para que fosse lavrado, carregando braçadas de lenha e amontoando-as em lugar apropriado, onde eram novamente queimadas ou simplesmente abandonadas. Veio daí o termo faxina com o significado de limpeza da casa.

FECHAR do latim *fistulare*, obstruir a entrada, formou-se fechar em português. É um verbo com muitos significados, como os preços fechados em classificados de imóveis, indicando que não sofrerão mais aumento. Em geral, tudo o que fecha pode ser reaberto, até mesmo em se tratando de temperamento de pessoas, como na abonação do *Dicionário Aurélio*, citando o escritor Salim Miguel, que em *Alguma gente* diz de um personagem: "Era um ser fechado, retraído, que custava a se adaptar, mais ainda a se abrir." No sentido de fechar os olhos como eufemismo de morrer, o poeta romântico Álvares de Azevedo, em famoso soneto, escreveu: "Se eu morresse amanhã, viria ao menos fechar meus olhos minha triste irmã."

FEDELHO do latim *foetere*, exalar mau cheiro, formou-se em português feder, conservando o mesmo significado. Com o acréscimo de um curioso afixo passou a designar o menino importuno, que ainda cheiraria a cueiros. Outros etimologistas dão uma origem diferente, indicando que os primeiros meninos chamados de fedelhos foram os coroinhas, dado que nas cerimônias religiosas carregavam turíbulos de onde exalava um bom cheiro de incenso. Neste caso, o vocábulo teria vindo de *fide*, fé, o que é pouco provável.

FEDERAÇÃO do latim *foederatio*, do mesmo étimo do verbo que exprime a relação sexual e é palavrão, pelo francês *fédération*, designando aliança, associação de Estados, instituições ou clubes afins, de que é exemplo a mais famosa federação do mundo, a FIFA, sigla de *Fédératión Internacional de Footbball Associatíon*, fundada em Paris, a 21 de maio de 1904, que conta com 208 federações nacionais, número superior ao de nações indexadas pela ONU, Organização das Nações Unidas. A Argentina filiou-se à FIFA em 1912. O Brasil apenas em 1923.

FEIJÃO do latim *faseolu*, feijão, formou-se este vocábulo, mas com troca de sufixo. O feijão e seu eterno companheiro, o arroz, compõem o prato mais popular do Brasil, a ponto de servir de metáfora para coisas simples: o feijão com arroz de tal ou qual ofício. É um dos verbetes mais alentados de qualquer dicionário brasileiro, destacando-se espécies curiosas, caracterizadas pela cor (o feijão-mulatinho), pelo formato (o feijão-frade), pela forma como cresce (o feijão-trepador), pela procedência (o feijão-soja). Este último antigamente foi chamado de feijão-chinês e depois de soja apenas, e suas primeiras sementes foram trazidas para o Brasil pela escritora Patrícia Galvão, a Pagu, depois de brincar com o último imperador na cidade proibida. As sementes foram entregues pela autora de *Parque industrial* ao escritor Raul Bopp, então embaixador do Brasil no Japão.

FEIJOADA de feijão, do grego *phaseolos* pelo latim *faseolus*, cujas espécies mais conhecidas no Brasil são carioquinha, preto, de corda, jalo, branco, rosado, fradinho, rajado e bolinha. Pratos com carne e legumes já eram muito populares na Europa, como o *cassoulet* da culinária francesa, quando os portugueses lhes acrescentaram feijão. Como a semente do feijoeiro era o ingrediente mais abundante, o nome da iguaria ganhou o nome de feijoada. A versão de que foram os escravos os inventores do novo item do cardápio, ao misturarem carnes pouco nobres do suíno, como orelhas, rabo e pés, é apenas lendária. Quando os negros chegaram ao Brasil, já havia feijoada.

FEIRA do latim tardio *feria*, dia de festa. Nos dias de festa, dedicados também a repouso, eram trazidos animais, aves, pratos culinários, roupas e objetos diversos para as oferendas. Os templos foram transformados em local de negócios, não apenas em razão dos recebimentos das oferendas, mas também pelo natural florescimento de comércio adjacente destinado a atender aos peregrinos e fiéis. Vem daí a denominação de nossos dias da semana de segunda a sexta, que indicam a continuação da feria, transformada em feira, celebrada no domingo. Com o tempo, o comércio especializou-se. Como nos dias de festa os comerciantes aproveitavam para expor e vender suas mercadorias, passou a designar o comércio, acabando inclusive por sobrepor-se ao significado litúrgico.

FEITIÇO do latim *ficticiu*, fingido. Mas pode ter vindo também de feito, acrescido do sufixo -iço, designando o ídolo feito pelo próprio adorador, mais tarde chamado de feiticeiro, donde vem a expressão "virar o feitiço contra o feiticeiro", isto é, os males previstos para outros recaem sobre quem os praticou.

FEITOR do latim *factore*, aquele que faz, feitor, administrador, capataz. Era cargo importante na administração das colônias brasileiras, nos primeiros séculos após o descobrimento. Navegadores, escrivães e feitores recebiam instruções detalhadas sobre como proceder em além-mar, tal como se pode notar na leitura de documentos de época, de que é exemplo o livro *Os primeiros 14 documentos relativos à armada de Pedro Álvares Cabral*, que reúne preciosos escritos pesquisados na famosa Torre do Tombo e publicados em Lisboa, em 1999, pela Comissão Nacional para as Comemorações dos Descobrimentos Portugueses.

FEIURA de feio, do latim *foedu*, horrível, repugnante, mais sufixo -ura. A raiz da palavra aponta para o sentido do olfato e não para o da visão. Originalmente, feio estava ligado ao odor desagradável, de onde veio a palavra fétido. Apesar de os padrões de beleza variarem muito no decorrer da História, todos sempre souberam definir o que é uma pessoa bonita, a começar pela observação do rosto. O escritor francês Jean-Pierre Hervé Bazin, autor de sátiras violentas contra a vida burguesa, considerou a feiura o melhor preservativo. E o poeta e romancista alemão Heinrich Heine escreveu: "Para uma mulher conservar a virtude, a feiura já é metade do caminho." Ao contrário da beleza, a feiura se mantém ao longo dos anos, sem que seja necessário o uso de cosméticos, de modo que todos podem ser feios sem esforço algum. A beleza, porém, requer delicados trabalhos de manutenção, principalmente com o passar do tempo.

FELDSPATO do alemão *Feldspat*, pela junção de *Feld*, campo, e *Spat*, rocha, nome genérico de mineral utilizado em vidros e cerâmica, porcelanas, esmaltes, polidores, sabão, prótese dentária, construção civil e sinalização de estradas. Conquanto rara, a palavra pode estar presente em sua boca, designando algum material usado na recuperação dos dentes. O grupo mineral ao qual pertence o feldspato está presente em 60% da crosta terrestre. No Brasil, as reservas de feldspato são estimadas em 79,3 milhões de toneladas e estão localizadas em Minas Gerais, São Paulo, Nordeste, Rio de Janeiro e Santa Catarina. O feldspato é parente próximo do quartzo e da mica.

FELICIDADE do latim *felicitate*, declinação de *felicitas*, que no latim estava ligada também à fertilidade. Felicidade era também o nome de uma deusa, a quem os romanos representaram na figura de uma rainha sentada num trono, tendo numa das mãos o caduceu e na outra a cornucópia. O caduceu, um bastão de ouro com duas serpentes ali enroscadas, se olhando de frente, passou a símbolo da medicina a partir do século XVI. A cornucópia, um vaso em forma de chifre – daí o nome – estava cheia de flores e frutos, lembrando a abundância. Às vezes, porém, a felicidade, tão desejada aos amigos nas festas de Natal, pode estar em pequenas coisas, como se depreende de alguns diálogos de filmes, de que é exemplo o que segue, travado entre os atores Audrey Hepburn e Maurice Chevalier em *Amor na tarde*: "– Trabalhando num caso novo? – Um cliente de Bruxelas. Sua mulher fugiu para Paris com o chofer e preciso encontra-los. O marido quer o carro de volta."

FELINO do latim *felinus*, ligado a *feles*, mas também com a variante *felineus*, aplicado, não apenas ao gato, mas também a outros animais domésticos. Com o tempo, *cattus*, gato selvagem, prevaleceu para denominar ainda na Roma antiga o gato doméstico. Há uma bonita autodefinição dos gatos em *História de uma gata*, cantada por Nara Loffego Leão: "Nós, gatos, já nascemos pobres/ Porém, já nascemos livres/ Senhor, senhora ou senhorio;/ Felino, não reconhecerás."

FEMININO do latim *femina*, fêmea, animal do sexo feminino, às vezes designando também, no gênero humano, a mulher. A questão dos gêneros em português que não tem neutro, apenas masculino e feminino é cheia de sutis complexidades. A fêmea do elefante é aliá, mas a força da fala popular impôs também elefanta. A do javali é gironda, mas os gramáticos tiveram que aceitar também javalina. O de zangão é abelha; o de cavaleiro, amazona; o de cavalheiro, dama; o de jabuti, jabota; o de vitu, saúva, sendo mais conhecida a fêmea, por analogia com formiga. Naturalmente, nenhuma dessas palavras sintetiza o "eterno feminino", expressão que indica a mulher como tema ou dominante e preferencial, que tem encantado escritores e artistas ao longo de milênios, ainda que para os animais, principalmente para os mamíferos, o eterno feminino esteja nas respectivas fêmeas.

FEMINISTA do francês *féministe*, palavra registrada em 1872, designando mulheres ligadas a ideias e movimentos contestatórios, inconformadas com práticas machistas. Nos EUA, uma das principais líderes foi a escritora americana Betty Friedan, autora de *A mística feminina*. As feministas alcançaram êxitos notáveis nas décadas 1960 e 1970, e retornaram com vigor na primeira década deste século. Mas sem o pudor de antigas combatentes, em vez de queimar sutiãs em praça pública, uma ala nova, surgida na Ucrânia, vai às ruas sem eles, tirando a blusa, mostrando os seios e ostentando mensagens escritas sobre o corpo nu, tal como fez a linda e bem articulada estudante de história da Universidade Federal de Alagoas, a cearense Brígida de Souza, na passeata do grupo *Tambores de Safo*, no centro do Rio de Janeiro, em junho de 2012, por ocasião da Rio + 20.

FENÔMENO do grego *phainómenon* pelo latim tardio *phaenomenon*, aparição, prodígio, coisa ou fato extraordinário. Foi com esse apelido que se tornou mundialmente conhecido o jogador Ronaldo Luiz Nazário de Lima, Ronaldo Fenômeno, o maior artilheiro da história das Copas do Mundo, com 15 gols, revelado no São Cristóvão por Jair Ventura Filho, Jairzinho, o Furacão da Copa de 1970. Carlos Alberto Parreira perdeu a oportunidade de revelá-lo para o mundo na Copa de 1994, sacando do banco de reservas Paulo Sérgio Rosa, o Viola, na final com a Itália, e não o menino-prodígio. O Brasil ia ensacar o Viola e a viola e voltar para a casa, mas teve sorte nos pênaltis, quando Cláudio Taffarel fez uma defesa, e dois italianos chutaram para fora. O goleiro italiano também pegou um dos quatro pênaltis que o Brasil bateu, mas o resultado final foi 3 x 2.

FERIADO do latim *feriatus*, feriado, que se está em festa, em férias, ligado ao verbo *feriari*, festejar. O significado está vinculado também a *festo*, dia em que na tradição romana era bom começar alguma coisa, em oposição a nefasto. Os feriados religiosos móveis – ao contrário dos fixos, como o Natal e o Ano-Novo – são fixados a partir da Páscoa, que é definida assim: ocorre no primeiro domingo depois da primeira lua cheia que acontecer após 21 de março. A Sexta-Feira Santa, também definida apenas como Paixão, é a que antecede o domingo de Páscoa. A terça-feira de Carnaval dá-se 47 dias antes da Páscoa. E a festa de *Corpus Christi* (Corpo de Cristo) ocorre 60 dias depois da Páscoa. Já o Domingo de Ramos é o último domingo antes da Páscoa. A Quaresma designa os 40 dias entre o Carnaval e o Domingo de Ramos. E 39 dias depois da Páscoa, temos a festa da Ascensão de Jesus ao Céu. E o domingo de Pentecostes ocorre dez dias depois da Ascensão.

FÉRIAS do latim *feriae*, dias de descanso entre os romanos, em honra dos deuses pagãos. Passou a designar o período em que a população festejava também vitórias militares. Estabelecido o ensino regular, o vocábulo, sempre no plural, tem servido desde então para denominar o período em que os alunos não têm aulas. As férias escolares brasileiras costumam ocorrer nos meses de janeiro, fevereiro, julho e dezembro. Com a industrialização, que trouxe nova organização do trabalho, passou a designar os dias consecutivos de descanso gozados pelos trabalhadores.

FERIR do latim *ferire*. Tem também o sentido de atingir. Assim se pode dizer que um objetivo atingido foi ferido. Seu significado usual, porém, é de machucar. O grande general e escritor romano Júlio César, bissexual convicto e praticante, que defendia ser necessário sua esposa Calpúrnia, além de ser, parecer honesta, enquanto ele se deliciava com seus comandados mais jovens, recomendou aos veteranos, na célebre batalha de Farsália, que os inimigos fossem feridos no rosto: "*vultum feri*" (feri no rosto). Eram quase todos jovens, orgulhosos do viço juvenil, e abandonaram o campo de batalha para não terem o rosto desfigurado. E César venceu outra vez. Nossos procuradores estão levando corruptos a ser feridos no rosto por luzes e câmeras, mas há quem queira protegê-los por julgarem que tal exposição é excessiva.

FERMENTO do latim *fermentum*, fermento, levedura. Apesar de o vocábulo ser mais conhecido como a substância enzimática que faz crescer a massa do pão, a cerveja e o queijo são alguns dos itens produzidos por fermentação. Jesus Cristo, sempre criativo em metáforas que poderiam facilitar o entendimento popular, chamou seus discípulos de sal e fermento do mundo.

FERRAR do latim *ferrare*, pôr ferro, do latim *ferrum*. O ferro é um metal tão importante que deu nome a uma das idades da História, a Idade do Ferro, que superou a Idade do Bronze. Quem trouxe o ferro para o Ocidente foram tribos indo-europeias a partir de 1200 a.C., quando os celtas emigraram. Utilizado na fabricação de ferramentas, o ferro teve importância decisiva na confecção de facas e espadas. Também os cavalos receberam ferro nas patas. O ofício de ferreiro tornou-se arte militar. Por exemplo: o frâncico *marhskalk*, criado que cuidava dos cavalos, tornou-se *marechal* no francês e veio a designar o fabricante de ferraduras para os animais. Com o tempo, era tão importante cuidar de bem ferrar os cavalos que esse artesão, entrando para o Exército, tornou-se oficial da cavalaria. Dele dependia a preparação das batalhas, incluindo o aparelhamento dos cavalos. Logo era o maior posto do Exército, que extinguiu essa patente em 1967. O último militar brasileiro a usufruir deste título foi Waldemar Levy Cardoso.

FERRO do latim *ferru*, ferro. Este metal tem cumprido as mais complexas funções ao longo da civilização, da espada ao eletrodoméstico, passando pelo trem, a princípio denominado trem de ferro. Os antigos ferros de passar roupa, aquecidos por brasas, já eram conhecidos dos chineses no século IV, embora no Ocidente sua presença tenha sido registrada apenas a partir do século XVI. A utilização da goma nas roupas fazia com que fossem alisadas a frio por frisadores de vidro ou de mármore. O ferro elétrico foi inventado em 1882, nos Estados Unidos. E o de vapor, em 1926. No filme *Doutor Jivago*, estrelado por Omar Shariff e Julie Christie, a enfermeira Lara está passando roupa quando se comove com uma declaração de amor. Para de mover o ferro e faz um estrago sobre a tábua de passar. O filme ganhou cinco *Oscars*, um dos quais pela música de Maurice Jarre. O ferro de passar sempre cumpriu função anônima, mas importantíssima, nas mãos de hábeis passadeiras, responsáveis pelo apuro das roupas nos desfiles, inclusive militares. O ferro é metal de largo uso em países industrializados, mas parece ter sido utilizado também na fabricação de seus governantes, dada sua insensibilidade diante de problemas sociais, tal como se depreende do apelido dado à Margaret Thatcher por jornalistas soviéticos, em 1977, que passou a ser conhecida como Dama de Ferro, dada sua inflexibilidade em adotar políticas econômicas que prejudicavam trabalhadores ingleses.

FERROVIÁRIO de ferrovia, palavra criada em fins do século XIX para designar a estrada de ferro, expressão pela qual é também conhecida. Sua origem remota é ferro, do latim *ferrum*. A mais famosa ferrovia nacional é a Estrada de Ferro Central do Brasil, reduzida para *Central do Brasil* apenas no título do filme de Walter Salles. O argumento baseia-se em mulher (Fernanda Montenegro) que escreve cartas para analfabetos na estação da Central do Brasil, no Rio de Janeiro, e ajuda um menino (Vinícius de Oliveira) a procurar o pai, que jamais conheceu, no interior do Nordeste. Ferrovias e trens estão presentes em várias obras da literatura brasileiras, algumas das quais transpostas para o cinema, como os romances *Doramundo*, de Geraldo Ferraz, e *Mad Maria*, de Márcio Souza, este último transformado em minissérie na televisão, cujo tema solar é a ferrovia Madeira-Mamoré.

FERTILIZANTE de fértil, do latim *fertile*, com o sufixo -ante, tendo "z" como ligação. Os primeiros fertilizantes para a agricultura eram trazidos pelos rios. O melhor exemplo são as águas do Nilo, utilizadas para irrigação desde os tempos dos faraós. Suas cheias transferem grandes quantidades de aluvião. Ao se retirarem, depois das enchentes que começam em junho e atingem seu pico em setembro, as águas fertilizam naturalmente as várzeas e terras ribeirinhas. Os antigos romanos acreditavam que uma mulher tinha ensinado a agricultura aos homens. Era Ceres, representada com uma coroa de espigas, foice e cesto nas mãos. Na Grécia, seu nome era Deméter, deusa do trigo, dos cereais e das colheitas. Mas atualmente os fertilizantes são químicos. Aliados aos pesticidas, contaminam o ambiente com milhões de toneladas anuais em todo o mundo, principalmente na América Latina, onde o controle é ainda muito frouxo. Os transgênicos pretendem resolver o problema, pois a semente já traria na essência as defesas necessárias contra as pragas da lavoura. O tema é polêmico e rendeu fama a muita gente, incluindo o francês José Bové, notório desafeto de transgênicos e pesticidas, que, visitando o Brasil, liderou a destruição de experimentos transgênicos no Rio Grande do Sul. Na França, foi preso por motivos semelhantes e por ter liderado a destruição de uma loja do *McDonald's*.

FESCENINO do latim *fescenninus*, habitante de Fescênia, cidade da Etrúria, hoje Itália, famosa por suas bacanais e festas em que se cantavam canções licenciosas e se declamavam versos libertinos, proclamando os prazeres da devassidão. Até Tito Lívio, em sua *História de Roma*, escandalizou-se com os exageros daquelas festas e cantos. Fescenino veio a designar um gênero de poesia erótica. Rubem Fonseca, um dos poucos escritores brasileiros a conciliar sucesso de vendas com prestígio literário, deu o sugestivo título de *Diário de um fescenino* a um de seus romances. Eis um trecho: "Posso ser considerado um fescenino, um licencioso, tendo tido, até agora, pouco mais de quarenta mulheres? (...) O recorde absoluto – evidentemente, de uma mulher – é de uma atriz francesa, Mademoiselle Dubois, que, em suas memórias, escreveu que num período de vinte anos teve casos com dezesseis mil quinhentos e onze homens, o que dá uma média de três por dia. Mas chega de falar de façanhas sexuais. isso é assunto de revista feminina." As crônicas mundanas asseguram entretanto que Dubois foi superada pelo fescenino americano Wilt Chamaberlain, jogador de basquete. Em sua autobiografia ele afirmou que entre 1951 e 1991, teve 20 mil mulheres. O rei Ibn-Saud teria tido três mulheres em cada noite, durante toda a vida. Júlia, filha do imperador Caio Júlio César Otaviano Augusto, superou todos eles e teve o maior número de pessoas em suas relações sexuais. Por causa disso, o pai a deportou para uma ilha, onde foi condenada a viver sozinha. Essas crônicas são quase todas lendárias.

FESTA do latim *festa*, festa, celebração, dia de luz. Na liturgia cristã há muitas festas, como a do Sábado de Aleluia e as dos santos padroeiros de cada nação, mas nenhuma é tão popular como a de Natal, comemorada no dia 25 de dezembro desde o século IV. Em setembro, festeja-se o Rosh Hashaná, como é denominado o ano-novo judaico. Eles não tiveram problemas de *bug* nas cinco passagens de milênios. Nós passamos apenas um e tivemos problemas no segundo. Tudo por causa da infância birrenta do computador.

FESTEJO de festejar, ligado à festa, do latim *festa*, plural de *festum*, dia alegre, de celebração. Os cristãos apoderaram-se dos aparelhos de estado pagãos, incluindo seus símbolos, palácios e designação das autoridades, e adotaram eficiente estratégia de impor as próprias festas. Assim, o Natal foi instituído em 25 de dezembro pelo imperador Constantino I, no ano 336, para que coincidisse a data de nascimento de Jesus com as festas pagãs do solstício de inverno, que homenageavam o Sol. Houve curioso sincretismo, isto é, mistura de cultos e religiões, mesma estratégia adotada pelos escravos quando, sendo obrigados aos festejos dos patrões e donos, procuravam mesclar seus deuses e ritos com os dos católicos. Carlos Drummond de Andrade celebrou o Natal na crônica *Organiza o Natal*: "O mundo será administrado exclusivamente pelas crianças, e elas farão o que bem entenderem das restantes instituições caducas, a Universidade inclusive. E será Natal para sempre."

FESTIVAL do inglês *festival*, grande festa. Passou a designar reuniões destinadas a exibição de peças artísticas, como é o caso dos festivais de cinema, de música. Em 1953, *O cangaceiro*, filme dirigido por Vítor Lima Barreto, foi premiado no Festival de Cannes, na França. E em 1962, Anselmo Duarte, então com 41 anos, ganhava no mesmo festival a Palma de Ouro pelo filme *O pagador de promessas*.

FETICHE do francês *fétiche*, feitiço, fetiche. O português cunhou a palavra feitiço para designar o objeto ou gesto cultivado pelos supersticiosos como dotado de poderes enigmáticos, capazes de definir a sorte ou o azar de uma pessoa em acontecimento especial. E no caso houve uma volta à língua de origem, pois um feitiço para ser chique deve ser fetiche, do francês *fétiche*, com o mesmo significado.

FETICHISMO do francês *fétichisme*, ainda assim palavra ligada ao português feitiço, que foi para o francês como *fétiche* e para o inglês como *fetish*, de onde voltou como fetiche. No século XV, ao chegarem às costas da África, os navegadores portugueses ficaram desconcertados com as superstições dos nativos e dos poderes que eles atribuíam a alguns objetos que teriam poderes mágicos. A psicologia moderna adotou a palavra fetiche para designar o interesse sexual específico por pés, sapatos, determinadas *lingeries* etc.

FEVEREIRO do latim *Februarius*, homenagem dos romanos à deusa *Februa*, mãe Marte, que presidia à festa da purificação. Os romanos iluminavam as ruas para que o deus da guerra, comovido com as homenagens à sua mãe, lhes concedesse a vitória sobre os inimigos. A partir do século IV, os cristãos mudaram o nome e a homenageada, transformando os festejos em honra de N. Sra. da Candelária, sendo as tochas substituídas por candeias. Também em fevereiro os romanos celebravam a deposição de Tarquínio, o Soberbo, o último rei de Roma, após o qual foi instalada a República. Incitado pela esposa, ele matara o sogro, e o filho, Sexto Tarquínio, obrigara a bela aristocrata Lucrécia, casada com um patrício, a praticar adultério, após o que a nobre se suicidara. Também em fevereiro as mulheres deixavam-se açoitar por jovens que cobriam o rosto com couros de bodes sacrificados, pintando o corpo com sangue, segundo receita da deusa Juno quando consultada em oráculo sobre a esterilidade feminina que certa vez afetara as romanas.

FEZINHA de fé, do latim *fides*, convicção, crença, tendo também o sentido de esperar uma recompensa. Este diminutivo um tanto estranho, pequena fé, derivou da esperança de, apostando pouco, ganhar alguma coisa no jogo do bicho, que deveria ser dos bichos, pois são 25: avestruz, águia, burro, borboleta, cachorro, cabra, carneiro, camelo, cobra, coelho, cavalo, elefante, galo, gato, jacaré, leão, macaco, porco, pavão, peru, touro, tigre, urso, veado, vaca. O jogo teve tal sucesso que os bilhetes passaram a ser vendidos também em outros locais da cidade. E a maioria dos compradores somente ia ao Jardim Zoológico no fim da tarde, à hora do sorteio. Tendo perdido sua finalidade inicial, o jogo foi proibido em 1895, mas já estava consolidado em todo o Brasil.

FIACRE do francês *fiacre*, carro de praça puxado a cavalo, antecessor dos modernos táxis. Recebeu tal denominação porque os primeiros veículos utilizados nesse tipo de transporte, em 1620, ficavam estacionados em frente ao hotel São Fiacre, em Paris. O nome do santo, celebrado pela Igreja dia primeiro de setembro, tem origem controversa, mas é provável que se trata de eremita que veio de Fiachra, na Irlanda, para a França, no século VII. Ao chegar, instalou-se na localidade onde hoje se situa a cidade de Saint-Fiacre-en-Brie. Ali construiu um eremitério e ao lado deste um albergue para viajantes, desde que eles se hospedassem sem companhias femininas. O pobre santo padecia de um sério equívoco na vida: abominava as mulheres, excluindo-as das proximidades de onde vivia. Durante muitos séculos seu túmulo foi objeto de veneração. Foram atribuídas muitas curas por sua intercessão, especialmente de hemorroidas, como se lê no *The Penguin Dictionary of Saints*, de Donald Attwater, cuja segunda edição foi atualizada por Catherine Rachel John e publicada no Brasil pela Art Editora, em 1991.

FICAR do latim *figicare*, frequentativo de *figere*, fixar, de que é exemplo a expressão latina *figere oculos in virgine* (pregar os olhos na moça). Este verbo que, entre outros sentidos, tem o de permanecer, ganhou significado peculiar na gíria surgida na década de 1990 e vigente nos dias que correm, indicando ato amoroso de definição imprecisa, que vai do flerte ao namoro. Os adolescentes, no mais das vezes, não namoram, ficam com alguém, dada a rapidez com que trocam de parceiros.

FICÇÃO do latim *fictione*, declinação de *fictio, de fingere*, fingir, modelar, inventar. A ficção literária, em prosa ou poesia, é um faz de conta com a realidade, um fingimento que cria, paradoxalmente, uma outra realidade.

FICHA do francês *fiche*, tento e também pauzinho utilizado para marcar pontos no jogo. No século XV, o francês *fiche* designava instrumento de ferro, de ponta aumentada, utilizado para plantar a vinha. Quatro séculos depois, *fiche* já era também cartão ou folha solta para ordenar informações, e *ficher*, fixar em locais visíveis. Neste caso, a origem mais remota ainda é o latim *figere*, furar, transpassar, que ganhou o significado adicional de afixar pelo latim vulgar *figicare* e depois *ficcare*, fincar. A expressão "caiu a ficha" remete aos primeiros telefones públicos em forma de orelhões: colocada a ficha, era necessário esperar que a ficha caísse para começar a falar e a ouvir.

FIDEÍSMO do latim *fide*, fé, com o sufixo -ismo. Designa movimento católico nascido na França, no século XIX, que desprezava a razão e proclamava a fé como única via de acesso ao conhecimento, mesmo para as verdades naturais. A doutrina foi rejeitada pela Igreja. Em sua encíclica *Fé e Razão*, o papa João Paulo II retomou as complexas relações entre as verdades da ciência e da religião. A encíclica foi escrita em latim e as traduções têm empanado um pouco o brilho de seu texto. O então pontífice, ex-ator de teatro, primou também pela precisão de sua linguagem, temperada por cuidadosas expressões literárias. Em resumo, o papa, que falava mal várias línguas, escreveu bem em diversas delas, principalmente em latim, o idioma oficial da Cúria Romana.

FIDELIDADE do latim *fidelitate*, declinação de *fidelitas, fidelitatis*, fidelidade. A fidelidade amorosa, insistentemente requerida entre os amantes, a menos que vivam em culturas que aceitem a poligamia, como é o caso dos países árabes, deu título a uma das célebres poesias de Vinicius de Moraes, intitulada *Soneto de fidelidade*: "Eu possa me dizer do amor (que tive): que não seja imortal, posto que é chama, mas que seja infinito enquanto dure."

FIDELIZAR do latim *fidelis*, fiel, constante, aquele em que se pode ter confiança, com influência do étimo presente também em fidelidade e em confiança, surgiu este verbo para designar providências tomadas pelas empresas para manter os clientes que conquistaram. Eles recebem tratamento diferenciado, seja na modalidade de atendimento especial, seja em descontos que lhes são concedidos. Um dos maiores especialistas no assunto, o norte-americano Frederick F. Reichheld, autor de *A estratégia da lealdade*, defende que, antes de fidelizar os clientes, a empresa deve fidelizar os funcionários. Para tanto, organizou um questionário de 14 perguntas a serem respondidas por quem trabalha na empresa, entre as quais estão: "Você acredita que essa empresa merece a sua lealdade?", "Qual é a probabilidade de você continuar trabalhando nessa empresa daqui a dois anos?" e "A empresa em que você trabalha atrai e mantém excelentes profissionais?".

FIGA do francês *figue*, figo. Designa amuleto representando a mão fechada, com o polegar entre o indicador e o dedo médio. De acordo com a crença popular, protege o usuário de malefícios, doenças e desgraças. Quando a figa é feita ao vivo, no sinal característico que se faz com a mão, tem o fim de esconjurar, repelir ou simplesmente debochar. A figa nasceu na Itália, durante a tomada de Milão por Frederico I, o Barba-Roxa. Tendo os milaneses se recusado a pagar exagerados tributos que lhes impunha o vencedor, o imperador reuniu todas as éguas na praça central, colocou figos sob as caudas dos animais e determinou que os vencidos dali os retirassem com a boca. A reprodução manual do ato passou a servir para coagir outros habitantes. O feitiço virou contra o feiticeiro e Barba-Roxa morreu afogado durante a Terceira Cruzada.

FÍGADO do latim vulgar *ficatum*, fígado; da expressão latina *jecur ficatum*, que designava o fígado do animal tratado com o fruto da figueira, o figo. Petisco especial da culinária francesa, o fígado das aves, especialmente dos gansos, por força de uma alimentação forçada, tem seu tamanho natural muito aumentado. Na antiga Grécia, assim como na velha Roma, empanturravam-se as pobres aves com figos, designando esses órgãos inchados *hepar sukoton*, na Grécia, e *jecur ficatus*, em Roma. O fígado, *jecur* em latim, conservou, porém, na designação científica a forma grega *hepar*, como se vê em palavras como hepático, que é sinônimo de figadal e jecoral na linguagem médica, o que se comprova em bulas de remédios. Popularmente, entretanto, consolidou-se o estado da glândula hepática, *ficatus*, repleta de figos, para indicar a víscera responsável pela modificação de alimentos, remédios e principalmente bebidas alcoólicas. Este órgão importantíssimo do corpo humano tem-se prestado também a muitas figuras conotativas. Assim, o mau humor de uma pessoa é tido como sintoma certo de funcionamento irregular dessa glândula. Se o fígado não funciona direito, a pessoa, intoxicada por alimentos, remédios ou bebidas, pode perder o humor, nascendo daí a expressão de que "Fulano tem ou está de maus fígados ou maus bofes." E inimigo figadal é exemplo de desafeto insuportável.

FIGUEIRA do latim *ficaria*. Muitas dessas árvores são seculares e é provável que algumas tenham ultrapassado um milênio de existência. Seu fruto é o figo. O bom Jesus amaldiçoou uma figueira que não estava frutificando quando ele se acolheu à sua sombra, buscando alimentos. Foi levemente admoestado por teólogos que viram na exigência um exagero. A árvore estava obedecendo à natureza e não era época de dar frutos. Foi também amaldiçoada pelo poeta português António Nobre, que retomou antiga lenda de que Judas se suicidara numa dessas árvores nos arredores de Jerusalém: "Ó figos pretos, sois as lágrimas daquele/ que, em certo dia, se enforcou numa figueira." Todos os que a amaldiçoaram viveram bem menos que a árvore.

FIGURA do latim *figura*, representação. É um vocábulo dos mais polissêmicos, isto é, tem muitos significados, e pode indicar desde uma pessoa até um mapa ou esquema. É também utilizado em muitas metáforas, como na expressão "figurinha difícil", que designa pessoa pouco acessível. É famosa a expressão com que o célebre escritor espanhol Miguel de Cervantes qualificou o seu *Dom Quixote*: "cavaleiro de triste figura."

FIGURA JURÍDICA do latim *figura juridica*, de que é exemplo paradoxal a sociedade de uma só pessoa. Os antigos romanos realçaram as ligações entre direito e ficção. Povo prático, trouxe o termo figura do verbo *fingere*, fingir, fazer de conta, designando o trabalho do oleiro que fazia imagens de barro. O profissional ganhou este nome porque seu ofício principal era fazer a panela, *olla*, em latim *panela de barro*. Acusação e defesa fazem ficção nos júris, sem dispensar ornamentação da linguagem em suas narrações e perorações. Mas, sabendo conciliar a contribuição de povos que conquistaram, de cultura superior à deles, como os gregos, uniram à prática o refinamento intelectual. Na Grécia antiga, o pioneiro em metáforas e metonímias foi Górgias, natural de Leôncio, cidade a norte de Siracusa. Ele chegou a Atenas precedido pela fama de ter juntado a beleza da poesia à prosa, ao criar as figuras de linguagem. É dele também a divisão dos discursos em três categorias: deliberativo, judiciário e epidítico, palavra vinda do grego *epideiktikós*, demonstrativo. Com efeito, num julgamento, o discurso judiciário trata do passado dos réus, mas, no presente, delibera como será o futuro deles. Nos júris, prevalece o discurso epidítico, que teatraliza o presente.

FIGURINO do italiano *figurino*, figura pequena, desenho de uma pessoa ou mais precisamente nos tempos modernos do como ela se veste, da roupa que usa, da moda, figurino. Uma das leis da moda é que o que está na moda, está saindo de moda, já que a essência da moda é ser efêmera, passar logo. Mas há uma exceção. As ilustrações de antigos catecismos da doutrina cristã mostram Deus como um senhor severo, há tempos sem visitar o barbeiro, sentado num trono de nuvens. Barbas, cabelos, roupas, tudo nele é comprido e inteiramente branco. O modelo, criado na Idade Média, jamais foi atualizado. A calça *jeans* tornou-se universal, mas Deus continuou vestido do mesmo modo. O figurinista do Céu abomina as novidades. Lá a moda é sempre a mesma. Faça frio ou calor, as figuras celestiais vestem apenas uma leve roupa branca. Conclusão: o Céu sempre teve ar-condicionado. Michelângelo desenhou Deus quase nu, tendo apenas um manto diáfano abaixo do umbigo. Deus num vestido branco até o joelho, a panturrilha bem desenhada, e o pé, de unhas bem aparadas, estava descalço. E parece que à época os sapateiros já estavam bem organizados, como outros artesãos, mas não reclamaram. Cartunistas brasileiros brincaram com a profissão de Clodovil Hernandez, costureiro e deputado, e desenharam-no chegando ao Céu e sugerindo a São Pedro que trocasse o modelito branco que usa há quase dois mil anos.

FILA do latim *fila*, plural de *filu*, fio. Os primeiros alinhamentos das pessoas em fila remontam à vida na selva, quando um dos indivíduos interessados em entrar na mata ia na frente abrindo caminho para que outros o seguissem. Veio daí provavelmente a expressão fila indiana, percebida pelos portugueses quando chegaram à Índia e ao Brasil. Ao chegarem aqui, aliás, pensaram ter aportado à Índia, denominando índios aos nativos. Indiano, do latim *indianus*, já aparece no *Canto I*, de *Os Lusíadas*: "Está do Fado já determinado/ que tamanhas vitórias, tão famosas/ hajam os portugueses alcançado/ das indianas gentes belicosas." Nos EUA, a fila indiana é denominada *single file* (fila por um). Mas a palavra está presente na língua inglesa, dando nome a um dos estados americanos, cuja capital é Indianópolis, famosa por seu circuito automobilístico. De resto a fila indiana tem sido recurso de larga aplicação em escolas, conventos, prisões, quartéis e bilheterias de cinemas, teatros, estádios etc. E Indiana Jones dá nome ao arqueólogo e explorador norte-americano, personagem do filme *Os caçadores da Arca Perdida*, que enfrenta complexas peripécias para arrebatar das mãos dos nazistas o que resta da Arca da Aliança, objeto sagrado dos judeus onde eram guardadas as tábuas da lei. Teve continuações com *Indiana Jones e o Templo da Perdição, Indiana Jones e a Última Cruzada e Indiana Jones e o Reino da Caveira de Cristal*. No terceiro filme, a busca é pelo Santo Graal, nome que a tradição consolidou para o cálice utilizado por Jesus na *Última Ceia*. Os filmes fizeram tanto sucesso que resultaram também em videogames de grande demanda. Em Portugal, *fila* é bicha. Lá, mais do que aqui, furar a fila é ato ilícito. Fila é uma das mais respeitáveis instituições do Brasil. A mais notória e dramática das filas brasileiras é a dos que procuram atendimento nos hospitais e postos de saúde públicos. As mais suaves são aquelas improvisadas à entrada de cinemas, teatros e estádios.

FILANTROPO grego *philánthropos*, filantropo, humanitário. Na antiga Grécia, berço original do vocábulo, surgiu da junção de *philein*, amar, e *anthropos*, homem, para designar ações misericordiosas inspiradas pela vontade de resolver ou minorar o sofrimento alheio. Há várias entidades filantrópicas hoje no mundo, a maioria das quais inspirada em ordens religiosas medievais, que se destacaram por providenciar socorros sistemáticos a enfermos, feridos de guerra e outros necessitados, criando instituições como leprosários e santas casas de misericórdia. No Brasil atual, várias entidades filantrópicas estão abrigadas em ONGs (sigla de Organização Não Governamental), recebendo contribuições de brasileiros e estrangeiros.

FILAR do latim *filare*, operar pouco a pouco, fiar. Na gíria brasileira adquiriu o sentido de surrupiar algo que não nos pertence, como no caso do fumante que jamais compra cigarros e mantém seu vício com a ajuda compulsória de amigos ou colegas. Tem também o sentido de capturar, e aparece neste trecho de Nestor de Holanda, no livro *Memórias do Café Nice*, publicado em 1969: "Francisco Alves, apesar de abastado, era avarento. Não pagava café e filava cigarros."

FILATELIA do francês *philatélie*, formado das raízes gregas *phileo*, gostar, e *telos*, imposto, selo. Indica o gosto e o hábito de estudar ou colecionar selos de diversas nações. Os filatelistas brasileiros têm o dia 5 de março para homenageá-los. Os primeiros selos resultavam da impressão de um sinete ou carimbo em materiais como a argila, a cera e o lacre. No século XIX, popularizaram-se os selos postais, cuja variação hodierna são os carimbos eletrônicos. Trata-se de modernidade que retomou o princípio do antigo processo.

FILÉ do francês *filet*, alteração de filé, designando pedaço fino de alguma coisa, esticado, o que levou os açougueiros a denominar assim a peça de carne especialmente macia, localizada na região lombar dos animais, aproveitada nas refeições humanas, caso de vacas, bois, cordeiros etc. e também de cachorros e gatos, mas não no Brasil, a não ser em situações insólitas, como a que foi noticiada em Porto Alegre em agosto de 2005: "O morador de rua Lauro Pereira Ribeiro, 28 anos, abateu pelo menos quatro cachorros em cerca de dez dias para matar a fome, na zona sul." Designando iguaria da mesa, é entretanto utilizado também como metáfora de excelência, ainda mais quando seguido de *mignon*, pequeno, miúdo, mas também delicado, gentil e, no caso do pedaço de carne, extremamente macio. Dada a forte presença do francês em nossa culinária, os cardápios apresentam o prato de "filé-mignon" em francês: *filet mignon*. Ou num misto de português e francês, *filé mignon*. Os franceses criaram três tipos básicos deste prato: medalhão, *turnedô* e *Chateaubriand*, este último em homenagem ao célebre político, diplomata e escritor François-René de Chateaubriand, longevo e guloso senhor que soube aproveitar as boas coisas da vida, apreciador da carne bovina. O prato que o homenageia foi inventado por seu cozinheiro, Pierre de Montmireil. Seu contemporâneo ilustre, o rei francês Luís XVIII tinha uma variante perdulária para o mesmo prato: seu cozinheiro deveria servir-lhe apenas a fatia do meio, levada à grelha entre outras duas. Assim, para três fatias, eram assadas nove.

FILIGRANA do italiano *filigrana*, técnica de ourivesaria com fios de ouro, prata ou outros materiais preciosos, tão sutilmente colocados, que para vê-los é preciso pô-los contra a luz, como as marcas d'água em cédulas, selos e outros papéis cuja autenticidade deve ser preservada de modo cuidadoso, com o fim de evitar cópias. Os étimos remotos são o latim *filus*, fio, e *granus*, grão. Mas filigrana ganhou também o sentido de ninharia. Num debate, invocar detalhes sem importância, desviando-se do foco central do tema, é trazer filigranas para a discussão.

FILISTEU do hebraico *phelishtim*, os que habitavam a *Phalesheth*, terra de estrangeiros. Passou a denominar o burguês de espírito vulgar, incapaz de aprofundar-se em qualquer assunto. É frequente que filósofos e cientistas sociais impreguem contra os filisteus das diversas áreas de seus domínios específicos. Um célebre filisteu, Golias, foi vencido por um menino, Davi, que usou como arma de guerra apenas uma funda, de acordo com o trecho bíblico que nos quer ensinar que nem sempre o mais forte é quem vence. O mito tem servido a charges muito engraçadas, dado que os cartunistas imaginam onde a pedra teria acertado o gigante para ele desabar daquele jeito. De menino corajoso e inocente, Davi transformou-se numa das mais complexas personagens bíblicas, protagonizando cenas desconcertantes. Transformou Jerusalém na capital do reino de Israel, mas foi um rei cruel e genocida com seus inimigos. Tendo-se apaixonado por Betsabeia, mandou o marido dela, o general Urias, para a frente de batalha para ficar com a mulher dele. Deste casamento nasceu Salomão, rei de grande sabedoria e muito mais galinha que o pai – teve mil mulheres, mas não mandou o marido de nenhuma delas para a morte –, e igualmente poeta. São atribuídos a ele os versos do *Cântico dos cânticos*. Os arrependimentos de Davi, porém, estavam sempre à altura da grandiosidade de seus pecados. Autor de alguns dos mais belos salmos, cantava e se embriagava de vinho para louvar o Senhor. Michelangelo fez dele célebre escultura, que o apresenta com um ar plácido, ostentando modesto pingolim. Betsabeia deveria ser daquelas mulheres que acham que tamanho não é documento, mas sobre este assunto há muitas controvérsias filisteias.

FILMADORA de filmador, de filme, do inglês, *film*, passando pelo francês *film*, com o acréscimo de "a", desinência para o feminino. Em latim, *desinentia* quer dizer extremidade, ponta. A partícula "a" é posta na extremidade da palavra para designar, não o feminino do ofício – alguém que filma – mas do aparelho, no caso uma câmera. Quando foram inventadas, tanto a câmera fotográfica quanto a de filmar, receberam os nomes de máquina fotográfica e máquina de filmar. Foi o mercado quem reduziu a denominação para câmera, aplicando-a aos dois casos, mas depois, por força dos anúncios publicitários, a de filmar acabou sendo mais conhecida como filmadora. O uso doméstico da filmadora, disseminado em larga escala com a popularização e o barateamento da produção de pequenas peças, está revolucionando a internet, pois diversos *sites* aceitam contribuições de amadores que, às vezes, sem nenhuma ideia na cabeça, mas com uma câmera na mão, apresentam flagrantes do cotidiano ou pequenos filmes que fazem para serem rodados até em telefones celulares. O principal repositório dessas reproduções é a internet, especialmente o site *Youtube*, sediado nos EUA.

FILME do inglês *film*, película, membrana. No espanhol mantém-se ainda *película*. Cinema, o local onde são exibidos os filmes, teve rápida mudança de nomes. O cinema chegou ao Brasil com o nome de omniógrafo, mas depois prevaleceu a influência francesa de *cinéma*, redução de *cinématographe*, palavra composta, formada a partir do grego *kinêma*, movimento, e *graphein*, grafar, descrever. A primeira exibição de cinema no Brasil foi exclusiva para jornalistas e convidados e foi realizada às 14 horas do dia 8 de julho de 1896, na rua do Ouvidor, 54, no Rio de Janeiro. Em março de 1897, no número 109 da mesma rua, ocorreu outra exibição. No dia 30 de julho de 1897, no número 141 da mesma Ouvidor, o italiano Pascoal Segreto, de apenas 29 anos, inaugurou um cinema chamado Salão de Novidades de Paris, que funcionou por dez anos. O primeiro grande sucesso do cinema brasileiro foi *Os estranguladores*. E o primeiro longa-metragem foi *Acabaram-se os otários*, lançado em 1929, de Luís Guilherme Teixeira de Barros, mais conhecido como o lendário Lulu de Barros. Em 1924, com o filme *Hei de vencer*, fez as primeiras tomadas aéreas num filme brasileiro de ficção. Lulu venceu. Em 68 anos dedicados ao cinema brasileiro foi de tudo um pouco: diretor, montador, roteirista, fotógrafo, ator e produtor. Reza uma das lendas que certa vez, tendo a vedete faltado às filmagens, ele raspou as próprias pernas, exibindo-as meio encobertas por cortinas. "Cinema é ilusão", teria dito aos assistentes que riam sem parar.

FILOLOGIA do grego *philología*, pela formação *philêin*, amar, e *logos*, estudo, pelo latim *philologia*, estudo da língua em toda a sua amplitude, apoiada em exemplos escritos para documentá-la. De acordo com Antonio Martins de Araújo, Doutor em Letras Vernáculas pela UFRJ e presidente da Academia Brasileira de Filologia, "dentro do consenso e da tradição didática e científica ocidental, está visto que a Filologia é também uma ciência histórica, pois que trabalha com a prova testemunhal dos documentos de uma língua ou de uma família de línguas."

FILÓSOFO do grego *philósophos*, amigo da sabedoria, de acordo com a alteração proposta e aceita por Pitágoras, que considerou por demais arrogante, para quem tinha como propósito essencial a busca do saber, a autodenominação dos primeiros filósofos de *sophoi*, sábios. Devemos importantes descobrimentos matemáticos, astronômicos e geométricos à escola pitagórica, entre os quais o teorema do quadrado da hipotenusa.

FILTRO do latim *philtrum*, radicado no grego *phíltron*, da mesma raiz de *philéo*, amar. Na Grécia antiga designou originalmente bebida obtida pela mistura de ervas diversas, à qual eram atribuídos poderes afrodisíacos, além de despertar o encantamento, enfeitiçando o amado ou a amada. No sentido denotativo, temos o filtro caseiro, que substituiu a ânfora, purificando a água. E no sentido figurado os exemplos são abundantes. Dom Pedro I, então príncipe regente, arrogou-se no direito de filtrar todas as leis procedentes de Portugal ao compor o primeiro ministério do período da Independência, em providência tomada no dia 16 de junho de 1822, passo decisivo para o Grito do Ipiranga, que ocorreria em setembro do mesmo ano. A determinação tinha o fim de submeter ao exame de Sua Majestade as decisões tomadas em Portugal para serem acatadas no Brasil. Mas daquela data em diante somente seriam despachadas para as províncias aquelas leis que o príncipe aprovasse, caso considerasse que no Brasil as circunstâncias fossem análogas às de Portugal. Do contrário, iam para as gavetas. Duas semanas depois, o príncipe conclamava as províncias brasileiras a se unirem sob seu comando, conquanto ainda sem romper com Portugal. O filtro político, como prova a História, funcionou admiravelmente.

FIM do latim *fine*, fim. De gênero ambíguo no latim antigo, foi feminino nos primórdios da língua portuguesa, tal como se pode ler no *Cancioneiro da ajuda* em expressões como "até o fim do mundo", "de bom fim" etc. Outras línguas neolatinas conservaram o gênero feminino, ao contrário do português, que consolidou o masculino. Dramaturgo, roteirista e membro da Academia Brasileira de Letras, Dias Gomes escreveu o argumento da telenovela *O fim do mundo*, exibida pela *TV Globo*.

FIM DE SÉCULO do francês *fin-de-siècle*, literalmente fim de século, designando primeiramente o conjunto de modernidades surgidas no final do século passado, que antecipavam o que terminou. Tem também o sentido de sentimento geral que tomaria conta das pessoas em cada fim de século, levando-as a desilusões e perdas irreparáveis, vez que não haveria mais tempo de mudar nada, a não ser no próximo século que alvorecia.

FIMOSE do grego *phímosis*, amordaçado com boçal, que em grego é *phimós*. Passou depois a designar uma anomalia masculina caracterizada pelo aperto exagerado do prepúcio, impossibilitando que a glande seja descoberta, o que é indispensável ao ato sexual. Uma pequena intervenção cirúrgica resolve o problema. O vocábulo tem servido aos humoristas que, para gracejar, atribuem o impedimento a figuras femininas pouco delicadas.

FINADO de fim, a partir do latim *fine*, com acréscimo do sufixo -ado e exclusão do "e", finado é eufemismo para designar o morto, também conhecido por defunto, do latim *defunctu*, pronto, tendo ainda os significados de extinto e isento. Na tradição cristã os mortos são lembrados no dia 2 de novembro, em efeméride religiosa na qual os cemitérios tendem a parecer-se com jardins, tal a abundância de flores com que são enfeitados os túmulos. O cuidado com os mortos é marca de todas as civilizações, variando os rituais. O mais comum, desde épocas mais antigas, tem sido enterrá-los, mas nas últimas décadas a cremação vem se impondo como alternativa cada vez mais escolhida. Em algumas culturas, como a mexicana, não apenas o dia 2, mas todo o mês de novembro é dedicado aos mortos. Sua celebração, porém, não impede a alegria, e nas festas a presença da morte não inspira os presságios que estão presentes nos cultos.

FINAL do latim *finale*, final, derradeiro, último. Nem todos os finais são felizes, como ocorre na maioria dos contos de fadas, mas alguns médicos já defendem um final feliz também para as doenças incuráveis, ao proporem a eutanásia. Nas competições esportivas, por elipse, usa-se o feminino, o plural e às vezes o superlativo absoluto sintético para designar as etapas conclusivas de um torneio, como Copa do Mundo de futebol, dividida em quartas de final, semifinais e, enfim, a partida final, também chamada de finalíssima.

FINALÍSSIMA de final, do latim *finale*, declinação de *finalis*, final, substantivo e adjetivo no português, ligados a fim, do latim *finis*. O superlativo absoluto sintético foi substantivado para designar a partida final das competições esportivas ou outras disputas em que é referida a última etapa. No futebol, embora finalíssima tenha este nome, pode ainda ocorrer prorrogação da partida e, persistindo empate, a decisão vai para séries de pênaltis. As finalíssimas de Copa do Mundo de 1930 até 2010 envolveram quase sempre as mesmas seleções: a do Brasil foi à finalíssima em 1950, 1958, 1962, 1970, 1994, 1998 e 2006. Perdeu em 1959 e em 1998. A da Alemanha em 1954, 1966, 1974, 1982, 1986, 1990 e 2006. A da Itália em 1934, 1938, 1970, 1982, 1994 e 2006. A Argentina em 1930, 1978, 1986, 1990. O Uruguai, a França, a Tchecoslováquia, a Holanda e a Hungria foram à finalíssimas duas vezes cada um. A Suécia foi apenas uma vez.

FINANÇA do francês *finance*. Em italiano e espanhol deu *finanza*, com o mesmo significado, o de dinheiro ou matéria de domínio conexo. O vocábulo veio do latim *finatio*, derivado de *finare*, variação de *finire*, concluir. Em francês, *finer* é pagar. O *Aurélio* diz que a forma singular é inexistente. Mas outros dicionários dão as duas formas.

FINANÇAS de finança, do francês, *finance*, radicado no verbo *finer*, pagar, variante de terminar, concluir, conforme o étimo latino *finis*, fim, limite, fronteira e também objetivo, lugar aonde se quer chegar. O plural designa situação econômica de uma pessoa, uma família, uma empresa, um estado ou um país, significando recursos, dinheiro disponível, investimentos, empréstimos etc. Seu sinônimo mais frequente no caso do dinheiro público é tesouro, frequentemente assaltado por políticos, sem entretanto que os ladrões do erário tenham o mesmo destino do ministro das Finanças do rei francês Luís XIV, cuja prisão o rei confiou ao verdadeiro D´Artagnan, ainda assim descrito pelo prisioneiro como um homem cheio de compaixão e por Marie de Rabutin-Chantal, Marquesa de Sevigné, como um "modelo de humanidade", "fiel ao rei e humano com aqueles que vigia."

FINÉRRIMO de fino, significando muito fino, finíssimo, isto é, o adjetivo posto em seu mais alto grau: superlativo absoluto sintético. Entretanto, a fala está impondo esta variação que, tendo chegado aos registros escritos, terá de ser absorvida pela gramática algum dia. É também o caso de gostosésimo em lugar de gostosíssimo. Por essas e outras, o acordo ortográfico entre Brasil e Portugal só foi assinado em 2008. Enquanto em Portugal, cerca de dez milhões de falantes utilizam o português, nós, brasileiros, totalizamos um número 15 vezes maior. É compreensível que nossas mudanças sejam maiores e mais dinâmicas, sobretudo na fala.

FINGIDOR aquele que finge, do latim *fingere*, inventar, fabular. Com o tempo adquiriu também o sentido de enganar por hipocrisia, com más intenções, mas Fernando Pessoa retoma o significado primitivo nestes famosos versos: "O poeta é um fingidor/ finge tão completamente/ que chega a fingir que é dor/ a dor que deveras sente."

FINO do latim *finus*, fino, delgado, de pouca espessura, tendo também o sentido de delicado, amável, suave, sagaz. Está presente na expressão "tirar um fino", nascida quando foram introduzidos os primeiros automóveis no Brasil, consistindo em fazer com que o carro passe rente a outro veículo ou objeto. Provavelmente é frase oriunda das várias e complexas influências francesas na vida brasileira, tendo migrado do jogo de bilhar para as ruas de nossas cidades, vez que expressão semelhante é encontrada na França para designar o toque quase imperceptível do taco numa das três bolas quando os jogadores carambolam. Fino aparece também para designar qualidade e requinte, denotando excelência difícil de ser superada. Vocábulo de muitos significados, às vezes pode indicar fraqueza, como em voz fina, em que o adjetivo é pejorativo, tendendo a qualificá-la como falsete, por sua vez radicado no italiano *falsetto*, caracterizando a voz de adulto que procura, no canto ou na récita, imitar a voz dos meninos, que soa, por isso mesmo, falsa, vez que não é menino quem a emite.

FINÓRIO de fino, com o sufixo -ório, indicador de pertinência, lugar de ação, como em casório, confessório. Do latim medieval *finu*, perfeito, refinado, da raiz latina *fin*, presente em *finis*, fim, limite, fronteira. É adjetivo utilizado para qualificar a quem, aparentando ingenuidade, esconde as verdadeiras intenções. Aparece neste trecho de *Quando alegre partiste*, o mais recente romance do paraibano Moacir Japiassu, já aclamado por especialistas como um dos melhores livros de 2005: "O pai da moça agiu como se o finório tivesse posto a reprimenda a bom recado e dispensou-o. O professor agradeceu a 'compreensão' do 'senhor presidente', garantiu que nada havia entre Vera e ele e prometeu, em nome da concórdia e do recato, refrear os 'arroubos d'alma'. Deixou a sala a repetir mentalmente: arroubos d'alma, expressão que denotava erudição e donaire próprios de um professor do Pedro II."

FINTA do latim *fictu*, engano, ficção, e do inglês *feint*, finta, drible, engano. Em futebol, indica o lance em que o jogador engana o adversário com os meneios de corpo, faz que vai mas não vai. A finta mais famosa era a de Mané Garrincha, o célebre ponta direita da seleção bicampeã do mundo, que simulava sair pela direita e era por ali mesmo que em geral ia, contrariando as normas do drible. Outros bons dribladores foram Pelé, Zico, Didi e Rivelino. Este último, tendo jogado futebol de salão antes de aventurar-se pelos gramados, dava seus dribles num espaço muito pequeno do campo.

FIO do latim *filu*, fio, linha. Na década de 1970, houve um jogador do Flamengo que tinha o apelido de Fio Maravilha, homenageado em famosa música do cantor Jorge Benjor, quando assinava apenas Jorge Ben. Há muitos outros fios célebres, como a expressão clássica "o fio da meada", para indicar o lugar de origem de algum evento importante.

FIRMA de firmar, do latim *firmare*, firmar, fortalecer, consolidar, fixar. Tornou-se sinônimo de assinatura e estabelecimento industrial ou comercial. A firma, antes de ser assinatura por extenso, abreviada ou rubrica, foi o sinete, que poderia ter a forma arredonda de um anel, um utensílio que trazia gravado em alto ou baixo-relevo um monograma ou um brasão marcados no lacre, tornando inviolável a folha ou folhas utilizadas em mensagens e documentos, atestando a legitimidade de onde fora enviada ou exarada. Nasceu aí o sentido de honrar a firma, isto é, cumprir a obrigação, ainda que depois pudesse ser discutida. O fio do bigode precedeu o lacre, a assinatura e a rubrica. Consistia em dar em garantia da palavra empenhada um fio da própria barba, retirada em geral do bigode. De origem controversa, bigode pode ter vindo da antiga expressão germânica pronunciada nos juramentos: *bi Gott*, por Deus.

FIRMAMENTO do latim *firmamentum*, aquilo que está firme. Passou a designar o céu por influência do hebraico *rakia*. De acordo com o *Gênesis*, *rakia* designa a abóboda cristalina que impede que as águas de cima caiam sobre as de baixo, inundando o mundo. São Jerônimo, ao traduzir a *Bíblia* para a versão conhecida como *Vulgata Latina*, traduziu *rakia* como *firmamentum*. No sistema ptolomaico, o firmamento era também uma abóboda, mas de cristal, onde estavam afixadas as estrelas. Na "Máquina do mundo", em *Os Lusíadas*, o firmamento ocupa o oitavo lugar, depois de Saturno. Acima são encontrados outros três elementos: o céu cristalino, o primeiro móbil e o empíreo, que é imóvel.

FIRMEZA de firme, do latim culto *firmus*, pelo latim vulgar *firmis*, forte, sadio, que não está *infirmus*, isto é, enfermo, doente. Firmeza foi uma das características que o jornalista brasileiro Evaldo Dantas Ferreira destacou no alemão Nicolau "Klaus" Barbie, quando o entrevistou na Bolívia, onde ele vivia escondido: "O comerciante boliviano Klaus Altmann fala com firmeza, mas sem demonstrar emoção. Parece mais que está fazendo um esforço de memória." Sua reportagem sobre o nazista foi publicada com grandes louvores no mundo inteiro.

FIRULA de provável redução do hispano-americano *firulete*, de florete, radicado em flor, designando enfeite. Passou a ter o significado de adorno retórico, dispensável na argumentação, migrando dali para outros campos, como o futebol. Aparece neste trecho de *Na grande área*, de Armando Nogueira: "Quando não há pressa, fazem embaixada, fazem uma firula qualquer, realizando com os pés, em matéria de domínio de bola, o que os tenistas pretendem e mal conseguem realizar com a mão."

FISCAL do latim *fiscale*, de fisco, do latim *fiscu*, cesta de vime, onde os coletores de impostos, na antiga Roma, depositavam o dinheiro arrecadado. Designa o conjunto dos órgãos públicos responsáveis pela arrecadação de impostos. Passou também a significar as funções de quem zela pela aplicação de leis e normas. Assim, as eleições também dispõem de fiscais, pessoas encarregadas de cuidar da lisura dos procedimentos, sobretudo durante as votações e contagem dos votos.

FÍSICA do grego *physiké* e do latim *physica*, ambos com o significado de ciência que estuda as leis gerais do universo. A modernidade dividiu muito os campos de sua atuação e hoje se fala em física molecular, física atômica, física nuclear, física quântica e outras. No segundo semestre de 1994, um físico carioca, Marcelo Rossi, recebeu do então presidente dos Estados Unidos, Bill Clinton, um prêmio de 500 mil dólares por suas pesquisas sobre a origem do universo, ganhando também uma bolsa da Nasa no valor de 105 mil dólares. O brasileiro formou-se em física pela PUC do Rio de Janeiro, fez mestrado na UFRJ e doutorado no King's College, na Inglaterra. Escreve artigos para a *Folha de S.Paulo* e dá aulas no Darthmouth College, em Hanover (EUA).

FISIOLÓGICO do grego *physiologia*, parte da biologia que se ocupa das funções orgânicas, processos ou atividades vitais, como crescimento, nutrição, respiração. Houve mudança de sentido desde que o então senador Fernando Henrique Cardoso, na década de 1980, em sucessivos discursos no Plenário, utilizou a palavra para designar a prática de políticos que substitui o interesse público pelo clientelismo e a busca de vantagens pessoais. Uma vez eleito presidente da República, passou a negociar com políticos fisiológicos, esquecendo-se das antigas catilinárias. Infelizmente os pesquisadores universitários não puderam desfazer o novo sentido. E a palavra tornou-se mais comum na política do que na biologia.

FISIONOMIA do grego *physiognomia*, arte de conhecer o caráter de uma pessoa pelos traços de seu rosto. Na língua portuguesa predominou o sentido de rosto, mas em grego *gnomon* designa "aquele que conhece." As tentativas de se desvendar os mistérios de uma pessoa incluem também a leitura de sinais nas linhas das mãos, no tamanho dos dedos, na cor da pele e dos cabelos. Mas nossa identificação instantânea é ainda feita pela leitura rápida da fisionomia de cada um, em sua acepção mais aceita – os traços gerais do rosto. Do contrário, seríamos todos estranhos uns para os outros e dependeríamos de outros indicadores, como ocorrem com certos animais, cujo reconhecimento mútuo é dado por outros sentidos, como o faro.

FISIOTERAPIA vocábulo formado a partir dos compostos gregos *phýseos*, genitivo de *phýsis*, que denomina a natureza física, e *therapeía*, arte de tratar, de cuidar dos pacientes. Há dois cursos superiores clássicos sobre o tema em algumas universidades brasileiras: a fisioterapia e a terapia ocupacional, o primeiro tratando de pacientes portadores de problemas físicos, e o segundo, de psíquicos, ainda que às vezes os dois estejam ligados. "A psicologia freudiana tornou-se uma terapia de luxo para angústias individuais", escreveu Luís Fernando Verissimo em *O popular*.

FISSURA do latim *fissura*, fenda, rachadura, de *fissum*, particípio passado de *findere*, partir, separar. Já no latim, fissura tinha o sentido de ter o coração trespassado de dor, literalmente ou por metáfora. No português coloquial prevaleceram os significados da gíria: angústia, ânsia, loucura, paixão, como em "sou fissurado em ou por música clássica." A cantora Elis Regina tornou célebre uma canção, intitulada *Alô, Alô, Marciano*, de Rita Lee e Roberto de Carvalho, em cujos versos aparece fissura como sinônimo de angústia: "Alô, alô, marciano/ Aqui quem fala é da Terra/ Pra variar estamos em guerra,/ Você não imagina a loucura/ O ser humano ta na maior fissura porque/ Tá cada vez mais *down* o *high society*/ *Down, down, down*/ O *high society*." Os versos não aludiam apenas a ânsias difusas da sociedade do período – década 1980 –, mas a um individualismo que descaracterizava o brasileiro, cuja solidariedade é notória: "Alô, alô, marciano,/ A crise tá virando zona,/ Cada um por si,/ todo mundo na lona." E anunciava o fim de certas vantagens, aludindo também a mordomia, palavra que voltara à mídia com insistente repetição, mas que nos versos era atribuída à memória do trabalho escravo dos tempos monárquicos: "E lá se foi a mordomia,/ Tem muito rei aí pedindo alforria porque,/ Tá cada vez mais *down* o *high society*,/ *Down, down, down*/ O *high society*."

FITA provavelmente do latim *ficta, fixa*, atada com firmeza, tal como no caso das fitas utilizadas pelas mulheres para enfeitar a cabeça com uma pedra preciosa, prendendo-a à testa com uma tira de pano. Passou a ser sinônimo de filme desde os primeiros decênios do século XX. Em 1912, contando com 45 cinemas, os 240 mil habitantes de São Paulo já eram seduzidos por fitas cinematográficas que se tornariam inesquecíveis, de acordo com as lembranças de quem foi moço naquela cidade, recolhidas em pesquisa feita pela professora Zenaide Bassi Ribeiro Soares em sua tese de doutoramento, defendida na Universidade Mackenzie, em São Paulo. Naquelas fitas antigas, as estrelas, como as do firmamento, eram mudas. A partir de 1927 todas elas começaram a falar ou a cantar e o cinema inventou a trilha sonora, composta de música e ruídos. Mais tarde, dada a qualidade das músicas incidentais nas fitas, ficou difícil distinguir música de ruído.

FIVELA o latim culto denominava *fibula*, que no latim vulgar transformou-se em *fibella*, ambos os vocábulos com o significado de fivela, usada em várias peças do vestuário e posta nas pontas de cintos ou cintas para fixá-los, como é o caso dos cintos de segurança, estranhamente dispensados em ônibus.

FLAGELO do latim *flagellum*, diminutivo de *flagrum*, do verbo *flagrare*, flagrar, arder, queimar, de onde veio também flagrante, isto é, evidente, sendo seu autor ou autores surpreendidos ao praticá-lo. No latim designava pequeno açoite de tiras de couro, com botões de osso ou de metal nas pontas, para abrir a carne do supliciado, fazendo-o sangrar. Quando os romanos conquistavam novas terras, o latim se impunha e influenciava as línguas locais. Com o tempo passou a designar também calamidades climáticas, econômicas, políticas, sociais, de que são exemplos secas, inundações, tempestades, fome, guerra, peste, epidemia, desordem social, desordem política etc.

FLANELA do inglês *flannel*, vindo do gaulês *gwlanen*, ambos com o significado de lã. Mas trata-se de etimologia discutível. Outros dão o latim *flamineum*, uma espécie de véu, como origem. É o instrumento de trabalho de muitos menores de rua, que passam o popular paninho nos para-brisas dos carros, almejando alguma remuneração.

FLECHADA de flecha, do francês *fleche*, flecha, seta, radicado no frâncico *fliukka*, por influência do verbo alemão *fliegen*, voar. Seta formou-se do latim *sagitta*, que no português arcaico virou *saeta* e depois seta. Foi predominante em Portugal durante séculos *frechada*, pois se dizia e se escrevia *frecha* e não flecha, que foi adotada por influência francesa. *Frecha* e *frechada* ainda existem, mas são variantes que denotam incultura. Adoniran Barbosa e Osvaldo Moles em *Tiro ao Álvaro*, cujo título já é uma variante de "tiro ao alvo", brincam com esta e outras palavras populares na música que foi gravada por Elis Regina em 1980: "De tanto levar, 'frechada' do teu olhar,/ Meu peito até,/ parece sabe o quê?/ 'Tauba' de tiro ao 'Álvaro',/ Não tem mais onde furar, não tem mais/ Teu olhar mata mais,/ Do que bala de carabina,/ Que veneno estriquinina,/ Que peixeira de baiano,/ Teu olhar mata mais,/ Que atropelamento de 'Automover',/ Mata mais,/ Que bala de 'Revorver'!"

FLERTE do inglês *flirt*, namoro rápido, sem as consequências rotineiras, a mais importante das quais levava ao casamento. Os ingleses, como os adolescentes brasileiros, "ficavam com", "estavam de rolo com", e chamavam tudo isso de flerte. No Brasil, ficaram famosos os flertes do ex-presidente Itamar Franco, um deles transformado em namoro firme com a professora June Drummond. Não foi o único apreço que o ex-presidente manifestou a docentes do ensino médio. Em seu governo o ministro da Educação foi o professor Murilo Hingel que, entre outras iniciativas marcantes, garantiu apoio à criação de várias bibliotecas para a comunidade, ainda quando estivessem sediadas em universidades, como é o caso da biblioteca da Universidade Federal de São Carlos. Depois de tantos presidentes casados que não podiam namorar, principalmente em público, o então presidente, divorciado, namorou à vontade durante seu mandato presidencial. Ou apenas flertou, de que são exemplos os envolvimentos amorosos com a modelo Lílian Ramos e a atriz Norma Bengell. Deixando a Presidência, elegeu-se governador de Minas Gerais, teve vários enfrentamentos e desacertos com Fernando Henrique Cardoso, a quem fizera seu sucessor e de quem provavelmente esperava o mesmo apoio para sucedê-lo ao final do primeiro mandato. Sentindo-se traído, não por seus flertes no amor, mas pelos similares na política, Itamar Franco continuou com todos os topetes que tinha, inclusive o do cabelo, mostra capilar de sua altivez, mas parece ter sossegado o facho ou flertado com mais discrição.

FLEUMA do latim *phlegma*, fleuma, frieza de ânimo. Segundo os médicos gregos Hipócrates e Galeno, era um dos quatro humores corporais básicos e seria abundante em indivíduos de caráter sombrio, passando então a designar pessoas infensas a emoções. Os ingleses têm a fama de serem fleumáticos, como se depreende desta passagem de *México*, de Érico Veríssimo: "Portam-se, nessa conjuntura dramática, com uma fleuma britânica."

FLEXIBILIZAÇÃO as palavras latinas *flexibilitate*, flexibilidade, e *actione*, ação, serviram para formar este vocábulo, muito utilizado nos dias que correm para designar a abertura que permitiu à iniciativa privada a exploração de conhecidos monopólios estatais no Brasil, dado que a intervenção exagerada do Estado na economia tinha sido apontada como uma das principais razões para a falta de investimentos em setores essenciais como a saúde e a educação. Por vezes o vocábulo tem camuflado mudanças que envergonhariam seus propositores, de que é exemplo a flexibilização de grades curriculares no ensino superior que têm o fim encoberto de gastar menos com a educação, diminuindo a carga horária das disciplinas, quando não excluindo algumas delas, com o fim de contratar menos professores, mantendo o simulacro de curso superior! Há um exame, porém, aplicado a candidatos portadores dos diplomas assim obtidos. É gerido por um diretor severo e que não faz concessão alguma! Não se sabe sua identificação precisa, mas todos o conhecem pelo epíteto mais costumeiro: mercado.

FLOCO do latim *floccus*, floco, tufo de pelo, de lã, de penugem ou de neve, provavelmente ligado a étimos semelhantes, como *flo* e *fla*, como em inflar e soprar, respectivamente *inflare* e *sufflare* em latim. Flocos de neve enfeitam árvores de Natal porque na Europa, de onde vieram as crenças, os ritos, os usos e os costumes natalinos, é inverno em dezembro. Por razões semelhantes, o Papai Noel, vindo da Lapônia, na Finlândia, no Polo Norte, chega ao Brasil muito bem agasalhado e de botas.

FLOPAR do inglês *to flop*, fracassar, falhar. Vocábulo recente na língua portuguesa, provavelmente nascido como gíria elegante na capital paulista, surgiu como variação para designar um evento importante, cujas expectativas não se realizaram. Em resumo, uma festa que flopou significa que não foi uma decepção completa, mas da qual se esperava muito mais. Exemplo: eram esperadas 100 mil pessoas para um show e compareceram apenas 50 mil.

FLOR do latim *flos*, flor, a parte mais bela da planta. Presta-se a várias metáforas e está presente no verbo deflorar, do latim *deflorare*, tirar a flor, pois a virgindade seria a mais bela flor que a mulher teria a oferecer na antiguidade. Contudo o verbo adquiriu sentido pejorativo ao longo dos anos: a mulher constrói-se também por conta própria e seus méritos não podem depender apenas da inércia face à natureza. Assim, no início da língua, deflorar foi dado como sinônimo de desvirginar, verbo que o latim desconhecia. No sentido positivo, temos expressões como flor da idade, exprimindo os melhores anos de nossas vidas; em flor, isto é, novo, recente, fresco; e fina flor, sinônimo de elite, grupo especialmente escolhido entre os melhores. Já "não é flor que se cheire" indica que a beleza pode esconder o mal, muito embora flor seja símbolo do bem e constitua o gesto de delicadeza que as mulheres mais apreciam. O Paraíso Terrestre, onde, segundo a *Bíblia*, começou a Humanidade com o primeiro homem, Adão, e Eva, a primeira mulher, predominava uma paisagem de jardim, daí o nome original no hebraico, traduzido para Jardim do Éden, isto é, Lugar de Flores e de Delícias. A flor do Paraíso era o flamboaiã, do francês *flamboyant*, formado a partir do verbo *flamboyer*, reluzir, radicado no latim *flammare*, incendiar. O flamboaiã foi trazido de Madagascar para o Brasil. A ideia de fogo, presente na designação, deve-se à sua cor avermelhada.

FLORA do latim *Flora*, deusa das flores. Passou a designar o conjunto de espécies vegetais de determinada localidade, servindo também para indicar, por metáfora, as bactérias necessárias ao organismo, como na expressão flora intestinal. Há também um asteroide com este nome.

FLORÃO do italiano *fiorone*, florão, de *fiore*, flor, soando como aumentativo. O "florão da América", de que fala o *Hino Nacional*, quer dizer que o Brasil é ornamento do continente americano e que por sua beleza desempenha a função heráldica, enfeitando a coleção de países que o cercam, como a flor, desenhada ou impressa nos livros ou esculpida nos brasões, adornava aqueles símbolos. Mas o autor, professor do Colégio Pedro II, não perpetrou o cacófato "o heroico brado", nem escreveu florão e, sim, joia. Não são dele tampouco as expressões "impávido colosso", "de teu solo és mãe gentil" e "lábaro estrelado", que substituíram "grande colosso", "de teu flanco é mãe gentil" e "pavilhão estrelado." O original, manuscrito, pode ser consultado na Biblioteca Nacional.

FLORESTA do latim *forense*, do lado de fora, com troca de sufixo para *foreste*. Outras línguas neolatinas, como o francês e o italiano, mantiveram a ausência do "l", como se pode verificar no francês antigo *forest*, hoje *forêt*, e no italiano *foresta*. Provavelmente por influência de flor, as línguas espanhola e portuguesa adotaram floresta. Designa ecossistema composto de árvores, arbustos, ervas e musgos, favorável a diversidades ecológicas e a verdadeiros nichos naturais para milhares de espécies, muitas das quais ainda desconhecidas do homem. Para evitar o desmatamento indiscriminado, em 1995 o governo propôs, entre tantas reformas, também a do Código Florestal. Naquele ano a motosserra obteve um triunfo assustador sobre a área verde. Foram devastados 30 mil km² de matas, quase o tamanho da Bélgica. O mundo inteiro ficou de olho em nossa cólera florestal e está procurando remédio para este mal multissecular. No Rio de Janeiro está a maior floresta do mundo situada em meio urbano. É o Parque Nacional da Tijuca, feminino de Tijuco, do tupi-guarani *tyuc*, brejo, banhado, alagado. Ao contrário do que sugere a etimologia, a floresta ficou dentro da cidade, rodeada de avenidas, prédios e casas. Maior do que o arquipélago de Fernando de Noronha, tem 33 km² e pouco mais de cem anos. No final do século XIX, depois de destruídas as matas dos morros para o cultivo do café, o imperador Dom Pedro II mandou replantar numerosas espécies no local. O lugar mais alto alcança 1.022 m. Situam-se ali alguns dos ícones do Rio de Janeiro, como o Pão de Açúcar, o Jardim Botânico, a Pedra da Gávea e o Corcovado, onde do alto a estátua do Cristo Redentor parece abraçar a cidade eternamente. Na outra grande metrópole brasileira, São Paulo, está a mata da Serra da Cantareira, que ocupa o dobro da superfície do Parque da Tijuca, estendendo-se muito além do perímetro urbano e alcançando a zona rural. Por ato da então ministra Marina Silva, titular do Ministério do Meio Ambiente, o Parque Nacional da Tijuca, no Rio de Janeiro, teve sua área ampliada de 3,2 mil hectares para 3,95 mil hectares. A ampliação incluiu o Parque Lage, Pretos Forros e Covanca.

FLUVIAL do latim *fluviale*, fluvial, mais aplicado à água corrente dos rios. No latim culto, rio é *flumen*, forma preferida pelo general e escritor romano Júlio César em sua célebre obra sobre a guerra gaulesa. Também Machado de Assis fez escolha semelhante ao denominar um conjunto de narrativas curtas de *Contos Fluminenses*, e não cariocas. O escritor, mulato, tinha suas razões. Em tupi, carioca tem o significado de casa do branco. No latim vulgar, porém, aplica-se *riu*, e não *flumen*, a rio de tamanho médio, situado entre o *flumen* e o *sinus*, córrego. Daí dizer-se de um rio cheio de curvas que é sinuoso, adjetivo estendido, por conotação, também a estradas. Fluvial e fluviário são termos que, na marinha mercante, designam o transporte em rios e lagoas, em oposição a marítimo, terrestre e aéreo. Os rios, nossos primeiros caminhos, depois do mar, estão presentes nas denominações de vários municípios.

FLUXO do latim *fluxu*, fluxo, movimento, sangria, corrimento. Há várias modalidades de fluxo, sendo a mais importante delas a do sangue no organismo, atestando que estamos vivos, o que pode ser aferido em nossas pulsações. Ultimamente o fluxo que mais ameaça o Brasil é o de capitais, que mais saem do que entram. Certa vez, o ex-presidente Fernando Henrique Cardoso atreveu-se a propor exportação de impostos. Seria aplicada taxa de 0,5% sobre os fluxos de capitais de curto prazo. O G-15 aprovou a moção, que deveria ter o aval também do G-7. O primeiro grupo reúne os 15 países ditos emergentes; o segundo, os sete mais ricos. Apesar de todos serem democráticos, ali manda quem pode e obedece quem precisa. Nessa e em outras questões de domínio conexo, é provável que os 15 façam o que os sete determinarem. Nos dois grupos, os pobres fazem diálogos, e os ricos, monólogos. Em conversa reservada, o megaespeculador George Soros, autor de presságios sorumbáticos para as nações emergentes, tão atreladas aos EUA, confidenciou que os brasileiros não mandam em sua própria economia, que quem manda são os EUA, ilustrando com o exemplo da antiga Roma imperial. Depois reclamou que estava apenas conversando sobre o tema. Mas o jornalista que ouvira a confidência foi Clovis Rossi, megaestrela de outra galáxia, a de Gutenberg. O jornalista, cujos méritos já foram reconhecidos internacionalmente, ao saber da réplica, retificou as declarações de Soros e esclareceu que não se tratara de confidência mas de entrevista em que os dois interlocutores sabiam muito bem quem era um, quem era outro. *Soros* em grego significa montão e é grafado *Sorós*. Fazendo jus ao sobrenome, Georges Soros tem um montão de dinheiro voando pelo mundo dentro de sua nave especulativa que aterrissa onde as condições lhe sejam mais favoráveis. Quando sai, a situação torna-se complicada para quem o recebeu. Quando chega, o sinal é de que não veio para fazer filantropia. Para melhor entender tais fluxos específicos, talvez seja o caso de lembrar o antigo provérbio: "Se correr, o bicho pega; se ficar, o bicho come." Isto é, quem pôs a economia nacional nesses padrões estava sabendo das alternativas.

FM abreviatura de frequência modulada, palavras originárias do latim *frequentia* e *modulata*. Designa rádios de menor alcance, mas de melhor nitidez na transmissão, principalmente de músicas, graças à modulação da frequência, que foi obtida pela primeira vez pelo norte-americano Edwin Howard Armstrong. O inventor, que pesquisou este tipo de frequência por gostar muito de música, durante a Segunda Guerra Mundial cedeu graciosamente suas patentes ao exército de seu país. Mas as rádios FMs somente se popularizaram a partir da década de 1960. Armstrong era formado em Engenharia Elétrica pela Universidade de Columbia, em Nova York, e suicidou-se em 1954. Suas descobertas são ainda muito utilizadas no rádio e na televisão.

FOCA do grego *phóke* e do latim *phoca*, designa mamífero marinho, de membros curtos e achatados, com os dedos ligados por membranas, cujo morticínio cruel tem sido sempre combatido pela atriz francesa Brigitte Bardot. Em linguagem jornalística, indica o calouro na profissão.

FOCINHO do latim *faucinu*, declinação de *faux* ou *fauces*, garganta, para designar a parte da cabeça do animal que inclui a boca, as ventas e o queixo. O latim *rostrum*, rosto, também significa focinho, mas no latim tardio não era exclusivo de animais. Quando surgiu o provérbio "cara de um, focinho de outro", a recusa de face e semblante para construir a expressão já trazia implícito o sentido pejorativo da aplicação. O grego *kára*, cabeça, *cara* em latim, deu origem ao português "cara", ensejando as expressões caradura, cara de pau, cara de poucos amigos, cara amarrada, cara de tacho, cara de quem comeu e não gostou, cara no chão, vergonha na cara etc., com um séquito de verbos de que são exemplos dar de cara, quebrar a cara, entrar com a cara e a coragem, meter a cara, livrar a cara, fechar a cara e passar na cara, esta última uma expressão de evidente conotação sexual, como está claro nesta passagem de *A falta que ela que faz*, de Fernando Sabino: "De um conde italiano a um marinheiro das profundas caldeiras do porão, de um gigolô marselhense a uma múmia egípcia, o que estiver disponível em forma de homem neste navio, a mamãe aqui há de passar na cara, não tem talvez."

FOCO do latim *focus*, fogo, é o ponto para o qual converge ou do qual diverge alguma coisa. O foco é importantíssimo para que uma imagem seja bem visualizada por uma câmera ou para que um problema seja bem compreendido. *Focus* tem também o sentido de lume, habitação, casa, que no português tomou o sentido de lar, de onde deriva lareira. Entre os romanos, lar era preferencialmente a cozinha, sempre com algum tipo de fogo aceso. Divindades chamadas Lares e Penates protegiam a casa ou *domus*, palavra que deu origem a domicílio – onde as pessoas moram. Enquanto os Lares cuidavam mais da cozinha, os Penates estavam encarregados do interior da residência, onde estavam os bens, incluindo víveres, na despensa, do latim *dispensa*. Cada família romana reverenciava dois Penates. As casas romanas costumavam ter três altares, onde ficavam os Lares, os Penates e Vesta, esta última com lugar de destaque, na sala, logo depois do *vestibulum*, entrada, que deu origem à palavra vestibular (entrada na universidade).

FOFOCA de provável origem banta, radicado no quimbundo *fuka*, revolver, remexer. A origem banta é afirmada em estudo publicado em francês pela Faculdade de Letras de Lubumbashi, no Zaire, intitulado *De l'integration des apports africains dans les parleurs de Bahia, au Brésil*, de autoria da professora Yeda A. Pessoa de Castro, Doutora em Etnolinguística, uma das fundadoras da Universidade de Ifé, na Nigéria, com décadas de pesquisa sobre a influência de línguas africanas no português do Brasil. A fofoca é quase sempre um dito maldoso, a divulgação de detalhe da vida alheia que o outro gostaria que fosse ignorado. O inglês tem com significado semelhante a palavra *gossip*, neologismo que, segundo o *Aurélio*, é "informação de caráter pessoal e privado sobre nomes conhecidos do público, veiculada, principalmente, em colunas sociais." *Gossip* veio de *God-sib*, confiado a Deus, originalmente o padrinho da criança no batismo. Conversas havidas em cerimônias cristãs, como batismos, casamentos e funerais, transformaram *gossip* em fofoca, mexerico, boato. William Shakespeare já registrara *gossip* em *Dois cavaleiros de Verona*, cujo enredo é o seguinte: Dois homens da cidade de Verona, na Itália, vão para a corte do Duque de Milão. Lá ambos se apaixonam pela bela Sílvia, filha do Duque. Como apenas Valentino é correspondido, Proteu arma uma intriga para o amigo ser expulso da corte. Mas Júlia, vestindo-se de homem, descobre a falta de caráter de Proteu e ajuda Sílvia a reencontrar Valentino. Mexerico (que traz a ideia de remexer), fuxico e futrica são sinônimos de fofoca. O francês tem *foutre*, *bandalho*, e *foutriquet*, futriqueiro, homenzinho insignificante, de que não se faz caso. Em francês, *foutre* é palavra ligada à fofoca e tem significado chulo, radicado no latim clássico *futuere* (*futere*, no latim vulgar), ter relações sexuais.

FOGUEIRA pode ter vindo do espanhol *hoguera* ou derivado de fogo, do latim *focu*. As fogueiras integravam os espetáculos públicos dos tempos da Inquisição, que levava os hereges ao fogo. O costume, porém, de queimar vivas as pessoas é muito antigo. Os cananeus jogavam crianças ao fogo em honra ao deus Moloch. E o Levítico prescreve o castigo do fogo para a filha de sacerdote que se prostituir, profanando seu pai, e para quem tomar a filha e a mãe como concubinas.

FOGUETEIRO de foguete, do catalão *coet*, com influência de fogo, acrescido do sufixo -eiro que indica ofício, de que são exemplos também carreteiro (de carreta), padeiro (de pão), leiteiro (de leite) etc. Originalmente fogueteiro designava o fabricante de foguete e de outras peças de fogos de artifício, sendo aplicado também ao mentiroso, pois a artilharia dos fogos, embora semelhante à militar, não era verdadeira, isto é, as bombas não feriam ninguém, seu fim não era bélico, era lúdico. Mas como quem fazia o manejo desses fogos sem entender adequadamente do assunto às vezes se dava mal, meter-se a fogueteiro veio a designar aquele que se mete a fazer o que não entende e se dá mal. Ou muito bem, como aconteceu à então secretária Rosemary Mello, que soltou um rojão sinalizador marítimo que foi cair ao lado do goleiro Rojas, no Maracanã, quando o Brasil vencia o Chile por 1 x 0, pelas eliminatórias da Copa de 1990, no dia 3 de setembro de 1989. O incidente quase tira o Brasil da Copa, mas sua farsa foi descoberta a tempo. A fogueteira, como então passou a ser conhecida, ganhou fama imediata. Tinha 31 anos e posou nua para a *Playboy*. Fogueteiro, na linguagem dos traficantes, é aquele que avisa, soltando rojões, que chegou o esperado carregamento de tóxicos na favela, de onde será distribuído, inclusive pelos aviões, gíria para entregadores do varejo.

FOLGUEDO de folgar, do latim tardio *follicare*, pular, brincar. Pulando ao redor das fogueiras de junho que desde o século IV saudavam o verão europeu, a respiração ficava apressada, semelhando ao rumor de folhas ao vento e ao ruído do fole. Os romanos designavam *follicans*, *follicantis*, a respiração à maneira de fole. Pode ter havido mistura com Folia, nome de famosa adivinha que atendia em Rimini, na Itália. Por ocasião das aglomerações populares, aumentavam os clientes que tinham vindo folgar. A Igreja, como fez com outras celebrações pagãs, associou tais festas ao aniversário de São João, comemorado a 24 de junho. No século XIII os portugueses acrescentaram à celebração joanina a de Santo Antônio de Lisboa, cujo dia é comemorado a 13 de junho. As festas juninas têm, entretanto, o Batista como santo que lhes dá nome. Ele vivia no deserto e se alimentava de gafanhotos e mel silvestre. Depois das descobertas dos manuscritos do mar Morto, foi levantada a hipótese de que ele tenha vivido por algum tempo entre os essênios, que professavam seita ascética que previa o retiro constante para evitar as contaminações do pecado.

FOLHETIM do francês *feuilleton*, que foi o nome dado aos romances publicados em rodapés de jornais, na França, cujo modelo clássico são *Os mistérios de Paris*, de Marie-Joseph Sue, mais conhecido como Eugène Sue, escritor francês, que o publicou no jornal *Constitutionel*. Já traduzido para folhetim, chegou ao Brasil em 1830, com a publicação, sem indicação de autoria, da novela *Olaya e Júlio*, na revista *Beija-Flor*, no período de 1830 a 1831. O autor teria sido Charles Auguste Taunay, sobre o qual há poucas referências, apenas que era filho de Nicolas Antoine Taunay, que integrou a missão artística francesa chegada ao Rio de Janeiro em 1816.

FOLHINHA diminutivo de folha, do latim *folia*, plural de *folium*, folha. A profetisa Sibila, bem antes da invenção do papel, escrevia numa folha de palmeira as suas predições. O vocábulo passou a ter largo uso, principalmente a partir de Gutenberg. No português, folhinha designa também o calendário, em número de folhas equivalente aos meses ou aos dias do ano, que são arrancadas à medida que o tempo passa. As agendas eletrônicas ainda não destronaram as folhinhas, registros de épocas em que o tempo parecia passar mais lentamente. O ritmo é o mesmo, mas a folhinha disfarça docemente nosso inexorável destino. A folhinha remete ao tempo em que o calendário foi inventado para nele serem registrados dívidas e créditos. Somente depois passou a marcar o tempo *tout court*.

FOLIÃO indivíduo entregue à folia, do francês *folie*, loucura, por sua vez vindo do latim *folle*, movimento. Passou a ser aplicado a um tipo de louco que raramente está quieto. Em sentido conotativo, designa indivíduo que dança e canta em ocasiões específicas, como as festas do Divino, de Reis e do Carnaval. Canta, dança e bebe. E depois recebe as cinzas, interrompendo o Carnaval até o próximo ano.

FOLICULÁRIO do francês *folliculaire*, foliculário, designando jornalista sem talento, sem ética e sem escrúpulo, conhecido por falar mal de todos, não se sabendo se pior é o estilo ou o caráter. A expressão nasceu de um pequeno engano do filósofo Voltaire, que criou a palavra a partir de *follicule*, folículo, envelope ou saco pequeno, que ele imaginou ligado ao latim *folium*, folhinha. Antigamente, este tipo de escrito era acolhido apenas em determinados jornais, conhecidos como *yellow journalism*, por serem impressos em papel amarelado. No Brasil, a cor mudou e a expressão foi traduzida como "jornalismo marrom." Morando exilado no Rio de Janeiro, Marcelo Caetano, escrevendo ao diretor do jornal *A Província*, utilizou a expressão para defender-se de críticas, a seu ver infundadas: "Creio que é primeira vez, desde o 25 de abril, que um jornal tem coragem de tomar a minha defesa contra injúrias bolsadas sobre o meu nome ou a minha obra por um foliculário qualquer. Por esse motivo, quero dizer-lhe quanto estou grato e ao jornal *A Província*, admirando a coragem, a independência e isenção de que dão provas." Não ocorrera antes ao então primeiro-ministro de Salazar, quando servira à ditadura, garantir a liberdade de imprensa, que, espelhando a sociedade, tem a obrigação de mostrar os vários lados de um mesmo problema.

FOME do latim *fame*, declinação de *fames*. Nas línguas neolatinas o vocábulo chegou entre os fins do primeiro milênio e começos do segundo, de que é exemplo o espanhol *hambre*, mesclado ao guascão *hame* e ao sardo *fámine*. No francês, no século XII era registrado *faim*. Na língua portuguesa, no século XI, exatamente no ano de 1048, aparece *fame*, que depois evoluiu para fome, provavelmente por influência de come, do verbo comer, do latim *comedere*. Nos séculos XIII e XIV aparece *fame* alternadamente com fome, como no texto arcaico de autoria incerta: "Os pobres som apressados com fome e com sede e com fryo." E o rei Dom Dinis, agricultor e poeta, trata da fome nesses versos: "E o que disse bem o paga/ pois como era grand'a fame." A fome é tão antiga no mundo quanto o homem. Em *Carta sobre a felicidade*, o filósofo Epicuro escreve a seu amigo Meneceu – naquele contexto, o amigo era também às vezes o namorado – comentando a conquista da felicidade, que tem no ato de comer o requisito básico, ao lado de matar a sede: "Os alimentos mais simples proporcionam o mesmo prazer que as iguarias mais requintadas, desde que se remova a dor provocada pela falta: pão e água produzem o prazer mais profundo quando ingeridos por quem deles necessita." A *Carta sobre a felicidade* teve reedição, bilíngue, pela Editora da UNESP em 1999.

FOMENTO do latim *fomentu*, alívio, calmante. Mas não é usado na medicina. É vocábulo sempre presente em políticas públicas – como em fomento à agricultura, fomento à indústria –, significando estímulo, subsídio, apoio.

FONDÃ do francês *fondant*, que se derrete. Designa guloseima muito apreciada, sendo um dos mais populares o fondã de gianduia, palavra vinda do italiano *gianduia*, iguaria feita de chocolate e nozes, originária de Turim. A origem remota de gianduia é uma palavra do dialeto piemontês, Gianduja, *Gioan d'la duja*, isto é, *Giovanni del boccale*, nome inspirado em personagem gordo, vestido de roupas coloridas, de cabeleira castanha e com três chifres. Uma das receitas do fondã de gianduia é esta: derreter o chocolate, bater gemas de ovos com açúcar, colocar leite fervido, misturar com creme, juntar o chocolate derretido, acrescentar gelatina hidratada e pasta de gianduia, colocar em formas, pulverizar com cacau e enfim servir com calda de damasco.

FONÓGRAFO do francês *phonographe*, por meio do grego *phonê*, voz, e *graphein*, escrever. Designava antigo aparelho destinado a registrar e a reproduzir os sons da voz humana. Foi inventado por Thomas Alva Edison em 1878. Ele era surdo e não frequentou a escola mais do que três meses. Aos 14 anos já tinha inventado o telégrafo. Ele registrou 1.093 inventos. É de sua autoria a famosa definição de que o gênio é 1% de inspiração e 99% de transpiração, indicando que para obter sucesso o trabalho conta mais do que a genialidade. Antiga marca de fonógrafo, o aparelho que antecedeu eletrolas e vitrolas reproduzindo músicas, trazia a figura de um cão ouvindo com atenção. O slogan a "Voz do dono" foi juntado a partir de uma história acontecia com outro filósofo, o inglês Thomas More. Um mendigo apresentou-se como dono de um cãozinho que Lady More recolhera das ruas. O famoso humanista inglês, para dirimir a contenda, pôs o animal no meio da sala, deixando a esposa e o mendigo em cantos opostos. E mandou que ambos chamassem o cachorrinho. Sem vacilar, o melhor amigo do homem correu para o mendigo, reconhecendo a voz do dono.

FOOTING do inglês *footing*, ir a pé, de *foot*, pé. Esta palavra, que ainda não sofreu aportuguesamento, entrou para as expressões brasileiras para designar passeio a pé, com o fim de espairecer ou fazer um exercício físico moderado, constante apenas do caminhar, sem esforço. Antigamente, nas pequenas cidades, o *footing* tinha objetivo adicional ou talvez mesmo preferencial: as moças saíam a caminhar, observadas à distância ou de perto por pretendentes a namorá-las. Por metonímia, passou a denominar também o lugar onde eram feitas essas caminhadas. O costume foi muito bem sintetizado pelo escritor Moacir Japiassu no livro *Carta a uma paixão definitiva* (Editora Nova Alexandria): "Havia *footing* nas pracinhas, as meninas passeavam de braços dados e os meninos olhavam. Risadas, pequenas sem-vergonhices. Passavam-se semanas até que o rapaz dirigisse o primeiro olá à sua eleita. Haroldo demorou oito meses para abordar Julita Cruz. Na noite tão angustiadamente escolhida e esperada, a deseja moderou o passo e o apaixonado disse-lhe, gaguejante: 'tás passeando?' (...) Talvez em cinco, dez anos, estivessem casados."

FORA DA LEI de fora, do latim *foras*, na parte exterior, que nos primeiros séculos ainda era pronunciado foras, perdendo o "s", e de e lei, respectivamente *de* e *lex*. A *lex* se antepunha a *mos*, costume, e a *consuetudo*, direito não escrito. Duramente reprovado, temido e evitado em vida, o fora da lei, mitificado depois da morte, passa a ser cultuado. Foi assim com Virgulino Ferreira da Silva, o Lampião, facínora, que passou de bandido a herói.

FORAGIDO da expressão latina *fora exitu*, saído fora, no sentido de fugir para escapar à Justiça, pelo provençal antigo *forreissit*, designando o que deixou o fórum, não o prédio onde funcionavam os tribunais, mas a jurisdição onde vivia e onde as leis o alcançavam. No sentido atual, designa o cidadão que vive escondido, às vezes em outro país, com leis diferentes do lugar onde nasceu, fugitivo da Justiça, nem sempre clandestino, mas ao contrário, como fazia o famoso ladrão inglês Ronald Biggs, que viveu no Brasil de 1966 a 2002, à vista de todos, depois de fugir de uma prisão inglesa. Seu crime foi assaltar um trem pagador, em 1963, que levava 2,6 milhões de libras, algo como R$ 150 milhões, de Glasgow, na Escócia, a Londres, na Inglaterra. Foragido é também "o indivíduo que foge da polícia por haver cometido um delito, ou que foge da prisão onde cumpria pena, escondendose em lugar incerto", de acordo com o *Dicionário Houaiss*.

FÓRCEPS do latim *forceps*, pinça, *fórceps*. A palavra foi formada a partir de *capere*, apanhar. Inicialmente foi instrumento de uso exclusivo de ferreiros, que o utilizavam para lidar com objetos quentes. Mais tarde foi adaptado como instrumento cirúrgico, de largo uso nos partos, depois que também os médicos passaram a ser obstetras, tarefa exclusivamente feminina até o século XVIII.

FORMA do grego *morphé*, pelo latim *forma*, por metástase. Metástase, do grego *metástasis*, é mudança de lugar. De *morphé* para *forma* equivale a quase dizer de trás para a frente a palavra. Antes das reformas ortográficas do português, diferenciava-se forma de fôrma, mas o acento diferencial foi abolido, causando confusão, tanto na pronúncia quanto no conceito. Olavo Bilac, um dos poetas mais lidos no Brasil nos séculos XIX e XX, celebrou a forma em *Profissão de fé*: "Porque o escrever – tanta perícia,/ Tanta requer,/ Que ofício tal... nem há notícia/ De outro qualquer./ Assim procedo. Minha pena/ Segue esta norma,/ Por te servir, Deusa serena,/ Serena Forma!." E disse mais: "Invejo o ourives quando escrevo:/ Imito o amor/ Com que ele, em ouro, o alto relevo/ Faz de uma flor."

FORMICIDA de formiga, do latim *formica*, e sufixo -cida, derivado de *coedare*, matar. As formigas, exemplos de organização social, disciplina e trabalho comunitário, já foram grande ameaça às plantações brasileiras, principalmente a espécie das saúvas. Um dos primeiros a ter sucesso com o extermínio de formigueiros com recursos químicos foi o engenheiro e físico Guilherme Schüch, Barão de Capanema, que deu a seu invento o nome de formicida. Ele também foi o responsável pela instalação de nossa primeira linha telegráfica no Brasil, em 1852, para facilitar a comunicação entre o Palácio Imperial e o Quartel general do Campo, no Rio de Janeiro e, ampliada em 1855, até a cidade de Petrópolis, além de haver construído as primeiras estações meteorológicas no Brasil.

FORMIGA do latim *formica*, pequena forma, figurinha, designando o conhecido inseto, exemplo de vida coletiva. São Paulo tem muito a ver com formigas, observação que não escapou ao empresário e jornalista Ruy Mesquita Filho na introdução do livro *São Paulo de Piratininga: de pouso de tropas a metrópole* (Editora Terceiro Nome): "Piratininga quer dizer peixe que seca, ou peixe que fica preso nas margens de um rio, secando ao sol depois de um transbordamento, como acontecia com os que viviam no Piratininga. Esses peixes atraíam as formigas, que por sua vez atraíam os tamanduás – e dos tamanduás veio o nome Tamanduateí, como passou a ser conhecido o Piratininga, o rio que emprestou seu nome à cidade de São Paulo e que hoje é quase esquecido até mesmo nos livros escolares." O Tamanduateí, afluente do Tietê, em tupi-guarani quer dizer rio das formigas. E tietê procede também do tupi-guarani *ty*, rio, *etê*, verdadeiro. Rio exclusivamente paulista, o Tietê serviu de transporte aos primeiros bandeirantes para a conquista do interior.

FORNECEDOR de fornecido, particípio do verbo fornecer, do francês antigo *fornir*, abastecer, escrito *founir* no francês moderno. A raiz remota é o frâncio *frumjam*, fazer, executar. Desde os primeiros séculos do segundo milênio, quando se consolidaram as nações soberanas, mas principalmente a partir do Renascimento, no século XVI, o Estado rivalizou e às vezes uniu-se à Igreja na compra de produtos e serviços. Assim, industriais, comerciantes, intelectuais e artistas tiveram no Estado e na Igreja seus clientes preferenciais, fornecendo pedras, vitrais, engenheiros e operários na edificação de catedrais, conventos, universidades, escolas etc. Pintores e escultores também forneceram mão de obra qualificada, nem sempre paga, aliás, como foi o caso de Michelangelo que depois dos 70 anos trabalhou de graça para o Vaticano. No Brasil moderno, os fornecedores aparecem com frequência na mídia, não apenas por construírem obras de vulto para o Estado, mas também por corrupção, já que vivemos num contexto em que burocratas poderosos criam dificuldades para vender facilidades. A burla não ocorre apenas em grandes operações, como se vê no despacho do juiz da 5ª Vara, Firly Nascimento Filho, atendendo a pedido de empresa excluída de licitação na compra de telões de plasma pela Infraero. De acordo com seu despacho, a licitação incorreu em "procedimento sem amparo legal e dotado de sigilo, o que não merece amparo no princípio constitucional da transparência", "prejudicando a administração pública."

FORNICAR do latim *fornicare*, construir em forma de *fornix*, abóbada. Os quartos onde as cortesãs romanas recebiam seus clientes nos lupanares, construídos no subterrâneo, eram abobadados. O verbo passou, por isso, a designar o ato sexual ilícito, geralmente praticado com prostitutas, e foi duramente vituperado pelos padres da Igreja, sobretudo a partir do Concílio de Trento, o que mais se preocupou com os pecados do sexo.

FORRÓ de origem controversa. Até há poucos anos era tido como decorrente de festa *for all* (para todos) que os americanos organizavam em Recife, durante a Segunda Guerra Mundial, e de que participavam todos, sem necessidade de convite. Bailes semelhantes, patrocinados por engenheiros ingleses durante a construção de nossas ferrovias, também estariam na origem do vocábulo. Mas a escritora Edinha Diniz levanta outra hipótese em *Chiquinha Gonzaga: uma história de vida*. O vocábulo, corruptela de forrobodó, designaria forma de teatro popular já documentada em 1912 pelo jornal *Correio da Manhã*. A hipótese de que tenha origem em festa de negros forros, designando isento de dívidas ou escravo liberto, é de difícil sustentação. Há indícios de que a festa e o vocábulo tenham origem na África, muito antes do tráfico de escravos. De todo modo, forro no sentido de livre vem do árabe *hurr*.

FORTALEZA do francês antigo *fortalece*, pelo português arcaico *forteleza* e o provençal antigo *fortalessa*, radicado em forte, do latim *fortis*, ligado ao panromânico *foarte*, forte, adjetivo, antônimo de fraco, mas como substantivo, forte é sinônimo de fortaleza e designa construção militar estratégica, destinada a proteger vias de navegação, cidades etc. A Fortaleza da Conceição, no Rio de Janeiro, inaugurada em 23 de dezembro de 1718, para proteger a cidade que tinha sido sequestrada pelos franceses em 1711, foi, porém, proibida de disparar seus 36 canhões porque os tiros punham em risco os vitrais do Palácio Episcopal, segundo reclamação dos residentes, os bispos, que se queixaram ao rei Dom João V. Ali estiveram presos os Inconfidentes e hoje o prédio abriga um museu do Exército. Parece piada, mas o autor do projeto era conterrâneo dos sequestradores: o engenheiro francês João Massé. Ele era calvinista e se refugiou na Inglaterra, de onde Portugal o trouxe para ajudar a combater as invasões francesas.

FORTIFICANTE do latim *fortificante*, que fortifica, dá forças. Um dos mais conhecidos fortificantes medicamentosos brasileiros leva o nome de seu inventor, o farmacêutico Cândido da Silveira *Fontoura* que, em 1910, em Bragança Paulista, interior de São Paulo, condoído com a anemia da esposa, elaborou um composto à base de sulfato-ferroso, ácido fosfórico e extratos de plantas aromáticas, denominando-o *Biotônico Fontoura*, que o escritor José Bento Monteiro Lobato tornaria famoso ao prescrevê-lo a seu célebre personagem Jeca Tatu. A longevidade do inventor pode servir para atestar a eficácia do invento, mas como o remédio destinou-se à esposa, é preciso pesquisar mais.

FORTUNA do latim *fortuna*, acaso. Mas também o significado de riqueza tem acompanhado o vocábulo. Na década de 1990, dada como de crise constante, um pequeno grupo de brasileiros adquiriu muitos haveres e ficou rico usando uma capacidade humana que emerge melhor em épocas adversas: a imaginação. Ex-taxistas, ex-vendedores ambulantes e até ex-boias-frias amealharam fortunas e hoje dirigem empresas com faturamentos que vão de 15 a 60 milhões de dólares. São os poucos novos-ricos de uma década de muitos novos-pobres.

FÓRUM do latim *forum*, fórum, de raiz indo-europeia *dhwer*, porta de muro, saída. De início significava a parte da casa entre a construção principal e o muro que a protegia. Ali eram cultivados os cereais e enterrados os mortos, transformados depois em Lares, deuses domésticos. Os romanos oravam no local, pois acreditavam que protegiam a casa, ajudando o deus Lar, protetor das residências. Com a evolução das cidades, o sentido se ampliou para praça do mercado, onde, igualmente, se situavam os principais edifícios públicos, inclusive o da administração da Justiça. Hoje designa o edifício dos órgãos do Poder Judiciário.

FÓSFORO do latim *phosphoru*, que em grego era grafado *phosphoros*, designando a estrela-d'alva. Significa "aquilo que traz luz." O elemento químico recebeu este nome por produzir luminosidade ao contato com o ar. A invenção do palito de fósforo, ocorrida na primeira metade do século passado, é disputada por alemães, austríacos e ingleses. Primeiramente foram comercializados sem a caixinha. O comprador esfregava o palito onde bem lhe aprouvesse. Depois, porém, dados os problemas causados por tal dispersão, os fósforos, chamados então de fósforos de segurança, passaram a ser acondicionados em caixinhas, em cujas laterais foi incrustada a mistura favorável à fricção. Contendo em média 40 palitos, foram vendidas primeiramente nas farmácias. Hoje, popularizadas ao extremo devido aos fumantes, as caixinhas de fósforo são itens importantes em brindes. *Fiat lux*, uma das primeiras frases do primeiro livro da *Bíblia*, expressão que em latim significa "faça-se a luz", é marca de fósforo no Brasil. O fósforo também é componente de bombas incendiárias, como as que destruíram a cidade alemã de Dresden, na Segunda Guerra Mundial. Embora seja mais comentada a destruição de Hiroshima e Nagasaki, queimadas pelas duas primeiras bombas atômicas, em Dresden morreram cerca de 200 mil pessoas. Desesperadas, muitas pessoas atiravam-se ao rio, onde também morriam na água aquecida a mais de cem graus.

FOSSA do latim *fossa*, buraco, cova, cavidade. Em português, seu uso mais frequente é como sinônimo de estuário para os esgotos. Em sentido conotativo, "estar na fossa" é estar em depressão psicológica.

FÓSSIL do latim *fossile*, tirado da terra, declinação de *fossilis*, ligado a *fossa*, fossa, cova, pelo francês *fossile*. Como substantivo, designa preferencialmente vestígio ou resto petrificado ou endurecido de seres vivos que habitaram a Terra antes do holoceno, conservados em depósitos sob a crosta terrestre. Nas escavações podem ser preservadas suas características essenciais, deduzidas do material encontrado. Como adjetivo, por metáfora, passou a designar o indivíduo retrógrado. Às vezes aconteceram grandes equívocos na procura de fósseis. Heródoto relata que na parte ocidental da Cítia, no mar Negro, foram encontradas as ossadas de grifos, monstros de quatro patas, com cabeça de leão e bico de ave de rapina. Nas escavações da Antiguidade, gregos e romanos procuravam esqueletos de heróis míticos, como Ajax, Teseu e Orestes.

FOTISMO do grego *fotismós*, fotismo, sensação visual, de cor ou de luz, produzida, não apenas pelo olho, mas por qualquer um dos sentidos ou mesmo pela memória. Os pacientes recordam objetos, pessoas ou conceitos que os impressionaram no passado. Foi assim definido pelo poeta, professor e ensaísta Affonso Romano de Sant'Anna no livro *O enigma do vazio* (Editora Rocco), comentando as visões da mística e escritora medieval alemã Hildegarda von Bingen: "É um tipo de sensação ligada ao êxtase histérico ou psicótico, que pode ser produzido também por enxaqueca, intoxicação ou até manifestação epiléptica."

FOTOBIOGRAFIA palavra resultante da junção de foto e biografia, designando estudo biográfico em que as fotografias constituem elementos essenciais do que se quer caracterizar e não apenas ilustrações do texto, como no caso de alguns livros sobre celebridades.

FOYER do francês *foyer*, sala de espera, saguão. Pronuncia-se *fuaiê*, mas, ao contrário de abajur, do francês *abat-jour*, quebra-luz, esta palavra ainda não foi aportuguesada. Antes de chegar ao francês, de onde partiu para diversas o alemão, o inglês e o português, entre outras línguas, estava no latim vulgar *focarium*, lugar onde se acende o fogo, do latim *focus*. Antes da invenção do ar-condicionado, não apenas as casas tinham lareira, mas também teatros, hotéis, restaurantes e outros recintos públicos ofereciam o conforto de salas de espera bem aquecidas. A lareira pública foi embora, mas a denominação *foyer* permaneceu.

FOZ do latim *fauce*, goela, garganta. No espanhol é *hoz*, já com o significado de ponto final de um rio em outro rio, num lago ou no mar. O vocábulo forma também a expressão de foz em fora, tal como aparece neste trecho do poeta brasileiro, parnasianista e muito lírico, Vicente Augusto de Carvalho, cujos versos sempre deram grande atenção à foz principal de todos os grandes rios, o mar, já que nasceu na cidade marítima de Santos: "E as mulheres, por pérfidas e vis, a todas condenei, de foz em fora." O escritor, admirável pintor do mar em sua poesia, estava mentindo ou não sabia o que estava perdendo ao referir-se de modo tão pejorativo às mulheres. Afinal, de sua ira furibunda não excluiu sequer a própria mulher que o trouxe ao mundo, nem pérfida, nem vil, já que nos deu um dos maiores poetas do período.

FRACASSOMANIA do italiano *fracasso*, barulho de coisa que cai, passando depois a indicar o que não dá certo, e do grego e do latim *mania*, loucura, vêm os vocábulos que o ex-presidente Fernando Henrique Cardoso juntou para formar mais este neologismo, a fim de designar um certo estado de espírito nacional que, segundo ele, vitima muitos brasileiros. Em outros tempos, os mesmos espíritos foram chamados apenas de pessimistas, diante de medidas governamentais muito semelhantes às de hoje.

FRADE DE PEDRA de frade, do latim *fratre*, declinação de *frater*, irmão, que se consolidou como designação de indivíduo pertencente a uma ordem religiosa – frade franciscano, frade dominicano etc. – e pedra, do latim *petra*. Conhecido também por fradépio, designa marco de pedra, de ponta arredondada, semelhando um falo – por isso, o nome com que se consolidou é um eufemismo –, que tem o fim de impedir que veículos traferguem ou estacionem em calçadas, esquinas, portões e entradas de becos. Os primeiros frades de pedra, conhecidos popularmente por fradinhos, foram instalados no Rio de Janeiro no século XVIII. Tinham a função de proteger das carroças as entradas e escadarias de igrejas e conventos. Os primeiros foram de pedra realmente, mas desde o século XIX há frades de pedra... de ferro.

FRAGATA do espanhol *fragata* e do italiano *fregata*. Ave capaz de atravessar os mares, com bico em forma de gancho para agarrar seu alimento, o peixe. Deu nome a um tipo de navio. Compõe também um título hierárquico na Marinha.

FRAGMENTO do latim *fragmentum*, a partir de *frangere*, quebrar, designando pedaço de alguma coisa. Nas escavações havidas nas regiões onde Jesus viveu e onde o cristianismo se formou nos primeiros séculos, é frequente que sejam encontrados fragmentos de papiros ou de pedras, às vezes revelando ou confirmando certas passagens de sua vida, outras vezes contrariando os quatro evangelhos que a Igreja aceita, uma vez que desde o Concílio de Niceia, no século IV, mais de 300 evangelhos foram descartados. O mais recente é um fragmento minúsculo, de 4 x 8 cm, de papiro egípcio, escrito em copta, um dialeto do grego, em caligrafia muito ruim, traduzido pela historiadora Karen Leigh King, da Universidade de Harvard.

FRAJOLA variação provável de *farsola*, de *farsa*, pessoa alegre e frívola que chama a atenção por roupas e modos elegantes. Durante o Carnaval de 1931, cantou-se a seguinte marchinha de autoria de Eduardo Souto: "Mulatinha frajola/ entra aqui no cordão/ que fuzarca aconselho/ à mágoa que a gente traz no coração."

FRALDA do frâncico *falda*, aba ou parte da roupa feminina que não caíam soltas, sem encostar no corpo. O alemão *Falte*, dobra, vinco, ruga, e o inglês *fold*, de igual significado, que serviu no primeiro à formação de *falzen*, dobrar, e a *fold*, dobra, e *folder*, folheto dobrado em várias partes, semelhando pequena pasta no segundo. Mas, por metátese – transposição de fonemas no meio de uma palavra – houve mudança de *falda* para *faldra* e depois para fralda, que se consolidou. O *Dicionário Aurélio* define fralda, no sentido de pano para proteger os bebês, como "retângulo de pano macio, ou de material equivalente, que se usa dobrado, de modo que se adapte às entrepernas e nádegas do bebê, a fim de absorver os excrementos." Baseado em tal conceito, autor anônimo disse que "os políticos são como as fraldas e devem ser trocados periodicamente pelos mesmos motivos."

FRANCÊS do francês antigo *franceis*, derivado de *France*, do baixo-latim *Francia*, país ocupado pelos francos. O primeiro registro de *franceis* foi documentado por volta do ano 1100 na *Chanson de Roland*, Canção de Rolando, um dos 12 pares lendários de Carlos Magno. O poema inspirou também Orlando Enamorado, de Boiardo, em 1495, e Orlando Furioso, de Ariosto, em 1532. O francês tem forte presença no Brasil, a começar pelo pão francês, que chegou ao Brasil no alvorecer do século XX, por obra de brasileiros endinheirados que voltavam de Paris e pediam aos cozinheiros que fizessem pãezinhos com miolo branco e casca dourada, não escura, como então era comum. Eles então, depois de ouvir a descrição, tentavam reproduzir no Brasil o pão francês, até hoje encontrável nas padarias. Antes do pão, contudo, Nicolau Durand de Villegaignon tentou instalar aqui a França Antártica, na Ilha de Sergipe, que hoje leva seu nome, no Rio. Por divergência com os calvinistas, foi embora em 1558, há 450 anos! O objetivo era explorar as riquezas brasileiras e abrigar os protestantes, então perseguidos na França. No começo do século XIX, com a vinda da família real portuguesa para o Brasil, fugindo das tropas de Napoleão, a França era o inimigo a combater porque Portugal aliara-se à Inglaterra, mas depois da Independência, em 1822, o Brasil foi acolhendo a cultura francesa: na moda, na culinária, na literatura, nas artes, na arquitetura, no estilo das casas e dos prédios públicos, nos usos e costumes. E a França Antártica, sem operações militares, ganhou todo o Brasil. Sua presença sofreu grande retomada com a globalização, principalmente nas duas últimas décadas, quando empresas francesas se instalaram no Brasil. A França está em todos os lugares. E Napoleão também, principalmente nas normas que regem nossa vida social. O famoso imperador, porém, foi confinado aos hospícios, onde quem ficou pinel acha-se encarnação dele.

FRANCHISING do inglês *franchise*, direito, privilégio. Entrou para o português com sua grafia primitiva e permaneceu sem alteração por vários anos, mas atualmente já é usada a variante portuguesa: franquia. Consiste na cessão de direitos limitados sobre a produção e comercialização de determinados produtos, sob licença da detentora original.

FRANCISCANO do frâncico *frank*, livre, pelo francês *franc*, e o latim *francus*, nome de um povo da Germânia que invadiu o norte da Gália, atual França. O étimo está presente em zona franca, isto é, região livre de impostos; em entrada franca, isto é, pode entrar sem pagar; em franquia: de comércio, de bagagem, de correspondência etc. Franciscano designa o que diz respeito a Francisco, *Francesco* em italiano, nome substituído de Giovanni di Pietro di Bernardone, mais conhecido como São Francisco de Assis. Depois de uma vida na farra, bebendo e se divertindo, rompeu com o pai, comerciante de tecidos, e fundou a Ordem dos Mendicantes, também conhecidos como franciscanos, em homenagem ao fundador, e capuchinhos, pelo tipo de hábito, com capuz. A troca de João (Giovanni) por Francisco (Francesco) deu-se porque o pai, em viagem quando a criança nasceu, ao voltar mudou o nome que a mãe lhe dera. Em meio a dificuldades de parto, ele nasceu no estábulo da casa, para onde sua mãe foi levada por conselho de um mendigo que batera à porta.

FRANCO do francês *franc*, franco, antiga moeda de ouro da França, que conservou o nome até os tempos modernos, mas não exclusivamente para seu próprio dinheiro. Vários países europeus e africanos designam do mesmo modo suas próprias moedas. Com o sentido de sincero, veio do germânico *frank*, que designava o conjunto de povos que conquistou a Gália, antiga França, e passou às línguas latinas com o significado de livre.

FRANGO de origem controversa, este vocábulo pode ter vindo do baixo-latim *fraganu* ou do árabe *favruge*, ambos com o significado de galo pequeno. Os godos, povos bárbaros da antiga Germânia, que invadiram o Império Romano entre os séculos II e V, tinham vocábulos parecidos para denominar a ave na idade em que não é mais um pintinho e ainda não chegou a galo ou a galinha. Com efeito, frangos e frangas são os adolescentes dos galináceos.

FRANQUEZA de franco, do frâncico *frank*, designando originalmente confederação de povos germânicos que invadiram a Gália, antigo território situado na França atual, conquistado pelos romanos em árduas batalhas, narradas pelo general Caio Júlio César na famosa obra *De Bello Gallico, A guerra gaulesa*. Ocorre que, no latim, *frank* tornou-se *francus* no caso nominativo, mas nas declinações o "c" muda o som de "k" para "s", fonema consolidado no português em vocábulos como frança e francês. No primeiro caso designando pessoa, homem ou mulher, que, nas roupas e no comportamento, seguia a etiqueta da corte francesa, às vezes com certo exagero para marcar o estilo. No segundo caso, adjetivo de tudo o que se refere à França. Os francos estavam desobrigados de impostos e deram origem ao significado de livre, nas alfândegas e portos. Provavelmente o vocábulo passou a sinônimo de sincero, porque os francos, além de livres de impostos, caracterizavam-se por dizer abertamente o que pensavam, expondo-se sem subterfúgios em seus territórios.

FRANZIR do latim *frangere*, quebrar, formou-se, no português arcaico, o verbo frangir, que foi alterado para esta forma atual, indicando ação de formar franjas, isto é, pregas pequenas e próximas umas das outras, com o fim de reduzir a largura de um tecido. Por metáfora, é aplicado também ao que o tempo faz sobre os rostos, afrouxando a pele, o que resulta em rugas. Por isso, os cirurgiões plásticos, para disfarçar as marcas que a passagem dos anos faz nos rostos, dão uma esticadinha, removendo esses excessos.

FRASE do latim *phrasis* e do grego *phrásis*, frase. Qualquer enunciado de linguagem que transmite uma mensagem. Em grego, a etimologia do vocábulo remete à ação de pôr no espírito. Certas frases tornaram-se símbolos dos momentos em que foram proferidas, como as que seguem: "Navegar é preciso, viver não é preciso", proferida pelo general e estadista romano Cneu Pompeu, o Grande e atribuída a Fernando Pessoa ou Caetano Veloso, conforme a cultura da pessoa que a cita; "A ocasião faz o ladrão", retificada por Machado de Assis para "A ocasião faz o furto, o ladrão nasce feito"; "Queixar-se ao bispo", como sinônimo de ação ineficaz, nascida de sucessivas campanhas de empregados, no Rio do século XIX, pedindo ao bispo que persuadisse os patrões a fechar os estabelecimentos comerciais aos domingos para que os suplicantes pudessem ir à missa. Demorou tanto a vir a lei que a expressão passou a significar reclamação inútil ou mal endereçada.

FRASEOLOGIA do latim *phraseologia*, tratado da frase, palavra surgida no Renascimento, pelo francês *phraséologie*, estudo da construção das frases e coleta de frases, com origem remota no grego *phrásis*, frase, e logos, estudo, tratado. No grego, o verbo *phrázó* significa pôr no espírito, fazer compreender, explicar, indicar por sinal ou por palavra, e o adjetivo *phrastikós* caracteriza explicação. O filólogo brasileiro Antenor Nascentes é autor do mais completo dicionário de frases, expressões e locuções da língua portuguesa, o *Tesouro da fraseologia brasileira*, que reúne exemplos de como a língua portuguesa aqui implantada pelos colonizadores manteve a estrutura original, mas procedeu a várias alterações em muitas frases e expressões. Algumas vieram da antiga Grécia até nossos dias, como "ter medo da própria sombra", que alude ao episódio da doma do cavalo Bucéfalo, que tinha medo da própria sombra, problema resolvido pelo famoso aluno de Aristóteles, Alexandre, o Grande, que nele montou, dirigindo-se com as rédeas na direção do sol, para evitar a sombra, evento revelador do poder de observação e inteligência do grande militar, que pode ser conferido na solução que dava a problemas estratégicos e táticos nas batalhas. Ou "acender uma vela a Deus e outra ao Diabo", que refere episódio em que Guilherme Robert de La Marck se fez retratar ajoelhado diante de Santa Margarida, representada com um dragão aos pés. A legenda diz: "se Deus não me ajudar, que ao menos não me falte o diabo." Santa Margarida é representada com um dragão aos pés porque teria sido engolida pelo demônio, que tomara a forma de um dragão, e saíra de seu ventre rompendo-o com um crucifixo.

FRATERNIDADE do latim *fraternitate*, fraternidade, declinação de *fraternitas*. O grego tem *phráter*, membro de uma mesma *fratria*, irmandade. O grego como o latim mantêm laços de parentesco com a raiz indo-europeia *bhrater*, irmão, que em inglês resultou em *brother*. O francês *frère*, irmão, manteve a raiz da língua-mãe, o latim *frater*, irmão, que em italiano, também língua neolatina, é *fratello*. Já espanhol *hermano* e o português irmão radicam-se em *germanus*, germano, da mesma raça, da mesma *gens*, gente. O primeiro dia do ano é dedicado à fraternidade universal.

FRATERNO do latim *fraternu*, declinação de *fraternus*, fraterno, relativo ou pertencente a irmão, de *frater*, irmão, com o significado adicional de afetuoso, cordial, amigável, pois se supõe que o convívio entre irmãos seja bom. O latim *frater* veio do grego *phrater*, ambos radicados remotamente no sânscrito *bhratar*, origem também do gótico *brothar*, do inglês *brother* e do alemão *Bruder*. Em português, irmã formou-se a partir de irmão, mas em outras línguas, a palavra irmã está radicada também no sânscrito *svásar*, que deu *sister*, em inglês; *Schwester*, em alemão; *syster*, no sueco; *sestrá*, no russo; *éor*, no grego, *soror* no latim, que deu o português *sóror*, irmã, mas designa restritivamente apenas um título para irmãs, freiras professas, madres, cujo masculino pode ser irmão, mas é mais usado como frei. Quando os falantes de gíria atual dizem bróder, do inglês *brother*, sem o saberem pronunciam uma palavra semelhante ao sânscrito *bhratar*, a mãe de todas estas formas para irmão.

FRATERNURA de fraternidade e de ternura, do latim *fraternitate* e do português ternura, palavra formada a partir de terno, do latim *teneru*, declinação de *tener*, macio, suave. O neologismo foi criado pelo frade e escritor Frei Betto, autor de livros como *Batismo de sangue*, transposto para o cinema em 2007, dirigido por Helvécio Ratton, estrelado, entre outros, por Cássio Gabus Mendes, Caio Blat e Daniel de Oliveira, este último no papel do próprio autor, preso político durante a ditadura militar. O tema do filme, assim como do livro, é a relação entre os frades dominicanos e a luta armada, cujo líder, Carlos Marighela, é vivido na tela pelo ator Marku Ribas. Frei Betto escreveu cerca de cinquenta livros, abordando diversos assuntos, inclusive alguns de culinária, escritos em colaboração com sua mãe, Maria Stella Libânio Christo, de que são exemplos *Saborosa viagem pelo Brasil* e *Fogãozinho* (para crianças).

FREGUÊS da expressão latina *filiu ecclesiae*, filho da igreja, depois denominado *filiu gregis*, filho do rebanho, metáfora frequente na linguagem cristã, em que os fiéis são comparados a ovelhas e os padres, a pastores. A troca do "l" pelo "r" resultou em igreja na língua popular, mas em sua forma culta a origem foi mantida, como em *eclesial* e *eclesiástico*. Note-se que nos lugares onde havia muitas das antigas freguesias, hoje existem as comunidades eclesiais de base. Como os primeiros comerciantes estabeleceram-se nas proximidades das igrejas, freguês passou a denominar a pessoa que ali ia para o culto ou para as compras.

FREIO do latim *frenu*, freio, originalmente peça de couro, ferro ou metal, puxada pelas rédeas para domínio do cavalo. Da boca do animal, o freio migrou para as rodas das primeiras carroças, conservado ainda nos primeiros automóveis, que paravam por travas pressionadas sobre as rodas. Em sentido metafórico, a palavra tem sido muito usada nas discussões sobre os novos rumos da economia brasileira. É oportuno lembrar o conselho de Luís de Camões, dado em *Os Lusíadas*: "E ponde na cobiça um freio duro." Quanto aos bens adquiridos, é válida outra recomendação do mesmo poeta: "Melhor é merecê-los sem os ter, que possuí-los sem os merecer."

FRENESI do francês *frénésie*, entusiasmo delirante, arrebatamento. Veio do latim *phrenese* e do grego *phrén*, alma. É também o título de um famoso filme de Alfred Hitchcock, de 1972. Em inglês, *Frenzy*. É um suspense em que o suspeito dos crimes resolve descobrir por si mesmo o "assassino da gravata" e assim provar sua inocência. Apesar do humor negro presente, há um toque divertido: as insólitas preferências culinárias de um casal que não concorda em nada quanto aos pratos.

FRESCO do germânico *frisk*, fresco, mas não com os sentidos usuais que hoje temos no português. Era a denominação que se dava às paredes recentemente caiadas ou pintadas. No Brasil, além de indicar temperatura ligeiramente fria, o vocábulo designa o homossexual masculino. O escritor Érico Veríssimo, em seu livro de memórias, *Solo de clarineta*, conta que durante muito tempo não soube que determinado professor era fresco.

FRESCOBOL de fresco, do frâncico *frisk*, frio, ameno, recente, e de bola, do latim *bula*, pelo occitânico antigo *bola*, objeto esférico. As duas palavras, fresco e bola, formaram, por analogia com voleibol, uma terceira, com o fim de designar um jogo semelhante, no qual, os homens, trajando apenas calção ou sunga, sem camiseta, e as mulheres, usando maiô ou biquíni, brincam em duplas, usando duas raquetes de madeira ou de outro material e uma bola de borracha.

FRETE provavelmente do francês *fret* ou do germânico *Freht*, serviço, ambos radicados no holandês *vrecht* ou *vracht*, carga de um barco. No baixo-alemão, *fracht* era salário. Mas *fracht* em alemão é carga. Em inglês, frete é *freight*. Provavelmente foi a marinha mercante inglesa quem espalhou o vocábulo pelo mundo.

FREUDIANO de Freud, do nome do famoso neuropsiquiatra e psicanalista austríaco Sigmund Freud, significando que é próprio de sua teoria. Nos anos 1960 foi muito usado no Brasil o bordão "Freud explica" quando se queria encerrar uma discussão sobre determinado assunto que não apresentava conclusão satisfatória ou brincar com o interlocutor.

FREUDISMO diz-se "froidismo", do sobrenome do médico austríaco e fundador da psicanálise, Sigmund Freud, cujas teorias são invocadas para esclarecer opiniões e comportamento à base do bordão "Freud explica." O jornalista Paulo Francis fez aguda observação sobre a influência de Freud na vida de todos: "Freud é nosso. Está entranhado em nossa vida, saibamos disso ou não, queiramos ou não. Qualquer pessoa familiarizada com suas teorias reconhece na fala diária dos outros, e na sua própria, freudianismos, em vocabulários, conceitos, formulação de motivos, análises e ideias fixas."

FRICASSÉ do francês *fricassée*, do verbo *fricasser*, guisar, provavelmente formado a partir de *frire*, fritar, tendo também o sentido de comer, como na expressão *il n'y rien à frire* (não há nada para comer), seguido de *casser*, partir, quebrar. Outros viram a origem remota no latim *frigicare*, fritar, mas a presença do provençal *fricar*, fritar, que teria servido de transição, não pôde ser comprovada. O *fricassè* é um guisado de carne, vitela ou frango, partida em pequenos pedaços, cozidos em molho bem temperado e abundante. Inicialmente escrito em francês *fricassée*, está em nossa culinária desde o século XVIII.

FRIGOBAR palavra vinda do latim *frigus*, frio, e do inglês, *bar*, barra, dado que nos primeiros locais onde se serviam bebidas havia uma espécie de balaústre entre o balcão e os clientes. Atualmente designa pequena geladeira, muito encontrável em apartamentos de hotéis de boa categoria.

FRIGORÍFICO do latim *frigorificus*, pela formação *frigor*, de *frigoris*, caso genitivo de *frigus*, frio, e *ficus*, do mesmo étimo de *facere*, fazer, designando lugar onde faz muito frio. Santo Agostinho usou frio em duplo sentido, físico e moral, para designar situação de pavor. Adélia Prado alude subliminarmente aos necrotérios ao tratar dos frigoríficos nestes versos: "Frigoríficos são horríveis/ Mas devo poetizá-los/ Para que nada escape à redenção/ Frigorífico do Jiboia/ Carne fresca/ Preço joia."

FRILA do inglês *free*, livre, e *lance*, lance, formou-se em português este vocábulo para designar o profissional de jornalismo que escreve para várias publicações, sem integrar o corpo editorial de nenhuma delas. A modernização tecnológica ocorrida na imprensa facilitou a multiplicação dos frilas, que podem escrever de onde quer que estejam, em geral em sua própria casa, e enviar os textos para a redação de revistas e jornais. Está ocorrendo curiosa inversão neste caso. Em vez de ir ao trabalho na empresa, o frila recebe o trabalho em casa. Embora mais raros, também locutores de rádio e televisão já gravam seus trabalhos em suas próprias casas ou estúdios particulares.

FRÍNIDA do grego *phrynos*, sapo, que recebeu o sufixo -ida. Embora o *Dicionário Aurélio* não registre o vocábulo, frínida designa um aracnídeo de abdômen chato e tórax em forma de rim. É denominação típica de terminologia científica, no caso zoológica. O tal serzinho lembra a figura de um sapo, esta uma palavra de origem pré-romana. É, portanto, um inseto muito feio, além de venenoso. Melhor engolir sapos do que um frínida. Em campanha presidencial, certa vez Leonel Brizola denominou o concorrente, Luís Inácio Lula da Silva, "sapo barbudo." E incorrendo em nova deselegância vocabular aludiu ao que se seguiria, dizendo que, depois de digerido, seria expelido. Em tais ocasiões, é frequente que nossos políticos apresentem nos discursos figuras de linguagem de muito mau gosto, embora alguns tenham entrado para as antologias nacionais com tiradas de efeito muito divertidas, como a de Carlos Lacerda, respondendo da tribuna da Câmara Federal a um parlamentar que dizia ser seu discurso um purgante: "E Vossa Excelência é o efeito!"

FRIO do latim *frigidum*, frio, temperatura fria, aplicado também ao defunto, gelado pela morte. No sentido metafórico, qualifica o espírito desprovido de clemência, frio, que age friamente, com frieza, como presente na expressão "a sangue frio", aliás título de um livro do escritor americano Truman Capote. Para designar a temperatura muito fria, diz-se "frio do cão", provavelmente expressão dos imigrantes europeus que, ao chegarem ao Sul do Brasil, no século XIX, inverteram a frase "calor do cão", "canícula", inspirada na estrela Sírio, da Constelação do Cão, que, quando entra em conjunção com o Sol, anuncia um calor danado na Europa, o que se dá em agosto. Sírio, em grego, significa "eu seco." Ao chegarem ao sul do Brasil, nossos ancestrais tiveram que mudar a expressão para frio do cão, pois em agosto faz muito frio, principalmente naquela região meridional. Os gaúchos têm ainda outro ditado para expressar o frio intenso: frio de renguear cusco. Renguear é mancar. Cusco é cachorro. Quando o frio é muito intenso, o cachorro, também chamado cão, manca, pois as pernas traseiras endurecem, longe que estão do aconchego do peito.

FRITAR de frito, do latim *frictus*. Em latim, fritar é *frigere*, que deu frigir em português, como na expressão "no frigir dos ovos", isto é, quando os ovos são fritos, indicando conclusão. Provavelmente por força da influência da Inquisição e do Santo Ofício, que, em processos combinados nas duas instâncias, levavam o réu à fogueira, para literalmente assá-lo, grelhá-lo. A fritura de condenados, até mesmo com azeite, aparece em minissérie de televisão baseada em *Shogun*, romance de James Clavell. Em fins do século XVI, no Japão, um navio holandês, pilotado por capitão inglês, encalha no litoral nipônico quando os antigos samurais estão entrando em contato com o Ocidente.

FRITAS da redução de batatas fritas, este adjetivo plural mudou para substantivo e designa um dos pratos mais populares do Brasil. A origem remota é o taino *batata*, batata, que veio para o português como batata-inglesa, com o fim de diferenciá-lo da batata-doce, já consumida pelos índios brasileiros. Como é muito menor, tornou-se conhecida também como batatinha. Já fritas é plural feminino de frito, do latim *frictum*, particípio do verbo *frigere*, fritar. O inventor das fritas foi o agrônomo e alquimista francês Antoine Augustin Pamentier. Até então as batatas eram assadas ou cozidas, segundo nos informa Silvio Lancelotti em *O livro da cozinha clássica – A história das receitas mais famosas da história* (Editora LP&M). A batatinha tinha má reputação na Europa, a ponto de ter surgido em Portugal a expressão "vá plantar batatas", ordem dada aos desempregados urbanos durante reiteradas crises econômicas. Depois virou forma de xingamento.

FRITO do latim *frictus*, frito, assado, torrado. São curiosas as aplicações deste vocábulo em nossas metáforas. Está frito quem foi posto na geladeira. O estágio anterior, banho-maria, pode dispensar a fritura, caso a vítima tenha desconfiômetro, instrumento de aferição muito popular, dando conta de que é possível medir certas percepções. Frito como sinônimo de quem se deu mal, remonta a antigas torturas, especialmente dos terrores da Inquisição.

FRÍVOLO do latim *frivolum*, sem importância, barato. É provável que tenha havido influência de frivola, que entre os romanos designava um tipo de louça de barro, de pouco valor. Vituperando o jornalismo dos tabloides ingleses que denunciaram a homossexualidade de alguns ministros, o escritor peruano Mario Vargas Llosa escreveu: "A frivolidade é rainha e senhora da civilização pós-moderna." O público adora as ditas frivolidades. Basta ver a tiragem de tais periódicos.

FRONTE do latim *fronte*, declinação de *frons*, *frontis*, designando o que está mais adiantado, na frente, a vanguarda, esta uma palavra vinda do francês *avant-garde*, guarda da frente, adiantada. Na cobertura das guerras prevaleceu o neologismo inglês *front*, entretanto já encontrável na famosa *Chanson de Roland*, o mais antigo relato de feitos guerreiros em língua francesa, escritos no século XI, de autor anônimo, a menos que seja o personagem *Turoldus*, identificado apenas no último dos 4.002 versos. O manuscrito foi descoberto apenas em 1832, na Biblioteca de Oxford. A *Canção de Rolando* foi inspirada num fato histórico: a derrota que os bascos impuseram a Carlos Magno perto de Roncevaux em 15 de agosto de 778. Agosto! O grande imperador, filho de Pepino, neto de Martelo, tinha apenas 36 anos. Pelo jeito, o enxerto entre cucurbitáceas e ferramentas dá certo, pois ele foi um grande guerreiro e homem de Estado. Nas misturas de banana com gente, o resultado é que predomina a primeira, do que se depreende da eficiência no combate ao narcotráfico no Rio de Janeiro. Grandes obras literárias e artísticas inspiraram-se nas frentes de batalha, como é o caso de *Nada de novo no front*, do escritor alemão Erich Maria Remarque, cujo nome original era Erik Paul Remark, em que trata dos horrores das trincheiras da Primeira Guerra Mundial. Já exilado nos EUA, escreveu ainda *Arco do Triunfo, O obelisco preto* e *Sombras do paraíso*, esta última publicada postumamente. A violência brasileira, mormente aquela nascida do conluio do narcotráfico e outros crimes organizados, já foi tema de obras memoráveis em nossas letras, como *A grande arte*, de Rubem Fonseca; *Pixote, a lei do mais forte*, de José Louzeiro, e *Cidade de Deus*, de Paulo Lins. Vendem mais, porém, versos como estes:

"Cheiro de pneu queimado/ carburador furado/ um X-9 foi queimado", extraídos de paródia da música *Carro velho*, de Ivete Sangalo, vendidos em coleção de CDs nas favelas numa coleção intitulada *Proibições*, que inclui títulos que fazem a apologia do crime e do tráfico.

FRONTEIRA do francês *frontière*, designando vanguarda de um exército, que vai à frente, com origem remota no latim *fronte*, declinação de *frons*, frente, rosto, que serviu de base a *front*, neologismo da linguagem bélica que prevaleceu sobre a forma fronte, mais adequada à nossa língua, designando a frente das batalhas. Vê-se, pois, que na origem da palavra fronteira mesclam-se vocábulos vinculados às lides militares e guerreiras. Carlos de Meira Mattos, general do Exército brasileiro, nascido em São Carlos-SP, em *Geopolítica e modernidade*, livro recentemente lançado, lembra que "A fronteira é o órgão periférico do Estado e, como tal, prova do crescimento, da força e das mudanças desse organismo." E sustenta que as guerras têm estreita relação com as fronteiras. Num dos anexos do livro, o professor norte-americano Philip Kelly afirma que a conexão guerra e fronteiras pode ser provada estatisticamente, a saber: quanto mais fronteiras um país sul-americano possuir, mais guerras haverá de enfrentar. O Brasil, com dez fronteiras, é o primeiro da lista, seguido da Argentina, Bolívia e Peru, com cinco. Estudiosos de conflitos identificam 39 pontos de tríplices fronteiras na América do Sul. Também neste caso o Brasil lidera com nove pontos em que seu território limita-se com outros dois países. Os rios tendem a unir povos, mesmo quando servem de divisas entre países. As montanhas, a separá-los. Estrategistas geopolíticos preveem que as nações caminham para integrações regionais, como vem acontecendo na Europa.

FROTA do latim *fluctu*, onda, passando pelo provençal *flota*, embarcação. Passou depois a significar determinados conjuntos de veículos de transporte. Assim, diz-se frota de táxis e frota de navios.

FROUXO do latim *fluxu*, que escorre na superfície, que não é sólido, que não se concentra, não se contém, não se firma. Comum no português, houve troca do "l" pelo "r" e alongamento pela junção de "o" e "u". Por conotação passou a qualificar indivíduo vacilante, sem energia, falta de autoridade, e neste sentido foi utilizado por Eurico Miranda, ex-deputado federal e na época presidente do Vasco, a propósito da ordem do então governador do Rio de Janeiro, Anthony Garotinho, para suspender a partida final da Copa João Havelange, depois do tumulto que resultou em 168 feridos, alguns com gravidade, no dia 31 de dezembro de 2000.

FRUSTRAR do latim *frustrare*, falhar, fraudar, não ter o sentido esperado. O étimo comum deste verbo em várias línguas, incluindo o latim, é a raiz indo-europeia *per*, indicando força que conduz para fora, passando sobre algo. No latim, está presente nos prefixos *per-*, *prae-* e *para-*. No grego, em *para*, de paradidático, por exemplo, como é denominado o livro que integra o ensino, está junto dele, mas fora do curso. No alemão, este étimo evoluiu e está presente em palavras como *Frau* (mulher), *fremd* (estrangeiro), *first* (destacado), *fahren* (conduzir). Este "f" inicial mudou em algumas palavras para "v", como em *versagen*, termo operacional de Sigmund Freud, traduzido por frustrar e frustração, neste último caso com inicial maiúscula por ser substantivo: das *Versagen*. Luiz Hanns, em *Dicionário comentado do alemão de Freud* afirma: "Ao traduzir-se *versagen* por 'frustração', perde-se o sentido de fracasso/colapso (sentido raramente presente em português)." Entretanto, sem o conhecimento que Freud teve da língua, vários tradutores frustraram os psicanalistas, traindo o significado que ele quis dar a certas neuroses, pulsões e tensões.

FRUTO do latim *fructus*, fruto, o que rendem árvores e também os bens vindos da reprodução dos animais e do cultivo da terra. Por metáfora, os frutos passaram a indicar também os resultados de outros trabalhos, o lado gratificante de um ofício concebido como castigo desde tempos imemoriais, justamente em razão do pecado de Adão e Eva, que comeram o fruto proibido. Célebres polêmicas têm marcado o contexto cheio de adversidades e sofrimentos que preside ao trabalho, que veio de *tripalium*, um instrumento de tortura. Também sobre o fruto proibido pesam algumas contradições. A maçã foi mais aceita porque no latim maçã é *malum*. E *malum*, por força de sua homofonia e homografia – palavra escrita e pronunciada do mesmo modo –, veio a predominar com o sentido de mal e mau. Assim, nossos primeiros pais caíram nas tentações da Serpente, o outro nome de Satanás, por comerem o fruto proibido, a maçã, e assim escolherem o Mal, quando, por livre arbítrio, poderiam ter escolhido o Bem. Alguns escritores, porém, afirmam ter sido outro o fruto proibido. Os dois mais citados, depois da maçã, foram o figo e a uva. Por isso, em algumas iconografias cristãs, o primeiro casal aparece vestido com folhas de parreira, às vezes; outras, de figueira. E com umbigo, o que fez com que alguns teólogos reprovassem célebres pintores. Com efeito, ao pé da letra, criados do barro, ele, e da costela do cônjuge, ela, não poderiam ter umbigo, o que indicaria gestação em algum ventre feminino primitivo. Na tradição judaica, Eva pecou por comer o fruto, incorrendo em soberba, mas teve semelhante que a antecedeu em outra transgressão. Foi Lilith, a Lua Negra, que se recusou a obedecer a Adão, unindo-se a um anjo cheio de luz, o demônio Lúcifer. A forma plural latina designa o singular em português, indicando fruto comestível, mais frequentemente aplicado àquelas de sabor adocicado. Nos Natais brasileiros a presença de frutas secas é imitação de costumes de povos que vivem no Hemisfério Norte, que nesta época do ano não dispõem de frutas frescas. Mas a invenção da geladeira amenizou a dificuldade dos irmãos do frio.

FUGA do latim *fuga*, ato de fugir. Geralmente, indica operação feita em grande velocidade. Entre as mais famosas da humanidade, estão as célebres retiradas militares e escapadas de presídios de segurança máxima, às vezes nem tão dramáticas como o cinema nos faz crer, dado que os condenados não dispõem de roteiristas e diretores, sendo atores por conta própria e risco raramente calculado. Sem contar que as balas dos perseguidores não são de festim e, ao errarem uma cena, fica difícil repeti-la. Já a moderna fuga de capitais ocorre quase sempre antes da chegada da polícia. Em linguagem militar, ganha outro nome, retirada. Como termo de música, é de origem italiana. A fuga é uma composição polifônica em contraponto, sobre tema único, dividida em seis partes: exposição, episódio, estreto, resposta, contrasujeito e coda. As mais célebres são as de Bach, de uma família de músicos alemães que teve outros grandes compositores com o mesmo sobrenome, de que são exemplos três filhos do autor dos *Concertos de Brandemburgo*.

FUGAZ do latim *fugace*, que foge depressa, efêmero. Aparece num trecho muito bonito da *Bíblia*, em forma de recomendação: "Em tua existência fugaz, goza a vida com tua amada companheira porque esta é a parte que te cabe dos trabalhos que suportas."

FUGIR do latim *fugere*, fugir, passar depressa, tendo também o sentido de esconder-se, cujo étimo está presente também em afugentar, refugar, refúgio, subterfúgio, fugitivo, fugaz. *Tempus fugit*, o tempo foge, é antigo provérbio latino, dando conta de que ele passa e não pode ser recuperado, ao contrário do que pode acontecer a quem foge. O dito completo, bastante apreciado pelos escritores da Roma antiga, é *tempus fugit, nec revertitur* (o tempo foge e não volta mais). Virgílio lembrou num poema: *dum loquor, hora fugit* (enquanto falo, o tempo foge). E Terêncio avisou às mulheres: *dum molitur, dum comuntur, annus est* (enquanto se apercebem, enquanto se enfeitam, lá se vai o ano).

FUINHA do francês *fouine*, fuinha, designando pequeno carnívoro. Tem também o significado de avarento, fofoqueiro, bisbilhoteiro, metáforas nascidas a partir do comportamento deste animal.

FULANO do árabe *fulân*, um certo indivíduo. No português, tem o significado de alguém a quem se alude sem identificação. Beltrano, provavelmente derivado de antropônimo (Beltrão), e sicrano, sem origem definida, são empregados para diversificar tais referências.

FULEIRO do espanhol *fullero*, pouco útil, pelo lunfardo *fulero*, falso, de má qualidade, pobre, feio, desagradável, desleal, do étimo germânico *ful*, falso. Ligou-se a fulo, irritado, furioso, por força da etnia dos *fulos*, negros importados como escravos da Guiné para a América, de cor mais clara ou pálida em relação à dos outros negros. Carrancudos, de cor verde-oliva, pareciam estar sempre verdes de raiva. Nei Lopes registra que a raiz *ful* é de origem africana, presente no quicongo *mfulu*, pessoa que perdeu tudo, e aparece no linguajar da etnia *balufera* designando aquele que age irresponsavelmente, sem seriedade, que ou quem não se mostra confiável. Fuleiro passou a designar no Brasil o medíocre ou simplório, que denota falta de gosto ou de refinamento nos modos e no vestuário, sendo um dos sinônimos de cafona.

FUMAÇA de fumo, do latim *fumus*, fumo, mais o sufixo -aça, indicando originalmente vapor, pequena nuvem e, enfim, fumaça. O verbo *fumare* tem o sentido de exalar, em latim, de que é exemplo a expressão *acqua de sulfure fumat* (a água exala vapores de enxofre), ainda que os romanos não tivessem rios poluídos como os nossos, que frequentemente nos dão essa imagem. Fumaça está presente na curiosa expressão "e lá vai fumaça", indicando quantias superiores às imaginadas. E a fumaça precedeu o telefone na comunicação, ao lado do tambor. E ainda funciona assim, atualmente, em locais inóspitos. Fazer fogo é próprio de quem está perdido e forma de avisar onde está.

FUMACÊ de fumaça, palavra formada de fum(o), mais o sufixo -aça, indicador de aumentativo. O étimo é o mesmo de fumo, do latim *fumus*. Fumacê designa o carro que lança uma nuvem de substâncias no ar para combater mosquitos transmissores de doenças, especialmente o da dengue. A dengue é transmitida pelo *Aedes aegypti*.

FUMAR do latim *fumare*, queimar, fazer fumaça. No sentido de queimar cigarro ou charuto à boca veio provavelmente do francês *fumer*. Já as expressões "a cobra vai fumar" e "a cobra está fumando" procede de frase lendária da Segunda Guerra Mundial. Um soldado está fumando quando subitamente aparece o superior. O soldado joga o cigarro no chão, pisa em cima dele, mas a guimba continua deitando fumaça. O general pergunta em que ele pisa e o subordinado responde que é uma cobra e ela está fumando. Dali por diante, em clima bem-humorado, sempre que se anunciava a batalha a cobra ia fumar, expressão que passou a indicar depois momento decisivo.

FUNCIONÁRIO do francês *fonctionnaire*, aquele que exerce alguma função. Mas designa preferencialmente os que trabalham no setor público. Há grandes distorções na distribuição de seus quadros. A imprensa noticiou que há várias prefeituras brasileiras com mais funcionários do que a de Paris. Naturalmente, com muito menos encargos. É tradição brasileira os funcionários públicos bem qualificados serem mal remunerados. Esta limitação surge com mais problemas à hora de os novos governos procurarem formar seus quadros de auxiliares, como ministros, secretários de Estado e diretores de autarquias. É notório que a corrupção encontre nesse particular um vínculo tentador.

FUNDO do latim *fundu*, fundo, profundo, firme, designando a parte mais afastada da superfície, seja o fundo do baú ou o do mar. No plural tem o significado de capital, provisão em dinheiro. O maior fundo do Brasil até outubro de 1995 era um imposto, conhecido como Fundo Social de Emergência, criado para dar maior liberdade de gastos ao governo e assim controlar a inflação. Passou a ser chamado Fundo de Estabilização Fiscal, mas a troca de nome não impediu que sua arrecadação e seus gastos aumentassem. Fundos de outra natureza são indispensáveis, como, por exemplo, o do cheque que, sem fundos, recebe nomes estranhíssimos – borrachudo, voador etc. – que nada têm a ver com sua finalidade. O cheque que não é pago e volta sem fundos, não é porque não tenha alcançado o fundo do banco, mas porque não havia fundos para apoiá-lo. Na expressão "mundos e fundos" estão presentes o céu e o mar, porque *mundus* indicava originalmente no latim o firmamento, a abóbada celeste, e *fundus* era o fundo do mar, de um rio, antes de ser de um objeto como a vasilha caseira. Prometer mundos e fundos a alguém é oferta exagerada porque equivale etimologicamente a querer presentear a pessoa com o céu e com o mar ao mesmo tempo. Ou, como espelha a metáfora implícita, levá-la ao mais alto e ao mais fundo simultaneamente. No imaginário medieval, o Céu estava no mais alto, e o Inferno, no mais fundo. Mundos e fundos seriam incompatíveis também por causa dessa convicção teológica e religiosa.

FUNERAL do latim *funeralis*, funeral, cerimônia de sepultamento, enterro, cremação do cadáver, que no caso de figuras célebres não dispensavam as pompas, ontem como hoje. Ligado a funeral e fúnebre, surgiu funesto, do latim *funestus*, funesto, mortal, fatal, derivado de *funus*, morto, cadáver. Funesto é tudo o que pressagia morte, desgraça, tristeza.

FUNESTO do latim *funestus*, funesto, mortal, fatal, derivado de *funus*, morto, cadáver, com a mesma raiz de funeral e fúnebre, relativos a enterro ou a cremações de cadáveres. Acontecimentos funestos são próprios do mês de agosto e, temperados por erotismo e morte, têm servido de temas a vários filmes. Na década de 1970, inaugurando cenas de sexo explícito no cinema dito sério, fez muito sucesso *O Império dos sentidos*, do cineasta japonês Nagisa Oshima, baseado num fato real: ex-prostituta japonesa, contratada como criada, depois de viver tórrido romance com um homem casado, seu patrão, e matá-lo acidentalmente durante o ato sexual, guarda o pênis do amado em sua bolsa durante vários dias, até ser encontrada pela polícia. Dois anos depois, em 1978, o mesmo cineasta lançou *O Império da paixão*, em que o amante de uma mulher casada mata o marido dela e depois a dupla é atormentada pelo defunto. O diretor, que fez os primeiros filmes em meio a sérias crises financeiras, completaria a trilogia sobre os fortes laços entre sexo e morte com *Tabu*, em que um jovem de 18 anos, recém-admitido entre os samurais, é o pivô da morte de dois guerreiros que estavam por ele apaixonados. Este último filme ambienta-se no Japão da segunda metade do século XIX, quando o homossexualismo era, não apenas tolerado pela sociedade, como aceito entre os samurais.

FURACÃO do espanhol *huracán*, furacão, radicado no taino, língua extinta do Haiti. A maioria dos furacões tem nomes femininos porque no livro *Storm* (Tempestade), de George R. Stewart, lançado em 1949 e transposto para o cinema por Walt Disney, o personagem principal deu o nome de Maria, sua namorada, a uma tempestade. Antes disso, o exército dos Estados Unidos, então responsável por fazer a previsão do tempo, dava nomes de um código militar aos furacões. Por influência do livro e do filme, os oficiais passaram a batizar os furacões com os nomes de suas namoradas ou esposas. O critério foi abolido em 1978 por pressão de movimentos feministas, inconformados com o fato de mulheres designarem desgraça e destruição. A partir daí, alternaram-se nomes masculinos e femininos. A Organização Meteorológica Mundial (OMM) usa uma lista de nomes sugeridos por países que sofrem furacões, renovada a cada seis anos. São 23, de A a W, em inglês, francês e espanhol. Depois de tantos furacões, a lista recomeça com nomes das primeiras letras do alfabeto grego. Assim os dois primeiros do novo rol chamam-se Alfa e Beta.

FURTO do latim *furtum*, furto, roubo, coisa oculta, escondida, emboscada. Furto é palavra latina ligada a duas outras da mesma língua: *fur* e *latro*, ambas para designar quem rouba. *Latro* deu ladrão em português, pela declinação *latrone*. Furto e roubo têm significados diversos, designando também o plágio: o plagiário não é o autor nem o editor do texto que ele rouba. As principais vítimas de plágio são cientistas, inventores, escritores, autores, músicos, compositores, pintores, fotógrafos e demais produtores de obras audivisuais. Há vários serviços para detectar plágio de textos na internet, como www.plagium.com, em que, ao recortar e colar ali o texto, a ferramenta faz uma busca rápida e informa onde ele foi publicado pela primeira vez.

FUSÃO do latim *fusione*, declinação de *fusio*. O étimo está presente, não apenas em fundir, com o significado de derreter, mas também em outras palavras com o significado de incorporar (fundir uma empresa com outra), tornar sólido (fundir moedas) mudar (fundir imagens em televisão e em cinema), confundir (misturar alhos e bugalhos) e difundir (espalhar), muitas emissoras de rádio chamam-se difusoras. E é o mesmo de funda, estilingue, arma de antigos exércitos para lançar pedras. Davi, segundo rei de Israel, quando menino usou uma funda para vencer Golias.

FUSCA da marca alemã *Volkswagen*, carro do povo. Designa o mais famoso carro popular que o Brasil já teve. Foi ressuscitado em 1993, por forte sugestão do então presidente Itamar Franco, depois de interrompida sua fabricação em 1986. "Um fusca, um violão e uma nega chamada Teresa" foram três indicadores de felicidade, dados por Jorge Benjor em famosa canção no começo de sua carreira musical.

FUSCÃO de fusca, como passou a ser pronunciado *volks*, primeira parte de *Volkswagen*, carro do povo, em alemão. Introduzido no Brasil no final da década de 1950, o pequeno automóvel tinha apenas 1.200 cilindradas. Duas décadas depois era fabricado um modelo mais potente, de 1.500 cilindradas, logo designado fuscão. O cavalo, meio mais rápido de transporte até o trem, no começo do século XIX, era símbolo de qualificação social. O pobre andava a pé, o rico a cavalo. Foi assim com o automóvel por mais de um século. O fusca e o fuscão, primeiros carros populares, acabaram com isso. Mas deixaram de ser fabricados na década de 1980. O ex-presidente Itamar Franco, ao incentivar com redução de impostos a volta do fusca, em 1993, levou as montadoras a fabricar carros populares mais modernos, que hoje são milhões pelas ruas brasileiras. Foram postos ao alcance de classes sociais que antes jamais tinham tido automóvel. A arrecadação e os empregos aumentaram, é preciso emplacar, comprar combustível, pneus etc. e contratar serviços de manutenção.

FUSTE do latim *fustis*, vara, bastão. Designa, entre outras coisas, um pauzinho com a ponta untada de betume, utilizado pelos ourives para lidar com peças miúdas. Também os troncos e as hastes das árvores são chamados de fustes. Nos primórdios da língua portuguesa, ainda grafado como foste, designou vara de ministro real ou indicativa de autoridade, tal como aparece na doação do Mosteiro de Castro de Avelãs, em 1298, quando um porteiro de um procurador do rei, "munido de seu foste", deu posse ao procurador daquele convento. A burocracia portuguesa já nasceu com mais procuradores do que frades e freiras, com a diferença de que as mulheres não podiam ser procuradoras.

FUTEBOL do inglês *football*, palavra composta de *foot*, pé, e *ball*, bola. Em 1400 esta palavra já estava registrada no inglês, designando jogo ao ar livre. Praticado por legiões romanas, tornou-se obsessão inglesa no século XVII e no século XIX. Em 1883, em Cambridge, foram formalizadas pela primeira vez as regras do futebol, tal como o conhecemos hoje, que ganhou o mundo a partir de 1881, quando a palavra inglesa *football* passou a ser adaptada no português e no espanhol: futebol e *fútbol*, respectivamente. O alemão adaptou para *Fusball*, (com a letra "s" na forma de "b") e o francês manteve a grafia inglesa *football*. O italiano manteve *calcio*, do genitivo *calcis*, do latim *calx*, calcanhar, mesmo étimo de calça, calçar, calçado. Um jogo parecido, o futebol escolar, por muito violento, foi proibido pelo rei inglês Eduardo III, que tal como todos os soberanos anteriores foi educado em francês, sem conhecer o inglês. A proibição durou cinco séculos. O Dia do Futebol é celebrado em 19 de julho.

FUTEBOLISTA de futebol, do inglês *football*, pé (*foot*) e bola (*ball*). Com o sufixo -ista, designa aquele que pratica o futebol, amador ou profissional. A bola já era chutada por chineses, no ano 2600 a.C., e por gregos, no século IV a.C. Os chineses jogavam o *kemari*, e os gregos o *epyskiros*. Antífanes, registra expressões como passe curto, passe longo e bola alta. Muito divertido, o autor grego apresenta diálogos como este em suas peças: "Ele casou? Mas eu o deixei em tão boa saúde!" São de Minas Gerais as pioneiras do futebol feminino, que contrariou a crença de que o "glorioso esporte bretão", como então era chamado, é violento e perigoso para a anatomia da mulher, justificativa que serviria para proibi-lo por muitos anos. A primeira partida foi realizada em Araguari (MG), no dia 19 de dezembro de 1958. O placar foi 2 x 0. Segundo pesquisas da pedagoga e publicitária Teresa Cristina de Paiva Montes Cunha, publicadas no blogue do jornalista Antonio Fernando Peron Erbetta, entre eles estava a diretora do Grupo Escolar Visconde de Ouro Preto, Isolina França Soares Torres, que morreu aos 41 anos, durante o parto do segundo filho. Ela bolou a iniciativa para arrecadar dinheiro com o fim de comprar presentes para o Natal dos alunos. Pediu a ajuda ao namorado e futuro marido, Otoniti Torres. Este contatou seu amigo Ney Montes Pinto. O técnico foi Luiz Benjamin de Oliveira. A primeira partida foi sucesso de público e teve renda de 312 mil cruzeiros. Em jogos masculinos, a renda não passava de 80 mil. As meninas ganharam fama nacional e internacional depois de uma reportagem da revista *O Cruzeiro*, que cobriu a terceira partida, realizada na vizinha Uberlândia. No campo, brilharam as craques Cirlene, Darci, Haidê, Heloísa, Marizete, Mirtes, Neli, Nilza, Wisleína, Ormezinda e Zalfa, entre outras, que abriram os caminhos para a melhor jogadora do mundo nesta modalidade, a brasileira Marta Vieira da Silva. Infelizmente, o Brasil não lhe dá condições de atuar e ela joga na Suécia.

FUTRICA de *futre*, do francês popular *foutre*, indivíduo ou coisa sem importância. Em francês, *ne rien foutre* e *ça la fout mal* são expressões coloquiais que equivalem às nossas "não fazer coisa nenhuma" e "vai pegar mal". No português, *futre* recebeu o sufixo -ica, diminuindo ainda mais a importância do que designava. Fernando Henrique Cardoso utilizou o vocábulo ao pedir a seus críticos que não se apegassem a tricas e futricas.

FUTSAL de futebol e salão formou-se este vocábulo, designando o futebol de salão, de que é acrônimo. Veteranos que brilharam no futebol convencional são os maiores destaques hoje nesta variação do popular esporte.

FUTURO do latim *futuru*, futuro, que há de ser. Em gramática temos os tempos verbais futuro do presente e do passado. Entre os que vaticinaram excelências para o futuro de nosso país está o escritor judeu-austríaco Stefan Zweig, que escreveu o livro *Brasil, país do futuro*. Suicidou-se, juntamente com a esposa, abalado pelo rumo que estava tomando a Segunda Guerra Mundial. Alguns filósofos negam o futuro. Outros negam o passado. Outros ainda, o presente, baseados em que nada é, tudo já foi ou está por vir. Economistas e ciganas não negam o futuro, pois vivem de prevê-lo, mas quando os primeiros fazem previsões, o contribuinte faz provisões, adotando a precaução do passarinho que come pedra: sabe o que lhe advém. As ciganas leem mãos, mas no romance *Os guerreiros do campo*, em que o personagem frei Nabon pode ter sido inspirado na figura de Frei Betto, célebre escritor e frade brasileiro, uma cigana lê o pé de Gregório, amigo do religioso, com o fim de desvendar sua vida amorosa e seu futuro.

FUZARCA de origem controversa, provavelmente derivada de fuzo, do quicongo *mvunzu*, confusão. Designa bagunça, desordem, mas com o sentido de farra, festa. É do mesmo étimo de fuzuê. Deve ter nascido por metáfora de africanos contemplando as águas fluviais revoltas, pois no *Dicionário banto do Brasil*, de Nei Lopes, diz-se que *fusu* nomeia originalmente turbilhão nas águas de um rio. O jornalista Ivan Lessa era um dos editores de *O Pasquim*, autor de uma das seções mais criativas, *Gip-Gip-Nheco-Nheco*, mas já trabalhava na BBC, em Londres, quando reuniu algumas de suas deliciosas narrativas curtas em *Garotos da Fuzarca*, onde se lê a seguinte conversa, ocorrida num mictório: "Veja você, me diz ele, há dez anos atrás eu rachava ao meio pedra de gelo com o jato do mijo, hoje não empurro nem bola de naftalina."

G

GABINETE do francês *cabinet*, diminutivo de cabine, por sua vez vindo de *cabane*. Em português, assim como no italiano (*gabinetto*), deu-se a troca do "c" pelo "g." Gabinete Português de Leitura designa instituição lusitana que tem exercido notável influência na cultura brasileira.

GABIRU do tupi, provavelmente nome de um rato. A imprensa noticiou um novo tipo de brasileiro, o *homemgabiru*, surgido no nordeste, caracterizado pela baixa estatura devido à fome e subnutrição. Mário Souto Maior, em seu *Dicionário do palavrão e termos afins*, dá o vocábulo como sinônimo de malandro, espertalhão, conquistador de mulheres e pederasta ativo.

GAGÁ do francês *gaga*, decrépito, senil. Diz-se de pessoa cuja confusão mental dá a impressão de ter perdido as faculdades mentais. Mas na Academia Militar de Agulhas Negras denomina o cadete aplicado, que não larga os livros, o equivalente ao crânio das escolas civis.

GAITA de origem controversa, este vocábulo pode ter vindo do gótico *gaits*, cabra, por este instrumento musical ter sido feito primitivamente de couro de cabra. Outras hipóteses são o turco *gajda* e o germânico *wahta*, também com o significado de instrumento musical. A gaita pode ser de foles ou de boca, semelhante a uma flauta, e neste sentido aparece em *Noite*, romance de Érico Veríssimo: "Sopra na gaita e de novo as notas da valsa se erguem no ar da manhã."

GAIVOTA do grego *láros*, pelo latim *gavia*, designando aves marítimas do gênero larídeo, das quais há quatro espécies no Brasil. As gaivotas têm coloração branco-acinzentada e bicos e pés avermelhados. Foram as primeiras aves que nossos descobridores encontraram nas costas americanas e brasileiras. Por se alimentarem de pequenos peixes e de detritos do mar, Pero Vaz de Caminha denominou-as fura-buxos. Horas antes tinham encontrado botelhos e rabos-de-asno, algas que indicavam proximidade de terra firme. Pássaros semelhantes havia aparecido a Colombo oito anos antes, dando-lhe certeza de que havia terra por perto de onde voavam.

GAJO provavelmente do *caló* ou do dialeto cigano *gachó*, indivíduo, tipo, sujeito, mas em sentido pejorativo. Os arabistas espanhóis transcreviam como "ch" a pronúncia da quinta letra do alfabeto árabe, pronunciada "dj" na Ásia e "j" nos países bárbaros. Outros dão como redução de gajão, que teria sido transcrito *gachón*, variante de *gachó* entre os ciganos, mas com o significado de tratamento cerimonioso dos ciganos para pessoas estranhas, equivalente a "meu senhor." Aparece no seguinte trecho de *Memórias de um rufião lisboeta*, de Orlando Neves, escritor português, formado em Direito, famoso por ter driblado a censura em peças que adaptou para emissoras de rádio particulares, das quais descuidou-se um pouco o regime ditatorial que se findou com a Revolução dos Cravos, em 1975: "Um dia, ia eu com o Zé Nunes, um gajo porreiro, da minha criação, que só tem um defeito que é ser maricas, apareceu-nos a Toina na frente. Os lúzios da Toina são um pasmo. As pernas e as chuchas também. A gente olha para os olhos da tipa e fica com uma bebedeira. Não sei se me entendem." É provável que os brasileiros tenham que ir muito aos dicionários para entendê-lo. Rufião é cafetão; porreiro tem aqui sentido de prestativo, mas significa também malcriado; lúzios são olhos; pasmo é o mesmo que assombro, que provoca admiração; chuchas podem ser os seios.

GALA do francês antigo *gale*, alegria. Outras línguas deram contribuições à formação do vocábulo, como o espanhol *gala*, festa, vindo do celta *gal*, alegria. O alto alemão tinha *geil*, luxuriante, sensual, libidinoso, e *geili*, pompa, ostentação. O anglo-saxão *gâl* também indicava contentamento. O árabe *khil'a* designava um tipo especial de roupa que os sultões e outros poderosos vestiam para receber artistas e escritores em suas festas palacianas. Também o plural grego *kalá* significa belas coisas, sendo possível verificar a presença do étimo em palavras como caligrafia, a arte de fazer belas letras nos manuscritos.

GALÃ do espanhol *galán*, aquele que está vestido de gala, isto é, para festas e pompas. Passou a denominar atores de cinema, talvez por analogia dos papéis vividos, e depois qualquer sujeito metido a namorador, dos quais um dos mais comuns é o galã de praia, aprendiz de Ricardão.

GALÁXIA do latim *galaxias*, com origem no grego *galaksías kuklos*, círculo de leite. A galáxia mais visível para quem vive na Terra é a Via Láctea, onde está o sistema solar. Astrônomos gregos e romanos, ao contemplarem o céu noturno, descreviam os fenômenos recorrendo a um conhecido recurso narrativo, presente desde tempos imemoriais, a metáfora. Pareceu aos gregos que aquele amontoado de estrelas semelhava um círculo de leite derramado em alturas inalcançáveis. E para os romanos, ainda mais poéticos, o caminho de estrelas era uma estrada de leite, a Via Láctea. A raiz da palavra galáxia aparece também em outros vocábulos que têm domínio conexo com o leite, de que é exemplo *galactoblasto*, corpúsculo de colostro encontrado na glândula mamária. Blasto veio do grego *blastós*, broto, grelo.

GALERA do grego bizantino *galéa*, designando tipo de peixe semelhante ao tubarão, pelo espanhol e o catalão *galera*, embarcação grande que, por seus movimentos, foi comparada àquele peixe. Era movida por 15 a 30 remos, cada um manejado por três a cinco homens, em geral escravos, em apoio às velas. No filme *Ben-Hur*, Charlton Heston é remador numa galera, que é variante de galé. Na linguagem coloquial dos jovens passou a designar qualquer aglomeração deles em *shows*, campos de futebol e outros espetáculos públicos. Alta autoridade do STJ manifestou-se inconformada com essa autoidentificação da rapaziada, atribuindo-a à ignorância da etimologia e significado do vocábulo, que está presente no nome de Daniel Galera, jovem escritor do Rio Grande do Sul, autor de *Dentes guardados* e de textos avulsos que aparecem com frequência em portais da internet.

GALETO do italiano *galletto*, galeto, frango, também denominado frango de leite, por comparação com mamíferos abatidos quando ainda estão mamando, cuja carne, como a do galeto, é destinada à alimentação. A entrada das palavras na língua portuguesa oferece curiosidades esclarecedoras. Galinha, designando a conhecida ave doméstica, entrou no século XIII, junto com galo, mas já dava nome a um rio ainda no primeiro milênio, por influência do latim *gallina*; frango, no século XIV. O frango assado era a comida preferida de Dom João VI, que, sozinho, devorava três por dia, entre as três refeições diárias, realizadas às 9, às 13 e às 19h. Por influência de cardápios de restaurantes especializados em comida italiana, a partir de 1975, o frango recebeu um nome a mais, galeto. Segundo a pesquisadora Ana Roldão, na última refeição eram servidos 12 pratos a Dom João e à Carlota Joaquina: duas travessas de sopa, um prato cozido, um de arroz, quatro guisados, dois assados e duas massas, além de queijos, pães, doces e frutas. Não raro o arroz vinha com leitão desfiado.

GALGO do latim *canis gallicu*, cão gaulês. Denomina cachorro grande, muito ágil, de pernas longas e fortes, barriga estreita e focinho adelgaçado. Um galgo aparece junto ao santo do dia 30 de maio, o rei Fernando, de Castela, na Espanha, fundador da Universidade de Salamanca. Foi aclamado santo logo após a morte, mas a Igreja somente o canonizou passados 419 anos. Nos começos do cristianismo, os santos eram pessoas simples, mas com o tempo aumentou muito o número de nobres canonizados, chegando a 62 por cento na primeira metade do segundo milênio.

GALHO do latim vulgar *galleus*, por comparação com *gallea*, excrescência das árvores. Está presente na expressão "quebrar o galho", indicando solidariedade e ombro amigo, mas vem ampliando os significados entre os jovens e agora inclui também o sexo sem amor, apenas com amizade, recuperando o antigo conceito de amizade colorida. O tema está presente no filme *Sexo sem compromisso*, e *Amigos com benefícios*. Com algumas variações, o tema já estava no filme espanhol *Abre los Ojos* e no norte-americano *Vanilla Sky*. Neste último, o triângulo amoroso – o homem, a namorada, a amante – é vivido por Tom Cruise, Cameron Díaz e Penélope Cruz.

GALHOFA do espanhol *gallofa*, migalha dada aos peregrinos medievais que iam da França a Santiago de Compostela. No caminho pediam esmolas. Essas peregrinações se tornaram abundantes no segundo milênio e multidões de pedintes gritavam às portas dos conventos. Nasceu aí o significado de deboche, pois eles gracejavam uns dos outros ou eram ofendidos com pilhérias por outros transeuntes.

GALICISMO do francês *gallicisme*, próprio do que é gaulês, do latim *gallus*, habitante da *Gallia*, Gália, região da Europa onde fica a França atual. Também os ingleses praticam galicismo, como é o caso do nome da *Fédération Internationale de Football Association*, mais conhecida pelo acrônimo de FIFA, fundada em Paris, em 1904. Com anglicismos ou galicismos, a entidade organizou todas as Copas do Mundo até agora. A primeira foi vencida pelo Uruguai em 1930, goleando a Argentina na final por 4 x 2, e tornando-se bicampeão em 1950, ao vencer o Brasil na final, no Rio de Janeiro.

GALILÉ do hebraico *galilah*, distrito, região, círculo, palavra assemelhada com *galal*, apartar, revolver, pelo latim *galillea*, *galileia*, cuja raiz serviu também à palavra galeria. Em português, galilé designa extensão do pórtico de uma igreja ou ainda a parte alpendrada do convento. Antigamente, ali eram sepultados os nobres e os benfeitores, de onde se apartariam dos corpos, depois de revolver os ossos, saindo das covas e subindo ao Céu, como se lê no capítulo 6 do Livro 8, da *História seráfica*: "na ressurreição futura, cada um em seu lugar, hão de viver em muito melhor estado". O corpo do bandeirante Fernão Dias Paes está enterrado numa galilé do Mosteiro de São Bento, em São Paulo, que hospedou o papa Bento XVI, durante sua viagem ao Brasil.

GALIMATIAS do francês *galimatias*, conversa confusa, cujo significado é de difícil entendimento. A galera presente aos estádios de futebol costuma apresentar conversas cheias de galimatias, onde o que importa não é o significado do que está sendo dito, mas se o que está sendo dito é favorável ao time por quem torce aquele que está ouvindo. Em tais casos, o significado é apreendido muito mais por intuição, que inclui a leitura do rosto e dos gestos de quem está falando, do que por compreensão lógica.

GALINHA do latim *gallina*, a fêmea do galo. É vocábulo de muitos usos conotativos, como o de qualificar pessoa sexualmente promíscua ou fraca de vontade. Há também a expressão "deitar-se com as galinhas", por tratar-se de ave que dorme muito cedo, como todas as aves. Quando uma discussão fica insuportável, diz-se que os contendores estão decidindo quem veio primeiro, o ovo ou a galinha. Em fins de 1994, pesquisadores japoneses, analisando o código genético desta ave caseira, chegaram à conclusão de que a galinha-mãe surgiu na Tailândia, onde foi domesticada há oito mil anos. Comportar-se como a galinha identifica prática amorosa, nem sempre sexual, de pessoa promíscua, homem ou mulher. Embora os dicionários ainda não registrem este verbo, vários escritores já o abonaram, entre os quais o jornalista e escritor Edmundo Donato, mais conhecido como Marcos Rey, em *Café na cama*, ainda em 1960: "Vitória notou que a sobrinha queria era flertar com o produtor. Está galinhando, pensou irritada."

GALINHEIRO de galinha, mais o sufixo -eiro, indicativo de lugar ou de ofício. Ao receber o sufixo, a vogal final, no caso o "a", vai embora. Galinha, veio do latim *gallina*. O latim diferenciava *gallinarium*, galinheiro, local onde as galinhas dormiam, de *gallinarius*, o criador dessas aves. Com quanto recurso importante na economia rural antiga, galinheiro, antes de ser substituído pela granja, que é um galinheiro em larga escala, se prestou a metáforas pejorativas, como nesta crítica do dramaturgo e cronista Nelson Rodrigues ao pessimismo do jornalista Paulo Francis, pseudônimo de Franz Paul Trannin da Matta Heilborn: "Paulo Francis é ressentido como um Raskólnikov de galinheiro." Neste caso a referência é ao célebre personagem de Fiódor Dostiévski que no romance *Crime e Castigo* assassina uma idosa e o faz de forma tão perfeita que só mesmo por remorso acaba revelando às autoridades o pavoroso crime perpetrado.

GALO do latim *gallus*, galo, o macho da galinha. É uma ave muito rara hoje no mundo, pois candidatos a galo, os frangos, são sistematicamente dizimados com pouco mais de um mês de vida. Há poucos anos, um pintinho vivia 75 dias, do nascimento ao massacre nos frigoríficos. Hoje, este prazo foi reduzido para pouco mais de um mês. É ave que aparece na *Bíblia* como arauto, não apenas da luz do dia, conforme era crença imemorial, mas também de uma traição. Quando Jesus é preso, diz a Pedro: "Antes que o galo cante, me negarás três vezes." A *Missa do Galo*, celebrada à meia-noite, baseia-se em crença antiga, de que um galo teria anunciado o nascimento de Jesus, e também no fato de que os fiéis que iam à Missa de Natal voltavam para casa muito depois da meia-noite, quando os galos já estavam cantando.

GALOPE do francês *galop*, corrida. Pode significar certos tipos de dança, mas em geral o termo é aplicado à marcha mais ligeira de um animal de montaria, principalmente o cavalo. Com o advento das assombrosas taxas de juro e do custo de vida, entre outras, o vocábulo foi muito usado para caracterizar outro tipo de marcha: a da inflação. Trata-se, porém, de metáfora que já ficou pelo caminho. De galopante, a inflação elevava-se em velocidades bem mais rápidas do que pode desenvolver um cavalo, ainda que em grandes páreos do *Jockey Club*.

GAMADO do grego *gamma*, gama, terceira letra do alfabeto grego, correspondente ao nosso "g." Ou do grego *gámmos*, gama, casado, junto. É vocábulo que migrou da gíria para a língua culta com o sentido de apaixonado.

GAMBÁ de origem controversa, provavelmente do tupi *gã'bá*, ventre oco, pela formação *gua*, ventre, e *ambá*, vazio. Designa animal marsupial, isto é, que tem pequena bolsa no ventre, onde estão as tetas e onde se acomodam os filhotes recém-nascidos, que têm pouco mais de um centímetro de comprimento. O gambá tem cauda preênsil, isto é, que pode prender, agarrar, e 18 dentes, ao contrário de outros mamíferos, que têm apenas 12. Eles são onívoros, isto é, comem de tudo, e levam vida noturna.

Ele adora cachaça e uma das formas de apanhá-lo é deixar um pote com a bebida. Atraído pelo cheiro, ele bebe todo o conteúdo e em seguida cai embriagado. Nasceu daí a expressão "bêbado como um gambá."

GANÂNCIA do espanhol *ganancia*, lucro. É provável que a variante culta da língua portuguesa tenha preferido o vocábulo espanhol para designar o que primitivamente teria sido grafado como *ganhança*. Com o tempo passou a indicar ambição por lucros abusivos, margens exageradas e condenáveis de lucro.

GANDAIA de origem controversa, pode ter vindo do espanhol *gandaya*, derivação de *gandir*, comer. Ou da grafia equivocada da cidade de Catai, na Cochinchina, indicando lugar misterioso e distante. Os árabes têm o vocábulo *gandur*, peralta. Coerente com tais origens é a expressão popular dando conta de que quem vive na gandaia, não tem responsabilidades, apenas se preocupando em comer e divertir-se. O *Dicionário Aurélio* dá como sinônimo de vadiagem.

GANDULA do espanhol *gandul*, jovem preguiçoso, indolente, folgazão, em geral de origem moura ou índia. Na Espanha e na América hispano-americana, *gandul* era insulto desde o século XV. Procede do árabe *gandûr*, que designa o jovem pobre que entretanto finge elegância para agradar as mulheres. O *gandûr* vivia sem trabalhar e metia-se com frequência em brigas de rua. Do espanhol da região do Rio da Prata, a palavra entrou para o português pelo Rio Grande do Sul, onde passou a designar o indivíduo que vive à custa dos outros, sendo pronunciada *gandulo* ou *gandula*, sem alteração de significado. Mas no Brasil meridional, é o marrecão que faz as vezes do gandula, que na Argentina é *alcanzapelotas*, na Itália *raccatapale* e na Inglaterra *balboy*. Designando quem apanha a bola e a devolve ao campo de jogo – especialmente no futebol e no tênis –, o vocábulo procede do nome do jogador argentino, de ascendência italiana, Bernardo José Gandulla. O nome de família era Ganduglia. Foi autor do primeiro gol no famoso estádio *La Bombonera*, em Buenos Aires. Contratado pelo Vasco em 1939, não pôde jogar imediatamente por problemas burocráticos e assistia às partidas à beira do gramado, devolvendo a bola. Quando finalmente estreou no time carioca, não se deu bem e voltou à Argentina, onde foi campeão pelo Boca Juniors em 1940, 1943 e 1944. Cronistas esportivos afirmam que encerrou sua carreira como técnico do Boca Juniors em 1977. E seu sobrenome tornou-se ocupação informal no português do Brasil. Naquele tempo, porém, os jogadores não ganhavam a fortuna dos supersalários que hoje recebem alguns craques dos grandes times, no Brasil e no exterior. Perto do que recebem alguns jogadores e técnicos, os supersalários dos servidores semelham gorjetas de final de mês. Ou bichos por algumas vitórias. Neste caso, a palavra foi tomada do jogo do bicho para designar recompensa adicional, como se o jogador tivesse ganhado no bicho.

GÂNGSTER do inglês, *gangster*, membro de uma *gang*, bando que pensa e age de forma cooperativa, visando fins criminosos. Mas o inglês *gang* designou originalmente apenas o conjunto de instrumentos que podem ser usados simultaneamente. Foi depois aplicado a pessoas que andavam juntas, pois *gang* mudou de significado, passando a designar a jornada. E gângster veio a ser o integrante do grupo que andava junto a *gang*, gangue em português, associação de malfeitores.

GANIDO do latim *gannitu*, ganido, uivo lamentoso dos cães. Às vezes outros animais ganem e gemem, conforme se depreende da leitura deste trecho de *Ficções*, da escritora Hilda Hilst: "Quando ela falou do meu rato, ela soluçou muito alto e depois deu um ganido."

GANSO do gótico *gans*, ganso. Na antiga Roma, os gansos, bons guardiães, salvaram o capitólio ao anunciar a chegada de inimigos com seu formidável alarido. As duas penas mais longas dos gansos, conhecidas por remígios, serviram para escrever durante muito tempo até que fossem substituídos por penas metálicas. Afogar o ganso é expressão vulgar para o ato sexual.

GARABULHO do italiano *garbuglio*, confusão; também utilizado como sobrenome. No português, são utilizadas, com o mesmo significado, as duas formas: o masculino, *garabulho*, e o feminino, *garabulha*. Escreveu o cronista carioca João do Rio de Janeiro: "As garabulhas infantis, ora sobem acima da pauta, ora descem abaixo dela."

GARANHÃO do espanhol *garañón*, garanhão, asno grande destinado a inseminar éguas e jumentas. A origem remota pode ser o germânico *wranjons*, caso genitivo de *wranjo*, designando o cavalo reprodutor, explicando a terminação em *ón* em espanhol e em *ão* em português. Outras línguas neolatinas, como o francês e o italiano, radicaram a palavra no frâncico *stall*, estrebaria. Assim, garanhão é *étalon* em francês e *stallone* em italiano, aliás presente no nome do ator americano Sylvester Gardenzio Stallone, cujo primeiro filme em que atuou tem o título de *O garanhão italiano*. O frâncico, língua indo-europeia pertencente ao grupo germânico, está presente em palavras do português, mas nem sempre os indícios de sua presença são percebidos. Neste caso, pode-se detectar a raiz em palavras como estábulo, estrebaria, estalagem. A colunista Mônica Bergamo registrou em coluna que assina na *Folha de S.Paulo* que, na festa dos seus 34 anos de casamento com Marisa Letícia, o ex-presidente Lula utilizou a palavra garanhão para referir-se a si mesmo: "A Marisa é a mulher mais feliz do mundo, porque se casou com o garanhão de Garanhuns." Garanhuns é a cidade natal do ex-presidente. Não foi a primeira vez que ele aludiu à sexualidade em seus já célebres improvisos. Outra amostra: "A coisa que eu mais queria na vida, quando casei com minha galega, era um filho. Ela engravidou logo no primeiro dia do casamento, porque pernambucano não deixa por menos." Nas duas ocasiões ecoaram manifestações de repúdio à fala machista. O ex-presidente já disse também, em outra oportunidade, que ia procurar o ponto G de George Bush. Embora condenáveis pelo mau gosto, as metáforas de Lula são bem recebidas pelo povo e em nada afetam a sua alta popularidade. O mais provável é que até contribuam para aumentá-la em algumas regiões do país.

GARANTIA do francês *garantie*, garantia, ato ou palavra com que é assegurado o cumprimento de obrigação, promessa, compromisso. Designa, na indústria moderna, documento que atesta ser bom o produto que o consumidor adquiriu e que o fabricante se responsabiliza por repará-lo ou substituí-lo em caso de defeito, mas apenas durante um certo período. Nos alimentos, a garantia indica o prazo de validade. Infelizmente, não há o mesmo recurso para políticos. O eleitor vota num candidato e ele muda de partido sem consultar os eleitores, ainda que o Partido não possa proceder do mesmo modo, trocando também os eleitos. E o eleitor só pode trocar de quatro em quatro anos, exceto no caso dos senadores, cujo mandado é de oito anos.

GARBO do italiano *garbo*, provavelmente com raízes no árabe *qalib*, modelo, molde. Tomou o significado de cortesia, amabilidade, modo de comportar-se. Aparece na última estrofe do Hino da Independência do Brasil "Parabéns, oh brasileiros/ Já, com garbo varonil/ Do universo entre as nações/ Resplandece a do Brasil." A primeira estrofe também foi escrita com palavras rebuscadas e sintaxe arrevesada, como era próprio do estilo epocal: "Já podeis da pátria, oh filhos/ Ver contente a mãe gentil/ Já raiou a liberdade/ no horizonte do Brasil." "Mãe gentil", qualificando a pátria, aparece também no Hino Nacional, em que está presente a mesma metáfora da liberdade como Sol: "raios fúlgidos", e a luz e o brilho implícitos no conceito: "do universo entre as nações/ resplandece a do Brasil."

GARÇA de provável origem pré-romana, dito *kárkia*, *gartia* no latim vulgar, pronunciado "gárcia", pelo espanhol *garza*. O latim culto preferia *ardea*. Por isso, diz-se da garça que pertence às aves ardeídeas, que vivem em rios, lagos, igapós e outros alagadiços, alimentando-se de peixes. Os maguaris, taquiris e socós também são ardeídeos. Segundo Plínio, a ave é capaz de derramar lágrimas quando sofre. No cristianismo, integra o rol dos pássaros justos. A plumagem cinza indica penitência. Com pedra branca no bico ou tapando o nariz, tal como aparece em figura do coro do mosteiro de Altsassen, indica silêncio.

GARDÊNIA flor branca, bem cheirosa, própria de um arbusto originário da Ásia oriental. Recebeu a denominação para honra de Alexander Garden, um naturalista escocês do século XVIII. É também nome de mulher, por causa da beleza e do perfume da flor. Um famoso tango é intitulado *Perfume de gardênia*.

GARFO de origem controversa, provavelmente do latim *graphium*, utensílio de três ou quatro dentes, que, do tamanho grande com que era usado na agricultura, veio para a mesa em miniatura daquele. Tridente, do latim *tridente*, declinação de *tridens*, o cetro do deus Netuno, tem a forma de um garfo e foi parar nas mãos do Diabo, não para o Maligno comer os condenados, mas para fazê-los sofrer, virando-os nas chamas do Inferno. O garfo não serve apenas para comer, pois seu étimo está presente em garfar, roubar, não apenas a comida do próximo. Na formação, a palavra pode ter tido influência do espanhol *garfa*, garra.

GARGALHAR de uma onomatopeia, *garg*, de garganta. O vocábulo tem, porém, origem controversa, já que outros estudiosos dão-no como vindo do árabe *kahkaha*, onde tem significado semelhante, tendo dado origem ao espanhol *carcajada*. Outros ainda indicam a origem grega *gargairó*, sacudir-se, dados os meneios que faz a pessoa que gargalha.

GARGANTA vocábulo de origem controversa. Pode ter vindo da raiz onomotopaica *garg* ou das formas latinas *gurges*, abismo, goela, ou *gurgulionis*, genitivo de *gurgulio*, garganta. No dia 3 de fevereiro, tem lugar em muitas igrejas a cerimônia de bênção de São Brás, em que se pede proteção contra as doenças da garganta. O santo, cujo emblema são duas velas cruzadas, era originário de Sebaste, na Armênia.

GARI de Aleixo Gary, nome de um antigo empresário encarregado da limpeza pública das ruas do Rio de Janeiro. É por causa dele que hoje os lixeiros de muitas cidades brasileiras são chamados de garis.

GAROTA de garoto, do francês *gars*, com eliminação do "s" e acréscimo do sufixo -oto, havendo ainda a forma garotote, indicando que "oto" e "ote" são indicativos de diminutivo. *Gars* resultou no francês em *garçon*, rapaz, e mais tarde passou a designar o empregado de restaurantes, bares e assemelhados, de onde derivou *garçonne*, mas aplicado primitivamente no francês a moças com aparência masculina, acepção consolidada no romance *La Garçonne*, de Victor Marguerite, publicado originalmente em 1922, que fez escândalo e foi proibido em vários países, inclusive no Brasil. A moça de vida livre está na origem do termo *garçonnière*, a habitação típica de solteiros, depois vendida clandestinamente ou alugada a homens casados para encontros com amantes, concubinas ou amores avulsos, mais tarde transfigurados na profissão de garota de programa, prostituta chique e autônoma, que anuncia seus serviços na imprensa e dispensa a *garçonnière*, atendendo a clientela preferencialmente em hotéis e motéis. A profissão, com mais refinamento, já era encontrada na Grécia antiga, praticada pelas hetairas. Demóstenes político e orador ateniense, assim definiu a condição feminina: "As hetairas servem para nos proporcionar prazer, as concubinas para as nossas necessidades cotidianas e as esposas para dar-nos filhos e cuidar da casa." Mulher alguma aceitaria a tríade de obrigações proposta pelo famoso tribuno, ainda mais repartindo-as tão desigualmente. As garotas de programa gregas tinham a estima de homens e mulheres, eram belas, cultas e inteligentes e por isso dignas de admiração. Uma delas, Metiqué, tornou-se mais conhecida do que todas por utilizar a clepsidra – relógio d'água – para medir o tempo dedicado a cada cliente. Ninguém menos do que o célebre estadista Péricles abandonou a esposa para casar-se com a hetaira Aspásia. Filomena, sua colega, queixou-se a um jovem romântico que lhe escrevia cartas de amor: "Mande-me cinquenta moedas de ouro e não cartas." A remuneração por serviços sexuais extraordinários já era alta naqueles anos. E o advogado da hetaira Friné defendeu-a no tribunal com um recurso jurídico insólito. Pediu que ficasse completamente nua e perguntou aos juízes se uma mulher tão bela como sua cliente seria capaz de cometer o delito de que era acusada. Foi absolvida por unanimidade. A mesma Friné, tendo enriquecido com o ofício, mandou erigir uma estátua a Júpiter, em cujo pedestal agradeceu a intemperança dos gregos. E várias delas sabiam filosofia e literatura, não por lerem os livros dos autores, mas por atendê-los na cama. Em Roma, a prostituição de garotas e mulheres foi tolerada e a ida dos mancebos aos lupanares, as casas das lobas, assim denominadas porque as meretrizes chamavam os clientes imitando o uivo das lobas, foi recomendada por diversos autores, sob a ressalva de que ali os moços não fizessem seu domicílio.

GAROTO do francês *gars*, rapazote, formou-se garoto, mas é curiosa a significação do vocábulo. No masculino, indica menino desocupado que anda pelas ruas, em vadiagem. Os dicionários cobrem a palavra de significações pejorativas. No feminino, aplica-se em sentido positivo. A mais célebre música de Tom Jobim, *Garota de ipanema*, tem sido cantada em muitos países e foi gravada também por Frank Sinatra.

GARRA do gaulês *garra*, parte da coxa. Em bretão, *gar* é osso, e em címbrico, com a mesma grafia, é coxa. No português do Brasil, o vocábulo é utilizado para definir a vontade de vencer dos esportistas, tendo neste caso o sinônimo raça, também em acepção especial. São famosas a garra e a raça da seleção brasileira de futebol, de clubes populares como o Corinthians, e de seleções de futebol do Uruguai, Paraguai e Argentina, nossas tradicionais adversárias vizinhas. Mesmo cambaleando na economia, uma seleção do Mercosul (Mercado Comum do Sul) seria poderosíssima, pois reuniria a quintessência das melhores seleções do continente.

GARRAFA do árabe *giraf*, medida de grãos e de líquidos, com influência do persa *garába*. No século XVI, segundo nos informa João Baptista M. Vargens, professor da Universidade Estácio de Sá e da UFRJ, em seu *Léxico português de origem árabe*, já aparecia a forma *alguarrafa*, documentada na *Descrição das terras da Índia Oriental*, de Duarte Barbosa: *"húu page que sempre lhe traz húu barril daguoa ou alguarrafa, guarneçida de prata..."* Em nossa língua, a garrafa deixou de ser medida de grãos, tornando-se, exclusivamente, recipiente de líquidos, muito embora o étimo esteja presente em garrafão, garrafa grande, mas também área do campo de basquete, nas proximidades da tabela, onde o jogador de ataque não pode permanecer mais do que três segundos, e em engarrafamento, trânsito difícil pelo grande número de veículos num mesmo trecho.

GARRIDA feminino de garrido, do latim *garritus*, particípio passado do verbo *garrire*, garrir, significando fazer algaravia, falar em excesso, cantar. Tomou o significado de alegre, festivo, provavelmente porque em latim o verbo *garrire* traduz o canto dos pássaros. A palavra, incomum na fala, está presente na letra de nosso Hino Nacional, em versos que já foram dados como endossos de nossa jubilosa preguiça secular, uma injustiça, vez que a carga horária do brasileiro é uma das maiores do mundo; para os empregados ou que têm trabalho, é claro: "Deitado eternamente em berço esplêndido,/ ao som do mar e à luz do céu profundo,/ fulguras, ó Brasil, florão da América,/ iluminado ao sol do Novo Mundo,/ Do que a terra, mais garrida,/ teus risonhos lindos campos têm mais flores,/ Nossos bosques têm mais vida,/ Nossa vida no teu seio mais amores,/ Ó pátria amada, idolatrada, salve, salve!.." O autor de nosso hino, que é bonito, complexo e de difícil entendimento para a maioria dos que o cantam, é Joaquim Osório Duque Estrada, fluminense de Pati do Alferes, membro da Academia Brasileira de Letras. Foi rigoroso crítico e professor do célebre Colégio Pedro II, instituição que sempre buscou contratar os melhores docentes. Duque Estrada, como é mais conhecido, escrevia regularmente no *Correio da Manhã* e no *Jornal do Brasil*, onde granjeou mais inimigos do que amigos, pela forma polêmica e idiossincrática com que corrigia tudo o que lhe parecia errado, principalmente nas disciplinas que lecionava, Português e História do Brasil. Francisco da Silveira linguista, filólogo e professor emérito da USP, que aniversariava dia 20 de novembro, certamente consolou muitos aflitos ao criticar, também impiedosamente, o colega: "Duque de Estrada foi poeta medíocre e como professor não teve brilho que o tornasse raro.

Como crítico foi injusto, parcial, grosseiro. Como escritor está cheio de erros. Foi um vendaval que passou pelo jardim das letras brasileiras; deixou impressão pelo número elevado de flores que desfolhou, de galhos que partiu, de árvores cujas raízes arrancou violentamente." Continuando a corrente para a frente da maledicência, outro grande intelectual e docente, o professor Segismundo Spina, também da USP, cuja vocação original era ser médico, mas acabou por tornar-se referência em estudos de literatura portuguesa, jamais perdoou o mestre Silveira Bueno que um dia o chamou de burro, reprovou-o no vestibular e disse que o então aluno não sabia pronunciar direito as palavras de um poema de Almeida Garret. A vida nessas plagas pode ser mais garrida, não porém para os trabalhadores que estudam, denominados estudantes que trabalham. Segismundo Spina não pôde estudar medicina porque, sendo um estudante pobre, precisava trabalhar. E nas letras quis o destino que encontrasse professor ainda mais rigoroso do que Duque Estrada, o que não traria prejuízo, mas sem a indispensável polidez no trato com os alunos, de acordo com o depoimento de um deles, brilhante, que depois foi seu colega de docência na mesma universidade.

GARROTE do espanhol *garrote*, diminutivo popular de garra, garra. Designava originalmente pequena cangalha posta no pescoço das reses com o fim de impedir que rompessem ou pulassem as cercas dos gramados. Como estivesse preso ao pescoço, passou a ser usado para indicar o pau curto utilizado para apertar a corda com que se estrangulava os condenados pela Inquisição. Era modo humilhante de morrer, daí a expressão garrote vil, de uso corrente em Portugal. Suspender o condenado na forca era tido como mais digno do que acabar com ele no chão da cela. Garrote é também sinônimo de bezerro no Brasil.

GARRUCHA do espanhol *garrucha*, pistola ou espingarda de carregar pela boca. Defendendo um modo de narrar conciso, em que seja excluído tudo o que não tiver relação com a história, o célebre escritor russo Anton Tchekhov teorizou: "Se, no primeiro capítulo, se disser que da parede pendia uma garrucha, no capítulo segundo ou no terceiro alguém a deve disparar."

GÁS do francês *gaz*, gás, mas vindo do flamengo *geest*, espírito, neologismo criado pelo químico holandês J. B. Helmont, para designar uma substância sutil, unida a todos os corpos. Helmont inspirou-se no latim *chaos*, caos. O monopólio do gás foi um dos primeiros a ser aberto à exploração de empresas privadas, coerentemente com o programa econômico aprovado nas eleições presidenciais de 1994. Gás é também redução de gasolina, do francês *gazoline*. É provável também que no Brasil o vocábulo que designa esse combustível tenha sido formado a partir de *gás*, com o acréscimo do sufixo -ol, tornando-se *gasol*, e mais tarde, de -ina, resultando na forma atual.

GASOGÊNIO provavelmente do francês *gazogène*, gasogênio, gás combustível produzido a partir do carvão vegetal. Durante a Segunda Guerra Mundial, designou também o aparelho acoplado na traseira dos automóveis para gerar o gás e substituir a gasolina. Por determinação de Getúlio Vargas, então presidente da República, quando o Brasil entrou na guerra, em 1943, foi muito incentivado este tipo de mudança, que enfeiava os carros e fazia com que os motores perdessem 50% da potência, além de sujar de fuligem motorista e passageiros. Tudo até que ia mais ou menos bem, mas no final de 1944 começou a faltar lenha também. E houve algo inédito: as ruas das grandes cidades ficaram vazias, pois até os ônibus ficavam na garagem. Boa amostra da situação em São Paulo foi dada pelo jornal *Correio Paulistano*: "as grandes vias ermas, os distraídos pedestres atravessando as ruas sem olhar para os lados. Até os "Fords" e os "Chevrolets", acostumados a engolir diuturnamente a poeira da cidade, de uma hora para outra também foram descansar no fundo dos barracões." Passada a Segunda Guerra, a crise de petróleo seria debelada, mas voltaria em 1973, com outra crise mundial. O Brasil respondeu com o Proálcool, em 14 de novembro de 1975, programa que levou à produção dos primeiros carros a álcool em 1978. Em 1988, o projeto começa a declinar, porque o preço do petróleo volta a cair, enquanto o do açúcar sobe. Atualmente, os carros são versáteis: podem ser movidos por gasolina, por gás, por óleo diesel e por álcool, puro ou misturado com gasolina. Muitos carros já saem das fábricas com o modelo *Flex*.

GASPARINHO do nome do famoso político brasileiro Gaspar da Silveira Martins. Em 1878, ocupando o cargo de ministro da Fazenda, atendendo ao clamor popular, autorizou o fracionamento dos bilhetes de loteria em décimos e vigésimos, promovendo acesso mais amplo à sua aquisição. Até então, somente eram vendidos bilhetes inteiros. A variante *gasparino* deve-se à influência dos dialetos italianos sobre a língua portuguesa, sem contar que foi a Itália quem inventou a loteria.

GASTANÇA de gastar, do latim *vastare*, destruir, pilhar, tornar deserto, devastar; é neologismo criado por economistas e jornalistas especializados para designar o antônimo de poupança. O porco tornou-se símbolo de poupança depois que sua figura foi estilizada na forma de um recipiente de moedas economizadas, um insólito cofrinho, invenção do militar e engenheiro francês Sebastian Le Pestre. Depois de calcular que um porco apenas resultava em seis milhões de descendentes, decidiu que o animal poderia ser um bom símbolo para as crianças fazerem do simulacro uma caderneta de poupança. O ex-ministro da Fazenda, Pedro Malan, usou o neologismo, em seu primeiro pronunciamento em cadeia de rádio e televisão, para condenar os gastos excessivos de uma parcela da sociedade que tem poder aquisitivo, mas que é enganada pelas facilidades do crediário. Citou frase extraída de uma carta que recebera de uma dona de casa do Rio de Janeiro: É preciso acabar com a gastança."

GASTRONOMIA do grego *gastronomía*, de *gastros*, caso genitivo de *gaster*, estômago, e *nomos*, repartição, parte, ordenamento, disposição, hoje com o significado consolidado de conjunto de conhecimentos que se tem sobre pratos culinários, da cozinha à mesa. Alguns escritores, pródigos no registro de usos e costumes, como é o caso do francês Émile Zola, legaram-nos detalhes do ato de comer em diversas épocas. O autor nasceu em Paris, mas passou a infância em Aix-en-Provence, onde aprendeu a degustar "pão molhado no azeite e esfregado no alho." Aos 18 anos voltou a Paris e, passando por graves dificuldades financeiras, chegou a passar fome. O autor de *Germinal* e *Nana*, seus romances mais conhecidos, o primeiro sobre trabalhadores de minas de carvão, o segundo quase a biografia de uma prostituta, escreveu também *A taberna*, que tem como protagonista um operário alcoólatra, além de *Eu acuso*, livro documental importante na defesa de um oficial judeu, perseguido por seus colegas do exército francês. O escritor pagou caro pela defesa que fez e foi condenado a um ano de prisão, mas sua denúncia levantou a lebre e pôde ser comprovado que os generais tinham falsificado documentos para incriminar Alfred Dreyfus, o militar perseguido.

GASTRÔNOMO de gastronomia, do grego *gastronomía*, de *gastrós*, caso genitivo de *gaster*, ventre, e *nomía*, de *nómos*, ordem, regra de conduta, significando a arte de regalar-se com a boa comida. O vocábulo chegou aos idiomas neolatinos no alvorecer do século XIX, primeiro sob a forma de *gastrologia*, por força do título de um *Tratado sobre a gulodice* ou o *Livro dos gulosos*, do grego Arquestratos. Mas por influência francesa, que adotara a forma *gastronomie* em 1800, na década seguinte o português mudou de gastrologia para gastronomia. Gastro está presente em outras palavras procedentes do grego, como *gastromancia* (arte de adivinhar pelas vísceras dos animais) e *gastrotomia* (cortar o ventre para embalsamar). Entre os romanos, Marcus Gavius Apicius, famoso gastrônomo, escreveu *De re coquinaria* (Coisa de cozinha), em que discorre sobre o paladar do Império Romano. Comilão, esbanjou uma fortuna em pratos refinados como línguas de rouxinol, pavão e flamingo, e calcanhares de camelo. Quando o dinheiro acabou, suicidou-se tomando veneno. Na Roma antiga houve três gastrônomos chamados Apicius, pseudônimo adotado pelo jornalista Roberto Marinho de Azevedo, cronista do *Jornal do Brasil* por longos anos. Até a Idade Média, o único talher era a faca. Não havia guardanapo. Falava-se com a boca cheia e arrotar era agradecimento refinado. A etiqueta francesa surgiria apenas no século XVIII, depois da invenção da colher e do garfo, este inicialmente de dois dentes, depois de três, aos quais os italianos acrescentaram mais um, para melhor pegar o espaguete.

GATA do latim *catta*, gata, a fêmea do gato. Passou a designar a mulher jovem e bonita. São curiosas as formas conotativas para identificação feminina pelos homens, pois elas aludem a aves e animais domésticos para ofendê-la, apelando para a fêmea do boi, do cachorro, do galo e do peru. Para elogiá-la, recorrem a animais selvagens, como pantera. Mas o caso de gata é emblemático por unir a bela e a fera domesticada. Os gatos, entretanto, não têm o companheirismo e a subserviência dos cachorros, apegando-se mais aos locais que habitam do que aos proprietários. Apesar do predomínio da juventude na designação, gatas de hoje podem ser balzaquianas, dados os modernos cuidados com o corpo, como é o caso da atriz Vera Fischer. Os compositores Wilson Batista e Antônio Nássara já haviam antecipado a preferência por mulheres mais velhas na marchinha *Balzaquiana*, em 1949: "O francês sabe escolher/ por isso ele não quer/ qualquer mulher/ papai Balzac já dizia/ Paris inteira repetia/ Balzac tirou na pinta/ mulher só depois dos trinta." A marchinha foi vertida para o francês nas comemorações do centenário da morte do escritor que criou o tipo, o francês Honoré de Balzac.

GATEIRA do latim *cattu*, veio gato, e deste, com o acréscimo do sufixo -eira, tão usual em nossa língua, formou-se este vocábulo para designar um local das antigas casas que servia de passagem aos gatos. Naquele tempo, havia gateiras e goteiras nas residências. Com o aperfeiçoamento dos telhados e coberturas, as segundas ficaram mais raras. Já as primeiras foram instaladas em diversos órgãos públicos, por onde têm entrado e saído outros gatos, não raro acompanhados de ratos, em insólitas parcerias para dizimar o erário.

GATO do latim *cattus*, designando o gato e também o cachorro, como se depreende de c*atulus*, depois *catellus*, cachorrinho, e *catula*, cuja variante *catella* virou cadela em português. *Cattus*, originalmente *catus*, dobrou o "t" por influência da máquina de guerra *cattus*, cujo étimo é o mesmo de catapulta, do grego *katapeltes*, pela formação *kata*, contra, para baixo, através *e peltes*, *de pállein*, arremessar, jogar. Quando ia para o feminino, surgiam ambiguidades, pois *catta* era também uma ave noturna. Escritores romanos registram povos da Germânia denominando-os *catti*, depois grafados também *Gatti*, sobrenome que passou à Itália. Antes das grandes conquistas imperiais, quando os romanos queriam referir o gato, escreviam *felis*, de onde veio o português felino. *Cattus* substituiu *felis* na linguagem cotidiana, provavelmente porque, comparado à tal máquina de guerra, dizimava o inimigo *rattus*. Os romanos trouxeram *cattus* do alto alemão *kazza*, atualmente *Katze*, mas a origem mais remota é o céltico *kattos*, a tal máquina de guerra para jogar *kat*, pedra. No alemão falado do Brasil meridional, diz-se *Katz*. Em muitas línguas o étimo é *kat*, de que são exemplos o inglês *cat*, o dinamarquês *kat*, o sueco *katt*, o lituano *katê*, o russo *kot*. No núbio é *kadis* e no bérbere é *kaddiska*. O curioso é que na Europa, na Ásia e na África os étimos para "gato" são muito parecidos. Nas neolatinas, às vezes foi mantido o "c" inicial, como o francês *chat*. Este "c" inicial, com som de "k" muda para "g" no espanhol, no italiano e no português. O latim vulgar já tinha a variante *gattus* para *cattus*. De gato veio gatuno, designando o ladrão, uma injustiça para o animal, já que ele apenas tolera a presença humana. A casa e tudo o que ali está são dele.

GATO-SAPATO de gato, do latim *cattus*, e sapato, de origem controversa, chegando ao português vindo do espanhol *zapato*, calçado, depois de escalas no turco e no basco. No italiano deu *ciabatta*, calçado velho, surrado. A expressão veio a designar jogo semelhante ao da cabra-cega, em que as crianças batem com o calçado nas costas de uma delas que está com os olhos vendados. Designa ainda coisa desprezível. Provavelmente a designação nasceu da imagem do cachorro com as patas sobre o gato e fazendo dele, portanto, sopata, isto é, tendo-o sob a pata, depois mudado para sapato. Processo semelhante temos em sopé, sob o pé, sopapo, sob o papo.

GAÚCHO do espanhol platense *gaucho*, designando originalmente o habitante dos pampas, na Argentina e no Uruguai. Houve troca de acento na passagem para o Rio Grande do Sul, pois em espanhol se pronuncia com acento na primeira sílaba. O escritor José de Alencar, no afã de formar o romance brasileiro, publicou, depois de *O Guarani* e *Iracema*, *O gaúcho*, seguido de *O sertanejo*. Gaúcho é o natural ou habitante do estado do Rio Grande do Sul, além de ser o adjetivo de tudo o que se refere àquela região do Brasil, que, várias vezes, deu-nos dois campeões brasileiros de futebol, Grêmio e Internacional, o primeiro deles também campeão mundial.

GÁVEA do latim culto *cavea*, gaiola, formou-se, no latim vulgar, *gavea*, que no português recebeu o acento para indicar a correta pronúncia. É vocábulo da navegação marítima e designa o segundo dos três mastaréus, em forma de gaiola, situados logo acima dos mastros reais. O primeiro e o terceiro são chamados respectivamente de velacho e gata. Em seu famoso poema *O navio Negreiro*, Castro Alves – o poeta morreu aos 24 anos! – exprime espanto ao ver que a embarcação que conduz escravos tem bandeira brasileira: "Meu Deus! Meu Deus! Mas que bandeira é esta/ que impudente na gávea tripudia?"

GAVETA do latim *gabata*, tigela, escudela. Passou a designar no português a caixa sem tampa que enfiamos nas mesas. Em sentido metafórico, é uma das centenas de sinônimos para prostituta, provavelmente por homologia: a frequência com que uma gaveta é aberta e fechada lembraria o ofício da outra.

GAVIAL do hindustani *gharyal*, espécie de crocodilo, semelhante ao nosso jacaré. Apesar de originários do mítico e longínquo rio Ganges, já foram encontrados gaviais no Brasil, um dos quais deu o ar de sua graça em recente Carnaval. Provavelmente queriam juntar-se à folia. E escolheu justo São Paulo? É que os gaviais, como a maioria dos paulistanos, não sabem sambar. Mas os paulistanos estão aprendendo. Entretidos nos folguedos que estenderam o tríduo momesco por uma semana, poucos foram os brasileiros que prestaram atenção ao gavial que emergiu das águas prosaicas do Tietê. Como se vê, nem gaviais aguentam as águas fétidas do Tietê, outrora um rio limpinho onde até o escritor Mário de Andrade pescou e sobre cuja beleza fez alguns versos.

GEAR do latim *gelare*, gelar. O primeiro efeito de geadas em invernos rigorosos é o aumento do preço das verduras. A geada que semelha o orvalho condensado é conhecida também como dona-branca.

GEENA do hebraico *gehinnom*, jardim do filho de Hinon. Era originalmente um templo dedicado ao ídolo Moloc, onde eram feitos sacrifícios muito cruéis. O rei Josias destruiu este culto e determinou que dali por diante fosse ali jogado o lixo de Jerusalém, em sinal de desprezo. Jesus ameaçou os maus com a *geena*, que mais tarde passou a designar o inferno.

GÊISER do islandês *geyser*, fúria, passando pelo francês *geyser*. À semelhança dos vulcões, os gêiseres entram periodicamente em erupção, lançando água quente ao invés de lavas. Os maiores gêiseres estão localizados na Nova Zelândia e nos Estados Unidos. Chegam a lançar suas águas a mais de 400 m de altura.

GEL redução de geleia, do latim *gelatio*. Pode ter consistência mole, semelhante à da gelatina, ou ser inteiramente fluido. Um tipo de gel bastante comum é o usado para fixar cabelos revoltos. Voltou à moda durante o curto governo de Fernando Collor de Mello. Bem antes, porém, de nosso *Indiana Jones*, dizia-se *"dura lex, sed lex, no cabelo só gumex."* Abolido o *gumex*, mas não a ética para os governantes, o Congresso e o Supremo Tribunal Federal (STF) afastaram o então presidente, depondo-o em processo de *impeachment*. Paradoxalmente, o deposto conseguiu absolvição no mesmo Supremo Tribunal Federal (STF) em processos que tratam dos mesmos delitos pelos quais foi derrubado.

GELO do latim *gelu*, gelo. Água em estado sólido. Um pedaço de gelo flutua num copo de uísque porque as moléculas da água, durante o congelamento, formam um arranjo hexagonal com bastante espaço entre elas, ficando com densidade menor que a da água pura. Os economistas que fracassaram em diversos planos ditos de congelamento escolheram metáfora pouco apropriada para denominar seus inventos, como choques e congelamentos. Quem sabe se dessem melhor em outras profissões: como eletricista ou produtores de gelo-seco para efeitos visuais em espetáculos de diversão pública.

GÊMEA do latim *gemina*. Conhecemos irmãos gêmeos, mas o adjetivo é aplicado também a coisas muito parecidas entre si, como as torres gêmeas, em Nova York, derrubadas nos famosos atentados de 11 de setembro de 2001. A língua portuguesa tem palavras gêmeas, de que são exemplos: acento e assento, acender e ascender, calção e caução, cela e sela, sessão e cessão, cheque e xeque, comprimento e cumprimento, coser (costurar) e cozer (cozinhar), despensa (parte da casa onde eram guardados os alimentos) e dispensa (licença, desobrigação, demissão), descriminar (inocentar) e discriminar (fazer uma lista ou segregar), despercebido (não notado) e desapercebido (desprevenido), emergir (aparecer, vir à tona) e imergir (sumir, mergulhar), emigrar (deixar um país para não mais viver nele) e imigrar (chegar a um país para viver nele), eminente (ilustre, destacado) e iminente (próximo), espiar (olhar) e expiar (pagar, purgar).

GÊMEO do latim *geminu*, gêmeo, que nasceu do mesmo parto. De tempos em tempos, devido a eclipses e outros fenômenos celestes, são relembradas com muita ênfase diversas profecias de Miguel de Nostradamus, entre as quais a de que um monge budista ou zen será pai de dois gêmeos, um dos quais morrerá. O sobrevivente será o anticristo. Segundo os intérpretes de Nostradamus, o anticristo provocará uma guerra que durará 27 anos, de 1999 a 2026. Osama Bin Laden foi acusado de ser o autor intelectual da derrubada das duas torres gêmeas do *World Trade Center*, em Nova York, a 11 de setembro de 2001, e vários adeptos do ocultismo viram na tragédia o começo da guerra do gêmeo sobrevivente.

GEMER do latim *gemere*, gemer, expressar sofrimento, tristeza e dor em sons inarticulados, plangentes, murmúrios e lamentos que não se compõem de palavras ou frases completas e, sim, de exalações da respiração e da voz. Mas pode-se gemer também de prazer e alegria, como é comum a muitas mulheres no orgasmo. O poeta e romancista Bernardo Guimarães em *Invocação*, de *Canto da solidão*, utilizou o verbo gemer para designar o barulhinho da água que jorra de uma fonte: "E as vozes mil desprende/ De seus eternos, místicos cantares:/ E dos horrendos brados do oceano,/ Do rouco ribombar das cachoeiras/ Do rugir das florestas seculares,/ Do quérulo murmúrio dos ribeiros,/ Do frêmito amoroso da folhagem,/ Do canto da ave, do gemer da fonte,/ Dos sons, rumores, maviosas queixas,/ Que povoam as sombras namoradas,/ Um hino teces majestoso, imenso,/ Que na amplidão do espaço murmurando/ Vai unir-se aos concertos inefáveis." O verbo aparece também no lema da Campanha da Fraternidade, deflagrada dia 9 de março de 2011: "A criação geme em dores de parto." O tema é "Fraternidade e a vida no planeta."

GENEALOGIA do latim *genealogia*, série de antepassados. O vocábulo chegou aos romanos vindo do grego *genealogía*, onde tinha o mesmo significado. Para que sejam entendidas as origens familiares são traçadas as árvores genealógicas, que um escritor grafou ginecológicas, querendo com isso indicar que as mães e não os pais são mais importantes no resgate das procedências. Em São Paulo se edita, desde outubro de 1994, o *Boletim da Sociedade Genealógica Judaica do Brasil*. Em seu volume 1, número 2, esse boletim traça a árvore genealógica do ex-presidente Fernando Henrique Cardoso, tendo em vista que várias pessoas de sobrenome Cardoso são de origem judaica, o que não é o caso do antigo presidente da República, de outra ramagem. A primeira família Cardoso teve início em Portugal, no ano de 1170. Entre os parentes do presidente destacam-se militares e políticos.

GENEALÓGICO do grego *genealogikós*, genealógico, adjetivo que qualifica o estudo que busca rastrear a origem de um indivíduo ou de uma família. Quase todos têm a curiosidade de saber quem foram seus ancestrais. Também o escritor Érico Veríssimo, autor de um verdadeiro monumento literário como *O tempo e o vento*, e de uma obra que inclui muitos outros títulos memoráveis, que só não lhe deram o Prêmio Nobel por escassa atenção dos julgadores a obras insuficientemente conhecidas em línguas como o inglês, o francês, o italiano, o alemão e espanhol, revela em *Solo de clarineta: memórias I*, que um dia quis saber a origem da família Veríssimo.

GENERAL do latim *generale*, geral, passando pelo francês *général*, patente militar, assim denominada pela extensão do comando. Era costume antigamente juntar este qualificativo ao nome de um posto para conferir ao titular uma supremacia, temporária ou definitiva, sobre os colegas e subordinados. Em meados do século XVII, o posto de tenente-general passou a título real na França. Em muitos países, seguindo o exemplo da França, as patentes de marechal de campo e tenente-general mudaram para general de brigada e general de divisão. Todos os generais brasileiros que ocuparam a Presidência da República no período pós 1964 já morreram – o último a falecer foi João Figueiredo.

GENERALIDADE do latim *generalitate*, declinação de generalitas. Pico de la Mirandola, um dos filósofos mais encantadores e curiosos do Renascimento, deveria ser o patrono de certos jornalistas. O famoso humanista italiano jactava-se de poder discutir todo o conhecimento universal. Adotou a divisa latina *De omni re scibil* (De todas as coisas sabíveis). O irônico Voltaire, cujo nome completo é François-Marie Arouet de Voltaire, acrescentou como deboche: *et quibusdam aliis* (e mais algumas). Picolo tinha apenas 23 anos quando foi a Roma defender 900 teses tiradas de sábios greco-latinos, hebraicos e árabes que tratavam dos mais diversos temas. Sua tese de número 11 tem um título extenso, como então era de praxe: *Ad omnis scibilis investigationem et intellectionem* (Pesquisa e entendimento de tudo o que é sabível).

GÊNERO do latim *generu*, declinação de *genus*, gênero. Na língua portuguesa não temos o neutro, somente o masculino e o feminino. Vocábulo utilizado em muitas acepções, tem recebido novos significados depois que a Organização das Nações Unidas (ONU) instituiu o Ano Internacional da Mulher e a Década da Mulher, em 1975. Na avaliação das lutas contra a discriminação da mulher, travadas no decênio a ela dedicado, realizada em 1985, em Nairobi, capital do Quênia, a conclusão foi de que em algumas regiões a situação da mulher tinha piorado. Foram traçadas outras estratégias cujos resultados foram examinados na Conferência Mundial da Mulher, em setembro de 1995, em Pequim. O tema fundamental da conferência foi a questão do gênero, com o fim de avaliar outra vez a situação da mulher no mundo face às discriminações sexuais, desdobradas em muitas outras formas de restrição, agravadas em períodos de crises e guerras, quando os direitos humanos são ainda mais desrespeitados se a vítima é do sexo feminino.

GENITÁLIA do latim *genitalis*, genital, o que procria. Denominação genérica dos órgãos sexuais. Num dos Carnavais dos anos 1990 foi muito discutido se os destaques das escolas de samba do Rio de Janeiro poderiam desfilar com a genitália desnuda, parcialmente coberta ou inteiramente ao abrigo de plumas e paetês. Dado o que se tem visto depois da polêmica, venceu a primeira opção.

GENOCÍDIO do inglês *genocide*, palavra criada pelo professor judeu-polonês Raphael Lemkin em 1943, estudando os armênios. Ele usou os termos gregos *genos*, raça, e o latim *cadere*, matar, cujo étimo está presente em homicídio. Em 1945 a palavra passou a designar os crimes cometidos pelos nazistas com o fim de exterminar etnias, nacionalidades e raças inteiras, como os judeus, por exemplo, mas não apenas eles. Em 1948, a ONU declarou o genocídio crime contra as leis internacionais.

GENOMA do alemão *Genom*, neologismo formado a partir de *Gen*, termo criado pelo botânico dinamarquês Wilhelm L. Johannsen, a partir do grego *génos*, passando pelo latim *genus*, raça, tronco, origem. Passou a designar a unidade genética, situada nos cromossomos, que determina as características de um indivíduo, mais conhecida como o DNA (ADN, em português), sigla de ácido desoxirribonucleico, cuja molécula foi identificada em 1953. O pioneiro em descobrir as leis de hereditariedade foi, entretanto, Johann Mendel, em 1865. Ele era frade e no convento mudou seu nome para Gregor. O Projeto Genoma Humano, último grande evento científico do século XX, fez o mapeamento quase completo dos caracteres hereditários da espécie humana, o que permitirá identificar muito cedo males hereditários e corrigi-los. Já foram identificadas três mil doenças hereditárias que poderão ser sanadas mediante intervenção genética. A humanidade teme a face obscura do projeto: a manipulação que poderá gerar monstros.

GENOVÊS de Gênova, do latim *Genua*, cidade da Itália onde nasceu Cristóvão Colombo, o descobridor da América. Os romanos denominaram *Genua* a cidade da antiga Ligúria, situada em territórios hoje pertencentes à Itália e à França, provavelmente porque acolheu a denominação dos lígures, povos que, no século VI a.C., invadiram a Europa.

GENRO do latim *generu*, marido da filha em relação aos pais dela. Sua etimologia latina remete a *gens, gentis*, indicando que um novo homem veio fazer parte da família, não por nascimento, mas por arrebatar o coração da moça. Ao declarar suas intenções, entretanto, o futuro genro pede a mão apenas e não a moça inteira, de acordo com a expressão consagrada ao longo dos séculos, que leva o namorado a pedir ao futuro sogro a mão de sua filha, um dos passos do noivado rumo ao casamento. A figura do genro está presente na certidão de nascimento do Brasil. Pero Vaz de Caminha conclui sua famosa *Carta* pedindo ao rei Dom Manuel I, o Venturoso, um emprego para o genro, Jorge Osório, que estava na ilha de São Tomé, na África. Provavelmente tinha aprontado alguma, não ao sogro, mas ao rei, que, representando interesses mercantis, tentava impor limites aos privilégios da nobreza. Não se sabe se tão trágico e predestinado sogro foi atendido, já que morreu assassinado na mesma viagem.

GENTALHA do italiano *gentaglia*, designando agrupamento de pessoas de má índole, dada a atos ilícitos de todos os tipos. Gentalha passou a ser sinônimo de quadrilha, do espanhol *cuadrilha*, quadrilha, palavra que indica ser antigamente o dividido em quatro partes o produto do assalto, roubo ou furto. Nasceu em tais circunstâncias o aportuguesamento da palavra espanhola para designar o coletivo de pessoas dadas a praticar pequenos delitos. Com o passar do tempo e por causa da impunidade, também as classes médias e altas abrigaram uma gentalha especializada em roubar o erário por meio de cavilações cada vez mais atrevidas, de que dão conta as recentes denúncias envolvendo executivos de empresas estatais e parlamentares, como foi o caso da que atingiu altos funcionários dos Correios. Gentalha, apesar de não aparecer ainda na gramática como substantivo coletivo, é sinônimo de quadrilha e coletivo de bandidos. Coletivos são substantivos que, mesmo no singular, designam várias pessoas, animais ou coisas, de que são exemplos tríduo (três dias), cordilheira (de montanhas), vara, piara, manada ou vezeira (de porcos), cardume (de peixes) e récua (de burros), alcateia (de lobos). A gentalha, em sua aparente desorganização, na verdade se reúne em súcia, malta, bando, corja e horda, entre outros. Todas essas designações são pejorativas. Ninguém dirá, por exemplo, que vários ladrões perfazem constelação, plêiade, grei, romaria ou equipe. A palavra gentalha aparece em *O cidade do vício e da graça*, reunião de crônicas do escritor santista Rui Ribeiro Couto: "Aqui na Lapa vens encontrar os pequenos cabarés da gentalha, os concertos deliciosamente canalhas ou perigosos." Tais cabarés e concertos deixaram de ser o *hábitat* natural de quadrilheiros e da gentalha, que os trocaram por órgãos governamentais, onde ganham muito mais dinheiro, dedicando-se a outros ilícitos, não mais a entretenimentos como o jogo, a música e a prostituição.

GENTE do latim *gente*, declinação de *gens*, grupamento familial de pessoas nascidas livres, com um antepassado comum, subordinadas ao *pater*, pai, que tinha sobre todos um tríplice direito: religioso, civil e militar, em oposição aos patrícios, a nobreza romana.

GENTIL o substantivo *gentio* designava o bárbaro, o estrangeiro. E o adjetivo *gentil*, o rude. Com a aculturação, os costumes nobres foram passados aos bárbaros e o *gentio* tornou-se gentil, isto é, adotou usos e costumes civilizados.

GENTILEZA qualidade de quem é gentil, do latim *gentile*, gentil, de família, de nobre nascimento. A língua inglesa tem *gentleman*, designando o homem de boas maneiras, de boa educação. Jozze Agradecido Gentileza, pseudônimo de José Datrino, tornou-se figura popular na década de 1980 ao apresentar-se como profeta e pintar 55 murais em viadutos do Caju, zona portuária do Rio de Janeiro. Depois de percorrer várias regiões brasileiras e ser internado em hospitais psiquiátricos, foi tema de livro de Leonardo Guelman, originalmente dissertação de mestrado defendida na Universidade Federal Fluminense, sob orientação do teólogo Leonardo Boff. Foi protagonista de incidentes insólitos, como o de ser preso em Aquiaduana (MS), em 1971, por "fazer pregações sem utilizar a Bíblia." O estalo de Gentileza, como era mais conhecido, deu-se ainda na década de 1960, mas sua pregação começou depois de um incêndio num circo, no Rio de Janeiro, no dia 17 de dezembro de 1971, uma tragédia que matou mais de 300 pessoas. Sete dos murais que pintou ainda existem na cidade. Os outros 48 foram apagados pela Comlurb (Companhia Municipal de Limpeza Urbana) em 1997.

GENTLEMAN de *gentle*, gentil, da mesma gente, da mesma família, e *man*, homem. Usada também no português do Brasil, a saudação *ladies and gentlemen* equivale ao tratamento cerimonioso "senhoras e senhores". Cavalheiro, no português, do latim *caballarius*, aquele que anda a cavalo, tornou-se hegemônico para denominar o homem de posses, conhecido por andar a cavalo, não a pé, superando *gentleman*. Contribuíram também para tal sentido as novelas de cavalaria, que apresentavam heróis a cavalo, protegendo sua dama, do francês *dame*, alteração de *domina*, senhora.

GEÔMETRA do grego *geômétres*, agrimensor, mas cujo significado mudou, ficando mais próximo de *arithmetikós* e *mathematikós*, designando a profissão de quem estuda, não apenas a Terra, presente no composto grego *geo*, mas o universo. O professor carioca Júlio César de Melo e Sousa, mais conhecido pelo pseudônimo de Malba Tahan, que publicou 120 livros para ensinar matemática de forma divertida e curiosa, dedica seu título mais famoso, *O homem que calculava*, aos sete grandes geômetras cristãos ou agnósticos: Descartes, Pascal, Newton, Leibnitz, Euler, Lagrange e Comte, acrescentando, como é próprio de conhecido lamento árabe, "Allah se compadeça desses infiéis".

GERAÇÃO do latim *generatione* (diz-se "generacione"), declinação de *generatio*. A raiz remota é um radical indo-europeu *gen-gne*, com o sentido de nascer, como no grego *gígnomai*, nascer, gerar, produzir, étimo presente no latim *gens* e no composto grego *genos*, radical do verbo *gígnesthai*, nascer, designando também origem, raça, família, povo, nacionalidade, nação. O composto é facilmente encontrável em palavras como genocídio, acabar com uma etnia inteira, como tentaram os nazistas contra os judeus. Lacrimogêneo, o gás que faz chorar, é adjetivo com tal composto linguístico.

GERAIS de geral, do latim *generale*, declinação de *generalis*, que pertence a um gênero. Nesse sentido, tem pouco a ver com a patente militar designada por general, que é redução de capitão-general, aplicada ao chefe de todos os capitães, em tempos de guerra e de paz. Tal sutileza levou, no exército imperial brasileiro, a uma curiosa hierarquia: o tenente-general estava acima do marechal de campo e abaixo do marechal de exército. O *Dicionário Aurélio*, ao contrário do *Houaiss* e do *Michaelis*, apresenta este plural como verbete isolado e não apenas como plural de geral. Gerais é elipse de campos gerais para designar vastas extensões territoriais desabitadas. José de Alencar, em *O sertanejo*, registra o vocábulo com muita propriedade: "Amigo Aleixo, nasci e criei-me nestes gerais: as árvores das serras e das várzeas são minhas irmãs de leite." Mas quem melhor nos explicou os gerais foi João Guimarães Rosa, glória de Minas Gerais e do Brasil, em sua obra-prima, o romance *Grande sertão: veredas*: "Esses gerais são sem tamanho. Enfim, cada um o que quer aprova, o senhor sabe: pão ou pães é questão de opiniães." Médico e romancista, ele estudava a fundo diversas línguas, por gosto, como confidenciou em carta à prima Lenice Guimarães de Paula Pitanguy: "Falo: português, alemão, francês, inglês, espanhol, italiano, esperanto, um pouco de russo; leio: sueco, holandês, latim e grego (mas com o dicionário agarrado); entendo alguns dialetos alemães; estudei a gramática: do húngaro, do árabe, do sânscrito, do lituano, do polonês, do tupi, do hebraico, do japonês, do checo, do finlandês, do dinamarquês; bisbilhotei um pouco a respeito de outras. Mas tudo mal. E acho que estudar o espírito e o mecanismo de outras línguas ajuda muito à compreensão mais profunda do idioma nacional. Principalmente, porém, estudando-se por divertimento, gosto e distração."

GERENTE do latim *gerente*, do verbo *gerere*, gerir, trazer em cima do corpo, tendo também o significado de criar. Com a infestação de neologismos diversos, sobretudo vindos do inglês, uma variante tem tomado conta dos domínios deste vocábulo, substituído por *manager*. Entretanto, também *manager* vem do latim *manus*, mão, indicando, pois, que designa pessoa que usa as mãos para fazer alguma coisa. A palavra inglesa está radicada no verbo italiano *mannegiare*, manejar. Antes de gerir qualquer coisa, o *manager* inglês designava apenas o condutor de cavalos e burros, ofício depois evoluído para motorista, apesar de persistir a designação da força dos automóveis por critérios equinos, de que é exemplo a expressão HP, sigla de *horse power*, força cavalar, poder do cavalo. Modernamente, *manager* e gerente indicam profissional encarregado de tarefas executivas, para as quais tem autonomia que outros não têm.

GERIATRIA do grego *géros*, velho, e *iatreia*, tratamento, formou-se este vocábulo para designar o cuidado com os velhos, marca de qualquer civilização, ao lado do desvelo com a infância, pois são essas duas pontas da vida as que requerem maior atenção. Há uma tendência de tirar os idosos do convívio familiar e alojá-los em instituições especializadas, antigamente conhecidas simplesmente como asilos, mas agora rebatizadas com o eufemismo de clínicas geriátricas. Da forma como são tratados ou destratados em várias delas, não são nem asilos, nem clínicas, mas dolorosos exílios.

GERME do latim *germen*, germe, o primeiro estágio de um organismo vivo. Designa, em sentido figurado, o começo de alguma coisa. No inglês é *germ*. E *The Germ* é título da famosa revista fundada, entre outros, pelo poeta, pintor e erudito de origem italiana, nascido em Londres, Dante Gabriel Rossetti, de quem se disse maldosamente que "como pintor era um grande poeta e como poeta era um grande pintor". A revista expressava as ideias da Irmandade Pré-rafaelita (*The Pre-Raphaelite Brotherhood*), cujos membros sustentavam, em meio a muitas controvérsias, que as obras do célebre pintor e arquiteto renascentista Raffaello Sanzio, mais conhecido apenas por Rafael, representavam para a pintura, não o seu apogeu, mas o germe de seu declínio. Dante era filho do escritor e erudito napolitano Gabrielle Giuseppe Rossetti que, por causa de suas opiniões políticas, vivia exilado na Inglaterra. O pai, um apaixonado estudioso da *Divina comédia*, de Dante Alighieri, dava-lhe, não sem razão, interpretações místicas, pois o pobre poeta florentino escrevera numa de suas cartas que seu poema poderia ser lido de quatro modos: 1) como o relato fantástico de uma viagem pelo Inferno, pelo Purgatório e pelo Paraíso; 2) como uma descrição da vida do pecador, simbolizada pelo Inferno; 3) como descrição da vida do penitente, simbolizada pelo Purgatório; 4) como descrição da vida do justo, simbolizada pelos bem-aventurados do Paraíso. O germe cultural da herança paterna, porém, pesava de modo diferente sobre o Rossetti filho. Sua avó era irmã de John Wiliam Polidori, médico de Lord Byron. O doutor e o paciente, a princípio muito amigos, mais tarde se desentenderam e por isso tornaram complicado atestar a autoria do conto *O vampiro*, cujo personagem principal, Lorde Ruthven, pode ter sido inspirado no desafeto de Polidori. Ao negar a autoria do conto, disse Byron: "Os vampiros me desagradam especialmente, e o pouco trato que tive com eles não me induz em absoluto a divulgar seus segredos." Enfim, gérmens de controvérsias interessantes envolvendo artistas e escritores.

GERÚSIA do grego *gerousía*, conselho de velhos. Este vocábulo bem poderia ser sinônimo de Senado, tendo em vista que os primeiros senados eram formados de conselhos de anciães, que dispensavam os jovens e as mulheres, hoje incorporados, posto que em minoria, aos senados de várias democracias, por meio de eleições. A ideia que presidiu originalmente à formação de um conselho que privilegiava a presença de homens mais velhos foi a de aproveitar a experiência que somente os anos podem trazer.

GESTÃO do latim *gestione*, declinação de *gestio*, designando ato de gerir, administrar. Os puristas consideram que veio do francês *gestion*, caracterizando-o como galicismo, modo de falar ou de escrever muito apegado ao francês. Seu primeiro registro no português, segundo o *Dicionário etimológico da língua portuguesa*, de José Pedro Machado, data de 1873. Mas Antonio Houaiss, apoiado no *Dicionário da língua portuguesa*, de Antonio de Morais Filho, recua a anotação para 1858. Já Antenor Nascentes em seu *Dicionário etimológico*, às vezes tão pródigo em muitos verbetes, limita-se a reconhecer a origem latina do vocábulo. Inicialmente, era usual a gestão de recursos ou patrimônios não ser remunerada. Foi a profissionalização na esfera administrativa, nos setores privado e público, que a consolidou como serviço contratado mediante pagamento. Em empresas familiares, a modernização da economia e a globalização dos negócios acabaram por retirar a gestão dos parentes e atribuí-la a profissionais, em busca de maior eficiência. Uma das formas de gestão econômica, embora muito rara, é o perdão das dívidas. O Brasil perdoou dívidas públicas de países como Polônia e Moçambique. E na tradição judaica, o ano sabático incluía a remissão das dívidas. No jargão político e administrativo, gestão passou a denominar o período de governo do principal ocupante do cargo.

GIBÃO provavelmente do italiano antigo *gippone*, *giubbone* no atual. A origem remota é o latim *juba*, juba, crina de leão, influenciado pelo árabe *djubba*, veste de algodão, origem do italiano *giubba*, juba, crina do leão, mas também jaqueta, paletó. O gibão foi originalmente um casaco de couro, depois o colete usado embaixo do paletó, sobre a camisa, com pequeno bolso na parte inferior, onde mais tarde seriam acomodados o relógio e as soluções que para tudo servem, mas que jaziam escondidas sem que ninguém esperasse que fossem sacadas à hora dos problemas. Esperava-se que do bolso fosse sacado o relógio, não a solução. O gibão fez no ciclo do couro o caminho inverso e retornou às origens, designando o casaco de couro dos vaqueiros, também chamado véstia, provável alteração de veste. Um gibão de seda aparece entre as recompensas que o almirante Cristóvão Colombo anunciou aos marinheiros que o acompanhavam na viagem da descoberta da América, iniciada dia 3 de agosto de 1492, no porto de Palos, na Espanha. Assim se lê em *As quatro viagens do almirante e seu testamento* (Madri, Editora Espasa-Calpe, 1977): "Àquele que lhe dissesse primeiro que via terra lhe daria logo um gibão de seda, sem falar das outras mercês que os reis haviam prometido, que era dez mil maravedis de ouro a quem primeiro a visse." A promessa foi feita na noite de 11 de outubro. Às 2h do dia seguinte, sexta-feira, a América foi descoberta.

GIGANTE do grego *gigas*, que passou ao latim *gigante*, de onde chegou ao português, primitivamente denominando homens fabulosos, de estatura descomunal, que guerreavam contra os deuses. Em razão disso sustentou a metáfora para designar pessoas que se destacam por seus altos feitos nos mais diversos campos da atividade humana, por seu talento ou coragem. Entre os textos míticos que tratam dessas figuras colossais está a *Bíblia*, em *Gênesis* 6,4: "Naquele tempo havia gigantes sobre a terra, quando os filhos de Deus se uniam às filhas dos homens, e elas lhes davam à luz filhos: estes são os famosos heróis da Antiguidade."

GILETE do nome de quem popularizou esse tipo de lâmina de barbear, o norte-americano King Camp Gillette, que aperfeiçoou e industrializou um aparelho criado em 1895 pelo londrino William Henson. Em 1903, aos 48 anos, Gillette vendeu 51 navalhas cujas lâminas não eram mais fixas, podendo ser substituídas depois de feitas algumas barbas. Até então, as lâminas eram apenas afiadas para serem usadas novamente. O sucesso de seu invento explodiu no ano seguinte, quando foram vendidas 90 mil navalhas e 12,4 milhões de lâminas. Antes de vender giletes *avant la lettre*, era vendedor de rolhas em Boston, depois de deixar sua cidade natal, Chicago, acompanhando a família que perdera todas as suas posses no incêndio de 1871. Defendeu ideias socialistas em vários escritos e tentou inutilmente convencer o ex-presidente Theodore Roosevelt, a quem ofereceu um milhão de dólares, a presidir uma certa Corporação Mundial. Roosevelt era vice-presidente de William MacKinley, um dos primeiros imperialistas dos EUA, assassinado pelo anarquista Leon Czolgosz um ano depois de reeleito.

GILVAZ de origem controversa e obscura. Antenor Nascentes de Veras, entre outros, informa que pode ser nome próprio, resultado da junção de dois outros, Gil e Vaz. Mas no século XIV, em carta de um arcebispo a um abade, esta palavra aparece com o significado de ferimento antigo, igualmente repetido em trecho de um certo Dom Lourenço, arcebispo de Braga: "As ribeiradas do meu gilvaz já são vedadas." Vitorino Mendes Pinheiro da Silva Nemésio retoma o significado de cicatriz, referindo-se a Alexandre Herculano em *Ondas médias*: "Estamos todos a vê-lo feio, duro, rijo, com aquele gilvaz com que uma navalha lhe talhou a boca em novo, na feira das Amoreiras." Já os dicionários *Aurélio* e *Houaiss* endossam ambos o significado de cicatriz, ferimento, ou ferimento no rosto. O primeiro a inspirar a formação da palavra teria sido um oficial da infantaria portuguesa na célebre batalha de Aljubarrota, travada entre forças portuguesas, e castelhanas, com 20 mil homens, no dia 14 de agosto de 1385. Nesta vitória, que garantiu a independência de Portugal por quase duzentos anos, levou um talho no rosto um oficial português de muito boa aparência, chamado Gil Vaz. O advogado e poeta brasileiro, ainda que bissexto, Plauto de Oliveira, é autor de um soneto intitulado *Senhor Gil Vaz* em que aparecem esses versos: "Ao mirar-se no espelho odiava a sua cara,/ vendo o corte profundo de navalha,/ que se estende por toda a pele palha,/ fazendo-o parecer de uma espécie rara." Na guerra dos EUA contra o Iraque, a disparidade das forças é muito grande e a televisão invade os lares com rostos em que o gilvaz é a grande marca que sobrou da morte, sejam civis ou militares, vez que no caso dos segundos o capacete não bastou para evitá-lo. Tumbas coletivas, comuns em todas as guerras, sequer permitem que rostos sejam verificados ou percebida a presença de gilvazes.

GINCANA do inglês *gymkhana*, exibição de esportes, disputa. Veio do hindi *gendkhana*, quadra esportiva, por influência do persa *khna*, casa. O hindi e o urdu são as línguas vernáculas mais importantes da Índia. No primeiro, escreve-se da esquerda para a direita. No urdu, da direita para a esquerda. Após o traçado de fronteiras entre a Índia e Paquistão, em 1947, o hindi tem aproveitado mais contribuições do sânscrito, e o urdu, do persa e do árabe. A vinda de estudantes hindus para a Europa, os EUA e o Brasil resultou na adoção mútua de usos e costumes, sendo a gincana parte dessas trocas. No inglês houve influência de *gymnasium*, lugar de exercícios físicos, do latim *gymnasium*, escola, que não incluía apenas a ginástica, vindo do grego *gymnasión*. As gincanas, inicialmente apenas competições esportivas, passaram depois a incluir disputas e provas intelectuais e artísticas. Quem trouxe a gincana para o Brasil foram as escolas norte-americanas que aqui se instalaram, auxiliadas por estudantes brasileiros que passaram temporadas nos EUA, em intercâmbio escolar. O vocábulo entrou para a língua portuguesa na década de 1920. Escolas brasileiras organizam gincanas com o fim de aumentar a socialização dos alunos por meio de tarefas saudáveis e instrutivas. Essa modalidade de disputa tem obtido extraordinária receptividade entre professores e alunos. Os vencedores recebem prêmios que incluem livros, CDs, filmes etc., sem excluir ofertas jocosas com o fim de manter o bom humor da competição.

GINECOLOGIA dos compostos gineco- + -logia, do grego *gynaikós*, mulher, e *logía*, estudo, pelo francês *gynécologie*, especialidade da Medicina que se ocupa da fisiologia e da patologia do corpo feminino, com ênfase nos órgãos sexuais. O equivalente masculino é andrologia, também radicado no grego *andrós*, homem. A mulher e o homem foram precedidos, segundo a mitologia grega, por seres andróginos, com características, traços ou comportamentos imprecisos, entre masculino e feminino, pois a junção de masculino e feminino num só corpo era indicativo de perfeição. A etimologia vincula *andrós* a quem fecunda e *gyné* a quem é fecundado, sendo tal designação anterior às habituais macho e fêmea, homem e mulher.

GINECOLÓGICO do grego *gyné*, genitivo *gynaikós*, mulher, e *logos*, estudo, tratado. É adjetivo que qualifica tudo aquilo que é privativo da mulher, como é o caso do exame periódico, o papanicolaou, um dos mais requeridos pelos ginecologistas. Recebeu o nome de seu inventor, o médico grego George Papanicolaou, formado em Munique, na Alemanha. Quando se transferiu para os EUA, em busca de novas oportunidades de trabalho, pois estava insatisfeito na Europa, comeu o pão que o Diabo amassou, obrigando-se a vender tapetes. Tendo pesquisado secreções uterinas por mais de dez anos, concluiu que era possível, por meio de exame, prevenir o câncer. Em 1928, publicou uma tese de mais de cem páginas sobre o tema. Como era muito prolixo, não foi lido. Em 1943, resumiu a centena de páginas a apenas oito, tendo obtido a atenção de médicos de todo o mundo, que passaram a recomendar o exame que ele inventara. À falta de mais razões para a concisão, esta foi decisiva.

GINETE do árabe vulgar *zanata*, *zeneta* ou *zinête*, ginete, designando o cavalo, a sela e também o cavaleiro. Designava originalmente uma das cinco tribos que dominavam a África e migraram para a Espanha, onde se distinguiram por terem excelentes cavaleiros. Pode ter origem remota no grego *gymnetes*, soldado levemente armado.

GIRASSOL de provável mistura do francês *girasol*, pedra preciosa parecida com a opala, de cor amarelada, e da observação de que as grandes flores da planta, também amarelas, estão sempre voltadas para o Sol. Inicialmente apenas ornamentais, as sementes que resultam em tão lindas flores foram depois aproveitadas para fazer óleo de cozinha e recentemente óleo combustível. O português Duarte Nunes de Leão, de provável origem judaica, em *Descrição do reino de Portugal*, obra publicada dois anos após sua morte, já registra a planta com esse nome. Ele foi um dos precursores em estudar nossa ortografia, em 1576, ao lado de Fernão de Oliveira; João de Barros e Pedro Magalhães Gândavo, como observa Mercedes Hackerott, do Centro de Documentação em Historiografia Linguística, da USP, em *Compêndios tradicionais de gramática portuguesa (séculos XVI, XVII e XVII): uma descrição comparativa*.

GÍRIA provavelmente do étimo espanhol *gíriga*, jargão de trabalhadores da construção de casas e também de cesteiros, modo de falar surgido nas Astúrias, na Espanha, cuja denominação é ligada a *jerigonza*, geringonça. Algumas gírias consolidaram-se na norma culta da língua portuguesa, de que são exemplos capanga, bolsa de mão; arquibaldo e geraldino, torcedores que nos estádios ficam na arquibancada ou na geral; loteca, loteria; dondoca, formada de dona oca, mulher inculta e rica, preocupada excessivamente com a aparência; repeteco, repetição; vidrado, para apaixonado, por ficarem os olhos de tal modo em alguém que eles pareceriam de vidro. Mas a maioria das gírias tem vida efêmera.

GITANO do espanhol *gitano*, cigano. Antigamente a forma era *egitano*, natural do Egito, de onde se supunha terem vindo os ciganos espanhóis.

GIZ do grego *gypsos*, pelo árabe *jibs*, giz, bastonete feito com carbono ou sulfato de cálcio, utilizado por professores para escrever no quadro-negro. As inovações tecnológicas, porém, chegaram à sala de aula num crescendo sem-fim. Paradoxalmente, hoje, os quadros-negros são verdes, o giz ainda resiste, mas é antialérgico, e professores e professoras preferem retroprojetores, telas que ampliam imagens geradas por computadores e outras variantes para o antigo quadro-negro. No Brasil, no entanto, um país cheio de desigualdades, há lugares onde faltam não apenas giz e quadro-negro, mas também escolas e professores.

GLABRO do latim *glabru*, declinação de *glaber*, sem pelos, sem barba. Primitivamente designou local sem vegetação. Passou depois a designar rosto imberbe e o escravo novo, geralmente o favorito da casa. No latim, a mulher *glabaria* era aquela que preferia escravos adolescentes, em cujos rostos ainda não havia surgido a barba. *Tiradentes*, provavelmente era *glabro*, dado o posto que ocupava na carreira militar, mas, já no século XIX, quando foi feito seu primeiro retrato, surgiu com longas barbas e cabelos compridos para melhor adequar-se à figura de mártir. Também o descobridor do Brasil teve seu rosto inventado, já que não há registro de sua fisionomia antes do século XIX.

GLAMORIZAR do inglês *glamour*, encanto pessoal, alteração de *grammar*, gramática. Foram os escoceses os primeiros a alterar a palavra para *glamer*, no século XVII. Os que falavam de acordo com as regras gramaticais da língua culta tinham provavelmente vestes e modos mais afetados que o povo, para quem a gramática escrita sempre ofereceu mistérios mais profundos do que os das ciências ocultas. O vocábulo viajou para diversas línguas e hoje indica encanto pessoal, charme, qualificação.

GLAMOUR do inglês *grammar*, gramática. Foram os escoceses os primeiros a alterar a palavra para *glamer*, no século XVII. Os que falavam de acordo com as regras gramaticais da língua culta tinham provavelmente vestes e modos mais afetados que o povo, para quem a gramática escrita sempre ofereceu mistérios mais profundos que os das ciências ocultas. O vocábulo viajou para diversas línguas e hoje indica charme, qualificação social, *sex-appeal*.

GLOBOSFERA de globo, do latim *globus*, e de esfera, do latim *sphera*, que, pela junção das duas palavras, passou a constituir-se como sinônimo de blogosfera, espaço da rede mundial de computadores onde jornais e revistas podem ser lidos antes ou depois de impressos, incluindo conteúdos que jamais serão publicados em papel, além de músicas e vídeos que também podem ser editados e publicados na globosfera, de que são exemplos os materiais encontrados no *Youtube*. O *Jornal do Brasil*, um dos mais antigos diários brasileiros, abandonou leitores em bancas e assinantes, deixando de ser impresso, e desde 2010 está disponível apenas na internet.

GLORIABUNDO do latim *gloriabundu*, vaidoso, orgulhoso, dado a exibir a fama, que às vezes não tem, em boca própria. O imperador Júlio César disse preferir ser o primeiro nas Gálias que o segundo em Roma. Mas o crítico literário brasileiro Agrippino Grieco, autor de obras como *Zeros à esquerda*, sempre ácido em suas ironias, escreveu sobre os gloriabundos: "A glória no Brasil é a melhor maneira de ser ignorado no resto do mundo."

GLOSA do grego *glôssa*, ponta, língua, pelo latim clássico *glossa*, *glosa* no latim tardio, sinônimo de palavra desconhecida, de significado obscuro, demandando explicações. Designava no grego desde língua de animais e homens até língua de terra, de ouro, de fogo, de sapato. A palavra deu origem ao verbo *glosar*, que significa censurar, suprimir. É muito conhecido dos contribuintes brasileiros, que veem glosados pela Receita Federal os descontos que informam na declaração anual do Imposto de Renda. Censurando os gastos, a Receita os diminui para aumentar o imposto devido. Não se tem notícia de que tenha glosado os impostos. Também se chama glosa a supressão total ou parcial de quantia averbada por escrito numa conta. Nas letras, a glosa é modalidade poética, composta de versos cujos motes são comentados com variações ao longo da peça. No sentido propriamente jurídico, os glosadores surgiram no alvorecer do século XVI. Eram gramáticos e juristas italianos que faziam anotações, à margem ou entre as linhas, no *Corpus Juri Civilis*, espécie de manual de Direito, com o fim de aplicar o Direito romano no mundo medieval. Surgiu, então, glossário, do latim *glossarium*, reunião desses comentários e depois aplicado a qualquer rol de explicações, com ss porque sua origem é o latim culto *glossa*.

GLUTÃO do latim *gluttone*, declinação de *glutto*, glutão, comilão, aquele que deglute vorazmente. O mesmo étimo está presente no verbo deglutir, do latim *degluttire*, às vezes escrito com um "t" apenas, cujo significado é comer. Não é de graça que alguns dos maiores glutões de todos os tempos tenham sido franceses, dada a excelência de sua célebre cozinha. Luís XIV, o Rei-Sol, famoso por tantos outros feitos, tornou-se conhecido também por sua voracidade. Isabel Carlota Wittesbach von Pfalz, esposa do duque Felipe d'Orléans, confidenciou numa carta que era comum o rei devorar, numa única refeição, quatro pratos de sopa, uma travessa de salada, um faisão inteiro, uma perdiz, uma perna de cabrito, dois pedaços enormes de presunto e várias costelas de porco, seguidos de frutas e doces. Evidentemente, entre as refeições ele governava a França da forma mais absolutista possível e deixou marcas indeléveis de sua administração, como o apoio a Molière e a construção do *Hôtel des Invalides* (Palácio ou Hospital dos Inválidos), para onde iam militares dispensados da tropa por ferimentos que os inutilizavam para o combate ou então veteranos que já não podiam servir ao exército por causa da idade avançada. Até então, essas pessoas sobreviviam da mendicância ou do banditismo. Apesar de a gula ser um dos pecados capitais, tem havido estadistas comilões que criaram políticas preocupadas com a alimentação de todos, não apenas com a deles.

GNOMO do grego *gnóme*, pelo latim *gnomu*, denominação que os alquimistas medievais deram a espíritos de aparência humana, baixinhos e feios, que habitariam o interior da Terra, onde seriam guardiães de valiosos tesouros. Tidos por simpáticos, os gnomos hoje não apenas enfeitam jardins caseiros como se constituem em item importante das brinquedotecas e produções destinadas ao público infantojuvenil.

GNU do francês *gnou* e do inglês *gnu*, espécie de antílope africano, encontrável principalmente no Quênia, de corpo cinzento ou marrom e chifres espiralados, lembrando o búfalo. Os *gnus* têm um faro apuradíssimo, arma decisiva para evitar os leões, seus principais inimigos. Fazem curiosa migração à procura de melhores pastagens. Vivem preferencialmente nas planícies do sudeste do Quênia, mas na seca rumam para o oeste e o norte, voltando para o sul quando o retorno das chuvas faz com que os campos voltem a verdejar.

GOBELIM do francês *Gobelin*, sobrenome de pessoa. O *Dicionário Aurélio* grafa gobelino, mas o significado é o mesmo: tapeçaria semelhante àquelas da casa Gobelin, fundada no século XV. O escritor Lima Barreto registrou o vocábulo numa passagem do livro *Vida e morte de M. J. Gonzaga de Sá*, quando um personagem comenta uma exposição de tapeçarias que acabara de visitar: "Que cousas lindas! Há até um autêntico gobelino." Jehan Gobelin, que viveu em Paris no século XV, foi um tintureiro que inventou esse tipo de tapeçaria, apoiada por casas reais famosas que tornaram ricos seus herdeiros e imitadores de sua arte.

GOIABADA de goiaba, palavra de origem controversa, vindo provavelmente, com variação, do espanhol *guaiaba*, goiaba, pois foi assim que os colonizadores teriam entendido o nome da fruta em taino, língua falada na ilha de São Domingos, atual República Dominicana. O tupi tem *guaiaua*, com variantes de pronúncia *guaiava* e *guaiaba*, mas pode ser redução de *acoyaba*, ajuntamento de caroços, dada a constituição da fruta, repleta de sementes. De todo modo, a deliciosa goiabada, doce feito com a fruta, é identificada também como marmelada de goiaba, por força da precedência que teve o marmelo na culinária portuguesa. No Brasil, predominou marmelada para designar suas variantes, feitas também com outras frutas. Os ingleses têm *orange marmalade*, marmelada de laranja. De resto, marmelada tornou-se sinônimo de fraude porque acrescentavam tanto chuchu que quase não se sentia o gosto do marmelo. João Bosco e Aldir Blanc compuseram em 1976 *O rancho da goibada*: "Os boias-frias, quando tomam/ umas biritas espantando a tristeza/ Sonham com bife-a-cavalo/ Batata frita, e a sobremesa/

é goibada-cascão com muito queijo/ Depois café, cigarro e um beijo/ De uma mulata chamada Leonor/ ou Dagmar." Os boias-frias antecederam os sem-terra e receberam tal denominação por se alimentarem com pratos frios, levados em marmitas para canaviais, roçados etc.

GOL do inglês *goal*, objetivo. No futebol, nada mais literal: o gol é o grande objetivo do jogo. É por ele que todos correm em campo, para fazê-lo ou para impedi-lo. Cheio de sutis complexidades, o futebol tem seus paradoxos. Goleadas nem sempre significam bons jogos e placares de 0 a 0 e 1 a 0 nem sempre indicam mau futebol. A seleção brasileira de 1958, que inaugurou o *score* de 0 a 0 em Copas do Mundo, em célebre batalha travada contra a Inglaterra, passou apertadíssima pelo País de Gales, derrotado por apenas 1 a 0. E o autor do gol, aos 21 minutos do segundo tempo, foi Pelé, então um menino de 17 anos que iria encantar o mundo, tornando-se o rei do futebol. O primeiro gol marcado numa Copa do Mundo foi obra do francês Lucien Laurent, na partida França 4 *versus* México 1, no dia 13 de julho de 1930. Já o primeiro gol brasileiro neste campeonato mundial foi marcado em Montevidéu por Preguinho no dia 14 de julho de 1930, aos 17 minutos do segundo tempo, no jogo Brasil versus Iugoslávia. Na Copa de 1958, jogávamos a semifinal contra a França e o jogo estava empatado em 1 a 1. Zagallo, então com 27 anos, fez um gol legítimo, anulado, entretanto, pelo árbitro Meryn Griffiths, do País de Gales. O juiz roubou aquele, mas não pôde impedir os outros quatro, e o Brasil venceu por 5 a 2, credenciando-se a disputar a final contra a Suécia, vencida pelo mesmo placar. Nessa última partida, na primeira vez em que o Brasil foi campeão mundial, Pelé fez dois gols, o último aos 45 minutos do segundo tempo. Em 1998, os franceses devolveram justamente a diferença daqueles três gols de 1958, aplicando a maior goleada já sofrida pelo Brasil numa Copa. A maior média de gols alcançada ocorreu na Copa de 1954. Foram marcados 140 gols em 26 partidas: média de 5,38 por partida. Os maiores goleadores de todas as Copas foram o alemão Gerd Müller, com 14; o francês Fontaine, com 13; e Pelé, com 12. O ataque mais poderoso do Brasil foi o de 1970, que marcou 19 gols em seis jogos.

GOLEADA tão logo o português assimilou o vocábulo inglês *goal*, objetivo, para designar o momento supremo do jogo de futebol, o gol, criou também este vocábulo para designar uma vitória por muitos gols. É goleada e não golada porque veio do verbo *golear*, fazer muitos gols, com o acréscimo do sufixo -ada, que indica quantidade.

GOLEIRO do inglês *goal-keeper*, o que guarda o gol, também chamado de arqueiro, guarda-metas, guardião, guarda-valas. Foi o povo que criou a palavra mais fácil e mais coerente para a posição: goleiro. Nas várzeas, onde nascem os craques, é aquele que ninguém aceita e a quem, para não ser mandado embora, dão o consolo de ser o goleiro do time improvisado.

GOLFE do holandês *kolf*, pau, bastão, pelo inglês *golf*, taco, bastão. Veio a designar no inglês jogo de origem escocesa, que consiste em bater com um taco numa bola pequena e maciça com o fim de fazê-la entrar em diversos buracos distribuídos num campo de grande extensão, no menor número possível de tacadas. No Brasil, o esporte ainda é pouco praticado. Mas vem aumentando o interesse por esse esporte em estabelecimentos especialmente dedicados a descanso, entretenimento e férias, que oferecem a modalidade minigolfe em espaços pequenos, do tamanho de um jardim médio.

GOLFINHO do grego *delphis*, pelo latim *delphinu*. É curiosa a troca de consoantes. Em italiano este cetáceo é chamado *dolfino*; em francês, *dauphin*. Mas em espanhol resultou em *golfin*, semelhante a golfinho, a forma portuguesa que se consolidou.

GOLPE do latim vulgar *colpus*, de *colaphus*, bofetada, bofetão, punhada, murro, com base no grego *kólaphos*, golpe na face, tapa. Foi por metáfora que passou a designar ato de afastar do poder, mediante uso da força, governantes eleitos, como aconteceu ao presidente da Venezuela, Hugo Chávez, ele mesmo tendo tentado a via do golpe em 1992, antes de seu declarado amor à democracia, que o levaria à vitória em 1998, com 56,2 por cento dos votos. Por pressão popular, foi reempossado apenas 28 horas depois de derrubado por golpe militar, em abril de 2002. Venezuela é diminutivo de Veneza, em espanhol, porque as habitações lacustres de Maracaibo sugeriram essa imagem aos primeiros navegadores. A "pequena Veneza" deu nome depois a todo o país, cuja capital é Caracas, étimo que pode ter sido inspirado numa árvore conhecida como caracaro, abundante na região. Oitenta por cento das exportações baseiam-se no petróleo e sua renda per capita é de U$ 3.680 dólares.

GÔNDOLA do italiano *gondola*, palavra que ali chegou ou se formou sem se saber como, para designar pequena embarcação de extremidades levantadas, facilitando embarque e desembarque nos canais de Veneza. No Brasil, as prateleiras de livrarias e supermercados também são chamadas de gôndolas, aplicando-se o termo também a vagão ferroviário aberto em cima, com as paredes laterais basculantes, muito usado no transporte de minérios, carvão e outros minerais. Os teleféricos utilizados hoje nos morros do Rio de Janeiro são chamados igualmente de gôndolas por analogia com os antigos veículos urbanos da cidade, puxados por burros, mais resistentes e mais fortes do que os cavalos. Observe-se o seguinte trecho do romance *Lucíola*, de José de Alencar: "Um embaraço imprevisto, causado por duas gôndolas, tinha feito parar o carro." O carro, também chamado tílburi, equivaleria hoje ao automóvel, e a gôndola a um pequeno ônibus. E Carlos Drummond de Andrade diz em *Contos de aprendiz*: "Um relógio — de ouro, para dar imagem do tempo — devia bater dentro do colete, de onde escorria uma gôndola grossa."

GONGO do malaio *gong*, pelo inglês *gong*, gongo, designando instrumento de percussão, originário do Oriente. É um disco metálico convexo, no qual se bate uma baqueta com um chumaço de algodão na ponta com o fim de produzir um som grave e forte. A língua malaio-polinésia é falada na Tailândia, na Malásia, em Cingapura, em Brunei e na Indonésia. Durante a Idade Média e até meados do século XVII, a catalepsia não era ainda muito conhecida. Quando exumaram cadáveres, para mudança de cemitério ou outras finalidades, constatou-se que alguns caixões tinham arranhões ou os mortos estavam de bruços ou de lado, por esforços vãos para sair dali, depois de acordarem do estado cataléptico. Por isso, os ingleses passaram a usar caixões adaptados com gongo e corda para o caso de o morto ressuscitar. Surgiu a expressão *save by the bell*, já que "bell", sino, era palavra mais conhecida. O boxe adotou a expressão "salvo pelo gongo", já que é a pancada no instrumento que marca o fim dos assaltos. Apanhando bastante, à beira do nocaute, o boxeador é salvo pelo gongo, recompõe as forças e volta a lutar. Nos programas de auditório, o gongo soa para anunciar reprovação do candidato. Às vezes, é substituído por campainha ou sirene.

GORDO do latim, *gordu*, gordo, seu significado original era o de tolo, estúpido, grosseiro. Passou depois a antônimo de magro, indicando situação favorável em várias expressões. Assim, gordo e gorda transformaram-se em tratamento carinhoso nas últimas décadas, no Brasil, ainda que os destinatários do elogio sejam magros. A Era Industrial tornou proscritos os gordos, surgindo dietas para resolver o problema então constituído. Antes, ser gordo era esbanjar saúde e bem-estar. A imposição de dietas exageradas para perder peso levou à proliferação da anorexia, uma doença que emagrece o cliente e engorda a conta de quem vende para ele. Remédios para moderar o apetite têm um faturamento anual de 40 bilhões de dólares. No espanhol, *gorda* indica o maior prêmio da loteria, o equivalente à nossa bolada, e peixe gordo equivale a pessoa poderosa. Entre nós, peixe gordo equivale a corrupto de vulto, cuja esperteza sempre o livra das redes que pegam invariavelmente os magros. Mas o Ministério Público tem melhorado muito a pescaria e o galalau dos corruptos, o ex-juiz Nicolau dos Santos Neto, tendo se esquivado a várias redes, apareceu em cartazes de "Procura-se" até em portais da internet até ter se entregado à polícia entre Dom Pedrito e Magé no Rio Grande do Sul.

GÓRGONE do grego *Gorgónes*, filhas de Gorgo, terrível, pelo latim *gorgones*, designando as três deidades que tinham serpentes no lugar dos cabelos: Esteno, Euríale e Medusa, sendo mais conhecida essa última. No português designa tipo de decoração. Elas petrificavam quem as encarasse. Suas figuras ainda aparecem hoje nas carrancas, por cujas bocas flui a água dos chafarizes. Eram mulheres muito feias, monstruosas não apenas pela aparência física mas também pela perversidade de seus atos.

GORGONZOLA do italiano *gorgonzòla*, tipo de queijo que recebeu o nome da cidade homônima da Lombardia, onde começou a ser fabricado. Os pigmentos azulados provêm do mofo resultante da infusão do fungo *Penicillium*, seu nome em latim, que, aliás está na origem da *penicilina*, o inglês *penicillin*, adaptado do latim. A cidade de Gorgonzòla, nos arredores de Milão, ganhou este nome em 1875 e chamou-se originalmente *Concordiola*, terras pertencentes a um certo *Concordius* ou pessoa cordata. À semelhança do queijo *Roquefort*, surgido na localidade de Roquefort-sur-Soulzon, no Sul da França, tem um aroma forte. Outro queijo famoso é o *Brie*, que tomou o nome de um distrito francês. Deste último debochou assim o biólogo francês Jean Rostand: "o queijo que tem os cheiros dos pés de Deus." *L'odeur des pieds*, no Brasil é chulé, uma ignomínia para iguaria tão saborosa.

GORILA do latim científico *gorilla*, um gênero de primatas da subordem dos símios. Há cerca de dez mil gorilas hoje no mundo. Seu *hábitat* é a África equatorial. Em 1985, foi assassinada misteriosamente, provavelmente por caçadores e mercadores africanos, uma famosa antropóloga americana, Dian Fossey, que dedicara 20 anos pesquisando o comportamento dos gorilas. Sua vida resultou no filme *A montanha dos gorilas*, estrelado por Sigourney Weaver, estrela da cinessérie *Alien*.

GORJEIO de gorjear, verbo formado de *gorja*, do francês *gorge*, garganta, e este do latim tardio *gurga*, garganta, por analogia com *gurges*, que no latim designava abismo, precipício, sorvedouro. Gorjear tornou-se sinônimo de *trinar*, verbo mais adequado do que cantar para a maioria das vozes dos pássaros. "As aves que aqui gorjeiam,/ Não gorjeiam como lá", escreveu o poeta romântico Gonçalves Dias, então exilado na Europa, num poema apropriadamente intitulado *Canção do exílio*. Quem fez da língua grega um verdadeiro gorjeio foi Górgias, natural de Leôncio, cidade a norte de Siracusa. Ele chegou a Atenas precedido pela fama de ter juntado a beleza da poesia à prosa, ao criar as figuras de linguagem. É dele também a divisão dos discursos em três categorias: deliberativo, judiciário e epidítico, palavra vinda do grego *epideiktikós*, demonstrativo. "Enquanto o discurso judiciário examina o passado e o deliberativo incita a ação futura, o discurso epidítico teatraliza o presente.", diz o romancista e professor catarinense Donaldo Schüller em *Origens do discurso democrático*, *pocket book* da editora LP&M.

GORÓ de origem controversa, provavelmente derivação do quicongo *ngolobo*, caramujo, lesma, indivíduo molengão, misturado ao tupi *rowa*, amargo, veio a designar o trago de cachaça, preferencialmente, e, por extensão, qualquer bebida alcoólica.

GOROROBA do latim *centrolobium robustum*, uma leguminosa. Gíria para comida de péssima qualidade. Talvez tenha havido mistura de alguma substância com goro, que é como se denomina o ovo choco, impróprio à alimentação.

GORRO de *gorra*, provavelmente do vasconço *gorri*, vermelho, porque os primeiros gorros teriam sido desta cor. Mas há muito tempo os gorros diversificaram as cores. Um gorro preto, de esquiador, atualmente muito famoso, oculta a identidade do chefe guerrilheiro mexicano autodenominado subcomandante Marcos, cujos comunicados revolucionários, já elogiados por escritores como Carlos Fuentes e o Prêmio Nobel de Literatura, Octávio Paz, despertaram a curiosidade do mundo inteiro, ao misturar guerra, amor e humor. Parece não haver um comandante acima dele, mas o líder da guerrilha em Chiapas só se refere a si mesmo modestamente como sub.

GOSTO do latim *gustu*, declinação de *gustus*, gosto, sabor. Designa um dos cinco sentidos, aquele que nos faz perceber o sabor das coisas. Em latim indicava também o antepasto das refeições principais, vindo daí a expressão tira-gosto. "Mais vale um gosto que quatro vinténs no bolso é antigo provérbio surgido no norte de Portugal. Veio parar no Brasil onde ganhou a variação: "Mais vale um gosto que um vintém no bolso." Quatro vinténs era uma fortuna razoável na época. Os brasileiros se contentaram com 300 por cento menos.

GOSTOSA de gosto, sabor, formaram-se, com os devidos sufixos, gostoso, gostosa, gostosão, gostosona, todos referindo-se inicialmente a bebidas e alimentos, logo transformados em metáforas de prazeres a serem fruídos na luxúria. Gostosa, inicialmente gíria, já está nos dicionários como sinônimo de mulher atraente, bonita, cheia de volúpia. Gostoso seria o equivalente masculino, aplicado principalmente a homens que aprimoram a forma física nas academias, daí excluída, naturalmente, a Academia Brasileira de Letras. Já Francisco Manuel de Melo, escritor clássico, tanto da literatura portuguesa como da espanhola, comentando a relação entre o custo e o benefício dos divertimentos, assim se expressou: "O bem-fazer é tão gostoso que alguma coisa era bem que custasse." Gostosão designou antigos ônibus, grandes e vistosos.

GOVERNADOR do latim *gubernatore*, declinação de *gubernator*, piloto, timoneiro, o que dirige o leme. Como se vê, a palavra que veio a designar o administrador procede das lides náuticas. *Hay gobierno? Soy contra!* é conhecido dito de falantes espanhóis. No latim, o feminino de *gubernator* é *gubernatrix*, palavra que indica não serem os cargos de direção nos navios, mesmo na antiguidade, privativos de homens. Em terra, oprimidas. Mas no mar, não. Mulheres saíram a navegar e a dirigir as naus, do contrário a língua não designaria o ofício. Mas na política a Roma antiga não teve governadoras. Caso uma governasse a Judeia, em substituição a Pôncio Pilatos (?-36 ou 39 d.C), é pouco provável que tivesse lavado as mãos no julgamento que levou Jesus a ser condenado à morte. Não é própria do gênero a omissão. No Brasil, a Roseana Sarney foi a primeira a governar um Estado, o Maranhão, já governado também por seu pai, o ex-presidente José Sarney. Antes dela, mulheres foram apenas governadoras interinas, como foi o caso de Iolanda Fleming, no Acre. Os três primeiros governadores-gerais do Brasil foram Tomé de Sousa, Duarte da Costa (irmão colaço do rei; colaço é quem dividiu o leite da mãe do filho legítimo) e Mem de Sá. O primeiro trouxe de Portugal os primeiros padres jesuítas. E o gado, de Cabo Verde. E até mesmo uma cidade para se instalar com os jesuítas, funcionários e colonos, ele teve de fundar, em 1549. Foi Salvador, na Bahia, a capital do Brasil até 1763. Depois, como todos os baianos que almejam sucesso, os governantes seguintes vieram para o Rio de Janeiro, onde ficaram até a inauguração de Brasília, em 1960. O segundo, presidente do Senado de Lisboa e armeiro-mor do reino, ao voltar a Portugal reassumiu o cargo de guardar armas. O terceiro, irmão do poeta Sá de Miranda, que introduziu o soneto em Portugal, com a ajuda do sobrinho, o governador Estácio de Sá, expulsou do Rio de Janeiro os franceses, em 1567. Mem de Sá, cujo nome foi escrito também Men de Sá, Emanuel de Sá e Além de Sá, foi quem nomeou Brás Cubas, fundador de Santos (SP), comandante da primeira bandeira que encontrou ouro e pedras preciosas perto do colégio dos jesuítas, em São Paulo, para onde foi transferida, por decisão do governador, a antiga povoação de Piratininga. Mem de Sá morreu em Salvador, dia 2 de março de 1572. Já um descendente do fundador de Santos foi imortalizado como personagem do romance *Memórias póstumas de Brás Cubas*, de Machado de Assis.

GOVERNANÇA do latim *gubernare*, mais o sufixo -ança. Designa o ofício de governar, cujos sinônimos são governo e governação, sendo mais usado governança, agora quase sempre acompanhado do adjetivo corporativo, com o fim de marcar que o ato de governar um país, um estado ou uma empresa dá-se com parcerias apropriadas. A expressão "governança corporativa" foi criada no começo dos anos 1990, com fim de conciliar os interesses de todos os envolvidos nos objetivos a serem atingidos, dando unidade aos trabalhos. Os princípios da governança corporativa são quatro: equidade, prestação de contas, transparência e sustentabilidade.

GRAAL de origem controversa, provavelmente do latim medieval *gradale*, cálice no qual, segundo a tradição popular cristã, nascida nos romances de cavalaria, Jesus teria bebido o último gole de vinho na última ceia e que depois teria sido utilizado por José de Arimateia para nele recolher o sangue jorrado do peito do Crucificado quando o centurião romano lhe enfiou a lança no peito. No romance *O código Da Vinci*, do jornalista americano Dan Brown, a denominação tem origem fantasiosa, própria dos romances, mas acatada por multidões de otários desidratados de cultura, segundo a qual o *Santo Graal*, expressão presente em numerosa literatura, não designa a célebre taça de vinho, mas o útero de Madalena, que teria tido filhos com Jesus. Para tanto, ele inventa que a figura do apóstolo João, o mais jovem de todos e ainda sem barba, não era homem, nem apóstolo, mas a apóstola Madalena. Ninguém o contestava em nada, pois imaginar, não é apenas direito, mas obrigação de romancistas.

GRAÇA do latim *gratia*, graça, mercê, presente, dádiva, beleza. *Ave Maria, gratia plena* – Ave Maria, cheia de graça –, começa dizendo o anjo Gabriel para saudar Maria. São famosas as músicas que tomaram como tema esta primeira frase de uma das preces cristãs mais rezadas no mundo em todos os tempos e lugares. O tenor italiano Luciano Pavarotti cantou a *Ave Maria* ao ar livre, em célebre concerto para recolher ajuda às crianças da Bósnia, arrancando aplausos de milhares de pessoas, dado o desempenho musical do ex-açougueiro que se tornou um dos melhores do mundo na nova especialidade. Graça designa também o nome da pessoa, por força de batismo, sendo um sacramento, é graça concedida. Combatendo o heresiarca Pelágio, que negava a eficácia da graça divina e pregava que a natureza sadia e íntegra era dom suficiente para o homem viver como Deus manda, Santo Agostinho escreveu vários livros sobre o tema, recebendo o título de "doutor da graça." No volume 1 de *A graça*, ele escreve: "O arbítrio e a lei, sem a graça, são insuficientes, ineficazes para justificar o homem."

GRADE do latim *crates*, caniço, vara. A expressão "atrás das grades" nasceu da imagem das janelas do cárcere, de onde o Sol "nasce quadrado" por força dos ferros que têm o fim de evitar a fuga dos presos. Já cárcere tem este nome porque *carcer* designava em latim a barreira para delimitar a pista onde corriam os cavalos puxando *bigas* ou *quadrigas*, isto é, pequenas carroças de duas rodas puxadas por dois ou quatro cavalos. Vários escritores brasileiros experimentaram a perda da liberdade atrás das grades, entre os quais Graciliano Ramos (nove meses), Jorge Amado (vários meses, em diferentes ocasiões), Monteiro Lobato (três meses), Rachel de Queiroz (três meses) e Paulo Coelho (um mês), entre muitos outros.

GRADIENTE do latim *gradiente*, medida da variação de alguma característica de determinado meio. Pode referir-se a percursos de pressão, temperatura, distância. No Brasil é marca registrada de rádios, aparelhos de som e videocassetes. Em vocábulo de origem conexa, o general Golberi do Couto e Silva, o estrategista do processo de abertura política que levou o Brasil a passar de uma ditadura militar para um governo civil, aludia a um processo de "distensão lenta, segura e gradual". Quem sofreu de coisa semelhante em outros esportes sabe quanto dói este tipo de contusão.

GRÃ-FINO de origem controversa, provavelmente da junção de *grã*, do latim *grana*, grão, semente, e fino, do latim *finis*, fim, limite, ponto de chegada, bem-acabado, perfeito. O indivíduo chique recebeu tal designação por ser costume de aristocratas e outros frequentadores da corte francesa aplicarem no rosto um tipo de cosmético feito com poções de pó obtido pela moagem do grão fino, semente especial para esse fim. Com o tempo, o português adotou como variantes as formas granfo e granfa.

GRAFITAR de *graffiti*, do italiano falado e escrito nos EUA, plural do italiano *graffito*, gerando *graffiare* no italiano. Designa inscrições, em desenhos, letras ou outros sinais, feitos em prédios públicos, imitando vestígios encontrados em antigas rochas, sem que às vezes se possa definir a datação precisa. O cineasta americano George Lucas deu o título de *American Graffiti* (1973) a um filme que no Brasil se chamou *Loucuras de verão*. Foi rodado em menos de um mês. O longa-metragem tem outras curiosidades. A atriz Cindy Williams fez testes para interpretar uma personagem, mas fez outra. A cena em que Charles Martin Smith pula da moto que bate em um prédio logo no início, não estava no roteiro. É que o ator perdeu o controle do veículo, mas o diretor decidiu por inseri-la na montagem final. Harrison Ford recusou-se a cortar o cabelo, já que o seu papel no filme era pequeno; ele mesmo sugeriu então que seu personagem usasse um chapéu. O número da placa do carro do personagem John Milner, vivido por Paul Le Mat, é THX-138. É uma referência a *THX 1138*, filme de estreia do cineasta, que teve Robert Duvall como astro. Foi também muito barato para os padrões americanos. Custou apenas 770 mil dólares. Como todo filme de sucesso, teve uma sequência: *More American Graffiti*, sem a mínima repercussão. Grafitar patrimônio público – sejam prédios, monumentos etc. – é crime que pode ser punido com multas e detenção de seis meses a dois anos.

GRAFITE do italiano *graffiti*, plural de *graffito*, escrita ou desenho em muros, paredes e outros locais públicos, em geral palavras ou frases divertidas, obscenas, informativas, contestatórias ou expressões que até seus autores às vezes não sabem o que significam.

GRALHA do latim tardio *gracula*, designação comum a aves de várias cores, predominando diversos matizes de azul, com branco, creme ou preto. A gralha vive em bandos que cantam estridentemente. Por isso, em sentido metafórico, a pessoa que fala muito e em tom elevado é chamada de "gralha". A gralha-azul é a ave símbolo do estado do Paraná. Gralha designa ainda um tipo de erro tipográfico.

GRAMADO de grama, mais o sufixo -ado, do latim *gramen*, grama, relva, pasto. Indispensável à pecuária extensiva, a grama é também essencial à prática do futebol. O folclórico técnico Gentil Cardoso, inconformado com um jogador que dava apenas chutões para o alto, travou com ele o seguinte diálogo: "– Meu filho, a bola é feita de quê? – De couro, seu Gentil. – E couro de que bicho? – De boi. –E boi gosta de comer o quê? – Grama. – Então, meu filho, faça a bola rolar no gramado." E Nelson Rodrigues, comentando o hábito de vaiarmos nossa seleção, escreveu: "No Maracanã vaia-se tudo, desde o minuto de silêncio, e antes da entrada dos times, vaia-se o gramado."

GRAMÁTICA do latim *grammatica*, arte e técnica de escrever. Os romanos trouxeram o vocábulo do grego *grammatiké*. O grego *grammatos*, caso genitivo de *gramma*, designa *caracter*, inscrição, letra, escrópulo (pedrinha utilizada como antiga medida de peso, equivalente a 1,125 g, de onde surgiu o latim *scrupulum*, designando cuidado, precisão, zelo excessivo, remorso). Sendo nossa língua filha dileta do latim – e não a "última flor do Lácio", como disse Olavo Bilac em célebre poema, pois ela foi uma das primeiras –, alguns gramáticos exageram nos cuidados de proteção ao idioma, de que são exemplos as propostas de antigo filólogo de substituir abajur por *lucivelo*; anúncio por *preconício*; cachecol por *castelete*; claque por *venaplauso*; massagem por *premagem*; turista por *ludâmbulo*; repórter por *alvissareiro* e futebol por *ludopédio*.

GRAMOFONE do inglês *gramophone*, gramofone, toca-discos, com escala no francês *gramophone*, já designando o aparelho inventado em 1887 pelo alemão Emil Berliner, que aos 19 anos emigrara para os EUA, começando a trabalhar num estábulo. Ele prestou serviços também a Alexandre Graham Bell, aperfeiçoando o telefone e inventando o microfone. Berliner patenteou os primeiros discos de vinil, fundando, juntamente com Eldridge Johnson, a empresa que deu origem à RCA Victor, fabricante de discos, depois vendida a um banco, que a repassou à Radio Corporation of America, RCA, em 1929. É esta a origem da famosa marca RCA Victor. Johnson recebeu, *post mortem*, o prestigioso prêmio *Grammy*, em 1985, por sua contribuição aos discos e às gravações.

GRAMPEAR de grampo, do alemão *Krampe*, grampo, gancho, peça ou haste de ferro ou de metal destinada a fixar, prender alguma coisa à outra. É provável que tenha vindo do germânico *Krampa*, de onde passou ao italiano *grampa* e ao espanhol *crampa*. Contudo, no francês tornou-se *crampon*. Vocábulo de muitos significados, designa adereço que as mulheres usam para prender os cabelos ou parte deles, em arranjos estéticos admiráveis pela transformação súbita do visual, nascida de um pequeno gesto como o de descobrir mais o rosto com o simples ato de fixar os cabelos em lugares diferentes daqueles exigidos pela lei da gravidade, uma das mais temidas no universo feminino. No sentido de prender ou limitar o movimento de pessoas originou-se na linguagem dos morros cariocas, vindo da gíria de delinquentes, que grampeavam a vítima a ser roubada, isto é, o criminoso vigiava a pessoa enquanto o cúmplice agia. No sentido de vigiar o próximo pelo telefone, foram recolhidos exemplos de seu uso ainda na segunda metade do século XX. O dramaturgo Plínio Marcos, autor de obras referenciais de nossas letras, como *Navalha na carne*, *Dois perdidos numa noite suja*, *Abajur lilás* e *Jornada de um imbecil até o entendimento*, registrou o verbo grampear como sinônimo de ferir gravemente em texto da antiga revista *Realidade*, na edição de janeiro de 1969, p. 81, conforme recolhido por Euclides Carneiro da Silva no seu *Dicionário da gíria brasileira*: "Se tivesse uma draga comigo, grampeava ele já." Draga é um dos nomes do revólver. Nos últimos anos tem predominado na imprensa o sentido de bisbilhotar a vida alheia pelo telefone. Diversos jornalistas registram esse significado, como fez a revista *Época*, em artigo publicado em 23 de novembro de 1998: "As gravações são perfeitamente audíveis, pois o grampo foi colocado nos telefones da presidência do BNDES no Rio de Janeiro." Elio Gaspari foi ainda mais claro na *Folha de S.Paulo*, em 18 de novembro de 1998, quando abonou o próprio verbo grampear no seguinte trecho: "O ministro das Comunicações diz que o grampearam enquanto tentava jogar o preço da mercadoria para cima." Tendo adotado comportamento de marginais, também gente graúda vem sendo acusada de escutas telefônicas clandestinas, aplicando grampos ou mandando grampear desafetos e adversários. Um dos casos que mereceu matéria de capa em várias revistas e jornais, envolve o já falecido senador Antonio Carlos Magalhães, que tinha uma larga experiência em falar e escutar, pois, além da carreira parlamentar, retomada depois de cassado por violar o painel do próprio Senado que presidia, foi governador da Bahia e ministro das Comunicações entre 1985 e 1990 no governo de José Sarney. O senador, que se dizia inocente com uma frase jocosa – "Na Bahia, tudo o que acontece, de bom ou de ruim, é atribuído a mim ou ao Senhor do Bonfim" – foi acusado de ter mandado grampear os telefones do casal de advogados Plácido Faria e Adriana Barreto, entre outras 200 pessoas. O senador processou jornalistas que disseram ter ele tido um caso com a advogada, mas ela mesma, no calor das denúncias de grampo, assumiu o que ele negava, vinculando o desenlace amoroso aos grampos: "Tive um romance com o senador. Após o rompimento, meu atual marido e eu fomos grampeados, perseguidos e intimidados." Quem inaugurou e consolidou grampo e grampear na língua portuguesa para designar a espionagem por telefone foram os arapongas da ditadura militar. São ainda controversas as razões que levaram o povo a designar os espiões com o nome de uma ave que é também conhecida como ferreiro porque sua voz metálica lembra o som que fazem martelo e marreta ao baterem no ferro na bigorna. Os cientistas sistematizaram uma escala que vai de 1 a 7 graus para definir os riscos de extinção de uma espécie: extinto; extinto na natureza, mas existente em cativeiro; criticamente ameaçado, isto é, em risco imediato de extinção; em perigo, designando risco em futuro próximo; vulnerável, designando risco a médio prazo; quase ameaçado; dados insuficientes. Aplicando-se por metáfora a mesma tabela, nossos arapongas continuam em exuberância, soltos ou no cativeiro, caçados ou cassados, sem perigo de extinção e parecendo invulneráveis a qualquer ameaça ou risco, pois as bisbilhotagens continuam em franca expansão, ainda mais agora com as novas tecnologias da comunicação, de que o telefone celular tornou-se o emblema.

GRAMPO do alemão *krampe*, grampo, gancho. Vocábulo de muitos significados, designa adereço que as mulheres usam para prender os cabelos ou parte deles, em arranjos estéticos admiráveis pela transformação súbita do visual, nascida de um pequeno gesto como o de descobrir mais o rosto. O grampo que está na ordem do dia é, porém, outro e muito feio. O das escutas telefônicas ilegais que os arapongas fizeram para chantagear os bisbilhotados. Nossas leis garantem o sigilo das conversas ao telefone.

GRANADA do francês *grenade*, romã. A granada de mão, uma bomba, recebeu este nome por sua semelhança com a fruta, tanto no tamanho como na forma, sendo as sementes substituídas por estilhaços.

GRASSAR do latim *grassare*, caminhar. Passou a significar, por isso, propagar, posto que quem caminha vai espalhando muitas coisas, sejam boas notícias ou adversidades. Este verbo tem sido mais utilizado como sinônimo de disseminação de prejuízos ou contágio de doenças.

GRATIFICAÇÃO do latim *gratificatione*, ação de tornar-se agradável a alguém, por recompensa. É o caso das gorjetas dadas ao garçom, ao guardador de carros etc. Às vezes, porém, a gratificação pode terminar mal, se houver recusa, como no caso do francês que achou um relógio e enfrentou a temível burocracia policial de uma das nações mais civilizadas do mundo. Com efeito, ao entregar o relógio nos Achados e Perdidos da repartição, foi solicitado a preencher uma ficha com nome, sobrenome, endereço. Foi, então, interrogado com insolência sobre onde encontrara o relógio, o que fazia na dita rua àquela hora, por que não estava ainda em casa, se já era tarde, por que voltara para o lar por aquele caminho e não por outro, se tinha testemunhas de que passara por ali no dia e horário declarados, quem poderia dar referências de sua pessoa etc. E por último o comissário perguntou-lhe porque se recusara a revelar a identidade. Como o delegado considerou vagas as respostas, fez o pobre homem passar uma noite no cárcere para averiguações. Foi a gratificação que o bom homem teve por devolver o objeto perdido.

GRAÚNA do tupi *gwara'uma*, em que *gwara* é ave e *una* é preta. Designa ave de cor preta brilhante e bico igualmente reto. É parasita de ninhos de outras aves, distribuindo-se do sul do México ao Norte da Argentina. O macho tem em geral 36 cm de comprimento e a fêmea 28. José de Alencar comparou os cabelos de Iracema às asas desse pássaro: "Além, muito além daquela serra, que ainda azula no horizonte, nasceu Iracema. Iracema, a virgem dos lábios de mel, que tinha os cabelos mais negros que a asa da graúna e mais longos que seu talhe de palmeira." "Além daquela serra", vendo-se do Ceará, fica o Piauí. Então, nossa heroína era piauiense.

GRAVATA do francês *cravate*, alteração de *croate*. Origina-se de uma tira de pano que mercenários croatas, a serviço do exército francês, usavam ao pescoço, no século XVII.

GRAVIDEZ do radical *gravid*, do latim *gravis*, grave, pesado, e sufixo -ez, designando o período médio de nove meses que o ser humano passa no ventre da mãe, da concepção ao nascimento. No caso de Jesus, graças à imprecisão dos dados históricos, a concepção foi fixada em março para que o nascimento pudesse ser comemorado em 25 de dezembro, coincidindo com a festa pagã instituída pelo imperador Aureliano para comemorar o solstício de inverno, que homenageava o sol. Até o século IV, porém, o Natal foi comemorado ora a 20 de março, ora a 28 de maio. O *Evangelho de São Lucas* diz que Jesus nasceu em Belém porque Maria, nos últimos dias de gravidez, estava em viagem, acompanhando no recenseamento ordenado pelo imperador Otaviano Augusto, segundo o qual as informações deveriam ser prestadas na cidade natal do declarante, no caso, São José. Belém fica a 150 km de Nazaré. Na época, a distância era percorrida em quatro ou cinco dias, provavelmente em caravana de camelos.

GREGO do grego *graikós*, antigo nome dos habitantes da Grécia, os helenos, que no latim foi grafado *graecu*. Os antigos gregos foram os pais da civilização ocidental e nos legaram o melhor da cultura clássica, como a filosofia, a literatura, o teatro, a escultura e a escola peripatética. Esta última instituição foi responsável pela transformação de Alexandre, o Grande, de menino alcoólatra e domador de cavalos tidos por indomáveis a rei esclarecido. As aulas lhe foram ministradas por Aristóteles, que tinha o costume de caminhar com os alunos enquanto ensinava.

GREGORIANO do nome dos papas Gregório I e Gregório XIII. O primeiro inventou um tipo de canto litúrgico de ritmo monódico, sem altos e baixos, também conhecido como cantochão, do latim *cantu planu*. Em sua homenagem é chamado canto gregoriano. O segundo reformou o calendário romano em 1582, suprimindo 11 dias, ao determinar que o dia seguinte a 4 de outubro fosse o dia 15 e não o dia 5. O primeiro calendário romano, que serviu de base ao atual, foi instituído por Rômulo em 753 a.C. e tinha dez meses. É por isso que dezembro tem este nome. Veio do latim *december*. Numa Pompílio, em 700 a.C., acrescentou-lhe os meses de janeiro e fevereiro. Imperadores romanos substituíram os meses *quintilis* e *sextilis* por seus próprios nomes, tornando-os respectivamente julho e agosto. O papa reformador foi mais modesto e não deu nome a mês nenhum.

GRELHA do francês *gril*, grelha, derivado do latim *craticula*, diminutivo de *crates*, grade, aplicado tanto às costelas – grade de ossos – como a ferramentas semelhantes ao ancinho e outros utensílios em que diversos materiais estão entrecruzados, de que são exemplos as grades das prisões. Na passagem do cru para o cozido, houve o assado e a grelha de ferro, posta toscamente sobre pedras, passou a servir como churrasqueira. Foi utilizada também como instrumento de suplício, como o que foi aplicado a São Lourenço, assado vivo, cuja festa é celebrada a 10 de agosto. O castigo foi aplicado porque ao ser indagado por autoridades romanas sobre o lugar onde estariam os tesouros da igreja onde ele servia como diácono, o santo reuniu os pobres e doentes da localidade e, apontando para eles, respondeu: "Este é o tesouro da Igreja." No Brasil, onde há preferência por neologismos, várias churrascarias acrescentam *gril* ou *grill* à denominação. No segundo caso, apoiam-se no inglês *grill*, grelha.

GRELHAR de grelha, do latim *cratis*, pelo latim vulgar *gradis* e daí ao francês *grille*. No francês antigo foi *graille*, depois *greil* e por fim *grille* ou *gril*, mas com significados diferentes, aplicando-se à grade das janelas e à grade sobre o fogo para assar carne, peixe ou torrar pão. Nos tempos antigos foi também instrumento de tortura e martírio. São Lourenço morreu assado numa grelha. A origem remota é a raiz indo-europeia *kert*, entrelaçar.

GRENHA do gaulês *grennos*, cabelo. O irlandês tem *grend*, barba, bigode. E os *cimbros*, povo bárbaro germânico, tinham *grann*, sobrolho. É mais provável que tenha chegado ao português, depois de uma escala no espanhol *greña*, cabeleira, que, por sua vez, terá vindo do latim popular *crinia*, crina, os cabelos do cavalo. De todo modo, grenha não é simples cabeleira. É um tipo de cabelo que, por sua aparência, assemelha-se às crinas dos cavalos ou a cabelos descuidados.

GREVE do francês *grève*. Era originalmente o nome de uma praça, em Paris, onde trabalhadores costumavam reunir-se para protestos e reivindicações. Ou apenas por estarem desempregados.

GRIFE do francês *griffe*, marca, sinal. Entrou para a língua portuguesa para designar etiquetas registradas de manufaturados de luxo, em geral roupas, calçados, joias e cosméticos. A grife tornou-se espécie de atestado sumário da excelência dos produtos que identifica. Sua abrangência vai além da boa qualidade que tradicionalmente se espera de um manufaturado, por causa do cuidado artístico com as formas de um sapato, anel ou vestuário.

GRIFO do sobrenome do ourives e tipógrafo italiano Francesco *Griffo*, também chamado Francesco da Bologna, por ser antigo costume acrescentar ao nome das personalidades de relevo o nome da cidade com a qual estavam mais ligadas, como o filósofo Erasmo de Roterdã. O novo tipo, mais fino, que dá mais espaço no interior das letras, foi denominado itálico, do latim *italicu*, da Itália, no alvorecer do século XVI, provavelmente por influências de outros inventores e empresários, também italianos, como os calígrafos e impressores Aldus Manutius e Ludovico Legli Arrighi, que aperfeiçoaram a letra, inclinada para a direita, mais fina que as outras, para destacar certas palavras ou trechos. Franceses e alemães, entretanto, atribuem a invenção do grifo ou itálico a Sébastien Gryphe, impressor alemão que se estabeleceu na França, depois de aprender seu ofício na Itália. Em Lion, fundou um atelier, cujo distintivo, que lembrava seu sobrenome, era um grifo, animal fabuloso, de cabeça de águia e garras de leão.

GRINALDA de *guirnalda*, que se formou do provençal *guirlanda*, coroa. Primitivamente um entrelaçado de folhas e flores, postas na cabeça, indicando uma importância temporária, ao contrário da coroa, símbolo de soberania e realeza definitivas. Seu uso entre nós consagrou-se como item indispensável ao vestuário da noiva. Reza o costume popular que, feito o casamento, a noiva, de costas, atira o buquê para trás: a moça que o pegar será a próxima a casar-se. Apesar de indicarem felicidade e vitória e serem usadas para coroar esportistas, grinaldas e coroas foram postas na cabeça de vítimas de sacrifícios. O próprio Jesus Cristo recebeu uma coroa de espinhos.

GRINGADA de *gringo*, do espanhol, com aproveitamento do radical *gring*, com adição do sufixo -ada, formador de coletivos. Gringo veio provavelmente de *griego*, que anasalado virou *griengo* e depois *gringo*, indicando estrangeiros, sobretudo alemães e italianos (mais tarde norte-americanos) que viajaram ou emigraram para a América do Sul. Há várias hipóteses muito curiosas a respeito da origem de gringo, vocábulo pai de gringada. Uma delas é de que gringo deriva de *greenhorn*, gado mocho, isto é, sem chifres ou apenas pequenas protuberâncias no lugar deles. Esses bois não eram adequados aos trabalhos da lavoura, não se podia sequer ajoujá-los, ligá-los um ao outro para puxar carros e arados. O vocábulo passou depois a designar, ainda no século XVI, os recrutas do exército britânico, que ainda não sabiam manejar as armas. Posteriormente foi aplicado aos imigrantes que vinham para os EUA e não sabiam fazer nada, nem sequer trabalhar a terra, semelhando aqueles bois e recrutas. O Brasil, assim como diversas outras nações que acolheram imigrantes, deve muito à gringada. Um dos autores a registrar esta curiosa origem para gringo é o famoso escritor alemão Karl Friedrich May, autor de 60 livros, alguns deles destinados ao público infantojuvenil. Ele era professor do ensino fundamental na Alemanha quando foi preso por pequenos roubos. Solto, voltou à prisão por fraude, onde passou longos anos escrevendo sem cessar e obtendo extraordinária receptividade para seus livros de aventura, não apenas em seu país e na Europa, mas também no Brasil, onde teve grande aceitação até a década de 1970. Suas obras, que se passam em lugares distantes, como os EUA e o Oriente Médio, primam pela minuciosa descrição de paisagens, acidentes geográficos, usos e costumes. Escreveu todas elas sem sair da prisão, baseado apenas em pesquisas.

GRINGO ainda que curiosas e divertidas, a etimologia não sustenta as razões anedóticas atribuídas à origem de gringo. Além da versão atribuída ao tratamento informal entre soldados americanos no Recife, durante a Segunda Guerra Mundial, que vestiam uniforme verde e por isso seriam instados a atos com a exclamação *green, go!* (verde, vai!), existe outra: chefes ingleses, na construção de ferrovias no Brasil, diriam *green, go!*, para os trabalhadores que empurravam troles. Ocorre que o vocábulo entrou pelo sul do Brasil ainda no século XVII, em forma dialetal do espanhol falado na América do Sul (daí a dificuldade de comprovação). Gringo seria variante do espanhol *griego*, grego. Quando alguém falasse língua que os nativos não entendessem, estaria falando grego. Aliás, a expressão "isso é grego para mim", já designa falta de entendimento. Mais antigo, porém, é o berço da expressão. Como o grego e o latim são línguas litúrgicas da Igreja, clérigos pernósticos na Espanha dos tempos monárquicos faziam citações nas duas línguas. Leigos achavam que fosse grego, mesmo quando era latim. *Griego*, anasalado, virou *griengo* e depois *gringo*, indicando estrangeiro, sobretudo alemães e italianos (mais tarde norte-americanos) que viajaram ou emigraram para a América do Sul. Robert Hendrickson, autor de *Word and Phrase Origins*, tem mais uma hipótese. Além do *green coat*, uniforme verde dos soldados americanos na guerra contra o México, um dos versos da canção do poeta escocês Robert Burns, que entoavam, fala em *green grow* (verde cresce).

GRIPE do francês *grippe*, gripe, substantivo derivado do verbo *gripper*, agarrar, pegar. As gripes raramente são globalizadas e às vezes recebem nomes bem-humorados. Houve, porém, pavorosa gripe em 1918, que atacou o mundo inteiro, matando milhões de pessoas. Chegou a Curitiba em novembro daquele ano e no dia em que não matou ninguém um jornal local deu a manchete: "Hoje não morreu ninguém." O escritor Valêncio Xavier Niculitcheff escreveu esplêndido e inventivo livro sobre o tema, intitulado *O mês da grippe & outros livros*.

GRITAR do latim vulgar *critare*, radicado no latim culto *quiritare*, gritar, falar aos berros. Derivou de *quirites*, como eram denominados os novos habitantes que se integraram aos romanos depois do famoso rapto das sabinas. Os romanos roubaram moças do povo vizinho, os sabinos, para constituir famílias, uma vez que o elemento feminino estava escasso em Roma. A ousadia custou várias batalhas, e a paz só foi firmada depois que os sabinos participaram do governo romano. Eles tinham direito de reclamar e votar. Dom Pedro I era português, mas integrou-se ao Brasil e deu o famoso Grito da Independência no dia 7 de setembro de 1822, às margens do riacho Ipiranga, cujo significado em tupi-guarani é rio vermelho, pela formação *y*, água, e *piranga*, vermelho. No dia 7 de setembro de 2000, por ocasião das comemorações da Independência, entidades civis e religiosas, entre as quais a CNBB, organizaram manifestação pública que denominaram Grito dos Excluídos, forma democrática que encontraram de protestar contra o desemprego.

GRUA do latim *grua*, ave, fêmea do *grou*. Passou a designar máquina em forma de roldana. Já os gregos tinham o costume de dar nomes de aves às máquinas. A máquina usada para levar água às locomotivas também é chamada de grua. Embora seu sentido mais comum seja o de aparelho para levantar grandes pesos, a grua é usada também nas filmagens para tomadas de cenas do alto. Esta denominação já era conhecida antes de Cristo, tendo sido nomeada por Vitrúvio, arquiteto romano que viveu no século I e deixou um tratado célebre, *De Arquitetura*.

GRUDENTO de grude, do latim *gluten*, cola, que no coloquial brasileiro levou à mudança de "gl" para "gr", como ocorre também em "cl" e "cr", na palavra claro, dito também craro, principalmente no interior de São Paulo. No convívio, designa a pessoa que semelha ter cola, ligando-se às outras de maneira exagerada, sem desconfiar de que está atrapalhando ou sendo inconveniente.

GRUMETE do francês *groumete*, feminino de *groumet*, antigo criado, encarregado de servir o vinho, diferenciando-se do *gourmet*, aquele que aprecia vinhos e sabe degustá-los. No francês antigo era *grommes*, do inglês *grom*, rapaz jovem. Na *Carta do achamento do Brasil*, Pero Vaz de Caminha diz que vieram na tripulação alguns grumetes e dois deles resolveram ficar entre os índios depois que Pedro Álvares Cabral seguiu a viagem para a Índia, onde, aliás, morreria o famoso escrivão, em combate travado no desembarque. Entretanto, ele já enviara, por outra nau, sua famosa carta ao rei português, Dom Manuel I, o Venturoso.

GRUTA do grego *krypté*, caverna, galeria subterrânea, a primeira proteção natural do homem, depois da árvore, a ponto de o filósofo Platão ter imaginado o mito da caverna, com o fim de melhor explicar as vacilações do homem diante do desconhecido, do que acontece fora das salvaguardas da casa de pedra que ele encontrou pronta. Do grego veio para o latim clássico *crypta*, mas o latim vulgar consolidou a variante *crupta*. A língua italiana, filha do latim, acolheu como norma culta a variante *grotta*. Entretanto, na região de Nápoles e na Sicília prevaleceu a forma *grutta*, que influenciou o português gruta. As grutas sempre foram muito importantes, servindo como primeiras moradas humanas, à semelhança das cavernas. Prestaram-se também a esconderijos em tempos de guerra. A mais famosa das grutas foi a de Belém, onde nasceu Jesus Cristo. As grutas têm sido preferidas nas aparições celestes e uma das mais famosas está localizada na França, na pequena cidade de Lourdes, hoje sede de cantão do departamento dos Altos Pirineus, onde Nossa Senhora teria aparecido para conversar com Bernadette de Soubirous, mais conhecida como santa Bernadete, uma das mais antigas agentes turísticas daquele país, cujas promoções cresceram ainda mais depois de sua morte. Foi com ela que começaram todas as peregrinações àquela localidade, de apenas 18 mil habitantes, mas que desde então recebe fiéis de todo o mundo. Segundo Eusébio de Cesareia, o imperador Constantino mandou revestir de ouro e prata a gruta em que nasceu Jesus. São Jerônimo lamentou que o berço humilde tenha sido transformado em lugar tão suntuoso. Hoje a gruta não existe mais. Em seu lugar foi erguida uma basílica.

GUARANI do guarani *guarani*, combater, guerrear, donde os índios da etnia guarani serem tidos como um povo guerreiro. O grupo linguístico do tupi-guarani forneceu numerosas palavras ou étimos para o português do Brasil. Os índios da nação guarani habitavam o Mato Grosso do Sul, o Rio de Janeiro, o Rio Grande do Sul, a Bolívia e o Paraguai, lugares onde ainda são encontrados muitos deles, principalmente no Paraguai, país oficialmente bilíngue, que adota o espanhol e o guarani como línguas oficiais, dando nome de guarani também à moeda nacional. No idioma tupi, *tu-u'pi* quer dizer Pai Supremo. Do mesmo étimo são *tupã*, Deus, e *tu-'pana*, trovão.

GUARARAPA variação de guararape, do tupi *wara'ra pe*, nos tambores. Seu primeiro registro foi feito por Frei Rafael de Jesus em *Castrioto* ou *História da guerra entre o Brazil e a Holanda durante os anos de 1624 a 1654, terminada em gloriosa restauração de Pernambuco e das capitanias confinantes:* "Guararapes, na língua do gentio, é o mesmo que estrondo ou estrépito, que causam os instrumentos de golpe, como o sino, o tambor, o atabale e tantos outros, e o rumor e as concavidades deles (montes) lhes deu o nome de Guararapes." Passou a designar o som da pancada e do golpe propriamente dito. Com tal sentido aparece em *A briga na procissão da via-sacra*, cordel de Chico Barbosa, em que, na celebração religiosa, com atores improvisados, um centurião romano bate com muita força em Jesus Cristo. Este reage, enfrentando o agressor: "Até mesmo São José/ Que não é de confusão,/ Na ânsia de defender/ O filho de criação/ Aproveitou a guararapa/ Pra dar um monte de tapa/ Na cara do bom ladrão./ A briga só terminou/ Quando o doutor delegado/ Interveio e separou/ Cada um pro seu lado!/ Desde que o mundo se fez/ Foi esta a primeira vez/ Que o Cristo foi pro xadrez/ Mas não foi crucificado."

GUARDA-CHUVA de guardar, germânico *wardan*, olhar, cuidar, tomar conta, proteger, e chuva, do latim *pluvia*. O guarda-chuva foi primeiramente guarda-sol, tal como aparece representado em antigos vasos gregos. Na Ásia, ele ainda era mais guarda-sol que guarda-chuva. No antigo reino de Sião, atual Tailândia, à semelhança do que ocorrera na China e no Egito, guarda-sol ou guarda-chuva, quem o usasse indicava posição social elevada. O guarda-chuva chegou à Europa no século XVIII, mas os homens evitavam seu uso por considerá-lo adereço feminino. Homem que andasse de guarda-chuva naquele tempo semelhava os primeiros machos a usar brincos nos últimos tempos.

GUARDA-CIVIL de guardar, do latim medieval *guardare*, radicado nas formas germânicas *warda*, buscar com a vista, e *wardon*, prestar atenção; e de civil, do latim *civilis*, aquele que vive na cidade, *civitas*, que tem direitos e deveres de cidadão. O guarda-civil é força auxiliar para manter a segurança das cidades. Com outros nomes, a função designava ainda na Grécia antiga aqueles que protegiam os cidadãos, que não eram todos os habitantes da cidade, vez que as mulheres, os estrangeiros e os escravos não gozavam de cidadania, situação semelhante à de Roma. No dia 3 de setembro, são homenageados o guarda-civil, o biólogo e as organizações populares.

GUARDA-COSTAS do germânico *wardôn*, buscar com a vista, e do latim *costa*, costela, originaram-se estes vocábulos. Em inglês, o equivalente é uma expressão que significa guardar o corpo. Foi sucesso no cinema um filme com o título *O guarda-costas*, estrelado por Kevin Costner. Para muitas pessoas, tornou-se uma necessidade, nos tempos que correm, andar acompanhadas de guarda-costas, que entretanto devem guardá-las de todos os lados.

GUARDANAPO do francês *guardenappe*, guardanapo, designando pequena toalha, de pano ou de papel, com que se enxugam e limpam os lábios às refeições. Seu uso data do século XV, na França de Carlos VII. No começo, os nobres usavam os guardanapos tanto para limpar a boca como para esvaziar o nariz, mas depois as regras de etiqueta disciplinaram seu uso e a modalidade de guardanapo para assoar o nariz passou a ser usada no bolso, onde ganhou o nome de lenço de bolso. Daí a curiosa adivinhação popular: o que é que o rico guarda e o pobre joga fora? A resposta é o ranho, nome popular do catarro.

GUARDA-SELOS de guardar, do latim medieval *guardare*, que foi como os romanos escreveram o germânico *wardôn*, montar guarda, verbo formado de *warda*, olhar, cuidar, prestar atenção, como faz a sentinela; e selos, do latim *sigilum*, marca pequena, sinalzinho, diminutivo de *signum*, sinal. O guarda-selos era o alto funcionário dos palácios reais, episcopais ou papais responsável pelas relações e tratados com os reinos estrangeiros. Sigilo virou sinônimo de segredo porque o selo que autenticava os documentos, também lacrava as mensagens. O guarda-selos tornou-se chanceler, denominação para ministros das Relações Exteriores ou para funcionário altamente qualificado encarregado das relações de uma instituição.

GUARITA do francês antigo *garite*, atualmente *guérite*, refúgio, provavelmente derivado de *se garer*, refugiar-se. Originalmente designou torre construída nos ângulos dos baluartes, que servia como abrigo dos sentinelas. Mais tarde, passou a designar construção semelhante, localizada à entrada de edifícios, com o mesmo fim. A guarita pode ser portátil.

GUASCA do quíchua *waska* ou *kuask'a*, corda, laço, em geral feito de couro cru. Designa ainda tudo o que é relativo ou pertencente ao Rio Grande do Sul. Também o roceiro e o caipira são chamados de guascas, além de ser umas das variantes chulas para o órgão sexual masculino.

GUEI do inglês *gay*, alegre, divertido, jovial. Este vocábulo entrou para a língua portuguesa com o significado que mais frequentemente tem em sua língua de origem, servindo para designar o homossexual. Já se grafa "guei" em alguns periódicos brasileiros e no *Dicionário Aurélio*.

GUEIXA do japonês *goi*, arte, e *xa*, pessoa, significando literalmente pessoa de arte, vocábulo que designa cantoras e dançarinas. Passou a nomear outras profissões, surgidas da combinação de costumes ocidentais com a tradição japonesa. E nesse sentido indica também a moça que trabalha nas casas de massagem.

GUERRA do antigo alemão *werra*, discórdia, peleja. A independência dos Estados Unidos foi obtida em célebre guerra travada pelas 13 colônias contra o Reino Unido, que culminou com a *Declaração de Independência*, proclamada em 4 de julho de 1776. Entre 1812 e 1814 o país volta a enfrentar a ex-metrópole, que só reconhece a independência americana em 1783. O primeiro presidente, o general George Washington, foi o comandante-chefe das forças rebeldes. A vocação militar da nova nação pode ser comprovada nas numerosas guerras que travou e continua travando desde então.

GUGLAR do inglês *googol*, pela aliteração *google*, invento de buscas criado por dois estudantes da Universidade de Stanford, nos EUA. O matemático Edward Kasner perguntou a seu sobrinho, Miltom Sirotta, então com nove anos, que brincava ali por perto dele enquanto o tio fazia alguns cálculos, que nome daria a um número enorme, 10100, o número 1 seguido de cem zeros. O menino respondeu *googol*. O mesmo matemático inventou também a palavra *googolplex*, 10 elevado à potência *googol*.

GÚGOL do inglês *googol*, número seguido de cem zeros, o maior possível na época, 1938, quando Milton Sirotta, então com apenas nove anos, imaginou a grande quantidade e sua designação, a pedido de seu tio, o matemático Edward Kasmer. A criança provavelmente inspirou-se no personagem *Barney Google*, criado em 1919 pelo cartunista William Morgan 'Billy' DeBeck. O episódio está narrado no livro *Matemática e imaginação* (Zahar Editores). Por causa da famosa magnitude, a designação do espantoso número, conhecido por *googol*, já com a variante *Google*, do célebre personagem, serviu para nomear o motor de busca mais utilizado hoje na internet.

GUILDA do holandês *gild*, pelo latim *gilda*, ao francês *guilde*, de onde chegou ao português. Designou originalmente reunião festiva, depois associação de negociantes, artesãos e mesmo artistas cujo objetivo era o atendimento mútuo. O ministro Joaquim Barbosa, do STF, relator do processo do mensalão, usou a palavra no sentido pejorativo, com o fim de tipificar os crimes de uma quadrilha que atuava orquestrada, em proveito de seus integrantes e em prejuízo do dinheiro público.

GUILHOTINA do nome do médico francês Joseph Ignace *Guilhotin*, que defendeu seu uso como instrumento de execução da pena máxima para todos os condenados, nobres ou plebeus, tendo também sido submetido a esse tipo de morte. Daí alguns livros darem-no como autor do invento, na verdade obra de outro médico, também francês, chamado Louis. Na França, *louisette* é sinônimo de guilhotina. Quando engenho semelhante foi utilizado para cortar papel nas gráficas, recebeu o mesmo nome.

GUINDASTE do francês antigo *guindas*, radicado no escandinavo *vindâss*. No francês atual é *guindeau*. No occitânico era *guindatz*. Ontem como hoje designa aparelho para levantar pesos. Tem também o nome de *grua*, feminino de *grou*, por semelhança com o pássaro. Os primeiros guindastes eram mecânicos, os modernos são elétricos, mas o princípio de sua força é o mesmo: transmitir por sarilho, com movimento circular. *Sarilho* é palavra de origem latina e deriva de *sera*, tranca de porta.

GUIRLANDA do francês *guirlande*, guirlanda. Entre outras significações, denomina a ornamentação semelhante a uma grinalda que é afixada nas portas das residências por ocasião das festas de fim de ano.

GUISADO do germânico *wisa*, modo, maneira. Denomina preparado culinário refogado, cozido ou ensopado, mas no geral indica picadinho de carne. Tinha, antigamente, também o significado primitivo: estar preparado para a guerra. Depois de comer um bom guisado, fica-se preparado para tudo, seja paz ou guerra, mas recomendações médicas e nossos costumes indicam a primeira prática como mais desejável após as refeições. Até o príncipe português, que na época não era ainda imperador, Dom Pedro I, mesmo diante de grave situação nacional, tratou antes de almoçar, fazer sua sesta e só depois proclamar a nossa independência política, no dia 7 de setembro de 1822, por volta das quatro da tarde.

GUITARRA do árabe *kitar*, que designava inicialmente uma espécie de cítara. Por isso, alguns pesquisadores indicam etimologias mais remotas, como o grego *kithára* e o latim *cithara*, ambos designando instrumento musical de cordas. É mais provável, porém, que o português tenha recebido o vocábulo dos mouros, dada a permanência destes na Península Ibérica, onde está Portugal, por muitos séculos.

GURI do tupi *gwi'ri*, designando o filhote de bagre e, por extensão, a criança. Tem o significado de pequeno, em tupi, sentido amplo. É muito usado no Brasil meridional para designar crianças, adolescentes e jovens, inclusive no feminino de guria. Há um projeto denominado *Guri*, que atende a milhares de alunos em centenas de municípios de São Paulo. Os objetivos são "levar para as crianças e adolescentes a oportunidade de conhecer o mundo da música" e "promover a união destes jovens em torno de valores comuns: a dedicação aos estudos e a importância de uma atitude positiva diante dos desafios."

GURU do neoárico *guryu*, pessoa grave, séria e do hindi *guru*, venerável. Os guias espirituais entendidos como gurus, que cultivam a vida interior, às vezes têm seguidores fanáticos. A Índia é um dos países com mais gurus no mundo. Entre nós, entretanto, o sentido do vocábulo ultrapassou as questões religiosas e denominam-se gurus quaisquer pessoas que de algum modo exercem influência sobre outras, desde que seu domínio sobre um determinado assunto seja por elas reconhecido.

GURUGUMBA do quimbundo, nome de uma árvore de galhos muito flexíveis. Tornou-se sinônimo de chibata porque suas hastes foram utilizadas como açoites para castigar escravos rebeldes até 1888, ano da abolição. Voltou aos noticiários por obra do Espírito Santo, onde um candidato a governador, o ex--cabo da Polícia Militar, Dejair Camata, posou certa vez com uma gurugumba nas mãos e forjou para sua campanha de combate aos criminosos o *slogan* "Gurugumba neles!" Mas nas eleições presidenciais de 2002, outra Camata, desta vez levando o sobrenome por motivos matrimoniais, procedeu com mais civilidade como candidata a vice-presidente da República na chapa de José Serra. Com efeito, em vez de gurugumba, Rita Camata apareceu em forma que lembra outras malhações, apresentando-se com elegância no comedimento do peso, da roupa, dos costumes e das palavras.

H

HÃ como ocorre à maioria das interjeições, as origens desta também se perdem em tempos imemoriais. Porém, é certo que significou desde sempre sentimentos de exclamação, que podem vir em forma de dúvida, pergunta ou sinal de que o interlocutor precisa de esclarecimentos adicionais ao que ouviu. Na forma composta "hã hã", contudo, indica concordância com o que se acabou de ouvir. No sentido de dúvida e desconfiança aparece no seguinte trecho de *As facetas do diabo*, de J. F. da Costa Filho: "Medalhas... hã, medalhas – murmurou o jovem mestre, derreando o canto da boca num gesto de desprezo."

HABANERA do espanhol *habanera*, feminino de *habanero*, natural de Havana, capital de Cuba. Designou primeiramente, em meados do século XIX, uma dança e, mais tarde, também a música que a acompanhava, ambas de origem afro-cubana, muito aceitas pela burguesia e pela aristocracia espanholas estabelecidas no Caribe. Levada ao México e à Espanha, a *habanera* foi dali difundida pelo mundo, a começar por Paris. O maxixe, o tango e a música popular de quase todos os países hispano-americanos receberam influência de seu ritmo. Segundo alguns pesquisadores, a *habanera* nasceu de uma narrativa curta popular clássica, traduzida para diversas línguas depois que a música obteve sucesso no mundo inteiro, dando conta de que em tempos imemoriais uma formosa cubana, branca como a açucena, de olhos brilhantes como o sol e traços muito harmoniosos no rosto e no corpo, começou a dançar imitando o sonolento balouçar das folhas das palmeiras produzido pela brisa do mar. Com seu ritmo cadenciado e sacolejo sensual, ainda que despertasse paixões violentas, apesar de seu coração cheio de ternura, fechou os olhos como se quisesse realizar um eclipse do sol e começou a suspirar. Esses suspiros foram a primeira *habanera*. No plano real, porém, a primeira *habanera* é anônima e se intitula *O amor no baile*. Seu primeiro registro em Cuba data de 1825, mas em 1836 aparece no México a primeira *habanera* impressa, intitulada *La pimienta* (A pimenta). A primeira com autor é *La paloma* (A pomba), de Sebastián de Iradier y Salaverri, músico e compositor espanhol, assim chamado por ter nascido em 20 de janeiro, dia de São Sebastião. Foi Iradier, que mais tarde mudou seu nome para Yradier, quem levou a *habanera* de Cuba para a Europa. A ópera *Carmen*, do francês Georges Bizet, que fez sua estreia mundial em Paris, dia 3 de março de 1875, já traz uma *habanera*, *L'amour est enfant de bohème* (O amor é filho de boêmio), adaptação de *El arreglito* (Pequeno acerto), de Iradier. Amaldiçoado por um padre espanhol, que recriminava sua vida licenciosa à beira de copos, cantando e dançando com mulheres que não trabalhavam, Iradier transferiu-se para Paris, onde foi professor da imperatriz Eugênia de Montijo, esposa de Napoleão III. As mais famosas bailarinas francesas com quem passou a conviver lhe solicitaram boleros, fandangos e *cachuchas* para diversificar e tornar mais atraentes os seus repertórios. A *cachucha* é uma dança popular andaluza, ligeira e acompanhada de castanholas, cuja coreografia semelha a do fandango e do bolero. A convite de Marietta Alboni, mulher corpulenta e de aspecto varonil, célebre contralto e discípula predileta de Gioacchino Rossini, foi para os EUA, tornando-se um sucesso lá também.

HABEAS CORPUS da expressão latina que significa "que tenhas o corpo", cuja origem remota é a *Magna Carta* inglesa de 1215, mas que, embora tenha vigorado durante a Idade Média, é datado oficialmente de 1679. Designa "garantia constitucional outorgada em favor de quem sofre ou está na iminência de sofrer coação ou violência na sua liberdade de locomoção por ilegalidade ou abuso de poder".

HÁBITAT do latim *habitat*, terceira pessoa do singular do presente do indicativo: ele habita. Passou a indicar a localidade onde vive determinada espécie. O *hábitat* pode mudar com o tempo. O dos sete anões era a floresta, mas depois, em companhia de Branca de Neve, foram flagrados pela CPI da corrupção na Comissão de Orçamento.

HABITUÉ do francês *habitué*, pela elipse do verbo estar em *être habitué*, estar habituado, designando alguém que frequenta muito determinados lugares. Os dicionários brasileiros ainda não aportuguesaram a forma do vocábulo, grafando-o como estrangeirismo. Mas já é tempo de seguir a jurisprudência adotada em outras palavras, de que é exemplo abajur, originalmente *abat-jour*.

HACHURAR do francês *hachurer*, produzir efeitos de sombra ou de meio-tom, geralmente em gravuras ou papéis. Hoje é comum os formulários trazerem a frase *Não escreva sobre as hachuras*, indicando que não se deve ocupar aqueles espaços sombreados.

HACKER vocábulo inglês, formado a partir de *hack*, brecha, que está entrando para a língua portuguesa por obra dos sabotadores de sistemas informáticos. O *hacker* mais famoso do mundo, Kevin Mitnick, que desde os anos 1980 infernizava a vida de usuários de computadores interligados, foi preso em fevereiro de 1995, depois que um detetive cibernético o localizou em Raleigh, na Carolina do Norte. Os *hackers* já entraram nos sistemas da USP, a maior universidade do país, prejudicando milhares de pessoas.

HAGIOGRAFIA dos compostos de origem grega hagio, de *ágios*, santo, e grafia, de *grafes*, escrita, designando biografia e história de santos. Os dicionários que abonam "agiografia" cometem sério erro ao excluir o "h" inicial, pois o "a" inicial é tônico em grego, de que são exemplos halo, halografia, halogenia, harmonia. Ao contrário da História, a hagiografia se parece mais com uma biografia com algumas licenças sobre os documentos, vez que lendas e milagres misturam-se a dados factuais. O gênero é praticado desde os primeiros tempos da Igreja, mas recebeu grande impulso na Idade Média, quando o cristianismo, tornado religião oficial do Império Romano, apossou-se das estruturas jurídicas e políticas de Roma, adotando o latim como língua da liturgia e tomando conta de prédios públicos. Um dos primeiros autores de hagiografias foi Atanásio de Alexandria, santo das Igrejas ortodoxa e católica e um dos 33 doutores desta última. O primeiro santo cuja vida ele contou foi Santo Antão do Deserto. O modelo adotado foi semelhante ao de Suetônio na *Vidas dos doze Césares*.

HAGIOLOGIA do grego *hágios*, santo, e *logos*, discurso, formou-se este vocábulo para designar o tratado da vida dos santos. Quando a reunião dos verbetes faz resumos da vida dos santos que foram também mártires, usa-se o vocábulo martirológio, que denomina outra obra importante da Igreja, aquela que lista os sofrimentos e as mortes sofridas por seus mártires, isto é, por aqueles que morreram pela nova fé, uma vez que mártir quer dizer testemunha.

HAICAI do japonês *haicai*, designando poema constituído de três versos, dos quais dois são pentassílabos e um, o segundo, heptassílabo. O escritor Dalton Trevisan, que não é poeta, é admirador confesso da concisão dos *haicais*, buscada também por ele em sua prosa, dando exemplos em seus contos, cada vez mais curtos. Seu livro mais recente intitula-se *111 ais*. Nele encontramos narrativas de poucas linhas, como esta: "Melhora muito o convívio de Sócrates e Xantipa assim que um deles bebe cicuta." Ou esta: "Maria, como é que você dobrou o João, esse flagelo das mulheres? Não dobrei o João – eu dobrei os joelhos." Ou esta, poética: "O amor é uma corruíra no jardim – de repente ela canta e muda toda a paisagem."

HALL do inglês *hall*, sala, recinto de entrada dos edifícios. Entrou para a língua portuguesa sem alteração de grafia, constituindo-se em substituto de salão, átrio, vestíbulo. Um dos mais famosos do mundo é o *Carnegie Hall*, célebre salão de concertos, fundado em Nova York, em 1891, por Andrew Carnegie Hall, escocês, que emigrou para os EUA em 1848, acompanhando a família. De imigrante pobre transformou-se em grande milionário, negociando ferro e aço. Passou então a apoiar instituições culturais e artísticas, doando milhões de dólares a bibliotecas, escolas e museus, nos EUA como no Reino Unido.

HALÓGENO palavra composta do grego *hálos*, disco, e do latim *genus*, origem, espécie. As lâmpadas halógenas têm luminosidade menos difusa, concentrando o facho de luz numa determinada direção.

HAMBÚRGUER do inglês *hamburguer*, a partir de Hamburg, cidade da Alemanha. Há controvérsia sobre se surgiu na Alemanha esse tipo de lanche ou se foi inventado em Ohio, EUA, por Charles e Frank Menches. Designa bife de forma arredondada, às vezes carne moída, servido dentro de um pão redondo. Popeye, que comia espinafre para ficar forte, aparecia ao lado de Wimpy, no Brasil com o nome mudado para Dudu, e este fazia assim o seu pedido: "Amanhã pagarei com prazer pelo hambúrguer de hoje." Outra influência do hambúrguer foi parar em *Guerra nas estrelas*, filme de George Lucas: a nave *Millennium Falcon* tem a forma do sanduíche. Pães recheados com hambúrgueres já eram vendidos em muitos lugares quando Louis Ballast, dono de uma lanchonete em Denver, no Colorado, registrou a patente de um hambúrguer diferente, o *cheeseburguer*, no Brasil simplificado para X-burguer, aproveitando a pronúncia do inglês *cheese*, queijo. O cartunista T. A. Dorgan, explorando a desconfiança popular de que as salsichas eram feitas com carne de cachorro, criou a expressão *hot dog*, cachorro-quente, lanche igualmente popular, cuja denominação foi inspirada no formato, pois a imagem lembrava um cão bassê.

HANSENÍASE do nome do médico norueguês Gerhard Henrik Armauer *Hansen*, que isolou pela primeira vez o bacilo da lepra, infecção crônica e contagiosa, caracterizada por lesões na pele, nas mucosas e em nervos periféricos, causadas pelo micro-organismo *Mycobacterium leprae*. Depois da descoberta de *Hansen*, o nome popular da doença, lepra, cedeu lugar à hanseníase, seu sinônimo. Além do homem, ratos, macacos, coelhos e tatus são transmissores do bacilo. No mundo há cerca de 11 milhões de casos, quase todos em países pobres, sendo o Brasil o recordista. Insidiosa, a moléstia pode levar até 20 anos para se manifestar depois do contágio. Há registros dela no antigo Egito, feitos em hieróglifos em 1350 a.C., e também a *Bíblia* refere a existência de portadores e de seu isolamento social.

HAPLOLOGIA do grego *haplóos*, simples, e *logos*, discurso, formou-se esta palavra para designar simplificação vocabular que consiste em reduzir o número de letras ou sílabas de determinadas palavras, como em "idólatra" e "bondoso", originalmente "idololatra" e "bondadoso". Apesar de ser vocábulo raro na linguagem coloquial, designa prática corriqueira na conversação.

HARÉM do árabe *harám*, que significa lugar sagrado. É o local onde ficam as odaliscas, que são esposas ou concubinas de maridos que sofrem do que se poderia chamar de "síndrome de Salomão", caracterizada pela vontade de ter muitas esposas e outras concubinas. No Brasil, a síndrome atacou mais os coronéis do meio rural, que mantinham uma esposa e várias concubinas, o "concubinato teúdo e manteúdo" de que falam os historiadores de nossos usos e costumes.

HARMÔNIO do latim *harmonium*, bem ajustado, em harmonia, melodioso, radicado no grego *harmónion*, com os mesmos significados. Chegou ao português, porém, depois de escala no francês *harmonium*, palavra com que, em 1840, A. Debain, fabricante de instrumentos musicais, designou objeto semelhante ao órgão, dotado igualmente de pedaleiras e teclado, mas sem os tubos. Quando o famoso musicista Frei Pedro Sinzig, frade franscicano, chegou ao Brasil, em 1895, aos 19 anos, vindo de Liz, na Alemanha, onde nascera a 29 de janeiro, foi na Bahia que aprendeu a tocar órgão e harmônio. Destacou-se também como grande compositor e jornalista, tendo sido um dos fundadores da editora Vozes, em Petrópolis. Sinzig não tinha nem 20 anos quando integrou a campanha de Canudos, atendendo os combatentes, aos quais prestava conforto material e espiritual, num contexto sem harmonia nenhuma, visto tratar-se de guerra, tanto mais cruel por ser luta fratricida travada entre militares e civis, estes últimos sob as ordens de Antonio Vicente Mendes Maciel, mais conhecido como Antônio Conselheiro. Foi um dos primeiros a combater o nazismo no Brasil e denunciar os erros de Adolf Hitler. Voltou à Alemanha, tendo falecido em Düsseldorf.

HARPA do germânico *harpa*, de onde passou ao latim vulgar e posteriormente ao português, conservando a mesma grafia nessas duas novas línguas. É um instrumento de cordas dedilháveis, munido de pedais. Hoje as harpas costumam ter a forma de triângulos e por isso suas cordas são de diversos tamanhos. Instrumento musical muito antigo, dele há registros em vasos da Mesopotâmia que datam de 3000 a.C., que gregos e romanos tocavam harpa. É lendário o relato de que o sanguinário imperador Nero, aquele que matou a própria mãe, a primeira e a segunda esposas, tocava harpa enquanto Roma ardia entre as chamas que ele mesmo mandara acender para depois poder culpar os cristãos que tanto perseguiu. Confundidos por tamanha crueldade, os redatores da *Enciclopédia e dicionário Koogan/Houaiss*, cuja supervisão editorial foi de responsabilidade de Antônio Houaiss, recuaram sua morte para 68 a.C., certamente para tirar dos tempos cristãos um monstro desta natureza, ainda que imperador canoro metido a músico e tocador de harpa.

HASTA do latim *hasta*, lança, chuço, dardo, do mesmo étimo de haste. Designava entre os antigos romanos o leilão. Era fincada uma lança, símbolo da autoridade quiritária, defronte ao lugar onde eram vendidos os bens dos devedores do tesouro público. Os quirites eram cidadãos romanos que podiam votar.

HAXIXE do árabe *hashish*, erva seca. São folhas secas de cânhamo indiano, semelhantes às da maconha (*Cannabis sativa indica*). Administradas em forma de infusão ou fumadas, provocam entorpecimento, levando o consumidor a um estado de lassidão e indiferença ao ambiente. Em vários países do Oriente, o uso do haxixe não é proibido. No Brasil, está catalogado como tóxico.

HECATOMBE do latim *hecatombe*, por sua vez do grego *hekatombé*, sacrifício de cem bois. Um boi oferecido em sacrifício já é um acontecimento. Imaginemos o efeito de matar cem, com todo aquele derramamento de sangue. Por isso, o termo passou a significar desastre formidável.

HEDIONDO do castelhano antigo *hediente*, depois *hediondo*, alteração de *fediondo*, repugnante, com origem remota no latim *foetibundus*, fedido. No latim a palavra foi formada a partir do verbo *foetere*, feder, cheirar mal, e o sufixo -bundus, indicador de excesso, como em moribundo (muito próximo da morte), meditabundo (medita muito), tremebundo (treme muito) e furibundo (muito furioso). Os olhos (veem o feio), o nariz (sente o mau cheiro) e os ouvidos (ouvem a estridência) percebem o mundo, selecionando e classificando o visto, o cheirado e o ouvido a partir de sensações. Como determinados crimes mexem muito com sentimentos, foram designados como hediondos na lei, por força da rejeição e da condenação sociais mais fortes quando comparados a outros que não causam reações de monta. Mas o conceito é equivocado, pois todo crime é feio, repugnante, abominável, não sendo possível existir o crime bonito, agradável, aceito. Tipificar como hediondos alguns delitos equivale a sancionar outros. O STF, ao garantir que também os autores de crimes hediondos tem direito a vantagens obtidas por outros criminosos, nada mais fez do que garantir a igualdade de todos perante a lei. E a lei garante a todos os encarcerados o direito à "progressão da pena", de que estavam privados os autores de crimes classificados como hediondos. Pressionados por desajustes sociais, os legisladores caíram em algumas emboscadas antidemocráticas.

HEGEMONIA do grego *hêgemonia*, pelo francês *hégémonie*, designando preponderância, superioridade, supremacia. Em grego, chefe é *hêgemôn*. O *Aurélio* usa um trecho de *Cartas devolvidas*, de João Ribeiro, para abonar o vocábulo, quando o grande filólogo cita uma carta do arcediago Luís da Cunha, que aconselhou Dom João V a mudar a capital portuguesa para o Rio de Janeiro, certo de que "o futuro da raça estava no Brasil e de que a hegemonia do mundo teria de pertencer à América". Recomendava também, como já fizera o padre Antônio Vieira, que o rei português adotasse o título de Imperador do Ocidente. João Ribeiro prestou concurso para professor de Língua Portuguesa no famoso Colégio Pedro II, no Rio, mas foi nomeado, três anos depois, professor de História, apesar de ser filólogo.

HÉGIRA do árabe *hijra*, emigração. O vocábulo designa preferencialmente a fuga do profeta Maomé da cidade de Meca para a de Yatribe, que passou a ser conhecida como Medina, "a cidade do profeta". O acontecimento marca o início da era mulçumana, que no calendário cristão teria ocorrido em 15 de julho de 622.

HEIDUQUE do húngaro *hajduk*, de onde veio para o alemão *Heiduck*, e daí ao francês *heiduque*, última escala antes de chegar ao português, sempre com o significado militar de miliciano, soldado da infantaria. Se tivesse vindo do alemão, sua pronúncia e grafia seriam outras.

HEIN do latim *hem*, ai!, ah!, interjeição pronunciada em geral em forma de pergunta, dando a entender que a pessoa não ouviu o que lhe foi dito. Comumente expressa dor, indignação, alegria, aflição, espanto etc. Há controvérsia sobre a origem ser latina. Alguns defendem que seja onomatopaica, como atchim, zunzum, epa etc. Outros dão como origem o antigo francês *ainz*, radicado no latim *antius*, isto é, fala ou comportamento próprios da localidade de Âncio, no Lácio. Hein é semelhante a hum, hã, hem, ah!, oh! e outras interjeições de surpresa, admiração ou reprovação sublimada.

HELICÓPTERO do francês *hélicoptère*, aeronave de asas rotativas, ditas móveis, ao contrário das do avião, que se ergue verticalmente do solo e se desloca para cima, para baixo e para os lados. O francês aproveitou os compsotos gregos *héliks,* hélice, movimento circular, de uma raiz indo-europeia *wel-/welw-*, rolar, rodar, e *pterón*, pena, penacho, pluma. A invenção do helicóptero se deve a franceses, alemães e ingleses, mas quem realmente fez por merecer a sua invenção foram o alemão Anton Flettner e o russo Igor Ivanovich Sikorsky, em 1909.

HEMATOMA do grego *haîma, haîmatos*, sangue, e *oma*, aglomerado. O derrame interno do sangue leva à formação de manchas vermelhas sob a pele, indicadoras das rupturas de pequenos vasos. Para se ter uma boa ideia do que é um hematoma, olhe com atenção os rostos de boxistas depois do combate, sobretudo daquele que perdeu a luta.

HEMOFILIA do grego *haîma*, sangue, e *philos*, amigo. Indica tendência congênita e hereditária para hemorragias espontâneas e traumáticas, uma vez que há deficiência grave na coagulação do sangue. É transmissível pela mulher, mas sua manifestação dá-se exclusivamente no homem. Nos tempos que correm, o hemofílico integra grupo de risco da AIDS, uma vez que precisa recorrer usualmente à transfusão de sangue, cujo controle de qualidade apresenta deficiências.

HEMORRAGIA do latim *haemorrhagia*, por sua vez vindo do grego *haimorrhagia*, significando derramamento de sangue para fora dos vasos. A mais perigosa das hemorragias é a interna, já que esconde seus perniciosos efeitos. Há algumas hemorragias leves, como as que fazem sangrar o nariz, mas quando o sangue escorre para fora do corpo, todo cuidado é pouco. Átila, o poderoso rei dos hunos, morreu na noite de núpcias de uma hemorragia nasal. Os que o rodeavam pensaram que o sangue em seu rosto fosse vinho.

HERANÇA do latim *haerentia*, designando os bens deixados aos vivos pelos mortos por meio de testamento, quando eles podem prever a hora da partida, ou outros documentos. Por vezes, nem bem são enxugadas as lágrimas derramadas no velório, já começam a esguichar outras, não mais de compaixão, mas de raiva deflagrada nos conflitos nascidos entre os candidatos à distribuição das riquezas. Talvez tenha sido por isso que algumas culturas antigas enterraram seus mortos com tudo o que lhes pertencia.

HERCÚLEO de Hércules, herói grego e latino, cujo nome foi formado na Grécia a partir de *herkós*, muralha, e em Roma, de *hercere*, cercar, no sentido de proteger. Os antigos acreditavam que o mundo estivesse apoiado em colunas, localizadas nos rochedos de Gibraltar, suspensas nos ombros do herói. E nelas estaria inscrita a frase: *ibi deficit orbis* (aqui é o fim do mundo). Os antigos se esqueciam de muitas coisas, mesmo quando jovens, quando um suposto mal de Alzheimer histórico e mitológico ainda não os atacava, e por isso não informavam onde se apoiava o herói. Hércules deu origem ao adjetivo hercúleo, que, entre outros significados, tem o de muito difícil. Era divindade tão popular a ponto de encarnar 43 entidades, todas autoras de façanhas incríveis. Numa das versões, o monstro Caco rouba os mais belos bois de Hércules, quando este dorme no lugar onde mais tarde seria edificada Roma. Ninguém sabe dizer onde estão as reses roubadas. Mas de repente elas mugem dentro da caverna onde o mitológico ladrão as escondeu. Hércules arrebenta a entrada, mata Caco e recupera as cabeças surrupiadas. Por isso, foi venerado também como deus protetor das propriedades públicas, hoje a cargo de procuradores e promotores. No Brasil, o trabalho hercúleo desses funcionários públicos vem sendo duramente questionado, principalmente por assaltantes do erário. Mancomunados com outras forças empenhadas em punir apenas pequenos delitos, passaram a invocar a necessidade de amordaçar seus poderes. Excessos hercúleos tiveram o condão de deixar a sociedade muito desconfiada, já que na terra dos bacharéis – isto mesmo, o Brasil – os pequenos delitos tem grandes penas. E os grandes delitos podem ser mitigados à força de conchavos hercúleos. Assim, os pobres semelham Hércules que seguram o Brasil para o andar de cima levar a vida à margem das leis. E os marginais, como se sabe, sempre atendem por outros nomes e moram na periferia de Gibraltar, a menos que estejam no emprego de segurar as colunas. Mas há tantos deles, que já compõem um exército de reserva. A confusão aumenta porque a lei deveria ser igual para todos. Medidas provisórias são baixadas para quase tudo, menos para controlar tais excessos.

HEREDITÁRIO do latim *hereditarius*, transmitido por herança, de pais a filhos, de ascendentes a descendentes. "Hoje estamos aprendendo a linguagem na qual Deus criou a vida", disse o 42º presidente dos EUA, Bill Clinton, ao anunciar as grandes descobertas do Projeto Genoma Humano. O ex-presidente professa a religião batista, assim chamada porque batiza o crente apenas quando adulto, tal como fazia São João Batista. Se Monica Lewinski, com quem o presidente teve um caso, tivesse engravidado, o bebê teria características hereditárias de ambos.

Procurar amores eventuais fora do casamento, porém, não é hereditário. O galináceo tem outra cadeia. Já nossas capitanias hereditárias, assim como a maioria dos latifúndios, passaram de pais a filhos como se contivessem um DNA territorial.

HERESIA do grego *hairesis*, escolha pessoal, divergente da doutrina oficial. No século IV, um padre de Alexandria, chamado Ário, cristão convicto, passou a negar a divindade daquele menino nascido em Belém. O imperador Constantino convocou um concílio em sua própria residência, em Niceia, e exigiu um acordo na definição da fé cristã, pois as heresias ameaçavam a coesão do Império, por ele reunificado. Ário foi banido, mas sua seita prosperou e o próprio imperador, às vésperas da morte, pediu para ser batizado por um bispo ariano.

HERÉTICO do grego *hairetikós*, pelo latim *haereticus*, herege, aquele que escolhe diferentemente do recomendado, como os frades mendicantes, cujos fundadores contestaram a ortodoxia católica. A princípio bem-vindos, enalteciam a pobreza e resolviam sérios problemas sociais. Pregavam a falta de ambição e o desapego às coisas terrenas. Foram considerados heréticos e em seu combate, em fins da Idade Média, destacou-se o cardeal francês Pedro D'Ailly, conhecido também como Petrus de Alíaco, autor de diversas obras, entre as quais *Imago Mundi* (A imagem do mundo). Foi encontrado um exemplar deste livro entre os pertences de Bartolomeu Colombo, com 898 anotações do grande navegador e descobridor da América, seu irmão Cristóvão Colombo.

HERMAFRODITA do latim *hermaphrodita*, radicado no grego *Hermaphroditós*, que era o nome do filho dos deuses Hermes e Afrodite, representado com os atributos dos dois sexos. Entre outros, há pessoas e flores hermafroditas.

HERMENÊUTICA do grego *herméneutikê*, arte de interpretar. A palavra é formada a partir de *tékhne*, arte ou técnica, e de *Hermés*, Hermes, mensageiro dos deuses. Os antigos gregos colocavam o busto ou a cabeça deste deus sobre colunas, em ginásios, estradas e encruzilhadas, indicando lugares e direções. Há erros de interpretação de textos que já duram milênios. Uma das principais vítimas de interpretações bíblicas é Maria Madalena, dada como companheira de Jesus pelo romancista Dan Brown em *O código da Vinci*, por ter substituído "face" ou "bochecha" por "boca", ao explicar um beijo. Disse o autor, baseando-se num texto apócrifo de apóstolo Felipe: "Como qualquer estudioso de aramaico poderá explicar, a palavra companheira, naquela época, significava esposa. Ora, o texto do apóstolo chegou em copta e não em aramaico. Em sermão feito na Páscoa de 591, o papa Gregório, o Grande, confundiu a prostituta, de que Lucas fala no capítulo 7, com Maria Madalena, no capítulo 8. Nasceu aí a ideia de que Maria Magdalena fosse prostituta. Foi engano de leitura.

HERMÉTICO do latim *hermeticu*, hermético, fechado, oculto. O adjetivo originou-se do nome do deus grego Hermes, Mercúrio entre os romanos. Hermes teria inventado uma fechadura perfeita, obtida pela fusão das beiras do vaso e da trompa. Detinha também os segredos da alquimia.

HERÓI do grego *heros*, pelo latim *heroe*, designando originalmente um semideus, filho de deus ou deusa com homem ou mulher. Passou depois a denominar homem notável por seu valor físico e por esta via designou o guerreiro que se destacou nos campos de batalha. Em geral, o chefe da tropa. Fixou-se, porém, no significado de pessoa extraordinária por outros dotes, sejam esportivos – como é o caso de Edson Arantes do Nascimento, Pelé; sejam artísticos – de que é exemplo Maria do Carmo Miranda da Cunha, Carmen Miranda, nascida em Portugal e falecida nos EUA. Mas antes dos dois, o brasileiro que mais teve projeção nacional e internacional foi o inventor do avião, batizado em 1877, aos quatro anos, na Igreja de Santa Teresa D'Ávila, em Rio das Flores, a 160 km do Rio, cuja praça central tem o formato do 14-Bis. A atual pia batismal ainda é a mesma onde foram batizados Alberto e sua irmã Sofia. No Centro Cultural estão guardados livros e reproduções de fotos de Dumont. O inventor, genial e vaidoso, contratou, em fins do século XIX, quatro agências para cuidar de sua imagem: duas em Paris, uma em Londres e uma em Nova York. Todas as notícias, notas em colunas sociais e charges sobre ele, em qualquer jornal do mundo, lhe eram remetidas ao custo médio de 30 centavos de franco por recorte, que ele pagava religiosamente. Em 1889, recebeu 133 recortes; em 1900, 203; em 1901, ano em que voou ao redor da Torre Eiffel, pilotando o balão n° 6 e provando que era dirigível, recebeu 7.689 recortes. Em 1902, 3.995 e em 1903, 608. Ao todo foram 12.628 pedaços de jornais velhos que foram guardados por sua irmã. Não há recortes de quando deixou os balões e passou a voar com o "mais pesado do que o ar". Escreveu a jornalista Norma Couri no *Jornal do Brasil* (18 fev 2003): "O mineiro deixou os parisienses de queixo caído há 97 anos. A bordo de seu avião de seda japonesa, madeira, bambu e ferro, batizado de 14-Bis, sobrevoou, com 33 anos, 220 m do Campo de Bagatelle durante 21 segundos. A plateia era de 300 mil pessoas. Figura de dândi, corpo de jóquei que cuidava para não passar dos 50 quilos, Alberto Santos Dumont começou a ostentar aí o título de pai da aviação." E desde então se tornou herói nacional. E internacional.

HEROÍNA do grego *heroíne*, heroína. O masculino vem do grego *héros*, que em latim foi grafado *heroe*, os dois com o significado de homem extraordinário. Frequentemente no herói misturam-se homem e mito. É o caso dos grandes heróis clássicos da Antiguidade. É comum que seu heroísmo se deva a ações guerreiras. A índia americana Rebecca Rolfe, conhecida como *Pocahontas*, está presente em filme do mesmo nome, produzido pela *Walt Disney*. Seu heroísmo começou aos 12 anos, quando salvou da morte um capitão inglês. Nome e sobrenome lhe foram dados pelo marido, depois que foi raptada e batizada. A heroína teve um fim trágico, morrendo de varíola, na Inglaterra, aos 21 anos. Foi-se o tempo, portanto, em que a heroína era apenas a mulher do herói ou a figura feminina que se destacava por sua coragem, de que é exemplo a catarinense Anita Garibaldi, dita heroína de dois mundos, porque lutou nas guerras separatistas do Brasil meridional e pela unificação da Itália. Depois de ter designado também um medicamento, passou a nomear uma droga pesada, o alcaloide obtido pela ação do anidrido acético sobre a morfina, porém com maior poder do que esta última. A fórmula química da heroína é $C_{21}H_{23}O_5N$.

HERPES do grego *hérpes*, de *hérpo*, arrastar-se penosamente, e do latim *herpes*, dermatose. Doença que hoje está mundialmente espalhada, caracterizando-se por pequenas bolhas, isoladas ou aglutinadas, localizadas geralmente nas membranas mucosas. É o herpes simples. Há também o *herpes-zoster*, patologia em forma aguda, causada por vírus, muito mais grave e de cura difícil, senão impossível. É célebre a passagem dos *Evangelhos* em que Jesus Cristo cura dez leprosos e apenas um volta para agradecer-lhe o tratamento. Hoje, provavelmente os agraciados seriam herpéticos ou aidéticos. Em latim, *herpes* era nome de um animal desconhecido que passou a designar uma úlcera maligna.

HETERÔNIMO do grego *heteronymos*, outro nome, pela formação dos étimos *heteros*, outro, diferente, e *ónymos*, de *nomos*, nome. Esses mesmos étimos estão em diversas palavras do português: sinônimo, antônimo, alônimo, anônimo, pseudônimo, em que entra o segundo elemento. E em outros nos quais entra o primeiro: heterocelular (organismo constituído de células de mais de um tipo), heteróclito (constituído de elementos pouco homogêneos), heterodoxo (com outra doxa, isto é, outro sistema), heterossexual (relativo a quem prefere pessoas de sexo diferente, ao contrário do homossexual). Heterônimo é nome imaginário usado por escritor que não se disfarça em pseudônimo, inventando também o autor de suas obras, não apenas os textos, conferindo-lhe qualidades, tendências, características diferentes das de seu criador. Comentando os célebres heterônimos que inventou – Alberto Caieiro, Ricardo Reis, Álvaro Reis –, escreveu Fernando Pessoa, um dos maiores poetas portugueses, talvez o responsável pela reintrodução do vocábulo no século XIX: "E assim arranjei, e propaguei, vários amigos e conhecidos que nunca existiram, mas que ainda hoje, a perto de trinta anos de distância, oiço, sinto, vejo. Repito: oiço, sinto, vejo... E tenho saudades deles", como está registrado em *Dicionário de*

Fernando Pessoa e do modernismo português, coordenação de Fernando Cabral Martins.

HEURECA do grego *heúreka*, achei, pretérito perfeito do indicativo do verbo *heurískein*, achar, descobrir, empregado quando se encontra a solução de um problema, como o fez o célebre matemático e inventor grego Arquimedes. Segundo o romano Marcus Vitruvius Pollio, o rei Hierão II desconfiou do ourives, a quem dera ouro puro para ele fazer uma coroa e queria ter certeza de que o suposto fraudador não tinha misturado prata ao metal, para roubá-lo. Ele pediu a Arquimedes que verificasse isso, sem entretanto danificar a coroa. O grande cientista encontrou a solução enquanto tomava banho, ao constatar que ao entrar na banheira, uma quantidade de água era deslocada e que ele podia, mergulhando a coroa na água, descobrir a densidade da peça. Ficou tão contente que esqueceu de se vestir e saiu gritando pelas ruas "Eureka!" que significa "Encontrei!", em grego. Depois ele aplicou o teste e provou que o rei tinha sido enganado pelo ourives. Diz-se também eureca.

HEXABILIONÉSIMO de seis, do grego *hex*, seis, e de bilhão, do francês *billion*, foi formado este vocábulo, muito presente na mídia a partir de outubro de 1999, quando nasceu o hexabilionésimo (6.000.000.000º) ser humano. Simbolicamente, a ONU atribuiu o ordinal a um menino nascido em Sarajevo, na atual Bósnia, a mesma cidade onde ocorreu o incidente que deflagrou a Primeira Guerra Mundial: o assassinato do arquiduque Francisco Ferdinando de Habsburgo, a 28 de junho de 1914.

HEXACAMPEÃO junção de hexa-, prefixo que indica seis, do grego *heks*, seis, e campeão, do italiano *campione*, radicado no latim *campus*, campo, trazido do germânico ocidental *kampjo*, campo. Teve influência o francês *champion*, campeão. O correto seria denominar hexacampeão apenas o time que conquistasse o campeonato seis vezes seguidas e ininterruptas. Por este critério, o Brasil seria apenas bicampeão de futebol, em 1958 e 1962. Mas a partir de 1970, com a conquista no México, mesmo com o intervalo de 1966, em que a campeã foi a Inglaterra, a seleção brasileira foi dada como tricampeã. Tendo vencido também em 1994, foi tetracampeã, e em 2002, pentacampeã. Nosso país esteve presente em sete finais, perdeu duas e venceu cinco. A Alemanha disputou igualmente sete finais, mas perdeu quatro. Uma para a Argentina, uma para a Inglaterra, uma para a Itália e uma para o Brasil. O Brasil perdeu a final de 1950 para o Uruguai e a de 1998 para a França. Já houve 18 copas do mundo: Brasil e Alemanha disputaram a final em 14 delas (sete cada). França, Uruguai, Argentina, Itália, Tchecoslováquia, Hungria, Suécia, Inglaterra e Holanda completam os 11 países que já estiveram numa final.

HIBERNAR do latim *hibernare*, invernar, posto que inverno é *hibernu*. É hábito de vários animais passar o inverno sem nada comer, apenas dormindo e descansando, economizando calorias. Alguns políticos têm tido longas hibernações – algumas delas involuntárias, como o exílio, por exemplo – reaparecendo depois em esplêndidas primaveras e verões que tudo mudam.

HIDROAVIÃO junção de *hidro*, do grego *hýdor*, água, e avião, do francês *avion*. O *Dicionário Aurélio* prefere a variante hidravião. É um avião dotado de flutuadores no lugar dos trens de aterrissagem, permitindo-lhe pouso e decolagem em mares, lagos e rios de grande porte. O maior hidroavião do mundo, de oito motores e 193 toneladas, foi construído pelo excêntrico milionário norte-americano Howard Hughes e voou apenas uma vez, em 2 de novembro de 1947.

HIDROGINÁSTICA do grego *hýdor*, água, e *gymnastiké*, técnica de exercitar-se dentro d'água. Com o passar do tempo e a evolução do vestuário, os ginastas, com pudor e conforto, passaram a vestir-se para praticar os exercícios. Quem faz hidroginástica aprimora a forma física com a ajuda da ação da água sobre o corpo. É um dos vocábulos que o *Dicionário Aurélio* não registra.

HIDROMASSAGEM do prefixo grego *hidro-* e do francês *massage*, do verbo *masser*, pressionar com as mãos partes do corpo de alguém, vindo do árabe *mass*, tocar, apalpar, tipo de relaxamento que começou nas saunas e depois se estendeu a academias e domicílios. Há algumas décadas, mansões, hotéis, motéis e até mesmo apartamentos e casas das alta e média classes sociais passaram a contar com banheira de hidromassagem inventada em 1949 pelo imigrante italiano Candido Jacuzzi, por cujo sobrenome passou a ser conhecida. Em 1949, seu filho menor, então com 15 meses, passou a sofrer de artrite reumatoide. Para aliviar as aflições da criança, o pai fazia-lhe massagens com jatos de água morna na banheira da casa. Foi quando teve a ideia de inventar algo que possibilitasse ao menino fazer as massagens sozinho quando o pai não estivesse em casa. E surgiu a banheira que se tornaria famosa em todo o mundo, mas a patente só foi obtida em 1963.

HIDROPISIA do latim *hydropisis*, hidropisia, doença que se caracteriza por acumulação exagerada de líquido seroso nas cavidades do corpo, sobretudo no abdome. Herodes Antipas, tetrarca da Galileia, filho de Herodes I, morreu dessa patologia e queixou-se a Pilatos em carta coligida nos Apócrifos: "Meu pai derramou sobre a terra muito sangue de filhos alheios por causa de Jesus, e eu, por minha vez, degolei João, aquele que o batizou. E agora encontro-me gravemente doente, submetido ao tormento da hidropisia, a ponto de saírem vermes da minha boca."

HIENA do latim *hyaena*, vindo do grego *hyaina*. Este animal, que se acasala apenas uma vez e tem o estranho hábito de comer fezes, emite ruídos que se assemelham ao riso. Não se sabe do que acha graça na vida.

HIERARQUIA do grego *hierarchia*, que designava dignidade, ordem e subordinação entre sacerdotes, anjos e poderes, em escalas perfeitamente delimitadas. Na economia, as autoridades cumprem funções de acordo com os postos que detem, submetendo-se todas ao ministro da Fazenda e este ao presidente da República. É também muito usada no meio a expressão "hierarquia de necessidades", criada pela teoria motivacional, consistindo de necessidades fisiológicas, de segurança, de participação, de estima e de autorrealização.

HIERÁTICO do grego *hieratikós*, sagrado, pelo latim *hieraticus*, sagrado, religioso, sacerdotal. O mesmo étimo está presente em *hierofante*, posto sacerdotal na Grécia e Roma antigas; em hieróglifo, escrita sagrada; em hierarquia, instâncias divididas em vários níveis, mas cuja fonte primeira de poder é o sagrado, é a divindade; em hierarca, posto eclesiástico privativo de bispos ou arcebispos na Igreja grega e em outras de rito oriental. Nelson Nogueira Saldanha, comentando as concepções políticas de Benjamin Constant, diz que ele quis um Senado bem diferente da Câmara: "devem-se-lhe outras ideias importantes, como a distinção entre o 'poder representativo da duração' e o 'poder representativo da opinião' – este encarnado na câmara baixa, instável e móvel, aquele num Senado hereditário, hierático e ordeiro." É evidente que hoje não parece ser este o mesmo Senado, cujo presidente obrigou-se a renunciar, tão fortes eram as denúncias de quebra de decoro por corrupção, pagamento da amante com dinheiro de empreiteiras etc. Tampouco vê-se algo de hierático na mulher com quem teve uma filha, que posou pelada para a revista *Playboy*.

HIEROGLÍFICA do grego *hierós*, sagrado, e *glyfo*, gravar, entalhar, cinzelar, esculpir, designando escrita sagrada, feita por escribas, orientados por sacerdotes, que lhes ditavam o que escrever, constituída de pictogramas alinhados em sequências ou conjuntos, constituindo um sistema de significação. Foi decifrada pelo orientalista francês Jean-François Champollion. Apenas 1% da população sabia ler aquilo, mas eles trabalhavam para sacerdotes e faraós.

HIERÓGLIFO do francês *hiéroglyphe*, radicado no grego, por meio de junção de *hierós*, sagrado, e *glúphos*, gravar, inscrever e escrever com cinzel, estilete. Designa a unidade ideográfica fundamental da escrita egípcia antiga, decifrada, entre outros, pelo inglês Thomas Young, que aos 14 anos sabia latim, hebreu, samaritano, caldeu, árabe, sírio, francês, italiano, persa, turco e etíope, além de inglês, naturalmente, e pelo francês Jean-François Champollion, que traduziram a célebre pedra de *Roseta*, de 726 kg, assim chamada porque foi encontrada por trabalhadores franceses quando construíam uma fortificação em Roseta, cujo nome original é *El-Rashid*, no Egito, em 1799, a algumas dezenas de quilômetros de Alexandria, tendo recebido as inscrições no ano 196 a.C., e, como as tropas francesas foram derrotadas, os ingleses levaram a famosa pedra para o Museu Britânico, em Londres, onde está até hoje. Ninguém tinha dúvida de estar diante de um tesouro, que narrava feitos em versão bilíngue apresentada em três escritas: a grega, a hieroglífica e a demótica. Young e Champollion eram rivais que se admiravam muito. Os dois eram considerados geniais desde muito jovens. Champollion fez sua primeira conferência sobre egiptologia aos 16 anos. Trabalhou 23 anos na decifração e durante 14 anos não viu a pedra. É provável que a escrita hieroglífica tenha sido levada da Mesopotâmia para o Egito por volta do ano 3300 a.C. por guerreiros ou comerciantes. Mas foram os sacerdotes quem dela se apossaram numa época em que dominavam a política e a economia. Entre 2000 e 1500 a.C. os escribas constituíam uma elite que inspirava respeito, reconhecimento e poder, ainda que apenas 1% da sociedade a que serviam soubesse ler. Mas eles escreviam para faraós e sacerdotes, que os remuneravam regiamente.

HÍFEN do grego *hyphen*, em um só corpo. O vocábulo veio para a nossa língua designando o sinal diacrítico utilizado em palavras compostas, em formas verbais que unem pronomes átonos e na separação de sílabas nos finais das linhas. Neste último caso, com o avanço da informática, a escrita passou a ser feita nos computadores, que podem diagramar um texto inteiro sem separar nenhuma sílaba por hífen. Mas o hífen entrou na ordem do dia quando passou a ser um dos pomos da discórdia ortográfica nascida do novo acordo, já assinado entre os países lusófonos. Alguns países queriam aboli-lo, enquanto outros prefeririam mantê-lo.

HIGIENE do grego *hugieinós*, que ajuda a manter a saúde, pelo francês *hygiène* e o alemão *hygiene*. Desde os primórdios da medicina foram ressaltados os cuidados de limpeza do corpo e da casa como essenciais à saúde. Infelizmente, a humanidade demorou milênios para resolver certos problemas que afetavam diretamente a saúde. As normas de asseio inexistiram ou foram relaxadas durante muitos séculos, sendo às vezes necessário transformá-las em preceitos religiosos para que fossem cumpridas, como é o caso da recomendação muçulmana a povos do deserto para não defecarem virados para Meca, o que resultaria em fazê-lo contra o vento, advindo daí sérias complicações para a higiene pessoal. Também o hábito de lavar as mãos antes das refeições foi transformado em gesto litúrgico, visando cumprimento fiel. E o primeiro vaso sanitário, que substituiu o penico, somente foi inventado na segunda metade do século XVI pelo cortesão, poeta e tradutor inglês John Harington. Isabel I, a rainha virgem, filha de Henrique VIII e Ana Bolena, apesar de muito rigorosa nos costumes, revogou o banimento de que fora vítima por ter traduzido e distribuído entre as mulheres da nobreza os versos de Orlando Furioso, de Ludovico Ariosto, então considerados por demais licenciosos. Visitando o poeta, apreciou a toalete que ele instalara na própria casa e encomendou uma para o palácio. Porém, na Inglaterra, como na França e em Portugal, o povo não aceitou a invenção por mais quase três séculos, atirando dejetos pela janela, daí serem comuns as advertências *gardez l'eau!* na França, e "lá vai água!" em Portugal. Não viesse a água tão misturada, haveria menos mal. Nos finais do século XIX, entretanto, a toalete, incluindo privada e banheiro, passou a ser instalada dentro de casas e prédios, produzindo dois novos avanços tecnológicos saneadores: o esgoto público e o papel higiênico. Os primeiros rolos, lançados em 1880, traziam impressa a propaganda: "macio como linho antigo." Toalete veio do francês *toilette*, pequena toalha, paninho.

HIGIÊNICO de higiene, do grego *hugieinós*, são, saudável, que adota práticas que lhe garantam a saúde, sendo uma delas a limpeza pessoal. Não apenas lavar o rosto e o corpo, mas cuidar também dos cabelos, dos pelos, da barba, das unhas. A Humanidade fez um longo percurso para formar hábitos higiênicos, mas o Brasil, desde o descobrimento, mostrou que os índios eram muito asseados, segundo nos informa Pero Vaz de Caminha na famosa Carta: "Ali andavam entre eles três ou quatro moças, bem moças e bem gentis, com cabelos muito pretos, compridos, pelas espáduas; e suas vergonhas tão altas e tão cerradinhas e tão limpas das cabeleiras que de as nós muito bem olharmos não tínhamos nenhuma vergonha." Não raro, as sociedades antigas, nas quais os sacerdotes tinham grande poder e prestígio, fundamentaram os cuidados com a higiene em recomendações religiosas. Quando as cidades transformaram-se em grandes concentrações urbanas, a falta de higiene tornou-se um grande problema, pois eram muitas as doenças advindas de práticas milenares, extremamente danosas à saúde e difíceis de serem erradicadas. Muitos palácios chiques não tinham privadas nem esgoto até o século XIX. Basta dizer que o papel higiênico, inventado pelo americano Joseph Gayetty, em 1957, segundo nos informa Marcelo Duarte em *O livro das invenções* (São Paulo, Companhia das Letras), teve escassas vendas até que o britânico Walter Alcock passou a fabricá-los em rolos. Até então, as raras privadas utilizavam jornais e catálogos de lojas. Quando o banheiro veio a ser instalado dentro das residências, o papel higiênico tornou-se uma necessidade e as vendas explodiram. A primeira propaganda dizia: "macio como linho antigo".

HILÁRIO do grego *hilarós*, pelo latim *hilaris*, contente, alegre, jovial. Na cultura greco-romana o riso e a alegria eram atributos dos jovens. Mas nas hilárias, festas celebradas em honra da deusa Cibele, no começo da primavera, todos os romanos riam. O gás hilariante é assim denominado porque ao ser inalado provoca contrações espasmódicas na musculatura da face semelhando o riso. Extraído do nitrato de amônia, é um gás muito usado pela polícia na dispersão de protestos públicos. Hilário é também nome de pessoa e vários Hilários mereceram a honra dos altares, um dos quais é Santo Hilário de Poitiers, bispo e doutor da Igreja, autor de vários cânticos religiosos, comemorado a 13 de janeiro. Na Inglaterra, há o *Hilary Term*, que denomina o período de funcionamento de universidades e cortes de justiça.

HIMENEU do latim *hymenaeu*, por sua vez vindo do grego *himénaios*, ambos com o significado de canto nupcial. Derivou de *hymên*, a membrana que, intacta, garantia a virgindade da noiva, preciosa moeda em tempos antigos, com a qual os pais podiam arranjar um bom casamento. A virgindade feminina – a masculina jamais foi obrigação – deixou de ser imposta às casadouras, constituindo-se em importante conquista da mulher nos anos rebeldes, a década de 1960, que mudou radicalmente usos e costumes. São do poeta Álvares de Azevedo estes versos: É doce amar como os anjos/ da ventura no himeneu/ minha noiva ou minh'amante/ vem dormir no peito meu."

HIMENÓPTERO do grego, pela composição *hymén*, membrana, e *pteros*, asa, presente em outras palavras, como helicóptero e pterodáctilo, o primeiro designando aparelho que se move às hélices em forma de asas, e o segundo o antigo réptil, hoje reduzido a fóssil, que tinha os dedos ligados por membranas, o que lhe permitia voar. Em zoologia, himenóptero é o nome científico da saúva, *Atta fabricans*, existente em todo o Brasil. São formigas cortadeiras e carregadeiras, que se servem das folhas cortadas e outras substâncias para cultivarem o fungo com que se alimentam. É a pior das dez pragas que mais afligem a agricultura nacional. Mas mesmo um sábio como o naturalista francês Auguste de Saint-Hilaire, quando a elas se referiu, desprezou a denominação científica, optando pela forma popular em seu dito famoso: "Ou o Brasil acaba com a saúva, ou a saúva acaba com o Brasil." Sociais, tais himenópteros convivem em formigueiros subterrâneos, formados de várias panelas, canais e olheiros, utilizando uma complexa rede de relações de trabalho, que incluem operárias, soldadas, babás e lixeiras.

HINÁRIO do latim tardio *hymnarium*, hinário, coleção de hinos, em geral religiosos, mas que com o tempo passou a incluir também canções cívicas e patrióticas. Originalmente, os hinos proclamavam deuses ou heróis. Compostos para serem cantados sobretudo por pessoas sem instrução, inicialmente as rimas e a metrificação eram simples, pois o objetivo era memorizar a letra. Os hinos cívicos brasileiros não se preocuparam com a clareza. Uma boa maneira de complicar o texto é usar palavras desconhecidas, de uso raro, e torcer as frases. A letra do *Hino Nacional* foi elaborada quando a música, de Francisco Manuel da Silva, já era tocada há quase um século: tinha sido composta em 1822 para celebrar a independência. Houve diversas letras para nosso Hino, antes que fosse consolidada a atual. Uma foi redigida para celebrar a abdicação de Dom Pedro I. Outra para a coroação de seu filho, Dom Pedro II, que na verdade parece seu avô, pois o retrato do pai foi pintado quando ele era jovem, e o do filho quando este era velho. A letra definitiva, de Joaquim Osório Duque Estrada, somente surgiu em 1909. Antes, nosso *Hino Nacional*, sob os nomes de *Hino do Império*, *Hino 7 de Abril*, *Hino da Proclamação da República*, tivera letras de vários autores. O *Hino Nacional* tornou-se oficial no dia 6 de setembro de 1922, por decreto do então presidente Epitácio Pessoa. A primeira gravação entretanto tinha sido feita no dia 4 de janeiro de 1901, na Alemanha, pela Banda Municipal Militar de Londres. Já o *Hino à Proclamação da República*, letra de Medeiros e Albuquerque e música de Leopoldo Miguez, publicado em 1890, no *Diário Oficial*, já celebrava a memória curta dos brasileiros: "Nós nem cremos que escravos outrora,/ Tenha havido em tão nobre país,/ Hoje o rubro lampejo da aurora,/ Acha irmãos, não tiranos hostis." Escravos tinham existido até 1888, apenas dois anos antes. E o imperador que a República derrubara poderia ser tudo, menos um tirano hostil. Leopoldo Miguez venceu concurso para outra música para o *Hino Nacional*, mas Deodoro da Fonseca vetou e manteve aquela que ouvimos até hoje.

HINDI do inglês *hindi*, que assim grafou o nome da língua indo-europeia, do ramo indo-iraniano, sub-ramo indo-árico, vinculada ao grupo sânscrito. Não apenas as palavras, mas também os conceitos, usos e costumes desconcertaram os ingleses quando esses chegaram para colonizar a Índia, de que é exemplo, na cultura indiana, a viúva que se imolava em ritual na fogueira funerária do marido com o objetivo de provar seu amor conjugal e fidelidade. A sinistra e funesta cerimônia foi abolida apenas em 1829, por decisão do governo inglês. E a mulher *sati*, sábia em híndi, como era conhecida tal viúva, não mais se imolou. Palavras vindas do híndi e do sânscrito são inovocadas muito raramente na mídia, mas, no dia 8 de julho de 2008, o Brasil tomou conhecimento de uma operação da Polícia Federal chamada *Satiagraha*, expressão do sânscrito que junta duas palavras *satya*, verdade, e *graha*, firmeza. O líder político indiano Mahatma Gandhi adotou a expressão para designar o movimento de resistência pacífica, por ele liderado, que objetivava a independência da Índia. Mohandas Karamchand, seu verdadeiro nome, era advogado. Várias vezes preso pelos ingleses, transferiu a direção do movimento para Jawaharlal Nehru, para dedicar-se integralmente à educação do povo e aos problemas dos excluídos das elitistas castas indianas, chamados párias. Morreu assassinado por um extremista hindu.

HINO do grego *humnos*, canto. O hinário cívico brasileiro destaca-se pela qualidade de suas letras e músicas, para cuja elaboração e composição foram requisitados escritores como Olavo Bilac e músicos como Francisco Manuel da Silva. Mas oferece sérios atrapalhos de interpretação, principalmente pelo volteio da sintaxe das letras. Todos os que passaram pelos bancos escolares recordam-se da dificuldade encontrada para identificar o sujeito do primeiro verso do *Hino Nacional*, que tem música de Francisco Manuel da Silva e letra de Joaquim Osório Duque Estrada: "Ouviram do Ipiranga as margens plácidas/ De um povo heroico o brado retumbante,/ E o sol da liberdade, em raios fúlgidos,/ Brilhou no céu da Pátria nesse instante." Os atrapalhos aumentaram depois que alguns cadernos e livros passaram a transcrever os versos com erros graves, de que é exemplo a crase que aparece no primeiro verso. Com efeito, o original não apresenta crase em "as margens plácidas", o sujeito daquela sentença. A estrofe, em ordem direta, ficaria assim: "As margens plácidas do Ipiranga ouviram o brado retumbante de um povo heroico, e o sol da liberdade brilhou em raios fúlgidos no céu da Pátria nesse instante". Há muitos alunos que concluem a oitava série achando que o *Hino Nacional* começa com as estranhas partículas que lhes somam algo como "o virundum".

HIPÉRBOLE do grego *hyperbolé*, que passou ao latim como *hiperbole*, de onde veio para o português. A hipérbole é uma figura de linguagem que serve para exagerar o que se narra ou exprime, como nestes versos de Augusto dos Anjos em seu célebre poema *Eu*: "Chorei biliões de vezes com a canseira/ de inexorabilíssimos trabalhos." A vida do poeta serviu de mote ao romance da escritora Ana Miranda, intitulado *A última quimera*. Hipérbole é também uma figura geométrica, podendo ser equilátera, isto é, quando seus eixos transverso e conjugado são iguais. Se o leitor entendeu pouco, não se impressione: a geometria não raro parece um ramo das ciências ocultas, ao lado da feitiçaria.

HIPERINFLAÇÃO do grego *hyper*, além de excesso; e do latim *inflactionem*, inchaço. É o grande fantasma que ronda a economia brasileira. Caracteriza-se por aumentos de preços tão velozes que a moeda perde rapidamente o seu valor. Um dos casos mais clássicos aconteceu entre agosto de 1922 e novembro de 1923, na Alemanha, quando a taxa medida foi de um trilhão por cento.

HIPERTEXTO do inglês *hypertext*, expressão criada por Ted Nelson e Andries van Dam, para designar blocos de texto articulados por remissões, de modo que, em lugar de seguir um encadeamento linear e único, o leitor pode formar diversas sequências associativas, conforme seu interesse. O prefixo grego *hyper-* indica excesso, e o texto veio do latim *textum*. É utilizado nas navegações na internet, possibilitando ao internauta abrir páginas simultâneas, seja de texto, seja de imagem ou vídeo mediante simples cliques no mouse do computador.

HIPERTROFIA dos compostos gregos *hiper*, excessivo, e *trophé*, alimentar, fazer crescer. Aparece tanto em sentido denotativo – hipertrofia de um órgão ou de muitos deles, como nos muito gordos – quanto no conotativo, em sentido metafórico, de que é exemplo o aumento exagerado de impostos e de suas alíquotas. A hipertrofia pode acontecer por acidente ou descuido, mas ela é também planejada, como no caso do *foie gras*, expressão da culinária francesa para as palavras latinas *ficatum grassus*, fígado gordo. Os romanos engordavam aves caseiras, especialmente gansos e patos, com figos, para que o fígado dessas aves se tornasse espesso (*crassus*) e grosso (*grossus*). Crescido, tornava-se gordo, *grassus*. Tal alimentação forçada já levou o fígado de um ganso a pesar 2 kg, segundo a *Larousse*. Na história infantil *João e Maria*, a bruxa malvada põe o menino sob alimentação forçada para obter, não apenas *foie gras*, mas hipertrofia do corpo inteiro, com o fim de devorá-lo cozido no caldeirão. Todos os dias, ordena que ele ponha o dedinho para fora da gaiola para certificar-se da engorda progressiva. O final feliz, entretanto, comum aos contos de fada, é alcançado com a chegada de um homem salvador, quase sempre um lenhador ou um caçador. Antigos heróis da floresta, caçadores e lenhadores são acusados de destruir a fauna e a flora.

HIPNOSE do grego *hypnos*, sono. Designa passividade semelhante à do sono, produzida por profissional especializado e que tem o fim de fazer com que o indivíduo se submeta às sugestões do hipnotizador. A hipnose é utilizada para tratamento de doenças psíquicas e costuma ser aplicada na terapia de vidas passadas, segundo a qual todos já foram outros. O cantor Djavan Caetano Viana está convicto de que liderou uma tribo tuaregue no Saara e em seu disco *Bicho solto* lembrou sua ascendência árabe. Nos EUA, alguns radicalizaram a crença e, visando melhores empregos, estão acrescentando em seus currículos qualidades que tiveram em outras encarnações.

HIPOCONDRÍACO do grego *hypochóndrion*, hipocôndrio. Os antigos gregos achavam que a melancolia era uma doença nervosa localizada no hipocôndrio. O sufixo -íaco indica alguém viciado em remédios, por achar-se sempre doente, um tipo que chega à farmácia perguntando pelas novidades. Encontrando remédios novos, descobrirá outras doenças em si mesmo para poder automedicar-se mais um pouco.

HIPOCORÍSTICO do grego *hypokoristikós*, acariciante, suavizante. Diz-se do tratamento carinhoso da pessoa ou de seu prenome, quase sempre formando um apelido, mediante sufixos que indicam diminutivo: Paulinho, Marquinho; ou aumentativo: Paulão,

Marcão. Outras vezes faz-se pela duplicação de sílabas: Cacá, Vavá, Lalá, Lili. Outras vezes são operadas outras combinações: Tonho ou Totonho para Antônio; Tião para Sebastião; Quincas para Joaquim. O ex-presidente João Belchior Marques Goulart era mais conhecido pelo hipocorístico Jango. E o atual presidente incorporou o hipocorístico redutor de Luís, Lula, ao próprio nome, tornando-se Luiz Inácio Lula da Silva.

HIPOCRAZ do francês *hipocraz*, mistura de vinho, mel, canela e outros ingredientes, por sua vez vindo do latim *hippocraticu*, palavra formada pela falsa analogia de *hypó*, sob, e *krásis*, mistura. Na verdade, a invenção da bebida é atribuída ao primeiro médico do mundo, o grego Hipócrates. Mas certamente não era mais utilizada quando o médico sul-africano Christiaan Barnard realizou o primeiro transplante de coração em Louis Washkansky. O doutor ainda tomava, não *hipocraz*, mas uísque, desfrutando a súbita glória quando seu paciente partiu desta para melhor, constituindo-se no primeiro defunto a ser enterrado com o coração de outro. No túmulo do outro é que alguém poderia literalmente dizer: "Você não tem coração."

HIPOCRISIA do grego *hypokrisía*, hipocrisia, coisa encoberta, cifrada, alterada mais tarde para *hypókrisis*, resposta de oráculo. Veio a designar o desempenho teatral, a declamação do ator, que simulava viver outro no palco, dissimulando, pois, tornando a falsa aparência daquele que não era, o personagem. O português, porém, tomou a palavra do baixo-latim *hypocrisis*, hipocrisia, de sentido mais restrito, entretanto já existente no grego. O grego *hypó* indica posição inferior da *krísis*, mudança. Nos começos do teatro, na Grécia antiga, os atores, não sendo profissionais, adotavam máscaras que identificavam os estados de alma do personagem, coisa que atores profissionais conseguem fazer com o próprio rosto, sem uso de máscara nenhuma. Mas hipocrisia e hipócrita consolidaram-se com o sentido de aparentar o que não é, de ser falso, fingido, mentiroso, tanto que os antônimos aludem à verdade, à sinceridade, a lealdade.

HIPÓCRITA do grego *hypokrités*, pelo latim *hypocrita*, fingido, falso. Analogamente ao que aconteceu com a palavra camélia, que denomina flor trazida do Japão para a Europa por um padre chamado George Joseph Camelli, *escobar* tornou-se sinônimo de hipócrita também por obra de um padre, o jesuíta espanhol Antonio Escobar y Mendoza, tido por renomado hipócrita. Machado de Assis pode ter se inspirado nele para dar nome ao falso amigo de Bentinho em *Dom Casmurro*. No famoso triângulo, Capitu e Escobar são dois hipócritas. Uma engana o marido; outro, o melhor amigo.

HIPÓDROMO do grego *hippódromos*, que os romanos transformaram em *hippodromu*, no latim, para designar os lugares das corridas de cavalos, que em Roma eram realizadas mais comumente em pequenas carruagens de duas rodas, chamadas de bigas. É famosa no cinema uma corrida de bigas disputada pelo ator Charlton Heston, no papel de *Ben-Hur* na superprodução de igual título.

HIPOTÁLAMO do grego *hypó*, inferior, e *thalamos*, leito. Designa divisão do diencéfalo que regula importantes funções do organismo, como a temperatura corporal, o sono e o metabolismo da água. O diencéfalo situa-se na parte posterior do cérebro. O hipotálamo cumpre importantes funções no ritmo circadiano.

HIPOTECA do grego *hypotheke*, base, segurança, garantia, chegando ao latim com o mesmo sentido e outra grafia, *hypotheca*, conservando-se assim no português até a reforma que eliminou o *th* e substituiu o *y* pelo *i* para simplificar o vocábulo, de largo uso em economia e finanças. Originalmente, *hypotheke*, na Grécia antiga, era um marco de pedra ou madeira, posto pelo credor em propriedades de seus devedores, sobretudo em períodos de guerra ou de seca.

HIPPIE do inglês americano *hippie*, designando pessoa que, rompendo com a sociedade tradicional, mostra que seus valores são outros, manifestando tal inconformidade sobretudo na aparência pessoal – cabelos longos, barba por fazer, roupas desleixadas – e nos hábitos de vida diferenciados da norma geral. O movimento *hippie*, que ganhou o mundo na década de 1960, teve o seu apogeu nos anos 1970, entrando em declínio a partir de 1980. A palavra *hippie* já estava no inglês americano dos anos 1950, corruptela de *hipster*, pessoa atenta às novidades, estilosa, mas que surgia com significado depreciativo. Em 1920, o escritor Scott Fitzgerald tinha usado a palavra *hip*, do mesmo étimo, no livro *Este lado do paraíso*, designando a pessoa preocupada em estar sempre bem atualizada em tudo.

HIRCO do latim *hircus*, bode. Seu étimo está presente no adjetivo hircino, presente neste trecho de *O feiticeiro*, de Xavier Marques: "Aí perdera longas horas e noites engolfado nos gozos perversos mas esquisitos do candomblé, estimulado e entontecido pelo cheiro hircino." "Hircocervo" inexiste na língua portuguesa, mas o latim *hircocervum* designa animal mítico da Antiguidade Clássica, metade bode, metade veado. Eis alguns "hircocervos" simbólicos, criados pelo professor e romancista italiano Umberto Eco para designar brincadeiras que fez sobre autores e títulos absurdos, inexistentes, mas com base real: Agatha Cristo, Os dez pequenos apóstolos; Claudia Cardinal Ottaviani, A moça de mitra; Fjodor Tolstoebskij, Guerra e Castigo; Santo Tomás de Aquino, Suma Mafalda; Sergej Einstein, Cinema=Energia. As personalidades referidas indiretamente são a escritora Agatha Christie, a atriz Claudia Cardinale, o cardeal Alfredo Ottaviani, os romancistas Fiodor Dostoievski e Leon Tolstoi, o autor de Suma Teológica, Tomás de Aquino, confundido com o cartunista Quino, pseudônimo de Joaquín Salvador Lavado e o cineasta russo Sergej Eistein mesclado ao cientista judeu-alemão Albert Einstein.

HISSOPO do latim *hyssopum*, tendo vindo do grego *hyssopos*, nas duas línguas designando uma planta medicinal da família das labiadas. Nas cerimônias religiosas, desde tempos antigos, foi usado um raminho de hissopo para aspergir os fiéis com água benta. Depois, modernizados também os equipamentos litúrgicos, o raminho cedeu lugar a uma peça de metal que continuou cumprindo a mesma função. Há uma oração clássica que começa com o pedido "asperge-me com o hissopo", indicando o recebimento de bênção e proteção.

HISTERIA do grego *hystera*, útero. Antigamente, mas só antigamente, achava-se que a histeria era uma coisa feminina, advinda de uma desordem no útero. Com a multiplicação de histéricos de todos os sexos, o conceito foi retificado, mas o vocábulo continuou indicando a patologia.

HISTÓRIA do latim *historia*, informação, conhecimento, vindo do grego *histor*, aquele que sabe. Foi nesse sentido que Heródoto, o pai da História, o empregou pela primeira vez, narrando suas viagens e evidenciando as diferenças entre os costumes dos bárbaros e dos civilizados, isto é, os seus patrícios gregos. O primeiro historiador já não foi lá muito isento.

HISTÓRICO do grego *historikós*, pelo latim *historicus*, exposição cronológica dos fatos, vale dizer, a forma como eles foram narrados, compostos, tecidos. Pode ser substantivo, como o histórico de uma pessoa, de uma empresa e o histórico escolar, em que aparecem as disciplinas cursadas e as notas ou conceitos obtidos pelo aluno em escolas, faculdades, universidades. Ou adjetivo, quando qualifica algo digno de ser registrado pela História. O italiano, ao contrário do português, do francês e do espanhol, também línguas neolatinas, tirou o "h" e o "i" iniciais e escreve *storia*, *storico*, *storiare* etc. E mantém a variante *istorico*.

HOBBY esta palavra entrou para a nossa língua como neologismo sem ser aportuguesada. Designou originalmente um cavalinho de brinquedo. Esse cavalinho não servia ao trabalho, somente ao lazer. Entre as neolatinas, o português e o italiano mantiveram *hobby*, mas o espanhol traduziu para *afición* e o francês para *passe-temps*. Consolidou-se no português para designar o passatempo, a atividade de recreio ou de lazer feita nas horas vagas, sem obrigação, por gosto, de que são exemplos a jardinagem, a equitação, o cuidado com animais etc.

HOLERITE do nome do estatístico norte-americano Hermann Hollerith, que inventou as máquinas computadorizadas com cartões perfurados. Mais tarde o demonstrativo dos rendimentos e descontos dos assalariados passou a ser mais conhecido por contracheque.

HOME BANKING do inglês *home*, casa, e *banking*, operação bancária, formou-se esta expressão que designa os negócios feitos por clientes de bancos que, por meio de senhas, movimentam suas contas sem sair de casa, usando telefones, faxes ou computadores. Como as agências bancárias ficam abertas ao público durante no máximo seis horas diárias, ainda que os funcionários tenham expedientes internos mais longos, e o *home banking* funciona 24 horas por dia, a nova tecnologia veio facilitar a vida dos correntistas, numa tendência mundial de manter o cidadão em casa. As ciências do comportamento humano ainda não tiveram tempo de avaliar corretamente esta retirada. Mas é certo que nas grandes cidades o indivíduo tende a isolar-se cada vez mais, enquanto paradoxalmente aumentam as alternativas de comunicação eletrônica.

HOMEM do latim *homine*, declinação de *homo*, homem. O verbete serve para designar desde o mamífero do gênero *Homo*, espécie *Homo Sapiens*, com as conhecidas características de andar em posição ereta, ter cérebro volumoso, mãos dotadas de polegar, o que lhe permite prender e reter o que apanha, capacidade de pensar, falar e matar, esta última a ação que mais tem praticado, pois matou todas as outras espécies de seu gênero e desde há muito tempo ameaça dizimar a própria espécie a que pertence, denominada por ele mesmo de *sapiens sapiens*, em duplicada designação de sabedoria. Nas definições das humanidades, especialmente as antropológicas, filosóficas, psicológicas e teológicas, homem designa a humanidade. Antecedido do possessivo meu, define o marido, o amante, o namorado, o companheiro de caso amoroso, na síntese "meu homem". Desde as primeiras representações em imagens e em textos, o homem aparece como ser que tem na mulher, não uma aliada da espécie, mas uma curiosa inimiga, solerte e traiçoeira, de que é exemplo o mito de Adão e Eva, quando o homem é enganado pela mulher, depois de ela ter sido enganada pelo Demônio. Contrastando com a depreciação do verbete mulher no *Dicionário Aurélio*, homem aparece abonado com valores positivos, de que são exemplos homem da lei: magistrado, advogado, oficial de justiça; homem da rua: homem do povo; homem de ação: indivíduo enérgico, ativo, expedito, diligente; homem de bem: indivíduo honesto, honrado, probo; homem de cor: homem preto ou mulato; homem de Deus: homem piedoso, santo (usado como vocativo, traduz um sentimento de impaciência, enfado, ou de ironia); homem de empresa: empresário; homem de espírito: de inteligência viva, engenhosa, sutil, espirituosa; homem de Estado: estadista; homem de letras: literato, intelectual; homem de negócios: pessoa que trata de grandes negócios; homem de palavra: que cumpre o que diz ou promete.

HOMENAGEAR de homenagem, do occitano *omenatage*, a partir do provençal *ome*, homem, juramento de fidelidade e subordinação do vassalo ao senhor feudal, cujo nome era homenageado também com um dia a ele dedicado. A Igreja adaptou o costume, substituindo os homenageados por santos a serem lembrados todos os dias, um ou mais por dia.

HOMEOPATIA do alemão *Homöopathie*, a partir do grego *homoiopátheia*, pelo francês *homeopathie*. Designa vertente da Medicina que consiste em ministrar aos enfermos doses muito pequenas de substância semelhante à da doença a combater. Os compostos gregos *homoios*, semelhante, e *pathos*, doença, estão presentes na formação da palavra. O método revolucionário para a época, quando dominava a alopatia, em fins do século XVIII, foi inventado pelo médico alemão Samuel Hahnemann. É o mesmo princípio da vacina, à base do conceito da expressão em latim *similia similibus curantur* (os semelhantes curam os semelhantes).

HOMEOSTASE dos compostos gregos *hómoios*, semelhante, e *stásis*, ação de pôr em pé. A medicina ocidental define a doença como a quebra da homeostase, o sistema que regula os diversos órgãos, trazendo equilíbrio. Sem saúde, caímos no leito. Os vários órgãos de nosso corpo recebem ainda a influência psíquica e social. Por isso, segundo a Organização Mundial da Saúde (OMS), a saúde é um perfeito estado de bem-estar físico, psíquico e social e não apenas ausência de doença ou enfermidade. Já os orientais definem a saúde como o equilíbrio das forças que denominam *yin* e *yang*, cuja harmonia evita a doença. O médico e escritor Moacyr Scliar registrou num de seus livros que o suicídio liderava na década de 1970 as causas de óbito no Rio Grande do Sul. E os suicidas partiam desta para a pior por enforcamento. Para o Brasil meridional, que viveu seu apogeu quando negociava charque e couro, não deixa de ser sintoma rico em revelações o fato de a corda servir também para dar um triste fim à vida do gaúcho, que em vida a usou para domar cavalos e lidar com o gado.

HOMEOTELEUTO do grego *homoiotéleutos*, homeoteleuto, dito e escrito também homoteleuto. Designa a similitude das desinências ou terminações de dois ou mais membros consecutivos da frase ou do verso. Desde Aristóteles é considerada a matriz da rima e todo bom poeta sabe o que é e sabe usar o recurso do homeoteleuto. Um dos mais famosos homeoteleutos está nos famosos versos do imperador Adriano, repetidos por Antonio Calado em *Quarup* e por Marguerite Yourcenar em *Memórias de Adriano*. Diz: "*anima vagula blandula/ Hospes comesque corporis/ Quae num abitis in loca/ Pallidula, rigida, nudula/ Nec, uf soles, dabis jocos?*" (Ó almazinha vagabundinha e folgadinha/ Hóspede e companheira do corpo,/ Onde irás agora,/ Palidinha, friazinha e nuinha,/ Sem as habituais brincadeiras?). Ele os compôs pouco antes de morrer, dirigindo-se à própria alma, lembrando-lhe que depois de sua morte, a alma ficaria em lugares frios, sem poder mais rir e brincar.

HOMÉRICO do grego *homerikós* pelo latim *homericus*, relativo a Homero. Homeros, seu nome original, significa refém, tendo também os sentidos de fiador e garantia. A lenda de que o vate era cego e perambulava de cidade em cidade recitando suas poesias remonta ao século VI a.C., tendo contribuído para o encanto que seus versos exerceram sobre escritores, artistas e filósofos. Designando evento extraordinário, como nas expressões "gargalhada homérica" e "porre homérico", alude ao episódio da *Ilíada*, uma de suas duas famosas obras – a outra é a *Odisseia* – em que o deus Vulcano se atrapalha todo ao servir néctar às outras divindades, que gargalham estrondosamente. O nome *Ilíada* radica-se em *Ilions* ou *Ilion*, como os gregos denominaram a cidade de Troia, palco da guerra de dez anos, narrada por Homero, com ênfase nos 51 dias do último ano. Já *Odisseia* origina-se do grego *Odusseos*, que no latim resultou em *Ullyxes*. Tais variantes resultaram em *Ulissipon* e *Olissipon*, antigo nome de Lisboa.

HOMICIDA do latim tardio *homicida*, homicida, formado a partir de *hominis excidium*, destruição do homem por outro homem, segundo o famoso jurista Nélson Hungria, que também ensinou ser tal definição pleonástica, "pois o sujeito ativo do crime é sempre o homem e todo crime tem por pressuposto a injustiça". O latim clássico não conhecia o vocábulo. Nelson Rodrigues, sempre hiperbólico, utiliza este adjetivo com frequência em suas crônicas sobre futebol para caracterizar comportamentos dentro do campo. Curiosamente, nele nem sempre o termo é pejorativo.

HOMIZIAR do português arcaico *homizio*, equivalente a homicídio, formou-se este verbo, devido ao costume do homicida sertanejo esconder-se em algum lugar ignoto, que às vezes era a fazenda de quem, ao sabor de sua conveniência, o transforma de força de trabalho em braço armado. Homiziar adquiriu, então, o significado de esconder-se depois da prática de um crime, com o fim de evitar a ação da lei.

HOMOFOBIA dos compostos homo e fobia, vindos dos étimos gregos *homós*, semelhante, igual, e *fóbos*, medo. Designa aversão ou ódio a homossexuais, mais aos homossexuais masculinos do que às lésbicas. Num tempo em que as lutas pelas liberdades alcançaram também a opção sexual, os homofóbicos representam atraso e chegam a agredir homossexuais nas cidades, principalmente nas grandes metrópoles, praticando crimes diversos. Atitudes e sentimentos negativos em relação a homossexuais, gueis, lésbicas, bissexuais, travestis, transexuais etc. podem começar por simples antipatia e ir num crescendo irracional até chegar a ações hostis contra essas pessoas, por preconceito em face da orientação sexual de cada um, que hoje é livre e assegurada por lei.

HOMÓFONO do grego *homós*, semelhante, e *phonos*, fala. Homófona é palavra que tem o mesmo som de outra, entretanto com sentido e grafia diferentes, de que são exemplos censo (dados estatísticos) e senso (juízo, opinião), concelho (divisão de distrito) e conselho (recomendação), incerto (duvidoso) e inserto (incluído), arrear (encilhar o cavalo) e arriar (abaixar). "Sedo", do verbo sedar, é pronunciado com o "e" aberto, "sedo". E "ceda", imperativo do verbo ceder, é pronunciado com o "e" fechado, como em seda (tecido). Já os homógrafos, do grego *homós* e *graphos*, respectivamente "semelhante" e "escrito", são palavras que têm o mesmo som e a mesma grafia de outra, mas significado diverso, de que são exemplos "cedo" (do verbo ceder) e "cedo" (começo do dia). A pronúncia de vogais abertas e fechadas obedece a certas variações dialetais do português falado no Brasil. E tais diferenças, se causam estranheza mútua, não impedem o entendimento. Gaúchos, paranaenses e catarinenses, de forte presença na vida brasileira, desconcertam os interlocutores de outros Estados, ao pronunciarem "Brasil" com o "l" final sem som de "u" como em "*Brasiu*", além do carregado "r" forte que falantes de outras regiões tão docemente suavizam.

HOMOLOGAR do grego *homologéo*, de *homo*, semelhante, igual; e *logos*, linguagem, juízo, conceito, ideia. Em português, homologar é aprovar, concordar, exarar o mesmo juízo constante no documento recebido de outra instância, a ser ratificado em instância superior ou mais abrangente. Os compostos gregos homo e logo estão presentes em numerosas palavras, de que são exemplos homogêneo, homossexual, do primeiro composto; e filologia, fisiológico e logotipo, este designado às vezes apenas como logo, do segundo. É difícil encontrar abonamentos de homologar e homologação em textos literários, pela marca excessivamente burocrática que tais vocábulos adquiriram ao longo do tempo. A menos que seja seguido o exemplo do matemático inglês Charles Babagge, autor da primeira máquina de calcular, que, inconformado com os versos do poema *The Vision of Sin* (Visão de pecado), "a cada minuto morre um homem,/ a cada minuto outro nasce", escreveu ao autor, o poeta Alfred Tennyson, fazendo-lhe insólita crítica literária, ao argumentar que se assim fosse a população não aumentaria nem diminuiria, além de que um minuto deveria ser substituído por momento. O escritor aceitou a correção e fixou no original: "*Ev'ry moment a man dies,/ ev'ry moment one is born.*" A correção foi aceita, mas Babagge replicou que, pensando melhor, o verso deveria ser "a cada momento, 1 homem morre,/ a cada momento 1/16 homem nasce", que era a taxa de crescimento da população mundial naquela época. O poeta mandou o cientista pastar. Babagge recusava-se a homologar crenças consolidadas e de outra vez, inconformado com a autoria da quebra de vidraças, creditada a bêbados, mulheres e crianças, fez cálculos complexos para provar que, de 464 vidraças quebradas, apenas 14 tinham sido quebradas por bêbados, mulheres e crianças.

HOMÔNIMO do grego *homos*, igual, e *onyma*, nome, formou-se *homónymos*, que em latim tornou-se *homonymu*, ambos com o sentido de nome igual. É o caso de nomes como João e José, e de sobrenomes como Silva e Cury, no Brasil. Como se vê, a clonagem onomástica antecipou a terrível ameaça da clonagem genética.

HONORÁRIO do latim *honorarium*, honorário, reconhecimento em forma de homenagem, distinção, diploma etc., mas que desde a época imperial evoluiu, ainda no latim, para remuneração monetária por serviços altamente qualificados, que não poderiam ser pagos com o *salarium*, inicialmente porção de sal e posteriormente dinheiro para comprá-lo. Nos tempos modernos, com a consolidação das profissões liberais, como a advocacia e a medicina, a remuneração dessas especializações é identificada como honorários.

HONRAR do latim *honorare*, honrar, respeitar. O quarto dos Dez Mandamentos manda honrar pai e mãe. Sua origem remota é a passagem de *Êxodo*, 20, 12: "Honrarás teu pai e tua mãe, para que se prolonguem os teus dias sobre a Terra, que o Senhor, teu Deus, te dará." O verbo está no futuro porque os mandamentos foram dados antes de o povo hebreu entrar na terra prometida. De todo modo, a forma futura tem ares de imperativo nas legislações.

HONRARIA de honra, do latim *honos*. Como o genitivo é *honoris* e o acusativo é *honorem*, no português houve redução para honra. Honraria designa distinção, dada ou atribuída a quem, no juízo de quem tem o poder de atribuir, fez por merecê-la. Uma das mais altas honrarias concedidas pela Igreja é a rosa-de-ouro, ornamento preciosíssimo, de ouro puro, matizado de vermelho, feito por ourives especializados, que trabalham para o Vaticano. No Brasil existem três delas. A primeira foi dada pelo papa Leão XIII à Princesa Isabel, logo depois de ela ter acabado com a escravidão no Brasil ao assinar a Lei Áurea. A segunda e a terceira rosas-de-ouro foram dadas ao Santuário de Nossa Senhora Aparecida, respectivamente pelo papa Paulo VI, em 1967, e pelo papa Bento XVI, em 2007. Nos tempos republicanos, das duas, uma: ou, a juízo da Igreja, nenhum outro governante brasileiro fez por merecê-la; ou o Vaticano mudou a política de concessões de honrarias.

HORA do grego *hóra*, pelo latim *hora*, divisão de tempo. As Horas eram divindades, filhas de Júpiter e Têmis. Presidiam às estações do ano e eram guardas das portas do Céu. Na Idade Média, surgiram as divisões minuto e segundo, do latim *primus minutus*, primeira pequena parte da hora, e *secundus minutus*, segunda pequena parte da hora. Mais tarde, por economia, que é a regra básica da elegância, houve elipse de *primus* e *minutus*. Elipse vem do grego *élleipsis*, falta, omissão. Já as denominações Hora H e Dia D procedem do inglês e estão vinculadas à linguagem militar. Na fase de preparação dos combates, antepõem-se números de horas e de dias, antes da eclosão do evento. Quando chega o dia e a hora, o primeiro é chamado Dia D, e a segunda, Hora H.

HORDA do tártaro *urdu* e do turco *ordu*, significando acampamento, passando pelo francês *horde*, já com o sentido de agrupamento anárquico, bando, gente que vive em anomia quase completa.

HORIZONTE do latim *horizonte*, declinação de *horizon*, tendo vindo do grego *horizóntos*, declinação de *horízon*, círculo que impõe limites ao nosso olhar, fazendo com que nas fronteiras de nosso alcance visual a terra pareça encontrar-se com o céu, formando uma abóbada perfeita. São do cantor e compositor da música popular brasileira Roberto Carlos estes versos: "Além do horizonte deve ter/ algum lugar bonito pra viver em paz." Mas várias décadas antes da Jovem Guarda, o escritor inglês James Hilton publicou o romance *Horizonte perdido*, transposto para o cinema com o mesmo título, em que aparece a mítica *Shangrila*, região perdida entre as montanhas do Tibete, descoberta por cinco tripulantes de um avião em fuga da China. Ali reinam a paz, a felicidade e a longevidade. No Brasil, grafado também como Xangri-Lá, o nome tem servido a muitas denominações, principalmente de praias e recantos de lazer.

HORMÔNIO do inglês *hormone*, hormônio, por sua vez vindo do grego *hormón*, particípio presente do verbo *hormán*, excitar. Designando o princípio ativo das glândulas internas, entrou para a linguagem científica internacional em 1905, pelas mãos do fisiologista inglês Ernest Henry Starling.

HORÓSCOPO do grego *horóskopos*, pelo latim *horoscopu*, horóscopo. O significado original é indicação de hora. Passou a designar as previsões do que pode acontecer às pessoas de acordo com a posição dos astros no dia de seu nascimento, indicando também o temperamento de cada um. A demanda de leitura por tais predições consolidou-se de tal maneira que hoje as colunas de horóscopo estão entre as mais lidas. Os especialistas na matéria organizam as influências dos astros por dia, por semana ou por ano, de acordo com complexos estudos que determinam o astro regente e suas influências. Curiosamente desprezam genealogias e imigrações. Ninguém pode definir-se astrologicamente como Virgem e, considerando a região de onde vieram os ancestrais, dizer-se com ascendente europeu ou africano. É preciso olhar para o alto.

HORRÍVEL do latim *horribilis*, horrível, que causa horror, em domínio conexo com horripilante porque, em situações de horror, medo ou pavor, barba, pelos e cabelos, do latim *barba*, *capillus* e *pilus*, podem ficar eriçados. Horrível passou a designar também coisa ou pessoa desagradável. O cartunista americano Dik Browne está sempre presente na mídia com os quadrinhos de *Hagar, o horrível*. O guerreiro *viking*, numa das tiras, depois de saquear os castelos ingleses, espera ser recebido como um marido herói pela esposa Helga, mas esta lhe diz: "O telhado está com goteira."

HORROR do latim *horrore*, medo, pavor. O horror pode ser santo, quando mesclado ao temor de forças divinas. Mas em seu sentido mais comum designa situações desagradáveis da realidade que nos cerca e que inspiram medo. Um exemplo foi a "casa do horror", descoberta em Londres, onde vivia um empreiteiro de construções, acusado de matar 12 mulheres, entre as quais suas próprias filhas, e emparedá-las na casa onde morava com sua família. Morreu na prisão. Chamava-se Frederick West e tinha 53 anos. Os vizinhos nada percebiam de anormal no sujeito, a não ser o registro de que gostava muito de motos. A polícia sabia que ele era dado a pequenos roubos e burlava com frequência as leis de trânsito.

HORTELÃ do latim *hortulana mentha*. Originalmente a hortelã era conhecida por menta, étimo que conserva em várias línguas. Entretanto, uma das espécies da menta, que é silvestre, passou a ser cultivada em jardins ou hortos. Sua denominação mudou para *hortulana mentha*. Com o tempo o que era adjetivo, *hortulana*, passou a substantivo, transformando-se em hortelã. Ainda assim, menta não desapareceu da língua, já que estava consolidada como planta silvestre. Porém, também a espécie original, menta, passou a ser conhecida por hortelã. Um pan-hortelanismo tomou conta dos vocábulos. Tudo virou hortelã, fosse menta silvestre ou cultivado ao redor das casas, em quintais, jardins ou hortos.

HORTÊNSIA do francês *hortensia*, de Hortense, nome próprio. A flor tem esta designação porque o naturalista francês que a importou da China quis homenagear a esposa de um célebre relojoeiro de Paris. Como diz o povo, aí tem... Suas várias espécies dão flores azuis, brancas ou rosadas.

HORTO do latim *hortus*, espaço murado, propriedade em geral perto de vilas ou cidades. Consolidou-se como lugar onde é preservado o verde: árvores frutíferas ou ornamentais, flores. Atualmente, a maioria dos hortos é propriedade pública. Na *Bíblia*, logo nos primeiros capítulos, o Éden, conhecido também como jardim de delícias, é referido como horto em várias traduções. De acordo com esses textos míticos, ficava no atual Iraque. Outros intérpretes dizem que ficava na Armênia, na Turquia, no Irã, em Israel, no Egito. Mas, modernamente, como os restos mais antigos do *Pithecanthropus* foram encontrados em Java, passou-se a dizer que Adão e Eva viveram ali.

HOSANA do latim *hosanna*, vindo do grego *hosanná*, os dois bebidos no hebraico *hoshi'anná*, cujo significado nessa língua expressa saudação, súplica. Tanto no grego como no latim e no português consolidou-se preferencialmente como exclamação de júbilo. Com este significado, está presente em vários textos bíblicos, que inspiraram diversas preces litúrgicas. No romance *Quarup*, clássico do escritor Antonio Calado, é o nome de um padre que mata um bispo.

HOSPEDAGEM de hospedar, verbo formado a partir de hóspede, do latim *hospite*, estrangeiro, que mudou de sentido para designar o estranho que era recebido fora de onde morava ou no estrangeiro, ali ficando por curtos, médios ou longos períodos. Hospedagem é sinônimo de acolhimento, hospitalidade, originalmente gratuita, mas com o tempo transformada em serviço a ser cobrado de quem chega, acrescido dos devidos impostos. A palavra é do mesmo étimo de hospital e hospício, primitivamente também gratuitos, mantidos em geral por ordens religiosas e outras entidades beneficentes. Alguns hotéis, como o Elsenau, de Panambi (RS), distribuem aos hóspedes uma bonita mensagem, recuperada das antigas hospedarias, em que é dito: "Como nosso hotel é uma instituição humana, para servir pessoas, e não somente uma organização para fazer dinheiro, esperamos que Deus conceda a você paz e tranquilidade enquanto estiver sob nosso teto. Possam os negócios que o trouxeram aqui serem prósperos. Nós todos somos viajantes, do nascimento à morte, viajamos juntos para a eternidade."

HÓSPEDE do latim *hospite*, estrangeiro. Passou a designar o visitante que se instala na casa onde chega. A etimologia desta palavra levou à formação de outras como hospício e hospital, originariamente destinadas a acolher peregrinos, pobres e enfermos, e depois separadas de acordo com as finalidades específicas que passaram a ter. O hospício ficou lugar exclusivo dos loucos, e o hospital, dos doentes. Mas o sentido primitivo é que, mesmo nos dois casos, essas instituições estão recebendo hóspedes, ainda que de permanência temporária, segundo expectativa geral dos anfitriões.

HOSPÍCIO do latim *hospitiu*, casa destinada à hospedagem de viajantes e peregrinos. É historicamente recente o sentido de asilo para dementes, pois loucos antigos ficavam soltos em meio aos sãos e, quando viajavam, procuravam hospícios como todos os outros. Houve época, entretanto, em que grupos de loucos ficaram navegando de um ponto para outro, numa nau exclusiva para eles, porque em todos os lugares onde atracavam eram recusados. O filósofo francês Michel Foucault, senhor de um texto profundo e ao mesmo tempo de agradável leitura, dado o trato cuidadoso que tinha com a língua de sua pátria, explorou o tema num de seus livros mais importantes: *História da loucura*.

HOSPITAL do latim *hospitale*, designando originalmente casa de hóspedes. O étimo é *hospes* e designa aquele que recebe o estrangeiro, *hostis*, e está presente também em hospedaria e hospício. O hospital é historicamente recente. Antes as pessoas atacadas por alguma enfermidade eram atendidas em casa pelo *medicus*, que servia de intermediário entre deuses da saúde, ou pelo *clinicus*, que se inclinava sobre o *klinikós*, leito onde jazia o doente. Daí clínica ter-se constituído em sinônimo de prática da Medicina, como em hospital das clínicas.

HÓSTIA do latim *hostia*, vítima. Eram vítimas preferidas, nos sacrifícios antigos, pequenos animais como ovelhas, bodes e porcos, ao lado de aves como pombos e galos. A hóstia utilizada até hoje nas missas, feita de pão ázimo, recebeu este nome por causa da teologia católica, que considera Jesus Cristo uma vítima levada ao sacrifício.

HOSTILIDADE do latim *hostilitate*. De acordo com a etimologia, vem de *hostis*, inimigo, mas também estrangeiro, forasteiro, aquele que deveria ser combatido, perseguido e, quase sempre, também morto. A raiz está presente na palavra hóstia, que deriva de *hostia*, vítima, animais ou homens, nem sempre inimigos, oferecidos em sacrifício aos deuses. "O escritor que não provoca hostilidade, está morto", disse o Prêmio Nobel V. S. Naipaul, como lembra o editor Gumercindo Rocha Dórea, autor de um pequeno e delicioso livrinho intitulado *Ora, direis... ouvir orelhas que falam de livros, homens e ideias*. Gumercindo lançou alguns dos mais importantes autores, brasileiros e internacionais, pelas Edições GRD, entre os quais Rubem Fonseca, Nélida Piñon e Benedito Ruy Barbosa, o último dos quais preferiu depois a telenovela, em que se destacou com *Os imigrantes*, na década de 1980, vendida para mais de 30 países, *Pantanal*, em 1990, e *Esperança*, exibida em 2003.

HOTEL do francês antigo *ostel*, depois *hôtel*, moradia ou mansão citadina de nobre ou pessoa rica. Depois passou a designar quarto para acomodação de viajantes e mais tarde o local onde se instalavam aqueles que permaneciam nas cidades. Do francês, a palavra migrou para diversas línguas denominando estabelecimento para esses fins: atender àqueles que ali, mesmo de passagem, ficavam por curtos períodos. Às vezes, atende por outro nome, como em pousada. Ou o "h" inicial é retirado, como no espanhol *ostal*, sinônimo de hospedaria de qualidade inferior e depois designando residências que, na ausência dos donos por longos períodos, faz as vezes de hotel. A origem remota é o latim *hospitale*, cujo étimo está presente em palavras que se diferenciaram de acordo com o tipo de hóspede recebido. No *hospitale* o *hospes* era o funcionário encarregado de receber o *hostis*, estrangeiro. Mas o local onde eram atendidos os enfermos chamou-se *hospital*, palavra igualmente ecumênica em várias línguas. No *hospitium*, eram acomodados os loucos, depois que eles deixaram de vagar pelas ruas ou pelos mares, nas famosas naus de insensatos, banidos do convívio dos sãos e que iam de porto em porto sem que ninguém os quisesse ali. As naus recebiam então alimentos, víveres, água e seguiam viagem. Contudo o étimo da mãe de todas essas palavras, o latim *hospitale*, está presente em muitas outras de domínio conexo, ainda que remotamente, como hospedagem, hospedeiro, hotelaria, hospitalar etc., não apenas na língua portuguesa. Todos sabem o que vão encontrar num hotel, com serviços piores ou melhores, de acordo com as classificações internacionais. Os antigos romanos já ofereciam esse tipo de serviço, embora tenha permanecido também o costume de receber e atender o hóspede dentro das próprias residências, como atesta a arquitetura das fazendas brasileiras, herdeiras da *domus*, a casa romana, onde as pessoas moravam, de onde veio domicílio, que reservavam alguns quartos para esse fim, entretanto sem comunicação com o interior das casas. Mas quando a palavra hotel entrou para nossa língua? Tarde. No século XVIII, vinda do francês, onde estava desde o século XI. Até então, o hóspede tornava-se, ainda que por breves dias, um novo morador e como tal era tratado, às vezes ainda melhor, pois é proverbial na tradição portuguesa receber bem o visitante. O primeiro hotel do mundo surgiu no Japão, ainda no primeiro milênio. No Ocidente, ele data do alvorecer no segundo milênio, na França.

HOUSE ORGAN do inglês *house organ*, literalmente órgão da casa. Indica o periódico feito numa empresa, pública ou privada, para ser lido preferencialmente pelo público interno. Ou então destinado a leitores muito específicos, que fazem parte do estreito segmento que se quer atingir.

HUCHARIA do latim *tardio hutica*, arca para guardar pães e outros alimentos. É grafado também sem "h" inicial. Passou depois a designar armários e cofres. Foi deste último sentido que se formou a expressão *hucharia real*, um imposto do qual estavam isentos os que carregavam pão em suas bestas, de acordo com o que se lê numa sentença de 1479, ano em que o imposto era de 108 réis, curiosa forma plural da moeda vigente naquela época, o real, que, aliás, voltou, nesta espécie de eterno retorno da nossa moeda em busca da estabilização. O plural, porém, mudou de réis para reais.

HUGUENOTE do francês *huguenot, huguenote*. Denominação pejorativa que os católicos franceses aplicaram aos protestantes, principalmente aos calvinistas. Tem o significado de companheiro juramentado. Veio do alemão *eidgenosse*, ligado por juramento, e passou a ser grafada *eidgnot* e *aignot* na França, onde adquiriu também o significado de partidário de um misterioso rei, chamado Hugon que, à semelhança dos calvinistas perseguidos pelos católicos, vagava nas sombras da noite. O maior massacre de *huguenotes* ocorreu na tristemente célebre Noite de São Bartolomeu, em Paris, no dia 23 de agosto de 1572, quando foram assassinados milhares deles. As perseguições somente tiveram fim com a Revolução Francesa em 1789, que garantiu a liberdade de religião.

HUMANITÁRIO do francês *humanitaire*. Pronuncia-se "humanitér". Este adjetivo qualifica quem promove atividades para melhorar o bem-estar do homem, designando também essas ações, de que é exemplo a expressão, muito comum, "ajuda humanitária". Em tempos de crise, sobressaem nessas tarefas as contribuições femininas. No Brasil destacou-se, entre tantas, a catarinense Zilda Arns Newman, falecida no terremoto do Haiti, em 12 de janeiro de 2010, quando lá estava para prestar ajuda humanitária àquele país. Médica pediatra, deu prioridades a tarefas de Saúde Pública, com o fim de salvar crianças pobres da mortalidade infantil, da desnutrição e da violência no contexto familiar e comunitário. Foi fundadora da Pastoral da Criança, ligada à CNBB, que hoje atua em 4.066 municípios, em todos os estados. Em 2008 fundou a Pastoral do Idoso. O último sobrenome deve-se ao casamento com Aloísio Bruno Newmann, com quem teve seis filhos. Era irmã de Dom Paulo Evaristo Arns, que foi arcebispo de São Paulo de 1970 a 1998, notabilizando-se pela defesa dos direitos humanos.

HUMILDADE do latim *humilitate*, declinação de *humilitas*, humildade, baixeza. A etimologia indica que a humildade é coisa apegada ao *humus*, chão. A doutrina cristã tornou virtude o que era considerado pejorativo. Por isso, Jesus adverte nos *Evangelhos* que "Quem se humilha, será exaltado, e quem se exalta, será humilhado".

HUMOR do latim *humore*, líquido. Na Antiguidade, acreditava-se que eram quatro os elementos fundamentais do universo: água, terra, fogo e ar. Por analogia, os estados de todas as coisas eram igualmente quatro: frio, calor, umidade e secura, o mesmo ocorrendo no corpo humano, que teria quatro elementos essenciais: o sangue, originário do coração; a fleuma, radicada no cérebro; a bílis amarela, segregada pelo fígado; a bílis negra, produzida pelo baço. Em consequência de tal concepção, foram formulados quatro tipos de caráter: sanguíneo, fleumático, bilioso e atrabiliário. Tal doutrina, denominada humorismo, foi formulada pelo pai da medicina, o médico grego Hipócrates e vigorou durante vários séculos. Depois passou a designar atitude de ironia e riso diante do mundo, provindo do inglês *humor*, e dali espalhando-se por diversas outras línguas, a partir do século XVI.

HURI do árabe *haura*, e do persa *huri*, de olhos pretos, aplicado inicialmente a certo tipo de gazela. No árabe são muito frequentes as comparações entre os animais e as mulheres. *Huri* indica uma jovem bonita como uma gazela. O *Alcorão*, livro sagrado dos muçulmanos, promete *huris*, "virgens voluptuosas, de olhos pretos", como recompensa aos fiéis no paraíso, onde "os orgasmos serão mais duradouros". Terroristas muçulmanos que arriscam a vida ou se suicidam em atentados talvez recebam alento adicional pela recompensa que têm em vista na eternidade: prazeres perpétuos na companhia de voluptuosas *huris*. A morte, deles (e das vítimas?), é apenas baldeação para o céu.

I provavelmente do grego iota, *iôta*, jota, que em latim é pronunciado como a nona letra de nosso alfabeto. Até o século XIV esta letra era escrita sem pingo. Foram os gráficos do final da Idade Média que puseram os pingos nos is para diferenciá-los dos jotas. Nasceu daí a expressão "colocar os pingos nos is" significando organizar algo desarrumado.

IAIÁ derivado de sinhá, forma dialetal dos escravos para designar senhora, feminino de senhor, do latim *seniore*. É o equivalente a ioiô, corruptela de sinhô, radicado em senhor. Os escravos tinham dificuldade em pronunciar a língua portuguesa, que desconheciam completamente quando chegavam aos navios onde eram embarcados à força e, uma vez no Brasil, tratavam de amoldá-la às deles. E com isso a língua portuguesa sofreu certo amaciamento, de tal modo que atualmente, como disse da Inglaterra e dos EUA o pessimista, irônico e longevo dramaturgo britânico George Bernard Shaw, Portugal e Brasil são dois países separados pela mesma língua. Um bom exemplo foi o episódio que envolveu a comerciante Rosimari Moura Costa, que foi reprimida pela polícia por exibir os seios na praia, no Rio de Janeiro, em 2000. Em Portugal, a cena noticiada era descrita como "maminhas ao léu".

IANQUE do inglês *yankee*, designando de forma pejorativa o habitante do norte dos EUA e, por extensão, o americano indesejável em outras regiões ou países. Originalmente procede do apelido holandês *Jan Kass*, João Queijo, muito apropriado aos holandeses, tradicionalmente fabricantes de bons queijos. Marinheiros americanos passaram o usar o apelido para designar os piratas e o termo tornou-se popular em Nova York. Holandeses que emigravam para os EUA passaram a identificar com a denominação jocosa também os americanos do Norte. *Yankees, go home!* foi bordão muito utilizado nos países invadidos ou incomodados com a presença de tropas americanas. Literalmente, o étimo aponta para "joãozinho". Contudo a popularização do termo deve-se à letra de famosa canção popular americana, *Yankee Doodle*, que desde 1755, nos tempos coloniais, já era de todos conhecida e por todos cantada, a ponto de ser um segundo Hino Nacional dos EUA. Outro ingrediente de sua popularização resultou de estratégia de vendas do fazendeiro e comerciante *Jonathan Hastings*, que usava a palavra *yankee* com o sentido de genuíno para apregoar seus produtos. Assim, a *yankee* cidra era uma cidra pura; um *yankee horse*, um cavalo de boa raça etc. Na guerra de secessão, que ensanguentou os EUA no século XIX, os nortistas eram chamados *yankees*.

IATISMO de iate, por sua vez vindo do holandês *jacht* e do inglês *yatch*, com o significado de barco. O sufixo -ismo é muito comum em português na formação de novas palavras a partir do radical. Como esporte, o iatismo brasileiro é uma das modalidades em que mais nos destacamos, ao lado do atletismo, e já conquistou medalhas em quatro Olimpíadas seguidas. O iatismo é dividido em oito classes: 470, *soling*, tornado, *finn*, prancha a vela, *flying dutchman*, *star* e *laser*.

ÍCARO do grego *Íkaros*, pelo latim *Icarus*, Ícaro, designando pessoa excessivamente ambiciosa, que paga caro por suas desmesuradas pretensões. Ícaro era filho de Dédalo, que, a pedido do rei Minos, de Creta, construiu o Labirinto, onde foi aprisionado o Minotauro. Por ter ajudado Ariadne a fugir com Teseu, Dédalo também foi aprisionado ali. Certo de que o rei controlava as saídas por terra e mar, resolveu sair por cima. Usando asas feitas de penas, coladas com cera, ambos fugiram. O pai aconselhou o filho a não voar muito baixo, porque a umidade do mar descolaria as penas, nem muito alto, porque o calor do Sol derreteria a cera. Ignorando as recomendações paternas, o deslumbrado Ícaro voou perto do Sol. O calor derreteu-lhe as asas e ele caiu no mar Egeu. O pai desceu, recolheu o filho, deu-lhe enterro e voou para a Sicília.

ÍCONE do grego *eikon-ónos*, imagem, passando pelo grego bizantino *eikóna*, imagem sagrada. No russo deu *ikóna* e no francês *icône*, deixando de significar apenas aquelas imagens de santos em superfície plana, características da Igreja ortodoxa, para designar imagens de um modo geral. Em São Paulo há uma editora com este nome.

ID do latim *id*, isso. Mas desde que o pai da psicanálise, o psiquiatra judeu-austríaco Sigmund Freud, usou o vocábulo para identificar o substrato mais profundo da psique humana, dominado pelo princípio do prazer e dos desejos impulsivos, cristalizou-se este sentido específico. Dr. Sig adorava usar o latim, onde o alemão foi beber muitas palavras, na formulação de suas teorias, de que são exemplos "ego" e "superego". O humorista e escritor Luís Fernando Veríssimo, aludindo a certo machismo vigente nos pampas, que teria sua contraface num homossexualismo disfarçado, escreveu certa vez que o gaúcho tem ego, superego e uma recalcada Noemi.

IDA forma feminina do particípio passado de ir, do latim *ire*. É também nome de mulher. O melhor caminho nem sempre é o da ida, às vezes é o da volta querida, como aconteceu ao traidor da Inconfidência Mineira, Joaquim Silvério dos Reis. Após os eventos sinistros que causou com sua delação, foi para Portugal em 1794 e de lá voltou em 1808 acompanhando Dom João VI, que se mudava com armas, bagagens e uma chusma de fidalgos para o Brasil.

IDADE do latim *aetate*, idade, período de vida já vivido. Embora os anos que temos sejam os anos que não temos mais, pois já foram vividos, para indicar nossa idade dizemos que temos um certo número de anos. Para as mulheres, por delicadeza, atribuímos menos do que aparentam, seguindo etiqueta social ou omitimos tais referências. O inglês usa o verbo ser: sou tantos anos velho. Nos anos 1960 foi muito popular no Brasil uma canção da italiana Gigliola Cinqueti, cujo primeiro verso, "não tenho idade para amar-te", contrariava a aparência da cantora, com cara de quem já fizera de tudo.

IDEM do latim *item*, significando igualmente, do mesmo modo. Em caso de repetição sequencial, usa-se ibidem, muito usado em citações bibliográficas. No Rio Grande do Sul, achou-se este primor de tabela num açougue: "Carne sem osso; idem, com osso; ibidem, sem idem; idem, sem ibidem." E o preço ia diminuindo, sendo o último item gratuito.

IDENTIDADE do latim escolástico *identitate*, declinação de *identitas*, identidade. No latim, a palavra foi formada a partir de *idem*, o mesmo, a mesma, e *entitate*, declinação de entitas, entidade, ser. A identidade, conjunto de marcas singularíssimas de uma pessoa, faz com que a existência dos sósias seja um fenômeno raro, explorado pelos meios de comunicação social. O sujeito se parece com alguém, podendo ser ou não ser quem se imagina, dúvida que as impressões digitais ou o exame da arcada dentária podem dirimir, como aconteceu com o carrasco nazista chamado de "o anjo da morte", Josef Mengele, cuja identificação foi feita por peritos da Polícia Federal e da Universidade Estadual de Campinas em 1985, muitos anos depois de ter vivido anonimamente em Embu, onde morreu, nas proximidades de São Paulo. Nem todos acreditaram nessa história, principalmente depois que um dos peritos que integraram a equipe que identificara o famoso criminoso de guerra andou cometendo erros primários no exame dos corpos de Paulo César Farias e Suzana Marcolino, assassinados na cama, à noite, numa casa de praia do empresário, em Maceió.

IDENTIFICAÇÃO a partir do latim escolástico *identicu*, perfeitamente igual, formaram-se no português idêntico, identificar e identificação. Os indivíduos passaram a ser identificados em nome da proteção da sociedade e deles mesmos, mas hoje já estão mais claros outros propósitos, como os de controle e censura. A técnica mais antiga de identificação era a tatuagem, já utilizada pelos romanos para marcar os mercenários de suas tropas. A partir do século XIX a fotografia, a medição antropométrica e a datiloscopia passaram a ser fundamentais no trabalho de identificação das pessoas. No Brasil, a cédula de identidade, mais conhecida sob as iniciais RG (Registro Geral), traz o nome do portador, o de seus pais, o da cidade e o do Estado em que nasceu, o dia, mês e ano em que veio ao mundo, uma foto, a impressão digital do polegar direito, a cidade, o estado, a data, o número de matrícula do funcionário responsável, sua assinatura e o emblema da polícia civil, entre outras informações. Daí o olhar de espanto e desconfiança presente em todas as fotos das carteiras de identidade, como também são chamadas. Com tantos controles, qualquer um pode ter quantas identidades quiser, bastando para isso solicitá-las em quantos Estados desejar. Tem, porém, utilidade insólita e não prevista: quando uma pessoa sente-se em crise de identidade, é só sacá-la do bolso seu uso é obrigatório – e conferir que ela é ela mesma, a própria, filha de sua mãe e de seu pai.

IDENTIFICADOR de identificado, particípio de identificar, do latim medieval *identificare*, tornar idêntico, igualar. O serviço de identificação de chamadas telefônicas é hoje corriqueiro e está embutido no próprio telefone, seja no fixo ou no celular, mas há pouco tempo era necessário acoplar ao telefone um pequeno aparelho conhecido como bina, que os dicionários ainda não abonaram. É invenção brasileira, obra do mineiro Nélio José Nicolai, várias vezes agraciado com o título de operário padrão, técnico do Sistema Telebrás, a estatal responsável pela telefonia antes da privatização dos serviços telefônicos. Ele o denominou bina, iniciais de b identifica número de a. Na linguagem telegráfica, o emissor é conhecido por a, o receptor por b. Suas pesquisas começaram em 1977. Em 1980, registrou a nova tecnologia no Instituto Nacional de Propriedade Industrial (INPI). Mas foi duramente castigado pela má fortuna, vinda de nossos traumas com a arapongagem, muito praticada nos anos pós-1964. Seu invento, olhado com desconfiança, foi reprovado em nome da preservação do sigilo telefônico. Em 1988, depois de ter feito conferências nos EUA e na Europa, os norte-americanos patentearam o sistema como se fosse deles, batizando-o de *caller id*, forma abreviada de identificador de chamadas. Premiado em 1996, continuou sem receber um único centavo por seu invento. Atualmente trabalha num sistema que identificará a origem das invasões dos computadores.

IDENTIFICAR do latim medieval *identificare*, identificar, do latim eclesiástico *identicus*, semelhante, palavras radicadas no latim clássico *idem*, o mesmo. O latim clássico tinha outras palavras para o sentido que ganhou o verbo identificar: *recognoscere*, reconhecer; *assimilare*, assimilar. Identificar tornou-se ato importante para as sociedades modernas. No caso do Brasil, a cédula de identidade, emitida a partir da certidão de nascimento, guarda ainda resquícios da identificação feita pela Igreja, pois, antes da República e mesmo algumas décadas depois, o Estado servia-se das certidões de batismo para emissão de outros documentos laicos. Apresentar documento de identidade tornou-se exigência usual e em alguns casos indispensável, como nas viagens aéreas, principalmente depois de 11 de setembro de 2001, quando, entre as medidas adicionais, foi recusada a cópia, mesmo autenticada, de documentos de identificação. Vale apenas o original. Nas empresas, popularizou-se o crachá, do francês *crachat*, do verbo *cracher*, cuspir, vindo do latim *cracare*, lançar pela boca. Foi apenas no século XVIII que o crachá tornou-se indicador de condecoração. Segundo a controversa explicação de Antenor Nascentes, pela semelhança "dos raios da condecoração com os pontos de um escarro esparramado". É possível que escrachar, vindo do castelhano *escrachar*, revelar, que na gíria policial portenha tornou-se sinônimo de humilhar, tenha origem na forma de identificar suspeitos nas delegacias, fazendo retratos mostrando o indivíduo descabelado, descuidado nos modos de vestir, na postura etc.

IDEOGRAMA do francês *idéogramme*, ideograma, símbolo gráfico que representa um objeto ou uma ideia. É palavra formada com os étimos gregos *ide(o)*, de *idea*, aparência, forma, e *grama*, de *gramma*, sinal gravado, letra, figura. São ideogramas também os hieróglifos do sistema de escrita do antigo Egito, gravados em pedra nos monumentos. O ideograma designa o objeto que representa ou suas respectivas conotações, contendo uma ou mais unidades de sentido. Hieróglifos e ideogramas parecem-se com pictogramas, nos quais a representação da mensagem não tem referência com sua forma linguística. Os pictogramas são, porém, representados como elementos isolados. Assim, um fósforo desenhado na caixa indica seu conteúdo em qualquer língua. Já os ideogramas, que na origem foram antigos pictogramas, pertencem a um sistema linguístico, como é o caso dos hieróglifos egípcios, dos caracteres chineses e dos glifos astecas ou maias.

IDÍLIO do latim *idylliu*, termo que veio do grego *idýllion*, diminutivo de *eídos*, significando nessas duas línguas uma pequena peça de poesia, em geral de caráter pastoril. No português agregou o significado de entretenimento amoroso, namoro, paixão, mas com sentimentos marcados pela suavidade, talvez por heranças bucólicas. Hoje, os amores picantes vividos no cinema e na televisão, por exemplo, raramente são idílicos. Não que aqueles poetas não soubessem amar; talvez tivessem melhor estilo, ao menos nas expressões literárias de seus amores.

IDIOMA do grego *idíoma*, passando pelo latim *idioma*, significando inicialmente propriedade, característica e designando mais tarde a língua própria de um povo. Assim, a língua portuguesa, segundo Olavo Bilac, é o nosso "rude e doloroso idioma", pelo qual "Camões chorou no exílio amargo, o gênio sem ventura e o amor sem brilho". Mas o major Policarpo Quaresma, célebre personagem de Afonso Henriques de Lima Barreto, faz outra proposta em *Triste fim de Policarpo Quaresma*, referindo-se ao tupi: "O português é uma língua emprestada, devemos retomar a língua geral, falada originalmente na nossa terra, alçando-a à posição de língua oficial, como manifestação de nossa identidade." Os gregos foram os primeiros a perceber que cada língua tinha suas peculiaridades e índole característica, como os complexos sistemas para definir o gênero das palavras e conjugar os verbos. Em grego *ídios* significa próprio. O português, com quase 200 milhões de falantes, está entre os seis idiomas mais utilizados hoje no mundo, ao lado do espanhol, do hindi, do bengali, do inglês e do mandarim, este último com 850 milhões de falantes. Língua oficial de 45 países, o inglês é o latim deste século, como foi o francês nos séculos XVII e XIX.

IDIOTA do grego *idiotes*, homem do povo, em oposição à classe mais culta, os aristocratas. Como se tratava de gente inculta e iletrada, passou a ser pejorativo. Mas nem sempre e nem em todos os lugares. Vários dos autores portugueses que se referem a juízes idiotas, isto é, juízes de paz, ou de ofício semelhante aos exercidos hoje nos juizados de pequenas causas, sem que a denominação significasse ofensa, como depois ficou praxe.

ÍDOLO do grego *eídolon*, passando pelo latim *idolu*. Chegou ao português indicando objeto, entidade ou pessoa por quem se tem sentimentos exagerados de afeição, graças às qualidades que lhes são atribuídas. Na *Bíblia* são frequentes as vituperações dos profetas hebreus contra os ídolos de outros povos. Um dos casos mais célebres foi o do bezerro de ouro, adorado pela multidão enquanto Moisés recebia no Monte Sinai os Dez Mandamentos. No Brasil, são chamadas de ídolos certas figuras de grande popularidade, como cantores, jogadores de futebol e outros esportistas, entre eles, o tricampeão de Fórmula 1, Ayrton Senna. Essas personalidades são capazes de reunir em sua imagem pública um conjunto de aspirações daqueles que as cultuam, atuando por meio de uma procuração simbólica. Senna não corria por si, mas por milhões de brasileiros, numa dimensão cuja grandeza ele certamente ignorava.

IDOS do latim *idus*, de origem etrusca, do verbo *idare*, dividir, separar. No antigo calendário romano era o dia 15 nos meses de março, maio, julho e outubro, e o dia 13 nos demais meses. Eram fixos, como as calendas, primeiro dia do mês, e as nonas, que caíam no quinto ou no sétimo dia, conforme o mês. Pode designar, como plural de ido, do verbo ir, aquilo que já passou. Nos idos de março, segundo famosa predição de adivinhos, Júlio César foi assassinado em conspiração organizada por seu filho adotivo. Foi também nos idos de março que Domingos Fernandes Calabar foi batizado, em Pernambuco, em 1610. Nos idos de março de 1789, Joaquim Silvério dos Reis Leiria Guites denunciou os Inconfidentes. Também nos idos de março de 1944, os brasileiros tomavam Monte Castelo, bombardeando o monastério onde pareciam inexpugnáveis os nazistas que tinham invadido a Itália.

IDOSO do latim *aetate*, idade, mais o sufixo -oso, muito comum na formação de palavras em nossa língua. Formou-se por haplologia, isto é, por eliminação. Idoso é sinônimo de velho, mas é usado como eufemismo. Assim, diz-se que os idosos, e não os velhos, têm passe livre nos coletivos, o mesmo ocorrendo quando eles referem-se a si mesmos em denominações de clubes e associações. Além do mais, o conceito tem variado através dos séculos. Uma velhinha medieval seria hoje, no máximo, uma coroa.

IEMENITA de Iêmen, de um dialeto árabe *yumn*, felicidade. Ali viveu a lendária Rainha de Sabá, uma das mil mulheres de Salomão, terceiro rei de Israel. Numa lenda árabe, um vizir propõe a seu soberano, "senhor de 180 mil palmeiras", expulsar os israelitas que vivem no Iêmen porque "eles constituem uma raça detestável". O soberano procura um tecelão judeu e, na companhia do vizir, lhe pergunta: "Dos dez tiras tu dez para os doze?" Ouve em resposta: "Dos dez não tiro nem para os 32." O soberano retruca: "E quanto são para ti os 32 de cada dia?" "Quatro, com dois incêndios", responde o tecelão. "E se esperas incêndio para breve, por que não depenas logo o pato?" "Com a ajuda de Deus, em breve depenarei o pato."

IENE do japonês *yen*, redondo, designando também a moeda. Veio para o português depois de escala no inglês *yen*. A unidade monetária circula tanto em moeda como em cédula e o iene é dividido em cem unidades denominadas *sen*. Pode ter havido influência do chinês *yuan*, círculo.

IGNIÇÃO do latim *ignis*, fogo, e o sufixo -ção. Os carros que têm ignição eletrônica iniciam o processo de combustão da gasolina ou do álcool por meios mais sofisticados, superando a fagulha elétrica.

IGNÍVIMO do latim *ignivomu*, que vomita fogo. Monstros apavorantes vomitavam fogo na Antiguidade, como era o caso dos dragões. Coitados! Talvez expelissem tantas labaredas não para assustar os humanos, mas porque sofriam de úlceras tremendas. Com o advento dos circos, foram desmoralizados. Além de expelir fogo pela boca, os artistas passaram também a engolir enormes labaredas.

IGNORÂNCIA do latim *ignorantia*, desconhecimento. Dá título a um breve poema de *O soldado raso*, do escritor alagoano, membro que ocupava a cadeira número 10 da Academia Brasileira de Letras, Ledo Ivo: "Quem, em seu gabinete,/ fala em nome do povo/ não sabe que a galinha/ nasceu antes do ovo." A origem do ovo e da galinha é grave questão filosófica, apesar de surgida provavelmente num galinheiro.

IGUARIA provavelmente do latim *epularum*, genitivo plural de *epulae*, refeição constituída de vários pratos, banquete. A pronúncia teria derivado para *epularia* e mais tarde teria havido substituição do "p" pelo "g", ocorrendo as demais variações. Entre os antigos romanos, o mesmo radical serviu à designação de palavras semelhantes, como *epulum*, refeição oferecida aos deuses em altares, e *epulo*, conviva, comensal. Nas *Mil e uma noites*, a fiel e ardilosa esposa de um alvazir evita ser seduzida pelo sultão mulherengo oferecendo-lhe 90 pratos diferentes, todos, porém, com o mesmo sabor. Ao experimentá-los um a um, o soberano reclama: "Estas iguarias, ainda que numerosas e variadas, têm o mesmo gosto!" "As 90 concubinas de vosso palácio real, assim como as restantes mulheres do mundo, também", responde a mulher. E conclui: "Vossa Majestade encontrará nisso uma parábola e dela pode tirar conclusões."

IÍDICHE do alemão *jüdisch deustch*, judeu alemão, designando língua falada principalmente por judeus, desenvolvida no século IX, na Polônia, a partir de um dialeto alemão de forte influência hebraica e eslava. Era muito usada por judeus que habitavam a Europa Central e Oriental e, com a grande diáspora que os dispersou pelo mundo, tornou-se a língua franca dessa etnia. O iídiche enriqueceu consideravelmente a língua inglesa. As estatísticas sobre quem fala iídiche hoje no mundo são discrepantes. Variam de 200 mil a três milhões pessoas. O escritor judeu-polonês Isaac Basev Singer, Prêmio Nobel de Literatura em 1978, escreveu seus livros em iídiche, ambientando suas histórias curtas num mundo que desapareceu: as pequenas comunidades judaicas das aldeias polonesas que se expressavam em iídiche.

ILEGÍTIMO do latim *illegitimus*, contra a lei, fora da lei, proibido. Diz-se, por exemplo, do filho fora do casamento, também denominado bastardo. Muitas personalidades tiveram filhos ilegítimos, inclusive papas, como foi o caso do papa Santo Hormidas, pai do papa São Silvério. Apesar de hoje soar escandaloso um papa ter filho, no início da Idade Média alguns pontífices eram casados e já no fim do mesmo período, embora não casassem mais, alguns continuaram a ter amantes. Ilegítimos também foram os sobrinhos de alguns papas, nomeados para altas funções pelo único mérito de serem parentes do papa, o que gerou o nepotismo, depois aplicado não apenas ao sobrinho – *nepos, nepotis*, é sobrinho em latim – mas a qualquer parente ou pessoa que tenha algum tipo de relação com a autoridade que os nomeia, como cônjuges e cunhados.

ILHA do latim *insula*, porção de terra cercada de água por todos os lados. No Brasil, os Estados do Maranhão e de Santa Catarina, apesar de serem enormes continentes, têm suas capitais sediadas em pequenas ilhas, São Luís e Florianópolis respectivamente.

ILHABELENSE de ilha e bela, do latim *insula* e *bella*, bela, bonita, formado a partir de *bellus*, radicado em *duenolos*, bonzinho, diminutivo de *duenos*, antiga forma de *bonus*, bom. Designa o natural ou habitante de Ilhabela, município do litoral paulista, um dos pontos de refúgio da classe média de São Paulo em fins de semana, feriados e férias. Foi ali que ocorreu, em 1916, o maior naufrágio de todos os tempos. Um ano após o afundamento do Titanic no Atlântico Norte, quando morreram cerca de 1.500 pessoas, o Príncipe das Astúrias naufragou matando 3.500 pessoas. Muitas das vítimas, alemães fugitivos da Primeira Guerra Mundial, viajavam clandestinamente nos porões e suas mortes não foram contabilizadas. Foram registrados oficialmente apenas 447 mortos.

ILHOTA de ilha, do catalão *illa*, com influências do espanhol *isla*, radicado no latim *insula*. As neolatinas comprovam a padronização das alterações havidas no latim, de que são exemplos também o francês *île* e o italiano *isola*. O sufixo -ota indica diminutivo, frequente no português, como em filhota para filha. O poeta catarinense Solange Rech, um de nossos poucos sonetistas, inconformado com o nome da localidade onde nasceu, Ilhota Grande, no município de Gravatal (SC), pergunta no livro *A hora da colheita* (Florianópolis, Edição dos Autores, Editor Solange Rech, 408 páginas): "que crânio terá batizado minha terrinha com essa impropriedade, com esse atentado à lógica e à língua? Se ilhota é diminutivo de ilha, como alguém pode ter tido a inspiração de 'criar' Ilhota Grande? É como se disséssemos: uma ilha pequena grande. E o pior é que existe, ali perto, um povoado com o nome de Ilhotinha, termo que, decomposto, significaria uma pequena ilha pequena." No livro, um grupo de padres e outro de ex-seminaristas, que foram colegas de internato na adolescência, fazem um memorial sobre os caminhos que cada qual tomou ao ficar no seminário ou ao abandoná-lo, alguns contra a vontade nos dois casos.

ILUDIR do latim *illudere*, divertir-se, *in ludere*, jogar. Tomou o sentido de enganar porque no jogo o engano está presente, mais do que o acerto. E aparece nestes versos de José Martins Fontes: "Amemos a mulher que não ilude,/ E que, ao saber que a temos enganado,/ Perdoa por amor ou por virtude,/ Pelo respeito ao menos do passado." *Ilusões perdidas* dá título ao famoso romance de Honoré de Balzac. O enredo mostra um escritor vindo do interior da França que perde as ilusões ao chegar a Paris e ver que a ética e a verdade não são os pontos fortes dos jornalistas. Foi também o título da primeira telenovela brasileira gravada e exibida pela TV Globo, em 1965. Leila Diniz interpretava uma vilã, fazendo par com Reginaldo Farias.

ILUMINAR do latim *illuminare*, iluminar, esclarecer, verbo formado a partir de *lumen*, claridade produzida por fogo, trazido em candeeiro, archote, tocha. O étimo remoto é *lux*, luz, já que uma das primeiras funções do fogo foi combater a escuridão, iluminando o dia, como faz o Sol; ou a noite, como faz a Lua. Outros astros que brilhavam no céu noturno pareceram aos primeiros homens, desde quando os contemplaram pela primeira vez, que semelhavam luz nas trevas, isto é, tinham também a função de iluminar o caminho, de orientar, em terra como no mar. *Iluminar* dá título a um cedê do padre Fábio de Melo, que só deste vendeu 264 mil cópias.

ILUMINURA do francês *enluminure*, iluminura, ilustração de manuscritos e livros medievais, sobretudo missais, caracterizada por pinturas de cores vivas, representando flores, personagens e cenas do texto, quase sempre começados por caprichoso desenho colorido da letra inicial.

ILUSÃO do latim *illusione*, declinação de *illusio*, radicado em *ludus*, jogo, brinquedo, alterado para *ludius*, comediante. Provavelmente *ilusio* foi formado a partir da forma verbal *illusum*, de *illudere*, enganar em *ludus*, brincadeira, jogo. O vocábulo foi registrado pela primeira vez na língua portuguesa no século XIII, tendo sido escrito "ilusium" na *Crônica da ordem dos frades menores*: "começou Frey Amtonio a torçer a boca e a cara avoreçiuelmente por ilusium diabólica", trecho que transcrito hoje ficaria assim: "começou Frei Antônio a torcer a boca e a cara aborrecidamente, por ilusão diabólica." Nos anos de aprendizagem do português, as crianças brasileiras, semelhando girinos da língua, retomam antigas formas medievais de escrever. Atores, atrizes e produtores de telenovelas podem fazer como Balzac e dar adeus às ilusões perdidas: com a televisão digital, muitos disfarces, até então despercebidos pelo telespectador, ficarão nítidos e ridículos, como paredes de tijolos feitas de papel pintado, maquiagem carregada demais para encobrir imperfeições no rosto etc.

IMACULADA do latim *immaculatus*, sem mancha, sem mácula, puro, cândido. Imaculada Conceição é um dos epítetos de Nossa Senhora, cuja virgindade é dogma para os católicos, mesmo depois da gravidez. No sentido de brancura, aparece neste trecho de *Uma eleição perdida*, do botânico e historiador português Francisco Manuel de Melo Breyner, mais conhecido como conde de Ficalho, cujos escritos são primorosos por relacionar a disciplina da qual era catedrático, botânica, com a história portuguesa: "Estava claríssima a sala do comendador, com o teto e as paredes bem caiadas, reluzindo numa brancura imaculada."

IMAGEM do latim *imago*, imagem. Em biologia é também a designação da forma adulta e definitiva do inseto. No Brasil, há uma importante editora chamada Imago, que publica as obras de Sigmund Freud.

IMBECIL do latim *imbecille*, fraco de espírito, mas seu sentido primitivo era o de indivíduo sem apoio – *imbecillis quasi sine baculo* (fraco, como [se estivesse] sem bastão) – tal como aparece no poeta latino Décimo Júnior Juvenal, autor de célebres 16 sátiras, divididas em cinco livros, onde vituperou os vícios da sociedade epocal sob o domínio de imperadores sanguinários e criminosos, como Domiciano e Nerva.

IMBRÓGLIO neologismo vindo do italiano – pronuncia-se "imbrólio" – para designar confusão, formado de *in*, em, e *broliare*, falsificar, confundir, agitar. Aparece na língua portuguesa já em *Dispersos*, I, de Camilo Castelo Branco: "Só lá dentro soubemos que o drama em execução era *O crime* ou *Vinte anos de remorso*. Tínhamos uma vaga notícia desta cousa – .... sabíamos que era um imbróglio." Também Raul Pompeia registrou o vocábulo em *O ateneu*: "O dr. Cláudio conduzia os trabalhos com verdadeira perícia de automedonte, esclarecia os imbróglios." Ganhou na linguagem coloquial o significado de confusão porque em italiano designa peça teatral de enredo desordenado.

IMISSÃO do latim *immissione*, imissão, do verbo *immitere*, imitir, por dentro, fazer alguém entrar. Na imprensa, quando das invasões de propriedades pelo Movimento dos Sem-Terra (MST), lê-se que o juiz determinou "imissão de posse" aos donos legítimos, o que significa que eles podem entrar outra vez na propriedade de onde foram teórica ou praticamente expulsos, mas, apesar de apoiada em gramáticas, a expressão não é correta, vez que tem garantia de imissão é o proprietário, não a propriedade. Se assim fosse, a propriedade e não o proprietário receberia os benefícios da lei. Quem redigiu o *Código de Processo Civil* deixou claro que é "imissão na posse", como se vê no arts. 625, 879, I. Eça de Queirós usa palavra semelhante – imisção –, mas que todavia com sentido de intrometer-se, no trecho que segue: "O horror dos democratas a qualquer imisção dele, mesmo remota, nos negócios republicanos da França, subiu a tal ponto que, quando o general Appert, embaixador da França na Rússia, começou a tornar muito íntimo e familiar do czar e a tomar chá no Palácio de Inverno mais vezes do que as exigidas pelo protocolo, o general Appert foi brutalmente demitido!" Admitir, emitir, omitir e demitir derivam do mesmo tronco latino.

IMOLAR do latim *immolare*, matar a vítima oferecida em sacrifício à divindade. O vocábulo veio de mola, farinha, pois antes de ser executado, o animal era marcado na testa com uma pasta de farinha misturada com sal. As vítimas com aspas – novilhos, bois, bodes – eram enfeitadas de grinaldas de flores e folhagens.

IMORTAL do latim *immortale*, declinação de *immortalis*, imortal, que não está sujeito à morte. O prefixo im-, no latim como no português, indica negação, sendo às vezes escrito *in* em nossa língua, de que é exemplo "inativo", aquele que não está ativo, sinônimo de aposentado. Os primeiros imortais latinos foram os deuses pagãos. Os primeiros escritores imortais foram franceses, pois a Academia utilizou como critério para eleição aqueles autores cujas obras seriam perenes, jamais esquecidas, e por isso os escritores seriam sempre lembrados, como se vivos fossem. A Academia Brasileira de Letras adotou a concepção francesa. Entretanto, alguns imortais renunciaram à imortalidade. E nesses casos as vagas somente foram preenchidas segundo o método tradicional, isto é, depois da morte dos titulares. Foi o caso de Clóvis Bevilacqua, que renunciou em 1914 porque naquela época a ABL ainda não aceitava mulheres e ele queria eleger a esposa, Amélia de Freitas Bevilacqua. Houve outras renúncias: Graça Aranha, José Veríssimo, Oliveira Lima e Rui Barbosa.

IMPACTO do latim *impactu*, impacto, colisão, choque. A palavra foi formada com o afixo im-, indicativo de negação. Em latim, *pactu* significa pacto, ajuste, contrato, acordo. O impacto pressupõe o uso da força.

IMPASSE do francês *impasse*, sendo im- o prefixo que indica a negação de passe, canal, passagem, mas ainda nas vias marítimas e fluviais. Em terra, o impasse tinha a denominação chula *cul-de-sac*, beco. Foi no francês que a palavra ganhou sentido conotativo, primeiramente com François Marie Arquet, mais conhecido como Voltaire, e mais tarde com Denis Diderot, os grandes iluministas e autores de obras literárias que até hoje são referências indispensáveis. Das navegações, impasse veio para o jogo de cartas, designando lance que impedia a passagem de cartas ao jogador. Voltaire reprovou o chulo *cul-de-sac* na boca e na pena de homens cultos, propondo a variante impasse. Mas foi Diderot o primeiro a empregar a palavra como sinônimo de situação em que não há saída ou que ela é quase impossível, a menos que sejam feitas concessões mútuas, isto é, que alguém deixe o adversário passar. Ou o vença, claro, hipótese que em tais casos é tarefa considerada impossível por qualquer das partes envolvidas. No futebol, quando surge o impasse, a impossibilidade do passe para a frente, para avançar, cabe ao jogador que domina a bola buscar outra alternativa, que pode ser o recuo. Na política, também.

IMPÁVIDO do latim *impavidu*, atrevido, corajoso, que não tem medo de nada. Nosso *Hino Nacional* proclama que o Brasil, além de "gigante pela própria natureza", é também "belo, forte e impávido colosso", de acordo com o poeta e crítico literário Joaquim Osório Duque Estrada, autor da letra de nosso hino. A música foi feita antes, em 1831, nove anos depois da Independência, pelo compositor brasileiro Francisco Manuel da Silva. Durante várias décadas, o hino foi apenas executado, sem poder ser cantado.

IMPEDIMENTO do latim *impedimentu*, impedimento, obstáculo. No futebol, este vocábulo tem duas variantes: banheira e *offside*. Nas três acepções indica jogada em que a bola, lançada de trás, encontra o atacante no campo adversário sem nenhum jogador do outro time pela frente, exceto o goleiro.

IMPERADOR do latim *imperatore*, declinação de *imperator*, comandante supremo. Os imperadores romanos receberam tal designação mais por seu poder militar do que civil, já que estavam amparados na força das armas. O Brasil teve apenas dois imperadores: Dom Pedro e seu filho, Dom Pedro II, deposto na manhã de 15 de novembro de 1889 por golpe militar que proclamou a República. Não começamos bem: o líder militar da rebelião, o marechal Deodoro da Fonseca, era um dos amigos mais próximos do imperador e houve cheiro de traição. Dois dias depois, de madrugada, a família imperial era posta numa carruagem e levada à corveta Parnaíba, que a conduziu ao vapor Alagoas, ancorado nas proximidades de Ilha Grande. Dali, seguiu para o exílio em Paris. Os jornalistas da época – sempre eles! – registraram, sobretudo em crônicas, que o povo assistiu a tudo meio bestificado, atônito, surpreso, como na Independência, sem saber o que significava tudo aquilo. Mas depois os republicanos puderam explicar-se melhor, como em Canudos e na guerra do Contestado.

IMPERATRIZ do latim *imperatrice*, declinação de *imperatrix*, que impera, governa, exerce o mandato supremo. Nossa primeira imperatriz foi Leopoldina Carolina Josefa de Habsburgo, esposa de Dom Pedro e mãe de Dom Pedro II. Foi ela quem assinou o Decreto de Independência do Brasil, dia 2 de setembro de 1822, proclamada cinco dias depois pelo marido. Ele não podia assinar por estar licenciado do cargo, em viagem a São Paulo. Morreu jovem, em consequência de um aborto, e o marido não foi ao enterro. Estava de amores com Domitila de Castro Canto e Melo, a marquesa de Santos, e em guerra com a Província Cisplatina, o Uruguai de hoje. A segunda imperatriz do Brasil foi Amélia de Leuchtenberg, mulher de rara beleza e muita doçura. Nem assim deixou de ter um relacionamento complicado com a rainha Dona Maria II, sua enteada e cunhada, pois era filha do primeiro casamento de seu marido, com a princesa Leopoldina. Já viúva, a imperatriz casou-se secretamente com Francisco Gomes da Silva, o Chalaça, com quem teve uma filha. Chalaça era seminarista. Brigou com o padre superior do seminário e com um colega, tendo sido expulso. Naquele mesmo dia, 29 de novembro, a Família Real Portuguesa, enxotada pelas tropas napoleônicas, comandadas pelo general Jean-Andoche Junot, deixava Lisboa, onde o ex-embaixador da França em Portugal entraria à frente de 20 mil homens e depois cobraria 100 milhões de francos como imposto de guerra. Chalaça chegou a ser preso pelos franceses, mas, liberado, correu para o porto, onde o verdadeiro pai, um nobre, já estava embarcado. Por exigência da mulher deste nobre é que Chalaça tinha sido registrado como filho de um ourives da corte. É personagem de um divertido e delicioso romance do paulista de Santos, José Roberto Torero, intitulado *Galantes memórias e admiráveis aventuras do virtuoso conselheiro Gomes, o Chalaça*. O escritor declarou sobre seu ofício: "Dois tipos de razões me levam a escrever: as razões nobres e as plebeias. As plebeias são as tradicionais: fama, dinheiro e mulheres. Pensava que, como um escritor, teria um pouco dessas três coisas, mas a fama de um escritor é irrisória perto da de um razoável centroavante. O dinheiro é ridículo, se comparado ao que ganha qualquer desafinado cantor de pagode. E, quanto ao gemido das mulheres, qualquer ator que tenha feito uma aparição na Globo é mais solicitado do que eu."

IMPETRAR do latim *impetrare*, obter, alcançar, variação de *patrare*, executar como pai. O próprio verbo traz implícito *pater*, raiz indo-europeia que foi acolhida no grego e no latim, conservando o significado de pai, não no sentido biológico, mas no religioso e no social. Por influência dos genitivos grego *patrós* e latim *patris*, nas duas línguas significando "do pai", a raiz está presente em palavras como pátria, padrinho, patriota, padroado, patrício, patrono e assemelhadas, indicando proteção. Ao entrar para a língua portuguesa no século XV, o verbo veio designar ação de requerer abrigo de instância ou lei. Tendo migrado para o vocabulário jurídico o verbo conservou o significado religioso que lhe era próprio, significando pedido de perdão dos pecados ou de graça a ser alcançada, agora entendida como *habeas corpus*, por exemplo, com a diferença de que a súplica não é mais feita a Deus, mas ao Juiz. Assim, a petição, instrumento inicial do processo jurídico, substituiu a prece. Pode-se impetrar *habeas corpus* cujo beneficiário é quem sofre ou está prestes a sofrer limitações ou perda da liberdade. Impetrar garantia constitucional tem o fim de evitar abuso de poder, coação ou violência por parte de autoridade. Pode-se impetrar também para condenar, como fez o Marquês de Pombal, que impetrou ao Santo Padre autorização para enquadrar no poder civil os jesuítas, no século XVIII, quando os expulsou dos domínios de Portugal.

IMPLANTE de implantar, de plantar, antecedido de "in", mas que é escrito "im" por estar antes de "p". Veio do latim *plantare*, plantar, semear. Como o étimo é semelhante ao do arcaico *chantar*, com o duplo sentido de plantar e cantar, e ao de *planger*, chorar, ensejou parecenças de significado entre plantar, planger, chorar. Um dos implantes mais comuns é o de cabelos, embora arrancá-los seja sinal de desespero. O ex-ministro José Dirceu, por exemplo, um dos 40 denunciados no STF pelo procurador-geral da República, Antonio Fernando Souza, pelo esquema do mensalão, procurou o cirurgião plástico Fernando Bastos para fazer implante de cabelos, em janeiro de 2008. Quem sabe tenha a esperança de readquirir a força do cabeludo líder estudantil que ele já foi ou os poderes míticos de Sansão.

IMPORTANTE do latim *importante*, essencial. Certamente é uma das palavras mais usadas em nossa língua, o que está banalizando o vocábulo. O adjetivo deveria servir para qualificar algo absolutamente prioritário em alguma atividade, mas o campeão de Fórmula 1, o alemão Michael Schumacher, declarou ao final do campeonato de 1994: "A parte mais importante do meu corpo é o cotovelo." Pelo menos, foi sincero. Na última prova, realizada no circuito de Adelaide, na Austrália, sagrou-se campeão de uma forma horrorosa, procurando de todos os modos, e conseguindo, jogar seu carro sobre o de seu principal adversário, o inglês Damon Hill. Tantas aprontou para os colegas que foi o único da categoria a não comparecer ao enterro de Ayrton Senna, com medo de possíveis vinganças da torcida brasileira. Os locutores brasileiros costumam errar a pronúncia de seu sobrenome, acentuando equivocadamente a penúltima sílaba, sem ao menos prestar atenção aos gritos da torcida alemã. No ano de 2002, o polêmico e competente piloto voltou à berlinda por ter sido favorecido desjeitosamente em disputa com o piloto brasileiro Rubens Barrichello que, estando na reta final de chegada, recebeu ordens da Ferrari para frear e permitir que o alemão o ultrapassasse e vencesse a corrida em arranjo que envergonhou as pistas e irritou o público.

IMPORTAR do latim *importare*, importar, trazer para dentro, fazer vir de outro país. O equilíbrio entre importações e exportações revela boa saúde econômica das nações. O Brasil vive em desequilíbrio por importar mais do que exporta há vários anos, o que prejudica nossas indústrias, criando desemprego. Em 1857, o visconde de Mauá foi à falência com numerosas indústrias e outros negócios, entre os quais suas companhias de navios, trens e bondes, que passaram a ter nomes ingleses, por ter havido isenção de impostos à importação de máquinas e bens de consumo. A Companhia de Bondes do Jardim Botânico passou a chamar-se *Botanical Garden Rail Road* e foi a primeira empresa dos EUA no Brasil.

IMPOSTO do latim *impositu*, imposto, aquilo que é realizado à força, sem consentimento. O Brasil é um dos países com a maior carga de impostos do mundo, o que dificulta as relações comerciais e de trabalho, além da contabilidade das empresas e do setor público. Por isso, de vez em quando alguém propõe o imposto único. A História mostra numerosas revoltas contra impostos, nenhuma tão sutil quanto a dos súditos ingleses que foram pedir a Lady Godiva que interviesse junto ao marido para que reduzisse os pesados impostos que os afligiam. O esposo concordou estabelecendo, porém, como condição, que ela, completamente nua, atravessasse a cidade de um extremo a outro de *Coventry*. A mulher aceitou, pedindo ao povo que não viesse sequer às janelas. Um velho inglês comentou: "Estarei lá. Faz muitos anos que não vejo um cavalo!" Foi o único que não se decepcionou, pois os longos cabelos da atrevida cobriram-lhe a nudez. Mas as crinas do animal não ocultaram a beleza da montaria. O tema serviu de inspiração a muitos pintores. Ficou feliz também o cavalo que a transportou.

IMPOSTÔMETRO de imposto, do latim *impositus*, depois *impostus*, do verbo *imponere*, impor, obrigar, e metro, do grego *métron*, instrumento de medir. A Associação Comercial de São Paulo (ACSP) instalou um impostômetro em frente à sua sede, na capital paulista, disponível também na internet. A metodologia utilizada considera impostos, taxas, contribuições, juros, multas e correções monetárias pagos às três esferas de governo. O brasileiro pagou R$ 700 bilhões de impostos até fins de julho de 2010. A quantia é alta, mas, dividida por todos, não é: R$ 3.648,42 – média de R$ 600,00 por mês. É que poucos pagam muito e muitos pagam pouco ou não pagam nada.

IMPRENSA do catalão e do espanhol *prensa*, acrescido do prefixo im- por influência do latim *imprimere*, apertar algo sobre uma base, marcar, gravar, de que é exemplo a expressão *imprimere litteram* (gravar a letra). Apesar de os chineses conhecerem os tipos móveis bem antes de Johannes Gutenberg, a imprensa foi dada como invento do alemão. Já os primeiros jornais impressos surgiram no século XVII e receberam o nome de *gazetta*, na Itália, e *gazette*, na França, por serem assim conhecidas as moedas com que eram comprados. Essas primeiras publicações eram semanais. Quando passaram a circular mais de uma vez por semana, os jornais receberam denominações que em geral começavam com as palavras "diário" ou "correio". O poeta abolicionista Castro Alves vinculou imprensa e liberdade num belo poema intitulado *O livro e a América*. Mas o Brasil não teve imprensa nos primeiros três séculos. E quando a teve, a partir de 1808, foi imprensa régia, isto é, só publicava o que o rei queria, sendo os manuscritos submetidos a censura prévia, menos o jornal de Hipólito José da Costa Pereira Furtado de Mendonça, o *Correio Braziliense* ou *Armazém Literário*, editado no exílio, em Londres, hoje lembrado numa seção do *Observatório da Imprensa*, cuja equipe tem os jornalistas Alberto Dines como editor-responsável e Luiz Egypto como redator-chefe. Hipólito foi nomeado para a Imprensa Real em 1801. Logo, porém, acusado de ser maçom, foi encarcerado pela Inquisição. Fugiu da cadeia em 1805, voltou a Londres e fundou seu jornal no mesmo ano em que João Maria José Francisco Xavier de Paula Luís António Domingos Rafael de Bragança, mais conhecido como o rei Dom João VI chegava ao Brasil, fundava a imprensa e estabelecia a censura prévia, cuja abolição deu-se apenas em decreto de dois de março de 1821, assim mesmo de maneira dissimulada, bem ao estilo ardiloso do rei. Com efeito, a censura, retirada dos manuscritos, continuava nas provas tipográficas. Em texto ambíguo, o decreto dizia atender a "reiteradas representações, que pessoas doutas e zelosas do progresso da civilização e das letras têm feito... tanto sobre os embaraços, que a prévia censura dos escritos opunha à propagação da verdade, como sobre os abusos que uma ilimitada liberdade de imprensa podia trazer à religião, à moral ou à pública tranquilidade". Liberdade é como virgindade: limitou, não existe mais. O certo é que as relações entre imprensa e governo, qualquer que seja ele, costumam ser complexas e quase sempre conflituosas. O presidente Lula declinou a síntese de sua teoria da imprensa: "Notícia é aquilo que nós queremos ver publicado."

IMPRESSIONISMO do francês *impressionnisme*, a partir de *impression*, impressão, e *impressionner*, impressionar. *Impression* estava na língua francesa desde 1249, vinda do latim *impressione*, declinação de *impressio*, e *impressionner* chegou ao francês em 1741, do étimo latino *imprimere*, imprimir. A palavra surgiu no século XIX para designar movimento artístico que objetivava traduzir *impressions*, impressões, através da arte. Na mesma época, Claude Monet pintou um pôr do sol sobre o mar, intitulando-o *Impression, soleil levant*.

IMPRESSIONISTA do francês *impressioniste*. Os pintores impressionistas surgiram na França na segunda metade do século XIX. O termo aplica-se também à música e à literatura. Visitando o famoso museu Hermitage, em São Petersburgo, o ex-presidente Fernando Henrique Cardoso demorou na contemplação do quadro A Dança, do célebre impressionista francês Henri Matisse. A tela mostra cinco bailarinos nus, de mãos dadas. Os impressionistas não economizavam luz em suas obras e se caracterizavam por exprimir as sensações subjetivas que determinada visão de uma natureza cambiante causava em seus espíritos. Mas o comentário do ex-presidente foi outro: "Esta é a dança ministerial. Os ministros estão nus para demonstrar a austeridade do governo."

IMPREVISTO de previsto, antecedido de "im", indicando negação. O étimo veio do verbo latino *praevidere*, prever. Imprevisto é, pois, o que não foi ou não pôde ser previsto. O general William Gus Pagonis, que enfrentou Saddam Hussein na Guerra do Golfo, em 1991, ensinou: "A cada minuto, em qualquer lugar, dá tudo errado, o importante é consertar." No filme *Operação Valquíria*, um dos militares envolvidos no projeto de eliminar Adolf Hitler, recomenda ao colega de conspiração: "Não se esqueça de que nada acontece como planejado."

IMPROPRIEDADE do latim *improprietate*, declinação de *improprietas*, que não tem propriedade. Exemplos de impropriedade em língua portuguesa estão ligados a incorreções, a lapsos, deslizes e mesmo a absurdos. Um político anuncia que é urgente criar novas oportunidades. Por que novas? Não é errado, mas é uma impropriedade. Tudo o que se cria é novo. Um ministro diz que as despesas com gastos aumentaram. Mas despesas e gastos são sinônimos. Outro denuncia o monopólio exclusivo. Se é monopólio, já é exclusivo. Certa dondoca é descrita como alguém que está sempre com um sorriso nos lábios. Mas onde mais o traria? Um colunista social registra a presença da viúva do falecido na solenidade. De quem mais ela seria viúva? Já a expressão prefeitura municipal, sempre tida como exemplo de impropriedade, não o é, dependendo do contexto. O Império Romano tinha prefeituras, assim como universidades ainda as tem. E nos internatos e seminários, o prefeito era quase sempre um padre, ainda que não se aludisse à prefeitura.

IMPROVISO do latim *improvisu*, sem preparação, de repente. Oradores falam de improviso, mas há aqueles que trazem seus improvisos bem preparados na memória, uma vez que falam sempre as mesmas coisas. O filme *El mariachi*, do diretor Robert

Rodriguez, concebido inicialmente para vídeo, foi rodado inteiramente de improviso, em 1992. Todas as cenas foram filmadas apenas uma vez e seu custo, sete mil dólares, é o mais baixo de toda a história do cinema.

IMPUGNAR do latim *impugnare*, impugnar, contestar, combater, recusar. *Pugna*, em latim, é luta. Impugnar é entrar na luta, atacar, investir. E por que pugna designa a luta? Porque *pugnus* é punho, radicado no panromânico *pumn*, punho. Pugilato, punhal, propugnar, repugnar, repugnante, rejeitar, projetar, eis outras palavras cuja origem tem a mesma procedência. Significam ato de afastar com os punhos, usá-los para defesa ou ataque. Modernamente, são a caneta e o computador que mais servem aos atos de impugnar, mas as segundas recusas, precedidas apenas de caretas e palavras, foram o soco e o empurrão. No Direito, a impugnação mantém a etimologia de luta presente no vocábulo, mas ela é feita em palavras, armas e ferramentas de quem refuta, contesta, impugna.

IMPUREZA do latim vulgar *impuritia* (pronuncia-se "impurícia"), impureza. No latim clássico é *impuritas*. São palavras do mesmo étimo de *purus*, puro, sem mistura, inocente, sagrado. Daí ser o branco a cor da pureza, pois revela a ausência de impurezas, de máculas, de nódoas, de manchas. Os candidatos romanos vestiam-se de branco para evidenciar que eram pessoas puras, sem vícios. O étimo está presente também em apurar, verbo muito utilizado na mídia, designando ato de descobrir a verdade ao separá-la de impurezas. *Arca de Impurezas* é o título de um livro de narrativas curtas, de autoria coletiva, com textos de Maria Helena Martins, Liana Timm e Cristina Macedo, entre outros, que em seu conto *E tudo ao redor era o mar*, escreveu: "Saiu do quarto, atravessou os corredores, tomando cuidado para que ninguém a visse. Precisava respirar ar puro, chegar bem próximo da água, quem sabe molhar os pés."

IMUNIDADE do latim *imunitas, imunitatis*. Tem imunidade aquele que é isento, que não pode ser atingido diante de alguma ameaça. Assim, goza de imunidade diante dos Poderes Executivo e Judiciário o membro do Legislativo, com o fim de atuar livremente no parlamento. Aquele que sofre de AIDS – sigla, em inglês, de Síndrome de Deficiência Imunológica Adquirida – perdeu sua imunidade diante das doenças.

INADIMPLÊNCIA negação da adimplência, variação de adimplemento, do verbo adimplir, vindo do latim *adimplere*, cumprir um contrato. Consiste em descumprir, no todo ou em algumas cláusulas, o que foi combinado entre as partes, como ocorreu com os tomadores de créditos agrícolas em passado recente. Eles alegaram que o primeiro inadimplente tinha sido o governo, que não mantivera a cláusula principal: a estabilidade da moeda. Como consequência, fertilizantes, insumos, combustíveis e máquinas sofreram reajustes pelo dólar. Em 1500, em se plantando tudo dava. Quinhentos anos depois, a terra inverteu a famosa oração franciscana: é recebendo que se dá. Primeiro, a terra quer fertilizantes, sementes e inseticidas. Depois, dá alimentos. Parece que ela também ficou inadimplente. Inadimplentes unidos jamais foram vencidos.

INADIMPLENTE do étimo latino *plen-*, presente também em pleno, plenitude, antecedido do prefixo in-, indicando negação para adimplente, de adimplir, verbo pouco usado, do latim *adimplere*, encher, preencher, isto é, cumprir um contrato. Quando é concedido um crédito ou vendido algo fiado, as partes fazem um contrato. Se o devedor não cumpre a sua parte, torna-se inadimplente. No Brasil, a inadimplência do crediário estava ao redor de 4% antes de irromper a crise vinda dos EUA.

INATIVO de ativo, do latim *ativus*, ativo, aquele que faz alguma coisa, antecedido do prefixo in-, indicador de negação. Em economia, designa a totalidade dos bens de uma empresa ou pessoa, incluindo dinheiro, créditos, mercadorias, imóveis, investimentos etc. Inativo é, pois, o que não faz nada, que está parado, paralisado, aplicando-se a vulcões, fábricas, máquinas etc. Na Previdência, designa o funcionário público, civil ou militar, que, por aposentadoria, reforma, doença ou outro motivo, recebe vencimentos sem exercer ativamente o trabalho.

A designação é incorreta, pois os inativos trabalham muito, como a maioria dos aposentados. Semelhando a adjetivação econômica, eles são também ativos circulantes, já que para trabalhar precisam mover-se continuamente, não apenas de um lugar para outro, como também de um emprego a outro. São também ativos permanentes, deixando de ser ativos fixos, menos aqueles que trabalham em casa. E, dado que o Brasil alcançou a longevidade, são também ativos realizáveis a longo prazo. Tudo, menos inativos. Inativa está compulsoriamente a maioria dos desempregados.

INAUGURAR do latim *inaugurare*, propriamente *in augurare*, celebrar os ritos augurais, tarefa dos áugures, sacerdotes que entre os antigos romanos adivinhavam os desígnios dos deuses, invocando-lhes a proteção para o que estava começando. Eles previam o futuro e adivinhavam os presságios por meio do canto das aves, do exame de suas entranhas ou ouvindo o vento. Nenhum edifício público era aberto aos moradores da cidade sem que antes os sacerdotes buscassem a aprovação dos deuses para a iniciativa. Consolidou-se com o significado de estrear, abrir ao público, começar, mas não mais exclusivamente aplicado a um templo, edifício, monumento, mas também a casas, placas comemorativas, roupas, ações etc. Às vezes, os políticos inauguram o que não existe. No caso da cidade de Belo Horizonte, ela já existia há três anos quando foi inaugurada, em dezembro de 1897. E já contava com 10 mil habitantes.

INCA do quíchua *inka*, pelo espanhol *inca*, senhor, título dos monarcas do antigo império peruano e dos membros da classe dominante que, ao lado dos astecas no México, compuseram duas grandes civilizações americanas pré-colombianas.

INCENDIÁRIO do latim *incendiarium*, incendiário, provavelmente formado a partir de *in candeo*, no fogo. Poucos foram tão incendiários como o imperador romano Nero, que no dia 19 de julho de 64 d.C., tocou fogo em Roma, atribuindo o feito aos cristãos para justificar as perseguições que culminaram com a execução de São Pedro e São Paulo, celebrados conjuntamente dia 29 de junho porque a tradição cristã, ignorando a História, considerou por muito tempo que os dois apóstolos tinham sido martirizados nesse dia: o primeiro na colina Vaticana e o segundo na localidade hoje denominada Três Fontes. Provavelmente São Pedro morreu no ano 64 e São Paulo no ano 67, sem que se possa precisar o dia exato de cada uma das execuções.

INCÊNDIO do latim *incendiu*, incêndio, queimada. As labaredas sempre incendiaram a imaginação dos escritores em lindíssimas metáforas, sendo o fogo, frequentemente comparado ao amor, como no célebre poema *Fogo amoroso*, do frade carmelita descalço, o espanhol São João da Cruz, cujos versos, ainda que de um autor celibatário – ou por isso mesmo – proclamam: "No amante o amor é uma chama que arde, porque um amor inflama outro amor."

INCENSO do latim *incensu*. Em grego, *libanos*, e em hebraico, *lebonah*. É a resina de um arbusto de procedência oriental. As antigas culturas pagãs sempre utilizaram o incenso em suas cerimônias, por isso a Igreja resistiu um pouco em adotá-lo em sua liturgia. Contudo, os *Evangelhos* já haviam dito que os magos levaram ouro, mirra e incenso ao recém-nascido Menino Jesus. Seu odor agradável e a forma como a fumaça se eleva prestaram-se a muitas metáforas, entre as quais a de que simbolizava o odor de santidade e a elevação das almas ao céu. Daí seu uso também em cerimônias fúnebres.

INCENTIVO do latim *incentivu*, que anima com o canto. No Brasil, os chamados incentivos fiscais têm animado muito aqueles que gostam de produzir alguma coisa, vendê-la bem caro e não pagar impostos. Tudo legalmente. O canto que os estimula é estatal.

INCESTO do latim *incestum*, incesto, isto é, ação contra a *castitas*, castidade, pureza de costumes. É do mesmo étimo de *castigare*, castigar, repreender, censurar. Passou a designar a relação sexual entre parentes, consanguíneos ou afins, no contexto das proibições religiosas, culturais ou proibidas pela lei. Conhecido em mais profundidade o processo de reprodução humana, o incesto passou a ser proibido também por motivos científicos por trazerem risco de malformação genética para os filhos nascidos de tais uniões. A variedade genética menor facilita o encontro de genes problemáticos.

INCHAÇO de inchar, do latim *inflare*, soprar, encher de vento, pela formação *inch* mais o sufixo -aço, que forma aumentativos. É palavra da mesma família de inflação, processo que consiste no aumento de preços porque aumentam as facilidades de pagamento e o consumo. Sinônimo de inchação, inchaço aplica-se à vaidade, à presunção e à arrogância, no sentido metafórico, e também a doenças, aparecendo ainda a variante *inchume*. Com o aumento explosivo da população mundial, inchaço tem aparecido em textos que tratam da caminhada da Humanidade rumo às cidades. O inchaço de megalópoles e metrópoles é preocupante. Nova York, Cidade do México e São Paulo já contam com cerca de 20 milhões de pessoas vivendo em cada uma delas. A população de Tóquio aproxima-se dos 36 milhões de habitantes. Outras seis têm população acima de dez milhões: Mumbai, Nova Delhi e Calcutá, na Índia; Xangai, na China; Daca, em Bangladesh; e Buenos Aires, capital da nossa vizinha Argentina.

INCLUSÃO do latim *inclusione*, declinação de *inclusio*, encerramento, prisão, fechamento, tendo se consolidado com o significado de aceitação, opondo-se a *exclusio*, exclusão, rejeição. Enquanto os três evangelistas e vários apóstolos que escreveram, esmeraram-se em excluir a mulher, houve um deles, quase feminista, que não somente a incluiu em seu evangelho, mas deu às mulheres importantes funções na vida de Jesus.

INCOMPATIBILIDADE de compatível, de *compatibile*, declinação do latim medieval *compatibilis*, cuja raiz está presente também em simpatia e antipatia. Uma das mais referidas incompatibilidades nas relações humanas é a de gênios, que tem servido com argumento na dissolução de casamentos, especialmente em processos de divórcio. A Igreja considera o casamento indissolúvel, ainda que, mesmo nas casas reais, tenham existido notórias incompatibilidades de gênio, de que é exemplo a sofrível convivência de Dom João VI e da rainha Carlota Joaquina, oito anos mais velha que o marido. Eles já viajaram em naus separadas quando vieram para o Brasil. O casal não se entendia muito bem e há suspeitas de que a rainha tenha colocado arsênico nas laranjas que ele muito apreciava de sobremesa. Os historiadores relatam que eles se encontravam muito pouco. Ainda assim tiveram nove filhos. Línguas maldosas atribuíram vários filhos a outros pais. Dom João VI, o príncipe regente – a rainha era a mãe, Dona Maria I, que já estava louca quando para cá acompanhou a corte e morreu no Brasil –, ficou na cidade mais alegre do mundo até 25 de abril de 1821, mas foi sempre silencioso, triste e tímido. Mãe louca e mulher de trato difícil fizeram do príncipe, que se tornou rei em 1815, no Brasil, uma pessoa ainda mais arredia. Governante justo e prudente, todos simpatizavam com ele. Conhecido comilão, o rei adorava frango assado: comia três no almoço e três no jantar, exceto quando estava ainda mais esfaimado: então devorava nove, levando alguns pedaços para comer em seus passeios e idas ao teatro.

INCONFIDÊNCIA do latim *confidentia*, confiança, formou-se este vocábulo em português, com o prefixo que indica negação, designando ato de trair a discrição, revelar um segredo. A mais famosa das inconfidências na História do Brasil foi cometida por um dos integrantes da conjuração, resultando em diversas penas para todos, sendo a mais cruel imposta àquele que assumiu a responsabilidade maior, Tiradentes, que foi enforcado no Rio de Janeiro em 21 de abril de 1792. Seu corpo foi esquartejado e os membros pendurados em postes para maior execração de sua memória. Mas 31 anos depois o projeto de Independência do Brasil chegava a um final feliz. Por ter sido o mais importante dos movimentos por nossa Independência, a data é comemorada com muitas festividades em todo o país. Caso tivesse dado certo, a capital da república que os inconfidentes queriam proclamar – este era o segredo – seria São João del Rey, cidade mineira famosa por muitos outros motivos, hoje com pouco mais de 50 mil habitantes, situada às margens do Rio das Mortes.

INCONFIDENTE do latim medieval *inconfidente*, declinação de *inconfidens*, aquele em quem não se pode confiar, pois não guarda confidência, divulga segredos, vaza informações, é traidor. O plural Inconfidentes passou a designar aqueles que integraram o movimento político conhecido como *Conjuração Mineira*. O traidor chamava-se Joaquim Silvério dos Reis Montenegro Leiria Grutes, então com apenas 32 anos. Todos foram condenados à morte, mas Claudio Manuel da Costa morreu no cárcere, em Vila Rica, hoje Ouro Preto (MG), provavelmente assassinado. Corria o ano de 1789, da Revolução Francesa. Levados ao Rio, todos foram condenados à morte, mas tiveram as penas comutadas em degredo nas atuais nações africanas de língua portuguesa, então colônias, como o Brasil, menos Tiradentes, que foi executado no Rio de Janeiro, dia 21 de abril de 1792, três dias depois da leitura da sentença. O tronco foi sepultado como de indigente no Rio. Os quatro membros, salgados para não apodrecerem, foram dependurados em postes ao longo do Caminho Novo, onde ele pregara suas ideias de independência. A cabeça, afixada em frente à sede do governo, em Ouro Preto, desapareceu ainda na primeira noite da exposição. Tiradentes subiu ao patíbulo barbeado e com a cabeça raspada. Jamais usou cabelos compridos nem barba. Os pintores Leopoldino de Faria, em quadro encomendado pela Câmara Municipal de Ouro Preto, e Pedro Américo de Figueiredo e Melo foram os primeiros a retratá-lo barbudo e cabeludo.

INCONTINÊNCIA do latim *incontinentia*, ato de não se conter, não dominar a própria vontade ou praticar atos involuntários. Fala-se, pois, em incontinência urinária, incontinência verbal etc.

INCREMENTO do latim *incrementum*, do mesmo étimo de crescer, de excremento e de excrescência, mas nesses dois últimos justamente o prefixo ex- muda-lhes o sentido. Designa o crescimento, visto como desenvolvimento. O poeta Manuel Batista Cepelos, autor de poemas nacionalistas como *Os bandeirantes*, utiliza a palavra como sinônimo de crescimento no poema *O fundador de São Paulo*, em que trata de José de Anchieta: "Estende-se o comércio, em soberbo incremento;/ Circula como um sangue a riqueza na praça;/ E, numa rapidez superior à do vento,/ Os prelos dão à luz e o trem de ferro passa.../ E na sua modéstia e na sua roupeta,/ De repente me surge a figura de Anchieta,/ Melancolicamente apoiada a um bordão..."

ÍNCULA do latim *incola*, morador. Desde os antigos cronistas, o vocábulo serviu para denominar os primeiros habitantes do Brasil, inicialmente chamados de índios, porque se imaginava que a frota de Pedro Álvares Cabral tivesse errado o caminho e aportado às Índias. O erro foi, porém, outro: o da denominação dos silvícolas. Entretanto, desde aqueles começos os primeiros donos da nova terra têm sido chamados de índios.

INDEISCENTE vocábulo formado do latim *dehiscente*, que se abre naturalmente. Com o prefixo in-, seu significado muda para caracterizar o fruto que, maduro, deveria abrir-se e não se abre, ou situação de partes do organismo separadas por cisão e depois costuradas em cirurgias. Tornam-se indeiscentes também cicatrizações de certas feridas, tanto no corpo como na alma, assim como emendas em ferros quebrados que podem partir outra vez, mas não no mesmo lugar.

INDENIZAÇÃO do latim *indemne*, *indene*, formaram-se vocábulos como este e outros de domínio conexo, dando conta de atos que objetivaram reparar danos causados por calúnia ou difamação. Foi o que ocorreu a Charles Spencer, o irmão caçula de Lady Di, que recebeu 80 mil dólares do jornal britânico *Daily Express* após ser envolvido injustamente em um escândalo financeiro. A fraude era verdadeira, mas foi cometida por seu padrinho de casamento que, condenado, passou dois anos na cadeia.

INDENIZAR das palavras latinas *indemnis*, sem dano; *indemnitas*, segurança, salvação, e *indemniter*, sem ter prejuízo, que serviram de étimo ao francês *indemniser*, indenizar, ressarcir alguém de suas perdas. O verbo tem aparecido com frequência na mídia e os jornalistas precisam tomar cuidado ao escreverem, pois, incorrendo em erro, os atingidos podem ser indenizados, como ocorreu a Charles Spencer, irmão caçula da Lady Di, que recebeu 80 mil dólares do jornal *Daily Express*, que o acusara de fraude financeira. O delito foi comprovado, mas tinha sido cometido por seu padrinho de casamento, que foi para a cadeia. Desde 1995, em lei sancionada pelo então presidente Fernando Henrique Cardoso, pessoas que se sentiram prejudicadas pela ditadura militar vêm sendo indenizadas, algumas delas muito conhecidas do público, como Carlos Heitor Cony e Ziraldo Alves Pinto, outras ignoradas, inclusive já mortas, cujos parentes vêm recebendo os benefícios.

INDEPENDÊNCIA do latim *dependentia*, dependência, subordinação, formou-se no português, com o prefixo *in-* indicando negação, este vocábulo para designar estado de autonomia, principalmente de uma nação frente a outra, como é o caso de nossa independência política, proclamada no dia 7 de setembro de 1822 por Dom Pedro I, então príncipe regente. Em 12 de outubro daquele mesmo ano foi aclamado imperador e defensor perpétuo do Brasil. Em 1823 entendeu que, para melhor defender a nação, seria bom dissolver a Assembleia Constituinte, demitir todo o Ministério e exilar seis deputados, entre os quais o patriarca da Independência, José Bonifácio de Andrada e Silva. Com o nome de Dom Pedro IV, tornou-se o 27º rei de Portugal.

ÍNDEX do latim *index*, índex, índice. Não é frequente que seja o caso nominativo a dar origem às palavras portuguesas que procedem do latim. Mas se índice está radicado em outro caso, em índex prevaleceu o nominativo. Pôr um nome ou um título no índice equivale a censurar. Há mais de duas décadas, o cineasta Cacá Diegues, em entrevista à jornalista Pola Vartuck, de *O Estado de São Paulo*, denunciou que intelectuais agrupados no que ele denominou "patrulha ideológica" tinham posto seu nome num índice informal, acusado de fazer "concessões ao mercantilismo burguês". Ele acabara de lançar o filme *Xica da Silva*, que logo se transformou em grande sucesso de bilheteria. O diretor de cinema postava-se ao lado dos que defendiam os direitos humanos que o regime ditatorial teimava em desrespeitar, mas negava-se a submeter-se a dogmas ideológicos que exageravam na defesa de uma arte de resistência, como se somente fosse possível uma das duas submissões: à ditadura ou aos cânones artísticos então dominantes, defendidos pela tal "patrulha". O cineasta voltou recentemente ao tema reclamando de ingerência indevida nos patrocínios estatais. Quem inventou o primeiro índex foi a Igreja, em 494. Mas não sob este nome, que somente veio a aparecer no reinado do então todo-poderoso imperador germânico Carlos V, que determinou à Universidade de Louvain que organizasse o rol dos livros proibidos. Os papas Paulo IV e Leão XIII aperfeiçoaram o instrumento repressivo que recebeu o nome desjeitoso de *Index Auctorum et Librorum Prohibitorum* (Índice de Autores e Livros Proibidos). Mais tarde foi suprimida a palavra *auctorum*. O famigerado índex foi abolido pelo papa Paulo VI, em 1966. Os censores de todas as épocas sempre se pavonearam de entender de tudo, pois vastas e complexas foram as listas que organizaram de coisas que não compreendiam. A primeira edição é de 1559. A 32ª tinha 4 mil títulos e sua última publicação foi em 1948. Muitos escritores estavam na lista, entre os quais Sthendal, pseudônimo de Henri Beyle e Laurence Sterne, tão apreciados por Machado de Assis, que confessa isso em *Memórias póstumas de Brás Cubas*. A ditadura militar (1964-1985) fez um index com 508 títulos.

INDEXAR do latim *index*, índice, acrescido do sufixo -ar, formou-se este verbo que designa o ato de pôr em índice segundo algum critério. Em economia, tornou-se um sério problema, dados os desdobramentos causados por indexações que contrariaram seus fins, como é o caso das perversas discrepâncias entre os aumentos de salários e de preços. Os franceses, que desconheciam indexações e desindexações, fizeram uma revolução para resolver problemas semelhantes.

INDÍCIO do latim *indiciu*, sinal, vestígio, indicação, à luz do qual se pode, por evidência de raciocínios e de provas, chegar a circunstâncias ocultas. Os indícios são fundamentais na elucidação de crimes.

INDIGITAR do latim *indigitare*, indigitar, designando literalmente ato de apontar com o dedo, em latim *digitus*. Na linguagem coloquial, porém, usa-se o particípio deste verbo como sinônimo de infeliz, de quem está em desgraça, de que são amostras estes versos de Manuel Bandeira, em *Estrela da vida inteira*: "O seu delírio manso agrupa/ Atrás dele os maus e os basbaques./ Este o indigita, este outro o apupa..."

ÍNDIGO do grego *indikon* e do latim *indicu*. Hipócrates, o pai da medicina, empregou este vocábulo com o sentido de azul. Outros gregos dão a entender que se tratava do anil. O jeans é chamado de *indigo blue*, ocorrendo aí uma evidente duplicação: azul-azul.

ÍNDIO de Índia, nome de um país, mas que passou a designar os primitivos habitantes das Américas, também chamados de silvícolas, isto é, que vivem nas selvas. É um dos equívocos mais consagrados de nossa História, fruto de um erro de Cristóvão Colombo que ao chegar à ilha de Guanaaní, na América Central, pensou ter aportado às Índias. O almirante usou o termo pela primeira vez, segundo o famoso padre Bartolomeu de Las Casas, ao comentar uma visita que recebeu do comandante de uma das naus, a Pinta, o capitão Pero Martin Alonso Pinzón, a quem enviara três "índios".

INDIVÍDUO do latim *individuus*, indivíduo, negativo de *dividuus*, dividido, assegurando, assim, a indivisibilidade do sujeito, coisa que já foi posta em dúvida por vários estudiosos da mente humana. O escritor Rubem Fonseca, em seu livro *O cobrador*, apresenta o indivíduo como sendo uma verdadeira corporação. E o Diabo, do grego *Diábolos*, cujo nome é Legião, é aquele que divide, ao contrário de *Símbolos*, símbolo, o que une.

INDIVISÍVEL do latim *indivisibile*, que não se pode dividir, um dos atributos de Deus no credo dos cristãos. A noção de indivisibilidade de alguma coisa foi criada primeiramente pelos gregos que, 400 a.C., concluíram que tudo no universo era composto de partículas que não poderiam ser divididas e por isso as chamaram de átomos, palavra que significa indivisível em grego. Os primeiros autores da teoria foram os filósofos Leucipo e Demócrito. Este, além de descobrir o átomo, concluiu também que a felicidade estava na moderação dos desejos e que o resto era loucura dos homens, esta última um motivo de riso para ele, ao contrário de Heráclito, que a considerava digna das lágrimas mais pungentes.

INDULGÊNCIA do latim *indulgentia*, clemência, remissão, pagamento. Teólogos medievais elaboraram a ideia de que os pecados, mesmo depois de perdoados, deixavam um débito que podia ser cancelado por meio de penitências, como o jejum e as peregrinações. Para gente de mais posses, as indulgências eram também vendidas, dividindo-se em parciais e plenárias, podendo ser aplicadas a vivos e mortos, desde que os últimos estivessem no purgatório. Semelhantes aos modernos cartões de crédito, as parciais tinham crédito limitado e as outras eram ilimitadas. Ninguém saía de casa ou morria sem elas.

INEFÁVEL do latim *ineffabile*, que não se pode fabular, nem exprimir. Nos noticiários políticos é frequente que algum parlamentar, sobre o qual não se pode dizer algo a favor, seja caracterizado como inefável. A origem do vocábulo consagra implicitamente os poderes da expressão, sejam eles falados ou escritos.

INELEGÍVEL do latim *elegibile*, formou-se elegível. O prefixo *in-* indica negação. Em 23 de outubro de 1969, a Junta Militar que então governava o Brasil decretou inelegíveis 160 mil cidadãos dois dias antes de um de seus três membros, o general Emílio Garrastazu Médici, ser eleito pelo Congresso por 239 votos a favor e 76 abstenções. Mas a redemocratização, consolidada em 1988 com a nova Constituição, tornou outra vez todos iguais perante a Lei.

INEPTO do latim *ineptus*, inepto, sem sentido, que não liga, sentido presente também em inépcia. Inepto, inepta e inépcia aparecem com frequência em textos jurídicos, de que é exemplo recente afirmação do ministro Gilmar Mendes, vice-presidente do STF. Ele declarou que oito de cada dez denúncias de improbidade administrativa levadas ao STF são ineptas. Os denunciantes abusam de ações que visam, em realidade, a defender interesses corporativistas e políticos por meio de denúncias que, em 80% dos casos, representam *aleivosias*, calúnias, mentiras etc. Ou, no mínimo, supostos crimes que entretanto não são provados.

INESQUECÍVEL de *in-*, prefixo que indica negação, e esquecível, de esquecer, do português arcaico *escaecer*, escrito também *esqueecer*. O étimo latino é o mesmo de *caecus*, cego, indicando que esquecer é deixar de ver, presente na expressão popular "quem não é visto, não é lembrado". O publicitário Washington Olivetto lançou em 2008 o livro *O primeiro a gente nunca esquece* (Editora Planeta), para lembrar os 20 anos da criação de famoso comercial sobre o primeiro sutiã. Diversos autores, parafraseando a peça publicitária, escreveram: "o primeiro sucesso a gente nunca esquece"; "a primeira vez a gente nunca esquece"; "a primeira vitória a gente nunca esquece"; "a primeira reeleição a gente nunca esquece". José Bonifácio de Oliveira Sobrinho, o Boni, que autorizou o comercial de 90 segundos num intervalo do *Fantástico*, em 1988, escreveu: "*O primeiro Olivetto a gente nunca esquece.*"

INFAME do latim *infame*, declinação de *infamis*, de má fama. Aparece no título do livro de poesias da escritora catarinense Maria Odete Olsen, *Poemas infames: sentimentos e algumas impropriedades*, onde se encontram versos como estes: "Necessitava de sombras vidros embaçados/ espaços em penumbra e folhas em branco", revelando mulher que precisa expressar-se por si mesma, sem as clarezas masculinas excessivamente racionalizantes. Uma das grandes mudanças em nossas letras, umas das maiores viradas, é essa passagem da mulher, de personagem a autora, com o fim de ela mesma expressar sentimentos que sempre foram feitos por homens em seu nome. Madame Bovary, Anna Kariênina e Capitu – para situar quadro mínimo de referências – foram ditas por homens. Com o passar do tempo, em nossa paisagem literária, o processo de redescoberta nos trouxe Rachel de Queiroz e Patrícia Rehder Galvão, a Pagu, nos anos 1930. Elas abriram um cortejo que foi seguido por Lygia Fagundes Telles e nessa procissão temos boas representantes, especialmente no Brasil meridional, como atestam exemplos que vão de Valesca de Assis e Martha Medeiros a Adriana Lunardi e Cíntia Moscovitch, entre outras. Há temas preferenciais no olhar feminino da literatura. A solidão é um dos maiores. Na prosa como na poesia de autoria feminina, a mulher está quase sempre só. Já estava só no castelo, espiando o cavaleiro que passava ao longe e ficou só também no pampa, vendo fugir o seu amor.

INFANTE do latim *infante*, aquele que ainda não fala, designando a criança. Também o soldado a pé foi nomeado infante, donde infantaria. Indicou originalmente o criado do soldado a cavalo, encarregado de cuidar de suas armas e montarias. Os filhos dos reis de Portugal e da Espanha, excluídos da sucessão, são chamados de infantes. A infanta e o infante não são herdeiros do trono, mas houve uma exceção: o último rei de Portugal foi o infante Dom Manuel II. Seu pai, o rei Carlos I, e seu irmão, o príncipe Luís Felipe, foram assassinados no dia primeiro de fevereiro. A tragédia acelerou a proclamação da República, em 1810. O infante e sua mãe, a última rainha de Portugal, Maria Amélia Luísa Helena de Orleães, sobreviveram ao atentado.

INFANTIL do latim *infantile*, infantil, relativo à infância, isto é, a quem é ainda criança por não saber falar. O vocábulo entra para a língua portuguesa na primeira metade do século XVII, provavelmente depois de escala no francês *infantile*. Na França, porém, houve troca de vogal inicial para designar a faixa etária que agrupa os meninos, haja vista *enfant* com o sentido de menino, também vindo da mesma raiz latina *infans*, *infantis*, indicando a criança na idade em que ainda não sabe falar, conceito amparado, por contraste, no latim *pue*, para menino, e *puella*, para menina, aplicados a meninos e meninas com idade entre 7 e 15 anos. Também a Igreja medieval, apoiando-se no latim imperial, estipulou sete anos como a idade da razão, a partir da qual meninos e meninas poderiam pecar, vez que teria acabado nessa fronteira a idade da inocência. Mas a raiz latina, conquanto tenha sido a mesma para infante, fez com que esta última palavra viesse para a língua portuguesa ainda no século XIII, antes ainda do conceito de criança, para designar, tanto na Espanha como em Portugal, os filhos dos reis excluídos da linha sucessória. A outra palavra de domínio conexo, infantaria, entra para a língua portuguesa no século XVI para indicar corpo de soldados que combate a pé. Em resumo, no português entrou primeiro o filho do rei, depois o soldado e enfim a criança. Todavia juvenil, frequentemente associado a infantil, entra na primeira metade do século XVI, aparecendo no século XIX na justa posição infanto-juvenil, hoje designando, por exemplo, produção literária especialmente dedicada à infância e à adolescência, cujos leitores estão concentrados nos circuitos escolares. O conceito de infantil vai aos poucos ganhando limites mais precisos, tal como aparece na LDB (Lei de Diretrizes e Bases), de 1996, em que a educação infantil foi incluída como parte integrante da educação básica, oferecendo mudança adicional em sua operação. Com efeito, o que era obrigação do Estado passou a ser atribuição exclusiva dos municípios. Entre 1997 e 1998 houve queda de 9,5% nas matrículas. Em 1999, a recuperação foi de 3%, atingindo 4,2 milhões de matrículas nos 81 mil estabelecimentos de educação infantil do Brasil. Em ações nem sempre incluídas na escola fundamental e média, porém, a alfabetização foi crescendo às vezes à margem do ensino formal.

INFERNO do latim *infernu*, inferno, situado embaixo da terra. Comparando-o à *geena* judaica, Jesus Cristo diz que "ali há choro e ranger de dentes". A religião católica tomou como modelos para seu inferno o judaico e o grego. Os infernos romanos, grafados no plural, eram de uma exuberância digna de esplêndido romance. Militarizados e estruturados segundo rígida hierarquia, tinham disciplina, autoridades indiscutíveis e leis a cumprir. Sua criação faz alegoria a uma cidade subterrânea. Tinham também precisa localização geográfica: suas sedes estavam na Grécia e na Itália. À entrada, estavam os Pesares, os Remorsos, as Doenças, a Velhice, o Medo, a Fome, a Pobreza, o Sofrimento, a Morte, a Guerra e a Discórdia. Seguia-se um pátio onde estavam os Sonhos e vários monstros, como o Centauro e a Quimera, que terminava no rio Estige, onde o barqueiro Caronte cumpria seu ofício levando as almas para o outro lado. Transposto o rio, encontrava-se o cão Cérbero, que guardava a entrada do lugar onde estavam as crianças que, vítimas da mortalidade infantil, não tinham gozado a vida, os criminosos e os suicidas. Dali por diante, o Estige dividia-se em nove braços. Seguia-se o Campo das Lágrimas, onde estavam os fratricidas, os ladrões, os incestuosos, os que provocaram guerras civis e os traidores da pátria ou dos consortes, como os adúlteros. Ultrapassados esses lugares de punição, vinham os Campos Elíseos, onde gozavam a vida eterna os poetas, os inventores, os sacerdotes e outras pessoas de bem. Por fim, ao fundo, corria o Rio do Esquecimento, onde inumeráveis almas defuntas formavam-se para outras encarnações. Podia-se sair do inferno através de duas portas: a do Sono, que dava saída aos sonhos verdadeiros, e a de marfim, por onde escapavam os sonhos falsos e mentirosos. Convenhamos, poucas são as obras da literatura surrealista com tamanha imaginação.

INFIDELIDADE do latim *infidelitate*, traição, perfídia, infidelidade. Quando se trata de traição amorosa, o tema tem servido também à composição de tangos e boleros. No Brasil antigo, dados os rígidos e contraditórios códigos morais da sociedade patriarcal, o adultério feminino era punido com a morte da esposa, pois se acreditava que a honra somente poderia ser lavada com sangue que, com a evolução dos costumes, deixou de ser utilizado como detergente. Numa pesquisa, 42,9% dos homens e 37,5% das mulheres declararam ser impossível a reconciliação depois de uma infidelidade. Mas 21,4% dos homens e 37,5% das mulheres admitiram ser possível começar de novo. De todo modo, ninguém defendeu a morte como solução do problema.

INFIEL do latim *infidele*, declinação de *infidelis*, infiel, concebido de início como antônimo de fidel, declinação de *fidelis*. Infiel foi aplicado apenas ao pagão ou a quem, depois de convertido, abandonou o cristianismo. Posteriormente passou a designar o praticante de outras infidelidades e consolidou-se como adjetivo do cônjuge que tem casos amorosos fora do casamento. Algumas infidelidades conjugais envolveram famosas personalidades, de que é exemplo a do rei francês Luís XV, o Bem

Amado com a jovem Jeanne Antoinette, a quem trouxe para morar no palácio, apresentando-a à esposa e à corte. A moça gozava de intimidades para além da cama e, apesar de loura, tornou-se eminência parda, influenciando-o a nomear ministros e generais. O monarca concedeu-lhe o título de Marquesa de Pompadour, pelo qual tornou-se conhecida, entrando para os anais da História da França. Também o nosso Dom Pedro I teve caso semelhante com a Marquesa de Santos. A jovem tinha 25 anos e já era casada quando se apaixonou pelo Imperador. Ninguém menos que o famoso companheiro de farras do soberano e grande alcoviteiro do paço, Francisco Gomes da Silva, o Chalaça, tentou os favores da Marquesa, prometendo-lhe em troca viabilizar o casamento dela com o imperador. A Marquesa recusou acrescentar ao leito mais um amante. E Chalaça, inconformado, disse-lhe que ela, ao repelir esse outro triângulo, perdia o trono do Brasil. Após a morte de Dom Pedro, Domitila desposou em 1842 o brigadeiro Rafael Tobias de Aguiar, pai de seus seis filhos e de quem era concubina, atual patrono da ROTA, divisão da polícia paulista. Já Chalaça, eminência influente, articulou em 1829 as núpcias do soberano com Amélia Augusta Eugênia Napoleão de Leuchtenberg; ao morrer o amigo, voltou a Portugal e casou-se com Amélia. Sigmund Freud tinha apenas 17 anos e ainda não podia explicar esse estranho pendor de Chalaça.

INFLAÇÃO do latim, *inflactionem* (caso acusativo), pela combinação *inflare* (inflar) + *actio* (nem) (ação); equivalente a inchaço, intumescência. Ao contrário do que pensa Aureliano Chaves, não é o mesmo que "infração". Quando se pratica transgressão de uma norma da língua oficial do Brasil, que é o português, comete-se infração. Quando se emite dinheiro em quantidade superior aos lastros reais, pratica-se transgressão econômica: isto é inflação.

INFLETIR do latim *inflectire*, dobrar, curvar, mudar de direção. É grafado também como inflectir. Quando se pronuncia com acento circunflexo, diz-se que houve inflexão. Pode indicar mudança de rumo em uma conversa em direção a um novo assunto, em geral para evitar o precedente.

INFLUENTE do latim *influente*, declinação de *influens*, que exerce influência, que faz correr, faz movimentar-se, que tem autoridade para impor novos rumos a outras pessoas, como alguma força faz com as águas, trazendo-as para dentro de um rio, que então passa a denominar-se afluente, do mesmo étimo. A revista *Time* elege anualmente as cem pessoas mais influentes do mundo. Na lista de 2008 uma delas é a fitóloga cubana Yoani Sánchez Cordero, mãe de um menino de 12 anos. Ela criou e mantém em Havana um *blog* denominado *Generación Y*, que recebe mensalmente cerca de 4 milhões de visitas. Em Cuba, apenas funcionários do governo ou estrangeiros podem ter conexão da internet em casa. Por isso, ela vai a *cyber cafés* atualizar seu *blog*. Ali enfrenta filas de até três horas para ter acesso à Internet. Na companhia do marido e do filho, ela morou uma temporada na Suíça, depois que mentiu às autoridades, dizendo que iam visitar amigos, mas optou por voltar a Cuba para cuidar dos pais que adoeceram e precisavam dela, segundo informou em seu *blog*.

INFLUENZA do italiano *influenza*, redução de *influenza della stagione*, influência da estação, subentendendo-se o inverno. Passou a designar o vírus da gripe, que costuma atacar o nariz, a garganta e os pulmões. A febre é bom sintoma: significa que o organismo mobilizou seus exércitos de defesa. Às vezes, a gripe traz consigo um séquito de dores e tosses. Nos casos mais graves, leva à pneumonia e à morte. O conhecido bom humor do brasileiro tem dado nomes pitorescos às diversas gripes que nos têm assolado, vinculando seus estragos a alguma personalidade famosa, ocasionalmente na berlinda.

INFOPÉDIA neologismo recente na língua portuguesa, este vocábulo formou-se com a junção dos afixos *info*, de informática, e *pédia*, de enciclopédia, para designar a nova modalidade dos conhecimentos enciclopédicos, agora registrados não mais em papel, mas em *CD*. Mais de 30 volumes que totalizam cerca de 40 mil páginas de uma das mais famosas enciclopédias, a *Britannica*, foram reunidos num único *CD*, formando a variante infopédica daquela enciclopédia.

INFOVIAS este vocábulo acabou de entrar em nossa língua. Designa as redes de comunicação da informática, como outrora se fez analogamente com as linhas aéreas, na verdade imagináveis no espaço, mas não vistas, como a linha do Equador, ao contrário das linhas de ônibus, absolutamente identificáveis, até mesmo pelos buracos espalhados em sua superfície.

INFRA do latim *infra-*, abaixo, embaixo. Este prefixo latino aparece em numerosas palavras de nossa língua, de que são exemplos: infra-assinado, inframencionado, infracitado: aquele que assina abaixo ou aparece abaixo num texto; infraestrutura: estrutura que está embaixo, como o encanamento, as redes de esgotos, a rede telefônica, parte da rede elétrica, o gás canalizado etc.; infrarrenal: que está abaixo do rim ou dos rins; infrassom: som inaudível aos seres humanos, de frequência inferior a 15 ou 20 períodos por segundo, em oposição ao ultrassom, que também é inaudível aos humanos, mas cuja frequência é superior a 20 mil Hz. A Infraero, empresa pública que administra os aeroportos brasileiros, optou por excluir uma das vogais nos prefixos utilizados para sua denominação: *infra*, do latim *infra*, embaixo, e *aero*, do grego *aérios*, pelo latim *aerius*, aéreo, o que está em cima. Quando foi criada, a opção correta do ponto da norma culta, Infra-aero, foi desprezada. A empresa, que é vinculada ao Ministério da Defesa e emprega milhares de brasileiros, cuida das coisas aqui embaixo para que lá em cima tudo corra bem. E tem um lema no seu Código de Ética: "Faça aos outros o que gostaria que fizessem a você".

INFRATOR do latim *infractore*, que infringe, transgride lei ou norma. Entre infratores contumazes no Brasil estão os menores, contra os quais a polícia pouco ou nada pode fazer, devido à legislação que os protege, nascida para evitar os maus tratos que sempre os vitimaram. No Rio de Janeiro, o artista plástico Antonio Veronese, autor do painel *Famine*, símbolo da Campanha Ação da Cidadania, reuniu vários desses menores e ministrou-lhes um curso de pintura que resultou em 50 quadros, alguns deles homenageando figuras brasileiras famosas.

INGANA neologismo criado pelo ex-ministro e deputado Antonio Delfim Netto, fazendo analogia com outro, "Belíndia", criado por seus adversários no tempo em que era chamado o czar da economia brasileira. Nos dois casos, foram utilizadas as primeiras sílabas dos nomes de quatro países: Ingana seria uma mistura de Inglaterra e Gana; Belíndia, de Bélgica e Índia. Os dois vocábulos surgiram para designar o estado de desigualdades sociais em que vivemos. Belíndia, porque o Brasil seria paradoxalmente rico como a Bélgica e pobre como a Índia. Ingana, porque teria impostos elevados como os da Inglaterra e benefícios escassos como os de Gana.

INGÊNUO do latim *ingenuus*, ingênuo, nascido livre, em oposição a *libertinus*, ex-escravo, tornado livre por graça de seu patrão ou conquista da alforria mediante pagamento. Dos albores da língua até há alguns séculos, ingênuo era qualidade, sinônimo de franco, sincero, honesto, probo, mas depois passou a designar o indivíduo que de tão puro chega a parecer bobo, incapaz de compreender as maldades da vida. No filme *O poderoso chefão* ocorre um diálogo entre marido e mulher, cada um considerando o que ingênuo é o outro. Diz Al Pacino, no papel de Michael, filho de Don Corleone, o chefão mafioso do título: "Meu pai é como qualquer homem poderoso. Qualquer homem responsável por outros. Como um senador ou presidente." Ao que a esposa, Kay, vivida por Diane Keaton replica: "Você é ingênuo. Senadores e presidentes não matam." O fecho do diálogo é uma daquelas perguntas retóricas, assim chamadas porque ao indagar, afirmam: "Quem é ingênuo, Kay?" Menos ingênuo ainda é o conselho que dá na part II do mesmo filme: "Mantenha seus amigos por perto e seus inimigos, mais perto." A questão da ingenuidade fica ainda mais candente em outro filme, *De caso com a máfia*, no seguinte diálogo da senhora De Marco com o agente Dee Dee Friedman, do FBI: "Meu Deus, vocês trabalham igual à máfia... não tem diferença!", diz Michelle Pfeiffer. E o funcionário federal: "Sra. De Marco, a máfia rouba, mata, mente, trapaceia. Nós trabalhamos para o presidente dos EUA." Estes e outros diálogos estão no livro *Ouvir estrelas*, da jornalista e publicitária Mariza Gualano.

INGLÊS do francês antigo *engleis* ou *angleis*, desde o século XII, mas hoje escrito *anglais*. A origem remota é o adjetivo *Angles*, povo germânico que veio para Grã-Bretanha atual a partir do século V. Ao invadir aqueles territórios, os antigos romanos escreveram *anglus* para designar o saxão estabelecido na Britânia. São do mesmo étimo ou de étimos de palavras assemelhadas anglicano, anglicismo e anglo-saxão, entre outras. Há um equívoco muito corrente na mídia que consiste em designar o Reino Unido por Inglaterra apenas, o que é no mínimo uma deselegância para com os cidadãos britânicos que não são ingleses, como as pessoas nascidas na Escócia, no País de Gales e na Irlanda do Norte. A Inglaterra é apenas um dos países que compõem a Grã-Bretanha. Já o Reino Unido, cujo nome completo é *The United Kingdom of Great Britain and Northern Ireland*, inclui todos os países da Grã-Bretanha.

INGLESAR de inglês, do francês antigo *angleis*, acrescido do sufixo -ar, indicativo de verbos da primeira declinação. Inglesar é sinônimo de balbuciar em Santa Catarina e no Rio Grande do Sul, regiões onde se diz que a criança, quando ensaia pronunciar as primeiras palavras, está inglesando.

INGRATO do latim *ingratus*, negação de *gratus*, agradecido. É do mesmo étimo de agradável. Qualifica quem, não sabendo reconhecer o que recebeu, torna-se desagradável e mal-agradecido. É do rei francês Luís XIV, o Rei-Sol, introdutor das perucas nas cortes europeias e construtor do Palácio dos Inválidos e do Palácio de Versalhes, onde morreu, esta triste definição: "Sempre que ofereço um posto vago, faço centenas de descontentes e um ingrato." Sua frase mais conhecida, porém, é outra: "O Estado sou eu." Ao taxar a nobreza e o clero, estes de repente lhe ficaram ingratos. As coisas melhoraram quando a Controladoria Geral foi entregue a Jean-Baptiste Colbert, que aumentou taxas e impostos, mas manteve isentos clérigos e nobres. O rei foi, porém, muito grato às suas quase vinte amantes, ou favoritas, como eram mais conhecidas.

INGRESSO do latim *ingressu*, ingresso, ato de entrar. Com o tempo passou a designar o bilhete que dá direito à entrada em espetáculos pagos, como no caso dos jogos de futebol, cujos ingressos, à semelhança de outros preços, sobem mais que os salários, deixando circo bem mais caro que pão!

INHAME do africano *inhame*, espécie de batata, registrado pela primeira vez pelo piloto português que descreve a navegação de Lisboa à Ilha de São Tomé, em 1551, e comenta o uso culinário desta raiz, tubérculo nutritivo e saboroso. No descobrimento do Brasil, porém, a mandioca pode ter sido confundida com inhame, de acordo com a *Relação do Piloto Anônimo*, um dos três solitários documentos que registraram o desembarque: "E alguns dos nossos foram à terra donde estes homens são, que seria a três milhas da costa do mar, e compraram papagaios e uma raiz chamada inhame, que é o seu pão que comem os árabes." De acordo com o pesquisador carioca Paulo Roberto Pereira, professor da UFF, em seu livro *Os três únicos testemunhos do descobrimento do Brasil*, o piloto anônimo atendia pelo nome de Jorge de Sá e preferiu o anonimato para receber o pagamento por seu relato. Havia no período intenso tráfico de documentos semelhantes.

INÍCIO do latim *initium*, início, começo, princípio, designando ainda inauguração, fundação, preâmbulo. No *Aurélio*, o verbete é abonado com uma frase do livro *Falar, ler e escrever*, de Aires da Mata Machado Filho, autor de numerosos livros sobre a arte e a técnica de escrever: "Falar bem é início de escrever bem." Ao começarmos um novo ano, deixamos dezembro para trás, mês que tem este nome, do latim *december mensis*, décimo mês, porque o primeiro calendário romano, criado por Rômulo, primeiro rei de Roma, tinha apenas dez meses, já que não computava os 60 dias entre dezembro e março, quando começava o novo ano, que se iniciava com a chegada da Primavera. Rômulo não matou apenas o irmão Remo, que sobreviveu a uma loba, que a ambos amamentou. Matou também dois meses, acrescentados ao ano por seu sucessor, Numa Pompílio, com os nomes de fevereiro e janeiro. Fevereiro foi o primeiro mês do ano até o ano 46 a.C., quando o calendário Juliano, que tem este nome por causa de Júlio César, pôs janeiro como o primeiro mês. O nosso calendário atual é o gregoriano, imposto pelo papa Gregório XIII, em 1582. A Igreja está presente nos calendários também por outras razões, entre as quais a corrida de São Silvestre, que homenageia o papa Silvestre I, na indicação de festas como Natal, Ano-Novo, Páscoa etc., e nos numerosos santos que são lembrados todos os dias.

INIMIGO do latim *inimicus*, antônimo de *amicus*, amigo. O prefixo *in-* revela negação. Todas as culturas definiram e se ocuparam de seus inimigos, poucas com tanta força como a civilização ocidental cristã, para quem o grande inimigo de Deus e do homem é o Diabo, do grego *Diabolos*, o que desune, passando pelo latim *Diabolus*, contrário ao *Synbolon*, que une. O *synbolon* grego foi originalmente um objeto partido em dois: cada hospedeiro conservava a sua metade, transmitida a seus filhos. Os dois pedaços, quando confrontados, serviam de sinal das relações de amizade contraída pelos ancestrais. Tal concepção traz uma séria complicação ao mandamento cristão, determinando que os cristãos amem a seus inimigos. Os missionários católicos e mais tarde os de diversas seitas cristãs unificaram o Diabo, ainda que conhecido por outros nomes, como Lúcifer, Satanás, Demônio, Belzebu etc. Demonologistas medievais, porém, estabeleceram sutis diferenciações entre as várias potestades infernais. Segundo eles, Belzebu liderou uma revolução no inferno, destronando Lúcifer, Satanás, o Demônio e o Diabo. Belzebu, o Senhor das Moscas, significado original de seu nome no hebraico, reinou absoluto nas cortes infernais durante a Idade Média, à frente de um exército composto de 6.666 legiões, cada uma com 6.666 demônios, o que resulta em forças de 44.435.556 diabos. Comentando a cifra, escreveu o poeta e cronista Olavo Bilac: "No inferno, há a classe aristocrática, e há a plebe: diabos ricos e diabos pobres, diabos que governam e diabos que pagam. Como os homens souberam criar um inferno à imagem do mundo em que vivem!" Todos os nobres do inferno fizeram jus à Ordem da Mosca, enquanto Satanás foi para a oposição, de cujo partido é chefe. "Naturalmente", acrescenta o poeta do famoso verso "ora direis, ouvir estrelas", "Satanás vive afastado do poder e do orçamento, escrevendo artigos e fazendo discursos de oposição contra Belzebu". Este governa o universo com o auxílio de quatro reis que comandam os quatro pontos cardeais, 23 duques, 13 marqueses e dez condes. Curiosa é a cor do Diabo. Nas culturas brancas, ele é preto. Mas para várias tribos africanas, o Diabo é inteiramente branco. O Diabo, como se vê, é pintado de acordo com as conveniências. Para Martinho Lutero, o Diabo, que tem muitos disfarces, inclusive o de mulher de atração irresistível, era o Papa. Mas qual deles? Enquanto Lutero viveu, a Igreja teve nove papas, um dos quais, Pio III, governou apenas 25 dias. Lutero achava que era Leão X, que o condenou e excomungou.

INJEÇÃO do latim *injectione*, ação de lançar para dentro. A injeção mais clássica é a medicamentosa, feita com seringa e agulha. Mas em economia também são feitas injeções, de que são exemplos os aportes de capital em determinado empreendimento. A primeira é responsável por muitos traumas infantis, quando as aplicações têm o efeito de debelar doenças que de outro modo não serão vencidas.

IN-NATURA expressão latina, já aportuguesada, que serve para designar o estado natural de um produto, em geral da agropecuária. Dívidas assumidas por agricultores e pecuaristas junto a bancos podem ser pagas *in natura*, isto é, em produtos como soja, milho, gado etc. Têm havido financiamentos da produção que, em vez de usarem indexadores da moeda para tipificar os empréstimos, utilizam outros referenciais, como sacas de determinados produtos.

INOCENTE do latim *innocente*, aquele que não faz mal, que é puro, passando depois a designar aquele que desconhece o mal, como é o caso da criança com menos de sete anos, a idade da razão, segundo a doutrina cristã. Quando nasceu Jesus, o rei

Herodes, o Grande, temeroso de perder o poder, teria ordenado a matança de todos os meninos com menos de dois anos, nascidos em Belém, que nessa época tinha cerca de 2 mil habitantes. Pesquisadores bíblicos calculam que foram assassinadas cerca de 40 crianças.

INOLVIDÁVEL do latim vulgar *oblitare*, esquecer, formou-se inolvidável, significando inesquecível, tal como aparece nesses versos do poeta português Eugênio de Castro: "Aí vai o lenço onde, orvalhada aurora,/ Choraste, uma manhã, quando eu partia,/ E a mecha de cabelos, luzidia,/ Dada em risonha, inolvidável hora." Foi um dos adjetivos mais frequentes na imprensa mundial que considerou inolvidáveis as homenagens prestadas a Diana Spencer, a Lady Di, nos funerais daquela que foi uma das princesas mais amadas do mundo, graças à divulgação maciça de qualquer gesto humanitário que porventura praticasse, desprezando assim o conselho evangélico de que nem sequer uma das mãos saiba do bem que a outra faz ao próximo. Madre Teresa de Calcutá era outra que teve suas boas ações fartamente divulgadas em todos os meios de comunicação social.

INOPINO do latim *inopinus*, inopino, imprevisto, sem planejamento, em que *in* funciona como negação da coisa pensada, a opinião, pois o latim tinha *opinare*, opinar, pensar, julgar. Aparece muito na imprensa e em textos jurídicos, como neste artigo do procurador da República Celso Antonio Três: "De inopino, Duda Mendonça, publicitário que capitaneou a campanha eleitoral do presidente Lula e outras do Partido dos Trabalhadores, empolgando a tribuna da CPI dos Correios, confessa à nação que, em 2003, clandestinamente, recebeu cerca de R$ 10,5 milhões no conhecido paraíso fiscal das Ilhas Bahamas, pagamento originário desse partido por serviços prestados por ocasião das eleições. O dinheiro foi expatriado de forma disfarçada, através de doleiros, 'testas de ferro', circulando através de outras instituições financeiras internacionais, finalmente chegado à titularidade da *Dusseldorf* no *BankBoston* das Bahamas. (*Folha de S. Paulo*, 13/8/05)"

INQUÉRITO do latim *quaeritare*, andar sempre em busca, perguntar. Designa atos e diligências para descobrir a verdade a respeito de alguma acusação. Quando nos limites da empresa ou instituição, é administrativo. Sendo mais grave, torna-se judicial e frequentemente é precedido ou ocorre simultaneamente com o inquérito policial-militar. Em tempo de Comissões Parlamentares de Inquérito (CPIs), há gente interessada em fazer barba, cabelo e bigode dos acusados, mas seus advogados estão entrando com petições para livrá-los das três tosquias. Ainda assim, há muita gente com as barbas de molho.

INQUISIÇÃO do latim *inquisitione*, declinação de *inquisitio*. Em latim, este *t* tem som de *s*. É do mesmo étimo de inquirir, do latim *inquirire*, perguntar, interrogar, investigar. Designa tribunal eclesiástico, instituído para investigar e punir crimes contra a fé católica. É conhecido também pelo nome de Santo Ofício. No Brasil do século XVIII, a Inquisição condenou 1.074 pessoas e executou o dramaturgo brasileiro Antônio José da Silva, garroteado e queimado em Lisboa, a poucas quadras de onde era representada uma peça de sua autoria. A Galileu Galilei, punido com prisão domiciliar, e a Giordano Bruno, condenado à morte na fogueira, juntou-se em 1985 o teólogo catarinense Leonardo Boff, castigado com o "silêncio obsequioso". Ele se sentou e foi interrogado no mesmo banquinho do Palácio do Santo Ofício onde se sentaram e foram igualmente interrogados os outros dois. Os três fizeram declarações que se tornaram célebres. Galilei disse em italiano: *eppur si muove* (ela ainda se move), reiterando que é a Terra que gira ao redor do Sol. Giordano disse em latim: "*Maiori forsan cum timore sententiam in me fertis quam ego accipiam*" (Talvez sintam maior temor ao pronunciar esta sentença do que eu ao ouvi-la). Boff disse em português: "A Inquisição não esquece nada, não perdoa nada, cobra tudo."

INSANIDADE do latim *insanitate*, declinação de *insanitas*, pela formação *sanitas*, saúde, antecedida do prefixo *in-*, sinal de negação. Os antigos romanos já definiam saúde como bem-estar do corpo e do espírito, sintetizando o conceito no famoso provérbio *mens sana in corpore sano*, ou seja, mente sadia em corpo sadio. Deficiências físicas jamais foram atrapalhos para os governantes, o mesmo não se podendo dizer das psicopatologias. O presidente norte-americano Franklin Delano Roosevelt, eleito em 1933 e reeleito em 1936, 1940 e 1944, tirou os EUA da crise de 1929 e foi um dos grandes líderes da vitória aliada na Segunda Guerra Mundial. Governou algum tempo em cadeira de rodas. Já as psicopatologias de governantes fisicamente saudáveis, como aquelas que afligiam diversos líderes nazistas, resultaram em muitos atos insanos que a humanidade jamais deixará de lamentar. No famoso tribunal de Nuremberg, muitos deles tentaram justificar suas loucuras com o bordão: "Estava apenas cumprindo ordens". Mas isso não foi suficiente para evitar a punição. No poder, os insanos tornam-se muito mais perigosos.

INSCRIÇÃO do latim *inscriptione*, declinação de *inscriptio*, inscrição, ato de marcar. Ao solicitar sua inscrição em cursos universitários para os quais se habilitaram nos vestibulares, os calouros requeriam matrícula, palavra derivada também do latim *matrix*, matriz, originalmente *mater nutrix*, mãe que nutre, amamenta, cria, desenvolve. O sentido é o de que o registro ensejará ligação semelhante à de mãe e filho, por meio de inscrição ou matrícula. Alguns estudantes, porém, depois de muito se dedicarem aos estudos para chegar à universidade, uma vez lá dentro abandonam o saudável hábito de estudar e acompanham Nélson Gonçalves em *A volta do boêmio*: "Boemia, aqui me tens de regresso/ e suplicante te peço/ minha nova inscrição". E ao final de cada período letivo, suplicantes, pedem aprovação aos professores em disciplinas nas quais se inscreveram, mas cujos conteúdos ignoram. Não é raro confundirem bardo português com bar do português.

INSENSATO do latim *insensatus*, o que perdeu o senso, perdeu o juízo, o louco. Foi para acomodá-los em alas especiais de hospedarias, pousadas ou hotéis que o latim *hospitale* derivou para *hospitium*, hospício. Antes, vagavam pelas ruas ou pelos mares, de acordo com a famosa alegoria das naus de insensatos, banidos do convívio dos sãos e que iam de porto em porto sem que ninguém os recebesse. As naus recebiam então alimentos, víveres, água e seguiam viagem. Contudo o étimo da mãe de palavras como hotel, hospício, hospedaria e outras de domínio conexo é o latim *hospitale*.

INSETÍVORO de inseto, do latim *insectum*, cortado, porque pareceu a quem assim o denominou que o corpo era seccionado em três partes, por dois estrangulamentos, e a terminação *voro*, radicada no verbo latino *vorare*, engolir, devorar. A toupeira, o tamanduá, o sapo e o morcego estão entre os animais que se alimentam de insetos. No caso dos morcegos, por estranho que pareça, apenas três espécies se alimentam de sangue. 70% deles são devoradores de insetos. Embora alguns sejam também carnívoros, muitos ingerem apenas frutas, néctar, pólen e folhas. Esses últimos são quase vegetarianos. Em Levítico 11, 13-19, a *Bíblia* inclui o morcego entre as aves que não devem ser comidas, ao lado da águia, do falcão, do abutre, do milhafre, do corvo, da andorinha, da coruja, do gavião, do mocho, do íbis, do pelicano, da garça e do alcatraz. Quando o narrador bíblico quis passar essas recomendações, o morcego, por voar, era considerado ave e não mamífero.

INSOLAÇÃO do latim *insolatione*, insolação, exposição demasiada ao astro rei. Em narrativas românticas, especialmente aquelas que tiveram lugar nos séculos XVIII e XIX, era comum as mocinhas desmaiarem após uma abrupta declaração de amor de quem elas mais esperavam o assédio. Como tais comunicações eram feitas em cerimônias realizadas ao ar livre, sob o sol escaldante de nosso conhecido tropicalismo, as donzelas desmaiavam tão logo ouviam o chilreio idílico, talvez pela combinação de forte emoção com calor insuportável e solenidade que parecia sem fim.

INSPIRAÇÃO do latim *inspiratione*, ato de inspirar o ar para dentro dos pulmões. Passou a significar também o estado que preside a criação, principalmente de natureza artística. No primeiro livro da *Bíblia*, o *Gênesis*, Deus dá vida ao homem, depois de fazê-lo do barro, inspirando-lhe um sopro nas narinas. Diz-se de um escritor ou artista que estava especialmente inspirado quando produziu determinada obra. Mas é frequente a declaração deles mesmos dando conta de que a inspiração não é suficiente, precisa ser acompanhada de transpiração, sinônimo de suor, emanação corpórea muito utilizada como metáfora para designar o trabalho. Também está no *Gênesis*: "Ganharás o pão com o suor do teu rosto, até que voltes à terra de onde foste tirado." Na Quarta-Feira de Cinzas, na célebre distribuição de cinza *per capita* entre os fiéis, o padre diz: "Lembra-te, homem, que és pó e em pó te tornarás." Como se vê, os autores dos versículos bíblicos estavam inspiradíssimos ao expressarem a vida e a morte do homem em tão poéticas e preciosas sínteses.

INSTALAÇÃO do francês *installation*, derivado do latim medieval, pela junção de *installare*, instalar, e *actione*, ação, significando, pois, o que se faz para estabelecer algo, colocá-lo em funcionamento. Como termo específico de técnicas artísticas, indica uma nova concepção das expressões que leva à dispensa dos suportes tradicionais da tela e da moldura dos quadros, situando-os, vale dizer, instalando-os, em outras modalidades, em que o público é convidado a apreciar as obras utilizando outros sentidos. Tem havido exagero. Até privadas e fezes já foram apresentadas em instalações.

INSTÂNCIA do latim *instantia*, solicitação, etapa de um processo, tal como se consolidou na linguagem jurídica. O termo é usado também para definir as divisões do psiquismo na teoria freudiana, como o id, o ego e o superego.

INSTIGAR do latim *instigare*, picar, aguilhoar, formado no latim e no grego a partir da raiz germânica *stik*, furar, de que são exemplos o grego *stizo*, picar, e *stígma*, picada, raiz de estigma, que tem o significado de marca, cicatriz, sinal, por vezes aplicado com ferro em brasa e animais e em escravos, com símbolos ou iniciais do nome do proprietário. De açular os animais, o verbo migrou para um sentido metafórico, designando ato de cutucar, estimular, induzir, provocar, fazer com que alguém fale ou faça alguma coisa que não parece muito disposto a pronunciá-la ou fazê-la. Receberia, então, a picada intelectual de quem quer persuadi-lo.

INSUBÍVEL de subir, do latim *subire*, subir, tornado adjetivo, com o significado de que não pode ser subido, palavra criada pelo ex-presidente Lula na festa dos 150 anos da Igreja Presbiteriana, no Rio, referindo-se à favela Dona Marta, no Rio: "Como diria o Magri, aquele morro era insubível." Os dicionários provavelmente virão a registrá-la, como fizeram com a palavra imexível, criada pelo então ministro de Fernando Collor de Mello, Rogério Magri.

INSULINA do latim *insula*, ilha. A substância, que é remédio indispensável aos diabéticos, tomou este nome porque os glóbulos das glândulas de secreção interna foram identificados como ilhas.

INSULTAR do latim *insultare*, saltar sobre, machucar, maltratar, ofender. Passou depois a ter maior ocorrência no sentido conotativo, guardando o sentido de injuriar, embora tenha permanecido na medicina o significado de ataque, como na expressão "insulto cerebral", designando o derrame, que tem feito tantas vítimas. Insultos, ofensas, maus-tratos e também encenações dos jogadores foram punidos na Copa de 2002. Quando um jogador da Turquia, com a evidente intenção de causar algum tipo de prejuízo a Rivaldo, camisa 10 de nossa seleção, chutou a bola sobre ele, foi expulso. E depois do jogo, revendo o lance pela televisão, a comissão de árbitros da FIFA multou o atleta brasileiro. Ele não se conformou: "A simulação faz parte do futebol." Simulações e fintas como as de Garrincha, no passado, e Denílson, hoje, sim. Mas não foi apenas a FIFA que considerou prática condenável a encenação. Que não se insulte a inteligência dos torcedores brasileiros, acostumados a expedientes belíssimos da seleção brasileira que em passado glorioso jamais pensou em vencer adversários com tais vexames.

INSULTO do latim medieval *insultus*, saltar sobre, pular, atacar, maltratar. A medicina tem o insulto cerebral, evidenciando tal sentido. Atacado o cérebro, a lesão provocada pelo derrame leva à privação de sentidos e movimentos. Mas o insulto mais comum é praticado na vida cotidiana e alguns animais são frequentemente invocados para maus-tratos e maledicências. Entre nós, a mulher, o negro, o deficiente físico ou mental, o índio, a criança e os subalternos são os alvos preferidos dos insultos, mas uma extensa rede acaba atingindo outros em linguagens politicamente incorretas. Assim, os animais invocados para ofender a mulher são na maioria domésticos: vaca, perua, galinha, cadela. Os insultos variam de acordo com as línguas. No árabe, desde o século VII o cão, por ter alertado os inimigos de Maomé, então escondido numa caverna, tornou-se animal preferido para ofender adversários, desafetos ou inimigos. Os mouros trouxeram o insulto para Portugal e dali ele chegou ao Brasil. Mas mães, mulheres, tias e filhas do cachorro foram agrupadas em cadela, ofensa desdobrada na prole, como em "filho de uma cadela". O francês invoca o camelo, a galinha, a égua e a vaca para desqualificar pessoas repugnantes. E o inglês serve-se do porco (*pig*), do gambá (*skunk*), do cachorro (*dog*), da cadela (*bitch*), da vaca (*cow*) do rato (*rat*) e do piolho (*louse*). O alemão junta porco (*Schweine*) e cachorro (*Hund*) para injuriar, acrescentando-lhe o adjetivo (*verdammter*) condenado: *verdammter Schweinehund*. O burro, a zebra, a hiena e o bode também comparecem, de que é exemplo o espanhol *cabrón* (bode) para designar o marido traído ou impotente. Animais com chifres estão presentes no adultério feminino, como o italiano *cornuto*, que os imigrantes trouxeram para o Brasil. A suprema ofensa em chinês é chamar alguém de tartaruga (*too-tze*), o que dificultou a entrada do automóvel naquele país, segundo nos informa Charles Frambach Berlitz em *As línguas do mundo*. Os japoneses são mais suaves nos insultos, mas ainda assim entre eles prevalece o preconceito do urbano sobre o rural: *kono ya ro* indica o trabalhador rural, o camponês. Em línguas europeias, incluindo o português, já se comprova isso com a palavra vilão (habitante da vila) designando indivíduo de mau comportamento. E ainda no japonês, *baka*, representado por caracteres que indicam o cavalo e o veado, aplica-se a quem não sabe distinguir um animal do outro. A mãe é ofendida ao ser usada para ofender em muitas línguas. Há línguas que combinam xingamentos leves, funcionando como escape em momentos de dor ou raiva, como quando se bate o dedo com o martelo. No alemão: *Herrgottkreuzverdammterdonnerwetternochmal* (sejam malditos a cruz do Senhor Deus e o tempo trovejante). Em zulu, exclama-se, em situação semelhante: *dade wetu* (por nossa irmã). Um sinônimo chulo do pênis, trazido pelos espanhóis, consolidou-se no Brasil como expressão de insulto, hipérbole e muitos outros significados, que paradoxalmente funciona também como indicador de qualidade. É a palavra *carajo*, que designava originalmente o membro viril do touro e era utilizado como chicote para açoitar escravos, presos e marinheiros. Em *A disciplina do amor*, de Lygia Fagundes Telles, aparece personagem utilizando o vocábulo como indicador de irritação: "Paciência, tenho hora certa pra pegar o batente, viu? E como este trânsito, caralho!" Como adjetivos favoráveis, em árabe a gazela indica uma mulher bonita. Garotas de programa anunciam-se no Brasil como potrancas. E em contradição inconsciente aludem ao esplendor de nosso passado agropecuário, quando a potranca era um animal de valor, superior ao potro, por gerar potrinhos, bastando apenas o cruzamento ou a inseminação artificial. Além dos animais, também os vegetais comparecem. No Brasil meridional, além do tubérculo que aparece na expressão depreciativa "alemão-batata", vinda de preferência ou compulsão culinária dos imigrantes, o chucrute (feito de repolho) e a polenta (feita de farinha de milho) aparecem em ofensas mútuas entre filhos de imigrantes alemães e italianos. Ainda hoje, entre as depreciações inglesas para os franceses está a de rãs (*frogs*). Um prato delicioso da célebre culinária francesa é feito de coxinhas de rãs (*cuisses de grenouille*).

INTELLIGENTSIA palavra russa vinda do latim *intelligentia*, inteligência. Serve para designar os intelectuais como elite artística, social e política. É vocábulo de uso frequente em muitas línguas que, entretanto, mantém a mesma grafia. Os organismos de bisbilhotagem da vida alheia com fins políticos, os ditos serviços de informação, utilizam o vocábulo inteligência para denominar seu agrupamento profissional, como é o caso da CIA – Central Intelligence Agency. Às vezes um membro da *intelligentsia* trabalha para a inteligência. Foi o caso do escritor Graham Greene, que integrou o serviço secreto inglês.

INTENTONA do espanhol *intentona*, plano louco, insensatez. No Brasil, o vocábulo tem sido utilizado para designar um movimento armado, ocorrido em 1935, que visava a tomada do poder pelos comunistas. O tema foi objeto do livro *Os revolucionários de 1935*, de Marly Gomes Vianna, doutora em ciências sociais e professora da Universidade Federal de São Carlos.

INTERAGIR do prefixo inter-, do latim *inter-*, entre, dentro, no espaço de, e agir, do latim *agere*, agir, fazer. Muito utilizado em textos de todos os gêneros, o verbo designa ações conjuntas em que não apenas um é afetado, mas dois ou mais e mutuamente. Em textos educativos, interagir significa que o educador acolhe as razões do educando e neste processo muda o outro, mas também muda a si mesmo para melhor educá-lo. Vale também para coisas. Ao inserirmos um objeto no computador, como um periférico – impressora, *pen drive*, CD, DVD e jogos conhecidos pelo nome que eles têm em inglês, *games* –, o computador exerce ações sobre eles, mas também é por eles afetado. Por exemplo, pode receber um vírus.

INTERCÂMBIO de câmbio, palavra derivada do latim medieval *cambiare*, trocar, mas influenciada pelo italiano *cambio*, troca, permuta. O prefixo latino *inter*, presente em tantos outros vocábulos da língua portuguesa, indica entre, no interior, envolvendo dois ou mais. Intercâmbio aparece em muitos textos da mídia designando principalmente relações comerciais e culturais entre dois ou mais países, de que são exemplos os intercâmbios do Brasil com o Mercosul. Estudantes brasileiros fazem proveitosos intercâmbios com colegas dos EUA e da Europa. Eles são tratados nesses períodos como filhos adotivos das famílias anfitriãs, partilhando o universo familiar dos filhos legítimos no interior dos países onde passam essas temporadas.

INTERIOR do latim *interiore*, interior, que está dentro. Em nossas almas, o que é mais íntimo, o âmago. O monólogo, ainda que não sejamos ouvidos ou lidos, produz o diálogo, réplica ao monólogo anterior. Já o monólogo interior designa técnica literária criada pelo professor e ficcionista fluminense Adelino Magalhães em seu livro de estreia *Visões, cenas e perfis*. Tendo escrito num dialeto da Galáxia Gutenberg, a novidade foi atribuída ao escritor irlandês James Joyce que escrevia em inglês. Ou – como direi? – em algo que lembra o mesmo idioma. Joyce era tão megalomaníaco que achou que declararam a Segunda Guerra Mundial só para estragar o lançamento de *Finnegans Wake*.

INTERNACIONAL do latim *inter* e *natio*, entre e nação, respectivamente, designando o que diz respeito às nações. Ao português, entretanto, chegou provavelmente do francês *international*, onde já existia no alvorecer do século XIX, ou do inglês *international*, em fins do século XVIII. O concerto das nações é tema recorrente na segunda metade do segundo milênio. Há uma canção muito famosa com o título de *A Internacional*, que sintetiza as lutas do socialismo. A música é de autoria controversa, mas acabou sendo atribuída a Pierre Degeyter. A letra é de Eugène Pottier. A versão em língua portuguesa é creditada ao anarquista Neno Vasco, que atuou em Portugal e no Brasil. Durante os primeiros congressos socialistas, houve certa vacilação. Alguns grupos cantavam *A Marselhesa*, outros, *A Internacional*, que acabou se tornando hegemônica na esquerda, depois transformadas em esquerdas, no plural, derrotado o inimigo comum, o nazismo.

INTERNET do inglês *internet*, redução de *internetwork*, literalmente trabalho de redes coligadas. Há vestígios de Roma e da Grécia clássicas na denominação. *Inter*, entre, no meio, e *net*, alteração de massa, procedem do latim; *work*, com influência do germânico *werk*, veio do grego *érgon*, trabalho. Por meio de fibras óticas ou linhas telefônicas, redes de computadores mantêm todos conectados uns aos outros. Um dos primeiros a vislumbrar um sistema de comunicações semelhante à internet foi o escritor brasileiro José Bento Monteiro Lobato no romance *O presidente negro*. Mas vários dos recursos que ele previu para o ano de 2228 já estavam disponíveis nas últimas décadas do século passado. A internet é um deles. Criticando o lento caminho que um artigo percorria – do autor, para o compositor, deste ao formista, ao tirador de provas, ao revisor, ao corretor, ao editor e finalmente ao leitor, seu último destinatário –, anteviu, no jornal *Remember*, que o processo seria rapidíssimo: o autor enviaria por rádio-transporte o seu artigo e suas ideias surgiriam impressas em caracteres luminosos na casa do leitor. Não havia ainda computadores, ele escrevia em 1926, quando os modernistas estavam preocupados com o passado recente de alguns países europeus, como França e Itália, modelos para o presente e o futuro do Brasil. Mas ele perscrutava coisas como essas: "Uma corrente contínua, que é o presente. Tudo se acha impresso em tal corrente. A formiguinha que no pampa argentino foi esmagada pelo casco do potro que passou a galope; o beijo que num estúdio de Los Angeles, Gloria Swanson começa a receber de Valentino." Também o escritor argentino Jorge Luis Borges em *O aleph* imaginou um invento muito parecido com a internet: "O diâmetro do *Aleph* seria de dois ou três centímetros, mas o espaço cósmico estava ali, sem diminuição de tamanho. Cada coisa (a face do espelho, digamos) era infinitas coisas, porque eu claramente a via desde todos os pontos do universo." Antes da internet, a imprensa, o rádio e a televisão tornaram a terra uma aldeia global. Na última Copa, o mundo inteiro pode ver os jogos instantaneamente. As duas primeiras, em 1930 e 1934, não foram transmitidas para o Brasil nem por rádio. As pessoas iam à sede dos jornais esperar por telegramas de agências de notícias. A Copa de 1938 foi a primeira a ser transmitida ao vivo pela Rádio Cruzeiro do Sul, do Rio. As imagens foram exibidas dias depois, nos cinemas. A de 1958 foi mostrada, depois de realizados os jogos, em videoteipes. Nas Copas de 1962 e 1966 um inventor paulista patenteou um painel luminoso em que um operador acendia uma lâmpada indicando onde estava a bola. Fazia isso de ouvido ao rádio. Multidões foram ver a bola acesa no painel. A de 1970 foi transmitida ao vivo pela televisão, mas em preto e branco, menos para uns poucos felizardos que a acompanharam nos testes da Embratel. A partir de 1974, as Copas foram coloridas para todos.

INTERNETÊS do inglês *internet*, rede de computadores interligados, de alcance mundial. Alguns de seus usuários mais jovens, por pressa, começaram a abreviar palavras em mensagens de correios eletrônicos e conversas em chats, sistema que depois passou para os torpedos nos telefones celulares. Assim, teclar, virou *tc*, você, *vc*, acoplados a outros ícones que identificam alegria, tristeza etc. A excessiva abreviação de palavras, por necessidade, comodidade ou preguiça, não é fenômeno novo no mundo e precedeu a internet. Antes da invenção do papel, escrevendo em couros de animais, o escriba abreviava as palavras, principalmente em épocas de crises nos rebanhos, quando faltavam ovelhas e cabritos.

INTERPELAÇÃO do latim *interpellatione*, declinação de *interpellatio*, pela formação do prefixo inter-, entre, anteposto ao radical do verbo *pellare*, bater, tocar, tendo também o sentido de agitar, mexer, comover, seguido do sufixo -atio, variante de *actio*, ação, do verbo *agere*, fazer. O verbo *pellere*, bater, veio para o latim de *pel*, raiz indo-europeia que tem o sentido de agitar e está presente também no grego. Outras palavras de domínio conexo apresentam indícios da presença desta raiz, sendo sua origem também o latim, como apelar, compelir, repelir, expelir, compulsar, expulsar, puxar, repuxar, repuxo etc. Antonio de Morais Silva foi o primeiro a recolher o vocábulo, provavelmente ainda na segunda metade do século XVIII, mas somente veio a registrá-la a partir da 5ª. edição de seu *Diccionário da língua portugueza*, cuja sétima edição vem anunciada como "melhorada, e muito accrescentada com grande numero de termos novos usados no Brazil e no portuguez da India".

INTERPÔR do latim *intrometere*, de *inter*, entre, e *ponere*, pôr entre, intercalar, colocar obstáculo. Este verbo aparece em vários contextos, designando desde o ato físico de pôr uma coisa entre outras duas, como fica uma foto central, posta entre a da esquerda e a da direita; uma pessoa que, em caso de confronto entre a polícia e a multidão, interpõe-se entre eles para o diálogo, o que faz também um mediador para solucionar determinado conflito entre as partes, até o ato jurídico de interpôr recurso, isto é, inserir novos argumentos em eventual litígio.

INTERPRETAR do latim *interpretare*, de *inter pretium*, tarefa de fazer com que vendedor e comprador, falando línguas diferentes, se entendessem sobre o preço das mercadorias. Passou depois a designar o ofício de traduzir documentos, tal como foi feito recentemente, revelando que Jesus teria sido casado com Maria Madalena, pois uma das frases diz: "E Jesus falou a eles: minha mulher..." Foi precipitada a interpretação, pois a frase em si não prova nada. No *Evangelho de Maria*, encontrado igualmente no Egito, em 1896, Madalena aparece como discípula preferida. Erros de tradução ou interpretação vêm apresentando Madalena como prostituta há séculos, às vezes confundida também com a mulher perdoada no célebre episódio que ensejou a frase "atire a primeira pedra quem não tiver pecado".

INTÉRPRETE do latim *interprete*, intérprete, intermediário comercial, corretor. Formou-se a partir de *inter*, entre, e *pretium*, preço. Primeiramente designou apenas aquele que tratava do preço das mercadorias, falando as línguas do vendedor e do comprador. Passou depois a indicar profissionais dedicados a outros tipos de interpretação, como a dos textos sagrados. Hoje a profissão de intérprete é reconhecida e sua formação é obtida nos cursos de tradutor e intérprete, oferecidos em várias universidades.

INTERROGAÇÃO do latim *interrogatione*, declinação de *interrogatio*, ação de perguntar, pedir, solicitar, dirigir-se a alguém. A raiz *rog* está presente no verbo rogar, que tem também o sentido de rezar, presente na ave-maria – "rogai por nós, agora e na hora de nossa morte" na expressão "a rogo", indicando pedido ou substituição, como é o caso das assinaturas de analfabetos em documetos públicos, feitas por outras pessoas, modalidade contumaz nos cartórios. Já o ponto de interrogação surgiu no século XVI, na Inglaterra. O sinal foi baseado na palavra latina *quaestio*, questão, pergunta, cuja letra inicial, posta sobre a letra *o*, minúscula, indicava que a frase não afirmava, mas questionava. Nas escritas antigas, como a egípcia e a hebraica, não havia ponto nenhum. Quem lia os textos pela primeira vez eram os próprios autores e eles o faziam em voz alta, fazendo as marcações na fala, sem que houvesse os respectivos sinais de pausa, interrogação ou ênfase na escrita. Vários textos já eram conhecidos da comunidade à qual se destinavam, como é o caso dos relatos bíblicos, antes de serem escritos. Foi um bibliotecário de Alexandria o primeiro a fixar sinais gráficos nos textos, definindo um ritmo para a leitura, por volta do ano 200 a.C.

INTERTEXTO do latim *inter*, entre, aqui com a função original de prefixo, e *textu*, tecido. Foi uma das primeiras metáforas a comparar o ato de escrever ao de tecer. Na prosa e na poesia, vários tem sido os exemplos de intertexto, que consiste em introduzir no meio do próprio texto alusão ao de outro, como faz o poeta Alberto da Costa e Silva em *Ode a Marcel Proust*: "Por entre as moças em flor,/ revejo o silêncio das ruelas/ dos teus passeios noturnos,/ assombrados de insônia,/ pelos caminhos insondáveis/ do amor e da infância." Ainda que se desconsidere a referência explícita no título do poema, manifestam-se outras amostras de que o brasileiro está aludindo ao célebre autor francês, pois a obra máxima de Marcel Proust, *Em busca do tempo perdido*, é pródiga em alusões à infância e à literatura como instrumento de repor o passado para meticuloso exame, tendo um dos volumes da obra monumental o título de *À sombra das moças em flor*.

INTIFADA do árabe *intifadat*, levante, insurreição, vocábulo formado a partir de *fadda*, libertar-se. Entrou para a língua portuguesa na década de 1980 para designar rebelião popular palestina contra as forças de ocupação de Israel na faixa de Gaza e na Cisjordânia. No combate às intifadas, celebrizou-se, pela crueldade, o ex-primeiro-ministro israelense Ariel Sharon, que galgou vários postos militares nas guerras árabe-israelenses. Deixou o Likud para formar um novo partido, o Kadima, mas teve a carreira política brutalmente interrompida por um grave problema de saúde.

INTIMAÇÃO do latim *intimatione*, declinação de *intimatio*, intimação, de *intimare*, intimar, ordenar. A raiz está presente em íntimo, isto é, profundamente, pessoalmente. A intimação é ato pela qual as partes ou seus procuradores são instados a que façam ou deixem de fazer alguma coisa. Apesar de seu caráter de intimidade, é feita também por edital, prevalecendo neste caso a intenção de não prejudicar o direito de quem o pleiteia quando a parte contrária está em lugar de difícil acesso ou não se saiba onde está. O propósito é evitar que a demora da intimação pessoal não lese direitos. A intimação, nascida do verbo intimidar, de *intimidare*, provocar medo, pavor, tem o fim de assustar aquele a quem é dirigida.

INTIMIDADE de íntimo, do latim *intimus*, dentro, profundo, mais além, e o sufixo -idade. Antes de indicar foro particular, realidades que o indivíduo guarda apenas para si, intimidade designava o lugar de residências e palácios reservados ao sono, ao descanso e aos atos amorosos. Mas a noção de privacidade era mais ampla. Tanto em tempos primitivos como no apogeu da aristocracia as pessoas faziam reunidas o que hoje fazem reclusas, como o amor, por exemplo: os primeiros reis e rainhas dormiam em aposentos partilhados com fidalgos e damas.

ÍNTIMO do latim *intimus*, que está longe, dentro, nas profundezas, escondido, o próprio eu, daí a expressão "no seu íntimo". O escritor alemão Thomas Mann em *Os Buddenbrook*, uma de suas obras referenciais, alude a tal intimidade nestes termos, num diálogo íntimo: "Haverá sempre homens que têm direito àquele interesse pelo próprio eu e a essa observação minuciosa dos seus sentimentos: poetas que sabem dar forma segura e bela a sua privilegiada vida interior, enriquecendo assim o mundo sentimental de outras pessoas. Mas nós nada mais somos do que simples comerciantes, querida, as nossas auto-observações são desesperadamente insignificantes."

INTOLERÂNCIA do latim *intolerantia*, intolerância, natureza ou qualidade do que é insuportável, insolência. A humanidade praticou muitas intolerâncias ao longo da História, notadamente étnicas, religiosas, filosóficas e sexuais. O mais paradoxal é que muitas das vítimas das diversas intolerâncias pagaram muitas vezes com a vida os preconceitos que as vitimaram, como ocorreu ao matemático inglês Alan Mathison Turing. Homossexual assumido, é considerado um dos pais dos modernos computadores e integrou a equipe que decifrou a sofisticada rede de códigos utilizada pelos nazistas na Segunda Guerra Mundial. Em 1952, foi condenado a tomar injeções para diminuir a libido. Sentindo-se ofendido e humilhado, suicidou-se comendo uma fruta que embebera com cianeto. Escolheu uma maçã que, tal como a do paraíso, trouxe-lhe a morte, só que mais violenta e mais rápida.

INTRANSITIVO do latim *intransitivus*, intransitivo, intransmissível. No caso dos verbos, chamam-se intransitivos aqueles que dispensam complementos para transmitir significado. Exemplos: O bebê chorou; o cachorro latiu; o boi berrou; choveu; anoiteceu; o dia raiou. No caso dos verbos, transitivo é o verbo que precisa de complementos de um ou mais complementos para que a frase tenha significado, de que são exemplos comer, quebrar, partir etc. Nos exemplos que seguem, dispensam complemento: O convidado chegou. A menina nasceu. O paciente morreu.

INTROMISSÃO de intrometer, do latim *intromittere*, literalmente meter-se dentro. Modernas tecnologias, a cada dia mais eficientes, transformaram certas áreas da internet em campos de batalhas diuturnas, levando a intromissões, não apenas indelicadas, mas também terrivelmente prejudiciais, como ocorre com a disseminação de vírus de computador pela correspondência eletrônica. Walnice Nogueira Galvão, professora da USP e autora de ensaios relevantes sobre obras fundamentais da literatura brasileira, além de repudiar tal intromissão, recomendou boas maneiras que têm o fim de corrigir os abusos cometidos por tais meios, que transformam o prazer de ler em um tormento. Uma das principais deformidades consiste em adicionar às mensagens anexos prolixos, de difícil decifração pelos computadores pessoais, dadas as especificidades das ferramentas de trabalho.

INTUIÇÃO do latim *intuitione*, intuição, pressentimento, percepção pronta e clara, obtida pela primeira impressão que nos causa uma pessoa, coisa ou evento, desprezando-se os juízos lógicos. Diz-se que a mulher é mais intuitiva do que o homem e alguns antropólogos atribuem essa superioridade ao encarceramento doméstico da mesma, que a obrigou mais a adivinhar do que a conhecer as realidades do mundo que a cercava.

INVEJA do latim *invidia*, vontade de não ver, despeito, inveja. Era também o nome de uma deusa do mal, filha da Noite. Era representada com a cabeça cheia de serpentes, olhos vesgos, soturnos e ameaçadores, a testa lívida, tendo víboras nas mãos, uma delas roendo-lhe o seio. Parece que os antigos faziam imagem muito apropriada deste sentimento nocivo que tantos prejuízos deu à humanidade, no varejo e no atacado, de que é exemplo o motivo do primeiro crime bíblico, quando Caim mata seu irmão Abel. Nas narrativas do primeiro milênio, é frequente a presença de Eva lavando as roupas ensanguentadas do filho assassinado.

INVEJAR de inveja, do latim *invidia*, inveja, vontade de não ver, despeito. No latim, *invidia* designa também uma demônia, deusa do Mal, filha da Noite. Invejar foi causa do primeiro crime, ainda no Paraíso, levando Caim a matar Abel. Até Papas invejaram muito. Bento VI foi estrangulado a mando de Bonifácio VII, também assassinado anos depois, porque este não suportou a inveja de ver o outro e não ele elevado ao trono de São Pedro. Antonio Salieri envenenou Wolfgang Amadeus Mozart, inconformado pelo fato de um indisciplinado ser gênio musical. O cineasta tcheco de nascimento, Jan Tomáš Forman, mais conhecido como Milos Forman, adaptou para o cinema a peça de Peter Shaffer, *Amadeus*, e arrebatou oito óscares com o filme. O filósofo inglês Bertrand Russel, que quase se esqueceu de morrer, disse que invejar "torna o invejoso infeliz" e que "de todas as características vulgares na natureza humana, a inveja é a mais desgraçada".

INVEJOSO do latim *invidiosus*, que tem inveja. A inveja é um dos sete pecados capitais. Os outros seis são a avareza, a gula, a ira, a luxúria, o orgulho e a preguiça. A relação foi elaborada na Idade Média e pegou de tal forma que ainda hoje é brandida contra os pecadores. O jornalista Zuenir Ventura achou que dentre os sete, o pior era o da inveja. E escreveu o livro *Inveja, o mal secreto*. É difícil defender-se da inveja. O invejoso não deseja nada de bom para si mesmo. Deseja apenas que você seja derrotado, caia em desgraça, se dê mal, enfim, porque é incapaz de admirar quem quer que seja.

INVENÇÃO do latim *inventione*, declinação de *inventio*, do mesmo étimo de *invenire*, encontrar, de *inventum*, invento, e de *inventarium*, inventário, entre outros. Antigas invenções foram narradas em forma de lendas, não em linguagem científica, como nos chegou por via popular a do vidro. Um chefe de caravana notou que desaparecera a areia sob pedaços de natrão postos à beira do fogo para escorar vasilhas onde tinham cozinhado na noite anterior. Ele reacendeu as brasas e durante a tarde um líquido rubro e fumegante escorreu das cinzas. Antes que a areia incandescente se tornasse sólida, o chefe tomou sua faca e com ela plasmou uma ampola. Há indícios de que há 4000 a.C. o vidro já era conhecido.

INVERNO os romanos denominavam de tempus *hibernus*, tempo invernal, a estação do ano que sucede ao outono, trazendo o frio. Por redução, o português fez de um adjetivo um substantivo: de *hibernu* veio inverno. O vocábulo originou-se de *Hiems*, divindade romana que presidia o gelo, o frio e a geada. No hemisfério sul, o inverno começa em 21 de junho e termina em 22 de setembro. Diz-se da velhice que é o inverno da nossa existência.

INVERSO do latim *inversu*, em sentido contrário, oposto ao verso. No caso do palíndromo, a palavra e a frase tem o mesmo significado, lida na ordem habitual ou na ordem contrária. O escritor Osma dá curioso exemplo no romance *Avalovara*. Trecho da narrativa envolve três personagens: Publius Ubonius, seu escravo Loreius e a cortesã Tyche. Publius desafia Loreius: dar-lhe-á a liberdade se o escravo inventar um verso palíndromo, que tenha o mesmo significado, mesmo se lido da direita para a esquerda e da esquerda para a direita. O escravo, depois de muito matutar, inventa o seguinte verso latino, que, mesmo lido pelo inverso, conserva o mesmo significado: *sator arepo tenet opera rotas*. Sua tradução é: o lavrador mantém cuidadosamente a charrua nos sulcos. Mas pode significar também: o lavrador mantém cuidadosamente o mundo em sua órbita. Instado pelo senhor a revelar o que descobriu, o escravo diz que o maior prazer depois de conseguir a liberdade é poder prorrogá-la. Mas encontra a cortesã, a quem conta o seu segredo. Ela espalha a notícia e o verso começa a aparecer grafitado nas paredes. O escravo, desesperado, se suicida.

INVESTIGAR do latim *investigare*, investigar, seguir o vestígio, procurar. Vestígio veio do latim *vestigium*, que designava originalmente a planta do pé, de homem ou de animal, evoluindo depois para indicar onde os pés estiveram, pelas pegadas, pelos rastros. Investigar tem, pois, o sentido original de seguir os passos dados pelo investigado. Modernamente, os passos ganharam outras conotações e os vestígios de onde andou o investigado podem ser procurados no uso do cartão de crédito, do telefone fixo, do telefone celular, da placa do carro, dos pedágios, das passagens aéreas, marítimas e terrestres, sem contar a movimentação bancária.

INVESTIR do latim *investire*, atacar. É historicamente recente a aplicação do vocábulo a atos de emprego de capitais na economia, hoje de largo uso em nossa língua. Em trechos famosos da literatura o verbo aparece como ação de homens e animais em luta, de que é boa amostra o texto do escritor português Luís Augusto Rebelo da Silva, *Última corrida de touros em Salvaterra*, presente em numerosas antologias escolares, que narra uma tourada heroica e trágica, tendo entre seus personagens o famoso estadista português Sebastião José de Carvalho, o Marquês de Pombal.

ÍNVIO do latim *inviu*, declinação de *invium*, que não dá caminho. Não dá, mas ainda assim pode ser inventado pois, como lembrou o poeta, às vezes é preciso fazer o caminho ao andar como, aliás, foram feitos quase todos. O linguista Antônio Gonçalves Dias, mais conhecido como poeta romântico, que forjou a imagem épica e guerreira do índio brasileiro, usou a expressão nestes versos: "Nós ambos, mesquinhos/ por ínvios caminhos/ cobertos d'espinhos/ chegamos aqui." Ao voltar da Europa, onde escreveu a belíssima *Canção do exílio*, da qual alguns versos foram inseridos no *Hino Nacional*, morreu afogado na costa brasileira.

INVOCADO de invocar, do latim *invocare*, chamar com a voz, você. A raiz *voc* aparece em muitas outras palavras em que o ato de chamar, explícito ou embutido, está presente. Tal é o caso dos verbos evocar, convocar, provocar, revogar e vociferar, entre outros, e de substantivos como advogado, vocábulo e equívoco. Invocar passou a ter o sentido de solicitar proteção porque em momentos de apuro o homem recorreu a divindades ou a superiores hierárquicos em busca de ajuda.

IODO do grego *iódes*, cor de violeta. Remédio caseiro indispensável, o iodo foi inventado acidentalmente pelo químico francês Bernard Courtois quando manipulava o nitrato de potássio, obtido do carbonato de potássio, por sua vez resultado de manipulações com algas marinhas. Aquecendo-as em ácido, o químico exagerou na dose e viu, surpreso, surgir um lindo vapor violáceo. Mostrou-o a seu colega britânico Humphry Davy, que sugeriu o radical grego para denominação da nova substância.

IORUBÁ do iorubá *youruba*, iorubá ou iorubá, designando língua e povo africano dotado de instituições políticas avançadas e de aptidões comerciais que fascinaram os europeus desde os primeiros contatos. Trazidos para o Brasil como escravos, milhares deles receberam a denominação de nagôs. Seus costumes foram estudados pelo poeta, historiador, ensaísta e memorialista piauiense Alberto da Costa e Silva, membro da Academia Brasileiras de Letras, que em *A enxada e a lança* escreve: "O iorubano, o edo, o igala, o idoma, o ibo, o ijó, o nupê, o ebira e o gbari — línguas da subfamília cua da família níger-congo — teriam, com efeito, começado a diferenciar-se há muitíssimo tempo."

IPANEMA do tupi-guarani *ypanema*, água ruim. O famoso bairro carioca que tem este nome, responsável pela disseminação de novidades em palavras, em moda, em ideias e em comportamento em todo o Brasil, chamou-se nos primeiros tempos Villa Ipanema. Foi fundado em 1894 pelos herdeiros de José Antonio Moreira, conde de Ypanema. O Ipanema de seu nome tinha, porém, outra origem: o rio Ypanema, nas cercanias de Sorocaba. A água ruim, portanto, não era do mar do Rio, mas de um rio de São Paulo. Os nomes homenageados nos nomes das ruas do bairro repercutem o fundador. Em duas delas estão os nomes de seus genros: Alberto de Campos Manuel Pinto de Miranda Montenegro. Este, por ter o nome muito comprido, ficou sendo apenas Montenegro. As ruas Vinte e Oito de Agosto e Vinte de Novembro comemoram respectivamente a data do nascimento do fundador e de sua esposa, Luíza Rudge. As ruas Quatro de Dezembro e Dezesseis de Novembro tiveram sua denominação atacada pelo mal de Alzheimer, a doença neurodegenerativa descoberta pelo neurologista alemão Alois Alzheimer. Outras ruas homenageiam pessoas ligadas ao fundador, entre as quais a Doutor Farme de Amoedo, genro dele e médico da prefeitura. Vieira Souto e Nascimento e Silva eram engenheiros da prefeitura. Dos homenageados mais recentes, um dos mais famosos é o poeta Vinicius de Moraes, que dá novo nome à antiga rua Montenegro.

ÍPSILON do grego *Û psilón*, *u* estreito, isto é, o fonema *u* pronunciado com um jota longo, que tem som de *i* no latim. No grego, quando minúscula, é escrita à semelhança de *v* e, quando maiúscula é escrita Y. A letra serviu para designar a geração à qual pertencem pessoas nascidas na época em que apareceu com surpreendente frequência esta letra em seus nomes. Em Cuba, a jornalista Yoani Sánchez, notória dissidente do regime, pertence a essa geração. Designa também pessoas que nasceram e cresceram num mundo de jogos eletrônicos, internet, mídias digitais, celulares e outras facilidades de comunicação. O Y está também em *Yolanda*, canção do cubano Pablo Milanés, em homenagem a Yolanda Bennet, sua esposa por cinco anos, gravada também por outros cantores: "Esta canção é mais do que uma canção/ Quem dera fosse uma declaração de amor/ Se alguma vez me sinto derrotado/ Eu abro mão do sol de cada dia/ Rezando ao credo que tu me ensinaste/ Olho teu rosto e digo à ventania/ Iolanda, Iolanda, eternamente Iolanda."

IR do latim *ire*, ir, cujo sinônimo é *vadere*, ir, do mesmo étimo de *venir*, vir. O étimo *eis*, presente em todas estas palavras, indica movimento veloz. A velocidade era uma qualidade dos antigos deuses gregos e romanos, ideia herdada dos povos bárbaros, pois para eles os planetas eram deuses velozes, deslocando-se em rápidos movimentos pelo céu. O Sol, deus em muitas culturas, atravessava o céu durante o dia, assim como faziam os planetas durante a noite. Júpiter, Marte, Vênus, Netuno etc. foram deuses para a cultura romana Roma e para muitas outras. *Theoi*, deuses em grego, tem o mesmo étimo de teologia, estudo das divindades. Platão e Sócrates reforçam esta ideia de que, não apenas os deuses se movimentam, mas que o próprio objetivo da *sophia*, sabedoria, é alcançar o movimento. O padre jesuíta francês Pierre Teilhard de Chardin, filósofo, teólogo e paleontólogo, defendeu a ideia de que o universo é movido incessantemente por uma força divina. Um de seus livros mais conhecidos, *O fenômeno humano*, hoje um tanto esquecido, já foi muito lido no mundo inteiro, inclusive no Brasil. No universo, tudo vai e vem, em grande velocidade. Esta ideia é antiga na civilização ocidental, de que é exemplo a teoria do eterno retorno, que vai de Heráclito a Nietzsche. O conceito mais conhecido do pré-socrático grego está resumido na frase "você jamais se banha no mesmo rio", indicando a ideia de movimento constante, mas ele a expressa numa frase ainda mais sintética: *Panta rhei* em grego quer dizer "tudo flui". Não apenas o rio. O tempo, inclusive.

IRA do latim *ira*. Sinônimo de *rabies*, que o latim vulgar transformou em *rabia*, chegando ao português como raiva. A ira, ao contrário da raiva, entretanto, pode ter motivo justo e o frade franciscano Tommaso de Celano a celebrou na famosa obra *Dies Irae, O dia da ira*, em que profetiza como se darão os graves eventos do Juízo Final: *dies irae, dies illae* (dia de cólera, aquele dia). Fará um calor canicular. Não porque afetará os cães, mas porque será época do ano em que Sírio estará em conjunção com o Sol. A constelação era conhecida entre os romanos por *Canicula*, cadelinha. As estações foram sempre utilizadas como metáforas de alegrias e desgraças. Segundo alguns profetas do Apocalipse, o fim do mundo dar-se-á em um verão, que é quando as pessoas pecam mais. No inverno, com aquele frio danado, a falta de luxúria pode dever apenas a falta de opções de pecar, restando a virtude compulsória.

IRASCÍVEL do latim *irascibile*, irascível, irritado. Diz-se de um temperamento sem calma, de quem, ao menor motivo, perde a paciência, ainda que esta última já tenha sido elevada aos altares, de que é prova nossa última exclamação antes de sermos tomados pela ira: tenha a santa paciência!

ÍRIS do grego *Íris*, mensageira da deusa Juno. Segundo a mitologia, descia do céu em um halo de luz. Vieram daí certas denominações, como o arco-íris e a íris do olho, em cujo centro está a pupila. Romance famoso, muito lido no Brasil, de autoria do escritor português Joaquim Guilherme Gomes Coelho, mais conhecido sob o pseudônimo de Júlio Dinis, intitula-se *As pupilas do senhor reitor*. Pupila é também sinônimo de aluna.

IRMANDADE do latim *germanitate*, declinação de *germanitas*, pelo espanhol *hermandad*, significando irmandade. A unidade da raça humana lastreou a concepção de que, sendo todos irmãos, os homens comporiam uma grande família universal e deveriam viver em paz. O dia primeiro de janeiro foi escolhido para tal celebração. Desde Abel e Caim, porém, os irmãos da grande família não parecem ter os mesmos propósitos de convivência. Ironicamente, nos fins do século XV surgiu na Espanha uma associação denominada *Hermandad*, para combater ladrões e malfeitores.

IRMÃO do latim *germanu*, passando pelo espanhol *hermano*, até chegar ao bem português, a língua do ão, irmão. Por fenômeno semelhante, *pater* e *mater* vão transformar-se em *padre* e *madre* no espanhol, e pai e mãe em nossa língua.

IRONIA do grego *euróneia*, pelo latim *ironia*, ironia, modo de expressar o contrário do que se pensa ou sente. É figura de linguagem de uso recorrente em quase todos os grandes escritores. O filósofo Sócrates, grande professor da humanidade, que hoje não lecionaria em universidade nenhuma por falta de titulação e ausência de publicações, já que não deixou livro algum, utilizava a ironia como recurso pedagógico, levando o aluno a reconhecer a própria ignorância, coisa que está difícil de ser obtida hoje por qualquer mestre. Já o escritor espanhol Jorge Semprún faz com que um personagem assim se dirija a um oponente: "Companheiro, permita-me que lhe faça sua autocrítica!"

IRREGULARIDADE do latim *regula*, regra, medida, formou-se regular, aquilo que segue uma regra, e irregular, o seu contrário. Nos tribunais, onde as palavras ganham conotações técnicas muito específicas, as irregularidades nem sempre são delitos. O Congresso decidiu que o ex-presidente Fernando Collor cometeu vários delitos no exercício da Presidência da República e o depôs por corrupção. No Supremo Tribunal Federal, porém, os crimes viraram irregularidades, nenhuma delas provada, o que levou os ministros, por maioria de cinco votos a três, a absolvê-lo.

ISCA de isca, do latim *esca*, comida, alimento. Designa o engodo posto no anzol para pescar. Aquele que parte para demoradas pescarias leva comida para si e para os peixes, não apenas para compor o cardápio, já que pode falhar a pescaria e ele terá de comer apenas o que levou, sem poder juntá-lo aos peixes, o que pode estar na origem da denominação, já que ambas as porções eram acondicionadas no mesmo recipiente, ainda que não misturadas, naturalmente. Isca é também o combustível que alimenta o fogo do fuzil.

ISENTO do latim *exemptu*, tirado, dispensado. O indivíduo pode estar isento de pecado e neste caso deve atirar a primeira pedra em quem pecou, de acordo com a ressalva feita pelo próprio Jesus no episódio da condenação da mulher adúltera, que os judeus queriam que fosse apedrejada, de acordo com costumes ancestrais. Estando isento do Imposto de Renda, está desobrigado a recolher ao fisco as preciosas pedras de seus trabalhos ou de seus lucros. Pode estar ainda isento de ideias, tal como o personagem caracterizado numa das obras de um dos maiores orgulhos de Alagoas, ainda que não recíproco, o escritor Graciliano Ramos: "Não se metia nas conversas, parecia um roceiro tosco, isento de opiniões."

ISQUEIRO provavelmente redução de faisqueiro, de faísca, do germânico *falaviska*. Zippo é uma das marcas de isqueiro mais famosas e o nome deve-se à semelhança onomatopaica com zíper, que abre e fecha. Mas o primeiro isqueiro para charutos e cigarros foi fabricado pela norte-americana Repeating Light Company, em Springfield, Massachusetts. Os isqueiros com reservatório de querosene, roldana metálica e mola de pressão para empurrar a pedra e produzir a faísca responsável pelo fogo chegaram ao Brasil em 1930. De alguma forma, o processo é semelhante a um dos primeiros gestos do homem: esfregar uma pedra na outra para obter fogo.

ISRAELENSE do nome do patriarca hebreu *Israel*, do hebraico *Ysrael*, escrito *Israel*, tanto em grego como em latim. Designa a nacionalidade do pequeno Estado nascido de complexas negociações realizadas entre 1947 e 1948, para cujo final feliz foi decisiva a atuação do brasileiro Oswaldo Euclydes de Sousa Aranha, que presidiu à Assembleia Geral da ONU que criou o Estado de Israel, há muitas décadas envolvido nos terríveis conflitos do Oriente Médio, que tantas vidas têm ceifado entre israelenses e palestinos. A situação é tão complexa que a capital, Jerusalém, é declarada cidade sagrada por judeus, cristãos e muçulmanos. Contando com poderosa ajuda financeira dos EUA, os israelenses fizeram o deserto florir ao introduzirem avançada tecnologia na agricultura. Além de contarem com indústria de ponta em informática, dispõem também de espetacular arsenal de guerra. A presença de europeus e árabes é tão significativa na população que, fazendo jus a seu passado cosmopolita, Israel convive com várias línguas, sobressaindo o hebraico e o árabe, estes oficiais, e o inglês. Os israelenses, conhecidos também como hebreus e judeus, às vezes assim designados de forma confusa, descendem de um povo nômade, de origem semítica, cuja presença na região remonta ao ano 2000 a.C., quando Abrahão deixa a cidade de Ur, na Mesopotâmia, e migra para Canaã. É provável que a palavra hebreu proceda de *habiru*, palavra de um dos dialetos dos *ivrim*, grupos nômades. *Ivrim*, plural de *ivri*, deriva de *eber*, que significa do outro lado, ou seja, da Mesopotâmia. Os hebreus, entretanto, deixaram a região e foram para o Egito, onde ficaram até o século XIII a.C., onde trabalharam como escravos. Sua libertação rumo à Terra Prometida, Canaã, onde correria leite e mel, deu-se sob o batuta de Moisés, uma das maiores lideranças legislativas, políticas e religiosas de todos os tempos. No século X a.C., já sob regime monárquico, o reino divide-se em dois: Judá e Samaria. O segundo durou dois séculos, mas o primeiro somente foi destruído em 587 a.C., pelo rei babilônico Nabucodonosor.

ITA do tupi *ita*, pedra, ferro, qualquer elemento muito duro. Veio a designar navio porque esse étimo indígena estava nas sílabas iniciais dos nomes das embarcações de cabotagem da Companhia Nacional de Navegação Costeira que faziam o percurso entre o norte e o sul do Brasil: Itaquatiara, Itanajé, Itapajé, Itapé, Itaquicé e Itassucé. Esses navios foram celebrizados no cancioneiro nacional e foram gravados por muitos cantores: "Peguei um Ita no norte/ Pra vim pro Rio morar/ Adeus meu pai, minha mãe/ Adeus Belém do Pará."

ITALIANISMO de italiano, de Itália, cuja etimologia remonta a *vitluf*, bezerro, na língua dos oscos, que habitaram a Itália antes dela chamar-se assim, juntamente com os úmbrios e outros povos que ali consolidaram seus domínios depois da decadência dos etruscos. Os romanos adaptaram para *vitellus*, bezerrinho, ligado a *vitulus*, novilho. A origem remota é indo-europeu *wet-olo*, um ano completo. A pecuária era tão importante para os povos do Sul daquela região do Mediterrâneo que eles adotaram como símbolo a efígie de um touro jovem, conhecido como *vitalos*, palavra depois escrita e dita *italos*. O italianismo, isto é, aquilo que é próprio da Itália e conserva as marcas da cultura que ali vicejou, ganhou o mundo e está presente na música, na arquitetura, na dança, na ópera, na literatura, nas estátuas etc. Há italianismos expressos de outro modo. O órgão de Corti designa a porção média do ouvido, por força das pesquisas do nobre italiano Alfonso Corti.

ITÁLICO do latim *italicu*, da Itália. As letras com os contornos finos são assim chamadas porque os primeiros tipos gráficos que tiveram essa forma foram inventados pelos impressores italianos, no alvorecer do século XVI. Quem inventou o tipo foi Francesco Griffo de Bologna para o impressor italiano Aldus Manutius. Por isso, grifo tornou-se sinônimo de itálico. Ludovico Legli Arnighi aperfeiçoou a letra, inclinada para a direita, mais fina que as outras, para destacar certas palavras ou trechos.

IUGOSLAVO do servo-croata *jusgoslav*, eslavo do sul. Onde era a antiga Iugoslávia hoje estão outras repúblicas, como Sérvia e Montenegro. Na Sérvia está localizada a província de Kosovo. Com 80% da população de origem albanesa, os kosovares foram impiedosamente massacrados pelo governo de Slobodan Milosevic, ex-presidente da República Federal de Iugoslávia desde 1992, depois de ter governado a Sérvia a partir de 1989.

J

JABÁ do *tupi yabá*, aquele que foge. Designa também carne-seca, semelhante ao charque, dado o costume de fugitivos levarem carne seca como alimento em suas viagens. Migrou da gíria para os dicionários com o significado mais usual de gorjeta, sendo a forma sintética de jabaculê. Volta e meia surgem denúncias de que certos cantores devem seu sucesso a jabás pagos a programadores de músicas em emissoras de rádio e televisão.

JABURU do tupi *yambiru*, de papo cheio, designando aves de grande porte, encontradas em grandes rios, lagoas e pantanais. As penas são brancas e o bico é preto, levemente curvado para cima, é preto também o pescoço, mas com a base vermelha. Diz-se também jabiru. Como elas parecem muito desajeitadas, jaburu passou a designar também a mulher feia. O tuiuiú, ave símbolo do Pantanal, é uma das espécies de jaburu.

JACARANDÁ do tupi *yakarã'tá*, cheiro forte, com que os índios denominavam essas árvores lindíssimas, da família das leguminosas, que depois passaram a enfeitar tantas cidades brasileiras e latino-americanas, principalmente na primavera, quando florescem. O *Dicionário Aurélio* relaciona dez espécies de jacarandá, entre as quais o jacarandá-mimoso e o jacarandá-paulista.

JACARÉ do tupi-guarani *yaka're*, aquele que olha de lado, que é torto. Animal por demais singular, o jacaré reúne em seu organismo características de pássaro, peixe e mamífero. Apesar daquela serra de dentes, não os usa para mastigar, mas apenas para capturar e quebrar a presa. A deglutição é feita por uma espécie de moela. E seu estômago tem uma das maiores variações de pH, possibilitando que coma uma tartaruga sem sofrer indigestão. Uma curiosidade singular é que, sendo predador de aves, poupe o martim-pescador, um pássaro pequeno a quem ele abre a boca para que a ave literalmente palite seus dentes. Feito o serviço, o passarinho voa alimentado e satisfeito, sem nenhum medo. O jacaré-açu é a maior espécie brasileira, podendo atingir até 5 m de comprimento. À semelhança da cigarra e da formiga, o jacaré foi para os tupis, desde tempos imemoriais, um animal com o qual os índios mantinham uma relação simbólica, reverenciando-o, assim como a outros animais e vegetais, incluídos entre entidades míticas. Os primeiros colonizadores povoaram localidades em que a palavra *yaka're* estava presente e se surpreenderam ao não encontrar o réptil, por desconhecerem que entre os tupis a palavra servia para indicar, por exemplo, um rio cheio de curvas. A palavra jacaré aparece em divertida pesquisa que o escritor Olavo Drummond fez em relatórios de fiscais do Banco do Brasil. Num deles, encontrou o seguinte fragmento: "...Visitando a propriedade do senhor Jacaré e não encontrando o réptil...". No Brasil, jacaré também é metáfora para mulher feia.

JACOBINO do latim *jacobus*, pelo francês *jacobin*. Quando irrompeu a Revolução Francesa, um grupo de deputados, nacionalistas exaltados, instalou-se no convento dos monges jacobinos, situado à rua Saint Jacques. Desde aquela época, jacobino se transformou em adjetivo para qualificar revolucionários extremistas. O arquiteto Oscar Niemeyer, um dos últimos comunistas brasileiros e nacionalista convicto, utilizou o vocábulo em *As curvas do tempo*: "Muitas vezes me senti jacobino ao defender meu país no exterior. Ao recusar as críticas, não raro justas, feitas num tom amigo... não sei por quê, nunca as tolerei."

JAGUAR do tupi-guarani *ya'guara*, gênero dos felinos, principalmente a onça, mas também com o significado de animal que come gente e de homem que briga, o guerreiro; de acordo com a significativa síntese da sabedoria indígena: aquele que está nas mãos do jaguar, tem que ser jaguar.

JAGUNÇO de origem controversa, mas que apresenta duas hipóteses que talvez tenham se mesclado com o correr do tempo. Uma é zaguncho, vocábulo presente na língua portuguesa já no século XVI, provavelmente derivado do árabe *zagal*, designando tanto o pastor como o valentão, talvez porque ambos andassem de posse um cajado, com a diferença de que o pastor usava aquele porrete para afastar animais que ameaçavam o rebanho, como cães e lobos, e o valentão para bater nas pessoas a quem desafiava. *Zagal* entrou para o português e como o ofício de pastor não fosse exclusivo dos homens, surgiu também *zagala*, que parece nesses versos de Alberto de Oliveira: "Zagala ou bom pastor, quem quer que sejas/ detém-te com o rebanho." Para designar o soldado, o quimbundo tem *jungunzu* e o iorubá, *jagun-jagun*. Os modernos jagunços, a serviço de coronéis da política ou das empresas, deixaram de lado zagunchos e outras armas e passaram a operar com recursos mais sofisticados, que incluem telefones fixos, celulares e computadores.

JANEIRO do latim *jannarium*, evolução de *januarius mensis*, mês de *Janus*, deus protetor dos começos, que tinha duas faces, uma olhando para a frente, outra para trás. Naturalmente, o deus não tinha nuca. Houve elipse de *mensis* e o primeiro mês do ano consolidou a homenagem divina na designação. Janeiro, grafado no plural, indica, por metáfora, a idade de uma pessoa. Jano foi um dos deuses do arcaico panteão romano, onde desfrutava do primeiro lugar, admitido depois da queda da monarquia em Roma. Na companhia das três Horas, trazidas da Grécia, passou a guardar as portas do céu. As três Horas eram Eunomia, a ordem; Dike, o direito, e Irene, a paz. As Horas eram filhas de Têmis, cujo atributo clássico era a balança, que em tempos mais antigos não era ainda um signo e, sim, uma constelação. Têmis pesava as desordens cósmicas causadas pelos homens por ações desordenadas.

JANELA do latim vulgar *januella*, diminutivo de *janua*, porta. Originalmente meia porta, a janela foi concebida para que nas residências entrassem luz e ar. Desconvidados, passaram a entrar também outros visitantes, como insetos, ventanias e nosso destino final, o pó. Primeiramente, para que as janelas dessem vista à paisagem, era necessário abri-las, mas já no alvorecer do primeiro milênio os romanos tornaram-nas transparentes pelo uso do vidro. Nos finais do século XV, o vidro passou a ser presença constante na arquitetura das casas. Hoje, muitas são as janelas feitas quase que exclusivamente deste material que, aliás, passou a substituir também as paredes de tijolo, tornando a vida privada vulnerável aos olhares dos bisbilhoteiros. A expressão "entrar pela janela" é curiosa metáfora para indicar quem chega a algum posto sem seguir os ritos de praxe, como os concursos, por exemplo. Luciana Cardoso, filha do ex-presidente Fernando Henrique Cardoso, entrou pela janela no Palácio do Planalto, obtendo um emprego público de 3.800 reais. A questão foi parar no Judiciário.

JANGADA do malaiala *changadam*, balsa. Inicialmente designou junção de madeiras para salvamento de náufragos. Alguns pesquisadores tinham dado como origem o tupi-guarani *hangada*, mas depois ficou demonstrada a origem asiática da palavra. A jangada, embarcação tosca, utilizada por pescadores nordestinos, é construída com cinco paus roliços. O do centro chama-se meio; os dois mais grossos, bordos; os outros dois, amarrados às extremidades, são denominados mimburas. O mastro das jangadas é chamado de boré. O escritor português José Saramago é autor de *Jangada de pedra*, um romance em que a Península Ibérica é comparada a esse tipo de embarcação.

JANOTA do francês *janot*, variação de *jeannot*, de *Jean*, João. Soaria como Joãozinho, mas um personagem de teatro criado por Louis-François Archambault, mais conhecido como Dorvigny, popularizou a palavra com o sentido de bobo, tolo, néscio, parvo. Na peça, ele se vestia de modo desjeitoso, com o fim de criticar suposta elegância da época, e falava invertendo a ordem natural das frases, por força de um distúrbio da fala. No livro *De Rebus Pluribus*, de 1923, o visconde de Santo Tirso debochou daqueles que se vestem mal achando que assim ficam elegantes. "Quando vejo algum pretenso janota de fraque e chapéu de coco, penso logo num grande sacrifício para aplacar os manes do *Beau Brummell*", escreveu ele, referindo-se ao inglês George Bryan Brummell, considerado o primeiro dândi, por sua forte relação com a moda.

JANTAR do latim vulgar *jantare*, variação de *jentare*, jantar, que, relacionado com jejum, entrou para a língua portuguesa em 1111. Entretanto, nos primeiros séculos do segundo milênio a palavra não designava a última refeição do dia. Ao contrário, o jantar foi originalmente almoço e não tinha o sentido de refeição habitualmente feita por volta do meio-dia, mas espécie de imposto de vassalagem pago ao senhor em viagem, sobretudo quando em busca de vassalos que tivessem alocado sua força de trabalho para outros domínios. Em Portugal, porém, como os vassalos tivessem o direito de trocar de senhor, o jantar, com sinônimo de parada, tinha sutil diferenciação, designando mantimentos ou dinheiro para manutenção e hospedagem de senhorios e comitivas. No português arcaico, por tais razões, jantar era designado também *comedura*, *comedoria*, exceto quando os hóspedes compulsórios eram eclesiásticos. Daí a palavra equivalente era visitação, parada, procuração, censo, direito pontifical. O primeiro rei português, Dom Afonso Henriques, já metia a mão nos bolsos dos vassalos e fixou os valores de jantar e parada a todos os moradores das vilas, ainda que não fossem visitados, estipulando-os em dois pães, um de trigo e outro de centeio, um almude de cevada e outro de vinho. Como houvesse variação nas medidas, única forma dos vassalos aliviarem um pouco da carga tributária, o rei Dom Manuel definiu para a Vila de Ansiães que "Os almudes são alqueires desta medida ora corrente: e que os pães sejam tais, que de um alqueire se façam quinze." Em resumo, antes de ser almoço, jantar foi um imposto.

JARDIM do francês *jardin*, e este do francês antigo *jart*, vindo do frâncico *gart*. O latim denominava *hortus gardinus* o espaço para cultivo de árvores frutíferas, legumes, verduras e flores, nas proximidades das residências. O étimo está presente no inglês *garden* e no alemão *Garten*. Os quatro tipos mais conhecidos de jardim no Brasil são: o jardim, público ou privado, ao redor das casas ou em praças e parques; o jardim da infância, nome dado a escolas de formação pré-escolar das crianças; o jardim botânico, cujo maior exemplo é o do Rio de Janeiro, iniciativa pioneira de Dom João VI, ao chegar ao Brasil em 1808; e o jardim zoológico, no Rio de Janeiro, solicitado em 1884 pelo então comendador João Baptista Vianna Drummond, e inaugurado no dia 6 de janeiro de 1888. Ele recebia inicialmente uma subvenção pública de dez contos de réis.

JARDIM DE INFÂNCIA do alemão *Kindergarten*, jardim de crianças, estabelecimento destinado à educação a menores de seis anos. O objetivo geral é prepará-las para o ensino fundamental, daí o sinônimo de pré-escola. Por meio de exercícios de jogos, a criança é levada a praticar alguns atos e evitar outros que, no conjunto, fazem dos rebentos pequenos cidadãos ou cidadãs. Leva este nome porque o primeiro estabelecimento do gênero, fundado em 1837, foi obra do professor alemão, filho de um pastor protestante, Frederico Guilherme Augusto Froebel. Ele partiu do pressuposto de que as crianças, semelhando plantas e flores, cultivadas em jardim, também mereciam delicadas atenções. Ele revolucionou a pedagogia infantil, dando funções educativas a brinquedos, jogos, desenhos, danças, cantigas de roda etc. Os ensinamentos eram passados também em histórias cuidadosamente escolhidas, narradas pelas professoras, como contos de fada, lendas, fábulas, mitos. Por dar à liberdade das crianças função estratégica em sua pedagogia, seus ideais foram muito combatidos na antiga Prússia. Ele concebia o desenvolvimento humano em cinco etapas: infância, meninice, puberdade, mocidade e maturidade. O jogo, a ação e o trabalho desempenham papéis fundamentais em sua pedagogia.

JARGÃO do francês *jargon*, língua estrangeira de impossível ou muito difícil compreensão para os franceses, radicado em *gargon*, gorjeio de pássaros. Inicialmente, no século XII, foi semelhante à gíria, mas de uso restrito de ladrões, assaltantes, malfeitores. Com o tempo passou a designar linguagem especial de certos profissionais, como advogados, médicos, economistas etc. Também a *Organização do Tratado do Atlântico Norte* – OTAN, em português; NATO, em inglês, pela posição diferente dos adjetivos na expressão – tem jargões e um deles era aplicado inicialmente ao alfabeto nas transmissões por rádio, consolidando-se depois em vários outros ramos. De A a Z, eis as palavras que identificam a letra inicial: Alfa, Bravo, Charlie, Delta, Echo, Foxtrot, Golf, Hotel, Índia, Juliet, Kilo, Lima, Mike, November, Oscar, Papa, Quebec, Romeo, Sierra, Tango, Uniforme, Victor, Whiskey, X-ray, Yankee, Zulu.

JARRETEIRA do francês *jarretière*, jarreteira, por sua vez derivada de *jarret*, jarrete, designando a parte da perna que fica atrás da articulação do joelho. Nos quadrúpedes indica o nervo ou tendão das pernas, tal como aparece neste trecho de *O sertanejo*, de José de Alencar: "Tinha o boi as pernas delgadas e o jarrete nervoso dos grandes corredores." Há uma condecoração militar na Inglaterra denominada *Ordem da Jarreteira*, que originalmente homenageava São Jorge. Certa vez, porém, uma favorita da corte do rei Eduardo III compareceu a uma solenidade usando, por descuido, uma liga errada nas meias. Foi criada, então, uma condecoração somente para reparar a gafe.

JATO do latim *jactum*, lançado, particípio de *jacere*, lançar. Lembre-se da frase de Júlio César: *alea jacta est* (a sorte foi lançada). O vocábulo passou a ser utilizado como sinônimo de avião, depois da invenção do motor a jato, em que espécies de ventiladores sugam o ar, lançando-o para dentro das turbinas. Ao sair, sob alta pressão, este ar empurra o avião. O invento deve-se a um jovem de apenas 22 anos, o engenheiro e piloto inglês Frank Whittle, nascido em 1907. Não conseguindo apoio do Ministério da Aeronáutica britânico, Frank criou sua própria empresa e testou seu invento em 1937, no chão. Quatro anos depois, já em plena Segunda Guerra Mundial, o motor *Whittle* equipava o primeiro jato, que voou sem problemas. Desde então jatos e jatinhos cruzam os céus do mundo inteiro em altíssimas velocidades, encurtando as distâncias. Nossos políticos, que não podem dispensar os jatinhos em suas campanhas, talvez não saibam o quanto devem ao jovem Frank. Poderiam, porém, uma vez eleitos, dar mais atenção à pesquisa científica e tecnológica.

JAÚ do tupi *ya'ú*, comedor, comilão. Os índios deram este nome a um peixe de água doce, encontrável em rios das bacias do Amazonas e do Paraná, que mede 1,5 m e chega a pesar 120 kg. Tamanho e peso dependem, como se sabe, do pescador que faz o relato. Jaú é também o nome do andaime móvel utilizado para pinturas e reparos, que vemos na parte externa dos prédios. Suas roldanas rodam sobre cordas presas ao alto dos edifícios, expondo os trabalhadores a grandes perigos. O peixe deu nome a vários rios brasileiros, um dos quais em São Paulo, que tem um município com a mesma denominação. Chamava-se também jaú o hidravião utilizado na primeira viagem Gênova-Santos.

JAZIDA feminino do particípio jazido, de jazer, vem do latim *jacere*, estar deitado, do mesmo étimo de jazigo, com a diferença de que ali não estão guardadas as riquezas minerais, mas os ossos de quem foi deitado no sepulcro, o defunto, do latim *defunctus*, pronto. Isto é, pronto para voltar de onde veio, segundo a clássica expressão do latim, proferida na Quarta-feira de Cinzas: *"memento, homo, cuia pulvis es et in pulverem reverteris* (lembra-te, homem, que és pó e ao pó voltarás)". Mas, ao contrário do homem, que ouviu nos ritos de partida para a eternidade a expressão *"resquiescat in pace* (descanse em paz)", as jazidas de petróleo, do latim *petroleum*, óleo de pedra, não descansam! Nem os homens na luta por regalias, *royalties*, sobre elas!

JAZER do latim *jacere*, estar deitado, imóvel, morto. Daí a expressão característica das inscrições em túmulos, aqui jaz fulano de tal, acompanhadas de informações sumárias sobre a vida do morto, dando conta de que foi "pai abnegado", "esposo extremoso" e incluindo moções de pesar de seus familiares, nem sempre sinceras, sobretudo quando o ente querido deixou uma boa herança. Há registro de um trocadilho, visto em lugares menos silenciosos: aqui jazz.

JAZZMANIA do inglês *jazz*, nome da música profana, vocal ou instrumental, de negros norte-americanos que após a Primeira Guerra Mundial ganhou a preferência do mundo inteiro. A junção com mania, do grego *manía*, loucura, indica a extensão desta preferência.

JECA provável redução de gecarcinídeo, caranguejo, chamado *guaiamu* pelos tupis, que vive escondido em tocas por ele cavadas. Pode ter havido mescla com alteração na prosódia de zeca, variante de zé, hipocorístico de José. Hipocorísticos (termo carinhoso para uso familiar) são comuns no português: Cacá para Carlos; Fafá para Fátima. Passou a integrar o vocabulário em 1918, com o livro *Urupês*, de Monteiro Lobato, de que se tornou personagem emblemático Jeca-Tatu. O sucesso foi tão grande que o autor o retomaria nos livros *As ideias de Jeca-Tatu e Jeca-Tatuzinho*. Semelhando o caranguejo, o jeca, dali por diante sinônimo de caipira, matuto, morador do interior, viveria entocado, desanimado, por força de males como a verminose, agravada com a falta de higiene. A popularização do Jeca-Tatu deveu-se ao *Almanaque Biotônico Fontoura*, que era dado de presente com a embalagem do fortificante.

JEGUE do inglês *jackass*, burro. É designação do animal no nordeste do Brasil, pois em outras regiões ele é chamado de jumento, sendo o burro e a mula resultados do cruzamento da égua com o jumento. É injusto chamar alguém ignorante de burro, dado que o animal é muito inteligente. O escritor Guimarães Rosa tem um conto famoso sob o título de *O burrinho pedrês*, em que são destacadas a inteligência, a sabedoria e a experiência do muar. É animal de muita estimação, além de destacar-se na iconografia cristã em momentos decisivos, tais como a fuga da Sagrada Família para o Egito quando Jesus, ainda menino, aparece no colo de Maria montada num jumento, por sua vez puxado por São José, que segue a pé. Três décadas mais tarde, no domingo que precedeu a semana de sua execução, Jesus, recebendo glórias de rei, entra em Jerusalém montado num jumento. Animal de muita resistência, é de teimosia notável e por isso o escritor Jorge Amado compara sua célebre personagem a um jegue: "Teimosa que nem jegue essa tal de Teresa Batista. Mal comparando, seu moço, pois de jegue não tinha nada além da teimosia." Foi providencial a ressalva, pois o jegue não é um animal bonito e a personagem em questão é belíssima.

JEITO do latim *jactu*, lançado. No português passou a designar a feição e os modos das pessoas. O escritor irlandês George Bernard Shaw, famoso pelo humor com que temperava seus textos e conversações, assim se definiu em *A outra ilha de John Bull*: "Meu *jeito* de brincar é dizer a verdade. É a brincadeira mais engraçada do mundo."

JEJUAR do latim *jejunare*, jejuar, ficar sem comer, tendo também o significado de sofrer outras privações, incluindo a do conhecimento. Por conseguinte, jejuar é também ignorar. Dado o fenômeno sociolinguístico que é o futebol para os brasileiros, narradores esportivos vêm dando a jejum e jejuar significado de ausência, não de comida ou de saber, mas de vitórias e de gols. Na revista *Língua Portuguesa* (setembro de 2008), John Robert Schmitz, da Unicamp, destacou os seguintes exemplos que encontrou na mídia: O Corinthians quer encerrar um longo jejum neste sábado; O Fluminense acabou na noite deste domingo com um incômodo jejum; Leão destaca peso do jejum do Galo (Atlético Mineiro). O professor acrescenta: O vocábulo 'jejum' apresenta um sentido diferente que não é percebido de imediato pelos usuários do idioma em geral.

JEJUM do latim *jejunium*, jejum, abstinência de alimentos. O jejum como ritual está presente em várias culturas e religiões. Os muçulmanos jejuam no ramadã, como é chamado o nono mês lunar, abstendo-se de alimentos, bebidas e atos sexuais entre o alvorecer e o pôr de sol. Iniciado em dezembro, é um dos cinco pilares do islamismo. Os outros quatro são: aceitar que há um só Deus, Alá, e que Maomé é seu profeta; ir a Meca pelo menos uma vez na vida; rezar cinco vezes por dia; e pagar contribuições aos pobres e necessitados. O *Eid al Fitr*, final do mês lunar de ramadã, ocorre quando a lua nova é avistada no céu e é celebrada a festa do desjejum.

JENIPAPO do tupi *yandï'paua*, uma rubiácea. O coronel Odorico Paraguaçu, personagem do teatrólogo, novelista e membro da Academia Brasileira de Letras, Dias Gomes, bebia licor de jenipapo na mítica cidade de Sucupira e não se cansava de proclamar seu poder afrodisíaco diante do fingido horror das irmãs Cajazeiras.

JERIMUM do tupi *yuru'mu*, abóbora. Planta própria de clima quente, desenvolvendo-se melhor entre 20 e 27 graus. O jerimum é muito consumido no nordeste brasileiro por tratar-se de planta que se adapta a diferentes tipos de solo, especialmente arenoargiloso.

JEROSOLIMITA do grego *hieroslymítes*, pelo latim *hierosilymita*, *jerosolimita* ou *hierosolimita*, designando o habitante da cidade de Jerusalém. Dividida entre jordanianos e israelenses em 1948, hoje ela é a capital de Israel. Sua fundação deve-se ao rei Davi. Para libertá-la dos muçulmanos, foram realizadas nove cruzadas entre os anos de 1096 e 1291, quase 200 anos de guerras crudelíssimas.

JESUS do latim *Jesus*, dito e escrito também *Iesus*, e do grego *Iesôus*, formas com que foi escrito o nome de Jesus, vindo do hebraico tardio e do aramaico *Yeshuas*, antes dito e escrito *Jeshua, Jehoshua, Joshua*, a partir dos étimo *Jah* e *Javeh*, ligados tradicionalmente à denominação de Deus, no hebraico. Jesus falava aramaico e lia em hebraico no templo, mas os *Evangelhos* foram escritos em grego e mais tarde traduzidos para o latim. Apesar de outras denominações nessa língua, como *Ehyeh* e *Adonai*, prevalece o tetragrama *Yhwh*, que se pronuncia Javé, terceira pessoa do verbo ser, para designar o pai de Jesus, Deus. O nascimento de Jesus já foi comemorado em 20 de março e em 28 de maio, mas a partir do século IV foi fixada a data de 25 dezembro. O cristianismo, até então combatido como religião, por excluir os deuses pagãos, foi aceito pelo Império Romano, que o tornou oficial. As autoridades utilizaram como estratégia para divulgar e consolidar o cristianismo a associação a deuses, personagens e cultos pagãos. Assim, o dia da festa de celebração do Sol Invicto, importante data romana, tornou-se o dia de Natal. As auréolas com raios brilhantes ao redor da cabeça de Jesus e dos santos também estão associadas ao Sol. Por um erro de um monge chamado Dionísio, o Pequeno, o nascimento de Jesus foi datado no ano I de nossa era, mas Jesus nasceu antes da morte de Herodes, o Grande, o da matança das criancinhas, deposto em abril de 750, contado a partir da fundação de Roma. Os novos cálculos, feito este ajuste, indicam que Jesus nasceu ao redor do ano 4 a.C. Outras crenças, baseadas nos presentes – ouro, incenso e mirra – fixaram em três os magos que visitaram o menino recém-nascido, dando-lhes *status* de reis, que receberam os nomes de Baltazar, Gaspar e Melquior. Os restos mortais dos três repousam hoje na catedral de Colônia, na Alemanha, onde chegaram em 1164, vindos da Itália. Mas ninguém sabe de quem são, realmente, aqueles ossos. E a basílica de Santa Maria Maior, em Roma, ainda hoje exibe cinco pedaços de madeira, que teriam sido da manjedoura onde nasceu Jesus.

JETOM do francês *jeton*, derivado de *jeter*, lançar, jogar, presente na língua ainda no século X, do latim vulgar *jectare*, variação do latim culto *jactare*, lançar, arremessar, tendo também o significado de mostrar-se, envaidecer-se. A raiz latina está presente também em injeção, interjeição, rejeição. No século XIV, ainda no francês, *jeton* designava peça de metal utilizada para cálculos e por volta de três séculos mais tarde queria dizer ficha empregada para marcar presença em jogos. No século XIX, fichas semelhantes eram distribuídas aos membros de uma assembleia. Quando surgiu a remuneração por participação em trabalhos, a ficha passou a servir para controlar presença. Modernamente, já aportuguesado, jetom é o pagamento feito a membros de órgãos colegiados, de que são exemplos a Câmara e o Senado, que pagam jetons a deputados e senadores.

JIBOIA do tupi *yi´mboya*, em que *yi* remete a rã. Designa cobra boídea, que se alimenta de bois, mas pode também devorar outros animais, como roedores e aves, e também pessoas. Comum em todo o Brasil, tem cor cinza, puxando para o roxo, com faixas escuras no dorso e desenhos laterais ovoides ou rômbicos. Vive nas florestas ou campos, especialmente em árvores. Tem cerca de 4 metros de comprimento. Não é venenosa, mas sua mordida causa dor e infecção. Sua pele é usada na confecção de artefatos de couro.

JINGLE do inglês *jingle*, tilintar de moedas ou barulho de chaves batendo umas nas outras, depois aplicado a melodias cujos sons imitavam esses pequenos ruídos. Antes de chegar à língua portuguesa como neologismo que designa curta mensagem de propaganda acompanhada de música, foi escrito *gingle* em inglês, como aparece no prólogo do livro do escritor inglês Geoffrey Chaucer, *The Canterbury Tales (Contos de Canterbury)*. *Jingle Bells* é o título de uma das mais conhecidas canções de Natal, criada por James Lord Pierpont. Traduzida para línguas do mundo inteiro, no Brasil tem o título de *Bate o Sino*. A letra original fala de uma viagem a cavalo pela neve, mas foi adaptada para celebrar os eventos de Natal. Em nosso país é cantada assim: "Bate o sino, pequenino,/ sino de Belém,/ Já nasceu Deus menino/ Para o nosso bem./ Paz na terra pede o sino/ alegre a cantar/ Abençoe Deus menino/ este nosso lar./ Hoje a noite é bela;/ juntos eu e ela,/ vamos à capela/ felizes a rezar./ Ao soar o sino,/ sino pequenino,/ vai o Deus menino/ nos abençoar."

JINRIQUIXÁ do japonês *jinrikisha*, cujo significado literal é homem-força-carro, já que *jin* é homem, *riki* é força, e *sha*, carro. Ainda muito usado no Oriente, o jinriquixá é aquele carrinho de duas rodas puxado não por tração animal, mas por homem, servindo também de táxi primitivo.

JIPE do inglês *jeep*, jipe. Veículo pequeno, fabricado durante a Segunda Guerra Mundial e depois usado como utilitário de transportes sobretudo no meio rural, em situações adversas, dada a sua resistência. A denominação do veículo foi tirada do nome de um fabuloso animal das tiras humorísticas da série Popeye. Outra explicação seriam as iniciais de *general purpose vehicle* (veículo para uso geral), grafada indevidamente.

JOALHERIA dito também joalharia, vem do francês *joaillerie*, cujo registro mais antigo aparece em 1434 na França, designando arte, conjunto de joias ou estabelecimento onde o joalheiro fazia e vendia as peças. A palavra esteve com intensidade na mídia por força de frequentes assaltos ocorridos a joalherias na cidade de São Paulo. Filmadas por câmeras de segurança, as cenas mais pareciam de filmes policiais.

JOALHEIRO do francês *joaillier*, fabricante ou vendedor de pedras preciosas. Os joalheiros vêm há muito enfeitando cabeças coroadas, sejam de reis, príncipes, rainhas, princesas ou altas autoridades da Igreja, mas sua presença é também indispensável no amor, como lembra Machado de Assis no capítulo XVI de *Memórias póstumas de Brás Cubas*: "Bons joalheiros, que seria do amor se não fossem vossos dixes e fiados? Um terço ou um quinto do universal comércio dos corações."

JOÃO-DE-BARRO das formas latinas *Johannes*, João, e *barru*, formou-se o nome de um passarinho brasileiro, de cor parda e peito claro, com cerca de 20 cm de comprimento, que constrói seu ninho na forma de um iglu de barro e gravetos, com quarto e um corredor que liga à sala. Escolhe postes de iluminação, galhos de árvores altos e telhados de casas para edificar seu ninho, semelhante a uma casinha. A superstição popular, talvez alimentada por conhecida canção, acredita que o joão-de-barro, quando traído pela companheira, prende a mulher adúltera em casa, fechando-a lá para sempre e matando-a por asfixia. Entretanto, das fêmeas encontradas mortas dentro de casa até o presente, nenhuma era companheira do joão-de-barro.

JOÇA do dialeto minhoto ou alentejano *jouça*, excremento. Na Beira Alta, diz-se *joiça*. No Brasil, o vocábulo designa coisa complicada, ruim ou de difícil compreensão.

JOGO do latim *jocus*, gracejo, brincadeira. Talvez porque os jogos tenham sobretudo a finalidade de divertir e entreter é que o vocábulo tomou o lugar de *ludus*, jogo, originalmente com o sentido restrito de exercício físico. Excetuando-se os jogos esportivos que demandam força física, o mais famoso jogo do Brasil é o jogo do bicho, cujos bichos são os que seguem: avestruz, águia, burro, borboleta, cachorro, cabra, carneiro, camelo, cavalo, cobra, coelho, elefante, galo, gato, jacaré, leão, macaco, pavão, peru, porco, tigre, touro, urso, veado e vaca. O número 24 passou a referir-se a homossexual por ser o que corresponde ao veado.

JOIA do francês antigo *joie*, adereço, ornamento de matéria preciosa ou que a imita. Sua origem remota é o latim *gaudia*, plural de *gaudium*, gozo, alegria. Diz o célebre filólogo brasileiro Antenor Nascentes que "joia é objeto que causa sempre alegria a quem o ganha; daí a mudança de sentido". Designa também espécie de tributo que o associado paga quando é admitido em alguma associação, clube ou empresa. Já a expressão "tudo joia", indicando que tudo vai bem, origina-se em um verso da quinta cena do Ato I da ópera *Rigoletto*, de Giuseppe Verdi, também presente na canção popular napolitana *La Bella Sorrentina*: *tutto è gioia, tutta è festa* (tudo é alegria, tudo é festa). Os amores costumam terminar antes das verdadeiras joias, que são eternas. Mas não é de bom tom devolver as segundas quando os primeiros acabam. Tal é a demanda de amores interrompidos que, aplicada tal norma, haveria desemprego entre os joalheiros.

JOIO do latim *lolium*, com a variante *jolium*, que deram joio em português. Graças à parábola de que é preciso separar o trigo dessa gramínea, que tem os frutos infestados de fungos daninhos, a palavra e a expressão tornaram-se muito populares. Parábolas são comparações que têm o fim de passar algum ensinamento a ouvintes e leitores. São Jerônimo traduziu o hebraico *meshalim* e o grego *parabolé* para o latim *parabola*. Com variações de conceito, os três vocábulos indicam analogia, comparação, alegoria. As parábolas podem ser descritivas ou narrativas. Em Mateus 13, 24-30, a escolha foi pela segunda modalidade. Os servos espantam-se com tanto joio no meio do trigal e recebem ordem de deixar os dois crescerem juntos para, na colheita, separá-los, lançando o joio ao fogo e recolhendo o trigo nos celeiros, para não ocorrer de, ao arrancarem o joio, destruírem também o trigo.

JÓQUEI do inglês *jockey*, que designa quem monta o cavalo de corridas e, como verbo, também o ato de montar. No Brasil, na denominação dos clubes é mantida a grafia inglesa. Um dos mais famosos jóqueis brasileiros é Jorge Ricardo, o Ricardinho, que venceu 7 dos 11 páreos disputados no Hipódromo da Gávea, no Rio, a 3 de dezembro de 1992. O jóquei de maior sucesso no mundo, William Lee Shoemaker, o Bill, nasceu com 1,1 kg. Tem 1,50 m de altura e, quando montava, pesava 44 kg. Aposentou-se em 1990, tendo obtido 8.833 vitórias em 40.350 páreos.

JORNADA do provençal *jornada*, marcha ou caminho que se faz durante um dia inteiro de viagem. Teria derivado de *jorn*, que também no provençal designa o dia, tendo vindo provavelmente do latim *diurnum*, forma neutra do adjetivo *diurnus*, diurno, o que se faz no espaço de um dia, uma vez que os viajantes caminhavam apenas durante o dia, reservando a noite para descansar. Primeiramente o vocábulo foi aplicado a marchas militares. Com a industrialização, que demanda horários fixos de trabalho, passou a designar o total de horas que um trabalhador dedica ao serviço. Em geral, as jornadas são de 8 horas diárias, de segunda a sexta-feira, totalizando 44 horas semanais, dado que aos sábados o expediente vai até o meio-dia.

JORNALEIRO de jornal, do francês *journal*, o que se faz num dia, depois consolidando-se para designar publicação diária de notícias, mais o sufixo -eiro, usual no português para designar ofícios: padeiro, ferreiro, marceneiro etc. Os jornaleiros foram os primeiros meninos de rua do Brasil. Os pequenos jornaleiros vendiam jornais nas ruas aos gritos de "extra, extra" e anunciavam as manchetes, na esperança de que os gritos comovessem os transeuntes e eles comprassem a edição. Para pegar os jornais diretamente das distribuidoras ou mesmo nas próprias sedes das empresas que os editavam, eles andavam pelas ruas e muitas vezes dormiam nas calçadas, esperando os jornais saírem, como outros esperavam o pão e o leite para entregar nas casas. Dona Darcy Vargas, mulher de Getúlio Vargas, fundou a *Casa do Pequeno Jornaleiro*, que ainda existe no Rio. Os menores foram tirados das ruas, ganhando um lugar para dormir. Ali recebiam também alimento e estudo. No dia 24 de agosto de 1954, os pequenos jornaleiros saíram às ruas para vender edições extras de todos os jornais, que davam o suicídio do presidente como a manchete principal.

JORNALISTA do francês *journaliste*, jornalista, de *journal*, jornal, por sua vez ligado ao que se faz num *jour*, dia, mas que passou a designar nos tempos modernos o profissional da imprensa. Ainda que seja falada, voltando, no rádio, às origens de comentar a vida, a tarefa do profissional está sempre ligada ao jornalismo. Foi também o caso dos cinejornais, no cinema, e dos telejornais, na televisão, que ensejaram o surgimento de novas palavras para designar quem faz jornalismo: radialista, cinejornalista, telejornalista. Em Veneza, na Itália, com o nome de *gazzeta*, gazeta, moeda com que era pago, surgiu um dos primeiros jornais. No italiano, como no francês, *giornalista*, jornalista, está ligado ao que se faz num *giorno*, dia. A origem comum para as três línguas – francês, italiano e português – é o latim *diurnum*, diurno, período de um *dies*, dia. No espanhol, como *periódico*, jornal, é a designação dominante, quem nele trabalha é *periodista*, jornalista. Diz Alberto Dines em *O papel do jornal* (Summus Editorial): "O jornalista e o leitor, assim, fazem parte de um mesmo bolo social; são em última análise a mesma coisa. É por essa razão que não se pode dizer que a imprensa de determinado país ou região é ruim ou boa. Ela é reflexo e segmento da própria sociedade a que serve".

JOSEZINHO é um hipocorístico do nome José, vindo do hebraico e chegado ao latim como *Joseph*, forma que manteve em muitas outras línguas. É uma capa feminina, de gola grande e sem mangas, muito usada antigamente. O longevo escritor português Júlio Dantas, em seu livro *Figuras de ontem e de hoje*, alude a "raparigas da cidade, nas madrugadas frescas, embrulhadas em seus josezinhos de baetão vermelho". Os vestidos das diversas mulheres presentes à posse do presidente Fernando Henrique Cardoso não incluíram nenhum josezinho, mas entre os ministros havia pelo menos três com o nome de José, muito comum no Brasil: José Serra, José Eduardo de Andrade Vieira e José Israel Vargas.

JOVEM do latim *juvenis*, jovem, moço. Os romanos tinham uma deusa para proteger os moços depois que eles deixassem a adolescência. Era a *Juventas*, Juventude. Os meninos deixavam de usar a toga pretexta, veste branca franjada de púrpura, o que ocorria por volta dos 17 anos. As moças somente deixavam este estado ao contraírem matrimônio, quando tomavam o caminho que em pouco tempo as transformaria em matronas. No Brasil, é jovem quem ultrapassou os 15 anos, idade em que, segundo a Constituição, deve ter completado também oito anos de estudo. Mas 65% deles não cumprem o preceito constitucional, apesar de um em cada três brasileiros ir diariamente à escola, para aprender ou para ensinar.

JOVIAL do latim *joviale*, jovial, feliz, derivado de *Jove*, Júpiter. Os dias consagrados a esse deus eram felizes, daí o significado que a palavra adquiriu ao longo do tempo. Com tal sentido aparece nestes versos do poeta português Guerra Junqueiro, em *A velhice do Padre Eterno*: "O melro, eu conheci-o: era negro, vibrante, luzidio, madrugador e jovial; logo de manhã cedo, começava a soltar, d'entre o arvoredo, verdadeiras risadas de cristal."

JUAZEIRO do tupi *yuá*, que era como os índios chamavam o fruto amarelo do juazeiro, palavra formada com o acréscimo do sufixo -eiro e a consoante de ligação *z*. O juazeiro, árvore alta e bem copada, cujo fruto presta-se também como sabão e dentifrício, é característica da caatinga nordestina e não perde as folhas durante as secas, servindo de abrigo para o gado. Na cidade de Juazeiro do Norte, no Ceará, viveu o padre Cícero Romão Batista, mais conhecido como "Padim Ciço", a quem os nordestinos atribuíram vários milagres ainda em vida e muitos mais depois que morreu.

JUBILEU do latim *jubilaeus*, por sua vez vindo do grego *iobelaios*. Nas duas línguas tinham o significado de grito alegre. Sua origem remota é o hebraico *jobel*, trombeta de chifre de carneiro que anunciava a cada 50 anos o perdão das dívidas. As dívidas eram perdoadas e os escravos libertados. O catolicismo assimilou o costume, mas diminuiu o ciclo para apenas 25 anos, quando o papa concede indulgência plenária. *Indulgentia*, em latim, é benevolência, perdão, mesmo étimo de *indulgere*, perdoar. O mesmo étimo está presente em indulto, redução de penas aos presidiários, aplicada em datas importantes, como o Natal. Em 1300 o papa Bonifácio VIII, aquele que foi preso e torturado pelo rei francês Felipe IV, o Belo, instituiu o Jubileu ou Ano Santo, que deveria ocorrer uma vez a cada século. Os papas seguintes reduziram o prazo para 33 e depois para 25 anos. No Ano Santo do Jubileu, os peregrinos que vão a Roma e cumprem alguns outros requisitos recebem indulgências plenárias. Nos intervalos entre os jubileus, a Porta Santa, que dá entrada à basílica de São Pedro, fica emparedada. Já quanto ao verbo jubilar, que tem a mesma raiz, Antenor Nascentes informa-nos que a origem pode estar nas comemorações que faziam os antigos professores quando se aposentavam, satisfeitos por deixarem o pesado encargo, depois de longos anos de magistério. Os tempos modernos não trouxeram satisfação para esses profissionais na aposentadoria, sobretudo ao rebaixamento de seus salários e ainda à "fórmula 90" que a Previdência propôs, segundo a qual a idade do profissional e o tempo de serviço, somados, devem dar 90 anos. Nem as antigas trombetas hebraicas poderiam comemorar nada neste caso. Posto que a maioria dos brasileiros começa a trabalhar bem antes dos 20 anos de idade, serão necessários mais do que 70 anos de serviço para a aposentadoria.

JÚBILO do latim *jubilum*, gritos ou exclamações de alegria, por influência do hebraico *yobel*, chifre utilizado como corneta para anunciar festa especial, celebrada de 50 em 50 anos, pelo grego *iobelaios*, ao latim *jubilaeus*. O verbo jubilar, igualmente do latim *jubilare*, tomou entretanto três significados: alegrar-se, ser aposentado por merecimento ou antiguidade e perder o direito à matrícula em universidades, por excesso de faltas ou muita demora em concluir o curso superior.

JUDAS do antropônimo famoso de um dos apóstolos. Falso, traidor. Interpretações modernas porém, documentais ou literárias e artísticas, resgatam outra imagem para o caixa da campanha de Jesus. Nessas versões, Judas não traiu, mas foi traído, como é o caso do romance *O Evangelho de Judas*, do escritor brasileiro contemporâneo Sílvio Fiorani. Beijar é ato de amor, mas também de servidão, domínio, posse, conforme o caso. Descontando os anônimos, muitas figuras famosas foram traídas ou enganadas por beijos no decorrer da História, apesar de o exemplo mais clássico ser justamente o beijo dado por Judas em Jesus, no Jardim das Oliveiras, sobre o qual há tantas discordâncias.

JUDEU do latim *judaeu*, declinação de *judaeus*, judeu, e do grego *ioudaiosm*, ambos radicados no hebraico *Iehudi*, descendente de *Iehudá*, do nome do chefe de uma das tribos de Israel, que está nos albores do reino de Judá. O primeiro registro em português ocorre no ano de 1018. Os hebreus passaram a ser chamados judeus após a libertação do cativeiro da Babilônia, quando Zorobabel, que pertencia à tribo de Judá, começou a reinar ao reconduzi-los a seu país, após o edito de Ciro II, o Grande, no século VI a.C. A diáspora – palavra vinda do grego, significando dispersão – de que foram vítimas os judeus durou vários séculos e a conquista de um território para sediar a nação de Israel somente veio a ocorrer no dia 14 de maio de 1948, quando David Ben Gurion proclamou a independência, ao fim do mandato inglês na Palestina. Os judeus espalhados pelo mundo inteiro foram sintetizados no mito de *Ahasvero*, personagem lendário que teria recebido ordem de Jesus para andar pelo mundo até que Ele voltasse. Trata-se do "judeu errante", presente num poema de Castro Alves intitulado *Ahasverus e o gênio*: "Sabes quem foi Ahasverus?... o precito,/ O mísero Judeu, que tinha escrito/ Na fronte o selo atroz!/ Eterno viajor de eterna senda.../ Espantado a fugir de tenda em tenda,/ Fugindo embalde à vingadora voz! / Misérrimo! Correu o mundo inteiro,/ E no mundo tão grande... o forasteiro/ Não teve onde... pousar./ Co'a mão vazia viu a terra cheia./ O deserto negou-lhe o grão de areia,/ A gota d'água rejeitou-lhe o mar."

JUDIA do latim *judaea*, feminino de *judaeus*, judeu, designando não apenas a mulher dessa etnia, cultura e religião, mas também capa mourisca, isto é, de uso dos mouros, como eram chamados os árabes que viviam em Portugal e na Espanha desde a Idade Média até o século XVI. Judeus e mouros eram tidos como infiéis naqueles países onde foram muito perseguidos por soberanos católicos: Fernando II e Isabel I, na Espanha; e Dom Manuel, em Portugal, que reinavam nessas nações quando a América e o Brasil foram descobertos. Judia designa também um passarinho conhecido como tico-tico, e um peixe. Já o espanhol *judía* é o nosso feijão-de-frade ou feijão-fradinho, em geral servido em saladas ou misturado a acarajés. É frequente a alusão a nomes próprios em comida. Maria-mole designa árvore e também doce feito de clara de ovo e coco. E maria-isabel é um prato, típico do Piauí, com arroz e carne-seca.

JUDICIÁRIO do latim *judiciariu*, judiciário. Designa um dos três poderes em que se baseiam as sociedades modernas. Os outros dois são o Executivo e o Legislativo. O Judiciário recebeu esta designação porque é o poder encarregado de exarar sentenças e juízos amparados em leis. Para ser juiz não basta apenas a competência profissional, sendo exigida também absoluta idoneidade moral. William Shakespeare, em *Medida por medida*, faz com que o personagem Ângelo diga: "Teriam sido evitados muitos crimes se o primeiro a infringir a lei tivesse respondido por seus atos." É consenso de nossos juristas que o Brasil pune pouco e mal. Não seguimos a sugestão do dramaturgo inglês nem com aqueles que violaram nossas constituições.

JUDÔ do japonês *ju dô,* nobre modo. O judô é um esporte de combate e defesa, baseado na agilidade e flexibilidade dos combatentes. O judoca brasileiro Aurélio Miguel, que obteve medalha de ouro nas Olimpíadas de Seul, em 1988, ganhou medalha de bronze em Atlanta. Já a judoca brasileira Edinanci Fernandes da Silva primeiro teve de provar que era mulher, depois venceu uma japonesa e perdeu para duas ursas brancas: uma, russa; outra, alemã.

JUIZ do latim vulgar *judice*, declinação de *judex*, *judicis*, designando aquele que tem por função dizer (*dicere*) o direito (*jus*). Ele atua em juizados, que podem ser cíveis, criminais, de menores, eleitoral, de paz, de trabalho etc. O juiz de fora foi cargo criado ainda no século XIV para evitar nefastos predomínios do poder local e aplicar fielmente as ordens da Coroa. O rei de Portugal ao contrário dos reis europeus que reinavam, mas nem sempre governavam reinava e governava, centralizando todos os poderes, incluindo o Judiciário. No Brasil, o juiz mais impopular é o de futebol. Ele e sua mãe são agraciados com os piores desaforos durante as partidas. Já o juiz de direito é figura muito bem acolhida no imaginário popular, principalmente pela convicção de que promoverá a justiça, doa a quem doer. No Brasil, o Judiciário tem sido alvo de pesadas críticas, não apenas pelas denúncias de enriquecimento ilícito de alguns membros ilustres, mas também por sua insistência, em possível acordo com os parlamentares, em fixar o teto salarial de ambas as categorias em quase mil salários mínimos por ano, quantia que o trabalhador levaria mais de 80 anos para ganhar. Naturalmente, terá morrido antes. Seguindo tal exemplo, o direito não será mais do que o torto autorizado.

JUIZADO designando instituição jurídica onde o juiz exerce suas funções, esta palavra formou-se pelo acréscimo do sufixo -ado a juiz, do latim *judice*. Na formação do Estado português, a aplicação das leis sempre mereceu muitos cuidados, tendo o Brasil recebido tais influências, principalmente depois que a Coroa portuguesa para cá se transferiu, saindo de Portugal em 1807 e aqui chegando em 1808. Várias foram as categorias de juízes, de que são exemplos, além do de direito, o juiz de paz e o juiz de fora. Este último foi cargo criado ainda no século XIV para evitar nefastos predomínios do poder local, mas os pesquisadores mais sagazes apuraram que sob tal alegação estava encoberta a intenção do rei de zelar para que as ordens da Coroa fossem cumpridas fielmente. O rei de Portugal, ao contrário dos reis europeus que reinavam, mas nem sempre governavam, reinava e governava, centralizando todos os poderes.

JULGAR do latim *judicare*, julgar, decidir. No *Credo dos Apóstolos*, Pôncio Pilatos, que governou a Judeia entre os anos de 26 e 36, é o único penetra, donde surgiu a expressão "entrou como Pilatos no Credo". O governante aparece apenas como referência do contexto histórico dos eventos ali narrados, proclama que Jesus virá pela segunda vez à terra, com glória, e então julgará os vivos e os mortos. Enquanto isso não acontece, os homens vão emitindo sentenças em tribunais espalhados por diversas nações. Nos julgamentos de homicídios, muitos países ainda aplicam a pena de morte aos criminosos. Erros clamorosos têm sido cometidos sem possibilidade de reparação, naturalmente. Uma das primeiras condenações à morte realizou-se em 1850 a.C., na cidade de Nipur, na Suméria. Três homens foram executados por assédio sexual seguido de assassinato do marido da mulher pela qual se interessavam. O conselho dos cidadãos ouviu 11 testemunhas. Nove delas acusaram também a viúva por não ter denunciado os criminosos, mas os juízes deram razão às outras testemunhas que defenderam a acusada, afirmando que ela possuía razões para se calar. E a mulher foi perdoada. Um dos mais célebres julgamentos, que condenou um inocente, Jesus, e libertou um culpado, Barrabás, resultou de uma consulta pública, presidida por Pôncio Pilatos.

JULHO do latim *Julius*, um dos nomes do imperador Caius Julius Caesar. No ano 44 a.C., o mês até então chamado *quintilis* foi mudado para julho, em homenagem ao imperador. Nosso atual calendário é gregoriano, obra do papa Gregório XIII, que reformou o calendário juliano. Alguns atribuem a esse papa também a responsabilidade pelo canto gregoriano, incorrendo em erro de autoria, pois as mudanças nos ritos litúrgicos, entre as quais estava a introdução desse tipo de canto, devem-se ao papa Gregório I, o Grande.

JULIANA do francês *julienne*, juliana, nome de uma sopa inventada por um criado que, entretanto, deu-lhe o nome da vila onde morava seu patrão. Gesto raro de um inventor, que costuma dar o próprio nome às descobertas, ainda que sejam doenças aflitivas, como é o caso do mal de *Parkinson*, de que sofria o papa João Paulo II, descrito pela primeira vez pelo médico e paleontologista inglês James Parkinson. O anônimo criado, além de inventar um prato delicioso, homenageou a localidade onde vivia.

JULIANO do latim *julianus*, do nome do estadista e general romano Caio Júlio César, que corrigiu a defasagem de 11 dias no calendário lunar, em uso há seis séculos. Para tanto, encurtou o ano de 46 a.C. para 445 dias. Dali por diante, por 16 séculos o ano teve 365 dias e seis horas, com a introdução de um ano bissexto, quando o mês de fevereiro tem 29 dias. Os outros tinham 30 ou 31. Em 1572, a diferença já estava em dez dias, uma vez que o ano não tem exatamente 365 dias e ¼. No século XVI, foi eleito papa um professor de jurisprudência de Bolonha, onde foi fundada a primeira universidade do mundo, chamado Ugo Buoncompagni, que tomou o nome de Gregório XIII. Entre suas grandes realizações, duas permanecem há muitos séculos: os seminários para preparação de meninos para o sacerdócio e a supressão de dez dias do calendário juliano então em vigor (esta diferença aumentou para 11 dias em 1700). O novo calendário, em vigor ainda hoje, chamou-se gregoriano. Em 1961, a ONU quase aprovou um calendário mundial, segundo o qual todo ano começaria num domingo e todo trimestre também. A Igreja, preocupada com os dias santos, aprovou a nova forma de contar o tempo, mas o novo calendário nunca foi adotado.

JUMENTO do latim *jumentum*, da raiz *jeug*, designando qualquer animal de tração, submetido ao *jugum*, peça de madeira, com tiras de couro, atrelada principalmente a bois, cavalos e burros, para arar a terra, puxar carroças ou carros. O jumento está presente em diversas culturas e tem sido utilizado desde tempos imemoriais como animal doméstico para montaria e transporte de carga, sobre o lombo ou em carroças. Está presente no presépio, ao lado do boi e da vaca, e foi no lombo de um jumento que a Sagrada Família foi para o Egito, fugindo do rei Herodes I, o Grande.

JUNÇA do latim *juncea*, planta de junco, com folhas lineares e muito agudas, cujas flores, pequeninas, estão reunidas em pequenas espigas utilizadas na fabricação de perfumes. As flores do campo, assim como alguns animais, oferecem ainda hoje ingredientes importantes para a produção das essências aromáticas. O perfume é metáfora de outras excelências e seu contrário, o fedor, indica, conotativamente, ambientes socialmente intoleráveis, como aqueles onde viceja esta praga dos tempos em que vivemos: a corrupção. Para denunciar um escândalo, por exemplo, alude-se a maus cheiros.

JUNTO do latim *junctus*, particípio passado do verbo *jungere*, juntar, unir, atrelar. Funciona também como adjetivo, de que são exemplos de pés juntos, os dois viviam juntos. Outras vezes, tem função adverbial, como em *o restaurante fica junto à farmácia*. Como interjeição, na ordem proferida pelo técnico ao jogador: *pega junto!* Hífen, palavra que veio do grego *hyphén*, pelo latim *hyphen*, tem igualmente o significado de junto, juntamente. E é esta a sua função na língua portuguesa, agora alterada pelo Acordo Ortográfico, que eliminou o hífen de várias palavras compostas. Permanece, porém, obra de referência sobre o hífen o livro, acompanhado de um cedê, *Uso do hífen* (Editora Manole), do jornalista Eduardo Martins.

JÚRI assim como *habeas corpus*, que foi do latim para o inglês antes de chegar ao português, também júri foi do latim *juri* para o inglês *jury*, de onde veio para o nosso idioma, designando o colegiado composto por juiz togado e certo número de cidadãos escolhidos por sorteio. Presidido pelo juiz, o júri julga se o réu é inocente ou culpado. O primeiro de ambos os termos vem do latim *innocente*, que não fez o mal, não prejudicou ninguém (em latim *nocere* é fazer o mal, provocar dano). O segundo, do latim *culpatus*, de *culpare*, cortar, por sua vez originário do grego *glupho*, talhar. Fora do âmbito do Direito, júri quer dizer comissão examinadora, formada por profissionais incumbidos de avaliar e classificar, para premiação, candidatos ou suas obras, em concursos de beleza, artísticos, literários, mostras competitivas de artes plásticas, cinema, literatura, teatro, desfiles de escolas de samba ou o que for.

JURIDIQUÊS de jurídico, do latim *juridicus*, jurídico, dizer o direito, *jus dicere*, isto é, pronunciá-lo. À semelhança da linguagem dos economistas, que produziu o jargão economês, a linguagem dominante entre os advogados resultou no juridiquês. O juridiquês está com os dias contados. Ninguém mais aguenta tanta empolação. A ministra gaúcha Ellen Gracie Northfleet, quando presidente do STF, endossou a campanha contra esse tipo de linguagem. Quem, entretanto, deflagrou o combate no Brasil meridional foi o juiz Ricardo José Roesler, que, em início de carreira, em 1988, escreveu em despacho ou sentença: *O réu seja encaminhado ao ergástulo público*. O delegado, formado em Direito e novo no cargo, recebeu a ordem e passou a procurar um ergástulo na pequena cidade. Perguntava a todo mundo onde ficava o ergástulo. Ninguém sabia. Dois dias depois ninguém encontrara o ergástulo público. O juiz soube do ocorrido e explicou que ergástulo era cadeia. *Mas por que ele não disse antes?*, perguntou um dos policiais, acrescentando: *Todo mundo sabe onde fica a cadeia, mas ninguém sabe onde fica o ergástulo, que, agora sabemos, é a mesma coisa, com nome arrevesado*. O advogado flagrado praticando o juridiquês semelha um Odorico Paraguaçu dos tribunais. O célebre personagem de Alfredo de Freitas Dias Gomes complicava a língua portuguesa, com o fim de ostentar um português culto, entretanto ridículo justamente pelas estranhas palavras que criava.

JURISCIÊNCIA do latim *juris*, caso genitivo de *jus*, direito, e *scientia*, ciência, palavra criada por Eros Roberto Grau, gaúcho de Santa Maria, Doutor em Direito pela USP e ministro do STF, por analogia com jurisprudência, assim explicada em entrevista ao jornalista Ricardo Noblat: "Na hora que você olha aqueles caras (ministros de tribunais) decidindo... Um, por exemplo, passou pelo Colégio Salesiano e por isso concede ou não concede o *habeas corpus* pedido (Eros foi aluno salesiano). Outro levou uma vida mais dura quando era criança. É por causa de coisas que se passaram lá atrás que se dá uma decisão com maior ou menor amplitude." Autor de dezenas de livros de direito, o ministro apimentou as redações ano passado com a publicação do romance *Triângulo no ponto*, que registra expressões como "peitinhos de perdiz", "válvula de sucção" e "pote de mel". O livro é ambientado nos anos duros da ditadura militar pós-1964. Como se vê, também a prosa de ficção subsidia a jurisciência, assim como os bilhetinhos trocados pelos ministros nos *laptops*, como ocorreu recentemente no STF, em fotos feitas por Roberto Stuckert Filho, de *O Globo*. Nas mensagens eletrônicas, os ministros dispensaram o juridiquês do excelso pretório, alcândor conselho ou do egrégio sodalício, três das muitas denominações inusitadas do STF, e utilizaram o português coloquial para tratar de estranhos comportamentos de seus pares, de que é exemplo o bilhete enviado pela ministra Carmen Lúcia Antunes Rocha ao colega Enrique Ricardo Lewandowski: *O Cupido acaba de afirmar aqui do lado que não vai aceitar nada*. O Cupido da frase é o criador do neologismo jurisciência.

JURO do latim *jure*, lucro obtido com dinheiro emprestado. Os juros têm taxas altíssimas no Brasil. E certa vez o então ministro da Fazenda Ciro Gomes prometeu elevá-las ao céu se os consumidores não parassem com tantas compras, que ele considerava demasiadas. O capitalismo brasileiro tem dessas contradições: se o consumidor comprar pouco, os trabalhadores descem ao inferno do desemprego; se comprar muito, os juros sobem ao céu. O que se deve fazer? As autoridades econômicas não explicam.

JURURU do tupi *yuru-ru*, pescoço pendido, dando impressão de ter perdido a alegria por estar de cabeça baixa, calado. Na passagem do tupi para o português, jururu, tornou-se sinônimo de desanimado, de animar, do latim *animare*, antecedido do prefixo des-, que indica negação, qualificando-se como particípio de desanimar.

JUSTIÇA do latim *justitia*. Pronuncia-se "*iustícia*" ou "*justícia*", pois o *j* inicial em latim pode ter som de *i*. A palavra nasceu nos templos da antiga Roma, inventada por sacerdotes que buscavam edificar um sistema que definisse regras de convivência. Deixando o ambiente religioso, foi acolhida no Direito, onde continuou como metáfora que designa a exatidão. A justiça demanda sempre a presença de um terceiro – o juiz – que dirima conflito entre duas pessoas. Originalmente, era o sacerdote. Com o nascimento das cidades, a justiça passou a ser aplicada por profissionais e o fórum veio a se constituir como um novo templo, o do Direito.

K

KARAOKÊ do japonês *karaoke*, espaço vazio. Designa casa noturna onde qualquer cliente pode cantar acompanhado de músicos da casa ou de fundo musical gravado. O espaço vazio, no caso, é preenchido pelo canto dos improvisados cantores.

KATAKANA do japonês *kata*, parte, e *kana*, sílabas, designando sistema usado no Japão para escrever palavras estrangeiras. É composto de 48 sílabas. Outro é o *hiragama*. Eles buscam simplificar o *kanji*, composto de cerca de seis mil ideogramas. Os mais avançados dicionários japoneses têm cerca de 230 mil palavras, 10% das quais são escritas em *katakana*, incluindo neologismos e abreviações. Nem todas as palavras do inglês, por exemplo, têm significados equivalentes em japonês, como é o caso de *privacy* (privacidade) e *identity* (identidade). Houve rápidas transformações da língua, a ponto de os mais velhos não entenderem mais o que falam os mais jovens. Os isseis – japoneses que deixaram o Japão para viver em outro país – falam uma língua quase arcaica. "Se eles retornassem à terra natal hoje, estranhariam a maneira como o idioma se modificou", diz Koji Sasaki, professor e antropólogo da Universidade de Tóquio. Quando as palavras são transcritas, como o português possui 31 fonemas diferentes, e o japonês apenas 23, surgem algumas curiosidades. Rafael vira *Rafaeru;* Eliana, *Eriana;* Vitória, *Bitoria* ou *Bikutoria;* Paulo, *Pauro*. Isto porque no japonês tradicional não existem os sons de *l* e de *v*, que são, então, adaptados.

KETCHUP vocábulo da língua inglesa que entrou para nossa língua sem alteração de grafia, mas com variação de pronúncia: *kétchâp*, como é pronunciado pelos americanos, e a literal. Designa um molho denso de tomate, quase uma pasta, que serve de condimento, principalmente para lanches.

KÍRIE do grego *Kyrie*, vocativo de *Kyrios*, Senhor. É palavra inicial de uma das rezas da missa e por isso lhe dá nome. Vinda da igreja grega, hoje chamada de ortodoxa, entrou para as formas latinas da liturgia cristã no século IV.

KIT do inglês *kit*, equipamento. Entrou para nossa língua designando conjunto de ferramentas, utensílios e itens diversos, reunidos em estojos e pastas, para atender às necessidades básicas de um determinado ofício.

KOCH designação de um bacilo, formado a partir do nome do bacteriologista alemão Robert Koch, presente nas línguas do mundo inteiro por força de haver identificado o germe causador da tuberculose, chamado, por isso, de bacilo de *Koch*. A tuberculose humana recebeu um tratamento literário paradoxalmente simpático na fase romântica, quando heroínas, sempre pálidas e fechadas em alcova, tossiam, conformadas à espera de namorados que apreciavam demais aquela brancura excessiva e que às vezes não vinham antes que elas morressem, só comparecendo ao velório para depois exclamarem: "Como era bela no seu rosto a morte!" Mas nosso grande dramaturgo, o recifense Nelson Rodrigues, que sofreu de tuberculose e esteve internado num sanatório nos anos 1930, desmistificou o horror: "À noite era uma fauna misteriosa e tristíssima de tosses."

KODAK quando George Eastman inventou a câmera fotográfica, na segunda metade do século XIX, criou também este neologismo para designar sua máquina de fotografia, então de operação complicada. Hoje o vocábulo constitui-se em logomarca, estendendo-se para áreas de domínio conexo, como filmes, lâmpadas etc. A versão de que *Kodak* teria nascido do barulho que faziam os primeiros obturadores, adotada por vários pesquisadores, não se sustentou mais depois que o próprio Eastman confessou não ser onomatopeia, e sim escolha, e elaboração pessoal em razão de considerar a letra *k* mais adequada à combinação de um nome comercial forte. Seus bens foram doados a instituições como o célebre *MIT* e escolas públicas de Rochester (N.Y.), onde estudara. Eastman suicidou-se aos 76 anos.

L

LÁ do latim *ad illac*, passando pelo português arcaico *alá*, significando longe, tanto no tempo como no espaço, tanto para a frente como para trás, no passado ou no futuro, como aparece nestes versos de *História do Brasil*, marchinha do Carnaval de 1934, de Lamartine de Azeredo Babo: "Quem inventou o Brasil?/ Foi seu Cabral!/ Foi seu Cabral!/ No dia 21 de abril/ dois meses depois do Carnaval;/ depois Ceci amou Peri/ Peri beijou Ceci/ ao som... ao som do Guarani!/ Depois Ceci virou Iaiá/ Peri virou Ioiô/ De lá pra cá tudo mudou!" E o apelido do famoso compositor era Lalá, duplicação da primeira sílaba de seu nome.

LABAREDA do vasconço *labaria*, fogueira das derrubadas, paradoxalmente destinadas a adubar a terra. Novas técnicas agrícolas recomendaram que fossem evitadas essas grandes queimadas, pois a fertilidade aumentaria com o apodrecimento de folhas, hastes e troncos. As labaredas sempre serviram à iconografia católica, que mostra imagens de santos envoltos em chamas. O mais famoso desses quadros é aquele em que Jesus aparece com o próprio coração nas mãos, cravejado de espinhos e cercado de labaredas.

LÁBARO do latim *labarum*, estandarte. Os romanos inspiraram-se no assírio *labar*, sucesso, vitória, para criar a palavra com que o imperador Constantino designou a bandeira em que mandou colocar uma coroa de espinhos, uma cruz e as iniciais de Jesus Cristo. Segundo uma das mais caras lendas cristãs, o imperador teria vislumbrado no céu, antes de batalha decisiva, estandarte semelhante com os dizeres *In Hoc Signo Vinces* (Com este sinal vencerás). Joaquim Osório Duque Estrada inseriu a palavra nesses versos do *Hino Nacional*, escritos algum tempo depois da música: "Brasil, de amor eterno seja símbolo/ O lábaro que ostentas estrelado/ E diga o verde-louro desta flâmula/ Paz no futuro e glória no passado."

LABÉU de origem desconhecida, provavelmente do latim *labes*, queda, falha. Aparece na primeira estrofe da canção que obteve o primeiro lugar no concurso público instituído pelo marechal Manuel Deodoro da Fonseca para escolha do *Hino Nacional Brasileiro*: "Seja um pálio de luz desdobrado,/ Sob a larga amplidão destes céus./ Este canto rebel, que o passado/ Vem remir dos mais torpes labéus!" O povo não gostou do novo hino nem da nova música e por isso o Brasil inteiro continuou cantando como *Hino Nacional* o da *Independência*. A letra vencedora era de Medeiros e Albuquerque. E a música era de Leopoldo Américo Miguez.

LABIRINTO do grego *labýrinthos*, de origem cária ou lídia, significando originalmente machado. Na Lídia havia o palácio do Machado, de arquitetura complicada. Quem entrava ali, precisava ser guiado na saída, em razão do traçado sinuoso de seus corredores. O mais famoso labirinto da Antiguidade foi o de Creta, onde Teseu enfrentou o Minotauro, monstro metade homem, metade touro, a quem eram oferecidos diversos adolescentes em sacrifício todos os anos. Ariadne, filha de Minos, o homem que confinara o bicho ali, forneceu um fio para Teseu não se perder e matar o monstro. Pedro Almodóvar dirigiu o filme *Labirinto de paixão*, de 1982, estrelado pelo objeto de desejo de mulheres do mundo inteiro, Antonio Banderas.

LABRADOR de *Labrador*, nome da península situada na região de Terra Nova, no Canadá, onde surgiu o cão que leva este nome e que ajudava os pescadores a puxar as redes e a trazer a caça abatida, sendo, pois, *retriever*, isto é, que traz de volta. Em inglês, o verbo *to retrieve* é buscar, recuperar. O labrador é um dos cachorros mais populares do mundo por sua doçura, eficiência em caçadas e buscas, e boa companhia para todos. Há labradores pretos, amarelos e chocolate. De acordo com notícia veiculada pela BBC em março de 2009, um labrador chamado *Tubby* ajudou a reciclar 26 mil garrafas de plástico em seis anos no País de Gales, como informou sua dona: "Em suas duas caminhadas diárias, o labrador recolhe, em média, seis garrafas encontradas no chão, antes de esmagá-las com a boca", disse ela, que mora no condado de Torfaen, sudeste do País de Gales. Já o parlamentar John Cunnigham, sabedor de que o faro dos labradores está entre os mais eficientes, disse: "Fico feliz de ele ter um nariz farejador para garrafas, e não ossos."

LACÔNICO do latim *laconicu*, lacônico, breve, resumido, por sua vez vindo do grego *lakonikós*, onde tinha o mesmo significado. Isto porque os habitantes da Lacônia, região da Grécia, cuja capital era Esparta, ao contrário dos de Atenas, caracterizavam-se por seu desprezo à oratória, primando por extremados cuidados à forma física.

LACRAIA do latim *lacrimatio*, derramamento de lágrimas, choro. É o outro nome da centopeia, assim chamada porque é crença popular de que, tendo muitos pés, teria uma centena deles. A picada da lacraia é por demais dolorosa e leva o paciente às lágrimas. Daí o nome. Em crianças, idosos e doentes pode levar outras pessoas às lágrimas, pois é capaz de provocar a morte.

LACRE do sânscrito *lakxa*, cem mil. Passou a designar a resina por causa da grande quantidade de insetos que, com suas picadas, fazem com que a árvore conhecida como *quercus coccifera* verta um líquido. A substância passou a ser usada para fechar envelopes, garantindo o sigilo de correspondências oficiais. Mais tarde, outros produtos que cumpriam funções semelhantes receberam a mesma denominação. Hoje, pode-se lacrar um estabelecimento com ordem judicial. O lacre virou metáfora de fechar.

LÁCTEA de lácteo, do latim *lacteus*, cujo étimo veio para Roma e para a Grécia da raiz indo-europeia *(g)lak-*, presente em lactante, que dá leite, que amamenta, palavra vinda do latim *lactans*, em domínio conexo com o verbo *lactare*, aleitar, amamentar, e em galáxia, palavra vinda do grego *galaksías*, pelo latim *galaxia*, círculo de leite. O poeta Olavo Bilac tem um célebre poema intitulado *A Via Láctea:* "Ora (direis) ouvir estrelas! Certo/ Perdeste o senso! E eu vos direi, no entanto,/ Que, para ouvi-las, muita vez desperto,/ E conversamos toda a noite enquanto/ A via láctea, como um pálio aberto,/ Cintila. E ao vir o Sol, saudoso e em pranto/ Inda as procuro pelo céu deserto./ Direis agora: 'Tresloucado amigo!/ Que conversas com elas? Que sentido/ Têm o que dizem, quando estão contigo?'/ E eu vos direi: Amai para entendê-las!/ Pois só quem ama pode ter ouvido/ Capaz de ouvir e de entender estrelas."

LADRÃO do latim *latrone*, aquele que furta ou rouba, posto que por vezes haja distinção entre um ato e outro. Atribui-se ao padre Antonio Vieira a autoria de um livro famoso, *A arte de furtar*, em que são denunciados vários procedimentos fraudulentos no Brasil colônia.

LADRAR do latim *latrare*, gritar, berrar, ladrar. Com o correr do tempo seu sentido restringiu-se quase que exclusivamente ao latido dos cães, mas os antigos romanos tinham a expressão *latrans stomachus*, estômago que ladra. Assegura o provérbio que "cão que ladra não morde", aplicado também, por conotação, àqueles que prometem cometer crimes, descartados como pouco perigosos porque, à semelhança de cachorros buliçosos, não deveriam ser temidos. No caso dos cães, entretanto, todo cuidado é pouco, já que às vezes não podem seguir o que prescreve o ditado, por desconhecê-lo.

LADRAVAZ do espanhol *ladrabaz*, mas ligado a ladrão, do latim *latrone,* declinação de *latro*, soldado mercenário grego. Na antiga Roma, roubava muito um juiz chamado Lucius Antonius Rufus Apius. Ele vendia sentenças assinadas, em que abreviava o nome para L. A. R. Apius, o que deu origem a *larapius*, larápio, ladrão. Alguns ladrões, poucos, têm foro privilegiado e, em caso de denúncia, são investigados pelo Supremo Tribunal Federal (STF).

LADRONA de ladrão, do latim *latrone*, declinação de *latro*, ladro, cujo feminino é ladra, designando originalmente o soldado mercenário dos exércitos gregos, que assaltava, furtava e roubava de mão armada, donde a palavra latrocínio, designando o roubo quando seguido de morte. Em geral, ladrões e ladras, entretanto, praticam furto, dispensando armas. Ainda que o português coloquial misture os significados de roubo e furto, as leis os diferenciam para administrar a punição. Há o roubo ou o furto criminoso, mas há também casos de furtos cometidos por doença conhecida como cleptomania. Várias personalidades cleptomaníacas têm praticado furtos, de que é exemplo a atriz Winona Ryder, condenada a 480 horas de trabalhos comunitários por ter furtado roupas em famosa loja de Beverly Hills, nos EUA. Criativos internautas já apelidaram no Brasil de Ladrona Ryder, pois o sinônimo de ladra, ladrona, permite o trocadilho. Outro exemplo é o do furto de vasos no cemitério do Araçá, em São Paulo, pelo estilista Ronaldo Esper.

LADY palavra inglesa muito presente, não apenas na língua portuguesa – pronuncia-se "leidi" – veio do médio inglês *lafdi*, pronunciado também *lavede* e *lavedi,* formas radicadas no antigo inglês *hlaefdige*, mulher que amassa e assa o pão, pelos compostos *hlaef*, pão, e *dige*, amassar, cavar. Passou a designar a mulher do lorde, do antigo inglês *hlaford*, aquele que come o pão que ela prepara. O étimo de *bread*, sinônimo de *hlaef*, está presente também em *brother*, irmão. História semelhante tem *mistress*, senhora, que veio de *meat-mother*, mãe que alimenta. Com o passar do tempo, *lady* veio a designar a mulher de vestes, hábitos e modos refinados. *Gentleman*, o equivalente masculino, inicialmente designou o homem (*man*) gentil (*gentle*, da mesma gente, da mesma família). A saudação "*ladies and gentlemen*" equivale ao tratamento cerimonioso "senhoras e senhores". Mas no português veio a predominar cavalheiro, do latim *caballarius*, aquele que anda a cavalo, não a pé, e tem posses. Contribuíram também para a fixação desta palavra as novelas de cavalaria, que apresentam heróis a cavalo, protegendo a dama, do francês *dame*, alteração de *domina*, senhora.

LÁGRIMA do latim *lacrima*, lágrima, choro. No latim, era mais usado o plural *lacrimae*. Assim como o riso, a lágrima é própria dos homens, mas como nem toda lágrima provém de sentimentos sinceros, o povo criou a expressão "lágrimas de crocodilo", pois esse réptil, ao apertar certas glândulas, parece chorar quando suas poderosas mandíbulas devoram a presa. Outra expressão muito conhecida, que dá título a um conto de Machado de Assis, é *Lágrimas de Xerxes*, nome pelo qual os romanos conheciam Kshatra I, rei da Pérsia. Quando o mar destruiu a ponte pela qual passaria com suas tropas, mandou açoitar as águas com trezentas chicotadas, degolou os construtores e "prendeu" o mar a grossas correntes, amarrando nelas trezentos barcos sobre os quais fez uma ponte flutuante. Mas ao passar em revista os soldados, começou a chorar: "Quantos de vós haverão de regressar?" Machado, aludindo aos episódios, diz: "Xerxes! Lágrimas de Xerxes eram impossíveis; tal planta não dava em tal rochedo. [...] E creram finalmente que o duro Xerxes houvesse chorado." A lágrima era tradicional recurso pedagógico. Aprender era sofrer. A infame tradição da palmatória foi a principal marca da violência escolar por alguns séculos. Lágrimas estão presentes no menor versículo da *Bíblia*, em João 11, 35: "e Jesus chorou." Ele derramou lágrimas pela morte de Lázaro, a quem em seguida fez com que ressurgisse dos mortos. O dramaturgo e cronista Nelson Rodrigues inventou a expressão "lágrimas de esguicho" para exagerar o choro. Houve um tempo em que era chique chorar. Marmanjos soluçavam nos teatros e a etiqueta previa um lencinho no bolso do paletó para ser sacado à hora da delicada comoção. Nos teatros, os dramaturgos, contrariando a vocação etimológica do nome do ofício, não escreviam dramas, mas lamentáveis dramalhões que tinham o fim principal de provocar o choro. Sintonizada com eles, a plateia esforçava-se para chorar segundo as regras da etiqueta vigente. Quem não chorasse era olhado com desconfiança pelos próximos. E no inferno romano havia uma localidade denominada Campo das Lágrimas, onde ficavam os fratricidas, os ladrões, os incestuosos, os que provocaram guerras civis e os traidores, da pátria ou dos consortes, como os adúlteros. Ultrapassados esses lugares de punição, vinham os Campos Elísios, onde gozavam a vida eterna os poetas, os inventores, os sacerdotes e outras pessoas de bem. Ao fundo, corria o Rio do Esquecimento, onde inumeráveis almas defuntas formavam-se para outras encarnações.

LALAU provavelmente redução de *galalau*, do personagem *Galalão*, em francês *Ganelon*, da *Chanson de Roland* (Canção de Rolando), cujo provável autor é um poeta normando chamado Turold, que aparece na última linha do célebre poema. O historiador literário francês Emile Theodore Leon Gautier reacendeu o interesse por essa gesta, aparecida na Europa por volta do ano 1100. No Brasil, *Ganelon* virou Galalão, depois *galalau*, já significando homem de grande estatura, e por fim lalau apenas, sinônimo de ladrão. Há alguns anos virou apelido do juiz aposentado Nicolau dos Santos Neto, preso, julgado e condenado por desvio de verbas na construção de prédio do Tribunal Regional do Trabalho (TRT), em São Paulo. O senador Luiz Estevão, que teve seu mandado cassado pelo Congresso por envolvimentos nos mesmos desvios, foi inocentado por falta de provas.

LAMBADA de origem controversa, talvez variação de lombada, já que designa pancada que seria dada preferencialmente no lombo. Mas pode ter havido influência do quimbundo *lamba*, desventura, tristeza, infelicidade, mágoa. Os ambundos usam a expressão *lamba riâmi*, que naquela forma dialetal do quimbundo africano quer dizer "ai de mim!". O convívio de portugueses e brasileiros com os negros de Angola nos primeiros séculos ensejou em Portugal a expressão "chorar a lamba", chorar as mágoas, e no Brasil outra: "passar lamba", isto é, levar vida de cachorro. No português do Brasil lambada designa também dança acompanhada de música alegre e sensual, com meneios licenciosos. Resultou de síntese de ritmos negroides, caribenhos e brasileiros. Os pares dançam a lambada entrelaçados, de modo muito lascivo. Ocorreu divertida entrevista na televisão, simulada pelo humorista Carlos Nobre, na TV Gaúcha, na década de 1970, quando este tipo de dança explodiu no Brasil: "Vovó", pergunta o repórter, "olhe bem para aquela dança ali, no seu tempo se dançava assim também?". E a velhinha, fixando os óculos para ver melhor, responde: "Em pé, não."

LAMBANÇA de lamber, do latim *lambere*, para designar ato de comer avidamente, sem cuidado, derramando parte do que lambe na mesa ou no chão, dispensando talheres, donde a expressão "de lamber os dedos", para se referir a pratos especialmente saborosos. Outras vezes o verbo aparece ligado não só à culinária, mas à pecuária, como na expressão "o que é meu, é meu, e o boi não lambe", que às vezes vem acrescida de "e, se lamber, eu corto a língua e ainda chupo o sangue". O *Aurélio* e o *Houaiss*, porém, à semelhança de outros dicionários, dão para lambança, com o sentido de bagunça e desordem, o étimo de lamber, o que é pouco provável. Mais coerente é o *Dicionário Banto do Brasil*, de Nei Lopes, que o vincula à forma dialetal africana *lamba*, cozinhar – "sentido de desordem, sujeira que a atividade culinária parece provocar". Mas Jacques Raymundo, em *O elemento afro-negro na língua portuguesa*, diz que vem de um costume conguês: quando um escravo, insatisfeito com seu proprietário, ia entregar-se espetacularmente a outro, os presentes à cena gritavam *n'ambanza*, em casa. Teria sido esta expressão a origem de lambança como logro, trapaça, coisa malfeita.

LAMBER do latim *lambere*, lamber, chupar, ligado a *lambiscare*, lambiscar, comer aos poucos. Mas quando os pratos são saborosos, como é de praxe ocorrer nas festas de fim de ano, diz-se que referida comida foi de lamber os dedos. As origens desta expressão prendem-se ao costume de dispensar talheres para as refeições. Tomando os alimentos nas mãos, alguns lambiam os próprios dedos para aproveitar os últimos restinhos do sabor. O dramaturgo Gil Vicente registrou a frase na *Farsa dos físicos*. Outro português, Garcia Resende, também a transcreveu em uns versos em que alude a uma mulher "que lambeu o dedo depois de gostar". Em antigas cortes muitos foram os soberanos que recusaram o uso de talheres, em nome do paladar.

LAMBISGOIA de origem controversa, provavelmente derivado do verbo lamber, do latim *lambere*, passar a língua sobre, lamber. Designa a mulher namoradeira, de trato fácil com os homens. É vocábulo mais pronunciado por mulheres do que por homens, quando as titulares acusam a outra de lambisgoia. Ou, segundo a metáfora bebida em linguagem comercial, quando a matriz enfrenta a filial.

LAMBRETA do italiano *lambretta*, nome comercial de um pequeno motociclo. Teve sobre os jovens o mesmo fascínio que hoje exercem as motocicletas como meio de transporte. Virou nome de personagem na peça do dramaturgo Nelson Rodrigues, *Viúva, porém honesta*. Nela, o doutor Lambreta exara juízos como este: "Sua filha não casou com sanduíche, guaranás e convidados? Portanto, exijo que ela prevarique com a mesma pompa. O que estraga o adultério é a clandestinidade."

LÂMPADA do latim tardio *lampada*, assim pronunciada e escrita por influência do grego *lampadós*, caso genitivo de *lampás*. A Humanidade demorou milênios para chegar à lâmpada elétrica, precedida por archotes, lamparinas e lampiões, cuja iluminação era produzida primeiramente por óleos diversos e depois por gasolina e querosene. A lâmpada elétrica, hoje tão trivial, foi acesa pela primeira vez no dia 21 de outubro de 1879 pelo inventor norte-americano Thomas Alva Edison. Apagou-se 45 horas depois, e durante todo esse tempo o cientista não dormiu. Então, extremamente fatigado, teve um sono de 24 horas ininterruptas. Liderando uma equipe de sessenta outros pesquisadores e tendo usado até fios de barba dos colegas nas novas experiências para alongar a vida útil do invento, ele chegou ao fio de algodão carbonizado, muito tempo depois substituído pelo tungstênio, que se tornava incandescente quando a corrente elétrica passava por ele, resultando na imitação do *fiat lux* (faça-se a luz), que tirou o universo das trevas, de acordo com os versículos iniciais da *Bíblia*: "As trevas cobriam a face do abismo. E Deus disse: faça-se a luz, e a luz foi feita." Hoje, entretanto, qualquer pessoa pode fazer o mesmo apenas apertando um interruptor na parede, desde que pague as lâmpadas, pague a instalação, pague o fornecimento da energia, pague a rede elétrica. Enfim, o *fiat lux* é pago. Somente o primeiro, que acabou com o grande apagão universal, foi gratuito, pois Deus nada cobrou pela obra maravilhosa que fez em apenas seis dias.

LAMPARINA do espanhol *lamparilla*, diminutivo de *lámpara*, lâmpada. A lamparina pode ter sua luz gerada pela queima de óleo ou querosene postos em recipiente apropriado e no qual é mergulhado um pedaço de madeira, de cortiça ou mesmo de metal traspassados por um pavio que, aceso, fornece reduzida luminosidade, contribuindo assim para a suavidade do ambiente. Antes da invenção da eletricidade, as árvores de Natal estavam rodeadas de lamparinas. "Acender a lamparina" equivale a "encher a cara", isto é, significa embriagar-se.

LAMPEIRO do algarve *lampa*, indicando a fruta que cai na noite de São João (24 de junho), formou-se este vocábulo para designar o indivíduo que leva lampas aos outros e que levanta cedo, é madrugador, chegando primeiro que todos. Lampa é também a fruta temporã, isto é, aquela que amadurece fora de sua época normal.

LAMPIÃO do espanhol *lampión* e do italiano *lampione*, designa instrumento de iluminação, bem maior do que a lamparina, os dois provavelmente com um étimo comum: lâmpada. São famosos os versos de conhecida canção: "Lampião de gás, lampião de gás, quanta saudade você me traz!" Era também o apelido do mais célebre dos cangaceiros, Virgulino Ferreira da Silva. Morreu executado pela polícia, com sua mulher, Maria Bonita, por sua vez inspiradora destes outros versos: "Acorda, Maria Bonita/ Levanta, vai fazer o café/ Que o dia já vem raiando/ E a polícia já está de pé." Ao lado do padre Cícero Romão Batista, dito "Padim Ciço", é uma das personagens mais famosas da literatura de cordel. Lampião orgulhava-se de ter recebido o apelido num combate em que sua espingarda, de tanto disparar, alumiava como um lampião. Tal como ocorreu a outras grandes figuras históricas, já há pesquisas dando conta de seu suposto homossexualismo, que visam transformar Lampião em lamparina.

LAMPREIA do latim tardio *naupreda*, aquele que se prende, do latim *prehendere*, à *navis*, navio, pelo latim vulgar *lampreda*, por influência de *lambere*, lamber, uma vez que o peixe se agarra aos outros peixes ou aos cascos dos navios, até mesmo com o poder de travá-los, segundo antigas lendas marinhas. Lampreia em tupi é *caramuru*, apelido dado pelos tupinambás ao náufrago português Diogo Alves Correia, que encontraram agarrado às pedras como esses peixes. De todo modo, como todos os outros náufragos da mesma embarcação francesa foram comidos pelos tupinambás, que eram antropófagos, é possível que ele tenha sido salvo por usar uma espingarda e atirar num pássaro, abatendo-o.

LANÇA do latim *lancea*, lança, arma de ataque dotada de ferro na ponta da haste, que costuma ser de madeira. Certa igreja da Armênia guardaria a ponta da lança com a qual um soldado romano trespassou o peito de Jesus, de onde "saiu sangue e água", segundo o Evangelho de São João. Mas a relíquia é disputada também por uma igreja de Viena. A tradição cristã conta que foi um centurião chamado Longino quem trespassou o peito do Crucificado com uma lança quando os soldados vieram retirar o corpo da cruz. Ao fazê-lo, o sangue espirrou em seus olhos, curando-o de uma inflamação. Convertido, ele foi mais tarde martirizado. No Brasil, o santo é conhecido como São Longuinho e é invocado para achar objetos perdidos com esta oração simplória: "São Longuinho, São Longuinho, se eu achar (nome do objeto perdido), dou três pulinhos." Quando a pessoa encontra o objeto precisa cumprir a promessa em devoção ao santo. Existe, por força de tal crendice, uma imagem cômica do santo já utilizada em publicidade. Lendário, provavelmente o próprio nome do personagem surgiu do grego, *lógkhé*, lança.

LANÇADOR de lançar, do latim *lanceare*, atirar a lança. A humanidade começou a lançar pequenos objetos ao espaço, mas na segunda metade deste século passou a lançar também foguetes espaciais. Inicialmente apenas os EUA e a União Soviética faziam isso, mas hoje até o Brasil integra o clube, levando a vantagem de ter sua base mais perto da linha do Equador, em Alcântara, no Maranhão, onde se pode economizar combustível, dada a maior catapultagem por força do movimento de rotação da Terra.

LANÇAMENTO de lançar, do latim *lanceare*, de *lancea*, lança, arma de ataque dotada de ferro na ponta da haste, que costuma ser de madeira, que, ao contrário da espada, pode ser arremessada no inimigo. Registros de créditos e débitos na conta corrente são denominados lançamentos. E o verbo lançar está presente em ordens judiciais que determinam registros diversos, como nesses trechos de sentenças, em que a caneta, a máquina de escrever ou o computador fez a vez da lança, para serem arremessadas palavras: "transitada em julgado, lancem-se os nomes dos acusados no rol dos culpados e expeçam-se Guias de Recolhimento/Cartas de Sentença, adotando-se as providências previstas em provimento específico"; "Após trânsito em julgado, mantidas as condenações, lancem-se os nomes dos sentenciados no rol dos culpados e expeçam-se os documentos necessários para encaminhamento à Vara de Execução Penal, ressalvados os procedimentos para a execução provisória, nos termos de Provimento da Corregedoria, vigente. Façam-se as comunicações necessárias". Lançamento veio a designar também a celebração do nascimento de um livro, em cerimônia acompanhada às vezes da presença do autor, que distribui autógrafos aos leitores, geralmente nas primeiras páginas de seu livro. Machado de Assis autografava nas últimas. Se houvesse lançamento cerimonioso de todos os livros, os leitores não teriam tempo para ler, só para a vida literária. A Câmara Brasileira do Livro calcula que existam no Brasil mais de 3 mil editoras e cerca de 900 livrarias, a maior parte concentrada no Sul e Sudeste. As grandes editoras estão sediadas no Rio de Janeiro e em São Paulo. A Editora Vozes, porém, que conta com mais de 100 anos de funcionamento, está sediada em Petrópolis, no interior do estado do Rio. Já a Editora Globo, uma das maiores do país, esteve estabelecida durante décadas em Porto Alegre, tendo sido transferida depois para o Rio. Continua a publicar, porém, com exclusividade a obra de um de seus editores no passado, o escritor gaúcho Érico Veríssimo, cuja obra-prima é *O tempo e o vento*.

LANCE derivação regressiva de lançar, que veio do latim *lanceare*, atirar a lança. Passou a significar vários atos, como as jogadas de futebol, de vôlei, certas decisões políticas e acontecimentos diversos. Certas posições em campo, como os meias, eram chamadas de pontas de lança. Utilizado também em leilões, consórcios, arremates etc., o vocábulo cristalizou-se no futebol, como sinônimo de jogada.

LANCHE do inglês *lunch*, almoço. Originalmente pedaço ou fatia de alguma comida. No começo do século XIX passou a significar refeição entre o almoço e a merenda. Hoje, o lanche é feito habitualmente entre o café da manhã e o almoço, e entre o almoço e o jantar, isto é, entre nós o lanche virou merenda.

LANGOR do latim *languor*, declinação de *languor*, langor, cansaço, preguiça, calmaria. A origem remota é uma raiz indo-europeia, *(s)lang*, distender, presente no português deixar, do latim *laxare*, estender, permitir, deixar, e no italiano *lasciare*, deixar, verbo conjugado na famosa canção *Non ho l'età*, com a qual Gigliola Cinquetti ganhou o Festival de San Remo em 1964, na Itália: "*Lascia ch'io viva/ un amore romântico/ Nell'attesa che venga quel giorno,/ ma ora no./ Non ho l'età,/ non ho l'età per amarti/ Non ho l'età per uscire sola con te.*" (Deixa que eu viva/ um amor romântico/ na espera de que venha esse dia/ mas agora, não./ Não tenho idade/ Não tenho idade para amar-te/ Não tenho idade para sair sozinha com você.) Langor aparece no conto *Betsy*, de *Histórias de amor*, de Rubem Fonseca: "Então ela estendeu o corpo, parecendo se espreguiçar, e virou a cabeça para trás, num gesto cheio de langor. Depois esticou o corpo ainda mais e suspirou, uma exalação forte. O homem pensou que Betsy havia morrido. Mas alguns segundos depois ela emitiu novo suspiro. Horrorizado com sua meticulosa atenção o homem contou, um a um, todos os suspiros de Betsy."

LÂNGUIDO do latim *languidu*, lânguido, sem forças, fraco, frouxo, cansado. Tem também o significado de sensual, voluptuoso. Em seus romances urbanos, José de Alencar utiliza com frequência o vocábulo para caracterizar suas heroínas, em geral mulheres brancas, românticas, virgens. Se ex-virgens, são castas.

LAPA provavelmente do pré-céltico *lappa*, pedra, rocha. Dá nome a bairros e ruas em várias cidades brasileiras. Machado de Assis morou durante o ano de 1874 na Rua Lapa, 96, antes de mudar-se para o Cosme Velho, onde passou a ser chamado de bruxo, apelido dado pelos vizinhos pelo costume do escritor de queimar manuscritos numa caldeirinha. Ele e a esposa Carolina moraram no segundo andar do casarão, hoje abandonado, onde residem 15 famílias, cada qual ocupando cerca de 10 m. Por ironia do destino, mora ali o professor de português e de inglês Anderson Clay Sampaio, que, informado pela repórter Mariana Filgueiras, do Jornal do Brasil de que aquela tinha sido a residência do maior escritor brasileiro, declarou: "Aqui está mais para *O cortiço*, de Aluísio Azevedo." Machado tinha 35 anos quando trocou a Rua dos Andradas pela da Lapa. Tinha sido nomeado primeiro oficial da Secretaria da Agricultura e passara a ganhar quatro mil réis por mês. Foi ali que escreveu *A mão e a luva*, publicado em capítulos na imprensa. Machado ia e voltava da casa para o trabalho num bonde puxado por burros. Os bondes elétricos só chegariam em 1892!

LAPIDAÇÃO do latim *lapidatione*, declinação de *lapidatio*, em que o *t* foi grafado cedilha para indicar consoante alveolar surda, pronunciada entre os dentes e o céu da boca, nome mais popular do palato. Assim, lapidação veio do caso genitivo latino de *lapidatio* (a pronúncia é "lapidácio"), lapidação, apedrejamento. Designava, nas sociedades antigas, castigo de apedrejamento do condenado, não por funcionário judicial, mas pela própria comunidade, sendo as testemunhas do delito as primeiras a atirarem as pedras. Dois dos crimes passíveis de lapidação ou apedrejamento eram a ausência de virgindade na noiva e o adultério. O castigo está assim descrito na *Bíblia*: "Se a acusação for procedente, não se encontrando sinal de virgindade na jovem, levá-la-ão à entrada da casa paterna e o povo da sua cidade a apedrejará para que morra." (Deuteronômio 22, 21). Nos versículos seguintes, a crueldade da pena é prescrita também para duas pessoas flagradas em ato sexual, caso uma delas seja mulher casada: "morrerão ambos, o homem que a violou, e ela também; o homem por ter desonrado a mulher de seu próximo." Nos albores do primeiro milênio, o Evangelho de São João mostra que o apedrejamento por adultério já estava seriamente questionado. Os fariseus trazem à presença de Jesus uma mulher surpreendida em adultério para sofrer, segundo a Lei de Moisés, a lapidação. Jesus, sem nenhuma sindicância, não questiona o delito, mas sugere, astuciosamente, que atire a primeira pedra quem não tiver pecado. E começa a escrever no chão. Foi a única vez que escreveu algumas palavras, jamais recolhidas, pois o evangelista não diz o que Jesus escreveu. O resultado é que a multidão, começando pelos mais velhos, se dispersa. Ficando a sós com a acusada, dá-se o seguinte diálogo: "Mulher, onde foram todos? Ninguém te condenou? – Ninguém, Senhor! – Nem eu te condeno. Vai e não tornes a pecar." Mas para surpresa da Humanidade, no ano de 2002, a lapidação é ainda aplicada a mulheres acusadas de adultério em países islâmicos. Correu na Internet um abaixo-assinado contra a decisão de tribunal nigeriano que condenou ao apedrejamento uma mulher que teve uma filha fora do casamento. Em protesto, Sylvie Tellier, *Miss* França 2002, prometeu boicotar o concurso *Miss Mundo*, na cidade de Abuja, capital da Nigéria desde 1991. A capital anterior era Lagos, com população superior a dez milhões de habitantes. A beldade francesa pediu a solidariedade das representantes de outros países, mas provavelmente a maioria delas ainda pensa que o mundo é governado por homens compreensivos, mansos e prudentes, tão meigos e doces como a personagem central do livro que mais leem, *O pequeno príncipe*, do aviador e escritor francês Antoine de Saint-Exupéry, que acreditava na grandeza dos gestos humanos. Como se vê, a pequenez continua, principalmente contra a mulher, pois se o adultério fosse punido sempre com apedrejamento por todos os que o praticam, as pedreiras seriam insuficientes. E se entre os condenados fossem arrolados também os hipócritas e os delatores, a humanidade sofreria grande dizimação em todo o mundo.

LÁPIDE da expressão latina *lapidariae litterae*, letras de pedra, designando pedra com inscrições comemorativas, em geral indicando túmulos, mais tarde ornados também de cuidadosos epitáfios constituídos de versos ou frases que buscavam homenagear os mortos ali sepultados. Em tempos primitivos, as inscrições eram feitas a lápis, originalmente pedaços de pedra utilizados para escrever, especialmente carvão ou grafita, de domínio conexo com o grego *graphein*, escrever. A expressão "fase lapidar" deriva do esmero com que muitas delas foram feitas, a mais famosa das quais é a latina *requiescat in pace* (descanse em paz).

LÁPIS do latim *lapis*, pedra. De fato os lápis são feitos de um tipo de pedra, a grafita, forma alotrópica do carbono. Quem escreve em muros e paredes é chamado de grafiteiro, dado que primitivamente não eram usados pincéis para isso, e sim carvão e grafite.

LAPSO do latim *lapsu*, lapso, espaço de tempo, erro involuntário, esquecimento. Seu sentido primitivo era o de escorregão, deslizamento, queda, designando também o voo da ave para baixo – donde seus cognatos, de sentido semelhante, como colapso e relapso, o primeiro indicando caída, parada, e o segundo, falta cometida em repetição. Com sua ironia habitual e o refinamento que lhe é próprio, Machado de Assis utiliza este vocábulo num conto de *Histórias sem data*: "Há uma doença especial... um lapso de memória; o Gonçalves perdeu inteiramente a noção de pagar." Boa parte dos brasileiros hoje indexados nos serviços de proteção ao crédito deixaram de pagar suas contas, não por falta de memória como aquele Gonçalves, mas por falta de pecúnia. Todos os que têm o ato de escrever como ofício principal, entre os quais escritores e jornalistas, são pródigos em oferecer lapsos a seus leitores, alguns dos quais antológicos, como o ferimento do dr. Watson, que passa dos ombros para as pernas, em surpreendente negligência de Arthur Conan Doyle, que fazia do detalhe a sua arma. Eugene O'Neill, famoso dramaturgo norte-americano, apresenta um personagem apoiado nos cotovelos, com a cabeça entre as mãos, depois de ter o braço direito amputado em trecho anterior. William Shakespeare faz soar o relógio nos tempos do imperador Caio Júlio César e recua a imprensa para alguns séculos antes de sua invenção. E o poeta norte-americano Carl Sandburg, em sua alentada biografia de Abraham Lincoln, apresenta a mãe de Lincoln cantando uma canção que só seria composta 22 anos depois do assassinato do filho, então presidente dos EUA.

LAQUEADURA do latim *laqueare*, enlaçar, ligar, com o acréscimo de sufixos correspondentes ao verbo laquear e o substantivo laqueadura, este último designando intervenção cirúrgica realizada na mulher para impedir a concepção, em operação que amarra as trompas de Falópio.

LAR do latim *lare*, lar, casa, habitação. A origem remota eram os Lares, espíritos protetores que velavam pela moradia onde tinham vivido. Uma vez mortos, os parentes eram enterrados no jardim. A designação de tais entidades estava relacionada com o latim *larua*, larva, indicando a metempsicose, doutrina que os romanos herdaram dos gregos, segundo a qual uma mesma alma pode animar sucessivamente corpos diversos, homens, animais ou vegetais. Assim como a borboleta surgia da larva, da sogra poderia nascer uma flor. Na Península Ibérica, em Espanha como em Portugal, o lar sempre esteve ligado ao fogo. O poeta romântico Casimiro de Abreu comparou o Brasil à sua casa: "Flor dos trópicos, cá na Europa fria/ eu definho, chorando noite e dia, saudades do meu lar".

LARANJA designando o fruto da laranjeira, veio do árabe *naranja*, procedente do sânscrito *nagaranga* e do persa *narrang*. Designando também cor, compõe o uniforme da seleção holandesa, denominada *Laranja mecânica*. O epíteto deve-se à cor da camisa, ao título de um romance de Anthony Burgess, transposto para o cinema por Stanley Kubrick, e às cores da *Casa de Orange*, que está no poder na Holanda, cujo nome oficial é Países Baixos. Monarquia parlamentarista, seu rei é Willem-Alexander *Claus George Ferdinand*. Antigos dicionários da língua portuguesa, hoje somente encontráveis em bibliotecas e sebos, já registravam, entretanto, outros significados de laranja, como o de indivíduo abobalhado, sem expressão, capaz de ser manipulado por outros que dele extrairiam tudo, reduzindo-o a bagaço. Este sentido sofreu curiosa modificação depois da Guerra do Vietnã, quando um herbicida, de efeitos monstruosos, passou a ser denominado "agente laranja", designação provinda da embalagem. Vinha em tambores de cor alaranjada, que serviam para diferenciar dos recipientes com *napalm*, designação mais comum das tristemente célebres bombas incendiárias. O agente laranja, com sua fumaça amarela, precedia e encobria os soldados, assim como o laranja atual precede e encobre o verdadeiro autor de negócios escusos. Quando descobertos, o patrão do laranja sorri amarelo. Parece ser cor muito apreciada entre os usuários de tão reprováveis expedientes.

LARÁPIO do nome de um pretor romano muito corrupto que, em vez de julgar com isenção, como devem proceder os juízes, vendia sentenças favoráveis a quem melhor podia pagar. Ele se chamava Lucius Antonius Rufus Appius e assinava as mercadorias jurídicas abreviando o nome para L. A. R. Appius. A rubrica formava o neologismo *larapius*, que passou a designar ladrões e gatunos, tendo chegado ao português já com este novo sentido. Tal origem, porém, é controversa.

LAREIRA do latim *larariu*, pertencente ao lar, formou-se lareiro, que resultou na forma substantivada lareira, fornalha instalada no interior das casas, no Brasil construída mais com fins de decoração do que de aquecimento, dado nosso clima tropical. No Palácio da Alvorada, residência oficial que outros presidentes da República evitaram, há uma lareira etérea, que deixa aquilo um forno o ano inteiro, segundo depoimentos de quem já morou lá. Os Lares eram deuses romanos que protegiam as residências. Mas eram divindades que poderiam ser os próprios parentes já falecidos, enterrados nos jardins das casas que habitaram. Lar, em latim, significa também fogão.

LARINGE do grego *laryngos*, genitivo de *lárynx*, localizada entre a faringe e a traqueia, onde estão as cordas vocais, peças importantes do aparelho fonador. O ex-presidente Lula, com câncer na laringe, recebeu tratamento no Hospital Sírio-Libanês, em São Paulo, entre cujos clientes estão políticos e personalidades do mundo empresarial. A maioria do povo se trata na rede hospitalar conhecida como SUS, Sistema Único de Saúde, criado pela Constituição de 1988 e regulamentado na década de 1990. Nos termos médicos, predominam o latim e o grego. *Cancer* em latim é caranguejo. O tumor recebe tal denominação porque sua forma lembra o crustáceo, mas ninguém diz de alguém que tem câncer, que tem caranguejo.

LASANHA do italiano *lasagna*, tiras largas de massa, intercaladas com carne, presunto, muçarela e molho. Integra a culinária de origem italiana, muito apreciada no Brasil, desde que no século passado os imigrantes a trouxeram para nosso país, com a pizza, esta última, entretanto ainda não aportuguesada. Poderia ser grafada pítiça, e somente por injustificado pudor lexical ainda não o foi, ao contrário da lasanha. Negócios escusos acabam em pizza, jamais em lasanha.

LASCAR do gótico *laska*, pedaço, retalho. Na linguagem coloquial, é muito usado em sentido metafórico. Uma situação é de lascar quando mal se pode suportá-la, tal o desconforto que causa.

LASER do inglês *laser*, que se pronuncia "lêiser". Neologismo já incorporado à nossa língua, originário do acrônimo *LASER (Light Amplification by Stimulated Emission of Radiation)*. Forma de luz aperfeiçoada que, ao contrário das fontes luminosas convencionais, produz um raio intenso e concentrado, chamado vulgarmente de raio *laser*, capaz de atingir grandes distâncias. O *laser* é usado em astronomia, medicina, indústria e espetáculos públicos, podendo nesses últimos resultar em belíssimos efeitos visuais. Na indústria, pode cortar chapas de aço; na medicina, explodir cálculos renais. Os dicionaristas ainda não registram uma forma correspondente à pronúncia aportuguesada, lêiser. Por isso, há alguns anos cerca de 15 mil vestibulandos obtiveram zero em redação em prova de Língua Portuguesa da Universidade Federal do Paraná, ao confundirem *laser* com lazer.

LASTIMAR do latim vulgar *blastemare*, apoiado no latim culto *blasphemare*, blasfemar, ofender, ultrajar, injuriar, por influência do grego *blasphéméó*, dizer palavras de mau agouro ou proibidas enquanto o sacerdote faz seus sacrifícios aos deuses. No português ganhou o sentido de queixar-se, como se vê neste belo poema de Carlos Drummond de Andrade, *Fonte grega*, em que uma deusa se queixa da forma que o artista lhe deu em pedra que deve ser banhada por água eternamente: "A vida inteira mijando – lastima-se a deusa – e nem sobra tempo para viver. Não sei abrir as pernas senão para isso. Para isto fui concebida? Para derramar este jacto morno sobre a terra, e nunca me enxugar, e continuar a expeli-lo, branca e mijadora, fonte, fonte, fonte? A deusa nem suspende veste nem arria calça. É seu destino mijar. Sem remissão, corpo indiferente e exposto, mija nos séculos."

LASTRO do holandês *last*, carga. Seu sentido primitivo era o de carga que o navio carregava como própria, necessária à estabilização. Posteriormente, em economia, passou a designar o equivalente em ouro que a moeda circulante deve ter no tesouro. O lastro evoluiu para reservas em moeda forte e por isso se fala em lastro em dólares. Quando as moedas eram cunhadas em ouro e prata, o lastro não era necessário, posto que levavam o lastro consigo.

LATA do antigo baixo-latim *lata*, cana ou vara transversal de parreira, passando a significar também a folha de flandres, cujo material foi usado para fazer o recipiente a que chamamos lata. A cantora Elza Soares diz num verso famoso: "Lata d'água na cabeça, lá vai Maria", aludindo ao costume das mulheres carregarem água para os barracos nas favelas, principalmente num tempo em que o encanamento era ainda mais escasso.

LATAGÃO é provável que tenha se formado a partir de *látego*, do espanhol *látigo*, chicote. Mas designa homem, em geral jovem, robusto, corpulento. Na linguagem coloquial, não é vocábulo franco, estando restrito a algumas regiões, como o Rio de Janeiro. Um latagão com um látego na mão é ainda mais perigoso.

LATERAL do latim *laterale*, que está ao lado. O mais conhecido lateral no Brasil é o que indica a posição do jogador de defesa que atua à esquerda ou à direita do campo. Um dos mais famosos laterais da seleção brasileira e um dos melhores de todos os tempos foi Nílton Santos, que escapou de marcar o mais célebre ponta-direita do mundo, Mané Garrincha, como era conhecido no futebol o cidadão Manuel Francisco dos Santos. Os dois jogaram sempre nos mesmos times, o Botafogo, do Rio de Janeiro, e a seleção brasileira, pela qual foram bicampeões mundiais, em 1958 e 1962.

LATIFÚNDIO do latim *latifundium*, formado a partir de *latus*, largo, e *fundus*, fundo, designando a propriedade de grandes extensões na largura e no comprimento, um privilégio da aristocracia romana. No Brasil passou a denominar as gigantescas propriedades rurais, que abrigam grande proporção de terras não cultivadas e adotam técnicas rudimentares na lavoura e na pecuária. Os dois maiores latifundiários do mundo estão no Brasil. Um deles é o empreiteiro Cecílio do Rego de Almeida, dono de propriedades que somam 70 mil quilômetros quadrados. O outro é um fantasma. Tem nome e títulos de propriedade, mas jamais foi encontrado. Atende por Carlos Medeiros e é proprietário de uma área maior do que a de vários países. As revelações constam da publicação do Ministério da Política Fundiária e do Desenvolvimento Agrário: *O livro branco da grilagem de terras no Brasil*, organizado por determinação do ex-ministro do governo FHC, Raul Jungmann. As duas propriedades ficam no Pará. José Saramago, Prêmio Nobel de Literatura, cita o latifúndio em seu romance de estreia *Levantado do chão*: "Cresci e multiplicaime, diz o latifúndio. Mas tudo isto pode ser contado doutra maneira." Ah, se pode!

LATIM das formas latinas *latine*, em latim; *sermo latinus*, língua latina. Do latim procedem o português, o espanhol, o francês, o romeno, o italiano, detectando-se ainda a sua presença no inglês, no alemão e em diversos outros idiomas. O latim surgiu por volta do século IV a.C., na região do Lácio, *Latium*, costa ocidental da Itália. *Latium* deriva do verbo *latere*, que significa esconder-se. Segundo a rica e complexa mitologia romana, o deus Saturno, ao ser expulso pelos outros deuses, escondeu-se naquela região. É polêmica a definição do latim como língua morta. Em latim, foram escritas as grandes obras científicas de Kepler, Newton, Galileu, Lineu, assim como de filósofos como Francis Bacon e Baruch Spinoza, além das obras literárias de Horácio, Virgílio, Lucrécio, Catulo. Não faz um bom curso de direito quem não sabe ao menos rudimentos do latim, dado que vários argumentos se apoiam ou são ilustrados com expressões e provérbios latinos já clássicos. O cônego Isnard da Gama, mostrando a precisão e a clareza da língua latina no livro *Latina Ludicra*, traduziu trechos da língua portuguesa que soam curiosos e às vezes engraçados, de que é exemplo este aviso: *hac in caupona, si vis prandium sumere potes; escarum ordo: more brasileinsi phaseolus, cepae cum lactucis, brassica comminuta, ofella cum oryza, cerevisia aut rubrum vinum* (se queres, podes almoçar neste restaurante; o cardápio: feijão à moda brasileira, cebolas com alfaces, couve picada, bife com arroz, cerveja ou vinho tinto). Ou este trecho: *visne quarundam avium nomina latine scire haec memoriae jam manda acalanthis, pavus corvus, columba, luscinia, aquila, pelicanus, accipiter, struthio, turtur, anser* (queres saber em latim os nomes de certas aves? Que mandes já à memória estas: pintassilgo, pavão, urubu, pomba, rouxinol, águia, pelicano, gavião, ema, andorinha, pato).

LATINISMO de latino, do latim *latinus*, referente ao *Latium*, Lácio, região onde ficava a sede do império romano. Designa influência do latim sobre as línguas dos povos conquistados. Em holandês, flagelo é *vlegel*; *murus*, muro, é *muur*; e *tegula*, telha, é *tegel*; *via strata*, estrada, é *straat*. Em alemão, estrada é *Strasse*, manteiga é *Butter*, do latim *butyrum*. Os étimos latinos podem ser rastreados em numerosas palavras das línguas faladas nas regiões conquistadas, de onde depois se espalharam pelo mundo, mas os conceitos variam.

LAUDÊMIO do italiano *laudemio*, por sua vez vindo do latim *laudemiu*, com o significado de laudêmio, quantia paga anualmente como prêmio ou pensão nas enfiteuses. Os pagamentos podem ser feitos em espécie, isto é, em dinheiro, ou em rendimentos auferidos pelo foreiro nas propriedades ocupadas. As origens remotas do vocábulo prendem-se ao verbo *laudare*, do qual vieram também laudo e louvado, dado que o juiz que pronunciava a sentença deveria ter costumes louváveis, merecendo louvores também a decisão que tomava, denominada laudo. Posteriormente, laudo passou a ter significado de perícia.

LAUTO do latim, *lautus*, alteração de *lavatus*, lavado, de *lavare*, lavar. O particípio deste verbo tornou-se adjetivo com o significado de abundante, suntuoso, grande, magnífico, como em "lauto banquete", "lauta refeição". A ação de lavar está presente em outras palavras ligadas ao ato de comer, como em ablução, que significa lavar-se ou banhar-se antes das refeições, principalmente fazer a ablução das mãos, costume que começou nos ritos de purificação ou em sacrifícios oferecidos aos deuses e depois foi transformado em norma de higiene. Lauto banquete foi o que ofereceu o rei assírio Assurnasirpal II, para celebrar a reconstrução da cidade de Nimrud, quando ainda se chamava Kalah, no atual Iraque. Os comensais deglutiram 500 antílopes, mil bois, 500 vitelos, 500 carneiros, dez mil pombos, 14 mil cabritos. E beberam dez mil odres de vinho. Compareceram 69.574 convidados. Com tanta carne, como seria de esperar, compareceram também muitas moscas, como se depreende dos registros iconográficos do banquete que apresentam funcionários reais munidos de mata-moscas.

LAVABO do latim *lavabo*, eu lavarei, primeira pessoa do futuro do presente do verbo *lavare*, lavar, limpar, purificar. Passou a designar pedra côncava ou bacia utilizada nos claustros para que ali os monges lavassem as mãos antes e depois de seus ofícios e, principalmente, antes das refeições. É também o nome de uma oração da missa em latim, designando igualmente o nome da pequena toalha com que o celebrante enxuga as mãos depois que o sacristão as molhou com a água da galheta. Modernamente é o nome que se dá ao ambiente próximo à sala de estar das residências.

LAVAGEM de lavar, do latim *lavare*, tendo também o sentido de limpar, purificar. Seu étimo está presente em *lavabo*, eu lavarei, em latim, mas aportuguesado para designar o recinto das residências com pia e água, e às vezes também vaso sanitário, para rápidas abluções e higiene, o popular toalete. O cérebro não pode ser lavado, mas por metáfora, durante a Guerra da

Coreia, foi criada a expressão "lavagem cerebral", utilizada para explicar o número extraordinário de soldados americanos capturados que aceitavam testemunhar contra os EUA. Durante aquele conflito internacional, Marilyn Monroe foi a Seul para levantar o moral dos soldados. A expressão lavagem cerebral serviu também de argumento ao filme *O candidato da Manchúria*, de John Frankenheimer, estrelado, entre outros, por Frank Sinatra. Nele, um ex-soldado da Guerra da Coreia, submetido à lavagem cerebral, é filho de um senador medíocre que se torna candidato a presidente dos EUA. Ao lado da mulher, fria e calculista, compõe um grupo que quer tomar o poder para os comunistas. Depois do assassinato de John Fitzgerald Kennedy, o filme foi retirado de cartaz.

LAVRAR do latim *laborare*, trabalhar, sofrer. Inclusive a palavra trabalho procede do nome de um instrumento de tortura, o *tripalium*, geringonça de três paus em que era afixado e às vezes empalado o condenado. Os trabalhadores agrícolas lavraram a terra até fins do século XVIII com um arado inventado na Mesopotâmia, atual Iraque, em 5.500 a.C., até que o americano Charles Newbold forjasse o arado de ferro com três peças: a aiveca, a relha e os revolvedores.

LAZARONE do italiano *lazzarone*, lazarone, delinquente, canalha, preguiçoso. Os *lazzaroni*, plural de *lazzarone*, eram adolescentes que saíam do *Albergue São Lázaro*, em Nápoles, na Itália, maltrapilhos, vivendo no desvio, de expedientes lícitos e ilícitos nas ruas. Multiplicaram-se de tal maneira que no final do século XIX já eram cerca de quarenta mil. A referência do nome do albergue é de Lázaro, um amigo de Jesus que morava com as duas irmãs, Marta e Maria, em Betânia, a três milhas de Jerusalém. Os três eram solteiros. Marta, sempre trabalhando, reclamou que Maria preferia ouvir o Mestre, deixando-a sozinha nos afazeres da casa. Jesus responde em *Lucas* 10, 41-42: "Marta, Marta, andas preocupada e aflita com tantas coisas, quando uma só é necessária. Maria escolheu a melhor parte, que não lhe será tirada."

LAZER do latim *licere*, ser lícito. Foi originalmente a denominação elegante da preguiça, do *otium cum dignitate*, ócio com dignidade, exercido em leituras, contemplação de obras artísticas, reflexões teológicas e filosóficas, divagações. Nosso país, marcado por tantas complexidades, tem variadas formas de lazer, principalmente aquelas praticadas ao ar livre, à mercê de suas condições climáticas favoráveis. Está aumentando também a leitura como lazer, de que são indícios os resultados comerciais obtidos com a venda de jornais, revistas, periódicos e livros.

LEÃO do latim *leone*, declinação de *leo*. O leão é um carnívoro cujo *habitat* hoje está restrito às savanas e estepes da África. Designa também a quinta constelação do zodíaco e dá nome a um dos 12 signos: são de leão os nascidos entre 23 de julho e 22 de agosto. No jogo do bicho, cobre as dezenas 61, 62, 63 e 64. Desde 1917 dá nome também a uma associação de clubes, fundada nos EUA e espalhada por muitos países, inclusive o Brasil. Além desses leões, o Brasil conta também com os de zoológico, todos importados. Porém, o leão mais temido no Brasil é o do Imposto de Renda, implacável com os assalariados e as pessoas das classes médias, e muito displicente com os tubarões. Talvez porque, sendo um mamífero da terra, não queira aventurar-se pelas profundezas dos mares da sonegação fiscal. Trata-se, porém, de comparação infeliz devido a outras metáforas. Ficar com a parte do leão é assenhorear-se do maior quinhão numa partilha. O leão, um animal feroz, prefere atacar à noite e suas vítimas preferidas são animais indefesos, como zebras, antílopes e girafas. Ou os assalariados, vitimados por esse outro na calada dos holerites, igualmente indefesos.

LEASING do inglês *lease*, arrendamento. É semelhante ao aluguel, mas nas mãos de quem o arrendou – ao contrário do aluguel de uma casa –, por meio de pagamento de um pequeno residual que as prestações do *leasing* não cobriam.

LEDO do latim *laetu*, alegre. Está presente em expressões como "ledo engano", para caracterizar com delicadeza algum erro notório. Por isso, tem-se prestado a trocadilhos o nome do poeta, cronista e romancista Ledo Ivo, da Academia Brasileira de Letras, autor do romance *Ninho de cobras*.

LEGADO do latim *legatus*, legado, particípio do verbo *legare*, deixar, doar algo em testamento, sendo do mesmo étimo do latim *lex*, lei, pois é parte essencial do ordenamento jurídico que rege a vida social, especialmente o intrincado terreno das heranças. Designa determinação ou última vontade que uma pessoa manifesta, no testamento, de deixar a alguém coisas, valores, terras, casas, propriedades ou demais itens que integram um patrimônio do qual o testador pode dispor. A escritora e professora Sabine Cabral Marins Nolasco tem um conto com o título de *Legado*, narrativa curta muito bem escrita, repleta de sagazes observações feitas num velório e num enterro, presente no livro *Coletânea* (Edição da Prefeitura Municipal de Niterói), no qual diz: "Uma parte do meu subconsciente não acreditava que um homem poderoso, respeitado, que saiu da pobreza e fez fortuna, parou de respirar, parou de comandar, deixou de ser o chefe daquela família."

LEGAL do latim *legale*, declinação de *legalis*, de acordo com a *lex*, lei. Adjetivo ou advérbio, conforme o caso, legal tornou-se, entretanto, palavra-ônibus no português do Brasil para expressar excelência, como lemos em *A coleira do cão*, de Rubem Fonseca: "Mudei de roupa: Lee, camisa vermelha, um mocassim legal" e cantamos em Mama África, de Chico César: "Deve ser legal/ Ser negrão no Senegal", mas no Brasil "Mama África (a minha mãe)/ É mãe solteira/ E tem que fazer mamadeira todo dia/ Além de trabalhar como empacotadeira/ nas Casas Bahia." O português Paulo Ferreira da Cunha, catedrático da Universidade do Porto, espantou-se ao ouvir de um colega brasileiro, na noite paulistana: "Por essa rua é meio proibido." Apesar do sinal de trânsito, não era legal, do ponto de vista jurídico, seguir por ali, mas era legal, isto é, bom, porque encurtava o caminho.

LEGIÃO do latim *legione*, declinação de *legio*, legião, do mesmo étimo de *legere*, juntar, escolher. Por norma, cada legião, comandada por um general, tinha entre 6 mil e 12 mil soldados, armados de capacete, gládio e escudo, calçando sandálias ou coturnos. A primeira fila de combatentes era a infantaria, constituída pelos soldados mais jovens – infante é do mesmo étimo de infância – armados de lança e por isso chamados *hastati*, de *hasta*, haste, lança. A seguir vinham os príncipes, do mesmo étimo de principal, homens já feitos, armados de uma espada curta e um pequeno punhal, do mesmo étimo de punho – a mão fechada, incluindo o pulso – e de *pugna*, luta. O cristianismo inspirou-se nessa divisão para organizar o exército de Deus em legiões e coortes, compostas de anjos divididos em três grandes tríades. Na primeira, estão os serafins, os querubins e os tronos. Na segunda, as dominações, as potências e as virtudes. Na terceira, os principados, os arcanjos e, por fim, os anjos, soldados rasos. O anjo da guarda, que atua como sentinela, sem nunca dormir, é desse último grupo. O general dos anjos bons é o arcanjo Miguel, que derrotou Lúcifer e Lilith, ex-mulher de Adão, segundo a *Torá*, e seus comandados.

LEGISLADOR do latim *legislatore*, aquele que apresenta e vota leis que devem ser observadas por todos. Por isso, não é ético que legisle em causa própria. Câmaras de Vereadores, Assembleias Estaduais, Câmara de Deputados e Senado, porém, nem sempre seguem o preceito e baixam leis e normas que favorecem aqueles que as elaboraram, além de empregar parentes dos próprios legisladores, sob o pretexto de que são os mais confiáveis. Mas o divertido cineasta italiano Mario Monicelli já lembrou em filme famoso: *Parente é serpente*.

LEGISTA do latim *legis*, caso genitivo de *lex*, lei. O vocábulo é frequentemente utilizado para designar o profissional que se serve dos conhecimentos médicos para esclarecer questões jurídicas. Sua denominação original é médico-legista, já que para o exercício de sua profissão é indispensável o curso de medicina. Mas os costumes consagraram, por economia vocabular, como é de praxe, apenas a segunda palavra. Nem sempre os legistas brasileiros têm sido associados a seu estrito ofício. Durante a ditadura militar, principalmente a partir de seu recrudescimento na década de 1970, vários legistas estiveram envolvidos em polêmicas que davam conta de que haviam não apenas arranhado a ética, mas assinado documentos que inocentavam torturadores que haviam executado cidadãos presos por haverem ousado discordar do regime. Alguns legistas impediram que os familiares utilizassem a última coisa que lhes restara do ente querido: o corpo, sobre o qual persistiam as marcas das ignomínias sofridas, mas que não podiam sequer ser aludidas nos processos que buscavam reparação. Derrubada a ditadura militar, porém, várias providências foram tomadas e foi possível em muitos casos a reparação de acordo com os rituais judiciários.

LEI do latim *lege*, declinação de *lex*, lei. Somos um país com muitas leis, divididas entre as que pegam e as que não pegam. E a maioria delas ainda não pegou. Porém, há uma que é chamada Lei Áurea, porque foi assinada pela princesa Isabel, a Redentora, com sua caneta de ouro, no dia 13 de maio de 1888, depois de aprovada no Senado, com apenas um voto contra. Na Câmara, no dia anterior, passara com 9 votos contrários. É a lei mais concisa que o Brasil já teve: "Art. 1º: É declarada extinta a escravidão no Brasil; art. 2º: Revogam-se as disposições em contrário." Nesses 125 anos que se seguiram, ninguém mais fez uma lei tão boa, tão clara e tão fácil de entender.

LEILÃO do árabe *al-ā'lām*, venda pública. Os primeiros leilões foram de escravos, ainda que não com este nome. Mas o ato era semelhante às hastas públicas que hoje são feitas com bens penhorados pela Justiça, como objetos artísticos ou de valor histórico. Na Antiguidade, os exércitos vitoriosos traziam prisioneiros que seriam utilizados como mão de obra gratuita. Em Atenas, em tais leilões, o preço de um escravo instruído podia chegar a duas mil dracmas. As mulheres jovens e bonitas alcançavam valores mais elevados. A dracma foi a moeda oficial da Grécia até 2001, quando o país integrou-se à zona do euro. O Brasil, por força de seu processo de privatização há alguns anos, realizou alguns dos maiores leilões do mundo, como foi o caso das hastas públicas que resultaram na venda de pequenas, médias e grandes empresas estatais, já que nosso Estado-empresário tem desde usinas siderúrgicas até hotéis e motéis.

LEITO do latim *lectu*, declinação de *lectus*, leito, cama. Com adjetivos apropriados designava também o esquife, como na expressão "leito fúnebre". A expressão latina *in lecto esse*, estar no leito, deu origem à palavra "essa", que em português indica o estrado em que eram velados os mortos, no tempo em que os velórios eram caseiros. Uma outra expressão curiosa da língua latina era *foedera lecti*, utilizada para designar a união conjugal. *Foedere*, foder, tornou-se palavrão em português, mas em latim significava fazer aliança. Na mitologia grega é célebre o leito de Procusto, onde este famoso bandido estendia suas vítimas, cortando os pés de quem não cabia ali e esticando os que eram menores. Procusto foi morto por Teseu, que lhe aplicou o mesmo castigo. O poeta romântico Álvares de Azevedo utilizou o leito para aludir não ao amor, mas à doença e à falta de dormir: "O pobre leito meu desfeito ainda, a febre aponta da noturna insônia."

LEITURA do latim *lectum*, ajuntado, recolhido, lido, particípio do verbo *legere*, ler, resultou *lectura*, leitura. A leitura de entretenimento ou de estudo é recomendada no período das férias. Para tanto, são necessários bons meios de transporte, dado que pesquisas entre leitores habituais comprovaram que se lê muito em viagens, sejam livros, revistas ou jornais. No Brasil, os editores de livros estão organizados na Câmara Brasileira do Livro, cuja sede fica em São Paulo. Houve influência de *Lectus*, que designava ainda um móvel de madeira ou pedra, que indicava diversos leitos: para dormir, descansar, apoiar-se à mesa ou para estudar. O ato de ler recebeu esta denominação porque os primeiros livros, muito pesados, eram apoiados sobre tal artefato. A leitura de jornais e revistas é mais frequente que a de livros. De acordo com o Instituto Verificador de Circulação (IVC) e a Distribuidora Nacional de Publicações (Dinap), as revistas vendem cerca de 50 vezes mais que os jornais diários. Em nosso país, apenas nove jornais ultrapassam a tiragem diária de 100 mil exemplares. Deles, sete estão no eixo Rio-São Paulo e dois no Rio Grande do Sul.

LEMA do grego *lêmma*, que em latim passou a ser grafado *lemma*, ambos com o significado de proposição. Em geral é uma frase que sintetiza a doutrina de certos movimentos políticos, associações, corporações e estamentos, de caráter emblemático. O lema dos inconfidentes, *libertas quæ sera tamem*, escrito em latim, está hoje nas bandeiras dos estados de Minas Gerais e do Acre. Sua tradução é "a liberdade, ainda que tarde", mas tem uma palavra a mais.

LEMBRANÇA de lembrar, variação do arcaico *nembrar*, variante de *membrar*, por sua vez radicado no latim *memorare*, memorar, recordar, mais o sufixo -ança. Em latim, o sentido era igualmente de celebrar. Os romanos trouxeram da Grécia a deusa *Mnemosina*, mãe das musas, que dava aos poetas e adivinhos o dom de auscultar o passado, trazendo à lembrança de todos os feitos memoráveis dos heróis para que não fossem esquecidos. Em latim, seu nome foi adaptado para *Memória*. Antes da invenção do alfabeto pelos fenícios, por volta dos anos de 1700 a.C., era muito valorizada a pessoa de memória prodigiosa, pois a transmissão do conhecimento era feita oralmente. Uma narrativa lendária ilustra a remuneração dos memoriosos. Simônides fez um poema enaltecendo o Rei Céos na primeira parte e os deuses Castor e Pólux na segunda. No banquete em que foram declamados os versos, o rei disse que pagaria apenas a metade, a outra metade o poeta deveria cobrar dos deuses homenageados. Em seguida, um mensageiro vem dizer a Simônides que dois jovens o aguardam no jardim. O poeta deixa o recinto e o palácio desaba, matando todos os que estavam no banquete. Simônides, que guardou na memória o lugar e as roupas dos convidados, identifica os cadáveres. O pagamento dos direitos autorais consistiu na mensagem que lhe salvou a vida. Presente é sinônimo de lembrança, porque quer indicar que quem o dá não se esqueceu daqueles a quem o dá. Há ocasiões em que lembranças em forma de presentes têm um significado especial, como é o caso do Natal, com presépios, árvores e outros arranjos cercados deles. O antônimo, esquecimento, esclarece o significado, pois esquecer veio do latim *excadere*, cair para fora, escorregar, desfalecer, seja cair no meio do combate ou escorregar do navio, quando poderia morrer, na terra ou no mar, ferido ou afogado, resultando em ficar esquecido. O ditado "quem é vivo sempre aparece" remonta a essas lembranças. Aparece no navio, depois da tempestade, e na tropa, cessado o combate. E nas festas, para dar e receber presentes. Fundada por Danio Braga, existe no Brasil, trazida de costumes italianos da região de Parma, a Associação dos Restaurantes da Boa Lembrança. Quem faz refeições em qualquer dos estabelecimentos da rede pode levar um prato como lembrança, com o logotipo do associado.

LEMBRAR do espanhol antigo *membrar*, que resultou em *nembrar* no português arcaico, ambos radicados no latim *memorare*, celebrar as memórias, recordar. O *m* inicial evoluiu para *n* e depois para *l*. Na *Cantiga de Santa Maria*, de Afonso X, o Sábio, rei de Castela e Leão, lemos: *membrame que foi assi*. Curiosidades da língua portuguesa: o *m* inicial foi substituído por *l* em *membrar* e acrescentado à *assi*, que se tornou "assim".

LENCINHO do latim *linteum*, pronunciado *linceum* no latim vulgar, pela escrita *linteum*, designando um pedaço de pano para cobrir a cabeça. Quando ele passou a ser carregado na mão, no bolso do paletó ou das calças, em tamanho reduzido, o diminutivo ganhou autonomia para indicar aquele tipo de lenço. No inglês *handkerchief*, o caminho foi um pouco mais complicado. O étimo *ker* procede do francês antigo *couvrir*, cobrir; *chief*, chefe, tem também o sentido de cabeça; o costume de várias religiões exigirem que a mulher cubra a cabeça em determinados ambientes fez com que elas carregassem o lenço na mão, *hand* em inglês, completando a esquisita palavra *handkerchief*, que passou a designar o lenço com que cobriam os cabelos, e depois o lenço de mão, em tamanho menor. Como nas festas o gesto de atirar o lenço a um homem era sinal de admiração ou interesse em namoro, jogar o lenço passou a sinônimo de dar preferência. Na música *Rio rebelde*, a dupla Zilo e Zalo canta:

"Joguei seu lencinho no rio/ correndo mansinho nas águas sumia/ era a última lembrança/ dos seus carinhos que eu teria/ foi uma ilusão tão linda/ que do meu peito se desprendia."

LENÇO de uma forma dialetal latina *lenteu*, de linho, em vez de *linteu*, talvez por influência de *lentu*, flexível, desdobrável. Tal como o espanhol *linzo*, tela de pintar, no português também já significou tela utilizada pelos artistas plásticos.

LENÇOL do latim *linteolu*, lençol, peça de linho, de algodão ou de outro tecido, utilizada para cobrir o colchão e como coberta. Vocábulo de muitos significados, designa também jazida de petróleo, água ou outro mineral. No futebol, é lance que consiste em jogar a bola por cima do adversário e retomá-la antes da queda no outro lado. Neste caso, seus sinônimos são chapéu e touca. Ronaldo, por exemplo, coroou com um bonito gol o lençol que aplicou num jogador da seleção da Venezuela, na Copa América de 1999, quando o Brasil venceu por 7 a 0. É situação em que o atacante humilha o adversário.

LENHO do latim *ligno*, madeira. É designação comum a tronco, pedaço de pau tosco, não trabalhado. Em sentido metafórico, os escritores do ciclo das navegações denominaram de lenhos as embarcações que cruzavam os mares. A cruz em que Jesus foi crucificado é chamada, na simbologia cristã, de sagrado lenho.

LENTE do latim *lente*, declinação de *lens*, já redução de *legens*, aquele que lê. Como os professores lessem nas aulas a matéria que os alunos deveriam aprender e mais tarde o fizessem com uma luneta ou óculos sobre o nariz, *pince-nez* em francês, isto é, aparelho preso ao nariz, os mestres foram chamados também de lentes, pois em fins da Idade Média já estava em circulação a luneta, uma ou duas lentes encaixadas em armação posta sobre o nariz, mais tarde presa também às orelhas, pelas hastes. As lunetas foram as avós de nossos óculos e lentes, sendo óculos, o plural de óculo, do latim *oculus*, olho. O plural consolidou-se em óculos desde que a leitura foi facilitada pela fixação de um óculo para cada olho. Já em binóculo o étimo *bin*, ligado a *bis*, bis, dois, repetição, designa par, como em binário. No romance *O nome da rosa*, do escritor e professor italiano Umberto Eco, já levado ao cinema, um jovem noviço admira-se de que seu colega de cela, um velho monge, ponha tal armação sobre o nariz para fazer suas leituras da noite, quando mestre e discípulo, em viagem, passam uns dias na abadia que é palco dos trágicos eventos.

LENTILHA do latim *lenticula*, lentilha, uma leguminosa. Foi um dos primeiros alimentos do homem e está presente ainda nos tempos bíblicos, quando Esaú vendeu a seu irmão Jacó os direitos de primogenitura por um prato de lentilhas. Integra também as ceias das festas de fim de ano.

LEOA do latim *leaena*, feminino de *leo*, leão, pelo arcaico *leom*, designando a fêmea do leão e por metáfora a mulher corajosa, ousada, valente, intrépida, decidida, segura, invencível, rainha e, como ocorre entre os leões, aquela que defende e provê alimento aos filhos. Raimundo Correia, no poema *A leoa*, conta de um animal faminto apavorando os habitantes de Florença, na Itália, à procura de pegar um deles para alimentar-se. Todos fogem, mas uma mendiga, já enfraquecida pela fome, com o filho nos braços, é encontrada indefesa: "Mas a leoa, como se entendesse/ O amor de mãe, incólume deixou-a.../ É que esse amor até nas feras vê-se!/ E é que era mãe talvez essa leoa!" Também Sayonara Salvioli, em *Implacável força feminina*, bela crônica do livro *Lauda eletrônica*, apresenta um pai comparando a filha a uma leoa ao cuidar da neta dele: "Quem diria que você, filha única, e tão novinha, iria se tornar uma mãe assim?... Parece uma leoa em defesa de sua filha!"

LEPROSÁRIO de leproso, do latim *leprosus*, aquele que tem lepra, do grego *lépra*, pelo latim *lepra*, ambos com o significado de mancha, escamação. É o lugar onde são isolados e tratados os portadores da doença. Alguns leprosários cunharam suas próprias moedas, de acordo com a crença de que a manipulação do dinheiro seria forma de transmissão da enfermidade. No Brasil, o confinamento foi adotado até 1962, quando uma lei permitiu o convívio social. O tratamento da lepra leva, hoje, de seis a 12 meses e é feito gratuitamente na rede pública de saúde. Segundo nos informa o escritor e médico Moacyr Scliar em sua tese de doutoramento, *Da Bíblia à psicanálise: saúde, doença e medicina na cultura judaica*, quem fazia o diagnóstico da lepra – *tzaraat*, em hebraico – era o sacerdote: "O diagnóstico da lepra pelo sacerdote do Templo não era exatamente um procedimento médico (no máximo, tratava-se de 'inspeção sanitária'). Nenhum tratamento, mesmo tentativo, era instituído. O objetivo era rotular o paciente como 'puro' ou 'impuro'. E, se se tratava de "impureza", via-se nas lesões a evidência do castigo divino do qual a pele era um alvo habitual. [...] Até mesmo Maria (Miriam), irmã de Aarão e meia-irmã de Moisés é castigada com a lepra por ter criticado a Moisés (Números, 12: 1-10). [...] Nem todas as doenças mencionadas na *Bíblia* resultam de castigo divino, (Baruk, 1985, p. 71) mas é óbvio que, quando este castigo ocorre, ele deve ser bem visível: a pele é o local ideal para isto. Mais: implica a segregação do pecador."

LEPTOSPIROSE do grego *leptós*, delgado, e *pyrosis*, que queima, formou-se o vocábulo leptospira para denominar um protozoário em forma de espiral, causador da leptospirose, doença caracterizada por febre alta e lesões hepáticas, podendo estar acompanhadas de icterícia e hemorragia. A forma mais frequente de sua transmissão no Brasil é pela urina do rato. Uma das vítimas da leptospirose foi a juíza Denise Frossard, que se tornou famosa por cumprir a lei, em 1993, condenando à prisão outra espécie de ratos, 14 banqueiros do jogo do bicho.

LEQUE de *Léquios*, nome de um grupo de ilhas ao sul do Japão, onde era muito popular o uso deste apetrecho para abanar-se.

LER do latim *legere*, colher, recolher, apanhar; enrolar, tirar, escolher, captar com os olhos. A origem remota é o grego *léghein*, reunir. Todas as línguas neolatinas mantiveram visível o étimo latino. Em italiano, ler é *leggere*; em espanhol é *leer*; em francês é *lire*. O alemão *lesen* parece mais perto do étimo grego do que do latino.

LERO-LERO de origem controversa, provavelmente do grego *leron*, falar. Tem o significado de conversa vazia, inútil, conversa mole. No português temos ainda lereia, léria, papo furado, conversa fiada, conversa mole, com significado semelhante. Os gregos certamente jogavam conversa fora, mas Nei Lopes diz que lero-lero veio do quicongo *lelu*, boca. O quicongo é a língua dos povos africanos conhecidos como congos, presente no nome da República Democrática do Congo, ex-Congo Belga, chamado também Zaire, assim como o nome do Rio Congo, *Nzadi*, que em quicongo que quer dizer rio grande, o que engole todos os outros. O nome do rio deve-se também à etimologia: em quicongo, *congo* é tributo. Nesse rio os súditos pagavam seus tributos e impostos aos antigos reis. É, aliás, também o caso de Luanda, capital de Angola. Em quimbundo, *luanda* significa tributo. O ator Rogério Cardoso tornou célebre o personagem Rolando Lero, da *Escolinha do Professor Raimundo*, programa de televisão criado e apresentado por Chico Anysio, com grande elenco durante muitos anos.

LESA-GRAMÁTICA expressão cunhada a partir das palavras portuguesas vindas do latim *laesa*, ferida, ofensa, e *grammatica*, arte das palavras, para designar as transgressões mais graves cometidas contra a língua. Nos telejornais, ao contrário da imprensa escrita, na qual jornalistas piedosos atenuam burrices proferidas por gente ilustre, pode-se constatar como notáveis figuras políticas desconhecem as regras gramaticais, muito importantes para quem faz as leis que nos governam. A expressão foi criada a partir de outra, lesa-majestade, para destacar a gravidade dos atentados contra a língua-mãe.

LESÃO do latim *laesione*, declinação de *laesio*, ferimento, cicatriz, marca, não apenas física, mas também moral. Os primeiros plágios resultaram em lesões econômicas e financeiras às vítimas, e lesões físicas e morais a quem os praticara. A marca do castigo no corpo terá contribuído para o significado de plágio e plagiário. Quem primeiro comparou aquele que rouba direitos autorais ao ladrão de mercadorias foi o escritor romano Marcus

Valerius Martialis, em português Marco Valério Marcial, autor de 15 livros de epigramas, entre os quais *Liber Spectaculorum (O livro dos espetáculos)*, publicado para celebrar o Coliseu, do latim *Colosseum*, depois *Coliseus* no latim tardio, radicado no grego *kolossós*, estátua muito grande, com forma humana, assim chamado porque havia uma gigantesca estátua de Nero Claudius Caesar Augustus Germanicus em frente ao famoso anfiteatro, cujo nome correto oficial era *Amphitheatrum Flavium*.

LÉSBICA do latim *lesbius*, lésbico, que veio do grego *lésbios*, por referência à ilha de Lesbos, na Grécia. Diz-se da mulher homossexual. Em vez de fazer como a maioria da espécie, que ama os homens, modo, aliás, de perpetuar a própria espécie, as lésbicas amam-se umas às outras. Mulheres famosas confessaram seu homossexualismo, como a mais premiada tenista de todos os tempos, a tcheca, naturalizada americana, Martina Navratilova, nove títulos mundiais, obtidos em doze finais, realizadas em Wimbledon, na Inglaterra. Por ocasião de uma de suas últimas disputas, antes de se aposentar em 1994, um repórter perguntou com indelicadeza: "Você continua lésbica?" A moça respondeu com ironia: "Continuo, enquanto a opção for gente como você..." Em linguagem coloquial o adjetivo é substituído por vocábulos como sapatão e sapatinha. Em décadas passadas, conhecida música de programa de auditório dizia: "Maria sapatão, sapatão, sapatão/ De dia é Maria, de noite é João."

LESMA do latim *limace*, declinação de *limax*, mas provavelmente pela mudança de variação dialetal chegada ao português como *lemex*, ou *lemicis*. A lesma vive em lugares úmidos e é vegetariana. Serviu de metáfora para designar a pessoa vagarosa, indolente, sem iniciativa, incompetente. Em campeonato mundial de lesmas, organizado na Inglaterra, em 1995, a vencedora foi Archie, uma lesma de jardim, que percorreu a distância de 33 cm em "apenas" dois minutos, à incrível velocidade de 0,01 km/h, um recorde para as lesmas! Hermafroditas, as lesmas não têm, como os caracóis, a própria casa, e o sal é seu grande inimigo. Recebendo sal no lombo, desidratam-se imediatamente.

LESO do latim *laesum*, particípio de *laedere*, ferir, machucar, prejudicar, danificar. Apresenta leseira quem está muito cansado ou está com preguiça, moleza, indolência, falta de ânimo.

LETIVO do latim *lectu*, particípio de *legere*, ler, mais o sufixo -ivo, formou-se letivo, originalmente significando dia em que se lê. Isto porque nas antigas escolas o professor limitava-se a ler sua aula, como hoje ainda se faz em muitas conferências. Assim, o ano letivo era medido pela quantidade de dias que os mestres empregavam na leitura de suas aulas. Os dias letivos são aqueles em que são ministradas aulas. O Brasil já teve um ano letivo de apenas 180 dias, em meio período, o que equivale a apenas 90 dias. Como professores e alunos tinham direito a faltar 25%, o ano era reduzido a 45 dias integrais, apenas um mês e meio de aula, desde que mestres e pupilos faltassem em dias alternados. Com tais amparos, proliferaram cursos superiores que distribuíram diplomas a profissionais quase ágrafos. A Ordem dos Advogados do Brasil (OAB) registra verdadeiros atentados contra a língua e contra as leis, cometidos por alguns diplomados em Direito quando submetidos a seus zelosos exames para ingresso na Ordem. Houve considerável progresso. Nosso ano letivo foi aumentado de 180 para 200 dias pela Lei de Diretrizes e Bases, mais conhecida como LDB, votada em 1996. Esta lei aproveitou experiência de diversos países europeus que tratam de manter o estudante por mais tempo na escola. As melhores escolas não se limitam a cumprir o mínimo legal e dão aulas em período integral, geralmente pela manhã e à tarde.

LETRADO do latim *litteratus*, letrado, sábio, douto, erudito. A palavra já tinha este sentido no século XIII, mas designava preferencialmente homens versados em leis, capazes de lidar com a complexa legislação portuguesa, presente em ordenações minuciosas. Esses intelectuais, em geral advogados, juízes e jurisconsultos, eram os únicos a rivalizar com clérigos no domínio de saberes a serviço da nobreza e das cortes, vinculadas por fortes laços à estrutura hierárquica da Igreja. Unidos, Igreja e Estado empregavam padres e letrados, pois atuavam em sintonia.

LEUCÓCITO do grego, pela composição *leukós*, branco, e *kytos*, célula. Denomina os chamados glóbulos brancos. O microbiologista judeu-russo, Prêmio Nobel em 1908, Ilia Metchnikov afirmou: "A timidez diminui a defesa do organismo, e os leucócitos e o sangue perdem parte do poder defensivo contra infecções." O mestre não comentou se os atrevidos estariam mais bem imunizados.

LEVANTINO de Levante, do italiano *Levante*, o outro nome do Oriente, o lugar onde o Sol se levanta, nascido do verbo latino *levare*, levantar, alçar-se, segurar, erguer. Designa o que diz respeito aos países do Mediterrâneo oriental, como a Turquia, a Síria e o Egito, acrescidos da Ásia Menor. Rodolfo Felipe Neder, editor do site *Millôr online*, em sua coluna na revista eletrônica *Digestivo cultural*, referiu-se a um bom lugar para comer, na região dos Jardins, na capital paulista, um "restaurante de cardápio levantino (Libanês e Sírio) que está estrategicamente localizado."

LEVIATÃ do hebraico *Leviathan*, pelo latim bíblico *Leviathan*, designando monstro das águas, como o crocodilo e a baleia, animais enormes e poderosos, entretanto vistos como grandes atrapalhos a tudo. Esse significado foi escolhido pelo pensador inglês Thomas Hobbes para representar o Estado como um rei de corpo gigantesco, mas constituído de anõezinhos. Ao contrário dos sentimentos celebrados no Natal, como a boa vontade do ser humano e a fraternidade entre pessoas e nações, Hobbes não acredita na bondade e vê o homem sempre mau e hostil com o semelhante. Olha desconfiado para a liberdade, pois homens livres fazem o que querem e por isso a sociedade está em risco permanente, sem uma força que coíba os excessos. Esta força é o Estado-Leviatã.

LEVITA do latim *levita*, sacerdote. Deriva de *Levi*, um dos filhos de Jacó, cuja tribo estava encarregada das cerimônias do culto judaico. Mas levita é também peça de vestuário, tendo vindo do espanhol *levita*, espécie de sobrecasaca, semelhante às antigas vestes sacerdotais.

LEVITAÇÃO do latim *levitu*, forma vulgar de *levatu*, particípio passado de *levare*, levantar, formou-se esta palavra para designar ato em que a pessoa ergue-se do chão sem sofrer os efeitos da lei da gravidade. Vários místicos relataram essa experiência. O notável romancista baiano Francisco Xavier Ferreira Marques, em *A cidade encantada*, deu expressão literária à levitação: "Senti-me livre, sutil, incoercível, levitando e fugindo num voo angélico para as altas esferas."

LEVITAR de origem controversa, provavelmente formado a partir do latim *levitus*, tomado por *levatus*, do verbo *levare*, erguer, que deu levantar a partir de *levans*, *levantis*, particípio presente. São comuns registros na historiografia cristã dando conta de que santos levitaram, erguendo-se do solo por si mesmos, sem ajuda de instrumento nenhum. Na segunda metade do século XIX eram comuns os relatos de levitação não só de pessoas, mas de objetos. Tudo era atribuído a forças espirituais. Coube ao físico e químico inglês Michael Faraday – cujos trabalhos sobre eletricidade e magnetismo foram a base de muitas descobertas de profissionais como o inventor e industrial alemão Ernst Werner von Siemens, o engenheiro e empresário americano George Westinghouse Jr. e o cientista, inventor e homem de negócios Thomas Alva Edison – pesquisar o fenômeno e descobrir, com a ajuda de um aparelho, que o movimento das mãos dos participantes, pessoas respeitáveis, precedia os objetos que se moviam. Sua conclusão: "o movimento se deve à ação muscular, em grande parte executada inconscientemente."

LHANO do latim *planus*, chão, sem altos nem baixos, uniforme, passando pelo espanhol *llano*, sincero, sem ostentação. Já com o novo significado, aparece no seguinte trecho do livro *Estrada de Santiago*, de autoria do escritor português Aquilino Ribeiro: "E ela respondia lhana e afável, como era próprio do seu gênio, a toda a gente."

LIBAÇÃO do latim *libatione(m)*, ato de beber por prazer, não por necessidade. Nas cerimônias pagãs da Antiguidade, a libação consistia em provar o vinho, o leite ou qualquer outro líquido, oferecê-lo ao ídolo e em seguida derramá-lo sobre o altar. Este costume ancestral talvez esteja presente no costume popular de, nas bodegas e bares, derramar um tantinho do copo para o santo.

LÍBANO do árabe *lubán*, de onde chegou ao latim *olibanum*, designando a resina que certas árvores deixam escorrer quando feridas na casca e que passou a ser denominado incenso. A árvore e a sua resina são muito citadas na *Bíblia*. No latim a formação pode ter sido *oleum libani*, óleo do líbano. Também o grego *ho libanos*, o incenso, pode ter influenciado o latim.

LIBELINHA de libélula, do latim *libellula*, diminutivo de *libella*, moeda de prata, também diminutivo de *libra*, objeto que serve para pesar, balança, e que se tornou moeda de 12 onças ou 333 gramas aproximadamente. A *livra* romana tinha doze onças. A onça do peso deriva do latim *uncia*, duodécima (parte da libra). A onça selvagem deriva de outra palavra latina, *lyncea*, por aférese de *lonce*, palavra formada no tempo das Cruzadas, que, além do português "onça", resultou no espanhol *onza*. Já a libelinha e a libélula, com seus dois pares de asas membranosas, lembram a figura da balança (libra) e foi por metáfora que receberam tal designação. Nossa língua está cheia de metáforas nas palavras, de que é exemplo também o ponto final nas frases, vindo do latim *punctus*, particípio do verbo *pungere*, picar.

LIBÉLULA do latim *libellula*, diminutivo de *libella*, nível. Designou-se assim a borboleta porque paira no ar, mas outros pesquisadores afirmam que outra palavra latina serviu-lhe de origem. Teria sido *libellulu*, diminutivo de *libru*, livro, dado que as asas do inseto dão a imagem das folhas de um livro. Metáfora por metáfora, mais belas são as de Cecília Meireles em sua *Obra poética*: "Libélulas valsavam com seus vestidos de gaze e seus adereços de ametista."

LIBERTAÇÃO de libertar, de *liberto*, do latim *libertus*, ex-escravo, tornado livre por seus méritos ou por concessão dos donos. Pode ter havido influência do latim medieval *libertare*. Na segunda metade do século passado, explodiram no mundo todo diversos conflitos, logo identificados pela imprensa como "guerras de libertação". Os jornalistas, provavelmente apoiados na semântica utilizada para cobrir as ações armadas dos Aliados na Segunda Guerra Mundial, quando deram em manchete a libertação de metrópoles europeias do jugo nazista, serviram-se de vocábulos semelhantes para designar os novos impasses. E na década de 1960, quando setores avançados da Igreja defenderam um maior empenho dos católicos nas lutas dos povos oprimidos, cunhou-se a expressão "teologia da libertação", que no Brasil teve no então frade franciscano, o catarinense Frei Leonardo Boff, um de seus mais ardentes defensores e teóricos. O religioso escreveu vários livros e artigos sobre o tema, contudo, a expressão aparece pela primeira vez na tese de doutoramento do então pastor presbiteriano, o mineiro Rubem Alves, em 1968, defendida nos EUA e intitulada *Towards a Theology of Liberation (Para uma teologia da libertação)*, orientada pelo missionário norte-americano Richard Shaull, que atuou no Brasil depois de ter sido expulso da Colômbia pela hierarquia da Igreja Católica. Tanto Boff como Alves desligaram-se das instituições religiosas às quais pertenciam, depois de intensamente combatidos pelas respectivas hierarquias. O frade catarinense chegou a ser punido pelo próprio Vaticano, que lhe impôs uma pena denominada silêncio obsequioso. Na prática, sem eufemismo nenhum, era vítima de censura pura e simples. Quando o papa João Paulo II publicou em 2000 o documento *Memória e reconciliação: a Igreja e as culpas do passado*, houve quem pensasse que casos como o de Boff seriam objeto de tal retificação, mas a Igreja limitou-se a pedir perdão por sete erros, entre os quais os métodos da Inquisição; os abusos nas Cruzadas; a omissão diante das perseguições e mortes dos judeus, "o povo da primeira Aliança"; o desrespeito a outras culturas e religiões na evangelização; os preconceitos contra mulheres, raças e etnias. Mas não só os militares que têm suas ações escancaradas. Também comparecem aos livros de Elio Gaspari os civis que apoiaram o golpe, alguns deles famosos intelectuais e professores universitários. Vários deles apresentam-se hoje como democratas da vida inteira, esquecendo-se de que os militares não construiriam, por exemplo, o arcabouço da ditadura, sem a ajuda indispensável de alguns juristas já escolados em golpes, como os professores da USP Vicente Rao, ministro da Justiça do Estado Novo e autor do Ato Institucional I, e Alfredo Buzaid, ministro da Justiça do Governo Medici. Os ditadores fardados foram precedidos por ditadores em trajes civis, travestidos de libertadores desjeitosos, que defenderam em falas e artigos o fechamento do Congresso, de assembleias e câmaras, além do fim da eleição direta do presidente, de governadores e de prefeitos, além da suspensão de um instrumento ao qual a Humanidade tinha chegado depois de árdua caminhada em meio a cadáveres, o *habeas corpus*.

LIBERTAR do latim medieval *libertare*, libertar, formado a partir de liberto, do latim *libertus*, escravo que ganhou ou obteve a liberdade. Formou-se este verbo para designar a ação de livrar alguém de castigo, pena, multa ou, essencialmente, da perda da liberdade. O papel de libertador tem relevância na figura de Jesus Cristo, embora prevaleça o de redentor, seu sinônimo, com sutis diferenciações de sentido. Muitos séculos antes que Oscar Schindler organizasse a sua lista, tornada conhecida de todos pelo filme de Steven Spielberg, *A lista de Schindler*, o judeu-português Isaac ben Judah ou Yitzchak ben Yehuda Abravanel organizou a sua para evitar que judeus fossem vendidos como escravos no Marrocos. Citado também com o nome de Isaac Abravanel, por duas vezes teve toda a sua fortuna confiscada, primeiro pelo rei de Portugal, Dom João II, em 1483, e depois pelos franceses, quando estes invadiram Nápoles, em 1495. Quando a Espanha expulsou os judeus, ele ofereceu 30 mil ducados aos reis católicos para anular o decreto, proposta que foi recusada. Romeu Tuma era delegado do Departamento de Ordem Política e Social (DOPS), em São Paulo, em 1980, quando, em maio do mesmo ano, autorizou a libertação provisória de um preso para que visitasse a mãe, Dona Lindu, internada no Hospital Beneficência Portuguesa, e depois fosse ao enterro, pois ela faleceu a 12 de maio.

LIBRA do latim *libra*, medida de peso, nome de constelação. No inglês nomeia a moeda, a *libra esterlina*, a mais poderosa do mundo. Quando foi lançado, em 1994, o real era a segunda, e o dólar americano era a terceira na tabela de conversões, porém com um acachapante incômodo para os brasileiros: ninguém aceitava o real nas casas de câmbio internacionais. Os realistas banqueiros tinham razão. Logo o real quebrou e quando esse verbete está sendo elaborado são necessários pelo menos três deles para um dólar. Libra designa também o sétimo signo do zodíaco, que começa em 23 de setembro e termina em 22 de outubro.

LIBRÉ do francês *livrée*, particípio passado do verbo *livrer*, entregar, dar, comunicar. Passou a designar o vestuário dos criados porque, na Idade Média, os reis franceses davam roupas novas a seus filhos, fidalgos e criados em dias de festas importantes, como o Natal e a Páscoa, costume que depois se alastrou por muitos outros países, inclusive Portugal, semelhantemente ao que nos informa José Duarte Ramalho Ortigão, em *O culto da arte em portugal*: "Os criados, equipados, de couraça e espada, vestiam librés de seda verde e branca." Na impiedosa crítica do famoso escritor, os empregados mais parecem mandarovás que infestaram alguma plantação.

LIÇÃO do latim *lectione*, lição. A Igreja forneceu as sacristias para as primeiras escolas e por isso o trabalho de ensinar a lição foi visto durante muitos séculos como sacerdócio e não como profisssão. E os mestres deveriam ser castos. O professor e filósofo Pedro Abelardo, que ensinava na catedral de Notre Dame, então em construção, transou com sua aluna Heloísa, sobrinha de um rico e avarento cônego, e pagou caro a transgressão. Foi capado. Ele e ela escreviam cartas de amor em latim. Sua história serviu de base para o filme *Stealing Heaven* (*Céu roubado*). Em português, com nossa mania de falsificar os títulos e às vezes também a música, a cor, o brilho, o contraste etc., chama-se *Em nome de Deus*.

LICENÇA do latim *licentia*, licença, autorização para que algo seja feito ou deixe de ser feito. Aparece em palavras compostas como licença-maternidade e licença-paternidade, designando, no primeiro caso, o período de quatro meses concedidos à gestante, a partir do nono mês, para que possa dedicar-se à criança e, no segundo caso, o intervalo de cinco dias, concedidos ao pai por ocasião do nascimento do filho. Está presente ainda em licença-prêmio, período de três meses gozados pelo funcionário, sem trabalhar e remunerado, depois de cinco anos de serviço público. A mesma raiz aparece em licenciado, aquele que obteve, mediante curso superior, licença para praticar algum ofício: licenciado em Letras, por exemplo. É também a base do verbo licenciar, como neste trecho do jornalista Ricardo Noblat: "O Palácio do Planalto tem pressionado o presidente do Senado, Renan Calheiros (PMDB-AL), a se licenciar do cargo caso seja absolvido em plenário."

LICENCIAMENTO de lincenciar, por sua vez de licença, do latim *licentia*, no sentido de permissão, do mesmo étimo de licitação (tornar lícito um procedimento), de licenciado, aquele que tem autorização para ensinar no ensino fundamental e médio, e de licenciatura, o grau obtido pelo licenciado. A palavra é mais comumente usada no Brasil para designar o ato pelo qual um carro é liberado para trafegar em ruas e estradas. O primeiro licenciamento de um automóvel no Rio, então capital da República, deu-se no dia 29 de agosto de 1903 e foi o de número 146. Naquele ano foram licenciados apenas seis veículos.

LICEU do grego *Likaios*, que passou ao latim como *Lycaeu*, ambos com o significado de escola. Na Grécia, designava originalmente o lugar onde os grandes mestres ensinavam filosofia. Em Roma, liceu já era sinônimo de escola onde os jovens, além de aprender a ler e a escrever, podiam dominar alguns ofícios. Foi com este sentido que algumas escolas brasileiras foram chamadas de liceus.

LICITAÇÃO do latim *licitatione*, ato de licitar, isto é, de dar lanços por determinado bem em leilão. Nas licitações públicas, os concorrentes oferecem seus preços para realizar obras e serviços, como a construção de estradas, aeroportos, rodoviárias. A palavra licença tem origem semelhante, do latim *licentia*, permissão, concessão. As primeiras licitações, organizadas em hastas públicas, assim chamadas porque o preço e condições eram pendurados numa hasta, *lança* em latim, foram de escravos. Mas o ato era semelhante às hastas públicas que hoje são feitas com bens penhorados pela Justiça, como bens móveis e imóveis, objetos artísticos ou de valor histórico. Na Antiguidade, os exércitos vitoriosos traziam prisioneiros que seriam utilizados como mão de obra gratuita. Em Atenas, em tais leilões, o preço de um escravo instruído podia chegar a duas mil dracmas. As mulheres jovens e bonitas alcançavam valores mais elevados.

LICOREXIA do grego *lykos*, lobo, e *órexis*, apetite, formou-se este vocábulo para designar uma patologia que faz a pessoa ter fome de lobo e comer tudo o que encontra à frente. Seu outro nome, muito mais utilizado na medicina, é bulimia. Como, porém, o lobo é carnívoro e o boi é vegetariano, para os comilões compulsivos a bulimia é quase um eufemismo para designar a eterna vontade que eles têm de comer bastante. Famosas personagens sofrem desse mal, como a falecida princesa Diana, da Inglaterra, que, quando não estava comendo, estava sendo fotografada, as duas coisas que ela mais fazia na vida.

LIDA derivado de lidar, do latim *litigare*, lutar, combater, pelejar, tendo também o significado de trabalhar. Com o sentido de vida difícil, aparece em *Livro dos Amores*, poesias de José Hildebrando Dacanal: "Na dura lida/ duas leis imperam/ impiedosamente/ a primeira diz: / mantém-te à tona!/ a segunda diz:/ aos de cima servem/ os que embaixo vão!" Também consta nos versos desta canção popular: "O destino traçou-me esta vida, do infinito a paixão me seduz, minha sina é no mar minha lida, e no mar acharei minha cruz."

LÍDER do inglês *leader*, radicado em *lead*, chumbo, provavelmente função nascida de etapa decisiva no processo civilizatório, quando a descoberta do chumbo possibilitou a fabricação de armas que substituíram o pau e a pedra, possibilitando a formação de grupos que precisavam de alguém que, de arma na mão, organizasse o ataque ao inimigo. Os comandantes que travavam outras guerras, a comercial, por exemplo, passaram a lidar com outras armas, mas o vocábulo permaneceu e passou a designar diversos outros tipos de líderes, como os religiosos e os políticos. Também as armas foram substituídas: espadas e lanças deram lugar a palavras e togas.

LIDERANÇA do inglês *leader*, do verbo *to lead*, conduzir, formaram-se no português líder, liderar e liderança, que é a ação feita por quem lidera, conduz, representa. A liderança é em geral exercida por prestígio pessoal ou por atribuição vinda de consenso formado por interesses convergentes e administrados de forma a que sua defesa seja feita por uma pessoa em nome de outras, reunidas em organizações, partidos, bancadas, governos.

LIGA do latim *ligare*, ligar. A polissemia do vocábulo serve para designar muitas coisas, desde metais e associações diversas até o sensual elo que prende as meias femininas compridas a uma peça posta na cintura, logo acima da calcinha. À semelhança de outros elos, estes andavam meio perdidos também, mas foram recuperados.

LIGAÇÃO do latim *ligatione*, declinação de *ligatio*, ligação. Nos dois casos o *t* tem som de *s*, conservado em português, ainda que escrito com *ç*. O étimo da palavra está presente em muitas outras, de sentido semelhante, como em liga, mistura (principalmente metálica). Desde os primeiros séculos, este étimo aparece tanto em "marco da prata de liga", moeda que valia "dez e nove libras", como lemos em *Chronica do senhor rei dom Pedro I, oitavo rei de Portugal*, de Fernão Lopes, que José Pedro Machado estranhou, mas que significava dezenove libras (dez e nove). Neste texto, o célebre cronista tem um belo parágrafo sobre as primeiras moedas portuguesas: "No tempo d'este rei, valia o marco da prata de liga dezenove libras, e a dobra mourisca três libras e quinze soldos, e o escudo três libras e dezessete soldos, e o moutão três libras e dezenove soldos. Este rei Dom Pedro não mudou moeda por cobiça de temporal ganho; mas lavrou-se em seu tempo mui nobre moeda de oiro e prata sem outra mistura, a saber, dobras de bom oiro fino, de tamanho peso como as dobras cruzadas que faziam em Sevilha, que chamavam de Dona Branca. E estas dobras que el-rei Dom Pedro mandava lavrar, cincoenta d'ellas faziam um marco: e d'outras que lavravam, mais pequenas, levava o marco, cento; e de uma parte tinham quinas e da outra figura de homem com barbas nas faces e coroa na cabeça, assentado em uma cadeira, com uma espada na mão direita, e havia letras ao redor, por latim, que em linguagem diziam: Pedro, rei de Portugal e do Algarve, e da outra parte: Deus, ajuda-me e faze-me excelente vencedor sobre meus inimigos. E a maior dobra d'estas valia quatro libras e dois soldos, e a mais pequena quarenta e um soldos."

LIGADO do particípio do verbo ligar, do latim *ligare*, ligar, atar, prender. Na gíria designava originalmente o indivíduo sob efeito de tóxicos. Ao migrar para a língua culta, passou a ter o significado de moderno, atento, bem informado. Um dos primeiros a registrar o novo sentido foi o escritor João Antônio, em artigo publicado na revista *Realidade*, em julho de 1968: "...sujeito que fica ligado, espreitando com curiosidade."

LIMBO do latim medieval *limbus*, orla, borda, designando também fita que servia para demarcar um tecido. Por influência de Santo Agostinho, o cristianismo adotou tal palavra para designar um lugar, presente igualmente em outras religiões, destinado às almas que não podem ir ao Paraíso por não terem sido batizadas, mas que também não merecem o Inferno, já que não cometeram faltas graves. O limbo surgiu antes da invenção do Purgatório. Ali estiveram também as almas dos justos que morreram antes de Jesus e que somente subiram ao Paraíso depois da ascensão do Senhor. Nas *Sagradas escrituras*, no lugar de limbo, aparece, em hebraico, o vocábulo *scheol*, que significa lugar inferior. Usa-se a expressão também como sinônimo de ostracismo. O papa Inocêncio III, no alvorecer do século XIII, definiu o limbo como lugar de um castigo singular: ainda que sem o fogo do Inferno, os habitantes do limbo não tinham a felicidade dos que chegavam ao Céu, pois no limbo ninguém podia contemplar a face de Deus. Posteriormente, Tomás de Aquino esclareceu que o limbo era um lugar de serenidade, de bem-aventurança. No século IV, Dante, que pôs no Inferno o papa Celestino II, o primeiro a renunciar ao trono de São Pedro, pôs no limbo escritores como Virgílio, Homero, Horácio, Ovídio e filósofos como Sócrates e Platão. A Igreja reexamina o limbo há mais de vinte anos, mas o papa João Paulo II praticamente o aboliu. Contribuiu fortemente para o reexame a lembrança de grande tristeza em sua vida, quando ele perdeu uma irmã ainda bebê, que não chegou a ser batizada. Ele não podia imaginar um castigo eterno para a irmãzinha nem para as demais crianças que morrem sem batismo. O cardeal William Levada, que sucedeu o papa no cargo de prefeito da Congregação para a Doutrina da Fé, novo nome da Inquisição, presidiu uma comissão de 29 teólogos, entre os quais o padre brasileiro Geraldo Luiz Borges Hackmann, com o fim de propor a exclusão do limbo. No popular, o limbo é um hospital infantojuvenil; o purgatório, uma clínica para adultos.

LIMITE do latim *limite*, declinação de *limes*, caminho, atalho, fronteira de uma propriedade ou um país, correlacionado com *limen*, soleira, porta, entrada. Designa até onde vai determinada extensão, como os limites de um país, de um estado e de um município, em face de outros que lhe são vizinhos. O principal responsável pelos limites traçados para nosso país foi José Maria da Silva Paranhos Júnior, Barão do Rio Branco, patrono da diplomacia brasileira e um dos mais famosos barões do Brasil. Sua efígie está ainda hoje na moeda de cinquenta centavos, depois de ter estado nas cédulas de cinco e de mil cruzeiros, duas entre tantas das homenagens que os tempos inflacionários liquidaram.

LIMPEZA de limpo, do latim *limpidu*, sem mancha, transparente, claro, limpo, mais sufixo -eza. Com a formação das cidades, os serviços de limpeza deixaram de ser apenas domésticos e passaram à responsabilidade do poder público. Veio daí a expressão "mãos limpas" para designar decência, honra e probidade, já que a limpeza pública era inicialmente obra de condenados pela Justiça. Pouco a pouco, porém, a remoção do lixo urbano tornou-se bom negócio para empresários. No Rio de Janeiro destacou-se no ramo um certo Aleixo Gary. Foi de seu sobrenome que derivou a palavra gari para designar os varredores das ruas. Com o avanço da corrupção, várias empresas encarregadas da limpeza pública passaram a limpar os cofres públicos, pagando muito mal os garis. Tampouco puderam manter as mãos limpas.

LINCE do latim *lyncis*, caso genitivo de *lynx*, que os romanos usavam para designar um felino semelhante à pantera, tido como de olhos muito penetrantes. Os gregos denominavam *lynkós* o mesmo animal. É provável que a palavra onça, da mesma família dos linces, também tenha vindo de vocábulo latino cujo som lembrava *lyncis*, grafado depois como *luncea*.

LINDO do latim *limpidu*, claro, transparente. Chegou ao sentido atual, ligado à beleza, provavelmente porque aquilo que é límpido agrada aos olhos. Quando a Inquisição foi instaurada em Portugal, os cristãos-velhos, assim nomeados em oposição aos cristãos-novos, judeus convertidos, gostavam de lembrar sua pureza de sangue e nobreza de estirpe, conforme percebemos em *Crônica de el rei D. Manuel*, do célebre escritor e cronista português, irmão do donatário da capitania da Paraíba do Sul, nascido em Alenquer, depois perseguido pelo Santo Ofício, Damião de Góis: "Os cristãos-velhos antigamente se diziam cristãos lindos, como lindados e deslindados, e sem mistura."

LINFOMA de dois étimos gregos, *linfo*, água, líquido, e *oma*, inchaço. Designa tumor dos tecidos do sistema linfático, constituídos pelos vasos sanguíneos e pelas glândulas, que levam água e nutrientes às células e fazem a faxina do organismo, retirando bactérias e resíduos. Geralmente é maligno, podendo ser combatido com vários recursos, entre os quais a quimioterapia. A presidente Dilma Rousseff foi diagnosticada, em 2009, com um linfoma. O tumor, localizado na axila esquerda, foi retirado. Em 90% dos casos, a cura é alcançada em dois anos. Linfático aparece como sinônimo de passivo, apático, o contrário de simpático, ambos do mesmo étimo, em *Singulari-*

dades de uma rapariga loura, de Eça de Queirós: "Disse-me ele que sendo naturalmente linfático e mesmo tímido, a sua vida tinha nesse tempo uma grande concentração. A existência, nesse tempo, era caseira e apertada. [...] Uma grande simplicidade social aclarava os costumes: os espíritos eram mais ingênuos, os sentimentos menos complicados."

LÍNGUA do latim *lingua*, designando o órgão que se movimenta sob o céu da boca, servindo para degustação, deglutição e articulação dos sons que nos permitiram elaborar complexo sistema de palavras e expressões, possibilitando-nos também o esporte vocabular de falar da vida alheia. São Tiago, que dá nome à Via Láctea e cujo túmulo está em Santiago de Compostela, na Espanha, compara nosso corpo a um barco e diz que a língua é seu leme.

LINHA do latim *linea*, fio, corda, linha. É um dos vocábulos mais polissêmicos – com muitos significados – da língua portuguesa. Temos as linhas da indústria têxtil, as linhas de montagem, as linhas de transportes, por terra, mar e ar, as linhas telefônicas, sem contar as numerosas metáforas criadas a partir desta palavra, como a de "andar na linha" ou "não sair da linha", expressões equivalentes a bom comportamento e elegância no vestir e no falar. Em décadas passadas, foi-nos imposta a linha dura, cuja amostra mais sentida foi a perda da liberdade de expressão por longos períodos. Hoje, há um setor específico que às vezes nos faz perder a linha: é quando só dá linha ocupada em nossa tentativa de comunicação por linhas telefônicas. Outras vezes o incômodo é de outra ordem, por excesso de usuários simultâneos em nossa linha, fenômeno conhecido como linha cruzada, cujo nome científico é paradiafonia. A expressão "boi na linha" nasceu com nossas primeiras estradas de ferro. Como atravessassem campos, os bois deitavam sobre os trilhos. O maquinista da maria-fumaça tinha de descer e tirar o boi da linha antes de seguir em frente na espantosa velocidade, superior à da carroça. Depois de Graham Bell, o boi passou a frequentar também as linhas telefônicas. Havendo linhas que separam e outras que unem, tanto as costuras propriamente ditas como as simbólicas não podem prescindir da bela metáfora do *Apólogo da linha e da agulha*, um conhecido texto de Machado de Assis, em que as duas brigam para saber qual delas é a mais útil.

LIPOASPIRAÇÃO dos étimos grego *lipos*, gordura, e latino *spirare*, soprar, designando ação de soprar para fora a gordura por meio de sucção, o que é feito mediante intervenção cirúrgica, por motivos de saúde ou de beleza, e infelizmente nem sempre bem-sucedida, uma vez que há médicos irresponsáveis realizando esse tipo de procedimento, que requer internação em clínicas devidamente aparelhadas. Quem inventou a lipoaspiração foi o ginecologista italiano Giorgi Fischer, em 1974. Quem a realizou pela primeira vez com fins estéticos foi o francês Yves-Gerard Illouz. O método foi aperfeiçoado pelo americano Jeffrey Klein, em 1985. As áreas mais tratadas são a barriga, os quadris, as coxas e os joelhos.

LIQUIDAR do latim medieval *liquidare*, acertar contas, radicado em *liquidum, us, a*, líquido e corrente como a água, designando, nas operações comerciais, a transformação das mercadorias em coisa corrente, como as moedas. Tem também o sentido de destruir. Significado semelhante está presente no verbo liquidar quando as lojas anunciam liquidação de seus estoques, embora as mercadorias não sejam destruídas como um inimigo, mas transformadas em dinheiro para quem vende e em benefícios para quem compra.

LÍRIO do latim *liliu* e do grego *lirion*, ambos os vocábulos significando flor. Em francês, a *fleur de lis* esteve presente na coroa monárquica, pois o rei franco Clodovil teria recebido uma dessas flores diretamente das mãos de um anjo. Símbolo de pureza e inocência, o lírio está nas mãos do anjo Gabriel quando este anuncia a gravidez da Virgem. E Jesus num de seus célebres sermões manda seus ouvintes olharem os lírios do campo, que não trabalham e nem fiam, sendo mesmo assim mais bem vestidos do que Salomão em seus tempos gloriosos. Em alemão, a flor tem um nome curioso: *Vergismeinnicht*, isto é, não me esqueça. A voz das cigarras e das musas é chamada de *lírica* (delicada), porque os lírios teriam nascido do leite da deusa Hera, que gotejou sobre a Terra durante a formação da Via Láctea.

LISO do germânico *lisi*, escorregadio, formaram-se em português vocábulos como liso, deslize, deslizamento, todos com a ideia de escorregar, ainda que em sentido metafórico, como é o caso de um deslize moral. O grego tinha *lissós*, mas é improvável que tenha sido a origem desses novos vocábulos, dado que apenas Homero o utiliza. Os deslizamentos que mais prejuízos dão ao país são aqueles ocorridos nas estradas, impedindo o sagrado direito de ir e vir. Quer dizer, o direito é mantido, mas por outros caminhos, às vezes ínvios, como todos os desvios.

LISTA do francês *liste*, vindo do germânico *Lista*, que no alemão moderno deu *Leiste*, todos na acepção de rol, relação posta em itens. É este o seu significado em expressões como lista de produtos importados, lista de classificados no vestibular, lista de inscritos. Não raro lista é vocábulo usado também em sua variação epentética (isto é, que apresenta fonemas no meio da palavra): listra.

LITERALMENTE de literal, do latim *litteralis*, formado de *littera*, letra, e o sufixo -mente, formador de advérbios. Literalmente é usado para designar que foi seguida a letra, isto é, a prescrição, que aconteceu exatamente o que está sendo dito ou escrito, funcionando como um reforço de expressão. Comentando o desempenho da atriz Flávia Alessandra na telenovela *Duas caras*, escreveu um jornalista: "ela está literalmente botando fogo." Naturalmente, a moça não é incendiária e não tocou fogo no cenário, no *set* das gravações ou no elenco. Ele quis dizer que a atuação dela era excelente. Literalmente tem sempre o sentido de exatidão, mas às vezes este advérbio é usado sem sentido conotativo, o que pode levar a confusões como a do jornalista, que ensejou ambiguidade: se a moça literalmente botou fogo na novela, algo foi queimado.

LITÍGIO do latim *litigium*, litígio, questão judicial, demanda, de *lis, litis, lide*, processo. Designa conflito de interesses, de ordem jurídica, suscitado entre dois ou mais litigantes ou oponentes, que buscam resolvê-lo no Judiciário.

LITOR do latim *lictor*, litor. Os litores eram funcionários que, tendo por emblema um feixe de varas e uma machadinha, abriam caminho para os magistrados romanos entre a multidão, pedindo respeito à autoridade que acompanhavam. Os cônsules tinham direito a 12 litores; o imperador, a 24. No entanto, não se pode deduzir daí que um imperador valesse apenas dois cônsules. Ou que um cônsul fosse meio imperador. Os símbolos são mais complexos do que se pensa.

LITORAL do latim *litorale*, declinação de *litoralis*, praia, costa, derivado de *litus*, às vezes escrito *littus*, borda, margem, significa região banhada pelo mar. A palavra chegou ao português no século XIX e era utilizada como oposição a *hinterlândia*, interior. Um dos primeiros registros está no livro *O segredo do abade*, de Arnaldo de Sousa Dantas da Gama, advogado português, que trocou o direito pelo jornalismo e pela literatura, sem que se possa dizer que tenha feito bom negócio. Há uma rádio com esse nome, em frequência modulada, com boa programação musical e noticiosos apresentados, entre outros, pelo jornalista Hermano Henning. Em recente aferição, constatou-se que 56% dos ouvintes da *Litoral* têm curso superior.

LIVRALHADA de livro, do latim *livrum*, livro, declinação de *liber*, película entre a madeira e a casca das árvores. Era nesse tipo de material que se escrevia antes da descoberta do papiro, mas o nome se consolidou, mesmo quando o livro passou a ser impresso. Até o livro eletrônico é chamado de livro, *e-book*, abreviação do inglês *eletronic book*. Livralhada formou-se de livro e -alhada, com exclusão do o em livro. O estranho e pejorativo coletivo é dito também *livraiada*, mas Eduardo Frieiro, escritor e professor mineiro de grande talento, hoje meio esquecido, autor de vários romances e ensaios, preferiu livroxada, como se lê em *Os livros nossos amigos*: "Acontece frequentemente que estes livros, pela maior parte, não são lidos e nem ao menos abertos. Essa livroxada vai-se então acumulando a um canto."

LIVRE-COMÉRCIO de livre, do latim *líber*, entrecasca de árvore sobre a qual se escrevia antes da descoberta do papiro; *Liber* era também o nome de uma divindade itálica com as funções de Baco; e de comércio, do latim *commercium*, de *merx*, mercadoria. Nos EUA, o então presidente Bill Clinton festejou a aprovação do Tratado Norte-americano de Livre-Comércio (a sigla em inglês é NAFTA) na Câmara dos Representantes, por uma vantagem superior à esperada: 234 a 200 votos. O presidente norte-americano teve que contrariar os sindicalistas do Partido Democrata, pelo qual se elegera, que combateram sua iniciativa, temendo desemprego. Mais tarde, além dos EUA e do México, o Chile também passou a integrar o Tratado. Eleito em 3/11/1992, Clinton fez um dos melhores governos dos EUA, mas quase sofreu *impeachment* por ter mentido ao povo americano, negando que tivera relações sexuais com a estagiária Monica Levinski. O Senado concedeu-lhe perdão, e o povo também.

LIVREIRO do latim *librariu*, livreiro, relativo à produção e comércio de livros. O circuito do livro começa no autor, passa pelo editor, daí ao distribuidor e desse ao livreiro, última escala do livro até chegar a seu destinatário, Sua Excelência, o leitor. A *Bíblia* ocupa o primeiro lugar entre os livros mais vendidos do mundo desde 1815, quando foram feitas as primeiras estimativas de venda. Desde então calcula-se que tenham sidos vendidos cerca de 3,88 bilhões de exemplares deste *best-seller* absoluto.

LIVRO do latim *liber*, tecido condutor da seiva elaborada ou orgânica nos vegetais vasculares; livro, em sua forma *libru*, passando pelo francês *libre* e o italiano *libro*. Segundo nos ensina em suas Etimologias, Santo Isidoro, arcebispo de Sevilha e doutor da Igreja, a humanidade primeiramente escreveu em folhas e cascas de árvores, advindo desse costume vocábulos como folha e livro. Apesar de a origem da escrita perder-se nas brumas do tempo, e os símbolos escritos existirem desde 8500 a.C., tem-se como o livro mais antigo do mundo a *Bíblia* de Gutenberg, impressa em Mainz, na Alemanha, por volta de 1454, por Johann Henne Glensfleisch zu Gutenberg, reconhecido em todo o mundo como Johannes Gutenberg, nascido entre 1394 e 1399, e morto em 1468. O primeiro livro brasileiro foi *Música do parnaso*, poesias de Manoel Botelho de Oliveira, impresso em Lisboa, em 1705.

LOBA do latim *lupa*, loba, fêmea do lobo, *lupus* em latim. "Enfiado numa casaca preta que parecia uma loba de clérigo", diz o escritor português Júlio Dantas em *O amor em Portugal no século XVIII*, aludindo a um tipo de batina que fazia o padre parecer um lobo e, como a saia é própria da mulher, recebeu o nome de loba. Na reviravolta dos costumes ocorrida na segunda metade do século XIX, a mulher redimiu o tratamento pejorativo de loba, que desde a antiga Roma designava a meretriz, donde lupanar, a casa em que trabalhava e diante da qual uivava como uma loba chamando os clientes. E loba passou a adjetivo de qualidade, nascendo a expressão "idade da loba", entre quarenta e cinquenta anos, por analogia com a idade do lobo nos homens – entre cinquenta e sessenta anos.

LOBBY do inglês, em que significa sala de espera, corredor. Veio para o português sem modificar-se, como ocorreu com diversas outras palavras, para designar ações de persuasão feitas junto a quem decide, seja no Executivo, seja nos Parlamentos. Assim, os lobistas, aqueles que fazem lobby, trabalham em corredores de câmaras e assembleias e também em paços, sejam municipais, estaduais ou federais. A atividade de convencimento do lobista, a menos que lance mal do vil metal para molhar a mão de quem quer influenciar, é legítima.

LOBISTA do inglês *lobby*, sala de espera, corredor. Passou a designar profissional encarregado de influenciar decisões, especialmente no Executivo e no Legislativo, atuando na persuasão de autoridades nos dois poderes. Sua atividade, porém, não está restrita apenas a esses campos, estendendo-se também por empresas públicas e privadas. O inglês *lobby* radica-se remotamente no latim medieval *lobium*, que designava construção estreita, semelhante a um covil ou toca de lobos, anexada aos conventos, utilizado para alojar a quem não tinha entrada no convento, servindo também para a guarda de mantimentos.

LOCAUTE do inglês *lock-out,* locaute, dispensa temporária de trabalhadores pelos patrões para impor determinadas condições. A paralisação dos caminhoneiros de julho de 1999, que resultou no fechamento de várias estradas, foi entendida como greve e locaute simultâneos, já que entre eles haviam trabalhadores autônomos e empregados, as duas categorias exercendo seu ofício pela mesma remuneração. Eles investiram contra o governo, reclamando das multas e do preço dos combustíveis, e contra as administradoras das rodovias, por causa do aumento dos pedágios. O governo ameaçou recorrer às Forças Armadas, como nos velhos tempos, mas prevaleceu a negociação e o impasse teve um final feliz, mesmo porque os tempos são outros e o Presidente da República na época não usava quepe, apesar de adorar medidas provisórias.

LOCOMOTIVA do inglês *locomotive engine*, máquina que se locomove, isto é, que vai de um lugar a outro: do latim *loco*, lugar, e *motiva*, que se movimenta. As primeiras locomotivas eram movidas a vapor, produzido pela queima de carvão, que aquecia uma caldeira. Sob alta pressão e elevadas temperaturas, o vapor era enviado ao cilindro, onde se expandia, movimentando o pistão, que fazia girar as rodas. É um invento da primeira metade do século XIX que revolucionou os transportes, principalmente o de cargas pesadas.

LOCUPLETAR do latim *locupletare*, locupletar, enriquecer. No latim antigo foi formado a partir de *locus*, lugar, terra, bens, e *pleo*, raiz de *replere*, encher, tal como aparece este último étimo nas palavras repleto e pleonasmo, a primeira significando cheio, e a segunda indicando que existem palavras em demasia. No sentido de abusar da paciência do público e não raro do seu dinheiro para se enriquecer, aparece em *Estrada de Santiago*, de Aquilino Ribeiro: "Povo do deserto, era nas cidades recatadas do interior que estabeleciam suas cortes os sarracenos e as locupletavam de mimos de arte e esplêndidas joias como as odaliscas." E o humorista Stanislaw Ponte Preta, pseudônimo do jornalista brasileiro Sérgio Porto, exclamou: "Ou restaure-se a moralidade ou nos locupletemos todos."

LOCUTOR do latim *locutor*, escrito também *loquutor*, aquele que fala, cujo étimo está presente em várias palavras que se referem aos atos de fala, como colóquio, coloquial, eloquência, loquaz, solilóquio, circunlóquio etc. Na linguagem coloquial, desde há alguns anos, por exemplo, os jovens, ao se encontrarem, usam uma variante para o clássico "como vai?": "e aí? Beleza?" O comentarista esportivo, médico de formação, Osmar de Oliveira, em *Causos do doutor Osmar,* narra a provável origem da expressão. "O locutor era um tal de Roberto Beleza, um tipo matraca que falava rápido e sem parar. Numa jogada de marketing, usava disfarçadamente o seu sobrenome – Beleza – para dar um fecho em notícias, informações ou lances importante do jogo: ´Que beleeeza´ virou cacoete, um vício de linguagem." Estava já tão viciado na expressão que quando foi interrompido pelo plantão que informava a morte do ator Armando Bogus, ele concluiu, como sempre: "que Beleza!" Percebendo ou alertado de quanto tinha sido infeliz, acrescentou: "ih, cacete, agora fui mal!"

LOGÓGRAFO do grego *logográphos*, escrita em prosa, que era como escreviam historiadores e prosadores dos primeiros séculos na Grécia clássica. Passou depois a designar o orador que escrevia, sob encomenda, discursos de defesa para clientes processados. O logógrafo antecedeu o advogado, com a diferença de que o cliente lia o que o outro escrevera em sua defesa e o advogado fala em defesa do réu. Este tipo de processo foi muito elogiado por Ésquilo, que viu nele poderoso antídoto contra as vinganças pessoais que grassavam em Estados vizinhos e eram fontes de crimes intermináveis, pois a cada novo morto era preciso mais um assassinato para vingá-lo, como ocorre ainda em alguns remotos lugares do Brasil, de que as vinganças que se sucedem secularmente em Exu (PE) são exemplos clássicos. O bom discurso de defesa, segundo Corax, que ao lado de Tísias criou a retórica, com o fim de combater os tiranos com a palavra, deveria ter cinco partes: exórdio, exposição, argumentação, digressão e epílogo. Até hoje, três dessas partes integram a recomendação escolar de um texto bem escrito. Foram, entretanto, excluídos o exórdio e a exposição, fundidos em introdução, e juntadas a digressão e a argumentação no desenvolvimento, permanecendo o epílogo, mas com novo nome: conclusão.

LOROTA de origem obscura, provavelmente derivada do latim *loru*, correia macia, de couro, para prender pequenos animais ou aves, utilizada também como item dos arreios, em tira afivelada à sela para sustentar o estribo, em cruzamento semântico com o iorubá *loroiê*, saudação a Exu, trazida por escravos africanos. A hipótese encontra amparo nas expressões "encurtar os loros", equivalente a calar-se, "aos loros", em zigue-zagues, serpenteando, evitando o caminho reto. Bolota, do árabe *balluta*, fruto do carvalho, em cruzamento com bola, passou a designar bola pequena. A lorota está na ordem do dia. Toneladas de lorotas vêm sendo despejadas sobre a sociedade brasileira, cada uma mais improvável do que a outra, para explicar a dinheirama movimentada pelo empresário Marcos Valério Fernandes de Souza, misto de publicitário, lobista, laranja e operador do mensalão, como ficou conhecido o propinoduto mensal que tinha o fim de comprar parlamentares para votarem a favor do governo no Congresso. Farsas, chantagens, fraudes, saques, malas e carros-fortes compõem o sinistro cenário em que não faltam nem contribuições onomásticas de personagens envolvidos, como José Mentor (mentor quer dizer conselheiro, organizador) e Jacinto Lamas (lama é atoleiro, barro).

LOSANGO do grego *loxós*, oblíquo, e *ágkon*, ângulo. Mas é de origem controversa. Alguns querem que tenha vindo do francês *louange*, louvor, posto em forma de divisa ou brasão, pintado ou gravado em lugar que depois consagrou este nome. A figura geométrica do losango é um quadrilátero plano que tem os lados iguais, dois ângulos agudos e dois obtusos.

LOTAR de lote, do francês *lot*, parte, quinhão, com provável origem remota no gótico *hlauts*, herança. O sufixo -ar e a eliminação do e final resultaram em verbo que designa ato de preencher um recinto, como salas e veículos de transporte. Nos anos 1970, fez grande sucesso um filme intitulado *A dama do lotação*, baseado em texto de Nelson Rodrigues, com Sônia Braga no papel da protagonista, com direção de Neville de Almeida. O lotação, que é feminino em muitas regiões do Brasil, designa o ônibus que circula no perímetro urbano. Um erotismo intenso tempera todo o filme.

LOTE do francês *lot*, lote, parte que toca a cada um numa partilha. É provável que tenha vindo do gótico *hlauts*, herança. Seu sentido mais comum indica a unidade territorial do perímetro urbano onde estão assentadas as residências, constituído em obsessão de fiscais em busca de aumentar o famigerado Imposto Predial e Territorial Urbano, mais conhecido pela sigla IPTU. Mas lote designa também propriedade rural, reparte de gado, porção de alguma coisa.

LOTECA do mesmo étimo de loteria, do italiano *lotteria* e *lotto*, radicados no francês *lot*, parte, *hlot* para os antigos francos. Mesmo quem não gosta de futebol, também joga na loteca, designação popular da loteria esportiva. No livro *A vaca e o hipogrifo*, Mario Quintana diz: "A loteria – ou o jogo do bicho, seu filho natural – jamais engana. Porque a gente não compra bilhete: compra esperança." O jornalista Antonio Goulart, seu colega de trabalho por muitos anos, conta-nos o seguinte: o poeta "todas as quintas-feiras à noite, ao encerrar seu expediente, passava pelo setor de esportes do antigo Correio do Povo para participar do 'bolão' que o editor Paulo Moura e eu organizávamos. Era o apostador mais assíduo e pontual. Chegava sempre com a cota certa na mão: uma nota de dez. Às vezes, contrariando a regra, tinha que revirar os bolsos à procura do dinheiro, tirando para fora vários papéis com rabiscos, endereços, cartas amassadas, rascunhos de poemas, mil coisas". O futebol foi, por vias transversas, generoso com o genial escritor que a Academia recusou três vezes: despejado do apartamento onde morou de 1968 a 1984, no *Hotel Majestic*, em Porto Alegre, foi acolhido pelo jogador da Seleção Brasileira, o catarinense Paulo Roberto Falcão, que lhe cedeu, de graça, um dos quartos de seu hotel para o poeta morar. Em *Apontamentos de história sobrenatural*, o poeta dirá: "Rádios. Tevês. Gooooooooooooooooooooooooooolo!!! (O domingo é um cachorro escondido debaixo da cama)." E em *Porta giratória*, ele, avesso a esportes, diz: "O único esporte que pratico é a luta livre com o meu Anjo da Guarda."

LOTERIA do italiano *lotteria,* radicado no frânico *hlot* e no francês *lot,* porção, parte sorteada. O sorteio foi antiga forma de fixar a quem iria pertencer determinada propriedade devoluta. Parte do oeste americano teve sua estrutura fundiária fixada assim. O dia do revendedor lotério é comemorado em 26 de maio. As primeiras apostas de loteria foram realizadas pelos antigos hebreus, egípcios, babilônicos, romanos, hindus e chineses. No terceiro século do segundo milênio recomeçaram as loterias, mas foi a França, em 1538, a primeira nação a fazer da loteria uma forma de arrecadação para os cofres públicos. Contudo a função social das loterias surge na Espanha em 1763. EUA, Itália e Espanha pagam os maiores prêmios de loteria hoje no mundo. França, Alemanha e Japão estão num bloco intermediário. O Brasil, em 22º lugar.

LOTO do italiano *lotteria,* administração do *lotto,* jogo muito popular na Itália, de sucesso semelhante ao do jogo do bicho no Brasil, veio loteria, depois reduzido para loto, que designa hoje um tipo de jogo de azar, constituído por dezenas cuja sequência aleatória o jogador deve acertar, de responsabilidade da Caixa Econômica Federal. Em geral, apregoa-se que somente o trabalho produz riquezas, mas herança e jogos têm enriquecido muita gente que nunca trabalhou.

LOUCO de origem controversa, provavelmente resultado de influências do latim *alucu,* do árabe *lwaq,* da forma dialetal italiana *locco,* todos com significação de estúpido, privado de razão, mentecapto. Outros pesquisadores sustentam que houve também contribuição literária na formação do vocábulo. Na *Ilíada,* Glauco, chefe dos lícios, troca suas armas de ouro, no valor de cem bois, pelas de Diomedes, de bronze, que valiam apenas nove bois. O ato foi considerado uma insanidade e o nome do chefe teria incrementado o vocábulo. Em latim, *alucu* designa, entre outros seres, o boi mocho, privado de chifres, que por analogia foi atribuído a quem estava privado da razão. Pode também ter havido influência do verbo *ululare,* uivar, ganir, que é o que fazem cães e lobos em seus gritos de lamento. A pronúncia castelhana do árabe *alwaq,* tonto, louco, cujo feminino é *láuqa,* pareceu aos ouvidos portugueses que os vizinhos diziam *laucu,* variando para *o* a primeira vogal. Etimologistas espanhóis dizem que se deu o inverso: a pronúncia que veio a consolidar-se em *loco* para eles teve origem no português. Os árabes permaneceram na Península Ibérica por cerca de sete séculos. Natural que influenciassem, como de fato influenciaram, a língua portuguesa, mais pela fala do que pela escrita. O emblema do louco é Dom Quixote, alucinado protagonista do livro que é tido como o primeiro romance. Ele enlouquece de tanto ler novelas de cavalaria. O engenhoso fidalgo Alonso Quijano, que mora na região de La Mancha, na Espanha, veste-se como um dos personagens recorrentes dos livros que leu e, de lança em punho, montado no seu cavalo Rocinante e acompanhado do sensato e realista escudeiro Sancho Pança, enfrenta Moinhos de Vento, que parecem gigantes fabulosos. Como os heróis de suas leituras, elege uma dama por cuja honra se baterá, Dulcineia. A amada leva o nome da localidade onde vive, Toboso, assim como o herói agregou La Mancha ao próprio nome. Em 2002, uma comissão de notáveis elegeu Miguel de Cervantes y Saavedra o maior romancista de todos os tempos, justamente por sua obra-prima, *Dom Quixote.* Também o maior escritor brasileiro de todos os tempos, Joaquim Maria Machado de Assis, escolheu o tema da loucura para escrever uma obra-prima: a novela *O alienista.* O protagonista, entretanto, é um psiquiatra, Simão Bacamarte, que, achando loucos todos os habitantes de Itaguaí, interna-os no sanatório da Casa Verde, para, como único são, tratar deles. No fim solta todos eles e interna-se a si mesmo, como único louco.

LOUREIRA do francês *lorette,* nome de um quarteirão em Paris. Passou a significar mulher volúvel e com este sentido aparece em diversos textos literários, como na *Carta de guia de casados,* de Francisco Manuel de Melo: "Mulheres há leves e gloriosas, prezadas do seu parecer: loureiras cuido que lhes chamavam os nossos antigos, por significar que a qualquer bafejo do vento se moviam."

LOURO no sentido de papagaio, o vocábulo procede do malaio *nóri,* que os antigos cronistas portugueses grafaram de modo a provocar deturpações como *loro.* Durante muito tempo pensou-se que os papagaios fossem chamados de louros porque essa seria sua cor predominante na Malásia, o que não tem cabimento. Os papagaios, como os dólares, sempre foram verdes. Quando sua cor não parece suficientemente verde, recebem uma camada de tinta que visa embelezá-los para apresentações na televisão, o que pode resultar em males irreparáveis para estes pássaros falantes, a quem são atribuídas tantas piadas obscenas cuja autoria os humanos, talvez envergonhados, não queiram assumir. Há 11 espécies desses louros no Brasil. Apesar de sua cor, os papagaios não podem ser confundidos com os periquitos e muito menos com os limões, principalmente para que o mais apreciado dos aperitivos brasileiros, a caipirinha, mantenha o sabor costumeiro.

LOUSA do latim *lausiae,* pedra rasa assentada sobre a sepultura. Como redução de *lausiae lapides,* pedra de ardósia, designava a lousa, quadro de ardósia de tamanhos variados, com moldura de madeira, posta sobre a carteira escolar, fixada na parede ou sobre um cavalete, destinada a nela se escrever com giz. Desde a antiga Roma, o aluno levava a lousa para a *schola,* intervalo para aprender, depois que o ensino deixou a *aula,* o palácio, e foi levado a todos, livres ou escravos. Com o tempo, ficou apenas a lousa grande, que mudou de nome para quadro-negro, e em cuja superfície o aluno às vezes era instado a manifestar a todos os colegas e ao professor sua ignorância ou saber! No *tablet,* a ignorância ou a sabedoria tornaram-se privativas de cada um, que vai partilhar, com liberdade, apenas o que quiser!

LOUVA-A-DEUS nome de um inseto que recebeu esta designação no português devido à posição que toma quando em repouso, juntando as duas patas dianteiras e por isso tomando a figura de uma pessoa que esteja rezando, que habitualmente também junta as mãos. Outras línguas serviram-se da mesma metáfora para denominar o bichinho, como é o caso do espanhol *predicador* e do francês *prie-Dieu* e *mante réligieuse.*

LUA DE MEL do latim *luna* e *mel,* designando os primeiros dias após o casamento, reservados a intimidades inaugurais do casal de noivos, hoje já experimentadas no namoro e no noivado, mas antes proibidas ou evitadas por consenso mútuo entre eles. Por extensão veio a designar também períodos de nova situação, não apenas de recém-casados, como também o período que se segue à posse de novos governantes. A lua de mel, nos povos orientais, que inventaram a expressão, não durava apenas uma semana, uma fase da lua, mas a lua inteira, isto é, um mês. E eles diziam que só a primeira era de mel, a segunda era de absinto.

LUCARNA do francês *lucarne,* lucarna, o outro nome que a claraboia tem. A lucarna é uma abertura no teto das casas por onde pode entrar a luz externa. Com este sentido aparece no livro do jornalista, editor e político brasileiro Carlos Lacerda, *A casa de meu avô:* "Ele improvisou, para obter alguma iluminação, uma lucarna que atravessava a parede."

LUGAR-COMUM da junção de lugar e comum, do latim *locale,* lugar, e *commune,* comum, formou-se este vocábulo composto para designar certas trivialidades e argumentos ordinários que servem a qualquer situação. Nas campanhas políticas é recurso muito utilizado por candidatos de todos os partidos.

LULA de origem controversa, provavelmente do latim vulgar *lullin,* forma de o povo pronunciar *lolligine,* declinação de *lolligo,* que no latim culto denomina a lula, cujo nome científico é *loligo brasiliensis.* Tem coloração amarelada, com manchas escarlates, podendo mudar de cor segundo o meio ambiente. É provido de dez tentáculos com ventosas, dois dos quais são mais finos e alongados. Sua carne é muito estimada. O apelido pelo qual é mais conhecido o ex-presidente Lula tem, entretanto, outra origem: Luiz, um de seus dois nomes. *Lula, o filho do Brasil,* longa-metragem de Fábio Barreto, traz a seguinte chamada no cartaz: "Você sabe quem é esse homem. Mas não conhece sua história."

LULISMO do antropônimo do célebre alquimista e filósofo medieval Raimundo Lúlio. Este escritor catalão, além de narrativas à moda das novelas de cavalaria, escreveu a *Arte magna*, em que descreve um método universal para provar as verdades da fé. Foi aclamado como doutor iluminado e bem-aventurado. Seu nome é grafado no original como Ramón Llull.

LUMPEMPROLETARIADO do alemão *Lumpenproletariat*, expressão que etimologicamente significa conjunto de pobres esfarrapados, mas que passou a ser entendida como a reunião de desvalidos de todos os tipos, que nem sequer chegam a compor uma classe social, em geral egressos de classes médias ou subalternas, que foram jogados em situações de extrema penúria ou anomia. Foi essa gente desgovernada que serviu de massa de manobra a movimentos totalitários como o fascismo, por cujo discurso se sentiu atraída, dadas as promessas de ascensão econômica e social. Não constituindo uma classe social específica, com ideologia e valores definidos, em momentos de crise esses contingentes podem bandear-se para qualquer lado, sendo, pois, uma ameaça às democracias, dado que seus votos seriam expressão não de uma vontade política, mas de uma troca de favores imediata.

LUNÁTICO do latim *lunaticu*, lunático, aquele que está sob os domínios da Lua. Os antigos acreditavam que os loucos sofressem influência desse satélite da Terra, que demora 27 dias e 8 horas para dar uma volta ao redor do planeta, gastando o mesmo tempo para dar uma volta sobre si mesmo, mostrando-nos, por conseguinte, sempre a mesma face. O mundo da lua, de acordo com o imaginário popular, é muito propício a despreocupações.

LUNDU provavelmente do quicongo *Lundu*, nome de lugar, em Moçambique e em outros países africanos, onde ainda hoje se falam diversas variações do quicongo, língua dos congos e bacongos. Foi dessas regiões que os negros trouxeram o lundu, dança acompanhada de música. Congo, que está no étimo de rios africanos e asiáticos muito conhecidos, quer dizer tributo, porque era nesses rios que os soberanos cobravam dívidas e tributos. Luanda, capital de Angola, também tem o significado de tributo, segundo nos informa Nei Braz Lopes no seu *Dicionário banto do Brasil*. O primeiro lundu gravado em disco, em 1902, foi *Isto é bom*, de Xisto de Paula Bahia, cantado por Manuel Pedro dos Santos, o Bahiano, que tem estes versos: "O inverno é rigoroso,/ Bem dizia minha avó,/ Quem dorme junto tem frio,/ Quanto mais quem dorme só."

LUPA do francês *loupe*, lente de cabo. Instrumento óptico de uso frequente em consultórios, oficinas, escritórios e bibliotecas, que aumenta a imagem dos objetos. Diferentemente do microscópio, a lupa melhora a visão, não pela transparência do material examinado, mas pela reflexão da luz que incide sobre o que se quer observar.

LUPANAR do latim *lupanar*, bordel, prostíbulo. As prostitutas romanas eram chamadas de lobas. O lugar onde elas viviam, lupanar. Loba, entretanto, adquiriu conotação positiva tratando-se de referência à mulher. Há uma propaganda de meias femininas que utiliza esta imagem.

LUSÓFONO do latim *lusitanu*, os humanistas do Renascimento formaram o vocábulo luso, para designar o habitante de Portugal, a Lusitânia. O grego *phoné*, voz, tornou-se fono. Formaram em nossa língua um único vocábulo para denominar quem tem o português como língua materna. Lembre-se que a obra capital da literatura portuguesa chama-se *Os lusíadas*. O novo acordo ortográfico de 2008 é a mais recente tentativa oficial de unificar a forma de escrita da língua portuguesa, levando todas as nações lusófonas a escreverem as palavras do mesmo modo, à semelhança do que ocorre com a língua francesa. Quanto às diferenças da língua falada, elas vão continuar. As nações lusófonas têm grandes reservas analfabéticas, sendo poucos os que conhecem as normas gramaticais.

LUSTRO do latim *lustrum*, lustro. Lustro, sinônimo de quinquênio, designa medida de tempo porque na antiga Roma eram feitas cerimônias de purificação de prédios públicos de cinco em cinco anos. As aglomerações favoreciam o recenseamento. Originalmente, *lustrare* significava percorrer o zodíaco, cheio de astros brilhantes. Radicou-se aí o significado de fazer algo brilhar. Em 2013 estamos há sete lustros e três anos da tortura e morte do jornalista Vladimir Herzog, em São Paulo, assassinado a sangue frio por policiais nos porões da repressão pós-64. O episódio não ilustrou ninguém, mas serviu para desmascarar o regime, que negava tortura e morte. E será sempre lembrado, especialmente por jornalistas, semelhando a máxima latina *ad pertuam rei memoriam*, para que a coisa não seja esquecida. Mesmo porque, quando esquecida, torna-se mais fácil repeti-la.

LUTAR do latim *luctare*, lutar, combater. Na língua portuguesa, o primeiro registro do verbo lutar aparece na Carta de Pero Vaz de Caminha, no alvorecer do século XVI. Até então, desde o século XIII, a forma preferida era combater, do latim *combattere*, do verbo *battere*, bater, golpear, dar pancadas. As sociedades patriarcais, dominantes no mundo desde tempos imemoriais, deixaram incrustadas nas palavras seu cunho sexista dos significados. Convém lembrar que o *Livro de Judite*, apócrifo para todos, menos para os católicos e cristãos ortodoxos, apresenta com refinada ironia outras formas de luta. Olhemos só como é que a célebre mulher se prepara para enfrentar o inimigo, parecendo que vai a uma festa e não a um embate: "Despiu-se das vestes da viuvez, tomou demorado banho, perfumou-se toda, enfeitou os cabelos, atando-os com uma fita, vestiu outra vez as roupas que usava quando o marido Manassés era vivo, calçou lindas sandálias, pôs braceletes, colares, anéis, brincos e outras joias, embelezando-se tanto que fascinaria os olhos de todos os homens que a vissem." Seu plano dá certo. É capturada e, levada à tenda do poderoso comandante das forças que sitiam seu povo, fica com ele quatro dias. No último dia, tendo já seduzido Holofernes, que significa feliz, dá um porre de vinho no general e, tirando-lhe a cimitarra da cinta, corta-lhe a cabeça. Depois, leva-a para a cidade sitiada, onde é exibida no alto das muralhas. Descem os hebreus para lutar, surpreendendo os inimigos sem seu cabeça, que perdera a própria cabeça por Judite e literalmente, pois fora decapitado, estando o corpo fora do baldaquino quando seus oficiais o procuraram para saber o que fazer. O narrador do *Livro de Judite*, num tempo em que apenas os homens podem ser heróis, desmancha-se em elogios inusitados à heroína: "O Senhor repeliu os inimigos de Israel pelas mãos de uma mulher." A versão que chegou até nós passou pelo grego e pelo latim, mas o original foi escrito em hebraico, entre 135 e 105 a.C., por um fariseu palestino. Bruce M. Metzger e Michael D. Coogan, organizadores do *Dicionário da Bíblia*, registram, no volume um, as restrições feitas a Judite: "As ideias morais e éticas do contista foram muitas vezes censuradas, em especial o tratamento que dá, aprovando-os, obviamente, ao caráter e à conduta da heroína que, pelo menos em suas relações com Holofernes, revelou-se desavergonhadamente bajuladora, uma mentirosa descarada e assassina cruel que aparentemente segue os dois axiomas extremamente populares, mas discutíveis: 'no amor e na guerra vale tudo' e 'o fim justifica os meios'."

LUTERANISMO do nome do fundador da religião protestante Martinho Lutero, o maior nome da Reforma, movimento ocorrido nas primeiras décadas da Idade Moderna. Ainda assim, ele somente foi excomungado depois de três anos de controvérsias, surgidas da publicação de suas famosas 95 teses.

LUTERANO do nome do teólogo e ex-padre Marinho Lutero, referência solar da Reforma, nascido em 10 de novembro de 1483, em Eisleben, na atual Alemanha. Em 1517, quando tinha apenas 34 anos, ele afixou suas 95 teses, bases da divergência abissal que manteria dali por diante com a Igreja Católica. A venda de indulgências feita por Johann Tetzel, padre dominicano a serviço do papa Leão X, pode ter sido o estopim de sua revolta. Ele traduziu a *Bíblia* para o alemão e rompeu o celibato ao casar-se com a freira católica Katharina von Bora.

LUTO do latim *luctu*, dor, tristeza provocada principalmente pela morte de pessoa querida. Com o mesmo significado o italiano tem *lutto*. No português arcaico existiram as formas luito e loito, ainda persistentes em algumas regiões brasileiras. Esta variação faz-se presente também em outros vocábulos, como em luita, luta, e loiça, louça. Os parentes do morto vestiam roupas pretas por certo período. Depois substituíam-nas por uma tira de pano, igualmente preta, presa ao braço.

LUVA do gótico *lôfa*, palma da mão. Além de designar peça de vestuário para proteção ou enfeite da mão, denomina também um instrumento de crina para limpar o pelo dos cavalos e uma peça rosqueada, que serve para a conexão de tubos. Um tapa macio de luva de pelica não dói nada, apenas indica sutilmente uma falta cometida por quem o recebe. No plural, indica a quantia que o contratado recebe como recompensa por serviços prestados. Neste sentido, o termo é muito empregado nos esportes, principalmente no futebol, por ocasião das transferências de jogadores. Essas primeiras remunerações eram feitas em dinheiro, na palma da mão, daí a etimologia do vocábulo. Hoje, os beneficiários não tocam nas ditas luvas nem com outras luvas, pois elas, cada vez mais vultosas, são creditadas em bancos.

LUXEMBURGUÊS o que diz respeito a Luxemburgo, grão-ducado da Europa, cuja população é de pouco mais de 400 mil habitantes, menor, portanto, do que muitas cidades médias brasileiras. Porém, entre outras peculiaridades, ali se falam três línguas: o francês, o alemão e um dialeto germânico. Deriva de sobrenome de pessoas, como é também o caso do técnico de futebol Vanderlei Luxemburgo.

LUXO do latim *luxu*, luxo, excesso. Passou a designar modo de vida marcado por excessivo consumo de supérfluos, satisfação exagerada dos prazeres e gosto por ostentação. O carnavalesco Joãosinho Trinta, comentando o esplendor das escolas de samba, proferiu os célebres juízos: "Pobre gosta de luxo; quem gosta de miséria é intelectual." Na antiga Roma, Faustitas era deusa da fecundidade dos rebanhos. E Faustulus era o nome do pastor que acolheu Rômulo e Remo, os fundadores da cidade. Na etimologia latina, *faustus*, fausto, sinônimo de luxo, diz respeito à prosperidade, mais que aos gastos excessivos.

LUZ do latim *luce*, declinação de *lux*. A luz está presente nas origens do mundo, de acordo com a maioria das mitologias e lendas. *Fiat lux*, faça-se a luz, é frase-símbolo do *Gênesis*, o primeiro livro da *Bíblia*. Dar à luz é metáfora elegante para o verbo parir. O nascimento equivale a deixar as trevas do útero. No passado de hebreus e judeus, o nascimento era cercado de magias que tinham o fim de proteger a parturiente das maldições de Lilith, a primeira mulher de Adão, substituída por Eva por recusar-se a obedecer ao marido. Transformada em demônia ao juntar-se a Lúcifer, outrora um anjo bom e cheio de luz, Lilith teria inveja da maternidade. A luz é sempre usada em boas metáforas, incluindo as religiosas. Deus e os santos aparecem em meio a luzes brilhantes. Nem falta uma espécie de chapéu de luz em imagens de muitos deles. Textos judaicos e cristãos aludem com frequência à figura de Deus como cheia de luz, incapaz de ser suportada por olhos humanos. A imagem pode ter sido aproveitada de culturas orientais que adoravam o Sol como deus. O Natal é uma festa de luzes. A gravidez de Maria é anunciada pelo anjo Gabriel em meio a uma luz muito brilhante. Outro anjo, este anônimo, aparece a pastores que pernoitavam no campo guardando os rebanhos. Eles sentem medo, mas o anjo os acalma: "Não temais, pois vos anuncio uma grande alegria." Surgem, então, exércitos celestes compostos de mais colegas daquele que serviu de mensageiro. Eles são exércitos, mas como anunciam tempos de paz, cantam para proclamar duas das frases mais emblemáticas de todo o Natal: "Glória a Deus nas alturas e paz na terra aos homens de boa vontade." O cenário, a iluminação, os personagens e a coreografia, segundo o *Evangelho de São Lucas*, estavam impecáveis na celebração de um acontecimento que iria mudar a civilização, a ponto de dividir a História entre antes e depois de Cristo (a.C. e d.C.).

M

MACA de origem controversa, este vocábulo pode ter vindo do baixo-alemão *Hangmat*, que na língua culta equivaleria a *Hängematte*, tapete suspenso. O mais provável, porém, é que tenha vindo do espanhol *hamaca*, designando rede estendida entre duas árvores. Tendo servido de cama, passou depois a ser utilizada como veículo para transporte de doentes e feridos. Nos países tropicais, a maca é a liteira dos pobres. É muito conhecida nos campos de futebol, servindo para retirar o jogador que, machucado, não pode locomover-se por seus próprios meios. Está sendo pouco a pouco substituída por um pequeno veículo que faz as vezes de maca motorizada. Deve ter alguns poderes milagrosos, pois não é raro que jogadores contorcendo-se de dor deixem saltitando a maca onde estiveram minutos antes. Neste caso, dada a posição em que se deitam na maca – nenhum jogador deixa o campo de bruços –, provavelmente ao contemplarem o céu, lembram-se de fingir menos.

MAÇÃ do latim *mattiana*, provavelmente por causa de Mattium, cidade da antiga Germânia. Na tradição bíblica, é a fruta da "árvore do Bem e do Mal, que foi oferecida por Eva a Adão, que a comeu, ficando com o pomo na garganta". A maçã sempre serviu para explicar outras coisas, além do primeiro pecado. O grande físico Isaac Newton descobriu a lei da gravidade quando, descansando sob uma macieira, caiu-lhe uma das frutas na testa.

MACACA DE AUDITÓRIO de macaca, feminino de macaco, do banto *makako*, pequeno símio, dito também *makaku* em outras línguas africanas, e auditório, do latim *auditorium*, lugar em que muitos se reúnem para ouvir alguém falar ou cantar. Entretanto, macaca de auditório não vem do feminino de macaco, mas de expressão de um dialeto africano para designar os esgares da mulher que ameaça entrar em transe, faz caras e bocas em ritos de feitiçaria ou de cultos do sincretismo religioso. Foi nesses trejeitos, e não nos da macaca, que o cronista e compositor Nestor de Hollanda se inspirou para designar as fãs exaltadas das cantoras do rádio, na Rádio Nacional, nos programas de auditório, nos anos 1950.

MACACO provavelmente do banto *makako*, presente também em outras línguas africanas, como o quicongo, o cabinda, o lingala e o suaíli. Mono, mico, bugio e símio são os sinônimos desse primata em português. O macaco aparece em expressões que indicam sabedoria adquirida pela idade. Diz-se de alguém experiente: "macaco velho". E que: "macaco velho não mete a mão em cumbuca". Para evitar intromissões indevidas, recomenda-se: "cada macaco no seu galho". Para ofender, manda-se: "pentear macacos". Como o animal é dado a imitar as pessoas, as moças que recebiam ordens de fazer os mesmos movimentos que animadores ou dançarinas faziam no palco foram chamadas "macacas de auditório" nos primeiros programas de televisão. E "macaca de auditório" passou a designar a mulher que incentiva os artistas nos programas de tevê, manifestando sua aprovação com cantos, balanços e meneios de corpo enquanto eles se apresentam.

MACAMBÚZIO do nhungue *makambuzi*, pastor de cabras. Nhungue designa povo banto que habita Moçambique, especialmente a região de Tete. Do mesmo étimo é *mukumbuso*, memória, lembrança. Macambúzio significa triste, taciturno, acabrunhado. *Imbuzi* em nhungue é bode. É mais ou menos equivalente a "pensando, morreu um burro". O pastor fica pensando nas cabras, isolado na campina.

MACARRÃO de origem controversa, provavelmente do grego *makaría*, mistura de pão e aveia, servida em cerimônias fúnebres. Como entre os antigos gregos as celebrações dos mortos não fossem uma tristeza, a palavra tem também o significado de felicidade. Derivou daí o italiano *maccherone*, cuja forma dialetal *maccarone* acabou predominando. No italiano, *macco*, papa, polenta de favas, mingau, e *maccare*, amassar em pasta, reforçam este sentido. O macarrão italiano teria surgido originalmente em Nápoles, trazido da China por Marco Polo. Seu primeiro registro em português dá-se em 1507. Foi originalmente prato muito popular, depois refinado por meio de receitas sofisticadas em vários países, vindo a tornar-se mais popular ainda depois que o japonês Momofuku Ando inventou o macarrão pré-cozido em 1958, no Brasil mais conhecido por Miojo. Numa pesquisa realizada no Japão, o macarrão foi considerado a invenção mais importante do século XX. Em segundo lugar ficou o karaokê. O *CD (compact disc)* ficou em quinto. Seu baixo custo e o modo simples de prepará-lo tornaram o macarrão instantâneo o alimento mais popular entre aqueles que não sabem cozinhar, como pode ser comprovado em repúblicas de estudantes e em residências de pessoas que vivem sós. A rapidez e praticidade na preparação são seus grandes trunfos de vendas: mais de 50 bilhões de unidades por ano. Momofuku disse, em sua biografia, que inventou a comida de baixo custo, movido pela compaixão que sentiu ao ver, logo após a guerra, uma enorme fila de pessoas famintas diante de uma vitrine clandestina de sopas de fios de massa. Outro macarrão muito popular é o *yakisoba*, de origem chinesa, mas que em japonês significa macarrão frito. Já o adjetivo macarrônico nada tem a ver com o macarrão. Sua origem é o italiano *Macaronea ou Carmen Macaronicum de Patavinis*, título de um poema engraçado de Tifi Odasi, pseudônimo do poeta italiano Michele di Bartolomeo degli Odasi, escrito num latim arrevesado, repleto de palavras e expressões do dialeto italiano falado pelo autor, mas com desinências e construções próprias do latim clássico. O Patavinisis do título é homenagem à cidade de Pádua, onde o escritor nasceu.

MACHADO do latim *marclatu*, alteração de *marcu latu*, machado ou martelo. Importante instrumento de trabalho e de guerra, desde o neolítico. Ferramenta indispensável na agricultura primitiva e na ocupação brasileira. Hoje tornou-se o vilão número um em vista da consciência ecológica, que tem entre suas principais bandeiras a da preservação das matas, antes derrubadas a vigor de machadadas e motosserras.

MACHORRA do latim *masculu*, macho, formou-se este vocábulo para designar a mulher estéril, tal como aparece em *As voltas da estrada*, do escritor baiano, que ocupava a cadeira nº 28 na Academia Brasileira de Letras, Francisco Xavier Ferreira Marques: "Depois da lei do ventre livre, já não valia a pena ter muitas escravas. Salvo as machorras para o serviço doméstico, as pretas cativas caíram em funda depreciação."

MAÇOM do francês *maçon*, pedreiro, radicado no germânico *makôn*, fazer. Segundo crenças muito arraigadas, a maçonaria, que era uma sociedade secreta, existe desde a construção do Templo de Jerusalém, nascida da organização dos trabalhadores que o ergueram, mas sua existência está documentada apenas da Idade Média em diante, quando os franco-maçons, pedreiros livres, se organizaram como classe que lutava por seus direitos. Seus símbolos continuam sendo as ferramentas do pedreiro e do arquiteto, mas deixou de ser uma sociedade secreta, tornando-se muito mais uma sociedade filantrópica. No passado, seus membros chegaram a recorrer à violência para combater os tiranos.

MAÇONARIA do francês *maçon*, pedreiro. Os pedreiros livres e arquitetos forneceram os primeiros símbolos para a associação filantrópica e de caráter secreto conhecida como maçonaria, que ainda hoje conserva como ícones o esquadro, o compasso e o fio de prumo. Sua origem é remota, havendo versões relatando que eram maçons os construtores do templo de Salomão. Institucionalizada, a sociedade começa a existir na segunda metade do século XVIII, na Inglaterra. Os maçons influenciaram muito a Revolução Francesa (1789), de que é exemplo o lema adotado: liberdade, igualdade e fraternidade. A partir do século XIX, a maçonaria passou a defender ideias racionalistas e republicanas. Seus grupos regionais organizam-se em instituições chamadas "lojas".

MACONHA do quimbundo *ma'kaña*, maconha, droga derivada do cânhamo, mais conhecido em latim pela expressão *cannabis sativa*. O cigarro consumido pelos usuários é feito das folhas da planta. Apesar de ser considerada uma droga leve, a maconha, que produz uma euforia suave, apresenta efeitos colaterais como perda de coordenação muscular, taquicardia, tonturas e alucinações. Está proibida nos EUA desde 1937 e, apesar de outros países terem adotado legislações restritivas, continua difundida em todo o mundo.

MACRÓBIO do grego *makróbios*, de vida longa. No latim tornou-se *macrobiu* e virou nome próprio. Por sua vez, micróbio veio de *mikróbios*, de vida curta. Um homem longevo e um micróbio são perfeitos antípodas, também em razão da duração de suas vidas.

MÁCULA do latim *macula*, mancha, nódoa. Ganhou o sentido de erro e defeito, passando a significar desonra a partir de conhecidas metáforas, como de que o branco indica pureza. Na antiga Roma os candidatos a algum cargo vestiam-se de branco, sem mancha alguma na roupa, para indicar que eram limpos também de alma. Se tivessem algum propósito escuso, este apareceria como a mancha na roupa. Em latim, *candidus* é branco. Já a febre maculosa, uma doença, é assim chamada porque os sintomas são febre alta e manchas avermelhadas no corpo. É causada por bactéria transmitida pela picada do carrapato-estrela. O bichinho recebeu esse nome pois teria vindo do vasconço (língua do País Basco, na Espanha) *caparrato*, com metátese no português. Dá-se a metátese quando os fonemas trocam de lugar no vocábulo. Por exemplo, o latim *semper* deu sempre em português. Outros pesquisadores dizem que carrapato é variante de *garrapato*, de origem espanhola, formado de *garra* e *pata*, denominação inspirada pela forma como se gruda ao corpo do animal ou da pessoa. Tal origem é improvável, pois o português tem *caparra*, sarça que se agarra à pele, de onde veio, também por metátese, carrapicho, arbusto cujos espinhos e pêlos se agarram fortemente ao couro dos animais e à pele das pessoas.

MACUMBA de origem controversa, provavelmente do quimbundo *ma'kôba*, privilégio, antecedido da partícula *ma*, indicativa de plural. Antenor Nascentes acha que a palavra provém de *ma'k ba*, cadeado, porque os ritos tratam de fechar o corpo. Informante filho de ex-escravos disse tratar-se de reunião de muitos *kumba* vivos, dançarinos que invocam *kumba* mortos para que compareçam, na companhia do Demônio, para celebrar pactos e feitiços.

MADAME do francês *madame*, madame, senhora. Paradoxalmente, no Brasil designa não apenas a mulher de posição social respeitável, mas também a meretriz. Por conta de maior participação feminina na vida política francesa, o governo socialista de Lionel Jospin enfrentou a Academia Francesa por conta de utilizar a expressão *madame la ministre* para se referir às ministras. O escritor Maurice Druon, autor de *O menino do dedo verde*, muito lido também no Brasil, travou polêmica com aquele governo por causa do gênero do artigo. Ele acha que o tratamento deve ser *madame le ministre*. Enquanto ambos discutiam tão elevadas questões, Jean-Marie Le Pen, candidato da extrema direita à presidência da França, avançava entre os eleitores, sem distinguir entre senhores e senhoras, deixando todos apavorados, na França e no resto do mundo, fossem *madames, mademoiselles, monsieurs, garçons, jeunes hommes* e inclusive as *vieilles filles* (como são chamadas na França, as solteironas que por opção ou destino ficaram para titias).

MADAROSE do grego *madárosis*, calvície. Mas não se refere comumente ao estado dos carecas habituais, que perderam os cabelos, e sim à perda de outros pelos, especialmente os cílios.

MADEIRA do latim *materia*, matéria, qualquer substância sólida, líquida ou gasosa. Matéria indica também assunto, tema. Por via popular passou a designar o cerne das árvores. No Brasil, passou a vigorar a partir do século XV a expressão "madeira de lei" para indicar as madeiras resistentes, próprias à construção naval e civil. Portugal encontrou madeiras de lei abundantes no Brasil e tratou de disciplinar seu uso a partir do século XVII. Por ato de Dom João IV, foi proibida a derrubada indiscriminada, e muitas espécies só podiam ser abatidas por ordem do Real Arsenal. As primeiras madeiras de lei foram as mais duras e mais adequadas ao traquejo imposto pelas ferramentas. Para que fossem preservadas, precisaram ser identificadas. Nos documentos são citados o pau-brasil, a sapucaia, o jacarandá, a sapupira e o jetaí amarelo, entre outros.

MADEIXA do latim *mataxa*, meada. Designou inicialmente meada de seda, passando depois a indicar meada de outros fios e nesse sentido passou a denominar os cabelos. Sem madeixas, ficamos carecas, trabalho que o tempo se encarrega de fazer em muitas cabeças masculinas. É muito rara uma mulher careca, a não ser por outros processos, como no caso da atriz norte-americana Demi Moore, que ficou careca para estrelar o filme *Até o limite da honra* (G.I. Jane). Mas em outro trabalho, *Striptease*, ela está cabeluda e nua, para delírio de seus fãs. Em vez de nos remunerar pela perda dos cabelos, o tempo ainda nos surrupia outras coisas, mas a atriz recebeu 12 milhões de dólares para ficar temporariamente careca.

MADONA do italiano *madonna*, minha senhora. Em português, deu Nossa Senhora. Todas as madonas que os pintores cristãos fixaram em afrescos e quadros tinham certo ar contido, ao contrário da famosa cantora que hoje perambula pelo mundo tentando escandalizar em shows, filmes etc. É que mudou a imagem de mulher que espalham: antes era a mãe; hoje, é a fêmea. Para quem só pensa naquilo, a performance da cantora pode lembrar aquilo que, às vezes, leva à maternidade.

MADRASTA do latim vulgar *matrasta*, radicado em *mater*, mãe, designando mulher em relação aos filhos do novo marido. Por força das guerras, muitos casamentos eram desfeitos e rearranjados com novos cônjuges. A esposa passava a cuidar dos filhos que tivera com o homem do qual enviuvara, dos do novo parceiro e dos que vinha a ter com ele. Provavelmente ganhou sentido pejorativo porque era mais amorosa e protegia melhor os filhos dos quais era mãe biológica.

MADRIGAL do italiano *madrigale*, madrigal. Composição poético-musical que entre os séculos XIV e XVI tornou-se um dos gêneros mais importantes da música profana italiana. Era escrita para uma ou mais vozes, acompanhadas de alaúde, clavicímbalo e harpa. É provável que a denominação tenha origem no canto matinal dos pastores, marcado por elogios à mulher, do qual o madrigal guardou o tom galante.

MADRUGADA do espanhol *madrugar*, tendo como origem o latim *maturicare*, acordar cedo. O sufixo *ada* serviu para denominar o ato de levantar antes da alvorada, que no português antigo era grafado madrugar. O poeta Raimundo Correia fez uma bela metáfora sobre o amanhecer no verso de um soneto célebre: "Apenas raia sanguínea e fresca a madrugada".

MÃE do latim *mater*, mãe, pelo espanhol *madre*. A partir do século XIII, o antigo dialeto do latim, já delineado como a língua própria em que se transformaria o português, consolidou a variante *made*, depois nasalizada para *mãe*. Os romanos tinham a *mater familias*, por analogia com o *pater familias*, duas entidades que cumpriam funções semelhantes às da mãe-velha e do pai-velho, cognomes carinhosos dados aos avós num tempo em que os filhos casavam e continuavam morando com os pais. Mãe está presente em numerosas expressões do português, como: "casa da mãe Joana", significando lugar de desordem, e "mãe-pequena" ou *ajibonã*, figura do candomblé que auxilia a "mãe de santo" na educação das filhas de santo, castigando-as por suas faltas, e na assistência às iaôs, jovens que se casam religiosamente com os orixás. Pesquisa realizada em 106 países sobre a relação entre mães e filhos apontou as norueguesas como as melhores mães do mundo no item "proporcionar bem-estar aos filhos". Em último lugar nesta classificação aparece a Nigéria. A Noruega também está sempre entre as primeiras na classificação do IDH (Índice de Desenvolvimento Humano), da ONU. Patrocinou o estudo a organização *Save the Children*. O Dia das Mães é comemorado em vários países por influência dos EUA, que instituíram a celebração a partir de 1872 por sugestão da poeta e filantropa norte-americana Julia Ward Howe, que se celebrizou como autora de letra do *Hino de Batalha da República*. A comemoração, porém, mudou de 2 de junho para o segundo domingo de maio. O nome da mãe é invocado em situações que as deixam desesperadas, de que é exemplo a denominação "Mãe de todas as batalhas", como o ditador iraquiano denominou sua guerra contra os EUA. Em todas as batalhas, além do sangue dos filhos, correm as lágrimas das mães. Napoleão III, contrariando a vontade da mulher, durante a guerra franco-prussiana em 1870, levou seu filho, o príncipe Luís Napoleão, de apenas 14 anos, para receber seu batismo de fogo, expressão que se tornaria célebre, tomada do francês *baptême de feu*. O filho sobreviveu, mas morreu apenas oito anos depois, lutando ao lado dos ingleses na África contra os zulus. A crônica policial, porém, ainda insiste em certas excrescências vocabulares e utiliza outro vocábulo para designar a mãe do elemento, que é sempre a genitora. Em outras línguas neolatinas, originalmente dialetos do latim, o vocábulo é semelhante, de que são exemplos *madre*, em espanhol e italiano. Muitas línguas do mundo pronunciam o vocábulo equivalente a mãe com o fonema inicial lembrando o início de todos os citados, de que são exemplos: *mother*, em inglês; *Mutter*, em alemão; *mère*, em francês; *mama*, em suaíli; *mitir*, em grego; *mat*, em russo; e *mu*, em chinês.

MÃE-D'ÁGUA de mãe, do latim *matre*, declinação de *mater*, e água, do latim *aqua*. Designa ser fantástico que protege rios e lagos, como as sereias protegem os mares. É um dos nomes da deusa Iemanjá, do iorubá *yemndja*, de *yeye*, água, e *mn*, partícula que antecede o diminutivo para *edja*, peixe. Portanto, Iemanjá originalmente é a deusa dos peixinhos. Iemanjá aparece em *Canto de Oxum*, na voz de Maria Bethânia: Onde ela vive?/ Onde ela mora?/ Nas águas,/ Na loca de pedra,/ Num palácio encantado,/ No fundo do mar./ O que ela gosta?/ O que ela adora?/ Perfume,/ Flor, espelho e pente/ Toda sorte de presente/ Pra ela se enfeitar. É vaidosa essa deusa, uma de suas fatais diferenças com Nossa Senhora, com quem foi misturada nos cultos, sempre humilde, ainda quando apresentada como rainha também.

MÃE DE SANTO de mãe, do latim *mater*, e santo, do latim *sanctus*. Designa sacerdotisa dos cultos afro-brasileiros e está presente no candomblé e na umbanda, nos quais é responsável pela administração espiritual do terreiro, respondendo pelos cultos aos orixás e ialorixás. A expressão tinha hífen, perdido com o Acordo Ortográfico mais recente. É figura simpática e querida por todos, ao contrário da mãe de um santo cristão, São Pedro, o primeiro Papa. A mãe de São Pedro vive equidistante entre o Céu e o Inferno. É a única ali. As outras almas estão no Céu, no Inferno, no Purgatório ou no Limbo, mas ela nem cai, nem sobe. Personagem de um conto europeu muito popular, veio parar no Brasil. Nas tramas, ela é condenada ao Inferno, mas São Pedro consegue de Jesus que ela suba ao Céu por um talo de cebola que ela perdera num ralo. Quando está subindo, outras almas se agarram nela e a ranzinza senhora começa a chutá-las com tanta violência que o talo se rompe. Não voltou para o Inferno, mas também não pôde subir ao Céu.

MAESTRO do italiano *maestro*, mestre. Aquele que rege uma orquestra e é capaz também de compor partituras. Em geral, um maestro rege sua orquestra em ambientes fechados, mas em 1986, no *Central Park*, cerca de 800 mil pessoas assistiram a um concerto ao ar livre da Orquestra Sinfônica de Nova York, regida pelo famoso maestro Zubin Mehta.

MÁ-FÉ junção de má e fé, do latim *mala* e *fide*, respectivamente, designando *perfídia*, deslealdade, ato que desvirtua a fé que a pessoa inspira, quase sempre inerente ao ofício que desempenha. O navegador Amyr Klink utilizou a expressão ao comentar o fracasso da construção da réplica da nau capitânia nas comemorações dos 500 anos de descobrimento do Brasil, em 2000: "Foi ato deliberado de má-fé contra a economia popular." O governo federal da época torrou 2,5 milhões de reais no projeto, orçado em 4,2 milhões. A nau, entretanto, mesmo com dois motores, não conseguiu navegar, tornando-se alvo de deboche internacional. Foi uma vergonha. Afinal, há mais 500 anos o modelo original atravessou o Atlântico, chegou ao Brasil sem motor algum, daqui foi para a Índia e ainda voltou, bela e fagueira, a Portugal. O responsável técnico pela obra e seus fiascos, o almirante Domingos Castelo Branco, presidente do Clube Naval do Rio de Janeiro, solicitou mais 250 mil reais para concluir o projeto. Só se sua nau fosse batizada de Porcina, aquela que era sem nunca ter sido, personagem do imortal Dias Gomes, na novela *Roque santeiro*. Segundo Klink, uma réplica que funcionasse não poderia ter custado mais de 400 mil reais. Com certeza várias mãos foram molhadas muito antes de a embarcação fazer água.

MÁFIA do italiano *máfia*, vindo do dialeto siciliano *máfia*, audácia, provavelmente radicado no árabe *mahyah*, ufanismo. É o nome que se dá a grupo criminoso organizado. Inicialmente designou sociedade, fundada no século XIX na Itália para garantir a segurança pública. No filme *De caso com a máfia*, ocorre um estranho diálogo da senhora De Marco com o agente Dee Dee Friedman, do FBI: "Meu Deus, vocês trabalham igual à máfia... não tem diferença!", diz a mulher representada pela atriz Michelle Pfeiffer. E o funcionário federal: "Sra. De Marco, a máfia rouba, mata, mente, trapaceia. Nós trabalhamos para o Presidente dos EUA."

MAGANO de origem controversa, provavelmente do quicongo *ngandu*, polígamo. Cada uma das mulheres é chamada *nganda*, de onde veio magana para o português, designando a prostituta, como se lê em *Buriti*, conto de João Guimarães Rosa compilado em *Noites do sertão*: "Maria da Glória se entusiasmava, magana, dada num descontraste." Magano tem o sentido de velhaco, mas também o de esperto, solerte, e a variante maganão tem estes significados e mais o de jovial, como se lê em *Memórias de um sargento de milícias*, de Manuel Antônio de Almeida: "O Leonardo, fazendo-se-lhe justiça, não era, nesse tempo de sua mocidade, mal apessoado, e sobretudo era maganão". Magano aparece neste texto do jornalista Elio Gaspari, comentando relações comerciais entre empresários brasileiros e o governo do Iraque, ao tempo de Saddam Hussein: "Não lhe perguntaram nem sequer pelas negociatas do ditador com empreiteiras e larápios brasileiros. Também não lhe perguntaram como um magano da indústria paulista ofereceu-lhe um caminho mais rápido para chegar à bomba atômica. (O próprio Saddam reclamou dessa impertinência.)"

MAGAZINE do árabe *makhâzan*, despensa, armazém, pelo francês *magasin*, que deu *magazzino* em italiano, *magazine* no inglês e magazine no português, designando loja, casa comercial onde são vendidos artigos de moda, hoje mais conhecida como loja de departamentos. O étimo árabe está presente também em armazém, originalmente *al-mahazan*, o depósito, mas o "l" mudou em "r" porque o lugar foi destinado, em tempos de guerra, a guardar as armas. Com a invenção da imprensa, periódicos passaram a ser denominados magazines também, guardando remotamente o significado de armazenamento, mas de informações.

MAGIA do grego *magéia*, pelo latim *magia*, designando a doutrina dos magos, feitiçaria, arte de interpretar sinais dos astros, entretanto ocultos aos outros, com o fim de entender os acontecimentos, como narram os *Evangelhos* no episódio dos reis magos que, guiados por uma estrela, foram os primeiros a visitar o Menino Jesus. A tradição cristã determinou que foram três os magos, mas alguns aludem a 15. Já estávamos em plena Renascença e respeitáveis intelectuais acreditavam nos poderes da magia. O filósofo Tomaso Campanella, padre dominicano, lacrou um dos quartos do papa Urbano VIII no Palácio Barberini para protegê-lo de supostos malefícios de um eclipse. Mandou ainda borrifar os aposentos pontifícios com vinagre de rosas e substâncias aromáticas extraídas do cipreste, tendo também queimado murta, loureiro e alecrim. Duas velas e cinco tochas, representando o Céu, a Lua e os planetas, foram acesas no quarto, em posicionamento favorável, para neutralizar possíveis malefícios causados pelos astros no firmamento. O padre ainda invocou com músicas apropriadas os poderes de Júpiter e Vênus com o fim de dispersar as más influências de Marte e de Saturno. Defensor de Galileu Galilei, escreveu ainda *A cidade do sol*, em que a cidade-estado é guiada por um rei com poderes mágicos, padre e filósofo. Num poema, foi o primeiro a chamar Luís XIV de o Rei Sol.

MAGISTRADO do latim *magistratu*, cujo prefixo, do latim *magis-*, maior, indica superioridade. É o juiz togado vitalício, enquadrado regularmente na carreira judiciária. Juiz togado é magistrado profissional.

MAGNATA do inglês americano *magnat*, designando o grande capitalista. Como é frequente na língua inglesa, o vocábulo veio do latim *magnatu*, usado por São Jerônimo com o sentido de personagem ilustre.

MAGNÉSIA do grego *Magnésia*, nome de uma cidade da Ásia Menor. O latim e o português mantiveram a grafia. Alguns estudiosos creditam a denominação ao fato de ser essa substância semelhante, na forma e na cor, ao ímã natural. É muito conhecido e de largo uso no Brasil um medicamento à base de óxido de magnésia, oferecido em líquido pastoso e em comprimidos, muito utilizado contra a acidez estomacal.

MAGNIFICAT do latim *magnificat*, engrandece. Segundo os relatos do evangelista Lucas, após receber a visita do anjo Gabriel, encarregado de fazer o anúncio de sua gravidez por obra do Espírito Santo, a jovem Maria foi visitar Isabel, sua prima, também grávida, que morava na aldeia de Ain-Karim, hoje São João da Montanha, a 7 km de Jerusalém. Ao se encontrarem, as duas começaram a cantar. Isabel entoou pela primeira vez os versos que depois se tornariam célebres na Ave-Maria: Bendita és tu entre as mulheres e bendito o fruto de teu ventre." E Maria cantou o *Magnificat*, uma das canções mais lindas da liturgia cristã, assim chamada por causa da abertura: *magnificat anima mea Dominum* (a minha alma engrandece ao Senhor).

MAGO do latim *magu*, mágico. A origem remota do vocábulo é o persa *magush*, sacerdote, com o significado primitivo de moderador do fogo. Veio para o grego *mágos*, vocábulo que designava sacerdotes e sábios persas, medos e babilônios, e daí para o latim, de onde chegou ao português. Um dos primeiros a registrar a existência dos magos orientais foi Heródoto, o pai da História. *O Evangelho de São Mateus* diz: "Nascido Jesus em Belém da Judeia, no tempo do rei Herodes, chegaram a Jerusalém uns magos, vindos do Oriente." Eles diziam ter visto uma estrela indicando o lugar onde havia nascido o rei dos judeus: Belém da Judeia, a 9 km de Jerusalém. Com o passar do tempo, a tradição cristã definiu que os magos eram três, eram reis e tinham nomes: Baltazar, Gaspar e Melquior. Seus restos mortais estão hoje na catedral de Colônia, na Alemanha, onde chegaram em 1164, vindos da Itália. Historicamente, porém, é difícil identificar os ossos dos três reis magos naquelas relíquias. O que houve foi que juntas, mais uma vez, ficção e religião venceram a batalha das versões.

MAIO do latim *maius*, nome do quinto mês, escolhido sob a proteção da deusa *Maia Majestas*, deidade trazida dos gregos, sendo o étimo original de procedência dórica. Maia era chamada também de *Bona Dea*, Boa Deusa. O grande romancista mineiro, Benito Barreto, autor de obras referenciais da literatura brasileira, como *Os guaianãs*, lançou em 2009 *Os idos de maio*, primeiro romance de *Saga do caminho novo*, projetada trilogia sobre a conjuração mineira. Senhor de uma prosa poética, de sutis recursos de estilo, sempre fincada na História, no capítulo final narra a cena em que o pai de Dorothéa, a Marília, namorada do inconfidente Tomás Antônio Gonzaga, que a si mesmo se denomina Dirceu, abraça a filha, levando-a ao quarto de dormir, enquanto ouve dela o pedido de que a ajude a ser degredada para a África, com o amado. Diz dos pensamentos do pai o narrador: "O capitão Baltazar, abraçado com ela, a conduz, de volta, pelo corredor, rumo a seu quarto, presumivelmente, se perguntando, com razão, ferido e perturbado, se essa que leva é ainda a menina Dorothéa, ou já será, Marília, a invenção do réprobo Dirceu...!"

MAIONESE do francês *mayonnaise*, maionese. Molho grosso que passou da culinária francesa à brasileira. Sua receita inclui azeite, vinagre, sal e gema de ovo. Já integrava os pratos da localidade de Mahón, capital de Minorca, uma das ilhas Baleares da Espanha, quando os franceses, em 1756, atacaram navios ingleses com carregamentos destinados a portos espanhóis do Levante. Cansado de todos os dias comer pratos à base de peixes, que podiam ser pescados com as mãos, de tantos que havia, o comandante francês Louis François Armand de Vignerot du Plessis, duque de Richelieu, experimentou certo dia um prato estranho que, entretanto, muito agradou a seu paladar, sendo aplaudido também por todos os oficiais. O duque, culto, grande amigo de Voltaire e apreciador dos prazeres da mesa, batizou a iguaria com o nome de *sauce mahonnaise*, molho de Mahón. Seus soldados continuaram comendo peixe seco, mas os oficiais, não. E meio século depois o vocábulo designando a saborosa comida já estava nos dicionários franceses. Parodiando Carl von Clausewitz, o general e teórico prussiano que disse que a guerra é um avanço em relação à paz, a guerra é um avanço também em relação à culinária.

MAIOR da raiz indo-europeia *mag*, grande, que deu *magnus* em latim, em domínio conexo com *magis*, advérbio, e *major*, maior, que transformou o *jota* em *i* ao passar para o português como grau aumentativo de grande. Entretanto, é correto em Portugal dizer mais grande em vez de maior, e mais pequeno, em vez de menor. Major, com a manutenção do jota, passou a designar na hierarquia do Exército o posto logo acima de capitão e imediatamente abaixo de tenente-coronel. Com a instituição da Aeronáutica, acrescentou-se aviador aos postos, criando-se, por conseguinte, as patentes de major-aviador, tenente-coronel -aviador etc. A história dessas designações militares é repleta de complexas sutilezas, tendo havido inversão da importância ao longo da História.

MAIORIA de maior, do latim *major*, com sufixo -ia. A Europa perdeu a maioria que tinha por séculos no colégio eleitoral que escolhia o Papa. E cardeais africanos, asiáticos, latino-americanos e brasileiros começaram a aparecer nas listas dos *papabili*, termo italiano para designar aqueles que têm mais chances de ser eleitos. O atual papa, Francisco I, é argentino!

MAIORIDADE de maior, e idade, do latim *majore*, maior, e *aetate*. No Brasil, ela é relativa. Aos 16 anos, o adolescente pode votar, isto é, dirigir o país, mas está proibido de dirigir automóveis, pois se habilita à carteira de motorista apenas quando atinge a maioridade penal, aos 18 anos. De todo modo, sua maioridade civil ainda assim somente se completa aos 21 anos. Grandes conquistas já foram obtidas antes da maioridade, a começar por Dom Pedro II, que subiu ao trono do Brasil aos seis anos. Em maio de 1840, quanto tinha apenas 14 anos, o Senado rejeitou por 18 a 16 votos a antecipação de sua maioridade, afinal decretada em julho do mesmo ano. Edson Arantes do Nascimento, Pelé, tornou-se campeão do mundo aos 17 anos, e mais recentemente, em 2002, a brasileira Mariana Tajima, brasileira de apenas 12 anos, de ascendência japonesa, foi a grande vencedora do já célebre concurso *Elite Model Look* em Tóquio, comprovando consolidada obviedade, a beleza da mulher brasileira. Entre as 14 finalistas havia duas outras menores do Brasil: Letícia Ozeki, de 16 anos; e Juliana Minato de Souza, de 13, as mais aplaudidas pelo público. Todas as 14 meninas assinaram contratos de trabalho em que as perspectivas de remuneração podem ser comparadas a outros ofícios que não incluem desfilar em passarelas. Diante de tantas belezas, quem sabe os japoneses sejam mais generosos consigo mesmos. No ano de 2001, 33.042 japoneses se suicidaram – apenas 6 a menos do que o recorde, atingido em 1999. Segundo a polícia, a maioria se mata por uma combinação de dívidas pessoais com desemprego.

MAIÚSCULO do latim *majusculus*, ligado a *majus* e *major*, maior, mais do que *magnus* ou *magnum*, magno, grande, mas com o sentido de só um pouco maior, daí a analogia com minúsculo, do latim *minusculus*, um pouco menor do que *minus* e *minor*, menos, menor. Denominamos os caracteres e as letras de maiúsculos ou maiúsculas quando têm formato maior do que o tamanho normal. Mas, curiosamente, letras em formato normal são denominadas minúsculas, por prevalecer a comparação com aquelas que são maiores. Usamos letras maiúsculas iniciais em antropônimos, dos compostos gregos *antropos*, homem, e *nomos*, nome, designando nomes de pessoas: Pedro, Maria, João; nos topônimos, também dos compostos gregos *topos*, lugar, e *nomos*, nome: Porto Alegre, Manaus; nos nomes das instituições: Partido da Social Democracia Brasileira (PSDB), nome com dois adjetivos junto ao substantivo democracia: um deles antes (social) e outro depois (brasileira): mas é mais comum que o adjetivo venha após o substantivo; já o Partido dos Trabalhadores (PT) evitou o adjetivo trabalhista; Igreja Católica Apostólica Romana; Assembleia de Deus, designação igualmente curiosa por analogia com assembleia, palavra que quer dizer reunião, de que são exemplos assembleia dos deputados, mesmo porque não poderia existir uma assembleia dos deuses, a não ser entre os pagãos; também os nomes de festas têm inicial maiúscula: Natal, Páscoa; nos títulos de periódicos, jornais, revistas, livros; também a letra inicial dos pontos cardeais deve ser maiúscula: Norte, Sul, Leste, Oeste.

MAJESTOSO do latim *majestas*, majestade, formou-se *majestatoso*, cheio de majestade, isto é, de poder. Por isso o termo foi aplicado a reis e príncipes. Com o correr do tempo, recebeu a forma atual, por haplologia, isto é, por redução de majestatoso para majestoso. O atual centro de cultura da prefeitura de Porto Alegre, no Rio Grande do Sul, foi originalmente um hotel chamado *Majestic*, onde viveu por muitos anos o poeta Mário Quintana, que ali escreveu muitos livros.

MALABARISMO de *Malabar*, costa ocidental da Índia, designando espetáculo em que artistas, em circos ou nas ruas, demonstram destreza, agilidade e habilidade na manipulação de objetos, jogando-os para o alto e recolhendo-os sem deixar cair nenhum dos que foram lançados. Seu desempenho pode incluir exímias prestidigitações. Em anos recentes, malabaristas, em geral jovens pobres do subúrbio, vêm se apresentando nas ruas de São Paulo, utilizando também tochas de fogo nas exibições aos motoristas, de repente constituídos compulsoriamente em seu público por força do sinal vermelho nos semáforos. Feita a rápida apresentação, recolhem eventuais gorjetas.

MALAGUENHA do espanhol *malagueña*, canção espanhola, composta de quatro versos de oito sílabas, assim chamada porque é típica da província de Málaga. Denomina também uma dança semelhante ao fandango, executada alternadamente com a canção.

MALANDRO do italiano *malandrino*, designando o salteador e integrante de bandos que agia preferencialmente em lugares ermos. No Brasil, foi reduzido para malandrim, consolidando-se na forma atual. O cantor, compositor e escritor Chico Buarque registrou a passagem da era algo romântica do malandro para os novos tempos: "o malandro pra valer/ não espalha, aposentou a navalha." E a cantora Gal Costa, canta em uma de suas canções que abordam o tema: "o meu cartão de crédito é uma navalha." A música popular brasileira precisa atualizar seu repertório. Os novos malandros, de que são exemplos as ilustradas figuras da República que atuaram nos desvios da construção do prédio do TRT em São Paulo, usaram canetas e senhas bancárias. E nada têm de romântico os atos praticados, já que se constituíram em crimes.

MALAR do latim *malae*, maçãs, designando a queixada superior, ditas as maçãs do rosto, quase sempre confundidas com *maxilla*, a queixada inferior, palavra que deu origem a maxilar. Aparece neste trecho de *Cenas da Foz*, de Camilo Castelo Branco: "Era magra de faces, sem que se lhe vissem as proeminências malares, espécie de balizas que se levantam naturalmente onde acaba a formosura".

MALDIZER do latim *maldicere*, maldizer, dizer mal de alguém, amaldiçoar. Na língua portuguesa, o verbo tornou-se também substantivo, sendo sinônimo de maledicência. Ao lado das de escárnio, as cantigas de maldizer foram um dos primeiros gêneros literários a florescer, ainda no século XII, exalando inconformidades diversas, sobretudo contra poderosos, amadas ou ex-amadas, pois seus autores eram homens. Nove séculos depois, mulheres cariocas estão criando espaços na internet destinados a desabafos semelhantes. Um bom exemplo do conteúdo está nessa confidência, tornada pública, da jornalista Rozane Monteiro, que, apenas 72 horas após desfazer o romance, postou o que segue: "o canalhinha enrustido que me cruzou a biografia 'NÃO foi a saudade que eu gosto de ter', 'NÃO foi o amor mais amigo que me apareceu', muito menos foi 'a maldade que só me fez bem' – aliás, não estou aqui para contradizer *hit* clássico do Rei." A paródia é de conhecida canção de Roberto Carlos, intitulada Outra vez, cuja estrofe final diz: " Você foi toda a felicidade,/ Você foi a maldade que só me fez bem,/ Você foi o melhor dos meus planos,/ E o pior dos enganos que eu pude fazer,/ Das lembranças que eu trago na vida,/ Você é a saudade que eu gosto de ter/ Só assim sinto você bem perto de mim outra vez."

MALEITA do latim *maledicta*, maldita. A malária recebeu o nome de *febris maledicta*, febre maldita, depois reduzida apenas para maleita. É doença infectocontagiosa, transmitida pelo mosquito *anopheles*. O paciente sofre de febre alta, tem calafrios, seu sangue corre o risco de diluir-se e ele sua muito. É doença endêmica em zonas florestais de clima tropical e pode levar à morte, quando não tratada. O remédio mais usado é um derivado de quinino.

MALEMOLÊNCIA provavelmente de mal e mole, do latim *male* e *mollis*, respectivamente, palavra criada por profissionais do teatro de revista do Rio de Janeiro na segunda metade do século passado, para designar uma certa preguiça atávica, acentuada pelo calor, que levaria as pessoas a gestos lentos, falas sem energia, em tudo vulneráveis às notórias imposições do clima. Pode ter havido influência de indolência, do latim *indolentia*, que o escritor paraense Inglês de Sousa registrou em seus *Contos amazônicos*: "A sua incrível atividade, que contrastava com a indolência geral, a sua inteligência... fizeram-no um industrial progressista." E malemolência aparece nesses versos cantados por Daniela Mercury: "Todo menino do Pelô sabe tocar tambor/ (...) eu quero ver o menino subindo a ladeira, o menino subindo a ladeira/ sem violência, com toda a malemolência./ fazendo bumba, bumba, fazendo bumba, bumba/ (...)"

MALFEITO do latim *malefactum*, designando coisa mal executada, defeituosa, mas também peraltice de crianças, e ainda bruxaria, feitiço, neste último caso vinculados a estranhas superstições e ao poder maléfico das forças ocultas. Assim, o número 13 propicia o malfeito ou o mal a fazer. Se cair numa sexta-feira, o malfeito é duplamente anunciado. Não se baixavam decretos no dia 13 na Roma antiga. Hesíodo desaconselhava semear nesse dia. Na *Última ceia*, 13 estão à mesa e Judas está com o saleiro entornado, outro indicador de malfeito, porque o sal é sinal positivo, mas derramado é mau agouro. Os crimes de corrupção, entretanto, não podem ser designados como malfeitos, como fez a presidente Dilma Rousseff, pois não se devem a azares, superstições ou traquinagens infantis, mas representam malversação de verbas públicas, e as leis prescrevem rigorosas punições para tais desvios, e não apenas a perda do cargo.

MALHA do latim *macia*. Hoje guarda mais o significado de rede. A Receita Federal vive apregoando sua malha fina, capaz de pegar os sonegadores mais renitentes.

MALOCA do espanhol platense *maloca*, aldeia de índios. Sua origem remota é o araucano *malocan*, guerrear, hostilizar. Depois da pacificação dos pampas, obtida em guerras sangrentas, o vocábulo passou a designar o lugar onde os índios moravam. No português, transformou-se em sinônimo de favela, espaço habitado por pobres, onde vivem também vadios, malandros e heróis de nossa música popular. *Saudosa maloca* é um dos maiores sucessos do famoso sambista João Rubinato, mais conhecido como Adoniran Barbosa. Nascido em Valinhos, ele soube misturar o dialeto caipira ao sotaque dos descendentes de imigrantes, compondo sambas tipicamente paulistanos.

MALOTE do francês *malle*, mala. No português, formaram-se os diminutivos malinha e malote, sendo este último mais frequente. Os malotes tornaram-se indispensáveis no sistema de comunicação escrita e transporte de documentos e valores nas empresas. Os carros blindados, com os quais cruzamos em avenidas, ruas e rodovias, transportam dinheiro e valores em malotes.

MALTHUSIANISMO do antropônimo de *Thomas Malthus* formou-se este vocábulo para designar a teoria que se ocupa da chamada explosão demográfica, um perigo para a humanidade, de acordo com as advertências desse inglês em seu famoso livro *Ensaio sobre a população*, publicado em 1798. Segundo a teoria por ele formulada, a capacidade de reprodução humana é infinitamente maior do que a da Terra em proporcionar meios de subsistência ao homem. Sendo assim, a humanidade teria um futuro pessimista, marcado sobretudo pela fome. O cientista não foi ouvido e o controle de natalidade tem sido recusado por muitos países em nome de preceitos religiosos, principalmente. No caso dos cristãos, a recusa é calcada no versículo da *Bíblia* que ordena: "Crescei e multiplicai-vos." Outras recomendações divinas não foram ouvidas, mas esta tem sido cumprida com evidente exagero.

MALUCO de origem controversa, provavelmente por influência do topônimo indonésio *Maluku*, com origem no malaio *malik*, rei, e *muluk*, reis, título dos sultões das ilhas, hoje conhecidas por Molucas. No indonésio, o étimo *mlk* tem o significado de governar. Nos sangrentos levantes de 1570, eles lutaram entre si como loucos. A outra hipótese é o espanhol platense *maluco* ou *malucón*, derivado de malo, doença. Um francês notabilizou-se por cuidar dos doentes mentais e seu nome tornou-se substantivo na língua portuguesa, designando o louco. É Philippe Pinel. O Instituto psiquiátrico do Rio de Janeiro, Hospital Pinel, recebeu este nome em homenagem ao conhecido médico, o primeiro a propor que os loucos fossem internados para tratamento. Mas Machado de Assis, sempre irônico, em *O alienista*, criou o personagem Simão Bacamarte, médico que interna 4/5 da cidade de Itaguaí na Casa Verde, mas acaba liberando todos e internando apenas a si mesmo. O livro famoso inspirou *A maior loucura*, de André Sant'Anna, *A herança*, de Andréa del Fuego, e *Beleza*, de Rinaldo de Fernandes, que, reunindo narrativas de Machado de Assis recontadas por diversos escritores, organizou o livro *Capitu mandou flores* (Geração Editorial). Eis trecho do original que inspirou os autores: "Mas o assombro cresceu de ponto quando o alienista, cortejando a multidão com muita gravidade, deu-lhe as costas e retirou-se lentamente para dentro. O barbeiro tornou logo a si, e, agitando o chapéu, convidou os amigos à demolição da Casa Verde; poucas vozes e frouxas lhe responderam. Foi nesse momento decisivo que o barbeiro sentiu despontar em si a ambição do governo; pareceu-lhe, então, que demolindo a Casa Verde, e derrocando a influência do alienista, chegaria a apoderar-se da Câmara, dominar as demais autoridades e constituir-se senhor de Itaguaí."

MALUFO do árabe *maluf*. Nessa língua tem o sentido de acostumado, habituado. Em português temos malufo, variante de maluvo, vinho de palmeira, registrado pelo escritor angolano Artur Carlos Maurício Pestana dos Santos, mais conhecido como Pepetela, professor de Sociologia na Universidade de Luanda, capital de Angola, e vencedor do Prêmio Camões em 1997 com o romance *Mayombe*, escrito em 1970, mas publicado apenas em 1980: "Kandimba trouxe uma garrafa de maluvo e encheram os copos."

MALVINO de *malva*, do latim científico *malva*, planta herbácea da Europa. Suas flores são utilizadas também para chá caseiro. Contudo malvino designa o habitante das Ilhas Malvinas, às quais os ingleses deram o nome de Falkland, cuja posse foi objeto de guerra entre ingleses e argentinos. O conflito foi decisivo para a derrubada da ditadura militar. Quem primeiro chegou às Malvinas foram colonos vindos da cidade francesa de Saint-Malo, nome adaptado do latim *Maclovius*, nome de um monge que viveu no século VI. Nascido em Gales, fundou vários monastérios na Bretanha francesa. Os franceses estavam ali há um ano quando, em 1765, chegaram os ingleses e ocuparam a ilha vizinha, a Gran Malvina. Em 1770, os espanhóis compraram a parte dos franceses e expulsaram os ingleses, por força do Tratado de Tordesilhas. Em 1816, a Argentina, já independente da Espanha, exigiu da ex-metrópole o controle das Malvinas, que entretanto foram retomadas pelos ingleses em 1833, quando então lhe deram o nome de Falkland.

MAMADEIRA derivado de mamar, do latim tardio *mammare*, sugar, chupar, mamar. Com o acréscimo de *deira* e elipse do "r", passou a designar tanto o instrumento para extrair leite do peito da mulher, quanto a garrafinha munida de chupeta em forma de bico de seio, utilizada para substituir ou complementar o leite da mãe nos primeiros anos de nossa vida. O vocábulo foi daqui para Portugal, mas lá entrou em desuso, sendo substituído por biberão. A chupeta é chamada de tetina. Assim, a mãe brasileira ordena à empregada: "Ferve a mamadeira do menino". E a portuguesa: "Precisas de ferver a tetina do biberão do puto".

MAMÃO de mama, do latim *mamma*, descrito cientificamente como glândula mamária, presente nos mamíferos e em geral em número de duas, que na fêmea produz o leite. A fruta recebeu este nome por semelhar-se a um seio muito grande.

MAMONA do quimbundo *mu'mono*, com influência de mamão. As bagas da mamona, agrupadas no galho da mamoneira, lembram tetas da vaca, colaborando para a denominação. O óleo dos frutos dessa planta medicinal, que pode ser aproveitado como combustível, levará à associação com a divindade fenícia e síria da riqueza, conhecida também por Mamona. Os vocábulos mamão e mamona são muito usados na pecuária para denominar o filhote que ainda mama, seja bezerro ou cordeiro. Um prato apreciado na culinária é feito com cordeiro que ainda mama, sacrificado para alimento humano antes que a ovelha termine de criá-lo, o que é considerado suprema crueldade pelos vegetarianos. Os que acham o prato saboroso não têm remorso algum.

MAMUTE do iacuto *mama*, terra, que no russo foi grafado *mamont* e no polonês *mamut*. Quando os iacutos, que habitam a Sibéria oriental, encontraram os primeiros fósseis dos grandes animais pré-históricos, passaram a denominá-los assim porque acharam que eles escavavam a terra com suas trombas ou cornos. O termo entrou para a linguagem científica no final do século XVII.

MANÁ do hebraico *mannah*, manjar. Segundo a *Bíblia*, teria caído em forma de chuva durante as madrugadas daqueles 40 anos que durou o percurso do povo judeu em sua fuga do Egito, sob a liderança de Moisés, em busca da terra prometida, onde, entretanto, o grande líder não entrou. Tinha a forma de um floco branco com aroma de mel. Pesquisadores deram explicação científica: o maná bíblico bem poderia ser um líquen comestível, levado a grandes distâncias no deserto do Saara pelo vento simum, característico daquela região.

MANCADA de manco, do latim *mancus*, ligado a *manus*, mão, designando pessoa ou animal aos quais falta a mão, o braço. Passou depois a ser aplicado à falta de pé ou perna, consolidando-se mais com esse sentido. Evoluiu para designar faltas, lapsos e dele surgiu mancada como sinônimo de erro ocorrido nas mais diversas situações, de que são exemplos as mancadas do *Titanic*, sem botes suficientes para todos os passageiros; a roda-gigante, retirada em 2010, construída em frente ao monumento que homenageava os náufragos, em Belfast; e as mancadas do filme *Titanic*: o quadro de Monet, que aparece na primeira classe, ainda não tinha sido pintado; a Estátua da Liberdade, que veio a ter luzes somente em 1950, aparece iluminada; Leonardo di Caprio, apaixonado por Kate Winslet, afunda, mas devia flutuar.

MANCEBO do latim *mancipis*, o que toma na mão, designando também o comprador ou aquele que arremata os bens num leilão. Passou a indicar o criado caseiro, especialmente o de quarto, que ajudava o senhor a vestir-se, segurando suas roupas nas mãos. Emancipado o jovem, foi providenciado um móvel que recebeu este nome, uma espécie de cabide cuja haste tem vários braços. Apesar de as mulheres terem sido criadas para a função, houve aquelas que levaram os mancebos para o quarto e os utilizaram mais para ajudá-las a se despirem do que a se vestirem, ampliando seus auxílios para além desses ofícios, como foi o caso de Cleópatra VII. A rainha do Egito metia seu célebre e longo nariz em muitos assuntos, o que levou o filósofo Blaise Pascal a escrever que ela teria mudado a face do mundo se tivesse o nariz mais curto. Trata-se de ponto de vista controverso: ela mudou justamente porque, por sua beleza, da qual o nariz era um dos atributos, cativou poderosos imperadores romanos.

MANCO do latim *mancus*, sem *manus*, mão, ou mesmo privado de um ou dos dois braços. Mas veio a designar quem, por defeito nos pés ou nas pernas, não caminha direito, isto é, manca. O manco propriamente dito, no latim é *coxus*, coxo. Na língua portuguesa houve adaptações assim insólitas do latim. Também cambaio é sinônimo de manco e talvez proceda do latim *cambiare*, trocar. No caso, troca as pernas, mas o mesmo étimo está presente em câmbio, trocar, não as pernas, mas as moedas.

MANDADO do latim *mandatus*, mandado, do verbo *mandare*, radicado em *manus*, mão, cujo radical é panromânico, isto é, está presente em todas as línguas românicas, de que são exemplos o francês *main*, o italiano *mano*, o espanhol *mano*. Originalmente o mandado designou o poder da mão do homem sobre a mulher: ele mandava, subjugando-a, não com palavras, mas com as mãos, e ela via-se obrigada a obedecer pela força física. Depois o mando estendeu-se também aos filhos e agregados que partilhavam o convívio com o *pater familias*. No direito, ordem escrita do juiz ao oficial de justiça para notificar interessados em processos judiciais litigantes ou não. É também usada a variante *writ*, do verbo *write*, escrever. A autoridade policial ou judicial pode expedir mandado de prisão, fazendo com que o documento faça as vezes de sua mão, ensejando que mãos alheias tragam à presença do delegado ou do juiz aquele que foi intimado. Mas o juiz pode também expedir mandado de segurança, instrumento jurídico que dá ao acusado garantia constitucional para proteção de direito individual. Até 1265, ano de seu primeiro registro escrito, o mandado estava incluído em mandamento, cujo conjunto mais célebre, os Dez Mandamentos, é base de muitos sistemas jurídicos. Também a raiz de mandamento é *mand*, do verbo *mandare*, mandar. "Manda quem pode e obedece quem precisa", diz o ditado luso-brasileiro.

MANDAMENTO do latim medieval *mandamentu*, mandamento, ordem. Os judeus celebram a festa de *Simchat Torá* dia 3 de outubro, quando lembram a entrega dos *Dez Mandamentos* a Moisés, no Monte Sinai, depois da fuga do Egito. O Decálogo, como é chamado, foi aceito também pelos cristãos, mas a Igreja Católica reduziu sua redação a dez preceitos sumários. O primeiro mandamento – amar a Deus sobre todas as coisas – tinha originalmente cinco versículos, totalizando uma lauda, em que o transgressor era ameaçado com punições aplicadas também a seus descendentes: *Castigo a iniquidade dos pais nos filhos até à quarta geração*. Além dos *Dez Mandamentos*, a Igreja prescreveu outros cinco: ouvir missa, confessar-se, comungar, jejuar e pagar os dízimos e primícias.

MANDANTE do latim *mandante*, que manda, incita, instiga. Foi-se a época do duelo que, embora violento, apresentava os desafetos cara a cara. Com o aumento da violência rural e urbana, surgiu o mandante, aquele que se serve de outros para fazer vinganças, queimando depois os arquivos vivos, no caso as pessoas empregadas para seu ato nauseabundo. O mandante é ainda mais perigoso para a sociedade, e não apenas para as vítimas, quando protegido por mandato, já que os eleitos não foram escolhidos pelo povo para cometerem crimes. Por isso, são graves as acusações feitas ao governador do Distrito Federal, Joaquim Roriz, e ao senador Luiz Estevão, suspeitos de serem os mandantes das agressões aos filhos do jornalista Ricardo Noblat, diretor de redação do *Correio Braziliense*. Suspeitas não vêm do nada. Por isso, convém apurá-las, para que seja revelada a verdade ou desmascarada a mentira. O governador, em caso inédito, em vez de se preocupar com o aumento de leitores entre os governados, conclamou a população a deixar de ler o jornal, por causa das críticas a sua administração, semelhando célebres personagens de romances protagonizados por pequenos tiranos, como *Os tambores silenciosos*, de Josué Guimarães, e *Incidente em Antares*, de Érico Veríssimo. Já o senador perdeu o mandato pelas revelações das reportagens do *Correio Braziliense* e da CPI do Judiciário dando conta de que estava envolvido no desvio de verbas do Fórum Trabalhista de São Paulo. O jornalista pediu garantias de vida ao então ministro da Justiça, José Carlos Dias, que ocupava uma das pastas que mais titulares teve nos dois governos de Fernando Henrique Cardoso.

MANDARIM da corruptela do sânscrito e do neoárico *mantri*, conselheiro, ministro. A troca do *t* pelo *d* pode ter tido influência do português mandar. Designava alto funcionário da antiga China.

MANDATO-TAMPÃO do latim *mandatus*, missão, e tampão, do francês *tampon*, forma nasalada de *tapon*, rolha, mecha, pano ou chumaço utilizado para preencher orifício, tido também como aumentativo de tampa. No caso, designa o mandato que, tendo sido interrompido, tem um espaço menor preenchido por outro que não o titular, até que seja oferecido o mandato pleno. Com uma consoante apenas de diferença, mandado muda radicalmente o significado, de que é exemplo obrigação judicial a ser cumprida, como em "mandado de segurança".

MANEIRO do latim *manuariu*, manejável. Passou a designar indivíduo jeitoso, capaz de contornar obstáculos e resolver conflitos com bons modos e conversa apropriada, indicando também música suave, programa leve, sem complicações.

MANGO do latim *manicu*, o que está na mão, étimo que deu também manica, manga. Mango é um dos muitos sinônimos do dinheiro no Brasil, ainda que apenas na linguagem coloquial. Os economistas jamais haverão de referir-se a tantos mangos num orçamento, mas talvez, no dia em que assim procederem, a economia sobre a qual tanto teorizam deixe de pertencer ao ramo das ciências ocultas e passe a ser mais bem entendida por todos.

MANHA do latim vulgar *mania*, habilidade no uso da *manus*, mão. Passou a designar astúcia, destreza, competência. E também choradeira, birra, queixa infantil sem causa. Neste caso, a origem é outra: mãe. Quando descobrimos um profissional extremamente talentoso no desempenho de seu ofício, dizemos que ele tem a manha para aquilo. É semelhante a artimanha, palavra igualmente procedente do latim *arte magna*, grande arte. Rubem Fonseca escolheu muito bem o título de um de seus melhores romances, *A grande arte*, cujo personagem solar é um assassino que maneja a faca com uma habilidade impressionante.

MANIA do grego *manía*, loucura, obsessão, ideia fixa, tema recorrente. Na literatura feita por mulheres, aparecem com frequência manias e obsessões temáticas, uma das quais é a solidão. Mas muitos dos temas que lhe são caros são também desenvolvidos por homens, retomando o sentido bíblico presente no *Gênesis*, quando Adonai Eloim cria o homem, com justiça e misericórdia, criando-o homem e mulher, instituindo depois a partilha, a separação de corpos, a carne da costela, e a reintegração pelo amor, no caso, traduzido como união, casamento. Os tradutores tropeçaram ali pela primeira vez! São Jerônimo e sua parca experiência feminina, celibatário que era, incorreu em erros bem tangíveis sobre o tema na sua *Vulgata*, na qual a mulher aparece como causadora de todos os sofrimentos humanos.

MANIFESTANTE de manifestar, do latim *manifestare*, cujos étimos indicam trazer alguma coisa na mão, mostrar, declarar. Os manifestantes vêm se transformando em revolucionários sem armas em todo o mundo. Carregam flores, celulares, câmeras, cartazes e depois declaram ao mundo o que houve nas manifestações. Na Geórgia, em 2003, manifestantes portando rosas interromperam uma cerimônia no Parlamento e pediram a renúncia de Eduard Shevardnaze, que deixou o poder no dia seguinte. Em 2005, houve revolta popular no Líbano e o movimento chamou-se Revolução dos Cedros: o cedro é a árvore símbolo do país. Na Tunísia, entre 2010 e 2011, um homem de 26 anos ateou fogo às próprias vestes, depois da apreensão de sua barraca de frutas, deflagrando a Revolução de Jasmim, flor símbolo do país. Em 2011, influenciados pela revolta na Tunísia, manifestantes egípcios fizeram a Revolução de Lótus, flor símbolo do Egito.

MANJEDOURA provavelmente do italiano *mangiatoia*, cocho onde se põe comida para os animais. Pode ter derivado também de *manjar*, radicado no catalão arcaico *majar*, comer, que tem formas semelhantes no francês *manger* e no italiano *mangiare*. A língua-mãe desses idiomas, o latim, tem *manducare*, mastigar. A manjedoura tornou-se símbolo cristão porque serviu de berço ao Menino Jesus. Provavelmente tratou-se de cocho cavado na rocha da gruta, mas com o tempo sua forma foi adaptada e hoje é raro encontrar manjedouras de pedra nos presépios, sendo mais comuns as de madeira. As ovelhas, o boi e o burro foram acrescentados pela imaginação dos cristãos: já que o nascimento deu-se no campo, deduziram que, além dos pastores, ali estivessem esses animais.

MANJERICÃO do grego *basilikón*, erva do palácio. Antigamente era grafado com *g*. No latim recebeu o nome de *ocimum basilicum*. Na Idade Média, o ofício do verdureiro que vendia legumes e hortaliças de porta em porta ou nas feiras era conhecido como *ocimum cantare* (anunciar legumes). A erva aromática, própria para tempero, foi registrada por um dos autores clássicos da língua portuguesa, o padre Manuel Bernardes, em *Nova floresta*: "Entre outras hervas cheirosas estava uma chamada basilica, que corresponde ao nosso mangericão". Na viagem que fez até chegar à nossa língua, a palavra pode ter trilhado o seguinte caminho: do grego *basilikon*, relativo a palácio ou edifício público, que em latim virou *basilicum*, conservando o significado. Passou, porém, a ser pronunciado *masilicum* no latim vulgar, cuja variante tornou-se *magiricum*, de onde chegou ao português antigo mangericão. Por quê? Porque o til foi sacado para transformar *um* em *ão*. E um (um) e outro (ão) influenciaram o *ma* inicial, que virou *man*, onde não cabe *m*, por não estar antes de *p* ou *b* e nem o til por razões óbvias. Quanto ao *j* e ao *g*, por *j* ter som opcional de *i* no latim, nossos gramáticos, em suas habituais confusões e vacilos, dão explicações que não se sustentam para optarmos por um ou outro, quando o fonema (grafia do som) tem som de *g* como em "gemer". Reforçam tal hipótese as grafias em outras línguas neolatinas como o francês *basilic* e o italiano *basilico*. O espanhol, porém, por influência dos árabes, adotou *albahaca* para designar o manjericão. No Brasil temos o manjericão-dos-jardins e o manjericão-cheiroso, ambos com forte aroma.

MANO do latim *germanus*, irmão, inicialmente grafado germano, formou-se em português o diminutivo mano, forma carinhosa de designar o cunhado ou o irmão. Como se sabe, nas relações familiares, cunhados e irmãos cumprem funções importantes, apesar das irônicas alusões aos cunhados feitas pelo apresentador Fausto Silva em seu programa de televisão na Rede Globo. Pudera! O cunhado é aquele que levou nossa irmã. Já a cunhada, trazida por nosso irmão em um tempo em que a mulher vinha morar com a sogra, foi muito bem recebida, exceto pela mãe de seu marido, para quem não passava de uma nora a mais.

MANOBRA do francês *manoeuvre*, vindo do baixo-latim *manuopera*, literalmente justaposição de "mão" e "obra" para designar a ação de fazer funcionar manualmente um aparelho. Seus outros significados concentraram-se em estratégias militares e parlamentares, indicando movimentos que, no primeiro caso, as forças fazem em treinamento ou em combate e, no segundo, as providências tomadas por partidos políticos nos parlamentos com o fim de aprovar algum projeto ou barrar sua votação.

MANSARDA do nome do arquiteto francês François Mansard, nascido e morto em Paris, mas de ascendência e influência italianas. Ele foi o primeiro a aproveitar o espaço das casas que fica entre o forro e o telhado, construindo ali ambientes aconchegantes. Quando não gostava dos próprios trabalhos, mandava destruir tudo e os fazia de novo, como procedeu no caso do castelo Maison Lafitte, em 1642. Foi discípulo e colega de Salomon de Brosse, que começou sua carreira atendendo a projetos de protestantes e somente mais tarde veio a trabalhar para católicos. Mansard e Brosse fizeram muitos templos e hotéis em Paris, mas o nome que serviu para designar a construção em água-furtada foi o do primeiro.

MANTEIGA de origem controversa. Veio para o português provavelmente do baixo-latim *manteca*, manteiga, mas o produto já era conhecido nos tempos bíblicos e utilizado como remédio. A primeira fábrica de manteiga do Brasil foi instalada no Maranhão, em 1888. A partir da Primeira Guerra Mundial, deixamos de importá-la.

MANTENEDOR do latim *manu tenere*, ter na mão, acrescido do sufixo correspondente. Passou a designar o ato de prover o necessário, cuidar dos meios que garantem a sobrevivência, seja de pessoas, seja de instituições. Nesse sentido é utilizado para designar a pessoa ou instituição que mantém outra, como no caso das fundações responsáveis por escolas e faculdades.

MANTÔ do latim *mantelum*, guardanapo, véu, pano que cobre alguma coisa, pelo francês *manteau*, mantô, roupa feminina e também coisa que abre, garantia. No francês *sous le manteau*, sob o mantô, é o equivalente elegante ao nosso "por debaixo do pano", com o sentido de clandestino ou ilícito, mas na metáfora do português pode ter tido maior influência não o mantô, mas o pano da mesa de jogo. Originalmente designou vestimenta que se colocava sobre outra, para proteção ou defesa contra o frio, em forma de casaco de tecido grosso, o popular sobretudo, assim chamado por ser roupa que se veste sobre todas as outras. Passou a denominar preferencialmente veste feminina semelhante ao manto, posta sobre os ombros, cobrindo também as costas e, por elegância, deixando-se cair aos lados do corpo.

MANUSCRITO do latim *manu scriptu*, escrito à mão. É o nome que ainda hoje se dá aos originais de um livro ou texto. Os manuscritos antigos, de autoria de personalidades famosas, podem valer uma fortuna. Um texto de Leonardo da Vinci foi comprado por 30 milhões de dólares. Quem pagou tornou-se célebre por inventos cada vez mais sofisticados, que estão dispensando o ato de escrever à mão: o bilionário Bill Gates.

MANUSTÉRGIO do latim *manustergium*, enxugar as mãos, designando pequena toalha, quase um guardanapo, que o padre usa na missa para enxugar as mãos. Foi um dos bens arrolados no inventário do padre Manuel Rodrigues da Costa, o último dos inconfidentes a falecer. Voltou do degredo com máquinas de fiar, que utilizou para fazer tecidos de lã e de linho no Brasil. Dom Pedro I condecorou o exilado por sua avó, a rainha Dona Maria I, a Louca, com a Ordem do Cruzeiro e a de Cristo, a mais alta do Império.

MÃO do latim *manus*, mão. Além de designar a parte de nosso corpo ligada ao antebraço pelo punho, essencial à transformação do macaco em homem, pelo trabalho, segundo afirmação de Friedrich Engels num ensaio clássico, mão indica, por metáfora, a pata dianteira dos quadrúpedes. Mão é também um conjunto de espigas de milho, cujo número varia de 25, em Alagoas, a 64, no Rio Grande do Sul. Em São Paulo, a mão de milho tem 60 espigas, e em Pernambuco, 50. Designa também camada de tinta e direção no trânsito, além de indicar 25 folhas de papel e servir de medida sob a designação de palmo. Na Índia, a mão corresponde a dois palmos, pois a medida começa no cotovelo e vai até a ponta do dedo médico. O poeta Mário Quintana dedicou um poema às mãos de seu pai; eis alguns versos: "As tuas mãos têm grossas veias como cordas azuis/ sobre um fundo de manchas já da cor da terra – como são belas as tuas mãos/ pelo quanto lidaram, acariciaram ou fremiram na/ nobre cólera dos justos.../ Porque há nas tuas mãos, meu velho pai, essa/ beleza que se chama simplesmente vida."

MAPUCHE do araucano *maputche*, homem da terra, pelo espanhol *mapuche*, nome pelo qual é conhecida a etnia dos araucanos, ameríndios que habitavam a região central do Chile e o Norte da Argentina. Arauco, palavra formada de *rau*, barro, argila, e *ko*, água, designa outra língua indígena e também lugar que habitavam. Num texto recolhido por pesquisadores espanhóis, um líder lê como os mapuches entenderam as ordens religiosas a serviço da expansão espanhola nos primeiros séculos: "Quando chegaram, eles tinham a Bíblia e nós tínhamos a terra. E nos disseram 'fechem os olhos e rezem'. Quando abrimos os olhos, nós tínhamos a Bíblia e eles tinham a terra."

MAR do latim *mare*, mar, uma das divisões do oceano. Os romanos, adonando-se do Mediterrâneo, denominaram-no *mare nostrum*, nosso mar. A água salgada sempre serviu de metáfora aos escritores, de que são exemplos os célebres versos de Fernando Pessoa: "Ó mar salgado, quanto de teu sal/ são lágrimas de Portugal." E Alphonsus de Guimarães escreveu que "quando Ismália enlouqueceu/ pôs-se na torre a sonhar/ viu uma lua no céu/ viu outra lua no mar." E que "no sonho em que se perdeu, banhou-se toda em luar", tendo, porém, um final infeliz: a alma sobe ao céu, mas o corpo desce ao mar, já que ela, na ânsia do absoluto, suicida-se ao se atirar da torre onde está. Já o poeta francês Paul Valéry viu no movimento das ondas o significado de eterno recomeço que os homens sempre têm: *la mer, la mer, toujours recommencée*. Mas foram outros versos sobre o mar que lhe serviram de epitáfio para a tumba no cemitério marítimo de Sète, na França: *oh récompense après une pensée/ qu'un long regard sur le calme des dieux*.

MARABÁ do tupi-guarani *mara'bá*, estranho, estrangeiro. Os índios usavam o vocábulo para designar o filho que as índias tinham com os brancos, como no caso dos rebentos nascidos da união de franceses e índias. Muito antes que nossos antropófagos considerassem os estrangeiros agradáveis ao paladar, tal como celebrado no filme de Nelson Pereira dos Santos, *Como era gostoso o meu francês*, os europeus, por motivos amorosos, acharam gostosas as índias, com as quais tiveram muitos filhos. A formação do vocábulo explica-se pela junção de outras duas palavras do tupi-guarani: *mair*, estranha, e *avá*, pessoa. É fácil imaginar o espanto da tribo ao ver os filhos nascidos da coabitação entre brancos de olhos azuis e índias autênticas. Marabá dá nome a cinemas em várias cidades brasileiras.

MARAFONA do árabe *mara haina*, mulher que engana. Dada a permanência multissecular dos mouros na Península Ibérica, o vocábulo passou ao português, mas já para designar a prostituta. Um outro significado é o de boneca de segunda categoria, feita de trapos, presente em autores portugueses.

MARAGATO do espanhol do Uruguai *maragato*, nascido no departamento de São José e Santa Luzia, cujos ancestrais vieram de La Maragatería, na Espanha. Quem trouxe o vocábulo para a língua portuguesa, em fins do século XIX, foi Júlio de Castilhos, para dar apelido pejorativo aos parlamentares que contra ele e seu governo se insurgiram durante a Revolução Federalista de 1893, no Rio Grande do Sul, liderada por Gaspar da Silveira Martins e Joaquim Francisco de Assis Brasil, contrário ao partido do então presidente do Rio Grande do Sul, Antônio Borges de Medeiros. Tornou-se, depois, alcunha positiva. Designa também um tipo de papagaio muito falante, comum entre São Paulo e o norte da Argentina. Talvez a ave tenha influenciado a denominação.

MARAJÁ do sânscrito *maha-rajá*, com erre forte, grande rei. No Brasil, passou a indicar aqueles funcionários públicos que por meio de trambiques e contorcionismos legais, mas ilegítimos, passaram a aumentar seus próprios salários e ganhos indiretos em quantias escandalosas. Contra eles investiu o então candidato à Presidência da República, Fernando Collor, fazendo das denúncias contra essas abomináveis figuras uma das principais peças de sua campanha. Uma vez no poder, pouco fez contra aqueles que tanto denunciara. Os marajás haviam sido chocados e descascados em um ninho estarrecedor: instâncias do próprio Poder Judiciário.

MARAMBAIA do tupi-guarani *mbaránbai*, restinga. Na gíria carioca, que depois se espalhou pelo Brasil, marambaia designa o marinheiro que prefere permanecer em terra a viajar, aplicando-se também ao litorâneo namorador. Como localização topográfica, o vocábulo aparece nesses versos de *Saudades do Brasil*, de Elis Regina, que começou sua carreira aos 11 anos apresentando-se no programa Clube do Guri, da Rádio Farroupilha de Porto Alegre, sua cidade natal: "Eu tenho uma casinha lá na Marambaia/ fica na beira da praia/ quando chega o verão, sento na varanda, pego o meu violão e começo a cantar."

MARASMO do grego *marasmos*, fraqueza extrema, melancolia profunda, cansaço, inatividade, paralisação, pelo francês *marasme*, apatia. Na medicina, designa atrofia progressiva dos órgãos e magreza excessiva, decorrentes de longa enfermidade, associadas a estado de apatia, abatimento moral, falta de coragem e prostração geral. Marasmo designa também período de inatividade, ausência de realizações ou de acontecimentos dignos de nota, estagnação, paralisação.

MARATONA do grego *Marathón*, Maratona, nome de uma aldeia da Ática, na Grécia. Virou modalidade esportiva em homenagem a um soldado chamado Aristion, que, no ano 490 a.C., percorreu a pé 42,195 km, no trajeto de Maratona a Atenas, para anunciar a vitória dos gregos, comandados por Milcíades, sobre os persas. Aristion caiu morto logo após dar a importante notícia, cena imortalizada no cinema com mensageiros reles e notícias irrelevantes.

MARAVEDI do árabe *murabiti*, pequena moeda de ouro, cunhada inicialmente por membros de uma seita religiosa e política, os almorávidas, que ficaram na Espanha por sete séculos. O almirante Cristóvão Colombo anunciou aos trezentos marinheiros que o acompanhavam na viagem da descoberta da América, iniciada dia 3 de agosto de 1492, no porto de Palos, na Espanha, como se lê em *As quatro viagens do almirante e seu testamento*: "Àquele que lhe dissesse primeiro que via terra lhe daria logo um gibão de seda, sem falar das outras mercês que os reis haviam prometido, que eram dez mil maravedis de ouro a quem primeiro a visse." A promessa foi feita na noite de 11 de outubro. Às 2h do dia seguinte, sexta-feira, a América foi descoberta.

MARAVILHA do plural neutro latino *mirabilia*, notáveis, admiráveis. As mais célebres maravilhas do mundo antigo são sete. Por isso se diz do cinema que é a oitava. Com exceção do cinema, inventado nos finais do século XIX, e das pirâmides do Egito, especialmente as que levam os nomes dos faraós Quéops, Quéfren e Miquerinos, construídas no terceiro milênio a.C., as outras seis desapareceram e eram as seguintes: os Jardins Suspensos da Babilônia, erguidos pela rainha Semíramis ou por Nabucodonosor, no século IX a.C.; o templo dedicado à deusa Diana, com 138 m de altura, construído no séc. IV a.C.; a estátua de Zeus, em Olímpia Grécia, que tinha 12 m de altura; o mausoléu de Halicarnasso, antigo nome de Bodrum, atual Turquia; o colosso de Rodes, como ficou conhecida a estátua de Apolo, construída entre 192 e 280 a.C. e destruída por um terremoto em 225 a.C. O Farol de Alexandria, edificado em 280 a.C., foi incluído como a sétima das maravilhas apenas no século IV de nossa era, em substituição às Muralhas da Babilônia.

MARAVILHOSA de maravilha, mais sufixo -osa, com eliminação do "a" final, formado do latim *mirabilia*, maravilhas. No latim só existe a forma plural. "O Senhor fez em mim maravilhas" é o verso inicial do *Magnificat*, um dos mais belos textos bíblicos, depois transformado em canto litúrgico. Célebre marchinha proclamou o Rio de Janeiro como cidade maravilhosa em 1934: "Cidade maravilhosa/ cheia de encantos mil/ cidade maravilhosa/ coração do meu Brasil." Foi um fracasso de crítica e de público ao ser lançada, em 1934. No ano seguinte, ganhou o segundo lugar num concurso da prefeitura do então Distrito Federal. Depois, porém, seu sucesso foi tamanho que passou a ser o hino oficial do Estado da Guanabara, hoje unificado com o Rio de Janeiro.

MARCA do latim tardio *marca*, limite, fronteira, com influência do latim clássico *margo*, margem, borda. Os suevos, antigo povo germânico, tinham a palavra *marka*, sinal, que deu o italiano *marcare*, de onde chegou ao português marcar. Marca ficou no feminino para identificar o gado, a ferro quente, mas no masculino, *marco*, para fixar limites de propriedades. As marcas são objeto de controvérsias que levam a situações insólitas, já que o critério de registro é cartorial. Assim, uma companhia alemã registrou, em 1993, a marca Rapadura dos EUA. Mas o Brasil ainda não entregou a rapadura, nem a cachaça, nem o cupuaçu, em poder de outras nações. E queixou-se à Organização Mundial do Comércio (OMC).

MARCA-D'ÁGUA expressão que indica traços de segurança, visíveis apenas contra a luz, que servem para impedir a falsificação de papel-moeda ou de documentos oficiais de grande valor. É impressa no papel durante sua fabricação, pelo contato da massa com fios de latão.

MARCENEIRO do latim *mercenarium*, mercenário, assalariado, que desempenha algum ofício mediante pagamento. O carpinteiro que fazia móveis, cobrando caro pelas encomendas, já que demandavam mais habilidade e demora, passou a ser chamado marceneiro. Posteriormente mercenário consolidou sentido pejorativo, designando quem faz as coisas apenas por dinheiro.

MARCHAND do francês *marchand*, mercador, negociante. Pronuncia-se *marchã*. Profissional que compra e vende quadros ou outros objetos de arte. O feminino, marchande, já vem sendo grafado com desenvoltura. Não confundir com marchante, que em nossa língua é o nome que se dá a outro tipo de comerciante – aquele que negocia com gado.

MARCO derivado de marcar, do italiano *marcare*, com influências do germânico *marka*, alterado para *merken*, designando fixação de limites, imposição de marcos nas fronteiras. O vocábulo tem sido muito utilizado desde que no processo civilizatório o homem branco deu-se conta de que era indispensável reservar certas áreas para os nativos. No Brasil, célebres polêmicas têm envolvido a questão. Foi sempre tradicional costume dos desbravadores portugueses fincar marcos nas terras que descobriam. O principal deles foi a cruz que, inclusive, deu os primeiros nomes ao Brasil: Ilha de Vera Cruz e Terra de Vera Cruz. O providencial *vera*, verdadeira, foi posto para discernir a cruz dos luteranos, considerada falsa pelos católicos da Contrarreforma.

MARECHAL do francês *maréchal*, marechal, do latim vulgar *mariscalcus*. Os romanos adaptaram o vocábulo com que os francos designavam o empregado doméstico, *skalk*, que cuidava dos cavalos, *marh*. Ele cuidava principalmente das ferraduras dos animais e no exército a palavra passou a denominar o oficial encarregado de examinar o campo de batalha onde os cavaleiros travariam o combate. Por sua importância e por ter o poder de impedir ou autorizar que a cavalaria fosse a determinado campo, tornou-se patente de grande autoridade, mandando também nos capitães-generais e mais tarde nos generais. O Exército brasileiro já aboliu esta patente. Um dos últimos marechais, porém, foi presidente da República: Humberto de Alencar Castello Branco. Para isso, ele liderou o golpe de Estado de 1964, também conhecido como Revolução de 64, apesar de ter sido deflagrado no dia 1º de abril.

MARFIM do árabe *azm al-fil*, osso do elefante. Substância branca, fina e resistente, de que são feitas as presas ou defesas do elefante. Aparece na expressão "Torre de Marfim", símbolo de pureza herdada da cultura judaica, presente numa das muitas saudações da Ladainha de Nossa Senhora. E em literatura foi criada por Charles Augustin Saint-Beuve para criticar o isolamento voluntário do seu colega francês, o poeta Alfred de Vigny, consolidando-se desde então como metáfora de quem se afasta do convívio social por egoísmo.

MARGARINA do francês *margarine*, margarina, palavra inventada pelo químico francês Michel Eugène Chevreul, derivando-a de *margarique*, nome de um ácido. A origem remota é o grego *margaron*, pérola. De cor pérola, o ácido influenciou o nome da substância pastosa e gordurosa, resultado da mistura de óleos vegetais, feitos de sementes de algodão, de soja, de milho, de girassol etc., e ingredientes diversos, como o sal e vitaminas. Mas quem inventou a margarina como alternativa para a manteiga foi outro químico, igualmente francês, Hippolyte Mergé-Mouriès, vencedor de um concurso instituído por Carlos Luís Bonaparte, mais conhecido como Napoleão III, para premiar quem encontrasse um substituto da manteiga. O imperador preocupava-se com a alimentação dos mais pobres, tanto que até elaborou uma doutrina que intitulou *A extinção do pauperismo*. O novo produto ganhou o mundo, não a partir da França, mas da Holanda, onde duas famílias fundaram a primeira fábrica de margarina, em Oss, província do Sul. O holandês manteve o nome francês *margarine*.

MARIA do hebraico *Miriam*, na verdade *Mrym*, uma vez que é língua sem vogal, pelo latim *Maria*. Nos dicionários, maria designa bolacha, biscoito originalmente redondo e fino, cuja marca, como ocorreu com brahma para cerveja, passou a substantivo comum. Está presente em numerosas palavras compostas, como maria-chiquinha (penteado), maria-condé (brinquedo infantil, a cuja invocação se responde "bate nas costas e vai se esconder"), maria-fumaça (trem), maria-isabel (prato de arroz e carne seca), maria-judia (tico-tico), maria-mijona (vestido longo e desajeitado), maria-mole (sapato e tipo de doce), maria-macumbé ou maria-mucanguê (brinquedo infantil), maria-mulata ou macho-de-joão-gomes, ambos pássaros. O étimo original de Maria é egípcio e tem o significado de "amada de Amón", pela formação *mri*, amado, e *Amón*, oculto, único deus deles, monoteísmo adotado também pelos hebreus quando, liderados por Moisés, fugiram do Egito. Na travessia do deserto, porém, chegaram a adorar um bezerro de ouro. Moisés e Aarão tinham uma irmã chamada Míriam.

MARIA-CHIQUINHA de Maria, do hebraico *Miriam*, pelo latim *Maria*, nome da mãe de Jesus e por isso muito popular em países cristãos, e Chiquinha, diminutivo de Chica, apelido de Francisca, feminino de Francisco, adaptação do latim *Franciscus*, nome também muito popular por causa de vários santos como este nome, como São Francisco de Assis, São Francisco de Paula e São Francisco Xavier. Designa penteado feminino em que o cabelo (de médio a comprido) é dividido ao meio, do alto até a nuca, com as madeixas presas por elásticos, pedaços de pano ou fitas.

MARIA-CHUTEIRA da junção de maria, nome preferencialmente feminino, vindo do hebraico *Miriam*, pelo latim *Maria*, e chuteira, de chute, do inglês *shoot*, tiro, arremeso, do verbo *to shoot*, o mesmo para indicar a ação de atirar. O verbete ainda não foi para os dicionários, mas logo irá, pois o povo criou o vocábulo, de largo uso no mundo do futebol, verdadeiro fenômeno linguístico, para indicar a mulher jovem, bonita e atraente, que ronda os clubes de futebol em busca de parceiros que lhe garantam pensão alimentícia e vida confortável mediante relacionamentos muito rápidos, às vezes durante apenas o tempo suficiente para engravidar. Naturalmente, o jogador pobre está excluído da lista. O encanto dos machos procurados está diretamente ligado ao que têm, não ao que são. Marias-chuteiras farejam alguns indicadores econômicos e financeiros, como o carro que os alvos usam para ir aos estádios, as roupas que vestem, os tênis que calçam, a generosidade nas casas noturnas em que vitórias são festejadas etc. As antílopes que assediam os machos garantem apenas o filho concebido, mas as marias-chuteiras têm objetivos mais ambiciosos, um deles estratégico: garantem boa vida a si mesmas e aos rebentos, graças a bons advogados especializados em separações litigiosas. São elas que maculam as varas de família, instituídas para prover o sustento de filhos abandonados por pais irresponsáveis, concebendo-as como varas de piranhas.

MARIANA da junção dos nomes Maria e Ana, ambos do hebraico *Miriam* e *Hannah*, designando o capatão novo, peixe muito apreciado pelos pescadores de vara. O francês *Marianne* tem a mesma origem hebraica e é um dos símbolos da França. *Marianne*, mulher jovem e forte, descalça, com os seios à mostra porque o vestido rasgou-se na luta, aparece no campo de batalha, entre guerreiros, mortos e feridos, segurando o estandarte francês na mão direita e a baioneta na esquerda. *Marianne* foi adotada como símbolo da Revolução Francesa por ser contração de dois nomes femininos preferidos pelos mais pobres, *Marie* e *Anne*.

MARIA-SEM-VERGONHA de Maria, do latim *Maria*, radicado no grego *María* e no hebraico *Miriam*; sem, do latim *sine*, exprimindo ausência, falta, exclusão; e vergonha, do latim *vericundia*, vergonha. O francês, o italiano e o espanhol também têm, respectivamente, *vergogne*, *vergogna* e *vergüenza*, com o mesmo significado, sinônimo de timidez, pudor, recato. Maria-sem-vergonha é nome de uma erva de flores vistosas, abundante na África e no Brasil. Provavelmente recebeu este nome em alusão a mulheres que se vestiam espalhafatosamente e pintavam o rosto de forma exagerada, pois as flores da maria-sem-vergonha são alvas, rubras e violáceas, com quatro pétalas cruzadas, um escândalo ornamental. A escritora Elsie Lessa relata numa crônica ter pedido ao jardineiro que "me respeite as avencas na garagem, o musgo da escada, o araçá torto, o riso alegre das marias-sem-vergonha". Sobre as vergonhas do controle de natalidade, escreveu: "num país que cresce uma suíça cada dois anos, em que as grandes cidades estouram nas costuras com todos os problemas de excesso de população, é tempo de pensar em difundir a ideia de que uma família pode ser planejada – e bem – como se planeja uma viagem, um jardim, uma casa, uma vida".

MARIA VAI COM AS OUTRAS de Maria, do hebraico *Miriam*, pelo latim *Maria*, nome feminino, de larga aplicação na cultura lusófona por designar a mãe de Jesus; de vai, do verbo ir, do latim *ire*, ir; de com, do latim *cum*, e de outras, plural de outra, do latim *altera*, designando mulher ou homem sem vontade própria, sem personalidade. Maria aparece em muitas expressões da língua portuguesa e neste trecho de *Desgracida*, pequenas histórias, de Dalton Trevisan, em que o diminutivo de Maria designa a mulher de relacionamento difícil com o homem, misturando beleza, amor e perfídia: "Mariazinhas: Bendigo o irmão Sol bendigo a pequena irmã Lua por todas as mulheres de Curitiba são muito queridas as nossas lindas Mariazinhas mas por que tão pérfidas? Te adoçam de beijos a boca e já misturam o vidro moído na tua sopa."

MARICAS palavra composta de Maria, mais sufixo -ica, aqui posto no plural. É antiga denominação do homossexual dado a trejeitos característicos. A etimologia popular tem seu nexo: uma pessoa assim teria modos femininos. E Maria é o nome mais comum entre as mulheres brasileiras. Sinônimo de pederasta, bicha, segundo Mário Souto Maior em seu *Dicionário do palavrão e termos afins*.

MARIDO do latim *maritu*, marido, o que está casado. A origem remota é entrelaçar, unir, como a videira à estaca. O escritor francês Alexandre Dumas Filho comentou a forma inusitada de amor que algumas esposas têm por seus esposos: "Certas mulheres amam tanto seu marido que, para não gastá-lo, elas usam os de suas amigas." Dumas, autor de *A Dama das camélias*, era filho de escritor e neto de general. Os três tinham o mesmo nome.

MARINHA do latim *marina*, designando em geral o conjunto de embarcações, não apenas fluviais e marítimas, mas também helicópteros e aviões, que compõem a força armada de uma nação para defesa naval. Há também a sua congênere civil, a marinha mercante, à qual cabe fazer o transporte de passageiros e de mercadorias. Nas marinhas nacionais utilizadas com fins bélicos, os submarinos cumprem importantes funções militares. Os submarinos alemães tornaram-se lendários e sobre eles diz Roberto Muylaert, em *1943: Roosevelt e Vargas em Natal*: "Segundo o livro *Grey Wolf*, de Simon Dunstan e Gerard Williams, até mesmo Hitler escapou da Alemanha, tendo falecido em 13 de fevereiro de 1962, na Argentina. Acabou a vida solitário e entediado, a partir de sua fuga para a Patagônia, na província de Rio Negro, numa vila próxima a Bariloche, logo após a guerra, no submarino U-518."

MARMELADA de marmelo, do grego *melim lon*, pela junção de *méli*, mel, e *mêlon*, maçã, maçã doce, que o latim vulgar também juntou em *melimelum*, alterando *malu*, maçã, para *mellum*. Ainda nas origens da língua portuguesa, houve troca do "l" pelo "r", como ocorreu também em tantas outras palavras. O sufixo -ada indica quantidade. Com efeito, para fazer uma marmelada são necessários muitos marmelos. Passou a designar trapaça e armação porque o freguês era enganado por doceiros desonestos que misturavam chuchu para fazer a marmelada, daí ter-se consolidado na língua o sinônimo de fraude. Quanto ao doce propriamente dito, pode ser até de mandioca, como registrou Johann Nieuhof em *Memorável viagem marítima e terrestre ao Brasil*, p. 286: "os portugueses adicionam a esse angu, açúcar, arroz e água de flor de laranjeira preparando assim um doce delicioso. Chamam-no marmelada de mandioca". O padre jesuíta português Fernando Cardim em *Tratados da terra e gente do Brasil*, p. 93-4, já registrara a abundância de marmelo no Rio de Janeiro, em São Vicente e também em São Paulo, antecipando que logo não seria mais necessário importar a marmelada: "aqui se fazem muitas marmeladas, e cedo se escusarão as da Ilha da Madeira". O viajante francês Auguste de Saint-Hilaire foi outro que registrou as primeiras marmeladas, experimentando-as e aprovando-as, em Minas Gerais: "comi desses doces; eles têm pouca transparência, porque não há o cuidado de eliminar as sementes e o miolo; mas tem gosto tão agradável quanto as famosas marmeladas de Orleans".

MARMITA do francês antigo *marmite*, fingido, hipócrita. Passou a designar vasilha em que os soldados comem o rancho e depois o conjunto dessas vasilhas acomodadas umas sobre as outras e adaptadas para transporte. A palavra francesa deve-se ao fato de a marmita esconder as diversas comidas, porque uma serve de tampa a outra. Os antigos romanos denominavam *gastrum*, estômago, o recipiente com fins semelhantes. Era um vaso bojudo, cuja denominação vinha do grego *gastra*, gástrula no português, que é sinônimo de marmita.

MARQUÊS do latim medieval *marchense*, governador de província fronteiriça, denominada marca. Seu sentido evoluiu depois para designar o título nobiliárquico logo abaixo de duque. O marquês que mais influenciou a vida brasileira foi o marquês de Pombal, cujo nome completo era Sebastião José de Carvalho e Melo. Foi ele quem, entre outras medidas políticas e administrativas, transferiu a capital do Brasil de Salvador para o Rio de Janeiro, incrementou a lavoura de café, a construção naval e reformou o ensino, na condição de todo-poderoso ministro de Dom José I, rei de Portugal. Porém, o que mais se lembra dele é que em 1755 começou intensa perseguição aos jesuítas, expulsando-os do Brasil em 1760.

MARQUETEIRO do inglês *marketing*, comercialização, mas que entrou para o português como neologismo, conservando a grafia original. Formou-se este vocábulo para designar profissional encarregado de divulgação de produtos nos meios de comunicação social. Dada a alta profissionalização dos programas de partidos políticos no rádio e na televisão, passou a indicar também os responsáveis por sua produção. Com base na psicologia das massas, eles têm a missão de formar ou modificar intenções de voto, alterando vontades e levando cidadãos a eleger os candidatos cujas virtudes apregoam.

MARRÃO do árabe *muharram*, coisa proibida, refere-se ao veto à carne de porco entre os muçulmanos. O vocábulo é muito utilizado para designar mouros e principalmente judeus convertidos à força ao catolicismo em Portugal, também chamados de cristãos-novos.

MARROM do francês *marron*, castanha, da cor desse fruto. Designa cor, mas em documentos oficiais é substituída por castanho para qualificar olhos e cabelos. Já a expressão "imprensa marrom" tem outra origem: foi adaptada do inglês *yellow press*, imprensa amarela; no século XIX, jornais populares de Nova York eram impressos em papel dessa cor. O então jovem jornalista Alberto Dines trabalhava no *Diário da noite*, no Rio, e já tinha feito a manchete imprensa amarela provoca suicídio, mas teve que substituir amarela por marrom para designar o caso de um periódico que, mediante chantagem, tinha levado um jovem cineasta ao suicídio. Desde então, imprensa marrom consolidou-se em nossa língua para designar imprensa sem ética, sem escrúpulos.

MARTE do latim *Marte*, declinação de *Mars*, como era chamado pelos romanos o deus da guerra, que deu nome ao terceiro mês do atual calendário. Marte é o quarto planeta em ordem de afastamento do Sol, e um dos que mais se parecem com a Terra, tendo inclusive levado o célebre cientista italiano Galileu Galilei a um engano antológico: achou que os habitantes de Marte tinham construído canais, visíveis da Terra. Marte tem 6.800 km de diâmetro – 0,107 vezes o da Terra – e conta com dois satélites, Fobos e Deimos. O velho Marte é comunista, de acordo com a nomenclatura dos dinossauros que mandaram no Brasil nos anos pós-1964, pois é conhecido como o Planeta Vermelho. Provavelmente é de origem etrusca, chegou a Roma como deus agrícola e somente mais tarde tornou-se o deus da guerra por força de que na primavera coincidiam os inícios dos trabalhos agrícolas e militares. Os antigos romanos ofereciam-lhe em sacrifício porcos, ovelhas e novilhos, trucidados em sua honra. Talvez os cultos expliquem a mudança: de divindade protetora dos campos a encarregado de zelar pelos soldados em outros campos, os de batalha. Marte nasceu de Juno por inseminação vegetal. A deusa Flora deu-lhe uma flor que substituiu o esperma do marido Júpiter. Crescido, Marte preferiu o método natural e seduziu a vestal Rhea Silva. O casal gerou Rômulo e Remo, entretanto alimentados por uma loba, pois não eram meninos de rua, eram meninos de floresta.

MARTÍNI do italiano *Martini*, provavelmente nome de quem inventou este coquetel, composto de vermute seco e gim, servido gelado, com azeitona ou casca de limão, de laranja ou cereja. Outra curiosidade da bebida é que vermute vem do alemão *Wermut*, absinto, inicialmente utilizado como vermífugo, e gim procede do inglês *gin*, redução de *geneva*, genebra, do holandês *genever*, hoje escrito jenever. Não são apenas bebidas que levam nomes de pessoas. Pratos também, de que é exemplo o *carpaccio*, carne crua temperada com azeite, queijo, mostarda e suco de limão ou maionese, criado por Giuseppe Cipriani para compor a dieta da condessa Amália Nani Mocenigo, proibida de comer carne cozida. O criador do prato, porém, menos narcisista que outros inventores, homenageou o pintor renascentista Vittore Carpaccio, que usava pigmento vermelho vivo em seus quadros.

MÁRTIR do grego *mártyr*, pelo latim *martyr*, testemunha. Nos primeiros séculos, de intensa perseguição aos cristãos, foram denominados mártires aqueles que sacrificaram a vida em defesa da fé. Com o tempo o vocábulo expandiu seus significados. Um dos mais jovens mártires é a menina italiana Maria Goretti, estuprada e morta aos 12 anos por Alexandre Serenelli, seu vizinho, então com 19, em Ancona, no dia 6 de julho de 1902. Depois de oito anos de prisão sem arrependimento, mudou radicalmente e chegou a comungar ao lado da mãe de sua vítima, Assunção Casagrande Carlini, já viúva, no Natal de 1937. Cumpriu 27 anos de prisão e ainda vivia quando a menina foi canonizada, em 1950. Viveu outros 43 anos cuidando do pomar de um convento para onde se recolheu depois de deixar a prisão. A tragédia foi transposta para o cinema com o título de *Céu sobre o pântano* e estrelada pela atriz italiana Inês Orsini.

MARTÍRIO do grego *martýrion*, pelo latim *martyrium*, martírio, testemunho, atestado, sepultura, santuário ou igreja consagrada a um ou mais mártires. Passou a designar também grande sofrimento. Na tradição cristã, o mártir por excelência é Jesus, mas todas as pessoas que morreram em defesa da fé e dos princípios cristãos foram consideradas mártires e muitos deles foram canonizados. Nos próximos anos o Brasil terá a primeira santa genuinamente brasileira, a catarinense Albertina Boeing Berkenbrock, nascida na localidade de São Luiz (SC). O decreto que a considerou mártir foi assinado pelo papa Bento XVI, em 16 de dezembro de 2006. E no dia 20 de outubro de 2007, na diocese de Tubarão (SC), ela foi proclamada oficialmente bem-aventurada e mártir. Morreu degolada por Maneco Palhoça, apelido de Indalício Cipriano Martins, também conhecido como Manuel Martins da Silva, que tentou estuprá-la quando a viu sozinha na mata. A menina resistiu e ele a matou. No local exato do martírio foi erguido um pequeno santuário. E os restos mortais da menina repousam hoje dentro da igreja paroquial.

MARTIROLÓGIO do grego *mártyr*, pelo latim *martyr*, testemunha, e *lógos*, tratado, ciência, estudo. É assim denominada a lista dos mártires cristãos, na qual são reunidas informações biográficas sobre cada um dos santos ali indexados, com preciosas informações sobre as condições em que foram martirizados. O primeiro martirológio foi organizado por São Beda, o Venerável, cuja festa é comemorada em 25 de maio. Beda é o único inglês citado por Dante Alighieri na *Divina Comédia*. Ele aparece no Paraíso.

MARXISMO antropônimo do célebre cientista, historiador e revolucionário Karl Marx, autor, com Friedrich Engels, da doutrina que leva seu nome, baseada no materialismo dialético e na luta de classes. O marxismo era desconhecido durante a vida de seu criador, a ponto de, criticando seu genro, ter o autor de *O capital* proferido a frase irônica: "sei que não sou marxista". Dos três complexos volumes que compõem essa sua famosa obra, apenas o primeiro foi publicado quando ele ainda era vivo. Publicados os restantes, a obra desse judeu-alemão passou a ser entendida como uma teoria abrangente que compreende a natureza e a sociedade, de acordo com uma visão de mundo e uma ética materialistas.

MÁSCARA do italiano *maschera*, pedaço de papel ou madeira com que se tapa o rosto para esconder a identidade, às vezes apenas parcialmente. O teatro grego tinha duas máscaras fundamentais, a da tragédia e a da comédia, as duas nascidas de cultos ao deus Dioniso, de acordo com o crítico de teatro e membro da Academia Brasileira de Letras Sábato Magaldi.

MASCARADO derivado de mascarar, pôr máscara. Tem, entre outros sentidos, o de profissional vaidoso que proclama qualidades que não possui. É sinônimo de falso, dissimulado. Entretanto, nem sempre apresenta caráter pejorativo. Zorro, um dos maiores heróis do cinema, atlético, romântico e cheio de poderes, representado pelo ator Douglas Elton Ulman, era mascarado.

MASCATE do árabe *Masqat*, capital do sultanato de Omã, vizinho dos Emirados Árabes Unidos, do Iêmen e da Arábia Saudita. Mascate é cidade portuária do golfo de mesmo nome e é dividida em três territórios: Masqat, a cidade amuralhada, onde estão os palácios reais; Matrah, a vila de pescadores; e Ruwi, o centro comercial e diplomático. Os turistas cumprem longas distâncias entre os lugares onde se hospedam e aqueles que visitam e onde fazem suas compras. No Brasil, mascate tornou-se substantivo masculino para designar a profissão de caixeiro-viajante porque esse trabalho foi exercido preferencial e copiosamente por imigrantes árabes vindos da cidade de Mascate, que foi tomada pelos portugueses em 1507, cujas tropas eram comandadas pelo célebre Afonso de Albuquerque, competente, feroz e terribilíssimo, cognado também *o terríbil*, "o leão dos mares" etc. Foi um gênio militar. Suas memórias foram preservadas pelo filho bastardo, Brás de Albuquerque, legitimado pelo próprio rei. Devemos ao rebento nascido e criado fora do leito conjugal oficial os registros dos trabalhos do pai e do que pensava sobre a vida. Mascate tornou-se sinônimo de mulato, moreno e trigueiro pela cor dos antigos vendedores ambulantes, que descendiam de árabes ou de negros, ou de mistura de raças que os amorenaram. O Brasil deve muito aos mascates. A cidade de onde vieram esses imigrantes existia há 6 mil anos a.C. e é posta como uma das mais antigas do mundo, ao lado de Damasco, Jericó e Jerusalém. Há vestígios de enterros rituais de pescadores datados daqueles tempos. Hoje, em Mascate, como em todo o pequeno reino, o petróleo e o turismo são as fontes principais da riqueza.

MASCOTE do francês *mascotte*, do título da divertida opereta *La Mascotte*, do compositor francês Achille Edmond Audran. Nas tramas, uma jovem camponesa, sem entretanto perder a virgindade, acredita trazer sorte ao italiano com quem troca favores sexuais. Passou a denominar, já adaptado para o inglês *mascot*, homem ou animal que dá proteção simbólica. Mas antes de chegar ao francês, de onde veio para o português, já existia no provençal *mascoto*, designando feitiço, sortilégio, mas também talismã, já derivado de *masco*, radicado no latim *masca*, pesadelo, assombração, espectro, disfarce, máscara. Como se vê, predominou o significado positivo. Embora muitos dicionários e o *Vocabulário ortográfico da língua portuguesa (VOLP)* registrem este substantivo como feminino apenas, ele é de dois gêneros, tal como o registra o *Dicionário Caldas Aulete* e o comprovam numerosas abonações na mídia, entre as quais este trecho da revista *Exame* sobre "Fuleco", o mascote da Copa de 2014, um tatu-bola: "O mascote tem também a sua própria canção, em parceria da Fifa com a Sony: Tatu Bom de Bola, cantada pelo sambista Arlindo Cruz."

MASMORRA do árabe *matmura*, porão utilizado como silo, tulha, onde eram armazenados os cereais. Na tradição europeia, principalmente na portuguesa e na espanhola, prisão escura, lúgubre e sinistra é o significado dominante de masmorra, um lugar onde os poderosos da época encarceravam os dissidentes políticos com facínoras de todos os tipos. Nas masmorras foram expiados e cometidos muitos crimes.

MASSACRE do francês *massacre*, originalmente designando açougue, com a grafia antiga *maçacre*. No francês, recebeu influência do árabe *maslakh*, e do latim *macellum*, ambos com o significado de matadouro. Passou a designar matança, carnificina, pela comparação da carne dos açougues com a carne humana exposta em batalhas com grande derramamento de sangue e mutilações seguidas de morte por força da superioridade do inimigo em número de soldados e armas brancas. O vocábulo passou a indicar, mesmo fora das operações de guerra, a violência urbana marcada por mortes no atacado. Um dos maiores massacres deu-se na noite de 24 de agosto de 1572, dia de São Bartolomeu, que acabou por denominar a noite sangrenta. O emblema do santo é uma faca de açougueiro, aludindo a seu martírio: foi esfolado vivo. Pouco se sabe de sua vida, a não ser que substituiu Judas entre os apóstolos e viveu no século I. Quanto à violência de católicos contra protestantes, irrompida na noite de São Bartolomeu, perdurou de 24 a 29 de agosto. Os historiadores calculam que o banho de sangue resultou na morte de cerca de 50 mil pessoas. Os comandantes militares gritavam nas ruas de Paris: "Matai a todos, é ordem do rei!" O rei era Carlos IX, filho de Catarina de Médicis. A cidade estava cheia de protestantes que tinham vindo para o casamento de Henrique IV com Margarida de Valois, a rainha Margot, por ele repudiada dois anos depois de celebrar bodas de prata. As águas do Sena tingiram-se de vermelho, tal a quantidade de sangue derramado. Eram tempos dos quais a humanidade haverá de se envergonhar por muitos séculos. Ao saber do ocorrido, o papa Gregório XIII aprovou o massacre, celebrou missa solene em ação de graças e mandou cunhar moedas comemorativas. A 13 de abril de 1598, depois de trinta anos de guerra entre protestantes e católicos, Henrique IV baixou o Édito de Nantes, garantindo liberdade religiosa, ainda que relativa, aos protestantes. O édito foi revogado por Luís XIV em 18 de outubro de 1685, resultando na emigração forçada de cerca de 300 mil franceses para além do Rio Reno, na Suíça.

MASSAGEM de origem controversa, talvez de amassar, do latim hispânico *amassare*, do latim *massa*, massa. O francês *massage* é adaptação de como foi ouvida a palavra na Índia. O árabe *massa*, tocar, apalpar, é outra hipótese. Dia 25 de maio é o Dia do Massagista. A massagem é principalmente uma atividade terapêutica pela compressão metódica de determinados pontos do corpo, com o fim de melhorar a circulação sanguínea ou aliviar tensões. E como massagista é substantivo de dois gêneros, não é necessário recorrer à Lei que desde 3 de abril de 2012 obriga as instituições de ensino públicas e privadas a expedir ou reemitir diplomas e certificados com a flexão de gênero correspondente ao sexo da pessoa diplomada. A reemissão é gratuita.

MASTRO do português arcaico *masto*, originário do frâncico *mast*, peça de madeira ou de ferro, colocada no convés da embarcação. No mastro apoiam-se as velas, os paus de carga, as luzes de posição e de marcha e demais acessórios necessários aos serviços de navegação. Passou a designar também a haste das bandeiras. E por analogia com as lides do mar o termo está presente nos festejos juninos, quando um mastro, de cinco a seis metros, com a bandeira de São João nele amarrada, é levantado por alguns folgazões. Se a bandeira tremular para o lado da casa do festeiro, é sinal de sorte.

MATA do latim tardio *matta*, que em português resultou nas formas masculina e feminina, ambas com o significado de floresta. No Brasil, além da zona do agrião, localizada nos arredores da grande área, nos campos de futebol, temos também a Zona da Mata, nas divisas de Pernambuco com estados vizinhos, entre a praia e o agreste, caracterizada pela fertilidade do solo e exuberância da vegetação. Seu aumentativo, Matão, dá nome a um município paulista, a 325 quilômetros da capital, onde Mick Jagger e Keith Richards, dos *Rolling Stones*, passaram uma temporada em janeiro de 1969, tendo aprendido com grupos caipiras locais a afinação das guitarras em mi, o que pode ser notado em músicas como *Not fade away* e *Simpathy for the devil*.

MATAR de origem controversa, este vocábulo pode ter vindo do latim *mactare*, imolar as vítimas sagradas, ou do árabe *mat*, morto. É verbo indispensável em romances policiais e esteve sempre presente nas tramas das telenovelas, algumas das quais mantiveram o Brasil todo em suspense, como *O astro*, estrelada, entre outros, por Francisco Cuoco, em que era decisivo saber quem matou Salomão Hayala, e *Vale tudo*, em que o fundamental era descobrir quem matou Odete Roitman, personagem de Beatriz Segall. Depois o tema migrou para os telejornais e de novo o Brasil inteiro quis saber quem matou Paulo César Farias.

MATE do árabe *mat*, morto, para significar o lance, em geral o último, do jogo de xadrez. Alguns preferem a expressão inteira, que é xeque-mate, cujo significado é tradução do árabe *shat mat*: o rei está morto. Como nome da erva com a qual se faz o chimarrão, deriva do quíchua *mati*, que era a designação que esse povo dava à planta cujas folhas eram utilizadas para fazer a bebida. Outros significados do vocábulo, utilizados em pintura e metalurgia, devem-se a outras origens, como o francês *mat*, cor fosca, e o inglês *matte*, mistura de sulfetos na metalurgia.

MATÉRIA do latim *materia*, substância sólida, líquida ou gasosa que ocupa lugar no espaço, segundo definição dos dicionários. Mas é vocábulo de muitos significados. Na linguagem escolar, é sinônimo de disciplina e com esse sentido aparece no livro de Anna Muylaert, *As reportagens de Penélope*, da coleção *Castelo Rá-Tim-Bum*: "A feiticeira virou matéria obrigatória."

MATERNIDADE do latim medieval *maternitate*, declinação de *maternitas*, maternidade, qualidade e condição da mãe, do latim *mater*. O vocábulo tem também outros significados, designando a instituição que dá assistência às mulheres grávidas, principalmente nos últimos meses de gravidez, e onde são realizados os partos e também intervenções cirúrgicas obstétricas, como é o caso da cesariana. Em muitas cidades a maternidade está integrada ao hospital ou é apenas um setor dele. Vossa Maternidade, semelhando Vossa Eminência e outros pronomes de uso religioso, é tratamento dirigido às freiras ou monjas que são madres, isto é, que exercem autoridade sobre outras, em abadias, conventos ou outros estabelecimentos afins. Algumas mães fazem minuciosas anotações de datas importantes desde a concepção até o nascimento, destacando, entre outras, as seguintes: a última menstruação, a descoberta da gravidez, o primeiro exame de ultrassom, o sexo do bebê, a primeira vez que ele se mexeu no ventre da mãe e, enfim, o nascimento. Outras anotam também a data da cicatrização definitiva do umbigo, quando "cai o umbigo", segundo a linguagem coloquial; a primeira vez que o bebê sai de casa; o primeiro olhar; o primeiro sorriso; os primeiros sons e balbucios até chegar às primeiras palavras; o primeiro banho de piscina, de rio ou de mar; a primeira vez que sentou, que engatinhou e que andou. E por fim a primeira vez que conseguiu alimentar-se sozinho.

MATERNO do latim *maternu*, relativo à mãe, materno. As significações desse vocábulo espalham-se, porém, por diversos domínios, quase sempre metafóricos. Denominamos materno o ramo da árvore genealógica relativo à mãe, identificamos a pátria como berço materno, assim como é chamada língua materna o idioma em que fizemos os nossos primeiros aprendizados no país em que nascemos.

MATINAS do latim *matutina*, redução de hora matutina, designando as primeiras orações do dia, feitas antes do alvorecer. As últimas são as completas, proferidas depois das vésperas. Há séculos os monges, cumprindo regimentos rigorosos, utilizam essas horas canônicas para dividir e aproveitar melhor o tempo. Segundo alguns historiadores, tal divisão inspirou a indústria em seus primórdios.

MATRACA do árabe *matraq*, matraca, derivado do verbo *táraq*, golpear. Designa objeto de madeira formado por pequenas tábuas móveis. Quando sacudida, a matraca produz um estalo seco, causado pela batida de uma tabuinha na outra. Substitui a sineta nas cerimônias religiosas da Semana Santa. E, dado o som desagradável que produz, é sinônimo de gente tagarela. Seu som evoca tristeza e por isso jamais poderia fazer companhia a cuícas e tambores numa escola de samba.

MÁTRIA do latim *matre*, declinação de *mater*, mãe, de onde, aliás, várias línguas neolatinas formaram os vocábulos que significam mãe. Famoso cantor brasileiro já proclamou em um show que não tinha pátria, tinha mátria, pensando, quem sabe, estar construindo o mais novo neologismo. Mas o criador deste novo vocábulo foi o padre Antônio Vieira, que disse e escreveu: "Se a pátria derivara da terra, que é a mãe que nos cria, havia-se de chamar mátria."

MATRIARCA da raiz indo-europeia *matr*, alterada no latim *mater*, no espanhol *madre*, no inglês *mother*, no alemão *Mutter*, no francês *mère*, acrescida do sufixo -arca, do grego *arkhés* pelo latim *archa*, indicando ações de gerar, guiar, conduzir, comandar, como em patriarca, seu equivalente masculino. Assim, o patriarca do povo judeu é Abrahão e a matriarca é Sara, que foi estéril até os 90 anos, quando concebeu e deu à luz Isaac, que o pai quase matou para atender à prova de que confiava em Deus. Narrativas judaicas lendárias atestam que a matriarca morreu de forte emoção, aos 127 anos, ao saber que o filho continuava vivo, pois Satanás lhe dissera que ele tinha sido morto pelo pai. Ela está enterrada em Hebron, ao lado do marido Abrahão, onde estão também os restos mortais de Isaac, a esposa Rebeca, Jacó e a primeira esposa Lia. Raquel, a segunda esposa, aquela por quem "mais servira se não fora para tão longo amor tão curta a vida", como disse ao sogro Labão pela pena do maior poeta português, Luís Vaz de Camões, está enterrada em Belém.

MATRICÍDIO do latim *matricida*, pela formação *matri*, declinação de *mater*, mãe, e *cida*, radicado em *occidere*, matar. Quando o pai é morto, o vocábulo muda para *parricídio*. Neste caso, em que houve mudança de *patri* para *parri*, talvez tenha havido influência do latim *parra*, com que eram erguidos os ramos da videira. A *Bíblia*, cujo primeiro livro trata do primeiro homicídio da Humanidade, e Fiodor Dostoievski, este, especialmente no romance *Os irmãos Karamazov*, sugerem que o duplo assassinato pode ter sido mais complexo. Quanto à confissão da moça e dos dois outros autores, cabe lembrar que em passado remoto, os irmãos Naves também confessaram o crime que lhes fora imputado. E eram inocentes. E em passado recente, os proprietários da Escola-Base, em São Paulo, foram julgados e condenados pela imprensa. E também eram inocentes das culpas que lhes foram atribuídas.

MATRÍCULA do latim *matricula*, diminutivo de *matrix*, matriz. Passou a designar inscrição, conforme adoção do termo pelo sistema escolar e em repartições públicas. O sistema de matrículas nas escolas evoluiu, no caso do ensino superior, para inscrição em disciplinas, em modalidade de créditos, e não mais em turmas, contribuindo para a dispersão dos universitários no *campus* durante os anos de aprendizagem.

MATRIMÔNIO do latim *matrimonium*, matrimônio, casamento. Na formação desta palavra houve influência de *patrimonium* sobre a palavra *mater*, mãe. Assim, a mulher contraía núpcias com alguém que dispunha de patrimônio capaz de assegurar a criação dos filhos pela união dos trabalhos caseiros, a seu cargo, com os trabalhos externos que visavam à obtenção e ampliação dos recursos necessários à manutenção do padrão de vida de que ela dispunha na casa dos pais. Assim, o noivo, prestes a se tornar seu marido, pedia sua mão em casamento com o fim de constituir outra família. O matrimônio supõe amor, paixão e outros sentimentos mais elevados, mas os costumes, os melhores intérpretes das leis, mostram-nos que o ódio também precedeu muitos matrimônios. Era comum na Antiguidade os vencedores tomarem as mulheres dos inimigos como esposas, além do saque do patrimônio amealhado pelos maridos vencidos. O casamento era de soldado com viúva, e risos e choros se misturavam, donde a expressão "Sol com chuva, casamento de viúva", resumindo a oposição inerente a tais uniões.

MATUSALÉM do antropônimo hebraico *Matusalém*, o personagem mais longevo da Humanidade. No *Gênesis*, o primeiro livro da *Bíblia* – assim grafado por proceder do grego *génesis, gênese*, origem –, irrompe no capítulo cinco, versículos 21-27, sua figura mítica. Foi pai aos 187 anos. Seu primeiro filho chamou-se Lamec. Depois disso gerou outros filhos e filhas e morreu aos 969 anos. Dele, sim, pode-se dizer que ficou para semente. A *Bíblia* não diz quantos filhos teve Matusalém, mas, se ele fosse nordestino, sua família teria povoado quase sozinha o mundo.

MAURICINHO diminutivo de Maurício, nome radicado no latim *Mauritius*, por sua vez derivado de *Maurus*, habitante da Mauritânia, região povoada por gente de origem moura. Dali migraram para o norte da Península Ibérica, tornando-se os primeiros cristãos de tez escura na Espanha. O nome Maurício disseminou-se pela fama do santo homônimo, alta autoridade militar, flagelado e decapitado junto a seus 6 mil comandados por recusar-se a atacar os cristãos da Gália, em meados do século III, quando o cristianismo, tendo começado como religião dos pobres, já conseguia adeptos na alta classe romana, inclusive entre comandantes militares. Inofensivo, nosso mauricinho tem outra fé, a do consumo, e não ataca ninguém. A não ser as patricinhas, mas com fins amorosos, e não guerreiros.

MAUSE do inglês *mouse*, rato, designando, por semelhança com a figura do roedor, um periférico de computador que serve para ativar diversas funções. Mais arredios aos neologismos, nossos irmãos portugueses indicam nos manuais de informática que, em vez de pressionar o mause, devemos comprimir o camundongo. Palavra ainda não dicionarizada.

MAUSOLÉU do grego *mausóleion*, e do latim *mausoleu*, nome com que foi designado o famoso túmulo do rei Mausolo, uma das sete maravilhas do mundo antigo, mandado construir por sua esposa, a rainha Artemísia, durante seu reinado na Cária, região da Ásia Menor. Comentando este tipo de ostentação póstuma, o escritor português Matias Aires escreveu um livro muito citado, *Reflexões sobre a vaidade dos homens*, onde se lê: "A nossa vaidade dura mais do que nós mesmos e se introduz nos aparatos últimos da morte. Quer maior prova do que a construção de um elevado mausoléu?"

MÁXIMA do latim *maxima sententia*, sentença máxima, com elipse de sentença. Designa provérbio ou preceito, em geral reduzido a apenas uma ou duas frases. O direito romano consolidou várias máximas baseadas nas XII Tábuas, algumas muito curiosas, como estas: "não será punido aquele que não souber adivinhar"; "o adultério consentido não é crime"; "deves pedir o dinheiro que dizes que tua mãe te deve"; "os acusadores caluniam, prevaricam ou tergiversam"; "raptar meretriz e levá-la para casa não é roubo, é libidinagem"; "é proibida a astrologia". Outros aforismos, sinônimos de máximas, são atribuídos a autorias difíceis de comprovar, como é o caso de "elogio em boca própria é vitupério", frequentemente creditado a Luís de Camões, mas existente em latim em abundantes versões, sendo uma das mais fiéis esta: *Laus in ore proprio vilescit* (elogio em boca própria envilece). Uma variante latina utiliza a variante *sordet* (fede) em vez de *vilescit* (envilece). Machado de Assis confessou ignorar a autoria: "alguém escreveu que elogio em boca própria é vitupério. Não conheço o autor da máxima."

MAZELA do latim vulgar *macella*, manchinha, mazela, diminutivo radicado no latim clássico *macula*, mácula, nódoa, mancha. Veio a designar ferida que começava com manchas na pele, depois o sentido estendeu-se a doenças e patologias não apenas físicas, mas também psicológicas. Por metáfora, ganhou também o significado de pecado, vício, penúria, falta de recursos diversos.

MEADA do latim *mediare*, formou-se *mear*, cujo particípio é *meado*, o que está no meio. Meada é versão substantivada desta forma verbal. Eça de Queirós escreveu sobre um personagem de seu monumental *Os Maias* que "enredou-se numa meada d'amarguras domésticas por excesso de cavalheirismo romântico". E Sherlock Holmes, quando estreia como personagem de Arthur Conan Doyle, ainda com o nome de Sheringford, define assim o ofício de detetive em *Um estudo em vermelho*: "Na meada incolor da vida, corre o fio vermelho do crime e o nosso dever consiste em desenredá-lo."

MEANDRO do grego *Maeandros*, com escala no latim *Maeandrus*, de onde chegou ao português com mudança de significado. No grego e no latim designa rio da Ásia Menor, marcado por curvas, rodeios e sinuosidades. O apóstolo São Paulo, numa de suas três célebres viagens, pregou em terras banhadas pelo rio Meandro, na Cária, depois de fazer trabalho semelhante na Bitínia e na Capadócia. Por sinal, capadócio, além de habitante da Capadócia, em português é sinônimo de ignorante, trapaceiro, cabotino, que "tenta enganar os outros dando-se ares importantes", como explica o *Dicionário Houaiss*, de Antônio Houaiss. Já beócio, habitante da Beócia, é apenas boçal, bobo, ignorante, mas não trapaceiro. Delúbio Soares, acusado de grandes falcatruas como tesoureiro do Partido dos Trabalhadores (PT), respondendo a um deputado que na CPI lhe perguntou desde quando conhecia o publicitário Marcos Valério Fernandes de Sousa, disse: "Nós nos conhecemos em meandros de 2002." Provavelmente quis dizer "meados", mas no afã de evitar que os parlamentares que o interrogavam descobrissem o fio da meada das realidades que queria esconder, apelou, por força do peso que o inconsciente tem na linguagem, para uma substituição vocabular tática.

MECÂNICO do grego *mekhanikós*, pelo latim *mechanicus*, artífice, aquele que cria objetos trabalhando na máquina, no engenho. Foi na Fábrica de Parafuso Marte que o ex-presidente Luiz Inácio Lula da Silva, então com 15 anos, fez o curso de torneiro mecânico. Em 1964, trocou de emprego e foi trabalhar na Metalúrgica Independente, onde perdeu um dos dedos da mão. Em 1965, quando entrou para a Metalúrgica Villares, em São Bernardo do Campo, na grande São Paulo, estava desempregado havia seis meses. Foi ali que se tornou o líder sindical que seria conhecido no Brasil inteiro a partir de 1977, quando liderou as primeiras greves. Pelo PT, fundado em 1980, o torneiro mecânico foi candidato ao governo de São Paulo com o lema "trabalhador vota em trabalhador". Estava enganado e ficou em quarto lugar. Nas eleições presidenciais de 1989, a primeira que perdeu, teve 16,8% dos votos no primeiro turno e foi ao segundo turno para perder para Fernando Collor de Mello, que obtivera 25,11%. As eleições de 1993 foram decididas no primeiro turno: Lula obteve 27% contra 54,3% de Fernando Henrique Cardoso. Em 1998, também: Lula, 31,7%; FHC, 53,06. Nas eleições de 2002, Lula obteve 39.443.765 votos; no segundo turno, 52.793.364 (61,27% dos votos válidos).

MECENAS do latim *Mecenas*, designando cavaleiro romano cujo nome completo era Caius Cilnius Mecenas. Conselheiro de Otaviano Augusto, utilizou sua influência junto ao imperador para incentivar escritores e artistas, especialmente seus amigos Horácio, Virgílio e Propércio. Seu nome tornou-se sinônimo de protetor das artes e das letras em várias línguas, incluindo o português. Além de levar o erário a investir grandes quantias na produção cultural, Mecenas dispendia seus próprios recursos em tais apoios.

MEDALHA do latim vulgar *medialia*, neutro plural do latim tardio *medialis*, no meio, pelo italiano *medaglia*, medalha, pequeno disco de metal semelhante a uma moeda, que antigamente valia meio denário, mas que passou a ter valor simbólico, não importando seu valor de compra ou conversão. Denário veio do latim clássico *denarius*, pelo latim vulgar *dinarius*, origem da palavra dinheiro em português. Tinham este nome em Roma porque indicava o valor dessa moeda, dez asses. As competições esportivas classificaram as medalhas em ouro, prata e bronze. Foram os jogos também que ensejaram outra regência para o verbo medalhar, que passou a designar também não apenas o ato de mandar gravar inscrições alusivas a personagens, fatos e datas relevantes, mas o ato de condecorar com medalhas os melhores atletas de várias modalidades. Usualmente as medalhas de ouro valem mais do que as de prata, mas no caso das meninas vice-campeãs olímpicas no futebol, em Pequim, em 2008, a medalha de prata valeu muito mais pois os brasileiros comemoraram a luta em campo, a ética esportiva, a busca da vitória até os últimos segundos, em tudo ao contrário do futebol masculino, que deu o maior vexame diante da Argentina, não por perder para o vizinho, mas pela forma como perdeu: um time cheio de craques jogou com medo e, depois de levar três gols, passou a chutar os adversários, terminando com nove em campo.

MÉDIA do latim *medium*, meio, cujo plural, neutro, é *media*. Entre tantos significados, na língua portuguesa falada no Brasil, tem também o de xícara grande em que é servido o café com leite, em oposição ao cafezinho, servido em xícara pequena. A média costuma ser acompanhada de pão e manteiga e é conhecida também por gabriela. Apesar do nome de mulher designando o que se bebe e come, o uso da manteiga, no caso, é bem diferente daquele que aparece em famosa cena do filme de Bernardo Bertolucci, *O último tango em Paris*, estrelado por Marlon Brando.

MEDICINA do latim *ars medicinae*, arte da medicina, pois desde as origens a ação de curar foi concebida mais como arte do que como técnica, sendo o feiticeiro confundido com o médico. *Medicus*, em latim, designa o médico, a substância que cura, mas também aquele que faz sortilégios. Naturalmente, devido a guerras sangrentas, consolidou-se na denominação o profissional capaz de fazer *kheirourgia*, curar com as mãos, não mais invocando espíritos, mas amputando membros gravemente feridos, estancando hemorragias, tratando de ferimentos etc. No latim, virou *chirurgia*, de onde chegou ao português, mas já designando especialidade da medicina, praticada pelo cirurgião. Grandes escritores foram médicos, como o russo Anton Tchekhov, que se dividia entre as duas profissões, dizendo: "a medicina é minha esposa, a literatura é minha amante: quando me canso de uma, passo a noite com outra".

MÉDICO do latim *medicus*, derivado de *mederi*, cuidar, tratar, medir, julgar, com influência de *medium*, meio. Parece óbvio que os primeiros médicos foram os gregos, como nos fazem crer, entre outros, os próprios médicos, uma vez que até hoje o juramento dos formandos em medicina é um texto de autoria, ainda que mais extenso, de Hipócrates, patrono da classe. Mas os chineses praticavam a medicina há mais de três mil anos e cirurgiões indianos faziam delicadas intervenções nos olhos e no estômago vários séculos antes de seus colegas ocidentais. Como o ato de curar era tido como dom concedido por forças sobrenaturais, e não um ofício a ser aprendido, o conceito ainda permanece na palavra *médium*, o intermediário entre vivos e mortos no espiritismo. O ofício dos modernos médicos radica-se em duas grandes fontes: os antigos feiticeiros que lançavam mão de ervas, sem dispensar a convocação de forças sobrenaturais, e os barbeiros, encarregados de efetuar as sangrias com a mesma navalha com que faziam a barba do cliente. Há casos de terror na história da medicina, como em qualquer profissão, que costumam encobrir os atos heroicos praticados, às vezes por anônimos, em campos de batalha, fábricas, escolas, famílias e diversas outras instituições que precederam os hospitais e as casas de saúde. É historicamente recente o costume de retirar o doente de sua casa e levá-lo para o hospital, a princípio apenas uma hospedaria para tratar de peregrinos enfermos ou acidentados. Até então, o médico ia à casa do doente e tratava dele ali. Dia 18 de outubro é dia do médico por ser também o dia do evangelista São Lucas, que era médico. Com o avanço das mulheres no mercado de trabalho, a medicina, que antes as aproveitava apenas como enfermeiras e parteiras, vem recebendo contribuições femininas marcantes, sendo grande o número de médicas em qualquer país que leve a saúde a sério.

MEDIDA do feminino substantivado de medido, de medir, do latim *metire*, alteração de *metiri*. A raiz *mens* está presente nas formas de medir o tempo (mensal, bimensal, semestral) e também em palavras como incomensurável, o que não se pode medir; comedido, que sabe medir palavras, sentimentos, reações, é prudente, moderado. No Direito, pode ser cautelar, disciplinar, liminar e provisória: neste caso, semelha os governos provisórios, contraditoriamente perenes. No meio rural brasileiro, as medidas mais comuns são as de extensão, como o alqueire. Ainda assim, há variações de 100% de uma região para outra. O alqueire mineiro, goiano e fluminense tem 10 mil braças quadradas (4,84 hectares). Nas fazendas paulistas vigora o de 5 mil braças quadradas (2,42 hectares). Mas as medidas que mais nos têm afetado não são agrárias, nem de superfície, mas urbanas e de profundidade: são as medidas provisórias, recurso inserido na Constituição de 1988, que já perdeu o significado original. Nem são medidas, nem são provisórias. Multiplicaram-se, à força de repetições, em decretos, semelhando aguilhões de boiadeiros para conduzir a tropa civil.

MEDÍOCRE do latim *mediocre*, que fica no meio, em ponto médio, na altura, na cor etc. Ocre designa cor pardacenta, tendo a palavra vindo do grego e do latim, onde indica as diversas tonalidades presentes na argila, no barro. À semelhança de idiota, virou ofensa. Mas Horácio defendeu a *aura mediocritas*, mediocridade áurea, como qualidade, propondo-a como referência para se viver longe da pobreza insuportável e da riqueza exagerada, num ponto médio. Medíocre não era ofensa. Era antes qualidade de quem não se submetia aos caprichos dos vaidosos. E idiota aparece como qualidade de um dos sete frades subordinados a Frei Henrique de Coimbra, que rezou aqui a primeira missa, na viagem que descobriu o Brasil, de acordo com a obra História Seráfica: "Seus companheiros eram os seguintes: Frei Gaspar, Frei Francisco da Cruz, Frei Simão de Guimarães e Frei Luís Salvador, todos os quatro pregadores e excelentes letrados; Frei Masseu, sacerdote, organista e músico, que também com estas prendas podia ter parte na conversão das almas, havendo experiência certa de que o Demônio também se afugenta com as suavidades das harmonias; Frei Pedro Neto, corista de ordens sacras; e Frei João da Vitória, frade leigo e do número daqueles idiotas em cuja boca imprime o Senhor dos humildes o que hão-se responder na presença dos tiranos."

MEDIOCRIDADE do latim *mediocritate*, declinação de *mediocritas*, mediocridade. Hoje a palavra tem sentido pejorativo, ao contrário do latim, língua em que designava moderação. A recomendação pelo meio-termo, pelo comedimento, pelo ecletismo, aparece em vários autores latinos, entre os quais Marcial, Cícero e Horácio.

MEDIR de uma variante latina *metire*, que significa percorrer, avaliar, medir. Consolidou no português a designação do ato de medir, tendo por base uma escala fixa. Antigos egípcios e babilônicos foram os primeiros a estabelecer meios de medir as coisas, usando para isso o corpo humano. Ainda hoje persistem em nossa cultura essas medidas, como o palmo, o pé, o braço e o dedo, especialmente o polegar, que resultou na polegada. Depois, compondo essas medidas iniciais, foram criando outras, de que são exemplos a braça os dois braços estendidos e o cúbito – o antebraço, cuja extensão é igual a quatro vezes a superfície coberta pelos dedos da mão, excetuando-se o polegar. Tais medidas, inventadas há cinco mil anos, ficaram tanto denotativamente como em sentido metafórico, como na expressão "dois dedos de prosa", indicando conversa rápida.

MEDITAÇÃO do latim *meditatione*, meditação, concentração do espírito, reflexão. A vida moderna roubou do ser humano, por meio de uma ocupação geral e intensa no trabalho, a maior parte do tempo que ele tinha disponível para pensar, cultivar a vida interior, dedicar-se à contemplação. O processo de recusa a esse modo de vida imposto pela nascente vida burguesa europeia levou à criação de várias ordens religiosas, cujas regras prescrevem um cuidado especial com meditações e orações, impostas em horários fixos e inflexíveis, conhecidas como vigílias, matinas, nonas e vésperas. Assim, o monge e a monja enfrentam uma rotina perpétua de meditações, que começa de madrugada e só tem fim à hora de dormir, para recomeçar em seguida. Grandes obras nasceram dessas reflexões, como a dos místicos, por exemplo.

MÉDIUM do latim *medium*, meio. O plural, *media*, resultou em *mídia*, porque esta é a pronúncia inglesa da forma latina, passando a denominar o conjunto dos meios de comunicação social. O médium, porém, substantivo de dois gêneros, sendo usado no masculino ou no feminino, dependendo do sexo de quem exerce a mediunidade, trata de outro tipo de comunicação. Diz captar mensagens de pessoas que já morreram e que continuam preocupadas conosco no além-túmulo. Seus espíritos, então, vêm em nosso socorro, não apenas quando solicitados; às vezes oferecem-se para ajudar-nos. A partir da segunda metade do século passado, com a modernização editorial do Brasil, alguns médiuns deixaram de fazer suas comunicações apenas aos membros dos centros espíritas e passaram a publicar livros, psicografando mensagens de espíritos célebres ou desconhecidos autores de livros, dando preferência aos primeiros, o que representa importante incremento nas vendas. Caso emblemático desta opção é a escritora Zibia Gasparetto, autora de 43 livros que já venderam mais de cinco milhões de exemplares. Ao lado de Paulo Coelho, compõe a dupla de autores brasileiros a quem o Imposto de Renda deve estar prestando bastante atenção. Em 2001, o grupo editorial de Zibia faturou 11 milhões de reais. Não há prova mais evidente de que a autoajuda funciona. Se não para os leitores, para os editores e autores. Especialistas em direito autoral têm ao menos dois sérios problemas cobrindo essa questão: os rendimentos não vêm sendo repartidos com os herdeiros dos autores psicografados e o estilo dos plagiados tem piorado muito. Um dos casos mais graves é o de Gilberto Freyre. Seu estilo póstumo não lembra o cuidadoso escritor e pós-graduado pela prestigiosa Universidade de Colúmbia, nos EUA, que ele foi em vida, com livros que tratavam a língua portuguesa a pão de ló, de que é exemplo o clássico *Casa grande & senzala*. Depois de morto deu para expressar-se em um português desjeitoso e rude, certamente devido ao filtro estilístico de quem recebe suas mensagens, cuja formação não passou do antigo curso primário.

MEDO do latim *metu*, medo, causador de cuidados, vocábulo que está na raiz de palavras aparentemente dissociadas, como médico, remédio, remediar, irremediár, irremediável. Nada parece infundir mais medo do que o terrorismo. Para combater desafetos, os terroristas já não alvejam diretamente os seus inimigos ou os inimigos de quem lhes financia as ações. Ao contrário, estão empenhados em atacar inocentes com o fim de prejudicar terceiros. Assim, adversários declarados da política externa do ex-presidente norte-americano George Bush, autoridades vinculadas a regimes muçulmanos mandaram derrubar o World Trade Center, que marcou nova metodologia terrorista, consistindo no sequestro de aviões civis, repletos de passageiros inocentes, lançados como bombas contra aqueles edifícios. Morreram mais de 3 mil pessoas, além dos terroristas que se suicidaram nas ações. Para se ter uma ideia das dimensões do tremendo ataque realizado em tempos de paz, sem que as nações estivessem em guerra, lembre-se que para matar 5 mil marinheiros norte-americanos, pilotos suicidas japoneses perderam 210 aviões, na batalha de Leyte, nas Filipinas, e 2.394 na de Okinawa. O medo é antiga arma de terroristas suicidas. Até Saladino I, inimigo mortal do Velho da Montanha, recebeu como advertência um punhal e um bilhete ameaçador, postos sobre sua alcova. Os terroristas capitaneados pelo Velho da Montanha, protegidos por fortaleza inexpugnável e por uma fé cega nas ordens do chefe, foram finalmente derrotados em 1260 por Hulagu (século

XIII), neto do temido Gengis Khan. O historiador inglês Edward Gibbon, autor da obra *Declínio e queda do Império Romano*, louvou a destruição: "Foi um serviço prestado à Humanidade."

MEDUSA do grego *Medusa*, mitológica mulher cujos cabelos eram serpentes e que transformava em pedra quem a contemplasse. Medusa era uma das três *górgones* – *górgone* em grego quer dizer terrível. As outras chamavam-se Esteno e Euríale. O vocábulo passou a designar também uns animais celenterados que têm o corpo gelatinoso, em forma de sino, de onde pendem numerosos tentáculos que lembram os cabelos-cobras da célebre criatura.

MEFISTOFÉLICO do personagem da grande obra *Fausto*, do escritor alemão Goethe, que se inspirou no demônio intelectual que tinha este nome nas lendas germânicas. Já com o significado de diabólico e similares, entrou para o português indicando qualidade de quem se assemelha àquele personagem dramático, que marcou a literatura alemã.

MEGARREBELIÃO do grego *mega*, nominativo neutro do adjetivo *mégas*, grande, e rebelião, do latim *rebellione*, declinação de *rebellio*, rebelião, revolta. Designa rebelião de proporções descomunais, como a que explodiu em várias regiões do Brasil, com epicentro no estado de São Paulo, dias 13 e 14 de maio de 2006, deflagrada pela organização criminosa Primeiro Comando da Capital (PCC), que, de dentro dos presídios, deu ordem a bandidos soltos para que atacassem postos policiais, matassem soldados, inclusive bombeiros, e incendiassem ônibus, causando pânico na sociedade. A raiz latina *bel*, de *bellum*, guerra, está presente também em outras palavras da língua portuguesa, como prélio, bélico, beligerância e debelar. Megarrebelião aparece neste texto do cronista Paulo Sant'Anna, no jornal *Zero Hora* (15/5/2006): "Quando me dei conta da extensão da megarrebelião dos presos de São Paulo, que a estenderam para as ruas num banho de sangue incomparável, lembrei-me de um dístico que lia todos os dias no frontispício de um pórtico que havia e talvez ainda haja num templo positivista da avenida João Pessoa, na calçada oposta à do antigo Cinema Avenida: 'Os vivos serão sempre e cada vez mais governados pelos mortos'." E parodiando a lembrança, acrescenta: "Mas o dístico positivista do templo da nossa avenida João Pessoa [...] bem que poderia ser substituído por este: 'Os homens livres serão sempre e cada vez mais dominados pelos presidiários'."

MEGASHOW composto do grego *mega*, grande, e do inglês *show*, exibição, mostra, espetáculo. Grande espetáculo. Foi o que deu no Brasil e em outros lugares o cantor Michael Jackson. No caso, a grandeza refere-se mais ao aparato tecnológico trazido em dois grandes cargueiros aéreos – os russos Antonov, os maiores do mundo.

MEIGO do grego *magikós*, que passou ao latim como *magicu*, ambos com o significado de encantador, delicado, mágico, carinhoso. Os antigos gregos e romanos consideravam a ternura pessoal uma qualidade divina. Não deixa de ser curiosa a mistura de deuses tonitruantes e ferozes, naquelas duas culturas, convivendo com outras deidades dulcíssimas e amorosas.

MEIO AMBIENTE declinações das palavras latinas *medium* e *ambiente*, significando meio e ambiente, são a origem deste vocábulo que se formou por redundância. Os dicionários registram como locução. Trata-se de reiteração de uma coisa que a palavra ambiente já designa: o conjunto de fenômenos que envolvem os seres vivos.

MEIRINHO do latim *majorinu*, um pouco maior. Antes de ser transformado em simples oficial de justiça, o meirinho, nomeado pelo próprio rei, tinha grandes poderes e era figura temida nas cidades que então se formavam. Meirinho identifica também o gado que no verão pasta nas montanhas, e no inverno, nas planícies.

MELANCIA do francês arcaico *balancia*, mais tarde *melon d'eau*, melão d'água, melancia. Houve influência do vocábulo melão também no português. Em futebol designa o passe errado, expressão consagrada em crítica do jogador Gerson, que de jogador passou a comentarista esportivo: "Eu entregava uma laranja e o cara me devolvia uma melancia." Na Copa do Mundo da França, em 1998, rolaram mais melancias do que bananas e laranjas, uma das quais, a temível laranja mecânica, como ficou conhecida a seleção da Holanda, deu-nos um grande susto na semifinal. Todas essas frutas, porém, deram vez ao queijo francês em 1998.

MELANCOLIA do grego *melagkholía*, de *mélas*, negro, e *kholé*, bile, portanto bile negra. O étimo *mélas* está presente também em melanina, o pigmento negro cuja quantidade define a cor da pele e dos pelos. Mas no caso de melanina, a influência veio do francês *mélanine* e do inglês *melanin*. No português predominou a pronúncia grega, pois dizemos melancolía e não melancólia, a prosódia latina. Designa estado de tristeza, antigamente atribuída a excessos da bile negra e, em psicopatologia e psiquiatria, a depressão e a psicose maníaco-depressiva, marcadas por sentimentos de indefinidas tristezas e vagos desencantos.

MELAR no sentido de destruir, manchar, desviar de seus fins, provém do latim vulgar *macella*, variedade de *macula*, mancha, nódoa. A expressão apoiou-se primeiramente no reino vegetal. Quando uma folha ou pétala apresentava uma nódoa ou mancha, o povo dizia que tinha sido melada, antevendo que a próxima etapa seria a planta murchar. Passou depois a ser aplicado a outras situações. Deve ter contribuído para tal o fato de algumas manchas serem acompanhadas de viscosidade semelhante ao mel.

MELENA de *melaní*, cabelo, de algum dos dialetos romaicos utilizados pelos ciganos, provavelmente vindo do grego *mélaina*, feminino de *mélas*, negro. Passou a este significado porque as grandes cabeleiras negras são características de povos ciganos. No disco *Meus caros amigos*, gravado por Chico Buarque em 1976, aparecem estes versos, feitos em parceria com Augusto Boal: "Mirem-se no exemplo daquelas mulheres de Atenas [...] Quando amadas se perfumam, se banham com leite, se arrumam suas melenas." Algumas feministas não apreciaram muito a louvação, seguida de conselhos de submissão aos homens, porque não entenderam certas denúncias do machismo envoltas na sutil ironia dos compositores.

MELINDROSA do espanhol *melindre*, designando vários tipos de doces e biscoitos cobertos de finas camadas de mel ou de açúcar. Saborosos, quase derretem na boca, de tão macios. Por metáfora, serviu de base à palavra melindroso, designando indivíduo afetado, incapaz de aceitar qualquer crítica, pois, à semelhança daqueles tipos de guloseimas se desmancharia em afetações, trejeitos e até lágrimas, contrariando o conceito que na Península Ibérica se formou a respeito da virilidade, dando conta de certa rudeza masculina. Tal representação equivocada do chamado sexo forte levou à conhecida deformação espelhada no provérbio "Homem não chora". Homem chora, sim, até Jesus chorou, como nos assegura o *Evangelho de São João* no versículo mais curto da *Bíblia*. Quem primeiro registrou *melindre*, no espanhol, designando exagerada delicadeza foi Santa Teresa d'Ávila. Como veio a ocorrer no português, no século XVII, a palavra já estava mesclada com o latim *Melita*, nome de uma das Nereidas e designação original da Ilha de Malta, onde havia mel em abundância, e com o reino de Melinde, onde a frota de Vasco da Gama deixou um degredado, antes de seguir viagem. Já melindrosa, a partir da Primeira Guerra Mundial, passou a designar a moça exageradamente maquiada, cheia de afetações. As melindrosas foram caricaturadas nas revistas elegantes do período, ostentando penteados esquisitos. Distinguiam-se por namorarem almofadinhas, isto é, rapazes de vida fútil, que receberam tal denominação depois de um concurso realizado em Petrópolis no primeiro decênio do século passado. Venceria o certame, realizado em prol de uma obra de caridade, quem pintasse e bordasse a mais bela almofada. O escritor Afonso Henriques de Lima Barreto, em sua literatura de apaixonada crítica social, registrou o evento: "Foi à custa desse esforço e dessa abnegação dos pais que esses petroniozinhos de agora obtiveram ócio para bordar vagabundamente almofadinhas em Petrópolis, ao lado de meninas deliquescentes."

MELISSA do grego *mélissa*, abelha. Na mitologia grega era a deusa que ensinou como colher o mel. No latim e no português mudou a acentuação. O uso desta erva como calmante, unguento para feridas, picadas de insetos e outros fins medicinais já aparece na *Odisseia* de Homero. Na colonização dos EUA, o chá de melissa foi muito usado pelas mulheres inglesas para acalmar as febres, aí incluídas as amorosas, regular a menstruação, aliviar as enxaquecas e matar a saudade da pátria, especialmente daqueles que na pátria tinham ficado. É crendice popular que a melissa é uma das ervas do amor. Para isso, a mulher deve colocar algumas folhas no vinho durante alguns dias, depois coar e servir ao homem que quer amar. Os marmanjos devem limitar-se a carregar algumas folhas no bolso, se querem encontrar um novo amor.

MEMORANDO do latim *memorandum*, para ser lembrado, de *memorare*, lembrar, pôr na memória. No cotidiano administrativo, designa lembrete posto em papel, recordando a alguém o que deve ser levado em conta ou feito. Na diplomacia, tem o mesmo sentido, mas, em linguagem formal, marcada por delicados modos de lembrar acordos celebrados, por exemplo.

MEMORIAL do latim *memoriale*, memorial, conjunto de lembranças. Designa também documento em que se resume a vida acadêmica de um intelectual. Em direito, identifica peça em que as partes litigantes sustentam suas razões. *Memorial do convento* é o título de esplêndido romance do escritor português José de Souza Saramago, autor do feito memorável de trazer para a literatura de língua portuguesa, um dialeto na Galáxia Gutenberg, seu primeiro Prêmio Nobel de Literatura. Ao fazer o registro de nascimento do futuro Prêmio Nobel, o escrivão português resolveu acrescentar Saramago, apelido da família Souza na aldeia Alzinhaga, onde o escritor nasceu em 16 de novembro de 1922. Não fosse isso, quando chamassem o agraciado, o palco sueco seria pequeno para tantos homônimos.

MENARCA do grego, pela da composição *men*, mês, e *arkhe*, princípio. É nome que se dá à primeira menstruação, a única que não justifica a tal síndrome de tensão pré-menstrual, que vem sendo utilizada como atenuante em crimes cometidos por mulheres no dito período.

MENDICANTE do latim *mendicante*, declinação de *mendicans*, aquele que tem *mendum*, defeito físico, aplicado depois a quem, justamente por não poder trabalhar, precisa pedir esmola para sobreviver, recorrendo à piedade alheia. Pode melhorar de situação, se for emendado, palavra do mesmo étimo, presente também em mendigo e aplicado à mancha na pele, ao estrangeiro, ao erro do copista num texto. As primeiras ordens religiosas, baseadas no voto de pobreza, cujos membros tiravam o sustento da terra, de trabalhos manuais, de aulas ministradas na periferia e, se tudo isso era insuficiente, das esmolas, foram fundadas por São Francisco de Assis e São Domingos no século XIII, daí a designação de franciscanos e dominicanos para seus integrantes. Os dois empreendimentos tiveram tamanho sucesso que nos fins daquele século existiam 40 mil franciscanos e 15 mil dominicanos, repartidos em mais de 2 mil conventos. O papa Clemente IV, que era advogado, preocupou-se com a proliferação e fixou em 300 varas a distância entre as igrejas das duas ordens.

MENDIGAR do latim *mendicare*, pedir *eleemosyna*, esmola, palavra que os antigos romanos trouxeram da Grécia. Outras línguas neolatinas atestam o étimo primordial, o latim *mendum*, defeito físico, pois os primeiros mendigos estavam autorizados a praticar a mendicância por serem mutilados de guerra, terem sofrido acidentes de trabalho ou serem aleijados de nascença, expressão abolida pela linguagem tida por politicamente correta. No italiano é *mendicare*, e no francês, *mendier*, mas o espanhol manteve em *limosnear* o étimo do que é pedido, *limosna*, esmola, embora use também *mendigo* para *limosnero* e *mendigar* para *limosnear*.

MENDIGO Do latim *mendicus*, mendigo, em que o étimo *mend* procede de *mendum*, defeito físico. Teófilo Braga, que foi presidente de Portugal entre 1910 e 1915, narra a história de um príncipe que se apaixonou pela filha de um mendigo e este exigiu que o pretendente pedisse esmolas durante um ano. O fidalgo apreciou tanto a profissão que continuou pedinte, abandonando a moça e a realeza.

MENESTREL do latim *minesterialis*, encarregado de algum *ministerium*, ministério, serviço, pelo francês antigo *ménestrel*, empregado das Cortes, encarregado de recitar ou cantar poemas em versos. Mas não compunham, como os trovadores, os poemas declamados, apenas os recitavam. Praticavam as artes tidas por inferiores, como a dança, a ginástica e os jogos saltimbancos. Eram às vezes excomungados e exilados de suas terras, se suas apresentações fossem consideradas ofensivas à fé ou aos bons costumes. A censura muda de nome, mas está sempre presente vigiando os artistas.

MENINO PRODÍGIO de menino, vocábulo de origem expressiva, criado pelas mães, e de prodígio, do latim *prodigium*, em cujo étimo está o verbo *agere*, fazer, significando o que faz as coisas antes. É o menino de inteligência privilegiada, que faz as coisas antes dos outros de sua idade. O brasileiro Carlos Matheus Silva Santos, filho de professores do ensino fundamental de Sergipe, foi um menino-prodígio. Em 2000, aos 15 anos, tornou-se Mestre e, aos 19, Doutor em Matemática, mas não pôde receber os títulos porque não tinha concluído a graduação (ah, a burocracia!), que só concluiu em 2005. Trabalhou na *Associação Instituto Nacional de Matemática Pura* (IMPA), no Rio de Janeiro, passou pelo *College de France* e atualmente está vinculado ao *Centre National de la Recherche Scientifique*, na França. Gosta de forró e de jogar futebol, na defesa.

MENOPAUSA do grego, *mên* e *pausis*, repouso, parada. Designa a fase em que a menstruação é interrompida definitivamente, cessando, pois, a capacidade de reprodução natural da mulher, ainda que não sua atividade sexual.

MENOR do latim *minor*, mais pequeno. Mesmo contestada por alguns gramáticos, a expressão "mais pequeno" é correta. Os menores de idade no Brasil são discriminados em várias faixas etárias. Aos 16 anos podem votar, tendo, pois, maioridade política, mas não podem receber a Carteira Nacional de Habilitação que lhes permitiria dirigir automóveis, o que, aliás, muitos deles já fazem, com a aprovação dos próprios pais, mas ilegalmente. Os menores de rua são um dos maiores problemas brasileiros.

MENSAGEIRO DE mensagem, do francês *message*, já alteração do francês antigo *mes*, do latim *missus*, particípio passado do verbo *mittere*, enviar. O Hino da Proclamação da República diz numa de suas estrofes: "Mensageiro de paz, paz queremos,/ É de amor nossa força e poder/ Mas da guerra nos transes supremos/ Heis de ver-nos lutar e vencer!" É um hino de letra e música muito bonitas, embora de difícil compreensão. A letra é de José Joaquim de Campos da Costa de Medeiros e Albuquerque, e a música é de Leopoldo Miguez.

MENSAGEM do português antigo *messagem*, do francês *message*, mensagem, recado, notícia, aviso, comunicação. A origem remota está nos vocábulos latinos vinculados ao verbo *mittere*, enviar, e *missio*, missão, tarefa, dever. A raiz latina está presente em outras palavras do português, como transmitir, emitir, prometer. Quem escreve, seja jornalista ou escritor, nem sempre tem clara a mensagem que passa adiante, por força das sutis complexidades do ofício. Johann Wolfgang Goethe explicitou certa vez que não sabia a mensagem de *Fausto*: "Não pensem que tudo está perdido quando não se pode descobrir no fundo de uma obra alguma idéia ou pensamento. Perguntam-me que ideia eu procurei encarnar no meu Fausto! Como se eu soubesse, como se eu pudesse dizer!"

MENSALÃO de mensal, do latim tardio *mensuale*, de *mensis*, mês, de uma raiz indo-européia -me, que deu em grego *métron*, medida, e em latim *metiri*, medir. Este aumentativo entrou para a língua portuguesa em 2005, com o fim de designar complexo sistema de corrupção de parlamentares, identificada como "organização criminosa", conforme denúncia oferecida ao STF por Antonio Fernando de Souza, procurador-geral da República. Ainda antes de ser julgado, já resultou na queda de vários ministros e na cassação ou na renúncia de vários deputados, incluindo o denunciado como chefe da quadrilha, o deputado federal e então ministro José Dirceu.

MENSALINHO de mensalão, aumentativo de mensal, do latim tardio *mensualis*, palavra formada do latim culto *mensis*, mês, designando pagamento de altos valores mensais para corromper deputados federais e assim aprovar projetos do governo. Com o mensalinho deu-se algo semelhante, e o diminutivo surgiu porque a quantia era pequena, comparada à anterior. O presidente da Câmara Federal, Severino Cavalcanti, conduzia o processo que iria julgar os mensaleiros quando foi denunciado por extorsão. O autor da denúncia foi empresário Sebastião Augusto Buani, dono de duas lanchonetes instaladas no prédio da Câmara. Ele disse e comprovou que pagava 10 mil reais por mês para o deputado, que renunciou para escapar à cassação. Nascia ali a palavra mensalinho, que ainda não foi para os dicionários. Mensalão já foi.

MENTECAPTO do latim *mentecaptu*, falso juízo. Entre nós veio a significar doido, idiota e similares. Há um romance de Fernando Sabino com o título de *O grande mentecapto*.

MENTIR do latim *mentire*, mentir, provavelmente radicado em *mentiens*, sofisma, forma de argumentação aparentemente válida, mas que supõe má-fé por parte de quem o apresenta. O sofisma pode basear-se em premissas verdadeiras, mas cuja conclusão é inadmissível, disfarçando-se em um jogo de raciocínio quase sempre difícil de ser refutado. A atriz Tônia Carrero gravou versos do poeta Affonso Romano de Sant'Anna na coleção *Poesia falada*, criticando célebres formas de mentir: "Evidentemente a crer/ nos que nos mentem/ uma flor nasceu em Hiroshima/ e em Auschwitz havia um circo permanente/ mentem como a careca/ mente ao pente/ mentem como a dentadura/ mente ao dente."

MENTIRA derivado de mentir, do latim *mentire*. Primeiro de abril é o dia da mentira, mas a verdade não tem o seu dia. A celebração está deslocada porque esse é o dia em que se mente menos, vez que as mentiras são falsas, ao passo que nos outros dias é provável que as mentiras sejam verdadeiras. Para que não sejam desmascaradas pelo *Esplendor da verdade* – título de uma bonita encíclica do papa João Paulo II – as mentiras devem estar hermeticamente fechadas. O advérbio deriva do deus egípcio Thoth, cujo nome grego é Hermes Trismegistos, que significa "três vezes grande", a quem eram atribuídas revelações filosóficas e literárias ocultistas. Mas as mentiras, grandes ou pequenas, têm pernas curtas, segundo o ditado popular.

MENTOR do grego *Mentor*, nome de um ancião amigo de Ulisses na *Odisseia*, poema épico da autoria de Homero. Contra a opinião da maioria, ele aconselha Penélope a recusar seus devassos pretendentes e aguardar a volta do marido. Mais tarde a deusa Atena toma a forma do ancião para dar seus conselhos a Telêmaco, filho de Odisseu, nome grego de Ulisses. A partir do século XIX, o vocábulo, já escrito com inicial minúscula, tornou-se sinônimo de conselheiro.

MEQUETREFE de origem controversa. Os árabes, que ficaram sete séculos em Portugal, têm *mogatref*, com o significado de petulante, pernóstico, intrometido em tudo. Os ingleses têm *make trifles*, designando aquele que faz bagatelas, ninharias. Todavia a origem remota pode ser o latim *moechus*, pronunciado *mécus*, que virou *méque*, com os significados de malicioso, espertalhão. Somou-se ao castelhano *trefe*, étimo presente no português trêfego, de origem obscura, que tem os significados de inquieto, esperto, hábil na arte de enganar os outros. Mequetrefe passou a designar indivíduo sem importância, inútil, insignificante, borra-botas, joão-ninguém, sem entretanto perder as conotações pejorativas de trêfego. Como diz Cecília Meireles: "Ai, palavras, ai, palavras/ Que estranha potência a vossa!/ Todo o sentido da vida/ Principia à vossa porta;/ O mel do amor cristaliza/ Seu perfume em vossa rosa;/ Sois o sonho e sois audácia/ Calúnia, fúria, derrota."

MERCADO do latim *mercatus*, mercado, negócio, com influências de *mercatum*, do verbo *mercare*, indicando as ações de compra e venda. O deus protetor do comércio era Mercúrio. O étimo comum a essas palavras latinas é *merx*, mercadoria, do mesmo étimo de mercê, *merces* em latim, preço pago por uma mercadoria e depois sinônimo também de graça alcançada por intercessão de santos ou diretamente com a divindade. A palavra mercado desdobrou-se em muitas outras designações: mercado aberto, mercado de capitais, mercado financeiro, mercado de trabalho, mercado paralelo, mercado negro e até mesmo o Mercado Comum Europeu, o Mercosul, redução de Mercado do Sul. E há também um mercado de nome curioso: mercado das pulgas. Este tipo de comércio existe em metrópoles do mundo todo. Um dos mais famosos é o de Paris, que se estende por 11 km de ruas, becos, lojas, galpões etc. Sempre lotado aos domingos, ali são vendidos calçados, roupas, joias, móveis, livros, obras de arte, ferramentas. Ele foi fundado em 1900. Depois das duas grandes guerras mundiais, multiplicou a sua freguesia que para lá acorreu à procura de roupas usadas principalmente, fosse para vender, fosse para comprar. Outro célebre mercado das pulgas é o de Berlim. Ali, após a queda do Muro, em 1989, era possível comprar quepes, condecorações e uniformes de oficiais e soldados alemães orientais, e alguns anos mais tarde de militares russos, depois que ruiu também a União Soviética.

MERCÊ do latim *mercede*, declinação de *merces*, recompensa, pagamento, salário. Nossa Senhora das Mercês é um dos nomes com que é homenageada a mãe de Jesus. E o vocábulo serviu para o tratamento cerimonioso de vossa mercê, depois reduzido para vossemecê, vosmecê, você, ocê, cê. Continuando assim, logo reduziremos este tratamento, há muito tempo não mais reservado a pessoas de cerimônia, a talvez um simbólico "ê".

MERCÚRIO do latim *Mercurius*, Mercúrio, nome do planeta que está mais perto do Sol e cujo ano dura 88 dias. Na mitologia greco-romana é o nome do deus dos comerciantes, dos ladrões, dos viajantes e dos eloquentes, talvez porque as quatro categorias atuem em áreas de domínio conexo, já que comerciantes viajam muito e devem persuadir os fregueses por meio de boas argumentações. O deus era Hermes na Grécia, mas podiam chamá-lo de Mercúrio em Roma que ele não se importava.

MERENDA do latim *merenda*, conjunto de coisas merecidas, como as refeições, mas sobretudo o lanche servido entre 14 e 16 horas. Com a evolução escolar, o turno matutino não poderia ficar sem lanche, e a merenda naturalmente foi deslocada para outro horário: entre 9 e 10 horas.

MERETRIZ do latim *meretrice*, declinação de *meretrix*, meretriz, que merece pagamento por serviço. Vem do verbo *merere*, variante *merire*. A mesma raiz tem mérito, que no grego era *meros* e no latim *mereo*, indicando quinhão, parte, pagamento, reconhecimento por atos lícitos. Possivelmente *meretrix* surgiu para designar a mulher que acompanhava militares nas expedições e que, à semelhança deles, merecia remuneração. Nem os cruzados as dispensaram. Entretanto, a prostituição masculina remunerada é mais antiga: os primeiros filósofos gregos atestam a existência de garotos de programa. Na Grécia antiga, por volta do século V a.C., já existiam três classes de meretrizes: as hetairas, que temperavam o prazer sexual oferecido aos clientes com debates intelectuais; as aulétrides, musicistas que tocavam instrumentos nas festas e ofereciam a prostituição como serviço complementar e sua segunda fonte de renda; e as dicteríades, simplórias, limitadas ao prazer sexual. Quanto ao preço, na Roma antiga variava de meia dúzia de asses entre os pobres – custo de um copo de vinho ou um pão –, a 40 mil asses, cobrados de fregueses abastados por ricas e influentes cortesãs.

MERGULHAR do baixo-latim *merguliare*, vindo de *mergere*, significando passar alguns segundos, no caso de não usar aparelhos, debaixo da água, no rio ou no mar. Passou depois a ter diversos outros significados. Aparece em texto antológico do famoso escritor, advogado e jornalista Eça de Queirós, narrando a inauguração do canal de Suez: "No dia em que a água chegou a Suez foi uma vertigem. Os pobres árabes não podiam crer:

mergulhavam-se nela, bebiam até lhes fazer mal." Ao mergulhar em piscinas, rios, lagos e mesmo no mar, é bom ter muito cuidado. No Brasil, toda semana pessoas tornam-se paraplégicas ou tetraplégicas por mergulharem em águas rasas e baterem a cabeça em pedras, fundos de piscina ou em leitos de rios e mares. Mergulhar no trabalho não oferece tais perigos.

MERIDIANO do latim *meridianu*, do meio-dia. O Sol passa sobre os meridianos, linhas imaginárias traçadas de polo a polo, perpendiculares ao Equador, ao meio-dia. O principal meridiano é o de Greenwich, que passa pela antiga sede do observatório de mesmo nome, na Inglaterra.

MESMO do latim *metipsimu*, superlativo de *metipse*, idêntico, igual, assemelhado. *Met* é partícula agregada a *ipse*. No português, porém, mesmo e igual têm funcionamentos diferentes. O dia de hoje pode ser igual ao de ontem, mas jamais será o mesmo. O professor Sérgio Nogueira, autor de vários livros que ensinam a língua portuguesa, sugere um teste simples para que seja percebida a diferença entre igual e mesmo: "Primeiro, coma um pão igual ao de ontem e, depois, se possível, coma o mesmo pão de ontem. Aquele que já estiver duro é o mesmo." Outro exemplo dado pelo professor é a crítica que faz à redação de uma notícia: "Este ano, o Senado tem 12 milhões de reais para assistência médica de servidores e parlamentares. A Câmara tem a mesma verba para seus funcionários." O jornalista quis informar que os deputados faziam jus a uma verba de igual valor, mas acabou dizendo o que não queria: os leitores podem ter entendido que a verba seria dividida entre Câmara e Senado, cabendo apenas 6 milhões de reais para cada uma das Casas. Na verdade, os deputados receberiam outros 12 milhões de reais. E nós, o povo, pagaríamos a conta, é claro. Ou as contas.

MESOPOTÂMIA do grego *mesopotamía, as* ou *mesopotámios*, entre (*mesos*) rios (*potamos*). Palavra que designa a região onde fica o atual Iraque, país situado entre os rios Tigre e Eufrates. Ali já houve o primeiro fim do mundo, segundo as duas narrativas míticas mais célebres sobre o tema, o *Gilgamesh* e o *Dilúvio bíblico*. Gilgamesh era rei de Uruk, na Babilônia, também nas cercanias do rio Eufrates e em região coberta hoje pelo Iraque, onde surgiram as primeiras civilizações. O poema foi escrito em linguagem suméria já extinta, cujas estruturas linguísticas não são semelhantes a nenhuma das línguas hoje conhecidas. Os relatos, traduzidos para as línguas semita e hitita, foram depois vertidos para o hebreu e podem ter inspirado a narrativa da Arca de Noé. A versão original, escrita em linguagem cuneiforme, integrava a biblioteca da Assíria por volta do século VII a.C., que estava sediada em Nínive e foi destruída pelos persas. O curioso é que nas tabuinhas restantes, bastante danificadas, pode-se conferir o autor, chamado Shin-eqi-unninni, o escritor identificado mais antigo que se conhece. O dramaturgo e diretor Antunes Filho já transpôs para o teatro o poema de Gilgamesh.

MESTRE-CUCA do francês *maistre*, pelo provençal *maestre*, designando aquele que não apenas sabe fazer, como sabe também mandar, ordenar, administrar, coordenar, ensinar. A origem remota é o latim *magister*. Já maestro, aquele que dirige orquestra, coro ou banda, procede do italiano *maestro* e seu feminino é maestrina. No espanhol, porém, *maestro* designa também o professor e não o regente da orquestra apenas. Já cuca, não no sentido de quem assusta (entidade fantástica, mulher muito feia) e de antiga moeda de cinco réis, mas como bolo, provém do alemão *Kuchen*, bolo de farinha de trigo, fermento, ovos, manteiga e açúcar, com influência do inglês *cook*, cozinhar. Mestre-cuca designa o bom cozinheiro.

META do latim *meta*, meta, objetivo. No futebol indica o pequeno espaço situado no centro da linha de fundo, onde são fixados os três postes, cujas distâncias estão assim determinadas: 7,32 m entre os postes verticais e 2,44 m do chão ao travessão. É gol quando a bola passa entre os postes, ainda que às vezes não chegue à rede. O guardião da meta é o goleiro, vestido de agasalho que o diferencia dos outros jogadores. À semelhança do cavalo de Átila, rei dos hunos, onde ele pisa não cresce a grama.

METÁFORA do grego *metáfora*, pelo latim *metaphora*, transporte. Designa figura de linguagem que transporta o significado de um termo para outro, como chamar de raposa uma pessoa astuta, esperta, sagaz, por seus atos semelharem os do animal peludo, predador de aves. Outro exemplo com o mesmo mamífero é escarnecer de pessoa em quem não se pode confiar para exercer uma função: diz-se que nomearam a raposa para cuidar do galinheiro. Algumas estão muito desgastadas, como a de dizer de quem faz aniversário que colheu mais uma flor no jardim da existência, completou outra primavera etc. Na fala coloquial do brasileiro há abundantes metáforas com o futebol: capitão do time, para chefe de repartição; armar o time, para organizar a equipe; driblar a crise, indicando que certa dificuldade será vencida; tomar bola nas costas, indicando que foi vencido pelo concorrente; fazer gol, para atingir objetivo etc.

METALÚRGICO aquele que trabalha com metalurgia, do grego *metallourgía*, trabalho com metais, consistindo em um conjunto de tratamentos físicos e químicos aos quais são submetidos os minerais com o fim de se construir estruturas metálicas. No Brasil, o termo tem sido mais utilizado para designar o trabalhador das indústrias automobilísticas instaladas nos municípios localizados na grande São Paulo, conhecidos como o ABC, porque seus nomes – André, Bernardo e Caetano, todos santos – começam com essas letras.

METAMORFOSE do grego *metamórphosis*, transformação de um ser em outro, que os primeiros observadores da natureza notaram que ocorria com os insetos e os batráquios. Passou depois a indicar outras transformações, sendo utilizado o vocábulo também em sentido metafórico. No romance *Metamorfose*, do tcheco Franz Kafka, o personagem principal, Gregório Samsa, transforma-se numa barata. Diversos outros escritores, alguns deles tendo vivido no século III a.C., utilizaram este vocábulo nos títulos de suas obras.

METEMPSICOSE do grego *metempsýchosis*, onde *metá* é mudança, e *émpsykhos* indica aquele ou aquilo que tem *psykhê*, espírito, *en*, dentro de si. Chegou ao português, depois do latim *metempshysosis* e o francês *métempsycose*. Designa passagem da alma de um corpo para outro, em eterno retorno, por meio do qual o espírito que habitava o defunto, volta à existência, reencarnando em outra pessoa.

METONÍMIA do grego *metonymía*, pelo latim *metonymia*, com mudança de acento, designando figura de linguagem que usa a palavra fora do seu contexto, por apresentar, como informa o *Dicionário Houaiss*, "uma significação que tenha relação objetiva, de contiguidade, material ou conceitual, com o conteúdo ou o referente ocasionalmente pensado". É diferente da metáfora, pois ao contrário dela, não faz relação comparativa. As antonomásias são variantes de metonímias, como nesses exemplos: Castro Alves, o poeta do escravos; José Bonifácio, o patriarca da independência; Rui Barbosa, o águia de Haia; Hipócrates, o pai da Medicina. A língua portuguesa é "a última flor do Lácio", como a definiu Olavo Bilac, acrescentando "inculta e bela". Outras vezes o nome presente não é de pessoa, é de país ou região: Egito, o berço dos faraós; Termópilas, o túmulo de Leônidas. E o Brasil, ora é "o país do futebol", ora "o país do carnaval". De um ou de outro divertimento, entre todos os países, o Brasil é o emblema.

METRO do grego *métron*, pelo latim *metrum*. No francês é *mètre*. Designando vara ou pau para medir extensões, foi oficialmente instituído no Brasil pela Lei 1.157, assinada por Dom Pedro II substituindo "Em todo o Império o atual sistema de pesos e medidas pelo sistema métrico francês". A lei, baixada no dia 26 de junho de 1862, tinha a seguinte redação: "Dom Pedro II, por graças de Deus e unânime aclamação dos povos, Imperador Constitucional e Defensor Perpétuo do Brasil: fazemos saber a todos os nossos súditos que a Assembleia Geral Legislativa decretou, e nós queremos a lei seguinte: Art. 1º O atual sistema de pesos e medidas será substituído em todo o Império pelo sistema métrico francês, na parte concernente às medidas lineares, de superfície, de capacidade e peso. Art. 2º É o Governo autorizado para mandar vir da França os necessários padrões do referido sistema, sendo ali devidamente aferidos pelos padrões legais." Quem propôs o metro como padrão foi o físico, matemático e marinheiro francês Charles de Borda, membro do grupo que mediu o meridiano terrestre para instituir o novo sistema. As subdivisões foram decímetro e centímetro. O francês *mètre* designa medida elaborada pelos astrônomos franceses Jean-Baptiste Delambre e Pierre-François André Méchain, encarregados de medir o meridiano terrestre. O metro deveria ser a décima milionésima parte da distância entre o polo e o equador. Concluído o trabalho, no qual a dupla se empenhou por sete anos, de 1792 a 1799, foi feito o primeiro metro, que era de platina pura. Mas ele é 0,2 mm mais curto do que o previsto, pois o comprimento do meridiano do polo ao equador, medido com mais precisão por meio de satélites no século XX, é de 10.002.290 m. Méchain já tinha descoberto esse erro, mas optou por ocultá-lo.

METRÔ do francês *métro*, abreviação de *métropolitain*, metropolitano. No português grafou-se a forma da pronúncia francesa, com o fim de designar o meio de transporte moderno que hoje abrevia distâncias e tempos de percurso nas grandes cidades. O metrô, cujos vagões são puxados ou empurrados por energia elétrica, move-se sobre trilhos em caminhos de superfície, elevados ou subterrâneos, sendo estes últimos os mais comuns. O primeiro projeto de metrô para o Brasil foi idealizado para a cidade de São Paulo, em 1927, tornando-se realidade apenas a partir de 1974, sendo hoje o de maior demanda de passageiros por quilômetro de linha em todo o mundo.

MEXER do latim *miscere*, misturar, mudando de sentido porque para misturar é preciso agitar, no caso dos líquidos. Mas, por exemplo, ao mexer os ingredientes de uma comida na panela, que se objetiva é misturá-los ou desarrumá-los no recipiente para que o fogo não queime apenas uma parte, ficando a outra crua. Com tal significado, aparece no romance do escritor e frade Frei Betto, *Minas do ouro*, sobre a saga da família Arienim, mineira escrita de trás para a frente: "Enquanto Ambrósio Arienim mexia as panelas de pedra-sabão sobre o fogão de lenha, sua cabeça entranhava-se em confusões. Ouvia Tiradentes falar da pobreza reinante nas Minas e, no entanto, via circular pela casa conjurados que possuíam vastas extensões de terra na Comarca do Rio das Mortes. [...] O alferes inflava a língua ao esbravejar contra a opressão da Coroa portuguesa e, no entanto, possuía escravos e nada dizia quanto à libertação do jugo imposto aos negros trazidos da África. Também o padre Rolim, seu velho conhecido e notório contrabandista de diamantes, participava ali, em companhia de outros sacerdotes, da conspiração destinada a livrar as Minas do domínio lusitano."

MEXERICO de mexer, vindo do latim *miscere*, misturar. Mexerico é sinônimo de fofoca, um brasileirismo. Mexeriqueiros ou fofoqueiros são aquelas pessoas que têm grande prazer em falar (mal) da vida alheia. Um escritor viu nessa prática duas virtudes: a modéstia, posto que não falam de si mesmas, mas dos outros, não se considerando, pois, um bom assunto; e a solidariedade, já que demonstram preocupação com o próximo.

MEXILHÃO do latim *muscellus*, músculo. Provavelmente veio do grego *mytílos*, designando espécie de moluscos comestíveis, de concha sólida, convexa, coloração branca ou ferruginosa, encontráveis sobretudo no Atlântico e no Mediterrâneo. Há variações entre os mexilhões, também conhecidos como berbigões e amêijoas. As duas últimas espécies são mais encontradas no litoral do Rio de Janeiro, São Paulo e Santa Catarina. Têm cerca de 8 cm de comprimento. É provável que nosso primeiro cronista estivesse se referindo a mexilhões quando aludiu a berbigões e amêijoas na Carta: "Também acharam casca de berbigões e amêijoas, mas não toparam com nenhuma peça inteira."

MICA do latim *mica*, pedaço, do mesmo étimo de migalha, esta trocando o "c" pelo "g", que, por influência do latim *micare*, cintilizar, luzir, veio a designar o mineral, cujos pedaços laminados brilham na escuridão. Mica aparece no poema *Interpretação de dezembro*, de Carlos Drummond de Andrade, mineiro de Itabira, a cidade de ferro: "Usura da pedra/em lento solilóquio./A mina de mica/ e esse caramujo./A noite natural/e não encantada./Algo irredutível/ao sopro das lendas/mas incorporado."

MIÇANGA do cafre *masanga*, plural de *usanga*, contas de vidro miudinhas e de diversos formatos. E também sinônimo de bugiganga. O cafre é uma língua falada na Cafraria, como era antigamente denominada parte da África do Sul habitada por não muçulmanos. Nos dois primeiros anos de casada, quando seus costureiros eram ingleses, a princesa Diana Spencer usava vestidos discretos, mas depois, tendo adotado novos estilos, pérolas e miçangas passaram a enfeitar suas roupas.

MICHÊ do latim vulgar *micca*, pedaço de pão feito de restos de farinha, tivemos miga e migalha. No francês, o vocábulo transformou-se em *miche*, com sentido semelhante. Passou depois a indicar pagamento a prostitutas por serviços sexuais prestados e a própria pessoa que faz esses serviços.

MICO do caribe *miko*, dito também *meko*, trazido ao espanhol *mico* e daí ao português mico, designando o macaco em geral e em particular o sagui. Está presente na expressão muito popular "pagar mico", que significa meter-se em situação embaraçosa, passar vergonha. A origem é um jogo infantil em que todas as cartas são identificadas com figuras de animais que formam par, com macho e fêmea. Mas a carta com a figura do mico não faz par com nenhuma outra. O jogo termina quando todos os pares são formados. Quem fica com a carta do mico é o perdedor. Ele paga por isso. Quem explica é o professor Ari Riboldi no livro *O bode expiatório*.

MICREIRO de *microcomputador*, designado apenas pelo prefixo micro-, do grego *mikrós*, pequeno, com o acréscimo do sufixo -eiro, formou-se este vocábulo indicando nova profissão nascida com a informática. O micreiro faz do computador pessoal a sua principal ferramenta de trabalho, realizando trabalhos que vão da simples digitação a complexas *performances* em programas sofisticados, além de prestar assistência técnica. Tudo começou com dois jovens norte-americanos, Steve Jobs, fundador da *Apple*, e Bill Gates, criador da *Microsoft*.

MICRÓBIO do latim científico *microbium*, formado do grego *mickrós*, pequeno, e *bios*, vida, compostos presentes também em microcomputador (computador pequeno) e biografia (vida escrita). O latim científico, usado para padronizar nomes de plantas e de outros seres vivos, quando todos os povos praticavam suas próprias línguas nacionais, serviu também a denominações de descobertas como essa. O naturalista holandês Antonie Philips van Leeuwenhoek, quando descobriu os micróbios, não lhes deu este nome. Chamou-os *animacules*, animaizinhos. Seguiram-se depois numerosas denominações, até que o médico militar francês Charles Emmanuel Sédillot, depois de consultar o filólogo e lexicógrafo Maximilien-Paul Emile Littré, para apresentar um trabalho aos colegas da Academia de Ciências de Paris, em 11 de março de 1878, propôs a nova palavra, logo adotada por todos, inclusive por Louis Pasteur. Leeuwenhoek era amigo do célebre pintor Johannes, Jan ou Johan Vermeer, autor do quadro *Moça com brinco de pérola*, que serviu de mote ao filme estrelado por Scarlett Johansson, e construi para ele a famosa câmara escura, com a qual ele podia discernir melhor as cores. Quando o pintor morreu, tremendamente endividado, Leeuwenhoek, modelo para os quadros *O Geógrafo* e *O astrônomo*, administrou os bens do amigo, garantindo a sobrevivência de seus 11 filhos, então órfãos.

MICROFONE do grego *mikrós*, pequeno, e *phoné*, voz. O vocábulo foi empregado pela primeira vez em 1828 a um instrumento que tinha por fim amplificar sons mais fracos.

MICRO-ÔNIBUS de micro, do grego *mikrós*, pequeno, curto, composto que se antepõe a mega e macro, grandes, e ônibus, do latim *omnibus*, para todos, dativo plural de *omnis*. Na verdade, a denominação reduziu o francês *voiture omnibus*, viatura para todos. Os primeiros ônibus eram mais ou menos do tamanho dos atuais micro-ônibus, mas começaram a ser fabricados cada vez maiores. Assim, quando o tamanho de algumas versões diminuiu, surgiu a denominação micro-ônibus, que ganhou o hífen depois do Acordo Ortográfico.

MICTÓRIO de neologismo criado pela Câmara Municipal do Rio de Janeiro durante a regência da princesa Isabel. Foi ela quem assinou a primeira regulamentação dos mijadouros públicos no Brasil. Os legisladores fluminenses, querendo, porém, como sempre, evitar formas populares, que consideravam chulas, substituíram mijadouro por mictório. O vocábulo, ao contrário da lei, passou a vigorar sem restrições, sendo pronunciado corretamente por instruídos ou analfabetos, apesar da consoante muda interna, estranha à fala brasileira. E os mal-educados continuaram a mijar nas ruas, no Rio de Janeiro e em todas as cidades, utilizando como mictórios o patrimônio público e privado, sem nenhuma regulamentação.

MÍDIA do latim *media*, plural de *medium*, meio. Passou a designar o conjunto dos meios de comunicação social, como o jornal, a revista, o rádio, o cinema e a televisão. Para chegar à língua portuguesa, entretanto, fez escala no inglês, cristalizando-se a deformação da pronúncia na escrita. Nossos gramáticos aceitaram a submissão ao erro prosódico, registrando-o tal como era pronunciado nos EUA. E assim passamos a pronunciar e a escrever arrevesadamente um vocábulo que em sua origem latina estava mais próximo de nossa língua.

MIGRAÇÃO do latim *migratione*, migração, deslocamento de povos ou de grandes contingentes de pessoas de um lugar para outro. A perda de territórios e consequente migração indígena estão entre os principais fatores que levam à extinção das línguas nativas. A *xetá*, a *koaiá* e a *juma*, da família tupi-guarani, tinham menos de dez falantes ao findar do segundo milênio. Só muito tarde nos demos conta de que precisávamos proteger os índios, que hoje contam com mais de 560 reservas, equivalentes a pouco mais de 10% do território brasileiro, totalizando área pouco menor do que a França e a Alemanha juntas. Todos os anos, a região nordeste de São Paulo, o maior polo produtor de açúcar do mundo, recebe milhares de boias-frias procedentes, em sua maioria, do Vale do Jequitinhonha, em Minas Gerais, que vêm cortar cana: são os principais migrantes brasileiros. Há também outros dois termos correlatos: imigração e emigração. Os que deixam um país são emigrantes. Quando chegam ao destino, são imigrantes. No Brasil, por exemplo, aludimos aos imigrantes europeus e asiáticos, posto que nosso ponto de vista é de quem os recebe. A cidade de Governador Valadares, em Minas Gerais, é campeã de emigrantes brasileiros para os EUA. O governador homenageado é o político brasileiro Benedicto Valadares Ribeiro, também autor dos romances *Esperidião, A lua caiu*, e dos discursos parlamentares reunidos em *Na esteira dos tempos*. Mas o que caiu foi também o queixo de um assessor em anedota atribuída à dupla, dando conta de que o famoso homem público, discursando no enterro de um eleitor que morrera aos 98 anos, lamentava sua morte prematura. Recebendo a ponderação do aspone, em cochicho ao pé do ouvido – "Prematura, doutor Benedito?" – ele pensou corrigir-se a tempo: "Premátura (*sic*); como é que fui me enganar com uma palavra tão simples?"

MIJAR do latim vulgar *mejo*, como era pronunciado o verbo *meiare* na primeira pessoa do presente do indicativo. No latim clássico, mijar era *meiere*, mas o jota tinha também som de "i", como em *juris*, direito, pronunciado também *iuris*. O português manteve o jota: jurídico, jurisdição, jurisdicional etc. *Mejo* foi sempre pronunciado com o que tem o jota em português e passou a significar, não apenas o ato, mas também o sinônimo de urina, do latim *urina*, do grego *oûron*. O verbo, entretanto, em seus primórdios, não se aplicou apenas ao ato de eliminar a urina, mas a qualquer líquido que vazasse, como se colhe na expressão "o cano mijava água".

MIL do latim *mille*, que deixou de ser declinável, sofrendo variações apenas o que designava, como foi também o caso de *centum*, cem, e *decem*, dez. Desde o governo de Fernando Henique Cardoso, que reduziu a inflação para menos de um dígito, não temos mais a presença de mil nas notas de dinheiro impressas pelo Banco Central. A maior é de cem reais. Mas já tivemos a de 100 mil (cruzeiros), em 1985, emitida quando José Sarney era presidente da República.

MILAGRE do latim *miraculum*, coisa digna de *mirare*, admirar. No século XIII ainda eram pronunciadas *miraclo* e a variante *miraglo*. Comparações com o francês *miracle*, o italiano *miracolo* e o espanhol *milagro* podem esclarecer o percurso da modificação da pronúncia. Encontramos ainda no português medieval as formas *miragre* e *milagro*. A troca de "r" por "l" e vice-versa não é rara em nossa língua. O português e o espanhol consolidaram a troca do "r" pelo "l" na segunda sílaba e do "l" por "r" na seguinte. E em vez de *miraculum*, com quatro sílabas, adotaram ambos palavras de apenas três sílabas: *milagro*, no espanhol, e milagre, no português. O francês fez o mesmo com *miracle*. Das neolatinas apenas o italiano conservou as quatro sílabas: *miracolo*. Muito utilizada nos sermões, a palavra foi consolidada primeiramente nos púlpitos, onde os curas destacavam, para conversão dos gentios ou manutenção da nova fé abraçada, os feitos extraordinários, dignos de admiração por serem de impossível execução sem a ajuda divina. Assim, a *Bíblia* põe em evidência os milagres de Jesus. E o *Evangelho de São João* começa logo com dois: o das bodas de Caná, onde a água é transformada em vinho, e o da cura de um menino, gravemente enfermo, filho de um alto funcionário real, que morava em Cafarnaum, até então a cidade mais importante da Galileia judaica. Tiberíades, a capital, residência do rei Herodes, era evitada pelos judeus por três motivos: a) pelo nome, homenagem ao imperador Tibério; b) pelo ambiente paganizante; c) por ter sido construída sobre um cemitério, o que tornava o lugar impuro, segundo os observadores da Torá. O alto funcionário percorre os 26 km que separam Cafarnaum de Caná e vai até lá solicitar ajuda de Jesus. O diálogo dá-se à hora sétima, 13 h de hoje, e Jesus não vai até onde está o menino. Manda o pai voltar, assegurando que o seu filho está curado. Ao regressar, ele descobre, pelo relato dos filhos, que o menino tinha melhorado exatamente àquela mesma hora.

MILENARISMO de milenar, calcado em milênio, do latim *millennium*, mil anos. Designa a crença segundo a qual o fim do mundo dar-se-ia no ano 1000. Leituras equivocadas do *Apocalipse*, feitas num contexto de guerra, fome, doença e morte, levaram os cristãos a esperar o fim do mundo na noite de 31 de dezembro de 999. Era papa o monge beneditino francês Gerbert d'Aurillac, Silvestre II, que, embora muito culto, não pôde evitar a histeria geral, apoiada em superstições.

MILÊNIO do latim *mille* e *annus*, respectivamente mil e ano, formou-se milênio no português, à semelhança das formas biênio e triênio. Como o zero fosse desconhecido nas antigas culturas, não houve o ano zero em nenhum calendário. Por isso, a data da passagem de décadas, séculos e milênios é arbitrária. A ambiguidade é boa por resultar em duas festas pelo mesmo motivo. Assim, talvez por influência do cinema, que tem o clássico *2001: uma odisseia no espaço*, tenha se consolidado como fim do segundo milênio a noite de 31 de dezembro de 2000, comemorando-se o início do terceiro milênio no dia seguinte. De todo modo, o ano de 2001 correspondeu ao de 5761 para os judeus.

MILHA do latim *milia*, mil, medida romana de mil passos. Antigamente foi muito utilizada no Brasil, equivalendo a 1.000 braças ou 2.200 m. Nos EUA e no Reino Unido a milha oficial tem 1.609 m. No turfe carioca, tem 1.600 m; no paulista, 1.609. A milha marítima tem 2.000 jardas ou 1.852 m. Neste caso, a equivalência é a do comprimento de um minuto de meridiano terrestre.

MILIONÁRIO do francês *millionaire*, pessoa riquíssima, dona de milhões. A inflação brasileira desfigurou este significado: nas moedas que precederam o real, todos podiam ser milionários. Milionário e José Rico dão nome a uma dupla sertaneja de grande sucesso. Segundo um grande banco de investimento americano em recente pesquisa em 2004, o número de milionários (patrimônio superior a um milhão de dólares) no Brasil subiu de 75 mil para 80 mil pessoas no período entre 2002 e 2003.

MILITAR do latim *militare*, militar, formado a partir de *militis*, genitivo de *miles*, soldado do exército. Em Roma, a idade requerida para o serviço militar ia dos 17 aos 46 anos. O patrono do exército brasileiro é Luís Alves de Lima e Silva, Duque de Caxias. Já sexagenário, comandou nossas tropas na Guerra do Paraguai. Antes tinha vencido os rebeldes que haviam proclamado a República Piratini, no Rio Grande do Sul, e a República Juliana, em Santa Catarina, na famosa Guerra dos Farrapos.

MÍMICA do francês *mimique*, arte de imitar, radicado no latim *mimus*, mimo, pantomimo, imitador, de que é exemplo clássico o bufão das cortes, arremedando personagens conhecidas para alegrar o rei e sua comitiva. Procede do grego *mimesis*, imitação, e o prefixo mimeo- está presente em outras palavras do português, como em mimeógrafo, antigo aparelho, hoje obsoleto, que antecedeu as impressoras, cujas cópias imitam o original. Não são, porém, apenas bufões ou atores num palco que fazem mímicas ou expressam emoções sem palavras, apenas com o rosto. O poeta italiano, de origem bergamasca, Torquato Tasso em *Jerusalém libertada*, no "Canto X", dá expressão poética ao que se diz sem palavras: *e ciò che lingua esprimir be non puote/ muta eloquenza ne' suoi gesti espressa* (e o que a língua expressar bem não pode/ a muda eloquência em seus gestos exprime). Também o poeta latino Públio Ovídio Naso na *Ars Amatoria* (A arte de amar) lembra que "muitas vezes uma boca silenciosa tem uma voz e palavras bem eloquentes". O jurista Amilcare Carletti, no quarto volume de *Brocardos jurídicos*, pergunta: "Quem pode julgar o silêncio de quem está absorto em seus pensamentos? Se o silêncio é eloquente, quem pode avaliar a muda eloquência que encerra, às vezes, uma grande dor?" Assim se expressava o poeta húngaro Alexandre Patöfi na ode lírica *Fim de setembro*, dedicada a sua mulher, antes de partir para a guerra: "Se um dia deixares o teu véu/ de viúva, pendura-o nos braços/ da minha cruz, como um pano preto./ Do fundo da tumba, à noite,/ levantarei para enxugar o mudo/ pranto do teu abandono,/ para enfaixar a ferida do meu coração,/ que embora no além, todavia sempre/ continuará a amar-te eternamente." Segundo Carletti, o poeta previa ser esquecido pela mulher, uma das mais lindas de Budapeste, se ele morresse na guerra.

MINA do celta e do galês *mwyn*, metal bruto, pelo francês *mine*, jazida de metais, minerais etc. e também cavidade para depósito de explosivos. Teve influência do gaulês *meina* e do irlandês *méin*. Em agosto de 2010, 33 mineiros ficaram presos numa mina de San José, em Atacama, no Chile, a 700 m de profundidade. Sobreviveram por várias semanas partilhando duas colheres de atum enlatado, um gole de leite e meio biscoito a cada 48 horas, passando depois a receber suprimentos por uma fenda, com a esperança de que dentro de pouco tempo poderiam ser resgatados por um buraco de 66 cm, cavados à velocidade de 20 m por dia na rocha pura.

MINERVA do latim *mens*, mente, pensamento, formou-se o nome da deusa romana Minerva, similar a Palas Atena, que na Grécia era a deusa da sabedoria, das artes e da guerra. Em nossa cultura praticamos desde tempos antigos o voto de minerva, que consiste em voto utilizado apenas em caso de desempate, quando a autoridade que preside ao julgamento vota para decidir.

MINGAU do tupinambá *minga'u*, comida que gruda, o prato feito com as vísceras cozidas do prisioneiro. Esperavam que elas grudassem nos comensais, isto é, mantivessem as virtudes do guerreiro devorado, pois os tupinambás eram antropófagos. Passou depois a designar qualquer alimento de consistência pastosa, feito de leite e açúcar, engrossado com farinha de mandioca ou de milho e também com arroz. Era servido nas duas pontas da vida, em geral pelo mesmo motivo, isto é, a falta de dentes em crianças e velhos. Com o tempo tornou-se iguaria sofisticada, consumida sobretudo por pessoas em dieta alimentar.

MINHOCA do quimbundo *munhoca*, verme, diminutivo de *nhoca*, cobra, ou do tupi *mi-nhoca*, o que é extraído. Quando alguém está com minhocas na cabeça, deve extraí-las. Nossa língua, rica em metáforas, alude a tais presenças incômodas para designar preocupações indesejáveis, ideias absurdas.

MINISTRO do latim *ministru*, criado, servo. Aquele que executa ordens recebidas. Depois, melhorando de sentido, a palavra passou a designar os altos funcionários do Estado, membros do Poder Judiciário etc. Indica também o encarregado de alguma função religiosa. Os ministros da República não têm estabilidade, ao contrário de outros funcionários públicos, e são demissíveis *ad nutum*, isto é, sem nenhuma explicação, apenas pela vontade de uma só das partes: aquela que os nomeou. Mas a vontade da autoridade é indispensável, do contrário o ministro, não querendo, não sai de lá.

MINUANO do espanhol platense *minuano*, originalmente nome de uma tribo indígena que ocupava a região do pampa, em territórios hoje pertencentes ao Brasil e à Argentina, onde sopra por três dias, no inverno, um vento frio e muito forte que recebeu este nome. Na Argentina, onde até a memória do índio foi exterminada, o minuano é conhecido como pampero.

MIRA derivado de mirar, do latim *mirare*, olhar com grande atenção, com escala no italiano *mira*, apêndice metálico situado na ponta do cano das armas de fogo para ajudar na pontaria. Os atacantes da seleção brasileira desperdiçaram um número incrível de gols durante as partidas eliminatórias de 2000, coisa jamais vista no futebol brasileiro, que se celebrizou pela precisão de passes que resultavam habitualmente em tiros certeiros no gol adversário. O povo creditou tais fracassos à arrogância do técnico, que costumava querer ser mais célebre do que as verdadeiras estrelas, os jogadores, deixando de convocar os verdadeiros craques. A situação do treinador complicou-se ainda mais depois que Renata Alves, que vinha trabalhando para o técnico, denunciou-se como laranja do ex-patrão. Admirando as fotos da moça, os torcedores ficaram em dúvida sobre a fruta: laranja ou uva? Com efeito, uva é metáfora para mulher bonita. A Receita já identificou sonegações da ordem de dezenas de milhões de reais na transação de jogadores para o exterior. Já os outros mortais brasileiros, os assalariados, descontam na fonte. E da Receita sempre levam goleadas antes de poderem esboçar quaisquer defesas, feitas sempre *a posteriori*, nas declarações.

MIRABOLANTE dos compostos gregos *myrra*, perfume, e *bálanos*, bolota, pelo francês *mirabolant*. *Myrobolan* designa planta ornamental de noz aromática, a tal bolota perfumada dos gregos, impossível de não ser notada. Passou a designar coisa que aparece muito, extravagante, bela demais para ser verdadeira. Misturou-se ao latim *mirabilia*, maravilha.

MIRÍADE do grego *myriádos*, de *myriás*, dez mil, mas não em sentido denotativo apenas, tendo também o valor simbólico de grande quantidade, em número impreciso, difuso, como se dá com o número mil em "mil coisas". Foi primeiramente aplicada à astronomia: "havia no céu *myriádos*, variante de *myriás*, de estrelas no céu". Mas depois Arquimedes declarou que poderia escrever um número maior do que o número de grãos de areia que seriam necessários para preencher o universo.

MIRMIDÃO do grego *myrmidón*, pelo latim *myrmidon*, designando antigo povo do Sul da Tessália, na antiga Grécia, onde teriam sido recrutados os lendários soldados liderados por Aquiles na Guerra de Troia. Passou a qualificar, como adjetivo, o subordinado fiel, que cumpre todas as ordens sem questioná-las, e, depois, como substantivo, o ajudante de cozinha. O étimo grego do nome é *myrmex*, formiga. Uma terrível peste assolara a Ilha de Egina, governada pelo rei Éaco, e matara animais e homens. Desolado, o soberano pediu ajuda a Júpiter, quando contemplava uma multidão de formigas que, disciplinadas, caminhavam sobre a casca de um frondoso carvalho, levando cada uma delas diminutos grãos à boca: "dá-me, pai, cidadãos tão numerosos quantos estas formigas para encher a cidade vazia". O pedido foi atendido: uma multidão de jovens surgiu depois de um sonho que o rei teve e, ajoelhados, saudaram-no como súditos leais. Mirmidão designa também o seguidor de chefe político.

MIRRA de origem semítica, pelo grego *my'rrha* e o latim *myrra*, designando resina extraída de árvores originárias da África, utilizada na fabricação de perfumes e unguentos. Foi um dos três presentes oferecidos pelos magos ao Menino Jesus; os outros dois foram ouro e incenso. De acordo com os *Evangelhos de Lucas e Mateus*, os únicos a descreverem circunstâncias que ocorreram durante o nascimento e infância de Jesus, ele nasceu saudável e "cresceu em idade, sabedoria e graça diante de Deus e dos homens". Com o tempo, devido ao fato de a mirra ser utilizada no embalsamento de cadáveres, formou-se no português o verbo mirrar, com o sentido de definhar, ganhar a aparência de defunto.

MISANTROPO do grego *misánthropos*, misantropo. Apesar de no grego a palavra ser proparoxítona, no português, à semelhança de filantropo, sua prosódia e ortoépia consolidaram a forma paroxítona, recaindo o acento imaginário sobre a penúltima sílaba. Ao contrário do outro, o misantropo tem ódio ou aversão à sociedade, evitando a convivência e preferindo a solidão. Especialista em juízos devastadores sobre a condição humana e nas deformações de caráter nascidas da ambição política desmesurada, William Shakespeare escreveu em *Timão de Atenas*: "Eu sou misantropo e odeio a humanidade." Tal diatribe é rara no humor inglês, sutil e contido, quase sempre ausente, porém, no autor que expressou a nacionalidade em tragédias memoráveis. Quando exarou tal juízo, talvez estivesse em depressão por ter perdido o filho Hamnet, vitimado por mortalidade infantil, alta na Inglaterra daqueles anos, que o inspirou a batizar famoso personagem com a variante Hamlet.

MISCELÂNEA do latim *miscellanea*, misturas, plural neutro de *miscellaneum*, misturado, designando originalmente a alimentação dos gladiadores romanos, composta de ingredientes diversos, sem preocupação com o sabor ou com a nutrição, já que quase todos morriam no circo onde se apresentavam, em geral o Coliseu, cujas ruínas ainda hoje impressionam o turista. Por metáfora, passou a ser aplicado a outras reuniões, como a textos de diversas procedências, de um ou mais autores.

MISERICÓRDIA do latim *misericordia*, compaixão, piedade, em que estão presentes *miser*, referindo o miserável, o faminto, o despossuído de tudo, e *cordia*, aludindo a *cordis*, declinação de *cor*, coração. O jornalista Elio Gaspari, com sua habitual ironia, ao criticar o programa Fome Zero, carro-chefe do governo do ex-presidente Lula, disse que "é uma versão misericordiosa da Ilha de Caras". Foi uma das mais bem-humoradas críticas ao programa, enredado em seus inícios em questões excessivamente burocráticas.

MISOGINIA do grego *misogynia*, misoginia, pela formação do étimo do verbo grego *misein*, odiar, evitar, e *gynia*, do mesmo étimo de *gynekos*, presente em ginecologia. Os gregos tinham a palavra *misogynia* para designar a aversão mórbida pelas mulheres. Não era uma característica nacional, mas eles não eram lá muito fanáticos, não. Era comum um cidadão grego dedicar-se ao amor da esposa, da hetaira (espécie de amante) e de um efebo (moço). Não escondiam da sociedade o seu matrimônio partilhado e as três entidades sabiam o que ocorria com o seu homem quando ele estava nos braços da outra ou do outro.

MISSA do latim tardio *missa*, missa, ofício religioso que recebeu este nome por causa das três palavras finais quando era rezada exclusivamente em latim: *ite, missa est* (ide, a missa terminou). Os atos litúrgicos que resultaram na atual missa foram originalmente assembleias realizadas pelos cristãos na Antiguidade, quando a expressão *missa facere* significava o ato de pôr fim a uma reunião. Foi São Francisco de Assis quem introduziu na cristandade o costume da *Missa do Galo*, rezada ou cantada à meia-noite de 24 de dezembro, assim chamada porque terminava na madrugada do dia seguinte, quando os galos já tinham começado a cantar. A missa é, além de um ato litúrgico católico de importância extraordinária, um espetáculo que está em cartaz há quase dois mil anos. Durante muitos séculos foi celebrada em latim, mas depois do Concilio Vaticano II, convocado e presidido inicialmente pelo papa João XXIII, passou a ser rezada na língua de cada país, mantendo apenas algumas partes em latim. Há um conto clássico de Machado de Assis com o título *Missa do galo*, já submetido a variações por diversos escritores, entre os quais Lygia Fagundes Telles.

MISTO do latim *mixtus*, escrito também *mistus*, misturado, reunido, confundido, designando reunião de elementos diversos num conjunto, como se faz com o misto-frio e o misto-quente, nomes de lanches feitos com pão, queijo e presunto. É da mesma família de palavras a que pertence *miscellanea*, os antigos mistos-frios e mistos-quentes dos gladiadores. Modernamente, a gororoba disfarça-se em lanches feitos com pão, queijo e presunto. Os antigos romanos tinham o *mixti fori*, de foro misto, em que as jurisdições de Igreja e Estado se misturavam quando os delitos eram atribuídos a pessoas do clero. Os processos eram tão confusos que a refinada expressão jurídica tornou-se sinônimo de confusão na língua portuguesa, consolidando-se como mistifório. Vários livros, cuja qualidade foi rebaixada, têm feito sucesso comercial mediante mistura de elementos diversos, sem que ao menos o autor domine o assunto, como é o caso de *O código da Vinci*. Seu autor, procurado por jornalistas que mais o incensavam do que o entrevistavam, pois não se sabia quem era mais ignaro, o entrevistador ou o entrevistado, começou a aludir a "provas científicas" de afirmações absurdas. E acabou enredado num cipoal de lorotas. Nem sequer as datas e as ligações que faz são confiáveis. A igreja de Saint Sulpice, em Paris, construída entre 1642 e 1745, não pode ter sido obra dos templários. A ordem foi suprimida em 1312 pelo papa Clemente. O último grão-mestre, Jacques de Molay, e todos os seus seguidores foram presos e, depois de processos que até hoje envergonham a Humanidade, foram levados à fogueira entre 1310 e 1314, no reinado de Filipe, o Belo. Ensina o respeitado romancista e medievalista italiano, professor Umberto Eco, autor do *best-seller O nome da rosa*: "a única maneira de distinguir a seriedade de um livro sobre os templários é verificar se ele se encerra no ano de 1314, a data em que o grão-mestre da ordem foi queimado na fogueira".

MITRA do grego *mitra*, pelo latim *mitra*, turbante, diadema, faixa para a cabeça, depois transformado em chapéu indicativo de poder ou distinção social, utilizado por antigos persas, assírios e egípcios. A Igreja aproveitou o símbolo, constituindo-o em paramento eclesiástico de uso restrito na hierarquia católica: apenas o papa, os cardeais, os arcebispos e os bispos têm mitra, que entretanto evoluiu na forma e hoje se parece mais com um chapéu de cozinheiro, pois é alto e largo e se afina na ponta. A Inquisição, tendo condenado à fogueira muitos clérigos, transformou o símbolo de dignidade em deboche, pondo mitras nos condenados. Pode ter havido influência do grego Mithras, o deus Sol dos persas, que conservou o mesmo nome em latim.

MITRIDATO de Mitrídates VI, Eupátor, o Grande, rei do antigo Ponto Euxino, na Ásia, formou-se este vocábulo para designar um contraveneno da farmacopeia antiga que teria sido inventado por esse governante, implacável inimigo dos romanos. Na época era muito comum o envenenamento dos poderosos por seus rivais. O monarca, tendo que lutar simultaneamente contra os formidáveis exércitos romanos e as conspirações palacianas, intentou precaver-se de uns, no campo de batalha, treinando exércitos capazes de enfrentá-los e vencê-los, e de outros, em seus próprios domínios, por meio da ingestão diária de pequenas doses de diversos venenos violentos, com o fim de jamais temer veneno algum, dado que seu organismo estaria preparado com os anticorpos necessários. Por ironia, vencido na última batalha que travou, Mitrídates tentou envenenar-se e não morreu. Teve que pedir a um escravo que o executasse. Não sabemos em que idioma se dirigiu ao subalterno para dar a última ordem de sua vida, uma vez que falava 22 línguas.

MIX do inglês *mix*, mistura, redução do latim *mixtus*, particípio passado de *miscere*, misturar, reunir, do grego *mísgein*, conservado em miscigenação, mistura de raças, do inglês *miscegenation*. Provavelmente influenciada por Oxford, Lourdes Sola, Ph.D. em Ciência Política por aquela universidade, professora da USP, utilizou o anglicismo, em lugar do português mistura, ao comentar o desempenho do governo federal: "A popularidade do presidente Lula legitima um mix bizarro, que explica seu ativismo e também o que há de ortodoxia nesse governo. Respectivamente: 1) Da apropriação dos frutos da mudança estrutural, graças à relação direta com o eleitor-consumidor; 2) Da inflação baixa – razão por que a disciplina de mercado representada pelo Banco Central veio para ficar." Ela é autora do livro *Banco Central: autoridade política e democratização – um equilíbrio delicado* (Fundação Getúlio Vargas).

MIXAGEM do latim *miscere*, misturar, que em inglês virou *mix*. Em cinema, por exemplo, se faz a mixagem de diálogos, música incidental, ruídos ambientais etc., tudo na mesma trilha sonora.

MIXURUCA do guarani *mi'xi*, pequeno, pouco, de má qualidade. É também sinônimo de mixaria, vocábulo radicado na mesma língua indígena.

MNEMONIA do grego *menominikós*, relativo à memória. O *Dicionário Aurélio* não registra o vocábulo, mas há frequentes mnemonias em nossa língua, como as conhecidas "um, dois, feijão com arroz; três, quatro, feijão no prato". O povo criou tais formas para facilitar a memorização. Há também uma conhecida ladainha de moças casadoiras, em que se pede marido com estas súplicas: "São Benedito, que seja bonito; São Gabriel, que me seja fiel; São Bento, que não seja ciumento". Se pedem, é porque há falta, mas nem assim são dispensadas estas três importantes qualidades.

MNEMOTÉCNICA do grego *mnes*, recordação, memória, lembrança, *téchné*, arte, técnica. Louras ou morenas que exerceram forte atração, a ponto de não mais nos esquecermos delas, ou aquela mulher ou homem que se tornou o objeto do desejo ou do amor eterno, tiveram antes que serem lembrados pelas leis da genética, isto é, antes de serem lembrados por nós, foram memorizados pela cadeia dos DNAs que passaram de geração em geração, definindo cor de cabelos, formato de rosto, tamanho e demais características que nos fazem ter a imagem que temos e o que somos, naturalmente sofrendo algumas influências e alterações, fornecidas pelo meio. Às vezes, até mesmo a lourice e a morenice decorreram não da herança genética, mas dos cabeleireiros, pois também esses profissionais se situam em algum ponto da evolução das espécies.

MOÇA de moço, palavra de origem controversa, provavelmente do basco *motz*, mocho, raspado, designando tanto o gado sem chifres como o rapaz imberbe, desprovido de pelos e barba. Mas pode ter vindo também ou se mesclado com alguma variante das palavras latinas *mustum*, mosto, suco em fermentação, vinho fresco, e *museteum*, jovem. Étimos semelhantes estão no francês *mousse*, no espanhol *mozo* e no italiano *mozzo*. Em ofícios iniciantes, como o de marinheiro de primeiros tempos, moço era o rapaz de mais de 18 e menos de 25 anos que estava aprendendo a navegar. Por analogia, surgiu moça como sinônimo de menina púbere, a adolescente, que já não é mais criança, e da qual, até a década de 1960, a virgindade era a grande virtude, indispensável ao casamento. "Moça, eu sei que já não é pura,/ teu passado é tão forte,/ pode até machucar,/ Moça, dobre as mangas do tempo,/ jogue o teu sentimento/ todo em minhas mãos". Com estes versos de *Moça*, lançados em 1975, o cantor Wanderley Alves dos Reis, o Wando ajudou a quebrar o tabu da virgindade.

MOCAMBO no quimbundo *mu'kambu* designa cumeeira, e *mu'kamu*, esconderijo. Sua primeira designação aludia a moitas, cerrados e casebres que, na floresta, serviam de refúgio aos negros que escapavam dos temíveis capitães do mato. Alguns deles ainda remanescem, não mais a cavalo e de chicote em punho, mas de automóvel, helicóptero ou jatinho. A lei que lhes dava direitos tão extremos e aviltantes sobre aqueles a quem perseguiam mudou seus disfarces, mas talvez o salário mínimo seja seu grande emblema. Com tais rendimentos, fica proibida a entrada nos sobrados. E os mocambos tornaram-se favelas, moradias pobres.

MOCHILA do espanhol *mochila*, espécie de saco em que os soldados levavam seus apetrechos característicos. Depois passou a designar as sacolas que excursionistas e viajantes levavam às costas e, enfim, consagrou-se como item indispensável dos alunos, no qual carregam o material escolar.

MOCIDADE de moço e o sufixo -idade, indicando período da vida humana entre a infância e a juventude. Com a exclusão de "o", o "c", seguido de "i" perde a cedilha. Moço, étimo presente no vocábulo, tem origem controversa. Pode ter vindo do latim *musteum*, jovem, fresco, definições ligadas a *vinum mustum*, vinho jovem, novo, ainda não envelhecido. Por comparação, teria passado a designar o jovem. O famoso filólogo espanhol Joan Coromimas Vigneaux que, exilado durante 13 anos pela ditadura franquista, consolidou seu nome como catedrático da Universidade de Chicago, diz que moço – *mozo*, em espanhol – é de origem incerta, mas chegou ao português e ao espanhol com o significado de rapado, pelado. O costume de conduzir nuas as crianças pode ter influenciado tal sentido. Liga-o ao vasco *motz*, rapado. Assinala também que no galego o verbo *esmozar* significa cortar copa e galhos de uma árvore. Do mesmo étimo são mocho, gado sem chifres, e muchacho, regionalismo gaúcho para designar tanto o jovem quanto a escora pendurada sob o cabeçalho do carro para suportar o peso e assim descansar os bois quando a viagem é brevemente interrompida, sem que os animais sejam desajoujados e retirados da canga. Mocidade designa a celebérrima escola de samba carioca que no carnaval de 2009 homenageou a literatura brasileira com o samba-enredo *Clube Literário Machado de Assis e Guimarães Rosa, estrelas em poesia*.

MODA do francês *mode*, costume, modo, vestuário. Daí o francês *costume* designar também a roupa, sentido que conservou no português costume. A língua francesa, neolatina, trouxe *mode* do latim *modus*, modo, mas no francês passou a feminino por força da terminação em "e". No italiano, prevaleceu *moda*, de onde derivou *modello* para designar o manequim, primeiramente de madeira e mais tarde substituída por jovens, inicialmente apenas moças e depois também rapazes, designação que manteve no português modelo, comum aos dois sexos. A ilha italiana de Capri, no Mar Tirreno, conhecido centro turístico localizado no Golfo de Nápoles, onde o imperador Tibério completou sua atribulada existência, serviu de inspiração a costureiros para denominar um tipo de calça especial, que vai da cintura até abaixo dos joelhos. A calça capri já era conhecida dos brasileiros *avant la lettre*, pois o corte lembra as variedades de calça conhecidas como pega-marreco, pega-frango e pesca-siri. Com efeito, o desenho de todas se semelha à famosa novidade de chiques costureiros internacionais.

MODELO do italiano *modello*, objeto ou figura destinada à imitação. A palavra tem sido usada no masculino e no feminino, variando o significado. Durante muito tempo criticou-se o modelo econômico brasileiro, acenou-se com o modelo político de outros países e usou-se a palavra em várias acepções de coisas que tinham o fim de ser copiadas. Modelo já é também uma profissão, principalmente feminina, mas não exclusivamente. Similares aos manequins, as modelos desfilam roupas de grife, estão presentes como recepcionistas em eventos diversos e compõem no Brasil uma imensa galeria, compostas de adolescentes e moças bonitas recrutadas por agências internacionais de renome, como a Ford e a Elite.

MODEM pronuncia-se *modem* e ainda não foi aportuguesado, mas está presente em todos os escritórios e nas residências que têm computador. A palavra é um acrônimo da expressão inglesa *modulation/demodulation*, modulação/demodulação. Designa dispositivo para converter sinais digitais em analógicos e vice-versa. Com isso, fica possível estabelecer comunicação a distância entre computadores, seja por meio de linha telefônica, seja por cabos de fibra. A palavra já estava presente no vocabulário do brasileiro médio porque a frequência modulada, identificada pelas iniciais FM, designa um tipo de onda de rádio menos instável e por isso mais eficiente na transmissão, principalmente de músicas. Os primeiros aparelhos de *modem* surgiram em 1958, em plena guerra fria. Sua tecnologia era muito cara e de uso exclusivamente militar, mas em 1981 Dennys Hays lançou um *modem* automático que logo se tornou hegemônico entre os computadores pessoais.

MODERADO do latim *moderatus*, moderado, prudente, sábio. Em face da politização do clero brasileiro nas últimas décadas, padres, bispos e cardeais foram divididos em três grupos: os radicais, os moderados e os conservadores; os primeiros mais vinculados à esquerda e os últimos à direita. No meio estariam os moderados. O arcebispo emérito de São Paulo, o gaúcho Dom Cláudio Hummes, antigamente era tido como radical, mas hoje está entre os moderados.

MODERNIDADE do latim *modernitate*, declinação de *modernitas*, modernidade. Línguas como o latim e o alemão têm declinações nas palavras; o português não as tem. Quem cunhou a palavra *modernitas* foi o professor, filósofo e teólogo Aurelius Augustinus, mais conhecido como Santo Agostinho, não se sabe se quando bispo de Hipona, na África, ou quando professor de retórica em Milão, na Itália, onde foi convertido ao cristianismo por Santo Ambrósio. Mas *modernitas* demorou a entrar para os compêndios medievais e sua melhor definição foi feita por Walter Map, já no século XII, curiosamente numa obra que diz existirem fadas e vampiros na Inglaterra: "Chamo modernidade ao nosso tempo, isto é, o intervalo destes cem anos, cujas últimas partes existem ainda; chamo modernidade aos cem anos que se foram, e não aos que vêm, ainda que sejam semelhantes, dada a sua proximidade; pois que as coisas pretéritas pertencem à narração, e as futuras à adivinhação." De ascendência galesa, Map escreveu em latim seu único livro: *De Nugis Curialium* (Bagatalelas da corte).

MODERNO do latim *modernus*, radicado em *modus*, modo, que primeiramente no francês, no século XIV, e depois no português, no século XV, veio a designar a época em que se vive, por vezes caracterizada também como contemporânea. Os marcos iniciais e finais são, porém, arbitrários. Há historiadores que datam a Idade Moderna do fim da Idade Média ao fim da Revolução Francesa, mas em geral o entendimento é de fatos, objetos, ideias, invenções etc. recentes. No limite, designa fenômenos caracterizados pelo modo mais avançado. No latim, a palavra *modernus* foi primeiramente usada por Flavius Magnus Aurelius Cassiodorus Senator quando servia ao rei dos godos e dos ostrogodos e regente dos visigodos Teodorico, o Grande, que venceu Odoacro e depois tomou o filósofo e teólogo Anicius Manlius Torquatus Severinus Boethius como conselheiro, mas a quem depois mandou torturar e executar por divergências políticas. Foi quando estava na prisão que Boethius, conhecido também como La Boétie, na cultura francesa, escreveu a célebre obra *De Consolatione Philosophiae* (O Consolo pela Filosofia). Cassiodoro era moderno, mas não muito, pois não é moderno mandar assassinar o discordante.

MODINHA de moda, do francês *mode*, moda, costume, vestuário, cuja origem remota é o latim *modus*, modo, medida. Nesta última acepção, medida agrária, rítmica, aplicando-se também a jeitos de fazer uma coisa, como no prato à moda da casa, tão comum nos restaurantes, feito segundo a culinária do local. Acrescido do sufixo -inha, menos o "a" final, de moda veio a designar poesia de salão, inspirada na ária da ópera italiana. Depois de 1850, porém, a modinha transformou-se em cantiga popular, acompanhada de violão, em que predominava o humor, no início, vindo depois a tristeza, sobretudo no interior do Brasil, com a moda de viola, cujos versos raramente seguem a norma culta do português. Com a marcha, deu-se algo parecido, evoluindo para a marchinha, com a diferença que a tônica mudou para a alegria, o festejo, a crítica bem-humorada ou cáustica dos costumes.

MOEDA do latim *Moneta*, primeiro designando o templo de Juno Moneta, onde eram fabricadas as pequenas peças metálicas que simbolizavam a riqueza. Depois, com minúscula, *moneta* passou a designar a peça, tivesse o valor que tivesse. Por exemplo, o *denarium*, dinheiro, era assim chamado porque valia dez asses. A deusa Juno ganhou o epíteto de Moneta porque *monere* em latim significa avisar, advertir. E os antigos romanos acreditavam que a deidade teria alertado o povo para um terremoto.

MOITA de origem obscura, provavelmente palavra pré-romana, o que dificulta fixar seu étimo. Designa grupo de pequenos arbustos ou mesmo touceira de capim, lugares que podem servir de proteção ou esconderijo. Daí a metáfora "na moita", com o significado de em silêncio, às escondidas, na espreita. Radicalmente na moita passou a viver um gaúcho que, entrevistado pelo jornalista Paulo Sant´Anna, revelou que vivia há 12 anos numa ilha em frente à Praia de Garopaba. O motivo: "eu não aguentava mais as reuniões de condomínio".

MOLA do italiano *molla*, mola, derivado de *mollare*, deixar mole, deixar correr, ser flexível. Um de seus sentidos é o de peça espiral, geralmente metálica, elástica, que cede quando comprimida, voltando à posição inicial tão logo seja liberada. Outro sentido procede da antiga Roma. A farinha misturada com sal era lançada sobre a cabeça da vítima que ia ser sacrificada, donde nasceu o verbo imolar. A origem remota é a raiz indo-europeia *mel*, presente no étimo do latim *molere*, moer, deixar mole, como se faz com o grão transformado em farinha. Desprendendo-se do carro de Rubinho Barrichello, numa das corridas de 2009 no Grande Prêmio de Fórmula 1, em Budapeste, na Hungria, a mola que acertou o capacete de Felipe Massa, causando grave acidente, foi o grande tema da mídia nacional e internacional. Rubinho disse: "Eu sentia que meu carro estava balançando, solto demais, até nas retas, mas, nas análises, não dava pra ver o que era. Até que ela se soltou e quebrou um pedaço da suspensão." Segundo o humorista Agamenon Mendes Pedreira (pseudônimo, provavelmente, de toda a equipe Casseta & Planeta), "a enrolada autopeça, cansada de não ganhar nada, resolveu saltar fora do carro de Rubinho e procurar um piloto melhor".

MOLHAR do latim vulgar *molliare*, amolecer, de que é exemplo amolecer o alimento na própria boca para dá-lo à criança ou amolecer o pão, mergulhando-o em vinho ou água, de acordo com a qualidade da refeição. Passou a designar o ato de dar gratificações, lícitas, em agradecimentos por serviços prestados, como no caso de garçons em restaurantes e manobristas de automóveis, ou ilícitas, de que são exemplos as práticas de corrupção, principalmente no setor público. A gorjeta é o resultado mais brando e mais visível do ato de molhar a mão, um dos órgãos que mais simboliza o poder, como nas expressões "mão pesada", "mão que castiga", "mão que premia", "Fulano come na mão de Sicrano", e outras. Ninguém precisou molhar a mão de Deus para ganhar o bem supremo que é a vida, mas o filósofo grego Epicuro, que viveu entre os séculos 4 e 3 a.C., que não seria bem entendido se o poeta romano Lucrécio não explicasse sua obra em *De Rerum Natura* (Sobre a natureza das coisas), escreveu: "A vida é uma gorjeta e a porta está aberta." Epicuro defendeu as delícias de uma vida de prazeres, proclamou a importância da felicidade, mas infelizmente foi mal entendido. Passou à História como um devasso, um libertino, aquele que queria proclamar principalmente os prazeres intelectuais e artísticos. O poeta Fernando Pessoa já havia alertado para as complexidades da interpretação de textos poéticos: "O poeta é um fingidor/ finge tão completamente/ que chega a fingir que é dor/ a dor que deveras sente/ e os que leem o que escreve/ na dor lida sentem bem/ não as duas que ele teve/ mas só a que eles não têm."

MOLHO de molhar, do latim *molliare* ou *mollire*, verbos radicados em *mel*, uma raiz indo-europeia presente em palavras que indicam amolecer, afrouxar. Designa preparado culinário líquido ou cremoso, feito com azeite, vinagre, leite ou mesmo sangue, aos quais são acrescentados temperos diversos para melhorar o sabor dos pratos. Os molhos são de diversas procedências, às vezes indicadas nas próprias denominações: molho inglês, molho tártaro, molho nagô. Na cozinha luso-brasileira, a galinha ao molho pardo é prato clássico. O molho tem este nome pela aparência do sangue misturado ao vinagre. O outro nome do mesmo prato é galinha à cabidela, porque feito com pés, pescoço, cabeça, asas – órgãos que estão além do tronco da ave, no cabo ou no rabo. Mais tarde foram acrescentados os miúdos, como o coração e a moela.

MOMENTO do latim *momentum*, momento, radicado no verbo *movere*, pôr-se em movimento. Mas quanto dura um momento? Para as telefonistas, que pedem que aguardemos um momento até que encontrem o destinatário final da ligação, esta unidade de tempo, vaga e imprecisa, pode representar vários minutos. Para os serviços telefônicos conhecidos como 0800, um momento pode variar de insuportáveis dezenas de minutos a não ser atendido. Os ingleses consideram 1,5 minuto a duração média de momento. Na Idade Média, chegou-se a fixar 1/40 ou 1/50 partes de uma hora. A sabedoria dos rabinos definiu em 1/1,080 de uma hora. Em suma, o momento, como o tempo, tem duração psicológica. Um momento de alegria não dura nada, um momento de tristeza parece nunca mais acabar.

MONA do português de Angola *mona*, radicado no quimbundo *mona*, criança, rapaz, moça, provavelmente com origem no suto *monna* ou no nhungue *muna*, ambos designando homem, por influência de *mono* indicar macaco, segundo relato de Frei Francisco de São Luiz, citado por José Ramos Tinhorão em *Os negros em Portugal*: "é vocábulo africano que designa uma espécie de bugio, de longa cauda, originário do país dos negros". O "país", no caso, era um dos maiores continentes do mundo! O suto é língua falada pelo povo Sotho, dito também *Ba-Suto*, do Reino de Lesoto, na África meridional, segundo o *Dicionário banto do Brasil*, de Nei Lopes. O nhungue é língua falada pelos povos nhungues na província de Tete, em Moçambique, na África. No Brasil, mona veio a designar depreciativamente, na gíria, já migrando para o português coloquial, o homossexual masculino.

MONARQUIA do grego *monarkhía*, pelo latim *monarchia*, regime em que o poder supremo é exercido por uma só pessoa, como é o caso da rainha Elisabeth II, desde 1952 no trono do Reino Unido, que nesse período perdeu a Irlanda, a Índia, a África do Sul e o Paquistão. A monarquia foi o regime político do Brasil, desde 22 de abril de 1500, no reinado de Manuel, rei de Portugal, até 15 de novembro de 1889, quando foi deposto por golpe de Estado Pedro II, carioca de nascimento, filho de Pedro I, imperador do Brasil e 27º rei de Portugal, homônimo do oitavo rei português, Pedro I, aquele que depois de morta fez rainha a sua amante, Inês de Castro.

MONGE do grego *monos*, único, sozinho, solitário, pelo latim *monachus* e daí ao provençal antigo *monge*, padre ou frade integrante de ordem religiosa masculina. Se feminina, é monja. No filme *Guerra do contestado: restos mortais*, do cineasta catarinense Sylvio Back, sobre os conflitos entre o Exército e os camponeses do Paraná e de Santa Catarina cujas terras foram desapropriadas nos começos do século XX para a construção da estrada de ferro que ligou São Paulo ao Rio Grande do Sul, os líderes são chamados monges e atendem pelos nomes de José Maria, João Maria e Adeodato. À semelhança de Canudos, que teve como líder o monge Antonio Conselheiro, não pertenciam a nenhuma ordem religiosa. No filme, vários médiuns incorporaram o espírito de pessoas que morreram naqueles combates.

MONGOLISMO de *mongol*, com o sufixo -ismo. Mongol veio do persa *mughal*. Houve no português prolação da nasal inicial. Prolação quer dizer alongamento. O mongolismo é um estilo de pintura executada na Índia sob o domínio dos grão-mogóis. Porém, é mais utilizado para designar doença psíquica caracterizada por profundo retardo mental. No mongoloide, as maçãs do rosto são muito salientes, as fendas palpebrais são oblíquas e a dobra da pele dos olhos recobre o ângulo interno. O mongolismo, cuja denominação oficial é Síndrome de Down, embora tal expressão não seja muito utilizada na linguagem coloquial, é assim chamado porque seus portadores têm aparência de mongóis. Ao contrário das práticas dos comandantes do povo bárbaro que lhes inspirou a denominação, os mongoloides são afetuosos e têm o dom da imitação. A síndrome, que afeta uma em cada 500 crianças nascidas vivas, tendo taxa mais elevada entre os bebês concebidos quando suas mães têm mais de 40 anos, foi primeiramente descrita pelo médico inglês John Langdon Haydon Down.

MONOCULTURA de mono, do grego *mónos*, único, sozinho, solitário, e cultura, do latim *cultura*, ato de cultivar a terra, depois aplicado a outros cuidados, como os de ciência e arte. A raiz grega está presente também em palavras como monarca (rei, que governa sozinho), monastério (onde estão os que vivem sós) e monogâmico (de um só cônjuge). Monocultura foi palavra criada no século XX para designar a economia centrada num só produto, como era o caso do Brasil com o café desde o século anterior, objeto de comentário de Eça de Queirós num longo artigo publicado na *Gazeta de notícias* e intitulado Ecos de Paris: as festas russas, notícias do Brasil, dias primeiro e dois de janeiro de 1894: "apesar de atulhados com as narrações das festas, e com a Rússia (que é volumosa), os jornais de Paris ainda assim reservam algumas linhas, vinte ou trinta, aos casos mais curiosos do mundo. Debalde, porém, se procura uma notícia, mesmo falsa, sobre o Brasil. Nada! (...) E aqui estamos espantados, arregalando os olhos para o Brasil – tendo apenas a vaga consciência de que lá se continua pacificamente a vender café."

MONOGAMIA do grego, pela composição *mónos*, um, e *gámos*, casamento. Diz-se do tipo de casamento usual no Ocidente. Também alguns animais ferozes, como os lobos, são fiéis às fêmeas com as quais se acasalam.

MONOGLOTA do grego *mónos*, um, único, solitário, e do grego ático *glôtta*, língua. O vocábulo nasceu tardiamente na língua portuguesa, em oposição a poliglota, designando aquele que fala ou que escreve em muitas línguas. Poliglota aplica-se também a aves capazes de produzir muitos sons e arremedar o canto de outras. O escritor francês François Voltaire, poeta e dramaturgo, defendia que os jornalistas dominassem várias línguas e não fossem monoglotas, ainda que em francês, o que é muito diferente de ser monoglota de outra língua. Escreveu no livro *Conselhos a um jornalista* que era indispensável que aqueles que escreviam na imprensa soubessem grego, pois "sem este conhecimento o jornalista terá de muitas palavras francesas apenas uma ideia confusa". E propôs um teste simples. "Escolhe dois jovens, dos quais um saiba essa língua (a grega) e outro não; dos quais nem um nem outro tenha a menor noção de anatomia; que ouçam dizer que um homem está com diabetes, que outro deve sofrer uma paracentese, que outro ainda tem anquilose ou uma bubonocele: aquele que sabe grego entenderá imediatamente do que se trata, porque percebe como essas palavras são compostas; o outro não entenderá absolutamente nada."

MONÓLOGO do grego *monólogos*, monólogo, fala de que o outro não participa, pois se o fizesse transformaria o monólogo em diálogo, do latim *dialogus*. O monólogo é recurso importante no teatro, na literatura e em outras artes. O filósofo e escritor Agostinho de Hipona, mais conhecido como Santo Agostinho, inventou a palavra latina *soliloquium*, solilóquio, para designar seus abundantes monólogos, escritos como forma de arrependimento da vida dissoluta que levou na juventude, acrescidos de reflexões filosóficas e teológicas sobre a condição humana. Seu pensamento está resumido em numerosas sentenças, coligidas em todas as línguas, de que são exemplos: "a medida do amor é amar sem medida"; "o coração delicado sofre menos das feridas que recebe do que das que faz"; "o mau é seu próprio malfeitor"; "o homem, considerado na sua essência e nas suas relações, é o enigma de mais difícil explicação"; "a arte de viver consiste em tirar o maior bem do maior mal". Em artigo publicado em um jornal de Goiânia, José Maria e Silva trata de um tipo especial de solilóquio: "É daí que nasce o solilóquio das especializações, por sinal um paradoxo; o especialista nega a verdade de sua própria tese para melhor livrá-la do questionamento alheio e poder impô-la como um dogma. É o que faz o especialista em Sartre ouvir o especialista em Foucault falando da morte do sujeito e ficar indiferente (ou o contrário)."

MONOPÓLIO do latim *monopoliu*, por sua vez vindo do grego *monopólion*, venda única, privilégio exclusivo de possuir, explorar e comercializar determinados produtos. Várias empresas estatais brasileiras foram estabelecendo reservas de domínio sobre determinadas atividades econômicas, de que é bom exemplo a exploração do petróleo e seus derivados. Mas as novas diretrizes econômicas estão levando ao rompimento da ortodoxia dominante nas últimas décadas no rumo de uma flexibilização de tais monopólios.

MONSTRO do latim *monstrum*, monstro. Originalmente designava prodígio revelador da vontade dos deuses, mas ao chegar ao português já trazia vários outros sentidos, entre os quais o de coisa sobrenatural e o de desgraça. Um dos monstros mais referidos em nossa cultura é o famoso Frankestein, extraído do romance da escritora inglesa Mary Shelley, *Frankestein* ou o *Prometeu moderno*. Consagrou-se curioso erro de citação que confunde criador e criatura, já que Frankestein é o médico, não o monstro. A escritora, da família Wollstonecraft, adotou o sobrenome do marido, o também escritor Percy Bysshe Shelley, autor de *Prometeu libertado*. O casal, para dar títulos aos livros, inspirou-se na figura mitológica de Prometeu, deus do fogo, que forma o homem do barro e, para dar-lhe vida, rouba o fogo do céu. Foi punido por Zeus, que ordenou a Hefaístos que amarrasse o transgressor num rochedo do Cáucaso, onde uma águia lhe devorava o fígado, órgão que sempre se renovava para que perdurasse o castigo. Héracles, porém, o libertou. *Prometeu acorrentado* é também título de famosa peça do poeta e dramaturgo grego Ésquilo.

MONTANHA do latim vulgar *montanea*, montanha, elevação. Seu sentido pode ser tanto o de grande como o de pequeno monte, de acordo com o contexto. As bem-aventuranças foram extraídas do mais belo sermão de Jesus, tanto do ponto de vista doutrinário como do estético, filosófico e literário, proferido numa montanha situada a três quilômetros de Cafarnaum e por isso denominado Sermão da Montanha. Nele aparecem preceitos semelhantes ao sistema ético, religioso e filosófico fundado por Siddharta Gautama, o Buda, o que reforça a tese de que Jesus teria vivido na Ásia Central entre os 12 anos, quando desaparece dos *Evangelhos*, e os 30, quando começa a sua pregação.

MONTANHA-RUSSA do francês *montagne russe*, montanha-russa, adaptado do alemão *rutschenberg*, que significa montanha que desaba ou monte escorregadio. É um brinquedo muito comum em parques públicos, constituído de uma série de vagões que percorrem trilhos cheios de aclives e declives em alta velocidade, proporcionando grandes emoções. Em tais lugares de divertimento, é comum o público pagar para levar grandes sustos, e a montanha-russa é um bom exemplo desta necessidade que a humanidade tem de assustar-se de mentirinha. Chama-se montanha-russa porque foi inventada na antiga Rússia para substituir, por meios mecânicos, o prazer de deslizar na neve. Fora daquele país, este brinquedo foi instalado pela primeira vez em Paris, em 1816.

MONTAR do latim vulgar *montare*, montar, elevar-se, subir. Entre os gregos, o verbo montar tinha um significado que os romanos vieram a adotar apenas em sentido metafórico. Com efeito, Platão e Aristóteles usam o verbo *ochenein*, montar, com o sentido de fecundar, utilizando-o para designar ato do touro que monta na vaca. Na Idade Média, autoridades eclesiásticas recomendavam aos cristãos pobres, aos mouros e aos judeus que evitassem andar a cavalo, chegando mesmo a proibir que cavalgassem, pois quem andava a cavalo se elevava, pondo-se acima dos outros. Data desta época o ato de andar a cavalo como símbolo de qualificação social, que depois se estendeu para andar de sapatos e, mais recentemente, andar de tênis importados e caros. O hábito de montar como metáfora do ato sexual está ligado à vida agropastoril, assim como bimbar, que remete ao sino das igrejas pela figura do badalo.

MORA do latim *mora*, mora, demora, palavras ligadas a *mores*, costumes, em oposição às *leges*, leis. Nos primórdios da aplicação de leis e de normas, em que o sagrado era invocado pelos sacerdotes para decisões rápidas, as dos juízos não demoravam a formar-se, ao contrário dos costumes. Morar, do latim *morare*, é etimologicamente parar num lugar, deixar de ser nômade, não ir adiante. A expressão "juros de mora" se refere aos juros adicionais pela demora em saldar um compromisso. O papa Clemente V ordenou, nos albores do século XIV, que os processos fossem resolvidos sem mora ou demora: "*simpliciter e de plano ac sine strepitu et figura iudicii procedi mandamus*" (mandamos que sejam simples, rápidos e sem barulho), reduzindo prazos, evitando apelações desnecessárias e, para tanto, autorizava que os juízes trabalhassem também em domingos e feriados.

MORANGO do latim *moru*, amora, que no baixo-latim transformou-se em *moranicu*, de onde veio para nossa língua. Os moranguinhos, como são usualmente denominados, quando maduros têm cor avermelhada e são frutos que brotam de uma planta rasteira. No Rio Grande do Sul são também chamados de frutilhas, devido à influência do espanhol, que chama morango de *frutilla*. Compõem uma iguaria de sabor agradável.

MORATÓRIA do latim *moratoriu*, moratório, que demora, originou-se esta forma feminina substantivada. Designa dilatação de prazo de uma dívida. Pode ser concedida pelo credor ou imposta pelo devedor. As nações caloteiras têm usado como pretexto o interesse público para não pagar dívidas contraídas. Mas, salvo quebradeiras internacionais, em geral o que há é má administração dos recursos, combinada com juros extorsivos. O Brasil já declarou moratória em governos passados. E a recente crise mexicana trouxe o termo à ordem do dia. É também o título de uma peça do teatrólogo Jorge de Andrade, inspirada nos efeitos da queda da bolsa de Nova York em 1929.

MORBIDEZ de mórbido, do latim *morbidus*, pelo italiano *mòrbido*, tendo nas duas línguas o mesmo significado que tem no português, doente. A formação de um substantivo a partir de um adjetivo com o acréscimo do sufixo -eza, cuja variante pode vir sem o "a" final, é frequente na língua, como se depreende de fraco e fraqueza, rico e riqueza, pobre e pobreza. Os dicionários registram morbidez e morbideza. Em medicina, morbidez designa estados de enfraquecimento doentio, que podem ser físicos ou espirituais, que em vez de aparentar o indivíduo como alguém que esteja vendendo saúde, mostra o contrário, que precisa comprá-la com urgência. Como a saúde é um bem-estar físico, psíquico e social, quando o intelecto é afetado por morbidez, produz juízos insensatos, como alguns de Martinho Lutero sobre a mulher, para quem deveria ser submissa ao homem porque fora feita de "uma costela curva, curva na direção contrária à do homem", de quem disse também que "tem memória fraca, não é disciplinada, perdendo a todo momento o sentido do dever". Alguns exemplares de antigas e novas edições da fêmea humana, que adotaram comportamentos estranhos, ajudaram os preconceituosos, como se depreende dos exemplos reunidos pelo psiquiatra francês Gaetan Gatian Clérambault da síndrome que leva seu nome: uma costureira francesa convenceu-se de que o rei inglês George V estava desesperadamente apaixonado por ela. Inventou também que o monarca a confinara numa rua de Londres, depois de roubar sua bagagem, por ciúme do pai, Eduardo VII, que também tinha sido louco por ela.

MORCEGO do latim *mure coecu,* rato cego. Seus membros anteriores formam asas, dada a membrana de que são dotados. Alimentam-se de frutas, insetos ou sangue, de acordo com a espécie. Voam por meio de radar.

MORDER do latim *mordere*, morder com os dentes, tendo também o sentido de apertar, cingir, como na descrição de certa roupa latina: *mordebat fibula vestem*, significando que a peça era fixada no corpo com cinto e fivela. O verbo morder era utilizado pelos romanos também no sentido de impor adversidades, incomodar, fazer sofrer, como nas expressões *frigora mordent* (o frio está apertando) e *oleam aestus mordet* (o calor importuna as oliveiras). Como se vê, frio está no plural e calor, no singular. O português padronizou o singular para ambos.

MORDOMIA de mordomo, do latim *maiore domus*, o criado maior da casa, sentido que foi sofrendo modificações ao longo do tempo. No Brasil contemporâneo passou a designar favores obtidos do Estado a custo de atos ilícitos.

MORENA de origem controversa, é provável que tenha vindo do latim *muraena*, designando peixe de cor escura, liso, cilíndrico, de cerca de 1 m de comprimento. Na Península Ibérica, a metáfora foi aplicada à mulher moura, mesclando-se com o espanhol *morena*, feminino de moreno, derivado de *moro*, mouro, como eram designados os povos árabes que habitavam a Mauritânia. Os portugueses combateram os mouros, mas não as mouras, daí o fascínio que as mulheres árabes exerceram sobre os inimigos de seus maridos e amados. O vocábulo consolidou-se como denominação da mistura racial resultante de brancos e negros. E coube a Antônio dos Santos, mais conhecido como Volta Seca, o mais jovem integrante do grupo de Lampião, o melhor elogio à cor que caracteriza o Brasil, ao inspirar-se na amada do chefe para fazer estes versos: "Cabelos pretos anelados/ olhos castanhos delicados/ quem não ama a cor morena/ morre cego e não vê nada." Foi ele quem primeiro gravou, em 1957, o conhecido baião, mais tarde transformado em marcha, *Acorda, Maria Bonita*, uma das marchinhas mais conhecidas de todos os tempos, que começa com os primeiros deveres da mulher ao amanhecer: "Acorda, Maria Bonita/ levanta vai fazer o café/ que o dia já vem raiando/ e a polícia já está de pé." Não se sabe o nome verdadeiro da mulher do maior nome do cangaço. Sabe-se apenas que abandonou o marido, um sapateiro, para seguir o cangaceiro, por quem se apaixonou e ao lado de quem morreu lutando, em 1938. A marcha tem um tom de lamento de quem não pode evitar uma despedida: "Se eu soubesse que chorando/ empato a tua viagem/ meus olhos eram dois rios/ que não te davam passagem." Havia música e poesia nas guerras da caatinga.

MORGANÁTICO do baixo-latim *morganaticu*, com o sentido de casamento contraído por príncipe com mulher plebeia. Tais casamentos, fugindo à pompa, eram realizados pela manhã. Chegou ao latim procedente do alemão *Morgengaben*, presente da manhã, ou do gótico *morgjan*, restringir, não havendo consenso entre os etimologistas. O rei francês Luís XIV, o Grande, que arruinou o país em seu longo reinado, era dado a muitos amores fora do casamento e, após a morte da esposa, estando em namoro com uma *mademoiselle* e duas madames, realizou casamento morganático com uma dessas últimas.

MORGUE do francês *morgue*, do verbo *morguer*, maltratar. A morgue era originalmente um tipo de prisão. Com tantos maus-tratos, os prisioneiros morriam e seus cadáveres ficavam expostos à contemplação do público. Em 1923, a França passou a denominar morgue como *Institut Médico-légal*, Instituto Médico-legal (IML), forma adotada também no Brasil.

MORRER do latim clássico *mori*, pelo latim vulgar *morrere*, designando a chegada da morte, representada no mais das vezes por um vulto vestido de preto, trazendo na mão uma gadanha, pois predominava a ideia da colheita, de ceifar. Este conceito está presente também em defunto, do latim *defunctus*, pronto. Mas o poeta José Basílio da Gama, no célebre poema *O Uraguai*, conhecido também como *O Uruguai*, ao narrar a morte da índia Lindoia, criou o verso "tanto era bela no seu rosto a morte", muito invocado por escritores românticos. O trecho de onde foi extraído o verso famoso é este: "E rompe em profundíssimos suspiros,/ Lendo na testa da fronteira gruta/ De sua mão já trêmula gravado/ O alheio crime e a voluntária morte./ E por todas as partes repetido/ O suspiro nome de Cacambo./ Inda conserva o pálido semblante/ Um não sei quê de magoado e triste,/ Que os corações mais duros enternece./ Tanto era bela no seu rosto a morte."

MORTANDADE provavelmente do espanhol *mortandad*, mortalidade. O caminho para a formação desta palavra pode ter sido *mortalitate*, sua forma em latim, que se transformou em mortalidade em português, pronunciado *mortaldad*, e a forma espanhola que ensejou a grafia atual. Designa mortes em grande número, como em chacinas, matanças, extermínios e genocídios.

MORTE do latim *morte*, declinação de *mors*, morte, ato final da vida animal ou vegetal. Nas iconografias da Idade Média a morte é uma entidade representada por um esqueleto com uma gadanha, instrumento agrícola em forma de foice, que serve para ceifar plantas e ervas. Quando nossa independência foi proclamada, para mostrar que se tratava de ato decisivo, criou-se a expressão "independência ou morte", com o fim de externar a disposição dos brasileiros de, sendo necessário, morrer por aquela causa, o que de fato veio a ocorrer em muitas regiões de nosso país.

MORUBIXADA do tupi-guarani, *chefe*, cacique. O jornalista e romancista Paulo Francis, com a verve que lhe era habitual, utilizou este vocábulo com frequência em sua coluna, no Caderno 2 de *O Estado de S. Paulo*, para designar autoridades brasileiras em tom pejorativo.

MOSCA do latim *musca*, inseto alado, comum no ambiente doméstico. O corpo e as asas são escuros. Está presente em diversas expressões, como "comer moscas", designando excessiva desatenção, e "acertar na mosca", indicando precisão: no tiro ao alvo o ponto escuro no meio lembra uma mosca. Há também a expressão "picado pela mosca azul", nascida de um poema de Machado de Assis em que um poleá fica fascinado por uma mosca azul e, querendo entendê-la, acaba por perdê-la. Tão desanimado fica que, ao olhar dos outros, parece que enlouqueceu. O poema foi utilizado para satirizar Rui Barbosa, que se atreveu a disputar a presidência da República com o candidato oficial, Epitácio Pessoa, que o derrotou.

MOSQUETE do italiano *moschetto*, diminutivo de *moscha*, mosca, designando arma de fogo semelhante ao fuzil, porém mais curta. Antes de ser arma de fogo, atirava pequenas pedras, parecidas com moscas, daí o nome. Mosquete foi a arma preferencial dos soldados da infantaria e também da guarda do rei francês e do poderoso Cardeal Richelieu. Inspirou Alexandre Dumas a escrever *Os três mosqueteiros*, que na verdade eram quatro. A arma parece na série histórica de televisão *The Tudors* (Os Tudors), agraciada com vários prêmios internacionais, entre os quais o Emmy e Globo de Ouro. O rei Henrique VIII usa um mosquete, mas esta arma viria a ser inventada apenas em 1630. Na trama, uma certa princesa Margaret é dada em casamento ao rei português Dom Manuel I, que de fato casou três vezes, mas que é apresentado como se fosse corcunda, baboso, desdentado, sujo e falando um mau português! Não existiu esta princesa, mas na minissérie ela assassina o monarca, sufocando-o com uma almofada. Na época, quem reinava em Portugal era Dom João III, então ao redor dos 20 anos, filho de Dom Manuel. A jurista portuguesa Maria José Nogueira Pinto observou também que "não existiu nenhum Papa Alexandre desde 1503; o cardeal Wolsey não foi preso nem se suicidou e Thomas Tallis não consta que fosse bissexual".

MOSQUETEIRO de mosquete, do italiano *moschetto*, mosquinha, diminutivo de *musca*, mosca, inseto, e o sufixo -eiro, indicativo de ofício, ocupação. Designa antigo soldado da infantaria, cuja arma era o mosquete. Chamaram-se mosqueteiros também os membros das companhias de cavalaria encarregadas da guarda do rei da França e do cardeal Armand Jean du Plessis Richelieu, bispo aos 20 anos, cardeal aos 37, fundador da Academia Francesa e chefe político e militar da monarquia. É muito conhecido o romance *Os três mosqueteiros*, de Alexandre Dumas, publicado em capítulos no jornal *Le Siècle*, em Paris, de março a julho de 1844, e naquele mesmo ano em livro. Foi adaptado para o cinema várias vezes, a mais recente em 2011, num filme de Paul W. S. Anderson, diretor também de sucessos como *Mortal kombat, Alien versus predador* e *Resident Evil*. Na versão atual, Logan Herman é D'Artagnan; Ray Stevenson é Porthos; Matthew Macfadyen é Athos; Luke Evans é Aramis. Milla Jovovich faz o papel de Milady e Orlando Bloom o de Duque de Buckingham. O cardeal Richelieu é vivido por Christoph Waltz.

MOSTEIRO do grego *monastérion*, pelo latim *monasterium*, designando residência de uma só pessoa, conforme se depreende do elemento grego na composição do vocábulo. *Mónos* significa isolado, sozinho, único. Os primeiros monges viviam solitários, em ermitas, do grego *erêmos*, deserto, fugindo do convívio social. Com o tempo passaram a organizar-se em ordens religiosas, a primeira das quais foi a beneditina, congregação fundada por São Bento, de influência decisiva nos rumos tomados pela Europa a partir do século VI. Ele constituiu um sistema hierárquico autônomo em todas as nações, baseado num recurso simples: a autoridade máxima do mosteiro é o abade, e este presta contas apenas ao abade primaz, em Roma. Liberou, assim, seus comandados do jugo de bispos às vezes autoritários e inescrupulosos, cujos mandos eram movidos por interesses mesquinhos. Baseou sua constituição ou regra no lema *Ora et labora* (Reza e trabalha). Seus mosteiros foram peça fundamental na preservação da cultura greco-romana clássica, sobretudo pelo trabalho de monges copistas e miniaturistas.

O primeiro mosteiro cristão foi erguido no Monte Cassino, na Itália. Foi no Brasil, precisamente em Salvador, em 1582, que foi erguido o primeiro mosteiro beneditino fora da Europa. Em 1589 o Rio de Janeiro era a terceira maior cidade da então colônia portuguesa em além-mar, agora sob o domínio da Espanha, pois já se dera a tragédia messiânica de Alcácer Quibir, onde falecera Dom Sebastião, o jovem rei que deixara o trono português sem sucessor. Seus habitantes queriam a presença dos monges beneditinos. Dois deles, os freis Pedro Ferraz e Simão, vieram da Bahia e chegaram ao Rio no dia 3 de outubro de 1589. Escolheram, como sempre faziam os monges, o monte chamado Conceição para ali construírem a abadia. Os padres jesuítas haviam se instalado no Castelo, e os franciscanos, no morro de Santo Antônio. O referido mosteiro foi fundado em 25 de março de 1590, segundo pesquisa de Dom Marcos Barbosa, da Academia Brasileira de Letras.

MOSTRUÁRIO do catalão *mostruari*, móvel em forma de caixa em que as mercadorias eram mostradas ao público. Passou a designar mesa, balcão ou outra mobília para expor mercadorias, mas especialmente a vitrina, assim chamada por ter vindo do francês *vitrine*, que mostra através de vidros. O poeta Carlos Drummond de Andrade criou a palavra monstruário, que se lê em *Mineração do outro*: "Os cabelos ocultam a verdade./ Como saber, como gerir um corpo/ alheio?/ Os dias consumidos em sua lavra/ significam o mesmo que estar morto./ Não o decifras, não, ao peito oferto/ monstruário de fomes enredadas,/ ávidas de agressão, dormindo em concha./ Um toque, e eis que a blandícia erra em tormento,/ e cada abraço tece além do braço/ a teia de problemas que existir/ a pele do existente vai gravando." Como se vê, ele brincou com o par ouro/outro e mostruário/monstruário."

MOTE do latim *mutum*, som, do verbo *muttire*, emitir sons inarticulados, onomatopaicos, quase mugir. Na Idade Média, o *mutum* latino passou a designar palavras e ditos debochados, lemas de cavaleiros e breve sentenças satíricas, quase sempre proferidos em versos ou com rimas no interior do próprio verso. No provençal e no francês tornou-se *mot*, palavra. Um dos primeiros motes, naturalmente, foi pronunciado em latim: *muttum facere*, fazer-se de mudo, fazer caretas denunciando isso, não abrir a boca. Em alguns documentos antigos é encontrada a variante moto, do português arcaico. Com o tempo, mote passou a sinônimo de lema, provérbio, de que é exemplo o da Revolução Francesa: "Liberdade, Igualdade e Fraternidade". Estas palavras, em francês, já apareciam nas moedas de cinco e três soldos, cunhadas em 1792: *Liberté, Égalité, Fraternité*. O famoso *Club des Cordeliers* tinha deliberado, ainda em 20 de maio de 1791, que uma plaquela com o trinômio deveria fazer parte do uniforme do exército nacional, à altura do coração. A alternativa derrotada tinha sido "Saúde e Fraternidade", já forma consagrada de saudação nas ruas: *Salut et Fraternité!* Na Itália, o mote foi escarmentado logo em seguida, ainda em 1799: *"è venuto lo Francese/ con uno mazzo di carte 'mano/ Liberté, Égalité, Fraternité/ Tu rubbi a me, io rubbo a te".* (Chegou o Francês/ com um maço de cartas na mão/ Liberté, Égalité, Fraternité/ Tu roubas a mim, eu roubo a ti."

MOTEL do inglês *motel*, aglutinação de *motorist's hotel*, tipo específico de hotel, geralmente situado à beira das estradas, destinado preferencialmente à hospedagem de viajantes que chegavam de carro, daí a designação. Com a evolução dos costumes, o motel de beira de estrada passou a ser utilizado por casais de namorados para encontros íntimos. Com a nova demanda de hospedagem por algumas horas surgiram os modernos motéis, já não mais destinados a viajantes apenas, mas a todos os amores, principalmente os clandestinos.

MOTIM do latim *motum*, movido, particípio de *movere*, mover, tendo também o sentido de agitar, pelo francês *mutin*, agitado, insubmisso, rebelde. "Agite antes de usar", recomendam as bulas para vários remédios, sem que isso signifique que o paciente deva rebelar-se, mas, aplicadas a conflitos urbanos, palavras como agitar, agitador e agitação ganham o significado que está nas origens latina e francesa de motim. O primeiro registro documentado de motim na língua portuguesa deu-se no século XVI, em *Peregrinação*, de Fernão Mendes Pinto: "E com isto se levantou em todo o povo um modo de motim santo, com um fervor tão animoso." No dia 4 de março de 1630, estudantes da Universidade de Coimbra organizaram um motim contra os cristãos-novos, como eram conhecidos os judeus convertidos à força, que permite documentar fartamente o sentido do vocábulo como revolta. Outro motim, igualmente famoso, deu-se no dia 29 de abril de 1789, quando nove dos 42 tripulantes do navio inglês HMS Bounty se rebelaram quando voltavam do Taiti, de onde traziam mil mudas de fruta-pão, destinadas ao plantio na Jamaica para alimentar os escravos. O líder dos revoltosos, Fletcher Cristian, retornou ao Taiti, arregimentou homens e mulheres nativas e rumou para o Pacífico Sul em busca de esconderijo, pois sabia que haveria dura repressão. Por acaso, o grupo chegou à ilha de Pitcairn. Os amotinados descobriram que as cartas náuticas inglesas tinham um erro de 200 milhas e por isso eles só seriam encontrados por acaso. Queimaram o navio e se estabeleceram ali, tendo filhos com as mulheres que levaram do Taiti. Em 1814, fragatas inglesas "redescobriram" a ilha, que já tinha sido encontrada também por um navio baleeiro dos EUA, em 1808. Com os sobreviventes estavam 11 mulheres e 23 crianças, educadas à luz da *Bíblia* de bordo do Bounty, que os amotinados tinham levado consigo. O motim inspirou quadros, livros de Júlio Verne e Mark Twain, e filmes estrelados por Clark Gable e Charles Laughton, em 1935; por Marlon Brando e Trevor Howard, em 1962; por Anthony Hopkins e Mel Gibson, em 1984. A causa principal do motim teria sido a crueldade do comandante William Bligh, cujas razões foram dadas por ele mesmo no tribunal, quando do julgamento pela perda do navio, depois reunidas em livro. Motim bem mais recente, fartamente documentado, deu-se em Macau, região da Ásia administrada por portugueses por mais de quatro séculos, quando passou, em 1999, à China. O nome completo era Cidade do Santo Nome de Deus de Macau, Não Há Outra Mais Leal. Ali, professores e estudantes comunistas pró-chineses deflagraram o Motim 1-2-3, que recebeu tal denominação por ter ocorrido nos três primeiros dias de dezembro de 1966, resultando em 11 mortos e 200 feridos. A palavra motim esteve recentemente na mídia quando controladores de voo se amotinaram, depois de sucessivos apagões aéreos, ocorridos entre 2006 e 2007.

MOTORISTA do latim *motorem*, motor, acrescentando o sufixo -ista – aquele que guia qualquer veículo movido a motor. A profissão tem deixado célebres alguns motoristas, como Eriberto França no processo de *impeachment* de Fernando Collor em 1992.

MOUCO do latim *muticu*, que indica aquele que não ouve. Mas é controvertida a origem do vocábulo. Uns querem que tenha vindo do arameu *Malka*, nome de um rei, e daí passado ao latim *Malchu, Malco*, que é o nome de um dos soldados que foram prender Jesus Cristo no Jardim das Oliveiras e de quem São Pedro cortou uma das orelhas, antes de o Mestre ordenar que não houvesse resistência à guarnição romana que acompanhara Judas.

MOVIMENTO do latim *movimentu*, ato de mover, trocar de posição. É vocábulo polissêmico, designando desde o tráfego dos corpos celestes no espaço até as revoluções. Detido com estudantes em passeata, o jornalista e humorista gaúcho Barão de Itararé, perguntado pelo delegado se também integrava o movimento, surpreendeu o inquisidor respondendo que não apenas ele, mas todos, inclusive os policiais, integravam o movimento, já que este é uma lei da física. Foi preso sabe-se lá por quais razões. Talvez por desacato à autoridade ou por ensinar uma disciplina das ciências exatas sem autorização e ainda fora da sala de aula, sem que o policial estivesse devidamente matriculado. Ou, o que é mais provável, pela raiva do delegado diante das risadas que reboaram no recinto. A 9 de julho de 1932, eclodia em São Paulo o Movimento Constitucionalista, liderado pela oligarquia cafeeira tradicional e apoiado pela classe média. A sigla MMDC homenageia os quatro estudantes mortos pela polícia, cujos sobrenomes eram Martins, Miragaia, Dráusio e Camargo.

MUAMBA do quimbundo *mu'ama*, espécie de canastra para transporte que depois passou a significar contrabando. Às vezes a muamba, de tão pesada, pode causar problemas a seus donos, ainda mais quando se trata de um monstruoso carregamento de aparelhos elétricos e eletrônicos.

MUCAMA do quimbundo *mu'kama*, escrava jovem que ajudava nos serviços caseiros, tendo a confiança dos donos da casa-grande e servindo por vezes também como ama de leite, encarregada de amamentar o bebê da sinhá. Nosso processo escravista tinha várias contradições e, por isso, alguns historiadores referem-se às mucamas como moças de estimação, que eram amadas e escravizadas ao mesmo tempo, e pelas mesmas pessoas.

MUÇARELA do italiano *mozzarèla*, também *muçarela*, queijo fresco, feito de leite de búfala ou de vaca. No português também é aceita a variante mozarela. A origem remota é *mozza*, feminino de *mozzo*, que em italiano significa cortado e vem do latim clássico *mutilus*, mutilado, que no latim vulgar é *mutium*. No latim, o "t", quando nessa posição, tem som de "s", daí terem os gramáticos preferido as formas mozarela e muçarela para designar este queijo originário da região de Nápoles, na Itália, feito a partir de um fungo chamado *mozzo*. O dicionário *Houaiss* diz ser substantivo masculino, mas o VOLP e o *Dicionário Aurélio*, feminino.

MUCHACHO do espanhol *muchacho*, rapaz, cujo significado conservou em português. Mas é também o nome que se dá a um apoio de madeira, pendurado ao cabeçalho do carro de boi por uma lasca de couro, utilizado para descanso das juntas de bois, sem precisar descangá-las.

MUDANÇA de mudar, do latim *mutare*, e o sufixo -ança. Tem aparecido em todas as eleições do mundo porque há unanimidade dos candidatos em reconhecer que as coisas não vão bem e mudanças são necessárias. Mas o que muda, quase sempre, são os titulares dos cargos. Permanece a situação anterior, tão criticada. O padre Antonio Vieira tratou do tema no *Sermão da sexagésima*, no século XVII: "Tantos pecadores convertidos, tanta mudança de vida, tanta reformação de costumes; os grandes desprezando as riquezas e vaidades do mundo; os reis renunciando os cetros e as coroas; as mocidades e as gentilezas metendo-se pelos desertos e pelas covas; e hoje? Nada disto!" E o teólogo anglicano R. Hooker escreveu: "as mudanças nunca ocorrem sem inconvenientes, até mesmo do pior para o melhor".

MUDAR do latim *mutare*, mudar, modificar. No latim, já designava, entre outros sentidos, a mudança de aparência pelo tingimento dos cabelos, a mudança de opinião de um juiz (*mutare sententiam*, mudar a sentença), a mudança de tom, de pronúncia, para disfarçar voz (*mutare vocem*). A maior de todas as mudanças na identidade ocorre com alterações no rosto, que nenhum homem tem igual ao outro, nem mesmo os gêmeos. O escritor Aguinaldo Silva, autor da novela das oito *Duas caras*, exibida em 2008, inspirado em José Dirceu, criou o personagem Adalberto, que já na primeira semana de exibição decide mudar de rosto e de nome para continuar as falcatruas e mentiras com que estreou no papel de vilão da trama. Logo no primeiro capítulo, depois de saquear os cadáveres de um casal num desastre rodoviário, ele muda o percurso da viagem e se apresenta à única filha sobrevivente, mentindo, pois encontrou o casal já morto.

MULA do latim *mula*, feminino de *mulus*, mulo, burro, também chamado *asinus*, burro. No português, mula e burro designam o muar que não se reproduz, por ser filho híbrido de cavalo com jumenta ou de jumento com égua. Mulas e burros têm passado glorioso no Brasil, já que foram o principal meio de transporte de pessoas e de mercadorias até a chegada do trem, de que é exemplo a contribuição dos tropeiros na criação de estradas e de cidades. Por conta da forma da cangalha, posta sobre o lombo da mula para acomodar as bruacas de couro recheadas de mercadorias, mula passou a designar, nos fins do século XIX, os montes de sal, que, terminando em dois cones, semelhavam a esse apetrecho dos muares. E, desde os anos 1980, mula designa também a pessoa que o tráfico internacional de drogas utiliza para o transporte, principalmente, de cocaína. Há 10 mil mulheres presas no Brasil, cumprindo pena por terem sido mulas. Elas em geral são bonitas, jovens e pertencem à classe média. De cada dez mulas presas por terem sido flagradas em portos, aeroportos e fronteiras, oito são mulheres. As mulas submetem-se inclusive a cirurgias para implante de drogas nas pernas. Pegas, são condenadas a penas que variam e podem chegar a 15 anos de reclusão. A grande maioria, ou seja, 94% delas, estava desempregada quando foi aliciada pelo tráfico.

MULATA do latim *mula*, mula, com acréscimo do sufixo -ata. Por ser mula ou mulo nomes dados ao tipo de animal resultante do cruzamento do jumento com a égua ou do cavalo com a jumenta, por analogia os filhos e filhas do homem branco com mulher negra e vice-versa foram designados mulatos. A mulata é das mulheres mais admiradas aqui e no exterior, sendo personagem de muitas de nossas expressões artísticas como a literatura, a música e a dança. As mulatas pintadas por Di Cavalcanti estão presentes em quadros famosos que refletem a estrutura social brasileira. Também o escritor Aluísio de Azevedo, sempre atento aos segmentos mais humildes de nossa população, publicou romances em que os mulatos são personagens principais, sendo os mais conhecidos *O mulato* e *O cortiço*.

MULHER do latim *muliere*, declinação de *mulier*, mulher, pessoa do sexo feminino. Espelhando as notórias discriminações que as mulheres têm sofrido ao longo dos séculos, o *Dicionário Aurélio*, um dos mais consultados no Brasil, no verbete mulher, faz remissão 17 vezes a meretriz, sinônimo de prostituta. Em outras referências, ainda que disfarçadamente, predominam significados pejorativos, como é o caso de mulher fatal. Entretanto, muitos avanços foram obtidos desde que em 1484 os inquisidores declararam textualmente que a mulher era a fonte de todos os males, porque Eva nascera de uma costela torta de Adão e porque Satanás, não podendo entrar pelo espírito, que é de Deus, entrava pelo corpo, tendo notória preferência pelo sexo feminino. Ao longo da Idade Média, uma vez excluídos os ritos pagãos, mais generosos com a mulher, formaram-se várias ideias errôneas sobre a condição feminina, muitas das quais prevalecem ainda hoje, como a de que seria o sexo frágil. Em todo o mundo, todos os dias, as mulheres demonstram o contrário, seja nas maternidades, em suas casas ou nos empregos, mas muitos preconceitos ainda permanecem. Outras mitologias, mais favoráveis à mulher, não foram suficientes para bani-los. O latim *muliere*, declinação de *mulier*, mulher, designando a fêmea do homem, é conceito que se manteve apenas em três filhas do latim: a língua portuguesa, a espanhola e a romena. Nas outras neolatinas, designa apenas a mulher casada, a esposa. No português, pouco a pouco foi-se perdendo sutil diferenciação que distinguia mulher de moça, rapariga, menina, menina-moça, jovem, donzela, moça-donzela etc. para que mulher passasse a designar preferencialmente o gênero feminino. O dia 8 de março foi fixado por decisão da ONU, tomada em 1975, como o Dia Internacional da Mulher, embora tenha sido festejado até então em outras datas, como 18 de março e 28 de fevereiro. A ONU escolheu esta data para recordar a luta das primeiras mulheres a combater, organizadas e coletivamente, as más condições de trabalho e os baixos salários. O protesto teve lugar em Nova York, no dia 8 de março de 1857. Os patrões e a polícia fecharam o prédio e tocaram fogo, matando 129 delas carbonizadas. No dia 25 de março de 1911, outro incêndio, desta vez devido às más condições do edifício Asch, em Nova York, matou 146 costureiras, a maioria delas imigrantes que trabalhavam 72 horas por semana, ganhando apenas entre 27 e 45 dólares por mês. Em 1908, na mesma Nova York, elas já eram 15 mil e marcharam pela cidade, exigindo melhores salários, redução de jornada e direito a voto. Em 1910, em Copenhague, na Dinamarca, realizou-se a primeira conferência internacional da mulher, organizada pela Internacional Socialista, quando foi estabelecido o Dia Internacional da Mulher. No ano seguinte, este dia foi celebrado a 19 de março por mais de um milhão de mulheres em vários países europeus. Hoje, embora as condições tenham mudado para melhor em todos os níveis, persiste ainda a luta pela igualdade entre os sexos: para o mesmo trabalho, a remuneração costuma ser inferior quando a função é desempenhada pela mulher, com raras exceções.

MULHERÃO de mulher, do latim *muliere*, declinação de *mulier*, designando a mulher casada, a esposa, em oposição a *virgo*, virgem, moça. Mulherão ou mulheraça, com os acréscimos de

-ão e -aça indicando mulher de tamanho avantajado, mudou de sentido e passou a denominar a mulher bonita e atraente. Na recuperação do sentido de mulher que contraria os antigos preconceitos, foi muito importante a contribuição de personagens como a mulher-maravilha, Diana Prince, que "aos três anos, arrancava árvores do solo e, aos cinco, ganhava corrida das gazelas", como observa Marcelo Duarte em *O guia dos curiosinhos: super-heróis*.

MULTA do latim *multa*, condenação paga em dinheiro, mas originalmente com o próprio corpo, local preferencial de castigos. O verbo multar entrou no português, no século XVI, no texto *Arrais*, de Dom Frei Amador Arrais (arrais, comandante, veio do árabe *al rais*, a cabeça): "foi preso Tibério, e em prisão multado na cabeça, e depois arrastado por barrancos". Depois dos castigos físicos, veio o pagamento em litros de leite, cabeças de gado, ovelhas etc. Os antigos romanos instituíram o recurso da multa no conjunto daquelas práticas que foram substituindo os castigos físicos. As punições foram abandonando pouco a pouco o território de sua execução. Com o avanço do que se entende por civilização, o corpo vai deixando de ser o lugar preferido para a aplicação dos castigos e são instituídas penas variantes também para os cárceres. Foi aí que entrou a multa, paga inicialmente em ovelhas e bois, e mais tarde em asses, as antigas moedas romanas de cobre. Em vários países do Oriente, entretanto, as multas são mais raras e são mais usuais os castigos físicos, como as chibatadas em praça pública. Dados os delitos que presencia no trânsito e constata no Imposto de Renda, às vezes o civilizado fica na dúvida se a chibata não renderia melhor educação do que as multas.

MULTIMÍDIA do inglês, muitos meios. Ocorre que mídia é pronúncia inglesa do vocábulo latino *media*, meios, plural de *medium*. É a reunião de recursos de som, imagem, escrita etc., tudo em um mesmo programa.

MULTIPLICAÇÃO do latim *multiplicatione*, ação de multiplicar, isto é, de aumentar consideravelmente. A mais famosa multiplicação que se conhece, milagrosa, foi narrada por um cobrador de impostos, o evangelista Mateus. Jesus multiplicou alguns pães e peixes, alimentou 4 mil homens, sem contar as mulheres e as crianças, e os restos recolhidos encheram sete cestos cheios. Ainda não existia o ICMS (Imposto sobre Circulação de Mercadorias e Serviços), do contrário a Galileia teria também multiplicado seus impostos naquele dia.

MULTIPLICAR do latim *multiplicare*, multiplicar, isto é, *multi*, muitos, *plicare*, chegar, com o sentido original de aumentar, chegar a muitos. Os primeiros milagres de Jesus foram de multiplicação. Ele inaugura o processo no episódio das bodas de Caná. Convidado para um casamento, sua própria mãe e os discípulos lá pelas tantas vêm dizer-lhe que o vinho está no fim. É quando ele opera a multiplicação do vinho disponível nas ânforas. No milagre dos pães, olhando para a multidão que o ouvia, perguntou a Felipe: "onde encontraremos pães para dar de comer a tanta gente?" Ouviu em resposta que nem 200 pães seriam suficientes. Fez a mesma pergunta a André e este respondeu: "Aqui há um rapaz que tem cinco pães". Mandou comprar aqueles pães e passou a multiplicá-los. O padre Antônio Vieira no *Sermão da Quarta Dominga da Quaresma*, pregado na Bahia quando ainda era seminarista, recebeu do general comandante das armas portuguesas a sugestão de que o assunto do sermão fosse a guerra. O futuro grande orador escolheu comparar os restos da batalha aos restos de pães recolhidos, pois ainda sobrou muito. Vieira destaca três modos clássicos de interpretar o episódio: "Santo Agostinho diz que cresciam nas mãos do Senhor; São Crisóstomo, que nas dos apóstolos; Santo Hilário, que nas dos que comiam."

MÚMIA do árabe *mumija* e do persa *mum*, cera, aroma. Cadáver embalsamado pelos antigos egípcios, com unguentos de bons cheiros. Mas o vocábulo designa também qualquer outro cadáver bem conservado, como é o caso do corpo encontrado quase intacto numa geleira da Áustria, em 1991, de um homem que morreu no final da Idade da Pedra, em 3300 a.C. Os exames iniciais identificaram-no como homossexual. Com isso, tornou-se o mais enrustido de todos os tempos.

MUMUNHA provavelmente do quimbundo *mumonya*, ardil, trambique, meio ilícito. Tem também o significado de segredo, modo de agir sem transparência, sendo conhecido apenas o resultado, não os meios empregados para obtê-lo. O escritor Plínio Marcos registrou numa coluna na *Última Hora*: "uma geração inteira de artistas do palco recebeu do D'Aversas as dicas mais bídus que rachavam as mumunhas da profissão". Um dos primeiros a registrar mumunha com o significado de mutreta, artimanha, malícia, foi o cantor Sílvio Caldas. E o ex-governador do Paraná Roberto Requião, quando deputado estadual, na década de 1980, deu o título de Barão da Mumunha a um confrade que empregara parentes na Fundação Cultural de Curitiba. Mumunha aparece também neste texto de Celso Ming (*O Estado de São Paulo*, 7/7/2004): "Não é o governo argentino que tem de ser cobrado por solapar os tratados comerciais do Mercosul. A questão de fundo não está na mumunha argentina. Eles fazem o jogo deles. O problema está em que o presidente Lula teve um sonho, como Martin Luther King teve o dele, que não é a emancipação do povo negro, mas a pretensão de liderar os países pobres contra o neocolonialismo dos ricos. Na esteira desse projeto, já não sabe se dá prioridade ao político ou se ao comercial e vai fazendo concessões."

MUNICIPAL do latim *municipalis*, ligado a *municipium*, pela formação *munus*, cargo, ofício, e *capere*, referente e ligado a jurisdições maiores, originalmente, províncias de Roma e hoje unidades políticas e administrativas dos estados, com o fim de assegurar direitos aos cidadãos romanos. A origem remota é a raiz indo-europeia *mei, mudar, trocar. As palavras *municipium* e *municipalis* tinham no latim vinculações com *munus facere*, desempenhar o cargo, fazer alguma coisa, donde *praefectus*, prefeito, ligado ao verbo *praeficire*, evoluído de *prae facere*, fazer antes, antecipar-se.

MUNICÍPIO do latim *municipium*, pela formação *munus*, cargo, ofício, e *capis*, parte ligada a jurisdição maior, de que é exemplo a atual divisão política dos estados. O Brasil tem mais de 5 mil municípios, alguns deles com denominações muito curiosas, incluindo alguns santos que a Igreja jamais reconheceu, como Bom Jesus do Galho (MG) e Santa Rita do Passa Quatro (SP), este último sugerindo erro de concordância verbal, caso não se saiba que não são quatro que passam ali, e sim o rio que passa quatro vezes pela mesma cidade. Há também Carrasco Bonito (TO) e Pindaíba (MG). Turistas do hemisfério norte teriam dificuldade em pronunciar nomes como Jijoca de Jericoacara (CE) e Itaquaquecetuba (SP). Alguns nomes lembram sabores amados por uns e detestados por outros, como Ananás (TO), Macieira (SC), Jaqueira (PE), Pimenta (MG) e Pinhão (SE). Outros parecem deslocados de outras partes do mundo, como Barcelona (RN), Buenos Aires (PE), Cafarnaum (BA), Monte Carlo (SC) e Lourdes (SP). Da mesma forma, não há registro nos anais da Igreja de outros santos encontráveis apenas no Brasil, onde os jesuítas e padres de outras ordens religiosas, aliados a párocos seculares, acoplaram nomes de santos à topografia indígena, como São Paulo de Piratininga (SP) e Nossa Senhora da Luz dos Pinhais de Curitiba. Na capital paulista predominou a denominação católica; na capital paranaense, a indígena. Mas em que outro lugar do mundo encontrar Santa Rita de Ibitipoca (MG) e São José dos Ausentes (RS)? E assim como Paris, capital da França, pode estar também no Texas, também Nova York, ubíqua, está nos EUA e no Maranhão, com a vantagem de nenhum terrorista ter ousado jogar aviões contra os arranha-céus da brasileira. E houve um município em que a inauguração do primeiro arranha-céu foi saudada de forma obscena, porque um misto de compositor e revisor de um jornal omitiu o "é" de céu.

MURAL do latim *murale*, mural, de *murus*, muro, em oposição à *paries*, parede. Os muros começaram a ser utilizados por artistas que ali estamparam suas pinturas. O vocábulo passou a designar os grandes quadros a serem expostos em locais públicos, de que são exemplos os murais de Cândido Portinari, como *Café, Primeira Missa, Tiradentes e Descobrimento do Brasil*. Em

1955, em evento nos EUA, foi considerado o melhor pintor do mundo. Outro muralista célebre foi o mexicano Diego Rivera, cuja obra mais famosa é *Sonho de uma tarde de domingo na Alameda Central*. Foi casado durante 25 anos com Frida Kahlo. Os dois eram muito amigos de Trotski, com quem tinham, entre outras afinidades, a de defender o socialismo e fazer nos quadros a crítica social que o amigo fazia nos livros. O casal defendia relações extraconjugais.

MURIÇOCA do tupi-guarani *muri'-soka*, que outros pesquisadores grafaram *mberusoca*. Em tupi-guarani, *mberu* é mosca, mosquito. A muriçoca é um mosquito de pernas longas, daí ser conhecido como pernilongo, de ferroada dolorosa, constituindo-se o terror de certos piqueniques, caçadas ou simples fins de semana passados em acampamentos ou recantos.

MURMURAR do latim *murmurare*, murmurar, sussurrar, falar em voz baixa, às vezes de forma truncada. A origem remota é uma raiz, *mu*, onomatopaica que exprime gemido, grunhido, exclamação de dor ou de prazer. O grego tinha *mû*, e o latim *mu*, presente em palavras que indicam o fechamento dos lábios também por mudez, sendo as palavras mudo e mudez exemplos de que tal onomatopeia está presente na formação de vocábulos de significado semelhante, variando às vezes a inicial, de "mu" para "su" ou "ru", como em sussurrar. Tal variação reflete a imitação – a onomatopeia é a criação de palavras cuja pronúncia imita o som da coisa significada, designando desde o barulhinho das águas do rio, identificado como murmúrio até o tique-taque do relógio ou o reco-reco, que, no caso, designa o ruído e o instrumento que o produz. O poeta Antônio Cândido Gonçalves Crespo, referindo-se ao barulhinho das águas do rio de presença tão decisiva no amor trágico de Inês de Castro, aquela que depois de morta foi rainha e perdeu duas vezes a cabeça, pelo seu amado príncipe e no cadafalso, pois foi decapitada por ordem do rei, seu sogro, que culpou os áulicos, pois ele também não sabia de nada, escreveu estes versos: "Entre os sinceiros da margem/ murmura o claro Mondego." (*Obras Completas*, p. 315). Onomatopeia veio do grego *onomatopoíia*, pelo latim *onomatopoeia*, que numa como em outra língua indica palavra cuja pronúncia imita o som natural da coisa que quer designar, de que é exemplo também o pio dos pássaros. O poeta, romancista, contista, musicólogo e ensaísta Mário de Andrade, num longo poema, escrito entre 30 de novembro de 1944 e 12 de fevereiro de 1945, falou do murmúrio de um rio muito especial para os paulistas, no poema *A meditação sobre o Tietê*: "Eu me acho tão cansado em meu furor./ As águas apenas murmuram hostis, água vil mas turrona paulista/ Que sobe e se espraia, levando as auroras represadas/ Para o peito dos sofrimentos dos homens./ ...e tudo é noite. Sob o arco admirável/ Da Ponte das Bandeiras, morta, dissoluta, fraca,/ Uma lágrima apenas, uma lágrima,/ Eu sigo alga escusa nas águas do meu Tietê."

MURTA do latim *myrtu*, por sua vez vindo do grego *myrtos*, designando pequeno arbusto de origem mediterrânea muito utilizado para a formação de cercas vivas que, além de proteção, servem de ornamentos aos jardins e pátios, inclusive caseiros. Suas folhas são pequenas e compactas.

MUSA do grego *moûsa* e do latim *musa*. Na mitologia, as musas eram originalmente em número de nove, constituindo-se em divindades que presidem as artes, especialmente a poesia. Ultimamente inventaram-se musas para tudo. Já tivemos a musa da Constituinte, a musa do *impeachment* e até a musa da corrupção. Como na Antiguidade clássica beleza e verdade estavam sempre de mãos dadas, a musa ainda hoje só pode ser mulher bonita.

MÚSCULO do latim *musculus*, ratinho. Em latim, rato é *mus*. Os músculos receberam tal denominação pela semelhança que alguns deles têm com os ratos, quando se contraem e se distendem, assemelhando essas flexões aos movimentos rápidos do animal. Os músculos são órgãos carnudos, constituídos de muitas fibras, que cobrem os esqueletos dos animais, incluindo nossa própria ossatura. Os músculos do corpo humano recebem nomes curiosos. Os dois localizados na panturrilha, também chamada de barriga da perna, são chamados de gêmeos. E aquele comprido, situado na parte anterior e interna da coxa, é o costureiro. Há outras diferenças entre eles, naturalmente. O costureiro de uma modelo não tem a mesma aparência do de um boxeador.

MÚSICA do grego *mousiké*, isto é, arte das musas, pelo latim *musica*. Os gregos usavam o vocábulo para designar muito mais do que hoje entendemos por essa arte: era todo um conjunto que incluía a poesia e a dança, além dos sons. E a música era a arte que frequentemente acompanhava o teatro, as guerras, as festas e as cerimônias religiosas. O músico, portanto, era, na antiga Grécia, aquele que professava a arte da música, que incluía também a poesia e a dança, vindo do grego *mousikós*. Os primeiros músicos integravam o coro grego, cantando e dançando a partir de palavras ritmadas. Eram nove as musas gregas. Camões, em um dos momentos mais comoventes de *Os Lusíadas* pede: "Não mais, Musa, não mais, que a Lira tenho/ destemperada, e a voz enrouquecida,/ e não do canto, mas de ver que venho/ cantar a gente surda, e endurecida:/ o favor com que mais se acende o engenho,/ não no dá a pátria não, que está metida,/ no gosto da cobiça, e na rudeza/ Duma austera, apagada, e vil tristeza." Esses versos são dos mais prodigiosos da língua portuguesa.

MUSMÊ do japonês *mussumé*, moça. A contribuição japonesa à nossa língua começou no século XVI, quando os portugueses chegaram ao Japão, mas na segunda metade do século XX, devido à imigração para o Brasil e a intercâmbios diversos, estão entrando muitos outros vocábulos.

MUTANTE do latim *mutante*, aplicado a pessoas, animais ou plantas que mudam tanto que suas características diferem muito das de seus ascendentes. *Os mutantes*, no Brasil na década de 1960, formavam um grupo musical integrado por Rita Lee Jones, Arnaldo Dias Batista e Sérgio Dias Batista. Neste início de milênio, Os mutantes mais conhecidos estão ligados às transformações genéticas de vegetais cujos genes foram associados a seus inimigos, como é o caso do arroz, do milho e da soja. Na aparência mudarão pouco, mas na essência trarão genes adulterados capazes de suportar elevadas doses de herbicidas. Os ambientalistas são contra tais modificações transgênicas alegando que é o primeiro passo para o fim dos alimentos naturais.

N

NABABO do árabe *nawwab*, plural de *naib*, espécie de vice-rei, nomeado pelo grão-mogol. Esses soberanos turcomanos estiveram no poder na Índia entre os séculos XVI e XIX. Já com ironia, foi aplicado às autoridades que atuavam na mesma Índia durante a dominação inglesa. Em 1877, por ocasião da publicação da peça *O nababo*, do escritor francês Alphonse Daudet, o vocábulo já era popular na Europa. No Brasil, "levar vida de nababo" é expressão que descreve uma vida de pouco esforço, muita riqueza e muito prazer.

NACIONALIDADE de nacional, mais "i", acrescido do sufixo -(i)dade, tão comum na formação de palavras, com influência do francês *nationalité*. O poeta alemão August Wilhelm von Schlegel, que escrevia também em francês, foi um dos primeiros a registrá-lo no ensaio *Comparaison entre la Phèdre de Racine et celle d'Euripide*, texto muito lido em toda a Europa, representando um duro ataque da escola romântica ao classicismo francês. Nacionalidade designa o conjunto de caracteres que define alguém como pertencente a uma nação: geografia, história, língua, costumes etc. Sempre se disse que Deus é brasileiro. Baseado no dito, assim escreveu Eduardo Correia de Matos em seu blogue: "Não só no futebol, ou no 'berço esplêndido', mas também na política, ao longo de toda a sua vida o Brasil teve sempre (ou quase) o chefe de governo certo para cada momento histórico, foi assim no tempo do Império como no da República. Tudo como se se tratasse de uma grande peça de teatro em que cada actor surge no tempo exacto para cumprir um determinado papel e depois sai de cena." E acrescentou: "Por isso não estou preocupado com as eleições presidenciais, porque é que iria correr mal desta vez? Salvo se Deus pedir a mudança de nacionalidade."

NADALOGIA de uma locução latina, *tardiores nata*, nenhuma coisa nascida. Simplificada, a expressão sofreu elipse das duas primeiras palavras e *nata* passou a significar nada, coisa nenhuma. Com este sentido chegou ao português. Com o tempo, o que sobrou da expressão sofreu acréscimo do sufixo -logia, do grego *lógos*, tratado, estudo. Quando alguém fala ou escreve com prolixidade sobre tema irrelevante ou numa concepção descabida, diz-se que está fazendo nadalogia.

NAMORADA do verbo namorar, estar em amor, formou-se namorado, cujo feminino resultou em seu par. Nos anos 1960, o movimento musical conhecido como Jovem Guarda popularizou o diminutivo em famosa canção de Jerry Adriani, *Namoradinha de um amigo meu*, que proclamava a Deus e ao mundo a grande notícia: "Estou amando loucamente a namoradinha de um amigo meu/ (...) se os dois souberem nem mesmo sei o que eles vão pensar de mim." Com a mudança daqueles costumes quase ingênuos, até mesmo os namorados dos amigos e as namoradas das amigas diversificaram o plantel.

NAMORADO segundo o *Dicionário Aurélio*, "o namorado tem carne boa, de muita procura no mercado". Outras de suas características mais visíveis são "pintas brancas esparsas pelo corpo" e "coloração violáceo-escura", além de possuir "nadadeira dorsal contínua, da nuca ao pedúnculo caudal do pescoço", itens indispensáveis para sua beleza. Entretanto, o dia dos namorados não celebra o dia do peixe assim descrito. Como particípio do verbo namorar, refere todo ser humano que tem namorado ou namorada. As namoradas foram muito mais celebradas na literatura do que os namorados por motivos óbvios, um deles em destaque: a literatura foi durante muito tempo obra masculina quase exclusiva. Outro famoso escritor, o contista Dalton Trevisan, em seu livro intitulado *Dinorá*, discorda do poeta citado no próximo verbete: "O poeta que me perdoe, beleza não é fundamental, começa que muito feia, mulher nenhuma é foi será, fundamental mesmo é toda mulherinha, ó filhas de Curitiba, a primeira a do meio a última."

NAMORAR da aférese de enamorar, estar em amor, formou-se este verbo na língua portuguesa para designar uma das variações do amor num tempo específico, aquele que precede o casamento. Algumas línguas não dispõem deste verbo, como é o caso do alemão. Assim, os imigrantes que deixaram a Alemanha no século passado e se estabeleceram no Sul do Brasil, estando entre outras culturas cujas gentes namoravam, precisaram criar o neologismo *namorire*, que em alemão teria significado próximo a *lieben*, amar. A aférese, processada com a supressão do "e" inicial, consolidou esta forma como preferencial.

NAMORICO de namor(o) e -ico, sufixo indicando redução, pequenez. O namoro pode ser sério, passar pelo noivado, quando o par coloca as alianças, e chegar ao casamento. O passo seguinte pode ser o divórcio ou o abandono puro e simples. Mas durante o namoro ninguém examina tais hipóteses, muitas vezes porque o amor é cego. Nas décadas de 1980 e 1990, os namorados introduziram outra etapa, as alianças de compromisso, de prata ou de outro metal menos nobre, que antecedem o ouro do noivado e do casamento.

NAMORÓDROMO da junção da palavra namoro, acrescida do sufixo -dromo, lugar para correr, terminação presente em palavras como hipódromo e sambódromo; essa última deve ter inspirado a formação do neologismo, que significa lugar para namorar. A construção de um namoródromo foi o mais insistente pedido feito à *ombudsquivina* (feminino de *ombudsman*) de um *shopping* paulista, Yedda Falzoni. Outras instituições também receberam solicitações semelhantes, pois cada vez mais namorados e namoradas precisam de garantias para o amor. Indicador de que os tempos realmente mudaram é que alguns dos que fazem hoje os pedidos foram concebidos em bancos de automóveis, em parques que lembravam Woodstock, o festival que pregou ser mais importante fazer o amor do que a guerra. Os jovens rebeldes daqueles anos estavam fixados na repulsa comum à Guerra do Vietnã e não pensavam que as ruas das cidades em que um dia seus filhos morariam seriam transformadas em território guerreiro, minado por lutas de todo tipo no varejo: por carro, por droga, por dinheiro. Namorar em tal *front*, nem pensar! Equivaleria a disputar rachas em vez de correr no autódromo. Por isso, os jovens, com todas as razões do mundo, pleiteiam namoródromos.

NANA do italiano *nanna*, voz infantil. Veio daí a conhecida expressão "nana, nenê", presente em canção muito ouvida pelos bebês brasileiros, dada a presença da imigração italiana:

"Nana, nenê, que mamãe logo vem, foi lavar os teus paninhos, na pocinha de Belém." Há outras alusões aí embutidas, como a de que a mãe estaria no lugar de Nossa Senhora, o bebê no de Jesus, além de a ausência materna ser explicada pelo trabalho, ainda que caseiro.

NANICO de *nános* e do latim *nanu*, anão. Utilizado para a referência a pessoas e coisas pequenas, diminutas. É o caso de "imprensa nanica", expressão criada pelo escritor João Antônio nos anos 1970, para designar pequenos jornais e revistas, muito importantes para a sociedade do período, porque, não sofrendo censura prévia, davam notícias absolutamente proibidas na grande imprensa.

NANÔMETRO do grego *nannos*, muito pequeno, e *metros*, medida. É unidade de medida muito utilizada em microscopia eletrônica e corresponde a 1 milionésimo de milímetro. A XIII Conferência Geral de Pesos e Medidas, realizada em 1967, determinou que a grafia e a pronúncia das subunidades do metro, inferiores a milímetro, fossem paroxítonas (com acento na penúltima sílaba). O nanômetro seria dito e escrito nanometro, assim como o micrometro, mas professores e estudantes, por analogia com outras medidas, todas proparoxítonas (centímetro, decímetro, quilômetro), desobedeceram a resolução.

NAPALM do inglês *napalm*, formado com as sílabas iniciais dos vocábulos *naphthenate* e *palmitate*, denominação de dois ácidos, o *naftênico* e o *palmítico*. Passou ao português sem alteração de grafia, designando, como na língua inglesa, a gasolina gelatinosa resultante da mistura desses dois ácidos. O napalm foi inventado na Segunda Guerra Mundial e seu uso em grande escala, nas bombas jogadas sobre civis na Guerra do Vietnã, escandalizou o mundo.

NAPOLITANO natural, habitante ou que diz respeito a Nápoles, palavra formada do grego *néos*, novo, e *pólis*, cidade, em cujo raio de 80 km está o mosteiro de Monte Cassino, edificado por Benedetto da Norcia, mais conhecido como São Bento, fundador da ordem beneditina e patrono da Europa, celebrado a 11 de julho. Destruído diversas vezes ao longo da história, foi sempre reconstruído. O monte e o mosteiro foram palco da famosa batalha da Segunda Guerra Mundial.

NARCISISMO do grego *nárkissos*, pelo latim *narcissus*, designando flor que, segundo o mito lendário, nasceu dos restos do jovem Narciso, morto em estado de *nárkes*, torpor, contemplando a própria beleza nas águas de uma fonte clara como a prata. São narcisistas os jovens da chamada geração N, termo cunhado por ensaístas americanos, baseados em pesquisas feitas em renomadas universidades dos EUA. A crise econômica tem entre seus componentes decisões de alto risco, tomadas para atender a pressões desta geração, que cada vez quer mais com menos trabalho. Pais ausentes ou mesmo divorciados, cheios de culpa, passaram a providenciar tudo para os filhos, "que não sabem como agir em situações adversas e são incapazes de respeitar os outros", como diz o professor Luiz Fernando Conde Sangenis, especialista no assunto.

NARCISISTA do grego *Nárkissos*, pelo latim *Narcissu*, formou-se este vocábulo para designar a pessoa excessivamente vaidosa, que só admira a si mesma. O adjetivo derivou-se do nome de uma personagem da mitologia grega, o jovem Narciso. Durante uma caçada, o guapo rapaz abaixou-se junto a uma fonte para matar a sede e viu sua bela imagem refletida naquelas águas claras – os gregos desconheciam a poluição. O mancebo tomou-se de excessivo amor por si mesmo, entrando em *narké*, entorpecimento. Desesperado, feriu-se e morreu. Os deuses o transformaram numa flor que ainda hoje leva seu nome.

NARDO do latim *nardu*, tendo vindo do grego *nardós*, espécie de planta valeriana de que se extraía um perfume. Em línguas semânticas são encontradas formas correlatas semelhantes, como é o caso do sânscrito *narda* e do persa *närdin*. Também em sânscrito, existe a forma *nalada*, composto de *nala*, cheiro.

NARIZ do latim *naricae*, nariz. Órgão de nosso olfato, o nariz humano é capaz de distinguir cerca de 3.500 aromas. Ainda assim, perde para o do cão, muito mais apurado. Como ocorre com os demais sentidos, tem-se prestado a muitas metáforas, sendo uma das mais clássicas a recomendação de não se meter o nariz onde não se é chamado – veto explícito a intrometidos, entretanto inaceitável para ofícios como o de repórter.

NARRAR do latim *narrare*, cujo étimo é *gnarus*, o que sabe, antônimo de *ignarus*, o que não sabe, o ignorante. Malba Tahan dedica seu livro mais famoso, *O homem que calculava*, entre outros, ao matemático, astrônomo e filósofo Buchafar Mohamed Abenmusa Al Kharismi, cujo sobrenome está na palavra algarismo, exclamando que Allah o tenha em sua glória". E chama a si mesmo Ali Iezid Izz-Edim Ibn Salim Hank Malba Tahan.

NASA do acrônimo das iniciais de palavras do inglês *National Aeronautics and Space Administration* (Administração Nacional da Aeronáutica e do Espaço), criada em 1958, em substituição à *Naca (National Advisory Committee for Aeronautics – Comitê Consultivo Nacional para a Aeronáutica)*. No português, Nasa seria Anae, mas predominou a língua de origem. Constante nos noticiários sobre a conquista do espaço sideral pelos americanos a partir de 1960, tornou-se palavra cujo significado é facilmente entendido – designa a agência americana encarregada das viagens à Lua, por exemplo –, sem que leitores ou ouvintes precisem saber o exato significado de cada letra do acrônimo. É o mesmo caso de Sudam, que o dicionário *Aulete*, como faz com Nasa, registra com inicial maiúscula, para designar de forma sintética a Superintendência do Desenvolvimento da Amazônia.

NASCER do latim *nascere*, cujo primeiro sentido é chegar ao mundo, vir à luz, começar a ter vida exterior, que entretanto já existia no útero, ou, no caso das sementes, sob a terra. Nascer é muito usado para tudo o que começa, para identificar origem: o português nasceu do latim; nascer de novo, como quando se sobrevive a um grande perigo. Diz-se também que o Sol nasce, mesmo depois de a Física ter demonstrado que ele ali aparece porque foi a Terra quem se moveu. Tem também o sentido de surgir: "a epopeia grega nasce no século IX a.C." Designa a nacionalidade, cujo étimo pertence ao verbo nascer, como nos versos de Gonçalves Dias: "E pois que és meu filho/ Meus brios reveste;/ Tamoio nasceste,/ Valente serás." E indica o começo de um novo ano, representado por um bebê. O Ano-Novo do ano passado, conquanto bebê também, de apenas um ano, é apresentado como um velho.

NASCIMENTO do latim *nascentia*, nascimento, ato de nascer. A deusa do nascimento entre os romanos chamava-se *Nascio*. Como se sabe, a religião cristã foi muito perseguida até consolidar-se como religião oficial do Império Romano no século IV. O nascimento de Jesus deu-se sob o reinado de César Otávio Augusto, de acordo com o relato do *Evangelho de Lucas*: "Naqueles dias saiu um edito de César Augusto, para ser recenseado todo o império." O recenseamento havido à época do nascimento de Jesus foi referido também pelo historiador romano Tácito em seus Anais.

NATAL do latim *natale*, natal, declinação de *natal, natalis*, relativo ao nascimento. Natal era o nome de um deus romano que presidia ao nascimento de cada pessoa e a acompanhava a vida inteira. As festas de Natal, a principal celebração do Ocidente, comemoram o nascimento de Jesus, ocorrido por volta do ano 5 a.C. No ano 525, um monge chamado Dionísio, o Pequeno, errou o cálculo e indicou o nascimento de Cristo no ano 1. As revisões que se seguiram demonstraram que, de acordo com os *Evangelhos*, Jesus nasceu antes da morte de Herodes, o Grande. Este foi deposto em abril do ano 750, contados da fundação de Roma, isto é, no ano 4 a.C. Fontes históricas asseguram que em 8 a.C. os romanos fizeram o recenseamento de que falam os evangelistas, segundo os quais a Sagrada Família dirigiu-se de Nazaré, onde morava, até Belém. O trajeto era de 150 km e podia ser feito em quatro ou cinco dias. O Natal já foi comemorado em outras datas: 20 de março, 28 de maio e, desde o século IV, 25 de dezembro. Nunca se soube, porém, nem o ano, nem o mês, nem o dia exato em que Jesus nasceu. No início do século III, seu nascimento era festejado a 20 de maio. Querendo harmonizar-se com o pensamento judeu, pensadores cristãos propuseram a data de 28 de março. Quando o cristianismo tornou-se a religião oficial do Império Romano, no século IV, foi fixado o dia 25 de dezembro, mesclando-se a outra festa já famosa, instituída pelo imperador Aureliano para celebrar o solstício de inverno, que homenageava o nascimento do "sol invicto".

NATALÍCIO do latim *natalitius*, natalício, do natal, referente ao dia do nascimento. Aparece no nome de um prato de Natal, o Capão Natalício. Reza a lenda que, por perder o sono com o canto dos galos, certo imperador romano inventou uma lei que proibia a criação dessas aves. Castrado, o frangão deixa de cantar, ultrapassando em beleza, tamanho e sabor o galo macho.

NATIVIDADE do latim *nativitate*, designando o nascimento de alguns santos de especial predileção dos cristãos, mas especialmente o de Jesus. Na Idade Média, designou drama religioso apresentado no teatro para comover e educar as comunidades, ensinando-lhes os conteúdos essenciais narrados pelos *Evangelhos*, especialmente o de Lucas. As versões de Mateus e Marcos também sempre foram bem acolhidas pelo povo, mas o *Evangelho de João*, escrito num estilo completamente diferente dos outros três, privilegia uma linguagem mais sofisticada, de cunho filosófico, visando persuadir estamentos sociais mais instruídos, sobretudo intelectuais herdeiros das tradições filosóficas geradas inicialmente na Grécia e depois expandidas por todo o Mediterrâneo.

NATRÃO do egípcio *ntrj* pelo árabe *natrun* e daí ao latim *natrium* e ao francês *natron*, de onde chegou ao português para designar o carbonato de sódio, presente na origem do vidro, que chegou até nós narrada por curiosa lenda árabe. A descoberta do vidro foi acidental, como tantas outras. Pedaços grossos de natrão, usado para tingir lã, foram usados por viajantes para neles apoiar vasilhas onde cozinhavam carne de caça. Depois de comerem, foram dormir, deixando o fogo aceso. Ao acordarem, os pedaços de natrão haviam se transformado em enormes pedras que lhes pareceram preciosas.

NATURAL do latim *naturale*, declinação de *naturalis*, designando o que pertence à natureza. Com cerca de 20 designações nos dicionários, é também sinônimo de ilegítimo, como na expressão "filho natural", equivalente a bastardo, do francês antigo *bastard*, hoje *bâtard*. O filho nascido fora do casamento, em geral fruto de união de homem da nobreza com mulher de classe inferior, tem designações diversas em várias línguas, cujo étimo em muitas delas está ligado ao antigo germânico *banstu*, casamento com uma segunda mulher, de condição social mais baixa. No irlandês antigo o indicativo do filho natural foi a partícula *fitz*, como no sobrenome *Fitzgerald*, presente em nomes de famosas personalidades, inclusive no tó trágico presidente dos EUA. E também nos nomes de Francis Scott Fitzgerald, um dos escritores mais representativos da *lost generation* (geração perdida), e Ella Jane Fitzgerald, a maior cantora de jazz do século XX.

NATURALIDADE do latim *naturalitate*, declinação de *naturalitas*, designando o lugar em que se nasce ou a qualidade e a condição. Difere, porém, da nacionalidade, porque esta palavra derivou de nacional, do francês *national*, e não do latim. Para designar a nacionalidade usam-se outros sufixos, mas no caso do Brasil usa-se -eiro, por ter predominado na designação a extração do pau-brasil, primeira atividade. De pau-brasil, fez-se brasileiro, que permanece até hoje, num caso singular. Por pouco nossa nacionalidade não foi designada pau-brasileiro. O sufixo serve também para designar habitante, nascido ou que é próprio do único estado do Brasil em que este sufixo os designa: Minas Gerais, mineiro. Nestes dois casos, predominou a marca dos trabalhos pelos quais os habitantes se tornaram conhecidos. Outros estados usam -ano (goiano, rondoniano), -ense (catarinense, roraimense), e -ista (paulista).

NATUREBA de natureza, do latim *natura*, por redução e troca de sufixo, formou-se esse vocábulo designando pessoa de hábitos morigerados. A pessoa *natureba* costuma resistir às tentações da carne, alimentando-se apenas de verduras o que é um paradoxo, pois a carne também é um produto natural.

NAU do castelhano *nau*, pelo latim *nave*, navio arredondado, no casco como nas velas, de grande tamanho, a princípio com um mastro apenas, no alto do qual estava a gávea, espécie de gaiola, de onde um dos marujos de Pedro Álvares Cabral pôde dar o famoso brado: "Terra à vista." Séculos depois, o poeta Castro Alves, desconcertado com os navios negreiros que traziam forçadamente outros habitantes, os negros escravos, exclamaria: "Das naus errantes quem sabe o rumo/ se é tão grande o espaço?"

NAUFRAGAR do latim *naufragare*, naufragar, isto é, *frangere*, quebrar, o navio, *navis*, palavra do mesmo étimo de náufrago, pela variante *fragus*, do particípio deste verbo latino irregular, que é *fractum*. Diz-se que o maior naufrágio do mundo foi o do *Titanic*, mas houve outro, muito maior, equivalente ao de seis Titanics, quando os soviéticos afundaram no mar Báltico um transatlântico alemão, na noite de 30 de janeiro de 1945, que levava cerca de 10 mil alemães, na maioria militares, fugitivos da Segunda Guerra Mundial. Dava nome ao navio o líder nazista Wilhem Gustlöff, morto em Davos, na Suíça, por David Frankfurter, estudante judeu que estudava Medicina em Berna, onde morava.

NAUFRÁGIO do latim *naufragium*, navio quebrado, já que em latim *navis* significa navio, nau, embarcação, e *fragium*, quebrado, fraturado. A costa brasileira tem sido palco de muitos naufrágios desde o descobrimento do país pelos portugueses há 500 anos. Embora 7 dos 13 navios da esquadra de Pedro Álvares Cabral tenham naufragado, nenhum deles afundou perto do Brasil. O primeiro dos 11 mil naufrágios em águas brasileiras foi o da nau de Gonçalo Coelho, em 1503, perto de Fernando de Noronha.

NÁUSEA do grego *nausía* e do latim *nausea*, enjoo de mar. Posteriormente o sentido estendeu-se a outros tipos de desconforto, aí incluídas muitas metáforas. Houve influência do catalão *nau*, que repicou no português para designar "antigo navio redondo, tanto na forma do casco quanto no velame, de grande tamanho, com acastelamentos na proa e na popa", segundo o *Dicionário Aurélio*. A frota que descobriu o Brasil era composta de naus e não de caravelas, como vulgarmente se refere. Pero Vaz de Caminha não usa a palavra caravela uma única vez em sua famosa Carta. E todos devem ter sentido um pouco de náusea durante a viagem, não maior, porém, do que a dos índios ao receberem aquela gente toda vestida e há vários dias no mar sem tomar banho.

NAVIO-FANTASMA de navio, do latim *navigium*, a partir de *navis*, nave, embarcação ou que tenha a forma de uma embarcação, como a nave de uma igreja, e fantasma, do latim *phantasma*, aparência de coisa irreal, em geral aterradora, apavorante, assustadora ou no mínimo surpreendente. Designa embarcação encontrada à deriva, em alto-mar, sem ninguém a bordo, mas que continua a navegar, sem tripulantes nem passageiros. Um dos casos mais famosos deu-se com o navio *Mary Celeste*, que em 7 de novembro de 1872 partiu de Nova York com destino a Gênova, carregado de barris de álcool. Viajavam o capitão, de 37 anos; sua esposa, de 31; a filha de ambos, de apenas dois anos; e sete marinheiros. Em 5 de dezembro, foi encontrado sem nenhuma das dez pessoas, de quem nunca mais se ouviu falar. Houve problemas com o pagamento do seguro porque nove dos 1.701 barris estavam vazios, o único bote salva-vidas desaparecera, uma de suas bombas d'água tinha sido desmontada, os pertences dos passageiros estavam nos alojamentos e o navio estava em boas condições. No filme *Contatos imediatos de terceiro grau*, um cargueiro que ia de Cuba aos EUA, desaparecido em 1/12/1925, com 32 vítimas que nunca mais foram encontradas, reaparece no deserto de Gobi, na Mongólia, graças à imaginação dos roteiristas.

NAZARENO do latim *nazarenus*, habitante da cidade de Nazaré, na Galileia, onde morava a família de Jesus. Ele nasceu em Belém porque, obedecendo ao determinado pelo imperador Tibério Júlio César, seus pais foram recensear-se em Belém, onde o casal tinha nascido. Há registros históricos de que Roma fazia recenseamentos periódicos, como o que é relatado no *Evangelho de Lucas*. Nazareno é epíteto de Jesus, isto é, substituição do nome próprio por comum, indicando de onde ele era. E aparece no *Soneto de Natal*, de Joaquim Maria Machado de Assis: "Um homem, — era aquela noite amiga,/ Noite cristã, berço do Nazareno, —/ Ao relembrar os dias de pequeno,/ E a viva dança, e a lépida cantiga,/ Quis transportar ao verso doce e ameno/ As sensações da sua idade antiga,/ Naquela mesma velha noite amiga,/ Noite cristã, berço do Nazareno." Chamou-se nazareno também um movimento artístico surgido em Roma no século XIX, desenvolvido por pintores, sobretudo alemães, que procuravam inspirar-se nos mestres do Renascimento, como Pietro Vanucci Perugino, pintando obras destacadas pela doçura dos sentimentos, equilíbrio, suavidade das cores.

NECA do latim *nec*, partícula negativa equivalente a não. Provavelmente, no português, que evita terminações em consoantes mudas, o acréscimo de um "a" deveu-se a razões de eufonia. É sinônimo de *nicles*, que veio do latim *nihil*, nada. Em concurso de música popular realizado na chamada Califórnia brasileira, na região de Ribeirão Preto, interior de São Paulo, uma das canções apresentadas lamentava o descaso amoroso do possível namorado com o seguinte verso: "E ele neca de se apaixonar, neca de se apaixonar, e ele neca!"

NÉCESSAIRE do francês *nécessaire*, redução de *nécessaire de toilette*, estojo, maleta, valise ou bolsa de pequeno porte contendo objetos indispensáveis, no Brasil mais utilizada por mulheres, que levam no recipiente batom, pente, pó, escova e outros recursos de toalete e maquiagem rápida, embora seja designada *nécessaire* também quando utilizado para levar agulha, linha e outros itens de costura, ou ainda pequenas ferramentas de uso manual em alguns ofícios. A palavra ainda não foi aportuguesada, embora esteja há três séculos entre nós, desde que os franceses passaram a ter forte influência nos usos e costumes femininos, ainda na primeira metade do século XIX. No francês, ela foi registrada pela primeira vez em 1718!

NECESSIDADE do latim *necessitate*, declinação de *necessitas*, necessidade, palavra ligada ao latim antigo *necesse*, designando o que é necessário, entendido não apenas como os atos naturais, mas também como obrigações inerentes à vida em família, em sociedade, de que é exemplo o sustento da primeira, obrigação essencialmente do chefe de família. Assim, o teto, a alimentação e a saúde, necessidades básicas, devem ser atendidas pela família ou pelo Estado. Programas governamentais buscam atender os mais pobres em tais necessidades. Mas uma curiosa necessidade foi suprida no quarto dia de uma das novelas de *Il pecorone*, conjunto de narrativas medievais em que tantos escritores famosos se inspiraram, como William Shakespeare com *O mercador de Veneza*, extraído de uma dessas narrativas. O Capítulo Geral da Ordem dos Frades Menores, instância de poder dos padres franciscanos, solicita a Barnabó Visconte que sejam supridas as necessidades dos monges do convento. A resposta do frade mensageiro: "o senhor Barnabó vos responde, dizendo que providenciará o atendimento de vossas necessidades, especialmente com relação às mulheres, das quais, ele sabe, vós tereis necessidade; porém, como gostais muito de variar, aquelas que tendes não serão suficientes." Ao saber do ocorrido, Barnabó manda prender o frade e enfiar-lhe um ferro em brasa que atravesse sua cabeça de um ouvido a outro. "O frade viveu ainda alguns dias com muitas dificuldades, morrendo após desesperado pela dor", diz o relato. Os castigos físicos demoraram a ser considerados desnecessários, tanto em processos judiciais, como nas famílias. E hoje no Brasil voltou à baila a discussão sobre a necessidade de pequenos castigos físicos, como palmadas, para educar as crianças.

NECROLOGIA do grego *nekrós*, morto, e *logos*, estudo. É a denominação das seções em que se informam os falecimentos na imprensa. Muitos são os leitores que preferem começar a se informar por estas páginas, em busca de notícias sobre seus inimigos.

NECROTÉRIO do grego *nekrós* e *térion*, indicativo de lugar. Este vocábulo foi criado pelo escritor Visconde de Taunay, em 1872, a pedido do presidente da Câmara Municipal do Rio de Janeiro, para nomear o novo lugar em que os mortos faziam escala antes de chegarem aos cemitérios. Substituiu morgue.

NÉCTAR do grego *nektar*, bebida dos deuses. É uma substância viscosa, secretada por algumas plantas, sobretudo pelas flores, que contém de cinco a 80% de açúcar. As abelhas costumam procurar plantas cujo néctar apresente concentração de açúcar superior a 15%.

NEFASTO do latim *nefastu*, agourento. Os romanos denominavam *dies fasti* aqueles dias apropriados às cerimônias religiosas ou políticas, pois, consagrados aos deuses, deveriam atrair boa sorte. Os outros dias eram considerados nefastos, mas não tiveram originalmente o sentido de desgraça. Foi com o correr do tempo que ganharam tal significado, provavelmente porque foi-se consolidando a crença de que as ações feitas em tais dias não tinham a proteção dos deuses.

NEFELIBATA do grego, pela formação de *nephéle*, nuvem, e *bátes*, que anda. O vocábulo é utilizado para designar o escritor falsamente erudito que disfarça a pobreza do conteúdo em frases ou versos rebuscados. François Rabelais, em *Gargântua* e *Pantagruel*, denominou nefelibata a um povo imaginário.

NEGAR do latim *negare*, negar, dizer que não é verdade. O primeiro papa, a quem São Paulo chamou de cínico numa de suas epístolas, negou por três vezes, na noite em que Jesus foi preso, que fosse seu discípulo. Tudo aconteceu antes que o galo cantasse, cumprindo profecia do Mestre. Arrependido, chorou amargamente. Por isso, antes de tornar-se o primeiro papa, São Pedro teve de afirmar por outras três vezes que amava verdadeiramente o seu Mestre. Só então recebeu ordem de apascentar as suas ovelhas.

NEGOCIAÇÃO do latim *negotiatione*, ação de negociar. É a denominação que damos a um entendimento que visa a um acordo entre partes conflitantes. Sua formação *neg* + *otium*, significando negação do *ócio*, indica trabalho. Negociar designa preferencialmente tratos comerciais, aplicando-se também a concessões em litígios. Os romanos já aplicavam o *negotialis*, utilizado para dirimir controvérsias por meio de mútuas concessões, em oposição ao *iuridicialis*, determinado juridicamente, com base em leis. Às vezes, negocia-se melhor bem longe, como se depreende da expressão "negócio da China", "transação muito lucrativa, numa alusão aos primórdios do comércio marítimo com o Oriente", segundo Eduardo Martins em *Com todas as letras: o português simplificado*. O latim *negotium*, transação, seria para alguns um bom sinônimo para preguiça criativa. O negócio seria, pois, o trabalho – uma explicação muito plausível desde os burgos nascentes até a consolidação da economia de mercado.

NEGRINHO do diminutivo de negro, do latim *nigrum*, declinação de *niger*, designando o menino filho de escravos, mais criança do que o moleque, do quimbundo *muleke*, garoto. Passou a designar doce feito com leite condensado e chocolate, provavelmente por três motivos: a cor, a alusão às crianças negras das quais as escravas tinham que cuidar enquanto faziam os doces e às quais davam o doce para que parassem de chorar. O doce ganhou a variante de brigadeiro na denominação em homenagem ao brigadeiro Eduardo Gomes, duas vezes candidato à presidência da República e duas vezes derrotado. Uma senhora mineira teria feito o bocado e oferecido ao brigadeiro, celebrado por Manuel Bandeira nestes versos: "Abaixo a politicalha!/ Abaixo o politiqueiro!/ Votemos em quem nos valha:/ Que nos vale, brasileiro/ – O Brigadeiro!" O mais conhecido negrinho do Brasil, depois do doce, é a figura lendária do folclore brasileiro, *Negrinho do pastoreio*, nascida das lutas travadas pelos abolicionistas, para desfazer a impostura ideológica que dava a escravidão como mais leve no Brasil meridional. A lenda é importante por denunciar os maus tratos, mas ao mesmo tempo anunciar a redenção para os escravocratas arrependidos.

NEGRITUDE de uma dessas duas palavras latinas: *nigro*, negro, ou de *nigritudo*, negritude. Mas como conceito global dos valores culturais das raças negras é termo desenvolvido e consolidado pelo escritor Leopold Sédar Senghor, que foi deputado da Assembleia Nacional Francesa, líder do Bloco Democrático Senegalês e presidente do Senegal, desde a independência, em 1960, até 1980, quando deixou voluntariamente o poder. Nas décadas de 1960 e 1970, a negritude teve em suas vertentes o movimento *Black Power* (Poder Negro), surgido nos EUA.

NENÉM vocábulo onomatopaico, isto é, palavra cuja pronúncia imita o som do que designa. As primeiras vozes do bebê soam aos ouvidos da mãe, ou de quem desempenha a função materna, como neném, vocábulo que passa a designar o recém-nascido pelo som de seu vagido. A partir do século XVII, bebê entrou para nossa língua como sinônimo de neném, procedente do francês *bébé*, derivado de Nicolau Ferry Bébé, um anão muito gracioso, de apenas 70 cm de altura, que atuava na corte do ducado de Lorena, região depois anexada à França.

NEÓFITO do grego *neóphytos*, plantado de novo, que no latim foi grafado *neophytu*, já com o significado que lhe atribuiu o apóstolo São Paulo, autor de 14 epístolas que deram consistência intelectual e doutrinária ao cristianismo. Judeu fervoroso, perseguiu os cristãos até converter-se à nova religião numa viagem para Damasco, na Síria. Depois foi decapitado. O vocábulo é hoje utilizado para designar, em política, quem acabou de entrar para um partido ou quem é ignorante de saberes usuais de um certo grupo.

NEOLOGISMO do grego *neos*, novo, e *logía*, tratado, estudo, designando palavras novas, inventadas ou importadas de outros idiomas. O sufixo -ismo indica variante de "ia", processo detectado também em outras palavras, como psicologia e psicologismo. Ben Schott, cientista político e fotógrafo inglês que já vendeu tanto quase *Harry Potter* de seus livros de curiosidades, como *A miscelânea original de Schott* (Editora Intrínseca, traduzida e adaptada por Claudio Figueiredo, 158 páginas), dá exemplos de neologismos em frases como estas, em que as palavras em itálico vieram de outras línguas: "Pode vestir o seu sarongue atrás daqueles bambus." "Nem os tiros de pistola fizeram o robô recuar." "O guru ficou repetindo o mantra na esperança de escapar de seu carma." Sarongue e bambu vieram do malaio; pistola e robô, do tcheco; mantra e carma do sânscrito.

NEONAZISMO de novo, do grego *néos*, e nazismo, do alemão *Nazi*, forma reduzida de *Nationalsozialist*, nacional-socialismo. Designa o ressurgimento do nazismo, ideologia baseada numa pretensa superioridade da raça ariana. A doutrina teve em Adolf Hitler o seu grande representante e está explicitada no livro *Mein Kampf* (*Minha luta*), escrito na prisão, pois a princípio os alemães rejeitaram as suas ideias. Para debelar o nazismo foi necessária a Segunda Guerra Mundial, quando milhões de pessoas morreram em todo o mundo. Somente a União Soviética perdeu 20 milhões. O conflito resultou ainda em outras tragédias, como as bombas de Hiroshima e Nagasaki, que os EUA largaram sobre o Japão, aliado da Alemanha. O neonazismo dá mostras recorrentes de ressurgir em várias partes do mundo. E voltou a assombrar o mundo quando em 1999, quando subiu ao poder Jörg Haider, o líder do Partido da Liberdade, na Áustria, parecia que ia começar tudo de novo. Haider pregou a deportação dos imigrantes e condenou a indenização das vítimas do holocausto judaico. Com o crescimento da imigração, muitos europeus parecem ter voltado aos ideais nazistas. A própria França, berço da Revolução Francesa, viu o ultradireitista Jean-Marie Le Pen chegar ao segundo turno nas eleições presidenciais de 2002. No Brasil essa recorrência também acontece no que é exemplo julgamento no STF que, por 8 votos a 3, negou *habeas corpus* a Siegfried Ellwanger, autor e editor empenhado em propagandas contra os judeus e incentivo à violência e ao ódio racial. Ele queria virar de ponta-cabeça o que aconteceu na Segunda Guerra Mundial, a ponto de afirmar num dos livros que o holocausto não foi judeu, foi alemão. Disfarçou, porém, o tema no título: *Holocausto: judeu ou alemão?* O mundo inteiro não tem nenhuma dúvida de que o holocausto foi judeu, mas coube mais esta vergonha ao Brasil: ser o último país do mundo onde esta verdade, abundamente documentada, é, não apenas posta em dúvida, mas negada. Contudo, nada é tão ruim que não pode piorar. E assim, nas celebrações da vitória, ainda que acachapante, os espíritos esclarecidos ficaram surpresos com os três votos favoráveis ao neonazista brasileiro.

NEPENTES do grego *nephentés*, ênula, uma erva medicinal. Os antigos acreditavam que era eficiente remédio contra a tristeza, se misturada ao vinho. Bom, no caso, já eram dois os auxílios. Na *Alco*, célebre poema de Homero, Helena prepara uma mistura de nepentes e vinho para que Telêmaco esqueça a sua dor. Em grego, dor é *pénthos*.

NEPOTE do latim eclesiástico *nepote*, declinação de *nepos*, neto, mas designando o sobrinho do Papa, já que o Sumo Pontífice, sendo solteiro, não poderia ter netos. Com o fim de proteger sobrinhos e outros parentes, não apenas do Papa, mas também de influentes Cardeais, criou-se na Santa Sé a figura do nepote, que não era mais do que o parente, com ou sem qualificação, desfrutando das benesses da corte católica. O costume migrou da esfera religiosa para a política e no Brasil tornou-se um câncer medonho na administração pública. O descalabro chegou a tal ponto que em 2008 o Supremo Tribunal Federal (STF) decidiu que era ilegal contratar parentes, até o terceiro grau de parentesco, nos Três Poderes: Legislativo, Executivo, Judiciário. Depois, por meio de resolução, o STF estendeu a proibição a todo o país. Mas não são apenas os parentes que são vetados. No conceito de nepote estão incluídos também os cônjuges ou companheiros e namorados estáveis. Em 2010 o governo federal publicou decreto proibindo o nepotismo em toda a administração pública federal. A Controladoria-Geral da União procura também o nepotismo cruzado, resultante do famoso jeitinho brasileiro: a contratação de parentes uns dos outros, que, trabalhando em gabinetes que não são dos parentes, às vezes em outras cidades e outros estados, burlam a proibição.

NEPOTISMO do latim, *nepos*, *nepotis*, sobrinho. Na Roma antiga, os sobrinhos dos papas, ou seus prepostos, tinham uma preferência escandalosa nas nomeações para cargos importantes e rendosos. Por isso, nepotismo virou sinônimo de prática política das mais iníquas, caracterizada quando poderosos de qualquer calibre nomeiam parentes para cargos de relevo, geralmente ditos de confiança.

NERD do inglês *nerd*, ainda sem assimilação no português, como ocorre com *punk*, *hippie*, *freak* e *geek*, entretanto de largo uso em textos que tratam de informática, de Internet e domínios conexos. O vocábulo apareceu a primeira vez designando um pássaro exótico em *Se eu dirigisse o zoológico*, *If I ran the zoo*, um dos 46 livros infantojuvenis do dr. Seuss, pseudônimo do autor americano Theodor Seuss Geisel, que vendeu mais de 200 milhões de exemplares. Passou a designar o aluno excessivamente aplicado aos estudos, que não saía da biblioteca, marginalizado por não praticar esporte algum, evitar os grupinhos no corredor e ler muito mais do que os membros das tribos adolescentes, servindo de sinônimo para gente chata e fora de moda. Trocou entretanto de significado com o surgimento de novas tecnologias como o computador, o celular, a internet etc. É frequente a alusão a livros nas palavras nascidas na manipulação das novas tecnologias. Outro exemplo é o inglês *geek*, que William Shakespeare, aproveitando do alemão *Geck*, bobo, deu-lhe sutis variações de significado. E hoje a palavra serve para identificar quem tem excessivo interesse por qualquer novidade, sofrendo de neofilia.

NÉSCIO do latim *nesciu*, aquele que não conhece nada, ignorante. Tem também o significado de insensato, absurdo, tal como aparece num trecho muito citado de um famoso estilista da língua portuguesa, o padre Manuel Bernardes, num livro intitulado *Luz e calor*, publicado em 1696: "Seria pensamento néscio querer um peregrino no mundo ter satisfação e descanso." Mas é palavra de circulação mais culta. Dificilmente um iletrado utilizaria o termo para denominar um semelhante. Ao contrário, são espíritos mais ilustrados que se servem do termo para qualificar um homem desprovido de inteligência ou de saber.

NESGA do árabe *nasj*, tecido, significando pequena tira que se cose entre um pano e outro para ampliar a largura ou o comprimento de uma roupa. Passou depois a denominar pequena porção de qualquer coisa.

NETO de neta, o latim vulgar *nepta*, palavra ligada a *nepos*, sobrinho. O gênero feminino precedeu o masculino e pouco a pouco deixou de designar o filho dos irmãos, fixando-se na relação deles com os pais de seus pais. Em italiano, língua que também veio do latim, neto é *nipote*, por influência do caso acusativo do latim, *nepotem*. O português flexiona para formar o gênero, o italiano não: *nepote* é comum dos dois gêneros. Diz-se "*mio nipote*", "*mia nipote*", dizendo ainda "*nipotino*", "*nipotina*", indicando netinho e netinha, tendo ainda "*nipotone*", "*nipotona*", algo como "netão" e "netona", para diferenciá-los dos pequenos ou mais jovens. O grego tem *anepsiós*, sobrinho, e o sânscrito *nápat*. Como curiosidade, lembre-se que o alemão *Enkel* aplica-se a neto, sendo o tio *Onkel*, parecidos com o inglês *uncle*, tio. Mas o alemão consolidou *Neffe*, semelhante ao *nephew* inglês, ambos designando o sobrinho. O Barão de Itararé, pseudônimo do humorista e jornalista brasileiro Aparício Torelly, recomendou: "Um cabelo branco pode-se pintar de preto. Uma ruga pode-se dar um jeito de espichá-la, de modo que desapareça. Mas a um neto é preciso ensinar, desde que começa a falar, a nos chamar de titio."

NEURASTÊNICO palavra composta de *neur*(o) e *astenia*, étimos vindos do grego *neûron*, nervo, e *asthénia*, astenia, fraqueza. Euclides da Cunha, que escreveu boa parte de *Os sertões* em São José do Rio Pardo utiliza o vocábulo na sua clássica definição do tipo humano que encontrou em Canudos: "O sertanejo é, antes de tudo, um forte. Não tem o raquitismo exaustivo dos mestiços neurastênicos do litoral."

NEUTRALIDADE do latim medieval *neutralitate*, de *neutrum*, formado de "*ne*", partícula negativa, e "*uter*", qual dos dois, um e outro, de onde tomou o significado de nem um, nem outro, nenhum dos dois, não para designar o que não é feminino nem masculino, como em algumas línguas, mas para indicar isenção. Ao contrário do que ocorre nos conflitos individuais, a neutralidade, no caso de beligerância entre Estados, deve ser informada às partes em conflito. Em português não há vocábulos neutros, apenas masculinos e femininos, às vezes de difícil assimilação de que são exemplos os casos que seguem. A fêmea do elefante é aliá, mas a força da fala popular impôs também elefanta. A do javali é gironda, mas os gramáticos tiveram que aceitar também javalina. O de zangão é abelha; o de cavaleiro, amazona; o de cavalheiro, dama; o de jabuti, jabota; o de vitu, saúva, sendo mais conhecida a fêmea, por analogia com formiga. Naturalmente, nenhuma dessas palavras sintetiza o "eterno feminino", expressão criada por Johann Wolfgang von Goethe, que indica a mulher como tema ou dominante e preferencial, que tem encantado escritores e artistas ao longo dos milênios, ainda que para os animais, principalmente para os mamíferos, o eterno feminino esteja nas respectivas fêmeas.

NEUTRO do latim *neutrum*, isto é, *ne utrum*, nem um, nem outro, para designar nas línguas com três gêneros aquele que não é masculino nem feminino, como ocorre no latim e no alemão. O escritor americano Mark Twain espantou-se ao descobrir certas complexidades dos gêneros na língua alemã e escreveu: "No alemão uma jovem senhora não tem sexo, mas um nabo tem." É que as palavras alemãs *Madchen*, moça, e *Weib*, esposa, não são femininas, mas neutras. E *Rübe*, nabo, é masculino.

NEVE do latim *nive*, declinação de *nix*. A neve, no sentido literal, é o cristal de gelo que, agrupado em flocos pelo congelamento do vapor de água, está suspenso na atmosfera. Quando se precipita, cai a neve. No sentido metafórico designa qualquer coisa com tal aparência, como a clara de ovo batida para fazer doce até que ganhe consistência semelhante a um bloco de neve. O sobrenome de pessoas está no plural, Neves, por alusão a Nossa Senhora das Neves, pois teria caído neve para marcar o terreno onde, em Roma, seria erguida a Basílica de Santa Maria Maior. A expressão "até aí morreu o Neves" refere a morte trágica imposta por índios do Rio Grande do Norte a Joaquim Pereira Neves, assessor do padre Diogo Antônio Feijó, regente do Império do Brasil. No Rio, o assunto passou a dominar todas as conversas, mas quando se procurava por novidades e vinham, em vez delas, notícias velhas, o povo passou a dizer "até aí morreu o Neves", isto é, disso eu já sei, agora quero saber de outras coisas.

NHE-NHE-NHEM do tupi *nheem*, dizer, falar. O vocábulo triplicado formou significado diverso, identificando conversa mole, lamurienta e repetitiva, sobre qualquer assunto. Diversas nações indígenas que os portugueses encontraram no Brasil eram muito loquazes, entre as quais a tupi e a guarani. Impacientes por não compreenderem o que tanto falavam diante deles, os colonizadores, ainda no século XVI, trouxeram o neologismo para nossa língua, designando conversa vazia e sem sentido.

NICOLAU de níquel, do sueco *nickel*, o gênio anão das minas, influenciado pelo latim *nihil*, nada. Nicolau consolidou-se no português como alteração afetiva por influência do nome do antropônimo Nicolau, passando a denominar antiga moeda feita de níquel, tal como aparece em *Vida e morte de M. J. Gonzaga de Sá*, de Lima Barreto: "Conquanto dissesse várias vezes que não precisava daquilo – o dinheiro – foi embolsando os nicolaus, por causa das dúvidas." O vocábulo foi lembrado por ocasião do escândalo do prédio inacabado do Fórum paulista, envolvendo o magistrado Nicolau dos Santos Neto, ex-presidente do Tribunal Regional do Trabalho de São Paulo. O pivô das denúncias foi seu genro. Os parentes, conquanto beneficiados por nepotismos, de vez em quando surpreendem a sociedade, denunciando práticas ilícitas de seus benfeitores. Se não por ética, pelo menos por tais perigos conviria que o nepotismo fosse erradicado de vez. Gilberto Freyre, autor de cerca de 80 livros, sobretudo de sociologia, assim definiu tal favoritismo: "A tal ponto foi aquela identificação do irlandês com o patriarcalismo, o familismo, o próprio nepotismo brasileiro que a adoção, por Daunt, do culto do padre Diogo, surge-nos com alguma coisa de culto doméstico, ao mesmo tempo que aristocrático à moda paulista."

NICOTINA do nome do diplomata francês Jean Nicot, embaixador em Portugal, que introduziu o tabaco em seu país, em 1560. A substância, que foi sempre buscada em grande quantidade nos bons fumos, hoje é a vilã do cigarro, ao lado do alcatrão, a ponto de a publicidade do tabaco proclamar que determinadas marcas são melhores porque têm esses dois ingredientes em menor quantidade.

NIETZSCHIANO do nome do filósofo alemão *Friedrich Nietzsche*, esse vocábulo designa pessoas e conceitos que digam respeito às ideias do conhecido pensador, autor de *Assim falou Zaratustra*.

NIGROMANTE do grego *nekromantis*, aquele que adivinha o futuro consultando os mortos. Passou ao latim como *necromante*. A alteração da grafia no português deve-se à influência de outro vocábulo latino, *nigru*, negro, já que os praticantes destas cerimônias utilizavam vestes negras. A forma culta de nossa língua impôs uma variante que tende a consolidar-se como dominante: *necromante*.

NIILISMO do francês *nihilisme*, niilismo, por sua vez vindo do latim *nihil*, nada, mais sufixo -*ismo*, de largo uso no português para caracterizar doutrina, princípio, teoria, em grego *ismós*, aparecendo em palavras como comunismo, fascismo, marxismo. É neologismo criado pelo romancista russo Ivan Turgueniev, um dos mais influenciados pelo pensamento do Ocidente, no romance *Pais e filhos*, publicado em 1862. Nas complexas tramas daquela narrativa, o personagem Bazarof recusa princípios tradicionais, religiosos, morais, políticos, sociais, abominando a reflexão sobre os problemas e reduzindo tudo a nada. Foi o primeiro niilista do mundo. O niilismo filosófico embasou o anarquismo, doutrina de partido revolucionário russo do século XIX segundo a qual a organização da sociedade é tão ruim que para mudá-la é preciso antes destruí-la totalmente. Tem servido de base teórica ao terrorismo. O niilismo está presente na vida cotidiana mais do que se pode imaginar, travestindo-se às vezes de atitude moderna e revolucionária. Seus defensores esquecem-se de que quem mudou o mundo é porque fez alguma coisa, acreditava em algo, e não quem deixou de fazer por considerar indignas de seu superior e soberbo empenho todas as ações. Um copo de conhaque, cachaça, licor, vinho ou cerveja já afastou muita atitude niilista, mesmo porque foi preciso acreditar que pelo menos beber valia a pena.

NINAR do espanhol *niña*, menina, formouse *nena*, *nina*, significando criança, bebê. Como não temos a letra "n" encimada de til, é provável que a escrita tenha influenciado a formação desse verbo com o significado de acalentar, cantar para o nenê dormir. São famosas as canções de ninar em todas as línguas, predominando no Ocidente aquelas que comparam a mãe a Nossa Senhora, e o bebê, ao menino Jesus.

NINFETA do francês *nymphete*, mocinha, adolescente, palavra radicada no latim *nimpha*, tendo vindo do grego *númphes*, mas ainda mais remotamente presente no hebraico *nephes*, alma. Acreditavam os antigos, e ainda creem devotos de várias religiões e seitas, que as almas dos mortos perambulam por bosques, arvoredos, montes e outros lugares aprazíveis que frequentaram durante a existência terrena. Como os antigos gregos fossem muito imaginativos, transformaram as ninfas em deusas, a quem atribuíram vários cuidados. Em grego, o vocábulo designava também a noiva, de onde o termo *paraninfo*, designando originalmente aquele que a levava ao leito conjugal para encontrar-se com o noivo. As ninfetas sempre exerceram forte atração sobre os homens maduros, despertando paixões ainda mais avassaladoras do que nos jovens da idade delas, e a literatura espelhou em grandes obras os complexos caminhos seguidos em tantos contrastes, de que a diferença de idade é apenas o maior indicador. O escritor Mário Donato publicou *Presença de Anita* em 1948, romance em que a ninfeta do título assume radicalmente a sua paixão por Eduardo, um homem casado. Misto de adolescente inocente e mulher ardilosa, a verdade sobre sua heroica decisão vem a aparecer somente após o trágico desfecho, que deixa o amante, à última hora do pacto de morte, em estado de grave indecisão. O romance foi transposto em 2001 para a televisão. O quarentão foi vivido por José Mayer; a ninfeta, de 17 anos, por uma atriz que tem doçura até no nome, Mel Lisboa. E para abrir coleção de livros vendidos em bancas de jornais e revistas, a *Folha de S. Paulo* recorreu a outro romance em que a personagem central é uma ninfeta, que exerce atração irresistível sobre outro quarentão. Trata-se de *Lolita*, do escritor russo-americano Vladimir Nabokov, publicado originalmente em 1955.

NÍQUEL duas origens marcam este vocábulo: a sueca e a latina. Em sueco, *nickel* designa entidade mítica, o gênio anão das minas. O nome foi dado ao metal porque a princípio não correspondeu ao que dele se esperava. Em nossa língua, juntou-se a *nihil*, nada em latim.

NÍVEO do latim *niveum*, branco como a neve. Essa cor foi proclamada em numerosas poesias românticas em que a cor da pele da amada era tanto mais apreciada quanto mais branca fosse, bem antes de os costumes do litoral imporem a ditadura da cor morena, obtida com duros tributos que a pele paga ao Sol, os mais visíveis sendo os descascamentos somente por ir à praia nas férias. A cor branca da cor da neve serviu também para simbolizar a pureza das noivas, vestidas de branco, e experiência dos velhos, somente obtida depois que cabelos e barbas se tornassem brancos. Não foram poucos os que enriqueceram produzindo cremes para peles brancas ou morenas, mas um resolveu recorrer ao latim para denominar o seu produto. Foi o caso do médico alemão Oskar Troplowitz que, em 1911, em Hamburgo, à frente da empresa Beiersdorf, inventou o famoso creme Nívea, marca extraída do latim *nivea*, neve. Ele baseou-se numa fórmula revolucionária, obtida através da mistura de óleo, água, ácido cítrico, glicerina e algumas essências. Ele entretanto teve que disputar a marca com um certo Guerlain, que desde 1880 também tinha denominado Nívea o creme que inventara para clarear a pele. A disputa requereu paciência. Guerlain era teimoso e Troplowitz aguardou dez anos, quando, tendo enfim obtido a marca, associou-se a Paul Carl Beiersdorf, farmacêutico que inventara um esparadrapo adesivo. Fizeram produtos de higiene para a boca e vendiam também produtos para zelo dos cavalos. O sucesso do creme, entretanto, foi tamanho que eles passaram a dedicar-se inteiramente a ele.

NOBEL do nome do mais célebre e cobiçado prêmio do mundo, criado e propiciado pela imensa fortuna deixada pelo industrial e químico sueco *Alfred Nobel*, inventor da dinamite. Os EUA, a França e o Reino Unido são as três nações que mais prêmios Nobel arrebataram nas diversas categorias. Dois intelectuais, porém, recusaram a láurea: o romancista russo Boris Pasternak, autor de *Dr. Jivago*, em 1958; e o filósofo francês Jean-Paul Sartre, autor de *O ser e o nada*, em 1964.

NOBREZA de nobre, do latim *nobilis*, nobre, conhecido, radicado no verbo *noscere*, conhecer, donde o antônimo *ignobilis*, ignóbil, desconhecido. Nem sempre a palavra teve o sentido positivo com que se consagrou (o conjunto de famílias possuidoras de títulos nobiliárquicos ou grandeza de caráter). No latim designava apenas alguém ou algo muito conhecido, existindo a expressão *nobilissima inimicitia*, inimizade muito conhecida. A expressão sangue azul para designar a nobreza surgiu no reino de Castela, na Espanha, num contexto de preconceito étnico, religioso, cultural. Os nobres invocavam a cor clara da pele sob a qual destacavam-se veias azuis, quase invisíveis na pele de mouros e judeus, mais expostos ao Sol por muito trabalharem, enquanto os nobres ficavam na sombra dos palácios. Da Espanha, por força da aliança dos reis católicos com o Vaticano, a expressão ganhou o mundo. Entretanto, outras línguas têm registrado a expressão sangue azul e alguns dicionários, como o prestigioso *The Oxford Dictionary of Etymology*, assim explicam a expressão *blue blood* (sangue azul): "Tradução do espanhol sangre azul, sangue, *blood* + azul, *blue*, provavelmente das veias visíveis na compleição dos aristocratas."

NOCAUTE do inglês, *knock-out*. A expressão foi aportuguesada pela pronúncia. Golpe violento com o qual um boxista põe fora de combate o seu adversário. Quando o nosso Maguila enfrentou Holyfield, nos EUA, foi vencido por nocaute, ficando estendido no tablado como se tivesse sido atropelado por uma jamanta. Houve até quem pensasse em acender ali uma vela para o nosso herói.

NOCIVO do latim *nocivu*, declinação de *nocivus*, nocivo, que prejudica. No latim o verbo é *nocere*, causar dano, radicado no indo-europeu *nok-eyo*, acusativo de *nok*, matar. O inglês *neck*, pescoço, aparece em expressões idiomáticas que remetem o étimo a prejudicar, submeter-se, arriscar-se, como em "*to risk one's neck*", arriscar o pescoço, que no português mudou para "arriscar a própria pele". Ivan Lins, porém, usou "até o pescoço", não para designar afogamento ou complicação, mas esperança, na letra de *Cartomante*, gravada por Elis Regina: "Nos dias de hoje não lhes dê motivo,/ Porque na verdade eu te quero vivo,/ Tenha paciência, Deus está contigo/ Deus está conosco até o pescoço." E continua: "Já está escrito, já está previsto,/ Por todas as videntes, pelas cartomantes,/ Tá tudo nas cartas, em todas as estrelas,/ No jogo dos búzios e nas profecias." Para concluir: "Cai o rei de Espadas/ Cai o rei de Ouros/ Cai o rei de Paus/ Cai não fica nada." Ele fez esta canção quando os aparelhos de Estado, criados para proteger os cidadãos, era mais nocivo que os malfeitores que precisavam ser combatidos. E os poderosos, semelhando cartas fortes do baralho, foram derrubados pela redemocratização pós-1985.

NOIVA do latim *nupta*, casada, feminino de *nuptus*, casado. A palavra noiva está registrada no português entre os finais do século XII e começos do século XIII, décadas antes de noivo. Provavelmente os antigos romanos, quando ocuparam Portugal, então denominado Lusitânia, falando um latim vulgar, misturaram *nupta*, mulher recém-casada, com *nova*, feminino de *novus*, novo. E a mulher prometida em casamento ou já casada passou a ser conhecida como noiva. Noivo veio de noiva. O destino das noivas é o casamento, mas às vezes ocorrem mudanças irreparáveis de rumo, como aconteceu à personagem Manoela Ferreira, noiva de Giuseppe Garibaldi, que a ela se refere em suas Memórias como "um amor sem esperanças". O tio famoso, Bento Gonçalves, aconselhado pela mãe da moça, que achava o herói italiano apenas um aventureiro, mentiu ao colega revolucionário, dizendo que a donzela estava prometida ao primo Joaquim, seu filho. O herói casou-se com Ana Maria Ribeiro da Silva, dita Anita Garibaldi. Manoela passou à História como "a noiva de Garibaldi" e jamais se casou. Vestindo-se sempre de branco, morreu solteira e velhinha em sua cidade natal, Pelotas, no interior do Rio Grande do Sul. Seus contemporâneos tinham-na por mulher formosa e delicada.

NOIVO de noiva, do latim *nupta*, casada, feminino de *nuptus*, casado. A palavra "noiva" está registrada no português entre os finais do século XII e começos do século XIII, décadas antes de "noivo". Provavelmente os antigos romanos, quando ocuparam Portugal, então denominado Lusitânia, falando um latim vulgar, misturaram "nupta", mulher recém-casada, com "nova", feminino de *novus*, novo. E a mulher prometida em casamento ou já casada passou a ser conhecida como noiva. Mas as histórias de amor, cujo final feliz foi sempre o casamento, ganharam outras cores na televisão, onde, principalmente nas telenovelas, nem sempre noivos e noivas foram indispensáveis. Com o gênero consolidado, na década de 1980 apareceram telenovelas que substituíram namoros, noivados e casamentos por casos, paixões e rolos, de que são exemplos *Tieta*, em que o harém do coronel Artur da Tapitanga, prefeito da cidade, vivido por Ary Fontoura, era povoado de rolinhas e não de odaliscas. Betty Faria, a Tieta, tinha um caso com o sobrinho Ricardo, Cássio Gabus Mendes, filho da ressentida Perpétua, vivida por Joana Fomm, viúva que guardava numa caixa branca o órgão genital do falecido marido. Quando vieram as minisséries, prosseguiram os amores heréticos e ilegítimos, mas em outras bases, como em *Dona Beija* e *Marquesa de Santos*, personagens históricas vividas por Maitê Proença; em *Rabo de saia*, o caixeiro viajante Quequé, Ney Latorraca, era casado com Eleuzinha, Dina Sfat, mas tinha dois rolos: com Santinha, Lucinha Lins; e Nicinha, Tássia Camargo. Cada uma das três achava que era a única, mas o público sempre soube que o ousado Quequé tinha uma mulher em cada estado: Pernambuco, Alagoas e Sergipe.

NOJENTO de nojo, já com aférese do "e" inicial de enojar, verbo do occitânico antigo. O occitânico surgiu na Idade Média para designar um conjunto de dialetos nascidos do latim. O mais importante deles era o provençal, assim denominado por ser língua românica falada na região de Provença, no sul da França, desde fins do século XI, e que foi o meio de expressão preferido dos trovadores. Três séculos depois, foi substituído pelo francês, mas várias formas dialetais permaneceram. Era a língua "d'oc", em oposição à outra, a "d'oïl". A linha divisória era o rio Loire. Os primeiros nojentos viveram, pois, às margens do mais longo rio da França. Percorre 1.012 km antes de desaguar no oceano Atlântico. Sua bacia, de 115 mil quilômetros quadrados, representa quase um quinto do território francês. Já havia nojentos na Roma antiga, designados a partir das expressões do latim vulgar *mihi in odio est* (isto me dá ódio) *e in odio esse alicui* (ser odiado por alguém), somadas ao verbo *inodiare*, inspirar antipatia, asco, aborrecimento, desagrado, ódio. A raiz latina permaneceu também no inglês *annoy*, ofender, prejudicar, irritar, e está presente na sigla SPAM, na internet, que em português poderia ser EMPI, pois o significado é *Sending Particularly Annoying Messages* (enviar mensagens particularmente irritantes). Quer dizer, não é por evitarmos a companhia de nojentos que nos livramos deles. Nos anos 1990, a gíria mudou o sentido de nojento, que passou a ter o significado de exigente. Na redefinição dos gostos, a moda e outros usos e costumes que agrediam o gosto antigo iam aos poucos se instalando. E as novidades, ainda que muito ousadas, iam sendo aceitas devagar. A palavra nojo, que lhe serve de origem, indica também a tristeza do luto pela morte de alguém, conforme aparece em *A capital*, de Eça de Queirós: "A tia Sabina fora enterrada na véspera da sua chegada. Os três dias de nojo tinham passado."

NÔMADE do grego *nomas*, aquele que apascenta. Como, para fazer seu ofício, o pastor deve mudar sempre, em busca de melhores pastos, o vocábulo passou a indicar quem leva uma vida errante.

NOME do latim *nomine*, declinação de *nomen*, nome, denominação, identificação pela qual a pessoa é conhecida. No Brasil, até a República Velha, era aceito o nome de batismo, que valia também como registro civil, vez que a Igreja era melhor organizada que o Estado. São curiosas as formas adotadas pelas diversas culturas para identificar as pessoas, sem contar que muitas são conhecidas por outros meios, às vezes insólitos, de que são exemplos as mulheres de Abel e Caim. Abel era ainda solteiro quando foi assassinado por Caim. A Bíblia não diz com quem ele se casou, embora informe que Caim deu aos pais o primeiro neto, Henoc. O Livro dos Jubileus, entretanto, texto judaico escrito provavelmente no século II a.C., diz que Caim casou-se com Awan, sua irmã, claro. Outra filha de Eva, Azura, veio a casar-se com Set, o novo irmão de Caim, "posto no lugar de Abel". Há outras curiosidades nos nomes bíblicos. A mulher que acusou José de assédio sexual no Egito, conhecida apenas como "mulher de Putifar", chamava-se Zuleica, segundo a mesma fonte hebraica. A mãe adotiva de Moisés, que o recolhe de um cesto de vime à deriva nas águas do Nilo, ora é identificada como Tematis, ora como Bitiá. Outra fonte para nomes não especificados na Bíblia é o *Livro da abelha*, compêndio sírio do século XIII. Quando o anjo anônimo, à frente de numeroso exército celeste, declama aos pastores na noite de Natal os conhecidos versos "glória a Deus nas alturas e paz na Terra aos homens de boa vontade", também os pastores não são identificados. Mas o *Livro da abelha* diz que eles eram sete e se chamavam Aser, Zebulão, Justo, Nicodemos, José, Barsabás e José. A mesma obra diz que a criança que Jesus mostra aos apóstolos, dizendo que eles devem ser puros como aquele menino, chamava-se Inácio e mais tarde tornou-se patriarca de Antioquia. Outro apócrifo, Atos de Pilatos, diz que sua mulher, que o aconselhou a absolver Jesus porque tivera pesadelos horríveis na noite que antecedeu a condenação, chamava-se Cláudia Procla Perpétua. Era usual os romanos terem três nomes, mas vírgulas intrometidas acabaram por adotar o primeiro nome como mais usual e os outros dois como variantes. No caso do príncipe que proclamou nossa independência, seu nome completo era Pedro de Alcântara Francisco Antônio João Carlos Xavier de Paula Miguel Rafael Joaquim José Gonzaga Pascoal Cipriano Serafim de Bragança e Bourbon. Bragança era da família real do pai, Dom João VI. E Bourbon, da realeza espanhola da mãe, Carlota Joaquina. Dom Pedro I foi o 27º rei de Portugal, com o título de Pedro IV, e o primeiro imperador do Brasil. Não é demais lembrar também que o presidente Luiz Inácio da Silva aceitou inserir o apelido Lula logo após os dois primeiros nomes, identificando-se como Luiz Inácio Lula da Silva. Seria bom conferir que nome constou no terceiro diploma que ele recebeu, o de presidente da República. Ao dizer que aquele era seu primeiro diploma, o presidente enganou-se. Já recebera antes dois diplomas: o de curso de torneiro mecânico no Serviço Nacional da Indústria (Senai) e o de deputado federal por São Paulo. Várias curiosidades, algumas favoráveis e outras sinistras, estão ligadas a certos nomes, a começar pelo do presidente Luiz Inácio Lula da Silva, que agregou ao nome o apelido Lula (variação de Lulu), pelo qual era e é mais conhecido, hipocorístico de Luís ou Luiz. Hipocorístico veio do grego *hypocoristikós*, diminutivo, palavra usada como tratamento carinhoso. O molusco lula veio do latim vulgar *lulin*, que é *lolligine* no latim culto. O frade e escritor Frei Betto, ex-assessor especial do presidente, que estava no voo que pousou em Congonhas minutos antes do seguinte, da mesma empresa, que resultou na maior tragédia da aviação brasileira, cunhou o neologismo *aeronome*, embora sestroso, como bom mineiro, diante da denominação de alguns de nossos principais aeroportos. Congonhas é plural de congonha, erva-mate no tupi-guarani *congõi*, da raiz *cong*, engolir. Cumbica, de origem controversa, é nevoeiro no tupi-guarani ou variação de *cumbeca*, vapor, cachaça, nome pelo qual é mais conhecido o aeroporto Franco Montoro, em Guarulhos, palavra também oriunda do tupi *wa'ru*, barrigudo, comilão, reduplicado o sentido com o sufixo -ulho, algo como barrigudinho, pois esses índios eram de baixa estatura. Pampulha, nome original do aeroporto Carlos Drummond de Andrade, em Belo Horizonte, já denominava, muito antes, bairro de Lisboa, provavelmente em homenagem a uma família imperial romana que está igualmente na origem dos célebres italianos *Pamphili*, que deram vários cardeais, incluindo o papa Inocêncio X. O lexicógrafo e dicionarista português José Pedro Machado, em seu *Dicionário onomástico etimológico da língua portuguesa*, afirma ter lido que a origem poderia ser pão de *Apúlia*, "local onde seria recebido ou guardado o trigo oriundo daquela região italiana". *Apúlia* designa também uma freguesia portuguesa do concelho de Esposende. Confins, como é mais conhecido o aeroporto Tancredo Neves, veio do latim *confinis*, vizinho, mas próximo à fronteira de latinfúndios, portanto quase no fim do mundo. Viracopos, embora se chame também Mário Covas, continua com a denominação original do bairro que, segundo o professor Luiz Antônio Sacconi, no livro *Não erre mais*, ganhou este nome, depois transferido para o aeroporto, porque ali havia uma zona de meretrício, local de arruaça e baderna, onde todas as noites eram viradas mesas e copos. O vento dos jatos derrubaria muitos mais. Frei Betto manifesta-se igualmente inconformado com a vinculação dos nomes de aeroportos a personalidades de mortes trágicas: Santos-Dumont (Rio) suicidou-se; Salgado Filho (Porto Alegre) morreu em desastre aéreo; Juscelino Kubitschek (Brasília) morria de medo de avião e faleceu em desastre rodoviário, na Via Dutra, a mesma que passou a preferida de paulistas e cariocas depois da tragédia de Congonhas; Euclides Pinto de Martins (Fortaleza) suicidou-se diante da amante; Zumbi Palmares (Maceió) foi decapitado. Mas o frade dominicano congratula-se com o nome do aeroporto de Goiânia: "Chama-se Santa Genoveva, francesa que morreu de morte 'morrida' em 500 d.C. Padroeira de Paris, protege os seus devotos de epidemias, pragas e desastres. Peço a Deus que ela inclua os aéreos entre os alvos de sua proteção." Ela conclamou os parisienses a combater Átila, rei dos hunos, por meio de três estratégias: fortificar as muralhas, mentir que ali grassava a cólera, induzi-lo a atacar os visigodos na Aquitânia, sem perder tempo com Paris, e rezar a Deus, de onde viria a melhor proteção. Deu certo! Jobim, variação de *jovim*, último sobrenome do novo ministro da Defesa, nomeado para resolver de vez o apagão aéreo, Nelson Azevedo Jobim, ex-presidente do STF, designa aquele que está sob a proteção do deus romano Júpiter, que reina sobre o ar, o céu, as intempéries, as chuvas e as trovoadas. Outro Jobim, o maestro Antônio Carlos Jobim, está homenageado no nome do aeroporto do Galeão, palavra que veio do francês *gallion*, navio de guerra.

NOMEAR do latim *nominare*, dar um nome, designar. Embora tenha se consolidado o sentido de indicar para exercer algum cargo ou função, nomear quer dizer dar nome e todos nós fomos nomeados ao nascer ou pouco tempo depois, constando esses nomes nos registros civis e religiosos. Os nomes da cultura luso-brasileira têm muitas curiosidades. Pesquisa realizada em cartórios nacionais encontrou os que seguem: Ava Gina (homenagem às atrizes Ava Gardner e Gina Lolobrigida), Maria-você-me-mata, e Madeinusa. Este último foi dado à filha por uma passadeira de roupas, que assim o justificou: "eu li numa etiqueta e achei bonito." Foram encontrados nomes inspirados em remédios, como Magnésia Bisurada e Aspirina. Adolf Hitler e Napoleão também são nomes de brasileiros.

NOME DO PAI variante de *nome do padre,* da expressão latina in *nomine patris*, em nome do pai, designando o sinal da cruz, que consiste em pôr sequencialmente a mão direita na testa, no peito, no ombro esquerdo, no direito, juntando-a finalmente à esquerda, em atitude de devoção, enquanto é pronunciada a introdução-padrão de muitas orações: "Em nome do Pai, do Filho e do Espírito Santo, amém!" Amém veio do latim *amen*, que a herdou do hebraico, conservando-lhe o significado, que é "assim seja". Em nossa cultura predomina o nome do pai. No caso do Brasil, diz-se sobrenome. Mas é fácil rastrear crianças abandonadas em nomes célebres, como os italianos *Angeli*, dos anjos; *Della Chiesa*, da Igreja; *Della Croce*, da Cruz; *Benedetto*, Bendito. Os primeiros ancestrais dessas famílias foram provavelmente crianças de pais anônimos ou progenitores que não deram sequer o próprio nome aos filhos, resultando que em razão de tanta incúria as crianças tenham sido abandonadas às portas de igrejas e conventos.

NOMENCLATURA do latim *nomenclatura*, catálogo de termos técnicos peculiares a determinada ciência ou arte. Os nomes genéricos, sob os quais são reunidos os específicos que designam os objetos em determinada classificação, formam uma nomenclatura. Nos últimos tempos do antigo regime soviético, nomenclatura era uma elite dos aparelhos estatais que se concedia regalias.

NONADA provavelmente da soma de no, redução do latim *non*, não, e nada, de *natam*, acusativo de nata, nada. Passou a designar ninharia, coisa insignificante pelo cruzamento de duas expressões latinas: "*homines nati nos fecerunt*" (homens nascidos não fizeram) e "*rem natam non fecit*" (não fiz coisa nascida, isto é, não fiz nada). No espanhol, no ano de 1074, já aparece registrado "nada" com o significado de "coisa nenhuma", por processo de negação de que o assunto em pauta, em latim "*res nata*", coisa nascida, não tinha importância. Com este sentido, o primeiro registro escrito de "nonada" dá-se em 1562, nos *Sermões*, de Diogo de Paiva Andrade. *Grande sertão: veredas,* a obra-prima de João Guimarães Rosa, cujo centenário do nascimento celebramos em 2008, foi detestado e amado ainda no lançamento. Entre os que o aprovaram, louvando o romance e explicando o seu original processo de formação de novas palavras e novos modos de dizer estavam, entre outros, Antonio Candido de Melo e Sousa, Oswaldino Marques e Paulo Rónai. Nonada, palavra que abre o monólogo, disfarçado de diálogo, é provavelmente uma das palavras mais citadas nos estudos literários: "— Nonada. Tiros que o senhor ouviu foram de briga de homem não, Deus esteja. Alvejei mira em árvores no quintal, no baixo do córrego. Por meu acerto. Todo isso faço, gosto; desde mal em minha mocidade." Quem faz a narração é Riobaldo, um jagunço letrado, já aposentado das lides do cangaço. Nascido em Cordisburgo, que significa cidade do coração – *cordis*, em latim, genitivo de *cor*, coração; e burgo, do germânico *burgs*, pelo latim *burgus*, cidadezinha, povoado –, o escritor adiou por quatro anos a posse na Academia Brasileira de Letras, para a qual tinha sido derrotado em 1957, pois tinha presságio de que morreria, temendo emoções que nele eram sempre exageradas. De fato, faleceu três dias depois de assumir a cadeira 2, em 19 de novembro de 1967. Era casado com a paranaense Aracy Moebius de Carvalho, a única brasileira que tem seu nome inscrito no Jardim dos Justos entre as Nações, no Museu do Holocausto, em Israel, por trabalho, apoiado pelo marido, então cônsul adjunto em Hamburgo, de providenciar vistos de entrada no Brasil a judeus perseguidos pelo Nazismo.

NONAS do latim *nonae*, plural de nona, nome pelo qual era conhecida uma das divisões do mês no antigo calendário romano. As outras duas eram as *calendae* (com a variante *calendas*) e os *idus*. Essas três palavras – calendas, nonas, idos – designavam os dias fixos do mês. As calendas eram o primeiro dia e a palavra deu origem a calendário. As nonas eram o nono dia antes dos idos de um dado mês. No antigo calendário romano, as nonas caíam no dia 7 nos meses de março, maio, julho e outubro, e no dia 5 nos demais meses. Os idos caíam no dia 15 nos meses de março, maio, julho e outubro, e no dia 13 nos demais meses.

NÔNIO do latim *Noniu*, declinação de *Nonius*, nome latino do célebre matemático e astrônomo português João Pedro Nunes, inventor deste instrumento, genial para a época e essencial às navegações, destinado a medir pequenas frações de medidas de comprimento e de ângulos.

NORA do latim vulgar *nora*, radicado no latim culto *nurus*, mulher nova na casa, a mulher do filho. Conquanto o sistema patriarcal tenha relegado a mulher a funções domésticas que acabaram influenciando denominações tendo por centro a mundo masculino, nas guerras as mulheres assumiam a economia, não apenas da casa, mas de todos os empreendimentos familiares, fazendo jus, assim, à própria etimologia de economia, palavra composta de *oikos*, casa, e *nomos*, organização, leis. Com efeito, nora, sogra, esposa ou filha, foi sempre a mulher quem pôs ordem na casa.

NORMA do latim *norma*, esquadro, modelo, exemplo, norma. Não se pode alegar ignorância das normas que regem a vida social, e a língua culta fixou as suas. Norma, também nome de pessoa, chegou em 1670, mais de um século depois de Inês de Castro, a personagem feminina mais importante da obra solar de referência no português culto do século XVI, *Os Lusíadas*, de Luís Vaz de Camões. As normas da ortografia da língua portuguesa são, porém, controversas e lembram, com tantas exceções, a citação que o filósofo Michel Foucault faz em *As palavras e as coisas*. O francês remete os leitores a certa enciclopédia chinesa, inventada, como tantas outras obras e autores que ele refere em seus textos, pelo escritor argentino Jorge Luís Borges, que classifica assim os animais: "a) pertencentes ao imperador; b) embalsamados; c) domesticados; d) leitões; e) sereias; f) fabulosos; g) cães em liberdade; h) incluídos na presente classificação; i) que se agitam como loucos; j) desenhados com um pincel muito fino de pelo de camelo; k) que acabam de quebrar a bilha; m) que de longe parecem moscas." O professor e doutor em linguística Cláudio Moreno defende a gramática vigente, afirmando em *Guia prático do português correto*: "Ao contrário do que muita gente pensa, nossa ortografia até que não é das piores; mais simples do que a nossa, das línguas irmãs e vizinhas, só mesmo a do espanhol. A do francês é aquele mistério cheio de letras miúdas. A ortografia do inglês é um horror até para os franceses. O nosso modo de escrever é mais simples porque é mais jovem, apropriado para um país como o nosso, que vive uma eterna juventude."

NORMAL do latim *normale*, normal, segundo a norma, habitual. Perguntada se a pessoa normal existe, a famosa psicanalista Hanna Segal respondeu: "Procuramos evitar o critério de normalidade. Fico com a definição de Freud, de que se você é capaz de amar e trabalhar, de se relacionar, você tem as bases da humanidade." As antigas Escolas Normais formavam as normalistas, professoras para o ensino médio, cuja qualificação hoje está a cargo dos cursos de pedagogia em faculdades e universidades. As normalistas eram bem remuneradas e quem casava com elas dava o golpe do baú. Hoje, quem casa com professor ou professora, pode estar fazendo filantropia, jamais procurando arrimo econômico.

NORMANDO do francês *normand*, normando, habitante da Normandia, região da França. Veio do anglo-saxão *north*, norte, e do gótico *man*, homem. Foram assim chamados os piratas que nos séculos finais do primeiro milênio atacavam o litoral da Europa ocidental. Hoje é também nome de pessoa.

NOSOCÔMIO do grego *nosokomeíon*, palavra composta por *koméo* (tratar) e *nósos* (doenças), significando, portanto, o que hoje chamamos de hospital. Certo estilo jornalístico já anacrônico, mas ainda em uso em determinadas seções de alguns jornais, como as páginas dedicadas a crimes, insiste no uso de vocábulos raros, com o fim de enfeitar a frase. Um dos mais usados, no lugar de hospital, é justamente nosocômio. Os que assim escrevem deveriam ser internados em alguma escola-hospital da língua portuguesa para tratamento de tal moléstia, que consiste na adoção do obscurantismo vocabular como meio de ostentar um saber que não têm.

NOTÁRIO do latim tardio *notarius*, notário, escrivão, amanuense, escrevente, copista, secretário. A raiz remota é *notatum*, supino do verbo *notare*, notar, marcar, pôr um sinal. Supino, do latim *supinus*, alto, elevado, superior, deitado de costas, é uma forma nominal do verbo que não existe no português, só no latim. O costume de tudo anotar foi trazido pelo Império Romano para Portugal, onde escrivães, tabeliães e notários cumpriram papel importante na centralizada administração da Coroa, mas com uma grande vantagem para os historiadores. Se tudo foi anotado, tudo pode ser pesquisado. As instituições onde esses profissionais trabalhavam, de que são exemplo os cartórios, guardaram por séculos, graças à civilização do papel, detalhadas operações financeiras, registro de propriedades etc. A Associação dos Notários e Registradores do Rio de Janeiro publicou um anúncio bem-humorado no dia do tintureiro, 3 de agosto: "Não lave dinheiro nem pendure suas dívidas. Dirija-se a um Tabelionato de Protesto de Títulos para cobrar suas dívidas e deixe tudo limpo." O dia 11 de agosto é o Dia da Pendura. Nesse dia, estudantes de Direito em todo o país tentam comer sem pagar em restaurantes, seguindo prática inaugurada pelos universitários do Diretório Acadêmico XI de Agôsto (o acento é mantido por tradição), da USP, no Largo São Francisco.

NOVE-HORAS das formas latinas *novem* e *hora*, respectivamente. De acordo com o *Dicionário Aurélio*, "diz-se de coisa excessivamente trabalhosa, complicada, enfeitada, rebuscada; cheio de novidades; cheio de frescura; cheio de ipsilones". O verbete, porém, não elucida a formação da sentença que passou a designar essas coisas. Para começar, a referência é um horário noturno. Dormia-se muito cedo em Portugal. Às nove horas, todos deveriam estar dormindo ou pelo menos dentro de casa. Além do mais, Portugal travou muitas guerras em seu próprio território. Chegar tarde em casa deixava familiares preocupados. Bebedeiras, jogatinas e gandaias tinham horário para terminar. Não apenas em Portugal. O francês François Villon, intelectual boêmio que se ligou a um bando de malfeitores e quase foi à forca por causa das ações praticadas por eles, escreveu, ainda em 1456: "*J'oie la cloche de Sorbonne/ qui toujours a neuf heures sonne!*" (Escuto o sino da Sorbonne/ que sempre às nove horas toca). E o fundador do teatro em Portugal, o dramaturgo Gil Vicente, contando o amor de uma moça e de um doutor, escreve: "Ide entre as nove e as dez/ assobiais bem, meu rei? ou tossi talvez/ que logo vos entenderei." Em 1654, o polígrafo português Dom Francisco Manuel de Melo escreveu em *Relógios falantes*: "Não dera ainda nove horas, que é a taxa de todo cativeiro do matrimônio." E quando escreveu isso era solteiro! Por volta das nove horas, caso se atrasasse no caminho, a visita batia à casa do vizinho com cuidados exagerados, "cheia de nove-horas". A expressão virou sinônimo para qualificar gente cheia de cerimônias, restrições ou as puras e simples frescuras.

NOVELA do francês *nouvelle*, derivado do italiano *novella*. Gênero literário narrativo cuja estrutura é marcada por eventos imaginários, mas interessantes, com personagens marcantes. No Brasil, o vocábulo indica preferencialmente a telenovela, desde a primeira delas, *Sua vida me pertence*, levada ao ar em 1950 pela extinta TV Tupi, até os sucessos de hoje.

NOVENA do latim *novena*, espaço de nove dias. A novena clássica é uma série de atos religiosos feitos durante nove dias seguidos. Pode ser feita de dois modos: ou os fiéis vão à igreja ou a imagem da santa é levada à casa de um deles, onde os demais se reúnem para as rezas pertinentes.

NOVIDADE do latim *novitate*, declinação de *novitas*, aquilo que é novo, como na expressão *novitas anni*, a novidade do ano, no caso a primavera; ou as *novitates pugnae*, as novas formas de luta, como o uso de elefantes por Pirro II, cujo nome significa cor de fogo, nas batalhas de Heracleia e de Áusculo. Ele venceu as duas, mas na segunda disse: "mais uma vitória dessas e estarei perdido." Nascia ali a expressão "vitória de Pirro", que desmerece o vencedor, como é o caso das seleções que ganham, mas jogam feio, esquecidas rapidamente, ao contrário das que perdem, mas jogam bonito, como as de 1982 e 1986, sempre lembradas. Melhor mesmo é jogar bonito e vencer, como em 1958, 1962 e 1970.

NOVO do latim *novus*, novo, que apareceu recentemente. O *Dicionário Houaiss* registra dezenove acepções para "novo", que pode designar de escritor a dinheiro, como no caso de cruzeiro novo, cruzado novo etc. O Brasil teve a mesma moeda, o real, até 5 de outubro de 1942, quando o presidente Getúlio Dorneles Vargas cortou três zeros, e a nova moeda, o cruzeiro, passou a valer mil réis, então o plural de real. Em 13 de fevereiro de 1967, o presidente Humberto de Alencar Castello Branco tirou três zeros e rebatizou a moeda para cruzeiro novo. No dia 15 de maio de 1970, a moeda perdeu o adjetivo "novo".

NOVO-RICO do francês *nouveau riche*, novo rico, designando integrante da elite econômica ou financeira que enriqueceu rapidamente, não por herança de berço e seus desdobramentos, mas por trabalho e iniciativas empresariais de sucesso, às vezes fruto de oportunidades para cujo aproveitamento foi dispensada a ética. Sua falta de educação, de bom gosto ou de simples instrução destoa da daqueles com os quais passa a conviver, por força dos negócios. O francês, além de *nouveau riche*, tem também a palavra *parvenu*, de *parvenir*, do latim *pervenire*, chegar, atingir. Quando um *senex*, homem velho, de cabelos brancos, apresentava perfil de pessoa capaz e interessada na *res publica*, a coisa pública, a república, tornava-se *senator*, senador, os antigos romanos diziam que era hora de ele *pervenire in senatum*, entrar para o senado, tornar-se um *senator*, senador. Mas o francês *parvenu* designa o arrivista, como se torna o membro da elite política, que às vezes só tem o mérito de ser conhecido do público.

NOZ-MOSCADA do latim *nuce*, declinação de *nux*, noz ou qualquer fruto de amêndoa ou casca dura, e do baixo-latim *muscata*, de *muscus*, almíscar, que em grego é *móskhos*, designando uma das mais procuradas especiarias cujo comércio o ciclo das navegações do século XVI buscou intensamente. A origem remota é o persa *musk*, testículo, a cuja forma a noz-moscada foi comparada. Com o gengibre e o cravo, foi uma das razões para os navegadores procurarem as Ilhas das Especiarias, hoje Ilhas Molucas, arquipélago que atualmente pertence à Indonésia. O navegador italiano Américo Vespúcio deu-lhes o nome de Ilhas Maluche, do árabe *Jazirat-al-Muluk*, ilhas dos reis. Cada uma delas tinha um rei e por isso o comércio inicial envolveu complexas negociações.

NUA do latim *nuda*, sem roupa, despida. A mulher nua, preferencialmente, e também o homem, passaram a integrar a pauta da mídia desde os primeiros daguerreótipos, mas se tornaram muito mais frequentes depois dos aperfeiçoamentos tecnológicos da fotografia. A revista *Playboy*, que circula em diversos países, desde 1950, quando surgiu o primeiro número, nos EUA, e numerosas similares, surgidas depois dela, tornaram-se emblemas da nudez feminina. Aos poucos, passadas algumas décadas, também outros gêneros resolveram aderir à nudez, de que são exemplos as publicações voltadas aos homossexuais. Nua aparece também em expressões, como "a verdade nua e crua", em que a última palavra entrou por rima, com o fim de ajudar na memorização. De acordo com uma antiga lenda, a Verdade e a Falsidade foram tomar banho. A Falsidade saiu antes da água, vestiu-se com as roupas da Verdade e desapareceu, abandonando as suas vestimentas. A Verdade, não querendo vestir as roupas da Falsidade, apareceu nua... e crua.

NUAR do francês *noir*, negro, para designar gênero de romance, filme etc., de que é exemplo o filme de Nelson Pereira dos Santos, *Brasília 18%*, cheio de personagens com nomes literários. Um deputado que fala português errado chama-se Machado de Assis. Olavo Bilac faz o papel de legista. O vilão da história é um senador interpretado por Carlos Vereza, pai de uma deputada vivida por Malu Mader. Augusto dos Anjos e Lima Barreto também dão nomes a alguns personagens. E o diretor explicou que excluiu José de Alencar do elenco para não pensarem que estava insinuando alguma coisa contra o xará José Alencar, então vice-presidente da República.

NUCLEAR do latim *nucleu*, núcleo, formaram-se em português núcleo e nuclear. À simples menção da palavra, já nos lembramos de um invento terrível, a fissão nuclear, que levou à descoberta da bomba atômica, noticiada pela primeira vez numa carta enviada ao então presidente norte-americano Franklin Delano Roosevelt e assinada, entre outros, pelo cientista Albert Einstein.

NUDEZ do latim *nudu*, nu, ao qual foi acrescentado o sufixo -ez, com elipse do "u". A situação primitiva da humanidade era de completa nudez, como indicam várias mitologias e religiões. O pudor, sobretudo dos órgãos genitais, vem com a noção de pecado. Por isso, a nudez de Eva foi coberta com os cabelos, e a de Adão, com a clássica folha de parreira. No Renascimento, porém, quando a arte europeia, mesmo a mais cristã, inspirou-se na Antiguidade clássica, figuras humanas e divinas voltaram a ser representadas nuas. Algumas religiões, entretanto, como certas seitas hindus, prescrevem a nudez como condição para seus adeptos participarem dos cultos, querendo com isso reforçar a ideia de despojamento. É frequente nos textos bíblicos algum profeta irado rasgar suas próprias vestes, ficando nu, como símbolo de uma inconformidade sem limites.

NÚMERO do latim *numerus*, número, parte, quantidade. O número indica essencialmente exatidão, mas alguns deles estão revestidos de magias e superstições, como o três, o sete, o treze. O primeiro aparece explícita ou implicitamente em algumas frases célebres. Montaigne escreveu que o estilo deve ter três virtudes: "clareza, clareza, clareza." Voltaire, com sua verve habitual, comentando o poderio de Roma, escreveu: "O Sagrado Império Romano não era nem sagrado, nem romano, nem império." É de Júlio César a sintética declaração que entrou para as antologias, retirada de carta que escreveu a um amigo, inscrita também numa tabuinha quando o grande comandante voltou das guerras do Ponto: "vim, vi, venci". Os Evangelhos também espelharam a magia do número três. Cumprindo o que Jesus predissera, antes que o galo cante São Pedro nega três vezes que o conheça. E, morto, o mestre traído ressuscita ao terceiro dia. No Antigo Testamento, o sete aparece com frequência carregado de simbolismos desde o *Gênesis*, indicando o descanso do Criador, depois de criar o mundo em seis dias. E perguntado se o perdão deveria estender-se a sete vezes, Jesus responde: "Setenta vezes sete." Tal expressão, de origem judaica, equivale ao advérbio "sempre". E o poeta Virgílio escreveu na *Égloga VIII*, verso 75: "*numero deus impar gaudet*" (Deus gosta do número três). O latim *numerus*, número, era para os romanos equivalente do grego *arithmós*, número, de *arithmói*, ciência dos números, arte de contar, de onde procede aritmética, que veio do grego *arithmetiké*, pelo latim *arithmetica*. Foram encontradas formas de contar entre os selvagens do rio Orinoco que incluem os dedos dos pés e das mãos. Assim, não dizem "cinco", mas "mão inteira". E "seis é "um de outra mão". Para o onze, começam a contar os dedos dos pés e dizem "um do pé". O dezesseis é "um do outro pé". Quando chegam a vinte, dizem "um índio". O homem primitivo começou a usar o próprio corpo para contar, mas foi assim que chegou à astronomia e por ela à navegação que lhe permitiu tantas descobertas. Ainda assim, grandes matematas tiveram morte trágica. Tales de Mileto morreu asfixiado pela multidão quando saía de um espetáculo. Arquimedes e Pitágoras foram assassinados. Eratóstenes suicidou-se, deixando-se morrer de fome, depois de ter ficado cego.

NUNCUPAÇÃO do latim *nuncupatione*, designar pelo nome, em viva voz. A nuncupação tornou-se importante instrumento de transmissão de heranças, principalmente entre analfabetos ou pessoas impedidas de escrever. Na presença de testemunhas, no leito de morte, os que partiam desta para melhor proclamavam os nomes dos parentes aos quais destinavam os bens. Ainda hoje a nuncupação tem valor, mas são preferidas outras provas, como o testamento.

NUVEM do latim *nubes*, nuvem. Designa aglomerados visíveis de fumaça, gelo o água, suspensos na atmosfera. Nos começos da língua, dizia-se *nunve*: o "n", a consoante nasal do início da palavra, migrou para o meio. Também o "u" da palavra "lua" era pronunciado anasalado, por processo semelhante, já que "lua" veio do latim *luna*. Assim, a consoante nasal de "nunve" fixou-se no fim, consolidando a forma atual "nuvem". As duas nuvens estelares visíveis a olho nu, próximas ao polo sul, são conhecidas como nuvem de Magalhães, em homenagem ao navegador português Fernão de Magalhães. Ele as descobriu na famosa viagem que fez ao redor da Terra. Na verdade, não são nuvens, mas galáxias próximas à Via Láctea, assim chamada porque suas estrelas, espalhadas pelo céu, parecem leite derramado. Nuvem está presente em vários ditos significativos, de que é exemplo "branca nuvem", significando paz e também ausência de comemoração. Escreve Manuel Bandeira, grande poeta brasileiro, pernambucano: "Quem passou pela vida em branca nuvem, / E em plácido repouso adormeceu; / Quem não sentiu o frio da desgraça, / Quem passou pela vida e não sofreu; / Foi espectro de homem, não foi homem, / Só passou pela vida, não viveu." E Daniel de Carvalho, em *Outros tempos*, escreve: "Convencera-se de que era realmente 'burro' (...) Caiu das nuvens quando lhe disse que estava enganado." E Machado de Assis, morto há cem anos, aconselhou em *Memórias póstumas de Brás Cubas*, um de seus romances mais conhecidos: "Não te irrites se te pagarem mal um benefício; antes cair das nuvens que de um terceiro andar."

O

OÁSIS provavelmente de antiga forma dialetal do grego *uahe-as*, lugar em que se bebe, falado na Ilha de Chipre, pelo grego *óasis*, região distante, no deserto, e daí ao latim *oasis*, de onde chegou ao português. Originalmente designava lugar para onde eram banidos criminosos ou simples desafetos dos poderosos de ocasião. Como outros sítios de degredo, muitos oásis se desenvolveram tanto que inverteram a significação, tornando-a positiva, por designarem lugares com água, vegetação, sombra, alimento etc. No soneto *Solitudo*, que significa solidão, Olavo Bilac dirá: "E só fique em meu peito o Saara ardente/ Sem um oásis, sem a esquiva sombra/ De uma isolada e trêmula palmeira." A palavra oásis sempre esteve ligada a deserto, do latim *desertus*, particípio do verbo *deserere*, abandonar. A poeta gaúcha Natália Parreiras, que aos 12 anos já era entrevistada por Jô Soares como revelação da literatura brasileira, no livro *Invernoversos* (Recife, Comunigraf Editora), retoma significado semelhante com estes criativos versos, repletos de alusões à solidão e ao abandono: "É deserto.../Nada sinto/ Nada penso/ O fim está perto./ É deserto.../ Um pouco de vinho tinto/ Tantas lágrimas para um só lenço/ Erros que no fundo estavam certos./ É deserto.../ Foi-se o oásis de água/ Tenho sede, tenho magia/ Ouço no adeus o teu eco."

OBJETIVO do latim *objectu*, lançado adiante, o que se quer atingir. No Brasil é também o nome de uma rede de escolas e universidades.

OBOÉ do francês *hautbois*, alta-madeira, designando a flauta aguda. No francês antigo, era pronunciado "oboé", e com esta forma passou ao italiano, de onde chegou ao português. Com timbre semelhante ao do clarinete, mas levemente nasal, o oboé é uma flauta de madeira, com palheta dupla, presente em muitas orquestras. O oboé é o instrumento escolhido para dar a afinação da orquestra antes do concerto. Por causa do seu timbre penetrante, o oboé toca a nota "lá" para que os outros instrumentos sejam afinados. Nas orquestras de câmara, esta tarefa cabe a um dos violinos.

ÓBOLO do latim *obolu*, vindo do grego *obolós*, nome de uma pequena moeda grega. É célebre nos *Evangelhos* a passagem conhecida como "O óbolo da viúva", que dá sua modesta contribuição aos cofres do templo, sem fazer alarde, ao contrário dos fariseus, que faziam questão de proclamar seus generosos donativos. O trecho foi utilizado por Jesus para fazer apologia da humildade contra a soberba. Mas já nos *Evangelhos* o significado não era estritamente o da moeda grega, mas o de contribuição de pequeno valor. Na verdade, a viúva em questão deu duas moedas de um ceitil, isto é, a quarta parte de um asse, moeda de cobre de 12 gramas.

OBREIA francês antigo *oblée*, atualmente *oublie*, hóstia. Ambos os vocábulos têm origem remota no latim *oblata*, oferenda, indicando a hóstia posta na patena para ser oferecida em sacrifício simbólico na missa. Denomina também certa massa delgada e pastosa que, umedecida, servia antigamente para fechar envelopes.

OBRIGATÓRIO do latim *obligatus*, ligado ou amarrado à volta de, que em português deu obrigado, formou-se este vocábulo. É frequente em nossa língua a transformação do "l" em "r" nesses casos. O processo é semelhante à oposição entre "claro", em sua forma culta, e "craro", vigente nas formas dialetais de certas regiões brasileiras, principalmente no interior de São Paulo.

OBSOLETO do latim *obsoletus*, estragado pelo uso, deteriorado, esquecido. Passou a designar coisa fora de lugar, que não serve mais, anacrônica. É adjetivo muito usado para qualificar as tecnologias modernas, pois muitas delas são esquecidas rapidamente por caírem em desuso, substituídas por outras que logo depois terão o mesmo destino. No conto *A seréníssima República*, de Machado de Assis, o personagem narrador, comparando formas de governo, opta pela república e diz: "Nada me pareceu mais acertado do que uma república, à maneira de Veneza, o mesmo molde, e até o mesmo epíteto. Obsoleto, sem nenhuma analogia, em suas feições gerais, com qualquer outro governo vivo, cabia-lhe ainda a vantagem de um mecanismo complicado."

OBUS do francês *obus*, peça de artilharia. Veio do alemão *Haubitze*, inspirado no tcheco *haufnice*, ambos os vocábulos com o significado de máquina de lançar pedras. Sinônimo de morteiro, o *obus* pode indicar tanto o aparelho quanto o projétil por ele lançado.

OCASIÃO do latim *occasione*, declinação de *occasio*, ocasião, oportunidade. Dava nome a uma deusa alegórica que presidia ao momento mais favorável para se ter êxito em alguma empresa. Foi inspirada no deus grego Kairós e era representada sob a forma de uma mulher inteiramente despida, tendo calva a nuca, significando que, depois que tinha passado, não podia mais ser apanhada. E naqueles tempos a ocasião ainda não fazia o ladrão, nem a sorte podia ser agarrada pelos cabelos.

OCASO do latim *occasum*, ocaso, supino de *occidere*, cair, mesma origem de ocidente, do latim *occidente*, declinação de *occidens*, ocidente, poente, pôr do sol, quem ou aquilo que está caindo. O poente recebeu uma série de denominações, antes das descobertas da física moderna, que permanecem na língua. Os antigos acreditavam que, ao se pôr, o Sol entrava no mar como enorme brasa, fazendo as águas chiarem. O poeta Alphonsus de Guimaraens oferece bonita concepção de ocaso, principalmente no sentido metafórico, nestes versos do sétimo soneto da Parte II de *Dona mística*, intitulada *Electa Ut Sol*: "A dor imaterial que magoa o teu riso,/ Tênue, pairando à flor dos lábios, tão de leve,/ Faz-me sempre pensar em tudo que é indeciso: luares, pores de sol, cousas que morrem breve."

OCEANO do grego *okeanós*, pelo latim *oceanu*, oceano, designando cada uma das partes que constituem os dois terços de água que cobrem a face da Terra. Ao contrário do que ocorre em terra firme, o maior latifundiário das águas do mundo é um ser que de tão calmo recebeu o nome de Pacífico.

OCIDENTE do latim *occidente*, que cai. Por isso, serviu de metáfora para designar o lugar onde o Sol se põe, em oposição a Oriente, onde se levanta.

ÓCIO do latim *otium*, ócio, tempo de repouso, retiro, solidão. Entre os antigos romanos, designava o tempo de paz, de tranquilidade, de sossego, de felicidade. Ócio é o título do mais recente livro da artista plástica Helena Carvalhosa. Comentando a notória habilidade e talento da autora, escreve na capa a estudante de Pedagogia da USP, Marina Melo: "E juntando essa coleção de olhares ela cria novos objetos, objetos que não nos dão as respostas que nossos olhos procuram nos objetos: são só as sensações." O livro tem prefácio e versos de Manoel de Barros, que diz: "Gosto dos seus desobjetos. Também já fiz alguns, mas com letras. Assim: o prego que farfalha; uma presilha de prender silêncio; um abridor de amanhecer etc." E a autora diz: "Não sei falar sobre o que faço, não tenho palavras, nem quero. Minha força vem de não saber. Mas os escritos de Manoel de Barros vieram ao encontro de meus sentimentos e por aí fui me entendendo nas palavras dele e me sentindo abastecida." Helena nos mostra como vê objetos quase inexprimíveis, para ela desobjetos.

OCULINOMANCIA do latim *oculinu*, de *oculus*, olho, e do grego *manteia*, adivinhação: arte ou ciência de conhecer as pessoas através de seus olhos. Muitas foram as formas antigas de se tentar o conhecimento psicológico das pessoas. Procurava-se desvendar o ser humano buscando a leitura de sinais que estariam no corpo. Assim, liam-se mãos, como ainda hoje fazem as ciganas, e até cabeças, como fez o médico e criminologista italiano Cesare Lombroso, tentando tipificar pessoas geneticamente destinadas ao crime. Em nome da oculinomancia, até corpos de ladrões foram dissecados em busca deste saber. Seguindo, porém, as pegadas da nascente medicina árabe, tão bem descritas no romance de Noah Gordon, *O físico*, publicado no Brasil pela Editora Rocco, a pesquisa destes sinais avançou para o interior do corpo humano, desfazendo uma série de bobagens e preconceitos, muitos dos quais desastrosos.

ÓCULOS do latim *oculum*, olho. O imperador Nero já usava uma esmeralda para ver melhor, utilizando-a como lente convergente, mas os óculos foram inventados por monges italianos no século XIII e aperfeiçoados nos séculos XVII e XVIII, quando as armações tornaram-se mais leves com o aproveitamento dos cascos de tartaruga.

OCULTAÇÃO do latim *occultatione*, declinação de *occultatio*, ocultação, como se faz com a semente, que é escondida sob a terra para germinar. Se não brota, acontece com ela algo semelhante à ocultação de cadáver, crime tipificado em lei, ainda que se trate de esconder corpo sem vida. Nem sempre a ocultação é crime: a Lua encobre alguns astros, não como faz o Sol, que com seu brilho intenso encobre o de outras estrelas, mas interpondo-se entre o observador e o astro que ele está contemplando. Cultuar, aculturar e inculto são palavras que têm a mesma raiz de ocultar.

OCULTO do latim *occultus*, retirado do cultivo, da lavoura, da roça, por isso não visível, escondido. Por contraste, observe-se a relação presente em culto e erudito, em que culto designa o indivíduo instruído, semelhando a terra beneficiada, que dá alimento, e erudito é formado a partir de ex-rude, significado presente virtualmente no latim *eruditus*, *ex*, que não é mais, *rudis*, rude, bruto, grosseiro, em oposição a *politus*, polido, trabalhado, cultivado, e *peritus*, habilidoso, que desempenha com excelência o seu ofício. Oculto e secreto, ao lado de amigo, designam brincadeira em que pretenso amigo, nascido de operação aleatória, é qualificado como tal.

OCUPAR do latim *occupare*, em cujo verbo está o étimo *cap*, de *capere*, pegar, indicando pegar, preencher, tomar. Não apenas as pessoas ficam ocupadas, também os aparelhos, de que é exemplo a expressão "telefone ocupado". O verbo tem sido usado como palavra de ordem em movimento espontâneo para combater a especulação, surgido nos EUA com o bordão "ocupem Wall Street", a famosa rua onde fica o centro financeiro dos EUA. Representando os 99% de explorados por 1%, eles queriam fechar a Bolsa de Nova York. Movimentos semelhantes ocorreram em outras cidades mundo afora, inclusive do Brasil.

ODE do grego *oide*, canto com música, pelo latim *ode*, canto, composição poética do gênero lírico, isto é, cantada ou declamada ao som da lira, instrumento musical de cordas. Na Grécia como na Roma antigas designava poesia de métrica variável, composta de cinco ou seis versos, alegres e cheios de entusiasmo. A origem do nome grego refere o verbo *aéiden*, cantar. As odes eram cantadas pelo aedo, como era chamado o poeta que praticava o gênero. Ele era cantor e compositor e apresentava composições religiosas ou épicas, ao som da lira ou da cítara. Os antigos aedos gregos inspiravam-se no mito de Orfeu, poeta e músico, filho da musa Calíope, invocada por Luís Vaz de Camões para fazer seu grande poema de dez cantos, *Os Lusíadas*: "E agora tu, Calíope, me ensina/ O que contou ao Rei o ilustre Gama;/ Inspira imortal canto e voz divina/ Neste peito mortal, que tanto te ama." Com suas odes, Orfeu encantava até mesmo os animais selvagens, como São Francisco de Assis faria muito mais tarde com seus cantos e orações, como o *Canto do Sol* e o *Canto das criaturas*. Ao descer ao Inferno em busca de Eurídice, sua esposa, que tinha sido picada por uma serpente, Orfeu encantou os guardas e conseguiu trazê-la de volta ao mundo dos vivos. Mas precisava cumprir um requisito: não olhar para ela até transpor a porta do Inferno. Ele se esqueceu disso e a perdeu para sempre, ficando inconsolável, sem querer mais mulher nenhuma. Foi morto pelas bacantes, invejosas de seu amor exclusivo. Inspirado no mito, surgiu o orfismo, corrente religiosa que inspirou várias obras musicais, entre as quais as óperas do italiano Cláudio Monteverdi e dos alemães Christoph Willibald Gluck e Jacques Offenbach, que se naturalizou francês.

ÓDIO do latim *odium*, ódio, aversão, antipatia, repugnância. O célebre poeta catarinense Cruz e Sousa, introdutor do simbolismo no Brasil, talvez magoado com tanta incompreensão por ser filho de escravos alforriados, referiu-se a um ódio bom que o alimentaria nos combates ao obscurantismo epocal: "Ódio são! Ódio bom! Sê meu escudo/ Contra os vilões do Amor, que infamam tudo/ Das sete torres dos mortais Pecados!" E Alessandro Manzoni, em sua obra clássica *Os noivos*, escreveu: É uma das vantagens deste mundo poder odiar e ser odiado sem se conhecer."

ODISSEIA do grego *odysseía*, volta, regresso, pelo latim *odyssea*, designando a célebre narrativa em que *Odisseus*, Ulisses em português, o mais famoso dos heróis do lendário poeta grego Homero, na *Odisseia*, faz seu famoso regresso a Ítaca, sua terra natal. Presente também na outra obra solar do autor, a *Ilíada*, ele vive incríveis peripécias na volta ao lar. Odisseia tem também o sentido de longa perambulação, repleta de eventos e aventuras e também viagem ou travessia intelectual ou espiritual. Ulisses vai para guerra de Troia, que dura dez anos, deixando a mulher Penélope e o filho Telêmaco, de apenas um mês. A narrativa começa pelo fim, quando Zeus, na assembleia dos deuses, acolhendo requerimento de Atena, decide que Ulisses pode voltar a Ítaca.

OFENSA do latim *offensa*, ofensa, topada, encontrão, batida, tropeço. Em 1993 a escritora francesa Agnès Michaux nascida, portanto, em 1968, ano emblemático, publicou na França um *Dicionário misógino*, já traduzido entre nós e publicado pela L&PM Editores, dois anos depois. Eis algumas frases significativas das ofensas verbais contra a mulher, que ela recolheu para escrever o livro: "Para a maior parte das mulheres, amar um homem é enganar o outro. Casar com a amante é como aproveitar os restos de um churrasco. O mais difícil não é ter um primeiro amante; é arranjar o último. O amor é um esforço que o homem faz para se contentar com apenas uma mulher. Dois galos viviam em paz. Daí chegou uma galinha e começou a guerra. A única maneira de se comportar bem com uma mulher é fazer amor com ela, se é bonita, ou com outra, se ela não o é. A mulher não dá nada de graça. A feiura é o melhor preservativo. A mulher jamais vê o que se faz por ela; ela só nota o que não se faz. A mulher só perdoa alguém depois de puni-lo. As mulheres adoram a moda porque a novidade é um reflexo da juventude."

Quando foi lançado na França, o livro causou o maior furor. Chamaram a autora de machista para baixo. Aqui ninguém deu a menor atenção desde que foi publicado, em 1995.

OFICIAL do latim tardio *officialis*, oficial, radicado em *officium*, por sua vez contração de *opificium*, palavra formada de *opus facio* (faço a obra), designando dever, obrigação. O étimo é origem comum de outras palavras semelhantes, como oficina, do latim *officina*, mas escrita *opificina* pelo escritor romano Plauto. Como adjetivo de dois gêneros, oficial é tudo aquilo que é proposto por instância legal ou de que dela emana, como é o caso do caráter oficial da língua portuguesa no Brasil. Nosso país é o único de tais dimensões com apenas uma língua oficial. O Paraguai é bilíngue: são aceitos oficialmente o castelhano e o guarani. A Suíça, cuja língua nacional é o romanche, é plurilingue, aceitando como oficiais o francês, o italiano e o alemão. A Bélgica adota como oficiais o francês e o flamengo. No Brasil há municípios que, sem ferir a Constituição, que determina que a língua portuguesa é o idioma oficial da República Federativa do Brasil, adota outras línguas cooficiais – a palavra "cooficial" ainda não está nos dicionários. Este é o caso de São Gabriel da Cachoeira, município do Amazonas, que desde 11 de dezembro de 2002, pela Lei 145, adotou como oficiais, além do português, o nheengatu, o tukano e o baniwa. Nas Antilhas Holandesas – Curaçau, Aruba, Bonaire – pode-se ver num azulejo a mostra de um *Pai-Nosso* em papiamento, língua crioula de base espanhola, com influências do português e do holandês, que os espanhóis jamais tornaram oficial. A oração era rezada assim: "*Nos Tata cu ta na cielo, bo Nomber sea santifica, laga bo Reino bini na nos, bo boluntad sea haci na tera como na cielu. Duna nos awe nos pan di cada dia, i pordona nos nos debe, mescos cu nos ta pordona nos deberdonan e nos laga nos cai den tentacion, ma libra nos di malu.*" Já em Timor Leste, são oficiais o português e o tétum, mas o inglês e o indonésio, conhecido por bahasa, são aceitos como línguas de trabalho.

OFIÚCO do grego *ophiouchos*, que tem cobra. É também o nome de uma constelação, a de serpentário, que fica ao norte de Escorpião e Sagitário, ao sul de Hércules, a oeste da cauda da serpente e a leste de Libra. Antigas representações dão-na como um velho careca e barbudo, que segura uma cobra com as mãos. Provavelmente este velho seria Esculápio, deus da medicina, a quem uma cobra trouxe uma erva capaz de ressuscitar a Androgeu. Outros consideravam o tal velho uma representação do rei que livrara Rodes de uma terrível serpente.

OGRO do francês *ogre*, afrancesamento do latim *Orcus*, deus da Morte, divindade infernal dos pagãos romanos. No francês aparecem o masculino *ogre* e o feminino *ogresse* nos *Contos da mamãe gansa*, de Charles Perrault, gigantes que se alimentam de carne humana, adaptados de canções do trovador medieval Chrétien de Troyes, reunidas em *Guilherme de Inglaterra*, obra poética francesa, recentemente publicada no Brasil, mas em prosa, por Lacerda Editores, com tradução de Maria Ângela Villela.

OI gíria para a saudação, que substitui o "como vai", criada pela Jovem Guarda, movimento musical dos anos 1960 integrado por cantores como Roberto Carlos e Wanderleia. Provavelmente variação de *oh* e *o*, que no latim exprimiam dor ou alegria, de acordo com o contexto. No Rio Grande do Sul, perduram "oh" e "ó".

OITO do latim *octo*, oito. O oitavo mês no antigo calendário romano era *octobre*, de onde veio outubro, que nos calendários juliano e gregoriano passou a décimo. À semelhança do número sete, oito também é usado em sentido metafórico, como na expressão "oito ou oitenta", significando tudo ou nada. E às oito bem-aventuranças foi acrescentada mais uma, já que ao final são declarados bem-aventurados também os discípulos.

OJÁ do iorubá *o'ja*, faixa de pano que as mulheres usavam originalmente na cintura ou para levar os filhos às costas. Dito e escrito ojá, passou depois a designar turbante, utilizado inicialmente nos rituais do candomblé e em cultos a ele associados, e depois transformada em item do vestuário comum, em geral enfeitado de contas e conchas. Infelizmente, por força da paranoia dos embarques, o passageiro que estiver com turbante já entra no grupo de suspeitos.

OJERIZA do espanhol *ojeriza*, formado a partir de *ojear*, espantar a caça, afugentar animais. O espanhol *ojo*, olho, está presente em muitas outras expressões que vieram para o português, como olho d'água, isto é, lugar de onde a água subterrânea vê a luz; a advertência *ojo*, significando cuidado, como em nosso "fique de olho", "estou de olho" etc. Ter ojeriza a alguma coisa ou a alguém é nem olhar, rejeitar, evitar, pois ojeriza é sinônimo de horror.

O.K. de origem controversa, a versão mais documentada dá conta de que se trata da abreviação do inglês *Oll Korrect,* variante popular de *All Correct,* tudo correto. Nos EUA, os primeiros registros foram feitos entre 1836 e 1839 e um deles diz respeito a um suposto acréscimo que o oitavo presidente americano, Martin van Buren, acrescentava a seu nome, indicando as iniciais de sua cidade natal, Old Kinderhook. Ele, de cepa holandesa, sua primeira língua, era o primeiro da longa fila a não ter ascendência inglesa ou irlandesa. Outra versão diz de que, depois das batalhas, eram levantados cartazes com o número de soldados mortos. *0 Killed*, igualmente abreviada, indicava que tudo correra bem. O certo é que *O.K.* (*Zero Kilometre*) ganhou o mesmo significado em muitas línguas, inclusive no português, de tudo certo. No Brasil, contribuiu para a consolidação desse sentido a escolha das montadoras de colocar nos para-brisas dos veículos um adesivo com os dizeres *O.K.*, em vez de ZQ para indicar que o carro é novo.

OLÉ do espanhol *olé*, designando saudação do público nas touradas, aplaudindo excepcional desempenho do toureiro. Passou a ser utilizada também no futebol para tripudiar sobre o time adversário, envolvendo os jogadores em dribles em sequência com o fim de ostentar superioridade. A palavra aparece no título do romance do cineasta João Batista de Andrade, *Um olé em Deus*.

ÓLEO do grego *élaion* pelo latim *oleum*, designando primeiramente o azeite de oliva, fruto da oliveira, cuja variante árabe *az-zayt*, azeite, veio a tornar-se preferencial. Palavra de outros significados, óleo designou também, desde a origem, essência para perfumar corpos e ambientes. É frequente na Antiguidade que as pessoas se purifiquem antes de ocasiões especiais, como refeições, ritos e entrada nos templos. Os povos do deserto, à falta de água ou atentos a seu racionamento, passavam finas camadas de óleo na pele, depois retiradas com um pano para o fim de fazer a higiene do corpo. Na tradição hebraica, o óleo de unção, diferente do azeite, aparece ainda em *Êxodo* 30, 23: "O Senhor disse a Moisés: Escolha as especiarias mais cheirosas para fazer o azeite sagrado, seguindo a arte dos perfumistas. Em três litros e meio de azeite misture o seguinte: seis siclos de mirra líquida, três siclos de canela, três siclos de cana cheirosa e seis siclos de cássia, tudo pesado de acordo com a tabela oficial." O siclo, medida de peso no Egito e na Judeia, variava de 6 a 12 gramas.

OLHAR do latim vulgar *adoculare*, olhar, verbo formado da preposição *ad*, para, junto de, designando aproximação, e *oculare*, esclarecer, dar vista, de *oculus*, olho, étimo presente em óculos. O sentido remoto de luneta, do francês *lunette*, como os óculos um instrumento auxiliar da visão, é a raiz indo-europeia *leuk*, lua, claridade, que designava também a noite e o mês, contado pelas fases da lua, que deu *lux*, luz, em latim. De olhar veio também o substantivo feminino plural olheiras, manchas escuras ou azuladas sob as pálpebras inferiores, motivas por excesso de vigília ou decorrentes de doenças, de cansaço físico ou mental. Ainda vinculada ao olhar, temos as expressões "olho grande", "olho comprido", "olho gordo", "olho maior que a barriga" designando a inveja e a cobiça; "olho de peixe morto", "olho de cabra morta", "olho de gata morta", "olho de vaca laçada" e "olho de mormaço", designando tristeza nos quatro primeiros casos e ares de sedução no último. Já "custar os olhos da cara" designa preço exagerado por alguma coisa. "Ficar de olho" é vigiar, precaver-se. "De encher os olhos" tem o significado de fenômeno que nos causa muita admiração. "Fechar os olhos" para alguma coisa é optar por deixar de ver, de vigiar, de prestar atenção. "Passar os olhos" é ver rapidamente. "Ver com bons olhos" é receber bem alguém ou alguma coisa. "Nunca ter visto mais gordo" é, mesmo sendo magro aquele de quem se fala, ser desconhecido de quem profere a expressão. "Olho clínico", aplicado inicialmente ao médico que fazia diagnósticos rápidos, apenas pelo olhar acurado, tornou-se sinônimo de percepção aguda em qualquer assunto. "Olho mágico", colocado na porta, tem uma lente que permite ver de dentro para fora da casa, sem ser notado. E o "olho mecânico" vê e fotografa ou filma, com mais precisão do que o olho humano, como, por exemplo, numa corrida de cavalos, o animal que chegou primeiro.

OLHO DE BOI olho e boi são vocábulos procedentes do latim *oculum* e *bove*. Olho de boi designa o primeiro selo do Brasil, o segundo país a emitir selos em seus serviços postais. O primeiro foi a Inglaterra. Recebeu este nome porque seu desenho semelha o olho de um boi. Sua primeira emissão deu-se em 1843, com os valores de 30 réis, caso a correspondência tivesse como destino a cidade do remetente; 60, para qualquer outra cidade do Brasil e 90 para o exterior. Ao contrário da rainha Vitória, que pôs sua efígie no primeiro selo, Dom Pedro II desautorizou seu retrato na estampa para evitar que sua augusta face fosse carimbada por subalternos. Embora nosso país já estivesse independente havia mais de 21 anos, não foi inscrita no selo a palavra Brasil, que somente poderia figurar em objetos dignos de veneração.

OLHO DE SOGRA do latim *oculus*, olho, e de sogra, do latim *socra*, variante de *socrus*, designando inicialmente a avó do marido ou da mulher, que no latim vulgar mudou de significado para indicar a mãe de um ou de outro, do marido ou da mulher. Olho de sogra é um doce que originalmente era feito sem a ameixa sobre a parte amarela do ovo, indicando que, não tendo pupila, não se sabia para que lado a sogra ou a futura sogra olhava na tarefa de vigiar a filha que, sentada na namoradeira, móvel do Brasil colonial e imperial, namorava o pretendente. A mãe queria evitar licenciosidades que levassem à perda da virgindade.

OLHO-GRANDE de olho, do latim *oculus*, olho, e *grandis*, grande. Enquanto *oculus* era um vocábulo culto, *grandis* substituía na linguagem coloquial o clássico *magnus*, de igual significado. Juntas, as duas palavras passaram a designar no português o menino que espiava as moças pelo buraco da fechadura enquanto elas trocavam de roupa. Os chás de panela eram ocasiões propícias a bisbilhotar o quarto, já que, estando os homens fora de casa, eram senhoras e moças as responsáveis pela vigilância dos meninos. Nos chás de panela, todas acorriam à festa informal, relaxando os cuidados. O olho-grande passou a designar primeiramente o desejo luxurioso e mais tarde estendeu-se a outros domínios. Assim, exagerar na contemplação dos rebanhos do vizinho e outros itens de seu patrimônio passou a significar deformação psicológica conhecida também como coisa de quem tinha o olho-grande. No resto do tempo, porém, mulheres e moças ficavam de olho nos meninos de olho-grande e quando os flagravam espiando as moças, punham os moleques no olho da rua. Por metáfora, o olho-grande é conhecido também como olho-gordo. A pessoa dita de olho-grande é entendida como gulosa ou desejosa de ter o que não pode, que ainda é mais desejado depois que se lhe tenha experimentado o gosto. Foi o que aconteceu com Émile Zola. Aos 18 anos, depois de levar uma vida folgada e agradável na companhia dos pais em Aix-en-Provence, voltou a Paris e, passando por graves dificuldades financeiras, chegou a passar fome. O olho-grande era, então, mais do que compreensível. Mas seus personagens, porém, têm outro tipo de olho-grande, pois comem muito e de tudo: legumes, saladas, omeletes, tortas, massas e pratos suculentos à base de peixe ou carne, descritos de forma detalhista, sem contar o registro dos vinhos que os acompanham. Vencidas as dificuldades econômicas, ele passou a frequentar os bons restaurantes parisienses, onde acresceu à observação dos pratos um ouvido fino para os mexericos e fofocas que serviriam de substrato à sua ficção. E mudou seus hábitos, segundo seus biógrafos. Quando não tinha acesso às mesas aristocratas, criticou os hábitos de seus frequentadores. Mais tarde, vítima do olho-grande que criticou nos outros, tornou-se um deles.

OLIMPÍADA do grego *olympiás*, como eram chamados os jogos realizados de quatro em quatro anos na cidade de *Olympía*, na Grécia antiga. O nome da cidade homenageava Olympiás, cujo nome de família era Policena, mãe de Alexandre, o Grande. A cadeia de montanhas Olimpo, iluminada por claros raios de Sol, era considerada pelos gregos a morada dos deuses. Olimpo, em grego, quer dizer iluminado e o monte nunca estava ofuscado nem encoberto.

OLÍMPICO do latim *olympicus*, relativo ao conjunto de montanhas designadas Olimpo, especialmente uma delas, onde, segundo a mitologia, moravam os deuses gregos, situada entre a Tessália e a Macedônia, servindo de adjetivo também aos jogos realizados pela primeira vez na cidade grega de Olímpia, na Grécia. Designa ainda o gol feito na cobrança de escanteio, quando o jogador faz com que a bola realize uma curva e entre sem que haja qualquer outro toque na bola. O nome vem dos Jogos Olímpicos de 1924, na Antuérpia, quando um jogador uruguaio fez o primeiro gol desse modo. Outros gols de nomes curiosos são o gol de peixinho, o gol do meio da rua, o gol de bicicleta e o gol de voleio.

OLIVEIRA do latim *olivaria*, subentendida *arbor* (olivaria, árvore que dá olivas, azeitonas). Azeitona em hebraico é *zait*, em árabe *az-zaytuna*. O fruto da oliveira era um dos sete produtos da Terra Santa, segundo ensina o Deuteronômio no versículo oito do capítulo oito. A azeitona era padrão de medida nos tempos bíblicos e continua a ser nos tempos modernos, quando mais não seja como sinônimo de bala na gíria de bandidos. Oliveiras e azeitonas aparecem com frequência e em momentos decisivos na vida de Israel. A pombinha que Noé soltou na arca ao fim do dilúvio, voltou com um ramo verde de oliveira no bico. O óleo da azeitona servia para manter aceso o candelabro do templo, sendo o preferido também para a celebração do Chanucá, festa judaica da Consagração ou das Luzes. Comemorada próxima ao Natal, dura oito dias e recorda o sucesso da revolta dos macabeus, em 165 a.C., contra a dominação da Judeia por sírio-helênicos comandados pelo selêucida Antíoco IV. Os selêucidas são assim denominados por descenderem do general Seleukos, a quem Alexandre, o Grande fez rei da Síria. E Jesus chorou no Monte das Oliveiras, nos arredores de Jerusalém, antes de ser traído por Judas e entregue para ser crucificado. Era também no Monte das Oliveiras que os sacerdotes judeus queimavam uma novilha vermelha, cujas cinzas eram misturadas com água ritual, utilizada para purificação no templo.

OMBRO do grego *ômos*, pelo latim *umerus*, escrito também *humerus*. Designa a espádua, a parte superior do braço, conhecida também por *lacertus* no latim clássico. Como metáfora, veio a indicar o que está no alto, como na expressão *umeros oneratus Olimpo*, vergado pelo Olimpo às costas, isto é, com o mundo nas costas. Ombro está presente em numerosas expressões de nossa língua, de que são exemplos: ombro a ombro ou ombro com ombro, indicando solidariedade e até intimidade; carregar aos ombros, isto é, cuidar, dar carinho, atenção; chorar no ombro: contar mágoas a pessoa amiga, lamentar-se, fazer confidências. Já dar de ombros designa abandono, descaso.

OMBUDSMAN vocábulo de origem sueca, aplicado a profissional que atua como advogado do público em conflitos entre os cidadãos e o Estado, recebendo denúncias de irregularidades, investigando-as e dando satisfação a quem reclamou. A função foi depois implementada também em empresas públicas e privadas. O primeiro *ombudsman* do Brasil apareceu em 1968, em Curitiba, capital do Paraná. Era uma espécie de ouvidor municipal. Não faz sentido usar o feminino, mesmo que o cargo seja ocupado por uma mulher, como no jornal *Folha de S. Paulo*, porque a palavra designa a função. Do mesmo modo, num banco a mulher que chefia a gerência não é chamada de gerenta, mas gerente. Em sueco, o feminino é *ombudsquivina*.

ÔMEGA do grego *o méga*, o grande. Designa a última letra do alfabeto grego. No Brasil, o coloquial popular manteve, sem o saber, a pronúncia grega, onde é vocábulo paroxítono: *oméga*. Exilado na ilha de Patmos, São João escreveu ali o último livro da *Bíblia*, o *Apocalipse*, definindo seu Mestre com estas palavras:

"Eu sou o Alfa e o Ômega, o primeiro e o último, o começo e o fim." A comunidade cristã acreditava que o fim dos tempos dar-se-ia no ano 100. Daí a beleza e o significado do versículo famoso.

OMELETE do francês *omelette*, fritada de ovos, palavra formada provavelmente de esdrúxula transformação de *alumelle*, navalha, lâmina arredondada de algumas armas, dita também *alumette* e *alemette*, por influência do latim *lamella*, lâmina pequena. O alimento foi comparado a uma lâmina por sua espessura fina. Em italiano é *omeleta*. Em Portugal, omeleta. No alemão predominou o mesmo étimo em *omelett*. Em inglês é *omelet*. Os espanhóis designam o omelete por *tortilla*. Há uma lenda de que quem inventou este alimento de dois gêneros foi o médico inglês Oswald Mellet. Tendo abandonado o exercício da Medicina, abriu um restaurante onde eram servidos *ovos à O. Mellet*. Esta versão surgiu na prestigiosa Universidade de Cambridge, provavelmente por algum professor inglês inconformado com a precedência francesa. Mas os romanos já saboreavam o prato ainda no século I de nossa era, conforme o livro *De re coquinaria (Sobre a culinária)*, de Marco Gavio Apicius.

OMITIR do latim *omittere*, omitir, deixar escapar, pela formação *ob* (preposição latina que tem o sentido de negação, contra) e *mittere*, enviar, lançar, mandar. Raramente a gente do povo se omite quando seus trabalhos são requeridos, de que são exemplos heroísmos de famosos ou anônimos, principalmente em momentos de crise. E entre os políticos destacou-se apesar de ter renunciado à presidência da República, em 1961 por jamais omitir-se diante de eleições dificílimas e perguntas polêmicas, Jânio da Silva Quadros. Nascido em Campo Grande, hoje capital do Mato Grosso do Sul, fez uma formidável carreira política baseada em São Paulo, de vereador a presidente da República. Certa vez, sem se omitir diante de pergunta espinhosa, emitiu os seguintes juízos sobre seus adversários: "Como o vinho, Lacerda assentou, tomou corpo, gosto e azedou. Juscelino conseguia viver rodeado de inimigos, sem sentir inimizade por ninguém. Era um milagre. Deus o tenha. Jango está fazendo o que sempre deveria ter feito: criando gado no céu." Essas e outras pérolas estão no livro de Nelson Valente, *Luz... Câmera... Jânio Quadros em ação* (o avesso da comunicação).

ONAGRO do grego *ónagros*, pelo latim *onagrus*, burro montês, designando o jumento selvagem, conhecido cientificamente como *asinus silvestris* (burro do mato) ou *equus onager* (no latim existem as duas grafias: *onager* e *onagrus*), cavalo onagro, e também antiga máquina de guerra utilizada para lançamento de grandes pedras a médias distâncias. Recebeu este nome porque sua forma lembrava a do animal. Os romanos aperfeiçoaram este tipo de catapulta ou baladeira, tornando-a capaz de lançar também caldo fervente e grandes flechas. O onagro, usado também em batalhas navais, foi o avô do canhão. Quanto ao animal, maior que o cavalo e o burro, está quase extinto. O último exemplar de uma das espécies, são duas, morreu num zoológico da Síria em 1928.

ONANISMO de Onan, personagem bíblico, inventor do primeiro método contraceptivo. De acordo com os costumes hebreus, foi obrigado a desposar a viúva Tamar, sua cunhada. Não querendo engravidá-la, jogava o sêmen sobre a terra, praticando o *onanismo avant la lettre*, que depois serviu para designar masturbação. Jeová, o grande durão, aplicou pena de morte a Onan. Foi o único em milhares de anos a ser sacrificado por tal motivo.

ONFALITE do grego *omphalós*, umbigo, e -ite, sufixo, também de origem grega, utilizado no português para designar doença. A onfalite é uma inflamação do umbigo, parte do corpo feminino à qual os costureiros modernos dão grande importância, dado o fascínio que exerce sobre os olhares masculinos. O umbigo, visto de um modo mais prosaico, não passa de uma cicatriz que todos nós carregamos no meio do ventre e que se originou do corte do cordão umbilical que nos alimentava no útero materno. Esse cordão ficou na cidade em que nascemos e por isso o poeta Carlos Drummond de Andrade, numa de suas colunas no *Jornal do Brasil*, referiu-se a sua cidade natal, Itabira, em Minas Gerais, como "a terra onde o colunista deixou o umbigo".

ONGUEIRO de ONG, iniciais de Organização Não Governamental. Sob este nome foram fundadas, sobretudo no último decênio, numerosas entidades encarregadas de suprir, principalmente serviços, aos mais necessitados, utilizando-se de incentivos como renúncia fiscal, recolhidos junto a empresas, depois de submetidos os projetos à apreciação de órgãos públicos ou empresas privadas. O neologismo veio à baila depois de declaração de Fernando Henrique Cardoso, respondendo à pergunta de repórter que lhe indagou o que iria fazer depois de cumpridos os oito anos de mandato presidencial: "Vou ser ongueiro", disse o então presidente. Diversas ONGs têm-se empenhado na defesa de reservas florestais, no campo e nas cidades. Às vezes, as árvores estão onde menos se espera. Olhando São Paulo com atenção, vê-se que as manchas verdes vão muito além da torcida do Palmeiras, que não é uma ONG.

ÔNIBUS do latim *omnibus*, para todos. Inicialmente, foi nome de uma casa comercial, de propriedade de um francês chamado Omnes, que mandou afixar uma placa com os dizeres *Omnes omnibus*. Seu estabelecimento passou a ser muito frequentado. Então, o dono de um serviço de transporte para banhistas também escreveu a palavra *omnibus* num de seus carros. Foi um sucesso. Os ônibus, que chegaram em Londres e Nova York em 1829, a princípio não foram aceitos, mas já na segunda metade do século XIX eram os mais populares meios de transporte, graças à criação de lugares para trabalhadores e demais pessoas humildes.

ONOMATOPEICO de onomatopeia, do grego *onatomatopoíia*, pelo latim *onomatopeia*. *Onomatos* em grego é nome. Designa palavras que expressam sons, como bum, zunzum, reco-reco, tique-taque etc. É também o caso de paratibum, presente na marchinha de 1938, vinda da expressão, já alterada, ra-tim-bum. Estão em *Touradas em Madri* estes versos: "Eu fui às touradas em Madri,/ Para tim bum, bum, bum/ Para tim bum, bum, bum/ E quase não volto mais aqui." Foi muito cantada na Copa de 1950, depois da goleada do Brasil sobre a Espanha, 6 x 1. Já tinha vencido a Suécia por 7 x 1 e o México por 4 x 0. Mas perdeu a final para o Uruguai por 2 x 1, podendo empatar para ser campeão.

ONTEM do latim *ad noctem*, à noite. É interessante a maneira portuguesa de identificar os dias, usando partes dele. Amanhã é "a manhã próxima", o dia seguinte, em seu começo. O dia anterior foi nomeado por sua última fase, a noite.

ÔNUS do latim *onus*, peso, carga, fardo. No latim designava desde a criança que a mulher trazia no ventre ou a quem acabara de dar à luz, até a carga de navios e carros. Depois passou a designar coisa difícil, encargo, obrigação. Na expressão "quem acusa, tem o ônus da prova" está implícito que também o acusador tem obrigações, a principal das quais é provar o que diz.

OPALA do sânscrito *upala*, pedra. Em grego era *ópalos* e em latim *opalu*, já designando pedra preciosa, de coloração leitosa e azulada. Em latim e em grego era do gênero masculino, mas ao chegar ao português tornou-se feminino, em razão do gênero de pedra. Deu nome a um automóvel da General Motors, hoje fora de fabricação, muito utilizado em frotas oficiais.

ÓPERA do italiano *opera*, originalmente obra, tendo passado a designar o conhecido gênero de dramatização musical, em que cantores de vozes poderosíssimas, acompanhados de orquestra, desempenham simultaneamente a função de atores, narrando uma história, em geral um romance adaptado, como fez o célebre compositor e maestro brasileiro Carlos Gomes com a ópera *O Guarani*, inspirado no romance homônimo de José de Alencar. Os acordes iniciais desta ópera ainda hoje abrem a programação diária de *A Voz do Brasil*. Rubem Fonseca publicou um romance sobre a vida do grande músico brasileiro, intitulado *O selvagem da ópera*. Uma das mais célebres óperas é *Madame Butterfly*, de Giácomo Puccini, insistentemente ouvida pela "outra" no triângulo amoroso e violento do filme *Atração fatal*. A outra foi vivida pela atriz Glenn Close.

OPERAÇÃO do latim *operatione*, declinação de *operatio*, operação, palavra formada a partir de *opera*, trabalho, antônimo de *otium*, ócio, e *actio*, ação, designando literalmente ação de trabalhar. A Polícia Federal designa operação algum trabalho especial que tem o fim de obter resultados específicos, a partir de suspeitas concretas, dando-lhes nomes curiosos, como a recente operação *Hurricane*, que em inglês significa furação, formada a partir do holandês *orkaan*, pelo germânico *orkan*. Em português, *hurricane* é furação, por influência do espanhol *huracán*, forma como os primeiros colonizadores espanhóis pronunciaram e escreveram o que ouviram de falantes do taino ao descreverem as tempestades e ciclones, comuns na América Central. O taino era uma língua do Haiti, hoje extinta, falada por grupo étnico que habitava as Antilhas. Taino significa "homem" no dialeto crioulo do Haiti.

OPERADA do latim *operata*, operada, submetida a uma intervenção cirúrgica, seu uso mais corrente, ainda que se aplique também a ações de outros domínios. Na linguagem coloquial alternam-se as perspectivas de quem opera. Diz-se que o médico opera o paciente ou que a autoria é do paciente: "Fulano se operou da apendicite." São Paulo, na *Epístola aos Tessalonicenses*, diz: "a palavra de Deus opera em vocês, que creem."

OPERAR do latim *operare*, fazer, executar. É verbo de vários sentidos e significados. Como o étimo é *opus*, obra, coisa feita, ação, é muito usado na Economia e na Medicina. Assim, o agente financeiro pode operar na bolsa de valores e o médico opera o paciente, isto é, submete-o a intervenção cirúrgica. Neste caso, pode ser reflexivo, como em "Maria operou-se do apêndice". Sinônimo de obrar, pode ainda ter o sentido de defecar. Na última década, este verbo esteve ligado a ações terceirizadas, em geral serviços públicos cedidos a concessionárias. Assim, as empresas telefônicas são denominadas operadoras. Exemplificando uma ligação, diz-se: disque 0 operadora (nome da companhia) 11 (prefixo da cidade que vai chamar) e a seguir o número do telefone.

OPERÁRIO do latim *operariu*, operário, radicado em *opus*, obra, trabalho. Depois da Revolução Industrial, a palavra passou a designar preferencialmente o trabalhador urbano, em oposição ao rural. Mas ainda nos primeiros séculos a iconografia cristã fez de São José, pai de criação de Jesus Cristo, o patrono dos operários, dedicando-lhe o dia 19 de março. Fez isso retomando a tradição de que ele teria sido carpinteiro, representando-o, porém, como um velho, adotando imagem vinda de *evangelhos* apócrifos. O culto ao santo começou no Egito, para onde ele fugira com o menino Jesus para protegê-lo do rei Herodes I, o Grande, autor da grande chacina conhecida como a matança dos inocentes. Além de manter a família com seu trabalho, precisou também se preocupar com a segurança da mulher e do filho. Quando Herodes Antipas prendeu e julgou Jesus, depois de ter mandado decapitar João Batista, José já tinha morrido.

OPINIÃO do latim *opinione*, declinação de *opinio*, opinião, fantasia, coisa imaginada, conjectura, crença. Nas sociedades politeístas, a opinião estava ligada aos deuses, confundindo-se com falsa expectativa, julgamento equivocado, principalmente por deficiência de interpretação dos recados divinos. Os consulentes gregos iam aos oráculos perguntar sobre o futuro. O mais famoso era o de Delfos. Ali, no templo que lhe era dedicado, o deus Apolo ditava suas previsões à sacerdotisa pítia, também denominada pitonisa, encarregada de pronunciar seus oráculos. O ditado "a voz do povo é a voz de Deus" nasceu em sociedades em que os sacerdotes tinham grande prestígio e seu fim era desqualificar a opinião popular. Com o tempo, porém, passou a significar endosso ao que o povo diz. O primeiro registro está em *Isaías* 66,6: "*vox populi de civitate, vox de templo, vox Domini reddentis retributionem inimicis suis*" (Voz do povo da cidade, voz do templo, voz do Senhor que dá retribuição a seus inimigos). O erudito inglês Alcuíno, um dos mestres da escola de *Aix-la-Chapelle* (hoje, Aachen), instalada pelo imperador Carlos Magno no próprio palácio, adverte o imperador para a falsidade da opinião popular: "*Nec audiendi qui dolent dicere vox populi, vox Dei, cum tumultuositas vulgi semper insanias proxima sit*" (Não devem ser ouvidos aqueles que costumam dizer "voz do povo, voz de Deus", porque a confusão do vulgo sempre toca "as raias da loucura"). A tradição, porém, consagrou como verdadeira a voz do povo, de que são exemplos "onde há fumaça, há fogo" e "quando o povo fala ou é, ou foi, ou será". No Brasil há um instituto de pesquisas de opinião intitulado *Vox populi*. O humorista gaúcho Carlos Nobre advertiu: "não confunda a força da opinião pública com a opinião da Força Pública."

OPORTUNIDADE do latim *opportunitate*, declinação de *opportunitas*, decorrência da atividade de ventos que empurram o barco em direção ao porto. Antigos romanos tinham um deus para os portos, *Portunus*, e outros para os mares, *Neptunus*. Importunar equivalia a impedir que naus e embarcações alcançassem o porto, mas depois o sentido foi aplicado por metáfora a quem atrapalhava qualquer atividade, não mais em alto-mar, mas em terra. E oportunidade passou a designar ocasião favorável, semelhante àquela vivida pelos marinheiros e pilotos nas lides da navegação.

ORÁCULO do latim *oraculu*, resposta que os antigos deuses davam àqueles que os consultavam. Tais respostas eram, porém, fornecidas por meio de curiosos sinais. O crente poderia fazer a pergunta diante de seu deus preferido, deixando à divindade algumas alternativas para as respostas, como nos vestibulares das universidades de hoje. Se ao deixar o templo encontrasse um ancião, um menino ou uma linda jovem, o fiel dava à visão um significado divino, diretamente ligado à consulta que acabara de fazer. Os oráculos eram também obtidos pelo estado em que se encontravam as vísceras de animais especialmente sacrificados para esta leitura. Depois passaram a ser dados pelos próprios homens e hoje oráculo é metáfora de político muito consultado por seus colegas. Neste caso, os sacrificados costumam ser o eleitor, o contribuinte e outras figuras que habitam o cidadão brasileiro.

ORADOR do latim *oratore*, declinação de *orator*, que fala, isto é, usa a *oris*, genitivo de *os*, boca. O latim baseou-se no sânscrito *or*, boca. Este foi o étimo original de palavras como oral, orador, oração, ósculo, oráculo, oratório, adorar e outros. Com instituições políticas já consolidadas para que impérios e Estados soberanos pudessem se relacionar, foi criada a figura do orador na antiga Roma para designar aquele cuja ferramenta de trabalho é a palavra falada. O orador latino tanto podia ser o parlamentar, como o embaixador, o tribuno, o cônsul, o general ou o próprio imperador, isto é, a função era exercida no Legislativo, no Judiciário e no Executivo. O maior exemplo de orador é Cícero.

ORAL do latim medieval *orale*, de viva voz, verbal, baseado em *oris*, genitivo de *os*, boca. Os romanos tinham uma expressão sofisticada, hoje erudita, para designar quem caía na boca do povo: *esse in ore omnium*, estar na boca de todos. Quando as escolas eram melhores, o exame oral era o terror dos alunos. Criaram-se lendas em volta da prática, como a que foi atribuída ao célebre humorista Barão de Itararé. Em prova oral do curso de medicina, o professor pergunta: "Quantos rins nós temos?" "Quatro", o barão. "Quatro?", debocha o mestre ranzinza. E, para tripudiar sobre o aluno, pede ao monitor: "Traga um feixe de capim." "E para mim um cafezinho", diz o examinando. O aluno é expulso da sala. Ao sair, tem ainda a suprema audácia de corrigir o mestre: "O senhor perguntou quantos rins 'nós' temos. Nós temos quatro: dois meus e dois seus. Posso não saber medicina, mas sei português. O senhor trate de fazer as perguntas corretamente."

ORANGOTANGO do malaio *órang*, homem, e *utang*, floresta, homem da floresta. Designa uma espécie de macaco sem rabo, que os antropólogos dizem ser semelhante ao homem, não se sabe bem por quais razões, dado que o bicho tem 1,35 m de altura, cabeça cônica, nariz chato, orelhas pequenas, pernas curtas e braços e mãos grandes, desproporcionais ao restante do corpo. Vive nas selvas de Sumatra e Bornéu e é vegetariano. Tem boa habilidade manual e é o mais inteligente dos antropoides. Os antigos habitantes da Malásia denominavam orangotangos a todos os seus vizinhos, fossem homens ou animais. No primeiro caso, talvez por humor.

ORATÓRIA do latim *oratoria*, subentendendo-se *ars oratoria*, arte oratória. *Orare* em latim tem o significado de falar. Com o advento do cristianismo, ganhou também o sentido de rezar. Tanto que no português entra primeiro oratório, ainda no século XIV, designando o compartimento da casa reservado às orações ou um simples nicho, em forma de capelinha portátil onde é entronizado o santo de devoção do proprietário e da vizinhança. No século XV, surge oratória para designar a habilidade de dizer bem as coisas, a eloquência, a retórica. Eram ainda tempos de um saber enciclopédico em que se destacavam as sete artes liberais, divididas em dois blocos, chamados *quadrivium* e *trivium*. O quadrívio era constituído pela música, a aritmética, a geometria e a astronomia. E o trívio pela gramática, a retórica e a dialética. Naqueles tempos, falar e escrever bem eram ofícios que demandavam cuidados de botânica e de jardinagem das palavras, pois acreditava-se que beleza e verdade andassem de mãos dadas. Assim, um bom juízo sobre determinado tema somente era bem aceito quando proferido com os ornamentos requeridos pelas normas da oratória e da retórica.

ORÇAMENTO do italiano *orzare*, o vocábulo teve origem na linguagem marítima. Orçar era procurar o vento favorável, vindo daí o seu sentido de estimativa, de cálculo aproximado. Naqueles começos, entretanto, as coisas estavam mais separadas e nem os sete anões ou a Branca de Neve participavam do orçamento. Era uma época em que esses entes ainda viviam na floresta, longe do mar e do mar de lama.

ORCO do latim *Orcus*, uma das divindades infernais. Em sentido poético passou a designar os infernos, sempre plural para os latinos. Pesa sobre os pecadores cristãos, porventura sem arrependimento, a ameaça de um inferno apenas, talvez porque os terríveis castigos ali descritos sejam exagerados. Os padres jesuítas dos primeiros séculos tiveram duas grandes dificuldades na catequese ao explicar o inferno aos índios. Os silvícolas, arredios a infligir castigos à família, não concebiam um pai que queimava os filhos em fogo eterno, e ainda refutavam os missionários dizendo que em caso de seu destino ser aquele fogo temível, eles o apagariam, tal como informa o padre Antônio Vieira.

ORDEM do latim *ordine*, declinação de *ordo*. Entre as trinta acepções de ordem registradas pelos dicionários, designa distinção atribuída por méritos, de que é exemplo a *Ordem Real do Espírito Santo*, criada por Henrique III para distinguir os melhores cozinheiros da França, ainda hoje presente na premiação do *cordon-bleu*, cordão azul, atribuído a poucos cozinheiros no mundo, tendo esse nome porque o agraciado recebe um cordão azul.

ORDENAÇÃO do latim *ordinatione*, ordenação. No plural, designa também o conjunto de leis que notabilizou Portugal como a primeira nação moderna a possuir um código completo, as *Ordenações Afonsinas*, depois reformadas por D. Manuel I. As Ordenações eram tão minuciosas que até o mexerico era pecado e por isso, crime. Era considerado autor da fofoca, não apenas quem a iniciasse, mas também quem a transmitisse. Seguiram-se mais dois conjuntos de leis codificadas sob o título de *Ordenações*, proclamadas pela monarquia portuguesa: as *Manuelinas*, de Manuel I, e as *Filipinas*, de Filipe II. Como a Igreja exercia grande influência na sociedade portuguesa, pecados foram transformados em crimes, às vezes punidos com a morte, como foi o caso do adultério: "Mandamos que o homem que dormir com mulher casada morra por isso." Também a mulher adúltera era punida com morte. Maridos e mocinhas que fornicavam estavam isentos. O outro conjunto, muito semelhante aos outros, é o *Código Sebastiânico*, baixado pelo messanista e trágico rei Dom Sebastião, falecido em célebre batalha travada contra os mouros, na África, aos 24 anos. Em 1569, aos 15 anos, rei há apenas um ano, ordenou que fossem abertos vários túmulos do Mosteiro de Alcobaça, justificando a medida como necessária para examinar o estado dos corpos reais ali enterrados. A verdade era outra: verificar se alguns corpos de nobres, entre os quais o da mãe do rei Dom Dinis, Beatriz de Gusmão, mais conhecida como Dona Brites, filha bastarda de Afonso X, rei de Castela e esposa de Afonso III, tinham rabo. A lenda teria surgido porque a rainha possuía muitos vestidos de cauda e o povo inventou que a moda tinha o propósito de disfarçar-lhe, não o tamanho das nádegas, mas o prolongamento da coluna vertical, perdido na evolução das espécies, depois que o ser humano se tornou bípede, mas ainda presente na gente dos Gusmões, de que descendia a rainha. Provavelmente, o adjetivo rabudo para indicar pessoa de sorte deve ter surgido ao tempo de dona Brites, que, sendo bastarda castelhana, teve a sorte de tornar-se rainha de Portugal. Tendo pegado a moda de tais vestidos, por força da influência das roupas que usavam outras damas, imitando as rainhas, gente rabuda passou a indicar pessoas de sorte. Deve ter contribuído também o que estava implícito: a bastarda subiu na vida, à semelhança de arrivistas contemporâneas, por ter um corpo bonito, com especial referência ao traseiro, predileção portuguesa séculos antes de tornar-se também no Brasil preferência nacional. Mais tarde, por influência inglesa, o fraque impôs o qualificativo também aos homens. Estes, com vestes rabudas, só podiam ter muita sorte, dada à posição social que ocupavam.

ORELHA do latim vulgar *oricla*, baseado no latim culto *auricula*, diminutivo de *auris*, parte externa do ouvido, vocábulo que os romanos trouxeram do grego *oûs*. Como era costume entre os pagãos, para quem cada órgão tinha uma entidade sobrenatural que o protegia, costume, aliás, que os cristãos adotaram, substituindo os deuses por santos, de que é exemplo São Brás, invocado para cuidar de nossas gargantas, a orelha também tinha quem a protegesse. Era Mnemósine, a deusa da memória, mãe das nove musas. O terrível costume de pais e professores puxarem as orelhas de filhos e alunos para chamar-lhes a atenção remonta, pois, à Roma antiga. O gesto ancestral de levar as mãos às orelhas, cobrindo-as, ou à boca, em face de tragédias ou acontecimentos imprevistos, deve-se em parte a superstições antiquíssimas dando conta do poder que têm as palavras, ditas ou ouvidas, de deflagrar coisas desagradáveis.

ORFEÃO do francês *orphéon*, orfeão, instrumento de música e também sociedade, clube ou agremiação dedicados exclusivamente ao canto coral, originalmente executado apenas por cantores masculinos e depois por coros mistos. A origem remota é Orfeu, filho de Apolo e de Calíope, que recebeu do pai uma lira e aprendeu a tocar com tal perfeição que, não somente homens e animais se aproximavam dele para ouvi-lo tocar e cantar, mas também árvores e rochas, que perdiam a dureza, amaciadas pela suavidade de sua lira. No seu casamento com Eurídice, a tocha de Himeneu fumegou, fazendo com que os noivos lacrimejassem, o que não era augúrio favorável. De fato, o pastor Aristeu apaixonou-se por ela, que, ao fugir do assédio, pisou numa cobra, que a matou com poderoso veneno.

ORGANDI do francês *organdi* designação de um tecido originário de Urganje, região russa situada no antigo Turquistão, famosa na Idade Média por seu mercado de seda. Na língua portuguesa passou a denominar uma espécie de musselina, um tecido transparente, mais consistente que a seda, mas igualmente leve. Em suas *Novelas paulistanas*, o escritor modernista Alcântara Machado, autor do clássico *Brás, Bexiga e Barra Funda*, descrevendo as vestes de uma personagem, assim se expressa: "O vestido de Carmela coladinho no corpo é de organdi verde."

ORGANIZAR do francês *organizer*, organizar, constituir organismo. Sua origem remota é o grego *órganon*, designando parte do corpo que desempenha funções específicas e detém certa autonomia em relação aos outros. Passou a indicar ação de reunir trabalhos, sistematizados e divididos de acordo com critérios objetivos. Assim procederam os primeiros enciclopedistas para reunir o conhecimento humano. O escritor argentino Jorge Luis Borges, porém, sempre disposto a relativizar a racionalidade, pela inserção de elementos fantásticos em suas narrativas, alude a certa enciclopédia chinesa em que os animais são organizados em categorias, como: "pertencentes ao imperador; embalsamados; amestrados; fabulosos; cachorros soltos; incluídos nesta classificação; que se agitam como loucos; inumeráveis; desenhados com um pincel finíssimo de pelo de camelo, etc.; que acabam de quebrar o jarro; que de longe parecem moscas." O filósofo Michel Foucault utiliza este texto na abertura de sua obra *As palavras e as coisas*, mostrando que seu encanto não está apenas no exótico da classificação, "mas no limite de nosso pensamento, incapaz de pensar isto".

ORGULHO do frâncico *urguli*, excelência, pelo catalão *orgull* e daí ao espanhol *orgullo*, orgulho, altivez, brio. Na tradição portuguesa, a vaidade de ser nobre estava em não trabalhar, especialmente não cultivar a terra. Com o advento da modernidade, o trabalho passou a ser orgulho de todos, nobres e plebeus. O dia do trabalho, comemorado a primeiro de maio, é exemplo do orgulho que têm os que exercem algum ofício. Ainda que haja diferença entre orgulho e vaidade, Sacha Guitry escreveu em *Até nova ordem* que "a vaidade é o orgulho dos outros".

ORIENTE do latim *oriens-entis*, leste, levante, nascente, por ser lugar onde nasce o sol. Daí o verbo orientar-se. Os pontos cardeais sempre se prestaram a metáfora de orientação. Alude-se, por conseguinte, ao norte de uma pessoa ou projeto. E quem está confuso, está desorientado, isto é, perdeu o leste. O oeste e o sul são menos utilizados para aceitar direções.

ORIGEM do latim *origine*, declinação de *origo*, começo, procedência, princípio, que em Português deu origem, com vários significados, um dos quais refere às famílias das quais descendemos. Serve também para identificar os primeiros eventos ligados a alguma coisa, como nesta frase do famoso crítico brasileiro, nascido na Áustria, Otto Maria Carpeaux, autor de *História da literatura ocidental* em oito volumes: "O teatro grego é de origem religiosa: nunca houve dúvida a esse respeito."

ORIGINAL do latim *originale*, original, palavra ligada ao verbo *orire*, levantar-se. A mesma raiz aparece em oriente, declinação de *oriens*, onde o sol se levanta; em *ortus*, nascido, e no antônimo *abortus*, aborto, que não nasceu. No sentido literário, denomina-se original o texto que o autor escreveu e que serve de base para ser publicado. O *Hino Nacional* que cantamos não segue o original do autor. No conto clássico *Brás, Bexiga e Barra Funda*, do escritor Antônio de Alcântara Machado, publicado em 1927, alguns soldados cantam a versão original: "Ouviram do Ipiranga as margens plácidas/ Da independência o brado retumbante." Joaquim Osório Duque Estrada era professor de português no Colégio Pedro II. Seu original prova que ele não perpetrou cacófato quando fez a letra, em 1909. Mas, quando ela foi oficializada, em 1922, já tinham sido feitas muitas alterações.

ORQUESTRA do latim *orchestra*, palavra vinda do grego *orchestra*, designando o lugar onde ficava o coro que fazia a parte que lhe estava destinada na peça apresentada no teatro. Em grego, teatro significa lugar de onde se vê. Em Roma, já no século I, passou a indicar o lugar onde os senadores atuavam, não mais cantando e dançando com os coristas, mas falando e gesticulando. Com o tempo foram agrupados na orquestra os intérpretes de obras musicais manejando vários instrumentos. E a orquestra consolidou-se para designar o lugar do teatro situado entre os espectadores e o palco, num nível mais baixo, onde antigamente os músicos e bailarinos gregos faziam suas evoluções. Em grego, *orkestra* deriva do verbo *orkheisthai*, eu danço. Nos finais da Idade Média, a palavra chegou ao francês e ao italiano, em traduções de Suetônio, aplicando ao teatro moderno a partir do século XVIII, na ópera italiana. Foi em 1817 que se deu o primeiro registro de orquestra com o significado de conjunto de músicos que tocam partituras em vários instrumentos, todos eles em acorde comum. As elites espanholas não aprovaram a designação, que entretanto espalhou-se em todas as línguas e consolidou-se em todas elas.

ORQUÍDEA do grego *orchídion*, pequeno testículo, pela semelhança da planta e flor, inadequadamente considerada parasita por alguns estudiosos. A designação foi criada pelo botânico francês Joseph Pitton de Tournefort, o primeiro a fazer uma clara distinção de gênero para as plantas. Em suas pesquisas para coleta, viajava em companhia do botânico alemão Andreas Gundesheimer e do artista Claude Aubriet. Estudou com os jesuítas e sua obra de referência é *Éléments de botanique, ou Méthode pour reconnaître les plantes* (*Elementos de botânica ou Método para reconhecer as plantas*). Não era um costume novo os cientistas desenharem plantas e flores novas que iam descobrindo, em trabalhos às vezes feitos por eles mesmos, outras vezes por artistas que integravam a expedição, como era o caso. Em 22 de junho é festejado o Dia do Orquidófilo, isto é, de quem gosta e cultiva orquídeas.

ORRA de porra, do latim *porra*, porra, arma do exército romano semelhante ao cassetete utilizado hoje por policiais e também no conhecido programa de televisão *Programa do Ratinho*, apresentado pelo jornalista Carlos Massa entre 1998 e 2006 pelo SBT. Até o século XV designava também cetro eclesiástico. Como interjeição, a palavra porra evoluiu na linguagem coloquial para orra. São comuns tais reduções. Minha Nossa Senhora, acompanhada dos epítetos comuns às diversas devoções, como Minha Nossa Senhora de Aparecida do Norte, virou Nossa senhora, mais tarde minha nossa e enfim apenas nossa. Talvez também esta exclamação logo se torne simplesmente ossa.

ORTOBIOSE de *orthós*, direito, e *bios*, vida, formou-se este vocábulo para designar um modo de pensar muito crítico frente aos benefícios da civilização tidos por óbvios, propondo, ao contrário, um modo de vida mais harmonioso e mais de acordo com a as leis da natureza, tal como já aparece em *Espadas e rosas*, do longevo escritor português Júlio Dantas: "A civilização nunca conduziu, nem conduzirá, à felicidade, à harmonia, à ortobiose humana." Seus livros mais conhecidos são *A ceia dos cardeais*, *O que morreu de amor* e *O amor em portugal no sculo XVIII*. Foi também presidente da Academia das Ciências de Lisboa.

ORTOÉPIA do grego *orthoépeia*, pronúncia correta. A ortoépia indica como pronunciar as palavras segundo as normas gramaticais. Nossa língua é cheia de sutilezas neste particular e sua ortofonia apresenta certas singularidades. O plural de corpo, que no singular tem o primeiro "o" fechado, faz-se abrindo a mesma vogal. E demonstra sua incultura quem pronuncia a forma plural sem abrir a vogal indicada. Movidos por hipercorreção, é frequente o tropeço de arrivistas em seu esforço para acertar a dicção, chegando às vezes ao ridículo. Chegam a pronunciar cachórros em vez de cachorros.

ORTOGRAFIA do grego *orthographía*, escrita correta, pela junção de *orthós*, reto, e *graph*, raiz de *grapho*, escrever, com o acréscimo do sufixo -ia. Nossas reformas ortográficas sempre foram polêmicas. A abolição do trema e a supressão do hífen em vocábulos compostos estão entre os pontos mais polêmicos do novo Acordo Ortográfico, já aprovado pelas oito nações lusófonas e respectivas populações: Portugal, 10,6 milhões; Brasil, 191,3 milhões; Angola, 16,9 milhões; Cabo Verde, 530 mil; Moçambique, 20,5 milhões; Guiné-Bissau, 1,7 milhão; Timor-Leste, 1,1 milhão; São Tomé e Príncipe, 157 mil habitantes, população menor que a muitos municípios brasileiros.

OSCAR do inglês *Oscar*, marca registrada da pequena estátua dourada com que a Academia de Ciências e Artes Cinematográficas de Hollywood (EUA) premia profissionais da indústria do cinema, entre os quais artistas, diretores e técnicos, tidos como responsáveis pelos filmes mais notáveis de cada ano, desde 1928. Sobre a origem do nome há versões controversas. Uma secretária da Academia, depois de várias edições do prêmio, teria dito que a estatueta, criada pelo escultor George Stanley, lembrava-lhe o seu tio Oscar, o agricultor Oscar Pierce. O troféu representa um homem em cima de um rolo de filme, tendo uma espada nas mãos. O responsável pela denominação informal teria sido o crítico de cinema, Sidney Skolsky. A atriz Ruth Elisabeth Davis, mais conhecida como Bette Davis, que recebeu várias vezes o *Oscar*, a primeira delas em 1935, dizia que as costas da escultura eram muito parecidas com as do seu marido Harmon Oscar Nelson. Na língua portuguesa, a palavra foi adaptada como substantivo masculino desde a década de 1930, indicando qualidade em ciências e artes. O vocábulo procede originalmente do germânico *Osgar*, lança dos deuses, pois naquela língua *Os* era o nome de um deus, e *gar* significava lança. A palavra Oscar é usada nas comunicações para representar a letra "o".

ÓSCULO do latim *osculum*, boquinha. Designa o beijo pela forma que tomam os lábios ao serem contraídos, tornando a boca mais arredondada. O beijo pode não ser casto, aliás, raramente o é, mas o ósculo é pudico porque exclui a língua e não faz sucção, livrando-nos por conseguinte de certos desconfortos do carinho público, quando casais indiscretos nos obrigam a ouvir ruídos de desentupidores de pia, acompanhados de trilhas sonoras que semelham o barulho de locomotivas prestes a partir. Mas como a temperança parece ser a grande medida das coisas amorosas, é bonito o beijo dos amados em praça pública. E um dos maiores emblemas do armistício que pôs fim à Segunda Guerra Mundial é a foto de um beijo entre um soldado e sua namorada. No caso, misturaram-se outras pequenas e igualmente importantes celebrações: ele não morreu e ela o esperou voltar. Pelo menos na foto, há a elipse do triângulo ou do trapézio, já que outros porventura envolvidos não estão presentes.

OSSO do latim *ossum*, osso. Nos compostos, entretanto, predomina o grego *ostéon*, osso, como em osteometria (medição dos ossos) e osteotomia (cirurgia que resulta em corte de ossos). Nascemos com 300 ossos, mas ao longo do crescimento alguns se fundem e o número deles cai para 206. O esqueleto só se completa aos 22 anos. Representando 14% do peso do corpo, os ossos medem de 0,25 cm (o menor, chamado estribo, que fica dentro do ouvido) a 50 cm (o fêmur, na coxa). A palavra osso aparece em várias expressões, como osso duro de roer (tarefa difícil de ser feita), roer os ossos (ficar apenas com os restos de alguma coisa), no osso (no fim, quando já perdeu quase tudo), em carne e osso (pessoalmente presente) e ser de carne e osso (ser humano, sujeito a fraquezas).

OSTENSÓRIO do latim *ostensu*, mostrado, particípio passado do verbo *ostendere*, mostrar, formou-se este vocábulo para designar objeto litúrgico, em geral banhado em ouro, utilizado para expor à adoração a hóstia consagrada. O jornalista e escritor Otto Lara Resende, em seu livro *Boca do inferno*, alude à presença desse objeto em cerimônias religiosas: "Tinha o ar compungido de quem estava na procissão acompanhando o Corpo de Deus, que o vigário levava vivo e verdadeiro, no ostensório pelas ruas da cidade."

OSTRACISMO do grego *ostrakhismós*, desterro, banimento. A palavra foi formada de *óstrakon,* que tem forma de *óstreon*, ostra. Na antiga Grécia, a aplicação de penas como a desonra, o confisco de bens e o desterro era feita mediante votação em praça pública, os cidadãos escreviam sim ou não em pedaços de concha ou de casco de tartaruga untados com cera. Com algumas centenas desses votos, o indivíduo era banido por dez anos, o mesmo prazo que a ditadura militar aplicou na cassação de direitos políticos no período pós-1964.

OTÁRIO do lunfardo *otario*, pessoa fácil de ser enganada, mais por ser de boa-fé e menos por ser tola. O lunfardo fez metáfora com animal conhecido como otaria, foca, mamífero pesadão e tido por bobo. Os brasileiros que pagam ágio pelos produtos em escassez no mercado, como os carros populares, foram chamados assim pelo então ministro da Fazenda Ciro Gomes e repreendidos publicamente. As faixas etárias que derrubaram a ditadura militar veem agora no poder alguém que não proíbe nada explicitamente, mas as adverte com palavras jocosas. Passaram a integrar um novo contingente: as faixas otárias. Ou ainda o pelo dos animais que se eriça quando o animal se põe em posição de ataque. Também os pelos e cabelos humanos ficam arrepiados em situação de pavor ou de muita emoção. O Visconde de Barbacena apavorou-se com os revoltosos da Inconfidência Mineira, mas em Portugal, para onde regressou no começo do século XIX, não demonstrou a mesma audácia contra os invasores franceses, a quem se entregou, tendo servido ao general francês Jean-Andoche Junot, que o nomeou para a equipe que foi cumprimentar Napoleão Bonaparte. Este, antes de invadir Portugal, escreveu ao príncipe regente Dom João VI uma carta muito concisa em que dizia que ele poderia escolher entre os "continentais" (os franceses) e os "insulares" (os ingleses): *"Votre Altesse Royale est amenée par ces événements à choisir entre le Continent et les insulaires."* Como se sabe, o monarca português escolheu os insulares e foi obrigado a fugir para o Brasil, evitando assim uma derrota militar acachapante diante de forças inegavelmente mais numerosas.

OURIÇO do latim *hericius*, escrito também *ericius*, designando animal de pequeno porte, de mais ou menos 40 cm de comprimento, com o dorso coberto de espinhos curtos e lisos e as partes inferiores por pelos. No latim a mesma palavra aplicada ao bicho insetívoro, isto é, que come insetos, designava trave com pregos aguçados para servir de obstáculo aos assaltantes. Servia de proteção a casas e propriedades, à semelhança dos arranjos com pregos e cacos de vidro postos atualmente sobre muros de residências. No Brasil, há cerca de 14 espécies de ouriços. O bichinho é conhecido também como porco-espinho e ouriço-cacheiro, mas ele não vende nada. Quem vende e viaja para fazer isso é o caixeiro-viajante.

OURO do latim *aurum*, ouro, o mais precioso dos metais. O gramático latino Sextus Pompeius Festus já registra a forma popular *orum*, praticada pelos funcionários do Império Romano em suas colônias, inclusive na Península Ibérica. Isso explica que em português seja ouro, em espanhol *oro*, em francês *or*, em italiano *oro*. Apenas o latim clássico conservou a inicial "a". Todas as línguas-filhas apoiaram-se no latim coloquial. A cotação do ouro, um dos mais valiosos metais, está em declínio no mercado mundial nos últimos meses. O ouro puro tem cor amarela, mas há também o ouro branco, que conta com uma proporção de níquel que vai de 20% a 50%. Já o ouro verde tem 78 partes de ouro e 292 partes de prata. Aquele que trabalha com peças de ouro é chamado de ourives, do latim *aurifiice*. Tal como aconteceu nas épocas gloriosas do café e do algodão, o petróleo é hoje associado ao metal, sendo chamado de ouro negro. E para dizer que certo período histórico foi um tempo feliz, alude-se a famosos anos dourados, aliás, título de uma minissérie exibida na televisão, da autoria de Gilberto Braga. Seu poder de transformar o mundo recebeu preciosa síntese nos versos de William Shakespeare, em *Timão de Atenas*: "Ouro, precioso ouro amarelo e brilhante!/ um pouco dele fará dos pretos, brancos;/ dos tolos, sábios; do mal, bem; do vil, nobre;/ do velho, jovem; do covarde, valente..."

OUSADO de ousar, do latim tardio *ausare*, ter coragem de dizer e de fazer. Sobre ousados e tímidos escreveu Henrique Maximiano Coelho Neto: "o ignorante é ousado, o sábio é tímido. O que se vê é a mediocridade vencendo, por ser atrevida; o valor esquecido, por não querer afrontar."

OUTEIRO do latim *altariu*, a parte mais alta do altar, radicado originalmente em *altu*, alto, elevado. Designa também pequeno monte e com este sentido aparece nas definições do trabalho atribuído pelos evangelistas a São João Batista, que estaria cumprindo ordem de outros profetas: "Preparai o caminho do Senhor, toda colina e todo outeiro sejam abaixados." Outeiro denominava também festa realizada no pátio dos conventos por ocasião da eleição ou reeleição das abadessas, marcada por versos da lavra dos poetas presentes, feitos a partir de motes dados pelas freiras, algumas das quais perdiam a cabeça e a virtude pelos vates que as contemplavam do outro lado das grades.

OUTONO do latim *autumnus*, estação do ano que vai de 21 de março, quando o Sol atinge o equinócio, a 20 de junho, no solstício. Equinócio é quando o dia e a noite têm idêntica duração. E solstício é quando o Sol mais se afasta do Equador. A poeta Marísia Edmeia de Carvalho Barros, no livro *Outono por um Fio*, escreveu estes versos para saudar a chegada da nova estação: "Onde estaria a aranha?/ Seu fio, tecido às escondidas,/ Segue do vaso, saindo das folhas,/ Até o pedestal da gaiola./ Brilha! E longo.../ Balança ao vento morno da manhã,/ Outono já chegou./ Seu olhar é quente./ Parece verão..." Como metáfora, outono é utilizado também para designar a terceira idade, eufemismo para velhice, ou decadência, fim de algum coisa.

OUTRA de outro, do latim *alter*. É palavra que está se consolidando para designar relação amorosa tida por ilegítima. Como a concubina tem lugar destacado na família patriarcal ao longo de séculos, nossas leis, atentas aos costumes, estão mudando para assegurar direitos àquela que ama um homem casado, tendo, às vezes, filhos com ele. Na tradição brasileira, o rebento já nascia estigmatizado: era o bastardo. A jurisprudência vem mudando o conceito de concubina e redimindo tais relações.

Reflexo da dominação masculina, é a outra e não o outro a figura relevante nos casos extraconjugais duradouros, já que são raríssimos os casos de concubinos a reclamar direitos da mulher casada com quem eventualmente conviveram. A outra atende também pelos nomes de amásia, namorada, amante, caso e até filial, em evidente contaminação com a linguagem comercial, opondo-se à matriz, a esposa. Tais palavras refletem os dramas da monogamia, instituição baseada tradicionalmente no silêncio e na complacência da esposa.

OUTUBRO do latim *October*, oitavo mês, mas no calendário primitivo da antiga Roma, que começava o ano em março. Pela mesma razão, novembro e dezembro aludem à sequência de meses, sendo um o nono, *November*, e outro o décimo, o último do ano, *December*. Quando Júlio César reformou o calendário, ele passou a décimo, posição em que se encontra até hoje, ainda que mantenha o mesmo nome. Os três mantêm o sufixo -*ber*, indicando o mês. Eventos memoráveis aconteceram em muitos outubros. A revista *Aventuras na História*, cuja diretora de redação é Patrícia Hargreaves, fez um interessante apanhado de algumas delas. Uma das efemérides mais importantes de Santa Catarina ocorre todos os anos desde 1984. É a *Oktoberfest*, nome alemão para um festival nascido no ano seguinte a uma grande enchente que devastou Blumenau, com o fim de levantar a autoestima da cidade. É o segundo do gênero no mundo, perdendo apenas para a de Munique. Os blumenauenses consomem um litro de chope por dia durante os dez dias que dura a celebração. E comparecem cerca de 100 mil pessoas, mais da metade da população. No dia 20 de outubro de 1978, 58 toneladas de dinamite mudam o curso do rio Paraná para construir a maior hidrelétrica do mundo, Itaipu, que fica pronta quatro depois e é inaugurada em 1982. No dia 31 de outubro de 1541, depois de sete anos de trabalho, Michelângelo Buonarroti concluía o magnífico afresco *Juízo Final*, na Capela Sistina, que mede 13,70 por 12,20 m.

OUVIR do latim *audire*, a partir de uma raiz indo-europeia *aus*, orelha, presente no grego *otós*, genitivo de *oûs*, ouvido, étimo presente em otite e ótico. Não confundir com óptico. Ótico diz respeito ao ouvido, à audição. Óptico à visão. Otite é inflamação do ouvido. Óptica diz respeito à visão e aos olhos. O poeta Olavo Bilac fez entretanto uma criativa e complexa união entre os dois verbos, ouvir e ver, nestes versos: "Ora (direis) ouvir estrelas!/ 'Certo, perdestes o senso!'/ E eu vos direi, no entanto/ Que, para ouvi-las,/ muitas vezes desperto/ E abro as janelas, pálido de espanto./ E conversamos toda a noite,/ Enquanto a Via-Láctea, como um pálio aberto/ Cintila./ E, ao vir do sol, saudoso e em pranto,/ Inda as procuro pelo céu deserto./ Direis agora: 'Tresloucado amigo!/ Que conversas com elas?/ Que sentido tem o que dizem,/ Quando estão contigo?'/ E eu vos direi:/ Amai para entendê-las!/ Pois só quem ama pode ter ouvido/ Capaz de ouvir e de entender estrelas."

OVAÇÃO do latim *ovatione*, ovação, aplauso, tendo vindo do grego *euoi*, no latim *evoe*, *evoé*, designando grito de alegria ao deus do vinho e da sensualidade, que na Grécia era Dioniso e em Roma, Baco. É provável que a celebração de pequenas vitórias tenha vindo também do latim *ovum*, ovo, dado o costume de marcar com ovos de madeira quantas vezes as bigas davam voltas na arena. Pode ter havido influência de *ovis*, ovelha, animal mais comumente oferecido em sacrifício aos deuses depois de pequenos triunfos. Em todas essas ocasiões, as pessoas batiam palmas.

OVACIONAR de ovação, do latim *ovatione*, declinação de *ovatio*, ovação, ato de aclamar e aplaudir alguém ou muitos. A palavra não tem nada a ver com *ovum*, ovo; com *ovis*, carneiro, ou com *bovis*, boi. Na Roma antiga, *ovatio* designava pequeno triunfo em que um general desfilava a pé ou a cavalo, de todo modo não sobre a carruagem. Passou a expressar alegria, de acordo com o étimo latino, e está presente até em cantos litúrgicos, como em *Adeste, Fideles*, canto de Natal, já gravado, entre outros, por Andrea Bocelli: "*Et nos ovantes gradum festinemus*" (E alegres apressamos o passo). Também aparece em *Os Lusíadas*, no canto I, de Luís de Camões: "Porque Afonso verás soberbo e ovante / Tudo render, e ser depois rendido."

OVERPRICE expressão inglesa que significa literalmente sobrepreço. Ocorre quando a mercadoria é muito cara por ter havido aumento injustificado de preço, que não se deve a despesas adicionais de transporte, impostos etc., mas simplesmente por falta de escrúpulos de quem os majorou, valendo-se de relações de domínio.

OVÍPARO do latim *ovi*, ovo, e *parere*, parir. Animais ovíparos são aqueles que se reproduzem por meio de ovos, que podem ou não necessitar de incubação externa. Peixes e anfíbios não precisam; répteis usam o calor do ambiente; aves fazem essa incubação com o corpo, quase sempre da fêmea.

OVO do latim *ovu*, declinação de *ovum*, ovo. Nas sociedades antigas, o ovo, sobretudo de aves domésticas, demandava muitos cuidados. Alguns ovos precisavam ser chocados, para gerar descendentes. A maioria era consumida, pois o ovo tem sido desde tempos imemoriais alimento, sobretudo para o homem. Nasceram daí curiosas expressões, como "pisar em ovos", significando comportamento cuidadoso, diplomático, habilidoso, principalmente diante de circunstâncias delicadas ou constrangedoras e até num texto que o define como "substância calcária expelida pelo orifício dos galináceos semoventes". Decisiva questão ontológica propôs a pergunta: quem veio primeiro, ou ovo ou a galinha? Já o ovo de Páscoa nasceu do costume de povos setentrionais da Europa, para quem a chegada do Sol na Primavera vinha acompanhada de festas à deusa pagã Eastre. Eles pintavam ovos de cores vivas, brilhantes, que tinham o fim de saudar o Sol, em abril. Tal hábito, a partir do século VIII, com a introdução do Cristianismo, continuou a ser celebrado, mas com uma substituição: as comemorações tinham de celebrar a ressurreição de Jesus Cristo, dogma fundamental da nova religião. Com a entrada do coelho na culinária dessas festas, abundante em certas economias da época, os ovos da páscoa, já de chocolate, foram a ele associados. Mas o ovo mais famoso é o de Cristóvão Colombo, que o pôs em pé, diante das Cortes Católicas da Espanha, mostrando que teria sido fácil descobrir a América, mas ninguém o fizera antes dele. Os caminhos da etimologia podem induzir ou desconcertar a muitos, não apenas a jejunos dos contextos em que palavras e expressões nasceram e se consolidaram. Ovação é outro exemplo. Os romanos celebravam pequenos triunfos sacrificando uma ovelha, do latim tardio *ovicula*, diminutivo de *ovis*, carneiro, ovelha. Nessas celebrações o povo ali reunido cantava, dançava, sacudia os braços, batia palmas. Quando os imperadores comemoravam seus triunfos em desfiles monumentais, eram aplaudidos com se as pessoas estivessem adorando a um deus. E ovação ganhou o sentido de bater palmas, sem que nem ovos e nem carneiros ou ovelhas estivessem mais presentes.

OXALÁ do árabe *in xa Allah*, se Deus quiser. *In* foi substituído pela conjunção *wa*. *Wa xa Allah*, a nossos ouvidos soou oxalá. Ou talvez os árabes que viviam na Península Ibérica proferissem *iá xa Allah*, Deus queira. A expressão foi consagrada no *Alcorão* 18, 23, a *Bíblia* dos árabes: "Nunca digas: farei isso amanhã, sem ajuntar: se Deus quiser."

OZÔNIO do alemão *Ozon*, ozônio, inspirado no verbo grego *ozein*, exalar odor, cheirar, pelo francês *ozone*. Designa um tipo de gás azul pálido, variedade alotrópica do oxigênio, presente na camada da atmosfera terrestre situada entre 12 a 50 km de altura, que protege a terra, mas que já tem um buraco preocupante.

P

PÁ do latim *pala*, designando diversos utensílios, que vão da ferramenta para cavar ou remover terra, neve, carvão etc., à haste de uma hélice. Indica também grande quantidade, como nas frases "pegou uma pá de coisas", "ganhou uma pá de dinheiro", "havia uma pá de gente na praça". Está presente ainda na expressão "da pá virada", designando aquele que não quer trabalhar ou é rebelde, pois com a pá virada não é possível cavar ou carregar um veículo, do carrinho de mão ao caminhão, como fazem os grevistas nas minas de carvão e nas construções civis.

PACA do grego *charax*, pelo latim *characulum*, estaca, significando também mastro, no alto do qual está a cesta da gávea, lugar de trabalho dificultoso para o marinheiro encarregado de avistar novas terras. Foi da casa do *characulum*, para onde em momentos de raiva mandamos tanta gente, servindo a palavra também para designar beleza e quantidade, que o Brasil foi descoberto. Por passar de vulgar a chulo no português do Brasil, teve a expressão reduzida a paca e pacas, evitando o palavrão: bonita paca; havia gente paca. Quando exprime admiração ou raiva, uma de suas variantes é caraca. No italiano a equivalente é *cazzo*, pronunciada "catzo" e ainda não registrada em nossos dicionários. "*Vada a bordo, cazzo!*" (Volte a bordo, caraca!) foi a ordem dada ao comandante que abandonara o navio Costa Concordia antes que os passageiros fossem socorridos.

PACAEMBU do tupi-guarani *pacaembu*, lugar das pacas. O estádio do Pacaembu assim chamou-se por estar localizado em bairro de mesmo nome, na cidade de São Paulo. Dois outros grandes estádios de futebol têm nomes de origem indígena: o *Maracanã*, arara em tupi-guarani, e o *Morumbi*, que significa colina verde ou azul.

PACIÊNCIA do latim *patientia*, paciência. No latim, o significado está vinculado a verbo que tem o sentido de passar, suportar. O maior exemplo de paciência em nossa cultura vem da *Bíblia*, e por isso foi criada a expressão "paciência de Jó". O enredo do *Livro de Jó* é o seguinte: Deus pergunta a Satanás se ele conhece Jó, o mais justo dos homens. Satanás responde que as virtudes de Jó devem-se à generosidade de Deus, que o cumulou de todos os bens. Deus autoriza Satanás a deixar Jó na miséria. O pobre homem perde tudo, mas não perde a fé. E não aceita de jeito nenhum os sofrimentos impostos. Ao contrário, deles se queixa amargamente. Mas o povo deduziu que Jó é paciente por suportar tantas aflições.

PACIENTE do latim *patiente*, paciente, pessoa resignada, conformada. Passou depois a designar o doente, obrigado a ter muita paciência diante de médicos que faziam em seu corpo os mais estranhos experimentos, visando à cura. Sobre as mudanças havidas no tratamento dos doentes, Jô Soares, com seu costumeiro humor, escreveu estes versos: "Outrora, tinha charme um paciente,/ hoje, ninguém mais fica doente,/ como se ficava antigamente."

PACIFISMO do latim *pacis*, caso genitivo de *pax*, paz, que forneceu o étimo para pacífico, pacato, apaziguador, pelo francês *pacifisme*, já designando doutrina que prega o fim de todas as guerras e a solução dos conflitos mediante entendimentos e arbitragens internacionais. Seu maior defensor foi Mahatma Gandhi. Indicado cinco vezes ao Prêmio Nobel da Paz, ele perdeu todas. Defendendo a desobediência civil, usou como lema a expressão *Satyagraha*, do sânscrito *satya*, verdade, e *agraha*, força. O deputado Protógenes Queiroz, quando delegado da Polícia Federal, denominou *Satyagraha* uma de suas operações.

PACOTE provavelmente do germânico *packe*, chegou ao baixo-latim *paccus*, tendo passado ao francês antigo *pacque*, que no francês moderno resultou em *paquet*, no italiano em *pacchetto*, no espanhol em *paca* e no português em *pacote*. Em todas essas línguas conservou o significado original de fardo, embrulho. Em 1977, o então presidente Ernesto Geisel fechou o Congresso e baixou um conjunto de decretos-leis que alterava a vida nacional. Desde então, pacote ganhou também o significado de medidas tomadas de uma só vez pelo governo. O perigo dos pacotes é que às vezes embrulham também os supostos beneficiários.

PADIOLA do latim *paleola*, padiola, espécie de cama portátil para transportar feridos, sobretudo em campos de batalha. No futebol, a padiola passou a chamar-se maca, consolidando-se este último termo.

PADRE do latim *patre*, declinação de *pater*, pai. No espanhol, equivale a pai, aplicando-se cura ao que entendemos por padre. Mas no português consolidou-se como variante para sacerdote. No espanhol prevaleceu a função médica de curar as almas enfermas. No português, ganhou conotação mais próxima, firmando-se como pai espiritual. Quando se trata da referência ao papa, entretanto, as duas línguas concordam na semântica, designando-o como Santo Padre. O domínio comum facilitou a designação, já que papa significa pai. A data de 4 de agosto é dedicada ao padre. O patrono dos padres é São João Vianney, apelidado o *Cura D'Ars*, em razão de ter exercido o sacerdócio por mais de quarenta anos na localidade francesa denominada Ars-en-Dombles, onde morreu. Entre seus dons, estavam o de prever o futuro e saber de fatos ocorridos a distância naquele fim de mundo que era Ars, vila longínqua e negligenciada, para onde nenhum padre gostaria de ir.

PADROEIRO do português arcaico *padrom*, tendo vindo das formas latinas *patronu* e *patronariu*, protetor, padroeiro. Designava primeiramente quem construía um mosteiro ou igreja e ficava responsável por sua manutenção. Escasseando tais padroeiros, passamos a tarefa aos santos. Mas como o caso do Brasil exige cuidados mais diligentes, não confiamos sua proteção aos intermediários, mas diretamente à mãe de Deus, Nossa Senhora Aparecida, cuja festa comemoramos no dia 12 de outubro. Seu domicílio oficial é o município paulista de Aparecida, onde está situada a maior basílica da América Latina, com capacidade para 30 mil pessoas dentro do templo e 300 mil na praça ao redor, de 7 hectares. Santa Genoveva, padroeira de Paris, tem sua festa comemorada dia 3 de janeiro. A menina Genoveva recebeu aos 15 anos o véu de virgem dedicada e foi viver no palácio diocesano. Apesar das inúmeras obras de caridade que praticou, recebeu críticas maliciosas, que aumentaram muito com a invasão de Paris pelas hordas bárbaras dos hunos em 451.

São-lhe atribuídos muitos milagres, entre os quais a cura de uma epidemia de comichões durante uma procissão em 1129. E as críticas cessaram quando Genoveva, que era muito bonita, começou a envelhecer. Morreu aos oitenta anos.

PAGÃO do latim *paganu*, habitante das aldeias. O cristianismo, religião monoteísta, instalou-se primeiro nas cidades, como religião oficial do Império Romano. As aldeias continuaram por muito tempo com seus cultos politeístas. Daí serem pagãos os que não professavam a religião cristã.

PAGAR do latim vulgar *pacare*, fazer as pazes, de *pag* ou *pak*, uma raiz indo-europeia presente no latim *pax*, paz, acordo, indicando também marcos que fixavam limites de propriedades e mais tarde limites de países, como exemplificado no verbo *pangere*, fixar, estabelecer. Da mesma família dessas palavras é *pactum*, pacto, acordo. Pagar tem também o sentido de resgate, de que é exemplo a curiosa relação entre fiéis e santos: os primeiros prometem fazer alguma coisa em troca de favores obtidos com esses intermediários de Deus. Em resumo, pagar é fazer as pazes com o credor, sem que o devedor esteja em guerra antes do vencimento. Podem, porém, tornar-se inimigos, caso as dívidas não sejam honradas. O próprio termo vencimento deriva de vencer, palavra de guerra, de luta. Tem também o sentido de pagar, satisfazer uma dívida, remunerar por trabalhos ou sofrer por crime ou delito praticado. As dívidas devem ser pagas, mas não com outras dívidas, ao contrário do amor, que com amor se paga, segundo o provérbio. Pagamentos vultosos costumam ser notícia, como os resultantes das transferências de jogadores e técnicos do futebol brasileiro para times estrangeiros. Embora escritores recebam pagamentos muito menores que esportistas, tem-se uma ideia da relativa estabilidade de seus direitos autorais pelos pagamentos feitos no passado, de que é exemplo a quantia de 350 libras – cerca de 500 dólares à época – pagas por uma revista inglesa ao famoso poeta Alfred Tennyson pela publicação de um único poema.

PAGELA do latim *pagella*, prestação. O latim *pagina*, fila de parreiras e também coluna escrita que lembra a videira, influenciou outro sentido para pagela, conquanto presente em poucos dicionários, mas de uso amplo e irrestrito em calendários, as famosas folhinhas. O étimo está presente no latim *compaginare*, reunir. Além de página, outras palavras vieram das vinhas para os livros, de que é exemplo vinheta, originalmente desenho de folhas de parreira para enfeitar a abertura de capítulos.

PAGODE antes de ser gênero musical tão em voga, pagode veio do persa *butkädä*, casa dos ídolos, ou do prácrito *bhagodi*, divino. Há outras hipóteses, mas essas parecem as mais plausíveis para designar festas barulhentas, licenciosas, extravagantes, que os portugueses trouxeram da Índia.

PAI DE SANTO de pai, do latim *pater*, e santo, do latim *sanctus*, mas a designação está associada ao sincretismo religioso, que misturou o catolicismo a cultos afro-brasileiros, de que há mostras abundantes na cultura brasileira, sendo exemplo disso o patrono de um dos mais populares clubes brasileiros, o Corinthians Paulista: São Jorge, mártir da Igreja, padroeiro da Inglaterra, chegou ao posto em virtude de um sincretismo não apenas religioso, mas cultural. O futebol, o nome do clube e o patrono, associados à cultura inglesa, receberam no Brasil influências peculiares. Nos fins da Idade Média, as efígies passaram a mostrar o santo enfrentando e vencendo um dragão. Mas como sua existência não está comprovada com documentos, a Igreja, no Concílio Vaticano II, tornou opcional o seu culto. Em maio de 2000, uma empresa dos EUA, que patrocinava o Corinthians, resolveu profissionalizar o clube e banir as superstições, que prejudicavam muito o Timão, como é mais conhecido, segundo o olhar esclarecido da nova diretoria, imposta pelos investidores, e dos métodos dos publicitários contratados para os novos tempos. A fiel torcida – o adjetivo "fiel" surgiu entre 1954 e 1977, quando o Corinthians arrastou o mais longo jejum de títulos – ficou desconfiada, mas torcedores têm mais paciência com a diretoria dos clubes do que o povo com o governo. E a fiel continuou fiel. Entre as modernizações empreendidas, foi demitido o administrador espiritual, o pai de santo Pai Nilson, que dizia fazer ligações diretas com São Jorge, bem antes da modernização telefônica trazer o DDD, sigla de discagem direta a distância. Sem os entendimentos de Pai Nilson com São Jorge, o Corinthians foi eliminado da Libertadores pelo arquirrival Palmeiras; da Copa Brasil, pelo Botafogo; e do Campeonato Paulista, pelo São Paulo. A seguir perdeu dez vezes consecutivas na Copa João Havelange, tendo ficado em último lugar nesse torneio. Ao contrário do que pode sugerir a designação, os filhos do pai de santo não são santos, nem filhos de santos, mas podem tornar-se também pais de santo.

PAI DOS BURROS da profissão do pai do lexicógrafo, tradutor, ensaísta e membro da Academia Brasileira de Letras, Aurélio Buarque de Holanda Ferreira, autor do famoso *Dicionário Aurélio*. Seu pai fabricava carroças e charretes muito confortáveis, não apenas para os usuários, que iam sentados, mas também para os burros que as puxavam. Já era então comum a expressão "Não tenho palavras para agradecer", com que os usuários elogiavam a perfeição daquelas charretes. Aurélio as tinha e por isso fez um pequeno compêndio de elogios, na verdade o seu primeiro dicionário, no qual era possível encontrar as palavras adequadas para endossar o trabalho de seu pai. E o filho do fabricante pouco a pouco deixou de ajudar o pai na confecção daquele meio de transporte tão concreto e passou a cuidar de outros transportes, o das palavras, tornando-se autor de um dicionário, hoje traduzido para dezenas de idiomas. Um dos pesquisadores a registrar tal versão foi Diógenes Praxedes (*Jornal de Brasília*, DF, edição de 8/12/2001).

PAINEL do baixo-latim *panellu*, diminutivo de *pannus*, pano. Hoje pode-se fazer um painel sobre qualquer assunto, principalmente em empresas e universidades, sem que seja utilizado pano algum, a não ser aqueles que cobrem os participantes, naturalmente. Mas nas origens, sem cartazes e sem os recursos eletrônicos de retroprojetores e telões, um pano estendido cumpria, entre outras, a função dos modernos painéis sobre determinados assuntos. No sentido de debate organizado com especialistas e que contam com a participação do público, o termo deriva do inglês *panel*, reunião de personalidades que discutem um tema de suas competências específicas, previamente escolhido, para que as personalidades possam preparar-se para melhor desempenho e melhor proveito do público comparecente.

PAÍS das formas latinas *pagus*, aldeia, e *pagense*, meio rural, veio para o francês *pays*, e dali para o português, já com o significado moderno de terra, pátria, nação. O italiano *paese*, designando região, conserva tal significado, sendo corrente ainda na Itália a expressão *mandare a quel paese*, mandar para aquele país, mandar para aquele lugar, o equivalente a desejar que o destinatário do insulto vá para lugar bem difícil, longe da cidade, em resumo, o inferno. São curiosas e cheias de insólitas complexidades as origens dos nomes de muitos países, a começar pelo Brasil, provavelmente do francês *Brésil*, formado a partir do germânico brasa, depósito de lenha destinada ao fogo, primeiramente, e mais tarde a outros fins, como o de extrair a essência para tingir tecidos e fazer tinta para escrever, as duas principais utilidades de nosso primeiro produto de exportação, o pau-brasil. A madeira serviu também para designar nossa nacionalidade e, dada a prevalência do mercantilismo, por pouco não recebemos a alcunha inteira que a palavra ensejava, pau-brasileiro. Já Portugal, país formado pela união de vários condados, deriva do nome do condado portucalense e provavelmente tem na origem a forma latina *portu galliae*, porta dos franceses, mas persistem controvérsias sobre tal origem. Ao chegarem à Índia, os navegadores portugueses, pela pena de Camões, "passaram ainda além da Taprobana". Taprobana era o atual Sri Lanka, também conhecido como Ceilão, *Singa*, em sânscrito, que significa leão, que está na origem também de Cingapura. Sri Lanka também radica-se no sânscrito *sri*, beleza, glória, e *lanka*, radiante. É na Índia que se passa a lenda de que três príncipes de *Serendip* descobrem, sem querer, coisas maravilhosas. No inglês do século XVIII surgiu então o neologismo *serendipity*, para designar a descoberta involuntária de coisas surpreendentes agradáveis, semelhante ao ato do descobrimento do Brasil dois séculos antes. Já sua independência política, em 7 de setembro de 1822, não foi uma *serendipity* para os portugueses, mas para os brasileiros, sim. E chegamos a ela num processo semelhante ao dos três reis lendários. Com efeito, em viagem pelo interior do Brasil, o imperador Dom Pedro I proclamou nossa independência e já no dia seguinte, um pouco apreensivo, invocou Nossa Senhora Aparecida, declarando-a padroeira do Brasil. Temos dado muito trabalho a essa nossa defensora e, certos de que precisa de ajuda para tarefa tão gigantesca, mantivemos os nomes dos santos em muitos estados e cidades brasileiras, começando pelas duas principais, São Paulo e Rio de Janeiro, embora do primeiro tenhamos subtraído o indígena Piratininga, e no segundo, o católico São Sebastião. Fernando Pessoa imaginou que as lágrimas de Portugal tivessem deixado ainda mais salgado o mar. Referia-se às milhares de mortes das navegações: "Quanto filhos em vão rezaram/ quantas noivas ficaram por casar/ para que fosses nosso, ó mar!" Depois de 1822, mais salgado ficou o mar para os nossos antigos colonizadores. O mesmo poeta pergunta e responde: "Valeu a pena? Tudo vale a pena/ se a alma não é pequena." Em nossa língua é costume grafar o verbete com a inicial maiúscula quando nos referimos ao Brasil.

PAJEM do francês *page*, moço, acompanhante de senhor feudal, príncipe ou dama da nobreza. A origem remota é o grego *paidión*, criancinha, que chegou ao latim como *pathicus*, jovem homossexual passivo. Em italiano, é *paggio*, e designou em tempos antigos o menino encarregado de segurar acima do chão a cauda de longos vestidos femininos. No Brasil, como as mulheres passaram a desempenhar a função antes privativa do sexo masculino, pajem aplicou-se também à babá e à amaseca. Passou a designar a menina encarregada de acompanhar a mocinha, primeiramente na casa-grande, depois também nas mansões e residências das classes abastadas, cumprindo funções de pajem. Com a evolução de usos e costumes, pajem passou a designar também o jovem marinheiro encarregado da limpeza dos navios, diferenciando-se do grumete.

PALÁCIO do latim *Palatium*, Palácio, nome da colina onde ficava a morada imperial na antiga Roma. Vieram daí as palavras palácio, designando a moradia ou sede de autoridades, e paladino, indicando aquele que tinha costumes nobres, próprios de quem vivia em palácios. Residências da família de Dom João VI, como o Palácio de Queluz, o Palácio de Mafra e o Palácio da Ajuda, tornaram-se atrações turísticas. A Casa de Bragança, então no poder, estava metida em brigas homéricas. Em Queluz, a 10 km de Lisboa, viviam a rainha Maria I, a Louca, e a princesa Carlota Joaquina. Dom João, então príncipe regente, vivia em Mafra, a 40 km da capital, rodeado de padres, numa construção de 880 cômodos, que empregou 52 mil homens. Neste palácio, na Sala dos Destinos, há um quadro em que Dom João VI recebe Portugal das mãos do militar inglês Arthur Wellesley, que se tornaria famoso por derrotar definitivamente Napoleão na Batalha de Waterloo, já com o nome de Duque de Wellington. Ali há também uma biblioteca com 40 mil livros antigos, cuja conservação deve muito a morcegos devoradores de insetos, pois estes poderiam danificar os volumes.

PALADAR do latim vulgar *palatare*, derivado do mesmo latim *palatu*, sede do gosto. O verbo remonta a *palatum*, palato, palácio ou *palais de la bouche*, palácio da boca, como o denominaram poeticamente os antigos franceses. A origem da palavra palácio, ao qual foi primitivamente comparado o céu da boca, remonta ao monte Palatino, em Roma, onde o imperador Augusto mandou edificar sua residência oficial. Os romanos haviam trazido da Grécia a deusa *Palas*, que protegera Troia. Por atração mútua e semelhança, consolidaram-se as palavras *palatum* e *palatium*. Sem o conhecimento preciso que depois a anatomia obteve, indicando a exata localização das papilas gustativas, os romanos achavam que comes e bebes eram mais bem saboreados no céu da boca que, junto a língua, é dos órgãos mais importantes na decifração do gosto de cada alimento ou bebida.

PALCO do lombardo *palko*, viga, que passou ao italiano como *palco*, denominando primeiramente as vigas de sustentação dos tablados e depois o próprio local das representações teatrais. É usado também em sentido metafórico, tal como aparece neste trecho de *Vida e História*, de José Honório Rodrigues: "O Rio foi o palco da mais renhida exibição das virtudes e pecados do personalismo nacional."

PALESTINO do grego *palaistinói*, habitante da *Palaistine*, região então pertecente à Síria, entre a Fenícia e o Egito, pelo latim *palestinus*. No grego, o nome está ligado à deusa Palaístra, filha de Mercúrio ou de Hércules, a quem se atribui a função da luta. A Palestina é a ponte de terra entre a Europa e a África, controlando o acesso da Mesopotâmia ao Mediterrâneo. Quando são feitos os primeiros registros históricos, os palestinos aparecem como semíticos, cananeus, fenícios, formando cidades-Estado independentes. Na Palestina há grande diversidade geográfica. Montes estão a quase 3 mil metros acima do nível do mar e o Mar Morto está a 389 metros abaixo do nível do Mediterrâneo. Os hebreus chegaram à Palestina no século XIII a.C. Palco de conflitos sempiternos, a região tem sido teatro de guerra por muitos séculos. Quando chegaram à Palestina, os hebreus, chefiados por Josué, que substituiu Moisés, praticaram atrocidades tão terríveis quanto a de seus inimigos na tomada de Jericó.

PALESTRA do grego *palaístra*, lugar onde eram realizados os exercícios físicos, as lutas corporais, as instruções verbais para as lutas e os embates de ideias. Por isso, o vocábulo manteve o sentido guerreiro que preside uma palestra, na qual ideias podem lutar, vencer e ser vencidas.

PALIATIVO de *paliar*, do latim tardio *palliare*, cobrir, disfarçar, dissimular. Ganhou o sentido de encobrir porque a origem remota é um pano retangular utilizado pelos filósofos gregos para cobrir as costas, denominado *pallium*, em Roma. Também as hetairas ou heteras o usavam. Elas eram cortesãs, prostitutas de luxo, entretanto cultas, pois viviam na companhia de homens sábios, com quem aprendiam e a quem às vezes ensinavam música e outras artes. Paliativo passou a qualificar o que cobre o problema, mas não o erradica ou evita, como se diz de medidas que não cumprem os fins a que se destinam, tornando-se paliativas, isto é, que não resolvem, pois não bastava pôr o pano sobre as costas para se tornar filósofo ou hetera.

PALÍNDROMO do grego *palíndromos*, pela formação *palin*, de novo, repetição, e *dromos*, correr. Diz-se de frase e palavra que conservam o significado, mesmo quando lidas da esquerda para a direita ou da direita para a esquerda. Um dos mais famosos palíndromos está presente no romance *Avalovara*, de Osman Lins. Situando parte da narrativa no ano 200 a.C., em Pompeia, apresenta-nos um escravo frígio, Loreius, que é o interlocutor preferencial do comerciante Publius Ubonius, seu dono. Cheio de apreço por curiosidades intelectuais, este promete a liberdade a Loreius se o escravo descobrir uma frase que, sem perder o significado, possa ser lida da esquerda para a direita e da direita para a esquerda. A língua dos dois é o latim. Depois de muito elucubrar, um dia, ao acordar, o escravo toma consciência de que, enquanto dormia, seu cérebro chegou à frase *sator arepo tenet opera rotas*, cuja tradução é: o lavrador mantém cuidadosamente a charrua nos sulcos. Mas pode também ser entendida assim: o lavrador sustém cuidadosamente o mundo em sua órbita. A caminho de encontrar-se com o dono para obter a liberdade, dá-se conta de um perigoso divertimento: "Um prazer talvez superior à liberdade é adiá-la." Comunica, entretanto, ao dono que descobriu a frase. Este, "desgastado com a sua altivez, passa a adverti-lo". O escravo diverte-se com as reprimendas: "Trate-me como a um homem livre. Na verdade, eu já não sou seu escravo. Descobri as palavras." O dono revolta-se: "Então diga-as." O escravo não perde a calma: "Não. Só as revelarei quando bem me aprouver." Mas um dia Loreius, para obter os favores de uma cortesã chamada Tyche, revela-lhe o segredo da frase. Tyche, comerciante como o dono de Loreius, com a diferença de que aluga o corpo, vislumbra vantagens na confidência e revela o segredo a um vinhateiro de quem é amante. O vinhateiro vende as cinco palavras a Publius Ubonius, o dono do escravo. Loreius, vendo riscada nas paredes e escrita com vinho, nos balcões das tavernas, a sentença que inventou, volta ao quarto de Tyche e brada pela última vez as palavras que lhe possibilitariam a liberdade.

PALMARES de *palmar*, do latim *palma*, com influência do semítico *padmar*, ambos designando a palma da mão. Na geobotânica brasileira é a região onde predominam as palmeiras babaçu e carnaúba.

PALMEIRA do latim *palma*, mais o sufixo -eira. Recebeu este nome porque suas hastes lembram mãos estendidas. É também conhecida como palma e coqueiro. Inúmeras fazendas brasileiras ostentam palmeiras imperiais, assim denominadas por datarem dos tempos do Império, algumas delas por terem sido plantadas por um de nossos dois imperadores. No Brasil há 3.500 espécies de palmeiras, entre as quais o buriti, o babaçu, o palmiteiro e o coqueiro-da-baía, cujo fruto fornece-nos a refrescante água de coco. Inspirou esses versos a Alberto de Oliveira em *Aspiração*: "Ser palmeira, depois de homem ter sido! Est'alma/ que vibra em mim, sentir que novamente vibra,/ e eu a espalmo a tremer nas folhas, palma a palma,/ e a distendo, a subir num caule, fibra a fibra." Além do mais, dá nome a um dos principais clubes brasileiros, originalmente denominado Palestra Itália, por ter sido fundado por imigrantes italianos.

PALPITAR do latim *palpitare*, palpitar, agitar, pulsar, com origem remota em *palpare*, acariciar, afagar. Ganhou o sentido de ter pressentimentos e, mais tarde, de adivinhar. Aparece nestes versos de "Eterno sonho", do poeta catarinense Cruz e Sousa, um dos maiores simbolistas que o mundo teve: "Talvez alguém estes versos lendo/ Não entenda que amor neles palpita,/ Nem que saudade trágica, infinita/ Por dentro dele sempre está vivendo./ Talvez que ela não fique percebendo/ A paixão que me enleva e que me agita,/ Como de uma alma dolorosa, aflita/ Que um sentimento vai desfalecendo./ E talvez que ela ao ler-me, com piedade./ Diga, a sorrir, num pouco de amizade,/ Boa, gentil e carinhosa e franca;/ – Ah! Bem conheço o teu afeto triste.../ E se em minha alma o mesmo não existe,/ É que tens essa cor e é que eu sou branca!"

PALPO do latim *palpus*, afago. Designa também, no latim científico, o segundo par de apêndices das aranhas, que elas usam para dominar suas presas e nelas inserir o veneno que trazem nas quelíceras, que semelham pinças. Estar em palpos de aranha é locução que indica séria dificuldade, mas o povo transformou palpo em papo. Assim, a expressão é "estar em papos de aranha". Os gramáticos resistem a aceitá-la.

PAMONHA do tupi-guarani *apá*, por inteiro, e *mimõia*, cozido. Designa comida preparada originalmente pelos indígenas, depois adotada pela culinária portuguesa, consistindo de milho verde ralado, a seguir embalado na própria palha da espiga e finalmente cozido em água quente.

PAMPA do quíchua *pampa*, planície, às vezes comparada com o mar, devido à larga extensão e coxilhas semelhantes às ondas oceânicas, fazendo o olhar perder-se no horizonte, como ocorre no Rio Grande do Sul, nas fronteiras do Brasil com a Argentina e o Uruguai. Está presente em célebres obras literárias do Brasil meridional, como na série *Um castelo no pampa*, de Luiz Antonio de Assis Brasil, composta de três romances, que trouxe para a literatura brasileira um importante prêmio internacional, o Pégaso de Literatura, concedido na Colômbia. Os três livros foram publicados com os subtítulos de *Perversas famílias*, *Pedra na memória* e *Os senhores do século*.

PANAMÁ de origem controversa, designando, em língua indígena falada no Panamá ao tempo de seu descobrimento, abundância de peixes, de borboletas ou de árvores. Em 1888, passou a designar roubalheira por força das fraudes de uma companhia encarregada da construção do Canal do Panamá, só concluído em 1913. Designa, por equívoco, o chapéu fabricado no Equador, comercializado no Panamá.

PAN-AMERICANO vocábulo formado a partir do prefixo pan-, do grego *pân*, *pantós*, tudo, todos, e americano, relativo às três Américas: a do Norte, a do Sul e a Central. A cidade do Rio de Janeiro sediou os jogos pan-americanos de 2007. Mais de 5 mil atletas de 42 países das Américas participaram. O Brasil ficou em teceiro lugar no quadro de medalhas, com 54 de ouro, 40 de prata e 67 de bronze.

PANDEMÔNIO de neologismo criado pelo poeta inglês John Milton, em seu famoso livro *O paraíso perdido*. Para inventar o vocábulo, que designa o palácio de Satanás, o escritor serviu-se de dois compostos gregos: *pan*, tudo, todos, e *daimónium*, demônio, aquele que divide, que separa. Seu célebre poema, cujo título original é *Lost Paradise*, não foi escrito por ele, mas ditado, pois o célebre teólogo e político já estava cego. Pobre e esquecido, vivia abandonado por todos, desde a morte de Oliver Cromwell, de quem fora partidário convicto e divulgador de suas ideias. Por influência de seu livro, pandemônio passou a designar confusão extraordinária.

PANE do cruzamento das palavras do latim *penna*, pena de ave, e *pannus*, pano, pelo francês *panne*, vela de navio e também farrapo. Nasceram daí as expressões *être dans la panne*, estar na miséria, pouco usada no Brasil, e entrar em pane, dispondo as velas da embarcação de tal modo que seja imobilizada. Passou a designar falha do motor do automóvel e depois interrupção de qualquer dos mecanismos que fazem com o que o avião voe. E quando nenhum deles funciona, é pane geral. No voo 447 da Air France, todas as 228 pessoas a bordo morreram, no dia 31 de maio de 2009. O avião enviou 24 mensagens de pane em quatro minutos, 14 delas em apenas um minuto.

PANELA do latim vulgar *pannella*, diminutivo de *panna*, frigideira, ainda que a forma culta preferisse *sartagine*, de *sartago*, mistura. Na tradição culinária portuguesa e brasileira, mistura designa o alimento que, por ser mais raro e mais difícil de ser obtido, acompanha o prato. Nos restaurantes, que demoraram a ser frequentados pelo povo no Brasil, o prato principal equivale à antiga mistura, e as guarnições, ao antigo prato principal, de que é exemplo feijão, arroz e carne. A carne é a mistura. A formação de panela percorreu o caminho que vai do cru ao cozido, passando pelo assado e pelo frito em óleo. A *sartagine* romana, ancestral da *oleum fictis*, vasilha de barro onde se guardava o azeite, servia inicialmente para levar ao fogo apenas alimentos que demandassem óleo. A *panna* já trazia alimentos misturados. Diz provérbio popular, às vezes exarado de forma licenciosa e erótica, por força das alusões à sexualidade, que "panela velha é que faz comida boa". Késia Quintaes, em dissertação de mestrado defendida na Faculdade de Engenharia de Alimentos da Unicamp, orientada por Jaime Amaya-Farfan, comprovou cientificamente a validade do dito popular. Sua pesquisa começou quando ouviu um vendedor em Ouro Preto (MG) que vendia panelas de pedra-sabão, dizendo que serviam para enriquecer os alimentos com ferro e outras substâncias. Teve, então, a ideia de pesquisar os motivos da sabedoria ágrafa e buscou informações sobre o assunto. "Já conseguimos dar subsídio científico à crença popular mineira de que as panelas de pedra-sabão previnem e tratam anemia por deficiência no consumo de ferro, mas também tivemos resultados interessantes em laboratórios com as panelas de ferro, que também liberaram ferro para os alimentos", declarou a pesquisadora. "Indivíduos que utilizam esses utensílios regularmente estarão se prevenindo de ter anemia ferropriva", acrescentou. No caso das panelas de aço inoxidável, ela conta que não há liberação de quantidades significativas de ferro para os alimentos, apesar delas terem 78% de ferro em sua composição. A professora ocupou-se das panelas feitas de pedra-sabão e agora se prepara para estudar os efeitos na comida feita em outras panelas. Seu trabalho foi noticiado com destaque em *Com Ciência* (número 38, novembro de 2002), revista eletrônica de jornalismo científico, do Laboratório de Jornalismo (Labjor), da Universidade Estadual de Campinas.

PANELEIRO do latim *pannella*, diminutivo de *panna*, frigideira, formou-se panela, de onde, por derivação, surgiu paneleiro, lugar onde as panelas são guardadas e também quem as fabrica. Em além-mar é gíria lusitana para homossexual. O feminino paneleira ganhou autonomia para designar a mulher cujo ofício é fazer panela de barro, uma qualificação que vem sendo passada de mãe para filha há mais de quatro séculos, mas corre risco de extinção. Esse recipiente é essencial a alguns pratos, como a moqueca. Quem fez esse tipo de panela de barro pela primeira vez foram mulheres índias das tribos una e tupi-guarani.

PANETONE do italiano *panettone*, designando pão doce que é item indispensável à mesa nas festas natalinas. O panetone é feito com açúcar, farinha de trigo, ovos, leite, manteiga, frutas cristalizadas e passas. Os primeiros panetones surgiram no século XVI, em Milão, inventado por um padeiro às vésperas do Natal. O misto de bolo e pão por ele criado ganharia o mundo por ocasião das festas de fim de ano. Sua denominação, de origens lendárias, já foi atribuída à sustança, como o povo denomina a essência de um alimento, do panetone, *pane tonico* (pão fortificante), e também ao suposto fato de o padeiro inventor ser conhecido por Toni, ensejando a expressão *pane di Toni*, pão do Toni, depois grafado como *panettone* por algum gramático que recolheu a denominação desconhecendo sua origem popular. Em vez de certas polêmicas terminarem em *pizza*, poderiam acabar em panetone de vez em quando, para pelo menos mudar-se o cardápio das funestas celebrações, já que usos e costumes demandam outras providências.

PANGEIA do grego *geos*, terra, com o sufixo pan-, utilizado em tais formações para indicar totalidade. Designa o único continente que teria constituído originalmente a Terra. Há 200 milhões de anos, segundo os cientistas, teria existido essa unidade maciça de terra, que depois se dividiu em duas porções e mais tarde nos atuais cinco continentes: Ásia, África, Europa, América e Oceania. As ilhas seriam as sobras destas divisões. O estudo de fósseis de animais pré-históricos, que permitem sua reconstrução, tarefa iniciada por Georges Cuvier, está pouco a pouco confirmando a hipótese da primitiva unidade dos continentes.

PANGRAMA do grego *pan*, e *grama*, letra. Diz-se de uma frase que contenha todas as letras do alfabeto. Os dicionários registram compostos como tetragrama, quatro letras, e hexagrama, seis letras, mas a palavra pangrama ainda não foi dicionarizada no português. Entretanto é muito útil a tipógrafos e diagramadores de textos para examinar numa só frase todos os caracteres utilizados. Um exemplo: "Zebras caolhas de Java mandam fax para a querida moça gigante de New York."

PÂNICO do grego *Panikós*, Pã, deus e protetor dos rebanhos e dos pastores. Passou a sinônimo de medo e de pavor pela crença de que os ruídos que se ouviam nas montanhas e nos vales eram provocados por ele e eram conhecidos no grego pela expressão *thórubos Panikós*. Pã foi deus muito cultuado pelos atenienses por ter assustado os persas durante as guerras médicas.

PANQUECA do inglês *pan*, panela, frigideira, e *cake*, bolo. A modalidade de panqueca que leva o nome de crepe suzette surgiu no verão de 1896, em Mônaco, em homenagem ao nome da namorada de um nobre solteirão. Não se sabe o sobrenome da tal Suzette, cujo namoro com o celibatário, de acordo com os amores de verão, durou apenas uma estação, com a diferença de que a estação volta, mas os amores sazonais costumam ser efêmeros. Ao preparar a sobremesa, o banqueteiro francês Henri Charpentier derramou licor curaçau em excesso sobre as panquecas doces. Ao flambá-las, somente não as incendiou porque, muito habilidoso, apagou as chamas com rapidez. Impressionado com a intervenção que poderia ter graves desdobramentos, começando pelo perigo de fazer explodir alguns convidados já meio embriagados, o príncipe que namorava a plebeia perguntou como se chamava a iguaria. "*Crêpes princesse*", disse o francês. "De hoje em diante, será *crepe suzette*." O namorado era Eduardo VII, príncipe de Gales, filho e sucessor da rainha Vitória. Seu nome envolve outra história curiosa. O correio britânico emitiu selo em sua homenagem e, como de hábito, enviou ao rei no dia 5 de maio de 1910. No dia seguinte, ele morreu. E o selo é o mais raro de todas as coleções. Existe somente um, pois o estoque foi destruído.

PANTALÃO do italiano *pantalone*, passando pelo francês *pantalon* e pelo espanhol *pantalón*, designando a calça comprida, de boca larga, que hoje conhecemos. Provavelmente recebeu este nome porque um ator de Veneza, que morava no bairro de São Pantaleão, usava calças compridas, então raras na Itália.

Os romanos usavam saias e túnicas e consideraram ridícula a calça usada pelos gauleses, chamada de *braca*, mas, depois, o frio que sentiram obrigou-os a mudar de opinião e as bracas impuseram-se como nova indumentária no império. A palavra braguilha, denominando a abertura das calças, vem de braga, a grafia portuguesa de *braca*.

PANTOMIMA do grego *pantómimos*, pantomima, isto é, exprimir tudo por gestos. No teatro grego designava um gênero de comédia em que os atores não falavam, expressando-se apenas por mímicas no rosto e movimentos do corpo, especialmente de braços e pernas. Durante muitos séculos, gesto significou rosto, conforme vemos nessa passagem das *Lendas e narrativas*, do famoso historiador, romancista e poeta português Alexandre Herculano, descrevendo um personagem: "As feições enrugadas, a palidez do rosto, o encovado dos olhos, que lhe davam ao gesto todos os sintomas de cadáver."

PÃO do grego *panos*, pão, derivado de *paomai*, comer, pelo latim *pane*, declinação de *panis*, pão. Os antigos romanos tinham o *panis pulcherrimus*, pão fino, de primeira qualidade, e o *panis secundus*, pão de segunda, provavelmente origem remota das expressões carne de primeira e carne de segunda. Originalmente o pão foi feito de farinha de trigo, de cevada, de centeio, e mais tarde de painço e de farinha de milho, esta última apenas depois da descoberta da América, pois os europeus desconheciam o milho até então. O pão está presente na mais bela da orações cristãs, o Pai-nosso, na qual se pede "o pão nosso de cada dia nos dai hoje", e na palvra pão-duro, designando o avarento, por guardar o pão, em vez de comer e compartilhar com os companheiros, palavra que etimologicamente significa aqueles com quem se come o pão. Os primeiros a compartilhar o pão, depois dos familiares, foram os militares, os viajantes e os marinheiros. Também as comunidades cristãs têm no pão um de seus maiores símbolos, de que é exemplo a Última Ceia, a última refeição que Jesus fez com seus discípulos, imortalizada no quadro de Leonardo Da Vinci.

PAPA do latim *pappa*, por sua vez vindo do grego *páppas*. Originariamente era uma expressão da ternura infantil, significando papai. Os primeiros bispos cristãos foram chamados de papas, mas depois o uso do vocábulo ficou restrito à mais alta autoridade da Igreja. O primeiro papa a chamar-se assim foi São Sirício, no ano de 385. Como alguns bispos continuassem a fazer uso do título, outro papa, Gregório VII, decretou, no Concílio de Roma, em 1076, que somente o papa poderia ser chamado assim. Com exceção de Bento XVI, os papas somente têm sido substituídos por motivo de morte, que, para 216 deles, foi natural. Mas trinta foram martirizados, seis foram assassinados, quatro morreram no exílio, dois morreram de ferimentos recebidos em tumultos, um morreu de acidente e um morreu na prisão.

PAPADO de papa, do latim *papa*, radicado no grego *páppas*, papai ou avô na linguagem infantil, acrescido do sufixo -ado, usual em formação desse tipo de palavra. Entre os séculos III e V, passou a designar o bispo de Roma, o cargo mais importante da cristandade, quando a Igreja fez recuar o termo para aplicar uma linhagem que começou com São Pedro, o primeiro papa, e veio até o atual. Alguns referenciais dizem muito: Espanha e Portugal, dos reis católicos, deram cinco papas: três espanhóis e dois portugueses. A Inglaterra, mais protestante do que católica, deu apenas um, como a católica Polônia. Síria e Palestina deram oito papas. A França (ou regiões hoje a ela pertencentes) deu 17. A Itália deu 203, dos quais 99 eram de Roma. O atual papa é da Argentina. O número de papas varia de 260 a 266. Uma das obras mais confiáveis, o livro do francês Jacques Mercier, *Vingt siècles d'histoire du Vatican: de Sant-Pierre a Jean-Paulo II* (Paris, Éditions Lavauzelle, 530 páginas) concorda com 260. Mas a Enciclopédia Católica (*The Catholic Encyclopedia, Volume I*, Robert Appleton Company, New York, 1999) deu João Paulo II como o de número 265.

PAPAGAIO DE PIRATA papagaio é vocábulo que pode ter vindo do árabe *babagã* ou do sânscrito *pippãka*, designando a ave capaz de reproduzir a voz humana. Pirata veio do latim *pirata*, termo vindo do grego *peiratés*, para designar o ladrão navegante, aquele que atravessa os mares só para roubar os navios. No folclore político, a locução designa o oportunista que se coloca atrás do entrevistado, em geral alguém importante, só para aparecer em fotos e na televisão, roubando, assim, um pedacinho da cena e do prestígio do outro. A expressão foi registrada, entre outros, pelo ex-ministro da Comunicação Social, Said Farhat, em seu *Dicionário parlamentar e político*, que reúne 1.530 verbetes em suas 998 páginas, obra de consulta indispensável para que o cidadão brasileiro conheça seus representantes e os caminhos percorridos por suas ideias, pois várias delas podem se transformar em leis às quais todos devemos cumprir.

PAPAI-NOEL indicando os presentes de Natal, este vocábulo composto tem origem em Papai Noel, do francês *Père Noël*, Pai Natal. No francês, por influência do latim *novus*, novo, transformou-se em *nouvel*. Na designação do velho de barbas brancas, *nouvel* foi contraído para *noël*. Como passou a ter função de nome, veio a ser grafado com inicial maiúscula, por influência da cultura francesa. Com o banimento do culto aos santos pela Reforma Protestante, cristãos holandeses espalharam pelo mundo a forma dialetal *Sinter Klaas*, que serviu de despiste à censura e se referia a São Nicolau. Os colonizadores norte-americanos, adaptando a pronúncia, passaram a chamá-lo *Santa Claus*, vinculando-o à figura de Papai Noel. Muito rico, São Nicolau começou seu costume de dar presentes jogando moedas no quintal de um vizinho. Algumas caíram em meias e sapatos das crianças. Vem daí o costume de as crianças colocarem os sapatos nas janelas nas festas de Natal e Ano Novo. Já a imagem do Papai Noel como conhecemos hoje foi criada em 1931 por um sueco beberrão chamado Haddon Sundblom, atendendo a uma encomenda da Coca-Cola para conquistar o público infantojuvenil. Papai Noel tornou-se um velhinho de barbas brancas, alegre, alto, gordo, vestido de vermelho e branco. Depois de sua estafante noite distribuindo brinquedos no mundo inteiro, descansava tomando garrafas do refrigerante. Antes, Papai Noel vestia-se de azul, amarelo, verde ou vermelho.

PAPALVO palavra formada pela junção de papo e alvo, para designar a codorniz, ave muito boba, que voa com dificuldade e é presa fácil dos caçadores. Tem penas brancas na frente. Em sentido conotativo, passou a designar quem é curto de inteligência, simplório, pateta.

PAPAMÓVEL junção das palavras papa e móvel para designar veículo blindado que o papa utiliza para locomover-se nas cidades dos países que visita. Seu uso tornou-se indispensável no papado de João Paulo II, que sofreu diversos atentados. O neologismo foi criado a partir do latim *mobile*, o que se move.

PAPANICOLAU do nome do médico grego Geórgios Papanicolaou, designando exame ginecológico que tem o fim de prevenir o câncer no colo do útero. Três dos mais consultados dicionários – *Houaiss*, *Aurélio* e *Michaelis* – não o registram, mas a palavra funciona na língua portuguesa como substantivo e adjetivo, tal como reconhece o dicionário *Aulete Digital*, cuja consulta é gratuita na internet, mediante cadastramento. O exame é feito pela coleta de material do útero, depois colocado numa lâmina para ser analisado no microscópio por um patologista. A infecção eventual é causada pelo HPV, iniciais em inglês de papiloma vírus humano, que pode formar tumores, benignos ou malignos. Já há vacinas que previnem contra esse vírus. O exame papanicolau também pode diagnosticar doenças sexualmente transmissíveis (DST).

PAPARAZZI do italiano *paparazzi*, designando fotógrafos indiscretos que vivem à espreita de situações que as celebridades envolvidas não gostariam de ver fotografadas. O vocábulo já integra a linguagem jornalística há muitas décadas. Foi cunhado pelo famoso cineasta italiano Federico Fellini no filme *A doce vida*.

PAPEAR de papo, formado de papar, do latim vulgar *papare*, designando o verbo utilizado por crianças e escravos para pedir comida. O francês formou *bavarder*, com o sentido de tagarelar, a partir de *bave*, baba, saliva, do latim *bava*. Nos anos 1950, apareceu, no coloquial francês, *piapiater*, designando a expressão onomatopaica *et patati et patata*, que no português perdeu os dois "et" e se consolidou apenas como patati, patatá. Os dois vocábulos costumam aparecer em sequência e cumprem função semelhante à de etc. Ao pedir comida, crianças e escravos, que ainda não dominavam as complexas estruturas do latim culto, pareciam referir apenas o trajeto que o alimento faz da boca, pela garganta, ao estômago. Assim, a conversa de entretenimento seria semelhante àqueles balbucios. E papo, bater papo e papear vieram a designar apenas o ato de falas superficiais, sem profundidade. Mas papear traz uma contradição em face da forma escolhida por escravos e crianças. A prolixidade substitui a objetividade.

PAPEL do catalão *paper*, que o recebeu do latim *papyru*. Mas os romanos o trouxeram do grego *pápyros*, que designava a planta, procedente do Egito, cujas hastes eram utilizadas na confecção de folhas para escrever. Em palavras de domínio conexo, houve influência do nome de uma cidade chamada Cato, perto de Tiro, no Líbano. Em 3000 a.C., há registros de que os egípcios já utilizavam a polpa do papiro na escrita, depois aproveitada na fabricação de papel em trabalhos realizados pelos escribas dos faraós, profissão de relevo na sociedade egípcia antiga, a ponto de desfrutar de caráter sagrado. Ainda no primeiro milênio os chineses inventaram a primeira fábrica de papel, depois instalada também em Bagdá. Foram chineses e japoneses os primeiros a empregar a seda e o algodão na fabricação do papel. Mais tarde apareceu um outro tipo de papel, de melhor qualidade, na cidade de Pérgamo. A nova modalidade recebeu o nome de pergaminho. Em 123 a.C., o chinês Ts'ai Lun utilizou pasta de madeira na fabricação de papel. Do Egito, da Síria e do Iraque as indústrias de papel foram trazidas para a Itália, a França, a Alemanha, a Espanha, a Inglaterra, a Suíça e Portugal. Mas, como era costume da Coroa portuguesa, o fabrico de papel era severamente controlado para que a liberdade de expressão pudesse ser melhor vigiada. Data de 1846 a primeira fábrica de papel brasileira, instalada nas vizinhanças de Petrópolis, no Rio de Janeiro.

PAPELÃO do grego *pápyros*, papiro, pelo latim *papyrus*, papiro e dali ao catalão *paper*, papel, de onde chegou ao português papel. O papiro, grande erva própria das margens alagadiças do rio Nilo, na África, tem longas folhas de cujas hastes se obtinha o papiro, material sobre o qual se escrevia, antes da invenção do papel. Papelão designa o papel grosso, de espessura superior a 0,5 mm, utilizado na fabricação de caixas, capas de livros, pastas, embalagens etc. No sentido metafórico, é sinônimo de fiasco, de gafe. No sentido factual, lida com papelão o artista Sérgio Cezar, filho de porteiro e de empregada doméstica, que trabalha com sucata desde menino. Responsável pela abertura da novela *Duas caras*, que apresenta suas esculturas em papel reciclado, catado no lixo, compôs uma favela que foi construída em apenas 28 dias, com a ajuda de nove pessoas. Sozinho, ele levaria três anos. Ele foi descoberto por Hanz Donner, designer e artista gráfico, responsável pelas aberturas dos programas da Rede Globo.

PAPEL-CARBONO de papel, do grego *pápyros*, pelo latim *papyrus*, arbusto do Egito em cuja entrecasca se escrevia, pelo catalão *paper*, folha de papel, e de carbono, do latim *carbone*, declinação de *carbo*, carvão, carbono. Unidas por hífen, as duas palavras designam um papel fino, impregnado de tinta ou fuligem numa das faces e que serve para cópias ou decalques. Atualmente é menos usado, pois até os blocos de notas fiscais já saem das gráficas com a fuligem do carbono nas folhas destinadas a produzirem cópias. O poeta, cronista e professor Affonso Romano de Sant'Anna pergunta pelo antigo recurso, de presença obrigatória nos escritórios, em crônica intitulada "Cadê o papel-carbono?", no livro *Tempo de delicadeza* (Editora LP&M): "Outro dia tive saudade do papel-carbono. E tive saudade também do mimeógrafo a álcool. Os mais jovens nem sabem o que é papel-carbono ou mimeógrafo a álcool. Mas tive saudades deles, ou melhor, de um tempo em que eu não dependia eletronicamente dos outros para fazer as mínimas tarefas."

PAPEL-MOEDA de papel, do grego *pápyros*, pelo latim *papyrus* até ao catalão *paper*, e de moeda, do latim *Moneta*, nome do templo da deusa Juno. A denominação tem o mesmo étimo do verbo *monere,* que em latim é advertir. A deidade avisara os romanos de um terremoto. Em 806, por falta de cobre para cunhar as moedas, os chineses as substituíram por papel, oito séculos antes de chegar à Europa. Foi pelos relatos do viajante e comerciante italiano, nascido em Veneza, Marco Polo, que os europeus souberam que a China, então chamada Catai, tinha papel-moeda.

PAPISA do latim tardio *papissa,* palavra nascida para divulgar a lenda de que teria exercido as funções de papa, por dois anos, certa mulher de nome Joana, disfarçada de homem. Tudo começara quando tal mulher, proibida de estudar por força das pesadas restrições à condição feminina na Idade Média, meteu-se em roupas de homem e frequentou as melhores escolas, primeiro na Grécia e depois na famosa abadia de Saint-Germain-des-Prés, na França. Chegando a Roma, teria se destacado por sua inteligência, sabedoria e grande beleza. Subira ao trono pontifício sob o nome de João Angélico, tendo reinado até dar à luz durante uma procissão. A papisa, já com o nome de João VIII, teria declarado ser indigna de viver entre os santos, tendo sido enterrada em lugar ignorado. Nada se disse sobre o filho que acabara de nascer. Algumas imprecisões e lacunas na bibliografia que trata da história dos papas fomentaram a difusão de que era verdade o que a lenda declarava e que a papisa teria adotado o nome de Benito III. A Igreja chegou a silenciar ou admitir a existência da tal papisa por séculos. Mesmo porque outras santas e beatas, entre as quais Eufrásia, Hildegarda e Eugênia, parecem ter vivido vestidas de homem entre monges até morrerem. Apenas quando mortas, nas cerimônias de lavagem do corpo para serem enterradas, é que teria sido revelado que eram mulheres. A existência do papa Benito III não é mencionada na mais antiga edição do *Liber Pontificalis,* obra que narra a história dos papas. Quando vem a ser mencionado, os cronistas dizem ter sido um homem muito bonito e que se caracterizou por sua aversão a aparecer em público. Tudo isso ajudou a consolidar a lenda de que teria existido a tal papisa. A Igreja teria rebatizado João VIII com o nome de Benito III com o fim de melhor dissimular seu sexo. A última confusão é que alguns papas tinham modos afeminados e tiveram sua masculinidade questionada. Papisa entrou para a língua portuguesa em fins do século XVIII, vindo do francês, onde a forma *papesse* teve registro já em 1450.

PAPO do grego *páppos* e do latim *pappu,* penacho fibroso de certas aves. "Bater um papo", "levar um papo", "ser bom de papo" e "estar no papo" são expressões nascidas da confusão ensejada pelas várias atribuições da boca. Às vezes, o papo é mais embaixo, perto do gogó.

PAPO-FURADO de papo, masculino de papa, comida, do latim *pappare,* comer, aplicado pelos antigos romanos à fala do escravo novo, que pronunciava mal o latim, comendo as palavras; e furado, de furar, do latim *furere,* estar doido, cujo radical está presente também em furor, furioso. *Pappus,* em latim, designa ainda o ancião, o avô, aquele que fala muito, às vezes sem nexo, como quando caduco, empregando-se ainda às plantas com caules cobertos de penugem, como o velho, de barbas brancas. A expressão papo-furado pode ter nascido da observação do modo de algumas aves comerem: antes de levar o alimento à moela, deixam-no depositado no papo, dilatação do esôfago. Se o papo está furado, o alimento, como a conversa fiada, de nada servirá.

PAPOULA provavelmente do latim vulgar *papavera,* depois *papaver* e *papaura.* De algumas de suas cem espécies, na maioria originárias de regiões temperadas e subtropicais da Eurásia e do norte da África, extrai-se o ópio. A espécie cultivada em jardins brasileiros, como planta ornamental, dadas suas grandes flores vermelhas, não contém ópio.

PÁPRICA do húngaro *paprika,* páprica, tempero de cor vermelha, feito de pimentões maduros e secos. Mas há uma páprica doce e outra picante. A primeira é feita de pimentões vermelhos secos. A segunda, de pimentas vermelhas, igualmente secas ao sol. Da Hungria, onde era utilizada na sopa conhecida como *gulache,* originalmente *goulash,* prato feito por vaqueiros, a páprica foi para a culinária alemã e polonesa, espalhando-se depois pela Europa, sendo muito utilizada na Espanha. Hoje é tempero conhecido no mundo todo.

PAQUERAR de paca, animal preferido pelos caçadores, que hoje estão proibidos de abatê-lo. Com o sentido de namorar, evoluiu a partir deste étimo, o de caçar paca, pois o caçador fica esperando a paca para pegá-la ou matá-la.

PAQUITA do espanhol *Paco,* hipocorístico de *Francisco,* nome comum também em Portugal e no Brasil. O feminino é Paquita. José Pedro Machado relata em seu *Dicionário onomástico etimológico da língua portuguesa*: "tive uma professora do Ensino Primário assim conhecida geralmente; o seu nome era Maria Francisca e tinha ascendência espanhola." No Brasil, paco, substantivo comum, e não próprio, que designa nome de pessoas ou de lugares, tem outro sentido: maço de papéis recortados, semelhando notas de dinheiro, usado no conto do vigário. Mas neste caso a origem é o lunfardo *paco,* trapaça nos mesmos moldes, que usa cédulas para fraude similar. Dos quatro dicionários de língua portuguesa mais consultados, *Aurélio, Houaiss, Michaelis* e *Aulete,* apenas este último registra significado mais recente para paquita: "dançarina e ajudante da apresentadora Xuxa em programa infantil de televisão que inicialmente se apresentava com uniforme vermelho ou azul, chapéu comprido, short e botas brancas e participava das brincadeiras com as crianças." Explica que a atriz, modelo e animadora de auditório infantil Maria da Graça Xuxa Meneghel inspirou-se em Paquito, nome de seu papagaio, para denominar paquita a sua primeira auxiliar de palco.

PARABÓLICA do grego *parabállo,* atirar para o lado, veio o termo parábola, que em geometria designa uma curva plana cujos pontos são todos igualmente distantes de seu ponto fixo, o foco. Antenas parabólicas são assim chamadas porque os sinais lhes chegam depois de fazerem uma parábola no espaço, desde o ponto de emissão, passando pelo satélite. São instrumentos mais complexos que as antenas comuns, pois não precisam aguardar o repasse das repetidoras locais. Usuários de parabólicas flagraram o ex-ministro da Fazenda Rubens Ricúpero atirando palavras ao outro lado, fora do foco da entrevista que estava gravando. Divulgadas por seus adversários, suas confidências ricochetearam em si mesmo, derrubando-o do ministério mais importante da República.

PARA-CHOQUE de para, do verbo parar, do latim *parare,* obter, preparar, aparelhar, do mesmo étimo de amparar, e choque, do holandês *schokken,* pelo francês *choc* e o inglês *shock,* todos com o sentido de encontro violento, batida, conceito provavelmente surgido nas lides náuticas. No português do Brasil designa preferencialmente a barra de madeira, de metal ou de plástico, fixada horizontalmente nas partes dianteira e traseira de automóveis, caminhões e utilitários, com o fim de amortecer impactos. Nos caminhões, o para-choque tornou-se local para afixar dizeres, quase sempre divertidos, críticos e mordazes com os costumes, de que são exemplos: "Se barba fosse respeito, bode não tinha chifres"; "Se gritos resolvessem, porco não morreria"; "Se trabalhar enriquecesse, burro seria milionário"; "A pobre se cobre; a perua se enfeita; a elegante se veste".

PARADOR do espanhol *parador,* hotel oficial mantido por organismos públicos; de parado, de parar, do latim *parare,* preparar, tendo também o sentido de interromper. No caso, interrupção da viagem para descanso, com o fim de visitar a cidade ou a vila onde está sediado o parador. Os paradores espanhóis são hotéis especiais, cujos aposentos ocupam monumentos históricos restaurados em toda a Espanha. Faturam 245 milhões de euros por ano e empregam mais de 5 mil pessoas. Foram criados em 1928. Por preços abaixo dos praticados pela rede hoteleira, o turista fica em castelos bem decorados, em que predominam o bom gosto das instalações, serviçais preparados e bem treinados, além de culinárias especiais. Em alguns deles, é possível hospedar-se e comer como um cavaleiro medieval, por exemplo. E nos quartos, despir a roupa, não a armadura, naturalmente.

PARADOXO do grego *paradoxos,* absurdo, contrário à opinião aceita por todos, em grego *doxa.* Figura de linguagem de especial predileção de escritores, o paradoxo é utilizado pelo filósofo Sócrates, que declarou: "Ninguém faz o mal voluntariamente, senão por ignorância, pois a sabedoria e a virtude são inseparáveis." O poeta e professor universitário Affonso Romano de Sant'Anna, aludindo implicitamente ao grande pensador, dá mais alguns exemplos em seu livro *Textamentos*: "O Messias nasceu de uma Virgem/ O grande pensador grego nunca escreveu um livro/ A Nona Sinfonia é fruto de um homem surdo/ Na Biblioteca de Babel o leitor era um poeta cego/ E não tinha mãos, o homem que fez/ as mais belas esculturas de meu país."

PARAFERNÁLIA do latim medieval *parapherna*, vocábulo formado a partir do grego *parápherna*, esta uma palavra composta de *pará*, além de, e *pherné*, dote da noiva quando ia casar-se, ou da freira quando entrava para o convento, composto de bens que a mulher recebia para manter o matrimônio no primeiro caso, e a estadia no claustro no segundo, coerente com o epíteto de esposa de Jesus Cristo, isto é, também neste caso estava presente o matrimônio, ainda que simbólico. De *paraferna* derivou *parafernalia*, plural de *parafernalis*, designando não mais o enxoval que a noiva ou a monja conservava após o casamento ou no convento, mas o conjunto de objetos pessoais de ambos os sexos, acrescidos mais tarde de instrumentos necessários ao ofício ou profissão. Ao passar para o português, houve elipse de *bona*, bens, porque originalmente a expressão completa era *bona paraphernalia*. Varia muito a parafernália de cada categoria. A parafernália dos traficantes de entorpecentes, por exemplo, são armamentos pesados.

PARÁFRASE do latim *paraphrase*, vindo do grego *paráphrasis*, que no francês recebeu a grafia *paraphrase*, todos os vocábulos com o significado de desenvolvimento de um texto ou documento em que são conservadas as ideias originais. O professor José Gaston Hilgert defendeu tese de doutoramento sobre a paráfrase, na USP, em São Paulo, dedicando ao tema mais de 600 páginas, o que revela a complexidade do assunto na constituição de nossos diálogos e textos. Afinal, todos os que falam ou escrevem, de algum modo, estão se reportando a algo que já foi dito ou escrito, ainda que de outras formas.

PARAFUSO de origem obscura, designa não apenas a peça em espiral na qual se prende a porca, mas também um movimento arriscado em aviação, que consiste em deixar que o avião perca altura vertiginosamente, rodopiando, para depois retomar a subida. Vários pilotos já morreram nesse tipo de manobra. Por isso, "entrar em parafuso" é metáfora de enfrentar situação confusa.

PARÁGRAFO do grego *paragraphos*, de *para*, ao lado, e *graphos*, escrito. São antecedidos de um sinal gráfico que imita um "s" sobre outro, abreviação latina de *signum secionis*, sinal de corte, de secção. Designa divisão de um texto escrito, indicada pela mudança de linha, com o fim de organizá-lo em feixes de ideias relacionadas entre si, de modo a garantir a coesão. No teatro grego, marcava as diversas partes da tragédia, em analogia à parábase, na comédia, quando o coro se afastava da ação teatral e trazia o público de volta à realidade, abordando temas políticos e sociais. O parágrafo, ao afastar o trecho, semelhante ao coro que se afastava de acordo com a indicação do texto, indica troca de assunto. Em livros, são curtos os parágrafos que têm menos de 100 palavras. Quando têm mais de 200, são considerados longos. Em jornalismo procura-se evitar parágrafos muito extensos, que talvez levem o leitor a perder-se.

PARAÍSO do grego *paradeisos*, lugar de delícias e prazeres. No persa antigo, *paridaeza*. No hebraico, *pardés*. No latim, virou *paradisu*, e foi daí que veio ao português. Em quase todos esses idiomas, os significados indicam um jardim ou bosque. A imagem do paraíso, onde estiveram nossos primeiros pais, é a de um horto belíssimo, uma visão de esplendor para nenhum ecologista botar defeito. Depois do pecado original de Adão e Eva, o paraíso voltou um pouco modificado na teologia cristã: ficou sendo o lugar para onde retornaremos, igualmente repleto de delícias, mas sem os prazeres sexuais. Maomé prometeu a seus seguidores um paraíso cheio de mulheres de "grandes olhos negros", para serem amadas em bosques cheios de bons cheiros, onde pelos quatro rios primitivos correriam água, vinho, leite e mel.

PARANINFO do grego *paranymphos*, moço que ia com o noivo e a noiva para casa, logo após o casamento. No latim, virou *paranïmphu* e foi aplicado em outras ocasiões, de que são exemplos as formaturas em curso superior. No caso da antiga Grécia, dados os costumes daqueles mancebos, seria bom a noiva abrir o olho para tão singular acompanhante.

PARAOLÍMPICO do grego *pará*, ao lado de, junto a, e do latim *olympicus*, olímpico. Os Jogos Paraolímpicos retomam iniciativa de 1888, quando os alemães organizaram disputas esportivas para surdos. Hoje, as paraolimpíadas são disputadas por pessoas portadoras de algum tipo de deficiência física. Polêmica decisão do Comitê Olímpico Brasileiro (COB) resultou na substituição de paraolímpico por paralímpico, contrariando, com a omissão de muitos, a língua portuguesa, que não é deles, é patrimônio público, legado por Portugal, uma das melhores heranças culturais dos nossos irmãos de além-mar, que nos deram um meio de expressão preciso, objetivo e repleto de delicadezas, de modos originais de dizer as coisas. Por absurdo que pareça, a alegação é que a palavra paraolímpico é propriedade do Comitê Olímpico Internacional (COI).

PARAPENTE do inglês *paraglider*, planador, para designar um tipo especial de paraquedas, motorizado. Ao lado da asa-delta, o parapente é presença frequente nos céus das praias brasileiras. No primeiro minuto da partida final do campeonato paulista de 1997, um deles, pilotado por Paulo Pereira de Paula, caiu sobre a torcida, ferindo dois jovens.

PARAPLEGIA do grego *paraplegia*, paralisia parcial. No grego o vocábulo é formado por *para*, ao lado, quase, próximo, e *plegia*, paralisia. A paraplegia torna-se tetraplegia ou quadriplegia quando atinge pernas e braços. Quatro é *tetra* em grego. O escritor Marcelo Rubens Paiva tornou-se paraplégico ao bater a cabeça num mergulho e relatou o episódio no *best-seller Feliz Ano Velho*, livro já transposto para cinema e teatro.

PARA-RAIOS de aparar e raio, do latim *apparare* e *radium*. Houve elipse do "a" inicial no verbo. Designa aparato instalado no alto de edificações para evitar danos causados por raios, que às vezes resultam em mortes. Ao contrário do que imagina o senso comum, o raio não cai, mas sobe, o que ocorre quando as descargas elétricas tocam a terra. Foi inventado por Benjamin Franklin, físico, jornalista e político norte-americano. Como acontece frequentemente com as coisas novas, a tecnologia foi inicialmente combatida e a Igreja chegou a condená-la, sob a alegação de que o raio, expressão da cólera divina, não poderia ser aparado assim sem mais nem menos e só poderia ser mais uma das artimanhas do diabo, querendo interceptar o castigo divino para dele tirar mais proveito. Em alguns países europeus, alguns dos primeiros usuários foram ex-comungados e levados aos tribunais por suspeita de heresia.

PARCA do aleúte *parka*, casaco de pele, com capuz, cujo comprimento alcança o meio da coxa ou o joelho, usado nas regiões polares e em outras muito frias. Passou ao inglês *parka*, de onde migrou para o português para designar casaco semelhante, geralmente de tecido impermeável, às vezes forrado de lã, e usado por militares e esportistas. Na década de 1960, a juventude inglesa popularizou esse tipo de vestuário, em cor verde-militar, com o escudo da Força Aérea Inglesa. No filme *Quadrophenia*, dirigido pela banda de roque The Who, os rapazes usam esse tipo de vestuário para se protegerem do frio e também para recordarem a coragem, o valor e o heroísmo de seus pais, pilotos combatentes da Segunda Guerra Mundial. Entre os militares brasileiros, esse tipo de abrigo é conhecido por jaqueta.

PARDAL do grego *párdalos*, pássaro malhado. Formação semelhante ocorreu em leopardo – originalmente, leão pardo. É repleta de sutis complexidades a denominação dos pássaros brasileiros, de que é exemplo o canário, assim chamado por ser originário das Ilhas Canárias. Dali foi para as ilhas dos Açores e da Madeira, de onde chegou à Itália, levado por navegantes genoveses, espalhando-se pela Europa. No livro *O pardal na janela*, o poeta e diplomata Alberto da Costa e Silva recolhe e comenta esses versos, que aparecem também na *Cantilena* de Heitor Villa-Lobos: "O rei mandou me chamar/ para casar com sua fia./ O dote que ele me dava/ Oropa, França, Bahia./ Eu abanei com a cabeça,/ respondi que não queria." O arrogante noivo certamente receberia também diversos pássaros no dote, principalmente mais canoros do que ele, pois há séculos homens livres e pássaros presos coabitam num complexo convívio em que a perda da liberdade dos pássaros resulta em alegria para olhos e ouvidos de seus donos. O pardal ainda não mereceu a atenção literária que fez do sabiá uma ausência sofrida na "Canção do exílio", de Antonio Gonçalves Dias: "Minha terra tem palmeiras,/ onde canta o sabiá,/ as aves que aqui gorjeiam,/ não gorjeiam como lá." E escrevendo desterrado, o escritor desejou: "Não permita Deus que eu morra, sem que eu volte para lá,/ sem que aviste as palmeiras,/ onde canta o sabiá." O autor de tão lindos versos morreu em naufrágio nas costas do Maranhão, nos baixios dos Atins, perto da baía de Cumã, a 3 de novembro de 1864. A viagem tinha começado em Havre, dia 10 de setembro.

PARENTALHA do latim *parentalia*, designando as festas anuais em honra dos mortos. No latim vulgar passou a designar os parentes em seu conjunto, apoiando-se, talvez, em vocábulos de domínio conexo do latim clássico, como *parentis*, genitivo de *parens*, obediente, e parentes, aplicado a pais e antepassados. Alguns parentes de Jesus, que não são referidos nos quatro *Evangelhos* oficiais – de Mateus, Lucas, Marcos e João –, são mencionados em outros textos da tradição cristã, como seus avós, referidos no Evangelho apócrifo de São Tiago, um dos 12 apóstolos, homenageado no famoso Caminho de Santiago, na Espanha, e na outra denominação da Via Láctea, também conhecida como Caminho de São Tiago.

PARENTE do latim *parente*, declinação de *parens*, ligada ao verbo *parere*, que tem a variante *parire*, parir, dar à luz. Designa pessoa ligada a outra por laços familiares sanguíneos. São ainda controversos os laços de parentesco. Leonel Brizola fez circular a máxima de que "cunhado não é parente". Se assim for, nem a esposa o é. Ocorre que juridicamente os vínculos familiares vão além dos de sangue.

PARÊNTESE do grego *parénthesis*, pelo latim *parenthesis*, designando ação de colocar algo na *thesis*, tese, frase, para inserir uma informação adicional, mas não decisiva para o que se quer dizer. Exemplo: "O deputado X (PMDB-RJ) apresentará projeto de reforma fiscal." Pode ser curioso informar o partido político ao qual pertence o parlamentar. Pode também servir para destacar instituições mais conhecidas pelas siglas. Exemplos: a Associação Brasileira de Imprensa (ABI); a Ordem dos Advogados do Brasil (OAB); a Confederação Brasileira de Futebol (CBF).

PAREÔ do taitiano *pareu*, roupa feminina de banho, muito usada no Taiti e na Tailândia. É uma espécie de toalha, em forma de saia, para ser posta sobre o biquíni. A indumentária brasileira já assimilou o pareô, que é vendido em butiques da moda. Designa também traje de Carnaval.

PÁRIA do tâmul *pareiyar*, pariá, tangedor de bumbo. O ofício era executado pela camada mais inferior do sistema hindu de castas. Na Europa, passaram a ser confundidos com qualquer estrangeiro pobre. O vocábulo foi sempre oxítono, isto é, com o acento na última sílaba, mas famosos escritores portugueses adotaram a forma que até hoje conserva. E pariá transformou-se em pária.

PARNASIANISMO do grego *parnaso*, a morada simbólica dos poetas. Designando estilo literário, o vocábulo entrou em vigor na segunda metade do século XIX, quando poetas franceses, entre os quais Stéphane Mallarmé, Théophile Gautier e Paul Verlaine, começaram a publicar coleções de versos em fascículos sob o título geral de *Le parnasse contemporain* (O parnaso contemporâneo), de feições objetivas, em oposição ao lirismo romântico. O nome advém de Parnaso, montanha de 2.450 m de altura consagrada a Apolo e localizada em Delfos, na Grécia. Segundo os antigos gregos, sempre muito imaginosos, ali moravam as musas inspiradoras das criações artísticas. No Brasil, um dos melhores exemplos de tal escola são esses versos de Olavo Bilac: "Porque o escrever – tanta perícia,/ tanta requer,/ que ofício tal... nem há notícia/ de outro qualquer./ Assim procedo: minha pena/ segue esta norma,/ por te servir/ Deusa serena, serena forma." São seus igualmente os versos de amor à língua portuguesa: "Amo-te, ó rude e doloroso idioma,/ em que da voz materna ouvi: 'meu filho!',/ e em que Camões chorou, exílio amargo,/ o gênio sem ventura e o amor sem brilho." O poeta, conhecido como "o príncipe dos poetas brasileiros", nasceu quando seu pai estava lutando na guerra do Paraguai. Deve ter gostado da ausência paterna, já que, crescidinho, inventou o serviço militar e o livro didático. Também foi o autor do primeiro acidente de trânsito no Brasil, dirigindo o automóvel do abolicionista José do Patrocínio.

PARÓDIA do grego *paroidía*, paródia, imitação engraçada, pelo latim *parodia*, paródia, com o significado de arremedo, de imitação burlesca, o que se dá principalmente na reprodução, com alterações cômicas, de textos literários. O étimo grego indica, pela formação composta de palavra – *pará*, ao lado de; *oidé*, ode, versos para serem cantados – que a paródia remete a um texto anterior, de todos conhecido.

PARONÍMIA do grego *paronimía*, semelhança, pela formação *pará*, ao lado, junto, e *onimía*, do grego *ónomos*, nome. É menos aceita a forma sem acento, paronimia. Designa semelhança entre palavras. Às vezes, por motivos etimológicos, outras vezes por convergência fonética. A pessoa ouve o "a" de "a cem metros" e o "há" de "há dois anos" e, ainda que o som seja o mesmo, sabe que o primeiro é sem agá, e o segundo, do verbo haver, tem agá inicial. Outros exemplos: descrição e discrição, vultoso e vultuoso.

PARREIRA do latim *parra*, certa ave cujo pio era tido como de mau agouro. Provavelmente esta ave era o picanço que, para subir nas árvores, usava o bico para agarrar-se ao tronco. Como este pássaro, as vides usam seus galhinhos retorcidos para irem subindo e depois darem seus cachos de uva, formando a parreira.

PARRUDO de parra, espanhol *parra*, videira, mais sufixo -udo, designando indivíduo musculoso e forte. A imagem pode ter vindo de uma espécie de videira originária de Corinto, que tem os galhos mais grossos do que as outras.

PARSISMO do neoárico *parsi*, *parse*, com o acréscimo de sufixo apropriado para designar seita do zoroastrismo composta de sectários que emigraram da Pérsia para a Índia ocidental no século VIII para escaparem às perseguições de maometanos.

PARTE do latim *parte*, declinação de *pars*, parte, porção, pedaço. É vocábulo de muitos significados, como se pode comprovar em várias expressões, como "dar parte", "de parte a parte", "parte do leão". Esta última baseia-se em narrativas antigas, já encontráveis em Fedro: "*Quia nominor Leo*", porque me chamo Leão. A parte do leão advém de um contrato celebrado entre quatro animais que resolvem conjugar esforços para caçar e depois dividir o produto. Abatida a presa, ela é de fato, como combinado anteriormente, dividida em quatro partes, mas o leão fica com a maior parte sob o argumento seguinte: "Esta deve ser a minha parte e a razão é que eu me chamo Leão." Na antiga e mítica selva, como nas modernas cidades, quando as democracias não conseguem impor o trato justo, fica valendo apenas a lei do mais forte. E os leões ficam sempre com a maior ou a melhor parte.

PARTÊNIO do latim *parthenias*, virginal, por sua vez vindo do grego *parthenías*, filho de mulher considerada virgem. O caso mais célebre ocorreu em Belém, na Judeia, há 2 mil anos.

PARTIR do latim *partire*, partir, dividir, separar. No francês, *partir* tomou o significado de viajar, deixar uma localidade, sentido que conservou no português. E a expressão "a partir de" passou a indicar data ou horário em que se inicia algum evento.

Entretanto, sua aplicação é muitas vezes equivocada. Assim, um lançamento não pode ser a partir do dia tal, vez que não ocorrerá todos os dias. Ele ocorrerá apenas no dia indicado. Por analogia, também o horário de um lançamento só pode ser aquele que está determinado no convite ou na notícia. A partir da hora seguinte, o lançamento já ocorreu. E, no caso de uma sessão de autógrafos, por exemplo, na hora seguinte o autor está apenas dando prosseguimento ao ato, mas não lançando o livro de novo.

PARTITURA do italiano *partitura*, provavelmente vindo do latim *partitu*, que indica algo feito metodicamente, com divisões que lhe são próprias. Assim, constituiu-se, na música, na disposição gráfica de todas as partes instrumentais e vocais de uma composição, o que permite uma leitura simultânea de várias indicações.

PARTO do latim *partus*, do mesmo étimo de *parere*, *parire* e *parturire*, designando tanto o ato de a mulher dar à luz uma criança, entre outros significados, como o nascimento de um animal ou o surgimento do fruto numa árvore. Por isso, aparece na metáfora da Ave-maria a frase "bendito o fruto de vosso ventre, Jesus". À semelhança de Jesus, outras divindades nasceram no dia 25 de dezembro e também de uma virgem, entre as quais Dioniso, deus do vinho, e Adônis, deus da vegetação, que morre no inverno e reaparece na primavera. Isto porque ele precisava amar Perséfone nos Infernos (sob a Terra) e Afrodite na Terra, fazendo isso em duas épocas distintas.

PARUSIA do grego *parousía*, parusia, ato de se apresentar. Designa a segunda vinda de Jesus quando, de acordo com os cristãos, o Messias haverá de voltar para presidir o Juízo Final.

PARVO do latim *parvus*, pequeno, fraco, insignificante, tendo passado a sinônimo de tolo, ignorante. Aparece neste trecho de *Mandrake: A Bíblia e a bengala*, de Rubem Fonseca, livro de contos que traz no título um personagem que, tendo estreado no conto na década de 1970, teve no romance *A grande arte*, lançado em 1983, a sua mais evidente, complexa e decisiva caracterização, na pele de um detetive apaixonado por charutos cubanos, bons vinhos e lindas mulheres: "Gagliardi era mesmo um parvo. Vamos estabelecer uma estratégia e o senhor vai ter de seguir à risca o que dissermos, do contrário não assumiremos a sua defesa. Estamos combinados? Como assim?, ele perguntou. Para absolvê-lo teremos que usar todos os recursos possíveis, e o senhor já demonstrou de maneira lamentável sua incapacidade de se proteger. Mas vamos encontrar uma saída, desde que siga nossas instruções com exatidão."

PASCÁCIO do espanhol *pascasio*, bobo, tolo. O vocábulo espanhol tem origem em costume de estudantes que, por frequentarem universidades próximas às terras de seus pais, passavam as festas de Páscoa com suas famílias. Passou a ser pejorativo porque assim ficaram conhecidos os que, não podendo ser universitários, tentavam imitar seus usos e costumes durante aqueles feriados.

PASCAL do latim eclesiástico *paschale*, pascal, relativo à Páscoa, festa cristã para comemorar a ressurreição de Jesus, herdada de antigo costume de pastores nômades hebreus, que celebravam a *Pessach*, passagem, isto é, passagem do inverno para a primavera, adaptada por Moisés para designar a saída do povo hebreu do Egito, por ele liderada. Muda de data todos os anos porque é celebrada no primeiro domingo depois da lua cheia do equinócio de março. Em latim é escrita *pascha*, mas também *pascua*, plural de *pascuum*, pasto, sinônimo de *pastum*, que se confundiu com os alimentos da festa, e vinculado a pastor, o ofício por excelência do nômade. *Pascácio* e *pascóvio*, designando, em Portugal, o estudante que passava as férias fora da cidade, adaptação do espanhol *pascasio*, são palavras da mesma família. A *Torá*, a lei de Moisés, e a *Bíblia*, nela baseada, dizem que eram 600.000 os israelitas que partiram, mas o exegeta judeu-francês Rabbi Shlomo Yitzhaqi esclarece que nem todos eram judeus, pois a eles se juntaram, por iniciativa de Moisés, várias nações pagãs, que depois adorariam o bezerro de ouro na travessia do deserto. Quanto à presença do coelho e dos ovos, tratam-se de símbolos diferentes, apesar de já inexplicavelmente ligados, pois o coelho não põe ovos. Os ovos lembram a origem da vida, e o coelho, a fertilidade. Já o costume de consumir chocolate na Páscoa procede de países da Europa do Norte, pois a festa ocorre no fim do inverno e começo da primavera, quando ainda é muito frio.

PÁSCOA do hebraico *pessach*, denominação da festa anual que pastores nômades faziam para celebrar a chegada da primavera, bem antes de Moisés liderar os hebreus na fuga do Egito, onde viviam escravizados. Como aquele acontecimento representou a libertação de um povo inteiro, os cristãos adotaram o mesmo nome para designar a festa celebrada na ressurreição de Jesus Cristo. A Páscoa não cai numa data fixa porque, de acordo com o ano litúrgico, é celebrada sempre no primeiro domingo depois da lua cheia do equinócio de março.

PASCOAL do latim eclesiástico *paschale*, pascoal ou pascal, relativo à Páscoa, festa cristã inspirada no hebraico *Pessach*, passagem, do inverno à primavera, designando celebração de pastores nômades ainda antes de Moisés utilizar o vocábulo para designar a saída dos hebreus do Egito, acompanhados de outros povos que a eles se juntaram, totalizando cerca de 600 mil pessoas. A Igreja aproveitou a efeméride para festejar a ressurreição de Jesus, no Sábado de Aleluia. A Páscoa não cai numa data fixa. De acordo com o ano litúrgico, ocorre no primeiro domingo depois da Lua cheia do equinócio de março, quando começa a primavera no Hemisfério Norte, e o outono, no Sul. E acontece uma semana depois do Domingo de Ramos, que marca o fim da quaresma, período de recolhimento e certas dietas impostos pela Igreja no período de 40 dias, contados a partir da Quarta-feira de Cinzas. Pedro Vaz de Caminha conta-nos que o Brasil foi descoberto no dia 22 de abril de 1500, quarta-feira, à tarde, quando avistaram um monte alto "ao qual monte alto o capitão pôs o nome de O Monte Pascoal e à terra A Terra de Vera Cruz!".

PASSADO particípio do verbo passar, do latim *passare*, passar, que inicialmente tinha apenas o significado de abrir, dar passagem. O ex-guerrilheiro e ex-presidente do Partido dos Trabalhadores (PT), José Genoíno, comentando o presente, o passado e o futuro do Brasil, fez curiosa metáfora automobilística utilizando estas palavras: "Na vida, precisamos usar o para-brisa e o retrovisor; se usarmos só o para-brisa, não vemos o passado; se só olharmos o retrovisor, não vemos o futuro." E se olharmos o Congresso às segundas-feiras ou em vésperas de feriados, não vemos ninguém presente.

PASSAGEIRO do francês *passager*, passageiro, com o significado de efêmero, de pouca importância, mas também para designar os viajantes, a princípio em longas viagens no atacado, e mais tarde, com a urbanização, no varejo dos pequenos trajetos de cada dia, em ônibus, trens, automóveis e, principalmente, no metrô, cujo total na vida de um único passageiro pode representar várias voltas ao mundo.

PASSAGEM do francês *passage*, ato de passar, designando também o bilhete que dá direito à viagem. Santa Maria Egipcíaca, a caminho de Jerusalém para a Exaltação da Santa Cruz, não tendo dinheiro para pagar o barqueiro que a levaria à outra margem do rio Jordão, pagou-lhe coabitando com ele. Tinha levado vida dissoluta por 17 anos e após o episódio retirou-se ao deserto onde passou 47 anos sem ver ninguém. Em seus relatos, a santa declarou ter ouvido o conselho: "Atravessa o Jordão e encontrarás a paz." Não houve outro modo de fazê-lo senão o que empregou.

PASSAPORTE do francês *passeport*, palavra composta, formada a partir de *passer*, passar, e *port*, passagem, saída, porto. Inicialmente o *passaport* era para as mercadorias, tendo depois designado também documento que, à semelhança daquele que acompanhava as coisas que entravam ou saíam dos países, era agora meio de identificar os viajantes. No francês, a palavra, vinda de raízes latinas – *passare*, passar, e *portus*, porto –, estava desde o século XV, tendo chegado ao português no século seguinte. Seu primeiro registro é de 1542 e foi feito pela diplomacia portuguesa. Do século XX em diante, com a invenção do avião, o passaporte passou a ser apresentado mais em aeroportos do que em portos, naturalmente. O passaporte brasileiro já foi um dos mais falsificados do mundo, pelas facilidades de adulteração, mas novas tecnologias adotadas o aperfeiçoaram. O novo modelo passou a ter código de barras bidimensional, papel com fio de segurança, marca-d'água e papel reativo a produtos químicos. Mudou também a cor, de verde-oliva para azul. A fotografia e a assinatura do portador foram digitalizadas. As mudanças atenderam à Organização de Aviação Civil Internacional, cuja sigla em inglês é ICAO, pois o inglês põe os adjetivos antes do substantivo.

PASSARELA do italiano *passarella*, também grafado *passerella*, originalmente designando ponte de navio. Passou ao francês como *passerelle*, já registrado em 1835, mantendo o significado que mais tarde começou a designar ponte para pedestres sobre estradas. Tanto no português como em outras línguas neolatinas, radica-se no latim vulgar *passare*, passar, transpor. Com o surgimento do teatro de revista, o estrado que separa a plateia do poço da orquestra começou a ser conhecido como passarela, porque sobre ele as coristas executavam passos de dança e rebolavam. Foi este sentido que predominou nos desfiles de moda em cujas passarelas modelos desfilam apresentando as últimas criações da moda.

PASSARINHO de pássaro, do latim vulgar *passaru*, alteração do latim clássico *passere*, designando originalmente o pardal e depois qualquer pássaro pequeno. Está presente nas expressões "comer como um passarinho" (comer pouco), "morrer como um passarinho" (morrer sem sofrimento, rapidamente), "viu o passarinho verde" (está excessivamente alegre) e "olha o passarinho!". Esta última surgiu do costume dos primeiros fotógrafos de colocar uma gaiola ao lado da câmera para obter a atenção das crianças, inquietas com a demora na obtenção das primeiras fotografias.

PÁSSARO do latim vulgar *passaru*, modificação do latim culto *passer*, pardal, ave que chegou ao Brasil em 1906, no mesmo ano em que o brasileiro Alberto Santos Dumont inventava o avião e a palavra aeroporto, em Paris. Pássaro designou originalmente ave pequena, mas a imaginação popular criou o diminutivo passarinho para as aves miúdas, deixando pássaro para as graúdas. Os primeiros modelos de avião foram inspirados em aves de tamanho descomunal, de que é exemplo o albatroz, que serviu de modelo ao aparelho inventado por Jean-Marie Le Bris. Albatroz, palavra que chegou ao português vinda do árabe *al gattâs*, mergulhador, foi escrita originalmente *alcatraz*, designando o pelicano. Entre os séculos XVI e XVIII, migrou para o francês *albatros* e para o inglês *albatross*. O albatroz é tão desajeitado ao levantar voo que provavelmente a visão da decolagem desse pássaro inspirou o povo a denominar o consertador de ossos com esse nome (muito antes que surgisse o ortopedista), quando ainda se dizia alcatraz, embora alguns suponham ter sido outra a origem: a palavra alcatra, escrita também alcatre, do árabe *al-qatra*, designando as nádegas bovinas.

PASSATEMPO junção de passar e tempo, do latim *passare* e *tempus*. Designa diversão ou entretenimento. O passatempo às vezes pode resultar em contribuição involuntária ao progresso da humanidade. Ciências como a astrologia e a antropologia começaram como passatempos, constituindo mais tarde seus arcabouços teóricos e disciplinas de sustentação. Num século em que a mulher destacou-se nas mais diversas atividades, há várias antropólogas brasileiras de renome, entre as quais Ruth Cardoso, já falecida, e Bárbara Abramo, que souberam integrar a seus ofícios os passatempos. A primeira fez da função de primeira-dama uma forma de dedicar-se a programas de solidariedade, destacando-se no combate ao analfabetismo. A segunda, autora de *No céu da pátria neste instante,* talvez cansada de pesquisar na Terra, passou a contemplar as estrelas e desde 1976 dedica-se à astrologia, escrevendo também colunas de horóscopo.

PASSE do verbo latino *passare*, transpor, formou-se por derivação este vocábulo, empregado nas mais diversas acepções, que vão das sessões espíritas aos esportes, em todas elas dando a ideia de percurso. Quando o jogador faz o passe dentro de campo, nada ganha se o faz corretamente, tampouco é punido se a bola erra de destino. Fora do campo, porém, seu passe é negociado à base de milhões, entre os mais famosos. Não se pode esquecer, porém, que no futebol, nos pequenos clubes, chegam a ser divertidas as formas de remuneração nessas transferências.

PASSIM do latim *passim*, advérbio que significa aqui e ali, sem ordem. A palavra foi incorporada ao português sem alteração de grafia e é escrita depois de citação bibliográfica, indicando que serão encontradas referências daquela obra em diversos trechos.

PASSIONAL do latim *passionale*, relativo às paixões e, especialmente, ao amor. Diz-se de alguém que teve um comportamento passional quando não submeteu seus atos à luz da razão. Com maior frequência, entretanto, esse adjetivo é utilizado para caracterizar um tipo específico de crime, cometido por ciúme ou, segundo jurisprudência dos tribunais brasileiros, para lavar a honra com sangue.

PASSIVIDADE do latim *passivitate*, declinação de *passivitas*, qualidade de quem, ao sofrer a ação, nada faz, não reage. O étimo desta palavra remete a sofrer e é o mesmo de paixão. Mas não é no sentido amoroso apenas. Designa o sofrimento, e por isso os padecimentos de Jesus na Semana Santa são conhecidos como Paixão e Morte, e dão nome a várias peças artísticas, principalmente na música sacra e clássica. Passividade é também o estado de certos metais (ferro, níquel, cobalto etc.), inertes em face de agentes oxidantes fortes. O étimo aparece na voz passiva dos verbos em que a ação não é identificada pelo sujeito, mas pelo complemento: "Os carros foram levados pela correnteza." Na voz ativa ficaria assim: "A correnteza levou os carros."

PASTEL do francês antigo *pastel*, radicado no baixo-latim *pastellus*, variante de *pastillus*, relacionado com *pasta*, massa, e *panis*, pão. Mas por que no Brasil o pastel é salgado e em Portugal é doce? Provavelmente porque os jesuítas, que acompanharam os navegadores à China, de onde veio o pastel, substituíram o recheio salgado por doce e levaram a nova receita aos conventos da Companhia de Jesus, de onde se espalharam para as cozinhas de outras ordens religiosas. Foram monjas portuguesas e espanholas que deram forma de meia lua aos pastéis. E até hoje a pastelaria no Brasil vende pastéis salgados. E em Portugal, elas são doceiras. Já no Brasil, doceira é a pessoa que faz o doce. O lugar onde faz isso é a doceria. À semelhança de ingleses e americanos, separados pela mesma língua segundo Georges Bernard Shaw, mas hoje unidos na coalizão que enfrenta o Iraque, brasileiros e portugueses semelham às vezes falar línguas muito diversas. Nossos irmãos apresentam a guerra no *écran* da televisão. Entre nós, o aparelho é o mesmo, mas ao *écran* chamamos tela.

PASTOR do latim *pastore*, aquele que dá pasto. A origem remota é o étimo *pas*, que sofreu alargamento em palavras como *panis*, pão; *pastus*, pasto, e *pascere*, alimentar, dar pasto. Um dos ofícios mais antigos do mundo, sofreu grandes modificações depois que a pecuária, antes atividade exclusiva dos povos nômades, veio a ser praticada em propriedades privadas, ainda que de forma extensiva nos grandes latifúndios. Os pastores encarregavam-se de prover água, alimento e segurança aos rebanhos pelos quais eram responsáveis. Por isso o vocábulo serviu também para designar um tipo de cão de grande utilidade neste tipo de ofício – o pastor alemão. Não há fundamentos etimológicos que sustentem ser assim chamado por causa da cor de seu pelo, que lembraria a figura clerical de um pastor, vestido de batina preta. Mas a Igreja sempre usou a metáfora para nomear seus padres. E até a unidade de sua doutrina é lembrada na máxima "Um só rebanho, um só pastor". Os pastores são figuras importantes nos presépios porque foram os primeiros a saber do nascimento de Jesus, de acordo com o Evangelho de Lucas. Eles estão fazendo a guarda noturna dos rebanhos quando são surpreendidos e assustados pela chegada de um anjo cheio de luz, que diz: "Não temais, porque vos anuncio uma alegria para todo o povo."

PATACA do árabe *bâ tâ câ*, passando pelo provençal *patac*, designando antiga moeda, adotada também no Brasil. Era de prata e valia 320 réis. Se um indivíduo fosse avaliado pela comunidade em 160 réis, ele valeria apenas meia-pataca e seria um desclassificado.

PATACOADA de pataca, antiga moeda de cobre do século XVI, que valia muito pouco – cerca de três réis ao tempo de Dom João III. Quem tivesse muitas dessas patacas não tinha grande coisa. Passou por metáfora a designar lorota, mentira, palavras inúteis. Nos séculos seguintes, a pataca foi moeda também no Brasil, no México e no Uruguai. Não confundir com a pataca de prata, que chegou a valer 340 réis. Hoje os dicionários a dão como sinônimo de bazófia, ostentação, jactância.

PATAMAR provavelmente do malaio *pattamari*, estafeta, mensageiro ou lacaio que acompanhava os amos que iam a pé ou a cavalo, às vezes cuidando de, mesmo se molhando, protegê-los da chuva ou, no sol inclemente, cuidando de mantê-lo à sombra. Desembarcados das carruagens ou liteiras, os patrões subiam as escadas, mas seus criados ficavam no primeiro degrau, que passou por isso a chamar-se também patamar. Tornou-se com o tempo medida de evolução de algum índice, sejam juros ou taxas de corrupção.

PATENA do latim *patena*, tigela, mas que no latim litúrgico passou a designar um disco de ouro que serve para cobrir o cálice e para receber a hóstia. Nas missas antigas, o sacristão a segurava sob o queixo dos fiéis no ato da comunhão, para evitar que alguma migalha da hóstia sagrada viesse a cair ao chão. A variante é pátena e com esta grafia aparece no romance *Dom Casmurro*, de Machado de Assis, quando descreve o ar de enlevo de Bentinho, apaixonado por Capitu: "A boca podia ser o cálice, os lábios a pátena."

PATENTE do latim *patente*, aberto. Subentendia originalmente carta aberta, para conhecimento de todos. Passou a designar documento oficial, emitido pelo governo, com o fim de reconhecer a pessoas físicas ou jurídicas os direitos sobre invenções. De acordo com a legislação brasileira, o titular de um invento pode explorá-lo por 15 anos. Nos EUA, este período é de 17 anos.

PATETA de pato, cuja origem é controversa, provavelmente onomatopaica, dado o barulho característico da algaravia que faz, que foi escrita como *pá-pá-pá*, semelhando pato, e também como *quá-quá-quá*, tendo esta segunda se consolidado como sinônimo de gargalhada, pois o homem e o pato fariam ruído semelhante, um grasnando, o outro rindo. Pato virou sinônimo de tolo, de que é indício a expressão "cair como um patinho", atribuída também ao francês *pas-de-tête* (sem cabeça).

PATÉTICO do grego *pathetikós*, pelo latim *patheticus*, patético, relativo às paixões da alma, que nos fazem sofrer, como se doenças fossem. De Ludwig van Beethoven, *Patética* é uma de suas composições mais apreciadas, ao lado de outras de nomes igualmente inventivos, como *Pastoral*, *Heroica*, *Appassionata*. Carlos Drummond de Andrade celebrou assim o grande músico: "Meu caro Luís, que vens fazer nesta hora/ de antimúsica pelo mundo afora?/ Patética, heroica, pastoral ou trágica,/ tua voz é sempre um grito modulado,/ um caminho lunar conduzindo à alegria./ Ao não rumor tiraste a percepção mais íntima/ do coração da Terra, que era o teu."

PATO de origem onomatopaica, isto é, que imita a coisa significada, caso também de murmúrio, sussurro, cicio, chiado, mugir, pum, reco-reco, tique-taque. O pato está presente em expressões como "pagar o pato" (ser responsabilizado pelo que não fez) e "pato manco", que designa o político que está no poder, mas que já não manda muito, como no caso do último ano de exercício de presidentes, governadores e prefeitos. Pato é também o apelido do jogador de futebol Alexandre Rodrigues da Silva, ou Alexandre Pato.

PÁTRIA do latim *patria*, a terra dos pais, tendo se formado de *patris*, declinação de *pater*, pai. Designou primeiramente o lugar em que se vivia, depois a região e, enfim, com a constituição dos Estados independentes, o território nacional. Pouco a pouco foi incorporando e consolidando outros significados, como os usos e costumes – numa palavra, a cultura própria do país onde vivemos, de que a língua é expressão preferencial. Temos, também, a Semana da Pátria, quando outros símbolos nacionais são postos em relevo, dentre os quais se destaca o *Hino Nacional*, composto provavelmente em 1831 por Francisco Manuel da Silva. A letra, da autoria do poeta e crítico literário Joaquim Osório Duque Estrada, tornou-se oficial no ano do centenário da independência, em 1922. Até então nosso hino não era cantado, apenas tocado.

PATRICINHA diminutivo de Patrícia, feminino de Patrício, radicado no latim *patriciu*, termo que entre os romanos designava membro da alta classe social, descendente dos primeiros senadores nomeados por Rômulo, denominados *patres*, pais, em sentido genealógico, jurídico e político. Na gíria brasileira passou a designar moça burguesa, sempre bem-vestida, com roupas de estilo clássico ou muito caras. Provavelmente a primeira patricinha tenha sido a *socialite* carioca Patrícia Mayrink Veiga, filha de Carmen Mayrink Veiga. Além de outras características tradicionais, como joias, cabelos bem-arrumados, salto alto e unhas pintadas, as modernas patricinhas ostentam carro importado e telefone celular de primeira linha. São Patrício, apesar de não ser um mauricinho, notabilizou-se na Irlanda por atuar junto à alta classe, certo de que o exemplo dos nobres levaria à conversão dos súditos ao cristianismo.

PATRÍCIO do latim *patricius* ou *patricium*, designando membro da aristocracia romana, em oposição a *plebeius*, plebeu, pertencente à *plebes*, plebe, povo. Tomou o sentido de elegante, nobre, mas também conterrâneo, compatriota. Com esse último significado aparece em *Reinvenção da infância*, fascinante romance de Salim Miguel. Nascido no Líbano, mas alfabetizado em alemão e em português, em Biguaçu, Santa Catarina, ele retoma os temas de *Nur na escuridão*, romance referencial de sua obra, ao narrar, com maestria e verve que lhe são peculiares, as peripécias de imigrantes libaneses a caminho do Brasil: "Fiquei sabendo que o patrício infelizmente não teve como continuar a viagem, vim aqui preveni-lo e ajudá-lo no que for preciso, deve tomar cuidado, tudo no porto é perigoso, por exemplo, se tem joias ou muito dinheiro, não é bom deixar no quarto." A seguir, o larápio leva o imigrante a depositar suas economias em agência bancária inexistente. Para disfarçar o embuste, sugere pagamento adiantado de duas semanas na pensão onde está hospedado com a família.

PATRIMÔNIO do latim *patrimonium*, designando propriedades, bens e haveres amealhados por todos os que trabalhavam sob as ordens do *pater familiae* ou *pater familiarum*, indicando o chefe de uma família ou o de muitas, que viviam agrupadas sob suas ordens. O direito romano consolidou o pai como figura principal de tais bens, mas cuidou em separar público e privado. Veio daí a expressão, hoje quase em desuso, "cabeça do casal" para designar o homem. Às vezes é o que tem menos cabeça, pois as mulheres, principalmente em períodos de guerras, souberam preservar o patrimônio, administrando a economia doméstica. Vários homens públicos, entre os quais políticos, juízes, empresários e banqueiros, que misturaram o próprio patrimônio com o patrimônio público, vêm tendo sua riqueza, quase sempre súbita, esquadrinhada pelo Ministério Público. Confundem na hora de misturar, mas na hora de separar ficam com a parte do leão. A Justiça nesses casos tem o cuidado de requerer o bloqueio de seus bens até que sejam comprovados os delitos. Às vezes é necessário bloquear também o espertalhão, requerendo que seja recolhido ao xilindró. Miraculosamente avisado por algum cúmplice, porém, eis que o acusado evapora ainda mais rapidamente do que o patrimônio que surrupiou.

PATRONO do latim *patronus*, protetor dos plebeus, depois advogado ou defensor, no fórum ou fora dele. É do mesmo étimo de pai, patrão e padrão. No Renascimento, talvez influenciado pelo latim eclesiástico, que adotou *patronus* para qualificar o santo padroeiro de determinada localidade, veio a designar o protetor das ciências, da literatura e de outras artes, também conhecido como mecenas, designação vinda do nome de Caio Cilino Mecenas, patrono de escultores e pintores, entre os quais Virgílio e Horácio. A retribuição vinha em forma de dedicatórias. Galileu Galilei, pai da Física moderna, ousou mais: quando descobriu as quatro luas de Júpiter, dedicou-as aos Medici. À semelhança das luas, que giravam em torno de Júpiter, os filhos giravam em torno do pai, Cosimo II, grão-duque da Toscana. Poderia ter agradecido de outro modo. Foi deslavado puxa-saquismo.

PATROPI palavra formada a partir das primeiras sílabas da expressão "país tropical", designando o Brasil. Passou a ser escrita em 1970, como se pode comprovar com textos da imprensa do período. O vocábulo, já taludinho, está merecendo reconhecimento. Além do mais, migrou da gíria para as canções da bossa nova.

PATRULHA do francês *patrouille*, diligência, ronda, vigilância, realizada por policiais militares ou civis. É palavra formada a partir de *patrouiller*, patrulhar. O espanhol tem *patrulla* e o italiano, *pattuglia*, mas a raiz remota é o germânico *pat*, cujo significado é passo rígido, pesado. O cineasta Cacá Diegues inventou a expressão "patrulha ideológica", para designar críticos exagerados que tolhiam a liberdade de expressão, ao imporem procedimentos de exclusão no meio cultural e obrigarem os criadores artísticos a produzirem de acordo com rígidos códigos ideológicos. O atrevimento chegara a tal ponto que estavam em curso, ainda que em termos difusos, até mesmo proibições temáticas e de estilo.

PATULEIA do malaio *patuley*, raça, tribo. O vocábulo chegou à Península Ibérica trazido pelos ciganos. Os espanhóis passaram a denominar *patulea* qualquer grupo desordenado, a começar pela soldadesca sem comando e os ciganos. Em Portugal, transformou-se em *patuleia* e serviu de alcunha ao partido popular que se organizou em 1836. Integrantes desse movimento democrático eugenizaram o vocábulo, exorcizando seu significado pejorativo ao se denominarem coletivamente "a patuleia". Designando o povo brasileiro, aparece com frequência nos artigos do jornalista Elio Gaspari, o terrível e pertinaz algoz de personagens como o professor Eremildo, histórico desafeto da patuleia brasileira, na qual certamente incluiu o ex-aluno.

PAU do latim *palu*, pau. Frequentemente ouvimos os locutores dizerem que o jogador bateu o escanteio no segundo pau. As traves são compostas de dois paus e um travessão, os três responsáveis por colaborarem com mandingas e superstições, ainda que involuntariamente, impedindo gols salvadores. No futebol feminino, o número de paus onde está a goleira continua o mesmo, ainda que frequentemente o pau coma solto também entre elas.

PAU-BRASIL da junção de pau, do latim *palu*, e brasil, do italiano *verzino*, formado a partir de *verziere*, pomar, jardim, vergel, passando pelo francês *brésil*, palavras que designaram inicialmente a madeira que foi, nos tempos coloniais, nosso primeiro produto comercial, muito utilizada para tingir tecidos e fabricar a tinta para escrever e ilustrar as páginas dos manuscritos com iluminuras e vinhetas, assim chamadas porque figuravam a videira. O nome do nosso país originou-se no intenso comércio dessa madeira, da qual era extraído um corante vermelho. Como os índios pintavam o corpo com cores avermelhadas, o contexto facilitou a denominação, já acoplada também à ideia de que a terra recém-descoberta era o novo paraíso, originalmente o Jardim do Éden, com os índios no papel de Adão e Eva. O pau-brasil ganhou o dia 7 de dezembro como data comemorativa.

PAU-DE-SEBO nome popular de pequena árvore lactescente (*Sapium sebiferum*), que chega a mais ou menos 5 m de altura, da família das euforbiáceas. Foi trazida da China e aclimatada aqui. Tem frutos gordurosos, cuja semente solta um óleo. O pau de sebo (sem hifens) designa o tronco que, geralmente em festas juninas, era utilizado para a brincadeira que mais tarde tornou-se muito popular, consistindo em alcançar um prêmio colocado sobre uma tábua pregada a seu topo. Para tanto, era lixado, com o fim de serem extirpados seus nódulos.

PAULATINAMENTE do latim *paulatim*, devagar, aos poucos, por etapas. Expressões latinas expressam o conceito: *Molli paulatim flavescit campus arista* (pouco a pouco o campo vai amarelando com a espiga macia) traduzido como "de grão em grão a galinha enche o papo" e "de hora em hora, Deus melhora", preservando o sentido e alterando o original para que as frases sejam compreendidas e memorizadas, daí a razão de buscarem também a rima. Outra é *Paulatim deambulando, longum conficitur iter* (devagar se vai ao longe). O advérbio apareceu na mídia com destaque porque o então presidente Lula vetou a frase "abandonar paulatinamente o uso de fontes fósseis de energia", que estava na Lei de Mudanças Climáticas. Se fosse mantida, o Brasil ficaria impedido de usar petróleo e gás na produção de energia, dado que o advérbio não fixa prazos e alguns poderiam entender que seria necessário começar a interrupção já; aos poucos, mas já.

PAULISTÉRIO de paulista, nascido ou habitante de São Paulo. Neologismo surgido quando o ex-presidente Luiz Inácio Lula da Silva compunha seu ministério. Como o epicentro de seu trabalho político tinha tido como palcos preferenciais a cidade e o estado de São Paulo, nas lutas sindicais dos metalúrgicos, é natural que ele fosse mais conhecido e tivesse mais conhecidos nesta parte do Brasil. É complicado e de difícil aceitação o neologismo por apoiar-se em conceitos contraditórios. Ele próprio não é paulista, é pernambucano. O ex-presidente do PT, o então deputado federal José Dirceu, e o consultor dos movimentos operários e camponeses que desempenhava função relevante na sustentação popular do ideário vencedor, o escritor e frade dominicano Frei Betto, são mineiros. E o candidato derrotado ao governo de São Paulo, o ex-guerrilheiro e deputado federal, é cearense de Quixeramobim. O jornalista Augusto Nunes recomendou aos inventores do neologismo, também seus divulgadores mais empenhados, que prestassem mais atenção aos versos do cantor e compositor Chico Buarque de Hollanda, que em *Paratodos*, logo nos primeiros versos, declina em boa síntese as migrações internas que têm marcado o deslocamento dos brasileiros pelo torrão natal em seu périplo pelas várias regiões: "O meu pai era paulista,/meu avô pernambucano,/o meu bisavô mineiro,/meu tataravô baiano." Há outros contraexemplos. E Chico Buarque, no verso final, dá outra direção para essa conversa, abdicando de regionalismos paroquiais ao proclamar: "Sou um artista brasileiro."

PAU-MANDADO de pau, do latim *palus*, e mandado, de mandar, do latim *mandare*, designando pessoa que faz tudo o que lhe ordena aquele a quem está subordinada ou a quem deve algum favor. E o faz sem pensar, sem nenhuma objeção ou protesto. E sua ação é em geral perniciosa, pois a expressão apoia-se na imagem de um pau arremessado no adversário. Carlos Augusto Montenegro, comentando as pesquisas do Ibope, em que chefes políticos mandariam votar em seus candidatos, declarou: "o brasileiro não é pau-mandado." No Nordeste, há a variante cobra-mandada, pessoa encarregada de fazer mal a outra. Segundo o historiador e folclorista Luís da Câmara Cascudo, a expressão procede do verso de uma canção popular: "os olhos dele são de cobra mundiada." Mundiar, de origem obscura, tem o significado de seduzir, hipnotizar, como em "o gato mundiava o passarinho".

PAUPERISMO do inglês *pauperism* e do francês *paupérisme*, ambas designando a extrema pobreza, a miséria. O primeiro registro inglês é de 1815. Na França, apareceu pela primeira vez no *Dictionnaire universel de la langue française* (Dicionário universal da língua francesa), de Pierre-Claude-Victor Boiste. A origem remota é o latim *pauper*, pobre. Mas no latim o sentido não era o de ter pouco, era o de produzir pouco, pois a palavra é redução da forma *pauperos*, junção de *paucus*, pouco, e *peros*, forma ligada ao verbo *parere*, produzir, que teve a variante *parire*, origem de parir. *Pauper* foi inicialmente aplicado como adjetivo pelos romanos, designando animais que produziam pouco: a galinha que punha poucos ovos, fêmeas do reino animal que davam poucas crias. Tornou-se substantivo ao designar pessoa que nada produzia ou produzia muito pouco. Foi o *pauper* latino também que serviu de base para depauperado, designando pessoa sem recursos ou abatida por extrema fraqueza ou subnutrição, provenientes de fome, má alimentação ou doenças. Ou então tudo combinado, pois o pauperismo enseja que elas proliferem em variedade e abundância.

PAVANA do italiano *pavana*, pelo espanhol *pavana*, designando antiga dança realizada durante procissão católica. Tem este nome porque surgiu no então condado de Pádua, próximo à Espanha. Tornou-se sinônimo de reprimenda, descompostura. Provavelmente a palavra, feminino de *pavano*, redução de *padovano*, nasceu da expressão *danza padovana*. Tristão de Ataíde, pseudônimo de Alceu de Amoro Lima, membro da Academia Brasileira de Letras, a utilizou em artigo publicado no *Jornal do Brasil*, no dia 2 de junho de 1978: "Pavana para um direito traído." O famoso pensador e crítico brasileiro comentava o livro *O Direito, um mito* (Editora Rio), de João Uchôa Cavalcanti Netto, lançado no ano anterior. Assegurava que o livro era "um ensaio dos mais originais e temerários que se têm escrito entre nós". Não é difícil identificar no livro alguns dos temas que desconcertaram o célebre intelectual, marcado por um catolicismo exemplar. Eis pequena amostra: "Lúcifer abarrotou de crucifixos os tribunais do mundo inteiro. Nisso, porém, antes desvendou o irremediável paganismo do Direito: porque o símbolo só entra onde não se consegue introduzir o simbolizado, a cópia existe para se prescindir do original e o retrato se por um lado recorda por outro grita que o retratado está ausente" (p.122-123).

PAVÃO do latim *pavonis*, declinação de *pavo*, designando ave procedente da Índia e do Sri Lanka, hoje espalhada pelo mundo inteiro. Os machos são dotados de cauda de longas penas, de cor esverdeada iridescente e grandes manchas redondas, que eles erguem verticalmente em leque, como forma de atrair as fêmeas. Diz-se também de pessoa excessivamente vaidosa. Aparece como metáfora da *Bíblia* no livro da Predestinação, do grande panteísta irlandês João Escoto Erígena, que muito influenciou a teologia medieval com um pensamento que combinava racionalismo e misticismo: "As Sagradas Escrituras ensejam um número infinito de interpretações, como a plumagem cambiante dos pavões." A ave está também no jogo do bicho, correspondendo ao número 19. Suas dezenas são 73, 74, 75 e 76. Que os modestos que forem sorteados não se pavoneiem depois, já que as mesmas *Sagradas Escrituras* preveem que: "Quem se exalta será humilhado; e quem se humilha será exaltado."

PAVILHÃO do francês *pavillon*, pavilhão, paiol, abrigo, quiosque, cortina. Representa, em sentido figurado, algum símbolo de nacionalidade, de que é exemplo a penúltima estrofe do *Hino à Bandeira*, de Olavo Bilac: "Sobre a imensa nação brasileira,/ Nos momentos de festa ou de dor,/ Paira sempre sagrada bandeira,/ Pavilhão da justiça e do amor!" Do mesmo hino, o jornalista e escritor Paulo Francis tirou o título de um livro de memórias, *O afeto que se encerra*, aproveitando a ambiguidade do verbo encerrar, que significa guardar e concluir: "Recebe o afeto que se encerra,/ Em nosso peito juvenil,/ Querido símbolo da terra,/ Da amada terra do Brasil!"

PAZ do latim *pace*, paz, ou também do latim *pax*, paz, da mesma raiz do verbo *pangere*, fixar, estabelecer, que resultou também em *pactum*, pacto, tendo ainda o sentido de promessa e esperança. A origem remota é o indo-europeu *pak*, indicando, entre outros significados, o marco posto para fixar limites e evitar invasões. Os romanos incluíam desejos de paz nas saudações, até mesmo nos cumprimentos cotidianos. Diz-se que o gesto de mão aberta que caracterizava a saudação romana vem de tempos mais antigos e visava mostrar que não se tinha pedra alguma na mão. Na liturgia da missa, um dos cantos lembra o Natal. É o Glória, que dá "glória a Deus nas alturas" e deseja "paz na terra aos homens de boa vontade". Dia 1º de janeiro é o Dia Mundial da Paz, porém ano após ano mais guerras rebentam mundo afora e a paz ficou uma obra de santa Engrácia, expressão usada no português para indicar trabalho interminável, dificultoso e inútil. A superstição apoia-se na lenda cristã que explica o motivo de a igreja de Santa Engrácia, em Lisboa, ter levado dois séculos para ser concluída, apesar de ser monumento nacional. Um cristão-novo, como era denominado o judeu convertido à fé católica, chamado Simão Pires Solis, apesar de muito torturado, não revelou seus amores com uma jovem freira do convento de Santa Clara. Foi queimado vivo e suas cinzas atiradas ao mar. A caminho do suplício, profetizou em versos: "É tão certo que sem crime,/ esta morte vou sofrer,/ como é certo que não minto,/ no que ora vou dizer:/ nunca se darão por feitas/ por mais somas empregadas,/ as obras de Santa Engrácia/ que aqui vedes começadas." Anos depois foi comprovada sua inocência, mas ele já tinha sido executado e nenhuma reparação pôde ser feita. Esta é a lição mais terrível para quem defende a pena de morte. Em caso de erro, o conserto é impossível. A igreja, que demorou 284 anos para ser concluída, tornou-se símbolo de trabalho amaldiçoado e infindável.

PÉ do latim *pede*, declinação de *pes*, pé. É um dos mais extensos verbetes dos dicionários, por seus múltiplos significados, designando desde as extremidades inferiores das pernas, às pontas das quais estão os dedos, até a medida anglo-saxônica ainda hoje utilizada na aviação, equivalente a 12 polegadas ou 30,48 centímetros. Pé ante pé, vejamos, sem dar no pé, alguns dos lugares onde a língua portuguesa permite que se ponha o pé. Na simplicidade da anatomia, é nossa mais óbvia ligação com a terra. Estamos com os pés no chão, ainda que encarapitados em calçados de salto cobrindo cada uma das duas extremidades inferiores. O verbete está presente também em expressões curiosas, como "entrar com o pé direito", "meter os pés pelas mãos", "ficar em pé de igualdade", "pegar no pé", "ir num pé e voltar noutro", "sofrer como pé de cego", "tirar o pé da lama", "um pé lá e outro cá", "não chegar aos pés", "fulano é um pé de boi" e "pé de anjo", entre outras. Terrível é não poder "tirar o pé do barro", expressão que Miguel de Cervantes põe na boca de Sancho Pança em *Dom Quixote*, quando o pragmático companheiro do cavaleiro andante quer convencer a mulher a governar a Ilha de Baratária: "Não te parece, animal, que será bom dar com meu corpo em algum governo proveitoso que nos tire o pé do barro?". Desde então "tirar o pé do barro" passou a designar triunfo sobre situação ameaçadora, indicando especificamente que a pessoa enriqueceu, pois tirando o pé do barro, pôde lavá-lo e fez seu pé-de-meia, tornando-o aparelhado a calçar o sapato, ícone de qualificação social no ciclo do couro, quando a agropecuária não tinha os entraves de hoje. Já *Pé de anjo* é título de uma marchinha de José Barbosa da Silva, O Sinhô, composta para satirizar o cantor e compositor Otávio Liplecpow da Rocha Viana, o China, que tinha pés excessivamente grandes: "Ó pé de anjo, ó pé de anjo/ és rezador, és rezador/ tens um pé tão grande/ que és capaz de pisar/ Nosso Senhor, Nosso Senhor." China era irmão de Alfredo da Rocha Viana Filho, o Pixinguinha. Sinhô achava que China falava mal dele e ameaçava: "Eu tenho uma tesourinha/ que corta ouro e marfim/ serve também para cortar/ línguas que falam de mim." As mulheres também foram satirizadas na letra: "A mulher e a galinha/ são dois bichos interesseiros/ a galinha pelo milho/ e a mulher pelo dinheiro." Pixinguinha tinha esse nome porque quando criança sua avó o chamava *pizindim*, menino bom, em seu dialeto africano. O menino bom contraiu varíola e passou a ser chamado Bexiguinha. Da junção das duas palavras nasceu Pixinguinha. Ao refletir sobre o modo como o pé aparece na cultura brasileira, a professora Liana Leão, do Departamento de Letras da Universidade Federal do Paraná, em Curitiba, reuniu muitas dessas expressões para escrever o *Livro dos pés*, concebido preferencialmente para o público infantojuvenil, declarando: "Usamos a palavra pé para falar de mil coisas e o pé é um pedaço da gente, uma parte tão importante que assim que a gente nasce fazem logo um carimbo com o nosso pé." Agora, falta deixar tudo isso para trás, botar o pé na estrada e proclamar pé na tábua.

PEÃO do espanhol *peón*, derivado do latim medieval *pedonis*, caso genitivo de *pedo*, que tem pés grandes, vai a pé e não a cavalo. Como o cavalo era símbolo de qualificação social, andar a pé, descalço, era indicador de pobreza. É no ciclo do couro que o calçado e a montaria se consolidam como ícones de distinção social. Ter o pé grande era indicativo de quem não dava aos pés a disciplina de sapatos e botas, que interfeririam em suas formas, de que é exemplo a deformação conhecida como pé chato. A evolução do vocábulo não nos permite supor um peão a pé. Peão e cavalo são tão associados que no Brasil meridional surgiu a expressão "centauro dos pampas", designando o gaúcho, com o aproveitamento do mito do monstro fabuloso, metade homem e metade cavalo, que os gregos denominaram *kentauros*, *centaurus* em latim.

PECADO do latim *peccatum*, pecado, tropeço, ligado a *peccare*, mancar, tropeçar, errar. Quando o cristianismo triunfou em Roma, por volta do século IV d.C., a vitória teve reflexos profundos nas instituições e também na língua. Assim, *Sol*, sol, astro e divindade, foi ligado ao Deus cristão, a Jesus e aos santos, de que é exemplo a auréola luminosa com quem são representados. As sedes do poder imperial, como os palácios, e as instâncias jurídicas foram assimiladas e tomadas pelos cristãos, em mudanças que se tornaram perenes. Papa e bispos moram em palácios até hoje, antes habitações do poder político. Templos dedicados a deuses pagãos tornaram-se basílicas, catedrais e igrejas. E o pecado deixou de ser tropeço, erro, para transformar-se em ofensa a Deus, dividido em pecados mortais e veniais, sem contar o pecado original – aquele com o qual você nasce por culpa de Adão e Eva.

PECHA do espanhol *pecha*, regressão de *pechar*, pagar multa, do latim *pactare*, pagar um tributo. Passou a designar defeito, falha. Os primeiros impressionistas receberam a pecha da incompetência, atribuída pelo pintor e crítico Louis Leroy, criador da palavra *impressionnisme*, inventada para desancá-los. *Impressão – nascer do Sol*, ao lado de outros quadros, como *Le déjeuner sur l'herbe*, de Edouard Manet, e *La repasseuse*, de Edgar Degas, serviram de emblema e seus autores adotaram a pecha como nome redentor do movimento. Para pintar a prostituta nua ao lado de aristocratas bem vestidos, fazendo a primeira refeição do dia, Manet usou sua modelo preferida, Victorine Louise Meurent, então com apenas 18 anos, também pintora, que expôs seus quadros no Salão de 1876, ano em que Manet foi recusado.

PECHADA do espanhol platino *pechada*, choque, colisão, trombada de dois cavaleiros que correm em direções opostas, designando ainda o ato de jogar a montaria sobre a rês, com o fim de conduzi-la a determinada direção. Radica-se originalmente no latim vulgar *pactare*, pagar uma multa, por sua vez vindo de *pactum*, pacto, que tem também o significado de promessa, esperança. O verbo no latim culto é *pangere*, fixar, estabelecer, cuja origem remota é o indo-europeu *pak*, marco de pedra ou de madeira para fixar limites e evitar invasões. No Brasil meridional, pechada veio a designar, por influência dos países vizinhos, colisão de veículos no trânsito. A pechada, empurrão que o cavaleiro dá manipulando o peito do cavalo com as rédeas e o freio na boca da montaria, passou a designar outro tipo de encontrão, o dos automóveis. Os cavaleiros foram substituídos por motoristas. E os cavalos, por carros. O que talvez tenha piorado foi o modo de conduzir e até mesmo o comportamento. Com efeito, o cavalo, assim como o automóvel, já foi símbolo de distinção social. A raiz de cavaleiro e cavalheiro atesta o domínio conexo dos significados: quem anda a cavalo tem bons modos. E assim surgiu o cavaleiro andante que, na Idade Média, solitário ou em grupo, ia a terras longínquas não apenas em busca de aventuras, mas para atuar em defesa de fracos e oprimidos, lutando por ideais de justiça. Também desagravava damas e donzelas. E não interrompia os combates, ainda que os ideais fossem quiméricos e utópicos, como no caso de *Dom Quixote*.

PECHINCHA de origem desconhecida. Provavelmente teria vindo de uma variação da pronúncia de "pequena", que nos Açores soa como *pitchencha*. Tanto em Portugal como no Brasil tem sido palavra indispensável nas negociações da economia popular, pois foi sempre o recurso mais usado pelo freguês para conseguir um preço melhor em suas compras.

PECUNIÁRIO do latim *pecuniarius*, pecuniário, de dinheiro, de pecunia, originalmente riqueza em gado. Consolidou-se como sinônimo de dinheiro depois que Sérvio Túlio, o sexto rei de Roma, de origem etrusca, mandou gravar em moedas imagens de ovelhas e bois. No baixo-latim, *pecunia* dava nome a certa moeda. A origem remota é o latim *pecus*, gado, que serviu de base a pecuária (lidar com gado), pecúlio (poupança) e peculato (desvio de dinheiro público), que o trouxe da raiz indo-europeia *peku*, gado. Apesar de os rebanhos estarem presentes em muitos roubos e atos ilícitos como pagamento de corrupção, o furto de animais tem designação própria: abigeato, do latim *abigeatus*, em cuja raiz está o verbo *abigere*, conduzir, separar, formado pelo verbo *agere*, fazer, antecedido da preposição *ab*, que indica afastamento, como se vê em ablação, que em cirurgia designa remoção de parte do corpo.

PEDANTE do italiano *pedante*, pedante, palavra ligada a *piede*, pé. O conceito nasceu no ensino, vinculado também à palavra pedagogo, do grego *paidagogós*, professor, designando o escravo que conduzia as crianças para templos ou palácios onde eram ministradas as aulas. Aula veio do grego *aulé*, pátio de uma casa, pelo latim *aula*, palácio, corte de um príncipe, locais de aprendizagem. Como fosse mais instruído do que o patrão, depois da conquista da Grécia por Roma, o escravo culto parecia romper suas limitações, indo além do exigido ao ministrar aulas na própria casa em que morava, à hora do descanso, que é *skholé*, em grego, origem do termo escola, escrita *schola* em latim. O professor arrogante, escravo ou não, valorizava excessivamente as minúcias, dando mais atenção aos escritos de pé de página do que ao conteúdo essencial do texto. Foi assim que a palavra italiana *piede* influenciou a formação de pedante, palavra utilizada quase sempre como insulto, ainda que certas pessoas tenham orgulho de seu pedantismo, frequentemente associado à observação exagerada da norma culta de uma língua. O pedantismo traz indícios de desordens mentais, levando a pessoa a dar excessiva atenção a minúcias, desprezando o essencial, o que foi definido como Transtorno Obsessivo Compulsivo (TOC) e também como Síndrome de Asperger, em homenagem ao psiquiatra austríaco Hans Asperger. Ele observou que algumas crianças tinham demasiado interesse num único assunto.

PEDINTE de pedir, do latim vulgar *petire*, pedir, cercar, requerer, solicitar, radicado no latim clássico *petere*, atacar para obter alguma coisa. Temos a inclinação de achar que, à semelhança das prostitutas, que também estão nas ruas, aquele destino foi imposto a umas e outros, mas há pedintes e prostitutas que escolheram os respectivos ofícios voluntariamente, assim como há quem prefira viver nas ruas, embora a maioria tenha sido ali jogada pela má sorte e por muitos outros fatores, entre os quais avulta a injustiça econômica, política e social.

PEDOFILIA do grego *paidos*, criança, e *philos*, amor, amizade. O adjetivo pedófilo entrou para a língua portuguesa no fim do século XIX e foi muito utilizado para desqualificar, por exemplo, alguns padres acusados de molestar sexualmente crianças e adolescentes. O assunto é tão grave que já mereceu matérias de capa em prestigiosos veículos da imprensa nacional e internacional, tendo chegado ao Vaticano, onde foi discutido por grupo de cardeais sob a orientação do próprio papa. O radical do vocábulo pedófilo é o mesmo de pederasta e pedagogo. No primeiro, pela formação *paidos*, criança, e o verbo *eran*, gostar, amar; no segundo, *paidos* e o verbo *agein*, conduzir. Foi o reformador francês João Calvino, organizador de uma república teocrática na Suíça e defensor de apenas dois sacramentos – batismo e eucaristia –, quem primeiro utilizou o vocábulo pedagogia, em 1541, com o sentido que depois se consolidou, consistindo no ofício de ensinar. Na língua portuguesa, a pedagogia chega no segundo decênio do século XIX. Os primeiros pedagogos do Ocidente foram padres, vez que as escolas começaram inicialmente como prolongamentos das sacristias. Como a etimologia indica, padre veio do espanhol *padre*, alteração do latim *patre*, declinação de *pater*, pai. Tanto que em outras línguas, inclusive nas não latinas, há alusão à paternidade na formação das respectivas denominações da função do padre, de que são exemplos *padre*, no italiano, e *père* e *abbé*, no francês, este último radicado remotamente no aramaico *abbas*, pai, de onde procede *abade*, no português.

PEDRA do grego *pétra*, pelo latim *petra*, pedra. O primeiro papa, São Pedro, chamava-se *Kepha*, rocha, pedra em aramaico. Ao convocá-lo, Jesus fez um jogo de palavras, mantido na tradução latina e posteriormente na portuguesa: "Tu és Pedro e sobre esta pedra edificarei a minha igreja e te darei as chaves do reino dos céus." A versão latina, em letras de 1,80 metro de altura, pode ser lida na cúpula da basílica de São Pedro, em Roma: *Tu es Petrus et super hanc petram aedificabo ecclesiam meam et tibi dabo claves regni coelorum.*

PÉ-FRIO do latim *pede*, declinação de *pes*, pé, e *frigidu*, declinação de *frigidus*, frio, designando azar e qualificando também a pessoa sem sorte no jogo, nos esportes, nos negócios, na vida, mas, principalmente, que dá azar aos outros. A expressão provavelmente nasceu da temperatura dos pés dos cadáveres e de pessoas fracas, desnutridas. Celebridades e políticos amargam a fama de pé-frio, reiterada na Copa de 2010. O roqueiro britânico Mick Jagger torceu para os EUA: o time perdeu de 2 a 1 para Gana. Torceu para a Inglaterra, que perdeu para a Alemanha por 4 a 1. Torceu para o Brasil, ao lado Lucas, o filho que teve com a apresentadora brasileira Luciana Gimenez: o Brasil perdeu para a Holanda por 2 a 1.

PEGAR do latim *picare*, untar de pez, substância betuminosa semelhante ao piche. Foi incorporando muitos outros significados, como o de recolher, anexar, tomar, ser contemporâneo de. Nestor de Holanda, num livro publicado em 1969, *Memórias do Café Nice*, utiliza o verbo neste último sentido, ao citar um famoso bairro carioca: "Ainda peguei a Lapa, com os cabarés, mulheres e malandros famosos, cafés ruidosos." Entre as figuras antológicas daquele bairro, estava Madame Satã, nome artístico do ex-escravo João Francisco dos Santos, que se apresentava como transformista.

PEIXE do latim *pisce*, declinação de *piscis*, peixe, devido ao som de "ch" no vocábulo latino. No francês, o latim *piscis* resultou em *pescion*, hoje grafado *poisson*. Um dos primeiros alimentos do homem, o peixe prestou-se a metáforas e símbolos, tendo inspirado também as embarcações, assim como os pássaros deram as primeiras ideias de voo. O peixe foi também o símbolo dos primeiros cristãos no período das perseguições e martírios ocorridos até o século IV. Daí a presença de sua figura nos paramentos eclesiásticos ainda hoje. Dia 29 de junho é comemorado o dia do pescador. O padre Antônio Vieira, em seu célebre *Sermão de Santo Antônio aos peixes*, recomendou: "Peixes, quanto mais longe dos homens, tanto melhor." E William Shakespeare apresenta o seguinte diálogo entre pescadores na peça *Péricles*: "– Admiro-me de como podem os peixes viver na água. – Do mesmo modo que os homens vivem em terra: os grandes devoram os pequenos."

PEIXE-BOI de peixe, do latim *pisce*, e boi, do latim *bove*. Designa peixe de corpo arredondado, cabeça pequena, lábio superior fendido, com cauda em forma de remo, larga e arredondada. Mama durante dois anos, depois abandona a mãe e tem vida solitária, vivendo até os cinquenta anos. Por ser muito manso, é facilmente caçado e está em risco de extinção. Os ambientalistas calculam que existam 500 peixes-bois-marinhos vivendo em águas costeiras no Brasil e 5.000 peixes-boi nos rios amazônicos. O feminino de peixe-boi não é peixe-vaca, é peixe-mulher.

PELADA de *péla*, bola feita de couro, mais o sufixo -ada. Sua origem remota é o latim *pila*, bola. Pode ter havido contaminação com pelo, já que as primeiras bolas feitas de couro ainda o traziam cheio de pelos. Passou a designar jogo de futebol em campo improvisado, sem disciplina tática. Mas é ali que nascem os craques. Ao passarem a profissionais, entretanto, os antigos peladeiros precisam recusar a anarquia anterior e obedecer aos técnicos, o que nem sempre acontece, voltando a jogar peladas. E por isso o vocábulo tornou-se sinônimo de mau futebol. Garrincha, o mais famoso ponta-direita da seleção brasileira em todos os tempos, cujos dribles desconcertantes inspiraram escritores e cineastas, não perdia uma pelada com os amigos em Pau Grande, no Rio de Janeiro, mesmo depois de bicampeão mundial de futebol. Evidentemente, Garrincha em campo era sempre garantia de jogo bonito. Ele era a alegria do povo. Livrava-se de célebres marcadores do mundo inteiro, a quem denominava joões, do mesmo modo com que passava pelos compadres nas várzeas de Pau Grande: driblando-os. Todos sabiam que sairia velozmente pela direita, mas ninguém sabia em que momento ele dispararia.

PÉLAGO do grego *pélagos*, que no latim foi grafado *pelagu*, significando nas duas línguas mar profundo, abismo, profundeza, sentidos que conservou em português. Em sentido metafórico, veja-se a lindeza do contexto em que aparece o vocábulo neste trecho de *O monge de Cister*, de Alexandre Herculano: "No período da vida em que o coração da mulher se abre às paixões, há duas épocas distintas. A primeira é aquela em que, tímida e inexperiente, ela se embriaga nesse pélago de vagas aspirações de um amor sem objeto."

PELEGO do espanhol *pellejo*, lã do carneiro presa à membrana que fica entre os pelos e a pele propriamente dita. Todavia pelego não designa apenas a pele do carneiro com a lã. Pode ser feito com outro tecido ao qual a lã, obtida uma vez por ano mediante tosquia do animal, é fixada. A propósito, lembra Millôr Fernandes, com verve e humor: "A única diferença entre o carneiro e o contribuinte é que o carneiro só é tosquiado uma vez por ano." Por ser utilizado como peça dos arreios que fica entre o cavaleiro e a sela, pelego veio a denominar também o sindicalista que trabalha a favor do governo ou dos patrões, e ainda a pessoa servil, bajuladora.

PELOURINHO do latim *pilorium*, pilar, sinônimo de *columna*, coluna, pelo francês *pilori*, designando marco alto, de pedra ou madeira, onde eram amarrados, exibidos e castigados os criminosos. A influência da pronúncia francesa prevaleceu no português. No latim dizia-se *pilórium*, mas no francês era dito *pilorí*. O Largo do Pelourinho, em Salvador, é o principal patrimônio arquitetônico da Bahia.

PENA do grego *poiné*, originalmente pena aplicada a um assassino para "expiação" de um homicídio. Passou depois a designar resgate ou multa pagos aos parentes da vítima, visando à amenização do sofrimento e algum tipo de compensação. Mas, também nas origens, estava a ideia de vingança, punição, castigo, sentença, pena, do latim *poena*, punição, indicando sofrimento a ser aplicado ao criminoso. As primeiras punições remontam aos tempos bíblicos. Por comerem da árvore do fruto do conhecimento, Adão e Eva foram expulsos do paraíso. Segundo os ensinamentos da *Torá*, o livro sagrado dos judeus, equivalente à nossa *Bíblia*, eles foram punidos não porque a ciência lhes estivesse vetada, mas porque comeram os frutos que não cultivaram. Não eram seus. Para comerem deles, precisavam da licença de Adonai Eloim, que havia criado tudo. A pena aplicada foi o exílio para esse vale de lágrimas. A segunda pena do mundo é aplicada a Caim, por ter assassinado o irmão Abel. Lamec, descendente de Caim já na sétima geração, estava cego e para caçar contava com a ajuda de seu filho, Tubalcaim. Este apontava a caça para que Lamec atirasse as flechas. Mas o filho pensou que Caim fosse um animal e Lamec o matou. Ao perceber o engano, exasperado, feriu-se a si mesmo e matou também a Tubalcaim. A viúva de Caim foi sua própria irmã gêmea. Na aplicação involuntária da segunda pena, Lamec foi duramente criticado por duas mulheres, Adá e Tsilá.

PÊNALTI do inglês *penalty*, penalidade máxima. A bola é colocada em marca própria, a 11 m do gol adversário, depois da falta cometida dentro da grande área. O pênalti é um quase-gol. "O pênálti é tão importante", disse o célebre filósofo do futebol Neném Prancha, "que deveria ser cobrado pelo presidente do clube".

PENAR de pena, do latim *poena*, castigo, punição, entendendo-se sofrer. Os romanos adaptaram o grego *poiné*, expiação de um homicídio. O *Dicionário Aulete* registra que, além de verbo com vários significados, entre os quais padecer sofrimentos, purgar pecados e causar dor, penar é também substantivo, como nestes versos de Chico Buarque de Holanda na famosa canção *Apesar de você*: "Você vai pagar e é dobrado/ Cada lágrima rolada/ Nesse meu penar."

PENDÃO do espanhol *pendón*, provavelmente com influências de vocábulo pré-romano, embora alguns autores vinculem o provençal *penon* ao latim *pinna*, este com influência do grego *pinaks*, prancha. No latim e no grego, as duas palavras aplicavam-se também às orelhas de animais que as têm longas, como o coelho. Com música de Francisco Braga, o poeta Olavo Bilac comparou a bandeira do Brasil a um pendão. O poeta era culto e muitas vezes aludiu ao passado grego e latino em outros versos. É provável, pois, que ao registrar pendão estivesse imaginando algo desfraldado no ar. Eis os versos iniciais com os quais saúda o pavilhão nacional: "Salve, lindo pendão da esperança,/ Salve símbolo augusto da paz!/ Tua nobre presença à lembrança/ A grandeza da Pátria nos traz." Parte do verso seguinte – o afeto que se encerra – foi utilizada pelo jornalista e escritor Paulo Francis como título de um de seus livros de memórias: "Recebe o afeto que se encerra,/ Em nosso peito juvenil,/ Querido símbolo da terra/ Da amada terra do Brasil!"

PENDURA de pendurar, do latim *pendulare*, afixar no alto, pendurar, de *pendulus*, pendurado, suspenso. A troca do "l" pelo "r", tão presente nos depoimentos de interrogados nas CPIs, remonta ao primeiro milênio, pois há registro de *pendorare* no latim falado e escrito na Península Ibérica, em territórios depois transformados em condados, que ao se juntarem formaram Portugal. As primeiras coisas penduradas podem ter sido couros de animais abatidos pelos primeiros homens e depois suas roupas, feitas inicialmente de peles, antes que o homem aprendesse a cultivar o algodão e inserisse o bicho-da-seda na produção de tecido para o seu vestuário. Penduradas em varais para secarem ao sol, as roupas ensejaram metáfora para as contas. Quando surgiu o comércio, mesmo no tempo do escambo, as dívidas contraídas em tabernas e armazéns, depois de registradas em papeluchos, eram penduradas em pregos. Foi então que pendura veio a designar dívida. As metáforas não pararam. Assim como a roupa suja, também dívidas e créditos sujos precisam ser lavados. E demandam ainda serviços de tinturaria, às vezes obtidos em paraísos fiscais, onde o dinheiro é lavado, enxaguado e tingido, sendo o verde do dólar a cor preferida.

PENEIRAR de peneira, do latim *panaira*, plural de *panarium*, cesta de pão. No gerúndio, o verbo aparece em *Farinhada*, de José Dantas: "Eu tava na peneira, eu tava peneirando,/ Eu tava no namoro,/ Eu tava namorando". Os versos seguintes são menos conhecidos: "O vento dava,/ sacudia a cabilêra,/ Levantava a saia dela/ No balanço da peneira./ Fechei os óio/ e o vento foi soprando/ Quando deu um ridimuinho/ sem querer tava espiando". Foram usadas as variantes para cabeleira, olhos, redemoinho e estava, assim grafados na forma culta.

PENETRAR do latim *penetrare*, penetrar, transpor a entrada, ir mais para dentro. Na antiga Roma os deuses Penates eram venerados num santuário denominado *penetralia*, que também designava o lugar mais secreto de uma casa. Penetrar era, pois, passar o vestíbulo, o átrio e ir ao fundo da residência. Na novela *Roque Santeiro*, o professor Astromar, ao chegar à casa da namorada, perguntava: "Posso penetrar?" A namorada era virgem e por isso a pergunta carregava certa ambiguidade. A resposta, afirmativa, era dada pelo pai da moça, vivido pelo ator Ary Fontoura, que recebeu da APCA (Associação Paulista de Críticos de Artes), em abril de 1997, o prêmio de melhor ator de televisão.

PENHASCO do espanhol *peñasco*, de *peña*, penha em português, rocha escarpada, alta, isolada, fácil de ver ao longe. A origem remota é o latim *pinna*, rocha. Há uma sucessão de lindos penhascos, às vezes apavorantes, no Sul do Brasil, principalmente entre Santa Catarina e o Rio Grande do Sul, apreciados quando se viaja de carro pelas estreitas estradas daquelas serras. O empresário e fotógrafo amador Enio Frassetto tem um vasto acervo de fotos de penhascos, cânions, desfiladeiros, montanhas e outras escarpas do Sul de Santa Catarina, feitas em localidades como Sombrio, Timbé, Turvo, Jacinto Machado, Meleiro e Araranguá.

PENHORA derivado de penhorar, do latim medieval *pignorare*, dar em penhor, do latim *pinoris*, declinação de *pignus*, termo jurídico que designava garantia dada pelo devedor. No latim clássico é *pignerare*. José Pedro Machado informa, em seu *Dicionário etimológico da língua portuguesa*, que no ano de 1097 a palavra já estava no português escrito, indicando apreensão de bens, determinada por ordem judicial, para pagamento de dívida ou obrigação. O masculino penhor, designando também garantia, presente na língua no século XII, aparece nestes versos do *Hino Nacional*: "se o penhor dessa igualdade conseguimos conquistar com braço forte,/ em teu seio, ó liberdade, desafia o nosso peito a própria morte." No português rebuscado de Joaquim Osório Duque Estrada, tão característico do poema, o verbo conquistar tem o sentido de resgatar, dando a ideia de que, com a independência, libertamos a pátria penhorada. O *Dicionário Aurélio*, ao abonar o verbete penhor, troca equivocadamente Joaquim por Francisco, mas este é um dos prenomes do compositor da música do *Hino Nacional*, Francisco Manuel da Silva.

PENITÊNCIA do latim *poenitentia*, penitência, arrependimento. A ideia é mortificar o corpo para castigá-lo pelos excessos cometidos, considerados pecados na civilização ocidental, baseada em princípios cristãos. A penitência é proporcional à magnitude da falta. Nos confessionários, durante séculos e séculos a penitência consistia em rezar alguns padre-nossos e ave-marias. Quando uma beata, após a confissão, permanecia por muito tempo ajoelhada nos bancos eclesiásticos, pairavam suspeitas sobre sua virtude. No caso, o pecado em vista era o da luxúria.

PENITENCIÁRIA do latim *poenitentia*, arrependimento, remorso. O verbo em latim é *poenitere* e tem o significado de fazer falta, não ter o suficiente, não estar satisfeito. Com tal sentido, foi registrado ainda por Plauto. Penitência está na língua portuguesa desde o século XIII, mas o primeiro registro de penitenciária somente vem a ocorrer na segunda metade do século XIX. Pode ter havido influência de penitenciaria, existente na língua deste o século XVI, designando tribunal da Santa Sé que trata das questões de foro íntimo e das indulgências. O ex-presidente Juscelino Kubitschek de Oliveira, quando estudava em Paris, encontrou um amigo mineiro a quem perguntou de José Maria Alkmin, dizendo que nunca mais soubera nada dele. "Está na Penitenciária de Neves", respondeu o outro. "Eu sabia que ele ia acabar lá", disse Juscelino. Alkmin estava de fato naquela Penitenciária, de que era diretor. O diálogo está registrado pelo jornalista Sebastião Nery no livro *Folclore político: 1950 histórias* (Editora Geração Editorial).

PENSÃO do latim *pensione*, designando pagamento feito em compensação, resgate. Pode ter recebido tal denominação porque originalmente não eram feitos em dinheiro, mas em frutas e cereais. Ainda pendentes da videira, as uvas já estavam destinadas a tais compensações, o mesmo ocorrendo com os cereais ainda antes da colheita. Nem sempre são pacíficas as pensões alimentícias devidas aos filhos pelos pais que se divorciam. Como a quantia é paga à mãe das crianças, quando há litígio na separação ou o filho foi fruto de amor eventual, a Justiça é chamada a intervir para resolver os conflitos. Foi o que aconteceu com a modelo Luciana Gimenez, que conseguiu nos tribunais dos EUA uma pensão de 10 mil dólares mensais para criar o pequeno Lucas, fruto de seu namoro com o músico inglês Mick Jagger. O pai reclamou que a criança não precisaria de tanto. A mãe, com a foto do filho nas mãos, chorou nos tribunais americanos e ganhou menos de um terço do que pediu. Quem não chora não mama.

PENTA do grego *pente*, cinco. No português é utilizado como prefixo na formação de palavras, daí a expressão pentacampeão, título conquistado pela seleção brasileira no Japão em 2002, tendo como técnico o gaúcho de Passo Fundo, Luís Felipe Scolari. Criticado duramente, sobretudo por não mais ter convocado o jogador Romário depois da derrota para o Uruguai nas eliminatórias, Scolari soube agregar o grupo convocado, conduziu o Brasil à sofrida classificação e voltou pentacampeão do mundo, com sete vitórias, nenhum empate, nenhuma derrota, nenhuma prorrogação, nenhuma disputa em pênaltis. E com vários trunfos, um dos quais ter apostado em Ronaldo, dado como de difícil recuperação e que voltou artilheiro da Copa.

PENTE do latim *pecten*, utensílio indispensável à estética e ao cuidado dos cabelos por homens e mulheres – exceto os carecas que, como diz o povo, penteiam-se com navalha –, consistindo de uma haste à qual estão presos vários dentes, de osso, de plástico etc. A origem remota é o grego *péktós*, fixado, compacto, espesso, coagulado. Presta-se à expressão "passar um pente-fino", isto é, procurar, pesquisar, uma vez que ao pentear os cabelos com pente-fino nenhum dos fios pode vir junto a outros, todos são separados e arrumados. Nos anos de após-guerra, designou também um carro pequeno, criado por um *designer* húngaro e inspirado nos modelos alemães. Muito bem recebido no lançamento, em 1946, por custar a metade do então menor carro do mundo, o Topolino, no ano seguinte sua produção foi suspensa porque as reservas húngaras de petróleo se esvaziaram. O único sobrevivente, um Pente 600, está no Museu do Transporte, em Budapeste.

PENTEAR de pente, mais -ar, indicando ação. Pente veio do latim *pecten*, que entrou para a língua portuguesa no século XIV, primeiramente designando utensílio semelhante ao ancinho, do latim *uncinus*, ligado a *uncus*, gancho. O ancinho, porém, tem os dentes curvos. Os dentes do pente são retos. Seu primeiro modelo foi encontrado na natureza: uma concha com ranhuras. Pentear-se indica civilidade, cultura, cuidado com a aparência. Com poucas exceções, o despenteado é reprovado. O cabelo desgrenhado é sinal de loucura. Um dos demônios da *A divina comédia*, de Dante Alighieri, chama-se *Scarmiglione*. Em italiano, significa que tem os cabelos desarrumados, despenteados: *scarmigliare* veio do latim *excarminare*, enredar, embaraçar. Pentear é verbo aplicado às pessoas e a animais domésticos, como os gatos. Mandar pentear macacos é xingamento, equivalente a ir às favas, plantar batatas. O pente é objeto muito antigo. Fabricado de osso ou de madeira, às vezes cravejado de pedras preciosas, era item indispensável das egípcias nobres. Foi trazido para Roma pelos soldados, e seu uso espalhou-se rapidamente. A penteadeira, com espelho e gavetas, tornou-se móvel do quarto de dormir no século XX.

PEPINO do grego *péponos,* genitivo de *pépon*, melão maduro, derivado do verbo *pésso*, faço amadurecer, pelo latim *peponis*, genitivo de *pepon*, espécie de melão. *Pepon* foi tomado erroneamente como aumentativo do latim, de onde surgiu o curioso substantivo para designar o pepino propriamente dito, fruto menor da cucurbitácea, isto é, do qual se pode fazer uma cabaça, como a abóbora, a melancia e outros frutos. Ao lado do abacaxi – "descascar o abacaxi" expressa dificuldade; da melancia, que identificava os revoltosos de 1925, que, dizendo apoiar o governo, na verdade simpatizavam com a esquerda; da abóbora, "dizer abobrinhas" é falar insignificâncias –, o pepino indica sério problema. A expressão deve-se à crença sertaneja de que o pepino é de digestão difícil. "Com apenas 40 dias de mandato ter um pepino desses na mão, eu não queria estar no lugar dele", disse o presidente Lula por ocasião de seu encontro com Barack Obama, então há 53 dias no cargo.

PÉ-QUEBRADO de pé, do latim *pede*, e quebrado, de quebrar, do latim *crepare*, quebrar, estalar, fender, fazer barulho. Designa composição poética, às vezes satírica, formada por instâncias, quadras ou estrofes em que os três primeiros versos têm sete sílabas e o quarto tem às vezes apenas três sílabas, rimando o segundo com o terceiro e o quarto com o primeiro da quadra imediata. São numerosas as quadras de pé-quebrado de *Ciranda cirandinha*, antiga canção infantil. Em "Quando eu era pequenina,/ minha mãe me dava leite,/ agora que sou grande,/Minha mãe me dá porrete", a versão de pé-quebrado diz: "Quando eu era pequenina,/ minha mãe me dava leite,/ agora que sou grande,/ a vaca morreu."

PERCEBER do latim *percipere*, perceber, vizinho de *incipere*, começar, dar princípio, da raiz latina *cap*, presente também em *capere*, agarrar, pegar, cativar, tendo este último verbo consolidado o significado afetivo da dominação pela atração amorosa, mas cuja raiz está também em *captivus*, cativo, escravo, daí a declaração de amor "sou teu escravo", "sou tua escrava", como diz Maria ao anjo Gabriel, quando este lhe diz que está grávida, na Anunciação: "eis aqui a escrava do Senhor, faça-se em mim segundo a sua palavra." Ao saber da mesma coisa em sonhos, São José achou melhor ficar quieto, resignando-se ao destino ou, para os cristãos, à História da Salvação. Dom Duarte em *Leal conselheiro* usa perceber com o significado de fortificar: "e tanto que soube mandou perceber as portas da cidade." Perceber tem também o significado de receber, do latim *recipere*, outro verbo seu vizinho, como nos mostra Nelson de Faria em *Tiziu e outras histórias*: "ganhava salário miserável, percebendo salário de 2.000 réis por légua andada." No acórdão 679/03, do TRT de Porto Velho (RO), o juiz relator Carlos Augusto Gomes Lobo, decidindo a favor de recorrente em recurso, diz: "compulsando os autos, verifico que na peça inaugural o reclamante/recorrente assevera que percebia salário de R$ 3,40 (três reais e quarenta centavos) por hora."

PERCENTUAL do latim *per centum*, por cento. As alíquotas aplicadas sobre rendimentos em nosso país, sobretudo de assalariados, estão aumentando continuamente. Não contente, porém, com tal excesso de impostos, o ministro Ricardo Berzoini, quando deputado federal (PTSP), foi relator da Comissão de Finanças e Tributações da Câmara. Na ocasião, propôs aumento do imposto de renda de 27,5% para 30% para quem ganhasse entre 1.800 e 4.000 reais mensais. E 35% para quem recebesse acima dessa quantia. Na contramão do caminho trilhado por administrações modernas, que se esforçam por organizar melhor a sociedade, de modo a que seja controlada a corrupção em vez de aumentar impostos, nosso parlamentar e seus colegas poderiam dar uma olhadinha no livro *Corruption and Government: causes, consequences, and reform*, de Susan Rose-Ackerman (Editora da Universidade de Cambridge). Segundo a autora, a corrupção é fenômeno mundial e afeta países desenvolvidos e em desenvolvimento. A diferença é que nos primeiros os buracos orçamentários não são preenchidos com mais impostos, mas com punições aos transgressores.

PERCEPÇÃO do latim *perceptione*, declinação de *perceptio*, ação de perceber, de *percipere*, formado a partir de *per capere*, pegar. Nas línguas nota-se como a percepção é relativa, de acordo com o que nos mostra o professor Afrânio da Silva Garcia em *Estudos universitários em semântica* (Rio, Edição do Autor, 2006). Ele mostra que o campo semântico das cores varia de acordo com a percepção. Os esquimós distinguem apenas três cores: o azul, o verde e uma terceira que inclui o vermelho e o amarelo juntos. "Os navajos têm duas palavras distintas para designar o que os ocidentais identificam como negro: uma, se estão se referindo a uma cor negra de superfície; outra, se o que querem designar é ausência de luz." Às vezes, o relativismo é também linguístico, como no caso do inglês, que usa a palavra *parrot* para designar o papagaio, o periquito e a arara, deixando de lado *parakeet* e *macaw*, existentes na língua, mas pouco referidos por serem esses tipos de aves muito raros nos EUA e na Inglaterra, enquanto o português precisa constantemente referir e distinguir com precisão os três, por serem comuns no Brasil e na África de língua portuguesa.

PERDÃO derivado de perdoar, do latim tardio *perdonare*, perdoar, desculpar. No latim culto, o equivalente a perdão é *venia*, permissão, licença, ainda presente na célebre expressão jurídica *data venia*, licença concedida. No português, o vocábulo pode ter sido influenciado pela forma verbal arcaica "ele *perdõa*". O perdão está presente em várias religiões, que o concebem de diferentes modos. Em 1999, celebrando o final do milênio e de um século que teve duas guerras mundiais, a Secretaria Municipal de Cultura de São Paulo promoveu um seminário sobre o perdão, em que conferencistas especializados discorreram sobre algumas nuanças do perdão em cultos cristãos, judaicos, muçulmanos e afro-brasileiros. Os judeus celebram em 20 de setembro o *Yom Kipur*, Dia do Perdão. No mundo, são os que mais têm a perdoar, principalmente depois das tentativas de extermínio de que foram vítimas nos campos de concentração na Segunda Guerra Mundial. Infelizmente, porém, não há como processar tal perdão, a não ser simbolicamente, vez que as maiores vítimas, os mortos, não podem fazê-lo. O que a humanidade fez foi, cessada a guerra, levar seus algozes a julgamento na cidade alemã de Nuremberg, entre 1945 e 1946.

PERDER do latim *perdere*, perder, gastar, destruir, jogar fora. O que se perde nem sempre se encontra, embora existam seções de achados e perdidos em todo o mundo, sendo a mais curiosa a do metrô de Tóquio, que guarda até dinheiro vivo que, perdido, foi encontrado e levado à seção. Mas o que mais se perde é tempo e palavra, que inspirou o desabafo resumido na frase

"Perder o tempo e o latim", cuja origem remonta à antiga Roma. O imperador Augusto, ao voltar de guerra vitoriosa, percebeu que um homem simples chamava atenção da multidão que o aplaudia pela companhia de um papagaio a quem ensinara a dizer em latim "Salve, César, invicto!". Fascinado pela ave, o imperador a adquiriu por alta quantia. Na sequência, surgiu outro homem trazendo uma pega que dizia "Salve, Augusto, vencedor glorioso". Igualmente encantado, o imperador comprou por alto preço também a pega, uma ave europeia, presente em outras fábulas e anedotas, de coloração preta, com penas verdes no dorso e brancas na barriga, de asas azuis e pequenas penas verdes nas rêmiges. Animado pelo dinheiro recebido pelos outros dois, um sapateiro resolveu ensinar um corvo a dizer elogios semelhantes. Como a ave demorava a aprender, ele se queixava de que estava perdendo o tempo e o latim. Mas não desistiu e o corvo aprendeu finalmente a falar. O bom homem levou a ave ao palácio, mas o imperador recusou-se a comprá-la: "Chega de tanta adulação! Não compro mais ave alguma!" O corvo, entretanto, justamente nesta hora acabou repetindo a queixa do sapateiro: "Não adianta, estou perdendo o meu tempo e o meu latim." O imperador começou a rir e adquiriu a ave por preço bem superior ao que tinha pago pelas outras duas.

PERDIÇÃO do latim *perditione*, perdição, ato ou efeito de perder-se. Adquiriu o sentido de cair em desgraça, mas sua ambiguidade é óbvia. Assim, antigamente, quando a mulher perdia a virgindade fora dos laços do casamento tomava o rumo da perdição e era quando passava a ser mais encontrada. Entretanto, perder a virgindade já é uma expressão machista, que ignora a opção feminina de deixar de ser virgem por querer, sem sentir perda alguma com seu ato, ao contrário.

PERDIDA do latim *perdita*, substantivo ligado ao verbo *perdere*, perder. Designa a prostituta ou mulher que outrora perdia a virgindade fora do casamento e era obrigada a prostituir-se. Entretanto, em 14 acepções já postas nos dicionários, o substantivo masculino "perdido" aparece na expressão "achados e perdidos" e nestes versos de Carlos Drummond de Andrade: "amar o perdido/ deixa confundido/ este coração./ Nada pode o olvido/ contra o sem-sentido/ apelo do não./ As coisas tangíveis/ tornam-se insensíveis/ à palma da mão./ Mas as coisas findas,/ muito mais que lindas,/ essas ficarão."

PERDIZ do latim *perdix*. Luís de Camões, num momento de tristeza, nele tão usual, fez conhecido poema em que aparece perdigão, o macho da perdiz: "Perdigão que o pensamento/ Subiu a um alto lugar,/ Perde a pena do voar,/ Ganha a pena do tormento./ Não tem no ar nem no vento/ Asas com que se sustenha:/ Não há mal que lhe não venha." E a fêmea aparece em célebre expressão utilizada pelo imperador alemão Henrique IV, em insólito diálogo que travou com o seu confessor. O padre censurava o monarca por sua pertinaz infidelidade conjugal. O soberano fez servir às refeições, durante muitos dias seguidos, sempre perdizes. Um dia, o sacerdote, já enfastiado, reclamou: "Sempre perdiz!" E o rei teria dito: "Sempre a rainha!" E teria havido mútua compreensão entre os dois homens. É provável que o brocardo já existisse antes do alegado episódio.

PEREGRINAÇÃO do latim *peregrinationis*, declinação de *peregrinatio*, longa viagem, peregrinação. Antes do cristianismo significava viagem a país estrangeiro, mas depois passou a designar as viagens por motivos religiosos, como as visitas aos lugares santos. Um dos principais centros de peregrinação do catolicismo no mundo é a cidade de Lourdes, na França, onde Nossa Senhora teria aparecido a uma menina. A festa de Nossa Senhora de Lourdes é comemorada a 11 de fevereiro, dia em que aconteceu a primeira aparição, em 1858.

PERERECA do tupi *pereréka*, derivado de *pere'rék*, ir aos saltos. É o nome popular de pequenos anfíbios olhudos, sem rabo, providos de ventosas nos dedos, que lhes permitem não apenas saltar, mas também subir em árvores. Há mais de oitenta espécies de pererecas no Brasil. Foi também apelido de um autor de obras de consulta indispensável para verificar usos e costumes brasileiros no período de 1808 a 1821, o sacerdote e cronista Luís Gonçalves dos Santos, que fazia seus sermões saltitando e arregalando muito os olhos, tendo recebido por isso a alcunha de Padre Perereca. Na gíria, é um dos mais de cem sinônimos para o órgão sexual feminino. No *Dicionário de gíria: modismo linguístico – o equipamento falado do brasileiro*, de J.B. Serra e Gurgel, o verbete aparece abonado com a seguinte frase popular: "A perereca dela tá ardendo de tesão."

PERFÍDIA título de famoso tango, perfídia aparece em sofisticados versos do *Hino da Independência*: "Os grilhões que nos forjava/ Da perfídia astuto ardil/ Houve mão mais poderosa/ Zombou deles o Brasil." Naqueles anos, apenas a elite culta e frequentadora dos palácios conhecia palavras tão raras. O povo cantava e canta sem lhes conhecer o significado. Em quatro pequenos versos, três palavras são incompreensíveis para incultos: perfídia, astuto, ardil. Também a inversão sintática atrapalha um pouco a compreensão. Na ordem direta ficaria assim: O astuto ardil da perfídia forjava grilhões para nós. Mas apareceu mão mais poderosa (e) o Brasil zombou deles (dos grilhões). Grilhões eram correntes de ferro para prender condenados ou escravos. Ardil é armadilha, cilada. E perfídia é traição.

PERFIL do provençal *perfil*, prega, dobra, bainha, passando pelo espanhol *perfil*, já com o sentido de contorno, de lado. Na palavra está presente o radical latino *filum*, fio. Por isso, perfil no português veio a designar o contorno do rosto de uma pessoa vista de lado, aplicando-se também à representação gráfica de objeto visto de um lado apenas. Os agrônomos fazem um perfil do solo quando, para traçar-lhe as características físicas e químicas, aplicam a determinado trecho de terra um corte vertical que vai da superfície à rocha que lhe serviu de base. Em sentido conotativo, também os jornalistas fazem perfis de personalidades.

PERFUME do latim *perfumum*, através da fumaça. Os primeiros aromas provavelmente vieram com a invenção do fogo. Queimando madeiras e folhas, o homem sentiu os cheiros da combustão, começando aí os primeiros usos do perfume. Iluminando a escuridão, assando carnes para alimentar-se, espantando insetos, o certo é que a fumaça das fogueiras logo serviu a fins religiosos e de bem-estar, como ilustram muitos episódios bíblicos, como o aroma – agradável ao Senhor – das carnes assadas por Abel e o incenso oferecido ao Menino Jesus por um dos magos. E Madalena untou com óleos perfumados os pés de Jesus. Com o passar do tempo, fabricar perfumes tornou-se ofício dos mais requintados. Os nobres executados durante a Revolução Francesa subiam à guilhotina perfumadíssimos, sua última contestação ao regime emergente que, dada a classe que mais o usava, via no perfume um inimigo a combater. Livre, porém, destas insólitas associações, o perfume recuperou sua aura agradável, chegando a constituir-se no único item que uma das mais célebres atrizes do século XX, Marilyn Monroe, usava para dormir.

PERGAMINHO do baixo-latim *pergaminum*, pergaminho, nome que recebeu por seu local de origem, o antigo reino de Pérgamo. Designava couro de cabras e ovelhas que, preparado com alume, tinha a função do papiro e mais tarde a do papel, servindo para escrever. Depois passou a ser utilizado apenas para encadernar os volumes. A técnica já era conhecida e praticada nos palimpsestos, mas foi aperfeiçoada em Pérgamo. O reino dos atálidas, assim chamado pelos nomes de seus reis, cujo rei, Átalo I, ficou ao lado dos romanos quando estes enfrentaram Felipe da Macedônia. Átalo II prosseguiu com a aliança e ajudou os romanos a destruir Aqueia. E por fim, o último rei, Átalo III, legou seu reino aos romanos. Era célebre a biblioteca de Pérgamo, com cerca de 200 mil volumes. Várias universidades brasileiras, consideradas centros de excelência, não têm metade disso.

PERIÉLIO do grego *peri*, ao redor, em torno, presente na expressão perímetro (urbano) e do latim *helium*, relativo ao Sol, que em grego é *hélios*. Designa o período de menor afastamento de um astro do sistema solar em redor do Sol, quando a Terra viaja com mais velocidade pelo espaço. É por isso que a data do equinócio pode mudar. Neste século, o equinócio de março ocorreu no dia 21 apenas em 2003 e em 2007. Nos demais anos, tem sido no dia 20. O ano trópico não tem ano bissexto, não tem

29 de fevereiro! Não corresponde exatamente ao ano gregoriano do calendário vigente desde 1582. A partir de 2044 o equinócio vai recuar para 19 de março.

PERIGUETE da gíria de Salvador, na Bahia, adaptação do português peri(go) e do inglês *girl*. Peri(gosa) *girl*, depois *peri girl* e por fim periguete. Substantivo feminino. Designa mulher que se veste de maneira sensual, chamando a atenção por revelar sem pudor os contornos do corpo e aquela que, não tendo namorado fixo, procura homens, sejam solteiros ou casados, para um caso rápido, sem compromisso. A atriz mineira Ísis Nable Valverde, com diversos prêmios de melhor atriz nos últimos anos, representou a periguete Suelen na novela *Avenida Brasil*, contribuindo para a consolidação da nova palavra na língua portuguesa.

PERÍODO do grego *períodos*, giro, volta, andar ao redor, pela formação *peri*, que aparece em perímetro, pelo latim *periodus*, período, época, idade, espaço de tempo. O final do século XIX foi apelidado pelos americanos de *The Gilded Age*, A Idade Dourada, expressão cunhada por Mark Twain e Charles Dudley Warner, diferenciando-a de *The Golden Age (*A Idade do Ouro). A outra seria apenas pintada de ouro. Outra distinção surgiria em 1914, quando o retrato de Benjamin Franklin começou a aparecer na nota de cem dólares, e o crítico literário Van Wyck Brooks publicou sua famosa distinção entre cultura *high brow* (de elite) e *low brow* (de massa), denominação que ainda vale para distinguir um bom livro de um *best-seller*, o que raramente coincide. Muito lido na sua época, Benjamin Franklin teve um livro expurgado de sua bibliografia pelo filho. É *Como escolher amantes e outros escritos*, que a Editora da Unesp traduziu e publicou em 2006. Ele aconselha que a amante não seja jovem, pois a beleza passa para todas e "da cintura para baixo a jovem e a madura se parecem muito, é quase impossível distinguir uma da outra", acrescentando ainda: "e as maduras são mais agradecidas". O ponto de vista era muito machista, pois naquela época o feminismo ainda adormecia. O título era mais para chamar a atenção, pois, composto de ensaios diversos, o do título não é o mais interessante dos seis capítulos da primeira parte, intitulada justamente *Franklin Amoroso*. As duas partes seguintes, *Franklin Cientista* e *Franklin Moralista*, trazem ensaios mais sagazes e mais pertinentes.

PERNA do latim *perna*, presunto, pernil de porco. Passou depois a designar também a perna humana, o conjunto de perna e coxa, no trecho compreendido entre o joelho e o tornozelo. Também designa o tronco das árvores. Quando se fala de uma mulher que tem pernas bonitas, a contemplação estende-se acima do joelho, incluindo também as coxas e às vezes até mais, sobretudo depois que a famosa estilista inglesa Mary Quant inventou a minissaia nos anos 1960. No singular ou no plural, aparece em expressões como "abrir as pernas", indicando metáfora de fundo sexual que significa ceder; "passar a perna", no sentido de enganar, cuja conotação pode ter nascido de práticas esportivas ou militares; "pernas, pra que te quero!", indicando o instinto ancestral de fuga diante do perigo; "perna de pau", designando o jogador medíocre; "com uma perna às costas", variante de "com um pé nas costas", indicando facilidade na execução de alguma tarefa; "não vai bem das pernas", aplicado tanto a pessoas físicas como a jurídicas, indicando fragilidades que incluem mau desempenho comercial; "em cima da perna", variação de "nas coxas", expressões nascidas no tempo em que a perna ou a coxa servia de molde para o escravo fabricar a telha, o que resultava em artefato imperfeito; "desenferrujar as pernas", às vezes pronunciada com a substituição de pernas por canelas, indicando movimentação retomada depois de longo sedentarismo. Mas nenhuma das expressões tem o bom humor estilizado nesses versos do poeta Ascenso Ferreira: "Hora de comer – comer!/ Hora de dormir – dormir!/ Hora de vadiar – vadiar!/ Hora de trabalhar?/ – Pernas pro ar que ninguém é de ferro!" O pequeno poema foi incluído por José Nêumanne Pinto em seu livro *Os cem melhores poetas brasileiros do século*.

PÉROLA do italiano *perla*, pérola, radicado no latim vulgar *pernula*, diminutivo de perna, um tipo de ostra. Esta palavra foi formada por suarabácti, do sânscrito *svarabhakti*, separação de consoantes por meio de vogal. Dá-se suarabácti, modalidade de epêntese, quando um grupo de consoantes é desfeito pela intercalação de uma vogal. Apesar do nome difícil, o processo é comum no português, de que é exemplo barata, do latim *blatta*, depois *brata*, no latim vulgar. Em *Matemática divertida e curiosa*, o professor Júlio César de Mello e Souza, mais conhecido pelo pseudônimo de Malba Tahan, no conto *As pérolas do rajá*, narra o caso de uma herança em que um rajá deixou pérolas para seis filhas, determinando que a partilha fosse feita do seguinte modo: a mais velha deveria tirar uma pérola da caixinha e mais um sétimo do que ali restasse; a seguinte, duas e um sétimo do que sobrara. E assim sucessivamente. Todas ficaram com seis pérolas cada uma, mas antes foi necessário que um juiz, bom em matemática, assegurasse que o pai tinha sido justo no testamento. Eram 36 as pérolas.

PERSEGUIR do latim *persequire*, perseguir, que, curiosamente, está até no verbo inglês *to see*, ver, por influências do étimo latino *sequ-*, andar na direção de, olhar, procurar. Tal influência não se deu em decorrência da ocupação da Inglaterra pelos romanos, que ali estabeleceram a província da Bretanha no séc. IV a. C., depois de derrotar os celtas, mas pela notável repercussão do Renascimento. O movimento intelectual que a partir do século XV propôs e efetivou o renascimento dos valores da Antiguidade greco-romana, contrapondo-os à tradição medieval, renovou as artes plásticas, a arquitetura, as letras e a organização política e econômica de diversas sociedades europeias, entre as quais a inglesa. Mas nem sempre é fácil rastrear indícios do latim no inglês, embora estejam, por exemplo, em Winchester e em Manchester, já que *cester* veio do latim *castrum*, lugar fortificado. Assim, ver, *to see*, que é também sinônimo de *to look,* olhar, é de origem latina, mas *to look* está ligado ao antigo frísico *lókia*, ao médio-holandês *loeken* e ao antigo alto-alemão *luogen*, todos com o significado de ver, olhar. Já *see* procede do frísico antigo *sai* e terá se misturado ao antigo norueguês *séa*.

PERSIANA do francês *persienne*, espécie de proteção para a janela, usada para impedir a entrada do sol e garantir a privacidade do interior da casa. É contribuição da arquitetura oriental, provavelmente da Pérsia, dada a designação que recebeu. O escritor Renard Perez, descrevendo certa cena em *Os sinos*, diz: "Por detrás das persianas corridas, olhos curiosos acompanhariam o desfile."

PERSONAGEM do francês *personnage*, pessoa fictícia posta em ação numa obra dramática, derivado de *personne*, do latim *persona*, máscara de ator. Para representar, na Grécia como em Roma, primitivos atores desenhavam expressões em pedaços de madeira que, no palco, punham diante do rosto. Quase sempre, os personagens de romances são pura ficção e não aludem explicitamente a ninguém, mas vários personagens de *A santa do cabaré* levam nomes de figuras conhecidas, como Lenildo Tabosa Pessoa, jornalista conhecido por suas posições políticas conservadoras, e o presidente Ernesto Geisel, que no romance contrata um pistoleiro para dar lições de tiro a soldados da Paraíba. Em entrevista a André Nigri, que lhe perguntou se "tratar pessoas conhecidas como personagens de ficção não cria problemas", o autor assim se expressou: "Se algum parente não entender e reclamar, posso fazer como Carlos Drummond de Andrade, que tem um poema intitulado *O sátiro*, que é assim: 'Hildebrando, insaciável comedor de galinha/ Não as comia propriamente à mesa/ Possuía-as, como se possuem e as matam mulheres/ Era mansueto e escrevente de cartório.' Quando o poema saiu publicado em *Lição de coisas*, um sujeito lá de Itabira, chamado Hildebrando, escreveu ao poeta, reclamando. Drummond respondeu: 'Retire-se do meu poema.'" *A santa do cabaré* apresenta verdadeira redenção para nossas letras, constituindo-se em providencial antídoto a jovens escritores que, influenciados pela aridez de nossos cadernos literários, podem cair no equívoco de achar que escrever bem é escrever difícil. Exatos 74 anos depois da inauguração do Romance de 30 – que começa em 1928 – coube a um jornalista retomar os temas solares daquele importante movimento literário, espelhando temas e problemas em linguagem bem-humorada, sem entretanto jamais ceder a gracinhas. Ao contrário, Japiassu faz do humor eficiente ferramenta de fundas reflexões sobre a condição humana.

PERSONALIDADE do latim *personalitate*, declinação de *personalistas*, personalidade, palavra formada a partir de *persona*, pessoa, de origem etrusca, de onde procede também o adjetivo *personalis*, pessoal. No latim tardio, ao definirem as características que dão a cada indivíduo a sua personalidade, os romanos fixaram também a distinção entre pessoa física e pessoa jurídica, creditando personalidade também a empresas. *Persona* designou, originalmente, não a pessoa, o indivíduo, mas o papel que ele cumpria no teatro, onde escondia a *facies*, face, atrás da *persona*, a máscara da figura que representava no palco. É do latim *persona* igualmente que procede o francês *personne*, que chega à Gália no século XII. O primeiro registro de pessoa no português ocorre no século XIII, e o de personalidade apenas no século XIX, acolhida no *Grande diccionario portuguez* ou *Thesouro da lingua portugueza* (cinco volumes), de Frei Domingos Vieira. Quando surgiu o provérbio "cara de um, focinho de outro", a recusa de face e semblante para construir a expressão já trazia implícito o sentido pejorativo da aplicação.

PERSONIFICAR do latim *persona*, máscara, pessoa, função, indivíduo, e *figicare*, ficar, frequentativo de *figere*, fixar. É frequente a personificação de virtudes e defeitos em determinadas personalidades. Satã personifica todos os males para cristãos e muçulmanos, e esses últimos acham que o próprio Satã está personificado no presidente dos EUA. Antes, Satanás era representado preferencialmente pelo porco, o bode, o lobo, o cão e o morcego. Apesar de aparecer já nas primeiras páginas da *Bíblia*, Satanás foi criado depois de Abraão e inserido no contexto do *Gênesis* muito tempo depois.

PERSUADIR do latim *persuadere*, verbo que traz implícito no étimo um sentido diferente de vencer, do latim *vincere*, se os recursos utilizados são as palavras e não as armas, uma vez que traz embutido o grego *hedus*, doce, agradável, do mesmo étimo de *hedoné*, prazer, que deu o português hedonista. Mais do que técnica, persuadir é uma arte, que inclui cuidados com a postura, o tom de voz, as figuras de linguagem usadas na fala, o conhecimento dos interlocutores como destinatários das alocuções e dos discursos, suas expectativas, seus valores referenciais e a correta concatenação dos argumentos que sustentem a tese defendida, com o fim de vencer as dificuldades com os outros e não contra eles. Os interlocutores precisam descobrir que o proponente lhes fará ou trará algum benefício. A arte de convencer tem suas origens na Antiguidade, principalmente depois de Górgias, filósofo grego nascido na Sicília, que criou várias figuras de ornamentação da linguagem que depois se tornariam recursos clássicos da retórica. Professava que "assim como diferentes drogas trazem à tona os diferentes humores do corpo – alguns interrompendo uma doença, outros a vida –, o mesmo ocorre com as palavras: algumas causam dor, outras alegria, algumas provocam o medo, algumas instilam em seus ouvintes a ousadia, outras tornam a alma muda e enfeitiçada com crenças más".

PERTO de aperto, dito e escrito no português arcaico *apreto*, vindo de apertar, do latim tardio *appectorare*, apertar, comprimir contra o *pectus*, peito, onde está o coração, órgão tido como a sede da saudade. Passou depois a designar pequena distância, por oposição a longe. A poeta gaúcha Natália Parreiras, que aos 12 anos já era entrevistada por Jô Soares como revelação da literatura brasileira, no livro *Inverno versos*, parece retomar o significado original de perto nestes criativos versos, repletos de alusões à solidão e ao abandono: "É deserto.../Nada sinto/ Nada penso/ O fim está perto./ É deserto.../ Um pouco de vinho tinto/ Tantas lágrimas para um só lenço/ Erros que no fundo estavam certos./ É deserto.../ Foi-se o oásis de água/ Tenho sede, tenho magia/ Ouço no adeus o teu eco."

PERTURBAR do latim *perturbare*, perturbar, agitar, semelhar o que faz a multidão, turba, do latim *turba*. A ação deste verbo está associada à do verbo interpelar, pois tem o sentido de mexer com a parte contrária, interrompê-la para advertência ou aviso. O verbo interpelar, que serviu de origem à palavra interpelação, veio do latim *interpellare* e estava na língua portuguesa desde o século XIV. Com tal sentido aparece no *Índice do vocabulário do português medieval*, publicação da Fundação Casa de Rui Barbosa. O *Dicionário Houaiss* registra comprovação de uso de interpelar em transcrições da diplomacia portuguesa nos *Actos e relações politicas e diplomaticas de Portugal com as diversas potências do mundo desde o seculo XVI até os nossos dias*, publicado, de ordem da Academia Real das Ciências de Lisboa. Foram o Judiciário e os cursos de direito que deram a interpelar e a interpelação um sentido novo, que, mantendo o significado de perturbar o outro, o faz como aviso, advertência, interrompendo-o para que possa tomar conhecimento do que o envolve. A interpelação judicial é medida cautelar que consiste na manifestação formal com o fim de prevenir responsabilidades e garantir que o interpelado não possa depois alegar ignorância, o clássico "eu não sabia", conforme os artigos 867 a 873 da secção X "dos protestos, notificações e interpelações". No contexto político em que vivemos, documentos das CPIs têm utilizado com frequência interpelação e interpelar, tanto nos debates havidos nas investigações como na documentação que seguirá para o Judiciário, à semelhança do que ocorreu nas CPIs anteriores. O sentido de perturbar para avisar, como é o caso, não é o mesmo de perturbar a ordem pública com arruaças e tumultos, nem aqueles outros sentidos, definidos no Decreto-lei 3.688/41 e principalmente no artigo 42 da Lei das Contravenções Penais.

PERU provavelmente do dialeto hindustâni *peru*, nome da ave, ou do quíchua ou do aimará *piruw*, mesclado ao nome do país de onde se acreditava que era originária, pois se supunha que as aves enviadas a Portugal fossem embarcadas no Peru, país que tem registros da presença humana há 10.500 a.C. Mas o nome do país, de origem controversa, deve-se à forma como era ouvida e pronunciada a palavra *Beru*, dita também *Biru* ou *Pelu*, designando rio, região e também um cacique. É controversa a procedência da ave, que pode ter vindo da Ásia para o México e dali para outros países americanos. O peru, semelhante ao pavão em sua vaidade, chama-se *pavo* em espanhol. E o português pavão veio do latim *pavonis*, declinação de *pavo*. O italiano usou o grito da ave para designá-la, *tacchino*, da onomatopeia *tacco*, que os brasileiros designam glu-glu. O francês chama a perua de *dinde*, redução de *d'Inde*, da Índia, e o peru de *dindon*. Os ingleses achavam que a ave era embarcada na Turquia, *Turkey* em inglês, e a denominaram *turkey*. Pela aparência do pescoço da ave, em parte depenado, designa também o pênis.

PERUA diz-se da mulher espalhafatosa de modos, sobretudo no vestir-se. É freudiana a mania brasileira de alcunhar pejorativamente a mulher com nomes de bichos domésticos. Além de perua, são usadas também a cadela, a vaca e a galinha, esta última destinada também a homens promíscuos. A prática é sintoma de uma neurose típica da sociedade patriarcal que busca confinar a mulher aos domínios domésticos.

PÊSAMES da conjugação do verbo pesar, presente do indicativo, terceira pessoa do singular, acrescida do pronome oblíquo "me", perfazendo a expressão "pesame", depois levada a plural já sem o hífen. Quanto a pesar, veio do latim *pensare*, derivado de *pendere*, pendurar. O sentido conotativo indica que o sofrimento do outro está pendurado em nós e nos afeta. No Brasil colonial, havia exagero na prestação de pêsames por escrito. Um manual setecentista recomendava que a carta de pêsames fosse escrita em letras tremidas, borrifadas com pingos d'água para indicar que a pessoa chorara ao escrever. Eis exemplo de tal estilo na consolação de uma viúva: "Enxugue Vossa Mercê as santas lágrimas, que esta morte foi triunfo; a bondade do Senhor acolherá em graça a alma santa do irmão defunto."

PESCAR do latim *piscare*, do mesmo étimo de peixe, *piscis*, em latim, e de piscina, uma vez que originalmente a piscina não foi destinada a lazer, mas à criação de peixes caseiros. Designa no sentido denotativo o ato de retirar da água, doce ou salgada, e vivo, peixes para consumo próprio, para comercialização etc. Mas o verbo presta-se a numerosas figuras de linguagem, de que são exemplos: pescar o significado de um texto; pescar um marido (a moça casadoira); prender o ladrão (a polícia pescou o ladravaz na noite escura). Mares, rios e lagoas sempre foram motivo de inspiração literária e artística, mas também de imemorial fonte de alimento para a humanidade, que dali vem tirando o seu sustento há milênios. É por esta razão, entre outras, que os ambientalistas tanto insistem na preservação, conservação e limpeza das águas.

PESCOÇO do latim *post*, depois, atrás, e do pré-românico *cocceu*, derivado de *cocca*, búzio, concha. Antigamente, o pescoço era a nuca. Depois é que passou a designar a parte que une a cabeça ao corpo, tão apreciada pelas espadas durante a Revolução Francesa. Nem sequer o pescoço do rei Luís XVI foi poupado.

PESQUISA do espanhol *pesquisa*, com raízes no antigo verbo castelhano *pesquerir*, dissimilação de *perquirir*, sempre com o sentido de investigar. Suas origens mais remotas estão no latim *perquirere*, procurar por toda a parte, buscar com cuidado, indagar, derivado de *quaerere*, perguntar, informar-se. Alguns institutos de sondagem de opinião erraram suas previsões nas eleições de 1998 e, no caso de São Paulo, foram responsabilizados por induzir eleitores indecisos, por meio de equivocadas estatísticas de opinião, a não votarem em Marta Teresa Suplicy, que aparecia nas pesquisas sempre em quarto lugar durante a campanha. Por pequena diferença de votos foi vencida no primeiro turno pelo falecido governador Mário Covas. Talvez fosse o caso de adotar a metodologia dos antigos romanos que, para preverem resultados de guerra, examinavam o vento, os astros, as vísceras de animais. Erravam menos.

PÊSSEGO do latim, *persicu mala*, maçã da Pérsia, país onde os romanos foram buscá-lo. Camões se refere à fruta no canto IX de *Os Lusíadas*, estrofe 58, verso 7: "o pomo que da pátria Pérsia veio." Em certas regiões de Portugal, é sinônimo chulo de ânus. Ainda não há, porém, expressões que combinem o substantivo "pêssego" e o verbo "pôr".

PESSIMISMO do francês *pessimisme*, palavra registrada na França ainda no século XVIII e, no século XIX, por influência da verdadeira invasão francesa em moda, costumes, etiqueta, culinária etc., no português do Brasil também. É vocábulo ligado a péssimo, do latim *pessimus*, muito ruim, o pior que se pode imaginar, pois é o adjetivo ruim em grau superlativo absoluto sintético. Um dos autores mais pessimistas do Brasil é Dalton Trevisan, Prêmio Jabuti de contos em 2011, concedido pela Câmara Brasileira do Livro. Ele descreve, em estilo sumário, uma de suas principais marcas, a cidade de Curitiba, alardeada como uma das melhores para se viver no Brasil: "Pare na primeira esquina e conte os minutos de ser abordado por um pedinte, assediado por um vigarista e trombado por um pivete – se antes não tiver a nuca partida ao meio pela machadinha do teu Raskolnikov." Raskolnikov é o célebre personagem de *Crime e castigo*, de Fiódor Dostoiévski, que mata uma velha senhora com uma machadinha.

PESSOA do latim *persona*, máscara, cargo, função, indivíduo, pessoa. A pessoa pode ser física ou jurídica. É também chamada de contribuinte, mutuário, inquilino, cliente, pedestre, leitor, eleitor, torcedor. Nesta última condição, costumam lotar os estádios, palcos de eventos memoráveis, como ocorreu nas Olimpíadas de Atlanta, nos EUA. Antigamente as pessoas eram chamadas também de almas, o que levou o escritor russo Nikolai Vassilievitch Gogol, morto aos 43 anos, a dar a uma de suas obras mais célebres o título de *Almas mortas*. A alma do escritor, porém, não morreu, e vive neste e em outros livros e peças. De origem etrusca, passou a indicar papel, personagem e, por fim, sintomaticamente, nós mesmos, muito antes de o dr. Freud ensinar-nos que há uma verdadeira corporação num só indivíduo. Nenhum inconveniente nisto, aliás, já que o próprio Deus é formado por uma trinca, a Santíssima Trindade, dogma que desconcertou muitos teólogos e escritores, de santo Agostinho a Jorge Luis Borges.

PESTICIDA do inglês *pesticide*, pesticida, substância que mata as pragas, principalmente insetos que costumam devastar as plantações. Entretanto, a globalização da economia levou a agricultura a um paradoxo. Para produzir mais, precisa matar as pragas. Para matá-las, polui o ambiente com venenos que não são biodegradáveis. Alguns ficarão para sempre na terra, mas a maioria vai para o ar e para as águas. Assim, quanto mais alimenta, mais mata. Deixando sua função de regulador do mercado em defesa do bem público, o Estado passou a apenas reprimir os discordantes de tal modelo, perseguindo aqueles que defendem a vida, acima de qualquer ideologia, de que são exemplos as organizações não governamentais (ONGs) e entidades como o *Greenpeace*. Ainda não se viu uma força policial prendendo fabricantes ou vendedores de pesticidas letais. Para que isso aconteça, será necessário mudar muita coisa, a começar pelas leis e pelo tamanho do Estado, cujos poderes foram cada vez mais reduzidos para que os donos do mundo pudessem fazer em nossa casa o que bem quisessem, olhando apenas seus próprios interesses mercadológicos.

PETIÇÃO do latim *petitione*, declinação de *petitio*, petição. Inicialmente *petitio* indicava assalto, ataque, investida. Passou a significar reclamação em juízo e também pedido. Na língua portuguesa temos a expressão "em petição de miséria", significando, porém, que a pessoa em tal situação encontra-se em estado deplorável. Não requer a miséria; quer, antes, livrar-se dela.

PETROLEIRO os vocábulos latinos *petra*, pedra, e *oleum*, óleo, foram juntados para formar petróleo, originalmente óleo de pedra. O sufixo -eiro indica ofício, profissão. E os empregados das refinarias passaram a ser chamados assim. A corporação ampliou consideravelmente as profissões que abrigava, a ponto de hoje ser difícil conceber o presidente de uma empresa como a Esso ou a Petrobras e seus empregados como petroleiros.

PETROSSAURO neologismo criado pelo ex-ministro Roberto Campos, com o fim de criticar a estatal de petróleo Petrobras, sigla que também juntou as duas primeiras sílabas de petróleo e a primeira de brasileiro. O ex-ministro e ex-deputado criou o novo vocábulo para criticar um suposto anacronismo da instituição, fazendo alusão aos dinossauros, já extintos. Os economistas brasileiros deram grandes contribuições à etimologia, à linguística e à literatura, criando palavras novas, aludindo a choques, como se fossem eletricistas, mas a maioria deles tem fracassado na tarefa principal: reorganizar a economia nacional.

PEÚGA do latim coloquial *peduca*, meia, de *pede*, pé. Em Portugal, as meias ainda são chamadas de *peúgas*, ainda que apenas "as meias curtas, de homem, de criança, não as meias longas de senhora", de acordo com Mauro Villar em seu *Dicionário contrastivo luso-brasileiro*.

PIANO do italiano *piano*, doce, suave. O nome do instrumento musical deve-se a um de seus inventores, o italiano Bartolomeu Cristofori. Na verdade, ele constituiu um cravo com martelos e abafadores, que podia dar sons, ora fortes, ora fracos. Por isso, chamou-o *gravicembalo col piano e forte*, depois alterado para *pianoforte* e, enfim, para piano apenas.

PICADEIRO da raiz *pik*, presente em muitas línguas para designar várias palavras com o significado de picar, formou-se este vocábulo que indica o lugar central do circo, onde ocorriam as exibições e onde os animais eram esporeados, isto é, picados. Usa-se hoje para denominar outros palcos, como o cenário de ações políticas, que migrou dos gabinetes e comícios para a televisão, o rádio, os jornais e as revistas. Foi o vocábulo mais usado pela imprensa internacional quando o magnata e primeiro ministro da Itália Silvio Berlusconi renunciou, isto é, deixou o picadeiro, em fins de 1994.

PICARETA designa quem se serve de embustes para alcançar fins inconfessáveis, por métodos ainda menos. Picareta era originalmente apenas aquela ferramenta, de duas pontas, usada para arrancar pedras, escavar terra.

PICO no sentido de quantidade, procede do espanhol *pico*, que alguns pesquisadores radicam no italiano *piccolo*, pequeno. Com o significado de cume, vem do celta *pik*, ponta. O latim tem *picare* e *pico*, derivados regressivamente de *picatus*, untado com pez.

Ao referir-se a distâncias urbanas, os populares poderiam ter utilizado expressões do tipo "São tantas ruas e tantos becos", esta última palavra tendo evoluído para " bicos" e mais tarde "picos", tão presente na fala espanhola, que teria influenciado o português, passando a designar quantidade estendida também a outras referências, como em "São tantos dias e picos". Pode ter havido mistura com beco, já que bico é também designação de rua sem saída, havendo ainda a forma aumentativa bicão para indicar beco grande.

PICTOGRAFIA de picto, do latim *pictum*, pintado, e grafia, do grego *graphé*, escrita, pelo latim *graphia*, sufixo presente em numerosas palavras, como geografia, biografia, tipografia, xilografia etc. A pictografia foi a forma escolhida para as primeiras escritas, de que são exemplos os registros feitos originalmente em escrita cuneiforme pelos antigos sumérios. Depois os caracteres evoluíram para formas mais simples e mais abstratas do que representavam. A invenção dessas escritas deveu-se a necessidades práticas: administrar os palácios e os templos, donde seu caráter sacerdotal; cobrar impostos; registrar cabeças de gado; fixar medidas de cereais etc. Com elas, nasceram a escola, o livro, a literatura e os códigos de leis.

PICTOGRAMA de picto, do latim *pictum*, pintado, particípio do verbo *pingere*, pintar, bordar, e do grego *grámma*, letra, sinal, pelo latim *gramma*, letra, étimo presente também em gramática, designando desenho, pintura ou rabisco feitos por caçadores e pescadores em cavernas, na pré-história, às vezes revelando tentativa de descrições e narrações, outras vezes reveladores de um sistema de escrita da antiguidade, baseado em sinais, antes da invenção do alfabeto. O pictograma, anterior ao ideograma, limitava-se a designar isoladamente o objeto mediante sua representação.

PICUINHA provavelmente do inglês *picayune*, coisa insignificante, palavra surgida na Louisiana e em outros estados do Sul dos EUA entre os séculos XVIII e XIX, que aludia a moeda espanhola, de cobre, de cinco centavos. É possível que tenha sofrido influência do occitânico, língua falada no Sul da França, pela formação *pica*, *pique*, tinido, o barulhinho que faz a moeda ao bater em outra, que se mesclou ao inglês *coin*, moeda. Como fosse de pouco valor, passou a indicar qualquer coisa insignificante. Terá contribuído para marcas do francês no inglês dos EUA a expulsão dos acadianos, franceses que viviam no Canadá. Eles se estabeleceram em estados norte-americanos que ainda hoje têm nomes franceses, como Vermont e Maine.

PIEDOSO do latim *pietosu*, que tem piedade, compaixão pelos outros. Piedoso foi alcunha do rei francês Roberto II, que executou na fogueira três padres. Apesar de piedoso, abandonou a esposa Rosala para desposar Berta, sua prima, separando-se desta para desposar Constança. Foi excomungado, não por queimar os padres, mas pelos divórcios.

PIEGAS provavelmente este vocábulo veio do antropônimo do fidalgo português Egas Moniz, leal e piedoso aio do rei Dom Afonso Henriques, primeiro rei de Portugal. Em aulas universitárias e seminários passou a ser alcunhado de o "pio Egas", formando-se então o adjetivo piegas para designar alguém de sentimentos generosos em doses excessivas.

PIERCING o vocábulo inglês *piercing*, perfurante, está entrando para a língua portuguesa sem nenhuma adaptação. Designa adereços radicais, que vão muito além dos brincos, postos no nariz, sobre as sobrancelhas, no umbigo, nos bicos dos seios. São enfeites nem sempre indolores, uma vez que são incrustados mediante perfurações no corpo do usuário.

PILEQUE provavelmente do latim *pilleus*, píleo, barrete masculino de caráter ritual, muito usado em festas, orgias e bacanais em honra ao deus romano Saturno. Por isso eram chamadas saturnais. Era um barrete feito a princípio de pele de ovelha não tosquiada. Quando o escravo era alforriado, recebia essa espécie de boné, tendo vindo daí também a expressão "pegou seu boné e foi embora", significando abandono de trabalho. Naturalmente, o ex-escravo comemorava sua libertação bebendo bastante, como se estivesse numa saturnal. Há também a hipótese de que tenha sido palavra formada a partir do francês *pilé*, designando açúcar cristalizado. Utilizado como mistura explosiva em aperitivos que tinham a cachaça como ingrediente principal, resultava em aceleração de porres.

PILHAR do italiano *pigliare*, tomar, ou mais provavelmente de *pìglia*, gatuno, formou-se esse verbo para designar ação de surpresa, mais comumente ato fraudulento.

PILORO do grego *pylorós*, porteiro, guarda. Dada a sua localização no aparelho digestivo, situado entre o estômago e o intestino, recebeu esta denominação. O piloro não costuma maltratar tanto o ser humano com dores, daí ser palavra de uso mais restrito.

PILOTO do italiano *piloto*, vindo do grego bizantino *pedótes*, timoneiro, piloto de navio. O vocábulo é utilizado para designar quem dirige em terra, mar e ar, a saber: automóveis de corrida, navios e aviões. O Brasil sempre teve grandes pilotos que se destacaram na Fórmula 1, entre os quais Emerson Fittipaldi, Ayrton Senna da Silva, Nelson Piquet, Rubens Barrichelo e Felipe Massa.

PÍLULA do latim *pilula*, bolinha. Sinônimo de comprimido, a pílula tradicionalmente designava forma sólida dos remédios para uso por via oral, mas depois da invenção dos contraceptivos, tornou-se sinônimo do método mais simples, depois do cafezinho, para impedir a gravidez. No caso do cafezinho, sua eficácia não se deve à cafeína, mas à recomendação para ser usado como substitutivo do ato, podendo, pois, ser qualquer outra a bebida. Nos anos 1970, o cantor Odair José suplicou em música de grande sucesso na década: "Pare de tomar a pílula/ ela não deixa nosso filho nascer."

PIMBA de origem controversa, provavelmente alteração de bimba, do quimbundo *mbimba*, cacete, cajado. Há registros de que nas línguas bantas designe também a batida do coração e o próprio órgão. Neste caso, o vocábulo tornou-se expressivo de ocorrências súbitas, emocionantes ou assustadoras, como no célebre bordão criado pelo radialista Osmar Santos: "ripa na chulipa e pimba na gorduchinha". Ripa é sarrafo, chulipa é dormente de ferrovia, pimba é chute e gorduchinha é a bola. O *Aurélio* abona o vocábulo assim: "O automóvel derrapou e – pimba! – bateu no poste."

PIMENTA do latim *pigmenta*, pimenta, a mais valiosa das especiarias buscadas na Índia, junto ao cravo, à canela e ao gengibre. O descobridor do Brasil recebeu autorização do rei Dom Manuel I para embarcar 30 toneladas de pimenta na Índia e revender à própria Coroa com 600% de lucro. Cada um dos marinheiros poderia trazer 600 quilogramas e fazer o mesmo, forma que a Coroa encontrara de melhorar a remuneração dos serviços. Entretanto, poucos voltaram, já que logo depois da partida uma nau extraviou-se, outra foi enviada com a notícia da descoberta do Brasil e seis afundaram ao dobrar o Cabo da Boa Esperança. Apesar de melhor remunerado do que Colombo, Pedro Álvares Cabral também morreu esquecido de todos.

PIMPOLHO do latim *pinipullu*, nome dado ao rebento de uma das principais árvores das matas portuguesas, o pinheiro. Da floresta à família foi um pulinho e logo passou a designar as crianças.

PINCEL do francês antigo *pincel*, por sua vez vindo do latim *pennicellu*, diminutivo de *penis*, pênis, órgão sexual masculino, indicando também cauda. O instrumento por excelência dos pintores foi originalmente feito com pelos da cauda de animais. Como é vocábulo polissêmico, isto é, com vários significados, designou, desde a origem, instrumentos mais prosaicos como o pincel do barbeiro. Modernamente, na informática, o neologismo inglês *pixel* designa a menor unidade das imagens formadas na tela do computador.

PINDAÍBA do tupi-guarani *pindá*, anzol, e *yba*, vara, formou-se no português este vocábulo para designar o conjunto de anzol, linha e vara de pescar. Segundo nos explica o professor emérito da USP Francisco da Silveira Bueno, a expressão "estar na pindaíba", indicando estado de pobreza absoluta, advém da situação de miséria em que se encontrava o índio quando não conseguia apanhar peixes, um de seus principais meios de sustento. "Estar na pindaíba é sentir-se reduzido a um caniço e a um anzol para sobreviver", escreveu o cronista catarinense Jair Francisco Hamms.

PINEL nome do médico Philippe *Pinel*, passou a denominar primeiramente hospital psiquiátrico do Rio de Janeiro. Depois, passou a ser sinônimo de louco, desequilibrado mental, maluco.

PINGA variação de pingo, de pingar, do latim vulgar *pendicare*, deixar cair, baseado no latim culto *pendere*, pender, estar suspenso, nem em cima, nem embaixo, mas a caminho de cair. Designando a cachaça, nasceu do ato de derramá-la no copo a pingos semelhantes aos da chuva, da água que molha com vagar, como no começo das chuvas de verão, que pingam e passam. No espanhol *pinga* designa popularmente o órgão sexual masculino. E por isso um guia cubano ficou perplexo diante da escritora brasileira que, numa praia de Havana, solicitou-lhe uma pinga. Diante do espanto, a mulher esclareceu que gostaria de apreciá-la com limão, açúcar e gelo, os três ingredientes acrescidos à cachaça para fazer a tradicional bebida brasileira conhecida como caipirinha, assim chamada por ser muito apreciada por caipiras. Houve grande confusão até que a tradução fosse processada com gestos e alusões a outras bebidas.

PINGOS NOS IS até o século XIV não se usava colocar o pingo no "i". Depois de Gutenberg, a escrita impressa uniformizou o pingo nesta letra. Colocar os pingos nos is significa, pois, esclarecer uma situação confusa.

PINOCHETAÇO à semelhança de *bogotazo*, bogotaço, denominação de distúrbios que tiveram lugar em Bogotá, nos anos 1950, pinochetaço origina-se do espanhol *pinochetazo*, em alusão ao golpe de Estado perpetrado pelo general Augusto Pinochet em 1973, que resultou na morte do então presidente do Chile, Salvador Allende. Pinochet liderou durante 17 anos uma das mais cruéis ditaduras, entretanto de grande êxito econômico, que resultou na morte de milhares de pessoas. Em prisão domiciliar em Londres, desde 16 de outubro de 1998, aguardou desfecho do processo de extradição requerido por autoridades judiciárias espanholas porque entre as mais de 3.000 vítimas mortas sob suas ordens há vários cidadãos da Espanha. No dia 24 de março de 1999, a Câmara dos Lordes, a mais alta da Grã-Bretanha, voltou a negar-lhe imunidade, abrindo caminho para que o velho general pudesse ir a julgamento, direito que ele sempre negou às suas vítimas, pois exigia-lhes antes o atestado de óbito. De volta ao Chile, teve seu processo encerrado pela Corte de Apelações de Santiago no dia 9 de julho de 2001, após declarar sua insanidade.

PINTACUDA do nome do piloto italiano Carlos Pintacuda, famoso no Rio de Janeiro desde 1930, para designar o bom motorista e depois aplicado a outros ofícios, de que é exemplo o gago que se vangloria de que é "mo-mole pra fa-falar", mas é um "pintacuda pra beijar", de acordo com a *Marcha do gago*, de Armando Cavalcanti e Klécius Caldas, responsável por outros sucessos como *Maria Escandalosa*, *Maria Candelária* e *A Lua é dos namorados* gravada, entre outros, por Oscarito e Elizeth Cardoso. Oscarito foi o grande responsável pelo sucesso da música, que foi incluída no filme *Carnaval de fogo*. O gago estabelecia a condição de cura: "Eu fico ga-ga-ga-ga-gago dentro do salão,"/ "mas-se-se-se-se/ a dona é boa/ a minha língua/ se destrava à toa." A letra foi inspirada num certo Edmilson, amigo da dupla, que, como todo gago, gaguejava ainda mais quando ficava nervoso, conforme depoimento de Klécius Caldas em *Pelas esquinas do Rio: tempos idos e jamais esquecidos*.

PINTAR do latim *pinctare*, formado a partir de *pinctu*, particípio de *pingere*, pintar. O célebre pintor renascentista Rafael, tido como o maior de todos os tempos, costumava pintar com seis dedos algumas pessoas, tal como se pode ver nos quadros *Nossa Senhora de São Sisto* e *Casamento da Virgem*. No primeiro, o papa aparece com seis dedos na mão; no segundo, São José tem seis dedos no pé.

PINTOR do latim culto *pictore*, pelo latim vulgar *pinctore*, declinação de *pinctor*, do verbo *pingere*, pintar. Em português, designa tanto o artista como o pintor de paredes. Célebres fraudes já foram comercializadas como obras originais. John Myatt foi o maior falsificador do século XX. Ele pintava sem parar e assinava os quadros como se fossem originais de Braque, Matisse, Giacometti, Le Corbusier etc. Tudo começou quando Myatt, abandonado pela mulher, para sustentar seu filho, anunciou que fazia réplicas dos séculos XIX e XX por 250 libras. Um físico nuclear que se apresentou como John Drewe comprou 200 delas e revendeu-as a casas de leilão do mundo inteiro. A polícia recuperou apenas 80. As outras devem estar espalhadas por prestigiosas galerias. Presos pela *Scotland Yard* em 1995, ambos foram condenados em 1999. O pintor pegou um ano. O revendedor, seis.

PIONEIRO do francês *pionnier*, soldado da infantaria, sapador e encarregado de fazer aterros, abrindo caminhos para o resto da tropa. Derivou de *peon*, peão. Passou a designar os primeiros colonos de matas e terras virgens, principalmente os imigrantes que vieram para a América. Entretanto, com o tempo veio a ser aplicado em muitas outras atividades, na indústria, no comércio, na cultura. Seu sentido atual é empreendedor.

PIPOCA do tupi *pi'poka*, estalando a pele. Provavelmente tenha vindo daí a denominação da costumeira guloseima feita às portas dos cinemas, constituída de um tipo especial de milho estalado, a popular pipoca. Muitos flertes e namoros não dispensaram as pipocas.

PIQUE do latim vulgar *piccare*, picar, fazer como o *piccus*, picanço, ave que bate o bico na madeira. O repique do sino foi inspirado no som que ele faz neste ofício. "*É pique, é pique, é pique*" é bordão acrescentado a *Parabéns a você*, junto a "*Ra-tim-bum*". Muitas outras expressões nasceram na vida estudantil. O primeiro "*é pique*" saudava a chegada de Ubirajara Martins de Souza, aluno de Direito conhecido como "pic-pic". Ele andava com uma tesourinha, aparando a barba e o bigode pontiagudo, daí o apelido. Em outras regiões, por influência dos imigrantes alemães, apreciadores de cerveja, o mesmo bordão era cantado com a substituição de "pique" por "big".

PIQUENIQUE de origem controversa. Os franceses dizem que veio do inglês *picnic*, escrito também *pic nic*, e os ingleses dão como origem o francês *pique-nique*, formado de expressão onomatopaica *pic*, picar, golpear, e o latim *nihil*, nada. O alemão registra simplesmente *Picknick*. A raiz remota é provavelmente o latim *picca*, pega, ave que come qualquer coisa, ou ainda o latim *piccare*, picar, tendo também o sentido de dividir algo em mais unidades ou pedaços, e *nihil*, nada. No interior, há resquício de tal significado na expressão "vende-se cigarro picado", isto é, a quem não pode ou não quer comprar o maço inteiro, de vinte cigarros, vendem-se cinco, três ou mesmo um cigarro apenas. Por piquenique entendemos passeio ao ar livre, seja no campo, seja na praia, em que cada participante contribui para uma refeição comum, levando alimentos, frutas e bebidas a serem partilhados por todos. O mais famoso dos piqueniques nunca existiu: é *Le déjeuner sur l'herbe*, traduzido como *O almoço sobre a relva*, mas também como *O piquenique no bosque*, do famoso pintor francês Edouard Manet. Exibido pela primeira vez em Paris, em 1863, no Salão dos Recusados, que reuniu as obras rejeitadas em exposição oficial, sofreu diversos ataques, inclusive do imperador e da imperatriz franceses, mas inaugurou o Impressionismo. Nele aparecem sentados num piquenique uma mulher nua e dois homens vestidos socialmente.

PIQUETE do francês *piquet*, piquete, grupo de soldados em guarda avançada. Apesar de sua conotação militar, o piquete designa grupos de trabalhadores encarregados de impedir a entrada de colegas que não tenham aderido a greves em fábricas, escolas ou empresas.

PIRACEMA do tupi *pira'sema*, saída de peixes. Migração dos peixes, correnteza acima, saltando as cachoeiras e barragens, em saltos ornamentais, em busca das nascentes dos rios, que procuram para as desovas. O fenômeno foi captado em belíssimas imagens em diversos especiais de televisão.

PIRANHA do tupi *pi'ra*, peixe, e *āya*, com dente, peixe com dente. É o nome genérico que se dá a peixes fluviais carnívoros, conhecidos pela voracidade com que atacam animais e pessoas, especialmente quando feridos. Como os índios utilizam os dentes da piranha como ornamento e utensílio doméstico, também o prendedor de cabelos é chamado piranha. Por influência de uma dança de roda infantil em que uma das crianças, quando posta no meio do grupo, deve fazer o que as outras mandam, piranha passou a designar também a mulher volúvel, que mantém, por interesse, relações sexuais com vários homens, de que é exemplo a prostituta. No caso da brincadeira infantil, terá prevalecido a submissão como elemento que forçou o significado, já a vítima de cardume de piranhas não tem saída. A palavra piranha foi levada pelo português a várias outras línguas e hoje está presente no inglês, no francês, no alemão, no Italiano, no espanhol, no holandês e no islandês.

PIREX de uma marca de produtos inventados nos EUA em 1912, capazes de suportar mudanças bruscas de temperatura. Virou sinônimo de utensílios de vidro utilizados na cozinha. O *Aurélio* registra como "pírex". Na linguagem coloquial, pirex designa vasilha de vidro que pode ser levada ao fogo.

PIROSE do grego *pýrosis*, queimação, ardência, do mesmo étimo de pirotecnia e pirotécnico. Designa cientificamente a azia, palavra utilizada pelo ex-presidente Lula em entrevista concedida a Mario Sergio Conti, diretor da revista *Piauí*, em dezembro de 2008, quando declarou que não lê jornais porque tem problemas de azia. Outro jornalista, Alberto Dines, diretor do *Observatório da Imprensa*, sugeriu um Alka-Seltzer e lamentou: "Saldo do episódio: perdeu-se formidável oportunidade de promover um grande e salutar debate sobre a nossa imprensa. Fomos todos relegados à esfera gástrica. Não merecemos."

PIRRAÇA provavelmente do espanhol e do leonês *birria*, radicado no latim vulgar *verrea*, declinação de *verres*, cachaço, porco que ainda não foi capado. Pode ter havido troca da consoante inicial, de "b" para "p", acrescendo-se o sufixo -aça, indicador de aumentativo. Ao povo pareceu que a criança ou a pessoa teimosa ou vingativa tinha comportamento semelhante ao do porco que não se submete como os demais, provocando desordem. A outra hipótese da formação da palavra, igualmente a partir de comparação com um animal, é *perraça*, do espanhol *perro*, cachorro. Mas pode ter ainda havido influência do verbo latino *verrere*, varrer, arrastar. Numa história da palavra que recuperasse a pirraça como prática infantojuvenil, poderíamos imaginar o educando sendo literalmente arrastado ao lugar que não quer ir, ou a fazer o que recusa, por força da imposição de superiores, a começar por pais e familiares mais velhos. Recalcitrante, depois incorreria nos mesmos erros por pirraça, daí o sentido de provocação. A palavra aparece ainda na primeira metade do século XVIII e está registrada no célebre *Dicionário da língua portuguesa*, do lexicógrafo brasileiro Antonio de Morais Silva, obra de referência que é preciosidade em qualquer sebo. O autor, natural do Rio de Janeiro, estudou Direito na famosa Universidade de Coimbra. Voltando ao Brasil, foi nomeado juiz de fora. Os dois volumes de seu dicionário foram publicados em Lisboa, em 1789. No caso de pirraça, o célebre filólogo ajuda-nos com este esclarecimento: "Talvez alterado de perrice, perraria, cousa que emperre, e encanzine a outrem."

PISO de pisar, do latim *pinsare*, bater, moer. Designou originalmente o terreno em que se anda. Quando as construções eram apenas térreas, o piso era unicamente o chão, mas depois foi aplicado também à base dos pavimentos seguintes, como primeiro piso, segundo piso etc. Ainda na Idade Média ganhou outros significados, como o dote que as freiras pagavam ao entrar para o convento. Hoje é muito utilizado o piso salarial, o menor salário de uma categoria, que serve de base aos reajustes. O piso salarial dos professores, principalmente no ensino fundamental, é uma das grandes causas do analfabetismo e do desinteresse dos mais jovens pela carreira do magistério. Nas licenciaturas, cursos que formam professores, houve queda de 7,6% de formandos entre 2006 e 2010.

PISTOLÃO do aumentativo de pistola, do tcheco *pistal*, arma de fogo semelhante ao revólver, pelo francês *pistole* e pelo alemão *pistole*. No francês, designa antiga moeda e quarto reservado numa prisão, onde o prisioneiro recebia certos favorecimentos, o contrário da solitária. Para ser ali alojado, trazia carta de recomendação, do latim *epistola*, cujo caso acusativo *epistolam*, pronunciado como oxítona, pode ter contribuído no português para a mudança em pistolão. Terá havido também influência de que o indivíduo protegido por segurança, com uma pistola grande na mão, obteria mais facilmente entrada em repartições públicas, donde a ampliação, por metáfora, do significado, quando a carta e a proteção de algum poderoso renderiam admissão em algum emprego ou função muito disputados.

PITADA de origem controversa, pode ter vindo do céltico *peto* ou do provençal *pitá*, ambos com o significado de porção, pequena parte. O tupi tem *petiar*, tomar o tabaco, de onde no português formou-se *pitar*, com o sentido de fumar. Tem também o sentido de pequena porção de substância em pó.

PITANGA do tupi, *piranga*, vale vermelho, veio a variação pitanga. Como em Portugal havia a expressão "chorar lágrimas de sangue", entre nós transformou-se em "chorar as pitangas", dado que este "fruto globular é de linda carnação rubra", no dizer do folclorista brasileiro Luís da Câmara Cascudo.

PITORESCA do italiano *pittoresco*, pitoresco, que deveria ser pintado, divertido, gracioso. Foi adjetivo usado pelo escritor, conde papal e político brasileiro Afonso Celso de Assis Figueiredo, para caracterizar São João Del Rei, a cidade reservada pelos Inconfidentes para ser capital do estado independente que fundariam em Minas Gerais nos finais do século XVIII: "Pitoresca localidade! Como nas grandes metrópoles europeias, corta-a um rio pelo meio."

PIXAIM do tupi *apixaim*, pixaim, designando o tipo de cabelo próprio dos negros. O poeta Cassiano Ricardo Leite, paulista de São José dos Campos, imortal da Academia Brasileira de Letras, usa a palavra pixaim no poema *Noite na Terra*: Cabelo assim, pixaim./ Falando em mandinga e candonga./ Desceram de dois em dois./ Pituna é bem preta: pois cada preto daqueles/ era mais preto que Pituna./ Asa de corvo ou graúna/ Não era mais preta/ cruz-credo, figa-rabudo,/ Do que a prata mina/ Que chegou no Navio Negreiro/ Carvão destinado à oficina das raças.

PLÁCIDO do latim *placidus*, plácido, agradável, sossegado, manso. A raiz latina está presente também em palavras como prazer, em que o "l" foi substituído pelo "r", como fazem ainda muitos brasileiros em "craro" para "claro". O espanhol (*placer*) e o italiano (*piacere*) mantiveram as respectivas pronúncias mais próximas do latim *placere*, prazer. Em plácido, porém, adjetivo utilizado no feminino para caracterizar as margens do riacho Ipiranga, onde foi proclamada a nossa independência política, foi mantida pronúncia semelhante à latina, sem complicação adicional. Complicada é, porém, a sintaxe. Até hoje os estudantes sofrem para saber quem é o sujeito do verso inicial do *Hino Nacional*, da autoria do poeta, crítico e professor Osório Duque Estrada: "Ouviram do Ipiranga as margens plácidas/ de um povo heroico o brado retumbante." Os versos são desjeitosos, não por fazerem a inversão, colocando o sujeito (as margens plácidas) depois do verbo (ouviram), mas pelo cacófato que passou por descuido ("heroico brado" soa "herói cobrado"). "E o sol da liberdade em raios fúlgidos/ brilhou no céu da pátria nesse instante", os versos seguintes retomam palavra pouco usual no português coloquial: o adjetivo fúlgido, aqui no plural. A raiz presente em fúlgido, fulgor, fulgente e correlatos é o latim *fulg*, que indica brilho. Outros poetas aludiram ao brilho do Sol e da Lua em outros termos. De Augusto dos Anjos, em *Eu*: "O Sol agora é de um fulgor compacto." E Manuel Bandeira em *Estrela da vida inteira*: "Veste o quimão de cambraia, /

Mostra-te ao fulgor lunar." O roupão japonês é mais conhecido como quimono, do japonês *kimono*, túnica.

PLÁGIO do grego *plágos*, oblíquo, atravessado, pelo latim *plagium*, roubo. Está na origem do vocábulo o significado de desvio, donde o sentido de atravessador para aquele que, não produzindo, nem comprando a mercadoria, apenas intermedeia o negócio. Ainda na Roma antiga, entretanto, cometia plágio quem roubava escravos dos outros ou vendia homens livres como escravos. Neste caso, o plagiário era açoitado em público. O étimo de plágio e plagiário remete ao latim *plaga*, chaga, ferida, mesma origem da palavra praga, pois houve troca do encontro "pl" por "pr", aliás frequente em português.

PLANETA do grego *planetes*, errante, vagabundo, ligado ao verbo *planao*, afastar-se do caminho certo, desviar-se, viajar sem rumo, pelo latim *planeta*. Designa, segundo as definições mais comuns nos dicionários, "corpo celeste sem luz própria, com massa suficiente para que sua gravidade permita que assuma uma forma quase esférica e que gira ao redor de uma estrela em uma órbita cuja vizinhança foi desimpedida de outros corpos celestes devido à sua própria atração gravitacional". Planeta é também o paramento sacerdotal, também chamado de casula, que o padre veste para celebrar a missa. Recebeu tal denominação porque, tal como os astros, que giram ao redor de outros corpos no céu, é uma roupa que pode girar ao redor da pessoa, por não ter mangas, ter apenas uma abertura, pela qual o sacerdote enfia a cabeça, e é totalmente aberta dos lados.

PLANILHA do espanhol *planilla*, diminutivo de *plana*, folha pequena, média ou grande, com espaços a preencher com informes e números. Veio para o português, não do inglês *spread sheet*, folha estendida, hoje escrita *spreadsheet*, que é como a planilha é conhecida no jargão de engenheiros, matemáticos e operadores financeiros, mas do espanhol, provavelmente porque o México e a Argentina a adotaram primeiro. Hoje a planilha é indispensável nos orçamentos e operações de custos, margens de lucro etc. O termo em inglês já estava na primeira edição do *Dictionary for Accountants*, de Eric Kohler, publicado em 1952. Em 1961, o professor Richard Mattessich propôs um modo de transferir para um computador os dados das grandes folhas de papel. Em 1978, Dan Bricklin, aluno de Harvard, então com 27 anos, concebeu a planilha eletrônica na versão atual. Ele contou com a ajuda de Bob Frankston, mas os dois nada ganharam com a invenção: antes de 1981, programas desse tipo não tinham patentes nos EUA.

PLANTÃO do francês *planton*, designando trabalho de vigilância ou o soldado que o faz, ficando de sobreaviso. Estendeu-se depois para outros serviços que requerem alguém à disposição diuturnamente, como hospitais, redações de rádio, televisão, jornais e outras instâncias atentas a calamidades.

PLATAFORMA do francês *plateforme*, literalmente forma chata. Além de designar o local de embarque e desembarque em estações de trem e rodoviárias, o vocábulo tem também o sentido de programa político. Não é à toa que são tão chatos os horários gratuitos que as emissoras de rádio e televisão são obrigadas por lei a apresentar periodicamente. Já as plataformas dos lindos sapatos, que sustentam corpos femininos em seu leve caminhar, dão aos olhos dos transeuntes uma visão muito agradável, nada chata.

PLATINA do espanhol *platino*, diminutivo de *plata*, prata. Foi o nome que os espanhóis deram a um metal branco-prateado, denso, dúctil e maleável, encontrado a partir de 1735 nas areias auríferas da Colômbia. O metal é também utilizado em aplicações científicas e próteses ortopédicas. Seu elemento atômico tem o número 78.

PLATÔNICO do grego *platonikós*, pelo latim *platonicu*, relativo ao filósofo grego Platão e seus seguidores, que suscitaram a expressão "amor platônico", que se baseia no conceito de que o mais puro dos amores é o das afinidades que excluem o sexo. Tal amor não buscaria o gozo individual ou apenas dos parceiros, pois tal preocupação apequenaria o amor. A castidade é sua condição. Não é à toa que o filósofo grego expulsou os poetas de sua famosa obra *República*. A literatura e as outras artes ficariam tremendamente empobrecidas se seus criadores tivessem se limitado ao amor platônico. O poeta curitibano Fernando Koproski, autor de *Manual de ver nuvens* e *O livro de sonhos*, por analogia, fez estes versos, extraídos do poema "Ódio platônico", no livro *Tudo que não sei sobre o amor* (Editora Travessa dos Editores): "A tua dor que me desculpe/ o que você sente nem tem mais sentido/ amor então que me preocupe/ mas o teu ódio não será correspondido." Na linguagem coloquial, especialmente no Brasil meridional, a 2ª pessoa do singular e a 3ª do singular são equivalentes. Por isso, o poeta diz "a tua dor" no primeiro verso e "o que você sente" no segundo. Está mais do que na hora de uma Constituinte que formalize e autorize tal variação. A ortodoxia em vigor, se aceita, muitas vezes tira o sabor e o encanto das expressões. Afinal, nosso amor pela língua portuguesa não é platônico. Ao contrário, é de intenso convívio.

PLEBE do latim *plebis*, povo, em oposição à nobreza; donde veio plebeu: indivíduo do povo; e plebiscito: deliberação do povo por pluralidade de votos, com independência diante de leis superiores da República. O plebiscito era proibido por um tribuno da plebe.

PLEBEU do latim *plebeu*, declinação de *plebeius*, plebeu, pertencente à plebe, ao povo, formação social surgida na Roma arcaica. O povo estava logo acima dos escravos e abaixo dos clientes, estes ligados à classe dominante, os patrícios. Provenientes de outras regiões, os plebeus fixavam residência na periferia da cidade, dedicando-se à agricultura, ao comércio e ao artesanato. Os clientes, estrangeiros sob a proteção dos patrícios, às vezes mais ricos do que os acolhedores, também não eram cidadãos romanos e não podiam cultuar os mesmos deuses, ainda que participassem de festas das famílias protetoras. A era arcaica de Roma vai da fundação da cidade, em 753 a.C., até 510 a.C., quando, por ter tirado privilégios dos patrícios em detrimento dos plebeus, foi deposto o sétimo e último rei, Tarquínio, o Soberbo, substituído por dois cônsules que inauguraram a República, Bruto e Tarquínio Colatino. Na língua portuguesa, o primeiro registro escrito de plebeu, ainda escrito plebeio, dá-se num texto jurídico, as *Ordenações afonsinas*, no século XV. Entretanto, com sentido pejorativo aparece no século seguinte, em *Comédia Eufrosina*, de Jorge Ferreira de Vasconcelos: "e por afear muito o caso importa muito faze-lo plebeio."

PLEONASMO do latim *pleonasmus*, que os romanos trouxeram do grego *pleonasmós*, excesso, superabundância, exagero. À medida que o ensino foi perdendo a antiga qualidade, escolas e universidades mostraram a principal vítima dos alunos aos quais deram diplomas imerecidos: o distinto público. Os leitores veem-se obrigados a conviver com "elo de ligação", "expressamente proibido", "duas metades iguais", "detalhes minuciosos", "relações bilaterais entre dois países", "encarar de frente", "surpresa inesperada" e "escolha opcional", entre outras. Nenhum desses pleonasmos, porém, supera a "urgência urgentíssima", peçonha criada por nossos parlamentares para designar providência urgente.

PLUGAR do inglês *to plug*, ligar. É mais uma das contribuições da informática para a língua portuguesa. Plugados a redes mundiais, os leitores podem ter acesso a informações disponíveis em mais de 2 mil bibliotecas. Também aqui houve inversão no tráfego. Em vez de o leitor ir a uma biblioteca de sua cidade, pode trazer milhares de bibliotecas de todo o mundo para dentro de sua casa com um simples toque no teclado de seu computador.

PLURIÉTNICO do latim *pluri*, vários, e *ethnicu*, relativo a povo ou raça, formou-se este vocábulo para designar diversas etnias. Aludindo a conflitos raciais que hoje assolam o mundo, o ex-ministro da Educação e ex-presidente da Biblioteca Nacional, Eduardo Portella, escreveu: "As desavenças culturais e religiosas, bem como os conflitos pluriétnicos, vão elaborando, precocemente, a agenda do próximo milênio, mas o receio do outro só é superável pela multiplicação da convivência."

PLUTOCRACIA do grego *ploutokratía*, plutocracia, influência do dinheiro. Em grego *ploútos* e *kratos* significam respectivamente riqueza e autoridade. Por isso, plutocrata designa o indivíduo que tem influência política, não por ser eleitor especial, mas por dispor de dinheiro em grande quantidade para amolecer certos órgãos de eleitores privilegiados, como o bolso, por exemplo.

PÓ do latim clássico *pulvis*, pelo latim vulgar *pulvus*, pó chegou à atual pronúncia e modo de escrever pela alteração de *pulvus* em *pulvu* e *pulu*, reduzindo-se no português arcaico a *poo*, até consolidar-se definitivamente em pó. Presente em célebre oração elaborada na Idade Média – *memento, homo, quia pulvis et in pulverem reverteris* (lembra-te, homem, que és pó e ao pó voltarás) – aparece também neste belo trecho do romance *Corpo estranho* (Editora Rocco), de Adriana Lunardi: "De todas as teorias, a minha preferida é a da obediência do corpo à segunda lei da termodinâmica. Ou seja, a passagem do tempo nos esfria, e sem calor não é possível manter nada vivo, Ramiro concluiu, limpando as mãos empoeiradas nas roupas. Pó, apontou para si mesmo, moléculas, átomos, e continuou a listar partículas cada vez menores, movendo o dedo indicador para o canteiro, para o céu, para Marina, dando a entender que tudo era feito da mesma matéria."

POBRE do latim *pauper*, a quem falta o necessário para viver. Todas as políticas públicas deste século dão especial atenção aos pobres em seus programas de governo, mas as práticas estão longe de aproximar-se dos projetos e promessas, sobretudo nesta América e na África. Os pobres brasileiros compõem cerca de 57% da população, integrando as classes D e E, segundo a sociologia tropical. Outros tipos de pobres, os de espírito, não escolhem classes sociais e foram objeto de uma das bem-aventuranças dos *Evangelhos*.

POBREZA de pobre, mais o sufixo -eza, tão comum na formação de palavras em português, de que são exemplos alteza, riqueza, nobreza etc. Pobre veio do latim *pauper*, radicado em *paucus*, pouco. No conceito original, pobre não é quem tem pouco, mas quem produz pouco. O étimo está ligado a *parere*, produzir, aplicado tanto às aves poedeiras quanto às mulheres que dão à luz, pois que ambas produzem. A pobreza foi um dos grandes temas do final da Idade Média e alvorecer da Idade Moderna. Cristãos que queriam uma volta da Igreja às origens do Evangelho, preocupados com o desvirtuamento, revoltaram-se contra a ostentação e a riqueza, relembrando a todos, mas sobretudo às autoridades eclesiásticas, que Jesus, filho de carpinteiro, tinha sido pobre a vida inteira e nada possuía de seu. Foi neste contexto que surgiram as ordens mendicantes. O conflito com a hierarquia católica chegou a tal ponto que o papa João XXII declarou que a pobreza de Jesus era uma heresia a ser condenada e só servia para combater a ordem social vigente.

PODAR do latim *putare*, cortar, limpar. É operação habitual em jardins e pomares, consistindo em desbastar arbustos e árvores, cortando seus galhos.

PÓ DE ARROZ de pó, do latim *pulvis*, e de arroz, do árabe *ar-ruz*, cuja origem mais remota é o *tamul arusi*, do verbo *ari*, significando limpar, separar. Antigo ingrediente cosmético, o pó de arroz serviu a nossas avós para darem um trato na cútis, identificando também a torcida do Fluminense, do Rio de Janeiro, devido a um jogador mulato, nos anos 1920, ter coberto o rosto de pó de arroz para disfarçar a cor da pele. Décadas mais tarde, a torcida adotou o símbolo, jogando talco para saudar a entrada do time em campo.

PODER do latim vulgar *potere*, poder, verbo formado a partir de étimos do latim clássico como *posse, potes, potens, potest* e outros, designando possibilidade, faculdade, capacidade e principalmente a força para fazer algo. As Constituições asseguram que o poder é exercido em nome do povo. O poder político baseia-se numa pluridade de outros poderes: o da mídia, o econômico, o militar. Desde o século XVI, o poder econômico começou a ganhar mais importância do que o poder militar. Para exercer o poder atualmente, democrático ou não, a estatística é fundamental. Já o mercantilismo usou estatísticas para operar no comércio exterior, na produção de bens, alimentos, riquezas e no controle, não da pobreza, mas dos pobres. E as pessoas inquiridas pelos funcionários do IBGE não podem ignorar que tudo o que é confessado pode ser controlado.

POLACO do polonês *polak*, de *pole*, campo, área rural. Os versos do poeta paranaense Paulo Leminski são exemplo desta desconfiguração. A aparência do poeta, declamando seus versos diante das câmeras do cineasta catarinense Sylvio Back, no filme *Vida e sangue de polaco*, reforça os vínculos inseparáveis do autor e seus versos. Ele é polaco na aparência e no sobrenome. O tema remete aos imigrantes. O cineasta que o filma descende de judeus-húngaros que também vieram para a mesma terra onde vivia o poeta, o estado do Paraná, e onde ele fez a maior parte de sua obra poética, e o cineasta os seus filmes.

POLEGAR do latim *pollex*, redução de *digitus pollex*, dedo polegar. Polegada, ponta deste dedo, utilizada como medida, veio igualmente do latim *pollicata*. O corpo humano foi utilizado como medida desde os primórdios da Humanidade: polegada, dois dedos, palmo, côvado (três palmos ou 66 cm), braça (de 1,8, pelo sistema inglês, a 2,2 m, pelo luso-brasileiro). Como sinal, o polegar levantado para cima designa coisas boas; para baixo, ruins. Na arena romana, os gladiadores aguardavam o sinal do polegar dos césares para poupar a vida dos derrotados ou executá-los com o golpe de misericórdia. O polegar para cima tem equivalência na expressão *O.K.*, cuja origem é controversa. Pode ter vindo da forma resumida com que os americanos debochavam da incultura do sétimo presidente, Andrew Jackson, também governador militar da Flórida, senador pelo Tenenessee e um dos fundadores do Partido Democrata. Ele escrevia *Oll Korrect* em vez de *All Correct*, tendo consagrado a abreviatura *O.K.* A verdadeira origem é mais prosaica: no dia 23 de março de 1840, o jornal *New Era*, de Nova York, informava que uma organização que apoiava a reeleição de Martin Van Buren para a Casa Branca, autodenominou-se *Old Kinderhook*. Kinderhook era o nome do vilarejo onde nascera o candidato, que, aliás, era o primeiro que não descendia de ingleses e o único até hoje cuja língua materna não era o inglês, mas o holandês. Abreviada para *O.K.*, a expressão passou de boca a boca e chegou a nossos dias, apesar de o advogado Van Buren ter sido sucedido por um militar do Partido Liberal.

POLÊMICA do grego *polemiké*, arte ou ciência da guerra. *Pólemos* em grego tem o significado de guerra, luta. Passou ao francês *polémique*, ainda com o sentido de luta militar até finais do século XVI, mas no século seguinte já tinha o significado de controvérsia, travada oralmente ou por escrito. Com o sentido de discussão que envolve divergências acaloradas sobre temas candentes, a palavra chega ao português na primeira metade do século XIX. Desde então consolidou-se em nossa língua, de que são exemplos os debates travados na imprensa, principalmente em momentos em que é preciso tomar sérias decisões políticas. Ainda nos tempos monárquicos, o Brasil teve grandes polemistas, ocorrendo às vezes de um único intelectual sustentar contra todos os outros uma proposta que parecia somente dele, como foi o caso do famoso escritor, político e diplomata brasileiro Joaquim Aurélio Barreto Nabuco de Araújo. Todos eram abolicionistas ele, também. Mas todos os abolicionistas eram republicanos e ele, não. Ele queria conservar a monarquia, defendendo a estabilidade política. Embaixador do Brasil na Inglaterra e nos EUA, foi também um dos fundadores da Academia Brasileira de Letras.

POLENTA do latim *polenta*, farinha de cevada torrada ao fogo, do mesmo étimo de *pollen*, farinha fina, pelo italiano *polenta*, designando comida rústica feita originalmente com farinha de trigo – *frumento*, em italiano – e depois com farinha de milho – *frumentone, granturco, maís*, em italiano, os três nomes mais comuns na Itália para designar o milho. Os antigos romanos trouxeram a polenta da Grécia, onde já era conhecida há cerca de 500 anos a.C. e feita de trigo também, já que o milho, nativo das Américas, somente chegaria à Europa no alvorecer do século XVI.

POLE POSITION neologismo inglês que passou para a língua portuguesa e para diversas outras sem alteração de grafia, designando o primeiro lugar na posição de largada de uma corrida de automóveis. O celebérrimo piloto brasileiro Ayrton Senna, tricampeão mundial, obteve 65 *pole positions* em 161 corridas disputadas, com 41 vitórias, em 10 temporadas. Sua superioridade começou a ser notada muito cedo. No dia 13 de abril de 1986, pilotando uma *Lotus*, venceu Nigel Mansell, que dirigia uma *Williams*, no Grande Prêmio da Espanha, em *Jerez de la Frontera*. A diferença na linha de chegada foi de 14 centésimos de segundo.

POLIÇADA de polícia, do grego *politeía*, pelo latim *politia*, conjunto de leis e disposições que têm o fim de assegurar a ordem pública na sociedade. O vocábulo, nascido na gíria carioca, não está nos dicionários, mas recebeu difusão nacional na mídia por obra do jornalista e então deputado estadual pelo Rio de Janeiro, Wagner Montes, em seu programa de televisão. Ele criou um estilo próprio, marcado por gírias e também por endossos à ação das Polícias Civil e Militar, da Justiça e do Ministério Público. Questionado por defender a polícia, que ele chama de poliçada, responde que "é preciso defender as instituições" e que "um país que não defender as suas instituições está fadado a ser destruído". Ao conclamar os policiais a enfrentar os marginais, ele apela a palavras de ordem como "escracha", "é pra cima deles, minha poliçada". Ao gritar "escracha!", ele está usando o imperativo do verbo escrachar, que veio do castelhano *escrachar*, revelar, nascido da gíria policial argentina. Escrachado era aquele que tinha retrato nas delegacias, passando depois a indicar indivíduo descuidado nos modos, no vestir ou no falar, desinteressado em ocultar o que quer que seja. A origem remota é o verbo inglês *to scratch*, arranhar, porque os retratos eram de fato arranhados.

POLÍGALA do grego *polýgalon*, resultado da junção de *polýs*, muito, e *gála*, leite. Designa uma erva do campo, um pequeno arbusto, à qual se atribui o poder de aumentar o leite das vacas. Por isso, é conhecida também como erva leiteira. Modernamente, a agropecuária tem lançado mão de outros recursos para aumentar a produção, que incluem cuidadosa alimentação e descanso para as vacas.

POLIGAMIA do grego *pólys*, muitos, e *gámos*, casamento. Tipo de casamento em que o homem tem muitas esposas. O marido que poderia estar no *Guiness* – o livro de recordes mundiais – é o rei Salomão, que, segundo a *Bíblia*, teve 700 esposas e 300 concubinas. O rei Davi teve oito esposas, a mais famosa das quais foi Betsabeia, personagem de inúmeros romances, filmes etc.

POLÍGRAFO do grego *polugráphos*, que escreve muito e sobre diversos assuntos. A modernidade fez enorme devastação nesse caráter eclético dos intelectuais, privilegiando a especialidade. Mas a poligrafia resiste principalmente entre os jornalistas, obrigados a escrever sobre temas diferenciados e sem o tempo de pesquisa e o aparelhamento dos métodos específicos que cada disciplina requer. Entretanto, enquanto a especialização privilegia o texto hermético, quase sempre incompreensível, os jornalistas precisam encontrar uma linguagem capaz de ser entendida por todos, ainda que suas excelências, os leitores, precisem ir ao dicionário com frequência. Grandes intelectuais brasileiros, alguns dos quais ainda vivos e em atividade, foram e são grandes polígrafos. É o caso, entre outros, de Raimundo Faoro, jurista de reconhecidos méritos, que se notabilizou na defesa da democracia brasileira, principalmente entre 1977 e 1979, quando presidente do Conselho Federal da Ordem dos Advogados do Brasil (OAB), autor de vários livros, entre os quais dois de muita influência na inteligência brasileira: *Os donos do poder*, sólido e pertinente exame das estruturas políticas brasileiras, radicadas nas cortes portuguesas, e *A pirâmide e o trapézio*, em que se ocupa da obra e da figura de nosso maior escritor, Joaquim Maria Machado de Assis. Alberto Dines, ele mesmo um polígrafo, autor de biografias, ensaios e inclusive de prosa de ficção, jornalista agraciado com o prestigioso prêmio Maria Moors Cabot em 1970, concedido pela Universidade de Columbia, põe em relevo na obra reunida de outro polígrafo, Hipólito José da Costa Pereira Furtado de Mendonça, o norte que guiou o patrono da imprensa brasileira, que escreveu: "O primeiro dever do homem em sociedade é de ser útil aos membros dela; e cada um deve, segundo as suas forças físicas ou morais, administrar, em benefício da mesma, os conhecimentos, ou talentos, que a natureza, a arte ou a educação lhe prestou. O indivíduo, que abrange o bem geral duma sociedade, vem a ser o membro mais distinto dela; as luzes, que ele espalha, tiram das trevas, ou da ilusão, aqueles que a ignorância precipitou no labirinto da apatia, da inépcia e do engano."

POLO do grego *pólos*, pelo latim *polus*, polo, eixo ao redor do qual uma coisa gira. É muito utilizado em sentido figurado. Assim, diz-se que a França é polo de irradiação das artes e da cultura ocidental, sendo a nação mais visitada do mundo. Recebe anualmente cerca de 70 milhões de turistas, a maioria dos quais dirige-se a Paris, onde estão célebres museus como o *Louvre*, *d'Orsay*, o *Centro Pompidou*, além de ícones da cultura francesa e ocidental como a Torre Eiffel, a Catedral de Notre-Dame, o Palácio de Versalhes e a Praça da Bastilha. Com exceção da capital, Paris, todas as grandes cidades francesas têm menos de um milhão de habitantes.

POLTRONA do italiano *poltrona*, assento confortável, quase sempre dotado de apoio para os braços. A raiz remota é igualmente o italiano *poltro*, preguiçoso, por sua vez radicado no latim medieval *pullitrus*, de *pullus*, filhote de animal, criança, pintinho. A designação veio provavelmente da agropecuária: um assento com braços, confortável, era colocado sobre o *poltro*, potro, cavalo, para que senhoras pudessem montá-lo. Há uma curiosa derivação de significado para poltrão, igualmente do italiano *poltrone*, indivíduo preguiçoso, que vive sentado, sem fazer nada, comportando-se como as mulheres que cavalgavam nesses assentos.

POMADA provavelmente do italiano *pomata*, com influências do francês *pommade*, ambas radicadas originalmente no latim *poma*, plural do neutro *pomum*, fruto, havendo também a forma *pomus*, árvore frutífera. O latim dispõe também da variante *malus*, designando a maçã e outras frutas. Por exemplo, a romã é elipse de *mala romana*, maçã romana, cuja variante era *poma punica*, porque a fruta foi primeiramente encontrada durante as guerras púnicas travadas contra Cartago, na África. Púnico veio de *punicus*, cuja variante é *poenicus*, como eram designados em Roma os fenícios. Os primeiros chás e unguentos utilizados como remédios foram buscados no pomar, do latim *pomarium*, o lugar onde estão os frutos. Nas denominações medicinais, assim como na botânica e em outras ciências, a língua latina prevalece ou é ao menos muito frequente. Assim, a primeira pomada tinha o nome latino de *unguenta pomata*, um creme de bom aroma utilizado como analgésico e cicatrizante. Nas transmissões esportivas, como as do futebol, é frequente o contato entre os jogadores, o que pode levar a contusões. A equipe médica, autorizada pelo juiz, corre ao campo para socorrer quem foi machucado. Na maioria das vezes, simples pomada ou borrifo de algum líquido medicinal resolve o problema. Se a questão é mais séria, o jogador é retirado de campo em cama portátil denominada maca, do espanhol *hamaca*, rede, para ser atendido com menos pressa ao lado do campo. Mas pomada presta-se também a curiosa metáfora vinda do francês *passer de la pommade*, expressão coloquial equivalente à gíria brasileira puxar o saco. No futebol e também em outras atividades, passar pomada como sinônimo de postergar alguma tarefa ganhou outra denominação, sendo a pomada substituída pelo sebo, talvez porque o sebo precedeu a pomada nos curativos havidos nas lides comuns à agropecuária. Ensebar, e não empomadar, consolidou-se neste caso como sinônimo de demorar-se demais em tarefas tidas por simples.

POMAR do baixo-latim *pomare*, designando terreno onde crescem árvores frutíferas. Com o avanço da civilização, as frutas passaram a ser produzidas nos arredores das moradias e o sabor das silvestres veio para mais perto de nós.

POMBA do latim *palumba*, pomba doméstica. A pomba selvagem, conhecida como rola, em latim é *palumba*. Segundos costumes prescritos no Antigo Testamento, os primogênitos deveriam ser levados ao templo depois da purificação das mães, ocorrida 40 dias depois do parto, se os nascidos fossem meninos, e 80, se meninas, para serem consagrados. Na ocasião, os pais deveriam oferecer em sacrifício um cordeiro e uma pombinha ou duas pombinhas, se fossem muito pobres. Os pais de Jesus ofereceram duas pombinhas.

POMO do latim *pomu*, fruta de caroço, como a pera, o marmelo e a maçã. O caroço desta última fixou-se na garganta do primeiro homem, de acordo com uma lenda extraída das narrativas bíblicas. É uma explicação mítica à saliência da cartilagem tireoide presente no pescoço dos homens. E mais uma culpa para a pobre da Eva que, ao seduzir o primeiro homem, acabou por deformá-lo.

PONCHE do sânscrito *pañca*, ligado ao grego *penta*, pelo hindu *panch* e o inglês *punch*, designando bebida alcoólica de cinco ingredientes – todos os étimos se referem ao número cinco. Durante muitos anos o ponche foi feito com rum, conhaque ou cachaça, com o acréscimo de chá, limão, açúcar e uma especiaria. Hoje há ponches de diversas composições. Um dos mais apreciados é o ponche de frutas vermelhas: vinho branco, amora, framboesa, morango e gelo. Embora alguns dicionários definam como ponche também certa veste sem mangas, esta é registrada como poncho, do castelhano *poncho*, variante de *pocho*, manta de uma só cor.

PONTE do latim *ponte*, declinação de *pons*, ponte, conjunto de madeira utilizado para ter acesso a castelos e fortificações, protegidos por valas e fossos, designando também as construções de madeira ou pedra lançadas de uma a outra margem dos rios, sentido com que o vocábulo consolidou-se no português. Com o tráfego intenso de aviões entre cidades, o transporte foi denominado ponte aérea, sendo a mais antiga no Brasil a que liga o Rio de Janeiro a São Paulo.

PONTÍFICE do latim *pontifice*, provavelmente pela junção de *pons*, ponte, com *facere*, fazer. Chefes religiosos dirigiam a construção da mais antiga ponte de Roma, fixaram os ritos que acompanharam sua construção e ofereceram sacrifícios sobre ela. O papa é chamado de Pontífice ou Sumo Pontífice, por ser a autoridade máxima da Igreja.

PONTINHA de ponta, do latim *puncta*, designando papel secundário, com poucas aparições, no teatro, no cinema, na televisão. Primeiramente, entretanto, indicava alguma coisa que feria, como uma obsessão ou birra, passando depois a outros significados, como pequena quantidade de algo: uma pontinha de inveja. Finalmente veio a designar coisa de boa qualidade, indicada com a expressão "é da pontinha", acompanhada de pressão no lóbulo da orelha com o polegar e o indicador. A expressão surgiu na França para indicar o bom vinho. Como que se solicitava ao ouvinte que prestasse atenção, pois aquela era uma bebida de qualidade: "*Vin d'une oreille, bon vin*", variante de erguer o polegar, tornando-se vulgar este último gesto, não o de apertar a orelha.

PONTO do latim *punctum*, pequeno buraco feito por uma picada. Foi por isso que o sinal de fim de período foi designado ponto, por semelhar-se a uma picada. Ponto de ônibus; ponto de táxi; ponto de prova; ponto de trabalho: bater o ponto era antigamente fazer um buraco no cartão; pontos ganhos e pontos perdidos nos esportes, especialmente no futebol; pontos de energia, como aqueles do nosso corpo ativados pela acupuntura. Está presente também em expressões como "entregar os pontos" (desistir antes do fim), "não dar ponto sem nó", "em ponto de bala" etc. Temos ainda os pontos cardeais. Enfim, ponto é uma das palavras da língua portuguesa com mais significados.

PONTUAÇÃO de ponto, do latim *punctum*, picada. Os primeiros pontos semelhavam marcas deixadas por picada de inseto. E em gravuras – em pedra, bronze, couro, papel etc – eram feitos com picadas de instrumentos de escrita nesses materiais. O *Almanaque Biotônico*, fundado por José Bento Monteiro Lobato, deu interessante lição de como pontuar no número que celebrou o cinquentenário da famosa publicação, em 1970. Um milionário esquecera de pontuar o testamento, provocando a maior confusão entre os herdeiros: "Deixo a minha fortuna para o meu irmão não para o meu sobrinho jamais para o meu advogado nada para os pobres." O irmão pontuou assim: "Deixo a minha fortuna para o meu irmão; não para o meu sobrinho, jamais para o meu advogado, nada para os pobres." O sobrinho pontuou de forma a ficar com a herança do tio: "Deixo a minha fortuna: para o meu irmão não; para o meu sobrinho; jamais para o meu advogado; nada para os pobres." Já o advogado, a quem foi encarregado o serviço testamentário, defendeu seus honorários do seguinte modo: "Deixo a minha fortuna: para o meu irmão não; para o meu sobrinho, jamais; para o meu advogado; nada para os pobres." O "defensor público" pontuou de acordo com o texto no interesse dos mais fracos: "Deixo a minha fortuna: para o meu irmão, não; para o meu sobrinho, jamais; para o meu advogado, nada; para os pobres."

POPULAÇÃO do latim *populatione*, declinação de *populatio*, população, vocábulo que designa o conjunto de habitantes de um determinado território, sejam cidades, países ou o mundo. Às vezes o vocábulo se refere não apenas a pessoas, mas também a animais e objetos. O excesso de população é grave e ameaça à devastação do planeta em que vivemos. De acordo com estimativas, somos 170 milhões de brasileiros e formamos o país mais populoso da América do Sul e o quinto do mundo. A China, com cerca de 1 bilhão e 300 milhões de habitantes, é o mais populoso do mundo. Certamente, quando você estiver lendo este verbete, a estatística já estará desatualizada.

PORCA do latim *porca*, feminino de *porcus*, porco. Entrou primeiro o masculino e depois o feminino na língua portuguesa. O sentido de sujeira, dadas as preferências do porco, logo passou a outros significados, inicialmente com palavras vinculadas ao sexo, sobretudo à prostituição. Palavras derivadas, como porcaria, que inicialmente designava apenas vara de porcos, passaram a designar imundície, ato obsceno e coisa malfeita. Porca é também a peça de metal ou de ferro munida de sulcos com o fim de ser atarraxada ao parafuso. Alguns pesquisadores sustentam que tal designação provém de analogia com o ato sexual dos porcos, devido à forma de trado que tem o pênis do macho. Tal explicação é, porém, controversa. Pode ter havido influência do espanhol *tuerca*, designando igualmente peça de metal com rosca, vindo do latim vulgar *torca*, de *torquere*, verbo de muitos significados, tendo também o de torcer e dar voltas. Nas *Ordenações afonsinas*, assim denominadas por serem leis baixadas pelo rei português Afonso V, já é proibido um antigo jogo em que a porca aparece. Na conhecida expressão "aqui é que a porca torce o rabo", indicando dificuldade extrema, os brasileiros entenderam rabo como cauda, que no português tem o sentido de nádegas. Quando segurado pela cauda, se torcesse o traseiro, o animal impunha séria dificuldade a quem quisesse dominá-lo, não logrando o objetivo de levá-lo ao chiqueiro, pois homem e porca ficariam dando voltas inúteis, andando em círculos, o que denotaria ainda posição ridícula.

PORCELANA do italiano *porcellana*, vulva de porca. A louça que no século XVI vinha da China e do Japão foi logo chamada de porcelana devido a uma concha, igualmente lustrosa e bonita, que os italianos consideravam semelhante a uma vulva de porca.

POROROCA do tupi *poro'roka*, estrondo, barulho. É assim definida no *Dicionário Michaelis*: "grande onda de maré alta que, com ruído estrondoso, sobe impetuosamente rio acima, principalmente no Amazonas, apresentando uma frente abrupta de considerável altura, perigosa à navegação, e que depois de sua passagem forma ondas menores, os banzeiros, que se quebram violentamente nas praias; macaréu." O escritor Raul Bopp a viu de outro modo: "De repente, ouviu-se um estrondo distante. Parecia que o mar tinha se quebrado. Surgiu depois, no horizonte fluvial, um vagalhão imenso, como um Niágara avançando rio adentro. Vinha arrebentando tudo. Destruía o que encontrava pela frente." E Araripe Júnior: "Num crescendo diabólico, ao qual pareciam assistir todas as bigornas do inferno invisível, a onda alva e espumante, de longe mal pressentida, aturdiu-se até a paralisação do sentido auditivo [...]. A pororoca tiranizava as floretas vergadas sob a agonia de sua raiva epiléptica."

PORQUINHO-DA-ÍNDIA do diminutivo de porco, do latim *porcus*, e Índia, nome de várias regiões do mundo, na América e na Ásia, por força de um engano do descobridor da América, que ao chegar ao Caribe pensou ter atingido o outro lado do mundo. O étimo *ind* vinha desde o século V a.C. e estava presente no grego *indikós* e no latim *indicus*, e veio a designar um dos oceanos. O animalzinho, muito usado como cobaia, não é nem porquinho nem da Índia. O roedor, criado por povos ameríndios das Índias Ocidentais, primeiro nome de uma região que incluía futuras nações da América Central e do Sul, foi levado à Espanha, de onde se espalhou pelo mundo como animal de estimação, mas os incas criavam os bichinhos para deles se alimentarem. Como os navios ingleses fizessem escala na Guiné, entre os povos de língua inglesa ele é conhecido como *guinea pig*, cujo significado atual é também cobaia. Contribuiu para tal denominação o preço do animal, um guinéu, moeda de ouro utilizada na época. Diz-se nos EUA: "*the studentes were used as guinea pigs by the teachers*" (os estudantes foram usados como cobaias pelos professores). A gestação dura pouco mais de dois meses e eles chegam a medir 25 cm, pesando mais ou menos um quilo.

PORRA de origem controvertida, pode ter derivado do latim *porricere* ou *porrigere*, com o significado de atirar para a frente. Ou do latim *porro*, ao longe. O diminutivo seria o conhecido porrete. Antes, porém, de tornar-se a interjeição mais exclamada em nossa linguagem coloquial, pode ter designado arma do exército romano, que não passava de um pedaço de pau, marcado por protuberâncias que tinham o fim de causar maiores ferimentos nas vítimas atingidas pelas porradas. Até o século XV, sem a vulgaridade que depois a marcaria, a porra designava um cetro eclesiástico muito usado por autoridades da Igreja em procissões e outras solenidades.

PORRADA de porra, do latim *porra*, plural neutro de *porrum*, porro, haste, como se nota em alho-porro, dito e escrito também alho-porró, alho-porrô, alho-porro e alho-poró, designando a erva utilizada como tempero, que tem folhas, bulbo e haste grossa. Uma arma romana de madeira, semelhando o atual cassetete que os policiais levam à cintura, foi chamada de porra, origem do diminutivo porrete. Em brigas de rua ou em distúrbios, para controlar a multidão e não ferir ninguém com arma branca ou tiro, os responsáveis pela ordem distribuíam antigamente e distribuem ainda porradas. Por metáfora, a agressão verbal também veio a ser designada assim. O étimo do vocábulo aparece também em seu caráter polissêmico, isto é, com vários significados, de que é exemplo a denominação de porrada para qualquer guisado que leve alho-porro. Em discurso proferido pelo presidente Lula no Rio de Janeiro, dia 26 de fevereiro de 2008, porrada aparece como sinônimo de bordoada e maus-tratos: "Se porrada educasse as pessoas, bandido saía da cadeia santo." O primeiro registro escrito de porrada na língua portuguesa ocorreu no século XII, nas famosas Leges (Leis), e provavelmente se referia a impostos ou multas. No século XIII, aparece como sinônimo de cetro e de maça. No português coloquial, porém, porra e porrada consolidaram-se com significados obscenos, como assinalou Frei Joaquim de Santa Rosa de Viterbo no seu *Elucidário das palavras, termos e frases*, que tem curioso subtítulo: "que em Portugal antigamente se usaram e que hoje regularmente se ignoram: obra indispensável para entender sem erro os documentos mais raros e preciosos que entre nós se conservam." Diz o autor sobre pôrra, então ainda com acento circunflexo: "Este nome a que a malícia dos tempos aligou uma ideia pouco decente, e que desterrado da gente cortesã, polida e grave, se ouve tão-sòmente por entre a escória da população, ocupava, algum dia, honradíssimo lugar em o dialecto dos nossos maiores."

PORTA-BANDEIRA de porta, terceira pessoa do verbo portar, do latim *portare*, carregar, levar, e bandeira, do gótico *Bandwa*, bandeira, estandarte. Designa oficial militar responsável por conduzir levantada a bandeira. Em tempos de paz, porém, os porta-bandeiras mais conhecidos são os das escolas de samba.

PORTAL de porta, do latim *porta*, entrada, passagem, porta, relacionável com *portus*, porto, ancoradouro. Antes da internet, consolidara-se como denominação de porta ou portas principais de grandes edifícios ou templos. Atualmente, indica a entrada principal de um endereço eletrônico que permite seguir para outros destinos ali sediados. Como a internet sofre da falta congênita de editores e suas regras ainda estão em formação, há portais literalmente para tudo, incluindo neonazistas e outros racistas que têm *sites* próprios. O racismo é crime inafiançável no Brasil e entre os punidos está Siegfried Ellwanger Castan, dono da editora Revisão, com sede em Porto Alegre, cujo processo chegou ao STF. Ele assumiu a autoria e editou o livro *Holocausto: judeu ou alemão?*. Os neonazistas da internet escondem-se em portais e páginas cujas responsabilidades são difíceis de apurar. Em setembro de 2000, a polícia alemã apreendeu 7.500 CDs com canções neonazistas.

PORTAMENTO do italiano *portamento*, portamento, modo de portar-se, radicado em portar, do latim *portare*. Em música designa mudança da voz que, ao longo de intervalo, geralmente ascendente, passa célere por todas as notas. Seu sinônimo é glissando, do italiano *glissando*, radicado no verbo *glissare*, escorregar, deslizar, resvalar.

PORTA-NÍQUEIS do latim *porta*, de *portare*, levar, e do sueco *nickel*, deus das minas que deu nome ao conhecido metal, depois utilizado para designar moedas. O porta-níquel parecia aposentado entre nós, já que a inflação tinha transformado os níqueis no contrário do que apregoa a lei de Lavoisier, posto que deles nada se aproveitava, tudo se perdia. Depois do Plano Real, porém, as pequenas carteiras destinadas às moedas reapareceram. Não se sabe por quanto tempo, mas espera-se que tenham mais sorte do que grandes figuras da literatura brasileira, como Machado de Assis, Cecília Meireles e Carlos Drummond de Andrade, estampadas em notas que hoje, reunidas, não pagariam um cafezinho.

PORTINHOLA de porta, do latim *porta*, e os sufixos -inha e -ola, designando porta muito pequena, ainda menor do que uma portinha, como a que inventou o celebérrimo físico inglês Sir Isaac Newton. O cientista gostava muito de animais. Eles, que nada entendiam de Física, aprontavam das suas para o patrão. Certa vez, seu cão favorito derrubou uma vela acesa sobre as anotações e Newton teve um colapso nervoso por ter perdido cálculos preciosos. De outra feita, para não ter que ser interrompido a todo instante por um gato que lhe torrava a paciência com um constante entra e sai de casa, o autor da teoria da gravidade construiu uma portinhola que é até hoje usada em casas e apartamentos que têm a felicidade de conviver com gatos, companhias das mais interessantes e benfazejas.

PORTO do latim *portus*, entrada, passagem. Há curiosas influências na formação deste vocábulo e nos diversos sentidos que veio a tomar. É domínio conexo com o grego *póros*, designando passagem, orifício, que resultou em poro, canal, depois de passar pelo latim *porus*, que nossa língua acolheu como *poro*, de que são exemplos os poros da pele, minúsculas aberturas por onde nosso corpo exala o suor. Mas certamente o sentido mais óbvio é o porto onde ancoram os navios. No caso do Brasil, angras e enseadas foram nossos primeiros portos naturais. Nossos descobridores encontraram porto natural onde atracar para os contatos iniciais com os primeiros habitantes do Brasil, designados índios por erro de geografia de Cristóvão Colombo. A designação não foi contestada, mesmo depois de constatado o tremendo equívoco do genovês, que confundiu a América com a Ásia, e os audazes portugueses tomaram o Brasil pela Índia Ocidental durante muito tempo. São Vicente, cidade portuária, foi o primeiro porto e a primeira vila fundados por Martim Afonso de Sousa, em 1530, em localidade onde já existiam 10 ou 12 casas, uma das quais era de pedra, onde também primitivos navegantes tinham erguido uma torre de taipa para defesa contra os índios. No outro lado da Ilha de mesmo nome, foi criado o porto de Santos, que logo superou em importância o outro.

PÓS do latim *post*, pós, atrás, no tempo e no espaço, equivalente a após, formado igualmente do latim *ad* (para) *post* (depois), e também a depois, do latim *de post*. Como elemento de composição, pós está presente em palavras como pós-carnaval, pós-graduação, pós-guerra, pós-adolescência etc. Às vezes são mantidas em latim não apenas a partícula, mas também a palavra que lhe segue, como na expressão mundial *p.m.* em relógios e computadores, que significa *post meridiem*, depois do meio-dia; é usada ainda *post mortem*, depois da morte. Na vida acadêmica, nas últimas décadas, aumentou muito a presença de professores com pós-doutorado, projeto de pesquisa ou estágio desenvolvido por quem já tem o título de doutor.

PÓS-GRADUAÇÃO de pós, do latim *post*, e graduação, do latim *graduatione*, graduação, designando ato de passar pelo *gradus*, grau ou degrau. No Brasil, é a parte do ensino que tem o melhor desempenho, estando à altura de países do primeiro mundo. Em avaliação feita em 1999, a Coordenação de Aperfeiçoamento de Pessoal de Nível Superior (Capes) demonstrou que 32% dos alunos de pós-graduação situam-se em parâmetros considerados excelentes. A maioria, 63%, está classificada entre os conceitos de bom e regular. Apenas 5% são fracos ou deficientes.

POSSE do latim *posse*, poder. Decorridos os prazos regimentais, os eleitos tomam posse, isto é, passam a exercer o poder que pleitearam com suas candidaturas. São empossados por autoridades mais altas ou equivalentes aos cargos que passam a ocupar. Outros tomam posse sem eleição, caso dos ministros e secretários de estado, nomes de livre escolha do presidente da República e dos governadores dos estados, e por isso também demissíveis *ad nutum*, que em latim designa literalmente movimento de cabeça, significando que o escolhido deve sair, se esta for a vontade de quem o nomeou.

POSTA-RESTANTE do italiano *posta*, correio, e de restar, do latim *restare*, ficar, sobreviver, sobrar. Designa local dos correios onde ficam as correspondências até que sejam procuradas e ainda seções de periódicos que recebem cartas que podem ser respondidas publicamente a cada um dos remetentes. O italiano tem *lettera* para designar carta. E embora designe o carteiro também por *portalettere*, a designação mais popular é *postino*. Tanto que *Il postino* é o título do filme baseado na amizade de um carteiro italiano com o poeta chileno Ricardo Eliécer Neftalí Reyes Basoalto, mais conhecido como Pablo Neruda.

POSTERGAR do baixo-latim *postergare*, postergar, deixar para depois. Famoso provérbio aconselha: "Não deixes para amanhã o que podes fazer hoje." A recomendação nem sempre é fácil de cumprir. A partida da frota que descobriu o Brasil estava prevista para 8 de março de 1500, um domingo. Milhares de pessoas e o próprio rei compareceram ao cais, mas os ventos e as correntes contrárias impediram navios e naus de descerem o rio Tejo. Ali, pela primeira vez, ainda antes do descobrimento, o provérbio foi contrariado no projeto Brasil. Depois virou sina e emblema do país, que demora a resolver problemas seculares. Em 1500, porém, no dia seguinte, apesar de ser uma segunda-feira, eles partiram ao alvorecer.

POSTULAR do latim *postulare*, pedir, requerer, solicitar, pretender. Na antiga Roma, somente se podia postular em juízo. Mas o vocábulo ganhou as ruas, e postular veio a designar ação em outros domínios, incluindo artísticos, de que foram exemplos os filmes brasileiros postulantes ao Oscar 2001 na categoria de melhor filme estrangeiro, entre os quais estavam *Hans Staden*, *Villa-Lobos*, *Castelo Rá-Tim-Bum*, *Através da janela*, *O Auto da Compadecida* e *Eu, tu, eles*. O escolhido para representar o Brasil foi este último, mas não foi selecionado. Em 1996, concorremos ao Oscar com *O quatrilho*, dirigido por Fábio Barreto e baseado em romance homônimo do escritor gaúcho José Clemente Pozenatto, professor da Universidade de Caxias do Sul e ex-padre. Outro livro seu, *O caso do martelo*, narrativa policial, postulou a televisão, resultando em especial da TV Globo, em 1993. Em 1998, foi a vez de *O que é isso, companheiro?*, de Bruno Barreto, e, em 1999, de *Central do Brasil*, de Walter Salles Jr.

POTRANCA do francês antigo *poutre*, égua que ainda não foi coberta, formaram-se potro e potranca para designar cavalos jovens. Em curiosa metáfora, garotas de programa têm-se anunciado assim nos classificados dos jornais, atribuindo ao vocábulo valor positivo. No caso, o elemento aludido é certamente o viço da pouca idade.

PRAÇA do grego *plateîa*, pelo latim vulgar *plattea*, variante do clássico *platea*, designando espaço amplo, rua larga. Deu *place* em francês, *plaza* em espanhol e *place* em inglês. Portanto, devido à proximidade com os países de fala e escrita espanholas, é mais provável que tenha vindo do espanhol *plaza*, que passou a ser dito e depois escrito praça. As praças ora encolhem ora se alargam, de acordo com alterações sofridas ao longo da formação das cidades. Com as avenidas, a partir da consolidação do poder militar e burguês, a praça é o lugar do comércio. Também as novas tecnologias bélicas levam à transformação das praças e das cidades. Para afugentar inimigos internos e externos, algumas cidades europeias chegaram a ter um quarto de sua população em armas. O poeta Castro Alves escreveu que "a praça é do povo/ como o céu é do condor." Profetizou, sem querer, que para estar seguro na praça, só mesmo se o povo a visitar de helicóptero, porque embaixo, em várias cidades brasileiras, ainda que à luz do dia, ficou difícil poder ter nelas a liberdade da bela ave de origem andina.

PRAGA do latim *plaga*, chaga, ferida, pancada. Houve mudança de "l" para "r", como acontece também em pranto, do latim *planctu*s, batida, murro, ligado a *plangere*, bater, que se tornou sinônimo de chorar. Lógico: quem apanha chora. Na tradução do hebraico para o latim, na *Vulgata*, o latim *plaga* designa as dez pragas do Egito: águas transformadas em sangue, rãs, piolhos, moscas, peste nos animais, sarna, chuva de granizo, gafanhotos, escuridão e morte dos primogênitos.

PRANTO do latim *planctum*, pranto, choro. A raiz é *plangere*, bater, no peito ou nas coxas, em sinal de grande tristeza, chorando e lamentando. Houve troca do "l" por "r", fenômeno semelhante ao que aparece em "claro", pronunciado também "craro", com a diferença de que a gramática da norma culta da língua portuguesa aceita "pranto" e recusa "craro". Nos ritos da morte, cada cultura tem uma forma diferenciada de prantear seus mortos. Nos jornais aparecem convites para missas de sétimo dia, no caso de católicos, ou comunicados da *Matzeiva*, como os judeus chamam a lápide que indica o local do sepultamento. No primeiro, o padre encomenda a Deus a alma do falecido. No segundo, a inauguração da lápide, realizada cerca de um ano depois do enterro, é conhecida como a "descoberta da *Matzeiva*", que põe fim a um ano de luto fechado. Na ocasião, é rezado o *kadish*, que significa sagrado em aramaico, designando a oração em favor dos mortos. A palavra pranto aparece num dos mais belos sermões do padre Antônio Vieira, *Il pianto d'Eraclito, che di tutto piangeva* (O pranto de Heráclito, que por tudo chorava), pregado originalmente em italiano, na corte da rainha Cristina da Suécia, em Roma, quando o famoso orador lá estava para defender-se das acusações da Inquisição. Já o poeta Vinicius de Moraes recomendou em "Revolta": "Alma que sofres pavorosamente/ A dor de seres privilegiada,/ Abandona o teu pranto, sê contente/ Antes que o horror da solidão te invada."

PRATICAR do baixo-latim *praticare*, praticar, fazer, cometer. Aparece neste texto, ocupando-se de frustrado atentado, ocorrido logo na segunda quinzena do governo Dilma Rousseff: "Homem invade o Palácio da Alvorada e tenta praticar atentado. Um homem tentou invadir de carro o Palácio da Alvorada, residência oficial da Presidência." Não foi a primeira vez que se deu o rompimento da proclamada cordialidade do brasileiro. Em 5/11/1897, o anspeçada Marcelino Bispo de Melo atirou em Prudente de Moraes, terceiro presidente do Brasil, que recebia no cais do Rio de Janeiro as tropas vindas de Canudos. O revólver falhou e no tumulto foram mortos a facadas o ministro da Guerra, Carlos Machado Bittencourt, e o chefe da Casa Militar. Em 8/9/1915, o padeiro desempregado Francisco Manso de Paiva Coimbra matou, com uma punhalada nas costas, o senador José Gomes Pinheiro Machado. O autor do atentado suicidou-se na prisão, explodindo uma bomba na cela, como o fizera também o cabo que tentara matar Hermes da Fonseca. Sobre os dois episódios escreveu Lima Barreto: "Até hoje, como agora com o caso de Paiva Coimbra, o fato não foi satisfatoriamente explicado e o seu mistério tem resistido a todas as investigações." E, prevendo dias obscuros em investigações semelhantes, desejou melhor desempenho das autoridades no futuro, concluindo: "Pela adivinhação!" Em 26/7/1966, o presidente Costa e Silva escapou de um atentado que matou várias pessoas no Aeroporto de Guararapes, no Recife.

PRECATAR provavelmente do latim *praecatu*, acautelado, formou-se este verbo que designa o ato de tomar cuidado, prevenir-se, ficar de sobreaviso. Mário Barreto, famoso filólogo brasileiro, cuja especialidade era a sintaxe da língua portuguesa, e grande conhecedor dos clássicos de nossa literatura, assim utilizou este verbo, inconformado com os juízos de dois outros célebres especialistas a respeito da língua portuguesa falada no Brasil: "A quinta edição do dicionário de Morais e João Ribeiro precata o leitor contra a sintaxe popular, entre nós, custo a crer, custo a ler."

PRECATÓRIO do latim *precatorium*, intercessão, pedido, rogo. Em linguagem jurídica, designa documento em que dívidas públicas são pagas com a emissão de títulos autorizada pelo Legislativo. Por uma dessas influências misteriosas, na safra de precatórios ilícitos tem sido valorizada a laranja. Não o fruto, mas designando pessoa simples e ingênua. Em tais operações, substituindo os maiorais, os laranjas, no entanto, são quase sempre cúmplices de seus desmandos. Entre os que enfrentaram problemas com precatórios ilícitos estão governadores e prefeitos.

PRECE do latim *prece*, prece, súplica, pedido. Precário e precatório originaram-se da mesma raiz etimológica. É provável que a origem mais remota seja a palavra latina *preciae*, que indicava a videira temporã. A denominação das uvas vindas fora de época pode ter servido para compor o sentido conotativo de prece, precário, precatório e palavras semelhantes de domínio conexo, em cujo teor esteja o significado de pedido, oração, súplica, porque em tempos imemoriais os frutos da terra eram concebidos como dádivas dos deuses. Ao mesmo tempo, tinham caráter efêmero porque, passada a estação, era preciso pedir de novo, tanto no plantio, como na colheita. Nenhuma, porém, dava tanta alegria como a fruta temporã, pois vinha em estação em que não era mais esperada. Em se tratando de filhos, temporão é aquele que nasce muito tempo depois do irmão que o antecede.

PRECIOSIDADE do latim *pretiositate*, declinação de *pretiositas*. Nos dois casos, o primeiro "t" tem som de "c", como no português. Designa coisa muito valiosa, pela beleza ou raridade, que só poderia ser obtida por alto preço, ainda que em geral as preciosidades tenham valores que não possam ser traduzidos em dinheiro, como algumas das lendárias relíquias cristãs, de que são exemplos os pregos da crucificação, em número de setecentos. A Igreja reconhece apenas trinta, ainda assim um exagero.

PREÇO do latim *pretium* (no latim o "t" tem som de "s", neste caso e por isso o "c" recebe cedilha em português), valor pago por mercadoria, bem ou serviço: preço da casa, da roupa, do carro, do ingresso etc. Usa-se também no sentido metafórico: "o preço da liberdade é a eterna vigilância." O jornalista Sebastião Nery transcreve em seu livro *A nuvem: o que ficou do que passou – 50 anos de História do Brasil* uma crônica famosa, de sua autoria, intitulada "O preço da verdade", reiterando a liberdade: "Tudo na verdade tem seu preço: a rosa de jardim, o beijo da amada, a venalidade dos crápulas e a verdade. Nem um instante sequer fomos ingênuos. Sabíamos precisamente quanto íamos pagar pela independência, pela coragem, pela verdade do jornal da semana. Começamos a pagar. Ótimo."

PRECONCEITO do latim *praeconceptu*, preconceito, concebido ou gerado antes, obtido antes do conhecimento de fatos que podem contestá-lo. Diz-se de juízo sem base, exarado a partir de intolerâncias prévias. Com o passar do tempo adquiriu significados específicos, em geral torpes, que cobrem várias áreas do comportamento humano, como os preconceitos religiosos, ideológicos, raciais. A humanidade tem sofrido muito com os preconceitos, em todos os níveis, mas têm recaído sobre as questões de gênero as piores consequências, como no caso dos preconceitos absurdos que Santo Isidoro de Sevilha manifestou sobre a menstruação em suas famosas *Etimologias*: "Ao contato desse sangue, as colheitas não germinam, o vinho azeda, a grama amarela, as árvores perdem seus frutos, o ferro enferruja e o cobre oxida. Se cães por acaso o lamberem, enlouquecem. Até mesmo a liga de concreto, que não dissolve nem com o ferro nem com as águas, quando é poluída por este sangue se desintegra." Bem se vê que o famoso bispo, celibatário, pouco entendia da condição feminina.

PREDIÇÃO do latim *praedictione*, declinação de *praedictio*, predição, dito antes. O brasileiro médio acredita que mau-olhado e olho gordo predizem acontecimentos desagradáveis. Outras crendices advêm de situações como as que seguem: uma tesoura não deve ficar aberta por muito tempo, dá azar; o gafanhoto verde dá sorte, a sua aparição é sinal de esperança; ao acompanhar um enterro, não se deve entrar no cemitério antes do defunto; pisar em rabo de gato atrai malefícios; não se deve passar debaixo de escadas ou quebrar espelho: as duas coisas dão azar. Para o visitante indesejável ir embora, basta colocar a vassoura atrás da porta. A criança que nasce com a mão fechada, quando crescer será sovina. Criança que de dia brinca com fogo, à noite faz xixi na cama. Não se deve deixar a mala aberta: é mau agouro, pois se parece com caixão de defunto. A coruja, o anu, preto ou branco, o urutau, o beija-flor-de-rabo-branco, ou preto, ou cinzento, as pombas caseiras, o gato preto e o canto de certas aves também compõem o rol de fenômenos que indicam desgraças futuras, dependendo das circunstâncias em que são vistos e ouvidos.

PREDIZER do latim *praedicere*, dizer antes, prever. Curiosíssimo com o porvir, o homem tem procurado ao longo da História descobrir o futuro, o que resultou em impulso à ciência, principalmente naquelas matérias em que se tenta descortinar o que vem por meio do exame do que já foi, como é o caso da história, ou, de modo exato, na física, prevendo a repetição de certos fenômenos. Mas essa curiosidade levou também a outras tentativas, como a de ler as mãos no intuito de adivinhar o que nos aguarda pelo exame das poucas linhas que aparecem nelas. Em geral, entretanto, fica prevalecendo a família à qual pertencemos, de que é exemplo o ditado "Filho de peixe, peixinho é". O provérbio é muito apropriado, tendo-se em vista sobretudo que a vida começou na água.

PREFEITO do latim *praefectus*, prefeito, designando autoridade posta à frente das fortificações que cercavam o município. *Praefectus* formou-se a partir do verbo *praeficire*, evoluído de *praefacere*, fazer antes, antecipar-se. Originalmente, a função do prefeito não era a de esperar ou transferir responsabilidades, mas antecipar-se, resolvendo problemas apontados pelos vereadores, ouvindo-os e executando o que determinaram na câmara. Na antiga Roma, os prefeitos eram desde sacerdotes consagrados a Netuno, até guardadores de rebanhos. Como cargo político, prefeito veio da expressão *praefectus villae*, mordomo, encarregado da administração da vila ou quinta e, mais tarde, da fração da província adotada pelo Império Romano, o *municipium*, município, já designando local onde as pessoas moravam e exerciam seus ofícios, tendo direitos e deveres. *Municipium* formou-se a partir de *munus capere*, assegurar direitos.

PREGÃO do latim *praecone*, declinação de *praeco*, pregação, anúncio, proclama, inicialmente feita em voz alta por porteiros de igrejas, de auditórios e mais tarde também por leiloeiros. Pode ter havido mescla com a palavra prego, pois, uma vez lidos, eram afixados em pregos em vestíbulos, pórticos e entradas, hoje substituídos por murais, às vezes protegidos por vidro, em caso de o pregão ter uma folha apenas, de que é exemplo o pregão de casamento, anunciando à comunidade que os noivos decidiram casar-se. Os pregões são feitos no religioso, nas igrejas, e no civil, nos cartórios. Designa também a oferta de ações nas bolsas de valores. O nome da família holandesa *Van den Bursen* ensejou mistura de conceitos de bolsa. O palácio dessa família, na cidade de Bruges, era enfeitado por três bolsas. Ali, no século XIV, se fazia o câmbio de moedas, estabelecido a partir de exportações como tecidos, cerveja, vinho, sal etc.

PREGUIÇA do latim *pigritia*, preguiça, indolência, omissão. O equilíbrio perfeito entre descanso e trabalho é virtude, de acordo com o preceito latino de que a virtude está no meio (*in medio virtus est*). Descambando para o exagero de trabalhar além da conta, incorre-se no pecado da ganância. Trabalhando pouco, cai-se na preguiça, que é um dos sete pecados capitais. São Jerônimo, que fez a primeira tradução da *Bíblia* para o latim, a célebre *Vulgata*, baseou-se na etimologia do hebraico para traduzir *atsêl* por preguiça, mas seu significado pode ser também lentidão. O antônimo de preguiça no hebraico não é trabalho, mas poder, força, energia, como se deduz da palavra *atsâm*. Na versão da *Bíblia*, do hebraico para o grego, *atsêl*, preguiça, foi traduzido como *deilia*, timidez, medo, tendo como variante *oknêros*, que tem o significado de mau, indisposto, devasso, medroso. Isidoro Mazzarolo, doutor em teologia e professor da PUC, no Rio de Janeiro, no livro *Pecados*, organizado por Eliana Yunes e Maria Clara Lucchetti Bingemer, define assim a preguiça: "A preguiça não é lazer, vida boa ou direito ao descanso. Ter um trabalho e usufruir dos frutos do próprio labor são prerrogativas antropológicas, sociais e teológicas, e dentro desta ótica, o lazer é direito e não pecado."

PREGUIÇOSO de preguiça, do latim *pigritia*, (pronuncia-se *pigrícia*), lentidão. Há várias outras palavras latinas com o mesmo étimo, todas dando ideia de vagareza, como *pigre*, lentamente; *pigrari*, demorar-se; *pigrities*, lentidão, mas significando também repugnância. Ao contrário do que recomendam médicos, nutricionistas, fisioterapeutas e professores de ginástica, a ideia de que se movimentar, caminhar ou mesmo correr são práticas saudáveis, que inclusive evitam ou amenizam o diabetes, é recente. Os preguiçosos passaram a incorrer num dos sete pecados capitais por erro de tradução, já que a palavra latina *acedia*, preguiça, indolência, vinda do grego *akedía*, foi corrompida. No grego designava indiferença, negligência. Preguiçosos, como o personagem Belacqua, de *A divina comédia*, de Dante Alighieri, que o autor conhecera em vida, em Florença, atribuíram a Aristóteles uma frase que ele nunca disse: "Ociosa e repousando, a alma se torna sábia."

PREITO do latim tardio *placitum*, de *placere*, agradar. Preito, homenagem, e pleito, reivindicação, têm o mesmo étimo, mas no segundo caso houve influência do espanhol *pleito*, disputa. O mais antigo preito às mães foi obra dos antigos gregos que, na entrada da primavera, festejavam a deusa Reia, esposa de Cronos e mãe de Zeus, considerada a mãe de todos os deuses. Na Inglaterra, no século XVII, surgiu o *Mothering Sunday* (Domingo das Mães), quarto domingo da Quaresma, dedicado às mães das operárias inglesas, que recebiam o *mothering cake*, bolo das mães. O dia das mães, principal homenagem que elas recebem, surgiu nos EUA, em 1872, mas só foi oficializado no Brasil em 1932.

PREJUÍZO do latim *praejudiciu*, prejuízo, dano. Seu sentido original era o de pré-julgado, equivalendo depois a preconceito, significação que manteve no inglês, de que é exemplo o romance da escritora inglesa Jane Austen, *Pride and Prejudice* (Orgulho e preconceito), em que critica duramente a sociedade epocal em refinadas análises psicológicas. Atualmente, porém, o prejuízo ambiental causa mais danos do que a hipocrisia denunciada pela famosa novelista, de que é exemplo o maior acidente ambiental já ocorrido num rio brasileiro, que teve lugar nos arredores de Curitiba e Araucária, onde a Petrobras deixou vazar 1,3 milhão de litros de petróleo no rio Iguaçu, em fins de julho de 2000. Não foi por falta de providências do Ministério Público, pois já havia 20 ações judiciais por prejuízo ambiental contra empresas ali instaladas, quando veio a ocorrer o maior de todos os estragos. Peritos constataram erros de manutenção e operação nos dutos condutores de óleo.

PRELEÇÃO do latim *praelectione*, lição dada antes de que seja cumprida uma tarefa, conferência com fins didáticos, educativos. É o que faz o técnico de futebol, chamado de professor pelos jogadores, antes de cada jogo, explicando a eles como atuar diante dos adversários. O nome erudito é acroese, palavra que veio do verbo grego *akroáomai-oômai*, escutar, e designa tarefa que só poderá ser bem executada se entendidas as instruções prévias. No futebol prevalece nessas instruções a variante popular da língua e por isso Claudio Coutinho, técnico do Brasil na Copa de 1978, foi muito criticado por usar palavras do inglês como *overlapping*, sobrepor, avançar. Todos os laterais brasileiros campeões do mundo avançaram sobre o adversário, bem antes dele, sem saber que estavam fazendo *overlapping*.

PRÊMIO do latim *praemium*, prêmio, originalmente designando presa tomada do inimigo e oferecida à divindade a quem era atribuída a vitória. A palavra foi formada no latim com o étimo de *emere*, tomar, subornar, e *prae*, antes. No *butim*, a primeira parte da rês ou de outro animal ou coisa tomados depois da batalha era oferecida à deusa Vitoria, em Roma, que na Grécia chamava-se Nike, filha do titã Pallas e da oceânide Estige. Tinha três irmãos: Bia, a Força; Crato, o Poder; e Zelo, o Ciúme. Comentando o maior dos prêmios mundiais, o Nobel, escreve Saulo Ramos no delicioso *Código da vida*: "A academia sueca é completamente maluca ao contemplar com o Prêmio Nobel algumas figuras lamentáveis, como aquele Fo, da Itália, e o escritor alemão Günter Grass, nazista que foi oficial da Waffen-SS, tropa de elite e espionagem de Hitler; John Mather e George Smoot, porque teriam comprovado a ocorrência do *big bang*, criador do Universo, tão verdade como a de seus antecessores que asseguravam estar a Terra sobre as costas de um elefante. É isso o *big bang*: o elefante tropeçou nas cordas cósmicas e soltou um pum. E ainda dizem que ocorreu a (*sic*) 13,7 bilhões de anos. Gostaram do 'vírgula sete'?"

PRENDA do português arcaico *pindra*, hoje como ontem designando dádiva, presente, mas cujo sentido evoluiu também para indicar universal profissão feminina por muitos séculos, de acordo com a expressão "prendas domésticas". No Rio Grande do Sul, prenda é namorada, insistentemente proclamada em versos do cancioneiro local. Na primeira cena do ato 1 de *Sonho de uma noite de verão*, que os portugueses traduziram como *Sonho de uma noite de São João*, de William Shakespeare, Lisandro é acusado de seduzir a filha de Egeu com prendas e versos, duas combinações eficientes em amores antigos: "As trocas de miminhos, prenda vai, prenda vem, juntando-se aos versinhos, deixaram-na fora de si." Fora de si, a moça só pode ter ido para o namorado.

PREPARAR do latim *praeparare*, derivado de *parare*, aparelhar, dispor, com o sentido de esforçar-se para obter algo, antecedido de *prae*, antes, preferencialmente. Consolidou-se com o sentido de fazer algo com antecedência, visando a outras ações. Assim, o cozinheiro prepara o prato; o aluno prepara-se para o exame; para dar a má notícia, o psicólogo prepara o ouvinte; o profissional prepara-se para executar uma ação. Todos os sentidos apontam para ações que devem ser feitas antes. Na culinária, um dos primeiros textos em que o verbo preparar aparece como ação indispensável ao bom prato é *Hedypatheia, tratado dos prazeres*, atribuído a Arkhestratos. Inventor da palavra gastronomia, ele ensinava técnicas de preparo de peixes e recomendava às pessoas que procurassem alimentos puros e respeitassem as "leis do estômago". Foi baseado nele que Joseph de Berchoux escreveu o poema "*La Gastronomie ou l'homme des champs a la table*" (A gastronomia ou o homem dos campos à mesa), poema de mil versos alexandrinos. Foi a partir dele que o cozinheiro ganhou certa aura social.

PRESBÍTERO do grego *presbíteros*, velho, ancião. Passou a designar autoridade importante na Igreja, sacerdote referencial, em cargo atribuído a um homem dentre os mais velhos da comunidade. Para os protestantes, presbítero equivale a bispo. Em algumas igrejas, presbítero é a pessoa eleita pela congregação para ser o chefe espiritual. Nos albores do cristianismo, a língua grega forneceu a designação para várias funções e instituições eclesiásticas, e esses étimos permanecem na língua portuguesa, tendo ou não passado pelo latim, como eclésia, diocese, bispo, episcopal etc. E este é o caso de presbítero. São Jerônimo, Doutor da Igreja, que fez a tradução da *Bíblia* para um latim simples e entendido por todos, a chamada *Vulgata*, foi presbítero. Ele é festejado no dia 30 de setembro pelos cristãos, exceto pelos ortodoxos, que o celebram no dia 15 de junho.

PRESCREVER do latim *praescribere*, escrever antes, escrever na frente, pôr um título, ditar, ordenar. Tem vários sentidos, sendo os mais comuns aqueles aplicados em medicina (nas receitas o médico prescreve exames e remédios ao paciente), no ensino (o professor prescreve leituras, exercícios e provas) e no direito (o juiz prescreve as penas ao réu). Mas prescrever, como verbo intransitivo, tem também o sentido de cair em desuso, perder a validade. Este significado terá nascido na prática judiciária: concluído o processo, a autoridade dá o despacho na última folha, fixando os prazos fatais que, não cumpridos, fazem com que a questão, abandonada pelas partes, seja encerrada. Com efeito, até para punir há prazos e a lei não permite que a pessoa fique com a espada de Dâmocles da justiça sobre a cabeça a vida inteira.

PRESENTE do latim *praesente*, presente, que está à vista. O Natal é a época dos presentes. E os primeiros foram dados pelos magos do Oriente, os pioneiros na visita a Jesus. A tradição oral atribuiu um número no século III: eram três os magos, por causa dos três presentes oferecidos: ouro, incenso e mirra. No século VI, já eram reis. No século IX, tinham nomes: Baltazar, Gaspar e Melquior. Em 1164, seus restos mortais foram transferidos de Milão para Colônia, na Alemanha, onde são venerados. Muitas residências alemãs ainda hoje ostentam nos portais a inscrição CM-B, que resumem a oração latina *Christus mansionem benedicat* (Cristo abençoe esta casa), que o povo interpreta como as iniciais dos famosos três reis, cuja existência a História não pôde comprovar.

PRESÉPIO do latim *praesepiu*, estábulo, curral. Na língua portuguesa, porém, o vocábulo jamais significou isso e foi sempre utilizado para designar esta espécie de instalação de Natal, concebida originalmente em 1223 por São Francisco de Assis, com personagens vivos. A partir de 1478, em Nápoles, foram utilizados manequins, e foi esta a forma adotada por toda a Europa, depois espalhada pelo mundo inteiro pelos missionários. O presépio chegou a ser proibido por autoridades civis e religiosas no Século das Luzes, mas as luzes do Natal foram mais fortes do que as do racionalismo. A basílica de Santa Maria Maior, em Roma, ainda hoje exibe cinco pedaços de madeira que teriam sido da manjedoura onde nasceu Jesus. Um equívoco histórico, pois a manjedoura era uma bacia de pedra, cavada na parede rochosa da gruta.

PRESEPISTA de presépio, do latim *praesepiu*, declinação de *praesepium*, presépio, estábulo, cerca ou outro obstáculo que se põe à frente (*prae*) do local onde são recolhidos os animais, com o fim de protegê-los, acrescido do sufixo -ista, que pode designar ocupação. Presepista designa o fabricante de figuras do presépio e o ator ou a atriz que as representa, inclusive personificando o boi e o burro.

PRESERVATIVO aquilo que pode preservar, do latim *praeservare*, salvar antes, resguardar, precaver. Os antigos romanos já usavam preservativos, que chegaram ao português com o nome de camisa de vênus, denominação depois reduzida para camisinha apenas. A camisinha está ligada ao nome da deusa do amor, Vênus, presente também no adjetivo venéreo, infelizmente mais conhecido na forma feminina para designar doenças sexualmente transmissíveis, conhecidas como doenças venéreas, literalmente doenças do amor. Durante muitos séculos, os preservativos, feitos quase sempre de tripa de carneiro, eram muito raros, mas ficaram mais populares depois que, no século XVI, o anatomista italiano ensejou a criação de um saquinho de linho, amarrado com um laço. No século seguinte, um certo médico chamado Dr. Condom voltou ao hábito romano, recomendando ao rei inglês Carlos II, notório fornicador, o uso de um preservativo feito com tripa de animais para evitar tantos filhos ilegítimos. Em 1939, o processo de vulcanização da borracha aposentou tripas e panos, surgindo a camisinha tal como a conhecemos. Além de evitar doenças sexuais, a camisinha foi até 1951, quando foi inventada a pílula, o anticoncepcional mais seguro.

PRESIDENCIAL de presidente, do latim *praesidente*, declinação de *praesidens*, função de quem preside, está à frente, como indica o prefixo *prae*, pre ou pré, em português, e *sedeo*, estou sentado, isto é, eu estou sentado à frente, sou o primeiro. Por uma dessas sutis complexidades de todos os poderes, incluindo o presidencial, a ideia é trabalhar sentado, de que é exemplo emblemático o trono, caso dos reis e do papa, e da cadeira de presidente da República. Esta última tem sido quase uma cadeira elétrica para alguns dos que a ocuparam. Getúlio Vargas foi o 14º e o 17º presidente do Brasil, ocupando-a de 1930 a 1945, e de 1951 a 1954, quando se suicidou.

PRESIDENTA de presidente, do latim *praesidente*. O Brasil tem governadoras, prefeitas, deputadas, senadoras, vereadoras e sua primeira presidente. Para marcar o gênero, a presidente Dilma Rousseff, eleita em 2010, passou a ser designada presidenta por muitos de seus simpatizantes. Na urna, porém, constou presidente. Não é erro, é retorno a uma variante, um sinal dos tempos, ainda que a primeira mulher a concorrer a presidente da república não tenha sido ela e, sim, Lívia Maria Pio de Abreu, nas eleições de 1989. E naquela época não se falou em presidenta. A primeira prefeita, Alzira Soriano, eleita para governar o município de Lages, no Rio Grande do Norte, em 1928, teve o mandato cassado dois anos depois pela Revolução de 1930.

PRESIDENTE do latim *praesidente*, declinação de *praesidens*, aquele que preside, dirige. No Império Romano, o título *praesidentis* era dado aos governadores de suas províncias. Durante muito tempo, também os governadores de estados brasileiros foram chamados de presidentes. O vocábulo serve para designar muitas outras funções atinentes a comandos, como, por exemplo, os presidentes de tribunais, câmaras, assembleias e outras instituições, públicas ou privadas. No Brasil, onde os presidentes da República têm mais poderes do que imperadores, várias curiosidades marcam a presidência, a começar pelo processo que os eleva ao cargo. O primeiro subiu ao poder por golpe militar, no que foi imitado por vários outros, de que é exemplo o ciclo dos generais de exército no período que vai de 1964 a 1985, quando oito deles ocuparam a presidência da República, sendo três em junta militar. Junta militar ou médica é sempre caso de desespero para o enfermo. Os nomes de presidente mais repetidos foram João e José, mas, com exceção de Prudente José de Morais Barros, nenhum João ou José foi eleito pelo povo. Todos chegaram por golpes ou como vices, como foi o caso do último José na presidência, José Sarney, que fez a transição da ditadura para a democracia entre 1985 e 1990. Depois dele, houve dois Fernandos, ambos eleitos por voto direto, mas um foi deposto. Famosa vidente predisse que Jânio Quadros voltaria a ser presidente do Brasil. À semelhança de sociólogos, economistas e futurólogos, as cartomantes erram feio em suas previsões.

PRESÍDIO do latim *praesidiu*, praça militar, fortificação. Passou a designar as prisões depois que alguns condenados perigosos foram enviados para esses lugares. Hoje é mais comumente entendido como sinônimo de cadeia. Quando muito fortificado, acrescenta-se a expressão "de segurança máxima".

PRESSÁGIO do latim *praesagium*, presságio, oráculo, predição. Ao contrário do augúrio, de domínio exclusivo de especialistas, os áugures, que trabalhavam sob demanda remunerada, interpretando sinais de acordo com normas fixas de sua arte, o presságio era oferecido gratuitamente por populares de modo vago e arbitrário, à semelhança de palpites e sugestões. Havia sete classes de presságios na Roma antiga, incluindo as palavras fortuitas, as palpitações – especialmente do coração, olhos, pálpebras e sobrancelhas –, os zumbidos nos ouvidos, os espirros – subdivididos em matinais, vespertinos e noturnos –, a topada, seguida ou não de queda, o encontro inesperado de pessoas estranhas ou de certos animais, especialmente o burro, o porco, o pato selvagem, a andorinha, o gato. Também o número e a cor dos animais encontrados poderiam qualificar o presságio, de que é exemplo o resquício nas superstições brasileiras dando conta de que é sinal de azar encontrar um gato preto. O presságio moderno tende a indicador de notícia adversa, mas seu sentido original incluía benesses diversas.

PRESSÃO do latim *pressione*, declinação de *pressio*, pressão, aperto, esforço. A origem remota é *ter*, de base indo-europeia, com o significado de girar, atritar, perfurar, mas, no alemão, Sigmund Freud utilizou o vocábulo *Drang* – pressão, em alemão – com o significado todo especial de ímpeto ou pressão para descargas corporais que vão da necessidade fisiológica à ânsia inaudita ou forte aspiração, decorrentes de apertos diversos. O substantivo *Drang* levou aos verbos *dringen*, penetrar; *drängen*, empurrar; *drohen*, ameaçar, e *drücken*, apertar. Escreveu Freud, em *Um distúrbio de memória na acrópole*: "Minha ânsia de viajar, sem dúvida, era também expressão de um desejo de escapar àquela pressão, como força que impele tantos adolescentes a fugirem de casa. Há muito tempo, compreendera claramente que uma grande parte do prazer de viajar se baseia na realização desses antigos desejos – isto é, tem suas origens na insatisfação com a casa e com a família." Muitas traduções da obra de Freud, por desconhecerem sutis complexidades da língua alemã, utilizam vocábulos sinônimos ou próximos, perdendo assim a riqueza de suas concepções psicanalíticas.

PRESSENTIMENTO de pressentir, do latim *praesentire*, sentir antes, prever, sentir antes de ver. Caio Júlio César foi assassinado nos idos de março de 44 a.C. Na noite anterior, sua esposa Calpúrnia sonhara que tinha nos braços o marido degolado. César estava acordado e ouviu o pranto. Pela manhã, ela lhe relatou o sonho, acrescentando: "Caso não dês importância a meus sonhos, recorre a outras divinações e sacrifícios para saber do futuro." Ele então procurou o astrólogo Spurinna, que confirmou mais preságios para aquele dia. O famoso general e estadista decidiu não sair da cama aquele dia, mas na boca da noite recebeu a visita de Décimo Albino Bruto (os romanos tinham três nomes). Este, que também estava entre os traidores, disse-lhe algo como "é uma vergonha um homem de seu porte se submeter a previsões supersticiosas de um astrólogo". Mudando de ideia, César tomou o rumo do templo de Vênus, onde o Senado se reunia aquela noite. No caminho encontrou Spurinna e debochou do astrólogo: "E então? Os idos de março chegaram!" E, segundo nos narra Plutarco, ele teria respondido: "Chegaram, mas ainda não se foram." O diálogo foi aproveitado, com leves variações, por William Shakespeare em *Júlio César*. (Um ano antes, tendo ouvido o astrônomo alexandrino Sosígenes, César tinha introduzido no calendário o ano bissexto). César morreu assassinado naquela noite, aos pés da estátua de Pompeu. Um dos assassinos era Marco Júnio Bruto, seu filho adotivo, que depois também morreu assassinado.

PRESSIONAR de pressão, do latim *pressione*, declinação de *pressio*. Designa fazer pressão, apertar, comprimir, sendo usada também em sentidos conotativos. Assim, o corpo é pressionado na massagem, mas as pessoas podem ser pressionadas a fazer o que não querem ou o que só fariam em outro momento. Pressionar é legítima atividade democrática. A sociedade se move por pressões ou contrapressões sobre as autoridades. Os agentes são os interessados. Naturalmente há quem pressione indevidamente, no sentido denotativo como no conotativo. Do mesmo étimo, mas com significado diferente, temos o verbo impressionar, causar ou receber impressão psicológica, favorável ou desfavorável.

PRESTÍGIO do latim *praestigium*, impostura, engano, bruxaria, engano. Originalmente designou no latim a ilusão atribuída a causas sobrenaturais, como a magia, o encanto, o fascínio e a influência causada por pessoas que a praticavam. Numa etapa intermediária indicou ação praticada por pessoas cujo modo de desempenhar o ofício provocava admiração e respeito. Consolidou-se como reconhecimento que sociedades ou corporações dão a determinado profissional. Prestigiar um evento é verbo carregado de certo narcisismo inconsciente. Supõe que quem comparece é mais importante do que quem o promove ou está lá, uma vez que sua presença melhora o conceito do que é ali realizado.

PRESUMIR do latim *praesumire*, tomar com antecipação, praticar antes certo ato, como na expressão *praesumire domi dapes*, comer antes em casa, antes de sair para visitar. *Dapes* em latim designa sacrifício oferecido aos deuses, refeição, de onde, aliás, derivou cardápio, relação dos pratos que um restaurante oferece. Presumir, que em inglês é *presume*, pode ter ainda o significado de supor, deduzir, como na célebre frase *Doctor Livingstone, I presume* (Suponho que o senhor seja o doutor Livingstone), pronunciada pela primeira vez no coração da África por Henry Morton Stanley, jornalista enviado pelo *New York Herald*. Depois de percorrer 700 milhas em 236 dias, encontrou na ilha de Ujiji o missionário e explorador a quem procurava, o escocês David Livingstone. Desde então a frase passou a ser utilizada com humor.

PRESUNTO o latim formou *persunctu*, juntando *per*, através, e *sunctu*, sugado. A ideia é de que aquela carne está inteiramente sugada, enxuta. Além de alimento, o termo designa, em linguagem policial, corpos de pessoas executadas por marginais.

PRÊT-À-PORTER expressão francesa cujo significado é "pronto para usar", usualmente aplicada a roupas compradas prontas nas lojas, sejam fabricadas à mão ou produzidas industrialmente. Os dicionários brasileiros ainda não se atreveram a registrá-la como se pronuncia, "pretaporté", mas já é hora de fazê-lo, como, aliás, tem ocorrido com outras palavras procedentes de outras línguas. Talvez por ser vocábulo mais aplicado à moda, uma certa elitização tenha impedido nova grafia na língua nacional. Em inglês, *prêt-à-porter* é grafado *ready to wear*, cujo significado literal é o mesmo do francês.

PRETENSIOSO de *pretensu*, mais *ione*, forma desnasalada de pretensão, e esta do latim *pretensus*, alongado, extenso, como indica o étimo *tend*, presente em estender, seja a roupa no varal, sejam as falas em algum assunto ou ideias excessivas ou mal arrumadas acerca de um tema sobre o qual se divaga sem necessidade e sem lógica. Cláudio Moreno e Túlio Martins, no livro *Português para convencer: comunicação e persuasão em direito* (Editora Ática), dão um exemplo de estilo pretensioso, infelizmente muito cultuado no meio jurídico, apesar da empolação: "Destarte, como coroamento desta peça-ovo emerge a premente necessidade de jurisdição fulminante, aqui suplicada a Vossa Excelência. Como visto nas razões suso expostas com pueril singeleza, ao alvedrio da lei e com a repulsa do Direito, o energúmeno passou solitariamente a cavalgar a lei, este animal que desconhece, cometendo toda sorte de maldades contra a propriedade deste que vem às barras do Tribunal." Os autores não se limitam a criticar e sugerem mudar para: "Do que foi exposto acima, conclui-se que os fatos narrados nesta petição inicial são incontroversos e estão provados sumariamente por meio de documentos. Tanto o Código Civil como a Constituição da República contêm regras claras que protegem a propriedade, observada sua função social – ou seja, exatamente a hipótese deste processo."

PRETOR do latim *praetor*, pretor, pela formação latina *prae-itor*, aquele que vai na frente (da tropa), designando também o magistrado que tinha o comando supremo do exército. Quando os cônsules deixaram de ter funções judiciais, o pretor tornou-se juiz. O *praetor urbanus* atuava na cidade; o *praetor peregrinus*, como o nome indica, peregrinava por várias localidades, administrando a justiça. A cidade de Pretória, na África do Sul, sede de importantes jogos da Copa do Mundo de 2010, mas não da final, realizada em Joanesburgo, deve seu nome ao proprietário das terras onde foi edificada, Martinho Praetorius. O topônimo já era homenagem a seu pai, Andress Praetorius, presidente da antiga República do Transval, segundo nos informa José Pedro Machado, em *Dicionário onomástico etimológico da língua portuguesa*.

PREVARICAÇÃO do latim *prevaricatione*, declinação de *prevaricatio*, ato de prevaricar, do latim *prevaricare*, faltar ao cumprimento do dever por interesse ou má-fé, praticar abuso de poder, causando injustiças e prejudicando as ações do Estado ou dos cidadãos. A prevaricação transgride a moral e os bons costumes. O crime está presente também na revelação de informação ou segredo, traindo a confiança. Corrompe e perverte, principalmente a juventude, pelos maus exemplos. Como os antigos romanos eram um povo muito prático, *prevaricare* significou originalmente afastar o arado da linha reta ao lavrar a terra, fazendo desvios. Na prevaricação está presente a remuneração ilícita pelo resultado obtido, seja na venda de sentenças, seja na obtenção de favores igualmente reprováveis.

PREVISÃO do latim *praevisione*, pela formação *prae*, pré, antes, prefixo que indica anterioridade, e *visione*, declinação de *visio*, visão. No Direito, o usual é que seja empregado como sinônimo de cautela e prevenção, do verbo prevenir, do latim *praeveniere*, não ver, mas vir antes. Dentre os vários tipos de previsões, as orçamentárias não estão entre as que mais interessam à maioria que, ao contrário, quer saber é o que os astros lhe revela. Para incrementar as previsões do horóscopo usual, os interessados no assunto, que são multidões, passaram a prestar atenção também ao horóscopo chinês, que dá nomes de animais aos signos: rato, búfalo, tigre, coelho, dragão, serpente, cavalo, cabra, macaco, galo, cão e javali. Já os maias fixaram previsões para signos galácticos, organizados num ano que tinha 13 luas de 28 dias, começando dia 26 de julho e terminando dia 25 de julho. Estabelecida no México, a civilização maia desapareceu há quatro séculos, tendo calculado o tempo até 21 de dezembro de 2012, quando a Via Láctea encerraria um ciclo de 26 mil anos. Os anos eram marcados por nomes muito curiosos, entre os quais *Dragão Vermelho*, *Lua Vermelha*, *Cachorro Branco* e *Semente Cósmica Amarela*, entre outros.

PRIMAVERA da expressão latina *primo vere*, no começo do verão, formou-se primavera, para designar a estação do ano entre o inverno e o verão. No Hemisfério Sul, a primavera começa no dia 23 de setembro e vai até 21 de dezembro. Utiliza-se o vocábulo para designar a idade de uma pessoa jovem, como fez Arthur Azevedo, em *Contos fora da moda*: "Os meus 39 outonos estão, como sempre, às ordens das tuas 25 primaveras." Hoje, o dito poderia ser interpretado como assédio sexual. Todas as lutas de emancipação têm tido seus exageros.

PRINCESA do latim *principissa*, feminino de *principe*, príncipe. Evoluiu no latim vulgar para *principessa*, forma que conservou no italiano. Houve redução para *princessa*, como se pode ver também no francês *princesse*. No espanhol, fixou-se *princesa*. O sentido etimológico original de príncipe, de onde se formou princesa, é de *primu capere*, aquele que toma o primeiro lugar. Na Roma antiga era assim chamado o presidente do Senado, denominação que depois passou ao imperador quando este centralizou os maiores poderes, e todas as autoridades estavam de algum modo representadas simbolicamente na pessoa do soberano. Foi na Itália que príncipe e princesa tornaram-se primeiramente títulos nobiliárquicos, deslocando-se depois apenas para membros da casa real, como ocorreu em Portugal e no Brasil.

PRINCÍPIO do latim *principium*, princípio, o que vem primeiro. Designando a abertura do ano, surge na língua escrita apenas no século XIV. No século XVIII, aparece também a variante início, as duas sendo posteriores a começo, a primeira da língua, derivada do verbo começar, do latim vulgar *comunitiare*, alteração do latim culto *cuminitiare* (*cum* + *initiare*), cujos registros datam do século XIII. A etimologia latina aponta para uma raiz comum de que derivaram os três vocábulos – início, princípio, começo – que é a palavra grega *néos*, novo. O milênio, o século e o ano são as três formas mais usuais de marcar o tempo, herança da cultura babilônica, quando os números passaram a identificar as diversas épocas, assinaladas ao lado dos nomes de quem mandava. Tal legado está presente na obra mais antiga à disposição dos brasileiros, que é a *Bíblia*, cujo primeiro livro começa com o versículo clássico "No princípio Deus criou o céu e a terra". Mas esse célebre começo jamais foi datado com precisão. Ainda na *Bíblia*, no *Livro de Judite*, escrito no século IV a.C., aparece a marcação de quando e onde dão-se os eventos a ser narrados, sendo o tempo associado ao poderoso mais proeminente no primeiro versículo: "No décimo segundo ano do reinado de Nabucodonosor, que reinou sobre os assírios em Nínive, a grande cidade, Arfaxard levantara em torno de Ectábana muralhas de pedras cortadas de três côvados (dois metros) de largura por seis (quatro metros) de comprimento." Mas ainda ali prevalecem as metáforas. No hebraico, o verbo *banã* significa tanto construir como reconstruir e fortificar. E o citado Nabucodonosor não era Nabucodonosor, era Artaxerxes III, rei da Pérsia. E o décimo segundo ano de seu reinado ocorreu em 356 a.C. E Ectábana, registrada também por Heródoto, ficava perto da atual Hamadã. Cinco anos depois, Artaxerxes vence o sublevado Arfaxad, mata-o, invade e saqueia a cidade que o inimigo fortificara e volta para Nínive, onde comemora o feito com banquetes durante 120 dias. E ainda há quem ache que três dias de Carnaval é muito tempo! No ano seguinte aos grandes festejos, manda o general Holofernes à frente de um exército de 120 mil infantes e 12 mil cavaleiros atacar os povos que não tomaram partido na sua ofensiva contra Arfaxard, entre os quais o povo hebreu. Apesar do esforço de precisão e da beleza trágica dos eventos, esse livro da *Bíblia* não é aceito pelos judeus, nem pelos protestantes. Apenas os católicos e algumas igrejas cristãs ortodoxas aceitam a ricaça e bela viúva que finge estar em fuga da cidade de Betúlia, então sitiada, perto de onde hoje fica a cidade árabe de Jenin, e cai de caso pensado nas mãos do inimigo.

PRINTAR do inglês *to print*, imprimir, formou-se tal variante para este verbo em português, originalmente vindo do latim *imprimere*, pressionar, apertar ou pesar sobre, como eram feitas as primeiras impressões, decorrentes de pressão de algum objeto pesado sobre as marcas ou tipos de letras que deveriam ser transpostas para superfícies de barro, madeira ou papel. A informática foi a principal responsável pelo neologismo.

PRISÃO do latim *prehensionis*, caso genitivo de *prehensio*, prisão. No passado, a palavra era escrita *prysom*, *prizom*, *prysõ* etc., mas o resultado foi sempre o mesmo: a perda da liberdade para o encarcerado. A prisão é nossa velha conhecida e há inclusive o caso do Rio Grande do Sul, cuja primeira construção pública foi um presídio, no século XVIII. O povo gaúcho, porém, soube mudar os rumos e o Rio Grande do Sul tornou-se, desde o século XIX, o estado que mais atenção deu ao ensino, liderando índices educacionais em todo o Brasil, no ensino público como no privado, principalmente com a contribuição de escolas de confissão evangélica e luterana, assim como de ordens religiosas, o que faz com que jesuítas e franciscanos, entre outros, estejam nos primeiros passos de várias escolas e universidades gaúchas. Como no período pós-64, com exceção de Humberto de Alencar Castello Branco, que era cearense, todos os outros generais-presidentes fossem gaúchos, o estado foi agraciado com várias universidades federais. Além da UFRGS, em Porto Alegre, foram criadas congêneres em Pelotas, Santa Maria e Rio Grande. São Paulo, estado que concentrou a luta armada contra o regime instaurado após a derrubada do presidente João Belchior Marques Goulart, foi palco de muitas prisões. Nenhuma delas, porém, superou o recorde de Ibiúna, no interior, quando foram presos 1.240 estudantes que participavam do 29º Congresso da UNE, em 1968, no dia 14 de outubro. Menos de dois meses depois cairia uma longa noite sobre o Brasil, quando foi baixado o Ato Institucional Número 5, com o qual o regime assumia a sua face ditatorial. Aquele instrumento jurídico possibilitou ao regime levar aos tribunais e à prisão milhares de brasileiros.

PRITANEU do grego *prytaneîon*, que em latim foi grafado *prytaneu*. Designava na Grécia antiga um grande edifício público, que toda cidade tinha, dedicado aos heróis da pátria, lembrados com o fogo sagrado. Nesse local os prítanes faziam suas refeições. Os prítanes formavam um conjunto de cinquenta cidadãos que, todos os anos, cada uma das dez tribos enviava ao Conselho dos Quinhentos. Além desses quinhentos, outros hóspedes do Estado e alguns privilegiados adicionais tomavam parte na degustação dos acepipes. Tudo era pago pelo contribuinte, por meio de impostos. Os contribuintes sempre estiveram entre os servidores públicos que não precisavam fazer concurso para trabalhar para o Estado.

PRIVILÉGIO do latim *privilegium*, formado a partir de *privus*, privado, e *lex*, lei. No sentido literal designa vantagem de uma lei privatizada, isto é, vale apenas para quem dela usufrui. Com poucas exceções, durante muitas décadas este era o caso dos cursos universitários: o vestibular poderia ser o imposto de renda dos pais, caso não sonegassem a declaração de rendimentos.

Com o bom ensino da escola pública, chegaram à universidade filhos de pobres, entretanto bem qualificados por estudarem em escolas de qualidade, o que atualmente é raro acontecer, pois as escolas que preparam para a universidade sofreram um desconcertante rebaixamento de qualidade. As quotas universitárias e o ensino à distância buscaram corrigir a deformação. O curso superior já não é mais privilégio das classes dominantes, embora, paradoxalmente, com poucas exceções, os filhos dos ricos estudem nas universidades públicas e os dos pobres nas universidades privadas.

PROBO do latim *probus*, formado a partir de *probos*. O prefixo *pro-*, a favor, está ligado a *bhos*, da raiz *bheu*, crescer, presente também em soberbo, do latim *superbus*, vale dizer *super bhos*, acima dos outros, que se destaca por qualidades positivas, depois rebaixado a insulto. Mas o mesmo não ocorreu com probo, que permaneceu como equivalente de honrado, ético. O oposto é ímprobo. As duas palavras aparecem com frequência no noticiário político.

PROCESSO do latim *processum*, ato de proceder, seguir adiante. Em linguagem jurídica designa operações no fórum, mediante as quais são resolvidos os litígios. Normalmente, tanto processantes como processados são pessoas. Mas na Idade Média eram levados a juízo também alguns animais domésticos, alguns dos quais foram condenados à morte. E no Brasil, no começo do século XIX, Santo Antônio, levado aos tribunais, foi condenado e perdeu todos os seus bens, que não eram poucos e incluíam latifúndios. Tudo porque um juiz entendeu que quem deveria responder pelo crime de um escravo era seu dono. Ora, o dono era Santo Antônio, em nome do qual estava registrado o escravo. Como o santo não atendeu à intimação judicial, foi arrancado do altar da igreja onde estava, no interior da Bahia, amarrado ao lombo de um burro e levado a julgamento sob vara. O juiz chamava-se José Dantas dos Reis.

PROCLAMAR do latim *proclamare*, gritar, dizer em alta voz, tendo também o sentido de protestar, reclamar e anunciar. Reunindo todos estes sentidos, designa o ato que resultou no famoso "Grito do Ipiranga", celebrado em tela do pintor paraibano Pedro Américo de Figueiredo e Mello, cujo retrato foi incluído na sala dos pintores célebres na famosa *Galeria degli Uffizzi*, em Florença, na Itália. Em outro trabalho, *Batalha do Avaí*, ele fez seu autorretrato, em que aparece barbudo, de olhos arregalados, vestindo um boné com o número 33.

PROCRASTINAR do latim *procrastinare*, adiar, postergar, transferir para outro dia. No latim, *crastinus*, *crástino*, relativo ao dia de amanhã, é adjetivo ligado a *cras*, amanhã. O antônimo pode ser antecipar, precipitar, abreviar.

PROCURAÇÃO do latim *procuratione*, ação de procurar, procuração. Designa o ato de cuidar de interesses de personalidades físicas ou jurídicas, como fazem os advogados, que para isso recebem procurações de seus clientes. A origem da palavra mescla-se à do verbo procurar, em latim *procurare*, em que *pro*, o prefixo, designa movimento para a frente, em favor de, e *curare*, cuidar. O procurador, do latim *procuratore*, declinação de *procurator*, aquele que cuida dos negócios alheios, representa em juízo aquele ou aqueles que lhe delegaram tal representação. No Brasil temos o procurador-geral da República, importante cargo, pois chefia o Ministério Público da União, escolhido dentre integrantes da carreira, maiores de 35 anos, nomeado pelo presidente da República, depois de aprovado pelo Senado, para mandato de dois anos, permitida a recondução.

PROEZA do francês antigo *proece*, hoje *prouesse*, radicado no latim *prodesse*, ser útil, mas provavelmente por forma verbal diferente: *prode est*, é útil. Ganhou o sentido de ousadia porque foi aplicado, desde os primórdios da palavra, a algo difícil de ser conseguido. Usualmente indicando atos de valor, recebeu mais tarde também um sentido pejorativo. Pode ter recebido influência do latim *prora*, proa, a parte da frente do navio, em oposição à popa, a parte de trás.

PROFANO do latim *profanum*, pela formação *pro*, por, para, em frente, e *fanum*, lugar sagrado, situado em frente ao templo, mas fora dele, daí o significado de contrário a sagrado, que recebeu no correr do tempo, como adjetivo. Caetano Veloso tem uma canção com o nome *Vaca profana*, em que declina uma profissão de fé: "Respeito muito minhas lágrimas,/ Mas ainda mais minha risada,/ Inscrevo, assim, minhas palavras,/ Na voz de uma mulher sagrada,/ Vaca profana, põe teus cornos,/ Pra fora e acima da manada,/ Dona das divinas tetas, / Derrama o leite bom na minha cara, / E o leite mau na cara dos caretas." Mas no final da canção, ele como que se arrepende e deseja que o leite derramado na cara dos caretas seja igualmente "do bom".

PROFERIR do latim *proferre*, proferir, isto é, levar para fora da boca, já que em latim *ferre* tem o significado de levar, designando assim o ato de falar, ainda que seu uso seja mais adequado em situações de certa cerimônia.

PROFESSOR do latim *professor*, aquele que, sabendo muito bem uma arte ou técnica, pode ensiná-las, declarando, isto é, professando esse saber diante de uma autoridade, em geral um magistrado. Seu primeiro registro em português é de 1454 e alude a um certo "*Michael de Villaboa, sacerdos et professor et prior*", isto é, sacerdote, professor e autoridade religiosa. O radical é *professum*, supino (forma verbal que não existe no português), de *profitere*, declarar abertamente, proclamar, assegurar, prometer. O verbo latino *docere*, já com o significado de ensinar, deu origem a docente, aplicado a professor universitário, a partir do século XIX. Na escola média predominou professor ou professora, reservando-se mestre e doutor para os cursos superiores. Tal denominação tem raízes cristãs. Os professores das primeiras escolas, nascidas como extensão das sacristias, professavam, isto é, declaravam publicamente, os três famosos votos: pobreza, obediência e castidade. No século XII, o filósofo e teólogo francês Pierre Abélard, conhecido como Pedro Abelardo, transgrediu o voto da castidade, namorando e casando com uma aluna, Heloísa, 21 anos mais jovem do que ele. Irritado, o tio da moça, alta autoridade eclesiástica, mandou castrá-lo. Por fim, os dois se separaram e abraçaram a vida religiosa, cada qual num convento. Dia 15 de outubro é celebrado o Dia do Professor. O país que mais respeita a figura do professor é o Japão. Lá o imperador, que não se inclina diante de ninguém, inclina-se diante de professores e professoras.

PROFISSÃO do latim *professione*, declinação de *professio*, declaração pública, como no caso dos votos ao fim do noviciado nas ordens religiosas, e ocupação, ofício, emprego. Ao entrar para a ordem, o noviço – recém-chegado, daí tal designação, que provém da palavra novo – passa um tempo se preparando, ao final do qual proclama votos de castidade, pobreza e obediência. Esta é a origem remota de se declarar publicamente, de que são exemplos os diplomas, que atestam que determinadas pessoas têm qualificação para exercer determinada atividade. Nem todos exercem a profissão para a qual se prepararam. Atualmente, entre os universitários, em todo o mundo, é grande o número deles que se preparou para uma coisa, mas faz outra. Entre célebres escritores, raros foram aqueles que viveram da principal atividade, escrever, ganhando a vida de outro modo. William Blake, famoso poeta inglês, fazia gravuras para livreiros. John Keats, seu conterrâneo, foi cirurgião, farmacêutico e enfermeiro. O poeta americano Walt Whitman trabalhava num escritório e foi demitido quando descobriram que era o autor dos poemas de *Folhas de relva*. Arthur Rimbaud, inicialmente sustentado por seu amante, o igualmente poeta francês Paul Verlaine, fez bicos em vários trabalhos, alistou-se como voluntário no exército holandês, tendo sido também capataz de obras e fracassado vendedor de armas. Machado de Assis era funcionário público, como o foram também João Guimarães Rosa e muitos outros.

PROGRAMA do grego *prógramma*, pelo latim *programma*, cartaz onde eram divulgados os temas de debates abertos à participação das comunidades. A palavra tornou-se polissêmica, isto é, empregada para muitos significados, estando presente na denominação dos projetos de governos, partidos políticos, organizações diversas, menus de escolas, eventos no rádio e na televisão, itens de lazer, sem contar o eufemismo garotas de programa, historicamente recente, que estendeu sobre as prostitutas de luxo a tenda redentora de uma linguagem mais elegante, embora hipócrita, numa espécie de homenagem do vício à virtude, modalidade já clássica na civilização ocidental de disfarçar nossas patologias na forma de palavras e frases bem elaboradas. Há, porém, rejeição ao programa de índio, indicativo de coisa chata, cuja origem provável está no trabalho de atores e atrizes que, depois de atuarem em espetáculos rentáveis, deviam comparecer aos estúdios da extinta TV Tupi, então em séria crise financeira que a levou à derrocada, para trabalhar sem receber. O símbolo da emissora era um índio. Outra explicação para a expressão "programa de índio" seria a monotonia da vida nas aldeias quando chega a noite, mas os antropólogos afirmam tratar-se de preconceito e que a vida noturna nas selvas tem muitos encantos e é um bom programa.

PROGRESSO do latim *progressus*, progresso, radical de *progressum*, do verbo *progredire*, ir para a frente. A mesma raiz verbal está presente em egresso, que se afasta, sai. As duas palavras, ordem e progresso, que se encontram em nossa bandeira, chegaram à língua portuguesa em momentos diferentes: ordem, no século XIII; progresso, em 1674, quando o bispo do Porto, Dom Fernando Corrêa de Lacerda, fez o panegírico (elogio) de Dom Antônio Luís de Meneses, primeiro Marquês de Marialva. Uma boa síntese dos grandes signos do progresso atual encontramos em *Despesas do envelhecer* (Editora Corisco), de um dos mais talentosos escritores piauienses, o contista Cineas Santos, ao comentar o progresso de sua Teresina: "E tão envolvido estava, que nem me dei conta de que a cidade crescia, inchava; cercada de favelas, prenhe de cursinhos, panificadoras, motéis, templos evangélicos, casas lotéricas, carros importados, mendigos, telefones celulares e o escambau. E aqui estou eu, bestamente, amando essa pobre cidade transitória, como se fosse a mais importante do mundo. E é!"

PROIBIR do latim *prohibere*, proibir, formado a partir de *pro habere*, ter para si, ter à parte, desviar, impedir. É este o sentido de lei do estado de São Paulo, que quer impedir os trotes nos calouros. Os legisladores chegaram tarde, pois as três universidades públicas estaduais – USP, UNICAMP e UNESP – já haviam antecipado a proibição. Entretanto, em 1999 um calouro de Medicina da USP afogou-se na piscina da faculdade, em circunstâncias nunca esclarecidas, mas provavelmente devido ao trote violento. É bom lembrar que os irracionais não aplicam castigos tão terríveis a seus semelhantes. E quando dão coices, arranhões ou mordidas, não o fazem por brincadeira. Quando brincam, não ferem nem matam. Os veteranos que aplicam tais trotes humilhantes deveriam mirar-se no exemplo dos bichos. Faz tempo que o trote deixou de ser alegre comemoração e se transformou em motivo de tormento, e por isso a maioria das universidades recebe os novos universitários com trotes culturais, promovendo palestras, exibindo filmes, peças de teatro, shows etc.

PROLETÁRIO cidadão da última classe da hierarquia social estabelecida em Roma por Sérvio Túlio. Designava o homem pobre, considerado útil apenas pelos filhos que gerava, segundo nos informa Aulo Gélio. O vocábulo ganhou conotações fortíssimas depois de Marx e antes da pílula anticoncepcional.

PROLFAÇA da expressão portuguesa *prole faça*, com que era saudada antigamente a noiva por ocasião das bodas. Num tempo em que o casamento destinava-se preferencialmente à procriação, os desejos de que a noiva fosse fecunda eram sinceros. Tendo a humanidade decidido viver em grandes aglomerações, ainda chamadas de cidades, mas já sem nenhum sentido semântico adequado, dada a queda na qualidade de vida, a fertilidade da noiva passou a ser, em vez de bênção, séria ameaça, cujos perigos devem ser conjurados com pílulas anticoncepcionais, diafragmas, vasectomias e diversos outros recursos que têm o fim de evitar que a prole seja feita.

PROMESSA do latim medieval *promissa*, promessa, oferta, compromisso, juramento. Muitas são as promessas feitas no Brasil, sobretudo aos santos, em troca de solicitações de sua ajuda para resolver pequenos ou grandes problemas. Mas não foram essas promessas, e sim as dos candidatos, frequentemente esquecidas depois de eleitos, que os sambistas ironizaram no Carnaval de 1951: "De promessa eu ando cheio/ quando eu conto a minha vida/ ninguém quer acreditar/ o trabalho não me cansa/ o que me cansa é pensar/ que lá em casa não tem água/ nem pra cozinhar." A falta d'água era um dos maiores problemas do Rio de Janeiro na década de 1950, um descaso por parte das autoridades.

PROMETEICO de Prometeu, um dos titãs da mitologia grega, *Prométhéus*. Roubou o fogo dos deuses do Olimpo, transferindo a tecnologia aos homens. Pagou caro por seu delito, pois Zeus mandou acorrentá-lo a um rochedo do Cáucaso, onde os abutres vinham comer-lhe o fígado. Este mito sempre mexeu com a imaginação de gente célebre. Certa vez, três escritores ingleses combinaram que cada um deles escreveria um romance em que o mito aparecesse numa perspectiva atualizada. Os três amigos eram Percy Bysshe Shelley, George Gordon, mais conhecido como Lord Byron, e Mary Wollstonecraft Godwin. O primeiro tinha 19 anos e o segundo, 23. Somente a última, então com 24 anos, cumpriu a promessa e publicou, sete anos depois do combinado, o romance *Frankstein, ou o Prometeu moderno*. Curiosamente, o nome do criador do monstro passou a ser equivocadamente conferido ao personagem, que é um homem artificial construído de restos de cadáveres.

PROMOTOR do latim *promotor*, formado a partir de *promotum*, supino do verbo *promovere*, mover, tirar do lugar, mudar. *Supino*, que significa inclinado, é forma nominal do verbo em latim, que não existe no português. Antes de designar o membro do Poder Judiciário que promove a justiça, denunciando crimes, indicava que, ao mover a verdade do lugar que lhe é próprio, convencia outros de que era verdadeiro o que em realidade não era. Nos tempos que correm, enquanto abnegados promotores exercem silenciosamente o seu ofício, outros mudam o lugar de trabalho, do fórum para a mídia, deixando estarrecidos os cidadãos cônscios de um dos direitos fundamentais da pessoa: mesmo os suspeitos são inocentes até que se prove o contrário e não podem ser apresentados como culpados. Contudo, o que vemos é que suspeitos são acusados não diante das autoridades judiciárias, nem sequer do júri, mas na frente das câmeras de televisão, e devem se defender sozinhos diante de um júri de milhões de telespectadores, que só sabem da questão aquilo que a imprensa informou. E às vezes só o que os acusadores informaram, sem provas. Advogados de defesa, convictos de que a Justiça tem ritos cujo fim é justamente garantir a ampla defesa assegurada em lei, não aceitam atuar na mídia e, à luz da lei, tratam, como é óbvio, de defender os clientes.

PRONOME do latim *pronomen*, pró nome, em lugar do nome. A língua portuguesa tem uma grande variedade de pronomes, como os pronomes demonstrativos, adjetivos, substantivos, indefinidos etc., mas entre os mais complexos estão os pronomes de tratamento, de que são exemplos fulano, beltrano, sicrano, a gente, homem, você, Vossa Mercê, Vossa Senhoria, Vossa Excelência, Vossa Majestade etc. Por desconhecê-los, redatores de bancos mandam cartas aos correntistas, tratando-os de Vossa Santidade, (V.S.), em vez de Vossa Senhoria, (V.Sa.), trocando as formas abreviadas. Ou ainda V.A., abreviação de Vossa Alteza, tratamento dispensado a príncipes, arquiduques e duques, segundo nos ensina o gramático Celso Luft. Esses tratamentos evidenciam uma espécie de xiboleta da língua portuguesa, quando comparada ao inglês dos EUA, onde até o presidente da Suprema Corte ou o presidente dos EUA pode ser chamado de *you*, você ou tu.

PRONOMINAL do latim *pronominale*, adjetivo que qualifica o que é posto no lugar do nome, como ocorrem nas pessoas do verbo. São curiosas as formas pronominais da língua portuguesa, de que é exemplo vosmicê, dos étimos do latim vulgar *vossa*, por *voster*, vossa, no latim clássico, e *merces*, mercê, graça, pagamento, honra. É uma das variantes de vosmecê, vossuncê, vossemecê, vossência, vosselência, formas de tratamento cerimonioso radicadas em Vossa Mercê e em Vossa Excelência, do latim *Voster Excellentia*. Aparece neste trecho do romance *Despojos: a festa* *da morte na Corte,* romance histórico cujo tema solar é a Inconfidência Mineira, de Benito Barreto: "E por causa de quê que, tão bonita, vosmicê tá só? – Enviuvei. – Deus do céu, o Senhor proteja suncê, Sinhá: morte morrida ou matada? – Marcada, a-quer dizer... Não quero falar disso, não."

PRONTUÁRIO do latim *promptuarium*, lugar onde estão coisas prontas, que podem ser encontradas a qualquer momento, prontamente. Deriva de *promptu*, pronto, disponível. Passou a designar registros de arquivo, à disposição para consultas imediatas. Nas Delegacias de Polícia, é mais conhecido por capivara. Antigamente, apenas os pobres tinham capivaras. Ultimamente, depois da lei do colarinho branco, também banqueiros, políticos e empresários têm se dedicado ao cultivo de capivaras nos brejos da economia nacional. Os jornalistas de São Paulo Alf Degani e Ary Napoleão de Moraes estão entre os que primeiro registraram o sentido policial de capivara. "Puxando a capivara do moço, viram que ele tinha outro caso em Campinas", escreveu o segundo, no *Diário de Notícias*, de São Paulo, no dia 30 de abril de 1974. "Gente nova na capivara. Tem gente nova na Delegacia de Vigilância e Capturas", observou o primeiro na *Última Hora*, de São Paulo, no dia 26 de setembro de 1969, segundo pesquisa de Euclides Carneiro da Silva em seu *Dicionário da gíria brasileira*.

PRONUNCIAMENTO do espanhol *pronunciamiento*, pronunciamento. A divulgação deste vocábulo, que foi adaptado para outras línguas, como é o caso do português, deu-se a partir da primeira metade do século XIX devido a um costume de generais espanhóis rebeldes que, ao se insurgirem, faziam uma declaração de princípios, onde declinavam as razões de seu ato de desobediência. Houve célebres pronunciamentos na Espanha em 1820, 1836, 1843, 1854, 1868 e 1874. No século passado o mais famoso foi o do general Primo de Rivera Y Orbaneja, ditador da Espanha no período de 1923 a 1930. Morreu fuzilado no início da guerra civil. O fundador da temível Falange foi um de seus filhos. Hoje os pronunciamentos políticos guardam daquela antiga fúria apenas as raízes etimológicas, dada a progressiva consolidação dos regimes democráticos.

PROPAGANDA do latim *propagandae fidei* (da propaganda da fé), congregação do Vaticano encarregada de divulgar a fé católica em todo o mundo. Em latim, *propagare* é espalhar, aumentar, reproduzir. No horário eleitoral gratuito, no rádio e na televisão, os candidatos fazem propaganda de si mesmos, apresentando seus currículos e propostas.

PROPINA do latim *propina*, propina, gorjeta, dádiva. Em seus primórdios, dar propina a alguém era apenas erguer um brinde à sua saúde. Em Portugal, pagar propina não é crime. Lá designa taxa escolar. No Brasil, consolidou-se o sentido pejorativo do vocábulo, o de gorjeta ilícita dada com o fim de obter favores escusos. O garçom que recebe uns trocados ao final do serviço prestado é beneficiário de gorjeta, ato lícito, em valor dificilmente superior a 10% da conta. O funcionário público que recebe propina, ainda que sua taxa seja menor, está cometendo crime e o doador, mesmo compulsório, é seu cúmplice. Os juízes italianos encarregados da tarefa conhecida como Operação Mãos Limpas, que visava combater práticas sociais nocivas como a corrupção e o suborno, descobriram que as propinas estavam espalhadas pelos mais diversos setores da economia e da política italianas. Indiciaram até mesmo três célebres estilistas da alta-costura, responsáveis pelas grifes *Armani* e *Versace*.

PROPOR do latim *proponere*, propor, literalmente pôr algo para alguém. Do particípio deste verbo, proposto, formou-se o adjetivo homônimo proposta, ato de propor. No filme *Proposta indecente*, Robert Redford, vivendo um milionário caprichoso, oferece 1 milhão de dólares para passar uma noite com Demi Moore. A cantada é vulgar, mas a soma é considerável e a mulher resolve consultar o marido, que a aprova. Em *O doente Molière*, romance de Rubem Fonseca, o personagem Marquês Anônimo comenta tal estratégia de sedução: "A diferença entre homens e mulheres é que eles assumem o risco de propor e serem rejeitados, situação que as mulheres não gostam de enfrentar."

PRORROGAÇÃO do latim *prorogatione*, prolongar o tempo. Quando uma partida de futebol termina empatada, sendo caso de decisão, pode haver prorrogação de 30 minutos, com dois tempos de 15 minutos. Permanecendo o empate, a decisão vai para os pênaltis, cobrados habitualmente em duas séries de 5. Ultimamente, tem havido outra forma de desempate, conhecida como "morte súbita": na prorrogação, depois dos 90 minutos regulamentares, vence o time que fizer o primeiro gol.

PROSÓDIA do grego *prosoidia*, de *prosoi* e *dia*, canto para acompanhar instrumento, pelo latim *prosódia*, acento, quantidade de sílabas, modo de pronunciar as palavras escritas, de que é exemplo o plural de corpo, sobre o qual não há regra escrita para pronunciar-se *córpos*, podendo ser *côrpos*, mas que, por costume, sendo fechado o primeiro o no singular, é aberto no plural. Além de prosódia diferente, o português de Portugal insiste em consoantes mudas, aqui já abolidas, como *director* para diretor. Mas faz bem em distinguir *facto*, fato para nós, de fato, acontecimento para nós e roupa para eles.

PROSOPOPEIA do latim *prosopopeia*, figura de retórica cujo recurso é a introdução de uma pessoa fingida ou inanimada falando. Originalmente veio do grego *prosopopoiia*, pela combinação de *poió*, faz, e *prósopon*, semblante, designando a figura de linguagem que empresta um rosto às coisas, dando-lhes ações humanas, personificando-as. No sentido pejorativo, é utilizado para designar discurso empolado, vazio de significados, mas rebuscado nas formas, característico de um país como o Brasil, onde um certo beletrismo, aliado ao pior do bacharelismo, sempre confundiu falar bonito com não ter o que dizer ou não saber como fazê-lo, disfarçando esta insuficiência em vocabulário de uso raro e sintaxe arrevesada.

PROTELAR do latim *protelare*, protelar, puxar para frente, empurrar, provavelmente designando originalmente ação que na agricultura correspondia a lavrar a terra, virando o *tellus*, chão, solo. É sinônimo de postergar, ainda que este verbo tenha o significado de deixar para trás, jogar nas costas, *post*, depois, *tergum*, costas, sinônimo de *dorsum*, dorso. Também adiar, formado de a- + dia + -ar, marcar futuramente o dia, tem significado semelhante, significando transferir.

PROTESTAR do latim tardio *protestare*, cujo étimo é também o latim *testis*, testemunha, na verdade terceira testemunha, uma vez que nas queixas havia a testemunha de quem acusava e a de quem defendia, sendo invocada, então, uma terceira, presumivelmente neutra. Protestar é declarar publicamente alguma coisa: um título protestado é a declaração pública de que alguém deve algo a outro. Protestar designa o ato de pessoas, em geral pacificamente, reclamarem de alguma coisa. Na Guerra do Vintém, os protestos viraram batalha de paralelepípedos, no Rio de Janeiro. O Exército foi chamado e o comandante das tropas, primo de Manuel Deodoro da Fonseca, foi atingido por uma pedrada. Viviam no Rio de Janeiro cerca de 200 mil pessoas, das quais 11 mil eram funcionários públicos civis, militares e eclesiásticos. Esses últimos também eram pagos pelo estado porque o catolicismo era a religião oficial do Brasil.

PROTESTO de protestar, do latim *protestare*, declarar em voz alta, para conhecimento de todos. Declaração formal a respeito de fatos que se mostrem prejudiciais a direitos do declarante, trazidos a conhecimento público ou da autoridade judiciária em ressalva e conservação dos mesmos direitos e pedido de responsabilidade contra as pessoas que lhe deram ou possam dar causa.

PROTOCOLO do latim medieval *protocollum*, registro resumido de atos públicos, obtido originalmente em cartórios, e depois prova de entrada de documentos e petições em repartições públicas. Chegou ao latim vindo do grego *protokollon*, primeira folha colada. Era assim chamada porque nessa folha constava o resumo do que estava escrito no rolo de papiro onde fora fixada. Na informática passou a designar conjunto de regras que detectam, logo no começo da comunicação entre computadores, se os programas de comunicação entre as máquinas são compatíveis.

PROVEDOR do inglês *access provider*, provedor de acesso, no Brasil reduzido a provedor apenas, designando qualquer sistema que ofereça conexões com a internet, rede mundial de computadores que permite comunicação e transmissão eletrônicas de dados, textos, vozes.

PROVISÓRIO do latim *provisu*, particípio passado de *providere*, prover, formou-se provisório como sinônimo de passageiro, efêmero. O significado de transitório derivou das lides guerreiras romanas. As provisões de trigo eram passageiras, não apenas porque logo consumidas, mas também porque as guerras eram passageiras para que a *pax* romana fosse definitiva. Quando presidente, Fernando Henrique Cardoso prometeu certa vez que os novos impostos que estava acabando de baixar seriam provisórios. No Brasil, até governos provisórios tornaram-se definitivos, quanto mais impostos! A Contribuição Provisória sobre Movimentação Financeira (CPMF), por exemplo, foi prevista para durar apenas um ano, mas perpetuamente renovada, inclusive mudando de nome para Contribuição Social para a Saúde (CSS). Passageiro, no caso, é só o contribuinte, porque morre antes. Caso bebesse o elixir da eterna juventude, traria junto os tributos incidentes sobre a busca da eternidade.

PRÓXIMO do latim *proximus*, próximo, o que está perto de nós. É o objeto preferencial do amor universal. Depois de amar a Deus sobre todas as coisas, o primeiro mandamento, o segundo manda que amemos o próximo como a nós mesmos. Houve celebridades que levaram ao pé da letra a recomendação e fizeram leitura especial do mandamento, casando-se com primas, cunhadas ou secretárias. Com as secretárias, Burt Lancaster e T.S. Elliot; com as cunhadas, Sigmund Freud, Stavros Niarchos, Charles Dickens, Wolfgang Amadeus Mozart e Peter Bogdanovich. Georges Sanders até divorciou-se de Zsa Zsa Gabor, apaixonado pela irmã dela, Magda, como nos informa Amaury Jr. em seu delicioso livro, embora com algumas imprecisões nos informes, *Bisbilhotices: segredos e curiosidades das celebridades de todos os tempos* (Editora Jaboticaba, 266 páginas).

PRUDENTE do latim *prudente*, declinação de *prudens*, prudente, previdente, capaz de prever, planejar, perceber antes, cuidar-se. O Brasil tem uma cidade dos prudentes. É Prudentópolis, no Paraná, a 207 km de Curitiba. O município homenageia o presidente Prudente de Morais, mas seu crescimento deve-se à imigração ucraniana. Em 1896, ali chegaram, quase ao mesmo tempo, 1.500 famílias, vindas da Ucrânia, terra de Clarice Lispector. Desde então a presença ucraniana aumentou muito, principalmente pelo cultivo das tradições dos ancestrais. Até hoje as ruas do município são identificadas em português e em ucraniano, língua que usa o alfabeto cirílico. A comunidade de 46 mil habitantes é marcada por grande religiosidade. Os ucranianos construíram na pequena cidade mais de trinta igrejas. Da cultura da terra natal, os prudentopolitanos trouxeram a xilogravura, os bordados típicos e a arte milenar de pintar ovos, chamada *pêssanka* no dialeto local. Trigo, pinho e erva-mate estão representados na bandeira, assim como as três etnias do município.

PSEUDÔNIMO do grego *pseudónymos*, nome falso. Por norma, o nome verdadeiro do autor é aquele que aparece na capa do livro de sua autoria, mas alguns escritores utilizam pseudônimos para ocultar suas verdadeiras identidades. Um dos escritores mais lidos do Brasil, Marcos Rey, que teve vários de seus livros transpostos para o cinema e a televisão, chama-se Edmundo Nonato. Também o jornalista Sérgio Porto tornou-se célebre sob o pseudônimo de Stanislaw Ponte Preta, publicando seus famosos *FEBEAPÁS, Festivais de besteira que assolam o país*. O livro *Alice no país das maravilhas*, clássico da literatura infantil, foi escrito pelo professor e matemático inglês Charles Lutwidge Dodgson, sob o pseudônimo de Lewis Carroll.

PSORÍASE do grego *psoríasis*, erupção sarnenta. Designa doença de etiologia desconhecida, de evolução crônica, caracterizada por manchas avermelhadas em forma de discos, com escamas prateadas. O couro cabeludo, os joelhos e os cotovelos são as áreas preferidas para manifestação e expansão. Em grego, *psorós* quer dizer áspero, rugoso, e *psóra* é sarna. A psoríase tornou-se enfermidade tão alastrada entre os brasileiros que 29 de outubro, Dia Nacional do Livro, é também o Dia Mundial de Combate à Psoríase. Segundo pesquisas recentes, bebedores de cerveja têm mais chances de desenvolver psoríase: o glúten da cevada, usada na fermentação da bebida, seria elemento deflagrador ou incentivador da enfermidade.

PTERODÁTILO do latim *pterodactylus*, que tem os dedos unidos por membranas, palavra radicada nos compostos gregos *pterón*, membrana, e *dáktylos*, dedo. O grego *pterón* designava ainda o remo, a relha do arado para lavrar a terra, folhas e galhos de árvores, penas, leques, dardos enfeitados de plumas e penachos como aqueles utilizados por sacerdotes e comandantes militares. *Pterodátilos* é o título da tragicomédia estrelada por Marco Nanini, Mariana Lima, Álamo Facó e Felipe Abib. O humorista Jô Soares perguntou a Nanini em entrevista publicada em *O Globo*: "Como um ator inteligente e obediente como você enfrenta um diretor burro e autoritário?" Ouviu em resposta: "Procuro não trabalhar com gente burra e autoritária. Tenho um trauma de pequeno poder." A peça tem texto de Nicky Silver e é dirigida por Felipe Hirsch.

PUBERDADE do latim *pubertate*, declinação de *pubertas*, puberdade, adolescência. Idade em que ocorrem transformações psicofisiológicas, sendo os pelos as mais visíveis. Em latim, pelo é *pubes*. Quando apareciam os primeiros pelos nos meninos, sobretudo os púbicos, isto é, os pelos no púbis, acompanhados do buço, estava na hora de pegar em armas e participar das assembleias; na menina, o pelo era um dos sinais externos de que estava capacitada à reprodução. O padroeiro dos adolescentes é São Domingos Sávio, cuja comemoração ocorre em 9 de março. Excetuando-se jovens mártires, é o mais jovem santo da Igreja e por isso sua canonização, ocorrida em 1954, foi muito contestada.

PUBLICIDADE de público, do latim *publicus*, público, em oposição a *privatus*, de *privus*, individual, singular. Frei Luís de Sousa foi o primeiro a registrar a palavra em *Vida do Arcebispo de Braga*, Dom Frei Bartolomeu dos Mártires, em 1619. O sentido era já de informar ao público, revelar, anunciar. Não têm razão, portanto, os que dizem ter vindo do francês *publicité*, cujo primeiro registro escrito é de 1694, embora mais tarde tenha influenciado o português. Entretanto a palavra publicidade mudou de sentido, migrando da imprensa, com o significado de tornar público um acontecimento ou ideia, para o terreno da propaganda. Um Departamento de Imprensa, criação do chanceler alemão Otto von Bismarck, teve como objetivo criar uma "vasta fábrica de opinião pública", esparramando filiais pelo mundo inteiro. Foram os primeiros passos de uma cultura da mentira, que pelo jeito teve grande futuro no Brasil. Rui Barbosa denunciou em várias conferências os administradores que roubam o Tesouro Público para comprar escritores, os quais deveriam embutir na opinião pública o contrário do que sentiam, traindo os leitores. Tornavam-se, assim, tão ou mais ladrões do que os compradores de suas consciências.

PÚBLICO do latim *publicus*, público, de todos, relativo ao povo, ao Estado, vulgar, trivial. Provavelmente se formou em oposição a secreto, privado, que pode ser ocultado. O conceito de público tem variado muito ao longo dos milênios. No alvorecer das comunidades humanas, o público era apenas os parentes e os vizinhos. Nas modernas sociedades em que vivemos, o cidadão e o público trafegam em caminhos de mão dupla. O público entra na privacidade dos lares por rádios, jornais, revistas e principalmente pela televisão. E o indivíduo pode ser lançado ao público, para o bem ou para o mal, como o gladiador vitorioso ou a fera que será estraçalhada na arena pelos leões. As aglomerações mais visíveis, depois do antigo circo romano, são os estádios. Em 1950, a única vez em que o Brasil sediou uma Copa, 173.850 pessoas entraram oficialmente no Maracanã para ver a final entre Brasil e Uruguai. Mas houve tantos penetras que testemunhas oculares asseguram que o público foi superior a 200 mil pessoas aquele dia. Os outros três maiores públicos de futebol foram todos daquela Copa: nas partidas do Brasil contra a Espanha, a Iugoslávia e Suécia. Na Copa de 2002, calcula-se que alguns jogos, graças à televisão, tiveram público superior a dois bilhões de pessoas. Se o mundo inteiro visse a final, haveria mais de seis bilhões de torcedores.

PUÉRPERA do latim *puerpera*, mulher que acaba de dar à luz. Os romanos tinham expressões que eram tidas como de eficácia nos partos difíceis, conhecidas como *verba puerpera*, palavras que tinham o fim de apressar o parto. Os médicos foram logo inventando a cesariana, que substituiu com mais eficácia aquelas antigas superstições. Apesar dos reconhecidos progressos da medicina neste campo, as superstições não tinham o inconveniente do corte na barriga da mulher. Ao fim e ao cabo, a cesariana evitou muitas mortes ao longo da História, mas é consenso geral de que tem sido aplicada muitas vezes sem necessidade.

PULGÃO do latim *pulica*, forma coloquial de *pulice*, declinação de *pulex*, pulga, formou-se este vocábulo, cujo aumentativo lembra uma grande pulga. O pulgão, terror das plantações, por sua voracidade, alto poder de reprodução e de dispersão, é mais conhecido como afídeo. Uma lista preliminar dos afídeos do Brasil e suas plantas hospedeiras, feita pelos pesquisadores Carlos Roberto Sousa-Silva, da Universidade Federal de São Carlos, e Fernando Albano Ilharco, da Universidade de Lisboa, ocupa um livro inteiro apenas para relacionar gêneros e espécies mais comuns. Os nomes que o povo brasileiro inventou para fugir às denominações científicas são curiosos. Assim, hospedeiros conhecidos como *zanthoxylon rhoifolium* e *tibouchina granulosa* tornam-se maminha-de-porca e quaresmeira, respectivamente. A primeira, pela aparência; a segunda, pela época em que dá seus frutos.

PUNHAL do latim vulgar *pugnale* (pronuncia-se *punhale*), instrumento para *pugna*, luta. Designa arma branca, de lâmina curta, penetrante e pontiaguda. Em latim, lutar é *pugnare*. Vários escritores detiveram-se no tema, escrevendo sobre o punhal. Jorge Luís Borges tem um poema intitulado "O punhal": "Outra coisa quer o punhal./ É mais que uma estrutura feita de metais;/os homens o pensaram e o formaram para um fim muito preciso;/ é de alguma forma eterno,/o punhal que esta noite matou um homem em Tacuarembó/ e os punhais que mataram a César." E Cecília Meireles escreveu em "Guitarra": "Punhal de prata já eras,/ punhal de prata!/ nem foste tu que fizeste/a minha mão insensata./ vi-te brilhar entre as pedras,/ punhal de prata! – no cabo flores abertas,/ no gume, a medida exata,/ exata, a medida certa,/punhal de prata,/ para atravessar-me o peito/ com uma letra e uma data./A maior pena que eu tenho,/ punhal de prata,/não é de me ver morrendo,/ mas de saber quem me mata."

PUNIR do latim *punire*, punir, castigar, aplicar a pena, em latim *poena*, radicado no verbo grego *poiné*. Não confundir com *penna*, a pluma das aves, utilizada para escrever, no português denominada igualmente pena. Ao estudar o sistema legal do povo hebraico, o filósofo G. W. Leibniz criou a palavra alemã *Theodicee*, logo traduzida como *théodicée* para o francês, de onde chegou ao português teodiceia, para designar um sistema jurídico baseado em preceitos divinos. As bases foram as palavras gregas *theós*, deus, e *diké*, direito, justiça. Como nesse sistema crime é pecado, as prescrições jurídicas, morais e religiosas aparecem misturadas. O primeiro pecado, denominado por isso mesmo original, foi identificado por respeitáveis teólogos como a soberba, porque a criatura não reconheceu o seu lugar e quis ser igual a Deus. Outros viram ali a condenação da ciência, pois o casal, tentado por Satanás, ousou provar do fruto da árvore do Bem e do Mal. Em tal sistema, Deus primeiramente legisla, em seguida identifica e denuncia a transgressão, e por fim julga, aplicando a pena de expulsão do paraíso, acrescida de dores no parto e submissão ao marido, para Eva, e o ganho do sustento com o trabalho, para Adão, culminando com a morte dos dois e de seus descendentes, item que fora previsto na criação: "no dia em que comerdes do fruto proibido, nesse dia morrereis."

PUNK vocábulo da gíria inglesa que entrou para o português sem alteração. Originalmente significa madeira podre, mas no coloquial inglês designa vagabundo. Em nosso país, tanto a palavra quanto o movimento de rebeldia jovem, caracterizado pela indumentária e costumes exóticos de seus integrantes, foram importados. A provocação do *punk* é evidente da cabeça, ou melhor, dos cabelos, aos pés, ou melhor, às botinas. No século XVI, no inglês arcaico, *punk* designava a prostituta, e mais tarde também o jovem sodomizado por vontade própria ou por violência do mais forte sobre o mais fraco. O movimento *punk* optou por fazer suas contestações no modo de vestir, no corte e arranjo dos cabelos.

PUPILO do latim *pupillu*, diminutivo de *pupu*, órfão sob tutela. Pupila veio de pupa, menina. Passou depois a designar discípulos ou alunos. A pupila pode ser também a menina dos olhos.

PÚRPURA do grego *porphura*, pelo latim *purpura*, designando molusco que segrega um líquido de cor vermelho-escura pela glândula anal, muito usado na antiguidade para tingir roupas. Eram recolhidos aos milhares de águas profundas, o que dificultava a operação, que só poderia ser feita por poderosos: ricos, chefes militares, reis. Semelhante a mariscos, lesmas, caramujos e caracóis, a púrpura deu nome à cor das vestes características da riqueza e da dignidade social. Até hoje essa é a cor das vestimentas cardinalícias. E está presente também em forma de listras em brasões. Um resquício desse símbolo permanece na cor dos tapetes em palácios, igrejas etc.

PUTATIVO do latim *putativus*, suposto, imaginário, inventado. É do mesmo étimo de *putus*, puto (menino em Portugal, mas palavrão no Brasil), puro, sem mistura, étimo presente também em *putare*, limpar, purificar, que deu podar em português. Em Portugal, o pai apresenta as crianças, dizendo: "Estes são os meus putos", como explica Mauro Villar em seu *Dicionário contrastivo luso-brasileiro*, e diz também "não percebi puto do que disseste", isto é, não entendi nada. No Brasil, o significado de puto é indivíduo de mau caráter, desonesto. E ficar puto ou puto da vida é ficar muito irritado, zangado.

PUXA do espanhol *pucha*, eufemismo para evitar a pronúncia exata de puta, conhecido palavrão, exprimindo surpresa, impaciência ou raiva. Em *Novelas paulistanas*, de Alcântara Machado, a palavra aparece num diálogo entre militares: "Você conhece o *Hino Nacional*, criatura? – Puxa se conheço, Seu Sargento!" Ele, sim. A maioria dos brasileiros, ainda não. Quem assiste aos jogos de futebol pela televisão pode constatar que muitos jogadores não conseguem disfarçar que desconhecem o nosso hino. Às vezes eles parecem desconhecer também o futebol.

PUXADINHO de puxar, do latim *pulsare*, impelir, do mesmo étimo de expulsar. Recebeu no português cerca de quarenta significados, entre os quais o de trazer para perto de si (puxou a cadeira), arrumar (puxou as roupas), fumar (está puxando um fumo), ter semelhança (a menina puxou ao pai), mover (o boi puxa o carro, o cavalo puxa a carroça), sacar uma arma para a briga (puxou a faca, puxou o revólver), começar um diálogo (puxou conversa). Um dos significados mais recentes é o diminutivo do particípio puxado, puxadinho, tornado substantivo para designar pequena construção anexada à principal: "A Polícia demoliu dezenas de barracos e puxadinhos." O jornal *O Globo*, com o objetivo de fazer-se claro para os leitores, designou puxadinho o módulo inflável que a Nasa vai instalar em forma de anexo à estação espacial.

PUXA-SACO de puxar, do latim *pulsare*, empurrar, e saco, do latim *saccu*, designando indivíduo untuoso em elogios descabidos, feitos por interesses escusos. Stanislaw Ponte Preta assim definiu a entidade: "O verdadeiro puxa-saco é vidrado em presidente da República, seja ele um verdadeiro homem de Estado, seja ele um cocoroca total." E assim nosso humorista admitiu que nem sempre a presidência da República é ocupada por verdadeiros homens de Estado. Também os cocorocas podem chegar lá e ainda assim encontrarão puxa-sacos de plantão para os indevidos encômios.

Q

QUACRE do inglês *quaker*, trêmulo. Os quacres foram assim chamados porque o fundador da seita, Jorge Fox, levado a um tribunal inglês, dirigiu-se altivamente ao juiz que presidia a sessão, conclamando-o a tremer diante da palavra de Deus. Outros pesquisadores afirmam que o nome pode ter sido dado porque os adeptos da seita tremiam todo o corpo enquanto faziam suas orações. De todo modo, os membros deste ramo protestante não aceitam esta denominação, preferindo a nomeação original: Sociedade de Amigos. Os quacres, hoje vivendo majoritariamente nos EUA, não aceitam sacramento algum, não prestam juramento perante a justiça, recusam a hierarquia eclesiástica e não pegam em armas por nenhum motivo. Com aquele sorriso de satisfação ostentado na embalagem do produto, imaginamos que os severos quacres podem ter motivos para humor, por nós desconhecidos.

QUADRADO do latim *quadratus*. A partir dos anos 1960, passou a significar conservador, reacionário, antigo, em oposição a moderno, avançado. Quadrados eram aqueles que não aceitavam as calças justas, os cabelos longos nos homens, o *"ye-ye-yê"*, as gírias. Houve um filme cujo título dava bem a ideia do ambiente no qual tais colisões eram mais frequentes: *Pais quadrados, filhos avançados*.

QUADRANTE do latim *quadrante*, a quarta parte do ás, unidade monetária dos romanos. Designa também qualquer das quatro partes em que se pode dividir um círculo. O globo terrestre foi assim representado por muito tempo. Alguns desses quadrantes formaram a "pequena casa lusitana", de acordo com estes célebres versos do maior poeta português de todos os tempos, Camões: De África tem marítimos assentos, é na Ásia mais que todos soberana, na quarta parte nova os campos ara, e, se mais mundo houvera, lá chegara."

QUADRILHA do espanhol *cuadrilla* e do francês *quadrille*, grupo de quatro pessoas. Passou a designar qualquer grupo de quatro integrantes, a começar pelas estrofes de quatro versos e um tipo de dança. Entretanto, seu uso generalizou-se para indicar grupos de ladrões, malfeitores, bandidos, com a paradoxal referência ao número de seus integrantes. Alude-se, por conseguinte, a quadrilhas com muito mais que quatro elementos. Os sinônimos de quadrilha são súcia, malta, bando, corja e horda, entre outros. As seis designações são pejorativas.

QUADRÍVIO do latim *quadrivium*, encruzilhada, quatro caminhos. Denominação vigente na escola latina que, na Idade Média, serviu para designar o conjunto de artes liberais ali ensinadas: aritmética, astronomia, geografia e música.

QUARADOR do guarani *quarahyrendá*, lugar onde as roupas, já ensaboadas, são expostas ao sol para que o chamado rei do firmamento ajude as lavadeiras na limpeza. Em guarani, sol é *quarahy*. O quarador e o varal, presas fáceis de vulgares ladrões de roupas, têm presença cada vez mais rara nas paisagens domésticas brasileiras, dado o avanço da tecnologia que, com as máquinas de lavar, tem feito muito mais pelas donas de casa que a maioria de muitos discursos feministas.

QUARENTA do latim *quadraginta*. É número cheio de significados misteriosos. A quarentena foi sempre um prazo de isolamento e de cuidados, tanto durante as pestes medievais, quanto no pós-parto. Jesus ficou 40 dias no deserto antes de ser tentado pelo demônio. Os astronautas que vão ao espaço ficam na volta um certo tempo de quarentena, não necessariamente 40 dias. A Academia Brasileira de Letras, onde há vários imortais de quarentena, tem 40 vagas desde o final do século XIX.

QUARENTÃO do latim *quadraginta*, quarenta. Nos dois primeiros séculos do segundo milênio, os lusitanos pronunciavam *quarainta*, que evoluiu para quaranta, fixando-se em quarenta. O aumentativo quarentão, com o respectivo feminino quarentona, aplica-se à designação da idade da pessoa. Este aumentativo começa em vintão, passa por trintão, quarentão, cinquentão e sessentão, e chega a noventão, interrompendo-se no número cem, ainda que, na linguagem coloquial, seja feito o aumentativo do valor cem em cenzão, palavra ainda não acolhida em nossos dicionários. "Caiada de melancolia e batom, a boca de Severina era impecável no seu pudor trintão", escreveu em *Cabra das rocas* o poeta Homero Homem, autor também de *Menino de asas*, que vendeu cerca de meio milhão de exemplares. O editor Jiro Takahashi incluiu Homero Homem na famosa coleção *Vaga-Lume*, da editora Ática: Nessa série, chegávamos a imprimir uma edição de 120 mil exemplares, que se esgotavam às vezes em menos de seis meses." Na Idade Média, quarentões e quarentonas já caminhavam para o fim da vida, mas hoje estão na meia-idade, definida atualmente no espaço que vai dos 40 aos 55anos. Entretanto, o poeta Dante Alighieri fixou em 35 anos a meia-idade, a julgar pelos anos que tinha quando escreveu a *Divina comédia*: "quando eu me encontrava na metade do caminho de nossa vida, me vi perdido em uma selva escura, e a minha vida não mais seguia o caminho certo." Nascido em 1265, escreve estes versos em 1300. Encontra três animais ferozes – um leopardo, um leão e uma loba – antes de ser guiado pelo poeta Virgílio, natural de Mântua, que morrera um ano antes de se tornar cinquentão. O colega de Florença, embora não se tenha tornado um sessentão, foi mais longevo e chegou aos 56.

QUARENTENA de origem controversa, podendo ter vindo do italiano *quarantena*, pelo francês *quarantaine*, designando período de quarenta dias. A origem remota é o latim *quadraginta*, quarenta, que passou a ser dito *quarainta* e *quarranta*. Os navios dos mercadores de Veneza traziam riquezas, mas também moléstias desconhecidas, vindas de terras distantes. Por isso, no século XVII, o governo local passou a impor aos viajantes um isolamento de quarenta dias, com o fim de evitar a disseminação de doenças contagiosas. O número nasceu de comparação com a quaresma. Como diversos outros números – sete, setenta, mil – quarenta é também um número simbólico e quarentena passou a designar período que vai de 24h, 48h ou 72h a meses ou anos. Foi o médico de ascendência judaica Achille Adrien Proust, pai do escritor Marcel Proust, quem consolidou a quarentena na França, depois de pesquisar as rotas do cólera na Rússia, na Turquia e na Pérsia, tendo sido condecorado, por isso, com a Legião de Honra.

QUARESMA do latim *quadragesima*, período de 40 dias, contados da Quarta-feira de Cinzas ao Domingo de Ramos. Terminadas as festas do Carnaval, os católicos vão às igrejas para receber um pouco de cinzas sobre a cabeça, numa cerimônia em que o padre diz a cada um deles uma frase alusiva à morte. Antigamente era dita em latim: *memento, homo, quia pulvis es et in pulverem reverteris*, cuja tradução é: Lembra-te, homem, que és pó e ao pó retornarás."

QUARESMAL de quaresma, da alteração de quaresima, do latim *quadragesima*, quadragésima parte, designando antes do cristianismo percentual de imposto muito alto, correspondente a 40%. Seu sentido mais comum, porém, na língua portuguesa, é adjetivar tudo o que se refira aos 40 dias que vão da Quarta-Feira de Cinzas e o Domingo de Páscoa. Há uma planta quaresmal muito conhecida por quaresma, justamente porque sua floração coincide com esse período litúrgico. Também a flor do maracujá, *mara kuya*, em tupi, isto é, alimento na cuia, é considerada flor quaresmal, com os símbolos aludindo mais especificamente aos sofrimentos da Paixão de Jesus: a coroa de espinhos, os três cravos e as cinco chagas. Os mesmos motivos inspiraram a denominação em francês, *fruit-de-la-passion*, e em inglês, *passion fruit*.

QUARTEIRÃO aumentativo de quarteiro, do latim *quartarium*, denominando originalmente a quarta parte do *moio*, medida correspondente a 21,76 litros. As grandes e médias cidades costumam ter quarteirões onde determinado tipo de comércio é mais intenso, como no caso da Rua Amauri, nas vizinhanças das avenidas Faria Lima e Nove de Julho, em São Paulo, onde se concentram restaurantes e bares que recebem, por mês, o equivalente à população inteira de uma cidade média. Em Curitiba, um dos quarteirões mais famosos não nasceu de geração espontânea. Foi planejado para ser o espaço hoje conhecido como Rua 24 horas.

QUARTEL do catalão *quarter*, que passou ao espanhol como *cuartel*, adotamos este vocábulo com a substituição da consoante inicial. O termo indicou primitivamente a quarta parte de uma área de terra, passou depois a designar uma divisão de tempo, foi usado como medida nas lides náuticas e veio a indicar o local onde determinada força militar está instalada. Quartel está remotamente radicado nas formas latinas *quaterni* e *quaternorum*, designando as quatro partes de um escudo e também a quarta parte de uma legião, que contava com um total de 12 mil soldados, ditos legionários. A quarta parte deles – 3 mil soldados – instalava-se nos arredores da cidade para guarnecê-la, dando-lhe segurança interna e impedindo a entrada de inimigos. O local onde ficavam assentados passou a ser conhecido como *quaternum*, o ancestral de nosso quartel.

QUARTELADA de quartel, provavelmente do espanhol *cuartel*, que o trouxe do catalão *quarter*, ambos radicados remotamente na redução das formas latinas *quaterni* e *quaternorum*. Quartelada é vocábulo historicamente recente, surgido para designar revolta em quartel. No dizer de vários pesquisadores, no Brasil a proclamação da República não passou de uma quartelada. O escritor Afonso Celso de Assis Figueiredo, o autor do memorável *Por que me ufano do meu país*, que tanto engrandece os méritos nacionais, muda de tom ao tratar da República: "Rodeado de repúblicas; vendo a prosperidade inaudita dos EUA e os progressos da Argentina; recebendo o influxo espiritual da França republicana; combatido pela questão religiosa, por várias questões militares, pela abolição do cativeiro sem indenização, pela moléstia do monarca, pelo próprio fato de já haver a herdeira da coroa exercido três vezes o supremo poder, praticando atos que criaram oposição, tornando suspeito a muitos o futuro reinado, pela impopularidade injustíssima, porém, efetiva e vasta do príncipe consorte, pelo talento e audácia dos propagandistas republicanos, que agiam com plena liberdade na imprensa, na tribuna, em comícios, certos da impunidade e contando com simpatia, senão com o estímulo de numerosos políticos monárquicos, parlamentares, ex-ministros; a queda do trono era inevitável". O historiador e professor Edgard Carone foi mais explícito: "Falta de participação do povo e inércia das camadas dirigentes monarquistas explicam o resultado feliz da quartelada." A República foi proclamada no dia 15 de novembro de 1889, sexta-feira, pela manhã. Nossa primeira república durou pouco mais de 40 anos. Em 1930, irrompeu a Revolução que levou Getúlio Vargas ao poder, onde permaneceu pelo "curto período" – expressão dele – de 15 anos. Deposto, foi sucedido pelo seu ministro da Guerra, o general Eurico Gaspar Dutra. O militar parece apenas ter guardado o lugar para o chefe, que voltou por eleição direta em 1950. Tendo se suicidado em 1954, foi sucedido por João Café Filho, seu vice. Este sofreu um ataque cardíaco e foi substituído por Carlos Luz, o presidente da Câmara. Achando que tinha o poder que empolgara, demitiu o ministro da Guerra, general Henrique Batista Duffles Teixeira Lott. Inconformado, o general derrubou-o e pôs no seu lugar o presidente do Senado, Nereu Ramos. Café Filho recuperou-se do coração e quis voltar. Foi impedido. Nereu Ramos foi quem passou a faixa a Juscelino Kubitschek de Oliveira. Foi sucedido por um que renunciou, seguido de um que foi deposto por golpe militar. Ao general golpista sucedeu outro general tolerado pelo antecessor. Mas o sucessor teve um derrame e foi substituído por uma junta militar. Junta médica já é caso grave, imaginemos junta militar! A junta militar foi sucedida por outro general. Este pelo general Ernesto Geisel, sucedido pelo general João Baptista de Oliveira Figueiredo, que iria passar a faixa a Tancredo de Almeida Neves, mas este faleceu às vésperas da posse e foi substituído por José Sarney, seu vice, ambos eleitos indiretamente. Seu sucessor, eleito em voto direto pela primeira vez depois de 1960, foi deposto. Assumiu o vice, Itamar Augusto Cautiero Franco, que passou a faixa a seu ministro da Fazenda, Fernando Henrique Cardoso. Este, eleito em 1994, foi reeleito em 1998 e transmitiu a presidência a Luís Inácio Lula da Silva, eleito em 27 de outubro de 2002, em segundo turno.

QUARTETO do italiano *quartetto*, grupo de quatro pessoas, quatro instrumentos ou quatro vozes. Dos dois últimos temos numerosos exemplos na música – quarteto de cordas, de sopro, de vozes. Um dos melhores emblemas de quarteto literário é o romance *Os três mosqueteiros*. A trama tem início quando D'Artagnan, perseguindo um assaltante que lhe roubou uma carta de apresentação, enfrenta três mosqueteiros chamados Athos, Porthos e Aramis, aos quais depois se junta, tornando-se o quarto.

QUASÍMODO do latim *quasi modo*, palavras iniciais do introito da missa celebrada no domingo seguinte ao da Páscoa. O escritor Victor Hugo deu este nome a seu feioso personagem de *O corcunda de Notre Dame*.

QUATROCENTÃO de quatrocentos, do latim *culto quattuor*, pelo latim vulgar *quattor*, quatro, e *centos*, de cento, do latim *centum*, cem, significando também um grande número, tal como ocorre no português com mil, que não indica apenas o número em questão, mas quantidade inumerável. Na década de 1930, especialmente a partir da Revolução Constitucionalista de 1932, passou a designar o paulista tradicional, estabelecido em São Paulo há quatro séculos. O aumentativo trazia embutida uma concepção de poder, tal como ocorre em palavras semelhantes: timão, para grande time, dado ao Corintians na década de 1950, quando sagrou-se campeão do quarto centenário. Em Belo Horizonte, o maior estádio é conhecido por Mineirão. Em Recife, o Arruda é Arrudão. O historiador, jurisconsulto e político brasileiro José Alcântara Machado de Oliveira provavelmente foi o primeiro a registrar a palavra como qualificativo da elite paulista nos debates travados quando da eleição que impôs fragorosa derrota ao governo na Constituinte de 1933. Grande orador, Alcântara Machado, piracicabano, teria dito da tribuna que era quatrocentão: "Paulista sou, há quatrocentos anos!" O gaúcho Osvaldo Euclides de Sousa Aranha, ministro da Fazenda, muito mais jovem do que o adversário, estava no plenário, porque nessa época os ministros podiam participar das sessões. E aparteou: "Quando os antepassados de Vossa Excelência chegaram ao porto de Santos, lá encontraram os meus, que perguntaram: de onde são esses forasteiros?" Os debates que se seguiram foram tão acalorados que resultaram no encerramento da sessão.

QUEBRADO de quebrar, do latim *crepare*, tendo também o sentido de crepitar, estalar, romper, rachar. "No silêncio, ouvi os círios crepitarem", escreve a escritora e colunista da *Veja*, Lya Luft, no romance *A asa esquerda do anjo*. Círios são grandes velas utilizadas em cerimônias religiosas, principalmente na Páscoa. José de Alencar já usara este verbo também com o sentido de estalar: "A areia da praia crepitou sob o pé forte e rijo do guerreiro tabajara", escreveu ele em *Iracema*, um de seus romances referenciais da fase indianista, tentativa de fazer do índio a figura solar do brasileiro, substituindo o português e o negro. Tem também o sentido de descumprido: o protocolo foi quebrado. E de falido: o comerciante está quebrado.

QUEBRA-MAR de quebrar, do latim *crepare*, estalar, e mar, do latim *maré*, designando construção ou barreira natural à frente de um ancoradouro ou uma praia com o fim de proteger o local da agitação das ondas ou das correntes marítimas. *Quebra-mar* dá título a uma das primeiras marchinhas carnavalescas do Rio a falar na Barra da Tijuca, o que veio a ocorrer em 1952, na voz da cantora Marlene, composição de Zé da Zilda e Adelino Moreira: "Na Barra da Tijuca/ Eu fui farrear/ Veio uma onda maluca/ E me atirou no quebra-mar/ Eh quebra-mar, eh quebra-mar.../ Veio tubarão/ Veio me agarrar." Em 1956, os perigos pareciam debelados, pois Emilinha Borba cantava os versos de Braguinha, que diziam: " Vai, com jeito vai/ Senão um dia/ A casa cai./ Menina vai,/ Com jeito vai/ Senão um dia/ A casa cai.../ Se alguém te convidar/ Pra tomar banho em Paquetá/ Pra piquenique na Barra da Tijuca/ Ou pra fazer programa no Joá,/ Menina vai/ Com jeito vai." Quase quatro séculos antes das marchinhas, porém, baseado no tupi *ti'yug*, charco, lamaçal, o português Salvador Correia de Sá, o Velho, requeria em 1594 a região para que seus filhos, ainda menores de idade, plantassem cana-de-açúcar nos alagados da Barra da Tijuca. E o quebra-mar protegia os ancoradouros para ali os contrabandistas desembarcarem escravos para vendê-los ilegalmente. Com quebra-mar ou sem quebra-mar, aquelas águas têm muito o que cantar e contar.

QUEBRANTO do latim vulgar *crepantare*, ato de quebrar, rachar. É forte superstição brasileira a crença de que o olhar invejoso de certas pessoas causa prejuízos à pessoa, animal ou objeto olhado. Ministros da Fazenda vivem de olho gordo – a variável de quebrantar – nos holerites dos assalariados, podendo, com seus planos, causar-lhes quebranto, embora sempre jurem que seus objetivos buscam o contrário.

QUEDA do português arcaico *caeda*, de *caer*, cair. Assim era escrito o verbo cair quando a língua portuguesa estava ainda mais próxima do latim *cadere*, cair, que era escrito *caer* e *queir*, o que deu origem a queda. As quedas individuais são menos lembradas do que as coletivas, como no caso de desastres de aviões, ainda que o maior número de mortes tenha ocorrido com o choque de dois aviões no solo. Foi em Tenerife, nas Ilhas Canárias, no aeroporto de Los Rodeos, quando eram 27 de março de 1977. O destino original era outro: o aeroporto de Las Palmas, na Gran Canária, que havia sofrido um atentado a bomba no terminal de passageiros. Por isso, os aviões foram desviados para o outro. A colisão de dois Boeings 747, um da Panam, outro da KLM, resultou na morte de 583 pessoas. O erro foi de comunicação, entre a torre e os pilotos dos dois aviões. O da *KLM* entendeu que podia decolar, que a pista estava livre. A torre ordenou que o piloto da Panam tomasse a terceira pista à esquerda. O engenheiro de voo da Panam diz: "terceira, ele disse"; o comandante diz: "eu acho que ele disse primeira"; um tripulante diz "terceira à sua esquerda". O idioma oficial de Tenerife é o espanhol; os pilotos da KLM falavam holandês; os da Panam, inglês; a comunicação por rádio estava difícil e a neblina era intensa. Todas as comunicações foram feitas em inglês, mas sutis variações de pronúncia e sotaques podem ter contribuído para o trágico engano de pistas. Da conversa, em holandês, gravada na cabine do avião da KLM pela caixa-preta, depois de pilotos e engenheiro de voo ouvirem a torre e o piloto da Panam: "*Is hij er niet af dan?*" (Ele não saiu então?). Em inglês: "*Is he not clear then?*" *Clear* foi utilizado no sentido de deixar a pista. "*Wat zeg je?*" (O que você disse?), pergunta o engenheiro de voo. Em inglês: *What do you say?*" E o comandante diz: "*Yup.*" Retruca o engenheiro de voo: "I*s hij er niet af, die Pan American?*" (Ele não liberou ainda aquele Pan American?).

Em inglês: *Is he not clear that Pan American?*" "*Jawel*", diz o comandante do voo da KLM (Oh, sim). Em inglês: *Oh, yes.*" Esta interjeição foi a última palavra que o comandante do avião da KLM pronunciou antes de morrer com toda a tripulação e todos os passageiros que conduzia, matando também a maioria dos que estavam no avião da Panam. No acidente morreu a modelo Eve Meyer, página central da *Playboy* em junho de 1955. Tinha 48 anos.

QUEDOFOBIA do português arcaico *caeda*, de *caer*, cair, e do grego *phóbos*, medo. Medo de cair. Uma das razões apresentadas recentemente para que os velhos saiam pouco de casa nas grandes cidades é o medo que têm de cair, principalmente em razão de deficiências de iluminação em corredores de prédios e ruas.

QUEIJO do latim *caesus*, pelo espanhol *queso*. Passou a ser pronunciado *caijo*, antes de consolidar-se como queijo. O étimo latino não está presente apenas nas línguas neolatinas. Em inglês é *cheese* e em alemão é *Käse*. No italiano *formaggio*, a designação é feita pela forma, o latim vulgar *formaticum* e não o latim clássico *caesus*, por influência da expressão *caesus formaticus*, queijo moldado, levado pelo exército romano para alimentar suas legiões. O mesmo étimo está no francês *fromage*. Feito de leite de cabra, de ovelha, de vaca e de búfala, provavelmente o alimento foi inventado ainda na Idade da Pedra, há cerca de 5.500 a.C., pois em escavações nos arredores de Kuyavia, na Polônia, arqueólogos descobriram 34 potes de cerâmica cujos furos serviam para fazer escorrer o soro do leite, conforme testes químicos feitos na Universidade de Bristol.

QUEIMADO de queimar, do latim *cremare*, designando o que foi incendiado ou parcialmente destruído pelo fogo ou pelo frio, como em pasto queimado pela geada. "O filme dele está queimado" é frase da gíria que designa desconfiança. Queimado tem gradações. A pele queimada pelo Sol pode estar apenas morena. Num livro escrito em francês, *Le mythe de monsieur Queimado*, o escritor português Vitorino Nemésio usa um *alter ego*, à maneira de Jorge Luís Borges, em que um viajante chamado Nemésio conversa com um naturalista chamado Queimado, nome que os habitantes dos Açores dão ao milhafre. O arquipélago recebeu esse nome porque os milhafres foram confundidos com açores. No Rio de Janeiro, há um município com o nome de Queimados, cuja origem tem três versões: Dom Pedro II, passando por ali, viu uma grande queima de laranjais nos morros e passou a referir-se ao lugar como Morro dos Queimados. Outros escreveram que escravos fugidos das fazendas eram mortos e tinham os corpos queimados ali. E por fim teria existido um lazareto em que eram igualmente queimados, em vez de enterrados, os leprosos que ali perdiam a vida. Há ainda hoje no município a Estrada do Lazareto.

QUEIXO do grego *kapsakés*, caixa, que no latim virou *capsa*, de onde derivou *capseu*, em forma de caixa. Passou a designar o maxilar inferior, a caixa do rosto. O domínio do queixo de alguns animais, como o dos cavalos e muares, é fundamental na arte de domar, isto é, de torná-los aptos à montaria. Daí veio a expressão metafórica quebrar o queixo. Já o queixo dos homens tem-se prestado a outras metáforas, como a de cair o queixo, que indica admiração exagerada ou surpresa extraordinária.

QUENGA do quimbundo *kena*. Vasilha feita da metade de um coco. Em sentido conotativo passou a ser mulher que perdeu o quengo, isto é, a cabeça, tornando-se prostituta.

QUENIANO do topônimo Quênia, nome do país de onde vieram os ancestrais do presidente dos EUA, Barack Hussein Obama. Antes dele, o adjetivo pátrio aparecia no noticiário com reiterada frequência por causa da *Corrida de São Silvestre*, no último dia do ano, quase sempre vencida por atletas quenianos. O Quênia é um pequeno país africano, com 38 milhões de habitantes que falam inglês, suali e diversas outras línguas e dialetos tribais. O país é mundialmente famoso na mídia por seus parques nacionais, que abrigam numerosas espécies, muitas delas ameaçadas de extinção. O nome Quênia deve-se a um engano: um missionário alemão perguntou como se chamava a grande montanha Kirinyaga, cujo significado é "monte de luz" e "terra do avestruz", porque a aparência das rochas negras cobertas de neve lembram a plumagem da ave. A tribo dos cambas pronunciava "Quiinia"; a dos quicuios, "Kairaniaga". O pastor escreveu "Kenya", depois aportuguesado para Quênia.

QUENTÃO de quente, do latim *calente*, que na Península Ibérica transformou-se em *caeente* e *queente*, consolidando-se no espanhol como *caliente* e no português como quente. No aumentativo designa bebida típica das festas de São João, feita com aguardente ou vinho, temperados com açúcar, gengibre canela e cravo-da-índia. É servida quente. No caso do quentão com vinho pode ter havido influência do *vinum calenum*, já conhecido dos antigos romanos e bebido aquecido na cidade italiana de Cales. Esta última versão é, porém, controversa. O mais provável é que quentão tenha recebido tal denominação pelo tamanho da vasilha onde era preparada a bebida, que deveria atender a todos os que compareciam às festas juninas.

QUENTE do latim *calente*, declinação de *calens*, quente. Em espanhol é *caliente*, em italiano é *caldo*, em francês é *chaud*, cujo étimo está presente também em *chauffer*, chofer, motorista, dado que os primeiros automóveis eram movidos a vapor e tinham caldeira em vez de tanque de combustível. O mundo está esquentando muito depressa, segundo a Academia Nacional de Ciências do EUA, pois o nível de dióxido de carbono contido na atmosfera está 30% acima do que era antes da Revolução Industrial. E o de gás metano dobrou. Como parte da calota polar derreteu, o índice pluviométrico subiu 1% no mundo inteiro, e o clima está em desordem por causa disso, com alagamentos e calores que antes não ocorriam.

QUERIDA do latim *quaerere*, procurar, querer, veio o português querer, cujo particípio passado deu querido. "Oferecido sem ser querido" – eis um provérbio popular pronunciado por crianças brasileiras quando querem evitar a entrada de alguém numa brincadeira. O cantor Moacyr Franco, em música famosa, com o título de Querida, destilava queixumes: "Querida, hoje volto, cansei de sofrer, perdoa se um dia, tentei te esquecer." Chamar alguém de querida é tratamento que se vulgarizou ao extremo e tornou-se mais uma etiqueta social que exprime delicadeza, sem o significado amoroso que tinha anteriormente.

QUERMESSE do flamengo *kerkmesse*, passando pelo francês *kermesse*, designando feira realizada em grandes prédios anexos à sede da igreja onde eram celebradas festas de que participava toda a comunidade cristã local. Seu sentido estendeu-se depois a outros eventos semelhantes com o fim de arrecadar recursos mediante leilões, sorteios e vendas de produtos caseiros, com destaque para a culinária. É provável que a palavra tenha entrado para a nossa língua depois das invasões holandesas e francesas. Como eram raras as oportunidades de encontro entre moças e rapazes na sociedade patriarcal, a quermesse era boa ocasião de namoro, principalmente pelo correio elegante, modo de escapar aos rígidos controles do autoritarismo familiar e namorar por bilhetes. As quermesses têm seu ponto alto nas festas de São João, Santo Antônio e São Pedro.

QUESTIONÁRIO de questão, do latim *quaestione*, questão, pergunta, e o sufixo -ario, indicando quantidade, série de questões ou perguntas, utilizadas principalmente em entrevistas, tais como fez o italiano Giovanni Ricciardi, professor, tradutor e pesquisador da literatura brasileira, em *Biografia e criação literária* (Editora Unisul), que assim explica seu trabalho: "No final dos anos Oitenta e primeiros anos dos Noventa, entrevistei mais de cento e vinte escritores brasileiros. O questionário focalizava três pontos: a formação do escritor, o ofício de escrever e o destino do texto." O latim antigo tinha *quaestionarius*, do mesmo étimo, mas com o significado de torturador, algoz.

QUESTOR do latim *quaestore*, antigo magistrado romano encarregado do Tesouro e de preparar os elementos para ações judiciais em defesa do bem comum. O questor podia questionar qualquer despesa dos governantes, funcionando também como procurador.

QUIASMA do grego *khiásma*, disposição em cruz, em forma da letra X, *Khi* em grego. O sinal, com o advento do cristianismo, recebeu também o nome de Cruz de Santo André, pois o apóstolo, a seu pedido, foi crucificado em duas peças de madeira inclinadas de modo a parecer uma cruz tosca. O sinal, posto à margem dos textos, indica discordância com a passagem assim assinalada. Quiasma é também uma figura de dupla antítese de termos cruzados, semelhando um trocadilho, de que são exemplos: "vou sempre ao cinema, ao teatro não vou nunca"; "meu filho abraçou-me carinhosamente, carinhosamente o abracei". Olavo Bilac apresenta o seguinte quiasmo no poema *Nel mezzo del camim*, cujo título aproveita parte do primeiro verso de *A divina comédia*: "Cheguei. Chegaste. Vinhas fatigada e triste,/ E triste e fatigado eu vinha./ Tinhas a alma de sonhos povoada,/ E alma de sonhos povoada eu tinha..."

QUICAR do inglês *kick out*, chutar. Indica lance em que, ao final do impulso recebido no chute, a bola começa a perder velocidade e vai chegando a seu destino muito devagar. É nestes casos que costuma entrar a maldade do morrinho artilheiro: batendo num deles, a bola entra em gol, enganando o goleiro em lance tão sutil quanto o do melhor atacante.

QUILIARCA do grego *chiliárches*, comandante, que passou ao latim como *chiliarcha*, conservando o significado original, depois transmitido ao português. Nos exércitos macedônicos um quiliarca comandava uma quiliarquia, isto é, um regimento de 1.204 homens. Em grego, *chiliás* significa um milhar.

QUILOMBO em várias línguas africanas, entre as quais o quimbundo, o quicongo e o umbundo, *lumbu*, significa muro, paliçada. E *kilumbu* designa o território rodeado de paliças ou muros, utilizado como povoação, refúgio ou campo de guerra. Os escravos que fugiam dos senhores utilizavam os quilombos para esconderijos, mas algumas dessas associações chegaram a obter reconhecimento e comerciavam com brancos. A definição mais precisa de quilombo está no livro *A enxada e a lança*, do escritor e diplomata Alberto da Costa e Silva, no estilo conciso que lhe é peculiar: "Habitação de escravos fugidos, em Angola, e a desses refúgios e dos estados que deles surgiram no Brasil." No dia 23 de janeiro de 1694, tropas comandadas por Domingos Jorge Velho assassinaram 500 negros e fizeram 519 prisioneiros nos mais famosos quilombos, os de Palmares, que reuniam uma população calculada entre 6 mil e 20 mil pessoas e ocupavam uma área montanhosa de 150 km de comprimento por 50 de largura, localizada nos estados de Pernambuco e Alagoas. Liderados por Zumbi, os habitantes de Palmares resistiram a várias expedições que visavam destruí-los, mas jamais se renderam e lutaram até a morte de todos em 1695, num combate sangrento, marcado pelo heroísmo dos negros. *Quilombo* é também o título de um filme estrelado por Vera Fischer e dirigido por Cacá Diegues. No folclore, é o nome que se dá a um folguedo em que negros e índios, armados de espadas, guerreiam pela posse da rainha índia, terminando a luta com a derrota dos negros, que são vendidos aos espectadores como escravos.

QUILOMBOLA de quilombo, do quimbundo *kilombo*, povoação, acampamento, arraial, mas também exército, capital, união, mesclado a *kuombolola*, surrupiar, levar escondido. Veio a designar o escravo que, fugindo dos maus-tratos dos senhores, refugiava-se nos quilombos e ali passava a viver com decência, em sociedade regida pelos próprios negros. O maior refúgio de quilombolas estava no Quilombo dos Palmares, assim chamado porque estava localizado numa vasta região coberta por palmeiras, em territórios hoje pertencentes ao atual estado de Alagoas. Iniciado ainda no século XVI, chegou a contar em 1670 com 20 mil pessoas, que sobreviviam da caça, da pesca, da coleta de frutas (manga, jaca, abacate) e praticavam também a agricultura (feijão, milho, mandioca, banana, laranja, cana-de-açúcar). Sua estrutura de poder era análoga à dos reinos africanos, com reis, príncipes e oligarcas. Suas duas lideranças mais famosas foram Ganga Zumba e seu sobrinho Zumbi. Como os engenhos de açúcar enfrentassem crise de mão de obra, principalmente depois da expulsão dos holandeses, os quilombos foram atacados para recaptura dos escravos. Contra Palmares foram feitas muitas expedições militares. Ganga Zumba suicidou-se e Ganga Zona subiu ao trono e foi sucedido por Zumbi.

QUILÔMETRO do grego, *chilioi*, mil, e *métron*, medida, através do latim *metru*. Literalmente, medida de mil metros. A abreviatura é km. Os romanos usavam a *milia*, milha, porque adotavam o passo como medida. A milha latina tinha mil passos. Antigamente o corpo humano era importante referência para medidas. Braços, pés, palmos e dedos são outros exemplos.

QUIMERA do grego *chimaira*, monstro presente na *Ilíada*, de Homero, no canto VI, versos 181-182, com cabeça de leão, cauda de serpente e corpo de cabra. Segundo alguns cronistas e historiadores, poderia ser um monte em cujo cimo viviam leões; nas passagens das encostas intermediárias, cabras; e no sopé, serpentes.

QUIMIOTERAPIA de química, do radical árabe *alkimia*, e do grego *therapeía*, terapia, tratamento. A medicina tem lançado mão de drogas pesadas no combate ao câncer. Elas fazem um arrastão no organismo, atacando as células que se multiplicam mais rapidamente que o normal. Os cabelos do doente caem porque os folículos pilosos têm multiplicação acelerada, levando as drogas a identificarem em suas células inimigos semelhantes aos da doença. Concluído o tratamento, pelos e cabelos voltam a crescer.

QUINA do latim clássico *quina*, série de cinco números, que no latim vulgar era designado por *quinque*, cinco, étimo presente na formação de diversas palavras portuguesas, como quinquênio, quinquenal, quinquagésimo, quinta-feira e quíntuplo, entre outras. Designa ainda modalidade de loteria em que ganha aquele que acerta um total de cinco números. O *Dicionário Houaiss* abona o vocábulo assim: "no (sic) loto ou na víspora, série de cinco números na mesma linha." Mas no verbete loto, acerta o gênero: "Loto: substantivo feminino, modalidade de loteria, como a quina, a sena etc. que premia o apostador que acertar um total de números estipulados." Se é feminino, a pessoa acerta na loto e não no loto. Já a palavra quinhão, do latim *quinione*, declinação de *quinio*, reunião de cinco, mudou de significado, designando não mais a quinta parte de alguma coisa, mas a quantia que cabe a cada um na divisão de um todo. Em março de 2009, lia-se nos anais da Câmara: "O relator da proposta, deputado Fernando Coelho Filho (PSB-PE), afirmou que é 'público e notório' que, na maioria dos casos, milhares de famílias recebem seu quinhão em assentamentos provenientes de reforma agrária sem as condições ideais de habitabilidade e produtividade porque a infraestrutura é inexistente ou muito deficiente." Quinhão, como se vê, não era a quinta parte da área, era a parte que cabia a uma das famílias ali assentadas. E a revista *Literatura* deu a seguinte chamada às adaptações de livros para as telas: "A literatura se torna um quinhão cada vez mais valioso para a indústria cinematográfica."

QUINHENTISMO de quinhentos, vindo do latim *quingentos*, como é denominado este número cardinal. Em geral, quinhentismo designa tudo aquilo que se refere ao século XVI, período que vai de 1500 a 1599, mas denomina especialmente a obra dos escritores portugueses desse período, marcadas por refinado purismo vernacular. O quinhentismo deixou vestígios indeléveis nas literaturas de língua portuguesa, fazendo escola e influenciando muitos autores dos séculos seguintes. Até hoje são encontrados falsos quinhentistas em vários textos brasileiros, principalmente em documentos oficiais ou oficiosos, redigidos por quinhentistas tardios, saudosos de uma linguagem de difícil decifração, à base da estranha máxima segundo a qual quanto mais obscuro o texto, maior o prestígio de seu autor.

QUINTA do latim *quintana*, pequeno mercado em acampamentos, passou ao português arcaico como *quintã* até chegar à grafia atual, designando, no sentido de propriedade, a terra cultivada sobre a qual recaía um imposto equivalente a 20%, isto é, a quinta parte de tudo o que nela fosse produzido. Cessando os tributos, ainda assim, permaneceu a denominação. É também sinônimo de pátio.

QUINTESSÊNCIA de quinta, feminino de quinto, do latim *quintus*, e essência, do latim *essentia*, a substância, a natureza das coisas. De acordo com filósofos como Aristóteles e Pitágoras, a quinta essência, palavras que foram aglutinadas numa só, designava o quinto elemento ou substância primária, que é corpórea, brilhante e sutil, e com que são feitos os céus e corpos celestes. Os quatro primeiros eram a terra, a água, o fogo e o ar. Os alquimistas afirmavam que era obtida depois de cinco destilações sucessivas. Passou a ter o significado de excelência, de ponto mais alto obtido, de que são exemplos expressões como "Fulano é a quintessência nisso ou naquilo".

QUINZE do latim *quindecim*, quinze, redução de *quindecimus*, décimo-quinto. O quinze é um dos números marcados por indicações de acontecimentos especiais ou efemérides, como o três, o sete, o nove (de que são exemplos as novenas), o treze. Sexta-feira, 13, é mais do que isso: uma lenda nórdica diz que durante uma festa para 12 convidados, na morada dos deuses, entrou, o penetra Loki, espírito do Mal, que matou Balder, o filho do deus supremo Odin. A mãe de Balder chamava-se Friga, origem de *friadagr*, em norueguês; *Friday*, em inglês, e sexta-feira em português. Para afastar os espíritos do Mal, os pagãos davam três batidas nos troncos das árvores, onde acreditavam morarem os deuses protetores. A escritora Rachel de Queiroz ampliou os significados de estreia do número ao estrear com o romance *O quinze*, em 1930, sem ter completado 20 anos. Míope, usava óculos, o que levou seu pai a dizer: "com óculos, ninguém olha para minha filha; sem óculos, ela não vê ninguém." O romance apresenta o vaqueiro Chico Bento, o rude pecuarista Vicente e Conceição, sua prima culta, professora, amante de livros, de ideias feministas e socialistas, talvez um *alter ego* da autora. Ela passa as férias na fazenda da família, com a avó Mãe Nácia, onde vive seu primo Vicente. Com o advento da seca, a família de Mãe Nácia decide ir para a cidade e deixar Vicente cuidando de tudo. Chico Bento torna-se retirante e vai para os seringais do Norte. Ao lado de *Vidas secas*, de Graciliano Ramos, entre outros, é um dos grandes livros do inesquecível romance de 1930.

QUIPROQUÓ do latim *quid pro quo*, que por que, tendo o sentido de "isso no lugar daquilo", "uma coisa no lugar de outra". A expressão latina surgiu nas sacristias, as primeiras escolas do Ocidente, embriões de futuras universidades. Dentre as disciplinas ali ensinadas, reinava absoluta a teologia, à qual todas as outras estavam subordinadas, a começar pela filosofia. Não havia preparação dos alunos, nem vestibular, alguns chegavam ali quase analfabetos, e a confusão era grande. Quando um calouro confundia os conceitos do mestre ou dos colegas, vinha a polêmica, todos querendo falar ao mesmo tempo. O mestre por fim esclarecia o aluno ignaro dizendo a todos que houvera um *quid pro quo*. Outra origem dá conta de que na Idade Média, os boticários, revestidos de autoridade médica, num tempo em que a medicina era exercida ainda pelos barbeiros, especializados nas sangrias, substituíam uma substância, eventualmente em falta, por outra, fazendo experiências no próprio cliente. Para não se perderem nas receitas, organizavam um caderno com tais anotações, ao qual davam o nome de *qui pro quo*, variante da expressão já sem as consoantes mudas finais, que em português resultou em quiproquó, com o sentido de desentendimento, confusão, mais ou menos o que aconteceu na fazenda Córrego da Ponte, de propriedade dos filhos do ex-presidente Fernando Henrique Cardoso, situada no município de Buritis (MG), invadida por cerca de 200 integrantes do Movimento dos Trabalhadores Rurais Sem-Terra (MST), durante seu segundo mandato. O padre Antonio Vieira serve-se do enunciado latino em vários de seus célebres Sermões, todos publicados quando era ainda vivo, com exceção dos três últimos volumes, editados postumamente.

QUIRITE do veio do latim *quirites*, designando os sabinos incorporados a Roma após o famoso rapto de suas mulheres. Na linguagem militar tinha o sentido de paisano e servia como injúria. Segundo a lenda, havendo homens demais e mulher de menos entre eles, os romanos foram a uma festa dos sabinos, seus vizinhos, e de lá trouxeram viúvas e moças solteiras, tomando-as como suas mulheres. Quando os sabinos vieram retomá-las, elas defenderam seus maridos e filhos, ajudando os romanos a vencer os sabinos e colaborando para fixar os termos da paz. O *Aurélio* registra apenas o plural, mas o *Aulete* e outros dão entrada ao verbete no singular.

QUIROMANCIA do grego *cheiromanteia*, adivinhação das linhas. A quiromancia foi uma das primeiras formas de predição do futuro. Originalmente era feita pelo exame das linhas da palma da mão, especificando-se os sinais da esquerda e da direita. Posteriormente, os adivinhos buscaram na mão esquerda os vestígios de acontecimentos misteriosos do passado, e na direita o futuro. Como vivemos a era da esperteza, a cada começo de ano surgem novos espertalhões e espertalhonas fazendo predições. Uns, por dinheiro. Outros, buscando vitrine para outras vendas.

QUITANDA do quimbundo *kitanda*, quitanda, feira, mercado. O sentido veio por metáfora: *kitânda*, em quimbundo, língua da família banta, falada em Angola pelos ambundos, designa estrado de cordas trançadas que servia de colchão. Tão importante tornou-se na tradição brasileira a quitanda, que temos o verbo quitandar, ofício do quitandeiro, comerciante que vende seus produtos, sobretudo doces, guloseimas, mas também legumes e hortaliças. Por preconceito ou por conflitos nascidos da condição dos produtos à venda e de seus preços, quitandeira passou a sinônimo de mulher rude, sem educação. O suaíli tem *kitanga*, esteira onde se coloca a comida ou a farinha para secar, servindo também de estrado para apresentar as mercadorias. O suaíli é uma língua banta da família nigero-congolesa, falada na costa oriental da África, em área que vai da ilha de Lamu (Quênia) até a fronteira meridional da Tanzânia. É falado também em algumas ilhas da costa africana, no Quênia, na República Democrática do Congo, na Uganda e no Norte de Moçambique. No Rio, a Rua da Quitanda é famosa por muitos motivos. Um deles: no número 47, foram feitas várias eleições da Academia Brasileira de Letras, à época presidida por Machado de Assis.

QUITÃO do grego *chitón*, túnica. Era uma veste muito comum na Grécia antiga, em forma de retângulo, preso aos ombros. Era moda *unissex avant la lettre*, dado que tanto homens quanto mulheres a usavam, porém com uma diferença: os quitões femininos iam até os tornozelos; os masculinos, até os joelhos. Alguns dicionários grafam quíton, mas o significado é o mesmo.

QUITAR do latim medieval *quitare*, silenciar, deixar quieto, alteração do latim clássico *quietare*, repousar, descansar, formado a partir de *quietis*, caso genitivo de *quies*, repouso. O repouso final é a morte, donde a expressão *requiescat in pacem*, descanse em paz. A palavra quitar ensejou os sentidos de arquivo morto, conta paga, obrigação já cumprida. Outras palavras, nascidas da mesma raiz, acrescida de prefixos, produziram significados diferentes, como é o caso de desquite e inquieto, desquitar e inquietar, todas passando a ideia de que nada repousou ainda, nada foi resolvido.

QUITUTE de origem controversa, provavelmente do quimbundo *kitutu*, indigestão, mas designando também comida apetitosa, iguaria delicada, docinho, bolinho, tendo igualmente o sentido de carícia, mimo, delicadeza, aplicando-se da mesma maneira a menina bonita e a qualquer objeto delicado. Nei Lopes acha que a origem mais provável é o quicongo *kituuti*, prato bem-feito, pois demanda cuidados especiais: separar, descascar e pilar o grão. O sentido de indigestão pode ter vindo de cruzamento de *kitutu* e *kituxi*, gula, pecado que causa a indigestão.

QUIXOTE do espanhol *quijote*, radicado no castelhano *cuixot*, por sua vez vindo do latim *coxa*, coxa, aplicando-se também à peça de armadura de guerra dos cavaleiros medievais que tinha o fim de proteger as pernas, sobretudo a região entre a virilha e o joelho. Miguel de Cervantes Saavedra tomou esta palavra para nomear um personagem que de tão célebre entrou para diversas línguas para designar pessoa ingênua, romântica, altruísta, empenhada em lutar, quase sempre inutilmente, contra as injustiças. Entre as várias curiosidades envolvendo *El ingenioso hidalgo Don Quijote de la Mancha*, seu título original, o romance deu causa a um dos maiores plágios da literatura em todos os tempos. Publicado originalmente em dois volumes, o primeiro veio à luz em 1605, quando Miguel de Cervantes Saavedra, até então um escritor desconhecido em seu próprio país, estava com 58 anos. Cervantes, um libriano, nasceu provavelmente em 29 de setembro de 1547 e viria a falecer no dia 23 de abril de 1616, no mesmo dia, mês e ano em que morria também Shakespeare. O segundo volume, já prometido, demorava a sair. Então, deu-se o plágio. Em 1614, sob o pseudônimo de Alonso Fernandez de Avellaneda, até hoje de difícil identificação, publicava o falso Don Quijote, admitindo já na abertura o plágio, assegurando, entretanto que o seu era "menos fanfarronesco e agressivo que o escrito por Miguel de Cervantes Saavedra em sua primeira parte, e mais humilde que o anteposto em suas novelas, mais satíricas que exemplares, conquanto não pouco engenhosas". A censura oficial, então prévia, como era o costume, exarada pelo Conselho Real, examinou os originais do Quixote apócrifo e não encontrou nada que fosse "desonesto ou proibido". Irritado, Cervantes apressou-se, deixou de lado as poesias, novelas e peças de teatro, consideradas enfadonhas por seus contemporâneos, e voltou à continuação da obra-prima que engendrara. E o segundo volume finalmente veio a luz em 1615. O verdadeiro *Dom Quixote*, reunindo os dois volumes num só, abriu a coleção *Obras-Primas*, da Nova Cultural, que apresentou semanalmente nas bancas um clássico da literatura universal a preços populares. Da língua portuguesa foram lançados Camões e Euclides da Cunha entre os primeiros 20, fazendo companhia a Dante, Flaubert, Goethe, Dickens, entre outros. A primeira edição de *Dom Quixote* saiu com 60 mil exemplares. Nas primeiras 48 horas haviam sido vendidos mais de 40 mil exemplares apenas a leitores de São Paulo, Rio, Espírito Santo, Fortaleza e Florianópolis. No alvorecer de 2003, esses imortais estavam ao alcance de todas as bancas do Brasil. Na década de 1970, a mesma coleção já vendera 4,5 milhões de exemplares. O presidente da *Editora Nova Cultural*, Richard Civita, ao relançar as obras, prometeu ao público: "Todas estas obras-primas os cativarão e empolgarão para o mundo da leitura, e o seu mundo ficará transformado para sempre. Será mesmo o prazer de ler!"

QUIXOTESCO esta palavra formou-se do nome do célebre personagem de Miguel de Cervantes, *Dom Quixote*, que sonha com um mundo já passado e enfrenta os moinhos de vento, empreendendo lutas com inimigos imaginários que jamais poderá vencer. O vocábulo tem sido utilizado para qualificar pessoas sonhadoras, irrealistas, que se comportam como aquele personagem. Quase sempre é usado pejorativamente, mas sem os quixotes nosso mundo ficaria muito sem graça. E mais ainda sem o original.

QUÓRUM do latim *quorum*, dos quais, caso genitivo dos pronomes *qui, quae, quod*, respectivamente quem, qual, que. Designa a quantidade mínima de membros de que uma assembleia precisa para deliberar. Já era símbolo de quantidade desde os primeiros séculos de Roma, mas foi a partir do século XIX, primeiramente na França e na Inglaterra, que passou a ter o sentido de conjunto de pessoas indispensável para que uma decisão seja tomada.

QUOTA do latim *quota*, parte. Diz-se da parte que toca a cada membro numa sociedade comercial. Frequentemente é utilizado em seu sentido geral, que vai muito além do comércio. No célebre poema *Morte e vida severina*, de João Cabral de Melo Neto, encenado no TUCA (Teatro da Universidade Católica de São Paulo) nos anos 1960, com música de Chico Buarque, é dito ao retirante Severino que a cova "é a parte que te cabe deste latifúndio".

QUOTIDIANO também grafado como cotidiano, do latim *quotidianum*, de cada dia. Daí a frase do Pai-Nosso, a única oração que Jesus Cristo ensinou aos apóstolos: "*panem nostrum quotidianum da nobis hodie*". Foi traduzida como "o pão nosso de cada dia nos dai hoje" e inicia a segunda parte da oração. Jesus pode ter pensado na mãe também e não apenas no pai, ao elaborar tão linda oração. É mais próprio da mãe alimentar e em aramaico, pai e mãe atendem pelo mesmo vocábulo.

R

RÃ do latim *rana*, rã, anfíbio que habita banhados e charcos, frequentemente confundida com o sapo. Está presente em algumas fábulas, sendo a mais conhecida a da rã que, querendo ficar do tamanho do boi, bebe tanta água que chega a estourar. Há uma nova espécie de rã no Brasil, recentemente descoberta pela equipe do biólogo Ariovaldo Giaretta, da Universidade Federal de Uberlândia (MG). A classificação das espécies segue algumas regras, uma das quais determina que a identificação seja feita apenas com uma palavra. Querendo homenagear a dupla sertaneja Pena Branca e Xavantinho, registrados ao nascerem como José Ramiro Sobrinho Ranulfo Ramiro da Silva, os pesquisadores deram o nome de Penaxavantinho ao batráquio, do gênero *Ischnocnema*. O registro completo, então, é *Ischnocnema Penaxavantinho*. O próprio Giaretta misturou rã e sapo ao explicar a homenagem: "É de esperar que todo sapo cante. Eles são cantores também e até já falaram de sapo em suas músicas." É verdade. Eis amostras dos versos da dupla em *Papo furado*: "Amigo peço desculpas, se não for do seu agrado/ Eu vou contar o que vi, um dia desse passado/ Fui pescar numa lagoa, e eu fiquei admirado/ Vi dois sapos discutindo, veja só o resultado."

RABECA do provençal *rebec*, por sua vez vindo do árabe *rabāb*, designando instrumento musical semelhante ao violino, feito de quatro cordas de tripas, de sonoridade fanhosa. Para tocá-la, o músico a apoia à altura do coração ou no ombro esquerdo, sempre com a voluta para baixo. Aparece neste trecho do romance *Concerto campestre*, de Luiz Antonio de Assis Brasil: "Que as rabecas, as únicas que ainda soavam, atacassem a valsa Flor da Campanha."

RABO do latim *rapum*, nabo, cauda. Tem também o significado de cabo e, como sinônimo de bumbum, é chulo no Brasil, embora não o seja em Portugal, onde nas lojas são oferecidas saias longas "cobrindo o rabo". Rabo está presente em numerosas expressões: "pegar no rabo da enxada", isto é, no cabo; "olhar com o rabo do olho", isto é, de esguelha, contemplando pequena parte do que se quer observar ou então dando vistas por alto, mas rapidamente; "crescer como rabo de cavalo" equivale a retrocesso porque naturalmente o rabo do cavalo cresce para baixo; "dar com o rabo na cerca" é entrar em sérias dificuldades ou mesmo morrer; "meter o rabo entre as pernas" é retroceder, aceitar reprimendas; "pegar em rabo de foguete" é empreender tarefa difícil; "ter o rabo preso" é estar comprometido ou envolvido em situações que, embora reprováveis, não podem ser denunciadas porque o eventual denunciante é um dos beneficiados.

RABUDO de rabo, do latim *rapum*, cauda, mais sufixo -udo, indicando grandeza. O vocábulo mudou de sentido. Pedro Antônio Joaquim Correia Garção, poeta português da fase neoclássica, aplicou-o em sentido pejorativo em suas *Obras poéticas*: "Praga ou nuvem de estultos gafanhotos,/ De Tarecos rabões, melhor diria:/ De rabudos Bachas, de enormes caudas." Nas seculares disputas entre castelhanos e portugueses, esses o cognominaram rabudos para assemelhá-los aos demônios, que na iconografia cristã tinham rabos. Também os franceses chamam rabudos os ingleses, mas por causa das vestes. Era voz corrente em Portugal que a rainha dona Brites, mãe de Dom Dinis, o Lavrador, rei e trovador português, nascera com rabo porque era descendente da casa de Gusmão, que gerara vários filhos com cauda. O dito ganhou tal domínio público que a primeiro de agosto de 1569 o décimo sexto rei de Portugal, Dom Sebastião, o Desejado, mandou abrir todas as sepulturas dos reis no Mosteiro de Alcobaça para verificar se o falatório do povo tinha procedência. Mas como não podia admitir o verdadeiro motivo em documento oficial, alegou que o objetivo era examinar o estado de seus corpos. De todo modo, comprovou-se falso o dito popular que provavelmente se originara da moda introduzida em Portugal pela rainha, que usava vestidos de cauda, até então desconhecidos dos súditos. Rabudo trocou de sentido porque vestes longas eram usadas por gente bem posta socialmente, fossem mulheres ou homens. Elas, com vestidos longos e enfeitados de caudas, popularmente denominadas rabos. Eles, com casacas ou fraques, de longas abas traseiras. Ademais, rabo, em Portugal, não tem o mesmo sentido. Numa loja de vestuários o cliente pode pedir um casaco que lhe cubra o rabo. No Brasil, seria chulo.

RABUGEM do latim *robiginis*, caso genitivo de *robigo*, borra, ferrugem, mancha, sarro. Passou a designar uma doença dos cachorros, espécie de sarna, que os irritava muito. Como o cão é um animal doméstico, a pessoa sem paciência foi comparada ao cachorro afetado pela moléstia. E o portador desta metafórica rabugem tornou-se o conhecido rabugento. O cachorro, rabugento ou não, é o melhor amigo do homem, ainda que o poeta Vinicius de Moraes preferisse que esta espécie de amigo viesse em forma de uísque, para ele, o cachorro engarrafado. Machado de Assis assinala no prólogo da terceira edição de *Memórias póstumas de Brás Cubas* que o seu defunto-autor declara ter "rabugens de pessimismo".

RAÇA de origem controversa. É provável que sua origem remota radique-se em aférese do latim *generatio*, geração. A aférese resulta da supressão de um ou mais fonemas no começo da palavra, de que são exemplos Zé substituindo José; nojo; enojo; namorado, enamorado. No caso, caiu *gene*, permanecendo *ratio*, que em latim se pronuncia *rássio*. No italiano, virou *razza*; no francês e no inglês, *race*, embora pronunciada de modo diferente; no alemão, *Rasse*; no espanhol, *raza*. Há várias outras hipóteses, como o árabe *ra's*, cabeça; o antigo alto alemão, *Reiza*, linha; e o eslavo *raz*, gênero, espécie. A mais curiosa é a que dá como origem o francês antigo *haraz*, haras, estabelecimento destinado à criação, aprimoramento racial e treino de cavalos. O antigo escandinavo tinha *hârr*, cujo significado remetia à cor que não era a usual dos animais, como o cinza. A alusão a animais na constituição não deve surpreender porque várias vezes uma etnia considerou animais desalmados as que dela diferiam em cor da pele, tipo de cabelo, formato de rosto etc. De todo modo, deu aos animais melhor tratamento do que aos seus semelhantes, odiados apenas por serem diferentes. No Brasil, as restrições raciais têm tido interpretações polêmicas. Uma das mais combatidas, dando conta de que no Brasil não há racismo, está num parágrafo de *Casa-grande & senzala*, a obra-prima de Gilberto Freyre, notável sociólogo, que estudou na prestigiosa Universidade de Colúmbia, nos EUA: "Repetiu-se na América, entre portugueses disseminados por um território vasto, o mesmo processo de unificação que na península: cristãos contra infiéis. Nossas guerras contra os índios nunca foram guerras de brancos contra peles-vermelhas, mas de cristãos contra bugres. Nossa hostilidade aos ingleses, franceses, holandeses teve sempre o mesmo caráter de profilaxia religiosa: católicos contra hereges. É o pecado, a heresia, a infidelidade que não deixa entrar na Colônia, e não o estrangeiro. É o infiel que se trata como inimigo no indígena, e não o indivíduo de raça diversa ou de cor diferente." No dia 12 de outubro, descoberta da América, celebra-se na Colômbia o Dia da Raça, para que da memória nacional brote contraposição à antiga dominação espanhola.

RACHA derivação de rachar, do espanhol *rajar*, rachar, partir ao meio, provavelmente vindo do latim *radiu*, raio. Em espanhol tem-se também *raza*, greta. Designando as perigosíssimas corridas de automóveis praticadas nas ruas de nossas cidades, é substantivo masculino.

RACISMO do inglês *racism* e do francês *racisme*, racismo. Começou dando nome a uma doutrina que sustenta haver raças superiores também no gênero humano. Os racismos mais comuns foram infligidos por europeus contra povos de outras partes do mundo. A aversão de algumas raças por outras está presente também no interior de culturas já discriminadas, que, entretanto, estratificam outras discriminações igualmente de natureza racial. Certas vítimas de racismos de brancos, como as nações africanas, combatem umas às outras também por discriminação racial. O racismo é crime inafiançável no Brasil, isto é, quem o comete vai para a cadeia.

RADICAL do latim *radicale*, cuja origem é *radix*, raiz. Tanto no sentido denotativo como no conotativo designa base, fundamento, origem, tendo sentido semelhante no grego *rhíza*. Na política, os radicais não são nenhuma novidade, no Brasil como em outras nações. A novidade desconcertante, que está deixando perplexas diversas autoridades governamentais e dirigentes do Partido dos Trabalhadores, que depois de três derrotas consecutivas conquistou a presidência da República, em aliança com outras forças políticas, é que os radicais combatam, principalmente pela imprensa, os rumos tomados pelo governo nesses primeiros meses de 2003, criticando impiedosamente os superiores, alguns dos quais muito mais radicais que eles. Em décadas recentes, figuras de relevo no chamado núcleo do poder exercido pelo presidente Luiz Inácio Lula da Silva pagaram com a prisão, a tortura e o exílio por ideias que tiveram que amoldar-se aos novos tempos, vez que fracassaram no sonho de conquistar o poder por luta armada. Consultemos o *Diccionário da língua portugueza*, de Antonio de Morais Silva, carioca que, perseguido pela Inquisição e pelo Santo Ofício, precisou refugiar-se na Inglaterra, deixando inconclusos seus estudos de jurisprudência na Universidade de Coimbra. Ele definiu radical com essas palavras, em 1789: "Na Inglaterra e outros países, chamam assim ao que pede a reforma radical do systema de governo, e do systema eleitoral, e a extirpação até a raiz de todos os abusos." De lá para cá, houve muitas mudanças, até mesmo em nossa língua, que passou de *portugueza* a portuguesa; no *diccionário*, que mudou para dicionário. *Paiz* virou país. *Systema*, sistema. Os radicais mais notórios do PT perderam um de seus membros, o deputado Lindberg Farias, transformando-se, na época, num triunvirato composto pela senadora Heloísa Helena e pelos deputados federais Luciana Genro e João Batista Babá.

RADIOGRAMA do latim *radio*, raio, irradiação, e do grego *grámma*, letra, indicando a mensagem passada por ondas hertzianas. Com o progresso vertiginoso das comunicações, o radiograma passou a ser de uso mais restrito, uma vez que foram inventadas outras formas mais ágeis e seguras de enviar mensagens. No Brasil, tentaram-se as formas actinograma e marconigrama, esta última em homenagem ao físico italiano Gugliemo Marconi, Prêmio Nobel de 1909. Essas denominações, porém, não pegaram entre nós.

RAIA do latim *radia*, de *radiu*, raio, risco, traço, linha, limite. Comentando certo poeta, Machado de Assis escreveu em Relíquias da Casa Velha: "Sua poesia transcendia muita vez as raias da conveniência pública." No Brasil, a mais famosa das raias é a bailarina e atriz Claudia Raia, que dividiu o papel da personagem Engraçadinha com a talentosa e belíssima Alessandra Negrini, em minissérie da TV Globo baseada em texto de Nelson Rodrigues.

RAIAR do latim *radiare*, brilhar, cintilar, surgir. Metáfora que alude ao nascer do sol, como nestes versos do *hino da Independência*: "Já raiou a liberdade, no horizonte do Brasil."

RAIO do latim *radius*, raio, círculo de luz. O *Aurélio* define raio como "a luz que emana de um foco luminoso e segue uma trajetória reta em determinada direção", mas este não é o caso do raio aparado pelo para-raios, nosso velho conhecido, que resulta de descargas elétricas que, partindo da Terra e descendo do Céu, se encontram fazendo o estrondo característico. Daí dizer-se que o raio cai, enquanto os físicos afirmam que ele sobe. Outro raio de nosso cotidiano é o raio X, descoberto em 1895, pelo físico alemão Wilhelm Röntgen. Ele não soube dizer exatamente que tipo de radiação era aquela e por isso denominou X. No começo do século XX, legisladores moralistas tentaram proibir seu uso, pois os aparelhos poderiam ser usados para ver a nudez das pessoas através de suas roupas. A bobagem foi logo descartada.

RAJADA do espanhol *rajar*, abrir, fender, formou-se este vocábulo para designar um tipo especial de ventania, que chega de súbito. Curiosamente, o fenômeno em espanhol tem outro nome: *ráfaga*. De todo modo, rajada não é uma porção de rajas ou rajás, como são denominados os reis em sânscrito. A tradução brasileira para o filme *Bonnie and Clyde* estrelado por Faye Dunaway e Warren Beatty, é *Uma rajada de balas*.

RALAR do francês *râler*, ralar, tendo também o sentido de raspar, arranhar, arfar, pois, no francês antigo, *râle* é o barulho que o ar faz ao passar por pulmões em mau estado. Provavelmente por influência de ralo, do latim *rallum*, raspador para tirar a terra da relha do arado, adquiriu o significado de trabalhar muito. Ralo é também um utensílio doméstico utilizado para raspar tubérculos como a mandioca e a batata. No anverso de cada furinho está uma minúscula lâmina pontiaguda. Crivos semelhantes aparecem em regadores, mas sem as lâminas pontiagudas, e também em portas e confessionários, permitindo que os de dentro vejam os de fora, sem que saibam que estão sendo observados. Este tipo de ralo jamais avisou, como fazem hoje as câmeras de estabelecimentos públicos, "sorria, você está sendo filmado". O sentido de ralar como trabalhar muito deve ter mesclado inconscientemente a ideia de que trabalho é sofrimento, machuca, faz a pessoa arfar, cansar-se, assim abonado pelo *Houaiss*: "ralou de estudar para aprender inglês". E para a forma pronominal, designando ato de descaso, o mesmo *Houaiss* exemplifica: "ele está se ralando para o que os outros pensam dele." Com o sentido de sentir vergonha e dor, aparece neste trecho do conto *Linha reta e linha curva*, de Machado de Assis: "Tive duas ideias: uma foi o desprezo; mas desprezá-los é pô-los em maior liberdade e ralar-me de dor e de vergonha; a segunda foi o duelo... é melhor... eu mato... ou..." "– Deixe-se disso." " É indispensável que um de nós seja riscado do número dos vivos." "– Pode ser engano..." "– Mas não é engano, é certeza." "– Certeza de quê?" "Diogo abriu o bilhete e disse: – Ora, ouça: Se ainda não me compreendeu é bem curto de penetração. Tire a máscara e eu me explicarei. Esta noite tomo chá sozinha. O importuno Diogo não me incomodará com as suas tolices. Dê-me a felicidade de vê-lo e admirá-lo. – Emília."

RAMADÃ do árabe *ramadán*, ardente, designando o nono mês do calendário muçulmano, coincidindo com a época mais quente do ano. Nesse período, o fiel, do nascer do dia ao anoitecer, deve observar o jejum, um dos cinco pilares do Islã. Os outros são aceitar o credo ("Alá é o único Deus e Maomé é seu profeta"), rezar cinco vezes por dia (em árabe, depois de fazer a higiene), pagar as dádivas rituais (2,5% de seus rendimentos) e fazer a peregrinação a Meca pelo menos uma vez na vida. Como o calendário muçulmano é lunar, o ramadã não cai sempre na mesma data.

RAMEIRA combinação de ramo e sufixo -eira. É sinônimo de prostituta porque em Portugal assim era chamada aquela mulher licenciosa que frequentava as tabernas, estabelecimentos que ostentavam um ramo pendurado à porta. A rameira era a principal responsável por ramos mais crescidinhos, também chamados de galhos, com os quais ornavam as cabeças de outras belas senhoras, rainhas e princesas do lar, cujos desejados tálamos não enjeitavam, praticando com seus maridos e noivos o vituperado comércio carnal.

RAMO do latim *ramus*, ramo, galho, ligado à árvore, mas tendo o mesmo cognato de raiz, *radix*. Erico Veríssimo confidencia em suas memórias que procurou saber qual era a raiz de sua árvore genealógica e o ramo ao qual pertencia: "senti um dia a curiosidade de descobrir a origem dos Veríssimo. Graças a um amigo dado a pesquisas genealógicas, fiquei sabendo que o ramo brasileiro da família de nome superlativo começou no Brasil com o português Manoel Veríssimo da Fonseca, natural da freguesia do Ervedal, na Beira Alta. Tendo emigrado de Portugal em 1810, casou-se coma moça Quitéria da Conceição, natural de Ouro Preto."

RAMPA do étimo germânico *hramp*, designando algo inclinado, pelo frâncico *hrampôn* e daí ao francês *rampe*, declive, do verbo *ramper*, rebaixar, tendo também o sentido de humilhar-se. No Brasil, a rampa mais famosa é a do Palácio do Planalto, por onde subiram e desceram os generais que governaram o Brasil com mão de ferro de 1964 a 1985, quando o último deles, João Figueiredo, foi substituído por José Sarney, vice de Tancredo Neves, então no hospital, onde morreria no dia 21 de abril de 1985. O sucessor de Sarney foi Fernando Affonso Collor de Mello, que subiu a mesma rampa como presidente ungido nas primeiras eleições diretas da Nova República. Mas, cassado pelo Congresso, foi substituído por seu vice, Itamar Franco, sucedido por Fernando Henrique Cardoso, por sua vez substituído, depois de dois mandatos, por Luiz Inácio Lula da Silva, que, igualmente depois de dois mandatos, foi sucedido por Dilma Rousseff, a primeira mulher a subir a rampa como presidente da República.

RANÇO do latim *rancidus*, fétido, estragado, desagradável, insuportável, cujo étimo está ligado a *rancere*, rosnar, a fala do tigre, e também a rancor, cujo significado original é cheio de ranço, que passou a designar também o gosto amargo e o mau cheiro de alimentos gordurosos estragados e de comidas impróprias ao consumo, por tempo demasiado de armazenagem. Mofo e bafio são seus sinônimos. No sentido conotativo, designa traço desagradável, percebido em pessoas e objetos, ou em coisas fora de moda.

RANCOR do latim *rancore*, ódio, rancor. O escritor paulista, radicado por muitos anos no Rio, João Antônio, autor do clássico *Malagueta, perus e bacanaço*, já transposto para o cinema, é autor de um livro intitulado *Abraçado ao meu rancor*.

RANGER do latim vulgar *ringere*, ranger, ringir, mover os dentes, *ricto* de quem está encolerizado. Jesus ameaçou os pecadores com o fogo da geena, lixeira da cidade de Jerusalém e metáfora do inferno: "Ali haverá choro e ranger de dentes." O vocábulo aparece em *Pescoço ladeado por parafusos*, livro do jornalista e escritor Manoel Carlos Karam, um dos autores que mais renovam a prosa de ficção brasileira contemporânea: "Antes de ir para a frente de batalha, os cavalos eram treinados ouvindo explosões durante os exercícios dos soldados, mas na frente acabam ficando assustados, talvez porque os soldados não fossem os mesmos dos treinamentos, onde não eram admitidos o ranger de dentes, e na frente o choro e o ranger de dentes eram inevitáveis e vinham acompanhados de efeitos colaterais como mijar na calças."

RANKING do inglês, significando fileira, classificação. Em algumas revistas, você encontra o *ranking* dos discos, livros, peças de teatro e filmes. Ali estão listados os cinco de maior preferência entre o público em cada uma das quatro categorias. É bom lembrar que o critério do *ranking* não é o da qualidade, mas o do sucesso. E que sucesso e prestígio raramente estão combinados. Alguns livros de dois grandes escritores americanos, John Updike e Philip Roth, venderam sete mil exemplares nos Estados Unidos, onde os *best-sellers* às vezes vendem mais de um milhão de exemplares.

RANQUEAR do inglês *ranking*, sequência de classificação. O verbo foi formado para designar ação de pôr alguém ou algo no *ranking*, estabelecendo níveis de graduação. É neologismo de procedência norte-americana, perfeitamente dispensável na língua portuguesa, mas imposto pela influência da língua inglesa, o latim do império no mundo. Nos Estados Unidos, onde tudo é ranqueado, as empresas aéreas demonstraram certa vez que os aviões eram responsáveis por apenas 0,8% das mortes em acidentes, perdiam apenas para os trens. O transporte rodoviário é o mais perigoso, causando na época 387 mortes em mil casos estudados. Uma curiosidade: os acidentes em casa matavam duas vezes mais do que no trabalho.

RAPAPÉ palavra formada a partir da junção de rapar, do germânico *rapon*, arrebatar, e pé, do latim *pes*. No germânico, rapar tinha também o significado de desgastar. Assim, rapapé designou no português um cumprimento primitivo, que consistia em arrastar os pés para trás, depois das inclinações de adulação ou respeito. É fácil supor a origem do recuo: ao inclinar-se em demasia, para não bater com a cabeça na barriga do reverenciado, era necessário retroceder. No ímpeto, em meio à emoção, a distância entre as partes não poderia ser calculada por passos. O adulador ia se afastando aos poucos, ao tempo em que inclinava a cabeça e o corpo. Deste modo era inevitável que os pés se arrastassem até a distância conveniente. Migrando para o sentido conotativo, rapapé veio a designar elogio desnecessário, subserviência.

RAQUETE do francês *raquette*, que entrou para nossa língua perdendo apenas uma consoante e conservando o mesmo significado. É o instrumento indispensável a esportes como o tênis, o pingue-pongue e o frescobol, constituído de um cabo à ponta do qual está um anel ovalado coberto de cordas. Com ele os jogadores batem na bola, mas alguns às vezes fazem uma cara tão feia e olham de tal modo para o adversário que nos passam a impressão de que estão batendo na bola porque o adversário é um alvo muito distante. Outros, mais descontrolados, costumam quebrar a raquete depois da perda de um ponto precioso ou da partida.

RASCOLNISMO do francês *rascolnisme*, rascolnismo, designando seita desmembrada da Igreja ortodoxa russa em 1659. O rascolnismo considera contrárias à fé as revisões bíblicas e as reformas litúrgicas deflagradas em 1654 pelo patriarca russo Nikita Minin, mais conhecido como Nikon. *Raskol* em russo significa cisma.

RASTAQUERA do francês *rataquouère*, arrivista recentemente afortunado, o novo-rico habitual, que chama atenção pela indelicadeza de gestos e luxo ostensivo, com um padrão cultural muito abaixo do econômico ou do financeiro.

RATEAR do latim *ratu*, calculado, a língua portuguesa tirou a última vogal e acrescentou o sufixo -ear, muito usado em formações morfológicas semelhantes. Ratear é verbo que significa distribuir algum gasto por quotas entre várias pessoas, como num condomínio. É em geral utilizado em débitos. Dificilmente o vocábulo indica a operação de dividir os lucros.

RATEIO de ratear, do latim *ratus*, certo, calculado, contado. Entretanto, ratear tem também o significado de falhar, enfraquecer. Neste caso, procede do francês *rater*, verbo que designa a ação da arma de fogo que não expele a bala, radicado provavelmente em metáfora de *rat*, rato, aplicado ao avarento. Como o avarento procede como o rato, amealhando fortunas dos outros para si e retém o que deveria soltar, o dinheiro, também o canhão retém o projétil. Com a invenção do automóvel, quando o motor não funcionava direito, passou-se a dizer que rateava. Rateio com o sentido de repartir determinada quantia em partes proporcionais ou iguais aparece em *O nobre sequestrador*, romance de Antônio Torres, cujo tema é o sequestro da cidade do Rio de Janeiro pelo corsário francês René Duguay-Trouin. Em 13 de novembro de 1711, comandando poderosa esquadra de 17 navios e 5.764 marinheiros, saqueou a cidade, levando 610 mil cruzados, uma fortuna para a época, 500 caixas de açúcar e várias cabeças de gado. Ao regressar foi promovido pelo rei francês: "As instituições e os contribuintes privados (dezessete, ao todo) que participaram do rateio dos 610 mil cruzados pagos a Duguay-Trouin o fizeram com um empréstimo à população, que sequer podia se queixar ao Bispo: sobrou também uma parte da dívida para os eclesiásticos." Mas, acrescenta o escritor, "nunca se soube que destino tiveram os bens sequestrados de Francisco de Castro Morais. Ele era um homem muito rico. Entregou o ouro, mas deixou a despesa para os outros. Para você fazer uma ideia de sua riqueza, basta lembrar que o governador anterior levou consigo, no seu regresso a Lisboa – oficialmente –, 45 arrobas de ouro". Não foi certamente uma compensação da França, mas o romancista baiano, que vive no Rio há muitas décadas, foi condecorado em 1998 pelo governo francês como *Chevalier des arts et des lettres*. *O nobre sequestrador* é seu livro de número 13, desde a estreia, com *Um cão uivando para a Lua*, em 1972.

RA-TIM-BUM de expressão surgida na década de 1930, no Largo São Francisco. Segundo o professor Eduardo César Silveira Vita Marchi, um rajá indiano visitava a Faculdade de Direito da USP e seu nome soava aos ouvidos dos estudantes como Ra-tim-bum. Naquela época os botecos não tinham como armazenar cervejas geladas em grande quantidade, como hoje. Os frequentadores tinham que aguardar por cervejas que demoravam a ser resfriadas em barras de gelo. Quando enfim o garçom vinha à mesa trazendo as garrafas, os estudantes, que tinham anunciado antes "É meia hora" ou "Em meia hora", mudavam para "A hora é agora", celebrando: "É hora, é hora, é hora", bordão ao qual passaram a acrescentar o nome do rajá.

RATO há muitas hipóteses para o étimo deste vocábulo. Pode ter vindo do latim *rapidu*, ligeiro, ou de *raptu*, roubo. As duas origens são muito prováveis, dada a velocidade e o ato costumeiro do rato que, inclusive, é metáfora de ladrão. Calcula-se que há mais ratos que homens na face da terra. Trata-se de uma das muitas superstições estatísticas, pois quem contou os bichinhos poderia ter aproveitado a ocasião para exterminá-los.

RAY-BAN do inglês *ray*, raio, e *ban*, banir. A designação do processo de tornar esverdeado ou azulado uma espécie de vidro, muito utilizado em janelas, vidros de automóveis e óculos de proteção contra os raios do sol, transformou-se depois em substantivo que indica este tipo de óculos.

RAZÃO do latim *ratione*, razão, juízo, raciocínio. *Razão e sensibilidade* é o título de um filme, de grande sucesso, baseado no romance homônimo da escritora inglesa Jane Austen, cujo roteiro foi obra de outra inglesa, a atriz Emma Thompson, formada em Literatura pela Universidade de Cambridge e que recebeu o *Oscar* de melhor atriz por sua atuação em outro filme famoso, *Retorno a Howard's End*. O roteiro e o diário das filmagens de *Razão e sensibilidade* resultaram no primeiro livro da atriz, publicado também no Brasil.

REAL do latim *regalis*, real, pertencente ou relativo ao rei. Designou a primeira moeda brasileira, herdada de Portugal, cujo plural era réis. Houve um longo caminho de volta, do cruzeiro ao real. Em 28 de fevereiro de 1986, o presidente José Sarney tirou três zeros e mudou o nome para cruzado, qualificando-o de cruzado novo em 16 de janeiro de 1989. Em 16 de março, o presidente Fernando Collor de Mello mudou para cruzeiro, sem cortar nenhum zero. No dia primeiro de agosto de 1993, o presidente Itamar Augusto Cautiero Franco cortou três zeros e mudou o nome para cruzeiro real, extirpando "cruzeiro" no dia primeiro de julho de 1994, mantendo apenas "real" para designar a nova moeda que na época valia 2.750 cruzeiros reais. Os primeiros meios de troca foram animais e grãos. O grão ainda está presente no número dos sapatos. Sapato número 36 indica extensão de igual número de grãos de cevada.

REALENGO do espanhol *realengo*, que registra este vocábulo já no alvorecer do século XIV, designando povoados que não pertenciam a um senhor ou a uma ordem, militar ou religiosa, mas ao rei. Sua origem remota é o latim tardio *regalengu*, régio, real, relativo às posses da coroa. Com o tempo passou a designar localidade desassistida, dada a omissão do Estado com as coisas públicas. As povoações sob a cúria da Igreja, das ordens religiosas ou militares, recebiam atenção, que faltava aos realengos, tanto que com o tempo o vocábulo constituiu-se em regionalismo, em Portugal como no Brasil, indicando lugar em desordem, abandonado, entregue às moscas. Ficar ao realengo é expressão sinônima de ficar ao relento, ainda que relento tenha outra formação, que remete ao latim *lentus*, lento, viscoso, úmido. O vocábulo latino serviu de radical a palavras do espanhol, do catalão e do francês que indicam ficar ao sereno, passando frio, sofrendo os efeitos da umidade do ar. O bairro do Realengo, no Rio, remonta ao tempo em que a corte do rei Dom João VI viveu no Brasil, mas há quem sustente que pode ter havido influência do nome da estação de trem ali instalada ainda no século XIX, com os dizeres "Real Eng°", sendo esta última palavra abreviatura de Engenho. Mas esta última versão pode ser apenas uma invenção de quem escolheu o caminho mais fácil para interpretar, desprezando a pesquisa e atendo-se mais à coincidência da abreviatura com a antiga palavra.

REALEZA de real, do latim *regale*, mais o sufixo -eza, designando o que diz respeito aos reis, à grandeza e à magnificência de que são revestidos, incluindo símbolos como as vestes, o cetro, o anel, a coroa sobre a cabeça. Três reis estão presentes no Natal, simbolizando as três raças conhecidas até então: Belchior, simbolizando os europeus; Baltasar, os africanos; e Gaspar, os asiáticos. O primeiro presépio, com animais vivos, foi obra de São Francisco de Assis, que em 1223 festejou no Natal na floresta de Greccio, nos arredores de Assis, na Itália. Conhecido pela bondade com que tratava todos os animais, até mesmo os selvagens, levou bois, vacas e burro para explicar que Jesus tinha nascido no meio deles, numa gruta. Para a presença dos reis, a inspiração veio do Salmo 72 (em algumas edições da Bíblia é o 71), versículo 10: "Os reis de Társis e das ilhas lhe oferecerão tributos, os soberanos de Sabá e de Seba lhe trarão ofertas." Mas algumas pinturas dos primeiros séculos apresentavam dois, quatro e 12 magos. Talvez porque o *Evangelho de São Mateus* não diga que eram três nem que eram reis. Diz apenas: "tendo Jesus nascido em Belém da Judeia, no tempo do rei Herodes, chegaram a Jerusalém uns magos vindos do Oriente, que perguntaram: onde está o rei dos judeus que acaba de nascer? Vimos sua estrela no Oriente e viemos adorá-lo." Do Oriente a Belém viajaram duas semanas de camelo. E trouxeram ouro, incenso e mirra, que simbolizam a realeza, a divindade e a humanidade do recém-nascido. Apesar dos ossos dos três reis magos estarem na Catedral de Colônia, na Alemanha, vindos de Milão, em 1164, eles nunca existiram, mas são uma das mais belas lendas cristãs.

REALIDADE do latim *realitate*, declinação de *realitas*. Explicações de coisas míticas ou lendárias são antecedidas da expressão "na realidade" ou "em realidade". É o caso das dez pragas do Egito, que alguns insistem equivocadamente terem sido sete, número muito usado em superstições. Pesquisadores modernos chegaram à conclusão de que as dez pragas podem ter ocorrido depois da erupção do vulcão Santorini, que produziu dez catástrofes: lama e fumaça quentes, de cor vermelha, tornaram rubras as águas do Nilo; sapos e rãs, fugindo da intoxicação de águas, banhados, lagos e lagoas, espalharam-se por todos os lugares, inclusive nos palácios do faraó; em momentos de desestabilização ecológica, proliferava exageradamente um tipo de piolho, o maruim, de picada dolorosa; com a morte dos animais, carcaças podres resultaram em numerosos enxames de moscas, males tão exasperantes que em hebraico o Demônio é chamado de o Senhor das Moscas; esses insetos causarão diversas enfermidades aos animais: a peste equina africana e a peste da língua azul. O mormo, mosquito abundante nos estábulos, passou a atacar também as pessoas, provocando úlceras na pele. A chuva de granizo deveu-se a abruptos encontros de massas de ar frio e de ar quente, tornando as tempestades maiores e mais violentas do que já o eram antes. Ventos fortes, em intensidade nunca antes vistas, mudaram o curso de bandos de gafanhotos etíopes. Tempestades de areia no Saara, antes mais rápidas, chegaram a durar dias, escurecendo o Sol. E por fim a morte dos primogênitos.

REBOLAR de bola, do latim *bulla*, pelo provençal *bola*, com o prefixo re- e o sufixo -ar, designando dança ou passo que faz com que o bumbum pareça uma bola em movimento. Aparece neste poema de Soila Schreiber, autora de diversos livros, entre os quais *Narrativas do coração:* "Rebola, bola no alto do viaduto/ Seu vulto cheirou cola/ e manda bala/ Rebola, bola um rebolado/ Aventura para os jornais:/ Buraco na porta do carro,/ Rombo no coração/ Por acaso essa arma tão certeira/ Pode apontar pra outra bandeira,/ Vulto sem direção na linha vermelha?"

REBOQUE do grego *rymoulkéo*, vocábulo composto de *rhyma*, corda, e *hélko*, arrastar. O conhecido analista de economia Joelmir Beting, que combina boa informação técnica com linguagem acessível à maioria, diante da criação da Unidade Referencial de Valor, em 1994, perguntou: "É urvização do dólar ou dolarização da URV? Qual das moedas está a reboque da outra?" Como ocorre em toda política econômica implementada de cima para baixo, imposta à força, seus formuladores não deram cordas e ainda tiraram a escada.

RECEITA do latim *recepta*, coisas recebidas, plural de *receptum*, recebido. Houve elipse de "coisas", pois a palavra passou a designar tudo o que era recebido de instruções de como fazer determinados pratos a procedimentos de contabilidade, na vida financeira de pessoas, instituições e países. Uma das primeiras compilações de receitas culinárias é o *Livro de cozinha da Infanta D. Maria*, conjunto de 67 receitas culinárias e seis receitas avulsas, de uso doméstico. O livro agrupa as receitas em quatro cadernos: 26 manjares de carne, 4 manjares de ovos, 7 manjares de leite e um "caderno das cousas de conserva".

RECENSEAMENTO de recensear, do latim *recensere*, fixar o número de pessoas em determinada região, discriminando sexo, idade, naturalidade, estado civil, profissão etc., como faz o IBGE. São Lucas diz que Jesus nasceu em Belém e não em Nazaré por força de um recenseamento ordenado por Caio Júlio César Otaviano Augusto e executado por Quirino, governador da Síria, jurisdição que abarcava Belém.

RECHONCHUDO do espanhol *choncho*, gordo, antecedido do prefixo re-, como duplicação, fez-se *rechoncho*, muito gordo, mais o sufixo -udo, característicos de terminações semelhantes, como em cabeludo, barbudo etc., indicando quantidade ou tamanho avantajado. Apesar de modernamente a estética dominante rejeitar gordos e gordas, eles já foram e são personagens de grandes pintores, como Pierre-Auguste Renoir, francês de Limoges, e Fernando Botero Angulo, colombiano de Medellín.

RECIDIVA de recidivo, do latim *recidivus*, do verbo *cadere*, antecedido do prefixo re-, indicando cair de novo. Recidiva é recaída, numa doença, num delito, mas também tem o sentido positivo de renascer, brotar. O étimo está presente em acidente e em ocidente, com outros prefixos: ad-, no primeiro caso, e ob-, no segundo. Por isso, tem muito sentido a expressão "cair da tarde", quando o Sol se põe, a oeste. Todos os dias, o astro tem essa recidiva, para poder nascer no leste no dia seguinte. Mas também essas são metáforas. Quem gira ao redor dele é a Terra.

RECIFE de *arrecife*, seu registro primitivo, feito no *Manuscrito Valentim Fernandes*, oferecido à Academia Portuguesa de História por Joaquim Bensaúde, com leitura e revisão de António Baião, quando é descrito o mar nas proximidades de localidade chamada Arzila, a sete léguas de Tanger: "e tem um arrecife onde se pode meter navios e é costa brava do mar." Por tal registro nota-se que no século XIII, arrecife tinha o significado de dique, paredão, molhe, cais, sentido que depois se transformou de solução à ancoragem num problema sério, já que as águas encobrem as pedras que, ocultas, são a desgraça dos navios. O árabe *arrasif*, de onde procede a palavra, tinha o significado de "estrada pavimentada". A capital de Pernambuco recebeu o nome de Recife pelas formações rochosas na costa naquela parte do Atlântico, com as quais o navegador deveria ter muito cuidado, atendendo a esta recomendação, primeiro dos lavradores romanos, "*aperire oculos*", "abrir os olhos", expressão reduzida para "*abr'olhos*", depois mais ainda para uma palavra só: abrolho. Na lavoura, o abrolho designou inicialmente erva daninha, mas, migrando para metáfora marítima, veio a designar outros cuidados a quem navegava: as pedras. Os abrolhos terrestres aparecem na maldição divina depois do pecado original. Adão é condenado a ganhar o pão com o suor do rosto derramado sobre a terra que, para dificultar ainda mais as coisas, "produzirá espinhos e abrolhos". Os marítimos aguardaram que o homem inventasse a navegação para atrapalhá-lo.

RECLAME do francês *réclame*, chamada de atenção, radicado no latim *clamare*, soltar gritos, proclamar, anunciar que algo está acontecendo ou vai acontecer, tendo por isso o significado de advertência. O prefixo re- indica repetição, assim como a própria palavra repetição é repetição de petição, pedido. Os primeiros réclames apareceram no francês entre os séculos XVII e XVIII, indicando anotação ao pé de página. Por essa razão os primeiros anúncios eram feitos na parte inferior das páginas dos jornais. No século XIX chegaram ao Brasil. O apresentador Fausto Silva adota esta variante na chamada dos comerciais em seu programa, dominical na TV Globo, substituindo "comercial" por "reclame", com fins humorísticos. Os reclames, anúncios, comerciais e outros nomes que tenham, aparecem em nossa imprensa há mais de 100 anos. Os primeiros, publicados na segunda metade do século XIX, revelam sem querer a pureza das intenções, de que são exemplos os anúncios de *Au bon diable* (No bom diabo), casa especializada na importação de roupas de Paris e Londres, "fornecedores do Seminário Episcopal e dos principaes collegios da provincia", publicado no *Correio Paulista* no dia 29 de dezembro de 1885. Era de se esperar que os comerciantes fossem escorraçados e excomungados só por convidarem a quem convidavam para ir à casa do Bom Diabo, sem contar a heresia da qualificação do "coiso". E um certo Óleo de São Jacob era apresentado como "o grande remédio allemão para curar com promptidão o rheumatismo, nevralgia, gota, sciatica e dor nas costas, queimaduras, inchações, dores da Garganta, de Cabeça, Dentes e Ouvidos, dislocações e contusões e também toda espécie de dores e pontadas", este último estampado no dia 19 de novembro de 1889 em *A Província de São Paulo*. Um remédio com tais poderes continua fazendo falta.

RECOLHER do latim *recolligere*, recolher, reajuntar, do mesmo étimo de colher, ler, escolher etc., pois a raiz comum é *leg-*, mas mudou de significado e veio a designar ato de ficar sozinho, por vontade própria, para meditar, ouvir música, ler, escrever etc., como fazem monges e intelectuais, ou por medidas impostas por outrem, como é o caso dos presos nos cárceres, recolhidos à força para o cumprimento de sentenças ou enquanto aguardam julgamento. Recolher tem também o significado de arrecadar, pois o agente colhe e recolhe impostos, por exemplo.

RECOMENDAR do baixo-latim *recommendare*, aconselhar, indicar, ensinar. Inicialmente o verbo era mais utilizado para designar a profilaxia espiritual, determinada por padres e confessores. Passou depois a indicar a ação dos médicos ao prescreverem remédios, seguidos de recomendação de dieta alimentar, cuidados pessoais e repouso. Dada a complexidade da vida moderna, novos profissionais, como educadores, médicos e advogados, foram chamados a fazer outras recomendações, vinculadas a seus ofícios.

RECONHECER do latim *recognoscere*, reconhecer, destacar, mostrar gratidão. É este o sentido da homenagem concebida pelo construtor da Torre Eiffel, que mandou inscrever os nomes de 72 engenheiros e cientistas cujas teorias o ajudaram na grandiosa obra. Cobertos de tinta no começo do século XX, foram restaurados na década de 1980. É machista a lista: excluiu a cientista Maria-Sophie Germain, cuja teoria sobre números e elasticidade foi importante na construção do monumento. Pobre Sophie! Estudou na Escola Politécnica de Paris, que proibia a entrada de mulheres, disfarçando-se sob o pseudônimo de um aluno que a direção ignorava que já deixara Paris, Antoine-August Le Blanc. Sophie interceptava as lições e resolvia os exercícios. O professor Joseph Louis Legrange, surpreso com a súbita excelência obtida pelo aluno medíocre, marcou um encontro com ele. Revelada a identidade, o mestre manteve a confidência e ela se formou. Ainda assim, quando faleceu de câncer no seio, seu obituário na imprensa a designou como *rentière-annuitant* (solteira, sem profissão), palavra francesa com hífen. A França inteira sabia que ela amara por toda a vida o príncipe dos matemáticos, o alemão Johann Carl Friedrich Gauss.

RECORDAR do latim *recordare*, trazer de volta para o coração, *cor de* em latim, declinação de *cor*. Recordações de acontecimentos memoráveis infestam datas e efemérides, sejam civis, religiosas, militares etc. Muitos países recordam nos próprios nomes as personalidades a eles ligados, dentre os quais: Bolívia, para recordar Simón Bolívar; China, que lembra a dinastia *chin*, que governou o país no século III a.C., unificando-o para defender da pilhagem de tribos nômades as riquezas. Colômbia recorda Cristóvão Colombo. As Filipinas recordam o rei Felipe II, da Espanha. San Marino, pequena república envolta pela Itália, reino fundado em 301, tem apenas 30 mil habitantes e homenageia São Marinho, o primeiro governante, depois elevado à honra dos altares. São Tomé e Príncipe, da comunidade lusófona, homenageia São Tomé, um apóstolos de Jesus, e o rei Dom João II, que tinha o título de Príncipe Perfeito.

RECRUTA de recrutar, do francês antigo *recruter*, ligado a *recoitre*, de *coitre*, crescer, portanto tornar a crescer, pelo prefixo re-. A origem remota é o latim *recredere*, também com o prefixo re- anteposto a *credere*, crer, confiar. Designa o soldado que acabou de chegar ao quartel e aquele que assentou praça recentemente. Os recrutas não envelhecem nessa condição, logo serão soldados experientes, cabos, sargentos, tenentes, capitães, majores, generais etc. Exceto o *Recruta Zero*, personagem de quadrinhos criado pelo americano Mort Walker em 1950 para criticar o serviço militar nos EUA. Ele surgiu como um estudante universitário preguiçoso, atrapalhado e indisciplinado. O autor, querendo denunciar os maus-tratos nas Forças Armadas, onde pontificavam sargentos sádicos, alistou o personagem no Exército. Logo ele se tornou um sucesso entre os soldados e foi detestado de cara pelos comandantes. Em 1969, a revista *Mad* retirou o emblemático boné e pôs na testa do recruta a ordem "Saiam do Vietnã". Na década de 1980 as histórias foram acusadas de sexistas pelos movimentos feministas. Em 1990 foi censurada a tira em que ele mostrava o bumbum para os superiores. As tirinhas, desenhadas até hoje por seu criador, que faz isso desde os 26 anos de idade, são publicadas no Brasil pelo jornal *O Estado de São Paulo*. *O melhor do Recruta Zero* (Editora L&PM) é uma seleção dessas tiras.

RECUAR de origem controversa, provavelmente do latim vulgar *reculare*, recuar, pelo francês *reculer*, andar para trás, retroceder. Também no italiano *rinculare* está presente o étimo que alude ao ânus, o mesmo acontecendo no espanhol e no catalão. De resto, há outras palavras que escondem o étimo tido por obsceno, como em culatra, a parte posterior do cano das armas de fogo, presente na expressão "o tiro saiu pela culatra". Alguns dicionários dão a palavra com formação autônoma na língua com a formação re + cu + ar. O certo é que o étimo latino *culus*, sinônimo de *anus*, ânus, não era tido como chulo. Mas na linguagem científica predominou o grego *proktós*, presente em proctologia, proctologista e palavras de domínio conexo a essa especialidade médica. Em Portugal, tal étimo só se torna vulgar pelo contexto, pois designa a traseira de um modo geral, em pessoas, animais e objetos. O verbo recuar é usado no esporte, por analogia com as lides guerreiras, designando tática de esperar o adversário para atuar em contra-ataque. E também na economia, indicando diminuição em indicadores diversos.

RECURSO do latim *recursus*, recurso, percorrer novamente caminho idêntico. A palavra formou-se a partir de *currere*, correr, seguir um trajeto, aplicando-se aos bois no arado, aos astros no céu e às pessoas nas estradas, que muitas vezes retomam a mesma rota. Na linguagem jurídica, designa recorrer à instância inicial ou à superior, para obter modificação de decisão desfavorável. Mas o exagero de recursos, com objetivos protelatórios, isto é, para retardar a aplicação da pena, é conhecido como chicana, do francês *chicane*, derivado do verbo *chicaner*, inquietar, perturbar, passar em ziguezague num entrincheiramento. Em sentido mais estrito, impedir a livre circulação de um fluido ou de um sólido.

RECUSA do latim *recusare*, recusar, rejeitar, não aceitar. Houve famosas recusas pelo mundo afora, em todos os tempos. Muitos foram também os arrependimentos por tais recusas, como foi o caso dos atores que rejeitaram o papel vivido por Humphrey Bogart no filme *Relíquia macabra*, baseado no romance *O falcão maltês*, de Dashiel Hammet. Os despeitados achavam o romance de baixo nível e o filme, de menor importância. Perderam fama e dinheiro.

REDAÇÃO do latim *redactione*, declinação de *redactio*, redação, ação de redigir, escrever. Devido à hegemonia da fala, principalmente entre os jovens, que mais falam do que escrevem, e mais ouvem do que leem, a redação é o grande fantasma de concursos e vestibulares. Absurdos vêm assolando a última flor do Lácio, como pré-requisito (se é requisito de algo, como será pré?), fazer uma colocação (o galináceo a fará melhor, certamente) e encarar de frente (como encarar de costas?).

REDATOR do latim *redactum*, particípio de *redigere*, redigir. Originalmente designava qualquer pessoa que redigisse textos científicos, literários, artísticos, mas com o advento da imprensa passou a indicar profissional especializado, encarregado de dar forma e conteúdo jornalístico a matérias já alinhavadas por repórteres. A mais longa carreira de redator num único jornal foi a de sir Etienne Dupuch que trabalhou durante 72 anos em *The Tribune*, de Londres, sem jamais ter precisado mudar de emprego.

REDE do latim *rete*, rede. Também chamada de véu da noiva. São muitas as metáforas para celebrar o grande momento do futebol, que é o gol, quando a bola vai para o fundo da rede. Alguns locutores aludem à pescaria, gritando "tem peixe na rede", mesmo quando o que passou pelo goleiro foi um frango. Originalmente tinha apenas o significado de entrelaçamento de fios, mas com o tempo tornou-se vocábulo polissêmico, passando a designar também outros conjuntos, como é o caso, nos transportes, da rede ferroviária e, mais recentemente, nas comunicações, das redes de rádio, televisão e computadores. Tem também o significado de armadilha. O 12° rei de Portugal, Afonso V, querendo coibir armadilhas em algumas regiões, determinou: "Quem armar redes nas matas, pague mil réis e seja preso."

REDENÇÃO do latim *redemptione*, resgate. Grandes religiões contemporâneas – judaísmo, cristianismo, budismo e islamismo – dispõem de mecanismos para romper uma situação desesperadora, mas com concepções diferenciadas. A noção de resgate coletivo já estava definida no Antigo Testamento, com a libertação dos hebreus, escravizados pelos egípcios. No século VII vigia uma crença popular de que Cristo viera ao mundo no Natal para começar uma operação comercial com o Diabo, a quem ofereceria sua alma para salvar a humanidade. *Redenção* é também o título da novela mais longa da televisão brasileira, estrelada por Francisco Cuoco e Lelia Abramo, que teve 596 capítulos, exibidos no período de 16 de maio de 1966 a 2 de maio de 1968, sempre às 19 horas.

REDENTOR do latim *redemptore*, redentor, aquele que redime ou resgata, conceito herdado do povo hebreu, que assim designava aquele que, antecipando-se ao ano do jubileu, quando as dívidas eram perdoadas, resgatavam pessoas e propriedades. Na antiga Roma, o significado era o de empreiteiro das obras públicas e fornecedor do Estado. Por antonomásia, passou a designar Jesus Cristo, que, morrendo na cruz, fez a redenção do homem, redimindo-o da queda sofrida no Paraíso. Ocorre antonomásia quando substituímos o nome próprio por um substantivo comum. A Estátua do Cristo Redentor foi concebida pelo engenheiro Heitor da Silva Costa e pelo artista plástico Carlos Oswald, mas quem a construiu foi o escultor francês Paul Landowski. Ele trabalhou cinco anos no monumento, mas nunca o visitou. As peças foram montadas e transportadas por via férrea, de Niterói até ao topo do morro. A ideia da estátua já tinha sido apresentada à princesa Isabel, pelo padre lazarista Pedro Maria Boss, em 1859. Apesar de já existir em 1824 uma estrada de rodagem que levava ao cume do morro do Corcovado, a de ferro só veio a ser construída em 1884. Construído nos anos 1920, o

Cristo Redentor foi inaugurado no dia 31 de outubro de 1931, já no governo Getúlio Vargas, líder da vitoriosa Revolução de 1930.

REDENTORA feminino de redentor, do latim *redemptore*, declinação de *redemptor*, aquele que redime, perdoa. Na Roma antiga designava o empreiteiro de trabalhos públicos e também o fornecedor do exército. O dinheiro empregado para pagar trabalhos e dívidas era o resgate, a redenção. No Brasil é antonomásia da princesa Isabel. Aos 25 anos, quando foi regente do Brasil pela primeira vez, promulgou a Lei do Ventre Livre. Em 1888, regente pela terceira e última vez, aboliu definitivamente a escravatura no Brasil, assinando, no dia 13 de maio, a Lei Áurea. Por causa disso, o papa Leão XIII enviou ao Brasil um embaixador especial para condecorar a princesa com a Rosa de Ouro. Morreu exilada em Paris, onde foi enterrada, mas em 1951 seus restos mortais foram trasladados para o Brasil e desde 1971 estão no mausoléu da família imperial, na Catedral de Petrópolis.

REDIGIR do latim *redigere*, redigir, significando reduzir a certo estado, no caso reduzir a fala à escrita. Segundo o professor Pasquale Cipro Neto, que ensina nossa língua portuguesa em escolas e também no rádio e na televisão, "é na sintaxe dominante que são redigidos os contratos e as leis, um exemplo cabal de que língua é poder".

REDOMÃO do mesmo étimo de domar, do latim *domare*, domesticar, amansar. Designa o cavalo ainda xucro, cuja doma não está completa. Xucro, do quíchua *chucru*, duro, pelo espanhol platense *chúcaro*, é o cavalo selvagem ou que ainda não foi montado. É palavra muito frequente no cancioneiro do Rio Grande do Sul e está nestes versos do poeta e compositor popular gaúcho João Sampaio: "Herdei do meu bisavô/ O entono de redomão/ Cada vez que eu abro o peito/ E canto um canto do meu chão/ Fico mais igual a ele/ E passo a mesma impressão/ Quem me escuta também pensa/ Que eu tenho o mundo nas mãos."

REDUÇÃO do latim *reductione*, declinação de *reductio*, redução, isto, ação de trazer de novo, recuar, levar para trás. A busca de síntese atinge também as palavras. Na língua falada, principalmente na gíria, vem ocorrendo uma redução vocabular impressionante, cujas alterações atingem o próprio léxico, em geral com a exclusão das últimas sílabas, de que são exemplos moto para motocicleta, "profe" para professor ou professora, "apê" para apartamento etc. "Moto", redução de motocicleta, existia no latim com outro sentido e designava o conjunto de palavras que os cavaleiros medievais traziam inscritas em brasões ou bandeiras. Redução designa ainda um tipo de formação social que existiu nos séculos XVII e XVIII, em territórios hoje pertencentes ao Brasil, Paraguai e Argentina. Cerca de 40 reduções jesuíticas constituíram a República Guarani, que chegou a reunir 300 mil índios. Foi destruída na segunda metade do século XVIII. Três dias antes da batalha decisiva, a de Caibaté, no Rio Grande do Sul, morreu o líder indígena Sepé Tiaraju, abatido por forças pertencentes ao maior exército europeu do período, destacado para fazer cumprir os acordos entre Espanha e Portugal. Nessa batalha os índios refugiaram-se, em desespero, nas copas das árvores, de onde eram abatidos em pencas por tiros de canhões, semelhando frutas que desabavam no chão. Nas reduções, os índios trocaram as tangas por roupas europeias, fazendo o mesmo com a cultura, de que são exemplos as imagens católicas que artesãos guaranis produziram em pedra e madeira sob orientação dos padres.

REDUNDÂNCIA do latim *redundantia*, abundância excessiva, ligada ao étimo do verbo *undare*, estar cheio, estar agitado, com altas ondas. Designa defeito de estilo que consiste em dizer o que não é necessário e que por isso fica sobrando, como vemos nesses exemplos: almirante da Marinha (não há o cargo de almirante nas outras duas forças, a aérea e a terrestre); elo de ligação (só pode ser de ligação, o elo); encarar de frente (como encarar, a não ser de frente?); todos foram unânimes (claro, do contrário não haveria unanimidade...); viúva do falecido (se é viúva, é do falecido); pequenos detalhes (lógico: não existem grandes detalhes).

REELEIÇÃO de eleição, do latim *electione*, anteposto pelo prefixo re-, que indica repetição. O vocábulo tem infestado os meios de comunicação dada a mudança processada em nossas leis, permitindo-se agora que prefeitos, governadores e o presidente da República possam ser reconduzidos aos cargos.

REENCARNAR de encarnar, do latim *incarnare*, tornar-se carne, viver de novo, representar tão bem um personagem a ponto de ser confundido com ele. Designa também o ato do espírito animar a pessoa, da concepção ao túmulo. A doutrina foi defendida ainda na antiga Grécia pelos filósofos Platão, Empédocles e Pitágoras. Segundo o médium Francisco ("Chico") Cândido Xavier, o espírito que encarnou em Cristóvão Colombo, Bartolomeu Lourenço de Gusmão e Alberto Santos-Dumont foi o mesmo.

REFEIÇÃO do latim *refectionis*, caso genitivo de *refectio*, ato de refazer as forças, comer, descansar. A primeira refeição que aparece na língua portuguesa é o jantar, que originalmente era o atual café da manhã, o desjejum. Veio de *jantare*, do latim dos clérigos, radicado em *jantare*, do latim vulgar. Perdendo o "e", fixou-se no português ainda no século XII. A seguir entraram ceia, no século XIII, e almoço, no século XIV. A ceia, do latim *coena*, a última refeição do dia, era a mais suculenta. No século XIV, porém, o jantar mudou de horário, passando para o meio-dia. E o almoço, do latim *alius morsus*, outro bocado, veio a substituir o jantar, servindo, então, como café da manhã. *Mordere*, em latim, tem o significado de morder, beliscar, mastigar, comer. *Morsus* é o particípio deste verbo, e *alius* tem o sentido de outro. Portanto, *alius morsus* indicava uma refeição intermediária, entre a primeira e a última. Com o passar do tempo, o almoço fixou-se ao meio-dia. E o antigo *alius morsus*, que permaneceu no mesmo horário, entre nove e dez horas da manhã, tomou o nome de outra refeição, a merenda, do latim *merenda*, radicada originalmente no grego *meiromai*, designando parte de uma recompensa que o agraciado fazia por merecer e que recebia em alimentos, mais ou menos como um vale-refeição *avant la lettre*. Não foi apenas no português que a denominação das refeições mudou de nome ou de horário. No inglês, *lunch* também designou originalmente o almoço, passando depois a merenda, bocado, sentido que conservou no português lanche. O francês *déjeuner* designou originalmente tanto o desjejum, o atual café da manhã como o almoço, que também na França mudou de horário, passando da primeira para a segunda refeição. Quanto ao café da manhã, em Portugal e nos países africanos de língua portuguesa, além de Macau e de Timor Leste, a designação é pequeno almoço.

REFÉM do árabe vulgar *rahen*, plural de *rahn*, penhores. No árabe vulgar era *riH n*. Passou a designar a pessoa inocente e importante como valor de troca em casos de guerra, revolução, rebeliões em presídios ou simples sequestro, como ultimamente tem sido habitual. Neste último caso, o refém é utilizado nas chantagens que buscam o atendimento das exigências dos sequestradores, sofrendo represálias e ameaças de morte. Vários têm sido os reféns assassinados. Mas o vocábulo tem sido usado também em sentido metafórico.

REFESTELAR de festa, do latim *festa*, cujo masculino é *festus*, dia de regozijo e alegria, em espaços privados ou públicos, étimo presente também em *nefastus*, de mau agouro. Veio para o latim de uma raiz indo-europeia "fes", ligada a celebrações de cunho religioso e sacerdotal. O prefixo re- e o sufixo -elar ampliaram e intensificaram os significados, deslocando-os para o profano. Aparece conjugado no romance *Era no tempo do rei*, de Ruy Castro, intitulando o capítulo "Em que a mulher do meirinho faz a alegria da tropa e o menino Leonardo se refestela nos seios da vizinhança".

REFINARIA do latim *fine*, fino, delgado, que não é grosso, formou-se refinar, tornar mais fino, e refinaria, sede dos complexos industriais onde o petróleo passa por esses processos para produzir-se gasolina, benzina e outros derivados.

REFORÇAR de forçar, antecedido de prefixo re-, presente em tantos outros verbos: repetir, recorrer, replicar, reagir etc. Foi formado a partir de forçar, do latim medieval *fortiare*, tornar forte. O acréscimo do prefixo veio a significar que era preciso, não fortificar o que está fraco, mas tornar ainda mais forte o que já é forte, invocando reduplicação. Reforçar um sustentáculo para apoiar coisas ainda mais pesadas; reforçar o prato de comida, acrescentando alimentos de melhor nutrição; reforçar um pedido, relembrando ao destinatário a solicitação feita, acrescentando novos argumentos; reforçar a defesa no futebol. Eis exemplo recente que abona o verbo: "A Agência Nacional do Petróleo (ANP) anunciou que vai adotar medidas para reforçar a segurança operacional de plataformas de petróleo no Brasil, com o objetivo de evitar vazamentos como o que ameaça a costa americana do Golfo do México."

REFORMA de reformar, do latim *reformare*, formar de novo, reformar. O prefixo re-, que indica repetição, está presente em muitas palavras da modernidade. Fala-se muito, por exemplo, em reengenharia disso e daquilo, indicando processos de revisão que têm o fim de levar melhoramentos em uma casa, em uma roupa ou em uma instituição. No começo do século XVI, um movimento religioso e político destinado a mudar as relações entre a Igreja e o Estado levou à chamada Reforma, que resultou no surgimento da igreja luterana, nascida do catolicismo e fundada por Martinho Lutero. Depois de tantas reformas, entre as quais a política, tão anunciadas e jamais feitas no Brasil, surgiu nova reforma da língua portuguesa, que tem o fim de levar à unificação ortográfica entre o Brasil e os sete países lusófonos: Portugal, Angola, Moçambique, São Tomé e Príncipe, Cabo Verde, Guiné-Bissau e Timor Leste. A nova gramática vai alterar 1,6% do vocabulário luso e 0,5% do brasileiro. Polêmico, o acordo tem despertado críticas mal sustentadas, pois não se trata de proibir as variações da fala e, sim, de unificar a escrita, como já aconteceu com a língua árabe, que, embora falada de diversas maneiras em 15 países, é escrita por todos do mesmo modo. Poucos especialistas brasileiros ficaram a favor do acordo e um deles foi Mauro de Salles Villar, diretor do Instituto Houaiss de Lexicografia.

REFRIGERANTE de refrigerar, do latim *refrigerare*, refrescar, verbo formado a partir de *frigus*, frio. Foi Santo Agostinho quem primeiro começou a escrever frigor em vez de *frigus*. Refrigerar é tornar frio, sendo refrigerante a substância ou meio empregado para isso. Ao longo dos séculos, refrigerar, refrigerante e refrigério passaram a ser usados em sentido conotativo para expressar o frio da falta de amizade em contraposição ao calor humano, mas tais metáforas são repletas de sutis complexidades, uma vez que o calor é imaginado como castigo, sendo o inferno o emblema de tal significado. O uso mais comum do substantivo refrigerante é para designar bebida não alcoólica, tomada geralmente gelada, sobretudo no verão. À semelhança do que ocorre com outras bebidas, os refrigerantes têm nomes significativos, como *sprite*, duende, em inglês, que vem do latim *spiritus*, espírito, pelo francês *spirit*, espírito, escrito da mesma forma em inglês. A Coca-Cola inspirou-se num conto popular da literatura infanto-juvenil norte-americana para dar este nome ao refrigerante.

REGAÇO do espanhol *regazo*, colo. Designa também a cavidade formada por veste comprida entre a cintura e os joelhos quando a pessoa está sentada. É interpretado também como o espaço entre os seios da mulher. Tornou-se palavra frequente nas descrições literárias em que a mulher se entrega ao amante ou acolhe o filho pequeno. Os dois têm nítida preferência pelo regaço feminino, mas alternadamente, pois para que houvesse o rebento, o regaço teve de ser frequentado pelo maiorzinho antes.

REGATEAR do latim vulgar *recaptare*, comprar e vender em miúdos. Passou entre nós a sinônimo de pechinchar, dado o costume dos fregueses de argumentar diante do vendedor na luta por preços mais baixos.

REGENTE do latim *regente*, declinação de *regens*, designando aquele que rege, governa, o rei, imperador ou quem atua em nome dele. As mulheres desempenharam papel importante quando foram regentes do Brasil no período imperial. A primeira a exercer o governo do Brasil como regente foi a princesa Leopoldina de Habsburgo-Lorena, filha de Francisco I, da Áustria, o último soberano a ter o direito de proclamar-se imperador do Sacro Império. Seu marido, Dom Pedro I viajou para São Paulo em 13 de agosto de 1822 e dona Leopoldina, na ausência dele, presidiu a sessão do Conselho de Estado que deliberou pela separação entre os reinos de Portugal e do Brasil, passo decisivo para a independência. Sabendo da gravidade do ato, a soberana fez com que todos os ministros assinassem a ata. Há documentos que atestam ter sido naquele dia, 2 de setembro, e não 7, que a independência do Brasil foi oficialmente decidida. Coroada imperatriz do Brasil no dia primeiro de dezembro de 1822, faleceu em 11 de janeiro de 1826. Tinha 29 anos incompletos. O velório durou três dias. Seus restos mortais estão na cripta do Ipiranga, em São Paulo. A imperatriz é nome de municípios, avenidas, praças, bairros e da famosa escola de samba do Rio de Janeiro, a Imperatriz Leopoldinense.

REGICÍDIO do latim medieval *regicida*, designando aquele que mata o rei, por analogia com homicida, homem que mata outro, assassino. Vários reis foram mortos ao longo da História, tanto em processos revolucionários formais, como foi o caso dos soberanos franceses Luís XVI, guilhotinado em 21 de janeiro, e da rainha Maria Antonieta, pais de quatro filhos, como em atentados na rua, como foi o caso de Dom Carlos I, penúltimo rei de Portugal, morto a tiros, na rua, em Lisboa, dia primeiro de fevereiro de 1908. Esse rei gostava muito de caçar e, principal responsável por uma monarquia perdulária e gastadora, tinha que ouvir do povo que um dia, ao invés de caçar, seria caçado. Foi o que aconteceu. Três dias antes do atentado que lhe tirou a vida, tinha matado cinco raposas, sete perdizes, um tordo e 90 coelhos. Ele era bom de pontaria. Em Vila Viçosa existe um alvo onde o rei acertou dez vezes consecutivas no mesmo buraco de bala.

REGIONALISMO de regional, do latim *regionale*, mais o sufixo -ismo. O étimo de regional está presente em região, do latim *regione*, local conhecido. Assim, regional é aquilo que se refere a uma determinada região, é próprio dela, de que é exemplo o modo dos mineiros interioranos resumirem a pronúncia de palavras e expressões, a ponto de não se entender direito, fora daquela região, o dialeto do português em que se expressam. O professor Mário Eduardo Viaro, autor de *Por trás das palavras: manual de etimologia do português*, deu exemplo dessas reduções na revista *Língua* (ano II, número 24, p. 63): "oncotô?" significa onde que eu estou?; "lidileite" é litro de leite; "mastumate" é massa de tomate; "denduforno" é dentro do forno; "ãnsdionte" é antes de ontem; "tirisdaí" é tira isso daí; " badapia" é debaixo da pia; "tirdeguerra" é tiro de guerra, "sessetembro" é sete de setembro e "vidiperfume" é vidro de perfume. Também Juó Bananére, pseudônimo do escritor Alexandre Ribeiro Marcondes Machado, aproveitou a fala típica de imigrantes italianos e seus descendentes paulistas ao parodiar textos de grandes escritores, entre os quais o poema *Meus oito anos*, de Casimiro de Abreu, que ele mudou para Os meus otto anni: "*O chi sodades che io tegno/ D'aquillo gustoso tempigno,/ C'io stava o tempo intirigno/ Brincando c'oas mulecada./ Che brutta insgugliambaçó,/ Che troça, che bringadêra,/ Imbaxo dus bananêra,/ Na sombra dus bambuzá.*" Os versos que parodiou são: "Oh! Que saudades que tenho/ Da aurora da minha vida,/ Da minha infância querida,/ Que os anos não trazem mais!/ Que amor, que sonhos, que flores,/ Naquelas tardes fagueiras/ À sombra das bananeiras,/ Debaixo dos laranjais!"

REGOZIJO do espanhol *regocijo*, regozijo, radicado originalmente em godo, antigo povo germânico que invadiu, entre os séculos III e V, os impérios romanos do Ocidente e do Oriente. Dividiam-se em ostrogodos, vindos do Leste, e visigodos, do Oeste. Viver em regozijo passou a indicar quem vivia com os novos conquistadores, no bem-bom, divertindo-se, sem trabalhar. Regozijo passou depois a sinônimo de alegria, como aparece em artigo publicado no jornal *A Federação*, em Porto Alegre, em 16 de novembro de 1889, em que era saudado o novo regime: "Eis a eterna glória, a glória sem igual deste grande povo, que assim realiza o solene e comovente espetáculo, nunca dantes presenciado, de operar no seu sistema de governo uma profunda revolução, incruenta, sem efusão de sangue, imaculada, em meio do mais espontâneo regozijo nacional." A julgar pelo artigo, o imperador havia sido substituído por um presidente da república eleito em voto direto. O título era *A solução da crise*.

REGRESSÃO do latim *regressione*, declinação de *regressio*, volta. O tema da volta está em todas as manifestações de nossa cultura, a começar pela volta do filho pródigo, que regressa à casa paterna depois de esbanjar seus bens. E nos tratamentos psicoterápicos designa estado mental em que é possível resgatar lembranças de nossa infância profunda. Alguns vão mais longe e regressam ao útero materno, o lugar em que estiveram mais protegidos. E na terapia de vidas passadas, recuam bem mais, chegando ao antigo Egito, onde alguns clientes de parapsicólogos teriam sido rainhas ou faraós. No Brasil, raramente alguém afirma ter sido escravo, marinheiro ou lavrador. Eunuco, então, nem pensar! Companhias turísticas têm-se encarregado de conduzi-los às terras irrigadas pelo Nilo, onde a maioria teria vivido suas vidas passadas. Assim, além de uma viagem interior, fazem também contato com o cenário histórico. Talvez porque as almas, inconformadas com as regiões em que hoje vivam, sintam saudades do antigo esplendor.

REGRESSO do latim *regressu*, ato de voltar. No mês de agosto ocorre um regresso especial em todo o Brasil, que é a volta às aulas para que se cumpra o segundo semestre do ano letivo. As escolas de ensino fundamental e médio já anteciparam este retorno para julho, mas a maioria das universidades recomeça as aulas em agosto. Filósofos antigos, que ensinaram antes que houvesse escolas no mundo, elaboraram a tese segundo a qual haveria um eterno retorno no universo, em complexas combinações que conduziriam ao caos inicial para tudo começar outra vez. Essa doutrina acabou inspirando o espiritismo.

REISADO de reis, plural de rei, do latim *regis*, genitivo de *rex*. O sufixo -ado é comum em formações assemelhadas. Já designava em Portugal festa popular católica realizada dia 5 de janeiro, véspera do dia dos reis, como foram denominados pela tradição cristã os magos representados no presépio, que não se sabe quantos eram, pois o Evangelho de Mateus refere apenas "uns magos". Os três presentes que dão ao Menino Jesus — ouro, incenso e mirra – contribuíram para fixar o número deles. E as iniciais da inscrição posta em casas alemãs serviram para criar também nomes para eles. Christus (Caspar ou Kaspar, como é escrito Gaspar em alemão) Mansionem (Melquior) Benedicat (Baltazar). O significado da frase latina é "Cristo abençoe esta casa". A celebração dos reis do presépio já era muito popular na Europa quando os portugueses trouxeram esse costume religioso e popular para o Brasil onde, a partir do século XIX, constituiu-se num auto natalino em que os figurantes cantam e dançam fechando as celebrações do Natal e Ano-Novo, também chamado de Ano-Bom, deixando implícito que o ano findo, anunciado do mesmo modo quando surgiu, não foi tão bom, e renovando as esperanças de que o novo seja melhor. O dia dos reis preside também à última exibição dos presépios, que começam a ser desmontados dia 7 de janeiro. Na Península Ibérica ainda vigora o costume, consistindo de visitas a amigos e parentes. Pode ser espontânea ou formada por grupos organizados e vestidos com roupas que lembram as vestes do reis magos, cujas imagens o rei Dom José I enviou ao Brasil em 1752 e que estão hoje no Forte dos Reis Magos, em Natal, segundo nos informa Luís da Câmara Cascudo em seu *Dicionário do folclore brasileiro*.

REIVINDICAÇÃO em latim *rei* é coisa, e *vindicatione* é reclamação. Juntos, os dois vocábulos formaram esta palavra, de tanto uso nas discussões entre patrões e empregados à hora das negociações dos contratos de trabalho ou de suas revisões. No geral, o vocábulo indica pedido, solicitação. Reivindicações podem envolver muito mais coisas do que condições de trabalho e aumento de salário. O famoso crítico literário Tristão de Ataíde assim concebia seu ofício de crítico literário: "Reivindico para estas páginas um mérito apenas: o da absoluta independência."

REJEIÇÃO do latim *rejectione*, declinação de *rejectio*, rejeição, jogar de volta, para trás, recusar. A rejeição é tema de campanhas políticas. Ainda que bem votado em alguns segmentos, se o candidato ultrapassar certos limites das taxas de rejeição, não será eleito. Nem sempre os que rejeitam têm razão. Os hebreus reclamaram de Moisés, o líder que os conduziu do cativeiro do Egito para a Terra Prometida, que a opressão do faraó teria sido melhor que a infindável travessia do deserto. Apenas 45 dias após a partida, se Ibope houvesse, a taxa de rejeição de Moisés seria muito alta: "Oxalá tivéssemos morrido no Egito, onde comíamos carne e pão à saciedade. Mas vós nos trouxestes para este deserto para nos matar de fome." Moisés, castigado por duvidar de Deus, morreu antes de entrar na Terra Prometida. Nomeou Josué seu substituto.

RELAÇÃO do latim *relatione*, ato de relatar. Passou a designar também diversas espécies de vínculos. Atualmente, entre tantos significados, é sinônimo de ligação amorosa, como no caso daquelas uniões que ainda não podem ser enquadradas em nenhum cânone, civil ou religioso, dada a situação jurídica dos envolvidos. A sociedade brasileira, assentada sobre a família monogâmica, está cheia de relações deste tipo, sem contar as uniões previamente proibidas, como os casamentos entre pessoas do mesmo sexo. O velho Karl Marx não deve ter pensado nelas quando cunhou a expressão relações de produção, mas a Igreja, sim, dado que prescreve como indispensável num casamento a produção de filhos.

RELACIONAMENTO de relacionar, verbo formado a partir do substantivo relação, do latim *relatione*, radicada no verbo *referre*, restituir, trazer de novo, cujo étimo remoto está presente também em aferir, auferir, conferir, deferir, desferir, diferir, disferir, indeferir, conferir, proferir e transferir, todos com ideia de relação em que uma ou mais pessoas ou entidades estão envolvidas. A palavra tem aparecido muito na internet qualificando portais em que pessoas das mais diversas afinidades partilham sentimentos, ideias, preocupações, neuroses, pânicos, ideologias, lutas etc. No Reino Unido, por exemplo, surgiu até mesmo uma rede de relacionamento de feios, chamada *The Ugly Bug Ball*, baseada no fato de que "metade dos solteiros são feios". Na semana do lançamento atraiu 1.500 feios, que, naturalmente, são também modestos.

RELATO do latim *relatu*, do verbo *referre*, que tirou o supino, de onde veio o particípio de outra raiz, *latum*, para designar notícia, rol, descrição, informação, relatório. Poucos foram tão imaginosos num relato como Benjamim de Tudela, religioso espanhol, que registrou em diário de viagens que empreendeu pela Terra Santa, Bagdá, Pérsia e Egito, que a arca de Noé ancorara no monte Ararat, atual Armênia, e que estava lá ainda no começo do segundo milênio. Ele ouviu também muitas outras histórias e lendas nas comunidades cristãs que visitou, tendo afirmado que na Palestina encontrara o crânio de um gigante. O religioso afirmou também ter visto a coluna de sal em que Deus transformou a mulher de Lot, punida por ter sido curiosa e, desobedecendo ao Senhor, ter olhado para trás quando, juntamente com a família, deixava Sodoma e Gomorra para escapar do bombardeio destrutivo perpetrado pela força aérea celeste, que reduziu tudo a pó.

RELAX vocábulo inglês que entrou para o português sem alteração. Vem do latim *relaxare*, soltar, afrouxar. Designa modernamente as casas de massagem, às vezes indicando que se trata de *relax for men*, certo tipo de descanso especial para homens, que ali relaxam em companhia de mulheres bonitas. Em tais casas, práticas sexuais tidas por heréticas são condimentos indispensáveis ao referido descanso. O avô de tais casas foi o bordel, cuja filha prestimosa era a *garçonnière*.

RELÉ do francês antigo *relais*, demora, ligado ao verbo *relayer*, substituir, revezar. Até o século XIX, *relais* designava no francês cães de reserva que eventualmente substituíam os titulares numa caçada e ainda cavalos descansados, deixados nas estradas, em pontos previamente combinados, naturalmente, para substituir os outros, já cansados, para maior conforto e rapidez nas viagens. Veio depois a designar o lugar onde essas trocas eram feitas. Com a invenção do telégrafo e mais tarde do automóvel, passou a designar peça que, com uma energia menor, controla uma maior. A invenção do relé é atribuída a Joseph Henry Ford quando professor da Universidade de Princeton.

RELICÁRIO do latim *relicarum,* caso genitivo de *reliquiae*, restos, aquilo que sobrou, originalmente aplicado às migalhas que ficavam entre os dentes depois da mastigação, e mais tarde todas as sobras de alguma coisa. O relicário cristão, um dos mais controversos, mistura obras autênticas com lendas e curiosidades. Assim, o prepúcio de Jesus, pele que cobre a glande do pênis, retirado na circuncisão, executada oito dias após seu nascimento, é uma relíquia. No século XII, o papa Inocêncio XIII, conclamado a autenticá-la, recusou-se. Contudo o papa Clemente VII, no século XVI, atestou que o prepúcio era mesmo de Jesus. O Vaticano, depois de vários comunicados oficiais, diz respeitar a crença popular, mas a entende como lenda cristã.

RELIGIOSIDADE do latim *religiositate*, declinação de *religiositas*, religiosidade, culto ao sagrado. O étimo de religiosidade e religião é entretanto controverso. As correntes mais aceitas ligam-nos aos verbos latinos *relegere* e *religere,* ambos designando significados de vínculos, laços com o sagrado. E nos escritores cristãos prevalece *religare*, religar, restabelecer contrato sagrado rompido pelo profano. A religiosidade brasileira é curiosa e paradoxal, de que é exemplo a homenagem prestada a Jesus, Nossa Senhora e a diversos santos na denominação de conhecidas cachaças. A cidade de Salinas (MG), a 631 km de Belo Horizonte, produz as melhores cachaças do Brasil, algumas das quais custam mais de R$ 500,00 a garrafa, responsáveis por 240 mil empregos. A cachaça tem mais de 600 sinônimos em nossa língua, alguns muito criativos, como pinga, marvada, cabreira, lágrima de virgem, capote de pobre, urina de santo, birita, abrideira e o clássico eufemismo "água que passarinho não bebe".

RELÓGIO do grego *horológion*, pela composição *hora*, horas, e *lego*, dizer. Literalmente, o que diz as horas. No latim, virou *horologiu*, no italiano *orologio*, no francês *horloge*, no espanhol *reloj*. Assim como é difícil encontrar dois relógios marcando exatamente a mesma hora, os vocábulos que os designam, apesar da origem comum, são grafados diferentemente.

REMÉDIO do latim *remedium*, remédio, cujo plural é *remedia*. Um personagem de Rubem Fonseca, depois de dizer que gostaria de escrever *A arte de amar*, de Ovídio, assim se expressa em *Feliz Ano Novo*, livro que ficou proibido no Brasil de 1976 a 1989: "Escrevo, quando muito, uma torpe remedia amoris, um tratado de dor de cotovelo, um mapa de compensações, já que não tenho capacidade de ensinar os outros a amar."

REMISSÃO do latim *remissione*, declinação de *remissio*, entrega, restituição. No português mesclaram-se remissão e remição porque as duas palavras, conquanto radicadas em verbos diferentes – remissão tem origem em *remittere*, remitir, perdoar; e remição em *redimere*, redimir, resgatar –, ganharam significados semelhantes, ainda que na linguagem jurídica alguns insistam em tomar remição com significado diferente de remissão, de que é exemplo este trecho de Pontes de Miranda: "remição vem de remitir, que vem de *remittere*, e a *remissio* é que corresponde remissão. Não se remitem pecados, redimem-se, rimem-se, a despeito do milenário erro de latim. Redentor redime, rime; não remite." O célebre jurista estava enganado. Não houve erro. Nem de latim nem de português. Escrever uma palavra com "ç" ou com "ss" procede de imposição de gramáticos, funcionando o "ç" às vezes como variante de "ss" ou mesmo de "s" apenas. E vice-versa. E no latim, *remittere* e *redimere* têm significados idênticos, de que são exemplos: (1) o Credo, decretado no ano 325 pelo Concílio de Niceia, na Ásia Menor; ali a palavra *remissio*, declinada em *remissionem*, porque o verbo confessar exige o objeto direto, que no latim vai para o caso acusativo, diz-se: "*Confiteor unum baptisma in remissionem peccatorum*" (confesso um só batismo para remissão dos pecadores); (2) o salmista diz, no Salmo 30 (Salmo 31, em algumas edições da *Bíblia*) "*redimisti me, Domine, Deus veritatis*" (vós me redimistes, Senhor, Deus da verdade); (3) "*confide, filii, remittuntur peccata tua*" (confia, filho, teus pecados te são perdoados).

RÊMORA do latim *remora*, demora. Há um peixe com este nome. Tem sobre a cabeça uma espécie de disco com o qual se fixa em tartarugas, em tubarões, em outros grandes peixes ou também em navios, percorrendo assim grandes distâncias de carona. Diz uma lenda que um deles apenas é suficiente para deter uma embarcação.

REMOTO do latim *remotu*, palavra formada a partir de *removere*, mover para longe, tanto na distância quanto no tempo, de que é exemplo o controle remoto de aparelhos eletrônicos, que foi movido ou removido para fora deles e agora os move à distância. No tempo, um dos melhores exemplos é encontrado no romance *Dom Casmurro*, de Machado de Assis, quando José Dias pergunta a Dona Glória se ela persiste na ideia de colocar Bentinho no seminário, para cumprir a promessa: "A casa era a da Rua de Matacavalos, o mês novembro, o ano é o que é um tanto remoto, mas eu não hei de trocar as datas à minha vida só para agradar às pessoas que não amam histórias velhas; o ano era 1857." Bentinho, o marido traído por Capitu, está rememorando sua adolescência e diz também: "Um dia, há bastantes anos, lembrou-me reproduzir no Engenho Novo a casa em que me criei na antiga rua de Matacavalos, dando-lhe o mesmo aspecto daquela outra, que desapareceu." A rua ainda existe, mas mudou de nome para Riachuelo. Fica na Lapa, bairro carioca famoso por muitos motivos, entre os quais ter sido reduto boêmio.

REMOVER do latim *removere*, inicialmente com o sentido de trazer para trás, recuar, depois consolidando-se com muitos outros significados: remover algo ou alguém, transferir, tendo inclusive o sentido de demitir. Aparece com frequência na linguagem da informática: remover um anexo, isto é, descartá-lo, tirá-lo de onde está.

REMUNERAÇÃO do latim *remuneratione*, presente, gratificação, remuneração, pagamento. No ato III da peça *Trabalhos de amor perdidos*, de William Shakespeare, o personagem Costard assim a define: "Remuneração! Oh, é a palavra latina para três pence, remuneração." *Pence*, em inglês, é plural de *penny*, uma das divisões do xelim, moeda de prata, de que vale 1/12. Raramente os intelectuais e cientistas sabem dizer quanto vale seu trabalho. O célebre formulador da teoria da relatividade, o cientista judeu-alemão Albert Einstein, prêmio Nobel de Física em 1921, vivia exilado nos Estados Unidos e foi convidado a lecionar na Universidade de Princeton. Perguntaram-lhe quanto queria receber. Respondeu: "900 dólares por mês." Diante do olhar estupefato dos dirigentes, acrescentou: "Vocês acham que é demais?" Fixaram seus rendimentos em 2.500 dólares, quantia que não o humilhava e nem melindrava outros professores que se achavam muito melhores do que ele. Nenhum dos possíveis ofendidos obtivera o Prêmio Nobel ou era senhor de um currículo como o dele.

RENA do francês *renne*, rena. As renas são originárias da Finlândia. O vocábulo chegou ao francês com escala no sueco *ren*. Entre os séculos XVIII e XX escritores americanos colocaram renas puxando o trenó de Papai Noel, dando-lhe também a companhia de duendes. Em 1860 um ilustrador de revistas desenhou-o gorducho e simpático, localizando sua casa no Pólo Norte. Em 1939 foi-lhe acrescentada a nona rena, com luz vermelha no nariz. Bem-humorados, os brasileiros dizem que Papai Noel faz escala em Campinas e Pelotas, substituindo as renas por habitantes locais.

RENDA vocábulo de muitos significados, no sentido de ganho ou lucro deriva de render, do baixo-latim *renddere*, originalmente *reddere*, restituir. Tal sentido está presente na expressão "rendeu sua alma a Deus", indicando que a pessoa morreu e devolveu ao Senhor a alma que recebera. O Brasil tem uma das mais altas cargas tributárias do mundo e o imposto de renda flagela assalariados que sofrem descontos na fonte, isto é, antes de receber uma quantia sobre a qual incidiria depois a taxação. Se os impostos continuarem a aumentar no ritmo dos últimos anos, antes de render a alma a Deus ou a uma previdência em eterno *déficit*, os assalariados terão saudade do tempo em que salário significava apenas o sal que recebiam para temperar e conservar a comida que já tinham.

RENGUEAR do germânico *wrankjan*, torcer, mas pelo espanhol hispano-americano *rengue*, que deu rengue e rengo em português. No espanhol metropolitano é *renco*, aplicado a homem ou animal que arrasta uma perna, sinônimo de coxo, manco. Ari Riboldi, estudioso de expressões de nossa língua, especialmente gauchescas, diz que a expressão "frio do cão" deve-se a que no Rio Grande do Sul, durante o Inverno, "o cão sente tanto frio nas patas que caminha devagarinho, mantendo ora uma pata traseira elevada do chão, ora a outra, evitando o contato com o gelo por mais tempo, dando a impressão, para quem o olha de longe, de que está rengo".

RENÚNCIA do latim *renuntiare*, anunciar em resposta, derivou esta palavra, que é do mesmo étimo de *nuntiare*, proclamar, anunciar; de *nuntius*, mensageiro; de *enuntiatum*, enunciado, proposição; de *praenuntium*, prenúncio; de *annuntium*, anúncio; e de *pronuntia*, pronúncia, entre outras. No dia 10 de fevereiro de 2013, o Papa Bento XVI entregou aos cardeais uma declaração em que informava a canonização de três novos santos e a renúncia ao trono de São Pedro. A notícia ganhou as principais manchetes do mundo inteiro, afinal, apenas seis Papas tinham renunciado até então: Clemente I, em 88; Ponciano, em 235; Silvério, em 537; João XVIII, em 1009; Celestino V e Gregório XII, em 1415. Dante Alighieri, no Canto III de *A divina comédia*, põe o papa Celestino no Inferno por ele ter renunciado: "Logrei a uns poucos identificar;/ e alma reconheci, que no alto estando/ se viu a grã renúncia praticar."

REPARAR do latim *reparare*, consertar, arrumar. Em latim *parare* tinha também o significado de igualar. Como nos trabalhos de conserto era fundamental a boa observação, reparar ganhou no português o sentido de olhar com muita atenção, fixando a vista. Mas reparar tem também o significado de indenizar e é verbo muito frequente em tempos de pós-guerra, quando se trata de exigir compensações pelos danos havidos, invariavelmente definidas pelos vencedores. Por isso, o general gaulês Breno pôs a própria espada num dos lados da balança, quando exigia ouro dos romanos, e diante das reclamações latinas berrou: "*Vae victis* (Ai dos vencidos!)."

REPASSAR do latim tardio *repassare*, cujo étimo é passo, do latim *passus*, espaço entre uma perna e outra no ato de caminhar, tendo o significado de receber algo e passá-lo adiante, como fazem as empresas com impostos e taxas, repassados aos consumidores. O imposto repassado à passagem dos bondes resultou em confusão entre o povo e a polícia. Chamadas, as tropas do Exército foram aplaudidas. Mas um dos manifestantes alvejou o comandante e este, já caído, ordenou fogo contra a multidão. Morreram dez pessoas e 20 ficaram feridas. Em cartas à amante, Luísa Margarida de Barros Portugal, condessa de Bairral, a seu conselheiro francês, conde Joseph Arthur Gobineau – autor da frase que o Brasil era o Inferno do negro, o Purgatório do branco e o paraíso do mulato –, Dom Pedro II declarou que seria mais feliz se fosse presidente da República e não imperador, segundo o professor José Murilo de Carvalho, da UFRJ, autor de *Dom Pedro II: ser ou não ser*, entre outros livros.

REPASSE do latim *passare*, passar, formou-se repassar, passar de novo, de onde se derivou este vocábulo que em economia indica ato de transferir aumentos salariais, por exemplo, para os preços dos produtos. Mas se a economia tem estabilidade, os repasses não se justificam e, por isso, as autoridades econômicas insistem na mesma tecla: os aumentos salariais só podem ocorrer em razão de maior produtividade. No caso, os preços até poderiam baixar, uma vez que quanto mais altas as tiragens, mais baixo fica o custo industrial. Os trabalhadores questionam a exatidão dos índices que atestam as diversas estabilidades.

REPERCUSSÃO do latim *repercussione*, ato de *repercutere*, fazer eco, refletir, repercutir. À semelhança do que ocorre com os instrumentos de percussão na música, as palavras ditas e escritas, assim como outras formas de comunicação, ganham desdobramentos. Mas a repercussão vai além dos atos da língua, espalhando-se por domínios conexos.

REPERTÓRIO do latim *repertoriu*, índice de assuntos que os torna fáceis de ser encontrados. Formou-se a partir de *reperire*, achar de novo. Seu sentido generalizou-se para os espetáculos artísticos, começando pelo teatro, mas é muito utilizado também para designar o conjunto de saberes próprios a uma determinada especialidade, seja artística ou intelectual. Assim, pode-se dizer que poucos ídolos nacionais têm um número de canções superior ao repertório de MPs, medidas provisórias que o governo editou até o presente, que já passaram de mil. Um número assim elevado descumpre o fim para o qual foram previstas na Constituição. Parodiando o escritor e editor Monteiro Lobato, um país se faz com homens e... medidas provisórias.

REPETIÇÃO do latim *repetitione*, declinação de *repetitio*, repetição, do mesmo étimo de *petere*, atacar. Repetir designou originalmente atacar de novo. Nos pedidos de repetição em shows, pede-se bis, do latim *bis*, duas vezes, mas antigamente os franceses pediam *encore*, ainda, outra vez. Nos EUA, é comum que ao pedir repetição de algum número artístico a plateia grite *encore* e não bis. Até os franceses pedem bis; eles, não.

REPETIR do latim *repetere*, repetir, fazer de novo, pelo prefixo re-, indicando mais de uma vez, e *petere*, avançar, já que o sentido original era voltar a atacar o inimigo, migrando depois dos campos de batalha para outras tarefas, não apenas guerreiras, chegando às atividades civis, quotidianas, como o ato de repetir um prato, uma roupa ou, o que é grave, repetir o ano na escola por insuficiência na aprendizagem. Uma boa síntese de que no mundo tudo se repete está no *Eclesiastes*: "Nada de novo acontece sob o Sol."

REPIQUE de repicar, do latim *piccare*, antecedido do prefixo re-, que designa repetição e intensidade. Designa ação de bater, como o balado no sino, produzindo um som, como faz uma ave chamada picanço, *piccus* em latim, que golpeia as árvores com o bico ou para catar os insetos. O repique dos sinos é dobrado na Missa do Galo. No Brasil colonial, pela batida dos sinos era possível saber se estava ocorrendo algum parto difícil, vinha temporal ou morrera alguém. E neste caso se sabia se era homem, mulher ou criança.

REPLICAR do latim *replicare*, replicar, refutar, contestar, responder com argumentos contrários. Nos júris, acusação e defesa replicam alternadamente com vistas a atingir seus objetivos, em réplicas e tréplicas. Uma das figuras de linguagem muito utilizadas em tais ocasiões é a ironia, presente também na interpretação de textos religiosos. Assim, Juliano, o Apóstata, comentando a promessa dos *Evangelhos* de que todos ganhariam já neste mundo o cêntuplo de tudo quanto tivessem abandonado para seguir a Jesus, perguntou se quem tivesse deixado a esposa receberia também cem esposas em compensação.

REPORTAGEM do francês *reportage*, derivado do inglês *reporter*, *reporter* em francês, com acento na sílaba final, e repórter, em português, com o significado de relatar, contar o que houve. No francês, quem primeiro registrou *reporter* com o significado de fazer reportagem jornalística foi o escritor Henry Beyle, mais conhecido como Stendhal. Tinha 47 anos quando publicou o romance *O vermelho e o negro*, e 56 quando lançou *A cartuxa de Parma*. Embora estreante, o excelente desempenho do autor talvez possa ser avaliado por meio de um alter ego, quando revela o norte que seguiu: "Ao reler o manuscrito, suprima os advérbios e adjetivos supérfluos. Substitua as palavras abstratas por substantivos concretos e verbos de ação. Gosto de seu estudo seco, sem firulas. Mas, atenção: ficção e reportagem são coisas bem distintas." Vários jornalistas tornaram-se bons romancistas, conciliando jornalismo e literatura. No Brasil, na trilha de Antonio Callado e João Ubaldo Ribeiro, um exemplo recente é de Luís Edgar de Andrade em *Bao Chi, Bao Chi*, esplêndida narrativa ambientada na Guerra do Vietnã. Seu alter ego revela o norte que seguiu, bem típico de jornalista para quem o que mais interessa é a objetividade.

REPORTAR do latim *reportare*, voltar, ir ao lugar de onde saiu, passar outra vez pela porta, mas no sentido inverso, entrando por onde saiu. Foi com tal sentido que passou a designar os relatos. Afinal, só se conta o que já passou e o trabalho de reportar vem a ser uma revolução, em sentido de volta por caminhos já feitos, tal como ocorre com os astros no céu. No francês, *reportare* transformou-se em *reporter*, de onde passou ao inglês *reporter*, não mais como verbo, mas como substantivo, designando profissional do jornalismo, cujo ofício principal é relatar o que viu e ouviu, tornando-se, como proclamava o famoso Repórter Esso, "testemunha ocular da História". No Brasil, frequentemente surgem pessoas bem-intencionadas, entretanto sem formação suficiente, propondo a substituição de neologismos por palavras nacionais. Assim, já houve quem propusesse substituir repórter por "notícipe", vocábulo que o *Dicionário Aurélio* não registra. Em compensação, há exageros na outra ponta, como de alguns repórteres esportivos, que denominaram as finais dos campeonatos com o termo horroroso e desnecessário *play off*. Os latinos diziam *in medio, virtus* – a virtude está no meio – recomendando moderação em tudo.

REPÓRTER do inglês *reporter*, aquele que narra, provavelmente radicado no francês medieval *reporteur*, narrador, escrito reporter, em 1829, por Stendhal, pseudônimo do escritor francês Henry Beyle, de onde chegou ao português. A origem remota é a raiz do verbo latino *portare*, trazer do porto, levar ao porto, sentido primitivo que depois se desdobrou em outros significados semelhantes, como conduzir, acompanhar, enviar. Tanto que ainda na década de 1940 os repórteres que entrevistavam celebridades eram denominados repórteres marítimos. Os editores os mandavam aos portos de madrugada, bem antes de os transatlânticos aportarem, para entrevistar, ainda no cais, as personalidades que chegavam. Assim começou Murilo Melo Filho, no *Correio da Noite*, jornal da Arquidiocese do Rio de Janeiro, ganhando 50 mil réis por reportagem. O jornalista e escritor potiguar é membro da Academia Brasileira de Letras.

REPRESÁLIA do italiano *ripresaglia*, vingança, desforra, do latim medieval *reprensalia*, censura, repreensão, radicado no latim clássico *reprehensa*, particípio passado do verbo *reprehendere*, reter, segurar, prender, acusar. Modernamente designa ato praticado por vingança, em resposta a ataques ou ofensas e também com fins de indenização por danos sofridos.

REPRESENTAR do latim *representare*, representar, ser a imagem de alguém, atuar em seu lugar. Assim como os eleitores, não podendo estar nos parlamentos, são representados por vereadores, deputados e senadores, também Satanás tem sido representado, por vontade própria ou alheia, em outras identidades, dispersas por várias denominações, daí declarar que seu nome é Legião. No final da Idade Média, a feitiçaria, que proclamava seus poderes de representar Satanás, deixou de ser vista apenas como fraude, gerando histeria coletiva. A caça às bruxas foi organizada, então, em grande escala. A necessidade de lutar contra o Demônio justificou os piores procedimentos, como a tortura e as fogueiras.

REPRISE do francês *reprise*, continuar, retomar. Em português, recebeu mais o significado de repetição. O *Dicionário Aurélio* passou a registrar o vocábulo a partir da segunda edição e em sua versão eletrônica.

REPRISTINAR do italiano *repristinare*, remeter ao estado primitivo, verbo que entrou para o português por via jurídica. A origem remota é o latim *pristinus*, antigo, primitivo, precedente, de outrora. Talvez a comparação com o seu uso em biologia ajude a entender: prístino é o ser que invade área desocupada e ali se reproduz. A partícula inicial *pris*, indicadora de estado anterior, caiu em desuso, mas está presente em *priscus, a*, muito antigo, sinônimo de *pristinus*. Daí a expressão "priscas eras", tempos antigos.

RÉPROBO do latim *reprobus*, do mesmo étimo de *reprobare*, reprovar. Como se vê, na passagem do latim para o português, o verbo perdeu o "e" final e houve troca de "b" por "v", como em prova e em provar, originalmente com "b" no latim. Réprobo tem o significado de mau, perverso, condenado. Réprobo era o nome original de São Cristóvão, padroeiro dos motoristas. Ele mudou de nome depois de atravessar um rio com um menino às costas. A lenda cristã informa que, sendo de alta estatura e muito forte, seu ofício era ajudar viajantes a atravessar um rio. No dia em que lhe coube carregar a criança nos ombros, sentiu um peso enorme e estranhou porque nenhum adulto pesava tanto.

REPROVAR do latim *reprobare*, rejeitar, recusar. A reprovação é o grande drama dos estudantes de qualquer grau e principalmente do vestibular para a universidade. Uma reprovação, não de alunos, mas de uma escola, causou perplexidade. Saiu do ar a *Escolinha do Professor Raimundo*, programa radiofônico criado em 1944 pelo humorista Chico Anysio, que o relançou na televisão em 1989. A Escolinha tinha como professor o próprio criador e contava com um elenco de 25 atores, a maioria dos quais no papel de alunos.

REPTO de reptar, do latim *reputare*, refazer as contas, recalcular, ligado a *putare*, limpar, cortar, que é o étimo também de podar; as plantas, no sentido denotativo; as pessoas, no sentido conotativo, impondo limites semelhantes àqueles fixados para árvores, arbustos, gramas. Lançar um repto a alguém é desafiá-lo.

REPÚBLICA do latim *respublica* ou *res*, coisa, *publica*, pública, coisa pública, que em latim pode constituir uma ou duas palavras; nos dois casos, sem acento. Designa forma de governo em que o Estado promete atender o interesse geral dos cidadãos, atuando por meio de representantes, eleitos ou investidos nas suas funções, em três poderes distintos e independentes: Legislativo, Executivo, Judiciário. A tradução literal é "coisa pública", propriedade de todos ou que está a serviço de todos. Designa também casa ou apartamento onde moram estudantes. Jovens de uma mesma região, vindos de outras localidades, passam a morar juntos para dividir as despesas nos municípios para onde se deslocam para estudar. Nos começos deste tipo de república, uma cozinheira cuidava das refeições e da limpeza do local. Quando as repúblicas passaram a ser mistas, na década de 1970, as estudantes assumiram as tarefas domésticas, já que o machismo perpetuou-se também nesses ambientes. A república de estudantes mais antiga do Brasil chama-se Copacabana e fica em Piracicaba, no interior de São Paulo. Foi fundada por alunos da Escola Superior de Agricultura Luiz de Queiroz, em 1923. Em 2009 completou 86 anos! Rapazes cariocas que foram estudar naquele estabelecimento quiseram homenagear o Hotel Copacabana Palace, fundado naquele mesmo ano. Com ironia, deram o nome do hotel mais chique do Brasil à casa que alugaram para morar.

REPUTAÇÃO do latim *reputatione*, declinação de *reputatio*, designando originalmente cálculo, conta e depois meditação, consideração, consolidando com o significado de estima, fama. Ganhou, porém, sobretudo na linguagem jornalística, um conceito neutro, podendo a pessoa ter boa ou má reputação, como ocorre com a fama. O escritor alemão Heinrich Böll, Prêmio Nobel de Literatura em 1972, escreveu pequena obra-prima em que a personagem central é uma jovem bonita e sexualmente recatada, cuja reputação é destruída pelo que se convencionou chamar de imprensa marrom. Ela se chama Katharina Blum, trabalha como diarista fazendo serviços domésticos, cuidando também de bufês em festas e recepções. Com os rendimentos, adquire apartamento e carro, vivendo como mulher independente. Num carnaval ela se apaixona por um jovem cuja reputação ignora, mas que depois descobre ser procurado pela polícia. A imprensa devassa a vida da moça e ela mata a tiros o jornalista que não teve o menor pudor de expor a intimidade de uma jovem honesta e trabalhadora com o fim único de aumentar as vendas do jornal. O romance tem o título de *A honra perdida de Katharina Blum* (*Die verlorene Ehre der Katharina Blum*). Lançado originalmente na Alemanha, em 1974, dois anos depois sua tradução brasileira obteve grande receptividade, talvez pela influência de ideias que já então buscavam mudar as mentalidades que viam na morte da mulher que dá um passo errado numa relação amorosa como a única forma de redenção aos olhos da opinião pública. Sem ser piegas, Böll conquista para a sua personagem a simpatia do leitor, levando-o, não a aprovar o ato desesperado que ela praticou, mas a entender os motivos que o geraram. Diante de um policial desconcertado e perplexo, a jovem se apresenta e informa que matou o autor das reportagens sensacionalistas que destruíram sua reputação. As tramas ficam mais complexas porque o fotógrafo, que trabalhou nas mesmas reportagens, também foi assassinado por uma outra mulher. Em lugar da vítima tradicionalmente indefesa, Böll apresenta-nos uma mulher que sabe se defender quando atacada, "se necessário, com a violência", como observou o escritor e editor Álvaro Pacheco, responsável pela edição brasileira.

REQUIETO do latim *requietu*, muito quieto, por demais sossegado, depois de cansar, do latim *campsare*, por sua vez calcado no grego *kámptein*, trabalhar na terra. A expressão *requiescat en pace*, presente em nossa e em muitas línguas, indica desejo e não ordem, pois está no subjuntivo e não no imperativo. Deve ter nascido, como metáfora, do descanso habitual de agricultores que se estendiam sobre a terra onde trabalhavam, aproveitando a sombra das árvores ao redor ou as vinhas. Foi extraída originalmente do verso nove, último do salmo 4: "descanso sozinho e em paz, graças ao Senhor". O autor é provavelmente Davi, o segundo rei hebreu, adúltero e genocida, mas também profeta, líder, fundador de Jerusalém e grande poeta. Ele se referia ao sono. Seu verso, porém, foi misturado a uma passagem do doutor, sacerdote e profeta Esdras, fundador do rabinato, depois aproveitada na *Missa dos Mortos*, onde se lê: "*requiem aeternatis dabit vobis et lux perpetua lucebit vobis per aeternitatem temporis*" (Ele vos dará o descanso eterno e a luz perpétua vos iluminará para sempre). A Igreja resumiu a um pedido simples: "*requiem aeternam dona eis, Domine!*" (Dê-lhes descanso eterno, Senhor!).

RESERVA do latim *reservare*, guardar, poupar, pôr à parte, veio este vocábulo, que no futebol indica os 11 jogadores que substituem os titulares em casos de contusão ou por motivos técnicos ou táticos. Quando o Brasil foi tricampeão do mundo, em 1970, havia tantos craques para as mesmas posições, que o técnico Zagallo teve que aproveitar grandes jogadores em outras funções. Do contrário, Rivelino seria reserva de Gérson, e Jairzinho não teria jogado na ponta-direita, pois sua posição original, no Botafogo, era meia-esquerda, entre outros deslocamentos havidos.

RESFRIAR de frio, do latim *frigus*, com a variante *frigor*, que deu origem a *frigorificus*, frigorífico. *Frigor* foi usada pela primeira vez por Santo Agostinho, nascido na atual Argélia. O latim vulgar cunhou as formas *frigerare*, esfriar, e *refrigerare*, resfriar. O étimo está presente também em resfriado, inflamação e congestão das vias aéreas superiores, que causam mal-estar geral, coriza e até calafrios. Também os cadáveres semelham a corpos resfriados.

RESMA do árabe *razâm*, derivado de razam, embrulhar. É o nome que se dá ao conjunto de 500 folhas de papel. As diversas formas com que foi grafado no português ao longo dos séculos são indícios de que pode ter havido influências no caminho do árabe à nossa língua.

RESMUNGAR do latim vulgar *remussicare*, vindo de *remussitare*, pronunciar entre dentes, rosnar, falar com tamanho mau humor que até as palavras saem da boca em má pronúncia, vale dizer, malditas. Às vezes, porém, o resmungo pode ser o último recurso do dominado. Impedido de ter livre expressão, de discordar, só lhe resta o consolo de resmungar e, assim mesmo, baixinho, para evitar que sejam ouvidos os bons juízos que ele certamente estará exarando sobre a pessoa que o levou a resmungar. Apesar de ser caracterizada como prática infantil, na verdade muitos são os marmanjos que precisam recorrer aos resmungos.

RESPEITO do latim *respectus*, ação de *spectare* outra vez, isto é, olhar demoradamente, voltar a olhar, observar minuciosamente. Ter respeito por uma pessoa pode ter vindo desta metáfora: considera-se o passado de quem estamos observando. Antes de *spectare*, norma culta do latim, havia a forma antiga *specere*, radicado no indo-europeu *spek*, olhar, origem comum de palavras de significado semelhante, como *speculum*, espelho, *spetaculum*, espetáculo, e *aspectus*, aspecto, entre outros. O presidente Lula, comentando problemas no comércio exterior, repetiu conhecido dito popular, adaptando-o à fala presidencial, que expressaria a voz do povo: "respeito é bom e nós gostamos", leve alteração da conhecida sentença "respeito é bom e eu gosto", pronunciada nos mais diversos lugares, dos bares aos templos. O presidente prometeu o espetáculo do crescimento, ainda que cada vez mais gente suspeite de que a prometida exibição esteja demorando demais. Suspeitar é verbo que provém igualmente do original *spectare*. O prefixo ali disfarçado é sub-, pois suspeitar tem o significado de olhar embaixo, procurar coisa escondida, acercar-se com certa desconfiança.

RESPLANDECER do latim *resplendere*, começa a brilhar. O verbo aparece no *Hino da Independência*, cuja música é de autoria do imperador D. Pedro I, que proclamou nossa independência. A letra é de Evaristo da Veiga. Como os brasileiros não levam muito a sério quase nada, também estes versos mereceram curiosa paráfrase, em que "já podeis" equivale a "japonês" e "da pátria ó filhos", uma inversão sintática, transforma-se "tem quatro filhos", em ordem direta, para que a frase inventada tenha sentido. Os primeiros versos originais dizem: "Já podeis da Pátria filhos/ Ver contente a mãe gentil,/ Já raiou a liberdade,/ No horizonte do Brasil." É na estrofe final que aparece o verbo resplandecer, dando conta de que, a partir da independência, o Brasil passaria a se destacar sempre mais no concerto das nações livres. "Parabéns, ó Brasileiros!/ Já com garbo juvenil,/ Do universo entre as nações/ Resplandece a do Brasil". Evaristo foi um dos primeiros jornalistas brasileiros. E além de deputado por Minas Gerais foi também livreiro no Rio. Comparou o povo brasileiro a uma "brava gente" que deixou para trás o "temor servil" e ousou proclamar pela boca do príncipe o brado retumbante e retórico: "ou ficar a pátria livre ou morrer pelo Brasil!"

RESSACA do castelhano *resaca*, denominação dada ao refluxo da maré, depois de chegar à praia ou ter seu movimento impedido por algum obstáculo. Seu significado literal é o de sacar de novo, uma vez que o prefixo re- indica repetição. O escritor inglês Charles Dickens usou esta metáfora marinha para caracterizar o olhar da personagem Emília em seu romance *David Copperfield*: "*A look that I never forgotten, directed for out the sea*" (mais ou menos o seguinte, em tradução atualizada: "um olhar que eu nunca esqueci, vindo diretamente do mar"). E o nosso Machado de Assis, em *Dom Casmurro*, também conta a história de um triângulo amoroso, no capítulo XXXII caracterizando a adúltera Capitu como tendo "olhos de ressaca", que "traziam não sei que fluido misterioso e enérgico, uma força que arrastava para dentro, como a vaga que se retira da praia, nos dias de ressaca". Por força de estar indicado como leitura para os vestibulares, o romance é *best-seller* nacional nos dias que correm, sem que contudo apareça em nenhuma lista dos mais vendidos.

RESSALTAR de saltar, do latim *saltare*, pular, do mesmo étimo de salto, pulo, dança, antecedido do prefixo re-, indicando repetição, ênfase, destaque. A vírgula é muito usada para ressaltar algo. É recomendável, porém, a bem do estilo, não virgular demais, principalmente quando vários adjuntos adverbiais estão presentes. Eduardo Martins corrige esses trechos, exemplificando: "O presidente disse, ontem, em Brasília, às 15 horas, depois da reunião do Ministério, que as mudanças econômicas...", mudando para: "O presidente disse às 15 horas de ontem, em Brasília, depois da reunião do Ministério, que as mudanças econômicas..." Para dizer a mesma coisa, temos cinco vírgulas no primeiro caso e apenas três no segundo. Mas ele ensina que a ordem direta evitaria tantos problemas, ao dizer o principal ("o presidente disse ontem que as mudanças econômicas") e enumerar os detalhes depois. A escolha é do redator. É importante esclarecer onde ele disse isso (em Brasília)? Então se diz. É importante fixar a hora em que fez a declaração? Então se diz. É importante informar que foi depois da reunião com o Ministério? Quem escreve bem, sabe que escrever é cortar. E que, muito mais difícil que escrever o próprio texto, é reescrever o texto dos outros.

RESTAURANTE do francês *restauran*, vindo do latim *restaurat* – restaura, de restaurar. Passou a ter o significado de hoje a partir da segunda metade do século XVIII, quando um certo Boulanger instalou em Paris uma casa comercial especializada em servir refeições. Ficava à Rue des Poulies e ostentava o seguinte letreiro na fachada: *Venite ad me omnes qui stomacho laboratis et ago* *restaurabo vos* (Vinde a mim todos os que sofreis do estômago, que eu vos restaurarei). A inscrição foi tirada do Evangelho de São Mateus, 11, 28, mas alterada, porque no original Jesus aludia ao cansaço, não ao estômago. Com a Revolução Francesa, que derrubou a nobreza, subiu ao poder uma burguesia que via como suspeitas as pessoas de hábitos refinados no comportamento, no vestuário e, principalmente, na alimentação. Os grandes cozinheiros ficaram desempregados e foram abrir restaurantes por conta própria, pondo à disposição de mais gente o que antes estava privatizado para uma elite reduzidíssima.

RESTITUIÇÃO do latim *restitutione*, ação de restituir, de *restituere*, restituir, isto é, pôr onde estava, pois a raiz remota é o verbo *stare*, estar. Restituir tem também o significado de devolver, do latim *devolvere*, cujo particípio passado, *devolutus*, devolvido, também está presente na expressão jurídica "terras devolutas", isto é, que foram devolvidas ao Estado por estarem sem habitantes, dando a ideia de mudar de posição, rodando na direção contrária. Voltando a fruta para dentro da casca ou o inseto para o interior da couraça, de onde saíra ou fora tirado, de todo modo indicando coisa extraordinária. Restituir e restituição aparecem com frequência nas investigações sobre o assalto aos cofres públicos, denunciado pelo procurador geral da República, Antonio Fernando Barros e Silva de Souza, cearense de Fortaleza, que fez seus estudos jurídicos na Universidade Federal do Paraná, na graduação e no mestrado. Em 4/5/2006, na sessão de posse do ministro Marco Aurélio Mendes de Faria de Mello, egresso da Universidade Federal do Rio de Janeiro, onde fez graduação e mestrado, na presidência do Tribunal Superior Eleitoral (TSE), pôs em relevo a democracia da sociedade e não apenas a do Estado, citando o pensador italiano Norberto Bobbio: "Os escritores democráticos já acenam com a evolução da democratização do Estado à democratização da sociedade que constituiria, nas palavras de Bobbio, 'uma verdadeira reviravolta no desenvolvimento das instituições democráticas'. A democratização da sociedade completaria o aprimoramento da democracia em determinado Estado mediante a adoção das práticas democráticas, como a de participar, mediante voto, das decisões que lhe dizem respeito em espaços diversos daqueles políticos, mas que igualmente constituem centros de poder."

RESTITUIR do latim *restituere*, restituir, devolver. O verbo aparece em frases como: o governo prometeu restituir o imposto de renda retido na fonte. Ele deve restituir o que foi cobrado antecipada e indevidamente das pessoas físicas, assim chamadas, não porque as outras sejam apenas ectoplasmas, mas para distingui-las das empresas, que são pessoas jurídicas. Mas também a restituição tem demorado bastante, ao contrário da cobrança, que é rápida e certeira.

RESTO de restar, do latim *restare*, ficar, permanecer. Designa o que sobra de um conjunto do qual foram tiradas uma ou muitas partes. Em Matemática, o produto do dividendo, isto é, aquilo que está sendo dividido, o produto do divisor pelo quociente é denominado resto. Restos a pagar são as contas rubricadas no orçamento para o próximo exercício. Os ossos, as cinzas, o cadáver, enfim o que restou das pessoas onde foram sepultadas são chamados restos mortais.

RETALIAR do latim *retaliare*, revidar, servindo-se da lei de talião, que prescrevia a vingança como remédio jurídico para sanear o mal sofrido. Muito praticada atualmente, sobretudo entre políticos denunciados por corrupção, que respondem, não com defesas, mas com outras denúncias, dirigidas contra quem os denunciou.

RETICÊNCIA do latim *reticentia*, reticência, silêncio teimoso, do verbo *tacere*, calar, cuja raiz está presente também em *tacitus*, tácito, implícito, e *taciturnus*, taciturno, calado, este último ligado a tristonho, subentendendo-se que a pessoa silenciosa seja triste. A reticência indica que não foi explicitado, mas ficou implícito, por omissão de palavras desnecessárias ou indesejadas, o que não devia ou não poderia ser dito ou escrito. A palavra foi formada por apofonia, pois não ficou "retacência", já que o "a" passou a "i". Dá-se apofonia, palavra de origem francesa, formada entretanto a partir do grego, quando há separação ou mudança de som. Contudo, o sinal gráfico que indica que algo foi omitido, conhecido popularmente como três-pontinhos, é designado sempre pelo plural reticências e pode ter mais do que três pontos. O poeta Ivan Junqueira, que já presidiu a Academia Brasileira de Letras, depois de trocar os estudos de medicina e de filosofia pela carreira literária, um dos mais cuidadosos com a norma culta da língua portuguesa nesses tempos em que muitos poetas demonstram sequer saber escrever, utiliza corretamente vários sinais de pontuação, como dois-pontos, travessão e reticências no poema *O espelho*, dando deste último um exemplo nestes versos: "Todo esse lodo e essa miséria.../ É deles sequer um reflexo,/ Como se o espelho, mais que o inferno,/ lhes recusasse alívio ou crédito." O poema está em *O tempo além do tempo*, antologia organizada pelo grande intelectual português e catedrático da Universidade do Porto, Arnaldo Saraiva, que, em recente entrevista, assim definiu a poesia: "poesia não se faz de muitas palavras mas com as palavras certas". Outro exemplo de reticências bem empregadas, aparece em *O navio negreiro*, de Castro Alves: "Homens que Fídias talhara,/ Vão cantando em noite clara/ Versos que Homero gemeu.../ ...Nautas de todas as plagas!/ Vós sabeis achar nas vagas/ As melodias do céu..."

RETORNAR de tornar, do latim *tornare*, arredondar, voltar. Este último significado é reforçado em português pelo prefixo re-, indicando voltar ao lugar de onde partiu ou de onde se começou a viagem ou outro evento. Por isso se diz "retonar a ligação", ligar para quem nos ligou. O mais célebre retorno de todos os tempos é o de Ulisses na *Odisseia*. Penélope, sua esposa, manda o filho Telêmaco, então com 20 anos, em busca do pai, que está preso ilha de Ogígia. Quem leva a ordem de Zeus à deusa Calipso, sua carcereira, por sete anos, é Hermes. O herói constrói uma jangada e inicia o caminho da volta para casa e para a pátria.

RÉU do latim *reus*, de *res*, coisa, bem. O réu é concebido etimologicamente como bem do Estado no direito, contra quem é proposta a ação, na vara cível ou criminal, sendo-lhe atribuída autoria ou coautoria de delito ou crime.

REVALIDAR de validar, do latim *validare*, fortificar, radicado em *valere*, ser forte, ter saúde, passar bem. Passou a designar ação de fazer com que um documento, válido no país de origem, seja válido também no Brasil, como hoje ocorre nos processos de reconhecimento de diploma obtido em outros países.

RÉVEILLON este vocábulo francês entrou para a língua portuguesa para designar as festas de fim de ano, que começam na noite de Natal, 24 de dezembro, estendendo-se até o ano seguinte, e que celebram a passagem do Ano-Novo, também chamado de Ano-Bom. A origem da palavra lembra o ato de ficar acordado, em vigília, à espera do novo ano. Em francês, *réveiller* é acordar, e relógio despertador, *réveille-matin*.

REVER de *videre*, ver, formou-se rever. O prefixo re- indica repetição. Atualmente é verbo muito utilizado no exame de nossa Constituição, promulgada em 1988, para indicar a necessidade de reformá-la, não de revê-la para melhor compreendê-la ou aplicá-la. Do mesmo modo, quando se alude a rever os dias parados de grevistas, o que esses últimos esperam é que não haja desconto nos salários.

REVERÊNCIA do latim *reverentia*, reverência, originalmente designando temor respeitoso diante das coisas sagradas e mais tarde aplicado a autoridades civis, eclesiásticas e militares. A palavra aparece em marchinha satírica que foi sucesso no carnaval de 1946, o primeiro depois da derrubada da ditadura de Getúlio Dornelles Vargas: "Vossa Excelência/ Vossa Eminência/ quanta reverência/ nos cordões eleitorais." A letra mostra que os indevidos encômios deviam-se aos cargos ocupados, não aos ocupantes: "Mas se o 'doutor'/ cai do galho e vai ao chão/ a turma toda evolui de opinião/ e o cordão dos puxa-sacos/ cada vez aumenta mais."

REVERSÍVEL do latim *reversibile*, declinação de *reversibilis*, o que pode ser mudado, em domínio conexo com *reversus*, de trás pra frente, em sentido contrário ou diferente. O mais comum é qualificar pistas que mudam de sentido de acordo com as conveniências dos horários no trânsito. Reversível é adjetivo de dois gêneros, aplicando-se tanto ao masculino como ao feminino. São reversíveis porque, passada a necessidade, podem voltar ao estado anterior. Em química, a definição é mais complexa, pois ao voltar ao estado anterior, não se dá o mesmo que ocorre no trânsito. O estado anterior não volta ser exatamente o mesmo.

REVEZAMENTO de revezar, vocábulo cuja raiz é o latim *vice*, vez, acrescido dos afixos re-, indicando repetição, aqui funcionando como prefixo, e -ar, sufixo muito comum na formação de nossos verbos. Designa substituição alternada de empregados nos serviços que exijam trabalho aos domingos, em escalas diurnas ou noturnas, com o fim de não sobrecarregar apenas alguns.

REVEZAR vocábulo cuja raiz é o latim *vice*, tição, aqui funcionando como prefixo, e -ar, sufixo muito comum na formação de nossos verbos. Revezar significa literalmente repetir a vez. Seu sentido, porém, é de alternância, tal como ocorre neste trecho do romancista português Miguel Torga, pseudônimo de Adolfo Correia da Rocha: "A caneta que escreve e a que prescreve revezam-se harmoniosamente na mesma mão."

REVISAR do latim vulgar *revisere*, validar e, para isso, examinar, ver de novo re + videre. Revisor e revisão seguiram processo semelhante, aproveitando do mesmo étimo, o latim *videre*, ver. O "d" mudou para "s" porque o particípio de *videre* é *visus*. As coisas examinadas com atenção – documentos, por exemplo – em latim são identificadas por *visa*, vistas. Em francês, revisar é *réviser*; *réviseur* é revisor e *révision* é revisão. Inexplicáveis distorções de programas eletrônicos levam a erros estranhíssimos. Consolemo-nos com o reformador britânico Samuel Smiles: "Nós aprendemos mais com o fracasso do que com o sucesso."

REVISOR do latim medieval *revisor*, revisor, encarregado de corrigir os erros de um original durante a composição tipográfica ou eletrônica. No silêncio de seu delicado e rigoroso trabalho, o revisor impede, com sua argúcia e poder de observação, que o autor cometa erros, às vezes grosseiros. Ultimamente, em virtude da ampliação do trabalho feminino, o ofício passou a ser exercido também por mulheres. Nenhum autor escapa de deslizes. Nem o próprio Deus, dado como autor dos livros sagrados, escapou a algumas contradições. Na *Bíblia*, assim que começa a ler o *Gênesis*, o leitor atento percebe grande contradição. Com efeito, no primeiro capítulo Deus cria o homem e a mulher, à sua imagem e semelhança, no sexto dia, depois que tudo estava criado. No segundo capítulo, vêm a surpresa e a contradição: Deus cria primeiramente o homem e depois todos os animais. Adão fica vagando pelo Paraíso, incapaz de suportar tanta solidão. O Senhor toma, então, uma providência, levando o homem a um sono profundo e praticando a primeira cirurgia, que consiste na retirada de um órgão menos nobre, um pedaço de costela, para dele fazer Eva. A criação da mulher foi uma ideia tardia do Senhor e seu canto de cisne. Dali por diante se alguém quisesse mais pessoas no Paraíso, que fosse fazê-las, porque Deus estava muito fatigado e foi descansar. E no segundo capítulo não há nenhuma referência a que tenham sido feitos à imagem e semelhança do Todo-poderoso, além de o roteiro da criação ter sido invertido: começa pelo homem, passa por todos os outros seres vivos e chega à mulher. No primeiro, deu-se o contrário. Primeiramente criou todos os seres vivos e depois o homem e a mulher simultaneamente. Um bom revisor teria evitado a contradição. Outras vezes, também os revisores cochilam com o autor. E assim deixaram escapar, em livro do cuidadoso Flaubert, que certo personagem tenha feito uma viagem marítima pelo rio Sena. Outras vezes são os tradutores que tropeçam, como é o caso da abertura de *O amor nos tempos do cólera*, de Gabriel García Márquez, em que o esplêndido romancista Antônio Callado e seus revisores são os responsáveis por se amarrar um cachorro pela pata à mesa, quando o Prêmio Nobel de Literatura escreveu no original que o cão estava amarrado à perna da mesa.

REVISTA do inglês *review*, designando publicações periódicas, consolidando-se mais tarde como denominação de publicações semanais, quinzenais, mensais e mais raramente semestrais e anuais, ocupadas em informar, analisar, entreter os leitores. Originalmente a palavra inglesa apontava para o significado de ver pela segunda vez porque as revistas limitavam-se a rever o que tinha sido publicado em livros ou aparecido em outros meios, como os jornais. A revista brasileira mais antiga é a *Revista Instituto Histórico e Geográfico Brasileiro*, lançada em 1839. No mundo, a que mais vende, com circulação dirigida, publicada pelas testemunhas de Jeová, tem o título de *A verdade que conduz à vida eterna*. Em abril de 1994, sua circulação já atingia 107.619.787 exemplares, em 117 idiomas, conduzindo também uma boa grana para quem a edita, a *Watchtower Bible and Tract Society, de Nova York*.

REVIVER do latim *revivere*, reviver, viver de novo, readquirir a saúde, tendo também o sentido de recuperar, trazer a memória, como fazem atores e atrizes que revivem no teatro, no cinema e na televisão célebres personagens. Cleópatra VII, por exemplo, a mais famosa das faraós da série dinástica do antigo Egito, foi vivida no cinema por Jeanne d'Alcy, num filme de apenas dois minutos; Claudette Colbert; Theda Bara e Elizabeth Taylor, que a representou no esplendor dos 30 anos. Uma das cenas antológicas é o enorme tapete vermelho com que ela presenteia Júlio César. Fontes históricas asseguram que Cleópatra era o próprio presente e ofereceu-se enrolada nele, nua. De fato, foram amantes e em Roma ela morou perto da casa da esposa dele, Calpúrnia. O cineasta brasileiro Julio Bressane dirigiu o filme *Cleópatra Sétima*, estrelada por Alessandra Negrini, paulista de Santos, filha de uma pedagoga e de um engenheiro, que se tornou atriz nacionalmente conhecida e admirada a partir do papel antológico que teve na televisão, em *Engraçadinha: seus amores e seus pecados*, vivendo personagem de uma das peças referenciais do dramaturgo e cronista Nelson Rodrigues. Apresentado fora da competição no Festival de Veneza, em 2007, arrebatou no mesmo ano o prêmio de melhor filme no Festival de Cinema de Brasília. O carioca Miguel Falabella de Souza Aguiar, mais conhecido por seus trabalhos na televisão, onde fez o divertido Caco Antíbes de *Sai de baixo*, foi Júlio César e o pernambucano Bruno Garcia da Silva foi Marco Antônio. Foi filmado no Brasil e a praia de Copacabana fez as vezes do rio Nilo. Em 1999, Cleópatra foi revivida em série da televisão da rede ABC, nos EUA, pela atriz chilena Leonor Varela.

REVOGAR do latim *revocare*, chamar de novo, dizer que volte. Em latim *vocare* é chamar, verbo do mesmo étimo de *vox*, voz. Passou a ter o sentido de anular, tornar sem efeito. Houve mudança da na pronúncia, de "c" para "g", comum na língua portuguesa. O latim *cattus* virou gato. O verbo esteve nas primeiras páginas dos jornais na última semana de setembro de 2009, quando o presidente interino de Honduras, Roberto Micheletti, admitiu revogar o estado de sítio, que ele baixou, restringindo as liberdades individuais e fechando a Rádio Globo e a TV Cholusat Sur, Canal 36, emissoras que tomaram o partido de Manuel Zelaya, o presidente anterior, afastado pela Suprema Corte por violar a Constituição, segundo e seus adversários, e deposto por Golpe de Estado, segundo seus seguidores.

REVOLUÇÃO do latim *revolutione*, revolução, ato de revolver, de mudar, designando também mudanças tecnológicas, como na expressão Revolução Industrial. Historiadores discordam da aplicação do termo para sublevações. No Brasil, quando as revoluções foram lideradas por gente humilde, foram chamadas de arruaças, sebaças, motins, designações que ligam mais a desordens que a mudanças. Assim ocorre ainda hoje com a denominação do movimento armado que eclodiu em 31 de março de 1964 e depôs o presidente João Goulart. Para uns, tratou-se de revolução; para outros, de golpe de Estado.

REVOLUCIONÁRIO do francês *révolutionnaire*, adepto de uma revolução. Revolução veio do latim tardio *revolutione*, declinação de *revolutio*, voltar, girar, como indica o prefixo re-. No latim, indicava o movimento dos astros no firmamento. Passou a designar movimento que prescreve mudanças radicais na economia, na política e na sociedade a partir da Revolução Francesa de 1789, embora São Gregório, Santo Agostinho e Charles-Louis de Secondat, barão de la Brede e de Montesquieu tenham registrado o vocábulo com sentido semelhante. Entre 1790 e 1792 nascem os termos *contre-révolution* e *contre-révolutionnaire*, indicando, não os indiferentes, mas aqueles que se insurgem e lutam contra a revolução. Os revolucionários russos, liderados por Vladimir Ilitch Ulianov, mais conhecido por Lenin, Iosif Vissarionovitch Djugatcvilli, dito Stálin e León Trotsky – o único a não usar pseudônimo, que fazia aniversário a 26 de outubro no antigo calendário russo – se inspiraram num judeu-alemão que vivia exilado em Londres para elaborar a sua doutrina. Já os revolucionários chineses, tendo à frente Mao-Tsé Tung, acresceram à obra de Karl Marx a do estrategista chinês Sun Wu, que viveu no século VI a.C. Ele condensou em 16 palavras as oito estratégias da guerrilha, seguidas fielmente também por revolucionários cubanos, vietnamitas e nicaraguenses, assim descritas: inimigo avança (*di jin*), eu recuo (*wu tiu*); inimigo para (*di jirh*), eu vigio (*wu shun*); inimigo cansado (*di chuan*), eu ataco (*wu gung*); inimigo recua (*di ying*), eu sigo (*wu sui*). Lênin resumiu tudo a duas: um passo para trás, dois para a frente (em russo: s*hag nazád, dva shagá v'peryód*).

REVÓLVER do inglês *revolver*, nome dado a esta arma, em 1837, por seu inventor, o americano Samuel Colt. A tecnologia permite matar à distância, não mais jogando a própria arma, como no caso da lança, mas disparando uma série de projéteis, conhecidos hoje por balas. De largo uso na ocupação do oeste americano, tornou-se indispensável nas produções dos filmes de faroeste.

RIACHO do espanhol *riacho*, riacho, rio pequeno, de poucas águas, mais volumoso do que o regato e menos do que a ribeira. O espanhol tem também *riachuelo*, mas esta palavra não veio para a língua portuguesa, sendo, entretanto, muito conhecida por dar nome à batalha naval decisiva, travada entre a Marinha do Brasil e a do Paraguai, no rio Paraná. Um detalhe impediu a vitória paraguaia. Foi planejada para ocorrer na madrugada de domingo, 11 de junho de 1865, quando seria denso o nevoeiro, mas um dos navios paraguaios quebrou e o ataque começou às 9h. Foi nesse combate que o almirante Francisco Manuel Barroso da Silva, português de nascimento, consagrou a máxima: "O Brasil espera que cada um cumpra o seu dever." E foi nela que tiveram morte heroica, entre centenas de baixas brasileiras, o carioca João Guilherme Greenhalgh, de apenas 20 anos, e o gaúcho Marcílio Dias, que se enrolou na bandeira do Brasil antes de receber dezenas de cutiladas. Morreu no dia seguinte. Não estava presente o comandante da Marinha, Joaquim Marques Lisboa, mais conhecido como Almirante Tamandaré, por ter sido barão, visconde, conde e marquês da localidade gaúcha com este nome. A batalha foi imortalizada pelo pintor catarinense Victor Meirelles de Lima, famoso por suas telas históricas. É de Santo Tomás de Aquino, celebrado em 28 de janeiro e assim chamado por ter nascido em Aquino, perto de Nápoles, na Itália, a frase "escolhe entrar no mar pelos pequenos riachos".

RIBEIRÃO aumentativo de ribeiro, variante de ribeira, do latim vulgar *riparia*, designando originalmente terreno banhado por pequeno rio e depois o próprio curso d'água, porém maior que um riacho. Povoados surgiram em suas proximidades ou às suas margens. Por isso, algumas cidades têm ribeirão em suas denominações, como é o caso de Ribeirão Preto.

RICO do gótico *reiks* (pronunciado *riks*), poderoso. O espanhol *rico* e o italiano *ricco* atestam que provavelmente, como o português, acolheram o gótico sem o "s" final, acrescentando-lhe "o". Riqueza formou-se com o sufixo -eza e pelo menos etimologicamente o rico e o pobre procederam de modo idêntico para formar a riqueza e a pobreza, de pobre, mais "eza". "A riqueza é o nervo das coisas", disse o orador grego Demóstenes. No original, como pronunciou: "*tón plúton néura pragmáton.*" E William Shakespeare em *As alegres comadres de Windsor* faz o cavalheiro Ford dizer na cena II do Ato II: "se o dinheiro vai na frente, todos os caminhos se abrem." Ao que retruca Sir John Falstaff: "O dinheiro, senhor, é um bom soldado; avança sempre." No mundo atual, a riqueza aparece sobretudo na produção e no consumo de bens supérfluos, mas Voltaire avisou: "o supérfluo, *le superflu, chose três nécessaire.*" O bardo inglês, além de gênio no teatro e na literatura, sabia como poucos lidar bem com o dinheiro e com a riqueza, como seus biógrafos souberam mostrar. E para proteger o patrimônio deixou de reconhecer um filho fora do casamento, William Davenant. Abandonado pelo pai no testamento, o filho confiscou parte do que lhe era devido e escreveu *Macbeth de Davenant*, plagiando o pai famoso.

RIGOROSO do latim *rigorosus*, rigoroso, duro, do mesmo étimo de *rigidus*, duro, frio. Passou a qualificar a pessoa extremamente disciplinada, como foi Luís Alves de Lima e Silva, o Duque de Caxias, cuja data de nascimento, 25 de agosto, serviu para instituir o *Dia do Soldado*. Sua certidão de batismo diz, porém, que ele veio ao mundo no dia 26. A de óbito, que ele morreu no dia 7 de maio. Entre uma data e outra, ele foi autor de feitos notáveis que levaram seu nome a ser inscrito no *Livro dos heróis brasileiros*. Entrou para a vida militar aos cinco anos de idade, tornando-se marechal aos 39. Foi comandante das tropas brasileiras na Guerra do Paraguai e em 1867 substituiu o general argentino Bartolomeu Mitre no comando geral da Tríplice Aliança, formada por Brasil, Argentina e Uruguai, quando os aliados tinham perdido várias batalhas para o Paraguai. Caxias tornou-se adjetivo no português, qualificando a pessoa que, como o patrono do exército brasileiro, é muito disciplinada, sobretudo consigo mesma. Uma das cidades que o homenageia é Duque de Caxias, com cerca de 900 mil habitantes, situada na região onde ele nasceu, na Baixada Fluminense, no estado do Rio de Janeiro.

RIM do latim *renes*, rins. Como definem os dicionários: é a parte inferior da região lombar dos vertebrados. Mas não muito inferior... O célebre humorista brasileiro Aparício Torelly, o Barão de Itararé, prestava exame no curso de medicina, quando o professor lhe perguntou: "Quantos rins nós temos?" O aluno Aparício respondeu: "Quatro, professor." Diante do olhar espantado do mestre e das gargalhadas dos colegas, emendou: "Quatro. Dois meus e dois seus." O examinador, querendo ser engraçado também, pediu um feixe de capim... Mas Aparício foi mais rápido ainda: "E para mim, um cafezinho."

RIMA do latim *rythmus*, grafado também *rhythmus*, designando movimento regular, cadência harmoniosa e compassada, por sua vez trazida do grego *rhuthmós*, onde além de todos esses significados, tinha também o de medida, presente em versos cuidadosamente metrificados. Passou às línguas neolatinas variando a grafia, de que são exemplos o italiano, o espanhol e o português, idiomas onde chegou entre os séculos XIV e XV. O inglês *rime* e o alemão *Reim* datam do século XIII. O francês *rime* é mais antigo, tendo seu primeiro registro ocorrido em 1160. É provável que o étimo em que todas as citadas se radicaram seja o frâncico *rim*, já também com o significado de série, número, sequência, por influências do ambiente comercial mais desenvolvido. A evolução da grafia do vocábulo pode ser aferida em *Rythmas*, título de obra póstuma de Luís Vaz de Camões, entretanto alterada para edição, de 1598, já é grafada Rimas na segunda edição. A rima foi bênção e tormento de poetas como a referência parnasiana Olavo Brás Martins dos Guimarães Bilac, autor da letra de nosso *Hino à Bandeira*, em cujos versos Brasil é rimado com juvenil numa estrofe que é repetida vezes: "Recebe o afeto que se encerra/ em nosso peito juvenil,/ querido símbolo da terra,/ da amada terra do Brasil". A música é de Francisco Braga, regente e compositor brasileiro, autor de outros 21 hinos. Bilac, além de grande poeta, foi também autor do primeiro acidente de automóvel no Brasil. E o carro que ele arrebentou contra uma árvore era de José do Patrocínio. Inventou também o serviço militar e o livro didático, mas fez versos de rimas mais criativas em outros poemas, como em *O caçador de esmeraldas*, compensando largamente eventuais tristezas de atingidos pela obrigatoriedade do serviço nas Forças Armadas e pela imposição de manuais nas escolas, em que saudou assim o famoso bandeirante: "Tu cantarás na voz do sinos, nas charruas,/ no esto da multidão, no tumultuar das ruas,/ no clamor do trabalho e nos hinos de paz!/ E, subjugando o olvido, através das idades./ violador de sertões, plantador de cidades,/ dentro do coração da Pátria viverás."

RINGUE do inglês *ring*, anel, designando também cercadinhos como o tablado onde lutam os boxeadores. O território é privativo da dupla em luta e do juiz apenas, pois os treinadores ficam do lado de fora. Alguns escritores intrometidos, entre os quais

Lord Byron e Ernest Hemingway, meteram-se a dar uns murros em profissionais. O poeta inglês, vestindo um camisolão, enfrentou o ex-campeão de boxe, o seu conterrâneo John Gentleman Jackson. Byron tinha um mau humor lendário e era violento no ringue. Hemingway lutava em casa, em Havana, quando recebia a visita do ex-campeão de pesos pesados Gene Tunney. Certa vez o romancista, também de mau humor, deixou a brincadeira de lado e acertou uma porrada no amigo. Este, usando de técnica, fez com que seu oponente baixasse a guarda e simulou um soco, como se o advertisse a não exagerar de novo, segundo relato de David Wallechinsky e Amy Wallace em *O livro das listas*, coletânea de curiosidades que já vendeu mais de oito milhões de exemplares, publicada no Brasil pela Editora Record.

RINHA do espanhol *riña*, combate, do verbo *reñir*, combater. A origem remota é o latim *ringere*, grunhir, mostrar os dentes. Designa qualquer briga de aves ou animais, como cães e canários, mas é mais aplicado ao combate entre galos de briga, denominados também galos de rinha, treinados por homens que os armam de esporas de aço. Aos que reclamam da atrocidade, os aficionados pelo esporte respondem que "para os galos, é preferível morrer na luta do que acabar na panela".

RINOPLASTIA do grego *rhinós*, nariz, e *plastós*, formar, organizar, modelar. Intervenção cirúrgica que tem o fim de realizar plástica no nariz, tornando-o mais harmonioso com o rosto. Os cirurgiões plásticos buscam a simetria, requisito do belo às vezes negado pela natureza ou produzido por acidentes, quando não também por violência doméstica que nega a famosa cordialidade brasileira, visível nos acordos das elites, mas quase sempre ausente no ambiente familiar.

RINOVÍRUS do grego *rhinós*, genitivo de *rhís*, nariz, e do latim *virus*, veneno, *rinovírus* designa o agente do resfriado. Parece-se com aqueles personagens aterrorizantes de ficção científica, cuja disseminação de identidades dificulta o combate. Com efeito, já são mais de 200 os rinovírus. Eles atacam o nariz e a garganta, abstendo-se geralmente de invadir as células do organismo, como faz a *influenza*, o vírus da gripe, que ataca também os pulmões, abrindo verdadeiras avenidas por onde entram bactérias, como a da pneumonia, que podem levar à morte. Os resfriados são menos graves e duram em média uma semana.

RIO do latim vulgar *riu*, derivado de *rivu*, ambos com o significado de rio. Os rios cumpriram importantes funções na civilização brasileira, pois às suas margens ergueram-se muitas cidades. E o Tietê serviu como eficiente meio de transporte aos bandeirantes que buscaram o interior de São Paulo. No romance *Direita, esquerda, volver*, do contista e romancista Plínio Cabral, um personagem diz: "Não tenho para onde ir. Vou seguir o rio. Os rios também andam."

RIQUEZA de rico, do gótico *reiks*, poderoso, e o sufixo -eza, comum na formação de palavras em que o adjetivo, com adaptações, fornece o étimo para o substantivo, como em pobre, pobreza; certo, certeza; corrente, correnteza. Designa abundância, no sentido denotativo, como a riqueza dos homens mais ricos do mundo, a riqueza do subsolo, como também no metafórico: a riqueza artística das fantasias carnavalescas. O Brasil tem muitas riquezas, mas no sentido denotativo elas são distribuídas. Nosso país é um dos mais desiguais do mundo. Entre 50 mais ricos, é o segundo mais desigual.

RISCO do latim medieval *risicum*, ligado ao verbo *resecare*, cortar, pelo francês *risque*, perigo, com influência do espanhol *risco*, penhasco. Entre os antigos romanos, *risicum* designava a sorte ou a má sorte de um soldado. O cinegrafista Gelson Domingos da Silva, da TV Bandeirantes, corria risco de vida e morreu em 2011, em tiroteio entre policiais e bandidos na favela de Antares, no Rio, alvejado por bala de fuzil, contra a qual o colete à prova de balas de nada adiantou. Em 2010 ele recebera o Prêmio de Jornalismo Vladimir Herzog. Mesmo jovem, ele deixou três filhos e dois netos.

RISO do latim *risus*, ligado ao verbo *ridere*, rir, zombar. Acrescido dos prefixos de- e sub-, ganhou os significados de *deridere*, debochar, e *subridere*, sorrir. A mesma raiz está presente em ridículo, o que é objeto de riso. Como os dentes sobressaem no riso, criou-se a expressão "riso amarelo", indicadora do que se ri contragosto. Já o riso sardônico provavelmente tem origem numa erva da Sardenha que, quando mastigada, provoca espasmos involuntários de riso. Na mesma ocasião em que o padre Antonio Vieira pregou para a rainha Cristina da Suécia, em Roma, o sermão intitulado *As lágrimas de Heráclito*, que por tudo chorava, outro jesuíta, o padre Jerônimo Cataneo, diante da mesma soberana, proferiu o sermão *Il riso di Demócrito, che tutto scherniva* (O riso de Demócrito, que de tudo zombava). Já o poeta Alphonsus de Guimaraens, tem uma bela estrofe sobre o riso, no qual o prato parece embutido: "A dor imaterial que magoa o teu riso,/ Tênue, pairando à flor dos lábios, tão de leve,/ Faz-me sempre pensar em tudo o que é indeciso:/ Luares, pores do sol, cousas que morrem breve." Em outro poema, intitulado *A catedral*, o poeta faz rima com o próprio prenome: "E a catedral ebúrnea do meu sonho/ Afunda-se no caos do céu medonho/ Como um astro que já morreu./ E o sino geme em lúgubres responsos:/ 'Pobre Alphonsus! Pobre Alphonsus'!" Pai de muitos filhos, devotado e místico, de hábitos reclusos e quase sempre solitário, o poeta foi juiz municipal em Mariana (MG), onde escreveu a maioria de sua vasta e complexa obra, referência no simbolismo brasileiro.

RITO do sânscrito *rtám*, ordem, pelo latim *ritus*, uso, costume, cerimônia. Como na antiga Roma o religioso e político se misturavam, às vezes a ponto de se confundirem, rito passou a designar preferencialmente o modo de celebrar um ato religioso, de que é exemplo o casamento, que pode ser realizado apenas no civil, mas que é feito também no religioso e de acordo com os ritos do catolicismo, religião declarada pelo maior número de pessoas no Brasil, considerado ainda o maior país católico do mundo. O brasileiro é envolvido pelos ritos religiosos ainda quando não tem consciência do que simbolizam, como no batismo e na crisma. Para este segundo sacramento, predominou o feminino, aplicando-se o masculino apenas ao óleo utilizado na maioria dos seis sacramentos.

RITORNELO do italiano *ritornello*, voltinha. A partir do século XIV passou a designar um estribilho musical dos madrigais, incorporando-se depois à outras formas melódicas. Assim, no concerto clássico também é chamada de ritornelo a volta de todos os instrumentos depois de um solo.

RIVAL do latim *rivale*, ribeirinho. Passou a significar aquele que tem direito a uma corrente d'água, partilhada por outros. Como houve brigas constantes por causa deste elemento indispensável à vida, com o tempo o vocábulo aplicou-se também aos que disputam outras coisas, tão importantes quanto a água, como se pode dizer dos amores.

RIVALIDADE do latim *rivalitate*, declinação de *rivalitas*. É do mesmo étimo de *rivus*, que deu *rius* no latim vulgar e rio no português. Uma das primeiras rivalidades entre os seres humanos surgiu por disputa de água, para si e para os animais domésticos, provavelmente por povoações estabelecida às margens de algum rio. Aos poucos, tais disputas foram realizadas também por outros motivos: por pastos à beira dos rios, por determinadas plantas ou árvores ali situadas, por gente que navegasse por aquelas águas. Rastreadas as origens, sempre se chegará a esses sentidos, mas o fato é que rivalidade consolidou-se como oposição, conflito, luta, guerra. Na Copa de 2014, algumas rivalidades clássicas do futebol voltaram a manifestar-se, como é o caso da dos brasileiros com os argentinos. A Seleção Brasileira joga com qualquer país do mundo menos apreensiva do que com os argentinos, os grandes rivais. O Brasil já eliminou a Argentina na Copa do Mundo de 1982, na Espanha, e foi por ela eliminado na de 1990, na Itália.

RIXA do latim *rixa*, rixa, disputa. Também o italiano *rissa* e o francês *rixe*, com o mesmo significado, vieram do latim. Ao contrário de rivalidade, nascida de brigas por ribeirinhos e córregos – *rivus*, em latim –, rixa já entrou para a língua portuguesa com o sentido de disputa travada entre broncos, do latim tardio *broncho*, vindo originalmente do grego *brónchos*, designando a traqueia. As variantes latinas *bronchus* e *broncus* já designavam quem tinha a boca enorme, com dentes salientes, consolidadas no português popular como bronco e bocudo, indicando ignorante, tosco, inculto, ignaro. Sem o recurso das palavras, a questão era resolvida às mordidas na traqueia – a bocarra como arma. Passou depois ao sentido metafórico. Reza a tradição que a verdadeira rixa, ainda quando apenas verbal, é travada entre rivais. Rival é aquele que disputa algum bem, como a água corrente, então essencial aos primeiros homens. As rivalidades evoluíram para rixas por outros bens, tanto na esfera amorosa como na profissional. É o que ocorreu no futebol com o jogador Romário que, vítima de antiga rixa com o técnico Vanderlei Luxemburgo, não integrou a seleção brasileira de futebol que foi às Olimpíadas de Sidney, na Austrália. Dispensado, nosso melhor atacante assistiu aos sucessivos fracassos do time nacional pelos quais o principal responsável foi quem o excluiu, o técnico. Romário voltou a ser excluído por Luís Felipe Scolari na Copa de 2002, mas a seleção saiu-se bem e o novo censor teve melhor sorte. Se filho feio não tem pai, filho bonito tem de sobra.

ROBALO do espanhol *robalo*, por sua vez vindo do catalão *llobarro*, aumentativo de *llop*, lobo. Designa um peixe cuja aparência lembra um lobo. Tem o lombo de cor cinza, mas a garganta, os flancos e a barriga são brancos. O robalo pode chegar a 1,20 m e pesar até 15 kg, tendo carne muito saborosa. Nada em cardumes, tanto na água salgada como na doce, preferindo esta última para desovar.

ROBUSTO do latim *robustus*, robusto, duro, rijo, forte como o carvalho, que em latim é robur. Camões considerou robustos os políticos portugueses de seu tempo: "Dá a terra lusitana Cipiões/ Césares, Alexandros, e dá Augustos/ mas não lhe dá, contudo, aqueles dões/ cuja falta os faz duros e robustos." Talvez pagando tributo ao antigo legado, muitos de nossos políticos continuem mais robustos que duros, e mais enxutos que molhados, pois vão receber por sessões extras do Congresso uma quantia que a maioria dos outros assalariados não vai ganhar nunca, a não menos que seja na loteria.

ROCAMBOLESCO do francês *rocambolesque*, a partir de Rocambole, nome de um personagem de romance folhetinesco do visconde de Ponson du Terrail. As complicadas peripécias do herói resultaram na criação deste adjetivo. O escritor pode ter-se inspirado num doce, igualmente enrolado, conhecido como rocambole. Prolixo, o autor escrevia com muita pressa, o que o levou a alguns deslizes como este: "O comandante passeava com as mãos nos ombros lendo o jornal." Quem segurava o jornal, se estava com as duas mãos ocupadas? Quando matou Rocambole, os leitores protestaram e ele teve de ressuscitá-lo no próximo livro, que começava assim: "Como a perspicácia de nossos leitores adivinhou, Rocambole segue vivo."

ROÇAR do latim vulgar *ruptiare*, roçar, radicado no verbo culto *rumpere*, romper, rasgar, arrombar, fazer marcas, formado a partir do particípio *ruptus*, rompido. O nome de conhecida favela do Rio de Janeiro, a Rocinha, tem esta raiz, pois procede de roça, terreno de onde se tirou o mato para o cultivo. Como era costume os moradores da orla terem uma pequena roça naquele morro, a localidade ganhou o nome de Rocinha. Roçar tem também o sentido de tocar de leve, deixando marcas metafóricas, tal como aparece em *Cântico para Soraya, uma princesa sefardita*, o mais recente livro da poeta Neide Archanjo, publicado simultaneamente em francês, pelas Éditions Eulina Carvalho, em Paris, e em português pela Girafa, em São Paulo: "Teus lábios/ fitas escarlates/ aguardam o meu beijo./ Com um só/ de teus olhares/ roubaste meu desejo./ Negros cabelos/ roçam meu rosto/ e sussurram mistérios/ aos meus ouvidos." Ou em francês: "*Tes lèvres/ ruban écarlates/ attendent mon baiser./ D'un seul/ de tes regards/ tu accapares mon désir/ Dês cheveux noirs/ caressent mon visage/ susurrant des mystères/ à mes oreilles.*"

RODA do latim *rota*, roda. Houve trocado "t" pelo "d" no português. Precedida apenas pela faca, a roda, um dos mais antigos inventos do homem, surgiu provavelmente na Mesopotâmia, por volta de 45 séculos a.C., no atual Iraque. A nova tecnologia mudou para sempre a vida do homem, pois, além da revolução nos transportes, trouxe também a roldana e o moinho. Não se pode imaginar o mundo moderno sem rodas mesmo nos transportes, onde até os aviões não podem dispensá-las.

RODAR do latim *rotare*, rodar, andar em volta, viajar, do mesmo étimo de roteiro, rodovia. Adquiriu vários significados na língua portuguesa, especialmente no português do Brasil, onde veio a designar ser derrotado – de derrota, do mesmo étimo de rodar –, perder-se, ser reprovado, andar com destino ou sem destino. Diz-se também de pessoa experiente que ela é rodada. Também roda o ginete que cai do cavalo. O verbo está presente na expressão "rodar a baiana", isto é, fazer escândalo, revoltar-se, que remonta aos primórdios do carnaval. Como os marmanjos passavam a mão ou mesmo beliscavam o traseiro das baianas, alguns capoeiristas, disfarçados de baianas no meio dos blocos, reagiam com um golpe chamado meia-lua, dado na orelha do atrevido. Às vezes, usavam também as navalhas que levavam escondidas. Rodar a baiana, sinal de grande confusão, sem capoeira e sem navalha, consolidou-se na língua portuguesa para designar confusão.

RODÍZIO do latim *roticinu*, movimento de rodar. No italiano conservou a mesma grafia, mas em português deu rodízio. No vôlei, dá-se este nome ao sistema de troca de posição entre jogadores a cada ponto obtido. É também chamado assim um tipo de refeição em que são servidas várias espécies de carnes.

RODOANEL de rodo, redução de rodovia, neologismo criado pelo presidente Washington Luís, que estava na presidência da República na famosa crise de 1929, provavelmente a partir de via e rodar, palavras vindas do latim *via*, caminho, estrada, e *rotare*, rodar, percorrer; e anel, do latim *anellum*, diminutivo de *anulus*, já diminutivo de *anus*, círculo. Ele adotou o seguinte lema: "Governar é abrir estradas." Rodoanel designa rodovia de grande extensão, em forma de círculo rodeando as grandes cidades, como faz a estrada marginal ou vicinal. Em São Paulo, há duas famosas estradas marginais: a marginal Pinheiros e a marginal Tietê.

RODOCÍDIO palavra inventada pelo escritor e frade dominicano Frei Betto para designar, alarmado, a matança em nossas estradas rodoviárias, sobretudo por ocasião das férias, vez que da multidão dos que partem, muitos são os que não voltam, caindo pelas estradas, alguns deles caindo pelas beiradas, já que dirigem bêbados. No caso, a queda dá-se por outras águas, sejam líquidas ou destiladas. Ou, o que é pior, misturadas. O autor de *Entre todos os homens* e *Hotel Brasil* baseou-se em analogias com homicídio, parricídio, regicídio e deicídio, entre outras, em que o sentido de matar está embutido, apresentando, por conseguinte, um novo conceito de desastre rodoviário. Não se trata de desastre – amparado originalmente em fatalidade atribuída a desvio da rota de algum astro – mas de homicídios em que a arma utilizada é o automóvel.

RODOVIA do latim *via*, caminho, estrada, e *rotare*, rodar, percorrer. Dá nome a várias estradas, uma delas cortando o estado de São Paulo. Às margens da rodovia, estão as ruínas de várias estações ferroviárias, atestando que a preferência pelo transporte rodoviário resultou, ao contrário do que acontece na Europa, na exclusão do trem.

ROGAR do latim *rogare*, cujo significado original era perguntar, de que há vestígios em interrogar. Passou a sinônimo de pedir, suplicar, de que há numerosos exemplos nas rezas católicas, quando os fiéis repetem quase indefinidamente depois de cada invocação aos santos, nas ladainhas, a fórmula "rogai por nós". No latim, a expressão equivalente está no singular "*ora pro nobis*". No direito, rogar adquiriu o sentido de, mais do que solicitar, fazer uma proposta, como no caso de propor uma lei, e deste verbo nasceram muitos outros, de que são exemplos ab-rogar, ad-rogar, ob-rogar, sub-rogar. Em latim, nenhum deles tem hífen: é *abrogare, adrogare, obrogare, subrogare*. Ab-rogar equivale a suprimir, cassar, tornar sem efeito, pois "ab" indica afastamento; ad-rogar, que também é escrito arrogar, indica proximidade, indicado pela partícula "ad", como na frase "ele se arroga o direito de decidir", isto é, traz o direito para si; já ob-rogar tem o sentido de tirar uma coisa para pôr outra em seu lugar; e sub-rogar é transferir direito, obrigação, encargo etc. a outro. E ainda temos derrogar, do latim *derogare*, que Bocage utilizou em versos célebres: "da morte férrea a lei não se derroga/ nas páginas fatais é tudo eterno/ o que se escreve ali jamais se risca."

ROJÃO do espanhol *rejón*, aguilhão para espicaçar o touro na arena. Passou a denominar artefato pirotécnico que estoura no ar em festas e celebrações, como as de fim de ano, em que são lançados os chamados fogos de artifício, já conhecidos dos chineses no século X. Até o Renascimento, apenas militares poderiam utilizá-los, mas depois os comerciantes italianos começaram a queimá-los em celebrações civis. Rojões e foguetes contêm cloreto de potássio, que produz as cores brilhantes, e carvão vegetal moído, misturados a outros componentes explosivos, como a pólvora.

ROL do latim medieval *rollus*, pergaminho enrolado, depois de utilizado para a escrita, antes de inventada a encadernação. No latim culto é *rotulus*, rolo, cilindro. Por trazer relação de coisas diversas – mercadorias, localidades, rios, mapas etc. –, ganhou o significado de relação, lista. O *British Film Institute*, segundo nos informa o escritor e professor Jaime Pinsky (org) no livro *Cultura & elegância*, publica de dez em dez anos, em sua revista *Sight and Sound*, listas dos melhores filmes de todos os tempos. Faz isso desde 1952. No rol da última aparecem *Cidadão Kane*, *Um corpo que cai*, *A regra do jogo*, *O poderoso chefão I* e *II*, *Uma história em Tóquio*, *2001: uma odisseia no espaço*, *O encouraçado Potemkin*, *Aurora*, *8/12* e *Cantando na chuva*. Todos os diretores são da Europa ou dos EUA, com exceção de Yasujiro Ozu, que escreveu, em parceria com Kôgo Noda, e dirigiu o filme *Tokyo Monogatari*, título original, traduzido para *Tokyo Story*, cujo tema solar é o desapontamento dos pais que visitam os filhos já crescidos e veem neles indiferença e ingratidão. O casal de velhos, Shukishi e sua esposa Tomi, é vivido pelos atores Chishu Ryu e Chieko Higashiyama.

ROLAR do francês *rouler*, escrito *roueler* no francês antigo, com influência de *roue*, roda, do latim *rota*. Por isso, teve inicialmente o sentido de rodar, girar, e aos poucos foi ampliando os significados. A pedra rola morro abaixo, isto é, roda e avança. Outro significado, obtido por metáfora, é rolar uma dívida, prorrogar o vencimento. Rolar de rir é outra expressão em que aparece o verbo com o significado conotativo, pois a pessoa, embora muito alegre, não rolaria no chão como a pedra morro abaixo. Rolar ganhou também o significado de acontecer: "Rolou música alta durante toda a festa." Na linguagem de adolescentes e jovens, "rolou" indica que o sexo em encontro, casual ou não, aconteceu. E naturalmente "não rolou" dá-se quando o encontro não chegou às preliminares ou delas não passou.

ROLHA do latim *rotula*, roda pequena. Em latim há o verbo *rotare*, palavra aparentada com *rotula*, que tem o significado de fazer andar à roda, fazer saltar ao redor, fazer rolar por terra. A rolha mais conhecida no português é uma peça arredondada, de cortiça, borracha, ou plástico, utilizada para tapar gargalo de garrafas e frascos. Nas festas de fim de ano, a rolha é item indispensável nas comemorações, desde que se disponha de um saca-rolhas, o utensílio apropriado para abrir as garrafas onde estão desejados líquidos, como o champanhe, assim chamado por ser originário da região de *Champagne*, na França.

ROMÃ do latim *mala romana*, maçã romana. Designa o fruto da romãzeira, cujo interior é dividido em sementes envolvidas em polpa comestível, caracterizada por suco abundante de sabor agridoce. As sementes estão separadas umas das outras por finas películas, formando cavidades. O fruto, ao qual são atribuídos poderes mágicos, não pode faltar nas festas de Natal e Ano-Novo, quando são feitas certas simpatias e pedidos, enquanto as sementes são jogadas ou guardadas nos bolsos. O jornalista e escritor paulista Moacir Amâncio, doutor em Língua Hebraica, Literatura e Cultura Judaicas pela USP, autor de *Dois palhaços e uma alcachofra*, obra que discute os diversos conceitos da *Shoá* (Holocausto), é também autor de um premiado livro de poesias intitulado *Contar a romã*, em que são encontrados esses versos: "Polivermelha romã,/ conservas entre teus brancos/ dentes de papel, um vivo, a/ constelação coagulada,/ presa nessa boca ampla/ montada em nós, engruvinhos,/ própria dor da terra, chã,/ espelhado favo entanto,/ é semeadura e maçãs."

ROMARIA do topônimo Roma, mais o sufixo -aria. Como Roma sempre foi e ainda é centro de peregrinações, houve generalização de sentido. E as viagens dos fiéis a outros centros religiosos receberam a mesma denominação. Às vezes, as romarias não são religiosas e designam afluxos de políticos a gabinetes de determinados chefes.

ROMBO do grego *rhómbos*, pelo latim *rhombu*, designando a figura geométrica do losango, quadrilátero que tem os lados iguais, dois ângulos agudos e dois obtusos. Para tornar-se significado de buraco, é provável que tenha retomado o sentido grego primitivo, de movimento rápido de um corpo que gira, como o peão. É possível também que o buraco aberto por algo rombudo tenha apresentado forma de losango, vindo daí a designação. Constantemente referido na imprensa, o rombo da previdência social é avaliado pelas autoridades em cerca de 3 bilhões de reais anuais, quantia que poderia ser compensada se houvesse arrecadação referente aos 12,8 milhões de trabalhadores sem carteira assinada, dos quais o governo deixa de arrecadar cerca de 4 bilhões. Além do mais, conquanto em atividade, eles contribuem para aumentar as taxas de desemprego.

ROMEU E JULIETA designa uma sobremesa constituída de dois ingredientes: goiabada e queijo. E recentemente, no jogo conhecido como altinho, o ato de matar a bola na coxa com um pé fixo no chão, enquanto a outra perna permanece ajoelhada, na posição clássica de declaração de amor do famoso casal. A origem de todas as denominações em que entram, já como substantivos comuns, Romeu e Julieta, juntos ou separados, é a peça de William Shakespeare, tragédia que ele escreveu em fins do século XVI, adaptando narrativa que rodava de boca em boca na Itália muito tempo antes. Inspirando o cinema, o teatro, a televisão, a música e outros gêneros, os namorados *Romeu e Julieta* ganharam o mundo inteiro. Originalmente italiano, escrito *Romeo*, o nome ganhou algumas variações. No Brasil, é Romeu e deu nome a políticos, esportistas e outras personalidades muito conhecidas do público. Julieta é de origem latina, nome vindo de Júlia, como Juliana, e dá nome também a um satélite de Urano, além de identificar a atriz Juliana Paes e a cantora mexicana Julieta Venegas.

ROMISETA dos antropônimos italianos *Romi-Isetta* formou-se este vocábulo, não registrado no *Dicionário Aurélio*, para designar o carro fabricado no Brasil nos anos 1950 por iniciativa do empresário Américo Emílio Romi. O carrinho aparece em várias cenas do filme *Absolutamente certo*, estrelado por Anselmo Duarte e Odete Lara.

RONRONAR da onomatopeia ronrom, rumor que faz a traqueia do gato quando acariciado ou de bem com a vida, descansando despreocupado. Segundo o biólogo Guilherme Domenichelli, do Zoológico de São Paulo, os pequenos felinos ronronam para expressar sentimentos. O ronrom é produzido pela vibração de um osso da garganta chamado hioide. Os grandes felinos, como leões, tigres, leopardos e onças-pintadas, não miam nem ronronam, rugem apenas.

ROQUE designando dança muito movimentada e música em compasso quaternário, inspirada no jazz, o vocábulo veio do inglês *rock and roll*, abreviado para *rock'n'roll*. O novo ritmo, tanto na dança como na música, logo se impôs no mundo inteiro, mas a prestigiosa revista norte-americana *Variety* não soube antever o sucesso arrebatador que viria e pontificou em matéria publicada em março de 1958: "Até julho sai de moda." Já se foi o século XX e ainda não saiu.

ROSA-CRUZ de rosa, do latim *rosa*, rosa, e *crux*, cruz, rosa-cruz, designando membro de organização científico-religiosa, hoje com mais de seis milhões de adeptos nos EUA. A origem remota é o nome de Cristian Rosenkreutz, que inspirou seita de iluminados na Alemanha do século XVII. Os rosa-cruzes professam um sincretismo gnóstico e alquímico, que defendem como via de acesso eficiente para o conhecimento da natureza, junto a elementos místicos das religiões antigas (Roma, Grécia, Egito, Babilônia), acrescidos de preceitos cristãos. São tolerantes. Cada rosa-cruz pode optar pela religião que quiser. Designa ainda o sétimo e último grau ou quarta ordem do rito maçônico francês, que tem como símbolos o pelicano, a cruz e a rosa.

ROSÁRIO do latim *rosarius*, de rosas. Designa objeto composto de contas, para rezar. Contas porque com elas é contado o número de rezas. O terço, em que é tomada a parte pelo todo, herdou o nome de rosário, assim chamado porque as contas antigamente eram grandes e semelhavam rosas. O rosário completo tem 170 contas, correspondentes a 153 ave-marias, 16 padre-nossos e um Glória. Os dicionários de um modo geral não registram as quatro contas iniciais, fixadas entre as medalhas do Crucificado e da Virgem Maria, que servem de introdução. O terço bizantino tem 110 contas. Quando apareceu diversas vezes aos três pastores portugueses, a partir de 13 de maio de 1917, em Portugal, Nossa Senhora disse em português que queria ser conhecida como Nossa Senhora do Rosário. Passou então a ser chamada Nossa Senhora do Rosário de Fátima e por fim de Fátima apenas. O lugarzinho onde se deram os eventos sobrenaturais foi a Cova da Iria. Cova que dizer lugar cavado, buraco, do latim *cova*. E Iria veio do grego *eirene*, paz, mesmo étimo do nome Irene.

ROSTO do latim *rostru*, face, semblante, rosto. A parte mais admirada da amada em todos os tempos, de acordo com a poesia ocidental. A lírica moura, talvez mais sincera, elogia preferencialmente as ancas. O poeta Casimiro de Abreu, cujo pai obrigou-o a abandonar a literatura pelo comércio, antes de morrer, aos 21 anos, deixou uma obra primorosa onde mescla felicidade e tristeza, alegria e saudade, assim referindo-se ao rosto da amada: "Quando tu choras, meu amor, teu rosto brilha formoso com mais doce encanto", acrescentando: "Oh! Nessa idade da paixão lasciva, como o prazer, é o chorar preciso, mas breve passa, qual a chuva estiva, e quase ao pranto se mistura o riso."

ROTA do francês *route*, rota, caminho, por terra, mar ou ar. Em terra, é mais difícil errar o caminho, pois as placas estão aí para advertir-nos. Mas nos mares houve célebres erros de rota, a um dos quais é atribuído o descobrimento do Brasil. Nos ares, um dos mais pitorescos ocorreu no dia 16 de julho de 1938. Um aviador partiu de Nova York com destino a Los Angeles, onde uma multidão de amigos o esperava. Vinte e oito horas depois, cansado, sedento e faminto, aterrissava em Dublin, na Irlanda, onde não havia ninguém para recebê-lo ou dar-lhe um lanche.

ROTEIRO de rota, do francês antigo *route*, caminho, elipse do latim *via rupta*, estrada aberta, que rompeu a mata, pois romper veio de *rumpere*, da mesma raiz de *rupta*. Aplicada originalmente a ações feitas em terra e mar, a palavra "rota" significou originalmente o caminho que o barco abria nas águas e o arado na terra, ao fazer os sulcos, mas veio a consolidar-se como itinerário. Sendo indispensável descrever o trecho percorrido, tanto no mar como em terra, surgiu a palavra "roteiro" para designar a descrição minuciosa que permitia identificá-lo, como acidentes geográficos de regiões costeiras, ilhas, indicação de correntes, ventos, marés, aos quais foram acrescentadas depois as menções a faróis e cidades litorâneas, enfim tudo o que era necessário para realizar de novo a mesma viagem marítima. O processo repetiu-se nos caminhos terrestres, com indicação de rios, vales, montanhas, arvoredos etc. Por metáfora, roteiro designa texto que desenvolve o argumento de um filme, vídeo, novela, programa de rádio ou televisão, peça teatral etc., que é dividido em planos, sequências e cenas, com indicação de quem (personagem) faz o que (ação) onde (cenários), dizendo o que (diálogos) etc. A palavra "roteiro" é registrada pela primeira vez em *A vida de Dom João de Castro*, vice-rei da Índia, que viveu de 1500 a 1548, e que certa vez precisou empenhar os ossos do filho, a barba e os cabelos, conforme relato de Jacinto Freire de Andrade.

ROTINA do francês *routine*, rotina, de *route*, rota, caminho, designando o conjunto de atos praticados todos os dias, sem alteração, o hábito de não mudar hoje o que foi feito ontem e assim sucessivamente. *Rousseau*, baseado no substantivo, fez o verbo *routinier*, cujo equivalente no português é rotinizar.

Parem de falar mal da rotina dá título a uma peça de teatro de Elisa Lucinda, escritora, atriz, roteirista e diretora. O espetáculo ocupa-se de hábitos cotidianos, transformados em cárceres que eliminam a criatividade. O texto é baseado em poemas retirados dos livros *O semelhante* e *Eu te amo* e suas estreias. Ela interpreta 56 personagens em 2h30 de elogios à rotina. A peça concebe o teatro tal como os antigos gregos o inventaram, tendo a função social de levar a plateia à catarse, pela exibição de comportamentos comuns aos espectadores.

RÓTULO do latim *rotulus*, rolo, cilindro. Nas origens designava pedaço de madeira, couro, pergaminho ou papel, que acompanhava recipientes e embalagens, onde estavam inscritas as informações sobre o produto ali contido. Com o tempo, passou a ser colado em frascos, no caso dos remédios, ou nas garrafas, de que é exemplo a marca afixada. Quando a embalagem das cervejas mudou para a latinha, modernos processos industriais ensejaram que o rótulo viesse impresso na própria folha de flandres, como é denominada a chapa fina de ferro laminado, coberta de estanho, utilizada na fabricação da embalagem. A folha recebeu tal nome porque foi inicialmente fabricada em Flandres, condado da Bélgica. As polêmicas que têm envolvido a discussão dos produtos transgênicos, especialmente no caso dos alimentos, levaram as indústrias a inovar a rotulagem dos produtos, especificando os componentes e advertindo os consumidores de que foram utilizadas na fabricação substâncias geneticamente modificadas.

ROUBALHEIRA de roubo, derivado de roubar, do latim vulgar *raubare*, por sua vez radicado no germânico *raubon*, saquear. Os antigos germânicos saqueavam nos campos de batalha, mas no Brasil, desde os tempos coloniais, os meliantes saqueiam na maciota de palácios, bancos, museus e igrejas. A principal vítima da roubalheira é o patrimônio público, não apenas em dinheiro vivo, de que é exemplo emblemático a organização criminosa indiciada pelo STF recentemente, depois de denúncia do procurador geral da República, Antônio Fernandes de Sousa, cujo relator foi o ministro Joaquim Barbosa, liderada por altos funcionários, entre os quais alguns ministros do Executivo, mas também em obras de arte, terreno em que o Brasil aparece como um dos países líderes deste tipo de roubalheira, atrás dos EUA, da França e do Iraque. A roubalheira do patrimônio histórico e dos bens artísticos é o terceiro delito mais rentável do mundo, perdendo apenas para o tráfico de drogas e o de armas. O setor faturou U$ 4 bilhões em 2006. O Brasil é o principal alvo deste tipo de crime na América Latina. O IPHAN catalogou 918 bens roubados, mas apenas 80 deles estão descritos na internet, com explicações em inglês e em francês.

ROYALTY do latim *regalia*, neutro plural para designar direitos ou privilégios do rei, *rex* em latim, que, declinado em *regis*, do rei, forneceu o étimo para as línguas neolatinas. Assim, foi do francês antigo *roialté* (hoje, *royauté*), realeza, coisas pertencentes ao rei, para o inglês *royalty*, forma com que se consolidou para designar percentuais devidos ao *king*, rei em inglês, palavra da qual entretanto não deriva. As porcentagens do direito de exploração do petróleo e de jazidas minerais, antigamente pagas ao rei, passaram a ser pagas ao Estado, que os substituiu. O mesmo significado está presente no direito autoral, pagamento pela comercialização de livros, canções, filmes, peças de teatro, óperas etc.

RUBÉOLA do latim vulgar *rubeolu*, avermelhado. Deixou de ser masculino por designar doença. A rubéola é causada por um vírus que deixa a pele cheia de erupções, precedidas de manchas vermelhas. É mais comum na infância, mas algumas pessoas a contraem quando adultas. No caso de a mulher grávida ter rubéola, pode ocorrer malformação do feto.

RUBRA do latim *rubra*, vermelha. Em *Fera ferida*, a personagem vivida pela atriz Suzana Vieira chamava-se Rubra Rosa e foi extraída do livro *Numa e a ninfa*, de Lima Barreto, notável escritor brasileiro, cuja obra empreende severa crítica a nossos hábitos políticos e é pródiga em registros de usos e costumes do Brasil urbano e suburbano. O marido de Rubra Rosa, o Numa do título, foi vivido pelo ator Hugo Carvana.

RUBRICA do latim *rubrica*, assinatura resumida, autenticação. Veio de rubra, vermelha, porque essa era a cor da tinta utilizada para escrever os títulos e destaques dos livros, especialmente de direito civil ou canônico. A Igreja manteve o costume em seus missais, como são chamados os livros que contêm as orações das missas. A pronúncia equivocada, com acento na primeira sílaba, tornando-a proparoxítona, é motivada por hipercorreção nascida do desconhecimento da língua culta.

RUÇO do latim *roscidus*, orvalhado. Folhas orvalhadas semelham ter manchas brancas e por isso barba e cabelos grisalhos teriam aparência ruça. O *Dicionário Aurélio* ensina que, não como adjetivo, mas como substantivo, ruço designa a "névoa densa que alcança a Serra do Mar e se espalha à maneira de massa compacta que impede a visibilidade e umedece ou molha o ambiente". Mas por que ruço teria, como adjetivo, vindo a designar um contexto complicado? Pode estar nas entranhas desta palavra um disfarçado antissemitismo, que a alteração da escrita de russo para *ruço* ajudou a encobrir. É que imigrantes judeus vindos da Rússia enfrentavam situações adversas e a brutal necessidade de economia levou-os a serem designados como avarentos. Ainda não se pode comprovar isso no português, mas, no lunfardo, *ruso* guardou os significados de avarento, mesquinho, tacanho. Na letras de *Alô, alô, Marciano*, aparece o feminino de ruço para designar situação adversa: "A coisa tá ficando russa,/ Muita patrulha, muita bagunça/ O muro começou a pichar,/ Tem sempre um aiatolá pra atolá Alá." Já os russos propriamente ditos também estão à beira de uma situação ruça, conforme artigo de Paul Kennedy, publicado no jornal *El Clarín*. Escreveu ele: "Não há motivo para alegrar-se com o futuro da Rússia." Ele explica que os 141,9 milhões de russos têm as maiores reservas energéticas do mundo, sobretudo de petróleo, que, a US$ 139 o barril, traz muito dinheiro para eles, vivem num país de 17 milhões de km² e têm um PIB de US$ 763,7 bilhões, mas estão mal de saúde e caminham para um sério problema demográfico. Eles estão morrendo cedo, principalmente do coração, e têm famílias com poucos filhos. A taxa de mortalidade entre os trabalhadores russos aumentou 100%, comparada com 1965.

RÚGBI do inglês *rugby*, baseado em antropônimo que deu nome a um colégio inglês. Lá foi inventado este esporte em 1823, constituindo-se num jogo para 30 pessoas, 15 em cada time, que jogam uma bola oval, devendo esta ser levada até o arco adversário ou impelida, com um chute, por cima da barra horizontal da trave, em forma de H. Americanos e anglo-saxões parecem achar muito graça nas estripulias deste esporte. No Brasil, ele é praticado por poucas pessoas.

RUIBARBO do latim *rheubarbaru*, designando erva medicinal encontrada às margens do rio Volga. Baseia-se no grego *rhá*, nome original da planta. Os alemães grafaram *rheu*, que é pronunciado "rói" e foi entendido como "rui" pelos portugueses. *Barbaru* teve tradução fiel, bárbaro, mas o prefixo teve influência fonética e onomástica, por causa de Rui, nome de pessoa. Havia tanto ruibarbo às margens do Volga que o nome do rio foi originalmente o da raiz Rheu. Rui é nome que aparece na formação de outras palavras, como no espanhol *ruiseñor*, literalmente "senhor Rui", como é conhecido o rouxinol, vindo do latim *lusciniolu*, cego de um olho. Ruibarbo é remédio, mas não cura a maldade daqueles que cegam os pássaros acreditando que assim se tornarão mais canoros. Pode ter havido mescla do costume com a designação original para rouxinol. No sertão brasileiro ainda é costume cegar pássaros para que cantem melhor.

RUM do inglês *rum*, aguardente obtida por fermentação alcoólica e destilação do caldo ou melaço da cana-de-açúcar, provavelmente redução de *rumbullion*, palavra de origem desconhecida. Com grafia idêntica à que tem em inglês, foi parar no português, no holandês, no dinamarquês, no italiano e no alemão, neste último sempre com a inicial maiúscula por tratar-se de substantivo. Há vários drinques com rum, sendo um dos mais famosos o *mojito*, muito bebido pelo escritor Ernest Hemingway na *Bodeguita del Médio*, em Havana, durante os anos em que viveu em Cuba. Já os famosos versos do anúncio do rum creosotado, provavelmente de autoria de Bastos Tigre, aparecem transcritos no livro *Casa 12*, de Letícia Constant, líricas lembranças da autora de seus tempos de menina, em fins da década de 1950, em São Paulo: "No bonde já andou alguém que gosta de fazer poesia como eu. Deve ter uma farmácia, porque escreveu verso bonito pra um remédio: veja, ilustre passageiro, o belo tipo faceiro que o senhor tem a seu lado! E, no entanto, acredite, quase morreu de bronquite. Salvou-o *rhum* creosotado" (Naquele tempo, rum era escrito *rhum*).

RUMO do grego *rhómbos* pelo latim *rhombus*, rombo, espaço na bússola, marcado por um rombo, um buraco. Designou ainda, primitivamente, cada um dos 32 espaços da rosa dos ventos, para divisão do horizonte, ganhando o significando de rumo que o navio devia seguir. Também era visto como um sinal mágico aquele espaço porque marinheiros místicos acreditavam que bruxos e astrólogos contatavam os astros do céu de modo mágico, que se dirigissem a deuses que os orientavam a navegação. Com o mesmo significado havia o germânico *rûm*, do qual recebeu influência, por designar local assemelhado.

RUMOR do latim *rumore*, declinação de *rumor*, ruído, murmúrio, notícia, boato. Rumor tomou ares de notícia preocupante ainda no nascedouro da palavra porque os povos latinos dos finais da Idade do Bronze e das primeiras fases da Idade do Ferro, ainda antes da chegada das culturas clássicas de Grécia e Roma, já acreditavam que o farfalhar do vento nas folhas das árvores, o crepitar das fogueiras e a variação nas vozes dos animais eram presságios, avisos divinos. Eram muitas as divindades que queriam ser ouvidas e elas foram disciplinadas e organizadas pela civilização romana que as personificou em deusas, principalmente: Flora, Fauna, Ninfas. Adivinhos e profetas surgiram dessas crenças. E esses ofícios existiram e ainda persistem em várias culturas, inclusive nos tempos modernos. A página de horóscopo, de bons índices de leitura em jornais e revistas, é exemplo da certeza ou da suspeita de que forças ocultas guiam nossos destinos. *Vox Populi*, Voz do Povo, denomina conhecido instituto de pesquisa de opinião. O provérbio *Vox populi*, *Vox Dei* (a voz do povo é a voz de Deus) traduz interesse pela opinião pública.

RUNA do escandinavo antigo *rûna*, o finlandês *run*, o alto alemão antigo *runa* e o francês *rune*, com o significado de escrita secreta. As runas tornaram-se o símbolo do mais antigo sistema de escrita das línguas germânicas orientais e setentrionais, às quais eram atribuídos poderes mágicos. Duas runas foram usadas numa tecnologia de conexão inventada em 1997, conhecida como *bluetooth*. Recebeu esse nome em homenagem ao rei da Dinamarca Harald Blatann, Haroldo de tez escura, em dinamarquês; e Harold Bluetooth, de dentes azuis, em inglês. Ele uniu várias tribos norueguesas, suecas e dinamarquesas, e para isso morreu em campo de batalha, combatendo o filho. A nova tecnologia apresenta a união das runas nórdicas *Hagall*, representada por um "x" cortado verticalmente, e *Berkanan*, dois triângulos lado a lado, verticalmente, que correspondem às letras do alfabeto latino "H" e "B".

RUPIA do sânscrito *rüpya*, que no hindu foi grafado *rüpiya*, com o significado de prata em moeda. A rupia é moeda oficial de vários países e territórios, entre os quais a Índia, o Paquistão, a Indonésia e as ilhas Malvinas e Maurício. É dividida em cem partes. Designa também uma ulceração cujas bordas são mais espessas que o centro, mas neste caso sua origem é o grego *rhúpos*, sujeira, viscosidade. O similar rúpia designa um gênero de plantas aquáticas semelhantes a um capim.

RURALISTA do latim *rurale*, rural, pertencente ao campo, à agricultura. Os proprietários rurais chegaram a organizar um partido político nos anos 1980, com o fim de defender seus interesses na Assembleia Nacional Constituinte, responsável pela Constituição promulgada em 1988. Foi a União Democrática Ruralista, mais conhecida pelas iniciais UDR. Seu antípoda não é um partido político, é o Movimento dos Trabalhadores Sem-Terra (MST), nascido no Rio Grande do Sul, de onde se espalhou por todo o Brasil.

S

SABÁ do francês *sabbat*, proveniente do hebraico *shabbath*, sábado. Designa o descanso que, por motivos religiosos, os judeus devem guardar no dia de sábado, conforme legislação milenar. Na Idade Média formou-se a crença de que bruxos e bruxas reuniam-se à meia-noite de sábado, sob a presidência do Diabo, para, claro, coordenar suas más ações, como escoteiros ao contrário. O sabá passou, então, a designar também o sinistro conciliábulo. "Uma densa tristeza desce sobre mim na véspera do sabá", escreve Isaak Babel na abertura de um dos contos de seu famoso livro *A cavalaria vermelha*.

SABÃO do latim *sapone*, declinação de *sapo*. A origem remota pode ter sido o holandês antigo *sepe*, hoje *zeep*, que se tornou *seifa* no alemão antigo e depois *Seife*. O étimo comum está presente no sueco *sapa*, no norueguês *sape*, no dinamarquês *saebe*. *Savon* em francês, *sapone* em italiano e *jabón* em espanhol atestam que há um substrato comum nesse recurso de limpeza, principalmente doméstica. A ideia de deixar melhor o que é esfregado com sabão está presente também na expressão "passar um sabão em alguém", isto é, admoestá-lo. O sabão foi inventado na antiga Babilônia e foram necessários quase três milênios para que ele desse origem ao sabonete, feito primeiramente na Espanha, não mais de cinzas e graxas, mas de azeite de oliva e cinzas de barrilha, uma planta. Chama-se sabão da costa um tipo de sabão vindo da costa africana ocidental, utilizado em rituais afro-brasileiros de purificação. Já o sabão-de-macaco e o sabão-de-soldado designam frutos do saboeiro, ricos em óleo e que espumam intensamente na água.

SABÁTICO do grego *sabbatikós*, sabático, radicado no hebraico *shabaton*, de *shabat*, sábado, dia de descanso, quando termina a semana. Os hebreus contavam e contam a semana de modo diferente. O motivo é o que se lê em *Gênesis* 1,5, logo depois da criação da luz. "E Deus chamou à luz, dia, e às trevas, noite. Assim fez-se tarde e manhã, o primeiro dia." O descanso sabático não era apenas de um dia na tradição hebraica. O judaísmo o estendia também para a ecologia. Homens e animais descansavam uma vez por semana, e a terra uma vez a cada sete anos: "o sétimo ano será de repouso completo para a terra, um repouso em honra do Senhor: não semearás o teu campo e não podarás a tua vinha."

SABEDORIA de sabido e sabedor, ligados a saber, do latim *sapere*, ter gosto. É do mesmo étimo de *sapore*, sabor. Entre tantos motivos para aprender com quem fala bem, temos também os etimológicos. Tomou o sentido de conhecimento, mas vinculado tanto ao humano quanto ao divino, pois é considerado dom. *La sapienza*, a Sabedoria, em italiano, é famosa universidade de Roma, fundada pelo papa Bonifácio VIII em 20 de abril de 1303. No dia 15 de janeiro de 2008, uma visita do papa Bento XVI àquela universidade, prevista para dois dias depois, foi proibida, depois de intensa movimentação dos alunos. O discurso já estava pronto e o Vaticano o distribuiu pelo mundo inteiro. O papa concluiu assim: "O que é que o papa tem a fazer ou a dizer na universidade? Seguramente, não deve procurar impor de modo autoritário aos outros a fé, a qual pode ser dada somente em liberdade." Quatro anos depois, visitando Cuba, o mesmo papa ouvira com paciência a pergunta surpreendente de Fidel Castro: "O que faz um papa?"

SABER do latim vulgar *sapere*, ter sabor, ter bom paladar, sentir os cheiros, de onde migrou para designar o sábio, *sabidus* em latim, aquele que percebe o mundo de modo organizado, usando os sentidos, a intuição. Fernando Pessoa escreveu estes lindos versos sobre o tema em *Poesias coligidas: inéditas*: "Sabes quem sou? Eu não sei./ Outrora, onde o nada foi,/ Fui o vassalo e o rei./ É dupla a dor que me dói./ Duas dores eu passei". E Murilo Mendes definiu assim o saber, em *Os discípulos de Emaús*: "Os artistas pensam que sabem. Os cientistas não sabem que não sabem. Os santos sabem que não sabem." No mesmo livro escreve: "existem cinco elementos: o ar, a terra, a água, o fogo e a pessoa amada."

SABIÁ do tupi *sawi'a* ou *saiuá*, cantador, mavioso. É um passarinho muito apreciado, justamente por seu canto, que é muito bonito. Há várias espécies deste pássaro onívoro e canoro, sendo as mais conhecidas o sabiá-laranjeira e o sabiá do peito amarelo. José de Alencar escreveu no romance *Iracema*: "Quando a sabiá canta, é tempo de amor." O jornalista Sebastião Nery, autor de vários livros, conta a história de um político que ganhou de presente um sabiá que, entretanto, não cantava. Ensinaram-lhe que deveria forrar a gaiola com revistas e jornais novos, de preferência coloridos. Ele assim o fez. O sabiá continuava mudo. Certo dia, ao chegar em casa, surpreendeu-se com o sabiá chilreando alegremente. A empregada tinha forrado a gaiola com páginas do *Diário Oficial*. O escritor e jornalista Rubem Braga, que amava e estudava passarinhos, ser vindo de consultor em assuntos de ornitologia a vários amigos e companheiros de ofício, além de escrever crônicas antológicas em que eles estão presentes, foi denominado "o sabiá da crônica".

SABOTAGEM do francês *sabotage*, fabricação de tamancos. Em sentido conotativo, seu significado evoluiu para fazer mal uma coisa, fazê-la às pressas, destruindo o que está bem feito. Hoje em dia, o vocábulo é muito usado para indicar atos praticados oculta e deliberadamente com o fim de danificar instalações industriais, projetos, acordos, tratados etc.

SABRE do alemão *Sabel* ou *Säbel*, pelo francês *sabre*, com provável origem remota no húngaro *száblya* ou no polonês *szabla*. Em todos os idiomas referidos designa arma branca semelhante à espada, mas de lâmina recurva, pontuda e afiada de um só lado, ao contrário da espada que é reta e afiada dos dois lados. O *Dicionário Aurélio* dá equivocadamente como origem o francês *sable*, mas houve troca de "r" por "l", e o termo passou a designar o saibro, areia, e um animal cuja pele é muito apreciada para casacos, a marta. Duque de Caxias utilizou um sabre na Guerra do Paraguai, mas ao regressar recebeu das mãos do imperador Dom Pedro II uma espada, doada pelo povo, em que estavam gravadas as palavras "Imperador e Constituição" de um lado, e "Honra e Pátria", de outro. No juramento, os futuros oficiais da Academia Militar de Agulhas Negras, a famosa AMAN, proferem esta frase: "Recebo o sabre de Caxias, como o próprio símbolo da Honra Militar." Nos Jogos Olímpicos, o sabre está presente nas competições de esgrima, em que a eli-

SACA-ROLHA da junção da forma verbal de sacar, provavelmente do latim *saccare*, com os sentidos de sacar, filtrar, coar, tirar, e rolha, do latim *rotula*. É preferível utilizar a forma saca-rolhas, mesmo porque pretendemos sempre sacar mais de uma. A partir de 1953, passou a fazer sucesso a marchinha *Saca-rolha*, interpretada pela dupla José Gonçalves, o Zé da Zilda, e Zilda Gonçalves, a Zilda do Zé. Foi tamanho o sucesso que chegou à Argentina, onde foi gravada em ritmo de tango. Alguns de seus versos ficaram na memória do povo: "As águas vão rolar/ garrafa cheia eu não quero ver sobrar/ eu passo a mão na saca, saca, saca-rolha/ e bebo até me afogar."

SACERDÓCIO do latim *sacerdotiu*, sacerdócio, função que cabe ao sacerdote. Durante muito tempo o ofício de ensinar foi considerado equivalente ao ministério sacerdotal. Como, porém, os professores, ao contrário dos sacerdotes, não viviam do altar, aos poucos seu trabalho foi-se consolidando como profissão. Ainda assim, dados os salários pagos a quem ensina, é provável que muitos governantes concebam o ensino como sacerdócio. Naturalmente não pedem às empresas que constroem os prédios escolares que também exerçam o sacerdócio dos construtores.

SACERDOTE do latim *sacerdos* e também *sacerdote*, pela formação *sacer*, sagrado, e a raiz indo-europeia *dhe*, fazer, que foi parar no grego e no latim. O ofício do sacerdote é anterior ao do bispo, do grego *epískopos*, guardião, protetor. No Antigo Testamento, temos o registro do primeiro sacerdote, que se chamava Melquisedec. Até hoje, quando o bispo ordena sacerdote um clérigo, do grego *klerikós*, de *klêros*, sorte, herança, ele diz as mágicas frases multisseculares: "*Tu es sacerdos in aeternum secundum ordinem Melquisedec.*" (Tu és sacerdote para sempre, segundo a ordem de Melquisedec). O ofício da Medicina era sagrado porque o profissional era o mediador entre a deusa *Sanitas*, Saúde, e fazia as vezes de *medicus*, médico, intermediário entre o doente e a deusa para recuperar o dom da saúde.

SACI do tupi *sa'si*, entidade fantástica. É portador de deficiência física, como se diz, pois tem uma perna só. Usa um gorro vermelho, por isso foi tomado para mascote do Internacional de Porto Alegre, um dos maiores times do Brasil e que conta com mais de cem mil sócios, um recorde. Como o Grêmio, seu grande rival, obteve o título de campeão mundial. Saci fuma cachimbo e agora pode sofrer as brutais restrições que afetam todos os fumantes, dado o rigor das leis antitabagistas recentemente aprovadas. O saci integra uma legião de seres fantásticos, presentes nas crendices de nosso povo, de que são exemplos a mula sem cabeça, o lobisomem, o boitatá, bruxas que voam em cabos de vassoura para ali adiante fazer seus feitiços etc.

SACO do latim *saccus*, por sua vez vindo do grego *sákkos*, com provável origem semita, designando receptáculo de couro, pano ou papel. Um bom saco é aberto em cima e fechado embaixo, nas laterais e no fundo. Entretanto, às vezes é fundamental que seja hermeticamente fechado, como no caso da alusão popular ao local onde estão os testículos. Na linguagem coloquial brasileira, porém, passou a sinônimo de paciência, tolerância. Um de seus primeiros registros aparece em depoimento do então celebérrimo juiz de futebol Armando Nunes Castanheira da Rosa Marques, o primeiro a ter a ousadia de aplicar ao já rei do futebol, Pelé, a mesma regra válida para todos os jogadores, expulsando-o de campo por não tolerar tantas reclamações. "Eu não tenho saco para ver televisão", disse sua senhoria, "não vou ficar em casa durante o chamado horário nobre para ver as lágrimas fáceis, nem a horrível pieguice dos programas".

SACOLÉ do cruzamento de saco e picolé, designando picolé vendido dentro de saco plástico. Também a droga vendida em sacos semelhantes é chamada sacolé. Para chegar à língua portuguesa, saco fez uma longa viagem, que começou no semítico *sak*, passou pelo grego *sákkos* e pelo panromânico *sac*, chegando ao latim *saccus*, de onde veio ao português. Em todas essas línguas, designou originalmente receptáculo de couro, de tecido grosseiro ou de pano, servindo também de medida para o conteúdo, como em saco de trigo, de feijão, de café, de sal etc., existindo também a variante feminina saca. Mais recentemente, o plástico veio a substituir os outros materiais num grande número de embalagens. Não raro é usado o diminutivo saquinho, que antes indicava apenas o cartucho de pólvora das armas de artilharia. Nos supermercados, a embalagem-padrão para transportes das compras chama-se igualmente saquinho.

SACRAMENTO do latim *sacramentum*, quantia que litigantes, civis ou militares, depositavam nas mãos do pontífice romano como juramento. Pontífice designou inicialmente quem fazia pontes, depois quem as fiscalizava e por fim quem as abençoava, uma função sacerdotal ainda presente em Sumo Pontífice, o papa. No dia 1º de outubro de 1977, na cidade espanhola de San Ildefonso, festejado em 23 de janeiro, foi celebrado um tratado famoso entre Portugal e Espanha, pelo qual a Colônia de Sacramento e os Sete Povos das Missões passariam para a Espanha, mas depois os gaúchos retomaram os Sete Povos.

SACRIFÍCIO do latim *sacrificium*, vindo de *sacrum facere*, realizar o sagrado, isto é, fazer as ofertas às divindades sanguinolentas da Antiguidade, que apreciavam o derramamento de sangue das vítimas, às vezes humanas, porém mais frequentemente aves e animais. Presentes desde tempos imemoriais, os sacrifícios já aparecem no primeiro livro da *Bíblia*, o *Gênesis*. É por causa de um deles que ocorre o primeiro crime da humanidade: Caim, agricultor, oferece em sacrifício frutos da terra que cultivava, e Abel, pecuarista, imola cordeiros. Deus prefere as ofertas de Abel. Morto de inveja, Caim mata o irmão.

SACRIPANTA do nome do personagem Sacripante, indivíduo de mau caráter e violento, presente nos poemas *Orlando innamorato*, de Matteo-Maria Boiardo, e *Orlando furioso*, de Ludovico Ariosto. Passou, por isso, a designar pessoa desprezível, capaz de cometer quaisquer vilanias e iniquidades para delas tirar proveito, sem se importar com os males que poderá causar a outrem. Também os falsos beatos recebem a alcunha de sacripantas.

SADIO do latim *sanativus*, curado, saudável, sadio, de *sanatum*, particípio do verbo *sanare*, curar. A raiz desta palavra aponta também para o verbo saudar, cumprimentar, do latim *salutare*, originalmente desejar saúde, como nas expressões salve e ave, depois mudadas para os tradicionais cumprimentos de bom dia, boa tarde, boa noite. Uma das maiores empresas de alimentos do Brasil adotou este adjetivo no feminino com função de substantivo, seu nome. É a Sadia. A empresa sofreu forte retração no mercado internacional por força da gripe aviária, que assolou o mundo em passado recente, mas em 2007 houve uma grande recuperação. Como aves e suínos são alimentados com grãos, a mesa do brasileiro e de muitos estrangeiros depende do clima e do que acontece na agricultura para que muitos matem a fome e tenham boa saúde. Para abonar o verbete sadio, o *Dicionário Aurélio* cita trecho do livro *Pensamentos brasileiros*, de Vicente Licínio Cardoso: "Lutero era um homem robusto e sadio. Os retratos deixados por Cranach, seu amigo, mostram-no cheio de carnes."

SADISMO do francês *sadisme*, sadismo. O Marquês de Sade celebrizou-se por romances em cujas tramas as personagens infligem castigos umas às outras com o fim de obter o prazer sexual. Outro escritor, o austríaco Leopold von Sacher-Masoch, deu nome à prática contrária, o masoquismo: obter o prazer como vítima de práticas eróticas cruéis. Desconsideradas as patologias recíprocas, sadista e masoquista formariam um par perfeito.

SAFARDANA de *sefardim*, do hebraico *sepharadim*. Ódios religiosos contra muçulmanos e judeus foram parar até em rezas católicas. Nas rezas litúrgicas da Sexta-feira Santa, antigamente se rezava: "oremos também pelos pérfidos judeus", tradução de "*oremus et pro perfidis judaeis*". Pérfido é sinônimo de infiel, traidor, safardana. Foi o papa João XXIII quem mandou retirar a expressão, na década de 1960.

SAGA do alemão *sagen*, dizer, contar. Saga é uma lenda escrita, mas passou a denominar também as narrativas cheias de peripécias dos grandes romances, às vezes reprodução fiel de acontecimentos históricos, como nos romances-reportagem, de que é exemplo *Bao Chi, Bao Chi*, romance de Luís Edgar de Andrade, cujo tema solar é a Guerra do Vietnã. Em vietnamita, o título significa "Somos jornalistas, somos jornalistas".

SAGAZ do latim *sagace*, declinação de *sagax*, sagaz, perspicaz, inteligente, esperto, astuto, manhoso, veloz, que não se deixa enganar. Passou a designar aquele que é capaz de vislumbrar coisas futuras, donde *sagus*, palavra latina aplicada ao faro do cão, servir de base à saga, feiticeira, e ao verbo *sagire*, ter sentidos apurados. O étimo está presente em presságio, *praesagium*, conhecimento antecipado. Já saga, no sentido de narrativas em prosa, históricas ou lendárias, nórdicas, redigidas sobretudo na Islândia, nos séculos XIII e XIV, veio do alemão *sagen*, dizer, cujo étimo está presente também no verbo inglês *to say*, dizer, do latim *dicere*. O mesmo étimo está presente no livro de estreia de Guimarães Rosa, *Sagarana*, de 1946.

SAIA do latim vulgar *sagia*, derivado de *sagum*, manto. Antes das costuras, que levaram a tantos modelos de saia, esta peça do vestuário feminino era pouco mais que um pedaço de pano preso à cintura, que cobria as pernas até os tornozelos. Evoluindo aceleradamente, nos anos de 1960, a década que mudou quase tudo no mundo, tivemos a minissaia, invenção da costureira inglesa Mary Quant.

SAÍDA de sair, do latim vulgar *salire*, sair, equivalente a *exire*, com o significado de deixar o lugar onde se estava, de onde derivou *exit*, sai, indicando nos cinemas a porta de saída. Seria mais lógico o plural *exeunt*, saem. Nem sempre a saída se dá por vontade própria. A maioria dos imigrantes que para cá vieram foi obrigada a tal, seja por dificuldades insuperáveis em sua terra natal, dentre as quais as guerras despontaram como fatores determinantes, seja para "Fazer a América", frase que sintetizava o sonho de todos. Na *Bíblia* é constante a presença dos imigrantes, por escolha ou imposição, o primeiro dos quais foi Adão, exilado do paraíso para este "vale de lágrimas". Abraão partiu com sua família, deixando a cidade de Ur, velha conhecida dos aficionados de palavras cruzadas. E os judeus, liderados por Moisés, deixaram o Egito. A festa da saída, *Sucót*, é comemorada de 25 de setembro a 1° de outubro.

SALA do antigo alto-alemão *sal*, espaço para recepção no burgo, passando a habitação, com cujo sentido chegou ao provençal *sala*, designando já ambiente dentro de casa, de onde chegou ao português. Com a evolução da arquitetura, foram surgindo salas especializadas, tanto dentro de casa, como fora. No lar, a sala de estar, a de jantar, de visitas. Em escritórios, a sala de espera, a de atendimento etc. E na escola, a sala de aula, a dos professores. Nasceu também a expressão "fazer sala", significando entreter, já registrada por Machado de Assis no romance *Quincas Borba*: "Precisava ir fazer sala às visitas. Há quanto tempo estavam ali!"

SALAFRÁRIO de origem obscura, talvez corruptela de palavra perdida utilizada para designar o muçulmano, que não fazia as orações cristãs habituais, mas a *çalat*, palavra árabe que significa oração, bênção. Sofreu influência de salacidade, do latim *salacitas*, lascívia, luxúria, libertinagem, devassidão. O sentido que conservou é o de indivíduo ordinário, patife, vagabundo, dado a ilícitos diversos.

SALAMALEQUE do árabe *assalamalaik*, a paz esteja contigo. Como os imigrantes de ascendência árabe faziam esta saudação com muitas mesuras, repetindo-a duas vezes, em nossa língua uma pessoa cheia de salamaleques ficou sendo aquela que tem polidez exagerada, chegando a ser untuosa no trato.

SALÃO de sala, do germânico *sal*, edifício grande, pelo provençal *sala*, com acréscimo de -ão, indicador de aumentativo. Designa sala grande, própria para bailes, concertos, recepções, ou recinto onde as pessoas se reúnem para assembleias, solenidades, eventos culturais, desportivos, sociais. Ainda que praticado em ginásios cobertos e não em salões, há uma modalidade de futebol conhecida como futsal, redução de futebol de salão, criado no Brasil na década de 1930. Em vez de onze, o time conta com cinco jogadores. A partida dura 40 minutos, 20 em cada tempo, com intervalo. A seleção brasileira de futsal masculino é pentacampeã mundial. A seleção feminina de futsal foi campeã sul-americana em 2005.

SALÁRIO do latim *salarium*, salário, inicialmente o sal com que se pagavam os trabalhadores e depois o *soldo* dado às tropas para comprar o sal, que também se chama cloreto de sódio, sempre indispensável, sobretudo naqueles tempos sem geladeira.

SALESIANO do nome de São Francisco de Sales, bispo e escritor francês. Por ter dado grande atenção à ciência e à educação, é padroeiro de numerosas escolas. Entre os trabalhos dos padres salesianos no Brasil estão colégios e editoras. Doutor da Igreja, era de família rica e teve tempo de exercer com muito proveito, para si e para os outros, o chamado *otium cum dignitate*, ócio com dignidade, expressão que indica a capacidade do ser humano que, livre de obrigações do trabalho, pode dedicar-se às letras, às artes, à ciência, enfim, às coisas culturais. Ele fundou a Academia Florimontana de Annecy, sua cidade natal, trinta anos antes da Academia Francesa, que serviu de modelo a tantas outras, incluindo a Academia Brasileira de Letras. Converteu muitos calvinistas ao catolicismo ao exercer uma metodologia de pregação que privilegiava a infraestrutura do ofício, daí a importância que deu ao estudo da língua francesa. Discernimento diverso tiveram os primeiros evangelizadores jesuítas que no Brasil se esforçaram por entender a língua tupi-guarani, com o fim de traduzir a doutrina cristã para uma língua que fosse entendida pelos silvícolas, deixando em segundo lugar o ensino da língua portuguesa, reservado aos noviços da Ordem e à classe dominante. Talvez a diferença essencial esteja em que o santo pregava aos franceses, enquanto José de Anchieta pregava aos índios. Por incultos que fossem os gauleses a quem ensinava, tinham condições de entender, ainda que rudemente, as referências contextuais que o salesiano *avant la lettre* lhes fazia, ao passo que o jesuíta precisou utilizar o nome de Tupã várias vezes numa simples oração como a Ave-Maria. Tudo porque o Deus dos cristãos era completamente desconhecido na terra recém-descoberta. Assim, Jesus foi dado como filho de Tupã; Nossa Senhora foi apresentada como mãe de Tupã; e Deus-Pai, como o próprio Tupã. Em outro contexto, tais conceitos teriam sido heresias passíveis de levar seus autores a arder nas fogueiras destinadas a purificar a fé cristã.

SÁLIO do latim *saliu*, sálio. Os sálios formavam um grupo de 12 sacerdotes do deus Marte. Eles estavam encarregados de guardar os escudos sagrados que protegiam a cidade de Roma. Quando saíam às ruas, eram vistos saltando e correndo. Os sálios foram assim chamados, de acordo com alguns etimologistas, porque em latim saltar é *salire*. Este verbo designou primitivamente o ato de passar do interior de casas ou templos para as ruas. Há também um inseto com o nome de sálio, provavelmente porque em latim *sálio* significa "eu salto".

SALMONELA do nome do veterinário e patologista americano Daniel Elmer Salmon, que identificou a bactéria causadora de graves distúrbios gástricos, especificando no gênero cerca de 1.500 espécies, uma das quais, a *Salmonella typhi*, agente da febre tifoide. Nos humanos, faz-se acompanhar de intensa diarreia. A salmonela tem seu hábitat preferido em carne e ovos, mas está presente também em talheres e vasilhames contaminados por excrementos de animais infectados. Nada tem a ver, porém, com salmão. Como é de praxe entre os cientistas, eles dão o próprio nome a doenças por vezes nauseabundas. Foi o caso desta.

SALTÉRIO do grego *psalterion*, pelo latim *psalterium*, saltério, designando instrumento musical de cordas dedilháveis, como a harpa, muito mencionado na *Bíblia*, principalmente no Antigo Testamento, para acompanhar os salmos. São 150 salmos, originalmente divididos em três ou cinco livros que compunham o hinário de Israel. Muitos deles foram compostos pelo rei Davi, que os recitava dançando ao som da cítara ou de címbalos, que podiam ser de corda ou de pratos metálicos, batidos um no outro, usados muito mais tarde nos mosteiros medievais para marcar os serviços religiosos. Os salmos têm em comum com os livros ditos legislativos um apego incondicional às leis divinas e oferecem alguns dos mais encantadores momentos poéticos, como estes: "Preparastes para mim uma mesa à vista de meus inimigos; ungistes com óleo a minha cabeça, a minha taça transborda."

SALTITAR do latim tardio *saltitare*, dançar muito, saltar com frequência, mudar de assunto sem muita lógica, ser volúvel, inconstante. No filme preto e branco *Amante de cinco dias*, Jean Seberg saltita duplamente: pelas ruas de Paris e da cama do amante para a do marido. Este, um intelectual talvez excessivamente compreensivo, quando vai pôr as crianças para dormir, explica a ausência da mulher: "Vocês querem saber por que a mamãe se atrasou: ela usa saltos altos, difíceis para andar." As crianças acreditam no pai. Ou por serem suas e por desconhecerem a própria mãe, ou por serem simplesmente crianças e acreditarem também em Papai Noel.

SALTO do latim *saltus*, salto, pulo, designando também pastagem – onde os animais saltam –, passagem estreita, desfiladeiro. As águas do rio Iguaçu, quando se aproximam das cataratas, não apenas saltam, como corcoveiam. De forma semicircular, com 2.700 m de largura, não cessam de deslumbrar os mais de 800 mil visitantes anuais, precipitando-se de uma altura que chega a 72 m nos saltos. As Cataratas do Iguaçu foram descobertas pelo navegador espanhol Álvares Nuñes, apelidado Cabeza de Vaca, no dia 31 de janeiro de 1542. A bordo de uma canoa, ele procurava um caminho para Assunção, no Paraguai. Ao avistá-las, teria gritado "Santa Maria, que beleza!" Descontando-se a poesia da paisagem, do ponto de vista geomorfológico, as belezas resultam de erosão provocada pela água que lapidou as rochas basálticas, decorrentes de intenso derramamento de lava na região há milhões de anos. Contornando ampla curva e a seguir uma corredeira, as águas precipitam-se num local conhecido como Garganta do Diabo.

SALVA-VIDAS da terceira pessoa do presente do indicativo do verbo salvar, do latim *salvare*, e vidas, plural de vida, do latim *vita*, designando embarcação destinada a salvar os passageiros em caso de naufrágio e o nadador encarregado de socorrer banhistas. Recentemente a profissão passou a ser exercida no Brasil também por mulheres, o que já ocorria em outros países. As salva-vidas ou guarda-vidas vestem camiseta regata, *short*, boné e óculos escuros. Tal uniforme é bem diferente do voluptuoso maiô das guarda-vidas norte-americanas do conhecido seriado *Baywatch*, estrelado pela atriz Pamela Anderson, mas ainda assim há marmanjos desejando entrar em apuros para serem agarrados por elas.

SALVE do latim *salve*, segunda pessoa do imperativo do verbo *salvere*, passar bem, ter saúde, que no latim tardio produziu a variante *salvare*, salvar, resgatar, livrar de perigo. Transformou-se em saudação, equivalente a ave, variação presente em conhecidas orações católicas, como a Ave-Maria e a Salve-Rainha. Está nos versos iniciais do *Hino à Bandeira*, cuja letra é de Olavo Bilac: "Salve, lindo pendão da esperança!/ Salve, símbolo augusto da paz!"

SALVO do latim *salvus*, salvo, inteiro, intacto, intocado, em bom estado, preservado. O plural latino, *salvi*, salvos, aparece no título da encíclica do papa Bento XVI, intitulada *Spe Salvi*. Como de costume, o título é retirado da primeira frase do texto: "*spe salvi facti sumus*", "é na esperança que somos salvos", que é o versículo 24 do capítulo 8 da *Epístola de São Paulo aos Romanos*. O papa recorre com frequência à etimologia nessa encíclica, buscando na origem das palavras o seu significado fundamental. Salvar-se na esperança é tarefa que requer muita paciência. Ao explicar suas teses, o papa cita o trecho a seguir, no qual Santo Agostinho descreve o seu dia a dia como bispo de Hipona: "Corrigir os indisciplinados, confortar os pusilânimes, amparar os fracos, refutar os opositores, precaver-se dos maliciosos, instruir os ignorantes, estimular os negligentes, frear os provocadores, moderar os ambiciosos, encorajar os desanimados, pacificar os litigiosos, ajudar os necessitados, libertar os oprimidos, demonstrar aprovação aos bons, tolerar os maus e (ai de mim!) amar a todos." Pelo jeito, o filósofo e santo tinha muito trabalho!

SAMBA das línguas africanas quimbundo, *semba*, umbigada e umbundo, *samba*, excitar, do luba *samba*, pular com alegria. Em outras línguas africanas encontram-se palavras semelhantes, indicando danças e cantos. O samba nasceu na primeira favela carioca, no Morro da Saúde, em versos improvisados numa roda de amigos que teve lugar na casa de Hilária Batista de Almeida, a tia Ciata. Em 6 de novembro de 1916 surgia o primeiro samba, letra e música de autoria coletiva, gravado no ano seguinte por um dos participantes dos encontros, Donga, com o título de *Pelo telefone*. Na Biblioteca Nacional, onde está registrada, a partitura é de autoria de Pixinguinha, na época com apenas 19 anos.

SAMBUCA do grego *sambúke*, pelo latim *sambuca*, designando antiga harpa triangular, trazida dos caldeus. Por comparação, era também o nome de máquina de guerra, porque suas cordas estavam dispostas como no instrumento musical. O aramaico tinha *shebáka*, grelha e grade. Já do latim *sambucus* veio sambuco, nome científico de vários arbustos e árvores, entre os quais o sabugueiro, cujas folhas e frutos são utilizados na fabricação de um licor que leva este nome. Do árabe *anbuk* veio sambuco, dito e escrito também zambuco, pequena embarcação costeira que os portugueses encontraram quando chegaram à Índia.

SAMORIM do malaiala *samudri*, que no sânscrito é *samuri*, rei do mar, título do rajá de Calecute, na Índia. O primeiro encontro desse soberano com os portugueses deu-se a 29 de maio de 1498, quando recebeu a comitiva de Vasco da Gama, que ali aportara. O contraste entre as duas culturas não demorou a manifestar-se. Os visitantes exalavam um fedor horrível, decorrente das longas temporadas sem tomar banho, e os anfitriões os recebiam de banho tomado, roupas limpas, em ambientes perfumados. Por incrível que pareça, os assessores do samorim acharam prudente recomendar aos navegadores que tapassem a boca com a mão esquerda, "para não o macular com seu bafo" e não escarrassem nem arrotassem na presença do anfitrião. Católicos, os portugueses pensaram que os borrifos de líquido perfumado que os sacerdotes hindus esparziram sobre eles fossem água benta, mas tinha a função de amenizar o fedor. Na chegada dos portugueses ao Brasil, ainda que os índios não tivessem cidades limpas e ajardinadas como as do Oriente, eram cuidadosos com a higiene pessoal, tomando vários banhos por dia. Na síntese de Eduardo Bueno em *Passado a limpo: história da higiene pessoal no Brasil* (Editora Gabarito), "os homens peludos estavam na proa" e "os homens pelados estavam na praia", os primeiros "fatigados e imundos" e os segundos "desnudos, depilados e limpos".

SAMURAI do japonês *samurai*, guerreiro, ligado ao verbo *samurau*, estar a serviço de alguém. No começo do segundo milênio, os samurais eram encarregados da guarda do palácio imperial. Esta casta de guerreiros especializados estava também a serviço dos daimiôs, nobres que, por delegação do imperador, eram responsáveis pelo governo de um território. Da Idade Média até o século XIX os samurais criaram um rígido código de conduta que incluía o suicídio em caso de fracasso nos objetivos a alcançar.

SANATÓRIO do latim *sanatorius*, de *sanatus*, particípio passado de *sanare*, sanar, curar, tratar. Designa hospital ou clínica especializada no tratamento de doenças crônicas, onde são confinados especialmente psicopatas, esquizofrênicos e portadores de outras desordens psíquicas, em geral conhecidos popularmente por doidos ou loucos. Mas surgiu como instituição especializada no tratamento de doenças crônicas, entre as quais predominava a tuberculose. Nelson Falcão Rodrigues passou longas temporadas num sanatório de Campos de Jordão (SP). Seu tratamento para curar-se da tuberculose foi custeado pelo então patrão, Roberto Pisani Marinho, que ainda mandava entregar à família, todo mês, o salário do funcionário de *O Globo*, afastado por doença. O jornalista Augusto Nunes criou uma seção denominada *Sanatório geral* em sua coluna *on-line* na revista *Veja*, registrando verdadeiras loucuras da política brasileira. Entre os internados semanalmente estão figuras referenciais de nossa política, identificadas com os mais diversos partidos.

SANÇÃO do latim *sanctione*, declinação de *sanctio*, ação de santificar, tornar sagrado determinado lugar, em geral parte de um templo, que passava a ser inviolável. No latim a palavra está ligada ao radical *sanctum*, supino do verbo *sancire*, sancionar, estipular o castigo para o caso de descumprimento da lei, depois transformado em pena ou multa, mas primitivamente a sanção era aplicada ao corpo do transgressor, como ocorre ainda em várias culturas e esteve presente na primeira coleção de leis, o *Código de Hamurábi* (século XVI a.C.), composto de 282 artigos, mas que tem o 13º em branco: já naquelas antiguidades, o número era sagrado ou de azar. Está gravado numa estrela cilíndrica de diorito, descoberta apenas em 1901. Está hoje no Museu do Louvre, em Paris. Ao publicar seu Código, o rei babilônico Hamurábi diz-se sábio, orgulhando-se de ter "trazido prosperidade, garantido a segurança das pessoas em suas casas, pois os que perturbam a ordem não são permitidos". Quantos governantes, quase quatro milênios depois, podem dizer o mesmo? O rei legislador era de uma modéstia impressionante: "minhas palavras são tidas em alta conta; não há sabedoria que à minha se compare." Nem violência. Havia pena de morte para a maioria das transgressões.

SANDÁLIA do latim *sandalia*, plural de *sandalium*, designando calçado de couro, formado de sola e duas tiras cruzadas sobre o pé. Primeiramente foi usado por mulheres e mais tarde também por soldados, inovação que facilitou as longas marchas dos exércitos romanos. Enquanto as forças armadas marcaram sua preferência por coturnos, as sandálias consolidaram-se como calçado, geralmente feminino, usado principalmente no verão. Aparece no título de famoso romance do escritor australiano Morris West, *As sandálias do pescador*, protagonizado no cinema por Anthony Quinn. O livro foi publicado em 1963. O filme é de 1968. Diversas ordens religiosas também adotaram a sandália como calçado. O vocábulo entrou para o português no século XVII. A borracha não substituiu o couro na confecção das sandálias, mas no alvorecer da década de 1960, procedente do arquipélago do Havaí, norte da Oceania, chegou ao Brasil um tipo de sandália semelhante à japonesa, feita de couro. Devido à enorme receptividade que obteve o novo calçado, cujas variantes, com mais tiras, eram quase privativas de ordens religiosas, a ponto de um tipo de sandália denominar-se franciscana, a empresa brasileira que adotara o sinônimo alpargata para os calçados que fabricava, passou a utilizar a borracha e lançou em junho de 1962 a sandália de borracha denominada havaiana. Passados mais de quarenta anos, a havaiana consolidou-se como um dos calçados mais populares do Brasil. Desde então já foram vendidos mais de 2 bilhões de pares. No alvorecer do terceiro milênio, já não era mais um calçado dos pobres, mas um símbolo da boemia internacional chique. Atores, atrizes e modelos, nacionais e estrangeiros, usam sandálias havaianas e não apenas para fazer propaganda. São vendidos cerca de 120 milhões de pares de sandálias havaianas no Brasil ao preço médio de R$ 15. Seu sucesso é atribuído ao ícone da moda em que se transformou. E não apenas no Brasil. Em 1999, foram exportados mil pares para a Austrália. No ano seguinte, as encomendas chegaram a 350 mil pares. Coloridas, enfeitadas, incrustadas de pedras preciosas, elas chegaram também aos EUA, onde um par pode custar U$ 160.

SANDUÍCHE título do nobiliárquico inglês John Montagu, quarto conde de *Sandwich*, formou-se este vocábulo para designar o lanche hoje universalmente conhecido, constituído de duas ou mais fatias de pão intercaladas com queijo, presunto, carne, ovos, saladas, temperos etc. O conde era homem guloso e jogador inveterado. Passava o dia inteiro à mesa do jogo, que não deixava nem para as refeições. Para alimentar-se, mandava trazer fatias de pão, entre as quais embutia carne, presunto e queijo. Enquanto seus colegas iam arrumando cartas e dados, comia aqueles que seriam os primeiros sanduíches, fazendo-o acompanhado de copos de vinho.

SANEAR de são, do latim *sanus*, com acréscimo do sufixo -ear e extirpação de *us*, indicando trabalho de tornar são, curar, remediar, reparar. Como sugere o próprio étimo, para sanear às vezes é preciso cortar. Nas finanças públicas este verbo é hoje muito empregado. Realizado o sepultamento de Mário Covas em Santos, sua cidade natal, o novo governador, Geraldo Alckmin, começou os trabalhos em 2001 reconhecendo que herdara um estado saneado. Alguns indicadores foram destacados: o *déficit* orçamentário de 7,4 bilhões de reais em 1995 passou a *superávit* de 2,1 bilhões em 2000; o sistema penitenciário aumentou suas vagas de 18 mil para 41 mil; o menor salário pago subiu de R$ 281 para R$ 488. Seus adversários lembraram, entretanto, que os servidores da Saúde diminuíram de 70 mil para 67 mil, enquanto aumentaram as doenças, as chacinas e cresceu a insegurança em todo o Estado, não apenas na capital. É certo que sanear levará mais tempo e mais governos.

SANGRIA do espanhol *sangría*, sangria, sangueira, grande quantidade de sangue derramado, seja de animais abatidos nos matadouros, seja de soldados em campos de batalha ou nas degolas de prisioneiros para economizar munição, prática militar adotada nas lutas fratricidas travadas no Brasil meridional, onde este método foi muito utilizado até os finais do século XIX. Designava também prescrição médica secular, nascida nos albores da medicina, quando o ofício era ainda exercido por barbeiros, os primeiros médicos. Por qualquer coisinha, os doutores recomendavam a flebotomia, incisão feita na veia para que o sangue mau escorresse para fora do corpo levando consigo a enfermidade que acometia o doente. Quando, porém, o corte era muito fundo e o sangue não conseguia ser estancado, ocorria "sangria desatada", que passou à História como sinônimo de trabalho urgentíssimo. Santa Teresa D'Ávila abominava esse tipo de tratamento, praticado por várias das monjas que foram suas contemporâneas, execrando-o em carta a uma delas: É verdade que pouco roguei-lhe outro dia numa carta que não se sangrasse mais! Eu não sei que desatino é o seu, ainda que prescrito pelo médico." Descendente de judeus convertidos, a santa tinha com o tema do sangue uma relação toda especial, presente na peça *Teresa D'Ávila, namorada de Jesus*, estrelada no Brasil pelos atores paulistas Ângela Sassine, no papel da santa, Cacá Amaral, no de João da Cruz, e Petrônio Gontijo, no do inquisidor que queria condenar Teresa. A direção foi de José Nelson de Oliveira. Sangria designa também bebida refrescante de água e vinho, à qual são adicionados açúcar, limão e diversas especiarias. A bebida, de produção caseira, procede da Índia, e neste caso específico o seu étimo é o sânscrito *çarkara*, que no idioma páli é *sakkara*; no hindu, *çakkar*, e no urdu, *sakkari*, feminino de *sakr*, também aplicado ao vinho açucarado. As formas latinas *saccharum* ou *saccharon* vieram do grego *sákcharon*, em Roma como na Grécia tendo o significado de açúcar ou substância doce que não fosse o mel. Na denominação da bebida pode ter havido mescla dessas várias influências.

SANGUESSUGA de sangue, do latim *sanguen* ou *sanguis*, e suga, do verbo sugar, do latim vulgar *sugare*, em vez do clássico *sugere*, sugar, mamar, exaurir, tirar o líquido, no caso o sangue, do lugar onde está. O verme que conhecemos por este nome pertence à categoria dos anelídeos, assim chamados porque têm o corpo em forma de anéis. Fixam suas ventosas no corpo de animais ou pessoas para sugar-lhes o sangue. A imprensa denominou sanguessugas senadores, deputados e prefeitos corruptos que malversaram verbas da saúde, comercializando sangue, seus derivados e também ambulâncias. Sanguessuga é feminino, mas como a maioria dos corruptos é composta de homens, a imprensa vem alterando o gênero para masculino, como já fizera com flanelinha, neste caso mudado também para o diminutivo, porque no começo da função quem cuidava do carro era em geral um menino com uma flanela na mão. Também sua função mudou de limpar o para-brisa para cuidar do carro e evitar que ladrões levem certos acessórios preferenciais, como o toca fitas, que também mudou de nome para som apenas, tão logo as fitas passaram a ser substituídas por CDs e DVDs.

SANITÁRIO do francês *sanitaire*, relativo à saúde, mas fixando o significado em banheiro, com todos os recursos necessários à higiene íntima, incluindo pia e vaso. Poderá ter havido influência de sanita, vaso sanitário em Portugal, do latim *sanitas*, saúde. A água sempre foi item obrigatório nesses locais, mas nos finais do primeiro milênio um viajante árabe muçulmano estranhou que os chineses usassem papel em vez de água. Quase um milênio depois, no século XIX, nos EUA, o papel higiênico apareceu disfarçado de emplastro anti-hemorroidas, e vendeu pouco. A seguir, na Inglaterra, já picotado, veio a ter pela primeira vez a função que hoje tem.

SANTA feminino de santo, do latim *sancto*, declinação de *sanctus*. O latim tem o feminino *sancta*, que não foi o étimo de origem para santa, em português. Designa mulher canonizada pela igreja, isto é, posta no cânone dos santos, na relação geral daqueles nomes de homens ou mulheres elevados à honra dos altares pelo papa, que dá a palavra final nos processos de canonização. Ainda não temos uma santa nascida no Brasil. A primeira talvez venha a ser a donzela catarinense Albertina Berkenbrock, filha de imigrantes alemães, assassinada por um empregado da família por recusar-se a ter relações sexuais com ele. Foi beatificada em 2007. A primeira santa dos EUA foi Elisabeth Seton, protestante convertida ao catolicismo, que fundou em Maryland a congregação Irmãs da Caridade de São José, atualmente com cerca de 8 mil membros. É celebrada no dia 4 de janeiro.

SANTANTONIO da junção de Santo Antônio, designando inicialmente o cepilho da sela onde se agarra o mau cavaleiro, incapaz de cavalgar apertando as pernas aos arreios e firmando os calcanhares na barriga do animal. A peça recebeu tal designação por semelhar-se às imagens de madeira de Santo Antônio, muito popular no Brasil. Com o advento das corridas de automóvel, passou a indicar o reforço posto logo atrás da cabeça do piloto, com o fim de protegê-lo em caso de capotagem. A peça tem sido providencial nas corridas de Fórmula 1 e já evitou muitas mortes, atenuando os efeitos dos acidentes. Desde que ali foi posto, santantônio tem disputado todas as provas, correndo por todas as equipes.

SANTIAGUÊS do espanhol *santiagues*, de ou pertencente a Santiago de Compostela, cidade que homenageia São Tiago, Maior, que teria evangelizado a Espanha, voltado para Jerusalém, onde foi decapitado por ordem de Herodes Antipas, e cujo corpo foi trazido a Compostela e ali enterrado. Uma lenda cristã assegura que seu executor também morreu na Espanha e está enterrado entre Madri e Ávila. A mais célebre homenagem a esse santo é o caminho que leva seu nome, cujos trechos podem variar de cerca de 200 km de extensão a aproximadamente 1.000 km, percorridos por dezenas de milhares de peregrinos todos os anos. O próprio nome do santo é exemplo de evolução calcada na etimologia. O hebraico *Jacob* tornou-se *Iacobus* em latim e depois foi reduzido a *Iaco* em português, cuja variante *Iago* somou-se ao título de santo, consolidando-se como Santiago, depois desmembrado para São Tiago.

SANTIDADE do latim *sanctitate*, declinação de *sanctitas*, ligado a *sancta*, santa, e *sanctus*, santo. Está ligado ao verbo *sancire*, ordenar. E também a *sanctuarium*, gabinete do imperador, com seu caráter de inviolável. É o primeiro atributo de Deus, tal como incessantemente proclamado por anjos e arcanjos, serafins e querubins, tronos e potestades: "Santo, santo, santo é o Senhor, Deus dos Exércitos." Nesses tempos de campanhas por desarmamento, convém esclarecer que até Deus tem forças armadas, comandas por Miguel Arcanjo, chefe da Casa Militar do Todo-poderoso, cujas forças foram mobilizadas para vencer Lúcifer e expulsar Adão e Eva do Paraíso, pondo a força a serviço do cumprimento da lei, como hoje nas democracias.

SANTO do latim *sanctus*, santo, formado a partir da forma verbal latina *sancio*, tornar sagrado, tornar inviolável, estabelecer solenemente, proclamar. O sentido predominante designa o morto elevado à honra dos altares, canonizado, isto é, posto no cânone. Nos primeiros tempos da Igreja, todos os cristãos eram considerados santos. Depois, apenas os padres. Mais tarde foram estabelecidos ritos e formalidades para tanto, sobressaindo a comprovação de milagres obtidos pela intercessão dos mortos, a quem se recorreu, para resolver grave dificuldade. Com o tempo, o calendário litúrgico homenageou um ou mais santos em cada dia do ano e reservou o dia 1° de novembro para celebrar todos os santos. O brasileiro, que mistura humor e verve a coisas sérias, criou também um hipotético "dia de São Nunca" para pagar ou receber contas duvidosas e atender a compromissos eternamente postergados, sem se dar conta de que, ainda assim, o dia 1° de novembro transforma-se em prazo fatal para tudo isso. No Brasil, "dos Santos é um sobrenome muito comum. Nos tempos coloniais era aplicado a escravos ou a meninos criados nos arredores das casas canônicas, onde moravam os párocos.

SANTO DO PAU OCO gente finíssima, deve suas origens de bom berço ao contrabando feito em imagens de santos, ocas, mas recheadas de ouro ou de pedras preciosas, entre os séculos XVIII e XIX. Por isso, a expressão consolidou-se como sinônimo de fingimento, hipocrisia, mentira.

SÃO-BERNARDO do nome de um convento na região dos Alpes suíços, onde foram primeiramente criados os cães que receberam esta denominação. De farta pelugem ruiva e macia, com manchas brancas, caracterizam-se por prestar socorro às vítimas de avalanches de neve. No Brasil, onde estão bem adaptados, eles continuaram bonzinhos, prestando-se principalmente à guarda de crianças.

SAPATA de sapato, do turco *cabata* ou do basco *zapata*, mas que chegou ao português por intermédio do espanhol *zapato*. Designa ampla superfície de concreto na base do alicerce, porção de madeira grossa posta sobre o pilar para reforçar a trave que aí assenta e ainda base de apoio a trilho de estrada de ferro. Sapata é também a peça do freio de automóveis que se atrita contra os tambores na frenagem. Chama-se sapata também uma pequena peça de madeira circular, com um só furo no meio, com a figura de um sapato. "Sapata", cuja variante é "sapatão", desloca o significado para a sexualidade. A partir da década de 70, no século XX, a mulher que fazia as vezes de marido nos casais lésbicos assimilou o preconceito, consolidando a mitologia do uso de sapatos grandes para designar adepta de sexualidade de orientação diferenciada. Já as que faziam as vezes da esposinha eram em geral menores, mais esbeltas, calçavam sapatos de número menor e por isso foram chamadas sapatinhas.

SAPATÃO de sapato, do turco ou do basco, mas que chegou ao português pelo espanhol *zapato*, sapato. Sapatão era apelido dos portugueses ao tempo das guerras da Independência, mas depois passou a designar a lésbica. A marchinha *Maria Sapatão*, cantada por milhões de crianças, que entretanto desconheciam a alusão sexual, virou sucesso nacional, tornando-se um dos bordões dos programas do Chacrinha. "Maria Sapatão, Sapatão, Sapatão/De dia é Maria/ De noite é João/ O sapatão está na moda/ O mundo aplaudiu/É um barato, É um sucesso/ Dentro e fora do Brasil."

SAPATO de origem controversa, provavelmente do turco ou do basco, chegando ao português pelo espanhol *zapato*. Quanto ao número que se calça, o critério para determiná-lo remonta ao ano de 1305, quando o rei inglês Eduardo I determinou que uma polegada media três grãos de cevada alinhados. O sapato de número 37, por exemplo, representava por conseguinte a extensão de 37 grãos de cevada postos em fila. Hoje, na Europa e no Brasil, usa-se o ponto francês, correspondente a 0,666 cm. Mas os EUA seguem o modelo inglês. As variações fazem coexistir medidas discrepantes. Para os calçados femininos, o número 38 no Brasil é 40 na Europa e 9 nos EUA. Para os calçados masculinos, o critério é outro: o 38 no Brasil é 40 na Europa e 6½ nos EUA. Quanto ao solado, há outras curiosidades. Santos Dumont, que era baixinho, usava sapatos de sola grossa para parecer mais alto. Cuidava também de outra ponta do corpo, usando chapéu panamá de copa alta.

SAQUE do italiano *sacco*, saco, reduzido de *mettere a sacco*, enfiar no saco, saquear. O saque é palavra muito utilizada no Brasil, não no sentido de retirada de dinheiro em contas bancárias, mas nos assaltos a supermercados por turbas famélicas em busca de alimento. Todavia ninguém ainda igualou o feito do corsário francês René Duguay-Trouin que em 13 de novembro de 1711, comandando poderosa esquadra de 17 navios e 5.764 marinheiros, saqueou uma cidade inteira, o Rio de Janeiro, levando 610 mil cruzados, uma fortuna para a época, 500 caixas de açúcar e várias cabeças de gado. Ao regressar à França, foi promovido pelo rei Luís XIV.

SARACURA do tupi *sara'kura*, frango d'água. Designa ave pernalta, cujo hábitat preferido são as beiras de rios, lagos, lagoas e brejos. O célebre naturalista suíço Emílio Augusto Goeldi, pai do desenhista e gravador Osvaldo Goeldi, além de dar nome a famoso museu por ele fundado no Pará, registrou que as saracuras não apenas cantam, mas também dançam. Segundo lendas dos índios caingangues e coroados, durante o dilúvio as saracuras pediram socorro quando viram os homens isolados no alto dos montes de Krimjimbé, atual Serra do Mar. Os patos vieram em seu socorro e os salvaram, mas os índios que estavam refugiados no alto das árvores e não desceram foram transformados em *manitós* e macacos. *Manitós* são espíritos da floresta.

SARAMPO do grego *xerampélinos*, folha seca de vinha, de cor púrpura, muito apreciada. No espanhol tornou-se *sarampión*. Designa uma doença que se caracteriza por manchas vermelhas na pele. Dalton Trevisan utiliza o vocábulo para caracterizar a mulher que perdeu o marido: "O sarampo da viuvez em flor."

SARAU provavelmente é alteração da forma galega *serao*, embora tenhamos em português o vocábulo serão, os três passando a ideia de reunião noite adentro para conversas e entretenimentos. O sarau literário foi muito praticado em tempos mais antigos. De todo modo, umas poucas pessoas ainda fazem saraus para ler autores preferidos em voz alta e comentá-los, como é o caso da atriz Giulia Gam.

SARCÓFAGO do grego *sarkóphagos*, que come carne. Com o mesmo sentido, passou ao latim como *sarcophagu*, de onde migrou para nossa língua. Primitivamente foi o nome de um calcário que tinha a propriedade de consumir, no espaço de 40 dias, a carne e os ossos do corpo que envolvesse. Passou, por isso, a designar os ataúdes, sobretudo aqueles em que repousam as múmias.

SARDINHA do grego *sarda*, pelo latim *sarda*, peixe de água salgada, abundante nas costas da região italiana à qual deu nome, a Sardenha. O peixe está na expressão "puxar a brasa para a sua sardinha", surgida do costume de pescadores portugueses, ao assarem esse tipo de comida, desprezar a necessidade dos outros, ao redor da mesma fogueira, que também precisavam assar as suas sardinhas. O primeiro bispo do Brasil, Dom Pero Fernandes Sardinha, voltava a Portugal para denunciar os jesuítas, quando naufragou nas costas de Alagoas e foi devorado pelos caetés.

SARDÔNICO do grego *sardonikón*, passando pelo latim *sardonicu*. Uma erva chamada sardônia, quando mastigada, levava as pessoas à morte através de convulsões que lembravam risos esquisitos. Mas Plutarco afirma que a expressão "riso sardônico" vem das caretas horríveis que os sardos faziam quando os cartagineses os queimavam vivos, diante da estátua de Moloch.

SARGAÇO do latim vulgar *salicaceu*, designando algas escuras de muitos ramos que se desenvolvem ao longo das costas marítimas e, desprendendo-se, fazem viagens ao alto mar, parecendo estar estabelecidas ali. Foram os primeiros sinais de terra próxima avistados pelos audazes navegantes um dia antes do descobrimento do Brasil, de acordo com Pero Vaz de Caminha, que os denominou botelhos em sua famosa Carta: "E assim seguimos nosso caminho, por este mar, de longo, até terça-feira das Oitavas de Páscoa, que foram vinte e um dias de abril, estando da dita ilha obra de 660 ou 670 léguas, segundo os pilotos diziam, topamos alguns sinais de terra, os quais eram muita quantidade de ervas compridas, a que os mareantes chamam botelho, assim como outras que dão o nome de rabo-de-asno." O *Aurélio* não registra botelho, nem com este, nem com outro significado. Como sobrenome, está no Brasil desde os primeiros séculos, mas no caso sua origem é o espanhol *botella*, garrafa, por sua vez vindo do latim *buticula*, diminutivo do latim tardio *buttis*, tonel. Botelho passou a designar quem tomava muito vinho.

SARRACENO do árabe *sharki*, oriental, que no grego de Bizâncio resultou na grafia *sarakenos*, e em latim *saracenu*, designando um povo islâmico que se estabeleceu entre a Síria e o Egito. Algumas etimologias vinculam este étimo ao nome Sara, mulher de Abraão, o que é bem achado, mas pouco provável. A poesia portuguesa, sempre que se refere ao sarraceno e às lutas contra ele empreendidas pelos habitantes da Península Ibérica, o que quer é designar os mouros ali estabelecidos até a expulsão decisiva, nos finais do século XV.

SASSARICAR do português arcaico *sassar*, peneirar, separar, dito e escrito também sessar, do francês *sasser*, peneirar e também fazer passar um navio numa eclusa. Dado o movimento de quem sacode a peneira, tomou o sentido de rebolar, dançar, divertir-se, e está presente em *Sassaricando*, conhecida marchinha de carnaval, escrita por Luiz Antônio, pseudônimo de Antonio de Pádua Vieira da Costa, Oldemar Magalhães e Zé Mário, pseudônimo de Joaquim Antônio Candeias Júnior, gravada, entre outros, por Virgínia Giaconi, mais conhecida por Virgínia Lane. Os versos dizem: "Sassaricando, todo mundo leva a vida no arame./ Sassaricando, a viúva, o brotinho e a madame./ O velho na porta da Colombo/ é um assombro, é um assombro, sassaricando./ Quem não tem seu sassarico/ Sassarica mesmo só/ Porque sem sassaricar/ Esta vida é um nó."

SATÃ do hebraico *satan*, o acusador, passando pelo baixo-latim *Satan*, o adversário, Demônio, Satã, Satanás. No hebraico, inicialmente era apenas um termo jurídico para designar o promotor em um tribunal. Somente nos últimos tempos antes da era cristã passou a sinônimo de força sobrenatural maligna. O *Novo Testamento* relata vários casos de possessões para enfatizar que Jesus tem o poder de vencer o Mal, já personificado por Satanás, que é expulso de animais e pessoas.

SATÉLITE do latim *satellite*, guarda. Originalmente serviu para designar quem cuidava das sementeiras, passando depois a nomear o funcionário encarregado de acompanhar príncipes ou cortesãos por onde quer que fossem, obedecendo-lhes incondicionalmente. Os primeiros satélites andavam armados e praticavam todo tipo de violências. Indicando corpo celeste que gravita ao redor de outro, como é o caso da Lua ao redor da Terra, um dos primeiros a utilizar o termo foi o escritor latino Macróbio. Na chamada corrida espacial, a Rússia partiu à frente dos Estados Unidos, lançando o satélite artificial Sputnik, em 1957. Logo, porém, os generais russos, com seus quepes maiores do que heliportos, tiveram que render-se à superioridade americana na luta que travaram pelo uso militar do espaço sideral. Hoje, os mais conhecidos são os satélites de comunicação, capazes de transmitir milhões de dados simultaneamente, permitindo que um evento ocorrido em qualquer parte do mundo seja presenciado por telespectadores no exato momento em que está acontecendo.

SÁTIRO do grego *saturos*, pelo latim *satyros*, designando, na Grécia como em Roma, um semideus rústico, de orelhas grandes e pontiagudas, nariz achatado, pequenos chifres, rabo e pernas de cabra. Era companheiro de farras de Dionísio, deus da sensualidade e do vinho, o último a chegar ao Olimpo. No Brasil e em Portugal, Sátiro é também sobrenome, de que é exemplo Ernâni Aires Satyro e Sousa, mais conhecido como Ernani Sátiro. Foi poeta, cronista, romancista e ensaísta. Também ministro do Superior Tribunal Militar, era deputado federal quando a atriz Maria Fernanda o procurou para que a ajudasse a liberar na Censura Federal a peça *Um bonde chamado desejo*. Segundo relata o jornalista Sérgio Porto, na ocasião, "Lá pelas tantas, a atriz deu um grito de 'Viva a Democracia!'. E o então deputado retrucou: 'Insulto eu não tolero.'" O episódio está registrado no *Festival de besteira que assola o país*, série de livros que ele publicava sob o pseudônimo de Stanislaw Ponte Preta. Libidinoso, um dos sinônimos de sátiro, o jornalista confessou em

Autorretrato do artista quando não jovem, parafraseando *Autorretrato do artista quando jovem*, romance de James Joyce, que mulher estava entre suas principais motivações para escrever. Foi também o criador das *Certinhas do Lalau*, em que destacava as mulheres mais bem despidas do ano, outra vez servindo-se de paráfrase, pois a inspiração lhe viera da lista de *Mulheres mais bem-vestidas do ano*, publicada por Jacinto de Thormes na revista *Manchete*. De 1954 a 1968, Lalau selecionou 142 beldades, entre as quais Betty Faria, Íris Bruzzi, Norma Bengell, Rose Rondelli e Virgínia Lane. Já o poeta Mário Chamie, em seu livro de poesia, *Horizonte de esgrimas*, faz versos muito bem arrumados em que contrasta o luxurioso e o casto em *O santo e o sátiro*: "O santo benzia/ o sátiro/ com votos/ de penitência./ O sátiro cuspia/ fogo/ no gozo/ da irreverência./ O sátiro pediu/ o demo/ o rabo/ de sua presença./ Foi a gota/ da esperança:/ por sã clemência/ e hóstia santa,/ o santo mordeu/ a carótida/ do sátiro/ com sua benta/ e ávida descrença."

SAUDAÇÃO do latim *salutatione*, ponuncia-se "salutacione", declinação de *salutatio* "salutácio", ato de saudar, cumprimentar, homenagear. Ao lado das formas clássicas bom dia, boa tarde, boa noite, perguntamos também "como vai?". O professor e escritor Umberto Eco, autor do emblemático *O nome da rosa*, imaginou como responderiam ao cumprimento "como vai?" personalidades referenciais de nossa cultura. Goethe: "Tem pouca luz". Freud: "Diga você". Dante: "Estou no sétimo céu". Sacher-Masoch: "Graças a Deus, mal." Hegel: "Em síntese, bem." Kant: "A situação está crítica." Pirandello: "Segundo quem?" Torricelli: "Entre altos e baixos." Lúcifer: "Como Deus manda."

SAUDADE do latim *solitate*, solidão. No português arcaico, deu *soedade*, *soidade*, *suidade*. Mas os etimologistas não têm unanimidade sobre as origens deste vocábulo, tão característico do Brasil. Em árabe, as expressões *suad*, *saudá* e *suaidá* significam sangue pisado e preto dentro do coração, além de serem metáforas de profunda tristeza. A *as-saudá*, uma doença do fígado entre os árabes, é diagnosticada pela melancolia do paciente. Pode ter havido mistura de várias procedências para consolidar o vocábulo, além de mescla do verbo saudar.

SAUDADES-PERPÉTUAS do plural de saudade, do latim *solitate*, declinação de *solitas*, solidão, provavelmente com influência do vizinho espanhol *soledad*, e igualmente do latim *perpetua*, perpétua, contínua, ininterrupta. Foi primeiramente aplicada a coisas da natureza, como uma cadeia de montanhas, uma grande lagoa, os dentes de uma serra, e somente depois ao sentido metafórico de coisa que não morre, porque não é esquecida, de que é exemplo a frase *ad perpetuam rei memoriam*, gravada em monumentos, cujo significado é "para perpétua lembrança da coisa" (o fato). Saudades-perpétuas é o outro nome da planta chamada sempre-viva, cujas folhas não secam ou secam sem murchar. Em 1981, o escritor Antônio Callado, mais tarde eleito para a Academia Brasileira de Letras, lançou um romance com o título de *Sempreviva*, sem hífen. Jornalista, dramaturgo e, principalmente, romancista, ele deixou muitas saudades em seus leitores, com narrativas marcantes como *Reflexos do baile*, *Bar Don Juan* e principalmenre *Quarup*, sua obra-prima. Era casado com a escritora e jornalista Ana Arruda e pai da atriz Tessy Callado. São do poeta Eurícledes Formiga, imbatível no improviso, estes versos sobre a saudade: "A saudade é um parafuso,/ Que, quando entra, não sai,/ Só entra se for torcendo,/ Porque batendo não vai./ Depois que enferruja dentro,/ Nem destorcendo não sai."

SAUDAR do latim *saudare*, saudar, ligado a salvar, mostrar que vai bem, que está com saúde. Tanto que a pergunta "como vai?" é forma de cumprimento equivalente a bom dia, boa tarde, boa noite. Entre os militares, a saudação é mais formal e tem o nome de continência. Bater continência é cumprimentar o superior batendo a mão à altura da aba do quepe, encostando-a rente à coxa no movimento de volta. O gesto é feito com o peito ereto e os calcanhares unidos. Sua origem é a apresentação que guerreiros faziam ao soberano antes de partirem para as batalhas: usavam a ponta dos dedos para levantar a viseira do elmo e mostrar o rosto ao superior. Depois, o chapéu substituiu o elmo.

SAÚDE do latim *salute*, declinação de *salus*, salvação, conservação da vida, incluindo cuidados médicos e remédios, palavras ligadas ao antepositivo do verbo latino *medeor*, presente em médico, medicinal, remédio etc. Desde os primeiros livros sobre a saúde, foram postos em evidência os cuidados com a alimentação, com o sono, com o descanso, concebidos como os remédios mais eficazes por diversos médicos, ao lado da higiene.

SAUNA do finlandês *sauna*, sauna, banho a vapor, tomado em temperaturas entre 60 e 80 graus centígrados. Designa também recinto sem ventilação, abafado. Jorge Bem Jor interpretou conhecido sentimento nacional ao cantar "Moro num país tropical/ abençoado por Deus/ e bonito por natureza". Ainda assim faz-se necessário também o ar condicionado para que não sejamos submetidos a sauna compulsória nos locais de trabalho, lazer, moradia e também nos automóveis, onde passamos engarrafados boa parte de nossa existência. A sauna era o principal ícone da Finlândia, depois das renas pastoreadas na Lapônia, na área norte, certamente cedidas a Papai Noel para suas viagens de Natal. Ultimamente, porém, aquele país distinguiu-se por ter o maior número de telefones celulares por habitante no mundo, ultrapassando os Estados Unidos e o Japão.

SAÚVA do tupi *isa'ub*, *saúba*, espécie de formiga. Passou a ser pronunciado e escrito saúva. Operárias laboriosas, saúvas são escoteiras ao contrário: todos os dias fazem suas más ações, cortando e carregando para os ninhos folhas de plantações. É uma das mais danosas pragas agrícolas desde a época do Brasil colonial, a ponto de o naturalista francês August Saint-Hilaire cunhar a frase famosa, depois atribuída também a outros autores: "Ou o Brasil acaba com a saúva, ou a saúva acaba com o Brasil."

SAXOFONE do francês *saxophone*, instrumento de sopro, feito de metal, com tubo cônico e um sistema de chaves. O vocábulo teve uma formação curiosa, sendo composto do grego *phoné*, voz, som, e do nome de seu inventor, o francês de origem belga Antoine Joseph Sax, que era chamado de Adolfo. Trabalhando com a fabricação de instrumentos musicais, aperfeiçoou muitos outros, além desse que inventou e que recebeu seu nome.

SE do latim *si*, indicando conjunção, escrita do mesmo modo que o pronome "se". Introduz uma oração que é condição da que lhe segue. Reza a lenda que a fama de brevidade dos lacônicos, como eram chamados os espartanos que habitavam a região da Lacônia, nasceu da resposta que deram à ameaça de Felipe da Macedônia: "Se eu entrar na Lacônica, jogo por terra os lacedemônios." Seus magistrados responderam: "Se." Segundo Plutarco, o motivo da famosa concisão dos habitantes era outro: tinham sólida formação militar e, portanto, o principal era ouvir as ordens e cumpri-las; por isso, desde cedo o silêncio foi estratégico para a educação deles.

SEBASTIANISMO derivado do nome do rei de Portugal Dom Sebastião, desaparecido na célebre batalha de Alcácer-Quibir, na África, onde o exército português foi derrotado, advindo daí gravíssimas consequências para o reino. O termo designa a crença de que o monarca não morreu, mas encantou-se e um dia voltará. Aplica-se também à volta de outros personagens, sobretudo políticos.

SECA derivado de secar, do latim *siccare*, secar. No Brasil, a seca é o principal emblema dos flagelos nordestinos e tema recorrente na literatura brasileira, como em *Morte e vida Severina*, de João Cabral de Melo Neto, e em *Vidas secas*, de Graciliano Ramos. O título original do romance era *O mundo coberto de penas*, mas o sábio escritor, cujo estilo é marcado pela concisão, teve pena de batizá-lo tão horrivelmente e, ao entregar os originais, deu-lhe outro nome, com o qual o livro obteve sucesso extraordinário, no Brasil e no exterior. Uma das secas mais terríveis foi a de 1877, no Ceará, que matou cerca de 500 mil pessoas de sede, inanição e epidemias diversas.

SECRETÁRIA de secretário, do latim medieval *secretarium*, secretário, depositário de segredos. Os primeiros serviços de secretaria foram obra de homens. Com a entrada da mulher no mercado de trabalho – externo à casa, porque em domicílio sempre trabalharam muito! – o termo afeminou-se e passou a designar a auxiliar de serviços de escritório e administração. É notório o clima de confidência que o ofício inspirou desde o começo. São inúmeros os casos de paixão entre chefes e secretárias que terminaram aos pés do altar, ao som da marcha nupcial. E mais recentemente, apenas nos cartórios. Pouco a pouco, as secretárias eletrônicas estão substituindo as mulheres e é provável que o mesmo processo leve à substituição das comissárias de bordo, antigamente mais conhecidas como aeromoças. Em caso de medo no voo, um robô irá nos confortar com as mais doces palavras de uma cautelosa programação. Cruz-credo! Já há casos de paixão de usuários por secretárias eletrônicas e robôs, mas sem namoro, nem casamento, embora com muitas brigas. Como se sabe, há certa maldade nos objetos eletrônicos, que se recusam a funcionar em horas de maior aperto, ao contrário de secretárias e comissárias de bordo. A prova irrefutável do propósito maligno é que os ditos-cujos se mantêm impassíveis diante de nossos apuros. E sem arrependimento nenhum, voltam a aprontar tudo de novo na próxima vez.

SECRETO do latim *secretus*, secreto, do mesmo étimo de segredo, decreto, degredo, discreto, secretário e outros de domínio conexo, indicando coisas ocultas ou separadas, de nenhuma ou pouca visibilidade. Até 2009 foram baixados cerca de 500 atos secretos no Senado para nomear apaniguados dos senadores, pagar horas extras e aumentar salários. O jornalista Augusto Nunes escreveu na *Veja on-line*: "Na Praça dos Três Poderes o critério do mérito foi substituído pelo peso do prontuário, isso se sabe faz algum tempo."

SÉCULO do latim *saeculum*, período de cem anos, mas com muitos outros significados. Há algumas discordâncias nos critérios de definição de datas marcadas por séculos. Uns afirmam que o século II, por exemplo, começou no ano 100 e não no 101. Embora todas as indicações sejam arbitrárias, a mais aceita é aquela que considera cem anos inteiros para configurar um século. Parece questão irrelevante, mas não é. Dependendo do critério utilizado, o Brasil foi descoberto no século XV ou no XVI. Como sempre existem os espíritos conciliadores, em alguns livros se lê que o Brasil foi descoberto no alvorecer do século XVI.

SEDE do latim *sede*, declinação, de *sedes*, local em que se pode sentar, onde estão o assento, a cadeira e, por extensão, a cátedra, a cadeira maior, o trono, de que é exemplo a expressão Santa Sé, sede da Igreja, onde está o trono de São Pedro, o primeiro Papa, expressão simbólica, já que os primeiros papas não tiveram tronos e às vezes nem sedes onde ficarem, tão perseguidos eram. Também o trono é simbólico. No sentido de sede como necessidade de beber água ou outra bebida e ainda como desejo ardente, o étimo é o latim *site*, declinação de *sitis*, sede.

SEDEX da abreviação de Serviço de Encomenda Expressa, escolhida pelos correios para designar meio mais rápido de transporte e entrega de documentos e mercadorias. O correio, designado também pelo plural correios, compromete-se a entregar envelopes, caixas ou pacotes em todos os municípios brasileiros, variando o prazo de um dia – em algumas capitais – a uma semana. O *Dicionário Aulete* é um dos poucos dicionários a ter indexado o verbete.

SEDIÇÃO do latim *seditione*, sedição, perturbação, revolta. No latim, a palavra foi formada a partir de *itio*, ação de ir, e *sed*, conjunção adversativa que indica separação, discordância. Por isso, passou a designar rebeldia e atos de significado semelhante.

SEGREDO do latim *secretum*, secreto, lugar isolado e escondido, derivado de *secretus*, supino de *secernere*, separar, escolher. O supino do verbo latino não existe em português: significa inclinado para trás. A palavra segredo designa a confidência entre duas pessoas – ou mais, mas poucas, do contrário perde a essência e também aquilo que é ocultado por vários motivos, de que é exemplo o segredo de Estado. O Brasil começou com um grande segredo. O país já estava descoberto, mas como Portugal negociava com a Espanha os limites da dominação das novas terras descobertas, o que foi realmente feito em 1494, com o *Tratado de Tordesilhas*, não podia revelar que navegadores lusitanos já procuravam o Brasil e que as buscas tinham sido aceleradas porque o navegador genovês Cristóvão Colombo, a serviço da Coroa espanhola, tinha descoberto a América. Feito o acordo, ainda assim Portugal guardou segredo de um documento escrito pelo cosmógrafo Duarte Pacheco Pereira, que antecede a *Carta de Pero Vaz de Caminha* em dois anos. Intitulado *Esmeraldo de situ orbis*, traz a seguinte revelação, escrevendo ao rei Dom Manuel: "Como no terceiro ano de vosso reinado do ano de Nosso Senhor de mil quatrocentos e noventa e oito, donde nos vossa Alteza mandou descobrir a parte ocidental, passando além a grandeza do mar Oceano, onde é achada e navegada uma tam grande terra firme, com muitas e grandes ilhas adjacentes a ela e é grandemente povoada. Tanto se dilata sua grandeza e corre com muita longura, que de uma arte nem da outra não foi visto nem sabido o fim e cabo dela. É achado nela muito e fino brasil com outras muitas cousas de que os navios nestes Reinos vem grandemente povoados." O próprio título disfarça o objetivo: contar um segredo bem guardado. Esmeraldo é um anagrama de Emmanuel e Eduardus, origens, respectivamente, hebraica e latina, do nome do rei (Manuel) e do navegador (Duarte). *Situ orbis* significa em latim "lugar do mundo". Tais revelações somente se tornaram possíveis pelas pesquisas do historiador e professor da Universidade de Coimbra, Jorge Couto, autor do livro *A construção do Brasil*.

SEGUNDO do latim *secundu*, segundo. A Igreja e a nobreza sempre gostaram de repetir o nome de seus líderes. Assim, são muitos os reis e papas que adotaram o nome do antecessor. Na Igreja, o nome mais repetido é João. Curiosamente até agora houve somente um papa com o nome de Pedro. Nem o segundo, São Lino, nem qualquer outro até o atual quis adotar o nome do primeiro. E o papa que inaugurou o sistema de repetição foi São Sisto II, que era grego e governou menos de um ano. Outra curiosidade: Miguel Nostradamus diz em suas Centúrias que no fim dos tempos estará reinando Pedro II. Alguns intérpretes viram aí o nome do último papa, mas pode ser que o famoso visionário estivesse aludindo ao nosso segundo e último imperador, Pedro II, que não pôs as barbas de molho e perdeu o trono.

SEGURANÇA do latim *securitate*, declinação de *securitas*, segurança, tranquilidade, por sua vez apoiado em *securus*, livre de perigo, tranquilo, sossegado. *Securis* em latim designa a machadinha que os litores levavam nas mãos, com a um molho de varas, acompanhando os magistrados da antiga Roma nas execuções judiciais. A segurança tornou-se tema e problema dos mais importantes na vida moderna. As cidades foram fundadas para melhor proteger o ser humano, mas o avanço de inseguranças diversas está transformando as grandes cidades em ambientes hostis. A segurança é providenciada por meios visíveis, como grades e policiais, mas também virtualmente, como no caso dos cartões de banco e de crédito, que pouco a pouco estão limitando a ação dos ladrões, já que o dinheiro vai perdendo visibilidade física. O segurança tornou-se profissional muito requisitado por particulares à medida que aumentou a violência, principalmente nas grandes cidades. Antes, os seguranças trabalhavam apenas na guarda de homens públicos. O filme *O guarda-costas* é um bom indicador dos novos tempos, ao mostrar o ator Kevin Costner atuando como segurança de uma cantora famosa.

SEGURO do latim *securus*, firme, tranquilo, certo, adjetivo que indica ausência de risco, de perigo, isto é, *sine cura*, sem cuidado, mas aqui com o sentido de dispensar preocupação, inquietação, aflição, angústia, tarefa delegada a outrem, como no caso de seguro contratado. Como substantivo designa contrato pelo qual o segurador obriga a pagar ao segurado uma indenização caso ocorra algum sinistro (acidente, roubo, incêndio). O professor Julio Cezar da Silva Pauzeiro, da Universidade Estácio de Sá, engenheiro e pós-graduado por várias instituições, inclusive pelo Disney Institute, fez estudos muito pertinentes sobre o tema, abordando principalmente a relação entre os segurados, os corretores e as empresas, num livro de leitura imperdível, intitulado *As estratégias adotadas pelos corretores de seguros na gestão de seus negócios: um estudo de múltiplos casos*, publicado pela Escola Nacional de Seguros.

SEIO do latim *sinus*, seio. Foi no seio materno que todos bebemos nosso primeiro alimento depois de nascidos, o leite. A palavra latina para seio, com o sentido que se consolidou em português, é *mamma*. O poeta Olavo Bilac comparou a exuberante natureza brasileira a um "seio de mãe a transbordar carinhos".

SEITA do latim *secta*, sistema filosófico ou doutrina religiosa divergente dos conteúdos dominantes. Algumas religiões, hoje aceitas como representativas da pluralidade de cultos, foram vistas como seitas perigosas em seus começos, como foi o caso do luteranismo. Antigas e novas seitas proliferaram no mundo todo, principalmente nas duas últimas décadas. Após a dissolução da união das repúblicas socialistas surgiram mais de 50 seitas. No começo de 1996, uma comissão parlamentar fez um inventário das seitas que atuam em território francês e chegou ao espantoso número de 172. No Brasil a que tem mais adeptos é a Igreja Universal do Reino de Deus. Desestabilização mental e emocional, vícios que levam à perda do autocontrole e crises financeiras agudas, somadas a outras desordens pessoais, estão entre as maiores causas que levam os indivíduos a buscar solução para seus problemas em uma seita.

SELEÇÃO do latim *selectione*, declinação de *selectio*, seleção. No latim, este "t" tem som de "s", como no português. A ideia é de escolha, presente no verbo *seligere*, escolher, optar, preferir. A variante *legere*, em latim, é ajuntar, reunir, colher, como se faz na colheita, e é o mesmo étimo de ler, igualmente do latim *legere*. Quando, no dia 11 de maio de 2010, o técnico da Seleção Brasileira, Carlos Caetano Bledorn Verri, o Dunga, fechou a lista de convocados, ele, como sempre, decepcionou a muitos e agradou a outros tantos. Jamais houve unanimidade neste assunto entre os brasileiros. Praticamente cada um tem a sua seleção. Ao contrário dos técnicos atuais, muito preocupados com experiência, Vicente Feola e Aimoré Moreira, campeão e bicampeão em 1958 e 1962, não pensavam assim e levaram Pelé e Amarildo, o primeiro com 17 anos, o segundo com 23. E os dois jovens marcaram os gols decisivos nas duas Copas. A idade média da seleção convocada por Dunga era a maior de todas as Copas: 28,7 anos. De todos os convocados, apenas três jogavam no Brasil. E, com tanta experiência, perdemos mais uma Copa!

SELO do latim *sigillum*, sinete, estatueta, com o sentido de sinalzinho, diminutivo de *signum*, sinal, com o fim de lacrar cartas e documentos despachados por mensageiros com a marca do destinatário impressa em cera ou em outro recurso utilizado para garantir o segredo, vale dizer, o sigilo da correspondência. Utilizado para identificação simbólica de poderes, como o selo papal, o selo real, o selo de episcopados, igrejas, ordens religiosas, empresas e Estados. Nos correios, veio a funcionar como indicação de pagamento do despacho, antes de responsabilidade do destinatário. O Brasil foi o segundo país do mundo a emitir selos nos correios, em 1843. O primeiro foi a Inglaterra, em 1840. Em 1973, foi lançado o selo São Gabriel Padroeiro dos Correios, em referência ao anjo que veio do Céu para anunciar que Maria estava grávida e que o filho não era de José, era do Altíssimo. Anjo, do grego *ággelos*, pelo latim *ângelus*, quer dizer mensageiro. A fauna, a flora e personalidades referenciais do Brasil já foram homenageadas com seus retratos nos selos. Também os morcegos foram homenageados com quatro séries de selos, em 2010, com uma tiragem de 900 mil exemplares. Há selos de vários ex-presidentes, entre os quais José Sarney, Fernando Collor de Mello, Itamar Franco, Fernando Henrique Cardoso e Luiz Inácio Lula da Silva.

SELVAGEM do provençal *salvatje*, homem das selvas, que passou ao português arcaico como selvagem. As práticas dos homens das selvas têm sido injustamente tomadas como metáforas de coisas abomináveis, que os urbanos não fariam. Já tivemos uma telenovela intitulada *Selva de pedra*, em que os personagens faziam coisas de envergonhar qualquer selvagem. E o ex-presidente Fernando Henrique Cardoso, em uma visita a Londres, defendendo a execução de seu programa de governo, fez, entretanto, como de hábito, mais uma ressalva: queria evitar a privatização selvagem. Para um cientista social, a comparação soou estranha, pois os selvagens não têm quase nada privatizado, vivendo em comunidades onde os bens são comuns.

SEMANA do latim *septimana*, espaço de sete dias. Segundo o *Gênesis*, foi o tempo que Deus levou para fazer o mundo. E ainda encontrou tempo para descansar. Mas Ele, ao contrário dos homens, é onipotente, se bem que um pouco apressado, dado o prazo com que entregou a obra. Não permitiu que nenhuma empreiteira metesse o bedelho: Ele mesmo fez tudo sozinho.

SEMANAL de semana, do latim tardio *septimana*, derivado do latim clássico *septimanus*, mistura de *septimus*, sétimo, com a terminação grega de *hebdomás*, relativo ao número sete ou grupo de sete coisas, donde hebdomadário significar semanal. Os dias da semana em todas as línguas neolatinas homenageiam deuses pagãos, menos na lingua portuguesa. O domingo, dia do Senhor, formou-se do latim vulgar *dies Dominicus*, em curioso adjetivo: *dominicus*, dominical, em vez de *dies Domini*, dia do Senhor, caso genitivo de *dominus*, senhor, aquele que manda na *domus*, casa. Após as missas dominicais, a população cristã que ia à igreja para rezar, fazia suas compras, pois as aglomerações favoreciam o comércio. O domingo era, pois, um dia de *feria*, festa, que ensejava compras e vendas. A festa continuava no dia seguinte, *feria secunda*, dedicado à lua, *dies lunae*, dia da lua. Prosseguia, por motivos religiosos ou comerciais, no *dies Martis*, dia de Marte; no *dies Mercuri*, dia de Mercúrio; no *dies Jovis*, dia de Júpiter; no *dies Veneri*, dia de Vênus; todos eles eram deuses pagãos. Na Espanha, estes nomes foram espanholados para Lunes, Martes, Miércoles, Jueves, Viernes. No português, *feria secunda* tornou-se segunda-feira, e os dias seguintes viraram terça-feira, quarta-feira, quinta-feira, sexta-feira. Foi São Martinho, bispo de Braga, em Portugal, nascido na Panônia, atual Hungria, quem sistematizou esses nomes para os dias da semana. O sábado, porém, do latim *sabbatum*, por força da intensa presença do *shabbat* hebraico como dia do descanso, transferido para domingo, não recebeu nenhuma numeração.

SEMELHANÇA de semelhar, do latim *similiare*, parecer, vinculado a *similis*, semelhante, parecido. Romances e telenovelas frequentemente vêm antecedidos do aviso de que "qualquer semelhança é mera coincidência". Mas às vezes não são coincidências! *Memórias do senhor D'Artgnan*, da autoria de um mosqueteiro do século XVI chamado Gatien Courtilz de Sandras, narra fatos reais nos quais está baseado o romance *Os três mosqueteiros*. E os nomes deles foram tirados de *Memórias do conde de La Fère*, como confessou o próprio autor: "na p. 20 o nome de Athos; na 27 o de Porthos; e na 31 o de Aramis."

SÊMEN do latim *semen*, semente, germe, causa, origem. A palavra seminário, onde antigamente eram preparados, durante cerca de 14 anos, meninos que um dia seriam ordenados padres, tem o mesmo étimo, em razão de ser concebido como viveiro para criação de adolescentes destinados ao sacerdócio. O latim *semen* equivale ao grego *sperma*, semente, de onde provêm as palavras esperma e espermatozoide, observado pela primeira vez por um aluno do holandês Anton van Leeuwenhoek, comerciante de tecidos, filho de um fabricante de carruagens, cientista autodidata, que construiu cerca de 500 microscópicos para estudar protozoários, bactérias e seres minúsculos, hoje pesquisados pela microbiologia. Numa ejaculação, um homem expele do escroto cerca de 300 milhões de espermatozoides, que medem 0,005 mm (cinco milésimos de milímetro) e viajam a uma velocidade de 40 km/h. A palavra escroto veio do latim *scrotum*, saco em que os arqueiros carregavam suas flechas e por metáfora passou a denominar o lugar onde estão os testículos. Por patologias sexuais destiladas na língua, escroto adjetiva o indivíduo imoral, pessoa a ser evitada.

SEMENTE do latim *semente*, declinação de *semen*, semente, embrião, origem. O *Dicionário Aurélio* assim a define: "Estrutura dos fanerógamos que conduz o embrião. Provém do óvulo fecundado e está incluída no fruto. Quase sempre é envolvida por um tegumento, a testa; pode sê-lo, ainda, por um segundo tegumento, o tegme, ou ser nua, o que é raro. Por dentro dos tegumentos há só o embrião, ou este se acompanha de endosperma." Provavelmente a forma latina mesclou-se ao moçárabe *xeminio*, por sua vez radicado remotamente no sânscrito *síra*, semeadura. Semente e sêmen não aparecem vinculados apenas nessa etimologia, mas também em sentido metafórico. Línguas antigas comparavam o ato amoroso do casal humano, que pode resultar em fecundação, à tarefa do lavrador, de cavar a terra para ali lançar a semente. No primeiro caso, o fruto procede do ventre da mulher. No segundo, da terra. Mas é frequente que nas duas alusões sejam postos em relevo o propósito do semeador e a receptividade de terra e da mulher. A expressão "ficar para semente" tem o significado de longevidade, indicando que a pessoa vive muito além da média.

SEMINARISTA de seminário, do latim *seminarium*, viveiro, lugar onde se plantam sementes para germinarem e depois serem transplantadas. Passou a designar, menos frequentemente, quem participa de um seminário, evento científico ou cultural sobre determinado tema, e principalmente o menino, adolescente ou adulto que estudou nos seminários, educandários criados pelo Concílio de Trento para formar padres. Antes, do adulto que quisesse ser padre, como ocorre hoje com os pastores e bispos de igrejas populares como a Igreja Universal, era exigido muito pouco intelectualmente. Foi decisão tridentina internar os candidatos ao sacerdócio durante 14 anos: um, de admissão ao ginásio; sete para o ensino médio; e seis para cursar filosofia e teologia. Muitas vezes, menos de dez por cento dos meninos eram ordenados sacerdotes, pois a Igreja não apostava apenas na qualidade da formação intelectual, exigia também inteira submissão aos dogmas, voto de castidade e solteirice eterna. Desses requisitos, o primeiro foi descartado e os seminários entraram em decadência em quase todo o mundo.

SEM-TERRA do latim *sine*, sem, indicando falta, privação, exclusão, e *terra*, terra, formou-se esta palavra para designar quem, inconformado por não possuir um pedaço de terra para plantar, se organizou no Movimento dos Sem-Terra (MST). Os leitores acostumados com medidas como hectare e alqueire, quando o assunto era o MST, prestaram atenção também aos centímetros que quantificaram as formas da sem-terra Débora Cristina Rodrigues, separada do marido e mãe de dois filhos, que posou nua para a revista *Playboy*: 91 cm de busto, 60 de cintura, 94 de quadril e 65 kg, harmoniosamente distribuídos por 1,71 m de altura.

SEM-VERGONHA junção de sem, do latim *sine*, e vergonha, do latim *verecundia*, designando pessoa descarada, indecente, cínica. Os primeiros cínicos foram filósofos gregos, assim chamados por não terem vergonha de cometer atos sórdidos em público, comportando-se como cães, de acordo com os ensinamentos de Antístenes de Atenas e Diógenes de Sínope, fundadores da escola cínica. Nessa escola, ninguém chorava ou corava de vergonha.

SENA do latim clássico *sena*, série de seis números, que no latim vulgar era designado por *sex*, seis, étimo presente na formação de palavras como sexteto, sexagenário, sexagésima, sexta-feira, sextavado, sêxtuplo e tantos outros. Na loto designa modalidade em que se sorteiam seis dezenas, ganhando quem acertar a sena principal, a quina (cinco das seis dezenas) e a quadra (quatro das seis dezenas).

SENADO do latim *senatus*, senado, assembleia de velhos. Em latim, velho é *senex*. Na Roma antiga, a instituição política do senado foi objeto de grande admiração dos outros povos. Exemplo de tal estima é o episódio ocorrido após a primeira vitória de Pirro sobre o exército romano. Ele enviou como embaixador um orador grego de nome Cineas para celebrar a paz com os romanos vencidos, que tinham sido surpreendidos pelos elefantes, animais que desconheciam, utilizados pelo rei de Épiro. Os senadores já estavam aceitando os termos da rendição, quando foi trazido à assembleia um velho censor de nome Apius Claudius Ceacus (Ápio Cláudio, o Cego). O ancião estava tão enfraquecido que não conseguia caminhar sozinho. Era muito admirado pelos senadores por sua coragem e coerência. Começou dizendo que nenhuma paz seria possível enquanto um só prisioneiro romano estivesse em mãos do inimigo. Todos os senadores concordaram com ele e Cineas disse a Pirro que o senador romano era "uma assembleia de reis". Mais tarde, o senado enviou o cônsul Caio Fabrício para negociar a libertação dos reféns. Pirro tentou suborná-lo com dinheiro e inclusive pôs um elefante para bramir ameaçadoramente às suas costas, quando fazia proposta indecorosa, que foi recusada. Pirro sabia com quem lidava. Ao caminhar pelos campos de batalha, notou que os soldados romanos mortos ou feridos tinham sido atingidos todos pela frente. E que ninguém fugira. Pirro venceu as batalhas, mas teve tantas baixas em seu exército que dali por diante a expressão "vitória de Pirro" passou a designar eufemismo para derrota. Com efeito, ele venceu os romanos em Heracleia e em Ásculo, mas perdeu a terceira e decisiva batalha em Benevento. Quanto ao senado romano, outrora tão glorioso, entrou em decadência tempos mais tarde e os senadores chegavam até a discutir o modo como preparar o peixe. Ia tudo tão bem em Roma que o povo só queria pão e circo, tal como denunciado por Décimo Júnio Juvenal nas *Sátiras* (X, 81): "*panem et circenses*" (literalmente: pão e palhaços).

SENHA do latim *signa*, plural de *signum*, sinal. O vocábulo popularizou-se com as filas – evidência de como as coletividades organizam-se para além das instituições – e com os cartões magnéticos. Ao operar um caixa eletrônico, o usuário ouve ou lê três palavras de origem latina: "digite sua senha."

SENHORA feminino de senhor, do latim *seniore*, declinação de *senior*, mais antigo, mais velho. Passou a designar a esposa e depois o tratamento respeitoso e cortês a qualquer pessoa adulta do sexo feminino, sendo considera anacrônica a forma senhorita para as mais jovens. A senhora mais conhecida do Brasil não pertence a esse mundo. É Nossa Senhora Aparecida. Nossa Senhora porque, com as devidas traduções, por esse apelido é conhecida a judia Maria, mãe de Jesus, dileto filho do judaísmo, figura solar do cristianismo. A morte, ou melhor, a dormição, chegou quando ela estava com 72 anos. A Igreja assegura, por meio do dogma da assunção, que foi levada ao Céu por anjos. O de Jesus é ascensão, já elevou-se por si mesmo. Maria tem muitos nomes. No Brasil, um deles é Nossa Senhora Aparecida, cuja imagem original foi pescada no rio Paraíba do Sul, nas proximidades do Porto Itaguassu, no dia 12 de outubro de 1717. Os três pescadores eram pobres e se chamavam Domingos M. Garcia, João Alves e Filipe Pedroso. Primeiramente foi pescada a imagem sem a cabeça. Lançada outra vez a rede, veio a cabeça. Eles não haviam pescado nada até então e dali por diante a pesca foi abundante. Ela foi solenemente coroada padroeira do Brasil em 1904. Em 1967 o papa Paulo VI enviou a Rosa de Ouro, celebrando os 250 anos do encontro da imagem. Em 1980 o papa João Paulo II declarou Basílica Menor o santuário erguido às margens da Via Dutra.

SENSIBILIDADE do latim *sensibilitate*, sensibilidade, capacidade de sentir. O vocábulo e seus correlatos passaram a ser utilizados também para designar atos que deflagram certas sensibilidades específicas, como é o caso do jargão dos economistas aludindo à tarefa de sensibilizar o contribuinte para novos impostos, o que em geral resulta em coceira no órgão mais sensível do corpo humano: o bolso.

SENSO do latim *sensu*, senso, capacidade de discernir, julgar, entender. A partir deste vocábulo formaram-se locuções como "senso comum" e " bom senso", a primeira delas significando a opinião dominante sobre determinados temas em uma época, e a segunda, o uso da luz da razão para distinguir entre verdades e falsidades que infestam a vida cotidiana. Comentando os feitiços que *Dom Quixote* pode ter visto na caverna de Montesinos, Sancho Pança exclama: "Será que feitiços e feiticeiros têm tanta força que podem ter mudado o bom senso de meu amo?"

SENSOR do latim tardio *sensorium*, que sente, de *sensus*, senso, sentido, percebido, pelo inglês *sensor*, dispositivo que percebe, como o sensor eletrônico. O sensor detecta quase tudo sem que haja confissões, de que são exemplos as câmeras e sensores à entrada de muitos prédios públicos, alguns dos quais ordenam à pessoa: "sorria, você está sendo filmado." Deveriam acrescentar: "e sem sua autorização." As invasões de privacidade têm sido frequentes, em nome de segurança, administração etc., e nossa vida devassada por sensores e censores. São feitas mais confissões nos censos e nos institutos de opinião do que nos confessionários religiosos. Institutos como o *IBGE*, o *Ibope*, o *Vox Populi*, o *CNT/Sensus* cada vez perguntam mais. Este último aproveitou na designação a semelhança entre censo e senso, ambos vindos do latim *census*, censo, registro feito pelo censor, e *sensus*, sentido, de sentir, perceber, tarefas do sensor, dispositivo construído para isso.

SENTENÇA do latim *sententia*, de *sentire*, sentir, designando modo de perceber, impressão, opinião, ideia. Chegou ao português no século XIII. A origem remota, de matriz indo-europeia, é *sinnan*, esforçar-se para chegar a algum lugar. A palavra traz embutido o conceito de que para chegar a uma sentença é necessário percorrer um caminho.

SENTINELA do italiano *sentinela*, vigia de uma determinada área. No Brasil é mais utilizado um sinônimo, guarda, o nome mais comum para designar o policial urbano, principalmente aquele encarregado de disciplinar o trânsito, o que faz usando apito, caneta e talões de multa. Nos casos mais graves, as armas que traz à cinta. Com a emancipação feminina, as mulheres vieram embelezar a corporação, antes composta exclusivamente de homens.

SENTIR do latim *sentire*, sentir, perceber. As realidades do mundo exterior nos chegam pelos olhos, ouvidos, nariz, boca e tato – nem sempre nesta ordem, evidentemente – referidos como os cinco sentidos. Quando achamos, por pura intuição, que algo se nos mostra além dos limites dessas abrangências, aludimos a um suposto sexto sentido. O pai da física moderna, Galileu Galilei, escreveu que os modos mais comuns de ultrapassar a percepção dos sentidos são a dança, a hipertensão, a embriaguez, os tóxicos, as explosões de raiva e a autoflagelação. Essa última, praticada antigamente no silêncio dos claustros católicos, tornou-se pública em certos rituais islâmicos.

SENZALA do quimbundo *sanzala*, lugar de habitação da família. Seu outro significado, bracelete que as iaôs usam após a iniciação, veio do quicongo *senzala*, juramento; ou de *sansala*, bêbado, trôpego, titubeante, hesitante (em alusão ao estado da iaô recém-iniciada), como ensina Nei Lopes em *Dicionário banto do Brasil*. Talvez por mescla dos dois sentidos, pois os escravos bebiam cachaça para aliviar o sofrimento, desde os primeiros séculos designa alojamento dos escravos. Os escravos domésticos, homens e mulheres, com as crianças, habitavam as senzalas instaladas nos porões das residências. Essas construções aparecem mais bem conservadas nas fazendas de café situadas em territórios hoje pertencentes aos municípios de Vassouras e de Valença, no estado do Rio de Janeiro, e abertas à visitação pública, que inclui preciosas aulas de história do Brasil ministradas pelos guias, em geral os proprietários atuais, que as adquiriram ou herdaram daqueles que as arremataram em leilões executados pelos bancos credores, uma vez que a maioria delas faliu após a Abolição, no século XIX, ou mais tarde, na crise dos anos 30 do século XX.

SÉPIA do grego *sepía* e do latim *sepia*, *siba*. Seu uso mais frequente é para designar uma tinta, de cor escura, extraída de animal de mesmo nome, utilizada em pinturas e aquarelas. Recurso utilizado em cinema e televisão para marcar acontecimentos narrados em *flashbacks*, que aparecem numa coloração intermediária entre preto e branco e colorido.

SEPTICEMIA do grego *septikos*, que causa putrefação, e *haima*, sangue. Tornou-se vocábulo muito frequente nos últimos tempos, devido às mortes por infecção generalizada, que marca o estado terminal dos doentes de Aids.

SEPULCRO do latim *sepulcrum*, sepulcro, sepultura, túmulo, escrito também *sepulchrum*, talvez por aproximação com *pulcher*, bonito, equivalente do grego *kálos*, presente em caligrafia, letra bonita, provavelmente porque os túmulos de pessoas ricas ou importantes transformaram-se, com o tempo, em suntuosos e belos monumentos. Nos primórdios da Humanidade, o cemitério, um dos marcos da civilização, pois evidencia o cuidado com os mortos, apresentava sepulturas individuais que passaram a coletivas depois das pestes e epidemias. O evangelista Mateus diz que Jesus comparou os fariseus a sepulcros caiados, belos por fora, mas porque eram revestidos de cal, debaixo da qual estavam paredes avariadas que guardavam restos mortais ou corpos em decomposição. Santo Sepulcro designa o lugar em que foi depositado o corpo de Jesus, já que os judeus não enterravam os cadáveres, guardando-os em cavernas ou grutas naturais, ou então cavadas na rocha. Alguns sinônimos de sepulcro são muito conhecidos, como ataúde, tumba, túmulo, jazigo, mausoléu, sepultura, mas outros são raros, como esses, moimento e requietório.

SEPULTURA do latim *sepultura*, de *sepultum*, do verbo do latim clássico *sepelire*, enterrar, transformado em *sepultare* no latim tardio. Provavelmente foram as mulheres as autoras dos primeiros enterros. Comovidas com a morte de filhos ou maridos, trataram de manter os corpos perto de casa, às vezes no interior das residências, para cuidar dos familiares também depois de mortos. Os costumes fúnebres, porém, evoluíram, e com o tempo foram fincadas pedras ou pedaços de madeira para marcar o local onde eram enterrados os entes queridos. Essas marcas deram origem a túmulos e mausoléus. O mausoléu tem este nome porque Artemisa II, irmã e esposa do rei Mausolo, na Turquia, mandou erguer o maior e mais suntuoso túmulo de toda a antiguidade, feito de mármore e de bronze, e revestido de ouro. A construção empregou 30 mil trabalhadores durante dez anos. Foram os cruzados que destruíram o monumento no século XV, mas suas descrições não puderam ser destruídas e por elas sabemos que tinha 40 m de comprimento, 30 de largura e 20 de altura. Era enfeitado por dezenas de estátuas de leões e de cavalos. Fragmentos do gigantesco túmulo podem ser encontrados em museus de Londres, na Inglaterra, e de Bodrum, na Turquia.

SERENATA do italiano *sera*, noite, formou-se serenata, concerto dado à noite. O português conservou a grafia e o significado. Mas pode ter vindo também do latim *sereno*, calmo, tranquilo, dando a ideia de que o cair da noite traria paz. Ninguém pode imaginar uma serenata com um cantor de *heavy metal* fazendo o barulhão costumeiro à janela da amada. Ela poderia ficar ainda mais surda a seus apelos.

SERENDIPIDADE do inglês *serendipity*, palavra criada pelo escritor inglês Horace Walpole em carta que escreveu a um amigo, no dia 28 de janeiro de 1754, descrevendo a sorte que teve ao encontrar, por acaso, uma pintura antiga da condessa de Toscana, Bianca Capello, que estava procurando: "Esta descoberta é quase daquele tipo a que chamarei serendipidade, uma palavra muito expressiva, a qual, como não tenho nada de melhor para lhe dizer, vou passar a explicar: uma vez li um romance bastante apalermado, chamado *Os três príncipes de Serendip*: enquanto suas altezas viajavam, estavam sempre a fazer descobertas, por acidente e sagacidade, de coisas que não estavam procurando." *Serendip*, do sânscrito *Sinhaladvipa*, a ilha onde moram os leões, é antigo nome do Ceilão, atual Sri Lanka. Provavelmente Walpole utilizou como matrizes as palavras *serenitas* (serenidade) e *stupiditas* (estupidez) para designar um estado de espírito aberto a descobertas felizes feitas por acaso, mas não foi um bom leitor do conto persa, pois as descobertas ali narradas são feitas pelos três príncipes depois de sagazes deduções. De todo modo, serendipidade passou a designar descobertas como o pão, o vinho, a lei da gravidade, a penicilina, o velcro etc.

SÉRIE do latim *serie*, sequência, sucessão. O vocábulo e seus compostos têm sido muito usados no cinema e na televisão, com os filmes em série e as minisséries. *Batman eternamente*, por exemplo, é o terceiro filme sobre o personagem. O primeiro foi *Batman*, de 1989, o segundo, *Batman, o retorno*, de 1992, que renderam mais de 700 milhões de dólares. O terceiro filme da série, apenas no fim de semana de sua estreia, nos Estados Unidos, arrecadou 53 milhões de dólares. Com as inevitáveis miniaturas de todos os materiais e tipos, flâmulas e demais reproduções da figura já carismática, seus produtores investiram 90 milhões, esperando arrecadar 1 bilhão de dólares. Em 2008 foi lançado *Batman, o cavaleiro das trevas*.

SERPENTE do latim *serpente*, declinação de *serpens*, animal, serpente, cobra. A serpente, embora não existissem ainda o Carnaval e o baile de máscaras, foi a primeira fantasia e o primeiro disfarce de Satanás. Aparece no *Gênesis*, o primeiro livro da

Bíblia, logo no terceiro capítulo: "A serpente era o mais astuto de todos os animais terrestres criados pelo Senhor." Ardilosa e cativante, ela entabula pequeno diálogo com a primeira mulher, propondo-lhe que experimente o fruto proibido, pendente da árvore do conhecimento. Convence-a com um único argumento: o de que o primeiro casal se tornaria igual a Deus, discernindo o bem e o mal. Eva se encanta com a beleza da árvore e o gosto da fruta. É seduzida nesta sequência: pelos ouvidos, pelos olhos e pela boca. Segue-se um interrogatório objetivo em que os dois respondem às perguntas de Deus com evasivas, culpando a serpente. Esta é condenada sem que lhe seja perguntado nada. O casal é expulso do Paraíso para que não tenha acesso à outra árvore, a da imortalidade, pois o conhecimento tornou o homem mortal, sem contar que tomou consciência de que estava pelado. Deus fez, então, roupas de pele de animais para o casal, donde se conclui que já tinham matado alguns no Paraíso. Impunes, depois passaram a matar uns aos outros e nunca mais pararam de fazer isso, mesmo em 2001, ano presidido pela serpente no horóscopo chinês.

SERPENTINA do latim *serpente*, designação abrangente para os ofídios, surgiu serpentino e sua forma feminina para denominar longas fitas de papel colorido, enroladas, que são desenroladas por arremesso nas festas e brincadeiras, principalmente no Carnaval. Também o ato de lançar a serpentina lembra o bote da serpente.

SERRA do latim *serra*, serra, cadeia de montanhas, e também ferramenta com lâmina ou disco dentados, utilizada originalmente para cortar madeira, mas depois muitos outros materiais. É sobrenome em Portugal, na Galícia, no Brasil etc. e integra o nome completo do ex-governador de São Paulo, José Chirico Serra, filho de Francesco e Serafina. A expressão "subir a serra", indicando irritação, provém do costume de habitantes do litoral de retirar-se para as cidades serranas vizinhas, fora de temporadas de veraneio ou fins de semana, inconformados com desavenças familiares ou políticas.

SERTÃO provavelmente de desertão, aumentativo de deserto, do latim *desertu*, desabitado. Teria havido aférese do "de" inicial. Aférese indica supressão de fonemas no começo da palavra, de que é exemplo Zé, originalmente José. O escritor Guimarães Rosa assim definiu o sertão em sua obra máxima *Grande sertão: veredas*: É onde os pastos carecem de fechos; é onde criminoso vive seu cristo-jesus, arredado do arrocho da autoridade." Há mais de cem anos outro grande escritor estava lançando sua obra-prima, que também se ocupa do sertão. Em 1902, Euclides da Cunha, então vivendo em São José do Rio Pardo, no interior de São Paulo, publicava *Os sertões*, cujo tema era a campanha de Canudos. Analogamente ao que aconteceu no oeste americano, os decálogos civis estão demorando a valer em nossos sertões, mas os avanços têm sido consideráveis.

SERVIR do latim *servire*, ligado a *servus*, servo, escravo, do mesmo étimo de *servitium*, serviço, e de serventuário, serventia. As tarefas de servir à mesa foram originalmente da responsabilidade de servos e escravos, mas com o tempo, por força da ligação desses trabalhos com ofícios sacerdotais, em que eram oferecidos sacrifícios em forma de iguarias saborosas aos deuses, as profissões ligadas ao ato de comer – preparar, cozinhar, servir etc. – adquiriram grande relevância social. Vários autores, sobretudo franceses, destacaram-se nessa redenção. Um deles foi Georges Auguste Escoffier, que popularizou e modernizou os métodos tradicionais da culinária francesa. Onde havia desordem, bebedeira e comilança, ele levou organização, disciplina, sobriedade e moderação. Foi ele também quem substituiu a prática do "serviço à moda francesa" (todos os pratos servidos de uma única vez) pelo "serviço à moda russa" (um prato por vez, na ordem disposta no menu). Ele e o hoteleiro suíço César Ritz fundaram o famoso Hotel Ritz, em Paris, em 1899. E foi também de sua autoria o menu servido no Titanic em sua trágica primeira e última viagem.

SESTA do espanhol *siesta*, pequeno sono ou cochilo após o almoço. Originalmente proveio do latim *sexta*, sexta, designando a sexta hora, ou seja, o meio-dia, quando o Sol está a pino e é hora de dormir um pouco. Os romanos contavam o dia a partir das 6 horas da manhã. Dadas, porém, as alterações dos costumes, é provável que hoje em dia a sesta seja sétima, oitava ou nona. Com alguma variação no horário do sono reparador, a sesta é costume ainda muito frequente na Espanha e nos países hispano-americanos. Talvez por isso, os leilões das privatizações de empresas públicas brasileiras, em que os espanhóis tiveram participação decisiva, tenham sido feitos pela manhã. Fossem marcados após o almoço e provavelmente eles não teriam comparecido. Ou, pelo menos, não com a mesma disposição.

SETE do latim *septe*, sete. Presta-se a algumas expressões, como "pintar o sete", significando praticar travessuras, como aparece em *Contos novos*, de Mário de Andrade: "Contavam que pintava o sete, ficara célebre com as extravagâncias e aventuras." São frequentes na *Bíblia* as alusões a este número: Deus descansou no sétimo dia e Jacó trabalhou sete anos pelo amor de Raquel. E a expressão "setenta vezes sete" significa um número incontável. Esses números devem ser entendidos em seu sentido cabalístico, como em outras expressões assemelhadas: "bota de sete léguas", "dragão de sete cabeças", "dança de sete véus" etc.

SETE-ESTRELO junção de sete e estrelo (corruptela de estrela), por sua vez vindos do latim *septe*, sete, e *stella*, estrela. É assim denominado o conjunto de sete estrelas, também conhecidas como Plêiades, localizadas na constelação de Touro. São elas: Alcione, Electra, Maia, Atlas, Taégeto, Mérope e Plêione. Embora nenhuma dessas estrelas seja galinha e não exista um só pinto entre elas, o grupo é conhecido pelo povo brasileiro como "a galinha com os pintos" e também como "as sete cabrinhas". É para ver como a tais distâncias o olho humano pode confundir estrela com galinha e cabra. E ainda há quem discirna cor, forma, procedência e velocidade de naves extraterrestres.

SETEMBRO do latim *septembre*, nome declinado do sétimo mês do calendário romano. Nos calendários juliano e gregoriano, passou a ser o nono. Antes era sétimo porque o ano começava a 15 de março. O famoso humorista brasileiro Barão de Itararé, baseado em etimologias, dizia que setembro deveria chamar-se novembro. E o nome correto de novembro, por ser ele o décimo primeiro mês, seria onzembro. Quanto às influências do zodíaco, o barão traçava para os nascidos neste mês um curioso horóscopo: "As pessoas nascidas em setembro são dotadas de um caráter independente, devido talvez à influência patriótica exercida pelo grito do Ipiranga."

SEU-VIZINHO nome que damos ao dedo da mão situado entre o mínimo e o pai de todos. Os anéis são colocados em quase todos os dedos, mas dois são preferidos: o médio e o seu-vizinho, por isso chamado de anular, posto que recebe o anel de noivado. De acordo com nossos costumes, antes do casamento o anel é usado no seu-vizinho da mão direita, migrando depois para o da esquerda. Já o mindinho pode ostentar o símbolo de uma nobiliarquia, tal como aparece no livro *A disciplina do amor*, da grande escritora brasileira, a paulista Lygia Fagundes Telles. O homem sempre usou seu corpo como medida e um costume bem brasileiro é diferenciar os meses do ano a partir da junção dos dedos com a palma da mão: os meses que caem sobre as junções têm 31 dias; os outros, que caem nos intervalos, têm 30, com exceção de fevereiro que tem 28 e nos anos bissextos, 29.

SEVERINO de severo, do latim *severus*, severo, áspero, formou-se severino. Severo e Severino são também nomes próprios. São Severino, cuja festa é celebrada a 8 de janeiro, impôs respeito até mesmo a Odoacro, rei dos hérulos, um dos povos bárbaros que invadiram o Império Romano. Severino é o personagem que abre o *Auto de Natal pernambucano*, do poeta João Cabral de Melo Neto: "O meu nome é Severino/ não tenho outro de pia/ como há muitos Severinos/ que é santo de romaria/ deram então de me chamar/ Severino de Maria."

SEXTA-FEIRA do latim *sexta*, sexta, e *feria*, feira, dia de festa. Na língua portuguesa, os dias da semana receberam designação ligada ao comércio nascente ao redor de templos, em dia de culto. O dia de festa, domingo, era também o dia do triunfo das vendas. Entretanto, por influências judaica e cristã, as duas exceções são sábado, do hebraico *shabbat*, dia de descanso, e *dominicus*, dia do Senhor. Nos dias que se seguiam ao domingo, vinham feiras: a segunda, a terça, a quarta, a quinta e a sexta. Os sete dias da semana chegaram a Roma vindos do calendário egípcio e foram implementados durante o reinado do imperador Constantino. Os astrônomos egípcios achavam que esse dia era influenciado pelo planeta Vênus. Os germânicos, quando adotaram a semana de sete dias, desconhecendo as razões planetárias, supuseram que os romanos homenageavam a mulher de Odin (escrito também Woden), Frigg (escrito também Frigga), deusa do amor, como Vênus. Outras tribos tinham deusa de nome muito semelhante, Freya (escrito também Freyja), irmã de Frey, ambos filhos de Njord. Com tais parecenças, o inglês denominou *Friday* esse dia. Etimologias semelhantes explicam, no inglês, os nomes equivalentes a terça-feira, quarta-feira e quinta-feira. Mas sábado e domingo conservaram o conceito egípcio, trazido pelos romanos, para homenagear Saturno e o Sol.

SEXTANTE do latim *sextante*, a sexta parte. Nome de um instrumento, muito usado nas navegações, cujo arco de círculo mede 60 graus, constituindo-se na sexta parte da circunferência. Como se sabe, a circunferência completa tem 360 graus. Os dois espelhos e a luneta astronômica que compõem o sextante permitem aos navegadores calcular a altura de um astro no horizonte.

SEXUALIDADE do latim *sexu*, sexo, formaram-se com diversos afixos outras palavras correlatas, como é o caso dessa, com dois sufixos, -al e -idade, designando globalmente os fenômenos da vida sexual. Durante séculos a humanidade foi dividida em dois sexos apenas, o masculino e o feminino. Esse é ainda o modelo básico, mas as lutas das minorias, intensificadas a partir da segunda metade do século XX, impuseram o reconhecimento do terceiro sexo, integrado por homossexuais, e que tinha sido reconhecido nas civilizações de Roma e da Grécia. Com o advento do cristianismo, porém, instituíram-se várias condenações a outras práticas e expressões sexuais fora do casamento monogâmico. Em resumo, foi proposta ao gênero humano a metade do divertimento pelo dobro da despesa. Mas os progressos foram evidentes nesse campo e hoje é comum aludir-se a sexualidades, assim no plural, dadas as delicadas realidades que envolvem as diversas formas de prazer, não mais limitadas apenas à procriação.

SHAZAM sempre que o personagem das histórias em quadrinhos Billy Batson pronuncia esta palavra mágica, transforma-se no Shazam e se enche de poderes para enfrentar o dr. Silvana, seu grande adversário. Shazam é também o nome do sábio egípcio que lhe deu essas qualidades. Seu nome é a reunião das seis primeiras letras da denominação dos seguintes personagens: Salomão, Hércules, Atlas, Zeus, Aquiles e Mercúrio, que significam respectivamente a sabedoria, a força, a resistência, o poder, a coragem e a velocidade.

SHIATSU do japonês *shiatsu*, com influência do chinês, palavra formada de *shi*, dedo; *atsu*, pressão. No japonês, a palavra inteira é *shiatsuryóhó*. No Brasil, perdeu o último elemento de composição, *ryohó*, tratamento. Designa terapia apoiada em antiga prática medicinal chinesa, que consiste em pressionar os dedos sobre pontos específicos do corpo, conhecido como referências da acupuntura, e os meridianos, tidos como canais semelhantes a veias e artérias por onde flui a energia vital. O método foi criado em 1856, durante o reinado do imperador Mutsuhito Meiji, conhecido como a Era Meiji, durante o qual o país emergiu como uma das grandes potências mundiais. Até então era governado por senhores feudais conhecidos como xóguns e daimios. Seus pais foram o imperador Komei Tenno e a dama de companhia Nakayama Yoshiko.

SHOW do inglês *show*, exibição, do mesmo étimo do verbo *to show*, mostrar, exibir. "Dar um *show*" é desempenhar bem o ofício, com competência, como fazem os atores talentosos. Por metáfora, o jogador que dá um *show* de bola nas partidas serviu de comparação para outros profissionais que se saem bem. Já os *reality shows* são espetáculos da televisão que apresentam pessoas reais, sem representar outras que não sejam elas mesmas. Um dos mais famosos é o *Big Brother Brasil*. O *reality show Hipertensão*, lançado em 2002 pela TV Globo, voltou a ser apresentado em 2010, tendo Buenos Aires como cenário para as provas de resistência física.

SHOWBIZ corruptela do inglês *show business*, literalmente negócio do *show*, designando o comércio de espetáculo. Na segunda metade do século XIX, os americanos cunharam a expressão *show business*, depois reduzido ainda mais para *showbiz* apenas, para designar os negócios da indústria da diversão. No século seguinte, o cinema constituiu-se no carro-chefe dos espetáculos capazes de render um bom dinheiro e, portanto, certeza de bom investimento. A sétima arte gerou empregos diversificados para muita gente, ocupando-se de câmeras a eletricistas, de carpinteiros a costureiras, de maquiadores, cabeleireiros e manicures a operadores de áudio, montadores e diversas outras profissões que surgiram criando também a própria designação. E até escritores foram contratados! Para roteirizar a própria obra ou para adaptar ao cinema textos alheios. Ninguém, entretanto, alcançava as remunerações milionárias das estrelas, como logo foram denominados os atores e atrizes que puxam um elenco. O *showbiz* movimenta no Brasil R$ 1,2 bilhão por ano. Na América Latina, são investidos U$ 6 bilhões por ano em espetáculos, onde trabalham 500 mil pessoas. No Brasil, o público estimado do *showbiz* é composto de 42 milhões de pessoas. A maior empresa do ramo é a mexicana CIE, que controla a Citibank Hall, no Rio, e Credicard Hall, Directv Music Hall e Teatro Renault, em São Paulo.

SHOWMÍCIO do inglês *show* e do latim *comitium* formaram-se no português *show* e comício, o primeiro designando espetáculo artístico, e o segundo, ato público em que os candidatos apresentam suas ideias. A partir dos anos de 1980, a junção das duas palavras formou showmício, em que artistas e políticos se apresentam conjuntamente, forma encontrada pelos candidatos para atrair mais pessoas. Comício e showmício, porém, estão migrando das praças para a televisão, onde os marqueteiros dirigem a produção como diretores de novos espetáculos, visando transformar discursos em mercadorias.

SIAMÊS habitante de Sião, atual Tailândia. Designa também uma raça de gatos, levada para a Europa em fins do século XIX. A origem remota de Sião é o hebraico *Tsiyon*, nome de uma das colinas de Jerusalém, cujo significado é provavelmente cidadela, fortaleza. Ali, Davi, o segundo rei hebreu, acomodou a Arca da Aliança. Sião aparece mais de cem vezes na *Bíblia*, se referindo, por metonímia, ao próprio povo. Luís de Camões fez bela redondilha sobre o tema em *Sôbolos rios*: "Ali o rio corrente/ de meus olhos foi manado;/ em tudo bem comparado,/ Babilônia ao mal presente,/ Sião ao tempo passado." Já o plural siameses designa gêmeos que nascem grudados um no outro. Nem sempre a cirurgia para a separação é possível. Com tal sentido, siamês surgiu por referência aos gêmeos tailandeses Chang e Eng, nascidos em 1811 na Tailândia e mortos em Nova York em 1874. Eles eram ligados por membrana situada à altura do peito. Ainda assim, depois de amealhar alguma fortuna em exibições em circos, compraram duas casas, distando uma da outra 2,5 km, onde passaram a viver alternadamente. Casaram aos 32 anos e suas esposas eram irmãs. Tiveram 14 filhos, sete por casal. Aos 59 anos, um deles ficou paralítico. Ambos faleceram aos 63 anos. Eng sobreviveu três horas à morte do irmão. Algumas dessas referências são encontradas em diversos dicionários da língua portuguesa.

SICÁRIO do latim *sicarius*, aquele que usa a sica, punhal pontiagudo e de lâmina recurvada. Era a arma do exército da Trácia, mas em Roma designava a arma de salteadores e assassinos. Jesus foi condenado à morte pelo governo romano, na Judeia ocupada, acusado de crime de sedição, tendo sido crucificado entre dois sicários. Ao ser traduzida para o latim – os *Evangelhos* foram escritos originalmente em grego – a palavra grega *lestai*, condenados, prisioneiros, virou o latim *sicarii*, salteadores, terroristas, malfeitores, como os romanos os chamavam. E no português, ladrões, simplesmente. A tradição cristã deu-lhes os nomes de Dimas, o bom ladrão, e Gestas, o mau ladrão. Como Jesus disse a Dimas "hoje mesmo estarás comigo no Paraíso", o Céu foi inaugurado por um ladrão!

SICLO do hebraico *shekel*, pelo grego *síklos* e daí ao latim *siclus*, designando antiga moeda hebraica de prata, de seis gramas. Judas Iscariotes, assim chamado por ser da aldeia de Qeryoth, com um beijo para identificar Jesus, traiu o mestre por 30 siclos, pois a transação foi paga com dinheiro hebraico, não romano ou grego, correspondente a 180 gramas de prata, que o traidor jogou no templo ou ao pé da árvore na qual se enforcou. A versão do suicídio é, porém, contraditória. O *Evangelho de Mateus* diz que ele se enforcou. Os *Atos dos Apóstolos* dizem que ele abriu o ventre. Sentindo-se traído, o presidente Getúlio Vargas suicidou-se com um tiro no coração no dia 24 de agosto de 1954.

SICRANO de origem obscura, sua origem é atribuída à necessidade de completar o trio com fulano e beltrano. É provável que o vocábulo tenha sido formado a partir do latim *sicambra*, mulher avulsa, filha ou viúva dos *sicambros*, povos vencidos pelos romanos na conquista da Gália. A outra hipótese é aliteração do latim *sicani*, povo ibérico que veio a estabelecer-se na Sicília. A inserção do "r" no interior da palavra, depois de mudada para sicano, não seria exceção no português. Seguindo a trilha de fulano, do árabe *fulán*, mas já presente no hebraico *fuluni*, designando nas duas línguas pessoa não identificada, sicrano teria surgido quase ao mesmo tempo que beltrano, esta uma denominação nascida de Beltrán, nome muito comum no espanhol. Fulano aparece na *Bíblia* no *Livro de Rute*. Booz convida o tal sem nome a comprar as posses de Noemi, mas, ao saber que ao adquirir as terras e benfeitorias, terá que ficar também com sua nora Rute, o tal fulano recusa. E passa a bola para Booz, formalizando o trato com a entrega das sandálias, então um costume em Israel para selar um acordo comercial. Booz compra tudo e como entre as posses estava também a mulher, casa-se com a viúva Rute para conservar o nome do falecido marido, que se chamava Maalon. Como se vê, fulano ou beltrano acaba casando com sicrana.

SÍFILIS do grego *sys*, porco, e *philo*, amar, significando amor imundo. Há muita controvérsia sobre outras origens, mas a etimologia mais usada é à que se refere o poema do médico Jerônimo Fracasto, cujo enredo conta que Sífilo, pastor da rainha Alcitos, recusa-se a servir ao deus Apolo, que castiga o pastor e seus seguidores com uma terrível epidemia.

SIGILO do latim *sigillum*, selo. Passou a ter o significado de segredo. Assim, temos o sigilo da confissão, forma de segredo das mais antigas, e o sigilo bancário, mais recente. Por volta de 1750, surgiu em Coimbra uma heresia denominada sigilismo, que consistia em apregoar a violação dos segredos confiados pelo confidente ao confessor.

SIGILOSO de sigilo, do latim *sigillum*, sinalzinho, diminutivo de *signum*, sinal, constituindo-se em selo, lacre, em geral marca de um anel em alto ou baixo-relevo. Os dados cadastrais de cidadãos e de empresas são sigilosos, de acordo com as leis em vigor, de que são exemplos a declaração do imposto de renda, os dados bancários etc. A violação do sigilo fiscal é crime, mas autoridades republicanas vêm se mostrando cúmplices dos malfeitores, por elas caracterizados pelo eufemismo de aloprados, variante de alorpados, isto é, lorpas, bobos. Mas eles de bobos não têm nada! São criminosos, eles e aqueles para quem trabalham. A violação de dados sigilosos ficou tão banal que nas ruas de São Paulo cedês com milhões de informações sobre a vida bancária de clientes dos bancos são vendidos a preço de banana.

SIGNO do latim *signum*, sinal, símbolo. Entre outros significados, tem o de identificar cada uma das 12 constelações do Zodíaco, do grego *Zodiakós*, círculo dos animais, porque prevalecem seus nomes, de que são exemplos Carneiro, Touro, Leão, Caranguejo, Capricórnio, Peixes, Escorpião, que convivem com Balança, Sagitário, Aquário, Virgem e Gêmeos, separados um do outro por 30 graus de longitude. Segundo sua certidão de nascimento, o presidente Lula é do signo de Balança, também chamado Libra, pois em seus documentos consta ter nascido no dia 6 de outubro de 1945. Mas ele nasceu no dia 27 de outubro. Era costume das famílias pobres registrar os nascimentos tempos depois de nascidos os filhos. Foi o que fez o pai de Lula, Aristides Inácio da Silva, falecido em 1978, que fez o registro quando já morava em Santos (SP), e não em Guaranhuns (PE), onde o filho nasceu, no distrito de Vargem Pequena, hoje Caetés. Quem faz o horóscopo do presidente Lula deve prestar atenção nesse detalhe, pois as marcas de caráter e as previsões de destino, para quem acredita na influência dos astros, para os nascidos em Balança são umas, para os de Escorpião, outras.

SILÊNCIO do latim *silentium*, silêncio. Entre os antigos romanos, era representado por um jovem com o dedo sobre a boca, figura que inspirou a ilustração dos pedidos de silêncio que hoje vemos em hospitais. A deusa romana *Quies*, sempre quieta, protegia o repouso e era servida por um grupo de rapazes denominados Silenciosos. Em latim, estar *in quiete* indicava que se estava descansando, dormindo. Mas o vocábulo inquieto formou-se a partir do prefixo in-, indicador de negação, e *quietu*, quieto, sossegado, em repouso. Reza o provérbio que a palavra é de prata e que o silêncio é de ouro, recomendando moderação nas falas, mas Sêneca foi mais preciso ao recomendar que o mais importante é discernir a hora de falar e a de calar: "*Magna res est vocis et silentii tempora nosse*" (É uma grande coisa saber falar e silenciar na hora certa). Uma curiosidade da indústria automobilística brasileira é que uma peça da mecânica dos carros, que tem o fim de atenuar o barulho que produz o motor, é chamada de silencioso. Nos anos de 1970, com as primeiras vitórias dos pilotos brasileiros na Fórmula 1, os jovens retiraram o miolo dos silenciosos, elevando consideravelmente seus decibéis, o que está sendo repetido hoje com as motos.

SILENCIOSO do latim *silentiosus*, silencioso, talvez com influência do francês *silencieux*. É adjetivo que qualifica o ambiente, o estado psicológico de alguém etc., mas também uma peça de automóveis e caminhões que tem o fim de suavizar o barulho resultante da explosão do combustível no motor. Como adjetivo, e no feminino, aparece neste trecho de *Morte no paraíso*, de Alberto Dines, a mais completa biografia do escritor judeu-austríaco Stefan Zweig, que se suicidou em Petrópolis (RJ), com sua segunda esposa Elisabeth Charlotte Altmann: "Enquanto *A mulher silenciosa* vivia sua ruidosa odisseia política, uma silenciosa mulher envolve Stefan inapelavelmente. Meses antes, como num folhetim bufo e batido, Friderike flagra o marido abraçado à secretária Lotte num quarto de hotel em Nice." O autor refere-se à ópera do músico alemão Richard Strauss, não ao título homônimo de um romance brasileiro.

SILEPSE do grego *súll psis*, pelo latim *syllepsis*, silepse no português, nas duas línguas de origem designando reunião, inclusão, compreensão. No português indica sutil concordância das palavras na frase, processada pelo significado, e não de acordo com as regras da gramática, de que é exemplo a seguinte frase "*muita gente aqui, pelo que dizem, não sabem se portar em público*". No grego, está ligada ao verbo *syllambano*, reunir, incluir, comprimir.

SILICONE do latim *silex*, espécie de pedra, formou-se o inglês *silicone*, de onde veio para o português sem modificação lexical, para designar a substância química formada por polímeros com átomos de silício. É conhecido seu uso como modelador do corpo, pois sua introdução, sob a pele, dá outras formas, principalmente a seios e quadris. O silicone está presente em todos os Carnavais, quando os corpos pavoneiam sem as restrições comuns aos outros dias do ano. Seu uso hoje é bastante discutido na medicina e há processos de pacientes contra fabricantes do produto por deformações causadas pelas aplicações.

SILOGEU do grego *syn*, junto, concomitante; *lógos*, estudo; e o sufixo *-eion*, eu; foi formado esse neologismo pelo filólogo, historiador, educador e médico brasileiro Benjamin Franklin Ramiz Galvão, que propôs aos poderes públicos que utilizassem o novo nome para designar os edifícios destinados a associações literárias e científicas. Como ocorreu a muitas leis brasileiras, a nova norma não pegou, isto é, não foi sustentada pelos costumes, do contrário hoje muitas academias ostentariam o estranho nome em seus frontispícios. O autor da proposta, que era também barão, foi preceptor dos filhos de uma princesa chamada Isabel Cristina Leopoldina Augusta Micaela Gabriela Rafaela Gonzaga, mais conhecida entre nós por ter abolido a escravidão negra no Brasil. Mas somente a negra, conforme a sutil ironia machadiana: "Emancipado o negro, resta emancipar o branco."

SILOGISMO do grego *syllogismós*, argumento, pelo latim *syllogismu*. Provavelmente foi formado a partir de *syn*, junto, concomitante, e *lógos*, estudo, tratado. Designa dedução extraída de duas proposições, chamadas premissas, a partir das quais chega-se a uma terceira, a conclusão, apoiada nas duas que lhe antecedem. O exemplo clássico é: "Todo homem é mortal, Sócrates é homem, logo Sócrates é mortal". É atribuído ao filósofo Aristóteles o primeiro silogismo, a partir do qual foram formulados outros 255, dos quais 19 tornaram-se clássicos.

SILVA do latim *silva*, floresta. Passou a designar várias plantas medicinais da família das rosáceas, além de ser um dos sobrenomes mais comuns em Portugal e no Brasil. Indica ainda composição poética em que versos de dez e seis sílabas são alternados. Precedido em geral de um diminutivo e acrescido de "da", o vocábulo serve para dar ênfase ao que se afirma, como nas expressões "vivinho da silva", "doidinho da silva" e outras.

SILVESTRE do latim *silvestre*, declinação de *silvester*, próprio da floresta, da mata, que é *silva* em latim. É também nome muito popular porque o calendário cristão homenageia São Silvestre no último dia do ano. Foi papa de 314 até morrer; durante seu pontificado foi erguida a Basílica de São Pedro, em Roma, sobre o túmulo do apóstolo, e também a de São João de Latrão. O milionário jornalista Cásper Líbero, fundador de *A Gazeta Esportiva*, instituiu a famosa *Corrida de São Silvestre*, cuja primeira edição deu-se em 31 de dezembro de 1924. Diferentemente de outros eventos esportivos, não foi interrompida pela Segunda Guerra Mundial. Nas primeiras edições era restrita aos cidadãos paulistanos.

SIM do latim *sic*, passando pelo português arcaico *si*, sim. É provável que a nasalidade tenha sido influência de não, *non* em latim. São curiosas algumas expressões em que entram sim ou não. "Pois sim" significa ironicamente não. E "pois não" tem o sentido de sim. No dia 7 de setembro de 1822, por volta das quatro horas da tarde, depois de ler as cartas das Cortes, comer um tutu de feijão e sestear um pouquinho, Dom Pedro I proclamou um sonoro não a Portugal e um retumbante sim ao Brasil. No mesmo século, porém, veio a República, dando uma banana à Monarquia. E cerca de trinta anos depois a fruta passou a servir de símbolo para ridicularizar as repúblicas das Américas Central e do Sul, como no foxtrote *Yes, we have no bananas*, que logo teve uma resposta brasileira com *Yes, nós temos bananas*: "Vai para a França o café, pois é!/ Para o Japão o algodão/ Pois não!/ Pro mundo inteiro/ homem ou mulher/ banana para quem quiser."

SIMBOLISMO do francês *symbolisme*, simbolismo, de símbolo, do latim *symbolum*, marca que une, designando o emprego de símbolos, sejam palavras, números, signos. Entre os séculos IV e V foram criados os sete pecados capitais, popularizados por Dante Alighieri em *A divina comédia*: avareza, gula, ira, luxúria, preguiça, inveja, soberba. O sete aparece com número referencial também na *Bíblia*: o rei Salomão levou sete anos para construir o Templo de Jerusalém. O rei Antíoco IV Epifânio martirizou sete irmãos. Uma viúva desposou sete irmãos, em sequência, e os saduceus queriam saber de Jesus com qual deles ela casaria depois da ressurreição dos mortos, já que não teve filhos com nenhum. Ele responde que no Céu ninguém vai casar!

SIMONIA do baixo-latim *simonia*, comércio de coisas sagradas. A palavra nasceu da proposta de um mago chamado Simão, que quis comprar de outro Simão, já atendendo por Pedro desde que Jesus trocara seu nome, o dom de conferir o Espírito Santo. São Pedro, já então o primeiro papa, não fez o negócio, conforme está relatado na *Bíblia*, em *Atos dos Apóstolos* 8, 18. Alguns de seus sucessores, porém, comercializaram coisas sagradas e por isso o vocábulo consolidou-se como sinônimo dessa prática ilícita.

SIMPLICIDADE do latim *simplicitate*, declinação de *simplicitas*, simplicidade. A raiz é o indo-europeu *plek*, *plex* no latim, como em *simplex*, simples; *duplex*, duplo; *triplex*, tríplice. Encontra-se em complexo, aplicar, perplexo, complicar, explicar. Simples é o que se dobra só uma vez, no sentido etimológico. Assim, simplicidade é sinônimo de ingenuidade e nem sempre de virtude; às vezes indica ignorância. *Santa Simplicitas!* (Santa Ignorância!), exclamou o padre e teólogo John Huss, ao notar que uma senhora já idosa colocava mais lenha na fogueira onde o queimavam vivo, condenado como herege por sentença do Concílio de Constança. Natural de Hussenitz, na Boêmia, ele defendia o direito de cada cristão ter uma *Bíblia*; ainda não havia imprensa. Huss combatia a corrupção da Igreja e as autoridades eclesiásticas o atraíram ao Concílio, onde o condenaram. Morreu, mas a Reforma veio ainda na primeira metade daquele século, com Martinho Lutero, teólogo que partiu a Igreja em duas, como se fosse um terremoto.

SIMPÓSIO do grego *sympósion*, pelo latim *symposium*, banquete, pela formação *sym* (prefixo que indica simultaneidade, como em sincrônico, *sym*, ao mesmo tempo, junto, e *cronos*, tempo) e *potes* (cujo radical está presente em pote, potável etc.) para designar aquele que bebe junto com outros, o que acontecia na segunda parte dos banquetes, quando então, além de beber, filosofavam. Simpósio passou a ter o significado de reunião de colegas, mas os tradutores do grego para o português fixaram a palavra "banquete" para *Sympósion*, título de uma obra do filósofo Platão e de outra do historiador Xenofonte, contemporâneos na Grécia antiga.

SIMULADOR do latim *simulatore*, declinação de *simulator*, aquele que simula, isto é, imita, tendo sido aplicado inicialmente a pessoa como sinônimo de mentiroso, radicado remotamente no latim *similis*, similar, semelhante. Hoje designa instrumento que simula condições de voo e é utilizado no treinamento de pilotos e de astronautas, pois entre as diversas modalidades de simulador, há aqueles que simulam a ausência de gravidade.

SINA do latim *signa*, plural de *signum*, sinal. De acordo com João Ribeiro, passou a sinônimo de destino porque "o antigo horóscopo apresentava duas feições essenciais, a dos signos do zodíaco e a dos planetas, astros errantes" e "os signos determinavam a sorte ou o futuro do indivíduo". Os sinais espalhados por este mundo não são fáceis de decifrar, conforme reconheceu o narrador de *O nome da rosa*, o *best-seller* mundial do professor e romancista italiano Umberto Eco, ele mesmo deixando-os ainda mais complexos ao inserir citações de diversas línguas.

SINAL do baixo-latim *signalis*, radicado em *signum*, sinal, marca, selo, assinatura. Na transcrição de falas, ainda que ocorridas em círculos elegantes, de que são exemplos reuniões de executivos, empresários e congressistas, entre outros, é frequente que as secretárias ou digitadoras encham as atas de asteriscos. Asterisco veio do grego *asterískos*, estrelinha, pelo latim *asteriscu*, com o significado de pequena estrela, na verdade estrelinha. Tal sinal foi criado pelos antigos gráficos para acrescentar nota de pé de página, fim de capítulo ou de volume. Mais tarde, passou a substituir nomes que não deveriam ser mencionados ou para indicar separação de assuntos ou temas. Consertando eventuais deslizes chulos em transcrições de falas de gente fina e nobre, diligentes amanuenses, quase sempre secretárias, têm o cuidado de substituir por asteriscos os palavrões proferidos. Às vezes, os palavrões não têm expressão literalmente ofensiva, mas até de endosso ou admiração, como é o caso das referências a um popular sinônimo de pênis para dizer, por exemplo, que tal projeto está perfeito. Bem que o jornal *O Pasquim* registrou, ainda nos anos 1970, a palavra "duca", síntese de exclamação que aproveitava o palavrão, de resto já amenizado por grandes escritores brasileiros e acolhido como interjeição, como neste trecho de *A disciplina do amor*, de Lygia Fagundes Telles: "Paciência, tenho hora certa pra pegar o batente, viu? E como esse trânsito, caralho!"

SINCRETISMO do grego *sugkrétismós*, designando originalmente a aliança das diversas correntes políticas dos habitantes de Creta, os cretenses, para enfrentar um adversário comum, semelhando as coligações partidárias modernas em tempos de eleição, como ocorre com frequência no Brasil, resultando em eventuais confusões depois da chegada ao poder. Em grego, o prefixo *sún*, também grafado *syn*, tem o significado de conjuntamente, ao mesmo tempo, e o verbo grego *krétízo* designa parecido com o dos cretenses. Para chegar ao português, sincretismo fez escala no francês *syncrétisme*, que existia desde o século XVII, designando justamente união de dois antigos inimigos contra um terceiro. Passou depois a indicar a fusão de diversos cultos e doutrinas religiosas, como ocorreu no catolicismo brasileiro. Foram influências indígenas e africanas que trouxeram danças e cantos profanos para os ritos católicos, flexibilizando a ortodoxia de uma rígida religião europeia, o cristianismo, que entretanto, nascida do judaísmo, reprimiu antigas expressões de alegria que incluíam dançar, tocar instrumentos musicais, como a cítara, e beber para louvar o Senhor, como fazia, por exemplo, o rei Davi. E entre uma celebração e outra, namorava as mulheres de amigos e subordinados, como fez com Betsabeia, esposa do general Urias, a quem tomou para si. Como se vê, foram muitos os reis que creram ter mais poderes do que aqueles que lhes eram conferidos. E de uma pessoa muito orgulhosa diz-se que se comporta como se tivesse o rei na barriga, semelhando, então, uma rainha grávida.

SINCRONIZAR do francês *synchronizer*, palavra formada dos étimos do grego *syn*, juntamente, e *khrónos*, tempo. Há 498 anos, num 9 de março, nascia Teresa d'Ávila, que morreria no dia 4 de outubro e seria enterrada no dia seguinte, 15 de outubro, pois naquele dia o papa Gregório XIII mudava o calendário, que dali por diante seria conhecido como calendário gregoriano, acrescentando dez dias para sincronizar a contagem do tempo com o calendário solar.

SÍNDICO do grego *syndikos*, veio para o latim *syndicu*, ambos com o significado de defensor, procurador, que auxilia o cidadão junto ao fórum, em busca dos remédios da justiça. Passou a denominar a pessoa encarregada de administrações comunitárias e hoje é mais empregado para designar o responsável por gerir os negócios referentes à vida cotidiana de um prédio de apartamentos. Equivalente ao bedel dos antigos internatos, o síndico nem sempre tem a simpatia de certos condôminos, pois é ele o responsável pelo cumprimento de normas, em geral somente aceitas por todos no papel dos regulamentos internos, mas não na prática diária.

SÍNDROME do grego *syndromé*, reunião, concurso, pela formação *syn*, simultaneamente, e *dromé*, de dromos, raiz presente em hipódromo, aeródromo e kartódromo, entre outras palavras, sendo a raiz remota o verbo *syntréhko*, correr, pelo aoristo, tempo verbal que existe no grego, sendo ausente em português, *syndramein*. Literalmente, reunião tumultuosa. Um conjunto de sinais pode indicar doenças e patologias, seja em sentido denotativo, como em síndrome de imunodeficiência adquirida, conhecida pela sigla em inglês aids; como em síndrome de Down, também conhecida como mongolismo, consistindo de retardo mental e alteração na forma do rosto, dos pés e das mãos; e também em sentido conotativo, como em síndrome de Estocolmo, que designa simpatia do sequestrado pelos sequestradores, assim chamada porque surgiu na capital da Suécia quando um diplomata alemão foi sequestrado pelo grupo terrorista Baader-Meinhof e fez declarações de simpatia ao bando quando foi libertado.

SINÉDRIO do grego *synédrion*, assembleia reunida em sessão, pelo latim *synedria*. Em grego, *hedra* é assento. O sinédrio judaico era integrado por sacerdotes, escribas, fariseus e anciãos. Eles teriam submetido Jesus a julgamento na noite de quinta-feira, condenando-o à morte, mas isso é improvável porque o regimento interno proibia sessões noturnas. Durante séculos, a humanidade inteira, à semelhança de Pilatos, lavava as mãos, atribuindo a culpa aos judeus. Pesquisas têm contribuído para maiores esclarecimentos sobre o doloroso episódio que resultou na condenação de um inocente.

SINERGIA do grego *synergein*, pelo francês *synergie*. No grego é palavra formada de *syn*, junto, ao mesmo tempo, e *érgon*, trabalho. O *Dicionário Aulete Digital* esclarece que o verbete designa "coesão e solidariedade de um grupo, sociedade etc. em torno de objetivos comuns". E abona tal significado com este trecho de *O Globo*, em sua edição de 10 de julho de 2005: "Se não há sinergia entre líderes e seus subordinados (...) o clima de trabalho será sempre ruim." Mas é nas orquestras que a ideia de cooperação mútua entre os músicos evidencia, com ordem, disciplina e beleza, a sinergia.

SINGELO do latim tardio *singellus*, diminutivo de *singulus*, um só, do mesmo étimo de singular, do latim *singularis*, único, simples, em oposição a plural, do latim *pluralis*, muitos. Singelo consolidou-se na língua portuguesa como sinônimo de simples, em oposição a complexo. Na linguagem cotidiana, este adjetivo tomou o sentido de desprovido de enfeites, como em "decoração singela", e de inocente, inofensivo, como em brincadeiras. Aparece em *Singelo menestrel*, letra do compositor Guará, pseudônimo de Guaracy Sant'Anna, na voz de Dudu Nobre, pseudônimo do músico João Eduardo de Salles Nobre: "Aquele neguinho que andava/ Descalço na rua e ao léu/ Assobiando Beethoven, Chopin/ Porém preferindo Noel/ Foi assim se transformando/ Num singelo menestrel." Já o humorista Ary Toledo fez graça com estes versos: "A igreja de minha terra/ é uma igrejinha singela/ De dia rezam lá dentro/ e de noite lá atrás dela."

SINO do latim *signu*, sinal, veio o vocábulo que deu nome ao objeto obcônico, feito de bronze, percurtido por um badalo, e de grande sonoridade. Instalado no alto das torres das igrejas, logo passou a servir também de relógio. Com o advento das catedrais, não apenas um, mas vários sinos foram postos nas torres. O empresário e escritor brasileiro Dirceu Borges é autor de um romance intitulado *Os sons sem os sinos*.

SÍNODO do grego *synodos*, pelo latim *synodus*. Designa assembleia de bispos do mundo inteiro, de caráter consultivo e deliberativo, que se reúne periodicamente desde 1967 para, sob a presidência do papa, tratar de problemas da Igreja universalmente. Tais reuniões receberam este nome porque, à semelhança de planetas no mesmo grau da eclíptica, as autoridades eclesiásticas buscariam consensos em questões essenciais. O sínodo pode ser regional, como foi o Sínodo das Américas, em que se destacaram cardeais latino-americanos cogitados para sucessão do Vaticano, como Jaime Ortega y Alamino, de Cuba; Norberto Rivera Carrera, do México.

SINÓPTICO do grego *synoptikós*, referente a sinopse, designando visão de conjunto. São chamados sinópticos os *Evangelhos* de Mateus, Marcos e Lucas, dada a semelhança dos relatos, ao contrário do de João, que tem estilo bem diferente dos outros três. Os exegetas, comparando as narrações de momentos decisivos, entre os quais está a descrição do nascimento de Jesus, concluíram que quem escreveu primeiro foi Marcos e que Mateus e Lucas o copiaram em muitos pontos.

SINTAXE do grego *syntaksis*, pelo latim *syntaxis*, organização, ordem, composição. Os antigos gregos e romanos utilizavam a palavra para descrever uma cidade-Estado, um império, uma instituição e também a estrutura de um texto, oração ou frase. Durante muitas décadas, o estudo da sintaxe, denominado muito apropriadamente análise sintática, foi o terror dos estudantes, mas era recurso eficiente para a compreensão e a redação de textos. O poeta paranaense Paulo Leminski tratou com muita graça do assunto no poema *O assassino era o escriba*: "Meu professor de análise sintática era o tipo do sujeito inexistente./ Um pleonasmo, o principal predicado de sua vida,/ regular como um paradigma da 1ª conjugação./ Entre uma oração subordinada e um adjunto adverbial/ Ele não tinha dúvidas:/ Sempre achava um jeito assindético/ de nos torturar com um aposto./ Casou com uma regência./ Foi infeliz./ Era possessivo como um pronome./ E ela era bitransitiva./ Tentou ir para os EUA./ Não deu./ Pegaram um artigo indefinido em sua bagagem./ A interjeição do bigode declinava partículas expletivas,/ Conectivos e agentes da passiva, o tempo todo./ Um dia, matei-o com um objeto direto na cabeça."

SIRIGAITA do espanhol *zirigaña*, adulador. No português passou a designar a mulher oferecida, sem recato, namoradeira. Pode ter havido influência de uma ave de bico comprido, semelhante à carriça, conhecida também pelos nomes de garriça e garrincha, sendo o mais popular deles, porém, o do corruíra. Observando-se o modo como este pássaro se mexe para trinar, entende-se melhor a razão de o povo ter criado a palavra para designar a mulher buliçosa, que faria movimentos semelhantes aos daquele passarinho. A dupla Kleiton e Kledir canta um verso em que aparece a expressão "Sirigaita, essa polaca".

SISMÓGRAFO do grego *seismós*, abalo, e *grapho*, escrever. É a denominação de um aparelho capaz de detectar e medir os terremotos e abalos sísmicos, usando para tanto a escala Richter, que leva o nome de seu inventor, o americano Charles Richter, segundo a qual a magnitude de um terremoto pode ser medida em 10 pontos, como segue: entre 2,0 e 3,4 é imperceptível; de 3,5 a 4,2 ouve-se o barulho do tremor; de 4,3 a 4,9, primeiro os lustres e em seguida os móveis começam a balançar; de 5,0 a 5,9 objetos pesados se deslocam e muros são rachados; de 6,0 a 6,9 há danos consideráveis em edifícios; de 7,0 a 7,3 os danos estendem-se também aos encanamentos subterrâneos; de 7,4 a 7,9 os prejuízos são ainda mais graves e poucas são as construções que resistem. Acima de 8,0 a destruição é completa.

SISO do português arcaico *seso*, vindo do latim *sensu*, sentido, senso, entendimento. Designa um dente tardio, o último dos molares, que irrompe em nossa boca entre 17 e 21 anos. É denominado também dente do juízo, por surgir em uma idade que prescreveu a inocência, não em seu sentido de pureza, mas de ingenuidade. Aparece no provérbio "Muito riso, pouco juízo", que procura vincular a alegria à falta de seriedade. A rima facilitou sua consolidação na memória popular. Já a falta de verbo em frases semelhantes deve-se a vestígios de línguas indo-europeias, de que é exemplo o adágio "Casa de ferreiro, espeto de pau". Quando a origem é latina, os provérbios costumam apresentar verbos, como em "É de dar água na boca" e "Quem tem pressa come cru", expressões que aludem aos dentes, ainda que às vezes implicitamente.

SISTINA feminino de sistino, relativo ao papa Sisto IV, do latim *Sistus*, nome de vários papas e santos, cujas variantes, Xisto e Sistro, são nomes de localidades em Portugal e na Espanha. A Capela Sistina é a mais famosa do mundo. Foi pintada por Michelangelo Buonarroti. Depois de perder a indicação para fazer o mausoléu do papa Júlio II, devido ao alerta de alguns cardeais de que o artista professava ideias contrárias à Igreja, foi-lhe pedido que pintasse os afrescos de uma pequena igreja. Os cardeais estavam certos de que ele recusaria, pois preferia a escultura à pintura. O que não imaginavam é que o artista genial, humilde, foi estudar pintura, consultou mestres no assunto e depois se trancou dentro da igrejinha, de onde saiu somente depois de quatro anos, quando o trabalho estava pronto. Foi, pois, uma obra-prima nascida de desentendimentos com o papa. Michelangelo desabafaria mais tarde, comentando a reação daqueles que se maravilhavam com a capela: "Se as pessoas soubessem quanto sofri e trabalhei para pintar isso, não achariam tão maravilhoso."

SKINHEAD do inglês *skinhead*, cabeça raspada. Nome dado ao membro de grupos neonazistas que retomam o racismo como ideologia e a violência como prática política.

SÔ da abreviação de *sinhô*, pronúncia sem o mesmo prestígio de senhor, da qual é variante. No português de Minas Gerais, por influência de engenheiros ingleses que queriam entender a criatividade dos brasileiros na construção das ferrovias, *sô* tem como origem o inglês *so* (assim), advérbio de modo, presente na pergunta constantemente feita por eles: "*Why, so?*" (Por que, assim?).

SOBEJAR do latim *superare*, superar, exceder, ir além dos limites, sobrar. Os dicionários *Aurélio* e *Houaiss* dão este verbo como derivado do substantivo sobejo, mas tal hipótese não pode ser comprovada, sendo mais provável que sua origem seja de fato o latim *superare*, como afirma o *Dicionário Michaelis*. Ninguém menos do que Luís Vaz de Camões utilizou o verbo, dando-lhe o sentido de exceder nestes belos versos, onde destaca que o amor o pôs a perder: "Erros meus, má fortuna, amor ardente/ Em minha perdição se conjuraram;/ Os erros e a fortuna sobejaram,/ Que para mim bastava o amor somente."

SOBRANCEIRO do português arcaico sobrança, acrescido do sufixo -eiro, de largo uso na formação de nossas palavras. O vocábulo veio do latim vulgar *superantia*, por sua vez derivado de *superare*, passar por cima, ultrapassar. Foi termo formado para designar atitude superior de quem pouco se importa com os que o rodeiam.

SOBREJUIZ de sobre, do latim *super*, superior, e juiz, do latim vulgar *judice*, designava antigamente o juiz a quem se recorria para reformar sentenças. Nas *Ordenações Manuelinas*, assim chamadas porque foram baixadas pelo rei Dom Manuel, o venturoso, eram seis os sobrejuízes, superiores aos outros juízes do reino. Eles despachavam na Casa Cível, tratando das apelações. Caso não fosse cabível o julgamento, as ações eram encaminhadas por agravo a dois desembargadores da mesma Casa ou a outros seis, estes alocados na Suplicação, casa distinta da anterior. Os sobrejuízes tinham voto no Conselho Real. A justiça brasileira ainda hoje apresenta resquícios desse complexo modo de julgar, o que faz com que algumas demandas demorem tanto que quando são resolvidas os litigantes já estão mortos. Em Portugal, na Idade Média, a Justiça era rápida, às vezes quase imediata.

SOBREMESA da junção das palavras sobre e mesa, formou-se este vocábulo que designa os doces, frutas, sorvetes e outras guloseimas consumidas depois das refeições. Com exceção das frutas, em todas as outras o açúcar está sempre presente. Depois do almoço ou do jantar, alguns trocam a sobremesa por cigarros ou charutos. Como as recomendações médicas costumam quase sempre atentar contra os prazeres, tanto o açúcar quanto o tabaco foram declarados inimigos da boa saúde. Foi então que a culinária respondeu com sobremesas dietéticas, tentando conciliar sabor agradável com falta de açúcar. Também o cafezinho, indispensável nessas horas, passou a ser servido amargo ou com adoçante artificial. Mas muitos, ao olharem para aqueles que se servem dos tais adoçantes, concluem que eles engordam. Com efeito, quase sempre são gordos ou gordas que têm à mão os frascos dietéticos.

SOBRENATURAL de sobre, do latim *super*, e de natural, do latim *naturale*, declinação de *naturalis*, ligada a *natura*, natureza. Como substantivo ou adjetivo designa ou qualifica aquilo que é superior à natureza, e seu sentido mais comum dá conta do que é ligado à divindade ou às divindades, desde tempos mais remotos, em todas as culturas. Os índios brasileiros achavam que o trovão era sinal de que Tupã, deus deles, estava furioso. A ciência vem explicando diversos fenômenos tidos por sobrenaturais, mas que na verdade não o são. Uma das maiores autoridades mundiais em vidros é o professor Edgar Dutra Zanotto, da Universidade Federal de São Carlos (SP), que provou que a imagem de Nossa Senhora no vidro de uma igreja de Ferraz de Vasconcelos (SP) era acidental e "já existia quando o vidro foi instalado, mas foi notada recentemente". E acrescentou: "A percepção dessas figuras é realmente sutil. Por exemplo, no Departamento de Engenharia de Materiais da UFSCar, há anos, há várias vidraças com imagens de geometria arredondada, similares à de Ferraz de Vasconcelos (mas não tão parecidas com santas). Entretanto, pouquíssimos pesquisadores e estudantes as notaram!" Ele desfez também antiga convicção que nada tinha de sobrenatural: a ideia de que os vidros das antigas catedrais eram mais grossos na base porque teriam escoado para ali com o tempo. Seu artigo foi publicado em 1998 na revista *American Association of Physics*.

SOBRENOME de sobre, do latim *super*, sobre, acima, e *nomen*, nome. O nome facilita o convívio na vida cotidiana, mas é o sobrenome que identifica a pessoa nos documentos. Sem contar que apelidos ausentes nos documentos, como Nhonhô, Ioiô, Nhô, Siô, Siozinho, sínteses de uso vasto e complexo nas ancestralidades nacionais, revelam intimidade impossível de ser registrada. Até presidentes foram conhecidos por prenomes, e não por sobrenomes, e às vezes por apelidos, como Gegê, JK e Jango.

SOBREPELIZ do latim *superpellicia*, sobrepeliz. É uma veste branca, enfeitada de rendas, que padres e clérigos usam sobre a batina. O escritor catarinense Cruz e Sousa, que inaugurou o simbolismo no Brasil, utiliza o vocábulo neste texto: "Com sobrepelizes alvas e rendadas, destacando forte na batina preta, curvam-se os sacerdotes genuflexos diante do Altar-mor."

SOBREVALORIZAR do latim *super*, excesso, formou-se o prefixo sobre-, que acrescido ao verbo valorizar, constituído a partir do latim *valore*, valor, resultou neste novo vocábulo que designa o ato de conferir valorização exagerada. É o que vem acontecendo ao dólar nos países da América Latina, como Brasil e Argentina.

SOBREVIVENTE de sobre, do latim *super*, acima, e vivente, de viver, do latim *vivere*, que deu também o francês *vivre*, o italiano *vivere*, o espanhol *vivir*. Designa quem escapou da morte em guerras, catástrofes, tragédias, desastres ou que permanece vivo após a morte de pessoa próxima, como a mulher que, sobrevivendo ao marido, herda seus bens. A frase "não há sobreviventes" é um modo delicado de dizer que morreram todos, como na tragédia do avião francês que partiu do Rio de Janeiro para Paris na noite de 31 de maio de 2009 e não chegou ao destino, desaparecendo sobre o Oceano Atlântico com 228 pessoas a bordo, entre as quais 58 de nacionalidade brasileira, como a cantora Juliana de Aquino, o maestro Sílvio Barbato e os professores universitários José Roberto Gomes, da PUC do Rio de Janeiro, onde ensinava administração; e Octavio Augusto Ceva Antunes, professor de química e autor de mais de 200 artigos científicos, e Izabela Maria Furtado Kestler, professora de literatura alemã, ambos da UFRJ. Izabela era especialista em literatura alemã produzida no exílio e tinha vários escritos sobre a obra de Johann Wolfgang von Goethe.

SOBREVIVER do latim *supervivere*, sobreviver, formado de *super*, sobre, e *vivere*, viver. O prefixo super-, porém, tem variações de significados. Pode indicar mais, como em superinteressante, mas também menos, como é o caso de sobreviver, que quer dizer viver com o mínimo possível. Às vezes, viver é usado como sobreviver, como neste exemplo: "o escritor vive de direitos autorais." Na verdade, ele sobrevive, pois se parar de receber os direitos, ainda assim continuará a viver. Ele não vive é sem comer nem beber.

SOÇAITE do inglês *society*, sociedade. É forma reduzida da expressão *café society*, surgida no Brasil na década de 1930 para designar as elites que se reuniam nos cafés, então os locais preferidos para o convívio social. Tornou-se variante da expressão francesa *grand monde*, grande mundo, a alta sociedade, a alta-roda, a grã-finagem. Mas na década de 1970 já se tornara obsoleto e de mau gosto a sua invocação.

SOCIALITE do inglês *socialite*, pessoa bem conhecida por frequentar festas badaladas, às quais dá prestígio. No Brasil, é mais aplicado às mulheres. Mauricinhos e patricinhas costumam frequentar as mesmas festas das *socialites*. Mas antes passam no shopping.

SOCIEDADE do latim *societate*, declinação de *societas*. Pouco a pouco, com a modernização do comércio, que demandava associações de duas ou mais pessoas, sociedade passou a designar formas de associação comercial, hoje denominação comum em quase todos os municípios brasileiros. Mas a Associação Comercial do Rio de Janeiro foi a primeira delas, fundada a 13 de maio de 1820, ainda que com o nome de Sociedade de Assinantes da Praça. Quase meio século depois, a 11 de dezembro de 1867, é que se consolida o nome pelo qual passou a ser conhecida e que depois serviu de modelo às congêneres, por força da notória influência da capital, onde estavam as Cortes e seus satélites. A Associação Comercial do Rio de Janeiro não tinha entre seus objetivos apenas a defesa dos interesses dos assinantes ou sócios, mas contemplava o horizonte da economia nacional, por serem seus fundadores homens de visão, capazes de entenderem que não adianta os comerciantes irem bem quando os clientes vão mal, pois cedo ou tarde tudo ficará ruim para todos. Quanto à vida econômica que se consolidou no Brasil, assim a definiu o historiador José Honório Rodrigues: "Ao contrário do que se afirma, o Brasil é um país de grande e permanente estabilidade política e institucional. As lutas pelo Poder, entre grupos da minoria, não trazem nenhuma modificação estrutural. A instabilidade caracteriza a conjuntura governamental e a estabilidade a estrutura socioeconômica." A citação foi utilizada por Walnice Nogueira Galvão no livro *As Formas do Falso*, ensaio sobre o *Grande sertão: veredas*, o singular romance de João Guimarães Rosa.

SOCORRO do latim *sucurrere*, ajudar, proteger. O Menino Jesus é um dos mais procurados em horas de aperto, quando se precisa de auxílio. Nossos jornais publicam com frequência a novena do Menino Jesus de Praga, uma crença vinda do Leste Europeu. Semelhantes às graças porventura alcançadas são os socorros que os bancos estaduais, em dificuldades financeiras, pedem ao Banco Central. Ao contrário da do Menino Jesus de Praga, a novena de pedidos não é feita pelos fiéis. Não se sabe como costumam pagar os socorros, mas espera-se que não seja da forma como o escorpião pagou ao sapo a travessia do rio na fábula famosa: cravando-lhe o ferrão no dorso.

SOFÁ do francês *sofa*, pronunciado com acento na última sílaba, naturalmente, móvel estofado, com braços e encosto, onde podem sentar-se duas ou mais pessoas. Onde apenas uma pessoa se senta é chamado de poltrona: o conjunto costumeiro é o sofá acompanhado de duas poltronas. Ao francês o sofá chegou vindo do turco *sofa*, pronunciado "sôfa" ou "sófa", como paroxítono. A origem remota é o árabe *suffat*, esteira, coxim, almofada, assento. Além do francês e do português, a palavra, sem o acento, está no inglês, no italiano, no espanhol e no alemão.

SOFOCLIANO do nome do dramaturgo e poeta grego Sófocles. Foi autor de tragédias memoráveis e seu modo de escrever veio a designar tudo o que é dramático ou trágico ao estilo dele. Estreou nas festas dionisíacas, em Atenas, por volta de 430 a.C., com a peça *Édipo rei*, que entretanto não ganhou o primeiro prêmio. O título original foi *Édipo tirano*. A tragédia resulta do cumprimento involuntário de uma profecia: o filho (Édipo) matará o próprio pai (Laio) e casará com a mãe (Jocasta).

SOFRER do latim *sufferere*, depois *sufferre*, sofrer, padecer. É o que o homem mais faz neste *Vale de lágrimas*, segundo mórbido conceito da criação nos textos bíblicos. Há milênios a vida do homem tem sido concebida como estágio de sofrimento rumo à perfeição. Grandes religiões, entre as quais o cristianismo e o islamismo, cujas doutrinas estão baseadas respectivamente na *Bíblia* e no *Alcorão*, professam a crença comum de que, expulso do Paraíso, o homem para lá voltará depois de uma existência atribulada no *Vale de lágrimas* que é a Terra. Nos textos cristãos, a felicidade da volta é descrita como a suprema delícia de contemplar a Deus face a face no Céu. No Islã, a recompensa tem um viés masculino. No Céu, o homem receberá a companhia das *huris*, virgens de grandes olhos negros e longos cílios que se encarregarão de providenciar-lhe um gozo permanente. A esse respeito, Santo Agostinho, comentando se no Céu também haverá orgasmo, diz que, não apenas haverá, como será ainda melhor, porque "a queda não melhorou nada". O escritor baiano Francisco Xavier Ferreira Marques, no texto *A vida do homem*, apresenta curiosa versão daqueles tempos imemoriais que presidiram à vinda da espécie humana. O cachorro, ao ser criado, queixa-se que ganhou anos demais. O Senhor nem ligou para o cachorro, que já começava ali a cumprir seu ingrato destino. Dependendo do dono, é claro. Deus continuou a criação e fez o macaco. "Teu ofício é alegrar o homem, arremedando-o, fazendo esgares" para "dissipar-lhe a tristeza e entreter-lhe o humor". Também o macaco quis viver menos: "Senhor, é demasiado para tão ingrato mister. Basta-me viver trinta anos." O homem, até então calado, pede a palavra: "Vinte anos que o burro não quis, vinte que o cão enjeitou, vinte que o macaco recusa, dai-mos, Senhor, que trinta anos são muito pouco para o rei dos animais." O Senhor concordou, sob sinistras condições: "Toma-os; viverás os noventa anos, mas com uma condição – cumprirás, em tua vida, não só o teu destino, mas também o do burro, o do cão e o do macaco." Conclui o narrador que assim vive o homem: até os trinta, tudo vai bem. O homem vive como homem, de acordo com o planejamento inicial do Criador. Mas quando começa a viver a quota dos animais, a coisa vai ficando preta. "Dos trinta aos cinquenta tem família e trabalha sem repouso para sustentá-la. É burro." Dos cinquenta aos setenta, o homem vive como sentinela da família, defendendo-a, mas, sem poder impor sua vontade, tem apenas obrigações. Contrariado e humilhado, apenas obedece. É cão. Dos setenta ao noventa, o que ia mal fica ainda pior. "Sem forças, curvo, trôpego, enrugado, vegeta a um canto, inútil e ridículo. Faz rir com sua gula, sua caduquice e sua própria rabugem. Sabe que não o tomam a sério, mas resigna-se e tem gosto em ser o palhaço das crianças. É macaco!" Sofrer, sofrimento, sofrente e sofrença aparecem nos primórdios da língua portuguesa, às vezes em comparações poéticas, vindas da contemplação da natureza, quando o verde cede ao sol, seca e depois brota com a chuva. Monges piedosos diziam que o homem semelhava o prado que cercava os conventos e passava por tais transformações. De procedência francesa e por isso considerado um galicismo pelos puristas, sofrer surge na língua portuguesa ainda no século XIII, pela pena de Dom Dinis, o lavrador que foi poeta e rei de Portugal, tendo fundado a primeira universidade portuguesa em Lisboa, depois transferida para Coimbra: "Hei de sofrer morte mui descomunal." O soberano tomou providência decisiva para o futuro da língua: determinou que os documentos judiciais não mais fossem escritos em latim, mas no português vulgar. São de sua lavra 138 cantigas medievais.

SOFRIMENTO de sofrer, do latim *sufferere*, sofrer, padecer, suportar, alterado pelo sufixo regular -mento. No português religioso, sofrimento é sinônimo de atribulação, pois a convicção é de que resultará em benefício para a pessoa que sofre. A metáfora de atribulação é agrícola. Os romanos chamavam *tribulum* o cereal colhido e debulhado que ia para o moinho, para ser transformado em farinha. O grão sofria, mas o resultado era o alimento. Foi desta palavra latina que nasceu *tribulation*, em inglês, e *tribulation*, em francês.

SOGRA do latim vulgar *socra*, mãe do marido em relação à mulher e da mulher em relação ao marido. No latim clássico era *socrus*, no masculino como no feminino, reduzido de *socerum*, já variante de *socer*, companheiro, sócio. No latim clássico, curiosamente, designava a avó dos respectivos cônjuges. Essas denominações têm outras sutilezas. Em inglês, sogra é *mother-in-law* (mãe jurídica, digamos assim). Em italiano, *suocera*. O francês tem a designação mais bonita das línguas neolatinas: sogra é *belle-mère*. A figura da sogra, no imaginário popular, representa o que há de pior na alma feminina. Tal ódio às vezes é estendido também à filha dela e disso não escapou sequer o filósofo Sócrates, que expulsou a esposa Xantipa de perto de si, preferindo morrer na companhia dos discípulos apenas. Medeiros e Albuquerque, na conferência "Mas não casar é melhor", apresenta Sócrates não apenas como "grande pensador", mas também como "cidadão perfeito", porque "esteve na guerra três vezes" defendendo sua pátria e "fez do ensino um verdadeiro apostolado", enfrentando de quebra "toda a vida" "o pior dos tormentos na esposa, na odiosa e abominável Xantipa".

SOGRO de sogra, do latim *socra*, sogra, radicado em *socere*, sociedade, cooperação. O étimo está presente em outras línguas, como no inglês *soccer play*, designando o futebol, um esporte cooperativo, menos para os fominhas, que recebem a bola e não a devolvem mais aos companheiros, perdendo-a para os adversários. O feminino precedeu ao masculino por causa da convivência – como direi? – mais intensa entre sogra e nora no ambiente doméstico, principalmente quando a expansão familiar se dava no mesmo território, às vezes na mesma casa. Eram os tempos em que morar com a sogra nem sempre se harmonizava com o famoso lema "lar, doce lar". Dia 28 de abril é dedicado à sogra.

SOL do latim *sole*, declinação de Sol. Entre seus pares, as outras estrelas, o Sol é anão que está a 150 milhões de quilômetros da Terra. Sua luz leva oito minutos e meio para percorrer essa distância. O Brasil é um dos domicílios preferenciais de sua luz, tal como intuiu o genial cineasta Glauber Rocha em seu filme *Deus e o Diabo na Terra do Sol*. Medimos o tempo com ele, mas nem sempre com a graça de Camões em *Os Lusíadas*: "Porém já cinco sóis eram passados/ que dali nos partíramos, cortando, os mares nunca de outrem navegados." Todos certamente merecem *Um lugar ao sol*, título de um romance de Érico Veríssimo, publicado em 1936, mas é preciso vigiar e estar preparado, como recomendam os *Evangelhos*, porque, apesar de sabermos sempre quando ele vem, às vezes, escondido entre nuvens, sabe disfarçar seus malefícios. Utilizado como metáfora, tem sido apontado como recurso para se obter a verdade, daí a expressão "Não adianta tapar o sol com a peneira". Nem com biquínis ou maiôs que cubram latifúndios, nas fofinhas; ou lotifúndios, nas certinhas. No verão brasileiro, quando o Sol reina absoluto, o déspota leva os corpos a mostrarem apreciadas curvas ou ó dor! uma gordurinha a mais aqui ou ali. Aqui é sempre mais perigoso, porque mais perto do que ali. Essencial à vida, o Sol é bom e já foi deus, mas é preciso proteger-se dele. Dados seus efeitos dialéticos sobre nossos corpos – pode amorenar nossa pele, mas também devastá-la é um dos principais agentes econômicos do verão, quando aquece não apenas a Terra, mas o comércio de cosméticos e cremes protetores que nos ajudam a salvar a própria pele.

SOLAPAR vocábulo formado a partir de sob, do latim *sub*, debaixo, e de *lapa*, do céltico *lappa*, pedra. Designa o ato de imiscuir-se sorrateiramente, portanto às escondidas, sem identificação, para boicotar ou interromper algum procedimento. Muitas são as autoridades governamentais que hoje dividem os cidadãos em duas categorias: os que buscam solapar o Plano Real ou a camada de ozônio, o que para elas dá no mesmo, e os que defendem as duas entidades. Mas o grande estilista da língua portuguesa, o padre Manuel Bernardes, sempre mais cuidadoso com a língua-mãe, comentando as aflições dos confidentes, assim utiliza o vocábulo em sua obra *Vários tratados*, v. 2: "As matérias que se haviam de purgar na confissão, se encruam e ficam dentro solapando e encancerando as consciências."

SOLDADO do italiano *soldato*, soldado, particípio de *soldare*, pagar soldo para mercenários ou militares. Soldo veio do latim *solidum nummum*, com elipse de *nummum*, dinheiro. Era uma moeda de ouro da Roma imperial. Com esse dinheiro eram pagos os *miles*, militares, para *militare*, lutar nas tropas do exército, do mesmo étimo de *militia*, milícia, soldados organizados em legiões, coortes, centúrias e manípulos, sob o comando de generais, cônsules e tribunos. O dinheiro recebido com o fim específico de comprar sal, ingrediente indispensável à comida, era o *salarium*, salário. Inicialmente surgida no italiano *soldato*, veio para o francês *soldat*, para o inglês *soldier*, e para o alemão *Soldat* (com inicial sempre maiúscula por ser substantivo).

SOLECISMO do grego *soloikismós*, pelo latim *soloecismu*, erro, culpa, falha. Passou a designar erro de sintaxe. Tudo começou quando a cidade de Soles, localizada na antiga Cilícia, separou-se da comunidade grega e perdeu contato com a cultura helênica, consolidando um dialeto que era estranho aos gregos cultos. Depois de tal ruptura, quando os helênicos queriam dizer que alguém na Grécia falava mal a própria língua, diziam que estava cometendo solecismo, isto é, estava falando como os habitantes de Soles. Os romanos, ao invadirem a Grécia, levaram a palavra para Roma e com ela passaram a designar a forma dialetal de povos bárbaros que falavam mal o latim ou de qualquer habitante de Roma que cometia erros de sintaxe. Na verdade, as formas dialetais depois se consolidaram como línguas autônomas, como é o caso do português, do italiano, do francês e do espanhol. Somos, pois, filhos de antigos solecismos.

SOLIDÉU da expressão latina *Soli Deo*, somente a Deus, designando peça do paramento eclesiástico, menor do que uma boina, utilizada pelo papa, por cardeais, bispos e padres para cobrir o cocuruto da cabeça, inspirado no quipá dos judeus, do hebraico *kipá*. Recebeu tal denominação porque os padres somente devem tirá-lo daí a expressão latina *Soli Deo* – quando, em missa solene, o *Evangelho* não é apenas lido, mas cantado. Apenas o bispo não tira o solidéu. Antes, porém, invocam um dos mais belos cantos da liturgia católica, aquele que proclama que a inteligência vem do Alto: "*Veni, Creator Spiritus/ mentes tuorum visita,/ imple superna gratia/ quae tu creasti pectora.*" (Vem, Espírito Criador,/ visita as mentes dos teus,/ preenche da graça do Alto/ os corações que criaste). Quando padres abençoam o povo com o ostensório, onde exibem a hóstia consagrada, uma relíquia da cruz em que Jesus foi crucificado ou outra relíquia especial, se estão de solidéu, devem tirá-lo. O primeiro registro do significado de solidéu aparece em latim nas *Obras poéticas* de Pedro António Joaquim Correia Garção: "Amigo Frei Joaquim, assim.../Tragas veste, calção de linha Oufana,/ Por SoliDeo na tola huma bandeja." No português do século XVIII, veste designava a roupa do sacerdote; tola era cabeça; calção era calça. O autor destes versos, que durante alguns anos foi editor da *Gazeta de Lisboa*, era membro da Arcádia Lusitana, associação de escritores fundada por três bacharéis de direito recém-formados, alguns meses após o terremoto de Lisboa, e financiada pelo Estado. Eles faziam oficinas de leitura para comentar e criticar textos literários. Daí o tom anticlerical de sua produção poética, pois Portugal já vivia sob as luzes de Sebastião José de Carvalho, Marquês de Pombal, o déspota esclarecido e todo-poderoso ministro do rei português Dom José I, que expulsou os padres jesuítas de todo o reino, inclusive do Brasil.

SOLO do latim *solum*, só, tendo também o sentido de abandonado, pelo italiano *solo*, solo, designando, na música, trecho executado por uma só voz ou um só instrumento. Aparece com frequência na mídia designando integrante de dupla ou grupo que abandona os outros para seguir carreira solo, isto é, só, deixando sós os antigos companheiros. Semelha também o presidente Lula e suas relações com o PT, partido por ele fundado e do qual é presidente honorário, pois ele está seguindo carreira solo. O escritor Erico Verissimo deu o título de *Solo de clarineta* aos dois volumes de suas memórias. O segundo saiu com a ajuda da família, especialmente do filho, o escritor Luis Fernando Verissimo, e do crítico de literatura e professor universitário Flávio Gianetti Loureiro Chaves. Chama-se solo também o bailado executado por um só dançarino. E ainda o primeiro voo feito pelo aprendiz de pilotagem sem a companhia do instrutor.

SOLSTÍCIO do latim *solstitium*, designando as duas datas do ano em que o Sol atinge o maior grau de afastamento do Equador, no seu aparente movimento no céu: 21 ou 23 de junho, quando se dá o solstício de inverno no hemisfério sul, e de verão no hemisfério norte; e 21 ou 23 de dezembro, quando ocorre o solstício de verão no hemisfério sul, e de inverno no hemisfério norte. No dia 25 de dezembro era celebrado, na antiga Roma, o *dies natalis Solis invicti* (dia do nascimento do Sol invicto), uma festa pagã. A partir do século IV, esta data foi escolhida para fixar arbitrariamente o nascimento de Jesus.

SOLTAR de solto, do latim *soltus*, redução de *solvitus*, utilizado em lugar de *solutus*, de *solvere*, solver, livrar, saldar, desatar. Ao saldar uma dívida, o devedor como que se solta do credor. É verbo de muitos significados. Soltar a mão da criança ao atravessar a rua pode ser perigoso. Ao conceder o *habeas corpus*, o juiz solta o prisioneiro. Quem quer cavalgar mais depressa solta as rédeas do animal. E, por fim, soltar a franga é desinibir-se em excesso. A expressão aplica-se a homens que de repente adotam gestos e falas afetados, próprias de certas caricaturas homossexuais. O professor Ari Riboldi explica em seu livro *O bode expiatório*: "O sentido literal refere o ato de soltar uma galinha que estava presa entre as mãos de uma pessoa. Ao sentir-se livre e solta, a franga ouriça-se toda e saltita." Como se vê, a galinha tornou-se franga na expressão porque o comportamento buliçoso é mais característico dos jovens do que dos maduros, mesmo entre os galináceos. Acrescentou-se ainda o adjetivo leve em expressão semelhante: livre, leve e solta.

SOLTEIRO do latim *solitarius*, que vive só, separado, carente de convivência. Em português passou a designar o estado daquele que não é casado. Antigamente, não era bem visto aquele ou aquela que não casava, donde surgiram os vocábulos solteirão e solteirona, dedicados àqueles que demoravam a casar ou jamais o faziam. Hoje, o que era anátema tornou-se bênção e os solteiros são dados como pessoas que vivem em estado de graça. Porém, o poeta António Nobre, a maior figura do simbolismo em Portugal, no poema *Despedida*, lamentou a vida de solteiro: "Que faz quem vive órfão de mimos, viúvo de esperanças, solteiro de venturas, que não tive?"

SOLTO do latim *solutu*, mais tarde *soltu*, designando ausência de vínculo ou controle, como nas expressões *risus solutus*, riso solto, gargalhada, e *crinae solutae*, cabelos soltos. Aliás, as mulheres descobriram que xampus para crinas de cavalo tornam os cabelos femininos mais soltos. Pode-se "sofrer pra cachorro" ou "matar cachorro a grito", mas chega um tempo em que é necessário "soltar os cachorros". No primeiro caso, a metáfora considera a vida dos vira-latas; no segundo, uma situação extrema em que não se disponha nem de um cajado, recorrendo-se ao próprio grito para afugentar cachorros agressores; e no terceiro, o ponto de vista é o do dono de cães de guarda, que pode soltá-los para vingar-se de invasores.

SOMBRINHA de sombra, do latim *umbra*, com diminutivo -inha. Designa tipo de refletor utilizado, sobretudo em estúdios fotográficos, para produzir luz difusa. Mas a sombrinha é mais conhecida como o guarda-chuva colorido que as europeias passaram a usar depois que o artefato chegou da China, onde foi inventado pela esposa do carpinteiro LuPan. Há evidências de que já existia, porém, na Grécia clássica. A sombrinha com varetas de aço foi patenteada pelo inglês Samuel Fox, em 1874. Sem varetas, apareceu primeiro em Paris.

SOMBRIO de sombra, do português arcaico *soombra*, ligada ao latim *umbra*, formada provavelmente a partir da expressão latina *sub illa umbra*, sob aquela sombra. Sombrio designa o que não está exposto ao Sol, está na sombra, tendo também o significado de triste, melancólico, depressivo, ameaçador, pois que a ausência do Sol e a presença de nuvens pesadas podem ser indícios de tempestade. No litoral catarinense, próximo à fronteira com o Rio Grande do Sul, há três municípios que, pelos nomes, integram uma informal zona de depressão: Sombrio, Turvo e Ermo. Turvo veio do latim *turbidus*, que tem, entre outros significados, o de embaçado, carrancudo, fechado. E ermo, do latim *eremus*, significa deserto, abandonado, sendo do mesmo étimo de eremita, aquele que vive em lugar com tais características. Sombrio foi habitado inicialmente por índios carijós, depois por portugueses, com os quais chegaram a conviver, e tem como principais atrações turísticas furnas, cavernas e morros. Sombrio significou originalmente reunião de sombras. Os viajantes que iam ou voltavam do Rio Grande do Sul paravam ali para descansar nas inúmeras sombras, fugindo do calor.

SONÂMBULO do francês *somnambule*, do latim *somnus*, sono, e *ambulare*, dar uma volta, depois fixando-se como caminhar, passear, não mais apenas ao redor, mas em qualquer direção. Designa a pessoa que fala e se movimenta, chegando a levantar-se e caminhar pelo quarto ou pela casa durante o sono. *Sonâmbulos*, do escritor Whisner Fraga, autor de *As espirais de outubro* e *O livro dos verbos*, é o título do conto que obteve em 2008 o primeiro lugar no 17°. Concurso de Contos da Prefeitura Municipal de Ituiutaba (MG), que homenageia Luiz Vilela, um dos maiores contistas brasileiros.

SONDA do latim *subundare*, ir para debaixo da onda, mergulhar. Adquiriu com o tempo o significado de prospecção, que tanto pode ser feita no interior do corpo humano como no espaço sideral. A sonda é um artefato utilizado para desvendar o desconhecido, que pode ser uma doença ou um corpo celeste. Em sentido conotativo, indica outras funções, de que são exemplos as pesquisas de opinião, quando se sondam tendências coletivas.

SONDAR do latim *subundare*, ir para debaixo da onda, pelo francês *sonder*. Em latim, onda é *unda*, isto é, água em movimento. O étimo está presente em inundar, inundação. Designa ato de examinar alguma coisa para além da superfície, às vezes usando uma sonda, do francês *sonde*, para fazer isso. Em sentido figurado significa conhecer algo para além das aparências, procurando as profundezas.

SONEGADOR do latim *subnegare*, ocultar, vieram sonegar e sonegador, entre outros vocábulos, esse último muito utilizado para designar quem se furta ao fisco, deixando de mencionar seus rendimentos. Al Capone, famoso bandido americano, somente foi apanhado pela polícia porque foi comprovada sua sonegação de impostos, muito embora os outros crimes fossem de difícil comprovação.

SONEGAR do latim *subnegare*, negar, mas negar escondido, atando o feixe por baixo, variante de *subnectare*, acrescentar escondido. Passou a designar a ação de esconder os ganhos com o fim de pagar menos impostos. É do mesmo étimo de abnegar, negar, renegar, negativo e negativar, entre outros. Várias empresas que nada fazem especializaram-se em vender notas fiscais a produtores culturais que a elas recorrem para obter verbas para seus projetos. Sua única atividade é vender notas fiscais para obter, não a elisão de impostos, que é legal, mas a evasão, que é crime.

SONEIRA de sono, do latim *somnus*, palavra vizinha a *somnium*, sono, que no espanhol *sueño* acabou por designar tanto o sono como o sonho, que em latim é *somnium*. A soneira é um cansaço que acomete a pessoa que dorme pouco ou que está muito cansada. Seu sinônimo mais elegante é sonolência. O cronista Antonio Maria utiliza a palavra na crônica *Soneira e preguiça*: "Sinto uma soneira, uma preguiça! Por que será que eu não tenho coragem de enriquecer? Quase todos os meus colegas de imprensa enriqueceram, acordando cedo, indo à cidade e vendendo suas palavrinhas, a um conto e quinhentos. O jornalismo, bem administrado, é tão bom negócio quanto a especulação imobiliária e o jogo da bolsa. Querendo, a gente vende bem aquilo que publica e, melhor ainda, aquilo que não publica."

SONETO do provençal *sonet*, versos com melodia, às vezes acompanhados de música, pelo italiano *sonetto*, soneto, sonzinho. Esta forma fixa de poesia, formada de 14 versos hendecassílabos, isto é, com 11 sílabas, rimados, é classicamente estruturado do seguinte modo: os oito primeiros formam duas quadras, e os outros formam dois tercetos. A poeta catarinense Solange Rech recolheu o primeiro soneto impresso, escrito originalmente em italiano, cuja autoria é atribuída a Pier delle Vigne, que anuncia logo nos primeiros versos: "*Però ch'amore non si pò vedere/ e no si tratta corporalmente*", "*Ma po'ch'amore si face sentire dentro dal cor signoreggiare la gente*". (O amor não se pode ver, e não se trata corporalmente, amor se faz sentir dentro do coração a governar as pessoas). Quem inspirou estes versos a delle Vigne foi um amor proibido, uma dama da corte de Frederico II chamada Florismunda. Denunciado por "arrebatamento impulsivo", perdeu o emprego no palácio e se suicidou. Dante Alighieri em *A divina comédia*, depois das aulas de Giovanni Boccaccio, que sempre se referia à obra como "divina", pôs delle Vigne no sétimo círculo do Inferno, que destinou aos suicidas.

SONHO do latim *somnium*, sonho, fantasia, desejo, quimera. Em alguns idiomas, como é o caso do espanhol, um mesmo vocábulo significa sono e sonho. Mas em nossa língua, sonho, além de ser mais do que sono, pode ainda ser vivido acordado, como é o caso dos namorados que sonham de olhos abertos. O poeta inglês William Butler Yeats, que recebeu o Prêmio Nobel de Literatura em 1923, escreveu à namorada: "Tenho apenas os meus sonhos. Espalhei-os, então, a teus pés. Caminha com cuidado, pois pisas sobre os meus sonhos."

SOPAPO junção de *sob*, do latim *sub*, e papo, derivado de papar, do latim *pappare*. O papo é também o primeiro estômago das aves. O golpe desfechado no queixo recebeu tal denominação porque pequenas ou grandes protuberâncias nessa região do rosto semelham o papo das aves, sobretudo quando há hipertrofia da glândula tireoide. Caso um soco atingisse glândula de tão sofisticada denominação, nem assim doeria menos.

SOPRANO do italiano *soprano*, a mais aguda das vozes. Em etapa intermediária está o meio-soprano, entre o soprano e contralto. Designa o cantor ou a cantora que tem esse tipo de voz. A origem da palavra em italiano remete ao desempenho musical, já que *sopra* significa sobre, acima. O contralto indica a intermediação para o grave, entre o soprano e o tenor, assim denominado porque no canto medieval designava o cantor que sustentava a canção principal por largo período.

SORBONISTA de *Sorbonne*, designando quem estudou, lecionou ou de alguma forma está ligado à faculdade e depois universidade francesa que se tornaria uma das mais famosas do mundo, fundada pelo cônego Robert de Sorbon, confessor e conselheiro do rei Luís IX. Vários intelectuais brasileiros estudaram na Sorbonne, entre os quais o ex-presidente Fernando Henrique Cardoso. Nascido numa família rural muito pobre, Sorbon soube valorizar o saber, o ensino, a pesquisa e fundou uma das primeiras universidades do mundo. Foi com ele que a universidade ganhou prestígio, influiu no reino, nas coisas públicas, apoiando o talento, sobretudo aquele que vicejava nos meios mais pobres. No Brasil, o saber tem vindo de decadentes famílias rurais ou de gente pobre que vê na universidade um meio de ascensão social. A universidade é um lugar delicioso para se viver e trabalhar, porque ali de nada adianta seu saldo bancário ou sua origem socioeconômica. Ali vale sua produção intelectual.

SORO do latim *sorum*, alteração de *serum*, líquido amarelo-claro que se separa da parte sólida do leite quando este coalha na fabricação do queijo. É soro também a solução de substância orgânica ou mineral que se emprega na hidratação ou alimentação de pessoa enferma ou como veículo de medicamento.

SORRATEIRO de *surrateiro*, já em desuso, palavra formada provavelmente a partir do latim *subreptus*, enfiado por baixo, do verbo *sùbrepère*, introduzir-se por baixo, por sua vez de *repere*, arrastar-se, andar de rasto. Aparece nos versos de *Narrativas do coração*, da poeta, professora e doutora em Linguística, Soila Schreiber: "Entrei sorrateira debaixo da mesa/ senti o gosto doce.../ e para ti fiquei.../ Só sei que recebi um bilhete/ do meu amado/ Dizia o que todos podem prever."

SORTE do latim *sorte*, declinação de *sors*, sorte, destino, sina. E também porção de alguma coisa. Em nossa língua, é antônimo de azar. No jogo do bicho, o apostador espera ser sorteado por bons eflúvios e influências dos bichos que representam as dezenas agrupadas em 25 grupos. São eles o avestruz, a águia, o burro, a borboleta, o cachorro, a cabra, o carneiro, o camelo, a cobra, o coelho, o cavalo, o elefante, o galo, o gato, o jacaré, o leão, o macaco, o porco, o pavão, o peru, o touro, o tigre, o urso, o veado e a vaca. A palavra do bicheiro, como é designado o gerente que recebe as apostas, vale ouro e dispensa contratos formais. Apesar do dito "vale o escrito", a única escrita que tem poder de execução é a escrita dos números apostados. O que mais funciona no jogo do bicho é a fala, de quem aposta e de quem garante o prêmio. Entretanto, falas gravadas clandestinamente acabaram por comprometer alto funcionário da República em conversa suspeita com o bicheiro Carlinhos Cachoeira. O assunto era o financiamento de campanhas eleitorais. O escândalo estourou dia 13 de fevereiro de 2004, uma sexta-feira, dia de azar. A sorte, no caso, foi a possibilidade de cortar o mal pela raiz, graças às denúncias feitas pela O Pas nos números 300 e 301. Deu outro bicho, como se sabe.

SORTEIO de sortear, verbo formado a partir de sorte, do latim *sors*, sorte, cuja declinação *sorte* é escrita do mesmo modo que em português. No latim, *sors* designa coisas atadas entre si, que lançadas ao léu vão caindo em lugares diferentes, indicando benefício ou prejuízo. O sorteio está ligado à palavra, daí dizer-se que é predição, isto é, coisa dita antes de acontecer. O sorteio é muito comum nos jogos, e um deles se tornaria um clássico da vida brasileira: o primeiro sorteio do jogo do bicho, ocorrido no dia 3 de julho de 1892, domingo. Estava escrito que o vencedor ganharia 20 mil réis. Deu avestruz. Os outros 24 bichos em sorteio eram a águia, o burro, a borboleta, o cachorro, a cabra, o carneiro, a cobra, o coelho, o cavalo, o elefante, o galo, o gato, o jacaré, o leão, o macaco, o porco, o pavão, o peru, o touro, o tigre, o urso, o veado e a vaca. O jogo do bicho não tem zebra. Daí que dar zebra é situação imprevista. O propósito era arrecadar fundos para manter o Jardim Zoológico, mas o jogo tornou-se imediatamente tão popular que penetrou na língua portuguesa com outras expressões, como o bicho pago aos jogadores no futebol, fazer uma vaquinha, deu zebra etc.

SORTILÉGIO do latim medieval *sortilegium*, sortilégio, adivinhação, do verbo *serere*, ligar. Com roupas, gestos, palavras e instrumentos apropriados, os áugures ligavam-se ao sobrenatural para desvendar desígnios ocultos aos homens e por eles revelados em estranhos sinais, que iam das vísceras de um frango à leitura dos astros, em insólitas magias. A palavra aparece no título da ópera *A criança e os sortilégios*, de Maurice Ravel, cujo libreto é de Sidone Gabrielle Colette, filha de uma rica família francesa, que faliu. A moça casou com um *playboy* parisiense, jornalista. Diante das dificuldades financeiras do casal, ele sugeriu que ela escrevesse suas memórias escolares de forma picante. A contragosto, ela o fez e surgiu a série *Claudine na escola*. Na ópera, uma criança é confinada no quarto até o jantar porque se recusa a fazer os deveres. Ela começa a quebrar as coisas, rasga o papel da parede, quebra a chaleira, desmonta o mecanismo do relógio, rasga livros e cadernos, espeta o esquilo na gaiola e puxa o rabo do gato. Cansada, quando vai atirar-se no sofá, este se afasta, dando início a vários sortilégios: o relógio sai bimbalhando pelo quarto, a chaleira inglesa dança um foxtrote com a taça chinesa, os pastorzinhos rasgados no papel lamentam o acontecido num canto triste, o gato preto lhe arranha o rosto e vai encontrar-se com uma gata branca no jardim. A criança o segue, mas lá as plantas, inconformadas com sua crueldade, a derrubam ao chão. Na confusão, um esquilo se fere e a criança o socorre. Os outros animais, comovidos com tanta bondade, lhe trazem a mãe, por quem ela chamara antes. A peça tem apenas uma hora de duração.

SORTIR do latim *sortire*, sortir. Designando ato de obter algo acidentalmente, pouco a pouco mudou de sentido, passando a significar escolher; com esse sentido aparece em *Três consequências*, conto de Machado de Assis em que uma viúva vai à rua do Ouvidor fazer compras: "D. Mariana disse-lhe o que queria: sortir-se de vestidos escuros, apropriados ao estado de viúva. Escolheu vinte, sendo dois inteiramente pretos, doze escuros e simples para uso de casa, e seis mais enfeitados." Infelizmente para costureiros e lojistas, no século atual é raro uma mulher comprar tantos vestidos de uma só vez.

SORVETE do árabe vulgar *shurba*, suco de frutas, passando pelo turco *sherbet*, bebida fria, até chegar ao francês *sorbet* e ao italiano *sorbetto*, de onde veio para o português. No árabe e no turco denominavam substâncias extraídas de frutas, mas no francês e no italiano já designavam a forma congelada de sucos, frutas, leite, chocolate etc. Em nossa língua a troca do "b" pelo "v" pode ter sido influenciada pelo verbo sorver.

SORVEX variação para sorvete, do francês *sorbet*. O *Aurélio* não registra *sorvex*, mas esse foi o nome dado ao sorvete na década de 1940 com o objetivo de impressionar o consumidor, quando o americano John Kent Lutey fundou a primeira fábrica de sorvetes no Brasil, em 1941, lançando o Chicabon, em homenagem a uma certa Chica, formosa mulata que ele muito admirava.

SOZINHO do latim *solus*, feminino *sola*, ambos com o significado de só, ao qual foram acrescentados os sufixos -inho, -inha. A *Bíblia* e a *Torá* recomendam que ninguém fique só. Desde o começo de tempos imemoriais, ainda no *Gênesis*, Deus diz: "Não é bom que o homem esteja só." E a sabedoria dos rabinos recomenda que o celibato seja evitado. Mas recomenda que primeiramente o homem arranje uma casa e plante uma vinha, o que indica lugar para morar e meio de sustento para ele, sua mulher e os filhos que ambos vierem a ter. No Brasil, entretanto, a mulher aparece muito só, ainda quando casada, tanto no meio rural, onde desempenha duplas jornadas de trabalho, plantando e colhendo, inclusive os filhos, aos quais dá luz e enterra, porque a mortalidade infantil sempre foi alta.

SPA do flamengo *Spa*, estância hidromineral localizada na Bélgica, país que, conquanto pequeno, tem duas línguas oficiais: o flamengo e o francês. Passou a designar estabelecimento que oferece serviços diferenciados de hotelaria, aos quais são acrescidos tratamentos terapêuticos e cuidados corporais que incluem banhos medicinais, dieta alimentar e exercícios físicos, no mais das vezes com o fim de perder peso e desintoxicar. Em um deles, em Gramado, foi preso o banqueiro Salvatore Cacciola, acusado de ter surrupiado cerca de 1,6 bilhão de reais do sofrido povo brasileiro, mediante operação fraudulenta de seu – como diremos? – banco. Quem sabe a prisão lhe sirva de spa espiritual e alivie sua consciência, mediante ascetismo um pouco diferente daquele que lhe foi imposto no spa gaúcho, onde descansava de suas lides – como diremos? – bancárias. Já trancafiado e com fotos nas primeiras páginas dos grandes jornais do Brasil, solicitou *habeas corpus*, negado pela juíza Maria Helena Cisne Cid, do TRF do Rio, que manteve a prisão preventiva decretada pelo juiz Abel Fernandes Gomes. Em conversas telefônicas com seus cúmplices, o banqueiro proferiu uma frase espantosa: "O dinheiro compra tudo." Desta vez, parece que não. E em seu país de origem, a Itália, depois da operação denominada mãos limpas, vários conterrâneos seus estão detidos ou cumprindo pena em prisão domiciliar. Sua prisão deu mais esperanças ao povo brasileiro, que viu antecipados os folguedos juninos. Ninguém quer vê-lo nas fogueiras. Quer apenas que cumpra a lei, como qualquer cidadão.

S. P. Q. R. da expressão muito cara ao Direito, significando que a demanda tem sua razão de ser no que querem o Senado e o Povo Romano: *Senatus Populusque Romanus*. A partícula "que" é equivalente a "et", ambas significando "e". Outros historiadores afirmam que era uma forma de os romanos debocharem dos estandartes sabinos: "*Sabino Populo Quis Resisteret?*" (Quem resistirá ao povo Sabino?). O escritor Monteiro Lobato fez com que sua personagem, a boneca Emília, traduzisse a expressão para "São Pedro Quer Rapadura".

SUÁSTICA do sânscrito *svastika*, boa sorte. Passou a designar cruz com quatro braços voltados para a direita, adotada como emblema pelo nazismo. Nem sempre pesou sobre ela a maldição atual. Os primeiros cristãos e os bizantinos a utilizavam como elemento decorativo. Foi trazida do Oriente para a Europa pelos cruzados chefiados pelo rei Leopoldo III, o Santo. Quando os árias invadiram a Índia, já a tinham ostentado como sinal de superioridade sobre os hindus. Os austro-germanos, bem antes da eclosão do nazismo, colocavam suásticas no alto de seus castelos no leste para mostrar poder e amedrontar outros grupos étnicos da região.

SUBLEVAÇÃO do latim *sublevatione*, sublevação, levante, consistindo, como indica a formação da palavra – *sub*, debaixo; *levatio*, ação de elevar –, em levantar algo a partir de sua base. O dia 12 de setembro de 1963 marca a sublevação dos sargentos da Aeronáutica, em Brasília, revoltados contra a decisão do Supremo Tribunal Federal (STF), que havia negado elegibilidade aos representantes de sua classe. Os revoltosos chegaram a prender altas autoridades, incluindo um ministro do STF, e dominaram por várias horas a capital federal. Esta tentativa de solapamento da hierarquia militar acabou por ser um tiro pela culatra, pois seis meses depois, já desconfiadas de que o presidente João Goulart não mostrava firmeza de comando, várias lideranças militares, apoiadas por outras civis e eclesiásticas, davam o golpe militar de 1964, que fez com que o Brasil mergulhasse nas trevas institucionais, de onde somente sairia na segunda metade dos anos 1980. Entre o presidente deposto por sublevação vitoriosa e o próximo civil a ocupar a presidência da República por eleição direta, passaram-se 25 longos anos. Na volta à normalidade, Luiz Inácio Lula da Silva perdeu as eleições para Fernando Affonso Collor de Mello, mais tarde deposto em célebre processo de *impeachment*.

SUBMARINO do latim *sub*, sob, debaixo, e *marinus*, marino, variante de marinho. Designa o que está sob as águas do mar, sejam plantas, peixes etc. Em sentido estrito, aplicando-se a embarcação que navega submersa, procede do inglês *submarine*. O primeiro submarino foi construído pelo holandês Cornelius Drebb, que o deu de presente ao rei Jaime I, depois de fazer o artefato navegar debaixo das águas do Tâmisa, em Londres. A embarcação era envolvida em couro, tinha tubos para captar oxigênio na superfície e era movida por 12 remos, acoplados ao casco por luvas de couro. A viagem inaugural durou três horas.

SUBORNAR do latim *subornare*, enfeitar em segredo, quase sempre usando o vil metal, vale dizer, por debaixo do pano. Em latim, o verbo *ornare*, ornar, enfeitar, está relacionado com *ordo*, ordem. Pentear os cabelos, por exemplo, significava originalmente apenas pô-los em ordem. Os primeiros subornos foram provavelmente gorjetas enfiadas sob cabelos ou vestes de criados ou funcionários próximos às cortes, com o fim de facilitar algum favor real. Na Idade Média, a palavra mais utilizada para denominar o suborno era peita, forma como a patuleia, que fazia nascer do latim vulgar a nossa língua portuguesa, pronunciava pacta, plural de *pactum*, acordo, convenção, maneira. A peita designou originalmente o tributo que pagavam aos nobres aqueles que não eram fidalgos. Camões já utiliza peita como sinônimo de suborno: "Com peitas, ouro e dádivas secretas/ conciliam da terra os principais." E em algumas traduções bíblicas, o legislador adverte em *Deuteronômio* 16, 19 que não devem ser utilizadas peitas para perverter o direito e comprar sentenças judiciais. No filme *Titanic*, um dos passageiros da primeira classe suborna o primeiro-piloto para obter vaga em um bote salva-vidas em prejuízo de passageiro da terceira classe, que é baleado pelo subornado. O filme não foi fiel à realidade nesse caso. Ele não foi subornado, salvou muitas vidas e é herói da Escócia, sua terra natal. A 20th Century Fox, produtora do filme, pediu desculpas e doou 8.400 dólares para a construção de um monumento em honra de William Murdoch, o piloto caluniado.

SUBSÍDIO do latim *subsidium*, subsídio, ajuda. Primeiramente significou socorro militar, indicando tropas de reserva e quantias pagas pelo Estado a seus funcionários. Mais tarde passou a designar renúncias fiscais com o fim de baratear o custo final de determinados produtos. Os pais da pátria são pródigos em arranjar subsídios cuja conta no fim é paga pela filha.

SUBSTITUIÇÃO do latim *substitutione*, substituição. Nos começos do futebol, caso o goleiro se machucasse ou fosse expulso, somente poderia ser substituído por outro jogador que já estivesse em campo. Isso fez com que Pelé atuasse como goleiro: transformado de estilingue em vidraça, fez algumas boas defesas. Na Copa de 1966, após nossa triste derrota para a Hungria por 3 a 1, o técnico Vicente Feola substituiu nove jogadores para o jogo contra Portugal. Perdemos por 2 a 1 e viemos embora. Naquele jogo, sob a complacência do juiz, os portugueses, nossos descobridores, nos cobriram de porradas.

SUBVERSIVO do latim *subversus*, do verbo *subvertere*, aquele que pretende inverter, abolir, destruir ou substituir a ordem social, política ou econômica vigente. O vocábulo entrou para a língua portuguesa em 1836, mas só a partir de 1964 foi recuperado com o significado de subversor. Não se sabe bem por que subversivo tomou o lugar de subversor, forma mais coerente com o espírito da língua, mas provavelmente a consolidação fez-se por repetição, de tanto os militares a empregarem. Em 1981, já no governo de João Baptista Figueiredo, dito de abertura, bolsões da repressão, ditos sinceros mas radicais, organizaram nova lista de comunistas, entre os quais estavam o futuro presidente Fernando Henrique Cardoso, o cantor e compositor Chico Buarque, o futuro senador Eduardo Suplicy e o arcebispo de Olinda e Recife, dom Hélder Câmara.

SUCATA do árabe *suqât*, objeto sem valor. Designa ferro inutilizado que é reaproveitado e comercializado outra vez. Ultimamente seu sentido estendeu-se para muitos outros itens e tem sido empregado também como metáfora, como quando uma autoridade garante que não vai permitir que a indústria brasileira seja sucateada.

SUCEDER do latim *succedere*, isto é, *sub cedere*, acontecer. "Naquele ano sucedeu (aconteceu) que X sucedeu (veio depois, substituiu) a Y." No antigo latim tinha também o sentido de entrar num porto. Faz alguns anos que nada sucede de estranho na sucessão brasileira. Mas Tancredo Neves não chegou a sentar-se na cadeira presidencial e, como não tomou posse, não entra na contagem de presidentes da República. Seu vice, José Sarney, entra, pois tomou posse e governou o Brasil em seu lugar, de 1985 a 1990. Fernando Collor governava Alagoas quando se tornou o 32º presidente do Brasil, o primeiro a ser eleito em votação direta depois do período pós-64. Foi sucedido por seu próprio vice, Itamar Franco. Na verdade, essa contagem omite também o período em que o Brasil foi governado por uma junta militar que depôs o vice-presidente Pedro Aleixo, que deveria assumir após a doença e morte do presidente Arthur da Costa e Silva.

SUCESSOR do latim *successore*, aquele que vem depois, que substitui o precedente por herança, por eleição ou por outros modos, às vezes violentos, como no caso das tomadas de poder. A sucessão mais tranquila do Ocidente e a mais estável parece ser a do papa. O atual, Francisco, é o de número 266. Os papas ficam em média menos de 8 anos no poder, de onde somente saem por morte, salvo exceções. Jamais uma mulher foi papa, ainda que haja a lenda da papisa Joana, que ainda no primeiro milênio teria usurpado o poder, sendo descoberto o seu truque durante uma procissão: sentindo-se mal, apoiou-se em uma parede e teve um filho. A História jamais pôde comprovar essa lenda, mas há vários livros sobre o tema e alusões em muitos outros.

SUCROALCOOLEIRO dos compostos sucro e álcool, mais sufixo -eiro, étimos árabes: *assukkar*, açúcar, palavra cujas origens remotas estão no sânscrito e no grego; *al-kuhul*, no árabe culto, *al-kohol*, no árabe vulgar, ambos designando o antimônio, escrito no latim *alcohol,* daí a preferência da grafia portuguesa. Antes de ser conhecido como o líquido que se tornou tão popular, o álcool era pó, conforme registrado no século XVII por João Curvo Semedo em *Atalaia da vida contra as hostilidades da morte*. O setor sucroalcooleiro é estratégico na economia brasileira, pois produz, além de açúcar e álcool comum, combustíveis. E suas usinas lideram as multas por poluição, aplicadas pela Cetesb, em São Paulo, estado em que a presença dos canaviais é cada vez mais notável, pois foram pouco a pouco substituindo os pastos das fazendas.

SUCUPIRA do tupi *suku'pira*, árvore da família das leguminosas cujas frutas têm a forma de vagens. Suas sementes, muito duras, têm cor avermelhada com uma mancha negra. Foi esse o nome dado pelo dramaturgo Dias Gomes ao município cujo prefeito era o coronel Odorico, vivido na televisão pelo ator Paulo Gracindo em *O bem-amado*.

SUDÁRIO do latim *sudarium*, sudário, pano com que na Antiguidade eram cobertos os cadáveres, mortalha. A origem mais remota é o indo-europeu *swoido*, suar, sentido que conservou também no latim *sudare*, suar, e *sudor*, suor. Os estudiosos do Santo Sudário, como é chamado o pano que teria envolvido o cadáver de Jesus, realizaram congressos periódicos de sindonologia, com o fim de examinar a autenticidade dessa relíquia cristã, exposta na catedral de Turim, na Itália. Em latim, *sindon* tem o significado de lenço, lençol, véu, pano de linho muito fino, tendo também o sentido de mortalha. O Santo Sudário mede 1,10 m de largura por 4,36 m de altura e começou a ser venerado em 1389. Em 1898, quando fazia uma foto da relíquia, um fotógrafo italiano constatou que no negativo do filme aparecia a imagem nítida de um cadáver. Em 1978, o Vaticano convidou 24 cientistas de todo o mundo para examinar a relíquia, entre os quais alguns da NASA e o brasileiro Paulino Brancatto Júnior. As provas de carbono 14 revelaram que o linho teria sido tecido entre 1260 e 1390, confirmando as palavras de um bispo francês que em 1389 comentou a fraude em carta ao papa Urbano VI: "As pessoas insistem que se trata do sudário do Senhor. Mas sei que o linho foi pintado a pena." A preciosa relíquia já foi salva de dois incêndios, que a deixaram chamuscada, um em 1532 e outro em 1997. O primeiro teste de sua autenticidade foi feito em 1503. O sudário foi fervido em óleo: se a imagem não desaparecesse como qualquer mancha, seria santa. Não desapareceu. Agora alguns cientistas estão trabalhando com a hipótese de que o calor de outrora teria afetado o teste de carbono 14. A hipótese mais provável é que a relíquia tenha sido utilizada em algum funeral da Idade Média para envolver o cadáver de um homem cujo nome desconhecemos, mas que tinha 1,83 m de altura e pesava 81 kg. Morreu crucificado, de acordo com a legislação romana, tendo recebido antes 39 chicotadas. Duas moedas do império romano cobriram-lhe os olhos, pois na cruz o condenado morre por asfixia, que se dá porque o diafragma, esticado pelo peso do corpo, impede que os pulmões se encham de ar.

SUFIXO do latim *suffixus*, fixado embaixo, fixado depois, com o sentido de pespegar, acrescentar. O étimo está presente em crucifixo e também em prefixo e afixo. Na língua portuguesa, sufixo entra na formação de palavras de modo derivacional ou flexional, como no caso das desinências nominais (indicando substantivos, adjetivos, artigos, pronomes e numerais) e verbais (indicando pessoas, números, modos e tempos dos verbos). Utilizamos o sufixo -ano para designar os gentílicos nos estados brasileiros: acreano, goiano, alagoano, baiano, paraibano, pernambucano, rondoniano, sergipano; -ense está em amapaense, amazonense, catarinense, cearense, espírito-santense, fluminense, maranhense, paraense, paranaense, rondoniense, roraimense, norte-rio-grandense, sul-rio-grandense, mato-grossense, sul-mato-grossense ou mato-grossense-do-sul, tocantinense. Já -ista está apenas em paulista, habitante do estado; e -ano, em paulistano, habitante da capital, estando implícita a homenagem ao santo, Paulo. Às vezes, porém, os gentílicos cedem a outras denominações, como gaúcho (RS), barriga-verde (SC), capixaba (ES).

SUICÍDIO do francês *suicide*, por analogia com homicídio, do latim *homicidium*, pela formação *sui* e *cidium*, de *caedere*, matar a si mesmo. São muitos os apressados deste mundo que, inconformados com a demora do fim, buscam abreviá-lo, nem sempre com sucesso. Às vezes, é a cultura que sugere o suicídio como gesto que põe fim a problemas para os quais a solução é a morte, como foi o caso da Antiga Roma, repleta de suicidas, e o Japão, que ainda cultiva o suicídio como último gesto de dignidade possível diante das dificuldades tidas como resolvidas apenas com a morte autoimposta. Países que reprovam o suicídio, entretanto, abrigam suicidas em grande número, como é o caso da Suíça e da Hungria. A depressão costuma ser o componente decisivo dos suicidas, mas há alguns casos célebres em que estiveram em jogo outras questões, como foi o caso do duplo suicídio de Adolf Hitler e Eva Braun, em 30 de abril de 1945. O corpo do famigerado foi queimado para não ser localizado pelas forças soviéticas que tinham tomado Berlim. Dia 13 de outubro de 2003, faleceu, na mesma Berlim, aos 86 anos, Otto Günsche, ex-oficial da SS, que ajudara na cremação. Os soviéticos levaram os restos dos suicidas famosos para Moscou, mas deram sumiço nas macabras relíquias algum tempo antes de ruir o império soviético, na última década do século XX. Alguns suicídios são falsos, como se descobre depois. Em 1975, a morte do jornalista Vladimir Herzog num dos muitos porões da ditadura, em São Paulo, foi dada como suicídio, mas a verdade prevaleceu, graças ao empenho dos que lutavam contra o medo e a impunidade. E ficou provado que ele morreu sob tortura. Não são países pobres que lideram as taxas de suicídio hoje no mundo. No Brasil, entre os suicídios famosos está o do presidente Getúlio Vargas, no Palácio do Catete, no Rio, em 1954. O presidente, então no exercício de seu segundo mandato, matou-se com um tiro no coração. O padre que lhe deu a extrema unção, sacramento da Igreja católica hoje mudado para unção dos enfermos, encontrou-o agonizando, mas lúcido e de olhos abertos. Perguntado se queria confessar-se, limitou-se a contemplar o padre com serenidade e em silêncio. Outros suicídios foram os do escritor Stefan Zweig e sua esposa Elizabeth Charlotte, em Petrópolis (RJ), em 1942. O jornalista Alberto Dines examinou o caso deste último em *Morte no paraíso*, livro que alude à obra de referência de Zweig, *Brasil, país do futuro*. O título é estranho, mas o futuro de todos é mesmo morrer, embora os suicidas resolvam fazer isso com as próprias mãos.

SUÍTE do francês *suíte*, suíte, continuação. A origem remota é *sequitus*, seguido, particípio latino do verbo seguir. O português manteve a pronúncia francesa, formada a partir do verbo *suivre*, do latim *sequere*, seguir. O mesmo sentido está presente em séquito, comitiva, conjunto de pessoas que acompanham uma autoridade ou personalidade para servi-la ou apenas honrá-la. Na música, suíte designa sequência de trechos mais vivos, intercalados com outros mais lentos. Em residências, hotéis, hospitais etc., suíte é o quarto com banheiro exclusivo. Nos recintos mais luxuosos, a suíte é acompanhada também de uma pequena sala. No sentido de quarto com banheiro independente, provém da expressão francesa *la chambre ensuite la salle de bain* (quarto seguido de banheiro), designação usada nas plantas dos imóveis. Com o tempo, a expressão foi reduzida apenas a suíte. Deriva do verbo *suivre*, seguir, com raízes nas formas latinas *sequere*, seguir, e *sequitus*, séquito, comitiva de pessoas que acompanham outras por obrigação ou cortesia. Na imprensa, designa quadro que destaca pontos relevantes da matéria publicada na edição.

SUJAR de sujo, do latim *succidus*, úmido, molhado, gorduroso. O homem suja tudo, pois a sujeira decorre do próprio ato de existir e por isso sempre tomou providências ao longo da História, erguendo cidades à beira de rios, não apenas para aproveitar água limpa em bebidas e comidas, mas também em higiene, retirando o suor que molhava e sujava a roupa, lavando talheres e utensílios, limpando a casa etc. Mais recentemente, vem cuidando de limpar também os rios, as ruas, os lagos e o próprio mar, depositários de tantas impurezas. Rafael Greca de Macedo, quando prefeito de Curitiba, disse a um grupo de moradoras que reclamavam de um rio, sujo porque havia na localidade centenas de ligações clandestinas que levavam a sujeira diretamente para o pobre rio: "O Barigui está sujo porque vocês o sujaram; rio não faz cocô."

SUJEITO do latim *subjectus*, sujeito, dominado, posto sob comando ou ordem. O vocábulo designou na Idade Média o indivíduo subordinado ao senhor feudal. Passou depois a indicar qualquer pessoa de identidade indeterminada. Houve um longo percurso na palavra para que largasse no caminho o sentido pejorativo, mas a raiz do vocábulo, no português e em outros idiomas neolatinos, aponta para significados de domínio conexo, que indicam sujeição, domínio. "Sujeito também fez sua viagem repleta de sutis complexidades e resgatou a soberania para o vocábulo, passando a designar, em linguagem jurídica, pessoa detentora de direitos soberanos. A transformação do significado tem a ver com a valorização de feudos e condados, alguns depois unidos e transformados em reinos, como foi o caso de Portugal, quando a figura do vassalo adquiriu valor semântico positivo, a ponto de indicar honra o indivíduo apresentar-se como súdito ou vassalo de algum soberano.

SUJO do castelhano *sucio*, úmido, pegajoso, do latim *sucus*, suco, ligado a *succidus*, gorduroso. Carneiros e ovelhas, tosquiados no começo do verão, apresentavam a lã cheia de suor. Era necessário limpá-la. Veio daí o significado da sujeira, já a primeira característica de Belzebu, o Senhor das Moscas, seu significado em hebraico. Quando Jesus expulsa os demônios de um homem possesso que vivia numa aldeia da Galileia, eles, se autodenominando Legião, pedem para entrar numa vara de porcos que pastavam soltos nas redondezas, em vez de serem lançados no abismo. Jesus permite, mas os porcos se jogam num lago e ali morrem afogados. Tanto as falas de Jesus como as dos demônios foram pronunciadas em aramaico e depois narradas em grego. Quando traduz para o latim, São Jerônimo não usa a palavra *lacus*, lago, mas *stagnum*, banhado, pântano, água estagnada, parada. Atualmente, na linguagem coloquial, para se dizer que surgiu complicação, diz-se "sujou".

SULTÃO do árabe *sultan*, soberano, poderoso, dominador, imperador. O vocábulo passou ao português, assim como a diversas outras línguas do Ocidente, como sinônimo de indivíduo de muitas posses, que leva vida folgada, tendo muitas mulheres e dedicando-se mais aos prazeres do que ao trabalho. Tal conotação deve-se à imagem passada pelos antigos imperadores da Turquia e vários outros príncipes tártaros e maometanos, que eram chamados de sultões. No Brasil, onde o respeito por títulos e pompas é paradoxal, dada a carnavalização geral de usos e costumes, sultão é também nome de cachorro.

SUMA do latim *summa*, soma, total, resultado. Na Idade Média passou a designar alguns tratados teológicos que continham um resumo de toda a teologia, sendo o mais célebre a *Suma Teológica*, monumental obra de Santo Tomás de Aquino que, à semelhança do que o papa João Paulo II quis fazer com sua encíclica *Fé e razão*, faz a teologia dialogar com a filosofia. O santo, frade da ordem dominicana, é representado gordinho, pois tinha fama de glutão. Sua festa é comemorada em 28 de janeiro. Seus irmãos tinham vergonha de que se tornasse frade mendicante e por isso o sequestraram, mantendo-o em cativeiro durante um ano. Não adiantou. Aclamado como doutor universal, morreu aos 49 anos.

SUMÁRIO do latim *summarium*, resumo, síntese, tendo como adjetivo o significado de breve e, neste caso, naturalmente concorda com o substantivo: explanação sumária; relato sumário; julgamento sumário; rito sumário etc. Aparece com frequência em livros e revistas como equivalente de resumo, índice, relação de capítulos.

SUMIDADE do latim *summitate*, declinação de *summitas*, a parte mais elevada de um lugar, o cume da montanha, o alto de uma torre. Veio a designar indivíduo que se sobressai dentre a maioria por sua grande inteligência, talento, saber. Exemplo: Fulano é uma sumidade em Medicina, em Matemática, em Língua Portuguesa etc., para indicar que ele é quem mais sabe dentre os que sabem mais, isto é, sabe tudo. Sumiço, porém, procede do verbo sumir, do latim *sum re*, agarrar, roubar, esconder.

SUMÔ do japonês *sumo*, luta travada em ringue entre dois homens corpulentos. As palavras que se referem a essa prática esportiva ainda não foram todas aportuguesadas. Assim, o grande campeão da *makunouchi* (divisão principal) é chamado *yokozuna*. Para manter aquele peso todo, os lutadores comem um cozido de alto calor proteico denominado *chankonabe*.

SUPERHIGHWAY locução do inglês que está entrando para a língua portuguesa sem tradução, como em geral ocorre com termos similares na informática. Literalmente o termo é redundante: superautoestrada, e indica o principal canal de comunicação e entretenimento pessoal já em atividade. A nova tecnologia tornou-se possível pela expansão das fibras óticas, a popularização dos computadores pessoais de alta potência e o aperfeiçoamento das *infohighways*, isto é, o desenvolvimento de programas de infraestrutura para tais sofisticações. Calcula-se que tais facilidades estarão democratizadas no Japão por volta do ano 2015 e nos Estados Unidos em 2030. No Brasil, país que nas últimas décadas combinou reserva de informática com reserva analfabética, será preciso um prazo maior para recuperar o tempo perdido. Sua incrível capacidade de adaptação às novas tecnologias, entretanto, pode surpreender mais uma vez, desde que os governos não atrapalhem, como fizeram em passado recente.

SUPERPOPULAÇÃO de população, do latim *populatione*, declinação de *populatio* (nos dois casos, o "t" tem som de "s"), antecedido do prefixo super-, do latim *super*, sobre, demais. Designa excesso de população. O ginecologista e professor da PUC (RS) Marcelino Spírito Hofmeister Poli, sem usar explicitamente o termo, a ele aludiu ao comentar as tragédias climáticas: "A população de humanos sobre a Terra está crescendo segundo uma razão geométrica. O primeiro bilhão de indivíduos foi atingido no século 19, ou seja, foram necessários mais de 1.800 anos, a contar do nascimento de Cristo, para se atingir essa marca. O segundo bilhão chegou cem anos após, no século 20. O terceiro bilhão apenas 30 anos depois. Hoje já somos quase 7 bilhões de pessoas, gerando todo tipo de demanda ambiental." E acrescenta: "Temos de evitar que, assim como o câncer mata o indivíduo que o hospeda, o excesso de população destrua a Terra."

SUPERSALÁRIO de super e salário, do latim *super* e *salarium*, designando, respectivamente, o que está acima e a quantia de sal que soldados e trabalhadores recebiam como pagamento e, mais tarde, o dinheiro para comprarem sal. Talvez a etimologia ofereça a melhor metáfora do gosto amargo dos salários mensais que terminam já na primeira quinzena para quase todos os trabalhadores. Menos para os 21.633 servidores públicos identificados pelo Ministério do Planejamento, cujos salários estão bem acima do que recebe o presidente da República. No levantamento, foi identificado o maior deles, que por ironia é de um servidor do Ministério da Educação. Ele recebe R$ 29.157,31 mensais, mais que o triplo do salário do presidente, fixado em R$ 8.797,50. Além dos supersalários, há também as superaposentadorias, concentradas no Legislativo e no Judiciário. Esses dados confundiram os argumentos brandidos na defesa da Reforma da Previdência, mas coube a Jarbas Passarinho, ministro da Previdência em duas gestões, diagnosticar a distorção do quadro: "Em 1992, o Estado quebrou. Transferiu indevidamente para a Previdência Social a responsabilidade que era sua: o pagamento das aposentadorias. Insisto: foi então que o servidor público vinculou-se à Previdência Social. Com uma diferença: paga 11% sobre o salário integral, enquanto o trabalhador o faz sobre o teto de cerca de R$ 1.800,00. Os inativos, que antes não eram vinculados à Previdência Social, já são mais de 900 mil, aposentados ou pensionistas. São apontados agora como os vilões responsáveis pelo 'rombo' do INSS." Em resumo, os supersalários, embora escandalosos, apesar de amparados em recursos legais, são apenas parte do grande problema. Afinal, os servidores públicos, nem que quisessem, poderiam deixar de recolher a contribuição previdenciária, que vem descontada antes de receber o próprio salário, à semelhança do que ocorre com o imposto de renda.

SUPERSTIÇÃO do latim *superstitione*, superstição, excessivo receio dos deuses. Na cultura luso-brasileira moldaram-se vários tipos de superstição, como não passar por debaixo de uma escada, evitar encontrar gato preto e o número 13, sobretudo quando esse dia do mês cai em uma sexta-feira. Nas festas de fim de ano, certas superstições se refinam, entre as quais está a de não comer carne de animal que cisca para trás. Com algumas exceções, naturalmente, uma vez que o peru, sendo ave, não cisca para frente.

SUPREMACIA do francês *suprémacie* e do inglês *supremacy*, ambas com o significado de superioridade incontestável. No esporte, porém, as supremacias vão sendo alteradas, como no caso do vôlei feminino, em que o time cubano é frequentemente destaque internacional e glória do único país socialista das Américas, além de ser quase caso singular no mundo inteiro, depois que veio abaixo a URSS. O time brasileiro também é muito bom e já venceu as cubanas em várias oportunidades. As cubanas já tiveram a melhor jogadora do mundo em sua posição, a atacante Mireya Luiz, moça formosa, capaz de subir leve como uma pluma e bater na bola com a força de um peso-pesado. O Brasil também tem excelentes jogadoras, sempre elogiadas por sua graça, beleza e competência.

SUPREMO do latim *supremus*, supremo, grau superlativo do adjetivo *superus*, que está acima, da mesma raiz de *superior*, superior. Aparece na designação da mais alta corte de Justiça do país, instância além da qual não pode mais haver nenhum recurso, a menos que se recorra a Deus, que entretanto não costuma frequentar tribunais, a não ser por meio do Filho, simbolizado na figura do Crucificado, pois todo tribunal ostenta um crucifixo na parede, o que, segundo o juiz aposentado, escritor e fundador da Universidade Estácio de Sá, João Uchôa Cavalcanti Netto, indica que o simbolizado está ausente, pois a função do símbolo é de substituição. Aparece na designação do Supremo Tribunal Federal, mais conhecido como STF apenas, que concedeu vários *habeas corpus* a investigados e réus, garantindo-lhes o direito de omitir e mentir, sem o risco de serem presos, pois ninguém é obrigado a autoincriminar-se.

SURUBA do tupi *suru'bá*, bom, gostoso. É a variante brasileira para bacanal, orgia, designando atos sexuais em que participam mais de duas pessoas.

SURURU do tupi-guarani *suru'ru*, caranguejo. Trata-se, porém, de um tipo especial, cuja carne é muito apreciada, constituindo-se em um dos pratos característicos da cozinha alagoana. É de cor preta. Seu hábitat são as plantas dos mangues, às quais vivem agarrados, passando a ideia de que sempre estão brigando uns com os outros. Por isso, os locutores esportivos deram difusão à conhecida metáfora: denominar de sururu as brigas entre torcidas.

SUSPEITA do latim *suspectus*, particípio do verbo *suspicere*, formado a partir de *sub*, por baixo, *specio*, olhar. Pode ter havido influência da forma regressiva do verbo suspeitar, *suspectar*. Para o latim veio da raiz indo-europeia *spek*, olhar com atenção, ligado a observar, do latim *observare*, cuidar, espiar. Os prefixos sub- e ob- indicam exame de coisas encobertas. A suspeita é vizinha do preconceito, de que foi vítima o presidente da República Artur Bernardes. Suspeito de ser homossexual por seus modos delicados, porém censor violento, mandou prender o escritor mineiro Djalma Andrade, seu conterrâneo, autor de jingle que dizia às claras o que era entredito em murmúrios. Para tanto, utilizou a ambiguidade polissêmica do verbo comer: "Quando à cova ele desceu/ Inteiramente despido/ Disse um verme para outro verme:/ Não como, já foi comido." Outro presidente, Washington Luís, venceu em 1926 mas sofreu quando candidato, na voz de Francisco Alves: "Ele é paulista?/ É sim senhor/ Falsificado?/ É sim senhor./ Cabra farrista? É sim senhor./ Ele é estradeiro?/ É sim senhor." Estradeiro porque dissera que "governar é abrir estradas". Falsificado, por ser carioca de Macaé. Farrista, para rimar com paulista e insinuar que mal trabalhava.

SUSPEITO do latim *suspectus*, particípio do verbo *suspicere*, formado a partir de sub, por baixo, *specio*, olhar. Paradoxalmente, para verificar o que estava oculto, os áugures perscrutavam sinais no céu. A palavra identificava o movimento dos olhos, de baixo para cima, com o fim de buscar a verdade. Passou depois a denominar o provável autor de ato ilícito. Nas ditaduras, os suspeitos são quase sempre pobres ou desfavorecidos, mas as democracias têm estado muito atentas aos criminosos de colarinho branco, em geral empresários e políticos atuando em conluio.

SUSPENDER do latim *suspendere*, formado de *sub*, embaixo, e *pendere*, levantar. O sentido mais corrente é suspender, interromper, ao contrário do significado original, que era pendurar, como eram penduradas também algumas balanças. O juiz Rômolo Russo Júnior, atendendo à ação popular movida pelo vestibulando de direito e de informática César Augusto Coelho Machado, suspendeu a cobrança de pedágio em 13 praças do Rodoanel Mário Covas, em São Paulo. Uma lei de 1953 proíbe pedágios num raio inferior a 35 km da Praça da Sé, considerado o marco zero da capital paulista. O desembargador Antonio Carlos Munhoz Soares suspendeu a liminar, e o pedágio voltou a ser cobrado. O povo, desconhecendo essas complexidades da Justiça, não entende como é que um juiz determina uma coisa, e outro, o contrário. Acontece o mesmo quando um juiz manda prender e outro soltar.

SUSSURRAR do latim *sussurrare*, sussurrar, falar baixo, confidenciar. Sinônimo de murmurar, cujo sentido conotativo infestou a conversação familiar. Assim, a criança que, inconformada com alguma ordem dos mais velhos, não pode insubordinar-se, estando impedida até de externar em palavras claras a recusa de fazer alguma coisa, limita-se a murmurar, sussurrar, cochichar, dizer em voz baixa a outros ou apenas a si mesma que não está gostando da situação. Quando ainda presidente, Fernando Henrique Cardoso, comentando certa vez o que o povo quer, mas não tem condições de explicitar em mecanismos legais, aludiu ao murmúrio popular, traduzindo-o como "a voz rouca das ruas", ele mesmo produzindo quase uma expressão onomatopaica, pela repetição de "rouca" e "ruas".

SUSTAR do latim *substare*, estar debaixo, que no português foi tomado como equivalente de *sobrestare*, sobrestar, estar por cima, verbo latino de sentido oposto. Tomou o significado de interromper, parar, suspender, e foi com estes significados que se consolidou no português, de que são exemplos sustar o cheque (interromper seu pagamento), sustar a venda de ingressos (suspender a comercialização de bilhetes), sustar a compra de carros (impedir que sejam vendidos) etc.

SUSTO de origem desconhecida, provavelmente da formação expressiva emitida por quem sente medo repentino e balbucia algum som que lembra a palavra, como "isst!", segundo o etimólogo espanhol Juan Coromines i Vigneau, que assinava Joan Corominas, autor de um monumental *Diccionario crítico etimológico castellano e hispánico*. O filólogo e humanista francês Marc-Antoine Miret viajava pela Itália, passou mal e foi internado num hospital do Piemonte. Estava tão malvestido que os médicos o tomaram por um mendigo e comentaram entre si, em latim: *"faciamus experimentum in anima ou in corpore vili."* Entendendo que iam usar seu corpo como experiência e, sabendo latim, replicou ao médico que fizera a proposta aos outros: *"Vilemne animam appellas pro qua Christus non dedignatus est mori?"* (Chamas vil a uma alma pela qual Cristo não se recusou a morrer?). Quando os médicos se retiraram, o sábio fugiu do hospital, achando-se curado só com o susto.

SUTIÃ do francês *soutien*, sutiã, peça íntima para sustentar, modelar ou simplesmente enfeitar os seios. Há sutil diferença de função nas línguas francesa e espanhola para esse verdadeiro fetiche da lingerie. As espanholas usam sujetador, significando dominador. Isto é, para as espanholas, o sutiã domina algo que pode escapar. Para as francesas, sustentam algo que pode cair. Em outras línguas, como as anglo-saxônicas, é denominado *brassière*, do antropônimo francês Philippe *Brassière*, ou simplesmente *bra*. Os norte-americanos creditam a invenção do sutiã à debutante Mary Phelps Jacob, que em 1914 recebeu U$ 15 mil dólares pela patente de uma peça do vestuário feminino que denominou *soutien-gorge*. Mary abominava os espartilhos, usuais e tidos por elegantes naquela época. Inconformada em sair à rua com o corpo tão apertado, acolheu ideia de sua anônima criada francesa e amarrou dois lenços para segurar os seios, ligando um pano ao outro com uma fita. A inventora jamais conseguiu comercializar aquela peça, mas desde então muitas empresas têm ganhado fortunas incalculáveis em todo o mundo fabricando sutiãs. O costureiro e decorador francês Paul Poiret, em *En habillant l'époque*, atribui a si mesmo a invenção do sutiã para suas clientes. Também um certo Otto Titzling é dado como inventor do sutiã, em 1912. As mulheres romanas usavam o *strophium*, um pano que mantinha erguidos os seios. A palavra latina era a mesma para designar a corda que amarrava o navio ao cais. A ideia, para os navios como para os seios, era a de prendê-los.

T

TABELIÃO do latim *tabellione*, homem que escrevia em tabuinhas enceradas, fazendo registros indispensáveis, como nascimentos, óbitos, leis, escrituras de imóveis, fases da lua etc.

TABLET do francês *tablete*, pelo inglês *tablet*, diminutivo de *table*, mesa, designando originalmente mesinha, placa, tabuinha e também livro de lembranças. Modernamente aplica-se a computador pessoal, em formato fino e pequeno, que semelha a versão eletrônica da lousa usada para estudo entre os antigos romanos. Dispensando o *mouse*, é operado pelo sistema *touch screen*, toque na tela. O *tablet* não exclui o professor! Torna-o muito mais eficiente, por melhor aparelhá-lo! As bibliografias são inseridas, atualizadas e disponíveis, a um clique, o que permite a docentes e alunos um novo e poderoso quadro de referência para ensinar melhor. Há evidências de que a qualidade do ensino vem melhorando depois da adoção do *tablet*.

TABLOIDE do inglês *tabloid*, originalmente marca registrada de medicamento em forma de pastilha retangular. Por extensão, passou a designar jornais em tamanho menor que o padrão. Os tabloides ingleses notabilizam-se por publicar matérias desprezadas pela grande imprensa, além de ironizar a opção sexual de vários ministros ingleses, entre eles o da Agricultura, Nick Brown, que admitiu dedicar-se ao cultivo de outras plantas. Comentando a caça aos homossexuais britânicos, o jornalista José Simão, cujo texto apresenta trocadilhos e neologismos insólitos, escreveu: "Desse jeito o gabinete do Blair vai virar um gaybinete."

TABU do tonga *ta'bu*, idioma da Polinésia, designando o que é sagrado, proibido, inviolável. Chegou ao português depois de uma baldeação no inglês *taboo*. A cirurgia já foi um tabu, como é comentado neste trecho de *José*, de Rubem Fonseca: "Durante a Inquisição, as universidades de medicina somente permitiam que os estudantes operassem em manequins cujas partes sexuais eram omitidas. Esses tabus religiosos não estão confinados apenas à estupidez católica, são encontrados em todos os livros sagrados, sejam cristãos, hindus, budistas, semitas, maometanos, não importa."

TÁBUA do latim *tabula*, tábua, peça plana de madeira, quadro, lousa. Não foram em papéis, mas em tábuas de pedra e de madeira que foram impressas as primeiras leis da Humanidade. As mais antigas são os Dez Mandamentos, gravados em duas tábuas de pedra, depois quebradas por Moisés, irritado diante da infidelidade do povo, tendo-se obrigado a uma segunda edição, e a Lei das XII Tábuas, cuja primeira edição foi apresentada ao povo romano em tábuas de carvalho no ano 451 a.C. e depois gravadas em bronze "para perpétua lembrança". Queimadas num incêndio que devastou Roma no século IV, as XII Tábuas persistiram apenas em fragmentos. Por meio deles pode-se avaliar a severidade dos castigos, entre os quais a pena de morte para vários crimes, incluindo o de o cliente matar o advogado que o traiu, oferecendo-o "em sacrifício aos deuses infernais" e assegurando ao pai o direito de matar o filho que nascesse com alguma monstruosidade. Também o suborno e a corrupção de funcionários públicos eram punidos com morte, entretanto aplicada às duas partes e não apenas ao subornado.

TAÇA do persa *täsht*, bacia, pires, passando pelo árabe vulgar *tâsa*, copo em forma de cálice. A Taça *Jules Rimet*, uma mulher de ouro, com os braços levantados representando a vitória, foi esculpida pelo artesão francês Abel Lefleur. A seleção que a conquistasse por três vezes teria sua posse definitiva, glória que coube ao Brasil na Copa do México, em 1970. Foi derretida e vendida, depois de roubada da CBF no dia 23 de dezembro de 1983. Era feita de ouro puro, media 55 cm e pesa 1,8 kg. Levou três meses para ser feita e 40 anos para ser conquistada pela nação que infelizmente não soube cuidar do que ganhou. Gloriosos pentacampeões do mundo, não precisaríamos passar por tamanha vergonha.

TACACÁ de origem controversa, provavelmente do caribe *taka'ka* ou de mescla com o tupi *taca*, haste comprida, tronco, como é a mandioca, uma vez que esse prato da culinária indígena é um caldo feito com goma de mandioca, ao qual são acrescentados camarões e tucupi, que é um molho de água de goma e pimenta, além de alho, sal e jambu, erva capaz de provocar sensação de formigamento na boca, tamanha é a excitação causada nas papilas gustativas. É uma iguaria típica da cozinha do Norte do Brasil.

TACAR de atacar, com aférese, isto é, exclusão do "a" inicial, vindo do italiano *atacare*, palavra formada do germânico *taikka*, rastro, sinal, vestígio. É do mesmo étimo de ataque, mas no Brasil o verbo tem essas duas formas, atacar e tacar, este último dito e escrito às vezes como sinônimo de tocar. Exemplos: "os bandidos tacaram fogo nos ônibus", ação muito frequente no Rio de Janeiro quando os traficantes, desesperados e perdendo terreno para a polícia nos morros, dali descem e apelam a um modo simples de assustar a população, queimando veículos de transporte coletivo, como ônibus e vans.

TAFETÁ do francês *taffetas*, vindo do árabe *taftä*, particípio passado do verbo *taftän*, tecer. Passou a designar um tecido bem tramado, lustroso, de seda. Várias personagens da literatura aparecem vestidas de tafetá.

TAIÉR do francês *tailleur*, talhador, radicado no verbo latino *taliare*, cortar, podar, mas que com o passar do tempo veio a designar o alfaiate e depois a veste feminina feita pelo *tailleur*, alfaiate, costureiro, ou pela *tailleuse*, costureira, constituída de saia justa, até o joelho ou pouco abaixo, e casaco acinturado, veste preferida por mulheres elegantes, principalmente depois que passaram a desempenhar cargos antes privativos dos homens, como presidente, primeiro-ministro, chefe de Estado, ministro, deputado, senador, desembargador etc. O inventor do *taiér* tal como o conhecemos hoje foi o costureiro francês Christian Dior. Ao morrer, deixou verdadeiro império a outro estilista, Yves Saint Laurent, igualmente francês, a quem devemos esta bela definição de uma veste feminina: "A roupa mais bonita para vestir uma mulher são os braços do homem que ela ama. Para as que não tiveram essa felicidade, eu estou aqui." Mas os homens de bom gosto apreciam as duas opções: a mulher amada bem-vestida. O sucesso alcançado pelo fundador resultou da parceria da criatividade e o talento pessoal de Dior com a ajuda financeira recebida de Marcel Boussac, empresário da indústria de tecidos, que deve ter gostado de ver a grande transformação da economia da moda: vestidos antes feitos com cinco metros de tecido passaram a usar até 40 m. Já Saint Laurent criou o *smoking*, sobre cujo poder transformador escreveu a inglesa Suzy Menkes, editora do jornal *International Herald Tribune*: "Hoje as mulheres andam normalmente de terno e calça comprida. Isso parece normal, cotidiano, mas na época a mulher era proibida de entrar num restaurante ou num hotel. O *smoking*, usado até hoje, destinado à mulher que queria ter um outro papel, foi uma provocação sexual."

TAIFEIRO de taifa, do árabe *taifa*, com escala no espanhol *taifa*, de onde chegou ao português taifa, acrescido do sufixo -eiro, indicando ofício. Aliás, somos a única nacionalidade do mundo definida pelo ofício dos primeiros mercadores, que negociavam pau-brasil. Por pouco nossa identidade não foi definida como pau-brasileiro. Felizmente, houve providencial elipse da palavra inicial do composto. Já taifeira entrou para nossa língua por força da crescente participação das mulheres em ofícios até então exclusivamente masculinos. Originalmente, taifeiro designava pessoas que tinham ocupações semelhantes, exercidas num mesmo local. Passou depois a nomear soldados e marinheiros encarregados de proteger, durante os combates, a tolda e o castelo da proa das embarcações. No Brasil, consolidou-se como designação do pessoal de apoio nas Forças Armadas, constituído de cozinheiros, barbeiros, padeiros, copeiros, camareiros, faxineiros e arrumadores. Os taifeiros que serviam o presidente da República e outras autoridades nos voos do já aposentado Boeing 707, mais conhecido como Sucatão, eram cabos e soldados, que foram substituídos por belas comissárias de bordo depois que um Airbus 320 tomou o lugar da antiga aeronave. Como avião é metáfora para mulher bonita, a aeronave presidencial semelha um porta-aviões aéreo, lotado de taifeiras encarregadas de atender o presidente e outros felizardos auxiliares. Taifa é também termo político desde 1301, quando o califado de Córdoba, na Espanha, foi desmembrado em unidades autônomas, depois de seu desmantelamento.

TAINHA do grego *tagenía*, frito, grelhado, pelo latim *tagenia* e depois *taginia*, de onde se formou a pronúncia no português tainha. Designa peixe, abundante nas águas do Atlântico, principalmente no Sul, pequeno, mas que pode alcançar até 90 cm de comprimento. Tem o dorso verde-escuro, ventre e flancos prateados e estrias longitudinais.

TALASSA do grego *thálassa*, mar. Os monarquistas portugueses foram chamados de talassas por causa de uma exclamação do célebre filósofo, historiador e general ateniense Xenofonte em sua obra *Anábase*, Livro IV, capítulo 7, encontrada ao final de mensagem que enviaram do Brasil ao conselheiro João Franco, então presidente do Conselho de Ministros de Portugal. Xenofonte registrou um pouquinho diferente, porque o fez em dialeto ático, o júbilo dos soldados gregos ao avistarem o mar Negro quando faziam a mais famosa das Retiradas da Antiguidade, a dos 10 mil, entre 401-399 a.C., na Ásia Menor: "*Thálatta! Thálatta!*" (O mar! O mar!).

TALENTO do grego *tálanton* e do latim *talentu*, ambos com o significado de balança, primeiramente, e depois de moeda de prata. O último sentido vulgarizou-se devido à parábola dos talentos, que deveriam ser multiplicados, de acordo com o *Evangelho de São Mateus*, 25.

TALHER de origem controversa, provavelmente da mistura do francês antigo *tailloir*, depois *tailler*, tábua ou prato onde se cortava a carne, com o italiano *tagliere*, que designava tanto o prato como um ramo duro, às vezes em forma de forquilha, para destrinchar a carne, que deu *forchetta*, garfo em italiano, do mesmo étimo de *forca*, do latim *furca*, pau bifurcado que, em tamanho grande, servia de cadafalso, local de execução de penas de morte por enforcamento, estrangulamento ou asfixia. A raiz remota é o latim vulgar *taliare*, cortar, mas talher passou a designar o conjunto de utensílios para servir ou comer os alimentos, incluindo faca, colher, garfo etc.

TALIÃO do latim *talione*, declinação de *talio*, talião, relacionado com *talis*, tal, igual, semelhante. Designa antigo tipo de pena que consistia em aplicar ao agressor o mesmo dano que tivesse causado a outrem. Todavia há algumas impossibilidades. Um de seus primeiros registros está na *Bíblia*, em *Êxodo* 21: 23, logo depois de comentar violência de homem contra mulher grávida, de cuja agressão sobrevenha o aborto. No caso, como aplicar a lei do talião? Por isso, o versículo 23 começa com uma adversativa: "mas se resultar desgraça, darás vida por vida, olho por olho, dente por dente, mão por mão, pé por pé, queimadura por queimadura, ferida por ferida, contusão por contusão." Nos versículos seguintes, dispõe sobre o olho perdido de escravos, cuja causa tenham sido os maus-tratos, determinando que as vítimas sejam ressarcidas com a liberdade, que poderia ser obtida também se as agressões resultassem em "quebrar um dente de seu escravo ou escrava". O legislador desce a minúcias no texto bíblico, disciplinando sobre chifradas de boi: se o boi atacou a pessoa, surpreendendo com o gesto abrupto até o dono, deveria ser apedrejado até a morte e sua carne não poderia ser comida. Mas se o dono soubesse, deveria ser apedrejado e morto também. No caso de abigeato – roubo de gado – a lei do talião prescrevia mais do que o mesmo dano: cinco bois por um boi roubado e quatro ovelhas por uma roubada. Outras vezes a pena era de 200%, como no caso de roubo de dinheiro vivo.

TALMUDE do hebraico *talmúd*, estudo, ensino, doutrina, obra da cultura judaica que reúne a doutrina e a jurisprudência da *Bíblia*, sobretudo dos cinco livros que integram o *Pentateuco*, cujos comentários foram feitos por sábios rabinos entre os séculos III e VI. O radical é *lamád*, aprender, estudar a *Torá*, do hebraico *Torá*, que designa o *Pentateuco*, os cinco livros iniciais da *Bíblia*, originalmente editados em rolos manuscritos, em couro ou pergaminho, cuja edição primeva era guardada na Arca que estava no Templo de Jerusalém. O *Talmude* reúne interpretações e comentários feitos por famosos rabinos no correr da História. Além do *Talmude*, lendas judaicas foram passando de geração em geração, consolidando-se na cultura ocidental, de que são exemplos inclusive superstições, como as de que o vermelho nas vestes, o sal no bolso e um amuleto pendurado no pescoço podem afastar o mau-olhado, para cujos perigos e insidiosa força o povo é alertado.

TALVEZ junção de tal, do latim *tale*, semelhante, e vez, do latim *vice*, oportunidade. Nos começos da língua significou alguma vez, raramente. Depois passou a indicar dúvida, e nesta função tem sido um dos advérbios mais usados nas relações amorosas, como nesses versos machadianos: "Talvez um dia meu amor se extinga." No amor um "talvez" pode significar "com certeza" ou "jamais". Ao contrário das sobremesas, um "talvez" raramente é repetido.

TAMANDUÁ do tupi-guarani *tamondu'a*, pela redução de *tacy* para ta e *monduá*, caçador. O latim coloquial não adotou o grego *myrmekos*, formiga, que entretanto prevaleceu nas designações científicas. Assim, o tamanduá é descrito nos dicionários como um mamífero desdentado, mirmecofágeo, comedor de formigas. Dotado de enorme e pegajosa língua, ele a estende sobre formigueiros e cupinzeiros, recolhendo-a repleta desses insetos, tão importantes para sua dieta alimentar. O alimento principal é o cupim; a formiga é apenas complementar. O tamanduá tem garras afiadas, com as quais pode, mediante um abraço que dá apoiado apenas nas patas traseiras, matar a quem agarra. Como ataca por trás, sorrateiramente, ensejou a expressão "abraço de tamanduá". A falta de dentes, não apenas nos tamanduás, mas em pessoas, é motivo de desconcerto, tal como neste trecho delicioso do conto *Fumaça no olho*, do livro *Morte póstuma* (Editora Armazém de Ideias), do escritor mineiro José de Anchieta: "Quase que eu não volto daquele dotozinho. Seboso, falando não pode isso e aquilo, uma lera de coisa. Pôs uma bomba no meu braço, apertou uma goma e ficou olhando para os ferrinhos que subiam e desciam. Depois, deu de escrever com uma letra rabiscada, que até a moça de laboratório tardou a entender e mandou tirar sangue na injeção, que um sujeito todo de branco me enfiou no braço, mas que não era doutor, caus que tinha uma falha de dente bem na frente e eu nunca vi dotor banguelo." Quanto aos que atacam, ainda que por traição, às vezes mostram insólita generosidade, como diz no filme *Comando para matar* o ator Arnold Schwarzenegger: "Eu gosto de você. Vou te matar por último."

TAMANHO provavelmente do latim *tam magnus*, tão grande, mas que acabou se tornando termo de comparação também para coisas menores. O Brasil é tão grande que apenas no município de Altamira (PA), o maior do país, caberiam quatro Holandas, mas habitado por apenas 105 mil pessoas. O menor do Brasil em extensão é Santa Cruz de Minas (MG), ao lado de São João del-Rei (MG). Já os cerca de 800 moradores de Borá (SP), o menor município em número de habitantes do Brasil, caberiam todos num avião.

TAMBOR do persa *dänbärä* e do árabe *tanbur*, ambos com o significado de cítara. Mas em português o instrumento tem forma cilíndrica, de metal ou de madeira, com uma tampa de couro, que produz um som retumbante quando tangido pelas baquetas. Dois romances brasileiros contemporâneos, escritos por ficcionistas homônimos, mencionaram este objeto nos títulos: *Os tambores silenciosos*, de Josué Guimarães, e *Os tambores de São Luís*, de Josué Montello.

TANATOFILIA do grego *thánatos*, morte, e *philos*, amigo, querido, desejado, de que se formou o sufixo -filia em português, presente em pedofilia – atração sexual mórbida por crianças; necrofilia, idem por mortos. A tanatofilia, exemplo de morbidez, designa atração pela morte. Alguns exemplos históricos falam por si só: Joana de Castela, a Louca, a esposa do rei espanhol Felipe I, o Belo, continuou a dormir com o marido, já morto, por mais três anos. A sexualidade é terreno fértil para a morbidez, mas poucos foram tão afetados como a rainha Elizabeth I, filha de Henrique VIII e Ana Bolena, que entretanto guardou segredo do que escondeu numa frase célebre: "odeio a ideia de casamento por motivos que não divulgarei nem a uma alma gêmea." Morreu solteira, aos 69 anos, mas antes mandou matar sete amantes, alguns dos quais rumaram diretamente da cama para o patíbulo.

TANGA do quimbundo *ntanga*, tanga, pedaço de tecido que povos antigos utilizavam para cobrir o espaço que vai do ventre às coxas, com o fim de proteger as chamadas partes pudendas. Pode ter tido função de tapar as vergonhas, mas seu fim original foi evitar eventuais arranhões e outros desconfortos vindos da vida na selva. Dado o formato, designou também proteção semelhante adotada pelos índios. Já entre os brasileiros civilizados, a tanga foi a sucessora do biquíni. O jornalista e ex-deputado Fernando Gabeira escandalizou o país ao posar para os fotógrafos vestindo apenas minúscula tanga de crochê lilás, ao voltar do exílio, no verão de 1979-1980, quando a abertura política dava os primeiros passos no governo de João Figueiredo. A foto foi feita nos arredores do Posto 9, na praia de Ipanema, no Rio. A tanga de Fernando Gabeira tinha sido a parte de baixo do biquíni da também jornalista Leda Nagle, sua prima, que a emprestara para ele ir à praia. Segundo a jornalista Zuenir Ventura, no livro *Minhas histórias dos outros* (Editora Planeta), aquela tanga "funcionou como espalhafatosa ilustração do que um ano antes, em 1978, ele expusera numa entrevista ao *Pasquim* feita por Ziraldo em Paris. Aí surgiram algumas das questões com as quais a agenda marxista brasileira não estava acostumada: culto do corpo, liberdade sexual, direitos da mulher, homossexualismo, ecologia, racismo".

TANGO provavelmente de origem onomatopaica, designando primitivamente dança executada ao som de tambores batidos por negros reunidos para se divertirem. Depois de consolidado em várias partes da América, migra para a Argentina, onde vem a designar não apenas a dança, mas também um tipo de música que celebrizou muitos cantores e compositores, sendo o maior deles o argentino, nascido em Toulouse, na França, Carlos Gardel, e falecido em trágico acidente aéreo em Medellín, na Colômbia, quando o avião em que viajava, depois de uma escala naquela cidade, preparava-se para decolar. Consagrado por crítica e público, Gardel atuou em vários filmes. Entre seus tangos mais conhecidos destacam-se *Mi Buenos Aires querido*, *El dia que me queiras* e *Mano a mano*. O tango começou a ser exportado para o mundo por intermédio dos marinheiros de diversas partes do mundo, encantados com suas incursões em terra pelas noites argentinas, ainda mais encantadoras no período que cobre as duas guerras mundiais, quando a nação possibilitou elevado padrão de vida a seus habitantes pelos rendimentos obtidos na venda de carne, couro, lã e trigo para a Europa. O tango se parece em melancolia com a lânguida *habanera*, que lhe serviu de base quando esta música seduziu também a Argentina. Para o tango confluíram, porém, não a saudade africana, mas diversas nostalgias de imigrantes europeus, sobretudo ingleses e italianos.

TANOEIRO do baixo-bretão *tanu*, carvalho, formou-se este vocábulo para designar o profissional que conserta pipas, tonéis, tinas, dornas, barris. Em suas *Páginas recolhidas*, Machado de Assis conta a história de um tanoeiro que "em cosmografia professava a opinião de que este mundo é um imenso tonel de marmelada, e em política pedia o trono para a multidão".

TANTÃ de origem controversa, provavelmente vindo da associação com tam-tam, do concani *tam'tam*, do bengali *tan tan*, pelo francês *tam-tam*, designando instrumento chinês de percussão, semelhante ao gongo, e também tambor de bronze. Com influências da onomatopeia, tantã veio a designar o tonto, porque seus gestos e comportamento dão a ideia de que a baqueta foi batida em sua cabeça, não no gongo ou no tambor.

TAOISMO do chinês *tao*, origem de tudo, de acordo com doutrina formulada ainda no século VI a.C. por Lao Tsé. Ensina que há uma integração do ser humano à realidade cósmica primordial, o *tao*, escrito também *tau*. Prescreve uma existência natural, espontânea e serena, de caráter contemplativo, opondo-se ao racionalismo pragmático que caracteriza os ensinamentos de Confúcio. O viajante, médico e naturalista francês Raimundo Henrique des Genettes, que visitou uma tribo de índios em 1836, perto das nascentes do rio Manhuaçu, no trajeto do Rio de Janeiro para Minas Gerais, ouviu ali, de uma criança coropó, a palavra tao para designar Deus. Eis o registro que fez: "Três letras me puseram fora de mim. *Tao*, em ecualdunak (dialeto basco de origem sânscrita), é o nome venerado de Deus." Luiz Ernesto Wanke e Marcos Luís Wanke, no livro *Brasil chinês* (Editora Lewi), oferecem ao leitor outros exemplos desta provável presença. Vários autores sustentam que os descobridores chegaram pelo Pacífico, não pelo Atlântico. Há notáveis semelhanças entre o quíchua, falado pelos incas, e o sânscrito, a língua sagrada da antiga Índia. Na Universidade Federal do Pará há outras evidências da presença chinesa no Brasil na era pré-cabraliana.

TAPA derivado da expressão tapa-boca, bofetada que era dada com a mão aberta sobre a boca, castigo que tinha o fim de impedir que o agredido continuasse falando. Provavelmente a locução de que se derivou tenha se formado a partir do baixo-alemão *tap*, tapar, tampar, rolhar, se bem que o latim também tinha a forma *tappare*, com o mesmo significado. Hoje, na gíria dos bares, designa um pequeno gole de aperitivo.

TAPEAÇÃO de tapa, do gótico *tappa*, tampa, e ação, do latim *actione*. Pode ter havido mescla com o tupi *tapeyar*, pela formação *tape*, caminho, e *yar*, dono. Tapeação indica significado que logo se bifurca, aplicando-se tanto ao ato de enganar por meio de ardis que ocultam a realidade, quanto de conduzir por caminhos errados, pois só pode fazer isso de caso pensado quem conhecer o caminho verdadeiro. No Brasil meridional o tapeador tem o significado que é dado a estradeiro no Norte. Por ocasião da Revolução de 1930, os verbos tapear e despistar frequentaram diversos artigos na imprensa para caracterizar o comportamento político de Getúlio Vargas. O escritor Cornélio Pires usa como sinônimos em *Conversa ao pé do fogo*: "Estradeiro. Águia. Velhaco. Ligeiro de mão."

TAPETE de origem controversa, provavelmente de origem iraniana, mas registrado em grego como *tapes*. Para o português veio do latim *tapete*, declinação de *tapes*. É um tapete que Penélope tece enquanto espera pelo retorno de Ulisses, seu marido. E diz a seus pretendentes que casará com um deles quando concluir o trabalho, que faz e desfaz incessantemente, se guardando para o marido. Um dia Ulisses enfim retorna ao lar, disfarçado de mendigo, mas é reconhecido pelo filho e pela criada que, ao lavar os pés do antigo amo, reconhece-o por uma cicatriz. Depois de derrotar todos os pretendentes aos quais Penélope resistiu por tantos anos, dá-se a conhecer a Laerte, seu pai, já idoso, e a todos mais. A obra inspirou numerosas narrativas em todos os tempos e dela há referências até mesmo em faroestes, como em *Meu nome é Ninguém*, resposta que Ulisses dá ao monstro Polifemo quando este lhe pergunta quem ele é.

TARA do árabe *taraha*, rejeitar, afastar, vocábulo mais usado no comércio para indicar mercadorias que não serão negociadas. Passou a designar depravação sexual que, à semelhança do que ocorre nas práticas comerciais, seria item dispensado numa transação. São frequentes em nossa língua metáforas da linguagem comercial para designar práticas amorosas, de que é outro exemplo o verbo transar, originalmente transação em mercado de trocas. O tarado é originalmente alguém que, tendo uma deficiência, comete excessos.

TARADO do árabe vulgar *tárah*, desconto, subtração. Tarado, apesar de ser mais utilizado para indicar indivíduo sexualmente obsessivo, tem também outra significação: a de um gosto extremado por alguém ou alguma coisa. Em sentido conotativo, a palavra passou a significar alguém a quem é preciso dar um desconto na carga excessiva que leva de desejo.

TARIFA provavelmente do italiano *tariffa* ou do francês *tarif*, ambos radicados na forma com que os argelinos pronunciavam o árabe *ta'rif*, notificação, do verbo *Harraf*, informar, notificar, dar a conhecer. Tarifa, originalmente lista de preços, designa o imposto de importação, cobrado em portos e aeroportos, e também os preços de serviços como fornecimento de energia elétrica, correio, transportes etc.

TARIFAÇO do árabe *ta'rif*, passando pelo castelhano *tarifa*, indicando taxas alfandegárias, depois estendido para preços de serviços públicos. O sufixo -aço é indicativo de magnitude. Em todos os planos econômicos, as tarifas de energia elétrica, por exemplo, sofrem aumentos elevados.

TÁRTARO do latim *Tartarus*, vindo do grego *Tartaros*, profundezas dos infernos nas duas línguas. Passou a designar a crosta que se forma nos tonéis de vinho, em razão de suas propriedades abrasivas. Foi a imagem que deu nome à substância calcária que se acumula ao redor dos dentes. Alguns anúncios de dentifrícios apregoam que, se escovarmos os dentes com a sua marca, impediremos nova invasão dos tártaros, dessa vez na boca. Como se sabe, o terrível tártaro, do turco *Tatar*, Gengis Khan, invadiu a Europa no século XIII e espalhou terror por onde passava, com exércitos procedentes do Norte da China. Seus soldados comiam carne crua e temperavam com um molho especial, dois resquícios que permaneceram na culinária ocidental: o bife tártaro, de carne moída e crua, e o molho tártaro.

TARTUFO do francês *Tartuffe*, nome de um personagem hipócrita e carola, da peça do dramaturgo francês Jean-Baptiste Poquelin Molière, *Le Tartuffe*. Virou sinônimo de pessoa que bajula para conseguir favores.

TATIBITATE de formação onomatopeica, este vocábulo, expressando a gagueira e outros defeitos fonológicos, que resultam na troca de fonemas, formou-se para designar conversa irrelevante, confusa, de pouco préstimo. Tem sido sinônimo de ti-ti-ti, murmúrio, fofoca.

TÁTICA do grego *taktiké*, tática, habilidade nas manobras do exército em campo de batalha. Predominou depois seu sentido metafórico, isto é, aplicado a outras situações que podem ou não se assemelhar às de guerra. Metáfora significa originalmente transporte. Transporta-se a palavra de um para outro lugar, com o fim de designar outra coisa. Segundo o jornalista Mino Carta, em coluna que publicou na revista *Isto é*, no dia 1° de fevereiro de 1978, o então líder sindical Lula usava uma tática para cada situação. Quando outros líderes do PT concluíram que seus erros de pronúncia e de concordância, verbal e nominal, apareciam aos olhos da classe média como indicadores de seu despreparo, encarregaram o Instituto da Cidadania de lhe ministrar aulas particulares. Pelas aulas de economia ficaram responsáveis Aloizio Mercadante e Guido Mantega.

TATUAGEM do taitiano *tatu*, sinal, pintura, pelo inglês *tattoo*. O navegador inglês James Cook relatou que os habitantes da ilha de Taiti, na Oceania, pintavam a pele com um osso pontudo, derramando nos pequenos ferimentos uma tinta preta chamada *tat-tow*. As palavras tatuar e tatuagem chegaram ao português no século XIX, mas foi apenas nas últimas décadas do século passado que a tatuagem foi amplamente disseminada no Brasil entre os mais jovens. Uns tatuam figuras, como dragões, cobras e aranhas; outros tatuam nomes de pessoas, frases ou símbolos cabalísticos. A palavra *tattoo* já existia no inglês desde o século XVII e indicava pequenas batidas para tapar os barris de bebida no fim do dia e depois para designar batida de tambor que indicava que os soldados deveriam voltar ao quartel. O célebre navegador descobriu a Nova Zelândia logo em sua primeira viagem. Na segunda, foi ao Oceano Ártico. Na terceira e última, descobriu as ilhas do Havaí, onde foi assassinado pelos nativos.

TATU-BOLA de tatu, do tupi *ta'tu*, sem dentes, e bola, do latim *bulla*, pelo provençal *bola*, última escala da palavra antes de chegar ao português. O tatu-bola, o menor de sua espécie, defende-se dos predadores enrolando-se completamente dentro da carapaça, formando uma bola, daí o nome pelo qual é mais conhecido, pois ninguém vai dizer "olha lá um *Tolypeutes tricintus*", seu nome científico. Mas enrolar-se não o defende do maior predador de todos, o homem, que simplesmente o põe num saco. Característico de regiões secas, ele tem dificuldade de cavar para esconder-se, utilizando para refúgio buracos feitos por outros bichos, por isso está em extinção. Foi escolhido como mascote da Copa de 2014.

TATURANA do tupi-guarani *tata'rana*, semelhante ao fogo. São larvas de belíssimas cores, recobertas, porém, de pelos urticantes, capazes de molestar e irritar a pele dos animais e principalmente a do homem. O escritor Guimarães Rosa, em seu romance *Grande sertão: veredas*, aproveitou este étimo para caracterizar seu herói, Riobaldo.

TAXAR do latim *taxare*, avaliar, fixar o preço, tributar. Herança dos tempos inflacionários, temos ainda hoje a taxa referencial de juros, conhecida pelas iniciais TR.

TÁXI do inglês *taxi*, redução de *taxicab* e esta de *taximeter cab*, cabo de taxímetro (para medir a distância percorrida). A etimologia remota é o grego *táksis*, classificação. *Tásso*, em grego, é pôr em ordem. Nossa ideia de táxi é um veículo motorizado dirigido por profissional habilitado, o taxista. Mas em diversos países esse meio de transporte é puxado por tração animal ou humana.

TCHAN do latim *planu*, plano, chato, liso, formaram-se em português chão e chã, no sentido de bom qualificativo. Já Pero Vaz de Caminha utiliza a palavra duas vezes em três linhas para falar bem do Brasil em sua famosa carta: "É a terra por cima toda chã e muito cheia de grandes arvoredos, de ponta a ponta é tudo praia-palma, muito chã e muito formosa." E os portugueses, nossos descobridores, talvez por terem aportado justamente à Bahia, seguraram ali o tchan pela primeira vez. Séculos depois, outro grupo baiano, *É o Tchan*, começou a cantar que "Tudo o que é perfeito a gente pega pelo braço, joga lá no meio, mete em cima, mete embaixo, depois de nove meses, você vê o resultado". Em seu livro *Devassos no paraíso*, o escritor João Silvério Trevisan sugere que houve ali uma primeira grande festa em que foram descobertas muito mais coisas do que a nova terra, mesmo porque os nativos já estavam com os corpos descobertos.

TCHÊ do espanhol *che*, interjeição utilizada para chamar pessoas ou animais. Serve também para expressar admiração ou espanto. Tem duas variantes no Brasil meridional: ché e chê. O *Dicionário Aurélio* registra as duas, mas ao grafá-las com inicial "c", omite a pronúncia correta, com "t" mudo inicial. O escritor regionalista João Simões Lopes Neto utiliza o vocábulo com o significado de assombro, em sua famosa obra *Contos gauchescos e lendas do Sul*: "E quando parei e os dois vultos se chegaram, conheci que eram o meu general e o coronel Onofre. E desarmados, chê!" General e coronel andarem desarmados no Rio Grande do Sul daqueles tempos, coisa era de causar desconcerto e perplexidade.

TCHEKHOVIANO do nome do célebre escritor e médico russo Anton Tchekhov. Este adjetivo é utilizado para designar o estilo marcado por concisão, objetividade e clareza na arte de narrar. Filho de pequeno comerciante, neto de servos de gleba, o menino ficou em sérias dificuldades quando seu pai faliu. Formou-se em Medicina pela Universidade de Moscou e trabalhou muito para custear seus estudos e sustentar a família. Exercia a Medicina numa clínica rural e, juntando esse conhecimento à sua vivência de estudante, tornou-se um extraordinário observador da vida comum, como se depreende da leitura de seus contos, quase todos antológicos. Examinando a fundo banalidades da vida cotidiana, ele chega ao fundo dos motivos que levam a gestos, falas e comportamentos. *Tio Vânia, Três irmãs, O jardim das cerejeiras* e *O homem no estojo* são suas obras mais conhecidas, já transpostas para teatro e cinema.

TECLA de origem controversa, provavelmente do árabe *têqra*, caixinha, ou do latim *tegula*, telha. Pode ter havido redução do coletivo, teclado. Reunidas, as teclas de pianos e órgãos têm aparência de telhado. O mundo moderno não existiria sem teclas. Todos os dias batemos em muitas delas. E há aqueles que batem sempre na mesma tecla. É também nome de várias mulheres, uma das quais, Santa Tecla, que abandonou o noivo e converteu-se ao cristianismo. Apesar de ter vivido 90 anos, a Igreja a celebra como virgem e mártir. Depois de uma vida de perseguições, refugiou-se numa caverna, cuja pedra que servia de porta abriu-se para ela entrar.

TECLADO de tecla, de origem controversa, mas provavelmente do árabe *têqra*, caixinha, ou do latim *tegula*, telha, ou ainda igualmente do latim *tudicula*, martelinho, diminutivo de *tudes*, malho, martelo. As teclas de pianos, órgãos, harmônios, gaitas e outros instrumentos congêneres semelhariam telhados. Há, porém, um teclado, em que cada vez mais gente bate, digita ou tecla. É o do computador, sucessor direto da máquina de escrever. Não estão dispostas em ordem alfabética as letras dos teclados. Os computadores seguem o padrão da máquina de escrever, desde quando a invenção foi patenteada pelo americano Christopher Scholes. Para organizar as teclas aproximando os pares de letras mais usados na língua inglesa, ele aperfeiçoou a ideia de James Densmore, seu sócio, e criou o teclado *QWERTY*, nome que é a leitura das seis primeiras letras da 1ª fileira do teclado. Este padrão tornou-se popular em todo o mundo e foi incorporado à maioria dos teclados de computadores. No Brasil, cerca de 99% dos teclados estão no padrão *QWERTY*. Mas há outras configurações, como a August Dvorak e William Dealey, em 1936, conhecida como padrão Dvorak. Todavia nenhum outro tornou-se tão popular como o de Scholes.

TECLAR de tecla, de origem controversa, mas provavelmente do árabe *têqra*, caixa de madeira para guardar pequenos instrumentos, que seria aberta com pressão sobre tira de madeira transversal; ou do latim *tegula*, telha; ou ainda do latim *tudicula*, martelinho, diminutivo de *tudes*, malho, martelo. Na linguagem dos internautas, teclar é grafado apenas com as letras "tc", como na pergunta, tão comum nas conversações virtuais dos *chats*: "quer tc?" Em tais colóquios na Internet, conversar é teclar, vale dizer, tecer, significado novo para o verbo e atualização do "fuxico de rodinha" que designava os mexericos das mulheres enquanto bordavam ou costuravam. A Internet vem se constituindo em entretenimento que indica livros, filmes, *CDs*, fitas etc., além de passar reflexões como essas: "você tenta teclar sua senha no microondas; você não joga paciência com cartas de verdade há anos; você pergunta pela Internet se seu colega ao lado vai almoçar com você e ele responde, também por mensagem eletrônica; você tem 15 números de telefone diferentes para contatar sua família de três pessoas; você navega e contata via *chats* várias vezes ao dia desconhecidos do mundo todo (Europa, Ásia etc.), mas não falou nenhuma vez com seu vizinho este ano; você compra um computador de última geração e seis meses depois ele já está ultrapassado; o motivo pelo qual você perdeu o contato com seus amigos e colegas é porque eles têm um novo endereço na Internet; você não sabe o preço de um envelope comum; para você, ser organizado significa ter vários bloquinhos de cores diferentes; a maioria das piadas que você conhece, você as recebeu pela Internet; você fala o nome da firma onde trabalha quando atende ao telefone em sua própria casa; você digita o número zero para telefonar de sua casa; você senta há poucos anos no mesmo escritório e já trabalhou para muitas firmas diferentes; você vai ao trabalho quando ainda está escuro, volta para casa quando já escureceu de novo; você reconhece seus filhos graças às fotos que estão em cima da escrivaninha; quando seu computador para de funcionar parece que foi seu coração que parou, você fica sem saber o que fazer, sente-se perdido; você já está pensando para quem você vai enviar esta mensagem." Teclar é a atividade mais exercida nos tempos da globalização, que tornaram o computador e a Internet instrumentos indispensáveis, tanto para o trabalho como para o lazer.

TECNICALIDADE vocábulo formado a partir de técnica, do grego *technikós*, pelo latim *techinicu*, relativo à arte. A palavra tem sido usada em sentido pejorativo, sobretudo nesses tempos em que quem não sabe explicar seus saberes apela para palavras raras, de circulação rara e significado desconhecido da maioria.

TÉCNICO do grego *technikós*, pelo latim *technicu*, designando indivíduo capaz de desenvolver determinado ofício. Com a criação das primeiras universidades, no alvorecer do segundo milênio, o técnico consolidou seu lugar de auxiliar de pesquisadores, capaz de aplicar os conhecimentos descobertos pelos docentes, ganhando depois autonomia em diversas profissões. No Brasil, o vocábulo aplica-se também ao treinador de futebol. A seleção brasileira foi campeã em 1958 pelas mãos de Vicente Ítalo Feola; bicampeã em 1962 com Aymoré Moreira; tricampeã em 1970 com Mário Jorge Lobo Zagallo, tetracampeã em 1994 com Carlos Alberto Parreira e pentacampeã em 2002 com Luís Felipe Scolari.

TECNOLOGIA do grego *technikós* e *logos*, significando respectivamente arte e tratado, estudo. Mas, no caso, arte no sentido de dominar um ofício. A palavra foi formada para designar a aplicação dos conhecimentos científicos à produção em geral, no campo e na indústria, de que são exemplos a mecanização da lavoura e da pecuária e os processos industriais. Infelizmente a aplicação descontrolada da tecnologia resulta em prejuízos de difícil reparação. No Brasil, tudo começou com a extração do pau-brasil. Depois vieram as queimadas. A migração maciça do campo para as cidades, iniciada nos anos 1950 e agravada nas décadas seguintes, aliada à falta de estruturas adequadas no ambiente urbano, fez com que chegássemos aos anos 1990 com a maioria da população concentrada em pouco mais de dez cidades. Principais vítimas, as águas, marinhas ou fluviais, passaram a receber todo tipo de lixo e estão dando o troco, trazendo morte e destruição.

TECO-TECO de origem onomatopaica, isto é, o povo criou a palavra, no caso composta, imitando o ruído que faz o motor do pequeno avião. Onomatopeia veio do grego *onomatopoiía*, pelo latim *onamotopeia*, palavras que designam nomes pela imitação do som da coisa significada, de que são exemplos au-au (a voz do cachorro), miau (a voz do gato), cocoricó (a voz do galo) e tintim (barulho que fazem as moedas quando batem umas nas outras). Os primeiros aviões, imaginados como as maiores aves do mundo, comparados aos de hoje, são passarinhos. Para tanto, compare-se um teco-teco com um Boeing 747, um *Airbus* ou um *Antonov*, de 88 m de comprimento e 18,1 m de altura. O piloto designado para realizar o voo inaugural do *Antonov 225 Mriya*, o maior do mundo, com seis turbinas poderosíssimas, teve a mesma impressão do povo simples ao ver o albatroz decolar: "Isso não pode voar! Um troço desses não tem como sair do chão." Mas, obediente, comandou a tripulação de mais seis pessoas e, desde aquele primeiro voo, o avião chega e é atração onde pousa. Construído durante a Guerra Fria, é hoje utilizado para transporte de cargas, mas, se necessário, pode deslocar 1.500 jonas-soldados em seu ventre de baleia.

TE-DÉUM do latim *Te Deum*, palavras iniciais de um cântico religioso atribuído a Santo Ambrósio, cujo primeiro verso é *Te Deum laudamus, Te Dominum confitemur* (A Ti, Deus, louvamos, a Ti, Senhor, confessamos). Há séculos e séculos tem sido executado e cantado em cerimônias de ação de graças, tanto religiosas como leigas. É a canção-símbolo de agradecimento em toda a cultura ocidental. Santo Ambrósio, arcebispo de Milão, reformou o canto litúrgico e era destemido diante das autoridades, por maiores que fossem. Impôs penitência pública ao todo-poderoso imperador Teodósio I, o Grande, acusando-o de principal responsável pela matança de rebeldes em Tessalônica, ocorrida em 390.

TEFILIM provavelmente do quincongo *tafi*, canga, jugo, ligado ao iorubá *te fi*, enfeitar. Escrita da mesma forma, mas com sentido diferente, temos a palavra tefilim, às vezes escrita tefilin, do hebraico *tflah*, oração, designando talismã feito de tirinhas de pergaminho nas quais estavam inscritas fórmulas mágicas.

TELEATENDIMENTO do grego *tele*, longe, e do latim *attendere*, atender, dar atenção, de que se formou atendimento, deu-se esta nova palavra que designa principalmente a prestação de serviços a distância, solicitados por telefone, faxes ou computadores.

TELEAULA de tele-, do grego *tele*, longe, prefixo presente em telégrafo, televisão, telegrama etc. e aula, do grego *aulé*, palácio, pátio, espaço livre ao redor de residências de autoridades, pelo latim *aula*, pátio, corte do príncipe, sala de palácio. Aula passou a designar o ato de ensinar porque as primeiras escolas funcionavam ao ar livre ou em prédios anexos aos palácios, residências oficiais de autoridades civis ou religiosas. No Brasil, o ministério da Educação autoriza que algumas disciplinas sejam ministradas em teleaulas ou em aulas teletransmitidas, pela televisão ou pela Internet. Os alunos assistem a aulas transmitidas ao vivo, em salas preparadas especialmente para este fim, diante de uma televisão, acompanhados de dois professores: um, que dá a aula transmitida; outro, que os acompanha em cada sala onde a aula é exibida. Este segundo docente é chamado tutor.

TELEFONE do inglês *telephone*, neologismo criado a partir do grego *tele*, longe, e *phoné*, som, voz. A entrada da palavra em nossos dicionários não ocorreu com o invento do aparelho que hoje tanto utilizamos. Originalmente foi um neologismo criado em 1842 para um invento de John Taylor, imaginado para transmitir sinais em tempo de nevoeiro através de cornetas de ar comprimido. O francês tinha a palavra *téléphone* em 1834, mas o aparelho, tal como o conhecemos, recebeu este nome em 1876, quando o físico e professor de surdos-mudos, o inventor norte-americano, nascido na Escócia, Alexander Graham Bell, apresentou o primeiro telefone. Ao experimentá-lo, o imperador Dom Pedro II, sempre receptivo às novas tecnologias, teria exclamado "Mas isto fala!" Quem falava era a pessoa que estava na outra ponta da linha, e não o aparelho, naturalmente, o que evidencia engano de perspectiva do segundo e último imperador do Brasil. Outros equívocos de perspectiva levaram-no também a não perceber que os republicanos falavam muito e, à força de discursos, derrubaram a monarquia e a escravidão, em uníssono diapasão. Apenas Joaquim Nabuco era abolicionista e monarquista. Todos os outros abolicionistas eram republicanos, mas não puderam usar o telefone. O imperador ficou com o instrumento só para ele e não instalou as linhas. Melhor ter dito apenas "Mas isto fala", porque se declinasse os 14 nomes de sua identificação, o telefonema seria longo!

TELESPECTADOR de tele-, prefixo de origem grega que significa longe, e *spectator*, palavra latina que significa observador, para designar aquele que vê televisão. O latim criou esta palavra e outras de significado semelhante a partir de uma raiz indo-europeia conhecida como *spek*, cujos vestígios estão presentes também em *speculum*, espelho, e *specere*, perceber, olhar. A primeira transmissão de um programa deu-se na Inglaterra, em 1929. No Brasil coube à extinta TV Tupi inaugurar a televisão, em São Paulo, no dia 18 de setembro de 1950, às 22h, com as palavras da atriz Iara Lins: "Senhoras e senhores telespectadores, boa noite! A PRF3 TV, Emissora Associada de São Paulo, orgulhosamente apresenta neste momento o primeiro programa de televisão da América Latina." Hebe Camargo, então com 21 anos, iria cantar o Hino da Televisão, mas alegou estar resfriada para não comparecer e somente contou a verdade, também na televisão, em 1995: estava apaixonada por um músico que estava na cidade e foi ao encontro dele, pedindo a Lolita Rodrigues que a substituísse, segundo nos informa Marcelo Duarte em *O guia dos curiosos*.

TELESSALA do prefixo de origem grega tele-, a distância, longe, e *sala*, do antigo alto alemão *sal*, sala, indicando sala de aula em que a televisão cumpre funções docentes. O *Dicionário Aurélio* ainda não registra esse vocábulo, mas em 1999 havia 13.078 telessalas no Brasil, que atendiam a 445.963 alunos inscritos, dos quais 186.134 foram aprovados em pelo menos uma disciplina. As teleaulas duram 45 minutos diários, de segunda a sexta-feira. Ao contrário do que o senso comum aprega, a TV Globo, a maior rede de televisão brasileira, dedica mais tempo a programas educacionais do que a esportes, filmes ou *shows*, ainda que não em horário nobre, que é ocupado por telenovelas e telejornais. As teleaulas começam às seis horas da manhã, quando a maioria dos críticos está dormindo.

TELEVISIONAR de televisão, do francês *télévision* e do inglês *television*, palavras surgidas respectivamente em 1900 e 1907, fez-se este verbo que designa o ato de transmitir programas a distância pela televisão. O equivalente televisar, apesar de correto e plausível, não se consolidou. As transmissões feitas por canais abertos, mais populares, contrastam com aquelas realizadas por televisão a cabo, efetuadas pela primeira vez por John Watson e sua mulher Margaret, proprietários da Companhia de Serviços Elétricos de Mahanoy City, na Pensilvânia. Ele instalou uma antena no alto de um morro e fez a imagem chegar lá por cabo, mas no caminho conectou as casas de vários de seus clientes a esse cabo central. Hoje a televisão a cabo, como é conhecida, está presente em 60% das residências dos EUA e da Europa e em muitas do Brasil.

TELEVISOR do grego *tele*, longe, e do latim *visu*, visto, formou-se este vocábulo para designar o aparelho que recebe imagens eletromagnéticas hertzianas, cuja denominação deve-se ao nome de seu inventor, o físico alemão Heinrich Hertz. Ele instituiu a unidade de medida de frequência de um fenômeno periódico, à base de um evento ou um ciclo por segundo. O televisor substituiu o rádio, que já substituíra a antiga fogueira ao redor da qual as pessoas conversavam em tempos primitivos. As pessoas passaram não a ver e ouvir estrelas, mas a ouvir e ver novelas. De todo modo, demonstram precisar de narradores. Depois da apresentação do primeiro televisor, o prestigioso jornal norte-americano *The New York Times*, na edição de 18 de abril de 1939, profetizou um dos seus maiores erros: "Não dará certo porque as pessoas terão de ficar olhando sua tela, e a família não tem tempo para isso." Não tinha, mas agora tem, sobretudo com o avanço do desemprego no mundo inteiro. Além do mais, estamos ficando cada vez mais longevos e às vezes ver televisão é nosso único entretenimento.

TELHA do latim *tegula*, telha, peça de barro cozido utilizada na cobertura de casas e edifícios. A raiz é *teg* e serviu de base à formação de vocábulos de significado semelhante. Em latim, *tegere* significa cobrir, ocultar, guardar segredo. Na tipografia designa a peça da prensa que regula o fluxo da tinta. Nas lides da navegação indica aba de ferro na base da abita onde são presas as amarras da embarcação. A telha serviu de base e não de cumeeira a algumas expressões, como "dar na telha", tomando-se o cérebro como telhado da pessoa.

TEMA do grego *thêma*, dinheiro confiado a um banqueiro, argumento, assunto, pelo latim *thema*, com os mesmos significados, mas designando também o horóscopo, a posição dos astros na época do nascimento de uma pessoa. Tema preferencial de pré-românticos e de românticos, melancolia dá título a um belo filme do dinarmarquês Lars von Trier, que fala até do fim do mundo. É estrelado, entre outros, pela americana Kirsten Dunst, pela francesa Charlotte Gainsbourg, pelo sueco Alexander Skarsgard e pela britânica Charlotte Rampling. O diretor, que acrescentou *von* ao sobrenome, foi expulso do Festival de Cannes, onde seu filme foi premiado, porque não foi bem entendido numa declaração que fez sobre Adolf Hitler, trabalha desde 1991 num outro projeto: filmar 3 minutos todos os dias em vários locais da Europa durante 33 anos. Esse filme ficará pronto apenas em 2024.

TEMER do latim *timere*. Nem sempre são os inimigos que são temidos. Às vezes, são os amigos, como na frase atribuída a François Marie Arquet Voltaire: "Deus me defenda dos meus amigos que dos inimigos me defendo eu." E santo Tomás de Aquino disse ter medo do homem de um só livro: "*Timeo hominem unius libri.*" A famosa frase tem sido interpretada de duas maneiras contrárias. O santo teria querido dizer que temia o homem de um livro apenas, porque ele teria feito muitas leituras de um só livro, em vez de rápidas leituras superficiais de livros diversos. Mesmo porque ele também escrevera: "*Multa hospitia, nullas amicitias*" (muitas visitas, nenhuma amizade). Outros viram na advertência do santo a condenação a quem se apega ao pensamento único. No sentido da cidadania, todos nós devemos ser pessoas de um livro só, a Constituição.

TEMPERAR do latim *temperare*, temperar, misturar substâncias diversas para combinar determinado estado, como é feito com os metais, tendo também o significado de modular a música, como na expressão "cravo bem temperado". Com o sentido de afinar, lemos em *Marafa*, de Marques Rebelo, pseudônimo de Eddy Dias da Cruz: "Passava os dias dormindo, jogando cartas, temperando o violão." E significando ajuntar, aparece neste trecho de *O embaixador*, de Erico Verissimo: "O companheiro encarregado de saudá-lo, temperou em sua oração biográfica com humor." "Cortinas escuras temperavam a luz, quebrando a violência do Sol", diz Henrique Maximiano Coelho Neto, em *Turbilhão*, em que as cortinas diminuem a claridade. Nos exemplos citados vê-se que os verbos misturar, regular e ordenar são sinônimos de temperar. Na culinária, temperar é alterar o sabor original pela introdução de novas substâncias, a mais óbvia das quais é o sal. As navegações que levaram à descoberta da América tiveram originalmente o projeto de buscar temperos do Oriente por novos caminhos. E os primeiros negócios foram temperos: pimenta, cravo, canela. Daí o significativo título do romance de Jorge Amado de Faria, *Gabriela cravo e canela*, tomando os dois temperos em sentido conotativo para se referir a uma mulher de proporções harmoniosas, na forma como no temperamento, palavra que veio do latim *temperamentum*, designando o conjunto de características psicológicas da pessoa, que se manifestam em seu comportamento. Expressões anônimas consolidaram-se na língua portuguesa dando conta de que se pode e se deve "temperar a vida", acrescentando-lhe o que lhe falta. A sabedoria popular recomenda "temperar a língua alheia com a orelha própria", isto é, pôr a mistura de sua calma na irritação dos outros.

TEMPERATURA do latim *temperatura*, mistura certa, bem proporcionada. Indicou primeiramente as variações de frio e calor na natureza. Com o avanço da medicina, passou a designar também a situação térmica do ser humano, que normalmente está ligeiramente abaixo dos 37 graus centígrados. Acima disso, o indivíduo está com febre. Quando a temperatura do corpo humano passa dos 40 graus centígrados, as pessoas correm perigo de morte.

TEMPERO de temperar, do latim *temperare*, misturar, adicionar, combinar, regular. O radical "temper" está presente na oficina, onde o ferro é temperado; na música, de que é exemplo o cravo bem temperado; na culinária, em que o tempero é o segredo da boa comida. Às vezes, porém, uma essência culinária pode desdobrar-se em outras finalidades, como é o caso do manjericão.

TEMPESTADE do latim *tempestatis*, caso genitivo de *tempestas*, divisão do dia, hora, oportunidade, em tempo. A partir de Quintino Enio, poeta latino de origem grega, passou a designar o estado atmosférico, especialmente o mau tempo. *A tempestade* é o título de uma comédia em verso e prosa de William Shakespeare, cujo resumo das tramas é o seguinte: Próspero, duque de Milão, é deposto por conspiração de seus inimigos. Acompanhado da filha Miranda, refugia-se numa ilha deserta. Ali é servido por dois espíritos, Ariel e Calibã. O primeiro, bonito e bom, cuida das coisas do ar. O segundo, feio e maldoso, ocupa-se das coisas da terra. Próspero tem poderes mágicos e se serve deles para casar a filha com o filho do rei de Nápoles, retomando a posse do ducado. Shakespeare chamou sua personagem Miranda porque certamente não desconhecia a etimologia do nome que lhe emprestava o significado. Com efeito, *mirror*, espelho em inglês, radica-se no latim *mirare*, olhar com atenção, admirar. A personagem Miranda – cujo nome significa "aquela que deve ser admirada" – representa a pureza humana intocada pela corrupção que grassa na sociedade. Quando soube das desavenças entre seu governo e o Partido da Frente Liberal (PFL), que é pronunciado pefelê no Nordeste, o então presidente Fernando Henrique Cardoso disse que estavam "fazendo tempestade em copo d'água". Tal expressão, com algumas variações, é encontrada também em outras línguas. A francesa é a que mais se aproxima da nossa: *tempête dans un verre d'eau*. Victor Hugo aludiu a tempestades num crânio e num tinteiro. Os ingleses trocam o recipiente: *storm in a tea cup* (tempestade numa xícara de chá).

TEMPLÁRIO do latim *templarium*, do templo. São assim chamados os cavaleiros das Cruzadas que fundaram, entre 1118 e 1123, a *Ordem dos Templários*, com o fim de defender os lugares sagrados na Palestina. Receberam tal designação porque sua primeira sede foi um palácio que ficava junto ao templo de Jerusalém. Fundada por Hugo de Payns, Godofredo de Saint-Omer e mais sete companheiros, a Ordem foi reorganizada por São Bernardo, abade e teólogo francês, cujo emblema é uma colmeia, indicando que o trabalho ocupava grande importância em sua vida, o que pode ser comprovado na sua produção bibliográfica, muito extensa apesar de sua saúde fraca. Os templários dividem-se em cavaleiros, capelães, irmãos auxiliares para as armas e irmãos auxiliares para trabalhos manuais. Tal como no estilo maçônico, a grande autoridade é o grão-mestre, o último dos quais foi Jacques de Molay, condenado à fogueira pelo rei francês Felipe IV, o Belo. Os templários sofreram e trabalharam muito ao longo dos séculos, tendo-se destacado nas Cruzadas, realizadas a pretexto de retomar o Santo Sepulcro, em poder dos seguidores de Maomé. A ordem templária foi extinta em 1312 pelo papa Clemente V, que atendeu ao pedido do rei Felipe IV, que a acusava de heresia, blasfêmia e lascívia, mas que na verdade queria ficar com a riqueza dos templários, já considerável naqueles anos. Portugal soube salvar da dispersão as imensas riquezas dos templários, transferindo-as para a *Ordem de Cristo*, criada para este fim. Os templários estiveram entre os principais financiadores da descoberta do Brasil. Daí a presença da Cruz nas naus e nos estandartes. Hoje, a ordem tem caráter reservado, como todas as sociedades que cultivam modalidade de sabedoria secreta e esotérica, mas sua concepção geral está delineada na Internet no endereço www.templarios.org.br. Os templários aceitam os quatro *Evangelhos*, mas preferem o de São João, por seu caráter filosófico e místico, e adotaram o pelicano como ave-símbolo da ordem. Desde a Idade Média são frequentes as comparações entre o pelicano e a figura de Jesus. A ave armazena peixes no papo, de onde os tira para alimentar os filhotes. Quando o papo está vazio e os filhotes estão com fome, o pelicano tira sangue do próprio peito para alimentar a prole, segundo crença popular, daí o motivo de ser comparado ao Salvador.

TEMPLO do latim *templum*, igreja, edifício destinado aos atos religiosos. No começo, o templo era apenas um espaço quadrado que o áugure traçava no chão e de onde, olhando para o céu, tentava adivinhar o futuro. Também a sala de sessões da maçonaria é denominada templo.

TEMPO do latim *tempus*, tempo, estação, ocasião, oportunidade, circunstância, passando ao português inicialmente como plural e somente depois consolidando-se como singular. Seu uso mais comum tem o fim de designar a sucessão de anos, meses, dias, horas, minutos, segundos e suas frações, porém sua noção mais comum abrange três partes clássicas: presente, passado e futuro. Para tudo há um tempo, como ensina a *Bíblia*, podendo-se matar o tempo e dar tempo ao tempo, mas é prudente não permitir que feche o tempo. Nenhum tempo é mais antigo do que o do Universo, mas o astrônomo norte-americano Edwin Powell Hubble, homenageado no mais potente telescópio já lançado da Terra e fundador da astronomia extragalática, demonstrou que ele ainda está na adolescência e continua em expansão. Hubble estimou a idade do Universo com base no *Big-Bang*, a grande explosão que teria originado tudo. Nós, porém, adotamos medidas de tempo mais prosaicas. Assim, o ano de 2002 corresponde ao de 7504 da Era Alexandrina, iniciada em 5502 a.C. Para tudo há um tempo, diz o *Eclesiastes*. E o *Salmo* 90 afirma que mil anos aos olhos de Deus são como um dia que passou. "Matamos o tempo e o tempo nos enterra", escreveu Machado de Assis. E Marcel Proust, autor dos volumes memoráveis de *Em busca do tempo perdido*, escreveu: "As paixões que sentimos dilatam o tempo; as que inspiramos o encurtam."

TEMPURÁ do japonês *tempura*, provavelmente derivado do português temperar, por sua vez vindo do latim *temperare*, misturar, combinar, moderar. Os japoneses assimilaram várias palavras de nossa língua, já que os portugueses mantiveram contato com eles ainda no século XVI. Segundo Josimar Melo, autor de vários livros sobre culinária e seus domínios conexos, entre os quais o *Guia da boa mesa São Paulo*, o *tempurá* é um delicioso prato de legumes, camarões ou peixes empanados em farinha de trigo, constituindo-se numa das melhores provas de que a culinária não é apenas técnica ou ciência, mas arte.

TENÇA do latim *tenentia*, o que se tem para o próprio sustento. Por isso, designou pensão que o rei português concedia a funcionários do reino que se haviam distinguido por altos serviços. Camões recebeu modesta tença por ter escrito *Os Lusíadas*. Por ter descoberto o Brasil, Pedro Álvares Cabral recebeu uma bem mais polpuda, além de 35 kg de ouro. Cristóvão Colombo, ao contrário, não recebeu tença alguma e morreu só e abandonado em Valladolid.

TENENTE-CORONEL do francês *(lieu)tenent* deu tenente em português, e de igualmente do francês *colonel* resultou coronel em português. Designa patente militar na força terrestre, o Exército, sendo tenente-coronel-aviador, na Força Aérea. O que poucos sabem é que o português Fernando de Bulhões, mais conhecido como Santo Antônio depois de canonizado pela Igreja, foi tenente-coronel no Brasil e recebeu soldo até 1911! Nem a República ousou cortar-lhe os pagamentos. O próprio marechal de ferro, Floriano Peixoto, quando ministro da Guerra, autorizou que o soldo fosse pago no Rio de Janeiro.

TENTAÇÃO do latim *tentatione*, tentação. A primeira tentação de que se tem notícia foi obra de Lúcifer, disfarçado de serpente, tentando primeiro Adão, e depois Eva, para que comessem do fruto da árvore da ciência que havia no paraíso. Desde então ninguém escapa de tais convites e até Jesus foi tentado três vezes. Satanás queria que ele convertesse pedras em pães, voasse de cima do templo e se tornasse o senhor de todos os reinos.

TENTO de talento, do latim *talentum*, moeda romana, mas de denominação vinda do grego *tálanton*, provavelmente por corrupção da pronúncia em *tlanto*, *tlento* e por fim tento. Passou a designar peça de metal, de madeira ou de plástico para marcar pontos no jogo, migrando dali para o futebol, como variante antiga de gol. Nas gravações antigas ainda se pode ouvir os locutores, então chamados de *speakers*, dizendo que o placar é de tantos tentos, embora gritem gol quando é marcado o tento. Sejam gols ou tentos, na antologia dos melhores de todos os tempos estão vários gols brasileiros, entre os quais o de Jairzinho, na Copa de 1970, quando o Brasil derrotou a campeã do mundo Inglaterra por apenas 1 a 0, e o de Pelé, na Copa de 1958, na final contra a Suécia, depois de dar um chapéu no goleiro. Outros tentos foram marcados por modestos jogadores, mas que tiveram grande importância pelo significado, como o de Luís Adriano, do Internacional, na final do campeonato mundial de clubes em 2006, quando o Barcelona de Ronaldinho e mais dez companheiros que estão entre os melhores do mundo nas respectivas posições foi inapelavelmente vencido no tempo regulamentar.

TEOCRACIA do grego *theokratía*, governo de deuses, pela formação *theós*, deus, e *krátos*, poder, força, autoridade, domínio, governo, supremacia. Foi um dos primeiros sistemas de governo, e o poder era concebido como outorgado por deuses àqueles dirigentes e não a outros. Com o advento do monoteísmo, de que é exemplo-símbolo o estado hebreu, surgiu uma monarquia teocrática baseada em leis que teriam sido ditadas por Javé. Todavia o rei era fiscalizado pelas 12 tribos, que observavam atentamente se ele seguia os livros sagrados, denominados *Torá*, a Lei. No séc. II a.C., a *Torá* recebeu o nome de *Pentateuco*, ao ser traduzida para o grego – *penta*, cinco; *teúchos*, livros – porque cinco livros formavam o conjunto: *Gênesis, Êxodo, Levítico, Números, Deuteronômio*.

TEODICEIA do alemão *Theodicee*, vocábulo empregado pela primeira vez pelo filósofo e matemático Godofredo Guilherme Leibniz, que, entre tantas considerações profundas, acreditava que todos os seres fossem constituídos de substâncias simples, que chamou de mônadas, entre as quais reinaria uma ordem preestabelecida por Deus. A teodiceia procura argumentar a existência da bondade divina no mundo, contrariando outras doutrinas, como o ateísmo, que concebem o mundo e o homem como um acaso. A professora da USP Marilena Chauí estudou a filosofia de Leibniz num livro intitulado *Da realidade sem mistérios ao mistério do mundo*.

TEOGONIA as palavras *théos*, deus, e *gónos*, fecundação, estão presentes nos étimos desta palavra que designa, nas religiões politeístas, isto é, praticadas por aqueles que acreditavam em vários deuses, o nascimento das divindades e a apresentação da genealogia de cada uma delas. O conjunto de divindades foi conceito básico na organização econômica, religiosa e cultural das sociedades antigas. *Teogonia* dá título a um dos livros de Hesíodo. Tanto nessa obra quanto em *Os trabalhos e os dias*, o autor trata do mito central: a punição de Prometeu, que roubou o fogo dos deuses para dá-lo aos homens. Ele foi o primeiro grande poeta grego depois de Homero. Escreveu, pela primeira vez, poesia didática, tendo sido também o primeiro a revelar sua personalidade por meio da poesia. Em *Os trabalhos e os dias*, o poeta refere-se à sua cidade, Ascra, na Beócia, como "fria no inverno, quente no verão e agradável em tempo algum". Em vez de glorificar os heróis da guerra, como Homero, defende o trabalho, a frugalidade e a prudência. No correr da obra, dá conselhos práticos sobre como viver no campo e especifica datas nas quais certas tarefas devem ser feitas. Relata também uma história da queda do homem por causa da inoportuna curiosidade de Pandora. Descreve a deterioração do mundo através de cinco estágios: a Idade do Ouro, a Idade da Prata, a Idade do Bronze, a Idade dos Heróis e a Idade do Ferro. Hesíodo viveu na Idade do Ferro. Assim, *Os trabalhos e os dias* pode ser lido também como um almanaque.

TERÇO do latim *tertium*, a terça parte. Nome do objeto que é utilizado pelos católicos para acompanhar uma série de orações, equivalente à terça parte do rosário. Dividido em mistérios gozosos, dolorosos e gloriosos, em cinco deles são comemorados acontecimentos da infância de Jesus: a Anunciação; a visitação de Maria a sua prima Isabel, mãe de São João Batista; o nascimento de Jesus; sua apresentação no templo de Jerusalém; sua aula aos doutores no mesmo templo, aos 12 anos de idade. O terço, em que é tomada a parte pelo todo, herdou o nome de rosário, assim chamado porque as contas antigamente eram grandes e semelhavam rosas. Mas o rosário completo tem 170 contas, correspondentes ao número de 153 Ave-Marias, 16 Pai-Nossos e um Glória. Os dicionários de um modo geral não registram as quatro contas iniciais, fixadas entre as medalhas do crucificado e da Virgem Maria, que servem de introdução. A Renovação Carismática, movimento católico surgido nos EUA em 1967, que tem no Brasil o padre Marcelo Rossi como seu grande destaque, adota o terço bizantino, com 110 contas. A quantia representa quase dois terços do antigo rosário.

TERERÊ provavelmente do tupi *tere'reg*, bater os dentes, ou de *teré*, torto, torcido. É o similar do chimarrão, com a diferença de que é servido frio, por meio de uma bomba, semelhante a uma colher com um ralo na extremidade, para evitar que a erva a entupa, que é introduzida numa cuia onde foram postos o mate e a água. O *Aurélio* grafa tereré, variante da pronúncia.

TERGIVERSAR do latim *tergiversare*, tergiversar, dar as costas, esquivar-se. Em latim, *tergum* é sinônimo de *dorsum*, dorso. A raiz está presente também em detergente, em domínio conexo com o verbo *tergere*, esfregar, limpar, polir. Tergiversar, em sentido metafórico, é disfarçar por oferecer as costas, evitando olhar de frente o interlocutor. Para limpar o excesso de pelos no dorso da montaria, o cavaleiro põe-se ao lado do animal, nem à frente, porque a escova não alcançaria o lombo, nem atrás da garupa, por correr risco de levar coices. Para montar, também. Tergiversa, pois, quem se põe de lado na conversação, evitando tocar no assunto claramente.

TERNURA de terno, do latim *teneru*, delicado, macio, aplicado originalmente à pele macia de pessoas e animais, de onde derivou o significado de afagar, um mútuo prazer: para quem dá e para quem recebe o toque. Não raro, porém, a ternura é armadilha e falso o afeto, como no beijo de Judas, gesto que teve o fim de fazer o divino amigo Jesus reagir contra a dominação romana, segundo uma minoria de estudiosos, ou simplesmente concretizar a traição, segundo a interpretação dominante.

TERREMOTO do italiano *terremoto*, vindo do latim *terrae motus*, movimento da Terra. A face da Terra está assentada sobre enormes placas rochosas que se movem periodicamente, buscando acomodações. Ocorrem cerca de 500 mil tremores por ano no planeta, mas apenas 100 mil podem ser sentidos sem o auxílio de sismógrafos. O de Kobe, no Japão, ocorrido em 17 de janeiro de 1995, alcançou 7,2 na escala Richter, causando muita destruição e a morte de milhares de pessoas, entre as quais vários brasileiros que lá viviam e trabalhavam. Japão, México, Equador, Estados Unidos, Chile, Rússia e China foram abalados por grandes terremotos no século XX.

TERRÍVEL do latim *terribile*, declinação de *terribilis*, terrível, medonho, apavorante, assustador, aquele ou aquilo que pode jogar algo ou alguém sobre a terra ou, pior ainda, empurrar para debaixo dela, para as profundezas, onde mora o perigo. Desde tempos míticos e bíblicos, lá estão localizados os infernos, sempre grafados no plural na Antiguidade, mas como o terror já fosse extraordinário, a língua portuguesa preferiu o singular, referindo-se sempre a inferno, a menos que desejemos enviar o desafeto para lá enquanto vivo, quando então exaramos a sentença maldita que o remete para "os quintos dos infernos". Étimos remotos de terrível vinculam o vocábulo ao verbo *terrere*, jogar por terra, afugentar. Nos começos da língua portuguesa aparece a forma "terríbil", quando o português estava ainda muito próximo do latim. A forma "terrível" consolidou-se a partir do século XV. Não foram poucos os poderosos que se impuseram pelo terror, objetivando que súditos ou governados mais temessem do que amassem o soberano. Destacou-se entre eles o czar Ivan IV, o Terrível, antecedido no trono por outros três czares que adotaram o mesmo nome, mas outros cognomes, como Ivan II, o Doce, e Ivan III, o Grande, e sucedido por Ivan V e Ivan VI, este último deposto, exilado e depois assassinado no reinado da czarina Catarina II, a Grande, que exerceu o poder com enorme autoritarismo, surrupiou terras da Polônia e da Turquia para ampliar os limites geográficos da Rússia, mas que protegeu intelectuais e artistas simpatizantes dos ideais franceses que desconcertavam reinos europeus do século XVIII. Afinal, a Revolução Francesa levara à queda da monarquia e da nobreza, substituídas pela república e pela burguesia. O perfil sanguinário do czar terrível não escapou à pena de José Maria Eça de Queirós. Escrevendo na *Revista Moderna*, dia 20 de agosto de 1897, três anos antes de morrer, eis o juízo do grande escritor português: Ivan, o Terrível, senhor das Rússias, alimentava os seus ursos favoritos com criancinhas de mama, porque os ursos, pobres queridos, se deleitavam com essa carninha muito tenra, dum sabor de leite." Depois de acrescentar, secamente, como era de seu estilo, que havia outros Ivans disfarçados de gente de bem, continuava o escritor: "Toda a diferença está na largueza do poder. O sinistro Ivan possuía a onipotência – era, por direito, tão dono das crianças como dos ursos, a quem podia com a mesma segurança atirar uma criança ou todo um povo." No Brasil, o que acontecia quase à mesma época? Nossa jovem República, proclamada oito anos antes, em golpe de Estado, despachava para Canudos, na Bahia, a quarta expedição, comandada pelo general Artur Oscar e prestigiada com a presença do próprio ministro da Guerra, o marechal Bittencourt, que permaneceu em Monte Santo entre setembro e outubro do mesmo ano, conforme observa o professor Marco Antonio Villa, da Universidade Federal de São Carlos, na apresentação de um verdadeiro achado de pesquisa, o livro *Canudos, história em versos* (coedição da editora Hedra, Imprensa Oficial SP e EdUFSCar), de Manuel Pedro das Dores Bombinho (entre 1860 e 1870 – década de 1940), um poeta que acompanhou a guerra de Canudos, registrando-a num poema de 5.984 versos que, se falham em rimas e metros, ganham em documentação: "O Conselheiro viu a derrota da batalha/ Disse ele: de fato perdemos a questão/ Acabaram-se de tudo as esperanças/ Nos venceu é certo a quarta expedição."

TERRORISMO de terror, do latim *terror*. A raiz é terra, como se depreende do verbo aterrar, que tem o sentido de espantar, causar pavor. Ao derrubar e vencer o oponente, o inimigo o põe por terra, subjugando-o antes de matá-lo, causando medo, pavor, espanto, terror. É verdade que ainda no Paraíso um irmão matou o outro por pura inveja. O terror no atacado remonta ao alvorecer do segundo milênio, quando o missionário ismaelita Hassan Sabbah fundou uma seita cujos seguidores, antes de fazerem tudo o que ele lhes ordenava, inalavam o estupefaciente *hashishiyn*, haxixe, origem da palavra assassino.

TERRORISTA do latim *terrore*, terror, grande medo, pavor. O sufixo -ista é muito utilizado em formações morfológicas semelhantes. O terror político mais clássico é o que vigorou durante a Revolução Francesa, desde a queda dos girondinos, ocorrida a 31 de maio de 1793, até 27 de julho de 1794, quando foi deposto e decapitado o líder revolucionário Robespierre. Nas últimas décadas do século XX, o terrorismo constituiu-se em estratégica política de grupos que lutam desesperadamente pelo poder, promovendo sequestros de aviões, execuções de civis inocentes e uma série de outros atos violentos. O Oriente Médio tem sido palco de atos terroristas há décadas, mas a situação exacerbou-se em 2001 com a proliferação de atentados suicidas por parte dos palestinos e os revides do exército de Israel. Os dois lados alegam legitimidade da posse da terra de Canaã desde os tempos bíblicos. A situação ficou ainda mais complicada a partir de 11 de setembro, quando terroristas árabes a serviço de Osama Bin Laden lançaram dois aviões com passageiros civis sobre as torres gêmeas do World Trade Center, em Nova York, explodindo tudo, aviões e torres, e matando milhares de pessoas.

TESÃO do latim *tensione*, tensão. Sinônimo de potência, passou a designar a libido. Em algumas regiões é palavra feminina, mas a maioria da população urbana a utiliza no masculino, como nesses versos do poeta árcade Tomás Antonio Gonzaga, ainda que não com o mesmo sentido, tratando não de desejos, mas de taxas: "Não se isentar o Cristo desse imposto/ foi um grande tesão, mas necessário,/ por não se abrir a porta a maus exemplos."

TESE do grego *thésis*, arranjo, conclusão, ordenamento de ideias, do verbo *tithémi*, dispor, instituir, pelo latim *thesis*, argumento. Nas universidades, a tese designa a obra escrita pelo candidato que com ela se submete a uma banca examinadora para defendê-la e assim obter o título de doutor. O mesmo ritual é feito para a obtenção do título de mestre, com a diferença de que a tese é designada dissertação. Quando se trata de trabalho final de curso de graduação, é monografia. O escritor Dalton Trevisan utiliza tese no conto *O mestre e a aluna* do livro *Rita Ritinha Ritona* (Editora Record): "Eis o ponto final na minha tese: Capitu sem enigma. Esfinge sem segredo. A epígrafe você sabe de quem: se a filha do Pádua não traiu, Machado de Assis chamou-se José de Alencar."

TESOURA do latim *tonsura*, ferramenta de cortar. Até muito recentemente, padres e clérigos ostentavam na parte posterior do couro cabeludo a *tonsura*, pequeno círculo sem cabelo. O vocábulo tornou-se polissêmico, devido à forma da ferramenta, composta de duas lâminas cruzadas sobre um mesmo eixo. Passou a designar também um tipo de pássaro, a tesourinha, e um modo de os cocheiros cruzarem as rédeas para dirigir os animais nas carroças e carruagens. A tonsura dos clérigos era muito usada até o Concílio Vaticano II, menos entre os carecas, que já a apresentavam maiores do que os bispos as queriam. Hoje pareceria coisa de *punk*, não de padre.

TESOURO do grego *thesaurós*, lugar onde se guarda ouro. Hoje, porém, tesouro pode indicar lugar onde não se guarda ouro, mas outros valores. Assim, temos o Tesouro Nacional. E um famoso pediatra escreveu um livro, *best-seller* de muitas gerações, intitulado *Meu filho, meu tesouro* e não aludia a ouro, a menos que estivesse fazendo alusão sutil ao preço das fraldas. Dado o que já faturou no mundo inteiro, o título deveria ser talvez mudado para "Seu filho, meu tesouro".

TESSITURA do italiano *tessitura*, vocábulo originário da música para designar o conjunto de sons que integram parte da escala geral e se adaptam melhor a uma voz ou a um instrumento. Aparece em texto do jornalista Augusto Nunes, ao comentar a formação do Brasil: "O primeiro milagre brasileiro foi a unidade nacional, tessitura que juntou num mesmo território regiões sem estreito parentesco geográfico, histórico, cultural ou político. (O segundo é) manter a autoestima acima dos reveses cotidianos e amar o país apesar dos maus tratos infligidos a seus filhos."

TESTA DE FERRO do latim *testa*, ostra, casca, concha, vaso de barro cozido e também telha. Foi por comparação com esta última que veio a denominar a parte da frente da cabeça, acima dos olhos, tendo ao norte os cabelos e ao sul as sobrancelhas. Ferro veio do latim *ferrum*. Testa de ferro é aquele que faz coisas que o verdadeiro mandante não pode ou não quer assumir, em geral ilícitas. Originalmente foi arma de guerra. Era uma peça de ferro ou de bronze, fixada na ponta do aríete, do latim *ariete*, declinação de *aries*, carneiro. Logo a testa deixou de ser a do carneiro, muito resistente, e passou a representar bichos amedrontadores, como as famosas carrancas dos barcos do rio São Francisco.

TESTE do latim *teste*, declinação de *testis*, teste, prova, provavelmente alteração de *terstis*, de *tertius*, um terceiro a dar opinião. Suas origens remotas indicam uma casca de ostra e depois uma concha, denominada testa. Em eventual litígio, a testemunha declarava de viva voz ou colocava seu atestado em vasilha semelhante a uma concha. Desconfiados da gravidez de Maria, os sacerdotes submeteram o casal de noivos a um teste realizado no templo de Jerusalém, diante de numerosas testemunhas, que consiste em tomar água benta e dar sete voltas ao redor do altar. Caso estivesse mentindo, a pessoa receberia por meio sobrenatural um sinal no rosto. Os dois foram inocentados. Maria, que fora consagrada, deveria permanecer na casa do noivo em companhia de outras cinco virgens: Rebeca, Séfora, Susana, Abigeia e Cael.

TESTEMUNHA de testemunhar, do latim *testimoniare*, testemunhar, mesclado ao baixo-latim *testis*, de *tertius stare*, o terceiro numa disputa. Veja-se o domínio conexo com o latim *teste*, teste, prova.

TESTÍCULO do latim *testiculu*, pequena testemunha. O ato de nascer, entre os romanos, era presenciado por testemunhas. Se o nascituro fosse menino, a família tinha continuidade, já que seguia a ordem masculina. Tanto que as esposas passavam a pertencer à família do marido. Por tais motivos, passou a designar as glândulas genitais masculinas situadas sob o pênis. No Brasil, nos cartórios de registros de nascimento ainda hoje são exigidas testemunhas de que o pai, mais raramente a mãe, ou outra pessoa que seja declarante de nascimento, estão falando a verdade. Dada a burocracia brasileira, pesada herança de países ibéricos, é até admirável que não exijam atestado de nascimento, em três vias, com firma reconhecida do declarante e impressão digital da criança, que assim já nasceria indiciada, tornando mais fácil o controle sobre ela.

TETO do latim *tectum*, teto, cobertura, o que está no ponto mais alto de um edifício. Ultimamente, a palavra tem aparecido com frequência para designar o ponto mais alto a que chegam certos salários, denominados, quando ultrapassam este ponto, supersalários. Em muitas das mais de 5 mil Câmaras Municipais, os números falam mais do que as palavras. Há salários astronômicos. Enquanto isso, em todo país, os professores são mal pagos, não apenas em São Paulo e no Rio de Janeiro, as duas maiores megalópoles brasileiras, mas em todo o país. Os reflexos já se fazem sentir. Recentemente, pesquisas asseguraram que muitos brasileiros não sabiam fazer contas mínimas, a começar pelas quatro operações. E agora descobriu-se que são muitos igualmente os que não sabem ler. E quando leem, não entendem o que leem.

TETRA do grego *tetra*, contração de *téttares*, quatro. A campanha do tetra, sonho cultivado depois da Copa de 1970, quando o Brasil sagrara-se tricampeão, começou no longínquo 1974. O Brasil, dirigido por Zagallo, foi eliminado nas quartas de final pela Holanda e perdeu o terceiro lugar para a Polônia. Na copa seguinte, em 1978, o técnico Cláudio Coutinho formou uma seleção brilhante, que voltou invicta da Argentina, mas apenas com o terceiro lugar. Nas duas copas que se seguiram, o técnico foi Telê Santana, e o time brasileiro foi um dos melhores de todos os tempos, mas voltou para a casa mais cedo por obra de detalhes. Mas futebol é assim mesmo: os detalhes que tudo mudam são os gols. Em 1982, fomos eliminados pela Itália e em 1986 pela França. Em 1990, o técnico era Sebastião Lazzaroni. O time que ele montou não era ruim, mas deu um grande azar, como nas duas copas anteriores. Depois de várias bolas na trave dos argentinos, perdemos a partida decisiva por um a zero. A cor azul em nossos adversários foi quase sempre um mau agouro para nós, ainda que o título de 1958 tenha sido obtido com a cor que Didi classificou como a mesma do manto de Nossa Senhora Aparecida, com o fim de consolar a rapaziada da orquestra que ele, maestro, regia. Itália e França, quando nos eliminaram, vestiam uniformes azuis. E a Argentina, azul e branco. Em 1994, era azul a nossa camisa quando o tetra, mais cobiçado do que a mulher do próximo, com risco de ser arrebatado por outros, veio parar no colo do Brasil por obra de outra estrela, a de Romário, o glorioso senhor daquele time. O técnico Carlos Alberto Parreira bem que tentou livrar-nos da agonia dos pênaltis, colocando Viola no segundo tempo, mas os deuses não permitiram. Houve bola na trave, o goleiro italiano Pagliuca chegou a beijar o pau em que ela bateu, o esquerdo para o atacante, o direito para ele, agradecendo a providência daquele objeto inanimado. Os atacantes brasileiros não se insurgiram contra a maldade daquele poste, que pareceu ter-se inclinado um pouquinho para evitar o gol, e nas dramáticas penalidades contaram com o chutão de Baggio para fora, as defesas do nosso goleiro Taffarel e, claro, a sorte. Em 1998, o técnico Zagallo, depois de constatar que Ronaldinho tivera convulsão, pensou em deixá-lo no banco e escalou Edmundo, mas arrependeu-se em tempo e pôs o recém-convulsionado em campo, que jogou bem, mas não fez nenhum gol, como, aliás, o resto do time. Perdemos de 3 a 0. Paixões à parte, a França ganhou porque tinha Zidane sem nenhuma convulsão. E nós perdemos porque tínhamos Júnior Baiano e seus *blue caps*. Uma das defesas mais furadas de todas as seleções, combinada com um ataque mixuruca, resultou na tragédia da final. Já em 2002, o técnico Felipe Scolari, o Felipão, mandou jogar um arroz com feijão e trouxe o penta. Para evitar tanta agonia, o jogador Sócrates, que era proparoxítono como seu irmão Sóstenes, ex-secretário de esportes da prefeitura de São Carlos, sustentou que com o avanço do preparo físico dos jogadores, das duas, uma: ou se aumentava o tamanho do gramado ou se diminuía o número de jogadores. Para não mexer nas estruturas dos estádios, Sócrates propôs que os times contassem com apenas nove jogadores. "É o meio mais viável de recuperar a alegria do futebol", concluiu o famoso jogador, médico e também filósofo do futebol.

TÊXTIL do latim *textilis*, pelo francês *textile* e pelo inglês *textile*, tecido, entrelaçado. A pronúncia brasileira foi influenciada pelo inglês. Este adjetivo aparece com frequência qualificando uma indústria de grande atuação em cordas, roupas e embalagens, trabalhando com plantas como o algodão, o linho e a juta. Calcula-se que em fins do século XIX, grande parte do investimento industrial ia para o setor têxtil, que alocava parte dos recursos na fabricação de sacas de juta para o transporte do café em grãos. A juta não tem o *glamour* do algodão, do linho e da seda, presentes na roupa de celebradas beldades nacionais e internacionais, atuando mais nos bastidores, servindo de transporte ao que elas comem e bebem. Uma fazenda de algodão serviu de cenário a segmentos decisivos do romance de Margaret Mitchel, *E o vento levou*. Lançado em 1936, o livro vendeu um milhão de exemplares naquele ano e foi transposto para o cinema em 1939. Autora de um livro só, ela ficou rica, mas distribuiu boa parte do que ganhou em obras filantrópicas. Em 11 de agosto de 1949, apesar de levada ao hospital ao ser atropelada por um táxi, morreu cinco dias depois. Provavelmente o par amoroso do romance e do filme, Scarlett O'Hara e Rhed Butler, vividos respectivamente por Vivien Leigh e Clark Gable, se tornaram mais famosos que a autora.

TIARA do grego *tiara*, pelo latim *tiara*, tiara, mitra, ornamento que persas e frígios usavam na cabeça. Quando o cristianismo tornou-se religião oficial do império romano, vários símbolos privativos de autoridades civis foram adotados pelo papa, pelos cardeais e pelos bispos, entre os quais vestes, chapéus e anéis. A tiara foi um deles. Mitra tornou-se sinônimo de tiara porque Mitra, do grego *Míthras*, o deus-sol dos persas, tinha na cabeça uma tiara. Como o bispo usa a mitra nas cerimônias litúrgicas, também a sede do bispado, de personalidade jurídica, recebeu tal denominação e passou a ser referida como mitra diocesana. Tiaras e diademas, com formas alteradas, tornaram-se populares, mas a mitra, não. Talvez porque fosse utilizada como capuz enfiado na cabeça dos condenados da Inquisição para mais humilhá-los quando eram conduzidos às fogueiras, os conhecidos autos de fé.

TICO-TICO do tupi *tik-tik*, onomatopeia com que os índios designavam o trinar da pequena ave de papo amarelo, prevalecendo em sua denominação no português: tico-tico. Deu nome à primeira revista infantil brasileira, fundada em 1905, responsável pela instrução e pelo entretenimento de várias gerações. Foi também o apelido do famoso radialista José Carlos de Morais, então estudante de Direito, que despontou para o rádio no dia da posse do governador Ademar de Barros, em 1947, segundo nos informa *Brasil: o almanaque de cultura popular*. A transmissão era ao vivo e ele precisava falar alguma coisa o tempo todo. Em vez de encher linguiça, como tantos, entrevistou quase todas as personalidades presentes. João Goulart, apelidado Jango, em visita a John Kennedy, salvou o jornalista das garras dos seguranças da Casa Branca, que o impediam de se aproximar dos dois: "*No, no. It's my report, Taico-Taico*." Anos antes, quando o presidente Dwight Eisenhower, tratado também pelo apelido *Ike*, veio ao Brasil, o mesmo profissional recebera elogio consagrador do jornal *The Washington Post*: "A pessoa mais interessante de São Paulo é Tico-Tico, famoso repórter de rádio. Durante a visita de cinco horas, não parou de falar o tempo inteirinho, com exceção de um intervalo breve, em que brigou com a polícia."

TIJOLO do espanhol *tejuelo*, diminutivo de *tejo*, masculino de *teja*, telha, do latim *tegula*, designando cobertura, telhado. Em latim há várias palavras formadas a partir do radical *teg*, como *tegere*, cobrir, e *tectum*, teto, em que houve variação do "g" intermediário para "c". Os tijolos precederam pena, caneta e lápis nos acrósticos, acrônimos e palavras cruzadas. Como passatempo, na hora do descanso, engenheiros, mestres de obra e escravos cultos dedicavam-se a organizar palavras e frases.

TIL do latim *titulus*, título, sinal, marca, pelo espanhol *tilde*, til, designando "virgulita o nota que se pone sobre alguna letra, para significar abreviatura en la voz, o distinguirla de otras, o explicar el acento" (pequena vírgula que se põe sobre alguma letras, para indicar redução da entonação, ou modificar a pronúncia). Textos bíblicos asseguram que Jesus reiterou várias vezes ser inadmissível retirar sequer um til das Escrituras Sagradas. Mas como os Evangelhos foram escritos originalmente em grego, em vez de til usou-se "jota", a menor letra do alfabeto. No português, o til é um sinal diacrítico para anasalar as vogais. No espanhol, ele é posto também sobre consoantes, como em *niña* (criança).

TÍLIA do latim *tilia*, árvore ornamental, nativa da Europa, de folhas arredondadas e pequenas flores. Cada tília tem em geral cinco a sete delas. Inspirou estes versos à escritora Florbela Espanca, em *A voz da tília*: "E, ao ver-me triste, a tília murmurou:/ já fui um dia poeta como tu…/ ainda hás de ser tília como eu sou…"

TIMÃO do latim *timone*, declinação de *timo*, peça de madeira a que são atrelados os animais, em carros, carroças e arados, designando também o leme, em funções assemelhadas em terra e mar, com a diferença de que nos navios é o homem, o piloto, quem deve ficar no leme, palavra de origem desconhecida. Já piloto deriva do italiano *piloto*, do latim medieval *pedota*, alteração de *pedoto*, do grego bizantino *pédôtés*, de *pêdon*, leme, timão. É provável a influência do italiano *pillegio*, do grego *pélagos*, mar. Timão é também o aumentativo de time, utilizado para qualificar o Esporte Clube Corinthians Paulista, que tem a figura de um leme no distintivo, o que levou à mistura de significados. Os primeiros clubes brasileiros, antes de terem no futebol a sua maior referência, foram organizações destinadas a incentivar esportes aquáticos, daí a presença de regatas na denominação de vários deles, como o Flamengo e o Vasco da Gama, entre outros.

TIME do inglês *team*, time. Um dos maiores clubes brasileiros, também em número de torcedores, o Corinthians, é chamado de timão. Quanto à seleção nacional, há dúvidas se o timão foi o de 1958 ou o de 1970. Esse aumentativo leva a certa ambiguidade, já que "timão" designa peça do arado, cabeçalho do carro, peça para manejo do leme nos navios e antigamente também um imposto.

TÍMIDO do latim *timidus*, tímido, ligado ao verbo *timere*, temer, recear, ter medo. No latim, seus sinônimos eram *verecundus*, discreto, e *demissus*, abatido, posto no chão, caído, com predominância de conceitos reprováveis aplicados aos tímidos, que não tinham lugar nem vez numa sociedade agrícola, pastoril, guerreira, em que as lides nos três campos requeriam muita coragem: a pessoa tinha que enfrentar o terreno hostil, o animal feroz, o inimigo violento. Por isso, tímido, ao passar para as línguas neolatinas, caso do português, teve acrescentados os sentidos de assustado, frouxo, fraco, débil. Comentando a timidez que lhe é atribuída, o compositor, cantor e escritor Francisco Buarque de Holanda, mais conhecido como Chico Buarque, disse em entrevista a Fernando Eichenberg: "Aí vem essa coisa que todo mundo fala: 'Ah, porque ele é tímido, mas nesse dia ele não estava tímido.' Eu não sou tímido na minha vida normal. Mas eu não acho que seja normal você subir no palco e cantar. Ali, realmente, travo um pouco. Às vezes a boca fica seca."

TINTUREIRO de tintura, do latim *tinctura*, ato de *tingere*, tingir. O sufixo -eiro, presente na formação de tantas palavras, e no caso deste adjetivo indica ofício, como em padeiro, ferreiro, marceneiro, joalheiro, donde tinturaria, padaria, ferraria, marcenaria, joalheria. Designa aquele que tinge panos, seja o dono ou o empregado da tinturaria. Começou designando quem tingia panos, mas depois consolidou-se para indicar o profissional que lava, passa e tira manchas de peças do vestuário. O dia do tintureiro é 3 de agosto.

TIPOIA de origem controversa. O mais provável é que proceda do quimbundo *kipoia*, dito também *tipoia*, padiola, rede para transporte de pessoas, que no quicongo é *tipóoyu*. Mas o tupi tinha *tipoi*, vestido sem mangas, camisola. Veio a designar tira de pano que se prende ao pescoço para apoio de mão ou braço machucados. Ortopedistas recomendam seu uso para imobilizar os membros superiores em caso de contusões, fraturas, luxações, artrites, bursites, lesões. Em geral a tipoia é feita de algodão reforçado. Antes do Acordo Ortográfico era escrita "tipóia".

TIRA derivado de tirar, provavelmente do baixo-latim *tirare*, puxar, radicado mais remotamente em tiro, recruta, aprendiz, noviço. Designa pedaço de papel ou de pano, mais comprido do que largo. Consolidou-se, porém, na história em quadrinhos como denominação de unidade narrativa autônoma, combinando figuras e legendas, publicadas na imprensa e em revistas especializadas, os chamados *comic books*, nos quais em geral os personagens são tipos fixos, sempre com os mesmos problemas ou tiques, de que é exemplo o menino Linus que contracena com o cachorro *Snoopy* nos desenhos de Charles Schulz. Apesar de inseguro, é o intelectual do grupo e insiste em citar a *Bíblia* e filosofar sobre a vida. Essas tiras foram traduzidas para 21 idiomas e publicadas em 2.600 jornais de 75 países. Tinha 355 milhões de leitores e suas criaturas lhe rendiam 1 bilhão de dólares por ano. Antes de morrer de câncer, dia 13 de fevereiro de 2000, desenhou sua última tira, despedindo-se de seus milhões de leitores.

TIRA-DENTES do verbo tirar, de tira, vocábulo de origem obscura, mas provavelmente da raiz iraniana *tir*, agudo, penetrante, presente na designação da flecha dos arqueiros partos, tradicionais inimigos dos romanos. Ao entrar no corpo, a flecha subtrai algo, a começar pela pele e pedaços de carne. E do latim *dente*, declinação de *dens*, dente. O dentista teve tal denominação nos primórdios de seu ofício porque, à semelhança do médico, que acumulava a profissão com a de barbeiro, o tira-dentes fazia exatamente o que designava seu ofício: tirava o dente que afligia o paciente. O tratamento dentário é historicamente muito posterior. E durante séculos, quando as habilidades eram exercidas apenas por inclinações, sem que houvesse formação específica para qualificar o ofício, o dentista era apenas um prático de quem se exigia apenas que aliviasse a dor de dentes pela extração do dente afetado. Joaquim José da Silva Xavier, o Tiradentes, era assim chamado por exercer o ofício de dentista. Além disso, era oficial, com o posto de alferes – do árabe *al fares*, cavaleiro – de um regimento militar encarregado de combater assassinos e bandidos. Integrou o movimento político que, inspirado na independência dos EUA, queria proclamar a nossa. Em 1789 estava no Rio de Janeiro quando o coronel Joaquim Silvério dos Reis delatou todo o grupo em troca do perdão de impostos, a derrama, que servira de estopim para o movimento. Tiradentes escondeu-se numa casa da Rua dos Latoeiros, hoje Gonçalves Dias, onde foi preso. O processo durou três anos e culminou com sua execução na forca, no Largo da Lampadosa, no Rio.

TIRANIA do grego *tyrannía*, opressão. Na Grécia antiga, qualquer governo imposto à margem da lei. O vocábulo, de origem frígia, está radicado no grego *tyrannos*, senhor absoluto. Não tinha caráter pejorativo. Foi um intelectual, Aristóteles, o responsável pela abominação que depois vitimou todos os tiranos do mundo. Ele definiu tirano como alguém que exerce o poder absoluto em proveito próprio, e não em nome do povo que governa. No Brasil, quando a República nascente mostrou seu caráter violento, um jornal republicano ainda assim saudou o autoritarismo como "doce tirania": "Ouvem-se ainda os últimos ecos do fragor com que desabou um conjunto de antigas instituições que muita gente julgava perpétuas; [...] como necessidade do momento surgiu o governo ditatorial [...] e o que vemos? Por toda parte a paz e a ordem." Era o jornal *A Federação*, de Porto Alegre, justificando o autoritarismo republicano em nome da paz social.

TIREOIDE do grego *thyreoeidés*, que tem forma de escudo, de broquel. No português, é igualmente correta a forma tiroide. Designa glândula endócrina, localizada na parte posterior do pescoço, constituída de dois lobos unidos por um istmo. Glândula é diminutivo de glande, declinação do latim *glans*, designando inicialmente fruto do carvalho e mais tarde muitas outras coisas em forma de bolota e até órgãos ou partes deles, de que são exemplos a designação da ponta do pênis e da extremidade do clitóris, ambas conhecidas por glandes na linguagem médica e científica. A tireoide controla funções metabólicas decisivas. Nas dietas, é comum que pessoas obcecadas por emagrecer ou por não engordar invistam contra a tireoide, obedecendo cegamente a curandeiros e médicos irresponsáveis que, atendendo aos desejos do paciente, ferem normas, incluindo as éticas, que juraram respeitar, e por meio de agressões a essa conhecida glândula acabam por prejudicar seriamente aqueles a quem prometeram saúde.

TIRIRICA do tupi *tiri'rica*, ir de rastro, arrastar, alastrar. Em sentido figurado, dados os prejuízos que a tiririca causa às plantações, tem-se prestado a metáforas do tipo "ficar tiririca da vida", isto é, extremamente aborrecido, irritado, certamente também porque é impossível tocar na tiririca sem sair machucado.

TIRITAR vocábulo onomatopeico derivado do ruído de bater os dentes por frio ou medo. Comentando a incultura da calefação, que levou os gaúchos a descuidos injustificados na construção das casas, que não os protegem devidamente dos invernos rigorosos que se abatem sobre o Brasil meridional, escreveu o historiador e filósofo Voltaire Schilling: "O povo sofre, tirita regelado, adoece em massa devastado por gripes e pneumonias, porém, paralisado pela ancestralidade teimosa, encatarrado e tossindo, convive impotente com o frio como se fosse uma fatalidade."

TITÃ do grego *Titán*, gigante, designando cada um dos filhos de Urano e Gaia, que queriam escalar o céu para destronar Júpiter. Passou a designar pessoa de tamanho ou força extraordinários, servindo modernamente para designar até guindaste ou navio, como foi o caso de Titanic, uma das três grandes embarcações construídas na Irlanda na primeira década do século XX para competir com outros grandes barcos do período, como o Lusitânia e o Mauritânia. Os outros dois, da mesma classe do Titanic, eram o Olympic e o Britannic, este último conhecido também pelo nome de Gigantic. No filme *Titanic*, a atriz Gloria Stuart fez o papel de uma das sobreviventes do grande naufrágio, a senhora Rose DeWitt Bukater. Foi indicada ao Oscar de melhor atriz, em 1998, aos 88 anos, justamente por seu papel naquele filme, mas não venceu. Naquele mesmo ano foi eleita pela revista *People* uma das cinquenta pessoas mais lindas do mundo. Muito mais gente poderia ter sido salva se o telegrafista do navio mais próximo não estivesse dormindo. Quem socorreu os náufragos foi o Carpathia, que estava a quatro horas dali.

TITÂNICO do grego *titanikós*. Relativo aos Titãs, gigantes que, segundo a mitologia, pretenderam escalar o Céu e destronar Júpiter, numa espécie de versão grega da lenda bíblica da Torre de Babel. De acordo com a mitologia helênica, Titã, filho de Urano e de Héstia, era irmão de Cronos. Sendo sobre-humanos, eram entretanto semideuses e não conseguiram vencer o inteiramente divino Júpiter. O célebre navio que deu causa a um dos maiores naufrágios de todos os tempos, o Titanic, recebeu este nome pelo colosso que era. Também recebe o adjetivo a pessoa dotada de qualidades que se agigantam, seja no plano físico, intelectual, artístico ou moral. Titã é também o mais volumoso dos satélites de Saturno, descoberto pelo astrônomo holandês C. Huygens em 1655.

TITIA de tia, do grego *theía*, pelo latim *thia*, designando irmã do pai ou da mãe em relação aos filhos. Tia, mas não titia, na linguagem coloquial veio a designar também a professora das primeiras séries do ensino fundamental. E tal acepção, embora reprovada pela pedagogia, não tem sentido pejorativo. Já a expressão "ficar para titia", reduplicação de solteirona, é perder a hora de casar-se. No Norte há a variante "ficar para Vitalina", por força de lenda cristã dando conta de que Santa Vitalina, por ter lavado o rosto numa Sexta-feira da Paixão, na Semana Santa, teve que aguardar um pouco à porta do Céu, embora fosse mulher virtuosa. No Nordeste, diz-se que a moça está no caritó, caritó, palavra de origem indígena que designa prateleira rústica das casas pobres onde são postos objetos pouco usados. Na França, quem fica para titia recebe o apelido de *catharinette*, pois o povo diz que as solteironas são encarregadas de pentear Santa Catarina, de longos cabelos, que morreu martirizada numa atafona.

TI-TI-TI de origem onomatopaica, burburinho que imita sons de frases pronunciadas por muitos ao mesmo tempo. Os temas do ti-ti-ti, anunciados como inconfidências não passam de segredos de polichinelo, designação vinda de Polichinelo, personagem de textos latinos antigos, mas celebrizado na *commedia dell'arte*.

TÍTULO do latim *titulus*, designando originalmente cartaz exibido em triunfo nos desfiles, onde estavam escritos em letras grandes, para que todos pudessem ler, os nomes das províncias conquistadas pelo imperador, o número de prisioneiros e escravos etc. Passou depois a identificar também as obras literárias e artísticas, mas há aqui algumas curiosidades. O *show* intitulado *Oh Calcutta*, exibido originalmente em 1969, nada tem a ver com Calcutá, a segunda maior cidade da Índia, hoje com mais de 13 milhões de habitantes. O espetáculo erótico, criado pelo inglês Kenneth Tynan, que escandalizou o público nos anos 1960, por ousadias inéditas com a nudez de atores e atrizes, foi construído a partir de uma frase obscena em francês: *Oh, quel cul t'a*s (oh, que bumbum tu tens).

TOCA-FITAS de tocar, do latim vulgar *toccare*, tocar, executar, e de fita, do latim *vitta*, faixa, tecido reto e estreito, para enfeite. Designa aparelho para reproduzir sons pré-gravados em fita magnética. O primeiro toca-fitas portátil foi inventado pelo ex-executivo alemão Andreas Pavel, em 1972, quando vivia no Brasil. Ao criá-lo, ele o chamou *stereobelt*, porque era preso à cinta. Pavel mudou-se para a Suíça e apresentou seu invento a vários fabricantes de eletrônicos. Ninguém o quis. Embora com atraso, ele registrou a patente em 1977. No ano seguinte, a *Sony* lançou um aparelho bem semelhante, chamado *walkman* – hoje em completo desuso –, que logo se tornaria um sucesso de vendas. Pavel recorreu ao Judiciário e a disputa durou 25 anos. O acordo extrajudicial, celebrado em 2003, rendeu-lhe 10 milhões de dólares.

TOCHA do latim *torcula*, corda de fios torcidos, vocábulo formado a partir de *torquere*, torcer, que serviu de base também a extorquir, *extorquere*, tirar com violência, e extorsão, do latim medieval *extorsione*. Passou a designar o símbolo olímpico porque os primeiros artefatos utilizados para este fim eram feitos de fios torcidos, depois embebidos em combustível. A tocha olímpica acesa para as Olimpíadas da Austrália, realizadas em 2000, foi acesa no dia 10 de maio em Olímpia, na Grécia, e chegou a Sidney em 8 de junho daquele ano, tendo passado pelas mãos de 11 mil pessoas, em 13 países, num trajeto de 27 mil km.

TODOS OS DIAS do plural de todo e de dia, respectivamente do latim *totu* e *dia*, para designar o dia a dia, o cotidiano. A Igreja indica um ou mais santos para cada dia do ano, mas escolhe um dia, 1° de novembro, para homenagear Todos os Santos. Depois das perseguições do imperador Diocleciano, os mártires cristãos foram em tão grande número que foi necessário instituir o dia de Todos os Santos. A celebração nasceu em Antioquia, no século IV, tendo sido regulamentada no século seguinte, pois os santos dos primeiros séculos foram elevados à honra dos altares por aclamação das comunidades cristãs. Só muito mais tarde, com a institucionalização e unificação das diversas dioceses sob o comando do papa, é que os santos foram reconhecidos oficialmente como tais.

TOGA do latim *toga*, veste comprida, manto, do latim *tegere*, cobrir, utilizada como veste normal na Roma antiga. Passou a designar a capa que os juízes utilizam e, por metáfora, o seu poder.

TOMA LÁ DÁ CÁ de tomar, de *tomian*, palavra da língua dos saxões, designado o ato de tirar algo do inimigo; lá, do latim *ad illac*, longe, indicando afastamento; dá, de dar, do latim *dare*; e cá, *eccu hac*, aqui, perto, neste lugar. Há um programa de televisão intitulado *Toma lá dá cá*, dirigido por Cininha de Paula, com textos de Maria Carmen Barbosa e Miguel Falabella. Todos os episódios fazem rolar de rir, não apenas pelo desempenho de atores e atrizes, mas também pelas tramas e pelos diálogos, sempre bem-humorados. Eis os títulos de alguns episódios levados ao ar em 2008, em que foram feitas paráfrases de títulos de filmes famosos e alterado um provérbio: *O pecado malha ao lado* parafraseou o título de um filme de 1955, *O pecado mora ao lado*, dirigido por Billy Wilder, com Tom Ewel e Marilyn Monroe, cujo tema é a atração que a vizinha exerce sobre um homem casado que ficou sozinho em casa porque a mulher saiu de férias. O título original do filme é *The seven year itch* (A coceira do sétimo ano), expressando a ideia do roteiro de que os homens casados estão mais propensos ao adultério quando passadas sete anos de matrimônio. *Adivinhe quem vem para mamar* mudou o verbo de *Adivinhe quem vem para jantar*, filme de 1967, dirigido por Stanley Kramer e estrelado por Sidney Poitiers, Katherine Houghton, Spencer Tracy, Katharine Hepburn, os dois primeiros fazendo o par de negro e branca namorando, então um tabu nos EUA, e os dois outros vivendo o pai e a mãe da noiva. Já *A classe média vai ao Paraíso* alterou a classe social que vai para lá, pois o título de um filme de 1971, um clássico do cinema político italiano, dirigido por Elio Petri, com Gian Maria Volontè e Mariangela Melato é *A classe operária vai ao Paraíso*. E *Pior do que está sempre pode ficar* contraria conhecido dito popular que apregoa o contrário: *Pior do que está não pode ficar*.

TOMAR de origem incerta, provavelmente do grego *tómos*, parte, ou do saxônico *tomian*, pegar. A neurose presente na linguagem faz com este verbo esteja associado a várias expressões chulas em que o ato sexual ou as funções excretoras são dadas como destinos de extraordinárias desgraças. Metáforas pornográficas em que aparece o verbo tomar provêm do lugar subalterno imposto à mulher na família patriarcal, gerando diversas palavras e expressões que refletiram os preconceitos, presentes inclusive no gênero de adjetivos como ambicioso, aventureiro e público. Aplicadas à mulher, tais qualidades viram defeitos, como se pode ver pelas comparações, como é evidente em homem público e mulher pública. Também a expressão toma lá, dá cá" faz parte do conjunto e indica a troca de alianças por ocasião das cerimônias do casamento, realizada sob a égide da cruz. Com esse sentido aparece no mais revelador de nossos romances de usos e costumes, *Memórias de um sargento de milícias*, de Manuel Antonio de Almeida: "Há por aí muita rapariga capaz; é verdade que o que elas querem é o toma lá, dá cá, debaixo do arco do cruzeiro."

TOMARA do mais-que-perfeito do verbo tomar, verbo de origem incerta, provavelmente do grego *tomos*, parte, tomo, que se teria mesclado com o saxônico *tomian*, pegar, tomar. Passou a sinônimo de oxalá, do árabe *in sa Allah*, queira Deus, indicando desejo de que algo aconteça. Aparece em marchinha de 1950, popularizada pela cantora Emilinha Borba: "Tomara que chova/ Três dias sem parar, ô!/ Tomara que chova/ Três dias sem parar!/ A minha grande mágoa/ É lá em casa não ter água/ Eu preciso me lavar."

TOMBAR de provável origem onomatopaica, o ruído de algo que cai, *tumb*. Por fenômeno conhecido como hipercorreção ou apoio na variante do barulho, *tomb*, a palavra serviu de raiz para o verbo que designa o ato de cair, mas também de colocar sob proteção do poder público, fazer registo de bens, inventariar; como é o caso de prédios históricos tombados.

TONA do latim tardio *tunna*, tona, superfície, vindo do céltico *tunna*, casca, pele. Pode ter havido influência de outra procedência, já que os cimbros, povos bárbaros que invadiram a Gália, atual França, no século II a.C., tinham a palavra *ton* para designar casca. Origem semelhante teve a palavra tonel, inicialmente uma pipa feita de madeira, capaz de conter 957,6 litros, de onde derivou-se tonelada, medida de peso equivalente a mil quilogramas, utilizada inicialmente para medir carregamentos de navios.

TONSURA do latim *tonsura*, palavra da agropecuária, pois no latim designava o ato de tosquiar as ovelhas e de ceifar o trigo, deixando peladas a ovelha e a roça. Veio de *tonsus*, particípio de *tondere*, cortar, ceifar, tosquiar. A tonsura é imposta pelo bispo ao seminarista quando este dá o primeiro passo para tornar-se clérigo. Contudo os alopécicos, vulgarmente chamados carecas, eram dispensados de ir ao barbeiro providenciar o pequeno círculo sem cabelos no alto da cabeça, na parte de trás, indicando submissão, serviços à comunidade, semelhantes aos frutos da terra e à lã das ovelhas no plano espiritual.

Os carecas, sem fins religiosos, usam solidéus, boinas, bonés etc. para atenuar os rigores do frio na alopecia involuntária. Esta teria sido também a origem remota da crendice popular de que os carecas são mais inteligentes.

TONTO provavelmente do latim *tontum*, tosquiado, raspado, de *tondere*, tosquiar. Na baixa Idade Média, os loucos, os delinquentes e outros reclusos, que não viviam confinados antes do nascimento das prisões, dos hospitais e dos hospícios, tinham as cabeças raspadas. Quem falava ou fazia coisas semelhantes às ditas e feitas por tais pessoas era considerado tonto, palavra que se consagrou pelo uso na linguagem cotidiana. A outra hipótese é que a palavra tenha sido formada a partir do latim *attonitus*, assustado pelo barulho do trovão, com exclusão do "a" inicial, como ocorreu em bodega, que veio do grego *apotheké*, depósito, pelo latim *apotheca*, armazém, despensa, depósito de alimentos e de bebidas. Mas tonto não é quem tem medo. Os insanos, justamente por desconhecerem o perigo, costumam ter coragem extaordinária, própria de valentes.

TOPÁZIO do grego *topazion*, que em latim grafou-se *topaziu*. Pedra preciosa amarelada originária da ilha de Tópazos, no mar Vermelho. Deu título a conhecido romance do escritor americano Leon Uris, sobre espionagem soviética, realizada em Cuba e na França, contra a Organização do Tratado do Atlântico Norte (Otan). Em 1969, Alfred Hitchcock fez o filme *Topázio*, baseado no livro.

TOPE do frâncico *topp*, a parte mais alta, pelo francês antilhano *top*, tufo de cabelos, em forma de laço, no alto da cabeça. Dom Pedro I, em decreto do dia 18 de setembro de 1822, usou a palavra para definir as cores nacionais, depois ratificadas pela República. "Hei por bem, e com parecer do meu Conselho de Estado ordenar o seguinte: o Laço ou Tope Nacional Braziliense será composto das cores emblemáticas — verde de primavera, e amarelo de ouro na forma do modelo anexo a este meu Decreto."

TOPETE provavelmente derivado de topo, em que o sufixo -ete entrou para fazer o diminutivo, excluindo-se a última vogal de topo. Originalmente radica-se no baixo-alemão *Topp*, cume, elevação, que serviu também ao inglês *top*, conservando o sentido. O espanhol tem *tupé*, e o francês, *toupet*, já designando mechas de cabelo sobre-erguidas à frente, pertinho da testa. No francês antigo, mais próximo do frâncico, era *top*. Penachos de algumas aves ajudaram na criação da metáfora para atrevimento, ousadia, mas com a restrição de que tais atitudes seriam injustificáveis. Por oposição à coragem, requerida por necessidade, o topete seria exibição. Terão colaborado na formação do sentido conotativo as crinas descuidadas dos cavalos selvagens. No pampa, ainda hoje o animal de crinas espessas, copiosas e densas é denominado topetudo, porque não tem a docilidade dos cavalos domados. Uma das insígnias do ex-presidente Itamar Franco, o topete voltou, acompanhado de um séquito de ressurreições. No cabelo, destoando dos cortes usuais. Na indústria, quando o então presidente ressuscitou o velho fusca, já um retrato na parede. E por força de sua teimosia, paradoxalmente sua insistência num modelo antigo resultou nos carros populares 1.0, cujos preços dispararam depois que ele deixou a Presidência. Após romper com Fernando Henrique Cardoso, Itamar travou frequentes batalhas com o sucessor, alegando interferências na conhecida autonomia mineira. Uma delas foi um enfrentamento que teve como pivô a ameaça dos sem-terra de invadirem a fazenda que FHC e seus familiares mantêm em Minas Gerais. As forças arregimentadas por Itamar Franco, entretanto, mais parecem um segundo *O incrível exército de Brancaleone*, o divertido filme de Mario Monicelli, com Vittorio Gassman e Gian Maria Volonté, entre outros.

TOPIQUEIRO do inglês *topic*, tópico, assunto, remotamente do grego *topikós*, tópico, ligado também a *tópos*, lugar, e *topographía*, topografia. Tópico está presente em bulas de remédios, na recomendação de que o produto é de uso tópico, isto é, sua ação é exercida no lugar em que é aplicado. Já topografia designa a representação gráfica de um terreno ou localidade, com todos os acidentes que estejam na superfície. Entretanto, a palavra topiqueiro fez outra viagem. Na década de 1990, chegou ao Brasil, trazido pela Asia Motors, um veículo identificado com a palavra inglesa *Topic*, automóvel utilitário, construído especialmente para transporte coletivo de um número limitado de passageiros – entre oito e 16 pessoas – semelhando caminhonete ou perua. No português coloquial das ruas, a palavra passou a ser pronunciada paroxítona (com acento na penúltima sílaba) e não proparoxítona (na antepenúltima), sua pronúncia original no inglês. O condutor da topique foi logo denominado topiqueiro, tal como o da perua já era perueiro. O *Aurélio* ainda não registra perueiro, mas o *Houaiss* já. Nenhum dicionário registra ainda topiqueiro, muito embora os topiqueiros sejam milhares.

TOPONÍMIA dos compostos gregos *tópos*, lugar, e *ónoma*, nome, designação dos lugares por seus nomes. No caso das duas maiores cidades brasileiras, São Paulo e Rio de Janeiro, há algumas singularidades controversas. Os padres jesuítas conciliaram na primeira o nome indígena com o do apóstolo São Paulo, denominando-a São Paulo de Piratininga, palavra do tupi, formada de *pira*, peixe, e *tininga*, seco. Os primeiros cronistas relatam que, passadas as cheias, especialmente às margens do rio Anhangabaú, canalizado depois da urbanização, os peixes secavam ao sol. Já o Rio de Janeiro tem este nome porque o português André Gonçalves, comandante de expedição que tinha o fim de melhor conhecer a terra descoberta menos de dois anos antes, achou que a Baía da Guanabara, aonde chegou a primeiro de janeiro de 1502, fosse a foz de um grande rio. Não lhe ocorreu sequer experimentar o gosto da água... O cantor e compositor, ex-ministro da Cultura, Gilberto Gil, homenageou a cidade carioca em versos que evocam Chacrinha, com música e letra que compôs em 1969: "O Rio de Janeiro continua lindo,/ O Rio de Janeiro continua sendo,/ O Rio de Janeiro, fevereiro e março, /Alô, alô, Realengo – aquele abraço!/ Alô, torcida do Flamengo – aquele abraço!/ Chacrinha continua balançando a pança,/ E buzinando a moça e comandando a massa."

TOPÔNIMO do grego *tópos*, lugar, e *nymos*, nome, significando nome de lugar. Os índios davam curiosos nomes às localidades, que os jesuítas aceitaram, mas aos quais acrescentaram nomes de santos, como é o caso de São Paulo, a cidade brasileira que mais cresceu e veio a transformar-se numa das maiores megalópoles do mundo. Situada longe do mar para os padrões do século XVI, São Paulo foi fundada como Piratininga, do tupi *pira*, peixe, e *tininga*, seco. Os silvícolas deram tal denominação, segundos nos informa o padre José de Anchieta, não porque se dedicassem a algum primitivo e inusitado charque de peixe, mas porque, cessados os transbordamentos das enchentes dos rios, os peixes, tomados de surpresa, ficavam sem água e morriam em terra. A palavra também indica que determinado lugar memora algo ou alguém. Às vezes, porém, alguns enganos estiveram ainda na origem, como no caso do Rio de Janeiro. Estado e cidade são assim denominados porque os primeiros navegadores portugueses tinham o costume de homenagear o santo do dia em suas descobertas. No caso do Rio, esta regra foi quebrada, talvez porque não tenham aprovado os santos do dia: Almáquio, Odilon e Santa Maria, Mãe de Deus. Esta última já estava muito manjada nas denominações espanholas. Inclusive, uma das três naus colombianas tinha o nome de Santa Maria. Tendo aportado na atual Baía da Guanabara, em primeiro de janeiro de 1502, pensaram tratar-se de águas de um rio e denominaram-na Baía do Rio de Janeiro. Mais tarde, na segunda metade do século XVI, quando repeliram os franceses, que tentavam fundar aqui a França Antártica, homenagearam o rei Dom Sebastião, em 4 de agosto, mês de azar!, e o santo, seu xará, patrono dos arqueiros, martirizado em Roma no século III. Deram, então, à cidade o nome que permanece até hoje: São Sebastião do Rio de Janeiro. O nome do santo veio a calhar: os portugueses receberam ajuda dos índios, que combateram com arco e flecha. Mas há bons exemplos do costume de recorrer aos santos para os topônimos, como o cabo de Santo Agostinho (avistado em 28 de agosto de 1501), o rio São Francisco (de 4 de outubro), a baía de Todos os Santos (de 1º de novembro) e a enseada Angra dos Reis (avistada em 6 de janeiro). Na denominação das cidades o costume prevaleceu, embora mais tarde tenha havido elipse dos nomes dos santos em algumas delas, como Nossa Senhora da Luz dos Pinhais de Curitiba, São Paulo de Piratininga e São Sebastião do Rio de Janeiro, entre outras.

TORCEDOR de torcer, do latim *torquere*, torcer, dobrar, curvar, olhar bem para algum lugar. Provavelmente veio a designar a pessoa que, no estádio, ouvindo o rádio ou assistindo aos jogos pela televisão, torce, dobra ou curva as mãos, de olhos fixos no que vê e ouve, como faziam as moças com luvas, torcendo-as, porque molhadas do suor das mãos, conforme registrado em crônica de Coelho Neto, pai do jogador Preguinho, da seleção brasileira. *Torquere aquam remis* (remar contra a corrente) não é o que fazem os torcedores que apoiam o seu time, esteja ele perdendo ou ganhando? No português, o verbo torcer aparece num verso do rei poeta Afonso X, o Sábio: "Com grande medo deixei-lhe o anel torcer quando ferisse a pelota." Pelota era a bala de chumbo das armas de fogo. Como se sabe, no futebol encontramos palavras de guerra: atacar, combater, defender, vitória, derrota, massacre. O cartão amarelo, por metáfora, designa o ferido, que no próximo lance pode morrer, isto é, ser expulso. Na Inglaterra, onde nasceram as regras que ainda hoje legislam as estruturas básicas do futebol, *supporter*, cujo étimo é o mesmo de *support*, ajudar, proteger, defender, designa tanto o torcedor quanto o patrocinador. Os portugueses designam o torcedor por adepto. As palavras trazem os conceitos embutidos. O futebol, na Itália, é denominado *calcio*, do latim *calx*, coice. E torcedor, em Italiano, é *tifoso*, contagiado de tifo, em linguagem conotativa.

TORCER do latim *torquere*, torcer, virar, apertar. Tem também o sentido de atormentar, consolidado a partir dos sofrimentos impostos aos interrogados pela Inquisição, consistindo em suplícios que torciam braços e pernas. E muitas vezes o pescoço, como se faz no meio rural com galinhas e frangos destinados a caldos e canjas. No futebol, o verbo teve o sentido alterado e passou a designar gritar e fazer gestos diversos para estimular os jogadores e atormentar os adversários. A linguagem dos locutores esportivos portugueses, entretanto, difere muito da dos brasileiros. Em Portugal, torcida é claque, do francês *claque*, claque, palmada. Torcida é massa adepta. A vaia, própria de torcedores descontentes para desaprovar jogadores ou lances, em Portugal é assobiadela. O conhecido chapéu, que consiste em jogar a bola sobre o adversário e retomá-la em suas costas, fazendo o desenho de um chapéu, em além-mar é cabrita. Uma das jogadas preferidas por Mano, que consiste em fazer passar a bola entre as pernas do adversário, é saudada assim por locutores portugueses: que grande cueca! O jogo fácil, designado entre nós habitualmente por moleza, em Portugal é conhecido como *pera doce*. Quem marca bobeira no Brasil, em Portugal dá uma *pifia*. Se aqui os jogadores se vestem e despem no vestiário, em Portugal somente podem fazê-lo no *balneário*. Lá é comum que o elemento nuclear faça *golo no guarda-redes*, o que entre nós equivaleria ao craque fazer gol, vencendo o goleiro. Enfim, no *relvado*, que aqui é gramado, os lances são os mesmos, mas são conhecidos por outros nomes. E a língua é a mesma, a amada portuguesa!

TORNEIRA do grego *tornos*, que passou ao latim *tornu*, nas duas línguas com o significado de torno, sentido que conservou em português, alterando-se com o acréscimo do sufixo -eira para designar a peça de metal indispensável em pias, chuveiros e banheiras domésticas, que serve para controlar o fluxo da água. Utilizada em sentido metafórico, indica instrumento de controle sobre gastos públicos.

TORNOZELO provavelmente de um estranho diminutivo de *torno*, do grego *tórnos*, pelo latim *tornus*, designando nas três línguas aparelho que gira e permite arredondar peças de barro, de madeira, de ferro, de aço. Em outras línguas, o osso presente na articulação do pé com a perna tem designações cujos étimos estão ligados a palavras com outros conceitos. Em inglês, por exemplo, tornozelo é *tarsus*, palavra latina que veio do grego *tarsós*, entrelaçamento de raízes. E também *ankle*, do mesmo étimo de clavícula, do latim *clavicula*, diminutivo de clave, chave. Aos gregos pareceu, por metáfora, que os pés e os dedos semelhavam as raízes de uma planta, daí a designação tarso e metatarso. Entre os romanos, o tornozelo lembrou-lhes o ferrolho, a tramela ou a chave, *clavis*, de madeira para trancar portas e janelas. Mas, sendo osso pequeno, tornou-se *clavicula*, chavezinha. No italiano *caviglia*, tornozelo, prevaleceu a ideia de chave: a palavra veio do provençal *cavilha*, radicado no latim vulgar *clavicla*. Em espanhol, tornozelo é *tobillo*, cujo étimo está ligado ao vasco *txurmillo*. Em francês é *cheville du pied*, chave ou articulação do pé. É tamanha a obsessão com a aparência física que alguns pacientes já solicitam lipoaspiração no tornozelo, que o cirurgião plástico Jorge Menezes, da Sociedade de Cirurgia Plástica, não recomenda, pela delicadeza da região: "Se você mexer e tiver complicação, não há o que fazer"; endossado pelo ortopedista Wilel Benevides: "a lipoaspiração não é um procedimento cirúrgico indicado para o tornozelo devido ao alto índice de complicações e sua baixa eficácia." Em geral, quem procura lipoaspirar o tornozelo tem deficiência vascular no local ou sofre de elefantíase.

TORPEDO do latim *torpedus*, torpor, entorpecimento e, por extensão, a arraia, cuja descarga elétrica produz efeitos semelhantes. Passou a designar engenho explosivo para afundar navios, inventado no começo do século XIX pelo mecânico norte-americano Robert Fulton. Consistiu em saco de couro cheio de pólvora, inicialmente, e foi arma brasileira na Guerra do Paraguai. Modernamente, passou a ser lançado de navios, de submarinos e de aviões. Por metáfora, depois de designar o bilhete entregue pelo pretendente ao garçom para a destinatária, deu nome à mensagem enviada por computador ou por celular. É internacionalmente conhecido pela sigla SMS, de *Short Message Service* (serviço de mensagem curta).

TORRÃO provavelmente de torrar, do latim *torrare*, torrar, secar, assar. No sentido de pátria, sua origem pode ser terrão, aumentativo de terra, do latim *terra*. Com o significado de aglomerado de açúcar ou chocolate, a origem mais provável é o verbo torrar. Pode ter havido influência do italiano *torrone*, doce de amêndoas ou de amendoim, em cuja composição entram o mel e o açúcar. A palavra chocolate, amplamente utilizada para denominar iguarias assemelhadas, é de origem controversa, sendo mais provável que tenha vindo do náuatle *xocoatl*, bebida feita com milho fermentado. Os astecas designavam *cacauatl* um composto de cacau e água semelhante ao nosso atual chocolate. Pode ter havido confusão quando dos primeiros registros em espanhol, que a grafaram *chocauatl* no século XVI, depois mudado para chocolate, forma que conservou no português. Entre os séculos XVIII e XIX, vários países europeus passaram a fabricar chocolate em larga escala, destacando-se a Suíça, a Dinamarca e a Itália, entre outros. Foi na Suíça, país em que o italiano é uma das três línguas oficiais – as outras duas são o alemão e o francês, mas desde 1938 é aceito também o romanche –, que houve influência de *torrone* na denominação do chocolate *toblerone*, fabricado pela família Tobler desde 1867 e que ganhou a atual forma piramidal a partir de 1908. Os torrões de chocolate, cujo torrão natal é o México, ganharam o mundo, levando aos mais longínquos torrões o seu sabor. Como sempre, os países industrializados levaram a matéria-prima e devolveram produtos manufaturados, dando empregos lá e pouco mais do que consumo cá.

TORTILHA do espanhol *tortilla*, torta pequena, derivado de torta, do latim *torta*, pastelão, designando fritada de ovos batidos com a forma arredondada da torta. A tortilha espanhola teria sido servida a primeira vez ao general Tomás de Zumalacárregui. Faminto, depois de uma batalha, ele pediu a uma camponesa pobre que lhe desse de comer. Ela fritou batatas com ovos batidos, oferecendo o prato com desculpas por não ter mais do que aquilo. De família pobre, o militar era órfão desde os quatro anos e tinha muita experiência de passar fome. Comeu tudo o que lhe foi oferecido, tornando desde então muito conhecido este tipo de alimento. O general, monarquista, combateu os liberais e foi duro com os inimigos capturados, tendo fuzilado a muitos deles. Seu sucesso militar deveu-se à guerrilha, que realizou com enorme apoio popular. Ferido por um tiro na perna, exigiu que fosse levado a seu curandeiro predileto, aos cuidados do qual morreu de septicemia. Para associar sua heroica existência à invenção da *tortilha*, os espanhóis criaram a lenda de que este prato foi também sua última refeição. A culinária moderna acrescentou vários outros ingredientes à tortilha clássica: cebola, pimentão, aspargos verdes, ervilha ou feijão, chouriço. Com o tempo, a tortilha desdobrou-se em *paisana*, *murciana*, *catalana*, à caçadora etc., variando os condimentos de acordo com a região em que é feito o prato famoso.

TORTURA do latim *tortura*, tortura, do verbo *torquere*, com a variante *torcere*, ambos com o significado de torcer. Designa sofrimento aplicado física ou psicologicamente, com o fim de levar a pessoa a dizer ou a fazer o que não pode ou não quer. No contexto social e político, a ONU a define assim: "todo ato pelo qual um funcionário público, ou outra pessoa por sua instigação, infrinja intencionalmente a uma pessoa pena ou sofrimentos graves, quer físicos ou mentais, com o fim de obter dela ou de um terceiro informação ou uma confissão, de castigá-la por um ato cometido ou se suspeita que haja cometido, ou de intimidar a essa pessoa ou a outras." No passado não era, mas hoje é comparada em gravidade à pena de morte. Segundo renomados juristas, para torturadores não pode ser aplicada a anistia.

TORTURAR de tortura, do latim *tortura*, ação de *torquere*, torcer, escrito também *torcere*, com fins de suplício. As primeiras torturas consistiam em torcer os membros dos condenados. Uma caixa de tortura denominada *iron maiden*, donzela de ferro, serviu de inspiração para o nome de uma conhecida banda de *heavy metal* (metal pesado), a Iron Maiden. Na Idade Média, porém, *iron maiden* designava um instrumento de tortura para criminosos, traidores e hereges. Era uma caixa de ferro (*iron*, em inglês), com o formato semelhante ao corpo de uma donzela (*maiden*, em inglês). Havia duas portas à frente, pelas quais a vítima entrava à força para receber um abraço de 21 pregos, de pontas afiadíssimas. Na hora em que as portas eram fechadas, os pregos entravam no corpo da vítima, dois dos quais nos olhos. Na língua inglesa, a expressão *iron maiden* designa também a mulher excessivamente severa e exigente.

TOSSE do latim *tusse*, tosse. Designa movimento involuntário com o fim de expulsar da laringe, da traqueia ou dos brônquios alguma matéria estranha que tenha dado entrada nas vias aéreas sem ser necessária ou chamada, como o pó. As tosses podem ser compridas, como no caso da coqueluche, ou curtas, quando são denominadas secas. Há ainda a tosse de guariba, macaco frugívero e vegetariano, e a de cachorro, assim chamadas porque o espasmo leva a glote a emitir sons semelhantes aos desses animais. Dependendo do ritmo imprimido no espasmo pelos pacientes da tosse de guariba ou de cachorro, temos a sensação de ouvir gritos de comemoração daqueles símios ou de cães que ladram festivos.

TOTÓ do francês *toutou*, forma onomatopaica de as crianças chamarem o cachorro. Designa ainda vulva, pênis de menino e chute fraco e curto dado com o lado do pé. *Totó la Momposina* é também o nome pelo qual é mais conhecida a cantora do folclore colombiano Sonia Bazanta Vides, mundialmente conhecida depois de cantar na cerimônia de entrega do Prêmio Nobel de Literatura a Gabriel García Márquez, em 1982.

TOURO do latim *taurus*, touro, boi que ainda não foi castrado, usado como reprodutor. O touro está no jogo do bicho e também no zodíaco, designando o segundo signo, que vai de 20 de abril a 20 de maio. Comparece ainda a outras expressões, como touro de ronda, animal que os mineiros descendentes de bandeirantes levavam consigo mata adentro para, como disse Olavo Bilac, "plantar cidades". Sua função era farejar as onças, enfrentando-as durante a noite e assim despertando os homens para matar o felino antes que este atacasse o gado. Já "pegar o touro pelos chifres é expressão de origem controversa, que pode ter vindo do século XIII, ao tempo do rei inglês João Sem Terra: no dia 13 de novembro de cada ano, um touro era solto no mercado público e ali era pego por populares, sacrificado e sua carne vendida a baixo preço. Semelhante à farra do boi, realizada anualmente em Santa Catarina, o costume foi abolido apenas em 1840. A outra hipótese procede da Espanha: antes das touradas, audaciosos toureiros amadores invadiam os piquetes onde estavam os touros e os pegavam pelos chifres, revelando grande coragem. A expressão passou a designar ato de bravura.

TÓXICO do grego *toxikón*, veneno. Passou a designar o conjunto de drogas proibidas pela legislação, como a cocaína, a maconha, o crack. O tráfico e o comércio desses tóxicos são ilegais e hoje constituem um dos grandes problemas da sociedade brasileira.

TOXIDERMIA dos étimos gregos de *tóxikon*, pelo latim *toxicum*, veneno para flechas, e *derma*, pele, donde dermatologia, estudo da pele. Designa erupção cutânea decorrente de processos de intoxicação, especialmente alimentar. Foi a décima praga do Egito, resultando na morte de todos os primogênitos, tanto homens como animais. É que por tradição os primogênitos dormiam perto de reservas de cereais, já contaminados, e eram os primeiros a comer, tanto entre os homens como entre os animais. Morreram intoxicados, uma vez que as primeiras camadas das reservas eram as que tinham mais toxinas.

TRABALHO do latim *tripalium*, *tripálio*, designando instrumento de tortura composto de três estacas, ao qual era submetido o condenado, quando não empalado numa delas e ali deixado até morrer. Empalar é espetar pelo ânus, suplício comum na Antiguidade, para o qual a crucifixão romana foi um avanço. A etimologia latina formou-se a partir do prefixo *tri*, três, e *palus*, estaca, poste, mourão. O étimo serviu de base à vinculação de trabalho e sofrimento, coerente com a condenação dos três personagens envolvidos no pecado original, que receberam penas diferenciadas: a serpente, a de rastejar sobre a terra durante toda a sua existência; a mulher, a de se sentir atraída pelo marido, ele dominá-la e ela sofrer nos partos; o homem, ganhar o pão com o suor do rosto até que voltasse à terra de onde foi tirado. Como se vê, Jeová foi mesmo durão. Nem férias, nem licença-prêmio, nem auxílio-maternidade e muito menos possibilidade de recurso a outros tribunais. Se a condenação tivesse sido feita no Brasil, estaria há séculos jazendo no Supremo Tribunal Federal (STF), à espera de ser apreciado o recurso, mesmo não sendo matéria constitucional, pois a autoridade coatora tem foro privilegiado e somente ali pode ser julgada. A ideia do trabalho como sofrimento, porém, não estava presente na etimologia latina, vez que o verbo trabalhar era *laborare*; e trabalho, *labor*. No italiano predominou este sentido, de que são amostras as palavras *lavorare* e *lavoro*. No francês *travail*, ao contrário, a vertente é a mesma do português. Mas para trabalhador a língua francesa preferiu *ouvrier*, do étimo latino *operarius*, do verbo *operare*, formado a partir de *operis*, genitivo de *opus*, obra, cujo plural é *opera*. No latim vulgar, porém, *operare* transformou-se em *operire*. Em inglês, trabalho é *work*, e no alemão, *werk*, procedendo ambos do grego *érgon*, ação, presente no português em outras palavras, como em ergoterapia, tratamento pelo trabalho. O Dia do Trabalho é comemorado dia 1° de maio em quase todos os países industrializados. A data remonta a um episódio trágico, ocorrido em Chicago, entre os dias 1° e 4 de maio de 1866, quando a polícia matou diversos operários que protestavam por melhores condições de trabalho. Oito anarquistas foram presos e condenados à morte, um dos quais se suicidou e quatro foram enforcados. Três, porém, foram absolvidos. A consciência americana e a opinião pública não suportariam celebrar o trabalho em data tão sinistra. Nos EUA, o Dia do Trabalho é, desde 1894, comemorado na primeira segunda-feira de setembro. Nas comemorações do dia do trabalho é cada vez mais frequente a mão de obra feminina, que migrou de dentro de casa para fábricas, indústrias, empresas, escolas etc. Mas o escritor francês François Mauriac, Prêmio Nobel em 1952, fez preocupante advertência em *A educação das moças*: "A maioria das mulheres somente alcança sucesso profissional quando sacrifica o essencial e renuncia àquilo para o que nasceu e foi criada: a maternidade."

TRABUCO do espanhol *trabuco*, por sua vez vindo do catalão *trabuc*, nas duas línguas designando uma antiga máquina de guerra, rudimentar. Incorporou-se ao português indicando qualquer objeto tosco, de pouca utilidade.

TRAÇA do árabe *tahrisa*, inseto. Na língua portuguesa passou a denominar vulgarmente todas as espécies de insetos e aracnídeos do gênero dos *tisanuros*, termo que, por sua vez, veio do grego *thysánouros*, isto é, que tem a cauda em forma de franja. As traças são o terror de roupas, peles, estofos e papéis. Senão deles, de seus proprietários.

TRAÇAR do latim vulgar *tractiare* – pronuncia-se "tracciare" – traçar, rabiscar e também arrastar, ligado ao latim clássico *trahere*, mover, atrair, puxar. O étimo é comum a tratado, contrato, trator, tratar, retratar. Exemplos de seu emprego: traçar uma linha no papel; traçar os limites de uma propriedade; traçar com lápis vermelho os erros dos alunos; traçar uma rota de fuga. Há um sentido adicional para este verbo na gíria, significando o ato sexual, equivalente a comer, sair com, dormir com, namorar etc.

TRADIÇÃO do latim *traditione*, declinação de *traditio*, ato de transmitir, de dar a alguém alguma coisa. No Brasil há uma sociedade intitulada Tradição, Família e Propriedade, cujo fim declarado é lutar por preservar sobretudo esses valores.

TRADUÇÃO do latim *traductione*, conduzir, levar, transferir. Todas as culturas do mundo precisam de bons tradutores, uma vez que livros fundamentais foram escritos em outras línguas que não dominamos, às vezes faladas e escritas por poucos. O Brasil, que tem um bom mercado editorial, deve muito a seus tradutores, principalmente de línguas como o inglês, o francês, o alemão, o italiano e o espanhol. O autor mais traduzido do mundo é Lenin, um dos grandes teóricos do marxismo, líder da Revolução Russa de 1917 e fundador do Estado soviético. Até os anos 1980, vários de seus livros estavam traduzidos para 2.330 línguas, superando Shakespeare, Tolstoi, Júlio Verne e Miguel de Cervantes. Como conjunto de obras, o livro mais traduzido do mundo é a *Bíblia*. Como sua autoria é atribuída a Deus, já sabemos quem é o autor *best-seller* deste mundo, ainda que seus editores não lhe tenham pago os direitos autorais. Se fazem isso com Deus, o que não farão com os outros escritores!

TRADUTOR do latim *traductorem*, acusativo de *traductor*, de *traducere*, transportar, trazer, levar. O tradutor traz para a sua língua o que escritores escreveram nas suas respectivas línguas, mas, de tanto alguns deles serem infiéis ao texto original, os italianos criaram o trocadilho *traduttore/traditore* (tradutor/traidor). Nem sempre são infidelidades, mas sim variações de estilo. Gabriel Perissé comparou pequeno trecho do original *Wuthering Heights*, romance de Emily Brontë, lançado a apenas um ano antes da morte da jovem escritora, que precisou disfarçar-se atrás de pseudônimo masculino Ellis Bell, a ponto de os críticos da época acharem que o autor era seu irmão. Hoje é um dos três livros mais lidos pelos ingleses. Os outros dois são *Romeu e Julieta*, de William Shakespeare, e *Orgulho e preconceito*, de Jane Austen. Levado ao cinema, em filme dirigido por Luis Buñuel, chamou-se *Abismos de Pasión*, mas foi divulgado no Brasil como *Escravos do rancor*. Quando traduziu o romance, a escritora Rachel de Queiroz deu como título *O Morro do vento uivante*, depois mudado pela Editora Record para o plural. O capítulo 4 começa com a seguinte frase: "*What vain weathercocks we are!*" Em inglês, "*vain*" quer dizer "vão, inútil", mas também "presunçoso, vaidoso". E "*weathercock*" é cata-vento. Mas as palavras "*vain weathercocks*" foram traduzidas, conforme a versão, por "frívolos cata-ventos", "vaidosos cata-ventos" e "cata-ventos presunçosos". Outros tradutores simplesmente extirparam os "cata-ventos" e definiram o "*we*" (nós) da frase como "inúteis" ou "volúveis", ou "inúteis e volúveis".

TRAFICANTE de traficar e de tráfico, do italiano *trafficare* e *traffico*, respectivamente, designando atividades ilícitas de comércio. No Brasil, traficante designa principalmente o comerciante clandestino de cocaína. Essa droga tornou-se ilícita há apenas algumas décadas. Pouco tempo depois da Segunda Guerra Mundial ainda se podia comprar cocaína nas farmácias. Um famoso laboratório americano que a produzia e vendia, apregoava num reclame publicitário: "Não perca tempo, seja feliz; se se sente pessimista, abatido, solicite cocaína." Parece que a primeira aceitação da coca pelos europeus começou com Francisco Pizarro. Ele notou que, ao contrário de seus soldados, que caíam como moscas nas selvas do Peru, os índios não demonstravam cansaço algum, justamente porque mascavam coca. Um nativo consumia 50 g de folhas de coca por dia. Foi o bioquímico austríaco Albert Niemann quem primeiro isolou o alcaloide da coca e nascia então a cocaína. Sigmund Freud não apenas enalteceu os poderes terapêuticos da cocaína, como a consumiu regularmente. Em carta à esposa, escreveu: "Tomo cocaína regularmente, em pequenas doses, para combater a depressão e a má digestão." Mas ainda no século XIX o químico alemão Emil Erlenmeyer classificou a cocaína como o terceiro flagelo da humanidade, depois do ópio e do álcool.

TRAGÉDIA do latim *tragoedia*, por sua vez vindo do grego *tragoidía*, ambos significando tragédia, obra teatral em verso, originada do ditirambo. A primeira tragédia foi apresentada nos Jogos Olímpicos de 535 a.C. Originalmente, a palavra deriva do grego *tragos*, o macho da cabra, isto porque os coristas cantavam disfarçados de sátiros, como eram denominados esses animais na Grécia antiga. O gênero alcançou seu apogeu com Ésquilo, Sófocles e Eurípedes, o primeiro dos quais teria tido morte lendária. Fugindo do perímetro urbano, passeava pelos campos, para evitar a predição de um oráculo, segundo o qual o dramaturgo morreria quando uma casa lhe caísse na cabeça. Uma águia deixou cair uma tartaruga sobre sua cabeça, matando-o.

TRAIÇÃO do latim *traditione*, entrega, traição. Tradição e traição têm a mesma raiz etimológica. A primeira significa transmissão, enquanto a segunda designa o crime, a perfídia. A mais famosa das traições no Ocidente foi praticada por Judas Iscariotes, assim chamado por haver nascido numa localidade chamada Kerioth, o qual entregou o mestre por 30 moedas. Os traidores não costumam ter um final feliz. O apóstolo traidor suicidou-se e jogou fora as moedas. No Mato Grosso é sinônimo de seresta. Fazendeiro e trabalhadores chegam à casa do vizinho no meio da noite, cantando para acordá-lo. Com o significado de infidelidade amorosa, *Traição* é o título do longa-metragem dirigido coletivamente por Arthur Fontes, Claudio Torres e José Henrique Fonseca. O filme recebeu diversos prêmios no 31º Festival de Cinema de Brasília. Nele contracenam mãe e filha: Fernanda Montenegro e Fernanda Torres. O roteiro é baseado na obra de Nelson Rodrigues.

TRAIR do latim *tradere*, entregar, levar para alguém. O verbo trair tem exemplo emblemático no Ocidente, resumido numa célebre sentença, que começou a consolidar-se ainda no século I de nossa era: Judas traiu Jesus. Até então, ele era apenas mais um dos apóstolos. A vinculação da entrega de Jesus aos romanos como delito grave pode ter sido inspirada em antissemitismo, pois até então ele fizera o que fez para que se cumprissem as Escrituras, tese que vem sendo levantada ultimamente outra vez. Judas, para não ser confundido com o santo homônimo, é chamado Judas Iscariotes, em alusão à aldeia onde ele nasceu, *Kerioth*, em hebraico; escrita também *Carioth*, que se transformou em *Iskariotes* no grego e *Iscarioth(es)* em latim. *Trair e coçar é só começar* dá título a um filme dirigido por Moacyr Góes, baseado em peça de teatro de Marcos Caruso. A peça entrou em cartaz em 1986 e já foi vista por mais de cinco milhões de pessoas. No filme, Adriana Esteves vive uma empregada doméstica que provoca uma série de confusões ao meter-se onde não foi chamada. Entre outros, desempenham papéis pitorescos Márcia Cabrita, Bianca Byington e Cássio Gabus Mendes.

TRAÍRA do tupi *tare'ira*, peixe, pronunciado traíra pelos portugueses, conhecido também como cipó-de-viúva, dorme-dorme, jeju, maturaqué e taraíra. A semelhança fonética com trair e vocábulos do mesmo étimo, dado que a traíra tem dentes fortes, com quatro incisivos afiados, capazes de ferir com gravidade o pescador, fez com que designasse também o quinta-coluna, o traidor. E nesse sentido apareceu na frase ofensiva que Carlos Caetano Bledorn Verri, o Dunga, então capitão da Seleção Brasileira, dirigiu aos fotógrafos brasileiros, ao erguer a taça do tetra, em 1994, irritado com as críticas que recebera da imprensa: "Essa taça é para vocês, bando de traíras."

TRAJE regressão do português antigo *trager*, trazer, designando vestuário, isto é, o que se traz sobre o corpo em determinadas ocasiões, pois a ocasião define a roupa a ser usada. Foi assim que na década de 1920, melindrosa, adjetivo, feminino de melindroso, passou também a substantivo, designando primeiramente a mulher que se vestia sempre na moda e, na sequência, seu traje característico, composto de vestido curto, alguns centímetros acima do joelho e não os 30 cm de coxas que a minissaia iria mostrar a partir de 1967, quando a estilista inglesa Mary Quant a inventou. A saia das melindrosas, por isso denominada melindrosa, era pregueada, feita de tecido leve, a cintura era baixa e foi primeiramente usada no Carnaval e em festas mais atrevidas. Somente mais tarde veio a integrar o guarda-roupas de moças bem comportadas. Com a introdução dos uniformes escolares, as pregas foram mantidas, mas a cintura foi erguida e o comprimento abaixado. Nas últimas décadas, porém, a minissaia tornou-se microssaia, descendo em cima e subindo embaixo, a ponto de parecer ter sido feita de um guardanapo. Na descida, já ultrapassou o umbigo; na subida, já está roçando o púbis, fazendo com que a calcinha deixe de ser roupa íntima para transformar-se em roupa a ser exibida. E dizer que nossos avós deliciavam-se contemplando tornozelos femininos que se mostravam apenas quando as mulheres tomavam os bondes!

TRAMA do latim *trama*, conjunto de fios que no tear são passados pela urdidura, com o fim de se fazer o tecido. Sentidos de domínio conexo nasceram em metáforas que o tempo consolidou de tal forma que mais parecem denotativas, como é o caso das tramas de uma narrativa e do próprio texto, que significa tecido. Nesse sentido, passou a designar incidentes e intrigas que compõem as ações de uma obra de ficção. Às vezes, um romance mistura imaginação e realidade, como no caso do livro *Jaco et Lori*, do francês Jacques Bainville, da Academia Francesa, em que o personagem principal é um papagaio brasileiro que, partindo de Santarém e passando por Pernambuco, chega ao Rio, onde é vendido numa feira de aves a uma princesa. A princesa desposa o príncipe de Joinville. O casal leva a ave para Paris. Lá ele vai trocando de donos, passa a propriedade de um sapateiro e, depois, de um pintor, em cujo ateliê assiste a cenas libidinosas entre o artista e as modelos. Após ter pertencido também a uma cortesã, em cuja alcova repetem-se obscenidades, é vendido a um merceeiro, mais tarde a um marquês e, por fim, a um político, em cuja casa encontra morta Lori, sua namorada dos tempos do Brasil. O crítico Agrippino Grieco, que apresenta seu resumo em *Gralhas e pavões*, assim o definiu: "Muita ironia, um certo gosto por pormenores sexuais e nenhum empertigamento de doutrina abalroante."

TRAMBOLHO do latim *trabuculu*, declinação de *trabuculum*, cepo ao qual é preso um animal doméstico, pelo pescoço ou pelas pernas, dependendo do animal, para que não se afaste do perímetro caseiro. No romance *O amor nos tempos do cólera*, de Gabriel García Márquez, Prêmio Nobel de Literatura em 1982, logo na abertura, na versão brasileira, aparece um cachorro amarrado pela pata, não a um cepo, mas à mesa, quando originalmente o animal foi preso ao pé da mesa pelo pescoço. Designa também empecilho ou problema de difícil resolução. O substantivo tem sido utilizado para alcunhar pessoas de convivência difícil.

TRÂMITE do latim *tramite*, declinação de *trames*, caminho, atalho, vereda, trecho. Por metáfora, passou a designar percurso que determinado documento faz nas repartições, passando de seção em seção, isto é, tramitando, percorrendo as várias etapas. Por exemplo, na admissão e demissão de funcionários, ocorrem em cada ocasião os trâmites legais, isto é, as várias providências que precisam ser cumpridas até o ato final que contrata ou demite.

TRAMPO provavelmente redução de trampolim, do italiano *trampolino*, trampolim, de *trampolo*, apoio de madeira para os pés, com o fim de andar a uma distância do solo, como faz o palhaço que caminha com pernas de pau. A origem remota é o antigo alemão *trampeln*, calçar, apoiar. Passou a designar serviço informal ou trabalho com remuneração precária e ocasional, sem direitos trabalhistas.

TRÂMUEI do inglês *tramway*, caminho do trem, designando um tipo de trilho chato para trens e bondes. Por metonímia, passou a indicar também os veículos que circulam sobre ele.

TRANÇA de origem obscura, provavelmente derivação desjeitosa do latim *transitus*, passagem, trânsito, do verbo *transire*, passar de um lugar a outro. Designa penteado em que feixes de cabelos são trespassados, semelhando cordas. Chama-se igualmente trança um folguedo trazido da Península Ibérica para o Brasil: os participantes dançam ao redor de uma vara fincada ao chão em cuja ponta estão atadas várias fitas multicores. Ao final do número, as fitas formam uma trança. O divertimento ocorre principalmente nos reisados de Natal e Ano Novo. Tranças aparecem também num soneto de Luís de Camões: "Aquelas tranças de ouro que ligaste,/ que os raios do sol têm em pouco preço,/ não sei se ou para engano do que peço,/ ou para me matar as desataste."

TRANCHÃ do francês *tranchant*, que corta bem, por ser duro e afiado. Tomou o significado de categórico, decisivo, bom. Em francês, *trancher* é dividir, separar, trinchar. O étimo está presente também em destrinchar, cortar, que tomou o sentido de explicar, resolver, mas neste caso a origem é *strictiare*, apertar, comprimir, delimitar o campo de combate no corpo a corpo. Em *Mistura tranchã*, temos esses versos de Valdo Silva: "Batuque baticum bom/ Bum! Bum! Agogô/ Balangandã com raybun/ Uma mistura tranchã/ De samba funk e baião!"

TRANCO de palavra pré-romana, provavelmente adaptada do gaélico *tarrang*, cravilha, que deu tranca em português, designando o objeto que precedeu a chave das portas. Com a porta fechada, eram interrompidas a entrada e a saída das pessoas, acontecendo o mesmo com os animais domésticos trancados no galinheiro, no piquete, no chiqueiro. Ao passar para o masculino, veio a indicar interrupção de novo, e com este significado apareceu em entrevista do ministro Ayres Britto, presidente do Supremo Tribunal Federal (STF) sobre o julgamento da Ação Penal 470, mais conhecida por mensalão: "Este julgamento deu um tranco na corrupção." Ao aposentar-se, por completar setenta anos, ele reconheceu que as graves decisões tomadas, com a condenação à prisão de personalidades referenciais da vida política, grande problema não foi resolvido, mas arrefeceu um pouco.

TRANSAÇÃO do latim *transactione*, combinação, operação de compra e venda. Na informática, mudou o significado para designar sistema de armazenamento de dados cuja manipulação deve obedecer à lógica para que a troca ou transferência de valores seja feita sem prejuízo entre as partes. Já em linguagem jurídica, define ato em que as obrigações litigiosas são resolvidas por meio de concessões mútuas entre as partes interessadas. Na etimologia latina, tem o significado de acabamento. A maioria das transações comerciais realizadas hoje no mundo é processada por meios virtuais. Em 1995, houve 14 bilhões de transações, possibilitadas pelo uso de 1,8 bilhão de cartões. Disputam esse mercado bancos, empresas de computador, companhias telefônicas, televisões a cabo, companhias de cartões de crédito e vários outros empreendimentos varejistas. Como nenhum dos concorrentes pôde vencer os outros, começaram a negociar entre si formas de cooperação.

TRANSATLÂNTICO do latim *trans*, preposição que indica para lá de, além de, depois de, e atlântico, do latim *atlanticus*, referindo o deus grego Atlas, que sustentava as colunas do céu e detinha o oceano. Designando o que está além do Oceano Atlântico ou o atravessa, aparece registrado pela primeira vez no século XIX, no *Diccionario da lingua portugueza*, de Antonio de Moraes Silva, que, perseguido pelo Santo Ofício, refugiou-se na Inglaterra. É aplicado a coisas muito grandes e, assim, o Palácio de Montecitorio, em Roma, é chamado também *Il Transatlantico*. Nos descobrimentos dos séculos XV e XVI, as viagens já eram transatlânticas, ainda que não fossem assim definidas. No século XX, transatlântico veio a designar grande navio de passageiros, luxuoso e veloz, dos quais um dos mais famosos foi o Queen Elisabeth II. Cidades portuárias, especialmente o Rio de Janeiro e Santos, recebem muitos transatlânticos no Carnaval, nos festejos de fim de ano e em outros feriados prolongados, trazendo turistas que deixam milhões de dólares no Brasil. Um dos maiores transatlânticos do mundo, em plena atividade, é o Freedom of the Seas (Liberdade dos mares), de 158 mil toneladas e 15 andares, com piscina de ondas artificiais para surfistas, pista de patinação sobre o gelo, tendo capacidade de transportar 3.600 passageiros. Os voos são igualmente transatlânticos ou "transpacíficos", mas o inglês *transpacific* ainda não foi traduzido nem adaptado ao português.

TRANSE de transir, do latim *transire*, ir além de, trespassar, quase morrer. Semelhante ao êxtase, o transe consiste numa espécie de viagem da alma para além do corpo. O transe mediúnico é acolhido no espiritismo como diálogo entre os espíritos encarnados, que ainda estão nos corpos que habitam, e os desencarnados, que vagam pelo espaço sideral depois da morte dos corpos que habitavam. Hoje no mundo existem gurus que afirmam ser possível a viagem astral, tendo-os como guias. Alguns inexperientes viajantes terminaram seus transes em manicômios.

TRANSEUNTE do latim *transeunte*, que passa. Na linguagem jornalística designa a pessoa que passa ou que anda anônima pelas ruas. É sinônimo de popular. Mas o cronista, humorista e escritor Luis Fernando Verissimo estabeleceu sutil diferença entre as duas figuras em seu livro de estreia, *O popular*: "O transeunte às vezes vai preso por engano, o popular é o que fica assistindo à sua prisão."

TRANSFERÊNCIA do latim *transferentia*, levar coisa ou pessoa de um lugar para outro, este foi o significado inicial, depois designando nos cartórios ato de registrar mudança de donos de propriedade, de cessão de direitos, de alienação temporária ou definitiva de um bem. Evoluiu para indicar deslocamento de funcionário de uma seção a outra, na mesma repartição ou localidade, e também mudança para outra região. Também a psicanálise passou a utilizar a palavra para designar o processo, quase sempre inconsciente, em que uma pessoa atribui seus sentimentos a outra. E, recentemente, na informática, transferência é um dos "tes" da abreviação *http*: protocolo de transferência de hipertexto. Em inglês, *hyper text transfer protocol*.

TRANSGÊNICO do latim *trans*, além de, e do alemão *Gen*, vocábulo criado pelo botânico dinamarquês Wilhelm L. Johannsen, a partir do grego *génos*, e do latim *genus*. Passou a designar animal ou planta resultante de inserção de material genético de uma espécie em outra. Está passando de adjetivo a substantivo por elipse do que antes qualificava. E a palavra está na ordem do dia desde que experimentos científicos com alimentos transgênicos vêm sendo questionados por setores que, entendendo pouco de ciência, entendem muito de divulgação. Autoridades científicas acima de qualquer suspeita têm assegurado que os perigos dos transgênicos podem ser conjurados a partir de eficiente controle por parte de instâncias especializadas, supervisionadas por organismos como o ministério da Agricultura e secretarias de Estado. Ainda assim, o vice-presidente da República José Alencar considerou-se um "pobre coitado" (palavras suas) quando, no exercício da presidência da República, assinou, em 2003, Medida Provisória polêmica sobre os transgênicos. Com efeito, naquele dia o homônimo do grande romancista cearense quase foi pendurado num tronco de ipê pelos ambientalistas inconformados com a liberação de alimentos que consideram nocivos à saúde da população. Fazia as vezes de um transgênico político, pois fora tirado da vice-presidência, na qual estava posto em sossego, ainda que desassossegando o titular com algumas discordâncias de rumo, como no caso de suas declarações sobre o descalabro dos juros, e inserido em outra espécie de cargo, de muito mais responsabilidade, pois para todos os efeitos era o presidente da República! Alguns governadores botaram lenha na fogueira, como foi o caso de Roberto Requião, do Paraná, conhecido por sua conversa desabrida e clara, sem papas na língua, que ameaçou interditar as exportações de soja transgênica. Mas a medida do governador, caso posta em prática, protegeria os países importadores da soja brasileira e de outros produtos transgênicos, não os brasileiros. A menos que tenha levado em conta que a soja vai em grão e volta em óleo e outros derivados. O debate é pertinente porque o transgênico é alternativa eficiente para acabar com a fome e a desnutrição, que no Brasil, combinadas, afetam 46 milhões de pessoas. E o debate dos transgênicos passa longe deles. Morrerão de fome ou sucumbirão aos notáveis males da nutrição bem antes do final dos debates, como aconteceu em 1453, na queda de Constantinopla. Enquanto altas autoridades, reunidas a portas fechadas, discutiam se os anjos tinham sexo, os cristãos morriam afogados num mar de sangue, ao enfrentarem os exércitos maometanos.

TRANSITÓRIO do latim *transitorius*, transitório, do verbo *transire*, passar. Trânsito, do latim *transitus*, é da mesma raiz, tendo igualmente a finalidade de designar o que está de passagem, como é o caso dos anos, ou que vale por pouco tempo até que venha algo mais definitivo, como é o caso das disposições transitórias da Constituição de 1988. Mas o talentoso poeta pernambucano Carlos Pena Filho, que morreu no esplendor dos trinta anos, deu sentido original a tudo o que é transitório, recomendando "amar o transitório", nestes versos de *A solidão e sua porta*: "Quando mais nada resistir que valha/ a pena de viver e a dor de amar/ e quando nada mais interessar/ (nem o torpor do sono que se espalha)/ Quando, pelo desuso da navalha,/ a barba livremente caminhar/ e até Deus em silêncio se afastar/ deixando-te sozinho na batalha/ a arquitetar na sombra a despedida/ do mundo que te foi contraditório,/ lembra-te que final te resta a vida/ com tudo que é insolvente e provisório/ e de que ainda tens uma saída:/ entrar no acaso e amar o transitório." O poeta trabalhava na redação do *Jornal do Commercio* e pegara uma carona com um amigo quando o carro em que ia colidiu com a traseira de um ônibus, no Recife. Era o dia 1° de julho de 1960.

TRANSPARENTE do latim *trans*, através, e *parere*, aparecer, isto é, que deixa aparecer algo através do que o oculta em parte. É o caso de um vestido transparente e da proclamada transparência da administração pública, presente sempre nos discursos dos políticos. Estamos longe do perigo na administração pública brasileira, mas quando a transparência é demasiada pode levar à obscenidade.

TRANSPORTAR do latim *transportare*, levar para além das portas ou dos portos, com o sentido também de exilar, e não apenas o de carregar, levar. Em espanhol é *cartero*, em inglês é *postman* ou *mailman*, o homem do correio. Seja em que língua for, o carteiro hoje em dia transporta mais documentos do que cartas, pois essas vêm sendo substituídas por mensagens eletrônicas.

TRANSPORTE derivado de transportar, do latim *transportare*, pela junção de *trans*, além, através, e *portare*, portar, carregar, conduzir, levar. O transporte no Brasil é feito sobretudo por via rodoviária. O dia 25 de julho é dedicado a viajantes e motoristas, cujo padroeiro, celebrado no mesmo dia, é São Cristóvão, nome que veio do grego Cristophoros, aquele que carrega Cristo. Segundo antiga lenda cristã, era homem corpulento e de estatura gigantesca, que trabalhava como balsa humana, levando pessoas sobre os ombros através de um rio. Certo dia estranhou o peso excessivo de um menino que, já na outra margem, onde o homem chegara a muito custo, revelou-lhe ser Jesus Cristo, acrescentando que o santo carregara também o mundo. Por isso, sua imagem é a de um homem enorme com um menino às costas, tendo o globo terrestre nas mãos.

TRANSPOSIÇÃO do francês *transposition*, mudança de posição, do verbo *transposer*, pôr em outro lugar, a partir do latim *transponere*, transpor, transportar, transferir. A formação é idêntica: antepor o prefixo trans- ao verbo pôr. O projeto de desviar parte das águas do Rio São Francisco, proposto na primeira metade do século XIX, foi retomado várias vezes. As obras sempre deflagraram polêmicas. A mais grave foi a greve de fome do bispo de Barra (BA), dom Luiz Flávio Cappio, de 26 de setembro a 6 de outubro de 2005. O bispo conhece muito bem o Velho Chico. Entre 1993 e 1994 percorreu seus 2.800 km, da nascente, na Serra da Canastra (MG), à foz, em Sergipe. A advertência das pessoas contrárias à obra jamais foi levada em conta. Mirando-se no exemplo de Jesus, o bispo jejuou, mas, depois de cinco horas de conversa com um ministro do presidente Lula, suspendeu a greve de fome porque lhe foi garantida a suspensão das obras. Acostumado a acreditar em muitas coisas que não pode comprovar, o bispo acreditou nisso também.

TRANSTORNO derivado de transtornar, do latim *tornare*, voltar, antecedido do prefixo *trans-*, além, para lá, depois de. Designa situação que causa incômodo, dissabor, que atrapalha os outros. É sinônimo de distúrbio, do latim *disturbium*, que faz dispersar a *turba*, multidão em desordem, cujo verbo é disturbar, em domínio conexo com perturbar, e do mesmo étimo latino. Um dos transtornos de personalidade mais em evidência atualmente é o autismo, atribuído por vários pesquisadores a causas genéticas e ambientais, como a presença de mercúrio em algumas vacinas ou problemas de gestação. O biólogo James Watson, que participou das descobertas da estrutura do DNA, declarou que os genes que produzem habilidades intelectuais elevadas são os mesmos que ensejam a esquizofrenia e o autismo. Já o famoso psicanalista judeu-austríaco, naturalizado americano, Bruno Bettelheim definiu como causa do autismo a indiferença materna nos primeiros anos da criança. Sua apavorante experiência nos campos de concentração de Dachau e Buchenwald levou-o observar o ser humano sujeito a condições radicalmente destrutivas e serviu-lhe de subsídio para estudar o autismo. Ele suicidou-se em 13 de março de 1990.

TRAPAÇA de trapa, do latim *trappa*, armadilha, acrescido do sufixo -aça, indicador de aumentativo. Provavelmente os romanos trouxeram a palavra da língua dos francos, o frâncico. Os francos conquistaram parte da Gália e ligaram o étimo do nome a práticas livres no comércio, em contraste com a excessiva carga de impostos de Roma, obrigada a financiar tantas expedições militares para conquistar a terra dos outros. Há uma ordem religiosa denominada trapista. Seus fundadores estabeleceram-se nas cercanias de Notre-Dame de la Trappe, em Orne, na Normandia, França, cuja denominação se deve ao modo preferido utilizado pelos caçadores de preparar armadilhas em forma de covas. Em francês, *trappe* é armadilha, alçapão. A trapaça é o recurso usual do escroque.

TRAPALHÃO do espanhol *trapalón*, mentiroso, embusteiro, de *trápala*, mentira, ardil, provavelmente com influência do verbo atrapalhar, designando aquele que se atrapalha ou atrapalha os outros, às vezes de propósito, para divertir, como sempre fizeram os integrantes do conjunto *Os trapalhões*.

TRAPÉZIO do latim tardio *trapezium*, adaptação do grego *trapézion*, pequena mesa. Designa o quadrilátero com dois lados paralelos porque Euclides chamou de mesinha, *trapézion*, qualquer figura de quatro lados, exceto o retângulo, rombo e romboide. Devido a um erro do matemático inglês Charles Hutton, que não entendeu direito os aprofundamentos dos trabalhos de Euclides, feitos pelo último dos grandes filósofos gregos, Proclus, que distinguira trapézio de trapezoide, nos EUA foi consolidado o erro inglês, mesmo depois de os ingleses o corrigirem. De todo modo, o trapézio é bem diferente do retângulo, do losango e do triângulo e não pode com eles ser confundido. Que o digam aqueles que saltam em trapézios no circo e o usam para ginástica nas academias.

TRÁS do latim *trans*, além de, para o outro lado. Pode ser antecedido de "a", "de" e "por", com significado semelhante. A História recomenda que olhemos nosso passado para não repetir os erros, mas às vezes é proibido virar-se para olhar, como no episódio bíblico da destruição de Sodoma e Gomorra, quando Lot e sua família são proibidos por um anjo de olhar para trás. A mulher de Lot desobedece e é transformada numa estátua de sal. Na exposição *O século das mulheres*, realizada em Petrópolis, em julho de 2000, em que 44 artistas plásticas foram homenageadas por Luís Áquila, uma delas, Judy Miller, autora de instalação intitulada *A mulher de Lot*, elogiou a personagem-símbolo dos malefícios da curiosidade feminina: "Ela foi a única que teve a coragem de olhar para trás e também eu estou olhando para meu passado." Situadas onde hoje é o Mar Morto, Sodoma e Gomorra foram destruídas por enxofre e fogo do céu. Não foi desastre ambiental. Semelharam Hiroshima e Nagasaki, cidades japonesas destruídas por bombas atômicas na Segunda Guerra Mundial.

TRATAMENTO de tratar, do latim *tractare*, de onde veio trato, de *tractum*, ambos os vocábulos com o sentido de trazer, conduzir, cuidar. Os pronomes de tratamento sofreram lenta evolução ao longo dos séculos. É possível que "você" venha a ser incorporado às normas gramaticais da língua culta como "ocê" e "cê", já presentes na forma coloquial, provavelmente da redução de Vossa Mercê, Vosmecê, você. As agências de viagens inventaram abreviações que qualificam os passageiros de outro modo. Antecedendo o nome, começando pelo sobrenome, aparecem "Mr", "Ms", "Mrs", "Chd" e "Inf", das palavras da língua inglesa *mister* (senhor); *miss* (senhora, sem especificar se é casada); *mistress* (mulher casada); *child* (criança de dois a 12 anos) e *infant* (criança de colo de zero a dois anos).

TRATANTE de tratar, do latim *tractare*, verbo com diversos significados na antiga Roma, indicando desde a ação de escravos massagistas, que davam um trato no corpo dos senhores, até os procedimentos intelectuais e artísticos, mediante tratos no espírito. O sufixo -ante, de largo uso no português, de que é exemplo mandante, de mandar, formou tratante para designar originalmente no português aquele que estipulava negócios com outrem. O vocábulo ganhou, pois, circulação frequente nos domínios comerciais. Ao tempo das navegações, a palavra adquiriu sentido pejorativo porque o indivíduo, que recebera pagamento adiantado para obter certas mercadorias ou bens para embarque, não cumpria com a palavra e o navio zarpava sem aquelas necessidades atendidas. No sentido de desaprovação está registrado por Camilo Castelo Branco em *Perfil do Marquês de Pombal*: "Viam-se em palanques modestos os argentários do comércio – os tratantes, como então se dizia profeticamente e inconscientemente." Gabriel Hanotaux, historiador e político francês, que foi ministro do Exterior, define favoravelmente o tratante em sua *História da nação francesa* com significado contrário ao do clássico português: "*Il n'est peut-être qu'une seule catégorie d'hommes d'argent, qui, sous l'ancien régime, échappe à cette universelle médiocrité: ce sont les Traitants*" (Não há talvez mais que uma única categoria de homens de dinheiro que no antigo regime escapa a esta mediocridade universal: são os Tratantes.) Mas no Brasil e em Portugal tratante consolidou seu significado pejorativo e é brandido como ofensa e injúria.

TRATORIA do italiano *trattoria*, tratoria, restaurante simples, de cozinha rústica, originalmente especializada em comidas feitas em casa, sobretudo massas. A maioria dos dicionários brasileiros ainda registra a grafia italiana, mas o *Aulete Digital* já tem tratoria. A origem remota é o latim *trahere*, trazer, pelo francês *tracteur*, provável origem também de trator, aquele que traz as pessoas para comer ali e que depois, pelo inglês *tractor*, veio a designar o veículo motorizado que arrasta carretas, grades, madeiras, coisas pesadas.

TRAVESSIA provavelmente de travessar, do latim *transversare*, passar para outro lado, variante de atravessar, pela formação travess- + -ia. Designado pelos dominadores romanos, Herodes I, o Grande, reinava na Judeia quando nasceu Jesus. Ele foi levado da Judeia para o Egito pela mãe e pelo pai adotivo no lombo de uma mula ou de um burrico. A travessia deve ter sido feita de outro modo. Afinal, em viagem tão longa pelo deserto, só mesmo um camelo! Ou dois! De todo modo, ensejou uma outra lenda cristã no imaginário luso-brasileiro: em agradecimento, Nossa Senhora livrou a mula dos sofrimentos da gravidez e do parto.

TRAVESSO do latim *transversu*, atravessado. Tomou o sentido de irrequieto para designar a criança buliçosa, arredia a cumprir alguma ordem de adultos, sejam pais ou professores. No Brasil, é também sobrenome.

TRAVESTI do francês *travesti*, disfarçado, originalmente apenas um homem vestido de mulher, mas depois com o corpo modificado por cosméticos e, na sequência, pela ingestão de hormônios e até cirurgias, visando parecer-se cada vez mais com a mulher. Formou-se do latim: do prefixo *trans*, reduzido para *tra*, significando além, adiante, através, e *vestire*, vestir. Antes personagem do Carnaval, o travesti pouco a pouco deixou os desfiles de salões, ganhou as ruas e praças e ali se estabeleceu para oferecer-se como prostituto disfarçado de prostituta, o que pode resultar em confusão, pois às vezes a verdadeira identidade sexual somente é revelada quando já está com o cliente entre quatro paredes. Em *A donzela que foi à guerra*, romance ou xácara de origem ibérica, aparece um travesti em sentido inverso, isto é, a mulher que se veste de homem para ocultar a identidade sexual: "Já se apregoam as guerras/ entre a França e o Aragão:/ ai de mim, que já sou velho,/ não nas posso brigar não!/ Das sete filhas que tenho/ sem nenhuma ser varão!/ Responde a filha mais velha,/ com toda resolução:/ venham armas e cavalo/ que eu serei filho barão." A mítica moça foi precursora de famosa personagem do romance *Grande sertão: veredas*, de Guimarães Rosa, que acompanha o pai no cangaço.

TRECO no sentido de algo que não se sabe ou não se quer dar nome, seja ideia ou sentimento, veio de *tareco*, do árabe *tarayk*, ninharia, coisa de pouco valor. Para designar tareco ou treco, os mineiros usam preferencialmente "trem", palavra mais do que polissêmica, para eles, significando do trem propriamente dito a qualquer coisa que integra a bagagem do viajante. Assim como trem parece ser curinga no linguajar mineiro, dá-se coisa semelhante no resto do país, embora em menor grau, com treco. Se a pessoa tem um mal-estar impossível de ser diagnosticado, "teve um treco". Se comete ato desatinado, "deu um treco nela", o que em Minas Gerais pode ser nomeado de outro modo, pois lá ninguém enlouquece, apenas se manifesta, expressão assegurada por Frei Betto: "em Minas ninguém enlouquece, o vivente apenas se manifesta." Em Portugal, na região do Minho, tareco é testículo, e no Alentejo é chocalho. Em Trás-os-Montes é ato de má-fé, engano, gato. Em Pernambuco e em Alagoas é biscoito torrado. Em Goiás é bolo frito.

TREINADOR de treinar, do latim vulgar *traginare*, lastreado no latim clássico *trahere*, levar, arrastar, conduzir, dirigir. O vocábulo aparece com frequência espantosa no Brasil, o país do futebol. Mas entre nós o treinador é mais conhecido como técnico. No futebol, o Brasil sempre tem tido não apenas os melhores jogadores do mundo, como também os melhores treinadores. Em 2000 comemoramos 30 anos da conquista do tricampeonato obtido no México, em 1970, com um time de sonhos, que começou a ser treinado pelo jornalista João Saldanha. Como Moisés, não levou os comandados à terra prometida. A glória coube a Zagallo, que fracassaria na França, em 1998, ao tentar o pentacampeonato. O povo considera fracasso porque tem gosto apurado no futebol. Qualquer país comemoraria o vice-campeonato mundial e Zagallo teria estátua em cada praça. Mas, para nós, vice ou lanterna dá no mesmo. O povo dá seu recado: quer vencer bonito e não vencer apenas. E ainda mais nos pênaltis, como aconteceu na conquista do tetra. Não existe povo mais exigente do que o brasileiro em futebol. Com os técnicos ou treinadores da nação, tem muito mais paciência e tolerância.

TRELA do latim vulgar *tragella*, variação do clássico *tragula*, correia de couro com a qual se prendem os animais, especialmente o cão de caça. Dar trela é liberar um pouco mais a correia, permitindo mais espaço para o cão. A expressão veio a designar o ato de permitir que a pessoa fale mais do que deve. Mas, como se faz com o cão, ela pode ser puxada de volta a qualquer momento. Andar para espairecer também é dar trela.

TREM de origem controversa, ora atribuída ao inglês *train*, ora ao francês *train*, ambos radicados no latim culto *tragere* ou no latim vulgar *traginare*, sempre com o significado de puxar, arrastar. Os primeiros a conceber esse veículo de transporte movido a vapor foram um padre jesuíta belga e um militar francês, mas o invento só foi viabilizado por ingleses, escoceses e americanos, notadamente por James Watt. Tocada a carvão, a locomotiva fazia muita fumaça, e no Brasil o primeiro trem foi logo batizado de maria-fumaça, palavra que foi parar nos dicionários para designar este tipo de veículo e também a pessoa que fuma demais.

TREMA do grego *trêma*, pelo francês *tréma*, abertura, furo do dedal, sinal do dado, peça cúbica marcada com pontos de um a seis. Na escrita, tornou-se sinal para distinguir a pronúncia, de que era exemplo cinqüenta, escrito também cincoenta; freqüência; mülleriano. O trema foi abolido pelo Acordo Ortográfico. Mas permanece em palavras derivadas de nomes próprios que o tenham.

TREMEDEIRA de tremer, do latim *tremere*, agitar-se, do mesmo étimo de tremor (de febre, mas também de apreensão e medo) e tremular (como a bandeira ao vento). Designa estado de forte emoção, como neste trecho de *Nem te conto, João*, novela de Dalton Trevisan, obra-prima de sua carreira de contista extraordinário: "E me deu uma tremedeira. Até ofegante fiquei. Passava acetona nas unhas. Me vesti bem depressa. Aquela calça branca e a sandália mais chique. Fiquei linda, já viu, – Garanto que sim. – Difícil contar, Não sei se você entende. O que se passava dentro de mim. Ia ver o famoso sargento. Que tinha me largado na estrada. Por quem lágrimas de sangue chorei."

TREMINHÃO do francês *train* e *camion*, formaram-se trem e caminhão, vocábulos utilizados em treminhão, neologismo criado para designar enormes caminhões constituídos de várias carroçarias semelhantes a vagões, que trafegam sobretudo na região de Ribeirão Preto, servindo de transporte para a cana-de-açúcar. Como sua ultrapassagem é difícil, já existem placas rodoviárias advertindo para a presença de treminhões nas estradas.

TREMOÇO do grego *thermós*, quente, pelo árabe *turmus*, grão comestível. No *Livro de falcoaria*, do século XV, já aparece: "*pera ysto toma os pés dos tramoços torrados.*" Falcoaria designa a arte de treinar falcões para caça ou apenas para domesticá-los. O tremoço, originário da Europa, foi inicialmente utilizado como planta ornamental, mas logo tornou-se alimento para o gado, sendo utilizada também como adubo. Suas sementes, achatadas e comestíveis após cozimento, são muito nutritivas. As espécies principais de tremoço são o tremoço-branco, o tremoço-amarelo e o tremoço-de-flor-azul.

TREMPE do latim *tripes*, tripé, que tem três pés ou que se apoia em três pés, pela formação *tri*, três, e *pes*, pé. Designa aro de ferro com três apoios, usado para pendurar panelas sobre o fogo, aplicando-se também à chapa de ferro com buracos, colocada sobre o fogo, apoiada em pedras ou tijolos, sobre a qual são postas as panelas. Cada um desses orifícios é chamado boca, denominação que permanece ainda hoje nos fogões. Assim, diz-se fogão de quatro bocas, de seis bocas etc. Provavelmente a variável trampo, que significa bofetada e também serviço temporário mal remunerado, apenas suficiente para sobreviver, procede da mesma origem, pois na vigência da escravatura era comum negros se alugarem a donos brancos para fazerem comida nessas trempes e vender, dando-lhes 50% do lucro líquido obtido, descontadas as despesas pagas pelos financiadores.

TRENÓ do francês *traineau*, grafado *trainel* no francês antigo, baseado no verbo *trainer*, arrastar, puxar. Designa veículo apropriado ao transporte sobre neve ou gelo, tendo esquis no lugar das rodas. O trenó em que se locomove o Papai Noel é puxado por nove renas. Originalmente eram oito, de acordo com a história escrita por um professor norte-americano chamado Clement Clarke Moore. Estudioso de hebraico, no Natal de 1822, para entreter os filhos, ele escreveu *A Visit from Saint Nicholas* (Uma visita de Papai Noel), em que o trenó do bom velhinho é puxado pelas renas *Dasher, Dancer, Prancer, Vixen, Comet, Cupid, Donder* e *Blitzen*. No Natal seguinte, em 1823, o texto foi publicado sem sua autorização e desde então se tornou muito popular.

TREPAR do alemão *trippon*, "pular e subir agarrando-se com as mãos e firmando-se com os pés", segundo nos ensina um filólogo português. Em linguagem coloquial vulgar, é sinônimo do ato sexual.

TRÊS-MARIAS de três, do latim *tres*, e de Maria, nome de mulher, de origem egípcia, *Mrym*, com o significado de amada de Amon, o principal deus do Egito na Antiguidade, pelo hebraico *Miriam*, que chegou ao português Maria pelo latim *Maria*. Designa grupo de três mulheres, moças ou meninas, que estão sempre juntas, em alusão às Marias dos Evangelhos: Maria, mãe de Jesus; Maria Madalena, a primeira a vê-lo ressuscitado, e Maria, irmã de Marta, que andavam constantemente juntas. Mas o verbete é mais conhecido por designar três estrelas muito brilhantes da constelação de Órion, chamadas também três-irmãs.

TRETA do espanhol *treta*, vindo do francês *tracte*, ambos radicados no latim *tractus*, trato, mas que ganhou no português um significado pejorativo. Depois de designar destreza no jogo da esgrima, tornou-se sinônimo de astúcia, ardil, manha, praticados por dois com o fim de enganar um terceiro. Misturou-se a mutreta, do quimbundo *muteta*, mercadoria trazida na *muhamba*, cesto comprido para transportar cargas em viagem. Outro sinônimo de treta e mutreta é marmelada. O marmelo, apesar de abundante em certas regiões do Brasil, faltava em outras. Mas a marmelada era fabricada do mesmo jeito, misturando-se chuchu e abóbora, que, diferentemente do marmelo, eram mais baratos e encontrados em todos os lugares. A marmelada tornou-se presença indispensável nas sobremesas a partir de 1930. E nos arranjos de estranhos resultados no futebol.

TREVA do latim *tenebra*, escuridão, noite fechada, sem nenhuma réstia de luz. É frequente a utilização do vocábulo em sentido metafórico para designar quem tem ou não saber. Assim, o ignorante viveria nas trevas e o culto seria cheio de luzes, uma arrogância letrada que tem sido posta em xeque por saberes de iletrados, caso dos remédios indígenas, conhecidos por analfabetos, mas impenetráveis para muitos doutores. A Igreja celebra o ofício das trevas na Sexta-Feira Santa porque, de acordo com os *Evangelhos*, à hora da morte de Jesus, Jerusalém ficou totalmente às escuras. Eram três da tarde. Historiadores romanos e judeus não registraram estas trevas.

TREZE do latim *tredecim*, treze, pela formação *tre*, três, e *decem*, dez. O número é tido como de azar em todo o mundo. Mas bem diz o ditado "azar de um para bem dos outros". Foi o que ocorreu no Brasil entre a Monarquia e os escravos. Para eles, o 13 de maio é dia de sorte, a ponto de ter sido celebrado de várias maneiras, dando nome, enfeitado de flores, a clubes, como Flor de Maio. O mês é assim denominado por derivar do latim *maius*, quinto mês do ano entre os romanos, dedicado ao deus pagão Vulcano, de quem a deusa Maia, ninfa da Arcádia, filha de Atlas e mãe de Hermes, teria sido mulher. As hipóteses que explicam as origens das atribuições de azar ao treze são muitas. Algumas delas remetem aos 12 apóstolos de Jesus, que com a inclusão de Judas levam o grupo a ser composto de 13 membros. Como a Coroa portuguesa, nas três primeiras décadas do século XVI, não deu tanta importância ao descobrimento do Brasil, o que mais se lamentou foi a perda de seis das 13 embarcações que compunham a frota, resultando no ostracismo de Pedro Álvares Cabral. Quando descobriu o Brasil, o audaz navegante usava o sobrenome da mãe, Isabel Gouveia.

TRIBUNA do latim *tribuna*, lugar de onde falava o tribuno, também chamado púlpito para defender os interesses do povo. Com o surgimento da imprensa, vários jornais adotaram o nome de tribuna em sua designação, com o fim de deixar claro que defendiam interesses populares e não de grupos hegemônicos.

TRIBUNAL do latim *tribunale*, declinação de *tribunal*, designando originariamente o estrado onde ficavam os juízes, protegido por barras de madeira que os separavam do recinto onde ficava o povo na antiga Roma. Veio daí a expressão "levar às barras do tribunal". Passou depois a indicar as cadeiras onde se sentavam os magistrados e depois o prédio e a própria instância jurídica, formada por colegiados, sendo a sentença extraída por maioria. A origem remota é a palavra *tribus*, tribo, divisão do povo romano e também dos judeus. Os primeiros juízes tribunais tinham que acolher representantes das várias tribos, que foram as primeiras divisões territoriais das cidades quando ainda predominavam laços de parentesco, portanto tribais. Ganhou com o tempo a designação de corte, do latim *cohorte*, porque os juízes caminhavam em direção a esses tribunais acompanhados de um grande número de pessoas. E originalmente a *cohorte* latina designava o pátio ou o quintal da casa dos ricos onde seus empregados, incluindo militares que hoje seriam designados seguranças, se reuniam, antes ou depois do trabalho. A mais alta corte do Brasil é o Supremo Tribunal Federal. A Espanha, nação que quer julgar ditadores alheios, até agora não mexeu nos crimes praticados em um dos maiores ditadores do século, o também general Francisco Franco. Já agonizando, informado de que milhares de espanhóis tinham vindo despedir-se dele, teria perguntado para onde é que eles iam. Quem partia era ele, assistido por Dom Juan Carlos de Borbón, a quem em 1969 nomeara seu sucessor com o título de rei e que exerce o poder desde 1974. Com a morte do generalíssimo, subiu ao trono e empreendeu a redemocratização da Espanha.

TRIBUNO do latim *tribunus*, tribuno, derivado de *tribus*, representante da tribo. Os primeiros juízes do mundo a atuar em tribunais foram três. Representavam as três tribos primitivas da antiga Roma. O lugar onde atuavam chamou-se tribunal porque sentavam-se num estrado – *tribunal*, em latim – e distribuíam as despesas entre as tribos, originando palavras como tributo, hoje o imposto devido; tribuna, lugar elevado de onde falava o tribuno no senado romano, representando os interesses do povo. Designa também orador talentoso, e aplica-se a políticos no exercício de representantes do povo, escritores e jornalistas empenhados em defender normas éticas, em alocuções públicas ou em artigos na imprensa. Senado e Câmara já contaram com grandes tribunos, como o baiano Aliomar Baleeiro, o mineiro Afonso Arinos e o gaúcho Paulo Brossard, entre outros.

TRIBUTO do latim *tributu*, imposto. Originalmente indicava, entre os romanos, o imposto a que estavam sujeitas as províncias. Passou a designar imposto de caráter geral e obrigatório que o poder público exige de empresas e cidadãos para teoricamente aplicá-lo em benefício da sociedade. Também veio a significar, no português, homenagens, concessões. O Brasil tem uma das mais altas cargas tributárias do mundo, mas poucos pagam o que devem. E raramente são tomadas iniciativas para corrigir as distorções de modo a que todos paguem a sua cota. A imprensa quase sempre refere apenas o significado de imposto, certamente pela predominância das informações de natureza econômica sobre outras partes dos noticiários.

TRICA do latim *tricae*, ninharias. Ao vir para o português o vocábulo foi tomado como se houvesse o singular naquela língua, que seria trica. No português, trica e futrica frequentemente aparecem juntas, indicando similaridades.

TRICICLO do francês *tricycle*, veículo de três rodas, que originalmente foi uma carruagem. Mas, em 1885, quando o engenheiro alemão Karl Benz, então com 41 anos, construiu o primeiro triciclo motorizado, inventava o automóvel, que recebeu uma roda a mais no ano seguinte, graças aos aperfeiçoamentos de Gottlieb Daimler e Wilhelm Maybach, que puseram motor numa carruagem. Nenhum invento modificou tanto nossos hábitos como o automóvel, que garantiu até mesmo a liberdade sexual, ao servir de motel *avant la lettre*, especialmente para os jovens. Foi também arma: o automóvel já matou 25 milhões de pessoas e incapacitou milhões de outras com os acidentes. A primeira viagem de automóvel, de 100 km, foi feita por Bertha Benz, esposa de Karl. Ela foi de Mannheim às proximidades de Sttuttgart, a 16 km por hora, velocidade espantosa para a época.

TRIDENTINO do latim *tridentinu*, declinação de *tridens*, que tem três dentes, como o tridente que o deus pagão Netuno tem numa das mãos. A cidade de Trento, na Itália, homenageia esse deus do mar porque em tempos antigos Trento semelhava Veneza. O símbolo do planeta que leva seu nome é um tridente estilizado. Tridentino é o habitante de Trento e tudo que se refere a essa cidade italiana. Benito Amilcare Andrea Mussolini, o famoso ditador italiano, trabalhava num jornal de Trento quando escreveu o romance *A amante do cardeal*. Mas tridentino designa sobretudo o que foi decidido no famoso concílio ecumênico ali realizado entre 1545 e 1563, o mais longo da Igreja, convocado para fixar os dogmas e combater a Reforma. E então ganhou o mundo a Contrarreforma. Durou tanto tempo que quatro papas o presidiram: Paulo III, que o convocou; Júlio III e Marcelo II, que o continuaram, e Pio IV que o encerrou.

TRILÍNGUE do latim *trilingue*, adjetivo aplicado a quem fala três línguas. É o caso dos brasileiros cultos, com formação escolar acima da média. Há também aqueles que, pelo contexto, vivendo em zonas fronteiriças, falam duas línguas: a do próprio país e a da nação vizinha, como é o caso dos gaúchos, que, aliás, têm um português repleto de palavras e de expressões ligadas ao espanhol. Atualmente, é obrigatório no Brasil o ensino do inglês e do espanhol, que faz trilíngue o brasileiro. O espanhol é o terceiro idioma mais estudado no mundo, perdendo apenas para o mandarim e para o inglês. Há 11 Prêmios Nobel de literatura em língua espanhola, que nessa categoria perde apenas para o inglês, o francês e o alemão. O português não tem um único Prêmio Nobel vivo, depois da morte do primeiro e único, José Saramago.

TRILOGIA do grego *trilogía*, *tri*, três, *logía*, tratados, no caso três tragédias. Na Grécia clássica, drama, em geral em forma de poema, constituído de três tragédias sobre um mesmo tema, composição preferida nos concursos públicos que semelhavam olimpíadas literárias, teatrais, culturais. Com o tempo veio a denominar qualquer peça científica ou literária de três partes ou volumes, de tema que perpasse o conjunto. Atualmente, trilogia é vocábulo utilizado para juntar conjunto de três coisas ligadas entre si, ainda que ninguém se tenha ainda atrevido a denominar aparelho de som com rádio, fita e *CD* de trilogia, preferindo a expressão "três em um".

TRIMESTRE do latim *trimestre*, espaço de três meses, pelo prefixo *tri-*, três, e *mens*, mês, presente também em menstruação. Certamente as mulheres agradeceriam se ela pudesse ser trimestral ao menos, em vez de mensal. O terceiro trimestre do ano começa justamente em julho, mês que tinha outro nome, *quintilis*, antes do assassinato do imperador Júlio César, em alusão ao fato de ser o quinto mês do ano, tanto que depois dele seguiam *sextilis*, sexto; *septembre*, sétimo; *octobre*, oitavo; *novembre*, nono; e *decembre*, décimo. O antigo calendário romano era lunar, tinha apenas 304 dias e começava em março. Foi Marco Antônio, o trágico amante de Cleópatra, quem propôs a mudança de *quintilis* para *julius*, julho, mês de nascimento de César. Em inglês, sem alusão à bissexualidade do famoso imperador, era *julie*, mas mudou para *july*. Otaviano, sobrinho de César, nasceu em setembro, mas preferiu homenagear-se em *augustus*, agosto, que substituiu *sextilis*, porque tinha sido em agosto que o senado romano lhe tinha dado o título de *Augustus*.

TRINQUES procede do francês antigo *tringle*, cabide, tomado do holandês *tingel*, calço, apoio, móvel em que os alfaiates penduram as roupas já prontas que os clientes ainda não vieram buscar. Está presente também no verbo *trinquer*, brindar tocando os copos, ocasiões em que as pessoas estariam bem-vestidas. O verbo francês teria recebido influência do alemão *trinken*, beber, que forneceu o étimo para o inglês *drink*, beber. Beber socialmente e estar bem-vestido teriam influenciado o significado da expressão estar nos trinques, muito elegante; e, no Rio Grande do Sul, estar bêbado. O poeta mineiro Murillo Monteiro Mendes, no poema *Quinze de novembro*, escreveu: "Deodoro todo nos trinques/ bate na porta de Dão Pedro Segundo./ Seu imperadô, dê o fora/ que nós queremos tomar conta desta bugiganga." Com o sentido de vestir-se com apuro, aparece no causo Contrabandista, do livro *Contos gauchescos e lendas do Sul*, de Simões Lopes Neto: "Surgiu dum quarto o noivo, todo no trinque, de colarinho duro e casaca de rabo."

TRIO do italiano *trio*, trecho musical para três instrumentos ou vozes, de que é exemplo o trio de arcos, integrado por viola, violino e violoncelo. Pode também designar a segunda parte de algumas formas musicais, com o minueto, a marcha e o *scherzo*. Em italiano *scherzare* significa brincar, fazer um gracejo, pregar uma peça. Um dos trios musicais mais famosos no Brasil é o trio elétrico, um caminhão aparelhado para música ao vivo ou gravadas, que executa, em geral em alto som e em movimento, sambas, frevos, forrós etc. Os criadores do trio elétrico foram Dodô e Osmar, músicos baianos. Caetano Veloso o celebrou em *Atrás do trio elétrico*, gravado em 1968: "Atrás do trio elétrico/ só não vai quem já morreu." A letra não é das melhores, dada a influência nefasta de subliteratos sobre o famoso compositor e cantor baiano, mas o ritmo da marchinha embalou o sucesso que se seguiu desde então.

TRIPA de origem controversa. Pode ter vindo da redução de estripar, do latim *exstirpare*, arrancar, tirar, ou do árabe *tarb*, prega de tecido, aplicada por metáfora às pregas do intestino. Aparece em expressões como "à tripa forra", isto é, em grande quantidade, principalmente tratando-se de comida; "fazer das tripas coração", grande esforço para problema muito difícil; e ainda "mal das tripas", como era caracterizada por charlatães qualquer dor de barriga. Foi célebre um "mal das tripas" provocado por Anne Lefèvre Dacier, esposa do filólogo francês André Dacier, secretário perpétuo da Academia Francesa. Tradutora de clássicos gregos e adversária apaixonada dos modernos, num de seus êxtases, arrebatada até Esparta, sem querer descobriu a verdadeira receita do caldo preto. Recuperada a consciência, fez o prato e convidou os amigos para apreciá-lo. Na sequência foram todos hospitalizados, vítimas de enlouquecedor mal das tripas, segundo o diagnóstico da assustadora medicina do período. Acostumada a descartar parte dos alimentos para cozinhá-los, ao traduzir Homero extirpou dois cantos da *Ilíada*, sendo muito criticada pelo também helenista Antoine Houdar de la Motte. A linguista cozinheira esqueceu-se de que o poeta grego considerava o peixe um alimento infecto, que só deveria ser comido por marinheiros famintos ou náufragos desesperados, segundo nos informa J. A. Dias Lopes em seu delicioso livro *A canja do Imperador* (Companhia Editora Nacional).

TRIUNFALISMO de triunfo, do latim *triumphum*, vitória. O triunfalismo designa entre os cristãos a atitude daqueles que não querem enxergar as falhas históricas da Igreja Católica, entre as quais ganham relevo as perseguições que empreendeu contra cientistas, intelectuais e artistas que ousaram discordar de alguns de seus ensinamentos que às vezes nada tinham a ver com as verdades religiosas apregoadas, como foi o caso do pai da Física, o italiano Galileu Galilei, combatido não por renegar a fé, ele era católico, mas porque suas pesquisas haviam-no convencido de que era a Terra que girava ao redor do Sol, verdade científica a que foi obrigado a renunciar por força de imposições de desafetos bem postos na hierarquia da Igreja. Ainda assim, segundo versões já lendárias, ele continuava murmurando diante do tribunal eclesiástico: "*eppur si muove*", frase que em italiano significa "move-se por si mesma". O papa João Paulo II procedeu a uma revisão histórica do processo de Galileu, e numa atitude de desconcertante humildade, que mexeu muito com o mundo contemporâneo, pediu desculpas a todos, especialmente aos cientistas, pelo erro cometido na avaliação. O triunfalismo da Igreja manifestava-se de diversas maneiras, privilegiando outros símbolos, sendo mais evidente a figura de Cristo-Rei em maior destaque do que a do Crucificado, representando um humilde sofredor que lutou até a morte. João Paulo II, cujo nome civil é Karol Wojtyla, nasceu em Wadowice, Polônia. Padre aos 26 anos e cardeal aos 47, elegeu-se papa em 1978, aos 58 anos, quebrando uma sequência de pontífices italianos que vinha desde 1523. Operário, ator, escritor e professor universitário, participou, em 1979, da famosa conferência episcopal latino-americana (Celam), em Puebla, no México, onde houve consenso de que a Igreja deveria dar preferência aos trabalhos com os pobres. Ele parecia ter especial predileção pelo Brasil, a maior nação católica do mundo, que visitou três vezes: em 1980, 1988 e 1997. Em 1998, visitou também Cuba, tendo sido saudado por Fidel Castro assim: "Esta noite muitas crianças dormirão abandonadas nas ruas em vários países do mundo; nenhuma delas em Cuba."

TRIUNFO do latim *triumph*, originalmente designando ato solene na antiga Roma, com o fim de comemorar a vitória de um magistrado superior que tivesse eliminado pelo menos cinco mil inimigos. O cortejo precisava de autorização do Senado, nos tempos da República, e mais tarde do imperador, que às vezes era também o homenageado. Eram exibidos nas ruas o vencedor, os prisioneiros que fizera e os bens valiosos arrebatados na campanha militar. Vestindo toga bordada, coroado de louros, em pé em seu carro, o triunfante seguia orgulhoso à frente dos soldados e, quando chegava à colina do Capitólio, oferecia um sacrifício a Júpiter, o maior deus do panteão. Diversas festividades cristãs se inspiraram nesses ritos, como é o caso dos atos de ação de graças.

TRIVIAL do latim *triviale*, declinação de *trivialis*, designando o que acontecia no *trivium*, lugar onde o povo se reunia para conversar, assim chamado porque estava localizado na confluência de três estradas ou ruas (do latim *via*) que desembocavam na praça. Ali compareciam os mercadores para anunciar e vender seus produtos, nos albores do comércio. Está em tal origem remota o motivo de em tantas cidades existir uma rua do comércio, destinada preferencialmente a bodegas e armazéns, que precederam as atuais lojas, bares, cafés. As aglomerações ocorriam também longe das cidades, nas encruzilhadas, onde eram erguidas estátuas aos deuses Diana e Mercúrio, também conhecidos como Trivia e Trívio. Trivial passou por isso a significar aquilo que é ordinário, notório, conhecido por todos. Na culinária brasileira há o prato trivial e o trivial variado, sempre incluindo o feijão e o arroz, pelo menos. O escritor Marques Rebelo, autor de célebres obras de nossa literatura como *A estrela sobe* e *O trapicheiro*, utilizou o vocábulo como segue: "A mais trivial palavra solta ódios largamente represados."

TROÇA de origem controversa, derivado de troçar, do latim vulgar *tortuare*, mostrar-se torto, no sentido de entortar os lábios para arremedar os outros. No dia 1° abril comemora-se o dia da mentira, da troça e do trote, com fins de burlar, debochar, divertir.

TROCADILHO de trocar, de origem incerta. O trocadilho pode ser intencional, fruto de pleno domínio da língua, ensejando ao autor brincar com as palavras, em busca de novos significados. Millôr Fernandes refere-se ao senador José Sarney, como Sir Ney, aproveitando indícios da presença da língua inglesa no sobrenome do ex-presidente da República, também autor de prosa e poesia, como *Saraminda* e *O dono do Mar*, romances, e *Marimbondos de fogo*, versos. O presidente João Baptista de Oliveira Figueiredo, sucedido por Tancredo Neves, a ele se referia como Tancredo Never, o que parecia premonição, pois o mineiro não assumiu, morrendo depois de eleito indiretamente e antes de tomar posse.

TROFÉU do latim vulgar *trophaeu*. No grego era *trópaion* e passou ao latim culto como *tropaeu*, nas três formas designando despojos de caça ou de inimigos vencidos nos campos de batalha. Eram chamados troféus também os monumentos erguidos para comemorar vitórias militares; mais tarde os troféus tornaram-se portáteis. Celebrava-se em bronze, ouro, prata ou outro metal a figura do vencedor ou moldava-se ali o símbolo de uma conquista. Os troféus esportivos, arrebatados hoje nas mais diversas modalidades, semelham os símbolos de antigos triunfos militares. Às vezes, como no caso do tênis, armas e símbolos de um exército de um homem só. Também as campanhas políticas nas democracias apresentam linguagem militar. Fala-se em campanhas, adversários, inimigos, desafetos, aliados, militantes, armas, tropas, incluindo até uma certa tropa de choque.

TROGLODITA do grego *troglodytes*, os que vivem em cavernas. Em latim foi grafado *troglodyta*, com o mesmo significado. Os primeiros trogloditas eram povos da África oriental. O vocábulo já aparece em escritos de Aristóteles. Também alguns pássaros são chamados de trogloditas porque têm o hábito de viver em buracos de muros, no inverno. O vocábulo tem sido utilizado preferencialmente para denominar as primeiras comunidades de nossos ancestrais, que viviam em cavernas.

TROICA do russo *troika*, trenó puxado por três cavalos ou qualquer conjunto de três animais, pessoas, coisas etc. É utilizado principalmente para designar, na política, três estadistas, ministros ou funcionários encarregados de executar determinadas ações. Foram assim designados os três representantes – do Banco Central Europeu, do FMI e da Comunidade Europeia – nomeados supervisores das medidas de austeridade financeira, exigidas de Portugal.

TROLHA do latim *trulla*, colher pequena. No espanhol, mantendo a mesma grafia latina, passou a designar a colher do pedreiro. No português foi aos poucos ganhando o sentido de coisa desjeitosa. Por metonímia, o pedreiro ruim começou a ser chamado pelo nome da ferramenta que utilizava. Daí aos desafetos, quaisquer que sejam, serem chamados de trolhas foi um pulinho semântico.

TROMBA-D'ÁGUA de provável alteração de trompa, ruído onomatopaico, para tromba; e de água, do latim *aqua*. Designa nuvem escura e pesada, semelhante à tromba de um elefante. O fenômeno, por força do entupimento de bueiros, causados por lixo jogado em lugares indevidos, produz enchentes e encharcamentos que levam a deslizes de encostas e a grandes tragédias, como as que se abateram sobre o Rio de Janeiro em abril de 2010, causando a morte de centenas de pessoas.

TROMPA de *trump*, onomatopeia do som que faz o instrumento de sopro. Está presente na designação do canal que liga o ouvido médio à garganta, a Trompa de Eustáquio, cujo nome remonta ao anatomista Bartolommeo Eustachio, que foi médico de São Felipe Neri e de São Carlos Borromeo. Provavelmente William Shakespeare conhecia esse órgão, porque Cláudio derrama veneno no ouvido de Hamlet para matá-lo. Já as Trompas de Falópio, condutoras do óvulo do ovário ao útero da mulher, devem seu nome a Gabriel Fallopius, que ensinava em Pádua e em Pisa, e em cujas primeiras cirurgias morreram muitos pacientes.

TROPEIRO de tropa, do francês *troupe*, tropa, menos "a", mais -eiro, designando aquele que conduz tropa de animais. A origem remota é o germânico *throp*. Tomou sentido militar porque o conjunto de soldados foi comparado a animais, significado depois redimido com a organização dos exércitos, que passaram a ser rigidamente hierarquizados. Tropeiro foi um dos trabalhos exercidos por Tiradentes, que tinha o posto de alferes, mas foi também dentista, minerador e comerciante. Provavelmente, em suas viagens fez e comeu feijão tropeiro, cuja receita inclui feijão, toucinho, linguiça, carne-seca, ovos e farinha de mandioca, temperados com sal, cebola, salsinha e alho.

TROTE derivado de trotar, por sua vez vindo do italiano *trottare*, do francês *trotter* ou do germânico *trotton*, todos com o significado de correr, e radicados no baixo-latim *tolutare*, trotar, significando *tolutim ire*, ir a trote. Designa modo de andar dos muares, situado entre o passo e o galope. Data de tempos remotos o costume de aplicar aos calouros universitários algum tipo de castigo como emblema de que, por não serem veteranos e desconhecerem formas mais elaboradas de raciocínio, eles se assemelhariam a animais irracionais, daí serem chamados bichos, depois rebaixados a "bixos" para maior deboche. Ainda que vitoriosos no vestibular, não mereceriam sequer a equivalência com os bichos, sendo, pois, "bixos". Demorando a colher a gíria, os dicionários ainda não registram "bixo". São Paulo é um dos Estados onde lei específica proíbe trotes violentos nas universidades, que já resultaram em mutilações e mortes de calouros.

TROTSKISMO do nome do revolucionário soviético León Trotsky, um dos maiores líderes da Revolução Russa de 1917 e chefe do famoso Exército Vermelho. Expulso da União Soviética em 1929, foi viver no México a partir de 1937, onde, depois de sobreviver a um atentado de mais de 400 tiros de metralhadora, foi morto por um stalinista disfarçado de jornalista, o espanhol Ramón Mercader, que o matou a golpes de picareta. O assassino, também um picareta, foi condenado a 20 anos de prisão. Trotskismo passou a designar vertente da esquerda mundial que se opõe às teses stalinistas. Stalin defendia o socialismo num só país. Seu mais célebre opositor queria uma revolução permanente no mundo inteiro, com vistas a implantar o socialismo em todos os países.

TROUXA do espanhol *troja*, carga que se leva às costas, provavelmente radicado no latim *torsa*, torcida, do verbo *torquere*, torcer, pelo modo como se punha a carga nas costas de homens ou de animais, reunidas em primitiva embalagem, as *sarcinae*, plural de *sarcina*, volume, embrulho, pacote, saca. No latim, as *sarcinaria jumenta* eram os animais que transportavam os materiais bélicos. Fazer alguém de trouxa é tratá-lo como a esses animais, enganando-o no pasto, oferecendo alimento para que possam ser capturados e depois receberem trouxas sobre o lombo. O trouxa poderia ter sido assim chamado por vestir a roupa tirada da trouxa, amarrotada.

TROVÃO do latim *turbone*, declinação de *turbo*, barulho, estrondo, ruído. Desde tempos imemoriais, o trovão foi concebido pelos homens primitivos como expressão da cólera dos deuses. O pavoroso estrondo da trovoada sempre assustou muita gente.

Machado de Assis, por exemplo, tinha horror a trovoadas, e numa viagem a Minas Gerais deixou de visitar famosas igrejas porque trovejou e ele foi se esconder no quarto do hotel. A população das cidades medievais ficou desconcertada com a invenção da pólvora, no século XIV. Não era mais apenas o céu que trovejava. E a valentia do cavaleiro de nada mais servia: um covarde podia, escondido, atacar e matar o mais nobre cavaleiro. Petrarca lamentou o invento: "Não bastava que do céu trovejasse a ira de Deus imortal, era necessário que o homúnculo trovejasse também da terra: a loucura humana imitou o inimitável raio (como diz Virgílio), e aquilo que desce das nuvens agora floresce de um instrumento infernal." Miguel de Cervantes também deplorou o invento: "faz chegar uma bala disparada por alguém que se assustou e fugiu com o resplendor do fogo da maldita máquina." Mas pólvora, utilizada nos fogos de artifício, tornou muito mais belas as festas de fim de ano e alvorecer do Ano-Novo.

TRUCAR do francês *truquer*, fazer truques nas filmagens, com o fim de aumentar a ilusão do que é apresentado. Já indicando a ação de jogar truco, o verbo foi formado a partir do espanhol *truque*, jogo de naipes, com contribuição do catalão *truc*, batida, com origem remota no latim *trudicare*, bater, golpear, porque nesse tipo de jogo é frequente que os adversários desafiem uns aos outros, mediante batidas na mesa, aliadas a gritos de "truco!".

TRUTA do grego *tróktes*, passando pelo latim *tructa*, truta, peixe salmonídeo, do qual existem várias espécies. No sentido de negociata, mamata e confusão, é provável que tenha havido retorno ao original grego, em que *trogo* significa devorar. *Tróktes* designou, em grego, peixe voraz. E quem faz uma truta está devorando alguma coisa, prejudicando alguém.

TSAR do russo *tsar*, imperador, do russo antigo *tsirari*, imperador, mas aparentado com o godo *kaisar* e o alemão *Kaiser*, provavelmente adaptações do latim *caesar*, de *Caesar*, César, nome próprio, designação concedida aos 11 primeiros imperadores romanos que sucederam a Caio Júlio César. Tinha sido sobrenome da *gens* Júlia, à qual pertencia o grande estadista, general e escritor. *Tsar*, que se escreve também *tzar* e *czar*, foi o título oficial do soberano da Rússia desde o século XVI, tendo começado com a proclamação, em 1547, daquele soberano russo que alimentava seus ursos com criancinhas, segundo narrativas não de todo lendárias, e que se chamava Ivan IV, o Terrível. A partir de 1721, passou a ser a denominação oficial do imperador. Já tinha sido, na Idade Média, título usado por soberanos búlgaros e sérvios. Na língua portuguesa, mesmo não existindo mais *tsar* desde a Revolução Russa de 1917, passou a ser usado como indicador de pessoa que tem grande autoridade no âmbito em que atua. O ministro Delfim Netto foi chamado o *tsar* da economia, na década de 1970, quando, servindo ao governo do general Emílio Médici, anunciou que o Brasil crescia à média de 10% ao ano. Crescia bastante, mas não tanto, e depois este índice foi recalculado e diminuído, pois tinha sido inchado pelo autocrático ministro.

TUBERCULOSE do francês *tuberculose*, de *tubercule*, vindo do latim *tuberculum*, tubérculo, nódulo, saliência. Designa doença infectocontagiosa do homem e de alguns outros vertebrados, causada pelo bacilo de Koch. Quando o poeta Manuel Bandeira descobriu, em fins de 1904, que estava tuberculoso, fez o célebre poema *Pneumotórax*: "Febre, hemoptise, dispneia e suores noturnos./ A vida inteira que podia ter sido e que não foi/ Tosse, tosse, tosse./ Mandou chamar o médico: – Diga trinta e três./ – Trinta e três... trinta e três...trinta e três.../ – Respire./................/ – O senhor tem uma escavação no pulmão esquerdo e o pulmão direito infiltrado./ – Então, doutor, não é possível tentar o pneumotórax?/ – Não. A única coisa a fazer é tocar um tango argentino." O médico brasileiro Manoel Dias de Abreu, que descobriu um método de diagnosticar precocemente a tuberculose, a abreugrafia, é lembrado no dia 4 de janeiro, quando comemoramos o seu invento. Foi o presidente Juscelino Kubitschek, que também era médico, quem instituiu a homenagem.

TUCANO do tupi-guarani *tucan* ou *tu-quã*, significando bico ósseo ou grande. Outros etimologistas dão-no como quebrador de ovos. A ave é símbolo do Partido da Social Democracia Brasileira (PSDB).

TUFÃO de origem controversa, provavelmente do árabe *tufán*, inundação, cataclismo, tempestade, que o teriam levado do chinês *tai-fung*, grande vento, já que os primeiros pilotos portugueses que navegavam pelos mares orientais eram mouros, recrutados na África e na Índia. De todo modo, *taiwan*, que deu nome a um dos tigres asiáticos, originalmente designava um vento chinês da ilha de Formosa. Mas com tantos *tsunamis* e furacões monstruosos, o pobre tufão foi relegado a vendaval de segunda categoria. Já não inspirava nenhum medo em 1946 quando Nuno Roland gravou a marchinha de João de Barro, *Pirata de perna de pau*: "Minha galera/ dos verdes mares/ não teme o tufão./ Minha galera/ só tem garotas, na guarnição/ Por isso se outro pirata/ tenta a abordagem/ eu pego o facão/ e grito, do alto da popa/ Opa! Homem, não!" Sem medo do tufão e disposto a combater intrusos em seu harém marítimo, não com a espada, mas com um facão, o pirata de perna de pau assustava também por ser conhecido como "do olho de vidro/ da cara de mau".

TUITAR do inglês *twitter*, trinar como um passarinho, imitando seu canto. O sentido de postar comentários em microblogues, limitados a 140 caracteres, foi introduzido em 2006, vindo do nome da rede social Twitter.

TUITOSFERA dos compostos *tuíto*, do inglês *twitter*, gorjeio, trinado, significando também falar alto e rápido sobre coisas sem importância, por estar nervoso ou apressado; veio a designar ferramenta da internet que permite troca de mensagens cujo tamanho não ultrapasse 140 caracteres; e de esfera, do latim *sphera*, que, pela junção das duas palavras, veio a denominar genericamente espaço da rede mundial onde internautas postam narrativas curtas ou breves poemas. Aparece no artigo *Imortais do Twitter*, de Edgar Murano, na revista *Língua portuguesa* (Número 60, outubro de 2010, p. 51): "A repercussão do concurso fez a ABL lançar outra competição do gênero para seus seguidores na tuitosfera."

TULIPA do turco *tulbend* ou do persa *dulband*, pelo latim *tulipa*, e daí ao holandês *tulipa* e ao francês *tulipe*. No turco e no persa a mesma palavra designa o turbante. A flor ganhou este nome porque sua forma lembra o pano enrolado à cabeça, por homens e mulheres do Oriente, costume que passou ao Ocidente como de exclusivo uso feminino. O primeiro registro da palavra aparece em carta que o embaixador Ogier Ghiselin de Busbecq, mais conhecido pelo nome latino Gislenius Busbequius, às vezes Augier Ghislain de Busbecq, escreveu a Ferdinando I, da Áustria, quando servia na corte de Suleimã, o Magnífico, informando em latim, sem dizer que o sultão era poeta e tinha três mulheres, que "*per haec loca transeuntibus ingens ubique florum, copia offerebatur, narcissorum, hyacinthorum et eorum quos Turcae tulipam vocant.*" Francisco da Silveira Bueno, professor da USP por décadas, faz uma ironia no verbete, que registrou na página 4.112 do 8º volume de seu monumental *Grande dicionário etimológico e prosódico da língua portuguesa*: "Se o leitor não souber traduzir este latim, recorra ao vigário da paróquia." Tal recomendação engraçada era válida na década de 1960, quando a Editora Saraiva publicou a obra de quase 5 mil páginas. Naquele tempo todos os alunos do ensino médio e secundário sabiam um pouco de latim, e os padres tinham pleno domínio dessa língua, do contrário não seriam ordenados, pois não teriam passado nos cerca de 14 anos de preparação para o sacerdócio. Poucos embaixadores saberiam latim hoje em dia. De todo modo, o trecho citado informa que por aqueles lugares (Império Otomano), os turcos chamavam tulipa a referida flor, que era abundante em todas as regiões. O diplomata era filho bastardo do senhor do castelo Busbeck, origem de seu nome, com uma amante chamada Catarina. Pesquisador incansável e sábio reconhecido, foi ele também quem trouxe para a Europa o lilás e a cabra angorá.

TUMESCER do latim *tumescere*, inchar, aumentar, crescer, cujo étimo está também em intumescer e entumescer. Curiosamente, o mesmo étimo aparece no sânscrito *tuvi*, origem remota do inglês *thousand* e do alemão *tausend* para designar o número mil, que etimologicamente designava muitas centenas ou várias vezes o número 120. Os modos de dizer e de escrever por extenso os números são complexos ainda, mas a introdução dos algarismos arábicos na Idade Média veio simplificá-los.

TÚMULO do latim *tumulus*, colina, outeiro, pequeno monte. Passou a designar a terra com que se cobre um cadáver e conservou tal significado quando a porção de terra que se elevava sobre a cova foi substituída por pequenas construções, depois transformadas em jazigos suntuosos, de acordo com a riqueza ou a importância política do morto. Mas nem sempre é possível ter o último descanso em terra, como ocorreu a tantos personagens célebres. O corpo do deputado Ulysses Guimarães, que presidiu à Assembleia Constituinte que resultou na Constituição em vigor, de 1988, jamais foi encontrado, depois que o helicóptero em que viajava caiu no mar, nas proximidades de Parati, no estado do Rio. Bartolomeu Dias, de quem não se sabe ao certo nem dia, nem mês, nem ano do nascimento, morreu afogado nas proximidades do cabo das Tormentas, já rebatizado para cabo da Boa Esperança, pois ele o dobrara, sem o saber, ainda em 1487, merecendo esses versos de Fernando Pessoa: "Jaz aqui, na pequena praia extrema,/ o capitão do Fim. Dobrado o Assombro,/ O mar é o mesmo: já ninguém o tema!/ Atlas, mostra alto o mundo no seu ombro." E o romancista José de Alencar registra, em *A alma do Lázaro*, conhecida expressão sobre a morte de navegadores: "Lembrava-me os combates navais das forças espanholas e portuguesas contra os holandeses, especialmente o de 12 de setembro de 1631 em que Pater, depois de sete horas de peleja, batido por Oquendo, abandonado da tripulação em sua nau presa das chamas, preferiu à salvação, que tinha por desonra, uma morte gloriosa, e, envolvendo-se na bandeira nacional, sepultou-se no oceano, único túmulo digno de um almirante batavo."

TUNDA do quicongo *tunda*, pelar, descascar, correspondente ao umbundo *tuna*, malhar, confundir. Passou a designar surra e também crítica. Daí a expressão "ele desceu o pau", "descascou", indicando comentário adverso. Os escravos domésticos, homens e mulheres, com as crianças, habitavam as senzalas instaladas nos porões das residências. Semelhando galpões rústicos, com pouca ventilação e grades nas janelas, pareciam mais prisões do que residências, e à frente delas estava o tronco, onde os adultos recebiam tundas e outros castigos em frente de familiares, adultos ou crianças.

TÚNEL do inglês *tunnel*, passagem subterrânea, túnel. Depois da construção do Eurotúnel, que liga a França à Inglaterra, também é passagem submarina. Os romanos fizeram os primeiros túneis terrestres, mas foram os assírios os autores de túnel subfluvial memorável. No ano 2.160 a.C., eles desviaram o rio Eufrates e construíram um túnel sobre o leito seco do rio. Depois trouxeram o rio para seu curso original. É também o título de um romance do escritor argentino Ernesto Sábato.

TUNGAR provavelmente do sânscrito *sthaga*, salteador, pelo hindu *tuggee*, associação religiosa de ladrões que na Índia roubavam viajantes entre os séculos XIII e XIX, e daí ao inglês *thug*, ladrão, matador, assassino, de onde chegou ao português. Tungar é proceder como eles. Outros pesquisadores dão como origem ora o tupi *tunga*, bicho-de-pé, ora o quimbundo *ntunga*, larva de mosca, sanguessuga, mas é improvável que índios e negros tenham nomeado o ato de roubar e enganar, às vezes seguido de morte, com tais palavras. *A volta ao mundo em oitenta dias*, de Júlio Verne, transposto para o cinema em 1956, tem uma cena em que, na Índia, David Niven e Mario Moreno Reys, mais conhecido como Cantinflas, resgatam Shirley Maclaine, prestes a ser queimada por *thugs* na pira erguida para cremar o seu defunto marido. O trio faz o papel, respectivamente, de Phileas Fogg, Passepartout e a princesa Aouda. O escritor Josué Guimarães adotou o nome do primeiro personagem como pseudônimo em crônicas publicadas no jornal *Zero Hora*, em Porto Alegre, nas décadas de 1970 e 1980. Tal como Phileas Fogg, o narrador de suas colunas, culto, elegante e pernóstico, frequenta o *jet set* e faz mordazes comentários sobre a política brasileira do período, já naquela época repleta de personagens que tungavam o povo.

TUPÃ do tupi *tu'pã*, deus do raio, do fogo, do trovão, do rio. Foi invocado pelos índios quando a arma do português Diogo Alves Correia, que desde então passou a ser chamado Caramuru, soltou fogo pelo cano e o tiro deu um estrondo, evocando o poder de um deus. Depois de acolhido pelos índios, o cacique Taparica deu-lhe como esposa sua filha Paraguaçu, vinte anos mais nova do que o noivo, a primeira brasileira a ter registro de nascimento, feito na França, com o nome de Catarina Alves Paraguaçu, depois viúva dele por 26 anos. O nome foi homenagem à rainha Catarina de Médicis e ao rei Henrique II, soberanos franceses então no poder.

TURBULÊNCIA do latim *turbulentia*, turbulência, agitação. A turbulência nas viagens aéreas pode causar desconforto em tripulantes e passageiros, porém, a mais temida e que tem trazido mais desassossego é a do mercado financeiro internacional, que tem afetado as bolsas do mundo inteiro e mexido nos bolsos, não apenas dos aplicadores, mas de todos os cidadãos, já que vivemos tempos de economia globalizada. No caso das turbulências atmosféricas, o vilão é infantil, El Niño. No caso das financeiras, são especuladores marmanjos, nas mãos dos quais o mundo inteiro vira um *niño*. Utilizando metáforas da aviação, autoridades econômicas mandaram o povo apertar os cintos, mas talvez fosse mais recomendável fazer outras alterações, tais como mudar a rota ou substituir os pilotos.

TURCOMANO do latim medieval *turcomannus*, parecido com um turco, vindo do persa *turkman*, pelo turco *türkmen*, cujo significado é "tão turco como os turcos". Depois de sucessivas ocupações estrangeiras, que remontam à Antiguidade, tendo passado pelo domínio de Alexandre e de Gêngis Khan, o território do Turcomenistão foi anexado pelos russos no século XIX. Hoje nação independente, o Turcomenistão pertenceu à ex-URSS, sendo uma de suas repúblicas unidas. A terminação *istão* significa, em dialeto persa, "lugar" e está presente no nome de vários países da região da Ásia onde se situam o Tadjiquistão (lugar dos dadjiques), o Cazaquistão (lugar dos cazaques) e o Uzbequistão (lugar dos uzbeques), entre outros países de nomes com essa terminação.

TURFE do inglês *turf*, campo de relva, prado, onde é praticado o hipismo. O turfe oferece um espetáculo à parte das cenas dos cavalos correndo com os jóqueis apoiados nos estribos. É a plateia, onde em geral despontam mulheres elegantes, muito bem-vestidas, de óculos escuros, sendo, pois, difícil, assim ao longe, decifrar as emoções causadas por aqueles seres quase centauros, aos quais parecem tão atentas, enquanto os homens dão a impressão de estar mais atentos a elas que aos cavalos, o que é muito fácil de entender. Existe também o teleturfe, modalidade em que as pessoas apostam por telefone, mediante um cartão com uma senha, e acompanham as corridas pela televisão.

TURISMO do inglês *tourism*, pelo francês *tourisme*, radicado em *tour*, torre, e depois andar ao redor dela, com origem remota no latim *tornus*, torno, máquina para arredondar peças de madeira, de marfim etc. E, mais tarde, de ferro e aço. Foi torneiro mecânico a primeira profissão do presidente Lula. No Brasil, a empresa brasileira de turismo mudou o nome para Instituto Brasileiro de Turismo, mas continua conhecida como *Embratur*. No latim, *embratur* designava antigo magistrado que exercia funções militares, segundo nos informam Gaetano Scherillo e Aldo Dell'Oro em *Manuale di Storia Del Diritto Romano*, citados por Marcus Cláudio Acquaviva em *Etimologias e expressões pitorescas* (Editora Ícone). A missão do Ministério do Turismo, segundo o portal que mantém na internet, é "Desenvolver o turismo como uma atividade econômica sustentável, com papel relevante na geração de empregos e divisas, proporcionando a inclusão social. O Ministério do Turismo inova na condução de políticas públicas com um modelo de gestão descentralizado, orientado pelo pensamento estratégico".

TURISTA do inglês *tourist*, pelo francês *tourist*, turista, aquele que viaja por gosto. Radicou-se no latim *tornus*, instrumento em que se faz girar peça de madeira, barro, ferro, aço, com o fim de arredondá-la. A ideia original é girar. Daí ter servido o vocábulo para designar aquele que viaja, tendo entrado para a língua inglesa no século XVIII e para a francesa no XIX. O turista quer conhecer outros países ou regiões, degustando sua comida, contemplando paisagens, enriquecendo-se com outras culturas. E fazendo fotos para mostrar na volta aos que ficaram. Nesse ponto em particular, nenhuma nacionalidade supera os japoneses, que já fotografaram o mundo inteiro.

TURMALINA do francês *tourmaline*, turmalina, assim chamada por ser pedra semipreciosa oriunda da localidade chamada Turamali, na ilha do Ceilão. É também o nome de uma personagem do romance *O florista*, da escritora paulista Nilza Amaral, autora de outros romances, como *O dia das lobas* e *Amor em campo de açafrão*. Ela é, ao lado de outras ficcionistas como Edla van Steen, Joyce Cavalcanti e Márcia Denser, uma das principais representantes da prosa de ficção feita por mulheres brasileiras, já objeto de estudo em várias universidades americanas e europeias dentro de programas conhecidos como *contemporary fiction by women* (ficção contemporânea de autoria feminina).

TURNÊ do francês *tournée*, do verbo *tourner*, girar, tendo também o significado de andar, rodar, viajar, transformar, como nas expressões *tourner casaque*, virar a casaca, *tourner en ridicule*, cair no ridículo. Originalmente veio do latim *tornare*, dar voltas ao redor de um objeto, de que é exemplo a volta que homens e animais faziam ao redor de algum engenho. Nosso passado açucareiro, bem antes da industrialização, transformava a cana em garapa, a seguir em mel e finalmente em açúcar, começando com um processo que fazia com que escravos e animais andassem em volta fazendo girar as moendas, numa viagem monótona e cansativa sem sair do mesmo lugar, caminhando num círculo que parecia eterno, perfeita metáfora daquelas existências. Também nas longas viagens da palavra, turnê passou a designar itinerário, paradas e visitas predeterminadas, de um conferencista ou um grupo de pessoas, em geral artistas. Em 1995, os *Rolling Stones* fizeram uma turnê que percorreu os cinco continentes em 384 dias, tendo-se apresentado também no Brasil. Em média, arrecadaram dez milhões de dólares em cada cidade. Também é o ofício preferencial do turista, etimologicamente vinculado a *tour*, do latim *turris*, torre, prédio onde eram mantidos os engenhos, incluindo armas de defesa numa guerra. O campanário e as torres das igrejas tiveram, entre outras funções, como a de dar as horas e outros avisos por meio de toques diferenciados de sinos, também os serviços que combinavam advertências sobre perigos iminentes e hora de a comunidade proteger-se ou partir. Provavelmente na formação da palavra turnê tais contextos subsidiaram o significado de viajar, partir, retirar-se por um tempo. O professor e poeta gaúcho Paulo Becker define uma turnê mais frequente, feita pelos habitantes de uma pequena cidade toda semana, nestes versos: "Segunda-feira se arrasta:/ gato de espinha quebrada./ A terça dá o desespero,/ como uma fila parada./ Quarta-feira é um atoleiro/ numa estrada abandonada./ A quinta, locomotiva,/ soa o apito e desembesta./ Vestida de festa, a sexta,/ vai passear na floresta./ O sábado, shopping center,/ dá de brinde um pirulito./ o domingo, de ressaca,/ já começa no palito./ Segunda-feira se arrasta."

TURNO do francês *tour*, turno, volta. A Constituição de 1988 estipulou o segundo turno das eleições para presidente, governador e prefeito de grandes cidades, sempre que o candidato mais votado não atingir a maioria dos votos válidos. O segundo turno é também o último, dado que apenas os dois mais votados no primeiro podem concorrer. Os chefes partidários são denominados caciques políticos porque, à semelhança dos chefes indígenas, independem de eleições para exercer o poder ou dominam os processos eleitorais de tal maneira que sempre saem vencedores. No último caso, seus redutos são denominados currais eleitorais, em metáfora que compara o eleitor a gado tangido por boiadeiros.

TURVO do latim *turbidus*, perturbado, toldado, misturado, lodoso. O étimo *turb* – no caso deste adjetivo houve troca do "b" pelo "v" – está presente em turba, multidão, agitação; em perturbar, perturbado, distúrbio, conturbar, conturbado etc. O município catarinense que tem este nome deve sua denominação à do rio às margens do qual a cidade se formou, de águas escuras, ainda que não sejam provenientes de lodo.

TUTELA do latim *tutela*, defesa, amparo, assistência, dependência, proteção. De acordo com o contexto em que aparece, há certas nuanças no significado. No sentido mais geral é o encargo ou autoridade conferidos, por lei, para administrar os bens, dirigir os negócios e proteger quem esteja impedido de ter autonomia plena. Às vezes, aparece com sentido pejorativo, como sinônimo de laranja, isto é, está sob tutela, atendendo a interesses alheios, a quem empresta a identidade. Outras vezes designa situação em que o derrotado precisa atender a quem o dirige, como na frase "quem vencer, imporá tutela aos vencidos". Aparece neste texto do editor e historiador Cássio Schubsky, organizador do livro *Escola de Justiça: História e memória do Departamento Jurídico XI de agosto*: "A tutela jurisdicional dos direitos das pessoas desprovidas de recursos materiais fomenta o combate às desigualdades sociais. Além da proteção à lesão de direitos individuais, ao Judiciário escoam demandas coletivas por melhores condições de vida da população, em aspectos como saúde, educação, moradia etc."

TUTOR do latim *tutore*, declinação de *tutor*, guardião, pessoa responsável por outra, que cuida, protege, ensina. Está presente em tutor judicial e em tutor testamentário, entre outras denominações jurídicas. Designa ainda o professor que acompanha os alunos numa sala de aula, enquanto as disciplinas são teletransmitidas, seja pela televisão, seja pela internet. No inglês foi traduzido como *coach*, treinador, mas que nos primórdios da palavra designava aquele que acompanhava o menino ou a menina no coche ou carruagem a caminho da escola ou de campos esportivos. No Brasil, *coach* virou técnico. De todo modo, *coach*, tutor e depois treinador, tem este nome porque o veículo em que tutor e treinador passaram a ser transportados foi fabricado originalmente na cidade húngara de Kócs, no século XV. O étimo do nome da cidade influenciou a denominação em diversas línguas, entre as quais o alemão, o inglês, o espanhol, o francês e o português.

TUTU do quimbundo *kitutu*, designando feijão cozido, refogado e engrossado com farinha de mandioca ou de milho e linguiça. Originário da culinária de Minas Gerais, em São Paulo recebeu o nome de virado paulista. Integrou o menu do último almoço de Dom Pedro I antes de proclamar nossa independência política, por volta das quatro horas da tarde de 7 de setembro de 1822. Antes, porém, sua Majestade tirou uma sesta e deu o célebre grito às margens do riacho Ipiranga, em São Paulo, revigorado e bem disposto. Tempos depois tornou-se o rei Dom Pedro IV, em Portugal. Na gíria, tutu é sinônimo de dinheiro, tal como aparece em *A coleira do cão*, de Rubem Fonseca: "Essa festa legal era na casa de uma tal de Lucinha, cujo pai era contrabandista, estava nadando no tutu." Como sinônimo de riqueza ou dinheiro, sua origem provável é o francês *tutu*, alteração eufêmica de *cucu*, por sua vez duplicação de *cul*, traseiro, que em italiano é *culo*. Na língua portuguesa quem nos redimiu da vulgaridade no léxico foi o quimbundo *mbunda*, bunda, logo eufemizada para bumbum. No francês antigo, utilizado até o século XIX, *tutu* designava a saia de bailarina, não raro incrustada de pérolas. Em alguns inventários coloniais, não apenas as vestes das bailarinas, mas outras saias também, de respeitáveis senhoras, tiveram seu preço fixado nos testamentos e com frequência tais roupas valiam mais do que a própria terra onde estava a casa em que morava a falecida. Esse contexto favoreceu a expressão "cheio de tutu" para designar quem podia presentear esposa, amante ou filhas com vestes tão caras.

U

UAI à semelhança de arigó, é vocábulo de origem obscura, para o qual conjecturou-se uma etimologia curiosa. No caso de arigó, a palavra teria nascido da pergunta feita por engenheiros ingleses e norte-americanos que, no século XIX, trabalharam na construção de ferrovias brasileiras. Ao encontrarem trabalhadores com saco de roupa às costas, perguntavam-lhe *"where are you going to?"*, com o fim de saber se procuravam trabalho. Aos ouvidos brasileiros, a frase inglesa seria reduzida para arigó. Pouco provável. No caso de uai, que em geral é acompanhada de "sô", aludiria a outra pergunta dos mesmos engenheiros *"why, so?"* (por que assim?). Também não se sustenta esta estranha explicação. E além do mais, "sô" é mais provavelmente redução de senhor, pela forma sinhô, reduzida para "sô", como aparece à frente de comandantes jagunços de *Grande sertão: veredas*, de João Guimarães Rosa, como o chefe Sô Candelário. Ainda há muitos mistérios na etimologia e uai é um deles.

UBIQUIDADE do latim *ubique*, em toda a parte. Estar ao mesmo tempo em dois ou mais lugares não é possível aos humanos. Apenas Deus é onipresente. Mas um dos milagres atribuídos a santo Antônio de Lisboa, que na Itália chama-se santo Antônio de Pádua, dá conta de que certa vez pregou ao mesmo tempo nas duas cidades. Ele nasceu em Portugal e foi enterrado na Itália. Tentou ser missionário em Marrocos, mas, não suportando o clima africano, voltou à Europa. Foi grande orador, tendo treinado muito para isso num eremitério em Forli, na Itália. Foi elevado aos altares apenas um ano após sua morte, uma das canonizações mais rápidas de toda a Igreja. E daí, sim, ele ganhou o dom da ubiquidade, pois está em quase todas as igrejas.

UCASSE do russo *ukáz*, édito da Rússia imperial, decreto proclamado pelo czar. Passou a designar ato autoritário de qualquer governo que fira as garantias individuais.

UFO do inglês *unidentified flying object*, objeto voador não identificado. Sua variante é óvni, também um acrônimo, com a diferença de que traduz para o português a expressão norte-americana. O mais controvertido registro de ufos teve lugar em Roswell, no Texas, dia 6 de julho de 1947, quando teriam sido resgatados dois corpos de extraterrestres, depois submetidos a autópsias filmadas. Muita gente que acredita até em Papai Noel não acreditou no que viu. Houve suspeita de que o filme não seria um documentário, mas uma fraude bem montada.

ÚLTIMA INSTÂNCIA do latim *ultima*, última, a mais afastada, a mais remota, e *instantia*, pendurada, suspensa. Designa decisão irrecorrível, mas como o direito não é uma ciência exata, uma decisão de última instância pode sofrer recurso ordinário ou recurso especial, junto ao Superior Tribunal de Justiça (STJ).

ÚLTIMO do latim *ultimum*, o mais afastado. O primeiro e o último servem para referências entre as duas extremidades. Assim, penúltimo e antepenúltimo equivalem a segundo e terceiro a contar do último. Há controvérsias sobre qual é o último ano de uma década, século ou milênio. Se o zero ou o nove. Entre 1999 e 2000 foram travadas algumas polêmicas, tudo porque o zero é um número historicamente tardio, que foi trazido para o Ocidente pelo matemático italiano Leonardo Fibonacci, também conhecido como Leonardo de Pisa, onde morava seu pai, um negociante que teve o cuidado de enviar o filho para a África do Norte para aprender números com os árabes. Os indianos já trabalhavam com a noção de zero, depois adotada pelos árabes, por volta de 600 a.C. A denominação hindu para zero era o sânscrito *ûnya*. Zero, aliás, recebeu tal denominação porque os italianos o chamavam *zefiro*, nome de um vento fresco, abreviando-a palavra para *zero*. Como se trata de convenção arbitrária, o milênio terminou em 1999 ou em 2000. As duas posições têm seus argumentos. A confusão nasce da forma de datar o calendário pelo ano do nascimento de Jesus Cristo, pelas abreviaturas a.C. e d.C. Como o zero era desconhecido na época, começou-se logo com o número um, século I.

ULTRAJE do latim *ultraticu*, de ultra, excesso, ato que consiste em passar dos limites, sobretudo na linguagem, pelo francês *outrage*, que tem o mesmo significado. No Brasil, há um conjunto musical que se chama Ultraje a rigor, fazendo referência à expressão "traje a rigor", que consiste num tipo de roupa elegante para ser usada em ocasiões especiais.

ULTRAPASSAR do prefixo ultra, do latim ultra-, para além de, mais longe, transpor, exceder, e de passar, do latim vulgar *passare*, afastar as pernas, passar. O prefixo está presente em ultramontano, para além dos montes, e o verbo ultrapassar aparece com frequência nos avisos de trânsito, quando sinais de advertência lembram explicitamente que é proibido seguir em velocidade maior do que a do carro que está na frente ou mediante sinais nos quais aparece a figura de veículos paralelos com uma faixa indicando proibição. Uma linha amarela contínua no leito da estrada, à esquerda do motorista, também indica que é proibido ultrapassar naquele trecho.

ÚMIDO do latim *humidus*, ligado a *humus*, solo, mas não seco. "As espinafres são frias e úmidas", diz Francisco da Fonseca Henriquez, médico de cozinheiro de Dom João V, recomendando o seu consumo. Ele é autor de *Âncora medicinal: para conservar a vida com saúde* (Ateliê Editorial): "O livro trata não apenas do Comer e do Beber, mas do Ar Ambiente, do Sono e da Vigília, do Movimento e do Descanso, dos Excretos e das Retenções e das Paixões. Como podemos ver, assuntos atuais, pois eles sempre condicionaram a qualidade de vida das pessoas."

UM SETE UM do artigo 171 do Código Penal, que trata do estelionato. Veio a designar o indivíduo trapaceiro, vigarista, trambiqueiro, que mente ou que engana outros com o objetivo de levar vantagem, de explorá-los, ou que não cumpre o que diz ou promete. Por extensão, refere-se também ao gabola, que gosta de contar vantagem, aparentar superioridade, pelo exagero dos feitos que relata, que incluem a exaltação de si mesmo. Um famoso um sete um, que se excedeu nas vilanias em livro que ele mesmo escreveu, contando como se fez passar até por dono de empresa aérea, foi interpretado no cinema, no filme *VIPs*, por Wagner Moura, famoso desde os sucessos dos filmes *Tropa de elite* e *Tropa de elite 2*.

UNÂNIME do latim *unanime*, de uma só alma. Concordância coletiva absoluta. Desconfiado destes juízos uniformes, o dramaturgo Nelson Rodrigues cunhou uma de suas frases mais memoráveis: "Toda unanimidade é burra", valorizando a discordância numa sociedade democrática. Ironicamente, o dito foi obra de um escritor tido como reacionário quando vivo, confirmando que também sobre ele não havia unanimidade.

UNDÉCIMO do latim *undecimus*, décimo primeiro, número ordinal do cardinal 11, *undecim*, em latim. O feminino undécima deu origem a um conhecido engano dos cristãos medievais que criaram as santas chamadas 11 mil Virgens. Na verdade, houve dois erros fatais conjugados: de tradução equivocada e má interpretação. A santa era uma só, que era virgem e tinha apenas 11 anos quando foi executada pelos hunos. Misturada a outra santa, Úrsula, cujas 11 mil virgens que a seguiam foram decapitadas e ela própria foi morta com uma flechada, consolidou-se como canonização lendária desde o século V, mas foi retirada do índex dos santos em 1969. Não eram 11 mil as virgens, eram meninas de 11 anos.

UNHA do diminutivo latino *ungula*, do latim *unguis*, designando tanto a unha humana quanto o casco e a garra dos animais. Ademais, também designa a parte do martelo que é utilizada para arrancar pregos, sendo neste sentido sinônimo de orelha. O poeta pernambucano Gonçalo Jácomo dedicou um soneto às unhas, em cujo segundo quarteto se lê: "unhas reveladoras dos segredos/ da alma, do som, das cordas, dos teclados,/ que nas fúteis carícias e brinquedos/ ferem como punhais envenenados". Quanto ao costume de as mulheres pintarem as unhas, já era conhecido das antigas gregas, à semelhança do uso de cosméticos com que enfeitavam também o rosto. Pouco a pouco os homens foram imitando esta prática feminina, mas é ainda reduzido o número deles que ousa passar mais do que esmalte incolor sobre as unhas. A unha presta-se também a algumas metáforas: "unha e carne", para demonstrar união muito íntima entre duas pessoas em seus propósitos; "com unhas e dentes", indicando ação firme, e "roer as unhas", designando situação complicada, que pode inconscientemente referir desejo de afiá-las para enfrentar dificuldades, cacoete que pode ter afetado o homem nos primórdios da evolução.

UNICÓRNIO do latim tardio *unicornus*, de um chifre só, um corno, como o rinoceronte indiano. Como adjetivo, é escrito unicórneo. O italiano grafou *alicorno* e o francês antigo *licorne*, ambos designando animal fabuloso, representado por um cavalo peludo, com um chifre comprido e torto, barba de bode, rabo de leão e patas de boi. Na Idade Média, esse animal era símbolo de castidade. Algumas ilustrações apresentam o monstro com corpo de cavalo e cabeça de veado. Escrito com inicial maiúscula, o Unicórnio era invocado para afastar desgraças e malefícios. Era crença geral que as mulheres mais jovens tinham facilidade em tocá-lo, o que pode ser atestado no afresco *A virgem e o Unicórnio*, de Domenico Zampieri. O mito do Unicórnio está presente no livro *Em forma de chama: variações sobre o Unicórnio*, de Péricles Prade, poeta, contista, historiador, crítico literário e um dos mais completos intelectuais catarinenses, em cujos versos se lê: "Morto por Moisés, servo de Javé, Leão/ ameaçando a Giganta, Unicórnio-fêmea/ no tempo em que Davi/ era pastor de ovelhas/ Unicórnio montado/ em direção do Paraíso, construtor/ de templos, descido após a chegada do Rei/ diante daquele que se ajoelha/ o medo/ é Deus."

UNIFORME do latim *uniforme*, declinação de *uniformis*, de uma só forma. Pode ter havido influência francesa na adoração da palavra, vez que no francês também é *uniforme*, designando fardas, primeiramente militares ou eclesiásticas, tendo ocorrido elipse na expressão *habit uniforme*. Um dos primeiros a registrar o vocábulo com tal sentido foi o bispo de Lisieux, na França, Nicole D'Oresme, pregador e crítico das obras de Aristóteles e destacado nome do pré-renascimento nas ciências e nas humanidades. As ordens religiosas mantiveram *habit*, hábito, escolha ocorrida também no português. Assim, os frades usam hábito, e os militares, fardas, uniformes. Tem havido mistura de tais designações, pois a Companhia de Jesus, fundada por militar, se refere a farda e hábito como sinônimos, denominando os afiliados como soldados, dada a linguagem guerreira de que esteve impregnada desde sua fundação, o que é atestado por seus célebres exercícios espirituais. A camisa dos uniformes das seleções nos lembra a definição de São Jerônimo: *"Solent militantes habere lineas quas camisias vocant"* (os combatentes têm linhos que chamam de camisas). Em 1953, a camisa amarela passou a integrar o uniforme da seleção brasileira, daí a expressão seleção canarinho, depois que o escritor gaúcho Aldyr Garcia Schlee, autor de *Contos de futebol*, venceu concurso instituído pelo jornal *Correio da Manhã* para desenho de uniforme que incluísse as cores nacionais, até então ausentes no antigo vestuário. Dizia-se que o Brasil perdera a final de 1950 por não termos as cores nacionais, ao contrário do Uruguai que as tinha. E o amarelo espantou a urucubaca por quatro vezes, mas em 1998 nosso principal jogador, Ronaldo, então com 21 anos, amarelou, do verbo amarelar, que tem o sentido de amedrontar-se diante de situações críticas. Na Copa de 2002, outro Ronaldo, chamado Ronaldinho Gaúcho para diferenciá-lo do xará mais célebre, consagrou-se em outra situação de crise, palavra que não existe nos ideogramas chineses e que por isso é representada por dois outros que, justapostos, significam perigo e oportunidade.

UNIR do latim *unire*, unir, ligar, radicado em *unus*, um. Julio Argentino Roca, presidente da Argentina por duas vezes e mais tarde embaixador no Brasil, proferiu célebre frase na qual aparece este verbo, ao ser recebido por cerca de 150 mil brasileiros, no Rio de Janeiro, no dia 8 de agosto de 1899: "Tudo nos une, nada nos separa." Ele comentava as parcerias que os dois países deveriam ter. Na época, o Brasil era o quinto importador da Argentina e seu sétimo exportador. Um século depois, a relação entre os dois países mudou bastante. Mas conhecidas rivalidades, com destaque para as esportivas, continuam prevalecendo. O Brasil eliminou a Argentina na Copa do Mundo de 1982, foi por ela eliminado na de 1990 e viu a poderosa adversária ir para casa na Copa de 2002, derrotada pela Inglaterra, enquanto seguiu disputando.

UNISSEX do inglês *unisex*, variação de *unisexual*, um sexo. Na década de 1960 passou a denominar roupas, penteados e sapatos que podiam ser usados indistintamente por homem ou mulher. Um de seus primeiros registros escritos apareceu na coluna "Giba Um", no jornal *Última Hora*, informando que os modelos do costureiro Dener Pamplona de Abreu para o ano de 1970 seriam todos da linha unissex.

UNIVERSIDADE do latim *universitate*, universidade, designando instituição de ensino superior nascida nos finais do primeiro milênio e consolidada ao longo da História como lugar privilegiado não apenas para a conservação e transmissão do conhecimento, mas também para sua produção em diversas áreas, mediante pesquisas diversas. As universidades nasceram à sombra da Igreja, mas ao correr da História, com a laicização do ensino e da pesquisa, o poder público fundou e manteve universidades que se transformaram em referenciais da ciência, da tecnologia, das humanidades e das artes em todo o mundo. Quase todos os países das Américas tiveram universidade ainda no século XVI. No Brasil nenhuma universidade é centenária. A mais antiga é a Universidade Federal do Paraná, com sede em Curitiba.

UNTAR de *unto*, do latim *untum*, óleo, banha, gordura. Untar é encher de algumas destas substâncias ou de mel, como ocorre numa das cem histórias de *Decameron*, famosa obra do escritor italiano Giovanni Boccaccio. Para punir um rapaz, o sultão manda que passem mel sobre todo o seu corpo e o amarrem nu numa árvore no alto de um monte, com a ordem de que não seja retirado antes que o corpo desabe. O moço morre depois de cruel agonia, atacado por moscas, vespas e moscardos, que devoram toda a carne, deixando os ossos limpos. Seu esqueleto permanece dependurado por mais tempo para servir de exemplo aos outros e expiar o crime cometido.

UPA provavelmente do germânico *kruppa*, garupa, designando a parte traseira da cavalgadura. Quem recebe carona viaja na garupa e, para subir, não dispondo de estribo, deve dar um upa, um salto.

URBANO do latim *urbanus*, habitante da *urbs*, urbe, como era designada no latim a cidade, que passou depois a *civitas*. O étimo antigo ainda é predominante, como se constata em subúrbio, bairro nos arredores da cidade, e suburbano, aquele que mora nesses lugares. Urbano tomou o sentido de educado, em oposição a aldeão e vilão, habitantes da aldeia e da vila. O poeta João Cabral de Melo Neto trata implicitamente da urbe nestes versos sobre Sevilha, cidade espanhola onde viveu alguns anos: "O sevilhano usa Sevilha/ com intimidade,/ como se só fosse a casa/ que ele habitasse./ Com intimidade ele usa/ ruas e praças;/ com intimidade de quarto/ mais que de casa."

URCA do francês *hourque*, derivado do neerlandês *hulke*, embarcação. Designa bairro do Rio de Janeiro, famoso por abrigar um cassino muito bem frequentado quando não havia a Jogobrás e o governo não tinha o monopólio legal sobre essa atividade, como agora sucede com as loterias.

URDIR do latim *oridire*, depois *oridiri*, começar a falar, começar a tecer, fazer uma trama. Veio a designar o ofício da aranha, que tece os fios que saliva; o do contador de histórias, que tece as tramas; do escritor, que urde os fios do que narra; do vingador, que prepara os passos e processos de uma vingança. Em *Estrela da vida inteira*, diz Manuel Bandeira: "Uma pequenina aranha urde no peitoril da janela a teiazinha finíssima."

URGENTE do latim *urgentia*, urgência, aperto. Tanto pode designar atividade fisiológica inadiável – fazer xixi, por exemplo – como tarefas médicas, jurídicas, parlamentares. Os congressistas brasileiros, não satisfeitos com tantas hipérboles, criaram a expressão "urgência urgentíssima", redundante, pleonástica e vazia. Nem assim conseguem que os colegas compareçam para votar questões dadas como urgentes desde os começos dos parlamentos.

URINA do latim *urina*, por sua vez vindo do grego *oûron*, designando o líquido segregado pelo rins que, percorrendo os ureteres, chega à bexiga. No caso dos humanos, seu destino final é o vaso sanitário ou as paredes de edifícios públicos, de acordo com a educação da pessoa. É conhecida popularmente por outros nomes, como pipi, xixi e mijo. Paradoxalmente, é substância utilizada na fabricação de perfumes. Entre as importações do Império Romano, estava a urina de seus súditos espanhóis, utilizada na fabricação de dentifrícios e perfumes. Naturalmente, era misturada a outros ingredientes. O escritor Hermilo Borba Filho registrou os seguintes versos que recolheu do folclore nordestino: "Mulher nova quando mija, faz um buraco no chão/ é a força que vem de dentro/ da raiz do camarão."

URNA do latim *urna*, vaso de abertura estreita e bojo grande, que tinha diversas utilidades e equivalia à metade de uma ânfora, esta um vaso com asas. Polissêmico, o termo aplica-se também nas cerimônias da morte. Daí urna funerária. Mas o vocábulo já designava, ainda na antiga Roma, os objetos dentro dos quais eram colocados os votos dos senadores.

URUCUBACA de origem controversa. Provavelmente de urubu, do tupi *uru'wu*, e cumbaca, do tupi *ku'mbaka*. Ave de mau agouro, por alimentar-se de carniça, urubu voando por perto é indício de presença da morte, pois pressente a carne em putrefação. E cumbaca é um peixe de água doce, de língua virada e boca torta, que dá muito trabalho ao pescador quando fisgado, segundo nos informam Luís da Câmara Cascudo e Antenor Nascentes. O *Dicionário Aurélio* remete o termo a caiporismo – de caipora, de *ka'a*, mato, e *pora*, habitante – azar, enguiço, inhaca, jetatura, macaca e, pé-frio, entre outros. Os dicionários de Antônio Houaiss e José Pedro Machado datam-na da gripe espanhola (1918); pronunciava-se urubucaca.

URUTU do tupi-guarani *urutu*, aquele que morde aos botes. Dá nome a uma das mais venenosas cobras do Brasil, Argentina, Uruguai e Paraguai. Seu dorso é de cor parda, e a barriga, como a maioria dos ofídios, é amarelada. Tem uma mancha em forma de cruz sobre a cabeça, daí receber também o nome de urutu-cruzeiro.

URVIZAÇÃO da sigla URV (Unidade Referencial de Valor), indicador econômico cuja invenção se deu na gestão de Fernando Henrique Cardoso no Ministério da Fazenda. Significa ação de adotar a nova referência como base da economia. Os criadores do vocábulo foram os jornalistas da área.

USURA do latim *usura*, uso duma coisa. Passou depois a designar o lucro tirado de dinheiro emprestado, mas, dado o abuso das quantias excessivas impostas ao devedor, foi fixada a diferença entre juro, o que é realmente devido, e usura, o que é cobrado indevidamente. Na Idade Média, a Igreja condenava o lucro obtido na especulação financeira e não admitia sequer o juro. Mas com o nascimento do capitalismo, foi criado até mesmo o purgatório para livrar do fogo eterno os que viviam de juros, antes destinados ao inferno. Foi bom negócio para eles. Ameaçados pelas chamas eternas, receberam fogo brando e temporário.

USURÁRIO do latim *usurarius*, usurário, praticante de usura, do latim *usura*, juro excessivo, lucro exorbitante. O usurário é aquele que empresta a juros, cujo personagem emblemático é Shylock, da peça de William Shakespeare, *O mercador de Veneza*, cuja trama central pode ser assim resumida: O usurário Shylock emprestou três mil ducados a Bassânio, tendo Antônio, o mercador de Veneza, como avalista, de quem é requerido pelo credor que empenhe como garantia uma libra de carne do próprio corpo, escolhida da parte do corpo que o credor quiser. O mercador aceita, pois tem certeza de que seus navios mercantes voltarão dentro de 60 dias e a letra só vencerá dali a três meses. Quando os navios naufragam, o devedor é salvo no tribunal pela noiva de Bassânio, na pele do jovem e douto advogado Baltasar, que defende a tese de que o credor tem de fato direito ao pedaço de carne do outro, mas a parte extraída não poderá ser maior ou menor do que a libra estipulada no contrato, nem pode haver derramamento de sangue para extraí-la. Shylock perde a causa e tem os bens confiscados por ter atentado aleivosamente contra a vida de um cidadão de Veneza.

UTERERÊ do inglês *hoop, there it is!* (opa, aí está!), refrão insistentemente repetido em *rap* americano do grupo *Tag Team*. Surgida originalmente em bailes *funk* (em inglês, a palavra *funk* é associada a medo, susto, pavor), como adaptação de pronúncia no português, a expressão chegou aos estádios nos jogos de futebol. O grito tem a função de celebrar vitórias, amedrontar adversários e fazer a catarse comum à dança, à música e ao esporte. O jornalista Marcelo Duarte, autor de deliciosos e instrutivos livros sobre curiosidades, adotou a grafia *Uh, Tererê* em *O guia dos curiosos: língua portuguesa* (Panda Books).

ÚTERO do composto grego *histera*, relativo ao útero, pelo latim *uterus*, útero. O elemento grego está presente na palavra histeria, pois se supunha que psiconeuroses, observadas preferencialmente nas mulheres, mas que acometiam os homens também, caracterizadas por diversos descontroles de ordem emocional, tivessem origem no útero. Pesquisas feitas, porém, sem os antigos preconceitos e lugares-comuns contra a mulher, levaram à identificação de uma grande variedade de outros sintomas, evidenciando doenças orgânicas encontráveis também nos homens. Em resumo, também homens podem vir a ser histéricos, não apenas as mulheres.

UTILIDADE do latim *utilitatis*, qualidade do que pode ser usado. Em gíria das prisões designa a mulher que vai visitar o marido na cela. O famoso cangaceiro Antonio Manuel Batista de Morais Silvino, que integrou o bando de Lampião e é personagem da obra de José Lins do Rego, chamava sua companheira de "minha utilidade".

UTOPIA do grego *ou topos*, utopia, lugar inexistente. Dá título a um famoso livro do escritor inglês Thomas More, que descreve um país imaginário onde o governo, bem organizado, prové excelentes condições de vida ao povo, que ali vive feliz.

Menos os escravos, pois o piedoso escritor cristão esqueceu-se de alforriá-los. Passou a designar projeto irrealizável. Outros escritores também construíram utopias, como o italiano Tomaso Campanella, em *A cidade do Sol*; o inglês Francis Bacon, em *New Atlantis*; o norte-americano Edward Bellamy, em *Looking Backward* (2000-1887). As utopias dos ingleses George Orwell, *1984*, e de Aldous Huxley, *Admirável mundo novo*, são consideradas distopias, já que as sociedades ali apresentadas promovem todos os males. Também distopia vem do grego *dys*, mal, e *topos*, lugar, designando situação anormal de um organismo. Distopia é vocábulo mais usado em medicina.

ÚVULA do latim *uvula*, pequena uva. Passou a designar no português a pequena massa carnosa posta em relevo à entrada da garganta, em virtude da semelhança que tem com um bago de uva. É também chamada de campainha.

V

VACA do latim *vacca*, a fêmea do boi. Quando se trata, porém, de aludir ao coletivo de touros, novilhos, novilhas, vacas e bois, usa-se a expressão "gado *vacum*". Como metáfora, o vocábulo é utilizado em linguagem vulgar para ofender a mulher, ao lado de alusões a outros bichos domésticos como a galinha, a perua e a cadela. Curiosamente, por pertencer ao gênero dos felinos, gata é elogio, assim como pantera.

VACINAÇÃO ação de aplicar vacina, do latim *vaccina*, pertencente à *vacca*, vaca. As pesquisas da humanidade em busca de imunizar-se contra determinadas doenças começaram pela observação de pústulas surgidas em bois e cavalos. Nos séculos XIX e XX foram descobertas vacinas contra a peste, o cólera, a febre tifoide, a difteria, o sarampo, a poliomielite, a tuberculose, a hepatite B, a febre amarela. Hoje, já existe vacina contra a gripe, mas de eficácia ainda não comprovada. O médico inglês Edward Jenner tinha 47 anos quando fez com sucesso sua primeira vacinação, inoculando um paciente com substâncias causadas por inflamação de uma doença semelhante à varíola. Em seguida, a doença foi retransmitida a uma novilha. As pústulas surgidas no animal serviram para a elaboração de novas vacinas. Mas foi o químico e biólogo francês Louis Pasteur, fundador da microbiologia, quem consolidou a vacinação ao descobrir o antígeno contra a raiva, fazendo experimentos com um alemão chamado Joseph Meister. O Brasil já teve uma guerra contra a vacina, quando a população do Rio de Janeiro revoltou-se, em 15 de novembro de 1904, contra a vacinação obrigatória para combater a febre amarela. Osvaldo Cruz, então diretor-geral da Saúde Pública no primeiro governo do presidente Rodrigues Alves, tornou-se o inimigo público número um. Mas ele, que estava sozinho contra todos, mostrou ao Brasil e ao mundo que estava certo, ganhando fama internacional.

VADIO do latim *vagativu*, aquele que vaga sem ocupação, vagabundo. Outros etimologistas supõem que o vocábulo tenha se originado no árabe *baladí*, que significa ordinário, reles. No Brasil, vadiagem é crime capitulado em leis anacrônicas, que nossa Constituição, a de 1988, ainda não conseguiu banir, devido à ausência de regulamentações específicas.

VAGABUNDO do latim *vagabundus*, errante, vagabundo, de *baccabundus*, participante das festas ao deus romano Baco. Nas bacanais, como eram denominados tais festejos, os foliões, em razão do excessivo consumo de vinho, se embebedavam e se perdiam na volta para casa, vagando por outros caminhos. Bêbados, não faziam boa coisa pelas ruas e por isso praticavam atos obscenos, enquanto aqueles a quem ofendiam já estavam no trabalho. Foi fácil, pois, atribuir sinônimos de preguiçoso, vadio, velhaco, trapaceiro e outros ao vagabundo que estava se divertindo.

VAGA-LUME nome arbitrariamente imposto pelo autor do famoso *Vocabulário português e latino*, o dicionarista e lexicólogo Rafael Bluteau. Ele era frade da ordem dos teatinos, congregação religiosa fundada em Roma por São Caetano de Tiene e Gian Pietro Caraffa, mais tarde eleito papa por quatro anos, com o nome de Paulo IV. Os luso-brasileiros relutaram em aceitar nomes derivados do latim (*cincindela*) e do grego (*lampyris*), de onde veio pirilampo, para designar o inseto, preferindo caga-fogo e caga-lume. O frade queixava-se a seus pares de que somente a língua portuguesa, entre as neolatinas, acolhera "nome tão imundo". A palavra fez um longo e complexo percurso para chegar a vaga-lume, forma abonada por Machado de Assis no conhecido poema *Círculo vicioso*. A escritora portuguesa Joana Josefa de Meneses, Condessa de Ericeira, já evitara o "palavrão", criando pirilampo, anagrama construído a partir do grego. Joana casou com o tio, que se suicidou – não por motivos lexicológicos, mas políticos – atirando-se da janela do palácio onde o casal morava. Bluteau informa que foram propostos à academia vago-lume, fuzilete, noite-luz e bicho-luzente. Os dois primeiros não foram aceitos. Mas o povo tem sobre a língua, queiram ou não os gramáticos, um poder avassalador. Não é a única palavra da língua portuguesa que teve excluída alusões a funções sexuais ou excretoras. Também o comerciante de livros usados foi originalmente denominado caga-sebo, forma que o Visconde de Taunnay registra em suas memórias. Mas depois virou apenas sebista. Algumas dessas interpretações podem ser encontradas o *Dicionário brasileiro de provérbios, locuções e ditos curiosos*, do polígrafo e jornalista cearense Raimundo Magalhães Júnior, imortal da Academia Brasileiro de Letras.

VAGAR do latim *vagare*, andar sem destino definido. É por isso que em algumas línguas neolatinas as férias são denominadas por palavras cujos étimos lembram este verbo. E vagabundo, originalmente, não tinha a conotação pejorativa que o tempo lhe emprestou. Era apenas aquele que estava a vagar, perambulando pelo mundo não por incorrigível preguiça, mas por razões nobres que às vezes incluíam o ato de filosofar ou procurar a amada.

VAIA do italiano *baia* e do espanhol *vaya*, vaia, xingamento, apupo. Forma que as coletividades acham de manifestar seu desagrado, seja diante dos jogadores do time adversário ou do próprio time pelo qual torcem, seja em face de homens públicos cujas declarações ou ações as contrariaram. Apesar de dado como povo cordial, o brasileiro adora uma vaia, como bem lembrou Nelson Rodrigues numa de suas famosas frases: "O brasileiro vaia até minuto de silêncio no Maracanã."

VAIDADE do latim *vanitate*, declinação de *vanitas*, futilidade, vaidade. Veio de *vanus*, vazio, chocho, que não contém nada. Ao contrário do orgulho, a vaidade é uma jactância sem motivo. Considerada uma das principais fraquezas femininas, recebeu na literatura, entretanto, uma aura de quase virtude, indicando cuidados de boa aparência e amor próprio que a mulher, mais do que o homem, teria. Com o segundo sentido, aparece no seguinte trecho de *Confissões prematuras*, do escritor catarinense Salim Miguel: "Mulher ferida na vaidade é um perigo, a mágoa vem à tona."

VALENTE do latim *valentis*, declinação de *valens*, forte, saudável, corajoso, antônimo de *imbecellis*, imbecil, fraco, e de *infirmus*, enfermo, doente, do mesmo étimo do verbo *valere*, ter saúde, ter valor, passar bem. Devido às complexas sutilezas de nossa língua, valentão é pejorativo, é o brigão, que vive em busca de conflitos. E imbecil ganhou o significado de tolo, medroso, ignorante. Valentim e Valentina, do mesmo étimo de valente, são nomes de pessoas. Há vários santos com esses nomes, sendo o mais conhecido São Valentim, padroeiro dos namorados, cujo dia nos EUA é conhecido como (*Saint*)*Valentine's Day*, celebrado a 14 de fevereiro, como em Portugal e em outras nações. No Brasil, o dia dos namorados é festejado no dia 12 de junho.

VALENTIA de valente, do latim *valentis*, declinação de *valens*, que tem força, saúde. A saudação latina "*vale*" deseja saúde, significado que está presente também em saudar e saudação. Os primeiros registros de valente e valentia, já com o significado de corajoso e coragem, respectivamente, estão no C.B.N., sigla do Cancioneiro da Biblioteca Nacional, denominado Colocci-Brancutti antes que o casal de lexicógrafos Elza Paxeco Machado e José Pedro Machado organizassem o glossário, a leitura e os comentários. Pero da Ponte fez seu primeiro registro de valente e de valentia. De valentia diz: "Pois que vos Deus deu tamanha valentia de vos vingar..." João Guimarães Rosa em *Grande sertão: veredas*, romance repleto de indícios do português arcaico, mostra outro tipo de coragem, encoberta, quando Riobaldo, o narrador, conversa com cabras do Alto Urucuia: "Eu apreciei aqueles homens. A valentia deles estava por dentro de muita seriedade. Urucuiano conversa com o peixe para vir no anzol- o povo diz. As lérias." Mas diz que isso se compara a outro diz que diz que: "Como contam também que nos Gerais goianos se salga o de comer com suor de cavalo... Sei lá, sei? Um lugar conhece outro é por calúnias e falsos levantados; as pessoas também, nesta vida."

VALENTINIANO do latim *Valentinus*, nome de um heresiarca romano do século II, que afirmava existirem dois mundos, um visível e outro invisível, algo semelhante aos dois universos paralelos de que falam hoje os físicos. Já São Valentim, cuja data de martírio está associada ao dia dos namorados em diversos países, é lembrado porque se opôs ao imperador Cláudio II, que proibira os namorados de se casarem durante as guerras, sob a alegação de que os solteiros lutavam melhor. Assim nasceu o dia de São Valentim (*Valentine's Day*), dia dos namorados nos países anglo-saxônicos, celebrado a 14 de fevereiro. A Igreja aproveitou lenda pagã segundo a qual os pássaros se acasalavam nesse dia.

VALIDO de valer, do latim *valere*, ter saúde, ser forte. Passou a designar quem é amparado, favorecido, socorrido, que tem proteção de alguém. Aparece neste trecho de *A manilha e o libambo: a África e a escravidão, de 1500 a 1700*, do poeta, diplomata e profundo conhecedor da cultura africana, o paulistano Alberto Vasconcellos da Costa e Silva, filho do também poeta piauiense Antônio Francisco da Costa e Silva: "Fez-se seu valido e foi por ele mandado, com mais gente sua, servir na capital do império..." O livro é resultado de um extraordinário trabalho de pesquisa sobre a escravidão de diversas etnias africanas. Ele é autor de vários outros trabalhos sobre o tema, tais como o clássico *A enxada e a lança*, com destaque para o papel político das instituições escravistas e o processo de desumanização dos escravos negros por parte dos árabes islamizados, e a consequente descaracterização de muitas sociedades tradicionais africanas diante da expansão do Islã. Alberto, que fez seus estudos no Ceará e no Rio de Janeiro, recebeu, em 1986, o honroso título de Doutor *Honoris Causa* em Letras pela Universidade Obafemi Awolowo (ex-Universidade de Ifé), da Nigéria.

VALONGO provavelmente do nome de diversas vilas portuguesas, passou a designar o lugar onde os escravos eram vendidos. Na avenida Barão de Tefé, no Rio de Janeiro, foram encontrados recentemente, nas escavações de drenagem portuária, vestígios do maior porto de chegada de escravos do mundo, o Cais de Valongo, onde desembarcaram mais de um milhão de pessoas. Localizado logo abaixo do Cais da Imperatriz, construído depois que a princesa Teresa Cristina, esposa de Dom Pedro II, foi recebida no Brasil. Ali foram encontrados diversos objetos utilizados pelos escravos no século XIX, como botões de ossos de boi, cachimbos de cerâmica e búzios, resquícios das atividades religiosas dos escravos.

VALSA do alemão *Walzer*, que no francês deu *valse*, formou-se em português valsa, um tipo de dança de salão, dançada aos pares, em compasso de três por quatro. Os movimentos desta dança são simples, daí a sua enorme popularidade, consistindo nas voltas que os pares dão, não muito agarrados, porque isso dificultaria os passos. Tornou-se um ritual entre as debutantes e as noivas, sendo o pai da moça o escolhido para a primeira das muitas valsas dançadas nessas ocasiões. A palavra formou-se do verbo alemão *walzen*, dar voltas. A aceitação da dança chegou a tal ponto que as bonecas das caixinhas de música, sós ou acompanhadas, dançam uma valsa, jamais um tango.

VAMPIRO do alemão *Wampir*, designando pessoa morta que volta para sugar o sangue dos vivos. Tanto o sérvio como o eslavônio usaram o étimo russo *upir* ou *upyr* para compor as palavras com as quais designaram o espírito maligno, mas a origem remota é o latim *sanguisuga*, palavra criada no século XII pelo historiador inglês William de Newburgh ao relatar diversos casos de mortos que retornavam do outro mundo para chupar o sangue de pessoas enquanto elas dormiam. Depois que as vítimas descreviam os atacantes, mortos conhecidos da comunidade, eles eram desenterrados e queimados. No século XVIII, a palavra chegou ao inglês e ao francês *vampire*, depois da divulgação do relatório de um cirurgião militar, em que várias mortes eram atribuídas a um soldado chamado Arnold Paul ou Paole, que matara várias pessoas e alegara ter sido mordido por um vampiro. Na ocasião do famoso relato, ele já tinha morrido, mas seu corpo foi exumado para receber o devido castigo. Ainda que tivesse morrido há alguns anos, escorria sangue de sua cabeça e mais sangue jorrou quando o cadáver foi açoitado. Na sequência, corpos de oito suspeitos foram igualmente desenterrados e, tendo a aparência muito fresca, foram queimados. A Universidade de Sorbonne, em Paris, já prestigiosa instituição de ensino e pesquisa naquele tempo, condenou a violação dos cadáveres, apresentando explicações racionais para os estranhos eventos, endossadas pelo abade beneditino Dom Augustin Calmet, mas ele, famoso estudioso da *Bíblia*, deixou uma porta aberta para causas sobrenaturais. Nos séculos seguintes o vampiro ganhou ingredientes que iam do gótico ao erótico, de que são exemplos *Carmilla*, do irlandês Sheridan Le Fanu, e *Drácula*, de Bram Stoker. Os filmes *Nosferatu*, do alemão Friedrich Wilhelm Murnau, refilmado em 1979, com direção de Werner Herzog, e *Drácula de Bram Stoker*, de Francis Ford Coppola, reavivaram o tema, que renasceu no romance nas décadas de 1970 e hoje chegam a compor um gênero literário, em várias línguas, inclusive no Brasil, como os livros de André Vianco.

VÂNDALO do germânico *Wandale*, pelo latim *vandalus*, designando, em geral no plural, vândalos, antigo povo germânico que, comandado por Genserico, em 455 saqueou Roma, culminando uma série de invasões bárbaras destrutivas que devastou a Gália, em 406, e a Espanha, Portugal e o Norte da África em 429. Designa quem por ignorância destrói ou danifica propriedades, públicas ou privadas.

VANGLÓRIA de vão, do latim *vanus*, vazio, raiz presente também em evanescente, aquilo que desaparece, e glória, do latim *gloria*, glória, palavra ligada aos verbos gregos *klúo*, saber, e *kleo*, chamar, nomear para ser aclamado, exaltar. A palavra aparece em artigo de Leila Pinheiro, publicado na revista *Primeira leitura* (número 1.641): "Falo dos negócios pequenos, das microindústrias, do comércio miúdo, das prestadoras de serviços que se promovem com folhetos feitos em impressoras domésticas, deixados em caixas de correio e em portarias de prédio. Estes, que não despertam um mínimo de preocupação nas administrações de todos os níveis, acabam aprontando o que hoje se vê nas entrelinhas das pesquisas de emprego e, por extensão, das eleitorais: a promessa de ruína de um governo que achou por bem transitar apenas nos meios que lhe trouxessem prestígio imediato. Por exemplo, o do assistencialismo, que permitiu eloquentes discursos sobre a fome e miséria, ou da macroeconômica, com a vanglória da responsabilidade fiscal e da independência do FMI." E neste de Marco Aurélio Nogueira (*Jornal do Brasil*, 7/10/2005): "Quando um partido ingressa em um estado de vanglória extrema, sai do reino razoável da política e passa a estabelecer relações instrumentais com todos os demais atores políticos, que passam a ser, para ele, objetos descartáveis, manipuláveis ou neutralizáveis." E ainda nos versos de Medeiros Braga: "Em troca, ainda, aliança/ Espúria e contraditória,/ Sob pretextos medíocres/ Feitos de farpa e vanglória,/ Só vem abalar as crenças,/ Só vem manchar a história" (www.usinadeletras.com.br).

VANGUARDA do francês *avant-garde*, vanguarda, a tropa que vai na frente para o primeiro combate. Seu antônimo é a retaguarda, designando o contingente que fica por último, onde em geral estão os comandantes. Pagu, como é mais conhecida a escritora brasileira Patrícia Rehder Galvão, trabalhou no jornal francês *L'Avant-Gard* e lutava em Paris na Frente Popular quando foi ferida em combates de rua durante a Segunda Guerra Mundial. Mulher à frente de seu tempo, não levava desaforos para casa, mas para a rua; escrevia, lutava e tinha tempo para amar. É mãe do cineasta e escritor Rudá de Andrade e do jornalista Geraldo Galvão Ferraz.

VANTAGEM do francês *avantage*, que no francês antigo era *avantagem*, qualidade de quem está na frente. Vários institutos de pesquisa de opinião utilizam metodologias capazes de descobrir, por meio de amostras significativas, quais as vantagens de um candidato sobre outro. Poucas vezes erraram. Uma das primeiras pesquisas de opinião foi feita por Pôncio Pilatos, que perguntou ao povo qual dos prisioneiros ele deveria libertar. Barrabás levou vantagem sobre Jesus Cristo.

VAPOR do latim *vapore*, declinação de *vapor*, vapor, aquilo que é exalado, que provém de um líquido, geralmente quente. Em latim, palavras aparentadas com vapor ajudam a compreender-lhe o significado: *vaporosus*, vaporoso, é algo delicado, tênue, mas também transparente, fraco; *evaporare* tem, como no português evaporar, o significado de desaparecer. Por isso, vapor passou a designar, como substantivo, o funcionário do tráfico de drogas que vai à rua, faz a entrega e desaparece, não fica na boca de fumo (maconha e *crack*), isto é, no ponto fixo em que se dá o comércio ilegal.

VAQUINHA de vaca, do latim *vacca*, que para fazer o diminutivo teve que trocar a letra "c" por "qu", mais o sufixo -inha. A expressão "fazer uma vaquinha" tem a ver com o futebol e com o jogo do bicho. Até 1920, os torcedores pagavam os jogadores com arrecadações voluntárias. Se conseguissem apenas cinco mil réis, o bicho era o cachorro, quantia arrecadada por poucos ou oferecida por um doador apenas. Para arrecadar 25 mil réis, correspondente ao grupo da vaca, era necessária a participação de muitos. Era, então, necessário "fazer uma vaca", no sentido de completar maior quantia. E virou "fazer uma vaquinha", pelo costume brasileiro de privilegiar o diminutivo. Um dos primeiros clubes a adotar o costume foi o Vasco da Gama. Por influência do futebol, a expressão passou a outros campos e "fazer uma vaquinha" veio a designar não apenas a ação de angariar recursos para pagar os jogadores, mas financiar qualquer outra coisa que requeresse a participação de várias pessoas.

VARA do latim *vara*, vara, ramo fino, flexível, galho de madeira. Passou a designar instância judicial por analogia com o cetro, indicando poder de aplicar castigos, sendo os primitivos uma surra de vara, depois substituída pelo açoite, em que o couro e em seguida o arame foram amarrados à ponta de uma vara para aplicação das sentenças. Os magistrados romanos usavam a vara como insígnia nas vestes. A Inquisição instalou seus tribunais na Península Ibérica, onde estão Espanha e Portugal, ostentando as sentenças em varais semelhantes àqueles em que as lavadeiras estendiam as roupas para secar.

VAREIRO de vara, do latim *vara*, vara, cajado, bastão. Com a influência de *virga*, ramo, haste, passou a designar o feixe de varas que servia de insígnia aos cônsules e depois aos magistrados, designando ainda a jurisdição onde o juiz exerce o seu trabalho de julgar. Vareiro é o estagiário que percorre as varas levando e trazendo processos para os advogados. Mas os dicionários ainda não registram este significado, limitando-se a designar guardador de vara de porcos, o indivíduo que conduz o varino, um tipo de embarcação de águas rasas, deslocada com a ajuda de uma vara, e a pessoa excessivamente magra e alta.

VARIAÇÃO do latim *variatione*, variação. Antes das inflações galopantes ou estratosféricas, o uso desta palavra era mais comum quando se tratava da gramática, definindo a parte do vocábulo que pode sofrer mudanças, e da música, com suas célebres variações sobre determinados temas. Depois, pareceu adjetivo exclusivo da economia, tantas vezes era citado. E agora voltou à baila, mas por outro motivo. As variações já não têm a dimensão assustadora do passado e os números que as definem são semelhantes aos dos países de Primeiro Mundo. O vocábulo voltou, pois, de roupa nova, e já não tem a cara feia de antes, nem o tom monocórdio das antigas conversas de ministros para bovinos cochilarem.

VARIANTE de variar, do latim *variare*, ligado a *varius*, pintado, com mais de uma cor. Variar é mudar e por isso designa também o comportamento do louco. Variante é a estrada que leva ao mesmo destino, mas por outros caminhos. Variam os conceitos também nas palavras, como se depreende dos étimos. *Route* e *rue*, estrada e rua em francês, vieram do latim *rupta*, caminho aberto na mata, picada. O inglês *street*, o alemão *Strasse* e o italiano *via*, como *veicolo*, mostram claramente as raízes latinas dessas palavras, mas o espanhol, mesmo sendo língua neolatina, diferencia a *carretera*, estrada, onde antes trafegavam as carretas, de carro, do latim *carrus*, e ali hoje trafegam caminhões e automóveis, da *calle*, rua urbana. E *carrus*, carroça de quatro rodas, veio para Roma depois da invasão da Germânia, atual Alemanha, somando-se como meio de transporte à biga, do latim *biga*, de *bijugus*, meio de transporte puxado por dois cavalos.

VARÍOLA do latim vulgar *variola*, varíola, formado a partir do radical *vari*, presente em muitas outras palavras, como vários, variedade etc. Recebeu tal designação por força das várias manchas que se espalham sobre a pele, no caso dos humanos, e nas cristas da aves e nas tetas das vacas. As primeiras vacinas contra a varíola foram testadas em sete criminosos ingleses, no século XVIII. Cobaias voluntárias, eles aceitaram a inoculação da doença em troca da liberdade e saíram da cadeia saudáveis. O *Dicionário Aulete Digital*, o mais atualizado de todos, pois o faz pela internet, disponibilizando os verbetes depois de aferidos por um corpo de especialistas, assim define a varíola: "doença contagiosa causada por vírus, que provoca febre, dores e lesão na pele". E dá como exemplos a varíola aviária e a varíola bovina – que, diga-se, não tem nada a ver com a perigosa varíola humana, já erradicada. Doenças do gado são responsáveis por graves prejuízos à economia brasileira, de que são exemplos as reiteradas suspensões de compra de carne bovina brasileira, feitas sobretudo pela União Europeia. Embora o Brasil atenda com presteza aos pedidos de informação internacional, trabalhando sobre uma relação de 2.600 propriedades, quando são citadas apenas 300 fazendas rastreadas por organismos de Saúde, estão por trás da interdição do Certificado Sanitário Internacional alguns países europeus, capitaneados pela Irlanda, que disputam o mercado mundial de carne bovina.

VASCULHAR provavelmente do latim *vasculeare*, de *vasculum*, vasinho, diminutivo de *vas*, vaso. O vocábulo nasceu na cozinha, onde designava não apenas um vaso pequeno, mas também outras mobílias pequenas, de uso das donas de casa. Pode ter denominado também o que hoje conhecemos como a pequena pá com a qual são recolhidos ciscos ou migalhas. Nos laboratórios, os vasos passaram a ser usados em pesquisas e veio daí o significado de procurar para vasculhar, de que são exemplos vasculhar uma bibliografia, vasculhar dependências de casa ou de escritórios, vasculhar documentos em acervos etc.

VASELINA do inglês *vaseline*, palavra inventada pela firma inglesa Chesebrough para designar um novo produto. Sua aceitação foi geral, levando o nome a domínio público e hoje, tal como ocorre com certas bebidas, passou a nomear produtos semelhantes de outras marcas.

VASO do latim clássico *vas*, pelo latim vulgar *vasum*, que tem dez acepções no *Dicionário Aulete*, o mais antigo em uso no

Brasil, sendo a primeira "toda e qualquer peça côncava que pode conter sólidos ou líquidos (vaso de cristal; vaso de cerâmica)". Outras acepções: vaso de flores, vaso de guerra (navio), vasos linfáticos ou sanguíneos, vaso sanitário etc. A palavra vaso aparece muitas vezes na *Bíblia*, quase sempre em sentido figurado. Mas no *Evangelho de São João*, 19, 29-30, antecede a morte de Jesus na cruz uma cena trágica. Ele diz "tenho sede". "Havia ali um vaso cheio de vinagre." Dão-lhe vinagre embebido numa esponja, levada até ele numa haste de hissopo. Foi a última bebida que ele tomou, antes de dizer "tudo está consumado". E morreu! No *Evangelho de Lucas*, 8, 16, Jesus ensina que "ninguém, acendendo uma candeia, a cobre com um vaso." Na *2ª Epístola a Timóteo*, 2, 20-21, São Paulo diz: "numa grande casa não há somente vasos de ouro e de prata, mas também de pau e de barro, uns para honra, outros, porém, para desonra."

VATAPÁ do iorubá *vata'pa*, iguaria muito apreciada, que tem por base pão amolecido ou farinha de trigo, com carne de peixe desfiada, camarão fresco, camarão seco e temperos: sal, gengibre, coentro, cebola, leite de coco, amendoim, castanha-de-caju. Depois de torrados e moídos, recebem azeite de dendê e pimenta-malagueta, que pode ser oferecida em molho à parte. Dorival Caymmi deu a receita em célebre canção que, além da pimenta, traz temperos igualmente apimentados: "Quem quiser vatapá, ô/ Que procure fazer/ Primeiro o fubá/ Depois o dendê/ Procure uma nêga baiana, ô/ Que saiba mexer/ Que saiba mexer/ Que saiba mexer/ Bota castanha-de-caju/ Um bocadinho mais/ Pimenta-malagueta/ Um bocadinho mais/ Amendoim, camarão, rala um coco/ Na hora de machucar/ Sal com gengibre e cebola, iaiá/ Na hora de temperar/ Não para de mexer, ô/ Que é pra não embolar/ Panela no fogo/ Não deixa queimar/ Com qualquer dez mil réis e uma nêga ô/ Se faz um vatapá/ Se faz um vatapá/ Que bom vatapá."

VATICANO do latim *vaticanu*, designação de uma colina em Roma, onde está situado o palácio de mesmo nome, sede do papado. Em português denomina certo tipo de casarão e também dá nome a grandes vapores que navegam em diversos rios da Amazônia. Provavelmente receberam a denominação devido ao conforto oferecido a bordo, que levou a imaginação popular a compará-los a palácios flutuantes.

VÁUCHER do inglês *voucher*, vindo do francês medieval *voucher*, escrito também *vocher*, nas duas línguas com o sentido de garantia, comprovante de pagamento ou de crédito. Passou a designar comprovante de reserva de viagem, pagamento de estadia. Os dicionários mais consultados do Brasil, como o *Houaiss*, o *Aurélio* e o *Michaelis*, ainda não registram o vocábulo da forma como passou a ser pronunciado desde que entrou para a língua portuguesa, em 1955. Outras palavras, muito comuns para os viajantes, já foram aportuguesadas, de que são exemplos bagagem e tíquete, mas outras permanecem com suas grafias e sentidos originais, como *check in*, despachar a bagagem e receber o cartão de embarque, e *check out*, fechar as contas no hotel.

VAZÃO de vazio, do latim *vacuus*. Em geral, é palavra que aparece associada ao verbo dar, como na expressão "dar vazão", tendo o sentido de despejar, desobstruir, esvaziar, esgotar, tirar a importância, servir de escape. No caso de quedas d'água, como nas Cataratas do Iguaçu, a vazão é simplesmente formidável, mas no futuro o rio não poderá extravasar-se da forma exuberante como atualmente o faz. Cinco represas – Foz do Areia, Santo Segredo, Santiago, Osório e Salto Caxias – construídas ao longo do mais importante rio do Paraná, em terrível conluio com a má conservação das margens e crescimento desordenado das favelas próximas às nascentes e principais afluentes, representam ameaças concretas de sérios desastres ecológicos. Nem as autoridades nem a sociedade em nome da qual atuam poderão dizer que a ciência e a tecnologia não as alertaram a tempo.

VAZAR alteração de vaziar, de vazio, *vacivus* em latim, que tem também o verbo *vacare*, estar desocupado, vazio. A palavra vazar aparece em *Sol de Portugal*, de José Vieira: "Uma senhora de Penacova arrancou o cabelo da cabeça, pô-lo dentro da bacia d'água e todas as manhãs lá ia vazá-la e deitar outra nova." O jornal popular *Meia Hora*, do Rio, registrou em manchete, em 22/8/2007, outro sentido desta palavra, utilizando o verbo como sinônimo de fugir: "Joca dá rasteira no tráfico da Rocinha e vaza com 2,5 milhões."

VAZIO do latim *vacivu*, vazio, que nada contém. Muitos foram os poetas e filósofos que lamentaram o vazio da existência humana, principalmente em momentos de grande depressão, deles ou do mundo, como os períodos marcados neste século, o mais violento do milênio, por duas guerras mundiais. Mas o pré-modernista Augusto dos Anjos nem precisou viver os dois conflitos para fazer estes versos: "O fim das coisas mostra-se medonho/ Como o desaguadouro atro de um rio/ E quando, ao cabo do último milênio/ A humanidade vai pesar seu gênio/ Encontra o mundo, que ela encheu, vazio."

VEADO do latim *venatus*, caça, depois aplicado apenas a uma determinada presa, o cervo ou veado. É também denominação que integra um arsenal de preconceitos que não são dirigidos somente à mulher, mas também aos homens. Como o veado é animal magro, esguio e lépido, passou, por metáfora, a designar o homem afeminado. Segundo episódio lendário da mitologia carioca, nos anos 1920 um comissário de polícia, encarregado de retirar travestis que faziam michê na praça Tiradentes, no centro do Rio de Janeiro, ao registrar o fracasso da expedição, disse que os alvos da perseguição fugiam correndo como veados. Esse teria sido o berço da denominação.

VEDAR do latim *vetare*, proibir. Em nossa língua consagrou-se a forma vetar para proibir, ao mesmo tempo em que a troca de consoante resultou numa variação com o significado de impedir, estancar, tal como aparece num trecho de *Ecos de Paris*, de Eça de Queirós: "Palpava a ferida, vedava o sangue com os lenços emprestados pelos lacaios."

VEGETARIANO do francês *végétarien*, designando partidários da alimentação exclusivamente vegetal. Atualmente há restaurantes vegetarianos especializados ou que, desprezando a carne, toleram no máximo os chamados frutos do mar. O escritor, compositor e diplomata Vinicius de Moraes tratou das exclusões da carne nos pratos com muita verve: "Não comerei da alface a verde pétala/ nem da cenoura as hóstias desbotadas/ deixarei as pastagens às manadas/ e a quem mais aprouver fazer dieta/ Cajus hei de chupar, mangas-espadas/ talvez pouco elegantes para um poeta/ mas, peras e maçãs, deixo-as ao esteta/ que acredita no cromatismo das saladas/ não nasci ruminante como os bois/ nem como os coelhos, roedor, nasci/ onívoro: deem-me feijão com arroz/ e bife e um queijo forte e parati/ e eu morrerei feliz do coração/ de ter vivido sem comer em vão."

VELA do latim *vela*, plural de *velum*, véu, pano. Organizadas nos mastros, as velas foram fundamentais para os primeiros navegantes e sem elas o Brasil não teria sido descoberto no alvorecer do século XVI, quando as viagens marítimas dependiam deste tipo de navegação. Não foram, porém, os portugueses os primeiros a se servirem de velas para o transporte. Antes deles, os chineses as acoplaram a carrinhos de uma só roda, aproveitando a energia do vento em terra. O primeiro carrinho de mão tocado a energia eólica data de 200 a.C. É provável que a massa cilíndrica, feita de cera, que tem o fim de iluminar, tenha sua origem no costume de cobrir os mortos com um véu e acender uma luz ao redor do cadáver.

VELADO do latim *velatu*, coberto com véu, oculto. Frequentemente utilizado em sentido metafórico, aparece no livro *Argumentação e interdiscursividade: o sentido do "como se" na lei e na jurisprudência* – o Caso do Concubinato, da linguista e professora da Universidade Federal de São Carlos, Soeli Maria Schreiber da Silva, definindo a relação amorosa tida por ilegítima: "À concubina se atribui a condição de amante, de mulher de encontros velados, frequentada pelo homem casado, que convive ao mesmo tempo com a esposa legítima."

VELEJAR de vela, do latim *vela*, neutro plural de *velum*, vela, véu, pano, com o significado de navegar à vela. Na formação deste verbo, tira-se o "a" e acrescenta-se o sufixo -ejar, como em alvejar, azulejar, farejar e pestanejar, entre outros. O latim clássico tem a expressão *"plenissimis velis navigare"*, navegar a todo pano, navegar de vento em popa. O inglês John Fairfax atravessou sozinho o Atlântico em 1969. Ele chegou à Flórida, nos EUA, no dia 19 de julho de 1969. Partira de Las Palmas, nas Ilhas Canárias, no dia 20 de janeiro. Os astronautas da Apolo 11 escreveram-lhe bonita cartinha celebrando o feito, obtido a apenas dois dias de chegarem à Lua, para onde foram levando até aspirina na bagagem. Em 1930, apenas um ano depois de receber o brevê, a aviadora inglesa Amy Johnson tornou-se a primeira mulher a voar sozinha da Inglaterra à Austrália e ganhou o prêmio de dez mil libras esterlinas oferecido pelo jornal *Daily Mail*. Com o marido, em 1934, fez o primeiro voo da Inglaterra à Índia.

VELHACO do celta *bakallakos*, pastor, camponês, pelo espanhol *bellaco*, homem de má vida, cujos códigos morais não merecem respeito, seja por má conduta nos negócios, seja por seus costumes devassos e libertinos. É um dos sinônimos de cigano, em uma das acepções que lhe dá o *Dicionário Houaiss*: "que ou aquele que trapaceia; burlador, velhaco". Cléber Eustáquio Neves, procurador da República em Minas Gerais, baseando-se em que "ao se ler em um dicionário, por sinal extremamente bem conceituado, que a nomenclatura cigano significa aquele que trapaceia, velhaco, entre outras coisas do gênero, ainda que se deixe expresso que é uma linguagem pejorativa, ou, ainda, que se trata de acepções carregadas de preconceito ou xenofobia, fica claro o caráter discriminatório assumido pela publicação", requereu a proibição do dicionário por causa desse verbete.

VELHO do latim *veclu* ou *vetlu*, forma sincopada de *vetulu*, diminutivo de *vetus*, velho. Forma sincopada é aquela em que houve corte ou supressão de fonemas. Entre os antigos romanos, *vetus* indicava pessoas, animais ou coisas antigas, desgastadas pelo tempo, o contrário de *novus* (novo). Radica-se aí o termo veterano. No caso de pessoas, porém, utilizava-se mais *senex* (velho) em oposição a *iuvenis* (jovem). Lembre-se que senado em latim é *senatus*, assembleia dos velhos. Aplicando-se tal etimologia, os deputados seriam jovens menos experientes do que os senadores. Os tempos, porém, mudam os costumes, e nosso Senado conta hoje com homens e mulheres jovens, em quem velhos e jovens confiaram ao elegê-los. E a câmara federal, as assembleias estaduais e as câmaras municipais têm entre os eleitos jovens e velhos. Também o conceito de velho foi alterado. Balzaquianas, coroas e cinquentões de hoje seriam anciães há alguns séculos. Dia 1º de outubro é o dia internacional das pessoas idosas.

VELO do latim *velus*, pele de animais, especialmente da ovelha, do bezerro e do bode, mas muito jovens ou mesmo fetos, utilizada como pergaminho, denominação devida à cidade de Pérgamo, hoje Bergama, na atual Turquia. Por volta do ano 150 a.C., por dificuldades com a importação do papiro, passou-se a escrever em couros de animais, primeiramente de um lado só e mais tarde dos dois lados, quando foram aperfeiçoadas as técnicas de raspar os pelos e tornar os couros mais maleáveis e macios. A palavra palimpsesto significa escrever de novo, em cima da antiga escrita. Em grego, de novo é *pálin*. São Jerônimo, por exemplo, fez com que sua equipe de tradutores da *Bíblia*, do grego para o latim, escrevesse em diversos velos, cujo conteúdo, já no século XV, serviu a Johannes Gutenberg para o primeiro livro impresso, a *Bíblia* de 42 linhas. Ele morava em Mainz, na Mogúncia, no vale do Reno, e inspirou-se em prensas de uva para inventar a imprensa.

VELÓRIO de velar, do latim *vigilare*, vigiar, guardar, cuidar, ficar acordado para isso. Ao contrário do que possa parecer, velório não veio de vela. Vela é que veio de velar. Contribuiu para esse engano o fato de, na noite escura, guardas de palácios e residências, assim como aqueles que passavam a noite ao redor do defunto, utilizarem velas de cera ou archotes para iluminar entornos e recintos. Também ao contrário do que a evocação sugere, pela presença da morte e da tristeza, o brasileiro tornou alegre o velório, carnavalizando-o e fazendo dele motivo de festa, onde se bebe cachaça e se contam histórias engraçadas, das quais às vezes só quem não ri é o próprio defunto.

VENCEDOR de vencer, do latim *vincere*, cujo étimo está presente em invicto, invencível, convencer e convencido, entre outras palavras. Durante 34 anos nenhum brasileiro venceu a Corrida de São Silvestre, depois que ela foi aberta também a estrangeiros, mas em 1980 o pernambucano José João da Silva saiu-se vencedor, repetindo o feito em 1985. Como a ONU declarou 1975 o Ano Internacional da Mulher, a partir de então a corrida passou a ter participação feminina, mas o Brasil venceu nessa modalidade apenas em 1995, com Carmem de Oliveira. Até 1988, a corrida começava às 23h30, mas a partir de 1989 o horário passou a vespertino. O maior vencedor de todos os tempos é o queniano Paul Tergat, pentacampeão: venceu todas, de 1995 a 2000, menos a de 1997. É dele o recorde de 43m12s para os 15 km. A portuguesa Rosa Maria Correia dos Santos Mota tornou-se hexacampeã, vencendo a prova de 1981 a 1986.

VENCER do latim *vincere*, vencer, do mesmo étimo de convencer, invencível, convicto, vitória, vencimento. É uma das três possibilidades na maioria dos jogos: vencer, perder, empatar. Este último verbo tem sentido de acordo. Mas empate e embate já foram sinônimos de luta na língua portuguesa, permanecendo, entretanto, apenas o segundo com o sentido de combate. *Veni, vidi, vici* – vim, vi, venci – é frase de Caio Júlio César, que se tornou famosa por sintetizar luta vitoriosa e rápida.

VENCIDO particípio passado de vencer, do latim *vincere*. Na linguagem comercial, qualifica título cujo prazo de pagamento expirou. No sentido de derrotado, aparece nessa passagem do escritor latino Quintiliano, comentando o massacre dos lacedemônios no desfiladeiro das Termópilas: "Não é permitido dizer que eles foram vencidos, pois nenhum deles aceitou fugir."

VENCIMENTO de vencer, do latim *vincere*, vencer, ganhar, levar vantagem, com alteração da vogal temática de "e" para "i", mais sufixo -mento. Houve um pan-românico *invinge*, presente em todas as línguas românicas, que resultou no latim *vincere*, no italiano *vincere*, no provençal *venser*, no francês *vaincre*, todos com o significado de vencer. Vencimento não é entretanto sinônimo de vitória, mas de prazo para pagamento de obrigação e fim de contrato, tendo ainda o significado de salário.

VENDER do latim *vendere*, vender, trocar por dinheiro, mercadoria ou serviços por dinheiro. O resultado é chamado também de faturamento. No Brasil, a empresa que mais vende é uma estatal, a Petrobras, que teve uma receita operacional superior a 21 bilhões de dólares em 1995 e foi parar no *Guiness World Records* – o livro dos recordes.

VENTRÍCULO do latim *ventriculus*, diminutivo de *venter*, ventre, barriga. Portanto, seu significado é barriguinha. São chamadas ventrículos certas cavidades do coração e do cérebro. O ventrículo direito, ao receber o sangue vindo da aurícula direita – aurícula quer dizer orelhinha, e o órgão foi assim chamado por ter a forma de uma pequena orelha –, joga-o na artéria pulmonar. O ventrículo esquerdo recebe o sangue da aurícula esquerda e o lança na aorta.

VER do latim *videre*, ver, olhar, perceber, espiar. Os antigos romanos formaram este verbo a partir de uma raiz indo-europeia, *weid*, cujo étimo, apontando para este significado, está presente também em outras línguas neolatinas: *voir*, em francês; *vedere*, em italiano; *ver*, em espanhol. Seus sinônimos em todas essas línguas têm indícios de que o ato de ver está vinculado ao olhar, cuidar-se, examinar com atenção, preparar-se. No francês, *regarder;* no espanhol, *ojear, asistir*; no italiano, *osservare, distinguire*.

VERANEAR de verão, do latim *veranum*, formaram-se no português vocábulos como veraneio e veranear, indicando atividades feitas durantes as férias de verão. Conquanto o divertimento seja dominante nessas temporadas, às vezes algo dá errado, conforme demonstram as estatísticas de socorro a vítimas de alpinismo na França no último verão: 1.120 ações de resgate, 796 feridos e 95 mortos.

VERÃO do latim *veranus tempus*, tempo de verão. Houve elipse de *tempus*, tempo. Até o século XVI, as estações eram nomeadas de modo diferente. No hemisfério sul, o verão vai de 21 de dezembro a 20 de março. Em fins do século XVIII, os líderes da Revolução

Francesa encarregaram o poeta Philippe Nazaire François Fabre d'Églantine de dar outros nomes aos meses. Era filho de um vendedor de tecidos e acrescentou Églatine ao próprio nome depois de ter vencido os Jogos Florais de Toulouse. Fez com que o ano começasse no outono. Abria o ano o vindimário, assim chamado em alusão à vindima, palavra de origem latina, indicando a época de colher as uvas (*vinum demere*, cortar os cachos). Começava em 20 de outubro e terminava em 19 de novembro. Seguia-lhe o brumário, tempo de brumas, de 20 de novembro a 19 de dezembro. O friário, assim denominado por causa do frio, ia até 19 de janeiro, encerrando o outono. O primeiro mês do inverno e quarto do ano era o nevoso, porque havia neve; o quinto era o chuvoso, porque chovia; e o sexto, o ventoso, devido aos ventos. A primavera tinha início no germinal, antigo abril, porque as plantas germinavam nessa época; maio passou a ser chamado floreal, porque os franceses consideravam-no o mais bonito de todos, cheio de flores – e de noivas, naturalmente; e o último mês da primavera era o pradarial, porque os campos ficavam verdejantes. No verão, o primeiro mês, julho, recebeu o nome de messedor, porque presidia à preparação das messes; agosto passou a chamar-se termidor, por causa do calor; e o último, setembro, frutidor, porque era chegado o tempo das frutas. O poeta utilizou as terminações *aire* para os três meses do outono (*vendémiaire, brumaire, frimaire*); *ôse* para os três do inverno (*nivôse, pluviôse, ventôse*) e *or* para os três do verão (*messidor, thermidor, fructidor*). Acusado de corrupção, foi guilhotinado. O matemático e político Gilbert Romme, que o ajudara a fazer o novo calendário, suicidou-se na prisão com uma faca que um dos colegas levou escondida nas roupas.

VERBO do latim *verbum*, palavra, em oposição a *res*, coisa. Na língua portuguesa consolidou-se como sinônimo ou variante de palavra, do latim *parabola*, do grego *parabolé*, comparação, símbolo. Outra variante é vocábulo, do latim *vocabulum*, nome pelo qual é chamada a coisa, do mesmo étimo de voz, do latim *vox*. O étimo de parábola, o grego *ballo*, está presente em símbolo, do grego *sýmbolon*, pelo latim *symbolum*, sinal que reúne, significa, evoca, como o verbo, a palavra e o vocábulo significam o que referem, ao contrário do grego *diábolon*, pelo latim *diabolus*, que desune, mente, calunia, disfarça.

VERBORRAGIA de verbo, do latim *verbum*, palavra, e do grego *rragía*, do verbo *rhegnwnai*, romper, fazer esguichar, borbulhar, como se vê em hemorragia, derramamento de sangue. Nas lides militares, ordens lacônicas evitam a verborragia, mas não o sangue abundantemente espalhado pelos campos de batalha. Se poucas palavras facilitam o entendimento, pela objetividade, nos funerais o que mais se ouve é a profusão de sentenças laudatórias aos mortos, que já não podem auferir nenhum benefício de toda a verborragia póstuma. Guilherme I de Nassau, o Taciturno, filho de um rei tagarela e tio-avô de Maurício de Nassau, governador das possessões holandesas no Recife, reduziu ao mínimo o ato de conversar, daí o cognome que o celebrizou. Manter-se em tanto silêncio não evitou que fosse assassinado. A verborragia é recriminada principalmente nas mulheres. William Shakespeare, ao que tudo indica, casado com uma megera, na cena I do ato II de *Coriolano*, elogiou o sossego e a calma de Virgínia, esposa do protagonista, com a frase *"my gracious silence"* (meu gracioso silêncio). O escritor italiano Dino Segre, mais conhecido como Pitigrilli, conta em *O umbigo de Adão*, que um silencioso garçom foi por anos testemunha de dois assíduos bebedores de cerveja em Munique que por muitos anos dividiram a mesma mesa apenas para beber e ler jornais, sem trocar palavra alguma. E não eram mudos. Certo dia um deles não veio. "Morreu", disse o garçom. "Que pena", respondeu o sobrevivente, "era o meu melhor amigo".

VERDADE do latim *veritate*, declinação de *veritas*, verdade. Esta palavra aparece em momentos dramáticos da vida humana, quando é essencial descobri-la – caso dos processos judiciais, das pesquisas científicas, dos conflitos amorosos. Entre as verdades inesquecíveis, há uma estátua com este nome, feita em mármore pelo famoso pintor, escultor e arquiteto italiano Gian Lorenzo Bernini, que teve, entretanto, recusados seus projetos para a fachada do Louvre. Parece fácil saber quem perdeu mais. Pôncio Pilatos, o procurador romano que estava no governo da Judeia, ao interrogar Jesus perguntou-lhe o que era a verdade. Dizem os *Evangelhos* que o prisioneiro calou-se. Mesmo declarado inocente, foi torturado e sentenciado à morte. São da escritora brasileira Cecília Meireles, descendente de portugueses da Ilha São Miguel, nos Açores, estes versos: "Sobre a mentira e a verdade/ desabam as mesmas penas/ apodrecem nas masmorras/ juntas, a culpa e a inocência."

VERDE do latim *virides*, verde. Passou a ter diversos significados, a começar pela cor, alguns deles denotativos, reais, outros conotativos, do plano das comparações. O verde das florestas tem valor positivo hoje, mas já foi, em passado recente, tido como um atrapalho para os colonizadores, levando-os a derrubadas e grandes incêndios. O fruto verde demora a amadurecer para tornar-se comestível. Sem áreas verdes, as cidades tornam-se hostis à vida humana e animal, daí ter surgido inclusive uma agremiação política mais preocupada com a preservação da natureza – florestas, águas, animais etc. – como é o caso do Partido Verde (PV), que teve a terceira maior votação nas eleições presidenciais de 2010. Marina Silva disputou a presidência da República, mas não foi ao segundo turno. Chegou em terceiro lugar, com cerca de 20% dos votos. Verde é também a cor do terror, metáfora criada por Hollywood em inúmeros filmes. E temos também a conhecida expressão "jogar verde para colher maduro", indicadora de que a pessoa fala uma coisa, lançando uma hipótese, querendo com isso ouvir palavras que a confirmem ou neguem.

VERDE-AMARELO do latim *viride*, designando a cor como o frescor e imaturidade, e do latim hispânico *amarellus*, diminutivo de *amarus*, amargo, denominação nascida para designar pessoas que sofriam de icterícia, transtorno da bílis. A primeira cor está em *Ponche Verde*, romance de estreia de Janer Cristaldo. Lê-se no último capítulo, em que o portunhol dá as caras: "*Das bandas do Ponche Verde, charlando mais que caturrita em hora de siesta, vêm cortando campo as gurias do Candoca, pelo tempo que costumam fazer penitência devem trazer muito pecado no lombo. De Puntas de Jaguary, num colorado de touro pular sete fios, vienen las gurisas de Don Rocha, marido anda escasso em baile, hay que dar una mirada en la Santa Misa*". Poncho Verde é o nome da localidade, nas cercanias de Santana do Livramento, onde David Canabarro, que proclamara a República Juliana, tornando Santa Catarina independente por alguns meses, em 1839 (o Rio Grande do Sul era desde 1835), rendeu-se a Luís Alves de Lima e Silva, mais conhecido como Duque de Caxias, em 1844, aceitando a anistia proposta pela pacificação. Na época, Caxias era apenas visconde. A seguir, foi conde, marquês e duque. Verde-amarelo designou uma vertente do Modernismo, liderada por Menotti del Picchia, Cassiano Ricardo e Plínio Salgado. A bandeira do Brasil é verde-amarela, cores preferenciais da nacionalidade. E a seleção brasileira tem camisas amarelas e azuis. Foi campeã duas vezes com a azul e três com a amarela.

VERDUGO do latim *viriducu*, derivado de *viride*, verde. O verdugo era apenas a vara verde com que se surrava alguém. Depois passou a instrumento de tortura e por fim designou aquele que aplicava os castigos.

VERDURA de verde, do latim *viride*, declinação de *virides*, planta ou mata, tudo o que tem a cor verde, dando ideia de frescor, do que não está maduro, com o sufixo -ura, elemento formador de palavras, como em assinatura, fartura, nomenclatura, sepultura etc. O poeta Paulo Leminski viu coisa mais bela em *Verdura*, letra que fez para uma canção de Caetano Veloso: "De repente me lembro do verde/ Da cor verde a mais verde que existe/ A cor mais alegre, a cor mais triste/ Verde que veste,/ Verde que vestiste/ No dia em que te vi/ No dia em que me viste." Mas vem insólito desfecho, espelhando dramaticamente a crise da época em que ele escreveu esses versos, quando muitos brasileiros pobres iam ganhar a vida nos EUA: "De repente vendi meus filhos/ a uma família americana/ eles têm carro/ eles têm grana/ eles têm casa/ a grama é bacana/ só assim eles podem voltar/ e pegar um sol em Copacabana."

VEREADOR do português arcaico *verea*, vereda, caminho. Na política, é sinônimo de *edil*, do latim *aedilis*, magistrado romano cuja função principal era inspecionar e tomar providências para a conservação dos edifícios. Edil e edifício têm origens semelhantes. Com o passar do tempo, vereador substituiu edil, mas as duas palavras designam a mesma função. Os primeiros vereadores faziam pouco mais do que percorrer as veredas – hoje elas se chamam avenidas, ruas, bairros, subúrbios, periferia – para verificar o que faltava ali. Fazia seu projeto e apresentava a seus pares na Câmara, assim chamada porque na antiga Grécia os locais em que eram discutidos os problemas políticos – da *polis*, cidade – eram cobertos por abóbadas, semelhantes à das catedrais. Em grego, abóboda é *kámara*, que no latim se transformou em *camara*. O acento na antepenúltima sílaba, tornando-a palavra proparoxítona, apoiou-se no grego e não no latim. Os romanos pronunciavam *camára*. Dia 1º de outubro é o dia nacional dos vereadores que, antigamente, não recebiam salário algum. Hoje esses parlamentares municipais, à semelhança de seus colegas estaduais e federais, dão muitas despesas ao contribuinte, devido à multiplicação de prédios anexos, gabinetes e assessorias para servi-los. Eleitos para servir o povo, muitos são os que invertem a função, tornando os eleitores vítimas de seus desmandos e negociatas.

VEREDA do baixo-latim *vereda*, caminho estreito, conexo com *paraveredarius* ou *veredarius*, cavalo que fazia este caminho, no qual ia montado um viajante especial, que fazia o percurso cumprindo a função de correio do Estado. É do mesmo étimo de vereador, o político que originalmente cuidava de fiscalizar e propor melhoramentos nas vias de transporte e nos edifícios, sendo conhecido também por edil, palavra do mesmo étimo de edifício, e de enveredar, tomar outro rumo, diferente do traçado da estrada comum. É nas veredas do sertão brasileiro que João Guimarães Rosa situa as tramas do romance *Grande sertão: veredas*, lançado em 1956, e transposto para minissérie de televisão por Walter Avancini, em 1985, e agora disponível em DVD. Tarcísio Meira talvez tenha feito ali o melhor papel de sua vida, na pele de Hermógenes, o jagunço traidor, que mata o jagunço ético Joca Ramiro, pai de Diadorim, por quem Riobaldo tem grande atração, personagem e narrador do romance. Outro personagem fascinante é Zé Bebelo, cujo julgamento, numa assembleia de bandos unidos, moderados pela autoridade emblemática de Joca Ramiro, é um dos grandes momentos do livro e da minissérie. Ana Duzuza, a terna prostituta que tanto ensinou do amor a Riobaldo, é vivida por Maria Helena Velasco, que em *Caminho das Índias* fez uma parteira. O romance retoma no fechamento a abertura: "Nonada. O diabo não há. É o que eu digo, se for... Existe é o homem humano. Travessia."

VEREDICTO do latim *veredictum*, do latim *vere*, verdadeiramente, e *dictum*, dito, particípio de *dicere*, dizer. No inglês, onde existe desde o século XVI é *verdict*, com o mesmo significado. Decisão proferida pelo júri, ou por outro qualquer tribunal judiciário, em causa submetida a seu julgamento; sentença.

VERGALHO de *verga*, do latim *virga*, vara flexível, mais o sufixo -alho. Designa o órgão genital de bois e cavalos, depois de cortado e seco, com o qual são feitos azorragues. Guimarães Rosa admitiu que seu interlocutor soubesse discernir vergalhos de chanfalhos, espadas velhas, do espanhol *chafalho*; tassalhos, fatias grandes, de borralhos, pequenos braseiros cobertos de cinza; e mangalhos, coisas pequenas vendidas em feiras do interior, significando também o pênis. Mas deixou-lhe incômoda pergunta final, como se lê no conto *A simples e exata história do burrinho do comandante*: "O senhor pode às vezes distinguir alhos de bugalhos, e tassalhos de borralhos e vergalhos de chanfalhos, e mangalhos... Mas, e o vice-versa?" O grande escritor mostrou que a enumeração caótica pode ser estilisticamente recomendável. Provavelmente tinha lido o crítico literário e filólogo austríaco Leo Spitzer, que tratou de confusões literárias.

VERGONHA provavelmente do francês antigo *vergogne*, vergonha, pudor, que deu *vergonça* no português antigo, aparentado com o espanhol *verguenza*. A reduplicação do significado na expressão "ter vergonha na cara", deveria ir para nossas leis, segundo Capistrano de Abreu: "Eu proporia que se substituíssem todos os capítulos da Constituição por: Artigo Único – Todo brasileiro fica obrigado a ter vergonha na cara." O latim *verecundia*, vergonha, tinha a ver com pudor, recato, discrição, também consonância com rubor, rubor, definido assim pelo *Dicionário Aurélio*: "Vermelhidão nas faces, provocada por uma reação de indignação, de vergonha, de modéstia etc.; enrubescimento, ruborização."

VERMELHO do latim *vermiculum*, diminutivo de *vermis*. Passou a nome de cor por causa da cochonilha, inseto do qual era extraído um líquido escarlate, o carmim. Cochonilha é alteração do espanhol *cochinilla*, do grego *kogkhúlion*. A púrpura, cor de realezas e majestades, também era obtida de um molusco denominado *purpura* em latim. A cor vermelha passou a indicar proibição e interdições diversas a partir da distância que o público deveria manter de quem estava vestido assim. A Igreja, que imitou as vestes, a denominação e outras designações do Império Romano, depois que o cristianismo tornou-se a religião oficial (século IV), adotou o vermelho nas vestes da alta hierarquia. Com o sentido de cor, já aparece nos escritos de São Jerônimo, doutor da Igreja, cuja maior façanha intelectual foi sua célebre *Vulgata*, tradução dos textos originais da *Bíblia* para o latim. O sinal de trânsito que obriga a parar nos semáforos é vermelho, o que adverte é amarelo, ocorrendo processo semelhante no futebol, em que o cartão amarelo é aviso de que o próximo é vermelho e resultará na expulsão do jogador. O sistema de cartões foi adotado na Copa de 1970 para que não se repetisse o ocorrido no jogo entre Argentina e Inglaterra, quando o jogador Rattín, fazendo-se de desentendido, exigiu a presença de um intérprete para entender que estava expulso. A Inglaterra, país que inventou o futebol, joga de camisa vermelha, aliás. E tem sido muito favorecida nas Copas. Para começar, jogam outras três seleções do Reino Unido: Escócia, País de Gales e Irlanda do Norte. Sendo o sangue vermelho, a cor púrpura na face humana passou a indicativo de pudor, por afluxo abundante. A falta produz o amarelo, a cor dos medrosos e covardes. Na Copa de 1998, a imprensa brasileira proclamou em uníssono que Ronaldo amarelou. Na de 2002, ele não amarelou, foi peça fundamental.

VERNÁCULO do latim *vernaculus*, escravo ou criado nascido em Roma, radicado em *verna*, escravo. Passou a designar a língua de determinado lugar e mais tarde o idioma próprio de um país, sem estrangeirismos. Tais cuidados com o vernáculo não podem, porém, ser exagerados, sob pena de se tornarem ridículos, como aqueles propostos pelo médico homeopata Antônio de Castro Lopes. Odiando estrangeirismos, propôs que fossem substituídas, entre outras, as seguintes palavras: menu, por cardápio; chofer, por cinesífero; abajur por lucívelo; anúncio por preconício; cachecol por castelete; turista por ludâmbulo; repórter por alvissareiro; e futebol por ludopédio. Vaga-lume, que Rafael Bluteau já impusera em lugar de caga-lume, por ser vocábulo obsceno, já tinha sido objeto de um concurso em Portugal para que fosse substituído e resultara em palavra bonita, que afinal pegou no gosto popular: pirilampo. Rejeitando a proposta, Machado de Assis escreveu: "Nunca comi *croquettes*, por mais que me digam que são boas, só por causa do nome francês. Tenho comido e comerei *filet de boeuf*, é certo, mas com restrição mental de estar comendo lombo de vaca." De lá para cá, *filet de boeuf* tornou-se filé de bife e depois bife apenas. E o francês *croquette*, do verbo *croquer*, quebrar com estalo, tornou-se croquete apenas. Os gramáticos, como o sapateiro de Apeles, não podem ir além das sandálias. À semelhança dos sexólogos, podem orientar-nos, jamais nos substituir na hora de falarmos ou escrevermos. Mas algumas adaptações são bem-vindas, principalmente em nomes de lugares: Milano é Milão; Torino é Turim; Zurich é Zurique; New York é Nova Iorque.

VERNAL do latim *vernale*, vernal, primaveril. O ponto vernal no equinócio dá-se com a chegada da primavera, o que ocorre em 22 de setembro. A bonita estação fica em nossa companhia até 20 de dezembro, quando dá lugar ao verão.

VERNIZ do francês antigo *verniz*, atualmente grafado *vernis*, designando solução de goma ou de resina, usada para recobrir e proteger superfícies de madeira, couro ou metal, quase sempre com fins estéticos. Suas origens são o latim *veronice* e o grego *Phereniké*, nome da cidade onde era fabricada, cuja pronúncia influenciou a forma latina.

VERSÃO do latim medieval *versione*, versão, tradução, mudança. Tem também o sentido de boato, do latim *boatu*, mugido do boi. Passando a significar grito, alvoroço, notícia falsa, boato e versão tornaram-se sinônimos, a ponto de o político mineiro José Maria Alkmin afirmar que mais importante que o fato é a sua versão. Tão logo o Brasil perdeu a Copa de 1998 para a França, surgiram diversos boatos e versões para o fraco desempenho do time, a maioria dos quais envolvendo Ronaldinho, o principal jogador do time e número um do mundo. Ele teria sofrido uma convulsão horas antes do jogo decisivo. Mais tarde multiplicaram-se as versões e tudo virou enorme confusão.

VERSO do latim *versu*, virado, voltado. Tem este nome porque a cada novo verso toma-se uma linha. Na prosa, ao contrário, vai-se até o fim.

VERTER do latim *vertere*, voltar, virar, desviar. Este verbo ganhou também o sentido de traduzir, isto é, de tirar do caminho original e oferecer uma variante. Um exemplo mundial de desvios de tradução, às vezes com o bom propósito de dizer na língua de chegada o que estava dito na língua de partida, são os *Evangelhos*. Mateus diz que Jesus nasceu em Belém. Marcos e João mudam a cidade para Nazaré, mas o segundo diz que "o Verbo se fez carne", e o primeiro diz apenas que naqueles dias Jesus veio a Nazaré e foi batizado no rio Jordão por João, o Batista, isto é, aquele que batizava. Lucas começa com a concepção, e a fala do arcanjo Gabriel a Maria integra a *Ave-maria*, oração referencial do cristianismo: "Ave, Maria, cheia de graça, o Senhor é contigo." E a de Maria, visitando a prima Isabel, que já estava com João Batista no útero, também virou oração, o *Magnificat*, do verbo latino *magnificare*, engrandecer, tornar magno, grande: "Engrandece minha alma ao Senhor." São versões reconhecidas. Já as versões apócrifas foram recusadas como doutrinárias e são aceitas ou toleradas apenas como curiosidades.

VESPA do latim *vespa*, vespa, designando grande família de insetos com ferrão no abdome, como marimbondo, conhecidos pelo zumbido típico. Com barulho e jeito de inseto, vespa designa também uma motoneta que surgiu na Itália, logo depois da Segunda Guerra Mundial. O veículo aumentou sua popularidade na década seguinte, quando apareceu no filme *A princesa e o plebeu*, de William Wyler, lançado em 1953. Audrey Hepburn assusta Gregory Peck, a quem carrega na garupa de uma vespa que a atriz dirige muito mal. Veículos parecidos já existiam antes com o nome inglês *scooter*, palavra radicada no verbo inglês *to scoot*, fugir. Umberto Eco destacou justamente o conceito de fuga: "Aos meus olhos, a Vespa remete à transgressão, ao pecado, à tentação. Não a tentação de possuir o objeto em si, mas a sedução sutil dos lugares distantes, onde a Vespa seria o único meio de transporte."

VÉSPERA do latim *vespera*, à tarde, compreendendo o período entre a tarde e o anoitecer, isto é, entre 15 e 18 horas. Foi a Igreja quem instituiu a marcação do tempo pelas horas canônicas, dividindo o dia em sete partes. O Brasil foi descoberto nesse horário, de acordo com o relato de nosso primeiro cronista: "Na quarta-feira seguinte, pela manhã, topamos aves a quem chamam fura-buxos. Neste dia, a horas de véspera, houvemos vista de terra! Primeiramente de um grande monte, mui alto e redondo; e doutras serras mais baixas ao sul dele; e de terra chã, com grandes arvoredos; ao monte alto o capitão pôs nome – o Monte Pascoal e à terra – a Terra de Vera Cruz." Sacudido pela Reforma, Portugal já tinha decidido que a verdadeira cruz não era a dos protestantes, mas a dos católicos, daí o adjetivo providencial. A verdadeira cruz era a deles, não a dos outros.

VESTAL do latim *vestalis*, de Vesta, deusa romana equivalente à grega Héstia. Na Grécia como em Roma eram as deusas do lar, encarregadas de cuidar do fogão doméstico e, por extensão, de manter aceso o fogo do lar. No sentido conotativo, seus poderes divinos consistiam em manter aceso o fogo eterno. Seu templo em Roma era redondo e os homens eram proibidos de entrar nele. Ali as vestais cuidavam de que o fogo nunca se apagasse. As vestais eram educadas dos 10 aos 20 anos e deveriam permanecer virgens enquanto trabalhassem no templo. Eram severamente punidas se negligenciassem seu ofício, deixando que a pira se extinguisse. Os romanos acreditavam que aquele fogo, quando apagado, anunciava males e desgraças. Era o apagão que mais temiam. As vestais eram punidas também se acendessem o próprio fogo, rompendo a virgindade sagrada. Neste caso, em vez dos costumeiros açoites por descuido com o fogo sagrado, eram enterradas vivas. Os romanos importaram dos sabinos o culto das vestais, que foi mesclado aos cuidados que os gregos tinham com Héstia. Quando as vestais, que eram sacerdotisas, completavam 30 anos, aposentavam-se pela combinação de tempo de serviço e idade. Somente então podiam casar-se. Durante a vigência das vestais em Roma, 13 delas foram enterradas vivas por terem comido a merenda antes do recreio. Os homens que as violaram não foram enterrados vivos. Camões, sempre inspirado na Antiguidade clássica, ao elogiar os feitos portugueses em *Os lusíadas*, referiu-se à deusa nestes versos: "Vinha por outra parte a linda esposa/ de Netuno, de Celo e Vesta filha,/ Grave e leda no gesto, e tão formosa/ que se amansava o mar, de maravilha./ Vestida uma camisa preciosa/ trazia, de delgada beatilha,/ que o corpo cristalino deixa ver-se,/ que tanto bem não é para esconder-se." Nas palavras do poeta, a deusa parecia dirigir-se a um desfile de moda em alguma famosa passarela europeia. A palavra vestal tem servido também para criticar com ironia denunciantes de erros alheios como se não os cometessem também, como no episódio envolvendo a ex-governadora Roseana Sarney, do Maranhão, e seu marido, Jorge Murad, flagrados com uma montanha de dinheiro na sede da empresa de propriedade do casal. Depois de numerosas versões, o marido-secretário disse o óbvio: o dinheiro destinava-se à campanha da esposa para a Presidência da República.

VESTETALAR do latim *vestis talaris*, roupa comprida, que bate no calcanhar. Em latim *talus* é tornozelo. É a veste solene de magistrados, procuradores e advogados em cerimônias judiciais. Semelha a toga dos juízes, a beca de professores e advogados e a batina dos padres.

VESTÍBULO do latim *vestibulum*, vestíbulo, espaço entre a rua e a entrada das casas e prédios, por onde se passa aos outros cômodos. Nos átrios ou portais das casas romanas havia pequenos altares dedicados à deusa Vesta, cujo nome serviu de origem remota ao vocábulo, onde eram recebidos os visitantes. A palavra vestibular tem a mesma procedência.

VESTÍGIO do latim *vestigium*, sola ou planta dos pés, pegada de homens ou de animais, sinal, impressão, marca deixada em algum lugar, resto de alguma coisa. É do mesmo étimo de investigar. Seguir o rastro em latim é *vestigare*. Em inglês, vestígio é *remain*, radicado no latim *remanere*, permanecer, ficar. Assim, o título original do filme *Vestígios do dia* é *The remains of the day*, e foi baseado em romance do japonês Katzuo Ishiguro, que teve educação inglesa e foi aluno das oficinas literárias de Malcolm Bradbury. O professor inglês ensinava aos alunos: "Se Deus fosse um liberal, teria escrito não os Dez Mandamentos, mas as Dez Sugestões."

VETO do latim *vetare*, vetar, suspender, proibir, cortar. É mais conhecido, nos tempos democráticos, por designar ato do chefe do Poder Executivo pelo qual nega, total ou parcialmente, uma lei votada por parlamentares. O veto pode, entretanto, ser derrubado por maioria absoluta de deputados e senadores, conforme previsto no Artigo 66, Parágrafo 4º, da Constituição. Os primeiros vetos foram baixados por tribunais que se negavam a cumprir decretos dos senadores na antiga Roma. Designou originalmente termo ritual, vindo da raiz pan-românica *ved*, talvez indicando ato de fechar, baixar os véus, cobrir, vedar, impedir de ser visto ou ouvido, tendo depois ganhado o sentido de proibição. Quando livros, filmes, peças de teatro e músicas podiam ser sumariamente vetadas pelo chefe de polícia das cidades, o Rio de Janeiro viveu uma situação confusa e engraçada. O coronel Geraldo de Menezes Cortes vetou, por menos de meio grau, a exibição do filme *Rio, 40 graus*, do então jovem cineasta paulistano, filho de italianos, Nelson Pereira dos Santos, sob a alegação de que o título da película era mentiroso, pois de acordo com o Anuário Meteorológico a temperatura máxima na cidade fora 39,6 graus. O veto ajudou a divulgar o filme, pois a censura costuma ser um tiro pela culatra, e o cineasta, então com 26 anos, dava início a uma carreira que o levou a dirigir clássicos como *Vidas secas*, *Memórias do cárcere* e *Tenda dos milagres*.

VÉU do latim *velum*, tecido para esconder ou cobrir alguma coisa. O significado mais comum é veste leve e fina usada pelas mulheres sobre os cabelos, ocultando ou não o rosto, às vezes longo, descendo pelos lados do corpo e pelas costas. Mas há aí também sutis diferenciações. O véu da noiva não é o mesmo da freira e muito menos o da mulher muçulmana. Essa veste tornou-se referência de polêmica, porque vários países, sob a alegação de que os poderes civis são leigos, proíbem seu uso em salas de aula, em fotos de documentos oficiais etc. Revelar tem o mesmo étimo de véu, e o latim *vela*, que no português deu vela para designar peça de pano das embarcações, resulta do plural de *velum*, mas sua origem etimológica é controversa. Pode ter vindo de *wegh*, étimo do indo-europeu com o sentido de transportar: por terra, a cavalo, de carro, por mar. E vela, designando meio de iluminação, veio de velar, do latim *vigilare*, permanecer acordado, aceso.

VÉU DA NOIVA de véu, do latim *velum*, e noiva, do latim *nupta*, do mesmo étimo de núpcias, formou-se esta expressão para designar, no futebol, a rede posta nas traves, daí ser o goleiro chamado também guarda-rede. A regra 10 do futebol, que trata do gol, prescreve: "Se terá marcado um gol quando a bola tenha ultrapassado totalmente a linha de meta entre os postes e por baixo do travessão, sempre que a equipe a favor da qual se marcou o gol não tenha cometido previamente alguma irregularidade às regras do jogo." Mas o véu da noiva, como nos casamentos, parece optativo na Regra 1: "Poderão ser colocadas redes fixadas nas traves e no solo atrás da meta, com a condição de que estejam presas de forma conveniente e não atrapalhem o goleiro." Há um quê de erótico no gol quando a bola vai para o fundo da rede.

VEXAME do latim *vexamen*, tremor, do verbo *vexare*, tremer, inquietar-se, agitar. Nos finais do século XVI, ganhou no português o sentido de vergonha, pudor. E com tal significado aparece em *Viva o povo brasileiro*, de João Ubaldo Ribeiro: "Quase que o pai o mata a bengaladas, não matando somente porque teve um vexame na hora." O verbo vexar consta do poema *Quinze de Novembro*, de Murilo Mendes. Debochando com elegância de um momento que os republicanos quiseram tornar solene, ele mostra como a expulsão de Dom Pedro II beirou o ridículo: "O imperador bocejando responde/ 'Pois não meus filhos não se vexem/ Me deixem calçar as chinelas/ podem entrar à vontade:/ Só peço que não me bulam nas completas de Victor Hugo'." O escritor francês era o preferido do imperador. Certa vez, teve de aguardar uns dias em Paris, pois ele não quis recebê-lo, alegando estar doente. Humildemente, o monarca esperou que a arrogância do francês passasse.

VIA do latim *via*, via, caminho. De muitos significados, está presente em diversas expressões e provérbios. A mais famosa via num país cristão é a via-sacra, com suas 14 estações. Na primeira, Jesus é condenado à morte, morrendo na última, depois de carregar a cruz a caminho do Gólgota, onde foi crucificado entre dois ladrões: Dimas, o bom, e Gestas, o mau. Pilatos, então governador da Judeia, era a autoridade romana que não quis chegar às vias de fato com o povo, preferindo lavar as mãos, não sem antes soltar outro condenado, de nome Barrabás. Tendo agido por vias transversas, não conseguiu absolver um homem em quem não via crime algum. Antiga lenda cristã diz que a cruz foi fincada no mesmo lugar onde foram enterrados Adão e Eva. Após a Segunda Guerra Mundial, alguns países que não quiseram filiar-se nem aos EUA, nem à antiga União Soviética, os dois blocos hegemônicos, cunharam a expressão terceira via" para identificar sua posição. Na política brasileira, a via mais curta entre posições antagônicas é a do conchavo, que sempre fecha com chave de ouro os consensos que apagam os dissensos. O povo diz que em tais casos tudo acaba em pizza, o prato mais frequente em tais comemorações.

VIAGEM do provençal *viatge*, por sua vez derivado do latim *via*, estrada, caminho. O Brasil foi descoberto depois de uma longa viagem ultramarina, que começou em Lisboa, no dia 9 de março de 1500, segunda-feira, e terminou no Brasil dia 22 de abril, quarta-feira, de acordo com nossa certidão de nascimento, a famosa *Carta*, de Pero Vaz de Caminha, descoberta na Torre do Tombo em 1773, e publicada pela primeira vez em 1817, pelo padre Manuel Aires de Casal, quando a Família Real morava aqui. Apesar de muitos textos afirmarem que a frota era composta de caravelas, Pero Vaz não utiliza uma única vez a palavra, preferindo identificar as embarcações como naus, batéis, barcos, esquifes, navios.

VIAJAR de viagem, do latim *viaticum*, refeição a fazer na estrada, que é *via* em latim. Na viagem das palavras, *viaticum* fez escala no provençal *viatge*, língua falada no sul da França. Foi trazida à língua portuguesa no século XI, por trovadores que viajavam muito. No francês virou *voyage*. No espanhol, *viaje*; no italiano, *viaggio*; no português, viagem. Em inglês, viagem é *travel* e viajar *to travel*, por influência do francês *travail*, trabalho, pois os trabalhadores, ontem como hoje, viajavam para trabalhar: a pé, a cavalo, de carroça, de trem, de ônibus e, desde Santos Dumont, de avião. Na liturgia católica, viático é a hóstia que o padre dá ao moribundo: alimento para a viagem.

VICE do latim *vice*, em vez de. Faz mais de um século que os costumes políticos brasileiros acumulam larga experiência neste assunto. A República nascente inaugurou a triste sina. O marechal Deodoro da Fonseca, nosso primeiro presidente, renunciou e foi substituído pelo vice. Em tempos mais recentes, Jânio Quadros renunciou também, sendo substituído pelo vice, João Goulart. Nos estertores da ditadura militar, o presidente da transição, Tancredo de Almeida Neves, não assumiu, porque estava doente, e foi substituído pelo vice, José Sarney, que em 1990 entregou o cargo ao primeiro sucessor eleito por voto direto depois desta eternidade toda, Fernando Collor. Este renunciou momentos antes de ser cassado, no dia 29 de dezembro de 1992, sendo substituído pelo vice, Itamar Franco.

VIDA do latim *vita*, vida, período entre o nascimento e a morte para todos os seres vivos, com exceção do homem, que acredita em vida após a morte. Morte após a vida é certeza científica, mas vida após a morte é questão de fé. A ciência é dura na definição do que é vida. Melhor recorrer às metáforas, como esta do jornalista e poeta brasileiro Orestes Barbosa, em *Chão de estrelas*: "Minha vida era um palco iluminado/ eu vivia vestido de dourado/ palhaço de perdidas ilusões". A literatura brasileira e a fala popular deram-lhe às vezes significação pejorativa, como na expressão "cair na vida", indicando prática de prostituição, conforme registrada pelo notável romancista Amando Fontes, em *Rua do Siriri*: "Quando foi que você caiu na vida? Foi seu noivo? Ou foi seu primo? É isso, aliás, que quase sempre acontece."

VIDEASTA do inglês *video*, cuja origem é o verbo latino *videre*, ver, que nesta forma verbal significa "eu vejo", formou-se, por analogia com cineasta, diretor de cinema, este neologismo para designar os diretores de filmes produzidos em vídeo e destinados a ser assistidos, não em cinemas convencionais, mas em videocassetes ou na televisão.

VIDENTE do latim *vidente*, declinação de *videns*, designando aquele que vê. Este adjetivo passou a qualificar a pessoa que vê o que não vemos no presente, não veremos no futuro ou não vimos no passado. O vidente diz-se dotado de percepções extraordinárias, mas tem dificuldade de demonstrar isso. Tal contexto serve a que indivíduos inescrupulosos, dizendo-se videntes, explorem a boa-fé dos simples. A novela *O astro* foi inspirada no argentino Luiz Lopez Rega, apelidado *El Brujo*, ex-ministro do Bem-Estar Social que se dizia vidente. A grande atração da trama, porém, é outra: quem matou Salomão Hayala? Em 1978, foi o amante de sua mulher Clô.

VIDEOCASSETADA de vídeo, do latim *video*, eu vejo, do verbo *videre*, ver, pelo inglês *video*, e cassete, do latim *capsa*, caixa, pelo francês *cassette*, caixinha, ao inglês *cassette*, palavra adotada na Inglaterra e nos EUA sem modificação do modo de escrevê-la. É do mesmo étimo de cápsula, caixinha, do latim *capsula*, diminutivo de *capsa*. Videocassetada é neologismo criado na televisão para designar o vídeo, geralmente caseiro, que atinge um fim inesperado, em que as pessoas que estão sendo filmadas se dão mal. Houve influência de cacetada, de cacete, do francês *casse-tête*, pedaço de madeira que, como a etimologia indica, atinge a cabeça. Mas no francês, originalmente, *casse-tête* designava problema de difícil solução, o conhecido quebra-cabeça. Nas mãos da polícia, cassetete veio a designar bastão de madeira ou borracha, com uma alça na ponta, utilizado para dispersar aglomerações e garantir a ordem pública.

VIDRO do latim *vitrum*. Há vidros em toda a parte. Os locais onde moramos e trabalhamos estão cheios deles. O vidro está presente também nos hospitais, nos frascos de remédios, nos automóveis e nos trens. A palavra que o designa veio do latim, mas de onde veio esse invento que os romanos denominaram *vitrum*, os franceses *verre*, os italianos *vetro*, os espanhóis *vidrio*, os alemães *Glas* e os de língua inglesa *glass*? Os antigos egípcios e fenícios foram os primeiros a fabricá-lo. A descoberta foi acidental, como tantas outras. Pedaços grossos de natrão, usado para tingir lã, foram usados por viajantes para neles apoiar vasilhas onde cozinhavam carne de caça. Depois de comerem, foram dormir, deixando o fogo aceso. Ao acordarem, os pedaços de natrão haviam se transformado em enormes pedras que lhes pareceram preciosas.

VIGARISTA de vigário, do latim *vicarius*, e sufixo -ista. Substantivo de dois gêneros, designa ladrão, ladra, meretriz, trapaceiro e principalmente o autor do conto do vigário, que inventa uma história mirabolante que, apesar das complicações, tem verossimilhança. O objetivo é enganar os incautos. No livro *Os contos e os vigários: uma história da trapaça no Brasil*, José Augusto Dias Júnior, Doutor em História Cultural pela Unicamp e professor da Faculdade Cásper Líbero, em São Paulo, examina o livro *Os ladrões no Rio*, publicado em 1903 por Vicente Reis, delegado de polícia. Um falso pároco espanhol envia ao brasileiro José Martins Barbosa, de Lorena, em São Paulo, cartas em que relata que um coronel do exército espanhol, Eduardo Martinez Castellano, por perseguição de inimigos, foi condenado à morte. Ouvido em confissão, segredou ao tal vigário que deixou uma herança de 2.450.000 pesetas para uma órfã chamada Luiza, de 13 anos. E, como o brasileiro foi a pessoa de melhor índole que conheceu em sua estada no Brasil, pede ao vigário que o localize no Brasil e lhe confie fortuna e filha. O dinheiro está, porém, no fundo falso de uma mala embargada judicialmente. Para retirá-la, é necessário pagar as custas do processo. Também Fernando Pessoa tratou do tema. Segundo ele, a origem é o nome português Manuel Peres Vigário. Dias Júnior esclarece: "Não é necessário que Manuel Peres Vigário tenha existido ou feito o que lhe é atribuído; basta que o chiste tenha caído no gosto popular." Já o ex-seminarista e catedrático da USP, Francisco da Silveira Bueno em *Grande dicionário etimológico prosódico da língua portuguesa*, volume 8, dá outra explicação: "A origem desta expressão estará, certamente, no espírito irreverente do povo que não leva a sério as narrações piedosas dos párocos a respeito da outra vida ou da intercessão milagrosa dos santos etc."

VIGIA de vigiar, do latim, *vigilare*, vigiar, ficar alerta, não dormir, observar com atenção. A origem remota é a raiz indo-europeia *weg*, vigor. Tornou-se palavra hegemônica sobre as variantes sentinela e atalaia, a primeira do italiano *sentinella*, radicada no verbo sentir, e a outra no árabe *attalaia*, plural de *talaia*, lugar alto, de onde se pode vigiar o inimigo.

VILAMISÉRIA do lunfardo *villamiseria*, bairro muito pobre, sem infraestrutura urbana adequada, às vezes sem água encanada, sem esgoto e cujas casas obtêm eletricidade de gambiarras nos postes. As duas palavras que se juntaram vieram ambas do espanhol *villa* e *miseria*, radicadas no latim *villa*, casa de campo, afastada da cidade, e *miseria*, miséria, extrema pobreza. A nova palavra surgiu na Argentina ao tempo do segundo governo de Juan Domingo Perón para designar as casas cujo teto era de lata, surgidas em Buenos Aires durante o êxodo rural, quando houve grande migração do campo para a cidade, segundo informa Oscar Conde, professor da universidade de Buenos Aires, em *Diccionario etimológico del lunfardo*. A nova designação para esses bairros pobres foi inspirada no título do romance de Bernardo Verbitsky, *Villa Miseria tambien es América*, publicado em 1957. Entre seus livros mais conhecidos estão *Es difícil empezar a vivir*, *Café de los Angelitos y otros cuentos porteños* e *Calles de tango*. O escritor e jornalista achava que seu ofício não se diferenciava do de outro trabalhador: "Nunca pretendi ser mais do que um operário da Remington", famosa marca de máquina de escrever. A palavra, embora ainda não registrada nos dicionários, já é empregada no Brasil Meridional.

VILÃO do latim vulgar *villanus*, que mora na vila ou que vive apenas em casa de campo, afastado da urbe. Por isso, não tem hábitos urbanos, indicadores de civilidade, substantivo ligado a *civitas*, cidade. É rude, rústico. Por preconceito que depois se consolidou, veio a designar também o covarde, por semelhança com *vilis*, vil, desprezível, de baixo preço. Em novelas, peças e filmes o vilão trai ou prejudica o herói, fazendo coisas reprováveis. Na Idade Média, o vilão, que aparece traduzido também como aldeão, era o camponês que trabalhava nas terras do senhor feudal, sem morar ali.

VINAGRE do latim *vinu acre*, vinho azedo. Presença indispensável na culinária, principalmente em saladas, o vinagre está presente também na expressão "foi para o vinagre", dando conta de prazos não cumpridos. As reformas foram para o vinagre diversas vezes, de onde agora Executivo e Legislativo prometem retirá-las, acrescendo-lhes novos impostos como temperos, como se faz com o vinagrete, onde entram sal e pimenta-do-reino. Vinagre é também sobrenome de pessoas, às vezes dulcíssimas.

VINDA feminino do particípio vindo, do latim *ventus*, de *venire*, vir, chegar. É do mesmo étimo de advento, do latim *adventus*, tempo de preparação para a vinda do Natal. Uma das primeiras referências ao advento remonta ao ano de 380, quando o sínodo de Saragoça, na Espanha, determinou uma preparação de três semanas, depois elevada para quatro, contadas a partir dos quatro domingos que antecedem o Natal.

VINGATIVO de vingar, do latim *vindicare*, do mesmo étimo de reivindicar. O *vindex*, defensor, na antiga Roma, atuava com o *judex*, juiz, e a designação não foi sempre pejorativa. Ao contrário, na *Bíblia*, o próprio Deus diz "minha é a vingança", mas com o tempo vingativo e vingador ganharam significados menos nobres, ainda que vingativo, ao lado de justiceiro e de cru ou cruel, tenha sido o apelido de Dom Pedro I, de Portugal. Alguns historiadores insinuaram que ele teria sido bissexual: certa vez teria ordenado a castração de um dos namorados porque esse amava uma mulher casada. Ao subir ao trono, depois de combater o pai, ele deu cabo a brutal vingança, mandando matar dois dos três conselheiros do rei que identificou como responsáveis pela morte da concubina, tirando pelas costas de um deles o coração. Herberto Helder tratou do tema no conto *Teorema*.

VINHETA do latim *vinea*, vinha, pelo francês *vignette*, enfeite utilizado para enfeitar peça de mobília ou de louça e para ilustrar manuscritos, servindo também para destacar ou separar certos trechos da escrita. Recebeu tal designação porque esses ornamentos tinham a forma de folhas de parreira e cachos de uva. No rádio e na televisão designa chamada de curta duração utilizada em abertura, encerramento ou reinício dos programas, para destacar a estação, o conteúdo ou o patrocinador.

VINTÉM do português arcaico *vinteno*, radicado no latim *viginti*, vinte, designando antiga moeda portuguesa, de cobre ou de bronze, que valia vinte réis. Mais tarde o vintém foi cunhado também em prata. E deu nome à Guerra do Vintém, como passou à História a revolta popular de 28 de dezembro de 1879, no Rio, contra o imposto de um vintém no preço do transporte de bondes puxados por burros, o meio de transporte urbano na época, representando 10% do preço da passagem, que era duzentos réis.

VINTENO do latim *viginti*, vinte. Indica a vigésima parte de um conjunto, como é o caso de uma fração de bilhete das loterias, ou uma série de vinte elementos, sendo utilizado também para denominar um tecido que tem cerca de 2 mil fios em sua urdidura.

VIOLÃO do latim medieval *vidula*, viola, em aumentativo para designar este instrumento de cordas dedilháveis cuja caixa de ressonância lembra o número oito. Designa também a mulher exuberante, de seios fartos e largos quadris, com cintura fina.

VIOLENTO do latim *violentus*, violento, impetuoso. Este adjetivo foi aplicado originalmente ao caráter das forças incontroláveis da natureza, como os ventos, as tempestades, os terremotos, os animais ferozes, e só depois às agressões humanas, daí sua vinculação com o étimo *vir*, homem, de cujas ações profanas, praticadas em lugares sagrados, nasceram o verbo violar e o termo violação, de templos ou de mulheres.

VIOLONCELO do italiano *violoncello*, instrumento de cordas semelhante ao violino, mas de grandes dimensões. Em 1988, na famosa casa de leilões *Sotheby's*, de Londres, um violoncelo foi arrematado por 1,09 milhão de dólares. Era um *Stradivarius*, fabricado em Cremona, na Itália, por volta de 1698.

VIRA-LATA de virar, do gaulês *gwiro*, inclinar-se para um lado, que no antigo baixo-latim tornou-se *virare*, e de lata, também do latim com mistura de origem céltica *lata*. Do hábito de cachorros e gatos de rua, que não têm ninguém que cuide deles, de revirar o lixo à cata de comida, nasceu este vocábulo para designar animais sem *pedigree*. O jornalista Geraldo Galvão Ferraz, que tem especial predileção por cachorros e gatos, inventou uma bem-humorada classificação de animais, estendendo o termo vira-lata para o gado vacum e as galinhas, e deslocando antigas denominações. Em tal sistema, há lugar até para as vacas *legorne* – originalmente uma raça de galinhas notáveis pela quantidade de ovos que põem. O cachorro de rua, mistura de várias cruzamentos aleatórios, resultou em espécie das mais resistentes. No início de 1999, uma vira-lata de nome Catita enfrentou um nobre pitbull fazendo com que largasse uma criança já ferida nas poderosas mandíbulas da fera. Foi saudada como heroína nacional, mas os entendidos dizem que foi movida por amor, não à criança, mas aos seus filhotes, que viu ameaçados. Catita pagou um tributo chamado anonimato dos ascendentes. Se tivesse *pedigree*, seu feito glorioso teria outro tratamento.

VIRGEM do latim *virgo*, pela declinação *virgine*, virgem, designando a moça que ainda não manteve relações sexuais completas e portanto guarda o hímen intacto. Embora mais raramente, o vocábulo é aplicado também ao sexo masculino. Tudo, porém, é relativo em tal denominação, já que o hímen pode ser complacente. O tabu da virgindade, tão combatido a partir dos anos de 1960, pode ter sido criado para proteger a mulher contra o estupro, muito frequente em tempos de guerra. Vocábulo de muitos significados, denomina ainda o sexto signo do zodíaco. Independentemente do estado do hímen, todos os que nascem entre 23 de agosto e 22 de setembro estão sob os bons eflúvios de Virgem.

VIRGINDADE do latim *virginitate*, declinação de *virginitas*, estado de quem ainda não teve relação sexual nenhuma, na primeira acepção do termo. Os tempos mudaram. A origem remota é o latim *virgo*, que designava a mulher que ainda não tivera relações sexuais, e no sentido semântico mais abrangente, a terra inexplorada. Os gregos usavam a palavra *parthénos* para indicar o mesmo estado, onde se radica a palavra portuguesa partenogênese, em biologia o desenvolvimento de um ser vivo a partir de um óvulo não fecundado, estado conhecido também por agamia, isto é, com ausência de células sexuais especializadas. A virgindade da mulher foi moeda de ouro nos casamentos, principalmente até a década de 1960. Hoje não é mais e o caso extremo foi o da modelo catarinense Catarina Migliorini, que leiloou pela internet sua virgindade. O vencedor foi um japonês que deu um lance de 1,5 milhão de reais.

VIRGULAR de vírgula, do latim *virgula*, varinha, pequeno traço, diminutivo de *virga*, vara. Saber a correta colocação das vírgulas é, mais do que uma técnica, uma arte! Em "Por causa de uma vírgula mal-encarada", divertido trecho do livro *Porque Lulu Bergantim não atravessou o Rubicon*, de José Cândido de Carvalho, lemos um sério conflito por causa de uma vírgula: "E na tarde que o Dr. Feitosa de Castro, diretor das Águas e Encanamentos de São João da Laje, pediu que o escrevente Porfírio Freixeiras retirasse certa vírgula de certo ofício, Freixeiras tremeu nos borzeguins. Espumou gramática, pronomes e crases. Em vinte anos de Águas e Encanamentos, de ofícios e pareceres, nunca chefe algum, em tempo algum, mandou que ele extraísse essa ou aquela vírgula de seus escritos. Com o papel na mão, ficou remoendo, remoendo, 'tira a vírgula', 'não tira a vírgula'. Até que tomou uma decisão definitiva. Chegou junto da mesa de Feitosa de Castro e expediu o seguinte ultimato: – Ou o doutor deixa a vírgula ou eu peço transferência de repartição. Feitosa, que era homem de pontos de vista firmados, foi claro: – A vírgula sai e o distinto amigo também." A conclusão: "O resto veio no Diário Oficial. Vejam que barbaridade! Por causa de uma simples vírgula, de uma inútil vírgula, Freixeiras foi redigir ofícios em Barro Amarelo. Lugar que não dava a menor importância às crases, quanto mais às vírgulas."

VIRILHA do latim *virilia*, partes sexuais do homem. Antigamente era tida por palavra obscena. Depois passou a designar apenas os músculos situados na junção da coxa com o tronco. Às vezes, o calcanhar de Aquiles de alguns atletas tem sido as suas virilhas.

VIRTUAL do latim escolástico *virtuale*, próprio da *virtus*, virtude, força do *vir*, homem. Entre os romanos havia a deusa Virtude, filha da Verdade. Era representada sob a figura de uma mulher vestida de branco, sentada sobre uma pedra quadrada. Seu templo estava ao lado do templo dedicado à Honra, de tal modo que para chegar à Honra, era necessário antes passar pela Virtude. Consolidou-se como sinônimo de disposição para a prática do bem. Os antigos e os escolásticos prescreviam como virtudes naturais a prudência, a temperança, a fortaleza e a justiça, às quais foram acrescentadas as virtudes teologais: a fé, a esperança e a caridade. Também aí dominou a mística do número sete. No latim escolástico, o latim da Igreja, virtual veio a designar o que existe como faculdade, porém sem exercício ou efeito atual. E este sentido foi adotado pela informática. É o que pode ser feito, mas cuja execução não é obrigatória. Na informática, passou a designar também série de trabalhos que dispensam o objeto físico, como nos projetos da indústria. Pode-se ensaiar a fabricação de vários modelos, de sapatos a automóveis, sem que seja necessário manipular mais do que as suas representações. Nas redações, as provas dispensaram o papel há tempos, pelo ensaio das diagramações na tela do computador, variando tipos de letras, figuras, fotos etc. Tudo é virtual até a última etapa que precede a impressão, esta, sim, definitiva, quando vira documento. Por ocasião do *bug* do milênio, os bancos deram provas dos limites do virtual, ao imprimirem extratos de contas temendo o pior: apagados, os arquivos somem. O papel resiste gloriosamente há séculos.

VIRTUOSE do francês *virtuose*, por influência do italiano *virtuoso*, radicados ambos no latim *virtus*, virtude, propriamente força do *vir*, homem em latim, sinônimo de *homo*, mas com referência maior à força física, ao desempenho, qualificando-o como verdadeiro varão, cujo feminino é *virago*. No português, espelhando-se nas raízes italianas e francesas, e não mais no latim, *virtuose* veio a designar músico excepcionalmente talentoso, sendo depois aplicado a qualquer profissional que domina bem determinada arte ou técnica. Também neste caso a influência é francesa, pois foi Jean-Baptiste Poquelin, mais conhecido por Molière, quem primeiro utilizou virtuose para designar qualidade artística. O contexto do século XVII ainda privilegiava como indissolúveis as relações entre beleza e verdade, mas hoje já são aceitos indivíduos que são exímios em seu ofício e péssimos exemplos de comportamento, como foi o caso do jogador francês Zidane. Mesmo sofrendo vaia descomunal no estádio e reprovação do mundo inteiro por seu gesto, foi eleito o melhor jogador da Copa de 2006, recebendo o troféu Bola de Ouro.

VISCO do latim *viscum*, designando planta de bagas vermelhas, pegajosas, que talvez seja o Ramo de Ouro da *Eneida*, de Virgílio. Planta medicinal do Hemisfério Norte, é usada como decoração de Natal. Em *De bello Gallico* (*A Guerra Gaulesa*), Júlio César relata que os druidas faziam sacrifícios humanos aos deuses. A moderna arqueologia encontrou grãos de pólen de visco, planta sagrada desses sacerdotes, nos intestinos do cadáver de um homem que morreu no ano 60 d.C., coincidindo com a nova ofensiva romana na Grã-Bretanha.

VISITADOR do latim tardio *visitatore*, visitador, com o sentido de inspetor, protetor. O escritor peruano Mario Vargas Llosa imaginou outra função para o ofício, no romance *Pantaleão e as visitadoras*. Transposto para o cinema, foi o grande vencedor do Festival de Cinema de Gramado em 2000, arrebatando os troféus de melhor filme, direção, ator, roteiro e montagem. Levou ainda os prêmios da crítica e do júri popular. Seu diretor é o cineasta Francisco Lombardi. O filme é protagonizado por Salvador del Solar e é uma sátira à mania militar de impor regras e procedimentos burocráticos a tudo. As visitadoras, falsas lavadeiras de roupas, atendem em casa, mas não vão aos tanques, vão às camas dos militares.

VISITAR do latim *visitare*, visitar, ver com frequência. No latim, a raiz da palavra tem também o sentido de examinar, de onde derivou o visto nos passaportes, quando se visita um outro país. O *Evangelho de São Mateus*, em "A visita dos magos", diz que quando nasceu Jesus, vieram a Jerusalém uns magos do Oriente para visitá-lo. Não diz que eram três, nem que eram reis. Eles seguem uma estrela de brilho extraordinário que lhes indica o caminho. Antes deles, porém, chegaram os pastores. Heródoto, considerado o pai da História, foi o primeiro a registrar a existência de magos no Oriente. A comemoração dos reis magos, em 6 de janeiro, encerra os festejos de Natal e os presépios são desmontados.

VITALÍCIO do latim *vitalicium*, para toda a vida. No Brasil, quase todos os cartórios são vitalícios, isto é, quem os recebeu do governo pode passá-los como herança aos parentes. Há poucos países no mundo onde a civilização tenha sido tão cartorial, como aqueles que foram colonizados por Espanha e Portugal. Ainda hoje se pode notar o exagero dos cartórios num simples reconhecimento de assinatura. Ainda que o contribuinte assine diante do funcionário público que está recebendo um documento por ele firmado, exige-se que vá antes a um cartório ou tabelionato reconhecer aquilo que o funcionário está vendo com os seus próprios olhos e cuja veracidade pode, pois, atestar.

VITAMINA do latim *vita*, vida, e *amina*, classe de compostos orgânicos derivados da amônia, formou-se este neologismo médico para designar a substância de grande eficácia no combate a doenças como o beribéri e o escorbuto. Os médicos notaram que os doentes melhoravam muito quando submetidos a uma dieta que incluía vegetais, carne, leite e arroz integral. Mais tarde descobriu-se que, além das aminas, outras substâncias estavam presentes, porém, o vocábulo já caíra em uso e todas aquelas substâncias reunidas continuaram sob o nome geral de vitamina. Tanto americanos quanto brasileiros têm especial predileção pelo consumo dessas substâncias, sendo mais procurados os remédios que têm vitaminas A, B, C, D, E e K. A descoberta desta última valeu Prêmio Nobel de medicina ao bioquímico dinamarquês Carl Peter Henrik Dam.

VITÓRIA do latim *victoria*, ação de vencer um inimigo em combate. Passou depois a designar o sucesso nos esportes, começando pelo atletismo, a primeira das modalidades esportivas na História. É também o nome de um célebre tipo de carruagem, utilizado pela primeira vez na Inglaterra. Mas, neste caso, tratou-se de antropônimo, pois foi a rainha Vitória quem inaugurou esse transporte solene. Era comum, desde tempos antigos, os vencedores desfilarem pelas ruas em carruagens, depois substituídas por meios mais modernos. Nas vezes em que a seleção brasileira sagrou-se campeã do mundo, foi em carros do Corpo de Bombeiros que nossos craques desfilaram gloriosamente.

VITORIOSO do latim *victoriosu*, vitorioso, vencedor. Entre os antigos gregos os vitoriosos na guerra tinham a proteção de Nike, a deusa da vitória, filha do gigante Palas e do Rio Estige, onde a mãe de Aquiles mergulhou seu filho, segurando-o pelo calcanhar, única parte do corpo que não foi molhada e por isso permaneceu vulnerável. Nos anos 1940 e 1950 deste século os EUA deram o nome de Nike a artefatos militares, como mísseis. Hoje, é uma das marcas de artigos esportivos mais conhecidas. E na segunda metade do século XIX foi vitoriosa a classe média da Inglaterra, cujos usos e costumes influenciaram muito o mundo a partir do reinado da rainha Vitória I, a ponto de designar período histórico e estilo de móveis.

VITUPÉRIO do latim *vituperiu*, insulto, injúria, ato vergonhoso. Mas às vezes o vitupério, devido à falta de autocrítica, vem de onde menos se espera, como lembrou Camões em verso famoso: "Elogio em boca própria é vitupério."

VIÚVA do latim *vidua*, mulher que não voltou a casar-se depois da morte do marido. Ao contrário da famosa personagem de Jorge Amado, Dona Flor, que fica com dois maridos, o morto e o vivo, as viúvas que voltam a casar-se costumam desfazer-se do marido morto e de suas memórias. O termo é utilizado em muitas metáforas, que aludem a outras perdas, nem sempre referentes à morte. Há mais viúvas do que viúvos no mundo porque, por norma, os homens morrem primeiro.

VIZINHANÇA de vizinho, do latim *vicinu*, vizinho, próximo, aplicando-se não apenas a pessoas, mas também a lugares, acrescido do sufixo -ança, indicador de aumentativo. Vizinhança designa conjunto de vizinhos ou arrabaldes. Com a verticalização das residências, vinda da alta concentração populacional em cidades e metrópoles, o vizinho deixou de ser geográfico. A vizinhança passou a ser formada por outros interesses, agrupando-se os indivíduos por categorias profissionais, opções de lazer etc. Nos grandes edifícios, a vizinhança de apartamentos quase sempre é a que menos se comunica entre si.

VIZIR do árabe *wazir*, pelo turco *vezir* ou *vesir*, ajudante, pessoa que auxilia o superior a levar uma carga. Com a organização social mais sofisticada dos estamentos sociais, tornou-se assessor para determinado assunto. Entre os árabes, passou a designar preferencialmente o ministro, o governador de província ou algum outro alto funcionário aos quais o soberano delegava altos poderes.

VOAR do latim *volare*, voar, ir rapidamente como quem tem asas. Voar era com os pássaros até que outros seres resolveram imitá-los e se dotaram de asas. Os primeiros a fazê-lo foram Dédalo e seu filho Ícaro, personagens da mitologia, que, utilizando cera, pregaram asas às costas para fugir do labirinto de Creta, onde estavam encarcerados por ordem do também lendário rei Minos. Ícaro, porém, como todo adolescente, exagerou, empolgou-se e voou muito perto do Sol, para desespero do pai. A cera das asas foi derretida pelo calor, e o jovem caiu no mar. Outros seres alados aparecem anualmente nas festas de Natal. São as nove renas que puxam o trenó de Papai Noel, conhecidas pelos nomes de *Dasher, Dancer, Prancer, Vixen, Comet, Cupid, Donder, Blitzen e Rudolf*. A primeira vez que os bichos voadores foram mencionados foi em uma história chamada *Uma visita de St. Nicholas*, que o estudioso de hebraico e professor norte-americano Clement Clarke Moore escreveu para contar aos filhos no Natal de 1822. Na iconografia europeia ele era alto e magro, ao contrário do elfo em que o escritor Clement Moore o transformou. O primeiro voo mecânico num aparelho mais pesado do que o ar foi obra de um brasileiro genial. O inventor Santos Dumont narrou as famosas experiências num livro autobiográfico intitulado *O que eu vi, o que nós veremos*, publicado à própria custa, como quase tudo o que fazia, em São Paulo, em 1918, em que faz depoimentos comoventes, como este: "(diziam-me que) se pretendia suicidar-me, talvez fosse melhor sentar-me sobre um barril de pólvora em companhia de um charuto aceso. Não encontrei ninguém que me encorajasse." Ainda hoje, os pessimistas usam a mesma definição jocosa de seu crítico para definir o avião, entretanto o meio de transporte mais seguro do mundo. Os EUA celebraram o centenário da invenção do avião pelos Irmãos Wright em 2003, mas a réplica do aparelho em que os americanos teriam voado não decolou e deu-se grande fiasco: acabou na lama. Ao contrário do suposto primeiro voo, este foi fotografado. Santos Dumont, que não patenteou seu invento, punha um sinal de igualdade entre os dois sobrenomes quando escrevia seu nome, querendo com isso igualar sua herança lusitana e francesa.

VOCAÇÃO do latim *vocacione*, declinação de *vocatio*, junção de *vocare*, chamar, e *actio*, ação de chamar. Consolidou-se na língua portuguesa como aptidão, destino, conjunto de afinidades complexas que levam uma pessoa a escolher determinada profissão ou modo de vida. Jesus diz nos *Evangelhos* que muitos são os chamados, mas poucos os escolhidos. Nem Ele pôde discernir que escolhia um futuro traidor para integrar o grupo dos 12 apóstolos, mas exegetas – intérpretes dos textos sagrados – asseguram que sabia, sim, mas não podia evitar seu próprio destino na *História da salvação*. Uma estranha vocação aparece no filme *Favela Rising*, de Matt Mochary e Jeff Zimbalist, escolhido melhor documentário de 2005 pela *IDA (International Documentary Association)*. Anderson Sá, vocalista do grupo Afroreggae e líder comunitário de Vigário Geral, periferia do Rio de Janeiro, foi indicado para receber a estatueta no *Directors Guild of America*, em Los Angeles, EUA . Numa das cenas, que tem lugar no alto do Morro do Cantagalo, Anderson pergunta ao menino Murilo, de dez anos: "O que você quer ser quando crescer?" E ouve em resposta apressada: "Bandido." Nos morros do Rio de Janeiro, o bandido é herói. Vilão é o policial. Esta guerra, a conquista das mentes das crianças, o tráfico já ganhou.

VODU do fon *voudu*, espírito, presente na expressão *jeje vodu*, demônio protetor, segundo crenças muito arraigadas entre os fons, povo e agricultores do sul da República de Benin e da República Federal da Nigéria. Como procediam os antigos romanos, antes da chegada do cristianismo, os fons cultuam seus ancestrais reais, qualificando-os como divindades. O vodu foi introduzido nas Antilhas por escravos negros, e hoje sua presença é mais forte no Haiti do que em qualquer outro país.

VOGAL do latim *vocale*, vogal, derivado de *vox*, voz. Designa som da linguagem humana e também a letra que representa esse som. As vogais da língua portuguesa são cinco, as clássicas *a, e, i, o, u*. Às vezes, algumas vogais não são escritas, mas são ditas, como em administrar, psicologia e advogado. Na fala soam como *adiministrar, pissicologia* e *adevogado*. No livro *Maricota e o mundo das letras* (Editora Mercuryo Jovem), de belo projeto gráfico, o escritor e frade dominicano Carlos Alberto Libânio Christo, mais conhecido como Frei Betto, faz com que Alfabeto explique à Maricota, de forma simples, precisa e encantadora, como poucos professores fazem: "O corpo de uma pessoa se compõe de cabeça, tronco e membros. O de uma palavra, de letras e sílabas. Sílabas são pedaços de palavras. MARICOTA, por exemplo, tem quatro sílabas: MA-RI-CO-TA. Para pronunciar uma sílaba você precisa de uma vogal. O mesmo vale para pronunciar uma letra."

VOIVODA do eslavônio *voivode*, título dado a autoridades militares ou políticas em alguns países da Europa oriental, como a Moldávia, a Bulgária, a Polônia e a Transilvânia. Este último teve um voivoda lendário, o conde Drácula, protagonista do romance do escritor irlandês Bram Stocker. Stoker publicou diversos outros romances, mas nenhum outro obteve o sucesso da narrativa em forma de diário, contando os feitos sanguinários e horrorizantes de seu famoso vampiro, levado ao cinema em numerosas versões. Antes de tornar-se escritor, o novelista teve como ídolo um ator, a quem escrevia 50 cartas por dia.

VOLÁTIL do latim *volatile*, que pode voar. Ultimamente, o vocábulo tem sido dito e escrito com muita frequência para caracterizar a natureza do capital que sobrevoa as economias do mundo, pousando aqui e ali. Avisa quando pousa, mas decola subitamente, provocando pânico. Em 1994 abandonou o México. Em 1997 deixou vários países asiáticos a ver navios e começou a volatizar-se também no Brasil. Nossas autoridades econômicas disseram que não éramos o México. Depois, que não éramos a Tailândia, nem outros tigres. E agora só resta saber se não somos quem sempre fomos: macacos que copiam sistemas econômicos que dão errado no mundo inteiro.

VÔLEI do inglês *volley-ball*, voleibol, depois reduzido para vôlei apenas. O Brasil tem obtido muito êxito nesse esporte nos últimos anos. Parte deste sucesso deve ser creditada ao fracasso do futebol brasileiro no plano internacional no período que vai de 1970 a 1994. A seleção feminina de vôlei obteve o vice-campeonato mundial em outubro de 1994, perdendo a medalha de ouro para Cuba feito até então inédito. As brasileiras destacaram-se tanto pelo talento como pela beleza.

VOLT do francês *volt*. Tanto no português como no francês, assim como em muitas outras línguas, designa a unidade internacional de diferença de potencial elétrico. Nas residências brasileiras, a eletricidade usual tem tensão de 110 volts. O vocábulo deriva do nome do célebre físico italiano, o conde Alessandro Volta, tido por deficiente mental até os sete anos, quando somente então começou a falar. Tornando-se professor universitário, era muito criticado pelos colegas, que o consideravam pouco científico. Logo que descobriu a pilha, foi nomeado senador do reino da Itália por Napoleão Bonaparte. A Academia de Ciências da França recusou-se a condecorar o sábio italiano com uma medalha de ouro, alegando que o regulamento proibia premiar um estrangeiro, mas o desejo do imperador acabou se impondo, e ele ainda acrescentou ao prêmio seis mil francos. Quando ficou bem velhinho, quis aposentar-se, mas outra vez o imperador interveio, dizendo que se ele estava muito cansado de ensinar, que desse apenas uma lição por ano, "pois os bons generais morrem no campo de batalha", desde que não sejam presos antes e exilados numa ilha, naturalmente, como aconteceu ao seu protetor.

VOLTA de uma raiz indo-europeia *wel-/welw*, rodar, rolar, presente no étimo de voltar, do latim *voltare*. O poeta Paulo Leminski fala no coração de polaco que voltou. Mas por que voltou se já estava nele, que o herdara dos avós pelos pais? Voltou porque, assim como o sangue circula no corpo, dando os sinais essenciais da vida, os chamados sinais vitais, o poeta redescobre sua etnia, sua origem, sua cultura. E antigos temas voltam a circular em sua cabeça, a sede do coração, no sentido metafórico, tal como o entendemos. O poeta não diz "meu coração de polonês", mas "meu coração de polaco", orgulhoso dessa herança: "Meu coração de polaco voltou/ coração que meu avô/ trouxe de longe pra mim/ um coração esmagado/ um coração pisoteado/ um coração de poeta."

VOLTAR do latim *volvere*, volver, virar, que resultou nas variantes *volvitare* e *voltare* no latim vulgar, conservando o sentido que tinha no latim clássico. O verbo é abonado no *Dicionário Aurélio* com uma passagem extraída da p. 27 de *O menino*, livro do escritor, juiz e fundador da Universidade Estácio de Sá, João Uchôa Cavalcanti Neto: "fumava demais, andava pra cá, subia, descia, andava pra lá, ...voltava". O mesmo verbo está presente na expressão coloquial "voltar à vaca-fria", com o significado de retomar um assunto interrompido durante a conversa. O dito proverbial nasceu no fórum e está registrado em várias línguas, do latim ao francês. Na origem popular, o animal em litígio é uma vaca já morta. Na peça de teatro em que a expressão foi aproveitada, um advogado, fazendo longas e como sempre dispensáveis digressões, chega a aludir a Faetonte, o filho do Sol, que quis conduzir o carro ardente do pai, quando é atalhado pelo juiz que, objetivo, querendo proferir logo a sentença, atalha o lero-lero do defensor com estas palavras: "Tudo isto é muito bonito, mas voltemos à vaca fria." No português, o provérbio ganhou força a partir da peça de teatro, que fazia sucesso desde a Idade Média, *A farsa do advogado Pathelin*, de autoria anônima ou duvidosa, sendo atribuída a Pierre Blanchet e Antoine de La Sale, entre outros. O texto debocha dos costumes das duas classes sociais dominantes na França do século XV, os comerciantes e os homens de leis. Os personagens são todos canalhas e o advogado Pathelin, criticado até pela própria mulher, que o chama de trapaceiro, mente o tempo todo. Em algumas variantes, a vaca é substituída por uma cabra ou uma ovelha.

VOLUME do latim *volumen*, rolo ou coisa enrolada, substantivo ligado ao verbo *volvere*, virar, voltar. Em tempos idos, na Grécia, como em Roma e em Israel, os livros eram escritos em rolos de papiro ou couro. Quem lia um capítulo ou trecho ia desenrolando o que estava lendo e o enrolando de novo para ler o próximo. A própria palavra capítulo vem do latim *capitulum*, diminutivo de *caput*, cabeça no latim clássico, que no latim vulgar era *capitia*. Nos artigos das leis, nas ordenações, nas determinações de orçamentos, *caput* veio a designar a parte principal do artigo ou da disposição e *capitulum* a subdivisão. Capítulo permanece ainda hoje como divisão de livro.

VOLUPTUOSO do latim *voluptuosu*, delicioso, que dá prazer, volúpia. O famoso poeta paulista Guilherme de Almeida, falando de sua amada, depois de escrever "sou fetichista: adoro tudo que é teu", usa o vocábulo nessas exclamações paradoxais: "e este contato voluptuoso, com tanta coisa evocativa, é tão sensual, tão delicioso, para minha alma sensitiva, que espero, cheio de ansiedade, cada momento em que te vais, e chego mesmo a ter vontade, de que não voltes nunca mais."

VOTAR do latim *votare*, votar, escolher. Nas eleições, para votar é preciso apresentar o título de eleitor ou um documento de identidade que garanta a máxima "uma cabeça, um voto", para evitar a fraude. Mas a mídia fez uma votação universal pela internet para escolher não candidatos políticos, mas as sete maravilhas do mundo, uma ideia do cineasta suíço-canandense Bernard Weber, que trabalhou no projeto por vários anos. Para ele, esta é "a primeira votação global da História". A votação começou com uma lista de 177 lugares, depois reduzidos a 77, dos quais foram escolhidos 21 finalistas, em processo em que votaram 25 milhões de eleitores, a maioria deles pela internet. Pelo Brasil, concorreu a Estátua do Cristo Redentor, ficando em 3º lugar entre os 21 finalistas, ao lado de outras maravilhas do mundo atual como a Estátua da Liberdade, pelos EUA; a Pirâmide de Chichén Itzá, centro de referência política e econômica da cultura maia, pelo México; o Coliseu, pela Itália; o Castelo de Neuschwanstein, pela Alemanha; A Torre Eiffel, pela França; as Pirâmides de Gizé, pelo Egito; O Palácio de Alhambra, pela Espanha; o conjunto do Kremlin e da Praça Vermelha, pela Rússia; a Grande Muralha, pela China; a cidade de Machu Pichu, pelo Peru. Os vencedores foram: 1º Grande Muralha da China; 2º Ruínas de Petra, Jordânia; 3º Cristo Redentor; 4º Machu Picchu; 5º Pirâmide de Chichén Itzá; 6º Coliseu e 7º Taj Mahal. Quando listou as sete maravilhas do mundo antigo, o engenheiro e escritor grego Phílon de Bizâncio votou sozinho e escolheu as seguintes: as pirâmides do Egito, construídas no terceiro milênio a.C., a única da lista que ainda pode ser vista. As outras seis desapareceram: os Jardins Suspensos da Babilônia, erguidos pela rainha Semíramis ou por Nabudonosor, no século IX a.C.; o templo dedicado à deusa Diana, com 138 m de altura, construído no séc. IV a.C.; a estátua de Zeus, em Olímpia, Grécia, que tinha 12 metros de altura; o mausoléu de Halicarnasso, antigo nome de Bodrum, atual Turquia; o colosso de Rodes, como ficou conhecida a estátua de Apolo, construída entre 192 e 280 a.C. e destruída por um terremoto em 225 a.C. O Farol de Alexandria, edificado em 280 a.C., foi incluído como a sétima das maravilhas apenas no século IV de nossa era, em substituição às Muralhas da Babilônia.

VOTO do latim *votum*, promessa, desejo. Mas em seu sentido político veio do inglês *vote*, língua que criou também muitas outras expressões correlatas, depois adotadas em outras culturas, às vezes por meio de simples tradução, como voto de censura, voto de confiança e outras.

VOVOZINHA de avó, do latim *avia*. Formou-se em etapas. Primeiro, pela supressão do "a" inicial em avó. Em seguida, pela reduplicação de vó, culminando em vovozinha, diminutivo apoiado nesta última variante. Foi a partir da linguagem coloquial que se formaram tais diminutivos carinhosos, como avozinho e vovozinho, com seus respectivos femininos, mas, curiosamente, vovozinha serve como réplica em ofensas, de que é exemplo a expressão "é a vovozinha".

VOZ do latim *voce*, declinação de *vox*, voz. O ditado "a voz do povo é a voz de Deus" nasceu em sociedades em que os sacerdotes tinham grande prestígio e seu fim era desqualificar a opinião popular. Com o tempo, porém, passou a significar endosso ao que o povo diz. O primeiro registro está em Isaías 66,6: *"vox populi de civitate, vox de templo, vox Domini reddentis retributionem inimicis suis"* (Voz do povo da cidade, voz do templo, voz do Senhor que dá retribuição a seus inimigos). O erudito inglês Alcuíno, um dos mestres da escola de *Aix-la-Chapelle* (hoje, *Aachen*), instalada pelo imperador Carlos Magno no próprio palácio, adverte o imperador para a falsidade da opinião popular: *"Nec audiendi qui dolent dicere vox populi, vox Dei, cum tumultuositas vulgi semper insanias proxima sit"* (Não devem ser ouvidos aqueles que costumam dizer "voz do povo, voz de Deus", porque a confusão do vulgo sempre toca as raias da loucura). A tradição, porém, consagrou como verdadeira a voz do povo, de que são exemplos "onde há fumaça, há fogo" e "quando o povo fala ou é, ou foi, ou será". No Brasil há um instituto de pesquisas de opinião intitulado *Vox populi*.

VULCÃO do nome do mito latino *Vulcanus* que, segundo crença dos romanos, tinha suas oficinas debaixo do monte Etna, onde fabricava os raios e outras potências de fogo. O fogo sempre se prestou à ostentação de força, de que é exemplo ainda hoje o braço armado com revólver, pistola, carabina, fuzil, metralhadora ou apenas alguma tralha que semelhe um pau de fogo. Por metáfora, passou a receber outros sentidos, servindo para qualificar um tipo de passo muito comum entre autoridades, consistindo em "dançar sobre um vulcão", isto é, desprezar perigos iminentes. Muitos prefeitos empossados incorrem nesta dança. Cobrados, dizem que não dançam por amor à arte, mas porque encontraram as administrações na maior pindaíba, sem recursos para conjurar os perigos vulcânicos, sobretudo de nossas metrópoles, cuja explosão social parece inevitável, mas que por enquanto é feita no varejo, com guerras de pequeno porte, as chamadas chacinas de fins de semana. O álcool e as drogas têm servido de espoleta e combustível.

VULGAR do latim *vulgare*, relativo ao *vulgus*, vulgo, o povo. Este étimo latino está presente também em divulgar e divulgação, isto é, tornar algo conhecido de todos. Mas espíritos refinados evitam a expressão vulgar, substituindo-a por eufemismo, vocábulo de origem grega que significa boa (*eu*) palavra (*phême*). Como a vulgaridade parece ter tomado conta da civilização contemporânea, circula na internet uma debochada forma de atenuar certas expressões populares. Assim, "conversa mole para boi dormir" vira "prosa flácida para bovino cochilar"; em vez de "ele pagou o maior mico", diz-se "ele creditou a um grande primata". Outras exigem extensa elaboração, contrariando a síntese da forma vulgar, de que é exemplo a alternativa erudita para o popular "chutar o balde": "Derramar água pelo chão, através do tombamento violento e premeditado de seu recipiente com a extremidade do membro inferior."

VULGATA do latim *vulgata*, feminino de *vulgatus*, divulgado, ou seja, conhecido dos vulgos, os populares, o povo, tornando-se vulgar, isto é, próprio da multidão. Veio da expressão do latim medieval *vulgata editio*, edição popular. Com a eliminação de *editio*, veio a designar a edição da *Bíblia* em latim, cuja tradução foi feita por São Jerônimo, que traduziu do grego os manuscritos do Novo Testamento e do hebraico os do Antigo Testamento. Mas foi apenas no século XVI, no Concílio de Trento, que a Igreja declarou oficial e de uso comum a *Vulgata*.

VUVUZELA de vu-vu, do quincongo *vuuvu*, ruído, rumor, conflito, confusão, briga. Vu-vu designa também instrumento de percussão de origem africana, cujo som parece soar a palavra, utilizado nos ranchos dos reis. Vuvuzela veio a denominar corneta de mais ou menos um metro de comprimento, usada por torcedores na África do Sul, cujo som lembra o barrido do elefante ou uma sirene. Tornou-se muito popular naquele país a partir da década de 1990, quando uma empresa passou a fabricar vuvuzelas de plástico. Especialista em vuvuzela esteve uma temporada em Lisboa e outras cidades, antes da Copa de 2010, ensinando seu uso. Postos de abastecimento portugueses comercializaram em larga escala a vuvuzela, e vários jogadores da seleção portuguesa aprenderam a tocá-la. Portugal dominou a África lusófona desde o alvorecer do século XVI até a segunda metade do século XX, quando os países obtiveram a independência, depois de anos de lutas sangrentas.

W

WINCHESTER do nome do americano Oliver Fisher *Winchester*, que deu seu próprio nome à carabina que inventou, arma que logo mostrou sua eficiência. Em 1866, durante a Guerra Civil norte-americana, cerca de 300 índios armados com carabinas dessa marca venceram 260 soldados comandados pelo famoso general George Armstrong Custer, contribuindo para a valorização da arma. Ficou tão popular o nome *winchester* que passou dali em diante a designar qualquer outro fuzil de repetição, ainda que de outras marcas. O vocábulo hoje é utilizado também para designar um componente fundamental do computador, dada a analogia entre os sistemas: acionados, um dispara balas, o outro, sinais.

X

XÁCARA do espanhol *jácara*, narrativa popular que, em versos alegres, se ocupa da vida airada de alguém. Recebeu também a denominação de *rimance*, variação de romance, porque tais histórias eram contadas e quase sempre cantadas em alguma das variedades surgidas da evolução do latim vulgar falado pelas populações, pai de línguas como o português e o espanhol. Misturando-se às novelas de cavalaria, foi temperado por ações inusitadas de heróis que precisavam resolver graves impasses em momentos dramáticos. *O heroísmo de Sidrão* e *Os martírios de Helena*, do romanceiro nordestino, abre com estes versos: "Neste romance se vê/ luta, batalha e terror,/ força, coragem, vingança,/ tristeza, pranto e horror,/ bravura, honra e critério,/ ódio, triunfo e amor./ No mesmo assunto eu descrevo/ uma história verdadeira,/ falando sobre um Barão,/ pai de uma filha solteira,/ conhecido ali, na zona,/ por 'o terror da ribeira'."

XADREZ do sânscrito *chaturanga*, cujo significado é "os quatro membros", designando as quatro divisões das forças em combate: elefantes, cavalos, carros e peões, depois mudadas para cavalos, bispos, torres e peões. Fez escala no persa *xatrang*. O jogo, inventado na Índia, no século VI, tem lugar sobre um tabuleiro de 64 casas, pretas e brancas, no qual dois parceiros movimentam 32 peças ou figuras de diferentes valores, em geral esculpidas em marfim, madeira, ferro etc. Termina com o xeque-mate: *xah*, rei, *mat*, morto. Nos arredores de Teresópolis (RJ), no *Hotel Village Le Cantom*, o xadrez, com peças enormes, pode ser jogado a céu aberto. O tecido xadrez tem este nome porque as cores, dispostas em quadrados alternados, semelham o tabuleiro.

XAFETÃO origem obscura, designa pilar oco por onde passam os fios da rede elétrica, os cabos de telefone e de televisão às várias dependências de um prédio.

XAMÃ do tungue *saman*, pelo inglês *shaman*, esconjurador, exorcista, feiticeiro, curandeiro. O tungue, parecido com o coreano e com o japonês, é idioma da família altaica, grupo de línguas faladas nos montes Altai, na Ásia Central, habitada por chineses, mongóis e russos. O xamã semelha um sacerdote a quem a comunidade confere poderes sobrenaturais, como o de invocar os bons espíritos e esconjurar os maus. O pajé indígena também faz as vezes do xamã. E foi por xamanismo que os índios guaranis vagaram durante tantos séculos em busca da Terra sem Males, utopia mística, jamais alcançada por eles, como mostra o filme *República Guarani*, de Sílvio Back. O xamã ou o pajé, em transe, que podia ser provocado pela ingestão de substâncias alucinógenas, fazia inclusive adivinhações e advertências.

XAMPU do *hindustâni chhâmpô*, forma imperativa do verbo *chhâmpnâ*, amassar, apertar. Chegou ao português pelo anglo-indiano *shampoo*.

XARÁ do tupi *sa rara*, derivado de *se rera*, meu nome. Designa pessoa que tem o mesmo nome que outra. No Brasil meridional, com significado idêntico, por influências platinas, é mais utilizado tocaio, do espanhol *tocayo*, por sua vez vindo de frase ritual latina que a noiva dizia ao noivo no direito romano, quando a comitiva nupcial vinha buscá-la em casa: *ubi tu Caius, ibi ego Caia* (onde fores chamado Caio, ali eu serei Caia). Na Península Ibérica os estudantes passaram a usar a frase como galanteio às moças. E o povo adotou a palavra *tocayo* em sentido generalizado. Neste caso, pode ter havido mistura com o *náuatle tocatyl*, nome. *Náuatle* quer dizer harmoniosa na língua homônima, um dos vários idiomas falados pelos astecas antes da chegada dos colonizadores.

XAROPE da variação do árabe *xarab*, bebida, do mesmo étimo de *xereb*, beber. Designa medicamento líquido e açucarado. Quando surgiu, era indicado para combater a tosse e outras afecções do peito e da garganta. Ao contrário dos xaropes atuais, o antigo era amargo, pois era crença de que quanto mais desagradável de gosto o medicamento, mais eficiente seu efeito. Como a pessoa toma quando não está bem, o chato, companhia sempre indesejável, menos para os masoquistas, veio a ser qualificado como xarope. Tal como remédio, tomado a contragosto, também sua presença causa desconforto. Com o tempo foi designada xarope também a bebida agradável, mas o sentido metafórico de xarope como algo ruim permaneceu.

XÁTRIA do sânscrito *ksatrya*, nome dado à segunda casta da sociedade hindu, a dos guerreiros, logo abaixo da primeira, a dos brâmanes, constituída pelos homens livres, os nobres arianos. Também os sacerdotes responsáveis pelo fiel cumprimento dos ritos estão na primeira classe. É uma cultura onde os sacerdotes têm ascendência sobre os militares.

XAVECO do árabe *xabbak*, barco para pescar com rede, muito utilizado pelos piratas do Mediterrâneo nos séculos XVIII e XIX. Por ser usado em ações criminosas, o barco veio a denominar comportamentos reprováveis, mas ganhou sentido que o redimiu ao designar a cantada, conjunto de palavras e gestos utilizados pelo homem para seduzir a mulher. Fabiano Rampazzo e Ismael de Araújo, em *Xaveco, câmera, ação* (Editora Matrix), fizeram uma antologia de xavecos memoráveis do cinema, entre os quais o de Al Pacino, na pele do poderoso chefão quando jovem, homiziado na Sicília, depois de alguns assassinatos em Nova York. O curioso é que, falando inglês, ele se serve de um tradutor, seu guarda-costas, e de um intermediário, o próprio pai da moça, para dizer que gosta de Apolônia e quer casar-se com ela.

XENOFOBIA do grego *xénos*, estrangeiro, e *phobein*, odiar; ou *phóbos*, medo. O Brasil tem mais xenomania, paixão pelo estrangeiro, do que xenofobia, horror ou ódio a pessoas e coisas que aqui chegam. Começamos recebendo bem os portugueses e suas miçangas.

XENOGLOSSIA vocábulo formado a partir das formas gregas *xénos*, estranho, estrangeiro, e *glossa*, língua. O *Dicionário Aurélio* ainda não registra esta palavra, muito utilizada nos livros espíritas para designar o ato de os médiuns falarem e escreverem em línguas estranhas que, quando fora de transe, ignoram.

XENOMANIA dos étimos gregos *ksénos*, estrangeiro, estranho, e *mania*, loucura. Designa afeição exagerada por tudo o que é estrangeiro. Cada qual tem seu hábitat, não apenas a espécie humana, mas todas as espécies, todos os organismos vivos. Sem levar em conta este preceito, em 1859, diversas espécies se tornaram pragas na Austrália. Percebendo que no continente não existiam coelhos, o caçador e fazendeiro australiano Thomas Austin trouxe da Inglaterra 24 coelhos. Eles se multiplicaram de tal modo que em 1950, como último recurso, foi tentado o controle biológico: tentaram exterminá-los com o vírus da mixomatose. Já habitavam o continente, então, cerca de 600 milhões coelhos. Foram reduzidos a 100 milhões. Mas se recuperaram e hoje são 300 milhões.

XEQUE-MATE do persa *sháh-mát*, rei morto. Último lance possível no jogo de xadrez, quando o rei adversário é inapelavelmente vencido.

XERETAR formado de cheirar, do latim vulgar *flagare*. Na linguagem coloquial ganhou o sentido de procurar com insistência, bisbilhotar, provavelmente a partir do convívio doméstico com os cães, que procuram cheirando, dado que neles o olfato é o mais apurado dos sentidos. Cheirar, antes da consolidação de xeretar, já era utilizado como metáfora de percepção, como aparece nesses versos de *Estrela da vida inteira*, de Manuel Bandeira: "Prova. Olha. Toca. Cheira. Escuta./ Cada sentido é um dom divino." Seu livro de estreia foi *Cinza das horas*, lançado em 1917, ao que se seguiu dois anos depois *Carnaval*. Outro título, *Libertinagem*, também lembra as festas da carne.

XERIFE do inglês *sheriff*, oficial. No inglês antigo era grafado *scir gerefa*, isto é, *gerefa* (oficial) e *scir* (condado). Na ocupação territorial dos EUA pelos colonos ingleses, o xerife tornou-se autoridade muito importante, cujas decisões podiam significar a morte de uma pessoa ou sua condenação sumária. Com o fortalecimento das representações democráticas, as leis foram se impondo no lugar desses homens fortes, ainda que em muitos casos os ocupantes da função às vezes se esqueçam disso. Nos vários planos econômicos que o Brasil tentou ao longo dos anos 1980 e 1990 para conter a inflação e os preços, várias autoridades econômicas foram chamadas de xerifes, dada a conotação policial que certas práticas administrativas passaram a ter. A imagem foi certamente reforçada com a prisão de bois no pasto, quando os telejornais mostraram os inocentes bovinos sendo conduzidos ao matadouro por homens armados de metralhadoras e fuzis.

XIBOLETE do hebraico *shibolet*, espiga, tendo também a variação dialetal *sibolet*, de igual significado. A *Bíblia*, no *Livro do Juízes*, conta-nos uma história de guerra na qual esta palavra funcionou como senha, tendo resultado em muitas mortes. A tribo de Galaad estava em guerra com a de Efraim. Para identificar os efraimitas fugitivos, seus inimigos pediam que dissessem *shibolet*, mas eles pronunciavam *sibolet*, diz o narrador, acrescentando: "Não sabendo pronunciar corretamente, agarravam o inimigo e o matavam no vau do Jordão. Nessa ocasião, pereceram quarenta e dois mil efraimitas." Cláudio Moreno, doutor em Letras e professor de referência no ensino da língua portuguesa, em cursos superiores de qualidade e em renomados colégios de Porto Alegre (RS), autor da série *Guia prático do português correto*, tratou da questão em *O prazer das palavras*, delicioso livrinho de bolso, da L&PM Pocket. Quais seriam os xiboletes, não de alguns falantes da língua portuguesa, mas de todos? O principal é o "ão". O português é a língua do "ão". Mas há outros.

XIMBICA de origem controversa, provavelmente palavra derivada do banto *ximba*, surra de vara que os ogãs aplicam no iniciado em transe como punição ordenada pelo orixá. Ximbica designa também jogo de cartas muito popular, cachaça, indivíduo mentiroso e carro velho. E dá nome a um palhaço de circo e a uma cantora que canta esses versos: "Eu me olho no espelho/ Linda passo meu batom-om/ Ligo o rádio e não escuto nada de bom-om/ Propaganda eleitoral me dá depressão/ Que país sensacional/ Até palhaço é federal!"

XINGO de xingar, do quimbundo *xinga*, insulto, ofensa. Em busca de ultrajar o próximo, o homem recorre com frequência aos animais e frequentemente é injusto, senão com os ofendidos, com os bichos utilizados nas metáforas xingatórias. O estúpido é chamado de burro, mas os entendidos em pecuária sabem que o burro é tão ou mais inteligente do que o cavalo. Os estouvados e grosseiros são chamados de cavalos, mas o cavalo é um animal dócil e delicado, capaz de levar o dono bêbado, são e salvo, da bodega onde tomou o porre à casa onde será curado da ressaca. A mulher devassa é chamada de vaca, mas quase todas as vacas são monogâmicas ou, então, recebem apenas os touros que lhes são destinados, sem procurá-los pelo pasto em troca de diversão ou de dinheiro. A pessoa de má índole é chamada de cobra, mas a cobra ataca apenas por defesa. O homossexual masculino é chamado de veado, mas este ruminante não faz jus a tal opção sexual, sendo ainda obscura a razão de ter servido a tal metáfora. O porco, por ser onívoro e esfregar-se na lama, é invocado para xingar as pessoas sem higiene, mas outros animais fazem coisas semelhantes e não aparecem nos xingamentos. Chamar marido infiel de cachorro e político ladrão de gatuno estão entre os mais injustos. O cachorro é fiel e o gato não rouba.

XISPETEÓ da abreviatura X.p.t.o., assinatura paleográfica do nome grego de Cristo, *Christós*, ao tempo da perseguição aos cristãos nos primeiros séculos em Roma, que criaram o famoso tetragrama com as letras gregas X (som de ch), P (com som de r), T (em grego, *tau* ou *tê*) e O (ómicron, com som breve). No século IV, o cristianismo tornou-se a religião oficial do Império Romano e o símbolo deixou de ter a importância que tinha, mas permanece em vários paramentos eclesiásticos até os dias de hoje. No século XIX, um vinhateiro, segundo nos informa Marcus Cláudio Acquaviva em *Etimologias e expressões pitorescas*, chamou X.p.t.o um vinho de alta qualidade. Como poucos conheciam o grego, mas muitos apreciavam vinho, dali por diante qualquer coisa de qualidade superior passou a ser definida como *xispeteó*, transformando o "p" grego em "r". O conceito passou a ser aplicado a roupas, bebidas, doces, profissionais etc.

XITAQUE do japonês *shiitake*, tipo de cogumelo. Os dicionários de língua portuguesa ainda não o registram, mas talvez prefiram, quando o fizerem, seguir o padrão atado em *shiatsu*, tipo de massagem terapêutica, igualmente de origem japonesa, redução de *shiatsuryóhó*, de *shi*, dedo; *atsu*, pressão; *ryoho*, tratamento. O nome completo é *Shiatsu Siatsme*. O *xitaque* oriental é um prato feito com 200 gramas desse cogumelo, três colheres (de sopa) de manteiga, duas colheres (de sopa) de molho de soja, duas colheres (de sopa) de saquê, uma colher (de sopa) de cebolinha verde fatiada e uma pitada de *ajinomoto*, vocábulo ainda não dicionarizado no português, que designa em japonês um tipo de sal (glutamato monossódico). Servido quente, o xitaque oriental traz também a quentura do saquê, licor feito de arroz.

XORTE do inglês *short*, curto, dito para *short* ou *shorts*, designando calça esportiva, masculina ou feminina, de pernas mais curtas do que as da bermuda. Provavelmente seguirá o exemplo de *shampoo*, alterando-se o "sh" inicial para "x", que os dicionários já abonam como xampu. "Meu maior sonho é ter uma casa de campo com piscina, um iate, um apartamento duplex, um corpo de secretárias, um helicóptero, uma conta no banco, uma praia particular e um short. Por enquanto já tenho o short", escreveu o humorista Leon Eliachar, que dizia também ser "cairoca", por ter nascido no Cairo e vivido no Rio de Janeiro desde menino. Morreu assassinado a mando do marido da paranaense com quem mantinha um caso.

XUMBERGA derivação de xumbergar, verbo com o significado de embebedar-se. É provável que tenha se formado a partir do alemão *Schomberg*. Tem o significado de bêbado. O primeiro xumberga do Brasil foi o governador de Pernambuco Diogo de Mendonça Furtado, que bebia muito. Não foi o único político a notabilizar-se pelos feitos etílicos.

XUMBREGA do sobrenome do general alemão Frederico Hermann Schönberg, que serviu às tropas portuguesas nas guerras travadas contra a Espanha no século XVII. Dono de vasto bigode, extremamente gordo, comilão e beberrão, ele tinha comportamento extravagante. Seu sobrenome serviu ainda de apelido ao incompetente administrador colonial português Jerônimo Mendonça Furtado, detestado pelos pernambucanos, que usava bigodes tufados como ele. Nenhum dos dois fez boa coisa nos ofícios de que se ocuparam e xumbrega veio a designar coisa malfeita, sem qualidade. É escrito também chumbrega.

XUXALIZAÇÃO do apelido carinhoso pelo qual é mais conhecida a modelo, atriz e apresentadora de celebérrimo programa infantil na televisão, Maria da Graça Meneghel, mais conhecida como Xuxa, nasceu esse neologismo. Xuxa é variante de chucha, boneca ou pano embebido em leite ou água açucarada, substitutiva do seio da mãe e do dedo da criança. Dada a enorme influência exercida pela 'Rainha dos Baixinhos' sobre os pequenos, se não houve socialização, tem havido xuxalização do Brasil. Também os mais graudinhos sempre gostaram de Xuxa, que tem imagem amplamente favorável na mídia. Apenas Pelé a abandonou, mas este abandonou também a seleção brasileira em plena forma. E essas duas coisas, ao lado da declaração infeliz que deu certa vez, dizendo que o povo brasileiro não sabe voltar, faz jus ao que dele disse o irreverente Romário, que fez carradas de gols, como o Rei: "Pelé calado é um poeta."

Y

YACUZA do japonês *yakuza*, organização criminosa japonesa, semelhante à máfia italiana pelos métodos e pela disciplina. Designa a máfia japonesa, formada de *ya*, 8; *ku*; 9; *za*, 3. Esses números compõem a sequência de um jogo de azar muito popular no Japão. Os dicionários *Aurélio* e *Michaelis* ainda não a registram, mas outros já, como o *Dicionário Caldas Aulete* e diversos gramáticos e professores de língua portuguesa, entre os quais Luiz Antonio Sacconi, referência em publicações gramaticais.

YAKISOBA do japonês *yakisoba*, macarrão frito, prato de origem chinesa. A variante é yakissoba, para evitar-se o som de "z" já que o "s" entre vogais tem som de "z". A massa é semelhante ao talharim, que vem frito e é acompanhado de linguiça, carne e um molho típico.

YOS este monossílabo védico deu origem à palavra latina *Jus*, Direito, no conceito de comando, enfeite, coisa solene, que na Idade Média passou a ser designado *Directum*, Direito. O védico, língua indo-europeia falada pelas populações arianas que se estabeleceram na Índia no ano de 1500 a.C., antecede o sânscrito, cujo significado é purificado, sagrado.

YUPPIE da expressão inglesa *young upwards persons*, cujo significado é "jovens em ascensão". Foi criada para designar um contingente de pessoas com idade entre 20 e 30 anos – a caminho dos 40 um *yuppie* já se considera um ancião – cujo comportamento é marcado por vida mundana intensa, desde que os eventos festivos ocorram depois do expediente. Os *yuppies* perseguem hábitos da moda com a mesma pertinácia com que se dedicam a seus afazeres profissionais, convictos de que andar bem vestido é indispensável ao sucesso profissional. A ascensão socioeconômica desses jovens ocorreu no Brasil em territórios urbanos perfeitamente delimitados, sendo São Paulo o seu epicentro. Talvez o caso mais emblemático de todos os *yuppies* tenha sido o de Fernando Collor, que chegou à presidência da República, de onde foi deposto pelo Congresso, mas que, paradoxalmente, foi inocentado no Supremo Tribunal Federal (STF) das acusações que levaram a seu afastamento e cassação dos direitos políticos por oito anos (1992-2000).

Z

ZABUMBA de origem controversa, provavelmente do étimo conguês *bumba*, bater. No banto designa pancada, tambor grande, bumbo. Seu significado mais comum em português é tambor confeccionado de pedaços de madeira colados, alternados com suportes de metal, em formato cilíndrico, tocado por varetas, macetas ou baquetas, sobre uma ou duas membranas esticadas. A zabumba está presente em muitos ritmos, principalmente nordestinos, como o baião, o xaxado e o xote. Zabumba designa ainda azar ou reviravolta negativa na vida de alguém.

ZAGA do árabe *saga*, originalmente parte posterior de qualquer coisa, depois força militar que ficava à retaguarda, pelo espanhol *zaga*. Por metáfora, veio a designar os dois beques que atuam entre o goleiro e o meio de campo. Em *Lendas do povo de Deus*, Malba Tahan conta que certo vizir devia ajudar o soberano a defender o reino, atuando à frente dele, o último a ser derrubado em eventual ataque ao rei. O diálogo dá-se no seguinte trecho: O soberano procura um tecelão judeu e, na companhia do vizir, lhe pergunta: "Dos dez tiras tu dez para os doze?" Ouve em resposta: "Dos dez não tiro nem para os 32" O soberano retruca: "E quanto são para ti os 32 de cada dia?" "Quatro, com dois incêndios", responde o tecelão. "E se esperas incêndio para breve, por que não depenas logo o pato?" "Com a ajuda de Deus, em breve depenarei o pato." O soberano pergunta ao ministro se ele entendeu o diálogo havido com o tecelão. Ele confessa que não. O rei diz que vai demiti-lo se ele não decifrar a charada, pois seria um vizir ignorante e nesta condição não poderia servir de ministro. O vizir procura o tecelão que lhe cobra caro por cada uma das explicações. Os dez são os dez dedos da mão, que devem alimentar os 32 dentes a cada dia (12 horas). Os quatro são sua mulher e três filhos (um rapaz e duas moças). Incêndio é metáfora de casamento. E pato é a pessoa tola, que pode ser enganada num negócio, no caso, o próprio vizir, que lhe pagou pelas respostas. E o rei mantém os judeus no reino por ser "um povo vivo e inteligente", pois um tecelão é capaz de "reduzir a pato o vizir mais atilado do mundo". Malba Tahan é o *alter ego* do escritor paulista Júlio César de Melo e Sousa. O presidente Getúlio Vargas autorizou o pseudônimo em sua carteira de identidade.

ZAGUEIRO do espanhol *zaguero*, que joga na zaga, isto é, na retaguarda: em árabe, *saga*. As posições da defesa receberam nomes como beque, do inglês *back*, atrás; lateral, para indicar os defensores que jogam nos lados esquerdo e direito, e zagueiro, que antigamente designava os dois jogadores que atuavam à frente do beque esquerdo e do beque direito, chamados de terceiro e quarto zagueiros. Todos os vocábulos dão a ideia de defesa. O futebol moderno, porém, tornou-se muito mais solidário e alterou essas funções: os zagueiros atacam e os atacantes defendem, de acordo com situações específicas de cada jogo. Os pontas, antigamente fixos em postos avançados do território inimigo, um pela direita, outro pela esquerda, hoje compõem funções que podem ser desempenhadas por laterais ou meias, deslocados de acordo com as necessidades ofensivas.

ZAMBRO da alteração de zambo, do grego *strabós*, pelo latim *strabicus*, estrábico, torto dos olhos, vesgo. Designa o animal que tem, não os olhos, mas outras partes do corpo tortas, como o camelo. Aliás, esse animal é mais uma das pragas da Austrália, ao lado de sapos, coelhos e raposas. Foram importados entre 10 mil e 20 mil camelos entre 1840 e 1907, para servir de meio de transporte. Multiplicando-se, eles logo se transformaram de solução em problema. Eles chegam a consumir 80% dos alimentos no deserto. E um camelo pode beber 200 litros d'água em apenas três minutos.

ZANZAR provavelmente do árabe *zanqa*, rua estreita, repleta de curvas. Caminhar por vias assim apertadas era zanzar, isto é, andar sem ter aparentemente um destino traçado. Passou a significar o ato de perambular pelas vilas ou cidades sem outro propósito que não fosse o de distrair-se com a caminhada.

ZARPAR do grego *exarpázo*, passando pelo latim *exharpare*, ambos com o significado de levantar âncoras. O italiano antigo tinha *sarpare*, hoje *salpare*. Foi do porto de Palos, aldeia da Espanha, que Colombo partiu a 3 de agosto de 1492 para descobrir a América 70 dias depois, quando a tripulação já estava amotinada, a ponto de executá-lo por sua loucura. O grande escritor estadunidense Mark Twain que descobriu a América do Norte para seus compatriotas, revelando seu folclore e as paisagens, principalmente do oeste, comentando o feito de Colombo, escreveu: "Foi admirável descobrir a América, mas teria sido mais admirável não encontrá-la."

ZÉ de José, do hebraico *Yôseph*, pelo grego *Iósepos* e o latim *Josephus*, cujo significado é "Deus acrescenta outros filhos a ele". Zé, Zezinho e Zezé são hipocorísticos, isto é, palavras criadas com intenção carinhosa, *Hypokorísticós* em grego significa suavizante. O equivalente a Zé em espanhol é *Pepe*, cuja origem controversa é a abreviação p.p. dos missais romanos, que com tais iniciais se referiam a São José, o *pater putativus*, pai putativo, isto é, adotivo, de Jesus. Outros hipocorísticos semelhantes no português são Fafá para Fátima ou Fabiana; Cacá para Carlos ou para Carla. Os hipocorísticos são às vezes produzidos por sufixos diminutivos: Toninho, Marcinha, Julinho. E também por sufixos aumentativos: Paulão, Luisão etc. E ainda por truncamentos criativos, redobros silábicos e reduções inusitadas: Sebá, para Sebastião; Malu, para Maria; Lalá, para Laura; Zefa, para Josefa. Tivemos até presidentes da República que se tornaram conhecidos por seus hipocorísticos: Gegê, para Getúlio Vargas; Jango, para João Goulart; Lula, para Luís Inácio Lula da Silva.

ZEBRA de origem controversa, é provável que tenha vindo do espanhol *cebra* ou *zebra*, variações de *ezebra* e *ezevra*, por sua vez radicado no latim vulgar *eciferus*, corruptela de *equiferus*, cavalo selvagem, formado a partir de *equus*, cavalo, e *ferus*, selvagem. Deu zebra ainda na formação do vocábulo, já que *equus* passou a ser pronunciado *ecus*. A expressão "dar zebra" veio do futebol e foi criada pelo folclórico técnico de futebol Gentil Cardoso, quando treinava a Portuguesa Carioca. Entrevistado às vésperas de partida contra um dos grandes times do Rio, ele disse: "Amanhã vai dar zebra". Ninguém acreditou, mas no dia seguinte seu time venceu e a expressão popularizou-se como surpresa, migrando do esporte para vários outros campos.

ZEBU do francês *zébu*, designando gado da Índia compreendendo várias raças, entre as quais o sindi, o gir, o guzerá, o guzerate e o nelore. O gado vindo da Ásia é conhecido pelo nome latino *bos indicus*, e aquele que procede da Europa é o *bos taurus*. Os cruzamentos havidos, agora que eles são utilizados mais como alimento do que força de trabalho, têm o fim de prover o abate em idade mais tenra e melhorar a maciez da carne, quando os bois chegam a 16 arrobas de carne, ou 240 quilos. A dificuldade que os touros europeus tinham, por causa do calor, em cobrir as fêmeas zebuínas, foi resolvida pela inseminação artificial. Os zebus compõem hoje 80% do gado de corte no Brasil. Em 2010 foram comercializadas 10,4 milhões de doses de sêmen bovino e 52,9% vieram dos zebus. As raças *angus* e *red angus* já estão em segundo lugar, com 30%.

ZELOTE do grego *zelotés*, de *zêlos*, ardor, ciúme, designando integrante de um movimento político deflagrado na Palestina, entre os anos 6 e 70 da era cristã. Tinha o fim de combater a dominação romana. Vários atentados foram praticados por sicários (do latim *sicarius*, de *sica*, punhal) que, sob suas ordens, assassinaram muitas pessoas. Foram enfim aniquilados por Tito, que aproveitou e destruiu também o templo de Jerusalém.

ZEN-BUDISMO justaposição do japonês *zen*, por sua vez originário do chinês *ch'an*, feminino reduzido de *ch'nana*, meditação, e de budismo. Designa doutrina surgida a partir do século VI no Japão e dali difundida no Ocidente. A meditação zen-budista sobrepõe a intuição à razão, ao contrário das orações cristãs, racionais e discursivas. Nos claustros católicos, embora respeitado por ecumenismo, o zen-budismo é considerado meio "zen"-sentido.

ZEPELIM do nome de seu inventor, Ferdinand *Zepellin*, conde e industrial alemão, que construiu o primeiro aeróstato dirigível, fazendo-o voar pela primeira vez, em 1900. Com armação de alumínio, semelhava um grande charuto. Eram gigantescas máquinas de voar e o maior deles chegou a ter 245 m de comprimento. Na década de 1930, mais de 52 mil alemães tinham voado num zepelim, mas depois que o Hindenburg incendiou-se momentos antes de aterrissar nos EUA, em 1937, sua produção entrou em declínio e ele desapareceu dos céus.

ZÉ-POVINHO do hebraico *Yôseph*, derivado de *Yosephyáh*, significando "Deus lhe dê descendência", passando pelo grego *Iósepos*, e o latim *Josephus*, chegando ao português José, nome de pessoa, diminutivo Zé; e de povo, do latim *populus*, povo, multidão, em domínio conexo com a forma verbal *populo*, de *populare*, devastar. Claro, onde o povo se ajuntava vinham múltiplas devastações, algumas das quais o precediam. Zé-povinho designa, desde o surgimento da palavra, na aurora dos tempos republicanos, o trabalhador pobre, malvestido, socialmente desqualificado no insuficiente mercado de trabalho surgido dos escombros da escravidão e da monarquia. Enquanto o zé-povinho é conceituado como indivíduo, seu aumentativo, dispensando o Zé, constitui-se em povão, mostrando a força do coletivo, seja nos estádios, seja em mudanças e revoluções. Em eleições, às vezes o povão é enganado com falsas promessas, mas – apanágio da democracia – ele mesmo corrige o erro quando vota de novo, utilizando o título de eleitor como poderoso detergente.

ZERO do italiano *zero*, contração de *zefiro*, do latim *zefiro*, nome de um vento do Ocidente. Designando número, é historicamente tardio, e procede do árabe *sifr*, número vazio, ou deu cifra no baixo-latim, e cifra no português. O zero foi trazido para o Ocidente pelo matemático italiano Leonardo Fibonacci, também conhecido como Leonardo de Pisa, cuja obra mais importante, *Livro do Ábaco*, pouco tem a ver com o ábaco, sendo mais uma defesa da superioridade dos números arábicos sobre os romanos. Seu pai, um negociante, teve o cuidado de enviar o filho de Pisa para a África do Norte para aprender números com os árabes. Os indianos já trabalhavam com a noção de zero, depois adotada pelos árabes, por volta de 600 a.C.

ZERO-QUILÔMETRO de zero, do italiano *zero*, contração de *zefiro*, radicado no latim *zephirum*, e no árabe *sifr*, cifra, e quilômetro, do grego *chilioi*, mil, e *métron*, medida. Designa veículos novos, que ainda não rodaram, especialmente carros e motos, em oposição a seminovos e usados. Paradoxalmente, não existem os "semivelhos", já que o vocábulo nasceu a partir do adjetivo "novo" e não do "usado" ou "velho". O zero já era conhecido dos indianos, que o legaram aos árabes por volta de 600 a.C., mas foi o grande matemático italiano Leonardo Fibonacci quem o trouxe para o Ocidente. Já quilômetro era escrito antigamente *kilômetro*, por analogia com normas que determinaram esta grafia: na França, em 1795, e no Brasil por leis de 1833 e 1862.

ZEUGITA do grego *zeugites*, cidadão de terceira classe na cidade-Estado de Atenas. *Zeugos*, em grego, significa um par. Era assim chamado o homem que podia sustentar apenas uma junta de bois, tido, por conseguinte, como pobre. Apesar da evolução da pecuária, quem é dono de uma junta de bois não é completamente pobre nos dias de hoje, haja vista o preço da carne e da força de trabalho animal nas lavouras ainda não mecanizadas.

ZIGOMA do grego *zýgoma*, par de ossos da têmpora, como aqueles que encaixam os maxilares, cuja designação, com o passar do tempo, substituiu malar em anatomia. É do mesmo étimo de *zygón*, tudo o que serve para juntar, e de *zygós*, designando objetos de elementos cômpares – os dois pratos da balança, a junta de bois etc.

ZIGURATE do assírio *zigguratu*, altura, montanha. Na Mesopotâmia, região assim chamada porque ficava entre dois rios, o Tigre e o Eufrates, todas as cidades tinham um zigurate. Em grego, *mésos* é meio, e *potamós* é rio, água corrente. Zigurates eram torres em forma de pirâmide, com acesso ao topo por rampas e escadarias. Lá em cima ficavam os silos, para guardar os cereais; o santuário, onde os sacerdotes realizavam ritos; e um observatório, para estudar astronomia e astrologia. O episódio bíblico da Torre de Babel foi baseado em zigurates, conhecidos dos judeus quando estavam cativos na Babilônia, cujo significado é cidade, porta de Deus. O castigo imposto pelo Eterno foi confundir a língua que todos falavam. Babel, em hebraico, tem o significado de confusão. Este mito resume a criação dos idiomas, mas raízes etimológicas de muitas línguas mostram que o mito pode ter bases mais sólidas. Teria havido uma língua comum para toda a Humanidade. Um dos exemplos: o hebraico *Sanverim*, plural de *Sanver*, cegueira temporária, semelha o francês *sans voir*, *sin ver* em espanhol, *sem ver* em português. *Teotihuacán*, cidade de Deus, traz a partícula grega *Theos*, Deus, no começo da palavra. *Theos* deu *Deus* em latim e no português; *Dios*, em espanhol; *Dio*, em italiano; *Dieu*, em francês etc. Estas controversas anotações estão em *Torá, a lei de Moisés*, tradução desta parte da *Bíblia*, do original hebraico, feita por uma equipe de linguistas e rabinos, entre os quais Meir Matzliah Melamed.

ZÍNGARO do italiano *zingaro*, cigano. Em espanhol é *gitano*, em inglês é *gipsy* e em alemão, *Zigeuner*. Dada a proximidade das duas línguas, o cantor italiano Nicola Di Bari canta esses versos, pronunciando zíngaro como em português: "*Che colpa ne ho/ se il cuore è uno zingaro*" (que culpa tenho eu/ se o coração é um zíngaro). Gustavo Barroso usa a palavra em *Terra do Sol*: "muitos sertanejos se misturam aos bandos vagabundos de zíngaros que vivem à gandaia pelas várzeas."

ZIQUIZIRA de origem controversa, mas provavelmente alteração de quizila, do quimbundo *kijila*, mandamento, do verbo *kujila*, jejuar. Quizila designa maldição que, em Angola, os negros lançavam sobre os filhos em forma de ameaça se transgredissem as proibições de comer carne de veado, dizendo-lhes que, se assim procedessem, surgiriam manchas no corpo e eles morreriam. Os chefes tribais que arrebanhavam negros para serem vendidos como escravos perguntavam-lhes se tinham quizila, isto é, se eram portadores de maldições. Quizila tornou-se sinônimo de má sorte, conflito, aborrecimento, alterando-se, então, para ziguizira e depois ziquizira, forma que se consolidou, reduzida na gíria para zica apenas. Aparece nestes versos cantados por Elis Regina: "Upa neguinho, começando a andar/ Começando a andar, começando a andar/ E já começa a apanhar/Cresce neguinho me abraça,/Cresce me ensina a cantar/ Eu vim de tanta desgraça mas muito eu te posso ensinar/ Capoeira, posso ensinar/ Ziquizira, posso tirar/ Valentia, posso emprestar/ Liberdade só posso esperar."

ZODÍACO do grego *zodiakós kýklos*, círculo de animais, pelo latim *zodiacum*, designando, como no português, espaço celeste dividido em doze partes, batizadas quase todas com nomes de animais, constituindo os signos do horóscopo. A crença de que a Lua, os planetas e as estrelas influenciam decisivamente a vida na Terra é tanta que a mídia apresenta, diariamente, previsões de felicidade ou infelicidade. O poeta mineiro Djalma Andrade, em *Cantigas do mal dizer*, tratou desta preocupação assim: "só de dois modos a gente/ É, neste mundo, infeliz:/ Quando não tem tudo o que quer/ Quando possui o que quis."

ZOMBAR provavelmente variação do espanhol *zumbar*, literalmente fazer zum, onomatopeia de ruído, quase sempre subjetivo, semelhando o rumor da abelha e de outros insetos. Passou a designar também o ruído de açoites, chicotes, chibatas e relhos, utilizados para domínio de animais, escravos e também homens livres, especialmente crianças, sob a desculpa de que o castigo, ainda que cruel, é recurso pedagógico. A condenação a determinado número de chibatadas, pena legal em muitas culturas, executada em público, acompanhada de manifestações ruidosas da multidão, em apoio ao carrasco, pode ter ensejado o sinônimo de escarnecer, maltratar com palavras, pois que o açoite não estava nas mãos dos que vociferavam, restando-lhe ofensas em palavras, gritos e gestos. Como Jesus foi açoitado, coroado de espinhos e flagelado antes de ser apresentado à multidão por Pôncio Pilatos, na célebre cena do julgamento, que passou à História com a expressão latina *Ecce Homo* (Eis o Homem), zombar deu origem a expressões como "bancar o Cristo" (ser vítima) ou "pegar alguém para Cristo" (ser algoz, tratando o próximo como os romanos o trataram).

ZONA do latim *zona*, cinto, tanto masculino como feminino, designando também a cintura da pessoa e depois a circunferência da Terra, seu cinto imaginário. É esta a origem de zona como localidade, mas em latim tinha também o significado de bolsa, bolso, carteira. A região das pequenas cidades onde eram toleradas as casas de prostituição recebeu o nome de zona do meretrício, depois reduzido para zona apenas. Nos campos de futebol, temos a zona do agrião, a pequena área, onde há sempre perigo de gol, semelhando o terreno alagadiço onde viceja o agrião, capaz de fazer afundar quem pisa ali. *Na zona do agrião* era um programa do jornalista João Saldanha começou a apresentar na televisão em 1966, rebatizado depois para *Dois minutos com João Saldanha* e levado ao ar diariamente, antecedendo o *Jornal Nacional*.

ZOOLÓGICO de zoologia, dos compostos do grego *zôion*, animal, ser vivo, e *logía*, estudo, tratado. O latim medieval usou e abusou da inclusão do sufixo grego *logía* na formação de palavras que designassem ciência, especialização, proporção, tema, resultando em analogia, astrologia, cronologia, meteorologia, psicologia etc. Este adjetivo está presente na expressão jardim zoológico, local destinado a animais selvagens trazidos para viver em cativeiro.

ZOROASTRISMO religião de Zoroastro ou Zaratustra, reformador do sistema filosófico e religioso conhecido como masdeísmo, segundo o qual há duas forças em luta no universo, a *aúramasda* e a *arimã*. Foi também o criador da casta de magos entre os povos persas e medos, atuais iranianos. À semelhança de Jesus, com a diferença de tê-lo precedido em seis séculos, nasceu de uma virgem de 15 anos, fecundada por um raio de luz.

ZORRA do espanhol *zorra*, raposa. No português passou a denominar carro muito baixo, de quatro rodas, para transportar cargas pesadas. Como sinônimo de bagunça, é provável que tenha se originado no espalhafato que fazem as aves reclusas quando a raposa entra no galinheiro. Na década de 1970, os cocainômanos passaram a misturar sulfato à droga, para duplicar a dose, dando o nome de zorra à nova mistura, o que resultava em euforia ainda maior. E zorra consolidou-se em nossa língua como sinônimo de confusão.

ZUM do inglês *zoom*, movimento rápido, presente na expressão *zoom lens*, lente de aproximação, designando em português conjunto de lentes cujo foco pode ser ajustado para aproximar ou afastar a imagem observada. Zum designa também o efeito obtido no cinema, na televisão e na tela do computador, seja de imagens, seja de letras e números, permitindo definir o tamanho mais adequado ao usuário. Outro sentido, mas daí a procedência é controversa ou de origem onomatopaica, é de ruído produzido pelo vento, por insetos como o besouro, a abelha e a mosca, sendo dito e escrito também zum-zum. Em *Zum-zum ê*, Ivete Sangalo canta estes versos: "Vamos cair na dança,/ A rua é o salão,/ O som que vem balança,/ Chama a vizinhança./ Vai ter carnaval,/ Vai ter astral pra cima,/ Deixe de blá-blá-blá,/ A turma da pesada,/ Tá pegando leve,/ E já desceu pra lá,/ E vai rolar um baita, / Um baita zum-zum, ê."

ZUMBI do quimbundo *nzumbi*, duende. Designa fantasma que, segundo o sincretismo religioso de origem africana, vaga nas horas mortas da noite à procura do descanso que ainda não teve. Zumbi ou cazumbi aplica-se também à alma de animais domésticos como o cavalo e o boi. Deu nome ao mais famoso rebelde dos quilombos, o chefe negro Ganga Zumba, mais conhecido como Zumbi dos Palmares, cuja derrocada final, obra do bandeirante Domingos Jorge Velho, teve início a 23 de janeiro de 1694, resultando na morte de 500 negros e na prisão de 519. Os outros se dispersaram pelo sertão alagoano.

ZURETA da redução do espanhol *azoretado*, alteração de *azoratado*, isto é, que se comporta como os habitantes da casa de orate, o hospício. *Orat*, em catalão, é louco, maluco, significado consolidado no português. Marisa Raja Gabaglia nas crônicas de *Milho pra galinha, Mariquinha*, diz "um pobre louco manso, zureta completamente, mas inofensivo". Atriz, jornalista e escritora, ela começou na extinta TV Tupi, onde foi jurada do Programa Flávio Cavalcanti, um dos primeiros telejornalistas do Brasil, famoso pelos cacoetes de tirar e pôr os óculos, e por levantar a mão e pedir "um instante, maestro!"

Este livro foi impresso no Rio Grande do Sul, em janeiro de 2014, pela
Edelbra Gráfica e Editora para a Lexikon Editora.
As fontes usadas são a MetaBold-Roman para a entrada
e a Nimrod MT no corpo dos verbetes, em corpo 8/9.
O papel do miolo é offset 63g/m^2 e o da capa é cartão 250g/m^2